COMPUTER
LEXIKON

Ausgabe 2005

Microsoft Computer-Lexikon
Ausgabe 2005
Microsoft Press Deutschland, Konrad-Zuse-Str.1, 85716 Unterschleißheim
Copyright © 2005 by Microsoft Press Deutschland

15 14 13 12 11 10 9 8 7 6 5 4 3 2 1
06 05

ISBN 3-86063-076-8
© Microsoft Press Deutschland
(ein Unternehmensbereich der Microsoft Deutschland GmbH)
Konrad-Zuse-Str.1 – D-85716 Unterschleißheim
Alle Rechte vorbehalten

Deutsche Bearbeitung:
Christian Taube und Thomas Louis für Bowne Global Solutions Deutschland GmbH (www.bowneglobal.de)
Satz: mediaService, Siegen (www.media-service.tv)
Umschlaggestaltung: Hommer Design GmbH, Haar (www.HommerDesign.com)
Layout und Gesamtherstellung: Kösel, Krugzell (www.KoeselBuch.de)

Inhalt

Vorwort

Das Microsoft Computer-Lexikon dient als umfassende Quelle und Referenz für die Definitionen von Begriffen und Abkürzungen aus der Computerwelt. Es enthält Begriffe aus einer Vielzahl von Themenbereichen:

Anwendungen
Datenbanken
DTP
Multimedia
Tabellenkalkulation
Textverarbeitung

Daten und Datenspeicherung

Geschichte der Computertechnik

Grafik

Hardware
Architekturen
Schaltkreise, Module und Leiterplatten
Computer
Disketten, Festplatten und andere Medien
Peripheriegeräte
Prozessoren

Informationsverarbeitung
Allgemeine EDV
Eingabe/Ausgabe
Speicher und Speichermanagement

Internet
Protokolle
Sicherheit
Werkzeuge (für Benutzer und Entwickler)
World Wide Web

Kommunikation und Netzwerke
E-Mail
Intranet

Normen

Organisationen

Softwareentwicklung
Konzepte
Programmiersprachen
Werkzeuge und Verfahren

Spiele

Systeme und Systemumgebungen
Betriebssysteme

Wenngleich dieses Buch fast alle Aspekte der Computertechnik behandelt, enthält es jedoch nur wenige Einträge über bestimmte Hersteller oder Softwareprodukte. Die Ausnahmen dieser Regel bilden wichtige Firmen und Produkte, die eine historische oder allgemeine Bedeutung in der Computerbranche einnehmen.

Dieses Lexikon verwendet bevorzugt die Terminologie, die dem durchschnittlichen Computerbenutzer in Dokumentationen, Onlinehilfen, Computerhandbüchern, Marketing und Werbematerial, den öffentlichen Medien und der Fachpresse begegnet. Da die meisten Computerbenutzer zu Hause oder am Arbeitsplatz mit PCs oder Desktop-Systemen arbeiten, behandelt die Mehrzahl der Einträge in diesem Lexikon die Terminologie, die zur Beschreibung dieser Systeme verwendet wird. Es sind jedoch einige spezielle oder hochtechnische Begriffe mit aufgenommen worden, die aus dem Bereich der Technik, der Universitäten oder der Entwicklung und Forschung von Hardware und Software stammen. Dies ist damit zu begründen, dass diese Begriffe sich auf die allgemeinere Fachterminologie auswirken oder eine historische Bedeutung haben.

Änderungen in der vorliegenden Version

Erweiterter Inhalt
Die vorliegende Ausgabe 2005 des Microsoft Computer-Lexikons wurde um etwa 200 Begriffe erweitert und aktualisiert.

Die Einträge im Einzelnen

Reihenfolge der Einträge

Die Einträge sind in alphabetischer Reihenfolge angeordnet. Leerzeichen werden nicht beachtet, ebenso wenig Binde- und Schrägstriche. So kommt beispielsweise das Stichwort *Baudot-Code* nach *Baud* und vor *Baudrate* und der Eintrag *Maschinenbefehl* nach *maschinenabhängig* und vor *Maschinenkennzeichen*. Zahlen und Symbole sind am Anfang des Buches in aufsteigender Folge des entsprechenden ASCII-Codes eingeordnet. Beginnt ein Eintrag mit einem oder mehreren Buchstaben, enthält jedoch eine Zahl, wird er nach alphabetischer Reihenfolge der ersten Buchstaben eingeordnet und dann nach dem ASCII-Code der Zahl. *V20* kommt daher vor *V.2x* und beide Einträge vor *VAB*.

Art der Einträge

Bei den Einträgen werden zwei Arten unterschieden: Haupteinträge, die vollständige Definitionen enthalten, und Nebeneinträge, die lediglich auf entsprechende Haupteinträge verweisen. Die Definition des Haupteintrages kann als Ersatz für die Definition des Nebeneintrags verwendet werden.

Schreibweisen

Die Informationen in den Haupteinträgen liegen in einem einheitlichen Format vor: Name des Eintrages in Fettdruck, gefolgt von Wortart, englischem Fachbegriff in Klammern, Definition und, soweit vorhanden, Abbildungs- oder Tabellenverweisen, Abkürzungen, alternativen Bezeichnungen sowie Querverweisen.

Haupteinträge

Einträge, die aus Abkürzungen von Wörtern bestehen oder aus durch Aneinanderreihung mehrerer Wortteile gebildeten Akronymen, sind zu Beginn des Definitionsabschnittes ausgeschrieben dargestellt, wobei die Buchstaben, die zu der Abkürzung oder dem Akronym führen, fettgedruckt sind.

Artikel

Bei sämtlichen deutschen Substantiven finden Sie im Anschluss an den Begriff die Angabe des Artikels, z.B. *E-Mail, die*.

Wortarten

Bei den Einträgen werden vier Wortarten unterschieden und den Definitionen die folgenden Abkürzungen vorangestellt:

Subst.	Substantiv
Vb.	Verb
Adj.	Adjektiv
Adv.	Adverb

Definitionen

Bei vielen Einträgen sind über die Definition hinausgehend zusätzliche Details beschrieben, die den Begriff für den typischen Computerbenutzer verständlicher werden lassen. Hat ein Eintrag mehr als eine Bedeutung oder Definition, werden die Definitionen in getrennten Absätzen aufgeführt. Auf diese Weise lassen sich die Bedeutungsvarianten besser erkennen.

Abbildungs- und Tabellenverweise

Einigen Einträgen sind Abbildungen oder Tabellen zugeordnet, die bei der Definition des Begriffs behilflich sind. Diese Abbildungen und Tabellen erscheinen unmittelbar nach dem zugehörigen Eintrag. In manchen Fällen mussten sie jedoch aus technischen Gründen auf eine Folgeseite verschoben werden. Bei Einträgen mit Abbildungen oder Tabellen ist in der Regel am Ende der Definition ein Verweis, der wie folgt aussehen kann:

→ *siehe Abbildung ...*
→ *siehe Tabelle ...*

Alternative Bezeichnungen

Für einige Elemente oder Konzepte der Computertechnik gibt es mehr als eine Bezeichnung. Eine davon wird jedoch im Allgemeinen bevorzugt; diese bildet den Haupteintrag. Die alternativen Bezeichnungen werden nach den Abkürzungen aufgeführt. Sind diese nicht vorhanden, folgen sie unmittelbar der Definition. Die Darstellungsweise ist:

→ *auch genannt ...*

Querverweise

Bei den Querverweisen lassen sich anhand ihrer Kennzeichnung drei Arten unterscheiden:

→ *siehe* Verweise mit dieser Kennzeichnung zeigen auf ein synonymes Stichwort und damit auf einen anderen Eintrag, unter dem sich die gesuchten Informationen befinden.

→ *siehe auch*   Verweise mit dieser Kennzeichnung zeigen auf einen oder mehrere Einträge, die zusätzliche oder ergänzende Informationen zu einem Thema enthalten; sie werden nach den eventuell vorhandenen Abkürzungen oder alternativen Bezeichnungen aufgeführt.

→ *vgl.*   Verweise mit dieser Kennzeichnung zeigen auf einen anderen Eintrag mit gegensätzlicher Bedeutung; sie werden nach den eventuell vorhandenen *siehe auch*-Verweisen, Abkürzungen oder alternativen Bezeichnungen aufgeführt.

Internetadressen

Eine besondere Art von Querverweisen sind Verweise auf Internetadressen mit weiterführenden Informationen. Bitte beachten Sie, dass sich Internetadressen und -inhalte häufig ändern. Sämtliche Adressen wurden bei Drucklegung dieses Buches sorgfältig geprüft. Die Internetadressen und deren Inhalte liegen aber außerhalb der Kontrolle des Verlages.

Neue deutsche Rechtschreibung

Seit August 1998 gelten in Deutschland, Österreich und der Schweiz neue amtliche Rechtschreibregeln. Um dieser Tatsache Rechnung zu tragen, richtet sich das vorliegende Lexikon seit der Ausgabe 1999 nach diesen Regeln. Bitte beachten Sie, dass dies auch eine veränderte Schreibung vieler Fachbegriffe zur Folge hat. Insbesondere die veränderte Behandlung von Anglizismen in Komposita führt bei vielen Fachbegriffen zu einer gegenüber früheren Ausgaben veränderten Schreibweise.

Zukünftige Ausgaben

Es wurde alles versucht, um die Richtigkeit und Vollständigkeit der Einträge dieses Buches zu gewährleisten. Bitte teilen Sie es uns mit, falls Sie einen Fehler finden, wenn Sie meinen, dass ein Eintrag nicht genügend Informationen bietet, oder falls Sie einen Eintrag suchen, der in dieser Auflage nicht vorhanden ist. Senden Sie dazu bitte eine E-Mail-Nachricht an: presscd@microsoft.com.

?

&

Bei UNIX ein Befehlssuffix, um das durch den zuvor eingegebenen Befehl aufgerufene Programm als Hintergrundprozess auszuführen. → *siehe auch* Hintergrund.

Außerdem ein Befehlssuffix, das vom Superuser verwendet wird, um einen Dämon im Hintergrund zu starten. Der Dämonprozess ist dann auch nach dem Abmelden des Superusers noch aktiv. → *siehe auch* Dämon.

Des Weiteren ist »&« das Standardzeichen für die Kennzeichnung eines Sonderzeichens in einem HTML- oder SGML-Dokument. → *siehe auch* HTML, SGML.

In Tabellenkalkulationen ist »&« ein Operator zum Einfügen von Text in eine Formel für die Beziehungen zwischen den Zellen.

*

→ *siehe* Sternchen.

.

→ *siehe* Stern Punkt Stern.

..

Die Syntax für das übergeordnete Verzeichnis bei DOS und UNIX. Ein einzelner Punkt verweist auf das aktuelle Verzeichnis.

/

Ein Zeichen, das bei einer Pfadangabe in UNIX oder FTP zur Trennung der einzelnen Verzeichnisnamen dient oder bei einem Webbrowser zur Trennung der Bestandteile einer Internetadresse.

Außerdem ein Zeichen, das Befehlsoptionen oder Parametern vorangeht, durch welche die Ausführung eines über die Befehlszeile aufgerufenen Programms gesteuert wird. → *siehe auch* Befehlszeilen-Schnittstelle.

//

Eine Notation, die bei einer URL-Adresse zusammen mit einem Doppelpunkt zur Trennung des Protokollnamens (z.B. »http« oder »ftp«) vom Hostnamen dient. Ein Beispiel ist »http://www.yahoo.com«. → *siehe auch* URL.

/dev/null

Auf UNIX-Betriebssystemen das so genannte »Null-Gerät« (»null device«); eine Gerätedatei, die als Äquivalent zum Papierkorb in Windows und dem Macintosh-Betriebssystem gesehen werden kann. Jede Datei, die nach /dev/null verschoben wird, ist mit diesem Schritt gelöscht. → *siehe auch* löschen (Def. 2), Papierkorb.

Im weiteren Sinn ist /dev/null in der Umgangssprache des Usenet ein gedachtes »schwarzes Loch« für unerwünschte Antworten auf eigene Beiträge, etwa wenn gesagt wird: »Antworten bitte nach /dev/null.« → *siehe auch* Netspeak, Usenet.

:

Ein Symbol, das bei einer URL-Adresse dem Namen des Protokolls nachgestellt wird. → *siehe auch* URL.

?

→ *siehe* Fragezeichen.

@

Das Trennzeichen zwischen dem Benutzernamen und der Domänennamenadresse (DNA) in den E-Mail-Adressen des Internets. @ wird wie das englische Wort »at« ausgesprochen. → *siehe auch* Benutzername, Domänenname. → *auch genannt* at-Zeichen, Klammeraffe.

\

→ *siehe* umgekehrter Schrägstrich.

< >

Ein Symbolpaar zur Trennung der Tags von normalem Text in einem HTML- oder SGML-Dokument. → *siehe* Tag. → *siehe auch* HTML, SGML.

In einem Kanal des Internet Relay Chat (IRC) oder in einem Multiuser Dungeon (MUD) ein Symbolpaar zur Kennzeich-

?

nung einer Aktion oder Reaktion, z.B. <kicher>. → *siehe* Tag. → *siehe auch* Emotag, IRC, MUD.

Außerdem ein Symbolpaar zur Hervorhebung der Absenderadresse im Kopf einer E-Mail-Nachricht. → *siehe* Tag.

>

Ein Symbol, das in den Betriebssystemen DOS und UNIX zur Umleitung der Ausgabe eines Befehls in eine Datei dient.

Außerdem ein Symbol, das in E-Mail-Nachrichten üblich ist, um Einfügungen (Zitate) aus anderen Nachrichten zu kennzeichnen.

0 Waitstates, der; *Subst.* (0 wait state)
→ *siehe* ohne Waitstates.

1000BaseLX

Ein Ethernet-Standard für lokale Basisbandnetzwerke, der eine Monomode- oder Multimode-Glasfaserverkabelung mit einer Lichtwellenlänge von 1270 nm bei 1 Gigabit pro Sekunde (Gbps) einsetzt. Die maximale Kabellänge zwischen einer Arbeitsstation und dem zentralen Verteiler hängt von Typ und Qualität der Glasfaser ab und liegt zwischen 550 und 5000 m. → *siehe auch* 1000BaseSX, Ethernet, Gigabit-Ethernet, Glasfaser. → *auch genannt* Gigabit Ethernet.

1000BaseSX

Ein Ethernet-Standard für lokale Basisbandnetzwerke, der eine Multimode-Glasfaserverkabelung mit einer Lichtwellenlänge von 850 nm bei 1 Gigabit pro Sekunde (Gbps) einsetzt. Die maximale Kabellänge zwischen einer Arbeitsstation und dem zentralen Verteiler hängt von Typ und Qualität der Glasfaser ab und liegt zwischen 220 und 550 m. → *siehe auch* 1000BaseLX, Ethernet, Gigabit-Ethernet, Glasfaser. → *auch genannt* Gigabit Ethernet.

100BaseFx

Ein Ethernet-Standard für lokale Basisbandnetzwerke, der eine sternförmige Glasfaserverkabelung bei 100 Megabit pro Sekunde (Mbps) einsetzt. Die maximale Kabellänge zwischen einer Arbeitsstation und dem zentralen Verteiler ist auf 400 Meter beschränkt. → *siehe auch* Ethernet, Glasfaser.

100BaseT

Ein Ethernet-Standard für lokale Basisbandnetzwerke, der Twistedpairkabel bei 100 Megabit pro Sekunde (Mbps) einsetzt. Die maximale Kabellänge zwischen Arbeitsstation und zentralem Verteiler ist auf 100 Meter beschränkt. → *siehe auch* Ethernet, Twistedpairkabel. → *auch genannt* Fast Ethernet.

100BaseVG

Der Ethernet-Standard für lokale Basisbandnetzwerke mit Verbindungen über Twistedpairkabel mit Sprachbandbreite, die 100 Megabit pro Sekunde (Mbps) innerhalb einer kaskadierenden Sterntopologie transportieren. Im Unterschied zu anderen Ethernet-Standards basiert 100BaseVG auf der Zugangsmethode nach Bedarfspriorität (»demand priority«), bei der einzelne Rechner Anforderungen an die Hubs senden, die wiederum die Datenübertragung freigeben, basierend auf den Prioritätsebenen, die mit den Anforderungen geschickt werden. → *siehe auch* Ethernet, Twistedpairkabel.

101-Tastentastatur, die; *Subst.* (101-key keyboard)

Eine Computertastatur, die der erweiterten Tastatur nachgebildet ist, die von IBM für den IBM-PC/AT eingeführt wurde. Die 101-Tastentastatur und die erweiterte Tastatur ähneln sich bezüglich Anzahl und Funktion ihrer Tasten; sie unterscheiden sich hingegen unter Umständen in der Art und Weise ihres Tastenlayouts, dem Anschlagverhalten sowie der Form und Oberfläche der Tasten. → *siehe auch* erweiterte Tastatur. (Abbildung 1)

Abbildung 1: 101-Tasten-Tastatur

1.024x768 (1024x768)
Eine Standardbildauflösung von SVGA-Computerbildschirmen mit einer Breite von 1.024 und einer Höhe von 768 Bildpunkten. → *siehe auch* SVGA.

10Base2

Der Ethernet- und IEEE 802.3-Standard für lokale Basisbandnetzwerke mit Verbindungen über ein dünnes, bis zu 200 Meter langes Koaxialkabel, das 10 Megabit pro Sekunde (Mbps) innerhalb einer Bustopologie transportiert. Die Netzwerkknoten werden mit dem Koaxialkabel über eine BNC-Steckverbindung auf der Adapterkarte verbunden. → *siehe auch* BNC-Stecker, Busnetzwerk, Ethernet, IEEE 802-Standards, Koaxialkabel. → *auch genannt* Cheapernet, Thin Ethernet, ThinNet, ThinWire.

10Base5

Der Ethernet- und IEEE 802.3-Standard für lokale Basisbandnetzwerke mit Verbindungen über ein dickes, bis zu 500

Meter langes Koaxialkabel, das 10 Megabit pro Sekunde (Mbps) innerhalb einer Bustopologie transportiert. Die mit einem Transceiver ausgestatteten Netzwerkknoten werden an das Koaxialkabel über einen 15-poligen AUI-Verbinder (**A**ttachment **U**nit **I**nterface) auf der Adapterkarte und Verbindungskabel angeschlossen. → *siehe auch* Bustopologie, Ethernet, IEEE 802-Standards, Koaxialkabel. → *auch genannt* Thick Ethernet, ThickNet, ThickWire.

10BaseF

Der Ethernet-Standard für lokale Basisbandnetzwerke mit Verbindungen über Glasfaserkabel, die 10 Megabit pro Sekunde (Mbps) innerhalb einer Sterntopologie transportieren. Jeder Netzwerkknoten ist mit einem Repeater oder einem zentralen Konzentrator verbunden. Ein Netzwerkknoten ist mit einem faseroptischen Transceiver ausgestattet, der an einen AUI-Verbinder auf der Adapterkarte und an das Kabel mit einem optischen ST- oder SMA-Steckverbinder angeschlossen ist. Der 10BaseF-Standard beinhaltet die Standards 10BaseFB für Backbones, 10BaseFL für die Verbindung zwischen zentralem Konzentrator und einer Station sowie 10BaseFP für ein Sternnetzwerk. → *siehe auch* Ethernet, Glasfasertechnik, Sternnetzwerk, Transceiver.

10BaseT

Der Ethernet-Standard für lokale Basisbandnetzwerke mit Verbindungen über Twistedpairkabel, die 10 Megabit pro Sekunde (Mbps) innerhalb einer Sterntopologie transportieren. Alle Netzwerkknoten sind mit einem zentralen Punkt verbunden, dem so genannten Multiport-Repeater. → *siehe auch* Ethernet, Multiport-Repeater, Sternnetzwerk, Twistedpairkabel.

1:1-Kopie, die; *Subst.* (disk copy)

Das Duplizieren von Daten und den Organisationsstrukturen der Daten von einer Quelldiskette auf eine Zieldiskette. → *siehe auch* Sicherungskopie.

1,2 MB *Adj.* (1.2M)

12-Stunden-Uhr, die; *Subst.* (12-hour clock)

Eine Uhr, die die Zeit über einen Zeitraum von 12 Stunden anzeigt, d.h. nach der Anzeige 12:59 (Mittag oder Mitternacht) auf 01:00 umspringt. → *vgl.* 24-Stunden-Uhr.

14,4 (14.4)

Ein Modem mit einer maximalen Datenübertragungsrate von 14,4 Kilobit pro Sekunde (Kbps).

1,44 MB *Adj.* (1.44M)

Kurzform für 1,44 Megabyte. Bezieht sich auf die Speicherkapazität von 3,5-Zoll-Disketten hoher Schreibdichte.

16 Bit (16-bit)

→ siehe 8 Bit, 16 Bit, 32 Bit, 64 Bit.

16-Bit-Anwendung, die; *Subst.* (16-bit application)

Eine Anwendung, die für eine Computerarchitektur oder ein Betriebssystem mit 16 Bit geschrieben wurde, z.B. für MS-DOS oder Windows 3.x. → *siehe auch* 8 Bit, 16 Bit, 32 Bit, 64 Bit.

16-Bit-Betriebssystem, das; *Subst.* (16-bit operating system)

Ein Betriebssystem, das pro Arbeitsschritt 2 Byte oder 16 Bit verarbeiten kann. Derartige Betriebssysteme gelten mittlerweile als veraltet. Ein 16-Bit-Betriebssystem – Beispiele hierfür sind MS-DOS und Microsoft Windows 3.x – spiegelt die Funktionalität eines 16-Bit-Prozessors wider, da Software und Prozessor aufeinander abgestimmt sein müssen. Der wesentliche Vorteil eines 16-Bit-Betriebssystems im Vergleich zu den 8-Bit-Vorgängern (z.B. CP/M-80) war ihre Fähigkeit, mehr Arbeitsspeicher adressieren und einen größeren Bus (16 Bit) ansteuern zu können. 16-Bit-Betriebssysteme wurden mittlerweile weitgehend von 32-Bit- und 64-Bit-Betriebssystemen abgelöst. Beispiele für 32-Bit-Betriebssysteme sind das Betriebssystem des Macintosh, Microsoft Windows NT/2000 und Windows 9x. Zu den 64-Bit-Betriebssystemen gehören unter anderem diverse Derivate von UNIX sowie die 64-Bit-Variante von Windows NT/2000. → *siehe auch* 32-Bit-Betriebssystem.

16-Bit-Computer, der; *Subst.* (16-bit machine)

Ein Computer, der Datengruppen von 16 Bit gleichzeitig verarbeitet. Ein Computer kann als 16-Bit-Computer bezeichnet werden, weil entweder sein Mikroprozessor intern mit Wortbreiten von 16 Bit arbeitet oder sein Datenbus 16 Bit gleichzeitig transportieren kann. Der IBM-PC/AT und ähnliche Modelle, die auf dem Intel 80286 Mikroprozessor basieren, sind 16-Bit-Computer, sowohl was die Wortbreite des Mikroprozessors als auch die Breite des Datenbusses betrifft. Der Apple Macintosh Plus und der Macintosh SE verwenden einen Mikroprozessor (Motorola 68000) mit einer Wortbreite von 32 Bit, haben jedoch 16-Bit-Datenbusse und werden im Allgemeinen als 16-Bit-Computer bezeichnet.

16-Bit-Farbtiefe Adj. (16-bit color)
Bezeichnet eine Bildschirmanzeige, die 2^{16} (65.536) unterschiedliche Farben anzeigen kann. → *vgl.* 24-Bit-Farbtiefe, 32-Bit-Farbtiefe.

1NF
Kurzform für erste Normalform. → *siehe* Normalform.

1:n-Replikation, die; *Subst.* (one-to-many replication)
Eine Serverkonfiguration, die die Replikation von Daten von einem oder mehreren großen Servern auf eine größere Anzahl kleinerer Server ermöglicht.

24-Bit-Farbtiefe, die; *Subst.* (24-bit color)
Eine RGB-Farbqualität, bei der der Farbwert der drei Grundfarben eines Bildpunktes durch eine 8-Bit-Information dargestellt wird. Ein Bild mit 24-Bit-Farbtiefe kann über 16 Millionen verschiedene Farben enthalten. Diese Farbtiefe wird nicht von allen Grafiksystemen unterstützt. In solchen Fällen kann eine 8-Bit-Farbtiefe (256 Farben) oder 16-Bit-Farbtiefe (65.536 Farben) verwendet werden. → *siehe auch* Bittiefe, Pixel, RGB. → *auch genannt* Echtfarbe. → *vgl.* 16-Bit-Farbtiefe, 32-Bit-Farbtiefe. (Abbildung 2)

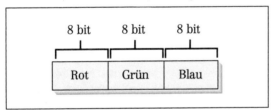

Abbildung 2: 24-Bit-Farbtiefe: 8 bit werden benötigt, um die Ebene jeder primären Farbe in einem 24 bit tiefen Farbpixel darzustellen

24-Stunden-Uhr, die; *Subst.* (24-hour clock)
Eine Uhr, die die Zeit über einen Zeitraum von 24 Stunden anzeigt, d.h. von 00:00 Uhr (Mitternacht) bis 23:59 Uhr (eine Minute vor Mitternacht des folgenden Tags). → *vgl.* 12-Stunden-Uhr.

256 Bit (256-bit)
Ein Datenpfad mit einer Breite von 256 Bit.

286
→ *siehe* 80286.

287
→ *siehe* 80287.

28,8 (28.8)
Ein Modem mit einer maximalen Datenübertragungsrate von 28,8 Kilobit pro Sekunde (Kbps).

2NF
Kurzform für zweite Normalform. → *siehe* Normalform.

2.PAK
Eine Programmiersprache für den Bereich der künstlichen Intelligenz.

32 Bit (32-bit)
→ *siehe* 8 Bit, 16 Bit, 32 Bit, 64 Bit.

32-Bit-Anwendung, die; *Subst.* (32-bit application)
Eine Anwendung, die für eine Computerarchitektur oder ein Betriebssystem mit 32 Bit geschrieben wurde, z.B. für Mac OS, Windows 9x, Windows NT/2000 oder diverse UNIX-Varianten. → *siehe auch* 32-Bit-Betriebssystem.

32-Bit-Betriebssystem, das; *Subst.* (32-bit operating system)
Ein Betriebssystem, das 4 Byte bzw. 32 Bit auf einmal verarbeiten kann. Beispiele sind Windows NT/2000, Linux und OS/2. → *siehe auch* Befehlssatz, Protected Mode.

32-Bit-Computer, der; *Subst.* (32-bit machine)
Ein Computer, der Datengruppen von 32 Bit gleichzeitig verarbeitet. Der Apple Macintosh II und seine Nachfolger sowie Computer, die auf dem Intel 80386 und höheren Mikroprozessoren basieren, sind 32-Bit-Computer, sowohl was die Wortbreite des Mikroprozessors als auch die Breite des Datenbusses betrifft.

32-Bit-Farbtiefe, das; *Subst.* (32-bit color)
Eine RGB-Farbqualität, die der 24-Bit-Farbtiefe ähnlich ist und weitere 8 Bit für die schnellere Übertragung der Farben eines Bildes verwendet. → *siehe auch* Bittiefe. → *vgl.* 16-Bit-Farbtiefe, 24-Bit-Farbtiefe, RGB.

32-Bit-Treiber, der; *Subst.* (32-bit driver)
Eine Betriebssystemkomponente, die entweder ein Hardwaregerät (Gerätetreiber) oder eine andere Programmkomponente steuert. Liegen diese Treiber als 32-Bit-Version vor, können sie die Leistungsfähigkeit der Prozessoren 486 und Pentium in Bezug auf höchste Verarbeitungsgeschwindigkeit voll ausschöpfen. → *siehe auch* 8 Bit, 16 Bit, 32 Bit, 64 Bit, Befehlssatz, Treiber.

34010, 34020
Grafikcoprozessor der Firma Texas Instruments (TI), in den 1990er Jahren ein De-facto-Standard für programmierbare Grafikprozessoren. Er wird hauptsächlich auf PC-Grafikkarten eingesetzt. Beide Chips verfügen über 32-Bit-Register, jedoch verwendet der 34010 einen 16-Bit-Datenbus und der 34020 einen 32-Bit-Datenbus. Der 34020 ist mit dem früheren 34010 kompatibel, und beide Chips arbeiten mit TIGA (Texas Instruments Graphical Architecture) zusammen, einem Standard der Firma Texas Instruments. → *siehe auch* De-facto-Standard, TIGA, Videografikkarte.

3,5-Zoll-Diskette, die; *Subst.* (3.5-inch floppy disk)
→ *siehe* Mikrodiskette.

360K *Adj.*
Kurzform für 360 Kilobyte. Die Kapazität von Standarddisketten im Format 5,25 Zoll.

.386
Eine Dateinamenerweiterung für virtuelle Gerätetreiber unter Windows 3.1. → *siehe auch* virtueller Gerätetreiber.

386
→ *siehe* 80386DX.

386BSD *Subst.*
Eine Freeware-Version des Betriebssystems UNIX, die von BSD UNIX abgeleitet ist und ursprünglich 1992 von William und Lynne Jolitz veröffentlicht wurde. Da die Entwickler von BSD UNIX argumentierten, dass bestimmte Dateien im ursprünglichen Quellcode von 386BSD proprietär sind, wurden drei neuere Versionen mit Dateien aus anderen Quellen erstellt: NetBSD, FreeBSD und OpenBSD. Die drei Versionen wurden unabhängig voneinander entwickelt. 386BSD wird im Gegensatz zu NetBSD, FreeBSD und OpenBSD nicht mehr über das Internet vertrieben. → *siehe auch* BSD UNIX, FreeBSD, Freeware, NetBSD, OpenBSD, UNIX. → *vgl.* Linux.

386DX
→ *siehe* 80386DX.

386SL
→ *siehe* 80386SL.

386SX
→ *siehe* 80386SX.

387
→ *siehe* 80387.

387SX
→ *siehe* 80387SX.

3D *Adj.* (3-D)
Kurzform für »dreidimensional«. Bezeichnet ein Objekt oder ein Bild, das alle drei Raumdimensionen (Länge, Breite und Höhe) aufweist oder nachbildet.
Außerdem eine Eigenschaft, bei der räumliche Tiefe oder variierende Entfernungen simuliert wird, z.B. bei einer 3D-Audiowiedergabe.

3D-Audio, das; *Subst.* (3-D audio)
Kurzform für dreidimensionales Audiosystem. Durch 3D-Audio, das als Stereoklang aufgezeichnet wird, fühlt sich der Zuhörer vom Schall umschlossen, und er kann die genaue Position einer Quelle (oben, unten, rechts, links, vorn oder hinten) lokalisieren. Diese Technologie wird in Videospielen, Virtualrealitysystemen sowie in einigen Internetanwendungen eingesetzt. → *auch genannt* 3D-Sound, binauraler Klang.

3Dfx Interactive
Amerikanischer Chiphersteller, der v.a. durch die 3D-Grafikcoprozessoren der Reihe Voodoochip bekannt geworden ist. Die Voodoochips kommen auf Grafikkarten sowie auf speziellen Add-On-Karten (die bereits vorhandene Grafikkarten um 3D-Fähigkeiten erweitern) zum Einsatz. Die 3D-Grafikchips entlasten den Computerprozessor beim Rendering und sorgen damit für eine höhere Geschwindigkeit und flüssigere Bewegungen, v.a. in Verbindung mit komplexen Animationen und Spielen. → *siehe auch* Grafikcoprozessor, Rendering.

3D-Grafik, die; *Subst.* (3-D graphic)
Eine Grafik, die ein oder mehrere Objekte in drei Dimensionen - Länge, Breite und Tiefe - darstellt. Eine 3D-Grafik wird durch Rendering auf einem zweidimensionalen Medium erzeugt; die dritte Dimension- die Tiefe- wird dabei durch Mittel der Perspektive und durch Techniken wie beispielsweise Schattierung oder fließenden Farbverlauf vermittelt. (Abbildung 3)

3D-Matrix, die; *Subst.* (3-D array)
Eine Matrix, in der jedes Element durch drei unterschiedliche Indizes eindeutig gekennzeichnet wird.

Abbildung 3: 3D-Grafik

3D-Metadatei, die; *Subst.* (3-D metafile)
Eine geräteunabhängige Datei zum Speichern einer 3D-Grafik. → *siehe auch* Metadatei.

3DMF
→ *siehe* QuickDraw 3-D.

3D-Modell, das; *Subst.* (3-D model)
→ *siehe* dreidimensionales Modell.

3D-Sound, der; *Subst.* (3-D sound)
→ *siehe* 3D-Audio.

3G
Kurzbezeichnung für die »dritte Generation« der Mobilfunkstandards, beispielsweise den UMTS-Standard oder EDGE. → *siehe auch* EDGE, UMTS. → *vgl.* dritte Computergeneration.

3GL
Kurzform für »3rd Generation Language« (Programmiersprache der dritten Generation). Eine Programmiersprache, die eine Stufe über der Assemblersprache liegt und vom Menschen wesentlich leichter gelesen werden kann. 3GL-Sprachen wurden in den 1970er Jahren zum ersten Mal entwickelt und zeichnen sich in der Regel durch ihre Fähigkeiten zur strukturierten Programmierung aus. Beispiele sind Fortran, COBOL, C, Pascal und Basic. → *siehe auch* Basic, C, COBOL, FORTRAN, strukturierte Programmierung. → *vgl.* 4GL, Assemblersprache.

3NF
Kurzform für dritte Normalform. → *siehe* Normalform.

3Station
Der Archetyp einer Arbeitsstation ohne Festplatte, entwickelt von Bob Metcalfe von 3Com Corporation. → *siehe auch* Arbeitsstation ohne Laufwerk.

400
Im Protokoll HTTP der Statuscode für »Bad Request« (»Anforderung ungültig«). Eine Meldung eines HTTP-Servers, die angibt, dass eine Clientanforderung nicht bedient werden kann, weil deren Syntax ungültig ist. → *siehe auch* HTTP-Statuscodes.

401
Im Protokoll HTTP der Statuscode für »Unauthorized« (»Nicht autorisiert«). Eine Meldung eines HTTP-Servers, die angibt, dass eine Clientanforderung nicht bedient werden kann, weil die Transaktion eine Autorisationsinformation erfordert, die nicht angegeben wurde. → *siehe auch* HTTP-Statuscodes.

402
Im Protokoll HTTP der Statuscode für »Payment Required« (»Gebührenpflichtig«). Eine Meldung eines HTTP-Servers, die angibt, dass eine Clientanforderung nicht bedient werden kann, weil die Transaktion gebührenpflichtig ist und keine Kontoinformationen (»ChargeTo«) angegeben wurden. → *siehe auch* HTTP-Statuscodes.

403
Im Protokoll HTTP der Statuscode für »Forbidden« (»Gesperrt«). Eine Meldung eines HTTP-Servers, die angibt, dass eine Clientanforderung nicht bedient werden kann, weil der Zugang gesperrt ist. → *siehe auch* HTTP-Statuscodes.

404
Im Protokoll HTTP der Statuscode für »Not Found« (»Nicht gefunden«). Eine Meldung eines HTTP-Servers, die angibt, dass eine Clientanforderung nicht bedient werden kann, weil der Server keine Entsprechung zur angeforderten URL-Adresse finden kann. → *siehe auch* HTTP-Statuscodes, URL.

486
→ *siehe* i486DX.

486DX
→ *siehe* i486DX.

486SL
→ *siehe* i486SL.

486SX
→ *siehe* i486DX.

4GL

Eine Sprache für die Interaktion mit einem Programmierer. Die Bezeichnung wird oft für Sprachen gebraucht, die zusammen mit relationalen Datenbanken verwendet werden. Sie soll darauf hinweisen, dass solche Sprachen eine Verbesserung der üblichen höheren Programmiersprachen wie C, Pascal und COBOL darstellen. → *siehe auch* Anwendungsprogrammiersprache, höhere Programmiersprache. → *vgl.* 3GL, Assemblersprache.

4GL-Architektur, die; *Subst.* (4GL architecture)
→ *siehe* Zwei-Schichten-Client/Server.

4-mm-Band, das; *Subst.* (4mm tape)
→ *siehe* Digital Audio Tape.

4NF

Kurzform für vierte Normalform. → *siehe* Normalform.

5,25-Zoll-Diskette, die; *Subst.* (5.25-inch floppy disk)
→ *siehe* Floppydisk.

56K *Adj.*

Eine Verfügbarkeit einer Datenrate von 56 Kilobit pro Sekunde (Kbps) zur Übertragung über einen Kommunikationsschaltkreis. Ein Sprachkanal kann bis zu 64 Kbps befördern (ein sog. T0-Träger), davon werden 8 Kbps für die Signalübertragung verwendet, 56 Kbps sind für die Datenübertragung verfügbar. → *siehe auch* T-Carrier.

56K-Modem, das; *Subst.* (56-Kbps modem)
Ein Modem, das im gewöhnlichen, analogen Telefonnetz (das auch als POTS [Abkürzung für »**P**lain **O**ld **T**elephone **S**ervice«, zu Deutsch »gewöhnlicher alter Telefondienst«] bezeichnet wird) betrieben wird, aber annähernd so schnell wie ein ISDN-Adapter arbeitet. Die Geschwindigkeit beträgt beim Datenempfang 56 Kilobit pro Sekunde (Kbps), beim Senden 28,8 oder 33,6 Kbps. Wegen der unterschiedlichen Geschwindigkeiten beim Empfangs- und Sendevorgang wird ein derartiges Modem auch als »asymmetrisches Modem« bezeichnet, im Gegensatz zu einem herkömmlichen symmetrischen Modem, das beim Empfangen und Senden mit derselben – aber geringeren – Geschwindigkeit arbeitet. Beim Einsatz von symmetrischen Modems werden bei der Übertragung zwei Konvertierungen durchgeführt: Das sendende Modem wandelt die digitalen, im Computer verarbeiteten Gleichspannungssignale in digitale Wechselspannungssignale um. Dieser Vorgang wird als »Modulation« bezeichnet. Diese gewandelten Signale

werden über das analoge Telefonnetz übertragen, von dem an der Gegenstelle installierten Modem empfangen und wieder in die ursprüngliche Form zurückverwandelt (demoduliert). Bei Verwendung eines 56K-Modems werden statt dessen von der Vermittlungsstelle digitale Spannungswerte übertragen und vom Modem empfangen. Durch Wegfall der Modulation lässt sich die hohe Geschwindigkeit von 56 Kbps erzielen. Beim Sendevorgang muss aus technischen Gründen weiterhin mit Modulation gearbeitet werden, wodurch die erzielbare Geschwindigkeit gesenkt wird. 56K-Modems wurden primär entwickelt, um den Internetbenutzern eine höhere Übertragungsgeschwindigkeit zu ermöglichen. Da der überwiegende Teil der Daten empfangen wird, fällt die niedrigere Sendegeschwindigkeit kaum ins Gewicht. Um die volle Empfangsgeschwindigkeit von 56 Kbps zu erreichen, wird allerdings eine digitalisierte Vermittlungsstelle vorausgesetzt (in Deutschland in aller Regel gegeben; Vermittlungsstellen mit mechanischen Drehhubreglern sind kaum noch im Einsatz). Außerdem erfordert das Verfahren eine gute Leitungsqualität zur Vermittlungsstelle. Zudem muss der Internetserviceprovider an einem digitalen Netz, z.B. über ISDN oder T1, angeschlossen sein. Sind diese Voraussetzungen nicht gegeben, wird nur eine Empfangsgeschwindigkeit von maximal 33,6 Kbps erreicht. Früher gab es zwei konkurrierende, nicht zueinander kompatible Standards für 56K-Modems: X2 (von der Firma U.S. Robotics, die inzwischen mit dem Netzwerkhersteller 3COM fusioniert ist) und K56flex (von der Firma Rockwell). Inzwischen hat jedoch die ITU (International Telecommunications Union) mit V.PCM eine firmenübergreifende Empfehlung verabschiedet. Es wird erwartet, dass in Zukunft nur noch 56K-Modems erscheinen werden, die diesen Standard erfüllen. Ältere 56K-Modems können entsprechend umgerüstet werden. → *siehe auch* Analogdaten, digitale Datenübertragung, International Telecommunications Union, Modem, POTS.

586

Der inoffizielle Name, der dem Nachfolger des Mikroprozessors i486 der Firma Intel vor seiner Freigabe von Branchenanalytikern und von der Computerpresse gegeben wurde. Im Interesse einer Namensgebung, deren Marke einfacher zu schützen ist, entschied Intel jedoch, den Mikroprozessor Pentium zu nennen. Der von Intel gewählte Arbeitsname für den Pentium-Mikroprozessor lautete eigentlich P5. → *siehe auch* Pentium.

5NF

Kurzform für fünfte Normalform. → *siehe* Normalform.

5x86

Eine von der Firma Cyrix hergestellte Nachbildung (»Klon«) des Pentium-Prozessors von Intel. → *siehe auch* 586, 6x86, CPU, Klon, Pentium.

64 Bit (64-bit)

→ siehe 8 Bit, 16 Bit, 32 Bit, 64 Bit.

64-Bit-Computer, der; *Subst.* (64-bit machine)

Ein Computer, der Datengruppen von 64 Bit gleichzeitig verarbeitet. Ein Computer kann als 64-Bit-Computer bezeichnet werden, weil entweder seine CPU intern mit Wortbreiten von 64 Bit arbeitet oder sein Datenbus 64 Bit gleichzeitig transportieren kann. Eine 64-Bit-CPU arbeitet mit einer Wortbreite von 64 Bit (8 Byte); ein 64 Bit breiter Datenbus hat 64 Datenleitungen, über die Informationen in Gruppen von 64 Bit gleichzeitig durch das System transportiert werden. Beispiele für eine 64-Bit-Architektur sind der Alpha AXP der Firma Digital Equipment Corporation, die Ultra Workstation der Firma Sun Microsystems und der PowerPC 620.

6502

Ein 8-Bit-Mikroprozessor, der von der Firma Rockwell International entwickelt und in den Mikrocomputern Apple II und Commodore 64 eingesetzt wurde.

65816

Ein 16-Bit-Mikroprozessor der Firma Western Digital Design, der im Apple IIGS eingesetzt wurde. Durch seine Fähigkeit zur Emulation des 6502 bietet er eine Kompatibilität zu älterer Software des Apple II. → *siehe auch* 6502.

6800

Ein 8-Bit-Mikroprozessor, der von der Firma Motorola in den frühen 70er Jahren entwickelt wurde, aber keine weite Verbreitung fand.

68000

Der ursprüngliche Mikroprozessor der 680x0-Familie, den die Firma Motorola 1979 einführte und der in den ersten Macintosh-Computern der Firma Apple, in deren LaserWriter IISC und in den LaserJet-Druckern der Firma Hewlett-Packard eingesetzt wurde. Der 68000 hat interne 32-Bit-Register, transportiert die Daten aber über einen 16-Bit-Datenbus. Mittels echter 24-Bit-Adressierung kann der 68000 eine Speichergröße von 16 Megabyte adressieren (16mal mehr Speicher als der Intel 8088 im IBM-PC). Darüber hinaus vereinfacht die Architektur des 68000 die Programmierung durch den linearen Adressraum (im Gegensatz zum segmentierten Adressraum des 8088) und die gleiche Funktionsweise aller Adress- und Datenregister. → *siehe auch* lineare Adressierung, segmentierte Adressierungsarchitektur.

68020

Ein Mikroprozessor der 680x0-Familie, den die Firma Motorola 1984 einführte. Der Chip besitzt eine 32-Bit-Adressierung und einen 32-Bit-Datenbus. Er ist in Geschwindigkeiten von 16 bis 33 MHz erhältlich. Der 68020 ist der Prozessor des ursprünglichen Macintosh II und des LaserWriter IINT, beide von der Firma Apple.

68030

Ein Mikroprozessor der 680x0-Familie, den die Firma Motorola 1987 einführte. Der Chip besitzt eine 32-Bit-Adressierung und einen 32-Bit-Datenbus. Er ist in Geschwindigkeiten von 20 bis 50 MHz erhältlich. In den 68030 ist ein Funktionsmodul zur Speicherverwaltung (PMMU) eingebaut. Es werden daher keine zusätzlichen Chips benötigt, um diese Funktion zu unterstützen.

68040

Ein Mikroprozessor der 680x0-Familie, den die Firma Motorola 1990 einführte. Der Chip besitzt eine 32-Bit-Adressierung und einen 32-Bit-Datenbus. Er arbeitet mit einer Taktfrequenz von 25 MHz, beinhaltet eine integrierte Gleitkommaeinheit und Speicherverwaltungsmodule (MMU) sowie voneinander unabhängige Cachespeicher mit 4 Kilobyte für Befehle und Daten. Zusätzliche Chips zur Unterstützung dieser Funktionen werden nicht benötigt. Darüber hinaus ist der 68040 dank paralleler, unabhängiger Befehlskanäle (Pipelines), paralleler, interner Busse und getrennter Cachespeicher für Daten und für Befehle fähig zu paralleler Befehlsausführung.

68060

Hierbei handelt es sich um den schnellsten 680x0-Mikroprozessor von Motorola, der 1995 eingeführt wurde. Dieser Chip hat eine 32-Bit-Adressierung sowie einen 32 Bit breiten Datenbus. Er ist im Geschwindigkeitsbereich von 50 MHz bis 75 MHz verfügbar. Es gab keinen Chip mit der Bezeichnung 68050. Beim 68060 handelt es sich höchstwahrscheinlich um den letzten Chip der Serie 680x0 von Motorola.

6845

Ein programmierbarer Grafikcontroller der Firma Motorola für die Grafikstandards MDA (Monochrome Display Adapter) und CGA (Color/Graphics Adapter). Der 6845 wurde ein integraler Bestandteil des IBM- und kompatibler PCs, so dass spätere Generationen der Grafikstandards wie EGA und VGA die Funktionen des 6845 weiterhin unterstützen. → *siehe auch* CGA, EGA, MDA, VGA.

68881

Ein Gleitkommacoprozessor der Firma Motorola für die Mikroprozessoren 68000 und 68020. Der 68881 bietet Befehle für eine leistungsstarke Gleitkommaarithmetik, einen Satz von Gleitkommadatenregistern und 22 eingebaute Konstanten inklusive π und Zehnerpotenzen. Der 68881 entspricht der Norm ANSI/IEEE 754-1985 für binäre Gleitkommaarithmetik. Mit Hilfe entsprechender Software, die auf die Befehle ausgelegt ist, kann der 68881 eine enorme Steigerung der Systemleistung bewirken. → *siehe auch* Gleitkommaprozessor.

68K

→ *siehe* 68000.

6x86

Ein von der Firma Cyrix Corporation entwickelter, zur Architektur 8086 kompatibler Mikroprozessor. Er weist eine Anschlusskompatibilität mit verschiedenen Pentium-Mikroprozessoren des Herstellers Intel auf und kann alternativ zu diesen verwendet werden. → *siehe auch* 8086, Mikroprozessor, Pentium.

7-Bit-ASCII, das; *Subst.* (7-bit ASCII)

Ein ASCII-Zeichensatz aus Zeichen mit 7 Bit, wie er für E-Mail-Nachrichten unter UNIX standardmäßig verwendet wird. Das verbleibende achte Bit dient als Paritätsbit zur Fehlerkorrektur. → *siehe auch* ASCII, Paritätsbit.

7-Spur-System, das; *Subst.* (7-track)

Ein Verfahren zur Datenspeicherung, bei dem die Daten auf sieben getrennten, parallelen Spuren eines Halbzollmagnetbands aufgezeichnet werden. Dieses ältere Aufzeichnungsformat wird bei Computern verwendet, die sechs Datenbit auf einmal übertragen können. Dabei werden die Daten in Form von sechs Datenbit und einem Paritätsbit aufgezeichnet. Die heutigen, mit PCs verwendeten Verfahren arbeiten mit 9-Spur-Systemen. → *siehe auch* 9-Spur-System.

80286

16-Bit-Mikroprozessor, den die Firma Intel 1982 einführte und der ab 1984 in den IBM-PC/AT und in IBM-kompatible PCs eingebaut wurde. → *siehe auch* Protected Mode, Real Mode. → *auch genannt* 286.

80287

Gleitkommacoprozessor der Firma Intel für die Mikroprozessorfamilie des 80286. Der 80287 war in Geschwindigkeiten von 6 bis 12 MHz erhältlich und bot die gleichen mathematischen Fähigkeiten, wie sie der Coprozessor 8087 für den 8086 bereitstellte. → *siehe auch* Gleitkommaprozessor.

802.x-Standards, der; *Subst.* (802.x standards)

→ *siehe* IEEE 802-Standards.

80386

→ *siehe* 80386DX.

80386DX

32-Bit-Mikroprozessor, den die Firma Intel 1985 einführte. Der 80386 ist ein echter 32-Bit-Mikroprozessor, d.h., er verfügt über 32-Bit-Register, kann gleichzeitig Informationen von 32 Bit über seinen Datenbus transportieren und 32 Bit für die Speicheradressierung verwenden. → *siehe auch* Protected Mode, Real Mode, virtueller Real Mode. → *auch genannt* 386, 386DX, 80386.

80386SL

Ein Mikroprozessor der Firma Intel, der für den Einsatz in tragbaren Computern gedacht war. Der 80386SL verfügte über ähnliche Funktionen wie der 80386SX, ist jedoch um Stromsparfunktionen erweitert worden. Insbesondere ist im Ruhezustand eine Absenkung der Taktfrequenz auf Null möglich, wobei alle Registerinhalte erhalten bleiben. → *siehe auch* 80386SX, grüner PC, i486SL. → *auch genannt* 386SL.

80386SX

Ein Mikroprozessor, den die Firma Intel 1988 als kostengünstige Alternative zum 30386DX einführte. Der 80386SX war im Grunde ein 80386DX-Prozessor, dessen Leistungsfähigkeit jedoch durch einen 16-Bit-Datenbus begrenzt wurde. Der 80386SX bot auch die Funktionen des 80386DX wie das Multitasking und den virtuellen 8086-Modus. → *siehe auch* 80386DX. → *auch genannt* 386SX.

80387

Der Gleitkommacoprozessor der Firma Intel für die Mikroprozessorfamilie 80386. Der 80387 war in Geschwindigkeiten von 16 bis 33 MHz erhältlich und bot die gleichen mathematischen Fähigkeiten, wie sie der Coprozessor 8087 für den 8086 bereitstellte. → *siehe auch* 80386DX, Gleitkommaprozessor. → *auch genannt* 387.

80387SX

Der Gleitkommacoprozessor der Firma Intel für den Mikroprozessor 80386SX. Er bot die gleichen Fähigkeiten wie sie der 80387 für den 80386 bereitstellte, war jedoch nur in einer 16-MHz-Version erhältlich. → *siehe auch* 80386SX, Gleitkommaprozessor. → *auch genannt* 387SX.

80486

→ *siehe* i486DX.

80486SL

→ *siehe* i486SL.

80486SX

→ *siehe* i486SX.

8080

Einer der ersten Chips, die als Grundlage für einen PC dienen konnten. Er wurde 1974 von der Firma Intel eingeführt und im Altair 8800 eingesetzt. Der 8080 verfügte über 8-Bit-Datenoperationen und 16-Bit-Adressierung. Er beeinflusste das Design des Z80. Die Mikroprozessoren der 80x86-Familie basieren auf einem Satz von Registern, die vergleichbar mit denen des 8080 organisiert sind. Sie bilden die Grundlage für den IBM-PC, seine Nachfolger und die IBM-kompatiblen PCs. → *siehe auch* Altair 8800, Z80.

8086

Der ursprüngliche Mikroprozessor der 80x86-Familie, der 1978 von der Firma Intel eingeführt wurde. Der 8086 verfügt über ein 16-Bit-Register, einen 16-Bit-Datenbus und eine 20-Bit-Adressierung, die einen Zugriff auf eine Speichergröße von 1 Megabyte ermöglicht. Seine internen Register sind teilweise vergleichbar mit denen des 8080 angelegt. Die Geschwindigkeit beträgt zwischen 4,77 und 10 MHz. → *siehe auch* 8080.

8086-Modus, virtueller, der; *Subst.* (virtual 8086 mode)

→ *siehe* virtueller Real Mode.

8087

Ein Gleitkommacoprozessor der Firma Intel für die Mikroprozessoren 8086/8088 und 80186/80188, erhältlich in Geschwindigkeiten von 5 MHz bis 10 MHz. Der 8087 ent-

spricht dem Normenentwurf IEEE 754 für binäre Gleitkommaarithmetik. → *siehe auch* 8086, 8088, Gleitkommaprozessor.

8088

Der Mikroprozessor, der 1978 von der Firma Intel eingeführt wurde und auf dem der ursprüngliche IBM-PC basierte. Der 8088 ist identisch mit dem 8086, transportiert aber gleichzeitig nur 8 Bit über einen 8-Bit-Datenbus. → *siehe auch* 8086, Bus.

80x86

→ *siehe* 8086.

80 Zeichen pro Zeile (80-character line length)

Eine Standardzeilenlänge für zeilenorientierte Darstellung. Diese Zeilenlänge, die sich in den ersten IBM-PCs und in professionellen Datensichtgeräten der 70er und 80er Jahre findet, ist ein Vermächtnis der Lochkarte und der Großcomputer-Betriebssysteme, bei denen jede Zeile einer Datei, die auf einem Bildschirm dargestellt wurde, dem Computer über eine einzelne Karte eines Kartensatzes vermittelt wurde. Grafische Benutzeroberflächen unterstützen, abhängig von der gewählten Schrift, längere oder kürzere Zeilen. Werden z.B. E-Mail-Nachrichten mit Hilfe eines grafikorientierten Programms erstellt, das längere Zeilen ermöglicht, sind die Nachrichten für einen Benutzer, der sie lediglich mit einem Terminalemulationsprogramm und einem Shellzugang zu lesen versucht, schwer entzifferbar, da die Zeilen auf seinem System umbrochen werden.

82385

Ein Cachecontrollerbaustein der Firma Intel, der parallel zu den Cachezugriffen des Prozessors (oder durch DMA) eine Wiederherstellung modifizierter Cachespeicherblöcke im Hauptspeicher ermöglicht. → *siehe auch* Cache, Controller, CPU, DMA.

8.3

Das Standardformat für Dateinamen bei MS-DOS/Windows 3.x: ein Dateiname aus bis zu acht Zeichen, gefolgt von einem Punkt und einer Dateinamenerweiterung mit drei Zeichen. → *vgl.* lange Dateinamen.

8514/A

Ein Grafikcontroller, der von der Firma IBM im April 1987 eingeführt und im Oktober 1991 zurückgerufen wurde. Der 8514/A wurde entwickelt, um die Auflösung des VGA-Adapters bestimmter IBM-Computer vom Typ PS/2 von 640 * 480 Bildpunkten (Pixel) mit 16 gleichzeitig darstellbaren Farben auf eine 1.024 * 768 Punkten (fast eine Vervierfachung der dargestellten Informationen auf dem Bildschirm) mit 256 Farben zu erhöhen. Der 8514/A arbeitete nur mit IBM PS/2-Computern zusammen, die auf der Micro Channel-Architektur basierten. Er verwendete das Interlaceverfahren, welches bei höherer Auflösung ein wahrnehmbares Flimmern verursachen kann. Aus diesem Grund erlangte er keine große Verbreitung. Der SVGA-Adapter dominierte, weil er mit den gebräuchlicheren ISA- und EISA-Busarchitekturen zusammenarbeiten konnte. → *siehe auch* EISA, ISA, Mikrokanalarchitektur, ohne Zeilensprung, SVGA, VGA, Zeilensprungverfahren.

88000

Ein Chipsatz für RISC-Prozessoren (Reduced Instruction Set Computing), den die Firma Motorola 1988 eingeführt hat und der auf der Harvard-Architektur basiert. Der 20-MHz-Chipsatz 88000 umfasst eine CPU des Typs 88100 und mindestens zwei CMMUs (Cache-Speicherverwaltungseinheiten) des Typs 88200 – eine Einheit als Datei- und eine Einheit als Befehlsspeicher. Der 88100 kann 4 Gigabyte externer Daten sowie 1 Gigabyte 32-Bit-Befehle im Speicher adressieren. In einer Parallelprozessorkonfiguration können bis zu vier Chipsätze mit dem gleichen Speicher arbeiten. → *siehe auch* Chipsatz, Gleitkommaprozessor, Harvard-Architektur, Prozessor, RISC.

88100

→ *siehe* 88000.

88200

→ *siehe* 88000.

8 Bit, 16 Bit, 32 Bit, 64 Bit (8-bit, 16-bit, 32-bit, 64-bit)

Im Zusammenhang mit einer Datenbusleitung eine Eigenschaft, die angibt, dass in einem Durchgang entweder 8, 16, 32 oder 64 Bit über die Leitung übertragen werden können. Beispielsweise beinhaltet die IBM Micro Channel-Architektur einen oder mehrere 32-Bit-Datenbusse mit zusätzlichen 16-Bit- und 8-Bit-Leitungen. → *siehe auch* 16-Bit-Computer, 32-Bit-Computer, 64-Bit-Computer, 8-Bit-Computer.

Bei einer Grafikkarte eine Eigenschaft, die angibt, dass in einem Durchgang entweder 8, 16, 32 oder 64 Bit je Daten-

pfad übertragen werden können. Eine *n*-Bit-Grafikkarte ist fähig zur Darstellung von bis zu 2^n Farben. So kann eine 8-Bit-Grafikkarte bis zu 256 Farben darstellen, eine 16-Bit-Karte bis zu 65.536 Farben und ein 24-Bit-Karte über 16 Millionen Farben. (Eine 24-Bit-Grafikkarte hat einen 32-Bit-Datenpfad, obwohl die oberen 8 Bit nicht direkt zur Erzeugung einer Farbe verwendet werden.) → *siehe auch* Alphakanal.

8-Bit-Computer, der; *Subst.* (8-bit machine)

Ein Computer, der Datengruppen von 8 Bit gleichzeitig verarbeitet. Ein Computer kann als 8-Bit-Computer bezeichnet werden, weil entweder sein Mikroprozessor intern mit Wortbreiten von 8 Bit arbeitet oder sein Datenbus 8 Bit gleichzeitig transportieren kann. Der ursprüngliche IBM-PC basierte auf einem Mikroprozessor (dem 8088), der intern mit Wortbreiten von 16 Bit arbeitete, davon aber nur 8 Bit gleichzeitig transportierte. Derartige Computer werden im Allgemeinen 8-Bit-Computer genannt, da die Größe des Datenbusses die Gesamtgeschwindigkeit des Computers begrenzt.

8-mm-Band, das; *Subst.* (8mm tape)

Eine Magnetbandkassette für Sicherungskopien, die den Kassetten für Videokameras ähnelt, jedoch ein spezielles Datenmagnetband enthält. Die Datenkapazität beträgt 5 Gigabyte oder mehr (bei komprimierten Daten).

8-N-1

Kurzform für **8** Bit, **N**o (Keine) Parität, **1** Stopbit. Typische Standardwerte für die serielle Datenübertragung bei Modemverbindungen.

9.600 (9600)

Bezeichnung für ein Modem mit einer maximalen Datenübertragungsrate von 9.600 Bit pro Sekunde (bps).

9-Spur-System, das; *Subst.* (9-track)

Ein Verfahren zur Datenspeicherung, bei dem die Daten auf neun getrennten, parallelen Spuren eines Halbzollmagnetbandes aufgezeichnet werden (eine Spur für jedes der acht Datenbit eines Bytes und eine Spur für ein Paritätsbit). → *siehe auch* 7-Spur-System.

Å

→ *siehe* Angström.

A

A:

In Windows und einigen anderen Betriebssystemen die Bezeichnung für das erste - oder primäre - Diskettenlaufwerk. Auf diesem Laufwerk sucht das Betriebssystem zuerst nach Bootbefehlen, vorausgesetzt, es wurde kein anderes Bootlaufwerk durch entsprechende Änderungen im CMOS-Setup definiert.

AAL

→ *siehe* ATM Adaptation Layer.

Abbild, das; *Subst.* (image)

Ein Duplikat, eine Kopie oder eine Darstellung des Gesamtinhalts oder eines Bestandteils einer Festplatte oder einer Diskette bzw. eines Abschnitts von einem Speicher oder einer Festplatte, einer Datei, einem Programm oder von Daten. Eine RAM-Disk kann z.B. ein Abbild des Gesamtinhalts oder eines Bestandteils eines Datenträgers im Hauptspeicher halten. Ein RAM-Programm kann ein Abbild eines Teils des Hauptspeichers des Computers auf einem Datenträger erstellen. → *siehe auch* RAM-Disk.

abbrechen *Vb.* (abort, cancel)

Allgemein das vorzeitige Beenden. Der Begriff wird häufig in Bezug auf ein Programm verwendet, bei dem es im laufenden Betrieb zu einem Abbruch kommt.

Bei der Programmierung die vorzeitige Beendigung eines fehlerhaft arbeitenden Programms oder Programmteils (wie einer Routine oder eines Moduls), um dieses zu korrigieren.

Beim Einsatz eines Debuggers auch das Stoppen der Programmausführung an einer vorgegebenen Stelle, gewöhnlich zum Zwecke der Fehlerbehebung (Debugging). → *siehe auch* Haltepunkt.

Abbremszeit, die; *Subst.* (deceleration time)

Bei Festplatten oder Diskettenlaufwerken die für das Abbremsen des Zugriffsarms während der Annäherung an den gewünschten Teil einer Diskette oder Platte benötigte Zeit. Je schneller sich ein Zugriffsarm bewegt, desto höher ist

auch der durch die Masse bedingte Kraftimpuls. → *siehe auch* Diskettenlaufwerk, Festplatte.

Abbruch, der; *Subst.* (break)

Allgemein die vorzeitige Beendigung der Programmausführung, indem der Benutzer die entsprechende Unterbrechungstaste drückt (bei IBM-kompatiblen Tastaturen die Tastenkombination Strg+Untbr [Unterbrechen]).

In der Kommunikationstechnik die ungewollte Beendigung einer Datenübertragung, die dadurch bedingt ist, dass die empfangende Station oder die Sendestation den Vorgang vorzeitig stoppt.

ABC, das; *Subst.*

Abkürzung für »**A**tanasoff **B**erry **C**omputer«. Der erste elektronische, digitale Computer überhaupt. Er wurde 1942 von John Atanasoff und Clifford Berry an der Universität des US-amerikanischen Bundesstaates Iowa entwickelt.

Abkürzung für »**A**utomatic **B**rightness **C**ontrol«, zu Deutsch »automatische Helligkeitssteuerung«. Ein Schaltkreis, der die Leuchtdichte eines Monitors automatisch variiert, um die spezifischen Beleuchtungsverhältnisse am Arbeitsplatz auszugleichen.

Eine imperative Programmiersprache und Programmierumgebung vom Nationalen Forschungsinstitut für Mathematik und Informatik der Niederlande (Webadresse: http://www.cwi.nl). Die interaktive, strukturierte Hochsprache ist leicht zu erlernen und anzuwenden. Sie stellt keine Sprache zur Systementwicklung dar, eignet sich jedoch gut für Lehrzwecke und die Herstellung von Prototypen.

Abandonware, die; *Subst.* (abandonware)

Bezeichnung für alte Video- oder Computerspiele, die vom Hersteller nicht mehr angeboten werden. Abandonware wird von Sammlern auf alten, wieder in Betrieb genommenen Systemen oder auf PCs mit einer entsprechenden Emulatorsoftware ausgeführt. → *siehe auch* Arcadespiel, Emulator, MAME.

A

abdocken Vb. (undock)

In Verbindung mit tragbaren Computern das Abtrennen des Computers von der Basisstation. → *siehe* auch Docking Station, Laptop.

Im Zusammenhang mit grafischen Benutzeroberflächen das Wegziehen der Systemleiste von der Innenseite eines Anwendungsfensters, so dass die Leiste zu einem eigenständigen, frei beweglichen Bildschirmfenster wird. → *siehe* auch Symbolleiste.

Abdunkeln, das; *Subst.* (shade)

Erzeugen einer bestimmten Farbvariation durch Mischen einer reinen Farbe mit Schwarz. → *siehe* auch Helligkeit, IRGB.

abend, das; *Subst.*

Kurzwort für »**ab**normal **end**«, wörtlich übersetzt »normwidriges Ende«. Das vorzeitige Beenden eines Programms aufgrund bestimmter Programm- oder Systemfehler. → *siehe* auch abbrechen, crashen.

Abkürzung für »**A**bsent **B**y **E**nforced **N**et **D**eprivation« (»Abwesend durch erzwungene Netzverschlechterung«). Eine Betreffzeile in einer E-Mail-Nachricht, die andere über einen unfreiwilligen (z.B. durch Umzug, Netzwerkprobleme oder Krankheit bedingten) Ausfall des Internetzugangs in Kenntnis setzen soll.

Abenteuerspiel, das; *Subst.* (adventure game, interactive fiction)

Ein Computerspiel, bei dem der Benutzer an einer Handlung teilnimmt. Diese Handlung wird vom Benutzer durch Befehle gesteuert. Die Handlung basiert in der Regel auf dem Erreichen eines bestimmten Ziels, das nur dann erreicht werden kann, wenn die Aktionen in der richtigen Reihenfolge ausgeführt werden.

Abfrage, die; *Subst.* (query)

Das Extrahieren von Daten aus einer Datenbank und die Darstellung dieser Daten für die spätere Nutzung.

»Abfrage« bezeichnet auch einen spezifischen Satz von Befehlen für das wiederholte Extrahieren bestimmter Daten.

Abfrage durch Beispiel, die; *Subst.* (query by example)

Englisch »query by example«, abgekürzt QBE. Eine einfach anzuwendende Abfragesprache, die in mehreren relationalen Datenbank-Managementsystemen implementiert ist. Mit Hilfe von QBE legt der Benutzer anzuzeigende Felder, Ver-

knüpfungen zwischen Tabellen und Abfragekriterien direkt in Formularen auf dem Bildschirm fest. Diese Formulare stellen eine direkte bildliche Repräsentation der Zeilenstruktur dar, aus denen sich die Datenbank aufbaut. Damit wird die Konstruktion einer Abfrage aus der Sicht des Benutzers zu einem einfachen »Abhaken«.

abfragen Vb. (interrogate)

Informationen mit der Aussicht auf eine sofortige Antwort einholen. Beispielsweise kann der Hauptcomputer eines Netzwerks ein angeschlossenes Terminal abfragen, um dessen Status zu bestimmen (bereit zum Senden oder bereit zum Empfangen).

Abfrage, natürlichsprachliche, die; *Subst.* (natural language query)

→ *siehe* natürlichsprachliche Abfrage.

Abfragesprache, die; *Subst.* (query language)

Eine Untermenge der Datenmanipulationssprache (Data Manipulation Language), insbesondere der Teil, der sich auf das Abrufen und die Anzeige von Daten aus einer Datenbank bezieht. Manchmal verwendet man diesen Begriff auch für die gesamte Datenmanipulationssprache. → *siehe* auch Datenmanipulationssprache.

Abfragesprache, strukturierte, die; *Subst.* (structured query language)

→ *siehe* strukturierte Abfragesprache.

abgeblendet Adj. (dimmed)

Inaktive Elemente einer grafischen Benutzeroberfläche werden abgeblendet, d.h., grau unterlegt. Die Zeichen werden also nicht schwarz, sondern grau angezeigt. Abgeblendete Menübefehle können unter den gegebenen Umständen nicht aktiviert werden. So ist z.B. der Befehl *Ausschneiden* abgeblendet, wenn kein Text markiert ist. Der Befehl *Einfügen* ist abgeblendet, wenn kein Text in die Zwischenablage kopiert wurde.

abgeleitete Klasse, die; *Subst.* (derived class)

In der objektorientierten Programmierung eine Klasse, die aus einer anderen Klasse, der sog. Basisklasse, erzeugt wird und deren gesamte Merkmale erbt. Die abgeleitete Klasse kann dann Datenelemente und Routinen hinzufügen, Routinen der Basisklasse neu definieren und den Zugriff auf Merkmale der Basisklasse einschränken. → *siehe* auch Basisklasse, Klasse, objektorientierte Programmierung.

abgeleitete Schrift, die; *Subst.* (derived font)
Eine Schrift, die aus einer bereits vorhandenen Schrift skaliert oder modifiziert wurde. Das Betriebssystem von Macintosh ist z.B. in der Lage, Zeichen in Schriftgrößen zu generieren, die im installierten Größenbereich nicht vorkommen. → *siehe auch* Schrift. → *vgl.* eingebaute Schrift.

abgesicherter Modus, der; *Subst.* (safe mode)
Bei einigen Windows-Versionen, z.B. Windows 9x, ein Startmodus, bei dem die meisten Treiber und Peripheriegeräte deaktiviert sind, um Probleme im System lösen zu können. Der abgesicherte Modus wird automatisch vorgeschlagen, wenn das System bei der letzten Sitzung nicht ordnungsgemäß beendet wurde oder starten konnte. → *siehe auch* booten.

abgesichertes Hochfahren, das; *Subst.* (clean boot)
Das Booten oder Starten eines Computers mit einem Minimum an Systemdateien des Betriebssystems. Das abgesicherte Hochfahren wird als Problembehandlungsmethode verwendet, um das Programm, das den Fehler verursacht, einzugrenzen. Typische Fehler sind darin begründet, dass Programme dieselben Ressourcen gleichzeitig aufrufen, Konflikte verursachen, die die Leistungsfähigkeit des Systems reduzieren, den Betrieb von anderen Programmen stören oder gar zum Systemabsturz führen. → *siehe auch* Betriebssystem, booten, crashen.

abhängige Variable, die; *Subst.* (dependent variable)
Eine Variable in einem Programm, deren Wert vom Ergebnis einer anderen Operation abhängt.

Abhängigkeit, die; *Subst.* (dependence)
Der Zustand, in der eine Entität hinsichtlich der eigenen Definition oder Funktionalität von spezieller Hardware, spezieller Software oder speziellen Ereignissen abhängt. → *siehe auch* abhängige Variable, Geräteabhängigkeit, hardwareabhängig, kontextabhängig, softwareabhängig.

abholen *Vb.* (fetch)
Das Abfragen einer Anweisung oder eines Datenelements aus dem Speicher und das Ablegen dieses Elements in ein Register. Fetching ist Bestandteil des Ausführungszyklus eines Mikroprozessors. Das Element muss zuerst aus dem Speicher abgeholt und in ein Register geladen werden. Wenn das Element eine Anweisung ist, kann diese ausgeführt werden. Wenn es Datenelemente sind, können daran Aktionen ausgeführt werden.

Abholzeit, die; *Subst.* (fetch time)
→ *siehe* Befehlsausführungszeit.

ABI
→ *siehe* binäre Anwendungsschnittstelle.

Abilene *Subst.*
Ein von Qwest Communications, Nortel und Cisco Systems entwickeltes Hochleistungsnetzwerk, das als Backbone-Netzwerk für Internet2 verwendet wird. Abeline verbindet die gigaPoPs miteinander, die durch das Internet2-Projekt und seine Mitgliedsinstitutionen erstellt wurden, und ermöglicht es den angeschlossenen Teilnehmern, erweiterte Netzwerkdienste und -anwendungen zu entwickeln. → *siehe auch* Internet2.

ABIOS
Abkürzung für »**A**dvanced **B**asic **I**nput/**O**utput **S**ystem«. Ein Satz von Routinen mit Eingabe-/Ausgabediensten. Sie wurden entwickelt, um Multitasking und Protected Mode der PS/2-PCs von IBM zu unterstützen. → *siehe auch* BIOS.

Abklingen, das; *Subst.* (decay)
Die zeitliche Abnahme der Signalamplitude.

Abkömmling, der; *Subst.* (descendant)
In der objektorientierten Programmierung eine Klasse (Gruppe), die eine weiter spezialisierte, auf höherer Ebene liegenden Klasse darstellt. → *siehe auch* Klasse, objektorientierte Programmierung.
In der Rechentechnik bezeichnet der Begriff einen Prozess (etwa ein Programm oder einen Task), der durch einen anderen Prozess aufgerufen wird und bestimmte Eigenschaften des Urhebers erbt, z.B. geöffnete Dateien. → *siehe auch* Child, Vererbung. → *vgl.* Client.

Ablenkspule, die; *Subst.* (yoke)
Der Bestandteil einer Kathodenstrahlröhre (CRT - Cathode Ray Tube), der den Elektronenstrahl ablenkt, damit dieser auf einem bestimmten Bereich des Bildschirms auftrifft. → *siehe auch* CRT. → *auch genannt* Ablenkspulen.

Ablenkspulen, die; *Subst.* (deflection coils)
→ *siehe* Ablenkspule.

abmelden *Vb.* (close, jack out, log off)
Das Beenden einer Sitzung mit einem Computer, auf den über eine Kommunikationsverbindung zugegriffen wurde.

A

Dabei handelt es sich im Allgemeinen um einen Computer, der sich sowohl an einem anderen Ort als der Benutzer befindet als auch vielen Benutzern offen steht. → *auch genannt* ausloggen. → *vgl.* anmelden.

Im Zusammenhang mit Netzwerken bedeutet »schließen«, dass die Verbindung eines Computers mit den übrigen Computern des Netzwerks beendet wird.

Das Ausloggen von einem Computer.

Abmelden, das; *Subst.* (logout)
→ *siehe* Ausloggen.

Abnahme, die; *Subst.* (acceptance test)
Die durch den Kunden – gewöhnlich in der Herstellerfirma – durchgeführte formelle Beurteilung, mit der überprüft wird, ob das Produkt die mit dem Hersteller vereinbarten Spezifikationen erfüllt.

abnormal end, das; *Subst.*
→ siehe abend.

A-Bone, der; *Subst.*
Der Internet-Backbone über den asiatischen Pazifik, der Benutzer in ost- und südasiatischen Ländern und Australien mit der Übertragungsgeschwindigkeit von T1 oder besser verbindet, ohne dass Daten über nordamerikanische Netze gesendet werden müssen. A-Bone wurde 1996 von der Asia Internet Holding Co., Ltd. errichtet. 1998 waren bereits 13 Länder mit dem zentralen Hub dieses Backbones in Japan verbunden. A-Bone verfügt auch über Verbindungen zu Europa und den USA. → *siehe auch* Backbone.

Abonnement kündigen *Vb.* (unsubscribe)
In Verbindung mit einem Newsreaderclient das Entfernen eines Newsgroupeintrags aus der Liste der abonnierten Newsgroups. → *siehe auch* Newsgroup.

Außerdem das Entfernen eines Empfängers von einer Verteilerliste. → *siehe auch* Verteilerliste.

abonnieren *Vb.* (subscribe)
Eine Newsgroup auf die Liste der Gruppen setzen, von denen ein Benutzer jeweils alle neuen Artikel erhält.

Außerdem das Setzen eines Namens auf eine LISTSERV-Verteilerliste. → *siehe auch* LISTSERV.

abrufbasierende Verarbeitung, die; *Subst.* (demand-driven processing)
Das Verarbeiten von Daten, sobald diese verfügbar sind.

Durch diese Echtzeitverarbeitung brauchen keine Daten gespeichert zu werden, die noch nicht verarbeitet wurden. → *vgl.* datengesteuerte Verarbeitung.

abrufen *Vb.* (retrieve)
Bestimmte, angeforderte Elemente oder Datensätze lokalisieren und an ein Programm oder den Benutzer zurückgeben. Computer können Informationen von beliebigen Speicherquellen abrufen – Festplatten, Magnetbändern oder aus dem Hauptspeicher.

Absatz, der; *Subst.* (paragraph)
In der Textverarbeitung jeder Teil eines Dokuments, dem eine Absatzmarke vorangeht und der mit einer Absatzmarke endet. Für das Programm stellt ein Absatz eine Informationseinheit dar, die sich als Ganzes auswählen lässt und deren Formatierung sich von den umgebenden Absätzen unterscheiden kann.

Absatzteil, alleinstehendes, das; *Subst.* (widow)
→ *siehe* Hurenkind, Schusterjunge.

abschalten *Vb.* (disable)
Etwas unterdrücken oder verhindern. Abschalten bezeichnet eine Methode zur Steuerung der Systemfunktionen, wobei bestimmte Aktivitäten unterbunden werden. Ein Programm kann z.B. vorübergehend unwesentliche Interrupts (Anforderungen von Diensten der Systemgeräte) abschalten, um Unterbrechungen kritischer Prozessabschnitte zu vermeiden. → *vgl.* einschalten.

Abschirmung, die; *Subst.* (RF shielding)
Eine Vorrichtung – im Allgemeinen aus einem Metallblech oder einer metallischen Folie bestehend – die den Durchlass von elektromagnetischer Strahlung im Hochfrequenzbereich (HF) verhindert. Durch Abschirmung soll sowohl das Austreten von Strahlung aus einem Gerät als auch das Eindringen derselben in ein Gerät unterbunden werden. Ohne geeignete Abschirmung können sich Geräte, die hochfrequente Energie erzeugen oder aussenden, gegenseitig stören. Eine elektrische Küchenmaschine kann beispielsweise Störungen in einem Fernsehgerät verursachen. Auch Computer erzeugen hochfrequente Energie und müssen geeignet abgeschirmt sein, um das Austreten hochfrequenter Strahlung zu verhindern und die Störstrahlungsnormen zu erfüllen. Dabei trägt das Metallgehäuse eines PCs bereits weitgehend zur erforderlichen Abschirmung bei. Nach den amerikanischen FCC-Störstrahlungsnormen werden Typ A (für Bürogeräte) und

die strengere FCC-Norm Typ B (für den Wohnbereich) unterschieden. → *siehe auch* Hochfrequenz, RFI.

Abschlusskappe, die; *Subst.* (terminator cap)
Eine spezielle Steckverbindung, die an jedes Ende eines Ethernet-Buskabels angeschlossen werden muss. Fehlen eine oder gar beide Abschlusskappen, kann das Ethernet-Netzwerk nicht in Betrieb genommen werden.

Abschlusswiderstand, der; *Subst.* (terminator)
Ein Bauelement, das als letztes Gerät in einer Gerätekette (z.B. SCSI) oder einem Busnetzwerk (z.B. Ethernet) angeschlossen werden muss. → *siehe auch* Abschlusskappe.

abschneiden *Vb.* (truncate)
Den Anfang oder das Ende einer Folge von Zeichen oder Zahlen entfernen; insbesondere eine oder mehrere der niederwertigsten Ziffern (in der Regel die am weitesten rechts stehenden) eliminieren. Durch das Abschneiden werden die Ziffern einfach eliminiert. Beim Runden hingegen wird die verbleibende, am weitesten rechts stehende Ziffer gegebenenfalls um 1 erhöht, um Genauigkeitsverluste zu vermeiden. → *vgl.* runden.

absolute Adresse, die; *Subst.* (absolute address)
Eine Adresse, die die genaue, numerische Position im Arbeitsspeicher angibt, im Gegensatz zu einem Ausdruck, der die Adresse berechnet. → *siehe auch* absolute Codierung. → *auch genannt* direkter Zugriff, echte Adresse, Maschinenadresse. → *vgl.* relative Adresse, virtuelle Adresse.

absolute Codierung, die; *Subst.* (absolute coding)
Die Codierung eines Programms, bei der eine absolute Adressierung erfolgt, im Gegensatz zur indirekten Adressierung. → *siehe auch* absolute Adresse, indirekte Adresse.

absolute Koordinaten, die; *Subst.* (absolute coordinates)
Koordinaten in Form von Werten, die sich auf die Entfernung vom Ursprung beziehen, also dem Punkt, in dem sich die Achsen schneiden. In mathematischen Graphen und Computergrafiken werden absolute Koordinaten verwendet, um Punkte in einem Diagramm oder Anzeigeraster zu adressieren. Beispielsweise werden Punkte eines zweidimensionalen Graphen in Bezug auf die x- und y-Achse angegeben und die Position eines dreidimensionalen Grafikobjektes in Relation zur x-, y- und z-Achse. → *siehe auch* Graph, kartesische Koordinaten. (Abbildung A.1)

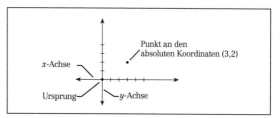

Abbildung A.1: Absolute Koordinaten

absoluter Pfad, der; *Subst.* (absolute path)
Form der Pfadangabe zu einer Datei, die von der höchsten Ebene der Baumstruktur des Laufwerks ausgeht (also dem Stammverzeichnis). Beispiel: »C:\Dokumente\Arbeit\Vertrag.txt«. → *siehe auch* Pfad. → *vgl.* relativer Pfad.

absoluter Wert, der; *Subst.* (absolute value)
Die Größe einer Zahl ohne Berücksichtigung des Vorzeichens (+ oder –). Ein absoluter Wert ist immer größer oder gleich Null. Beispielsweise ist der absolute Wert von 10 und von –10 jeweils 10. Programmiersprachen und Tabellenkalkulationsprogramme stellen in der Regel Funktionen bereit, die den absoluten Wert einer Zahl berechnen.

absolutes Zeigegerät, das; *Subst.* (absolute pointing device)
Ein Zeigegerät, dessen Lage mit der Position des Bildschirmcursors verknüpft ist. Bewegt der Anwender z.B. den Stift eines Grafiktabletts in die rechte obere Ecke des Tabletts, bewegt sich der Cursor in die rechte obere Ecke des Bildschirms bzw. des entsprechenden Fensters. → *siehe auch* absolute Koordinaten, Grafiktablett. → *vgl.* relatives Zeigegerät.

Absolutwert, der; *Subst.* (magnitude)
Die Größe einer Zahl ohne Berücksichtigung ihres Vorzeichens (+ oder –). Beispielsweise ist der Absolutwert von 16 als auch von –16 gleich 16. → *siehe auch* absoluter Wert.

absteigende Sortierung, die; *Subst.* (descending sort)
Ein Sortiervorgang, bei dem die Elemente in fallender Reihenfolge angeordnet werden, z.B. von A bis Z und größere Zahlen vor kleineren Zahlen. → *siehe auch* alphanumerische Sortierung. → *vgl.* aufsteigende Sortierung.

Abstract Syntax Notation One, die; *Subst.*
Abkürzung: ASN.1. Von der ISO als X.208 genormte Notation, die plattformunabhängige Spezifikationen von Datentypen und Strukturen für die Syntaxkonvertierung definiert. → *siehe auch* Datentyp, ISO, Syntax.

A

abstrakt *Adj.* (abstract)

In Bezug auf Zeichenerkennungssysteme die Eigenschaft eines Symbols, das, im Gegensatz zu einem Buchstaben und einer Ziffer, keine eigentliche Bedeutung aufweist und zunächst definiert werden muss, bevor es interpretiert werden kann.

Bei der Programmierung die Eigenschaft eines Datentyps, der durch die Operationen definiert ist, die mit Objekten dieses Typs durchgeführt werden können, nicht aber durch die Eigenschaften der Objekte selbst. → *siehe auch* abstrakter Datentyp.

abstrakte Klasse, die; *Subst.* (abstract class)

In der Programmiersprache C++ das Gegenstück zu einer konkreten Klasse (einer Klasse, in der Objekte angelegt werden können). In einer abstrakten Klasse können dagegen keine Objekte erzeugt werden. Vielmehr werden abstrakte Klassen dazu verwendet, Unterklassen zu definieren; die Objekte werden dann von den Unterklassen angelegt. → *siehe auch* Objekt.

abstrakte Maschine, die; *Subst.* (abstract machine)

Ein Prozessordesign, das nicht für die tatsächliche Umsetzung (im Sinne eines greifbaren, physischen Prozessors) gedacht ist. Es repräsentiert vielmehr das Modell der Verarbeitung einer Zwischensprache, die als »abstrakte Maschinensprache« bezeichnet wird und bei einem Interpreter oder Compiler zum Einsatz kommt. Der Befehlssatz einer abstrakten Sprache kann Befehle verwenden, die der kompilierten Sprache stärker ähneln als den Maschinenbefehlen des jeweiligen Computers. Außerdem kann die abstrakte Sprache eingesetzt werden, um die Implementierung einer Programmiersprache so zu gestalten, dass diese einfacher auf andere Rechnerplattformen portiert werden kann.

abstrakter Datentyp, der; *Subst.* (abstract data type)

In der Programmierung ein Datentyp, der durch die Informationen, die er aufnehmen kann, und die Operationen, die mit ihm durchgeführt werden können, definiert ist. Ein abstrakter Datentyp ist allgemeiner als ein Datentyp, der durch die Eigenschaften der Objekte festgelegt ist, die er enthalten kann. Beispielsweise ist der Datentyp »Tier« allgemeiner als die Datentypen »Tier Hund«, »Tier Vogel« und »Tier Fisch«. Das Standardbeispiel für die Veranschaulichung eines abstrakten Datentyps ist der Batch, ein kleiner Speicherbereich, der für die – in der Regel temporäre – Aufnahme von Informationen benutzt wird. Bezogen auf einen abstrakten Datentyp, stellt der Batch eine Struktur dar, in der Werte abgelegt (hinzuge-

fügt) und aus der Werte entnommen (entfernt) werden können. Der Typ des Wertes, z.B. Integer, ist für die Definition des Datentyps belanglos. Die Art und Weise, in der mit den abstrakten Datentypen Operationen durchgeführt werden, ist vom Rest des Programms gekapselt oder versteckt. Die Kapselung ermöglicht es dem Programmierer, die Definition des Datentyps oder dessen Operationen zu ändern, ohne dass Fehler in dem bestehenden Code entstehen, der den abstrakten Datentyp verwendet. Abstrakte Datentypen stellen einen Zwischenschritt zwischen konventioneller und objektorientierter Programmierung dar. → *siehe auch* Datentyp, objektorientierte Programmierung.

abstrakter Syntaxbaum, der; *Subst.* (abstract syntax tree)

Eine baumähnliche Darstellung von Programmen, die in vielen integrierten Programmierumgebungen und strukturorientierten Editoren verwendet wird.

abstrakte Syntax, die; *Subst.* (abstract syntax)

Eine Beschreibung einer Datenstruktur, die unabhängig von Hardwarestrukturen und Codierungsarten ist.

Abstraktion, die; *Subst.* (Abstraction)

Allgemein der Einsatz spezialisierter Software, z.B. einer Anwendungs-Programmierschnittstelle (API), als ein Hilfsmittel, um die Software vor geräteabhängigen Komponenten oder der Komplexität der zugrundeliegenden Software abzuschirmen. Hardwareabstraktion ermöglicht es z.B. Programmen, sich auf die eigentliche Aufgabe zu konzentrieren, z.B. Datenkommunikation. Etwaige Unterschiede der an der Übertragung beteiligten Geräte müssen nicht berücksichtigt werden. In der objektorientierten Programmierung bezeichnet »Abstraktion« den Vorgang, bei dem ein Objekt auf das Wesentliche reduziert wird, so dass nur die notwendigen Elemente dargestellt werden. Die Abstraktion definiert ein Objekt hinsichtlich seiner Eigenschaften (Attribute), seines Verhaltens (Funktionalität) und seiner Schnittstelle (Hilfsmittel, um mit anderen Objekten zu kommunizieren).

abstürzen *Vb.* (blow up, bomb)

Vollständiges, abruptes Zusammenbrechen eines Systems oder Programms. Das System oder Programm reagiert nicht mehr auf Benutzereingaben. Um wieder weiterarbeiten zu können, muss das System oder Programm neu gestartet werden. → *siehe auch* abend, Bug, crashen, hängen.

Die Ursache für einen Absturz liegt meist in einem schweren Programmfehler. Typischerweise wird ein derartiger Fehler hervorgerufen, wenn ein Programm versucht, einen zulässigen Wertebereich zu verlassen oder über die Grenze eines Speichers hinauszuschreiben und gleichzeitig keine Methode existiert, die das unterbindet. Ein typischer Ausspruch eines Programmierers, der einen derartigen Fehler verursacht hat, lautet: »Ich versuchte, außerhalb des Fensters zu zeichnen, und die Grafikroutinen stürzten ab.« → *siehe auch* abbrechen, abend.

abtasten *Vb.* (scan)
In der Fernsehtechnik und bei Computerbildschirmen die zeilenweise Bewegung des Elektronenstrahls über die Leuchtstoffschicht auf der Innenseite des Bildschirms, um durch Anregung der Leuchtstoffe ein sichtbares Bild zu erzeugen.

Abtastrate, die; *Subst.* (sampling rate)
Die Frequenz, mit der Proben einer physikalischen Variablen, wie beispielsweise Schall, entnommen werden. Je höher die Abtastrate (d.h., je höher die Anzahl der entnommenen Proben pro Zeiteinheit), um so mehr ähnelt das digitalisierte Ergebnis dem Original. → *siehe auch* Sampling.

abtrennen *Vb.* (burst)
Beim Druck mit Endlospapier das Abreißen eines Einzelblatts an der Perforation, typischerweise, wenn dieses fertig bedruckt und aus dem Drucker herausgeschoben wurde.

A/B-Umschaltbox, die; *Subst.* (A/B switch box)
Eine Einrichtung mit einem Wählschalter, der zwei Positionen einnehmen kann. Wenn der Benutzer eine Position wählt, wird das Signal entweder vom Eingang der Umschaltbox zu einem der beiden Ausgänge geleitet oder vom gewählten Eingang zum Ausgang. → *siehe auch* Schalter.

Abwärtskompatibilität, die; *Subst.* (downward compatibility)
Quellcode oder Programme, die auf einer neueren, verbesserten Systemumgebung bzw. Compilerversion entwickelt wurden, die sich aber dennoch mit einer einfacheren (älteren) Version ausführen bzw. kompilieren lassen. → *vgl.* aufwärtskompatibel.

Abweichen, das; *Subst.* (bias)
Allgemein eine konstante oder systematische Differenz zwischen einem Wert und einem Bezugspunkt.
Bei der Datenübertragung eine Form einer Verzerrung mit der Länge der übertragenen Bits. Sie ist durch eine Verzögerung bedingt, die auftritt, wenn die Spannung beim Signalwechsel von 0 auf 1 und umgekehrt ansteigt oder fällt.

Abweichung (math.), die; *Subst.* (bias)
In der Mathematik eine Maßzahl, die den Betrag angibt, um den der Mittelwert einer Gruppe von Werten von einem Bezugspunkt divergiert.

abziehen *Vb.* (pull)
Das Abrufen von Daten von einem Netzwerkserver, aus einem Intranet oder aus dem Internet. → *siehe* POP. → *vgl.* push.

AC
→ *siehe* Wechselstrom.

AC-Adapter, der; *Subst.* (AC adapter)
Ein externes Netzteil, das die übliche 220- oder 110-Volt-Wechselspannung in Gleichstrom-Niedrigspannung umwandelt, wie sie zum Betrieb von elektronischen Halbleitergeräten benötigt wird. Externe AC-Adapter werden in Verbindung mit Geräten eingesetzt, die nicht über ein eingebautes Netzteil verfügen (z.B. Laptopcomputer). (Abbildung A.2)

Abbildung A.2: AC-Adapter

Accelerated Graphics Port, der; *Subst.*
→ *siehe* AGP.

Access *Adj.*
Das Microsoft-Programm für relationales Datenbank-Management. Informationen zu Access finden Sie auf der Website des Herstellers unter der Adresse http://www.microsoft.com/office/access.

ACCESS.bus, der; *Subst.*
Ein bidirektionaler Bus, der zum Anschluss von Peripheriegeräten an den PC dient. Der ACCESS.bus erlaubt es, bis zu 125 Geräte der niedrigen Geschwindigkeitsklasse wie Drucker, Modems, Mäuse und Tastaturen an einen einzigen Mehrzweckport anzuschließen. Peripheriegeräte, die den ACCESS.bus unterstützen, verfügen über eine Steckverbindung (Stecker oder Buchse), die Ähnlichkeiten mit einem

Telefonstecker (mit dem amerikanischen Mikrostecker, nicht mit dem in Deutschland üblichen TAE-Stecker) aufweist. Die Geräte werden dabei hintereinander in Reihe verbunden, hängen also an einer Kette. Dennoch kommuniziert der PC direkt mit jedem einzelnen Peripheriegerät und umgekehrt. Wird ein Gerät (z.B. ein Drucker) über den ACCESS.bus mit dem System verbunden, wird das Gerät automatisch identifiziert und so konfiguriert, dass eine optimale Leistungsfähigkeit erreicht wird. Peripheriegeräte können während des laufenden Betriebs an den Computer angeschlossen werden (Hot Plugging), wobei dem neuen Gerät automatisch eine eindeutige Adresse zugewiesen wird (Autoadressierung). Der ACCESS.bus wurde von DEC entwickelt und steht in Konkurrenz mit dem USB von Intel. → siehe auch bidirektional, Bus, Daisychain, Einbau im laufenden Betrieb, Peripherie, portieren. → vgl. USB.

Account, der; *Subst.* (account)
In einem Onlinedienst eine Einrichtung, die dazu dient, den Benutzer zu identifizieren und dessen Aktivitäten zum Zwecke der Abrechnung zu protokollieren. In diesem Zusammenhang wird »Account« (wörtlich übersetzt: »Konto«, »Guthaben«) auch als »Benutzerkonto« bezeichnet.
In lokalen Netzwerken und Mehrbenutzer-Betriebssystemen stellt der Account eine vergleichbare Einrichtung dar. Da die Benutzung jedoch in der Regel nicht mit Kosten verbunden ist, wird der Account dort zum Zwecke der Identifikation, Verwaltung und Sicherheit angelegt, nicht aber zur Abrechnung.

ACCU
→ *siehe* Association of C and C++ Users.

Achse, die; *Subst.* (axis)
In einem Diagramm oder einem anderen zweidimensionalen System, das Koordinaten verwendet, entweder die horizontale Linie (*x*-Achse) oder vertikale Linie (*y*-Achse), die als Bezug für die darzustellenden Werte dient. In dreidimensionalen Koordinatensystemen wird die Tiefe durch eine dritte Linie (*z*-Achse) repräsentiert. → *siehe auch* kartesische Koordinaten. (Abbildung A.3)

ACID
Abkürzung für die vier Eigenschaften (Atomicity, Consistency, Isolation, Durability) einer elektronischen Transaktion im Unternehmensbereich. Atomicity beschreibt die Eigenschaft, dass eine Transaktion entweder vollständig durchgeführt oder nicht durchgeführt wird. Im Falle eines Fehlers

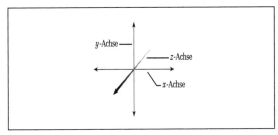

Abbildung A.3: Achse

sollen alle Operationen abgebrochen werden und alle Daten auf den Ausgangszustand zurückgeführt werden. Consistency: Eine Transaktion soll von einem konsistenten Zustand in einen anderen konsistenten Zustand überführt werden. Isolation: Jede Transaktion soll unabhängig von anderen zum selben Zeitpunkt erfolgenden Transaktionen sein. Durability: Erfolgte Transaktionen sollen selbst bei einem Systemabsturz gespeichert bleiben. → *siehe auch* Transaktion.

ACIS
Abkürzung für »**A**ndy, **C**harles, **I**an's **S**ystem«. Ein objektorientiertes Toolkit zur geometrischen Modellierung. Es dient als »geometrische Engine« im Bereich von 3D-Modellierungsanwendungen. ACIS stellt ein offenes System für die Erzeugung von Draht-, Oberflächen- und Volumenmodellen mit Hilfe einer allgemeinen, einheitlichen Datenstruktur dar. Das System wird im Allgemeinen als der Defacto-Standard für die Herstellung von Volumenmodellen betrachtet. ACIS wurde von der Firma Spatial Technology, Inc. entwickelt.

ACK
Abkürzung für »**ack**nowledgment« (positive Quittung). Eine Nachricht, die von der Empfangseinheit an die Sendestation oder den Computer übermittelt wird, um entweder die Empfangsbereitschaft zu signalisieren oder die fehlerfreie Übertragung zu bestätigen. → *vgl.* NAK.

ACL
→ *siehe* Zugriffskontrollliste.

ACM
→ *siehe* Association for Computing Machinery.

ACPI *Subst.*
Abkürzung für »**A**dvanced **C**onfiguration **P**ower **M**anagement«. Eine 1997 von Intel, Microsoft und Toshiba vorgestellte Spezifikation zur Steuerung der Energieverwaltung von Computern. ACPI gestattet es dem Betriebssystem, die

Stromversorgung für jedes Gerät zu kontrollieren, das an den Computer angeschlossen ist. Informationen zu ACPI sind z. B. auf der Website von Microsoft unter der Adresse http://www.microsoft.com/hwdev/tech/onnow/default.asp abrufbar. → *siehe auch* Energieverwaltung.

Acrobat, der; *Subst.*
Ein kommerzielles Programm der Firma Adobe, das ein formatiertes Dokument, welches unter Windows, mit dem Macintosh, unter MS-DOS oder UNIX angelegt wurde, in eine sog. PDF-Datei umwandelt. PDF steht für »Portable Document Format«, zu Deutsch »portables Dokumentformat«. Acrobat ermöglicht es den Benutzern, Dokumente, die unterschiedliche Schriftarten, Farben, Grafiken und Fotografien aufweisen, an die Empfänger zu übermitteln, unabhängig davon, mit welcher Anwendung das Originaldokument angefertigt wurde. Der Empfänger benötigt zum Betrachten des Dokuments lediglich den Acrobat Reader, der für diverse Rechnerplattformen erhältlich ist und kostenlos verteilt wird. Informationen zu Acrobat sind auf der Website des Herstellers unter der Adresse http://www.adobe.com/prodindex/acrobat/main.html abrufbar.

ACSE
→ *siehe* Association Control Service Element.

Active Accessibility Subst.
Eine 1997 vorgestellte Initiative von Microsoft. Diese Initiative hat zum Ziel, dass Eingabehilfen, beispielsweise vergrößerte Textdarstellung am Bildschirm und Konvertierungsprogramme für Text in Sprache, über Programmdateien und Konventionen besser in die Benutzeroberfläche integriert werden können. Active Accessibility basiert auf COM-Technologie und wird von Windows 9x, Windows NT 4.0, Internet Explorer ab Version 3.0, Office 2000 und Windows 2000 unterstützt. → *siehe auch* COM (Definition 2), Microsoft Active Accessibility.

Active Channel *Subst.*
Bezeichnung für eine Website im »Channel Definition Format« (CDF). Entwickler können mit Hilfe von Active Channels automatisch Daten weiterleiten. Diese Daten können Benutzern auf Subskriptionsbasis, in regelmäßigen Zeitabständen oder individuell als persönliche Informationen gesendet werden. Außerdem können Daten an unter Windows ablaufende Bildschirmschoner weitergeleitet werden. Bei Active Channels handelt es sich ursprünglich um eine Funktion von Microsoft Internet Explorer 4.0 zum Weiterleiten von Informationen über

das Internet oder ein Intranet. → *siehe auch* abziehen, Channel Definition Format, Internet Explorer, Webcasting.

Active Client *Subst.*
Clientseitige Technologien in der Active Platform von Microsoft für webbasiertes, plattformübergreifendes, verteiltes Computing. Zu den grundlegenden Leistungsmerkmalen von Active Client gehören Unterstützung für HTML und dynamisches HTML, sprachunabhängige Skripts, Java-Applets und ActiveX-Objekte. Active Client kann unabhängig vom Betriebssystem auf mehreren Plattformen ausgeführt werden, beispielsweise Microsoft Windows, UNIX und Apple Macintosh. → *siehe auch* Active Platform, Active Server.

Active Desktop, der; *Subst.*
Die clientbezogene Komponente von Active Platform, der Technologie von Microsoft, die eine weborientierte, verteilte Verarbeitung ermöglicht. Der Begriff »Active« impliziert, dass die Daten »aktiv« sind und somit aktualisiert und angepasst werden können. Active Desktop ist im Microsoft Internet Explorer ab Version 4.0 zu finden und erlaubt es Benutzern, über nur eine Adresse mit Hilfe von Formularen sowohl auf lokale als auch auf entfernte Informationen zuzugreifen. Die Zugriffsvarianten reichen von Desktopsymbolen über Netzwerkressourcen bis hin zu Internet- und Intranetdokumenten auf HTML-Basis. Active Desktop unterstützt die Entwicklung beliebiger Skripten – unabhängig von der zugrunde liegenden Programmiersprache –, HTML und dynamisches HTML, aber auch Programmierwerkzeuge, z.B. Microsoft Visual Basic, Java und ActiveX, um Anwendungen zu entwickeln. Obwohl es sich bei Active Desktop um eine native Technologie handelt, die auf den Plattformen Microsoft Windows 9x und Microsoft Windows NT/2000 aufsetzt, lässt sich Active Desktop auch zur Entwicklung von Anwendungen einsetzen, die unter anderen Betriebssystemen laufen, z.B. unter UNIX und auf dem Apple Macintosh. → *siehe auch* Active Channel, Active Platform, Active Server, ActiveX, HTML, Internet Explorer, Java.

Active Directory, das; *Subst.*
Eine Technologie von Microsoft (Bestandteil von Active Platform), die Anwendungen das Auffinden, die Verwendung und die Verwaltung von Verzeichnisressourcen (z.B. Benutzernamen, Netzwerkdruckern und Zugriffsrechten) in einer verteilten Umgebung ermöglicht. Bei verteilten Umgebungen handelt es sich meist um heterogene Ansammlungen von Netzwerken, auf denen häufig proprietäre Directory Services von verschiedenen Netzbetreibern eingesetzt werden. Um die verzeichnisorientierten Aktivitäten zu vereinfachen, die das

A

A Auffinden und Verwalten von Benutzern und Ressourcen im Netzwerk betreffen, stellt Active Directory Anwendungen mit einer einheitlichen Benutzeroberfläche zur Verfügung. Der umständliche Umgang mit den zum Teil sehr unterschiedlichen Directory Services entfällt. Active Directory ist eine Komponente von WOSA (Windows Open Services Architecture). → *siehe* Directory System Agent. → *siehe auch* WOSA.

Active Framework for Datawarehousing, das; *Subst.*
(Active Framework for Data Warehousing)
Eine Datawarehousing-Anwendung, die von den Firmen Microsoft sowie Texas Instruments entwickelt wurde und eine Umsetzung des Microsoft-Standards zum Umgang mit Metadaten darstellt. → *siehe auch* ActiveX, Metadaten.

ActiveMovie, der; *Subst.*
Frühere Bezeichnung der DirectX-Komponente, die jetzt unter dem Namen DirectShow geführt wird. Sie wurde von Microsoft für den Multimediaeinsatz, auch im Onlinebereich, entwickelt. → *siehe auch* DirectX.

Active Platform, die; *Subst.*
Eine Entwicklungsplattform von Microsoft, die einen standardisierten Zugang zu Technologien anbietet, in denen Internet- und verteilte Umgebungen gemeinsam eingesetzt und die von Client/Server-Anwendungen genutzt werden. Auf der Clientseite wird den Benutzern eine einheitliche Benutzeroberfläche zur Verfügung gestellt, über die sie problemlos sowohl auf lokale als auch auf entfernte Informationen zugreifen können. Auf der Serverseite profitieren die Entwickler von den Werkzeugen und Technologien, die Client und Server verbinden. Active Platform unterstützt die Entwicklung der modularen, objektorientierten Programme, die als Komponentensoftware bekannt sind, und erlaubt die Anfertigung von plattformübergreifenden Anwendungen. Derartige Anwendungen können in Verbindung mit verschiedenen Prozessoren und Betriebssystemen eingesetzt werden. Die internetspezifischen Elemente beinhalten Unterstützung für HTML und die clientbezogene Skriptentwicklung von kleinen Programmen in verschiedenen Sprachen. → *siehe auch* Active Desktop, Active Server, ActiveX.

Active Server, der; *Subst.*
Der serverbezogene Bestandteil der Microsoft-Technologie Active Platform. Er stellt eine Reihe von Technologien dar, die sich aus folgenden Bestandteilen zusammensetzt: DCOM (Distributed Component Object Model; zu Deutsch »Objektmodell für verteilte Komponenten«), Active Server Pages, Microsoft

Transaction Server und Nachrichtenwarteschlangen. Active Server bietet Unterstützung für die Entwicklung von komponentenbasierenden, skalierbaren, leistungsfähigen Webanwendungen, die auf Servern eingesetzt werden, die unter Microsoft Windows NT laufen. Der Vorteil von Active Server ist, dass sich die Entwickler nicht mit den Eigenheiten und Schwierigkeiten des Netzwerks auseinandersetzen müssen, sondern sich auf die eigentliche Entwicklung von Internet- und Intranetanwendungen konzentrieren können. Bei der Entwicklung können eine Vielzahl an Programmiersprachen zum Einsatz kommen. → *siehe auch* Active Desktop, Active Platform, Active Server Pages, ActiveX.

Active Server Pages, die; *Subst.*
Zu Deutsch »aktive Seiten auf dem Server«. Abkürzung: ASP. Eine Webtechnologie, die von Microsoft entwickelt wurde, um die Entwicklung von Skripten auf der Serverseite (im Unterschied zur Clientseite) zu ermöglichen. Bei Active Server-Seiten handelt es sich um Textdateien, die nicht nur HTML-Tags und Text – wie in standardmäßigen Webdokumenten – enthalten können, sondern auch Befehle, die in einer Skriptsprache (z.B. VBScript oder Jscript) formuliert sind und auf dem Server ausgeführt werden. Diese serverbasierende Arbeitsweise ermöglicht es einem Webautor, einem Dokument interaktive Elemente hinzuzufügen oder die Darstellung und Ausgabe von Daten an den Client anzupassen, ohne dass es notwendig ist, die Plattform zu berücksichtigen, auf welcher der Client läuft. Sämtliche Active Server-Seiten werden unter der Erweiterung .asp gespeichert. Der Zugriff auf die Seiten erfolgt über standardmäßige URLs mit Hilfe eines Webbrowsers wie dem Microsoft Internet Explorer oder Netscape Navigator. Sobald eine Active Server-Seite von einem Browser angefordert wird, führt der Server alle Skriptbefehle aus, die in die Seite eingebettet sind, generiert ein HTML-Dokument und sendet das Dokument an den Browser zurück, so dass es vom anfordernden Computer (dem Client) dargestellt werden kann. Active Server-Seiten können außerdem mit Hilfe von ActiveX-Komponenten optimiert und erweitert werden. → *siehe auch* Active Server, ActiveX. → *vgl.* JavaScript, Perl, PHP.

Active Streaming Format, das; *Subst.*
Ein Dateiformat mit geringem Overhead, das von Microsoft für Multimedia-Datenströme über Microsoft NetShow™ Mediendienste entwickelt wurde. Das Active Streaming Format, kurz ASF, umfasst eine Vielfalt von Datentypen wie Grafik-, Audio- und Videodaten. Es erlaubt auch die Einbindung von URLs und Skripts sowie die Synchronisierung der Ele-

mente innerhalb des Mediendatenstroms. Das Active Streaming Format kann für Live-Übertragungen oder zur Speicherung und späteren Wiedergabe von Multimediainhalten in einer .asf-Datei eingesetzt werden. Weitere Informationen zu ASF sind auf der Website des Herstellers unter der Adresse http://www.microsoft.com/asf abrufbar. → *siehe auch* Real-Time Streaming Protocol.

ActiveSync *Subst.*
Eine Funktion des Betriebssystems Microsoft Windows CE. Diese Funktion übernimmt die Synchronisierung von Informationen, beispielsweise von E-Mail, Plänen und Anwendungsdateien, zwischen einen Handheld-PC und einem Desktopcomputer. → *siehe auch* Windows CE.

Active Vision, die; *Subst.* (active vision)
Ein Forschungszweig im Bereich des computergesteuerten Sehens, der sich damit beschäftigt, Darstellungsprobleme bei Bildsequenzen mit Hilfe eines Roboters dynamisch durch das Ändern der jeweiligen Blickwinkel zu erfassen und zu analysieren, und damit zu lösen. Im Gegensatz zum menschlichen oder tierischen Auge verwendet Active Vision die Daten mehrerer Blickpunkte, um eine stärkere Wahrnehmungstiefe zu erreichen, verschwommene Flächen aufzulösen und eine Beziehung zwischen der visuellen Darstellung einer Aktion und der eigentlichen Aktion herzustellen. Active Vision-Systeme sind einfache Bildverarbeitungsalgorithmen mit geringer bzw. ohne Kalibrierung und benötigen eine schnelle Echtzeithardware. → *siehe auch* künstliche Intelligenz, Robotik, visuelle Verarbeitung.

ActiveX, das; *Subst.*
Ein Satz von Technologien, der es Softwarekomponenten ermöglicht, in einer vernetzten Umgebung miteinander zu kommunizieren, unabhängig von der Programmiersprache, mit der sie entwickelt wurden. ActiveX – von Microsoft Mitte der 90er Jahre mit der Intention entwickelt, einen Standard zu schaffen, und heute von der Open Group verwaltet – basiert auf dem Component Object Model (COM) von Microsoft. Derzeit wird ActiveX überwiegend eingesetzt, um interaktive Elemente für das World Wide Web zu entwickeln, obgleich ActiveX auch für Desktopanwendungen und andere Programme verwendet werden kann. ActiveX-Steuerelemente lassen sich in Webseiten einbetten, um Animationen und andere multimediale Effekte, interaktive Objekte und hochentwickelte Anwendungen herzustellen. Weitere Informationen zu ActiveX sind auf der Website von Microsoft unter der Adresse http://www.microsoft.com/com/tech/ActiveX.asp abrufbar.

→ *siehe auch* ActiveX-Steuerelement, COM. → *vgl.* Applet, Plug-In.

ActiveX-Steuerelement, das; *Subst.* (ActiveX controls)
Wiederverwendbare Softwarekomponente auf Basis der ActiveX-Technologie. Derartige Komponenten können dazu verwendet werden, spezialisierte Funktionalität zu integrieren, z.B. Animationen und Popupmenüs in Webseiten, Desktopanwendungen und Softwareentwicklungswerkzeuge. ActiveX-Steuerelemente lassen sich mit einer Vielzahl von Programmiersprachen entwickeln, beispielsweise mit C, C++, Visual Basic und Java. Downloadbare Sammlungen von ActiveX-Steuerelementen gibt es im Web unter vielen Adressen. → *siehe auch* ActiveX. → *vgl.* Hilfsprogramm.

ACTOR
Eine objektorientierte Programmiersprache, die von der Firma The Whitewater Group, Ltd., entwickelt wurde. Sie wurde hauptsächlich dafür konzipiert, die Programmierung unter Microsoft Windows zu vereinfachen. → *siehe auch* objektorientierte Programmierung.

Ada, die; *Subst.*
Eine Hochsprache, die auf der Programmiersprache Pascal basiert und unter der Führung des US-amerikanischen Verteidigungsministeriums (U.S. Department of Defense, DoD) in den späten 70er Jahren entwickelt wurde. Die Absicht bestand darin, eine Sprache zu schaffen, die nahezu die komplette Softwareentwicklung für das Verteidigungsministerium abdeckt. Ada wurde nach Augusta Ada Byron benannt, der Assistentin von Charles Babbage, die ihn bei der Entwicklung von Programmen für seine Analytical Engine unterstützte, den ersten mechanischen Computer (19. Jahrhundert). → *siehe auch* Pascal.

Adapter, der; *Subst.* (adapter)
Eine Steckkarte für einen PC, die es ermöglicht, Peripheriegeräte – z.B. ein CD-ROM-Laufwerk, ein Modem oder einen Joystick – zu nutzen, für die standardmäßig nicht die notwendigen Buchsen, Ports und Platinen vorhanden sind. Eine einzige Steckkarte kann dabei über mehrere integrierte Adapter verfügen. → *siehe auch* Controller, Erweiterungskarte, Netzwerkadapter, portieren, Videoadapter. → *auch genannt* Schnittstellenkarte. (Abbildung A.4)

adaptive Deltapuls-Codemodulation, die; *Subst.* (adaptive delta pulse code modulation)
Abkürzung: ADPCM. Eine Klasse von Codierungs- und Deco-

A

Abbildung A.4: Adapter

dierungsalgorithmen für komprimierte Signale, die in der Audiokompression und anderen Anwendungen in der Datenkompression eingesetzt werden. ADPCM speichert digital abgetastete Signale (Samples) als Folge von Wertänderungen, wobei der Änderungsbereich mit jedem Sample bei Bedarf angepasst wird und sich demzufolge die effektive Bitauflösung der Daten erhöhen kann. → *siehe auch* Pulscodemodulation. → *vgl.* adaptive differentielle Puls-Codemodulation.

adaptive differentielle Puls-Codemodulation, die; *Subst.* (adaptive differential pulse code modulation)
Ein digitaler Audiokompressionsalgorithmus, der die Samples (also die abgetasteten Signale) als Differenz zwischen der linearen Kombination vorangehender Samples und dem aktuellen Sample speichert, nicht also in Form des Messwertes selbst. Die Formel zur linearen Kombination wird jeweils nach wenigen Samples geändert, um den Dynamikbereich des erzeugten Signals zu verkleinern mit dem Zweck, die Daten effizienter zu speichern. → *siehe auch* Pulscodemodulation. → *vgl.* adaptive Deltapuls-Codemodulation.

adaptives Antwortverhalten, das; *Subst.* (adaptive answering)
Die Fähigkeit eines Modems, festzustellen, ob es sich bei einem eintreffenden Anruf um ein Fax oder aber um eine Datenübertragung handelt, und sich entsprechend korrekt darauf einzustellen. → *siehe auch* Modem.

adaptives System, das; *Subst.* (adaptive system)
Ein System, das fähig ist, sein Verhalten anzupassen, basierend auf bestimmten Merkmalen seiner »Erfahrung« oder der Umgebung. → *siehe auch* Expertensystem.

ADB
→ *siehe* Apple Desktop Bus.

ADC
→ *siehe* Analog-/Digitalwandler.

Addierer, der; *Subst.* (adder)
Ein Bestandteil der zentralen Verarbeitungseinheit (central processing unit, CPU), der zwei durch entsprechende Befehle an ihn übermittelte Zahlen addiert. → *siehe auch* CPU.
Ein Schaltkreis, der die Amplituden zweier Eingangssignale addiert, wird ebenfalls als »Addierer« bezeichnet. → *siehe auch* Halbaddierer, Volladdierer.

Addierer, paralleler, der; *Subst.* (parallel adder)
→ *siehe* paralleler Addierer.

Addierer, serieller, der; *Subst.* (serial adder)
→ *siehe* serieller Addierer.

Add-In, das; *Subst.* (add-in)
→ *siehe* Add-On.

Add-On, das; *Subst.* (add-on)
Im Zusammenhang mit Hardware eine Einrichtung, z.B. eine Steckkarte oder ein Chip, die in den Computer eingebaut werden kann, um seine Fähigkeiten zu erweitern. → *siehe auch* offene Architektur.
Im Bereich der Software ein Zusatzprogramm, das die Fähigkeiten eines Anwendungsprogramms erweitert. → *siehe auch* Utilityprogramm.

ADJ
Abkürzung für »**adj**acent«, zu Deutsch »benachbart«. Ein Boolescher Operator, der bewirkt, dass nur Fälle berücksichtigt werden, bei denen Elemente direkt nebeneinander stehen. In Bezug auf einen Suchstring führt die Eingabe »Microsoft ADJ Word« dazu, dass nur Textstellen gefunden werden, in denen sich die Begriffe »Microsoft« und »Word« unmittelbar nebeneinander befinden. → *siehe auch* Boolescher Operator.

ADN
→ *siehe* Advanced Digital Network.

Adobe Type Manager, der; *Subst.*
Software der Firma Adobe Systems, die PostScript-Schriften auf einem Computersystem verwaltet. → *siehe auch* PostScript.

ADP
→ *siehe* Datenverarbeitung.

ADPCM
→ *siehe* adaptive Deltapuls-Codemodulation.

Adressänderung, die; *Subst.* (address modification)
Der Vorgang, bei dem eine Adresse während einer Berechnung aktualisiert wird.

Adressauflösung, die; *Subst.* (address resolution)
Die Identifizierung eines Computers anhand seiner (numerischen) Hardwareadresse, indem der zugehörige Eintrag in einer Adresszuordnungstabelle ausfindig gemacht wird.
→ *siehe auch* Adresszuordnungstabelle.

Adressauflösungs-Protokoll, das; *Subst.* (Address Resolution Protocol)
→ *siehe* ARP.

Adressbuch, das; *Subst.* (address book)
In einem E-Mail-Programm eine Liste mit E-Mail-Adressen und den zugehörigen wirklichen Namen der Empfänger.
Auf Webseiten ein informelles Verzeichnis mit E-Mail-Adressen oder URLs. (Abbildung A.5)

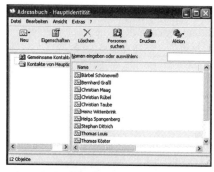

Abbildung A.5: Adressbuch

Adressbus, der; *Subst.* (address bus)
Ein Leitungssystem im Computer mit typischerweise 20 bis 64 separaten Leitungen für die Übertragung der Signale, die die Positionen im Arbeitsspeicher spezifizieren. → *siehe auch* Bus.

Adressdecoder, der; *Subst.* (address decoder)
Ein elektronisches Bauelement, das eine numerische Adresse so konvertiert, dass eine Speicherstelle in einem oder mehreren RAM-Chips ausgewählt wird.

Adresse, die; *Subst.* (address)
Im Zusammenhang mit dem Arbeitsspeicher eine Zahl, die die Stelle im Speicher angibt, an der sich die entsprechenden

Daten befinden oder an der Daten geschrieben werden sollen. → *siehe auch* absolute Adresse, Adressraum, physikalische Adresse, virtuelle Adresse.
Im Bereich des Internets oder eines anderen Netzwerks ein Name oder ein abgekürzter Name, der eine bestimmte Seite angibt.
In Verbindung mit E-Mail ein Code, der das Ziel für die E-Mail angibt.

Adresse, absolute, die; *Subst.* (absolute address)
→ *siehe* absolute Adresse.

Adresse, aufgeschobene, die; *Subst.* (deferred address)
→ *siehe* aufgeschobene Adresse.

Adresse, echte, die; *Subst.* (real address)
→ *siehe* echte Adresse.

Adresse, indirekte, die; *Subst.* (indirect address)
→ *siehe* relative Adresse.

Adresse, indizierte, die; *Subst.* (indexed address)
→ *siehe* indizierte Adresse.

Adresse, physikalische, die; *Subst.* (physical address)
→ *siehe* physikalische Adresse.

Adresse, relative, die; *Subst.* (relative address)
→ *siehe* relative Adresse.

Adresse, relozierbare, die; *Subst.* (relocatable address)
→ *siehe* relozierbare Adresse.

Adresse, symbolische, die; *Subst.* (symbolic address)
→ *siehe* symbolische Adresse.

Adresse, virtuelle, die; *Subst.* (virtual address)
→ *siehe* virtuelle Adresse.

adressierbarer Cursor, der; *Subst.* (addressable cursor)
Ein Cursor, der so programmiert wurde, dass er zu einer beliebigen Position auf dem Bildschirm bewegt werden kann, gewöhnlich mit Hilfe der Tastatur oder der Maus.

adressieren Vb. (address)
Auf ein einzelnes Element im Speicher (also eine Speicherstelle) verweisen. → *siehe* auch absolute Adresse, Adressraum, physikalische Adresse, virtuelle Adresse.

A

Adressierung, die; *Subst.* (addressing)
Die Zuweisung einer Adresse oder der Verweis auf eine Adresse. In der Programmierung ist die Adresse typischerweise ein Wert, der einen Ort im Speicher angibt. → *siehe auch* adressieren.

Adressierung, lineare, die; *Subst.* (linear addressing architecture)
→ *siehe* lineare Adressierung.

Adressierung, punktweise, die; *Subst.* (dot-addressable mode)
→ *siehe* punktweise Adressierung.

Adressierungsarchitektur, segmentierte, die; *Subst.* (segmented addressing architecture)
→ *siehe* segmentierte Adressierungsarchitektur.

Adressierungsmaske, die; *Subst.* (address mask)
Eine Nummer, die bewirkt, dass alle Informationen aus der Netzwerkadressnummer, mit Ausnahme der wirklich notwendigen, herausgefiltert werden, wenn sie vom Computer mit einer Netzwerkadressnummer verglichen wird. Dazu ein Beispiel: Ein Netzwerk verwendet das Adressschema XXX.XXX.XXX.YYY, und alle Computer im Netzwerk weisen dieselben ersten Adresszahlen auf. Mit Hilfe der Maske wird der Adressbestandteil XXX.XXX.XXX entfernt, so dass nur noch die signifikanten Ziffern der Adressen übrigbleiben, also YYY. → *siehe auch* adressieren.

Adressierungsmodus, der; *Subst.* (address mode)
Die Methode, um eine Adresse im Speicher anzugeben. → *siehe* auch absolute Adresse, indizierte Adresse, relative Adresse, Seitenadresse.

Adressmarke, die; *Subst.* (address mark)
→ *siehe* Indexmarke.

Adress-Spoofing, das; *Subst.* (address spoofing)
→ *siehe* URL-Spoofing.

Adressraum, der; *Subst.* (address space)
Der Gesamtbereich an Positionen im Arbeitsspeicher, die von einem Computer adressiert werden können.

Adressraum, linearer, der; *Subst.* (flat address space)
→ *siehe* linearer Adressraum.

Adressraum, segmentierter, der; *Subst.* (segmented address space)
→ *siehe* segmentierter Adressraum.

Adressregister, das; *Subst.* (address register)
Ein Hochgeschwindigkeitsschaltkreis, in dem eine Speicheradresse zum Zwecke der Informationsübertragung zwischengespeichert wird.

Adressübergabe, die; *Subst.* (pass by address)
Auch »Übergabe als Zeiger« genannt. Eine Methode zur Übergabe eines Arguments oder Parameters an ein Unterprogramm. Die aufrufende Routine übergibt die Adresse (Speicherort) des Parameters an die aufgerufene Routine, die dann unter Verwendung dieser Adresse den Wert des Parameters abrufen oder modifizieren kann. → *siehe auch* Argument, aufrufen. → *auch genannt* Referenzübergabe. → *vgl.* Wertübergabe.

Adressübersetzung, die; *Subst.* (address translation)
Der Vorgang, bei dem eine bestimmte Art einer Adresse in eine andere Art konvertiert wird, z.B. eine virtuelle Adresse in eine physikalische.

Adressumsetzung, dynamische, die; *Subst.* (dynamic address translation)
→ *siehe* dynamische Adressumsetzung.

Adressverzerrung, die; *Subst.* (address munging)
Das Ändern einer E-Mail-Adresse in Beiträgen zu Newsgroups oder anderen Internetforen, um Computerprogramme zu umgehen, die E-Mail-Adressen sammeln. Der Hostname in einer E-Mail-Adresse wird geändert, um eine nicht existente Adresse zu schaffen. Benutzer können die richtige Adresse anschließend allerdings immer noch erkennen. Die E-Mail-Adresse »jemand@microsoft.com« könnte z.B. zu »jemand@remove-this-to-reply-microsoft.com« geändert werden. Dies ist eine verbreitete Methode, um die Zustellung von unerbetenen Mails oder Spams zu vermeiden. → *siehe auch* E-Mail-Adresse, Hostname, Spam. → *auch genannt* Munging, Spam-Blocking.

Adresszuordnungstabelle, die; *Subst.* (address mapping table)
Eine Tabelle, die von Routern oder DNS-Servern (Domain Name System) verwendet wird, um - numerische - IP-Adressen (Internet Protocol) in einen ausgeschriebenen Text, z.B.

einen Namen aufzulösen. → *siehe auch* DNS-Server, IP-Adresse, Router.

ADSL
→ *siehe* asymmetric digital subscriber line.

Advanced Digital Network, das; *Subst.*
Abkürzung: ADN. Ein Standleitungsservice für die Übertragung von Daten, Video und anderen digitalen Signalen. ADN weist eine außerordentlich hohe Zuverlässigkeit auf und wird als Hauptdienst von Kommunikationsgesellschaften angeboten. Gewöhnlich erreicht ADN eine Übertragungsgeschwindigkeit von 56 Kilobit pro Sekunde oder darüber. → *siehe auch* Standleitung.

Advanced Power Management, das; *Subst.*
Abkürzung: APM. Eine Programmierschnittstelle für Anwendungsprogramme, die von Microsoft und Intel entwickelt wurde. APM dient dazu, den Stromverbrauch eines PCs, im besonderen von akkubetriebenen Laptopcomputern, zu überwachen und zu reduzieren. Dabei wird es Programmen ermöglicht, das System hinsichtlich des von ihnen initiierten Stromverbrauchs zu informieren, so dass das System die Stromversorgung unbenutzter Hardwarekomponenten abstellen kann. → *siehe auch* Anwendungsprogrammierschnittstelle.

Advanced Program-to-Program Communication, die; *Subst.*
→ *siehe* APPC.

Advanced Research Projects Agency Network, das; *Subst.*
→ *siehe* ARPANET.

Advanced RISC, das; *Subst.*
Abkürzung für »**A**dvanced **R**educed **I**nstruction **S**et **C**omputing«. Eine Spezifikation für eine Mikrochiparchitektur und Systemumgebung auf RISC-Basis. Sie wurde von der Firma MIPS Computer Systems entwickelt, um die Binärkompatibilität zwischen Programmen sicherzustellen. → *siehe auch* RISC.

Advanced-RISC-Spezifikation, die; *Subst.* (Advanced RISC Computing Specification)
Die minimalen Hardwareanforderungen für ein System auf RISC-Basis, so dass dieses den Standard Advanced Computing Environment erfüllt. → *siehe auch* Advanced RISC.

Advanced-SCSI-Programmierschnittstelle, die; *Subst.* (Advanced SCSI Programming Interface)
Eine Schnittstellenspezifikation, die von der Firma Adaptec entwickelt wurde, um Befehle an SCSI-Hostadapter zu senden. Die Schnittstelle stellt eine Abstraktionsschicht (Abstraction Layer) zur Verfügung, die den Programmierer davon befreit, die Eigenheiten bestimmter Hostadapter berücksichtigen zu müssen. → *siehe auch* Adapter, SCSI.

Advanced Streaming Format, das; *Subst.*
Zu Deutsch: »erweitertes Streamingformat«; Abkürzung: ASF. Eine offene Spezifikation für Multimedia-Dateiformate, die für Streamingtechniken eingesetzt werden. ASF-Dateien können Texte, Grafiken, Sound, Video und Animationen enthalten. ASF legt nicht das Format der in der Datei gespeicherten Daten fest; vielmehr wird zur Organisation der Daten ein standardisierter, erweiterbarer »Behälter« definiert, der nicht von einem bestimmten Betriebssystem, Kommunikationsprotokoll oder von einer bestimmten Methode (z.B. HTML oder MPEG-4) abhängig ist. Eine ASF-Datei enthält folgende Objekte: ein Kopfobjekt, in dem Informationen über die Datei selbst verzeichnet sind, ein Datenobjekt, das die eigentlichen Daten enthält, und ein optionales Indexobjekt, das den wahlfreien Zugriff auf die Daten der Datei erleichtert. Die ASF-Spezifikation wurde der ISO (International Standards Organization) zur Prüfung vorgelegt. → *siehe auch* Strom.

A/D-Wandler, der; *Subst.* (A-D converter)
→ *siehe* Analog-/Digitalwandler.

Adware, die; *Subst.* (adware)
Überbegriff für meist kostenlos zur Verfügung gestellte Software, die während der Benutzung Werbebanner, Popup-Einblendungen oder andere Werbebotschaften anzeigt. Hauptgrund dafür ist, dass der Hersteller dieser Software seine Investitionskosten durch Einblenden von Werbung refinanzieren möchte. Sofern eine solche Adware (zusammengesetzt aus den englischen Ausdrücken »advertising« und »software«) nicht dazu benutzt wird, um Daten des Anwenders auszuspionieren, ist an dieser Art der Vergütung nichts auszusetzen. → *vgl.* Spyware.

Änderungsdatei, die; *Subst.* (change file)
Eine Datei, in der Transaktionen aufgezeichnet werden, die in einer Datenbank durchgeführt werden. Auf diese Weise wird eine Basis geschaffen, um später die Stammdatei zu aktualisieren und die Technik des Überwachens und Aufzeichnens

A

A (audit trail) zu ermöglichen. → *siehe auch* Ergänzungs-datensatz. → *auch genannt* Transaktionsprotokoll.

.aero

Eine der sieben im November 2000 von der ICANN neu zuge-lassenen Topleveldomänen, die speziell für das Flugwesen und die Luft- und Raumfahrtindustrie geschaffen wurde. Die .aero-Topleveldomäne wird von der Societe Internationale de Telecommunications Aeronautiques SC (SITA) verwaltet (siehe http://www.information.aero). → *siehe auch* .biz, .info, Topleveldomäne.

AFC

→ *siehe* Application Foundation Classes.

AFDW

→ *siehe* Active Framework for Datawarehousing.

AFIPS

Abkürzung für »**A**merican **F**ederation of **I**nformation **P**rocessing **S**ocieties«. Ehemaliger Verband, der 1961 zum Zwecke der Förderung von computer- und informationsorientierten Unternehmen gegründet wurde. AFIPS stellte die US-ameri-kanische Vertretung der IFIP (International Federation of Information Processing) dar und wurde 1990 durch FOCUS (Federation on Computing in the United States) ersetzt. Die Website der AFIPS ist unter der Adresse http://www.acm.org/focus erreichbar.

AFK *Adv.*

Abkürzung für »**a**way **f**rom **k**eyboard«, zu Deutsch »bin (kurz) weg von der Tastatur«. Ein Ausdruck, der gelegentlich in Live-chats (Internet und Onlinedienste) verwendet wird und angibt, dass der Anwender derzeit nicht antworten kann. → *siehe auch* chatten.

.af.mil

Im Internet ein Kürzel für die übergreifende Länderdomäne, die eine Adresse der Luftwaffe der Vereinigten Staaten angibt.

AFS

Abkürzung für »**A**ndrew **F**ile **S**ystem«. Ein verteiltes Dateisys-tem, mit dem Clients und Server Ressourcen über LAN- und WAN-Netzwerke gemeinsam nutzen können. AFS basiert auf einem verteilten Dateisystem, das von der Carnegie-Mellon University entwickelt wurde. Die Bezeichnung wurde vom gemeinsamen Vornamen der beiden Universitätsgründer –

Andrew Carnegie und Andrew Mellon – abgeleitet. AFS ist seit dem Sommer 2000 als Open Source-Version von IBM erhältlich (Webadresse: http://www.transarc.ibm.com). → *siehe auch* lokales Netzwerk, verteiltes Dateisystem, Weit-bereichsnetz.

Agent, der; *Subst.* (agent)

Allgemein ein Programm, das einen Hintergrundtask durch-führt und den Anwender darüber informiert, wenn der Task beendet wurde oder ein erwartetes (vorher definiertes) Ereignis eingetreten ist.

Im Bereich der Datenrecherche ein Programm, das Archive und andere Informationsquellen nach einem Thema durch-sucht, das vom Anwender vorgegeben wurde. Agenten dieser Art werden sehr häufig im Internet verwendet und sind gewöhnlich für die Suche nach einem ganz bestimmten Typ an Informationen konzipiert, z.B. Nachrichten innerhalb von Usenetgruppen. Eine besondere Art von Agenten sind die im Internet eingesetzten Spinnen (Spider). → *siehe auch* Spinne. → *auch genannt* intelligenter Agent.

Im Bereich von Client/Serveranwendungen stellt ein Agent einen Prozess dar, der eine Vermittlerrolle zwischen dem Client und dem Server einnimmt.

Im Bereich von SNMP (Simple Network Management Proto-col) bezeichnet »Agent« ein Programm, das den Netzwerkver-kehr überwacht. → *siehe auch* SNMP.

Agent, intelligenter, der; *Subst.* (intelligent agent)

→ *siehe* Agent.

aggressive Neuinstallation, die; *Subst.* (clean install)

Neuinstallation einer Software in einer Art und Weise, die sicherstellt, dass keine Anwendungs- oder Systemdateien aus der vorherigen Installation erhalten bleiben. Diese Vor-gehensweise schützt davor, dass Installationsprogramme Dateien überspringen, da bereits Dateien unter demselben Namen vorhanden sind. Bereits vorhandene Dateien können jedoch defekt sein oder eine inzwischen nicht mehr aktuelle Version darstellen. Bei der aggressiven Neuinstallation wer-den nach Möglichkeit sämtliche Dateien der jeweiligen Soft-ware – mit Ausnahme etwaiger Datendateien – vor der eigentlichen Installation entfernt.

AGP

Abkürzung für »Accelerated Graphics Port«, zu Deutsch »beschleunigte Grafikschnittstelle«. Von Intel entwickelte Hochleistungsbusspezifikation, die insbesondere für schnelle und qualitativ hochwertige Bildsequenzen vorgesehen ist, vor allem für 3D-Animationen und Video. AGP basiert auf einer reservierten Direktverbindung zwischen dem Grafikkartencontroller und dem Arbeitsspeicher des Computers. Auf diese Weise können die Grafikdaten direkt zwischen dem Arbeitsspeicher und dem Bildspeicher der Grafikkarte übertragen werden. Dadurch werden schnellere und flüssigere Bewegungen ermöglicht als bei herkömmlichen Systemen, bei denen die Daten über den standardmäßigen Bus (in der Regel einen PCI-Bus) übertragen werden. Ein weiterer Vorteil von AGP ist, dass sich komplexe Bildelemente wie Texturen im Computerarbeitsspeicher ablegen lassen. Bei herkömmlichen Grafikkarten mussten derartige Elemente dagegen aus Geschwindigkeitsgründen im Bildspeicher der Grafikkarte gespeichert werden; entsprechend groß musste dieser ausfallen. AGP-Grafikkarten kommen folglich mit einem kleineren Bildspeicher aus. Die Taktfrequenz von AGP lag ursprünglich bei 66 (AGP 1X) oder 133 MHz (AGP 2X). Die Übertragungsgeschwindigkeit reichte von 266 (AGP 1X) bis zu 533 MB/s (AGP 2X). Zum Vergleich: Daten werden über den PCI-Bus mit maximal 133 MB/s übertragen. Mit Einführung von AGP 4X stieg die maximale Übertragungsgeschwindigkeit auf 1066 MB/s; beim derzeit aktuellen AGP 8X werden Daten mit einer Geschwindigkeit von 2133 MB/s übertragen. Zur Nutzung von AGP wird neben einer AGP-Grafikkarte eine spezielle Systemplatine mit AGP-Chipsatz benötigt. → *siehe auch* PCI Local Bus, Textur.

.aiff

Eine Dateinamenerweiterung zur Kennzeichnung von Audiodateien mit einem Format, das ursprünglich in Computern von Apple und Silicon Graphics (SGI) verwendet wurde.

AIFF

Das Soundformat, das ursprünglich auf Computern von Apple und Silicon Graphics (SGI) eingesetzt wurde. Die Sounddateien werden dabei als Wellenformen mit einer Abtasttiefe von 8 Bit Mono gespeichert. → *siehe auch* Wellenform.

AirPort

Eine im Jahr 1999 von Apple eingeführte Funktionalität für Funkverbindungen. AirPort stellt Macintosh-Computern über eine integrierte AirPort-Karte ein Funknetz und Internetkommunikation zur Verfügung, wenn sich diese Geräte innerhalb eines Radius von 50 Metern von der AirPort-Basisstation befinden. AirPort wurde im Rahmen des Industriestandards IEEE 802.11 »Direct Sequence Spectrum« (DSSS) entwickelt und ist mit anderer auf 802.11 basierender Hardware kompatibel.

AirSnort

Ein Hackertool zum Erfassen und Entschlüsseln von Kennwörtern in Daten, die über ein Funknetz gesendet werden. AirSnort überwacht Funkübertragungen und erfasst Datenpakete. Sobald genügend Daten erfasst wurden, kann AirSnort den für die Übertragung verwendeten Verschlüsselungsschlüssel berechnen. AirSnort macht sich hierbei Sicherheitslücken des WEP-Standards (Wired Equivalent Protocol) zunutze. → *siehe auch* drahtloses LAN, WEP. → *vgl.* Packet Sniffer.

AIT

→ *siehe* Digital Audio Tape.

AIX

Abkürzung für »**A**dvanced **I**nteractive **Ex**ecutive«. Ein Derivat des Betriebssystems UNIX, das von IBM für die eigenen UNIX-Workstations und PCs angeboten wird.

Akkumulator, der; *Subst.* (accumulator)

Ein Register, das für logische und arithmetische Operationen konzipiert ist, gewöhnlich zum Zählen von Elementen und zur Berechnung von Summen.

Akkumulator, alternativer, der; *Subst.* (reserve accumulator)

→ *siehe* alternativer Akkumulator.

Akronym, das; *Subst.* (acronym)

Ein Ausdruck, der sich aus den Anfangsbuchstaben oder den relevanten Buchstaben einer aus mehreren Wörtern bestehenden Umschreibung bzw. eines anderen Begriffs ableitet und häufig als Gedächtnisstütze dient, deren Buchstaben auf die eigentlichen Wörter im Begriff schließen lassen. Beispiele: RAM (**R**andom **A**ccess **M**emory) und AUTOEXEC.BAT (**auto**matically **exec**uted **bat**ch file).

Aktenkoffer, der; *Subst.* (Briefcase, My Briefcase, suitcase)

Ein Dienstprogramm von Windows 9x und späteren Windowsversionen, das zum Datenabgleich von Dateien zwischen zwei Computern dient, typischerweise zwischen einem Desktop-PC und einem tragbaren Computer wie einem Laptop oder Notebook. Dies ist besonders empfehlenswert für Benutzer, die oft außer Haus an einem Computer arbeiten. → *siehe auch* Desktopcomputer, Laptop, Notebookcomputer.

Der Datenabgleich erfolgt dabei über den Systemordner »Aktenkoffer«. Der Inhalt des Aktenkoffers kann per Diskette, Wechselplatte, PC-Direktverbindung oder Netzwerk an einen

A anderen Computer übertragen werden. Beim Rückübertragen der Daten werden die Dateien miteinander verglichen und auf den neuesten Stand gebracht.

Beim Apple Macintosh eine Datei, die verschiedene Schriften oder Schreibtischprogramme enthalten kann. Bei den früheren Versionen des Betriebssystems sind diese Dateien mit einem Koffersymbol gekennzeichnet. → *siehe auch* Fontkoffer.

aktiv *Adj.* (active)
Das Element – Gerät, Programm, Datei oder Bestandteil des Bildschirms –, das momentan Operationen durchführt oder auf die Durchführung von Operationen wartet. In Bezug auf den Bildschirm ist das aktive Element gewöhnlich daran zu erkennen, dass sich dort der Cursor oder ein hervorgehobenes Auswahlelement befindet.

aktive Datei, die; *Subst.* (active file)
Die Datei, auf die sich der aktuelle Befehl bezieht – typischerweise handelt es sich um eine Datendatei.

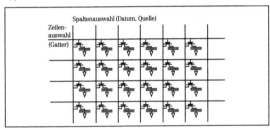

Abbildung A.6: Display mit aktiver Matrix

aktive Matrix, die; *Subst.* (active-matrix display)
Technik bei Flüssigkristalldisplays (LCD), bei der sich das Display aus einem großen Raster von LCD-Zellen zusammensetzt. Jedes Pixel wird durch eine Zelle dargestellt, wobei die in den Zellen erzeugten elektrischen Felder durch Dünnfilmtransistoren (thin film transistor, TFT) unterstützt werden (daher auch »*aktive* Matrix«) – in der einfachsten Form durch genau einen Dünnfilmtransistor pro Zelle. Displays mit aktiver Matrix werden hauptsächlich in Laptops und Notebooks eingesetzt, da sie eine geringe Dicke aufweisen, hochqualitative Farbdarstellungen bieten und das Display aus allen Blickwinkeln gut erkennbar ist, im Gegensatz zu Displays mit passiver Matrix. → *siehe auch* Flüssigkristalldisplay, TFT. → *auch genannt* TFT, TFT-Display, TFT LCD. → *vgl.* passive Matrix. (Abbildung A.6)

aktiver Hub, der; *Subst.* (active hub)
Der zentrale Computer, der sämtliche Signale in einem aktiven Sternnetzwerk regeneriert und neu überträgt. → *siehe auch* aktiver Stern, Multiport-Repeater, Repeater.

aktiver Inhalt, der; *Subst.* (active content)
Ein Bestandteil einer Webseite, der sich zeitabhängig oder in Abhängigkeit von Benutzeraktionen verändert. Aktive Inhalte werden z.B. mit Hilfe von ActiveX-Steuerelementen erzeugt. → *siehe auch* ActiveX-Steuerelement.

aktiver Stern, der; *Subst.* (active star)
Eine Variante der Sternnetzwerktopologie, bei der der zentrale Computer aktiv sämtliche Signale regeneriert und neu überträgt. → *siehe auch* Sternnetzwerk.

aktives Fenster, das; *Subst.* (active window)
In einer Umgebung, in der mehrere Fenster auf dem Bildschirm dargestellt werden, das Fenster, das das Dokument bzw. Element enthält, auf das sich momentan Cursorbewegungen, Befehle sowie Texteingaben beziehen. → *siehe auch* grafische Benutzeroberfläche. → *vgl.* inaktives Fenster.

aktives Programm, das; *Subst.* (active program)
Das Programm, das momentan vom Prozessor ausgeführt wird.

aktive Zelle, die; *Subst.* (active cell)
Die hervorgehobene Zelle in einem Tabellenblatt. Es ist die Zelle, auf die sich Eingaben, Formatierungen und andere Operationen beziehen. → *siehe auch* Bereich. → *auch genannt* aktuelle Zelle, selektierte Zelle. (Abbildung A.7)

	A	B	C	D
1		Max	Min	Durschnitt
2	1997	7,00	6,40	6,70
3	1998	6,30	5,90	6,10
4	1999	6,50	5,70	6,10
5	2000	6,90	6,50	6,70
6	2001	7,20	6,80	7,00
7				

Abbildung A.7: Aktive Zelle

aktualisieren *Vb.* (reload)
Eine erneute Kopie der gerade in einem Webbrowser betrachteten Webseite anfordern.

Aktualisierer, der; *Subst.* (Installer)
Ein Programm, das mit dem Apple Macintosh-Betriebssystem mitgeliefert wird. Der Aktualisierer erlaubt es dem

Benutzer, Systemupgrades zu installieren und bootfähige (System-)Disketten zu erstellen.

Aktualisierung der Bildschirmanzeige, die; *Subst.* (redraw)
→ *siehe* Refresh.

Aktuator, der; *Subst.* (actuator)
Ein Mechanismus in einem Diskettenlaufwerk oder einer Festplatte, der den bzw. die Schreib-/Leseköpfe über der gewünschten Spur der Diskette oder Magnetplatte positioniert. → *siehe auch* Diskettenlaufwerk, Linearmotor, Schrittmotor.

aktuelles Verzeichnis, das; *Subst.* (current directory)
Das Verzeichnis, das sich im aktiven Verzeichnispfad ganz hinten befindet. Im aktuellen Verzeichnis wird zuerst nach einer angeforderten Datei gesucht. Außerdem wird eine neue Datei in diesem Verzeichnis gespeichert, wenn kein anderes Verzeichnis angegeben ist. → *siehe auch* Pfad.

aktuelle Zelle, die; *Subst.* (current cell)
→ *siehe* aktive Zelle.

Akustikkoppler, der; *Subst.* (acoustic coupler)
Ein Kommunikationsgerät mit zwei isolierten Plastikmuscheln, an denen der Telefonhörer befestigt wird, um eine Verbindung zwischen einem sendenden und einem empfangenden Computer herzustellen. → *siehe auch* Modem.

Alarm, der; *Subst.* (alarm, alert)
Bei der Programmierung eine asynchrone Benachrichtigung, die ein Thread (also ein Teilprozess) an einen anderen Thread sendet. Der Alarm unterbricht an genau festgelegten Punkten die Ausführung des empfangenden Threads, der daraufhin einen asynchronen Prozeduraufruf (APC) durchführt. → *siehe auch* asynchroner Prozeduraufruf, Thread.

Alert, der; *Subst.* (alert)
Beim Macintosh und in vielen anderen grafischen Benutzeroberflächen ein akustisch oder visuell wahrnehmbares Signal, das auf einen Fehler hinweist oder als Warnung irgendeiner Art dient.

ALGOL

Abkürzung für »**Algo**rithmic **L**anguage«. Die erste strukturierte, prozedurale Programmiersprache überhaupt. Sie wurde in den späten 50er Jahren entwickelt und erreichte früher eine große Verbreitung – vor allem in Europa.

algorithmische Sprache, die; *Subst.* (algorithmic language)
Eine Programmiersprache (z.B. Ada, Basic, C und Pascal), bei der zur Problemlösung Algorithmen eingesetzt werden.

Algorithmus, der; *Subst.* (algorithm)
Eine finite (also endliche) Folge von Schritten zur Lösung eines logischen oder mathematischen Problems.

Algorithmus, paralleler, der; *Subst.* (parallel algorithm)
→ *siehe* paralleler Algorithmus.

Algorithmus, sequentieller, der; *Subst.* (sequential algorithm)
→ *siehe* sequentieller Algorithmus.

Alias, der; *Subst.* (alias)
Allgemein ein alternativer Name für ein Objekt, z.B. eine Datei oder eine anderweitige Gruppe zusammengehöriger Daten.
Im Zusammenhang mit dem E-Mail-Versand in Netzwerken ein Name, der, stellvertretend für eine Person oder eine Gruppe von Personen, als Empfängername verwendet werden kann.
Im Bereich der Kommunikation ein fehlerhaftes Signal, das durch die Digitalisierung eines analogen Audiosamples bedingt ist.

Aliasing, das; *Subst.* (aliasing)
Im Bereich der Computergrafik ein unerwünschter Effekt, der sich durch ein gezacktes oder stufenartiges Erscheinungsbild von Kurven und diagonalen Linien bemerkbar macht. Die Ursache dafür liegt in der zu geringen Bildschirmauflösung. → *vgl.* Antialiasing. (Abbildung A.8)

Abbildung A.8: Aliasing: Die niedrigere Auflösung der rechten Grafik verdeutlicht den Aliasing-Effekt

Aliasingbug, der; *Subst.* (aliasing bug)
Ein heikler Fehler in einem Programmcode, der entstehen kann, wenn mit dynamischer Allozierung gearbeitet wird. Angenommen, es verweisen verschiedene Zeiger (Pointer)

A auf denselben Speicherbereich, und das Programm gibt mit Hilfe eines der Zeiger den Speicher frei. Greift das Programm dann aber auf einen der anderen – gleichwertigen – Zeiger (also einen Alias, daher auch die Bezeichnung »Aliasing Bug«) zurück, verweist dieser nicht mehr auf die gewünschten Daten; eine schwere Fehlfunktion ist die Folge. Der Fehler ist vermeidbar, indem Allozierungsstrategien verwendet werden, die verhindern, dass mehr als eine Kopie eines Zeigers zur Speicherallozierung existiert. Bei Hochsprachen kann der Fehler verhindert werden, indem eine Programmiersprache wie LISP eingesetzt wird, die über eine automatische Speicherbereinigung (Garbage Collection) verfügt. → *siehe auch* Alias, dynamische Allozierung, Speicherbereinigung. → *auch genannt* toter Link.

alle anordnen *Vb.* (tile)
In einer grafischen Benutzeroberfläche mit mehreren Fenstern das (automatische) erneute Anordnen der Fenster bei gleichzeitigem Anpassen der Größe, so dass die Fenster den Bildschirm vollständig ausfüllen, ohne sich zu überlappen.

alleinstehende Absatzteile, das; *Subst.* (widow)
→ *siehe* Hurenkind, Schusterjunge.

allozieren *Vb.* (allocate)
Bei der Programmierung das Reservieren einer Ressource, z.B. eines ausreichend großen Speicherbereichs, für die Verwendung eines Programms. → *vgl.* deallozieren.

Allozierung, die; *Subst.* (allocation)
Im Zusammenhang mit Betriebssystemen der Vorgang, bei dem Speicher für die Verwendung eines Programms reserviert wird.

Allozierung, dynamische, die; *Subst.* (dynamic allocation)
→ *siehe* dynamische Allozierung.

Allozierungsblockgröße, die; *Subst.* (allocation block size)
Die Größe eines einzelnen Blocks auf einem Speichermedium wie einer Festplatte. Die genaue Größe eines Blocks hängt von diversen Faktoren ab wie der Gesamtkapazität und den eingestellten Partitionsparametern.

All Points Addressable (all points addressable)
Abkürzung: APA. Ein Modus im Bereich der Computergrafik, bei dem alle Punkte (Pixel) einer Grafik einzeln verändert werden können. → *siehe auch* Grafikmodus.

ALOHAnet
Das erste paketvermittelte Funknetz und gleichzeitig das erste große Netzwerk, das mit dem ARPANET verbunden werden konnte. ALOHAnet wurde 1970 von Norm Abramson an der University of Hawaii erstellt und von Larry Roberts finanziert. Über ALOHAnet konnten Computer bei sieben Universitäten auf vier Inseln über ein Funknetz bidirektional mit dem Zentralcomputer auf der Insel Oahu kommunizieren. Das spätere Ethernet basiert auf dem ALOHA-Protokoll. → *siehe auch* ARPANET, Ethernet.

Alpha
Interne Produktbezeichnung für eine Prozessorreihe von Digital Equipment Corporation (DEC). Die Prozessoren basieren auf der 64-Bit-RISC-Technologie. Das erste Modell, der DECchip 21064, wurde im Februar 1992 eingeführt. Aus markenrechtlichen Gründen erweiterte DEC den Namen zu »Alpha AXP«, der formell für die DECchip-Technologie verwendet wurde. Der Ausdruck »Alpha« ist gelegentlich in der Literatur als Synonym für »DECchip« zu finden, z. B. in der Formulierung »Alphabasierter Computer«. Die Weiterentwicklung der Alpha-Prozessoren wurde Ende der 1990er Jahre eingestellt. → *siehe auch* DECchip 21064.

alpha *Adj.*
Eigenschaft einer Software, die sich im ersten Entwicklungsstadium befindet, also eine Alphaversion darstellt.

Alpha AXP *Adj.*
Name für die Technologie der 64-Bit-RISC-Prozessoren von Digital Equipment Corporation (DEC). Die Weiterentwicklung der Alpha-Prozessoren wurde Ende der 1990er Jahre eingestellt. → *siehe auch* Alpha, DECchip 21064, RISC.

Alphabet, das; *Subst.* (alphabet)
Jede Zeichenmenge, die die Buchstaben einer Schriftsprache umfasst.
In der Kommunikation und Datenverarbeitung versteht man unter »Alphabet« die Untermenge eines kompletten Zeichensatzes, inklusive Buchstaben, Ziffern, Satzzeichen und anderen üblichen Symbolen, gleichzeitig aber auch die Codes, die diese repräsentieren. → *siehe auch* ASCII, CCITT, EBCDIC, ISO, Zeichensatz.

alphabetisch *Adj.* (alphabetic)
Eigenschaft von Wörtern oder Zeichenketten, die gemäß der Reihenfolge der Buchstaben des Alphabets sortiert sind.

Alphabox, die; *Subst.* (Alpha box)
Ein Computer, der zum Einbau des DECchip-21064-Prozessors (auch kurz als »Alpha« bezeichnet) konzipiert ist. → *siehe auch* DECchip 21064.

Alpha-Chip, der; *Subst.* (Alpha chip)
→ *siehe* DECchip 21064.

alphageometrisch *Adj.* (alphageometric)
Im Bereich der Computergrafik, speziell bei Videotext- und Teletextsystemen, die Eigenschaft einer Darstellungsmethode, bei der zur Darstellung von Texten Codes für alphanumerische Zeichen verwendet werden. Für Grafiken stehen geometrische Primitiven zur Verfügung. Dabei handelt es sich beispielsweise um Formen wie horizontale bzw. vertikale Linienstücke und Eckstücke. → *siehe auch* alphamosaikbezogen.

Alphakanal, der; *Subst.* (alpha channel, alpha channel)
Neben den reinen Farbinformationen (CMYK, RGB) können innerhalb einer Computergrafik auch zusätzliche Bildinformationen wie z. B. die Transparenz gespeichert werden. Diese Zusatzinformationen werden im Alphakanal abgelegt. Beispielsweise verfügen 32-Bit-RGB-Grafiken über vier separate Kanäle (drei 8-Bit-Kanäle für die Farben Rot, Grün und Blau sowie einen zusätzlichen 8-Bit-Alphakanal). → *siehe auch* CMYK, RGB.

alphamosaikbezogen *Adj.* (alphamosaic)
Im Bereich der Computergrafik, speziell bei Videotext- und Teletextsystemen, die Eigenschaft einer Darstellungsmethode, bei der zur Darstellung von Texten Codes für alphanumerische Zeichen verwendet werden. Grafiken werden mit Hilfe von identischen rechteckigen Elementen erzeugt, jedes Element bildet einen Bildpunkt. Mehrere Bildpunkte zusammen bilden eine Form, gewissermaßen ein Mosaik, daher auch die Bezeichnung. → *siehe auch* alphageometrisch.

alphanumerisch *Adj.* (alphanumeric)
Eigenschaft, die sowohl auf Buchstaben als auch auf Ziffern zutrifft. Manchmal werden auch Steuerzeichen, Leerzeichen und andere Spezialzeichen zu den alphanumerischen Zeichen gerechnet. → *siehe auch* ASCII, EBCDIC, Zeichensatz.

alphanumerischer Modus, der; *Subst.* (alphanumeric mode)
→ *siehe* Textmodus.

alphanumerisches Display, das; *Subst.* (alphanumeric display terminal)
Ein Terminal, das nur Zeichen darstellen kann, aber keine Grafiken.

alphanumerische Sortierung, die; *Subst.* (alphanumeric sort)
Eine Methode bei der Sortierung von Daten, z.B. von Datensätzen, bei der folgende Sortierfolge gilt: Satzzeichen, Ziffern, Buchstaben (dabei Großbuchstaben vor Kleinbuchstaben), verbleibende Symbole.

Alphatest, der; *Subst.* (alpha test)
Der Benutzertest, der mit einem Teil einer Alphasoftware durchgeführt wird.

Alphaversion, die; *Subst.* (alpha)
Ein Softwareprodukt, das fertig entwickelt wurde und jetzt im Labor einer ersten Testphase unterzogen wird. → *vgl.* Betaversion.

Altair 8800
Ein 1975 von der Firma Micro Instrumentation Telemetry Systems of New Mexico eingeführter Kleincomputer, der überwiegend als Bausatz verkauft wurde. Der Altair 8800 basierte auf dem 8-Bit-Prozessor 8080 von Intel und verfügte lediglich über 256 Byte (nicht: Kilobyte) RAM. Eingangswerte wurden über eine Schalterbank an der Frontplatte entgegengenommen; Ausgangssignale wurden über eine Reihe von Leuchtdioden angezeigt. Obwohl der Computer nur kurze Zeit auf dem Markt angeboten wurde, war er der erste erfolgreiche »persönliche« Computer (Personal Computer), der dann als »Heimcomputer« bezeichnet wurde. → *siehe auch* 8080. (Abbildung A.9)

Abbildung A.9: Altair 8800

AltaVista
Eine der ältesten Suchmaschinen im World Wide Web. AltaVista ist über den URL http://www.altavista.com erreichbar. → *siehe auch* Suchmaschine. → *vgl.* Excite, Google, HotBot, Infoseek, Lycos, WebCrawler, Yahoo!.

A

Altdaten, das; *Subst.* (legacy data)
Bezeichnung für Daten, die von einer anderen Person oder Organisation kompiliert oder zusammengestellt wurden. Die erwerbende Organisation erhält somit die vorhandenen Daten als »Vermächtnis« (englisch »legacy«) vom früheren Eigentümer der Daten.

Altdaten-Konvertiersystem, das; *Subst.* (legacy system)
Computer, Softwareprogramme, Netzwerke oder andere Computerausstattungen, die auch dann weiter verwendet werden, wenn ein Unternehmen oder eine Organisation ein neues System installiert. Die Kompatibilität mit Altdaten-Konvertiersystemen ist ein wichtiger Aspekt beim Installieren von neuen Systemen. Es ist z.B. wichtig, ob ein neues Tabellenkalkulationsprogramm in der Lage ist, die vorhandenen Unternehmensdaten ohne kostspieligen und zeitintensiven Aufwand in ein neues Format umzuwandeln. Viele Altdaten-Konvertiersysteme basieren auf Großrechnern, die in vielen Organisationen durch Client/Serverarchitekturen ersetzt werden. → *siehe auch* Großrechner. → *vgl.* Client/Serverarchitektur.

alternativer Akkumulator, der; *Subst.* (reserve accumulator)
Ein Hilfsrechenregister eines Prozessors, das in der Regel die Zwischenergebnisse einer umfassenden Berechnung aufnimmt.

Alternativschlüssel, der; *Subst.* (alternate key)
Jeder alternative Schlüssel in einer Datenbank, der nicht als Primärschlüssel vorgesehen ist. → *siehe* Alt-Taste.

alt.-Newsgroups, die; *Subst.* (alt. newsgroups)
Internetnewsgroups, die zur alt.-Hierarchie (»alternative«, »alternativ«) gehören und das Präfix »alt« aufweisen. Im Gegensatz zu den sieben Usenet-Newsgrouphierarchien (comp., misc., news., rec., sci., soc., und talk.), bei denen erst eine formelle Abstimmung zwischen den Anwendern der jeweiligen Hierarchie stattfinden muss, damit offizielle Newsgroups eingerichtet werden können, ist es jedermann erlaubt, eine alt.-Newsgroup einzurichten. Daher sind Newsgroups, die sich Diskussionen über obskure und bizarre Themen widmen, im Allgemeinen Bestandteil der alt.-Hierarchie.

Alt-Taste, die; *Subst.* (Alt key)
Abkürzung für »**Alt**ernate key«, zu Deutsch »Wechseltaste«. Taste auf der Tastatur von PCs und anderen Computern. Die Alt-Taste wird zusammen mit anderen Tasten gedrückt, wodurch letztere eine alternative Bedeutung erhalten, typischerweise zum Abruf von bestimmten Programmfunktionen. Die Taste ist gewöhnlich mit dem Text »Alt« bedruckt.

ALU
→ *siehe* arithmetisch-logische Einheit.

AM
→ *siehe* Amplitudenmodulation.

AMD Athlon *Subst.*
→ *siehe* Athlon.

AMD-K6
x86-kompatibler Prozessor, der 1997 von der Firma AMD (Advanced Micro Devices) eingeführt wurde. Hinsichtlich der Leistungsfähigkeit ist der K6 mit dem Pentium II von Intel vergleichbar. Beim AMD-K6 handelt es sich um einen Windows-kompatiblen Prozessor, der MMX unterstützt und 32-Bit-Programme ausführen kann. Er besitzt 8,8 Millionen Transistoren und weist einen L1-Cache mit 64 Kilobyte (KB) auf, der die Ausführungsgeschwindigkeit erhöht. Der K6 basiert auf der so genannten RISC86-Technologie, bei der x86-Programmbefehle vor der Ausführung in RISC-Operationen umgewandelt werden. Die AMD-K6-Prozessoren verfügen über Taktfrequenzen von 166 MHz bis über 500 MHz. → *siehe auch* L1-Cache, MMX, Pentium II, RISC, x86.

AMD-K7
→ *siehe* Athlon.

American Federation of Information Processing Societies, die; *Subst.*
→ *siehe* AFIPS.

American National Standards Institute, das; *Subst.*
→ *siehe* ANSI.

American Registry for Internet Numbers, die; *Subst.*
Zu Deutsch »Amerikanische Registrierung für Internetadressen«; Abkürzung: ARIN. Eine nichtprofitorientierte Organisation, die gegründet wurde, um IP-Nummern in Nord- und Südamerika zu registrieren und zu verwalten. ARIN trennt die Zuweisung von IP-Adressen von der Verwaltung der Topleveldomänen (z. B. .com und .edu) ab. Beide Aufgaben wurden früher von der Firma Network Solutions, Inc., durchge-

führt, als Teil des InterNIC-Konsortiums. Die internationalen Gegenstücke zu ARIN sind RIPE (für Europa) und APNIC (für Asien und den pazifischen Raum). ARIN ist über den URL http://www.arin.net erreichbar. → *siehe auch* APNIC, InterNIC, IP-Adresse, RIPE, Topleveldomäne.

American Standard Code for Information Interchange, der; *Subst.*
→ *siehe* ASCII.

America Online
Abkürzung: AOL. Ein Onlinedienst mit Sitz in Vienna (Virginia). Er stellt E-Mail-, Nachrichten-, Bildungs- und Unterhaltungsdienste sowie Internetzugang zur Verfügung. AOL ist einer der größten US-amerikanischen Internetprovider. Im Januar 2000 gab AOL die Fusion mit dem Medienkonzern Time Warner, Inc. bekannt. Das neue Unternehmen firmiert als AOL Time Warner, Inc. Die Website von America Online ist unter der Adresse http://www.aol.com erreichbar. → *siehe auch* Onlinedienst. → *vgl.* CompuServe, Prodigy Information Service.

AMI BIOS
Ein ROM-BIOS, das vom US-amerikanischen Hersteller American Megatrends (AMI) entwickelt wurde und von diesem auch vertrieben wird. Es kommt in IBM-kompatiblen Computern zum Einsatz. Ein beliebtes Leistungsmerkmal ist, dass die Konfigurationssoftware für das BIOS zusammen mit den eigentlichen BIOS-Routinen in ROM-Chips gespeichert ist, so dass der Anwender keine separate Konfigurationsdiskette benötigt, um Systemeinstellungen – wie die Größe des Arbeitsspeichers oder die Anzahl und Typen von Festplatten – zu ändern. → *siehe auch* BIOS, Phoenix BIOS, ROM-BIOS.

Amiga, der; *Subst.*
Ein Betriebssystem der Amiga, Inc. Das Amiga-Desktopcomputer-Modell, mit dem das Amiga-Betriebssystem große Verbreitung erfuhr, wurde 1985 von der Firma Commodore vorgestellt. Seine besondere Stärke bestand in der Audio- und Videounterstützung, was seine Beliebtheit in den Bereichen Unterhaltung und Multimedia erklärt. Später wurde er durch die Verbreitung des IBM Personal Computers (und seiner Ableger) sowie des Apple Macintosh abgelöst. Die Eigentumsrechte des Amiga wechselten mehrmals zwischen US-amerikanischen und westdeutschen Firmen. 2000 wurde ein neues, hardwareflexibles Amiga-Betriebssystem vorgestellt, das auf einem Linux-Kern gründet. Das neue Betriebssystem verbindet die komfortable Audio- und Video Unterstützung des ursprünglichen Amiga-Computers mit einer betriebs-

sichern Umgebung für Java-Anwendungen. Es ist nicht mit dem ursprünglichen Amiga-Betriebssystem kompatibel. → *siehe auch* IBM PC, Java, Linux.

A

amp
→ *siehe* Ampere.

Ampere, das; *Subst.* (ampere)
Abkürzung: A (im englischen Sprachraum auch »a« oder »amp«). Die Einheit der elektrischen Stromstärke. 1 Ampere entspricht dem Fluss von 1 Coulomb pro Sekunde.

Amplitude, die; *Subst.* (amplitude)
Das Maß der Stärke eines Signals, z.B. eines Klanges oder einer elektrischen Spannung, bestimmt durch die vertikale Entfernung von der Grundlinie bis zum Scheitelwert der Welle. → *siehe auch* Wellenform.

Amplitudenmodulation, die; *Subst.* (amplitude modulation)
Abkürzung: AM. Eine Methode zur Codierung von Informationen bei einer Übertragung (z.B. Radio), bei der eine Trägerwelle mit konstanter Frequenz, aber variierender Amplitude verwendet wird. (Abbildung A.10)

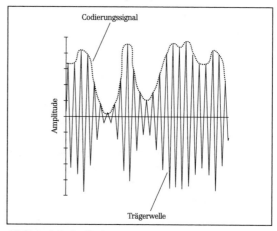

Abbildung A.10: Amplitudenmodulation

AMPS
Abkürzung für **A**dvanced **M**obile **P**hone **S**ervice. Einer der ursprünglichen Mobilfunkdienste, 1983 von AT&T eingeführt. AMPS basiert auf dem Frequenzdivisions-Multiplexing (»Frequency Division Multiple Access«, FDMA). Dabei werden die Frequenzen im Bereich zwischen 800 und 900 MHz in 30-KHz-Kanäle aufgeteilt, in denen Anrufe abgeschickt und angenommen werden können. → *vgl.* GSM.

A

AMPS/NAMPS
→ *siehe* AMPS, NAMPS.

AMT
→ *siehe* Adresszuordnungstabelle.

Amtsleitung, die; *Subst.* (local loop)
Die vom Telefonanschluss eines Fernsprechteilnehmers zur nächsten Ortsvermittlungsstelle führende Anschlussleitung. → *vgl.* Letzte Meile, POTS.

Anaglyph, der; *Subst.* (anaglyph)
Ein 3D-Effekt, der durch die Überlappung zweier Bilder entsteht, die über Speziallinsen den Eindruck eines 3D-Bildes verschafft. Die Anaglyph-Technologie wird für das Web eingesetzt, um 3D-Bilder für verschiedene Anwendungen in den Bereichen Virtual Reality, Unterricht und Forschung zu erzeugen. → *siehe auch* 3D-Grafik.

analog *Adj.*
Eigenschaft eines Gerätes oder Signals, das sich durch kontinuierliche (übergangslose) Veränderungen in der Stärke oder Größe auszeichnet. Beispiele für analoge Signale sind der elektrische Strom und Schallwellen. → *vgl.* digital.

Analogcomputer, der; *Subst.* (analog computer)
Ein Computer, der Daten misst, die sich durch kontinuierliche (übergangslose) Veränderungen im Wert auszeichnen, z.B. Geschwindigkeit oder Temperatur.

Analogdaten, das; *Subst.* (analog data)
Daten, die durch kontinuierliche (übergangslose) Veränderungen in Bezug auf bestimmte physikalische Eigenschaften repräsentiert werden, z.B. elektrische Spannung, Frequenz oder Druck. → *vgl.* digital.

Analog–/Digitalwandler, der; *Subst.* (analog-to-digital converter)
Abkürzung: A/D-Wandler, ADC. Ein Gerätebestandteil, der ein kontinuierlich (übergangslos) variierendes Signal wie eine Schallwelle oder einen elektrischen Strom mit Hilfe eines überwachenden Instruments in einen binären Code für die Verwendung im Computer umwandelt. → *siehe auch* Modem. → *auch genannt* A/D-Wandler. → *vgl.* Digital-/Analogwandler. (Abbildung A.11)

Analogdisplay, das; *Subst.* (analog display)
Ein Videodisplay, das kontinuierliche (übergangslose) Farbton-

Abbildung A.11: Analog-/Digitalwandler

änderungen darstellen kann, im Gegensatz zu einem Videodisplay, das auf eine genau festgelegte, endliche Anzahl von Abstufungen fixiert ist. → *vgl.* digitales Display.

analoger Signalgenerator, der; *Subst.* (analog signal generator)
Ein Gerätebestandteil, der ein kontinuierlich (übergangslos) variierendes Signal erzeugt und gelegentlich zur Steuerung eines Aktuators in einem Laufwerk eingesetzt wird. → *siehe auch* Aktuator.

Analogkanal, der; *Subst.* (analog channel)
Ein Kommunikationskanal, z.B. eine sprachbezogene Telefonleitung, bei dem Signale übermittelt werden, die sich durch kontinuierliche (übergangslose) Veränderungen auszeichnen und daher jeden Wert innerhalb eines festgelegten Bereichs einnehmen können.

Analogleitung, die; *Subst.* (analog line)
Eine Kommunikationsleitung, z.B. eine Telefonleitung, bei der sich das übertragene Signal durch kontinuierliche (übergangslose) Veränderungen auszeichnet.

Analogmodem, das; *Subst.* (analog modem)
→ *siehe* Modem.

Analyse, die; *Subst.* (analysis)
Die Bewertung einer Situation oder eines Problems, einschließlich der Überprüfung nach verschiedenen Aspekten oder Standpunkten. In der Computertechnik schließt eine Analyse Aufgaben wie Flusssteuerung, Fehlerkontrolle und Effektivitätsbetrachtungen mit ein. Häufig wird ein größeres Problem in kleinere Bestandteile zerlegt, die einfacher zu untersuchen und zu behandeln sind. → *siehe auch* Flussanalyse, numerische Analyse, Systemanalyse. → *vgl.* Synthese.

Analyse, numerische, die; *Subst.* (numerical analysis)
→ *siehe* numerische Analyse.

Analyse, objektorientierte, die; *Subst.* (object-oriented analysis)
→ *siehe* objektorientierte Analyse.

Analytical Engine, die; *Subst.*
Eine mechanische Rechenmaschine, die vom britischen Mathematiker Charles Babbage 1833 konstruiert, aber nie fertig gestellt wurde. Die Analytical Engine ist als erster Mehrzweck-Digitalcomputer überhaupt anzusehen. → *siehe auch* Differenzmaschine.

Anchor, der; *Subst.* (anchor)
In einem HTML-Dokument stellt ein Anchor ein spezielles Tag dar, das einen Textabschnitt, ein Symbol oder ein anderes Element als Link (Querverweis) definiert. Der Link verweist auf eine andere Stelle in demselben Dokument oder auf ein anderes Dokument bzw. eine andere Datei. → *siehe* Hyperlink. → *siehe auch* Anker.

Anchor, benannter, der; *Subst.* (named anchor)
→ *siehe* benannter Anchor.

AND, das; *Subst.*
Eine logische Operation zur Verknüpfung von zwei Bit (0, 1) oder zwei Booleschen Werten (falsch, wahr), bei der der Wert 1 (wahr) zurückgegeben wird, wenn beide Eingangswerte 1 (wahr) sind. In allen anderen Fällen wird der Wert 0 (falsch) zurückgegeben. Die einzelnen Kombinationen sind aus der folgenden Tabelle ersichtlich.

a	b	a AND b
0	0	0
0	1	0
1	0	0
1	1	1

AND-Gatter, das; *Subst.* (AND gate)
Ein digitaler Schaltkreis, dessen Ausgabe 1 ist, wenn alle Eingangswerte 1 betragen. → *siehe auch* Wahrheitstabelle. (Abbildung A.12)

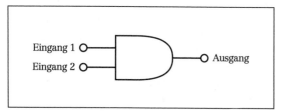

Abbildung A.12: AND-Gatter

andocken *Vb.* (dock)
Das Anschließen eines Laptops oder eines Notebooks an eine Docking Station. → *siehe* auch Docking Station, Laptop, Notebookcomputer.

Andocken im laufenden Betrieb, das; *Subst.* (hot docking)
Das Anschließen eines Laptops an eine Docking Station (während der Computer in Betrieb ist) und das automatische Aktivieren der Videodisplayfunktion sowie anderer Funktionen. → *siehe auch* Docking Station, Laptop.

Andockmechanismus, der; *Subst.* (docking mechanism)
Der Bestandteil einer Docking Station, der den portablen Computer mit der Station verbindet. → *siehe auch* Docking Station.

Andrew File System, das; *Subst.*
→ *siehe* AFS.

Andruckrolle, die; *Subst.* (pinch roller)
Eine kleine zylindrische Rolle, die ein Magnetband an die Antriebswelle des Laufwerks presst, um das Band über die Köpfe des Bandlaufwerks zu ziehen. → *siehe auch* Capstan. (Abbildung A.13)

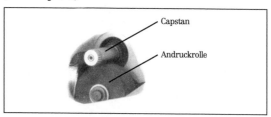

Abbildung A.13: Andruckrolle

Anfrage, die; *Subst.* (inquiry)
Ein Anforderung von Informationen. → *siehe* auch Abfrage.

Anfragezeichen, das; *Subst.* (enquiry character)
Abgekürzt ENQ. Ein in der Datenübertragung verwendetes Steuerzeichen, mit dem die Sendestation bei der Empfangsstation anfragt, ob diese empfangsbereit ist. Im ASCII-Codierungsschema ist dem Anfragezeichen der Dezimalwert 5 (hexadezimal 05) zugeordnet.

anfügen *Vb.* (append)
Das Hinzufügen von Daten am Ende; meist das Hinzufügen von Daten am Ende einer Datei bzw. Datenbank oder das Erweitern einer Zeichenkette, indem ihr am Ende Zeichen angehängt werden. → *siehe auch* Datei, String. → *vgl.* abschneiden.

Anführungszeichen, senkrechte, das; *Subst.* (dumb quotes)
→ *siehe* senkrechte Anführungszeichen.

A

Anführungszeichen, typografische, das; *Subst.*
(smart quotes)
→ *siehe* typografische Anführungszeichen.

angehängtes Dokument, das; *Subst.* (attached document)
Eine ASCII-Textdatei oder eine binäre Datei, z.B. ein mit einem Textverarbeitungsprogramm angefertigtes Dokument, die in eine E-Mail-Nachricht integriert wurde. Die angehängte Datei ist kein direkter Bestandteil der E-Mail-Nachricht und wird im Allgemeinen mit Hilfe eines der Verfahren uuencoding, MIME oder BinHex codiert. Die meisten E-Mail-Programme codieren automatisch ein angehängtes Dokument, so dass dieses zusammen mit der Nachricht übertragen wird. Damit der Empfänger das angehängte Dokument lesen kann, muss dieser entweder ein E-Mail-Programm einsetzen, das die Decodierung von angehängten Dokumenten unterstützt, oder ein separates, geeignetes Hilfsprogramm, das die empfangene E-Mail decodiert.
→ *siehe auch* ASCII, Binärdatei, BinHex, MIME, uuencoden.

Angström, das; *Subst.* (angstrom)
Abkürzung: Å. Eine Längeneinheit. 1 Å entspricht einem Zehnmilliardstel (10^{-10}) eines Meters. Beispielsweise wird die Wellenlänge des Lichtes gewöhnlich in Ångström gemessen.

anhängen *Vb.* (attach)
Das Integrieren eines externen Dokuments als Teil einer E-Mail-Nachricht. Zu diesem Zweck kommt MIME oder ein anderes Codierungsverfahren zum Einsatz. Die meisten modernen E-Mail-Clients sind sowohl in der Lage, an zu versendende E-Mail-Dokumente anzuhängen als auch E-Mail mit angehängten Dokumenten zu empfangen und entsprechend zu decodieren.

Animation, die; *Subst.* (animation)
Die Illusion eines bewegten Bildes, die durch die Ausgabe einer Sequenz statischer Einzelbilder hervorgerufen wird. Im Bereich der Computergrafik werden alle Bilder entweder einzeln gezeichnet, oder es werden Start- und Endpunkte definiert, wobei die Zwischenbilder von der Software berechnet werden. → *siehe auch* 3D-Grafik, Drahtmodell, Oberflächenmodellierung, tween.

animierter Cursor, der; *Subst.* (animated cursors)
Ein Merkmal von Windows 9x und Windows NT/2000, das es erlaubt, anstelle eines festen, unveränderlichen Mauszeigers eine Sequenz von kontinuierlich sich wiederholenden Einzelbildern anzuzeigen, so dass eine kurze Animation entsteht. Dateien, die einen animierten Cursor enthalten, weisen die Dateierweiterung ».ani« auf. → *siehe auch* Mauszeiger.

animiertes GIF, das; *Subst.* (animated GIF)
Eine Sequenz von Einzelbildern innerhalb einer GIF-Datei, die nacheinander angezeigt werden, so dass der Eindruck eines bewegten Bildes entsteht. → *siehe auch* GIF.

Anker, der; *Subst.* (anchor)
Im Bereich des Desktop Publishings und der Textverarbeitung ein Formatcode in einem Dokument, der dazu dient, ein Element – z.B. eine Abbildung, eine Marginalüberschrift oder eine beschriftete Zeichnung – an einer bestimmten Position zu halten. Das verankerte Objekt ist im Allgemeinen mit einem anderen Element verknüpft, z.B. einem Textbestandteil (häufig einem Absatz), einer Grafik oder aber einer festen Stelle im Dokument. Werden dem Dokument Textbestandteile und andere Objekte hinzugefügt oder aus diesem entfernt, wird das verankerte Objekt relativ zu dem Objekt verschoben, mit dem es verknüpft ist. Verankerte Elemente mit einer festen Position bleiben dagegen an ihrer Originalposition stehen. → *siehe auch* Anchor.

anklickbare Map, die; *Subst.* (clickable maps)
→ *siehe* Imagemap.

Anmeldeinformationen, die; *Subst.* (credentials)
Eine Gruppe von Daten, die die Identifikation und den Identifikationsnachweis für den Zugriff auf lokale Ressourcen und auf Ressourcen im Netzwerk enthält. Beispiele für Anmeldeinformationen sind das Paar »Benutzername/Kennwort«, Smartcards und Zertifikate. → *siehe auch* anmelden, digitales Zertifikat (Def. 2), Smartcard.

anmelden *Vb.* (jack in, log on, logon, mount)
Ein Prozess, mit dem sich ein Benutzer nach dem Herstellen einer Kommunikations- oder Netzwerkverbindung gegenüber einem Computer identifiziert. Man spricht dabei auch vom »Einloggen«. Während der Anmeldeprozedur fragt der Computer in der Regel den Benutzernamen und ein persönliches Kennwort ab. → *vgl.* abmelden.
Im Zusammenhang mit dem Aufbauen einer Verbindung zu einem Netzwerk oder einer Mailbox (BBS), um auf diese Weise einen IRC-Channel oder eine Simulation aus der virtuellen Realität, z.B. ein MUD, zu betreten, spricht man ebenfalls von »anmelden«. Das Verlassen eines derartigen Systems wird als »jack out« bezeichnet. → *siehe auch* IRC, MUD.

Des Weiteren stellt »anmelden« einen Prozess dar, der es dem Dateisystem eines Computers ermöglicht, auf ein physikalisches Diskettenlaufwerk oder Magnetbandgerät zuzugreifen. Der Begriff wird in diesem Kontext am häufigsten für die Beschreibung des Datenträgerzugriffs in Apple Macintosh- und UNIX-Computern verwendet.
→ *auch genannt* Einloggen.

Anmerkung, die; *Subst.* (annotation)
Ein Hinweis oder Kommentar, der einem bestimmten Bestandteil eines Dokuments hinzugefügt wird, um weiterführende Informationen anzubringen. Einige Anwendungen unterstützen gesprochene Anmerkungen sowie Anmerkungen, die durch Symbole repräsentiert werden. → *siehe auch* Kommentar.

ANN
→ *siehe* künstliches neuronales Netzwerk.

Annahme, die; *Subst.* (assertion)
Eine Boolesche Anweisung in einem Programm zum Testen einer Bedingung, die bei korrekter Arbeit des Programms den Ergebniswert Wahr zurückgeben sollte. Andernfalls bricht das Programm typischerweise mit einer entsprechenden Fehlermeldung ab. Annahmen werden beim Debuggen von Programmen (also bei der Fehlersuche und -korrektur) sowie zur Dokumentation der Funktionsweise eines Programms eingesetzt.

Annoybot, der; *Subst.* (annoybot)
Wörtlich: »beschimpfender Roboter«. Ein softwaremäßiger Roboter in einem Internet Relay Chat (IRC) oder einem Multiuser Dungeon (MUD), der mit dem Benutzer auf anstößige Weise kommuniziert. → *siehe auch* IRC, MUD, Roboter.

Anode, die; *Subst.* (anode)
Im Bereich der Elektronik die positiv geladene Anschlussklemme oder Elektrode, zu der Elektronen fließen. → *vgl.* Kathode.

anonymer Artikel, der; *Subst.* (anonymous post)
Eine Nachricht in einer Newsgroup- oder einer E-Mail-Verteilerliste, die nicht zum Absender zurückverfolgt werden kann. Im Allgemeinen werden derartige Nachrichten mit Hilfe eines anonymen Servers (für Newsgroupbeiträge) oder eines anonymen Remailers (für E-Mail) versendet. → *siehe auch* anonymer Remailer.

anonymer Remailer, der; *Subst.* (anonymous remailer)
Ein E-Mail-Server, der Nachrichten empfängt, den Kopf, der Rückschlüsse auf die Quelle der Nachricht zulässt, gegen einen entsprechend modifizierten Kopf austauscht und die Nachrichten schließlich zu ihrem endgültigen Ziel weiterleitet. Der Zweck eines anonymen Remailers liegt darin, die Identität des Absenders der E-Mail geheim zu halten. → *siehe auch* Anonymität, Privatsphäre.

anonymer Server, der; *Subst.* (anonymous server)
Die Software, die von einem anonymen Remailer eingesetzt wird. → *siehe* anonymer Remailer. → *siehe auch* anonymer Remailer.
Außerdem eine Software, die einen Anonymous-FTP-Service zur Verfügung stellt. → *siehe* anonymer Remailer. → *siehe auch* Anonymous FTP.

Anonymität, die; *Subst.* (anonymity)
Im Bereich der Kommunikation der Versand von E-Mail-Nachrichten oder die Übermittlung von Beiträgen an eine Newsgroup, ohne dass die Identität des Absenders bekannt wird. Gewöhnlich wird die E-Mail-Adresse des Absenders automatisch in den Kopf der Nachricht eingefügt, der von der Clientsoftware erzeugt wird. Um die Anonymität zu gewahren, muss die Nachricht an einen anonymen Remailer gesendet werden. Damit Rückantworten ermöglicht werden, setzt der anonyme Remailer eine Ersatzrückadresse ein, aus der der reale Name des Absenders nicht hervorgeht. → *siehe auch* anonymer Remailer.

anonymous
Wörtlich: »anonym«. Im Internet der standardmäßige Anmeldename, um Zugang zu einem öffentlichen FTP-Dateiarchiv zu erhalten. → *siehe auch* Anonymous FTP.

Anonymous FTP, das; *Subst.* (anonymous FTP)
Wörtlich: »anonymes FTP«. Der Zugang zu einem entfernten Computersystem, für das der Anwender keinen Account besitzt, mit Hilfe des im Internet verbreiteten File Transfer Protocol (FTP). Anwender, die sich per Anonymous FTP Zugang verschaffen, haben auf dem entfernten Computersystem eingeschränkte Zugriffsrechte und können gewöhnlich nur Dateien aus einem öffentlichen Verzeichnis – oft mit »/pub« benannt (für »public«, »öffentlich«) – empfangen (Download) oder Dateien in dieses Verzeichnis stellen (Upload). Typischerweise lassen sich auch FTP-Befehle verwenden, um z.B. Dateien zu betrachten oder den Inhalt eines Verzeichnisses einzusehen. Um sich per Anonymous FTP an

A einem entfernten Computersystem anzumelden, setzt der Anwender ein FTP-Programm ein und verwendet im Allgemeinen als Anmeldenamen »anonymous« oder »ftp«. Als Kennwort muss üblicherweise die E-Mail-Adresse des Anwenders verwendet werden, obwohl es häufig möglich ist, das Kennwort zu überspringen oder eine falsche E-Mail-Adresse einzugeben. In bestimmten Fällen lautet das Kennwort jedoch »anonymous«. Viele FTP-Sites erlauben keine Zugriffe per Anonymous FTP, um die Sicherheit des Systems zu gewährleisten. Aber auch einige der Sites, die Anonymous FTP gestatten, erlauben aus Sicherheitsaspekten nur den Empfang von Dateien, nicht aber das Senden. → *siehe auch* Einloggen, FTP, /pub.

anpassen *Vb.* (customize)
Modifizieren und Zusammenstellen von Hardware oder Software an die Kundenanforderungen. Die herkömmliche Hardwareanpassung reicht von der Entwicklung kundenspezifischer ICs bis zur Zusammenstellung eines Computersystems, das auf besondere Kundenwünsche zugeschnitten ist. Die Softwareanpassung umfasst gewöhnlich die Modifikation und die Entwicklung von Software für bestimmte Kunden.

anrufen *Vb.* (call)
Im Bereich der Datenfernübertragung das Herstellen einer Verbindung über ein Telekommunikationsnetzwerk.

Anschaltgebühr, die; *Subst.* (connect charge)
Der Geldbetrag, den Benutzer für die Teilnahme an einem kommerziellen Onlinedienst oder Kommunikationsservice entrichten müssen. Einige Anbieter verlangen eine monatliche Pauschale. Andere Anbieter berechnen die Gebühren abhängig von den in Anspruch genommenen Diensten oder in Abhängigkeit von den übertragenen Informationseinheiten. Wiederum andere rechnen mit Hilfe eines zeitbasierten oder entfernungsabhängigen Tarifs oder abhängig von der genutzten Bandbreite ab. Häufig wird die Anschaltgebühr aber auch aus einer Kombination dieser Kriterien berechnet. → *siehe auch* Verbindungsdauer.

Anschlag, der; *Subst.* (stroke)
Bei der Dateneingabe eine Tastenbetätigung – ein Signal an den Computer, das die Betätigung einer Taste meldet.

Anschlagdrucker, der; *Subst.* (impact printer)
Jeder Drucker, der Markierungen (Zeichen) auf Papier erzeugt, indem ein Farbband gegen das Papier drückt. Nadeldrucker (Matrixdrucker) und Typenraddrucker sind die bekanntesten Vertreter der Anschlagdrucker. → *siehe auch* Matrixdrucker, Typenraddrucker. → *vgl.* anschlagfreier Drucker.

anschlagfreier Drucker, der; *Subst.* (nonimpact printer)
Jeder Drucker, der das Papier auf nichtmechanischem Wege markiert. Die gebräuchlichsten Typen sind Tintenstrahl-, Thermo- und Laserdrucker. → *siehe auch* Laserdrucker, Thermodrucker, Tintenstrahldrucker. → *vgl.* Anschlagdrucker.

Anschlaghammer, der; *Subst.* (hammer)
Das mechanische Teil in einem Drucker, das den Abdruck des Farbbandes auf dem Papier bewirkt. In Nadeldruckern stellen die Nadeln selbst den Anschlaghammer dar. Bei Typenraddruckern trifft der Anschlaghammer auf das Typenrad.

Anschlagton, der; *Subst.* (ToggleKeys)
Eine Option von Windows 9x, die hohe oder tiefe Töne ausgibt, wenn eine der verriegelbaren Tasten (FESTSTELLTASTE, NUM oder ROLLEN) aktiviert oder deaktiviert wird. → *siehe auch* Wiederholautomatik. → *vgl.* Anschlagverzögerung, Eingabehilfen, ShowSounds, SoundSentry, StickyKeys, Tastaturmaus.

Anschlagverzögerung, die; *Subst.* (BounceKeys)
Ein Leistungsmerkmal in Windows 9x, das den Prozessor anweist, doppelte Anschläge der gleichen Taste und andere unbeabsichtigte Tastenanschläge zu ignorieren.

Anschluss, der; *Subst.* (junction)
Eine Stelle, an der mehrere elektronische Komponenten miteinander verbunden sind.
Außerdem der Kontakt zwischen zwei unterschiedlichen Halbleitertypen, z.B. einem N-leitenden und einem P-leitenden Halbleiter. → *siehe auch* Halbleiter, n-leitender Halbleiter, p-leitender Halbleiter.

Anschlusskontakt, der; *Subst.* (lead)
In der Elektronik die metallischen Anschlüsse bestimmter Bauelemente, z.B. Widerstände oder Kondensatoren.

ANSI
Abkürzung für »**A**merican **N**ational **S**tandards **I**nstitute«. Unabhängiger, nicht profitorientierter Verband, der sich aus US-amerikanischen Unternehmens- und Industriegruppen zusammensetzt und 1918 zur Entwicklung von Handels- und Kommunikationsstandards gegründet wurde. ANSI ist die US-amerikanische Vertretung der ISO (International Standards Organization) und hat Empfehlungen für Program-

miersprachen, so z.B. FORTRAN, C und COBOL, entwickelt. Die Website des ANSI ist unter der Adresse http://www.ansi.org erreichbar.
→ *siehe auch* ANSI C, ANSI.SYS, SCSI.

ANSI C

Eine Version der Programmiersprache C, die von ANSI standardisiert wurde. → *siehe auch* K&R-C.

Ansicht, die; *Subst.* (view)

Allgemein die Anzeige von Daten oder einer Grafik aus einer vorgegebenen Perspektive.

In relationalen Datenbank-Managementsystemen eine logische Tabelle, die über die Festlegung einer oder mehrerer Operationen auf eine oder mehrere Tabellen erzeugt wurde. Eine Ansicht ist im relationalen Modell gleichbedeutend mit einer geteilten Relation. → *siehe auch* relationale Datenbank, relationales Modell.

ANSI/SPARC

Abkürzung für »**A**merican **N**ational **S**tandards **I**nstitute **S**tandards **P**lanning **a**nd **R**equirements **C**ommittee«. Ein Komitee der ANSI, das in den 70er Jahren eine verallgemeinerte Dreischemaarchitektur vorschlug, die als Gerüst für einige Datenbank-Managementsysteme dient. → *siehe* ANSI. → *siehe auch* Datenbank-Managementsystem.

ANSI.SYS

Ein installierbarer Gerätetreiber für MS-DOS-Computer. Er verwendet ANSI-Befehle (Escapesequenzen), die die Steuerungsvarianten für die Konsole (Bildschirm und Tastatur) erweitern. → *siehe auch* ANSI, Escapesequenz, installieren, Treiber.

ANSI X3.30-1997

Ein vom American National Standards Institute (ANSI) entwickelter Standard für Datumsformate mit der Bezeichnung »Representation for Calendar Date and Ordinal Date for Information Interchange«. Zahlreiche Organisationen, darunter auch die Bundesregierung der USA, verwenden auf diesem Standard basierende Datumsformate, die z. B. als Grundlage für die Lösung des Problems mit dem vierstelligen Jahresformat (Jahr-2000-Problem) dienen. → *siehe auch* Jahr-2000-Problem.

anständig *Adj.* (well-behaved, well-mannered)

Eigenschaft eines Programms oder Systems, das die Regeln einer bestimmten Umgebung befolgt.

Außerdem die Eigenschaft eines Programms, das selbst bei extremen oder fehlerhaften Eingabewerten ordnungsgemäß ausgeführt wird.

Antialiasing, das; *Subst.* (anti-aliasing, dejagging)

Eine Softwaretechnik, die das gezackte oder stufenartige Erscheinungsbild von Kurven und diagonalen Linien, das durch eine zu geringe Auflösung des Bildschirms bedingt ist, durch spezielle Glättungsverfahren entschärft. Derartige Verfahren ändern die Farbtöne der an den Linien- und Kurvenumrissen liegenden Bildpunkte (Pixel) so, dass ein weicherer Farbübergang erzielt wird, und verändern die Größe sowie die horizontale Ausrichtung bestimmter Pixel. → *siehe auch* Dithering. → *vgl.* Aliasing. (Abbildung A.14)

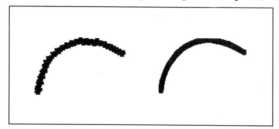

Abbildung A.14: Antialiasing: Die rechte Grafik verdeutlicht das Ergebnis des Antialiasing durch die Verwendung einer höheren Auflösung

Anti-Replay-Funktion, die; *Subst.* (anti-replay)

Eine auf der IP-Paketebene ausgeführte Sicherheitsfunktion, die verhindert, dass abgefangene und geänderte Pakete in den Datenstrom eingefügt werden. Die Anti-Replay-Funktion erstellt eine Sicherheitszuordnung zwischen einem Quell- und Zielcomputer. Die beiden Computer verwenden eine gemeinsame Sequenzierung für übertragene Pakete. Der Anti-Replay-Mechanismus ermittelt und verwirft Pakete, deren Nummerierung außerhalb der vereinbarten Sequenz liegt. Anschließend wird eine Fehlermeldung gesendet und das Ereignis protokolliert. Das Anti-Replay-Protokoll ist im IPSec-Standard enthalten. → *siehe auch* IPSec.

Antistatikeinrichtung, die; *Subst.* (antistatic device)

Eine Vorrichtung, die elektrische Entladungen verringert, die durch den Aufbau statischer Elektrizität bedingt sind. Elektrostatische Entladungen können elektronische Geräte wie Computer und Peripheriegeräte zerstören und Datenausfälle verursachen. Zu den Antistatikeinrichtungen gehören spezielle Bodenmatten oder Teppichböden, Armbänder (an denen eine geerdete Leitung befestigt ist), Sprays, Lotionen und andere Spezialvorrichtungen. → *siehe auch* statisch, statische Elektrizität.

A

Antivirusprogramm, das; *Subst.* (antivirus program)
Ein Programm, das den Arbeitsspeicher des Computers sowie die Massenspeicher durchscannt, um Viren zu lokalisieren, einzugrenzen und zu entfernen. Optional werden eingehende Dateien auf Viren überprüft, während der Computer die Dateien empfängt. Moderne Antivirusprogramme können in vernetzten Umgebungen als Client/Serverkomponenten arbeiten und dabei sowohl Viren als auch Internet-Würmer, trojanische Pferde und andere Virentypen erkennen und abfangen. Ein Antivirusprogramm muss mindestens einmal pro Monat aktualisiert werden, teilweise auch öfter, um mit der sich rasch vermehrenden Anzahl an Viren Schritt halten zu können. → *siehe auch* Trojanisches Pferd, Virus, Wurm.

Anti-Wurm, der; *Subst.* (anti-worm)
→ *siehe* Do-Gooder-Virus.

Antivirussoftware, die; *Subst.* (anti virus software)
→ *siehe* Antivirusprogramm.

Antizensursoftware, die; *Subst.* (censorware)
Software, mit der sich Restriktionen hinsichtlich der Sites, Newsgroups und Dateien im Internet, auf die die Benutzer zugreifen dürfen, umgehen lassen.

Antwortmodus, der; *Subst.* (answer mode)
Eine Einstellung, bei der ein Modem eingehende Anrufe automatisch entgegennimmt. Diese Einstellung wird außerdem in allen Faxgeräten verwendet. → *auch genannt* Auto-Antwortfunktion.

Antwortverhalten, automatisches, das; *Subst.* (automatic answering)
→ *siehe* Auto-Antwortfunktion.

Antwortwählmodem, das; *Subst.* (answer/originate modem)
Ein Modem, das sowohl senden als auch empfangen kann – der gebräuchlichste Modemtyp.

Antwortzeit, die; *Subst.* (response time)
Allgemein die Zeitspanne – meist der Mittelwert – zwischen dem Auslösen einer Anforderung und der Bereitstellung der abgefragten Daten (bzw. der Mitteilung, dass sie nicht verfügbar sind).
Im Zusammenhang mit einem Prozessor die Zeit, die ein Speicherschaltkreis oder ein Speichergerät benötigt, um die vom Prozessor angeforderten Daten bereitzustellen.

Anweisung, die; *Subst.* (statement)
Die kleinste ausführbare Einheit in einer Programmiersprache.

Anweisung, iterative, die; *Subst.* (iterative statement)
→ *siehe* iterative Anweisung.

Anweisung, nicht ausführbare, die; *Subst.* (nonexecutable statement)
→ *siehe* nicht ausführbare Anweisung.

Anweisung, zusammengesetzte, die; *Subst.* (compound statement)
→ *siehe* zusammengesetzte Anweisung.

Anwenderagent, der; *Subst.* (user agent)
In der Terminologie des OSI-Referenzmodells für lokale Netzwerke (LAN) ein Programm, das für einen Client eine Verbindung zu einem Server herstellt. → *siehe auch* Agent, ISO/OSI-Schichtenmodell, LAN.

Anwenderunterstützung, die; *Subst.* (help desk)
Mitarbeiter des Software Services, die den Benutzer bei der Lösung von Problemen mit Hardware oder Softwaresystemen beraten oder zu anderen Quellen verweisen. Help Desks werden in der Regel von größeren Unternehmen (z.B. Unternehmen oder Universitäten) bzw. von Zulieferern größerer Unternehmen angeboten, um die Benutzer des Unternehmens zu unterstützen.

Anwendung, die; *Subst.* (application)
Ein Programm, das dazu konzipiert ist, den Benutzer bei der Ausführung bestimmter Aufgaben zu unterstützen, z.B. beim Schreiben von Texten, bei der Buchhaltung und bei der Lagerverwaltung. → *vgl.* Utility.

Anwendungsdatei, die; *Subst.* (application file)
→ *siehe* Programmdatei.

Anwendungsdienstanbieter, der; *Subst.* (application service provider)
Im Internet ein Dienstanbieter, der bestimmte Onlineanwendungen und -dienste kostenlos oder kostenpflichtig anbietet. Die Anwendung muss dabei nicht vom Endanwender oder den Endanwendern verwaltet werden, es fallen lediglich die Kosten für die Nutzung des Dienstes an. Solche Anwendungen sind besonders im Bereich der Groupware verbreitet. Ein Beispiel für Anwendungsdienstanbieter sind die so genannten »Freemailer« für webbasierte E-Mail. Weitere

Informationen über Anwendungsdienstanbieter sind im Web z.B. unter der Adresse http://www.aspnews.com abrufbar. → *siehe auch* Freemailer, Groupware, Outsourcing.

Anwendungsentwicklungssystem, das; *Subst.* (application development system)
Eine Programmierumgebung, die speziell zur Herstellung von Anwendungen vorgesehen ist. Normalerweise befinden sich im Lieferumfang ein Texteditor, ein Compiler, ein Linker und häufig auch eine Bibliothek mit fertigen, allgemeinen Softwareroutinen, die in das zu entwickelte Programm übernommen werden können.

Anwendungsentwicklungsumgebung, die; *Subst.* (application development environment)
Eine integrierte Reihe von Programmen, die für Softwareentwickler konzipiert sind. Typische Bestandteile sind ein Compiler, ein Dateibrowser, ein Debugger sowie ein Texteditor zur Eingabe des Programmcodes.

Anwendung, serverbasierte, die; *Subst.* (server-based application)
→ *siehe* serverbasierte Anwendung.

Anwendungsheap, der; *Subst.* (application heap)
Ein Bereich im RAM, der von einem Anwendungsprogramm verwendet wird, um Programmcode, Ressourcen, Datensätze, Dokumentdaten und andere Daten zu speichern. → *siehe auch* Heap, RAM.

Anwendungsprogramm, das; *Subst.* (application program)
→ *siehe* Anwendung.

Anwendungsprogrammierer, der; *Subst.* (application developer)
Eine Person, die das Aussehen und die Funktion eines Anwendungsprogramms entwirft, festlegt und analysiert.

Anwendungsprogrammierschnittstelle, die; *Subst.* (application programming interface)
Abkürzung: API. Ein Satz an Routinen, die vom Betriebssystem des Computers für die Verwendung aus Anwendungsprogrammen heraus angeboten werden und diverse Dienste zur Verfügung stellen.

Anwendungsprogrammiersprache, die; *Subst.* (application development language)
Eine Programmiersprache zur Entwicklung von Anwen-

dungsprogrammen. Der Ausdruck bezieht sich im engeren Sinn nur auf solche Programmiersprachen, die spezielle Hochsprachenkonstrukte für den Entwurf von Datenstrukturen und Formularlayouts, die Abfrage und Aktualisierung von Datenbanken sowie für ähnliche Aufgaben umfassen. → *siehe auch* Anwendung, Programmgenerator, vierte Sprachgeneration.

Anwendungsproxy, der; *Subst.* (application proxy)
Durch einen Anwendungsproxy wird eine deutlich erhöhte Sicherheit erreicht, da eine volle Durchsicht auf Anwendungsebene besteht und somit auf sehr einfache Art die Details jeder eingehenden Verbindung eingesehen werden können. Darüber hinaus trennt ein Anwendungsproxy internes und externes Netz physikalisch und logisch voneinander. Jede eingehende Verbindung wird über das System geführt, und es gibt keine weiteren Zugänge zum Netzwerk. Zudem erhält keine eingehende Verbindung direkten Zugang zu dem gewünschten Zielsystem. Auch eine Manipulation des Zielsystems ist ausgeschlossen, weil ein Angreifer zu keiner Zeit Zugriff auf das Zielsystem erhält. → *siehe auch* Firewall, Proxyserver. → *vgl.* stateful inspection.

Anwendungsschicht, die; *Subst.* (application layer)
Die höchste Schicht im ISO/OSI-Schichtenmodell, auch »Verarbeitungsschicht« genannt. Sie stellt anwendungsspezifische Grunddienste bereit – z.B. zur Übertragung von Dateien oder zum Zugriff auf einen entfernten Computer –, im Gegensatz zu den niedrigeren Schichten, die den Datenaustausch zwischen Sender und Empfänger steuern. → *siehe auch* ISO/OSI-Schichtenmodell.

Anwendungsschnelltaste, die; *Subst.* (application shortcut key)
Eine Taste oder Tastenkombination, mit der sich auf besonders schnelle Weise bestimmte Funktionen aus einem Anwendungsprogramm abrufen lassen, die gewöhnlich mehrere Schritte erfordern (z.B. eine Auswahl über ein Menü). → *auch genannt* Tastenkombination.

Anwendungsschnittstelle, binäre, die; *Subst.* (application binary interface)
→ *siehe* binäre Anwendungsschnittstelle.

Anwendungsserver *Subst.* (application server)
Server, der Onlineanwendungen verteilt im Netz anbietet.
→ *siehe auch* Anwendungsdienstanbieter.

A

Anwendungssoftware, die; *Subst.* (application software)
→ *siehe* Anwendung.

anwendungsspezifisch *Adj.* (application-centric)
Eigenschaft eines Betriebssystems, in dem der Benutzer zum Öffnen und Anlegen von Dokumenten (z.B. Textdokumenten oder Arbeitsblättern) Anwendungsprogramme einsetzt. Zu den anwendungsspezifischen Betriebssystemen gehören sowohl befehlszeilenorientierte Systeme als auch bestimmte Systeme mit grafischer Benutzeroberfläche. → *vgl.* dokumentorientiert.

anwendungsspezifischer Prozessor, der; *Subst.* (application processor)
Ein Prozessor, der für eine einzelne Anwendung bestimmt ist. → *siehe auch* Prozessor.

anwendungsspezifisches IC, das; *Subst.* (application-specific integrated circuit)
→ *siehe* Gatterarray.

Anwendungssuite, die; *Subst.* (application suite)
→ *siehe* Officepaket.

Anwendungssymbol, das; *Subst.* (generic icon)
Ein grafisches Bild, das für die Darstellung eines Programms oder einer Anwendung verwendet wird. Das Symbol ist in der Regel nicht einer bestimmten ausführbaren Datei zugeordnet.

Anwendungsübergang, der; *Subst.* (application gateway)
Software, die auf einem Computer läuft, der die Sicherheit in einem Netzwerk gewährleistet, das zwar abgegrenzt ist, jedoch bestimmte Arten von Datenverkehr mit der Außenwelt erlaubt. → *siehe auch* Firewall.

Anwortverhalten, adaptives, das; *Subst.* (adaptive answering)
→ *siehe* adaptives Antwortverhalten.

Any-to-Any Connectivity, die; *Subst.* (any-to-any connectivity)
Wörtlich: »Verbindung von jedem Punkt zu jedem«. Eigenschaft einer integrierten Netzwerkumgebung, die es erlaubt, Daten ohne Einschränkungen gemeinsam im Netzwerk zu nutzen, unabhängig davon, dass unterschiedliche Protokolle, Hosttypen und Netzwerktopologien existieren.

Anzeigeelement, das; *Subst.* (indicator)
Eine Skala oder Signallampe zur Anzeige von Informationen über den Status eines Gerätes. Ein Diskettenlaufwerk verfügt z.B. über eine LED, die auf Diskettenzugriffe hinweist.

anzeigen *Vb.* (view)
Das Anzeigen bestimmter Informationen einer Anwendung auf dem Bildschirm.

AOL
→ *siehe* America Online.

AOL NetFind
Residentes Programm zum Suchen im Web. Es wurde von America Online (AOL) Information Service entwickelt. Die Suche basiert auf Schlüsselwörtern und abstrakten Suchmethoden. Das Programm setzt Intelligent Concept Extraction (ICE) und eine Technologie der Suchmaschine Excite ein. Mit Hilfe dieser Technologien werden nicht nur Seiten berücksichtigt, in denen die Begriffe exakt vorkommen, sondern auch Seiten mit ähnlichen oder verwandten Begriffen (Synonymen). Beispielsweise werden bei der Suche nach »Senioren« auch Seiten gefunden, in denen der Text »ältere Menschen« vorkommt. → *siehe auch* Excite, Intelligent Concept Extraction.

AOP
Abkürzung für **A**spekt**o**rientierte **P**rogrammierung, ein alternativer Ansatz beim Design und der Implementierung von Softwaresystemen, der neue Arten von Modularität bereitstellt und auf Aspekten genannten Komponenten aufbaut. Diese unterscheiden strikt zwischen Anforderungen und Eigenschaften eines Systems und heben sich somit grundlegend von der Objektorientierten Programmierung (OOP) ab. → *siehe auch* objektorientierte Programmierung.

APA
→ *siehe* All Points Addressable.

Apache
Ein HTTP (Web)-Server mit frei verfügbarem Open Source-Quellcode, der 1995 von der unentgeltlich arbeitenden Software-Entwicklergruppe Apache Group als Erweiterung und Verbesserung des früheren HTTP-Dämons (httpd, Version 1.3) des National Center for Supercomputing Applications vorgestellt wurde. Apache ist auf UNIX-Systemen einschließlich Linux sehr weit verbreitet, kann aber auch unter Windows und anderen Betriebssystemen wie BeOS ausgeführt werden. Da der Server auf vorhandenem Code basierte und eine

große Anzahl Patches enthält, wurde er als »A Patchy server« bezeichnet. Hiervon stammt der offizielle Name »Apache«. Weitere Informationen erhalten Sie auf der Apache-Website http://www.apache.org/. → *siehe auch* NCSA-Server, Open Source. → *vgl.* CERN-Server.

Apache XML-Projekt, das; *Subst.* (Apache XML Project) Nichtkommerzielle Open-Source-Arbeitsgemeinschaft, die es sich zum Ziel gemacht hat, hochwertige XML-Lösungen in offener und kooperativer Zusammenarbeit zu entwickeln und Standardgremien wie IETF und W3C von den Implementationen zu unterrichten. Das Apache XML-Projekt besteht momentan u. a. aus diesen Unterrubriken: Xerces, Xalan, Cocoon, FOP, Xang, SOAP und Crimson, die jeweils einen bestimmten XML-Teilbereich abdecken. Weitere Informationen zum Apache XML-Projekt können unter http://xml.apache.org abgerufen werden. → *siehe auch* Apache, Cocoon, Crimson, FOP, SOAP, Xalan, Xang, Xerces.

APC
→ *siehe* asynchroner Prozeduraufruf.

API
→ *siehe* Anwendungsprogrammierschnittstelle.

APIPA
→ *siehe* Automatische Private IP-Adressierung.

APL
Abkürzung für »**A** **P**rogramming **L**anguage«, zu Deutsch »eine Programmiersprache«. Eine Hochsprache, die 1968 für wissenschaftliche und mathematische Anwendungen eingeführt wurde. APL stellt eine unterprogrammorientierte Interpretersprache dar. Weitere Charakteristika sind die große Menge an speziellen Symbolen und die sehr knappe Syntax. APL ist für PC-kompatible Computer verfügbar. → *siehe auch* Interpretersprache.

APM
→ *siehe* Advanced Power Management.

APNIC
Abkürzung für »Asian-Pacific Network Information Center«, zu Deutsch »asiatisch-pazifisches Netzwerkinformationszentrum«. Eine nichtprofitorientierte, unabhängige Mitgliederorganisation, die Asien und den pazifischen Raum abdeckt. APNIC widmet sich internetspezifischen Themen. Zu seinen Aufgaben gehören die Registrierung neuer Mitglieder, die

Zuweisung von IP-Adressen sowie die Pflege von Datenbanken. Die Gegenstücke zum APNIC sind RIPE (für den europäischen Raum) und ARIN (für den amerikanischen Raum). APNIC ist über den URL http://www.apnic.net erreichbar. → *siehe auch* American Registry for Internet Numbers, RIPE.

app
→ *siehe* Anwendung.

APPC
Abkürzung für »**A**dvanced **P**rogram-to-**P**rogram **C**ommunication«. Ein Protokoll, das als Teil der IBM Systems Network Architecture (SNA) entwickelt wurde und die direkte Kommunikation sowie den Datenaustausch zwischen Anwendungsprogrammen ermöglicht, die auf unterschiedlichen Computern laufen.

Apple Desktop Bus, der; *Subst.*
Abkürzung: ADB. Eine serielle Kommunikationsleitung, die bis zur Entwicklung des G-4 in allen Apple Macintosh-Computern (nicht im iMac und dem iBook) eingesetzt wurde. Der Apple Desktop Bus ist für die Kommunikation von Eingabegeräten im unteren Geschwindigkeitsbereich, beispielsweise Tastatur und Maus, konzipiert. Die Geräte werden in der Regel mit einem flexiblen Kabel angeschlossen. Der Bus verhält sich funktional wie ein einfaches lokales Netzwerk und kann bis zu 16 Geräte simultan ansteuern – so auch Lichtgriffel, Trackballs und Grafiktabletts. Obwohl nur zwei externe Ports vorhanden sind, können mehr als 2 Geräte betrieben werden, indem diese in Reihe geschaltet werden, also in Form einer Kette (Daisy-Chain-Prinzip). → *siehe auch* Bus, Daisychain, Gerätetreiber, serielle Kommunikation.

AppleDraw
Ein beliebtes Zeichenprogramm für den Apple Macintosh. Es ist nach wie vor als Shareware (Registriergebühr 30 US-$) verfügbar.

Apple Events, der; *Subst.*
Ein Leistungsmerkmal, das in das Macintosh-Betriebssystem System 7 aufgenommen wurde und es einer Anwendung ermöglicht, einen Befehl – wie »Datei speichern« oder »Datei öffnen« – an eine andere Anwendung zu senden. → *siehe auch* Mac OS.

Apple Extended Keyboard, das; *Subst.*
Eine Tastatur mit 105 Tasten, die beim Macintosh SE, Macintosh II und beim Apple IIGS zum Einsatz kommt. Mit dieser

A Tastatur führte Apple erstmalig Funktionstasten (F-Tasten) ein; das Fehlen von Funktionstasten wurde bis dahin von den Benutzern als ein Nachteil gegenüber den IBM-PCs und kompatiblen PCs angesehen. Diese Neuerung sowie die Aufnahme einiger weiterer Tasten und Anzeigelämpchen führten dazu, dass das Apple Extended Keyboard in etwa der erweiterten Tastatur IBM-kompatibler PCs entspricht. → *siehe auch* erweiterte Tastatur. (Abbildung A.15)

Abbildung A.15: Apple Extended Keyboard

Apple II

Der zweite Computer von der Firma Apple. Er wurde im April 1977 eingeführt und verfügte über einen Arbeitsspeicher von 4 Kilobyte dynamischem RAM, der auf 48 Kilobyte erweitert werden konnte (mit 16-Kilobyte-Chips). Als Prozessor kam der 6502 zum Einsatz, als Programmiersprache stand Basic zur Verfügung. Der Apple II war der erste Computer, der über einen Anschluss für ein Fernsehgerät verfügte, so dass eine Alternative zu einem Computerfarbmonitor bestand. Weitere Leistungsmerkmale des Apple II waren die Soundausgabe, die acht Erweiterungssteckplätze sowie die Option, einen Kassettenrekorder als Speichergerät zu verwenden → *siehe auch* 6502, Macintosh.

Apple iPod, der;

Vom Computerhersteller Apple im Jahre 2001 auf den Markt gebrachter, portabler MP3-Player. Anfangs nur für die Zusammenarbeit mit Apple Macintosh-Systemen konzipiert, wird der Apple iPod inzwischen auch für Windows-Systeme ausgeliefert. Die Datenübertragung erfolgt per Firewire-Verbindung. Derzeit werden zwei Modelle angeboten, die sich primär in puncto Speichervolumen (20 und 40 GB) voneinander unterscheiden. → *siehe auch* Apple Macintosh, Fire-Wire. → *auch genannt* iPod.

Apple Macintosh

→ *siehe* Macintosh.

Apple Newton

→ *siehe* Newton.

AppleScript

Eine von Apple entwickelte Skriptsprache, die seit Mac OS 7.5 fester Bestandteil des Betriebssystems ist und mit der sich häufig wiederkehrende Aufgaben automatisieren und somit vereinfachen lassen. Die Fähigkeiten von AppleScript können durch OSAX-Scripterweiterungen (Zusatzmodule, die weitere Ressourcen und Befehle zur Verfügung stellen) gesteigert werden. → *siehe auch* Skript.

AppleShare

Dateiserversoftware, die in Verbindung mit dem Betriebssystem Mac OS arbeitet und es Macintosh-Computern erlaubt, Dateien und Ressourcen gemeinsam im Netzwerk zu nutzen. AppleShare kann sowohl auf Netzwerkprotokollen wie Internetwork Packet Exchange und AppleTalk als auch auf TCP/IP aufsetzen. Microsoft Windows NT Server und Novell Net-Ware unterstützen das auf AppleTalk aufsetzende Apple-Share-Protokoll. Mithilfe von Drittanbieterlösungen ist auch die Kommunikation mit Betriebssystemen wie Microsoft Windows for Workgroups, Windows 95/98, Windows NT und einigen UNIX-Derivaten möglich. → *siehe auch* Dateiserver, Mac OS.

Applet, das; *Subst.* (applet)

Ein kleiner Codebestandteil, der über das Internet übertragen wird und auf dem Computer des Empfängers (also in der Regel auf dem lokalen Computer) ausgeführt wird. Der Ausdruck wird hauptsächlich in Bezug auf Programme verwendet, die in Form von Objekten zeilenweise in HTML-Dokumente eingebettet sind und über das World Wide Web abgerufen werden.

AppleTalk

Ein Protokoll für lokale Netzwerke, das von Apple entwickelt wurde. Es erlaubt Apple-Computern sowie Fremdcomputern, miteinander zu kommunizieren und Ressourcen wie Drucker und Dateiserver gemeinsam zu nutzen. Fremdcomputer müssen zunächst mit entsprechender AppleTalk-Hardware und geeigneter Software ausgestattet werden. Das Netzwerk verwendet einen schichtenorientierten Satz an Protokollen – ähnlich dem ISO/OSI-Schichtenmodell – und überträgt Informationen in Form von Datenpaketen, die in diesem Zusammenhang als Frames bezeichnet werden. AppleTalk unterstützt Verbindungen zu anderen AppleTalk-Netzwerken, die über Brücken (Bridges) gekoppelt werden. Auch Verbindungen zu Fremdnetzwerken sind vorgesehen, wobei diese mit Hilfe von Gateways (Übergängen) zusammengeschlossen werden. Ein AppleTalk-Netzwerk kann bis zu 32 Clients unterstützen, die Daten werden mit Geschwindigkeiten von maximal 230,5 Kbps übertragen. → *siehe auch* Brücke, Frame, Gateway.

Apple-Taste, die; *Subst.* (Apple key)
Eine Taste auf Apple-Tastaturen, die mit dem Apple-Logo bedruckt ist. Auf dem Apple Extended Keyboard ist die Taste mit der Befehlstaste identisch, welche wiederum mit der Strg-Taste (Steuerungstaste, auf englischsprachigen Tastaturlayouts mit »Control« oder »Ctrl« gekennzeichnet) vergleichbar ist, wie sie auf IBM-Tastaturen und kompatiblen Tastaturen zu finden ist. Die Apple-Taste wird gewöhnlich in Verbindung mit einer Buchstabentaste gedrückt, um einen Shortcut (Schnellzugriff) zu starten. Auf diese Weise lassen sich Menüs und Makros besonders schnell aufrufen.

AppleWorks *Adj.*
Eine von Apple vertriebene Sammlung von Softwareprogrammen, die speziell für den Einsatz in Büros bestimmt ist. AppleWorks enthält integrierte Anwendungen für Textverarbeitung, Tabellenkalkulation, Datenbankmanagement und Bildbearbeitung sowie Präsentationstools und Internetconnectivity. AppleWorks (Webadresse http://www.apple.com/de/appleworks/) befindet sich im Wettbewerb mit Microsoft Office, WordPerfect Office und Lotus SmartSuite. → *siehe auch* ClarisWorks Office.

Application Foundation Classes, die; *Subst.*
Zu Deutsch »Basisklassen für Anwendungen«; Abkürzung: AFC. Ein Satz von Java-Klassenbibliotheken, die von Microsoft entwickelt wurden. Sie stellen Entwicklern Steuerelemente und grafische Werkzeuge für Benutzeroberflächen zur Verfügung, mit deren Hilfe Elemente wie Texte oder Schriften erzeugt und bearbeitet werden können. AFC erweitert die Fähigkeiten des Java Abstract Windowing Toolkit (AWT) und wird eingesetzt, um die Entwicklung von Java-Applets und -Anwendungen zu vereinfachen und zu beschleunigen. Zu diesem Zweck stellt AFC vorgefertigte, konfigurierbare Entwicklungskomponenten zur Verfügung. → *siehe auch* Internet Foundation Classes, Java, Java Foundation Classes, Microsoft Foundation Classes.

Application Server, der; *Subst.* (application server)
→ *siehe* Anwendungsserver.

applikationsübergreifende Kommunikation, die; *Subst.* (interapplication communication)
Das Senden von Nachrichten von einem Programm an ein anderes. Bei einigen E-Mail-Programmen können Benutzer

z.B. in der Nachricht auf einen URL klicken. Nachdem der Benutzer auf den URL geklickt hat, wird ein Browser automatisch gestartet, der auf den URL zugreift.

A

Aqua *Subst.*
Mit dem Betriebssystem Mac OS X von Apple eingeführte Benutzeroberfläche, die farbenfrohes Design und intuitive Bedienung miteinander verbindet. → *siehe auch* Mac OS X.

Arbeitsablaufsteuerung, die; *Subst.* (workflow application)
Eine Gruppe von Programmen, die die Überwachung und Verwaltung eines Projekts von Anfang bis Ende unterstützen.

Arbeitsblatt, das; *Subst.* (worksheet)
→ *siehe* Tabellenblatt.

Arbeitsgruppe, die; *Subst.* (workgroup)
Eine Gruppe von Benutzern, die während der Arbeit an einem gemeinsamen Projekt Computerdateien gemeinsam verwendet – oft über ein lokales Netzwerk (LAN). → *siehe auch* Groupware.

Arbeitsmappe, die; *Subst.* (workbook)
In einer Tabellenkalkulation eine Datei, die eine Anzahl zusammenhängender Tabellen enthält.
→ *siehe auch* Tabellenblatt.

Arbeitsspeicher, konventioneller, der; *Subst.* (conventional memory)
→ *siehe* konventioneller Arbeitsspeicher.

Arbeitsstation, die; *Subst.* (workstation)
Eine Hardwarekombination zur Eingabe, Ausgabe und Verarbeitung von Daten, die durch eine Einzelperson zur Arbeit eingesetzt wird.
Ein Mikrocomputer oder ein Terminal mit Netzwerkanbindung.

Arbeitsstation ohne Laufwerk, die; *Subst.* (diskless workstation)
Eine Station in einem Computernetzwerk, die nicht mit einem Laufwerk ausgerüstet ist und mit Daten arbeitet, die auf einem Dateiserver gespeichert sind. → *siehe auch* Dateiserver.

Arbeitsverteilung, dynamische, die; *Subst.* (dynamic scheduling)
→ *siehe* dynamische Arbeitsverteilung.

A

Arbitration, die; *Subst.* (arbitration)
Ein Satz an Regeln für die Auflösung konkurrierender (gleichzeitiger) Anforderungen einer Ressource durch mehrere Anwender oder Prozesse. → *siehe auch* Konkurrenz.

.arc
Eine Dateinamenerweiterung, die ein komprimiertes Dateiarchiv im ARC-Format (Advanced RISC Computing Specification) kennzeichnet. → *siehe auch* komprimierte Datei.

Arcadespiel, das; *Subst.* (arcade game)
Ein Computerspiel (z.B. für einen Heimcomputer), das Actionelemente beinhaltet und eine vergleichbare Atmosphäre schafft wie ein Computerspielautomat in Spielhallen. → *siehe auch* Computerspiel.

Archie, der; *Subst.*
Abgeleitet aus »archive«, »Archiv«. Ein Internethilfsprogramm, das dazu dient, Dateien in öffentlichen Verzeichnissen zu finden, die per Anonymous FTP zugänglich sind. Archie funktioniert nach einem zentralistischen Prinzip: Der Archiehauptserver, der sich an der McGill-Universität in Montreal (Kanada) befindet, lädt in regelmäßigen Abständen Inhaltsverzeichnisse von am Archie-Projekt beteiligten FTP-Servern und generiert daraus eine Hauptliste. Die aktualisierte Hauptliste wird regelmäßig zu den einzelnen Archieservern übertragen und dient dort den Benutzern als Suchdatenbank. Durch den Erfolg des World Wide Web und seiner Suchmaschinen ist Archie obsolet geworden. → *siehe auch* Anonymous FTP, FTP. → *vgl.* Jughead, Veronica.

Archieclient, der; *Subst.* (Archie client)
→ *siehe* Archie.

Architektur, die; *Subst.* (architecture)
Allgemein die Konstruktion und der Aufbau eines Computersystems sowie der dazugehörigen Komponenten. → *siehe auch* Cache, CISC, geschlossene Architektur, Netzwerkarchitektur, offene Architektur, Pipelining, RISC.
Bei einem Mikroprozessor bezieht sich die Architektur vor allem auf das technische Prinzip, nach dem Daten und Programme verarbeitet werden.
Im Bereich der Software ist mit »Architektur« der Aufbau von Programmen gemeint, mit eingeschlossen die beteiligten Protokolle, die Erweiterungsmöglichkeiten und die schnittstellenbasierte Kommunikation mit anderen Programmen.

Architektur, geschlossene, die; *Subst.* (closed architecture)
→ *siehe* geschlossene Architektur.

Architektur, offene, die; *Subst.* (open architecture)
→ *siehe* offene Architektur.

Archiv, das; *Subst.* (archive)
Im Bereich der Datensicherung ein Datenträger, meist eine Magnetbandkassette, Diskette oder Wechselplatte, auf den Dateien von einem anderen Speichermedium kopiert wurden.
Im Bereich der Datenkompression eine alternative Bezeichnung für eine komprimierte Datei.
Im Internet ein Verzeichnis, auf das per FTP (File Transfer Protocol) zugegriffen werden kann, oder allgemein ein Internetverzeichnis, über das Dateien verbreitet werden.

Archivbit, das; *Subst.* (archive bit)
Ein Bit, das mit einer Datei verknüpft ist und angibt, ob die Datei bereits gesichert wurde. → *siehe auch* Bit, Sicherungskopie.

Archivdatei, die; *Subst.* (archive file)
Eine Datei, in der mehrere Einzeldateien zusammengefasst sind, z.B. ein Anwendungsprogramm inklusive der Dokumentation und Beispieldateien oder zusammengehörige Beiträge einer Newsgroup. Auf UNIX-Systemen lassen sich Archivdateien mit Hilfe des Programms »tar« erzeugen. Auf diese Weise entstandene Dateien können anschließend zusätzlich komprimiert werden, indem einer der Befehle »compress« oder »gzip« verwendet wird. Die meisten Programme außerhalb des UNIX-Betriebssystems, z.B. ZIP (Windows) oder StuffIt (Mac OS), legen Archivdateien an, die bereits standardmäßig komprimiert sind. → *siehe auch* gzip, Komponente, PKZIP, StuffIt, tar.

archivieren *Vb.* (archive)
Im Bereich der Datensicherung das Kopieren von Dateien auf ein Magnetband, auf eine Wechselplatte oder auf Disketten, um die Dateien für einen längeren Zeitraum aufzubewahren.
Im Bereich der Datenkompression eine alternative Bezeichnung für das Komprimieren einer Datei.

Archiv, selbstentpackendes, das; *Subst.* (self-extracting archive)
→ *siehe* selbstentpackende Datei.

Archivsite, die; *Subst.* (archive site)
Eine Site im Internet, in der Dateien gespeichert sind. Die Dateien lassen sich gewöhnlich entweder per Anonymous FTP

empfangen, per Gopher abrufen oder über das World Wide Web betrachten. → *siehe auch* Anonymous FTP, Gopher.

ARCnet

Abkürzung für **A**ttached **R**esource **C**omputer **N**etwork. Ein Token Bus-Netzwerk für LANs, das 1968 von der Firma Datapoint, Inc. vorgestellt wurde. ARCnet basiert auf einer Bus- oder Sterntopologie, unterstützt bis zu 255 Knoten in einem Netz, und bietet Übertragungsraten von 1,5 Megabit pro Sekunde (Mbps), 10 Mbps und 20 Mbps (ARCnet Plus). Einer der Vorteile von ARCnet ist die Möglichkeit, verschiedene Kabeltypen – Twistedpair, Koaxial und Glasfaser – in einem Netzwerk zu mischen. Informationen über ARCnet können unter der Adresse http://www.arcnet.com/ abgerufen werden. → *siehe auch* LAN, Token Bus-Netzwerk.

arg

→ *siehe* Argument.

Argument, das; *Subst.* (argument)

Eine unabhängige Variable, die in Verbindung mit einem Operator verwendet oder einem Unterprogramm übergeben wird, das, abhängig vom Wert der Variablen, bestimmte Operationen durchführt und abschließend das Ergebnis zurückgibt. → *siehe auch* Algorithmus, Operator, Parameter, Unterprogramm.

Arithmetik, die; *Subst.* (arithmetic)

Zweig der Mathematik, die sich mit der Addition, Subtraktion, Multiplikation und Division von reellen Zahlen beschäftigt.

arithmetisch *Adj.* (arithmetic)

Eigenschaft einer Operation, die eine der Grundrechenarten (Addition, Subtraktion, Multiplikation oder Division) durchführt.

arithmetische Operation, die; *Subst.* (arithmetic operation)

Jede Operation, die sich auf eine der Grundrechenarten – Addition, Subtraktion, Multiplikation oder Division – bezieht. Der Begriff wird auch in Bezug auf negative Zahlen und absolute Werte verwendet.

arithmetischer Ausdruck, der; *Subst.* (arithmetic expression)

Eine Folge von Elementen – symbolische Namen, Konstanten und Zahlen –, die mit arithmetischen Operatoren wie + und – verknüpft sind und nach der Auswertung einen Ergebniswert liefern.

arithmetischer Operator, der; *Subst.* (arithmetic operator)

Ein Operator, der eine der Grundrechenarten durchführt: +, –, * oder / (Addition, Subtraktion, Multiplikation oder Division). Ein arithmetischer Operator benötigt gewöhnlich ein oder zwei Argumente. → *siehe auch* Argument, binary, logischer Operator, Operator, unär.

arithmetisch-logische Einheit, die; *Subst.* (arithmetic logic unit)

Abkürzung: ALU. Einheit eines Prozessors, die arithmetische, vergleichende und logische Funktionen durchführt. → *siehe auch* Gate.

.arj

Eine Dateinamenerweiterung von MS-DOS für Dateiarchive, die mit Hilfe des Komprimierungsprogramms ARJ erstellt wurden.

Armored Virus, der; *Subst.*

Ein Armored Virus (wörtlich: »gepanzerter Virus«) erschwert durch Tarnung seine Entdeckung und die Entschärfung seines Codes. Der Entwickler eines Armored Virus verwendet umfangreiche und ungewöhnliche Verschlüsselungsmethoden um die Entzifferung des Codes und die Reparatur infizierter Dateien extrem zu erschweren. → *siehe auch* Virus.

.army.mil

Im Internet ein Kürzel für die übergreifende Länderdomäne, die eine Adresse der Armee der Vereinigten Staaten angibt.

ARP

Abkürzung für »**A**ddress **R**esolution **P**rotocol«, zu Deutsch »Adressauflösungsprotokoll«. Ein TCP/IP-Protokoll zur Ermittlung der Hardwareadresse (der physikalischen Adresse) eines Knotens in einem lokalen Netzwerk, das an das Internet angeschlossen ist. Es wird eingesetzt, wenn nur die IP-Adresse (die logische Adresse) bekannt ist. Die Ermittlung der Hardwareadresse geschieht, indem eine ARP-Anfrage (ARP request) an das Netzwerk gesendet wird, woraufhin der Knoten, der die angefragte IP-Adresse besitzt, antwortet und seine Hardwareadresse zurückgibt. Obwohl sich ARP, streng technisch betrachtet, nur auf die Ermittlung der Hardwareadresse bezieht – die umgekehrte Prozedur wird als RARP bezeichnet (für »Reversed ARP«, »umgekehrte ARP«) –, wird ARP gewöhnlich in beiden Zusammenhängen verwendet. → *siehe auch* IP-Adresse, TCP/IP.

A

ARPANET, das; *Subst.*

Ein großes Weitbereichsnetz, das in den 60er Jahren von der ARPA (Advanced Research Projects Agency), einer Behörde des US-amerikanischen Verteidigungsministeriums (U.S. Department of Defense), eingerichtet wurde. (Die ARPA wurde in den 70er Jahren in DARPA umbenannt für »Defense Advanced Research Projects Agency«). Die Intention für das ARPANET lag darin, einen freien Informationsaustausch zwischen Universitäten und Forschungseinrichtungen zu ermöglichen, aber auch das Militär verwendete das Netz zur Kommunikation. In den 80er Jahren wurde das ARPANET von der militärischen Nutzung befreit, indem ein separates militärisches Netzwerk, das MILNET, errichtet wurde. Aus dem ARPANET entstand später das Internet. → *siehe auch* Internet, MILNET.

ARP request, der; *Subst.*

Abkürzung für »**A**ddress **R**esolution **P**rotocol **request**«. Ein ARP-Datenpaket, das die Internetadresse (IP-Adresse) eines Hostcomputers enthält. Der empfangende Computer antwortet mit der zugehörigen Ethernet-Adresse (Hardwareadresse) oder gibt diese weiter. → *siehe auch* ARP, Ethernet, Internetadresse, Paket.

Array, das; *Subst.* (array)

In der Programmierung eine Liste von Datenwerten, die allesamt den gleichen Datentyp aufweisen. Auf jedes dieser Elemente kann mit Hilfe eines Ausdrucks, der aus dem Namen des Arrays und der Indexnummer des Elements besteht, zugegriffen werden. Arrays, gelegentlich auch als »Felder« oder »Variablenfelder« bezeichnet, gehören zu den fundamentalen Datenstrukturen, letztere wiederum stellen eine wesentliche Grundlage bei der Programmierung dar. → *siehe auch* Arrayelement, aufzeichnen, indizieren, Vektor. → *vgl.* Datensatz.

Array, dreidimensionales, das; *Subst.* (three-dimensional array)

→ *siehe* dreidimensionales Array.

Array, dünn besetztes, das; *Subst.* (sparse array)

→ *siehe* dünn besetztes Array.

Arrayelement, das; *Subst.* (array element)

Ein Datenwert in einem Array.

Arrayprozessor, der; *Subst.* (array processor)

Eine Gruppe identischer Prozessoren, die miteinander ver-

bunden sind und synchron arbeiten. Häufig stehen die Einzelprozessoren unter der Kontrolle eines Zentralprozessors.

Array, zweidimensionales, das; *Subst.* (two-dimensional array)

→ *siehe* zweidimensionales Array.

AS/400

Abkürzung für **A**pplication **S**ystem 400. Eine Serie von Minicomputern, die 1988 von IBM eingeführt wurde. Entgegen dem Trend bei Minicomputern hat sich die AS/400-Serie während der 90er Jahre als Serversystem im Markt der Client/Serversysteme behaupten können. Genauere Informationen können auf der Website des Herstellers unter der Adresse http://www.as400.ibm.com abgerufen werden. → *siehe auch* Minicomputer. → *vgl.* Client/Serverarchitektur.

.asc

Eine Dateinamenerweiterung, die in der Regel eine Datei mit ASCII-Text bezeichnet, der von allen Textverarbeitungsprogrammen verarbeitet werden kann, darunter MS-DOS Edit, Windows Notepad, WordPad und Microsoft Word. Bei einigen Systemen wird mit dieser Dateinamenerweiterung eine Bilddatei gekennzeichnet. → *siehe auch* ASCII.

ASCII

Abkürzung für »**A**merican **S**tandard **C**ode for **I**nformation **I**nterchange«, zu Deutsch »amerikanischer Standardcode zum Informationsaustausch«. Ein Codierungsschema, das jedem Zeichen aus einem Zeichensatz eine eindeutige Nummer zuordnet. Zur Codierung werden 7 oder 8 Bits verwendet, wodurch bis zu 256 Zeichen (Buchstaben, Ziffern, Satzzeichen, Steuerzeichen und andere Symbole) dargestellt werden können. ASCII wurde 1968 mit der Intention entwickelt, Datenübertragungen zwischen divergierenden Hardware- und Softwaresystemen zu standardisieren. ASCII ist in den meisten Minicomputern und in allen Personal Computern eingebaut. → *siehe auch* ASCII-Datei, erweitertes ASCII, Steuerzeichen, Zeichen, Zeichencode. → *vgl.* EBCDIC.

ascii

Innerhalb eines FTP-Clients der Befehl, der den FTP-Server anweist, Dateien im ASCII-Format (also als reine ASCII-Texte) zu senden und zu empfangen. → *siehe auch* ASCII, FTP. → *vgl.* binary.

ASCII-Datei, die; *Subst.* (ASCII file)

Eine Dokumentdatei im ASCII-Format. Eine derartige Datei

enthält Buchstaben, Ziffern, Leerzeichen, Satzzeichen, Wagenrücklaufzeichen (Carriage Return), gelegentlich auch Tabulatoren und ein Dateiendezeichen, aber grundsätzlich keine Formatierungen. → *siehe auch* ASCII, Textdatei. → *auch genannt* Nur-Text-Datei, Textdatei. → *vgl.* Binärdatei.

ASCII-EOL-Wert, der; *Subst.* (ASCII EOL value)
Abkürzung für »ASCII **E**nd **O**f **L**ine value«, zu Deutsch »ASCII-Zeilenendewert«. Die Folge von Bytes, die das Ende einer Textzeile kennzeichnen. Unter Windows und MS-DOS handelt es sich dabei um die hexadezimale Folge 0D 0A (dezimal 13 10). Datendateien, die aus anderen Computersystemen importiert wurden, werden u. U. nicht korrekt dargestellt, wenn die eingesetzte Software etwaige Unterschiede hinsichtlich des Zeilenendezeichens nicht erkennt und entsprechend umwandelt. → *siehe auch* ascii, EOL.

ASCII, erweitertes, das; *Subst.* (extended ASCII)
→ *siehe* erweitertes ASCII.

ASCII-Übertragung, die; *Subst.* (ASCII transfer)
Der für den elektronischen Austausch von Textdateien konzipierte Modus. Im ASCII-Modus werden Zeichenkonvertierungen zwischen dem Netzwerk-Zeichensatz und dem ASCII-Zeichensatz durchgeführt, so dass Textdateien unverfälscht übertragen werden. → *siehe auch* ASCII. → *vgl.* binäre Übertragung.

ASCII-Zeichensatz, der; *Subst.* (ASCII character set)
Ein standardisierter 7-Bit-Code für die Darstellung von Zeichen. Die Zeichen werden dabei binär codiert und liegen im Wertebereich von 0 bis 127. Bei den meisten PC-basierten Systemen kommt eine erweiterte Form des ASCII-Codes zum Einsatz, die auf 8 Bit basiert, wodurch 128 zusätzliche Zeichen zur Verfügung stehen. Diese werden zur Darstellung von Sonderzeichen, fremdsprachlichen Zeichen und grafischen Symbolen verwendet. Eine Tabelle mit dem ASCII-Zeichensatz ist in Anhang A zu finden. → *siehe auch* ASCII, EBCDIC, erweitertes ASCII, Zeichen.

ASCIIZ-String, der; *Subst.* (ASCIIZ string)
Auch »nullterminierter String« genannt. In der Programmierung ein ASCII-String, der mit dem NULL-Zeichen abgeschlossen ist. Das NULL-Zeichen enthält ein Byte mit dem ASCII-Wert 0. → *auch genannt* Nullterminierter String.

ASF
→ *siehe* Active Streaming Format.

ASIC
Abkürzung für »**A**pplication **S**pecific **I**ntegrated **C**ircuit«, zu Deutsch »anwendungsspezifischer integrierter Schaltkreis«. → *siehe* Gatterarray.

ASN.1
→ *siehe* Abstract Syntax Notation One.

ASP
→ *siehe* Active Server Pages, Anwendungsdienstanbieter.

aspektorientierte Programmierung, die; (aspect-oriented programming)
→ *siehe* AOP.

ASPI
→ *siehe* Advanced-SCSI-Programmierschnittstelle.

ASR
Abkürzung für »**A**utomatic **S**peech **R**ecognition« (automatische Spracherkennung). Eine Technologie, mithilfe derer der Computer gesprochene Sprachbefehle erkennen und darauf antworten kann. ASR-Systeme werden u. a. zur Computersteuerung oder zum Betrieb von Textverarbeitungsprogrammen und ähnlichen Anwendungen verwendet. Viele ASR-Produkte wurden für Benutzer konzipiert, die keine Tastatur oder Maus bedienen können, z.B. aufgrund von Behinderungen. Außerdem Abkürzung für »**A**utomatic **S**ystem **R**econfiguration« (zu Deutsch »Automatische Systemneukonfiguration«). → *siehe auch* automatische Systemneukonfiguration.

Assembler, der; *Subst.* (assembler)
Ein Programm, das in einer Assemblersprache geschriebene Programme (diese bestehen aus ausgeschriebenen Befehlsnamen und Bezeichnern und sind daher vom Programmierer leicht zu verstehen) in die ausführbare Maschinensprache umwandelt. → *siehe auch* Assemblerlisting, Assemblersprache, assemblieren, Compiler, Maschinencode.

Assemblerlisting, das; *Subst.* (assembly listing)
Eine von einem Assembler erzeugte Datei, die die Befehle des Assemblerprogramms, das generierte Maschinenspracheprogramm und eine Liste der im Programm verwendeten Symbole enthält. → *siehe auch* Assembler, Assemblersprache.

Assemblersprache, die; *Subst.* (assembly language)
Eine niedrige (also systemnahe) Programmiersprache, die die Abkürzungen oder mnemonische Codes verwendet; jeder dieser

A

Codes entspricht dabei einem bestimmten Maschinensprachebefehl. Zur Umwandlung der Assemblersprache in die Maschinensprache dient ein Assembler. Die Assemblersprache hängt vom eingesetzten Prozessor ab. Die Vorteile beim Einsatz einer Assemblersprache sind u. a. eine höhere Geschwindigkeit und die Möglichkeit, direkt auf die Hardware des Systems zugreifen zu können. → *siehe auch* Assembler, Compiler, höhere Programmiersprache, Maschinencode, niedrige Sprache.

assemblieren *Vb.* (assemble)
In der Programmierung das Umwandeln eines in einer Assemblersprache geschriebenen Programms in die entsprechenden Maschinenspracheanweisungen; letztere werden als »Objektcode« bezeichnet. → *siehe auch* Assembler, Assemblersprache, Linker, Objektcode.

Assistent, der; *Subst.* (wizard)
Ein interaktives Hilfedienstprogramm innerhalb einer Anwendung, das dem Benutzer schrittweise Anleitungen zur Bewältigung einer bestimmten Aufgabe vermittelt, um beispielsweise in einem Textverarbeitungsprogramm das richtige Dokumentformat für einen Geschäftsbrief zu öffnen.

Association Control Service Element, das; *Subst.*
Abkürzung: ACSE. Eine OSI-Methode (Open Systems Interconnection), mit der eine Verbindung zwischen zwei Anwendungsarbeitseinheiten aufgebaut wird, wobei die Identität und der Kontext der Anwendungsarbeitseinheiten überprüft und eine sicherheitsrelevante Authentifizierung durchgeführt wird. → *siehe auch* offenes System.

Association for Computing Machinery, die; *Subst.*
Abkürzung: ACM. Ein 1947 gegründeter US-amerikanischer Verband, der auf dem Gebiet der Informatik und Computertechnik tätig ist und seinen Mitgliedern entsprechende Angebote zur Aus- und Weiterbildung zugänglich macht. Die Website der ACM ist unter der Adresse http://www.acm.org erreichbar.

Association of C and C++ Users, die; *Subst.*
Abkürzung: ACCU. Ein Verband, der sich mit der Programmiersprache C und entsprechenden Varianten davon beschäftigt. Die Mitglieder setzen sich aus professionellen Programmierern, nicht professionellen Entwicklern, die sich in ihrer Freizeit begeistert mit der Programmierung auseinandersetzen, sowie Herstellern und Lieferanten von Compilern zusammen. Die Website der ACCU ist unter der Adresse http://www.accu.org erreichbar.

assoziativer Speicher, der; *Subst.* (associative storage)
Eine Speichermethode, bei der die Datenelemente nicht über eine feste Adresse oder Position im Arbeitsspeicher angesprochen werden, sondern durch die Auswertung ihres Inhalts. → *auch genannt* inhaltsbezogene Speicherung.

assoziatives Wertepaar, das; *Subst.* (name-value pair)
Im Bereich der CGI-Programmierung eines der Datenelemente aus einem HTML-Formular, das von einem Browser ermittelt und an den Server an ein CGI-Skript für die Verarbeitung weitergeleitet wurde. → *siehe auch* CGI, CGI-Skript, HTML.
In Verbindung mit der Programmiersprache Perl eine Datengruppe, in der Daten einem Namen zugeordnet sind. → *siehe auch* Perl.

Assoziativität, die; *Subst.* (associativity, operator associativity)
Ein Merkmal von Operatoren, das die Reihenfolge der Auswertung in einem Ausdruck festlegt, wenn benachbarte Operatoren den gleichen Vorrang haben. Die Auswertung kann entweder von links nach rechts oder von rechts nach links erfolgen, wobei die Assoziativität der meisten Operatoren die Abarbeitung von links nach rechts vorschreibt. → *siehe auch* Ausdruck, Operator, Operatorrangfolge.

asymmetric digital subscriber line, die; *Subst.*
Abkürzung: ADSL. Technologie und Hardwarekomponenten, die Hochgeschwindigkeitsübertragungen von digitalen Signalen, Videosignale inbegriffen, über ein gewöhnliches, verdrilltes (»twisted pair«) Kupfertelefonkabel erlaubt. Die Übertragungsgeschwindigkeit erreicht beim Empfang – also bei der Übertragung zum Kunden – bis zu 9 Megabit pro Sekunde (Mbps), beim Senden von bis zu 800 Kilobit pro Sekunde (Kbps). → *auch genannt* asymmetric digital subscriber loop. → *vgl.* Symmetric Digital Subscriber Line.

asymmetric digital subscriber loop, der; *Subst.*
→ *siehe* asymmetric digital subscriber line.

asymmetrische Übertragung, die; *Subst.* (asymmetrical transmission)
Form bei der Datenübertragung, die bei Hochgeschwindigkeitsmodems eingesetzt wird, typischerweise bei Modems, die eine Übertragungsgeschwindigkeit von 9.600 Bit pro Sekunde (bps) und mehr erreichen. Die asymmetrische Übertragung erlaubt gleichzeitige Übertragungen in beide Richtungen, indem die Bandbreite der Telefonleitung auf zwei Kanäle aufgeteilt wird, wobei die Übertragungsgeschwindig-

keit des einen Kanals im Bereich von 300 bis 450 bps und des anderen bei 9.600 bps und mehr liegt.

asymmetrische Verschlüsselung, die; *Subst.* (asymmetric encryption)

In der Kryptografie stellt sich allgemein das Problem der Schlüsselübertragung. Für die Entschlüsselung wird vorausgesetzt, dass der Schlüssel in einer beliebigen Form, aber immer zusammen mit der verschlüsselten Botschaft an den jeweiligen Empfänger übermittelt wird. Der zugehörige Vorgang heißt symmetrische Verschlüsselung. Die asymmetrische Verschlüsselung löst dieses klassische Problem auf elegante Weise, indem Verschlüsselungs- und Entschlüsselungsschlüssel voneinander getrennt werden und nur der Verschlüsselungsschlüssel in die Öffentlichkeit gelangt. Damit kann jeder beliebige Absender, der über den öffentlichen Verschlüsselungsschlüssel des Empfängers verfügt, eine verschlüsselte Nachricht an diesen Empfänger senden. Die Möglichkeit asymmetrischer Verschlüsselung wurde 1976 von den Mathematikern Whitfield Diffie und Martin Hellman bewiesen. Die RSA-Verschlüsselung ist ein möglicher Algorithmus für die asymmetrische Verschlüsselung. Ein Beispiel für die Implentierung der asymmetrischen Verschlüsselung ist das Programm PGP. → *siehe auch* Kryptografie, PGP, Public-Key-Verschlüsselung, RSA-Verschlüsselung. → *vgl.* Elliptic Curve-Kryptografie, symmetrische Verschlüsselung.

asynchrone Operation, die; *Subst.* (asynchronous operation)

Eine Operation, die außerhalb eines festen Zeitschemas (wie es durch einen Taktgeber vorgegeben wird) durchgeführt wird. Beispielsweise arbeiten zwei Modems dann asynchron, wenn die Modems Start- und Stoppsignale senden, um die Gegenstelle auf den Beginn und das Ende einzelner Dateneinheiten hinzuweisen; Start- und Stoppsignale fungieren dabei als Schrittmacher für den Datenaustausch. → *vgl.* synchrone Operation.

asynchroner Prozeduraufruf, der; *Subst.* (asynchronous procedure call)

Abkürzung: APC. Ein Funktionsaufruf, der unabhängig von einem laufenden Programm ausgeführt wird, wenn ein Satz von Freigabebedingungen existiert. Sobald die Bedingungen zutreffen, löst der Kernel des Betriebssystems einen Softwareinterrupt aus und weist das laufende Programm an, den asynchronen Prozeduraufruf auszuführen. → *siehe auch* Funktionsaufruf.

asynchrones Gerät, das; *Subst.* (asynchronous device)

Ein Gerät, dessen interne Funktionsabläufe nicht auf andere Systemkomponenten zeitlich abgestimmt sind oder – anders ausgedrückt – nicht mit dem Timing anderer Systemkomponenten synchronisiert sind.

asynchrones statisches RAM, das; *Subst.* (asynchronous static RAM)

Abkürzung: asynchrones SRAM, async SRAM. Form eines statischen RAM (SRAM), das nicht mit dem Systemtakt synchronisiert ist. Asynchrones SRAM wird wie statisches RAM allgemein vor allem als L2-Cache eingesetzt (ein spezieller Speicher, der dazu dient, Zugriffe auf häufig benötigte Daten zu beschleunigen). Aufgrund der fehlenden Synchronisierung muss der Prozessor auf die vom asynchronen SRAM angeforderten Daten warten. Daher bietet das asynchrone SRAM keine so hohe Zugriffsgeschwindigkeit wie synchrones statisches Burst-RAM oder statisches Pipeline-Burst-RAM; die Geschwindigkeit fällt aber dennoch deutlich höher als beim Zugriff auf den gewöhnlichen Arbeitsspeicher aus (der in der Regel als DRAM (dynamisches RAM) ausgeführt ist). → *siehe auch* L2-Cache, statisches RAM. → *vgl.* dynamisches RAM, statisches Pipeline-Burst-RAM.

Asynchronous Protocol Specification, die; *Subst.*

Der X.445-Standard. → *siehe* CCITT X-Serien.

Asynchronous Transfer Mode, der; *Subst.*
→ *siehe* ATM.

asynchronous transmission, die; *Subst.*

Zu Deutsch »asynchrone Übertragung«. Eine Form der Datenübertragung bei einem Modem, bei der die Zeichen intermittierend (also mit Unterbrechungen, stoßweise) hintereinander gesendet werden, im Gegensatz zu einem kontinuierlichen Datenstrom, der auf einem festen Zeitschema beruht. Das Prinzip der asynchronen Übertragung basiert auf der Verwendung von Start- und Stoppbits, die den eigentlichen Datenbits hinzugefügt werden (also den Bits, die die Daten repräsentieren; optional ist noch ein Paritätsbit vorhanden), um die einzelnen Zeichen voneinander zu trennen. (Abbildung A.16)

ATA

Abkürzung für **A**dvanced **T**echnology (AT) **A**ttachment. Der offizielle, von der ANSI-Gruppe X3T10 vergebene Name für einen Festplattenschnittstellenstandard, der allgemein unter dem Namen »Integrated Drive Electronics« (IDE) bekannt ist. Zu den derzeit aktuellen ATA-Versionen gehören ATA-4, ATA-5

A

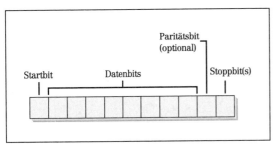

Abbildung A.16: Asynchrone Übertragung: Die Kodierung eines Zeichens, das mittels asynchroner Übertragung ge-schickt wird

und Ultra-ATA. *siehe* nachstehende Tabelle. → *siehe auch* direkter Speicherzugriff, EIDE, Logical Block Addressing, PIO, SCSI, SMART-System. → *auch genannt* AT Attachment.

ATA ATA-Spe- zifikation	Auch genannt	Funktionen
ATA	IDE	Unterstützt PIO (Programmed Input/Output) ein Verfahren das Daten über die CPU überträgt. Die Datenraten betragen 3,3 Megabit pro Sekunde (Mbps) 5.2 Mbps und 8,3 Mbps.
ATA-2	Fast ATA Enhanced IDE (EIDE)	Unterstützt höhere PIO-Raten und schnelleren DMA-Zugriff (DMA = Direct Memory Access) unter Umgehung der CPU. Die Datenraten liegen zwischen 4 Mbps und 16,6 Mbps. ATA-2 unterstützt außerdem LBA (Logical Block Addressing) und somit Laufwerke die größer als 528 MB sind.
ATA-3		ATA-2 mit SMART-Erweiterung (SMART = Self-Monitoring Analysis And Reporting Technology).
Ultra-ATA	ATA-33 DMA-33 Ultra-DMA UDMA	Unterstützt DMA-Datentransfers von 33,3 Mbps im Burstmodus. Die Daten werden in diesem Modus gesammelt und als Einheit übertragen.

ATA-Festplattenkarte, die; *Subst.* (ATA hard disk drive card)
Erweiterungssteckkarte, die dazu dient, eine ATA-Festplatte anzusteuern. Eine derartige Karte ist gewöhnlich eine ISA-Karte. → *siehe auch* ATA, ISA.

ATA/IDE-Festplatte, die; *Subst.* (ATA/IDE hard disk drive)
Bei IDE (Abkürzung für »Integrated Drive Electronics« – es gibt aber auch andere Deutungen) und ATA (AT Attachment) handelt es sich um verschiedene Ausdrücke, die jedoch beide

denselben Festplattenstandard bezeichnen. Dieser Festplattenstandard wurde entwickelt, um den Festplattencontroller direkt auf dem Festplattenlaufwerk zu integrieren, wodurch die Kosten von Festplatte und Schnittstelle reduziert werden und Implementationen der Firmware sich einfacher gestalten. → *siehe auch* ATA, Firmware.

ATAPI
Die Schnittstelle, die in IBM-PC/AT-Systemen dazu dient, CD-ROM-Laufwerke anzusteuern.

AT Attachment, das; *Subst.*
→ *siehe* ATA.

AT-Bus, der; *Subst.* (AT bus)
Leitungssystem im IBM AT und dazu kompatiblen Computern, über das die Hauptplatine und die Peripheriegeräte untereinander verbunden werden. Der AT-Bus arbeitet mit 16 Datenbits, wohingegen der ursprüngliche PC-Bus nur 8 Bit unterstützt. → *siehe auch* EISA, ISA, Mikrokanalarchitektur. → *auch genannt* Erweiterungsbus.

aTdHvAaNnKcSe
→ *siehe* TIA.

ATDP
Abkürzung für »**At**tention **D**ial **P**ulse«. Ein Befehl, der bei einem Hayes- oder Hayes-kompatiblen Modem eine Telefonnummer wählt und dabei auf das Pulswahlverfahren (Gegenstück: Tonwahlverfahren) zurückgreift. → *siehe auch* Hayes-kompatibel, Modem, Pulswahl, Tonwahl. → *vgl.* ATDT.

ATDT
Abkürzung für »**At**tention **D**ial **T**one«. Ein Befehl, der bei einem Hayes- oder Hayes-kompatiblen Modem eine Telefonnummer wählt und dabei auf das Tonwahlverfahren (Gegenstück: Pulswahlverfahren) zurückgreift. → *siehe auch* Hayes-kompatibel, Modem, Pulswahl, Tonwahl. → *vgl.* ATDP.

Athlon *Subst.*
x86-kompatibler Prozessor, der zuerst 1999 von der Firma AMD (Advanced Micro Devices) auf den Markt gebracht wurde. Der Athlon hatte den Codenamen AMD-K7 und ist Nachfolger der AMD-K6-Prozessoren. Die Leistungsfähigkeit der verschiedenen Athlon-Typen kann mit Intel Pentium III und Pentium 4-Prozessoren verglichen werden, unterscheidet sich jedoch durch die Anzahl der Transistoren sowie ein superskalares Gleitkommamodul mit kompletter Pipeline,

das die Leistung von Grafik- und Multimediasoftwareprogrammen, Internetstreaminganwendungen und Spielen erhöht. Der Athlon hat einen mit 200 MHz getakteten Systembus und einen 128 KB großen L1-Cache. Obwohl der L2-Cache 512 KB enthält, kann der Athlon L2-Caches von bis zu 8 MB unterstützen. Die ersten Athlon-Versionen verfügten über Taktfrequenzen zwischen 500 und 650 MHz, die maximale Taktfrequenz liegt bei 2,6 GHz (Stand: August 2002). → *siehe auch* AMD-K6. → *auch genannt* AMD Athlon. → *vgl.* Pentium 4, Pentium III.

ATM

Abkürzung für »**A**synchronous **T**ransfer **M**ode«, zu Deutsch »asynchroner Übertragungsmodus«. Eine Netzwerktechnologie, mit der sich Daten, Sprache, Video und Frame-Relay-Daten in Echtzeit übertragen lassen. Die Daten, Frame-Relay-Daten eingeschlossen, werden dabei in Pakete - so genannte Zellen - aufgeteilt, die jeweils 53 Byte umfassen, 5 Byte davon für Routinginformation, 48 Byte für die eigentlichen Daten. Zellen werden zwischen allen Knoten mit einer Geschwindigkeit im Bereich von 1,5 bis 622 Megabit pro Sekunde (Mbps) übertragen. ATM ist im Breitband-ISDN-Protokoll auf den Schichten definiert, die den Schichten 1 und 2 des ISO/OSI-Schichtenmodells entsprechen. ATM wird derzeit in lokalen Netzwerken verwendet, die sich aus Workstations und Personal Computern zusammensetzen. Es wird erwartet, dass die Technologie von den Telefongesellschaften übernommen wird, die dann in der Lage sein werden, ihren Kunden die Kosten abhängig von der übertragenen Datenmenge und nicht von der Verbindungszeit zu berechnen. → *siehe auch* ATM Forum, Breitband-, Frame Relay, ISDN, ISO/OSI-Schichtenmodell. → *vgl.* Ethernet.

ATM Adaptation Layer, die; *Subst.*

Zu Deutsch »ATM-Adaptierungsschicht«. Bei ATM die Schicht, die zwischen den Diensten auf höherer und niedrigerer Ebene vermittelt und dabei verschiedene Datentypen - Audio, Video und Datenpakete - in die 48 Byte großen Zellen konvertiert, die von ATM verlangt werden. → *siehe auch* ATM.

ATM Forum

Forum, das 1991 gegründet wurde und dem inzwischen mehr als 750 Mitglieder angehören. Die Mitglieder setzen sich sowohl aus Firmen zusammen, die auf dem Gebiet der Telekommunikation und der Computertechnik tätig sind, als auch aus Regierungsorganen sowie Firmen, die sich mit der Forschung befassen. Das Ziel des Forums besteht darin, die ATM-Technologie als Standard für die Datenübertragung zu propa-

gieren. Die Website des ATM Forums ist unter der Adresse http://www.atmforum.com erreichbar. → *siehe auch* ATM.

ATM-Terminal, das; *Subst.* (ATM)
Abkürzung für »**A**utomated **T**eller **M**achine«, zu Deutsch »Geldautomat«. Ein Spezialterminal, das von Bankkunden verwendet werden kann, um Ein- und Auszahlungen sowie andere Transaktionen durchzuführen.

atomare Transaktion, die; *Subst.* (atomic transaction)
Eine zusammengehörige Gruppe an Operationen, die auf dem »Alles-oder-nichts-Prinzip« basiert. Dabei müssen alle Operationen erfolgreich zur Ausführung kommen. Andernfalls werden alle Operationen verworfen. Atomare Transaktionen werden eingesetzt, um zu gewährleisten, dass zusammengehörige oder voneinander abhängige Daten als Einheit aktualisiert werden – inkonsistente Daten werden dadurch vermieden. Ein Einsatzgebiet sind finanzielle Transaktionen: Werden z.B. Geldbeträge zwischen zwei Konten transferiert, die sich in separaten Datenbanken befinden, wird sichergestellt, dass der Betrag nur dann auf einem Konto gutgeschrieben wird, wenn das andere Konto gleichzeitig um denselben Betrag belastet wird. Dabei werden zunächst die einzelnen Teiloperationen durchgeführt. Scheitert eine der Operationen, wird der Vorgang abgebrochen, und alle bislang erfolgten Operationen werden zurückgenommen. → *siehe auch* Distributed Computing Environment, TP-Monitor, transaktionale Verarbeitung.

Atto- *Präfix* (atto-)
Metrische Vorsilbe, die für den Faktor 10^{-18} (ein Trillionstel) steht.

Attribut, das; *Subst.* (attribute)
In Datenbanken der Name oder eine Struktureigenschaft eines Datenfeldes. Attribute beziehen sich stets auf alle Datensätze der Datenbank. Beispielsweise könnte es in einer Datenbank, die ein Telefonverzeichnis darstellt, die Feldnamen (oder Attribute) »Nachname«, »Vorname« und »Telefonnummer« geben. Die Größe eines Datenfeldes und der Datenfeldtyp, also die Art der darin gespeicherten Daten (z.B. alphanumerisch), gehören ebenfalls zu den Attributen.
Bei der Bildschirmanzeige bezeichnet »Attribut« eine besondere Eigenschaft, die zusammen mit dem eigentlichen, dargestellten Zeichen im Videopuffer eines Videoadapters gespeichert wird. Attribute sind nur im Textmodus verfügbar und beeinflussen die Vorder- und Hintergrundfarbe des Zeichens sowie spezielle Formatierungen wie Unterstreichen und Blinken.

A In Auszeichnungssprachen wie SGML und HTML stellt ein Attribut eine Angabe dar, die eine Kombination aus Name und Wert darstellt und die Wirkungsweise eines Tags näher bestimmt. Beispiel: <FONT SIZE=2>. In diesem Fall ist FONT das Tag, und SIZE=2 stellt das Attribut dar. → *siehe auch* HTML, SGML.

AT&T System V, das; *Subst.*
→ *siehe* System V.

ATX
Eine Spezifikation für PC-Hauptplatinenarchitekturen mit eingebauten Sound- und Videofähigkeiten. Sie wurde 1995 von Intel eingeführt. ATX unterstützt USB sowie Steckkarten mit voller Länge in allen Sockeln. → *siehe auch* Hauptplatine, Platine, Spezifikation, USB.

at-Zeichen, das; *Subst.* (at sign)
→ *siehe* @.

Audio *Adj.* (audio)
Bezieht sich auf den Frequenzbereich, den das menschliche Ohr wahrnehmen kann - von etwa 15 bis etwa 20.000 Hertz (Schwingungen pro Sekunde). → *siehe auch* Sprachausgabe, Synthesizer.

Audioausgabe, die; *Subst.* (audio output)
→ *siehe* Sprachausgabe.

Audioausgabeport, der; *Subst.* (audio output port)
Ein Schaltkreis, der aus einem Digitalanalogwandler besteht und im Computer erzeugte Audiosignale in akustisch wahrnehmbare Töne umwandelt. Der Audioausgabeport wird in Verbindung mit einem Verstärker und einem Lautsprecher eingesetzt. → *siehe auch* Digital-/Analogwandler.

Audiocast, das; *Subst.* (audiocast)
Die Übertragung eines Audiosignals mit Hilfe von IP-Protokollen. → *siehe auch* IP.

Audiokarte, die; *Subst.* (audio board, audio card)
Eine Erweiterungskarte, die analoge, von einem Mikrofon, einer Audiokassette oder einem anderen Tonträger stammende Audiosignale in eine digitale Form umwandelt, so dass diese als Sounddateien im Computer gespeichert werden können. Beim umgekehrten Vorgang werden im Computer gespeicherte Sounds in analoge Signale umgewandelt, so dass diese abgespielt werden können. Die Soundausgabe

erfolgt dabei entweder über Lautsprecherboxen oder Kopfhörer, die jeweils an den Ausgabeport der Soundkarte angeschlossen werden. An den Eingabeport lässt sich ein Mikrofon anschließen. Die meisten Audiokarten unterstützen MIDI. Fertige Sounds lassen sich von CD-ROMs, anderen Speichermedien oder über das Internet abspielen. → *siehe auch* MIDI. → *auch genannt* Soundkarte, Soundkarte.

Audiokomprimierung, die; *Subst.* (audio compression)
Eine Methode, um die gesamte Lautstärke eines Audiosignals zu reduzieren. Der Zweck liegt darin, die scheinbaren Verfälschungen zu reduzieren, wenn ein Signal über einen Lautsprecher ausgegeben oder über eine Kommunikationsverbindung übertragen wird.

Audiotex, das; *Subst.* (audiotex)
Eine Anwendung, die es dem Benutzer erlaubt, mit Hilfe eines gewöhnlichen Telefonapparates Informationen zu senden und zu empfangen. Nachdem der Benutzer ein Audiotex-System angewählt hat, werden ihm typischerweise von einer Computerstimme eine Reihe an Wahlmöglichkeiten angeboten oder Fragen gestellt. Der Benutzer kommuniziert mit dieser Art eines Voicemailsystems, indem er - je nach System - entsprechende Tasten auf der Telefontastatur drückt (Wählscheibentelefone können nicht verwendet werden) oder indem er Kennwörter, einzelne Buchstaben und Ziffern laut und deutlich in den Telefonhörer spricht. Der hinter dem Voicemailsystem stehende Datenbankhost reagiert darauf, indem er die angefragten Informationen an das Voicemailsystem überträgt, das diese in gesprochener Form an den Benutzer weitergibt, oder die vom Benutzer empfangenen Informationen zur Verarbeitung speichert. → *siehe auch* Voicemail. → *auch genannt* Audiotext.

Audiotext, der; *Subst.* (audiotext)
→ *siehe* Audiotex.

Audio Video Interleaved, das; *Subst.*
→ *siehe* AVI.

audiovisuell *Adj.* (audiovisual)
Eigenschaft von Systemen, die Informationen in einer Kombination aus akustischen und optischen Elementen präsentieren.

auf dem Stand der Technik *Adj.* (state-of-the-art)
Auf der Höhe der Zeit; den neuesten Entwicklungen in der Hardware- oder Softwaretechnologie entsprechend.

Auffrischspeicher, der; *Subst.* (refresh)
→ *siehe* Refresh.

Auffrischzyklus, der; *Subst.* (refresh cycle)
→ *siehe* Refreshzyklus.

aufgeblähte Software, die; *Subst.* (bloatware)
Software, die extrem viel Speicherplatz auf der Festplatte benötigt, speziell im Vergleich zu früheren Versionen desselben Produkts.

aufgehängt *Adj.* (hung)
→ *siehe* hängen.

aufgeschobene Adresse, die; *Subst.* (deferred address)
Eine indirekte Adresse (eine Speicherstelle), deren Berechnung bis zum Start eines Programms hinausgeschoben wird.
→ *siehe auch* relative Adresse.

Auflicht, das; *Subst.* (incident light)
Das auf eine Oberfläche auftreffende Licht bei Computergrafiken. → *siehe auch* Beleuchtungsstärke.

auflösen *Vb.* (resolve)
In Verbindung mit Datenbanken und Tabellen das Suchen einer Informationseinheit, die zu einer anderen passt.
Im Zusammenhang mit dem Einbau von Hardwarekomponenten das Ausfindigmachen einer Einstellung, bei der kein Hardwarekonflikt auftritt.
Bei der Adressierung das Umwandeln einer logischen Adresse in eine physikalische Adresse oder umgekehrt.

Auflösung, die; *Subst.* (resolution)
Die mit einem Bildschirm oder Drucker bei der Ausgabe eines Bildes erreichbare Feinzeichnung von Details. Die Auflösung von Druckern, die Zeichen aus kleinen, eng beieinander liegenden Punkten bilden, wird in Punkten pro Zoll bzw. dpi (= dots per inch) gemessen und reicht von ungefähr 125 dpi bei Punktmatrixdruckern geringerer Qualität bis zu etwa 600 dpi bei Laser- oder Tintenstrahldruckern. (Im Vergleich dazu erreicht eine Fotosatzanlage Auflösungen von 1.000 dpi und mehr.) Die Anzahl der Bildpunkte (Pixel) bei Computerbildschirmen ist vom Grafikmodus und dem Grafikcontroller abhängig. Häufig verwendet man den Begriff Auflösung auch zur Angabe der auf einem Bildschirm in horizontaler und vertikaler Richtung darstellbaren Gesamtzahl von Bildpunkten (Pixel). Hierzu die folgende Tabelle: → *siehe auch* hohe Auflösung, niedrige Auflösung.

Gebräuchliche Bildschirmauflösungen für Personal-Computer	
IBM-kompatible Computer	
MDA (Monochrome Display Adapter)	720 Pixel horizontal 350 Pixel vertikal
CGA (Color/ Graphics Adapter)	640 Pixel horizontal 200 Pixel vertikal
EGA (Enhanced Graphics Adapter)	640 Pixel horizontal 350 Pixel vertikal
PGA (Professional Graphics Adapter)	640 Pixel horizontal 480 Pixel vertikal
MCGA (Multi-Color Graphics Array)	640 Pixel horizontal 480 Pixel vertikal
VGA (Video Graphics Array)	720 Pixel horizontal 400 Pixel vertikal im Textmodus bzw. 640 Pixel horizontal 480 Pixel vertikal im Grafikmodus
XGA (eXtended Graphics Array)	1024 Pixel horizontal 768 Pixel vertikal
SVGA (Super Video Graphics Array)	1024 Pixel horizontal 768 Pixel vertikal oder 1280 Pixel horizontal 1024 Pixel vertikal
Apple Macintosh	
Macintosh Classic	512 Pixel horizontal 342 Pixel vertikal
Macintosh-II-Familie	640 Pixel horizontal 480 Pixel vertikal auf dem Apple 12-Zoll-Schwarzweißmonitor und 13-Zoll-Farbmonitor

In Verbindung mit dem Internet bezeichnet »Auflösung« die Übersetzung zwischen dem Namen einer Domäne und einer IP-Adresse. → *siehe auch* DNS.

Auflösung, gerätespezifische, die; *Subst.* (device resolution)
→ *siehe* Auflösung.

Auflösung, hohe, die; *Subst.* (high resolution)
→ *siehe* hohe Auflösung.

Auflösung, niedrige, die; *Subst.* (low resolution)
→ *siehe* niedrige Auflösung.

auf Null setzen *Vb.* (zero out)
Einen Variablenwert oder eine Bitfolge auf Null setzen.

aufrollen *Adj.* (unroll)
→ *siehe* inline.

A

Aufruf, der; *Subst.* (call)
Bei der Programmierung ein Befehl, der die Programmausführung an einen anderen Codeabschnitt übergibt, z.B. an ein Unterprogramm, um eine bestimmte Aufgabe durchzuführen. Nachdem diese Aufgabe abgeschlossen ist, wird die Ausführung an der Stelle im Programm fortgesetzt, an der der Aufruf erfolgte. → *siehe auch* Aufruffolge.

aufrufen *Vb.* (call, invoke)
Bei der Programmierung im weiteren Sinn das Aktivieren oder Ausführen eines Befehls, einer Unterroutine oder einer vergleichbaren Einheit im Programm.
Im engeren Sinn das Übergeben der Programmausführung an einen anderen Codeabschnitt (gewöhnlich an ein Unterprogramm), wobei notwendige Informationen gespeichert werden, um nach Beendigung des aufgerufenen Abschnitts an der Aufrufstelle fortfahren zu können. Einige Programmiersprachen wie FORTRAN verfügen über eine explizite CALL-Anweisung; andere Sprachen wie C und Pascal führen den Aufruf durch, wenn sie auf den entsprechenden Namen der Prozedur oder Funktion im Programm treffen. In der Assemblersprache gibt es unterschiedliche Typen von CALL-Anweisungen. Allen Sprachen ist gemein, dass häufig ein oder mehrere Werte (sog. Argumente oder Parameter) an das aufgerufene Unterprogramm übergeben werden können, das diese verarbeitet und gelegentlich auch modifiziert. → *siehe auch* Argument, Parameter.

Aufruffolge, die; *Subst.* (calling sequence)
In der Programmierung eine Vereinbarung, die zwischen einer Routine und einer Unterroutine, die von dieser Routine aufgerufen wird, getroffen wird. Dabei wird festgelegt, auf welche Weise und in welcher Reihenfolge Argumente übergeben werden, wie die Rückgabe der Werte erfolgt und welche Routine die erforderlichen Verwaltungsarbeiten (z.B. das Löschen des Stacks) übernimmt. Die Aufruffolge ist vor allem dann wichtig, wenn die aufrufende und die aufgerufene Routine mit unterschiedlichen Compilern erstellt wurden oder eine von beiden Routinen in einer Assemblersprache verfasst wurde. Allgemein gebräuchlich sind die C-Aufruffolge und die Pascal-Aufruffolge. In der C-Aufruffolge legt die aufrufende Routine die im Aufruf angegebenen Argumente in umgekehrter Reihenfolge (von rechts nach links) auf dem Stack ab und führt die Stacklöscharbeiten durch. Daher darf die Anzahl der übergebenen Argumente beliebig variieren. In der Pascal-Aufruffolge legt die aufrufende Routine dagegen alle Argumente in der angegebenen Reihenfolge (von links nach rechts) auf dem Stack ab, und von der aufgerufenen Routine wird erwartet,

dass diese den Stack löscht. → *siehe auch* Argument, aufrufen, Stack.

aufsteigende Reihenfolge, die; *Subst.* (ascending order)
Die Anordnung von Elementen einer Liste vom niedrigsten bis zum höchsten Wert, z.B. von 1 bis 10 oder von A bis Z. Die Regeln für eine aufsteigende Sortierung können in Verbindung mit bestimmten Anwendungen sehr komplex sein: Großbuchstaben vor Kleinbuchstaben, erweiterte ASCII-Zeichen in ASCII-Reihenfolge usw.

aufsteigende Sortierung, die; *Subst.* (ascending sort)
Eine Sortierung, bei der Elemente in aufsteigender Reihenfolge angeordnet werden. → *siehe* auch alphanumerische Sortierung, aufsteigende Reihenfolge. → *vgl.* absteigende Sortierung.

aufwärtskompatibel *Adj.* (upward-compatible)
Bezeichnet ein Computerprodukt, insbesondere Software, das so entworfen ist, dass es mit Produkten zusammenarbeiten kann, die voraussichtlich in nächster Zeit eine größere Verbreitung finden werden. Das Einhalten von Standards und Konventionen erleichtert das Erreichen von Aufwärtskompatibilität. → *siehe auch* Kompatibilität. → *vgl.* Kompatibilitätsmodus.

Aufzählungstyp, der; *Subst.* (enumerated data type)
Ein Datentyp, der aus einer Folge von benannten Werten besteht, denen eine bestimmte Reihenfolge zugeordnet ist.

Aufzählungszeichen, das; *Subst.* (bullet)
Ein typografisches Symbol, z.B. ein gefüllter oder leerer Kreis, eine Raute, ein Quadrat oder ein Stern. Derartige Symbole werden häufig vor die Einträge einer Liste oder die Textabsätze einer Aufzählung gesetzt, um diese optisch hervorzuheben. Bei Einträgen mit unterschiedlichen Hierarchien werden üblicherweise verschiedene Symbole verwendet, z.B. Kreise für die erste Hierarchie und Quadrate für die zweite Hierarchie. → *siehe auch* Dingbat.

aufzeichnen *Vb.* (record)
Informationen sichern, meist in einer Datei.

Aufzeichnung, digitale, die; *Subst.* (digital recording)
→ *siehe* digitale Aufzeichnung.

Aufzeichnung, magnetooptische, die; *Subst.* (magneto-optical recording)
→ *siehe* magnetooptische Aufzeichnung.

Aufzeichnung, vertikale, die; *Subst.* (vertical recording)
→ *siehe* vertikale Aufzeichnung.

aufzugsorientierte Suche, die; *Subst.* (elevator seeking)
Eine Methode für die Einschränkung der Zugriffszeit auf eine Festplatte, in der mehrere Datenanfragen in Prioritäten unterteilt sind, die auf dem Speicherort der Daten in Bezug auf den Schreib-/Lesekopf basieren. Dadurch wird die Bewegung des Kopfes minimiert. → *siehe auch* Festplatte, Schreib-Lese-Kopf, Zugriffszeit.

AUP
→ *siehe* Benutzungsrichtlinien.

ausblenden *Vb.* (blank)
Eine Bildschirmgrafik teilweise oder insgesamt nicht anzeigen bzw. darstellen.

Ausdruck, der; *Subst.* (expression, printout)
→ *siehe* Hardcopy.
Eine Kombination von Symbolen - Bezeichnern, Werten und Operatoren - deren Auswertung ein Ergebnis liefert. Der resultierende Wert kann dann einer Variable zugewiesen, als Argument übergeben oder in einem anderen Ausdruck verwendet werden.

Ausdruck, arithmetischer, der; *Subst.* (arithmetic expression)
→ *siehe* arithmetischer Ausdruck.

Ausdruck, bedingter, der; *Subst.* (conditional expression)
→ *siehe* Boolescher Ausdruck.

Ausdruck, Boolescher, der; *Subst.* (Boolean expression)
→ *siehe* Boolescher Ausdruck.

Ausdruck, konstanter, der; *Subst.* (constant expression)
→ *siehe* konstanter Ausdruck.

Ausdruck, logischer, der; *Subst.* (logical expression)
→ *siehe* Boolescher Ausdruck.

Ausdruck, mathematischer, der; *Subst.* (mathematical expression)
→ *siehe* mathematischer Ausdruck.

Ausdruck, relationaler, der; *Subst.* (relational expression)
→ *siehe* relationaler Ausdruck.

Ausdruck, variabler, der; *Subst.* (variable expression)
→ *siehe* variabler Ausdruck.

Ausfall, der; *Subst.* (failure)
Die Unfähigkeit eines Computersystems oder vergleichbarer Geräte, zuverlässig oder überhaupt zu funktionieren. Eine häufige Ursache dafür sind Netzstörungen, die sich aber mittels einer batteriegepufferten Notstromversorgung überbrücken lassen, bis alle Geräte betriebsgerecht abgeschaltet sind. Im Lebenszyklus eines Systems oder Bauelements treten elektronische Störungen gehäuft zu Beginn auf, die man durch einen sog. »Burn-In« (Dauerbetrieb eines Gerätes über Stunden oder Tage hinweg) bewusst produzieren kann. Von mechanischen Ausfällen sind vor allem Geräte mit sich bewegenden Teilen betroffen, z.B. Diskettenlaufwerke.

ausfallgesichertes System, das; *Subst.* (fail-soft system)
Ein Computersystem, das so ausgelegt ist, dass es beim Versagen einzelner Hardware- oder Softwarekomponenten über einen gewissen Zeitraum ohne einschneidende Einschränkungen funktionsfähig bleibt. Ein ausfallgesichertes System beendet unwesentliche Funktionen und arbeitet mit verringerter Kapazität weiter, bis das Problem behoben ist. → *vgl.* ausfallsicheres System.

Ausfallhäufigkeit, die; *Subst.* (failure rate)
Die Anzahl von Fehlern in einem festgelegten Zeitraum. Die Ausfallhäufigkeit dient als Maß für die Zuverlässigkeit eines Gerätes, z.B. einer Festplatte. → *siehe auch* MTBF.

Ausfallquote, die; *Subst.* (fallout)
Jeder Bauelementeausfall, der im Prozess des Burn-In auftritt, insbesondere, wenn der Test beim Hersteller durchgeführt wird. → *siehe auch* einbrennen.

ausfallsicheres System, das; *Subst.* (fail-safe system)
Ein Computersystem, das so ausgelegt ist, dass es ohne Verlust oder Schaden an Programmen und Daten weiterarbeiten kann, wenn ein Teil des Systems zusammenbricht oder ernsthafte Störungen auftreten. → *vgl.* ausfallgesichertes System.

Ausfallzeit, die; *Subst.* (downtime)
Die absolute oder prozentuale Zeitspanne, die ein Computersystem oder zugehörige Hardware nicht betriebsbereit ist. Ausfallzeiten können sowohl durch Hardwareausfälle hervorgerufen werden als auch planmäßig entstehen, wenn z.B. ein Netzwerk aufgrund von Wartungsarbeiten abgeschaltet wird.

A

ausführbar *Adj.* (executable, executable)
Eigenschaft einer Datei, die direkt aus dem Betriebssystem gestartet werden kann, meist durch Eingabe des Dateinamens in der Befehlszeile oder durch einen Doppelklick auf das Symbol, das die Datei repräsentiert. Das Gegenstück ist eine Datendatei.
Ausführbare Dateien weisen in der Regel eine der Erweiterungen .bat, .com und .exe auf. Beispiele für Namen von ausführbaren Dateien sind file0.bat, file1.exe und file2.com.

ausführbares Programm, das; *Subst.* (executable program)
Ein Programm, das direkt aus dem Betriebssystem gestartet werden kann, meist durch Eingabe des Dateinamens in der Befehlszeile oder durch einen Doppelklick auf das Symbol, das das Programm repräsentiert. Der Ausdruck bezieht sich in der Regel auf ein kompiliertes Programm, das in Maschinencode übersetzt wurde und in einem Format vorliegt, mit dem es sich in den Speicher laden und starten lässt. In Interpretersprachen kann bereits der Quellcode im entsprechenden Format als »ausführbares Programm« bezeichnet werden. → *siehe auch* Compiler, Computerprogramm, Interpreter, kodieren, Quellcode.

ausführen *Vb.* (execute)
Eine Anweisung aufrufen oder starten. In der Programmierung versteht man unter »ausführen« das Laden eines Maschinencodes eines Programms in den Speicher und das Abarbeiten der entsprechenden Befehle.

ausführlich *Adj.* (verbose)
Das Anzeigen von Nachrichten im Volltext ohne knappe, verschlüsselte Codeformulierungen.

Ausführung, parallele, die; *Subst.* (concurrent execution)
→ *siehe* parallele Ausführung.

Ausführungsbefehl, der; *Subst.* (action statement)
→ *siehe* Anweisung.

Ausführungsdatensatz, der; *Subst.* (activation record)
Eine Datenstruktur, die den Zustand einiger programmspezifischer Konstrukte (z.B. Prozeduren, Funktionen, Blöcke, Ausdrücke oder Module) im laufenden Programm angibt. Der Ausführungsdatensatz ist für die Laufzeitverwaltung nützlich, sowohl im Hinblick auf die Daten als auch auf die Abarbeitungsreihenfolge. → *siehe auch* Datenstruktur.

Ausführung, sequentielle, die; *Subst.* (sequential execution)
→ *siehe* sequentielle Ausführung.

Ausführungszeit, die; *Subst.* (execution time)
Die Anzahl von Taktimpulsen (Impulsen des internen Computertimers), die ein Mikroprozessor zum Decodieren und Ausführen eines Befehls benötigt, nachdem er ihn aus dem Speicher geholt hat. → *siehe auch* Befehlsausführungszeit. → *auch genannt* E-Time.

Ausgabe, die; *Subst.* (output)
Die Ergebnisse der Verarbeitung von Daten. Die Ausgabe wird entweder an den Bildschirm oder Drucker gesendet, auf einem Datenträger als Datei gespeichert oder an andere Computer im Netzwerk übertragen.

Ausgabebereich, der; *Subst.* (output area)
→ *siehe* Ausgabepuffer.

ausgabeintensiv *Adj.* (output-bound)
→ *siehe* eingabe-/ausgabeintensiv.

Ausgabekanal, der; *Subst.* (output channel)
→ *siehe* Eingabe-/Ausgabekanal, Kanal.

Ausgabepuffer, der; *Subst.* (output buffer)
Ein Teil eines Speichers, der für die zeitweilige Aufnahme von Daten reserviert wird, während der größere Teil weiterhin für die eigentliche Datenspeicherung, die Anzeige, das Drucken oder die Übertragung zur Verfügung steht. → *siehe auch* puffern.

Ausgabestrom, der; *Subst.* (output stream)
Ein Informationsfluss, der ein Computersystem verlässt und mit einer bestimmten Aufgabe oder einem bestimmten Ziel verbunden ist. In der Programmierung kann ein Ausgabestrom eine Zeichenfolge sein, die aus dem Speicher des Computers an ein Display oder eine Datei gesendet wird. → *vgl.* Eingabestrom.

ausgeben *Vb.* (output)
Das Senden von verarbeiteten Daten an eine Einheit, z.B. einen Bildschirm, oder das Senden von Tönen an einen Lautsprecher.

Ausgleichsschaltkreis, der; *Subst.* (tiebreaker)
Eine Schaltung, die zwischen anderen, miteinander konkurrierenden Schaltungen vermittelt und Engpässe beseitigt, indem sie einer Schaltung zu einem bestimmten Zeitpunkt den Vorrang gibt.

Ausgleichsschaltung, die; *Subst.* (transient suppressor)
Eine Schaltung zur Reduzierung oder Beseitigung unerwünschter, transienter elektrischer Signale oder Spannungen.

auskommentieren *Vb.* (comment out)
Das vorübergehende Deaktivieren einer oder mehrerer Zeilen eines Quellcodes, indem diese in Kommentaranweisungen eingeschlossen werden. → *siehe auch* bedingte Kompilierung, Kommentar, verschachteln.

Auslagern, das; *Subst.* (swap, swapping)
Eine Technik, die es einem Betriebssystem (und damit dem Computer) ermöglicht, mehr Arbeitsspeicher zu adressieren, als physikalisch im System vorhanden ist. Der verwendbare Arbeitsspeicher wird damit faktisch vergrößert. Das Auslagern in dieser Bedeutung (im Unterschied zum Auslagern von Daten mit Hilfe von Wechselplatten oder Disketten) funktioniert nach folgendem Prinzip: Nicht benötigte Daten werden in Einheiten (die als »Speicherseiten« bezeichnet werden), vom Arbeitsspeicher auf die Festplatte verschoben. Dadurch wird physikalischer Arbeitsspeicher frei, der für andere Zwecke verwendet werden kann. Benötigt eine Anwendung ausgelagerte Speicherseiten, werden diese von der Festplatte in den Arbeitsspeicher zurücktransferiert. Entsprechende Auslagerungstechniken werden von vielen Betriebssystemen unterstützt, z.B. Windows 2000/NT, Windows 9x, OS/2 und Linux. → *siehe auch* Betriebssystem.
Programm- oder Datensegmente zwischen Arbeits- und Plattenspeicher verschieben. → *siehe auch* virtueller Speicher.

Auslagerungsdatei, die; *Subst.* (swap file)
Eine versteckte Datei auf der Festplatte, die von Windows zur Speicherung von nicht in den Hauptspeicher passenden Programmteilen und Dateien verwendet wird. Je nach Bedarf verschiebt das Betriebssystem die Daten aus der Auslagerungsdatei zurück in den Hauptspeicher. Der umgekehrte Vorgang erfolgt, wenn im Hauptspeicher Platz für neue Daten benötigt wird. Die Auslagerungsdatei ist eine Form des virtuellen Speichers. → *siehe auch* Speicher, virtueller Speicher.

Auslagerungsdatei, permanente, die; *Subst.* (permanent swap file)
→ *siehe* permanente Auslagerungsdatei.

Auslassungszeichen, das; *Subst.* (ellipsis)
Drei aufeinanderfolgende Punkte (...), die in der Regel eine Unvollständigkeit anzeigen. In vielen fensterorientierten Anwendungen wird durch die Wahl eines Befehls, dem ein Auslassungszeichen folgt, ein Untermenü oder ein Dialogfeld geöffnet. In den Referenzhandbüchern zu Programmiersprachen und den Handbüchern für Anwendersoftware verwendet man Auslassungszeichen bei der Syntaxbeschreibung, um auf die Wiederholung bestimmter Elemente hinzuweisen. → *siehe auch* Dialogfeld, Syntax.

Ausloggen, das; *Subst.* (logoff)
Das Beenden einer Sitzung mit einem Computer, auf den über eine Kommunikationsverbindung zugegriffen wurde. → *auch genannt* Abmelden.

ausloggen Vb. (log out)
→ *siehe* abmelden.

Ausnahme, die; *Subst.* (exception)
In der Programmierung ein Problem oder eine Veränderung der Bedingungen, die den Mikroprozessor veranlassen, die momentane Programmausführung zu stoppen und die Situation in einer separaten Routine zu behandeln. Eine Ausnahme ist einem Interrupt ähnlich, da sie den Mikroprozessor anweist, einen separaten Satz von Befehlen auszuführen. → *siehe auch* Interrupt.

Ausnahmebehandlung, die; *Subst.* (exception handling)
→ *siehe* Fehlerbehandlung.

Ausnahmefehler 12, der; *Subst.* (exception error 12)
Ein Fehler in DOS-Umgebungen, der durch einen Batchüberlauf verursacht wird. Dieses Problem kann behoben werden, indem die Einträge STACKS= in der Datei CONFIG.SYS geändert werden.

ausrichten *Vb.* (align, justify)
In einem Anwendungsprogramm wie einem Textverarbeitungsprogramm das horizontale Verschieben einer Gruppe von Textzeilen, so dass jede einzelne Zeile mit einer senkrechten Bezugslinie (wie dem Seitenrand) bündig abschließt. Die folgende Übersicht zeigt die gebräuchlichsten Ausrichtungsvarianten.

Textausrichtungen	
Linksbündig	Zentriert
am	in
linken	der
Rand	Mitte
ausgerichtet	ausgerichtet

A

Rechtsbündig	Dezimal
am	0,9999
rechten	10,99
Rand	10000,99
ausgerichtet	1,999

Beim Blocksatz geschieht die Ausrichtung durch Einfügen zusätzlicher Leerzeichen oder Mikroschritte zwischen den Wörtern. Zu große Abstände zwischen den Wörtern lassen sich ausgleichen, indem man entweder den Text verändert oder die Wörter am Ende einer Zeile trennt. → *vgl.* Flattersatz.

Bei mechanischen Geräten das Justieren einer Komponente innerhalb vorgegebener Toleranzen, z.B. das Einstellen des Schreib-/Lesekopfes eines Diskettenlaufwerks in Bezug auf eine Spur der Diskette.

Im Bereich der systemnahen Datenmanipulation das Speichern von Dateneinheiten, die aus mehreren Bytes bestehen, so dass die jeweiligen Einzelbytes korrespondierende Speicherpositionen bilden (z.B. das Ablegen von 2-Byte-Werten, so dass das erste Byte immer eine ungerade Adresse im Speicher belegt).

Ausrichtung, die; *Subst.* (alignment, orientation)
→ *siehe* Hochformat, Querformat.

Im Bereich grafischer Benutzeroberflächen und Grafikprogramme das Positionieren von Objekten an festen oder vorher definierten Rasterpunkten, Zeilen oder Spalten. Beispielsweise erlaubt es der Finder des Macintosh, dass Symbole innerhalb eines Ordners oder des Desktops automatisch ausgerichtet werden.

Ausrichtung, linksbündige, die; *Subst.* (left justification)
→ *siehe* linksbündige Ausrichtung.

Ausrichtung, rechtsbündige, die; *Subst.* (right justification)
→ *siehe* rechtsbündige Ausrichtung.

ausschalten *Vb.* (power down)
Das Abschalten (eines Computers), also das Trennen von der Netzspannung.

ausschneiden *Vb.* (cut)
Das Entfernen eines Teils eines Dokuments. Der gelöschte Teil wird gewöhnlich vorübergehend in der Zwischenablage (einem speziellen Bereich im Arbeitsspeicher) gespeichert und kann aus dieser an einer anderen Stelle im selben oder einem anderen Dokument eingefügt werden. → *vgl.* löschen.

Ausschneiden und Einfügen, das; *Subst.* (cut and paste)
Ein Vorgang, bei dem der Computer zum Verschieben und Umorganisieren von Teilen eines Dokuments oder zum Zusammenstellen eines Dokuments aus unterschiedlichen Quellen eingesetzt wird – der Computer ersetzt damit Schere und Klebstoff. Beim Ausschneiden und Einfügen wird zunächst der Bereich im Dokument markiert, der entfernt werden soll. Daraufhin wird dieser in der Zwischenablage (einem speziellen Bereich im Arbeitsspeicher) oder anderweitig zwischengespeichert (z.B. auf der Festplatte). Abschließend wird der entfernte Bereich an einer anderen Stelle im selben Dokument oder in ein anderes Dokument eingefügt.

Außenbandübertragung, die; *Subst.* (out-of-band signaling)
Übertragung bestimmter Signale, z.B. Steuerinformationen, auf Frequenzen außerhalb der Bandbreite, die für die Sprach- und Datenübertragung auf einem Kommunikationskanal zur Verfügung stehen.

außer Kraft setzen *Vb.* (override)
Eine Aktion in einem Programm oder einem Betriebssystem verhindern oder auf eine Situation mit einer anderen Antwort reagieren. Beispielsweise lässt sich in einem Datenbankprogramm ein längerer Sortiervorgang meist durch Druck auf die Escape-Taste abbrechen.

Austastlücke, die; *Subst.* (vertical blanking interval)
Die für den vertikalen Strahlenrücklauf des Elektronenstrahls benötigte Zeit in einem Rasterscandisplay. → *siehe auch* Austastung, vertikaler Strahlrücklauf.

Austastlücke, horizontale, die; *Subst.* (horizontal blanking interval)
→ *siehe* horizontales Zurücksetzen (des Elektronenstrahls).

Austastung, die; *Subst.* (blanking)
Die kurzzeitige Unterdrückung eines Displaysignals, während der Elektronenstrahl in einem Rasterscanmonitor in die Ausgangsposition für den Aufbau der nächsten Zeile gebracht wird. Dies geschieht nach folgendem Prinzip: Nachdem eine Scanzeile aufgebaut wurde, befindet sich der Elektronenstrahl am rechten Rand des Bildschirms und muss nach links zurückbewegt werden (horizontales Zurücksetzen), um eine neue Zeile zu beginnen. Während des Zurücksetzens muss das Displaysignal abgeschaltet werden (horizontale Austastlücke), um das Überschreiben der gerade dargestellten Zeile zu vermeiden. Analog dazu muss der Elektronenstrahl nach dem Aufbau

der untersten Scanzeile in die linke obere Ecke des Schirms zurückgesetzt werden (vertikales Zurücksetzen), wobei der Elektronenstrahl während dieser Zeit ebenfalls abgeschaltet werden muss (vertikale Austastlücke), um zu verhindern, dass die Rücksetzbewegung Spuren auf dem Schirm hinterlässt.

austauschbarer Datenträger, der; *Subst.* (exchangeable disk)
→ *siehe* wechselbarer Datenträger.

Austauschsortierung, die; *Subst.* (exchange sort)
→ *siehe* Bubblesort.

auswählen *Vb.* (choose)
Das Ansteuern eines Elements auf dem Bildschirm und die abschließende Bestätigung, mit der die Festlegung auf dieses Element signalisiert wird. Typischerweise werden Befehle und Optionen in einer grafischen Benutzeroberfläche ausgewählt. Beispielsweise lässt sich eine Schaltfläche in einem Dialogfeld auswählen, indem auf die gewünschte Schaltfläche geklickt wird. Zum Auswählen eines Menüpunkts wird zunächst das Menü heruntergeklappt, dann der Mauszeiger bei gedrückt gehaltener Maustaste auf den gewünschten Menüpunkt bewegt und abschließend die Maustaste losgelassen. → *siehe auch* wählen.

Auswahl, die; *Subst.* (Chooser)
Beim Apple Macintosh ein Schreibtischzubehör, das es erlaubt, einen lokalen Drucker oder ein Netzwerkgerät auszuwählen, z.B. einen Dateiserver oder Drucker.

Auswahlerweiterung, die; *Subst.* (Chooser extension)
Ein Programm, das die Auswahl (ein Schreibtischzubehör beim Apple Macintosh) um Einträge erweitert. Beim Systemstart werden die Erweiterungen, die sich im Erweiterungsordner befinden, dem Auswahlmenü hinzugefügt. Soll z.B. das Betriebssystem um einen bestimmten Drucker erweitert werden, wird die entsprechende Choosererweiterung für dieses Druckermodell benötigt. Nachdem diese in den Erweiterungsordner kopiert und der Computer neu gestartet wurde, ist der neue Drucker verfügbar. → *siehe auch* Auswahl, Erweiterung.

auswerfen *Vb.* (unload, unmount)
Ein Speichermedium (Magnetband oder Diskette) aus dem Laufwerk herausnehmen.
Eine Diskette, Festplatte oder ein Magnetband aus der aktiven Benutzung ausschließen. → *vgl.* anmelden.

Auswertung, die; *Subst.* (evaluation)
Die programmierte Bestimmung des Wertes eines Ausdrucks oder die Aktion, die eine Programmanweisung spezifiziert. Auswertungen können zur Kompilierungszeit oder zur Laufzeit stattfinden.

Auszeichnungssprache, die; *Subst.* (markup language)
Ein Codesatz in einer Textdatei, der den Computer anweist, wie die Datei für einen Drucker oder ein Videodisplay formatiert bzw. wie der Inhalt indiziert und verknüpft werden soll. Beispiele für Auszeichnungssprachen sind die Hypertext Markup Language (HTML), die bei Webseiten verwendet wird, die eXtensible Markup Language (XML), die eine Fortführung des Konzeptes von HTML darstellt, die Standard Generalized Markup Language (SGML), die für den Schriftsatz und DTP sowie für die Strukturierung elektronischer Dokumente eingesetzt wird, und die Synchronized Multimedia Integration Language (SMIL), mit der Multimediaerweiterungen für Webseiten erstellt werden können. Diese Auszeichnungssprachen sind konzipiert worden, damit Dokumente und andere Dateien von Plattformen unabhängig sind und zwischen verschiedenen Anwendungen bewegt werden können. → *siehe auch* HTML, SGML, SMIL, XML. → *auch genannt* Markupsprache.

Auszeichnungssprache, deklarative, die; *Subst.* (declarative markup language)
→ *siehe* deklarative Auszeichnungssprache.

Authenticode, der; *Subst.*
Sicherheitsmerkmal des Webbrowsers Microsoft Internet Explorer. Authenticode erlaubt es Händlern, ausführbaren Code (z.B. Plug-Ins oder ActiveX-Steuerelemente), der im Internet zum Download angeboten wird, mit einem digitalen Zertifikat zu versehen. Auf diese Weise wird den Benutzern versichert, dass der Code vom ursprünglichen Entwickler stammt und nicht geändert wurde (z.B. durch einen Hacker). Vor dem eigentlichen Download wird eine Sicherheitsabfrage gestellt. Die Benutzer können dann entscheiden, ob sie die Softwarekomponenten tatsächlich empfangen möchten. → *siehe auch* ActiveX-Steuerelement, Internet Explorer, Sicherheit.

Authentifizierung, die; *Subst.* (authentication)
In einem Mehrbenutzer- oder Netzwerkbetriebssystem der Bestätigungsprozess des Systems für die Logininformationen des Benutzers. Dazu gehört der Vergleich des eingegebenen Benutzernamens und Kennwortes mit der Liste der autorisierten Benutzer. Stellt das Betriebssystem eine Über-

A einstimmung fest, erhält der Benutzer den Zugriff zu dem System, allerdings nur in dem Umfang, wie es in der Erlaubnisliste des entsprechenden Benutzeraccounts festgelegt ist. → *siehe auch* anmelden, Benutzerkonto, Benutzername, Erlaubnis, Kennwort.

Authoring, das; *Subst.* (authoring)
→ *siehe* verfassen.

Auto-Antwortfunktion, die; *Subst.* (auto answer)
→ *siehe* Antwortmodus.

AUTOEXEC.BAT, die; *Subst.*
Eine spezielle Batchdatei (Sammlung von Befehlsaufrufen), die vom Betriebssystem MS-DOS automatisch nach einem Kalt- oder Warmstart des Computers ausgeführt wird. Die Datei wird entweder durch den Benutzer erstellt oder in neueren MS-DOS-Versionen bereits bei der Installation des Systems angelegt. Die Datei enthält grundlegende Startbefehle für die Anpassung des Systems an die vorhandenen Geräte und für die vom Benutzer gewünschten Voreinstellungen.

AutoIP
Abkürzung für »Automatic Internet Protocol Addressing« (Automatische Internetprotokolladressierung). Über diese Technik kann ein Gerät eine gültige IP-Adresse ohne einen DHCP-Server oder eine andere IP-Konfigurationsstelle beziehen. Mit AutoIP wählt das Gerät nach dem Zufallsprinzip eine IP-Adresse aus einer Gruppe reservierter Adressen aus und fragt das lokale Netzwerk ab, ob diese Adresse bereits von einem anderen Client verwendet wird. Das Gerät wiederholt die Schritte für die Auswahl und Überprüfung, bis eine nicht verwendete Adresse ermittelt wird. AutoIP, das auf einem Entwurf der Internet Engineering Task Force (IETF) für das Internet basiert, wird in UPnP-Netzwerken (Universal Plug and Play) verwendet. → *siehe auch* DHCP, IP-Adresse. → *vgl.* APIPA.

AutoKorrektur, die; *Subst.* (AutoCorrect)
Eine Funktion in Microsoft Word, die automatisch Tippfehler korrigiert und bestimmte Ersetzungen vornimmt, wobei die Korrektur und die Ersetzung bereits während der Eingabe erfolgt. Beispielsweise kann die Funktion so konfiguriert werden, dass bestimmte, besonders häufige Tippfehler wie »dei« statt »die« korrigiert oder gerade Anführungszeichen (") in die typografischen („ am Wortanfang und " am Wortende) ausgetauscht werden. Welche Teilfunktionen aktiv sind, können die Benutzer frei festlegen. → *siehe auch* typografische Anführungszeichen.

automagisch *Adj.* (automagic)
Umgangssprachlich für einen Prozess, der von einem Computer in einer unerklärten (aber nicht unerklärlichen) Weise durchgeführt wird. Ein automagischer Prozess kann entweder zu kompliziert zu erklären sein (z.B. eine komplexe Tabellenberechnung), oder es kann sich um einen komplexen Prozess handeln, der für den Benutzer ganz einfach aussieht (z.B. das Sortieren von Listenelementen in alphabetischer oder chronologischer Reihenfolge durch Klicken auf eine Überschrift). → *vgl.* Blackbox.

Automatentheorie, die; *Subst.* (automata theory)
Die Untersuchung von Rechenprozessen, ihren Fähigkeiten und ihren Einschränkungen; d.h., die Art und Weise, mit der Systeme Eingaben empfangen, diese verarbeiten und Ausgaben produzieren. → *siehe auch* zellularer Automat.
Auch die Untersuchung der Beziehungen zwischen Verhaltenstheorien und Arbeitsweise sowie Einsatz von automatisierten Geräten.

Automatic Sequence Controlled Calculator, der; *Subst.*
→ *siehe* Mark I.

Automation, die; *Subst.*
Die Verwirklichung einer Maschine, einer elektronischen Apparatur oder einer Software, die eine komplette Aufgabe selbsttätig durchführt, die bisher vom Menschen erledigt wurde. Der Bedienungsaufwand wird dadurch deutlich reduziert, im Idealfall ist kein menschliches Eingreifen mehr notwendig. Im Zusammenhang mit OLE bezeichnet »Automation« (früher auch unter dem Begriff »OLE-Automation« bekannt) eine von Microsoft entwickelte Technologie, die es einer Anwendung ermöglicht, Objekte und deren Eigenschaften so darzulegen, dass die Objekte von einer anderen Anwendung genutzt werden können. Beispielsweise kann ein Tabellenkalkulationsprogramm einem Textverarbeitungsprogramm den Zugriff auf ein Diagramm gewähren. Das Textverarbeitungsprogramm kann dann das Diagramm anzeigen und verändern. Die Anwendung, die das Objekt für die Nutzung darlegt, wird als »Server« bezeichnet. Analog dazu wird die Anwendung, die das Objekt ändert, als »Client« bezeichnet. Die Automation kann dabei sowohl lokal auf dem eigenen Computer erfolgen als auch in Verbindung mit entfernten Systemen (z.B. auf Computern, die über ein Netzwerk miteinander verbunden sind). Die Automation über OLE ist hauptsächlich für den Einsatz unter Hochsprachen wie Microsoft Visual Basic und Microsoft Visual C++ konzipiert.
→ *siehe auch* ActiveX-Steuerelement, OLE.

automatische Datenverarbeitung, die; *Subst.* (automatic data processing)
→ *siehe* Datenverarbeitung.

automatische Fehlerkorrektur, die; *Subst.* (automatic error correction)
Ein Prozess, der bei Erkennen eines internen Verarbeitungsfehlers oder eines Datenübertragungsfehlers eine für die Fehlerkorrektur oder die Wiederholung der Operation vorgesehene Routine aufruft.

automatische Größenanpassung, die; *Subst.* (autosizing)
Die Fähigkeit eines Monitors, Signale einer Auflösung zu verarbeiten, das Bild aber in einer anderen Auflösung darzustellen. Der Vorteil liegt darin, dass der verfügbare Platz auf dem Bildschirm besser ausgenutzt wird, indem das Bild entsprechend verkleinert oder vergrößert wird. Das Seitenverhältnis des Bildes bleibt dabei erhalten, es treten also keine Verfälschungen (Stauchung oder Streckung) auf. → *siehe auch* Auflösung, Monitor.

Automatische Private IP-Adressierung, die; *Subst.* (Automatic Private IP Addressing)
Eine Funktion von TCP/IP unter Windows-Betriebssystemen (Windows 98, Windows 2000, Windows XP), die automatisch eine eindeutige IP-Adresse im Bereich von 169.254.0.1 bis 169.254.255.254 und die Subnetzmaske 255.255.0.0 konfiguriert, wenn TCP/IP für die dynamische Adressierung konfiguriert wird und DHCP (Dynamic Host Configuration Protocol) nicht verfügbar ist. APIPA wurde für kleine Netze mit bis zu 25 angeschlossenen Clients entwickelt. → *siehe auch* IP-Adresse. → *vgl.* DHCP.

automatischer Neustart, der; *Subst.* (autorestart)
Ein Prozess oder ein Leistungsmerkmal des Systems, bei dem das System automatisch einen Neustart durchführt, nachdem bestimmte Arten von Fehlern im System oder Unterbrechungen bzw. Unregelmäßigkeiten bei der Stromversorgung aufgetreten sind.

automatisches Antwortverhalten, das; *Subst.* (automatic answering)
→ *siehe* Auto-Antwortfunktion.

automatische Spracherkennung, die; *Subst.* (automatic speech recognition)
→ *siehe* ASR.

automatisches Speichern, das; *Subst.* (autosave)
Ein Leistungsmerkmal eines Programms, das die derzeit in Bearbeitung befindliche Datei automatisch in voreingestellten Intervallen oder nach einer bestimmten Anzahl von Tastenschlägen auf der Festplatte oder einem anderen Speichermedium speichert. Dadurch ist gewährleistet, dass Änderungen an einem Dokument regelmäßig gesichert werden.

automatisches Wählen, das; *Subst.* (automatic dialing)
→ *siehe* Selbstwählfunktion.

automatische Systemneukonfiguration, die; *Subst.* (automatic system reconfiguration)
Funktion, bei der das System automatisch bestimmte Anpassungen an seiner Konfiguration vornimmt, nachdem Änderungen an der Software oder Hardware durchgeführt wurden.

automatische Wiederholung, die; *Subst.* (auto-repeat)
→ *siehe* Wiederholautomatik.

automatische Updates (automatic updates)
In Software und Betriebssysteme wie Microsoft Windows XP integrierte Funktion, die in regelmäßigen Abständen auf dem Server des Herstellers nach eventuellen Programmupdates sucht. Stellt der Hersteller solche Updates zur Verfügung, werden diese automatisch heruntergeladen und installiert, sodass Software oder Betriebssystem stets auf dem aktuellsten Stand sind.

automatisiertes Büro, das; *Subst.* (automated office)
Ein relativ unscharfer Begriff zur Charakterisierung eines Büros, in dem die Arbeit mit Hilfe von Computern, Telekommunikationseinrichtungen und anderen elektronischen Geräten abgewickelt wird.

Automat, zellularer, der; *Subst.* (cellular automata)
→ *siehe* zellularer Automat.

AutoPlay, das; *Subst.*
Ein Leistungsmerkmal in Windows 9x und späteren Windows-Versionen, das es erlaubt, eine CD-ROM automatisch zu starten. Nachdem eine CD-ROM in das CD-ROM-Laufwerk eingelegt wurde, sucht das Betriebssystem nach der Datei **AUTORUN.INF** auf der CD-ROM. Wenn die Datei gefunden wurde, öffnet das Betriebssystem diese und führt die darin enthaltenen Befehle aus. Diese sind gewöhnlich dazu gedacht, das auf der CD-ROM enthaltene Installa-

A tionsprogramm aufzurufen, so dass das dazugehörige Anwendungsprogramm auf der Festplatte des Computers installiert wird. Ist die Anwendung bereits installiert, wird diese in der Regel aufgerufen. Falls eine Audio-CD in das CD-ROM-Laufwerk eingelegt wird, startet Windows automatisch das Programm »CD-Wiedergabe« und spielt die CD ab.

Autopolling, das; *Subst.* (autopolling)
Der Prozess, bei dem der Status jedes Gerätes in einer Reihe von Geräten periodisch ermittelt wird, so dass das aktive Programm die Ereignisse, die von jedem Gerät erzeugt werden, auswerten und entsprechende Reaktionen darauf durchführen kann, Ereignisse sind z.B. ein Druck auf eine Maustaste oder neue am seriellen Port anliegende Daten. Die Methode des Autopollings unterscheidet sich von der sog. ereignisgesteuerten Verarbeitung, bei der das Betriebssystem, ein Programm oder eine Routine auf das Eintreten eines Ereignisses hinweist, indem ein Interrupt durchgeführt oder eine Nachricht an das Programm bzw. die Routine gesendet wird. Im anderen Fall muss jedes Gerät der Reihe nach abgefragt werden. → *auch genannt* Pollen. → *vgl.* ereignisgesteuerte Verarbeitung, interruptgesteuerte Verarbeitung.

Autorensoftware, die; *Subst.* (authoring software)
Computerprogramme zum Erstellen von Webseiten und anderen Hypertext- und Multimediaanwendungen. Autorensoftware ermöglicht das Definieren von Beziehungen zwischen unterschiedlichen Objekttypen wie Text, Grafiken und Audio sowie die Präsentation dieser Objekte in einer gewünschten Reihenfolge. Diese Programme werden manchmal als Authoring Tool oder Authorware bezeichnet, auch wenn es sich bei dem zweiten Namen eigentlich um ein bestimmtes Produkt von Macromedia handelt. → *siehe auch* Hypertext. → *vgl.* Autorensystem.

Autorensprache, die; *Subst.* (authoring language)
Eine Programmiersprache oder ein Anwendungsentwicklungssystem, die bzw. das vornehmlich zum Erzeugen von Anwendungsprogrammen, Datenbanken und weiteren Systemen im Bereich des computerunterstützten Unterrichts (Computer-Aided Instruction, CAI) konzipiert ist. Ein bekanntes Autorensystem im Mikrocomputerbereich ist PILOT, eine Programmiersprache zur Entwicklung von Lernprogrammen. → *siehe auch* CAI, PILOT.

Autorensystem, das; *Subst.* (authoring system)
Eine Anwendung, mit der der Benutzer Dokumente für Schulungs- und ähnliche Zwecke erzeugen und formatieren kann.

Insbesondere für Multimediaaufgaben konzipierte Autorensysteme setzen sich häufig aus mehreren Anwendungen zusammen, die unter der Regie eines einzelnen Rahmenprogramms arbeiten. → *siehe auch* Autorensprache. → *vgl.* Autorensoftware.

Autorisierung, die; *Subst.* (authorization)
Der Vorgang, durch den festgelegt wird, welche Operationen ein Benutzer auf einem Computersystem oder in einem Netzwerk durchführen darf. Insbesondere bei Remotecomputern in einem Netzwerk das an den Benutzer des Systems übertragene Recht, das System zu nutzen und Daten in diesem zu speichern. Die Autorisierung wird in der Regel durch einen Systemadministrator definiert. Wenn sich der Benutzer Zugang zum System verschaffen will, werden bestimmte Angaben, mit denen sich der Benutzer ausweist, z.B. eine Codenummer und ein Kennwort, vom Computer überprüft (Authentifizierung). Auf diese Weise wird dem Benutzer der Zugriff gewährt oder – bei ungültigen Angaben – verwehrt. → *siehe auch* Netzwerk, Systemadministrator. → *auch genannt* Erlaubnis, Zugriffsrechte. → *vgl.* Authentifizierung.

Autorisierungscode, der; *Subst.* (authorization code)
→ *siehe* Kennwort.

Autostartanwendung, die; *Subst.* (startup application)
Auf dem Apple Macintosh das Anwendungsprogramm, das die Steuerung des Systems beim Einschalten des Computers übernimmt.

Autostartroutine, die; *Subst.* (autostart routine)
Ein Prozess, bei dem ein System oder Gerät automatisch eine Operation durchführt, wenn dieses eingeschaltet, das System in Betrieb genommen wird oder ein anderes vordefiniertes Ereignis eintritt. → *siehe auch* AUTOEXEC.BAT, automatischer Neustart, einschalten, urladen.

Autostereogramm, das; *Subst.* (autostereogram)
Ein computergeneriertes Bild, das bei richtigem Betrachtungswinkel dreidimensional erscheint. Auch »3D-Bild« genannt. Autostereogramme, in denen das zunächst sichtbare Design aus sich wiederholenden Mustern besteht, werden »Single Image Stereograms« (SIS) genannt. Wenn das Design wie ein zufälliges Muster aus farbigen Punkten aussieht, spricht man von »Single Image Random Dot Stereograms« (SIRDS). Autostereogramme haben durch Verbreitung in Büchern und auf Postern einen großen Bekanntheitsgrad erlangt. → *auch genannt* 3D-Grafik.

Autotrace, das; *Subst.* (autotrace)
Ein Leistungsmerkmal eines Zeichenprogramms, bei dem die in einer Bitmapgrafik enthaltenen, relevanten Linien (Umrisse der einzelnen Elemente der Grafik usw.) automatisch nachgezeichnet werden, wodurch die Bitmapgrafik in eine vektororientierte (objektorientierte) Form umgewandelt wird. → *siehe auch* Bitmapgrafik, objektorientierte Grafik.

autoverbindend *Adj.* (autoattendant)
Ein Ausdruck, der ein Speicher-und-Weiterleitungs-Computersystem charakterisiert, das die herkömmlichen Mitarbeiter einer Telefonzentrale ersetzt und Anrufe an den korrekten Telefonapparat oder an die entsprechende Sprachmailbox weiterleitet. Autoverbindende Systeme können über Spracheingabe, Frequenzwahlmenüs (die über die Telefontastatur bedient werden) oder Spracherkennung verfügen, um den Anruf an das richtige Ziel weiterzuleiten. Sie unterscheiden sich von interaktiven Sprachsteuerungssystemen, die tatsächlich mit den Benutzern kommunizieren. In derartigen Systemen sprechen die Benutzer Befehlswörter; als Reaktion darauf werden Frequenzwahl- oder Spracherkennungsaktivitäten veranlasst. Dagegen besteht der alleinige Zweck eines autoverbindenden Systems darin, Anrufe weiterzuleiten; es gibt keine »Konversation« zwischen den Benutzern und dem Computer.

A/UX
Eine Version des Mehrbenutzer- und Multitasking-Betriebssystems UNIX. Sie wurde von Apple Computer für verschiedene Macintosh-Modelle angeboten und basierte auf dem UNIX-Derivat AT&T System V, Version 2.2, wies aber noch einige Erweiterungen auf. A/UX verfügte über eine Reihe von Apple-spezifischen Leistungsmerkmalen. Dabei wurde auch das Toolboxsystem des Macintosh unterstützt, so dass unter A/UX laufende Anwendungen den Benutzern die für diesen Computer typische grafische Benutzeroberfläche bieten konnten. A/UX wird von Apple nicht mehr unterstützt. → *siehe auch* System V.

AUX
Abkürzung für »**aux**iliary«, zu Deutsch »Hilfs-«. Der logische Gerätename für das Hilfsgerät; unter dem Betriebssystem MS-DOS der Name für das standardmäßige Hilfsgerät. AUX bezieht sich in der Regel auf den ersten seriellen Port eines Systems, unter MS-DOS als COM1 bezeichnet. → *siehe auch* serielle Schnittstelle.

Avalanche-Banner, das; *Subst.* (avalanche ad)
Eines von verschiedenen größeren Formaten für Onlinebanner, die die konventionellen Banner im Internet ersetzen sollen. Avalanche-Banner haben allgemein das Format 120 x 800 Pixel. → *siehe auch* Interstitial-Banner, Pop-Under-Banner, Pop-Up-Banner, Skyscraper-Banner.

Avatar, der; *Subst.* (avatar)
In Umgebungen im Bereich der virtuellen Realität – z.B. bestimmten Arten von Chaträumen im Internet – die grafische Darstellung des Benutzers, mit der der Benutzer seine »virtuelle« Identität schafft. Der Benutzer wird typischerweise durch ein allgemeines Bild oder eine Animation eines Menschen (aus einer Liste fest vorgegebener weiblicher und männlicher Darstellungen), durch eine Fotografie oder Karikatur des Benutzers, durch ein Bild oder eine Animation eines Tieres oder ein völlig anderes, vom Benutzer frei gewähltes Objekt repräsentiert. → *siehe* Superuser.

.avi
Eine Dateinamenerweiterung für audiovisuelle Daten im Interleave-Dateiformat Microsoft RIFF.

AVI
Abkürzung für »**A**udio **V**ideo **I**nterleaved«. Ein Multimedia-Dateiformat unter Windows zur Speicherung von Video, inklusive Ton. Das Format nutzt die RIFF-Spezifikation (Resource Interchange File Format) von Microsoft.

AVI-Kabel, das; *Subst.* (AVI cable)
→ *siehe* Transceiverkabel.

A

B

b *Adj.*
Abkürzung für »**b**inär«.
Abkürzung für »**b**it«.
Selten verwendete Abkürzung für »**B**aud«.

B
Abkürzung für »**B**yte«.

B:
In MS-DOS und einigen anderen Betriebssystemen die Bezeichnung für das zweite Diskettenlaufwerk.
Falls nur ein Diskettenlaufwerk vorhanden ist, kann dieses Laufwerk sowohl mit »A:« als auch mit »B:« angesprochen werden.

B2B *Subst.*
Kürzel für »**B**usiness to **B**usiness«. Der elektronische Austausch von Produkten und Dienstleistungen zwischen Unternehmen, insbesondere im Internet. B2B bezieht sich auf Erwerb, Buchung und andere Verwaltungsfunktionen; die Verringerung von Transaktionskosten und die Vereinfachung des Abbaus von Überkapazitäten. Verwandte Geschäftszweige und Branchen arbeiten an dem Aufbau von internetbasierten Lieferketten zusammen. → *siehe auch* cXML, Digitale Marktplätze.

Backbone, der; *Subst.* (backbone)
Ein Netzwerk, das den hauptsächlichen Datenverkehr zwischen kleineren Netzwerken trägt. Die Backbones im Internet, Netzbetreiber wie die US-amerikanischen Gesellschaften Sprint und MCI eingeschlossen, sind in der Lage, Tausende von Kilometern mit Hilfe von Funkverbindungen (im Mikrowellenbereich) und Standleitungen zu überbrücken. Als »Backbones« werden auch die kleineren Netzwerke (im Vergleich zum kompletten Internet) bezeichnet, die den Großteil der Paketvermittlung im Internet durchführen. Heute setzen sich diese kleineren Netzwerke aus den Netzwerken zusammen, die ursprünglich zur Bildung des Internets entwickelt wurden. Aber auch große Internet Service Provider wie T-Online betreiben eigene Backbones. → *siehe auch* NSFnet, Paketvermittlung.
Des Weiteren werden die Leitungen, die den hauptsächlichen Datenverkehr in einem Netzwerk tragen, als »Backbone« bezeichnet. In einem lokalen Netzwerk übernimmt häufig der Netzwerkbus die Funktion des Backbones. → *auch genannt* zusammengebrochener Backbone.

Backbone Cabal, die; *Subst.* (backbone cabal)
Ehemalige Gruppe von Netzwerkadministratoren im Internet, die für die Namensvergabe der Hierarchien von Usenet-Newsgroups und die Verfahren beim Anlegen neuer Newsgroups zuständig waren.

Back-End, das; *Subst.* (back end)
In einer Client/Serveranwendung der Teil eines Programms, der auf dem Server läuft. → *siehe auch* Client/Serverarchitektur. → *vgl.* Front-End.
In der Programmierung der Teil eines Compilers, der den Quellcode (also die für den Menschen verständlichen Befehle) in den Objektcode (also den maschinenlesbaren Code) umwandelt. → *siehe auch* Compiler, Objektcode, Quellcode.

Back-End-Prozessor, der; *Subst.* (back-end processor)
Ein Slaveprozessor (zu Deutsch: Sklave), der den Hauptprozessor entlastet, indem er Spezialaufgaben übernimmt, z.B. die Realisierung eines schnellen Datenbankzugriffs. Eine derartige Aufgabe wird als »Back-End« (zu Deutsch etwa »rückwärtige Dienste«) bezeichnet, da sie der Hauptfunktion des Computers untergeordnet ist.
Der Begriff kann sich auch auf einen Prozessor beziehen, der von einem anderen Prozessor bereitgestellte Daten manipuliert.
Beispielsweise operiert ein Hochgeschwindigkeits-Grafikprozessor, der dazu konzipiert ist, Grafiken auf einem Videodisplay zu zeichnen, als Reaktion auf Befehle, die der Hauptprozessor an ihn sendet. → *vgl.* Coprozessor.

B

Back Orifice (back orifice)

Ein Anwendungstool, das im Internet verbreitet und von Hackern benutzt wird, um die Kontrolle über einen Remotecomputer zu gewinnen. Back Orifice besteht aus einem Client- und einem Serverprogramm. Das Clientprogramm wird genutzt, um einen Computer zu kontrollieren, auf dem das Serverprogramm läuft. Die Kontrolle über den Zielcomputer wird übernommen, nachdem eine Ausführungsdatei, die typischerweise mittels eines E-Mail-Attachments oder einer Diskette eingespielt wird, geöffnet wurde. Back Orifice kopiert sich selbst dann in das Systemverzeichnis von Windows und überträgt die Kontrolle auf den Rechner, auf dem das Clientprogramm läuft. Back Orifice tauchte das erste Mal im Sommer 1998 auf und wurde durch neue Sicherheitssoftware schnell eingedämmt. Der Begriff ist ein Wortspiel mit Microsoft BackOffice. → *vgl.* Virus, Wurm.

Backplane, die; *Subst.* (backplane)

Eine Leiterplatte oder ein Basisgerät, die bzw. das den Einbau von Erweiterungskarten, Platinen, Geräten und die Verbindung von Geräten untereinander ermöglicht sowie den eingebauten Komponenten eine Stromversorgung und Datensignale zur Verfügung stellt.

Backsidebus, der; *Subst.* (backside bus)

Im Zusammenhang mit einem Prozessor der Bus, der die CPU mit dem L2-Cache verbindet. → *siehe* auch Bus, L2-Cache, Prozessor. → *vgl.* Frontsidebus.

Backus-Naur-Form, die; *Subst.* (Backus-Naur form)

Abkürzung: BNF. Eine Metasprache zur Syntaxbeschreibung formaler Programmiersprachen. Sie ist sowohl für den Sprachentwickler als auch für den Programmierer konzipiert, der die entsprechende Sprache einsetzt. Die Beschreibung einer Sprache setzt sich aus einem Satz von Befehlen zusammen; jeder Befehl definiert ein Sprachelement, das als »Metavariable« bezeichnet und in spitze Klammern gesetzt wird. Die Metavariable wird dabei als ein Ausdruck eigentlicher Symbole (sog. Terminals) und anderer Metavariablen (inklusive sich selbst, falls erforderlich) dargestellt. → *siehe auch* Metasprache, Normalform.

BAD *Adj.*

Abkürzung für »**B**roken **A**s **D**esigned«, zu Deutsch »fehlentwickelt«. Eine abfällige Beschreibung eines Produkts bzw. Gerätes, das einen Fehler nach dem anderen aufweist.

.bak

Eine Hilfsdatei, die entweder automatisch oder auf Befehl angelegt wird und die vorletzte Version einer Datei enthält. Sie trägt denselben Namen wie die Originaldatei, verwendet jedoch ».bak« als Dateinamenerweiterung. → *siehe auch* Sicherungskopie.

Bakterie, die; *Subst.* (bacterium)

Eine Form eines Computervirus, der sich wiederholt selbst reproduziert und möglicherweise über das komplette System verbreitet. → *siehe auch* Virus.

Balkendiagramm, das; *Subst.* (bar chart, histogram)

Typ einer Geschäftsgrafik, bei der jedes Datenelement als rechteckiger Balken dargestellt wird. Die Balken lassen sich in der Regel sowohl vertikal als auch horizontal anzeigen bzw. drucken, wobei sie farblich oder durch verschiedene Muster voneinander abgegrenzt werden können. Außerdem ist die Darstellung von positiven und negativen Werten in Bezug auf eine Nulllinie möglich. Balkendiagramme sind in zwei Formen gebräuchlich: als Standardbalkendiagramm, bei dem jeder Wert durch einen eigenen Balken dargestellt wird, und als gestapeltes Balkendiagramm, bei dem mehrere voneinander abhängige Datenelemente aufeinandergesetzt und so zu einem Balken vereint werden. → *auch genannt* Balkengrafik. (Abbildung B.1)

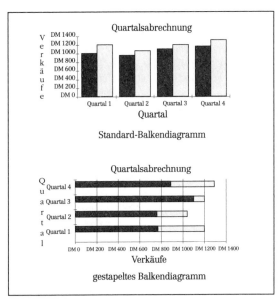

Abbildung B.1: Balkendiagramm: Zwei verbreitete Typen des Balkendiagramms

Balkengrafik, die; *Subst.* (bar graph)
→ *siehe* Balkendiagramm.

Band, das; *Subst.* (band)
Beim Druck von Grafiken ein rechteckiger Bereich (Streifen) einer Grafik, der vom Computer an den Drucker gesendet wird. Die Technik, bei der die Grafik in mehrere Bänder aufgeteilt wird, hat den Vorteil, dass der Drucker nicht die komplette Grafik in seinem Speicher aufbauen muss, bevor er mit dem Druckvorgang beginnen kann.
In der Kommunikationstechnik ein zusammenhängender Frequenzbereich, der für einen bestimmten Zweck eingesetzt wird, z.B. für Rundfunk- oder Fernsehübertragungen.

Bandbreite, die; *Subst.* (bandwidth)
In der Kommunikationstechnik die Differenz zwischen der höchsten und der niedrigsten Frequenz in einem analogen Übertragungskanal. Beispielsweise arbeitet ein Telefon mit einer Bandbreite von 3.000 Hz. Sie ergibt sich aus der Differenz zwischen der höchsten (3.300 Hz) und der niedrigsten (300 Hz) übertragbaren Frequenz.
In einem digitalen Kommunikationssystem stellt die Bandbreite die Datenübertragungskapazität dar.

Bandbreite auf Anforderung, die; *Subst.* (bandwidth on demand)
In der Telekommunikation ein Leistungsmerkmal, mit dem die Bandbreite (und damit die mögliche Übertragungsgeschwindigkeit) verändert werden kann, abhängig davon, welche Bandbreite von dem Dienst benötigt wird, der auf einem Kanal genutzt werden soll. → *siehe auch* Bandbreite, Durchsatz, Kanal.

Bandbreitenfilter, der; *Subst.* (bandpass filter)
Ein elektronischer Schaltkreis, der nur Signale innerhalb eines bestimmten Frequenzbereichs (Frequenzbandes) ungehindert durchlässt. Frequenzen oberhalb und unterhalb des Frequenzbandes werden dagegen unterdrückt oder abgeschwächt. → *siehe auch* Dämpfung. → *vgl.* Hochpassfilter, Tiefpassfilter.

Bandbreitenreservierung, die; *Subst.* (bandwidth reservation)
Auch »Bandbreitenzuweisung« genannt. Hierbei handelt es sich um einen Prozess, bei dem im Voraus ein Prozentwert der Bandbreite den jeweiligen Benutzern oder Anwendungen in einem Netzwerk zugeordnet wird. Die Bandbreitenreservierung optimiert die Verwendung des verfügbaren Datenverkehrs, indem die Priorität von Paketen festgelegt wird, die innerhalb eines bestimmten Zeitraums übertragen werden *müssen*. → *siehe auch* Bandbreite, Bandbreitenverwaltung, Quality of Service, Traffic-Shaping.

Bandbreitentest, der; *Subst.* (bandwidth test)
Dieser Test bestimmt die Geschwindigkeit einer Netzwerkverbindung. Bandbreitentests bewerten die Geschwindigkeit der Downstream- und Upstream-Verbindungen, indem im Netzwerk eine Reihe von Paketen gesendet werden und gemessen wird, wie viele Pakete innerhalb eines bestimmten Zeitraums eingehen. → *siehe auch* Bandbreite, benchmarken, Durchsatz.

Bandbreitenverwaltung, die; *Subst.* (bandwidth management)
Die Analyse und Steuerung des Datenverkehrs bei WAN- und Internetlinks, um die Priorität der Bandbreite festzulegen und die QoS (Quality of Service, Dienstqualität) zu verbessern. → *siehe auch* Bandbreite, Quality of Service, Traffic-Shaping.

Bandbreite, vertikale, die; *Subst.* (vertical bandwidth)
→ *siehe* vertikale Bandbreite.

Bandkassette, die; *Subst.* (tape cartridge)
Ein Modul, das äußerlich einer Musikkassette ähnlich ist. Das darin enthaltene Magnetband kann mit Hilfe eines Bandlaufwerks gelesen oder beschrieben werden. Bandkassetten werden hauptsächlich für die Datensicherung von Festplatten eingesetzt. (Abbildung B.2)

Abbildung B.2: Bandkassette

Bandlaufwerk, das; *Subst.* (tape drive)
Ein Gerät zum Lesen und Beschreiben von Magnetbändern. → *siehe auch* Magnetband.

Bank, die; *Subst.* (bank)
Eine Gruppe gleichartiger elektrischer Geräte oder elektronischer Bauelemente, die miteinander verbunden sind und als eine Einheit eingesetzt werden. Beispielsweise sind Transis-

B toren innerhalb eines Chips zeilen- und spaltenweise in einer Matrix verschaltet und bilden in dieser Anordnung einen Speicherbereich; mehrere Speicherchips können zu einem Speichermodul wie einem SIMM zusammengeschlossen werden. → *siehe auch* SIMM.

»Bank« bezeichnet außerdem ein Speichersegment, dessen Größe gewöhnlich in Übereinstimmung mit den Adressierungsmöglichkeiten des Prozessors gewählt wird. Beispielsweise kann ein 8-Bit-Prozessor auf einen Adressraum von 65.536 Byte zugreifen, so dass in diesem Fall eine Speicherbank mit maximal 64 Kilobyte direkt adressierbar ist. Um eine weitere 64-Kilobyte-Bank einbeziehen zu können, muss dem Prozessor mit Hilfe einer Logikschaltung vorgetäuscht werden, dass er es mit einem separaten Speicherblock zu tun hat. → *siehe auch* Bankumschaltung, Seite.

Bankumschaltung, die; *Subst.* (bank switching)
Eine Methode zur Erweiterung des verfügbaren Arbeitsspeichers (RAM) durch Umschalten zwischen mehreren Speicherbänken mit RAM-Chips. Dabei kann nicht auf mehrere Bänke gleichzeitig zugegriffen werden. Die einzelnen Bänke verwenden alle denselben Speicherbereich, der vor der Umschaltung jeweils ausgeblendet wird. Auch wenn eine Bank nicht aktiv ist, bleiben die gespeicherten Informationen erhalten. Bevor auf eine andere Bank zugegriffen werden kann, muss das Betriebssystem, ein Treiber oder ein Programm explizit einen Befehl an die Hardware erteilen, um die Umschaltung zu bewerkstelligen. Da dieser Vorgang eine gewisse Zeit in Anspruch nimmt, sind speicherintensive Operationen mit Bankumschaltung langsamer als vergleichbare mit ausschließlicher Verwendung des Hauptspeichers. Die Realisierung von Speicher mit Bankumschaltung erfolgt gewöhnlich in Form einer Erweiterungskarte, die in einen Steckplatz auf der Hauptplatine gesteckt wird.

Banner, das; *Subst.* (banner)
Ein streifenförmiger Bereich auf einer Webseite, der eine Werbebotschaft enthält und typischerweise über die komplette Seitenbreite reicht. Ein Banner enthält einen Link zu der Site der Firma, die die Anzeige geschaltet hat. → *siehe auch* Webseite, Website.

Barcode, der; *Subst.* (bar code)
Ein spezieller Identifizierungscode, der in Form von vertikalen Balken unterschiedlicher Breite auf Büchern, Lebensmitteln und anderen Handelsgütern aufgedruckt ist und für die schnelle, fehlerfreie Eingabe in Einrichtungen wie Büchereien, Krankenhäusern und Supermärkten eingesetzt wird.

Der Barcode stellt binäre Informationen dar, die sich mit einem optischen Scanner lesen lassen. Im Code können sowohl Ziffern als auch Buchstaben enthalten sein; einige Codes verwenden eine integrierte Prüfsumme und sind in beiden Richtungen lesbar. Ein bekannter Barcode ist der EAN (Europäische Artikelnummerierung), der in Europa auf Lebensmitteln und anderen Handelsgütern verwendet wird. Das US-amerikanische Gegenstück zum EAN ist der UPC (Universal Product Code).

Barcodelesegerät, das; *Subst.* (bar code reader)
→ *siehe* Barcodescanner.

Barcodescanner, der; *Subst.* (bar code scanner)
Ein optisches Gerät, das einen Laserstrahl verwendet und dazu dient, Barcodes einzulesen und zu interpretieren – z.B. den EAN-Code, der in Europa auf Handelsgütern eingesetzt wird. → *siehe auch* Barcode, Universal Product Code.

Basic, das; *Subst.*
Abkürzung für »**B**eginner's **A**ll-purpose **S**ymbolic **I**nstruction **C**ode« (zu Deutsch »Allzweckprogrammiersprache für Anfänger«). Eine höhere Programmiersprache, die Mitte der 60er Jahre von John Kemeny und Thomas Kurtz am Dartmouth College (in Hanover, New Hampshire, USA) entwickelt wurde. Sie gilt als eine der am einfachsten erlernbaren Programmiersprachen überhaupt. → *siehe auch* True BASIC, Visual Basic.

Basic Rate Interface, das; *Subst.*
→ *siehe* BRI.

Basis, die; *Subst.* (base, radix)
In der Mathematik die Grundzahl eines Zahlensystems. Die Basis gibt dabei die Anzahl der verschiedenen Ziffern des jeweiligen Zahlensystems an. Bei Mikrocomputern spielen vier Zahlensysteme eine Rolle: Binärsystem, Oktalsystem, Dezimalsystem und Hexadezimalsystem. Jedes dieser Zahlensysteme basiert auf einer unterschiedlichen Anzahl an Ziffern. Das Binärsystem (auch als »Dualsystem« bezeichnet), das System zur Basis 2, wird zur Darstellung der Zustände von elektronischen Logikschaltungen verwendet und weist 2 Ziffern auf: 0 und 1. Das Oktalsystem, das System zur Basis 8, verfügt über 8 Ziffern: 0 bis 7. Das gewohnte Dezimalsystem, das System zur Basis 10, besitzt 10 Ziffern: 0 bis 9. Das Hexadezimalsystem, das System zur Basis 16, arbeitet mit 16 Ziffern: 0 bis 9, A bis F. Falls Zahlen in Bezug auf eine besondere Basis geschrieben werden, wird letztere häufig in eingeklammerter und tiefgestellter Form hinter die Werte gesetzt,

z.B. in 24AE$_{(16)}$. Der Wert 24AE ist also ein hexadezimaler Wert (dezimal 9.390). → *siehe auch* binary, Dezimalsystem, hexadezimal, oktal.

In der Mathematik außerdem eine Zahl, die mit Hilfe des angegebenen Exponenten potenziert, also mit sich selbst multipliziert wird. Dazu ein Beispiel: $2^3 = 2 \times 2 \times 2 = 8$. In diesem Beispiel ist 2 die Basis und 3 der Exponent.

In der Elektronik stellt die Basis einen der drei Anschlüsse eines bipolaren Transistors dar. Die anderen beiden Anschlüsse werden als »Emitter« und »Kollektor« bezeichnet. Über den durch die Basis fließenden Steuerstrom wird der Hauptstrom zwischen Emitter und Kollektor beeinflusst. → *siehe auch* Transistor.

Auch das isolierende Grundmaterial einer gedruckten Leiterplatte wird als »Basis« bezeichnet. → *siehe auch* Leiterplatte.

Basis 10 *Adj.* (base 10)
→ *siehe* Dezimalsystem.

Basis 16 *Adj.* (base 16)
→ *siehe* hexadezimal.

Basis 2 *Adj.* (base 2)
→ *siehe* binary.

Basis 8 *Adj.* (base 8)
→ *siehe* oktal.

Basisadresse, die; *Subst.* (base address)
Der Teil einer zweiteiligen Speicheradresse, der konstant ist und als Bezugspunkt (Basis) für die Berechnung der Position eines Datenbytes dient. Eine Basisadresse wird von einem Offsetwert begleitet, der zur Basis addiert wird, um den genauen Ort (die absolute Adresse) von Daten zu bestimmen. Dieses Konzept ist vergleichbar mit einem Straßenadresssystem (wie es z.B. in US-amerikanischen Großstädten verwendet wird). Beispielsweise besteht die Adresse »2010 Main Street« aus einer Basis (der Block 2.000 in der Main Street) plus einem Offset (10 von Beginn des Blocks gerechnet). Bei IBM-PCs und kompatiblen PCs werden Basisadressen als »Segmentadressen« bezeichnet. Bei diesen Computern werden die Positionen von Daten als relative Offsetwerte angegeben, bezogen auf den Start eines Speichersegments. → *siehe auch* absolute Adresse, Offset, relative Adresse, Segment.

Basisband- *Adj.* (baseband)
Eigenschaft eines Kommunikationssystems, in dem das Übertragungsmedium (z.B. ein gewöhnliches Kabel oder ein

Glasfaserkabel) genau eine digitale Nachricht transportiert. Erst nachdem die Übertragung beendet ist, kann eine neue Nachricht übertragen werden. Basisbandübertragungen werden in lokalen Netzwerken wie Ethernet und Token Ring eingesetzt. → *siehe auch* Ethernet, Glasfasertechnik, Token Ring-Netzwerk. → *vgl.* Breitband-.

Basisbandnetzwerk, das; *Subst.* (baseband network)
Typ eines lokalen Netzwerks, bei dem der Nachrichtenverkehr in digitaler Form auf einem einzelnen Übertragungskanal abgewickelt wird und bei dem die beteiligten Geräte durch Koaxialkabel oder verdrillte Leitungen miteinander verbunden sind. Geräte in einem Basisbandnetzwerk senden nur, wenn der Kanal nicht belegt ist, obwohl sich durch das sog. Zeitmultiplexverfahren eine gemeinsame Kanalnutzung realisieren ließe. Jede Meldung wird als »Paket« verschickt, das sowohl die eigentlichen Daten als auch Informationen über die Quell- und Zielgeräte enthält. Basisbandnetzwerke arbeiten über kurze Entfernungen bei Geschwindigkeiten im Bereich von 50 Kilobit pro Sekunde (Kbps) bis zu 16 Megabit pro Sekunde (Mbps). Empfang, Verifizierung und Konvertierung einer Nachricht erhöhen den eigentlichen Zeitbedarf allerdings erheblich bzw. verringern den Durchsatz. Die empfohlene Maximalentfernung für ein derartiges Netzwerk beträgt etwa 3 km, sollte aber bei stark frequentierten Netzwerken deutlich darunter liegen. → *siehe auch* Durchsatz, Koaxialkabel, Multiplexing, Paket, Twistedpairkabel, Zeitmultiplexing. → *vgl.* Breitbandnetzwerk.

Basisklasse, die; *Subst.* (base class)
In der Programmiersprache C++ eine Klasse, von der andere Klassen durch Vererbung abgeleitet wurden (oder abgeleitet werden können). → *siehe auch* abgeleitete Klasse, Klasse, objektorientierte Programmierung, Vererbung.

Basis-minus-1-Komplement, das; *Subst.* (radix-minus-1 complement)
In einem Zahlensystem bei gegebener fester Stellenzahl ein Komplement einer Zahl. Dabei wird jede ihrer Stellen von der höchsten im Zahlensystem darzustellenden Ziffer (entspricht der Basis minus 1) subtrahiert. Bei einem System aus fünf Dezimalstellen ist das Basis-minus-1-Komplement von 1.234 die Zahl 98.765 (d.h. 99.999 - 1.234). Die Addition einer Zahl zu ihrem Basis-minus-1-Komplement ergibt die höchstmögliche Zahl in diesem System (in diesem Beispiel wieder 99.999). Wird eine weitere 1 zu dieser Zahl addiert, würde sich im Beispiel 100.000 ergeben, da jedoch nur fünf

B

Stellen berücksichtigt werden, lautet das Ergebnis Null. Auf diese Weise lässt sich in diesem System die negative Form einer Zahl durch Addition einer 1 zum Basis-minus-1-Komplement darstellen, da folgendes gilt: $-a + a = 0$. Im Binärsystem ist das Basis-minus-1-Komplement das Einerkomplement, das sich einfach durch Invertieren aller Bits (binären Stellen) gewinnen lässt.

Basis-RAM, das; *Subst.* (base RAM)
→ *siehe* konventioneller Arbeitsspeicher.

Basissortieralgorithmus, der; *Subst.* (radix sorting algorithm)
Ein Sortieralgorithmus, der Elemente entsprechend aufeinander folgender Teile ihrer Schlüssel gruppiert. Ein einfaches Beispiel stellt das Sortieren einer Liste von Zahlen im Bereich 0 – 999 dar. Zuerst sortiert man die Liste nach der Hunderterstelle in (bis zu) 10 Listen. Diese Listen werden jede für sich auf Basis der Zehnerstellen wiederum in (bis zu) 10 Listen sortiert. Als abschließenden Schritt ordnet man jede dieser Listen nach der Einerstelle. Dieser Algorithmus arbeitet gewöhnlich effizienter, wenn die Sortierung auf Basis binärer Werte erfolgt, wodurch sich die Vergleiche vereinfachen (Ist ein gegebenes Bit gesetzt oder nicht?) und sich die Anzahl der Listen reduziert (jeder Durchlauf produziert höchstens zwei Listen).

Basissortierung, die; *Subst.* (radix sort)
→ *siehe* numerische Sortierung.

Basisspeicher, der; *Subst.* (base memory)
→ *siehe* konventioneller Arbeitsspeicher.

Basisversion, die; *Subst.* (vanilla)
Die Standardversion eines Computerprogramms, Systems oder Gerätes; ohne Zusätze oder optionale Funktionen.

Bastion Host *Subst.* (bastion host)
Der zentrale Bestandteil einer Firewall. Der Bastion Host ist der wichtigste Computer für den Internetzugang, daher sollten nicht die neuesten Hardwarekomponenten verwendet, sondern auf bewährte Hardware zurückgegriffen werden. Der Rechner sollte über möglichst viel RAM verfügen. Das verwendete Betriebssystem sollte auch unter großer Last noch zuverlässig und stabil laufen. Der physikalische Standort des Bastion Host sollte so gewählt werden, dass nur befugte Personen Zugang zu der Maschine haben. → *siehe auch* Firewall.

.bat
Die Endung eines Dateinamens, die eine Batchdatei kennzeichnet. Unter MS-DOS sind .bat-Dateien ausführbare Programmdateien, die andere Programmdateien aufrufen. → *siehe auch* Batchdatei.

Batch, der; *Subst.* (batch)
Eine Gruppe von Dokumenten oder Datensätzen, die als Einheit verarbeitet werden. → *siehe* auch Batchjob, Batchverarbeitung.

Batchdatei, die; *Subst.* (batch file)
Eine ASCII-Textdatei, die eine Folge von Betriebssystembefehlen enthält. Diese Befehle werden ggf. durch Parameter und Operatoren ergänzt, die von der jeweiligen Batchprogrammiersprache unterstützt werden. Gibt der Benutzer den Namen einer Batchdatei in der Eingabeaufforderung ein, werden die in der Batchdatei enthaltenen Befehle der Reihe nach ausgeführt. → *siehe auch* AUTOEXEC.BAT, .bat. → *auch genannt* Batchprogramm.

Batchdateiübertragung, die; *Subst.* (batch file transmission)
Die Übertragung mehrerer Dateien mit Hilfe eines einzigen Befehls.

Batchjob, der; *Subst.* (batch job)
Ein Programm oder eine Befehlsfolge, das bzw. die ohne Mitwirkung des Benutzers abgearbeitet wird. → *siehe auch* Batchverarbeitung.

Batchprogramm, das; *Subst.* (batch program)
Ein Programm, das ohne Beteiligung des Benutzers ausgeführt wird. → *siehe* auch Batchdatei. → *vgl.* interaktives Programm.

Batchsystem, das; *Subst.* (batch system)
Ein System, das Daten in getrennten Gruppen nacheinander verarbeitet; die entsprechenden Operationen werden dabei im Voraus festgelegt und zu einem bestimmen Zeitpunkt ausgeführt. Das Gegenstück ist ein System, das interaktiv oder in Echtzeit arbeitet.

Batchverarbeitung, die; *Subst.* (batch processing)
Die Ausführung einer Batchdatei. → *siehe auch* Batchdatei. Der Ausdruck kann sich auch auf das Speichern von Transaktionen innerhalb eines bestimmten Zeitraumes beziehen, bevor diese an einer Masterdatei durchgeführt werden, typi-

scherweise in einer separaten Operation, die in der Nacht abläuft. → *vgl.* transaktionale Verarbeitung.

Außerdem bezeichnet »Batchverarbeitung« eine vor allem früher angewendete Methode – typischerweise in Verbindung mit Großrechnern –, bei der die Programme und die Daten, die die Benutzer verarbeiten möchten, zunächst gesammelt werden. Später werden die Programme und Daten der Reihe nach verarbeitet (in bestimmten Fällen auch mehrere gleichzeitig). Abschließend werden die Resultate den Benutzern übermittelt.

Batterie, die; *Subst.* (battery)
Ein Stromspeicher, der aus einem Gehäuse besteht, in dem sich zwei oder mehr Zellen befinden. Jede dieser Zellen enthält ein Elektrolyt und eine darin eingelassene Elektrode. In PCs werden Batterien als Hilfsstromquelle verwendet, mit der vor allem die Echtzeituhr mit Strom versorgt wird, wenn der Computer ausgeschaltet oder anderweitig vom Netz getrennt ist. In Laptops und Notebooks werden Batterien als Stromquelle eingesetzt, um einen Betrieb ohne Steckdose zu ermöglichen. Bei diesen Computern kommen in aller Regel wieder aufladbare Batterien wie Nickelcadmium-, Nickelhydrid- und Lithiumbatterien zum Einsatz. Neben der Versorgung der Echtzeituhr werden auch bestimmte Formen von Speicherchips, die typischerweise wichtige Systeminformationen puffern (z. B. das CMOS), mit Hilfe einer Batterie dauerhaft mit Strom versorgt. Strenggenommen werden im Deutschen nur die nicht wieder aufladbaren Stromspeicher als »Batterien« bezeichnet. Wieder aufladbare Stromspeicher werden dagegen »Akkus« genannt. In der Praxis wird dieser Unterschied jedoch häufig nicht beachtet. → *siehe auch* Bleiakku, Lithiumakku, Nickelcadmiumakku, Nickelhydridakku, RAM, Zink-Luft-Akku.

Batteriebackup, das; *Subst.* (battery backup)
Eine batteriebetriebene Hilfsstromversorgung zur Überbrückung von Netzausfällen.
Auch der Einsatz von Batterien, um bestimmte Schaltkreise (z.B. die Echtzeituhr eines Computers) weiterzubetreiben, wenn die Hauptstromversorgung abgeschaltet ist, oder spezielle Speicherchips mit Strom zu versorgen – typischerweise solche Chips, die wichtige Systeminformationen puffern (z.B. das CMOS) –, wird als »Batteriebackup« bezeichnet. → *siehe auch* UPS.

Batterieprüfer, der; *Subst.* (battery meter)
Ein Gerät, das dazu dient, die Kapazität einer elektrischen Zelle zu messen.

Baud, das; *Subst.* (baud)
Einheit der Schrittgeschwindigkeit. 1 Baud = 1 Signaländerung pro Sekunde. Die Einheit wurde nach dem französischen Techniker und Telegrafen Jean Maurice Emile Baudot benannt und ursprünglich dazu verwendet, die Übertragungsgeschwindigkeit von Telegrafieeinrichtungen zu bestimmen. Heute wird die Einheit meist in Bezug auf die Datenübertragung bei Modems verwendet. → *siehe auch* Baudrate.

Baudot-Code, der; *Subst.* (Baudot code)
Ein 5-Bit-Code, der hauptsächlich in der Fernschreibtechnik zum Einsatz kommt. Die Entwicklung dieses Codes geht auf den französischen Techniker und Telegrafen Jean Maurice Emile Baudot zurück. Obwohl es nicht ganz korrekt ist, wird der Baudot-Code manchmal mit dem Internationalen Alphabet Nummer 2 gleichgesetzt, das vom CCITT (Comité Consultatif International de Télégraphique et Téléphonique) vorgeschlagen wurde.

Baudrate, die; *Subst.* (baud rate)
Die Geschwindigkeit, mit der ein Modem Daten überträgt. Die Baudrate ist die Anzahl an Signaländerungen, die pro Sekunde durchgeführt werden, nicht die Anzahl der pro Sekunde übertragenen Bits (bps). In der Hochgeschwindigkeitskommunikation kann eine Signaländerung nämlich mehrere Bits codieren, so dass Modems besser über die Einheit bps, die exakte Rückschlüsse zulässt, als über die Baudrate charakterisiert werden sollten. Beispielsweise ist es denkbar, dass ein – fälschlicherweise – als »9.600-Baud-Modem« bezeichnetes Modem tatsächlich mit 2.400 Baud arbeitet, aber 9.600 bps überträgt, indem mit jeder Signaländerung 4 Bit codiert werden (2.400 * 4 = 9.600), so dass das Modem korrekterweise als »9.600-bps-Modem« bezeichnet werden muss. → *vgl.* Bitrate, Transferrate.

Baum, der; *Subst.* (tree)
Eine Datenstruktur, die in einer hierarchischen Anordnung miteinander verknüpfte Knoten enthalten kann. Den obersten Knoten bezeichnet man als Wurzel. Mit Ausnahme der Wurzel gibt es zu jedem Knoten genau einen Elternknoten, und jeder Knoten kann wiederum mehrere Kindknoten aufweisen. → *siehe auch* Blatt (eines Logikbaums), Graph, Kante, Knoten, Struktur.

baumartige Bandverteilung, die; *Subst.* (tape tree)
Eine Verteilungsmethode für Musikaufnahmen, wie sie bei Musiknewsgroups und Verteilerlisten im Usenet verwendet

B

wird. Dabei wird eine Aufnahme kopiert und an eine Anzahl von Teilnehmern (den *Ästen*) verschickt, die wiederum weitere Kopien verschicken (an *Kinder* bzw. *Blätter* des Baumes). → *siehe auch* Baumstruktur, Blatt (eines Logikbaums), Child, Verzweigung. → *vgl.* Vine.

Baum, binärer, der; *Subst.* (binary tree)
→ *siehe* binärer Baum.

Baumnetzwerk, das; *Subst.* (tree network)
Eine Topologie eines lokalen Netzwerks (LAN), bei der eine Maschine mit mehreren anderen verbunden ist, und diese Maschinen wiederum mit weiteren verbunden sind usw., so dass die sich ergebende Struktur des Netzwerks einem Baum ähnelt. → *siehe auch* Busnetzwerk, Ringnetzwerk, Sternnetzwerk, Token Ring-Netzwerk, Topologie, verteiltes Netzwerk. (Abbildung B.3)

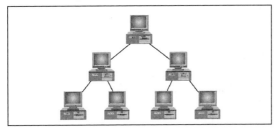

Abbildung B.3: Baumnetzwerk

Baumstruktur, die; *Subst.* (tree structure)
Eine Datenstruktur, die in Grundzügen die organisatorischen Eigenschaften eines Baums aufweist. → *siehe auch* Baum.

Baumsuche, die; *Subst.* (tree search)
Eine Suchprozedur für Daten, die in einer Baumstruktur vorliegen. Bei jedem einzelnen Suchschritt kann dabei anhand des Kennwertes eines einzelnen Knotens bestimmt werden, ob der Knoten zu durchsuchen ist oder die darunter liegenden Äste eliminiert werden können. Die Äste selbst müssen für diese Entscheidung nicht durchsucht werden. → *siehe auch* Baumstruktur, Verzweigung.

Bauteil, gepoltes, das; *Subst.* (polarized component)
→ *siehe* gepoltes Bauteil.

B-Baum, der; *Subst.* (B-tree)
Eine Baumstruktur für die Speicherung von Datenbankindizes. Das Prinzip des B-Baumes erlaubt es, sehr große Indexdateien schnell zu durchsuchen. Zu diesem Zweck ist der Index nicht sequentiell aufgebaut (das sequentielle Durchsu-

chen des Index dauert bei großen Datenbeständen sehr lange), sondern als Baum. Jeder Knoten des Baumes enthält dabei mehrere aufsteigend sortierte Schlüsselwerte, die die höchsten Schlüsselwerte des jeweiligen untergeordneten Knotens darstellen. Davon ausgehend, dass von einem aufzufindenden Datensatz der Schlüssel bekannt ist (im Folgenden als »Suchschlüssel« bezeichnet), lässt sich die physikalische Datensatzposition nach folgendem Prinzip ermitteln: Das Programm liest den ersten Knoten (die Wurzel) von der Festplatte ein und vergleicht die enthaltenen Schlüsselwerte mit dem Suchschlüssel. Der erste Schlüsselwert, der größer als der Suchschlüssel oder mit diesem identisch ist, führt zum untergeordneten Knoten, an dem die Vergleichsprozedur wiederholt wird. Dieser Vorgang wird so lange fortgesetzt, bis die unterste Schicht erreicht ist. Die Schlüsselwerte der Knoten dieser Schicht (diese besonderen Schlüsselwerte werden als »einfache Indizes« bezeichnet) enthalten Zeiger auf die gesuchten physikalischen Datensatzpositionen. (Abbildung B.4)

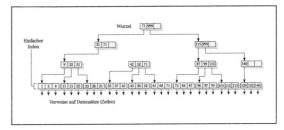

Abbildung B.4: B-Baum: Eine B-Baum-Indexstruktur

BBL
Abkürzung für »**b**e **b**ack **l**ater«, zu Deutsch »Bin später wieder da«. Ein Ausdruck, der gewöhnlich in Livechats im Internet und anderen Onlinediensten verwendet wird und angibt, dass ein Teilnehmer das Diskussionsforum vorübergehend verlässt. → *siehe auch* chatten, Netspeak.

BBS
Abkürzung für »**b**ulletin **b**oard **s**ystem« (wörtlich übersetzt »Schwarzes-Brett-System«. Im Deutschen wird synonym zu »BBS« sehr häufig der Ausdruck »Mailbox« verwendet). Ein Computersystem, das mit einem oder mehreren Modems oder mit besonderen Netzwerkzugängen ausgerüstet ist und als Informations- und Nachrichtenübergabezentrale dient, in die sich die Benutzer einwählen können. Mailboxen konzentrieren sich häufig auf besondere Interessen – z.B. Sciencefiction, Kinofilme, das Betriebssystem Windows oder den Macintosh – und sind kostenlos zugänglich oder aber gebührenpflichtig, wobei bei gebührenpflichtigen

B

Systemen oftmals zumindest bestimmte Dienste kostenlos angeboten werden. Benutzer wählen sich in eine Mailbox mit Hilfe ihres Modems ein und legen Nachrichten und Beiträge in bestimmten Bereichen (Foren) ab, in denen sich die Teilnehmer über diverse Themen unterhalten. Entfernt ist eine Mailbox mit einem schwarzen Brett vergleichbar (daher auch die Bezeichnung BBS), wie es z.B. an Schulen und Universitäten zu finden ist, und an das Notizzettel geheftet werden, um Informationen auszutauschen und Kontakte zu knüpfen. Viele Mailboxen erlauben es den Benutzern, sich mit anderen Benutzern zu unterhalten (Online Chat), E-Mail zuzusenden sowie Dateien herunter- und hochzuladen, wobei häufig eine Softwarebibliothek mit Freeware und Shareware zur Verfügung steht. Einige Mailboxen bieten außerdem einen Internetzugang an. Viele Software- und Hardwarefirmen betreiben herstellereigene Mailboxen, über die sich ihre Kunden über Produkte informieren, technische Anwenderunterstützung in Anspruch nehmen sowie Softwareupgrades und -patches beziehen können.

»BBS« ist außerdem die Abkürzung für »**b**e **b**ack **s**oon«, zu Deutsch »Bin bald zurück«. Sie wird häufig in Internetdiskussionen als Grußformel von einem Teilnehmer verwendet, der sich auf diese Weise vorübergehend von der Runde verabschiedet.

bcc

Abkürzung für »blind carbon copy«, zu Deutsch »Blinddurchschlag«. Ein Leistungsmerkmal eines E-Mail-Programms, das dem Benutzer erlaubt, eine Kopie einer E-Mail an einen Empfänger zu senden, ohne dass die anderen Empfänger dieser E-Mail darüber Kenntnis erhalten. Im Allgemeinen wird der Empfänger der »Blindkopie« in ein mit »bcc:« beschriftetes Feld im Mailkopf eingetragen. → *siehe auch* E-Mail, Kopf. → *auch genannt* Blind Carbon Copy. → *vgl.* cc.

BCD

→ *siehe* binärcodierte Dezimalzahlen.

BCNF

Abkürzung für »**B**oyce-**C**odd **n**ormal **f**orm«. → *siehe* Normalform.

Beachtung der Groß-/Kleinschreibung, die; *Subst.* (case sensitivity)

Unterscheidung zwischen Klein- und Großbuchstaben in einem Programm oder in Verbindung mit einer Programmiersprache. → *siehe auch* CASE.

bearbeiten *Vb.* (edit)

Den Inhalt einer bestehenden Datei oder eines Dokuments verändern. Änderungen an einem vorhandenen Dokument werden zunächst im Speicher oder einer temporären Datei gespeichert, werden aber erst dann im Dokument wirksam, wenn man das Programm anweist, sie zu speichern. Bei den meisten Bearbeitungsprogrammen sind Schutzmaßnahmen gegen unbeabsichtigte Änderungen vorgesehen. Die Bearbeitungsprogramme erwarten z.B. eine Bestätigung, bevor sie ein Dokument unter einem existierenden Dateinamen speichern, sie bieten dem Benutzer die Möglichkeit einer Kennwortvergabe oder ermöglichen die Zuweisung des Nur-Lese-Status an eine Datei.

Auch beim Ausführen von spezieller Software, die umfangreiche, vorhersehbare Änderungen an einer Datei automatisch vornimmt (z.B. ein Linker oder ein Grafikfilter), spricht man von »bearbeiten«.

Bearbeitungsmodus, der; *Subst.* (edit mode)

Der Modus eines Programms, in dem ein Benutzer Änderungen an einem Dokument vornehmen kann, z.B. das Einfügen oder Löschen von Daten oder Text. → *vgl.* Befehlsmodus.

Bearbeitungstaste, die; *Subst.* (edit key)

Eine vordefinierte Taste oder eine Tastenkombination in einer Softwareanwendung, die die Anwendung in den Bearbeitungsmodus versetzt.

Bearbeitungstasten, die; *Subst.* (editing keys)

Eine Gruppe von Tasten auf einigen Tastaturen zur Unterstützung der Textbearbeitung. Die Bearbeitungstasten sind zwischen der Haupttastatur und dem numerischen Tastenblock angeordnet. In beiden Fällen umfasst dieser Satz drei Tastenpaare: Einfügen und Entfernen, Position 1 und Ende sowie Bild nach oben und Bild nach unten.

BeBox, der; *Subst.*

Ein Hochleistungs-Mehrprozessorcomputer (RISC-basierte PowerPC-Prozessoren), der von der Firma Be angeboten wurde und mit dem eigenen Betriebssystem BeOS arbeitet. Der BeBox-Computer wurde bis Anfang 1997 als Instrument für Softwareentwickler vertrieben, die Entwicklung wurde jedoch eingestellt. → *siehe auch* BeOS, PowerPC, RISC.

Bedienkomfort, der; *Subst.* (accessibility)

Die Qualität eines Systems, eingeschlossen die Hardware und Software, die den Computer für Personen nutzbar machen,

B

die eine oder mehrere körperliche Behinderungen aufweisen, z.B. eingeschränkte Beweglichkeit, Blindheit oder Taubheit.

bedingt *Adj.* (conditional)

Eigenschaft einer Aktion oder Operation, die abhängig von dem Ergebnis einer bestimmten Bedingung (wahr oder falsch) ausgeführt wird. → *siehe auch* Bedingungsanweisung, Boolescher Ausdruck.

bedingte Kompilierung, die; *Subst.* (conditional compilation)

Die Kompilierung oder Übersetzung eines Quellcodes in Abhängigkeit von bestimmten Bedingungen oder Flags. Beispielsweise lässt sich erreichen, dass bei der Programmierung festgelegte Programmabschnitte nur dann kompiliert werden, wenn ein DEBUG-Flag zum Zeitpunkt der Kompilierung gesetzt ist. → *siehe auch* auskommentieren.

bedingter Ausdruck, der; *Subst.* (conditional expression)

→ *siehe* Boolescher Ausdruck.

bedingter Sprung, der; *Subst.* (conditional jump)

In einem Programm ein Sprungbefehl, dessen Ausführung vom Ergebnis eines bestimmten Bedingungscodes (entweder wahr oder falsch) abhängig ist. Der Begriff wird gewöhnlich in Bezug auf maschinennahe Sprachen verwendet. → *siehe auch* Bedingungscode, Sprungbefehl.

bedingte Übergabe, die; *Subst.* (conditional transfer)

Die Übergabe des Programmablaufs an eine festgelegte Stelle im Programm in Abhängigkeit vom Ergebnis einer bestimmten Bedingung (wahr oder falsch). Der Begriff wird gewöhnlich in Bezug auf Hochsprachen verwendet. → *siehe auch* Bedingungsanweisung.

bedingte Verzweigung, die; *Subst.* (conditional branch)

In einem Programm ein Verzweigungsbefehl, dessen Ausführung vom Ergebnis eines bestimmten Bedingungscodes (entweder wahr oder falsch) abhängig ist. Der Begriff wird gewöhnlich in Bezug auf maschinennahe Sprachen verwendet. → *siehe auch* Bedingungscode, Verzweigungsbefehl.

Bedingung, die; *Subst.* (condition)

Logischer Ausdruck, der das Ergebnis eines eingebetteten Ausdrucks oder den Wert einer Variable überprüft (z.B. darauf, ob der Ausdruck wahr oder falsch bzw. ob zwei Elemente gleich oder ungleich sind).

Bedingungsanweisung, die; *Subst.* (conditional statement)

Ein Befehl in einer Programmiersprache, der einen Ausführungspfad auf der Grundlage einer Bedingung (wahr oder falsch) auswählt. Die IF-Anweisung ist ein Beispiel für eine Bedingungsanweisung. → *siehe auch* Anweisung, bedingt, Casebefehl, IF-Anweisung.

Bedingungscode, der; *Subst.* (condition code)

Ein Bit aus einer Bitmenge, das stellvertretend für das Ergebnis eines vorangegangenen Maschinenbefehls auf »ein« (1 oder »wahr«) bzw. »aus« (0 oder »falsch«) gesetzt wird. Der Begriff wird überwiegend im Assembler- und Maschinensprachenbereich verwendet. Bedingungscodes sind spezifisch für die jeweilige Hardware; sie umfassen aber in der Regel Codes für Übertrag, Überlauf, Nullergebnis und Negativergebnis. → *siehe auch* bedingte Verzweigung.

BEDO-DRAM (BEDO DRAM)

Abkürzung für »**B**urst **E**xtended **D**ata **O**ut **DRAM** (Dynamic RAM)«, zu Deutsch »DRAM mit erweiterter Datenausgabe und Bündelmodus«. Eine Form des EDO-DRAM (Extended Data Out Dynamic RAM), bei dem Speicherübertragungen in Blöcken (Bursts) aus 4 Elementen erfolgen. Der Zweck liegt darin, die Rückgabe der Daten an den Prozessor des Computers zu beschleunigen. Das Prinzip des BEDO-DRAM nutzt die Tatsache aus, dass Anforderungen von Speicherinhalten üblicherweise sequentielle – also hintereinander liegende – Adressen betreffen. Bei einer Busfrequenz von mehr als 66 MHz arbeitet das BEDO-DRAM jedoch nicht mehr besonders effektiv. Allerdings können, nachdem der Zugriff auf die erste Speicheradresse erst einmal erfolgt ist, die verbleibenden 3 Elemente im Burst mit einer Zugriffszeit von lediglich jeweils 10 Nanosekunden (ns) verarbeitet werden. → *siehe auch* dynamisches RAM, EDO DRAM.

beenden *Vb.* (quit, quit, terminate)

Allgemein das Anhalten eines Systems oder Programms.
Meist wird dabei assoziiert, dass das Programm auf ordnungsgemäßem Weg verlassen und die Steuerung an das Betriebssystem zurückgegeben wird. → *vgl.* abbrechen, abstürzen, crashen, hängen.
Das Beenden kann allerdings auch irregulär erfolgen. Die Ursache dafür liegt meist in einem Eingriff des Benutzers oder in einem Hardware- bzw. Softwarefehler.
Der Befehl oder Menüpunkt, der zum Verlassen eines Programms dient, lautet meist »Beenden« oder – bei englischsprachigen Programmen – »quit«.

B

Befehl, der; *Subst.* (command, instruction)
In Verbindung mit Anwendungen eine auf der Benutzerebene initiierte Anweisung an ein Computerprogramm, die das Ausführen einer Aktion bewirkt. Befehle werden entweder über die Tastatur eingegeben oder aus einem Menü gewählt.
In der Programmierung eine Ausführungsanweisung in einer beliebigen Computersprache (Maschinen- oder Assemblersprache). Die meisten Programme lassen sich in zwei Anweisungstypen aufteilen: Deklarationen und Befehle. → *siehe auch* Anweisung, Deklaration.

Befehl, eingebetteter, der; *Subst.* (embedded command)
→ *siehe* eingebetteter Befehl.

Befehl, externer, der; *Subst.* (external command)
→ *siehe* externer Befehl.

Befehl, interner, der; *Subst.* (internal command)
→ *siehe* interner Befehl.

Befehl, privilegierter, der; *Subst.* (privileged instruction)
→ *siehe* privilegierter Befehl.

Befehlsadressierung, segmentierte, die; *Subst.* (segmented instruction addressing)
→ *siehe* segmentierte Adressierungsarchitektur.

Befehlsausführungszeit, die; *Subst.* (instruction time)
Die Anzahl von Taktzyklen (Impulsen des internen Computertimers), die benötigt wird, um einen Befehl aus dem Speicher abzurufen. Die Befehlsausführungszeit bildet den ersten Teil eines Befehlszyklus, die Ausführungszeit (Übertragen und Ausführen) den zweiten Teil. → *auch genannt* I-time.

Befehlscode, der; *Subst.* (instruction code)
→ *siehe* Operation Code.

Befehlsinterpreter, der; *Subst.* (command interpreter)
Ein Programm – gewöhnlich ein Bestandteil des Betriebssystems –, das über die Tastatur eingegebene Befehle entgegennimmt und die entsprechenden Befehle ausführt. Der Befehlsinterpreter ist für das Laden von Anwendungen und die Steuerung des Informationsflusses zwischen Anwendungen verantwortlich. In den Betriebssystemen OS/2 und MS-DOS erlaubt der Befehlsinterpreter außerdem die Durchführung einfacher Aufgaben, z.B. das Verschieben und Kopieren von Dateien und die Anzeige des Inhaltsverzeichnisses. → *siehe auch* Shell.

Befehlsmix, der; *Subst.* (instruction mix)
Die in einem Programm vorkommende Mischung von Befehlstypen, z.B. Zuweisungen, mathematische (Gleitkomma- oder Integer-)Anweisungen, Steueranweisungen, Indexanweisungen usw. Anhand des Befehlsmix eines typischen Programms können die Entwickler von CPUs Rückschlüsse ziehen, welche Befehle zum Erreichen der größten Geschwindigkeit gekürzt werden sollen. Ähnlich hilfreich ist die Kenntnis des Befehlsmix für die Gestaltung von Benchmarks, um relevante Aussagen für reale Aufgaben treffen zu können.

Befehlsmodus, der; *Subst.* (command mode, command state)
Allgemein eine Betriebsart, in der ein Programm auf die Eingabe eines Befehls wartet. → *vgl.* Bearbeitungsmodus, Einfügemodus.
Bei einem Modem eine Betriebsart, in der das Modem Befehle akzeptiert, z.B. einen Befehl, der eine Telefonnummer wählt. → *vgl.* Onlinestatus.

befehlsorientierte Benutzerschnittstelle, die; *Subst.* (programmatic interface)
Eine Benutzeroberfläche, die im Gegensatz zu einer grafischen Benutzeroberfläche von Befehlen oder von einer speziellen Programmiersprache abhängig ist. UNIX und MS-DOS verfügen über befehlsorientierte Benutzerschnittstellen. Apple Macintosh und Microsoft Windows besitzen grafische Benutzeroberflächen. → *siehe auch* Befehlszeilen-Schnittstelle, grafische Benutzeroberfläche, symbolorientierte Oberfläche.

Befehlsprozessor, der; *Subst.* (command processor)
→ *siehe* Befehlsinterpreter.

Befehlspuffer, der; *Subst.* (command buffer, history)
Ein Speicherbereich, in dem die von den Benutzern eingegebenen Befehle zwischengespeichert werden. Mit Hilfe des Befehlspuffers können bereits gesendete Befehle erneut abgeschickt werden, ohne sie ein weiteres Mal eingeben zu müssen. Außerdem ist es möglich, bereits gesendete Befehle zu editieren, um bei diesen Parameter zu ändern oder Eingabefehler zu korrigieren. Des Weiteren lassen sich Befehle zurücknehmen (Undofunktion), und es kann eine Liste der zuletzt eingegebenen Befehle angefordert werden. → *siehe auch* Schablone.
Neben Befehlen, die in der Shell eines Betriebssystems eingegeben werden, werden in einem Befehlspuffer abhängig

B vom eingesetzten Programm auch andersartige Informationen gespeichert, z.B. die Menüs, die im Gopher durchlaufen werden, oder die Verknüpfungen, die über einen Webbrowser aufgerufen werden.

Befehlsregister, das; *Subst.* (instruction register)
Ein Register in einer CPU, das die Adresse des nächsten auszuführenden Befehls aufnimmt.

Befehlssatz, der; *Subst.* (instruction set)
Die Menge der Maschinenbefehle, die ein Prozessor versteht und ausführen kann. → *siehe auch* Assembler, Mikrocode.

Befehlsschaltfläche, die; *Subst.* (command button)
Ein Steuerelement in einem Dialogfeld innerhalb einer grafischen Benutzeroberfläche, das einen ausführenden Charakter besitzt. Durch einen Klick auf eine Befehlsschaltfläche wird der Computer angewiesen, eine Aktion durchzuführen, z.B. das Öffnen einer Datei, die bereits mit Hilfe anderer Steuerelemente im Dialogfeld ausgewählt wurde.

Befehlsshell, die; *Subst.* (command shell)
→ *siehe* Shell.

Befehlssprache, die; *Subst.* (command language)
Die Menge der Schlüsselwörter und Ausdrücke, über die ein bestimmter Befehlsinterpreter verfügt. → *siehe auch* Befehlsinterpreter.

Befehlstaste, die; *Subst.* (Command key)
Auf der ursprünglichen Tastatur des Apple Macintosh eine Taste, die mit einem speziellen, kleeblattähnlichen Symbol beschriftet ist. Die Taste ist entweder zweimal vorhanden - links und rechts neben der Leertaste - oder nur einmal, abhängig von der Version des Tastaturmodells. Die Befehlstaste ist mit der Strg-Taste (Steuerungstaste, auf englischsprachigen Tastaturlayouts mit »Control« oder »Ctrl« gekennzeichnet) vergleichbar, wie sie auf IBM-Tastaturen und kompatiblen Tastaturen zu finden ist. → *siehe auch* Steuerungstaste.

Befehlswort, das; *Subst.* (instruction word)
Eine Anweisung in der Maschinensprache. Sie enthält einen Code zur Identifizierung des Befehlstyps, einen oder zwei Operanden (zur Festlegung von Adressen), Bits für die Indizierung oder andere Zwecke und gelegentlich Daten. → *siehe auch* Assembler, Maschinencode.
Außerdem bezeichnet »Befehlswort« die Länge eines Maschinensprachebefehls.

Befehlszähler, der; *Subst.* (instruction counter, instruction pointer)
→ *siehe* Programmzähler.
→ *siehe* Befehlsregister.

Befehlszeile, die; *Subst.* (command line)
Eine Zeichenkette, die in einer Befehlssprache geschrieben ist und an den Befehlsinterpreter zur Ausführung übergeben wird. → *siehe auch* Befehl.

befehlszeilenorientiert *Adj.* (command-driven)
Eigenschaft eines Systems, das Befehle erwartet, die in Form von Codewörtern oder -buchstaben eingegeben werden. Die Befehle müssen entweder auswendig gelernt oder nachgeschlagen werden. → *vgl.* menügesteuert.

befehlszeilenorientiertes System, das; *Subst.* (command-driven system)
Ein System, bei dem die Operationen durch Befehle ausgelöst werden, die über die Konsole eingegeben werden. → *vgl.* grafische Benutzeroberfläche.

Befehlszeilen-Schnittstelle, die; *Subst.* (command-line interface)
Eine Form der Schnittstelle zwischen dem Betriebssystem und der Benutzerebene, bei der die Befehle unter Verwendung einer speziellen Befehlssprache über die Tastatur eingegeben werden. Systeme mit Befehlszeilenschnittstelle sind zwar im Allgemeinen schwerer zu erlernen und weniger komfortabel anzuwenden als grafische Benutzeroberflächen, bieten aber den Vorteil, dass sie programmierbar sind, wodurch im Allgemeinen eine höhere Flexibilität erreicht wird. → *vgl.* grafische Benutzeroberfläche.

Befehlszeilenverarbeitung, die; *Subst.* (command processing)
→ *siehe* befehlszeilenorientiertes System.

Befehlszeilenzugriff, der; *Subst.* (shell account)
Eine Einrichtung eines Computersystems, die es einem Benutzer ermöglicht, Betriebssystembefehle über eine Befehlszeilenschnittstelle (üblicherweise eine der UNIX-Shells) auf dem System des Dienstanbieters einzugeben, statt dies über eine grafische Benutzeroberfläche durchzuführen. Befehlszeilenzugriffe können mit textbasierenden Tools (z.B. Lynx) auf das Internet zugreifen, um das World Wide Web zu durchsuchen.

Befehlszyklus, der; *Subst.* (instruction cycle)
Der Zyklus, in dem ein Prozessor einen Befehl aus dem Speicher holt, ihn dekodiert und ausführt. Die für einen Befehlszyklus erforderliche Zeit setzt sich aus der Summe der Befehlsausführungszeit (Abholzeit) und der Ausführungszeit (übersetzen und ausführen) zusammen und wird nach der Anzahl der Prozessorticks (Impulse des internen Timers eines Prozessors) gemessen.

Beglaubigungsinstitution, die; *Subst.* (certificate authority)
Abkürzung: CA. Eine Organisation, die digitale Zertifikate herausgibt. Ein digitales Zertifikat ist gewissermaßen die Cyberspaceäquivalente eines Personalausweises. Eine Beglaubigungsinstitution kann sowohl eine spezielle Firma darstellen (z.B. VeriSign) oder eine Institution innerhalb einer Firma, die einen eigenen Server installiert hat (ein Beispiel hierfür ist der Microsoft Certificate Server). Die Aufgabe einer Beglaubigungsinstitution ist, digitale Zertifikate herauszugeben und zu überprüfen. Sie ist dabei für die Bereitstellung und Zuweisung eindeutiger Zeichenketten verantwortlich. Diese Zeichenketten stellen die »Schlüssel« dar, die in digitalen Zertifikaten zur Authentifizierung sowie zur Verschlüsselung und Entschlüsselung sensitiver oder vertraulicher Daten dienen, die über das Internet und andere Netze verbreitet werden. → *siehe auch* digitales Zertifikat, Verschlüsselung.

begrenzen *Vb.* (delimit)
Die Begrenzungen eines Objekts festlegen. In der Regel verwendet man dafür ein spezielles Symbol, das sog. Begrenzungszeichen. In Programmiersprachen werden in der Regel Elemente mit variabler Länge, z.B. Kommentare, Zeichenfolgen und Programmblöcke, begrenzt. → *siehe auch* Begrenzungszeichen.

begrenzt *Adj.* (bound)
Eine Eigenschaft, die Einschränkungen in Bezug auf Leistung oder Geschwindigkeit charakterisiert. Beispielsweise bedeutet »eingabe-/ausgabebegrenzt«, dass ein System hinsichtlich der Geschwindigkeit der Eingabe- und Ausgabegeräte (Tastatur, Laufwerke usw.) limitiert ist, obwohl der Prozessor oder das Programm eine höhere Geschwindigkeit zulassen würden.

Begrenzungszeichen, das; *Subst.* (delimiter)
Ein spezielles Zeichen, das einzelne Elemente in einem Programm oder in einem Satz von Daten voneinander abhebt oder trennt. Im folgenden Beispiel werden die Felder eines Datenbank-Datensatzes durch Kommas getrennt (jedes nicht numerische Feld ist in doppelte Anführungszeichen eingeschlossen): "Schmidt", "Leopoldstr. 1", 81234, "München"; "Mustermann", "Hauptstr. 3", 82345, "München"; → *siehe auch* aufzeichnen, begrenzen, Feld.

Behandlungsroutine, die; *Subst.* (handler)
→ *siehe* Handler.

beidseitige Diskette, die; *Subst.* (double-sided disk)
Eine Floppydisk, die Daten sowohl auf der Ober- als auch der Unterseite speichern kann.

Beitrag, der; *Subst.* (article)
Eine Nachricht, die in einer Internetnewsgroup veröffentlicht wird. → *siehe* auch Newsgroup, posten, Usenet.

belastete Verbindung, die; *Subst.* (loaded line)
Ein Übertragungskabel mit Ladespulen, die ungefähr 1,5 km voneinander entfernt sind und die Amplitudenverzerrung in einem Signal reduzieren, indem der Verbindung Induktanz (Widerstand gegen Änderungen im aktuellen Fluss) hinzugefügt wird. Belastete Verbindungen minimieren die Verzerrung innerhalb des Frequenzbereichs, der von den Ladespulen beeinflusst wird. Die Spulen reduzieren jedoch auch die Bandbreite, die für die Übertragung verfügbar ist.

Belastungstest, der; *Subst.* (stress test)
Ein Test der funktionalen Grenzwerte eines Software- oder Hardwaresystems, bei dem das System extremen Bedingungen ausgesetzt wird, um z.B. das Verhalten bei maximalem Datenaufkommen oder extremen Temperaturen zu testen.

Belegungseinheit, die; *Subst.* (allocation unit)
→ *siehe* Cluster.

Beleuchtungsstärke, die; *Subst.* (illuminance)
Das Maß für die auf eine Oberfläche einfallende Lichtenergie. Auch der von einer Lichtquelle ausgehende Lichtstrom. Außerdem ein Maß für die Leuchtintensität, das für Geräte, z.B. Fernsehgeräte und Computermonitore, verwendet wird. Die Beleuchtungsstärke wird z.B. in der Einheit Watt pro Quadratmeter angegeben. → *vgl.* Leuchtdichte.

Belichter, der; *Subst.* (imagesetter)
Eine Satzmaschine, die reprofähige Texte und Grafiken von Computerdateien direkt auf Papier oder Film übertragen kann. Belichter drucken im Allgemeinen mit einer hohen

B Auflösung (über 1.000 dpi) und sind in der Regel PostScript-kompatibel.

beliebige Taste, die; *Subst.* (any key)
Eine wahlfreie Taste auf der Computertastatur. Einige Programme fordern den Benutzer auf, »eine beliebige Taste« zu drücken, um fortzusetzen (in englischsprachigen Programmen »press any key to continue«). Es kann dabei irgendeine Taste gedrückt werden (Buchstabentaste, Zifferntaste usw.), nur bestimmte Sondertasten wie die Umschalttaste oder Alt-Taste funktionieren im Allgemeinen nicht.

Bell-Kommunikationsstandards, der; *Subst.* (Bell communications standards)
Eine Reihe von Standards zur Datenübertragung, die von der Firma AT&T während der späten 70er und frühen 80er Jahre entwickelt wurden. Durch ihre breite Akzeptanz in Nordamerika wurden sie zu De-facto-Standards für Modemhersteller. Der inzwischen weitgehend veraltete Standard Bell 103 regelt die Übertragung bei 300 Bit pro Sekunde (bps) für asynchrone Vollduplexübertragungen über Telefonwählleitungen. Als Modulationsverfahren kommt FSK (frequency shift keying) zum Einsatz. Bell 212A regelt den Modembetrieb bei 1.200 bps und verwendet im Unterschied zu Bell 103 das Modulationsverfahren PSK (phase shift keying). Mittlerweile haben sich die internationalen CCITT-Empfehlungen als Schrittmacher bei der Standardisierung durchgesetzt; die Bell-Standards besitzen nur noch bei Übertragungsgeschwindigkeiten von 1.200 bps und weniger eine gewisse Bedeutung. → *siehe auch* CCITT V-Serien, FSK, PSK.

Bell-kompatibles Modem, das; *Subst.* (Bell-compatible modem)
Ein Modem, das die Bell-Kommunikationsstandards einhält.
→ *siehe auch* Bell-Kommunikationsstandards.

Bemaßung, die; *Subst.* (dimensioning)
In CAD-Anwendungen ein Werkzeug, mit dem sich die Abmessungen und räumlichen Beziehungen der Elemente in einem modellierten Objekt festlegen und möglicherweise steuern lassen, z.B. die Verwendung von Linien, Pfeilen und Text (d.h. Maßzahlen) zur Kennzeichnung von Länge, Höhe, Dicke von Wänden in einem modellierten Zimmer oder Haus.
→ *siehe auch* CAD.

benannter Anchor, der; *Subst.* (named anchor)
Ein Begriff der HTML-Terminologie. Ein Tag innerhalb eines Dokuments, das als Ziel für einen Hyperlink dient. Benannte Anchor ermöglichen eine Verknüpfung zu einer bestimmten Position innerhalb eines Dokuments. → *siehe auch* HTML, Hyperlink, Tag. → *auch genannt* benanntes Ziel.

benanntes Ziel, das; *Subst.* (named target)
→ *siehe* benannter Anchor.

Benchmark, der; *Subst.* (benchmark)
Zu Deutsch »Maßstab«. Ein Test, der zur Messung der Leistungsfähigkeit von Hardware und Software verwendet wird. Bei Hardwarebenchmarks kommen Programme zum Einsatz, die die Fähigkeiten von bestimmten Hardwarekomponenten feststellen – z.B. die Geschwindigkeit, mit der ein Prozessor Befehle ausführt oder Gleitkommazahlen verarbeitet. Softwarebenchmarks ermitteln die Effektivität, Genauigkeit und Geschwindigkeit bei der Durchführung bestimmter Aufgaben, z.B. der Neuberechnung von Daten in einem Tabellenblatt. Beim Test werden immer dieselben Daten verarbeitet, so dass durch einen Vergleich der Ergebnisse Rückschlüsse darauf gezogen werden können, wie hoch die Leistungsfähigkeit eines Programms auf einem bestimmten Gebiet ist. Die Entwicklung von aussagekräftigen, objektiven Benchmarks ist sehr schwierig, da verschiedene Hardware-/Softwarekombinationen unter wechselnden Bedingungen stark divergierende Leistungswerte hervorrufen können. Nachdem ein Benchmarkverfahren zum Standard geworden ist, kommt es häufig vor, dass die Herstellerfirma ein Produkt so modifiziert, dass es im Benchmark besser als die Konkurrenz abschneidet, wobei jedoch die praxisrelevante Leistungsfähigkeit dabei nicht unbedingt erhöht wird. Mit den besseren Benchmarkergebnissen wirbt aber die Herstellerfirma, um die Verkäufe anzukurbeln. → *siehe auch* Dhrystone, Sieb des Eratosthenes.

benchmarken *Vb.* (benchmark)
Das Messen der Leistungsfähigkeit von Hardware oder Software.

benutzerdefinierte Funktionstaste, die; *Subst.* (user-defined function key)
→ *siehe* programmierbare Funktionstaste, Tastaturerweiterung.

benutzerdefinierter Datentyp, der; *Subst.* (user-defined data type)
Ein Datentyp, der in einem Programm festgelegt wird. Benutzerdefinierte Datentypen sind normalerweise Kombinationen der in der jeweiligen Programmiersprache defi-

nierten Datentypen und werden häufig für die Erstellung von Datenstrukturen verwendet. → *siehe auch* Datenstruktur, Datentyp.

Benutzergruppe, die; *Subst.* (user group)
Eine Personengruppe, die sich aufgrund eines gemeinsamen Interesses am gleichen Computersystem oder Softwareprodukt zusammengeschlossen hat. Benutzergruppen, darunter große und einflussreiche Organisationen, unterstützen Neueinsteiger und bieten ihren Mitgliedern ein Forum zum Austausch von Ideen und Informationen.

Benutzerkonto, das; *Subst.* (user account)
Auf einem Sicherheits- oder Mehrbenutzersystem eine Einrichtung, die einer Einzelperson den Zugriff auf ein System und seine Ressourcen ermöglicht. Ein Benutzerkonto wird im Allgemeinen durch den Systemverwalter eingerichtet und enthält Angaben über den Benutzer (wie Kennwort, Rechte und Befugnisse). → *siehe auch* anmelden, Benutzerprofil, gruppieren.

Benutzername, der; *Subst.* (user name, username)
Der Name, unter dem eine Person in einem Kommunikationsnetzwerk registriert und adressierbar ist. → *siehe auch* Alias. Außerdem der Name, durch den sich der Benutzer eines Computersystems oder eines Netzwerks ausweist. Während des Anmeldungsvorgangs muss der Benutzer den Benutzernamen und das richtige Kennwort eingeben. Ist das System bzw. Netzwerk mit dem Internet verbunden, entspricht der Benutzername in der Regel dem ganz links stehenden Teil der E-Mail-Adresse des Benutzers. → *siehe auch* anmelden, E-Mail-Adresse.

Benutzeroberfläche, die; *Subst.* (interface, user interface)
Bestandteil eines Betriebssystems oder einer Software, die es dem Benutzer ermöglicht, mit dem Computer in Wechselwirkung zu treten. Meist wird mit einer Benutzeroberfläche eine grafische Darstellung (»grafische Benutzeroberfläche«) assoziiert, bei der die Kommunikation vor allem über Symbole, Fenster und andere grafische Elemente erfolgt.
Etwas weiter gefasst stellt jede Einrichtung, die der Kommunikation mit dem Benutzer dient – also auch eine Befehlszeilen-Schnittstelle oder eine textbasierende, einfache Menüsteuerung – eine Benutzeroberfläche dar.

Benutzeroberfläche, grafische, die; *Subst.* (graphical user interface)
→ *siehe* grafische Benutzeroberfläche.

Benutzeroberflächen-Toolbox, die; *Subst.* (User Interface Toolbox)
→ *siehe* Toolbox.

Benutzeroberfläche, zeichenorientierte, die; *Subst.* (character user interface)
→ *siehe* zeichenorientierte Benutzeroberfläche.

Benutzerprofil, das; *Subst.* (user profile)
Ein computerbasierender Datensatz, der über einen autorisierten Benutzer eines Mehrbenutzersystems verwaltet wird. Ein Benutzerprofil wird hauptsächlich aus Gründen der Sicherheit benötigt und kann Informationen wie persönliche Zugriffsbeschränkungen, Standort der Mailbox, Terminalart usw. enthalten. → *siehe auch* Benutzerkonto.

Benutzerschnittstelle, befehlsorientierte, die; *Subst.* (programmatic interface)
→ *siehe* befehlsorientierte Benutzerschnittstelle.

Benutzerstatus, der; *Subst.* (user state)
Die Betriebsart eines Motorola 680x0-Mikroprozessors mit der niedrigsten Bevorrechtigung. Es handelt sich um die Betriebsart, in der die Anwendungsprogramme ausgeführt werden. → *siehe auch* 68000. → *vgl.* Supervisorstatus.

benutzungsfreundlich *Adj.* (friendly, user-friendly)
Die in Hardware oder Software integrierten Merkmale, die im Sinne von »leicht zu erlernen und einfach anzuwenden« die Bedienung und den Einsatz von Computern oder Computerprogrammen erleichtern sollen. Die Benutzerfreundlichkeit wird von den meisten Herstellern besonders hervorgehoben und ist bei den meisten Benutzern gefragt.

Benutzungsrichtlinien, die; *Subst.* (acceptable use policy)
Von einem Internetserviceprovider oder einem Onlinedienst verbreitete Vorschriften, die angeben, welche Aktivitäten vom Benutzer durchgeführt werden dürfen und welche dagegen zu unterlassen sind, wenn dieser mit dem Netz verbunden ist. Beispielsweise verbieten einige Provider ihren Teilnehmern, das Netz für kommerzielle Zwecke zu nutzen. → *siehe auch* Internet Serviceprovider, Onlinedienst.

BeOS
Abkürzung für »**Be** **o**perating **s**ystem«, zu Deutsch »Betriebssystem von Be« . Von der Firma Be, Inc., entwickeltes Betriebssystem, das auf Power-Macintosh-Computern sowie den von Be hergestellten, originalen BeBox-Compu-

B

tern läuft. Es wurde als »Multimedia-Betriebssystem« entwickelt und kommt den Anforderungen nach, die digitale Medien sowie das Internet stellen, insbesondere in puncto großer Dateien und Hochleistungsdatenverarbeitung. BeOS ist objektorientiert, unterstützt Multithreading und kann auf symmetrischen Multiprozessorsystemen mit zwei oder mehr Prozessoren eingesetzt werden. Wie auch andere moderne Betriebssysteme bietet BeOS präemptives Multitasking, virtuellen Arbeitsspeicher und Speicherschutz (dieser verhindert, dass ein abstürzender Task auch andere Tasks in Mitleidenschaft zieht, wodurch der komplette Computer abstürzen würde und neu gestartet werden müsste). Daneben weist das Betriebssystem sehr leistungsstarke Eingabe-/Ausgabefähigkeiten, ein 64-Bit-basiertes Dateisystem, das Dateigrößen im Terabytebereich verwalten kann, sowie diverse internetspezifische Leistungsmerkmale auf, z. B. einen eingebauten E-Mail-Dienst und Webdienste. Das Produkt konnte sich jedoch am Markt nicht behaupten; im November 2001 wurde die Firma Be an Palm, Inc. verkauft. → *siehe auch* BeBox, Multitasking, Multithreading, Power Macintosh, präemptives Multitasking, virtueller Speicher.

Beowulf, der; *Subst.*
Ein virtueller Supercomputer, der aus der Vernetzung einer großen Anzahl PCs zu einem einzelnen Hochleistungscomputer entsteht. Dabei kann preisgünstige Hardware und frei verfügbare Software eingesetzt werden. Diese Clusterbildung kann eine vergleichbare Leistung erreichen wie traditionelle Supercomputer, jedoch bei lediglich etwa 10% der Kosten. Das erste Beowulf-Cluster wurde 1994 im Goddard Space Flight Center der NASA zusammengestellt. Der ursprüngliche Begriff Beowulf bezeichnet den Helden einer alten englischen Sage des frühen achten Jahrhunderts, der das Ungeheuer Grendel bekämpft und tötet.

Beowulf-Computer, der; *Subst.* (Beowulf-class computing)
→ *siehe* Beowulf.

BER
Abkürzung für »**b**it **e**rror **r**ate«, zu Deutsch »Bitfehlerrate«.
→ *siehe* Fehlerrate. → *siehe auch* BERT.

berechnen *Vb.* (compute)
Das Durchführen von mathematischen und anderen verarbeitenden Operationen.
Etwas allgemeiner auch das Einsetzen eines Computers oder das Ausführen von Arbeiten durch den Computer.

berechnete Relation, die; *Subst.* (derived relation)
Eine Relation, die als Ergebnis einer oder mehrerer Operationen der relationalen Algebra auf andere Relationen erzeugt wurde. → *siehe auch* Ansicht, relationale Algebra.

Bereich, der; *Subst.* (range)
In einem Tabellenblatt ein Block von Zellen, die für eine gleichartige Bearbeitung ausgewählt wurden. Ein Zellbereich kann sich über eine Zeile, eine Spalte oder eine Kombination aus beiden erstrecken. Dabei müssen alle Zellen des Bereichs zusammenhängend sein, d.h. aneinander angrenzen. Mit Hilfe von Bereichen kann der Benutzer mehrere Zellen mit einem einzelnen Befehl beeinflussen – z.B. sie in gleicher Weise formatieren, in alle Zellen die gleichen Daten eingeben, sie benennen und als eine Einheit behandeln, oder sie auswählen und in eine Formel einfügen.
Im weiteren Sinne die Spanne zwischen festgelegten Maximal- und Minimalwerten. Bereichsüberprüfung ist eine wichtige Methode, um die in eine Anwendung eingegebenen Daten auf Gültigkeit zu prüfen.

Bereichsfüllung, die; *Subst.* (region fill)
Bezeichnet in der Computergrafik das Ausfüllen eines definierten Bereichs auf dem Bildschirm durch eine Farbe, ein Muster oder ein anderes ausgewähltes Attribut. → *siehe auch* Region.

Bereichssuche, die; *Subst.* (area search)
Im Bereich des Informationsmanagements die Untersuchung einer Gruppe von Dokumenten, um diejenigen Dokumente zu ermitteln, die sich auf ein bestimmtes Thema oder eine bestimmte Kategorie beziehen.

Bereichsüberprüfung, die; *Subst.* (range check)
In der Programmierung eine Überprüfung der oberen und unteren Schranken eines Wertes, um zu bestimmen, ob der Wert im zulässigen Intervall liegt. → *siehe auch* Grenzprüfung.

bereit *Adj.* (idle)
Bezeichnet die Zeit, während der ein Gerät zwar in Betrieb ist, aber keine eigentlichen Operationen ausführt.
In diesem Sinne bezieht man sich auch auf den Zustand eines Geräts, das auf einen Befehl wartet, um mit der Arbeit zu beginnen.

Bereitschaftszustand, der; *Subst.* (idle state)
Der Zustand, bei dem ein Gerät zwar in Betrieb ist, aber nicht verwendet wird.

Bericht, der; *Subst.* (report)
Die Präsentation von Informationen über ein gegebenes Thema – meist in gedruckter Form. Per Computer mit entsprechender Software aufbereitete Berichte können Text, Grafiken und Diagramme umfassen. Datenbankprogramme enthalten meist spezielle Funktionen für die Erstellung von Berichtformularen und die Erzeugung von Berichten. Mit Software für Desktop Publishing sowie Laserdruckern bzw. Satzmaschinen lassen sich Ausgaben in veröffentlichungsreifer Druckqualität produzieren.

Berichtsgenerator, der; *Subst.* (report generator, report writer)
Ein Anwendungstyp, der häufig Bestandteil eines Datenbank-Managementprogramms ist und der anhand eines durch den Benutzer erstellten Berichtsformulars den Ausdruck für den Inhalt einer Datenbank samt Layout erzeugt. Ein Berichtsgenerator wird zur Auswahl spezifischer Datensatzfelder oder Bereiche von Datensätzen verwendet, um die Ausgabe ansprechend zu gestalten und Details wie Überschriften, lebende Kolumnentitel, Seitenzahlen und Schriftarten festzulegen.

Bernoulli-Box, die; *Subst.* (Bernoulli box)
Ein Wechselplattensystem für Personal Computer, das Daten permanent speichert und eine hohe Speicherkapazität aufweist. Die Wechselplatten sind in speziellen Kassetten untergebracht, die in das Laufwerk geschoben werden. Das System wurde nach dem Physiker Daniel Bernoulli benannt, der im 18. Jahrhundert lebte und als erster das Prinzip der aerodynamischen Hubkraft nachwies. Dieses Prinzip kommt auch bei der Bernoulli-Box zum Einsatz. Dabei wird die flexible, in der Kassette befindliche Magnetscheibe auf eine hohe Rotationsgeschwindigkeit gebracht, wodurch diese nach oben gedrückt und damit in die Nähe des darüber befindlichen Schreib-/Lesekopfes gebracht wird. → *siehe auch* Schreib-Lese-Kopf.

Bernoulli-Prozess, der; *Subst.* (Bernoulli process)
Ein mathematisches Verfahren, das auf den Bernoulli-Versuch zurückgreift – eine Wiederholung eines Experiments, bei dem es nur zwei mögliche Ergebnisse gibt, z.B. »Erfolg« und »Misserfolg«. Dieses Verfahren wird hauptsächlich bei der statistischen Analyse eingesetzt. → *siehe auch* Bernoulli-Samplingprozess, Binominalverteilung.

Bernoulli-Samplingprozess, der; *Subst.* (Bernoulli sampling process)
In der Statistik eine Folge von *n* unabhängigen und identischen Versuchen eines Zufallsexperiments, bei dem jeder Versuch eines von zwei möglichen Ergebnissen hat. → *siehe auch* Bernoulli-Prozess, Binominalverteilung.

Bernoulli-Verteilung, die; *Subst.* (Bernoulli distribution)
→ *siehe* Binominalverteilung.

BERT, der; *Subst.* Abkürzung für »**b**it **e**rror **r**ate **t**est«, zu Deutsch »Bitfehlerraten-Test«. In der Datenkommunikation eine Bezeichnung für ein Gerät oder eine Prozedur, die zur Messung der Bitfehlerrate einer Datenübertragung eingesetzt wird. → *siehe auch* BER, Datenübertragung, Fehlerrate.

berührungssensitives Display, das; *Subst.* (touch-sensitive display)
→ *siehe* Touchscreen.

berührungssensitives Tablett, das; *Subst.* (touch-sensitive tablet)
→ *siehe* Touchpad.

Beschleuniger, der; *Subst.* (accelerator)
Ein Gerät, das die Geschwindigkeit eines oder mehrerer Teilsysteme beschleunigt oder andere Merkmale verbessert, um die Gesamtleistung des Systems zu erhöhen. → *siehe auch* Beschleunigerkarte, Windows-Beschleuniger.

Beschleunigerkarte, die; *Subst.* (accelerator board, accelerator card)
Eine Platine, die den Hauptprozessor des Computers durch einen schnelleren ersetzt oder in der Arbeit unterstützt, um die Gesamtleistung des Systems zu verbessern. → *siehe auch* Erweiterungskarte, Grafikbeschleuniger.

Beschleunigerkarte, Windows-basierte, die; *Subst.* (Windows-based accelerator card)
→ *siehe* Windows-Beschleuniger.

Beschnittmarken, die; *Subst.* (crop marks)
Markierungslinien an den Seitenecken eines Druckbogens oder eines Grafikausdrucks. Sie dienen in diesem Zusammenhang zur Kennzeichnung, an welcher Position das Papier geschnitten werden muss, um das endgültige Dokument herzustellen. → *siehe auch* Passkreuze. → *siehe auch* freistellen.

Bestes seiner Klasse *Adj.* (best of breed)
Ein Ausdruck, mit dem ein Produkt charakterisiert wird, das das beste Produkt in einer bestimmten Kategorie von Produkten darstellt.

B

bestücken *Vb.* (populate)
Einstecken von Chips in die Sockel einer Leiterplatte.

Besuch, der; *Subst.* (visit)
Im Sprachgebrauch des World Wide Web ein zeitlich zusammenhängender Nutzungsvorgang mehrerer Seiten auf einer Website durch einen einzelnen Nutzer. Dabei wird eine Abfolge erfolgreicher Seitenabrufe durch einen Webbrowser als Besuch gewertet. Ebenso wie die Anzahl der Seitenabrufe dient die Anzahl der Besuche häufig als Maßstab für die Popularität einer Website. → *siehe auch* Webseite, Webserver, World Wide Web. → *vgl.* Hit, Seitenabruf.

Besucher, der; *Subst.* (visitor)
Ein Benutzer, der die Seiten einer Website betrachtet.

Beta *Adj.* (beta)
Eigenschaft einer Software oder Hardware, die sich im zweiten Entwicklungsstadium befindet, also eine Betaversion darstellt. → *vgl.* Alpha.

Betatest, der; *Subst.* (beta test)
Ein Test einer Software, die sich noch im Entwicklungsstadium befindet. Der Betatest wird von Personen durchgeführt, die bereits mit der Software arbeiten. Beim Betatest wird das Softwareprodukt an potentielle Kunden und einflussreiche Endanwender verteilt, die als »Betatester« bezeichnet werden und die Funktionalität testen sowie Fehler (Bugs) in Bezug auf die Betriebssicherheit und Gebrauchsfähigkeit dokumentieren. Der Betatest stellt gewöhnlich einen der letzten Schritte dar, den ein Softwareentwickler durchführen lässt, bevor das Produkt auf den Markt kommt. Wenn allerdings der Betatest zeigt, dass der Einsatz der Software zu Problemen führt oder die Software außergewöhnlich viele Fehler enthält, muss der Entwickler nach der Überarbeitung des Programms in der Regel eine weitere Betatestphase einleiten, bevor das Produkt veröffentlicht wird.

Betatester, der; *Subst.* (beta site)
Eine Person oder eine Organisation, die Software testet, bevor diese für die Öffentlichkeit freigegeben wird. Der Softwarehersteller wählt die Betatester in der Regel aus einem Pool von bestehenden Kunden und freiwillig gemeldeten Benutzern aus. Die meisten Betatester werden für ihre Arbeit nicht bezahlt; trotzdem ist der Test für viele Betatester lukrativ, da sie auf diese Weise vor der Marktveröffentlichung einen ersten Blick auf eine Software werfen können und häufig nach der Veröffentlichung des Produkts ein Freiexemplar erhalten.

Betaversion, die; *Subst.* (beta)
Ein neues oder überarbeitetes Software- bzw. Hardwareprodukt, das sich im zweiten Entwicklungsstadium befindet und jetzt an Benutzer verteilt wird, die das Produkt einem Test unterziehen (Betatest). → *siehe auch* Betatest.

Betriebssystem, das; *Subst.* (operating system)
Abkürzung: OS, BS. Die Software, die die Belegung und die Verwendung von Hardwareressourcen, z.B. Arbeitsspeicher, Prozessorzeit, Datenträgerplatz und Peripheriegeräten, steuert. Das Betriebssystem stellt das Fundament dar, auf dem die Anwendungen aufgebaut sind. Zu den bekanntesten Betriebssystemen gehören Mac OS, OS/2, UNIX, Linux, Windows 95, Windows 98, Windows Me, Windows NT und Windows 2000. → *siehe auch* Mac OS, UNIX, Windows. → *auch genannt* Executive.

Betriebssystem, datenträgerorientiertes, das;
Subst. (disk operating system)
→ *siehe* DOS.

Betriebssystem, objektorientiertes, das; *Subst.* (object-oriented operating system)
→ *siehe* objektorientiertes Betriebssystem.

Betriebszeit, die; *Subst.* (uptime)
Die absolute oder prozentuale Zeitspanne, während deren ein Computersystem oder die angeschlossene Hardware funktionsfähig und betriebsbereit ist. → *vgl.* Ausfallzeit.

Betweening, das; *Subst.* (betweening)
→ *siehe* tween.

Bezeichner, der; *Subst.* (identifier)
In der Regel jede Textzeichenfolge, die als Kennzeichnung, z.B. der Name einer Prozedur oder eine Variable in einem Programm, verwendet wird. Ein Bezeichner ist außerdem der Name, der einer Festplatte oder einem Floppy-Laufwerk zugewiesen wurde. → *vgl.* Deskriptor.

Bézier-Kurve, die; *Subst.* (Bézier curve)
Eine Kurve, deren Verlauf mathematisch berechnet wird, um einzelne Punkte zu glatten Freihandkurven sowie Oberflächen zu verbinden, wie sie für die Verwendung in Illustrationsprogrammen und CAD-Modellen benötigt werden. Bézier-Kurven kommen mit nur wenigen Punkten aus, um eine große Anzahl an Formen zu erzeugen, woraus ihre Überlegenheit gegenüber anderen mathematischen Methoden in

Bezug auf den Grad der Annäherung an eine vorgegebene Figur resultiert. → *siehe auch* CAD. (Abbildung B.5)

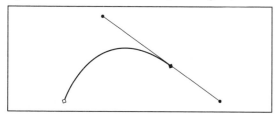

Abbildung B.5: Bézier-Kurve

BFT
→ *siehe* Batchdateiübertragung, binäre Dateiübertragung.

BGP
→ *siehe* Border Gateway Protocol.

Bibliothek, die; *Subst.* (library)
In der Programmierung versteht man unter »Bibliothek« eine Sammlung von Routinen, die in einer Datei gespeichert sind. Jeder Befehlssatz kann sich über einen Namen ansprechen lassen und führt jeweils eine andere Aufgabe aus.
Mit »Bibliothek« bezeichnet man im herkömmlichen Sinne eine Sammlung von Programmen oder Datendateien.

Bibliothek, dynamische, die; *Subst.* (dynamic-link library)
→ *siehe* dynamische Bibliothek.

Bibliotheksroutine, die; *Subst.* (library routine)
In der Programmierung eine Routine, die in einer Sammlung von Routinen (einer Bibliothek) gespeichert ist und sich durch jedes Programm nutzen lässt, das einen Verweis auf die Bibliothek herstellen kann. → *siehe auch* Bibliothek, Funktionsbibliothek.

bidirektional *Adj.* (bidirectional)
Eigenschaft, die angibt, dass ein Gerät in beiden Richtungen arbeitet. Ein bidirektionaler Drucker kann von links nach rechts und von rechts nach links drucken; ein bidirektionaler Bus ist in der Lage, Signale zwischen zwei Geräten in beiden Richtungen zu übertragen.

bidirektionaler Druck, der; *Subst.* (bidirectional printing)
Die Fähigkeit eines Anschlagdruckers oder Tintenstrahldruckers, von links nach rechts und von rechts nach links drucken zu können. Der bidirektionale Druck erhöht die Druckgeschwindigkeit wesentlich, da die Leerlaufbewegung des Druckkopfes zurück an den Zeilenanfang wegfällt. Allerdings

kann ein bidirektionaler Druck zu Lasten der Druckqualität gehen.

bidirektionaler Port, der; *Subst.* (bidirectional parallel port)
Eine parallele Schnittstelle, die zwischen einem Gerät und einem Computer in beiden Richtungen Daten übertragen kann.

bi-endian *Adj.*
Eigenschaft eines Prozessors oder eines anderen Chips, der wahlweise im big-endian- oder little-endian-Modus arbeiten kann. Über eine derartige Fähigkeit verfügt z.B. der Prozessor PowerPC, der entweder im little-endian-Modus (für das Betriebssystem Windows NT) oder im big-endian-Modus (für das Betriebssystem Mac OS/PPC) betrieben werden kann. → *siehe auch* big-endian, little-endian, PowerPC.

Big Blue
Wörtlich übersetzt »der große Blaue«. Ein Slangbegriff, mit dem die Firma »IBM« (International Business Machines) alternativ bezeichnet wird. Der Name kommt von der Identifikationsfarbe, die sich IBM auserkoren hat: Die Farbe Blau wurde auf den frühen IBM-Großrechnern verwendet und findet sich noch heute im Firmenlogo.

big-endian *Adj.* (big endian)
Eine Speichermethode, bei der das höchstwertige Byte einer Zahl an erster Stelle erscheint. Beispielsweise wird der Wert A02B im big endian-Format als Folge A0 2B im Speicher abgelegt, bei der gegensätzlichen Methode - der little-endian-Methode - dagegen in der Form 2B A0 (also mit dem niederwertigen Byte zuerst). Prozessoren von Motorola verwenden das big-endian-Format, Prozessoren von Intel dagegen das little-endian-Format. Die Ausdrücke gehen auf den Roman »Gullivers Reisen« von Jonathan Swift zurück. Die big endians (»Breitendigen«) waren eine Gruppe von Leuten, die sich einem kaiserlichen Edikt widersetzten, das allen Untertanen bei schwerer Strafe untersagte, das breite Ende eines Eies zu öffnen, bevor es gegessen wird. → *vgl.* little-endian.

Big Iron, das; *Subst.* (big iron)
Ein großes und teures Computersystem, z.B. ein Cray-Supercomputer oder ein raumfüllendes Großrechnersystem. → *siehe auch* Cray-1, Großrechner.

Big Red Switch, der; *Subst.* (big red switch)
Abkürzung: BRS. Zu Deutsch »großer roter Schalter«. Der Netzschalter eines Computers. Bei IBM-PCs und vielen ande-

B ren Computern ist er in der Tat groß und rot. Die Verwendung des Netzschalters ist der letzte Ausweg, einen Vorgang oder ein Programm abzubrechen, da alle Daten im RAM gelöscht werden und die Gefahr besteht, dass die Festplatte beschädigt wird.

Bild-ab-Taste, die; *Subst.* (Page Down key, PgDn Key)
Eine Standardtaste, die auf den meisten Computertastaturen zu finden ist. Die spezielle Funktion dieser Taste wird vom jeweiligen Anwendungsprogramm bestimmt. Diese Taste bewegt jedoch in der Regel den Cursor zum Anfang der nächsten Seite oder zu einer bestimmten Zeilennummer. (Abbildung B.6)

Abbildung B.6: Bild-ab-Taste

Bild aktualisieren *Vb.* (refresh)
Das periodische Neuzeichnen eines Bildschirmbildes, das auch bei gleich bleibenden Bildinhalten erforderlich ist, da die Leuchtstoffe des Bildschirms laufend neu angeregt werden müssen.

Bild-auf-Taste, die; *Subst.* (Page Up key, PgUp key)
Eine Standardtaste, die auf den meisten Computertastaturen zu finden ist. Die spezielle Funktion dieser Taste wird vom jeweiligen Anwendungsprogramm bestimmt. Diese Taste bewegt jedoch in der Regel den Cursor zum Anfang der vorherigen Seite oder zu einer bestimmten Zeilennummer. (Abbildung B.7)

Abbildung B.7: Bild-auf-Taste

bildbasiertes Rendering, das; *Subst.* (image-based rendering)
→ *siehe* Immersive Imaging.

Bildbearbeitung, die; *Subst.* (image editing, image enhancement)
Die Verbesserung der Qualität grafischer Darstellungen. Die Bildbearbeitung lässt sich entweder mit Hilfe von Software oder manuell über die Anwendung von Zeichenprogrammen ausführen. → *siehe auch* Antialiasing, Bildverarbeitung.
Der Prozess für das Modifizieren von Bitmaps, der in der Regel in einem Bildbearbeitungsprogramm ausgeführt wird.

Bildbearbeitungsprogramm, das; *Subst.* (image editor, photo editor)
Ein Anwendungsprogramm, das zur Bearbeitung von Bitmapgrafiken, vor allem von eingescannten Grafiken und Fotos, dient. Zur Bearbeitung stehen in der Regel eine Vielzahl an Funktionen zur Filterung, Farbreduktion, zum Zuschneiden und für anderweitige Retuschierarbeiten zur Verfügung. Neue Bilder werden in der Regel nicht mit einem Bildbearbeitungsprogramm, sondern mit einem Zeichenprogramm angefertigt. → *siehe auch* Bitmapgrafik, Filter, Malprogramm.

Bilder pro Sekunde, das; *Subst.* (frames per second)
→ *siehe* Bildwiederholgeschwindigkeit.

Bildkomprimierung, die; *Subst.* (image compression)
Eine Technik der Datenkomprimierung, die bei Grafiken angewendet wird. Da nicht komprimierte Grafikdateien u.U. äußerst umfangreich sein können, empfiehlt sich die Bildkomprimierung, damit auf einem System mehr Speicherplatz zur Verfügung steht. → *siehe auch* Datenkomprimierung, komprimierte Datei, Videokomprimierung.

Bildlaufleiste, die; *Subst.* (scroll bar, scroll box)
In verschiedenen grafischen Benutzeroberflächen ein vertikaler oder horizontaler Balken, der sich meist am rechten oder unteren Rand eines Fensters befindet und mit der Maus bedient wird, um Bewegungen in einem Dokument auszuführen. Eine Bildlaufleiste weist drei aktive Bereiche auf. Beispielsweise verfügt eine vertikale Bildlaufleiste in einem Textverarbeitungsprogramm über zwei Bildlaufpfeile für die zeilenweise Aufwärts- und Abwärtsbewegung und ein Bildlauffeld für die Bewegung an eine beliebig festzulegende Position im Dokument. Klickt man auf einen der grauen Bereiche in der Bildlaufleiste, kann man sich fensterweise durch das Dokument nach oben oder unten bewegen. (Abbildung B.8)

Bildlaufpfeil, der; *Subst.* (scroll arrow)
→ *siehe* Bildlaufleiste.

Bildpuffer, der; *Subst.* (screen buffer)
→ *siehe* Videopuffer.

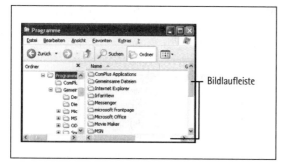

Bildlaufleiste

Abbildung B.8: Bildlaufleiste

Bildrate, die; *Subst.* (scan rate)
→ *siehe* Bildwiederholfrequenz.

Bildschirmauszug, der; *Subst.* (screen dump)
Ein Duplikat des Bildschirminhalts in Form einer Moment-aufnahme, die entweder an einen Drucker geschickt oder als Datei auf dem Datenträger gespeichert wird.

Bildschirmflimmern, das; *Subst.* (screen flicker)
→ *siehe* Flimmern.

Bildschirm, geteilter, der; *Subst.* (split screen)
→ *siehe* geteilter Bildschirm.

Bildschirmgrabber, der; *Subst.* (screen grabber)
→ *siehe* Grabber.

Bildschirmhintergrund, der; *Subst.* (display background)
In der Computergrafik der statische Teil eines Bildschirmbil-des im Gegensatz zu den veränderlichen Elementen, bei-spielsweise Fensterrahmen auf dem Schirm oder eine Palette von Figuren oder Mustern in einem Zeichenprogramm.

Bildschirmkarte, die; *Subst.* (display board)
→ *siehe* Videoadapter.

Bildschirmschoner, der; *Subst.* (screen saver)
Ein Dienstprogramm, das den Bildschirm ausblendet bzw. ein bestimmtes Bild einblendet, wenn eine vorgegebene Zeit verstrichen ist, ohne dass die Tastatur oder die Maus betätigt wurde. Der Bildschirmschoner wird durch die Berührung einer Taste oder durch die Bewegung der Maus wieder deak-tiviert. Bildschirmschoner wurden ursprünglich verwendet, um zu verhindern, dass sich Zeichen für immer in die Bild-schirmoberfläche einbrennen. Obwohl moderne Bildschirme gegenüber diesem Problem unempfindlich sind, sind Bild-

B

schirmschoner aufgrund ihres dekorativen und unterhalten-den Aspekts weiterhin beliebt.

Bildschirmschrift, die; *Subst.* (screen font)
Eine Schriftart für die Anzeige auf einem Computerbild-schirm. Oft hat eine Bildschirmschrift eine korrespondie-rende PostScript-Schrift für den Ausdruck auf einem Post-Script-kompatiblen Drucker. → *siehe auch* abgeleitete Schrift, eingebaute Schrift. → *vgl.* Druckerschrift, Post-Script-Schrift.

Bildschirmtelefon, das; *Subst.* (screen phone)
Ein Gerät für das Internet, das aus einer Kombination von Telefon, LCD-Bildschirm, digitalem Faxmodem und Tastatur besteht und Anschlüsse für Maus, Drucker sowie weitere Peripheriegeräte aufweist. Bildschirmtelefone können wie übliche Telefone zur Sprachübertragung verwendet werden, aber auch als Terminals für den Zugang zum Internet und anderen Onlinediensten.

Bildschirmterminal, das; *Subst.* (display terminal)
→ *siehe* Terminal.

Bildschirmtext, der; *Subst.*
→ *siehe* T-Online.

Bildschirmverzerrung *Subst.* (distortion)
Verzerrung von Bildern oder Grafiken auf dem Monitor. Man unterscheidet drei Arten von Bildschirmverzerrungen: 1.) Die Kissenverzerrung, bei der die vertikalen und hori-zontalen Linien sich zur Mitte des Bildschirms hin krüm-men (besonders am Rand erkennbar) 2.) Die Tonnenverzer-rung, bei der die vertikalen und horizontalen Linien sich nach außen krümmen 3.) Die Trapezoidverzerrung, bei der die vertikalen Linien gerade bleiben, aber nicht mehr parallel zueinander stehen. Die meisten Monitore verfügen über Knöpfe zur Behebung von Kissen- und Tonnenver-zerrung, manche auch zur Behebung der Trapezoidverzer-rung.

Bildschirm, virtueller, der; *Subst.* (virtual screen)
→ *siehe* virtueller Bildschirm.

Bildschirmzyklus, der; *Subst.* (display cycle)
Die vollständige Ereigniskette, die für die Anzeige eines Com-puterbildes auf dem Bildschirm erforderlich ist. Dazu gehört sowohl die softwareseitige Erstellung eines Bildes im Video-speicher des Computers als auch die hardwareseitigen Ope-

B rationen für den korrekten Bildaufbau auf dem Display. → *siehe auch* Refreshzyklus.

Bildspeicherseite, die; *Subst.* (display page)
Eine komplette Bildschirmseite, die im Videospeicher eines Computers gespeichert ist. Bei ausreichender Größe des Videospeichers lassen sich auch mehrere Seiten gleichzeitig ablegen. In diesem Fall kann der Programmierer – insbesondere bei der Erstellung von Animationssequenzen – den Bildschirm schnell aktualisieren, indem er eine Bildschirmseite erstellt oder modifiziert und gleichzeitig eine andere Seite anzeigt. → *siehe auch* Animation.

Bildverarbeitung, die; *Subst.* (image processing, imaging)
Allgemein ein Überbegriff für die Prozesse, die das Erfassen, Speichern, Anzeigen und Drucken grafischer Darstellungen umschließen.
Etwas konkreter umfasst die Bildverarbeitung die computergestützte Analyse, Manipulierung, Speicherung und Anzeige grafischer Darstellungen, die aus unterschiedlichen Quellen, z.B. Fotografien, Zeichnungen sowie Videoaufnahmen, stammen können. Der Bildverarbeitung liegt dabei eine dreistufige Folge zugrunde – Eingabe, Verarbeitung und Ausgabe. Bei der Eingabe (Bilderfassung und Digitalisierung) wird das Bild mit den Graustufen und der Färbung in binäre Werte umgewandelt, die der Computer verarbeiten kann. Zur Verarbeitung gehören u. a. die Bildbearbeitung und die Datenkomprimierung. Die Ausgabe umfasst die Anzeige oder das Drucken des verarbeitenden Bildes. Die Bildverarbeitung wird z.B. in den Bereichen Fernseh- und Filmindustrie, Medizin, Meteorologie (Satellitenwetterkarten), in der automatisierten Fertigung sowie in der computergestützten Mustererkennung eingesetzt. → *siehe auch* Bildbearbeitung, Videodigitizer.

Bildwiederholfrequenz, die; *Subst.* (refresh rate)
Bei Grafikhardware bezeichnet dieser Begriff die Frequenz, mit der der gesamte Bildschirminhalt neu gezeichnet wird. Diese Frequenz sollte möglichst hoch sein, um ein konstantes und flimmerfreies Bild zu gewährleisten. Bei den Fernseh- und Rasterscanbildschirmen zeichnet der Elektronenstrahl der Bildschirmröhre meist mit einer Frequenz von etwa 60 Hz das komplette Bild erneut auf die Leuchtstoffbeschichtung der Innenseite des Schirms auf, d.h. 60-mal in der Sekunde. (Bei sog. Interlaced-Bildschirmen, bei denen während jedem Durchgang nur jede zweite Bildzeile neu gezeichnet wird, wird die einzelne Bildzeile nur 30-mal in der Sekunde aufgefrischt. Da allerdings die Bildzeilen mit geraden Nummern

während des einen, und die mit ungeraden Nummern während des folgenden Durchgangs aufgefrischt werden, beträgt die effektive Bildwiederholrate 60 Hz.)

Bildwiederholgeschwindigkeit, die; *Subst.* (frame rate)
Die Geschwindigkeit, bei der vollständige Einzelbilder an einem Rasterscanmonitor übertragen und von diesem angezeigt werden. Die in Hertz angegebene Bildwiederholgeschwindigkeit errechnet sich aus der Häufigkeit, mit der der Elektronenstrahl den Bildschirm pro Sekunde durchläuft.
In der Animationstechnik bezeichnet die Wiederholgeschwindigkeit die Häufigkeit, mit der ein Bild pro Sekunde aktualisiert wird. Wenn die Wiederholgeschwindigkeit 14 Bilder pro Sekunde überschreitet, geht die Animation scheinbar in eine glatte Bewegung über. → *siehe auch* Animation.

Bildzeile, die; *Subst.* (scan line)
Eine der horizontalen Zeilen eines Grafikbildschirms, wie beispielsweise eines Fernseh- oder Rasterbildschirms.
Außerdem eine einzelne Pixelzeile, wie sie von einer Abtastvorrichtung gelesen wird.

Billion, die; *Subst.* (billion, trillion)
Die britische »billion« umfasst 1.000 Milliarden (10^{12}), also 1 Billion. Die amerikanische Bezeichnung für die deutsche oder britische »Billion« ist »trillion«.

.bin
Eine Dateinamenerweiterung für eine mit MacBinary codierte Datei. → *siehe auch* MacBinary.

binär *Adj.* (binary)
Eigenschaft, die das Vorhandensein von genau zwei Komponenten, Möglichkeiten oder Ergebnissen charakterisiert. Das Binärsystem (auch als »Dualsystem« bezeichnet) ist das Zahlensystem zur Basis 2 – Werte werden daher als Kombination von 2 Ziffern – 0 und 1 – dargestellt. Diese beiden Ziffern können sowohl die logischen Werte »wahr« und »falsch« repräsentieren als auch Zahlenwerte. Die binären Werte 0 und 1 werden in einem elektronischen Gerät durch die beiden Zustände »ein« und »aus« dargestellt, die anhand zweier Spannungswerte erkannt werden. Durch die enge Verbindung mit der digitalen Schaltungstechnik ist das Binärsystem das grundlegende Zahlensystem in der Computertechnik. Binäre Werte eignen sich zwar ideal für die interne Verarbeitung im Computer, sind aber für den Menschen schwer lesbar, da die Werte nur aus Nullen und Ein-

sen bestehen. Als Alternative zum Binärsystem wird daher häufig das Hexadezimalsystem (Basis 16) oder das Oktalsystem (Basis 8) eingesetzt (vor allem von Programmierern und anderen Technikern, die mit den Interna der digitalen Verarbeitung konfrontiert werden), da sich Konvertierungen zwischen einem dieser Zahlensysteme und dem Binärsystem deutlich einfacher gestalten als zwischen dem Dezimalsystem und dem Binärsystem. Umrechnungstabellen für die einzelnen Zahlensysteme finden sich im Anhang E. → *siehe auch* Basis, binärcodierte Dezimalzahlen, Binärziffer, Bit, Boolesche Algebra, Byte, Digitalcomputer, dyadisch, logischer Schaltkreis, zyklischer Binärcode. → *vgl.* ASCII, Dezimalsystem, hexadezimal, oktal.

Binärcode, zyklischer, der; *Subst.* (cyclic binary code)
→ *siehe* zyklischer Binärcode.

binärcodierte Dezimalzahlen, die; *Subst.* (binary-coded decimal)
Abkürzung: BCD. Ein System für die binäre Codierung von Dezimalzahlen, das Rundungs- und Konvertierungsfehler vermeidet. In der BCD-Codierung wird jede Stelle einer Dezimalzahl separat als Binärzahl codiert, wobei die Darstellung der Dezimalziffern 0 bis 9 jeweils mit 4 Bit erfolgt. Aus Gründen der leichteren Lesbarkeit werden die einzelnen 4-Bit-Gruppen durch ein Leerzeichen getrennt. Dieses nach der Wertigkeit der vier Bitpositionen benannte »8-4-2-1-Format« verwendet die folgenden Codes: 0000 = 0; 0001 = 1; 0010 = 2; 0011 = 3; 0100 = 4; 0101 = 5; 0110 = 6; 0111 = 7; 1000 = 8; 1001 = 9. Die Darstellung der Dezimalzahl 12 ergibt in der BCD-Notation damit 0001 0010. → *siehe auch* Basis, binary, Binärziffer, Dezimalsystem, EBCDIC, gepackte Dezimalzahl, Nibble, runden.

Binärdatei, die; *Subst.* (binary file)
Eine Datei, die aus einer Folge von 8-Bit-Daten oder ausführbarem Code besteht und sich damit von einer Datei unterscheidet, die für den Menschen lesbaren ASCII-Text enthält. Binärdateien sind gewöhnlich so aufgebaut, dass sie nur von einem Programm gelesen werden können. Außerdem sind sie häufig komprimiert oder weisen eine Struktur auf, die speziell auf die Interpretation durch ein bestimmtes Programm zugeschnitten ist. → *vgl.* ASCII-Datei.

binäre Anwendungsschnittstelle, die; *Subst.* (application binary interface)
Ein Satz von Richtlinien, die festlegen, wie eine ausführbare Datei mit der Hardware kommuniziert und auf welche Art

und Weise Informationen gespeichert werden. → *vgl.* Anwendungsprogrammierschnittstelle.

binäre Dateiübertragung, die; *Subst.* (binary file transfer)
Übertragung einer Datei, die aus beliebigen Bytes und Datenwörtern besteht, im Gegensatz zu einer Textdatei, die nur druckbare Zeichen enthält (z.B. die ASCII-Zeichen mit den Codes 10, 13 und 32 bis 126). Bei modernen Betriebssystemen ist eine Textdatei im Prinzip auch eine Binärdatei, die aber eben nur druckbare Zeichen enthält. In bestimmten älteren Betriebssystemen werden jedoch für Binärdateien und Textdateien verschiedene Dateitypen eingesetzt, die von einem Programm entsprechend unterschiedlich verarbeitet werden müssen.

binärer Baum, der; *Subst.* (binary tree)
In der Programmierung eine spezielle Baumstruktur, bei der jeder Knoten höchstens zwei Unterbäume – einen linken und einen rechten – besitzt. Binäre Bäume werden häufig zur Sortierung von Informationen eingesetzt. Jeder Knoten im binären Suchbaum enthält dabei einen Schlüssel, dessen Wert kleiner als der dem einen Unterbaum hinzugefügten und größer als der dem anderen Unterbaum hinzugefügten Schlüssel ist. → *siehe auch* Baum, binäre Suche. (Abbildung B.9)

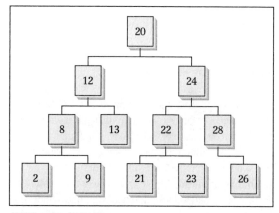

Abbildung B.9: Binärer Baum

binäres Abschneiden, das; *Subst.* (binary chop)
→ *siehe* binäre Suche.

binäres Gerät, das; *Subst.* (binary device)
Jedes Gerät, das Informationen als Kombinationen der elektrischen Zustände »ein/aus« oder »high/low« verarbeitet. → *siehe auch* binary.

B

binäres synchrones Protokoll, das; *Subst.* (binary synchronous protocol)
→ *siehe* BISYNC.

binäre Suche, die; *Subst.* (binary search)
Ein Suchalgorithmus, der auf einer sortierten Liste basiert, die das gesuchte Element enthält. Zunächst wird das gesuchte Element mit dem Element in der Mitte der Liste verglichen. Daraufhin wird die Liste in der Mitte in zwei Teile unterteilt, wobei in dem Teil weitergesucht wird, der das Element enthalten muss (abhängig davon, ob das gesuchte Element kleiner oder größer als das mittlere Element ist). Der verbleibende Teil wird nach demselben Prinzip erneut unterteilt, wobei der Vorgang so lange fortgesetzt wird, bis das gesuchte Element gefunden ist. → *siehe auch* Suchalgorithmus. → *auch genannt* binäres Abschneiden, dichotomierende Suche. → *vgl.* Hashsuche, lineare Suche.

binäre Übertragung, die; *Subst.* (binary transfer)
Der für den elektronischen Austausch von ausführbaren Dateien, Datendateien aus Anwendungsprogrammen und verschlüsselten Dateien konzipierte Modus. → *vgl.* ASCII-Übertragung.

binäre Umwandlung, die; *Subst.* (binary conversion)
Die Umwandlung einer Zahl in das oder aus dem Binärsystem. Umrechnungstabellen finden sich in Anhang E. → *siehe auch* binary.

Binärformat, das; *Subst.* (binary format)
Ein Format, bei dem Daten in Gruppen von jeweils 8 Bit strukturiert sind. Das Binärformat wird gewöhnlich für die Darstellung von Objektcodes (in maschinenlesbare Form übersetzten Programmbefehlen) oder für Daten in einem Übertragungsstrom verwendet. → *siehe auch* Binärdatei.

Binärkompatibilität, die; *Subst.* (binary compatibility)
Portabilität (Übertragbarkeit) von ausführbaren Programmen (binären Dateien) von einer Rechnerplattform zu einer anderen. → *siehe auch* Derivat, portabel.

Binärschreibweise, die; *Subst.* (binary notation)
Die Verwendung der Binärziffern 0 und 1 für die Darstellung von Zahlen. → *vgl.* Gleitkommanotation.

Binärziffer, die; *Subst.* (binary digit, binary number)
Eine der beiden Ziffern des Binärsystems, also 0 oder 1. → *siehe auch* Bit.

Auch eine in binärer Form ausgedrückte Zahl. Da Binärzahlen auf 2er-Potenzen beruhen, lassen sie sich wie folgt interpretieren: → *siehe auch* binary.

Ziffernpositionen von Binärwerten:						
2^6	2^5	2^4	2^3	2^2	2^1	2^0
Zugehörige Dezimalwerte:						
64	32	16	8	4	2	1
Die binäre Zahl 1001101 bedeutet z. B.:						
2^6	2^5	2^4	2^3	2^2	2^1	2^0
64	32	16	8	4	2	1
1	0	0	1	1	0	1

oder als Summe:		
1	* 64	64 +
0	* 32	0 +
0	* 16	0 +
1	* 8	8 +
1	* 4	4 +
0	* 2	0 +
1	* 1	1
woraus sich dezimal 77 ergibt.		

binary
In einem FTP-Client der Befehl, der den FTP-Server anweist, Dateien in binärer Form zu senden und zu empfangen. → *siehe auch* FTP-Client, FTP-Server. → *vgl.* ASCII.

binauraler Klang, der; *Subst.* (binaural sound)
→ *siehe* 3D-Audio.

binden *Vb.* (bind)
Die Verknüpfung zweier Informationsteile. Der Ausdruck wird häufig in Bezug auf das Verbinden eines Symbols (wie etwa des Namens einer Variablen) mit einer zu beschreibenden Information (wie etwa einer Speicheradresse, einem Datentyp oder einem aktuellen Wert) verwendet. → *siehe auch* Bindungszeit, dynamisches Binden, statische Bindung.

Binden, dynamisches, das; *Subst.* (dynamic binding)
→ *siehe* dynamisches Binden.

Bindestrich, der; *Subst.* (hyphen)
Ein Satzzeichen (-), das zur Silbentrennung eines Wortes am Ende einer Zeile oder zur Trennung von einzelnen Wörtern

einer Zusammensetzung verwendet wird. Textverarbeitungsprogramme mit intelligenter Trennhilfe kennen drei Arten von Bindestrichen: normal, optional und nichttrennend. Normale Bindestriche (auch *erforderliche* oder *harte Bindestriche* genannt) sind Teil der Rechtschreibung und immer sichtbar (z.B. in *x-beliebig*). Optionale Bindestriche (auch *diskrete* oder *weiche Bindestriche* genannt) sind nur sichtbar, wenn ein normalerweise nicht getrenntes Wort am Ende einer Zeile getrennt werden muss. Textverarbeitungsprogramme tragen diese Bindestriche in der Regel selbst ein. Nichttrennende Bindestriche sind, wie normale Bindestriche, immer sichtbar, erlauben jedoch keinen Zeilenumbruch. → *siehe auch* Silbentrennprogramm.

Bindestrich, gewöhnlicher, der; *Subst.* (normal hyphen)
→ *siehe* Bindestrich.

Bindestrich, harter, der; *Subst.* (hard hyphen)
→ *siehe* Bindestrich.

Bindestrich, unbedingter, der; *Subst.* (required hyphen)
→ *siehe* Bindestrich.

Bindestrich, wahlweiser, der; *Subst.* (optional hyphen)
→ *siehe* Bindestrich.

Bindestrich, weicher, der; *Subst.* (soft hyphen)
→ *siehe* Bindestrich.

Bindung, frühe, die; *Subst.* (early binding)
→ *siehe* statische Bindung.

Bindung, späte, die; *Subst.* (late binding)
→ *siehe* dynamisches Binden.

Bindung, statische, die; *Subst.* (static binding)
→ *siehe* statische Bindung.

Bindungszeit, die; *Subst.* (binding time)
Beim Einsatz eines Programms der Zeitpunkt, an dem das Binden von Informationen erfolgt, gewöhnlich in Bezug auf Programmelemente, die an ihre Speicherorte und Werte zu binden sind. Man unterscheidet das Binden während der Kompilierung, während des Linkens und während der Programmausführung. → *siehe auch* binden, Kompilierungszeit, Laufzeitbindung, Linktimebinding.

BinHex
Ein Code für die Konvertierung von binären Datendateien in einen reinen ASCII-Text, so dass die Daten per E-Mail an einen anderen Computer oder an eine Newsgroup übertragen werden können. Diese Methode kann eingesetzt werden, wenn standardmäßige ASCII-Zeichen für die Übertragung benötigt werden, wie es beim Internet der Fall ist. BinHex wird vor allem von Macintosh-Benutzern verwendet. → *siehe auch* MIME.
Daneben ist »BinHex« der Name für das Apple Macintosh-Programm, das zum Konvertieren binärer Datendateien in einen ASCII-Text und umgekehrt dient und dabei den BinHex-Code einsetzt. → *vgl.* uudecode, uuencode.
»BinHex« ist außerdem die Bezeichnung für das Konvertieren einer binären Datei in einen druckbaren 7-Bit-ASCII-Text oder das Konvertieren der dadurch erzeugten ASCII-Textdatei zurück in das binäre Format, jeweils mit Hilfe des Programms BinHex. → *vgl.* uudecoden, uuencoden.

Binominalverteilung, die; *Subst.* (binomial distribution)
Auch als »Bernoulli-Verteilung« bezeichnet. In der mathematischen Statistik eine Liste oder eine Funktion, die die Wahrscheinlichkeiten von möglichen Werten einer nach dem Bernoullischen Schema gewählten Zufallsvariablen angibt. Für einen Bernoulli-Prozess sind die drei folgenden Eigenschaften charakteristisch: Jeder Versuch hat nur zwei mögliche Ergebnisse – Erfolg oder Misserfolg, jeder Versuch ist unabhängig von allen anderen Versuchen, und die Wahrscheinlichkeit für Erfolg und Misserfolg jedes Versuchs ist konstant. Mit Hilfe der Binominalverteilung lässt sich die Wahrscheinlichkeit berechnen, mit der man eine bestimmte Anzahl von Erfolgen in einem Bernoulli-Prozess erhält. Ein Beispiel dafür ist die Wahrscheinlichkeit für das dreimalige Würfeln von 7 Augen, wenn ein Paar von Würfeln 20 Mal geworfen wird. → *auch genannt* Bernoulli-Verteilung.

BioAPI *Subst.*
Eine offene Systemspezifikation für die Verwendung in biometrischen Sicherheits- und in Authentifizierungstechnologien. BioAPI unterstützt eine breite Vielfalt an Biometriktechnologien, von Handheld-PCs bis hin zu großen Netzwerken. Zu den Anwendungsmöglichkeiten gehören Fingerabdruckidentifizierung, Gesichtserkennung, Spracherkennung, dynamische Signaturen und Handgeometrie. BioAPI wurde für das BioAPI Consortium entwickelt, eine Gruppe von Organisationen, die in der Biometrik tätig sind. BioAPI bietet Kompatibilität mit bestehenden Biometrikstandards, z.B. HA-API. Auf diese Weise können Anwendungen BioAPI-kompatible Technologien ohne Modifizierung nutzen.

B

Biometrik, die; *Subst.* (biometrics)
Im herkömmlichen Sinn die Wissenschaft vom Messen und Analysieren biologischer Eigenschaften des Menschen. In der Computertechnologie bezieht sich »Biometrik« auf Authentifizierungs- und Sicherheitsverfahren, die auf messbaren, individuellen biologischen Merkmalen zur Erkennung oder Überprüfung der persönlichen Identität basieren. So können beispielsweise Hand- oder Fingerabdrücke oder die Stimme als Schlüssel für den Zugang zu einem Computer, einem Raum oder einem Electronic Commerce-Konto dienen. Sicherheitssysteme werden im Allgemeinen in drei verschiedenen Kategorien klassifiziert: Kategorie 1 bezieht sich auf einen persönlichen Gegenstand, z.B. auf eine ID-Karte mit Foto oder eine programmierte Chipkarte; Kategorie 2 bezieht sich auf persönliches Wissen, z.B. auf ein Kennwort oder eine Codenummer; Kategorie 3, die höchste Stufe, bezieht sich auf persönliche biologische Eigenschaften oder Verhaltensmuster, z.B. auf einen Fingerabdruck, das Muster der Blutgefäße in der Netzhaut oder eine Signatur. → *siehe auch* Fingerabdruckleser, Handschrifterkennung, Spracherkennung, Spracherkennung.

Bionik, die; *Subst.* (bionics)
Die Untersuchung von lebenden Organismen - ihrer Eigenschaften und Funktionsweisen - im Hinblick auf die Entwicklung von Hardware, mit der die Simulation oder die Nachbildung der Aktivitäten eines biologischen Systems möglich ist. → *siehe auch* Kybernetik.

BIOS, das;
Abkürzung für »**b**asic **i**nput/**o**utput **s**ystem«, zu Deutsch »grundlegendes Eingabe-/Ausgabesystem«. Bei PC-kompatiblen Computern ein Satz von wichtigen Softwareroutinen, die nach dem Start des Computers einen Hardwaretest durchführen, das Betriebssystem laden und Routinen für den Datentransfer zwischen den Hardwarekomponenten zur Verfügung stellen. Das BIOS befindet sich im Nur-Lese-Speicher, dem ROM, so dass der Inhalt nach dem Abschalten des PCs nicht verloren geht. Der Computerbenutzer kommt mit dem BIOS gewöhnlich nicht in Berührung, wenngleich es für die Leistung eines Systems mitbestimmend ist. → *siehe auch* AMI BIOS, CMOS-Setup, Phoenix BIOS, ROM-BIOS. → *vgl.* Toolbox.

bipolar *Adj.*
Allgemein eine Eigenschaft, die zwei gegensätzliche Zustände bezeichnet wie positiv und negativ.
Bei der Informationsübertragung und -verarbeitung die Eigenschaft eines Signals, das entgegengesetzte Spannungspegel aufweist. Die beiden Pegel repräsentieren die Wertepaare »ein/aus«, »wahr/falsch« oder ein anderes Wertepaar. → *siehe auch* Nonreturn to Zero. → *vgl.* unipolar.
In der Elektronik die Eigenschaft eines Transistors, der zwei Arten von Ladungsträgern verwendet. → *siehe auch* Transistor.

BIS
→ *siehe* Business Information System.

bistabil *Adj.* (bistable)
Eigenschaft eines Systems oder Bauelements, das zwei mögliche Zustände einnehmen kann wie »ein« und »aus«. → *siehe auch* Flipflop.

bistabiler Multivibrator, der; *Subst.* (bistable multivibrator)
→ *siehe* Flipflop.

bistabiler Schaltkreis, der; *Subst.* (bistable circuit)
Ein Schaltkreis, der nur zwei stabile Zustände annehmen kann. Der Übergang zwischen diesen Zuständen muss außerhalb des Schaltkreises ausgelöst werden. Ein bistabiler Schaltkreis kann genau eine Informationseinheit, also 1 Bit, speichern.

BISYNC
Abkürzung für »**bi**nary **sync**hronous communications protocol«. Ein von IBM entwickelter Kommunikationsstandard. Die Codierung in BISYNC-Übertragungen erfolgt entweder in ASCII oder EBCDIC. Die Nachrichten, deren Länge beliebig ist, werden in speziellen Einheiten - sog. »Frames« (zu Deutsch »Rahmen«) - gesendet, denen optional ein Nachrichtenkopf vorangeht. Da es sich bei BISYNC um eine synchrone Übertragung handelt, bei der Nachrichtenelemente durch spezifische Zeitintervalle getrennt werden, muss jeder Frame in spezielle Zeichen eingeschlossen sein, die den Sendern und Empfängern eine Taktsynchronisation ermöglichen. Beginn und Ende des Nachrichtentextes werden dabei mit den Steuerzeichen STX und ETX markiert. Eine weitere wichtige Rolle spielt dabei BCC, ein Satz von Zeichen, die für die Verifizierung einer erfolgreichen Übertragung verwendet werden. → *auch genannt* BSC. (Abbildung B.10)

Bit, das; *Subst.* (bit)
Abkürzung für »**bi**nary digi**t**«, zu Deutsch »binäre Ziffer«. Die kleinste Informationseinheit, die von einem Computer verarbeitet werden kann. Ein Bit nimmt im Binärsystem entweder

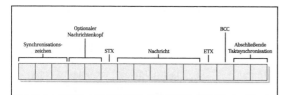

Abbildung B.10: BISYNC: Die Struktur eines BISYNC-Rahmens

den Wert 0 oder 1 ein, bei logischen Operationen einen der Werte »wahr« oder »falsch«. Die physikalische Darstellung eines Bits erfolgt bei Schaltkreisen durch zwei verschiedene Spannungspegel (niedriger oder hoher Pegel, je nachdem, ob die Information 0 oder 1 repräsentiert wird) oder – bei der Speicherung auf einem magnetischen Datenträger – durch magnetische Ladungen, die je nach Beschaffenheit entweder den Wert 0 oder 1 darstellen. Ein einzelnes Bit stellt nur eine vergleichsweise unbedeutende Information dar. Erst durch die Zusammenfassung mehrerer Bit zu einem Byte, wobei 8 Bit ein Byte bilden, können vielfältige Arten von Informationen übermittelt werden. Mit einem Byte lässt sich z.B. genau ein Buchstabe, eine Ziffer oder ein anderes Zeichen darstellen. → *siehe auch* ASCII, binary, Byte.

Bitbild, das; *Subst.* (bit image)
Eine sequentielle Sammlung von Bits, die im Speicher ein Bild für die Anzeige auf dem Bildschirm repräsentieren, insbesondere in Systemen mit einer grafischen Benutzeroberfläche. Jedes Bit in einem Bitbild entspricht einem Pixel (Bildpunkt) auf dem Bildschirm. Beispielsweise stellt der Bildschirm selbst ein vollständiges, einzelnes Bitbild dar. Ebenso repräsentieren die Punktmuster für alle Zeichen in einer Schrift ein Bitbild der Schrift. Bei einer Schwarzweißdarstellung ist jedes Pixel entweder weiß oder schwarz, so dass es von einem einzelnen Bit dargestellt werden kann. Das »Muster« von Einsen und Nullen im Bitbild bestimmt dann das Muster von weißen und schwarzen Punkten, die ein Bild auf dem Bildschirm erzeugen. Bei einer Farbdarstellung wird die entsprechende Beschreibung von Bildschirmbits als »Pixelbild« bezeichnet, da mehr als 1 Bit für die Darstellung jedes Pixel erforderlich ist. → *siehe auch* Bitmap, Pixelgrafik.

Bitblock, der; *Subst.* (bit block)
In der Computergrafik eine als Einheit behandelte Gruppe von Pixeln. Der Ausdruck kommt daher, dass in der Tat Blöcke von Bits die Anzeigeeigenschaften wie Farbe und Intensität beschreiben. Programmierer setzen Bitblöcke in Verbindung mit der sog. Bitblock-Transfertechnik (BitBlt) ein, um Grafi-

ken und Animationen mit hoher Geschwindigkeit darzustellen. → *siehe auch* Bitblocktransfer.

Bitblocktransfer, der; *Subst.* (bit block transfer)
Abkürzung: BitBlt. Bei grafischen Darstellungen und Animationen eingesetzte Programmiertechnik, bei der im Speicher abgelegte Bitblöcke manipuliert werden. Diese Bitblöcke repräsentieren die einzelnen Pixel eines rechteckigen Bildteiles, enthalten also Informationen über Farbwerte und andere Attribute der einzelnen Pixel. Der durch einen Bitblock beschriebene Bildteil kann meist eine beliebige Größe einnehmen – von einem (kleinen) Cursor bis zu einem Bildausschnitt, der weite Teile des Bildschirms umfasst. Ein Bitblock lässt sich innerhalb des Video-RAM als Einheit bewegen (und nicht jedes Pixel einzeln), so dass der repräsentierte Bildteil sehr schnell auf einer neuen Bildschirmposition angezeigt werden kann. Die Bits lassen sich außerdem verändern, wodurch z.B. eine Invertierung des Bildteiles möglich ist. Daneben lässt sich das Erscheinungsbild einer Grafik durch kontinuierlich wechselnde Darstellungen verändern, oder die Grafik wird nach diesem Prinzip auf dem Bildschirm hin und her bewegt. Einige Computer verfügen über spezielle Grafikhardware, mit denen Bitblöcke verändert werden können, ohne dass der verbleibende Teil des Bildschirms betroffen ist. Auf diese Weise lässt sich die Animation kleiner Figuren, sog. »Shapes«, beschleunigen, da das Programm nicht mehr kontinuierlich den Bereich, den das Shape umgibt, vergleichen, berechnen und neu zeichnen muss. → *siehe auch* Sprite.

bitblt
→ *siehe* Bitblocktransfer.

Bit Bucket, der; *Subst.* (bit bucket)
Ein imaginärer Ort zum »Vernichten« von Daten (Bucket = Eimer). Ein Bit Bucket ist ein Null-Eingabe-/Ausgabegerät, von dem keine Daten gelesen werden können und bei dem das Schreiben von Daten ohne Wirkung bleibt. Ein Beispiel für einen Bit Bucket ist das NUL-Gerät unter MS-DOS. Wird z.B. die Ausgabe eines Verzeichnisses auf das NUL-Gerät umgeleitet, wird sie unterdrückt – das Verzeichnis ist also weder auf dem Bildschirm noch auf einem anderen Ausgabegerät sichtbar.

Bitdichte, die; *Subst.* (bit density)
Ein Maß für die Anzahl von Informationen pro Längen- oder Oberflächeneinheit (bei einem Speichermedium) oder pro Zeiteinheit (bei einer Kommunikationsleitung).

B

Bit, dirty, das; *Subst.* (dirty bit)
→ *siehe* dirty Bit.

Bitebene, die; *Subst.* (bit plane)
Eine Schicht aus einer Einheit mehrerer Bitmaps, die zusammen eine Farbgrafik bilden. Jede Bitebene enthält die Werte für ein Bit aus einer Gruppe von Bits, die das entsprechende Pixel beschreiben. Eine Bitebene erlaubt dabei die Darstellung von 2 Farben (gewöhnlich Schwarz und Weiß), 2 Bitebenen 2^2 = 4 Farben, 3 Bitebenen 2^3 = 8 Farben usw. Der Ausdruck »Bitebene« stammt daher, dass die jeweiligen Bereiche wie separate Ebenen behandelt werden, die, in Gedanken übereinander gelegt, das entsprechende Bild ergeben. Beim gegensätzlichen Verfahren werden die einzelnen Bits, die ein Pixel darstellen, durchgehend, also gemeinsam in einem Byte, gespeichert. Bei der Verwendung von Bitebenen zur Darstellung von Farben kommt häufig auch eine Farbindextabelle oder Farbzuordnungstabelle zum Einsatz, mit der die Zuweisung von Farben an bestimmte Bitmuster erfolgt. Bitebenen werden in den 16-Farbgrafikmodi von EGA- und VGA-Karten verwendet; die Einheit aus 4 Bit (aus den 4 Bit-Ebenen) entsprechen dabei den 4 Bit des IRGB-Codes. → *siehe auch* EGA, Farbindextabelle, Farbzuordnungstabelle, IRGB, Schichtung, VGA. → *vgl.* Farbbits.
Gelegentlich wird der Ausdruck »Bitebene« auch für eine Schicht aus einem Satz übereinander gelegter Grafiken (z.B. Schaltbilder) verwendet, die auf dem Bildschirm dargestellt werden.

Bit, höchstwertiges, das; *Subst.* (most significant bit)
→ *siehe* höchstwertiges Bit.

Bitmanipulation, die; *Subst.* (bit manipulation)
Ein Vorgang, bei dem ein Bit oder einzelne Bits verändert werden, im Gegensatz zur gebräuchlicheren und im Allgemeinen einfacher durchführbaren Änderung kompletter Bytes oder Datenwörter. → *siehe auch* Maske.

Bitmap, die; *Subst.* (bit map)
Eine Datenstruktur im Speicher, die Informationen in Form einer Sammlung einzelner Bits repräsentiert. Eine Bitmap dient dazu, ein Bitbild darzustellen. Auf einigen Systemen dienen Bitmaps außerdem zur Repräsentation der Belegung von Blöcken (Speichereinheiten) auf einem Datenträger. Ein gesetztes Bit (also der Wert 1) gibt dabei an, dass der jeweilige Block frei ist und ein ungesetztes Bit (0), dass der entsprechende Block belegt ist. → *siehe auch* Bitbild, Pixelgrafik.

Bitmap, geräteunabhängige, die; *Subst.* (device-independent bitmap)
→ *siehe* DIB.

Bitmapgrafik, die; *Subst.* (bitmapped graphics)
Eine Computergrafik, die als Ansammlung von Bits im Speicher repräsentiert wird. Bei Schwarzweißgrafiken wird jedes Pixel (Bildpunkt) durch genau 1 Bit beschrieben; bei Farbgrafiken und Grafiken mit Graustufen wird dagegen ein Pixel durch mehrere Bits repräsentiert, die die unterschiedlichen Aspekte des Pixel (vor allem den Farbton) angeben. Grafikprogramme, die mit Bitmapgrafiken arbeiten – dazu gehören vor allem Malprogramme –, behandeln Grafiken als Sammlung von Punkten, nicht als Sammlung von Objekten wie Linien, Kreise usw. → *siehe auch* Bitbild, Bitmap, Pixelgrafik. → *vgl.* objektorientierte Grafik.

bitmaporientierte Dokumentenbearbeitung, die; *Subst.* (document image processing)
Ein System zum Speichern und Abrufen von Informationen für ein Unternehmen als Bitmapgrafiken von gescannten Papierdokumenten. Für die bitmaporientierte Dokumentenbearbeitung wird zwar mehr Speicher als für die reine elektronische Datenverarbeitung benötigt, dafür können jedoch Signaturen, Zeichnungen und Fotos einbezogen werden. Außerdem ist diese Technik benutzerfreundlicher. → *siehe auch* papierloses Büro.

Bitmapschrift, die; *Subst.* (bitmapped font)
Ein Satz von Zeichen in einem bestimmten Schriftgrad und Schriftstil, in dem jedes Zeichen als separate Bitmap (Punktmuster) beschrieben wird. Ein Beispiel für Bitmapschriften sind die Bildschirmschriften des Apple Macintosh. → *siehe auch* Konturschrift, ladbare Schrift, TrueType. → *vgl.* PostScript-Schrift, Vektorschrift. (Abbildung B.11)

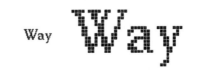

Abbildung B.11: Bitmapschrift: Jedes Zeichen besteht aus einem Punktmuster

Bitmuster, das; *Subst.* (bit pattern)
Eine Kombination aus Bits, mit der häufig die möglichen eindeutigen Kombinationen einer bestimmten Anzahl von Bits angegeben wird. Beispielsweise erlaubt ein Muster aus 3 Bit

genau 2^3 = 8 Kombinationen und ein Muster aus 8 Bit genau 2^8 = 256 Kombinationen.

In Verbindung mit Computersystemen, die Bitmapgrafiken unterstützen, wird mit »Bitmuster« auch ein Muster aus schwarzen und weißen Pixeln bezeichnet. → *siehe auch* Pixel.

BITNET, das; *Subst.*
Abkürzung für »**B**ecause **I**t's **T**ime **Net**work«. Ein Weitbereichsnetz, das 1981 gegründet und von der CREN (Corporation for Research and Educational Networking) mit Sitz in Washington, D.C. betrieben wurde. Es diente dazu, E-Mail und Dateien zwischen Großrechnern auszutauschen, die in Bildungs- und Forschungseinrichtungen in Nordamerika, Europa und Japan eingesetzt wurden. BITNET verwendete das NJE-Protokoll (Network Job Entry) von IBM, nicht das Internetprotokoll TCP/IP, erlaubte aber dennoch einen E-Mail-Austausch mit dem Internet. Das Programm LISTSERV, das E-Mail-Verteilerlisten verwaltet, hat seinen Ursprung im BITNET. BITNET ging 1995 im Internet auf. → *siehe auch* Internet.

bit.-Newsgroups, die; *Subst.* (bit. newsgroups)
Eine Hierarchie von Internetnewsgroups, die eine Spiegelung einiger Verteilerlisten aus dem BITNET darstellt. → *siehe auch* BITNET.

Bit, niederwertigstes, das; *Subst.* (least significant bit)
→ *siehe* niederwertigstes Bit.

bitorientiertes Protokoll, das; *Subst.* (bit-oriented protocol)
Ein Kommunikationsprotokoll, das die Übertragung von Daten in Form eines kontinuierlichen Bitstroms definiert und nicht als Folge von Einzelzeichen. Da sich die übertragenen Bits nicht in logisch unterscheidbare Zeichen in Bezug auf einen bestimmten Zeichensatz (z.B. ASCII) trennen lassen, verwendet ein bitorientiertes Protokoll zur Steuerung der Übertragung spezielle Bitfolgen anstelle reservierter Zeichen. Ein Beispiel für ein bitorientiertes Protokoll ist das von der ISO genormte HDLC (Highlevel Data Link Control).

Bitrate, die; *Subst.* (bit rate)
Die Geschwindigkeit, mit der binäre Informationen übertragen werden. → *siehe auch* Transferrate.

Bitsliceprozessor, der; *Subst.* (bit slice microprocessor)
Ein Logikchip für Mikroprozessoren, die nach Kundenwünschen für Spezialzwecke entwickelt werden. Diese Chips können programmiert werden, um dieselben Aufgaben wie andere Prozessoren durchzuführen, arbeiten aber im Unterschied dazu mit kleineren Informationseinheiten, typischerweise mit 2 oder 4 Bit. Damit größere Datenwörter verarbeitet werden können, werden einzelne Bitsliceprozessoren zu Prozessoreinheiten zusammengeschlossen.

Bits pro Sekunde, das; *Subst.* (bits per second)
→ *siehe* bps.

Bits pro Zoll, das; *Subst.* (bits per inch)
Abkürzung: BPI. Ein Maß für die Datenspeicherkapazität. Es gibt die Anzahl der Bit an, die sich auf einer Länge von einem Zoll (etwa 2,54 cm) auf einer Diskette bzw. Festplatte oder einem Magnetband speichern lassen. Bei einer Diskette bezieht sich die Einheit auf den Kreisumfang einer bestimmten Spur. → *siehe auch* Packungsdichte.

Bitstrom, der; *Subst.* (bit stream)
Allgemein eine Folge binärer Ziffern, die den Fluss von Informationen repräsentieren, die über ein bestimmtes Medium übertragen werden.

Bei der synchronen Datenübertragung stellt ein Bitstrom einen kontinuierlichen Datenfluss dar, bei dem die Zeichen im Strom durch die Empfangsstation voneinander getrennt werden – im Gegensatz zu dem Verfahren, bei dem den Daten zusätzliche Markierungen hinzugefügt werden, z.B. Start- und Stoppbits.

Bitstuffing, das; *Subst.* (bit stuffing)
Das Einfügen zusätzlicher Bits (Stuffing = Stopfen) in einen Strom von übertragenen Daten. Durch Bit Stuffing wird sichergestellt, dass eine spezielle Bitfolge nur an einer erlaubten Stelle auftaucht. Beispielsweise dürfen in den Kommunikationsprotokollen HDLC, SDLC und X.25 sechs aufeinander folgende 1-Bits nur zu Beginn und zum Ende eines Datenframes (Blocks) auftreten. Erscheinen jedoch fünf 1-Bits in Folge, wird dabei ein 0-Bit in den Rest des Stromes eingefügt. Die hinzugefügten 0-Bits werden von der Empfangsstation entfernt, um die Daten in ihrer ursprünglichen Form wieder herzustellen. → *siehe auch* HDLC, SDLC, X.25.

Bittiefe, die; *Subst.* (bit depth)
Die Anzahl von Bits, die in einer Grafikdatei verwendet werden, um die Farbinformationen eines einzelnen Bildpunktes (Pixel) zu speichern.

Bitübertragungsrate, die; *Subst.* (bit transfer rate)
→ *siehe* Transferrate.

B

Bit-Übertragungsschicht, die; *Subst.* (physical layer)
→ siehe physische Schicht.

Bitschieber, der; *Subst.* (bit twiddler)
Umgangssprachliche Bezeichnung für jemanden, der sich ganz und gar der Computerei verschrieben hat, insbesondere jemand, der leidenschaftlich in Assembler programmiert. → *vgl.* Hacker.

bitweise Invertierung, die; *Subst.* (bit flipping)
Die Umkehr von Bits, d.h. aus einer 0 wird eine 1 und umgekehrt. Um z.B. eine Schwarzweißgrafik zu invertieren (also die Farben Weiß und Schwarz untereinander auszutauschen) – man spricht dabei auch von einer »Negativdarstellung« –, muss ein Grafikprogramm lediglich die einzelnen Bits, die diese Grafik repräsentieren, invertieren.

bitweise parallel *Adj.* (bit parallel)
Eigenschaft einer Datenübertragung, bei der ein Satz von Bits (typischerweise ein Byte) übertragen wird, wobei jedes Bit dieser Einheit über eine separate Leitung im Kabel übermittelt wird. → *siehe auch* parallele Übertragung.

bitweise seriell *Adj.* (bit serial)
Eigenschaft einer Datenübertragung, bei der die Bits eines Bytes nacheinander über eine einzige Leitung übertragen werden. → *siehe auch* serielle Übertragung.

.biz
Eine der sieben im November 2000 von der ICANN neu zugelassenen Topleveldomänen, die speziell für Businessangebote konzipiert wurde. Die ersten .biz-Seiten sind seit Oktober 2001 verfügbar und werden von der Firma NeuLevel, Inc. verwaltet (http://www.neulevel.biz/). → *siehe auch* .info.

biz.-Newsgroups, die; *Subst.* (biz. newsgroups)
Usenet-Newsgroups, die Teil der biz.-Hierarchie sind und das Präfix »biz.« aufweisen. Die Diskussionen in diesen Newsgroups widmen sich geschäftlichen Themen. Im Gegensatz zu den meisten anderen Newsgrouphierarchien ist es den Benutzern erlaubt, Werbe- und anderes Marketingmaterial zu verbreiten. → *siehe auch* Newsgroup, traditionelle Newsgrouphierarchie.

B-Kanal, der; *Subst.* (bearer channel)
Zu Deutsch »Trägerkanal«. Einer der 64-Kbps-Kanäle (Kilobit pro Sekunde) bei ISDN. Ein ISDN-Basisanschluss verfügt über zwei B-Kanäle und einen Datenkanal (D-Kanal). Ein Primär-multiplexanschluss (PRI) weist dagegen 30 B-Kanäle (Europa) bzw. 23 B-Kanäle (Nordamerika) und jeweils einen D-Kanal auf. → *siehe auch* BRI, D-Kanal, ISDN, Kanalbündelung, PRI.

BlackBerry
Ein Funk-Handheldgerät, über das mobile Benutzer E-Mail-Nachrichten senden und empfangen sowie Terminkalender und Kontaktlisten anzeigen können. Ein BlackBerry besteht aus einem Display und einer integrierten Tastatur. Dank seiner einfachen Handhabung und der Funktionalität zum lautlosen Senden und Empfangen von Nachrichten per Funk wird BlackBerry besonders für die Übertragung von Textnachrichten in einer Unternehmensumgebung geschätzt. Informationen finden Sie auf der Website des Herstellers unter http://www.blackberry.net.

Blackbox, die; *Subst.* (black box)
Zu Deutsch »schwarzer Kasten«. Eine Einheit von Hard- oder Software mit unbekannter innerer Struktur, deren Funktion aber dokumentiert ist. Die internen Funktionsmechanismen spielen für einen Entwickler, der die Funktionen nutzen will, keine Rolle. Beispielsweise kann ein Speicherchip als Blackbox angesehen werden. Viele Personen verwenden Speicherchips und bauen diese in Computer ein, aber im Allgemeinen benötigen nur die Entwickler von Speicherchips Kenntnisse über deren interne Operationen.

Blackbox-Test, der; *Subst.* (black box testing)
Ein Ansatz beim Testen von Software, bei dem die testende Person das zu testende Programm als »black box«, also etwa als »undurchsichtigen Kasten« behandelt. Der Test konzentriert sich im Unterschied zum Whitebox-Test auf die sichtbare Funktionalität des Programms, nicht auf dessen interne Strukturen. Ein Blackbox-Test ist also eher benutzerorientiert, weil der Test feststellt, ob das Programm überhaupt funktioniert, und nicht, wie es programmiert wurde. → *siehe* Whitebox-Test. → *siehe auch* testen.

Black Hat, der; *Subst.*
Ein Hacker, der in böswilliger oder krimineller Absicht handelt. Ein Black Hat bricht in ein System ein, um Daten zu verändern, zu beschädigen oder zu entwenden. → *vgl.* Gray Hat, White Hat.

Blackout, das; *Subst.* (blackout)
Ein Zustand, bei dem der Energiepegel auf Null abfällt; ein vollständiger Ausfall der Stromversorgung. Zu den Ursachen eines Blackouts gehören u. a. Naturkatastrophen (Sturm,

Erdbeben) oder Störungen im Elektrizitätswerk – beispielsweise ein defekter Transformator oder eine gerissene Hochspannungsleitung. Je nach Betriebszustand, in dem sich der Computer zum Zeitpunkt des Blackouts befand, kann es in bestimmten Fällen zu Beschädigungen des Computers kommen. Waren z.B. noch nicht alle Daten gesichert, führt ein Blackout genau wie das versehentliche Ausschalten des Computers zu einem unwiederbringlichen Verlust aller nicht gespeicherten Daten. Kritisch kann sich ein Blackout eventuell dann auswirken, wenn ein Diskettenlaufwerk oder eine Festplatte gerade Informationen liest oder schreibt. Die gerade verarbeitete Information wird mit ziemlicher Sicherheit zerstört, was den Verlust eines kleinen Teiles einer Datei, der gesamten Datei bis hin zur Zerstörung des Datenträgers nach sich zieht. Auch das Laufwerk kann durch den plötzlichen Stromausfall beschädigt werden. Das einzig zuverlässige Mittel, Schäden infolge eines Blackouts zu vermeiden, ist der Einsatz einer akkugestützten, unterbrechungsfreien Stromversorgung (UPS, Uninterruptible Power Supply). → *siehe auch* unterbrechungsfreie Stromversorgung. → *vgl.* Brownout.

Blade-Server, der; *Subst.* (blade server)
Modular aufgebaute, mit einem oder mehreren Prozessoren und Arbeitsspeicher bestückte Platine, die für einen ganz bestimmten Anwendungszweck, etwa die Bereitstellung von Webseiten, genutzt wird. Aufgrund der geringen Dimensionen lassen sich mehrere Blade-Server in einem Einschubrahmen betreiben. Die geringe Leistungsaufnahme von Blade-Servern führt zu niedrigem Stromverbrauch und geringer Wärmeentwicklung. → *siehe auch* HTTP-Server, Platine.

blättern *Vb.* (browse)
Das Durchsuchen einer Datenbank, einer Dateiliste oder des Internets, wobei entweder nach einem bestimmten Eintrag gesucht wird oder allgemein nach etwas, das von Interesse sein könnte (Grobrecherche). Im allgemeinen impliziert der Begriff, dass Informationen nur angezeigt, aber nicht verändert werden. In der illegalen Hackerszene bezeichnet das englische Originalwort eine (vermutlich) nicht zerstörerische Methode, um etwas über einen unbekannten Computer herauszufinden, nachdem der Hacker illegal in das System eingedrungen ist.

Blasengrafik, die; *Subst.* (bubble chart)
Eine Grafik mit kommentierten Ellipsen (Blasen), die durch Linien oder Pfeile miteinander verbunden sind. Die in den Blasen beschriebenen Kategorien, Operationen oder Proze-

duren beziehen sich auf die Daten, die ein Programm oder System bearbeitet oder verschiebt. Blasengrafiken werden in der Systemanalyse verwendet, um den Datenfluss auszuwerten. Im Vergleich zu einem Blockdiagramm oder Flussdiagramm beschreibt die Blasengrafik vorrangig die Verbindungen zwischen Konzepten oder Teilen eines Ganzen, ohne dabei strukturelle, sequentielle oder prozedurale Beziehungen zwischen den Teilen hervorzuheben. → *vgl.* Blockdiagramm, Flussdiagramm. (Abbildung B.12)

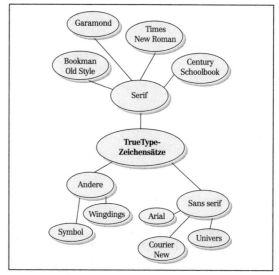

Abbildung B.12: Blasengrafik

Blasenspeicher, der; *Subst.* (bubble memory, bubble storage)
Ein Speichertyp, der durch eine Reihe von ständig magnetischen »Blasen« in einem dünnen Filmsubstrat gebildet wird. Im Gegensatz zum ROM, können auch Daten in den Speicher geschrieben werden. Im Unterschied zum RAM, bleibt der Speicherinhalt so lange erhalten, bis er geändert wird, selbst nach Wegfall der Betriebsspannung. Aus diesem Grund hatte der Blasenspeicher historisch einige Anwendungen in Umgebungen, in denen Computersysteme nach einem Stromausfall mit minimalem Datenverlust schnell wiederhergestellt sein müssen. Mit Einführung des Flashspeichers, eines Speichertyps der deutlich billiger und einfacher zu produzieren ist, ging jedoch die Bedeutung des Blasenspeichers praktisch auf Null zurück. → *siehe auch* Flashspeicher, nicht flüchtiger Speicher.

Blattabschwächung, die; *Subst.* (foliage attenuation)
Abschwächung eines Funksignals durch Bäume im Ausbreitungsweg zwischen Sender und Empfänger. Bei bestimmten

B Frequenzen können Blätter oder Fichtennadeln ein besonderes Problem darstellen.

Blatt (eines Logikbaums), das; *Subst.* (leaf)
Jeder Knoten (Ort) in einer Baumstruktur, der am weitesten von der Wurzel (erster Knoten) entfernt ist, wobei der gewählte Pfad keine Rolle spielt. In einem beliebigen Baum ist ein Blatt demzufolge ein Knoten am Ende eines Zweiges, der keine Nachfolger hat. → *siehe auch* Baum, Unterbaum, Wurzel.

Bleiakku, der; *Subst.* (lead ion battery)
Ein Energiespeicher, der auf der Umwandlung von chemischer in elektrische Energie basiert, bei der Ionen von einem Terminal zum anderen über einen Blei- und Kupferlösung enthaltenden Säureleiter transportiert werden. Dieser Akku wird für Laptops und Notebooks verwendet.

Blind Carbon Copy, die; *Subst.* (blind carbon copy)
→ *siehe* bcc.

Blind Courtesy Copy, die; *Subst.* (blind courtesy copy)
→ *siehe* bcc.

blinde Suche, die; *Subst.* (blind search)
Ein Suchvorgang im Speicher oder auf einem Speichergerät, der ohne Vorkenntnisse - etwa bezüglich der Reihenfolge oder der Position der Daten - ausgeführt wird. → *siehe auch* lineare Suche. → *vgl.* binäre Suche, Indexsuche.

Blindtext, der; *Subst.* (greek text, greeking)
Die Verwendung von grauen Balken oder anderen Grafiken zur Darstellung von Text, der bei der Anzeige auf dem Bildschirm mit der gewählten Auflösung zu klein erscheint und damit nicht lesbar ist, z.B. die Layoutansicht einer ganzen Seite oder von gegenüberliegenden Seiten.

blinken *Vb.* (blink)
Das abwechselnde Aufleuchten und Abblenden. Auf dem Bildschirm wird vor allem der Cursor blinkend dargestellt, um das Auffinden zu erleichtern. Aber auch bestimmte andere wichtige Elemente, wie z.B. Fehlermeldungen, werden häufig blinkend angezeigt. Die Blinkgeschwindigkeit kann in einigen grafischen Benutzeroberflächen vom Benutzer frei eingestellt werden.

Blinkgeschwindigkeit, die; *Subst.* (blink speed)
Die Geschwindigkeit, mit der ein Cursor - also das Element, das in einem Textfenster die Stelle kennzeichnet, auf die sich

die Eingabe bezieht - oder ein anderes Anzeigeelement aufleuchtet und abblendet.

Blip, der; *Subst.* (blip)
Eine kleine, optisch erkennbare Marke auf einem Aufzeichnungsmedium, beispielsweise auf Mikrofilm, die zum Zählen zu anderweitiger Identifizierung benutzt wird.

Block, der; *Subst.* (block)
Allgemein eine Gruppe ähnlicher Elemente, die zusammenhängend gespeichert sind und als Einheit behandelt werden.
Im Zusammenhang mit Anwendungsprogrammen ein Bereich eines Textes, der markiert (ausgewählt) werden kann, um daraufhin eine Aktion durchzuführen, die diesen Bereich als Ganzes behandelt.
Bei der Bildschirmanzeige ein rechteckiger Bereich von Pixeln (Bildpunkten), die als Einheit behandelt werden.
Bei der Speicherung von Daten eine Sammlung aufeinanderfolgender Bytes, die als Gruppe von Daten von einem Datenträger (z.B. der Festplatte) gelesen oder auf ihn geschrieben werden.
In der Kommunikationstechnik eine Einheit von übertragenen Informationen, die aus den Identifizierungscodes, den eigentlichen Daten sowie den Fehlerprüfungscodes besteht.
In der Programmierung eine Gruppe von Anweisungen, die als Einheit behandelt werden. Ist z.B. ein Block mit einer Bedingung versehen, werden alle Befehle des Blocks ausgeführt, wenn die Bedingung erfüllt ist. Bei nicht erfüllter Bedingung wird dagegen der komplette Block ignoriert.
Bei der Speicherverwaltung ein Bereich im RAM (Random Access Memory), den das Betriebssystem einem Programm zeitweise zuordnet.

Blockcursor, der; *Subst.* (block cursor)
Ein Cursor, der durch ein gefülltes Rechteck repräsentiert wird. Die Größe des Cursors entspricht einer Zeichenzelle, also dem Platz, der für ein Textzeichen zur Verfügung steht. Ein Blockcursor wird in Anwendungen verwendet, die im Textmodus betrieben werden. Speziell der Mauscursor wird in derartigen Anwendungen als Blockcursor dargestellt. → *siehe auch* Cursor, Mauszeiger, Zeichenzelle.

Blockdiagramm, das; *Subst.* (block diagram)
Ein Schaubild eines Computers oder eines anderen Systems, bei dem die Darstellung der prinzipiellen Systemkomponenten durch beschriftete Rechtecke (Blöcke) erfolgt. Die Blöcke sind durch mit Richtungspfeilen versehene Linien verbunden, wodurch die Verbindungen und Beziehungen der Kom-

ponenten untereinander optisch kenntlich gemacht werden. Ein Blockdiagramm ist ein Gesamtschema, das aufzeigt, aus welchen Bestandteilen sich ein System zusammensetzt und wie es arbeitet. Um die verschiedenen Komponenten eines Systems hinsichtlich ihrer detaillierten Funktionsweise darzustellen, werden verschiedene Arten von Diagrammen eingesetzt, z.B. Flussdiagramme und Schaltpläne. → *vgl.* Blasengrafik, Flussdiagramm. (Abbildung B.13)

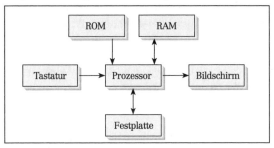

Abbildung B.13: Blockdiagramm

Blockfaktor, der; *Subst.* (blocking factor)
Die Anzahl der Datensätze in einem Block (also der zusammengehörenden Gruppen von Daten auf einem Datenträger). Beträgt die Datensatzlänge einer Datei z.B. 170 Byte und die Blockgröße 512 Byte, ergibt sich (davon ausgehend, dass keine blockübergreifenden Datensätze unterstützt werden) ein Blockfaktor von 3 (512/170 = 3, Rest 2). Jeder Block enthält damit 510 Byte, es bleiben also 2 Byte ungenutzt.

Block, freier, der; *Subst.* (free block)
→ *siehe* freier Block.

Block Gap, die; *Subst.* (block gap)
Zu Deutsch »Blocklücke«. Bei einem Magnetband der ungenutzte Raum zwischen Datenblöcken oder physikalischen Datensätzen. Bei einer Diskette oder Festplatte der ungenutzte Raum zwischen formatierten Sektoren. → *auch genannt* Blocklücke, IBG.

Blockgröße, die; *Subst.* (block size, blocking factor)
Bei der Datenkommunikation die Größe eines Blocks von Daten, die innerhalb eines Computers, per FTP oder mit Hilfe eines Modems übertragen werden. Die Größe wird meist so gewählt, dass unter Berücksichtigung aller an der Übertragung beteiligten Hardwarekomponenten eine höchstmögliche Effizienz erreicht wird.
In Verbindung mit blockorientierten Geräten (wie einer Festplatte) die Größe der zusammengehörenden Gruppe von Daten, die jeweils als Einheit an ein Gerät übertragen oder

von diesem übermittelt werden. Auch wenn nicht alle Bytes des Blocks benötigt werden, wird stets der komplette Block vom Laufwerk gelesen. Im Bereich der Personal Computer sind Blockgrößen von 128, 256 und 512 Byte gebräuchlich.

blockieren *Vb.* (block)
In der Kommunikationstechnik der Vorgang, der das Aussenden eines Signals verhindert.

Blocklänge, die; *Subst.* (block length)
Die gewöhnlich in Byte angegebene Länge eines Datenblocks. Typische Blocklängen liegen, je nach Anwendungsgebiet, im Bereich von 512 Byte bis 4.096 Kilobyte.

Blocklücke, die; *Subst.* (interblock gap)
→ *siehe* Satzzwischenraum.

blockorientiertes Gerät, das; *Subst.* (block device)
Ein Gerät, z.B. eine Festplatte, das Informationen in Blöcken – Gruppen von Bytes – verarbeitet, im Gegensatz zu einem Gerät, das zeichenweise (byteweise) arbeitet. → *vgl.* zeichenorientiertes Gerät.

Blocksatz, der; *Subst.* (full justification)
In der Textverarbeitung, im Schriftsatz und im Desktop Publishing bezieht sich Blocksatz auf die gleichmäßige Ausrichtung der Textzeilen bezüglich beider Ränder einer Spalte oder Seite. → *siehe auch* ausrichten. (Abbildung B.14)

Block, schadhafter, der; *Subst.* (bad block)
→ *siehe* schadhafter Sektor.

Blockstruktur, die; *Subst.* (block structure)
Bei der Programmierung die Organisation eines Programms in Gruppen von Anweisungen, die als »Blöcke« bezeichnet und jeweils als Einheit behandelt werden. Viele Programmiersprachen – insbesondere Ada, C und Pascal – sind eng mit dem Konzept der Blockstruktur verbunden. Ein Block stellt einen Codebereich dar, der von bestimmten Begrenzungszeichen oder Begrenzungsbefehlswörtern umgeben ist (wie { und } oder BEGIN und END), die angeben, dass der eingeschlossene Codebereich als zusammengehörige Gruppe von Befehlen verwendet werden kann. Beispielsweise ist in C jede Funktion ein separater Block. Ein Block begrenzt außerdem den Gültigkeitsbereich von Konstanten, Datentypen und Variablen, wobei diese im Allgemeinen nur in dem Block gültig sind, in dem sie deklariert wurden. → *siehe auch* Funktion, Geltungsbereich, Prozedur.

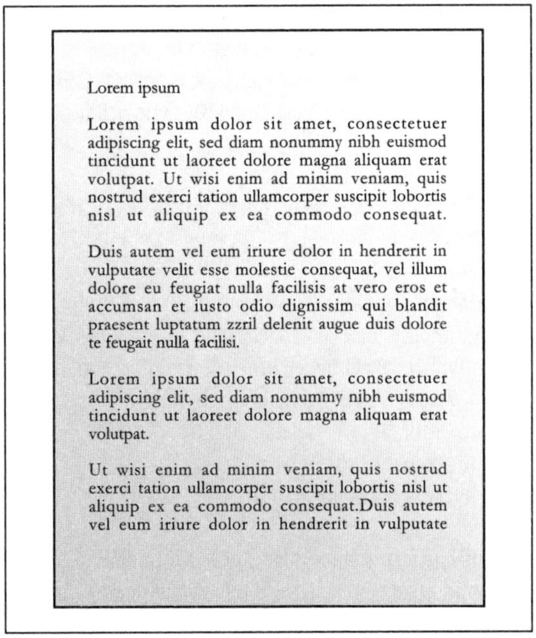

Lorem ipsum

Lorem ipsum dolor sit amet, consectetuer adipiscing elit, sed diam nonummy nibh euismod tincidunt ut laoreet dolore magna aliquam erat volutpat. Ut wisi enim ad minim veniam, quis nostrud exerci tation ullamcorper suscipit lobortis nisl ut aliquip ex ea commodo consequat.

Duis autem vel eum iriure dolor in hendrerit in vulputate velit esse molestie consequat, vel illum dolore eu feugiat nulla facilisis at vero eros et accumsan et iusto odio dignissim qui blandit praesent luptatum zzril delenit augue duis dolore te feugait nulla facilisi.

Lorem ipsum dolor sit amet, consectetuer adipiscing elit, sed diam nonummy nibh euismod tincidunt ut laoreet dolore magna aliquam erat volutpat.

Ut wisi enim ad minim veniam, quis nostrud exerci tation ullamcorper suscipit lobortis nisl ut aliquip ex ea commodo consequat.Duis autem vel eum iriure dolor in hendrerit in vulputate

Abbildung B.14: Blocksatz

blockweiser Aufbau, der; *Subst.* (building-block principle)
→ *siehe* modulares Design.

blockweise speichern Vb. (block)
Das Speichern einer Datei in Blöcken mit fester Größe.

blockweise Übertragung, die; *Subst.* (block transfer)
Die Übertragung von Daten in Gruppen von Bytes (Blöcken).

blockweise Verschiebung, die; *Subst.* (block move)
Ein Vorgang, bei dem eine bestimmte Anzahl von zusammengehörigen Daten als Einheit an einen anderen Ort verschoben wird. Ein Beispiel ist das Verschieben eines Textblocks in einem Textverarbeitungsprogramm, um ein Dokument umzuorganisieren. Ein weiteres Beispiel stellt das Verschieben von Zellbereichen in einem Tabellenkalkulationsprogramm dar. Die meisten Prozessoren verfügen über Befehle, mit denen sich Blöcke auf einfache Weise verschieben lassen.

blockweise Verschlüsselung, die; *Subst.* (block cipher)
Ein Verschlüsselungsverfahren, das auf einem privaten Schlüssel basiert und bei dem die Daten in Blöcken fester Größe (gewöhnlich 64 bit) verschlüsselt werden. Der verschlüsselte Datenblock enthält dieselbe Anzahl an Bits wie das unverschlüsselte Original. → *siehe auch* privater Schlüssel, Verschlüsselung.

Blog, das; *Subst.*
Synonym für »Web log« oder »to run a Web log«. Webs unterhalten Protokolldateien, in denen alle durchgeführten Aktionen chronologisch dokumentiert werden. Analysewerkzeuge für Protokolldateien ermöglichen den Überblick über Besuchergewohnheiten einer Website. Sie liefern Informationen über Herkunft, Besuchsfrequenz und Navigationsverhalten. Die Verwendung von Cookies verschafft Webmastern darüber hinaus detaillierte Information über das Surfverhalten individueller Benutzer. → *siehe auch* Webserver.

Blogger, der; *Subst.* (blogger)
Eine Person, die ein Weblog führt oder verwaltet. → *siehe auch* Weblog.

Blowfish
Vom Unternehmen Counterpane Labs (http://www.counterpane.com) im Jahre 1993 erstmals vorgestellter Verschlüsselungsalgorithmus. Blowfish benutzt bei der symmetrischen Verschlüsselung der jeweils 64 Bit großen Datenblöcke variable Schlüssellängen zwischen 32 und 448 Bit und lässt sich dadurch exakt an die jeweilige Benutzerumgebung anpassen. Da die Verwendung des nicht durch ein Patent geschützten Blowfish-Algorithmus keinerlei Lizenzgebühren kostet, setzen weit über 200 Securityprodukte auf diese Verschlüsselungsmethode. → *siehe auch* symmetrische Verschlüsselung, Verschlüsselung.

Blueboxing, das; *Subst.* (blue screen)
Zu Deutsch: »blauer Raum«. Eine Technik, die vor allem bei Film und Fernsehen für Spezialeffekte eingesetzt wird und bei der ein Bild von einem anderen Bild überlagert wird. Die Szenen werden dabei in einem vollständig blau ausgekleideten Studio gefilmt. Der Hintergrund wird separat aufgenommen. Beide Aufnahmen werden in einem speziellen Prozess zusammengeführt, bei dem alle blauen Elemente der Vordergrundaufnahme durch den Hintergrund ersetzt werden. Das Ergebnis ist eine einzige Aufnahme – die Vordergrundszene spielt sich dann vor dem neuen Hintergrund ab. Das Blueboxing wird z.B. in Nachrichtensendungen eingesetzt, um den Moderator vor einer Wetterkarte einzublenden.

Bluetooth, die; *Subst.*
Eine Spezifikation für die Hochgeschwindigkeitsdatenübertragung über kurze Distanzen mittels Funk zwischen Mobiltelefonen, Notebookcomputern, PDAs und anderen tragbaren Geräten wie beispielsweise Prüfgeräten oder elektronischen Kameras. Sie wurde 1998 von einer Firmengruppe aus

B

L. M. Ericsson, IBM, Intel, Nokia und Toshiba begründet. Geräte, die mit einem Bluetooth-Chip ausgestattet sind, können Informationen innerhalb eines Radius von 10 Metern über Funkwellen im 2,45-GHz-Spektrum übertragen. Weitere Informationen erhalten Sie unter der Webadresse http://www.bluetooth.com. → *siehe auch* Piconet, Scatternet.

Bluetooth-Gerät, das; *Subst.* (Bluetooth device)
Überbegriff für alle Endgeräte, die Daten und Steuerbefehle über eine Bluetooth-Verbindung senden und empfangen können. → *siehe auch* Bluetooth-Spezifikation.

Bluetooth-Maus, die; *Subst.* (Bluetooth mouse)
Für den Einsatz mit dem Computer konzipiertes Eingabegerät, das die Verbindung mit dem Computer mittels Bluetooth-Technologie herstellt. → *siehe auch* Bluetooth-Spezifikation.

Bluetooth Special Interest Group
Ein Konsortium von Unternehmen aus den Branchen Telekommunikation, Computer und Netzwerke, die die Entwicklung und den Einsatz der Bluetooth-Technologie fördern. Die Website der Bluetooth Special Interest Group finden Sie unter der Adresse http://www.bluetooth.org.

Bluetooth-Spezifikation, die; *Subst.* (Bluetooth)
Eine Spezifikation für die Hochgeschwindigkeitsdatenübertragung über kurze Distanzen mittels Funk zwischen Mobiltelefonen, Notebookcomputern, PDAs, Computerhardware und anderen tragbaren Geräten wie beispielsweise Prüfgeräten oder elektronischen Kameras. Bluetooth wurde 1998 von einer Firmengruppe aus L.M. Ericsson, IBM, Intel, Nokia und Toshiba begründet. Geräte, die mit einem Bluetooth-Chip ausgestattet sind, können Informationen und Steuerbefehle innerhalb eines Radius von 10 bis maximal 100 m über Funkwellen im Frequenzspektrum zwischen 2,402 GHz und 2,480 GHz, dem so genannten ISM-Band (Industrial, Scientific, Medical), übertragen. Bis zu 256 Bluetooth-Geräte lassen sich zu einem drahtlosen, Piconet genannten Funknetzwerk zusammenschließen. Es können jedoch immer nur sieben Geräte gleichzeitig aktiv sein. Weitere Informationen erhalten Sie unter der Webadresse http://www.bluetooth.com. → *siehe auch* Piconet, Scatternet.

Bluetooth-Tastatur, die; *Subst.* (Bluetooth keyboard)
Für den Einsatz mit dem Computer konzipiertes Eingabegerät, das die Verbindung mit dem Computer mittels Bluetooth-Technologie herstellt. → *siehe* Bluetooth-Spezifikation.

Bluetooth-Verbindung, die; *Subst.* (Bluetooth connection)
Bezeichnet die zum Zweck des Datenaustausches eingerichtete Verbindung zwischen Endgeräten wie Computer, PDA, Tastatur und Mobiltelefon, bei dem Daten und Steuerbefehle mittels Bluetooth-Technologie übertragen werden. → *siehe* Bluetooth-Spezifikation, PDA.

.bmp
Eine Dateinamenerweiterung, die eine im Bitmapdateiformat gespeicherte Rastergrafik kennzeichnet. → *siehe auch* Bitmap.

BNC-Stecker, der; *Subst.* (BNC connector)
Abkürzung für **B**ritish **N**aval **C**onnector. Eine Steckverbindung für Koaxialkabel, bei der der Stecker in eine Buchse geführt und durch eine anschließende Drehbewegung um 90 Grad im Uhrzeigersinn arretiert wird. BNC-Stecker werden häufig bei Bildschirmkabeln sowie bei Ethernet-Netzwerkkabeln eingesetzt. → *siehe auch* Koaxialkabel. (Abbildung B.15)

Abbildung B.15: BNC-Stecker: Stecker (links) und Steckerbuchse

Body, der; *Subst.* (body)
In E-Mail und in Nachrichten innerhalb von Internetnewsgroups der eigentliche Inhalt der Nachricht. Der Body beginnt unter dem Kopf der Nachricht. Letzterer enthält im Wesentlichen den Empfänger und Absender. → *siehe auch* Kopf. → *auch genannt* Textkörper.

BOF
Abkürzung für »**b**irds **o**f a **f**eather«. Treffen von Leuten, die sich mit dem gleichen Fachgebiet beschäftigen, im Rahmen von Veranstaltungen, Messen, Konferenzen und Kongressen. Derartige Treffen stellen eine Möglichkeit dar, Erfahrungen mit Leuten auszutauschen, die in anderen Firmen und Forschungseinrichtungen arbeiten. → *siehe* Dateianfang.

Bombe, die; *Subst.* (bomb)
Ein Programm, das zu dem Zweck entwickelt wurde, ein System zu beschädigen oder zu zerstören. Bomben werden meist in ein System eingeschleust, ohne dass die Benutzer etwas davon bemerken. Typischerweise löschen Bomben die

B Festplatte oder manipulieren diese so, dass das Betriebssystem nicht mehr darauf zugreifen kann. → *siehe auch* Trojanisches Pferd, Virus, WORM.

Bombenschaltfläche, die; *Subst.* (button bomb)
Auf einer Webseite eine Schaltfläche, die in Form einer Bombe dargestellt wird.

Boolesch *Adj.* (Boolean)
Eigenschaft eines logischen Wertes, also eines Wertes, der nur einen der Werte »wahr« oder »falsch« annehmen kann. Viele Programmiersprachen unterstützen einen speziellen Booleschen Datentyp, der vordefinierte Werte für »wahr« und »falsch« zur Verfügung stellt. Andere Sprachen kennen zwar keinen Booleschen Datentyp, erlauben es aber, als Ersatz den Integerdatentyp einzusetzen, wobei im Allgemeinen der Wert »falsch« durch 0 und der Wert »wahr« durch »NOT 0« (also ungleich 0) repräsentiert wird. → *siehe auch* Boolesche Algebra, Boolescher Operator.

Boolesche Algebra, die; *Subst.* (Boolean algebra)
Form der Algebra, die fundamentale Bedeutung für Computeroperationen hat, obgleich sie bereits Mitte des 19. Jahrhunderts vom englischen Mathematiker George Boole entwickelt wurde. Gegenstand der Booleschen Algebra sind logische Behauptungen, die entweder »wahr« oder »falsch« anstelle von numerischen Werten zum Ergebnis haben. In der Booleschen Algebra müssen Variablen einen der beiden Werte »wahr« oder »falsch« annehmen, Beziehungen zwischen den Variablen werden mit logischen Operatoren wie AND (Und), OR (Oder) und NOT (Nicht) hergestellt. Eine Aussage in der Booleschen Algebra könnte z.B. so aussehen: »C = A AND B«. Dies bedeutet, dass »C« nur dann wahr ist, wenn sowohl »A« als auch »B« wahr sind. Nach diesem Prinzip können Informationen verarbeitet und Probleme gelöst werden. Die Boolesche Logik kann außerdem leicht auf elektronische Schaltungen übertragen werden, die in digitalen Computern eingesetzt werden. Analog zu den binären Ziffern 1 und 0, lassen sich auch die Werte »wahr« und »falsch« leicht durch die gegensätzlichen physikalischen Zustände eines Schaltkreises repräsentieren, z.B. durch zwei Spannungspegel. Schaltungen, die als »Logikgatter« bezeichnet werden, steuern den Fluss des elektronischen Stromes (der Datenbits) und repräsentieren auf diese Weise die Booleschen Operatoren wie AND, OR und NOT. Durch Kombination mehrerer Logikgatter wird die Ausgabe eines Gatters zur Eingabe eines anderen Gatters, so dass das endgültige Ergebnis (weiterhin nichts anderes als eine Folge von Einsen und Nullen) bereits

relevante Daten darstellt, z.B. die Summe von zwei Zahlen. → *siehe auch* Addierer, binary, Boolescher Operator, Gate, logischer Schaltkreis, Wahrheitstabelle. (Abbildung B.16)

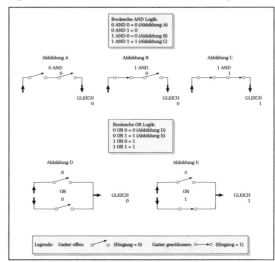

Abbildung B.16: Boolesche Algebra: Die Booleschen Schaltungen. In den schattierten Feldern werden die möglichen Ergebnisse der verschiedenen Eingabekombinationen angegeben.

Boolesche Logik, die; *Subst.* (Boolean logic)
→ *siehe* Boolesche Algebra.

Boolescher Ausdruck, der; *Subst.* (Boolean expression)
Eine Verarbeitungsvorschrift, die einen Booleschen Wert (»wahr« oder »falsch«) zurückgibt. Ein Boolescher Ausdruck setzt sich aus Booleschen Operatoren (wie AND [Und], OR [Oder], NOT [Nicht] und XOR [exklusives Oder]), Vergleichsoperatoren (wie = [gleich], < [kleiner], <= [kleiner gleich], > [größer] und >= [größer gleich]) sowie den Operanden (also den zu überprüfenden und zu kombinierenden Werten) zusammen. → *siehe auch* Boolesch, Boolesche Algebra, Boolescher Operator, relationaler Operator. → *auch genannt* bedingter Ausdruck, logischer Ausdruck.

Boolescher Operator, der; *Subst.* (Boolean operator)
Ein Operator, der zur Verarbeitung von Booleschen Werten, also den Werten »wahr« und »falsch«, dient. Die vier gebräuchlichsten Booleschen Operatoren in der Programmierung sind AND (Und [logische Konjunktion]), OR (Oder [logischer Einschluß]), XOR (exklusives Oder) und NOT (Nicht [logische Negation]). Boolesche Operatoren werden außerdem in Datenbankrecherchen verwendet – z.B. »Suche alle Datensätze, in denen ABTEILUNG = "Marketing" OR ABTEILUNG = "Verkauf" AND FACH = "Textverarbeitung"«. → *siehe*

auch AND, exklusives ODER, NOT, OR. → *auch genannt* logischer Operator.

Boolesche Suche, die; *Subst.* (Boolean search)
Eine Datenbankrecherche, in der Boolesche Operatoren verwendet werden. → *siehe auch* Boolescher Operator.

Bootblock, der; *Subst.* (boot block)
Ein Bereich auf einer Diskette oder Festplatte, der den Bootstrap Loader (Urlader) enthält (dieser initiiert das Laden des Betriebssystems) sowie andere grundlegende Informationen, die für den Start des Computers wichtig sind. → *siehe auch* markieren.

Bootdiskette, die; *Subst.* (boot disk)
Eine Diskette, die die grundlegenden Dateien des Betriebssystems eines PCs enthält und über die der Computer gestartet (gebootet) werden kann. Die Diskette muss gewöhnlich in das erste Diskettenlaufwerk (in aller Regel Laufwerk A:) eingelegt werden. Bei den heute üblichen Systemen startet der Computer von der Festplatte. Die Bootdiskette wird allerdings benötigt, wenn beim Start von der Festplatte Probleme auftreten. → *siehe auch* A:, Booten, Bootlaufwerk, Festplatte. → *auch genannt* bootfähige Diskette.

Booten, das; *Subst.* (boot)
Der Prozess, bei dem ein Computer gestartet wird. Nachdem der Computer eingeschaltet oder durch einen Reset zurückgesetzt wurde, führt der Computer die Software (den sog. Urlader oder Bootstrap Loader) aus, die das Betriebssystem lädt, startet und für die Anwendung durch den Benutzer vorbereitet. → *siehe auch* BIOS, Kaltstart, Urlader, Warmstart. → *auch genannt* urladen.

booten *Vb.* (boot)
Das Starten des Computers. Dies ist im Allgemeinen auf folgende Art und Weise möglich: durch Einschalten des Computers, durch Druck auf den Reset-Schalter (der am Computergehäuse angebracht ist), durch Betätigung der dafür reservierten Tastenkombination auf der Tastatur oder durch Anwahl des entsprechenden Menüpunktes. → *siehe auch* neu starten. → *auch genannt* hochfahren, urladen.
Beim Booten wird der Bootstrap Loader (Urlader) ausgeführt. → *siehe auch* Urlader. → *auch genannt* urladen.

bootfähig *Adj.* (bootable)
Eigenschaft einer Diskette oder Festplatte, die alle zum Booten (Starten) eines PCs erforderlichen Dateien enthält.

bootfähige Diskette, die; *Subst.* (bootable disk)
→ *siehe* Bootdiskette.

Bootfehler, der; *Subst.* (boot failure)
Das Scheitern des Starts des Computers. Der Computer kann das Betriebssystem nicht finden oder aus anderen Gründen nicht laden.

Bootlaufwerk, das; *Subst.* (boot drive)
Bei einem PC das Laufwerk, von dem das BIOS automatisch das Betriebssystem lädt, nachdem der Computer eingeschaltet oder zurückgesetzt wurde. Bei PCs, die mit einem der Betriebssysteme MS-DOS, Windows 3.x, Windows 9x, Windows NT oder Windows 2000 arbeiten, ist das standardmäßige Bootlaufwerk das erste Diskettenlaufwerk (A:). Wenn sich in diesem Laufwerk keine Diskette befindet, versucht das BIOS, vom ersten Festplattenlaufwerk (C:) zu booten. Bei den meisten PCs kann das BIOS so umkonfiguriert werden, dass zuerst versucht wird, von Laufwerk C: zu booten. → *siehe auch* A:, BIOS, Diskettenlaufwerk, Festplatte.

BOOTP
→ *siehe* Bootprotokoll.

Bootpartition, die; *Subst.* (boot partition)
Die Partition auf einer Festplatte, die das Betriebssystem und weitere unterstützende Dateien enthält. Von dieser Partition lädt der Computer das Betriebssystem in den Arbeitsspeicher, nachdem der Computer eingeschaltet oder neu gestartet wurde.

Bootprotokoll, das; *Subst.* (Boot Protocol)
Ein Protokoll, das in den RFCs 951 und 1084 beschrieben ist und beim Booten von Arbeitsstationen eingesetzt wird, die weder über ein Diskettenlaufwerk noch über eine Festplatte verfügen. → *siehe auch* RFC. → *auch genannt* BOOTP.

Bootrecord, der; *Subst.* (boot record)
Der Bereich auf einer Diskette oder Festplatte, der das Betriebssystem enthält.

Bootsektor, der; *Subst.* (boot sector)
Der Sektor einer Diskette oder Festplatte, in dem sich der Urlader (Bootstrap Loader) des Betriebssystems befindet. Der Urlader initiiert das Laden des Betriebssystems. Der Bootsektor enthält typischerweise ein kurzes Maschinenspracheprogramm, das das Betriebssystem lädt.

B

Bootstrap, das; *Subst.* (bootstrap)
→ *siehe* Booten.

Border Gateway Protocol, das; *Subst.*
Abkürzung: BGP. Ein Protokoll, das im NSFnet verwendet wird und auf dem External Gateway Protocol (EGP) basiert. → *siehe auch* External Gateway Protocol, NSFnet.

bot, der; *Subst.*
Die visualisierte Darstellung eines Menschen oder eines anderen Wesens, dessen Handlungen und Bewegungen programmgesteuert ablaufen.

Bottom-Up-Design, das; *Subst.* (bottom-up design)
Eine Methode bei der Programmentwicklung, bei der zunächst die Aufgaben der unteren Ebenen eines Programms festgelegt werden. Die Entwicklung der darüber liegenden Funktionen baut auf dem Entwurf der niederen Ebenen auf. → *siehe auch* Bottom-Up-Programmierung, Topdownprogrammierung. → *vgl.* Topdowndesign.

Bottom-Up-Programmierung, die; *Subst.* (bottom-up programming)
Eine Technik bei der Programmierung, bei der die Funktionen niederer Ebenen zuerst entwickelt und getestet werden und damit die Grundlage für den Aufbau von Funktionen der jeweils darüber liegenden Ebene bilden. Viele Programmentwickler sehen die ideale Programmiermethode in einer Kombination von Topdowndesign und Bottom-Up-Programmierung. → *siehe auch* Topdowndesign. → *vgl.* objektorientierte Programmierung, Topdownprogrammierung.

bouncen *Vb.* (bounce)
Das Zurücksenden an den Absender. Der Ausdruck wird in Verbindung mit unzustellbarer E-Mail verwendet.

Bourne-Shell, die; *Subst.* (Bourne shell)
Die erste wichtige Shell (Befehlsinterpreter) für das Betriebssystem UNIX. Sie ist Bestandteil des UNIX-Derivates AT&T System V. Sie wurde 1979 von Steve Bourne an den AT&T Bell Laboratories entwickelt. Obwohl einige Leistungsmerkmale fehlen, die in anderen UNIX-Shells üblich sind (z.B. das Editieren in der Befehlszeile und das Abrufen bereits abgesendeter Befehle), sind die meisten Shellskripten nach wie vor für die Bourne-Shell konzipiert. → *siehe auch* AT&T System V, Shell, Shellskript, UNIX. → *auch genannt* sh. → *vgl.* C-Shell, Korn-Shell.

Box, die; *Subst.*
Ein Gehäuse, in dem sich ein elektronisches Bauteil befindet. Vorrangig im Englischen verwendeter, umgangssprachlicher Ausdruck für einen Computer, genauer das Gehäuse, in dem sich die Systemplatine (die den Prozessor und andere Chips enthält) befindet. → *siehe auch* Prozessor.
Bezeichnung für einen von IBM hergestellten Front-End-Prozessor. → *siehe auch* Front-End-Prozessor.
Ein rautenförmiges Symbol, das meist als »Entscheidungssymbol« bezeichnet wird. Es wird in Flussdiagrammen verwendet und kennzeichnet einen Vorgang, der zwei oder mehrere Ergebnisse haben kann, z.B. im Rahmen einer Ja/Nein-Entscheidung. → *siehe auch* Entscheidungssymbol.
Die Begrenzung einer Grafik auf dem Bildschirm. → *siehe auch* Grafikbegrenzung.

Box-Top-Lizenz, die; *Subst.* (box-top license)
→ *siehe* Shrinkwrap-Vertrag.

Boyce-Codd-Normalform, die; *Subst.* (Boyce-Codd normal form)
→ *siehe* Normalform.

Bozo (bozo)
Umgangssprachliche Bezeichnung für eine dumme, alberne oder exzentrische Person. Sie wird häufig im Internet verwendet, vor allem in Newsgroups. Die Bezeichnung stammt von dem in den USA bekannten TV-Clown »Bozo«.

Bozofilter, der; *Subst.* (bozo filter)
Im Internet eine umgangssprachliche Bezeichnung für ein Leistungsmerkmal in einigen E-Mail Clients und Newsgroup Readers oder für ein separates Hilfsprogramm, das es erlaubt, eingehende E-Mail oder Newsgroupbeiträge auszufiltern, die von bestimmten Benutzern stammen. Im Allgemeinen wird man diejenigen Benutzer ausfiltern, mit denen man nichts mehr zu tun haben will. Die Bezeichnung kommt daher, dass typischerweise »Bozos« ausgefiltert werden. → *siehe auch* Bozo. → *auch genannt* Killfile.

BPI
→ *siehe* Bits pro Zoll, Bytes pro Zoll.

bps
Abkürzung für »**b**its **p**er **s**econd«, zu Deutsch »Bit pro Sekunde«. Ein Maß für die Geschwindigkeit, mit der ein Gerät – beispielsweise ein Modem – Daten übertragen kann. Die

Einheit »bps« ist nicht zu verwechseln mit der Baudrate. → *siehe auch* Baud, Baudrate.

Braindump, der; *Subst.* (brain dump)
Wörtlich übersetzt »Gehirnauszug«. Umgangssprachlicher Ausdruck für eine sehr große, unstrukturierte Menge an Informationen, die schwierig zu verarbeiten oder zu interpretieren sind, übermittelt als Reaktion auf eine Anfrage per E-Mail oder auf einen Newsgroupbeitrag.

Branchenanwendung, die; *Subst.* (vertical application)
Eine spezielle Anwendung für den Bedarf einer bestimmten Berufsgruppe oder Branche - beispielsweise eine Anwendung für die Gastronomiebranche, in der u. a. Einnahmen und Trinkgelder verwaltet werden können.

BRB
Abkürzung für »(I'll) **be r**ight **b**ack«, zu Deutsch »Komme gleich wieder«. Ein Ausdruck, der in Livechats im Internet und anderen Onlinediensten verwendet wird und angibt, dass ein Teilnehmer die Runde kurzzeitig verlässt.

Breadboard, das; *Subst.* (breadboard)
Zu Deutsch »Brettschaltung«. Eine gelochte Platte, die zum Aufbau provisorischer elektronischer Schaltungen dient, typischerweise für Experimentalschaltungen und Prototypen. Die Lochungen erlauben es, die Bauelemente auf einer Seite unterzubringen und die Verbindungsdrähte an der Unterseite der Platte zu führen. Heute übliche Breadboards bestehen in aller Regel aus Plastik. Die Löcher sind kleiner, so klein, dass die Pins der Chips passgenau Halt finden. Die Verbindungen zwischen den Bauteilen werden durch Metallstreifen hergestellt, die in die Löcher gesteckt werden. → *vgl.* Wirewrap-Technik. (Abbildung B.17)

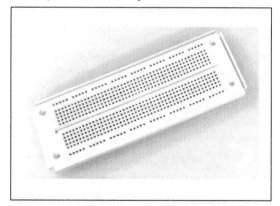

Abbildung B.17: Breadboard

Breadcrumb, das; *Subst.* (breadcrumbs)
Navigationshilfen für Websites, etwa Hinweise, Schaltflächen oder Links, die als Bezugsrahmen dienen. Breadcrumbs geben dem Benutzer dessen jeweilige Position auf der Website an. Sie können eine vollständige Rückweg-Navigation zur ersten Seite enthalten, indem beispielsweise jeder Link, den der Benutzer aufgerufen hat, in einer Menüleiste protokolliert wird. Breadcrumbs können auch die aktuelle Position mit Wegweisern und empfohlenen Pfadangaben anzeigen. Der Begriff Breadcrumbs (»Brotkrumen«) bezieht sich auf das Märchen von Hänsel und Gretel, die eine Brotkrumenspur legten, um sich im Wald nicht zu verirren. → *siehe auch* Hyperlink, Website. → *vgl.* Navigationsleiste.

Breakoutbox, die; *Subst.* (breakout box)
Ein kleines Hardwarezusatzgerät, das zwischen zwei Geräte geschaltet werden kann, z.B. einen Computer und ein Modem, um die übertragenen Signale zu überprüfen und bei Bedarf einzelne Verbindungen des Kabels umzuleiten. (Abbildung B.18)

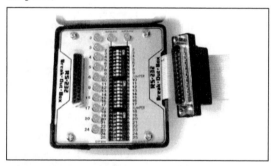

Abbildung B.18: Breakoutbox

Breitband- *Adj.* (broadband)
Eigenschaft eines Kommunikationssystems, in dem das Übertragungsmedium (z.B. Kupferkabel oder Glasfaserkabel) gleichzeitig mehrere Nachrichten transportiert. Es stehen also mehrere Übertragungskanäle zur Verfügung. Jede Nachricht wird dabei mit Hilfe von Modems auf eine eigene Trägerfrequenz moduliert. Dieses Verfahren wird als »Frequenz-Multiplexverfahren« bezeichnet. Breitbandübertragungen werden in Weitbereichsnetzen eingesetzt. → *vgl.* Basisband-.

Breitbandmodem, das; *Subst.* (broadband modem)
Ein Modem für den Einsatz in einem Breitbandnetzwerk. Die Breitbandtechnologie erlaubt die gleichzeitige Übertragung von mehreren Diensten, auch aus unterschiedlichen Netzwerken. Der Datenverkehr eines Netzwerks gerät nicht in Konflikt mit dem Datenverkehr eines anderen Netzwerks, da

B

die Übertragungen auf unterschiedlichen Frequenzen ablaufen. Ein Beispiel sind Radioübertragungen; jeder Radiosender verwendet dabei eine eigene Frequenz, so dass mehrere Radioprogramme gleichzeitig übertragen werden können. → *siehe auch* Breitbandnetzwerk.

Breitbandnetzwerk, das; *Subst.* (broadband network)
Ein lokales Netzwerk, bei dem die Einzelübertragungen als Hochfrequenzsignale über getrennt ankommende und abgehende Kanäle transportiert werden. Die Verbindung der Netzwerkstationen erfolgt durch Koaxial- oder Glasfaserkabel. In Breitbandnetzwerken können Daten, Sprache und Video mit Hilfe mehrerer Übertragungskanäle gleichzeitig transportiert werden. Jeder Datenstrom wird dabei auf eine eigene Frequenz moduliert (Frequenz-Multiplexverfahren). Mit einem Breitbandnetzwerk lassen sich sehr hohe Geschwindigkeiten (20 Megabit pro Sekunde und mehr) erreichen. Allerdings sind Breitbandnetzwerke teurer und zum Teil auch schwieriger zu installieren als Basisbandnetzwerke. Breitbandnetzwerke basieren auf einer Technologie, die auch beim Kabelfernsehen eingesetzt wird. → *auch genannt* Breitbandübermittlung. → *vgl.* Basisbandnetzwerk.

Breitbandübermittlung, die; *Subst.* (wideband transmission)
→ *siehe* Breitbandnetzwerk.

Breitschrift *Adj.* (expanded)
Ein Schriftstil, bei dem die Zeichen mit einem größeren Zwischenraum als normal gesetzt werden. → *vgl.* Schmalschrift.

Brenndatei, die; *Subst.* (physical-image file)
Eine Festplattenkopie des Datenmaterials, das auf eine CD-ROM gebrannt werden soll. Wenn zuvor eine vollständige Kopie angefertigt wird, wird ein entscheidendes Problem beim Brennen von CD-ROMs beseitigt: Es treten nämlich keine Verzögerungen beim Vorbereiten des Datenmaterials auf. → *siehe auch* CD-ROM. → *vgl.* virtuelle Brenndatei.

brennen *Vb.* (blast, blow, burn)
Das elektronische Schreiben von Programmen in ein PROM (programmable read only memory) oder EPROM (erasable programmable read only memory) mit Hilfe eines speziellen Gerätes, das als »Brenner« oder »Programmiergerät« (englisch »programmer«, »blower« oder »blaster«) bezeichnet wird. Auch das Beschreiben einer – einmal beschreibbaren – optischen Disc wie einer CD-ROM wird als »brennen« bezeichnet. → *siehe auch* PROM.

Brenner, der; *Subst.* (programmer)
In Bezug auf die Hardware eines Computers bezieht sich der Ausdruck Brenner auf ein Gerät, mit dem sich ROM-Speicherchips programmieren lassen. → *siehe auch* PROM, ROM.

Brennstoffzelle, die; *Subst.* (fuel cell)
Ein elektrochemisches Element, funktionell vergleichbar mit einer Batterie, bei dem die chemische Energie eines Brennstoffs, wie Wasserstoff, und eines Oxidators, meist Sauerstoff, direkt in elektrische Energie umgewandelt wird. Anders als bei Batterien speichern Brennstoffzellen jedoch keine Energie, erschöpfen nicht und benötigen keine Wiederaufladung, solange wie Brennstoff und Oxidator bereitstehen. Das Funktionsprinzip der Brennstoffzelle wurde bereits vor mehr als 100 Jahren entdeckt, wurde jedoch bis vor kurzem nur in Laboratorien und in der Raumfahrt (den Apollo-Missionen und dem Space Shuttle) angewendet. Heutzutage werden große und kleine Brennstoffzellen entwickelt, die tragbare Geräte wie Laptops und Mobiltelefone versorgen können, Elektrizität und Wärme produzieren und in Kraftfahrzeugen Verbrennungsmotoren ersetzen.

BRI
Abkürzung für »**B**asic **R**ate **I**nterface«. Der ISDN-Basisanschluss. Er stellt zwei B-Kanäle (64 Kilobit pro Sekunde, Kbps) und einen D-Kanal (16 Kbps) zur Übertragung von Sprache, Video und Daten zur Verfügung. → *siehe auch* ISDN.

Bridgerouter, der; *Subst.* (bridge router)
Ein Gerät, das die Funktionen einer Brücke (Bridge) und eines Routers vereint. Ein Bridge Router verbindet zwei Segmente eines lokalen Netzwerks oder eines Weitbereichsnetzes. Daten werden nur zwischen den beiden Netzwerksegmenten übertragen, wenn dies wirklich notwendig ist (werden Daten von einem Knoten eines Segments an einen anderen Knoten im gleichen Segment gesendet, wird ein unnötiges Übertragen an das andere Segment mit anschließender Rückübertragung verhindert). Beim Routing kommen Level-2-Adressen zum Einsatz. → *siehe auch* Brücke, Router. → *auch genannt* Brouter.

Bridgeware, die; *Subst.* (bridgeware)
Hardware oder Software, die Datendateien in eine Form umwandelt, so dass diese in Verbindung mit verschiedenen Computersystemen und Rechnerplattformen verwendet werden können.

British Naval Connector *Subst.*
→ *siehe* BNC-Stecker.

broadcast *Adj.*
Bei der Datenübertragung – z.B. in Netzwerken – ist damit das Übertragen einer Nachricht an alle Stationen gemeint. → *siehe auch* elektronische Post.

Broadcast, der; *Subst.* (broadcast)
→ *siehe* Rundspruch.

Broadcast-Storm, der; *Subst.* (broadcast storm)
Zu Deutsch »Übertragungssturm«. Eine Netzwerkübertragung, die dazu führt, dass mehrere Hostcomputer gleichzeitig antworten, wodurch das Netzwerk überlastet wird. Die Ursache dafür kann darin liegen, dass ältere TCP/IP-Router und Router, die ein neues Protokoll unterstützen, gemischt wurden. → *siehe auch* Protokoll, Router, TCP/IP. → *auch genannt* Netzwerk-Zusammenbruch.

broken as designed
→ *siehe* BAD.

Brotschrift, die; *Subst.* (body face)
Schrift, mit der der Fließtext eines Dokuments gesetzt wird. Aufgrund ihrer besseren Lesbarkeit werden für den Fließtext in der Regel serifenbetonte Schriften wie Times und Palatino verwendet. Serifenlose Schriften wie Helvetica werden dagegen hauptsächlich für Überschriften eingesetzt. Der Ausdruck »Brotschrift« kommt aus der Zeit des Bleisatzes. Setzer, die im Akkord arbeiteten, also nach der Textmenge bezahlt wurden, erreichten beim Setzen des Fließtextes eine weitaus höhere Geschwindigkeit als beim Setzen von Überschriften. Sie verdienten gewissermaßen mit dem Fließtext ihr Brot. → *siehe auch* serifenbetont, serifenlos. → *vgl.* Titelschrift.

Brouter, der; *Subst.*
→ *siehe* Bridgerouter.

Brownout, das; *Subst.* (brownout)
Ein Zustand, bei dem der elektrische Pegel über einen gewissen Zeitraum hinweg merklich reduziert ist. Im Gegensatz zu einem Blackout (oder einem Totalausfall des Stroms), fließt bei einem Brownout weiterhin Strom zu allen angeschlossenen elektrischen Verbrauchern, wenn auch mit geringerer Spannung als unter gewöhnlichen Bedingungen (220 Volt in Europa, 110 Volt in den USA.) Ein Brownout kann bei empfindlichen elektronischen Geräten – insbesondere bei Computern – zerstörerisch wirken, da durch die reduzierte und häufig schwankende Spannung bestimmte Bauelemente über längere Zeit außerhalb des für sie vorgesehenen Bereichs betrieben werden. Auf einem Computer macht sich ein Brownout durch einen kleineren, dunkleren und ein wenig schwankenden Anzeigebereich auf dem Monitor und in einem fehlerhaften Verhalten der Systemeinheit bemerkbar. Das einzig zuverlässige Mittel, um Schäden infolge eines Brownouts zu vermeiden, ist der Einsatz einer akkugestützten, unterbrechungsfreien Stromversorgung (UPS, Uninterruptible Power Supply). → *siehe auch* unterbrechungsfreie Stromversorgung. → *vgl.* Blackout.

Browser, der; *Subst.* (browser)
→ *siehe* Webbrowser.

Browserbox, die; *Subst.* (browser box)
→ *siehe* Web-TV.

Browser-CLUT, die; *Subst.* (browser CLUT)
Eine Farbtabelle (Color Lookup Table, CLUT) mit 216 Farben, die von den meisten Webbrowsern auf fast allen Betriebssystemen unterstützt werden. Die Browser-CLUT setzt sich wie folgt zusammen: für jede Grundfarbe Rot, Grün, Blau (RGB) werden nur die Hexadezimalwerte 00, 33, 66, 99, CC, FF verwendet (z. B. #00CCFF). Daraus ergeben sich 63 Farbkombinationen (also 6 mal 6 = 216 Farben). → *siehe auch* CLUT, hexadezimal, Reallysafe-Palette, Websafe-Palette.

Browser, Java-konformer, der; *Subst.* (Java-compliant browser)
→ *siehe* Java-konformer Browser.

Browser, zeilenorientierter, der; *Subst.* (line-based browser)
→ *siehe* zeilenorientierter Browser.

BRS
→ *siehe* Big Red Switch.

Brücke, die; *Subst.* (bridge)
Im weiteren Sinn ein Gerät, das zwei lokale Netzwerke verbindet, unabhängig davon, ob sie die gleichen Protokolle verwenden. Eine Brücke arbeitet in der Sicherungsschicht des ISO/OSI-Schichtenmodells. → *siehe auch* Sicherungsschicht. → *vgl.* Router.
Im engeren Sinn ein Gerät, das zur Verbindung von Netzwerken dient, die die gleichen Kommunikationsprotokolle verwenden. Die Daten können in diesem Fall ohne Umwandlung von einem Netzwerk an ein anderes übergeben werden. → *vgl.* Gateway.

B

Brute-Force-Verfahren, das; *Subst.* (brute force method)
Zu Deutsch »Verfahren, das brutale Gewalt anwendet«. Verfahren zur Lösung eines Problems, das darauf beruht, alle mathematisch möglichen Kombinationen der Reihe nach durchzuprobieren, ohne eine logische Vorauswahl zu treffen. Dieses Verfahren wird z.B. von den meisten Schachprogrammen verwendet. Dabei werden alle zulässigen Züge bis zu einer bestimmten Zugtiefe durchgerechnet und bewertet. Auch Züge, die selbst von Schachanfängern als unsinnig eingestuft werden, finden Berücksichtigung. Abschließend wird der Zug ausgeführt, der die höchste Bewertung erhalten hat.

BSC
→ *siehe* BISYNC.

BSD386 *Adj.*
Eine nicht mehr gebräuchliche Bezeichnung für das Betriebssystem BSD/OS. → *siehe* auch BSD/OS, BSD UNIX.

BSD/OS *Adj.*
Eine im Handel erhältliche POSIX-kompatible UNIX-Version, die an der Universität von Kalifornien in Berkeley entwickelt wurde. Das Produkt wurde von der Berkeley Software Design, Inc. (BSDI) weiterentwickelt und wird inzwischen von WindRiver Systems, Inc. vertrieben (Webadresse http://www.windriver.com/products/html/bsd_os.html).   → *siehe auch* BSD386, FreeBSD, NetBSD, OpenBSD, POSIX.

BSD UNIX
Abkürzung für »**B**erkeley **S**oftware **D**istribution **UNIX**«. Eine UNIX-Version, die an der Universität von Kalifornien in Berkeley entwickelt wurde. Sie zeichnete sich damals u. a. durch folgende Neuerungen aus: Netzwerkbetrieb, erweiterte Unterstützung von Peripheriegeräten und die Möglichkeit, lange Dateinamen verwenden zu können. BSD UNIX hat wesentlich dazu beigetragen, dass UNIX eine weite Akzeptanz erreichte und akademische Einrichtungen an das Internet angeschlossen wurden. BSD UNIX wird mittlerweile von der Firma Berkeley Software Design, Inc., weiterentwickelt. Weitere Informationen zu BSD UNIX sind unter der Webadresse http://www.bsd.org abrufbar. → *siehe auch* UNIX.

BTW
Abkürzung für »**b**y **t**he **w**ay«, zu Deutsch »Übrigens«. Ein Ausdruck, mit dem häufig Kommentare in E-Mail und Newsgroupbeiträgen im Internet eingeleitet werden.

Btx
→ *siehe* T-Online.

Bubble-Jet-Drucker, der; *Subst.* (bubble-jet printer)
Ein anschlagfreier Drucker, der wie ein Drucker mit Ink-Jet-Technologie zu den Tintenstrahldruckern gehört. Fundamentaler Bestandteil eines Tintenstrahldruckers ist ein Mechanismus, der Tintentropfen aus Düsen auf das Papier schießt und auf diese Weise Zeichen und andere Muster erzeugt. Im Unterschied zu einem Ink-Jet-Drucker, der mit piezoelektrischen Kristallen arbeitet, befinden sich bei einem Bubble-Jet-Drucker vor den Düsen spezielle Heizelemente. Durch das Erhitzen der Tinte verdampft ein Teil von ihr, und der andere Teil wird in Tropfenform auf das Papier geschleudert. Die Bubble-Jet-Technologie wurde von der Firma Canon entwickelt. → *siehe auch* anschlagfreier Drucker, Tintenstrahldrucker. → *vgl.* Laserdrucker. (Abbildung B.19)

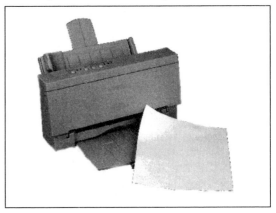

Abbildung B.19: Bubble-Jet-Drucker

Bubblesort, das; *Subst.* (bubble sort)
Ein Sortieralgorithmus, der zunächst eine Liste mit n Elementen vom Ende her durchgeht, dabei jeweils zwei benachbarte Werte miteinander vergleicht und diese vertauscht, wenn sie sich nicht in der richtigen (aufsteigenden) Reihenfolge befinden. Im nächsten Durchlauf wiederholt sich der Prozess für die verbleibenden n-1 Listenelemente. Dieser Vorgang wird so lange wiederholt, bis die Liste vollständig sortiert ist, wobei der größte Wert am Ende der Liste steht. Der Name des Algorithmus leitet sich davon ab, dass zuerst die »leichtesten« (die kleinsten) Elemente in der Liste wie »Blasen« (englisch »bubbles«) nach oben an die Spitze der Liste aufsteigen, dann die nächstleichteren Elemente nach oben auf ihre Position gelangen usw. → *siehe auch* Algorithmus, sortieren. → *auch genannt* Austauschsortierung. → *vgl.* einfügendes Sortieren, Quicksort. (Abbildung B.20)

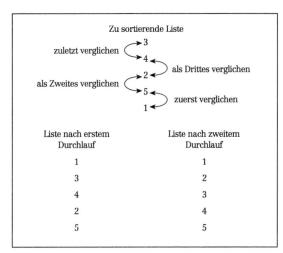

Abbildung B.20: Bubble Sort

Buch, elektronisches, das; *Subst.* (electronic book)
→ *siehe* elektronisches Buch.

Buchhaltungscomputer, der; *Subst.* (accounting machine)
Später wurden Computer für Buchhaltungszwecke eingesetzt. Heute bezeichnet man mit »Buchhaltungsmaschine« Computer, die ausschließlich für die Buchhaltung eingesetzt werden. Derartige Computer sind in der Regel so konfiguriert, dass nach dem Einschalten automatisch entsprechende Buchhaltungssoftware geladen wird.

Buchhaltungsmaschine, die; *Subst.* (accounting machine)
Eine der frühesten Anwendungen der automatischen Datenverarbeitung, die hauptsächlich im Bereich der geschäftlichen Buchhaltung während der 40er und 50er Jahre eingesetzt wurde. Die ersten Buchhaltungsmaschinen arbeiteten rein mechanisch und verwendeten Lochkarten sowie Drähte, die in Stecktafeln angeordnet waren.

Buchse, die; *Subst.* (jack)
Eine Steckverbindung zur Aufnahme eines Steckers. Eine Buchse wird im Allgemeinen für die Herstellung von Audio- und Videoverbindungen verwendet.

Buddyliste *Subst.* (buddy list)
Eine Anwendung zur Erleichterung der Kommunikation mit Bekannten oder Freunden (»buddies«). Über die Buddyliste lassen sich fast alle zum Chatten benötigten Befehle per Mausklick regeln. Anhand der Buddyliste lässt sich z.B. erkennen, welcher Buddy gerade online ist. → *siehe auch* Chat, ICQ.

bündeln *Vb.* (bundle)
Das Zusammenstellen von Produkten, um diese in einem Paket zu verkaufen. In der Praxis werden Computer häufig zusammen in einem Paket mit dem Betriebssystem und einigen weit verbreiteten Anwendungen verkauft.

bündig *Adj.* (flush)
Bezeichnet die Art und Weise der Ausrichtung von Text oder Bildern auf dem Bildschirm oder auf Papier. Beispielsweise bedeutet linksbündig die Ausrichtung am linken Rand und rechtsbündig die Ausrichtung am rechten Rand. → *siehe auch* ausrichten.

Büroautomatisierung, die; *Subst.* (office automation)
Der Einsatz von elektronischen Geräten und Kommunikationstechnik, z.B. Computer, Modems und Faxgeräte, sowie dazugehöriger Software, um auf diese Weise Bürotätigkeiten automatisch durchzuführen.

Buffer Overflow, der; *Subst.* (buffer overflow)
→ *siehe* Pufferüberlauf.

Buffer Underrun, der; *Subst.* (buffer underrun)
Ein beim Brennen von CDs und DVDs auftretendes Phänomen, bei dem die konstante Datentransferrate von der Festplatte zum Brenner einen kritischen Wert unterschreitet und der Pufferspeicher nicht mehr gefüllt werden kann. Als Folge eines Buffer Underruns bleibt der Schreiblaser stehen, brennt sich in den Rohling ein und zerstört somit das gerade beschriebene Medium. Moderne CD/DVD-ROM-Brenner sind mit Schutzmechanismen wie »Burn Proof«, »SafeBurn« und »Just Link« ausgestattet, die die Gefahr eines Buffer Underruns nahezu vollständig eliminieren. → *siehe auch* Pufferspeicher. → *vgl.* Pufferüberlauf.

Bug, der; *Subst.* (bug)
Wörtlich übersetzt »Wanze«. Ein Fehler in der Software oder Hardware. In Bezug auf Software ist ein Bug ein Fehler im Code oder ein logischer Fehler, der zu Fehlfunktionen oder zur Ausgabe falscher Ergebnisse führt. Kleinere Fehler, z.B. ein Cursor, der sich nicht wie erwartet verhält, sind zwar störend, bewirken aber keinen Informationsverlust. Schwerwiegendere Bugs können zu Programmabstürzen führen, so dass der Benutzer das Programm oder den Computer neu starten muss. Nicht gespeicherte Daten sind in diesem Fall verloren. Sehr problematisch sind außerdem Bugs, die bereits gespeicherte Daten zerstören und keine entsprechende Warnungen anzeigen. All diese Fehler sollten vom Softwarehersteller

B lokalisiert und behoben werden, man spricht dabei auch vom »Debugging« (wörtlich: »entwanzen«). Aufgrund des Risikos, dass wichtige Daten zerstört werden, werden kommerzielle Programme in aller Regel getestet und fehlerbereinigt, bevor sie auf den Markt kommen. Nachdem das Programm veröffentlicht wurde, befinden sich meist noch eine Vielzahl – meist kleinerer – Fehler im Programm, die in der Regel mit dem nächsten Update weitgehend beseitigt werden. Bei schwereren Bugs verbreitet der Hersteller häufig einen sog. »Patch« (einen korrigierten Codeteil), durch den der Fehler beseitigt oder zumindest seine Auswirkungen gemildert werden. → *siehe auch* abstürzen, Betatest, crashen, debuggen, Debugger, hängen, inhärenter Fehler, Logikfehler, semantischer Fehler, Syntaxfehler.

Ein Bug auf Hardwareebene äußert sich in einem immer wiederkehrenden physikalischen Problem, das ein System oder eine Einheit mehrerer Systemkomponenten an der ordnungsgemäßen Funktion oder Zusammenarbeit hindert. Der Ursprung des Begriffs »Bug« ist umstritten. In der Computerindustrie ist die Annahme weitverbreitet, dass der Begriff auf die frühen Tage der Rechentechnik zurückgeht, als ein Hardwareproblem im Computer Mark II (Harvard-Universität) durch eine Motte hervorgerufen wurde, die sich zwischen Relaiskontakten verfangen hatte. Die Entdeckung dieser Motte wurde in einem Fachjournal beschrieben, und sie war jahrelang in einem Museum ausgestellt. (Entomologen werden anmerken, dass es sich bei einer Motte eigentlich nicht um eine Wanze handelt.) Gesichert nachweisbar ist dagegen, dass der Begriff »bug« bereits Ende des 19. Jahrhunderts in einem Nachschlagewerk zur Elektrizität verwendet wurde, um einen Fehler in Aufbau oder Funktion von elektrischen Apparaten zu beschreiben. → *siehe auch* ENIAC, Mark I.

buggy *Adj.*
Eigenschaft einer Software, die besonders fehlerhaft ist. → *siehe auch* Bug.

Bump Mapping *Subst.* (bump mapping)
Eine Technik, mittels einer zweidimensionalen Bitmap-Grafik einem 3D-Objekt eine reliefartige Oberflächenstruktur zu geben. Das Bild liefert hierbei durch seine verschiedenen Helligkeitsabstufungen die »Höhen« und »Tiefen« für die Oberfläche. Das eigentliche 3D-Objekt, auf das die Bump Map projiziert wird, wird hierbei jedoch nicht verformt oder verändert. Durch die Bump Map (wörtlich: »Beulenkarte«) entsteht nur der Eindruck, als sei das Objekt wirklich rauh oder uneben. Bump Mapping wird in Computerspielen verwendet, um einen erhöhten Realitätsgrad zu erzielen.

Bundlingsoftware, die; *Subst.* (bundled software)
Programme, die zusammen mit einem Computer als Teil eines kombinierten Hardware-/Softwarepakets verkauft werden. Der Ausdruck kann sich auch auf kleinere Programme beziehen, die dem eigentlichen Produkt beiliegen, um seine Funktionalität oder Attraktivität zu erhöhen.

Bundsteg, der; *Subst.* (gutter)
Der freie Raum oder innere Rand zwischen zwei sich gegenüberliegenden Seiten eines gebundenen Dokuments.

Burn-In, das; *Subst.* (burn in)
Zu Deutsch »einbrennen«. Der Betrieb eines neuen Systems oder Gerätes für eine längere Zeitdauer. Typischerweise wird ein derartiger Test vom Hersteller in der Produktionsstätte oder vom Händler, der das Gerät zusammenbaut, durchgeführt, bevor das Gerät ausgeliefert wird. Erfahrungsgemäß fallen fehlerhafte Teile aus, insbesondere Schaltungen, wenn sie das erste Mal für einen längeren Zeitraum betrieben werden. (Man spricht auch davon, dass die Schaltungen »durchbrennen«, daher die Bezeichnung.) Defekte Teile können somit noch rechtzeitig ausgetauscht werden.

Burst, der; *Subst.* (burst)
Die Übertragung eines Datenblocks ohne Unterbrechung. Bestimmte Mikroprozessoren und Bussysteme verfügen über diverse Bursttransfermodi. → *siehe auch* Burstgeschwindigkeit.

Burster, der; *Subst.* (burster)
In Verbindung mit Endlospapier ein mechanisches Gerät, das zum Abtrennen von Einzelblättern an der Perforation dient.

Burst Extended Data Out DRAM, das; *Subst.*
→ *siehe* BEDO-DRAM. → *siehe auch* EDO DRAM.

Burstgeschwindigkeit, die; *Subst.* (burst speed)
Die höchste Geschwindigkeit, mit der ein Gerät ohne Unterbrechungen arbeiten kann. Beispielsweise sind verschiedene Geräte der Kommunikationstechnik – z.B. in Netzwerken –, in der Lage, Daten im Burstmodus zu senden. Als Maß für die Geschwindigkeit derartiger Einrichtungen wird manchmal die Burstgeschwindigkeit angegeben, also die Geschwindigkeit des Datentransfers bei aktivem Burstmodus. → *auch genannt* Burstrate.
Bei einem zeichenweise arbeitenden Drucker bezieht sich die Burstgeschwindigkeit auf die Anzahl der Zeichen pro Sekunde, die der Drucker pro Zeile drucken kann. Wagen-

rücklauf und Zeilenvorschub sind dabei nicht berücksichtigt. Die in der Praxis erzielte Druckgeschwindigkeit ist infolgedessen niedriger. Dennoch geben fast alle Hersteller als Druckgeschwindigkeit die Burstgeschwindigkeit an. Im Gegensatz dazu, gibt der Durchsatz die Anzahl der Zeichen pro Sekunde an, die beim Druck einer oder mehrerer kompletter Textseiten erreicht werden. Der Durchsatz entspricht daher in etwa dem tatsächlich in der Praxis erreichbaren Wert.

Burstmodus, der; *Subst.* (burst mode)
Ein Verfahren bei der Datenübertragung, bei dem die Daten gesammelt und als eine Einheit mit Hilfe eines Hochgeschwindigkeitsmodus übertragen werden. Im Burstmodus übernimmt ein Eingabe-/Ausgabegerät während des für die Datenübertragung benötigten Zeitraums die Steuerung eines Multiplexerkanals. In dieser Betriebsart nimmt der Multiplexer, der gewöhnlich die Eingangssignale mehrerer Quellen in einem Hochgeschwindigkeitsdatenstrom bündelt, gewissermaßen die Eigenschaften eines reservierten Kanals an, der den Bedarf eines einzigen Gerätes erfüllt, bis die komplette Datenübertragung beendet ist. Der Burstmodus kommt sowohl in der Kommunikationstechnik als auch zwischen Geräten in einem Computersystem zur Anwendung.
→ *siehe auch* abtrennen.

Burstrate, die; *Subst.* (burst rate)
→ *siehe* Burstgeschwindigkeit.

bursty *Adj.*
Eigenschaft einer Datenübertragung, die im Burstmodus erfolgt.

Bus, der; *Subst.* (bus)
Ein Leitungssystem zur Datenübertragung zwischen den Komponenten eines Computersystems. Ein Bus ist im wesentlichen ein gemeinsam genutztes »Verkehrssystem«, das verschiedene Teile des Systems – einschließlich Mikroprozessor, Controller, Arbeitsspeicher und Eingabe-/Ausgabeports – miteinander verbindet und ihnen den Informationsaustausch ermöglicht. Der Bus besteht aus speziellen Gruppen von Leitungen, die unterschiedliche Arten von Informationen übertragen. Man unterscheidet dabei den Datenbus, der Daten transportiert, den Adressbus, der die Adressen im Speicher übermittelt, an denen sich die zu übertragenden Daten befinden, und den Steuerbus, der Steuersignale überträgt. Eine wesentliche Eigenschaft eines Busses ist die Anzahl der Bits, die dieser gleichzeitig übertragen kann.

Diese Anzahl ist mit der Anzahl der Leitungen, aus denen der Bus besteht, identisch. Ein Computer mit einem 32-Bit-Adressbus und einem 16-Bit-Datenbus kann z.B. 16 Datenbit gleichzeitig übertragen, die sich in einem aus maximal 2^{32} Speicheradressen (= 4 Gigabyte) umfassenden Speicher befinden. Die meisten Mikrocomputer besitzen einen oder mehrere Erweiterungssteckplätze, über die zusätzliche Platinen mit dem Bus verbunden werden können.

Busenumerator, der; *Subst.* (bus enumerator)
Ein Gerätetreiber, der Geräte, die an einem bestimmten Bus angeschlossen sind, identifiziert und jedem Gerät einen eindeutigen Identifizierungscode zuweist. Der Busenumerator ist verantwortlich dafür, dass die Informationen über die Geräte an den Hardwarebaum (eine Datenbank mit hardwarebezogenen Informationen) übermittelt werden.
→ *siehe auch* Bus, Gerätetreiber, Hardwarebaum.

Busextender, der; *Subst.* (bus extender)
Ein Gerät, das die Kapazität eines Busses erweitert. Beispielsweise verfügen IBM-PC/AT-Computer über eine derartige Einrichtung, die auf dem früheren PC-Bus aufsetzt und sowohl die Verwendung der neuen 16-Bit-AT-Bus-Karten als auch den Einsatz der alten 8-Bit-Karten erlaubt, die für den PC-Bus konzipiert sind. → *siehe auch* Bus.
Als »Busextender« wird auch eine spezielle – von Technikern benutzte – Platine bezeichnet, mit deren Hilfe sich Arbeiten an einer Zusatzkarte außerhalb des Computergehäuses durchführen lassen, während die Karte weiterhin mit dem Bus verbunden bleibt.

Business Information System, das; *Subst.* (business information system)
Abkürzung: BIS. Eine Kombination von Computern, Druckern, Kommunikationseinrichtungen und anderen Geräten, die für den Umgang mit Daten konzipiert sind. Zu einem vollständig automatisierten BIS gehören Empfang, Verarbeitung und Speicherung von Daten sowie die Informationsübertragung und die Anfertigung von Berichten oder Ausdrucken auf Anforderung. → *siehe auch* Managementinformationssystem.

business to business *Subst.*
→ *siehe* B2B.

Busmastering, das; *Subst.* (bus mastering)
Bei modernen Busarchitekturen die Fähigkeit einer Geräteschnittstelle (z.B. einer Netzwerkkarte oder einem Festplat-

B tencontroller), die CPU zu umgehen und direkt mit anderen Geräten zu kommunizieren, um Daten in und aus dem Speicher zu übertragen. Die Geräte können dabei vorübergehend selbst den Systembus verwalten und Daten übertragen. Hierdurch wird die CPU entlastet und für andere Aufgaben verfügbar. Bei Operationen, die einen simultanen Datenzugriff und eine intensive Datenverarbeitung erfordern, z.B. bei der Wiedergabe von Videodaten oder Datenbankabfragen mehrerer Benutzer, kann somit die Systemleistung erhöht werden. Der direkte Speicherzugriff (DMA) ist ein bekanntes Beispiel von Busmastering. → *siehe auch* Bus, Controller, direkter Speicherzugriff, DMA. → *vgl.* PIO.

Busmaus, die; *Subst.* (bus mouse)
Eine Maus, die mit Hilfe einer speziellen Karte oder eines speziellen Ports an den Bus des Computers angeschlossen wird. Das Gegenstück ist eine Maus, die über den seriellen Port angeschlossen wird. → *siehe auch* Maus. → *vgl.* serielle Maus.

Busnetzwerk, das; *Subst.* (bus network)
Eine Topologie (Konfiguration) für ein lokales Netzwerk, bei dem alle Knoten mit einer Hauptkommunikationsleitung (Bus) verbunden sind. In einem Busnetzwerk überwacht jeder Knoten die Aktivitäten in der Leitung. Nachrichten werden von allen Knoten erkannt, aber nur von denjenigen Knoten entgegengenommen, an die sie gerichtet sind. Falls ein Knoten ausfällt, kann er zwar nicht mehr mit dem Netzwerk kommunizieren, die Funktionsfähigkeit des verbleibenden Netzwerkes wird jedoch nicht beeinträchtigt (im Gegensatz zu einem Ringnetzwerk, bei dem die Nachrichten von einem Knoten zum nächsten reihum weitergereicht werden). Um Kollisionen zu vermeiden, wenn zwei oder mehr Knoten versuchen, die Leitung gleichzeitig zu benutzen, werden in Busnetzwerken gewöhnlich Verfahren wie Kollisionserkennung oder Tokenpassing eingesetzt, um den Datenverkehr zu regeln. → *siehe auch* CSMA/CD, Kollisionserkennung, Konkurrenz, Token Bus-Netzwerk, Tokenpassing. → *vgl.* Ringnetzwerk, Sternnetzwerk. (Abbildung B.21)

Bussystem, das; *Subst.* (bus system)
Die Schnittstellenschaltung, die die Busoperationen steuert und den Bus mit dem übrigen Computersystem verbindet. → *siehe auch* Bus.

Bustopologie, die; *Subst.* (bus topology)
→ *siehe* Busnetzwerk.

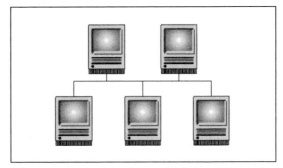

Abbildung B.21: Busnetzwerk: Konfiguration eines Busnetzwerks

Bypass, der; *Subst.* (bypass)
In der Telekommunikation der Einsatz anderer Verbindungen als der lokalen Telefongesellschaften, z.B. Satelliten oder Funknetze im Hochfrequenzbereich.

Bypass, kompletter, der; *Subst.* (total bypass)
→ *siehe* kompletter Bypass.

Bypass, lokaler, der; *Subst.* (local bypass)
→ *siehe* lokaler Bypass.

Byte, das; *Subst.* (byte)
Abkürzung für »**b**inary **te**rm«, zu Deutsch »binäres Wort«. Abkürzung: B. Eine Informationseinheit, die heute in aller Regel aus 8 Bit besteht. Ein Byte repräsentiert genau ein Zeichen, z.B. einen Buchstaben, eine Ziffer oder ein Satzzeichen. Da ein Byte nur eine vergleichsweise kleine Informationsmenge darstellen kann, werden die üblichen Speichermengen wie Bereiche im Arbeitsspeicher oder Bereiche auf Datenträgern meist in Kilobyte (1.024 Byte), Megabyte (1.048.576 Byte) oder Gigabyte (1.073.741.824 Byte) angegeben. → *siehe auch* Bit, Gigabyte, Kilobyte, Megabyte. → *vgl.* Octet, Wort.

Bytecode, der; *Subst.* (bytecode)
Eine Codierung eines Computerprogramms, die der Compiler während der Verarbeitung des Quellcodes erzeugt. Diese Codierung ist eine abstrakte, prozessorunabhängige Form, die von den meisten Prozessoren nicht direkt ausgeführt werden kann. Sie ist jedoch besonders geeignet für die spätere Analyse (z.B. für die Compileroptimierung), für die Verarbeitung durch einen Interpreter (z.B. für die Ausführung eines Java-Applet innerhalb eines Webbrowsers) oder für die Erzeugung der binären Anweisungen für den Zielprozessor. Die Erzeugung dieser Art eines Zwischencodes ist ein Leis-

tungsmerkmal von Pascal- und Java-Compilern. → *siehe auch* Compiler, CPU, Interpreter, Java, Java-Applet, Pascal.

Byte, höherwertiges, das; *Subst.* (high byte)
→ *siehe* höherwertiges Byte.

***BYTE*-Informationsaustausch**, der; *Subst.* (BYTE Information Exchange)
→ *siehe* BIX.

byteorientiertes Protokoll, das; *Subst.* (byte-oriented protocol)
Ein Kommunikationsprotokoll, bei dem die Daten in Form einer Zeichenfolge (String) aus einem bestimmten Zeichensatz - wie ASCII - übertragen werden, im Gegensatz zu einem Bitstrom in einem bitorientierten Protokoll. Um die Steuerinformationen von den eigentlichen Daten unterscheiden zu können, stützt sich ein byteorientiertes Protokoll auf bestimmte Steuerzeichen, die meist im verwendeten Codierungsschema definiert sind. Sowohl die asynchronen Kommunikationsprotokolle, die gewöhnlich bei Modems eingesetzt werden, als auch das synchrone BISYNC-Protokoll von IBM sind byteorientierte Protokolle. → *vgl.* bitorientiertes Protokoll.

Bytesortierung, umgekehrte, die; *Subst.* (reverse byte ordering)
→ *siehe* Little-Endian.

Bytes pro Zoll, das; *Subst.* (bytes per inch)
Abkürzung: BPI. Ein Maß für die Datenspeicherkapazität. Es gibt die Anzahl der Bytes an, die sich auf einer Länge von einem Zoll (etwa 2,54 cm) auf einer Diskette bzw. Festplatte oder einem Magnetband speichern lassen.

C

C, das; *Subst.*

Eine Programmiersprache, die 1972 von Dennis Ritchie an den Bell Laboratories entwickelt wurde. Der Name geht auf den unmittelbaren Vorgänger, die Sprache B, zurück. Obwohl viele Programmierer in der Sprache C eher eine maschinenunabhängige Assemblersprache als eine Hochsprache sehen, kann die Sprache aufgrund ihrer engen Anlehnung an das Betriebssystem UNIX, ihrer hohen Beliebtheit und ihrer Standardisierung durch das ANSI-Institut durchaus als Standardprogrammiersprache im Mikrocomputer- und Workstationbereich angesehen werden. C ist eine Compilersprache mit einem kleinen Satz eingebauter, maschinenabhängiger Funktionen. Die übrigen C-Funktionen sind maschinenunabhängig und befinden sich in Bibliotheken, die der Programmierer aus C-Programmen heraus nutzen kann. C-Programme bestehen aus einer oder mehreren Funktionen, die der Programmierer definiert. Folglich handelt es sich bei C um eine strukturierte Programmiersprache. → *siehe auch* Bibliothek, C++, Compilersprache, Objective-C, strukturierte Programmierung.

C#

Englisch gesprochen: »C sharp«. Eine objektorientierte Programmiersprache, die im Sommer 2000 von Microsoft vorgestellt wurde, einer der Kernpunkte in der .NET-Initiative von Microsoft. C# ist eng an C++ und an Java angelehnt, gegen die letztere Sprache soll es hauptsächlich konkurrieren. C# bietet Datentypensicherheit, automatische Speicherbereinigung (»garbage collection«), vereinfachte Typendeklarationen, einfache Versionierung und Unterstützung für die Skalierung von Anwendungen. → *siehe auch* C++, Java, Microsoft.NET, Speicherbereinigung, XML.

C++, das; *Subst.*

Eine objektorientierte Variante der Programmiersprache C. Sie wurde in den frühen 80er Jahren von Bjarne Stroustrup an den Bell Laboratories entwickelt und von einer Reihe von Herstellern implementiert, so auch von Apple Computer und Sun Microsystems. → *siehe auch* C, Objective-C, objektorientierte Programmierung.

C2

Die niedrigste Ebene in den Sicherheitsstandards, die von der Sicherheitsabteilung der amerikanischen Regierung (U.S. National Computer Security Center) festgelegt wurden. C2 definiert die Datensicherheit in Computersystemen, in denen vertrauliche Daten verarbeitet werden. Fundamentale Bestandteile von C2 sind eine Kennwortabsicherung für den Zugang des Benutzers zum System sowie ein Überwachungsmechanismus. C2 ist im Orange Book beschrieben. → *siehe auch* Orange Book.

CA

→ *siehe* Beglaubigungsinstitution.

.cab

Eine Dateinamenerweiterung für Cabinetdateien, die aus mehreren komprimierten Dateien zusammengesetzt sind und mit dem Dienstprogramm **extract.exe** extrahiert werden können. Dateien dieser Art finden sich häufig auf den Programm-CDs von Microsoft (z.B. bei Windows 9x).

Cache, der; *Subst.* (cache)

Ein spezielles Speichersubsystem, in dem häufig angeforderte Daten zum Zwecke einer hohen Zugriffsgeschwindigkeit zwischengespeichert (gepuffert) werden. Ein Speichercache nimmt die Inhalte häufig angesprochener RAM-Speicherzellen sowie die Adressen, an denen diese Daten gespeichert sind, auf. Wenn der Prozessor auf eine Adresse im Speicher referenziert (verweist), prüft der Cache, ob er diese Adresse enthält. Wenn dies zutrifft, werden die Daten aus dem Cache an den Prozessor übertragen, andernfalls findet ein regulärer Speicherzugriff statt. Ein Cache ist immer dann sinnvoll, wenn die RAM-Zugriffe im Vergleich zur Geschwindigkeit des Mikroprozessors langsamer ablaufen, da ein Cache schneller arbeitet als der RAM-Hauptspeicher. → *siehe auch* Diskcache, Waitstate. → *auch genannt* Zwischenspeicher.

C

Cachekarte, die; *Subst.* (cache card)
Eine Erweiterungskarte, die den Cachespeicher des Systems vergrößert. → *siehe* auch Cache, Erweiterungskarte.

Cachespeicher, der; *Subst.* (cache memory)
→ *siehe* Cache.

Cachevergiftung, die; *Subst.* (cache poisoning)
Vorsätzliche Verfälschung von DNS-Daten (Domain Name System) im Internet durch Änderung der Informationen, die die Hostnamen mit den zugehörigen IP-Adressen in Beziehung setzen. Eine derartige Veränderung der Zuweisungen kann von Hackern eingesetzt werden, um Späh- und Manipulationsangriffe auf Daten zu starten, die zwischen Hosts ausgetauscht werden. Dabei werden die DNS-Zuweisungen verändert, bevor sie von einem DNS-Nameserver gecacht (gespeichert) werden. Später werden die verfälschten DNS-Zuweisungen an andere Nameserver weitergereicht und verteilen sich über das Internet. Die Technik der Cachevergiftung wurde bereits in der Vergangenheit von Hackern eingesetzt, um Netzwerkanfragen von einem rechtmäßigen Server auf eine andere Website umzuleiten. → *siehe auch* DNS.

Caching, dynamisches, das; *Subst.* (dynamic caching)
→ *siehe* dynamisches Caching.

CAD, das; *Subst.*
Abkürzung für »**c**omputer-**a**ided **d**esign«, zu Deutsch »computerunterstützte Konstruktion«. Oberbegriff für den Einsatz von Programmen und Computern zur Konstruktion, vor allem in Verbindung mit den Bereichen Technik, Architektur und Wissenschaft. Die dabei konstruierten Modelle reichen von einfachen Werkzeugen bis hin zu Gebäuden, Flugzeugen, integrierten Schaltkreisen und Molekülen. Verschiedene CAD-Anwendungen erzeugen Objekte in zwei oder drei Dimensionen und stellen die Ergebnisse als Drahtmodelle, als wirklichkeitsnähere Modelle mit Oberflächen oder als feste Objekte dar. Einige Programme erlauben es ferner, die Modelle zu drehen, zu skalieren (in der Größe zu ändern), Innenansichten zu zeigen und Stücklisten mit den für die Herstellung benötigten Materialien zu erzeugen sowie andere, verwandte Funktionen durchzuführen. CAD-Programme sind mathematisch orientiert und benötigen meist viel Rechenleistung. Typischerweise werden CAD-Programme auf Hochleistungs-PCs oder speziellen Grafikworkstations eingesetzt. → *siehe auch* CAD/CAM, I-CASE.

CAD/CAM, das; *Subst.*
Abkürzung für »**c**omputer-**a**ided **d**esign/**c**omputer-**a**ided **m**anufacturing«, zu Deutsch »computerunterstützte Konstruktion/computerunterstützte Fertigung«. Oberbegriff für den Einsatz von Computern sowohl zur Konstruktion als auch zur Herstellung eines Produkts. Produkte – z.B. ein Maschinenteil – werden dabei zunächst mit Hilfe eines CAD-Programms konstruiert. Anschließend wird der fertige Entwurf in eine Befehlsfolge übersetzt und diese an die Fertigungsanlagen übertragen. Die Befehlsfolge steuert dann die an der Herstellung, Montage und Prozesskontrolle beteiligten Maschinen. → *siehe auch* CAD, I-CASE.

CADD
→ *siehe* computerunterstütztes Zeichnen und Konstruieren.

Caddy, der; *Subst.* (caddy)
Eine Plastikschutzhülle, in die eine CD-ROM eingelegt wird. Der Caddy wird dann mit der darin befindlichen CD-ROM in das CD-ROM-Laufwerk geschoben. Einige Personal Computer, insbesondere ältere Modelle, verfügen über CD-ROM-Laufwerke, die die Verwendung eines Caddys erfordern. Die meisten heute verkauften CD-ROM-Laufwerke benötigen dagegen keinen Caddy. (Abbildung C.1)

Abbildung C.1: Caddy

CAE
Abkürzung für »**c**omputer-**a**ided **e**ngineering«, zu Deutsch »computerunterstütztes Ingenieurwesen«. Eine Anwendung, die es dem Benutzer erlaubt, ingenieursmäßige Prüfungen und Analysen an Konstruktionen durchzuführen, die mit dem Computer angefertigt wurden. In einigen Fällen sind Funktionen wie logische Testprozeduren, die gewöhnlich den CAE-Anwendungen zugeschrieben werden, auch Bestandteil von CAD-Programmen, so dass die Grenzen zwischen CAD und CAE fließend sind. → *siehe auch* CAD, I-CASE.

CAI

Abkürzung für »computer-aided (or computer-assisted) instruction«, zu Deutsch »computerunterstützter Unterricht«. Oberbegriff für Programme, die im Unterricht und in der Ausbildung eingesetzt werden. Wichtige Bestandteile von CAE-Programmen zur Darstellung der Themen und zur Überprüfung, ob das vermittelte Wissen vom Schüler adäquat verstanden wurde, sind Tutorials, Übungen sowie Frage-und-Antwortsitzungen. CAI-Programme stellen ein exzellentes Hilfsmittel für die Präsentation von faktenbezogenem Material dar und erlauben es den Schülern, ihre Lerngeschwindigkeit individuell festzulegen. Der Schwierigkeitsgrad kann sehr stark differieren und reicht z.B. im mathematischen Bereich von der einfachen Arithmetik bis zur höheren Mathematik. Weitere typische Anwendungsgebiete sind Wissenschaft, Geschichte, Informatik und Spezialthemen. → siehe auch I-CASE. → vgl. CBT, CMI.

CAL

Abkürzung für »computer-assisted (oder computer-augmented) learning«, zu Deutsch »computerunterstütztes Lernen«. → siehe CAI.

CALL-Befehl, der; Subst. (CALL instruction)

Bei der Programmierung eine Form eines Befehls, der die Programmausführung an einen anderen Bereich im Speicher (in dem sich ebenfalls Befehlsfolgen befinden) übergibt und die Rückkehr an die Stelle erlaubt, von der aus der Aufruf erfolgte.

Call by Call (call by call)

Aus dem Englischen stammender Begriff (Anruf für Anruf), der die seit der Liberalisierung des deutschen Telekommunikationssektors angebotene Option beschreibt, Telefonate (in erster Linie Auslandsanrufe) über einen beliebigen Anbieter (Telefongesellschaft) durchzuführen. Dazu wählt der Anrufer vor der eigentlichen Zielrufnummer einfach eine bestimmte Netzbetreiberkennzahl; die Abrechnung erfolgt wie gewohnt über die Telefonrechnung.

CALS

Abkürzung für »Computeraided Acquisition and Logistics Support«, zu Deutsch »computerunterstützte Anschaffung und Logistik«. Ein vom amerikanischen Verteidigungsministerium (U.S. Department of Defense, DoD) entwickelter Standard für den elektronischen Austausch von Daten – vor allem technischen Dokumentationen - mit kommerziellen Zulieferern.

CAM

Abkürzung für »computer-aided manufacturing«, zu Deutsch »computerunterstützte Fertigung«. Einsatz von Computern bei der Automatisierung von Produktion, Montage und Fertigungssteuerung im Herstellungsprozess. Das Anwendungsgebiet von CAM erstreckt sich von der Kleinstserienherstellung bis hin zum Einsatz von Robotern in der Fließbandproduktion. CAM bezieht sich mehr auf den Einsatz spezieller Programme und Einrichtungen als auf die Verwendung von Mikrocomputern in der Produktionsumgebung. → siehe Common Access Method. → siehe auch CAD/CAM, I-CASE.

Cancelbot, der; Subst. (cancelbot)

Abkürzung für »cancel robot«, zu Deutsch »Löschroboter«. Ein Programm, das Beiträge in Newsgroups anhand einer Reihe von Kriterien aufspürt und die Verbreitung derartiger Beiträge stoppt bzw. die Beiträge löscht. Obwohl die Löschkriterien vom Benutzer des Cancelbots frei vergeben werden können, werden die meisten Cancelbots eingesetzt, um Massensendungen mit irrelevantem Inhalt (»spam messages«, zu Deutsch etwa »Wegwerf- oder Müllsendungen«), die an Dutzende oder hunderte Newsgroups versendet werden, zu erkennen und zu löschen. → siehe auch Spam.

Cancelnachricht, die; Subst. (cancel message)

Eine Nachricht, die an einen Newsserver im Usenet gesendet und mit der signalisiert wird, dass ein bestimmter Artikel vom Server zu löschen ist. → siehe auch Beitrag, Newsserver, Usenet.

Cancelzeichen, das; Subst. (cancel)

Ein Steuerzeichen, das bei der Kommunikation zwischen Computer und Drucker oder zwischen zwei Computern verwendet wird. Es wird in der Regel mit CAN bezeichnet (für »cancel«, zu Deutsch »abbrechen, streichen«). Es gibt gewöhnlich an, dass die gesendete Textzeile verworfen werden soll. Im ASCII-Zeichensatz - der Basis für die Zeichensätze der meisten Mikrocomputer - besitzt das Cancelzeichen die Codenummer 24.

Capstan, der; Subst. (capstan)

Die polierte, metallische Antriebswelle bei einem Magnetbandgerät – z.B. einem Streamer –, die dazu dient, das Magnetband zu transportieren und auf diese Weise mit einer bestimmten Geschwindigkeit am Schreib-/Lesekopf vorbeizuziehen. Dabei wird das Magnetband mittels einer Gummiandruckrolle gegen den Capstan gedrückt und durch die auf

C

sie einwirkenden Reibungskräfte in Längsrichtung bewegt. → *siehe auch* Andruckrolle. (Abbildung C.2)

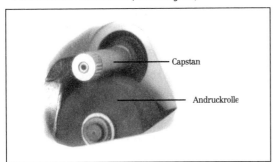

Abbildung C.2: Capstan

Captureboard, das; *Subst.* (capture board)
→ *siehe* Videoaufzeichnungskarte.

Capturecard, die; *Subst.* (capture card)
→ *siehe* Videoaufzeichnungskarte.

Carboncopy, die; *Subst.* (carbon copy)
→ *siehe* cc.

Carder, der; *Subst.* (carder)
→ *siehe* Kartenbetrüger.

Caret, das; *Subst.* (caret)
Das kleine, nach oben zeigende Symbol (ˆ), das bei Mikrocomputertastaturen meist gemeinsam mit dem Gradzeichen (°) in der ersten Tastenreihe ganz links untergebracht ist (vor der Ziffer »1«). Bei englischsprachigen Tastaturen ist das Zeichen in der Regel mit den Tasten Umschalt+6 zu erreichen. In einigen Programmiersprachen dient das Zeichen als Exponentialzeichen (3 ˆ 2 bedeutet z.B., dass die Zahl 3 mit 2 potenziert, also mit sich selbst multipliziert wird). Das Caret steht außerdem stellvertretend für die Strg-Taste (englisch »Ctrl« für »Control«). ˆZ bedeutet z.B., dass die Z-Taste bei gedrückt gehaltener Strg-Taste zu betätigen ist.

Careware, die; *Subst.* (careware)
Software, die von einem einzelnen Programmierer oder einem kleinen Programmierteam entwickelt wird und kostenlos bezogen werden kann. Allerdings werden die Benutzer aufgefordert, einen Geldbetrag an eine wohltätige Stiftung zu spenden, nachdem sie sich nach einer Probierphase für eine dauerhafte Nutzung der Software entschieden haben. An welche Stiftung das Geld überweisen werden soll, wird häufig vom Softwarehersteller vorgegeben.

Carnivore, der; *Subst.*
(zu Deutsch »Fleischfresser«). Digitale Abhörtechnologie, die von der US-Bundespolizei FBI entwickelt wurde. Carnivore wird zum Überwachen und Abfangen von E-Mail- und anderer internetbasierter Kommunikation verwendet. Carnivore kopiert dabei den gesamten Netzwerkverkehr eines ISPs in ein Sammelsystem. Innerhalb dieses Systems durchsucht ein Filter die komplette Kommunikation, wobei allerdings nur die Daten des Verdächtigen berücksichtigt werden.

Carrierdetect, das; *Subst.* (Carrier Detect)
→ *siehe* cd.

Carrybit, das; *Subst.* (carry bit)
Das Bit, das von einer Addiererschaltung übergeben wird und signalisiert, dass eine Addition zu einem Übertrag geführt hat (z.B. bei 9 + 7). → *auch genannt* Carryflag.

Carryflag, das; *Subst.* (carry flag)
→ *siehe* Carrybit.

Cascading Style Sheet, das; *Subst.* (cascading style sheets)
Abkürzung: CSS. Eine HTML-Spezifikation, die vom World Wide Web Consortium (W3C) entwickelt wurde und es sowohl dem Gestalter von HTML-Seiten als auch dem Benutzer erlaubt, HTML-Dokumente mit Dokumentvorlagen (Stylesheets) zu verknüpfen. Die Dokumentvorlagen enthalten typografische Informationen in Bezug auf das Erscheinungsbild der Seite, z.B. hinsichtlich der Schriftart, der Zeilenabstände, der Einrückungen, usw. Die Spezifikation bestimmt außerdem die Art und Weise, mit der die Dokumentvorlage eines HTML-Dokuments mit der vom Benutzer definierten Dokumentvorlage in Einklang gebracht wird. Cascading Style Sheets sind für alle HTML-Standards und vorgeschlagenen HTML-Standards ab der Version 2.0 anwendbar. Weitere Informationen zu Cascading Style Sheets sind unter der Webadresse http://www.w3.org/Style abrufbar. → *siehe auch* Formatvorlage, HTML, Stylesheet. → *auch genannt* Cascading-Style-Sheet-Mechanismus, CSS.

Cascading-Style-Sheet-Mechanismus, der; *Subst.* (Cascading Style Sheet mechanism)
→ *siehe* Cascading Style Sheets.

CASE
Abkürzung für »**c**omputer-**a**ided **s**oftware **e**ngineering«, zu Deutsch »computergestützte Softwareentwicklung bzw. computergestützte Systementwicklung«. Oberbegriff für

Software, die für den Einsatz von Computern in allen Phasen der Entwicklung von Computerprogrammen – von der Planung und Modellierung bis zur Codierung und Dokumentation – konzipiert ist. CASE stellt eine Arbeitsumgebung aus Programmen und anderen Entwicklungswerkzeugen dar, die Manager, Systemanalytiker, Programmierer und andere Beteiligte bei der Automatisierung des Entwurfs und der Implementation von Programmen und Prozeduren für geschäftliche, technische und wissenschaftliche Computersysteme unterstützt.

Casebefehl, der; *Subst.* (case statement)
In Programmiersprachen, z.B. Ada, Pascal und C, ein Steuerbefehl, der, in Abhängigkeit von Schlüsselwerten, die Ausführung eines von mehreren vorgegebenen Anweisungsblöcken bewirkt. Eine derartige Konstruktion wird auch als »Fallunterscheidung« bezeichnet. Casebefehle werden dann eingesetzt, wenn, in Abhängigkeit von mehr als zwei Werten oder Wertebereichen, unterschiedliche Aktionen ausgeführt werden sollen. Ein Casebefehl ist damit eine Verfeinerung einer herkömmlichen IF-THEN-ELSE-Bedingung, die nur zwei Fälle berücksichtigt (z.B. »wenn X = Y, dann führe A aus, andernfalls führe B aus«) und entspricht damit einer ineinandergeschachtelten Folge von mehreren IF-THEN-ELSE-Bedingungen (z.B. »wenn X = Y1, führe A aus, andernfalls überprüfe, ob X = Y2 und führe bei Zutreffen B aus, andernfalls überprüfe, ob X = Y3 und führe bei Zutreffen C aus usw.«). Bei der Ausführung einer Fallunterscheidung wird der Inhalt einer Variablen (z.B. einer Zahl oder einer Zeichenkette) mit verschiedenen Folgen konstanter Werte oder Wertebereiche verglichen, die im Programm vorgegeben sind. Jeder Abschnitt in der Fallunterscheidung untersucht dabei einen anderen konstanten Wert oder Wertebereich. Entspricht der Inhalt der Variablen dem konstanten Wert oder dem Wertebereich, wird der entsprechende Anweisungsblock ausgeführt, ansonsten ignoriert. → *siehe auch* Konstante, Steueranweisung, Variable.

CAT
Abkürzung für »**c**omputer**a**ided **t**esting«, zu Deutsch »computerunterstütztes Testen«. Ein Verfahren, das von Ingenieuren für die Überprüfung und Analyse von Entwürfen eingesetzt wird, insbesondere von Entwürfen, die mit CAD-Programmen angefertigt wurden. CAT wird außerdem von Softwareentwicklern für automatisierte Regressionstests eingesetzt. → *siehe* CAI.
Außerdem ist CAT die Abkürzung für »**c**omputer-**a**ssisted **t**eaching«, zu Deutsch »computerunterstütztes Unterrichten«. → *siehe* CAI.

Ferner ist CAT die Abkürzung für »**c**omputerized **a**xial **t**omography«, zu Deutsch »computerunterstützte Axialtomographie«, ein medizinisches Röntgenverfahren, das ein dreidimensionales Bild eines Körperteils erzeugt. Es setzt sich aus Einzelbildern zusammen, die als Querschnitte entlang einer Achse aufgenommen werden. → *siehe* CAI.

CATV
Abkürzung für **C**ommunity **A**ntenna **Tele**vision bzw. **Ca**ble **Tele**vision (Kabelfernsehen). Ein Fernsehrundfunksystem, bei dem Koaxial- oder Glasfaserkabel verwendet werden, um ein Breitbandsignal mit vielen einzelnen Fernsehprogrammkanälen zu verteilen. CATV-Systeme werden außerdem zunehmend verwendet, um digitale Daten z.B. für Internet-Verbindungen zum Teilnehmer und zurück zu übertragen. → *auch genannt* Kabelfernsehen.

CatXML
Abkürzung für »**Cat**alogue **XML**«. Ein offener Standard für die Verwendung von XML beim Austausch von Kataloginformationen im Internet. CatXML verwendet ein flexibles XML-Schema mit mehreren Profilen, die entsprechend dem jeweiligen Unternehmensbedarf angepasst werden können. CatXML unterstützt vorhandene Informationsstrukturen und stellt verteilte Rastermodelle und dynamische Ausgabeformate für Abfrageinformationen zur Verfügung. → *siehe auch* XML.

CBEMA
Abkürzung für »**C**omputer and **B**usiness **E**quipment **M**anufacturers **A**ssociation«. US-amerikanischer Verband aus Hardwarelieferanten und -herstellern, der sich mit der Standardisierung von informationsverarbeitenden und damit verwandten Einrichtungen befasst.

CBL
Abkürzung für »**c**omputer-**b**ased **l**earning«, zu Deutsch »computerunterstütztes Lernen«. Ein Begriff, der sich entweder auf den computerunterstützten Unterricht im Bildungswesen (Computer-Aided Instruction, CAI) oder dem Einsatz von Lernprogrammen im Bereich der anwendungs- oder berufsspezifischen Ausbildung (Computer-Based Training, CBT) bezieht. → *siehe auch* CAI, CBT.

CBT
Abkürzung für »**c**omputer-**b**ased **t**raining«, zu Deutsch »computerunterstützte Ausbildung bzw. computerunterstützte Schulung«. Der Einsatz von Computern und speziellen Lern-

C programmen in der Ausbildung und Schulung. Ein zentrales Prinzip in CBT-Programmen ist der Einsatz von Farben, Grafiken und anderen Aufmerksamkeit erregenden Hilfsmitteln, die das Interesse des Auszubildenden wecken. Das Einsatzgebiet von CBT reicht von einfachen bis hin zu sehr anspruchsvollen Themen. Beispielsweise sind CBT-Lektionen in einem Anwendungsprogramm denkbar, die dem Benutzer ein erstes Gefühl für das zu erlernende Programm vermitteln. Ein weiteres Beispiel ist die Schulung des Führungsnachwuchses auf Seminaren, wobei in diesem Fall sehr umfangreiche und komplexe CBT-Programme zum Einsatz kommen.

cc

Abkürzung für »carbon copy«, zu Deutsch »Durchschlag« oder »Kopie«. Eine Anweisung an ein E-Mail-Programm, eine Kopie einer Mail an eine weitere Person zu senden. Im Unterschied zum eigentlichen Empfänger der E-Mail erhält der cc-Empfänger die Mail nur zur Information, muss also nicht unbedingt auf die Mail reagieren. Der cc-Empfänger erscheint im Kopf der Mail, sodass alle Empfänger der Mail darüber Kenntnis erhalten, dass er eine Kopie der Mail erhalten hat. → *siehe auch* E-Mail, Kopf. → *auch genannt* Courtesy Copy. → *vgl.* bcc.

CCC

→ *siehe* Chaos Computer Club.

CCD

→ *siehe* Chargecoupled Device.

CCI

→ *siehe* Common Client Interface.

CCITT

Abkürzung für »**C**omité **C**onsultatif **I**nternational **T**élégraphique et **T**éléphonique«, zu Deutsch »internationales Komitee für das Telefon- und Telegrafiewesen«. Ehemaliges Komitee, das heute als »International Telecommunication Union-Telecommunication Standardization Sector« (ITU-TSS, häufig auch als ITU-T abgekürzt) bezeichnet wird. Es stellte die Organisation dar, die die Standardisierungsaufgaben für die ITU (International Telecommunication Union) durchführte. Nach einer 1992 erfolgten Umorganisation der ITU existiert das CCITT nicht mehr als eigenständige Organisation, wenngleich in diversen bestehenden Standards das Kürzel CCITT weiterhin verwendet wird. → *siehe auch* CCITT Gruppen 1-4, CCITT V-Serien, CCITT X-Serien, ITU, ITU-T. → *siehe* my two cents.

CCITT Gruppen 1–4, die; *Subst.* (CCITT Groups 1-4)
Ein Satz von vier Standards, der von der CCITT für die Codierung und Übertragung von Schriftstücken mit Hilfe von Faxgeräten empfohlen wird. Die Standards sind grafisch ausgelegt – alle Seiten werden als Grafiken übertragen, unabhängig davon, ob sie Texte, Grafiken oder eine Kombination daraus enthalten. Gruppe 1 und Gruppe 2, zwei Standards für analoge Geräte, sind heute nahezu bedeutungslos. Gruppe 3 und Gruppe 4 sind für digitale Geräte konzipiert und werden im Folgenden beschrieben: Gruppe 3 ist ein weit verbreiteter Standard, der im Normalmodus mit einer Auflösung von horizontal 203 dpi (dots per inch) und vertikal 98 dpi arbeitet sowie im Feinmodus mit horizontal 203 dpi und vertikal 198 dpi. Der Standard unterstützt zwei Verfahren bei der Datenkomprimierung. Das erste Verfahren basiert auf der Huffman-Codierung und reduziert die Datenmenge auf 10 bis 20 Prozent. Das zweite Verfahren – es ist mit READ (Abkürzung für »**r**elative **e**lement **a**ddress **d**esignate«) bezeichnet – erreicht eine Reduzierung der Datenmenge auf 6 bis 12 Prozent. Des Weiteren sind ein Kennwortschutz sowie eine Abruffunktion (Polling) vorgesehen, so dass ein Empfangsgerät Dokumente von einem anderen Gerät anfordern kann. Gruppe 4, ein neuerer Standard, unterstützt eine Auflösung von bis zu 400 dpi. Bei der Komprimierung wird jede Zeile als Reihe von Veränderungen in Bezug auf die jeweils vorangehende Zeile codiert. Auf diese Weise gelingt es, eine Komprimierung der Datenmenge auf 3 bis 10 Prozent zu erzielen. Die übertragenen Daten enthalten keine Informationen zur Fehlerkorrektur. Zum Betrieb eines Gruppe-4-Faxgerätes ist ein ISDN-Anschluss notwendig.

CCITT V-Serien, die; *Subst.* (CCITT V series)
→ *siehe* V-Serie.

CCITT X-Serien, die; *Subst.* (CCITT X series)
Ein Satz an Empfehlungen, die von der ITU-T (International Telecommunications Union), vormals CCITT, sowie der ISO übernommen wurden und Geräte sowie Protokolle standardisieren, die sowohl in öffentlichen als auch in privaten Netzwerken zum Einsatz kommen. Die folgende Auflistung erläutert einige dieser Empfehlungen:

X-Serie	CCITT-Empfehlung
X.25	Dokumentiert die Schnittstelle die für den Anschluss eines Computers an ein paketvermitteltes Netzwerk z.B. das Internet erforderlich ist.

X-Serie	CCITT-Empfehlung
X.200	Die Empfehlungen dieser Reihe dokumentieren den weithin akzeptierten 7-Schichten-Satz von Protokollen der als »ISO/OSI-Schichtenmodell« bekannt ist und der Standardisierung von Verbindungen zwischen Computern dient.
X.400	Dokumentiert das Format der Anwendungsschicht im ISO/OSI-Schichtenmodell für den Transport von E-Mail-Nachrichten über verschiedene Netzwerke einschließlich Ethernet X.25 und TCP/IP. Um E-Mail-Nachrichten zwischen X.400 und Internetformaten zu übersetzen müssen Gateways eingesetzt werden.
X.445	Auch bekannt als »Asynchronous Protocol Specification« (zu deutsch »asynchrone Protokoll-Spezifikation«) regelt die Übertragung von X.400-Nachrichten über Einwahltelefonverbindungen.
X.500	Dokumentiert die Protokolle für Client-Server-Systeme die Directory Services (für Benutzer und Ressourcen) gemäß X.400 einsetzen.

cc:mail

Eine Messaging-Anwendung, die ursprünglich von der Firma cc:mail, Inc. vorgestellt und anschließend von der Lotus Development Corporation weiterentwickelt wurde. → *siehe auch* E-Mail, Messaging.

ccNUMA

Abkürzung für »**C**ache-**C**oherent **N**on-**U**niform **M**emory **A**ccess«. Eine Technologie, die es erlaubt, eine Vielzahl von symmetrischen Multiprozessorsystemen mit Hilfe einer Hochgeschwindigkeits-Breitbandhardware zusammenzuschließen, so dass die Einzelsysteme als einzige Maschine fungieren. → *siehe auch* Symmetric Multiprocessing.

CCP

Abkürzung für »**C**ertificate in **C**omputer **P**rogramming«. Ein angesehenes Programmierzertifikat, das vom US-amerikanischen Verband ICCP (Institute for Certification of Computer Professionals) an Programmierer verliehen wird, die eine umfassende Reihe an Prüfungen bestanden haben.

cd

Abkürzung für »**c**hange **d**irectory«, zu Deutsch »wechsle das Verzeichnis«. In Verbindung mit den Betriebssystemen MS-

DOS und UNIX sowie FTP-Clientprogrammen ein Befehl, der das Verzeichnis wechselt. Das gewünschte Verzeichnis wird in Form eines Pfades hinter dem Befehl »cd« übergeben. → *siehe auch* Pfad, Verzeichnis.

CD

Abkürzung für »**C**arrier **D**etect«, zu Deutsch »Trägersignal festgestellt«. Ein Signal, das von einem Modem an den angeschlossenen Computer gesendet wird, um anzugeben, dass eine Telefonverbindung hergestellt werden konnte. → *siehe auch* DCD.
Außerdem ist »CD« die Abkürzung für »**C**ompact **D**isc«. → *siehe auch* CD-I, CD-ROM, Compact-Disc.

CD-Brenner, der; *Subst.* (CD burner)
→ *siehe* CD-Rekorder.

CD-E
→ *siehe* Compact-Disc, löschbar.

Cdev (cdev)

Abkürzung für »**c**ontrol panel **dev**ice«. Ein Hilfsprogramm für den Macintosh, das es erlaubt, Grundeinstellungen einer bestimmten Systemkomponente zu ändern. Bei Macintosh-Computern, auf denen das Betriebssystem System 6 eingesetzt wird, sind Cdevs im Systemordner zu finden. Tastatur- und Maus-Cdevs sind bereits vorinstalliert. Weitere Cdevs werden mit Anwendungsprogrammen und Hilfsprogrammpaketen ausgeliefert. Im Betriebssystem System 7 werden »Cdevs« als »Kontrollfelder« bezeichnet.
→ *siehe auch* Systemordner, Systemsteuerung.
→ *vgl.* INIT.

CDF *Subst.*
→ *siehe* Channel Definition Format.

CDFS

Abkürzung für »**CD**-ROM **F**ile **S**ystem«, zu Deutsch »CD-ROM-Dateisystem«. Unter Windows 9x ein 32-Bit-Dateisystem für den Protected Mode, das den Zugriff auf CD-ROM-Laufwerke steuert. → *siehe auch* Protected Mode.
In Verbindung mit UNIX-Computern ist »CDFS« eine Bezeichnung, die angibt, dass sich ein Dateisystem auf einem wechselbaren, Nur-Lese-Datenträger befindet (gemeint ist eine CD-ROM). Gewöhnlich wird damit impliziert, dass die CD-ROM mit dem ISO-9660-Standard kompatibel ist. CDFS wird außerdem mit Befehlen in Verbindung gebracht, die Speichermedien anmelden (Festplatten, Bandlaufwerke, ent-

C fernte Netzwerklaufwerke und CD-ROMs), um auf diese vom Computer zugreifen zu können. → *siehe auch* CD-ROM, ISO 9660.

CD-I, die; *Subst.*

Abkürzung für »**c**ompact **d**isc-**i**nteractive«. Ein hardware- und softwarebezogener Standard für optische Discs. CD-I erlaubt die Kombinierung von Audio, Video und Texten auf hochkapazitiven CDs (Compact Discs). Zu CD-I gehören Leistungsmerkmale wie Darstellung und Auflösung von Bildern, Animation, Spezialeffekte und Audio. Der Standard umfasst Methoden zur Codierung, Komprimierung, Dekomprimierung und Anzeige der gespeicherten Informationen. → *siehe auch* CD-ROM.

CDMA

→ *siehe* Code Division Multiple Access.

CDP

Abkürzung für »**C**ertificate in **D**ata **P**rocessing«. Ein Zertifikat, das vom US-amerikanischen Verband ICCP (Institute for Certification of Computer Professionals) an Personen verliehen wird, die eine Reihe von Prüfungen im Computerbereich und in verwandten Bereichen - wie Programmierung, Bedienung von Software sowie Systemanalyse - bestanden haben.

CDPD

→ *siehe* Cellular Digital Packet Data.

CD Plus, das; *Subst.*

Ein Codierungsformat für CDs (Compact Discs), das es erlaubt, auf einer CD Audioaufnahmen und Computerdaten zu mischen. Bei diesem Format besteht keine Gefahr, dass die Audioabspielgeräte Schaden nehmen, wenn versehentlich versucht wird, den Datenbereich der CD abzuspielen.

CD-R, die; *Subst.*

Abkürzung für »**c**ompact **d**isc-**r**ecordable«. Eine Form einer CD-ROM, die mit einem CD-Recorder beschrieben und auf einem CD-ROM-Laufwerk gelesen werden kann. → *siehe auch* CD-Rekorder, CD-ROM.

CD-R/E, die; *Subst.*

→ *siehe* Compact-Disc, beschreibbar und löschbar.

CD-Rekorder, der; *Subst.* (CD recorder)

Ein Gerät, das zum Beschreiben von CD-ROMs dient. Da eine CD-ROM nur einmal beschrieben werden kann, werden CD-

ROM-Rekorder in der Praxis vor allem zur Datenarchivierung eingesetzt sowie zur Herstellung von CD-ROM-Mastern, die dann im Rahmen einer CD-ROM-Serienproduktion entsprechend dupliziert werden. → *siehe auch* CD-ROM. → *auch genannt* CD-R machine, CD-ROM-Brenner. (Abbildung C.3)

Abbildung C.3: CD-Rekorder

CD-R machine, die; *Subst.*

→ *siehe* CD-Rekorder.

CD-ROM, die; *Subst.*

Abkürzung für »**c**ompact **d**isc **r**ead **o**nly **m**emory«. Ein Datenträger, der sich durch hohe Kapazität (etwa 650 Megabyte) und die Verwendung einer Laseroptik anstelle einer magnetischen Abtastung für das Lesen der Daten auszeichnet. Obwohl CD-ROM-Laufwerke Datenträger nur lesen, jedoch nicht beschreiben können, gibt es große Gemeinsamkeiten mit CD-R-Laufwerken und optischen WORM-Laufwerken (die jeweils einen Datenträger einmal beschreiben, jedoch mehrfach lesen können) sowie optischen Laufwerken, die auch das mehrfache Beschreiben erlauben. → *siehe auch* CD-I, CD-R, WORM.

Als »CD-ROM« wird ferner eine individuell angefertigte, optische Disc (CD, compact disc) bezeichnet, die zur Verwendung mit dem Computer dient und bis zu 650 Megabyte Daten speichern kann. → *siehe auch* Compact-Disc, Disc.

CD-ROM-Brenner, der; *Subst.* (CD-ROM burner)

→ *siehe* CD-Rekorder.

CD-ROM Extended Architecture, die; *Subst.*

→ *siehe* CD-ROM/XA.

CD-ROM File System, das; *Subst.*

→ *siehe* CDFS.

CD-ROM-Jukebox, die; *Subst.* (CD-ROM jukebox)

Ein Gerät, das bis zu 200 CD-ROMs aufnehmen kann und mit einem CD-ROM-Laufwerk verbunden ist, das sich in einem Personal Computer oder einer Workstation befindet. Die Benutzer können dabei beliebige Daten anfordern, die sich auf einer der in der Jukebox aufbewahrten CD-ROMs befinden. Das Gerät sucht die CD, die die entsprechenden Daten enthält und spielt diese ab. Gewöhnlich kann immer nur eine CD-ROM abgespielt werden. Wenn jedoch mehrere Jukeboxen an separate, hintereinander geschaltete CD-ROM-Laufwerke angeschlossen sind, können auf einem Computer mehrere CDs gleichzeitig benutzt werden. → siehe auch CD-ROM, CD-ROM-Laufwerk, Daisychain.

CD-ROM-Laufwerk, das; Subst. (CD-ROM drive)
Ein Laufwerk in einem Computer, das mit der Compact Disc-Technologie arbeitet. → siehe auch CD-ROM, Compact-Disc.

CD-ROM, mit hoher Kapazität, die; Subst. (high-capacity CD-ROM)
→ siehe DVD.

CD-ROM/XA, die; Subst.
Abkürzung für »**CD-ROM E**x**t**ended **A**rchitecture«. Ein erweitertes Format für CD-ROMs, das von den Firmen Philips, Sony und Microsoft entwickelt wurde. CD-ROM/XA ist mit dem Standard ISO 9660 (High Sierra) kompatibel, wurde aber um die Spezifikation ADPCM (adaptive differential pulse code modulation) für Audio, Bilder und dazwischenliegende Daten erweitert. → siehe auch adaptive
differentielle Puls-Codemodulation, CD-ROM, High Sierra-Spezifikation.

CD-RW, die; Subst.
→ siehe Compact-Disc, wiederbeschreibbar.

CDS (Commerce Interchange Pipeline)
→ siehe Circuit Data Services.

CDV
Abkürzung für »**c**ompressed **d**igital **v**ideo«. Die Komprimierung von Videos für Hochgeschwindigkeitsübertragungen. Außerdem die Abkürzung für »**c**ompact **d**isc **v**ideo«. Eine Videodisc mit einem Durchmesser von 5 Zoll (dem üblichen Durchmesser für CDs, etwa 12,7 cm). → siehe auch Videodisc.

CD Video, das; Subst.
→ siehe CDV.

Celeron Adj.
Der Markenname für eine Baureihe preisgünstiger Mikroprozessoren von Intel. Als Konkurrenz zur K6-2-Familie von AMD

hatte Intel zunächst den Covington herausgebracht. Dieser entspricht technisch dem damaligen Pentium II, die Leistung ist jedoch nicht so hoch. Die zweite Variante des Celeron ist der Mendocino, der mit 128-Kbyte-L2-Cache On-Die beinahe dieselbe Leistung wie ein Pentium II 300 besitzt. Der letzte Celeron heißt Coppermine und entspricht technisch dem Pentium III, allerdings ist er nicht so leistungsfähig. → siehe auch AMD-K6, L2-Cache, Pentium II.

Cellular Digital Packet Data, das; Subst.
Abkürzung: CDPD. Ein digitaler Funkübertragungs-Standard der als Erweiterung bestehender Netzwerke für Mobilfunkdaten eingesetzt wird. Er wurde mit offenen Systemanforderungen von einem Zusammenschluss verschiedener Funknetzträger als Funkerweiterung für IP-basierte Netzwerke entwickelt und kann sowohl akustische Information als auch Computerdaten über vorhandene Funkkanäle übertragen. CDPD wird bei Anwendungen verwendet, die unter anderem für die öffentliche Sicherheit, den Verkauf und die mobile Ortung eingesetzt werden. → siehe auch drahtlos, Paket. → vgl. GPRS, UMTS.

Central Office Exchange Service Subst.
→ siehe Centrex.

Centrex Subst.
Abkürzung für **Centr**al Office **Ex**change service. Ein von einigen Telekommunikationsunternehmen angebotener Dienst, der Unternehmen moderne Kommunikationseinrichtungen zur Verfügung stellt und dem Kunden so den Zugang zu einer vollständigen Palette von Kommunikationsdiensten ermöglicht, ohne dass die notwendigen Geräte erworben oder verwaltet werden müssen. Kunden haben die Möglichkeit, nur die Leitungen und Dienste zu erwerben, die sie auch nutzen möchten. Die Bezeichnung »Central Office Exchange« bezieht sich auf die Tatsache, dass Kommunikationseinrichtungen für Centrex-Dienste, insbesondere Vermittlungsdienste, normalerweise in der Zentrale des örtlichen Telekommunikationsunternehmens verwaltet werden. Da Centrex ein breiteres Dienstleistungsspektrum anbietet, ersetzt es häufig die vorhandenen Nebenstellenanlagen (PBX) in Unternehmen. → siehe auch Vermitteln. → vgl. PBX.

Centrino, der; Subst.
Von Intel ins Leben gerufene Marketinginitiative, die die Kombination aus Pentium-M-Prozessor, Motherboard-Chipsatz und Wireless LAN bezeichnet. Notebooks und Laptops, die mit einem Pentium-M-Prozessor, Intel-855-Chipsatz und

C Intel PRO/Wireless-2100-Technologie ausgestattet sind, werden im Allgemeinen als Centrino-Notebooks bzw. -Laptops bezeichnet. Weitere Informationen zur Centrino-Technologie finden sich auf der Intel-Homepage (*http:// www.intel.com/products/mobiletechnology/index.htm*). → *siehe auch* Chipsatz, drahtloses LAN, Prozessor.

Centronicsschnittstelle, die; *Subst.* (Centronics parallel interface)
Ein De-facto-Standard für den parallelen Datenaustausch zwischen Computern und Peripheriegeräten. Die Schnittstelle wurde vom Druckerhersteller Centronics, Inc., entwickelt und umfasst 8 parallele Leitungen sowie zusätzliche Leitungen für Steuersignale und Statusinformationen. → *siehe auch* parallele Schnittstelle.

CERN
Abkürzung für »**C**onseil **E**uropéen pour la **R**echerche **N**ucléaire«, zu Deutsch »Europäisches Kernforschungszentrum«. Forschungszentrum für Teilchenphysik mit Sitz in Genf (Schweiz). 1989 wurde am CERN eine für den Computerbereich sehr bedeutende Entwicklung begonnen – der CERN-Mitarbeiter Tim Berners-Lee schuf die Urform des World Wide Webs, damals noch unter dem Gesichtspunkt, die Kommunikation zwischen den Mitgliedern der wissenschaftlichen Gemeinde zu erleichtern. Die Website des CERN ist unter der Adresse http://www.cern.ch erreichbar. → *siehe auch* NCSA.

CERN-Server, der; *Subst.* (CERN server)
Zusammen mit der HTTPd-Software der NCSA einer der ersten beiden HTTP-Server für das World Wide Web. Er wurde von Tim Berners-Lee am CERN entwickelt. → *siehe auch* CERN, HTTP-Server, NCSA-Server.

CERT
Abkürzung für »**C**omputer **E**mergency **R**esponse **T**eam«. Ein Verband, der einen 24-Stunden-Beratungsservice für Internetbenutzer anbietet. CERT kümmert sich dabei um Aspekte, die die Datensicherheit betreffen, und gibt den Benutzern Hilfestellung, wenn neue Viren oder andere Sicherheitslücken entdeckt werden. Die Website des CERT ist unter der Adresse http://www.cert.org erreichbar.

CGA
Abkürzung für »**C**olor/**G**raphics **A**dapter«. 1981 von IBM eingeführte Videoadapterkarte. CGA verfügt über mehrere Text- und Grafikmodi. Die wichtigsten Modi sind ein Textmodus mit 40 bzw. 80 Spalten mit jeweils 25 Zeilen und 16 Farben sowie die Grafikmodi mit 640 Pixel horizontal mal 200 Pixel vertikal bei 2 Farben und 320 Pixel horizontal mal 200 Pixel vertikal bei 4 Farben. → *siehe auch* Grafikadapter, Videoadapter.

CGI
Abkürzung für »**C**ommon **G**ateway **I**nterface«. Eine Spezifikation, die die Kommunikation zwischen Informationsservern (z.B. HTTP-Servern) und den Ressourcen (z.B. Datenbanken und anderen Programmen) auf den jeweiligen Hostcomputern definiert. Schicken Benutzer z.B. ausgefüllte Formulare über einen Webbrowser ab, führt der HTTP-Server ein Programm aus (das häufig als »CGI-Skript« bezeichnet wird) und übergibt die Benutzereingaben per CGI an das Programm. Das Programm verarbeitet die Daten und gibt die Ergebnisdaten per CGI an den Server zurück. Die Verwendung von CGI erlaubt es, Webseiten in höherem Maße dynamisch zu gestalten und mit interaktiven Elementen zu versehen. Weitere Informationen zu CGI sind z.B. unter den Webadressen http://hoohoo.ncsa.uiuc.edu/cgi/ und http:// www.cgi-resources.com abrufbar.
→ *siehe auch* CGI-Skript, HTTP-Server.

cgi-bin
Abkürzung für »**C**ommon **G**ateway **I**nterface-**bin**aries«. Ein Verzeichnis, in dem externe Anwendungen gespeichert sind, die von HTTP-Servern per CGI ausgeführt werden. → *siehe auch* Common Gateway Interface.

CGI-Skript, das; *Subst.* (CGI script)
Abkürzung für »**C**ommon **G**ateway **I**nterface **script**«. Eine externe Anwendung, die von einem HTTP-Server als Reaktion auf eine Anfrage durch einen Client (z.B. einen Webbrowser) ausgeführt wird. Im Allgemeinen werden CGI-Skripten aufgerufen, wenn Benutzer auf ein Element auf einer Webseite klicken, z.B. auf einen Link oder eine Grafik. Die Kommunikation zwischen einem CGI-Skript und dem Server wird durch die CGI-Spezifikation geregelt. CGI-Skripten können in einer Vielzahl von Programmiersprachen angefertigt werden, z.B. in C, C++ und Visual Basic. Die am häufigsten eingesetzte Programmiersprache für CGI-Skripten ist jedoch Perl, da diese Sprache überschaubar ist, vergleichsweise wenig Ressourcen benötigt und die damit verfassten Skripten stabil laufen. Außerdem ist Perl im UNIX-Bereich sehr verbreitet; UNIX wiederum ist die Plattform, auf der die überwiegende Anzahl an Websites laufen. Auch wenn der Name »CGI-Skript« darauf hindeutet, lassen sich nicht nur Skripten einsetzen, auch Batchprogramme und kompilierte Programme

können die Funktion eines CGI-Skripts übernehmen. CGI-Skripten kommen zur Anwendung, um Webseiten mit interaktiven Elementen zu versehen, z.B. um Formulare zu realisieren, die die Benutzer ausfüllen und absenden können, Imagemaps zu erzeugen, die auf andere Webseiten oder Ressourcen verweisen sowie Links zu ermöglichen, die die Benutzer anklicken können, um eine E-Mail an eine bestimmte Adresse zu senden. Mit Hilfe von ActiveX-Steuerelementen und Java Applets lässt sich eine ähnliche Funktionalität wie über CGI-Skripten erreichen, aber die Art und Weise bei der Realisierung und Ausführung ist eine andere. → *siehe auch* CGI, cgi-bin, Imagemap, Perl. → *vgl.* ActiveX-Steuerelement, Java-Applet.

CGM
→ *siehe* Computer Graphics Metafile.

Chalkware, die; *Subst.* (chalkware)
→ *siehe* Vaporware.

Challenge Handshake Authentication Protocol, das; *Subst.*
Abkürzung: CHAP. Ein Authentifizierungsschema, das von PPP-Servern verwendet wird, um die Identität des Initiators der Verbindung zu überprüfen – beim Verbindungsaufbau und zu einem beliebigen Zeitpunkt später. → *siehe auch* Authentifizierung, PPP.

Channel-Aggregator, der; *Subst.* (channel aggregator)
→ *siehe* Contentaggregator.

Channel Definition Format *Subst.*
Ein auf XML basierendes Dateiformat. Dieses Format beschreibt einen Channel auf einem Server. (Bei einem Channel handelt es sich um eine Sammlung von Webseiten.) Das Channel Definition Format wird in Microsoft Internet Explorer von der Funktion Active Channel verwendet, um ausgewählte, in der Regel persönliche Informationen, an Abonnenten zu senden. → *siehe auch* Active Channel, Webcasting, XML.

Channelhopping *Vb.* (channel hop)
Das mehrmalige Umschalten von einem IRC-Kanal zu einem anderen. → *siehe auch* IRC.

Channel-Op, der; *Subst.* (channel op)
Abkürzung für »**channel op**erator«. Ein Benutzer oder eine Benutzerin auf einem IRC-Kanal, der bzw. die das Privileg

hat, unerwünschte Teilnehmer hinauszuwerfen. → *siehe auch* IRC.

Chaos Computer Club, der; *Subst.*
Der deutsche Chaos Computer Club ist eine weltweit anerkannte Institution, die es sich zur Aufgabe gemacht hat, die Entwicklung in der Computer- und Informationstechnologie zu beobachten und Missstände öffentlich anzuprangern. Laut eigenen Angaben versteht sich der Chaos Computer Club »als ein Forum der Hackerszene, eine Instanz zwischen Hackern, Systembetreibern und der Öffentlichkeit. Zunehmend ist diese Aufgabe in Teilbereichen (Netz-Zensur, Krypto-Regulierung) die einer Interessensvertretung, die versucht, durch Wissen Einfluss zu nehmen.« Weitere Informationen erhalten Sie unter http://www.ccc.de.

CHAP
→ *siehe* Challenge Handshake Authentication Protocol.

Charakteristikaextraktion, die; *Subst.* (feature extraction)
Die Auswahl wichtiger Perspektiven eines Computerbildes, die als Richtlinien für den computergestützten Mustervergleich und die Bilderkennung eingesetzt werden. → *siehe auch* Bildverarbeitung.

Chargecoupled Device, das; *Subst.* (charge-coupled device)
Zu Deutsch: »ladungsgekoppeltes Gerät«; Abkürzung: CCD. Eine integrierte Schaltung, in der einzelne Halbleiter-Bauelemente so miteinander verbunden sind, dass eine elektronische Ladung vom Ausgang des einen Elements auf den Eingang des nächsten gelangt. CCDs werden als lichtaufnehmende Bauelemente in digitalen Kameras sowie in vielen Videokameras eingesetzt.

Chat, der; *Subst.* (chat)
Unterhaltung mit anderen Benutzern über den Computer. Die Unterhaltung läuft dabei in Echtzeit ab, also live. Geben Teilnehmer eine Textzeile ein und schließen die Eingabe mit der Eingabetaste ab, erscheint die Zeile wenige Augenblicke danach auf den Bildschirmen der anderen Teilnehmer, die dann entsprechend darauf antworten können. Die meisten Onlinedienste bieten eine Chatfunktion an. Im Internet ist IRC das gebräuchliche System. → *siehe auch* Chatroom, IRC. »Chat« ist außerdem der Name eines Internethilfsprogramms, das Chats (also Unterhaltungen mit anderen Benutzern) ermöglicht. Das Programm wurde inzwischen weit gehend durch IRC verdrängt.

Chatroom, der; *Subst.* (chat room)
Ein Kommunikationskanal, der Computer verbindet und es den Benutzern erlaubt, sich miteinander zu unterhalten. Häufig wird über ein bestimmtes Thema gesprochen, es gibt jedoch auch zwanglose Unterhaltungen. Die Konversation erfolgt in Echtzeit. Die Benutzer geben dabei Textbotschaften ein. Nachdem diese abgesendet wurden, werden sie für die anderen Teilnehmer sichtbar. Die Unterhaltung in einem Chatroom funktioniert wie in IRC-Systemen (Internet Relay Chat). Chatrooms werden von Onlinediensten und einigen BBS-Systemen (Mailboxen) unterstützt und können von den Benutzern eingerichtet werden. Dazu wird aber entsprechende Software benötigt. → *siehe auch* BBS, Chat, IRC. → *vgl.* Instant Messaging.

chatten *Vb.* (chat)
Das Führen einer Unterhaltung mit anderen Benutzern über den Computer. Die Unterhaltung läuft dabei in Echtzeit ab, also live. → *siehe auch* IRC.

Cheapernet, das; *Subst.*
→ *siehe* 10Base2.

Cheat, der; *Subst.* (cheat)
Englisch für schummeln, mogeln. Überbegriff für geheime Tastenkombinationen, Codes oder Dateimanipulationen, mit deren Hilfe sich in PC- und Videospielen versteckte Zusatzfunktionen und Mogeleien (z.B. Unverwundbarkeit, unendlich viel Geld, Auswahl der Level) aktivieren lassen. Die Anwendung eines Cheats nennt sich cheaten. Verstärkt treten solche Schummeleien auch im Sektor des Onlinegamings auf. Personen, die bei Onlinespielen betrügen, werden als Cheater bezeichnet.

cheaten *Vb.* (to cheat)
→ *siehe* Cheat.

Cheese-Wurm, der; *Subst.* (Cheese worm)
Ein Internetwurm, der die von einem Lion-Wurm verursachten Sicherheitslücken »repariert«. Der Cheese-Wurm ermittelt und infiziert Linux-Systeme, die zuvor von dem Lion-Wurm befallen wurden, schließt die entstandenen Sicherheitslücken und verhindert somit den Zugang, der durch den früheren Befall entstanden ist. Anschließend verwendet der Cheese-Wurm den reparierten Computer, um über diesen in weitere befallene Systeme einzudringen, die mit dem Internet verbunden sind. → *siehe auch* Anti-Wurm, Lion-Wurm, Wurm.

Chefbildschirm, der; *Subst.* (boss screen)
Eine »falsche« Bildschirmmaske, die gewöhnlich geschäftliche Daten (z.B. ein Tabellenblatt) zeigt. Eine derartige Bildschirmmaske findet sich in diversen Spielen und kann mit einem Tastendruck blitzschnell eingeblendet werden. Der Zweck liegt darin, dass ein Angestellter, der sich unerlaubterweise mit einem Spiel beschäftigt, sehr schnell vorgeben kann, dass er seiner Arbeit nachgeht, wenn sich sein Chef nähert. Chefbildschirme waren bei MS-DOS-Spielen sehr beliebt, da man dort nicht so ohne weiteres in eine andere Anwendung umschalten konnte. Heute übliche Spiele, die unter einem Multitasking-Betriebssystem laufen, z.B. dem Betriebssystem des Macintosh oder Windows 9x/Windows Me, enthalten in aller Regel keinen Chefbildschirm, da bereits das Betriebssystem das Umschalten zu einer anderen Anwendung erlaubt, so dass sich ein Spielbildschirm sehr schnell verstecken lässt.

chiffrieren *Vb.* (encipher)
→ *siehe* Verschlüsselung.

Child, das; *Subst.* (child)
Zu Deutsch »Kind«. Ein Prozess, der durch einen anderen Prozess, den Elternprozess (Parent), initiiert wird. Diese Startaktion wird häufig als »Verzweigung« bezeichnet. Der Elternprozess wird häufig so lange ausgesetzt, bis der Childprozess die Ausführung beendet hat.
In einer Baumstruktur bezeichnet »Child« die Beziehung eines Knotens zu seinem unmittelbaren Vorgänger. → *siehe auch* Baumstruktur.

Childprozess, der; *Subst.* (child process)
→ *siehe* Child.

Children's Online Privacy Protection Act *Subst.*
→ *siehe* COPPA.

Chimes of Doom, das; *Subst.* (chimes of doom)
Wörtlich: »Glockenspiel des Todes«. Beim Macintosh eine Reihe von akustischen Signalen, die aufgrund eines schweren Systemfehlers ertönen.

Chip, der; *Subst.* (chip)
→ *siehe* integrierter Schaltkreis.

Chipanbringung, pinlose, die; *Subst.* (leadless chip carrier)
→ *siehe* pinlose Chipanbringung.

Chipsatz, der; *Subst.* (chip set)
Eine Sammlung von Chips, die als Einheit fungiert und eine gemeinsame Aufgabe durchführt. Der Ausdruck bezieht sich in aller Regel auf einen Satz von integrierten Schaltkreisen, z.B. auf einen programmierbaren Interruptcontroller (PIC), der einen Prozessor unterstützt, wobei dann die Einheit von PIC und Prozessor als »Chipsatz« bezeichnet wird. Häufig sind die Funktionen eines Chipsatzes auf einem Chip zusammengefasst. → *siehe auch* Chip, CPU, integrierter Schaltkreis, programmierbarer Interruptcontroller.

Choke, der; *Subst.* (choke)
→ *siehe* Induktor.

Chroma, das; *Subst.* (chroma)
Farbeigenschaft, die den Farbton und die Farbsättigung beschreibt. → *siehe* auch Farbton, Sättigung.

CHRP
→ *siehe* Common Hardware Reference Platform.

Churnrate, die; *Subst.* (churn rate)
Der Umsatzrückgang einer Telefongesellschaft in Bezug auf die Anzahl der Telefoneinheiten, die die Kunden in Anspruch nehmen. Im Pager-, Mobilfunk- und Onlinebereich zeigt sich, dass der Kundenumsatz im Mittel kontinuierlich leicht zurückgeht, wodurch sich üblicherweise eine Churnrate von 2 bis 3% pro Monat ergibt. Eine hohe Churnrate ist für eine Telefongesellschaft sehr problematisch, da das Gewinnen neuer Kunden kostenintensive Werbe- und verkaufsfördernde Maßnahmen erfordert.

CIDR
→ *siehe* Classless Interdomain Routing.

CIF
Abkürzung für Common Intermediate Format. Ein Videokonferenzformat zur Echtzeitübertragung digitaler Bilder nach ITU H.261, das sich durch eine Datenübertragungsrate von 30 Bildern pro Sekunde auszeichnet, wobei die Auflösung pro Bild 288 Zeilen bei 352 Pixeln pro Zeile beträgt. Wird oft auch Full CIF genannt. → *siehe auch* QCIF, Videokonferenz.

CIFS
→ *siehe* Common Internet File System.

CIH-Virus *Subst.* (CIH-virus)
Ein sehr zerstörerischer Virus, zum ersten Mal 1998 aufgetre-

ten. Sobald CIH aktiviert ist, geht der Virus dazu über, das Flash-BIOS infizierter Geräte zu überschreiben, um so den Computer bootunfähig zu machen. Der CIH-Virus ist auch als Tschernobyl-Virus bekannt, weil er in seiner ursprünglichen Form so eingerichtet war, dass er sich am Jahrestag der Tschernobyl-Katastrophe (dem 26. April) aktivierte. Obwohl der Virus keine Tarneinrichtungen oder raffinierten Vervielfältigungsmöglichkeiten hat und leicht von gängigen Antivirusprogrammen aufgespürt werden kann, taucht er regelmäßig immer wieder auf. → *siehe auch* BIOS, Virus.

CIM
Abkürzung für »Computer-Integrated Manufacturing«, zu Deutsch »mit Computerhilfe zusammengeführte Planung und Fertigung«. Der Einsatz von Computern, Kommunikationsleitungen und spezialisierter Software, um sowohl die Handhabungsfunktionen als auch die am Herstellungsprozess beteiligten Bearbeitungsaktivitäten zu automatisieren. Die Basis bildet dabei eine gemeinsame Datenbank, die für alle Aspekte des Prozesses genutzt wird, vom Entwurf über die Montage bis zur Buchhaltung und Betriebsmittelverwaltung. Hochentwickelte CIM-Systeme integrieren CAD/CAE (Computer-Aided Design/Computer-Aided Engineering), Materialplanungsprogramme (Material Requirements Planning, MRP) und die Steuerung der Robotermontage, um die vollelektronische (»papierlose«) Verwaltung des gesamten Herstellungsprozesses zu realisieren.
Abkürzung für »Computer-Input Microfilm«, zu Deutsch »Einlesen von Mikrofilmen mit dem Computer«. Ein Verfahren, bei dem die auf Mikrofilmen gespeicherten Informationen eingescannt und die Daten (sowohl Texte als auch Grafiken) in Codes konvertiert werden. Die Daten lassen sich daraufhin mit dem Computer verarbeiten. CIM weist Ähnlichkeiten mit der optischen Zeichenerkennung (Optical Character Recognition, OCR) auf, bei der allerdings, im Unterschied zu CIM, Papiervorlagen eingelesen werden. → *vgl.* COM.
Abkürzung für Common Information Model (allgemeines Informationsmodell). Eine von der DTMF (Desktop Management Task Force) unterstützte, konzeptionelle Spezifikation für die Zuweisung eines objektorientierten, webbasierten Modells zum Beschreiben der Verwaltungsdaten in einem Unternehmensnetzwerk. Als Bestandteil der webbasierten Enterprise Management-Initiative der DMTF ist CIM eine system- und anwendungsunabhängige, allgemeine Struktur zur Beschreibung und gemeinsamen Verwendung von Verwaltungsinformationen. Es basiert auf einem dreistufigen Modell aus Schemas (Klassengruppen): Das Kernschema

C

behandelt alle Bereiche der Verwaltung, allgemeine Schemas behandeln bestimmte Verwaltungsbereiche, z. B. Netzwerke, Anwendungen und Geräte, und Erweiterungsschemas behandeln bestimmte Technologien, z. B. Betriebssysteme und Anwendungen. CIM wird von mehreren Herstellern unterstützt, hierzu gehören Sun, IBM, Microsoft und Cisco. Weitere Informationen zu DMTF erhalten Sie unter *http://www.dmtf.org/home*. → *siehe auch* DMTF, WBEM.

Cinchstecker, der; *Subst.* (RCA connector)
Ein Steckverbinder zum Anschluss von Audio- und Videogeräten (z.B. einer Stereoanlage oder eines Kompositmonitors) an einen Computer. → *siehe auch* Compositevideodisplay. → *vgl.* Klinkenstecker. (Abbildung C.4)

Abbildung C.4: Cinchstecker: Weiblich (links) und männlich

CIP (CDS, Commerce Interchange Pipeline)
Abkürzung für **C**ommerce **I**nterchange **P**ipeline. Eine Microsoft-Technologie für sichere Steuerung beim Austausch von Wirtschaftsdaten zwischen Anwendungsprogrammen über ein öffentliches Netzwerk, wie etwa dem Internet. CIP ist unabhängig vom verwendeten Datenformat und unterstützt Verschlüsselung und digitale Signaturen sowie verschiedene Übertragungsprotokolle, beispielsweise SMTP, HTTP, DCOM und EDI-Netzwerke. In der Regel werden die Daten, beispielsweise Rechnungen und Aufträge, im Netzwerk über eine Übertragungspipeline gesendet und von einer Empfangspipeline gelesen, die die Daten für die Empfängeranwendung decodiert und vorbereitet. → *siehe auch* Pipelineverarbeitung.

CIP (Common Indexing Protocol)
Abkürzung für **C**ommon **I**ndexing **P**rotocol. Ein von der Internet Engineering Task Force (IETF) definiertes Protokoll, über das Server Indizierungsinformationen gemeinsam nutzen können. CIP dient Servern als Standardmedium zum Freigeben von Informationen über ihre Datenbankinhalte. Mit Hilfe dieser Freigabe haben Server die Möglichkeit, Abfragen, die sie nicht selbst auflösen können, an andere Server weiterzuleiten, die die gewünschten Informationen enthalten, beispielsweise die E-Mail-Adresse eines bestimmten Webbenutzers. → *siehe auch* IETF.

Cipher, die; *Subst.* (cipher)
oder die Ziffer Null (0).

Circuit Data Services, der; *Subst.*
Abkürzung: CDS. Ein von der US-amerikanischen Telefongesellschaft GTE angebotener Datenübertragungsdienst. Die Datenübertragung erfolgt mit Hilfe eines tragbaren Computers, z.B. eines Laptops oder Notebooks, in Verbindung mit einem Mobiltelefon. CDS setzt die Technik der Leitungsvermittlung ein, um eine hohe Übertragungsgeschwindigkeit zu erreichen. → *siehe auch* Leitungsvermittlung.

CISC
Abkürzung für »**c**omplex **i**nstruction **s**et **c**omputing«, zu Deutsch: »Computer mit komplexem Befehlssatz«. Eigenschaft eines Prozessors, der über einen großen, komplexen Satz an Befehlen verfügt, die direkt auf der Assemblerebene zur Verfügung stehen. Die Befehle können sehr mächtig sein und erlauben komplexe sowie flexible Wege bei der Berechnung von Elementen, z.B. Speicheradressen. Der Nachteil liegt allerdings darin, dass die Ausführung eines Befehls aufgrund der großen Komplexität viele Taktzyklen erfordert. → *vgl.* RISC.

CIX
→ *siehe* Commercial Internet Exchange.

ClariNet, das; *Subst.*
Ein kommerzieller Dienst, der Nachrichtenartikel von United Press International (UPI) und anderen Nachrichtenagenturen aus den Newsgroups umfasst, die Teil der clari.-Hierarchie sind. Im Unterschied zu den meisten anderen Newsgroups ist der Zugriff auf die clari.-Newsgroups auf diejenigen Internetserviceprovider beschränkt, die diesen kostenpflichtigen Dienst abonniert haben. Die Website von ClariNet ist unter der Adresse http://www.clari.net erreichbar. → *siehe auch* Newsgroup.

clari.-Newsgroups, die; *Subst.* (clari. newsgroups)
Newsgroups im Internet, die von der US-amerikanischen Firma ClariNet Communications, Inc., angeboten werden. Das Angebot umfasst Nachrichtenartikel, die u.a. von den Nachrichtendiensten »Reuters« und »United Press International«, »SportsTicker« und »Commerce Business Daily« zur Verfügung gestellt werden. Im Unterschied zu den meisten anderen Newsgroups, sind die clari.-Newsgroups nur über Internetserviceprovider verfügbar, die diesen kostenpflichtigen Dienst abonniert haben. → *siehe auch* ClariNet, Internet Serviceprovider, Newsgroup.

ClarisWorks Office *Adj.*
Eine Gruppe von Softwareprogrammen für den Einsatz in Büros, die von der Firma FileMaker, Inc (früher Claris) entwickelt wurde und heute unter dem Namen AppleWorks von Apple vertrieben wird. → *siehe auch* AppleWorks.

Class-A-Netzwerk, das; *Subst.* (Class A network)
Eine Adressierungsklasse für einen Netzwerkverbund, der am Internet angeschlossen ist. Class A erlaubt dabei die Definition von bis zu 16.777.215 Hostcomputern. Bei der Bezeichnung des jeweiligen Netzwerks im Verbund wird das erste Byte der IP-Adresse verwendet, wobei das erste (höchstwertige) Bit generell auf 0 gesetzt wird. Dadurch sind bis zu $2^7 = 128$ Netzwerke möglich. Der jeweilige Hostcomputer im Verbund wird mit Hilfe der letzten 3 Byte angegeben. Class-A-Netzwerke sind sehr gut geeignet für Sites, die nur aus wenigen Netzwerken bestehen, dafür aber viele Hostcomputer aufweisen, und sind im Allgemeinen für große Regierungsbehörden und Bildungseinrichtungen vorgesehen. → *siehe auch* Host, IP-Adresse.

Class-B-Netzwerk, das; *Subst.* (Class-B-network)
In einem Class-B-Netzwerk sind die ersten 16 Bit vorgegeben, wobei die beiden ersten Bits stets 10 sind. Im ersten Quad stehen Werte zwischen 128 und 191 zur Verfügung, das zweite umfasst Werte zwischen 0 und 255 (somit ergeben sich die IP-Adressen 128.0.0.0 bis 191.255.0.0). Daraus ergibt sich die Summe von 16.384 Class-B-Netzwerken mit jeweils 65534 Hosts, wobei die ersten beiden Oktetts den Netzwerk-, die letzten beiden den Hostanteil beschreiben. → *siehe auch* Class-A-Netzwerk.

Class-C-Netzwerk, das; *Subst.* (Class-C-network)
In einem Class-C-Netzwerk sind die ersten 24 Bit vorgegeben, wobei die drei ersten Bits stets 110 sind und die restlichen 8 Bit zur lokalen Verwaltung dienen. Im ersten Quad können Werte zwischen 192 und 223 stehen, das zweite und dritte umfasst Werte zwischen 0 und 255. Daraus ergibt sich die Summe von 2.097.152 Class-C-Netzwerken mit jeweils 254 Hosts. → *siehe auch* Class-A-Netzwerk.

Classless Interdomain Routing, das; *Subst.* (classless interdomain routing)
Abkürzung: CIDR. Ein Internetadressierungsschema, das zusammenfassende Strategien verwendet, um die Größe von Toplevelrouting-Tabellen zu reduzieren. Die Übertragungswege werden dabei gruppiert, um die Anzahl der von den Routern zu übertragenden Informationen zu reduzieren. Die

Hauptanforderung für dieses Schema ist der Einsatz von Routingprotokollen, die CIDR unterstützen, z.B. Border Gateway Protocol (BGP), Version 4, und RIP, Version 2. → *siehe auch* Border Gateway Protocol, Protokoll, RIP, Router.

Clean Interface, das; *Subst.* (clean interface)
Eine Benutzeroberfläche mit einfachen Funktionen und intuitiven Befehlen. → *siehe auch* Benutzeroberfläche.

Clear To Send, das; *Subst.*
→ *siehe* CTS.

ClearType
Geschützter Name für eine Schriftarttechnologie von Microsoft, die auf LCD-Displays, wie denen von Laptop-Computern, eine höhere Textauflösung ermöglicht. Die ClearType-Technologie basiert auf einer speziellen Signalverarbeitung und nutzt die Eigenschaften von LCD-Displays, um deutlichere, feinere Zeichen und Abstände zu erzeugen und auf diese Weise die Lesbarkeit wesentlich zu verbessern. Weitere Informationen zu ClearType erhalten Sie unter http://www.microsoft.com/typography/cleartype/cleartypeq.htm.

CLEC
Abkürzung für **C**ompetitive **L**ocal **E**xchange **C**arrier. Ein Unternehmen, das den Zugriff auf das öffentliche Telefonnetz oder andere Netzwerkverbindungen auf dem »letzten Kilometer« zum Endverbraucher in Konkurrenz zu einer traditionellen Telefongesellschaft anbietet.

clicks and mortar
Wörtlich »Klicks und Mörtel«. Beschreibt eine Form des Onlinehandels, bei der die Onlinepräsenz des Händlers durch ein Filialnetz in der »wirklichen« Welt ergänzt wird. Über dieses Filialnetz werden z.B. Kundenbeschwerden oder Rückgaben abgewickelt. Die Bezeichnung ist ein Wortspiel mit der amerikanischen Phrase »bricks and mortar« (»Ziegelsteine und Mörtel«), die zur Bezeichnung eines nur in der wirklichen Welt existenten Ladens oder Kaufhauses gebraucht wird.

Clickstream, der; *Subst.* (clickstream)
Der Weg, den Benutzer nehmen, wenn sie durch eine Website surfen. Jede separate Auswahl, die auf einer Webseite vorgenommen wird, fügt diesem Weg einen Klick hinzu. Je größer die Anzahl der Klicks wird, ohne dass Benutzer die gewünschten Informationen gefunden haben, desto größer wird die Wahrscheinlichkeit, dass sie die Website verlassen und zu einem anderen Anbieter wechseln. Die Analyse von

C

Clickstreams hilft Webdesignern, benutzungsfreundliche Strukturen, Links und Suchfunktionen anzufertigen. → *siehe auch* Website.

Clickwrap-Lizenz, die; *Subst.* (clickwrap licence)
→ *siehe* Clickwrap-Vertrag.

Clickwrap-Vertrag, der; *Subst.* (clickwrap agreement)
Software- oder Websiteverträge oder -lizenzen, die Bedingungen für die Benutzung von Software oder Waren und Dienstleistungen festsetzen, die über Websites vertrieben werden. Benutzer müssen sich mit den Bedingungen im Clickwrap-Vertrag einverstanden erklären, indem sie auf eine Schaltfläche klicken, die mit »Ich stimme zu«, »I Agree« oder ähnlich beschriftet ist, bevor sie mit der Installation von Software beginnen oder Waren und Dienstleistungen verwenden können. Ein Clickwrap-Vertrag ist eine elektronische Version des Endbenutzer-Lizenzvertrags. → *siehe auch* Endbenutzer-Lizenzvertrag. → *auch genannt* Clickwrap-Lizenz. → *vgl.* Shrinkwrap-Vertrag.

Client, der; *Subst.* (client)
Zu Deutsch: »Kunde«. In der objektorientierten Programmierung ein Mitglied einer Klasse (Gruppe), das die Dienste einer anderen Klasse benutzt, mit der es nicht verwandt ist. → *siehe auch* Vererbung.
»Client« bezeichnet außerdem einen Prozess, z.B. ein Programm oder einen Task, der einen von einem anderen Programm bereitgestellten Dienst anfordert - z.B. ein Textverarbeitungsprogramm, das eine Sortierroutine eines anderen Programms aufruft. Der Clientprozess kann den angeforderten Dienst nutzen, ohne dass ihm funktionelle Details über das andere Programm oder den Dienst bekannt sein müssen. → *vgl.* Abkömmling, Child.
In einem lokalen Netzwerk und im Internet stellt ein Client einen Computer dar, der auf die von einem anderen Computer (dem sog. *Server*) bereitgestellten, gemeinsam genutzten Netzwerkressourcen zugreift. → *siehe auch* Client/Serverarchitektur, Server.

clientbezogene Imagemaps, die; *Subst.* (client-side image maps)
Eine Grafik auf einer Webseite, die in mehrere Bereiche eingeteilt ist. Auf diese Bereiche kann mit der Maus geklickt werden, um eine der durch die Bereiche repräsentierten Optionen auszuwählen. Dieses Vorgehen ist mit dem Klicken auf ein Symbol in einer Symbolleiste vergleichbar. Im Unterschied zu den frühesten Imagemapimplementationen (um

1993), übertragen clientbezogene Imagemaps die Koordinaten, die die angeklickte Stelle angeben, nicht an den Webserver, um sie von ihm verarbeiten zu lassen. Statt dessen erfolgt die Verarbeitung vollständig mit dem Clientprogramm, also dem Webbrowser, wodurch das Antwortverhalten in der Regel beschleunigt wird. → *siehe auch* Imagemap.

Clientfehler, der; *Subst.* (client error)
Eine Meldung eines HTTP-Clientmoduls (Hypertext Transfer Protocol), die auf Schwierigkeiten bei der Interpretation eines Befehls oder dem Herstellen einer Verbindung zum Fernhost hinweist.

Client/Serverarchitektur, die; *Subst.* (client/server architecture)
In lokalen Netzwerken eingesetzte Anordnung, die von der »verteilten Intelligenz« Gebrauch macht, um sowohl den Server als auch die individuellen Arbeitsstationen als intelligente, programmierbare Geräte zu behandeln. Dadurch lässt sich die volle Rechenleistung aller angeschlossenen Geräte nutzen. Hierfür wird die Verarbeitung einer Anwendung zwischen zwei selbständigen Komponenten aufgeteilt: dem »Front-End-Client« und dem »Back end-Server«. Die Clientkomponente stellt dabei einen vollständigen, eigenen Personal Computer dar (im Gegensatz zu einem »dummen« Terminal) und bietet den Benutzern uneingeschränkt alle Leistungen und Funktionen für den Betrieb von Anwendungen. Die Serverkomponente, bei der es sich um einen Personal Computer, einen Minicomputer oder einen Großrechner handeln kann, erweitert die Möglichkeiten der Clientkomponente durch Bereitstellung der konventionellen Leistungsmerkmale, die für Minicomputer und Großrechner in einer Timesharingumgebung typisch sind: Datenverwaltung, gemeinsame Nutzung von Informationen zwischen Clientcomputern sowie intelligente Netzwerkverwaltung und Sicherheitseinrichtungen. Der Vorteil der Client/Serverarchitektur gegenüber älteren Architekturen liegt darin, dass die Verarbeitung der eingesetzten Anwendung von den Client- und Servercomputern gemeinsam realisiert wird. Dadurch erhöht sich nicht nur die verfügbare Verarbeitungsleistung, sondern diese Leistung wird auch effizienter genutzt. Der Clientteil der Anwendung ist in der Regel für die Interaktion mit den Benutzern optimiert, während der Serverteil die zentralisierte Mehrbenutzerfunktionalität zur Verfügung stellt. → *siehe auch* verteilte Intelligenz.

Clipart, die; *Subst.* (clip art)
Eine Sammlung von urheberrechtlich geschützten oder aber frei verwendbaren Fotografien, Diagrammen, Karten, Zeich-

nungen und ähnlichen Grafiken. Die Sammlung liegt als gedrucktes Buch oder in Form von Dateien auf einem Datenträger vor. Die Grafiken können der Sammlung entnommen und in ein Dokument eingebunden werden.

clippen *Vb.* (clip)
Bei der Grafikbearbeitung das Löschen eines Teils einer Grafik, der außerhalb eines bestimmten Bereichs liegt, z.B. den Begrenzungen eines Fensters. Einige Grafikprogramme erlauben es außerdem, einen bestimmten Bereich innerhalb einer Grafik zu isolieren. Die Verwendung eines Zeichenwerkzeugs wirkt sich dann nur auf diesen Bereich aus.
Der Ausdruck bezeichnet außerdem das Entnehmen einer Fotografie, einer Zeichnung oder einer Illustration aus einer Clipartsammlung, die entweder in einem Buch oder als Datei auf der Festplatte vorliegt. → *siehe auch* Clipart.
Des Weiteren bezeichnet »clippen« das Herausfiltern von Signalspitzen in einem elektronischen Schaltkreis.

Clipperchip, der; *Subst.* (Clipper Chip)
Ein integrierter Schaltkreis, der eine Implementierung des SkipJack-Algorithmus darstellt. SkipJack ist ein Verschlüsselungsalgorithmus, der von der US-amerikanischen Sicherheitsbehörde National Security Agency (NSA) entwickelt wurde. Die Daten werden dabei in Blöcken mit je 64 Bit verschlüsselt, wobei ein Schlüssel mit einer Länge von 80 Bit eingesetzt wird.
Der Clipperchip wird von der US-Regierung hergestellt, um ihn im Bereich der Verschlüsselung von Telefongesprächen einzusetzen. Der Clipperchip besitzt eine spezielle Zusatzfunktion, die es der US-Regierung ermöglicht, Daten jederzeit entschlüsseln zu können. Die US-Regierung wollte ursprünglich den Einsatz des Clipperchips in den USA vorschreiben, scheiterte aber mit diesem Versuch. → *siehe auch* Verschlüsselung.

clobbern *Vb.* (clobber)
Das Zerstören von Daten, im Allgemeinen durch ihr versehentliches Überschreiben mit anderen Daten.

close
Ein FTP-Befehl, der den Client anweist, die Verbindung mit dem Server zu beenden. → *siehe auch* FTP, Website.

Closed Shop, der; *Subst.* (closed shop)
Eine Computerumgebung, in der die Benutzung des Computers Programmierern und anderen Spezialisten vorbehalten ist. → *vgl.* Open Shop.

Cluster, der; *Subst.* (cluster)
Im weitesten Sinne eine Ansammlung, z.B. eine zusammengehörige Gruppe von Datenpunkten auf einem Grafen.
In der Datenkommunikation stellt ein Cluster die Einheit aus einem Computer und den daran angeschlossenen Terminals dar.
Eine Gruppe unabhängiger Netzwerkserver, die wie ein einziger Server arbeiten und auch den Clients in Form eines einzigen Servers erscheinen. Das Clusterprinzip wird eingesetzt, um die Netzwerkkapazität zu verbessern. Dabei wird es den Servern – neben anderen Maßnahmen – ermöglicht, die durchzuführenden Arbeiten an andere Server desselben Clusters weiterzugeben, wodurch die Last gleichmäßig unter den Servern aufgeteilt wird. Außerdem erlaubt es das Clusterprinzip, dass ein Server zeitweise einen anderen Server ersetzt. Dadurch wird die Stabilität des Netzwerks erhöht und die Ausfallwahrscheinlichkeit, die durch Software- oder Systemfehler bedingt ist, stark reduziert; im Idealfall können Ausfälle sogar ganz verhindert werden. → *siehe auch* Failover, Hochverfügbarkeit, Load-Balancing.

Clustercontroller, der; *Subst.* (cluster controller)
Ein Gerät, das als Vermittler zwischen einem Computer und einer Gruppe (Cluster) von untergeordneten Geräten (z.B. Terminals in einem Netzwerk) angeordnet ist und die Steuerung des Clusters übernimmt.

CLUT, die; *Subst.*
Abkürzung für »**C**olor **L**ook **U**p **T**able«. Diese Farbtabelle enthält die Farben für digitale Grafikanwendungen, die zum Erstellen von Grafiken verwendet werden. Wenn eine Grafik erstellt oder bearbeitet wird, kann der Benutzer eine CLUT-Tabelle angeben, die unter anderem dem Bedarf von Druck- oder Webmedien gerecht wird. Beim Webdesign wird eine bestimmte CLUT-Tabelle mit Browserfarben verwendet, um sicherzustellen, dass Grafiken und Designs plattform- und browserübergreifend konsistent dargestellt werden. → *siehe auch* Browser-CLUT, Reallysafe-Palette, Websafe-Palette.

CMI
Abkürzung für »**c**omputer-**m**anaged **i**nstruction«, zu Deutsch »mit Computerhilfe durchgeführte Ausbildung«. Oberbegriff für alle Ausbildungsformen, bei denen der Computer als Lernhilfe eingesetzt wird. → *siehe auch* CAI, CBT.

CMOS
Abkürzung für »**c**omplementary **m**etaloxide **s**emiconductor«, zu Deutsch »komplementärer Metalloxidhalbleiter«. Ein

C Halbleiterbauelement, dessen Grundstruktur aus komplementären MOSFETs (**M**etal**o**xide **S**emiconductor **F**ield **E**ffect **T**ransistor) besteht, die paarweise (jeweils ein n-Typ und ein p-Typ) auf einem einzelnen Siliziumchip integriert sind. Einsatzgebiete der CMOS-Technologie sind z.B. RAMs und Schalteinrichtungen. CMOS-Chips arbeiten mit einer sehr hohen Geschwindigkeit und weisen einen äußerst niedrigen Stromverbrauch auf. Allerdings sind sie sehr empfindlich gegen statische Elektrizität. → *siehe auch* MOSFET, n-leitender Halbleiter, p-leitender Halbleiter.

Mit »CMOS« wird außerdem der akkugespeiste Speicher bezeichnet, in dem fundamentale Parameter eines IBM Personal Computers oder eines kompatiblen Computers gespeichert werden. Die Informationen werden vor allem beim Booten des Computers benötigt und umfassen u. a. den Typ der Festplatte, die Größe des Arbeitsspeichers sowie die aktuelle Zeit und das aktuelle Datum. Der Speicher basiert, wie es der Name andeutet, in aller Regel auf der CMOS-Technologie.

CMOS-RAM, das; *Subst.* (CMOS RAM)
Speichertyp, der auf der CMOS-Technologie basiert. CMOS-Chips weisen einen äußerst niedrigen Stromverbrauch auf und zeichnen sich durch ein tolerantes Verhalten bei Schwankungen in der Stromzufuhr aus. Durch diese Eigenschaften sind CMOS-Chips – einschließlich der CMOS-RAM-Chips – für akkugespeiste Hardwarekomponenten prädestiniert. So werden z.B. die meisten Echtzeituhren von Mikrocomputern sowie bestimmte Arten des Scratchpad-RAM, das vom Betriebssystem verwaltet wird, mit Hilfe der CMOS-Technologie realisiert. → *siehe auch* CMOS, Parameter-RAM, RAM.

CMOS-Setup, das; *Subst.* (CMOS setup)
Ein Hilfsprogramm, mit dem sich ein Computersystem konfigurieren lässt. Das CMOS-Setup wird zu Beginn der Bootphase angeboten. Es erlaubt das Einstellen diverser Systemoptionen, z.B. Datum und Uhrzeit, der installierten Laufwerkstypen sowie die Konfiguration der Ports. → *siehe auch* CMOS.

CMS
→ *siehe* Content Management System, Farbmanagementsystem.

CMY
Abkürzung für »**c**yan, **m**agenta, **y**ellow«, zu Deutsch »Cyan (Türkis), Magenta (Pink), Gelb«. Ein Farbmodell, das bei vielen Druckverfahren eingesetzt wird. Es basiert auf absorbieren-

dem Licht, wie dies bei bedrucktem Papier der Fall ist, im Gegensatz zu ausgesendetem Licht wie bei einem Videomonitor. Die drei Arten von Farbzäpfchen im Auge sprechen auf rotes, grünes und blaues Licht an, das von cyanfarbenen, magentafarbenen und gelben Pigmenten – in dieser Reihenfolge – absorbiert (von weißem Licht abgezogen) wird. Die Farbmischung erfolgt demnach bei CMY subtraktiv, im Gegensatz zur additiven Farbmischung beim RGB-Farbmodell. CMY geht von Weiß aus und subtrahiert bestimmte Anteile der drei Primärfarben Cyan, Magenta und Gelb. Ein Anteil von jeweils 0 Prozent der Primärfarben erzeugt folglich Weiß, ein Anteil von jeweils 100 Prozent Schwarz. → *vgl.* CMYK, RGB.

CMYK
Abkürzung für »**c**yan, **m**agenta, **y**ellow, blac**k**«, zu Deutsch »Cyan (Türkis), Magenta (Pink), Gelb, Schwarz«. Ein Farbmodell, das auf dem CMY-Modell aufbaut. Im Unterschied dazu wird jedoch Schwarz nicht durch jeweils 100 Prozent Cyan-, Magenta- und Gelbanteile erzeugt, sondern durch eine separate Schwarzkomponente. → *siehe auch* CMY.

COBOL
Abkürzung für »**Co**mmon **B**usiness-**O**riented **L**anguage«, zu Deutsch »allgemeine, geschäftlich orientierte Sprache«. Eine Compilerprogrammiersprache, die einen sehr umfangreichen Befehlssatz aufweist und sich an der Alltagssprache (Englisch) orientiert. Obgleich COBOL bereits zwischen 1959 und 1961 entwickelt wurde, ist ihre Verbreitung immer noch groß. COBOL wird vor allem für geschäftliche Anwendungen eingesetzt, die typischerweise auf Großrechnern laufen. COBOL-Programme bestehen aus vier Abschnitten: Der Abschnitt »Identification Division« legt den Namen des Programms fest und enthält weitere dokumentierende Angaben (Name des Programmierers, allgemeine Kommentare zum Programm usw.). Der zweite Abschnitt ist mit »Environment Division« benannt und spezifiziert den oder die zu verwendenden Computer sowie die für die Ein- und Ausgabe verwendeten Dateien. Der Abschnitt »Data Division« beschreibt das Format der im Programm benutzten Datenstrukturen. Der vierte und letzte Abschnitt wird als »Procedure Division« bezeichnet und enthält die Prozeduren, die die Aktionen des Programms bestimmen. → *siehe auch* Compilersprache.

Cobwebsite, die; *Subst.* (cobweb site)
Bezeichnung für eine veraltete, unmoderne Website. → *siehe auch* Website.

Cocoon

XML-gestütztes Werkzeug für das Webpublishing, das ein Teil des siebenteiligen, nichtkommerziellen Apache XML-Projekts ist. → *siehe auch* Apache XML-Projekt.

CODASYL

Abkürzung für »**Co**nference on **Da**ta **Sy**stems **L**anguages«, zu Deutsch »Verband für Programmiersprachen«. Ein vom US-amerikanischen Verteidigungsministerium (U.S. Department of Defense) gegründeter Verband, der sich die Entwicklung von Systemen und Programmiersprachen im Datenverwaltungsbereich zur Aufgabe gemacht hat. CODASYL war maßgeblich an der Entstehung der Programmiersprache COBOL beteiligt und hat die Weiterentwicklung der Sprache kontinuierlich vorangetrieben.

Code, der; *Subst.* (code)

Auch als »Kode« bezeichnet. Die Sammlung von Befehlen, die in ihrer Gesamtheit ein Programm darstellen. Ein derartiger Code kann zum einen aus für den Menschen leicht verständlichen Befehlen bestehen, die bei der Programmierung mit einer Hochsprache eingegeben werden. Dieser wird auch als »Quellcode« bezeichnet. Zum anderen kann ein Code einen sog. Maschinencode darstellen – ein Programm, das aus numerischen Maschinenanweisungen besteht, die der Prozessor ohne Umwandlung direkt ausführen kann. Ein Maschinencode wird im Allgemeinen erzeugt, indem ein Quellcode mit Hilfe eines Compilers oder Assemblers übersetzt wird. → *siehe auch* Daten, Programm.

Ein Code stellt außerdem ein Zuordnungssystem dar, das aus Symbolen besteht, die dazu verwendet werden, Informationen von einer Form in eine andere zu übersetzen. Ein Code, der dazu dient, Informationen zu verschlüsseln, wird häufig als »Zifferncode« (englisch »cipher«) bezeichnet.

Des Weiteren wird als »Code« ein Symbol aus einem Satz von Symbolen bezeichnet, das eine Information repräsentiert.

Codeabschnitt, der; *Subst.* (code snippet)

In einer grafischen Benutzeroberfläche eine Einheit von Programmbefehlen, die einer Menüoption oder einer Schaltfläche zugewiesen werden können. Der Codeabschnitt besteht aus einer oder mehreren Quellcodezeilen und bestimmt, welche Aktionen ausgeführt werden, wenn die Menüoption oder die Schaltfläche angewählt bzw. angeklickt wird.

Als »Codeabschnitt« wird außerdem ein kleiner, zusammengehöriger Teil eines größeren Programms bezeichnet. Ein derartiger Codeabschnitt führt im Allgemeinen eine spezifische Funktion oder Aufgabe durch.

Codec, der; *Subst.* (codec)

Abkürzung für »**co**mpressor/**dec**ompressor«, zu Deutsch »Kompressor/Dekompressor«. Hard- oder softwaremäßige Einrichtung, die Audio- und Videodaten komprimieren sowie dekomprimieren kann. → *siehe auch* dekomprimieren.

»Codec« ist außerdem die Abkürzung für »**co**der/**dec**oder«, zu Deutsch »Codierer/Decodierer«. Dabei handelt es sich um eine Hardwareeinrichtung, die analoge Audio- bzw. Videosignale in digitale konvertiert und umgekehrt.

Als »Codec« wird ferner eine Hardwareeinrichtung bezeichnet, die die Funktionen der ersten beiden Bedeutungsvarianten kombiniert.

Code Division Multiple Access, der; *Subst.*

Abkürzung: CDMA. Eine Form des Multiplexings, bei der der Sender die Signalcodierung mit Hilfe einer Pseudozufallsfolge vornimmt, die dem Empfänger ebenfalls bekannt ist und mit der dieser das empfangene Signal decodieren kann. Jede Zufallsfolge entspricht dabei einem separaten Kommunikationskanal. CDMA wird z.B. von Motorola für digitale Mobiltelefone eingesetzt. → *siehe auch* Multiplexing, Transmitter. → *auch genannt* Streuspektrum.

Code, geradliniger, der; *Subst.* (straight-line code)

→ *siehe* geradliniger Code.

Code, gewichteter, der; *Subst.* (weighted code)

→ *siehe* gewichteter Code.

Codekonvertierung, die; *Subst.* (code conversion)

Der Vorgang, bei dem Daten von einer Darstellungsform in eine andere übersetzt werden, z.B. von ASCII nach EBCDIC oder von einem Zweierkomplement in einen binär codierten Dezimalwert (BCD).

Code, nativer, der; *Subst.* (native code)

→ *siehe* nativer Code.

Codeoptimierer, der; *Subst.* (code profiler)

Ein Hilfsprogramm, das Softwareentwickler bei der Lokalisierung und Beseitigung von ineffizientem Programmcode, der zu Leistungseinbußen führt, unterstützt. Codeoptimierer analysieren dabei das Anwendungsprogramm während der Ausführung, um festzustellen, wie lange eine bestimmte Funktion bei der Ausführung benötigt und wie häufig diese aufgerufen wird. Ein Codeoptimierer setzt einen mehrmaligen Einsatz voraus. Dabei muss dieser nach der Lokalisierung und Korrektur eines ineffizienten Codeabschnitts erneut ver-

C wendet werden, bis schließlich alle ineffektiven Codeteile beseitigt sind.

Coder, der; *Subst.* (coder)
→ *siehe* Programmierer.

Code, redundanter, der; *Subst.* (redundant code)
→ *siehe* redundanter Code.

Code Red-Wurm, der; *Subst.* (Code Red worm)
Ein Wurm, der im Juli 2001 entdeckt wurde und eine nicht behobene Schwachstelle (einen Überlauffehler) in den Microsoft Internet Information Services ausnutzt, um einen Angriff zu starten. Der Code Red-Wurm existiert in mehreren Varianten und kann sich selbst replizieren. Dazu verschickt er sich selbst an zufällig ausgewählte Webserver im Internet und versucht, sich auf diesen Webservern einzunisten. Der Wurm verbreitete sich in kürzester Zeit auf mehreren hunderttausend Webservern. An Publizität ist er mit den ILOVEYOU- und Melissa-Viren vergleichbar.
→ *siehe auch* Internet Information Services, Trojanisches Pferd, Überlauffehler, Wurm. → *vgl.* ILOVEYOU-Virus, Melissa.

Code, reentranter, der; *Subst.* (reentrant code)
→ *siehe* reentranter Code.

Code, relozierbarer, der; *Subst.* (relocatable code)
→ *siehe* relozierbarer Code.

Codesegment, das; *Subst.* (code segment)
Im weiteren Sinn ein Bereich im Arbeitsspeicher, der Programmbefehle enthält.
Im engeren Sinn ein mit einem Namen versehener, abgetrennter Teil eines Programmcodes, der gewöhnlich eine spezifische Klasse von Operationen ausführt. Derartige Codesegmente werden häufig wie Speichersegmente in den Arbeitsspeicher geladen. Das Hauptprogramm bleibt dabei im Arbeitsspeicher, und Hilfssegmente werden nur bei Bedarf geladen.

Codeseite, die; *Subst.* (code page)
Eine Tabelle im Betriebssystem MS-DOS ab Version 3.3, die der länderspezifischen Anpassung des Zeichensatzes und des Tastaturlayouts dient. In einer Codeseite wird definiert, welche von einem Programm verwendeten binären Zeichencodes welchen Tasten auf der Tastatur und welchen auf dem Bildschirm angezeigten Zeichen entsprechen.

Geräte wie Bildschirm und Tastatur lassen sich für die Verwendung einer spezifischen Codeseite konfigurieren und für die Umschaltung von einer Codeseite (z.B. USA) auf eine andere (z.B. Portugal) vorbereiten.

Code, selbstdokumentierender, der; *Subst.* (self-documenting code)
→ *siehe* selbstdokumentierender Code.

Code, selbstmodifizierender, der; *Subst.* (self-modifying code)
→ *siehe* selbstmodifizierender Code.

Code, selbstprüfender, der; *Subst.* (self-validating code)
→ *siehe* selbstprüfender Code.

Codetext, der; *Subst.* (ciphertext)
Der zerhackte oder auf andere Weise codierte Text einer verschlüsselten Nachricht.

Code, vererbter, der; *Subst.* (inheritance code)
→ *siehe* vererbter Code.

Codezugriffssicherheit, die; *Subst.* (code access security)
Ein von der Laufzeitumgebung zur Verfügung gestellter Mechanismus, bei dem Managed Code von der geltenden Sicherheitsrichtlinie bestimmte Berechtigungen erteilt wird. Diese Berechtigungen werden erzwungen, damit die zulässigen Vorgänge für den Code festgelegt werden können. Um zu verhindern, dass nicht beabsichtigte Codepfade eine Sicherheitslücke verursachen, müssen alle Anrufer im Anrufstapel die erforderlichen Berechtigungen (möglicherweise durch Außerkraftsetzen in Form einer Zusicherung oder Verweigerung) erhalten. → *siehe auch* Managed Code. → *vgl.* Unmanaged Code.

codieren *Vb.* (encode)
Ein Begriff in der Programmierung. Etwas codieren, das häufig dadurch ein anderes Format annimmt (z.B. das Umwandeln einer Dezimalzahl in einen Binärcode). → *siehe auch* binärcodierte Dezimalzahlen, EBCDIC.

Codieren, symbolisches, das; *Subst.* (symbolic coding)
→ *siehe* symbolisches Codieren.

Codierung, absolute, die; *Subst.* (absolute coding)
→ *siehe* absolute Codierung.

Codierung, fehlererkennende, die; *Subst.* (error-detection coding)
→ *siehe* fehlererkennende Codierung.

Codierung, fehlerkorrigierende, die; *Subst.* (error-correction coding)
→ *siehe* fehlerkorrigierende Codierung.

Coercion, die; *Subst.* (coercion)
→ *siehe* Datentypkonvertierung.

Cold Fault, der; *Subst.* (cold fault)
Zu Deutsch »Fehler (im) kalten (Zustand)«. Ein schwerwiegender Fehler, der unmittelbar beim oder kurz nach dem Start eines Computers auftritt und folgende Ursache hat: Ein fundamentales physikalisches Prinzip besagt, dass sich Gegenstände bei Erwärmung ausdehnen und bei Absenkung der Temperatur zusammenziehen. Nach dem Einschalten eines Computers steigt die Temperatur kontinuierlich an, bis eine bestimmte Betriebstemperatur erreicht wird. Nach dem Abschalten sinkt die Temperatur wieder auf die gewöhnliche Zimmertemperatur ab. Durch das ständige Ein- und Ausschalten des Computers sind die Bauteile ständigen räumlichen Veränderungen ausgesetzt, die mit der Zeit z.B. zu winzigen Rissen in einem Chip oder zu einem Wackelkontakt eines Pins im Sockel führen können. Derartige Fehler wiederum können zur Folge haben, dass das System im kalten Zustand massive Fehlfunktionen zeigt, aber nach Erreichen der gewöhnlichen Betriebstemperatur ordnungsgemäß arbeitet (da z.B. Kontakte durch die räumliche Ausdehnung wieder sicher geschlossen werden). Aus diesem Grund lassen manche Anwender ihren Computer (mit Ausnahme des Monitors) rund um die Uhr laufen, anstatt dass sie den Computer nur bei Bedarf einschalten.

Co-Location *Subst.* (co-location)
Das Angebot eines ISP an Kunden mit eigenem Webserver, diesen beim ISP aufzustellen und die Verwaltung und Sicherung dem ISP zu überlassen. Der ISP sorgt so für die Internet-Verbindung und die unbegrenzte Internet-Bandbreite.
→ *siehe auch* ISP.

Colorcycling, das; *Subst.* (color cycling)
In der Computergrafik eingesetzte Technik, mit der sich die Farbe eines oder mehrerer Pixel auf dem Bildschirm ändern lässt, indem die vom Videoadapter verwendete Farbpalette manipuliert wird. Das Gegenstück besteht darin, die Farbe jedes einzelnen Pixels zu ändern. Das Colorcycling eignet sich für einfache Animationen sowie für das Ein- und Ausblenden von Bildschirmobjekten. Das Verfahren weist einige Vorteile auf, erlaubt z.B. flüssigere Bewegungen und erfordert weniger Rechenzeit, da nur einige wenige Werte in der Farbpalette geändert werden müssen, nicht aber jedes einzelne Pixel. Soll z.B. ein roter Kreis auf einem schwarzem Hintergrund ausgeblendet werden, muss lediglich der Wert, der den entsprechenden Rotton repräsentiert, in der Farbindextabelle geändert werden. Dabei wird der Rotton schrittweise dunkler geschaltet, bis er dem schwarzen Hintergrund entspricht. Auf diese Weise lassen sich sofortige Farbänderungen erreichen; das Bildschirmobjekt muss nicht laufend neu gezeichnet werden, was gerade bei langsamen Systemen zu einem unschönen Flimmern führen kann. Geschwindigkeit und Grad beim Ein- und Ausblenden können bei der Programmierung frei gewählt werden.

Color/Graphics Adapter, der; *Subst.*
→ *siehe* CGA.

Color Supertwist Nematic Display, das; *Subst.* (color supertwist nematic display)
→ *siehe* Supertwist-Display.

.com
Im Domain Name System (DNS) des Internets eine Topleveldomäne, die Adressen kommerzieller Unternehmen bezeichnet. Der Domänenname .com steht als Suffix am Ende der Adresse. → *siehe* COM. → *siehe auch* DNS, Domäne. → *vgl.* .edu, .gov, .mil, .net, .org.
Unter MS-DOS eine Dateinamenerweiterung, die eine Befehlsdatei kennzeichnet. → *siehe* COM. → *siehe auch* COM.

COM
Im Betriebssystem MS-DOS ein Gerätename, mit dem die seriellen Ports angesprochen werden. Der erste serielle Port ist dabei unter COM1 zu erreichen, der zweite unter COM2 usw. An einem seriellen Port wird typischerweise ein Modem, eine Maus oder ein serieller Drucker angeschlossen.
»COM« ist außerdem die Abkürzung für »Component Object Model«, zu Deutsch »allgemeines Objektmodell«. Dabei handelt es sich um eine von Microsoft entwickelte Spezifikation, die die Entwicklung von Softwarekomponenten beschreibt, die sich in Programme einbauen oder zum Zweck einer vergrößerten Funktionalität auch bestehenden Programmen hinzufügen lassen. COM-Komponenten sind für den Einsatz unter Microsoft Windows-Plattformen konzipiert und kön-

C nen in einer Vielzahl von Programmiersprachen entwickelt werden, obgleich meist C++ zum Einsatz kommt. Das Entfernen von COM-Komponenten ist während der Laufzeit möglich, ohne dass dazu das Programm erneut kompiliert werden muss. COM stellt die Grundlage für die Spezifikationen OLE (Object Linking and Embedding), ActiveX und DirectX dar. → *siehe auch* ActiveX, DirectX, Komponente, OLE.

»COM« ist ferner eine Dateierweiterung im Betriebssystem MS-DOS, mit der ausführbare, binäre Programmdateien gekennzeichnet werden. Die Größe einer COM-Datei darf 64 Kilobyte (KB) – die Größe eines Speichersegments – nicht überschreiten. COM-Dateien werden häufig für kleinere Hilfsprogramme verwendet. Das Betriebssystem OS/2 unterstützt keine COM-Dateien.

Des Weiteren ist »COM« die Abkürzung für »**c**omputer**o**utput **m**icrofilm«, zu Deutsch »Computerausgabe auf Mikrofilm«. Dabei handelt es sich um eine Technik, bei der Mikrofilme mit Hilfe des Computers belichtet werden.

COM1

Gerätename für den ersten seriellen Port in einem Wintel-System. Der Eingabe-/Ausgabebereich von COM1 befindet sich gewöhnlich an der Adresse 03F8H. In der Regel ist dem COM1-Port der IRQ 4 zugewiesen. In vielen Systemen wird an COM1 eine serielle RS232-Maus angeschlossen. → *siehe auch* IRQ.

COM2

Gerätename für den zweiten seriellen Port in einem Wintel-System. Der Eingabe-/Ausgabebereich von COM2 befindet sich gewöhnlich an der Adresse 02F8H. In der Regel ist dem COM2-Port der IRQ 3 zugewiesen. In vielen Systemen wird an COM2 ein Modem angeschlossen. → *siehe auch* IRQ.

COM3

Gerätename für einen seriellen Port in einem Wintel-System. Der Eingabe-/Ausgabebereich von COM3 befindet sich gewöhnlich an der Adresse 03E8H. In der Regel ist dem COM3-Port der IRQ 4 zugewiesen. In vielen Systemen wird COM3 als Alternative für COM1 oder COM2 verwendet, falls an COM1 und COM 2 bereits Peripheriegeräte angeschlossen wurden. → *siehe auch* IRQ.

COMDEX

Computermessen, die von der Firma Softbank COMDEX, Inc., jährlich veranstaltet werden. Eine dieser Messen findet jeden November in Las Vegas statt und stellt die größte Computermesse in den USA dar.

Comité Consultatif Internationale de Télégraphie et Téléphonie, das; *Subst.* (Comité Consultatif International Télégraphique et Téléphonique)
→ *siehe* CCITT. → *auch genannt* International Telegraph and Telephone Consultative Committee.

COMMAND.COM

Der Befehlsinterpreter beim Betriebssystem MS-DOS.
→ *siehe auch* Befehlsinterpreter.

Commercial Internet Exchange, der; *Subst.*
Abkürzung: CIX. Ein nichtprofitorientierter Verband, der sich aus bekannten Internet Serviceprovidern zusammensetzt. CIX betreibt einen Internet Backbone Router, der den Mitgliedern zur Verfügung steht. Die Website des CIX ist unter der Adresse http://www.cix.org erreichbar. → *siehe auch* Backbone, Internet Serviceprovider, Router.

Common Access Method, die; *Subst.*
Abkürzung: CAM. Ein Standard, der von der Firma Future Domain und anderen SCSI-Herstellern entwickelt wurde und es SCSI-Adaptern erlaubt, mit SCSI-Peripheriegeräten zu kommunizieren, ohne dass Rücksicht auf die spezifisch verwendete Hardware genommen werden muss. → *siehe auch* SCSI.

Common Client Interface, das; *Subst.*
Abkürzung: CCI. Eine Steuerschnittstelle, die das erste Mal in der X Window System-Version von NCSA Mosaic eingesetzt wurde und die es anderen Programmen erlaubte, die lokale Kopie eines Webbrowsers zu steuern. Die X Window System- und Windows-Versionen von NCSA Mosaic konnten mit anderen Programmen per TCP/IP kommunizieren.
Die Windows-Version war zudem OLE-fähig. → *siehe auch* Mosaic, OLE, TCP/IP, X Windows.

Common Gateway Interface, das; *Subst.*
→ *siehe* CGI.

Common Hardware Reference Platform, die; *Subst.*
Abkürzung: CHRP. Eine Spezifikation, die eine Reihe von Computern beschreibt, die mit einem PowerPC-Prozessor ausgestattet sind und dazu fähig sind, mit verschiedenen Betriebssystemen (z.B. Mac OS, Windows NT, AIX und Solaris) zu arbeiten. → *siehe auch* PowerPC.

Common Internet File System, das; *Subst.*
Abkürzung: CIFS. Ein von Microsoft vorgeschlagener Standard, der direkt mit dem Web Network File System von Sun

Microsystems konkurriert. CIFS ist ein System, das die gemeinsame Benutzung von Internet- oder Intranetdateien regelt.

Common LISP, die; *Subst.*
Abkürzung für »**Common Lis**t **P**rocessing«, zu Deutsch »allgemeine Listenverarbeitung«. Eine formalisierte und standardisierte Variante der Programmiersprache LISP. Da LISP als Public-Domain-Software verfügbar ist, sind inzwischen eine Reihe unterschiedlicher Versionen von LISP entstanden. Common LISP wurde mit dem Ziel entwickelt, einen Standard für die LISP-Programmierung zu schaffen, der als Richtlinie für die Programmierung dient. → *siehe auch* LISP, Programmiersprache, Standard.

Common Object Request Broker Architecture, die; *Subst.*
→ *siehe* CORBA.

Common User Access, der; *Subst.*
Abkürzung: CUA. Eine Reihe von Standards für die Handhabung von Benutzeroberflächen. CUA ist Teil des SAA-Konzepts (Systems Application Architecture) von IBM und wurde geschaffen, um die Entwicklung von Anwendungen zu erleichtern, die eine plattformübergreifende Kompatibilität und Konsistenz aufweisen sollen. → *siehe auch* Benutzeroberfläche, Standard.

Communications Act of 1934, der; *Subst.*
→ *siehe* FCC.

Communication Satellite Corporation
Ein von der Regierung der USA 1962 aufgrund eines Bundesgesetzes, des »Communications Satellite Act«, begründetes Unternehmen, das internationale Satellitendienste für die Telekommunikation zur Verfügung stellt. → *siehe auch* Nachrichtensatellit. → *vgl.* Inmarsat.

Communications Terminal Protocol, das; *Subst.*
Abkürzung: CTERM. Ein Terminalprotokoll, das es den Benutzern erlaubt, auf einen entfernten Computer so zuzugreifen, als wäre dieser direkt (mit einem Kabel) an den eigenen Computer angeschlossen.

Compact-Disc, die; *Subst.* (compact disc)
Abkürzung: CD. Ein optisches Speichermedium für digitale Daten. Die CD besteht aus einer nichtmagnetischen, polierten Metallplatte mit einer schützenden Kunststoffbeschich-

tung. Die Audio-CD, die häufig kurz als »CD« bezeichnet wird, kann bis zu rund 74 Minuten Sound in Hifiqualität enthalten. Die CD wird von einem optischen Abtastmechanismus gelesen, der im wesentlichen aus einer intensiven Lichtquelle – z.B. einem Laser – und einem Spiegel besteht. → *auch genannt* optische Disc.
»Compact-Disc« ist außerdem der Oberbegriff für Technologien, die die Basis für optische Medien wie CD-ROM, CD-ROM/XA, CD-I, CD-R, DVI und PhotoCD bilden. Diese Medien gehören alle zu den CDs – unterscheiden sich jedoch hinsichtlich des Datenformats und der Möglichkeiten beim Lesen und Beschreiben. Die Formate der einzelnen CD-Typen sind in speziellen »Büchern« (englisch »Books«) dokumentiert, die anhand der Farbe des Covers bezeichnet werden. Beispielsweise ist das Format für Audio-CDs im Red Book beschrieben. → *siehe auch* CD-I, CD-R, CD-ROM, CD-ROM/XA, DVI, Green Book, Orange Book, PhotoCD, Red Book.

Compact-Disc, beschreibbar und löschbar
Adj. (compact disc-recordable and erasable)
Eigenschaft von Hardware und Software, die den Anschluss von Geräten charakterisiert, die CDs sowohl beschreiben als auch löschen können.

Compact-Disc, interaktiv, die; *Subst.* (compact disc-interactive)
→ *siehe* CD-I.

Compact-Disc, löschbar, die; *Subst.* (compact disc-erasable)
Eine Erweiterung der herkömmlichen Technologie für Compact-Discs (CD), die das mehrmalige Ändern der auf der CD gespeicherten Daten erlaubt. Heute verbreitete CDs können mit dem Attribut »einmal schreiben, mehrfach lesen« (englisch »write once, read many«) charakterisiert werden. Dies bedeutet, dass sich die Daten, die bereits geschrieben wurden, nicht mehr ändern lassen. Allerdings können CDs bei bestimmten Formaten in mehreren Sitzungen beschrieben werden – es lassen sich also Daten hinzufügen.

Compact-Disc-Player, der; *Subst.* (compact disc player)
Abkürzung: CD-Player. Ein Gerät, mit dem sich die auf einer Compact-Disc (CD) gespeicherten Informationen lesen lassen. Ein CD-Player enthält sowohl die optischen Einrichtungen, um den Inhalt der CD zu lesen, als auch die elektronische Schaltungstechnik für die Interpretation der Daten beim Lesevorgang.

C

Compact-Disc, wiederbeschreibbar, die; *Subst.* (compact disc-rewritable)
Oberbegriff für die Technologie, Geräte, Software und Speichermedien, die bei der Produktion mehrfach beschreibbarer Compact-Discs (CD) eingesetzt werden.

CompactFlash-Spezifikation, die; *Subst.* (CompactFlash)
Eine Spezifikation für Speichersteckmodule in digitalen Kameras und anderen Geräten für die Speicherung und den Transport von digitalen Daten, Bildern, Audio und Video. Die CompactFlash-Karte basiert auf der Technologie nicht flüchtiger Speichermodule und benötigt daher keine Batterien oder eine andere Stromquelle, um Informationen zu speichern. Die Karte misst 43 x 36 x 3,3 mm. Die Marken sowie die technische Spezifikation von CompactFlash werden von der CompactFlash Association verwaltet, der u. a. 3COM, Eastman Kodak, Hewlett-Packard, IBM und NEC angehören. Mehr Informationen dazu können Sie unter der Webadresse http://www.compactflash.org/ abrufen. → *siehe auch* digitale Kamera, nicht flüchtiger Speicher.

CompactPCI-Spezifikation, die; *Subst.* (CompactPCI)
Eine offene Spezifikation für die Systemarchitektur und die Komponenten von PCs, die eine hohe Verfügbarkeit und den Modulaustausch im Betrieb ermöglicht. Der CompactPCI-Standard wurde von der PCI Industrial Computer Manufacturers Group (PICMG®) entwickelt, einem Konsortium aus mehr als 350 Herstellern von Computerprodukten.

Compactspeichermodell, das; *Subst.* (compact model)
Ein Speichermodell, das in der Prozessorfamilie 80x86 von Intel zum Einsatz kommt. Der Programmcode darf bei diesem Speichermodell nur bis zu 64 Kilobyte (KB) umfassen; für die Daten des Programms steht allerdings bis zu 1 Megabyte (MB) Speicherplatz zur Verfügung. → *siehe auch* Speichermodell.

Companion Virus *Subst.* (companion virus)
Eine Virusart, die die Hierarchie des Betriebssystems beim Aufruf von Programmen ausnützt und namensgleiche Dateien mit seinem Code erzeugt, die bei Aufruf des Programms dann zuerst ausgeführt werden (z.B. FORMAT.COM zusätzlich zu FORMAT.EXE). → *siehe auch* Virus.

Competitive Local Exchange Carrier, der; *Subst.*
→ *siehe* CLEC.

Compiler, der; *Subst.* (compiler)
Im weiteren Sinn jedes Programm, das nach bestimmten syntaktischen und semantischen Regeln eine Einheit von Symbolen in eine andere übersetzt.
Meist bezieht sich »Compiler« jedoch auf ein Programm, das den gesamten Quellcode eines in einer Hochsprache formulierten Programms in den Objektcode übersetzt. Erst nach diesem Vorgang kann das Programm ausgeführt werden. → *siehe auch* Assembler, höhere Programmiersprache, Interpretersprache, kompilieren, Objektcode, Sprachprozessor.

Compilerbasic, die; *Subst.* (compiled Basic)
Jede Version der Programmiersprache Basic, bei der das Programm vor der Ausführung durch einen Compiler in den Maschinencode übersetzt wird. Basic ist zwar eine traditionelle Interpretersprache (das Programm wird befehlsweise übersetzt und ausgeführt). Da aber kompilierte Programme im Allgemeinen schneller laufen, werden Varianten von Basic, die auf einem Compiler basieren, von professionellen Programmierern häufig bevorzugt. → *siehe auch* Basic, Compilersprache, Interpretersprache.

Compiler, nativer, der; *Subst.* (native compiler)
→ *siehe* nativer Compiler.

Compiler, optimierender, der; *Subst.* (optimizing compiler)
→ *siehe* optimierender Compiler.

Compilersprache, die; *Subst.* (compiled language)
Eine Programmiersprache, bei der der Quellcode vor der Ausführung in den Maschinencode übersetzt werden muss (mit Hilfe eines Compilers). Das Gegenstück ist die Interpretersprache, bei der der Quellcode – mit Hilfe eines Interpreters – befehlsweise übersetzt und ausgeführt wird. → *siehe auch* Compiler. → *vgl.* Interpretersprache.

Complex Instruction Set Computing, das; *Subst.* (complex instruction set computing)
→ *siehe* CISC.

comp.-Newsgroups, die; *Subst.* (comp. newsgroups)
Newsgroups im Usenet, die zur comp.-Hierarchie gehören und das Präfix »comp« aufweisen. Diese Newsgroups widmen sich den Themen Hardware, Software und anderen Aspekten der EDV. Die comp.-Newsgroups stellen eine der sieben originalen Newsgrouphierarchien im Usenet dar. Die übrigen sechs heißen misc., news., rec., sci., soc. und talk. → *siehe auch* Newsgroup, traditionelle Newsgrouphierarchie, Usenet.

Component Object Model, das; *Subst.*
→ *siehe* COM.

Componentware, die; *Subst.* (componentware)
→ *siehe* Modulbibliothek.

COM-Port, der; *Subst.* (COM port)
Abkürzung für »**com**munications **port**«, zu Deutsch »Kommunikationsport«. Unter den Betriebssystemen MS-DOS (ab Version 3.3) und Microsoft Windows (Windows 3.1, Windows 9x/Me, Windows NT, Windows 2000) die logische Adresse eines der 4 seriellen Ports bei einem IBM Personal Computer oder dazu kompatiblen PC. »COM-Port« ist außerdem eine alternative Bezeichnung für »serieller Port«. Mit Hilfe serieller Ports werden Peripheriegeräte an den PC angeschlossen, z.B. Drucker, Scanner und externe Modems. → *siehe auch* COM, portieren, serieller Port. (Abbildung C.5)

Abbildung C.5: COM-Port

Compositedisplay, das; *Subst.* (composite display)
Ein Display, wie es in Fernsehgeräten und in einigen Computermonitoren eingesetzt wird. Das Bild wird dabei mit Hilfe eines Compositesignals (das auch als »PAL-Signal« bzw. »NTSC-Signal« bezeichnet wird) erzeugt, einem Signal, bei dem die Bilddaten über lediglich eine Leitung transportiert werden. Das Signal enthält dabei nicht nur die codierten Informationen, die für den eigentlichen Bildaufbau erforderlich sind (Bildinhalt), sondern auch die Impulse zur Synchronisation der horizontalen und vertikalen Bewegungen des Elektronenstrahls über den Bildschirm. Compositemonitore können entweder für farbige oder monochrome Darstellungen ausgelegt sein. Das Compositesignal fasst die drei primären Videofarben (Rot, Grün und Blau) in einem Farbburstanteil zusammen, der den angezeigten Farbton bestimmt. Der Nachteil eines Compositedisplays liegt in der gegenüber anderen Monochrommonitoren sowie RGB-Farbmonitoren geringeren Darstellungsschärfe. RGB-Monitore arbeiten mit separaten Signalen (und Leitungen) für die Farbanteile Rot, Grün und Blau. → *siehe auch* Farbmonitor, Farbsynchronsignal, Monochrombildschirm, NTSC, RGB-Monitor.

Compositevideodisplay, das; *Subst.* (composite video display)
Ein Display, bei dem alle codierten Videoinformationen (einschließlich der Farbe und der horizontalen sowie vertikalen Synchronisation) über ein Signal transportiert werden. Für den Betrieb von Fernsehgeräten und Videorekordern ist z.B. ein Compositevideosignal nach dem PAL-Standard (Phase Alternation Line) erforderlich. → *siehe auch* NTSC. → *vgl.* RGB-Monitor.

compress, das; Subst.
Ein proprietäres Hilfsprogramm für UNIX, mit dem sich die Größe von Datendateien reduzieren lässt. Dateien, die mit diesem Programm komprimiert wurden, sind an der Dateierweiterung .Z zu erkennen.

Compressed Digital Video, das; *Subst.* (compressed digital video)
→ *siehe* CDV.

Compressed SLIP, das; *Subst.*
Abkürzung für »**Compressed S**erial **L**ine **I**nternet **P**rotocol«, zu Deutsch »mit Komprimierung arbeitendes Internetprotokoll für serielle Leitungen«. Eine Variante von SLIP, bei der komprimierte Internetadressinformationen verwendet werden, wodurch das Protokoll schneller arbeitet als die gewöhnliche Version von SLIP. → *siehe auch* SLIP.

CompuServe
Einer der weltweit größten kommerziellen Onlinedienste, der seit Februar 1998 zu AOL gehört. Er bietet Informationen und Kommunikationsfunktionen an, einschließlich Internetzugang. Der Dienst ist vor allem für seine Foren mit technischer Hilfestellung zu kommerziellen Hardware- und Softwareprodukten bekannt. Daneben betreibt CompuServe verschiedene Dienste für private Netzwerke. Die Website von CompuServe ist unter der Adresse http://www.compuserve.com erreichbar. → *siehe auch* Onlinedienst. → *vgl.* America Online, Prodigy Information Service.

Computer, der; *Subst.* (computer)
Eine Maschine, die im wesentlichen drei Aufgaben ausführt: die Entgegennahme strukturierter Eingaben, die Verarbeitung der Eingabedaten nach festgelegten Regeln und die Ausgabe der erzeugten Ergebnisse. Die folgende Tabelle zeigt verschiedene Ansätze bei der Kategorisierung der einzelnen Computerarten. → *siehe auch* analog, digital, Hohe Integrationsdichte, integrierter Schaltkreis, sehr hohe Integrationsdichte.

C

Begriff	Beschreibung
Klassen	Computer können in Supercomputer Großrechner Superminicomputer Minicomputer Arbeitsstationen und Mikrocomputer eingeteilt werden. Werden alle anderen Kriterien (z.B. das Alter des Computers) außer Acht gelassen gibt eine derartige Unterteilung einen Anhaltspunkt für Geschwindigkeit Größe Preis und Fähigkeiten des Computers.
Generationen	Computer der ersten Generation z.B. der UNIVAC die in den frühen 50er Jahren eingeführt wurden basierten auf Elektronenröhren. Bei den Computern der zweiten Generation (Anfang der 60er Jahre) wurden die Röhren durch Transistoren ersetzt. Die nachfolgende dritte Generation (in den 60er Jahren) verwendete bereits integrierte Schaltungen anstelle von einzelnen Transistoren. Mitte der 70er Jahre erschienen die Computer der vierten Generation (z.B. Mikrocomputer) bei denen die LSI-Technologie (Large-Scale Integration) die Unterbringung Tausender von Schaltungen ermöglichte. Von Computern der fünften Generation wird erwartet dass bei diesen die VLSI-Technologie (Very-Large-Scale Integration) mit intelligenten Lösungen in der Rechentechnik einschließlich künstlicher Intelligenz und echter verteilter Verarbeitung kombiniert wird.
Verarbeitungsmodi	Computer arbeiten entweder analog oder digital. Analoge Computer die vor allem in wissenschaftlichen Bereichen eingesetzt werden können durch stetig veränderbare Signale jeweils eine unendliche Anzahl von Werten innerhalb eines begrenzten Bereichs zu jeder beliebigen Zeit darstellen. Digitale Computer arbeiten dagegen mit einer genau festgelegten endlichen Anzahl von Signalen die durch binäre Ziffern dargestellt werden. Wird von »Computern« gesprochen sind in aller Regel damit digitale Computer gemeint.

Computer and Business Equipment Manufacturers Association, die; *Subst.*
→ *siehe* CBEMA.

Computeranwalt, der; *Subst.* (cyberlawyer)
Ein Anwalt, der auch mit den Gesetzen vertraut ist, die Computer und Online-Kommunikation betreffen. Hierzu gehören auch Elemente der Telekommunikationsgesetze, Rechte an geistigem Eigentum, der Schutz der Privatsphäre und andere Spezialgebiete.
Ein Anwalt, der Informationen über das Internet und das World Wide Web bekanntgibt oder verteilt.

Computerbefehl, der; *Subst.* (computer instruction)
Ein Befehl, den ein Computer versteht und auf den er entsprechend reagieren kann. → *siehe auch* Maschinenbefehl.

Computer-Benutzergruppe, die; *Subst.* (computer users' group)
→ *siehe* Benutzergruppe.

Computerbrief, der; *Subst.* (computer letter)
→ *siehe* Formbrief.

Computereinsatz in Unternehmen, der; *Subst.* (enterprise computing)
Die Verwendung von Computern in größeren Firmen (z.B. eine Aktiengesellschaft). Der Computereinsatz erfolgt z.B. über ein Netzwerk oder eine Serie von miteinander verbundenen Netzwerken und umfasst in der Regel eine Vielzahl verschiedener Plattformen, Betriebssysteme, Protokolle und Netzwerkarchitekturen. → *auch genannt* Netzwerkeinsatz in Unternehmen.

Computer Emergency Response Team, das; *Subst.*
→ *siehe* CERT.

Computerentwicklung, die; *Subst.* (computer engineering)
Der Bereich, der den Entwurf von Computerhardware und die zugrundeliegenden Methoden bei der Konstruktion und dem Bau umschließt.

Computerfamilie, die; *Subst.* (computer family)
Ein Begriff, der sich allgemein auf eine Gruppe von Computern bezieht, die denselben oder einen ähnlichen Prozessortyp aufweisen und in signifikanten Funktionen Übereinstimmungen besitzen. Beispielsweise stellen die Apple Macintosh-Computer – vom ursprünglichen Macintosh (1984 eingeführt) bis hin zum Modell Quadra – eine Computerfamilie dar. All diese Modelle arbeiten mit einem der Prozessoren 68000, 68020, 68030 oder 68040 von Motorola. Computerfamilien verfügen jedoch nicht immer über dieselbe Prozessorreihe. Bei den neueren Modellen der Apple Macintosh-Familie kommen z.B. keine 680x0-Prozessoren mehr zum Einsatz, sondern Prozessoren einer neuen Generation, die Prozessorreihe PowerPC. Die Modelle, die mit einem PowerPC-Prozessor arbeiten, werden als »Power Mac« bezeichnet. Trotzdem können alle Macintosh-Modelle, unabhängig vom Prozessortyp, als eine Computerfamilie angesehen werden, zumal sie untereinander kompatibel sind.

Computerfreak, der; *Subst.* (computerphile)
Eine Person, die sich mit der »Computerei« verbunden fühlt, die Computer und Zubehör sammelt oder deren Hobby der Computer ist.

computergestützte axiale Tomographie, die; *Subst.* (computerized axial tomography)
→ *siehe* CAT.

Computergrafik, die; *Subst.* (computer graphics)
Die Darstellung von Bildern auf dem Computerbildschirm, im Gegensatz zur reinen Textdarstellung, die sich aus alphanumerischen Zeichen zusammensetzt. Der Begriff »Computergrafik« schließt unterschiedliche Methoden bei der Erzeugung, Anzeige und Speicherung der grafischen Informationen ein. Er kann sich sowohl auf die Erzeugung von Geschäftsgrafiken und Diagrammen als auch auf die Anzeige von Zeichnungen, der Darstellung von Kursivschrift und eines Mauspfeils auf dem Bildschirm beziehen (bei der reinen Textdarstellung lässt sich keine Kursivschrift darstellen; der Mauszeiger kann ferner dort nicht als – grafischer – Pfeil, sondern z.B. nur als Block angezeigt werden). Unter »Computergrafik« kann aber auch die Art und Weise gemeint sein, mit der Bilder erzeugt und auf dem Bildschirm dargestellt werden. → *siehe auch* Grafikmodus, Präsentationsgrafik, Rastergrafik, Vektorgrafik.

Computer Graphics Interface, das; *Subst.*
Abkürzung: CGI (nicht zu verwechseln mit »Common Gateway Interface«, ebenfalls mit »CGI« abgekürzt). Ein Softwarestandard, der bei grafischen Geräten Anwendung findet, z.B. Druckern und Plottern. CGI wurde aus dem weithin anerkannten Grafikstandard GKS (Graphical Kernel System) abgeleitet, der Anwendungsprogrammierern genormte Methoden zur Erstellung, Manipulation, Anzeige und zum Druck von Computergrafiken zur Verfügung stellt. → *siehe auch* Graphical Kernel System.

Computer Graphics Metafile, die; *Subst.*
Abkürzung: CGM. Ein Softwarestandard, der mit dem weithin anerkannten Grafikstandard GKS (Graphical Kernel System) verwandt ist und Anwendungsprogrammierern ein genormtes Werkzeug für die Beschreibung von Grafiken als Satz von Befehlen zur Verfügung stellt. Mit diesen Befehlen ist der Neuaufbau der jeweiligen Grafik möglich. Eine CGM-Datei lässt sich sowohl auf einem Datenträger speichern als auch an ein Ausgabegerät senden. CGM stellt eine allgemeine Sprache für die Beschreibung derartiger Dateien in

Bezug auf den Standard GKS dar. → *siehe auch* Graphical Kernel System.

Computerhilfsprogramm, das; *Subst.* (computer utility)
→ *siehe* Utility.

Computer, hybrider, der; *Subst.* (hybrid computer)
→ *siehe* hybrider Computer.

Computer-Input Microfilm, der; *Subst.* (computer-input microfilm)
→ *siehe* CIM.

computer-integrated manufacturing, das; *Subst.*
→ *siehe* CIM.

computerisierte Post, die; *Subst.* (computerized mail)
→ *siehe* elektronische Post.

Computerkenntnis, die; *Subst.* (computer literacy)
Oberbegriff, der den Wissensstand von Computerbenutzern charakterisiert. Zu den Kenntnissen gehören nicht nur das Allgemeinwissen, sondern auch das Verstehen der Arbeitsweise von Computern und die Fähigkeit, Computer in der Praxis effektiv einzusetzen. Auf der untersten Ebene beinhaltet der Ausdruck Grundkenntnisse bei der Benutzung eines Computers, z.B. das Einschalten des Gerätes, das Aufrufen und Beenden von einfachen Computeranwendungen sowie das Speichern und Drucken von Daten. Auf höheren Ebenen wird gemeinhin detailliertes Wissen bei der Bedienung von komplexen Programmen sowie Erfahrung in Programmiersprachen wie Basic oder C umschrieben. Benutzer, die einen derartigen Wissensstand besitzen, werden häufig als »Poweruser« bezeichnet. Die höchste Ebene umschließt fundierte Kenntnisse in der Elektronik und in der Assemblersprache. → *siehe auch* Poweruser.

Computerkonferenz, die; *Subst.* (computer conferencing)
Kommunikation zwischen Benutzern, die sich an unterschiedlichen Orten befinden, mit Hilfe von Computern. Die Computer sind durch Kommunikationseinrichtungen miteinander verbunden.

Computerkriminalität, die; *Subst.* (computer crime)
Die illegale Anwendung eines Computers durch eine nichtautorisierte Person. Derartige Personen gehen ihrer kriminellen Tätigkeit entweder aus reinem Vergnügen nach (Computerhacker) oder sie wollen sich finanziell bereichern (z.B.

C durch Umleiten von Buchungen auf das eigene Bankkonto).
→ *siehe auch* Hacker.

Computerkunst, die; *Subst.* (computer art, cyber art)
Ein weit gefasster Begriff, der sich zunächst auf den Bereich der Kunst bezieht, bei dem der Computer als unterstützendes Werkzeug eingesetzt wird, als Ersatz für herkömmliche, von Grafikern und Künstlern verwendete Werkzeuge. Für künstlerische Arbeiten kommen z.B. Malprogramme zum Einsatz, die umfangreiche Werkzeuge zum Zeichnen von Linien sowie Pinselformen, Figuren, Muster und Farben zur Verfügung stellen. Einige Programme bieten auch vorgefertigte Figuren an und erlauben das Erzeugen von Animationen. Inwieweit Grafiken und andere Arbeiten, die mehr oder weniger selbstständig vom Computer erzeugt werden, z.B. fraktale Grafiken, als Kunst angesehen werden können, ist strittig.
Die Werke von Künstlern, die für deren Erstellung oder Veröffentlichung Computer verwenden.

Computername, der; *Subst.* (computer name)
In Netzwerken der Name, der einen Computer eindeutig identifiziert. Der Name darf dabei nicht mit dem Namen eines anderen Computers oder mit einem Domänennamen im selben Netzwerk identisch sein. Der Computername unterscheidet sich von einem Benutzernamen dadurch, dass er für die Identifizierung eines bestimmten Computers und aller seiner gemeinsam benutzten Ressourcen (Dateien, Peripheriegeräte usw.) zur Abgrenzung vom restlichen System verwendet wird, so dass der Zugriff auf diese Ressourcen ermöglicht wird. → *vgl.* Alias, Benutzername.

Computernetzwerk, das; *Subst.* (computer network)
→ *siehe* Netzwerk.

computerorientierte Schulung, die; *Subst.* (computerbased training)
→ *siehe* CBT.

computerorientiertes Lernen, das; *Subst.* (computerbased learning)
→ *siehe* CBL.

Computer-Output Microfilm, der; *Subst.* (computer-output microfilm)
→ *siehe* COM.

Computer, portabler, der; *Subst.* (portable computer)
→ *siehe* portabler Computer.

Computer Professionals for Social Responsibility, der; *Subst.*
→ *siehe* CPSR.

Computerprogramm, das; *Subst.* (computer program)
Eine Einheit von Befehlen in einer bestimmten Programmiersprache, die auf einem Computer zur Realisierung einer Aufgabe ausgeführt werden sollen. Der Begriff impliziert gewöhnlich, dass es sich bei einem Programm um ein eigenständiges Objekt handelt, im Gegensatz zu einer Routine oder Bib-liothek. → *siehe auch* Computersprache. → *vgl.* Bibliothek, Routine.

Computerrevolution, die; *Subst.* (computer revolution)
Ein Ausdruck, der das soziale und technologische Phänomen der schnellen Entwicklung und der inzwischen weit verbreiteten Anwendung und Akzeptanz von Computern charakterisiert – insbesondere im Hinblick auf Einzelplatz-PCs. Der Einfluss dieser Geräte ist aus zwei Gründen als revolutionär anzusehen: erstens vollzog sich ihr erfolgreicher Durchbruch innerhalb sehr kurzer Zeit. Der zweite und entscheidende Grund liegt in der Genauigkeit und der Geschwindigkeit der Computer, die völlig neue Wege der Verarbeitung, Speicherung und Übertragung von Informationen eröffneten.

Computersatz, der; *Subst.* (computer typesetting)
Eine Form des Schriftsatzes, der teilweise oder vollständig über Computer erfolgt. Bei einem teilweise mit Computerhilfe durchgeführten Schriftsatz wird z.B. auf die herkömmliche Montage verzichtet. Der Text wird statt dessen direkt vom Computer an den Belichter übertragen. Bei einem vollständig computerisierten Satz entfallen alle herkömmlichen Satzvorgänge. Beispielsweise werden die Grafiken in allen Stadien in digitaler Form verarbeitet.

Computerschnittstelle, die; *Subst.* (computer interface unit)
→ *siehe* Schnittstelle.

Computersicherheit, die; *Subst.* (computer security)
Die Maßnahmen, die zum Schutz eines Computers und der auf diesem gespeicherten Daten getroffen werden. Auf großen Systemen und auf Systemen, auf denen Finanzdaten oder vertrauliche Daten verarbeitet werden, ist eine professionelle Überwachung notwendig, die sowohl juristische als auch technische Fachkenntnisse voraussetzt. Auf einem Mikrocomputer lässt sich die Datensicherheit aufrechterhalten, indem Daten regelmäßig gesichert und die Sicherheitskopien an einem anderen Ort als dem Standort des Compu-

ters aufbewahrt werden. Die Integrität der Daten auf dem Computer lässt sich aufrechterhalten, indem Dateien mit Passwörtern gesichert werden, Dateien mit einem Schreibschutzattribut versehen werden (um Änderungen zu verhindern), die Festplatte mit Hilfe eines Schlosses vor der unberechtigten Entnahme gesichert wird und vertrauliche Daten auf Wechseldatenträgern aufbewahrt und diese in einem abgeschlossenen Schrank aufbewahrt werden. Außerdem empfiehlt sich die Installation von Spezialprogrammen zum Schutz vor einem Virenbefall. Auf Computern, an denen mehrere Benutzer arbeiten, kann zur Wahrung der Sicherheit von jedem Benutzer ein Kennwort angefordert werden, wodurch nur registrierten Benutzern mit entsprechenden Rechten der Zugriff auf vertrauliche Daten gestattet wird. → *siehe auch* Bakterie, Verschlüsselung, Virus.

Computersimulation, die; *Subst.* (computer simulation)
→ *siehe* Simulation.

Computerspiel, das; *Subst.* (computer game)
Ein Computerprogramm, das der Unterhaltung dient und bei dem ein oder mehrere Spieler gegen andere Mitspieler oder den Computer antreten. Der Bereich der Computerspiele deckt die unterschiedlichsten Unterhaltungsformen und Altersgruppen ab, von einfachen Buchstabenspielen für Kleinkinder über Schatzsuchspiele, Kriegsspiele, Simulationen von Weltereignissen bis hin zu professionellen Schachprogrammen. Die Steuerung von Spielen erfolgt mit Hilfe der Tastatur, eines Joysticks oder eines anderen Eingabegerätes. Die Spiele werden auf Disketten, CD-ROMs oder Einsteckmodulen ausgeliefert. Spiele sind für nahezu alle Computermodelle erhältlich; es gibt aber auch spezielle, auf Spiele reduzierte Geräte, sog. Videospielkonsolen.

Computersprache, die; *Subst.* (computer language)
Eine künstliche Sprache, die dazu dient, Befehle festzulegen, die vom Computer auszuführen sind. Der Ausdruck umfasst ein weites Spektrum, von der binär codierten Maschinensprache bis hin zu Hochsprachen. → *siehe auch* Assemblersprache, höhere Programmiersprache, Maschinencode.

Computersystem, das; *Subst.* (computer system)
Die Konfiguration, die alle funktionellen Komponenten eines Computers und die zugehörige Hardware umfasst. Zu einem grundlegenden Mikrocomputersystem gehören eine Konsole (oder Systemeinheit) mit einem oder mehreren Disketten- oder Festplattenlaufwerken, einem Monitor und einer Tastatur. Als Zusatzhardware – die sog. Peripheriegeräte – lassen sich ein Drucker, ein Modem und eine Maus anschließen. Software wird gewöhnlich nicht als Bestandteil eines Computersystems betrachtet, obwohl das auf der Hardware laufende Betriebssystem auch als »Systemsoftware« bezeichnet wird.

Computer, transportabler, der; *Subst.* (transportable computer)
→ *siehe* portabler Computer.

Computer, ultraleichter, der; *Subst.* (ultralight computer)
→ *siehe* portabler Computer.

Computerunterricht, der; *Subst.* (computer instruction)
Der Einsatz von Computern im Unterricht und bei der Ausbildung. → *siehe auch* CAI.

computerunterstützte Diagnose, die; *Subst.* (computer-assisted diagnosis)
Der Einsatz von Computern durch Ärzte bei der Diagnose von Patientenbefunden. Medizinische Anwendungen können sowohl bei der Bestimmung der Ursachen, der Symptome und Behandlungsmethoden einer Krankheit als auch bei der Verwaltung der Anamnesedaten (Vorgeschichte des Patienten) und Testergebnisse eines Patienten hilfreich sein. → *siehe auch* Expertensystem.

computerunterstützte Entwicklung, die; *Subst.* (computer-aided engineering)
→ *siehe* CAE.

computerunterstützte Fertigung, die; *Subst.* (computer-aided manufacturing)
→ *siehe* CAM.

computerunterstützte Konstruktion, die; *Subst.* (computer-aided design)
→ *siehe* CAD.

computerunterstützte Konstruktion/computerunterstützte Fertigung, die; *Subst.* (computer-aided design/computer-aided manufacturing)
→ *siehe* CAD/CAM.

computerunterstützter Unterricht, der; *Subst.* (computer-aided instruction, computer-assisted instruction, computer-assisted teaching, computer-managed instruction)
→ *siehe* CMI.
→ *siehe* CAI. → *siehe* CAT.

computerunterstütztes Lernen, das; *Subst.* (computer-assisted learning)

Der Einsatz von Computern und ihrer Multimediafähigkeiten, um Informationen im Unterricht und bei der Ausbildung zu präsentieren.

computerunterstütztes Testen, das; *Subst.* (computer-aided testing)

→ *siehe* CAT.

computerunterstütztes Zeichnen und Konstruieren, das; *Subst.* (computer-aided design and drafting)

Abkürzung: CADD. Ein System aus Hardware und Software, das mit CAD-Systemen große Gemeinsamkeiten aufweist, jedoch zusätzliche Funktionen im Bereich technischer Konventionen besitzt, z.B. Bemaßung und Texteingabe. → *siehe auch* CAD.

Computervirus, der; *Subst.* (computer virus)

→ *siehe* Virus.

Computer-Vision-Syndrom *Subst.* (computer vision syndrome)

Ein Veränderung des Sehvermögens eines Computerbenutzers, hervorgerufen durch zu langen Aufenthalt vor dem Bildschirm. Symptome des Computer Vision Syndrome (CVS) können beeinträchtigtes Sehvermögen, trockene, brennende Augen, Schärfeprobleme und Kopfschmerzen sein. Dem CVS kann vorgebeugt werden mit regelmäßigen Pausen, Gebrauch von Monitorfiltern oder Farbanpassung, oder Anpassung der Brillenglasstärken.

COM-Rekorder, der; *Subst.* (COM recorder)

Abkürzung für »**c**omputer **o**utput **m**icrofilm **recorder**«. Ein Gerät, das Computerdaten auf Mikrofilm aufzeichnet.

COMSAT

→ *siehe* Communication Satellite Corporation.

CON

Im Betriebssystem MS-DOS der logische Gerätename für die Konsole. Die Konsole ist unter MS-DOS die Einheit aus dem Nureingabegerät Tastatur und dem Nurausgabegerät Bildschirm. Tastatur und Bildschirm stellen unter MS-DOS die primären Eingabe- und Ausgabegeräte dar.

Conference on Data Systems Languages, die; *Subst.*

→ *siehe* CODASYL.

CONFIG.SYS, die; *Subst.*

Eine spezielle Textdatei, mit der sich bestimmte Bestandteile des Betriebssystems MS-DOS und OS/2 konfigurieren lassen. Dazu dienen eine Reihe von Befehlen, die in die Datei eingetragen werden. Auf diese Weise können Funktionen ein- und ausgeschaltet, Obergrenzen für Ressourcen festgelegt (z.B. die maximale Anzahl gleichzeitig geöffneter Dateien) und das Betriebssystem durch Laden von Gerätetreibern (die die hardwarespezifischen Komponenten des Betriebssystems steuern) individuell erweitert werden.

Connectionpooling, das; *Subst.* (connection pooling)

Eine Ressourcenoptimierungsfunktion von ODBC 3.0 (Open Database Connectivity), die die Effizienz der gemeinsamen Verwendung von Datenbankverbindungen und -objekten erhöht. Bei Connectionpooling werden Konfigurationen offener Datenbankverbindungen (Pools) eingesetzt, die von Anwendungen verwendet und wieder verwendet werden können, ohne dass für jede Anfrage eine Verbindung zu öffnen und zu schließen ist. Dies ist insbesondere bei Webanwendungen von Bedeutung. Connectionpooling ermöglicht die gemeinsame Verwendung unterschiedlicher Komponenten, erhöht die Systemleistung und minimiert die Anzahl ungenutzter Verbindungen. → *siehe auch* ODBC.

Connectivity, die; *Subst.* (connectivity)

Die Eigenschaft einer Verbindung zwischen einem Computer – der Arbeitsstation – und einem anderen Computer, z.B. dem Server oder dem Host im Internet oder einem anderen Netzwerk. »Connectivity« kann dabei die Güte der Kabel oder der Telefonleitung, den Grad der Störungsfreiheit oder die Bandbreite beschreiben, mit der die Kommunikationsgeräte arbeiten. »Connectivity« bezeichnet außerdem die Fähigkeit von Hardwaregeräten, Softwarepaketen oder des Computers selbst, mit Netzwerkeinrichtungen oder anderen Hardwaregeräten, Softwarepaketen oder einem per Netzwerk verbundenen Computer zusammenarbeiten zu können.

Des Weiteren ist »Connectivity« die Fähigkeit von Hardwaregeräten oder Softwarepaketen, Daten zwischen anderen Geräten oder Softwarepaketen übertragen zu können.

Container, der; *Subst.* (container)

In der OLE-Terminologie eine Datei, die verlinkte oder eingebettete Objekte enthält. → *siehe auch* OLE.

In SGML ein Element, das einen Inhalt aufweist, beispielsweise Text, im Gegensatz zu einem Element, das ausschließlich aus dem Namen des Tags und dessen jeweiligen Attributen besteht. → *siehe auch* Element, SGML, Tag.

C

Content, der; *Subst.* (content)
1. Die Daten, die sich zwischen der Start- und Endemarke in einem Element eines SGML- oder HTML-Dokuments befinden. Bei diesen Daten kann es sich um reinen Text oder um andere Elemente handeln. → *siehe auch* Element, HTML, SGML.
2. Der Teil in einer E-Mail oder einem Newsgroupbeitrag mit der eigentlichen Nachricht.
3. Im Internet zur Verfügung gestellte Inhalte wie Nachrichten, Rezensionen und Tipps & Tricks.

Contentaggregator, der; *Subst.* (content aggregator)
Zu Deutsch »Zusammenfasser von Inhalten«. Eine Organisation oder Firma, die internetbasierte Daten nach Themen oder Interessensgebieten – z.B. Sportergebnisse, Wirtschaftsnachrichten oder Onlineshopping – gruppiert. Die Benutzer finden dann die relevanten Links in der vom Contentaggregator betriebenen Website und können von dieser bequem auf die einzelnen Websites zugreifen. → *siehe auch* Website. → *auch genannt* Channel Aggregator. → *vgl.* Contentprovider.

Content Management System, das; *Subst.* (content management system)
→ *siehe* Web Content Management System.

Content Protection for Recordable Media
→ *siehe* CPRM.

Contentprovider, der; *Subst.* (content provider)
Zu Deutsch »Inhaltelieferant«. Eine Person, Gruppe oder Firma, die die Inhalte liefert, die im Internet, in einem Intranet oder einem Extranet veröffentlicht bzw. verbreitet werden. Die Inhalte können nicht nur Texte und Grafiken umfassen, sondern auch Video, Audio, Linksammlungen von Websites, produktbezogene Daten (z.B. einen Onlinekatalog) sowie die zugehörige Software, mit der auf die Daten zugegriffen werden kann (z.B. eine Datenbankanwendung). → *siehe auch* ISP, Website. → *vgl.* Contentaggregator.

Content Scrambling System, das; *Subst.*
→ *siehe* CSS.

Contents-Directory, das; *Subst.* (contents directory)
Eine Folge von Warteschlangen, die die Deskriptoren und Adressen der Routinen enthalten, die sich in einem Bereich im Arbeitsspeicher befinden.

Controlbreak, der; *Subst.* (control break)
Ein Übergang bei der Steuerung des Computers, wobei typischerweise die Kontrolle über den Prozessor an die Benutzerkonsole oder an ein anderes Programm übertragen wird.

Controller, der; *Subst.* (controller)
Eine Gerätekomponente, über die andere Geräte auf ein Subsystem des Computers zugreifen. Ein Diskcontroller steuert z.B. den Zugriff auf Festplatten- und Diskettenlaufwerke und ist dabei sowohl für die physikalischen als auch die logischen Laufwerkszugriffe verantwortlich.

Controller, eingebetteter, der; *Subst.* (embedded controller)
→ *siehe* eingebetteter Controller.

Controlstrip, der; *Subst.* (control strip)
Ein Kalibrierungswerkzeug, das die erforderlichen Korrekturen ermittelt, die zur Wiederherstellung der korrekten Werte erforderlich sind. Zu diesem Zweck werden die aufgezeichneten Daten mit den bekannten Werten verglichen.
Ein Controlstrip ist außerdem ein Hilfsprogramm, das häufig benötigte Verknüpfungen (Shortcuts) – z.B. Zeitanzeige, Akkukapazitätsanzeige und Desktopelemente – an eine leicht erreichbare Stelle platziert. → *siehe auch* Verknüpfung.

Convenience-Adapter, der; *Subst.* (convenience adapter)
→ *siehe* Schnittstellenreplikator.

Cooked Mode, der; *Subst.* (cooked mode)
Einer der beiden Modi (der andere wird als »Raw Mode« oder »Rohmodus« bezeichnet), die die Art und Weise beschreiben, mit der ein Betriebssystem, z.B. UNIX oder MS-DOS, den Handler für ein zeichenorientiertes Gerät behandelt. Wenn sich der Handler im Cooked Mode befindet, speichert das Betriebssystem jedes Zeichen in einem Puffer und behandelt Wagenrücklaufzeichen, Dateiendezeichen sowie Zeilenvorschub und Tabstoppzeichen besonders. Eine Zeile wird in diesem Fall nur dann an ein Gerät gesendet, z.B. an den Bildschirm, wenn das Betriebssystem beim Lesen auf ein Wagenrücklauf- oder Dateiendezeichen trifft. Im Cooked Mode werden die vom Standardeingabegerät gelesenen Zeichen häufig automatisch auf dem Bildschirm angezeigt (man spricht dabei vom »Echomodus«). → *siehe auch* Betriebssystem, Handler, Puffer. → *vgl.* Rohmodus.

Cookie, das; *Subst.* (cookie)
Im weiteren Sinn ein Block von Daten, den ein Server als Reaktion auf eine Anforderung vom Client zurückgibt.

C Im World Wide Web ein Block von Daten, den ein Webserver auf dem Client speichert. Begeben sich Benutzer auf eine bereits zu einem früheren Zeitpunkt angewählte Seite, sendet der Browser eine Kopie des Cookies an den Server zurück. Cookies dienen dazu, Benutzer zu identifizieren, den Server anzuweisen, eine benutzerspezifische Version einer angeforderten Webseite zu senden, Konteninformationen für Benutzer anzufordern sowie der Durchführung weiterer Verwaltungsaufgaben. → *siehe auch* HTTP.

Im ursprünglichen Sinn ist »Cookie« eine Anspielung auf das UNIX-Programm »fortune cookie«, das beim Start nach dem Zufallsprinzip (»fortune« bedeutet »Zufall«) ein Zitat, einen Spruch, eine Weisheit oder einen Scherz ausgibt und auf einigen Systemen automatisch bei der Benutzeranmeldung ausgeführt wird.

Cookiefilter, der; *Subst.* (cookie filtering tool)
Ein Hilfsprogramm, das verhindert, dass ein Webbrowser mit Hilfe eines Cookies benutzerspezifische Informationen beim Zugriff auf eine Website an den Server überträgt. → *siehe auch* Cookie.

Cookierichtlinie, die; *Subst.* (cookies policy)
Eine Erklärung, die die Richtlinien einer Website für den Umgang mit Cookies beschreibt. Diese Richtlinie definiert in der Regel ein Cookie, erläutert die von der Website verwendeten Cookietypen und beschreibt, wie die Website die in den Cookies gespeicherten Informationen verwendet. Die Cookierichtlinie ist auf vielen Websites Teil der »Datenschutzerklärung« (»privacy statement«). → *siehe auch* Cookie (Def. 2), Privatsphäre. → *vgl.* Anonymität.

.coop
Eine der sieben im November 2000 von der ICANN neu zugelassenen Topleveldomänen, die speziell für Kooperativen und Interessengemeinschaften konzipiert wurde. Die .coop-Topleveldomäne wird von der National Cooperative Business Association (NCBA) verwaltet (siehe http://www.nic.coop). → *siehe auch* .biz, .info, Topleveldomäne.

Coordinated Universal Time Format, das; *Subst.* (coordinated universal time format)
→ *siehe* Universal Time Coordinate.

COPPA
Abkürzung für »**C**hildren's **O**nline **P**rivacy **P**rotection **A**ct«. Ein US-Bundesgesetz, das im April 2000 in Kraft trat und dem Schutz der Privatsphäre von Kindern unter 13 Jahren bei der Onlinekommunikation dient. Gemäß COPPA muss für Websites, die persönliche Daten von Kindern unter 13 Jahren erfassen, zuerst die Erlaubnis der Eltern oder Aufsichtspersonen eingeholt und zudem die Interaktion der Kinder mit interaktiven Webelementen, z.B. Chatrooms und E-Mail, überwacht und beaufsichtigt werden.

Copperchip, der; *Subst.* (copper chip)
Ein Mikroprozessor, bei dem Kupfer (anstelle des häufiger verwendeten Metalls Aluminium) zur Verbindung der internen Elemente des integrierten Schaltkreises eingesetzt wird. Die Kupfer-Chiptechnologie wurde von IBM entwickelt. Es wird erwartet, dass sie die Geschwindigkeit eines Mikroprozessors um bis zu 33% steigern kann.

Coprozessor, der; *Subst.* (coprocessor)
Ein Prozessor, der getrennt vom Hauptprozessor arbeitet und zusätzliche Funktionen ausführt oder den Hauptprozessor unterstützt. Die gebräuchlichste Art eines Coprozessors ist der Gleitkommaprozessor, der auch als »numerischer Coprozessor« oder »mathematischer Coprozessor« bezeichnet wird. Mit Hilfe eines mathematischen Coprozessors lassen sich numerische und mathematische Berechnungen deutlich beschleunigen und mit höherer Genauigkeit ausführen, da dieser für derartige Berechnungen spezialisiert ist, im Gegensatz zu einem Allzweckprozessor, wie ihn der Hauptprozessor in der Regel darstellt. → *siehe auch* Gleitkommaprozessor.

Coprozessor, mathematischer, der; *Subst.* (math coprocessor)
→ *siehe* Gleitkommaprozessor.

Coprozessor, numerischer, der; *Subst.* (numeric coprocessor)
→ *siehe* Gleitkommaprozessor.

Copyleft, das; *Subst.* (copyleft)
→ *siehe* General Public License.

Copyright, das; *Subst.* (copyright)
Eine Methode, mit der sich Urheber ihre Rechte an einer kreativen Arbeit gesetzlich schützen lassen können. Schützenswert sind z. B. Texte, Musikstücke, Zeichnungen und Computerprogramme. In vielen Ländern erhält der Urheber bereits das Copyright an seiner Arbeit, sobald er diese auf einem greifbaren Medium (z. B. auf Papier oder auf einem Datenträger) fixiert hat. In den USA gilt diese Regelung für alle nach 1977

angefertigten Arbeiten. Die Eintragung eines Copyrights oder die Verwendung eines Copyrightsymbols ist nicht notwendig, um ein Copyright zu begründen, verstärkt allerdings die Rechte an der Arbeit. Das unautorisierte Kopieren und Vertreiben von durch Copyright geschütztem Material wird mit zum Teil hohen Strafen geahndet, auch wenn die angeklagte Person keine kommerziellen Interessen verfolgt hat (typisches Beispiel: das Verschenken eines kommerziellen Computerprogramms). Das Copyright tangiert den Computersektor auf drei Arten: der Copyrightschutz von Software, die Verbreitung von Materialien (z. B. Songtexten), die durch ein Copyright geschützt sind, über ein Netzwerk (z. B. das Internet) und die Verbreitung von Materialien, die innerhalb eines Netzwerks entstanden sind (z. B. Newsgroupbeiträge). Während die Verbreitung von geschütztem Material über herkömmliche Medien (z. B. Zeitschriften, Rundfunk und Fernsehen) detailliert juristisch geregelt ist, herrscht bei der Verbreitung über elektronische Medien, vor allem das Internet, noch Rechtsunsicherheit. Daher sind noch weitere entsprechende Gesetze zu erwarten, die diese Verbreitung regeln. → *siehe auch* CPRM, Digital Millennium Copyright Act, Fair Use, geistiges Eigentum, General Public License.

CORBA

Abkürzung für »**C**ommon **O**bject **R**equest **B**roker **A**rchitecture«, zu Deutsch »gemeinsame Architektur für Objektanforderungsvermittler«. Eine 1992 von der OMG (Object Management Group) entwickelte Spezifikation, bei der Teile von Programmen (Objekte) mit anderen Objekten anderer Programme kommunizieren. Die Kommunikation ist auch dann möglich, wenn zwei Programme in verschiedenen Programmiersprachen geschrieben wurden oder auf unterschiedlichen Plattformen laufen. Bei CORBA fordert ein Programm Objekte mit Hilfe eines ORB (Object Request Broker) an. Kenntnisse hinsichtlich der Strukturen des Programms, aus dem das Objekt stammt, sind dabei nicht erforderlich. CORBA wurde für den Einsatz in objektorientierten Umgebungen entwickelt. → *siehe auch* Object Management Group, Objekt, objektorientiert.

Corel WordPerfect *Subst.*
→ *siehe* WordPerfect Office.

Coulomb, das; *Subst.* (coulomb)
Maßeinheit der elektrischen Ladung. 1 Coulomb entspricht der Ladung von etwa $6{,}26 * 10^{18}$ Elektronen. Eine negative Ladung stellt dabei einen Elektronenüberschuss und eine positive Ladung ein Elektronendefizit dar.

Courseware, die; *Subst.* (courseware)
Software, die für den Unterricht und die Schulung konzipiert ist.

Courtesy Copy, die; *Subst.* (courtesy copy)
→ *siehe* cc.

CPA
→ *siehe* Computer Press Association.

cpi
→ *siehe* Zeichen pro Zoll.

CP/M
Abkürzung für »**C**ontrol **P**rogram/**M**onitor«, zu Deutsch »Steuerprogramm/Überwachung«. Oberbegriff für eine Reihe von Betriebssystemen, die von der ehemaligen Firma Digital Research, Inc., für Mikrocomputer mit Intel-Prozessoren entwickelt wurden. Das erste System – CP/M-80 – war gleichzeitig das bekannteste Betriebssystem für Mikrocomputer mit 8080- oder Z80-Prozessor. Digital Research entwickelte außerdem CP/M-86 für Computer mit einem 8086- bzw. 8088-Prozessor, CP/M-Z8000 für Computer mit einem Z8000-Prozessor von Zilog und CP/M-68K für Computer mit einem 68000-Prozessor von Motorola. Als der IBM-PC und das Betriebssystem MS-DOS eingeführt wurden, ging der Einsatz von CP/M im Endanwenderbereich zurück. Dennoch erweiterte Digital Research die CP/M-Reihe durch die multitaskingfähigen Varianten Concurrent CP/M and MP/M. → *siehe auch* MP/M.

CPM
→ *siehe* Netzplanmethode.

CPRM
Abkürzung für »**C**ontent **P**rotection for **R**ecordable **M**edia«. Eine Technologie, die die Verwendung von urheberrechtlich geschütztem digitalen Musik- und Videomaterial steuert, indem die Übertragung von geschützten Dateien zu portablen Medien, beispielsweise ZIP-Datenträgern und Smartcards, unterbunden wird. CPRM wird Speichermedien hinzugefügt; dabei werden Datenverschlüsselung und Identifikationscodes verwendet, um das Kopieren von urheberrechtlich geschützten Dateien zu verhindern. → *siehe auch* Copyright. → *vgl.* Digital Millennium Copyright Act, Fair Use.

cps
→ *siehe* Zeichen pro Sekunde.

C

CPSR

Abkürzung für »**C**omputer **P**rofessionals for **S**ocial **R**esponsibility«, zu Deutsch »Computerspezialisten mit sozialer Verantwortung«. Ein öffentlicher Verband, der sich aus Computerspezialisten zusammensetzt. CPSR wurde ursprünglich im Hinblick auf den Einsatz von Computertechnologien im militärischen Bereich gegründet, hat aber inzwischen seine Interessengebiete um Problemstellungen wie bürgerliche Freiheiten und die Auswirkung von Computern auf Arbeiter und Angestellte erweitert. Die Website des CPSR ist unter der Adresse http://www.cpsr.org erreichbar.

CPU

→ *siehe* Prozessor.

CPU-Cache, der; *Subst.* (CPU cache)

Ein schneller Speicher, der als Mittler zwischen Prozessor (CPU) und Hauptspeicher fungiert. Der CPU-Cache speichert Daten und Befehle zwischen, die der Prozessor für die Ausführung nachfolgender Befehle und Programme benötigt. Der CPU-Cache ist beträchtlich schneller als der Hauptspeicher und arbeitet mit blockweise übertragenen Daten, wodurch die Geschwindigkeit gesteigert wird. Bei der Ermittlung, welche Daten benötigt werden, setzt das System Algorithmen ein. → *siehe auch* Cache, CPU, VCACHE. → *auch genannt* Cachespeicher, Speichercache.

CPU-Geschwindigkeit, die; *Subst.* (CPU speed)

Ein relatives Maß für die Leistungsfähigkeit eines bestimmten Prozessors (CPU) in Bezug auf die Datenverarbeitung. Die CPU-Geschwindigkeit wird gewöhnlich in Megahertz gemessen. → *siehe auch* Prozessor.

CPU-Lüfter, der; *Subst.* (CPU fan)

Ein elektrischer Ventilator, der gewöhnlich direkt auf dem Prozessor (CPU) oder nahe am Prozessor – an dem Ort, an dem sich die Hitze staut – angebracht wird. Der CPU-Lüfter leitet die Hitze durch Luftzirkulation ab und schützt dadurch den Prozessor vor Überhitzung. → *siehe auch* CPU, Kühlkörper.

CPU-Zeit, die; *Subst.* (CPU time)

Beim Multiprocessing die Zeitspanne, innerhalb der ein bestimmter Prozess die aktive Kontrolle über den Prozessor (CPU) hat. → *siehe auch* Multiprocessing, Prozessor.

CPU-Zyklus, der; *Subst.* (CPU cycle)

Die kleinste Zeiteinheit, die ein Prozessor (CPU) erkennen kann – typischerweise einige Hundertmillionstel Sekunden.

Außerdem bezeichnet »CPU-Zyklus« die Zeitspanne, die der Prozessor benötigt, um den trivialsten Befehl auszuführen, z.B. das Holen des Inhalts eines Registers oder die Durchführung eines NOP-Befehls (Abkürzung für »**no-o**peration«, ein Befehl ohne Auswirkung). → *auch genannt* Prozessor-Tick.

CR

→ *siehe* Wagenrücklauf.

Cracker, der; *Subst.* (cracker)

Eine Person, die die Sicherheitseinrichtungen eines Computersystems umgeht und auf diese Weise unautorisierten Zugriff zum System bekommt. Das Ziel eines Crackers liegt in der Regel darin, auf illegalem Weg an Informationen zu kommen oder Computerressourcen zu nutzen. Doch bei den meisten Crackern liegt der Reiz ausschließlich darin, die Zugangskontrolle des Systems zu überwinden. Mehr noch wird der Ausdruck Cracker (aus dem Englischen von to crack, »knacken«) im Zusammenhang mit Softwarepiraterie verwendet. Hierbei beschreibt der Begriff eine Einzelperson, die versucht, Software-Schutzmechanismen zum Zwecke der illegalen Verbreitung urheberrechtlich geschützter Software zu knacken.

Meist geschieht dies durch Manipulation des Quellcodes, etwa mithilfe der Reverse-Engineering-Technik. Gelingt es einem Cracker nicht, den Binärcode direkt zu manipulieren, programmiert er in den meisten Fällen eine Zusatzdatei, die als Crack bezeichnet wird. → *siehe auch* Hacker, Reverse Engineering. → *vgl.* Black Hat, Gray Hat, Samurai, White Hat.

Crash, der; *Subst.* (crash)

Zu Deutsch »Absturz«. Ein schwerwiegender Programm- oder Festplattenfehler. Bei einem Programmcrash reagiert das Programm nicht mehr auf Benutzereingaben; alle nichtgesicherten Daten sind in der Regel verloren. In Einzelfällen kann auch die Stabilität der anderen Tasks und des Betriebssystems beeinträchtigt werden oder der komplette Computer abstürzen, so dass ein Neustart des Computers erforderlich wird. Bei einem Festplattencrash (»Diskcrash«) berührt der Schreib-/Lesekopf, der gewöhnlich auf einem dünnen Luftpolster über der Magnetplatte schwebt, die Plattenoberfläche und beschädigt diese.

Der Kopf stürzt gewissermaßen auf die Platte ab, daher der Ausdruck. Der Diskcrash führt zu einer dauerhaften Beschädigung der Festplatte und zieht in der Regel den Verlust der darauf gespeicherten Daten nach sich. → *siehe auch* abend, Headcrash.

C

crashen *Vb.* (crash)
Bei einem Programm oder einem Betriebssystem das Auftreten eines schweren Fehlers, der zum Abbruch der gerade durchgeführten Operation führt. → *siehe auch* abend.
Bei einer Festplatte das Berühren der Plattenoberfläche durch den Schreib-/Lesekopf. Dabei können sowohl der Schreib-/Lesekopf als auch die Platte beschädigt werden.

Crawler, der; *Subst.* (crawler)
→ *siehe* Webbrowser.

Cray-1, der; *Subst.*
Ein früher Supercomputer, der 1976 von Seymour Cray entwickelt wurde. In Relation zu den damals verbreiteten Computern war die Cray-1 extrem leistungsfähig. Sie arbeitete mit 64 Bit, war mit 75 MHz getaktet und konnte 160 Millionen Gleitkommaoperationen (MFLOPS) pro Sekunde ausführen. → *siehe auch* Supercomputer.

CRC
Abkürzung für »**c**yclical (oder **c**yclic) **r**edundancy **c**heck«, zu Deutsch »zyklische Redundanzüberprüfung«. Eine Prozedur, die zur Fehlerprüfung bei Datenübertragungen eingesetzt wird. Die Sendestation berechnet dabei vor der eigentlichen Übertragung mit Hilfe eines komplexen Algorithmus aus den zu sendenden Daten eine Art Prüfsumme und übermittelt das Ergebnis an die Empfangsstation. Nach der Übertragung führt die Empfangsstation mit den empfangenen Daten die gleiche Berechnung aus und vergleicht die beiden Ergebnisse. Stimmen diese überein, wird von einer fehlerfreien Übertragung ausgegangen. Der Ausdruck »Redundanzüberprüfung« stammt daher, dass neben den eigentlichen Daten zusätzliche (redundante) Daten übertragen werden. CRC kommt in diversen Kommunikationsprotokollen, z.B. XMODEM und Kermit, zum Einsatz.

Creator, der; *Subst.* (creator)
Zu Deutsch »Erzeuger«. Das Programm auf dem Apple Macintosh, das Dateien erzeugt. Dateien sind mit dem jeweiligen Creator durch einen Creatorcode verknüpft. Anhand dieser Verknüpfungen kann das Betriebssystem die entsprechende Creatoranwendung starten, wenn ein Dokument geöffnet wird.

Crimson
Ein auf dem Sun ProjectX-Parser basierender XML-Parser, der ein Teilbereich des siebenteiligen, nichtkommerziellen Apache XML-Projekts ist. → *siehe auch* Apache XML Projekt.

CRM (customer relationship management)
Abkürzung für englisch Customer Relationship Management, Verwaltung der Kundenbeziehungen. Oberbegriff für Softwaresysteme, mit denen sich das Kundenverhalten protokollieren und analysieren lässt, um die Zusammenarbeit zwischen Dienstleister und Kunden gezielt zu verbessern und somit eine langfristige Kundenbindung herzustellen.

Crossassembler, der; *Subst.* (cross-assembler)
Ein Assembler, der auf einer bestimmten Hardwareplattform läuft, aber Maschinencode für eine andere Plattform erzeugt. → *siehe auch* Assembler, Compiler, Crosscompiler, Crossentwicklung.

Crosscompiler, der; *Subst.* (cross-compiler)
Ein Compiler, der auf einer bestimmten Hardwareplattform läuft, aber Maschinencode für eine andere Plattform erzeugt. → *siehe auch* Assembler, Compiler, Crossassembler, Crossentwicklung.

Crossentwicklung, die; *Subst.* (cross development)
Der Einsatz eines Systems für die Entwicklung von Programmen, die für ein anderes System (z.B. ein anderes Betriebssystem) bestimmt sind. Diese Methode wird u. a. angewendet, wenn auf dem Entwicklungssystem bessere Werkzeuge als auf dem Zielsystem zur Verfügung stehen.

crossposten *Vb.* (cross-post)
Das Senden einer Nachricht oder eines Beitrags von einer Newsgroup, einer Konferenz, einem E-Mail-System oder einem vergleichbaren Kommunikationssystem an ein anderes – z.B. von einer Usenet-Newsgroup an ein CompuServe-Forum, von einem E-Mail-System an eine Newsgroup, oder in mehrere Newsgroups gleichzeitig. → *siehe auch* Newsgroup, Usenet.

Cross-Site-Scripting *Subst.* (cross-site scripting)
Ein Sicherheitsrisiko bei dynamischen Webseiten, die aufgrund einer Benutzeranforderung von einer Datenbank generiert wurden. Beim Cross-Site Scripting (»websiteübergreifendes Skripting«) fügen böswillige Benutzer unerwünschte ausführbare Skripts oder Codes in die Websitzungen anderer Benutzer ein. Derartige Skripts ermöglichen es, die Websitzung zu überwachen, die Bildschirmanzeige zu ändern oder den Webbrowser zu beenden. Websites, bei denen Besucher Kommentare eingeben oder bestimmte Änderungen an Seiten vornehmen können, sind besonders durch dieses Sicherheitsrisiko gefährdet. Das Cross-Site

C Scripting ist nicht auf Produkte eines bestimmten Anbieters oder auf ein bestimmtes Betriebssystem beschränkt. → *siehe auch* Skript.

CRT

Abkürzung für »**c**athode **r**ay **t**ube«, zu Deutsch Kathoden-strahlröhre«. Hauptbestandteil eines Fernsehgeräts oder eines Standard-Computerbildschirms. Eine Kathodenstrahl-röhre besteht aus einer Vakuumröhre, in die eine oder mehrere Elektronenkanonen eingebaut sind. Jede Elektronenka-none erzeugt einen horizontalen Elektronenstrahl, der auf der Vorderseite der Röhre – dem Schirm auftrifft. Die Innen-fläche des Schirms ist mit einer Phosphorschicht versehen, die durch das Auftreffen der Elektronen zum Leuchten gebracht wird. Jeder der Elektronenstrahlen bewegt sich zei-lenweise von oben nach unten. Um ein Flimmern zu verhin-dern, wird der Bildschirminhalt mindestens 25 Mal pro Sekunde aktualisiert. Die Schärfe des Bildes wird durch die Anzahl der Leuchtpunkte (Pixel) auf dem Schirm bestimmt. → *siehe auch* Auflösung, Pixel, Raster. (Abbildung C.6)

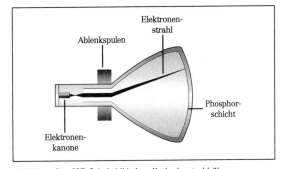

Abbildung C.6: CRT: Schnittbild einer Kathodenstrahlröhre.

CRT-Controller, der; *Subst.* (CRT controller)
Der Teil einer Videoadapterkarte, der für die Erzeugung des Videosignals, einschließlich der horizontalen und vertikalen Synchronisationsimpulse verantwortlich ist. → *siehe auch* Videoadapter.

CRT-Flachbildschirm, der; *Subst.* (CRT Flatscreen)
Ein Bildschirm mit einer Kathodenstrahlröhre und einer fla-chen Bildschirmoberfläche. Im Gegensatz hierzu haben her-kömmliche, auf Kathodenstrahlröhren basierende Bild-schirme eine leicht konvexe Oberfläche. Durch die flache Bildschirmoberfläche wird die Qualität und Genauigkeit der Anzeige optimiert. → *vgl.* Flachbildschirm.

cruisen Vb. (cruise)
→ *siehe* surfen.

crunchen Vb. (crunch)
Das Verarbeiten von Informationen. → *siehe* auch Number Crunching.

CSD
→ *siehe* leitungsvermittelte Daten.

C-Shell, die; *Subst.* (C shell)
Eine der unter dem Betriebssystem UNIX verfügbaren Shells (Befehlsinterpreter). Die C-Shell ist sehr brauchbar, befindet sich jedoch nicht im Lieferumfang jedes UNIX-Systems. → *vgl.* Bourne-Shell, Korn-Shell.

CSLIP
→ *siehe* Compressed SLIP.

CSMA/CD
Abkürzung für »**C**arrier **S**ense **M**ultiple **A**ccess with **C**ollision **D**etection«, zu Deutsch »träger-empfindliche Mehrfachzu-griffstechnik mit Kollisionserkennung«. Ein Netzwerkproto-koll für die Behandlung von Situationen, in denen zwei oder mehr Knoten (Arbeitsstationen) zur selben Zeit senden und damit eine Kollision verursachen. Mit Hilfe von CSMA/CD überwacht jeder Knoten des Netzwerks die Leitung und sen-det, wenn diese als frei erkannt wird.
Sollte eine Kollision auftreten, weil ein anderer Knoten diese Gelegenheit zum Senden ebenfalls wahrnimmt, stel-len beide Knoten ihre Sendeaktivität ein. Um eine weitere Kollision zu vermeiden, warten beide Knoten eine unter-schiedliche, nach dem Zufallsprinzip bestimmte Zeitspanne ab, bevor sie einen erneuten Sendeversuch unternehmen. → *vgl.* Tokenpassing.

CSO
Abkürzung für »**C**omputing **S**ervices **O**ffice«. Ein Internet Directory Service (Verzeichnisdienst), der Namen von Benut-zern in die entsprechenden E-Mail-Adressen umwandelt. CSO wird gewöhnlich an Colleges sowie Universitäten einge-setzt und kann über das Internethilfsprogramm Gopher erreicht werden. CSO wurde ursprünglich am Computing Services Office der Universität von Illinois (Bundesstaat in den USA) entwickelt.

CSO-Nameserver, der; *Subst.* (CSO name server)
Eine Einrichtung, die E-Mail-Verzeichnisinformationen mit Hilfe des CSO-Systems zur Verfügung stellt. → *siehe auch* CSO.

C

CSS

Abkürzung für »**C**ascading-**S**tyle-**S**heets«. → *siehe auch* Cascading Style Sheet.

Außerdem Abkürzung für »**C**ontent **S**crambling **S**ystem«. Eine Verschlüsselungsfunktion, mit denen DVD-ROMs ausgestattet sind, die mit Genehmigung der MPAA vertrieben werden. CSS sucht sowohl auf der DVD-ROM als auch auf dem Wiedergabegerät nach einem übereinstimmenden Regionalcode. Stimmen die Codes nicht überein (wenn beispielsweise die DVD-ROM in den USA, der DVD-Player hingegen in Europa erworben wurde), lässt CSS die Wiedergabe der DVD-ROM nicht zu. CSS unterbindet außerdem die Wiedergabe einer DVD-ROM auf einem Wiedergabegerät, das nicht durch die MPAA genehmigt ist. Dies gilt sowohl für stationäre DVD-Player als auch für DVD-ROM-Laufwerke für den PC. → *siehe auch* deCSS, Regionalcode, Regionale Codierung, Regionscode.

CSS1

→ *siehe* Cascading-Style-Sheets.

CSTN-Display, das; *Subst.* (CSTN display)

→ *siehe* Supertwist-Display.

CSV

Abkürzung für »**C**omma **S**eparated **V**alues«, zu Deutsch »kommabegrenzte Werte«. Erweiterung für Textdateien, in denen eine Datenbank in Tabellenform gespeichert ist. Wie der Name andeutet, sind die einzelnen Datenfelder durch Kommata getrennt. → *vgl.* TSV.

Außerdem Abkürzung für »**C**ircuit **S**witched **V**oice«. → *siehe* leitungsvermittelte Sprache.

CSV/CSD

→ *siehe* leitungsvermittelte Sprache/Daten.

CTERM

→ *siehe* Communications Terminal Protocol.

CTI

Abkürzung für »**c**omputer **t**elephony **i**ntegration«, zu Deutsch »Computertelefonintegration«. Der Einsatz von Computern zur Steuerung von Telefon- und Kommunikationsfunktionen.

CTL

Abkürzung für »**c**ontrol.«, zu Deutsch »Steuerung (gemeint ist die Strg-Taste)«. → *siehe* Steuerungstaste, Steuerzeichen.

Ctrl-C

→ *siehe* Strg-C.

Ctrl-S

→ *siehe* Strg-S.

CTS

Abkürzung für »**C**lear **T**o **S**end«, zu Deutsch »Sendebereitschaft«. Ein Signal bei der seriellen Datenübertragung, das von einem Modem an den angeschlossenen Computer gesendet wird, um damit die Bereitschaft zum Fortsetzen der Übertragung anzuzeigen. CTS ist ein Hardwaresignal, das über die Leitung Nummer 5 nach dem Standard RS-232-C übertragen wird. → *vgl.* RTS.

CUA

→ *siehe* zeichenorientierte Benutzeroberfläche.

CUI

→ *siehe* zeichenorientierte Benutzeroberfläche.

CUL8R

Eine skurrile Abkürzung, die beim Buchstabieren genauso wie »See you later« (zu Deutsch »Bis später«) klingt und auch stellvertretend dafür steht. Die Abkürzung wird gelegentlich in Internetdiskussionen als Grußformel von Teilnehmern verwendet, die sich auf diese Weise vorübergehend von der Runde verabschieden.

Current-Location-Counter, der; *Subst.* (current location counter)

→ *siehe* Programmzähler.

Cursor, der; *Subst.* (cursor)

Ein spezielles Zeichen auf dem Bildschirm, z.B. ein blinkender Unterstrich oder ein Rechteck, das die Stelle angibt, an der das nächste eingegebene Zeichen erscheint.

Bei Anwendungen und Betriebssystemen, bei denen eine Maus zum Einsatz kommt, ist der Cursor ein Pfeil oder ein anderes Zeichen (z.B. ein ausgefülltes Quadrat), das analog zu den Bewegungen mit der Maus am Bildschirm hin und her wandert.

Bei Digitalisiertabletts stellt der Cursor das Eingabegerät dar – den Griffel (Zeiger oder Stift).

Cursor, adressierbarer, der; *Subst.* (addressable cursor)

→ *siehe* adressierbarer Cursor.

Cursor, animierter, der; *Subst.* (animated cursors)

→ *siehe* animierter Cursor.

C

Cursorblinkgeschwindigkeit, die; *Subst.* (cursor blink speed)
Die Geschwindigkeit, mit der ein Cursor auf dem Bildschirm ein- und ausgeblendet wird. → *siehe auch* Cursor.

Cursorsteuerung, die; *Subst.* (cursor control)
Grundlegende Technik, die es erlaubt, eine Bildschirmposition anzusteuern, indem der Cursor an die gewünschte Position bewegt wird. Zur Cursorsteuerung sind diverse Tasten vorhanden, die den Cursor nach links, rechts, oben und unten bewegen - die sog. »Cursortasten« oder »Pfeiltasten« (auf diesen sind Pfeile aufgedruckt, die die jeweilige Richtung angeben, daher die Bezeichnung). Daneben gibt es weitere Tasten zur Cursorsteuerung, z.B. die Rücktaste (Backspace), Pos1 (Home) und Ende (End). Mit Hilfe von Zeigegeräten wie der Maus kann der Cursor ebenfalls positioniert werden, wobei damit das Zurücklegen größerer Entfernungen innerhalb eines Dokuments in aller Regel schneller und komfortabler vor sich geht als mit der Tastatur.

Cursortaste, die; *Subst.* (cursor key)
→ *siehe* Pfeiltaste.

CUSeeMe, das; *Subst.*
Ein Videokonferenzprogramm, das an der Cornell University (in Ithaca, Bundesstaat New York) entwickelt wurde. Es stellte das erste Programm für die Betriebssysteme Microsoft Windows und Mac OS dar, das die Durchführung von Echtzeit-Videokonferenzen über das Internet erlaubte.
CUSeeMe benötigte eine Bandbreite von mindestens 128 Kilobit pro Sekunde (Kbps), damit es sinnvoll eingesetzt werden konnte.

CV
→ *siehe* visuelle Verarbeitung.

CWIS
→ *siehe* Universitätsinformationssystem.

cXML
Abkürzung für »**c**ommerce **XML**«. Eine Gruppe von Dokumentdefinitionen für XML (Extensible Markup Language). Diese Gruppe wurde für B2B-E-Commerce zwischen Unternehmen entwickelt. cXML definiert Standards für Produktauflistungen, ermöglicht elektronische Anfragen und Antworten zwischen Beschaffungsanwendungen und Anbietern und ermöglicht außerdem die Ausführung sicherer Finanztransaktionen im Internet. → *siehe auch* B2B, XML.

Cybercafé, das; *Subst.* (cybercafe)
Ein Café oder Restaurant, das den Gästen PCs oder Terminals anbietet, die an das Internet angeschlossen sind. Die Benutzung der Geräte ist kostenpflichtig, wobei in der Regel stunden- oder minutenweise abgerechnet wird. Die Gäste werden angeregt, während sie im Internet surfen, Getränke und Speisen zu bestellen und zu konsumieren.
»Cybercafé« bezeichnet außerdem ein virtuelles Café im Internet, das gewöhnlich zur Kommunikation zwischen Benutzern dient. Die Benutzer unterhalten sich dabei mit Hilfe eines Chatprogramms oder kommunizieren über Beiträge, die in einem Schwarzen-Brett-System (bulletin board system), z.B. einer Newsgroup oder einem vergleichbaren System in einer Website, abgelegt werden.

Cybercash, das; *Subst.* (cybercash)
→ *siehe* elektronisches Einkaufen, E-Money.

Cyberchat, der; *Subst.* (cyberchat)
→ *siehe* IRC.

Cyberdog, der; *Subst.*
Webbrowser von Apple, der E-Mail unterstützt und auf der Objekttechnologie OpenDoc basiert, wodurch die Integration in andere Anwendungen erleichtert wird. → *siehe auch* OpenDoc.

Cyberkultur, die; *Subst.* (cyberculture)
Das Verhalten, die Ansichten, Gebräuche und Umgangsformen von Personengruppen, die über Computernetzwerke wie das Internet kommunizieren oder zusammenfinden. Die Merkmale der Cyberkultur einer bestimmten Gruppe können sich erheblich von denen einer anderen Gruppe unterscheiden.

Cybernaut, der; *Subst.* (cybernaut)
Eine Person, die sehr viel Zeit online verbringt. Der Begriff ist eine Anspielung auf »Astronaut« bzw. »Kosmonaut«; der Cybernaut »erforscht« jedoch nicht das All, sondern das Internet. → *siehe auch* Cyberspace. → *auch genannt* Internaut.

Cyberpolizist, der; *Subst.* (cybercop)
Eine Person, die kriminelle Handlungen aufdeckt, die im Internet und anderen Netzwerken begangen werden, insbesondere Betrügereien und Belästigungen.

Cyberpunk, der; *Subst.* (cyberpunk)
Eine Literaturgattung, die in der nahen Zukunft spielt und bei der Konflikte und Handlungen in einer Umgebung mit virtu-

eller Realität stattfinden. Die Romancharaktere müssen sich dabei in einem globalen Computernetzwerk behaupten, innerhalb einer weltweiten Kultur dystopischer Entfremdung. Der prototypische Cyberpunkroman ist »Neuromancer« von William Gibson (1982).

»Cyberpunk« ist auch der Oberbegriff für eine populäre Kulturform, die dem Ethos der Cyberpunkfiction ähnelt.

Mit »Cyberpunk« wird außerdem eine reale oder fiktive Person bezeichnet, die das Heldenbild der Cyberpunkfiction verkörpert.

Cybersex, der; *Subst.* (cybersex)
Kommunikation mit elektronischen Hilfsmitteln, z.B. E-Mail, Chat oder Newsgroups, zum Zwecke der sexuellen Anregung und Befriedigung. → *siehe auch* chatten, Newsgroup.

Cyberspace, der; *Subst.* (cyberspace)
Ein Netzwerk, das der Sciencefictionautor William Gibson in seinem Roman »Neuromancer« (1982) beschrieben hat. Der Cyberspace ist dort ein riesiges Netzwerk mit einer vom Computer generierten Welt, also einer virtuellen Realität.

»Cyberspace« ist außerdem der Oberbegriff für weltumspannende Netzwerke, z.B. das Internet, in denen Benutzer mit Hilfe von Computern miteinander kommunizieren. Eine der Grundeigenschaften des Cyberspace ist, dass Entfernungen bei der Kommunikation keine Rolle spielen.

Cybersprache, die; *Subst.* (cyberspeak)
Terminologie, die die virtuelle Welt betrifft, wie sie vor allem das Internet, also der Cyberspace, darstellt. Die Cybersprache enthält viele Fachausdrücke, Slang- und umgangssprachliche Begriffe, aber auch Abkürzungen. Die meisten Wörter, die mit dem Präfix »Cyber« beginnen, haben dieselbe Bedeutung wie die entsprechenden Begriffe aus der »realen Welt«, beziehen sich aber speziell auf die Verwendung in der Onlinekultur des Internets und des World Wide Webs. Beispiele hierfür sind Cybercafé, Cybercash und Cyberpolizist. → *siehe auch* Cyberspace.

Cybersquatting, das; *Subst.* (cybersquatting)
Das Registrieren eines bekannten oder populären Namens – in der Regel eines Firmennamens – als Internetadresse auf den eigenen Namen in der Hoffnung, diese Adresse anschließend an den rechtmäßigen Besitzer des Namens zu verkaufen. Obwohl es zu diesem Vorgang keine einheitliche Gesetzeslage gibt, fallen entsprechende Gerichtsurteile heute fast ausnahmslos zu Gunsten der rechtmäßigen Besitzer eines solchen Namens aus. → *siehe auch* Domain Name System, ICANN.

Cybrarian, der; *Subst.* (cybrarian)
Software, die an einigen – öffentlichen – Bibliotheken eingesetzt wird und es erlaubt, Datenbankabfragen mit Hilfe einer interaktiven Suchmaschine durchzuführen.

Cycle Power *Vb.* (cycle power)
Das Abschalten eines Computers und das sofortige Wiedereinschalten, um den Inhalt des Arbeitsspeichers zu löschen. Außerdem ein Computerneustart (Reboot) nach einem Absturz.

Cycolor, das; *Subst.*
Eine Farbdrucktechnik, bei der ein spezieller Film verwendet wird, der Millionen von Kapseln mit cyanfarbenem, magentafarbenem und gelbem Farbstoff enthält. Wird der Film rotem, grünem oder blauem Licht ausgesetzt, werden die jeweiligen Kapseln hart und unzerbrechlich. Der Film wird daraufhin gegen ein speziell behandeltes Papier gedrückt, und die Kapseln, die im vorangegangenen Prozessschritt nicht hart geworden sind, setzen Farbe auf dem Papier frei. → *siehe auch* CMY.

D

DA
→ *siehe* Schreibtischzubehör.

DAC
→ *siehe* Digital-/Analogwandler.

Daemon, der; *Subst.* (daemon)
Abkürzung für **D**isk **a**nd **E**xecution **Mon**itor. Ein Programm, das bei UNIX-Systemen verwendet wird. Ein Daemon führt eine Utilityfunktion (zur Verwaltung oder Koordinierung) aus, die nicht vom Benutzer aufgerufen wird. Dieses Programm läuft im Hintergrund ab und wird nur bei Bedarf aktiviert. Dies ist z.B. der Fall, wenn ein Fehler korrigiert wird, der von einem anderen Programm nicht korrigiert werden kann. Der Begriff ist aus der antiken griechischen Mythologie entlehnt.

Dämpfung, die; *Subst.* (attenuation, damping)
Die Abschwächung eines übertragenen Signals mit zunehmender Entfernung vom Entstehungsort, z.B. die Verzerrung eines digitalen Signals oder die Verringerung der Amplitude eines analogen Signals. Die Dämpfung wird gewöhnlich in Dezibel gemessen. Auch wenn die Dämpfung meist ein unerwünschter Effekt ist, wird sie in der Praxis auch häufig bewusst herbeigeführt. Beispielsweise wird in bestimmten Fällen die Signalstärke reduziert, um eine Überbelastung von elektronischen Bauteilen zu vermeiden. Auch der Lautstärkeregler eines Radioapparates stellt eine Dämpfungseinrichtung dar.
»Dämpfung« bezeichnet außerdem eine Technik, die den »Überschuss« in einem Stromkreis oder einem Gerät kompensiert bzw. abschwächt.

Daisychain, die; *Subst.* (daisy chain)
Ein Satz von Geräten, die in einer Art Reihenschaltung miteinander verbunden sind. Zur Vermeidung von Konflikten bei der Nutzung des Kanals (Bus), an den alle Geräte letztendlich angeschlossen sind, wird jedem Gerät eine unterschiedliche Priorität zugewiesen, oder – wie beim Apple Desktop Bus – »hört« jedes Gerät den Kanal ab und sendet Informationen nur bei freier Leitung. Sowohl der SCSI- als auch der USB-Standard unterstützen das Daisychaining von Geräten. → *siehe auch* Bus, SCSI, USB.

DAP
→ *siehe* Directory Access Protocol.

Dark Fiber, die; *Subst.* (dark fiber)
Nicht verwendete Kapazität bei faseroptischen Kommunikationstechniken.

Darlington-Paar, das; *Subst.* (Darlington pair)
→ *siehe* Darlington-Schaltung.

Darlington-Schaltung, die; *Subst.* (Darlington circuit)
Manchmal auch Darlington-Pärchen genannt. Eine Verstärkerschaltung aus zwei Transistoren, die häufig im selben Gehäuse untergebracht sind. Die Kollektoren beider Transistoren sind miteinander verbunden, und der Emitter des ersten Transistors ist auf die Basis des zweiten geführt. Mit Darlington-Schaltungen wird eine sehr hohe Stromverstärkung erreicht. → *auch genannt* Darlington-Paar.

DARPA
→ *siehe* Defense Advanced Research Projects Agency.

DARPANET
Abkürzung für **D**efense **A**dvanced **R**esearch **P**rojects **A**gency **NET**work. → *siehe* ARPANET.

Darstellungsattribut, das; *Subst.* (display attribute)
Eine Eigenschaft, die einem auf dem Bildschirm angezeigten Zeichen oder Bild zugeordnet ist. Zu den Darstellungsattributen gehören Merkmale, beispielsweise Farbe, Intensität und Blinken. Der Benutzer kann die Darstellungsattribute einstellen, wenn in der jeweiligen Anwendung die Farbe und andere Bildschirmelemente geändert werden können.

D

Darstellungselement, das; *Subst.* (display element, display entity)
→ *siehe* grafische Primitive.
→ *siehe* Entität.

Darstellungsgerät, das; *Subst.* (display device)
→ *siehe* Display.

Darstellungsschicht, die; *Subst.* (presentation layer)
Die sechste Schicht des OSI-Siebenschichtmodells für die Standardisierung der Kommunikation zwischen Computern, auch »Präsentationsschicht« genannt. Die Darstellungsschicht ist verantwortlich für die Aufbereitung (Formatierung) der Daten, damit diese angezeigt oder gedruckt werden können. Zu dieser Aufgabe gehören im Allgemeinen die Interpretation von darstellungsbezogenen Codes (z.B. Tabstoppzeichen), aber auch die Konvertierung von Verschlüsselungs- und anderen Codezeichen sowie die Übersetzung unterschiedlicher Zeichensätze. → *siehe auch* ISO/OSI-Schichtenmodell. → *auch genannt* Präsentationsschicht.

Darwin *Subst.* (darwin)
Die Oberfläche von Mac OS X basiert auf einem leistungsstarken UNIX-Kernel namens Darwin, der auf hohe Stabilität und Leistung ausgelegt wurde. Darwin entstand durch die intensive Zusammenarbeit von Apple-Ingenieuren und Programmierern der Open Source-Softwaregemeinschaft. Darwin stützt sich auf die Architektur des Speicherschutzes, d.h., jedem Programm wird ein separater Speicherbereich zugeteilt. Wenn Programme in ihrem eigenen Speicherbereich isoliert sind, ist kein Neustart erforderlich, falls Probleme mit einer bestimmten Anwendung auftreten sollten. Darwin beendet einfach das Programm, das diese Probleme verursacht, sodass die Arbeit ohne Unterbrechung fortgesetzt werden kann. Darwin wird unter der Apple Open Source-Lizenz verteilt. → *siehe auch* Macintosh, Mac OS, Mac OS X.

DASD
Abkürzung für **D**irect **A**ccess **S**torage **D**evice, zu Deutsch »Gerät für den direkten Speicherzugriff«. Ein Datenspeichergerät, bei dem man direkt auf Informationen zugreifen kann, anstatt sich über alle Speicherbereiche sequentiell bis zum gewünschten Element durcharbeiten zu müssen. Während es sich bei einem Diskettenlaufwerk um eine DASD-Einheit handelt, ist das beim Magnetbandgerät nicht der Fall, da hier die Daten als lineare Blöcke gespeichert werden. → *siehe auch* direkter Zugriff. → *vgl.* sequentieller Zugriff.

.dat
Eine allgemeine Dateinamenerweiterung für eine Datendatei.

DAT
→ *siehe* Digital Audio Tape, dynamische Adressumsetzung.

Data Carrier Detected
→ *siehe* DCD.

datacom, die; *Subst.*
Abkürzung für **Data Com**munications. → *siehe* Kommunikation.

Data-Encryption-Standard, der; *Subst.* (data encryption standard) → *siehe* DES.

Datagramm, das; *Subst.* (datagram)
Ein Informationspaket (Einheit) und damit verknüpfte Zustellinformationen, z.B. Zieladresse, das über ein Paketvermittlungs-Netzwerk weitergeleitet wird. → *siehe auch* Paketvermittlung.

Datamart, der; *Subst.* (data mart)
Eine kleinere Version eines Datawarehouses, das darauf zugeschnitten ist, einer Zielgruppe bestimmte Informationen zur Verfügung zu stellen. → *siehe auch* Datawarehouse.

Data Processing Management Association, die; *Subst.*
→ *siehe* DPMA.

Data Set Ready, das; *Subst.*
→ *siehe* DSR.

Data Space Transfer Protocol *Subst.*
→ *siehe* DSTP.

Data Terminal Ready, das; *Subst.*
→ *siehe* DTR.

Datawarehouse, das; *Subst.* (data warehouse)
Eine in der Regel sehr große Datenbank, die auf alle Daten einer Firma zugreifen kann. Das Warehouse kann auf verschiedene Computer verteilt sein und unter Umständen verschiedene Datenbanken und Daten von zahlreichen Quellen in unterschiedlichen Formaten enthalten. Der Zugriff auf das Warehouse ist für den Benutzer über einfache Befehle zugänglich, mit denen alle Daten abgerufen und analysiert werden können. Das Datawarehouse enthält außerdem

Daten über die interne Struktur, über den Speicherort der Daten sowie über die entsprechenden Verbindungen zwischen den Daten. Datawarehouses werden häufig als Entscheidungshilfe innerhalb einer Organisation eingesetzt und ermöglichen es Unternehmen, die Daten zu verwalten, Aktualisierungen zu koordinieren sowie die Beziehungen zwischen den Informationen aus verschiedenen Teilen der Organisation zu überblicken. → *siehe auch* Datenbank, Entscheidungshilfesystem, Server, transparent.

datawarehouse *Vb.* (data warehouse)
Erfassen, Sammeln, Verwalten und Verbreiten von Daten, die aus unterschiedlichen Quellen stammen, an einem einzigen Ort. Außerdem bezeichnet der Ausdruck das Implementieren einer Datenbank, die zur Speicherung gemeinsam verwendbarer Daten genutzt wird. Das Datawarehousing setzt sich aus vier Schritten zusammen: 1. Datengewinnung. 2. Verwaltung der Daten an einem zentralen Ort. 3. Bereitstellung der Daten in Kombination mit Werkzeugen, die Interpretation, Analyse und die Anfertigung von Berichten ermöglichen. 4. Erzeugung von Berichten, um anhand von konkreten Aufgabenstellungen Entscheidungen zu treffen.

Datei, die; *Subst.* (file)
Eine vollständige, benannte Sammlung von Informationen, z.B. ein Programm, ein von einem Programm verwendeter Satz von Daten oder ein vom Benutzer erstelltes Dokument. Eine Datei ist eine grundlegende Einheit der Speicherung, die einem Computer die Unterscheidung einzelner Sätze von Informationen ermöglicht. Man kann sich eine Datei als Bindemittel vorstellen, die ein Konglomerat aus Befehlen, Zahlen, Wörtern oder Bildern zu einer kohärenten Einheit zusammenfasst, die ein Benutzer abfragen, ändern, löschen, speichern oder an ein Ausgabegerät senden kann.

Dateiabstand, der; *Subst.* (file gap)
→ *siehe* Block Gap.

Datei, aktive, die; *Subst.* (active file)
→ *siehe* aktive Datei.

Dateianfang, der; *Subst.* (beginning-of-file, top-of-file)
Im weiteren Sinn das erste Zeichen einer Datei.
Im engeren Sinn ein Code (Abkürzung: BOF), den ein Programm vor das erste Byte einer Datei schreibt und den das Betriebssystem eines Computers auswertet, um die Positionen innerhalb einer Datei relativ zum ersten Byte (Zeichen) verfolgen zu können.

Der Dateianfang ist auch die Startposition einer Datei auf einem Datenträger relativ zur ersten Speicherposition des Datenträgers. Der Dateianfang geht aus dem Datenverzeichnis oder -katalog hervor. → *vgl.* Dateiendezeichen.

Dateianfangssymbol, das; *Subst.* (top-of-file)
Ein Zeichen, mit dem ein Programm den Anfang einer Datei kennzeichnet – das erste Zeichen in der Datei oder – in einer indizierten Datenbank – der erste indizierte Datensatz. → *siehe auch* Dateianfang.

Dateiangabe, die; *Subst.* (file specification)
Häufig als »filespec« abgekürzt. Der Pfad zu einer Datei ausgehend vom Diskettenlaufwerk über eine Kette von Verzeichnisdateien bis zum Dateinamen, der zur Lokalisierung einer bestimmten Datei dient.

Dateiattribut, das; *Subst.* (file attribute)
Einer Datei zugeordnetes Kennzeichen, das deren Verwendung beschreibt und regelt, z.B. versteckt, System, schreibgeschützt (read only), Archiv usw. Im Betriebssystem MS-DOS werden diese Informationen als Teil des Verzeichniseintrags der Datei gespeichert.

Dateiaufruf, der; *Subst.* (file retrieval)
Das Übertragen von Datendateien von einem Speicherort an die Maschine, die die Daten benötigt.

Dateibearbeitungsroutine, die; *Subst.* (file-handling routine)
Eine Routine, die das Erstellen, das Öffnen, den Zugriff und das Schließen von Dateien unterstützt. Die meisten Hochsprachen verfügen über integrierte Dateibearbeitungsroutinen, die jedoch meist vom Programmierer durch intelligentere oder komplexere Routinen in einer Anwendung ersetzt oder erweitert werden.

Dateiendezeichen, das; *Subst.* (end-of-file)
Abgekürzt EOF. Von einem Programm nach dem letzten Byte einer Datei angefügter Code, um dem Betriebssystem eines Computers anzuzeigen, dass keine weiteren Daten folgen. Das EOF-Zeichen wird im ASCII-Zeichensatz durch den dezimalen Wert 26 (hexadezimal 1A) oder das Steuerzeichen Control-Z dargestellt.

Dateien, öffentliche, die; *Subst.* (public files)
→ *siehe* öffentliche Dateien.

D

Dateien, querverbundene, die; *Subst.* (cross-linked files)
→ *siehe* querverbundene Dateien.

Dateierweiterung, die; *Subst.* (file extension)
→ *siehe* Erweiterung.

Dateiformat, das; *Subst.* (file format)
Die Struktur einer Datei, die die Art und Weise ihrer Speicherung sowie die Ausgabe auf dem Bildschirm oder beim Drucken festlegt. Das Format kann recht einfach und allgemein gehalten sein, wie bei den Dateien, die als »reiner« ASCII-Text gespeichert sind. Das Format kann aber auch kompliziert sein und bestimmte Arten von Steueranweisungen und Codes enthalten, die von Programmen, Druckern oder anderen Geräten verwendet werden. Zu den Beispielen gehören RTF (Rich Text Format), DCA (Document Content Architecture), PICT, DIF (Data Interchange Format), DXF, TIFF (Tagged Image File Format) und EPSF (Encapsulated PostScript Format).

Dateiformat, natives, das; *Subst.* (native file format)
→ *siehe* natives Dateiformat.

Dateiformat zum Datenaustausch, das; *Subst.* (Interchange Format)
→ *siehe* Rich-Text-Format.

Dateifragmentierung, die; *Subst.* (file fragmentation)
Die Aufteilung von Dateien in kleinere, getrennte Abschnitte zur Speicherung auf einem Datenträger. Dieser Zustand ergibt sich naturgemäß aus der Vergrößerung der Dateien und deren Speicherung auf einer bereits (zum Teil) gefüllten Diskette, auf der für die fortlaufende Ablage der vollständigen Datei nicht mehr genügend freie Blöcke vorhanden sind. Die Dateifragmentierung stellt kein Integritätsproblem dar. Allerdings verlangsamen sich die Schreib- und Lesezugriffe, wenn der Datenträger sehr voll ist und der Speicher schlecht fragmentiert ist. Softwareprodukte sind für die Neuverteilung (Optimierung) der gespeicherten Dateien verfügbar, um die Fragmentierung zu reduzieren.
Bei einer Datenbank spricht man von »Dateifragmentierung«, wenn Datensätze durch häufiges Hinzufügen oder Löschen von Datensätzen mit der Zeit nicht mehr in der optimalen Zugriffsreihenfolge gespeichert sind. Die meisten Datenbanksysteme verfügen über entsprechende Dienstprogramme, mit denen sich die Datensatzfolge reorganisieren lässt, um die Effizienz des Zugriffs zu verbessern und den von gelöschten Datensätzen belegten freien Platz zusammenzufassen.

Datei, geöffnete, die; *Subst.* (open file)
→ *siehe* geöffnete Datei.

Datei, geschlossene, die; *Subst.* (closed file)
→ *siehe* geschlossene Datei.

Datei, gesperrte, die; *Subst.* (locked file)
→ *siehe* gesperrte Datei.

Dateigröße, die; *Subst.* (file size)
Die gewöhnlich in Byte angegebene Länge einer Datei. Praktisch weist eine Computerdatei, die auf einem Datenträger gespeichert ist, zwei Dateigrößen auf – eine logische und eine physikalische Größe. Die logische Größe entspricht dabei der wirklichen Größe einer Datei – der Anzahl der enthaltenen Byte. Die physikalische Größe bezieht sich auf den Speicherplatz, der einer Datei auf dem Datenträger zugeteilt ist. Da der Platz für eine Datei in Blöcken von Byte vergeben wird, müssen die letzten Zeichen nicht unbedingt den für sie reservierten Block (Belegungseinheit) vollständig ausfüllen. In diesem Fall ist die physikalische Größe größer als die logische Größe der Datei.

Datei, invertierte, die; *Subst.* (inverted file)
→ *siehe* invertierte Liste.

Dateikennziffer, die; *Subst.* (file handle)
In MS-DOS, OS/2 und Windows ein »Token« (Nummer), den das System für die Bezeichnung oder Bezugnahme auf eine offene Datei oder manchmal auch für ein Gerät verwendet.

Datei, kommagetrennte, die; *Subst.* (comma-delimited file)
→ *siehe* kommagetrennte Datei.

Datei, komprimierte, die; *Subst.* (compressed file)
→ *siehe* komprimierte Datei.

Dateikomprimierung, die; *Subst.* (file compression)
Eine Methode zur Reduzierung der Dateigröße für die Übertragung oder Speicherung. → *siehe auch* Datenkomprimierung.

Dateikonvertierung, die; *Subst.* (file conversion)
Die Umwandlung der Daten in einer Datei aus einem Format in ein anderes, ohne dabei den Dateninhalt zu verändern, z.B. die Konvertierung einer Datei aus einem Format der Textverarbeitung in ein äquivalentes ASCII-Format.

Dateikopf, der; *Subst.* (file header)
→ *siehe* Kopf.

Datei, lineare, die; *Subst.* (flat file)
→ *siehe* lineare Datei.

Datei, logische, die; *Subst.* (logical file)
→ *siehe* logische Datei.

Datei-Manager, der; *Subst.* (file manager)
Modul eines Betriebssystems oder einer Umgebung, das die physische Anordnung einer Gruppe von Programmdateien und den Zugriff darauf steuert.

Dateiname, der; *Subst.* (filename)
Eine Bezeichnung aus Buchstaben, Ziffern und zulässigen Symbolen, die einer Datei zugewiesen wird, um sie von allen anderen Dateien in einem bestimmten Verzeichnis auf dem Datenträger zu unterscheiden. Der Computerbenutzer verwendet den Dateinamen praktisch als »Handle«, um Informationsblöcke zu speichern und anzufordern. Sowohl Programme als auch Daten verfügen über einen Dateinamen, der häufig durch eine Erweiterung zur näheren Kennzeichnung von Typ oder Zweck der Datei ergänzt wird. Die Namenskonventionen, z.B. die maximale Länge und die zulässigen Zeichen eines Dateinamens, sind von Betriebssystem zu Betriebssystem unterschiedlich. → *siehe auch* Pfad, Verzeichnis.

Dateinamenerweiterung, die; *Subst.* (filename extension)
→ *siehe* Erweiterung.

Dateinamen, lange, der; *Subst.* (long filenames)
→ *siehe* lange Dateinamen.

Dateinutzung, gemeinsame, die; *Subst.* (file sharing)
→ *siehe* gemeinsame Dateinutzung.

Dateiorganisation, die; *Subst.* (file structure)
Die Beschreibung einer Datei oder einer Gruppe von Dateien, die für bestimmte Aufgaben als Einheit behandelt werden. Dazu gehört die Dateianordnung und der Standort der betreffenden Dateien.

Dateischutz, der; *Subst.* (file protection)
Ein Verfahren oder ein Gerät zum Schutz der Existenz und Integrität einer Datei. Die Methoden des Dateischutzes reichen vom Einrichten von schreibgeschütztem Zugriff und

Zuweisen von Kennwörtern bis zum Verschließen der Schreibschutzkerbe auf einer Diskette und dem Aufbewahren von Disketten mit empfindlichen Daten.

D

Datei, selbstentpackende, die; *Subst.* (self-extracting file)
→ *siehe* selbstentpackende Datei.

Dateiserver, der; *Subst.* (file server)
Ein Dateispeichergerät in einem lokalen Netzwerk, das allen Netzteilnehmern zugänglich ist. Im Gegensatz zu einem Diskserver, der sich dem Benutzer als entferntes Diskettenlaufwerk darstellt, handelt es sich bei einem Dateiserver um ein intelligentes Gerät, das neben der Speicherung auch die Verwaltung der Dateien realisiert und die Aktivitäten der Netzwerkbenutzer in Bezug auf die Anforderung und Manipulierung der Dateien koordiniert. Zur Bewältigung der – manchmal gleichzeitig – eingehenden Dateianforderungen ist ein Dateiserver sowohl mit einem Prozessor und entsprechender Steuerungssoftware als auch mit einem Diskettenlaufwerk zur Speicherung ausgerüstet. In lokalen Netzwerken übernimmt oft ein Computer, der über eine große Festplatte verfügt und ausschließlich für die Verwaltung gemeinsam genutzter Dateien vorgesehen ist, die Funktion eines Dateiservers. → *vgl.* Diskserver.

Dateisicherung, die; *Subst.* (file backup)
→ *siehe* Sicherungskopie.

Dateispezifikation, die; *Subst.* (file specification)
Ein Dokument, das die Organisation der Daten innerhalb einer Datei beschreibt. → *siehe auch* Spezifikation (Def. 4). → *vgl.* Spezifikation.

Dateisteuerblock, der; *Subst.* (file control block)
Abgekürzt FCB. Ein kleiner Speicherblock, der durch das Betriebssystem eines Computers für die Aufnahme von Informationen über eine geöffnete Datei zugewiesen wird. Ein Dateisteuerblock enthält typischerweise Informationen, z.B. die Kennung einer Datei, deren Standort auf dem Datenträger und einen Zeiger auf die aktuelle (oder letzte) vom Benutzer angesprochene Position in der Datei.

Datei, streamorientierte, die; *Subst.* (stream-oriented file)
→ *siehe* streamorientierte Datei.

Dateistruktur, die; *Subst.* (file layout)
Bei der Speicherung von Daten die Organisation der Datensätze innerhalb einer Datei. Häufig sind Beschreibungen der Datensatzstruktur ebenfalls Bestandteil der Dateistruktur.

D

Dateisystem, das; *Subst.* (file system)
In einem Betriebssystem die Gesamtstruktur, auf deren Grundlage Dateien benannt, gespeichert und organisiert werden. Ein Dateisystem besteht aus Dateien, Verzeichnissen sowie den für die Lokalisierung bzw. den Zugriff auf diese Elemente erforderlichen Informationen. Der Begriff Dateisystem kann sich auch auf den Teil eines Betriebssystems beziehen, das die von einem Anwendungsprogramm angeforderten Dateioperationen in maschinennahe, sektororientierte Tasks übersetzt, die von den Treibern zur Steuerung der Diskettenlaufwerke verstanden werden. → *siehe auch* Treiber.

Dateisystem, hierarchisches, das; *Subst.* (hierarchical file system)
→ *siehe* hierarchisches Dateisystem.

Dateisystem, lineares, das; *Subst.* (flat file system)
→ *siehe* lineares Dateisystem.

Dateisystem, verteiltes, das; *Subst.* (distributed file system)
→ *siehe* verteiltes Dateisystem.

Datei, temporäre, die; *Subst.* (temporary file)
→ *siehe* temporäre Datei.

Dateityp, der; *Subst.* (file type)
Die Kennzeichnung der funktionellen oder strukturellen Charakteristika einer Datei. Der Typ einer Datei lässt sich oft bereits anhand des Dateinamens erkennen – in MS-DOS wird der Dateityp normalerweise in der Dateinamenserweiterung angegeben. → *siehe auch* Dateiformat.

Datei, übersetzte, die; *Subst.* (translated file)
→ *siehe* übersetzte Datei.

Dateiübertragung, binäre, die; *Subst.* (binary file transfer)
→ *siehe* binäre Dateiübertragung.

Datei, versteckte, die; *Subst.* (hidden file)
→ *siehe* versteckte Datei.

Dateiverwalter, der; *Subst.* (file librarian)
Eine Person bzw. ein Prozess mit der Aufgabe, eine Sammlung von Daten zu verwalten, zu archivieren, Kopien anzufertigen und den Zugriff auf diese Daten zu unterstützen.

Dateiverwaltungssystem, das; *Subst.* (file management system)
Die organisatorische Struktur, die von einem Betriebssystem oder Programm verwendet wird, um Dateien anzufordern und ausfindig zu machen. Ein hierarchisches Dateisystem verwendet z.B. Verzeichnisse, die in einer so genannten Baumstruktur angelegt werden. Sämtliche Betriebssysteme verfügen über eingebaute Dateiverwaltungssysteme. Im Handel angebotene Produkte erweitern das eingebaute Dateiverwaltungssystem um zusätzliche Leistungsmerkmale. Die mit Hilfe solcher Produkte zur Verfügung gestellten Werkzeuge erlauben ein raffinierteres Navigieren im Dateibestand und erleichtern das Auffinden und Organisieren der Dateien. → *siehe auch* Dateisystem, hierarchisches Dateisystem.

Dateiwartung, die; *Subst.* (file maintenance)
Allgemein das Verändern von Informationen in einer Datei, das Ändern der Steuerinformationen oder der Struktur einer Datei oder das Kopieren oder Archivieren von Dateien. Beispiele für Arbeiten zur Dateiwartung sind die Eingabe von Daten durch einen Bediener über ein Terminal, die Übernahme der Daten aus dem Terminal und deren Aufzeichnung in einer Datendatei durch ein Programm und die von einem Datenbankadministrator mit Hilfe eines Dienstprogramms vorgenommene Formatänderung einer Datenbank.

Dateiwiederherstellung, die; *Subst.* (file recovery)
Die Rekonstruktion verloren gegangener oder unlesbarer Dateien auf einem Datenträger. Dateien können z.B. verloren gehen, wenn man sie unbeabsichtigt löscht, wenn auf dem Datenträger untergebrachte Informationen zum Speicherort unlesbar sind, oder wenn der Datenträger selbst beschädigt wird. Für die Dateiwiederherstellung existieren spezielle Hilfsprogramme, mit denen man die auf der Diskette befindlichen Verzeichnisinformationen zu den einzelnen Speicherstellen gelöschter Dateien ggf. wieder aufbauen kann. Da bei einem Löschvorgang der Platz auf der Diskette zwar freigegeben ist, die Daten aber weiterhin vorhanden sind, lassen sich noch nicht überschriebene Daten wiederherstellen. Im Fall der Beschädigung von Dateien oder Datenträgern lesen die Wiederherstellungsprogramme sämtliche noch »greifbare« Rohdaten und speichern diese auf einem neuen Datenträger, in einer neuen Datei im ASCII-Code oder in numerischer (binärer oder hexadezimaler) Form. In einigen Fällen können rekonstruierte Dateien allerdings übermäßig viele nichtzugehörige oder vermischte Informationen enthalten,

dass sie nicht gelesen werden können. Der beste Weg zur Wiederherstellung einer Datei führt über das Zurücklesen von einer Sicherungskopie.

Dateizuordnungstabelle, die; *Subst.* (file allocation table)
Von einigen Betriebssystemen geführte Tabelle oder Liste zum Verwalten von Speicherplatz, die für die Speicherung von Dateien verwendet wird. Die auf einer Diskette gespeicherten Dateien liegen nicht als nahtlose, zusammenhängende Folgen von Text oder Zahlen vor, sondern werden als Gruppen mit einer festen Anzahl von Byte (Zeichen) je nach vorhandenem Platz abgelegt. Eine einzelne Datei kann demzufolge stückweise über viele Speicherbereiche »zerstreut« sein. Die Dateizuordnungstabelle stellt eine »Karte« aller verfügbaren Speicherstellen auf einer Diskette dar, so dass beschädigte und damit nicht mehr verwendbare Segmente markiert sind und Teile einer Datei gesucht und wieder zusammengesetzt werden können. Im Betriebssystem MS-DOS bezeichnet man eine Dateizuordnungstabelle häufig als FAT. → *siehe auch* FAT-Dateisystem.

Daten, das; *Subst.* (data)
Plural des lateinischen *Datum*, d.h. ein Informationselement. Der Begriff *Daten* wird in der Praxis häufig sowohl im Singular als auch im Plural verwendet. → *vgl.* Information.

Datenattribute, das; *Subst.* (data attribute)
Strukturinformationen über Daten, die ihren Kontext und ihre Bedeutung beschreiben.

Datenaustausch, dynamischer, der; *Subst.* (Dynamic Data Exchange)
→ *siehe* DDE.

Datenaustausch, elektronischer, der; *Subst.* (electronic data interchange)
→ *siehe* EDI.

Datenaustauschformat, das; *Subst.* (data interchange format)
Ein Format, das aus ASCII-Codes besteht. In diesem Format können Datenbanken, Tabellen und vergleichbare Dokumente strukturiert werden, um die Nutzung und Übertragung bezüglich anderer Programme zu erleichtern. → *siehe auch* ascii.

Datenautobahn, die; *Subst.* (Information Superhighway)
Bezeichnung für das Internet und die dazugehörige allge-

meine Infrastruktur. Dazu gehören private Netzwerke, Onlinedienste usw. → *siehe* National Information Infrastructure. → *auch genannt* Information Superhighway.

Datenbank, die; *Subst.* (data bank, database)
Im weiteren Sinn jede wesentliche Datensammlung.
Im engeren Sinn eine Datei, die aus Datensätzen besteht, die jeweils aus Feldern aufgebaut ist. Zu einer Datenbank gehören weiterhin Operationen zum Suchen, Sortieren, Bilden neuer Kombinationen und andere Funktionen.

Datenbankadministrator, der; *Subst.* (database administrator)
Abgekürzt DBA. Eine Person oder eine Personengruppe, die für die Verwaltung einer Datenbank zuständig ist. Zu den typischen Aufgaben eines Datenbankadministrators zählen die Bestimmung des Informationsgehalts einer Datenbank, die Festlegung der internen Speicherstruktur und die Zugriffsstrategie für die Datenbank, die Definition von Datensicherheit und Integrität sowie die Überwachung der Datenbankleistung. → *auch genannt* Datenbank-Manager.

Datenbankanalytiker, der; *Subst.* (database analyst)
Eine Person, die die erforderlichen analytischen Funktionen für die Konstruktion und/oder die Wartung von datenbankorientierten Anwendungen bereitstellt.

Datenbankdesigner, der; *Subst.* (database designer)
Eine Person, die die Entwurfs- und Implementierungsfunktionen entwickelt, die für Anwendungen erforderlich sind, die eine Datenbank verwenden.

Datenbankengine, die; *Subst.* (database engine)
Programmmodule, die den Zugriff auf die Funktionen eines Datenbank-Managementsystems (DBMS) bereitstellen.

Datenbank, föderierte, die; *Subst.* (federated database)
→ *siehe* föderierte Datenbank.

Datenbank, hierarchische, die; *Subst.* (hierarchical database)
→ *siehe* hierarchische Datenbank.

Datenbank, intelligente, die; *Subst.* (intelligent database)
→ *siehe* intelligente Datenbank.

Datenbank, invertierte, die; *Subst.* (inverted-list database)
→ *siehe* invertierte Datenbank.

D

Datenbank, lineare, die; *Subst.* (flat-file database)
→ *siehe* lineare Datenbank.

Datenbank-Managementsystem, das; *Subst.* (database management system)
Abgekürzt DBMS. Eine Softwareebene zwischen der Datenbank und dem Benutzer. Ein Datenbank-Managementsystem handhabt Anforderungen von Benutzern für Datenbankaktionen und ermöglicht die Kontrolle hinsichtlich Sicherheit und Datenintegrität. → *siehe auch* Datenbankengine. → *auch genannt* Datenbank-Manager.

Datenbank-Managementsystem, hierarchisches, das; *Subst.* (hierarchical database management system)
→ *siehe* hierarchisches Datenbank-Managementsystem.

Datenbank-Manager, der; *Subst.* (database manager)
→ *siehe* Datenbankadministrator, Datenbank-Managementsystem.

Datenbankmaschine, die; *Subst.* (database machine)
Ein peripheres Gerät, das datenbankbezogene Aufgaben ausführt und damit den Hauptcomputer von diesen Arbeiten befreit.

Datenbank, objektorientierte, die; *Subst.* (object-oriented database)
→ *siehe* objektorientierte Datenbank.

Datenbank, parallele, die; *Subst.* (parallel database)
→ *siehe* parallele Datenbank.

Datenbankpublizierung, die; *Subst.* (database publishing)
Das Anwenden von DTP- oder Internettechnologie zum Erstellen von Berichten mit Informationen aus einer Datenbank.

Datenbank, relationale, die; *Subst.* (relational database)
→ *siehe* relationale Datenbank.

Datenbank, sehr große, die; *Subst.* (Very Large Database)
→ *siehe* sehr große Datenbank.

Datenbankserver, der; *Subst.* (database server)
Ein Knoten (Station) in einem Computernetzwerk, der hauptsächlich für die Speicherung einer gemeinsam genutzten Datenbank sowie den Zugriff darauf vorgesehen ist. → *auch genannt* Datenbankmaschine.

Datenbankstruktur, die; *Subst.* (database structure)
Eine allgemeine Beschreibung des Formats von Datensätzen in einer Datenbank, das die Anzahl der Felder, die Spezifikationen bezüglich des Datentyps für die Eingabe in die Felder sowie die verwendeten Feldnamen enthält.

Datenbanksystem, relationales, das; *Subst.* (relational database management system)
→ *siehe* relationale Datenbank.

Datenbanksystem, verteiltes, das; *Subst.* (distributed database management system)
→ *siehe* verteiltes Datenbanksystem.

Datenbank, verteilte, die; *Subst.* (distributed database)
→ *siehe* verteilte Datenbank.

Datenbankverzeichnis, das; *Subst.* (data dictionary)
Eine Datenbank, die Informationen über alle Datenbanken enthält, aus denen ein Datenbanksystem aufgebaut ist. Datenbankverzeichnisse speichern die verschiedenen Schemata und Dateispezifikationen sowie deren Standorte. Zu einem Datenbankverzeichnis gehören auch Informationen, welche Programme welche Daten verwenden und welche Benutzer an welchen Berichten interessiert sind.

Datenbearbeitung, die; *Subst.* (data manipulation)
Die Verarbeitung von Daten mit einem Programm, das Befehle vom Benutzer entgegennimmt, Möglichkeiten zur Behandlung von Daten anbietet und die Hardware anweist, was zu tun ist.

Datenbeschreibungssprache, die; *Subst.* (data description language)
Eine Sprache, die speziell für die Deklaration von Datenstrukturen und Dateien entwickelt wurde. → *siehe auch* Datendefinitionssprache.

Datenbibliothek, die; *Subst.* (data library)
Eine Sammlung katalogisierter Datendateien auf Diskette oder in einem anderen Speichermedium.

Datenbit, das; *Subst.* (data bit)
Bei der asynchronen Datenübertragung eine Gruppe von 5 bis 8 Bit zur Darstellung eines einzelnen Zeichens. Datenbit werden von einem vorausgehenden Startbit und nachfolgend von einem optionalen Paritätsbit sowie einem oder

mehreren Stoppbits eingeschlossen. → *siehe auch* asynchronous transmission, Bit, Kommunikationsparameter.

Datenblockkopf, der; *Subst.* (block header)
Spezielle Informationen, die sich am Anfang eines Datenblocks befinden. Der Datenblockkopf signalisiert den Blockanfang, ermöglicht die Identifizierung des Blocks und stellt Informationen zur Fehlerprüfung zur Verfügung. Außerdem gehen aus dem Datenblockkopf die Eigenschaften des Blocks hervor, z.B. seine Länge und die Art der im Block enthaltenen Daten. → *siehe auch* Kopf.

Datenbus, der; *Subst.* (data bus)
→ *siehe* Bus.

Datendatei, die; *Subst.* (data file)
Eine Datei, die aus Daten in der Form von Text, Zahlen oder Grafiken besteht und sich damit von einer Programmdatei für Befehle und Anweisungen unterscheidet. → *vgl.* Programmdatei.

Datendefinitionssprache, die; *Subst.* (data definition language)
Abgekürzt DDL. Eine Sprache, die für die Definition aller Attribute und Eigenschaften einer Datenbank verwendet wird – insbesondere für Datensatzlayouts, Felddefinitionen, Schlüsselfelder, Dateistandorte und Speicherstrategien.

Datendeklaration, die; *Subst.* (data declaration)
Eine Anweisung in einem Programm, mit der die Eigenschaften einer Variable festgelegt werden. Die Anforderungen für Datendeklarationen unterscheiden sich bei den verschiedenen Programmiersprachen, können jedoch Werte enthalten, beispielsweise den Variablennamen, den Datentyp, den Anfangswert sowie die Festlegung der Größe. → *siehe auch* Array, aufzeichnen, Datentyp, Variable.

Dateneinheit, die; *Subst.* (data set)
Eine Sammlung aufeinander bezogener Informationen, die zwar aus separaten Elementen besteht, sich jedoch bei der Datenverarbeitung als Einheit behandeln lässt.

Datenelement, das; *Subst.* (data element, data item)
Eine einzelne Dateneinheit. → *siehe auch* Datenfeld.

Datenerfassung, die; *Subst.* (data acquisition, data capture, data collection)
Das Erfassen von Quelldokumenten oder Daten.

Des Weiteren bezeichnet »Datenerfassung« das Auflisten von Informationen bei einer Transaktion.

Datenfaxmodem, das; *Subst.* (data/fax modem)
Ein Modem, das sowohl serielle Daten als auch Faxdokumente senden oder empfangen kann. (Abbildung D.1)

Abbildung D.1: Datenfaxmodem

Datenfeld, das; *Subst.* (data field)
Ein genau definierter Abschnitt eines Datensatzes, z.B. eine Spalte in einer Datenbanktabelle.

Datenfeldmaskierung, die; *Subst.* (data field masking)
Das Filtern oder die anderweitige Auswahl von Teilen eines Datenfeldes, um die Art und Weise zu kontrollieren, in der es zurückgegeben und angezeigt wird.

Datenfeld, mit variabler Länge, das; *Subst.* (variable-length field)
Zu einem Datensatz gehörendes Feld, dessen Länge, je nach den darin enthaltenen Daten, variieren kann.

Datenfernübertragung, die; *Subst.* (remote communications)
Der Dialog mit einem entfernten Computer über eine Telefonverbindung oder eine andere Übertragungsstrecke.

Datenfilterung, die; *Subst.* (data mining)
Das Erkennen wirtschaftlich relevanter Muster oder Beziehungen in Datenbanken oder anderen Computerrepositories. Eine Datenfilterung wird mit fortgeschrittenen Statistiktools vorgenommen.

Datenfluss, der; *Subst.* (data flow)
Den Weg, den die Daten in einem System zurücklegen – von ihrem Eintrittspunkt bis zum Bestimmungspunkt.
In der parallelen Verarbeitung bezieht sich der Begriff »Datenfluss« auf einen Entwurfstyp, bei dem eine Berechnung erfol-

D

gen kann, wenn entweder alle notwendigen Informationen verfügbar sind (datengesteuerte Verarbeitung) oder wenn andere Prozesse die Daten anfordern (anforderungsgesteuerte Verarbeitung). → *siehe auch* parallele Verarbeitung.

Datenformat, das; *Subst.* (data format)
Die von einer Anwendung vorgenommene Strukturierung der Daten. Das Datenformat legt den Kontext fest, in dem die Interpretation der Daten erfolgt.

datengesteuerte Verarbeitung, die; *Subst.* (data-driven processing)
Eine Form der Verarbeitung, bei der der Prozessor oder das Programm den Eingang der Daten abwarten muss, bevor mit dem nächsten Schritt einer Sequenz fortgefahren werden kann.

Datenhandschuh, der; *Subst.* (data glove)
Dateneingabegeräte oder Controller in der Form eines Handschuhs, die mit Sensoren für die Umwandlung von Hand- und Fingerbewegungen in Befehle versehen sind. → *siehe auch* virtuelle Realität.

Datenhelm, der; *Subst.* (head-mounted display)
Eine Sprechgarnitur oder eine Art Helm für den Einsatz mit Virtual-Reality-Systemen, für Spiele und Schulungsanwendungen wie auch für militärische, medizinische und industrielle Anwendungen. Ein Datenhelm (HMD – Head-Mounted Display) enthält kleine Bildschirme, die dem Träger eine dreidimensionale, virtuelle Welt vermitteln, in der er sich bewegen kann. Die simulierte Umgebung wird durch einen Steuercomputer generiert, der die Einzelbilder den Kopf- und Körperbewegungen des Trägers entsprechend anpasst. Ein Datenhelm kann auch über Audiofähigkeiten verfügen und wird häufig zusammen mit einem interaktiven Eingabegerät verwendet, z.B. einem Joystick oder einem Datenhandschuh. → *siehe auch* Handcomputer, virtuelle Realität.

Datenintegrität, die; *Subst.* (data integrity)
Die Genauigkeit von Daten und ihre Übereinstimmung mit der erwarteten Bedeutung, insbesondere nachdem sie übertragen oder verarbeitet wurden.

Datenkabel, das; *Subst.* (data cable)
Glasfaser- oder Drahtkabel zur Übertragung von Daten von einem Gerät zu einem anderen.

Datenkanal, der; *Subst.* (data channel)
→ *siehe* Kanal.

Datenkommunikation, die; *Subst.* (data communications)
→ *siehe* Kommunikation.

Datenkomprimierung, die; *Subst.* (data compression)
Ein Verfahren zum Verringern des Volumens oder der Bandbreite, die zum Speichern bzw. Übertragen eines Datenblocks erforderlich ist. Die Datenkom-primierung wird bei der Datenkommunikation, bei der Faxübertragung und bei der CD-ROM-Herstellung eingesetzt. → *auch genannt* Datenreduktion.

Datenkonferenz, die; *Subst.* (data conferencing)
Gleichzeitige Datenkommunikation zwischen geografisch getrennten Teilnehmern einer Besprechung. Bei Datenkonferenzen werden Whiteboards sowie andere Software eingesetzt, mit der einzelne Dateimengen eines Speicherorts von allen Teilnehmern aufgerufen werden können. → *siehe auch* Desktopkonferenz, Whiteboard. → *vgl.* Videokonferenz. (Abbildung D.2)

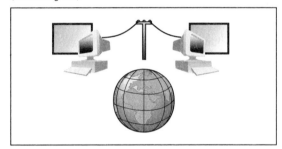

Abbildung D.2: Datenkonferenz

Datenkontrolle, die; *Subst.* (data control)
Bezeichnet in der Datenverwaltung das Protokollieren wie und durch wen Daten genutzt, angefordert, verändert, in Besitz gebracht oder bekannt gegeben werden.

Datenmanipulationssprache, die; *Subst.* (data manipulation language)
Abgekürzt DML. Eine Sprache, die in der Regel Bestandteil eines Datenbank-Managementsystems ist und dazu verwendet wird, Daten einzufügen, zu aktualisieren und eine Datenbank abzufragen. Datenmanipulationssprachen können häufig mathematische und statistische Berechnungen ausführen, die das Generieren von Berichten erleichtern. → *siehe auch* strukturierte Abfragesprache.

Datenmarshalling, das; *Subst.* (data marshalling)
Beschreibt das Vorgehen, bei dem ein bestimmtes Objekt in einen mit der Paketstruktur des eingesetzten Netzwerkpro-

tokolls übereinstimmenden Datenstrom umgewandelt wird, damit die problemlose Bewegung im Netzwerk gewährleistet ist. Dies ist dann erforderlich, wenn die Ausgabeparameter eines Programms, das in einer bestimmten Programmiersprache geschrieben wurde, als Eingabe an ein in einer anderen Sprache geschriebenes Programm weitergereicht werden. → *siehe auch* Datenstrom.

Datenmigration, die; *Subst.* (data migration)
Das Verschieben von Daten aus einem Repository oder einer Quelle (z.B. eine Datenbank) an ein Ziel. Dies wird in der Regel von automatisierten Skripten oder Programmen durchgeführt. Eine Datenmigration bezieht häufig das Übertragen von Daten von einem Computersystem an ein unterschiedliches System ein.
»Datenmigration« ist außerdem ein Begriff aus dem Bereich der Supercomputinganwendungen. Er bezeichnet einen Mechanismus, bei dem ein nicht vorhandenes Speichermedium simuliert wird.

Datenmodell, das; *Subst.* (data model)
Eine Sammlung aufeinander bezogener Objekttypen, Operatoren und Integritätsregeln, die die vom Datenbank-Managementsystem (DBMS) unterstützte Entität bilden. In Abhängigkeit vom jeweils implementierten Datenmodell spricht man daher von einem relationalen DBMS oder einem Netzwerk-DBS usw. Im Allgemeinen unterstützt ein DBMS mehr aus praktischen als aus theoretischen Einschränkungen nur ein Datenmodell.

Datennetzwerk, das; *Subst.* (data network)
Ein Netzwerk für die Übertragung von Daten, die in der Regel als digitale Signale codiert sind. Im Gegensatz dazu werden in einem Voicenetzwerk im Allgemeinen analoge Signale übertragen.

Datenpaket, das; *Subst.* (data frame, data packet, frame, information packet)
Allgemein jede Informationseinheit, die als Ganzes in einem Netzwerk übertragen wird. Datenpakete werden durch die Sicherungsschicht des Netzwerks definiert und existieren nur auf den Leitungen zwischen den Netzwerkknoten. → *siehe auch* Frame, Sicherungsschicht.
Bei der synchronen Kommunikation ein Informationspaket, das als selbständige Einheit übertragen wird. Jedes Datenpaket ist nach dem gleichen grundlegenden Organisationsschema aufgebaut und enthält Steuerinformationen, z.B. Synchronisationszeichen, Stationsadressen und Werte zur

Fehlerprüfung sowie eine variable Datenmenge. Beispielsweise beginnt und endet ein Datenpaket im weit verbreiteten HDLC- und dem ihm verwandten SDLC-Protokoll mit einem eindeutigen Flag (01111110). → *siehe auch* HDLC, SDLC.
Bei der asynchronen seriellen Kommunikation eine Übertragungseinheit. Als Maß für ein Datenpaket dient manchmal die Zeitdauer zwischen dem Startbit, das einem Zeichen vorangeht, und dem letzten Stoppbit, das dem Zeichen folgt. → *siehe* Paket.

Datenprojektor, der; *Subst.* (data projector)
Ein Gerät, das, ähnlich einem Diaprojektor, die Bildschirmausgabe eines Computers auf eine Fläche (Leinwand etc.) projiziert. → *siehe auch* LCD-Projektor.

Datenprotokollierung, die; *Subst.* (data capture)
Das Speichern des Datenaustauschs zwischen einem Benutzer und einer entfernten Informationseinheit auf einem Speichermedium.

Datenpuffer, der; *Subst.* (data buffer)
Ein Speicherbereich zur vorübergehenden Aufnahme von Daten, wenn sie von einem Ort zu einem anderen verschoben werden. → *siehe auch* puffern.

Datenpunkt, der; *Subst.* (data point)
Jedes in einem Diagramm dargestellte numerische Wertepaar x.

Datenquelle, die; *Subst.* (data source)
Der Ursprung von Computerdaten. Eine Datenquelle ist häufig ein analoges oder digitales Datensammelsystem.
In der Kommunikationstechnik der Teil eines Datenterminals (DTE – Data Terminal Equipment), der Daten sendet.

Datenrate, die; *Subst.* (data rate)
Die Geschwindigkeit, mit der ein Schaltkreis oder eine Kommunikationsleitung Informationen übertragen kann. Die Datenrate wird in Bit pro Sekunde (bps) gemessen. → *siehe auch* Bits pro Sekunde.

Datenreduktion, die; *Subst.* (data compaction, data reduction)
Die Umwandlung von Rohdaten in eine brauchbare Form durch Skalierung, Glättung, Anordnung oder andere Bearbeitungsprozeduren.
→ *siehe* Datenkomprimierung.

D

Datensätze, verbundene, der; *Subst.* (concatenated data set) → *siehe* verbundene Datensätze.

Daten sammeln *Vb.* (data collection)
Das Gruppieren von Daten mittels Klassifikation, Sortiervorgängen, Ordnung oder anderen Methoden zur Strukturierung.

Datensammlung, die; *Subst.* (data aggregate)
Datensatz, der; *Subst.* (data record, record)
Eine Datenstruktur, die eine Sammlung von Feldern (Elementen) darstellt, von denen jedes einen eigenen Namen und Typ aufweist. Im Gegensatz zu einem Array, dessen Elemente alle dem gleichen Datentyp angehören und über einen Index angesprochen werden, repräsentieren die Elemente eines Datensatzes verschiedene Datentypen, und der Zugriff erfolgt über ihre Namen.
Auf einen Datensatz kann man sowohl in seiner Gesamtheit als auch durch Referenzierung einzelner Elemente zugreifen. → *siehe auch* Array, Datenstruktur, eingeben. → *siehe* aufzeichnen.

Datensatz, der; *Subst.* (data record, record)
Eine Datenstruktur, die aus einem Satz von Feldern (Elementen) besteht, die wiederum eindeutig mit Namen und Datentyp gekennzeichnet sind.
Anders als in einem Array, dessen Elemente jeweils denselben Informationstyp aufweisen und auf die über einen Index zugegriffen wird, repräsentieren die Elemente eines Datensatzes verschiedene Informationstypen; der Zugriff erfolgt auf Basis des jeweiligen Feldnamens. Zugriff auf einen Datensatz kann entweder als eine kollektive Dateneinheit oder über die einzelnen Elemente erfolgen. → *siehe* aufzeichnen. → *vgl.* Array.

Datensatzformat, das; *Subst.* (record format)
→ *siehe* Datensatzstruktur.

Datensatzlänge, die; *Subst.* (record length)
Der für die Speicherung eines Datensatzes benötigte Platz. Die Datensatzlänge wird meist in Byte angegeben.

Datensatzlayout, das; *Subst.* (record layout)
Die Organisation von Datenfeldern innerhalb eines Datensatzes. → *siehe auch* Datensatz.

Datensatz, logischer, der; *Subst.* (logical record)
→ *siehe* logischer Datensatz.

Datensatz mit variabler Länge, der; *Subst.* (variable-length record)
Ein Datensatz, dessen Länge sich ändern kann, da er Felder mit variabler Länge enthält und/oder gewisse Felder nur unter bestimmten Bedingungen aufnimmt. → *siehe auch* Datenfeld, mit variabler Länge.

Datensatznummer, die; *Subst.* (record number)
Eine eindeutige Zahl, die einem Datensatz in einer Datenbank zugeordnet ist. Eine Datensatznummer kann einen vorhandenen Datensatz direkt über seine Position kennzeichnen (z.B. den zehnten Datensatz in einer Datenbank) oder es kann sich dabei um einen verschlüsselten Code handeln, der dem Datensatz zugewiesen wird (z.B. könnte dem zehnten Datensatz einer Datenbank auch die Nummer 00742 zugewiesen werden).

Datensatzsperre, die; *Subst.* (record locking)
Ein Verfahren für verteilte Verarbeitung und andere Mehrbenutzerumgebungen, das den gleichzeitigen Zugriff durch mehrere Benutzer beim Schreiben von Daten in einen Datensatz verhindert.

Datensatzstruktur, die; *Subst.* (record structure)
Eine Liste, die sowohl die Anordnung der Felder, aus denen ein Datensatz gebildet wird, als auch eine Definition der Domäne (zulässige Werte) für jedes Feld enthält.

Datenschlüssel, der; *Subst.* (data encryption key)
Eine Folge von Daten, die zum Verschlüsseln und Entschlüsseln anderer Daten verwendet wird. → *siehe auch* Entschlüsselung, Verschlüsselung.

Datenschutz, der; *Subst.* (data protection)
Die Erhaltung, Integrität und Zuverlässigkeit von Daten sicherstellen. → *siehe auch* Datenintegrität.

Datensegment, das; *Subst.* (data segment)
Teil eines Speichers oder eines Hilfsspeichers, der die von einem Programm benötigten Daten enthält.

Datensenke, die; *Subst.* (data sink, sink)
Ein Begriff für Vorrichtungen oder Geräte, die zur Aufnahme oder zum Empfang von Daten vorgesehen sind. Außerdem jedes Aufzeichnungsmedium, auf dem Daten so lange gespeichert werden können, bis sie benötigt werden.
In der Kommunikationstechnik bezeichnet »Datensenke« den Teil eines Datenterminals (DTE – Data Terminal Equipment), der übertragene Daten empfängt.

Datensicherungsschicht, die; *Subst.* (data link layer)
→ *siehe* Sicherungsschicht.

Datenstrom, der; *Subst.* (data stream)
In einem Computersystem ein undifferenzierter, bit- oder byteweiser Fluss von Daten.

Datenstruktur, die; *Subst.* (data structure)
Ein Organisationsschema, z.B. ein Datensatz oder ein Array, das auf die Daten angewendet werden kann, so dass man sie interpretieren und spezifische Operationen darauf ausführen kann.

Datenstruktur, fortlaufende, die; *Subst.* (contiguous data structure)
→ *siehe* fortlaufende Datenstruktur.

Datenstruktur, unterbrochene, die; *Subst.* (noncontiguous data structure)
→ *siehe* unterbrochene Datenstruktur.

Datensystem, räumliches, das; *Subst.* (spatial data management)
→ *siehe* räumliches Datensystem.

Datenträger, der; *Subst.* (data medium)
Der physikalische Träger, auf dem Computerdaten gespeichert werden.

Datenträger, austauschbarer, der; *Subst.* (exchangeable disk)
→ *siehe* wechselbarer Datenträger.

Datenträger, komprimierter, der; *Subst.* (compressed disk)
→ *siehe* komprimierter Datenträger.

Datenträgername, der; *Subst.* (volume label)
Der Name für eine Diskette, Festplatte oder ein Magnetband. MS-DOS-Systeme verwenden für Diskettennamen, die hier außer in Verzeichnislistings nur selten zum Einsatz kommen, den Begriff *Datenträgernamen*. Apple Macintosh-Systeme, die einen Bezug auf Datenträger oft nach dem Namen herstellen, benutzen die Bezeichnung *Volumennamen*.

Datenträgernummer, die; *Subst.* (volume reference number)
→ *siehe* Datenträger-Seriennummer.

datenträgerorientiertes Betriebssystem, das; *Subst.* (disk operating system)
→ *siehe* DOS.

Datenträger-Seriennummer, die; *Subst.* (volume serial number)
Die optionale Nummer zur Kennzeichnung einer Diskette, Festplatte oder eines Magnetbandes. MS-DOS-Systeme verwenden den Begriff *Datenträger-Seriennummer*. Apple Macintosh-Systeme verwenden einen ähnlichen Bezeichner, die sog. *Datenträgernummer*. Eine Datenträger-Seriennummer ist nicht identisch mit einem Datenträgernamen oder Volumennamen. → *vgl.* Datenträgername.

Datenträgersignal, das; *Subst.* (data carrier)
→ *siehe* Trägersignal.

Datenträger, softsektorierter, der; *Subst.* (soft-sectored disk)
→ *siehe* softsektorierter Datenträger.

Datenträger, virtueller, der; *Subst.* (virtual disk)
→ *siehe* RAM-Disk.

Datenträger, wechselbarer, der; *Subst.* (removable disk)
→ *siehe* wechselbarer Datenträger.

Datentransfer, der; *Subst.* (data transfer, file transfer)
Die Bewegung von Informationen von einem Ort zu einem anderen, entweder innerhalb eines Computers (z.B. von einem Diskettenlaufwerk in den Speicher) oder zwischen einem Computer und einem externen Gerät (z.B. zwischen zwei Computern oder zwischen einem Dateiserver und einem Netzwerkcomputer).
In Bezug auf Dateien die Verschiebung oder die Übertragung einer Datei von einem Ort zu einem anderen – z.B. zwischen zwei Programmen oder über ein Netzwerk.

Datentransferrate, die; *Subst.* (data transfer rate)
→ *siehe* Datenrate.

Datentyp, der; *Subst.* (data type)
In der Programmierung eine Definition, die für eine Menge von Daten den möglichen Wertebereich, die mit den Werten ausführbaren Operationen und das Speicherformat dieser Werte festlegt. Der Computer kann erst durch die Kenntnis des Datentyps die Daten geeignet manipulieren. Die Unterstützung von Datentypen findet man vor allem in Hochsprachen,

D

D wobei meistens Typen wie Ganzzahl (Integer), Gleitkommazahl (Real), Zeichen, Boolesche Werte und Zeiger, verwendet werden. Die Art und Weise der Implementierung von Datentypen gehört zu den grundlegenden Eigenschaften einer Sprache. → *siehe auch* Aufzählungstyp, benutzerdefinierter Datentyp, Datentypkonvertierung, Konstante, schwache Typisierung, strikte Typisierung, Typprüfung, Variable.

Datentyp, abstrakter, der; *Subst.* (abstract data type)
→ *siehe* abstrakter Datentyp.

Datentyp, benutzerdefinierter, der; *Subst.* (user-defined data type)
→ *siehe* benutzerdefinierter Datentyp.

Datentypkonvertierung, die; *Subst.* (cast)
Bei der Programmierung die Umwandlung eines Datentyps in einen anderen, z.B. die Umwandlung einer ganzen Zahl in eine Gleitkommazahl. → *siehe auch* Datentyp. → *auch genannt* Coercion.

Datentyp, skalarer, der; *Subst.* (scalar data type)
→ *siehe* skalarer Datentyp.

Datenüberprüfung, die; *Subst.* (data validation)
Die Überprüfung von Daten im Hinblick auf Genauigkeit von Daten.

Datenübertragung, die; *Subst.* (data transmission)
Der elektronische Transfer von Informationen von einem sendenden Gerät zu einem empfangenden Gerät.

Datenübertragung, digitale, die; *Subst.* (digital data transmission)
→ *siehe* digitale Datenübertragung.

Datenübertragungseinrichtung, die; *Subst.* (data set)
In der Kommunikationstechnik eine andere Bezeichnung für »Modem«. → *siehe auch* Modem.

Datenunabhängigkeit, die; *Subst.* (data independence)
In Datenbanken die Trennung der Daten von den Programmen, mit denen die Daten manipuliert werden. Datenunabhängigkeit ist die Fähigkeit, gespeicherte Daten so zugänglich wie möglich zu machen.

Datenverarbeitung, die; *Subst.* (data processing)
Die von Computern ausgeführten allgemeinen Arbeiten.

→ *siehe* auch dezentrale Datenverarbeitung, verteilte Datenverarbeitung, zentrale Datenverarbeitung. → *auch* genannt ADP, automatische Datenverarbeitung, EDP, elektronische Datenverarbeitung.
Im engeren Sinne die Änderung von Daten, um sie in ein beliebiges Ergebnis umzuwandeln.

Datenverarbeitung, automatische, die; *Subst.* (automatic data processing)
→ *siehe* Datenverarbeitung.

Datenverarbeitung, dezentrale, die; *Subst.* (decentralized processing)
→ *siehe* dezentrale Datenverarbeitung.

Datenverarbeitung, elektronische, die; *Subst.* (electronic data processing)
→ *siehe* Datenverarbeitung.

Datenverarbeitung, verteilte, die; *Subst.* (distributed processing)
→ *siehe* verteilte Datenverarbeitung.

Datenverarbeitung, zentrale, die; *Subst.* (centralized processing)
→ *siehe* zentrale Datenverarbeitung.

Datenverbindung, die; *Subst.* (data link)
Eine Verbindung zwischen zwei beliebigen Geräten, die Informationen senden und empfangen können, z.B. zwischen einem Computer und dem angeschlossenen Drucker oder einem Hauptcomputer und einem Terminal. Zu einer Datenverbindung rechnet man manchmal auch alle Einrichtungen hinzu, die einem Gerät das Senden und/oder Empfangen ermöglichen (z.B. ein Modem). Die an einer Datenverbindung beteiligten Geräte folgen Protokollen, die die Datenübertragung festlegen.
→ *siehe auch* DCE, DTE, Kommunikationsprotokoll, Sicherungsschicht.

Datenverfälschung, die; *Subst.* (data corruption)
→ *siehe* Verfälschung.

Datenverkehr, der; *Subst.* (data traffic)
Der Austausch elektronischer Nachrichten - Steuerinformationen sowie Daten - über ein Netzwerk. Die Kapazität wird in Bandbreiten, die Geschwindigkeit in Bit pro Zeiteinheit gemessen.

Datenverkettung, die; *Subst.* (data chaining)
Das Speichern von Datensegmenten in nichtzusammenhängenden Bereichen, wobei gleichzeitig die Möglichkeit zur Wiederherstellung durch Verbinden der Teile in entsprechender Reihenfolge gewährleistet bleibt.

Datenverschlüsselung, die; *Subst.* (data encryption)
→ *siehe* Verschlüsselung.

Datenverteiler, der; *Subst.* (data switch)
Ein Gerät in einem Computersystem, das die eingehenden Daten an verschiedene Orte weiterleitet.

Datenverwaltung, die; *Subst.* (data management)
Die Kontrolle von Daten vom Erfassen und der Eingabe über die Verarbeitung, Ausgabe und Speicherung. In Mikrocomputern ist die Hardware dafür verantwortlich, die Daten einzuholen, sie von einer Stelle zur anderen zu verschieben und Befehle zu ihrer Verarbeitung auszuführen. Das Betriebssystem verwaltet die Hardware und folglich auch die Daten, indem es die harmonische Zusammenarbeit der Systemkomponenten sowie die sichere und korrekte Speicherung der Daten gewährleistet. Anwendungsprogramme verwalten Daten, indem sie die Eingaben entgegennehmen, diese entsprechend den Befehlen des Benutzers verarbeiten und die Ergebnisse an ein Ausgabegerät senden oder auf Diskette speichern. Die Datenverwaltung liegt ebenso in der Verantwortlichkeit des Benutzers, der u.a. folgende Aufgaben hat: die Erfassung und Organisation der Daten, die Beschriftung der Disketten, das Anfertigen von Sicherungskopien der Daten, die Archivierung der Dateien und die periodische »Säuberung« einer Festplatte von nicht benötigtem Material.

Datenverzeichnis, das; *Subst.* (data directory)
→ *siehe* Datenbankverzeichnis, Katalog.

Datenwert, der; *Subst.* (data value)
Die eigentliche oder übertragene Bedeutung eines Datenelements (z.B. eines Eintrags in einer Datenbank) oder eines Typs (z.B. Integer), die für eine Variable verwendet werden kann.

Datenzweig, der; *Subst.* (data fork)
Bei Dateien auf dem Macintosh der Teil eines gespeicherten Dokuments, der die vom Benutzer gelieferten Informationen enthält, z.B. den Text eines Textverarbeitungsdokuments. Eine Macintosh-Datei kann über einen Datenzweig, einen Ressourcenzweig (der Informationen, z.B. Programmcodes,

Schriftartdaten, digitalisierte Klänge bzw. Symbole, enthält) und einen Kopf verfügen. Das Betriebssystem verwendet diese drei Teile beim Verwalten und Speichern von Dateien.
→ *siehe auch* Ressource, Ressourcenzweig.

Datex-J
→ *siehe* T-Online.

Datum, das; *Subst.* (datum)
Singular von *Daten*, ein einzelnes Informationselement.
→ *siehe auch* Daten.

Datumsstempel, der; *Subst.* (date stamp)
Eine Softwarefunktion, die das aktuelle Datum automatisch in ein Dokument einfügt. → *siehe auch* Zeitstempel.

Datums- und Zeitstempel, der; *Subst.* (date and time stamp)
→ *siehe* Zeitstempel.

dauerhafte Übertragungsgeschwindigkeit, die; *Subst.* (sustained transfer rate)
Ein Maß der Datenübertragungsrate eines Massenspeichergerätes, z.B. einer Festplatte oder eines Magnetbandes. Die dauerhafte Übertragungsgeschwindigkeit ist die Rate, die vom Gerät über eine längere Zeit aufrechterhalten werden kann.

Dauerton-Trägersignal, das; *Subst.* (continuous carrier)
In der Kommunikationstechnik ein Trägersignal, das während der gesamten Dauer der Übertragung gesendet wird, unabhängig davon, ob eine Informationsübertragung im eigentlichen Sinne stattfindet oder nicht.

DAV-Stecker, der; *Subst.* (DAV connector)
→ *siehe* Digital Audio/Video Connector.

dB
→ *siehe* Dezibel.

DB
→ *siehe* Datenbank.

DBA
→ *siehe* Datenbankadministrator.

DBMS
→ *siehe* Datenbank-Managementsystem.

D

DBS
→ *siehe* Direct Broadcast Satellite.

DB-Stecker, der; *Subst.* (DB connector)
Einer der verschiedenen Stecker, mit denen sich parallele Eingabe- und Ausgabegeräte einfach an den Computer anschließen lassen. Die auf die Kennbuchstaben DB (für Data Bus) folgende Zahl gibt die Anzahl der Anschlussleitungen innerhalb eines Steckers an. Ein DB-9-Stecker kann z.B. bis zu neun Leitungen aufnehmen, von denen jede an ein Pin im Stecker angeschlossen werden kann. (Abbildung D.3)

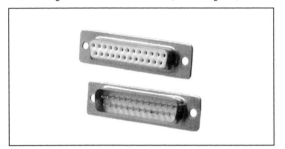

Abbildung D.3: DB-Stecker: Weiblich (oben) und männlich

dbXML
Abkürzung für **d**atabase **XML**. Ein XML-Datenbankserver zum Verwalten von umfangreichen Mengen von XML-Dokumenten. dbXML kann in benutzerdefinierte Anwendungen eingebettet oder als alleinstehende Datenbank ausgeführt werden. → *siehe auch* XML.

DC
→ *siehe* Gleichstrom.

DCA
Abkürzung für **D**ocument **C**ontent **A**rchitecture. Eine Formatierungsrichtlinie, die in der Systems Network Architecture (SNA) von IBM verwendet wird und den Austausch von Nur-Text-Dokumenten zwischen unterschiedlichen Computertypen ermöglicht. DCA bietet zwei Arten der Dokumentformatierung: Die sog. RFTDCA (Revisable-Form-Text DCA), deren Formatierung geändert werden kann, und FFTDCA (Final-Form-Text DCA), deren Formatierung sich nicht ändern lässt. → *siehe* DUA. → *siehe auch* DIA, SNA.
Außerdem die Abkürzung für »**D**irectory **C**lient **A**gent«. → *siehe* DUA.

DCD
Abkürzung für **D**ata **C**arrier **D**etected. In der seriellen Kommunikation verwendetes Signal, das ein Modem an den eige-

nen Computer sendet, um anzuzeigen, dass es für die Übertragung bereit ist. → *siehe auch* RS-232-C-Standard.
Außerdem Abkürzung für **D**ocument **C**ontent **D**escription (»Dokumentinhaltsbeschreibung«). Eine formale Angabe, die die Struktur und den Inhalt von XML-Dokumenten kennzeichnet. Die Spezifikation wurde 1998 von IBM und Microsoft entwickelt und dem World Wide Web-Konsortium zur Genehmigung vorgelegt. → *siehe auch* XML.

DCE
Abkürzung für **D**ata **C**ommunications **E**quipment. Eine der beiden Gerätearten, die über eine serielle Verbindung nach RS-232-C miteinander kommunizieren. Bei der anderen Geräteart handelt es sich um Data Terminal Equipment (DTE). Eine DCE fungiert als zwischengeschaltetes Gerät, das die Eingaben von einer DTE zuerst umwandelt, bevor sie an einen Empfänger gesendet werden. Bei einem Modem handelt es sich z.B. um eine DCE, die Daten von einem Mikrocomputer (DTE) moduliert und über eine Fernsprechleitung überträgt. → *siehe* Distributed Computing Environment. → *siehe auch* RS-232-C-Standard. → *vgl.* DTE.

DCOM
Abkürzung für **D**istributed **C**omponent **O**bject **M**odel. Die Version der Component Object Model-(COM-)Spezifikation von Microsoft, die festlegt, wie die Komponenten mit Windows-basierten Netzwerken kommunizieren. DCOM lässt die Verteilung von verschiedenen Komponenten für eine einzelne Anwendung über mehrere Netzwerkcomputer zu, die eine Anwendung über ein Netzwerk ausführen, so dass die Verteilung der Komponenten für den Benutzer nicht transparent ist und die Anwendung remote angezeigt wird. → *siehe auch* COM, Komponente. → *auch genannt* Distributed COM.

DCTL
→ *siehe* direkt gekoppelte Transistorlogik.

DDBMS
→ *siehe* verteiltes Datenbanksystem.

DDC
Abkürzung für **D**isplay **D**ata **C**hannel. Ein VESA-Standard, der die Softwaresteuerung von grafischen Computerbildschirmen ermöglicht. Unter DDC werden die Bildschirmcharakteristika dem Grafikteilsystem zur Verfügung gestellt, das die Daten für das Konfigurieren der Anzeige verwendet und einen Kommunikationskanal in beide Richtungen zwischen

dem Monitor und dem Computer zur Verfügung stellt. → *siehe auch* VESA. → *auch genannt* VESA DDC.

DDE
Abkürzung für **D**ynamic **D**ata **E**xchange. Eine Methode der in Microsoft Windows und OS/2 implementierten Interprozesskommunikation. Wenn mehrere Programme gleichzeitig laufen, können sie Daten und Befehle austauschen. In Windows 3.1 wurde DDE weitgehend von OLE verdrängt (eine Erweiterung von DDE). In Windows 9x, Windows NT und Windows 2000 werden OLE und ActiveX am häufigsten verwendet. → *siehe auch* ActiveX, Interprozesskommunikation, OLE, OS/2.

DDK *Subst.*
Abkürzung für **D**river **D**evelopment **K**it. Eine Reihe von Tools, die verwendet werden, um Software herzustellen, die einem Betriebssystem ermöglichen, mit Hardwarekomponenten zu arbeiten. Mit einem DDK kann ein Softwareentwickler Treiber erstellen, um Netzwerke, Speicher, Druck, Sounds, Videos, Eingaben und andere Komponenten zu unterstützen. → *siehe auch* Treiber. → *auch genannt* Device Driver Developer Kit, Device Driver Kit.

DDL
→ *siehe* Datendefinitionssprache.

DDR-SDRAM, das;
Abkürzung für Double Data Rate Synchronous Dynamic Random Access Memory. Beschreibt einen Arbeitsspeichertyp, der in Computern genutzt wird. Das wichtigste Merkmal von DDR-SDRAM besteht darin, dass Daten sowohl bei steigender als auch fallender Taktflanke übertragen werden (daher auch »Double Data Rate«, doppelte Datenrate). Bei herkömmlichen Arbeitsspeichertypen werden Daten nur bei steigender Taktflanke übertragen. Die Spanne der möglichen Taktfrequenzen reicht von 200 MHz (»PC1600-Module«, auch als »DDR200« bezeichnet) bis hin zu 550 MHz (»PC4400-Module«, auch als »DDR550« bezeichnet), bei Bandbreiten von 1600 MBit/s respektive 4400 MBit/s. Die geringe Leistungsaufnahme von DDR-SDRAM führt dazu, dass dieser Speichertyp überdurchschnittlich oft in Notebooks und Laptops verbaut wird. → *vgl.* DDR2-SDRAM.

DDR2-SDRAM, das;
Abkürzung für Double Data Rate 2 Synchronous Dynamic Random Access Memory, eine Weiterentwicklung des Arbeitsspeichertyps DDR-SDRAM. Wie DDR-SDRAM zeich-

nen sich auch Module vom Typ DDR2-SDRAM primär dadurch aus, dass pro Takt zwei Zugriffe möglich sind (je einer bei steigender und fallender Flanke). Bei herkömmlichen Arbeitsspeichertypen werden Daten nur bei steigender Taktflanke übertragen. Die Spanne der möglichen Taktfrequenzen reicht von 400 MHz (»PC2-3200-Module«, auch als »DDR2-400« bezeichnet) bis hin zu 667 MHz (»PC2-5300-Module«, auch als »DDR2-667« bezeichnet), bei Bandbreiten von 3200 Mbit/s respektive 5300 Mbit/s → *vgl.* DDR-SDRAM.

Deadletterbox, die; *Subst.* (dead-letter box)
Eine Datei in E-Mail- oder Nachrichtensystemen, an die nicht zustellbare Nachrichten gesendet werden.

Deadlock, der; *Subst.* (deadlock)
Eine Situation, die auftritt, wenn zwei Programme oder Geräte jeweils auf die Antwort des anderen warten, bevor es selbst weiterarbeitet. → *auch genannt* Verklemmung.
Im Zusammenhang mit Betriebssystemen bezeichnet »Deadlock« eine Situation, in der mehrere Prozesse am Fortfahren gehindert werden, während jeder Prozess darauf wartet, dass Ressourcen des anderen Prozesses freigegeben werden.

deallozieren Vb. (deallocate)
Vorher belegten Speicher wieder frei machen. → *siehe* auch Zeiger. → *vgl.* allozieren.

Debounce-Algorithmus, der; *Subst.* (debounce algorithm)
Eine Anweisung, der eine Annahme darüber zugrunde liegt, wie schnell ein Benutzer einen Tastendruck oder Mausklick ausführen kann und die anschließend sicherstellt, dass in dem angegebenen Zeitraum wirklich nur eine Aktion registriert wird. Debounce-Algorithmen werden in elektronischen Schaltkreisen verwendet, um das Verhalten einer mechanischen Schaltung, beispielsweise einer Tastatur, vorhersagbar zu machen. In der Regel wird davon ausgegangen, dass eine Taste auf einer Tastatur nicht mehr als acht bis zehn Mal innerhalb einer Sekunde gedrückt werden kann.

debuggen *Vb.* (debug)
Das Erkennen, Lokalisieren und Korrigieren von Fehlern - betrifft im Softwarebereich logische und syntaktische Fehler von Programmen, im Hardwarebereich Fehlfunktionen. Der auch im Deutschen verwendete Begriff *Troubleshooting* bezieht sich mehr auf die Fehlersuche bei Hardwareeinrichtungen - insbesondere, wenn man von einem größeren Problem ausgehen muss. → *siehe auch* Bug, Debugger.

D

Debugger, der; *Subst.* (debugger)

Ein Programm für die Fehlersuche in einem anderen Programm, das dem Programmierer die schrittweise Abarbeitung des Programms, das Überprüfen von Daten und das Testen von Bedingungen, z.B. die Werte von Variablen, ermöglicht. → *siehe auch* Bug, debuggen.

DECchip 21064, der; *Subst.*

Auch als DEC Alpha oder DEC Alpha AXP bezeichnet. Ein 1992 von der Firma DEC (Digital Equipment Corporation) eingeführter Mikroprozessor. Der DECchip 21064 ist ein 64-Bit superskalarer, superpipelined Mikroprozessorchip auf RISC-Basis mit 64-Bit-Registern, einem 64-Bit-Datenbus, einem 64-Bit-Adressbus und einem 128-Bit-Datenpfad zwischen dem Mikroprozessor und dem Speicher. Zusätzlich verfügt der DECchip 21064 über einen integrierten 8-KB-Befehlscache, einen integrierten 8-KB-Datencache und einen Gleitkommaprozessor. Der DECchip 21064 enthält 1,7 Millionen Transistoren und arbeitet bei einer Betriebsspannung von 3,3 Volt. Die 200-MHz-Version ist mit einer Spitzenrate von 400 MIPS verfügbar. Da die Architektur des Chips SMP-kompatibel ist, lassen sich mehrere Chips in einer parallelen (Multiprozessor-)Konfiguration einsetzen. → *siehe auch* Gleitkommaprozessor, MIPS, Pipelining, RISC, Superpipelining, superskalar.

Deck, das; *Subst.* (deck)

Bezeichnung für ein Speichergerät, z.B. ein Kassettendeck, oder eine Gruppe derartiger Geräte.

Decoder, der; *Subst.* (decoder)

Ein Gerät oder eine Programmroutine zur Rückverwandlung codierter Daten in ihre ursprüngliche Form. Codieren kann das Überführen unlesbarer oder verschlüsselter Codes in lesbaren Text bedeuten. Ein Decoder wird manchmal auch für die Umsetzung eines Codes in einen anderen verwendet. Diese Art der Decodierung wird allerdings meist als Konvertierung bezeichnet. → *vgl.* Konvertierung.

Im elektronischen und hardwaretechnischen Bereich stellt ein Decoder eine Schaltung dar, die für bestimmte Kombinationen von empfangenen Eingangssignalen ein oder mehrere Ausgangssignal(e) erzeugt.

Decompiler, der; *Subst.* (decompiler)

Ein Programm, das den Versuch unternimmt, aus Assemblercode oder Maschinencode den zugehörigen Quellcode in einer Hochsprache zu erzeugen. Dabei handelt es sich um eine schwierige Aufgabe, da man z.B. Assemblercode schreiben kann, für den es keinen entsprechenden Hochsprachen-

Quellcode gibt. → *siehe auch* Disassembler. → *vgl.* Compiler.

deCSS *Subst.*

Abkürzung für **De**crypt **CSS**. Ein Dienstprogramm, das das CSS-Verschlüsselungssystem auf DVDs knacken kann. Durch Entschlüsseln des CSS-Codes können DVD-Spielfilme und anderes urheberrechtlich geschütztes Material auf einem beliebigen DVD-Wiedergabegerät abgespielt werden, ungeachtet der Lizenzierung oder des Regionalcodes. Die Ursprünge von deCSS reichen auf eine Reihe von Einzelpersonen zurück, die versuchten, einen DVD-Player für das Betriebssystem Linux zu entwickeln. Der Begriff deCSS wird auch allgemein für beliebige Softwareprodukte verwendet, mit denen die CSS-Technologie umgangen werden kann. → *siehe auch* CSS, Regionalcode, Regionale Codierung, Regionscode.

DECstation, die; *Subst.*

Ein kleines Computersystem, das vorwiegend für die Textverarbeitung eingesetzt wird, und von der Digital Equipment Corporation 1978 auf den Markt gebracht wurde.

Eine PC-Serie der Digital Equipment Corporation, die 1989 auf den Markt gekommen ist.

Eine Serie von Einbenutzer-Arbeitsstationen von UNIX, die auf RISC-Prozessoren basieren und von der Digital Equipment Corporation 1989 auf den Markt gebracht wurden. → *siehe auch* RISC.

dediziert *Adj.* (dedicated)

Ein Gerät, ein Programm oder eine Prozedur, die einen einzigen Task oder eine einzige Funktion ausübt.

dedizierter Kanal, der; *Subst.* (dedicated channel)

Auch als Standleitung bezeichnet. Eine Kommunikationsverbindung, die zur besonderen Verwendung oder für einen bestimmten Benutzer reserviert ist.

Deep Copy, die; *Subst.* (deep copy)

Eine Kopie des Inhalts einer Datenstruktur mit allen Teilstrukturen.

Deep Hack-Modus, der; *Subst.* (deep hack mode)

Der Zustand der vollen Konzentration beim Programmieren. → *siehe auch* Hacker.

De-facto-Standard, der; *Subst.* (de facto standard)

Konstruktionen, Programme oder Sprachen, die durch weite Verbreitung und Nachahmungen fast konkurrenzlos sind,

D

deren Status aber nicht durch eine anerkannte Standardisierungsorganisation, z.B. ANSI (American National Standards Institute) oder ISO (International Organization for Standardization), für offiziell erklärt wurde. → *siehe auch* Standard. → *vgl.* De-jure-Standard.

default *Vb.*
In Bezug auf Programme eine Auswahl vornehmen, wenn der Benutzer keine Alternative spezifiziert.

Defekt, der; *Subst.* (fault)
Ein Störfaktor (z.B. ein Wackelkontakt), durch den ein System oder Gerät nicht richtig ausgeführt werden kann.

Defense Advanced Research Projects Agency, die; *Subst.*
Eine Behörde des Verteidigungsministeriums der Vereinigten Staaten, die ursprünglich die Unterstützung für die Entwicklung der verbundenen Netzwerke leistete, die den Grundstein für das heutige Internet gelegt haben. Die Website der DARPA ist unter der Adresse http://www.darpa.mil erreichbar. → *siehe auch* ARPANET.

Deformation, die; *Subst.* (deformation)
Ein Begriff aus dem Bereich der Multimediaprogramme und computergestützten Designanwendungen. Das Umformen eines Modells über bestimmte Werkzeuge, z.B. strecken, biegen und krümmen. → *siehe auch* CAD, Multimedia.

Defragmentierer, der; *Subst.* (defragger)
Ein Hilfsprogramm, das Dateien, die fragmentiert sind, neu organisiert. Fragmentierungen entstehen, wenn Dateien häufig gelöscht, gespeichert und aktualisiert werden. Ein Defragmentierer speichert die Sektoren der fragmentierten Dateien in unmittelbar aufeinander folgenden Sektoren der Festplatte. Die Zugriffsgeschwindigkeit wird durch diesen Vorgang um etwa 75 Prozent erhöht. Der Vorgang, der bei der Defragmentierung durchgeführt wird, wird im englischen Slang als »defragging« bezeichnet. Das dazugehörige Verb – im Deutschen »defragmentieren« – lautet im Englischen »defrag«. → *siehe auch* Defragmentierung, Fragmentierung, Optimizer.

Defragmentierung, die; *Subst.* (defragmentation)
Das Neuschreiben von Bestandteilen einer Datei an fortlaufende Sektoren auf einer Festplatte, um die Zugriffs- und Abfragegeschwindigkeit zu erhöhen. Wenn Dateien aktualisiert werden, werden diese vom Computer in der Regel auf dem größten zusammenhängenden Speicherplatz auf der Festplatte abgelegt, der sich häufig auf einem anderen Sektor wie die anderen Bestandteile der Datei befindet. Wenn Dateien auf diese Weise »zerstückelt« bzw. fragmentiert werden, muss der Computer die Festplatte bei jedem Zugriff auf die Datei durchsuchen, um alle Bestandteile zu ermitteln. Dadurch wird die Antwortzeit erhöht. Neuere Windows-Versionen (ab Windows 9x und Windows 2000) enthalten eigene Dienstprogramme für die Defragmentierung. Für die Systeme MAC OS, Windows 3.x und DOS sind die Dienstprogramme für die Defragmentierung jedoch nur separat erhältlich. → *siehe auch* Optimierung. → *vgl.* Fragmentierung.

deinstallieren *Vb.* (deinstall, uninstall)
Software von einem System vollständig entfernen, einschließlich der Dateien und Komponenten in den systemeigenen Strukturen, z.B. in der Systemregistrierung von Windows 9x, Windows Me, Windows NT und Windows 2000. Einige Anwendungen verfügen hierzu über eingebaute Dienstprogramme, in den anderen Fällen kann ein separates Deinstallationsprogramm verwendet werden.

De-jure-Standard, der; *Subst.* (de jure standard)
Ein Standard für die Hardware- oder Softwareentwicklung. Dieser Standard wurde über einen formalen Prozess von einem Institut für Normung festgelegt oder genehmigt. → *siehe auch* Standard. → *vgl.* De-facto-Standard.

DEK
→ *siehe* Datenschlüssel.

Deka- *Präfix* (deka-)
Ein metrisches Präfix mit dem Wert 10^1 (der Faktor 10).

Deklaration, die; *Subst.* (declaration)
Das Binden eines Bezeichners an die Informationen, auf die er sich bezieht. Beim Deklarieren einer Konstanten verbindet man z.B. den Namen einer Konstanten mit ihrem Wert. Während man die Deklaration im Quellcode eines Programms vornimmt, kann die eigentliche Bindung zur Kompilierungszeit oder zur Laufzeit erfolgen. → *siehe auch* Befehl, Bezeichner, binden, Datendeklaration, Datentyp, Konstante, Routine, Typdeklaration, Variable.

deklarative Auszeichnungssprache, die; *Subst.*
(declarative markup language)
Ein Begriff aus dem Bereich der Textverarbeitung. Ein System mit Textformatierungscodes, das lediglich angibt, dass es sich

D bei einer Texteinheit um den bestimmten Bestandteil eines Dokuments handelt. Die Formatierung des Dokuments wird anschließend von einem anderen Programm – einem Parser – übernommen. Beispiele für deklarative Auszeichnungssprachen sind SGML und HTML. → *siehe auch* HTML, SGML.

deklarieren *Vb.* (declare)
Die Angabe des Namens und des Typs einer Variable, die in einem Programm verwendet wird. In den meisten hochentwickelten Programmiersprachen werden Variablen am Anfang von Codeabschnitten deklariert. → *siehe auch* Variable.

dekomprimieren *Vb.* (decompress, uncompress)
Den Inhalt einer komprimierten Datei in seiner ursprünglichen Form wiederherstellen. → *vgl.* komprimieren.

Dekrement, das; *Subst.* (decrement)
Der Betrag, um den eine Zahl dekrementiert wurde. → *vgl.* Inkrement.

dekrementieren *Vb.* (decrement)
Das Verringern einer Zahl um einen bestimmten Betrag. → *vgl.* inkrementieren.

Deletia, das; *Subst.* (deletia)
Ausgelassenes Material. Dieser Begriff wird bei Antworten auf Nachrichten im Usenet oder auf Verteilerlisten verwendet, um anzugeben, dass unwichtiges Material aus der beantworteten Nachricht ausgelassen wurde. → *siehe auch* Netspeak.

Delta-Puls-Code-Modulation, adaptive, die; *Subst.* (adaptive delta pulse code modulation)
→ *siehe* adaptive Deltapuls-Codemodulation.

Demilitarisierte Zone, die; *Subst.* (demilitarized zone)
Bezeichnet einen Computer bzw. ein kleines Netzwerk, das als Firewall zwischen dem privaten Netzwerk eines Unternehmens und einem öffentlichen Netzwerk geschaltet wird, um Außenstehenden den Zugriff auf interne Daten zu verwehren.

Demo, die; *Subst.* (demo)
Abkürzung für **Demo**nstration. Eine Teilversion bzw. eine eingeschränkte Version eines Softwarepakets, das zu Werbezwecken kostenlos verfügbar ist. Demos enthalten häufig animierte Präsentationen, die die Funktionen des Programms beschreiben oder demonstrieren. → *siehe auch* verkrüppelte Version.

Demodulation, die; *Subst.* (demodulation)
Ein Begriff aus dem Bereich der Kommunikation. Die Methode, nach der ein Modem die Daten von modulierten Trägersignalfrequenzen (Wellen, die so geändert wurden, dass unterschiedliche Amplituden und Frequenzen sinnvolle Informationen darstellen) über eine Telefonleitung in das vom Computer benötigte digitale Format mit möglichst geringer Verzerrung umwandelt. → *vgl.* Modulation.

Demonstrationsprogramm, das; *Subst.* (demonstration program)
Kurz »Demoprogramm«. Ein Prototyp, der das Aussehen auf dem Bildschirm und manchmal auch die versprochenen Fähigkeiten eines in der Entwicklung befindlichen Programms illustriert. → *siehe auch* Prototyping.
Auch eine reduzierte Version eines proprietären Programms, das als Marketingtool angeboten wird.

Denial-of-Service-Attacke, die; *Subst.* (denial of service attack)
→ *siehe* Dienstverweigerungsattacke. → *siehe auch* DOS.

DeNIC *Subst.*
Abkürzung für **D**eutsches **N**etwork **I**nformation **C**enter. Eine eingetragene Genossenschaft, die aus verschiedenen deutschen ISPs besteht und die Funktion des Network Information Center für den deutschen Teil des Internet übernommen hat. Die Website des DeNIC ist unter der Adresse http://www.denic.de erreichbar. → *siehe auch* NIC.

Denizen, der; *Subst.* (denizen)
Ein Teilnehmer einer Usenet-Newsgroup. → *siehe auch* Netspeak.

Depth Queuing *Vb.* (depth queuing)
Ein Begriff aus dem Bereich der Technik für Computergrafiken und Modellierung. Hierbei erhält ein zweidimensionales Objekt ein dreidimensionales Erscheinungsbild. Um diese Darstellung zu erzielen, können z.B. Schattierungen hinzugefügt und verborgene Linien entfernt werden.
Außerdem bezeichnet »Depth Queuing« das Ziehen von Objekten aus dem Hintergrund in den Vordergrund, um verborgene Linien besser entfernen zu können.

Deque, die; *Subst.* (deque)
Abkürzung für **D**ouble **E**nded **Que**ue. Eine Form der Datenstruktur einer Warteschlange, aus der Elemente von beiden

Enden der Liste hinzugefügt bzw. entfernt werden können. → *siehe auch* Warteschlange.

Dequeue *Vb.* (dequeue)
Aus einer Warteschlange entfernen. → *siehe* auch Warteschlange.

dereferenzieren *Vb.* (dereference)
In der Programmierung der Zugriff auf Informationen in einer Speicherstelle, deren Adresse in einem Zeiger (Pointer) enthalten ist. Die Syntax zur Dereferenzierung unterscheidet sich in den einzelnen Programmiersprachen. → *siehe auch* doppelt dereferenzieren, Handle, Zeiger.

dereferenzieren, doppelt *Vb.* (double-dereference)
→ *siehe* doppelt dereferenzieren.

Derivat, das; *Subst.* (flavor)
Eine von verschiedenen Systemvariationen, die über eigene Operationsdetails verfügen. Beim Betriebssystem UNIX kommen häufig unterschiedliche Derivate vor (z.B. BSD UNIX oder AT&T UNIX System V).

DES Abkürzung für **D**ata **E**ncryption **S**tandard. Eine von IBM entwickelte Spezifikation zur Verschlüsselung von Computerdaten, die zwischen 1976 und 2000 von der US-Regierung als Standardverschlüsselung genutzt wurde. DES verwendet einen 56-Bit-Schlüssel. → *siehe auch* Verschlüsselung.

Deschutes
Ein Modell des Prozessors Pentium II von Intel, das Anfang 1998 eingeführt wurde. Die Taktfrequenz betrug 266, 300 oder 333 MHz. Im Unterschied zum ursprünglichen Pentium war der Prozessor preiswerter herstellbar und produzierte aufgrund der geringeren Versorgungsspannung von 2,0 Volt (2,8 Volt beim original Pentium II) weniger Verlustwärme. Der Prozessor wurde offiziell unter dem Namen »Pentium II« vertrieben. → *siehe auch* Pentium II, Prozessor.

deselektieren *Vb.* (deselect)
Die Markierung oder Auswahl einer Option, eines Textbereichs, einer Zusammenfassung grafischer Objekte usw. rückgängig machen oder aufheben. → *vgl.* wählen.

deserialisieren *Vb.* (deserialize)
Von der seriellen (bitweisen) Darstellung in die parallele (byteweise) ändern. Die Konvertierung eines einzelnen (seri-

ellen) Bitstroms in parallele Ströme, die dieselben Informationen repräsentieren. → *vgl.* serialisieren.

Design, funktionelles, das; *Subst.* (functional design)
→ *siehe* funktionelles Design.

Design, modulares, das; *Subst.* (modular design)
→ *siehe* modulares Design.

Design, objektorientiertes, das; *Subst.* (object-oriented design)
→ *siehe* objektorientiertes Design.

Designzyklus, der; *Subst.* (design cycle)
Beschreibt alle Phasen, die sich auf die Entwicklung und Produktion neuer Hardware oder Software beziehen, einschließlich Produktspezifikation, Prototypenherstellung, Testen, Fehlersuche und Dokumentation.

Deskriptor, der; *Subst.* (descriptor)
In Dokumentationssystemen ein Wort, das einem Indexeintrag in einem Buch vergleichbar ist und ein bedeutendes Thema in einem gespeicherten Dokument oder einer Gruppe von Dokumenten kennzeichnet. Der Deskriptor wird auch als Schlüssel für eine schnelle Suche und das Wiederfinden von Informationen verwendet. → *siehe auch* Schlüsselwort.
In der Programmierung bezeichnet man als »Deskriptor« eine gespeicherte Informationseinheit, die oft eine Struktur, einen Inhalt oder eine andere Eigenschaft beschreibt. → *vgl.* Bezeichner.

Desktop, das; *Subst.* (desktop)
Ein Arbeitsbereich auf dem Bildschirm, der Symbole und Menüs enthält, um die Oberfläche eines Schreibtischs zu simulieren. Ein Desktop ist für den Apple Macintosh und für fensterorientierte Programme charakteristisch, z.B. für Microsoft Windows. Das Ziel ist die intuitive Bedienung eines Computers: Der Benutzer kann die Bilder von Objekten verschieben und Aufgaben in der gleichen Weise beginnen und beenden, wie er es von einem realen Schreibtisch gewohnt ist. → *siehe auch* grafische Benutzeroberfläche.

Desktopaccessory, das; *Subst.* (desktop accessory)
→ *siehe* Schreibtischzubehör.

Desktopcomputer, der; *Subst.* (desktop computer)
Ein Computer, der von seiner Größe her bequem auf einem

D normalen Büroschreibtisch unterzubringen ist. Sowohl die meisten Personal Computer als auch einige Workstations sind als Desktopcomputer konzipiert. → *vgl.* portabler Computer.

Desktopenhancer, der; *Subst.* (desktop enhancer)
Software, die einem fensterbasierten Betriebssystem – z.B. Microsoft Windows oder Mac OS – eine Funktionalität hinzufügt. Es kann sich z.B. um einen erweiterten Dateibrowser, eine Zwischenablage oder ein Abspielgerät für Multimedia handeln.

Desktopkonferenz, die; *Subst.* (desktop conferencing)
Der Einsatz von Computern für die simultane Kommunikation zwischen geografisch getrennten Teilnehmern einer Besprechung. Bei Desktopkonferenzen werden die Eingabe und die Anzeige von Anwendungsprogrammen sowie Audio- und Videokommunikation eingesetzt. → *siehe auch* Datenkonferenz, Telekonferenz, Videokonferenz.

Desktop Management Interface, das; *Subst.*
→ *siehe* DMI.

Desktoppublishing, das; *Subst.* (desktop publishing)
Der Einsatz eines Computers und spezialisierter Software für das Zusammenstellen von Text und Grafiken, um ein Dokument zu erzeugen, das entweder auf einem Laserdrucker oder auf einer Lichtsatzanlage gedruckt werden kann. Desktop Publishing ist ein in mehreren Schritten verlaufender Prozess, an dem Software und Gerätetechnik beteiligt sind. Der Originaltext und die Abbildungen werden im Allgemeinen mit Software, z.B. Textverarbeitungs-, Zeichen- und Malprogrammen, sowie mit Fotoscannern und Digitalisierern produziert. Die Weiterverarbeitung des fertig gestellten Produkts erfolgt dann mit einem Seitenumbruchprogramm – Software, die oft als Desktop Publishing schlechthin angesehen wird. Dieser Programmtyp ermöglicht es den Benutzern, das Layout für Text und Grafiken auf dem Bildschirm zu bearbeiten und einen Überblick über die zu erwartenden Ergebnisse zu erhalten. Neben den Layoutfähigkeiten enthalten diese Programme oft auch Merkmale für die Bearbeitung von Text und Grafiken, um die Verfeinerung von Dokumentteilen zu ermöglichen. Als letzter Schritt wird das fertiggestellte Dokument entweder auf einem Laserdrucker oder – für beste Qualität – auf einer Lichtsatzanlage gedruckt.

Desktopvideo, das; *Subst.* (desktop video)
Der Einsatz von PCs für die Anzeige von Videobildern. Die Videobilder können entweder von einem analogen Band, von einer digitalen Laser Disc oder von einer Videokamera stammen. Liveaufnahmen von Videobildern können in digitaler Form über ein Netzwerk während einer Videokonferenz übertragen werden.

Desktop, virtueller, der; *Subst.* (virtual desktop)
→ *siehe* virtueller Desktop.

Detaildatei, die; *Subst.* (detail file)
→ *siehe* Transaktionsdatei.

Determinante, die; *Subst.* (determinant)
In der Theorie des Datenbankentwurfs versteht man darunter Attribute oder Attributkombinationen, von denen andere Attribute oder Attributkombinationen funktionell abhängig sind.

Determinismus, der; *Subst.* (determinism)
In der Rechentechnik die Fähigkeit, eine Ausgabe vorherzusagen oder im Voraus zu wissen, wie Daten durch ein verarbeitendes System manipuliert werden. Eine deterministische Simulation liefert z.B. bei einer bestimmten Eingabe immer das gleiche Ergebnis.

Deutsche Telekom, die; *Subst.*
Deutsches Unternehmen, das aus der Behörde »Deutsche Bundespost« hervorgegangen ist und sich seit der am 1.1.1998 erfolgten vollständigen Liberalisierung des deutschen Telekommunikationsmarktes dem freien Wettbewerb stellen musste. In Europa ist die Deutsche Telekom eines der größten Telekommunikationsunternehmen. Die Deutsche Telekom hat in Deutschland im Bereich des Vollservices (Betrieb des Telefonanschlusses und Ortsgespräche) noch faktisch eine Monopolstellung inne, da es nur wenige, oft regional oder lokal begrenzte alternative Anbieter gibt. Nur im Bereich der Ferngespräche existieren entsprechende Alternativen. Die Deutsche Telekom bietet neben Telefonanschlüssen eine Vielzahl weiterer Dienste an. Beispielsweise betreibt das Unternehmen den Onlinedienst T-Online und das größte deutsche TV-Kabelnetz. Die Website der Telekom ist unter der Adresse http://www.telekom.de erreichbar. → *siehe auch* T-Online.

Developer's Toolkit, der; *Subst.* (developer's toolkit)
Eine Menge von Routinen (in der Regel in einer oder mehreren Bibliothek/en), die den Entwicklern das Schreiben von Programmen für einen gegebenen Computer, ein Betriebssystem oder eine Benutzeroberfläche erleichtern soll. → *siehe auch* Bibliothek, Toolbox.

Device Driver Developer Kit *Subst.*
→ *siehe* DDK.

Device Driver Kit *Subst.*
→ *siehe* DDK.

dezentrale Datenverarbeitung, die; *Subst.* (decentralized processing)
Die Verteilung von Computerverarbeitungseinrichtungen an mehrere Orte. Dezentralisierte Verarbeitung ist nicht dasselbe wie verteilte Verarbeitung, die mehreren Computern dieselben Aufgaben zuordnet, um die Leistungsfähigkeit zu erhöhen.

Dezi- *Präfix* (deci-)
Ein metrisches Präfix mit dem Wert 10^{-1} (ein Zehntel).

Dezibel, das; *Subst.* (decibel)
Abgekürzt dB, ein Zehntel eines Bel (nach Alexander Graham Bell). In der Elektronik und anderen Gebieten verwendete Einheit zum Messen der Klang- oder Signalstärke. Die Maßeinheit Dezibel wird logarithmisch gemessen. Angaben in Dezibel beziehen sich immer auf den Vergleich zwischen einer gemessenen Größe und einer bekannten Bezugsgröße. Mit der folgenden Formel bestimmt man das in Dezibel ausgedrückte Verhältnis zweier Werte:
$dB = n \log (x/r)$
In diesem Ausdruck stellt x die gemessene Größe und r die Bezugsgröße dar. Für n gilt bei Spannungs- und Strommessungen der Wert 10 und bei Leistungsmessung der Wert 20.

Dezimalkomma, das; *Subst.* (radix point)
Ein Trennzeichen, das den ganzzahligen Teil einer Zahl vom gebrochenen Teil trennt. Im angelsächsischen Sprachraum wird hierfür der Punkt verwendet, im deutschen das Komma, z.B. bei der Zahl 1,33.

Dezimalsystem, das; *Subst.* (decimal)
Das Zahlensystem mit der Basis 10. → *siehe auch* Basis.

Dezimalzahlen, binär-codierte, die; *Subst.* (binary-coded decimal)
→ *siehe* binärcodierte Dezimalzahlen.

Dezimalzahl, gepackte, die; *Subst.* (packed decimal)
→ *siehe* gepackte Dezimalzahl.

DFS
→ *siehe* AFS.

DFÜ (Dial Up Network)
Abkürzung für **D**aten**f**ern**ü**bertragung. → *siehe* auch Datenfernübertragung.

DFÜ-Netzwerk, die; *Subst.* (connectoid)
In Windows 9x, Windows Me, Windows NT und Windows 2000 ein Programm, das den Aufbau einer Einwahlverbindung ermöglicht und dabei ein Skript startet, das die Anmeldeprozedur für das angewählte Netzwerk durchführt.

DGIS
Abkürzung für **D**irect **G**raphics **I**nterface **S**pecification. Eine Schnittstelle, die von Graphics Software Systems entwickelt wurde. Bei DGIS handelt es sich um eine Firmware (im Allgemeinen im ROM auf einem Videoadapter implementiert), die es einem Programm ermöglicht, Grafiken auf einem Videodisplay über eine Erweiterung des IBM BIOS-Interrupt 10H (der Systemschnittstelle zur Videosteuerung) anzuzeigen.

DHCP Abkürzung für Dynamic Host Configuration Protocol. Ein TCP/IP-Protokoll zur dynamischen Konfiguration eines Hostrechners. DHCP weist allen in einem Netzwerk zusammengeschlossenen PCs (oder Clients) aus einem festgelegten Bereich von IP-Adressen eine eindeutige IP-Adresse zu. Diese Zuweisung kann automatisch, dynamisch oder manuell erfolgen. Bei der automatischen Zuweisung wird dem Client bei der ersten Anmeldung am Netzwerk eine beliebige freie Adresse zugewiesen. Bei dieser Art der Adresszuweisung kann jedoch jede IP-Adresse nur einmal vergeben und somit nicht von anderen Clients genutzt werden. Aus diesem Grund wird oft die dynamische Zuweisung verwendet, bei der die Adresse für einen bestimmten Zeitraum temporär vergeben wird. Sobald der Client die Adresse nicht mehr benötigt, kann der Server wieder über sie verfügen und sie an einen anderen Client vergeben. Über die manuelle Adressvergabe kann der Netzadministrator schließlich einem Client eine festgelegte Adresse zuweisen. Neben der IP-Adresse erhalten die Clients aber auch zusätzliche Informationen, etwa die Adresse eines zuständigen Domain Name Servers (DNS). → *siehe auch* IP-Adresse, TCP/IP. → *vgl.* dynamic SLIP.

Dhrystone, der; *Subst.*
Ein Benchmarktest, der 1984 von Reinhold Weicker mit dem Ziel entwickelt wurde, die Leistung von Computern zu messen und zu vergleichen. Der Test gibt die allgemeine Systemleistung in Dhrystones pro Sekunde an und soll den älteren und weniger zuverlässigen Whetstone-Benchmarktest ablö-

D sen. Die Dhrystone-Benchmark besteht wie viele andere Benchmarks aus Standardcode und wird regelmäßig überarbeitet, um ungerechte Vorteile zu minimieren, die sich durch eine bestimmte Kombination von Hardware, Compiler und Umgebung ergeben können. Dhrystone konzentriert sich auf Stringbearbeitung und verwendet keine Gleitkommaoperationen. Wie bei den meisten Benchmarktests macht sich auch hier der Einfluss von Hardware- und Softwaredesign bemerkbar, z.B. Compiler- und Linkeroptionen, Codeoptimierungen, Cachespeicher, Wait States und Integerdatentypen. → *siehe auch* Benchmark, Sieb des Eratosthenes, Whetstone. → *vgl.* Sieb des Eratosthenes, Whetstone.

DHTML
→ *siehe* Dynamisches HTML.

DIA
Abkürzung für **D**ocument **I**nterchange **A**rchitecture. Eine Richtlinie für den Dokumentenaustausch in der Systems Network Architecture (SNA) von IBM. DIA spezifiziert Methoden der Organisation und Adressierung von Dokumenten für die Übertragung zwischen Computern unterschiedlicher Größe und Bauart. DIA wird durch APPC (Advanced Program-to-Program Communication) von IBM und LU (Logical Unit) 6.2 unterstützt, die die Fähigkeiten und Arten der möglichen Wechselwirkungen in einer SNA-Umgebung begründen. → *siehe auch* DCA, SNA.

Diagramm, das; *Subst.* (chart)
Eine Grafik oder ein Diagramm zur Anzeige von Daten oder von Beziehungen zwischen Datenmengen in bildlicher anstatt in numerischer Form.

Diakritikum, das; *Subst.* (diacritical mark)
Ein Akzentzeichen über, unter oder durch ein geschriebenes Zeichen, z.B. der Akut (´) und der Gravis (`).

Dialekt, der; *Subst.* (dialect)
Eine Variante einer Sprache oder eines Protokolls. Transact-SQL ist z.B. ein Dialekt der Sprache SQL (einer strukturierten Abfragesprache).

Dialog, der; *Subst.* (dialog)
In der Rechentechnik der Austausch der vom Menschen vorgenommenen Eingaben mit den unmittelbar durch die Maschine ausgegebenen Antworten, wodurch sich eine Art »Konversation« zwischen einem interaktiven Computer und der ihn bedienenden Person entwickelt.

Mit »Dialog« bezeichnet man außerdem den Austausch von Signalen durch miteinander kommunizierende Computer in einem Netzwerk.

dialogbezogen *Adj.* (conversational)
Eigenschaft einer Betriebsart – typischerweise bei Mikrocomputern –, bei der der Dialog zwischen Benutzerebene und Computer durch Befehle realisiert wird, die die Benutzer eingeben und auf die das System entsprechend reagiert. → *siehe auch* interaktiv.

Dialogfeld, das; *Subst.* (dialog box)
Ein spezielles Fenster in einer grafischen Benutzeroberfläche, das vom System oder einer Anwendung angezeigt wird, um vom Benutzer eine Antwort abzurufen. → *siehe auch* Fensterumgebung. → *vgl.* Integrator.

Dialogmodus, der; *Subst.* (conversational mode)
→ *siehe* dialogbezogen.

Dialogsprache, die; *Subst.* (conversational language)
Eine Programmiersprache, die es den Programmierern erlaubt, dem Computer in einem Dialogmodus Anweisungen zu erteilen, im Gegensatz zu formellen, strukturierten Sprachen. Um z.B. in einem COBOL-Programm eine Prozedur namens CHECK 10-mal auszuführen, kann in einem Programm die folgende Anweisung verwendet werden: PERFORM CHECK 10 TIMES.

Dialogverarbeitung, verteilte, die; *Subst.* (distributed transaction processing)
→ *siehe* verteilte Dialogverarbeitung.

DIB
Abkürzung für »**D**evice**I**ndependent **B**itmap«, zu Deutsch »geräteunabhängige Bitmap«. Ein Dateiformat für den Austausch von Bitmapgrafiken. Die in einer Anwendung erzeugten Bitmaps lassen sich durch eine andere Anwendung laden und genau in der gleichen Weise darstellen, wie sie in der Quellanwendung erscheinen. → *siehe auch* Bitmapgrafik.
Außerdem die Abkürzung für »**D**irectory **I**nformation **B**ase«. Ein Verzeichnis für Benutzer- und Ressourcennamen eines X.500-Systems. Das DIB wird von einem Directory Server Agent (DSA) verwaltet. → *auch genannt* White Pages.

DIBengine, die; *Subst.*
Software oder eine Kombination von Hardware und Software, die DIB-Dateien erzeugen. → *siehe auch* DIB.

Dibit, das; *Subst.* (dibit)
Eine Menge von zwei Bit, die eine von vier möglichen Kombinationen darstellt: 00, 01, 10 und 11. In der Kommunikationstechnik bezeichnet Dibit eine Art der Übertragungseinheit, die durch eine Modulationstechnik realisiert wird, die als Differenzphasenumtastung bezeichnet wird, bei der durch die Verwendung von vier verschiedenen Phasen (Phasenverschiebungen) Daten in der Übertragungsleitung codiert werden, um jede der vier Dibit-Kombinationen darzustellen. → *siehe auch* Phasenverschiebung.

dichotomierende Suche, die; *Subst.* (dichotomizing search)
→ *siehe* binäre Suche.

Dickfilm *Adj.* (thick film)
Eine Technologie zur Herstellung integrierter Schaltkreise. Bei der Dickfilmherstellung werden im sog. *Fotosiebdruck* mit Hilfe von Schablonen mehrere Schichten aus speziellen Pasten auf ein Keramiksubstrat aufgebracht. Die verschiedenen passiven Bauelemente (Leiterbahnen, Widerstände und Kondensatoren) realisiert man mit Pasten unterschiedlicher Eigenschaften (leitfähig, isolierend oder widerstandsbehaftet) in mehreren Schichten (Filmen), die entsprechend strukturiert sind. → *vgl.* Dünnfilm.

dicktengleiche Schrift, die; *Subst.* (monospace font)
Auch als nicht proportionale Schrift oder Rationalschrift bezeichnet. Eine schreibmaschinenähnliche Schrift (ein Satz von Zeichen in einem bestimmten Stil und einer bestimmten Größe), bei der jedes Zeichen, unabhängig von seiner Breite, den gleichen horizontalen Raum einnimmt – der Buchstabe *i* beansprucht beispielsweise den gleichen Platz wie der Buchstabe *m*. Das ist ein Satz in dicktengleicher Schrift. → *siehe auch* dicktengleich (gleichbleibender Schaltschritt). → *auch genannt* nicht proportionale Schrift, Rationalschrift, Zeichensatz mit fester Breite. → *vgl.* Proportionalschrift.

dicktengleich (gleichbleibender Schaltschritt) *Adj.* (monospacing)
Eine Form der Abstandschaltung beim Drucken und Anzeigen von Zeichen. Jedes Zeichen erhält den gleichen horizontalen Bereich auf der Zeile. Wenn Zeichen dicktengleich angeordnet werden, ist es nicht von Bedeutung, ob das Zeichen breit (z.B. der Buchstabe *M*) oder schmal (z.B. der Buchstabe *i*) ist. → *siehe auch* dicktengleiche Schrift. → *auch genannt* feste Schrittschaltung, Schrittschaltung mit fester Breite, Schrittschaltung mit fester Zeichendichte. → *vgl.* proportionale Schrittschaltung.

Dienstgerät, das; *Subst.* (appliance)
→ *siehe* Informationsdienstgerät, Serverdienstgerät.

Dienstverweigerungsattacke, die; *Subst.* (denial of service attack)
Ein meist geplanter Versuch, den Zugang zum WWW zu stören. Eine Dienstverweigerungsattacke überschüttet einen Internetserver mit Verbindungsanforderungen, die nicht ausgeführt werden können. Der Server ist dann mit der Reaktion auf die Attacke so überlastet, dass er legitime Verbindungsanforderungen ignoriert. Bei einem Typ dieser Attacken, unter dem Namen »SYN Flood« bekannt, werden die Zugangsverbindungen des Servers mit falschen Nachrichten überschwemmt. Bei einem anderen Typ, »Ping of Death«, wird eine riesige Ping-Anforderung (ein Datenpaket) gesendet, wodurch ein Herunterfahren oder Neustarten des Servers bewirkt wird. Andere Formen der Dienstverweigerungsattacke beinhalten die Zerstörung oder Veränderung von Konfigurationsdaten des Servers (etwa Routerinformationen), den unberechtigten Zugang zu physikalischen Komponenten des Systems und die Versendung von großen Daten, was ein Herunterfahren oder Einfrieren des Systems verursachen kann. → *siehe auch* Hacker, ping, Ping of Death.

Dienstverweigerungsattacke, verteilte, die; *Subst.* (distributed denial of service attack)
→ *siehe* Verteilte Dienstverweigerungsattacke.

DIF
→ *siehe* Datenaustauschformat.

Differential-Phasenverschiebung, die; *Subst.* (differential phase-shift keying)
→ *siehe* Phasenverschiebung.

Differentiator, der; *Subst.* (differentiator)
Eine elektronische Schaltung, deren Ausgang das Differential (die erste Ableitung) des Eingangssignals darstellt. Das Differential gibt an, wie schnell sich ein Wert ändert, so dass der Ausgang eines Differentiators proportional zu der momentanen Änderungsgeschwindigkeit des Eingangssignals ist. (Abbildung D.4)

differentiell *Adj.* (differential)
In der Elektronik bezeichnet man damit einen Schaltungstyp,

D

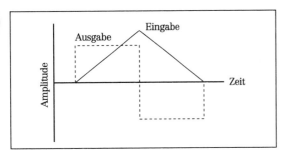

Abbildung D.4: Differentiator: Beispiel für ein Differentiatorsignal

der die Differenz zwischen zwei Eingangssignalen auswertet – im Gegensatz zur Differenz zwischen einem Signal und einer beliebigen Referenzspannung.

Differenz, die; *Subst.* (difference)
Die Größe, um die sich zwei Werte unterscheiden. In der Elektronik verwendet man Differenzen physikalischer Größen, z.B. Wellenformen oder Spannungen beim Betrieb von Schaltungen, Verstärkern, Mulitplexern oder Kommunikationseinrichtungen usw.
In der Datenbankverwaltung gehört die Differenz zu den Operatoren der relationalen Algebra und wird beim Sortieren von Datensätzen (Tupeln) angewendet. Wenn z.B. zwei Relationen (Tabellen) A und B gegeben sind, die vereinigungskompatibel sind (die gleiche Anzahl von Feldern enthalten, wobei die korrespondierenden Felder die gleichen Typen von Werten aufweisen), dann baut die Anweisung DIFFERENCE A, B eine dritte Relation auf, die alle Datensätze enthält, die nur in A, aber nicht in B vorkommen. → *siehe auch* relationale Algebra, Tupel. → *vgl.* Durchschnitt, Vereinigung.

Differenzmaschine, die; *Subst.* (Difference Engine)
Ein frühes computerähnliches Gerät, das von dem britischen Mathematiker und Wissenschaftler Charles Babbage um 1820 entwickelt wurde und rein mechanisch arbeitete. Die Differenzmaschine sollte mathematische Probleme mit einer Kapazität von 20 Dezimalstellen lösen. Um 1833 wurde das Konzept der Differenzmaschine von Babbage mit der Konstruktion seiner berühmten Analytical Engine verbessert. Bei diesem Gerät handelt es sich um den mechanischen Vorläufer der elektronischen Computer. → *siehe auch* Analytical Engine. → *vgl.* Hollerith-Maschine, Jacquardscher Webstuhl, Z3.

Digerati, der; *Subst.* (digerati)
Personen im Cyberspace, die in etwa mit Literaten vergleichbar sind. Der Begriff »Digerati« stellt ein Kunstwort aus »digi-

tal« und »literati« (englisch für »Literaten«) dar. Bei den Digerati handelt es sich um Personen, die für ihr Wissen in Bezug auf die Themen und Streitfragen der digitalen Revolution bekannt sind. Im engeren Sinn sind Digerati Leute, die über das Internet und Onlineaktivitäten Bescheid wissen. → *siehe auch* Guru, Techie.

Digest, der; *Subst.* (digest)
Ein Artikel in einer moderierten Newsgroup, der mehrere Posts an den Moderator zusammenfasst. → *siehe auch* Moderator, Newsgroup.
Außerdem eine Nachricht in einer Verteilerliste, die an die Abonnenten anstelle der einzelnen Posts gesendet wird, die der Digest enthält. Wenn die Verteilerliste moderiert ist, wurde der Digest unter Umständen überarbeitet. → *siehe auch* moderiert.

Digicash, das; *Subst.* (digicash)
→ *siehe* elektronisches Einkaufen, E-Money.

digital *Adj.*
Bezieht sich auf Ziffern oder die Art und Weise ihrer Darstellung.
In der Computertechnik ist »digital« ein Synonym zu »binär«, da die landläufig bekannten Computer Informationen als Kombination binärer Stellen (Bit) verarbeiten. → *vgl.* analog.

Digital-/Analogwandler, der; *Subst.* (digital-to-analog converter)
Ein Gerät, das digitale Daten in analoge Signale übersetzt. Ein Digital/Analogwandler wandelt die am Eingang anliegende Folge von diskreten digitalen Werten in ein Ausgangssignal, dessen Amplitude in jedem Moment dem jeweiligen digitalen Wert entspricht. → *vgl.* Analog-/Digitalwandler. (Abbildung D.5)

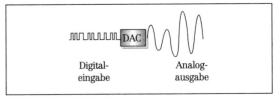

Abbildung D.5: Digital-/Analogwandler

Digital Audio Tape, das; *Subst.* (digital audio tape)
Abkürzung: DAT. Kassettensystem, das ursprünglich im Profimusikbereich eingesetzt wurde. Inzwischen findet DAT auch bei der Sicherung von Computerdaten Verwendung. Die Kassetten sind etwas kleiner als Audiokassetten und weisen

eine Bandbreite von 4 mm auf. Die Aufzeichnung erfolgt in diagonal verlaufenden Spuren mit Hilfe eines schräg rotierenden Schreib-/Lesekopfs, ähnlich wie bei einem Videorekorder. Die Speicherkapazität einer DAT-Kassette beträgt bis zu 12 Gigabyte (GB). Eine Weiterentwicklung ist AIT (Abkürzung für »**A**dvanced **I**ntelligent **T**ape«), das mit metallbeschichteten Bändern arbeitet und noch größere Datenmengen zulässt, wobei eine Kapazität von bis zu 50 GB erzielt wird.

Digital Audio/Video Connector, der; *Subst.* (digital audio/video connector)
Eine Schnittstelle bei einigen High-End-Video- oder Tunerkarten, die die simultane Übertragung von digitalen Audio- und Videosignalen ermöglicht. → *siehe auch* Schnittstelle, Videoadapter. → *auch genannt* DAV-Stecker.

Digital Broadcast Satellite *Subst.* (digital broadcast satellite)
→ *siehe* Direct Broadcast Satellite.

Digital Cash, das; *Subst.* (digital cash)
→ *siehe* elektronisches Einkaufen, E-Money.

Digitalcomputer, der; *Subst.* (digital computer)
Eine genauere Bezeichnung für das Gerät, das die meisten Menschen mit dem Begriff des Computers verbinden. Die Operationen eines Digitalcomputers basieren auf mehreren diskreten Zuständen. Binäre Digitalcomputer verwenden zwei Zustände, logisch »EIN« und »AUS«, die durch zwei Spannungspegel dargestellt werden. Durch entsprechende Zustandskombinationen lassen sich alle Informationstypen codieren – Zahlen, Buchstaben, grafische Symbole und Programmbefehle. Innerhalb eines solchen Computers ändern sich die Zustände der verschiedenen Schaltungskomponenten ständig, um diese Informationen zu verschieben, zu bearbeiten und zu speichern. → *vgl.* Analogcomputer.

Digital Darkroom
Ein Macintosh-Programm, das von der Firma Silicon Beach Software entwickelt wurde. Bei Digital Darkroom handelt es sich um ein Bearbeitungsprogramm für Schwarzweißfotos oder gescannte Bilder.

Digital Dashboard *Subst.* (digital dashboard)
Ein auf die Anforderungen einer Organisation oder eines Unternehmens zugeschnittenes Programm, in der persönliche, Team-, Unternehmens- und externe Wissensquellen in einer benutzerdefinierten Oberfläche zusammengefasst werden.

Digital Divide, die; *Subst.* (digital divide)
Die Kluft zwischen den Menschen, die die Möglichkeit haben, das Internet und die damit verbundenen Informationsressourcen zu nutzen, und dem Personenkreis, dem diese Option nicht offen steht. Unterschiede in Herkunft, Einkommen, Bildung und frühzeitigem Umgang mit Technologie sind Faktoren, die zur Entstehung dieser Kluft beitragen.

digitale Audiodisk, die; *Subst.* (digital audio disc)
→ *siehe* Compact-Disc.

digitale Aufzeichnung, die; *Subst.* (digital recording)
Die Speicherung von Informationen in einem binärcodierten (digitalen) Format. Die digitale Aufzeichnung umfasst die Umwandlung von Informationen – Text, Grafik, Sound oder Bilder – in Zeichenfolgen aus Einsen und Nullen, die sich physikalisch auf einem Speichermedium darstellen lassen. Zu den digitalen Aufzeichnungsmedien gehören Computerdisketten und Magnetbänder, optische Disks (CDs) und ROM-Kassetten, die für bestimmte Programme und viele Computerspiele eingesetzt werden können.

digitale Datenübertragung, die; *Subst.* (digital data transmission)
Die Informationsübertragung in einem Kommunikationskanal als Bitfolge anstelle der Übertragung veränderlicher (analoger) Signale.

Digitale DNA, die; *Subst.* (digital DNA)
Im weiteren Sinne eine Bezeichnung für Bits, die digitale Informationen speichern. Bei Computerspielen gibt es eine Technologie namens »Cyberlife«, die beim Entstehen und der Entwicklung lernfähiger Kreaturen, den »Nornen«, biologische DNA simuliert. Wie bei realer DNA wird eine digitale DNA vom Elternwesen an den Nachkommen übergeben und bestimmt die Eigenschaften und die Lernfähigkeit der künstlichen Kreatur.

digitale Fotografie, die; *Subst.* (digital photography)
Die Verwendung einer digitalen Kamera zum Fotografieren eines Objekts. Während die herkömmliche Fotografie für die Aufnahme eines Bildes Filme auf Silberhalogenidbasis verwendet, arbeitet die digitale Fotografie auf rein elektronischem Wege beim Erfassen und Aufzeichnen der Bilder. → *siehe auch* digitale Kamera.

D

D

digitale Kamera, die; *Subst.* (digital camera)
Ein Kameratyp, der das fotografierte Bild elektronisch speichert und nicht auf einem herkömmlichen Film aufnimmt. In der digitalen Kamera wird das Bild von einem CCD-Element (Charge-Coupled Device) aufgenommen, wenn der Bediener den Verschluss der Kamera öffnet. Die Elektronik der Kamera legt die vom CCD-Element erfassten Bilder auf einem Speichermedium ab, z.B. einem Festkörperspeicher oder auf einer Festplatte. Nach der Aufnahme des Bildes sind die meisten Kameras über ein Kabel an einen Computer anzuschließen, um das Bild in den Computer zu übertragen. Die dazu erforderliche Software gehört zum Lieferumfang der Kamera. Sobald das Bild im Computer gespeichert ist, lässt es sich wie ein Bild von einem Scanner oder einem verwandten Eingabegerät manipulieren und weiterverarbeiten. → *siehe auch* Chargecoupled Device.

digitale Kommunikation, die; *Subst.* (digital communications)
Eine Methode der Datenübertragung, bei der alle Informationen in binär codierter (digitaler) Form übertragen werden.

digitale Ladenzeile, die; *Subst.* (electronic storefront)
Ein Unternehmen, das seine Handelsware im Internet anbietet und bestimmte Bedingungen für den Kontakt oder Onlineverkauf hat.

Digitale Marktplätze *Subst.* (digital exchange, trading exchange)
Bezeichnung für den Handel mit Waren und Dienstleistungen auf elektronischem Weg. Über das Internet werden Industriegüter und allgemeine Güter bestellt, der Preis verhandelt oder Dienstleistungen ausgeschrieben, und zwar sowohl auf öffentlich zugänglichen als auch auf geschützten, nur einem beschränkten Personenkreis zugänglichen Websites. Digitale Marktplätze erstrecken sich auch auf den Wertpapierhandel. Während sich etwa Händler auf der herkömmlichen Börse die Kauf- und Verkaufsangebote zurufen, werden die Order online registriert und so ein Kurs ermittelt. Einige wenige Beispiele aus dem großen, globalen Angebot an digitalen Marktplätzen: http://www.ebay.de; http://www.atradapro.de; http://www.surplex.com ; http://www.goindustry.com; http://www.comdirect.de. → *vgl.* elektronisches Einkaufen.

Digitale Netzwerkarchitektur, die; *Subst.* (Digital Network Architecture)
→ *siehe* Digital Network Architecture.

digitaler Signalprozessor, der; *Subst.* (digital signal processor)
Abgekürzt DSP. Ein integrierter Schaltkreis für schnelle Datenmanipulation in der Audio-, Kommunikations- und Bildverarbeitungstechnik und anderen Anwendungen der Datenerfassung und Datenkontrolle.

digitaler Teilnehmeranschluss, der; *Subst.* (digital subscriber line)
Deutsch für »Digital Subscriber Line« (DSL). → *siehe* Digital Subscriber Line.

digitales Display, das; *Subst.* (digital display)
Ein Videodisplay, das nur eine feste Zahl von Farben oder Grauwerten wiedergeben kann. Beispiele für digitale Displays sind das Monochrome Display, das Color/Graphics Display und das Enhanced Color Display von IBM. → *siehe auch* CGA, EGA, MDA. → *vgl.* Analogdisplay.

Digitale Signatur, die; *Subst.* (digital signature)
Ein digitaler Code, der in eine elektronische Nachricht eingefügt wird und den Absender eindeutig identifiziert. Dieses Verfahren ist vor allem beim E-Commerce von größter Wichtigkeit und stellt einen essenziellen Bestandteil zahlreicher Authentifizierungslösungen dar. → *siehe auch* öffentlicher Schlüssel, privater Schlüssel, Public-Key-Kryptographie, Public-Key-Verschlüsselung.

digitales Kaufhaus, das; *Subst.* (electronic mall)
Eine virtuelle Auflistung von Onlineunternehmen, die die gemeinsame Absicht haben, unternehmerisches Engagement durch Schwesterunternehmungen zu erhöhen.

digitales lineares Tape, das; *Subst.* (digital linear tape)
Ein magnetisches Speichermedium für die Datensicherung. Mit digitalen linearen Tapes können Daten im Vergleich mit anderen Technologien aus diesem Bereich schneller übertragen werden.

digitales Modem, das; *Subst.* (digital modem)
Ein Kommunikationsgerät, mit dem Computerdaten über ein digitales Gerät, beispielsweise über einen Computer oder ein Terminal, und einen digitalen Kommunikationskanal, beispielsweise eine Hochgeschindigkeitsnetzwerkleitung, eine ISDN-Verbindung oder ein TV-Kabelsystem, übertragen werden können. Ein digitales Modem unterstützt zwar die Standardprotokolle für die Analogübertragung, ist jedoch nicht mit einem analogen Modem zu verwechseln. Die Hauptfunk-

tion eines analogen Modems besteht darin, vor der Übertragung die digitalen Signale eines Computers in analoge Signale umzuwandeln (Modulation) und diese Analogdaten nach der Übertragung wieder in digitale Daten zu konvertieren (Demodulation). Ein digitales Modem verwendet eine erweiterte digitale Modulationstechnik für die Umwandlung von Datenpaketen in ein geeignetes Übertragungsformat über eine Digitalleitung. → siehe auch ISDN, Kabelmodem, Modem.

Außerdem die Bezeichung für ein Modem mit einer Transferrate von 56 Kilobit pro Sekunde (Kbps). Ein solches Modem verwendet keine rein digitale Technik, aber es schließt die bei anderen Modemtypen erforderliche Digital-Analog-Konvertierung von Daten, die über das Modem ankommen, aus. Ein solches Modem kann außerdem als digital bezeichnet werden, weil es eine digitale Verbindung zwischen der Telefongesellschaft und dem Internetdienstanbieter (ISP) des Anwenders erfordert, beispielsweise eine T1-Standleitung, um seine höchste Transferrate zu erreichen. → siehe auch 56K-Modem, Digital-/Analogwandler, Standleitung.

Der Begriff unterscheidet außerdem volldigitale Kommunikationsgeräte, beispielsweise ISDN und Kabelmodems, von traditionellen, auf Analog-/Digitalwandlung basierten Telefonmodems.

digitale Sprachausgabe, die; *Subst.* (digital speech)
→ *siehe* Sprachsynthese.

digitales Satellitensystem, das; *Subst.* (digital satellite system)
Abkürzung: DSS. Ein Hochleistungssatellitensystem, das Hunderte von digitalen TV-Programmen mit guter Bildqualität abstrahlt, die direkt von den Fernsehzuschauern mittels einer Satellitenschüssel empfangen werden können. In Europa wird dabei eine Schüssel mit einem Durchmesser von 60 bis 90 cm benötigt. Die Übertragung der Programme funktioniert nach folgendem Prinzip: Die Fernsehstationen senden das Signal von einer Uplinkstation an den Satelliten. Dieser empfängt das Uplinksignal und strahlt es wieder aus. Die Benutzer empfangen dieses Signal über die Satellitenschüssel. Von dieser wird es an eine Settopbox übertragen, einer Zusatzeinrichtung, die am Fernsehgerät angeschlossen ist. Diese wandelt die digitalen Signale in analoge um und übermittelt sie an das Fernsehgerät.

digitales Signal, das; *Subst.* (digital signal)
Ein Signal, bei dem Informationen durch diskrete Zustände – z.B. hohe Spannung (High) oder niedrige Spannung (Low) –

dargestellt werden und nicht durch stetig veränderbare Pegel in einem zusammenhängenden Datenstrom wie in einem analogen Signal. Die Übertragung digitaler Signale findet man z.B. bei der direkten Kommunikation zwischen Computern.

Digitales Wasserzeichen, das; *Subst.* (Digital Watermark)
Durch diese Technologie können Erkennungsinformationen in digitale Dateien eingebettet werden. Das digitale Wasserzeichen wird Computerdateien als Bitmuster hinzugefügt, das für den Benutzer nicht als Bestandteil der Datei erkennbar ist. Wenn digitale Wasserzeichen in Verbindung mit Online-Protokollierungsdiensten verwendet werden, die solche Wasserzeichendaten erkennen können, haben die entsprechenden Urheberrechtseigentümer die Möglichkeit, die Verteilung ihrer Audio-, Video-, Grafik- oder anderen kreativen Inhalte zu überwachen und unberechtigt erstellte Kopien zu ermitteln. → *siehe auch* Copyright, Piraterie.

digitales Zertifikat, das; *Subst.* (digital certificate)
Ein elektronisches Dokument, das garantiert, dass eine im Internet zum Empfang angebotene Software aus einer zuverlässigen Quelle stammt. Da es fast unmöglich ist, ein digitales Zertifikat zu fälschen, erhalten die Benutzer Gewissheit darüber, dass die Software nicht z.B. durch Hacker eingeschleust wurde. Ein digitales Zertifikat enthält Informationen über die Software, z.B. hinsichtlich der Identität der Autoren, des Zeitpunkts, an dem die Software bei einer Beglaubigungsinstitution registriert wurde, und des verwendeten Sicherheitslevels.

Eine Art elektronischer Personalausweis für den Cyberspace, mit dem sich Benutzer im Internet sowie in Intranets ausweisen. Digitale Zertifikate werden von einer Beglaubigungsinstitution ausgestellt und legitimieren die Übertragung von vertraulichen Daten sowie die Durchführung von Bankgeschäften und anderen sicherheitsrelevanten Aktionen. Sie basieren auf Datenverschlüsselungsverfahren. Benutzer haben dabei zwei Schlüssel (die alphanumerisch oder numerisch sein können): einen privaten Schlüssel (private key) und einen öffentlichen Schlüssel (public key). Der private Schlüssel ist nur für die jeweiligen Benutzer bestimmt und wird nicht weitergegeben. Mit ihm werden zu versendende Nachrichten signiert und eintreffende Nachrichten entschlüsselt. Der öffentliche Schlüssel dagegen wird bekannt gegeben, z.B. per E-Mail, auf Diskette oder auf einem speziellen Public-Key-Server im Internet. Mit Hilfe dieses Schlüssels lassen sich Daten verschlüsseln und an bestimmte Benutzer versenden. Außerdem dient der öffentliche Schlüssel dazu, die Echtheit

D

einer digital signierten Nachricht zu überprüfen. → *siehe auch* Beglaubigungsinstitution, öffentlicher Schlüssel, privater Schlüssel, Verschlüsselung.

digitale Unterschrift, die; *Subst.* (digital signature)
Eine Methode der persönlichen Echtheitsbestätigung, die auf Verschlüsselung und Geheimcodes für die »Signatur« elektronischer Dokumente basiert.

digitale Verbindung, die; *Subst.* (digital line)
Eine Kommunikationsverbindung, die Informationen ausschließlich in binär codierter Form überträgt. Um Verzerrungen und Störeinflüsse zu minimieren, werden bei digitalen Verbindungen Repeater eingesetzt, die das Signal während der Übertragung in regelmäßigen Abständen regenerieren. → *siehe auch* Repeater. → *vgl.* Analogleitung.

digitale Videodisk, die; *Subst.* (digitalvideodisc)
→ siehe DVD.

digitale Videodisc, beschreibbar, die; *Subst.* (digital video disc-recordable)
Ein Vorschlag zur Erweiterung des Aufzeichnungsformats der digitalen Videodisc. Dies bedeutet, dass die Videodisc einmalig vom Kunden bespielt werden kann.

digitale Videodisc, löschbar, die; *Subst.* (digital video disc-erasable)
Ein Vorschlag zur Erweiterung des Aufzeichnungsformats der digitalen Videodisc. Dies bedeutet, dass die Videodisc wie eine Musikkassette gelöscht und erneut überspielt werden kann.

digitale Videodisc, ROM, die; *Subst.* (digital video disc-ROM)
Eine computergeeignete Version der digitalen Videodisc mit einer Speicherkapazität von 4,7 oder 8,5 Gigabyte (GB) pro Seite. Die höhere Kapazität wird für die zweischichtige 2P-Technologie von 3M verwendet. → *siehe auch* digitale Videodisc.

digitalisieren *Vb.* (digitize)
Eine stetig veränderbare Eingangsgröße, z.B. die Linien in einer Zeichnung oder ein Tonsignal, in eine Folge von diskreten Einheiten umwandeln, die (in einem Computer) durch die binären Ziffern 0 und 1 dargestellt werden. Für diese Übersetzung werden in der Regel Analog-/Digitalwandler verwendet. → *siehe auch* Aliasing, Analog-/Digitalwandler.

Digitalisiertablett, das; *Subst.* (digitizing tablet)
→ *siehe* Grafiktablett.

Digital Micromirror Display, das; *Subst.*
Die Schaltungstechnologie hinter dem *Digital Projection System* von Texas Instruments. Ein Array ist ein individuell adressierbarer Spiegel auf einem Chip. Jeder Spiegel hat eine geringere Breite als 0,002 mm und dreht sich, um das Licht an die Linse des Projektionssystems zu reflektieren. Dadurch entsteht eine helle, farbige Anzeige. Die Displays können kombiniert werden, um Systeme mit hoher Auflösung von 1.920 * 1.035 (1.987.200) Pixel mit 64 Millionen Farben zu erstellen.

Digital Millennium Copyright Act
Ein 1998 in den USA verabschiedetes Gesetz, das Fragen der Urheberrechte u.a. hinsichtlich des Copyrights bei Softwareprodukten regelt. Der DMCA stellt beispielsweise das Umgehen von eingebauten Kopierschutzmaßnahmen bei kommerzieller Software und die Herstellung von Geräten und Software für das illegale Kopieren von kommerzieller Software unter Strafe. → *siehe auch* Copyright.

Digital Network Architecture, die; *Subst.*
Bezeichnung für eine mehrschichtige Architektur und eine Gruppe von Protokollspezifikationen für Netzwerke. Digital Network Architecture (DNA) wurde von der Digital Equipment Corporation entwickelt und wird in den mit dem Namen DECnet bezeichneten Produkten eingesetzt.

digital proof, der; *Subst.*
→ *siehe* direkter Digitalfarbabzug.

Digital Rights Management, das; *Subst.* (Digital Rights management)
→ *siehe* DRM.

Digital Signature Standard, der; *Subst.*
Abkürzung: DSS. Ein Public-Key-Verschlüsselungsstandard, der 1994 vom NIST (National Institute of Standards and Technology) herausgegeben wurde. Der Zweck liegt darin, die Echtheit elektronischer Dokumente zu belegen. DSS verwendet einen Algorithmus, der auf digitalen Signaturen basiert, einer Art digitaler Unterschrift. Der Algorithmus, der auch als DSA (Digital Signature Algorithm, zu Deutsch »Algorithmus für digitale Signaturen«) bezeichnet wird, basiert auf einem öffentlichen Schlüssel (public key), der nicht geheimgehalten wird, und einem privaten Schlüssel (private key),

der nur der Person bekannt ist, die die Signatur erzeugt. Die digitale Signatur beglaubigt sowohl die Identität des Unterzeichners als auch die Integrität der übertragenen Informationen. → *siehe auch* Public-Key-Verschlüsselung.

Digital Simultaneous Voice and Data, das; *Subst.*
Eine patentierte Modemtechnologie der Multi-Tech Systems, Inc. Durch *Digital Simultaneous Voice and Data* kann eine einzelne Telefonleitung für die Konversation und für die Datenübertragung verwendet werden. Dies geschieht durch das automatische Umschalten in den Paketmodus bei Sprachübermittlung. Anschließend werden digitalisierte Voicepakete zusammen mit den Daten und Befehlspaketen transportiert.

Digital Subscriber Line (digital subscriber line)
Eine Leitung bzw. ein Kanal für ISDN BRI (Basic Rate Interface). → *siehe* auch Basic Rate Interface, ISDN.
Abkürzung: DSL. Familie von Datenkommunikationstechnologien mit hoher Bandbreite. DSL erzielt eine hohe Übertragungsgeschwindigkeit über das standardmäßige, verdrillte Kupfertelefonkabel, das von den Telefongesellschaften verwendet wird. DSL-Technologien wurden verwirklicht, um Hochgeschwindigkeitszugänge zum Internet und zu anderen Netzwerken zu ermöglichen, ohne dass dafür neue Kabel von den Ortsvermittlungsstellen zu den Haushalten und Firmen verlegt werden müssen. DSL, häufig auch als xDSL bezeichnet, ist ein Überbegriff für diverse Technologien, zu denen ADSL, RADSL, IDSL, SDSL, HDSL und VDSL gehören. Alle Technologien arbeiten über verdrillte Kabel, unterscheiden sich aber hinsichtlich der Übertragungsmethode und der Übertragungsgeschwindigkeit. Einige Technologien sind asymmetrisch; das bedeutet, dass sie beim Empfang (Downstream) eine höhere Geschwindigkeit als beim Senden (Upstream) erreichen. Die übrigen Technologien arbeiten symmetrisch, übertragen also in beiden Richtungen mit derselben Geschwindigkeit. ADSL (Asymmetric Digital Subscriber Line), eine der bekanntesten Technologien dieser Art, erzielt z.B. beim Empfang rund 8 Megabit pro Sekunde (Mbps) und beim Senden 16 bis 640 Kilobit pro Sekunde (Kbps), abhängig davon, wie groß die Entfernung vom Telefonanschluss bis zur Ortsvermittlungsstelle ist. VDSL (Very-high-rate Digital Subscriber Line) bietet noch eine weitaus höhere Übertragungsgeschwindigkeit: beim Empfang rund 50 Mbps und beim Senden etwa 2 Mbps. Symmetrische DSL-Technologien - dazu gehört HDSL -, übertragen mit etwa 2 Mbps in beiden Richtungen. → *siehe auch* asymmetric digital subscriber line, Technologie der letzten Meile,

Veryhighrate Digital Subscriber Line, xDSL. → *auch genannt* Technologie der letzten Meile, xDSL.

D

Digital Subscriber Line Multiplexer, der; *Subst.*
→ *siehe* DSLAM.

Digital Versatile Disk, die; *Subst.* (digital versatile disc)
→ *siehe* DVD.

digitalvideo-interactive, das; *Subst.* (digital video-interactive)
Ein Hardware-/Softwaresystem von RCA, General Electric und Intel. Dieses System implementiert die Komprimierung von digitalem Video und Audio für Mikrocomputer.

Digital Video Interface, das; *Subst.*
→ *siehe* DVI.

Digiterati, der; *Subst.* (digiterati)
Eine Ableitung von *Literati* (Gelehrte). Digiterati gehören einem Personenkreis an, die mit der Digitaltechnik bestens vertraut sind.

Diktiersoftware, die; *Subst.* (dictation software)
Kategorie von Computerprogrammen, die in ein Mikrofon gesprochene Worte als Eingabe verwenden können. Eine derartige Software wird als Alternative oder Ergänzung zur Tastatureingabe eingesetzt. Diktiersoftware kann zwar die einzelnen gesprochenen Wörter in Textinformationen umwandeln, aber den Kontext nicht wirklich verstehen (was auch für auf andere Weise in den Computer eingegebene Daten gilt). Man unterscheidet sprecherabhängige und sprecherunabhängige Software. Erstere erfordert es, den Computer zunächst auf die spezifischen Eigenheiten (hinsichtlich Aussprache, Dialekt und anderen sprachlichen Merkmalen) von Benutzern zu »trainieren«. Erst nach einer Trainingsphase wird eine hohe Treffsicherheit bei der Erkennung erreicht. Sprecherunabhängige Software verarbeitet dagegen ohne Trainingsphase von beliebigen Benutzern gesprochene Wörter. Die erste Generation von Diktiersoftware konnte Wörter nur dann sicher erkennen, wenn Pausen zwischen den Wörtern gemacht wurden. Außerdem musste langsam und sehr deutlich gesprochen werden. Die heute verbreitete Generation an Diktiersoftware ist in dieser Beziehung wesentlich flexibler. So können zusammenhänge Sätze mit fast beliebiger Geschwindigkeit gesprochen werden; Pausen zwischen den Wörtern sind nicht mehr notwendig. Auch bei Abweichungen bestimmter Sprachmerkmale wird noch eine akzep-

D

tabel hohe Treffsicherheit erreicht. Trotz der Fortschritte gibt es aber noch keine Software, die absolut zufrieden stellend arbeitet und auch unter schwierigen Bedingungen eine zuverlässige Spracherkennung ermöglicht. → *siehe auch* Spracherkennung.

DikuMUD

Software für ein Multiuser Dungeon (MUD), die von fünf Mitgliedern des Instituts für Informatik der Universität Kopenhagen/Dänemark (DIKU) entwickelt wurde. DikuMUD verwendet Multimedia und ist objektorientiert, die Klassen werden jedoch hartcodiert. Der Lizenzvertrag untersagt den kommerziellen Vertrieb der Software. Die offizielle Website für DikuMUD ist unter der Adresse http://dikumud.com erreichbar. → *siehe auch* MUD, Multimedia, objektorientiert. Außerdem die Bezeichnung für ein Spiel, bei dem die Diku-MUD-Software eingesetzt wird.

DIMM

Abkürzung für **d**ual **i**nline **m**emory **m**odule. Ein Speichermodul, das, wie das häufiger verwendete SIMM (Single Inline Memory Module), aus auf einer Leiterplatte montierten RAM-Chips besteht. DIMMs zeichnen sich durch einen 64-Bit-Datenbus und Anschlüssen auf beiden Seiten aus, die zu unterschiedlichen Schaltkreisen führen und unterschiedliche Signale verarbeiten. SIMMs haben dagegen einen 32-Bit-Datenbus, die Anschlüsse liegen alle an den gleichen Schaltkreisen an und verarbeiten die gleichen Signale. DIMMs können stückweise in den Computer eingesetzt werden, SIMMs dagegen nur paarweise. → *siehe auch* Speicherchip. → *vgl.* SIMM.

Dingbat, das; *Subst.* (dingbat)

Ein kleines grafisches Element, das man für dekorative Zwecke in einem Dokument einsetzen kann. Einige Schriftarten, z.B. Zapf Dingbats, sind speziell für die Darstellung von Dingbats vorgesehen. → *siehe auch* Schrift. → *vgl.* Aufzählungszeichen. (Abbildung D.6)

```
✪✪✪✼✼✼✼✻✼✼✼✼✻✼✼●○■□□□□▲▼◆❖▶▌▌
✿╋╬╋✛✛✜◇★☆✪★★★★★★✪✱✺✼✻✼✻✼✼✼★✹✾
```

Abbildung D.6: Dingbat: Zeichen der Zapf Dingbat-Schrift

DIN-Stecker, der; *Subst.* (DIN connector)

Ein mehrpoliger Stecker entsprechend der DIN-Norm (Deutsches Institut für Normung). DIN-Stecker werden für den Anschluss von verschiedenen Komponenten in Personal Computern verwendet. (Abbildung D.7)

Abbildung D.7: DIN-Stecker

Diode, die; *Subst.* (diode)

Ein Bauelement, durch das der Strom nur in eine Richtung fließen kann. Bei einer Diode handelt es sich in der Regel um einen Halbleiter. → *siehe auch* Halbleiter. (Abbildung D.8)

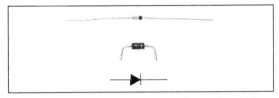

Abbildung D.8: Diode: Die obige Abbildung zeigt zwei der zahlreichen Diodenarten. Das rechte Band gibt die Polarität an. Die Abbildung unten zeigt die schematische Darstellung einer Diode.

Diodentransistorlogik, die; *Subst.* (diode-transistor logic)

Abgekürzt DTL. Typ eines elektronischen Schaltkreises, bei dem logische Funktionen mit Hilfe von Dioden, Transistoren und Widerständen realisiert werden.

DIP

Abkürzung für **D**ual **I**n-line **P**ackage. Ein Standardgehäuse für integrierte Schaltungen, bei denen die mikrominiaturisierten Schaltungen, die auf einen Siliziumwafer geätzt wurden, auf einem rechteckigen Grundkörper aus Keramik oder Plastik montiert sind. Diese Schaltungen sind an nach unten abgewinkelten Anschlussstiften (Pins) angeschlossen, die an der Längsseite des Chips herausragen. Diese Konstruktion dient der einfachen Montage bei der Herstellung von Leiterplatten. Bei modernen Chips mit einer großen Anzahl erforderlicher Verbindungen sind andere Gehäuseformen allerdings besser geeignet. → *siehe* bitmaporientierte Dokumentenbearbeitung. → *vgl.* Oberflächenmontage, Pingitter, pinlose Chipanbringung, SIP. (Abbildung D.9)

Abbildung D.9: DIP: Die Nut markiert den ersten und den letzten Pin

D

Dipol, der; *Subst.* (dipole)
Ein Paar gegenüberliegender elektrischer Ladungen bzw. zwei magnetische Plus- und Minuspole, die sich in geringer Entfernung voneinander befinden.

DIP-Schalter, der; *Subst.* (DIP switch)
Meist mehrere kleine Kipp- oder Schiebeschalter in einem DIP-Gehäuse aus Plastik oder Keramik, das für die Platinenmontage vorgesehen ist. Jeder DIP-Schalter lässt sich auf eine von zwei Positionen einstellen, geschlossen oder offen, um Optionen auf der Platine zu steuern. → *siehe auch* DIP. (Abbildung D.10)

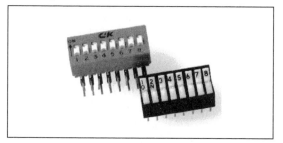

Abbildung D.10: DIP-Schalter: Schiebeschalter (oben) und Kippschalter

dir
Ein MS-DOS-Befehl, der einen Computer anweist, die Liste der Dateien und Unterverzeichnisse des aktuellen Verzeichnisses oder Ordners anzuzeigen. Wird nach dem Befehl ein Pfad angegeben, wird eine Liste der Dateien und Unterverzeichnisse im angegebenen Verzeichnis oder Ordner angezeigt. → *siehe auch* Befehl, MS-DOS, Pfad. (Abbildung D.11)

Abbildung D.11: Dir: Beispiel für eine Verzeichnisliste

Direct3D *Subst.*
→ *siehe* DirectX.

DirectAnimation *Subst.*
→ *siehe* DirectX.

Direct Broadcast Satellite, der; *Subst.* (direct boradcast satellite)
Ein digitaler Telekommunikationsdienst, der Fernsehprogramme über ein Digitales Satellitensystem (DSS) bereitstellt. Direct Broadcast Satellite verwendet einen geostationären Satellit (GEO), der die digitalen Signale von den Bodensendestationen empfängt.
Der Satellit strahlt das Signal anschließend über einen großen Empfangsbereich auf der Erde aus. Innerhalb des Empfangsgebietes benötigen die Kunden nur eine kleine Satellitenantenne (45 cm), um die Signale über einen Settop-Decoder wiederzugeben. Auch wenn diese Technologie hauptsächlich für Fernsehausstrahlungen verwendet wird, kann sie zukünftig auch für die Bereitstellung von digitaler Kommunikation und Multimedia-Programmen hoher Qualität eingesetzt werden. → *siehe auch* digitales Satellitensystem, geostationärer Satellit, Webcasting. → *auch genannt* digital broadcast satellite.

DirectDraw *Subst.*
→ *siehe* DirectX.

Direct Graphics Interface Specification, die; *Subst.*
→ *siehe* DGIS.

DirectInput, der; *Subst.*
Eine Schnittstelle für die Anwendungsprogrammierung (API) für Joysticks und vergleichbare Zeigerfunktionen in Windows 9x/Me. → *siehe auch* DirectX.

DirectMusic *Subst.*
→ *siehe* DirectX.

Directory Access Protocol, das; *Subst.*
Ein Protokoll für die Kommunikation zwischen X.500-Clients und Servern. → *siehe auch* CCITT X-Serien.

Directory Client Agent, der; *Subst.*
→ *siehe* DUA.

Directory Information Base, die; *Subst.*
→ *siehe* DIB.

Directory Server Agent, der; *Subst.*
→ *siehe* DSA.

Directory Service, der; *Subst.* (directory service)
Ein Service bei einem Netzwerk, der Mailadressen von ande-

D ren Benutzern zurückgibt und über den Benutzer Hosts und Services ermitteln können.

Directory Service Markup Language (directory service markup language)
Ein Industriestandard für die Beschreibung von Verzeichnisinhalten und -strukturen in XML. Einige Softwarefirmen unterstützen diesen Standard.

Directory System Agent, der; *Subst.*
→ *siehe* DSA.

Directory User Agent, der; *Subst.*
→ *siehe* DUA.

DirectPlay *Subst.*
→ *siehe* DirectX.

Direct Sequence Spread Spectrum
→ *siehe* DSSS.

DirectShow *Subst.*
→ *siehe* DirectX.

DirectSound *Subst.*
→ *siehe* DirectX.

DirectX
Unter dem Begriff DirectX werden Microsoft-Technologien für Entwickler zusammengefasst, die Tools zum Erstellen von hochwertigen Multimediaanwendungen unter Windows enthalten. DirectX ist in Windows 98, Windows Me, Windows 2000 und Internet Explorer integriert und besteht aus Komponenten, die zwei integrierte Schichten bilden. Auf der Basisschicht (Foundation Layer) werden allgemeine Funktionen (beispielsweise die Unterstützung von Eingabegeräten) ausgeführt, die sicher stellen, dass Anwendungen auf Windows-basierter Hardware einwandfrei funktionieren. Die Medienschicht (Media Layer) befindet sich über der Basisschicht und ist für leistungsstarke Dienste zuständig. Hierzu gehört die Unterstützung für Media Streaming und Animationen. Diese Funktionen gewährleisten, dass zum Beispiel Sound mit Raumeffekten, Video und 3D-Animationen in Anwendungen integriert werden können. DirectAnimation, DirectSound und weitere Anwendungsprogrammierschnittstellen mit einer ähnlichen Bezeichnung sind Mitglieder der DirectX-Familie. Weitere Informationen finden Sie in der nachfolgenden Tabelle. Darüber hinaus können Informa-

tionen von der Website des Herstellers unter Adresse http://www.microsoft.com/directx abgerufen werden. → *siehe auch* Anwendungsprogrammierschnittstelle, Windows.
→ *vgl.* OpenGL.

DirectX-Komponente	Bestandteil des:	Unterstützt:
Direct3D Immediate Mode	Basisschicht (Foundation Layer)	Zugriff auf 3D-Videohardware
Direct3D Retained Mode	Medienschicht (Media Layer)	Erstellen und Animation von 3D-Welten am Bildschirm
Direct Animation	Medienschicht (Media Layer)	Interaktive Animation und Integration von verschiedenen Multimediatypen
DirectDraw	Basisschicht (Foundation Layer)	Zugriff auf den Bildschirmspeicher und Hardwarefunktionen
DirectInput	Basisschicht (Foundation Layer)	Direktzugriff auf verschiedene Eingabegeräte beispielsweise Force Feedback-Joysticks
DirectMusic	Basisschicht (Foundation Layer)	Komponieren von Musik in Echtzeit
DirectPlay	Basisschicht (Foundation Layer)	Onlinespiele mit mehreren Spielern und andere Netzwerkanwendungen
DirectShow	Medienschicht (Media Layer)	Digitalisieren und Wiedergeben von Streaming Multimedia
DirectSound	Basisschicht (Foundation Layer)	Direktzugriff auf Soundkarten; Erfassen und Wiedergeben von WAV-Dateien
DirectSound 3D	Basisschicht (Foundation Layer)	3D-Audiohardware mit Raumeffekten
DirectX Transform	Medienschicht (Media Layer)	Erweiterung der DirectX-Plattform für Mehrwertprodukte

DirectX Transform *Subst.*
→ *siehe* DirectX.

Direktadressierröhre, die; *Subst.* (direct view storage tube) Abgekürzt DVST, auch als Speicherröhre bezeichnet. Spezielle Ausführung einer Kathodenstrahlröhre (CRT), die Bilder für lange Zeit auf dem Schirm festhalten kann und die freie

Bewegung des Elektronenstrahls von der Elektronenkanone über die Oberfläche des Bildschirms gestattet (im Gegensatz zur normalen Kathodenstrahlröhre, bei der sich der Elektronenstrahl in einem bestimmten Muster bewegt). Die Direktadressierröhre ist in der Lage, ein präzises, detailliertes Bild ohne Auffrischen des Bildschirms darzustellen. Allerdings lässt sich das Bild nach dem Zeichnen nicht mehr verändern, ohne dass man es komplett vom Schirm löscht. → *auch genannt* Speicherröhre. → *vgl.* CRT.

Direktdruck, der; *Subst.* (immediate printing)
Die direkte Übermittlung von Text und Druckbefehlen an den Drucker. Die Daten werden beim Direktdruck nicht als Druckdatei gespeichert. Es werden außerdem keine Seitengestaltungsprozeduren oder Dateien verwendet, die Befehle zur Druckereinrichtung enthalten.

direkter Digitalfarbabzug, der; *Subst.* (direct digital color proof)
Ein Testdruck eines konventionellen Druckers (z.B. eines Farblaserdruckers), der als Annäherung der Ausgabe eines professionellen Drucksystems dient. Ein direkter Digitalfarbabzug enthält keine Farbseparation. Statt dessen werden beim direkten Digitalfarbabzug alle Farben gleichzeitig auf einer einzelnen Seite ausgegeben. Dadurch entsteht zwar im Vergleich zu konventionellen Separationsmethoden eine verminderte Druckqualität, die Druckausgabe ist jedoch schneller und kostengünstiger. → *siehe auch* Farbseparation. → *auch genannt* digital proof.

direkter Operand, der; *Subst.* (immediate operand)
Ein Datenwert, der bei der Ausführung eines Befehls einer Assemblersprache verwendet wird, und der nicht auf eine Adresse im Befehl verweist sondern im Befehl enthalten ist.

direkter Speicherzugriff, der; *Subst.* (direct memory access)
Abgekürzt DMA. Ein Speicherzugriff, der ohne Mitwirkung des Mikroprozessors abläuft. Diese Methode wird häufiger für die direkte Datenübertragung zwischen Hauptspeicher und einem »intelligenten« Peripheriegerät, z.B. einem Diskettenlaufwerk, eingesetzt. → *siehe auch* PIO.

direkter Zugriff, der; *Subst.* (direct access, direct address)
Auch als »wahlfreier Zugriff« bezeichnet. Die Fähigkeit eines Computers, eine bestimmte Speicherstelle im Speicher oder auf einer Diskette unmittelbar ansprechen (adressieren) zu können, um ein Informationselement abzurufen oder zu speichern. Demgegenüber bedeutet »direkter Speicherzugriff« (Direct Memory Access, DAM), dass Informationen direkt zwischen einem I/O-Kanal und dem Speicher übertragen werden können und nicht auf den zeitlich aufwendigeren und längeren Weg vom I/O-Kanal über den Mikroprozessor zum Speicher angewiesen sind. → *siehe auch* wahlfreier Zugriff. → *vgl.* direkter Speicherzugriff.
→ *siehe* absolute Adresse.

direktes Prüflesen nach Schreibvorgang, das;
Subst. (direct read after write)
→ *siehe* DRAW.

direktes Prüflesen während Schreibvorgang, das; *Subst.* (direct read during write)
→ *siehe* DRDW.

direkt gekoppelte Transistorlogik, die; *Subst.* (direct-coupled transistor logic)
Abgekürzt DCTL. Typ eines elektronischen Schaltkreises, der nur Transistoren und Widerstände verwendet, wobei die Transistoren direkt miteinander verbunden sind. DCTL war die Technik der ersten kommerziell genutzten integrierten Schaltkreise. Schaltgeschwindigkeit und Leistungsverbrauch liegen bei DCTL über dem Durchschnitt.

Direktsequenz, die; *Subst.* (direct sequence)
Ein Begriff aus dem Bereich der Streuspektrumkommunikation. Eine Modulationsform, bei der ein Trägersignal durch eine Reihe binärer Impulse moduliert wird. → *siehe auch* Streuspektrum.

Direktverarbeitung, die; *Subst.* (direct processing)
Die Verarbeitung von Daten unmittelbar beim Empfang durch das System im Gegensatz zur zeitverzögerten Bearbeitung, bei der die Daten vor ihrer Verarbeitung zunächst in Blöcken gespeichert werden. → *vgl.* zeitverzögerte Verarbeitung.

Direktverbindungsmodem, das; *Subst.* (direct-connect modem)
Die übliche Ausführung eines Modems, das sich direkt an die TAE-Mehrfachdose einer Fernsprechleitung anstecken lässt und daher keinen zwischengeschalteten Telefonapparat benötigt. → *vgl.* Akustikkoppler.

Direktzugriffsspeicher, der; *Subst.* (direct access storage device)
→ *siehe* DASD.

D

dirty *Adj.*
Eine Kommunikationsverbindung, die durch intensive Geräusche gestört wird und somit die Qualität des Signals beeinträchtigt. → *siehe auch* Rauschen.

dirty Bit, das; *Subst.* (dirty bit)
Ein Bit, das geänderte Daten in einem Cache markiert, so dass die Änderungen zum Hauptspeicher übertragen werden können. → *siehe auch* Bit, Cache.

dirty Power, die; *Subst.* (dirty power)
Eine Energiequelle, die Schäden an elektronischen Komponenten (z.B. durch Rauschen, Störimpulse oder falschen Spannungspegel) erzeugt.

Dirty ROM, das; *Subst.* (dirty ROM)
Abkürzung für **dirty R**ead **O**nly **M**emory. Ein Speichersystem in früheren Versionen des Macintosh (Mac II, IIx, SE/30 und IIcx), das ein 32-Bit-System simuliert, ohne ein echtes 32-Bit-System zu sein. Ein Dirty ROM-System hat u. a. den Nachteil, dass es unter Mac OS System 7 auf lediglich 8 MB Speicher zugreifen kann. Es sind bestimmte Systemerweiterungen (z.B. MODE32 und 32-Bit-Enabler) verfügbar, die es einem Dirty ROM ermöglichen, wie ein echtes 32-Bit-System zu arbeiten. → *siehe* Dirty ROM.

Disassembler, der; *Subst.* (disassembler)
Ein Programm, das Maschinencode in den Code einer Assemblersprache umwandelt. Die meisten Debugger verfügen über einen integrierten Disassembler, der dem Programmierer die Anzeige eines ausführbaren Programms in lesbarer Form ermöglicht. → *siehe auch* Decompiler. → *vgl.* Assembler.

Disc, die; *Subst.* (disc)
Eine flache, nicht magnetische, glänzende Metallscheibe, die sich mit Hilfe der optischen (Laser-) Technologie lesen und beschreiben lässt und zum Schutz gegen äußere Einflüsse mit einer Plastikbeschichtung versehen ist. Es ist gegenwärtig übliche Praxis, die Schreibweise *Disc* für optische Disketten und die Schreibweise *Disk* für alle anderen diskettenartigen Speichermedien im Computerbereich, z.B. Floppydisk, Harddisk (Festplatte) oder RAM-Disk, zu verwenden. → *siehe auch* Compact-Disc.

Disc-at-Once (disc at once)
Werden CDs oder DVDs im Disc-at-Once-Modus (DAO-Mode) produziert, so werden alle Blöcke eines Rohlings in einem Durchgang beschrieben, ohne dass der Laserkopf eine Pause macht. Das Schreiben in diesem Modus ist insbesondere beim Brennen von Audio-CDs zu bevorzugen, da beispielsweise die Pausenlängen zwischen den einzelnen Tracks gezielt gesetzt werden können, außerdem keine Linkblöcke zwischen den Tracks angelegt werden müssen und ferner das Schreiben von CD-Text ermöglicht wird. Zudem ist das Schreiben im DAO-Modus zwingende Voraussetzung, wenn eine CD als so genannte Master-CD eingesetzt werden soll. DAO ist das Gegenstück zu TAO (Track-at-Once). → *vgl.* Track-at-Once.

Disc, optische, die; *Subst.* (optical disc)
→ *siehe* Compact-Disc.

Discrete Multitone, der; *Subst.* (discrete multitone)
Ein Begriff aus dem Bereich der Telekommunikation. Eine Technologie, bei der digitale Signalprozessoren eingesetzt werden, um die verfügbare Bandbreite in Unterkanäle zu teilen, damit Daten mit mehr als 6 Megabit pro Sekunde (Mbps) über ein verdrilltes Kupferaderpaar transportiert werden können.

Disk, die; *Subst.* (disk)
Eine flache, flexible Plastikscheibe (Floppydisk) oder starre Metallscheibe (Festplatte), die mit einer magnetisierbaren Beschichtung, die sich für die elektromagnetische Aufzeichnung von Informationen in digitaler (binärer) Form eignet. Bei den meisten Computern stellt die Disk das primäre Medium zur permanenten oder semipermanenten Speicherung von Daten dar. Um Floppydisks gegen Beschädigungen und Verunreinigungen zu schützen, sind sie von einer Plastikhülle umgeben. Festplatten sind in einem festen Gehäuse eingebaut und dürfen nur in einer staubfreien Umgebung geöffnet werden. Zu den bei Mikrocomputern eingesetzten Datenträgern gehören Floppydisks, Mikrofloppies, Harddisks (Festplatten) und wechselbare Platten, die mit bestimmten Festplattenlaufwerken und Einheiten, z.B. der Bernoulli Box, verwendet werden können. → *vgl.* Compact-Disc, Disc.

Diskcache, der; *Subst.* (disk cache)
Ein reservierter Teil des Hauptspeichers (RAM) für die temporäre Ablage von Informationen, die von Diskette gelesen werden. Ein Diskcache nimmt keine vollständigen Dateien auf, wie beispielsweise eine RAM-Disk (ein Teil des Speichers, der sich wie ein Diskettenlaufwerk ansprechen lässt). Statt dessen hält ein Diskcache nur die Informationen, die entwe-

der vor kurzem von einer Disk angefordert oder die zuletzt auf eine Disk geschrieben wurden. Wenn die angeforderten Informationen im Diskcache verbleiben und das Programm nicht warten muss, bis der Laufwerksmechanismus die Daten von der Disk geholt hat, verringert sich die Zugriffszeit beträchtlich. → *siehe auch* Cache. → *vgl.* Diskpuffer.

Diskcontroller, der; *Subst.* (disk controller)
Ein Spezialchip, der zusammen mit der dazugehörigen Schaltungstechnik das Lesen von und Schreiben auf ein Diskettenlaufwerk eines Computers hardwareseitig übernimmt. Ein Diskcontroller positioniert den Schreib-/Lesekopf, dient als Bindeglied zwischen Laufwerk und Mikroprozessor und steuert den Informationstransfer von und zum Speicher. Diskcontroller werden sowohl für Diskettenlaufwerke als auch Festplattenlaufwerke eingesetzt. Sie können entweder im System integriert sein oder sich auf einer Karte befinden, die in einen Erweiterungssteckplatz eingesteckt wird.

diskcopy, die; *Subst.* (copy disk)
Ein MS-DOS-Befehl, der den Inhalt einer Diskette auf eine andere Diskette kopiert. → *siehe auch* Floppydisk, MS-DOS.

Diskcrash, der; *Subst.* (disk crash)
Der Ausfall eines Laufwerks. → *siehe* auch crashen.

Diskduplexing, das; *Subst.* (disk duplexing)
→ *siehe* Plattenspiegelung.

Diskeinheit, die; *Subst.* (disk unit)
Bezeichnet ein Laufwerk oder dessen Gehäuse.

Diskette, die; *Subst.* (diskette)
→ *siehe* Floppydisk.

Diskette, beidseitige, die; *Subst.* (double-sided disk)
→ *siehe* beidseitige Diskette.

Diskette, bootfähige, die; *Subst.* (bootable disk)
→ *siehe* Bootdiskette.

Diskette, flexible, die; *Subst.* (flexible disk)
→ *siehe* Floppydisk.

Diskette, hartsektorierte, die; *Subst.* (hard-sectored disk)
→ *siehe* hartsektorierte Diskette.

Diskette mit besonders hoher Dichte, die; *Subst.* (extra-high-density floppy disk)
Eine 3,5-Zoll-Diskette, auf der ein Datenvolumen von 4 MB gespeichert werden kann. Für diese Diskette ist ein spezielles Laufwerk mit zwei Köpfen erforderlich. Normale Diskettenlaufwerke haben nur einen Kopf. → *siehe auch* Floppydisk.

Diskette mit doppelter Dichte, die; *Subst.* (double-density disk)
Eine Diskette, auf der sich Daten mit der zweifachen Dichte (Bit pro Zoll) gegenüber der Vorläufergeneration von Disketten speichern lassen. Die ersten Floppydisks für IBM-PCs konnten 180 Kilobyte (KB) Daten aufnehmen. Disketten mit doppelter Dichte erhöhten diese Kapazität auf 360 KB. Für die Codierung der gespeicherten Daten verwendet man bei Disketten doppelter Dichte die modifizierte Frequenzmodulation (MFM). → *siehe auch* Floppydisk, Mikrodiskette, Modified Frequency Modulation encoding. → *vgl.* Diskette mit hoher Dichte.

Diskette mit hoher Dichte, die; *Subst.* (high-density disk)
Eine 3,5-Zoll-Diskette, die 1,44 Megabyte (MB) Daten speichern kann. → *vgl.* Diskette mit doppelter Dichte.
Eine 5,25-Zoll-Diskette, die 1,2 MB Daten speichern kann. → *vgl.* Diskette mit doppelter Dichte.

Diskettengehäuse, das; *Subst.* (disk jacket)
Der schützende Plastikmantel, der eine Floppydisk umgibt.

Diskettenhülle, die; *Subst.* (disk envelope, jacket)
Der Behälter für die Aufbewahrung von 5,25-Zoll-Disketten und deren Schutzhülle. Die Diskettenhülle schützt die Oberfläche des Datenträgers vor Staub und anderen Fremdmaterialien, die die Oberfläche zerkratzen oder auf andere Art beschädigen und zum Verlust der gespeicherten Daten führen können. → *siehe auch* Diskettengehäuse.
→ *siehe* Diskettengehäuse.

Diskettenlaufwerk, das; *Subst.* (disk drive)
Ein elektromechanisches Gerät, mit dem sich Disketten lesen und beschreiben lassen. Zu den Hauptkomponenten eines Diskettenlaufwerks gehören die Spindel, auf der die Diskette befestigt wird, ein Laufwerksmotor, der die Diskette bei aktivem Laufwerk in Umdrehung versetzt, ein oder mehrere Schreib-/Leseköpfe, ein zweiter Motor, der für das Positionieren der Schreib-/Leseköpfe über der Diskette verantwortlich ist, und Controllerschaltungen, die die Schreib-/Leseaktivitäten und den Informationstransfer von und zum Computer

D synchronisieren. Gebräuchlich sind vor allem zwei Typen von Diskettenlaufwerken: Floppydisklaufwerke und Festplattenlaufwerke (Hard Disks). Floppydisklaufwerke sind für die Aufnahme von wechselbaren Disketten im Format 5,25 Zoll oder 3,5 Zoll vorgesehen. Festplattenlaufwerke arbeiten schneller, haben eine höhere Speicherkapazität und sind vollständig in einem Schutzgehäuse eingeschlossen. (Abbildung D.12)

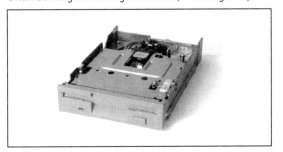

Abbildung D.12: Diskettenlaufwerk: Ein 3,5-Zoll-Diskettenlaufwerk

Disk, magnetooptische, die; *Subst.* (magneto-optic disc)
→ *siehe* magnetooptische Disk.

Diskpuffer, der; *Subst.* (disk buffer)
Ein kleiner reservierter Speicherbereich zur vorübergehenden Ablage von Daten, die von Diskette gelesen oder auf Diskette geschrieben werden. Da externe Speicher, z.B. Diskettenlaufwerke und Festplatten, verglichen mit der CPU langsam arbeiten, ist es nicht effizient, auf den Datenträger nur wegen ein oder zwei Datenbyte zuzugreifen. Statt dessen wird während eines Lesevorgangs eine große Gruppe von Daten gelesen und im Diskpuffer abgelegt. Wenn das Programm Informationen benötigt, entnimmt es sie durch eine Kopieroperation aus dem Puffer. Auf diese Weise lassen sich viele Anforderungen nach Daten durch einen einzigen Diskettenzugriff erledigen. Die gleiche Technik kann auch für Schreibvorgänge angewendet werden. Wenn das Programm Informationen zu speichern hat, schreibt es sie zunächst in den Diskpufferbereich im Hauptspeicher. Sobald der Puffer gefüllt ist, wird der gesamte Inhalt des Puffers mit einer einzigen Operation auf Diskette geschrieben.

diskret *Adj.* (discrete)
Separat, einzeln, als Einheit identifizierbar. Bits sind z.B. diskrete Elemente der Daten, die durch den Computer verarbeitet werden.

Diskschnittstelle, die; *Subst.* (disk interface)
Im Allgemeinen wird damit die Schaltungstechnik bezeichnet, die ein Laufwerk mit einem Computersystem verbindet.

Außerdem ein Standard für den Anschluss von Laufwerken an Computern, z.B. der ST506-Standard für die Verbindung von Festplatten mit Computern.

Diskserver, der; *Subst.* (disk server)
Ein Knoten in einem lokalen Netzwerk, der als entferntes Laufwerk gemeinsam von den Netzwerkteilnehmern genutzt wird. Im Gegensatz zu einem Da-teiserver, der komplizierte Aufgaben der Verwaltung von Netzwerkanforderungen nach Daten erledigt, fungiert ein Diskserver lediglich als Speichermedium, auf dem die Benutzer Daten lesen und schreiben können. Ein Diskserver lässt sich in Abschnitte (Volumes) unterteilen, die sich jeweils als separate Laufwerke ansprechen lassen.
→ *vgl.* Dateiserver.

Diskspeicher, der; *Subst.* (disk memory)
→ *siehe* virtueller Speicher.

Diskstriping, das; *Subst.* (disk striping)
Die Kombination einer Reihe gleich großer Diskpartitionen, die sich auf separaten Disks (von 2 bis 32) befinden, zu einem einzelnen Volume. Diese Partitionen bilden einen virtuellen »Streifen« über die Disks, den das Betriebssystem als ein einzelnes Laufwerk ansieht. Diskstriping ermöglicht es, mehrere I/O-Operationen im selben Volume parallel auszuführen und damit die Leistung zu steigern. → *siehe auch* Diskstriping mit Paritätsprüfung, Eingabe/Ausgabe, RAID.

Diskstriping mit Paritätsprüfung, das; *Subst.* (disk striping with parity)
Die Verwaltung von Paritätsinformationen über einen Diskstripe, damit sich bei Ausfall einer Diskpartition die Daten auf dieser Disk unter Verwendung der Informationen, die über die verbleibenden Partitionen im Diskstripe gespeichert sind, wiederherstellen lassen. → *siehe auch* Diskstriping, Fehlertoleranz, Parität, RAID.

Disktreiber, der; *Subst.* (disk driver)
Ein Gerätetreiber, der in das System eingebunden wird, um Diskettenlaufwerke eines bestimmten Herstellers zu unterstützen. → *siehe auch* Gerätetreiber.

Diskussion mit Threads, die; *Subst.* (threaded discussion)
In einer Newsgroup oder in einem anderen Onlineforum eine Folge von Nachrichten oder Artikeln, bei denen die Antworten auf einen bestimmten Artikel direkt untereinander angeordnet werden und nicht in chronologischer oder alphabetischer Reihenfolge. → *siehe auch* Newsgroup, Thread.

Diskussionsfaden, der; *Subst.* (thread)
→ *siehe* Thread.

Diskussionsgruppe, die; *Subst.* (discussion group)
Onlineforen, in denen Benutzer über allgemeine Themen kommunizieren können. Zu den Foren für Diskussionsgruppen gehören elektronische Verteilerlisten, Internetnewsgroups und IRC-Kanäle.

Diskverzeichnis, das; *Subst.* (disk directory)
Mit einem Inhaltsverzeichnis vergleichbarer Index der Dateien auf einer Disk. Ein Diskverzeichnis umfasst Informationen über die Dateien. Dazu gehören Name, Größe, Datum und Uhrzeit der Erstellung sowie das Verzeichnis. → *siehe auch* Verzeichnis.

Diskzugriffszeit, die; *Subst.* (disk access time)
→ *siehe* Zugriffszeit.

Display, das; *Subst.* (display)
Bezieht sich in der Regel auf das visuelle Ausgabegerät eines Computers – häufig ein Videodisplay mit Kathodenstrahlröhre (CRT). Portable und Notebookcomputer verfügen im Allgemeinen über Displays mit LCD-Basis oder sind mit flachen Plasmabildschirmen ausgestattet. → *siehe auch* Flachdisplay, Flüssigkristalldisplay, Videoadapter, Videodisplay.

Displayadapter, der; *Subst.* (display adapter)
→ *siehe* Videoadapter.

Display, alphanumerisches, das; *Subst.* (alphanumeric display terminal)
→ *siehe* alphanumerisches Display.

Display, berührungssensitives, das; *Subst.* (touch-sensitive display)
→ *siehe* Touchscreen.

Display Data Channel, der; *Subst.*
→ *siehe* DDC.

Display, digitales, das; *Subst.* (digital display)
→ *siehe* digitales Display.

Display mit Hintergrundbeleuchtung, das; *Subst.* (back-lit display)
Ein LCD-Display, bei dem eine Lichtquelle hinter dem Bildschirm eingesetzt wird, mit deren Hilfe die Schärfe und die Ablesbarkeit verbessert werden, insbesondere in Umgebungen mit ungünstiger Beleuchtung.

Display-PostScript, das; *Subst.* (Display PostScript)
Eine erweiterte Version der PostScript-Sprache für die geräteunabhängige Bildverarbeitung (einschließlich Bildschirme und Drucker) in einer Multitaskingumgebung. Display PostScript wurde von einigen Hardwareherstellern als Standardbildverarbeitung für Bildschirme und Drucker übernommen. → *siehe auch* PostScript.

Display Power Management Signaling, das; *Subst.*
→ *siehe* DPMS.

Displaytreiber, virtueller, der; *Subst.* (virtual display device driver)
→ *siehe* virtueller Gerätetreiber.

Distance Vector Multicast Routing Protocol, das; *Subst.*
Ein Netzwerk-Leitwerkprotokoll für das Internet, das einen leistungsfähigen Mechanismus für die verbindungslose Datagrammübergabe an eine Hostgruppe eines Internetnetzwerkes zur Verfügung stellt. Es handelt sich hierbei um ein verteiltes Protokoll, das IP-Multicast-Leitwerkbäume mit einer Technik namens Reverse Path Multicasting (RPM) dynamisch generiert.

Distanzvektor-Routingalgorithmus nach Bellman-Ford, der; *Subst.* (Bellman-Ford distance-vector routing algorithm)
Über diesen Algorithmus kann die kürzeste Route zwischen zwei Knoten in einem Netzwerk ermittelt werden. RIP (Routing Information Protocol) basiert auf dem Distanzvektor-Routingalgorithmus nach Bellman-Ford. → *siehe auch* Routing Information Protocol.

Distributed COM, das; *Subst.*
→ *siehe* DCOM.

Distributed Component Object Model, das; *Subst.*
→ *siehe* DCOM.

Distributed Computing Environment, die; *Subst.*
Standards der Open Group (früher: Open Software Foundation) für die Entwicklung verteilter Anwendungen, die auf mehreren Plattformen operieren können. → *siehe auch* verteilte Datenverarbeitung.

Distributed System Object Model, das; *Subst.*

Das System Object Model (SOM) von IBM in einer gemeinsam genutzten Umgebung, in der binäre Klassenbibliotheken zwischen Anwendungen auf Netzrechnern oder zwischen Anwendungen eines bestimmten Systems freigegeben werden können. Das Distributed System Object Model ergänzt vorhandene objektorientierte Sprachen, indem die SOM-Klassenbibliotheken unter den Anwendungen gemeinsam genutzt werden können, die in verschiedenen Sprachen programmiert wurden. → *siehe auch* SOM.

Distribution *Subst.* (distribution)

Ein für den Linux-Vetrieb gebräuchlicher Begriff. Das Wort beschreibt eine Zusammenstellung von Installationssoftware und Programmen, das aus umfangreichen Softwarepaketen wie Datenbanken, Office-Paketen, wissenschaftlichen Anwendungen oder Speziallösungen bestehen kann, die eine Firma, der sogenannte Distributor, zur Verfügung stellt. Linux-Distributionen können sowohl über das Internet als auch über traditionelle Kanäle (CD-ROM) erworben werden. → *vgl.* Linux.

Dithering, das; *Subst.* (dithering)

Eine Technik, die in der Computertechnik verwendet wird, um den Eindruck eines kontinuierlichen Grauwertverlaufs (auf einem monochromen Display oder Drucker) oder zusätzlicher Farben (auf einem farbigen Display oder Drucker) zu erzeugen. Dithering behandelt Bereiche eines Bildes als Punktgruppen, die in unterschiedlichen Mustern eingefärbt sind. Diese Technik ist verwandt mit dem Druck der sog. *Halbtonbildern,* da die Tendenz des Auges ausgenutzt wird, verschiedenfarbige Punkte zu vermischen und durch Mittelwertbildung als einzelnen Grauwert oder einzelne Mischfarbe wahrzunehmen. Aus dem Verhältnis von schwarzen zu weißen Punkten in einem bestimmten Bereich ergibt sich der Gesamtwert eines besonderen Grauwertes. Durch Dithering lassen sich in Computergrafiken realistischere Ergebnisse erzielen und die bei niedrigeren Auflösungen zu beobachtenden gezackten Kanten von Kurven und diagonalen Linien weichzeichnen. → *siehe auch* Aliasing, Halbton. (Abbildung D.13)

Divergenz, die; *Subst.* (divergence)

Ein Auseinanderlaufen oder Trennen. Bei Computerdisplays spricht man von Divergenz, wenn die roten, grünen und blauen Elektronenstrahlen in einem Farbmonitor nicht genau denselben Punkt auf dem Bildschirm anzeigen. Innerhalb eines Programms (z.B. einer Tabellenkalkulation) kann eine Divergenz auftreten, wenn ein Satz von Formeln wiederholt berechnet wird (Iteration) und sich das Ergebnis mit jedem

Abbildung D.13: Dithering: Halbtonbild (links) und gedithertes Bild. Beide Bilder haben 72 Punkt pro Zoll.

Iterationsschritt weiter von einer stabilen Lösung entfernt. → *vgl.* Konvergenz.

Divis, das; *Subst.* (en dash)

Ein Interpunktionszeichen (-) mit der Bedeutung »bis« bei Bereichen (z.B. 1990-92). Bei zusammengesetzten Adjektiven kann das Diviszeichen als Bindestrich fungieren (z.B. sozio-ökonomisch). Der englische Name »en dash« rührt daher, dass die Breite des Divis in vielen Schriften der Breite des Buchstabens »n« entspricht. → *siehe auch* Vollgeviert. → *vgl.* Bindestrich, Vollgeviertstrich.

Division durch Null, die; *Subst.* (division by zero, zero divide)

Eine Division, bei welcher der Divisor Null beträgt. Eine Division durch Null ist mathematisch nicht definiert, in einem Programm nicht zugelassen und wird als Fehler betrachtet. Doch auch die Division durch eine zu kleine Zahl kann ein so großes Ergebnis liefern, dass es sich nicht mehr durch den Computer ausdrücken lässt. Auch wenn eine sehr kleine Zahl streng mathematisch betrachtet nicht Null ist, wird ein derartiger Fehler mit der Division durch Null in Verbindung gebracht, da er ähnliche Ursachen und Auswirkungen hat. Da Divisionen durch Null bzw. durch zu kleine Zahlen zu schweren Programmfehlern führen, müssen in der Software entsprechende Vorkehrungen getroffen werden, um derartige Divisionen zu verhindern.

Divisionsüberlauf, der; *Subst.* (divide overflow)

→ *siehe* Überlauffehler.

Divx

Abkürzung für **Di**gital **V**ideo E**x**press, ein neues DVD-ROM-Format, das von mehreren Filmstudios (Dreamworks, Paramount und Universal) entwickelt wurde. Eine nach diesem Verfahren produzierte DVD-ROM lässt sich nur eine bestimmte Zeit lang abspielen (im Allgemeinen zwei Tage). Zur Kontrolle muss das Divx-Abspielgerät über die Telefonleitung mit einem Zentralserver verbunden werden. Divx-DVD-ROMs sind nicht abwärtskompatibel und können somit nicht auf herkömmlichen DVD-Geräten abgespielt werden. Divx ist nicht zu verwechseln mit dem gleichnamigen Video-Kompressionsverfahren DivX. → *siehe auch* DivX.

DivX
Auf der MPEG-4-Technologie aufbauendes Format zur Komprimierung digitaler Videos. Dabei halten sich die Qualitätsverluste des Videostreams in vertretbaren Grenzen. Weitere Informationen zu DivX können unter http://www.divx.com abgerufen werden. DivX ist nicht zu verwechseln mit dem gleichnamigen DVD-ROM-Format Divx. → *siehe auch* Divx.

D-Kanal, der; *Subst.* (D channel)
Abkürzung für »Data channel«; zu Deutsch »Datenkanal«. In der ISDN-Kommunikationsarchitektur der Kanal, der zur Übertragung von Steuerungsinformationen – z.B. Daten zur Paketvermittlung – dient. Außerdem werden anwenderbezogene Daten übermittelt, z.B. Telefonnummern. Der ISDN-Basisanschluss, der auch als BRI (**B**asic **R**ate **I**nterface) bezeichnet wird, besteht aus folgenden Kanälen: zwei B-Kanälen (»bearer channel«, zu Deutsch »Trägerkanal«), von denen jeder eine Übertragungsgeschwindigkeit von 64 Kilobit pro Sekunde (Kbps) erreicht, und einem D-Kanal, der entweder mit 16 oder 64 Kbps arbeitet. Der schnellere Primär-Multiplexanschluss, der auch unter der Bezeichnung PRI (**P**rimary **R**ate **I**nterface) bekannt ist, setzt sich dagegen aus 23 bzw. 30 B-Kanälen (mit jeweils 64 Kbps) und einem D-Kanal (64 Kbps) zusammen. → *siehe auch* B-Kanal, BRI, ISDN, PRI.

.dl_
Eine Dateinamenerweiterung, die komprimierte DLL-Dateien kennzeichnet, wie sie in einer Setupprozedur unter Windows verwendet werden. → *siehe auch* DLL.

DLC
Abkürzung für **D**ata **L**ink **C**ontrol. Ein Protokoll zur Fehlerbehebung in der Systems Network Architecture (SNA), die für die Übertragung von Daten zwischen zwei Knoten über eine physikalische Verbindung verantwortlich ist. → *siehe auch* HDLC, SNA.

.dll
Eine Dateinamenerweiterung für eine DLL (Dynamic Link Library). → *siehe auch* DLL.

DLL
→ *siehe* dynamische Bibliothek.

DLL-Hölle *Subst.* (DLL-hell)
Ein Effekt, der umgangssprachlich eine in Microsoft Windows-Umgebungen auftretende Situation beschreibt. Dabei werden bei der Neuinstallation von Programmen gemeinsam mit bereits installierten Programmen verwendete dynamische Bibliotheken (DLL-Dateien) mit anderen Versionen überschrieben. Wenn die installierten Bibliotheken inkompatibel mit den anderen Programmen sind, werden sie unbenutzbar. Die neueste Version des Windows-Betriebssystems, Windows 2000, enthält das Programm Windows File Protection, das diesen Effekt durch Überwachung und korrigierende Installation der DLL-Dateien verhindert. → *siehe auch* dynamische Bibliothek.

DLP-Verfahren, das; *Subst.* (DLP)
Abkürzung für **D**igital **L**ight **P**rocessing (»Digitale Lichtverarbeitung«). Ein Verfahren, das bei Datenprojektoren eingesetzt wird und reflektiertes Licht verwendet, um Daten aufzubereiten und zu projizieren. Das Videosignal eines Computers oder Fernsehempfängers steuert eine Anordnung mikroskopisch kleiner Spiegel (ein Spiegel für jeden Bildpunkt), die Licht durch eine Projektionslinse reflektieren. → *siehe auch* Datenprojektor.

DLT
→ *siehe* digitales lineares Tape.

DMA
→ *siehe* direkter Speicherzugriff.

DMD
→ *siehe* Digital Micromirror Display.

DMD-Chip, der; *Subst.* (DMD)
Abkürzung für **D**igital **M**icro-mirror **D**evice (»Digitaler Mikrospiegelschaltkreis«). Ein Halbleiterchip, der bei DLP-Projektoren (Digital Light Processing) verwendet wird und 508 800 Mikrospiegel enthält, die das einfallende Licht selektiv reflektieren. → *siehe auch* DLP-Verfahren.

DMI
Abkürzung für **D**esktop **M**anagement **I**nterface. Ein System für das Verwalten von Konfigurationen und des Status von PCs eines Netzwerks von einem zentralen Computer. In einem DMI-System wird ein Agentprogramm auf jedem Gerät im

D Hintergrund ausgeführt, das Informationen zurückgibt oder eine Aktion (festgelegt in einer im Gerät gespeicherten Datei) als Reaktion auf eine Abfrage ausführt, die vom zentralen Computer empfangen wird. Bei den von einem Agentprogramm auszuführenden Aktionen kann es sich um das Überprüfen von Fehlern handeln, die zum Zeitpunkt des jeweiligen Auftretens dem zentralen Computer berichtet werden. Es kann z.B. ein Drucker so eingerichtet sein, dass dieser dem zentralen Computer Papierstaus oder einen leeren Papierschacht meldet. DMI wurde von der DMTF (Desktop Management Task Force) entwickelt. Bei der DMTF handelt es sich um eine Arbeitsgemeinschaft von Herstellern für die Computerindustrie. DMI steht mit SNMP im Wettbewerb (beide Systeme können jedoch auf dem gleichen Rechnersystem vorhanden sein). → *siehe auch* Agent, DMTF. → *vgl.* SNMP.

DML
→ *siehe* Datenmanipulationssprache.

DMS
→ *siehe* Dokumentenmanagementsystem.

DMT
→ *siehe* Discrete Multitone.

DMTF
Abkürzung für **D**esktop **M**anagement **T**ask **F**orce. Eine Arbeitsgemeinschaft, die 1992 gegründet wurde. Das Ziel der DMTF ist das Entwickeln von Standards für PC-basierte Einzelplatz- und Netzwerksysteme für Privathaushalte und die Industrie. Weitere Informationen finden Sie unter der Webadresse http://www.dmtf.org.

DMZ, die;
→ *siehe* Demilitarisierte Zone.

DNA
Abkürzung für verschiedene Computertechnologien, meist im Zusammenhang mit Netzwerken.
(2) (Digitale Netzwerkarchitektur) 1978 eingeführt und ein allgemeiner Begriff von DEC für die auf DECnet basierende Unternehmensnetzwerkarchitektur. → *siehe auch* Digitale DNA, Digital Network Architecture, verteiltes Netzwerk, Windows DNA.

DNS
Abkürzung für »**D**omain **N**ame **S**ystem«. Das System, durch das die Hosts im Internet sowohl Domänenadressen (z.B.

bluestem.prairienet.org) als auch IP-Adressen (z.B. 192.17.3.4) besitzen. Die Domänenadresse wird von Benutzern verwendet und automatisch in die numerische IP-Adresse konvertiert, die von der Software zum Weiterleiten von Paketen benutzt wird. → *siehe auch* Domänenadresse, IP-Adresse.
»DNS« ist außerdem die Abkürzung für »**D**omain **N**ame **S**ervice« und stellt das Internetdienstprogramm dar, welches das Domain Name System (siehe Definition 1) implementiert. DNS-Server, die auch »Nameserver« genannt werden, verwalten die Datenbanken mit den Adressen. Auf die Server können die Benutzer transparent zugreifen.

DNS-Server, der; *Subst.* (DNS server)
Ein Computer, der Domain Name Service (DNS)-Abfragen beantworten kann. Der DNS-Server verwaltet eine Datenbank mit Hostcomputern und deren entsprechende IP-Adressen. Wenn einem DNS-Server z.B. der Name *apex.com* vorgelegt wird, gibt dieser die IP-Adresse der Firma »Apex« zurück. → *siehe auch* DNS, IP-Adresse.

.doc
Eine Dateinamenerweiterung zur Kennzeichnung von Dokumentdateien im Format eines Textverarbeitungsprogramms. doc ist die Standarderweiterung für Dokumentdateien, beispielsweise in Microsoft Word.

DocBook
DocBook ist eine DTD (Dokumenttypdefinition), die vor allem für Artikel, Dokumentationen und Beschreibungen von Hard- und Software eingesetzt wird. Aufgrund der Affinität zu herkömmlichen Büchern und der relativ einfachen Handhabung ist DocBook sehr weit verbreitet; im Februar 2001 wurde DocBook als Standard verabschiedet. Momentan existiert sowohl eine SGML- als auch eine XML-Version. Weitere Informationen zu DocBook können unter http://www.oasis-open.org/specs/docbook.shtml abgerufen werden. → *siehe auch* DTD.

Docking Station, die; *Subst.* (docking station)
Eine Einheit für einen Laptop oder für ein Notebook, die den Stromanschluss, die Erweiterungssteckplätze und die Verbindungen zu Peripheriegeräten (z.B. einen Bildschirm, einen Drucker, eine »normale« Tastatur und eine Maus) zur Verfügung stellt. Der eigentliche Zweck einer Docking Station besteht darin, den Laptop oder das Notebook in einen »normalen« Schreibtischcomputer mit Peripheriegeräten umzuwandeln. → *siehe auch* Erweiterungssteckplatz, Laptop, Notebookcomputer, Peripherie. (Abbildung D.14)

Abbildung D.14: Docking Station

Docomo
Japanischer Mobilfunknetzbetreiber mit mehr als 30 Millionen Teilnehmern. Der im Februar 2000 gestartete Service i-mode ermöglicht den Internetzugang per Mobiltelefon und stellt den weit über 7 Millionen Nutzern Dienste wie E-Mail, Onlineshopping und Homebanking zur Verfügung. Die Datenübertragungsrate beträgt 9600 bps; in Modellversuchen werden aber bereits Technologien wie CDMS und UMTS getestet. → *siehe auch* UMTS.

DOCSIS
Abkürzung für **D**ata **O**ver **C**able **S**ervice **I**nterface **S**pecifications (zu Deutsch so viel wie »Spezifikation zur Übertragung von Daten über Kabel«). DOCSIS ist ein von Cable-Labs initiierter Standard für Kabelmodems. In den USA wird die Weiterentwicklung dieses Standards durch die Cable-Labs, eine Organisation der amerikanischen Kabel-TV-Betreiber, vorangetrieben. Weitere Informationen zu DOCSIS erhalten Sie unter http://www.catv.org/modem/standards/index.html.

DOCTYPE (doctype)
Eine Deklaration am Anfang eines SGML-Dokuments, die den öffentlichen Bezeichner oder den Systembezeichner für die diesem Dokument zugrundeliegende Dokumententypdefinition (DTD) angibt. → *siehe auch* SGML.

Document Content Architecture, die; *Subst.*
→ *siehe* DCA.

Document Interchange Architecture, die; *Subst.*
→ *siehe* DIA.

Document Style Semantics and Specification Language, die; *Subst.*
Der Name für den ISO-Standard 10179, verabschiedet 1995. Dieser Standard behandelt das Adressieren einer hochentwickelten Semantik, das von bestimmten Formatierungssystemen oder -prozessen unabhängig ist. Dieser Standard soll als Erweiterung des SGML-Standards für die Spezifikation der Semantik von Dokumenten dienen. Weitere Informationen zu DSSSL sind unter der Webadresse http://www.oasis-open.org/cover/dsssl.html abrufbar. → *siehe auch* ISO, SGML.

Document Type Definition, die; *Subst.* (document type definition)
→ *siehe* DTD.

DoD, das; *Subst.*
→ *siehe* U.S. Department of Defense.

Do-Gooder-Virus, der; *Subst.* (do-gooder virus)
Ein Virus oder Wurm, der in Umlauf gebracht wurde, um Probleme zu behandeln, die von einem gefährlicheren Virus verursacht werden. Der »Do-Gooder«-Virus ermittelt in der Regel befallene Computer und »infiziert« anschließend das System, um die durch den anderen Virus verursachten Sicherheitslücken zu schließen. Der »Do-Gooder«-Virus kann anschließend den reparierten Computer als Plattform für die Erkennung weiterer infizierter Computer verwenden.

Dokument, das; *Subst.* (document)
Jedes eigenständige Erzeugnis, das mit einem Anwendungsprogramm produziert werden kann. Speichert man dieses Erzeugnis auf einem Datenträger, wird es mit einem eindeutigen Namen versehen, unter dem es sich wieder aufrufen lässt. Hin und wieder trifft man auf die Ansicht, dass es sich bei einem Dokument nur um ein Material einer Textverarbeitung handelt. Für einen Computer sind Daten jedoch nichts weiter als eine Sammlung von Zeichen, so dass eine Tabellenkalkulation oder eine Grafik genauso ein Dokument darstellt wie ein Brief oder ein Bericht. Als Dokument bezeichnet man insbesondere in der Macintosh-Umgebung jede vom Benutzer erstellte Arbeit, die als separate Datei benannt und gespeichert wird.

Dokument, angehängtes, das; *Subst.* (attached document)
→ *siehe* angehängtes Dokument.

Dokumentation, die; *Subst.* (documentation)
Die mit einem Software- bzw. Hardwareprodukt gelieferten Anweisungen. Zu einer Dokumentation gehören u.a. Informationen über das erforderliche oder empfohlene Computersystem, Installationshinweise sowie Gebrauchsanleitungen und Wartungsvorschriften für das Produkt.

D

Dokumentdatei, die; *Subst.* (document file)
Auch als »Datendatei« bezeichnet. Eine vom Benutzer erstellte Datei, die die Ausgaben eines Programms darstellt. → *auch genannt* Datendatei. → *vgl.* Programmdatei.

Dokumentenbearbeitung, die; *Subst.* (document processing)
Das Abrufen und Manipulieren eines Dokuments. Hinsichtlich der Arbeitsweise eines Computers gliedert sich eine Dokumentenbearbeitung in drei Hauptschritte: Erstellen oder Abrufen einer Datendatei, Manipulieren der Daten in der gewünschten Weise und Speichern der modifizierten Datei.

Dokumentenleser, der; *Subst.* (document reader)
Ein Gerät, das gedruckte Texte abtastet und sie mittels Zeichenerkennung in Textdateien konvertiert. → *siehe auch* Zeichenerkennung.

Dokumentenmanagement, das; *Subst.* (document management)
Das komplette Spektrum der elektronischen Dokumentenerstellung und der Verteilung innerhalb der Firma.

Dokumentenmanagementsystem, das; *Subst.* (document management system)
Ein serverbasiertes Netzwerksystem zur Speicherung und Verarbeitung der Dokumente einer Organisation. Ein Dokumentenmanagementsystem (DMS) baut auf einer zentralen »Bibliothek« auf, die als Repository bezeichnet wird und in der Regel überwachte Zugriffe, Versionskontrolle, Katalogverwaltung, Suchfunktionen sowie das elektronische Einfügen und Entfernen von Dokumenten unterstützt. Über die offene Schnittstellenspezifikation ODMA (Open Document Management API) können kompatible Desktopanwendungen mit einem DMS kommunizieren. Der Benutzer kann dann aus seiner Clientanwendung auf Dokumente zugreifen und diese verwalten. Für diese Systeme wird auch der Begriff elektronisches Dokumentenmanagementsystem (EDMS) verwendet. → *siehe auch* Dokumentenmanagement, ODMA. → *auch genannt* DMS.

Dokumentenobjektmodell, das; *Subst.* (Document Object Model)
Abgekürzt »DOM«. Eine Spezifikation des World Wide Web-Konsortiums zur Beschreibung der Struktur von DHTML- und XML-Dokumenten, die über einen Webbrowser angezeigt werden können. Im Dokumentenobjektmodell wird ein Dokument als logische Struktur beschrieben und nicht als eine Liste markierter Wörter. DHTML (Dynamisches HTML) verwendet dieses Modell zur Darstellung von Webseiten im Browser. Weitere Informationen dazu sind unter dem URL http://www.w3.org/XML/ abrufbar. → *siehe auch* Dynamisches HTML, W3C, XML. → *auch genannt* DOM. → *vgl.* SAX.

Dokumentenwiedergewinnung, die; *Subst.* (document retrieval)
In manche Anwendungsprogramme integrierte Funktion, die es dem Benutzer ermöglicht, nach spezifischen Dokumenten auf der Basis von Informationselementen wie Datum, Autor oder vorher zugewiesenen Schlüsselwörtern zu suchen. Die Dokumentenwiedergewinnung beruht auf einem Indizierungsschema, das vom Programm verwaltet und eingesetzt wird. Je nach den vom Programm gebotenen Möglichkeiten kann der Benutzer mehrere Bedingungen angeben, um die Suche zu verfeinern.

Dokumentfenster, das; *Subst.* (document window)
Ein am Bildschirm angezeigtes Fenster in entsprechenden Umgebungen, z.B. bei Apple Macintosh und Microsoft Windows, in dem der Benutzer ein Dokument erstellen, anzeigen oder bearbeiten kann. (Abbildung D.15)

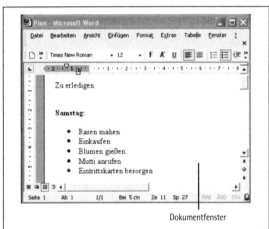

Abbildung D.15: Dokumentfenster

dokumentieren *Vb.* (document)
Etwas erklären oder anmerken, z.B. ein Programm oder eine Prozedur.

dokumentorientiert *Adj.* (document-centric)
Ein Betriebssystem, in dem der Benutzer Dokumentendateien öffnet und dadurch automatisch die zugehörige

Anwendung (z.B. ein Textverarbeitungsprogramm oder ein Tabellenkalkulationsprogramm) öffnet. Viele grafische Benutzeroberflächen, z.B. »Macintosh Finder«, sowie das World Wide Web sind dokumentenorientiert. → *vgl.* anwendungsspezifisch.

Dokumentquelltext, der; *Subst.* (document source)
Das Standardtext-HTML-Format eines World Wide Web-Dokuments, in dem alle Tags sowie andere Auszeichnungen ohne Format angezeigt werden. → *siehe auch* HTML. → *auch genannt* Quelle. (Abbildung D.16)

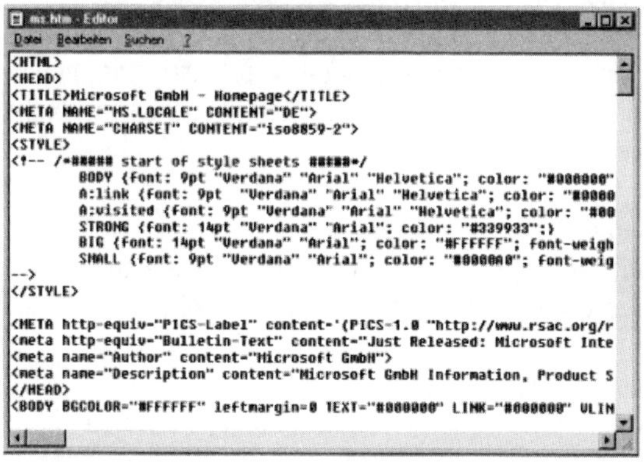


```
<HTML>
<HEAD>
<TITLE>Microsoft GmbH - Homepage</TITLE>
<META NAME="MS.LOCALE" CONTENT="DE">
<META NAME="CHARSET" CONTENT="iso8859-2">
<STYLE>
<!-- /*##### start of style sheets #####*/
        BODY {font: 9pt "Verdana" "Arial" "Helvetica"; color: "#000000"
        A:link {font: 9pt  "Verdana" "Arial" "Helvetica"; color: "#0000
        A:visited {font: 9pt "Verdana" "Arial" "Helvetica"; color: "#00
        STRONG {font: 14pt "Verdana" "Arial"; color: "#339933";}
        BIG {font: 14pt "Verdana" "Arial"; color: "#FFFFFF"; font-weigh
        SMALL {font: 9pt "Verdana" "Arial"; color: "#0000A0"; font-weig
-->
</STYLE>

<META http-equiv="PICS-Label" content='(PICS-1.0 "http://www.rsac.org/r
<meta http-equiv="Bulletin-Text" content="Just Released: Microsoft Inte
<meta name="Author" content="Microsoft GmbH">
<meta name="Description" content="Microsoft GmbH Information, Product S
</HEAD>
<BODY BGCOLOR="#FFFFFF" leftmargin=0 TEXT="#000000" LINK="#000000" ULIN
```

Abbildung D.16: Dokumentquelltext: HTML-Quellcode in Editor

Dokument, stationäres, das; *Subst.* (stationery)
→ *siehe* stationäres Dokument.

Dokumentvorlage, die; *Subst.* (template)
In Programmen für Textverarbeitung und Desktop Publishing ein vorgegebenes Dokument, das Formatierungsangaben und oft auch allgemein verwendbaren Text enthält.

DOM
→ *siehe* Dokumentenobjektmodell.

Domäne, die; *Subst.* (domain)
Bei der Konstruktion und der Verwaltung einer Datenbank der Satz von gültigen Werten für ein gegebenes Attribut. Die Domäne des Attributs VORWAHL-NUMMER kann z.B. eine Liste aller gültigen dreistelligen Vorwahlnummern der Vereinigten Staaten sein.
Bei Windows NT Advanced Server beschreibt eine Domäne eine Sammlung von Computern, die eine zentrale Domänendatenbank und Sicherheitspolitik nutzen. Jede Domäne hat einen eindeutigen Namen. »Domäne« stellt ferner einen Begriff aus dem Bereich der Internet- und Netzwerkterminologie dar. Sie gibt die höchste Untereinheit eines Domänennamens in einer Netzwerkadresse an und bezeichnet den Typ der Entität, der die Adresse gehört (z.B. *.com* für kommerzielle Benutzer oder *.edu* für Lehranstalten). Die Domäne kann auch den geografischen Standort der Adresse bezeichnen (z.B. *.fr* für Frankreich oder *.de* für Deutschland). Bei der Domäne handelt es sich um den letzten Bestandteil der Adresse (z.B. http://www.acm.org). → *siehe auch* Domänenname.

Domäne, ferromagnetische, die; *Subst.* (ferromagnetic domain)
→ *siehe* magnetische Domäne.

Domäne, magnetische, die; *Subst.* (magnetic domain)
→ *siehe* magnetische Domäne.

Domänenadresse, die; *Subst.* (domain name address)
Die Adresse eines Gerätes, das mit dem Internet oder einem anderen TCP/IP-Netzwerk verbunden ist. Dies erfolgt nach einem hierarchischen System, das die Server, die Organisationen und die Typen durch Wörter bezeichnet, z.B. http://www.logos.net. → *siehe auch* TCP/IP.

Domänenname, der; *Subst.* (domain name)
Eine Adresse einer Netzwerkverbindung. Diese Adresse wird in einem Format ausgegeben, das den Eigentümer der Adresse hierarchisch strukturiert bezeichnet: *server.organisation.typ*. Der Domänenname *www.whitehouse.gov* bezeichnet z.B. den Webserver des Weißen Hauses in Washington.

Domänenparken, das; *Subst.* (domain parking)
Ein von Webhosting-Anbietern angebotener Service, bei dem eine Domain angemeldet und so lange auf einem Server geparkt wird, bis sich der Besitzer zur Aktivierung entscheidet. Der Sinn des Domänenparkens besteht darin, dass die geparkte Domain von keiner anderen Person reserviert werden kann.

Domain-Name-Server, der; *Subst.* (domain name server)
→ *siehe* DNS-Server.

Domain Name Service, der; *Subst.* (domain name service)
→ *siehe* DNS.

Domain Name System, das; *Subst.*
→ *siehe* DNS.

D

Domain Naming System, das; *Subst.*
→ *siehe* DNS.

Domain-Slamming, das; *Subst.* (domain slamming)
Die - illegale - Übertragung der Eigentumsrechte von Domänennamen ohne das Einverständnis des ursprünglichen Eigentümers einer Domäne. → *siehe auch* Domäne (Def. 3). → *vgl.* Domänenparken.

Dongle, der; *Subst.* (dongle)
Adapterkomponente oder -kabel, die oder das eine nicht standardisierte Schnittstelle zwischen einem Computer und einem Peripheriegerät oder zwischen zwei ungleichen Computergeräten ermöglicht. → *siehe* Hardwareschloss.

Doppeldiskettenlaufwerk *Adj.* (dual disk drive)
Ein Computer, der zwei Diskettenlaufwerke besitzt.

Doppeldruck, der; *Subst.* (double-strike)
Auf einem Anschlagdrucker (z.B. einem Typenraddrucker) das zweifache Drucken eines Wortes, wodurch der Text dunkler und stärker bzw. fetter erscheint als im Normaldruck. Auf Matrixdruckern lässt sich der Doppeldruck mit einer leichten Verschiebung kombinieren, um die Leerstellen zwischen den einzelnen Matrixpunkten auszufüllen und somit ein geschlosseneres Zeichenbild zu erhalten.

doppelklicken *Vb.* (double-click)
Die Maustaste zweimal hintereinander drücken und wieder loslassen. Doppelklicken stellt eine Methode zur schnellen Auswahl und Aktivierung eines Programms oder Leistungsmerkmals dar. → *vgl.* klicken, ziehen.

Doppelprozessorsystem, das; *Subst.* (dual processors)
Der Einsatz von zwei Prozessoren. Mit Hilfe eines Doppelprozessorsystems lässt sich die Verarbeitungsgeschwindigkeit eines Computers steigern: ein Prozessor steuert den Speicher und den Bus, während der zweite Prozessor Eingabe-/Ausgabeoperationen behandelt. In vielen PCs wird ein zweiter Prozessor für die Ausführung von Gleitkommaarithmetik eingesetzt. → *siehe auch* Coprozessor, Gleitkommanotation.

Doppelpufferung, die; *Subst.* (double buffering)
Auch als Ping-Pong-Pufferung bezeichnet. Die Verwendung von zwei temporären Speicherbereichen (Puffern) gegenüber nur einem zur Aufnahme von Informationen, die von einem bestimmten I/O-Gerät kommen und dorthin gehen. Da sich ein Puffer füllen lässt, während der andere geleert wird, erhöht sich durch Doppelpufferung die Geschwindigkeit des Informationstransfers. → *auch genannt* Pingpongpuffer.

doppelseitiges Laufwerk, das; *Subst.* (dual-sided disk drive)
Ein Diskettenlaufwerk, das Informationen sowohl von der Oberseite als auch der Unterseite einer doppelseitigen Diskette lesen bzw. darauf schreiben kann. Doppelseitige Laufwerke verfügen dazu für jede Diskettenseite über je einen Schreib-/Lesekopf.

doppelt dereferenzieren *Vb.* (double-dereference)
Einen Pointer dereferenzieren, auf den wiederum ein anderer Pointer zeigt. Mit anderen Worten: auf Informationen über ein Handle zugreifen. → *siehe auch* dereferenzieren, Handle, Zeiger.

doppelte Dichte *Adj.* (dual density)
Die Fähigkeit von Diskettenlaufwerken, Disketten verschiedener Formate lesen und beschreiben zu können.

doppelt genau *Adj.* (double-precision)
Eine Zahl, für die doppelt so viel Speicher (zwei Wörter – in der Regel 8 Byte) aufgewendet wird, wie für eine Zahl mit einfacher Genauigkeit. Zahlen doppelter Genauigkeit behandelt der Computer in der Regel im Gleitkommaformat. → *siehe auch* Gleitkommazahl. → *vgl.* einfache Genauigkeit.

doppelt verkettete Liste, die; *Subst.* (doubly linked list)
Eine Folge von Knoten (Elemente zur Darstellung diskreter Informationseinheiten), bei denen jeder Knoten sowohl auf den nächsten als auch den vorangehenden Knoten verweist. Aufgrund dieser Zweiwegeverweise kann man eine doppelt verkettete Liste sowohl vorwärts als auch rückwärts durchlaufen, im Gegensatz zu nur einer Richtung (vorwärts) bei einfach verketteten Listen.

Doppelwort, das; *Subst.* (double word)
Eine Dateneinheit aus zwei aufeinanderfolgenden Worten (zusammenhängende Bytes, nicht Text), die vom Mikroprozessor des Computers gemeinsam behandelt werden.

DOS

Abkürzung für **D**isk **O**perating **S**ystem. Ein allgemeiner Begriff, der ein Betriebssystem beschreibt, das von Datenträgergeräten geladen wird, wenn das System gestartet oder neu gebootet wird. Durch diesen Begriff wurden ursprünglich laufwerksbasierte Systeme veralteter Betriebssysteme

für Mikrocomputer unterschieden, die entweder speicherbasiert waren oder auf der Basis von Magnetbändern oder Lochstreifen ausgeführt wurden. → *siehe auch* MS-DOS, PC-DOS. Abkürzung für **D**enial **O**f **S**ervice Attack, zu Deutsch »Dienstverweigerungsattacke«.
→ *siehe auch* Dienstverweigerungsattacke.

DOS-Box, die; *Subst.* (DOS box)
Ein Computer, der die Betriebssysteme MS-DOS oder PC-DOS verwendet. Im Gegensatz hierzu gibt es Computer, die unter einem anderen Betriebssystem, z.B. UNIX oder Windows, ausgeführt werden und entsprechend »UNIX-Box« oder »Windows-Box« heißen.

DO-Schleife, die; *Subst.* (DO loop)
Eine in Programmen verwendete Steueranweisung, die einen Codeabschnitt wiederholt ausführt, bis eine angegebene Bedingung erfüllt ist. Die DO-Schleife ist z.B. in FORTRAN, Basic und anderen Programmiersprachen verfügbar. → *siehe auch* iterative Anweisung. → *vgl.* FOR-Schleife.

DOS-Extender, der; *Subst.* (DOS extender)
Ein Programm zur Erweiterung des auf 640 KByte begrenzten konventionellen Speichers, der für die Verwendung durch DOS und DOS-Anwendungen verfügbar ist. Ein DOS-Extender beansprucht dazu einen Teil des reservierten Speichers (Speicher, der durch andere Teile des Systems verwendet wird, beispielsweise den Videoadapter, das ROM BIOS und die I/O Ports).

DOS-Kompatibilitätsbox, der; *Subst.* (DOS box)
Ein OS/2-Prozess, der die Ausführung von Programmen unter dem Betriebssystem MS-DOS unterstützt. → *auch genannt* Kompatibilitätsbox.

DOS Protected Mode Interface, das; *Subst.*
→ *siehe* DPMI.

Dot.com *Subst.*
Ein Unternehmen, das vornehmlich oder völlig im Internetbereich tätig ist, oder das Internet zur Abwicklung seiner Geschäftstätigkeit nutzt. Der Ausdruck ist aus der Top-Level-Domain ».com« abgeleitet, die am Ende von kommerziellen Webseiten steht. → *siehe auch* .com, E-Commerce.

Dotiersubstanz, der; *Subst.* (dopant)
Auch als Dotand bezeichnet. Eine Verunreinigung, die in kleinen Mengen einem Halbleitermaterial bei der Herstellung von Dioden, Transistoren und integrierten Schaltkreisen hinzugefügt wird. Da der Widerstand eines Halbleiters zwischen dem eines Leiters und dem eines Isolators liegt (daher sein Name), kann man mit Hilfe von Dotiersubstanzen die Leitfähigkeit eines Halbleiters erhöhen oder verringern. Die Art und Menge der Dotiersubstanz legt den Leitfähigkeitstyp fest. N-Halbleiter, in denen Strom durch freie Elektronen geleitet wird, oder P-Halbleiter, in denen Strom durch Elektronenlücken, den sog. »Löchern« geleitet wird). Zu den gebräuchlichsten Dotiersubstanzen gehören Arsen, Antimon, Wismut und Phosphor. → *siehe auch* n-leitender Halbleiter, p-leitender Halbleiter.

Doubledabble, das; *Subst.* (double dabble)
Eine Methode für das Umwandeln von Binärziffern in Dezimalbrüche, indem Summen verdoppelt und zusätzliche Bits hinzugefügt werden: Wenn das Bit verdoppelt wird, das am weitesten links steht, wird so lange das jeweils nächste Bit hinzugefügt und die jeweilige Summe verdoppelt, bis das äußerste rechte Bit in die Summe einbezogen worden ist.

Double Supertwist Nematic Display, das; *Subst.*
(double supertwist nematic display)
→ *siehe* Supertwist-Display.

Doublette, die; *Subst.* (duplicate key)
Einem indizierten Feld in einem Datensatz einer Datenbank zugewiesener Wert, der mit einem Wert im entsprechenden Feld eines anderen Datensatzes derselben Datenbank identisch ist. Beispielsweise würde ein Schlüssel (oder Index), der aus dem Feld POSTLEITZAHL besteht, zwangsläufig doppelte Werte enthalten, wenn in der Datei mehrere Adressen zu ein und derselben Postleitzahl gespeichert werden. Sind in einem Feld doppelte Werte zulässig, eignet es sich zwar nicht als Hauptschlüssel (da ein Hauptschlüssel eindeutig sein muss), lässt sich aber als Komponente eines zusammengesetzten Hauptschlüssels verwenden. → *siehe auch* Primärschlüssel.

Doublettenprüfung, die; *Subst.* (duplication check)
Die Kontrolle, ob Datensätze oder Schlüssel in einer Datei doppelt vorhanden sind.
Mit »Doublettenprüfung« bezeichnet man auch die Verwendung separater, unabhängiger Berechnungen, die die Genauigkeit eines Ergebnisses untermauern sollen.

down *Adj.*
Nicht mehr funktionierend. Bezieht sich auf Computer, Drucker, Kommunikationsverbindungen in Netzwerken und vergleichbarer Hardware.

D

Downflow, der; *Subst.* (downflow)
Zu Deutsch »Abfließen«. Beim Data Warehousing einer von 4 Vorgängen. Beim Downflow werden die gespeicherten Daten geliefert und archiviert. → *siehe auch* datawarehouse, inflow, Metaflow, upflow.

Downlink, der; *Subst.* (downlink)
Die Übertragung von einem Kommunikationssatelliten zur Bodenstation.

downloaden *Vb.* (download)
In der Kommunikationstechnik die Übertragung einer Datenkopie von einem entfernten Computer auf den anfordernden Computer mittels eines Modems oder über ein Netzwerk.

Downsizing, das; *Subst.* (downsizing)
Ein Begriff aus dem Bereich der Computertechnologie. Die Umstellung von einem großen Computersystem, z.B. Großrechner und Minicomputer, auf ein kleines System. Das Ziel des Downsizings ist das Einsparen von Kosten und der Einstieg in neue Software. Bei dem kleineren System handelt es sich in der Regel um Client/Serversysteme, die aus PCs, Workstations und einem *Vermächtnissystem* (»legcy system«) (z.B. ein Großrechner) bestehen, die an lokale Netzwerke oder Weitbereichsnetze angeschlossen sind. → *siehe auch* Altdaten-Konvertiersystem, Client/Serverarchitektur, Legacy.

downstream, der; *Subst.*
Die Richtung, in die ein Newsfeed für eine Newsgroup von einem Newsserver zum nächsten verläuft. → *siehe* auch Newsfeed, Newsgroup, Newsserver.
Ausdruck, der die Datenübertragung von einem entfernten Netzwerk zum eigenen Computer charakterisiert. Einige internetspezifische Technologien erreichen beim Empfang (also downstream) eine weitaus höhere Geschwindigkeit als beim Senden (upstream). Beispielsweise arbeiten Kabelmodems beim Empfang mit rund 30 Megabit pro Sekunde (Mbps). Beim Sendevorgang wird eine wesentlich niedrige Geschwindigkeit erreicht, die im Bereich von 128 Kilobit pro Sekunde (Kbps) bis etwa 2 Mbps liegt. → *vgl.* upstream.

DP
→ *siehe* Datenverarbeitung.

dpi
→ *siehe* Punkte pro Zoll.

DPMA
Abkürzung für **D**ata **P**rocessing **M**anagement **A**ssociation. Eine Berufsorganisation für Informationssysteme. Die DPMA wurde 1951 unter dem Namen »National Machen Accountants Association« gegründet.

DPMI
Abkürzung für **D**OS **P**rotected **M**ode **I**nterface. Eine ursprünglich für Microsoft Windows 3.0 entwickelte Softwareschnittstelle, die Anwendungen unter MS-DOS die Fähigkeiten des Protected Modes des Intel-Mikroprozessors 80286 (und höher) verfügbar macht. Im Protected Mode kann der Mikroprozessor Multitasking und die Verwendung von Speicher oberhalb von 1 MB unterstützen – Möglichkeiten, die das Betriebssystem MS-DOS von Natur aus nicht bietet und die daher nicht für Programme verfügbar sind, die unter MS-DOS laufen sollen. → *siehe auch* Protected Mode. → *vgl.* Real Mode, VCPI.

DPMS
Abkürzung für VESA **D**isplay **P**ower **M**anagement **S**ignaling. Ein VESA-Standard für Signale, die einen Videomonitor in den Bereitschafts- oder Anhaltemodus (Suspend Mode) versetzen, um den Energieverbrauch zu drosseln. → *siehe auch* grüner PC, VESA.

DPOF
Abkürzung für »Digital Print Order Format« (»Digitales Druckauftragformat«). Eine Druckspezifikation, die von Canon Computer Systems, Inc., Eastman Kodak Company, Fuji Photo Film Co., Ltd. und Matsushita Electric Industrial Co., Ltd. entwickelt wurde. DPOF soll das Drucken von auf digitalen Kameras gespeicherten Bildern erleichtern, indem den Benutzern die Möglichkeit gegeben wird, auf der Speicherkarte die Auswahl der zu druckenden Bilder sowie die Bestimmung der Zahl der gewünschten Bilder vorzunehmen. Die gewählten Bilder können daraufhin in einem professionellen Fotogeschäft oder auf einem Drucker ausgedruckt werden.

DPSK
Abkürzung für **D**ifferential **P**hase **S**hift **K**eying. → *siehe* Phasenverschiebung.

Drag & Drop *Vb.* (drag-and-drop)
Wörtlich übersetzt »Ziehen & Ablegen«. Das Ausführen von Operationen in einer grafischen Benutzeroberfläche. Es werden dabei Objekte mit der Maus am Bildschirm verschoben.

Um z.B. ein Dokument bei Mac OS zu löschen, kann der Benutzer das Symbol für das Dokument mit der Maus ziehen und auf dem Symbol für den Papierkorb ablegen. → *siehe auch* grafische Benutzeroberfläche, ziehen. (Abbildung D.17)

Abbildung D.17: Drag & Drop: Drag & Drop von Text in WordPad

drahtlos *Adj.* (wireless)
Bezeichnet eine Informationsübertragung, die nicht drahtgebunden erfolgt, sondern z.B. über Radiowellen oder Infrarotlicht.

drahtloses LAN, das; *Subst.* (wireless LAN)
Ein lokales Netzwerk (LAN), das Daten über Radiowellen, infrarotes Licht oder eine andere, nicht drahtgebundene Technik überträgt. Ein drahtloses LAN wird meist in Büro- oder Fabrikumgebungen verwendet, in denen entsprechend mobile Computer zum Einsatz kommen. → *siehe auch* 802.11, HomeRF, WLAN, Zugangspunkt. → *vgl.* Heimbereichsnetz.

Drahtmodell, das; *Subst.* (wire-frame model)
In Anwendungen der Computergrafik, wie z.B. bei CAD-Programmen, eine zur Erzeugung eines Modells verwendete Darstellung dreidimensionaler Objekte mittels einzelner Linien, die wie bei einem Drahtgitter miteinander verbunden sind. → *vgl.* Oberflächenmodellierung, Volumenmodell.

DRAM, das; *Subst.*
→ *siehe* dynamisches RAM.

DRAM, synchrones, das; *Subst.* (synchronous DRAM) → *siehe* synchrones DRAM.

DRAW
Abkürzung für **D**irect **R**ead **A**fter **W**rite, zu Deutsch »Direktes Lesen nach dem Schreiben«. Eine bei optischen Disks ange-

wandte Technik zur Überprüfung der Richtigkeit der Informationen unmittelbar nach der Aufzeichnung (Schreiben). → *vgl.* DRDW.

Drawing Interchange Format, das; *Subst.*
(drawing interchange format)
→ *siehe* DXF.

DRDW
Abkürzung für **D**irect **R**ead **D**uring **W**rite. Eine bei optischen Disks angewandte Technik zur Überprüfung der Richtigkeit der Informationen unmittelbar bei der Aufzeichnung. → *vgl.* DRAW.

dreidimensionaler Scanner, der; *Subst.* (spatial digitizer)
Ein Scanner zur Erfassung dreidimensionaler Objekte. Geräte dieser Art werden vorrangig in der Medizin und Geodäsie eingesetzt. → *vgl.* optischer Scanner.

dreidimensionales Array, das; *Subst.* (three-dimensional array)
Eine geordnete Zusammenstellung von Informationen, bei der ein bestimmtes Element durch drei Zahlen (meist Ganzzahlen) lokalisiert wird. Ein dreidimensionales Array besteht praktisch aus übereinander gelegten Ebenen, die jeweils in Zeilen und Spalten eingeteilt sind. → *siehe auch* Array, zweidimensionales Array.

dreidimensionales Modell, das; *Subst.* (three-dimensional model)
Die Computersimulation eines realen Objekts, wobei Länge, Breite und Tiefe echte Attribute sind. Im Allgemeinen bezeichnet dieser Begriff ein Modell mit x-, y- und z-Achsen, das sich drehen lässt, um unterschiedliche Betrachtungswinkel zu realisieren.

Dreipassscanner, der; *Subst.* (triple-pass scanner)
Ein Farbscanner, der für jede der drei Grundfarben (Rot, Grün und Blau) einen eigenen Abtastvorgang durchführt. → *siehe auch* Farbscanner.

Drei-Schichten-Client/Server, der; *Subst.* (three-tier client/server)
Eine Client/Serverarchitektur, bei der Softwaresysteme in drei Ebenen strukturiert werden: Benutzeroberfläche, Geschäftsstruktur und Datenbank. Die Schichten können über eine oder mehrere Komponenten verfügen. Beispiels-

D weise können sich in der obersten Schicht mehrere Benutzeroberflächen befinden, und jede Benutzeroberfläche kann parallel mit mehreren Anwendungen in der mittleren Schicht kommunizieren. Ebenso können auch die Anwendungen in der mittleren Schicht parallel auf mehrere Datenbanken zugreifen. Die Komponenten einer Schicht können auf einem Computer ausgeführt werden, der von den anderen Schichten getrennt ist, und mit den anderen Komponenten über ein Netzwerk kommunizieren. → *siehe auch* Client/Serverarchitektur. → *vgl.* Zwei-Schichten-Client/Server.

Drei-Tastengriff, der; □ *Subst.* (three-finger salute)
Slangausdruck für einen Warmstart bei einem IBM-kompatiblen PC. Dabei werden die Tasten Strg, Alt und Entf (bei englischsprachigen Tastaturen Ctrl, Alt und Del) gleichzeitig gedrückt. Das Gegenstück zum Warmstart ist der Kaltstart, bei dem der Computer durch Aus- und Wiedereinschalten oder durch Druck auf die Reset-Taste neu gestartet wird. Das Synonym »Vulkaniertodesgriff« stammt aus der Fernsehserie »Raumschiff Enterprise« (englischer Titel »Star Trek«). → *siehe auch* Kaltstart, Warmstart. → *auch genannt* Vulkaniertodesgriff.

Dribbleware, die; *Subst.* (dribbleware)
Updates, Patches und neue Treiber für ein Softwareprodukt, die nicht in eine neue Produktversion integriert werden, sondern direkt nach der Entwicklung angeboten werden. Eine Firma, die nach der Dribblewaremethode verfährt, vertreibt neue Dateien auf Diskette oder CD-ROM bzw. stellt diese über das Internet oder über ein privates Netzwerk zur Verfügung. → *siehe auch* patchen, Treiber.

Drift, der; *Subst.* (drift)
Die Bewegung von Ladungsträgern in einem Halbleiter, die durch eine angelegte Spannung hervorgerufen wird. Von Drift spricht man häufig auch in Bezug auf langsame, unerwünschte Änderungen eines Parameters. Beispielsweise kann sich der Wert eines Widerstands infolge von Erwärmung oder Abkühlung langsam verändern, d.h., der Widerstand driftet.

Drilldown *Subst.* (drill down)
Dieser Begriff wird verwendet, wenn ein Benutzer auf der obersten Ebene eines Menüs, Verzeichnisses oder einer Webseite beginnt und anschließend sukzessive die verschiedenen Untermenüs, Unterverzeichnisse oder verknüpften Seiten aufruft, bis das gewünschte Element angezeigt wird. Dieses Verfahren wird allgemein angewendet, wenn Benutzer im Internet Dateien oder Informationen ermitteln möch-

ten. Die hochentwickelten Menüs von Gopher und die World Wide Web-Seiten sind in der Regel auf der obersten Ebene sehr allgemein gehalten und enthalten erst auf den unteren Ebenen detaillierte Informationen. → *siehe auch* Gopher, Menü, Webseite. (Abbildung D.18)

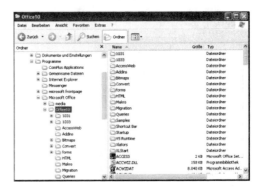

Abbildung D.18: Drilldown

dritte Computergeneration, die; *Subst.* (third-generation computer)
Charakterisiert die von der Mitte der sechziger bis in die siebziger Jahre produzierten Computer, deren Schaltungstechnik auf integrierten Schaltkreisen im Gegensatz zu einzeln verdrahteten Transistoren beruhte. → *siehe auch* Computer.

dritte Normalenform, die; *Subst.* (third normal form)
→ *siehe* Normalform.

Driver Development Kit *Subst.*
→ *siehe* DDK.

DRM, das; *Subst.*
Abkürzung für »Digital Rights Management« (digitale Rechteverwaltung). Eine Gruppe von Technologien, die zum Schutz geistigen Eigentums vor unerlaubter Verbreitung im Internet entwickelt wurden. Mit DRM kann gesteuert werden, welcher Benutzer geschützte Inhalte in welcher Form einsehen darf. Ein DRM-Paket kann beispielsweise festlegen, dass ein Benutzer bestimmte geschützte Inhalte einsehen, aber nicht ausdrucken oder weiterleiten kann. Des Weiteren kann definiert werden, dass Inhalte nach einer bestimmten Dauer oder nach der Verteilung an mehrere Benutzer ungültig werden. Die DRM-Technologie wurde zum Schutz von digitalen und analogen Inhalten in ihren verschiedenen Ausprägungen konzipiert und umfasst Verschlüsselung, digitale Wasserzeichen und so genannte Content-Tracking-Software. Besonders große Wichtigkeit kommt DRM beim Verkauf von Musik über das Internet

D

zu. Um zu verhindern, dass legal erworbene Musikstücke unrechtmäßig weitergegeben werden, etwa über P2P-Netzwerke, setzen Onlinesoundportale wie Apple iTunes (http://www.apple.com/de/itunes/) auf DRM-geschützte Inhalte. Damit lässt sich exakt festlegen, wie oft eine Musikdatei abgespielt, auf einen portablen Musikplayer überspielt, auf andere Computer kopiert und in ein anderes Format konvertiert werden darf. Die Lizenzverwaltung erfolgt direkt in der Abspielsoftware des Computers, beispielsweise im Windows Media Player Series 9. → *siehe auch* Peer-to-Peer-Netzwerk.

DRO
Abkürzung für **D**estructive **R**ead**O**ut. → *siehe* zerstörendes Lesen.

Drop-Dead-Halt, der; *Subst.* (drop-dead halt)
→ *siehe* Vollabsturz.

Dropdownmenü, das; *Subst.* (drop-down menu)
Ein Menü, das nach Anforderung aus einer Menüleiste »herausklappt« (englisch: drop down – he-runterfallen) und ohne weitere Aktionen geöffnet bleibt, bis es der Benutzer schließt oder ein Menüelement auswählt. → *vgl.* Pulldownmenü.

drop in *Vb.*
Das Lesen eines Störsignals während einer Schreib-/Leseoperation, wodurch fehlerhafte Daten entstehen.

Droplet, das; *Subst.* (droplet)
Eine Erweiterung für das DTP-Programm Quark Express. Dadurch können Dateien aus dem Finder mit der Maus auf eine Seite gezogen werden.
Ein Droplet ist außerdem eine Funktion von Frontier, durch die Skripten innerhalb einer Anwendung eingebettet und ausgeführt werden können, sobald der Benutzer auf die Anwendung doppelklickt.
Des Weiteren stellt »Droplet« einen allgemeinen Namen für ein AppleScript-Programm dar, in das Dateien für die Bearbeitung gezogen und abgelegt werden können. → *siehe auch* AppleScript.

drop out *Vb.*
Der momentane Signalausfall während einer Schreib-/Leseoperation, wodurch fehlerhafte Daten entstehen.

Drosselsteuerung, die; *Subst.* (throttle control)
Eine Vorrichtung, die dem Benutzer eines Flugsimulators oder eines Computerspiels die simulierte Steuerung einer Antriebs-

maschine ermöglicht. Die Drosselsteuerung wird zusammen mit einem Joystick (der die simulierten Quer- und Höhenruder steuert) und u.U. einer Leitwerksteuerung eingesetzt.

Druck, bidirektionaler, der; *Subst.* (bidirectional printing)
→ *siehe* bidirektionaler Druck.

Druckdatei, die; *Subst.* (page-image file, printer file)
Eine Datei, in die alle Ausgaben umgeleitet werden, die normalerweise für den Drucker bestimmt sind. Die Gründe für das Anlegen einer Druckdatei können unterschiedlicher Art sein. Beispielsweise kann man diese Datei an ein anderes Programm oder einen anderen Computer transferieren. Es lassen sich auch zu jeder Zeit zusätzliche Kopien anfertigen, indem man einfach die gespeicherte Druckseite an den Drucker kopiert. Gelegentlich wird der Begriff »Druckdatei« fälschlicherweise für den Druckertreiber verwendet.
Eine Druckdatei ist außerdem eine Datei, die den notwendigen Code für einen Drucker oder ein anderes Anzeigegerät enthält, um die Druckseite oder das Bildschirmbild zu erzeugen. → *siehe auch* PostScript.

druckempfindlich *Adj.* (pressure-sensitive)
Kennzeichnet ein Bauelement, in dem durch Druck auf seine dünne Oberfläche eine elektrische Verbindung hergestellt wird, die sich vom Computer als Ereignis registrieren lässt. Zu den druckempfindlichen Bauelementen gehören u.a. berührungsempfindliche Zeichenstifte, Membrantastaturen und bestimmte Arten von berührungsempfindlichen Bildschirmen. → *siehe auch* Touchscreen.

drucken *Vb.* (print)
Bezeichnet in der Rechentechnik das Ausgeben von Informationen an einen Drucker. Manchmal verwendet man das Wort auch im Sinne von »zeige mir« oder »kopiere dies«. Beispielsweise bewirkt die PRINT-Anweisung in der Programmiersprache Basic, dass eine Ausgabe auf dem Bildschirm angezeigt (gedruckt) wird. Eine Anwendung, die man anweisen kann, eine Datei auf Diskette zu »drucken«, interpretiert den Befehl als Anweisung, die Ausgaben in eine Diskettendatei umzuleiten, anstatt sie an einen Drucker zu schicken.

Drucken in Datei, das; *Subst.* (print to file)
Dieser Befehl ist in zahlreichen Anwendungen enthalten. Das Programm wird angewiesen, ein Dokument für den Druckvorgang zu formatieren. Das formatierte Dokument wird nicht direkt an den Drucker weitergeleitet, sondern als Datei gespeichert.

D

Drucker, der; *Subst.* (printer)
Ein Peripheriegerät, mit dem sich Text oder vom Computer erzeugte Bilder auf Papier oder andere Medien, z.B. Transparentfolien, ausgeben lassen. Die Einteilung von Druckern kann nach verschiedensten Gesichtspunkten erfolgen. Am gebräuchlichsten ist die Unterteilung nach Anschlagdruckern und anschlagfreien Druckern. Anschlagdrucker treffen das Papier physikalisch. Zu den typischen Vertretern gehören Nadeldrucker und Typenraddrucker. Zu den anschlagfreien Druckern gehören alle anderen Druckmechanismen, einschließlich Laser-, Tintenstrahl- und Thermodrucker. Daneben kann man Drucker auch nach den folgenden Kriterien klassifizieren, wobei sich diese Palette weiter fortsetzen ließe:
→ *siehe auch* Anschlagdrucker, anschlagfreier Drucker, elektrofotografische Drucker, Entwurfsqualität, Farbdrucker, Grafikdrucker, Ionenbeschussdrucker, Korrespondenzdruckqualität, Kugelkopfdrucker, Laserdrucker, LCD-Drucker, LED-Drucker, Matrixdrucker, Near Letter Quality, Paralleldrucker, Seitendrucker, serieller Drucker, Thermodrucker, Thermotransferdrucker, Tintenstrahldrucker, Typenkorbdrucker, Typenraddrucker, Zeichendrucker, Zeilendrucker.

Druckbegriff	Beschreibung
Drucktechnologie	Im Mikrocomputerbereich werden überwiegend Nadel-, Tintenstrahl-, Laser-, Thermo- und (obwohl etwas veraltet) Typenraddrucker oder Typenkorbdrucker eingesetzt. Nadeldrucker lassen sich anhand der im Druckkopf vorhandenen Nadeln kategorisieren: 9 18 24 Nadeln usw.
Zeichengestaltung	Während voll geformte Zeichen aus durchgängigen Linien bestehen (z.B. bei Typenraddruckern) setzen sich die Zeichen bei Matrixdruckern (z.B. bei Nadel-, Tintenstrahl- und Thermodruckern) aus einzelnen Punkten zusammen. Laserdrucker gehören zwar technisch gesehen zu den Matrixdruckern, sie werden aber zu den Druckern mit voll geformten Zeichen gerechnet, da die Ausgabe sehr klar ist und die Druckpunkte extrem klein und eng benachbart sind.
Übertragungsverfahren	Man unterscheidet parallele (byteweise) und serielle (bitweise) Übertragung. Diese Kategorien beziehen sich auf die Methoden die bestimmen wie die Druckdaten zum Drucker gelangen und nicht auf mechanische Unterschiede. Viele Druckermodelle sind entweder als serielle oder parallele Variante verfügbar. Andere Modelle lassen sich sowohl seriell als auch parallel anschließen, wodurch sich eine größere Flexibilität bei der Konfiguration des Druckers ergibt.

Druckbegriff	Beschreibung
Druckmethode	zeichenweise zeilenweise seitenweise. Zu den Zeichendruckern gehören Nadel-, Tintenstrahl-, Thermo-, und Typenraddrucker. Bei Zeilendruckern unterscheidet man Band-, Ketten- und Trommeldrucker die vor allem in großen Computersystemen und Netzwerken verbreitet sind. Zu den Seitendruckern gehören elektrofotografische Drucker, z.B. Laserdrucker.
Druckfähigkeit	Man unterscheidet Drucker die nur Texte ausgeben können und grafikfähige Drucker die sowohl Texte als auch Grafiken erzeugen können. Reine Textdrucker zu denen Typenrad- und Typenkorbdrucker sowie einige Matrix- und Laserdrucker gehören, können nur Textzeichen produzieren für die entsprechende Muster vorhanden sind, z.B. geprägte Typen oder interne Zeichensätze. Grafikfähige Drucker (Nadeldrucker Tintenstrahldrucker und weitere Druckerarten) können dagegen neben Texten uneingeschränkt alle Arten von Grafiken erzeugen indem sie diese aus winzigen Einzelpunkten zusammensetzen.
Druckqualität	Man unterscheidet im Wesentlichen NLQ (Near-Letter Quality) und LQ (Letter Quality).

Drucker, anschlagfreier, der; *Subst.* (nonimpact printer)
→ *siehe* anschlagfreier Drucker.

Druckercontroller, der; *Subst.* (printer controller)
Die Verarbeitungshardware in einem Drucker, typischerweise in einem Seitendrucker. Dazu gehören der Rasterprozessor, der Speicher und alle Allzweckmikroprozessoren. Der Druckercontroller kann sich auch in einem PC befinden und wird dann über ein Hochgeschwindigkeitskabel mit dem Drucker verbunden, der einfach die Befehle des Controllers ausführt.
→ *vgl.* Druckwerk.

Drucker, elektrofotografische, der; *Subst.* (electrophotographic printers)
→ *siehe* elektrofotografische Drucker.

Drucker, elektrostatischer, der; *Subst.* (electrostatic printer)
→ *siehe* elektrostatischer Plotter.

Drucker, gemeinsamer, der; *Subst.* (shared printer)
→ *siehe* gemeinsamer Drucker.

Drucker mit Druckwegoptimierung, der; *Subst.*
(logic-seeking printer)
Ein Drucker mit integrierter Intelligenz, die durch eine vorausschauende Arbeitsweise den Druckkopf direkt zum nächsten zu bedruckenden Bereich bewegt. Daher führt dieses Merkmal beim Drucken von Seiten mit zahlreichen Leerzeichen zu einer Zeitersparnis.

Druckerport, der; *Subst.* (printer port)
Ein Port, über den ein Drucker an einen PC angeschlossen wird. PC-kompatible Geräte haben in der Regel parallele Ports und werden vom Betriebssystem über den Logical Device Name »LPT« ermittelt. Bei vielen neueren PCs ist der parallele Port am Gehäuse der CPU durch ein Druckersymbol gekennzeichnet. Es können zwar auch serielle Ports bei einigen Druckern (Logical Device Name »COM«) verwendet werden, in diesem Fall ist jedoch eine Konfiguration erforderlich. Bei den Druckerports der Macintosh-Computer handelt es sich in der Regel um serielle Ports, die außerdem die Verbindung zum AppleTalk-Netzwerk herstellen. → *siehe auch* AppleTalk, CPU, logisches Gerät, Parallelport, serieller Port.

Druckerschrift, die; *Subst.* (printer font)
Im Drucker eingebaute oder für einen Drucker vorgesehene Schrift, die intern als ladbarer Zeichensatz oder als Schriftkassette vorliegen kann. → *vgl.* Bildschirmschrift.

Drucker, serieller, der; *Subst.* (serial printer)
→ *siehe* serieller Drucker.

Druckerspooler, der; *Subst.* (print spooler)
Ein Programm, das einen Druckjob auf dem Weg zum Drucker abfängt und ihn statt dessen auf Diskette oder im Speicher ablegt. Dort verbleibt der Druckjob so lange, bis ihn der Drucker ausführen kann. Der Begriff *Spooler* steht als Abkürzung für »**S**imultaneous **P**eripheral **O**perations **O**n line.«

Druckertreiber, der; *Subst.* (printer driver)
Spezielle Software, die anderen Programmen die Arbeit mit einem bestimmten Drucker ermöglicht, ohne dass sich diese Programme mit den spezifischen Eigenheiten der Hardware und der internen »Sprache« des Druckers beschäftigen müssen. Anwendungen können mit einer Vielzahl von Druckern kommunizieren, da die Druckertreiber alle Feinheiten der Drucker behandeln und damit die Anwendung von diesen Aufgaben befreien. Heutige grafische Benutzeroberflächen sind von Haus aus mit Druckertreibern ausgestattet, so dass

eine Anwendung, die unter einer derartigen Oberfläche läuft, nicht mehr über eigene Druckertreiber verfügen muss.

Druckertreiber, virtueller, der; *Subst.* (virtual printer device driver)
→ *siehe* virtueller Gerätetreiber.

Drucker, virtueller, der; *Subst.* (virtual printer)
→ *siehe* virtueller Drucker.

Druckjob, der; *Subst.* (print job)
Ein einzelner Batch von Zeichen, der als Einheit gedruckt wird. Ein Druckjob besteht in der Regel aus einem einzelnen Dokument von beliebiger Länge – von einer Seite bis zu Hunderten von Seiten. Einige Programme können mehrere Dokumente zu einem Druckjob zusammenfassen, damit nicht jedes Dokument einzeln gedruckt werden muss. → *siehe auch* Druckerspooler.

Druckkopf, der; *Subst.* (print head)
Bei einem Nadeldrucker der Teil des Druckers, der mechanisch den Abdruck der Zeichen auf dem Papier steuert. → *siehe auch* Drucker.

Druckmodus, der; *Subst.* (print mode)
Ein allgemeiner Begriff für das Ausgabeformat eines Druckers. Der Druckmodus legt die Ausrichtung (Hoch- oder Querformat), die Druckqualität und die Größe des Ausdrucks fest. Matrixdrucker unterstützen folgende Druckmodi: Entwurf, Letterqualität (LQ) oder Nearletterqualität (NLQ). Einige Drucker können sowohl Standardtext (ASCII) als auch eine Seitenbeschreibungssprache (z.B. PostScript) interpretieren. → *siehe auch* Drucker, PostScript.

Druckpuffer, der; *Subst.* (print buffer)
Ein Speicherbereich, in dem Druckausgaben vorübergehend abgelegt werden, bis sie der Drucker verarbeiten kann. Die Einrichtung eines Druckpuffers kann im Hauptspeicher (RAM) des Computers, im Drucker selbst, in einer separaten Einheit zwischen dem Computer und dem Drucker oder auf einer Diskette erfolgen. Unabhängig von seiner Lokalisierung besteht die Funktion eines Druckpuffers darin, die Druckausgaben vom Computer mit hoher Geschwindigkeit zu übernehmen und sie an den Drucker, der eine wesentlich geringere Geschwindigkeit erfordert, weiterzuleiten. Dadurch kann der Computer in dieser Zeit andere Aufgaben übernehmen. Druckpuffer variieren hinsichtlich ihrer Intelligenz: In der einfachsten Form speichern sie nur die unmittelbar nächsten zu druckenden Zei-

D chen, während andere Realisierungen die für den Druck vorgesehenen Dokumente in einer Warteschlange einreihen, erneut drucken oder löschen können.

Druckqualität, die; *Subst.* (print quality)
Die Güte und Klarheit der Zeichen, die ein Drucker erzeugen kann. Die Druckqualität variiert mit dem Druckertyp: Im Allgemeinen produzieren Matrixdrucker Ausgaben mit einer geringeren Qualität als Laserdrucker. Die Druckqualität lässt sich aber auch durch den Druckmodus beeinflussen. → *siehe auch* Auflösung.

Druckrad, das; *Subst.* (print wheel)
→ *siehe* Typenrad.

Druck, schattierter, der; *Subst.* (shadow print)
→ *siehe* schattierter Druck.

Druckserver, der; *Subst.* (print server)
Eine Arbeitsstation, die für die Verwaltung der Drucker in einem Netzwerk reserviert ist. Diese Aufgabe kann eine beliebige Station des Netzwerks übernehmen.

Drucktaste, die; *Subst.* (Print Screen key, PrtSc key)
Eine Taste auf der Tastatur der IBM-PCs und kompatibler Computer, die normalerweise die Ausgabe eines zeichenorientierten »Bildes« des Bildschirminhalts auf dem Drucker bewirkt. Bildschirmdrucken funktioniert nur im Textmodus oder CGA-Grafikmodus des Displays (der auf IBM-kompatiblen Computern verfügbare Farbgrafikmodus mit der geringsten Auflösung). In anderen Grafikmodi sind die Ergebnisse nicht vorhersehbar. Einige Programme verwenden die Drucktaste, um einen »Schnappschuss« des Bildschirminhalts auszulösen und das Bild als Datei auf Diskette zu speichern. Diese Programme arbeiten normalerweise in einem der Grafikmodi und zeichnen die Datei in einem Grafikformat auf. Wenn der Benutzer direkt mit dem Betriebssystem MS-DOS und den entsprechenden Programmen arbeitet, schaltet die Tastenkombination Strg+Drucktaste den Drucker an oder aus. Bei aktiviertem Druck sendet das System jedes Zeichen sowohl an den Drucker als auch an den Bildschirm. Die Drucktaste der erweiterten Apple-Tastatur dient der Kompatibilität mit Betriebssystemen wie MS-DOS.

Druckwarteschlange, die; *Subst.* (print queue)
Ein Puffer für Dokumente und Grafiken, die gedruckt werden sollen. Wenn eine Anwendung ein Dokument in eine Druckwarteschlange ablegt, wartet das Dokument so lange in einem bestimmten Speicherbereich des Computers, bis der Druck eingeleitet werden kann.

Druckwarteschlange-Datei, die; *Subst.* (accounting file)
Eine Datei, die von einem Druckercontroller angelegt wird und mit deren Hilfe Kontrolle über die Anzahl der zu druckenden Seiten pro Druckjob sowie den Benutzer erlangt wird, der den Druckjob initiiert hat.

Druckweite, die; *Subst.* (pitch)
Eine Maßeinheit, die in der Regel bei festgelegten Zeichensätzen verwendet wird. Die Druckweite beschreibt die Anzahl der Zeichen, die ein horizontales Zoll einnimmt. → *siehe* Lochabstand. → *siehe auch* Zeichen pro Zoll. → *vgl.* zeigen.

Druckwerk, das; *Subst.* (printer engine)
Der Teil eines Seitendruckers, z.B. eines Laserdruckers, der den eigentlichen Druckvorgang realisiert. Die meisten Druckwerke sind selbständige Module, die sich leicht ersetzen lassen, und unterscheiden sich damit vom Druckercontroller, der die gesamte Verarbeitungshardware im Drucker umfasst. Die am weitesten verbreiteten Druckwerke werden von Canon hergestellt. → *vgl.* Druckercontroller.

.drv
Die Dateinamenerweiterung einer Treiberdatei. → *siehe auch* Treiber.

DSA
Abkürzung für **D**irectory **S**ystem **A**gent oder **D**irectory **S**erver **A**gent. Ein X.500-Serveranwendungsprogramm, das das Netzwerk nach der Adresse eines Benutzer durchsucht, wenn eine entsprechende Abfrage von einem DUA (Directory User Agent) erfolgt. → *siehe auch* Agent, DUA, X.500.

DSL
→ *siehe* digitaler Teilnehmeranschluss, Digital Subscriber Line.

DSLAM
Abkürzung für **D**igital **S**ubscriber **L**ine **A**ccess **M**ultiplexer. Eine Vorrichtung in der zentralen Vermittlungsstelle einer Telefongesellschaft, die digitale Teilnehmerleitungen aufteilt und sowohl mit Netzwerkhosts des Internet als auch mit dem öffentlichen Telefonnetz verbindet. Durch Einsatz eines DSLAM können über ein einziges Leitungspaar sowohl Sprach- als auch Datenübertragung abgewickelt werden. → *siehe auch* Digital Subscriber Line.

DSOM

→ *siehe* Distributed System Object Model.

DSP

→ *siehe* digitaler Signalprozessor.

DSR

Abkürzung für **D**ata **S**et **R**eady. Ein in der seriellen Daten-übertragung verwendetes Signal, das von einem Modem an den eigenen Computer gesendet wird, um die Arbeitsbereitschaft anzuzeigen. DSR ist ein Hardwaresignal, das in Verbindungen nach dem Standard RS-232-C über die Leitung 6 gesendet wird. → *siehe auch* RS-232-C-Standard. → *vgl.* CTS.

DSS

→ *siehe* digitales Satellitensystem, Digital Signature Standard, Entscheidungshilfesystem.

DSSS

Die Abkürzung für **D**irect **S**equence **S**pread **S**pectrum bezeichnet eine von zwei Möglichkeiten der Datenübertragung im Funk-LAN (die zweite Möglichkeit ist FHSS). Dabei wird die zur Verfügung stehende Sendeenergie auf ein breites Frequenzband aufgeteilt, um die Störanfälligkeit der übertragenen Daten gegenüber Interferenzen zu erhöhen. Somit ist die drahtlose Datenübertragung auch in bereits belegten Frequenzbereichen möglich. → *siehe auch* drahtloses LAN.

DSSSL

→ *siehe* Document Style Semantics and Specification Language.

DSTN-Display, das; *Subst.* (DSTN display)
→ *siehe* Supertwist-Display.

DSTP

Abkürzung für **D**ata **S**pace **T**ransfer **P**rotocol. Ein am National Center for Data Mining der University of Illinois in Chicago (Webadresse: http://www.ncdm. uic.edu) entwickeltes Protokoll zur Datenfilterung, das zum Korrelieren von Daten aus unterschiedlichsten Quellen in einem Netzwerk eingesetzt werden kann. Dabei stellt ein DSTP-Client eine Anfrage nach spezifischen Informationen an einen DSTP-Server. Der Server speichert Metadaten über unterschiedliche Datenquellen – Dateien, Datenbanken oder verteilte Datenbanken – in einem XML-basierten Format in so genannten »Universal Correlation Keys« (UCK). Die in den UCKs enthaltenen Infor-mationen werden an den DSTP-Client zurückgegeben. → *siehe auch* Datenfilterung, Metadaten, XML.

DSVD

→ *siehe* Digital Simultaneous Voice and Data.

DTD

Abkürzung für **D**ocument **T**ype **D**efinition (»Dokumenttypdefinition«). Ein gesondertes Dokument, das formale Definitionen aller Datenelementcodes einer Gruppe von HTML- oder SGML-Dokumenten enthält. Wird eine DTD zusammen mit einem Dokument eingesetzt, kann ein einzelner Compiler mit vielen verschiedenen Markierungscodes arbeiten. → *siehe auch* HTML, SGML.

DTE

Abkürzung für **D**ata **T**erminal **E**quipment. Im Hardwarestandard RS-232-C jedes Gerät, z.B. ein Mikrocomputer oder ein Terminal, das Informationen in digitaler Form über ein Kabel oder eine Kommunikationsleitung übertragen kann. → *siehe auch* RS-232-C-Standard. → *vgl.* DCE.

DTL

→ *siehe* Diodentransistorlogik.

DTP

→ *siehe* Desktop Publishing, verteilte Dialogverarbeitung.

DTP-Service, der; *Subst.* (service bureau)
Eine Firma, die Dienstleistungen im elektronischen Druckwesen anbietet, z.B. Druckvorstufenaufbereitung, DTP, Computersatz, Bildsatz und Scannen von Grafiken.

DTR

Abkürzung für **D**ata **T**erminal **R**eady. Ein in der seriellen Datenübertragung verwendetes Signal, das von einem Computer an das angeschlossene Modem gesendet wird, um die Bereitschaft des Computers zur Entgegennahme eingehender Signale anzuzeigen. → *siehe auch* RS-232-C-Standard.

DTV

Abkürzung für **D**esk**T**op **V**ideo. Der Einsatz von digitalen Kameras in einem Netzwerk für eine Videokonferenz. → *siehe auch* Videokonferenz.

DUA

Abkürzung für **D**irectory **U**ser **A**gent. Ein X.500-Clientanwendungsprogramm, das eine Anfrage für die Adresse eines

D

Benutzers auf dem Netzwerk an eine DSA sendet. → *siehe auch* Agent, DSA. → *auch genannt* DCA, Directory Client Agent.

Dualboot, der; *Subst.* (dual boot)
Eine Computerkonfiguration, die es Benutzern ermöglicht, eines von zwei Betriebssystemen auf einem PC zu booten. Mögliche Dual Boot-Kombinationen sind u.a. Windows 9x/Windows NT, Windows NT/OS/2 und Windows 9x/Linux. Einige Betriebssysteme, z.B. Windows NT, Windows 2000 und OS/2, enthalten eine Multiple Boot-Option.

Dual Inline Memory Module, das; *Subst.* (dual inline memory module)
→ *siehe* DIMM.

Dual-inline-Package, das; *Subst.* (dual in-line package)
→ *siehe* DIP.

Dualscandisplay, das; *Subst.* (dual-scan display)
Eine passive LCD-Matrix, die bei Laptops verwendet wird. Die Aktualisierungsrate für den Bildschirm ist bei Dualscandisplays doppelt so hoch wie bei konventionellen passiven Matrizen. Verglichen mit aktiven Matrizen haben Dualscandisplays einen geringeren Energieverbrauch, die Anzeige ist jedoch nicht so scharf, und der Betrachtungswinkel ist geringer. → *siehe auch* passive Matrix.

dünn besetztes Array, das; *Subst.* (sparse array)
Ein Array (Anordnung von Elementen), bei dem viele Einträge gleich lautend sind und dann meist den Wert Null haben. Da nicht genau festgelegt werden kann, wann ein Array dünn besetzt ist, geht man in der Praxis davon aus, dass eine Neudefinition des Arrays erfolgen sollte, wenn etwa ein Drittel der Einträge übereinstimmt. → *siehe auch* Array.

Dünnfilm *Adj.* (thin film)
Eine Technologie zur Herstellung integrierter Schaltkreise, die prinzipiell mit der Dickfilmtechnologie vergleichbar ist. An die Stelle der verschiedenen Pasten zur Realisierung der passiven Bauelemente (Leiterbahnen, Widerstände und Kondensatoren) treten bei der Dünnfilmtechnologie Metalle und Metalloxide, die man im Vakuum durch Aufdampfen auf dem Substrat in den gewünschten Mustern abscheidet. → *siehe auch* Molekularstrahlepitaxie. → *vgl.* Dickfilm.

Dünnfilmtransistor, der; *Subst.* (thin film transistor)
→ *siehe* TFT.

dummes Terminal, das; *Subst.* (dumb terminal)
Ein Terminal, das keinen internen Mikroprozessor enthält. Dumme Terminals können in der Regel lediglich Zeichen und Zahlen anzeigen sowie auf einfache Steuercodes antworten. → *vgl.* intelligentes Terminal.

Dummy, der; *Subst.* (dummy)
Ein Platzhalter, der in der Regel für ein Zeichen, einen Datensatz oder eine Variable Platz reserviert, bis das vorgesehene Element verfügbar ist. → *siehe auch* Dummyroutine.

Dummybefehl, der; *Subst.* (dummy instruction)
→ *siehe* Nooperationbefehl.

Dummymodul, das; *Subst.* (dummy module)
Ein Modul (Gruppe von Routinen), das momentan keine Funktion ausführt, aber in zukünftigen Versionen des Programms dafür vorgesehen ist – im Wesentlichen eine Sammlung von Dummyroutinen. → *siehe auch* Dummyroutine.

Dummyparameter, der; *Subst.* (dummy argument)
In der Programmierung ein Argument, das keine Informationen an die gerufene Routine übergibt oder von dieser übernimmt. Ein Dummyparameter wird in der Regel als Platzhalter für ein Arg. verwendet, das erst in einer zukünftigen Version der Routine zum Einsatz kommt. → *siehe auch* Argument.

Dummyroutine, die; *Subst.* (dummy routine, stub)
Eine Routine, die momentan keine Aktion ausführt. Sie enthält keinen ausführbaren Code und besteht lediglich aus Kommentaren, die eine mögliche, zukünftige Funktion beschreiben. Später wird die Dummyroutine durch eine »echte« Routine ersetzt. → *siehe auch* Dummymodul, Dummyparameter, Topdownprogrammierung.
Dummyroutinen werden z.B. bei der Methode der Topdown-Programmentwicklung eingesetzt. Die Dummyroutinen werden dabei Schritt für Schritt in funktionelle Routinen umgewandelt. → *siehe auch* Topdownprogrammierung.

Dummytext, der; *Subst.* (greeking)
Die Verwendung von Worten, die keinen Sinn ergeben. Dummytext wird häufig in Musterdokumenten verwendet. Die meisten Dummytexte enthalten ein Pseudolatein und beginnen mit dem Satz »Lorem ipsum dolor sit amet«.

Duplex (duplex, duplex)
Eine Verbindung, bei der Sender und Empfänger in beide Richtungen gleichzeitig kommunizieren können. → *siehe*

auch Halbduplexübertragung. → *auch genannt* Vollduplexübertragung, Wechselbetrieb.

Die Fähigkeit, Informationen über einen Kommunikationskanal in beide Richtungen zu übertragen. Ein System wird als »Vollduplex« bezeichnet, wenn Informationen gleichzeitig in beide Richtungen übertragen werden können. Bei einem Halbduplexsystem findet die Übertragung der Informationen jeweils nur in eine Richtung statt.

Außerdem beidseitig bedruckbares Fotopapier.

Duplexdrucker, der; *Subst.* (duplex printer)
Ein Drucker, der in der Lage ist, Papier beidseitig zu bedrucken.

Duplexkanal, der; *Subst.* (duplex channel)
Eine Kommunikationsverbindung, die die Übertragung im Duplexbetrieb erlaubt, d.h. in beide Richtungen ermöglicht.

Duplexsystem, das; *Subst.* (duplex system)
Ein System mit zwei Computern, von denen der eine aktiv ist, während der andere in Bereitschaft bleibt und bei Störungen des aktiven Systems dessen Aufgaben übernimmt.

duplizieren *Vb.* (ghost)
Das Erstellen eines Duplikats. Dies kann z.B. das Duplizieren einer Anwendung im Speicher sein. → *siehe auch* Bildschirmschoner.

Durchführbarkeitsstudie, die; *Subst.* (feasibility study)
Die Auswertung eines potenziellen Projekts, um zu ermitteln, ob sich die Durchführung des Projekts lohnt oder zu bewerkstelligen ist. Durchführbarkeitsstudien beziehen in der Regel den Zeitaufwand, das Budget und die Technologie mit ein, die für die Fertigstellung erforderlich sind. Diese Studien werden meist von den datentechnischen Abteilungen größerer Organisationen durchgeführt.

durchgehend *Adj.* (contiguous)
Eigenschaft von Objekten, die unmittelbar benachbart sind und eine gemeinsame Grenze aufweisen. Beispielsweise handelt es sich bei durchgehenden Sektoren eines Datenträgers um Speichersegmente, die physikalisch unmittelbar nebeneinander liegen.

durchgestrichen *Adj.* (strikethrough)
Eine oder mehrere Linien, die durch einen markierten Textbereich verlaufen, meist um Streichungen zu kennzeichnen, wie in der folgenden Abbildung. (Abbildung D.19)

durchgestrichen

D

Abbildung D.19: durchgestrichenes Wort

Durchlauf, der; *Subst.* (pass)
Bezeichnet in der Programmierung die Ausführung einer vollständigen Sequenz von Ereignissen.

durchlaufen *Vb.* (traverse)
Bezeichnet in der Programmierung das Abrufen aller Knoten eines Baumes oder einer vergleichbaren Datenstruktur in einer bestimmten Reihenfolge.

Durchsatz, der; *Subst.* (throughput)
Ein Maß für die Datentransferrate (z.B. in einem komplexen Kommunikationssystem) oder ein Maß für die Datenverarbeitungsrate in einem Computersystem.

Durchschlagpapier, das; *Subst.* (multipart forms)
Computerdruckpapier, das aus mehreren Lagen mit dazwischenliegendem Kohlepapier besteht. Anstelle des Kohlepapiers sind auch chemische Beschichtungen auf der Rückseite jedes Blattes (mit Ausnahme des letzten) üblich. Durch die Verwendung von Durchschlagpapier lassen sich mit Nadeldruckern in einem Druckdurchlauf mehrere Kopien erzeugen. Je nach Anzahl der zu einem Satz gehörigen Blätter, kennzeichnet man das Durchschlagpapier z.B. als 2-lagig oder 3-lagig.

Durchschnitt, der; *Subst.* (intersect)
Ein Operator der relationalen Algebra, der in der Datenbankverwaltung verwendet wird. Wenn z.B. zwei Relationen (Tabellen) A und B existieren, die in korrespondierenden Feldern (Spalten) die gleichen Wertetypen enthalten (d.h. vereinigungskompatible Werte), dann baut INTERSECT A, B eine dritte Relation auf, in der die Tupel (Zeilen) erscheinen, die sowohl in A als auch in B enthalten sind. → *siehe auch* Tupel.

durchschnittlich *Adj.* (medium)
Bezieht sich auf den mittleren Bereich möglicher Werte.

Durchschuss, der; *Subst.* (lead)
In der Typografie die Größe des vertikalen Leerraums zwischen zwei Textzeilen.

D

durchsuchen *Vb.* (browse)
→ *siehe* blättern.

DVD

Abkürzung für »Digital Versatile Disc«. Die aktuelle Generation der optischen Datenträgertechnologie. DVDs sind in der Lage, ein höheres Datenvolumen zu speichern als konventionelle CDs. Standard-DVDs können ein Volumen von 4,7 Gigabyte (GB), DVDs der Form DVD-RAM ein Volumen von 9,4 Gigabyte (GB) aufnehmen. In der Regel können Abspielgeräte für DVDs auch konventionelle CDs abspielen. → *auch genannt* Digital Versatile Disc. → *vgl.* Compact-Disc.

DVD-5

Bezeichnet ein einseitig beschriebenes DVD-Medium, bei dem die Daten in einer einzigen Schicht (so genannter »single layer«) gespeichert werden. Die Gesamtkapazität solcher DVDs beträgt 4,7 Gigabyte. → *vgl.* DVD-9.

DVD-9

Bezeichnet ein einseitig beschriebenes DVD-Medium, bei dem die Daten in zwei Schichten (so genannter »dual layer«) gespeichert werden. Die Gesamtkapazität solcher DVDs beträgt 8,5 Gigabyte. → *vgl.* DVD-5.

DVD-Brenner, der; *Subst.* (dvd burner)
Spezielle, wie ein CD-ROM-Brenner aufgebaute Hardware, mit der sich DVD-Medien lesen und beschreiben lassen. Im Gegensatz zu CD-ROM-Brennern sind die mit DVD-Brennern zu verwendenden, wiederbeschreibbaren Medien nicht standardisiert. Während die Firma Pioneer auf den Standard DVD-RW setzt, vertraut eine Allianz aus den Firmen Hewlett-Packard, Mitsubishi, Verbatim, Philips, Ricoh, Sony, Thomson und Yamaha auf die Spezifikation DVD+RW. Kaum noch Bedeutung hat das dritte Format, DVD-RAM. Der Hauptunterschied zwischen DVD+RW und DVD-RW liegt in der Kompatibilität mit den verschiedenen DVD-ROM-Laufwerken. Für DVD-RW ist das DVD-Video-Format zwingende Voraussetzung für die höchstmögliche Kompatibilität. Laut Spezifikation sollen auch die im DVD+RW-Format beschriebenen Rohlinge in allen DVD-Laufwerken lesbar sein, also sowohl im PC- als auch im Home-Entertainment-Bereich. Sowohl DVD-RW- als auch DVD+RW-Rohlinge sollen mindestens 1.000 Schreibvorgänge überstehen. Da DVD-Brenner abwärtskompatibel sind, können auch Medien vom Typ CD-R und CD-RW beschrieben werden. → *siehe auch* Abwärtskompatibilität, CD-R, Compact-Disc, wiederbeschreibbar, DVD+RW, DVD-RAM, DVD-RW.

DVD-E

→ *siehe* digitale Videodisc, löschbar.

DVD+R

Abkürzung für Digital Versatile Disc Readable. Solche einmal beschreibbaren Datenträger fassen bis zu 4,7 Gigabyte und lassen sich ausschließlich mit DVD-Brennern beschreiben, die den DVD+R-Spezifikationen entsprechen. → *siehe auch* DVD+RW. → *vgl.* DVD-R, DVD-RAM.

DVD-R

Abkürzung für Digital Versatile Disc Readable. Solche einmal beschreibbaren Datenträger fassen bis zu 4,7 Gigabyte und lassen sich ausschließlich mit DVD-Brennern beschreiben, die den DVD-R-Spezifikationen entsprechen. → *siehe auch* DVD-RW. → *vgl.* DVD+R, DVD-RAM.

DVD-RAM

Abkürzung für Digital Versatile Disc Readable Random Access Memory. Von den Firmen Hitachi, Panasonic und Toshiba unterstützter Standard für DVD-Rohlinge mit einem maximalen Fassungsvermögen von 8,76 Gigabyte (doppelseitig beschreibbar). Solche Datenträger lassen sich nicht auf DVD-Brennern verwenden, die für die Standards DVD-RW bzw. DVD+RW ausgelegt sind. → *vgl.* DVD+RW, DVD-RW.

DVD-Recorder, der; *Subst.* (dvd burner)
→ *siehe* DVD-Brenner.

DVD+RW

Abkürzung für Digital Versatile Disc Rewriteable. Von den Firmen Hewlett Packard, Philips und Ricoh ins Leben gerufener Standard für wiederbeschreibbare DVD-Rohlinge. Solche Datenträger lassen sich nicht mit DVD-Brennern beschreiben, die für die Standards DVD-RW bzw. DVD-RAM ausgelegt sind. → *siehe auch* DVD+R. → *vgl.* DVD-RAM, DVD-RW.

DVD-RW

Abkürzung für Digital Versatile Disc Rewriteable. Von den Firmen Pioneer und Sharp entwickelte Technik für wiederbeschreibbare DVD-Rohlinge. Solche Datenträger lassen sich nicht mit DVD-Brennern beschreiben, die für die Standards DVD+RW bzw. DVD-RAM ausgelegt sind. → *siehe auch* DVD-R. → *vgl.* DVD-RAM, DVD-RW.

DVD-ROM, die; *Subst.*
→ *siehe* digitale Videodisc, ROM.

DVI

Abkürzung für Digital Video Interface. Eine Technik für die Komprimierung und Dekomprimierung auf Hardwarebasis. DVI wird zum Speichern von Fullmotion Video, Audio, Grafiken sowie von anderen Daten auf einem Computer oder einer CD-ROM eingesetzt. Die DVI-Technologie wurde 1987 von RCA entwickelt und 1988 von Intel erworben. Intel hat mittlerweile eine Softwareversion von DVI mit der Bezeichnung Indeo auf den Markt gebracht. Mit zunehmender Verbreitung hoch auflösender TFT-Bildschirme und moderner, mit einem DVI-Anschluss ausgestatteter Grafikkarten entwickelt sich DVI immer mehr zur Standardverbindung zwischen Grafikadapter und Monitor. → *auch genannt* digitalvideo-interactive.

DV-I

→ *siehe* digitalvideo-interactive.

DVMRP

→ *siehe* Distance Vector Multicast Routing Protocol.

Dvorak-Tastatur, die; *Subst.* (Dvorak keyboard)

Von August Dvorak und William L. Dealey im Jahre 1936 als Alternative zu der fast ausschließlich verwendeten QWERTY-Tastatur entwickeltes Tastaturlayout. Die Dvorak-Tastatur soll zur Erhöhung der Schreibgeschwindigkeit beitragen, indem die Tasten für die am häufigsten eingegebenen Buchstaben möglichst leicht zugänglich platziert sind. Zusätzlich wurden die Tasten für oft vorkommende Buchstabenpaare so auseinander gelegt, dass ein Handwechsel möglich ist. → *siehe auch* ergonomische Tastatur, Tastatur. → *vgl.* QWERTY-Tastatur. (Abbildung D.20)

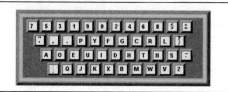

Abbildung D.20: Dvorak-Tastatur

DVST

→ *siehe* Direktadressierröhre.

DXF

Abkürzung für Drawing Interchange Format. Ein CAD-Dateiformat, das ursprünglich für das Programm AutoCAD entwickelt wurde, um den Transfer von Grafikdateien zwischen unterschiedlichen Anwendungen zu erleichtern.

dyadisch *Adj.* (dyadic)

Sich auf ein Paar beziehend. Beispielsweise besteht ein dyadischer Prozessor aus zwei Prozessoren, die durch dasselbe Betriebssystem gesteuert werden. In der Regel beschreibt man mit diesem Begriff nur Systeme mit zwei Mikroprozessoren. Dyadische Boolesche Operationen sind Operationen, z.B. AND oder OR, in denen die Ergebnisse von beiden Werten abhängen. → *siehe auch* Boolesche Algebra, Operand. → *vgl.* unär.

Dye-Diffusion-Drucker, der; *Subst.* (dye-diffusion printer)
→ *siehe* Volltondrucker.

dynalink, der; *Subst.*
Abkürzung für **Dyna**mic **Link.** → *siehe* dynamische Bibliothek.

Dynaload-Treiber, der; *Subst.* (Dynaload drivers)
Gerätetreiber, die von Dynaload unterstützt werden. Bei Dynaload handelt es sich um einen Befehl, der in der DOS-Eingabeaufforderung unter PC DOS 7 von IBM ausgeführt werden kann. Ein Dynaload-Treiber lädt kompatible Gerätetreiber, ohne die Datei CONFIG.SYS zu ändern. → *siehe auch* CONFIG.SYS.

Dynamic Host Configuration Protocol, das; *Subst.*
→ *siehe* DHCP.

dynamic random access memory, das; *Subst.*
→ *siehe* dynamisches RAM.

dynamic SLIP, das; *Subst.*
Abkürzung für **Dynamic S**erial **L**ine **I**nternet **P**rotocol. Es handelt sich um einen Internetzugriff unter SLIP, in dem die IP-Adresse nicht permanent ist, sondern bei jedem neuen Verbindungsaufbau aus einem Pool neu zugewiesen wird. Die erforderliche Anzahl der IP-Adressen, die der Internetdienstanbieter zur Verfügung stellen muss, entspricht nicht der Anzahl aller Abonnenten, sondern reduziert sich auf die Anzahl der Verbindungen, die gleichzeitig aktiv sein können. → *siehe auch* Internet Serviceprovider, IP-Adresse, SLIP.

dynamisch *Adj.* (dynamic)

Beschreibt Prozesse, die unmittelbar und parallel auftreten. Der Begriff bezieht sich sowohl auf die Hardware als auch auf die Software und beschreibt in jedem Fall irgendeine Aktion oder ein Ereignis, das zeitlich je nach Bedarf auftritt. In dynamischen Speicherverwaltungssystemen kann ein

D Programm die Bereitstellung von Speicher zu einem beliebigen Zeitpunkt mit dem Betriebssystem aushandeln.

dynamische Adressumsetzung, die; *Subst.* (dynamic address translation)
Abgekürzt DAT. Die Umwandlung von Referenzen auf Speicherstellen von relativen Adressen (»drei Einheiten vom Beginn von X«) auf absolute Adressen (»Speicherstelle Nummer 123«) bei laufendem Programm.

dynamische Allozierung, die; *Subst.* (dynamic allocation)
Die Belegung von Speicher während der Programmausführung entsprechend den aktuellen Erfordernissen. Zu einer dynamischen Allozierung gehört fast immer auch die Möglichkeit der dynamischen Freigabe, so dass sich Datenstrukturen bei Bedarf erzeugen und auch wieder zerstören lassen. → *siehe auch* allozieren, deallozieren. → *vgl.* statische Belegung.

dynamische Arbeitsverteilung, die; *Subst.* (dynamic scheduling)
Die Koordinierung parallel laufender Prozesse (Programme), die in der Regel durch das Betriebssystem realisiert wird.

dynamische Bibliothek, die; *Subst.* (dynamic-link library)
Ein Merkmal der Betriebssystemfamilie Microsoft Windows und des Betriebssystems OS/2, das die Speicherung ausführbarer Routinen als separate Datei (mit der Erweiterung DLL) ermöglicht. Bei Bedarf kann ein Programm die entsprechende DLL laden. Eine dynamische Bibliothek bietet mehrere Vorteile: sie muss nur bei Bedarf geladen werden und verbraucht bis zu diesem Zeitpunkt keinen Speicher. Eine DLL stellt eine separate Datei dar und ermöglicht es daher dem Programmierer, Korrekturen oder Verbesserungen nur an dem betreffenden Modul vorzunehmen, ohne die Operationen des aufrufenden Programms oder einer anderen DLL zu beeinflussen. Ein Programmierer kann dieselbe DLL für andere Programme einsetzen.

dynamischer Datenaustausch, der; *Subst.* (Dynamic Data Exchange)
→ *siehe* DDE.

dynamische Relozierung, die; *Subst.* (dynamic relocation)
Die Verschiebung von Daten oder Code im Speicher eines momentan laufenden Programms durch eine interne Systemroutine. Die dynamische Relozierung ermöglicht die effizientere Nutzung des Computerspeichers.

dynamischer Speicher, der; *Subst.* (dynamic storage)
Systeme zur Informationsspeicherung, deren Inhalt beim Abschalten der Stromversorgung verloren geht. Die bekannteste Form eines dynamischen Speichers stellen die RAM-Systeme (Random Access Memory) dar, zu denen sowohl die dynamischen RAMs (DRAMs) als auch die statischen RAMs (SRAMs) zählen. → *siehe auch* dynamisches RAM, statisches RAM. → *vgl.* Permanentspeicher.
In der Programmierung bezieht sich der Begriff auf Speicherblöcke, die belegt, freigegeben oder in der Größe frei verändert werden können.

dynamischer Speicherauszug, der; *Subst.* (dynamic dump)
Während einer Programmunterbrechung erzeugtes Listing des Speicherinhalts, das entweder auf Diskette abgelegt oder auf einem Drucker ausgegeben wird. Für den Programmierer stellt es ein Hilfsmittel bei der Untersuchung der Vorgänge an einem bestimmten Punkt in der Ausführung eines Programms dar.

dynamisches Binden, das; *Subst.* (dynamic binding)
Auch als »späte Bindung« bezeichnet. Das Binden (die Konvertierung symbolischer Adressen im Programm auf speicherbezogene Adressen) während der Programmausführung. Auf diesen Begriff trifft man vor allem in objektorientierten Programmen, bei denen erst zur Laufzeit festgelegt wird, welche Softwareroutinen für bestimmte Datenobjekte aufzurufen sind. → *auch genannt* späte Bindung. → *vgl.* statische Bindung.

dynamisches Caching, das; *Subst.* (dynamic caching)
Eine Technik für das Speichern von zuletzt verwendeten Daten in einem Speicher, in dem die Größe des Cachespeichers nicht davon abhängt, wie viel Speicher der aktuell ausgeführten Anwendung zugeordnet ist, sondern wie hoch der verfügbare Speicher ist.

dynamische Schlüssel, der; *Subst.* (dynamic keys)
Eine Verschlüsselungstechnik, in der Nachrichten bei jeder Übertragung anders verschlüsselt werden. Die jeweilige Verschlüsselung basiert auf verschiedenen Schlüsseln, so dass ein Schlüssel nicht mehr eingesetzt werden kann, sobald dieser übernommen und entschlüsselt wurde. → *siehe auch* Verschlüsselung.

dynamische Seite, die; *Subst.* (dynamic page)
Ein HTML-Dokument, das animierte GIFs, Java Applets oder ActiveX-Steuerelemente enthält. → *siehe* auch ActiveX-Steuerelement, GIF, HTML, Java-Applet.

Dynamisches HTML, das; *Subst.* (dynamic HTML)
Eine Technologie, die bei der Gestaltung von Webseiten variable Elemente ermöglicht. Auf diese Weise werden gerade im Hinblick auf Interaktivität und grafische Darstellungen mehr Möglichkeiten eröffnet. Derartige Webseiten besitzen die Fähigkeit, sich als Reaktion auf Benutzeraktionen dynamisch zu ändern und zu aktualisieren. Das erneute Downloaden der Seite vom Server kann entfallen. Dynamisches HTML ermöglicht es Skriptprogrammen auf der Clientseite, Elemente auf einer Webseite (die z.B. mit Sprachen wie VBScript oder Java-Script erzeugt wurden) mit Steuerungsfunktionen zu versehen, um auf diese Weise andere Elemente wie Schriften und Grafiken abhängig von den Benutzeraktionen zu verändern. Dabei werden die HTML-Tags, die das Aussehen der Seite festlegen, entsprechend verändert. Für den Benutzer erbringt dynamisches HTML in etwa die Interaktivität und die Geschwindigkeit (bedingt durch kürzere Downloadzeiten), wie sie aus Multimediaprodukten auf CD-ROM bekannt sind. Ein Beispiel für eine Anwendung von dynamischem HTML sind bewegliche Grafiken und Bildschirmtexte – z.B. Menüs oder Tabellen –, die sich abhängig von der momentanen Position des Mauszeigers oder als Reaktion auf einen Mausklick verändern. Diverse Hersteller, unter anderem Microsoft und Netscape, haben ihre eigenen Versionen von dynamischem HTML entwickelt und diese dem World Wide Web Consortium (W3C) vorgelegt, damit diese in die vom W3C entwickelte Spezifikation »Document Object Model« (DOM) aufgenommen werden. → *siehe auch* HTML, W3C.

dynamische Speicherallozierung, die; *Subst.* (dynamic memory allocation)
Die Zuteilung von Speicher zu einem Prozess oder einem Programm zum Zeitpunkt der Laufzeit. Der dynamische Speicher wird aus dem Systemheap vom Betriebssystem auf Abfrage des Programms zugeteilt (alloziert).

dynamisches RAM, das; *Subst.* (dynamic RAM)
Abgekürzt DRAM. Dynamische RAMs stellen integrierte Halbleiterschaltungen dar, die Informationen nach dem Kondensatorprinzip speichern. Kondensatoren verlieren in relativ kurzer Zeit ihre Ladung. Deshalb müssen dynamische RAM-Platinen eine Logik zum ständigen »Auffrischen« (zum Wiederaufladen) der RAM-Chips enthalten. Da der Prozessor keinen Zugriff auf den dynamischen RAM hat, wenn dieser gerade aufgefrischt wird, können ein oder mehrere Wartezustände beim Lesen oder Schreiben auftreten. Dynamische RAMs werden häufiger eingesetzt als statische RAMs, obwohl sie langsamer sind, da die Schaltung einfacher konstruiert ist und viermal so viele Daten wie ein statischer RAM-Chip speichern kann. → *siehe auch* RAM. → *vgl.* statisches RAM.

dynamische Webseite, die; *Subst.* (dynamic Web page)
Eine Webseite, die zwar ein festes Format, jedoch einen variablen Inhalt hat. Dadurch können dynamische Webseiten auf die Suchkriterien des Kunden zugeschnitten werden.

D

E

e (e)

Das Symbol für die Basis der natürlichen Logarithmen: 2,71828... Von Leonhard Euler in der Mitte des 18. Jahrhunderts eingeführt, ist e eine fundamentale mathematische Konstante. Sie findet ihre Anwendung in der Infinitesimalrechnung, in Wissenschaft und Technik sowie in Programmiersprachen, z.B. bei den Exponentialfunktionen in C und Basic.

E Präfix

→ *siehe* Exa-.

e–

Kurzform für *elektronisch*. Ein Präfix, durch das der Austausch oder die Verteilung von Daten in elektronischer Form bezeichnet wird, wie bei den Begriffen E-Mail und E-Commerce.

E/A (I/O)

→ *siehe* Eingabe/Ausgabe.

EAI *Subst.*

Abkürzung für **E**nterprise **A**pplication **I**ntegration, zu deutsch »Integration von Unternehmensanwendungen«. Der Koordinationsprozess des Betriebs verschiedener Programme, Datenbanken und existierender Technologien in einem Unternehmen, so dass diese auf Unternehmensebene als effizientes System funktionieren.

EAROM, das; *Subst.*

Abkürzung für **E**lectrically **A**lterable **R**ead **O**nly **M**emory. → *siehe* EEPROM.

Eavesdropper, der; *Subst.* (eavesdropper)

Eine Person, die an einer Newsgroup oder Onlinekonferenz teilnimmt, ohne sich aktiv in die Diskussion einzumischen. Das englische Wort »eavesdropper« bedeutet soviel wie »Lauscher« oder »Horcher«. → *auch genannt* Lurker.

EBCDIC

Abkürzung für **E**xtended **B**inary **C**oded **D**ecimal **I**nterchange **C**ode. Ein IBM-Code, der 8 Bit für die Darstellung von 256 möglichen Zeichen (im Gegensatz zu den 7 Bit und 128 Zeichen im Standard-ASCII-Zeichensatz) verwendet. Dieser Standard wird überwiegend in IBM-Großrechnern eingesetzt, während PCs den Zeichensatz ASCII verwenden. → *vgl.* ASCII.

E-Bombe, die; *Subst.* (e-bomb)

Abkürzung für »**E-Mail Bomb**«. Eine Technik, die von einigen Hackern eingesetzt wird. Es wird hierbei ein »Ziel« in zahlreiche Verteilerlisten eingetragen, so dass der Netzwerkverkehr und die Speicherfähigkeit durch die E-Mail ins Stocken geraten, die von anderen Abonnenten der Verteilerliste an die Empfänger der Listen gesendet werden. → *vgl.* E-Mail-Bombe.

E-Cash, das; *Subst.* (e-cash)

→ *siehe* elektronisches Geld.

ECC

→ *siehe* Elliptic Curve-Kryptografie, Fehlerkorrekturcode, fehlerkorrigierende Codierung.

Echo, das; *Subst.* (echo, echo)

In der Kommunikationstechnik ein übertragenes Signal, das zurück zum Sender übertragen wird und sich vom Originalsignal unterscheidet. Netzwerkverbindungen lassen sich testen, indem man ein Echo zurück zum Hauptcomputer schickt.

Ein empfangenes Signal zurück an den Sender übertragen. Computerprogramme, z.B. MS-DOS und OS/2, können angewiesen werden, die Eingabe im Echoformat auszugeben. Hierbei werden die Daten so am Bildschirm angezeigt, wie sie über die Tastatur eingegeben wurden. Es kann somit der korrekte Empfang des Texts vom ursprünglichen Terminal aus überwacht werden.

E

Echoausblendung, die; *Subst.* (echo cancellation)
Eine Technik, bei der nicht erwünschte Eingangssignale in einem Modem ausgeblendet werden, bei denen es sich um das Echo der Modemübertragung handelt. Das Modem sendet eine modifizierte, invertierte Version seiner Übertragung auf dem Pfad, auf dem es Informationen empfängt. Dadurch lässt sich das Echo löschen, während die Empfangsdaten ohne Beeinflussung durchgelassen werden. Echoausblendung ist Standard in V.32-Modems.

Echoplex, das; *Subst.* (echoplex)
In der Kommunikationstechnik ein Verfahren zur Fehlererkennung. Die Empfangsstation sendet die Daten zurück auf den Bildschirm des Senders, auf dem die Daten visuell auf Richtigkeit geprüft werden können.

Echoprüfung, die; *Subst.* (echo check)
In der Kommunikationstechnik eine Methode zur Prüfung gesendeter Daten auf Fehlerfreiheit, indem die Informationen wieder an den Sender zurückgesendet werden, der das zurückgesendete Signal mit dem Originalsignal vergleicht.

Echounterdrücker, der; *Subst.* (echo suppressor)
In der Kommunikationstechnik eingesetztes Gerät für Telefonleitungen, das Echo durch Abschwächung (Sperrung) von Signalen auf einer Leitung in der Richtung vom Hörer zum Sprecher verhindert. In Duplexkommunikationen via Modem muss man den Echounterdrücker selbst unterdrücken, damit die Modems gleichzeitig in beide Richtungen übertragen können. Diese Abschaltung des Echounterdrückers ist als hoher Ton beim Einrichten einer Modem-zu-Modemverbindung hörbar.

echt *Adj.* (live)
Bezieht sich auf realistische Daten bzw. auf ein Programm, das diese Daten verwendet, im Gegensatz zu Testdaten.

echte 32 Bit *Adj.* (32-bit clean)
Allgemein die Eigenschaft eines Programms, das für den 32-Bit-Modus geschrieben wurde. Beim Apple Macintosh die Eigenschaft von Hardwarekomponenten, die für den 32-Bit-Modus entworfen wurden. In diesem Modus können unter dem Betriebssystem System 7 bis zu 1 Gigabyte physikalischer Speicher adressiert werden. Dies trifft für alle heutigen Macintosh-Computer zu, nur bei älteren Modellen wurde z.T. eine 16-Bit-Adressierung verwendet.

echte Adresse, die; *Subst.* (real address)
Eine absolute (Maschinen-)Adresse, die eine physikalische Speicherstelle bezeichnet. → *siehe* auch physikalische Adresse. → *vgl.* relative Adresse, virtuelle Adresse.

echte Benutzer, der; *Subst.* (unique users)
Angabe, aus der hervorgeht, wie viele verschiedene Benutzer eine Website besucht haben. Die Ermittlung dieser Angabe ist relevant, um den Erfolg einer Website beurteilen zu können. Die Anzahl der Zugriffe (Hits) insgesamt ist dagegen weniger aussagekräftig, da dann auch mehrfache Zugriffe ein und desselben Anwenders mitgezählt werden. → *auch genannt* echte Besucher.

echte Besucher, der; *Subst.* (unique visitors)
→ *siehe* echte Benutzer.

echtes Komplement, das; *Subst.* (true complement)
→ *siehe* Komplement.

Echtfarbe, die; *Subst.* (true color)
→ *siehe* 24-Bit-Farbtiefe.

Echtzeit *Adj.* (real-time)
Bezieht sich auf zeitliche Abläufe, die durch äußere Bedingungen ausgelöst werden. Echtzeitoperationen sind z.B. Aktionen der Maschine, die dem menschlichen Zeitempfinden angepasst sind, oder Computeroperationen, die zeitlich mit einem physikalischen oder externen Vorgang Schritt halten. Echtzeitoperation sind charakteristisch für Transaktionssysteme, Flugleitsysteme, wissenschaftliche Anwendungen und andere Bereiche, in denen ein Computer unmittelbar auf eine Situation reagieren muss (beispielsweise die Animation einer Grafik in einem Flugsimulator oder die Ausführung von Programmkorrekturen aufgrund von aktuellen Messergebnissen).

Echtzeitanimation, die; *Subst.* (real-time animation)
Eine Computeranimation, bei der die Aktualisierung der Bilder auf dem Bildschirm so schnell abläuft, dass die Bewegung der simulierten Objekte der Wirklichkeit gleichkommt. Die Echtzeitanimation erlaubt die dynamische Einflussnahme durch den Benutzer, da der Computer Tastenbetätigungen oder Joystickbewegungen entgegennehmen und einbinden kann, während das nächste Bild der Animationssequenz gezeichnet wird. Arcadespiele oder Flugsimulatorprogramme bedienen sich der Echtzeitanimation bei der Umsetzung von Spielszenen in Bildschirmaktionen. Bei Ani-

mationen, die in virtueller Zeit ausgeführt werden, werden die Bilder zuerst berechnet und gespeichert und später in einer schnelleren Abfolge wiedergegeben, wodurch sich ebenfalls fließende Bewegungsabläufe erzielen lassen. → *siehe auch* Animation, Bitblock.

Echtzeitbetriebssystem, das; *Subst.* (real-time operating system)
Ein Betriebssystem, das für die Anforderungen der Prozesssteuerung entwickelt oder optimiert wurde. → *siehe auch* Echtzeitsystem.

Echtzeitkonferenz, die; *Subst.* (real-time conferencing)
→ *siehe* Telekonferenz.

Echtzeitsystem, das; *Subst.* (real-time system)
Ein Computer- und/oder Softwaresystem, das eine Reaktion auf äußere Ereignisse in einer Zeitspanne gewährleisten muss, während derer diese Ereignisse noch relevant sind. Beispielsweise muss ein Flugsicherungssystem Radarsignale verarbeiten, eine mögliche Kollision erkennen und Fluglotsen oder Piloten rechtzeitig warnen, so dass noch genügend Zeit zum Handeln bleibt.

Echtzeituhr, die; *Subst.* (clock, real-time clock)
Der akkugepufferte Schaltkreis, der Uhrzeit und Datum in einem Computer vorgibt. Die Echtzeituhr ist nicht zu verwechseln mit dem Taktgeber (englisch jeweils »clock«). → *auch genannt* Uhr/Kalender.
→ *siehe* Taktgeber.

ECL
→ *siehe* emittergekoppelte Logik.

ECMA
Abkürzung für **E**uropean **C**omputer **M**anufacturers **A**ssociation. Eine Vereinigung mit Sitz in Genf (Schweiz) vergleichbar mit CBEMA (Computer and Business Equipment Manufacturers) in den Vereinigten Staaten. Auf die ECMA geht der sog. Standard ECMA-101 zurück, der für die Übertragung von formatiertem Text und Grafiken unter Wahrung des Ursprungsformats vorgesehen ist.

ECML *Subst.*
Abkürzung für »**E**lectronic **C**ommerce **M**odeling **L**anguage«. Ein auf XML basierendes Format, das in E-Commerce-Webseiten eingebundene Formulare standardisieren soll. Dabei werden gängige Sicherheitsverfahren wie SSL, TLS und SET

unterstützt. Ziel ist es, dem Anwender das Ausfüllen von Onlineformularen zu erleichtern und somit das Webshopping voranzutreiben. Zu den Gründungsmitgliedern der ECML-Allianz zählen Unternehmen wie AOL, American Express, Compaq und Microsoft. → *siehe auch* XML.

E-Commerce, der; *Subst.* (e-commerce)
→ *siehe* elektronisches Einkaufen.

E-Credit, der; *Subst.* (e-credit)
→ *siehe* elektronisches Einkaufen mit Kreditkarte.

EDGE
Abkürzung für »**E**nhanced **D**ata Rates for **G**lobal **E**volution« oder »**E**nhanced **D**ata Rates for **G**SM and TDMA **E**volution«. Eine 3G-Erweiterung für den GSM-Dienst (Global System for Mobile Communications), über die mittels der Multiplex-TDMA-Technologie Daten, Multimediadienste und Anwendungen mit einer Geschwindigkeit von bis zu 384 Kbps zugestellt werden. → *siehe auch* 3G.

EDI
Abkürzung für **E**lectronic **D**ata **I**nterchange. Eine Reihe von Standards für die Steuerung der Übermittlung von Geschäftsdokumenten, z.B. Bestellungen und Rechnungen, zwischen Computern. Der elektronische Datenaustausch soll überflüssige Schreibarbeiten und lange Antwortzeiten beseitigen. Damit EDI effektiv funktionieren kann, müssen sich die Benutzer an bestimmte Standards zur Formatierung und Übermittlung der Informationen halten. Ein derartiger Standard ist z.B. das X.400-Protokoll. → *siehe auch* Standard, X.400.

editierbar *Adj.* (live)
Die Fähigkeit, durch einen Benutzer manipuliert werden zu können, um Änderungen an einem Dokument oder an einem Bestandteil eines Dokuments vorzunehmen.

Editor, der; *Subst.* (editor)
Ein Programm zum Erstellen von Dateien oder zum Ändern von bestehenden Dateien. Ein Editor ist in der Regel weniger leistungsfähig als ein Textverarbeitungsprogramm. Ein Editor verfügt nicht über ein Formatierungsprogramm, z.B. die Verwendung der Kursivschrift. Bei Text- oder Vollbildeditoren kann der Benutzer den Cursor mit Pfeiltasten durch das Dokument bewegen. Bei einem Zeileneditor hingegen muss der Benutzer jeweils die Nummer der Zeile mit dem gewünschten Text angeben. → *siehe auch* Edlin.

E

Edlin, der; *Subst.*
Ein veralteter zeilenorientierter Texteditor, der zum Lieferumfang des Betriebssystems MS-DOS bis zur Version 5 gehörte. SSE ist die Entsprechung von Edlin in OS/2. → *siehe auch* Editor.

EDMS
→ *siehe* Dokumentenmanagementsystem.

EDO DRAM, das; *Subst.*
Abkürzung für **E**xtended **D**ata **O**ut **D**ynamic **R**andom **A**ccess **M**emory. Ein Speicher, der eine kürzere Lesezeit als ein DRAM mit vergleichbarer Geschwindigkeit hat. Dies wird dadurch ermöglicht, dass ein neuer Lesezyklus beginnen kann, während die Daten eines vorherigen Zyklus gelesen werden. Dadurch wird die Leistungsfähigkeit des Systems erhöht. → *vgl.* DRAM, EDO RAM.

EDO RAM, das; *Subst.*
Abkürzung für **E**xtended **D**ata **O**ut **R**andom **A**ccess **M**emory. Ein dynamischer RAM, der die Daten für die CPU zur Verfügung stellt, während der nächste Speicherzugriff initialisiert wird. Dies führt zu einer Erhöhung der Geschwindigkeit. Pentium-Computer, die mit den Triton-Chips von Intel ausgestattet sind, können EDO RAM nutzen. → *siehe auch* CPU, dynamisches RAM. → *vgl.* EDO DRAM.

EDP
Abkürzung für **E**lectronic **D**ata **P**rocessing. → *siehe* Datenverarbeitung.

.edu
Im Domain Name System (DNS) des Internets eine Topleveldomäne, die Adressen von Bildungsinstitutionen (mit mindestens vierjähriger, anerkannter Ausbildung) kennzeichnet. Der Domänenname .edu steht als Suffix am Ende der Adresse. Schulen in den Vereinigten Staaten, deren Angebot vom Kindergarten bis zur High School reicht, haben die Topleveldomäne ».k12.us« oder lediglich ».us«. → *siehe auch* DNS, Domäne, .k12.us. → *vgl.* .com, .gov, .mil, .net, .org.

Edutainment, das; *Subst.* (edutainment)
Der Multimediainhalt einer Software auf CD-ROM oder auf einer Website, der dem Benutzer sowohl Unterhaltung als auch Wissen vermittelt. → *siehe auch* Multimedia.

EDV-Berater, der; *Subst.* (consultant)
Berufsbezeichnung für Computerspezialisten, die auf selbstständiger Basis für Kunden tätig sind, im Gegensatz zu Angestellten. EDV-Berater werden häufig beauftragt, die Benutzeranforderungen und die Spezifikationen für ein anzuschaffendes oder zu entwickelndes System zu analysieren.

EDV-Service, der; *Subst.* (service bureau)
Eine Organisation, die gegen Gebühr Datenverarbeitungsdienste sowie Zugang zu Softwarepaketen anbietet.

EEMS
Abkürzung für **E**nhanced **E**xpanded **M**emory **S**pecification. Eine Untermenge der ursprünglichen Expanded Memory Specification (EMS). Die EMS-Version 3.0 gestattete lediglich die Speicherung von Daten und unterstützte nur vier Seitenrahmen. EEMS erlaubte bis zu 64 Seiten und die Ablage von ausführbarem Code im Erweiterungsspeicher. Die im EEMS definierten Fähigkeiten wurden in den EMS-Standard in der Version 4.0 aufgenommen. → *siehe auch* EMS, Seitenrahmen.

EEPROM, das; *Subst.*
Abkürzung für **E**lectrically **E**rasable **P**rogrammable **R**ead **O**nly **M**emory, zu Deutsch »elektrisch löschbarer, programmierbarer Nur-Lese-Speicher«. Eine EPROM-Variante, die mit einem elektrischen Signal gelöscht werden kann. Ein EPROM eignet sich für eine stabile Informationsspeicherung über lange Zeiträume auch ohne Stromzufuhr, wobei gleichzeitig eine erneute Programmierbarkeit gewährleistet ist. Ein EEPROM enthält weniger Speicherzeilen als ein RAM. Außerdem nimmt die erneute Programmierung von EEPROMs längere Zeit in Anspruch, und sie können nicht beliebig oft neu programmiert werden, da diese Vorgänge mit einem gewissen Verschleiß verbunden sind. → *siehe auch* EPROM, ROM.

EFF
→ *siehe* Electronic Frontier Foundation.

E-Form, das; *Subst.* (e-form)
Abkürzung für **E**lectronic **Form**. Ein Onlinedokument, in das der Benutzer die erforderlichen Angaben eingeben kann. Dieses Dokument kann über ein Netzwerk an die Organisation weitergeleitet werden, für die die Angaben bestimmt sind. Im Web haben E-Forms in der Regel eine CGI-Codierung und sind verschlüsselt.

EGA

Abkürzung für **E**nhanced **G**raphics **A**dapter. Ein 1984 von IBM eingeführter Videodisplaystandard. Dieser Videodisplayadapter emuliert den CGA (Color/Graphics Adapter) und den MDA (Monochrome Display Adapter) und stellt Text und Grafiken mit mittlerer Auflösung bereit. Dieser Standard wurde durch VGA (Video Graphics Display) ersetzt.

E-Government, das; *Subst.* (e-government)

Überbegriff für meist über das Internet durchgeführte Kommunikation zwischen staatlichen Einrichtungen auf der einen und Bürgern sowie Unternehmen auf der anderen Seite. Ziel des E-Government ist es, die Interaktion zwischen staatlichen Einrichtungen und Bürgern sowie Unternehmen dahingehend zu erleichtern, dass Letztere auf unbürokratische Art und Weise mit den staatlichen Organen Kontakt aufnehmen und Informationen abrufen können. Beispielsweise stellen bereits einige deutsche Städte und Gemeinden Auszüge aus dem Grundbuch im Internet zur Verfügung.

EGP

→ *siehe* External Gateway Protocol.

EIA

Abkürzung für **E**lectronic **I**ndustries **A**lliance. Eine Gruppe mit Sitz in Washington (USA), der Mitglieder aus verschiedenen Organisationen von Herstellern elektrischer Produkte angehören. Diese Vereinigung legt Standards für elektronische Komponenten fest. RS-232-C ist z.B. der EIA-Standard zur Verbindung serieller Komponenten. Die Website der EIA ist unter der Adresse http://www.eia.org erreichbar. → *siehe auch* RS-232-C-Standard.

EIDE

→ *siehe* Enhanced IDE.

Eiffel, die; *Subst.*

Eine objektorientierte Programmiersprache, die 1988 von Bertrand Meyer entwickelt wurde. Diese Sprache läuft auf MS-DOS, OS/2 sowie UNIX. Wesentliche Entwurfsmerkmale dieser Sprache sind die Fähigkeit, Module in mehreren Programmen zu verwenden, und die Softwareerweiterbarkeit.

Eigenschaft, die; *Subst.* (property)

Unter Microsoft Windows ein Parameter eines Objekts oder Gerätes. Die Eigenschaften einer Datei enthalten z.B. den Typ, die Größe und das Erstellungsdatum. Diese Daten befinden sich im Eigenschaftenfeld der Datei. → *siehe auch* Eigenschaftenfenster.

Eigenschaftenfenster, das; *Subst.* (property sheet)

Ein Dialogfeld in Microsoft Windows, das in zu einander gehörende Informationen enthaltende Register unterteilt ist. Dieses Dialogfeld kann vom Benutzer über den Befehl »Eigenschaften« im Menü »Datei« aufgerufen werden. Eine andere Möglichkeit, das Eigenschaftenfeld anzuzeigen, besteht darin, mit der rechten Maustaste auf das gewünschte Objekt zu klicken und im Kontextmenü den Befehl »Eigenschaften« zu wählen. In diesem Dialogfeld werden die Attribute oder Einstellungen eines Objekts (z.B. einer Datei, einer Anwendung oder eines Hardwaregerätes) angezeigt.

eigenständig *Adj.* (stand-alone)

Die Eigenschaft eines Geräts, nicht auf die Unterstützung durch andere Geräte oder Systeme angewiesen zu sein. Ein Stand-Alone-Computer ist beispielsweise ein Computer, der nicht mit einem Netzwerk verbunden ist.

Eimer, der; *Subst.* (bucket)

Ein Speicherbereich, der als Entität adressierbar ist und Daten aufnehmen kann – also der Behälter im Gegensatz zu den Daten selbst. → *siehe auch* Bit Bucket.

Eimerkettenattacke, die; *Subst.* (bucket brigade attack)

Eine Form der »Man-in-the-Middle«-Attacke. Bei dieser Attacke fängt der Angreifer Nachrichten in einer mittels Public-Key-Verschlüsselung übertragenen Kommunikation ab und ersetzt den darin angeforderten öffentlichen Schlüssel durch seinen eigenen. Die beiden ursprünglichen Kommunikationspartner nehmen dabei weiterhin an, dass sie direkt miteinander kommunizieren. → *siehe auch* Man-in-the-Middle-Attacke, öffentlicher Schlüssel, Public-Key-Verschlüsselung.

Einbau im laufenden Betrieb, der; *Subst.* (hot insertion, hot plugging)

Eine Technik, die es ermöglicht, dass eine Einrichtung an ein aktives Gerät (z.B. einen Computer) angeschlossen wird, während das Gerät eingeschaltet ist.

Auch eine Technik, die es erlaubt, Geräte und Steckkarten in den Computer einzubauen, während sich dieser in Betrieb befindet. Beispielsweise lassen sich PCMCIA-Karten in neuere Laptops einbauen, während der Laptop eingeschaltet ist. Eine vergleichbare Funktionalität wird auch bei High-End-Servern zur Verfügung gestellt, um Ausfallzeiten zu vermeiden.

E

Einbaurahmen, der; *Subst.* (chassis)
Ein Metallrahmen, auf dem elektronische Baugruppen – z.B. Platinen, Lüfter und Netzteile – montiert sind.

Einbenutzersystem, das; *Subst.* (single-user computer)
Ein Computer, der für die Verwendung durch eine Einzelperson ausgelegt ist, daher auch der Name »Personal Computer« (PC). → *vgl.* Mehrbenutzersystem.

einbrennen *Vb.* (burn in, ghosting)
Ein unerwünschter Vorgang, bei dem die Phosphorschicht auf der Schirminnenseite eines Monitors dauerhaft verändert wird. Diese Veränderung kann eintreten, wenn der Monitor über lange Zeiträume mit einem hellen, unbeweglichen Bildschirminhalt betrieben wird. Die Umrisse des dargestellten Bildes sind auch dann noch sichtbar, wenn der Monitor ausgeschaltet wurde. Das Problem tritt vor allem bei älteren PC-Monitoren auf. Bei den meisten heute erhältlichen Monitoren besteht dagegen kaum noch eine Gefahr, dass sich der Bildschirminhalt einbrennt.

Eindringling, der; *Subst.* (intruder)
Ein unbefugter Anwender, der auf einen Computer oder ein Computernetzwerk vorsätzlich zugreift. Dieser Begriff wird auch analog für Anwendungen verwendet. → *siehe auch* Bakterie, Hacker, Trojanisches Pferd, Virus.

Einerkomplement, das; *Subst.* (one's complement)
Eine Zahl im Binärsystem (dem Zahlensystem zur Basis 2), die das Komplement einer anderen Zahl darstellt. → *siehe auch* Komplement.

Einerstelle, die; *Subst.* (unit position)
In einer mehrstelligen Zahl die Position der Ziffer mit der Wertigkeit 1, z.B. die 3 in der Zahl 473.

einfache Dichte *Adj.* (single-density)
Eine Eigenschaft einer Diskette, bei der die Aufzeichnung von Daten nur mit Frequenzmodulation (FM) zulässig ist. Disketten mit einfacher Dichte können weitaus weniger Daten aufnehmen als Disketten, die eine MFM-Codierung (modifizierte Frequenzmodulation) oder RLL-Codierung (Run Length Limited) zulassen. → *siehe auch* Modified Frequency Modulation encoding, Runlength Limited encoding.

einfache Genauigkeit *Adj.* (single-precision)
Von den verschiedenen Gleitkommaformaten einer Programmiersprache das Format mit der geringsten Genauig-keit. Meist sind die zwei Formate »einfache Genauigkeit« und »doppelte Genauigkeit« gegeben. → *siehe auch* Genauigkeit, Gleitkommanotation. → *vgl.* doppelt genau.

Einfg-Taste, die; *Subst.* (Ins key)
→ *siehe* Einfügetaste.

Einfügemarke, die; *Subst.* (insertion point)
Ein blinkender senkrechter Balken auf dem Bildschirm, z.B. in grafischen Benutzeroberflächen, der die Stelle markiert, an der einzufügender Text angezeigt wird. → *siehe auch* Cursor.

Einfügemodus, der; *Subst.* (insert mode)
Eine Betriebsart, in der beim Einfügen von Text in ein Dokument oder eine Befehlszeile alle Zeichen auf der Cursorposition und alle rechts davon stehenden Zeichen um die eingefügte Anzahl Zeichen nach rechts verschoben werden. Dieser Modus ist das Gegenteil des Überschreibmodus, bei dem der neue Text den vorhandenen Text ersetzt (überschreibt). Die Taste oder Tastenkombination, mit der man zwischen beiden Modi wechseln kann, ist vom jeweiligen Programm abhängig. Die Einfügetaste wird jedoch häufig verwendet. → *vgl.* Überschreibmodus.

einfügen *Vb.* (paste)
Aus einem Dokument ausgeschnittene oder kopierte Texte oder Grafiken an einer anderen Stelle in demselben oder einem anderen Dokument wieder einsetzen. → *siehe auch* ausschneiden, Ausschneiden und Einfügen.

einfügendes Sortieren, das; *Subst.* (insertion sort, merge sort)
Ein Sortierverfahren, bei dem mehrere sortierte (Eingangs-)Listen zu einer einzelnen sortierten (Ausgangs-)Liste zusammengefasst werden. → *siehe auch* Bubblesort, Quicksort, Sortieralgorithmus. Außerdem ein Algorithmus zum Sortieren einer Liste, der mit einer Liste beginnt, die ein Element enthält, und danach eine größere sortierte Liste aufbaut, indem die zu sortierenden Elemente jeweils an die richtige Stelle in dieser Liste eingefügt werden. Durch diese dauernden Verschiebevorgänge eignet sich das einfügende Sortieren weniger bei Verwendung von Arrays, es lässt sich jedoch hervorragend für die Sortierung verketteter Listen einsetzen. → *siehe auch* Sortieralgorithmus. → *vgl.* Bubblesort, Quicksort.

Einfügetaste, die; *Subst.* (Insert key)
Eine Taste auf der Tastatur mit der Bezeichnung »Einfg«. Je nach Anwendung erfüllt die Einfügetaste unterschiedliche

Funktionen. Sie ist jedoch in der Regel für die Umschaltung zwischen Einfügemodus und Überschreibmodus vorgesehen. → *auch genannt* Einfg-Taste.

Eingabe, die; *Subst.* (entry, input)
Die in einen Computer zur weiteren Verarbeitung übertragenen Informationen. Diese Informationen können z.B. über eine Tastatur eingetippt oder aus einer auf einem Datenträger gespeicherten Datei eingelesen werden.
Als »Eingabe« wird außerdem der Vorgang bezeichnet, bei dem die zu verarbeitenden Informationen an den Computer übertragen werden.

Eingabeaufforderung, die; *Subst.* (prompt)
Allgemein der auf dem Bildschirm angezeigte Text, mit dem ein Programm signalisiert, dass es auf Benutzereingaben wartet.
Bei befehlsgesteuerten Systemen stellt die Eingabeaufforderung den Bildschirmbereich (meist eine Zeile) dar, in dem Befehle eingegeben werden können. Dieser Bereich wird durch Symbole gekennzeichnet. Bei MS-DOS handelt es sich dabei in der Regel um den Laufwerksbuchstaben und das Zeichen für »größer als« (z.B. C>). Bei UNIX wird die Eingabeaufforderung in der Regel durch ein Prozentzeichen (%) angegeben. → *siehe auch* befehlszeilenorientiertes System, DOS-Eingabeaufforderung.

Eingabe/Ausgabe, die; *Subst.* (input/output)
Abkürzung: E/A. Der Ausdruck bezieht sich auf die komplementären Aufgaben der Datenbeschaffung für einen Computer oder ein Programm, damit dieser arbeiten kann, und das Bereitstellen der Ergebnisse für den Benutzer oder für andere Computerprozesse. Die Tastatur, die Maus sowie Diskettendateien sind Eingabegeräte, die dem Computer die Informationen verfügbar machen. Das Display und der Drucker sind Ausgabegeräte, über die der Computer die Ergebnisse dem Benutzer liefert. Der Computer erhält die Ausgabe über Diskettendateien bzw. serielle Schnittstellen.

Eingabe-/Ausgabeanweisung, die; *Subst.* (input/output statement)
Eine Programmanweisung, die den Transfer von Informationen zwischen dem Speicher und einem Eingabe-/Ausgabegerät bewirkt.

Eingabe-/Ausgabebereich, der; *Subst.* (input/output area)
→ *siehe* Eingabe-/Ausgabepuffer.

Eingabe-/Ausgabebus, der; *Subst.* (input/output bus)
Die Verbindungsleitungen innerhalb des Computers für die Übertragung von Informationen zwischen dem Prozessor und verschiedenen Eingabe- und Ausgabegeräten. → *siehe auch* Bus.

Eingabe-/Ausgabecontroller, der; *Subst.* (input/output controller)
Eine Steuerschaltung, die Operationen überwacht und Aufgaben realisiert, die den Empfang von Eingaben und die Übertragung von Ausgaben an ein Eingabe- oder Ausgabegerät bzw. Port betreffen. Damit steht dem Prozessor ein logisches Hilfsmittel (Eingabe-/Ausgabeinterface) für die Kommunikation mit dem Gerät zur Verfügung, und der Prozessor kann die Rechenzeit für die eigentlichen Verarbeitungsaufgaben nutzen. Ebenso erfolgt die Steuerung eines Diskettenlaufwerks durch einen Diskettencontroller, der die elektronisch komplexen, mit hoher Geschwindigkeit ablaufenden Vorgänge realisiert, die für die Positionierung der Schreib-/Leseköpfe, die Lokalisierung der spezifischen Speicherbereiche auf der sich drehenden Diskette, die Schreib- und Leseoperationen sowie die Fehlerprüfung erforderlich sind. Die meisten Controller erfordern spezielle Software, damit der Computer die vom Controller bereitgestellten Informationen empfangen und verarbeiten kann. → *auch genannt* Geräte-Manager, I/O-Gerät.

Eingabe-/Ausgabegerät, das; *Subst.* (input/output device)
Eine Hardwarekomponente, die sowohl dem Computer Informationen liefert als auch Informationen vom Computer empfängt. Je nach der aktuellen Situation verläuft daher der Informationstransfer in eine der beiden Richtungen. Ein typisches Beispiel für ein Eingabe-/Ausgabegerät ist ein Diskettenlaufwerk. Einige Geräte (die sog. Eingabegeräte) können nur für die Eingabe verwendet werden, z.B. Maus oder Tastatur. Andere Geräte (die sog. Ausgabegeräte) lassen sich nur für die Ausgabe einsetzen, z.B. Drucker. Die meisten Geräte erfordern die Installation von Softwareroutinen, den sog. Gerätetreibern, die einem Computer das Senden und Empfangen von Informationen zum und vom Gerät ermöglichen. → *siehe auch* Diskettenlaufwerk, Joystick, Maus, Tastatur, Trackball.

Eingabe/Ausgabe, intelligente, die; *Subst.* (Intelligent Input/Output)
→ *siehe* I2O.

E

eingabe-/ausgabeintensiv *Adj.* (I/O-bound, input/output-bound)

Ein Computer ist eingabe-/ausgabeintensiv, wenn eine lange Wartezeit zwischen Eingabe und Ausgabe von Daten besteht, obwohl die Daten eigentlich wesentlich schneller verarbeitet werden.

Dies ist z.B. der Fall, wenn der Prozessor Änderungen an einer umfangreichen Datenbank schneller vornehmen kann, als diese durch die Laufwerkmechanik auf dem Datenträger gespeichert werden. Ein Computer gilt als rein eingabeintensiv, wenn lediglich die Eingabe die Geschwindigkeit beeinträchtigt, mit der der Prozessor die Daten übernimmt und verarbeitet. Analog hierzu gibt es auch rein ausgabeintensive Computer.

Eingabe-/Ausgabekanal, der; *Subst.* (input/output channel)
Die hardwareseitigen Verbindungen von der CPU zum Eingabe-/Ausgabekanal. → *siehe auch* Bus.

Eingabe-/Ausgabeport, der; *Subst.* (input/output port)
Ein Kanal für den Datentransfer zwischen einem Eingabe- oder Ausgabegerät und dem Prozessor. Aus Sicht der CPU stellt der Port eine oder mehrere Speicheradressen dar, an die die CPU Daten senden oder von denen sie Daten empfangen kann. Spezielle Hardware, z.B. eine Erweiterungsplatine, legt Daten vom Gerät in den Speicheradressen ab und sendet Daten von diesen Adressen zum Gerät. Einige Ports sind dabei nur für die Eingabe oder nur für die Ausgabe bestimmt.

Eingabe-/Ausgabeprozessor, der; *Subst.* (input/output processor)
Hardware, die zur Behandlung von Eingabe-/Ausgabeoperationen vorgesehen ist, um den Hauptprozessor zu entlasten. Ein digitaler Signalprozessor kann z.B. zeitintensive, komplizierte Analysen und Synthesen von Klangmustern ohne Inanspruchnahme der CPU ausführen. → *siehe auch* Front-End-Prozessor.

Eingabe-/Ausgabepuffer, der; *Subst.* (input/output buffer)
Reservierter Bereich eines Computerspeichers zur temporären Aufnahme ankommender und abgehender Informationen. Da Eingabe-/Ausgabegeräte oft ohne Mitwirkung der CPU direkt in einen Puffer schreiben können, kann ein Programm die Ausführung fortsetzen, während der Puffer gefüllt wird, was sich vorteilhaft auf die Ausführungsgeschwindigkeit des Programms auswirkt. → *siehe auch* puffern.

Eingabe-/Ausgabeschnittstelle, die; *Subst.* (input/output interface)
→ *siehe* Eingabe-/Ausgabecontroller.

Eingabebereich, der; *Subst.* (input area, input buffer)
Ein Teil des Computerspeichers, der für die vorübergehende Aufnahme eintreffender – zur Weiterverarbeitung bestimmter – Informationen reserviert ist. → *siehe auch* puffern.

Eingabegerät, das; *Subst.* (input device)
Ein Peripheriegerät, mit dem der Benutzer Eingaben in ein Computersystem vornehmen kann. Zu den Beispielen für Eingabegeräte gehören Tastatur, Maus, Joystick und Lichtstift. → *siehe auch* Peripheriegerät.

Eingabehilfen, die; *Subst.* (FilterKeys)
Eine Option der Eingabehilfen in der Systemsteuerung von Windows 9x und Windows Me, die speziell für körperlich behinderte Benutzer konzipiert ist. Durch die Anschlagverzögerung werden kurze und wiederholte Anschläge ignoriert, die durch falsche Fingerbewegungen ausgelöst werden. → *siehe auch* Bedienkomfort. → *vgl.* Anschlagton, ShowSounds, SoundSentry, StickyKeys, Tastaturmaus.

eingabeintensiv *Adj.* (input-bound)
→ *siehe* eingabe-/ausgabeintensiv.

Eingabekanal, der; *Subst.* (input channel)
→ *siehe* Kanal.

Eingabeport, der; *Subst.* (input port)
→ *siehe* Eingabe-/Ausgabeport.

Eingabestrom, der; *Subst.* (input stream)
Ein Informationsfluss, der in einem Programm als Bytesequenz, der mit einer bestimmten Aufgabe oder Ziel verbunden ist, verwendet wird. Der Eingabestrom kann eine Folge von Zeichen darstellen, die von der Tastatur in den Speicher eingelesen werden, oder es kann sich um einen Datenblock handeln, der von Diskettendateien gelesen wird. → *vgl.* Ausgabestrom.

Eingabetaste, die; *Subst.* (Enter key, Return key)
Eine Taste, mit der signalisiert wird, dass die Eingabe einer Einheit abgeschlossen ist, z.B. einer Zeile oder eines Absatzes (bei der Texteingabe), eines Befehls (vor allem bei befehlsorientierten Systemen) oder eines Feldes bzw. Datensatzes (in Datenbanken). Außerdem führt ein Druck auf die Eingabe-

taste die Standardfunktion eines Dialogfeldes aus. Auf IBM- und kompatiblen PCs sowie vielen weiteren Computersystemen wird die Eingabetaste auch als »Enter-Taste« oder »Return-Taste« bezeichnet. Der Ausdruck »Return-Taste« stammt von der Schreibmaschinentastatur, auf der die entsprechende Taste den Rücklauf (engl.: »Return«) des Wagens mit dem eingespannten Papier zum Zeilenbeginn bewirkt.

Eingabetreiber, der; *Subst.* (input driver)
→ *siehe* Gerätetreiber.

eingebaute Schrift, die; *Subst.* (built-in font, intrinsic font)
Eine Schrift (Schriftgröße und Gestaltung), für die eine Bitmap (ein genaues Muster) existiert. Diese Bitmap lässt sich nur in der vorhandenen Form, d.h. ohne Veränderung oder Skalierung, einsetzen. → *vgl.* abgeleitete Schrift.
→ *siehe* interne Schrift.

eingeben *Vb.* (input, type)
Das Übermitteln von Informationen zur weiteren Verarbeitung an einen Computer.
Die Eingabe erfolgt meist mit Hilfe einer Tastatur.

eingebettet *Adj.* (embedded)
Bezeichnet in der Software Code oder Befehle, die in ihre Träger integriert sind. Eingebettete Druckbefehle werden z.B. von Anwendungsprogrammen in ein Dokument eingefügt, um Druckausgaben und Formatierungen zu steuern. Eine niedrige Assemblersprache wird in höhere Sprachen (z.B. C) eingefügt, um ein Programm schneller oder effizienter zu machen.

eingebetteter Befehl, der; *Subst.* (embedded command)
Durch ein Programm in eine Text-, Grafik- oder andere Dokumentendatei eingefügter Befehl, der häufig für Druck- oder Seitenlayoutanweisungen verwendet wird. Diese Befehle erscheinen häufig nicht am Bildschirm, können jedoch bei Bedarf angezeigt werden. Eingebettete Befehle können beim Austausch von Dokumenten von einem Programm in ein anderes Programm zu Schwierigkeiten führen, wenn die Programme nicht kompatibel sind.

eingebetteter Controller, der; *Subst.* (embedded controller)
Eine Controllerleiterplatte auf Prozessorbasis, die im Computer eingebaut ist. → *siehe auch* Controller.

eingebetteter Hyperlink, der; *Subst.* (embedded hyperlink)
Eine Verknüpfung zu einer Ressource, die in Text eingebettet oder einem Bild bzw. einer klickbaren Karte zugewiesen ist. → *siehe auch* Hyperlink, Imagemap.

eingebettete Schnittstelle, die; *Subst.* (embedded interface)
Eine Schnittstelle, die in das Laufwerk und die Steuerplatine eines Gerätes eingebaut wird, damit das Gerät direkt mit dem Systembus verbunden werden kann. → *siehe auch* Controller, Schnittstelle. → *vgl.* ESDI, SCSI, ST506-Schnittstelle.

eingebettetes System, das; *Subst.* (embedded system)
Ein Computersystem, bestehend aus Hardware und Software, das Bestandteil eines anderen Geräts, beispielsweise einer Büromaschine, eines Fahrzeugs oder eines Haushaltsgeräts, ist und einem bestimmten Zweck dient. Ein eingebettetes System besteht häufig aus einem Chip oder einer Platine und wird in der Regel für die Steuerung oder Überwachung des Geräts eingesetzt, in dem es eingebaut ist. Die Ausführung bedarf in der Regel keiner oder nur geringfügiger Bedienung des Benutzers und erfolgt häufig in Echtzeit. → *siehe auch* Mikrocontroller.

eingeschränkte Funktion, die; *Subst.* (restricted function)
Eine Funktion oder eine Operation, die sich nur unter bestimmten Bedingungen ausführen lässt, z.B. nur im privilegierten Modus des Mikroprozessors. → *siehe auch* privilegierter Modus.

eingeschweißt *Adj.* (shrink-wrapped)
In durchsichtige Kunststofffolie als Verkaufsverpackung eingehüllt. Mit diesem Begriff wird oft auch die endgültige Version eines Produkts bezeichnet, zur Unterscheidung von einer Betaversion.

eingezäunter Garten, der; *Subst.* (walled garden)
Im Internetkontext eine gesicherte Umgebung zum Browsen, in der lediglich bestimmte Sites mit beschränkten Inhalten für die Benutzer zugänglich sind. Der Zweck einer solchermaßen »eingezäunten« Umgebung ist entweder die Kontrolle der Inhalte – etwa in Webbrowsern, die von Kindern verwendet werden – oder die Steuerung des Onlineverhaltens der Benutzer, etwa um nur bestimmte kostenpflichtige Inhalte zum Browsen zuzulassen. Bestimmte große ISPs verwenden das Prinzip des eingezäunten Gartens. → *siehe auch* ISP, Webbrowser. → *vgl.* Firewall.

einlegen *Vb.* (feed, feed)
→ *siehe* Newsfeed.

E Das Zuführen von Medien in ein Aufzeichnungsgerät (Einlegen von Disketten in ein Diskettenlaufwerk).

Einloggen, das; *Subst.* (login)
→ *siehe* anmelden.

Einplatinencomputer *Adj.* (single-board)
Ein Computer, der auf einer einzigen Leiterplatte aufgebaut ist, die in der Regel keine Erweiterungskarten aufnehmen kann.

einrücken *Vb.* (indent)
Den linken oder rechten Rand eines Textelements, z.B. einen Block oder eine Zeile, relativ zum Rand oder zu einem anderen Textelement verschieben.

Einrückung, die; *Subst.* (indent)
Den linken oder rechten Rand eines Textblocks in Bezug zum Blattrand oder zu den Begrenzungen anderer Textblöcke verschieben. Auch das Verschieben der ersten Zeile eines Absatzes in Relation zu den anderen Zeilen des Absatzes. → *vgl.* hängender Einzug.

einschalten *Vb.* (enable, power up)
Ganz allgemein das Aktivieren oder Starten. → *vgl.* abschalten. In Verbindung mit einem Computer das Starten des Geräts, indem die Stromversorgung über den Netzschalter aktiviert wird. Ein derartiger Start eines Computers wird auch als »Kaltstart« bezeichnet.

Einschrittcompiler, der; *Subst.* (one-pass compiler)
Ein Compiler, der den Quellcode lediglich einmal einliest und bei diesem Vorgang unmittelbar den Objektcode generiert. Die Syntax einiger Programmiersprachen erlaubt es nicht, einen Einschrittcompiler für diese Sprachen zu entwickeln.

einseitig *Adj.* (single-sided)
Eine Eigenschaft einer Diskette, bei der die Aufzeichnung von Daten nur auf einer Seite möglich ist.

einsetzen *Vb.* (seat)
Eine Baugruppe kontaktschlüssig und richtig ausgerichtet in einen Computer oder ein angeschlossenes Gerät einbauen, z.B. ein SIMM-Speichermodul in den Sockel einsetzen.

Einsprungstelle, die; *Subst.* (entry point)
Die Stelle in einem Programm, an der die Ausführung beginnen kann.

einstecken *Vb.* (terminate)
Im Zusammenhang mit Hardware am Ende eines Kabels einen Steckverbinder anbringen.

Einstellungsmenü, das; *Subst.* (Preferences)
Eine Menüauswahl in zahlreichen Anwendungen mit grafischer Benutzeroberfläche. Benutzer können dabei festlegen, wie die Anwendung reagiert. In einigen Textverarbeitungsprogrammen kann man z.B. das Lineal ausblenden oder ein Dokument in der Seitenansicht (dem Ausdruck entsprechend) anzeigen. → *auch genannt* Optionen, Prefs.

eintippen *Vb.* (key in)
Tasten drücken, um Informationen in den Computer einzugeben.

Eintrag, der; *Subst.* (entry)
Eine Informationseinheit, die durch ein Computerprogramm als Ganzes behandelt wird.

Einwahldienst, der; *Subst.* (dial-up service)
Ein Provider für Telefonverbindungen für ein lokales oder weltweites öffentlich geschaltetes Telefonnetz, das Internet- oder Intranetzugang, Werbung über Webseiten und Zugriff auf Nachrichten- oder Börsendienste anbietet.

Einwahlleitung, die; *Subst.* (switched line)
Bezeichnet eine normale Telefonwählverbindung, d.h. eine Leitung, die auf einen Anruf durch Weiterleitung über eine Vermittlungsstelle bereitgestellt wird. → *vgl.* Mietleitung.

Einwahlnummer, die; *Subst.* (access number)
Die Telefonnummer eines Providers, über die der Benutzer die Verbindung mit dem Onlinedienst herstellt.

einwahlorientiert *Adj.* (dial-up)
Eine Verbindung, die keine dedizierte Einheit bzw. kein anderes privates Netzwerk, sondern ein öffentlich geschaltetes Telefonnetzwerk verwendet.

Einwahlzugriff, der; *Subst.* (dial-up access)
Eine Verbindung mit einem Datenkommunikationsnetzwerk, die über ein öffentlich geschaltetes Telekommunikationsnetzwerk hergestellt wird.

Einzelbild, das; *Subst.* (display frame, display image, frame)
In Verbindung mit Animationen im weiteren Sinn ein Bild in einer Animationssequenz. → *siehe auch* Frame.

Im engeren Sinn ein einzelnes Bild von der Größe des Bildschirms, das in der Folge von jeweils leicht veränderten Bildern angezeigt wird, um animierte Zeichnungen zu erzeugen.

»Einzelbild« bezeichnet außerdem die Auflistung der Elemente, die gleichzeitig auf einem Computerbildschirm angezeigt werden.

Einzelbildpuffer, der; *Subst.* (frame, frame buffer)
Teil des Displayspeichers eines Computers, der den Inhalt eines einzelnen Bildschirmbildes aufnimmt. → *siehe auch* Videopuffer.
Außerdem der Speicher, der für die Aufnahme eines vollständiges Monitorbildes – bestehend aus Text und/oder Grafik – erforderlich ist.

Einzelblatteinzug, der; *Subst.* (sheet feeder)
Eine Vorrichtung, die einen Batch Papier aufnimmt und einem Drucker seitenweise zuführt.

Einzelherstellung, die; *Subst.* (one-off)
Ein Produkt, das in einer Einzelanfertigung hergestellt wird – es wird also nur an genau einem Produkt gleichzeitig gearbeitet. Das Gegenstück ist die Serienfertigung.
Der Begriff »Einzelherstellung« wird dabei häufig im Zusammenhang mit CD-ROMs verwendet, die mit Hilfe eines CD-Rekorders hergestellt werden. Ein CD-Rekorder kann immer nur eine Kopie einer CD-ROM nach der anderen erzeugen.

Einzelschrittdurchgang *Vb.* (single step)
Die Ausführung eines Programms in einzelnen Verarbeitungsschritten, meist zusammen mit einem Debugger. → *siehe auch* Debugger.

Einzug, hängender, der; *Subst.* (hanging indent)
→ *siehe* hängender Einzug.

Einzug, negativer, der; *Subst.* (outdent)
→ *siehe* hängender Einzug.

Einzugsscanner, der; *Subst.* (feed scanner, sheet-fed scanner)
Ein Scanner mit einem Einzelblatteinzug, bei dem die Vorlagen eingezogen werden und die Abtastung durch einen stationären Abtastmechanismus erfolgt. Einzugsscanner ermöglichen das automatische Scannen mehrseitiger Dokumente. → *siehe auch* Scanner. → *vgl.* Flachbettscanner, Handheldscanner, Trommelscanner.

EIS
→ *siehe* executive information system.

EISA
Abkürzung für **E**xtended **I**ndustry **S**tandard **A**rchitecture. Ein Busstandard für den Anschluss von Erweiterungskarten mit einer PC-Hauptplatine, z.B. Videokarten, interne Modems, Soundkarten, Laufwerkcontroller sowie Karten, die andere Peripheriegeräte unterstützen. EISA wurde 1988 von einem Konsortium aus neun Unternehmen der Computerindustrie eingeführt. Die beteiligten Firmen AST Research, Compaq, Epson, Hewlett-Packard, NEC, Olivetti, Tandy, Wyse und Zenith wurden als die »Neunerbande« bezeichnet. EISA gewährleistet Kompatibilität mit dem älteren ISA-Bus (Industry Standard Architecture), bietet aber zusätzliche Merkmale des von IBM eingeführten Busstandards Micro Channel Architecture. EISA weist einen 32-Bit-Datenbus auf und verwendet Verbinder, die ISA-Karten aufnehmen können. EISA-Karten sind jedoch nur mit EISA-Systemen kompatibel. Im Gegensatz zum ISA-Bus kann EISA mit höheren Frequenzen betrieben werden und bietet einen schnelleren Datendurchsatz. → *siehe auch* ISA, Mikrokanalarchitektur.

Eisbrecher, der; *Subst.* (Icebreaker)
Der Begriff leitet sich aus der Abkürzung ICE für »Intrusion Countermeasure Electronics« ab. Ein sogenannter ICEbreaker (zu Deutsch »Eisbrecher«) ist eine Software, die speziell entwickelt wurde, um Sicherheitssysteme zu knacken. → *vgl.* Intrusion Countermeasure Electronics.

Eisenoxid, das; *Subst.* (ferric oxide)
Die chemische Substanz Fe_2O_3. Ein bestimmtes Oxid des Eisens, das zusammen mit einem Bindemittel für die magnetische Beschichtung von Disketten und Magnetbändern zur Datenspeicherung eingesetzt wird.

EJB
→ *siehe* Enterprise JavaBeans.

Electronic Commerce Modeling Language, die; *Subst.*
→ *siehe* ECML.

Electronic Frontier Foundation, die; *Subst.*
Eine öffentliche Organisation, die sich für die Verteidigung der bürgerlichen Rechte von Computeranwendern einsetzt. Die Organisation wurde 1990 von Mitchell Kapor und John Perry Barlow als Reaktion auf die Maßnahmen des amerika-

E nischen Geheimdienstes gegen Hacker gegründet. Die Website der EFF ist unter der Adresse http://www.eff.org erreichbar.

Electronic Industries Alliance, die; *Subst.*
→ *siehe* EIA.

elegant *Adj.*
Mit Eleganz verbindet man im Allgemeinen eine Kombination von Einfachheit, Kürze, Effizienz und Feinheit. Ein elegantes Design hat für den Anwenderbereich in der Informatik (Programme, Algorithmen oder Hardware) Vorrang. Durch die schnelle Entwicklung in der Computerbranche wird ein elegantes Design in der Regel der Schnelligkeit geopfert. Dies führt häufig zu Bugs, die nicht leicht zu beheben sind.

Elektrizität, statische, die; *Subst.* (static electricity)
→ *siehe* statische Elektrizität.

Elektrofotografie, die; *Subst.* (electrophotography)
Die Herstellung fotorealistischer Bilder durch Verwendung von elektrostatischen Ladungen. Fotokopierer und Laserdrucker arbeiten nach dem Prinzip der Elektrofotografie. → *siehe auch* elektrofotografische Drucker. → *auch genannt* Xerographie.

elektrofotografische Drucker, der; *Subst.* (electrophotographic printers)
Drucker einer Kategorie, die Laserdrucker, LED-, LCD- und Ionenbeschussdrucker umfasst. Es wird dabei ein Negativ einer elektrisch geladenen, lichtempfindlichen Trommel zugeordnet. Die lichtempfindliche Trommel entwickelt an ihrer Oberfläche ein Muster mit elektrostatischer Ladung, die das Negativ des Bildes darstellt, das von der Trommel gedruckt wird. Der Toner (ein Tintenpulver) haftet an den geladenen Bereichen der Trommel, die die Tinte wiederum auf das Papier druckt. Die Haftung des Toners auf dem Papier wird durch Wärmezufuhr ermöglicht. Die Druckerarten unterscheiden sich hauptsächlich durch die Methode, wie die Trommel geladen wird. → *siehe auch* Ionenbeschussdrucker, Laserdrucker, LCD-Drucker, LED-Drucker.

elektrolumineszent *Adj.* (electroluminescent)
Das Leuchten eines Stoffes beim Fließen elektrischen Stroms. Elektrolumineszenz verwendet man häufig zur Hintergrundbeleuchtung der Flüssigkristallanzeigen (LCDs) in Laptopcomputern. Diese Platten bestehen aus zwei dünnen Elektroden mit einer Zwischenschicht aus Phosphor, wobei eine Elektrode nahezu durchsichtig ist. → *siehe auch* Flüssigkristalldisplay.

Elektrolumineszenz-Bildschirm, der; *Subst.* (electroluminescent display)
Ein Flachdisplay in Laptops mit einer Phosphorschicht zwischen einem Satz horizontaler und einem Satz vertikaler Elektroden. Diese Elektroden bilden *xy*-Koordinaten. Wenn eine vertikale und eine horizontale Elektrode aufgeladen wird, strahlt der Phosphor am Schnittpunkt Licht ab. Elektrolumineszenz-Bildschirme liefern ein scharfes, klares Bild und einen breiten Anzeigewinkel. Diese Bildschirme wurden durch aktive Matrix-LCD-Bildschirme ersetzt. → *siehe auch* Flachdisplay, Flüssigkristalldisplay. → *vgl.* aktive Matrix.

Elektrolyse, die; *Subst.* (electrolysis)
Die Zersetzung einer chemischen Verbindung in Bestandteile durch elektrischen Strom.

Elektromagnet, das; *Subst.* (electromagnet)
Ein Gerät, das mit Hilfe von elektrischem Strom ein magnetisches Feld erzeugt. Ein typischer Elektromagnet besteht aus einer Drahtspule mit einem Eisen- oder Stahlkern. Das magnetische Feld entsteht, sobald der Strom durch die Spule fließt. Elektromagneten werden in Diskettenlaufwerken für die Aufzeichnung von Daten auf die Oberfläche der Diskette verwendet.

elektromagnetisches Spektrum, das; *Subst.* (electromagnetic spectrum)
Der Frequenzbereich elektromagnetischer Strahlung, der theoretisch weder nach oben noch nach unten begrenzt ist. (Abbildung E.1)

elektromagnetische Strahlung, die; *Subst.* (electromagnetic radiation)
Die Ausbreitung eines magnetischen Feldes im Raum. Alle Arten elektromagnetischer Strahlung – zu denen Radiowellen, Licht- und Röntgenstrahlen gehören – breiten sich mit Lichtgeschwindigkeit aus.

elektromotorische Kraft, die; *Subst.* (electromotive force)
Häufig als EMF (zu Deutsch als EMK) abgekürzt. Auch als Spannung oder Potential bezeichnete Kraft, die die Bewegung der Ladungsträger (der Elektronen) in einem Leiter

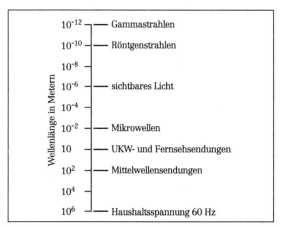

Abbildung E.1: Elektromagnetisches Spektrum

bewirkt. → *siehe auch* Ampere, Coulomb. → *auch genannt* Potential, Spannung.

Elektronenkanone, die; *Subst.* (electron gun)
Ein Gerät, das einen Elektronenstrahl produziert – üblicherweise in Fernseh- oder Computermonitoren. → *siehe auch* CRT.

Elektronenröhre, die; *Subst.* (electron tube)
Ein Gerät zum Schalten und Verstärken von elektronischen Signalen. Die Elektronenröhre besteht aus einem hochevakuiertem Glaskolben mit elektronischen Elementen, z.B. Metallplatten und Gittern. In den meisten Anwendungen sind sie bereits durch Transistoren ersetzt worden. Elektronenröhren werden jedoch weiterhin bei Kathodenstrahlröhren (CRTs) und einigen Hochfrequenz-Verstärkerröhren sowie bei Niederfrequenzverstärkern eingesetzt. → *siehe auch* CRT. → *auch genannt* Vakuumröhre.

Elektronenstrahl, der; *Subst.* (electron beam)
Ein Strom von Elektronen mit gleicher Bewegungsrichtung. Durch geeignete Ablenkung des Elektronenstrahls in einer Kathodenstrahlröhre (CRT) wird auf der phosphorbeschichteten Innenseite der Röhre ein Bild erzeugt. → *siehe auch* CRT.

Elektronik, die; *Subst.* (electronics)
Zweig der Physik, der sich mit Elektronen, elektronischen Bauelementen und Schaltungen befasst.

elektronische Briefbombe, die; *Subst.* (letterbomb)
Eine E-Mail-Nachricht, die darauf ausgerichtet ist, die Funktionalität des Empfängercomputers zu beeinträchtigen. Beispielsweise können einige Sequenzen von Steuerzeichen ein

Terminal blockieren, angehängte Dateien können Viren oder trojanische Pferde enthalten. Außerdem sind umfangreiche Nachrichten in der Lage, eine Mailbox zum Stillstand und ein System zum Absturz zu bringen. → *siehe auch* E-Bomb, E-Mail, E-Mail-Bombe, Mailbox, Steuerzeichen, Trojanisches Pferd, Virus.

elektronische Datenverarbeitung, die; *Subst.* (electronic data processing)
→ *siehe* Datenverarbeitung.

elektronische Fotografie, die; *Subst.* (electronic photography)
→ *siehe* digitale Fotografie.

elektronische Musik, die; *Subst.* (electronic music)
Die mit Hilfe von Computern und elektronischen Geräten erzeugte Musik. → *siehe auch* MIDI, Synthesizer.

elektronische Post, die; *Subst.* (electronic mail)
→ *siehe* E-Mail.

elektronische Postdienste, der; *Subst.* (electronic mail services)
Dienste, mit denen Benutzer, Administratoren oder Dämonen E-Mail senden, empfangen bzw. verarbeiten können. → *siehe auch* Dämon.

elektronischer Datenaustausch, der; *Subst.* (electronic data interchange)
→ *siehe* EDI.

elektronischer Softwarevertrieb, der; *Subst.* (electronic software distribution)
Ein Verfahren für den Direktvertrieb von Software über das Internet. Der elektronische Softwarevertrieb funktioniert nach einem ähnlichen Prinzip wie der Versandhaushandel.

elektronischer Text, der; *Subst.* (electronic text)
→ *siehe* E-Text.

elektronisches Anschlagbrett, das; *Subst.* (electronic bulletin board)
→ *siehe* BBS.

elektronisches Buch, das; *Subst.* (electronic book)
Bezeichnet eine auf einem Computer verfügbare Version eines Buches. Auf dem Markt gibt es verschiedene Technologien für

E die Publikation und Verbreitung elektronischer Bücher. Web-basierte elektronische Bücher sind aus dem Internet downloadbare, in HTML, PDF oder ein anderes – meist proprietäres – Format umgesetzte Fassungen kompletter Bücher. Außerdem gibt es elektronische Bücher in Form eigener, tragbarer Computer. Elektronische Bücher dieser Art haben die Größe eines Taschenbuchs oder eines großen Notizblocks und besitzen ein Display mit Hintergrundbeleuchtung. Auf diesem Gerät können Texte gelesen, mit Anmerkungen versehen, markiert oder auch gespeichert werden. Texte für solche elektronischen Bücher können u. a. aus dem Internet bezogen werden. Beispiele für Hersteller elektronischer Bücher sind, neben vielen anderen: GemStar (Webadresse http://www.gemstar-ebook.com), Estari Software (Webadresse http://www.every-book.net), Adobe (Webadresse http://www.adobe.com), Franklin eBookMan (http://www.franklin.com/ebookman/). → *siehe auch* elektronisches Publizieren, Project Gutenberg. → *vgl.* elektronisches Papier.

elektronisches Büro, das; *Subst.* (electronic office)
Ein für die späten siebziger und frühen achtziger Jahre charakteristischer Begriff für die Vision von papierlosen Arbeitsumgebungen, die auf dem Einsatz von Computern und Kommunikationseinrichtungen basieren.

elektronische Schaltung, die; *Subst.* (electronic circuit)
→ *siehe* Leitung.

elektronisches Einkaufen, das; *Subst.* (electronic commerce)
Handelsaktivitäten, die über miteinander verbundene Computer erfolgen. Diese Geschäftsvorfälle zwischen Benutzer und Anbieter können über das Internet, einen anderen Onlinedienst, oder auch über Mailbox erfolgen. Außerdem können die Geschäfte per elektronischen Datenaustausch (EDI) über die Computer des Anbieters und des Kunden erfolgen. Die Bezahlung erfolgt entweder auf »klassische« Weise oder aber mit internetgestützten Diensten wie paybox, PayPal, oder vielen anderen. → *siehe auch* Digicash, E-Credit, elektronischer Datenaustausch, E-Money, Erfüllungsdienstanbieter. → *auch genannt* E-Commerce. → *vgl.* Digitale Marktplätze, M-Commerce.

elektronisches Einkaufen mit Kreditkarte, das; *Subst.* (electronic credit)
Elektronischer Handel über das Internet, der mit Kreditkarten durchgeführt wird. → *siehe auch* elektronisches Einkaufen. → *auch genannt* E-Credit.

elektronisches Formular, das; *Subst.* (electronic form)
→ *siehe* E-Form.

elektronisches Geld, das; *Subst.* (electronic cash, electronic money)
→ *siehe auch* elektronisches Einkaufen. → *siehe auch* elektronisches Bezahlen, elektronisches Einkaufen.

elektronisches Journal, das; *Subst.* (e-magazine)
Bezeichnung für alle im Internet angebotenen Magazine, bei denen es sich entweder um digitale Varianten traditioneller Medien (beispielsweise HotWired als Onlineangebot des Magazins Wired) oder um eigenständige Produkte (beispielsweise Slate) handelt. Die erwähnten Journale finden Sie unter http://www.wired.com und http://www.slate.com. Es gibt jedoch auch zahlreiche weitere elektronische Journale. → *vgl.* Portal-Website.

elektronisches Papier, das; *Subst.* (electronic paper)
Eine im Xerox PARC (Palo Alto Research Center) entwickelte Technologie, bei der in einer schwach elektrisch geladenen, transparenten und flexiblen Kunststoffschicht Millionen von winzigen Plastikkugeln in einer ölartigen Flüssigkeit verteilt sind. Die Kugeln können beispielsweise auf einer Seite weiß und auf der anderen schwarz gefärbt sein und sind polar. Bei Anbringen einer Spannung oder eines bestimmten Spannungsmusters auf der Kunststoffoberfläche bilden die Kugeln Muster, die zu Bildern oder Text geformt und ohne Hintergrundbeleuchtung gesehen werden können. Das entstehende Muster bleibt so lange erhalten, bis eine andere Spannung auf die Kunststoffschicht wirkt. Elektronisches Papier zeichnet sich durch seine Flexibilität, Wiederverwendbarkeit, relativ kostengünstige Herstellung und geringe Stromaufnahme aus. → *siehe auch* Xerox PARC.

elektronisches Publizieren, das; *Subst.* (electronic publishing)
Ein Begriff, der allgemein für die Verteilung von Informationen über elektronische Medien verwendet wird, z.B. über Kommunikationsnetzwerke oder CD-ROM.

elektronisches Tabellenblatt, das; *Subst.* (electronic spreadsheet)
→ *siehe* Tabellenkalkulationsprogramm.

elektronische Visitenkarte, die; *Subst.* (electronic business card)
→ *siehe* vCard-Format.

elektronische Zeitschrift, die; *Subst.* (electronic journal)
→ *siehe* Journal.

Elektroplattierung, die; *Subst.* (electroplating)
Eine Technologie zur Beschichtung eines Materials mit einem anderen unter Verwendung der Elektrolyse. → *siehe auch* Elektrolyse.

elektrostatisch *Adj.* (electrostatic)
Beschreibt die Eigenschaften elektrischer Ladungen, die sich nicht in einem leitenden Material bewegen. Durch elektrostatische Ladungen haften Tonerpartikel auf einer Lichtleitertrommel in Kopierern und Laserdrucken. In Flachbettplottern verwendet man ebenfalls elektrostatische Ladungen, um das Plotmedium zu fixieren.

elektrostatische Entladung, die; *Subst.* (electrostatic discharge)
Die Entladung statischer Elektrizität von einer äußeren Quelle, z.B. durch Berührung mit den Händen, führt häufig zur Zerstörung des Schaltkreises.

elektrostatischer Drucker, der; *Subst.* (electrostatic printer)
→ *siehe* elektrostatischer Plotter.

elektrostatischer Plotter, der; *Subst.* (electrostatic plotter)
Ein Plotter, der ein Bild in Form eines Punktmusters auf speziell beschichtetem Papier erzeugt. Das Papier wird elektrostatisch geladen und anschließend dem Toner ausgesetzt, der an den geladenen Punkten haftet. Gegenüber Stiftplottern arbeiten elektrostatische Plotter bis zu 50-mal schneller, sind aber auch wesentlich teurer. Farbige elektrostatische Plotter produzieren Bilder über mehrere Schritte mit Zyan, Magenta, Gelb und Schwarz. → *siehe auch* Plotter. → *vgl.* elektrofotografische Drucker, Pen-Plotter.

Element, das; *Subst.* (element, member)
Allgemein jede Entität, die als selbständige Einheit innerhalb eines breiteren Zusammenhangs definiert werden kann. Ein Datenelement ist z.B. eine Einheit von Daten mit den Merkmalen oder Eigenschaften einer größeren Menge. Ein Bildelement (Pixel) stellt einen einzelnen Punkt auf dem Computerbildschirm oder in einer Computergrafik dar. Als Druckerelement bezeichnet man den Teil eines Typenraddruckers, der die Prägezeichen enthält. → *siehe auch* Datenelement, grafische Primitive, Pixel, Typenkorb, Typenrad.
In Verbindung mit deklarativen Auszeichnungssprachen (z.B. HTML und SGML) die Kombination von Tags, der Inhalt zwischen den Tags und die Attribute der Tags. Elemente können ineinander verschachtelt sein. → *siehe auch* Attribut, Auszeichnungssprache, HTML, SGML.
In der objektorientierten Programmierung handelt es sich bei einem Element um eine Variable oder Routine, die Bestandteil einer Klasse ist. → *siehe auch* C++, Klasse. → *siehe auch* setzen.

Elite, die; *Subst.* (elite)
Eine Schrift mit fester Breite, die mit 12 Zeichen pro Zoll gedruckt wird.
Außerdem eine Schrift mit fester Breite, die in verschiedenen Schriftgraden verfügbar ist. → *siehe auch* dicktengleiche Schrift.

ELIZA

Ein Computerprogramm, das einen menschlichen Psychologen nachahmt. Es führt eine simulierte »Konversation«, indem es auf Fragen reagiert und einfache Gegenfragen auf der Basis von Schlüsselwörtern formuliert, die aus früheren Eingaben gesammelt wurden. Der Autor, Dr. Joseph Weizenbaum, schrieb ELIZA mehr aus Spaß und war entsetzt, wie ernst dieser »Gesprächspartner« genommen wurde.

Elliptic Curve-Kryptografie, die; *Subst.* (elliptic curve cryptography)
Abgekürzt ECC. Kryptografieverfahren, das elliptische Kurven als Grundlage der Verschlüsselung verwendet. ECC ist eine Alternative zu asymmetrischen Verschlüsselungsverfahren wie beispielsweise der RSA-Verschlüsselung. Der Unterschied zur asymmetrischen Verschlüsselung besteht in der wesentlich höheren Komplexität der zugrundliegenden mathematischen Verfahren. Der ECC liegt die Berechnung des so genannten »Diskreten Logarithmus« (DL) in geeigneten Mengen zu Grunde. Dabei handelt es sich um Mengen von Punkten, welche eine bestimmte mathematische Gleichung erfüllen, nämlich die einer elliptischen Kurve. Ähnlich wie bei der Multiplikation von Zahlen kann man für diese Punkte ein Verknüpfungsgesetz definieren. Die aufeinanderfolgende Ausführung dieser Verknüpfung liefert eine Operation (vergleichbar der Potenzierung von Zahlen), die für die Übertragung kryptografischer Informationen genutzt werden kann. Der Vorteil dieses Verfahrens besteht darin, dass die bislang bekannten schnellen Algorithmen zur Lösung des selben mathematischen Problems in diesem Fall nicht anwendbar sind: Da für das DL-Problem in der Punktgruppe elliptischer Kurven nur sehr allgemeine Verfahren vorhanden sind, kommt man bei gleicher Sicherheit mit deutlich geringeren

E Schlüssel- und Parameterlängen aus. Diese Eigenschaft macht die ECC sehr attraktiv für Einsatzszenarien mit geringer Rechen- oder Speicherkapazität, beispielsweise bei Smartcards, Mobiltelefonen und PDAs. → *siehe auch* Public-Key-Verschlüsselung. → *vgl.* asymmetrische Verschlüsselung, RSA-Verschlüsselung.

elm

Abkürzung für **El**ectronic **M**ail. Ein Programm zum Lesen und Erstellen von E-Mail auf UNIX-Systemen. Das Programm *Elm* verfügt über einen vollbildorientierten Editor, der benutzerfreundlicher als das ursprüngliche E-Mail-Programm *mail* ist. Elm ist mittlerweile jedoch von *Pine* verdrängt worden. → *siehe auch* E-Mail. → *vgl.* Eudora, pine.

El Torito

Ein von den Unternehmen Phoenix und IBM im Jahre 1995 vorgestellter Brennstandard, der beschreibt, wie die Struktur einer bootfähigen CD-ROM aufgebaut sein muss. Das entsprechend ausgestattete BIOS vorausgesetzt, kann ein Computer das Betriebssystem direkt von einer CD-ROM starten, benötigt dazu also keine Diskette oder Festplatte mehr. Moderne Betriebssysteme wie beispielsweise Microsoft Windows XP werden bereits auf bootfähigen CD-ROMs ausgeliefert. → *siehe auch* Betriebssystem, BIOS, bootfähig.

E-Mail, die; *Subst.* (E-Mail)

Im weiteren Sinn jede elektronische Textnachricht.
Im engeren Sinn der Austausch von Textnachrichten und Computerdateien über ein Kommunikationsnetzwerk, z.B. ein lokales Netzwerk oder das Internet. Die Übertragung erfolgt in der Regel zwischen Computern oder Terminals.
Auch das Senden (also der Vorgang) einer elektronischen Nachricht wird mit »E-Mail« bezeichnet.

E-Mail-Adresse, die; *Subst.* (E-Mail address)

Eine Zeichenfolge, die einen Benutzer bezeichnet, so dass dieser E-Mail über das Internet empfangen kann. E-Mail-Adressen bestehen in der Regel aus einem Namen, den der E-Mail-Server identifiziert, gefolgt von einem at-Zeichen (@), dem Hostnamen und dem Domänennamen des E-Mail-Servers. Wenn z.B. Anne Tränkner ein Account auf dem Rechner *Foo* bei der Bar GmbH unterhält, könnte ihre E-Mail-Adresse *atr@foo.bar.de* lauten.

E-Mail-Bombe, die; *Subst.* (mailbomb)

Ein ausgesprochen großer Umfang an E-Mail-Daten (z.B. sehr viele Nachrichten oder eine sehr umfangreiche Nach-

richt), der an die E-Mail-Adresse eines Benutzers gesendet wird, damit dessen E-Mail-Programm abstürzt bzw. keine weiteren Nachrichten mehr empfangen kann. → *siehe auch* E-Mail. → *vgl.* E-Bombe, elektronische Briefbombe.

E-Mail-Filter, der; *Subst.* (E-Mail filter)

Eine E-Mail-Funktion. Bei einem E-Mail-Filter handelt es sich um eine Software, die E-Mail-Eingänge automatisch sortiert und in verschiedene Ordner oder Mailboxen entsprechend den Informationen ablegt, die in der Nachricht enthalten sind. So können z.B. alle eingehenden E-Mails des Absenders *TechCOM* in dem gleichnamigen Ordner *TechCOM* abgelegt werden. E-Mail-Filter können auch eingesetzt werden, um E-Mails von bestimmten Absendern abzulehnen.

EMF

→ *siehe* elektromotorische Kraft.

Emitter, der; *Subst.* (emitter)

Die Zone eines Transistors, die als Quelle der Ladungsträger dient. → *vgl.* Basis, Kollektor.

emittergekoppelte Logik, die; *Subst.* (emitter-coupled logic)

Eine Schaltungstechnologie integrierter Schaltkreise, bei der die Emitter der zwei Transistoren mit einem Widerstand gekoppelt sind, so dass nur jeweils einer der Transistoren schaltet. Dem Vorteil hoher Schaltgeschwindigkeit stehen als Nachteile die relativ große Anzahl der erforderlichen Bauelemente und die Störanfälligkeit gegenüber.

EMM

→ *siehe* Expanded Memory Manager.

E-Money, das; *Subst.* (e-money)

Abkürzung für **e**lectronic **money**. Eine allgemeine Bezeichnung für den Austausch von Geld im Internet. → *siehe auch* elektronisches Einkaufen. → *auch genannt* Cybercash, Digicash, Digital Cash, E-Cash.

Emotag, der; *Subst.* (emotag)

Ein Buchstabe, ein Wort oder ein Satz, der in einer E-Mail-Nachricht oder in einem Newsgroupsartikel in spitze Klammern gesetzt wird und – wie ein Emoticon – die Meinung des Autors wiedergibt. Emotags haben wie HTML-Tags oft öffnende und schließende Tags, die Sätze einschließen. Beispiel: <witz>Das sollte doch nicht etwa ein Witz sein? </witz>. Einige Emotags bestehen aus einem einzelnen Tag, z.B. <smile>. → *siehe auch* HTML, Smiley.

Emoticon, das; *Subst.* (emoticon)
→ *siehe* Smiley. → *vgl.* Emotag.

empfangen *Vb.* (receive)
Daten aus einem externen Kommunikationssystem, z.B. einem lokalen Netzwerk (LAN) oder dem Telefonnetz, übernehmen und als Datei ablegen.

Empfangsabruf, der; *Subst.* (fax on demand)
Ein automatisiertes System, das Informationen über das Telefon zur Verfügung stellt. Wenn ein Abruf erfolgt, überträgt das System die Informationen als Fax an die Telefonnummer, die in der Abfrage enthalten ist.

Empfangsbestätigung, die; *Subst.* (read notification, receipt notification)
Eine E-Mail-Zusatzfunktion, die eine Rückmeldung an den Absender bewirkt, wenn eine Nachricht vom Empfänger gelesen wurde. (Abbildung E.2)

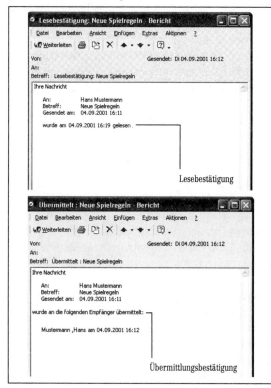

Abbildung E.2: Empfangsbestätigung

EMS
Abkürzung für **E**xpanded **M**emory **S**pecification. Eine Technik zum Hinzufügen von Speicher zu PCs, bei der die Obergrenze von 1 MB für den Realmodus des Mikroprozessors Intel 80x86 überschritten wird. Bei früheren Versionen hat EMS diese Grenze mit 16-KB-Banken für RAM umgangen, auf den die Software zugreifen konnte. In späteren Versionen der Intel-Mikroprozessoren, einschließlich der Modelle 80386 und 80486, wird EMS aus dem Erweiterungsspeicher von Speicherverwaltungsprogrammen, z.B. EMM386 in MS-DOS 5, umgewandelt. Derzeit wird EMS hauptsächlich für ältere MS-DOS-Anwendungen verwendet, weil Windows und andere Anwendungen, die im Protected Mode bei Mikroprozessoren ab der Generation 80386 ausgeführt werden, keine Obergrenze von 1 MB mehr haben. → *siehe auch* Expansionsspeicher, Protected Mode. → *auch genannt* LIM EMS. → *vgl.* Erweiterungsspeicher, konventioneller Arbeitsspeicher.

Emulation, die; *Subst.* (emulation)
Unter Emulation versteht man das Imitieren der Funktion eines anderen Computers, Gerätes oder Programms.

Emulator, der; *Subst.* (emulator)
Hardware oder Software, die so konzipiert ist, dass ein anderes Modell oder eine andere Komponente imitiert wird. Durch einen Emulator ist ein Computer in der Lage, Software auszuführen, die für ein anderes System geschrieben wurde. In einem Netzwerk können Mikrocomputer beispielsweise Großrechner oder Terminals so emulieren, dass zwei Maschinen miteinander kommunizieren können.

emulieren *Vb.* (emulate)
Hardware oder Software, die das Verhalten einer anderen Hardware oder Software nachbildet. In einem Netzwerk emulieren Mikrocomputer häufig Großrechner oder Terminals, damit eine Kommunikation von zwei Rechnern gewährleistet wird.

Emulsions-Laserspeichertechnik, die; *Subst.*
(emulsion laser storage)
Ein Verfahren für die Aufzeichnung von Daten in einer Filmschicht durch selektives Erhitzen mit Hilfe eines Laserstrahls.

Encapsulated PostScript, das; *Subst.*
→ *siehe* EPS.

Encoder *Subst.* (encoder)
Ein Programm zum Codieren von Daten, um sie beispielsweise mittels fehlerkorrigierender Codierung für einen Datentransfer übertragungssicher zu machen.

E **Endanwender**, der; *Subst.* (end user)
Der Anwender eines Computers oder einer Anwendung.

Endaround-Carry, das; *Subst.* (end-around carry)
Ein besonderer Typus einer Endaround-Shift-Operation bei einem binären Wert, der das Carrybit wie ein Extrabit behandelt. Dies bedeutet, dass das Carrybit von einem Ende des Wertes zum anderen verschoben wird. → *siehe auch* Endaround-Shift, schieben, Übertrag.

Endaround-Shift, der; *Subst.* (end-around shift)
Eine Operation, die bei einem Binärwert ausgeführt wird, in dem ein Bit von einem Ende an das andere Ende verschoben wird. Ein Right-End Shift des Werts 00101001 ergibt beispielsweise 10010100. → *siehe auch* Endaround-Carry, schieben.

Endbenutzer-Lizenzvertrag, der; *Subst.* (End-User License Agreement)
Eine gesetzliche Vereinbarung zwischen dem Hersteller und dem Käufer eines kommerziellen Softwareprodukts. Darin sind die Einschränkungen bezüglich Vertrieb und Weiterverkauf geregelt. → *auch genannt* EULA.

Endemarkierung, die; *Subst.* (end mark)
Ein Symbol, mit dem das Ende einer Einheit bezeichnet wird, z.B. einer Datei oder eines Dokuments in einer Textverarbeitung.

Ende-Taste, die; *Subst.* (End key)
Eine Taste zur Cursorsteuerung, mit der man den Cursor direkt an eine bestimmte Position setzen kann. Je nach Programm kann sich das »Ende« z.B. auf das Ende einer Zeile, eines Bildschirmbereichs oder einer Datei beziehen.

Endlospapier, das; *Subst.* (continuous-form paper)
Papier, bei dem die einzelnen Blätter in einer Bahn zusammenhängen und das in Z-Form gefaltet ist. Die Einzelblätter sind durch eine Perforation getrennt, so dass sich diese nach dem Bedrucken leicht ablösen lassen. An beiden Seiten befindet sich ein gelochter Streifen, der zum Transport durch den Traktorvorschub des Druckers dient. Auch dieser Lochstreifen ist perforiert, so dass er entsprechend abgetrennt werden kann. Endlospapier wird vor allem bei Anschlagdruckern und Tintenstrahldruckern eingesetzt. → *siehe auch* Stachelradvorschub, Stachelwalze, Traktorvorschub. (Abbildung E.3)

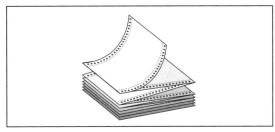

Abbildung E.3: Endlospapier

Endlosschleife, die; *Subst.* (endless loop, infinite loop)
Eine Schleife, die infolge von semantischen oder logischen Fehlern nicht auf normalem Weg terminieren kann.
Auch die Bezeichnung für eine Schleife, bei der absichtlich keine explizite Endbedingung angegeben ist, die jedoch als Ergebnis eines Seiteneffekts oder direkten Eingriffs beendet wird. → *siehe auch* Schleife durchlaufen, Seiteneffekt.

Endmarke, die; *Subst.* (trailer)
Bei der Datenübertragung eine an das Ende eines Blocks angefügte Informationseinheit, die in der Regel aus mehreren Bytes besteht und oft eine Prüfsumme oder andere Daten zur Fehlerprüfung enthält. Die Endmarke kann zur Verifizierung der Fehlerfreiheit und des Übertragungsstatus dienen. → *siehe auch* Prüfsumme. → *vgl.* Kopf.

Endmarkenlabel, das; *Subst.* (trailer label)
Ein kleiner Informationsblock, der auf Magnetbändern das Ende einer Datei oder das Ende des Bandes kennzeichnet und daneben noch Informationen wie beispielsweise die Anzahl der Datensätze für die auf dem Band gespeicherten Dateien enthalten kann.
Bei Datenübertragungen im Paketmodus eine Kennung, die auf einen Datenrahmen (Paket) folgt und eine Markierung für das Ende einer Nachricht, eine Prüfsumme sowie bestimmte Synchronisierungsbits enthalten kann.

Endpunkt, der; *Subst.* (endpoint)
Der Beginn oder das Ende eines Zeilenabschnitts.

Energieverwaltung, die; *Subst.* (power management)
Die Energieverwaltung eines modernen PC ist in der Lage, den Stromverbrauch der wichtigsten Komponenten des Computers (z.B. Bildschirm, Festplatte und CPU) individuell zu regeln, indem ihre Aktivität abhängig von der aktuellen Auslastung des Systems oder der Komponente eingeschränkt wird. Moderne Prozessoren und Festplatten besitzen häufig

ein eigenes Energieverwaltungssystem, das auf Zeiträume von Inaktivität reagiert. Besonders wichtig ist die Energieverwaltung bei portablen Computern. Indem es den Stromverbrauch aktuell nicht verwendeter Komponenten einschränkt, kann ein Energieverwaltungssystem die Lebensdauer der Batterien z.B. in einem Laptop erheblich verlängern. → *siehe auch* ACPI, Batterie, portabler Computer. → *vgl.* Energy Star.

Energy Star, der; *Subst.*
Ein Symbol, mit dem Systeme und Komponenten gekennzeichnet werden, die einen geringen Energieverbrauch haben. Energy Star ist die Bezeichnung eines Programms der US-amerikanischen Environmental Protection Agency, das PC-Hersteller ermutigt, energiesparende Systeme zu bauen. Zu den Anforderungen gehört u.a., dass Systeme bei längerer Inaktivität in den »Energiesparmodus« umschalten und so ihren Verbrauch drastisch senken. Computersysteme, die mit diesen Richtlinien im Einklang sind, werden durch das Symbol für den *Energy Star* gekennzeichnet. Weitere Informationen zum Energy Star-Programm sind unter der Webadresse http://www.energystar.gov abrufbar.

Engine, die; *Subst.* (engine)
Ein Prozessor oder ein Teil eines Programms, der für die Verwaltung und die Manipulierung der Daten maßgebend ist. Auf den Begriff *Engine* trifft man vor allem in Verbindung mit einem bestimmten Programm. Eine Datenbankengine enthält z.B. die Tools für die Manipulierung einer Datenbank. → *vgl.* Back-End-Prozessor, Front-End-Prozessor.

Enhanced Data Rates for Global Evolution
→ *siehe* EDGE.

Enhanced Data Rates for GSM and TDMA Evolution
→ *siehe* EDGE.

Enhanced Expanded Memory Specification, die; *Subst.*
→ *siehe* EEMS.

Enhanced Graphics Adapter, der; *Subst.*
→ *siehe* EGA.

Enhanced Graphics Display, das; *Subst.*
Eine Videoanzeige bei PCs, die farbige oder Schwarzweißgrafiken mit Auflösungen im Bereich von 320 × 200 bis 640 × 400 Pixel darstellen kann. Die Qualität der Auflösung und der Farbtiefe hängt von den vertikalen und horizontalen Abtast-

frequenzen der Anzeige, den Fähigkeiten der Videodisplay-Steuerkarte und dem verfügbaren Video-RAM ab.

Enhanced IDE
Abkürzung für **Enhanced I**ntegrated **D**rive **E**lectronics; eine Erweiterung des IDE-Standards. Bei Enhanced IDE handelt es sich um den Standard für eine Hardwareschnittstelle. Diese Schnittstelle ist für Laufwerke bestimmt, die in ihrem *Innenleben* Laufwerkscontroller enthalten. Dadurch können Schnittstellen für den Systembus standardisiert werden, wobei erweiterte Funktionen (z.B. Burstdatenübertragung und direkter Datenzugriff) gewährleistet sind. Enhanced IDE unterstützt Laufwerke bis zu einer Speicherkapazität von 32 GB (IDE unterstützt lediglich maximal 528 MB). Außerdem unterstützt dieser Standard die ATA-5-Schnittstelle, die Übertragungsraten mit bis zu 66,6 MB pro Sekunde gewährleistet (IDE lässt maximal 3,3 MB pro Sekunde zu), sowie die ATAPI-Schnittstelle, die Laufwerke für CD-ROMs, optische Discs sowie Bänder und mehrere Kanäle miteinander verbindet. Die meisten PCs verfügen über Enhanced IDE-Laufwerke, die preisgünstiger als SCSI-Laufwerke sind und nahezu dieselbe Funktionalität bieten. → *siehe auch* IDE, SCSI. → *auch genannt* Fast ATA, Fast IDE.

Enhanced Small Device Interface, das; *Subst.*
→ *siehe* ESDI.

ENIAC
Abkürzung für »**E**lectronic **N**umerical **I**ntegrator **A**nd **C**omputer«. Ein rund 30 Tonnen schwerer Computer, der 17.468 Vakuumröhren und 6.000 manuelle Schalter enthielt. Dieser Computer wurde zwischen 1942 und 1946 von J. Presper Eckert und John Mauchly an der Universität Pennsylvania für das Militär der USA entwickelt. Bei ENIAC handelt es sich um den ersten rein elektronischen Computer. Der Rechner war bis 1955 im Einsatz, er wurde für ballistische Berechnungen, Wettervorhersagen, atomphysikalische Berechnungen, Windkanalentwürfe und andere wissenschaftliche Zwecke eingesetzt. → *siehe auch* UNIVAC I, Vakuumröhre. → *vgl.* Differenzmaschine, Hollerith-Maschine, Jacquardscher Webstuhl, Mark I, WHIRLWIND, Z3.

E-Notation, die; *Subst.* (E notation)
→ *siehe* Gleitkommanotation.

ENQ
→ *siehe* Anfragezeichen.

E

entblocken *Vb.* (deblock)
Einen oder mehrere logische Datensätze (gespeicherte Informationseinheiten) aus einem Block entfernen. Anwendungen oder Datenbanksysteme müssen häufig Informationen entblocken, um spezielle Einheiten für eine weitere Verarbeitung zugänglich zu machen. → *vgl.* Block.

entbündeln *Vb.* (unbundle)
Die Elemente eines Paketverkaufs trennen, z.B. die Komponenten eines Softwarepakets einzeln verkaufen und nicht als Bündel. → *vgl.* bündeln.

Enterprise Application Integration *Subst.*
→ *siehe* EAI.

Enterprise Computing, der; *Subst.* (enterprise computing)
Zu Deutsch »Computereinsatz in Unternehmen«. Die Verwendung von Computern in großen und/oder global operierenden Firmen. Der Computereinsatz erfolgt z. B. über ein eigenes Netzwerk oder eine Serie von miteinander verbundenen Netzwerken und umfasst in der Regel eine Vielzahl verschiedener Standardanwendungen, Plattformen, Betriebssysteme, Protokolle und Netzwerkarchitekturen. → *auch genannt* Enterprise Networking.

Enterprise Information Portal *Subst.* (enterprise information portal)
Eine Portal-Website, die es internen und externen Mitarbeitern eines Unternehmens ermöglicht, Informationen aus dem Intranet, dem Extranet und dem Internet zu Geschäftszwecken zu erhalten. Ein Enterprise Information Portal stellt eine einfache Website zur Verfügung, die so gestaltet ist, dass die Benutzer aus einer großen Fülle an Daten die gewünschten Informationen finden können. Da das Enterprise Information Portal alle internen Informationen aus den Unternehmensservern, den Datenbanken, den E-Mails und Archiven verwaltet, übt es Kontrolle über die Verfügbarkeit der Informationen des Unternehmens aus. Abkürzung: EIP. → *siehe auch* Portal-Website.

Enterprise JavaBeans, die; *Subst.*
Eine Anwendungsprogrammierschnittstelle (API) zur Erweiterung des Komponentenmodells JavaBeans auf plattformübergreifende Serveranwendungen, die auf den unterschiedlichen Systemen einer Unternehmensumgebung ausgeführt werden können. Enterprise JavaBeans sind in der gleichlautenden Spezifikation von Sun Microsystems, Inc. definiert. Mit dieser API soll es Programmentwicklern ermöglicht werden, die Java-Technologie für die Erstellung wieder verwendbarer Server-

komponenten für geschäftliche Anwendungen, wie Transaktionsverarbeitung, einzusetzen. → *siehe auch* Java, JavaBean.

Enterprise Networking, der; *Subst.* (enterprise networking)
→ siehe Enterprise Computing.

Enterprise Resource Planning, das; *Subst.*
Ein Verfahren für das geschäftliche Informationsmanagement, das auf integrierter Anwendungssoftware beruht, um Daten für alle Unternehmensaspekte bereitzustellen, z.B. Herstellung, Buchhaltung, Lagerverwaltung, Personal, Vertrieb usw. Der Zweck von ERP-Software (Enterprise Resource Planning) ist das bedarfsgesteuerte Bereitstellen von Daten, um ein Unternehmen zu befähigen, die gesamte Geschäftstätigkeit zu überwachen und zu steuern. → *vgl.* Materialressourcenplanung.

entfalten *Adj.* (unfold)
→ *siehe* inline.

entfernen *Vb.* (unload)
Programme aus dem Hauptspeicher löschen. → *siehe auch* Speicher.

Entf-Taste, die; *Subst.* (Clear key, Del key)
→ *siehe* Löschtaste.
Eine Taste, die sich bei erweiterten Tastaturen in dem Tastenblock zwischen dem Hauptteil der Tastatur und dem Ziffernblock oben links befindet. Die Taste löscht in vielen Windows-Anwendungen die derzeitige Menüauswahl oder Markierung. Auf englischsprachigen Tastaturen in der Regel mit »Clear« bezeichnet. → *siehe auch* erweiterte Tastatur.

Entität, die; *Subst.* (entity)
Beim computergestützten Zeichnen und im objektorientierten Design ein Element, das als Einheit und häufig als Element einer bestimmten Kategorie oder eines Typs behandelt werden kann. → *siehe auch* CAD, objektorientiertes Design.

entleeren *Vb.* (flush)
Das Löschen des Bestandteils eines Speichers. Wenn z.B. ein Dateipuffer entleert wird, wird der Inhalt auf einen Datenträger gespeichert und der Puffer anschließend gelöscht.

Entmagnetisierer, der; *Subst.* (degausser)
Ein Gerät, mit dem sich die Magnetisierung von Objekten entfernen lässt. Es wird sowohl für die Entmagnetisierung

eines Videomonitors und der Köpfe eines Magnetbandgerätes als auch zur Löschung der Informationen auf magnetischen Speichermedien wie Magnetbänder und Disketten verwendet.

entpacken *Vb.* (unpack)
Das Wiederherstellen des ursprünglichen Formats komprimierter Daten. → *vgl.* packen.

Entscheidungsbaum, der; *Subst.* (decision tree)
Ein Entscheidungsbaum ist wie eine Entscheidungstabelle ein Analyseinstrument, in dem mögliche Ergebnisse einer Bedingung verzweigt dargestellt werden. Diese Verzweigungen können wiederum andere Verzweigungen generieren. → *siehe auch* Baum, Verzweigung.

Entscheidungshilfesystem, das; *Subst.* (decision support system)
Ein Satz von Programmen und zugehörigen Daten, die zur Unterstützung bei der Analyse und der Entscheidungsfindung vorgesehen sind. Ein Entscheidungshilfesystem bietet mehr Hilfe bei der Formulierung von Entscheidungen als ein Managementinformationssystem (MIS) oder ein Executive-Information-System (EIS). Ein Entscheidungshilfesystem umfasst eine Datenbank, eine Wissensbasis über das Themengebiet, eine »Sprache« für die Aufstellung des Problems und die Formulierung von Fragen sowie ein Modellierungsprogramm zum Testen alternativer Entscheidungen. → *siehe auch* Executive-Information-System, Managementinformationssystem. → *vgl.* executive information system, Managementinformationssystem.

Entscheidungssymbol, das; *Subst.* (decision box)
Ein rautenförmiges Flussdiagrammsymbol, das eine Entscheidung angibt, die eine Verzweigung im entsprechenden Prozess hervorruft. (Abbildung E.4)

Entscheidungstabelle, die; *Subst.* (decision table)
Eine tabellarische Auflistung möglicher Bedingungen (Eingaben) und des gewünschten Ergebnisses (Ausgabe), das jeder Bedingung entspricht. Eine Entscheidungstabelle kann zur Vorbereitung der Analyse des Programmflusses verwendet oder direkt in das Programm eingefügt werden.

Entschlüsselung, die; *Subst.* (decryption)
Die ursprüngliche Form verschlüsselter Daten wiederherstellen. → *vgl.* Verschlüsselung.

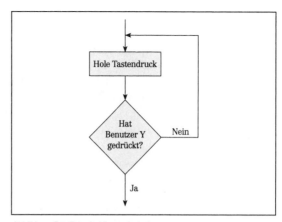

Abbildung E.4: Entscheidungssymbol

entspiegeln *Adj.* (anti-glare)
Vorgang, bei dem Reflexionen von externen Lichtquellen auf dem Bildschirm verringert werden. Der Bildschirm wird zu diesem Zweck mit bestimmten chemischen Substanzen behandelt (was aber die Helligkeit des dargestellten Bildes verringern kann), mit einem Polarisationsfilter versehen oder – als einfachste Lösung – so gedreht, dass die störende Lichtquelle den Bildschirm nicht mehr oder zumindest mit geringerer Intensität trifft.

Entspiegelungsfolie, die; *Subst.* (glare filter)
Eine transparente Maske auf dem Schirm eines Videomonitors, die Lichteffekte auf der Glasoberfläche der Bildröhre reduziert oder eliminiert.

Entwicklung, computerunterstützte, die; *Subst.* (computer-aided engineering)
→ *siehe* CAE.

Entwicklungsumgebung, integrierte, die; *Subst.* (integrated development environment)
→ *siehe* integrierte Entwicklungsumgebung.

Entwicklungszyklus, der; *Subst.* (development cycle)
Die Anwendungsentwicklung von der Definition der Anforderungen bis hin zum fertigen Produkt, einschließlich der folgenden Abstufungen: Analyse, Design und Prototyping, Codieren und Testen von Software und Implementierung.

Entwurfsmodus, der; *Subst.* (draft mode)
Ein Druckmodus, über den die meisten Matrixdrucker verfügen und der sich durch hohe Geschwindigkeit bei relativ

E

niedriger Qualität auszeichnet. → *siehe auch* Druckqualität, Entwurfsqualität, Matrixdrucker.

Entwurfsqualität, die; *Subst.* (draft quality)
Eine niedrige Druckqualität, die durch den Entwurfsmodus auf Matrixdruckern produziert wird. Die Entwurfsqualität variiert mit dem Druckertyp: sie kann entweder für die meisten Aufgaben eingesetzt werden oder nahezu unbrauchbar sein. → *siehe auch* Druckqualität, Entwurfsmodus.

Entzerrung, die; *Subst.* (equalization)
Eine Form der Signalaufbereitung zur Kompensation von Signalverzerrungen und Verzögerungen auf einem Kommunikationskanal. Durch Entzerrung versucht man, die Amplitude und die Phaseneigenschaften zu erhalten, so dass ein Signal möglichst unverfälscht zum Empfangsgerät (Empfänger) gelangt.

EOF
→ *siehe* Dateiendezeichen.

EOL
Abkürzung für **E**nd **O**F **L**ine. Ein Steuerzeichen (nichtdruckbares Zeichen), das das Ende einer Datenzeile in einer Datendatei signalisiert.

EOT
→ *siehe* Übertragungsende-Zeichen.

E-Payment, das; *Subst.*
→ *siehe* elektronisches Einkaufen.

EPIC→ *siehe* Itanium, Merced.

Epitaxialschicht, die; *Subst.* (epitaxial layer)
Eine Schicht auf einem Halbleiter, die die gleiche Kristallorientierung wie die darunter liegende Schicht aufweist.

EPP
→ *siehe* erweiterter Parallelport.

EPP-IEEE-Standard, der; *Subst.* (EPP IEEE standard)
Ein IEEE-Standard zum Enhanced Parallel Port-(EPP-)Protokoll. Dieses Protokoll wurde ursprünglich von Intel, Xircom und Zenith Data Systems für die Festlegung einer hochleistungsfähigen Verbindung der parallelen Ports entwickelt, der mit dem Standardparallelport kompatibel ist. Diese Protokollfähigkeit wurde von Intel in den 386SL-Chips (82360 I/O-Chip) implementiert, bevor das amerikanische Institut IEEE 1284 und die damit verbundene Normenfestlegung begründet wurde. Das EPP-Protokoll enthielt zahlreiche Vorteile für die Hersteller von Parallelport-Peripheriegeräten und wurde kurze Zeit später als optionale Datenübertragungsmethode angesehen. Dieses Protokoll wurde von einem Verband aus etwa 80 Herstellern entwickelt und gefördert. Aus diesem Verband bildete sich das EPP-Komitee, das einen immensen Beitrag dafür leistete, dass dieses Protokoll in die IEEE 1284-Norm aufgenommen wurde. → *siehe auch* IEEE, Parallelport, Protokoll.

EPROM, das; *Subst.*
Abkürzung für **E**rasable **P**rogrammable **R**ead **O**nly **M**emory, zu Deutsch »löschbarer programmierbarer Nur-Lese-Speicher«, auch als Reprogrammable Read Only Memory (RPROM, »wiederholt programmierbarer Festwertspeicher«) bezeichnet. EPROMs sind nicht flüchtige Speicherchips, deren Programmierung erst nach dem Herstellungsprozess beim Anwender erfolgt. EPROMs können erneut programmiert werden. Dazu braucht man lediglich den Schutzaufkleber auf dem Chipgehäuse entfernen und dem Halbleitermaterial ultraviolettem Licht aussetzen. Trotz des höheren Anschaffungspreises (im Vergleich mit PROM-Chips) können sie kostengünstiger sein, vor allem wenn mehrere Änderungen am Inhalt erforderlich sind. → *siehe auch* EEPROM, PROM, ROM. → *auch genannt* reprogrammierbares PROM.

.eps
Eine Dateinamenerweiterung, die EPS-Dateien (Encapsulated PostScript) kennzeichnet. → *siehe auch* Encapsulated PostScript.

EPS
Abkürzung für **E**ncapsulated **P**ost**S**cript. Ein PostScript-Dateiformat, das als unabhängige Einheit verwendet werden kann. EPS-Bilder sind daher in die PostScript-Ausgabe einer Anwendung einzubinden, z.B. eines Desktop Publishing-Programms. Viele Pakete mit qualitativ hochwertigen Cliparts bestehen aus EPS-Bildern. → *siehe auch* PostScript.

EPSF
Abkürzung für **E**ncapsulated **P**ost**S**cript **F**ile. → *siehe* EPS.

Erasable Programmable Read-Only Memory, das; *Subst.* (erasable programmable read-only memory)
→ *siehe* EPROM.

erben *Vb.* (inherit)
In der objektorientierten Programmierung die Übernahme der Merkmale einer Klasse durch eine andere. Die vererbten Merkmale lassen sich erweitern, einschränken oder modifizieren. → *siehe auch* Klasse.

Erde, die; *Subst.* (ground)
Ein Schutzleiter von einem elektrischen Gerät zur Erde oder zu einem entsprechenden leitenden Gegenstand. → *siehe auch* Erdung.

Erdung, die; *Subst.* (grounding)
Die Verbindung elektrischer Leitungen mit einem gemeinsamen Bezugsleiter, der sog. *Erde*, die als Bezugspunkt für alle anderen Spannungen in der Schaltung dient. Der Erdleiter auf installierten Leiterplatten ist im Allgemeinen mit dem Chassis oder Metallrahmen verbunden, auf dem elektronische Baugruppen montiert sind. Das Chassis ist wiederum mit einem dritten Kontakt im Netzstecker verbunden, der tatsächlich in die Erde geführt wird. Dies ist notwendig, um elektrische Schläge zu vermeiden.

Ereignis, das; *Subst.* (event)
Aktionen oder Zustandsänderungen, die häufig vom Benutzer ausgelöst werden, auf die ein Programm antworten kann. Typische Ereignisse sind z.B. das Drücken einer Taste, das Klicken auf Schaltflächen sowie Mausbewegungen. → *siehe auch* ereignisgesteuerte Programmierung.

ereignisgesteuert *Adj.* (event-driven)
Software, die auf äußere Ereignisse – z.B. auf einen Tastendruck oder einen Mausklick – reagiert, wird als ereignisgesteuerte Software bezeichnet. Bei ereignisgesteuerten Eingabemasken ist es z.B. nicht erforderlich, die Eingabe in einer festgelegten Reihenfolge vorzunehmen. Es können nämlich die gewünschten Felder z.B. durch einen Mausklick aktiviert werden.

ereignisgesteuerte Programmierung, die; *Subst.* (event-driven programming)
Ein Programmierkonzept, bei dem ein Programm ständig eine Menge von Ereignissen prüft und entsprechend darauf antwortet, z.B. das Drücken einer Taste oder auf Mausbewegungen. Insbesondere der Apple Macintosh ist bekannt dafür, dass die meisten Programme eine ereignisgesteuerte Programmierung erfordern, obwohl grafische Benutzeroberflächen, z.B. Microsoft Windows oder das X Window System, ebenfalls nach dieser Methode arbeiten. → *siehe auch* Ereignis.

ereignisgesteuerte Verarbeitung, die; *Subst.* (event-driven processing)
Ein Leistungsmerkmal moderner Betriebssystemarchitekturen, z.B. in den Betriebssystemen des Apple Macintosh, Microsoft Windows, UNIX und OS/2. Zuvor mussten Programme jedes Gerät, von dem eine Wechselwirkung mit dem Programm erwartet wurde, abfragen und praktisch auf das Ereignis warten, z.B. bei der Arbeit mit Tastatur, Maus, Drucker, Diskettenlaufwerk oder seriellen Ports. Solange nicht komplizierte Programmiertechniken zum Einsatz kamen, konnte es vorkommen, dass von zwei gleichzeitig auftretenden Ereignissen eines nicht erkannt wurde.
Ereignisverarbeitung löst dieses Problem über die Erzeugung und Verwaltung einer Ereigniswarteschlange. Die meisten auftretenden Ereignisse werden an diese Ereigniswarteschlange angehängt, um sie ihrerseits durch das Programm verarbeiten zu lassen. Allerdings können bestimmte Ereignistypen eine bevorzugte Behandlung erfahren, wenn sie eine höhere Priorität aufweisen. Je nach Betriebssystem unterscheidet man verschiedene Arten von Ereignissen: Drücken einer Maustaste oder einer Taste auf der Tastatur, Einlegen einer Diskette, Klicken auf ein Fenster oder Empfangen von Informationen von einem Gerätetreiber (z.B. für die Verwaltung des Datentransfers von einem seriellen Port oder einer Netzwerkverbindung). → *siehe auch* Autopolling, Ereignis, Interrupt.

Erfüllungsdienstanbieter, der; *Subst.* (fulfillment service provider)
Ein Unternehmen, das Erfüllungsdienste für eine E-Commerce-Website zur Verfügung stellt, indem die über diese Website bestellten Waren protokolliert, verpackt und versendet werden. Erfüllungsdienstanbieter ermöglichen E-Commerce-Websites Zeit, Kosten und Personal durch Outsourcing der Auftragsabwicklung zu sparen. → *siehe auch* elektronisches Einkaufen.

Ergänzungsdatenbank, die; *Subst.* (addition record)
Eine Datei, die die Beschreibung neuer Datensatzeinträge (wie einen neuen Kunden, Angestellten oder ein Produkt) für eine Datenbank enthält, so dass Neueinträge später überprüft und hinzugefügt werden können.

Ergänzungsdatensatz, der; *Subst.* (addition record)
Auch ein Datensatz in einer Änderungsdatei, der einen neuen Eintrag spezifiziert, wird als »Ergänzungsdatensatz« bezeichnet. → *siehe auch* Änderungsdatei.

Ergonomie, die; *Subst.* (ergonomics)
Die Lehre von der Arbeit des Menschen (in physischer und funktioneller Hinsicht) und seine Beziehungen zur Arbeitsumgebung (benutzte Arbeitsmittel und Maschinen). Ziel der Ergonomie ist die Einbeziehung von Komfort, Wirtschaftlichkeit und Sicherheit in der Entwicklung von Tastaturen, Computerschreibtischen, Stühlen und anderen Gegenständen am Arbeitsplatz.

ergonomische Tastatur, die; *Subst.* (ergonomic keyboard)
Eine Tastatur, die gesundheitliche Schäden der Hände und Handgelenke, wie sie bei längeren Schreibarbeiten oder wiederholten Bewegungen auftreten können, vermindern oder verhindern soll. Eine ergonomische Tastatur kann mit Merkmalen, z.B. alternative Tastenbelegungen und Ruhezonen für die Handflächen, ausgestattet sein. → *siehe auch* Dvorak-Tastatur, Kinesistastatur, Tastatur.

Erkennung, die; *Subst.* (detection)
Die Feststellung eines bestimmten Zustandes, der ein Computersystem oder die Daten beeinflusst, mit denen es arbeitet.

Erlang
Eine Programmiersprache für parallel ausgeführte Operationen. Erlang wurde ursprünglich für die Steuerung der Telefonvermittlung entwickelt und ist eine allgemeine Sprache für Anwendungen, bei denen die schnelle Entwicklung komplexer Systeme und die Stabilität von entscheidender Bedeutung sind. Erlang verfügt über eine integrierte Unterstützung für Parallelität, Verteilung und Fehlertoleranz. Die am häufigsten implementierte Erlang-Version ist die Open Source-Version. Weitere Informationen zu Erlang finden Sie unter der Webadresse http://www.erlang.org. → *siehe auch* Open Source, parallele Ausführung. → *vgl.* funktionelle Programmierung.

Erlaubnis, die; *Subst.* **(permission)**
In einer Netzwerk- oder Multiuserumgebung die Fähigkeit eines bestimmten Benutzers, durch sein Benutzerkonto auf eine bestimmte Ressource zuzugreifen. Für die Vergabe von Erlaubnissen ist der Systemadministrator oder eine andere autorisierte Person verantwortlich. Diese Erlaubnisse werden im System gespeichert (oft in der sog. *Erlaubnisdatei*) und beim Versuch des Benutzers, auf eine Ressource zuzugreifen, überprüft.

Ermüdungsverletzungen, die; *Subst.* (repetitive strain injury)
Eine berufliche Erkrankung der Sehnen, Bänder und Nerven,

die durch den kumulativen Effekt anhaltend gleichförmiger Bewegungen verursacht wird. Solche Erkrankungen treten zunehmend auch bei der Büroarbeit auf, wenn lange Zeit an Computerarbeitsplätzen gearbeitet wird, die nicht mit Schutzvorrichtungen (z.B. einer Handgelenkstütze) ausgestattet sind. → *siehe auch* Handballenauflage, Sehnenscheidenentzündung.

Eröffnungsbildschirm, der; *Subst.* (banner page, startup screen)
Ein Bildschirm mit Text oder Grafik, der während des Starts (Aufrufs) eines Programms erscheint.

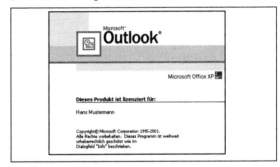

Abbildung E.5: Eröffnungsbildschirm

Ein Eröffnungsbildschirm enthält meist den Produktnamen, die Versionsnummer, die an der Entwicklung beteiligten Personen sowie das Produkt- oder Firmenlogo. (Abbildung E.5)

ERP
→ *siehe* Enterprise Resource Planning.

Erreichbarkeitswahrscheinlichkeit, die; *Subst.*
(grade of service)
Die Wahrscheinlichkeit, dass ein Benutzer eines freigegebenen Kommunikationsnetzwerks (z.B. ein öffentliches Telefonsystem) das Signal empfängt, dass alle Kanäle belegt sind. Die Erreichbarkeitswahrscheinlichkeit wird als Maßstab für die Fähigkeit eines Netzwerks angesehen und gilt in der Regel für einen bestimmten Zeitraum (z.B. Stoßzeiten). Bei einer Erreichbarkeitswahrscheinlichkeit von 0,002 kann z.B. ein Anruf während des angegebenen Zeitraums mit einer Wahrscheinlichkeit von 99,8 Prozent vermittelt werden.

ersetzen *Vb.* (replace)
Neue Daten an die Stelle anderer setzen. Diese Funktion ist gewöhnlich mit einer vorangegangenen Suche nach den zu ersetzenden Daten verbunden. Die meisten textorientierten Anwendungen, wie z.B. Textverarbeitungsprogramme oder

Editoren, bieten in der Regel Befehle zum Suchen und Ersetzen an. Bei derartigen Operationen sind sowohl die alten als auch die neuen Daten zu spezifizieren. Je nach Anwendung kann man zusätzliche Optionen festlegen - beispielsweise, ob die Groß/Kleinschreibung zu berücksichtigen ist. → *siehe auch* suchen, Suchen und Ersetzen.

erste Computergeneration, die; *Subst.* (first-generation computer)
→ *siehe* Computer.

erste Normalenform, die; *Subst.* (first normal form)
→ *siehe* Normalform.

erweiterbare Sprache, die; *Subst.* (extensible language)
Eine Computersprache, die es dem Benutzer ermöglicht, die Syntax und die Semantik der Sprache zu erweitern oder zu modifizieren. Im engeren Sinne bezieht sich der Begriff aber nur auf einige der bekannten Sprachen - Forth bietet z.B. dem Programmierer die Möglichkeit, die Sprache selbst zu verändern. → *siehe auch* Computersprache, Semantik, Syntax.

erweiterter Parallelport, der; *Subst.* (enhanced parallel port)
Ein Anschluss für Peripheriegeräte, der in der Regel für Drucker, externe Laufwerke oder Bandlaufwerke verwendet wird. Erweiterte Parallelports verwenden schnelle Bausteine für einen schnelleren Datendurchsatz. Die Steuerleitungen für die Daten und die Kommunikation sind parallel verdrahtet. Jede Datenleitung entspricht 1 Datenbit. Die Daten werden synchron über alle Leitungen übertragen. → *siehe auch* portieren.

erweiterter serieller Port, der; *Subst.* (enhanced serial port)
Ein Anschluss für Peripheriegeräte, der in der Regel bei einer Maus und bei externen Modems eingesetzt wird. Erweiterte serielle Ports verwenden UART-Bausteine ab dem Typ 16550 für einen schnelleren Datendurchsatz. Die Daten werden als Sequenz von Bits und Bytes auf einem Leitungspaar entweder synchron (der Datenfluss erfolgt in eine Richtung) oder asynchron (der Datenfluss erfolgt abwechselnd in beide Richtungen) übertragen. → *siehe auch* portieren, UART.

erweitertes ASCII, das; *Subst.* (extended ASCII)
Jeder Satz von Zeichen, der den ASCII-Werten zwischen dezimal 128 und 255 (hexadezimal 80 bis FF) zugeordnet ist.

Die Zuordnung spezifischer Zeichen zu den erweiterten ASCII-Codes variieren zwischen Computern und zwischen Programmen, Schriften oder grafischen Zeichensätzen. Erweitertes ASCII erhöht auch die möglichen Funktionen, da sich mit den 128 zusätzlichen Zeichen z.B. Akzentbuchstaben, grafische Zeichen und spezielle Symbole darstellen lassen. → *siehe auch* ASCII.

erweiterte Tastatur, die; *Subst.* (enhanced keyboard)
Eine IBM-Tastatur mit 101/102 Tasten, die die PC- und AT-Tastatur abgelöst hat. Die erweiterte Tastatur verfügt über 12 Funktionstasten in der oberen Reihe (gegenüber den 10 an der linken Seite angeordneten Tasten), zusätzliche Steuerungs- und Alt-Tasten und einen Block mit Tasten für die Cursorsteuerung und Bearbeitungsfunktionen zwischen dem Hauptteil der Tastatur und dem numerischen Tastenblock. Die erweiterte Tastatur von IBM gleicht der erweiterten Apple-Tastatur (Apple Extended Keyboard). (Abbildung E.6)

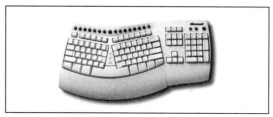

Abbildung E.6: Erweiterte Tastatur: Microsoft Natural Keyboard mit erweiterten Merkmalen

erweiterte Zeichen, das; *Subst.* (extended characters)
Eines von 128 zusätzlichen Zeichen im erweiterten ASCII 8-Bit-Zeichensatz. Diese Zeichen enthalten Sonderzeichen aus verschiedenen Sprachen (z.B. Akzente) sowie Symbole für das Erstellen von Grafiken. → *siehe auch* erweitertes ASCII.

Erweiterung, die; *Subst.* (expansion, extension)
In Bezug auf Dateien ein ergänzender Bestandteil des Dateinamens, der dazu dient, die Bedeutung des Dateinamens zu erweitern bzw. näher zu spezifizieren oder die jeweilige Datei als Element einer bestimmten Kategorie zu kennzeichnen. Die Zuweisung einer Erweiterung kann einerseits durch den Benutzer oder andererseits per Programm erfolgen, beispielsweise .com oder .exe für ausführbare Programme, die MS-DOS laden und ausführen kann.
»Erweiterung« bezeichnet ferner eine Methode für die Erhöhung der Fähigkeiten eines Computers. Es wird in diesem Fall Hardware hinzugefügt, die Aufgaben ausführt, die nicht Bestandteil des Grundsystems sind. Die Erweiterung wird in

E der Regel ausgeführt, indem gedruckte Leiterplatten (Erweiterungskarten) in die vorgesehenen Öffnungen (Erweiterungssteckplätze) des Computers eingesteckt werden. → *siehe auch* Erweiterungskarte, Erweiterungssteckplatz, offene Architektur, PC Card, PCMCIA-Steckplatz.

Eine Erweiterung stellt außerdem einen ergänzenden Codesatz dar, mit dem zusätzliche Zeichen in einem bestimmten Zeichensatz aufgenommen werden können.

Beim Macintosh ist eine »Erweiterung« ein Programm, das die Funktionalität des Betriebssystems ändert oder erhöht. Es gibt zwei Arten: Systemerweiterungen (z.B. QuickTime) und Choosererweiterungen (z.B. Druckertreiber). Wenn ein Macintosh-Computer eingeschaltet wird, werden die Erweiterungen im Ordner »Erweiterungen«, der sich im Systemordner befindet, in den Speicher geladen. → *siehe auch* Auswahlerweiterung, QuickTime, Systemordner.

In der Programmierung versteht man unter »Erweiterung« Programme oder Programmmodule, die zusätzliche Funktionalität bieten oder die Effektivität eines Programms erhöhen.

Erweiterungsbus, der; *Subst.* (expansion bus)
→ *siehe* AT-Bus.

Erweiterungskarte, die; *Subst.* (expansion board)
Eine Leiterplatte, die in den Bus des Computers (den Haupt-Datenübertragungspfad) gesteckt wird, um den Computer mit zusätzlichen Funktionen oder Ressourcen auszustatten. Mit typischen Erweiterungskarten können Speicher, Diskettenlaufwerk-Controller, Videounterstützung, parallele und serielle Ports sowie interne Modems hinzugefügt werden. Bei Laptops und anderen portablen Computern sind die Erweiterungskarten in Form von PC Cards ausgeführt. Dabei handelt es sich um Einschübe in der Größe einer Scheckkarte, die sich von der Seite oder von hinten in den Computer einstecken lassen. → *siehe auch* Erweiterungssteckplatz, PC Card, PCMCIA-Steckplatz. → *auch genannt* Extenderkarte. (Abbildung E.7)

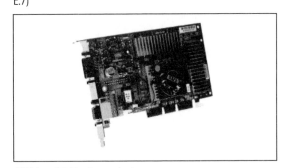

Abbildung E.7: Erweiterungskarte

Erweiterungs-Manager, der; *Subst.* (extension manager)
Ein Dienstprogramm für Macintosh-Computer, das es dem Benutzer ermöglicht, die Erweiterungen festzulegen, die beim Einschalten des Computers geladen werden. → *siehe auch* Erweiterung.

Erweiterungsspeicher, der; *Subst.* (extended memory)
Bezeichnet in Computern auf der Basis des Intel-Mikroprozessors 8086 den Systemspeicher oberhalb von 1 Megabyte (MB). Dieser Speicher ist nur zugänglich, wenn ein 80386 Prozessor (oder höher) im Protected Mode oder mit einer Emulation auf dem 80286 arbeitet. Um Erweiterungsspeicher zu verwenden, benötigten MS-DOS-Programme die Unterstützung von Software, die den Prozessor zeitweilig in den Protected Mode versetzt, oder den Einsatz von Merkmalen in 80386-Prozessoren (oder höher) zum Abbilden von Teilen des Erweiterungsspeicher in den konventionellen Speicher. Programme, die unter Microsoft Windows oder OS/2 laufen, und andere Betriebssysteme, die auf Intel-Prozessoren ausgeführt werden, und den Protected Mode des 80386-Prozessors (und höher) verwenden, können auf die gleiche Weise auf den gesamten Systemspeicher zugreifen. → *siehe auch* EMS, extended memory specification, Protected Mode.

Erweiterungssteckplatz, der; *Subst.* (expansion slot)
Für die Aufnahme von Erweiterungskarten und deren Anschluss an den Systembus (Stränge) vorgesehener Steckverbinder. Erweiterungssteckplätze bieten die Möglichkeit, das System mit zusätzlichen oder neuen Merkmalen und Funktionen auszustatten. Bei Laptops und anderen portablen Computern sind die Erweiterungssteckplätze als PCMCIA-Steckplätze für die Aufnahme einer PC Card ausgeführt. → *siehe auch* Erweiterungskarte, PC Card, PCMCIA-Steckplatz. (Abbildung E.8)

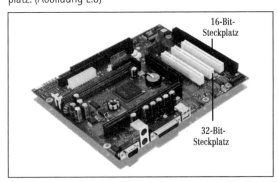

16-Bit-Steckplatz

32-Bit-Steckplatz

Abbildung E.8: Erweiterungssteckplatz: Erweiterungssteckplätze auf einer Hauptplatine

erzwingen *Vb.* (force)

Bezeichnet in der Programmierung das Ausführen einer bestimmten Aktion, die in der Regel nicht auftritt. Dieser Begriff wird meist in Bezug auf die Einhaltung eines bestimmten Wertebereichs bei Daten verwendet. So kann man z.B. *erzwingen*, dass ein Divisor nicht zu Null wird. → *siehe auch* Datentypkonvertierung.

Escapecode, der; *Subst.* (escape code)

Zeichen oder Folgen von Zeichen, die angeben, dass ein nachfolgendes Zeichen in einen Datenstrom nicht auf gewöhnliche Weise verarbeitet werden kann. In der Programmiersprache C handelt es sich bei dem Escapecode um den umgekehrten Schrägstrich \, der als *Backslash* bezeichnet wird. Der Backslash hat verschiedene Funktionen, die im folgenden Beispiel verdeutlicht werden: `printf ("Der Backslash \"\\\" ist der Escapecode.\n")`. Der letzte Backslash, der das vorletzte Zeichen der Zeichenfolge ist, gibt an, dass das nachfolgende Zeichen *n* nicht gedruckt wird, sondern dass die Sequenz \n den Zeilenvorschub darstellt *(n steht für newline character)*. Im Gegensatz dazu markieren die Backslashzeichen vor den Anführungszeichen *nicht* das Ende einer Zeichenfolge und den Anfang einer anderen Zeichenfolge, sondern legen fest, dass das Vorhergehende gedruckt werden *soll*. Diesem Prinzip folgend gibt der Backslash vor einem anderen Backslash an, dass der zweite Back-slash gedruckt werden soll. Die Ausgabe des obigen Beispiels lautet demzufolge *Der Backslash "\" ist der Escapecode*.

Escapesequenz, die; *Subst.* (escape sequence)

Eine Zeichenfolge, die in der Regel mit dem ESC-Zeichen (ASCII 27, hexadezimal 1B) beginnt und nach der ein oder mehrere zusätzliche Zeichen stehen. Eine Escapesequenz tritt aus der normalen Folge von Zeichen (z.B. Text) aus und gibt eine Anweisung oder einen Befehl an ein Gerät oder an ein Programm aus.

Escapetaste, die; *Subst.* (Escape key)

Eine Taste auf einer Computertastatur, mit der das Escapezeichen aufgerufen wird. In vielen Anwendungen bringt die Escapetaste den Benutzer um eine Ebene in der Menüstruktur zurück oder bewirkt das Verlassen des Programms. → *siehe auch* Entf-Taste.

Escapezeichen, das; *Subst.* (escape character)

→ *siehe* ESC-Zeichen.

Esc-Taste, die; *Subst.* (Esc key)

→ *siehe* Escapetaste.

ESC-Zeichen, das; *Subst.* (ESC character)

Einer der 32-Steuercodes, die im ASCII-Zeichensatz definiert sind. Meist kennzeichnet dieser Code den Beginn einer ESC-Sequenz (eine Zeichenfolge, mit der sich Befehle an ein Gerät, z.B. einen Drucker, erteilen lassen). Die interne Darstellung des ESC-Zeichens erfolgt durch den Zeichencode 27 (hexadezimal 1B). → *auch genannt* Escapezeichen.

ESD

→ *siehe* elektronischer Softwarevertrieb, elektrostatische Entladung.

ESDI

Abkürzung für **E**nhanced **S**mall **D**evice **I**nterface. Eine Schnittstelle, die die Kommunikation von Festplatten mit Computern ermöglicht. ESDI-Laufwerke arbeiten in der Regel mit einer Übertragungsrate von 10 Megabit pro Sekunde, können diese Übertragungsrate jedoch verdoppeln. ESDI wurde in den 80er Jahren eingeführt und ist seitdem von den Standards SCSI und IDE verdrängt worden. → *vgl.* IDE, SCSI.

ESP

→ *siehe* erweiterter serieller Port.

ESP-IEEE-Standard, der; *Subst.* (ESP IEEE standard)

Abkürzung für **E**ncapsulating **S**ecurity **P**ayload **IEEE Standard**. Ein Standard für den Erhalt der Integrität und der vertraulichen Behandlung von IP-Datagrammen. Unter bestimmten Bedingungen kann auch die Echtheitsbestätigung von IP-Datagrammen erfolgen. → *siehe auch* Authentifizierung, Datagramm, IEEE, IP.

E-Text, der; *Subst.* (e-text)

Abkürzung für **e**lectronic **text**. Ein Buch bzw. ein anderes auf Textbasis erstelltes Werk, das online in einem elektronischen Medienformat verfügbar ist. E-Text kann entweder online angezeigt oder heruntergeladen und im Computer gespeichert werden. → *siehe auch* Ezine.

Ethernet, das; *Subst.*

Ein IEEE 802.3-Standard für Netzwerke. Ethernet verwendet eine Bus- oder Sterntopologie und regelt den Verkehr auf den Kommunikationsleitungen über das Zugriffsverfahren CSMA/CD (»Carrier Sense Multiple Access with Collision Detection«). Die Verbindung der Netzwerkknoten erfolgt durch Koaxialkabel, Glasfaserkabel oder durch Twistedpairverkabelung. Die Datenübertragung auf einem Ethernet-Netzwerk erfolgt in Rahmen variabler Länge, die aus Bereit-

E stellungs- und Steuerinformationen sowie 1.500 Byte Daten bestehen. Der ursprüngliche Ethernet-Standard sieht Basisbandübertragungen bei 10 Megabit pro Sekunde (Mbps) vor. Dieser Standard wurde inzwischen erweitert, um Datenraten von 100 Mbps bzw. 1 Gigabit pro Sekunde (Gbps) zu übertragen. → siehe auch 1000BaseLX, 1000BaseSX, 100BaseFx, 100BaseT, 10Base2, 10Base5, 10BaseF, 10BaseT, Basisband-, Bus, CSMA/CD, Glasfasertechnik, IEEE 802-Standards, Koaxialkabel, Konkurrenz, Twistedpairkabel.
Ein diesem Standard zugrundeliegendes Netzwerk wird ebenfalls als »Ethernet« bezeichnet. Das ursprüngliche Ethernet-Netzwerksystem wurde 1976 von Xerox entwickelt. Von diesem Netzwerksystem wurde der Standard IEEE 802.3 abgeleitet. Ethernet-Netzwerke sind weit verbreitet und bilden die Hauptgrundlage für moderne IP-basierte Netze. → siehe auch IP.

Ethernet/802.3, das; *Subst.*
Der IEEE-Standard für Übertragungen bei 10 oder 100 Megabit pro Sekunde (Mbps) über ein Ethernet-Netzwerk. Ethernet/802.3 definiert sowohl Vorschriften für Hardware als auch für Datenpakete. → siehe auch Ethernet.

E-Time, die; *Subst.* (E-time)
→ siehe Ausführungszeit.

Etiquette, die; *Subst.* (etiquette)
→ siehe Netiquette.

ETX
→ siehe Textende-Zeichen.

Eudora
Ein E-Mail-Clientprogramm, das ursprünglich als Freeware für Macintosh-Computer von Steve Dorner von der Universität Illinois (USA) entwickelt wurde. Eudora wird jetzt sowohl in Freeware- als auch in kommerziellen Versionen für Macintosh und Windows von der Qualcomm, Inc. (USA) zur Verfügung gestellt.

EULA
Abkürzung für **E**nd-**U**ser **L**icense **A**greement. → siehe Endbenutzer-Lizenzvertrag.

European Computer Manufacturers Association, die; *Subst.*
→ siehe ECMA.

European Laboratory for Particle Physics, das; *Subst.*
→ siehe CERN.

Exa- *Präfix* (exa-)
Kurzzeichen E. Ein Maßeinheitenvorsatz in der Bedeutung (10^{18}). Da man in der Rechentechnik meist mit dem Binärsystem (auf der Basis 2) arbeitet, nimmt man hier für Exa- den Wert 1.152.921. 504.606.846.976 an, der die am nächsten zu einer Trillion liegende Zweierpotenz (2^{60}) darstellt.

Exabyte, das; *Subst.* (exabyte)
Abgekürzt EB. Ungefähr 1 Trillion Byte oder Billiarde Byte bzw. 1.152.921.504.606.846.976 Byte.

Excel *Adj.*
Ein Tabellenkalkulationsprogramm von Microsoft, das für PCs oder Macintosh-Computer erhältlich ist. Microsoft Excel kam erstmals 1985 als Macintosh-Version auf den Markt. Die erste Excel-Version für Windows wurde 1987 angeboten. Informationen zu Access finden Sie auf der Website des Herstellers unter der Adresse http://www.microsoft.com/office/excel → siehe auch Access.

Exchangeable Image File, das; *Subst.*
Das auch als EXIF bezeichnete Dateiformat beschreibt die Einbindung von Informationen in JPEG-Bilddateien. Nahezu alle modernen Digitalkameras nutzen die EXIF-Erweiterung bereits, um in Bilddateien Zusatzinformationen wie Auflösung, Uhrzeit und Datum anzulegen.

Excite
Eine Suchmaschine für das World Wide Web, die von der Firma Excite, Inc., entwickelt wurde. Excite ist unter folgendem URL erreichbar: http://www.excite.com. → siehe auch Intelligent Concept Extraction, Suchmaschine. → vgl. AltaVista, Google, HotBot, Infoseek, Lycos, WebCrawler, Yahoo!.

.exe
Eine Dateinamenerweiterung im Betriebssystem MS-DOS, die eine Datei als ausführbares Programm kennzeichnet. Um ein ausführbares Programm zu starten, gibt der Benutzer an der Eingabeaufforderung den Dateinamen ohne die Erweiterung .exe ein und betätigt die Eingabetaste. → siehe auch ausführbares Programm, Eingabeaufforderung.

Executive, das; *Subst.* (executive)
→ siehe Betriebssystem.

Executive-Information-System, das; *Subst.* (executive information system)
Werkzeuge für das Verwalten von Informationen in Kategorien und Berichten. Da dieses System informationsorientiert ist, unterscheidet es sich von einem Entscheidungshilfesystem (DSS), das für Analyse und Entscheidungen konzipiert ist. → *siehe auch* Entscheidungshilfesystem. → *vgl.* Entscheidungshilfesystem.

EXIF
→ *siehe* Exchangeable Image File.

exklusives NOR, das; *Subst.* (exclusive NOR)
Ein binärer digitaler Schaltkreis, in dem die Ausgangsspannung nur dann den binären Wert 1 annimmt, wenn an allen Eingängen eine Spannung anliegt, die entweder den Wert 1 oder den Wert 0 hat.

exklusives ODER, das; *Subst.* (exclusive OR)
Meist mit XOR, manchmal auch mit EOR abgekürzt. Eine Boolesche Operation, die dann und nur dann den Wert »Wahr« liefert, wenn einer der beiden Operanden »Wahr« und der andere »Falsch« ist (siehe nachstehende Tabelle). → *siehe auch* Boolescher Operator, Wahrheitstabelle. → *auch genannt* XOR. → *vgl.* AND, OR.

a	b	a XOR b
0	0	0
0	1	1
1	0	1
1	1	0

Expanded Memory Manager, der; *Subst.*
Abgekürzt EMM. Ein Treiber, der den Softwarebereich der Expanded Memory Specification (EMS) realisiert, damit auf den Expanded Memory in PCs von IBM- und kompatiblen Computern zugegriffen werden kann. → *siehe auch* EMS, Erweiterungsspeicher, Expansionsspeicher.

Expanded Memory Specification, die; *Subst.*
→ *siehe* EMS.

Expansion Card, die; *Subst.* (expansion card)
→ *siehe* Erweiterungskarte.

Expansionsspeicher, der; *Subst.* (expanded memory)
Ein bis zu 8 Megabyte (MB) großer Zusatzspeicher für IBM-PCs. Die Verwendung eines Expansionsspeichers wird durch die Expanded Memory Specification (EMS) festgelegt. Da dieser Speicher für Programme unter MS-DOS nicht erreichbar ist, blendet der Expanded Memory Manager (EMM) die Byteseiten (Speicherblöcke) aus dem Expansionsspeicher in die Seitenrahmen in zugänglichen Speicherbereichen ein. → *siehe auch* EEMS, EMS, Expanded Memory Manager, Seitenrahmen.

Expertensystem, das; *Subst.* (expert system)
Ein Anwendungsprogramm, das in einem Spezialgebiet, z.B. im Finanzwesen oder in der Medizin, Entscheidungen trifft oder Probleme löst. Diese Programme arbeiten auf der Grundlage gesammelten Wissens und analytischer Regeln, die von Experten auf diesen Gebieten festgelegt werden. Das Expertensystem verwendet zwei Komponenten, eine Wissensdatenbank (Knowledge Base) und ein Inferenzsystem, um Schlüsse zu ziehen. Zusätzliche Werkzeuge stehen in Expertensystemen in der Form von Benutzeroberflächen und Erklärungsfunktionen zur Verfügung. Dadurch kann das System die gezogenen Schlüsse rechtfertigen oder erklären. Entwicklern wird es außerdem ermöglicht, Prüfungen auf dem Betriebssystem auszuführen. → *siehe auch* Inferenzsystem, intelligente Datenbank, künstliche Intelligenz, Wissensdatenbank.

Exploit, das; *Subst.*
Ein Softwaresicherheitsrisiko, über das Hacker in Netzwerke oder Internethosts eindringen bzw. diese angreifen können. → *siehe auch* Hacker.

Explorer, der; *Subst.*
→ *siehe* Internet Explorer, Windows Explorer.

ExploreZip *Subst.*
Ein zerstörerischer Virus, der Computer, die mit dem Betriebssystem Windows laufen, angreift. Er erscheint zunächst als ein E-Mail-Attachment mit Namen *zipped_files.exe*. ExploreZip befällt lokale Laufwerke und Netzlaufwerke sowie zugängliche Netzwerkcomputer. Der Virus zerstört sowohl Dokumente als auch Quellcodedateien, indem er sie öffnet und gleich darauf wieder schließt, wobei die Länge der Datei auf Null Byte gesetzt wird. ExploreZip wird als »Trojanisches Pferd« (weil es das Opfer benötigt, das das Attachment öffnen muss) oder als »Wurm« (weil es sich in verschiedenen Ebenen bewegen kann) bezeichnet und findet breite Streuung, indem er sich an die Absenderadressen jeder nicht gelesenen E-Mail aus dem Eingangskorb des E-Mail-Programms verschickt. Ebenso sucht ExploreZip im Windows-Verzeichnis nach Netzlaufwerken und Netzwerk-

E

computern und kopiert sich selbst. → *siehe auch* Trojanisches Pferd, Wurm.

Explosionszeichnung, die; *Subst.* (exploded view)
Eine Darstellungsform, bei der alle Einzelteile separat, aber in Beziehung zueinander gezeichnet sind. (Abbildung E.9)

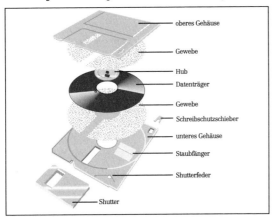

Abbildung E.9: Explosionszeichnung einer Mikrodiskette

Exponent, der; *Subst.* (exponent)
Ein Begriff aus dem Bereich der Mathematik. Die Anzahl gleicher Faktoren, aus denen das Produkt einer Zahl (Basis) zu berechnen ist. Der Exponent ist mit anderen Worten die Hochzahl einer Potenz. Positive Exponenten, wie in 2^3, zeigen eine Multiplikation an (2 mal 2 mal 2). Negative Exponenten, z.B. 2^{-3}, stehen für eine Division (1 dividiert durch 2^3). Gebrochene Exponenten, z.B. $8^{1/3}$, weisen auf die Wurzel einer Zahl hin (hier die Kubikwurzel aus 8).

Exponentialschreibweise, die; *Subst.* (exponential notation)
→ *siehe* Gleitkommanotation.

exportieren *Vb.* (export)
Informationen von einem System oder Programm zu einem anderen transferieren. Reine Textdateien können im ASCII-Format (Nurtextformat) exportiert werden. Für den Austausch von Grafiken muss das empfangene System oder Programm jedoch eine Grafikunterstützung für das Format der exportierten Datei anbieten. → *siehe auch* EPS, PICT, TIFF. → *vgl.* importieren.

Extended Binary Coded Decimal Interchange Code, der; *Subst.*
→ *siehe* EBCDIC.

extended data out random access memory, das; *Subst.*
→ *siehe* EDO RAM.

Extended Edition, die; *Subst.*
Eine Version von OS/2 mit integrierten Datenbank- und Kommunikationseinrichtungen, die von IBM entwickelt wurden. → *siehe auch* OS/2.

eXtended Graphics Array, das; *Subst.*
Ein erweiterter Standard für Grafikcontroller und die Bildschirmdarstellung, der 1990 von IBM eingeführt wurde. Dieser Standard unterstützt die Auflösung 640 * 480 mit 65.536 Farben oder die Auflösung 1.024 * 768 mit 256 Farben. Dieser Standard wird hauptsächlich in Workstationsystemen eingesetzt.

Extended Industry Standard Architecture, die; *Subst.*
→ *siehe* EISA.

extended memory specification, die; *Subst.*
Abgekürzt XMS. Eine von Lotus, Intel, Microsoft und AST Research entwickelte Spezifikation einer Softwareschnittstelle, die Anwendungen im Real Mode die Nutzung des Extended Memory und bestimmte Bereiche des nicht von MS-DOS verwalteten Speichers ermöglicht. Der Speicher wird von einem installierbaren Gerätetreiber verwaltet, dem Expanded Memory Manager (EMM). Die Anwendung kann nur über einen Gerätetreiber auf den zusätzlichen Speicher zugreifen. → *siehe auch* Erweiterungsspeicher, Expanded Memory Manager.

Extended VGA, der; *Subst.* (extended VGA)
Eine Erweiterung der Video Graphics Array (VGA)-Standards, die die Anzeige von Bildern in einer Auflösung von 800 × 600 Pixel bis 1.600 × 1.200 Pixel festlegen und eine Palette mit bis zu 16,7 Millionen (2^{24}) Farben unterstützen. Diese Palette erreicht nahezu den Grenzwert von 19 Millionen Farben, die vom Menschen unterschieden werden können. Deshalb wird in Erwägung gezogen, Extended VGA als digitalen Standard für den Farbrealismus festzulegen, der dem analogen Fernsehen entspricht. → *siehe auch* Analog-/Digitalwandler, CRT, VGA. → *auch genannt* Super-VGA, SVGA.

Extenderkarte, die; *Subst.* (extender board)
→ *siehe* Erweiterungskarte.

Extensible Forms Description Language, die; *Subst.*
→ *siehe* XFDL.

eXtensible Firmware Interface
Bei Computern mit dem Itanium-Prozessor von Intel ist dies die Schnittstelle zwischen dem Betriebssystem und der Start- und Initialisierungsfirmware des Computers auf der systemnahen Ebene. Die Schnittstelle besteht aus Datentabellen mit plattformspezifischen Informationen sowie Start- und Laufzeitdienstaufrufen, die dem Betriebssystem und dem zugehörigen Loader zur Verfügung stehen, um eine Standardumgebung für den Betriebssystemstart und die Ausführung von Prebootanwendungen sicherzustellen. Abkürzung: EFI. → *siehe auch* Itanium.

Extensible Hypertext Markup Language *Subst.*
→ *siehe* XHTML.

eXtensible Markup Language, die; *Subst.*
→ *siehe* XML.

eXtensible Style Language, die; *Subst.*
→ *siehe* XSL.

Extent, der; *Subst.* (extent)
Ein fortlaufender Block mit Speicherkapazität auf einem Datenträger oder einem anderen Speichergerät mit Direktzugriff, der vom Betriebssystem für eine bestimmte Datei bzw. ein bestimmtes Programm reserviert ist.

Exterior Gateway Protocol, das; *Subst.*
Ein Protokoll für das Verteilen von Informationen über die Verfügbarkeit an die Router und Übergänge, die die Netzwerke miteinander verbinden. → *siehe auch* Gateway, Router.

externe Festplatte, die; *Subst.* (external hard disk)
Eine Standfestplatte mit eigenem Gehäuse und Netzteil, die mit einem Datenkabel an den Computer angeschlossen ist und hauptsächlich als portable Einheit verwendet wird. → *siehe auch* Festplatte.

externe Funktion, die; *Subst.* (external function)
→ *siehe* XFCN.

externer Befehl, der; *Subst.* (external command)
Zu einem Betriebssystem gehörendes Programm, das nur dann in den Speicher geladen und ausgeführt wird, wenn der entsprechende Name an der Systemaufforderung eingegeben wird. Obwohl ein externer Befehl genaugenommen ein selbständiges Programm darstellt, wird diese Bezeichnung verwendet, um die Zugehörigkeit zum Betriebssystem hervorzuheben. → *siehe auch* XCMD. → *vgl.* interner Befehl.

externe Referenz, die; *Subst.* (external reference)
Ein Bezug innerhalb eines Programms oder einer Routine auf einen Bezeichner (für Code oder Daten), der nicht innerhalb des Programms oder der Routine deklariert ist. Der Begriff bezieht sich in der Regel auf einen Bezeichner, dessen Deklaration in einem separat kompilierten Codeabschnitt steht. → *siehe auch* kompilieren.

externer Interrupt, der; *Subst.* (external interrupt)
Von Systembausteinen des Computers, die bezüglich des Mikroprozessors als extern anzusehen sind, ausgelöster Interrupt. → *siehe auch* Hardwareinterrupt, interner Interrupt, Interrupt.

externer Speicher, der; *Subst.* (auxiliary storage, external storage)
Ein Speichermedium wie etwa eine Diskette oder ein Magnetband, das dem Prozessor eines Computers nicht direkt zugänglich ist, im Gegensatz zum RAM (Random Access Memory). Im Allgemeinen werden externe Speicher als »Permanentspeicher« (englisch »permanent storage« oder kurz »storage«) oder »Datenträger« bezeichnet. Die RAM-Chips dagegen, die der Prozessor direkt für die temporäre Speicherung verwendet, werden als »Arbeitsspeicher«, »Hauptspeicher« oder nur einfach nur als »Speicher« (englisch »memory«) bezeichnet.

externer Viewer, der; *Subst.* (external viewer)
Eine separate Anwendung für das Anzeigen von Dokumenttypen, die von der aktuellen Anwendung nicht unterstützt werden. → *siehe auch* Hilfsprogramm.

externes Modem, das; *Subst.* (external modem)
Ein autonomes Modem, das über ein Kabel mit dem seriellen Kommunikationsport eines Computers verbunden ist. → *siehe auch* internes Modem.

extrahieren *Vb.* (extract)
Elemente aus einer größeren Gruppe systematisch entfernen oder duplizieren.
In der Programmierung bedeutet extrahieren, einen Zeichensatz von einem anderen ableiten, indem mit Hilfe einer Maske (Muster) bestimmt wird, welche Zeichen zu entfernen sind.

E

Extranet, das; *Subst.* (extranet)
Eine Erweiterung eines Intranet von einem Unternehmen, das World Wide Web-Technologie einsetzt, um die Kommunikation mit den Lieferanten und Kunden zu erleichtern. Über ein Extranet können Kunden und Lieferanten auf das Intranet eingeschränkt zugreifen, um die Geschwindigkeit und die Leistungsfähigkeit der Geschäftsvorgänge zu optimieren. → *siehe auch* Intranet.

Extras, das; *Subst.* (bells and whistles)
Attraktive Leistungsmerkmale, die eine Hardware oder Software aufweist, und die über die Grundfunktionen hinausgehen. Entfernt kann man derartige Zusatzfunktionen mit den Extras vergleichen, mit denen Automobile auf Wunsch zusätzlich ausgestattet werden wie Zentralverriegelung und Klimaanlage. Produkte – im Besonderen Computersysteme – ohne entsprechende Extras werden im amerikanischen Slang manchmal als »Plain Vanilla« bezeichnet.

Extrinsic-Halbleiter, der; *Subst.* (extrinsic semiconductor)
Ein Halbleiter, der die Elektrizität in einer P-leitenden oder N-leitenden Schicht leitet. Dadurch können Elektronen unter bestimmten Bedingungen fließen (z.B. Wärmeeinwirkung), indem diese gezwungen werden, ihre natürliche Bahn zu verlassen, um einen neuen Elektronenstrom zu bilden. → *siehe auch* Halbleiter, n-leitender Halbleiter, p-leitender Halbleiter.

Eyephone, das; *Subst.* (eyephone)
Eine Art Datenhelm, der bei Virtual Reality-Systemen verwendet wird und dem Träger sowohl Audio- als auch Bildsignale übermittelt. → *siehe auch* virtuelle Realität.

Ezine, das; *Subst.* (ezine)
Abkürzung für **e**lectronic Maga**zine**. Eine digitale Produktion, die im Internet, in einer Mailbox oder in einem anderen Onlineservice in der Regel kostenfrei verfügbar ist.

F

F
→ *siehe* Farad.

F2F *Adv.*
Abkürzung für *face to face*. Persönlich, im Gegensatz zum Kontakt über das Internet. Dieser Begriff wird in E-Mails verwendet.

Fab, die; *Subst.* (fab)
Abkürzung für »Fabrikationsbetrieb« (englisch »fabrication facility«). Hersteller von Halbleitern – Speicherchips und Prozessoren – bezeichnen ihre Herstellungsstätten oft als Fabs. Eine Fab ist eine Fabrik, die die von ihr in der Produktion verwendeten Wafer selbst herstellt. Dagegen wird ein Unternehmen, das seine Wafer nicht selbst herstellt, sondern sich auf Entwicklung und Design von Prozessoren beschränkt, als »fabless« (wörtlich: »Fab-los«) bezeichnet. → *siehe auch* Halbleiter, Wafer.

face, das; *Subst.*
Beim Drucken und bei der Typografie eine Abkürzung für *Schriftart*.

Face Time, die; *Subst.* (face time)
Die Zeit, die persönlich mit einer anderen Person verbracht wird.

Fadenkreuz, das; *Subst.* (cross hairs)
Gerätekomponente, auf der zwei sich schneidende, dünne Linien aufgedruckt sind. Fadenkreuze werden bei einigen Eingabegeräten dazu eingesetzt, um die Ansteuerung von bestimmten x-y-Koordinaten zu erleichtern und die angesteuerte Position optisch hervorzuheben. Auch der Bildschirmcursor wird in einigen Programmen als Fadenkreuz dargestellt.

fächern *Vb.* (fan)
Schnelles Durchblättern eines Batches Druckerpapier, um sicherstellen, dass die Seiten alle lose sind und somit in den Drucker eingelegt werden können.

Failover, das; *Subst.* (failover)
In der Clusteringtechnologie bezeichnet Failover den nahtlosen Übergang des laufenden Betriebs vom primären System im Cluster auf ein Sicherungssystem, beispielsweise einen Datenbank- oder Webserver, falls das primäre System ausfällt. Der Übergang muss dabei transparent durchgeführt werden, so dass mit dem jeweiligen Server verbundene Benutzer keine Einschränkungen der Funktionalität hinnehmen müssen. Failover ist für unternehmenskritische, fehlertolerante, hochverfügbare Systeme, beispielsweise im World Wide Web, eine entscheidende Funktion. → *siehe auch* Cluster (Def. 3), Clustercontroller, Hochverfügbarkeit.

Fair Use, der; *Subst.* (fair use)
Eine Doktrin im amerikanischen Recht, die die Grenzen für den legitimen Gebrauch von urheberrechtlich geschützter Software oder von anderem veröffentlichten Material beschreibt. → *siehe auch* Copyright. → *vgl.* CPRM, Digital Millennium Copyright Act.

Faksimile, das; *Subst.* (facsimile)
→ *siehe* Fax.

Faktor, der; *Subst.* (factor)
Bezeichnet in der Mathematik die Operanden bei einer Multiplikation. Beispielsweise sind 2 und 3 die Faktoren im Ausdruck 2×3. Unter Primärfaktoren einer Zahl versteht man die Menge der Primärzahlen, die nach Multiplikation wieder die Zahl liefern.

Fakultät, die; *Subst.* (factorial)
Wird ausgedrückt als $n!$ (n Fakultät). Es handelt sich um das Ergebnis der Multiplikation sukzessiver Ganzzahlen von 1 bis n; $n!$ ist gleich $n \times (n - 1) \times (n-2) \times ... \times 1$.

Familie, die; *Subst.* (family)
Eine Serie von Hardware- oder Softwareprodukten, die gemeinsame Eigenschaften haben. Hierbei kann es sich um

F eine Serie von PCs oder CPU-Chips des gleichen Herstellers handeln, für die die gleichen Befehle gelten. Bei einer Familie kann es sich auch um einen Satz mit Schriftarten handeln, die einer Einheit angehören (z.B. Times New Roman). → *siehe auch* Befehlssatz, CPU, Schrift.

fangen *Vb.* (trap)
Das Abfangen von Programmaktionen oder -ereignissen, noch bevor sie wirksam werden, meist um statt dessen eine andere Aktion auszuführen. Dieses Abfangen ist ein bei Debugprogrammen häufig eingesetztes Verfahren, um eine Unterbrechung der Programmausführung an einem definierten Punkt zu bewirken. → *siehe auch* Interrupt, Interrupthandler.

Fan-In, der; *Subst.* (fan-in)
Die maximale Anzahl von Signalen, die sich bei einem gegebenen elektronischen Bauelement, z.B. einem logischen Gatter, gleichzeitig einspeisen lassen, ohne dass es zu einer Verfälschung der Signale kommt. Der Fan-In ist sowohl vom Typ als auch von der Herstellungstechnologie eines Bauelements abhängig. → *vgl.* Fan-Out.

Fan-Out, der; *Subst.* (fan-out)
Die maximale Anzahl von Signalen, die sich bei einem gegebenen elektronischen Bauelement, z.B. einem logischen Gatter, gleichzeitig speisen lassen, ohne dass das Signal unzulässig geschwächt wird. Der Fan-Out ist sowohl vom Typ als auch von der Herstellungstechnologie eines Bauelements abhängig. → *vgl.* Fan-In.

Fanzine, das; *Subst.* (fanzine)
Eine Zeitschrift, die Online oder über Postversand erhältlich ist, die in der Regel von Fanclubs veröffentlicht wird. → *siehe auch* Ezine.

FAQ, die; *Subst.*
Abkürzung für »**F**requently **A**sked **Q**uestions« (Häufig gestellte Fragen). Ein Dokument, in dem Fragen und Antworten zu einem bestimmten Thema aufgelistet sind. FAQs werden oft an Internetnewsgroups gesendet, um neuen Teilnehmern allgemeine Fragen zu beantworten, die in der Vergangenheit gestellt wurden. Aus dieser Verwendung innerhalb der Onlinegemeinde hat sich der Begriff in andere Bereiche ausgedehnt und wird nun auch häufig von Unternehmen und anderen Organisationen verwendet. Weitere Informationen zu Internet-FAQs sind unter der Webadresse http://www.faqs.org abrufbar.

Farad, das; *Subst.* (farad)
Kurzzeichen F. Die Maßeinheit der elektrischen Kapazität (d.h. die Fähigkeit zum Speichern einer Ladung). Ein Kondensator mit einer Kapazität von 1 Farad kann eine Ladung von 1 Coulomb bei einer Potentialdifferenz zwischen seinen Platten von 1 Volt speichern. Praktisch stellt 1 Farad eine unvorstellbar große Kapazität dar, so dass man die Kapazität normalerweise in Microfarad (10^{-6}) oder Picofarads (10^{-12}) ausdrückt.

Farbanpassung, die; *Subst.* (image color matching)
Der Prozess der Anpassung der Bildausgabe, bei dem die ausgegebenen Farben mit Farben abgestimmt werden, die gescannt oder eingegeben wurden.

Farbauszugsdatei, die; *Subst.* (color separation)
Eine auf diese Weise erzeugte Ausgabedatei wird ebenfalls als »Farbseparation« bezeichnet.

Farbbandkassette, die; *Subst.* (ribbon cartridge)
Eine Einwegkassette, die ein Gewebefarbband oder ein kohlenstoffbeschichtetes Kunststoffband enthält. Farbbandkassetten werden in den meisten Anschlagdruckern verwendet, da sie einen einfachen und sauberen Wechsel des Farbbands ermöglichen.

Farbbits, das; *Subst.* (color bits)
Eine vordefinierte Anzahl an benachbarten Bits, die jedem darstellbaren Pixel zugeordnet sind und dessen Farbe bei der Anzeige auf einem Farbmonitor festlegen. Beispielsweise sind 2 Bit für 4 Farben, 4 Bit für 16 Farben und 8 Bit für 256 Farben erforderlich. → *siehe auch* Pixelgrafik. → *vgl.* Bitebene.

Farbdrucker, der; *Subst.* (color printer)
Ein Computerdrucker, der farbige Ausdrucke herstellen kann. Die meisten Farbdrucker können auch Schwarzweißausdrucke erzeugen.

Farbe, die; *Subst.* (color)
Die subjektive Sinnesempfindung, die durch sichtbares Licht bestimmter Wellenlänge auf der Netzhaut des Auges hervorgerufen wird. Der vom Menschen wahrnehmbare Bereich erstreckt sich von Violett am hochfrequenten Ende des sichtbaren Lichts bis zu Rot am unteren Frequenzende. (Das sichtbare Licht ist nur ein winziger Ausschnitt des gesamten elektromagnetischen Spektrums.) Bei der Bildschirmdarstellung werden die einzelnen Farben aus einer Kombination von

Hardware und Software erzeugt. Die Softwarekomponente ändert dabei Bitkombinationen, die unterschiedliche Farbtöne darstellen und für bestimmte Positionen auf dem Bildschirm (für Zeichen oder Pixel) bestimmt sind. Die Hardwarekomponente, der Videoadapter, übersetzt diese Bits in elektronische Signale, die wiederum die Helligkeit der verschiedenfarbigen Phosphorleuchteinheiten an den entsprechenden Stellen auf dem Schirm eines CRT-Monitors (üblicher Monitor mit Bildröhre) steuern. Jeweils drei unmittelbar nebeneinander liegende Leuchteinheiten (eine rote, eine grüne und eine blaue) bilden einen Farbpunkt. Das menschliche Auge nimmt dabei bei einem gewöhnlichen Betrachterabstand keine Einzelfarben wahr, sondern die entsprechende Mischfarbe. → siehe auch CRT, Farbmodell, Farbmonitor, HSB, Monitor, RGB, Video, Videoadapter.

Farbebene, die; *Subst.* (color plane)
→ siehe Bitebene.

Farbindextabelle, die; *Subst.* (color look-up table)
Eine Tabelle im Videoadapter eines Computers, die eine Liste von einzelnen Farbsignalwerten enthält. Diese Werte entsprechen den einzelnen auf dem Monitor darstellbaren Farben. Wenn Farben indirekt dargestellt werden, wird eine kleine Anzahl an Farbbits für jedes Pixel gespeichert, die dazu verwendet werden, um einen Satz an Signalwerten aus der Farbindextabelle auszuwählen. → siehe auch Farbbits, Palette, Pixel. → auch genannt Farbtabelle, Farbzuordnungstabelle, Video-look-up-Tabelle.

Farbmanagement, das; *Subst.* (color management)
In der Drucktechnik die Gesamtheit an Verfahren, die sicherstellen, dass auf unterschiedlichen Ausgabegeräten exakt die gleichen Farbtöne dargestellt und produziert werden. Das Farbmanagement umfasst folgende Vorgänge: die exakte Konvertierung von RGB-Farbdaten (die z.B. von einem Scanner, einer Kamera oder einem Monitor stammen) in CMYK-Ausgabedaten, die für einen Drucker bestimmt sind; die Anwendung eines Geräteprofils für den Drucker oder ein anderes Ausgabegerät, auf dem die Druckgrafik vervielfältigt wird; die entsprechende Behandlung von Schwankungen bestimmter Umgebungsgrößen, z.B. Feuchtigkeit und Luftdruck. → siehe auch CMYK, RGB.

Farbmanagementsystem, das; *Subst.* (color management system)
Abkürzung: CMS oder FMS. Von der Firma Kodak entwickelte Technik, die von vielen Softwareherstellern lizenziert wurde und der Kalibrierung dient. Mit Hilfe von CMS wird sichergestellt, dass die Farbtöne, die auf Video- und Computermonitoren angezeigt werden, mit den Farbtönen übereinstimmen, die ausgedruckt werden.

Farbmesser, der; *Subst.* (colorimeter)
Ein Gerät, das zur Bewertung und Feststellung von Farbtönen in Bezug auf eine Standardpalette an synthetischen Farbtönen dient.

Farbmodell, das; *Subst.* (color model)
Eine Methode oder Konvention zur Darstellung von Farben. Im Bereich der Grafik und der Drucktechnik werden Farben häufig mit dem Pantonesystem beschrieben. In der Computergrafik sind verschiedene Farbmodelle üblich: HSB (Hue, Saturation, Brightness, zu Deutsch: »Farbton, Sättigung, Helligkeit«), CMY (Cyan, Magenta, Yellow) und RGB (Rot, Grün, Blau). → siehe auch CMY, Farbsynthese, HSB, Pantonesystem, Rasterpunktfarbe, RGB.

Farbmonitor, der; *Subst.* (color monitor)
Ein Computerdisplay, das in Verbindung mit einer Videokarte (Adapter) für die farbige Darstellung von Texten oder Grafiken vorgesehen ist. Im Unterschied zu einem Monochrommonitor, dessen Bildröhre nur mit einer einfarbigen Phosphorschicht versehen ist, verfügt ein Farbmonitor über ein Muster aus unterschiedlich farbigen Phosphorpunkten, wobei jeweils ein roter, grüner und blauer Punkt unmittelbar nebeneinander (in Streifen- oder Deltaform) angebracht sind. Trifft der Elektronenstrahl auf einen Farbpunkt, leuchtet dieser in der entsprechenden Farbe. Um beliebige Farben zu erzeugen, werden die Einzelfarbpunkte mit einer bestimmten Intensität zum Leuchten gebracht. Die dadurch entstandenen Einzelfarben verschmelzen bei einem üblichen Betrachterabstand zu einer Mischfarbe. Eine Videokarte, die eine große Anzahl an Bits (6 oder mehr) zur Farbbeschreibung verwendet und analoge (kontinuierliche, übergangslose) Signale erzeugt, erlaubt eine sehr große, fast unbegrenzte Anzahl an Farbnuancen. → siehe auch Cycolor, Farbe, Farbmodell.

Farbpalette, die; *Subst.* (color box, color palette)
Im Malprogramm »Paint«, das sich im Lieferumfang von Microsoft Windows befindet, ein Bildschirmelement, das einem Malkasten nachempfunden ist und zur Auswahl der Vorder- und Hintergrundfarbe dient.
→ siehe Palette.

F

Farbsättigung, die; *Subst.* (color saturation)
Der Anteil eines Farbtons, der in einer Farbe enthalten ist. Je größer die Sättigung, desto intensiver erscheint die Farbe. → *siehe auch* Farbmodell, HSB.

Farbscanner, der; *Subst.* (color scanner)
Ein Scanner, der Vorlagen in eine digitalisierte Form bringt und dazu in der Lage ist, Farbtöne zu interpretieren. Die dabei mögliche Farbtiefe hängt von der Bittiefe des Scanners ab, genauer, seiner Fähigkeit, Farbtöne in einen Farbwert zu übersetzen, der durch eine bestimmte Anzahl an Bits repräsentiert wird (üblicherweise 8, 16, 24 oder 32 bit). Hochwertige Farbscanner, die im Druckbereich eingesetzt werden, können Vorlagen mit einer hohen Auflösung (in dpi angegeben) abtasten. Semiprofessionelle Scanner dagegen, deren Qualität im Allgemeinen nur für die Bildschirmdarstellung ausreicht, erzielen eine weit geringere Auflösung, die typischerweise bei 72 dpi liegt. → *siehe auch* Auflösung, Scanner. (Abbildung F.1)

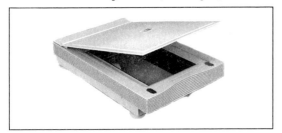

Abbildung F.1: Farbscanner

Farbseparation, die; *Subst.* (color separation)
In der Drucktechnik das Erzeugen von separaten Ausgabedateien für die einzelnen in einem Dokument enthaltenen Grundfarben. Jede dieser Dateien wird mit der entsprechenden Farbtinte gedruckt. Es gibt zwei Arten der Farbseparation: die Punktfarbseparation und die Prozessfarbseparation. → *siehe auch* Farbmodell, Farbsynthese, Rasterpunktfarbe.

Farbstoff-Polymeraufzeichnung, die; *Subst.* (dye-polymer recording)
Eine Aufzeichnungstechnologie für optische Discs, bei der in einer plastischen Polymerbeschichtung eingebettetes Farbpulver verwendet wird, um winzige Beulen auf der Oberfläche zu erzeugen, die sich mit einem Laser abtasten lassen. Da diese Farbstoffpolymerbeulen geglättet und erneut erzeugt werden können, erhält man eine überschreibbare optische Disc.

Farbsublimations-Drucker, der; *Subst.* (dye-sublimation printer)
→ *siehe* Volltondrucker.

Farbsynchronsignal, das; *Subst.* (color burst)
Ein Verfahren zur Codierung der Farbe in einem Compositevideosignal, das ursprünglich entwickelt wurde, damit Schwarzweiß-Fernsehgeräte Sendungen, die in Farbe ausgestrahlt werden, störungsfrei in Schwarzweiß wiedergeben können.
Der Farbburst besteht aus einem Luminanzsignal, das eine Kombination der roten, grünen und blauen Intensität darstellt und für die Schwarzweiß-Wiedergabe verwendet wird, sowie zwei Farbdifferenzsignalen, die separat die Intensitäten für Rot, Grün und Blau bestimmen (für die Farbwiedergabe). → *siehe auch* Farbindextabelle.

Farbsynthese, die; *Subst.* (process color)
Eine Methode der Handhabung von Farben beim Drucken eines Dokuments, bei der jeder Farbblock in seine subtraktiven Primärfarbenanteile zerlegt wird: Cyan, Magenta und Gelb (neben Schwarz). Alle anderen Farben erzeugt man durch passgerechtes Übereinanderdrucken von Schichten, die aus Halbtonpunkten verschiedener Größen in der jeweiligen Grundfarbe (Cyan, Magenta, Gelb) bestehen. → *siehe auch* Farbmodell, Farbseparation. → *vgl.* Rasterpunktfarbe.

Farbtabelle, die; *Subst.* (color table)
→ *siehe* Farbindextabelle.

Farbton, der; *Subst.* (hue)
Im HSB-Farbmodell eine der drei Kenngrößen einer Farbe, die zum Beschreiben dieser Farbe verwendet wird. Dieses Attribut unterscheidet eine Farbe am deutlichsten von anderen Farben. Der Farbton wird bestimmt durch die Frequenz einer Lichtwelle im sichtbaren Spektrum. → *siehe auch* Farbmodell, HSB. → *vgl.* Helligkeit, Sättigung.

Farbzuordnungstabelle, die; *Subst.* (color map)
→ *siehe* Farbindextabelle.

FARNET
→ *siehe* Federation of American Research Networks.

Fasgrolia (fasgrolia)
Bezeichnung für die »fast-growing language of abbreviations, initialisms, and acronyms« – die schnell wachsende Sprache aus Abkürzungen, Initialen und Akronymen.

Fast ATA
→ *siehe* Enhanced IDE.

Fast Ethernet, das; *Subst.*
Ein Ethernet, das 100 Megabit pro Sekunde unterstützt. → *siehe auch* Ethernet.

Fast-Fourier-Transformation, die; *Subst.* (fast Fourier transform)
Abgekürzt FFT. Eine Menge von Algorithmen zur Berechnung der diskreten Fourier-Transformation einer Funktion, die ihrerseits für die Lösung von Differentialgleichungssystemen, Durchführung von Spektralanalysen und Ausführung anderer signalverarbeitender und signalerzeugender Aufgaben verwendet werden kann. → *siehe auch* Fourier-Transformation.

Fast IDE
→ *siehe* Enhanced IDE.

Fast Packet, das; *Subst.* (fast packet)
Ein Standard für Hochgeschwindigkeits-Netzwerktechnologien, der die schnelle Vermittlung von Zellen oder Paketen mit fester Länge für die Echtzeitübertragung von Daten einsetzt. → *siehe auch* Paket, Paketvermittlung. → *auch genannt* Asynchronous Transfer Mode, ATM.

Fast Page Mode RAM, das; *Subst.* (fast page-mode RAM)
Abkürzung: FPM-RAM. → *siehe* Page Mode RAM.

Fast SCSI, die; *Subst.*
Ein Format der SCSI-2-Schnittstelle. Die Schnittstelle kann 8 Datenbit gleichzeitig und bis zu 10 MB pro Sekunde übertragen. Der Fast SCSI-Stecker verfügt über 50 Pins; außerdem wird der Bustakt auf 10 MHz verdoppelt. → *siehe auch* SCSI, SCSI-2. → *vgl.* Fast/Wide SCSI, Wide SCSI.

Fast/Wide SCSI, die; *Subst.*
Ein Format der SCSI-2-Schnittstelle, die Daten zu je 16 Bit mit einer Geschwindigkeit von bis zu 20 MB pro Sekunde übertragen kann. Der Fast/Wide SCSI-Stecker hat 68 Pole. → *siehe auch* SCSI, SCSI-2. → *vgl.* Fast SCSI, Wide SCSI.

FAT
→ *siehe* Dateizuordnungstabelle.

fataler Fehler, der; *Subst.* (fatal error)
Ein Fehler, der zu einem Absturz des Systems oder der Anwendung führt, d.h. zu einem abrupten Versagen ohne Chance auf Erholung.

Fat Application, die; *Subst.* (fat application)
Eine Anwendung, die bei Macintosh-Computern mit PowerPC-Prozessor und auf Macintosh-Computern mit 68K-Prozessor ausgeführt werden kann.

Fat Binary, das; *Subst.* (fat binary)
Ein Anwendungsformat, das auf Macintosh-Computern mit PowerPC-Prozessor und auf Macintosh-Computern mit 68K-Prozessor ausgeführt werden kann.

Fatbit, das; *Subst.* (fatbits)
»Fette Bit«. Ursprünglich ein Merkmal des Apple MacPaint-Programms, bei dem sich ein kleiner Ausschnitt einer Zeichnung pixelweise vergrößern und verändern lässt.
In der Folgezeit setzte sich diese Bezeichnung für ein ähnliches Merkmal in allen Programmen durch, die eine Modifikation auf Pixelbasis über ein »Zoom«-Merkmal erlauben.

Fat Client, der; *Subst.* (fat client)
Ein Begriff aus dem Bereich der Client/Serverarchitektur. Ein Client, der nahezu die gesamte Verarbeitung ohne den Server ausführt. Der Client behandelt die Präsentation und die Funktionen, der Server verwaltet die Daten und den Zugriff auf die Daten. → *siehe auch* Client, Client/Serverarchitektur, Server, Thin Server. → *vgl.* Fat Server, Thin Client.

FAT-Dateisystem, das; *Subst.* (FAT file system)
Das im Betriebssystem MS-DOS verwendete Dateisystem zum Organisieren und Verwalten von Dateien. Die FAT (File Allocation Table) ist eine Datenstruktur, die MS-DOS während der Formatierung auf der Diskette erzeugt. Wenn MS-DOS eine Datei auf einer formatierten Diskette speichert, legt das Betriebssystem die Informationen über die gespeicherten Daten in der FAT ab, so dass MS-DOS die Datei bei einer späteren Anforderung wieder aufrufen kann. MS-DOS unterstützt lediglich das FAT-Dateisystem. Die Betriebssysteme Windows 9x, Windows Me, Windows NT und Windows 2000 sind in der Lage, das FAT-Dateisystem neben ihren eigenen Dateisystemen (HPFS, NTFS bzw. VFAT) zu verwenden. → *siehe auch* Dateizuordnungstabelle, HPFS, NTFS, OS/2, VFAT, Windows 95, Windows NT.

Fat Server, der; *Subst.* (fat server)
Ein Begriff aus dem Bereich der Client/Serverarchitektur. Ein Server, der nahezu die gesamte Verarbeitung ohne den Client ausführt. Die Anwendungslogik und die Daten befinden sich auf dem Server, die Präsentation wird vom Client behandelt.

F → *siehe auch* Client, Client/Serverarchitektur, Server, Thin Client. → *vgl.* Fat Client, Thin Server.

Fatware, die; *Subst.* (fatware)
Software, die den Speicherplatz und die Systemleistung stark in Anspruch nimmt, weil diese Software grafisch unnötig aufwendig gestaltet ist und über eine Vielzahl von zum Teil überflüssigen Funktionen verfügt. → *auch genannt* aufgeblähte Software.

Favorit, der; *Subst.* (favorite)
Ein Begriff aus Microsoft Internet Explorer. Der Begriff bezeichnet eine benutzerdefinierte Verknüpfung zu einer Seite im World Wide Web, die einem *Lesezeichen* in Netscape Navigator entspricht. → *siehe auch* Favoritenordner, Hotlist. → *vgl.* Lesezeichen.

Favoritenordner, der; *Subst.* (Favorites folder)
Ein Begriff aus Microsoft Internet Explorer. Der Begriff bezeichnet eine Auflistung von Verknüpfungen zu Websites, die von einem Benutzer häufig benötigt werden. Andere Webbrowser verwenden hierfür andere Bezeichnungen (z.B. Bookmark oder Hotlist). → *siehe auch* Internet Explorer, Lesezeichendatei, URL. → *vgl.* Hotlist, Lesezeichen.

Fax, das; *Subst.* (fax)
Abkürzung für Faksimile. Die Übertragung von Text oder Grafiken über Telefonleitungen in digitalisierter Form. Konventionelle Faxmaschinen tasten ein Originaldokument ab, senden ein Bild des Dokuments als Bitmap und reproduzieren das empfangene Bild auf einem Drucker. In den CCITT-Empfehlungen Gruppe 1–4 sind Auflösung und Codierung standardisiert. Mit entsprechender Hardware und Software ausgerüstet, lassen sich auch mit Mikrocomputern Faxe sowohl senden als auch empfangen. → *siehe auch* CCITT Gruppen 1–4.

Faxgerät, das; *Subst.* (fax machine)
Abkürzung für Faksimilegerät. Ein Gerät, das Seiten scannt, die Bilder dieser Seiten in ein digitales Format umwandelt, das dem internationalen Standard für Faxgeräte entspricht, und das Bild über eine Telefonleitung überträgt. Ein Faxgerät ist auch in der Lage, diese Bilder zu empfangen und auf Papier auszugeben. → *siehe auch* scannen.

Faxmodem, das; *Subst.* (fax modem)
Ein Modem, das Daten sendet (und unter Umständen auch empfängt), die in einem Faxformat (in der Regel ein CCITT Faxformat) codiert sind, die ein Faxgerät oder ein anderes Modem decodiert und in ein Bild umwandelt. Das Bild muss bereits auf dem Hostcomputer codiert worden sein. Text und Grafikdokumente können in das Faxformat über spezielle Software umgewandelt werden, die in der Regel mit dem Modem geliefert wird. Papierdokumente müssen erst eingescannt werden. Faxmodems können intern im Rechner eingebaut oder als externes Zusatzgerät angeschlossen sein und neben den normalen Modemfähigkeiten auch Faxübertragungen unterstützen. → *siehe auch* Fax, Modem.

Faxprogramm, das; *Subst.* (fax program)
Eine Computeranwendung, mit der Benutzer Faxübertragungen senden, empfangen und drucken können. → *siehe auch* Fax.

Faxserver, der; *Subst.* (fax server)
Ein Computer eines Netzwerks, der in der Lage ist, Faxübertragungen an Computer und von anderen Computern des Netzwerks zu senden und zu empfangen. → *siehe auch* Fax, Server.

FCB
→ *siehe* Dateisteuerblock.

FCC
Abkürzung für **F**ederal **C**ommunications **C**ommission, zu Deutsch »Vereinigte Fernmeldekommission«. Durch den Communications Act von 1934 gegründete Kommission, die im zwischenstaatlichen und internationalen Bereich drahtgebundene, drahtlose und andere Rundfunk- und Fernsehübertragungen einschließlich Telefonie, Telegrafie und Telekommunikation regelt. Die Website der FCC ist unter der Adresse http://www.fcc.gov erreichbar.

FDDI
Abkürzung für **F**iber **D**istributed **D**ata **I**nterface. Von ANSI (American National Standards Institute) entwickelter Standard für lokale Hochgeschwindigkeitsnetzwerke auf Glasfaserbasis. FDDI sieht Übertragungsraten von 100 Megabit (100 Millionen Bit) pro Sekunde auf Netzwerken mit Token Ring-Topologie vor. FDDI II ist eine Erweiterung des FDDI-Standards und enthält zusätzliche Spezifikationen für Echtzeitübertragung von analogen Daten in digitalisierter Form. → *siehe auch* Token Ring-Netzwerk.

FDHP
Abkürzung für **F**ull **D**uplex **H**andshaking **P**rotocol. Ein Protokoll, das von Duplexmodems eingesetzt wird, um den Quell-

typ der Übertragung zu ermitteln und in Übereinstimmung zu bringen. → *siehe auch* Duplex, Handshake.

FDM

Abkürzung für **F**requency-**D**ivision **M**ultiplexing, zu Deutsch »Frequenzmultiplex«. Die gleichzeitige Übertragung mehrerer Signale auf separaten Bändern eines einzelnen Kommunikationskanal. FDM wird bei analogen Übertragungen eingesetzt, z.B. in einem Basisbandnetzwerk oder bei Gesprächen über eine Telefonleitung. Bei FDM unterteilt man den Frequenzbereich des Kanals in schmalere Einzelbänder, die jeweils unterschiedliche Übertragungssignale aufnehmen. Ein Sprachkanal mit einer Bandbreite von 1.400 Hz lässt sich bei Verwendung von FDM z.B. in vier Unterkanäle – 820–990 Hz, 1.230-1.400 Hz, 1.640–1.810 Hz und 2.050-2.220 Hz – unterteilen, wobei die angrenzenden Unterkanäle jeweils durch ein 240 Hz breites Sicherheitsband getrennt sind, um Beeinflussungen der Bänder zu minimieren.

Feature, das; *Subst.* (feature)

Eine einzigartige, attraktive, charakteristische oder wünschenswerte Eigenschaft eines Programms oder eines Computers oder anderer Hardware.

Featuritis, die; *Subst.* (featuritis)

Umgangssprachlich für das Bestreben, einem Programm zu Lasten der ursprünglichen Größe und Schlichtheit neue Funktionen hinzuzufügen. »Creeping Featuritis«, auch »Creeping Featurism« oder sarkastischer »Feeping Creaturism« genannt, beschreibt das allmähliche Anwachsen durch immer neue Funktionen, bis schließlich ein großes, unhandliches und unausgefeiltes Programm entsteht, das wie Zusammenstellung von ungeplanten Hinzufügungen erscheint. Das Ergebnis von »Featuritis« ist eine mit *Software Bloat* (»aufgeblähte Software«) bezeichnete Programmeigenschaft.

Federal Communications Commission, die; *Subst.*

→ *siehe* FCC.

Federal Information Processing Standards, der; *Subst.*

Ein System mit Normen, Richtlinien und technischen Methoden für die Datenverarbeitung der Bundesregierung der USA.

Federal Internet Exchange, der; *Subst.*

→ *siehe* FIX.

Federation of American Research Networks, die; *Subst.*

Ein gemeinnütziger Verband von Unternehmen für Vernetzungstechnologie in den USA, der sich auf nationaler Ebene für Vernetzungstechnologie einsetzt. Der primäre Schwerpunkt dieses Verbands ist auf die Unterstützung des Bildungswesens, der Forschung und verwandter Branchen gerichtet. → *siehe auch* internetwork.

Federation on Computing in the United States, die; *Subst.*

Die Vertretung der USA in der International Federation of Information Processing (IFIP). Weitere Informationen sind unter der Webadresse http://www.acm.org/focus abrufbar. → *siehe auch* IFIP.

Fehler, der; *Subst.* (error)

Werte oder Bedingungen, die nicht im Einklang mit den richtigen, angegebenen oder erwarteten Werten oder Bedingungen sind. Fehler werden in Computern verursacht, wenn ein Ereignis nicht wie erwartet verläuft oder wenn nicht ausführbare oder illegale Operationen eingeleitet werden. In der Datentechnik wird ein Fehler verursacht, wenn zwischen übertragenen und empfangenen Daten Diskrepanzen vorliegen. → *siehe auch* fataler Fehler, Fehlermeldung, Fehlerrate, Fehlerverhältnis, fortgesetzter Fehler, harter Fehler, inhärenter Fehler, intermittierender Fehler, korrigierbarer Fehler, kritischer Fehler, Lesefehler, Logikfehler, Maschinenfehler, Paritätsfehler, Schreibfehler, Syntaxfehler, Systemfehler, Überlauffehler. → *vgl.* Defekt.

Fehleranalyse, die; *Subst.* (error analysis)

Die Philosophie der Fehlererkennung in numerischen Berechnungen, insbesondere in langen und komplizierten Berechnungen, bei denen die Fehlerwahrscheinlichkeit steigt.

Fehlerbehandlung, die; *Subst.* (error handling, error trapping)

Der Prozess, in dem ein Programm Fehler während der Ausführung ermittelt.

Außerdem der Vorgang, bei dem Funktionen, Programme oder Prozeduren entwickelt werden, die trotz eines Fehlerzustandes weiter ausgeführt werden können.

Des Weiteren bezeichnet »Fehlerbehandlung« die Reaktion auf Fehlersituationen (manchmal auch »Ausnahmen« genannt), die während der Ausführung eines Programms auftreten. Einige Programmiersprachen, z.B. C++, Ada und Eiffel, verfügen über Merkmale, die die Fehlerbehandlung vereinfachen und regeln. → *siehe auch* Bug.

F

Fehlerbehandlungsroutine, die; *Subst.* (critical-error handler)

Eine Softwareroutine, die einen kritischen Fehler entweder korrigiert oder diesen elegant umgeht. → *siehe auch* geregelte Beendigung, kritischer Fehler.

fehlerbehebende Wartung, die; *Subst.* (corrective maintenance)

Die Diagnose und Beseitigung von Computerproblemen, kurz nachdem sie aufgetreten sind. → *vgl.* vorbeugende Wartung.

fehlererkennende Codierung, die; *Subst.* (error-detection coding)

Eine Methode der Datencodierung, durch die sich Fehler bei der Übertragung oder Speicherung von Daten erkennen lassen. Die meisten fehlererkennenden Codes sind durch die maximale Anzahl von Fehlern gekennzeichnet, die erkannt werden können. → *siehe auch* Prüfsumme. → *vgl.* fehlerkorrigierende Codierung.

Fehlererkennung und -beseitigung, die; *Subst.* (error detection and correction)

Bei der Übertragung von Dateien verwendete Methode zur Aufdeckung und Beseitigung von Fehlern. Einige Programme entdecken nur Fehler, während andere Programme Fehler erkennen und versuchen, sie zu korrigieren.

Fehlerkontrolle, die; *Subst.* (error control)

Der Abschnitt eines Programms, einer Prozedur oder einer Funktion, der Fehler ermittelt. Bei diesen Fehlern kann es sich um nicht übereinstimmende Zeichen, Überläufe und Unterläufe, bezugslose oder illegale Zeigerverweise und um Speicherinkonsistenzen handeln.

Daneben stellt die Fehlerkontrolle das Vorgreifen von Programmfehlern während der Softwareentwicklung dar.

Fehlerkorrektur, automatische, die; *Subst.* (automatic error correction)

→ *siehe* automatische Fehlerkorrektur.

Fehlerkorrekturcode, der; *Subst.* (error-correcting code)

Eine Code für die Übertragung von elektronischen Daten. Durch diese Codierung der Daten können Übertragungsfehler erkannt und korrigiert werden, indem die verschlüsselten Daten am Empfangsende geprüft werden. Fehlerkorrekturcodes werden von den meisten Modems verwendet. → *siehe auch* Modem.

Fehlerkorrektur, vorauseilende, die; *Subst.* (forward error correction)

→ *siehe* vorauseilende Fehlerkorrektur.

fehlerkorrigierende Codierung, die; *Subst.* (error-correction coding)

Eine Methode der Informationscodierung, durch die sich Fehler während der Übertragung erkennen und korrigieren lassen. Die meisten fehlerkorrigierenden Codes sind durch die maximale Anzahl von Fehlern, die sich als fehlerhaft nachweisen lassen, und die maximale Zahl von Fehlern, die korrigiert werden können, gekennzeichnet. → *siehe auch* Fehlererkennung und -beseitigung. → *vgl.* fehlererkennende Codierung.

Fehlermeldung, die; *Subst.* (error message)

Eine Meldung vom System oder von einem Programm, die auf einen Fehler hinweist, der zu beseitigen ist.

Fehlerprotokolldatei, die; *Subst.* (error file)

Eine Datei, in der die Uhrzeit und der Fehlertyp aufgezeichnet werden, der bei der Datenverarbeitung und Übertragung verursacht wurde.

Fehlerprüfung, die; *Subst.* (error checking)

Ein während des Dateitransfers stattfindender Prozess zur Aufdeckung von Unstimmigkeiten zwischen gesendeten und empfangenen Daten.

Fehlerrate, die; *Subst.* (error rate)

In der Kommunikationstechnik die Rate der Bits oder anderer Elemente, die während des Sendens oder Empfangs als fehlerhaft erkannt wurden. Die Fehlerrate wird errechnet aus der Anzahl der fehlerhaften Bit, geteilt durch die Anzahl der insgesamt verarbeiteten Bit. Demnach ergeben beispielsweise 4 fehlerhafte Bit auf 100.000 übertragene Bit eine Fehlerrate von 4×10^{-5}, 6 fehlerhafte Bit auf 1.000.000 übertragene Bit eine Fehlerrate von 6×10^{-6}. → *siehe auch* BERT, Parität, Paritätsbit, Xmodem, Ymodem.

Fehlertoleranz, die; *Subst.* (fault tolerance)

Die Fähigkeit eines Computers oder eines Betriebssystems, auf katastrophale Ereignisse oder Fehler, z.B. einen Stromausfall oder einen Hardwareausfall, in einer Weise zu reagieren, dass kein Datenverlust eintritt und laufende Arbeiten beschädigt werden. Fehlertoleranz lässt sich mit einer batteriegestützten Stromversorgung, redundanter Hardware, Vorkehrungen im Betriebssystem oder einer Kombination dieser Verfahren realisieren. In einem fehlertoleranten Netzwerk kann das System entweder den Betrieb ohne Datenverlust fortsetzen oder eine geregelte Abschaltung des Systems ausführen, wobei nach dem Neustart alle Zustände vor Eintreten des Fehlers wiederhergestellt werden.

Fehlerverhältnis, das; *Subst.* (error ratio)
Das Verhältnis der Fehler zur Anzahl der verarbeitenden Dateneinheiten. → *siehe auch* Fehlerrate.

feinabstimmen *Vb.* (tweak)
Die Leistung von Hardware oder Software durch abschließende, kleinere Änderungen verbessern. Einem fast fertiggestellten Produkt den letzten Schliff verleihen.

Feld, das; *Subst.* (field)
Eine Position in einem Datensatz, an der ein bestimmter Datentyp gespeichert wird. Der Datensatz ANGESTELLTER-SATZ kann z.B. Felder zur Speicherung von Nachname, Vorname, Adresse, Stadt, Staat, Postleitzahl, Einstellungsdatum, derzeitiges Gehalt, Lohngruppe, Titel, Abteilung usw. enthalten. Zu jedem Feld gehören Informationen, die u.a. die maximale Länge und den Typ (z.B. alphabetisch, numerisch oder Währungsformat) der zu speichernden Daten spezifizieren. Die Hilfsmittel für die Erzeugung dieser Spezifikation sind in der Regel Bestandteile der Datendefinitionssprache (DDL). In relationalen Datenbank-Managementsystemen bezeichnet man Felder als »Spalten«.
Ein Feld ist außerdem der Leerraum in einer Bildschirmmaske, in die bestimmte Informationen vom Benutzer eingegeben werden.

Feldeffekt-Transistor, der; *Subst.* (field-effect transistor)
→ *siehe* FET.

Feldlänge, feste, die; *Subst.* (fixed-length field)
→ *siehe* feste Feldlänge.

Feldtrennzeichen, das; *Subst.* (field separator)
Jedes Zeichen, mit dem ein Datenfeld von einem anderen getrennt wird. → *siehe* auch Begrenzungszeichen, Feld.

Femto- *Präfix* (femto-)
Ein metrisches Präfix mit dem Wert 10^{-15} (ein Quadrillionstel).

Femtosekunde, die; *Subst.* (femtosecond)
Abgekürzt fs. Der billiardste Teil (10^{-15}) einer Sekunde. Im amerikanischen Sprachgebrauch der quadrillionste Teil.

Fenster, das; *Subst.* (window)
In Anwendungen und grafischen Benutzeroberflächen ein Teil des Bildschirms, der ein eigenes Dokument oder eine Mitteilung enthalten kann. Fensterorientierte Programme erlauben die Aufteilung des Bildschirms in mehrere Fenster, die jeweils über einen eigenen Rahmen verfügen und unterschiedliche Dokumente (oder eine andere Ansicht desselben Dokuments) enthalten können.

Fenster, aktives, das; *Subst.* (active window)
→ *siehe* aktives Fenster.

Fensterdefinition, die; *Subst.* (window definition)
Eine mit einem Bildschirmfenster verknüpfte Ressource bei einer Anwendung auf dem Apple Macintosh. Der Macintosh Window Manager ruft diese Funktion z.B. auf, um das Fenster zu erstellen oder seine Größe zu verändern. → *auch genannt* WDEF.

Fenstergrößesymbol, das; *Subst.* (size box)
Beim Apple Macintosh ein Kontrollfeld in der rechten oberen Ecke eines auf dem Bildschirm angezeigten Fensters. Durch Klicken auf das Fenstergrößesymbol kann der Benutzer die Größe des Fensters zwischen einer benutzerdefinierten Größe und der maximalen Größe umschalten. → *vgl.* Schaltfläche »Maximieren«.

Fenster, inaktives, das; *Subst.* (inactive window)
→ *siehe* inaktives Fenster.

Fenster, überlappende, das; *Subst.* (overlaid windows)
→ *siehe* überlappende Fenster.

Fensterumgebung, die; *Subst.* (windowing environment)
Eine Betriebssystemoberfläche (Shell), die sich dem Benutzer mit speziell gestalteten Bildschirmbereichen – den sog. *Fenstern* – präsentiert.
Fensterumgebungen gestatten typischerweise die Größenänderung von Fenstern und deren freie Verschiebbarkeit auf dem Bildschirm. Beispiele für Fensterumgebungen sind der Apple Macintosh Finder, Microsoft Windows und der OS/2 Presentation Manager. → *siehe auch* Fenster, grafische Benutzeroberfläche.

FEP
→ *siehe* Front-End-Prozessor.

F

Remoteadministration, die; *Subst.* (remote administration)
Die Durchführung von Systemverwaltungsaufgaben über das Netzwerk.

Remotecomputersystem, das; *Subst.* (remote computer system)
→ *siehe* Fernsystem.

fernkommunizieren *Vb.* (telecommute)
Eine Verbindung zwischen einem entfernten Arbeitsplatz (z.B. zu Hause) und einem Hauptbüro herstellen, unter Verwendung eines mit Modem und Kommunikationssoftware ausgestatteten Personal Computers.

Fernkopie *Vb.* (telecopy)
→ *siehe* Fax.

Fernnetzbetreiber, der; *Subst.* (interexchange carrier)
Eine Telefongesellschaft, die Verbindungen zwischen verschiedenen lokalen Telefonnetzen in geografisch voneinander getrennten Gebieten zur Verfügung stellt. In den USA handelt es sich beispielsweise bei AT&T, Sprint und MCI um Fernnetzbetreiber.

Fernschreibermodus, der; *Subst.* (teletype mode)
Ein Betriebsmodus, in dem ein Computer oder eine Anwendung die Aktionen auf die Fähigkeiten eines Fernschreibers reduziert.
Auf dem Display äußert sich der Fernschreibermodus z.B. darin, dass nur noch alphanumerische Zeichen angezeigt werden können. Die Zeichen können nur zeilenorientiert angeordnet und nicht frei auf eine beliebige Position gesetzt werden. → *siehe auch* Teletype, TTY.

Fernsehkarte, die; *Subst.* (TV tuner card)
Eine PCI-Karte, die einem Computer ermöglicht, Fernsehprogramme zu empfangen und diese auf dem Bildschirm anzuzeigen. → *siehe auch* PCI-Karte.

Fernsystem, das; *Subst.* (remote system)
Ein Computer- oder Netzwerksystem, auf das ein Benutzer mittels eines Modems zugreift. → *siehe auch* Fernzugriff.
→ *vgl.* Fernterminal.

Fernterminal, das; *Subst.* (remote terminal)
Ein Terminal, das sich an einem anderen Ort befindet, als der Computer, zu dem es Verbindung hat. Entfernte Terminals verwenden Modems und Telefonleitungen zur Kommunikation mit dem Hostcomputer. → *siehe auch* Fernzugriff.
→ *vgl.* Fernsystem.

Fernunterricht, der; *Subst.* (distance learning)
Allgemein jegliche Form des Unterrichts, bei dem die Lehrer von ihren Schülern räumlich getrennt sind oder der zeitlich versetzt stattfindet. Auch ist darunter eine Unterrichtsform zu verstehen, bei der die Schüler nicht gemeinsam am Unterricht teilnehmen oder bei der sie keinen direkten Zugriff auf Unterrichtsmittel (z.B. die Universitätsbibliotheken) haben. Zeitgemäßer Fernunterricht wird über Computer und andere elektronische Komponenten realisiert, mit deren Hilfe Lehrer und Schüler untereinander kommunizieren. Die Kommunikation erfolgt dabei in Echtzeit, zeitversetzt oder wird nur bei Bedarf hergestellt. Die Übermittlung der Inhalte kann unter Zuhilfenahme zahlreicher Technologien erfolgen. Beispielsweise werden Satelliten, Computer, Kabelfernsehen, interaktives Video und Datenfernübertragung über die Telefonleitung eingesetzt. Der Fernunterricht ist nicht als Ersatz für den herkömmlichen Unterricht in Klassenzimmern und Ausbildungsräumen zu sehen, wird aber häufig als Ergänzung dazu eingesetzt.

fernverarbeiten *Vb.* (teleprocess)
Ein Terminal oder einen Computer zusammen mit Kommunikationseinrichtungen für den Zugriff auf entfernte Computer oder Dateien verwenden. Der englische Begriff *Teleprocess* ist durch IBM geprägt worden. → *siehe auch* Fernzugriff, verteilte Datenverarbeitung.

Fernzugriff, der; *Subst.* (remote access)
Die Nutzung eines entfernten Computers.

Ferritkernspeicher, der; *Subst.* (ferrite core)
Zwischen 1950 und 1970 vorwiegend verwendete Speichertechnologie, bei der Ferritringe bzw. -kerne zeilen- und spaltenförmig angeordnet (daher auch die Bezeichnung »core«) und durch Zeilen- und Spaltendrähte miteinander verbunden wurden. Da diese in zwei Richtungen magnetisiert werden konnten, ließen sich durch die gewählte Stromrichtung die beiden Zustände 0 und 1 realisieren. Ferritkernspeicher wiesen die Besonderheit auf, dass der gelesene Bereich während des Einlesens gelöscht und anschließend wiederhergestellt wurde. Ein Stromausfall vor dem Zurückschreiben der alten Inhalte bedeutete also eine Verfälschung der Speicherinhalte – der Rechner musste neu gestartet werden. Spezielle Ferritkerne (Transfluxoren) konnten gelesen werden, ohne den Inhalt zu verändern. Solche Bauteile wurden vor allem in den Berei-

chen verwendet, in denen es auf hohe Betriebssicherheit ankommt. Aus diesem Grund haben sich die durch die Halbleitertechnik ersetzten Ferritkernspeicher bis heute noch in der Militärtechnik behaupten können. → *siehe auch* Halbleiterspeicher, Kernspeicher, Magnetspeicher.

ferromagnetische Domäne, die; *Subst.* (ferromagnetic domain)
→ *siehe* magnetische Domäne.

ferromagnetisches Material, das; *Subst.* (ferromagnetic material)
Eine Substanz, die stark magnetisierbar ist. Zu den ferromagnetischen Materialien, die häufig in der Elektronik zum Einsatz kommen, zählen Ferrite und pulverisiertes Eisen. Ferromagnetische Materialien werden z.B. als Kerne zur Erhöhung der Induktivität und als Beschichtung von Disketten und Magnetbändern verwendet.

Ferro-RAM, das; *Subst.* (ferric RAM)
→ *siehe* FRAM.

feste Feldlänge, die; *Subst.* (fixed-length field)
In einem Datensatz bzw. zur Datenspeicherung verwendetes Feld, dessen Größe in Byte von vornherein bestimmt ist und konstant bleibt. Ein Feld mit fester Feldlänge benötigt immer den gleichen Platz auf einem Datenträger, selbst wenn die im Feld gespeicherten Daten kürzer sind. → *vgl.* Datenfeld, mit variabler Länge.

feste Schrittschaltung, die; *Subst.* (fixed spacing)
→ *siehe* dicktengleich (gleichbleibender Schaltschritt).

festes Leerzeichen, das; *Subst.* (fixed space)
Die festgelegte Breite des horizontalen Zwischenraums zur Trennung von Zeichen in einem Text – oft die Breite einer Ziffer in einer gegebenen Schrift. → *siehe auch* Halbgeviert, schmales Leerzeichen, Vollgeviert.

feste Wortlänge, die; *Subst.* (fixed-word-length computer)
Bezieht sich auf die einheitliche Größe von Dateneinheiten (oder Wörtern), die der Mikroprozessor verarbeitet und die im System auf den Hardwareleitungen, die den Hauptdatenbus bilden, transportiert werden – eine Beschreibung, die auf fast alle Computer zutrifft. Computer mit fester Wortlänge, zu denen auch die Personal Computer IBM und Macintosh gehören, arbeiten im Allgemeinen mit 2 oder 4 Byte gleichzeitig.

fest gekoppelt *Adj.* (tightly coupled)
Bezieht sich auf zwei Verarbeitungsvorgänge, deren erfolgreiche Beendigung und einzelne Leistungswerte wechselseitig stark voneinander abhängig sind.
Bezeichnet außerdem ein Verhältnis wechselseitiger Abhängigkeit zwischen Computern (z.B. bei der Parallelverarbeitung).

Festkörperbauelement, das; *Subst.* (solid-state device)
Ein elektrisches Bauelement, dessen Funktion auf den elektrischen oder magnetischen Eigenschaften eines Festkörpers (im Gegensatz zu einem Gas oder Vakuum) beruht. Beispiele für Festkörperbauelemente sind Transistoren, Dioden und integrierte Schaltkreise.

Festkommaarithmetik, die; *Subst.* (fixed-point arithmetic)
Arithmetische Operationen, die mit Festkommazahlen ausgeführt werden. → *siehe auch* Festkommanotation.

Festkommanotation, die; *Subst.* (fixed-point notation)
Ein numerisches Format, bei dem der Dezimalpunkt eine festgelegte Position einnimmt. Festkommazahlen bilden einen Kompromiss zwischen ganzen Zahlenformaten, die kompakt und effizient sind, und Gleitkommazahlenformaten, die einen großen Wertebereich umfassen. Wie Gleitkommazahlen können auch Festkommazahlen einen gebrochenen Anteil aufweisen, wobei aber Operationen mit Festkommazahlen in der Regel weniger Zeit benötigen als Operationen mit Gleitkommazahlen. → *siehe auch* Gleitkommanotation, Integer.

Festleitung, die; *Subst.* (tie line)
Eine Standleitung, die bei einem Netzbetreiber gemietet und oft für die Verbindung von zwei oder mehr Filialen einer Gesellschaft verwendet wird.

Festplatte, die; *Subst.* (fixed disk, hard disk, rigid disk)
Ein Gerät, das nichtflexible Platten enthält, die mit einem Material beschichtet sind, in dem Daten zusammen mit ihren Schreib-/Leseköpfen, dem Positionierungsmechanismus für die Köpfe und dem Spindelmotor in einem versiegelten Gehäuse, das vor äußeren Einflüssen schützt, magnetisch aufgezeichnet werden können. Durch die geschützte Umgebung kann der Kopf mit 25 bis 65 Millionstel Zentimeter Abstand über der Oberfläche einer Platte bewegt werden, die sich in der Regel mit 3.600 bis 7.200 U/min dreht. Im Serverbereich werden teilweise auch Festplatten mit Drehzahlen bis über 10.000 U/min eingesetzt, um schneller auf die Daten

F zugreifen zu können, als dies bei einer konventionellen Diskette der Fall ist. → *auch genannt* Festplattenlaufwerk.
→ *vgl.* Floppydisk, RAMAC.

Abbildung F.2: Festplatte: Um die inneren Teile sichtbar zu machen, wurde im Bild die Abdeckung entfernt

Festplatte, externe, die; *Subst.* (external hard disk)
→ *siehe* externe Festplatte.

Festplattenkarte, die; *Subst.* (hard card)
Eine Leiterplatte, die eine Festplatte und deren Controller enthält, die in einen Erweiterungssteckplatz eingesteckt werden kann, und den Erweiterungsbus für die Energieversorgung und für Daten und Steuersignale verwendet. Im Gegensatz hierzu kommuniziert eine Festplatte in einem Laufwerkschacht mit einer separaten Steuerkarte über ein Flachbandkabel und hat ein direktes Kabel zur Energieversorgung des Computers. → *siehe auch* Controller, Erweiterungssteckplatz, Flachbandkabel, Laufwerksschacht.

Festplattenlaufwerk, das; *Subst.* (hard disk drive)
→ *siehe* Festplatte.

Festplattentyp, der; *Subst.* (hard disk type)
Eine oder mehrere Zahlen, die einen Computer über die Charakteristika einer Festplatte informiert, z.B. Anzahl der Schreib-/Leseköpfe und Anzahl der Zylinder. In der Regel befindet sich auf dem Gehäuse der Festplatte ein Typenschild oder ein entsprechender Aufkleber mit den Kenndaten, die man dem Computer bei der Installation der Festplatte, oft mit dem CMOS-Setupprogramm des Computers, mitteilen muss. → *siehe auch* ROM-BIOS.

Festspeicher, der; *Subst.* (fixed storage)
Ein nichtwechselbares Speichermedium, z.B. eine große Platte, das dauerhaft gekapselt in seinem Laufwerk verbleibt.

Feststelltaste, die; *Subst.* (Caps Lock key)
Eine Taste, die in den Großbuchstabenmodus schaltet. Die meisten Tasten verhalten sich in diesem Modus so, als wäre gleichzeitig die Umschalttaste (Shift-Taste) gedrückt worden – beim Druck auf eine Buchstabentaste wird also ein Großbuchstabe eingefügt. Ob auch Satzzeichen- und Zifferntasten betroffen sind, hängt vom System ab. Durch einen weiteren Druck auf die Feststelltaste (bei einigen Systemen auch durch einen Druck auf die Umschalttaste) wird der Großbuchstabenmodus wieder ausgeschaltet. Auf englischsprachigen Tastaturen wird die Feststelltaste oft mit »Caps Lock« bezeichnet.

festverdrahtet *Adj.* (hardwired)
Nicht durch Programmierung bereitgestellt, sondern in ein System integriert, das Hardware (z.B. logische Schaltkreise) verwendet.
Auch eine Eigenschaft, die angibt, dass ein Computer physikalisch über ein Kabel mit einem Netzwerk verbunden ist. Das Netzwerkkabel ist dabei an der Netzwerkkarte des Computers angeschlossen.

FET
Abkürzung für **F**ield-**E**ffect **T**ransistor, zu Deutsch »Feldeffekttransistor«. Ein Transistortyp, bei dem der Stromfluss zwischen Source und Drain über das elektrische Querfeld zwischen Gateelektroden gesteuert wird. FETs lassen sich als Verstärker, Oszillatoren und Schalter einsetzen. Sie zeichnen sich durch eine sehr hohe Eingangsimpedanz (Widerstand) aus, die sie insbesondere für die Verstärkung sehr kleiner Signale prädestiniert. Zu den bekanntesten FET-Typen gehören der (abgebildete) SFET (Sperrschicht-FET, englisch: JFET = Junction FET) und der MOSFET (Metalloxid-Halbleiter bzw. Metaloxide Semiconductor FET). → *siehe auch* MOSFET. (Abbildung F.3)

Fettschrift, die; *Subst.* (boldface)
Ein Schriftstil, der den betreffenden Text dunkler und stärker erscheinen lässt. Einige Programme verfügen über einen speziellen »Fett«-Befehl, mit dem sich der markierte Text fett formatieren lässt. Bei bestimmten Systemen müssen dagegen spezielle Codes eingegeben werden, um Anfang und Ende der fettgedruckten Passage zu kennzeichnen. Beispiel für Fettschrift: **Dieser Satz ist fettgedruckt.**

FF
→ *siehe* Seitenvorschub.

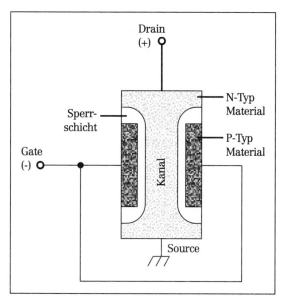

Abbildung F.3: FET: Ein N-Kanal Sperrschicht-Feldeffekttransistor

FFT
→ *siehe* Fast-Fourier-Transformation.

FFTDCA
→ *siehe* Finalform-Text-DCA.

FHSS *Subst.*
Die Abkürzung für **F**requency **H**opping **S**pread **S**pectrum beschreibt eine von zwei Möglichkeiten der Datenübertragung im Funk-LAN (die zweite Möglichkeit ist DSSS). Dabei wird die Sendefrequenz innerhalb des verfügbaren Frequenzbandes permanent gewechselt. Diese erhöhte Sicherheit wirkt sich allerdings negativ auf die Datenübertragungsrate aus. → *siehe auch* drahtloses LAN, DSSS.

Fiber Distributed Data Interface, das; *Subst.*
→ *siehe* FDDI.

Fibonacci-Zahlen, die; *Subst.* (Fibonacci numbers)
In der Mathematik eine unendliche Zahlenfolge, bei der sich die jeweilige Ganzzahl aus der Summe ihrer beiden Vorgänger ergibt – z.B. 1, 1, 2, 3, 5, 8, 13, 21, 34, ... Fibonacci-Zahlen, auch als Fibonacci-Folge bezeichnet, sind nach dem im dreizehnten Jahrhundert lebenden Mathematiker Leonardo Fibonacci von Pisa benannt. In der Rechentechnik setzt man Fibonacci-Zahlen ein, um die Geschwindigkeit einer binären Suche zu erhöhen. Dabei unterteilt man eine Datenmenge wiederholt in Gruppen, deren Größe jeweils einem Zahlen-

paar der Fibonacci-Zahlen entsprechen. Eine Datenmenge mit 34 Elementen lässt sich z.B. in eine Gruppe von 21 und eine andere von 13 aufteilen. Wenn sich das gesuchte Element in der Gruppe der 13 befinden müsste, verwirft man die Gruppe von 21und teilt die 13er-Gruppe in zwei Gruppen von 5 und 8 Elementen. Die Suche setzt sich daher durch fortlaufende Unterteilungen so lange fort, bis das gewünschte Element gefunden ist. In der Fibonacci-Folge konvergiert das Verhältnis zweier aufeinanderfolgender Zahlen gegen den Goldenen Schnitt, eine »magische Zahl«, die augenscheinlich die Größenverhältnisse eines idealen Rechtecks darstellt. Die Zahl beschreibt viele Dinge, von den Biegungen bei einer Muschel bis hin zu den Proportionen von Spielkarten oder dem Parthenon in Athen. → *siehe auch* binäre Suche.

Fiche, der oder das; *Subst.* (fiche)
→ *siehe* Microfiche.

Fidonet, das; *Subst.*
Ein Protokoll zum Senden von E-Mails, Newsgroupspostings und Dateien über Telefonleitungen. Fidonet hat seinen Ursprung im Fido BBS, das 1984 von Tom Jennings initiiert wurde. Die geringen Kosten waren ein wichtiger Faktor für die Weiterentwicklung. Fidonet kann E-Mails mit dem Internet austauschen.
Als »Fidonet« wird auch das Netzwerk aus BBS-Systemen (Mailboxen), privaten Unternehmen, NROs (Nichtregierungsorganisationen) und Privatpersonen bezeichnet, die das Fidonetprotokoll verwenden. Weitere Informationen zum Fidonet sind unter der Webadresse http://www.fidonet.org abrufbar.

.fidonet.org
Im Internet ein Kürzel für die übergreifende Länderdomäne, die eine Adresse im Fidonet angibt.

Field Programmable Gate Array, das; *Subst.*
→ *siehe* FPGA.

FIFO
→ *siehe* First In, First Out.

File Extent, der; *Subst.* (file extent)
→ *siehe* Extent.

Filespec, die; *Subst.* (filespec)
→ *siehe* Namensschema.

F

File Transfer Protocol, das; *Subst.*
→ *siehe* FTP.

Filmrekorder, der; *Subst.* (film recorder)
Ein Gerät, das die Bilder, die am Monitor angezeigt werden, auf 35-mm-Film aufzeichnet.

Filmstreifen, der; *Subst.* (film ribbon)
→ *siehe* Karbonband.

Film um 11 (film at 11)
Eine sarkastische Redewendung, die gelegentlich in Newsgroups verwendet wird. Hierbei handelt es sich um eine Anspielung auf eine kurze Nachrichtenübersicht im Fernsehen, die das Hauptthema der Spätnachrichten ankündigt. Diese Redewendung deklassiert den vorhergehenden Artikel als uninteressanten Beitrag. → *siehe auch* Netspeak, Newsgroup.

Filter, der; *Subst.* (filter)
Ein Programm oder Funktionen innerhalb eines Programms, die ihren Standardinput oder zugeteilten Input lesen, den Input wie angegeben umwandeln und anschließend den Output an das Standardziel bzw. an das festgelegte Ziel übertragen. Ein Datenbankfilter kann z.B. Informationen filtern, die ein bestimmtes Alter haben.
In der Kommunikationstechnik und der Elektronik realisiert man Filter sowohl per Hardware als auch per Software, um bestimmte Elemente eines Signals durchzulassen und andere zu eliminieren oder zu minimieren. In einem Kommunikationsnetzwerk muss ein Filter z.B. bestimmte Frequenzen durchlassen, aber darüber liegende Frequenzen (Tiefpassfilter), darunter liegende Frequenzen (Hochpassfilter) oder Frequenzen, die oberhalb oder unterhalb liegen (Bandpassfilter), sperren (dämpfen).
Ein Filter ist außerdem ein Muster oder eine Maske, durch die Daten geleitet werden, damit bestimmte Elemente »entfernt« werden können. Ein Filter, der bei E-Mails oder bei Abfragen zu Newsgroupsnachrichten angewendet wird, ist z.B. in der Lage, Nachrichten anderer Benutzer zu ermitteln. → *siehe auch* E-Mail-Filter, Maske.
Im Bereich von Grafikprogrammen stellt ein Filter eine Funktion dar, mit der an Bitmapgrafiken Spezialeffekte und Produktionseffekte durchgeführt werden können. Hierbei kann es sich u.a. um das Verschieben der Pixel eines Bildes, das Festlegen eines transparenten Hintergrunds für einzelne Bildelemente oder um das Verzerren von Bildern handeln. Einige Filter sind in einem Grafikprogramm – z.B. in einem Malprogramm oder in einem Bildeditor – bereits enthalten. Bei anderen Filtern handelt es sich um separate Softwarepakete, die in das Grafikprogramm integriert werden können. → *siehe auch* Bildbearbeitungsprogramm, Bitmapgrafik, Malprogramm.

Filterprogramm, das; *Subst.* (filtering program)
Ein Programm, das Informationen filtert und nur die Ergebnisse anzeigt, die den Kriterien entsprechen, die im Programm definiert sind.

Filterung, kollaborative, die; *Subst.* (collaborative filtering)
→ *siehe* kollaborative Filterung.

Finalform-Text-DCA, die; *Subst.* (Final-Form-Text DCA)
Abgekürzt FFTDCA. Ein Standard in der Document Content Architecture (DCA) für die Speicherung von Dokumenten in druckfähiger Form zum Austausch zwischen verschiedenartigen Programmen. Ein verwandter Standard ist Revisableform-Text-DCA (RFTDCA). → *siehe auch* DCA. → *vgl.* Revisableform-Text-DCA.

Finanzmanager, der; *Subst.* (personal finance manager)
Eine Softwareanwendung, die den Benutzer bei der Ausführung einfacher Vorgänge der Finanzbuchhaltung unterstützt (z.B. beim Saldieren und Bezahlen von Rechnungen).

finden *Vb.* (find)
→ *siehe* suchen.

Finder, der; *Subst.*
Die Standardoberfläche des Macintosh-Betriebssystems, die dem Benutzer das Einsehen von Verzeichnissen (Ordnern), das Verschieben, Kopieren und Löschen von Dateien sowie das Starten von Anwendungen ermöglicht. Elemente im System werden oft als Symbole (engl.: Icons) dargestellt und mittels einer Maus oder einem vergleichbaren Zeigegerät manipuliert. Der Finder war die erste kommerziell erfolgreiche, grafische Benutzeroberfläche und löste einen Anstieg des Bedarfs an symbolorientierten Systemen aus. → *siehe auch* MultiFinder.

Finger, der; *Subst.* (finger)
Ein Internetdienstprogramm, das ursprünglich nur für UNIX entwickelt wurde, mittlerweile jedoch auch auf zahlreichen anderen Plattformen verfügbar ist. Über dieses Programm können Benutzer Informationen zu anderen Benutzern auf-

rufen, die sich auf anderen Sites befinden (vorausgesetzt, Finger kann auf diese Sites zugreifen). Wenn eine bestimmte E-Mail-Adresse angegeben wird, gibt Finger den vollständigen Namen des Benutzers sowie die Information zurück, ob der Benutzer derzeit angemeldet ist. Außerdem werden weitere angefragte Informationen zum Profil angegeben. Wenn der Vor- oder Nachname angegeben wird, gibt Finger die Namen der Benutzer zurück, deren Vor- bzw. Nachnamen mit den Suchkriterien übereinstimmen.

finger *Vb.*
Informationen zu einem Benutzer über das Fingerprogramm aufrufen.

Fingerabdruckerkennung, die; *Subst.* (fingerprint recognition)
Ein Sicherungsverfahren für den Zugriff auf einen Computer, ein Netzwerk oder ein anderes Gerät bzw. einen Sicherheitsbereich durch Vergleich der abgetasteten Fingerabdruckmuster eines Benutzers mit gespeicherten Fingerabdruckmustern. → *siehe auch* Biometrik, Fingerabdruckleser.

Fingerabdruckleser, der; *Subst.* (fingerprint reader)
Ein Scanner, der menschliche Fingerabdrücke liest, um sie mit einer Datenbank bereits gespeicherter Bilder von Fingerabdrücken zu vergleichen.

FIPS
→ *siehe* Federal Information Processing Standards.

FIPS 140-1
Abkürzung für **F**ederal **I**nformation **P**rocessing **S**tandard 140-1. Ein Standard der US-Regierung, ausgegeben vom National Institute of Standards and Technology (NIST), mit der Bezeichnung Security Requirements for Cryptographic Modules. FIPS 140-1 definiert vier Ebenen für die Sicherheitsanforderungen kryptografischer Hardware- und Softwaremodule in Computer- und Telekommunikationssystemen, die für vertrauliche, aber nicht geheime Daten verwendet wird. Die vier Sicherheitsebenen reichen vom grundlegenden Modulentwurf bis zu zunehmend strikten physikalischen Sicherheitsebenen. Der Standard behandelt auch sicherheitsbezogene Funktionen wie den Schutz von Hardware und Software, kryptografische Algorithmen und die Verwaltung von kryptografischen Schlüsseln. FIPS 140-1-Produkte können für die behördliche Verwendung in den USA und Kanada zugelassen werden, nachdem sie unabhängigen Tests unter dem CMV-Programm (Cryptographic Module Validation) unterzogen wurden, das vom NIST und dem Canadian Communication Security Establishment gemeinsam entwickelt und eingeführt wird. Weitere Informationen zu diesem Standard erhalten Sie unter http://csrc.ncsl.nist.gov/cryptval/. → *siehe auch* Federal Information Processing Standards, Kryptografie.

Firewall, der; *Subst.* (firewall)
Ein Schutzsystem für das Netzwerk einer Organisation gegen externe Bedrohungen. Eine Bedrohung können beispielsweise Hacker darstellen, die über das Internet auf das Netzwerk zugreifen. Ein Firewall verhindert die direkte Kommunikation der Computer des Firmennetzes mit netzfremden externen Geräten (und umgekehrt). Es wird stattdessen die Kommunikation zu einem Proxyserver umgeleitet, der sich außerhalb des Firmennetzes befindet. Dieser Proxyserver entscheidet, ob bestimmte Nachrichten oder Dateien an das Firmennetz weitergeleitet werden. → *siehe auch* Proxyserver, stateful inspection.

Firewall-Sandwich, das; *Subst.* (firewall sandwich)
Die Verwendung von Lastenausgleichsanwendungen an beiden Seiten von Firewalls im Netzwerk, über die der eingehende und ausgehende Datenverkehr zwischen den Firewalls verteilt wird. Die Firewall-Sandwich-Architektur verhindert in der Regel, dass Firewalls die Netzwerkleistung beeinträchtigen und ein Einzelpunktversagen im Netzwerk verursachen. → *siehe auch* Firewall, Load-Balancing.

FireWire, das; *Subst.*
→ *siehe* IEEE 1394.

Firmware, die; *Subst.* (firmware)
Softwareroutinen, die im Read Only Memory (ROM) gespeichert sind. Im Gegensatz zum Random Access Memory (RAM) bleiben die Informationen im Read Only Memory auch nach Abschalten der Betriebsspannung erhalten. Startuproutinen und maschinennahe I/O-Befehle werden in der Firmware gespeichert, die hinsichtlich der Änderungsfreundlichkeit eine Zwischenstellung zwischen Software und Hardware einnimmt. → *siehe auch* RAM, ROM.

FIR-Port, der; *Subst.* (FIR port)
Abkürzung für **F**ast **I**nfra**R**ed port. Ein drahtloser I/O-Port, der sehr häufig für portable Computer verwendet wird, die Daten über ein externes Gerät mit Infrarotübertragung weiterleiten. → *siehe auch* infrarot, I/O-Port.

F FIRST

Abkürzung für **F**orum of **I**ncident **R**esponse and **S**ecurity **T**eams. Eine Organisation innerhalb der Internet Society (ISOC), die sich in Zusammenarbeit mit CERT für die gemeinsame Nutzung von Informationen und eine einheitliche Reaktion auf Sicherheitsbedrohungen einsetzt. → *siehe auch* CERT, ISOC.

First In, First Out, das; *Subst.* (first in, first out)

Abgekürzt FIFO. Organisationsprinzip einer Warteschlange, bei dem die Entnahme der Elemente in der gleichen Reihenfolge wie beim Einfügen abläuft – das zuerst hinzugefügte Element wird zuerst wieder entnommen. Eine derartige Anordnung ist typisch für eine Liste von Dokumenten, die auf ihren Ausdruck warten. → *siehe auch* Warteschlange. → *vgl.* Lastin, Firstout.

Fishbowl, die; *Subst.* (fishbowl)

Wörtlich »Fischglas«. Ein sicherer Bereich innerhalb eines Computersystems, in dem Eindringlinge isoliert und überwacht werden können. Eine Fishbowl wird in der Regel von einem Sicherheitsadministrator für die Identität wichtiger Anwendungen oder Informationen eingerichtet, damit der Systemadministrator weitere Informationen zu Hackern erhält, die in das Netzwerk eingedrungen sind. Der Hacker erhält hierbei keine weiteren Informationen. → *vgl.* Honeypot.

FIX

Abkürzung für **F**ederal **I**nternet E**X**change. Ein Verbindungspunkt zwischen den verschiedenen Netzwerken der Regierung der USA und dem Internet. Es gibt zwei Federal Internet Exchanges in den USA: FIX West in Kalifornien und FIX East in Maryland. Diese Punkte verbinden die Backbones des MIL-NET, des ESnet (das TCP/IP-Netzwerk des Departments of Energy) und des NSInet (NASA Sciences Internet) mit dem NSFnet. → *siehe auch* MILNET, NSFnet, TCP/IP.

Flachbandkabel, das; *Subst.* (ribbon cable)

Ein flaches Kabel mit bis zu 100 parallel geführten Adern für Daten und Steuersignale. Flachbandkabel werden z.B. innerhalb eines Computers für den Anschluss der Laufwerke verwendet. (Abbildung F.4)

Flachbettplotter, der; *Subst.* (flatbed plotter)

Ein Plotter, bei dem das Papier fest auf einer flachen Plattform aufliegt und das Bild durch die Bewegung des Stiftes entlang beider Achsen gezeichnet wird. Gegenüber Trommelplottern, die das Papier unter dem Stift hin- und herbe-

Abbildung F.4: Flachbandkabel

wegen, arbeiten Flachbettplotter etwas genauer, erfordern allerdings mehr Stellfläche. Flachbettplotter eignen sich außerdem für eine größere Vielfalt von Medien, z.B. Pergament oder Acetatfolie, da das Material nicht flexibel sein muss. → *siehe auch* Plotter. → *vgl.* Rollenplotter, Trommelplotter.

Flachbettscanner, der; *Subst.* (flatbed scanner)

Ein Scanner mit einer flachen, transparenten Oberfläche, die das zu scannende Bild aufnimmt, bei dem es sich in der Regel um ein Buch oder ein anderes Papierdokument handelt. Unterhalb der Oberfläche befindet sich ein Scannerkopf, der sich innerhalb des Bildbereichs bewegt. Einige Flachbettscanner können auch transparente Medien (z.B. Dias) verarbeiten. → *vgl.* Einzugsscanner, Handheldscanner, Trommelscanner. (Abbildung F.5)

Abbildung F.5: Flachbett-Scanner

Flachbildschirm, der; *Subst.* (flat panel monitor, flat screen)

Ein Bildschirm für einen Desktop-Computer, der die Daten statt mit einer Bildröhre mit einer Flüssigkristallanzeige (LCD) darstellt. Flachbildschirme benötigen viel weniger Standfläche als herkömmliche Bildschirme mit Kathodenstrahlröhre. → *siehe auch* Flachdisplay.

Flachdisplay, das; *Subst.* (flat-panel display)

Ein Videodisplay mit einer geringen physikalischen Tiefe, dessen Technologie nicht auf einer Kathodenstrahlröhre (CRT) basiert. Flachdisplays werden typischerweise in Laptopcomputern verwendet. Zu den gebräuchlichsten Typen gehören Elektrolumineszenz-, Plasma- und LCD-Displays.

Flächendiagramm, das; *Subst.* (area chart)
Ein Geschäftsgrafiktyp, der z.B. zur Darstellung quartalsweiser Verkaufszahlen eingesetzt wird und bei dem Schattierungen oder Farbmuster verwendet werden, um visuell den Unterschied zwischen der Verbindungslinie einer Menge von Datenpunkten und der Verbindungslinie einer separaten, aber verwandten Menge von Datenpunkten zu verdeutlichen. (Abbildung F.6)

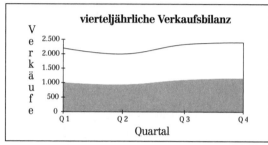

Abbildung F.6: Flächendiagramm

Flag, das; *Subst.* (flag)
Zu Deutsch »Fahne«. Im weitesten Sinne eine beliebige Markierung, die ein Computer bei der Verarbeitung oder der Interpretation von Informationen verwendet. Ein Signal, das die Existenz oder den Status einer bestimmten Bedingung anzeigt. Flags verwendet man in den Bereichen wie Kommunikation, Programmierung und Informationsverarbeitung. Ein Flag kann z.B. als Code in einen Datenstrom eingebettet sein, um einen Zustand zu kennzeichnen. Es kann sich aber auch um ein oder mehrere Bit handeln, die intern per Hardware oder Software gesetzt werden, um auf ein bestimmtes Ereignis, z.B. einen Fehler oder das Ergebnis eines Vergleiches zweier Werte, hinzuweisen.
Im Kommunikationsprotokoll HDLC stellt die eindeutige Bitfolge 01111110 ein Flag dar, das den Beginn und das Ende eines Übertragungsrahmens (Nachrichteneinheit) kennzeichnet. → *siehe auch* HDLC.

Flame, die; *Subst.* (flame)
Beleidigende und verletzende E-Mail-Nachrichten oder Newsgroupspostings. → *siehe auch* Netspeak.

Flamebait, der; *Subst.* (flame bait)
Zu Deutsch etwa »Köder für eine Flame«. Ein Posting an eine Verteilerliste, Newsgroup oder an eine andere Onlinekonferenz, die aufgrund eines kontroversen und emotionalen

Inhalts ein Kreuzfeuer der Kritik auslösen kann. → *siehe auch* flamen, Flamewar, Netspeak. → *vgl.* trollen.

Flamefest, das; *Subst.* (flamefest)
Eine Serie polemischer Nachrichten oder Artikel in einer Newsgroup oder in anderen Onlinekonferenzen. → *siehe auch* Netspeak.

flamen *Vb.* (flame)
Beleidigende und verletzende E-Mail-Nachrichten oder Newsgroupspostings senden.
Auch das Üben persönlicher Kritik über E-Mail-Nachrichten oder Newsgroupspostings. → *siehe auch* Netspeak.

Flamer, der; *Subst.* (flamer)
Eine Person, die beleidigende Nachrichten über E-Mail, in Newsgroups und anderen Onlineforen und in Online Chats veröffentlicht. → *siehe auch* chatten, Newsgroup.

Flamewar, der; *Subst.* (flame war)
Eine Diskussion in einer Verteilerliste, Newsgroup oder in einer anderen Onlinekonferenz, die äußerst polemische Züge annimmt. → *siehe auch* Flamebait, flamen.

Flash-ROM, das; *Subst.* (flash ROM)
→ *siehe* Flashspeicher.

Flashspeicher, der; *Subst.* (flash memory)
Ein nicht flüchtiger Speichertyp, der funktionell mit einem EEPROM-Speicher vergleichbar ist, aber blockweise gelöscht werden muss, während sich ein EEPROM byteweise löschen lässt. Durch die blockorientierte Arbeitsweise eignet sich Flashspeicher als Ergänzung oder als Ersatz für Festplatten in portablen Computern. In diesem Zusammenhang wird Flashspeicher entweder in das Gerät eingebaut oder – häufiger als PC-Card, die man in einen PCMCIA-Slot stecken kann. Der praktische Einsatz als Hauptspeicher (RAM) verbietet sich durch die blockorientierte Natur des Flashspeichers, da der Computer in der Lage sein muss, den Speicher in Einzelbyte-Inkrementen zu beschreiben. → *siehe auch* EEPROM, nicht flüchtiger Speicher, PC Card, PCMCIA-Steckplatz.

Flatpack, das; *Subst.* (flat pack)
Das Gehäuse eines integrierten Schaltkreises in der Form eines flachen rechteckigen Paketes, an dessen Kanten die Anschlüsse angeordnet sind. Das Flatpackgehäuse stellt einen Vorläufer der für die Oberflächenmontage vorgesehenen Gehäuseformen dar. → *siehe auch* Oberflächenmontage. → *vgl.* DIP.

F

Flatrate, die; *Subst.* (flat rate)

Zu Deutsch »Pauschaltarif«. Im Zusammenhang mit ISPs Bezeichnung für ein Abrechnungsmodell, bei dem alle Dienstleistungen im Zusammenhang mit der Internetverbindung des Kunden – in der Regel eines Privatkunden – pauschal abgerechnet werden. Diese Dienstleistungen den eigentlichen Internetzugang, das übertragene Datenvolumen und die Übertragungskosten der Telefongesellschaft. → *siehe auch* ISP.

Flattersatz, der; *Subst.* (rag)

Unregelmäßiger Verlauf der linken oder rechten Zeilenenden auf einer Druckseite. Flattersatz ist ein Gegensatz zum Blocksatz, bei dem die linken und rechten Zeilenenden einen geradlinigen Verlauf bilden. → *siehe auch* ausrichten, linksbündiger Flattersatz, rechtsbündiger Flattersatz. (Abbildung F.7)

Abbildung F.7: Flattersatz

Flattersatz, linksbündiger, der; *Subst.* (ragged left)

→ *siehe* linksbündiger Flattersatz.

Flattersatz, rechtsbündiger, der; *Subst.* (ragged right)

→ *siehe* rechtsbündiger Flattersatz.

flexible Diskette, die; *Subst.* (flexible disk)

→ *siehe* Floppydisk.

.fli

Eine Dateinamenerweiterung für Animationsdaten im Dateiformat FLI.

Flimmern, das; *Subst.* (flicker)

Die schnellen, wahrnehmbaren Helligkeitsschwankungen in einer Bildschirmanzeige, z.B. bei Fernsehgeräten oder Computermonitoren. Flimmern tritt auf, wenn das Bild für das Auge zu selten oder zu langsam aufgefrischt (aktualisiert) wird und damit keinen kontinuierlichen Helligkeitspegel zeigt. Beim Fernsehen und bei Rasterscandisplays nimmt

man das Flimmern nicht mehr wahr, wenn die Bildwiederholrate oberhalb von 50 bis 60 Hertz liegt. Bei Displays, die nach dem Zeilensprungverfahren (Interlaced) arbeiten, werden die ungeradzahligen Zeilen in einem Durchlauf und die geradzahligen Zeilen im anderen Durchlauf aktualisiert, und sie erreichen eine flimmerfreie effektive Bildwiederholrate von 50 bis 60-mal pro Sekunde, da die Zeilen scheinbar zusammengeführt werden, obwohl jede Zeile tatsächlich nur 25 bis 30-mal aufgefrischt wird.

Flipdiskette, die; *Subst.* (flippy-floppy)

Eine 5,25-Zoll-Diskette, die beide Seiten für die Speicherung nutzt, aber in einem älteren Laufwerk verwendet wird, das jeweils nur eine Seite lesen kann. Die Diskette muss daher physikalisch aus dem Laufwerk entfernt werden und »geflipt« (d.h. umgedreht und wieder eingeschoben) werden, um auf die gegenüberliegende Seite zuzugreifen. Eine doppelseitige Diskette lässt sich als Flipdiskette verwenden, wenn man eine zusätzliche Schreibschutzkerbe gegenüber der originalen Kerbe ausschneidet. Diese Praxis wird jedoch von den Disketten- und Laufwerksherstellern nicht empfohlen, da das Filzbett auf der gegenüberliegenden Seite des einfachen Schreib-/Lesekopfes auf der Diskettenoberfläche reibt und zu einer Beschädigung der Daten auf dieser Seite der Diskette führen kann. → *siehe auch* beidseitige Diskette.

Flipflop, der; *Subst.* (flip-flop)

Auch als bistabiler Multivibrator bezeichnet. Eine elektronische Schaltung, die zwischen zwei möglichen Zuständen umschaltet, wenn ein Impuls am Eingang eintrifft. Ist z.B. der Ausgang eines Flipflop High, kippt ein am Eingang empfangener Impuls den Ausgang auf Low. Ein zweiter Eingangsimpuls »flopt« den Ausgang wieder auf High, usw. → *auch genannt* bistabiler Multivibrator.

float, der; *Subst.*

Die Bezeichnung eines Datentyps, die in einigen Programmiersprachen, insbesondere C, zum Deklarieren von Variablen verwendet wird, die Gleitkommazahlen speichern können. → *siehe auch* Datentyp, Gleitkommazahl, Variable.

FLOP

→ *siehe* Gleitkommaoperation.

Floppydisk, die; *Subst.* (floppy disk)

Auch als *Diskette* bezeichnet. Eine runde Kunststoffscheibe mit einer Eisenoxidbeschichtung, die ein Magnetfeld speichern kann. Wenn die Floppydisk in ein Diskettenlaufwerk eingelegt wird, rotiert sie, so dass die verschiedenen Bereiche (oder Sektoren) der Diskoberfläche unter den Schreib-/Lesekopf gelangen, der die magnetische Orientierung der Partikel verändern und aufzeichnen kann. Die Orientierung in eine Richtung stellt eine binäre 1, die entgegengesetzte Orientierung eine binäre 0 dar. Eine Diskette mit einem Durchmesser von 5,25 Zoll ist von einer flexiblen Plastikhülle umgeben und hat in der Mitte eine große Öffnung, die um die Spindel im Diskettenlaufwerk passt. Je nach Kapazität kann eine derartige Diskette von wenigen hunderttausend bis zu über einer Million Datenbyte speichern. Eine 3,5-Zoll-Diskette, die in einem festen Plastikgehäuse verkapselt ist, bezeichnet man auch als Floppydisk oder Mikrofloppy-Disk. Darüber hinaus waren 8-Zoll-Floppy Disks in DEC und anderen Minicomputersystemen gebräuchlich. → *siehe auch* 3,5-Zoll-Diskette, 5,25-Zoll-Diskette, Mikrodiskette.

Floppy-Disk-Controller, der; *Subst.* (floppy disk controller) → *siehe* Diskcontroller.

Floppydisk-Laufwerk, das; *Subst.* (floppy disk drive) Ein elektromechanisches Gerät, das Daten von Disketten oder Mikrodisketten lesen und diese Datenträger auch beschreiben kann. → *siehe auch* Floppydisk.

FLOPS
Abkürzung für **FL**oating Point **O**perations **P**er **S**econd, zu Deutsch »Gleitkommaoperationen pro Sekunde«. Ein Maß für die Rechengeschwindigkeit, mit der ein Computer Gleitkommaoperationen ausführen kann. → *siehe auch* Gleitkommaoperation, MFLOPS. → *vgl.* MIPS.

floptical *Adj.*
Die Verwendung einer Kombination von magnetischen und optischen Verfahren, um eine sehr hohe Aufzeichnungsdichte auf speziellen 3,5-Zoll-Disketten zu erreichen. Das Lesen und Beschreiben der Diskette erfolgt magnetisch, während die Positionierung des Schreib-/Lesekopfes auf optischem Weg mit Hilfe eines Lasers und Rillen auf der Diskette realisiert wird. Der Begriff Floptical wurde von Insite Peripherals geprägt und ist eine eingetragene Marke.

flüchtig *Adj.* (transient)
Allgemein nichtbeständig, temporär oder unvorhersagbar. In Verbindung mit dem Arbeitsspeicher ein Speicherbereich, in den Programme (beispielsweise Anwendungen) von einem Datenträger eingelesen werden, und in dem sie vorübergehend verbleiben, bis sie durch andere Programme ersetzt werden. In diesem Zusammenhang bezeichnet man diese Programme als »transient«.

In der Elektronik charakterisiert »flüchtig« eine kurzlebige, abnormale und unvorhersehbare Grenzwertüberschreitung in der Stromversorgung, z.B. durch Überspannungen oder Stromspitzen. Das sog. »Transientenintervall« bezeichnet den Zeitraum, in dem sich eine Strom- oder Spannungsänderung aufbaut oder abklingt.

flüchtiger Speicher, der; *Subst.* (volatile memory)
Ein Speichertyp, z.B. RAM, bei dem die Daten mit dem Abschalten der Betriebsspannung verloren gehen. → *vgl.* nicht flüchtiger Speicher.

Der Begriff kann sich auch auf einen von einem Programm genutzten Speicherbereich beziehen, der sich, unabhängig vom Programm, ändern kann, z.B. bei gemeinsamer Nutzung dieses Speichers mit einem anderen Programm oder einer Interruptserviceroutine.

Flüssigkristalldisplay, das; *Subst.* (liquid crystal display)
Abgekürzt LCD-Display. Ein Displaytyp auf der Basis von Flüssigkristallen, die eine polare Molekülstruktur aufweisen und als dünne Schicht zwischen zwei transparenten Elektroden eingeschlossen sind. Legt man an die Elektroden ein elektrisches Feld an, richten sich die Moleküle mit dem Feld aus und bilden kristalline Anordnungen, die das hindurchtretende Licht polarisieren. Ein Polarisationsfilter, der lamellenartig über den Elektroden angeordnet ist, blockt das polarisierte Licht ab. Auf diese Weise kann eine Zelle (Pixel), die Flüssigkristalle enthält, über ein Elektrodengitter selektiv »einschalten« und damit an diesem Punkt eine Schwarzfärbung erzeugen. In einigen LCD-Displays befindet sich hinter dem LCD-Schirm eine Elektrolumineszenzplatte zu seiner Beleuchtung. Andere Typen von LCD-Displays können auch Farbe wiedergeben.

Flüssigkristall-Display, reflektierendes, das; *Subst.* (reflective liquid-crystal display)
→ *siehe* reflektierendes Flüssigkristalldisplay.

Flugsimulator, der; *Subst.* (flight simulator)
Vom Computer erzeugte Nachbildung von Flugsituationen. Intelligente Flugsimulatoren (mit fünf- oder sechsstelligen Anschaffungskosten) können beim Pilotentraining eingesetzt werden, wobei sich ohne Risiko für die Crew oder das Flugzeug Notsituationen simulieren lassen. Demgegenüber ist die Nachbildung eines Fluges bei den Flugsimulatorpro-

F

F grammen für Personal Computer nicht ganz so realistisch. Diese Programme dienen der Unterhaltung, und man kann sich etwas Praxis in der Navigation und beim Ablesen der Instrumente aneignen.

Fluktuationsrate, die; *Subst.* (activity ratio)
Die Anzahl der in Gebrauch befindlichen Datensätze im Verhältnis zur Gesamtzahl der Datensätze einer Datenbankdatei. → *siehe auch* aufzeichnen, Datenbank.

Fluss, der; *Subst.* (flux)
Die Gesamtstärke eines magnetischen oder elektrischen Feldes bzw. eines Strahlungsfeldes auf einen Bereich.

Flussanalyse, die; *Subst.* (flow analysis)
Ein Verfahren, mit dem sich die Bewegung verschiedener Informationsarten durch ein Computersystem verfolgen lässt. Flussanalyse ist besonders im Hinblick auf die Sicherheit und die zur Gewährleistung der Integrität von Informationen angewandten Kontrollmechanismen von Bedeutung. → *siehe auch* Flussdiagramm.

Flussaufzeichnung, die; *Subst.* (control flow)
Das Dokumentieren aller möglichen Ausführungspfade eines Programms. Diese Pfade werden häufig in Form eines Diagramms dargestellt. (Abbildung F.8)

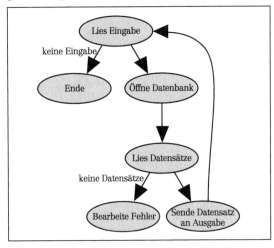

Abbildung F.8: Flussaufzeichnung

Flussdiagramm, das; *Subst.* (flowchart)
Ein grafischer Wegweiser des Datenflusses über die einzelnen Operationen eines Programms. In einem Flussdiagramm werden Symbole, z.B. Quadrate, Rhomben und Ovale verwendet, um die verschiedenen Operationen darzustellen.

Diese Symbole werden durch Linien und Pfeile verbunden, um den Fluss der Daten bzw. die Steuerung von einem Punkt zu einem anderen zu kennzeichnen. Flussdiagramme werden sowohl für die Darstellung der Betriebsabläufe eines zu entwickelnden Programms als auch für die Erläuterung eines existierenden Programms eingesetzt. (Abbildung F.9)

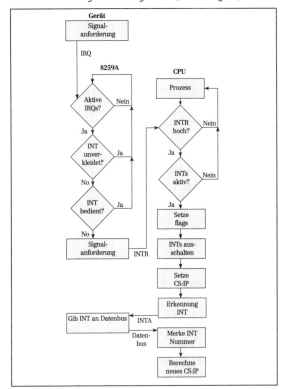

Abbildung F.9: Flussdiagramm

Flusskontrolle, die; *Subst.* (flow control)
Beschreibt im Kommunikationsbereich ein Programm zur Anpassung der Übertragungsrate an die Aufnahmefähigkeit des Empfängers. Sobald die Anzahl der vom Sender übergebenen Datenpakete die Aufnahmekapazität des Empfängers überschreitet, wird dieser überlastet. Die Flusskontrolle ist dabei eine Funktion der Vermittlungsschicht, mit der die in Kontakt stehenden Stationen die Kontrollparameter vereinbaren.
Im Bereich der Programmierung bezeichnet die Flusskontrolle eine Routine, die die Reihenfolge überwacht, in der einzelne Operationen ausgeführt werden.

Flussmittel, das; *Subst.* (flux)
Eine Chemikalie zum Binden des Lötmittels an elektrische Leiter.

Flussumkehr, die; *Subst.* (flux reversal)
Der Wechsel in der Ausrichtung der winzigen Magnetpartikel auf der Oberfläche einer Diskette oder eines Magnetbandes gegen einen von zwei magnetischen Polen. Die beiden unterschiedlichen Ausrichtungen werden bei der Datenspeicherung zur Darstellung binärer Einsen und Nullen verwendet: Normalerweise ordnet man einem Flusswechsel eine binäre 1 zu, während kein Flusswechsel einer binären 0 entspricht.

FM
→ *siehe* Frequenzmodulation.

FM-Codierung, die; *Subst.* (FM encoding)
→ *siehe* Frequenzmodulationscodierung.

FOCUS
→ *siehe* Federation on Computing in the United States.

FOD
→ *siehe* Empfangsabruf.

föderierte Datenbank, die; *Subst.* (federated database)
Eine Datenbank, in die Wissenschaftler Ergebnisse und Erfahrungen zu einem bestimmten Feld oder Problem eingeben. Eine föderierte Datenbank ist für die wissenschaftliche Zusammenarbeit von Problemen konzipiert, die von Einzelpersonen nicht gelöst werden können. → *siehe auch* Datenbank.

fokussieren *Vb.* (focus)
Bei Fernsehgeräten und Rasterscandisplays die Scharfeinstellung des Elektronenstrahls, damit dieser auf einen einzelnen Punkt auf der Innenseite des Bildschirms auftrifft.

Folge, die; *Subst.* (sequence, train)
Eine Sequenz von Elementen oder Ereignissen, z.B. eine digitale Impulsfolge, die aus übertragenen binären Signalen besteht.
Außerdem eine regelmäßige Anordnung, z.B. in einer Folge von Zahlen, etwa der Fibonacci-Folge. → *siehe auch* Fibonacci-Zahlen.

folgen *Vb.* (track)
Allgemein einem Pfad folgen.
In der Datenverwaltung dem Informationsfluss mittels eines manuell oder automatisch bedienten Systems folgen.
Im Bereich der Datenspeicherung und des Datenabrufs das Verfolgen und Lesen eines Aufnahmekanals auf einer Diskette oder einem Magnetband.

Im Bereich der Computergrafik bewirken, dass sich ein Bildschirmsymbol (z.B. ein Mauszeiger) den Bewegungen einer Maus oder eines anderen Zeigegeräts entsprechend bewegt.

folgern *Vb.* (infer)
Die Formulierung einer Schlussfolgerung auf der Basis spezifischer Informationen – beispielsweise die Folgerung, dass Kanarienvögel ein Federkleid haben müssen, weil sie Vögel sind und Vögel Federn haben. Kennzeichnend für diesen Prozess ist die Anwendung formeller Regeln der Logik oder die Verallgemeinerung einer Menge von Beobachtungen.

Folientastatur, die; *Subst.* (membrane keyboard)
Eine Tastatur, bei der die eigentliche »Tastenmechanik« aus einer durchgehenden Plastik- oder Gummimatte (Membran) besteht und fast keinen Hub (Tastenbewegung) erfordert. Anstelle normaler, voll bewegungsfähiger Tasten verwenden flexible Tastaturen druckempfindliche Bereiche, die manchmal durch kleine Beulen unter der Membran definiert sind.

Follow-Up, das; *Subst.* (follow-up)
Ein Posting an eine Newsgroup, die einen Artikel beantwortet. Das Follow-Up hat den gleichen Betreff wie der ursprüngliche Artikel. Ein Artikel mit sämtlichen Follow-Ups in der Reihenfolge des Erstelldatums ergibt einen Thread, den ein Benutzer über einen Newsreader lesen kann.

Font/DA Mover, der; *Subst.*
Eine Anwendung für ältere Apple Macintosh-Systeme, die es dem Benutzer ermöglichen, Bildschirmschriften und Schreibtischzubehör zu installieren.

Fonteditor, der; *Subst.* (font editor)
Ein Dienstprogramm zur Modifizierung vorhandener Schriften (Fonts) oder zur Erstellung und Speicherung neuer Schriften. Eine derartige Anwendung arbeitet im Allgemeinen sowohl mit einer Bildschirmdarstellung der Schrift als auch mit einer auf einen PostScript oder anderen Druckern ladbaren Darstellung bzw. mit beiden. → *siehe auch* Bildschirmschrift, PostScript-Schrift.

Font-Karte, die; *Subst.* (font card)
→ *siehe* ROM-Karte, Schriftkassette.

Fontkoffer, der; *Subst.* (font suitcase)
Eine Datei bei Macintosh-Computern, die mehrere Schriftarten oder Desk Accessories enthält. Diese Dateien sind in frühen Versionen des Betriebssystems durch einen Koffer mit

F dem Buchstaben *A* gekennzeichnet worden. Ab System 7.0 bezeichnet dieses Symbol einzelne Schriftarten.

Fontseite, die; *Subst.* (font page)
Ein Teil eines Videospeichers, der für die Aufnahme von Zeichendefinitionstabellen des Programmierers reserviert ist. Fontseiten werden verwendet, um Text bei IBM Multi-Color Graphics Array Videosystemen anzuzeigen.

foo
Eine Zeichenfolge, die von Programmierern an Stelle von genaueren Informationen verwendet wird. Es können auch Variablen oder Funktionen in Codebeispielen, die Syntax anzeigen sollen, sowie temporäre Scratchdateien mit *foo* bezeichnet werden. Programmierer können z. B. *foo* eingeben, um eine Eingabeverarbeitung für Zeichenfolgen zu prüfen. Wenn eine weitere Platzhalter-Zeichenfolge erforderlich ist, heißt diese bei amerikanischen Programmierern oft *bar*, was sich auf eine Redewendung von amerikanischen Soldaten bezieht: FUBAR. Dies ist eine Abkürzung für »Fouled Up Beyond All Recognition/Repair« (entspricht im Deutschen ungefähr der Redewendung »Vergiss es!«). Es existieren jedoch noch andere etymologische Erklärungen, die in RFC 3092 gegeben werden. → *vgl.* fred.

FOP
Hilfsmittel zur XSL-gesteuerten Formatierung von Objekten, das ein Teilbereich des siebenteiligen, nichtkommerziellen Apache XML-Projekts ist. → *siehe auch* Apache XML Projekt.

Force Feedback *Subst.* (force feedback)
Eine Technologie, die physischen Druck oder Widerstand bei einem Eingabe-/Ausgabegerät erzeugt. Force Feedback befähigt ein Eingabe-/Ausgabegerät, wie etwa einen Joystick oder ein Lenkrad, auf Benutzereingriffe in geeigneter Weise auf das auf dem Bildschirm dargestellte Ereignis physisch zu reagieren. Zum Beispiel kann Force Feedback bei Computerspielen genutzt werden, um ein Flugzeug, das eine starke Steigung zu nehmen hat oder ein Auto, das eine enge Kurve fährt, zu simulieren. → *siehe auch* Eingabe-/Ausgabegerät.

fork-Bombe, die; *Subst.* (fork bomb)
Hierbei handelt es sich bei UNIX-Systemen um ein Programm- oder Shellskript, das das System unbenutzbar macht, indem so lange rekursiv Kopien des eigenen Prozesses über den UNIX-Systemaufruf »fork(2)« erstellt werden, bis alle Einträge der Prozesstabelle belegt sind. → *vgl.* logische Bombe (Def. 2).

Form, die; *Subst.* (form)
Ein Begriff aus dem Bereich der optischen Medien. Ein Datenspeicherformat der CD-Technologie.
In der Programmierung eine Metasprache (z.B. Backus-Naur-Form), die für die Syntaxbeschreibung einer Sprache eingesetzt wird. → *siehe auch* Backus-Naur-Form.

formale Logik, die; *Subst.* (formal logic)
Eine Untersuchung der logischen Ausdrücke, der Verkettung und der Gesamtkonstruktion eines gültigen Arguments, ohne Beachtung der Wahrheit des Arguments. Die formale Logik wird z.B. bei der Überprüfung der Fehlerfreiheit von Programmen eingesetzt.

formalisierte Sprache, die; *Subst.* (formal language)
Eine Kombination aus Syntax und Semantik, die eine Computersprache vollständig definiert. → *siehe auch* Backus-Naur-Form, Semantik, Syntax.

Format, das; *Subst.* (format)
Allgemein die Struktur oder Darstellung einer Dateneinheit.
In Verbindung mit Dokumenten die Anordnung der Daten in der Dokumentdatei, mit der typischerweise das Lesen oder Schreiben durch bestimmte Anwendungen ermöglicht wird.
Eine Datei kann in vielen Anwendungen in einem verallgemeinerten - generischen - Format, z.B. reiner ASCII-Text, gespeichert werden.
Bei einem Datenträger stellt das Format die Anordnung von Bereichen zur Datenspeicherung (Spuren und Sektoren) dar.
In einer Datenbank bestimmt das Format die Reihenfolge und die Typen der Felder.
In Verbindung mit einer Tabellenkalkulation bestimmt das Format die Attribute einer Zelle, z.B. alphabetisch oder numerisch, die Anzahl der Ziffern, die Verwendung von Kommata und die Verwendung von Währungszeichen.
Ferner bezeichnet »Format« die Spezifikationen für die Anordnung von Text auf einer Seite oder in einem Absatz.

formatfreie Sprache, die; *Subst.* (free-form language)
Eine Sprache, deren Syntax nicht durch die Position von Zeichen in einer Zeile gebunden ist. Hierzu gehören z.B. C und Pascal, FORTRAN jedoch nicht.

formatieren *Vb.* (format)
Das Ändern des Erscheinungsbilds des markierten Textes oder des Inhalts einer ausgewählten Zelle in einer Tabellenkalkulation. In Verbindung mit Speichermedien bewirkt das Formatieren das Vorbereiten eines Datenträgers für das Ver-

walten der Speicherkapazität in einer Auflistung von »Datenabteilungen«. Jede Abteilung kann vom Betriebssystem so geortet werden, dass die Daten sortiert und abgerufen werden können. Wenn ein bereits verwendeter Datenträger erneut formatiert wird, gehen die vorher vorhandenen Informationen verloren.

Formatierung, die; *Subst.* (formatting)

Bezeichnet bei Dokumenten die Elemente des Stils und der Darstellung, die durch die Verwendung von Rändern, Einzügen sowie unterschiedlichen Schriftgrößen, Schriftstärken und Schriftstilarten hinzugefügt werden.

In Bezug auf Disketten bezeichnet Formatierung den Prozess der Initialisierung einer Diskette, damit das Speichern von Informationen auf der Diskette möglich ist. → *siehe auch* initialisieren.

Formatpalette, die; *Subst.* (format bar)

Eine Symbolleiste innerhalb einer Anwendung, die verwendet wird, um das Dokumentformat des angezeigten Dokuments zu ändern (z.B. das Ändern des Schriftgrads oder des Schriftschnitts).

Formatvorlage, die; *Subst.* (style sheet)

Eine Datei mit Anweisungen zur Anwendung der Zeichen-, Absatz- und Seitenformatierungen bei Programmen für Textverarbeitung und DTP.

Formbrief, der; *Subst.* (form letter)

Ein Dokument, das für den Druck und die Verteilung an eine Gruppe von Empfängern vorgesehen ist. In dieses Basisdokument fügt ein Serienbriefprogramm die aus einer Datenbank übernommenen Namen und Adressen ein. → *siehe auch* Serienbrieffunktion.

Formel, die; *Subst.* (formula)

Eine mathematische Anweisung für die Beschreibung von Aktionen, die mit numerischen Werten auszuführen sind. Eine Formel stellt eine Berechnung in abstrakter Form ohne Berücksichtigung der tatsächlich einzusetzenden Werte dar. In einer Formel, z.B. $A + B$ stehen A und B stellvertretend für konkrete Werte, die der Benutzer je nach Problemstellung einsetzen kann. Eine Formel ist somit nicht mit einer arithmetischen Aufgabe, wie $1 + 2$ gleichzusetzen, die festgelegte Werte enthält und die bei Änderung von beliebigen Werten neu formuliert werden muss. In Anwendungen wie Tabellenkalkulationen lassen sich mit Hilfe von Formeln sog. »Was-wäre-wenn«-Szenarios durchrechnen, indem man ausge-

wählte Werte verändert und das Programm zum Neuberechnen der Ergebnisse veranlasst. Umfangreichere Programme enthalten eine Vielzahl integrierter Formeln für die Ausführung von Standardberechnungen im geschäftlichen und mathematischen Bereich.

Formfaktor, der; *Subst.* (form factor)

Die Größe, Form oder Konfiguration von Computerhardware-Komponenten. Der Begriff wird meist auf Subkomponenten wie Festplattenlaufwerke, Leiterplatten und kleine Geräte, wie Subnotebooks angewendet. Im allgemeineren Sinn bezeichnet der Formfaktor die Anordnung und Konfiguration externer Schalter, Stecker und anderer Komponenten des Geräts oder die Gesamtabmessungen eines Computers.

Ein Begriff aus der Computergrafik, der sich auf das Darstellungsverfahren Radiosity bezieht, bei dem ein Bild zur Berechnung der Lichtverteilung in kleine Bildstrukturen unterteilt wird. Der Formfaktor ist ein berechneter Wert und ein Maß für die Energie, die von einer Oberfläche abgestrahlt und von einer anderen absorbiert wird. Hierbei werden neben anderen Faktoren z.B. die Entfernung zwischen den Oberflächen, deren gegenseitige Ausrichtung und eventuelle dazwischenliegende störende Objekte berücksichtigt.

Bei der Beschreibung von Software die Größe des benötigten Speichers, die Programmgröße usw.

Formsatz *Vb.* (run around)

Ein Seitenlayout, bei dem der Text so positioniert wird, dass er um Abbildungen oder andere Konturen herumfließt.

Formular, das; *Subst.* (form)

Ein strukturiertes Dokument, das reservierte Leerfelder – oft mit einer speziellen Codierung versehen – für die Eingabe von Informationen aufweist.

In einigen Anwendungen (insbesondere bei Datenbanken) versteht man unter einem Formular ein strukturiertes Fenster, Feld oder ein anderes eigenständiges Präsentationselement mit vordefinierten Bereichen für die Eingabe oder das Ändern von Informationen. Ein Formular ist ein sichtbarer »Filter« für die zugrundeliegenden Daten, die das Formular anzeigt. Ein Formular hat den allgemeinen Vorteil, dass Daten besser verwaltet und benutzerfreundlicher angezeigt werden können.

Formular, elektronisches, das; *Subst.* (electronic form)

→ *siehe* E-Form.

F

FOR-Schleife, die; *Subst.* (FOR loop)
Eine Steueranweisung, mit der sich ein Codeabschnitt entsprechend einer spezifizierten Anzahl wiederholt ausführen lässt. Syntax und Verwendung einer FOR-Schleife variieren von Sprache zu Sprache. In den meisten Fällen durchläuft der Wert einer Indexvariablen einen bestimmten Wertebereich, wobei ihm mit jedem Durchlauf des Programms durch den Codeabschnitt ein anderer (meist fortlaufender) Wert zugewiesen wird. → *siehe auch* iterative Anweisung, Schleife durchlaufen. → *vgl.* DO-Schleife.

Fortezza
Geschützter Name der NSA (United States National Security Agency) für eine kryptografische Technologie, die zur sicheren Übertragung geheimer Informationen entwickelt wurde. Fortezza basiert auf Verschlüsselung, Echtheitsbestätigung und anderen Technologien, die in eine persönliche Karte integriert werden. Diese Fortezza Crypto Card kann in den PCMCIA-Steckplatz eines Computers eingeschoben werden. Sie wird durch kompatible Hardware und Software unterstützt, um Anwendungen wie E-Mail, Webbrowser, E-Commerce und Dateiverschlüsselung zu sichern. Ältere Systeme, die keine Kartenschnittstelle aufweisen, können mit einem entsprechenden RS-232-Sicherheitsstecker versehen werden. Die Technologie wird von mehreren kommerziellen Herstellern unterstützt.

fortgesetzter Fehler, der; *Subst.* (propagated error)
Ein Fehler, der als Eingabewert für eine andere Operation verwendet wird und demzufolge einen weiteren Fehler erzeugt.

Forth, die; *Subst.*
Eine von Charles Moore in den späten sechziger Jahren entwickelte Programmiersprache. Der Name »Forth« leitet sich vom englischen Wort »fourth« (vierte) ab, da Moore der Ansicht war, dass es sich um eine Sprache der vierten Generation handelt und dass ihm sein Betriebssystem die Verwendung von nur fünf Buchstaben für einen Programmnamen zulässt. Forth ist eine interpretierte, strukturierte Sprache, die es dem Programmierer durch die Technik des Threadings ermöglicht, die Sprache selbst zu erweitern und an unterschiedliche Funktionsbereiche bei gleichzeitig minimalem Platzbedarf anzupassen. Im Gegensatz zu den meisten anderen Programmiersprachen verwendet Forth für mathematische Ausdrücke die Postfixnotation und verlangt vom Programmierer, direkt mit dem Programmstack zu arbeiten.
→ *siehe auch* 4GL, Interpretersprache, Postfixnotation, Stack, Threading.

fortlaufende Datenstruktur, die; *Subst.* (contiguous data structure)
Eine Datenstruktur, z.B. ein Array, die in aufeinander folgenden Speicherstellen abgelegt wurde. → *siehe auch* Datenstruktur. → *vgl.* unterbrochene Datenstruktur.

FORTRAN
Abkürzung für **FOR**mula **TRAN**slation, zu Deutsch »Formelübersetzung«. Die erste Hochsprache für Computer (entwickelt 1954–58 von John Backus) und der Vorläufer vieler Schlüsselkonzepte, z.B. Variablen, Ausdrücke, Anweisungen, iterative und bedingte Anweisungen, separat kompilierte Unterprogramme und formatierte Eingabe/Ausgabe. FORTRAN ist eine kompilierte, strukturierte Sprache. Der Name weist auf die Wurzeln im wissenschaftlichen und technischen Bereich hin. In diesen Gebieten wird FORTRAN immer noch in starkem Maße eingesetzt, obwohl die Sprache selbst in den letzten 35 Jahren gewaltig erweitert und verbessert wurde, so dass sie heute als eine universelle Sprache angesehen werden kann. → *siehe auch* Compilersprache, strukturierte Programmierung. → *vgl.* C, C++, COBOL, objektorientierte Programmierung.

Fortune-Cookie, das; *Subst.* (fortune cookie)
Ein Sprichwort, eine Voraussage, ein Witz oder eine andere Aussage, die willkürlich aus einer Auflistung derartiger Elemente am Bildschirm von einem Programm angezeigt werden. Fortune Cookies werden gelegentlich beim An- und Abmelden von UNIX-Systemen angezeigt.

Forum, das; *Subst.* (forum)
Ein Medium, das von einem Onlineservice oder einem BBS für Benutzer zur Verfügung gestellt wird, damit geschriebene Diskussionen zu einem bestimmten Thema über Nachrichten erstellt werden können. Bei dem am weitesten verbreiteten Forum im Internet handelt es sich um die Newsgroups in Usenet.

Forum of Incident Response and Security Teams, das; *Subst.*
→ *siehe* FIRST.

FOSDIC
Abkürzung für **F**ilm **O**ptical **S**ensing **D**evice for **I**nput to **C**omputers. Ein von der US-Regierung verwendetes Gerät, das Dokumente von Mikrofilm liest und sie digital auf Magnetband oder Diskette speichert, damit der Computer auf sie zugreifen kann.

fotoelektrisches Gerät, das; *Subst.* (photoelectric device)
Ein Gerät, das ein elektrisches Signal mit Hilfe von Licht erzeugt oder moduliert. Fotoelektrische Geräte arbeiten auf Halbleiterbasis und lassen sich in zwei Kategorien unterteilen: 1. (Fotozelle) Das auf den Halbleiter einfallende Licht erzeugt einen elektrischen Strom. 2. (Fotosensor) Das Licht verändert den Widerstand des Halbleitermaterials und moduliert dadurch die am Bauelement anliegende Spannung.

Fotografie, digitale, die; *Subst.* (digital photography)
→ *siehe* digitale Fotografie.

Fotolithografie, die; *Subst.* (photolithography)
Bei der Herstellung integrierter Schaltkreise eingesetzte Technologie. Den Ausgangspunkt bildet das gezeichnete Schaltkreismuster, das fotografisch zu einem Negativ, der sog. *Fotomaske*, mit den erforderlichen Abmessungen verkleinert wird. Über diese Fotomaske erfolgt die Belichtung eines Halbleiterwafer, der mit einem fotoresistiven Material (Fotolack) beschichtet ist. Das durch die Maske hindurchtretende Licht verändert die Struktur des Materials. Im nächsten Schritt wird der unbelichtete Fotolack abgewaschen. Schließlich setzt man das Halbleitermaterial einer Ätzlösung aus, die an den nicht durch Fotolack geschützten Stellen der Oberfläche einwirken kann, um das gewünschte Schaltkreismuster auf dem Wafer zu erzeugen. → *siehe auch* Fotomaske, fotoresistives Material.

Fotomaske, die; *Subst.* (photomask)
Ein fotografisches Negativbild eines Schaltkreismusters, das bei der Herstellung von integrierten Schaltkreisen verwendet wird. → *siehe auch* Fotolithografie.

Fotorealismus, der; *Subst.* (photorealism)
Das Erzeugen von Bildern, die sich in Bezug auf ihre Qualität so eng wie möglich an fotografische oder »lebensnahe« Darstellungen annähern. In der Computergrafik erfordert Fotorealismus leistungsstarke Computer mit hochkomplizierter Software und ist stark mathematisch geprägt. → *siehe auch* Raytracing.

fotoresistives Material, das; *Subst.* (photoresist)
Ein fotoempfindlicher Lack, der bei der fotolithografischen Herstellung von integrierten Schaltkreisen und gedruckten Leiterplatten zum Einsatz kommt. Die zu bearbeitende Oberfläche wird mit fotoresistivem Material beschichtet und über eine Fotomaske mit ultraviolettem Licht bestrahlt. Dabei polymerisiert (härtet) das belichtete fotoresistive Material. Die unbelichteten Bereiche lassen sich abwaschen, und es bleibt das gewünschte Muster auf dem Substrat. Ein nachfolgender Ätzprozess entfernt die Bereiche, die nicht durch das polymerisierte, fotoresistive Material geschützt sind.

Fotosatz, der; *Subst.* (photocomposition)
In der traditionellen Satztechnik die Verwendung von fotografischen und elektronischen Einrichtungen für die Herstellung des Layouts und das Produzieren einer gedruckten Seite. Im Desktop Publishing die Verwendung von Fotosatzdruckern für den gleichen Zweck. → *siehe auch* Fotosatzdrucker. → *vgl.* Belichter.

Fotosatzdrucker, der; *Subst.* (phototypesetter)
Einem Fotosatzdrucker ähnlicher Drucker, der jedoch Auflösungen von über 2.000 Punkt pro Zoll erreicht. Fotosatzdrucker führen das Licht direkt auf fotografischen Film oder fotoempfindliches Papier. → *siehe auch* Fotosatz. → *vgl.* Belichter.

Fotosensor, der; *Subst.* (photosensor)
→ *siehe* fotoelektrisches Gerät.

Fotozelle, die; *Subst.* (photo cell)
→ *siehe* fotoelektrisches Gerät.

Fourier-Transformation, die; *Subst.* (Fourier transform)
Eine vom französischen Mathematiker Jean-Baptiste Joseph Fourier (1768–1830) entwickelte mathematische Methode für Signalverarbeitungs- und Signalerzeugungsaufgaben, z.B. Spektralanalyse und Bildverarbeitung. Die Fourier-Transformation wandelt ein Signal, bei dem es sich um eine Funktion der Zeit, des Raums oder um eine Funktion für beide Komponenten handelt, in eine Funktion der Frequenz um. Die inverse Fourier-Transformation wandelt eine Funktion der Frequenz in eine Funktion der Zeit, des Raums oder für beide Komponenten um. → *siehe auch* Fast-Fourier-Transformation.

FoxPro
Produktfamilie für Datenbankentwicklungssoftware von Microsoft. Die erste Version wurde 1981 von der Firma Fox Software unter dem Namen FoxBase vorgestellt. Dieses Produkt erhielt 1989 den Namen FoxPro. Fox Software wurde 1992 von Microsoft erworben. Informationen zu FoxPro finden Sie auf der Website des Herstellers unter der Adresse http://msdn.microsoft.com/vfoxpro.

F

FPD
→ *siehe* Ganzseitenbildschirm.

FPGA *Subst.*
Abkürzung für »**F**ield **P**rogrammable **G**ate **A**rray«. Ein Chip mit programmierbarer Logik, der für eine breite Palette an spezialisierten Anwendungen eingesetzt werden kann. FPGAs können umprogrammiert werden, um Innovationen und Aktualisierungen zu integrieren. Aufgrund ihrer Flexibilität und Anpassbarkeit werden FPGAs in einer Vielzahl von Geräten verwendet, von Mikrowellen bis hin zu Supercomputern.

FPLA
→ *siehe* wieder programmierbare Logik.

FPM-RAM (FPM RAM)
→ *siehe* Page Mode RAM.

FPU
Abkürzung für **F**loating **P**oint **U**nit. Ein Schaltkreis, der Gleitkommaberechnungen ausführt. → *siehe auch* Gleitkommaoperation, Leitung.

Fractional T1, die; *Subst.* (fractional T1)
Eine von mehreren Geräten gemeinsam verwendete Schaltung zu einer T1-Leitung, in der lediglich ein Teil der 24 Sprach- oder Datenkanäle von T1 verwendet wird. → *siehe auch* T1.

FRAD
→ *siehe* Frame Relay-Assembler/Disassembler.

Fragezeichen, das; *Subst.* (question mark)
In einigen Betriebssystemen und Anwendungen ein Jokerzeichen, das oft stellvertretend für ein beliebiges anderes Zeichen steht. Das Fragezeichen ist eines der beiden Jokerzeichen, die MS-DOS, Windows 9x/NT/2000 und OS/2 unterstützen. → *siehe auch* Sternchen.

Fraggle-Attacke, die; *Subst.* (fraggle attack)
→ *siehe* Smurf-Attacke.

Fragmentierung, die; *Subst.* (fragmentation)
Die Zerstückelung ein und derselben Datei über verschiedene Bereiche der Diskette. Fragmentierung ergibt sich auf einer Diskette aus dem Löschen und Hinzufügen von Dateien. Eine derartige Fragmentierung verlangsamt den Diskettenzugriff und verschlechtert - wenn auch nicht dramatisch, die Gesamtleistung von Diskettenoperationen. Für die Neuanordnung von Daten auf fragmentierten Disketten sind entsprechende Dienstprogramme verfügbar.

Fraktal, das; *Subst.* (fractal)
Ein 1975 von dem Mathematiker Benoit Mandelbrot geprägtes Wort zur Beschreibung einer Klasse von Figuren, die zwar ein unregelmäßiges Muster bilden, das aber nach gewissen Gesetzmäßigkeiten entsteht. Computergrafiker verwenden oft die Fraktaltechnik, um naturähnliche Bilder, z.B. Landkarten, Wolken oder Wälder, zu erzeugen. Das kennzeichnende Charakteristikum der Fraktale besteht darin, dass sie »selbstähnlich« sind. Vergrößert man ein beliebiges Teilstück eines Fraktals, weist es die gleiche Gestalt wie das gesamte Bild auf. Diese Eigenschaft lässt sich etwa mit einer Küstenlinie vergleichen, die sowohl für einen Staat als auch für den gesamten Kontinent eine jeweils ähnliche Struktur zeigt. Es ist oft schwierig, den Umfang einer derartigen Figur exakt zu messen, da die Gesamtlänge von der Größe des kleinsten berücksichtigten Elements abhängig ist. Möchte man z.B. die Länge einer Küstenlinie in ihrem realen Verlauf bestimmen, kann man einerseits nur Halbinseln und Buchten berücksichtigen oder bei einer höheren Vergrößerung jeden kleinen Vorsprung und Landungssteg usw. einbeziehen. Ein gegebenes Fraktal kann in der Tat eine endliche Fläche, aber einen unendlichen Umfang aufweisen. Diesen Figuren wird eine gebrochene Dimension – z.B. zwischen 1 (Linie) und 2 (Ebene) – zugeschrieben, woraus sich auch der Name Fraktal ableitet. → *siehe auch* Graftal, zellularer Automat. (Abbildung F.10)

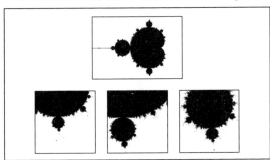

Abbildung F.10: Fraktal: Das erste Bild zeigt die klassische Mandelbrotmenge. Die Bilder darunter sind aufeinanderfolgende Vergrößerungen des ersten Bildes.

FRAM, das; *Subst.*
Abkürzung für **F**erromagnetic **R**andom **A**ccess **M**emory. Eine Technologie der Datenspeicherung für die semipermanente Aufzeichnung auf kleinen Karten oder Streifen, die mit einem ferromagnetischen Film beschichtet sind. Daten, die

F

auf Band oder auf Datenträger gespeichert sind, werden angehalten, wenn keine Energieversorgung eingeschaltet ist. Auf Daten, die sich auf einem Halbleiter-RAM befinden, kann ein Computer in beliebiger Reihenfolge zugreifen.

Frame, der; *Subst.* (frame)
Ein rechteckiger Abschnitt einer Seite, die von einem Webbrowser angezeigt wird, bei der es sich um ein separates HTML-Dokument der restlichen Seite handelt. Webseiten können mehrere Frames haben, die jeweils ein eigenes Dokument darstellen. Jeder Frame erhält die gleichen Fähigkeiten wie eine Webseite ohne Frames, einschließlich des Bildlaufs und des Verknüpfens mit einem anderen Frame oder einer Website. Diese Fähigkeiten können unabhängig von anderen Frames auf der Seite verwendet werden. Frames, die in Netscape Navigator 2.0 eingeführt wurden, dienen häufig als Inhaltsverzeichnis für HTML-Dokumente auf einer Website. Die meisten aktuellen Versionen der Webbrowser unterstützen Frames, ältere Versionen jedoch nicht. → *siehe auch* HTML-Dokument, Webbrowser.

Framegrabber, der; *Subst.* (frame grabber)
→ *siehe* Videodigitizer.

Frame-Relay, das; *Subst.* (frame relay)
Ein Protokoll für den Austausch von Paketen auf Weitbereichsnetzen. Frame-Relay überträgt Pakete mit variabler Länge mit bis zu 1.544 Megabit pro Sekunde (Mbps). Es handelt sich hierbei um eine Variante von X.25. Dieses Protokoll verzichtet jedoch auf einige Komponenten zur Fehlererkennung, um eine höhere Geschwindigkeit zu gewährleisten. → *siehe auch* ATM, X.25.

Frame-Relay-Assembler/Disassembler, der; *Subst.* (frame relay assembler/disassembler)
Eine Combination Channel Service Unit/Digital Service Unit (CSU/DSU) und ein Router, der eine Verbindung zwischen einem internen Netzwerk mit einem Frame-Relay herstellt. Das Gerät konvertiert Daten (die als IP-Pakete gepackt sein können, um mit einem anderen Netzwerkprotokoll im Einklang zu sein) in Pakete für die Übertragung über das Frame-Relay-Netzwerk und wandelt diese Pakete wieder in das ursprüngliche Format um. Da es sich hierbei um eine Direktverbindung ohne Firewall handelt, sind andere Schutzmaßnahmen erforderlich. → *siehe auch* Firewall, Frame-Relay, IP.

Frame Relay-Zugriffsvorrichtung, die; *Subst.* (frame relay access device)
→ *siehe* Frame Relay-Assembler/Disassembler.

Framework, das; *Subst.* (framework)
Ein Begriff aus der objektorientierten Programmierung. Eine erneut einsetzbare Designgrundstruktur, die aus abstrakten und konkreten Klassen besteht und das Erstellen von Anwendungen unterstützt. → *siehe auch* abstrakte Klasse, objektorientierte Programmierung.

FRC
→ *siehe* Functional Redundancy Checking.

fred
Ein Schnittstellen-Dienstprogramm für X.500. → *siehe auch* CCITT X-Serien. Außerdem eine Platzhalter-Zeichenfolge, die von Programmierern in Syntaxbeispielen als Platzhalter für eine Variable verwendet wird. Wenn ein Programmierer *fred* verwendet, kann es sich bei dem nächsten Platzhalter z.B. um *barney* handeln. → *vgl.* foo.

FreeBSD, die; *Subst.*
Eine kostenlos erhältliche Version von BSD UNIX (Berkeley Software Distribution UNIX) für IBM-PCs und IBM-kompatible PCs. FreeBSD wird häufig für Internet- und Intranetserver eingesetzt. Weitere Informationen zu FreeBSD sind unter der Webadresse http://www.freebsd.org abrufbar. → *siehe auch* 386BSD, BSD UNIX, OpenBSD. → *vgl.* NetBSD.

Freemailer, der; *Subst.*
Bezeichnung für kostenlose, webbasierte E-Mail-Dienste, die über einen Webbrowser benutzt werden können und Anwendern die meisten normalen E-Mail-Funktionen bieten. Die Finanzierung dieser kostenlosen Dienste erfolgt in aller Regel über den Verkauf von Werbeflächen. Beispiele für Freemailer sind: GMX (http://www.gmx.de), Hotmail (http://www.hotmail.com) und Yahoo! http://mail. yahoo.com). → *siehe auch* Hotmail, Yahoo!.

Freenet, das; *Subst.* (freenet)
Ein gemeinschaftlicher BBS- und Internetdienstanbieter, der in der Regel von freiwilligen Mitarbeitern verwaltet wird. Dieser Provider stellt den Zugriff für Abonnenten entweder kostenlos oder gegen ein sehr geringes Entgelt zur Verfügung. Zahlreiche Freenets werden von öffentlichen Bibliotheken oder Universitäten in den USA verwaltet. → *siehe auch* Internet Serviceprovider.

.freenet.edu
Im Internet ein Kürzel für die übergreifende Länderdomäne, die eine Adresse im Freenet angibt. → *siehe auch* Freenet.

F

Free Software Foundation, die; *Subst.*
Ein von Richard Stallman 1985 gegründeter Interessenverband, der sich dafür einsetzt, dass Software frei verfügbar ist. »Frei« steht hierbei, nach der zugrunde liegenden Argumentation, für »frei von Rechten, die die Nutzung behindern«, nicht jedoch für »kostenlos« (amerikanisch »free«). Die Website der FSF ist unter der Adresse http://www.fsf.org erreichbar. → *siehe auch* Copyright, freie Software, GNU, Open Source. → *vgl.* Open Source.

Freeware, die; *Subst.* (freeware)
Ein Computerprogramm, das kostenlos abgegeben wird und oft über das Internet oder Benutzergruppen zu beziehen ist. Ein unabhängiger Programmentwickler bietet ein Programm als Freeware an, um sich z.B. einen Namen zu machen oder die Akzeptanz bei interessierten Benutzern festzustellen. Freewareentwickler behalten oft alle Rechte an ihrer Software, und den Benutzern steht es nicht in jedem Fall frei, das entsprechende Programm zu kopieren oder weiterzugeben. → *vgl.* Copyleft, Copyright, freie Software, Publicdomainsoftware, Shareware.

Freezeframe Video, das; *Subst.* (freeze-frame video)
Eine Technik, bei der sich Videobilder nur in einem bestimmten Sekundentakt bewegen. → *vgl.* Fullmotionvideo.

freie Kapazität, die; *Subst.* (free space)
Der Speicherplatz einer Diskette oder einer Festplatte, der nicht mit Daten belegt ist. → *siehe auch* Festplatte, Floppydisk.

freier Block, der; *Subst.* (free block)
Bezeichnet eine momentan nicht benutzte Speicherregion (Block).

freier Quellcode, der; *Subst.* (open source)
→ *siehe* Open Source.

freie Software, die; *Subst.* (free software)
Software, deren Weitergabe komplett mit Quellcode und kostenlos erfolgt. Den Benutzern steht das Recht zu, die Programme frei zu verwenden, zu modifizieren und weiterzugeben, unter der Voraussetzung, dass alle Veränderungen deutlich gekennzeichnet und weder der Name noch der Copyrightvermerk des Originalautors gelöscht oder verändert werden. Im Gegensatz zur Freeware, die ein Benutzer in der Regel nicht verändern darf, ist freie Software durch eine Lizenzvereinbarung geschützt. Freie Software ist ein Konzept, als dessen Vorreiter Free Software Foundation in Cambridge, Massachusetts gilt. → *vgl.* Freeware, Publicdomainsoftware, Shareware.

freigeben *Vb.* (release)
Vorgang, bei dem eine Anwendung die Verfügung über einen Speicherblock, ein Gerät oder eine andere Systemressource an das Betriebssystem zurückgibt.
Außerdem bezeichnet »freigeben« das offizielle Einführen eines Produkts auf dem Markt.

Freihand-Markierwerkzeug, das; *Subst.* (clipping path)
Ein Werkzeug, mit dem sich ein Polygon oder eine Kurve zeichnen lässt, um auf diese Weise einen Bereich in einem Dokument zu markieren. Beim Druck des Dokuments wird dann nur der markierte Bereich ausgegeben. → *siehe auch* PostScript.

freistellen *Vb.* (crop)
In der Computergrafik das Löschen bestimmter Teile einer Grafik, z.B. nicht benötigter Bereiche einer Grafik oder überstehender Ränder. Analog zur herkömmlichen Drucktechnik, bei der der Vorgang mit der Schere oder einem anderen Schneidewerkzeug durchgeführt wird, dient das Freistellen in einem Grafikprogramm dazu, eine Grafik zuzuschneiden, um diese anschließend in ein Dokument einzufügen und dort zu platzieren.

Fremdhersteller, der; *Subst.* (third party)
Ein Unternehmen, das Zubehör oder Peripheriegeräte für den Einsatz mit Computern oder peripheren Geräten eines Hauptherstellers (gewöhnlich ohne dessen Mitwirkung) herstellt und verkauft.

Frequency Hopping Spread Spectrum *Subst.*
→ *siehe* FHSS.

Frequently Asked Questions, die; *Subst.* (frequently asked questions)
→ *siehe* FAQ.

Frequenz, die; *Subst.* (frequency)
Die Häufigkeit, in der ein periodisches Ereignis auftritt (z.B. ein Signal, das einen kompletten Zyklus durchläuft). Als Maßeinheit der Frequenz gilt 1 Hertz (Hz), das einem einmaligen Auftreten eines Ereignisses (Schwingung) pro Sekunde entspricht. Für die Stromversorgung der Haushalte wird Wechselstrom mit 50 Hz (in den USA 60 Hz) verwendet. Frequenzen misst

man außerdem in Kilohertz (kHz, 1.000 Hz), Megahertz (MHz, 1.000 kHz), Gigahertz (GHz, 1.000 MHz) oder Terahertz (THz, 1.000 GHz). → *vgl.* Wellenlänge. (Abbildung F.11)

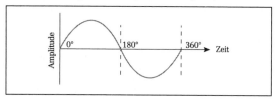

Abbildung F.11: Frequenz

Frequenzbereich, der; *Subst.* (grade)
Ein Begriff aus dem Bereich der Kommunikation. Der Bereich der Frequenzen, die für die Übertragung auf einem einzelnen Kanal verfügbar sind. Die Frequenzen für Telefone mit Sprachempfang liegen z.B. im Bereich von ungefähr 300 Hz bis 3.400 Hz.

Frequenzdivisions-Multiplexing, das; *Subst.* (frequency-division multiplexing)
→ *siehe* FDM.

Frequenzgang, der; *Subst.* (frequency response)
Der Frequenzbereich, den ein Audiogerät von seinen Eingangssignalen reproduzieren kann. → *siehe auch* Frequenz.

Frequenzmodulation, die; *Subst.* (frequency modulation)
Abgekürzt FM. Eine Methode der Informationscodierung in einem elektrischen Signal durch Veränderung der Frequenz. Frequenzmodulation wird z.B. im FM-Rundfunkband und für den Tonkanal bei Fernsehübertragungen eingesetzt. → *vgl.* Amplitudenmodulation. (Abbildung F.12)

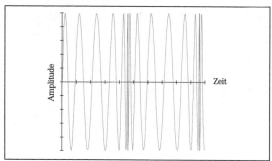

Abbildung F.12: Frequenzmodulation

Frequenzmodulationscodierung, die; *Subst.* (frequency modulation encoding)
Abgekürzt FM-Codierung. Ein Verfahren der Informationsspeicherung auf einer Diskette, bei dem außer den eigentlichen Daten noch zusätzliche Synchronisationsinformationen – die sog. Taktimpulse – auf der Oberfläche aufgezeichnet werden. Durch diese Taktimpulse ist auf der Diskette mehr Platz erforderlich, so dass die FM-Codierung relativ uneffektiv ist. An ihre Stelle ist inzwischen die effizientere Methode, die sog. *modifizierte* Frequenzmodulationscodierung, und die kompliziertere, aber hocheffiziente RLL-Technik (Runlength limited) getreten. → *vgl.* Modified Frequency Modulation encoding, Runlength Limited encoding.

Frequenzsprungverfahren, das; *Subst.* (frequency hopping)
Das Wechseln von Frequenzen innerhalb einer festgelegten Bandbreite während einer Point-To-Point-Übertragung. Durch Frequenzsprungverfahren wird die Gefahr verringert, dass Signale angezapft werden können. Außerdem schützt dieses Verfahren vor den Auswirkungen einer Einfrequenzblockierung.

Frequenzwechselcodierung, die; *Subst.* (frequency-shift keying)
→ *siehe* FSK.

Frequenzzähler, der; *Subst.* (frequency counter)
Ein Element eines Prüfgerätes, das die Frequenzen elektronischer Signale aufzeichnet und anzeigt.
Frequenzzähler werden auch in elektronischen Schaltkreisen verwendet, die häufig in Computern zur Prozesssteuerung eingebettet sind und die Häufigkeit von Ereignissen zählen.

Fresnel'sche Zone *Subst.* (fresnel zone)
Der sichtbare Bereich um eine Antenne, von der die elektromagnetischen Wellen ausgehen. Dieser Bereich muss frei von Hindernissen sein, sonst würden die Strahlen abgeschwächt. Die Fresnel'sche Zone (gesprochen: Frenelsche Zone, nach dem französischen Physiker Augustin Jean Fresnel) ist ein wichtiger Begriff für drahtlose Systeme mit einer Frequenz im Mikrowellenbereich. Da Gegenstände, die Feuchtigkeit enthalten, gerade die Mikrowellen besonders gut absorbieren (dieser Effekt wird bei Mikrowellenherden ausgenutzt) sorgen natürliche Hindernisse wie Bäume im Gegensatz zu trockenen Mauern für eine erhebliche Beeinträchtigung der Übertragungsqualität.

Friktionsantrieb, der; *Subst.* (friction feed)
Eine Vorrichtung zum Papiertransport in einem Drucker, wobei das Papier entweder zwischen Druckwalze und Andruckrollen oder (bei Druckern, die keine Walze aufwei-

F sen) zwischen paarweise angeordnete Rollen gepresst wird. Die meisten Drucker verfügen über einen Friktionsantrieb, um Papier ohne Perforation verwenden zu können. Ist ein Drucker sowohl mit Traktorvorschub als auch mit einem Friktionsantrieb ausgestattet, sollte man bei Bedienung des Traktors den Friktionsantrieb entriegeln, um unnötigen Zug auf den Traktorantrieb zu vermeiden. → *siehe auch* Walze. → *vgl.* Stachelwalze, Traktorvorschub.

Fringeware, die; *Subst.* (fringeware)
Freeware, deren Zuverlässigkeit und Wert umstritten sind. → *siehe auch* Freeware.

Front-End, das; *Subst.* (front end)
In Anwendungen, Software oder einer Softwarefunktion stellt Front-End einer anderen Anwendung oder einem Werkzeug eine Oberfläche zur Verfügung. Front-Ends werden oft eingesetzt, um eine häufig verwendete Oberfläche für Werkzeuge zur Verfügung zu stellen, die von einem Softwarehersteller stammen. Die Oberfläche ist in der Regel benutzerfreundlicher als die Oberfläche der Anwendung, die »im Hintergrund« ausgeführt wird. → *siehe auch* Client/Serverarchitektur. → *vgl.* Back-End.

Front-End-Prozessor, der; *Subst.* (front-end processor)
Im Allgemeinen ein Computer oder eine Verarbeitungseinheit, die Daten produziert und manipuliert, bevor sie ein anderer Prozessor empfängt. → *vgl.* Back-End-Prozessor. In der Kommunikationstechnik ein Computer, der zwischen die Übertragungsleitungen und einen Hauptcomputer (Host) geschaltet ist und den Host von Verwaltungsaufgaben hinsichtlich der Datenübertragung entlastet. Ein Frontendprozessor ist nur für die Behandlung der übertragenen Informationen bestimmt. Die von einem derartigen Gerät ausgeführten Dienste umfassen die Fehlererkennung und Steuerung, den Empfang, das Senden und möglicherweise das Codieren von Nachrichten sowie die Verwaltung der von anderen Geräten ankommenden und zu ihnen abgehenden Leitungen. Manchmal wird dieser Begriff auch als Synonym für Kommunikationscontroller gebraucht. → *siehe auch* Kommunikationscontroller.

FrontPage *Adj.*
Produktfamilie der HTML-Autorensoftware von Microsoft. FrontPage enthält Tools zum Entwerfen, Organisieren und Bearbeiten von Webseiten und anderen HTML-Dokumenten. Informationen zu FrontPage finden Sie auf der Website des Herstellers unter der Adresse http://www.microsoft.com/frontpage.

Frontplatte, die; *Subst.* (front panel)
Die vordere Abdeckung eines Computergehäuses, über die Einstellknöpfe, Schalter und Kontrollanzeigen dem Bediener zugänglich sind. → *siehe auch* Konsole.

Frontsidebus, der; *Subst.* (frontside bus)
Im Zusammenhang mit einem Prozessor der Bus, der die CPU mit dem Hauptspeicher verbindet. → *siehe auch* Bus, Hauptspeicher, Prozessor. → *vgl.* Backsidebus.

frühe Bindung, die; *Subst.* (early binding)
→ *siehe* statische Bindung.

fs
→ *siehe* Femtosekunde.

FSK
Abkürzung für **F**requency-**S**hift **K**eying, zu Deutsch »Frequenzumtastung«. FSK ist eine einfache Modulationsform, bei der die Darstellung der digitalen Werte 0 und 1 durch zwei unterschiedliche Frequenzen erfolgt. Dieses Verfahren wurde z.B. bei älteren Modems (mit Übertragungsgeschwindigkeiten von 300 Bit pro Sekunde) eingesetzt.

F-Stecker, der; *Subst.* (F connector)
Ein koaxialer Stecker, der in erster Linie bei Videoanwendungen eingesetzt wird. Für diesen Stecker ist eine Einschraubvorrichtung erforderlich. (Abbildung F.13)

Abbildung F.13: F-Stecker: Weiblich (links) und männlich

FT1
→ *siehe* Fractional T1.

FTAM
Abkürzung für **F**ile-**T**ransfer **A**ccess and **M**anagement. Ein Kommunikationsstandard für die Übertragung von Dateien zwischen unterschiedlichen Computerplattformen.

F-Tasten, die; *Subst.* (F keys)
→ *siehe* Funktionstaste.

FTP
Abkürzung für »**F**ile **T**ransfer **P**rotocol«. Ein Protokoll, das für das Kopieren von Dateien eines Ferncomputersystems auf

ein Netzwerk mit TCP/IP (z.B. das Internet) eingesetzt wird. Mit diesem Protokoll können Benutzer außerdem FTP-Befehle für Dateien ausführen. Diese Funktion wird besonders für das Auflisten von Dateien und Verzeichnissen des Ferncomputersystems genutzt. → siehe auch TCP/IP.

»FTP« ist gleichzeitig eine häufig verwendete Logon-ID für Anonymous FTP.

Das Herunterladen oder Laden von Dateien für Ferncomputersysteme über das File Transfer Protocol des Internets wird ebenfalls als »FTP« bezeichnet. Hierfür ist ein FTP-Client für die Dateiübertragung an bzw. vom Ferncomputersystem erforderlich, das einen FTP-Server haben muss. Der Benutzer benötigt außerdem in der Regel ein Account für FTP-Dateien auf dem Ferncomputersystem. Zahlreiche FTP-Sites lassen jedoch den Zugriff über Anonymous FTP zu. → siehe auch FTP-Client, FTP-Server.

FTP-Befehle, der; *Subst.* (FTP commands)
Befehle, die Bestandteil des File Transfer Protocols sind. → siehe auch FTP.

FTP-Client, der; *Subst.* (FTP client)
Ein Programm, das es dem Benutzer ermöglicht Dateien über ein Netzwerk (z.B. das Internet, das das File Transfer Protocol verwendet) von der FTP-Site herunterzuladen bzw. an die Site zu senden. → siehe auch FTP. → vgl. FTP-Server.

FTP-Programm, das; *Subst.* (FTP program)
→ siehe FTP-Client.

FTP-Server, der; *Subst.* (FTP server)
Ein Dateiserver der das File Transfer Protocol einsetzt, damit Benutzer Dateien über das Internet oder ein anderes TCP/IP-Netzwerk übertragen können. → siehe auch FTP, FTP-Client, TCP/IP. → vgl. FTP-Client.

FTP-Site, die; *Subst.* (FTP site)
Die Auflistung der Dateien und Programme, die sich auf einem FTP-Server befinden. → siehe FTP-Server. → siehe auch FTP, FTP-Server.

FUD
Abkürzung für **F**ear, **U**ncertainty, **D**oubt (»Angst, Unsicherheit, Zweifel«). Ein (Internet-)Begriff, der verwendet wird, um z.B. mangelndes Vertrauen oder Mißfallen über Veröffentlichungen eines Herstellers auszudrücken, insbesondere wenn es dabei um die Konkurrenzprodukte dieses Herstellers

geht. Versucht ein Hersteller den Eindruck zu erwecken, dass die Produkte der Konkurrenz unter allen Umständen die falsche Wahl darstellen, sagt man, er wendet FUD als Marketingtrick an.

führende Null, die; *Subst.* (leading zero)
Eine Null, die der höchstwertigsten (am weitesten links stehenden) Ziffer einer Zahl vorangeht. Führende Nullen werden lediglich als Füllzeichen in Feldern mit numerischen Werten verwendet und haben keine Bedeutung für den Wert einer Zahl.

führende Nullen unterdrücken (zero suppression)
Die Beseitigung führender (bedeutungsloser) Nullen in einer Zahl, z.B. kürzt die Unterdrückung führender Nullen die Zahl 000123.456 auf 123.456. → siehe auch signifikante Stellen.

füllen *Vb.* (fill, padding, paint)
In Verbindung mit Grafikprogrammen das »Ausmalen« eines Teils einer Zeichnung mit Farbe.

Wird dabei ein Füllwerkzeug eingesetzt, wird der Innenbereich einer geschlossenen Figur, z.B. eines Kreises, vollständig mit Farbe oder einem Muster gefüllt. Der Teil der Figur, der sich einfärben oder mit einem Muster versehen lässt, ist der Füllbereich. Zeichenprogramme bieten häufig diverse Werkzeuge (Tools) für die Erzeugung gefüllter oder leerer Figuren, wobei der Benutzer die jeweilige Farbe bzw. das Muster festlegen kann.

In der Datenspeicherung bezeichnet »füllen« das Hinzufügen von einem oder mehreren Bit (in der Regel Nullen) zu einem Datenblock, um diesen auf eine vorgegebene Länge zu bringen, eine bestimmte Position der eigentlichen Datenbit zu erzwingen oder das doppelte Auftreten eines Bitmusters mit hervorgehobener Bedeutung, z.B. bei einem eingebetteten Befehl, im Datenstrom zu verhindern.

Füllfarbe, die; *Subst.* (paint)
Farben und Muster, die man in Grafikprogrammen einem Werkzeug, z.B. einem Pinsel oder einer Sprühdose, zuweist und für das Ausfüllen einer Zeichnung verwendet.

Füllzeichen, das; *Subst.* (leader, pad character)
In Dokumenten eine Zeile aus Punkten, Bindestrichen oder anderen gebräuchlichen Zeichen, die das Auge beim Aufsuchen miteinander in Beziehung stehender Informationen führen. Viele Textverarbeitungen und andere Programme bieten Funktionen zur Erzeugung von Füllzeichen.

F Bei der Datenspeicherung stellt ein Füllzeichen ein zusätzliches Zeichen ohne eigentliche Bedeutung dar, das bei der Eingabe und Speicherung von Daten in einen vorgegebenen Block mit festgelegter Länge, z.B. ein Feld mit fixer Länge, eingefügt wird, um unbenutzte Positionen definiert zu besetzen.

fünfte Computergeneration, die; *Subst.* (fifth-generation computer)
→ *siehe* Computer.

Fünfte Normalenform, die; *Subst.* (fifth normal form)
Abgekürzt 5NF. → *siehe* Normalform.

Full CIF *Subst.* (full cif)
→ *siehe* CIF.

Fullmotionvideo, das; *Subst.* (full-motion video)
Digitales Video, das mit 30 Frames pro Sekunde (fps) angezeigt wird. → *vgl.* Freezeframe Video.

Fullmotion-Videokarte, die; *Subst.* (full-motion video adapter)
Eine Expansion Card für einen Computer, der analoges Video (z.B. von einem Videorecorder) in ein digitales Format (z.B. AVI, MPEG oder Motion JPEG) umwandeln kann, das vom Computer verarbeitet werden kann. → *siehe auch* AVI, Motion JPEG, MPEG.

Functional Redundancy Checking, das; *Subst.* (functional redundancy checking)
Der Doppelbetrieb von zwei Tandemprozessoren für die Überprüfung der Ergebnisse.
Ein Chip wird als Hauptchip *(Master)*, der andere für die Überwachung *(Watchdog)* geschaltet. Beiden Chips werden die gleichen Anweisungen gesendet. Die daraus resultierenden Berechnungen werden verglichen, um somit die korrekte Ausgabe sicherzustellen.

Funktion, die; *Subst.* (function)
Der Verwendungszweck eines Programms bzw. einer Routine oder die durch sie ausgeführte Aktion.
Der Begriff »Funktion« steht auch verallgemeinernd für ein Unterprogramm.
In einigen Sprachen, z.B. Pascal, bezeichnet »Funktion« ein Unterprogramm, das einen Wert zurückgibt. → *siehe auch* Funktionsaufruf, Prozedur, Routine, Unterroutine.

funktionale Spezifikation, die; *Subst.* (functional specification)
Eine Beschreibung von Gültigkeitsbereichen, Zielstellungen und Betriebsarten, die bei der Entwicklung eines Informationsverarbeitungssystems zu beachten sind.

Funktion, eingeschränkte, die; *Subst.* (restricted function)
→ *siehe* eingeschränkte Funktion.

funktionelle Programmierung, die; *Subst.* (functional programming)
Ein Programmierverfahren, bei dem alle Sprachmittel als Funktionen (Unterprogramme) bereitgestellt werden, die in der Regel auch keine Seiteneffekte aufweisen. Herkömmliche Zuweisungen sind in echten funktionellen Programmiersprachen nicht vorhanden und werden durch Kopier- und Modifizierungsoperationen realisiert. Funktionelle Programmierung gewinnt vor allem mit Parallelverarbeitung zunehmend an Bedeutung. → *siehe auch* Seiteneffekt.

funktionelles Design, das; *Subst.* (functional design)
Die Beschreibung der Wechselbeziehung zwischen den aktiven Teilen eines Computersystems, einschließlich der Einzelheiten logischer Komponenten und der Art und Weise ihres Zusammenwirkens. Das funktionelle Design wird grafisch in einem Funktionsdiagramm mittels spezieller Symbole zur Verkörperung der Systemelemente dargestellt.

Funktion, externe, die; *Subst.* (external function)
→ *siehe* XFCN.

Funktion, mathematische, die; *Subst.* (mathematical function)
→ *siehe* mathematische Funktion.

Funktionsaufruf, der; *Subst.* (function call)
Die Anfrage eines Programms nach der Ausführung einer bestimmten Funktion. Ein Funktionsaufruf ist mit dem Namen der Funktion und den Parametern codiert, die für die Ausführung des entsprechenden Tasks erforderlich sind. Die Funktion selbst kann zum Programm gehören, in einer anderen Datei gespeichert werden und zum Zeitpunkt der Kompilierung in das Programm eingebunden werden oder auch Teil des Betriebssystems sein. → *siehe auch* Funktion.

Funktionsbibliothek, die; *Subst.* (function library)
Eine Sammlung von Routinen, die gemeinsam kompiliert wurden. → *siehe* auch Bibliothek, Funktion, Toolbox.

Funktionstaste, die; *Subst.* (function key)
Eine der mit F1, F2, F3 usw. beschrifteten 10 oder mehr Tasten, die an der linken Seite oder in der oberen Reihe (oder beides) einer Tastatur angeordnet sind und durch verschiedene Programme für spezielle Aufgaben eingesetzt werden. Die Bedeutung einer Funktionstaste wird durch ein Programm oder in einigen Fällen durch den Benutzer festgelegt. Über Funktionstasten kann ein Anwendungsprogramm oder ein Betriebssystem entweder einen Schnellzugriff auf eine Reihe allgemeiner Befehle (z.B. der Aufruf der Onlinehilfefunktion eines Programms) oder Funktionen bereitstellen, die anderweitig nicht erreichbar sind. → *siehe auch* Schlüssel. → *vgl.* Befehlstaste, Escapetaste, Steuerungstaste.

Funktionstaste, benutzerdefinierte, die; *Subst.* (user-defined function key)
→ *siehe* programmierbare Funktionstaste.

Funktionstaste, programmierbare, die; *Subst.* (programmable function key)
→ *siehe* programmierbare Funktionstaste.

Funktionsüberladung, die; *Subst.* (function overloading)
Die Fähigkeit, mehrere Routinen in einem Programm zu haben, die unter dem gleichen Namen ablaufen. Die verschiedenen Funktionen werden nach den Typen von Parametern und/oder Rückgabewerten unterschieden. Der Compiler ruft die richtige Version automatisch auf und stützt sich dabei auf die Typen der Parameter oder Rückgabewerte. Ein Programm kann z.B. sowohl eine trigonometrische Sinusfunktion, die einen Gleitkommaparameter zur Darstellung des Winkels im Bogenmaß verwendet, als auch eine Sinusfunktion, die einen Ganzzahlparameter den Winkel in Grad liefert, enthalten. In einem derartigen Programm liefert sin(3,14159/2.0) den Rückgabewert 1,0 (da der Sinus von $\pi/2$ im Bogenmaß gleich 1 ist) und sin(30) führt zum Rückgabewert 0,5 (da der Sinus von 30 Grad 0,5 ist). → *siehe auch* Überladen von Operatoren.

Funkuhr, die; *Subst.* (radio clock)
Eine Uhr, die ein über Radiowellen gesendetes Zeitnormal empfängt. Funkuhren werden in Netzwerken zur Synchronisierung der Systemuhr des Hostsystems mit dem UTC-Format (Universal Time Coordinate) verwendet, in Übereinstimmung mit dem NTP-Protokoll (Network Time Protocol). → *siehe auch* Coordinated Universal Time Format, Network Time Protocol.

Fusible Link, der; *Subst.* (fusible link)
Ein Schaltungselement, das meist Bestandteil eines integrier-

ten Schaltkreises ist und analog einer Sicherung bei Fließen eines hohen Stroms eine Unterbrechung herbeiführt. Fusible Links dienen nicht als Überstromschutz, sondern ermöglichen die Modifikation der Verbindungen im Inneren eines Schaltkreises. Fusible Links, die früher in PROM-Chips verwendet wurden, haben den Grundstein für den integrierten Schaltkreis gelegt, der als *wieder programmierbare Logik* bezeichnet wird. Dieser Schaltkreis kann nach der Herstellung »im Einsatzgebiet« angepasst werden, indem er durch genau definierte stärkere Ströme über bestimmte Fusible Links programmiert wird, die wiederum durch diese Ströme unterbrochen werden. → *siehe auch* PROM, wieder programmierbare Logik.

Fußzeile, die; *Subst.* (footer)
Eine oder mehrere kennzeichnende Zeilen, die am unteren Rand eines gedruckten Dokuments erscheinen. Eine Fußzeile kann z.B. die Blattnummer (Seitennummer) sowie Datum, Autor oder Titel eines Dokuments angeben. → *auch genannt* lebender Kolumnentitel. → *vgl.* Kopf.

Fuzzylogik, die; *Subst.* (fuzzy logic)
Eine Form der Logik, die in Expertensystemen und anderen Anwendungen der künstlichen Intelligenz verwendet wird. In der Fuzzylogik repräsentieren Variablen einen gewissen Grad von Wahrheit oder Unwahrheit durch einen Wertebereich zwischen 1 (wahr) und 0 (falsch). Das Ergebnis einer Operation stellt in der Fuzzylogik eher eine Wahrscheinlichkeit als eine Gewissheit dar. Beispielsweise kann ein Ergebnis auch solche Bedeutungen wie »wahrscheinlich wahr«, »möglicherweise wahr«, »möglicherweise falsch« oder »wahrscheinlich falsch« aufweisen. → *siehe auch* Expertensystem.

FWIW *Adv.*
Abkürzung für **F**or **W**hat **I**t's **W**orth. Ein Ausdruck, der in E-Mail und Newsgroups verwendet wird. → *siehe auch* Netspeak.

FYI
Abkürzung für »**F**or **Y**our **I**nformation«, zu Deutsch »Zu Ihrer Information«. Ein Ausdruck, der in E-Mails und Newsgroups verwendet wird, um auf hilfreiche Informationen hinzuweisen. → *siehe auch* Netspeak.
Außerdem bezeichnet »FYI« ein elektronisches Dokument, das wie ein Request For Comments (RFC) geschrieben wird, jedoch die Absicht hat, einen Internetstandard oder eine Funktion für Benutzer zu erläutern. Ein RFC beinhaltet im Gegensatz hierzu Definitionen für Entwickler. → *siehe auch* InterNIC. → *vgl.* RFC.

G

G
→ *siehe* Giga-.

G4 *Subst.*
→ *siehe* Power Macintosh.

GaAs
→ *siehe* Galliumarsenid.

Gabelung, die; *Subst.* (bifurcation)
Eine Teilung, die zwei mögliche Ergebnisse liefert, z.B. 1 und 0 oder »ein« und »aus«.

Galliumarsenid, das; *Subst.* (gallium arsenide)
Ein Verbindungshalbleiter, der anstelle von Silizium für die Herstellung von Bauelementen verwendet wird. Auf der Basis von Galliumarsenid produzierte Bauelemente arbeiten schneller als vergleichbare Siliziumbauelemente, sind toleranter gegenüber Temperaturveränderungen, erfordern weniger Leistung und sind unempfindlicher gegenüber Strahlung. → *auch genannt* GaAs.

Gamecontroladapter, der; *Subst.* (Game Control Adapter)
Ein Baustein in IBM-PCs und IBM-kompatiblen PCs, der die Eingangssignale an einem Gameport verarbeitet. Joysticks und Handsteuergeräte verwenden Potentiometer, um ihre Position durch variierende Spannungspegel anzugeben. Der Gamecontroladapter wandelt diese Pegel in Zahlen über einen AD-Wandler um. → *siehe auch* Analog-/Digitalwandler, Gameport, Potentiometer.

Gamekarte, die; *Subst.* (game card)
→ *siehe* ROM-Karte.

Gameport, der; *Subst.* (game port)
In IBM-PCs und kompatiblen Computern ein E/A-Port für Geräte, z. B. Joysticks und Paddles. Der Gameport ist häufig zusammen mit anderen E/A-Ports auf einer einzelnen Erweiterungskarte realisiert. Gameport bezeichnet auch eine spezi-elle, zumeist auf der Soundkarte untergebrachte Schnittstelle, an der ein zusätzliches Eingabegerät wie z.&sbsp;B. ein Joystick oder Joypad angeschlossen werden kann. Da moderne Eingabegeräte verstärkt auf die Konnektivität per USB setzen, wird der Gameport immer unwichtiger. Der aus dem Englischen stammende Begriff Gameport bedeutet »Spielanschluss«. → *siehe auch* Gamecontroladapter, Joystick, USB.

Gantt-Diagramm, das; *Subst.* (Gantt chart)
Ein Balkendiagramm, das einzelne Bestandteile eines Projekts als Balken gegen eine horizontale Zeitskala anzeigt. Balkenpläne werden als Werkzeug für die Projektplanung beim Erstellen von Terminplänen eingesetzt und sind in den meisten Projektanwendungen verfügbar.

ganze Zahl, die; *Subst.* (whole number)
Eine Zahl ohne gebrochenen Anteil – z.B. 1 oder 173. Auch als Integerzahl bezeichnet.

Ganzseitenbildschirm, der; *Subst.* (full-page display)
Abgekürzt FPD. Ein Videodisplay ausreichender Größe und Auflösung, das zumindest eine Seite im Format $8^1/_2$ mal 11 Zoll darstellen kann. Diese Displays eignen sich vor allem für Desktop Publishinganwendungen. → *siehe auch* Hochformatmonitor.

Gasentladungsbildschirm, der; *Subst.* (gas-discharge display)
Auch als Plasmabildschirm bezeichnet. Ein Flachbildschirm, der auf einigen portablen Computern verwendet wird, und bei dem Neon zwischen einem horizontalen und vertikalen Satz von Elektroden eingeschlossen ist. Wird eine der Elektroden in jedem Satz geladen, leuchtet das Neon (wie in einer Neonlampe) im Kreuzungspunkt auf und stellt ein Pixel dar. → *siehe auch* Flachdisplay, Pixel. → *auch genannt* Plasmabildschirm.

Gast, der; *Subst.* (guest)
→ *siehe* guest.

G

Gate, das; *Subst.* (gate)
Das Eingangsterminal eines Feldeffekttransistors (FET). → *siehe* auch FET, MOSFET. → auch genannt Gateelektrode. Bei Prozessoren eine Datenstruktur, die erstmals bei der Prozessorgeneration 80386 eingesetzt wird, um den Zugriff auf privilegierte Funktionen einzusetzen, Datensegmente zu ändern oder um Tasks zu wechseln.

gated *Adj.*
Über ein Gatter an ein nachfolgendes elektronische Logikelement übertragen.

Gateelektrode, die; *Subst.* (gate electrode)
→ *siehe* Gatter.

Gateway, das; *Subst.* (gateway)
Eine Einrichtung zur Verbindung von Netzwerken, die nach verschiedenen Kommunikationsprotokollen arbeiten, so dass Informationen von einem Netzwerk zu einem anderen übertragen werden können. Ein Gateway überträgt Informationen und konvertiert diese in ein Format, das von den Protokollen des empfangenden Netzwerks unterstützt wird. → *vgl.* Brücke.

Gatter, das; *Subst.* (gate)
Ein elektronischer Schalter, bei dem es sich um die Basiskomponente eines digitalen Schaltkreises handelt. Das Gatter liefert ein Ausgangssignal in Form einer binären 1 oder 0 und bezieht sich auf den jeweiligen Status eines oder mehrerer Eingangssignale durch Boolesche Operatoren (z.B. AND, OR oder NOT). → *siehe auch* AND-Gatter, Gatterarray, Gatterschaltkreis, NAND-Gatter, NOR-Gatter, NOT-Gatter, OR-Gatter. → *auch genannt* logisches Gatter.

Gatterarray, das; *Subst.* (gate array)
Auch als ASIC, d.h. Application-Specific Integrated Circuit, zu Deutsch »anwendungsspezifischer Schaltkreis« oder logisches Array bezeichnet. Ein spezieller Chiptyp, der zunächst nur eine nichtspezifische Ansammlung von logischen Gattern darstellt. Erst gegen Ende des Herstellungsprozesses fügt man eine Ebene hinzu, die die Gatter für eine spezifische Funktion verbindet. Der Hersteller kann den Chip an die verschiedenen Erfordernisse anpassen, indem das Muster von Verbindungen geändert wird. Dieses Verfahren ist sehr populär, da es sowohl Entwurfs- als auch Produktionszeit spart. Der Nachteil besteht darin, dass große Teile des Chips ungenutzt bleiben. → *auch genannt* anwendungsspezifisches IC, Logikarray.

Gatter, logisches, das; *Subst.* (logic gate)
→ *siehe* Gatter.

Gatterschaltkreis, der; *Subst.* (gating circuit)
Ein elektronischer Schalter, dessen Ausgang entweder aktiviert oder deaktiviert ist, je nachdem, welchen Status die Eingänge haben. Ein Gatterschaltkreis kann z.B. verwendet werden, um ein Eingangssignal weiterzuleiten, was vom jeweiligen Status einer oder mehrerer Steuersignale abhängt. Ein Gatterschaltkreis kann aus mehreren logischen Gattern konstruiert werden. → *siehe auch* Gatter.

GB
→ *siehe* Gigabyte.

GBE, das; *Subst.*
→ *siehe* Gigabit Ethernet.

Gbps
→ *siehe* Gigabit pro Sekunde.

GDI
Abkürzung für **G**raphical **D**evice **I**nterface. Ein System für die Anzeige von grafischen Elementen in Microsoft Windows, das von Anwendungen verwendet wird, um Bitmaptext (TrueType-Schriftarten), Bilder und andere grafische Elemente anzuzeigen oder zu drucken. Das GDI-System wird für das konsistente Erstellen von Dialogfeldern, Schaltflächen und anderen Elementen am Bildschirm eingesetzt. Das System ruft dabei die relevanten Bildschirmtreiber auf und ordnet diesen die Informationen bezüglich des zu zeichnenden Elements zu. Das GDI-System funktioniert außerdem bei GDI-Druckern, die nur eingeschränkte Fähigkeiten für die Druckvorbereitung der Seite haben. Statt dessen behandelt das GDI-System nämlich den Task, indem die entsprechenden Druckertreiber aufgerufen werden und das Bild oder das Dokument direkt an den Drucker weitergeleitet wird. In diesem Fall wird das Bild oder das Dokument nicht für PostScript oder eine andere Druckersprache neu formatiert. → *siehe auch* Bitmapschrift, Dialogfeld, PostScript, Treiber.

Gecko
Eine plattformübergreifende Webbrowser-Engine, die 1998 von Netscape Communications eingeführt wurde und von Mozilla.org als Open Source-Software verteilt bzw. entwickelt wird. Die kleine, schnelle und modulare Gecko-Engine unterstützt unter anderem die Internetstandards HTML, CSS, XML und DOM. Gecko ist die Layoutengine für die

Software von Netscape Communicator. → *siehe auch* CSS, DOM, HTML, Netscape Communicator, Open Source, XML.

gedruckte Leiterplatte, die; *Subst.* (printed circuit board)
Eine flache Platte aus isoliertem Trägermaterial (z.B. Plastik oder Glasfaser), auf der Chips und andere elektronische Bauelemente montiert werden. Für die Aufnahme der Bauelementanschlüsse sind auf der Platine vorgebohrte Löcher vorhanden. Diese Löcher sind elektrisch durch festgelegte Leiterbahnen verbunden, die auf der Oberfläche der Platine »aufgedruckt« sind. Dadurch, dass Bauelemente mit den Leiterbahnen auf der Platine verlötet werden, entsteht die entsprechend der Schaltung vorgeschriebene Verbindung der Bauelemente untereinander. Um Zerstörungen durch Verunreinigungen oder statische Aufladungen zu vermeiden, sollte man die Platte nur an den äußeren Kanten berühren. (Abbildung G.1)

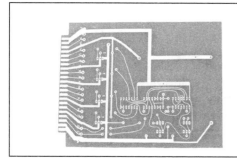

Abbildung G.1: Gedruckte Leiterplatte

Geek, der; *Subst.* (geek)
Eine »durchgeistigte« Person, die sich vorzugsweise mit komplexen Vorgängen – insbesondere in Bezug auf Wortspiele, Computerprogrammierung und dem Internet – beschäftigt. *Geek* hat in diesem Zusammenhang eine positive Assoziation, allgemein gesehen ist der Begriff jedoch eher abwertend.
Außerdem im engeren Sinne ein Computerexperte oder Informatiker. → *vgl.* Guru, Techie.

gegated *Adj.* (gated)
Über einen Übergang an ein nachfolgendes Netzwerk oder einen Service übertragen. Es kann z.B. eine Verteilerliste im BITNET an eine Newsgroup im Internet übertragen werden.

Gegenprüfung *Subst.* (cross-check)
Die Überprüfung der Richtigkeit einer Berechnung, indem das Ergebnis mit einer anderen Methode als der zur Berechnung verwendeten verifiziert wird. → *vgl.* querprüfen.

gegenseitiger Ausschluss, der; *Subst.* (mutual exclusion)
Eine Programmiertechnik, die den gleichzeitigen Zugriff mehrerer Programme oder Routinen auf eine bestimmte Ressource (z.B. eine Speicherstelle, einen I/O-Port oder eine Datei) verhindert. Die Aktivitäten dieser Programme und Routinen koordiniert man häufig mit Hilfe sog. Semaphore oder Flags. → *siehe auch* Semaphore.

Gehäuse, das; *Subst.* (cabinet, package)
Der »Kasten«, in dem alle Hauptkomponenten des Computers untergebracht sind, wie etwa die Hauptplatine (inklusive Prozessor), die Festplatte, das Diskettenlaufwerk, das CD-ROM-Laufwerk und die Erweiterungssteckplätze (z.B. für die Grafikkarte, um daran den Monitor anzuschließen, sowie Schnittstellenkarten, um daran Peripheriegeräte anzuschließen). → *siehe auch* CPU, Erweiterungssteckplatz.
In der Elektronik der »Behälter«, in dem ein elektronisches Bauelement untergebracht ist. → *siehe auch* DIP.

Geheimkanal, der; *Subst.* (secret channel)
→ *siehe* privater Channel.

gehirngeschädigt *Adj.* (braindamaged)
Umgangssprachlicher Ausdruck für die Eigenschaft eines Programms, das sehr fehlerhaft ist und schwere Schäden anrichtet. Ein derartiges Programm besitzt einige oder alle der folgenden Merkmale: Die Benutzeroberfläche ist rätselhaft und nicht intuitiv, Befehle verursachen nicht vorhersehbare Reaktionen, ungenutzter Arbeitsspeicher wird nicht freigegeben, geöffnete Dateien werden nicht geschlossen, und es werden bestimmte reservierte Elemente des Betriebssystems genutzt, was zu schweren Fehlern im Programm oder im Betriebssystem führen kann. »Gehirngeschädigte« Programme sind außerdem häufig die Ursache von Problemen in lokalen Netzwerken. → *vgl.* Notkonstruktion.

Geisterbild, das; *Subst.* (ghost)
Ein schwaches verzerrtes Bild, das sich auf das eigentliche Bild einer Videoanzeige aufsetzt. Die Ursache liegt in diesem Fall an einer Signalreflektion bei der Übertragung. Geisterbilder erscheinen auch auf einem Ausdruck, wenn die Hardwareelemente für die Druckausgabe instabil sind.

geistiges Eigentum, das; *Subst.* (intellectual property)
Leistungen menschlicher Intelligenz, die als außergewöhnlich und schöpferisch angesehen und denen Marktchancen zugesprochen werden. Das geistige Eigentum wird daher durch das Gesetz geschützt. Bei geistigem Eigentum kann es

G sich um Ideen, Erfindungen, literarische Texte, chemische, geschäftliche oder computerbezogene Verfahren sowie Firmen- bzw. Produktnamen und -logos handeln; es gibt aber noch weitere Bereiche. Beim Schutz des geistigen Eigentums unterscheidet man vier Kategorien: Urheberrecht (z.B. für literarische Werke, Kunst und Musik, aber auch gewisse Teile von Softwareprogrammen), Markenrecht (für Firmen- bzw. Produktnamen und -logos), Patente (für Erfindungen und Verfahren) und Geschäftsgeheimnisse (für Rezepte, Regeln und Verfahren). Die Beschäftigung mit dem Thema, wie geistiges Eigentum im Cyberspace zu definieren ist und wie es geschützt werden kann, hat dazu geführt, dass dieser juristische Bereich intensiven Überprüfungen unterzogen wird. → *siehe auch* Copyright, Fair Use, Marke.

gekapselter Typ, der; *Subst.* (encapsulated type)
→ *siehe* abstrakter Datentyp.

gekreuztes Kabel, das; *Subst.* (crossover cable)
Ein Kabel für die Verbindung zweier Computer, damit auf den Computern Dateien gemeinsam genutzt werden können und ein persönliches Netzwerk entstehen kann. Gekreuzte Kabel können bei Ethernet- oder FireWire-Anschlüssen verwendet werden. → *siehe auch* Kabel, Twistedpairkabel.

Geld, elektronisches, das; *Subst.* (electronic money)
→ *siehe* elektronisches Geld.

Geltungsbereich, der; *Subst.* (scope)
In der Programmierung der Bereich, in dem ein Bezeichner, wie beispielsweise eine Konstante, ein Datentyp, eine Variable oder eine Routine, innerhalb eines Programms referenziert werden kann. Der Geltungsbereich kann global oder lokal sein. Er kann auch durch eine Neudefinition von Bezeichnern beeinflusst werden, z.B. wenn einer globalen und einer lokalen Variablen der gleiche Name gegeben wird. → *siehe auch* global, lokal, markieren.

gemappte Laufwerke, das; *Subst.* (mapped drives)
Bei UNIX handelt es sich bei verbundenen Laufwerken um Laufwerke, die für das System definiert sind und aktiviert werden können.

gemeinsame Dateinutzung, die; *Subst.* (file sharing)
Die Verwendung von Computerdateien auf Netzwerken, auf denen Dateien auf einem zentralen Computer oder einem Server gespeichert und von mehreren Personen angefordert, überprüft und modifiziert werden. Die gemeinsame Datei-nutzung durch unterschiedliche Programme oder verschiedene Computer kann die Umwandlung in ein gegenseitig akzeptiertes Format erforderlich machen. Wird eine einzelne Datei von mehreren Personen genutzt, kann der Zugriff durch solche Methoden wie Kennwortschutz, Sicherheitsabfragen oder Dateisperrung geregelt werden, um Änderungen an einer Datei durch mehrere Personen gleichzeitig zu unterbinden.

gemeinsame Datennutzung, die; *Subst.* (data sharing)
Die Verwendung einer einzelnen Datendatei durch mehrere Personen oder Computer. Die gemeinsame Datenbenutzung lässt sich durch physikalischen Austausch von Dateien zwischen Computern oder (gebräuchlicher) durch Netzwerkeinsatz oder Computer-Computerkommunikation realisieren.

gemeinsamer Drucker, der; *Subst.* (shared printer)
Ein Drucker, der von mehr als einem Computer angesprochen wird.

freigegebene Ressource, die; *Subst.* (shared resource)
Geräte, Daten oder Programme, die von mehr als einem Gerät oder Programm genutzt werden.
Bei Windows NT die Bezeichnung für alle Ressourcen, die den Benutzern eines Netzwerks zur Verfügung stehen, wie Verzeichnisse, Dateien oder Drucker.

gemeinsamer Ordner, der; *Subst.* (shared folder)
Bei vernetzten Macintosh-Computern mit der Betriebssystemversion System 6.0 oder höher wird mit diesem Begriff ein Ordner bezeichnet, den ein Benutzer den anderen Netzwerkteilnehmern zur Verfügung gestellt hat. Ein gemeinsamer Ordner entspricht dem Netzwerkverzeichnis auf einem PC. → *siehe auch* Netzwerkverzeichnis.

gemeinsamer Speicher, der; *Subst.* (shared memory)
Speicher, auf den in einer Multitaskingumgebung zwei oder mehr Programme zugreifen können.
Außerdem ein Speicherbereich, der bei Parallelprozessor-Computersystemen zum Informationsaustausch dient. → *siehe auch* parallele Verarbeitung.

gemeinsames Netzverzeichnis, das; *Subst.* (shared network directory)
→ *siehe* Netzwerkverzeichnis.

gemeinsames Verzeichnis, das; *Subst.* (shared directory)
→ *siehe* Netzwerkverzeichnis.

G

gemeinsam nutzen *Vb.* **(share)**
Dateien, Verzeichnisse oder Ordner anderen Benutzern über ein Netzwerk zugänglich machen.

gemischter Zellbezug, der; *Subst.* (mixed cell reference)
In Tabellen ist dies ein Zellenbezug (d.h. die Adresse einer Zelle, die die Formel berechnet), in der entweder die Zeile oder die Spalte relativ ist (d.h. sie wird automatisch geändert, wenn die Formel in eine andere Zelle kopiert oder verschoben wird), während die andere Zeile oder Spalte absolut ist (d.h. sie wird nicht geändert, wenn die Formel kopiert oder verschoben wird). → *siehe auch* Zelle.

Genauigkeit, die; *Subst.* (accuracy, precision)
Der Umfang der Einzelheiten, die für die Darstellung einer Zahl verwendet werden. Beispielsweise liefert 3,14159265 mehr Genauigkeit – mehr Einzelheiten – über den Wert von Pi als 3,14. *Präzision* ist mit Genauigkeit verwandt, unterscheidet sich aber in der Bedeutung. Während Präzision den Grad von Detail anzeigt, weist Genauigkeit auf die Richtigkeit hin.
Der Annäherungsgrad eines Ergebnisses einer Berechnung oder Messung an den wahren Wert.
In der Programmierung verwendet man »Genauigkeit« häufig im folgenden Zusammenhang: Bei numerischen Werten (Gleitkommazahlen) besteht die Wahl zwischen einfacher Genauigkeit (Singleprecision) und doppelter Genauigkeit (Doubleprecision). Der Unterschied ergibt sich aus der Größe des zugewiesenen Speicherplatzes; ein Wert mit doppelter Genauigkeit benötigt im Allgemeinen den doppelten Speicherplatz. → *siehe auch* doppelt genau, einfache Genauigkeit.

General Protection Fault, der; *Subst.*
Ein Fehler, der in Prozessoren ab der Generation 80386 im Protected Mode (z.B. Windows 3.1) auftritt, wenn eine Anwendung einen Speicherzugriff außerhalb des zulässigen Speicherbereichs unternimmt oder ein ungültiger Befehl erteilt wird. → *siehe auch* Protected Mode.

General Public License, die; *Subst.*
Der Vertrag über den Vertrieb von Software der Free Software Foundation – z.B. die GNU-Dienstprogramme. Jeder Eigentümer des Programms, das als Vertragsgegenstand verzeichnet ist, darf dieses Programm an Dritte veräußern sowie Vertriebsgebühren und geleisteten Support berechnen. Der Vertragsnehmer darf jedoch diese Rechte (Vertrieb und Support) Dritten (Käufern) nicht untersagen. Benutzer dürfen das Programm modifizieren, wenn sie jedoch die modifizierte Version vertreiben, müssen die Modifizierungen aufgeführt werden, und das weitervertriebene Programm darf wiederum nur der General Public License unterliegen. Außerdem verpflichtet sich der Verkäufer, entweder den Quellcode des Programms zur Verfügung zu stellen oder anzugeben, wie auf den Quellcode zugegriffen werden kann, z.B. über eine Website. Weitere Informationen zur GPL sind unter der Webadresse http://www.fsf.org abrufbar. → *siehe auch* Free Software Foundation, freie Software, GNU, Open Source. → *auch genannt* Copyleft.

Generation, die; *Subst.* (generation)
Eine Kategorie, die Produkte (z.B. Computer oder Programmiersprachen) entsprechend den technologischen Erweiterungen unterscheidet, die diese darstellen. → *siehe auch* Computer.

Generationenprinzip, das; *Subst.* (generation)
Ein Konzept, mit dem zwischen gespeicherten Versionen einer Reihe von Dateien unterschieden wird. Die älteste Datei wird als Großvater, die nächstälteste als Vater und die neueste als Sohn bezeichnet.
Außerdem ein Konzept zur Unterscheidung eines Prozesses sowie eines anderen Prozesses, den dieser einleitet (Child) und des Prozesses, der diesen eingeleitet hat (dessen Parent bzw. dem Grandparent des Childs). → *siehe auch* verarbeiten.

GEnie
Abkürzung für **G**eneral **E**lectric **n**etwork For **I**nformation **E**xchange. Ein Onlinedienst, der von der General Electric (GE) Information Services entwickelt wurde. → *siehe auch* Onlinedienst.

GEO
→ *siehe* geostationärer Satellit.

geöffnet *Adj.* (open)
Eigenschaft eines Objekts, auf das zugegriffen werden kann. Beispielsweise befindet sich eine geöffnete Datei in einem Zustand, in dem diese von einem Programm verwendet werden kann. Das Programm hat diese Datei bereits mit einem entsprechenden Befehl (»öffne Datei«), der an das Betriebssystem gesendet wurde, in diesen Zustand versetzt.

geöffnete Datei, die; *Subst.* (open file)
Eine Datei, von der gelesen oder/und in die geschrieben werden kann. Ein Programm muss zunächst eine Datei öffnen,

G

bevor auf den Inhalt zugegriffen werden kann. Nachdem die Verarbeitung der Datei abgeschlossen ist, muss das Programm diese Datei wieder schließen. → *siehe auch* öffnen.

geographisches Informationssystem, das; *Subst.* (geographic information system)
Eine Anwendung oder eine Anwendungssuite zum Anzeigen und Erstellen von geografischen Karten. Allgemein enthalten geografische Informationssysteme ein Anzeigesystem (bei einigen Anwendungen können Benutzer sogar Karten über einen Webbrowser aufrufen), eine Umgebung für das Erstellen von Karten und einen Server für das Verwalten von Karten und Daten für Online-Echtzeitanzeige.

Geometrie, die; *Subst.* (geometry)
Der Zweig der Mathematik, der sich mit den Eigenschaften, der Konstruktion und den Beziehungen von Punkten, Linien, Winkeln, Kurven und Figuren beschäftigt. Geometrie ist ein wesentlicher Teil von CAD-Anwendungen und Grafikprogrammen.

GeoPort, der; *Subst.*
Eine serielle Portverbindung mit hoher Geschwindigkeit bei PowerMac-Computern und einigen älteren AV Macs, die Datenübertragungsraten von bis zu 230 Kilobit pro Sekunde (Kbps) ermöglichen.

GEOS
Ein Betriebssystem, entwickelt von Geoworks Corporation, das in einigen Handheldgeräten benutzt wird. GEOS wurde entwickelt, um eine breite Funktionalität in ressourcenabhängigen Umgebungen zu bieten, die eine limitierte Speicherkapazität aufweisen, wie z.B. erweiterte Telefone, einige Internetzugangskomponenten, PDAs und andere Handheldcomputer. → *siehe auch* Handheldcomputer, PDA.

geostationär *Adj.* (geostationary, geosynchronous)
Eine Umdrehung, die in der gleichen Zeit ausgeführt wird, die der Planet Erde für eine Umdrehung benötigt (z.B. durch einen Satelliten).

geostationärer Satellit, der; *Subst.* (geostationary orbit satellite)
Abkürzung: GEO. Ein Kommunikationssatellit, dessen Erdumlaufzeit exakt so groß ist wie die Erdumdrehungszeit, also 24 Stunden. Ein derartiger Satellit befindet sich daher von der Erde aus gesehen an einem festen Punkt am Himmel, wodurch die Kommunikation über feststehende Satelliten-

schüsseln erfolgen kann. Der Satellit ist in einer Höhe von etwa 35.850 km über dem Äquator installiert. Nur in dieser Höhe sind Erdumlaufzeit und Erdumdrehungszeit gleich lang. Die Ausleuchtzone eines geostationären Satelliten beträgt etwa ein Drittel der Erdoberfläche, so dass ein weltweiter Satellitendienst mit drei Satelliten realisiert werden kann. Die Übertragung eines Signals zum Satelliten und wieder zurück dauert etwa 250 Millisekunden. Satellitengestützte Datenkommunikation erlaubt eine hohe Bandbreite, auch speziell in Gebieten (z. B. ländlichen Regionen), in denen keine entsprechende Infrastruktur (z. B. Glasfaserverbindungen) vorhanden ist. → *siehe auch* Nachrichtensatellit, tieffliegender Satellit.

gepackte Dezimalzahl *Adj.* (packed decimal)
Eine Technik zur Codierung von Dezimalzahlen in binärer Form, bei der der benötigte Speicherplatz durch die Unterbringung von je zwei Ziffern in einem Byte optimal ausgenutzt wird. Bei vorzeichenbehafteten Dezimalzeichen in gepacktem Format erscheint das Vorzeichen in den äußerst rechts stehenden vier Bit des rechten (niederwertigsten) Bytes.

gepoltes Bauteil, das; *Subst.* (polarized component)
Ein Bauelement, bei dessen Einbau in eine elektronische Schaltung die gegebene Polarität (bzw. Stromrichtung) zu beachten ist. Beispiele für gepolte Bauteile sind Dioden, Gleichrichter und bestimmte Kondensatoren.

gerade Parität, die; *Subst.* (even parity)
→ *siehe* Parität.

geradliniger Code, der; *Subst.* (straight-line code)
Programmcode, dessen Anweisungen eine geradlinige Reihenfolge einhalten und keine Transferanweisungen (wie GOTO oder JUMP) für Vorwärts- bzw. Rückwärtsverzweigungen enthalten. → *siehe auch* GOTO-Befehl, Sprungbefehl. → *vgl.* Spaghetticode.

Gerät, das; *Subst.* (device)
Allgemeiner Begriff für ein Teilsystem eines Computers. Als Geräte werden z.B. Drucker, serielle Ports und Diskettenlaufwerke bezeichnet. Diese Teilsysteme benötigen zum Betrieb häufig eigene Steuersoftware, die sog. Gerätetreiber. → *siehe auch* Gerätetreiber.

Gerät, asynchrones, das; *Subst.* (asynchronous device)
→ *siehe* asynchrones Gerät.

Gerät, binäres, das; *Subst.* (binary device)
→ *siehe* binäres Gerät.

Gerät, blockorientiertes, das; *Subst.* (block device)
→ *siehe* blockorientiertes Gerät.

Geräteabhängigkeit, die; *Subst.* (device dependence)
Die Bedingung, dass ein bestimmtes Gerät vorhanden oder verfügbar sein muss, um ein Programm, eine Schnittstelle oder ein Protokoll verwenden zu können. Die Geräteabhängigkeit stellt häufig einen Nachteil dar, weil dadurch der Einsatz des Programms entweder auf ein bestimmtes System beschränkt bleibt oder Anpassungen für jeden vorgesehenen Systemtyp erforderlich sind. → *vgl.* Geräteunabhängigkeit.

Geräteadresse, die; *Subst.* (device address)
Eine Speicherstelle im Adressraum des Arbeitsspeichers, die sich entweder durch den Mikroprozessor oder durch ein externes Gerät verändern lässt. Geräteadressen unterscheiden sich damit von anderen Speicherstellen im RAM (Random Access Memory), die nur durch den Mikroprozessor geändert werden können. → *siehe auch* Eingabe/Ausgabe, Gerät, RAM.

Gerätecontroller, der; *Subst.* (device controller)
→ *siehe* Eingabe-/Ausgabecontroller.

Geräte-Manager, der; *Subst.* (device manager, Device Manager)
Ein Dienstprogramm für das Festlegen von Einstellungen. Der Geräte-Manager ermöglicht das Anzeigen und Ändern der Hardwarekonfiguration (z.B. Interrupts, Basisadressen und serielle Kommunikationsparameter).
In Windows eine Funktion innerhalb der Systemeigenschaften, die Gerätekonflikte und andere Probleme angibt. Der Geräte-Manager ermöglicht dem Benutzer, die Eigenschaften des Computers sowie die Eigenschaften der angeschlossenen Geräte zu ändern. → *siehe auch* Eigenschaft, Eigenschaftenfenster, Microsoft Windows.

Gerätename, der; *Subst.* (device name)
Die Bezeichnung, unter der eine Komponente eines Computersystems dem Betriebssystem bekannt gemacht wird. MS-DOS verwendet z.B. den Gerätenamen COM1, um den ersten seriellen Kommunikationsport zu identifizieren.

gerätespezifische Auflösung, die; *Subst.* (device resolution)
→ *siehe* Auflösung.

Gerätesteuerzeichen, das; *Subst.* (device control character)
→ *siehe* Steuerzeichen.

Gerätetreiber, der; *Subst.* (device driver)
Ein Softwarebaustein, der in einem Betriebssystem die Kommunikation mit einem Gerät ermöglicht. In den meisten Fällen manipuliert der Treiber auch die Hardware, um Daten an das jeweilige Gerät zu senden. Die zu einem Anwendungspaket gehörenden Treiber realisieren in der Regel allerdings lediglich die Übersetzung der Dateien. Diese auf einer abstrakten (hardwareferneren) Ebene angesiedelten Treiber stützen sich ihrerseits auf hardwarenahe Treiber, die tatsächlich die Daten an das Gerät schicken. Es ist auch zu beachten, dass viele Geräte, insbesondere Videoadapter auf PC-kompatiblen Computern, ohne Installation eines korrekten Gerätetreibers im System nicht geeignet arbeiten können (falls sie überhaupt funktionieren). → *siehe auch* Betriebssystem.

Gerätetreiber, installierbarer, der; *Subst.* (installable device driver)
→ *siehe* installierbarer Gerätetreiber.

Gerätetreiber, virtueller, der; *Subst.* (virtual device driver)
→ *siehe* virtueller Gerätetreiber.

geräteunabhängige Bitmap, die; *Subst.* (device-independent bitmap)
→ *siehe* DIB.

Geräteunabhängigkeit, die; *Subst.* (device independence)
Ein Merkmal von Programmen, Schnittstellen oder Protokollen, die Softwareoperationen zur Erzeugung ähnlicher Ergebnisse für ein breites Spektrum von Hardware unterstützen. Die Sprache PostScript stellt ein Beispiel für eine geräteunabhängige Seitenbeschreibungssprache dar: Programme, die PostScript-Befehle für Zeichnungen oder Texte ausgeben, müssen nicht auf einen bestimmten Drucker angepasst werden. → *vgl.* Geräteabhängigkeit.

Gerät, fotoelektrisches, das; *Subst.* (photoelectric device)
→ *siehe* fotoelektrisches Gerät.

Gerät, logisches, das; *Subst.* (logical device)
→ *siehe* logisches Gerät.

Gerät, virtuelles, das; *Subst.* (virtual device)
→ *siehe* virtuelles Gerät.

G

G **Gerät, zeichenorientiertes**, das; *Subst.* (character device)
→ *siehe* zeichenorientiertes Gerät.

geregelte Beendigung, die; *Subst.* (graceful exit)
Die planmäßige Beendigung eines Prozesses (selbst unter Fehlerbedingungen), die dem Betriebssystem oder dem Elternprozess die Übernahme der normalen Steuerung ermöglicht und das System in einem »Gleichgewichtszustand« zurücklässt. Es handelt sich dabei um das eigentlich erwartete Verhalten. → *siehe auch* ausfallgesichertes System.

Germanium, das; *Subst.* (germanium)
Ein Halbleiterelement (Ordnungszahl 32), das in einigen Transistoren, Dioden und Solarzellen verwendet wird, aber bei den meisten Anwendungen durch Silizium ersetzt wurde. Germanium hat eine geringere Schwellspannung als Silizium, ist jedoch empfindlicher auf Hitze (z.B. beim Löten).

gesättigter Modus, der; *Subst.* (saturated mode)
Bezeichnet einen Betriebsmodus, bei dem durch ein Schalterbauelement oder einen Verstärker der maximal mögliche Strom fließt. Ein Bauelement befindet sich im gesättigten Zustand, wenn eine Vergrößerung des Steuersignals nicht mehr zu einem weiteren Anwachsen des Ausgangsstroms führt.

Geschäftsgrafik, die; *Subst.* (analysis graphics, business graphics)
→ *siehe* Präsentationsgrafik.

geschichtete Schnittstelle, die; *Subst.* (layered interface)
In der Programmierung versteht man unter *geschichteter Schnittstelle* die Ebenen der Routinen, die zwischen einer Anwendung und der Hardware existieren, und das Trennen von Aktivitäten, entsprechend der Taskart, die die Aktivitäten ausführen. Letztendlich vereinfacht diese Schnittstelle das Anpassen eines Programms an die verschiedenen Arten einer Ausstattung. (Abbildung G.2)

geschlossene Architektur, die; *Subst.* (closed architecture)
Eigenschaft eines Computersystems, dessen Spezifikationen nicht frei verfügbar sind. Dadurch ist es Fremdherstellern kaum möglich, Zusatzgeräte zu entwickeln, die mit dem entsprechenden Gerät korrekt zusammenarbeiten. Gewöhnlich ist nur der Originalhersteller in der Lage, entsprechende Peripheriegeräte und Add-Ons zu produzieren. → *vgl.* offene Architektur.

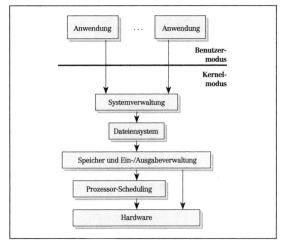

Abbildung G.2: Geschichtete Schnittstelle

Mit dem Ausdruck »geschlossene Architektur« werden auch Systeme charakterisiert, die keine Steckplätze für Erweiterungskarten aufweisen. Die ursprünglichen Modelle des Apple Macintosh sind ein Beispiel für eine derartige Architektur. → *vgl.* offene Architektur.

geschlossene Datei, die; *Subst.* (closed file)
Eine Datei, die aktuell nicht von einer Anwendung verwendet wird. Eine Anwendung muss eine Datei zunächst öffnen, bevor die Datei gelesen oder in diese geschrieben werden kann. Nach Abschluss der Operationen muss die Datei wieder geschlossen werden. → *vgl.* geöffnete Datei.

geschlossenes System, das; *Subst.* (closed system)
→ *siehe* geschlossene Architektur.

geschütztes Leerzeichen, das; *Subst.* (nonbreaking space)
Ein Zeichen, das ein normales Leerzeichen ersetzt, um zwei Wörter auf einer Zeile zusammenzuhalten und einen Zeilenumbruch zwischen ihnen zu unterbinden.

Geschwister, das; *Subst.* (sibling)
Prozesse oder Knoten in einem Baum, die von denselben unmittelbaren Vorgängern abstammen wie andere Prozesse oder Knoten. → *siehe auch* Generationenprinzip.

gesicherter Kanal, der; *Subst.* (secure channel)
Eine Datenübertragungsstrecke, die durch Trennung von öffentlichen Netzen, Verschlüsselung oder andere Mittel vor unberechtigtem Zugang, Betrieb oder Gebrauch geschützt ist. → *siehe auch* Verschlüsselung.

G

gesicherte Site, die; *Subst.* (secure site)
Eine Website, die sichere Transaktionen unterstützt, so dass auf Kreditkartennummern und andere persönliche Informationen von dafür nicht autorisierten Personen nicht zugegriffen werden kann.

gesichertes Weitbereichsnetz, das; *Subst.* (secure wide area network)
Eine Gruppe von Computersystemen, die über ein öffentlich zugängliches Netzwerk (z.B. das Internet) kommunizieren, wobei jedoch durch Sicherheitsmaßnahmen, wie beispielsweise Verschlüsselung, Authentifikation und Autorisierung, ein Abhören durch nicht berechtigte Benutzer verhindert wird. → *siehe auch* Authentifizierung, Autorisierung, Verschlüsselung, virtuelles Privatnetzwerk.

gesperrte Datei, die; *Subst.* (locked file)
Eine Datei, auf der sich bestimmte Arten von Operationen nicht mehr ausführen lassen. In der Regel kann man eine gesperrte Datei nicht ändern, d.h. man kann nichts hinzufügen oder löschen.
Der Begriff bezieht sich manchmal auch auf eine Datei, die weder gelöscht noch verschoben werden kann und bei der auch keine Änderung des Dateinamens zulässig ist.

gesperrte Ordner, der; *Subst.* (disabled folders)
Ein Begriff aus der Mac OS-Terminologie. Bei gesperrten Ordnern handelt es sich um die verschiedenen Ordner im Systemordner, die Systemerweiterungen, Systemsteuerungen und andere Elemente enthalten, die vom Erweiterungs-Manager aus dem System entfernt wurden. Die Elemente, die sich in deaktivierten Ordnern befinden, werden beim Systemstart nicht installiert, sondern können später vom Erweiterungs-Manager automatisch in die regulären Ordner verschoben werden. → *siehe auch* Erweiterungs-Manager, Systemordner.

gesperrter Modus, der; *Subst.* (lock up)
Ein Zustand, in dem die Verarbeitung vollständig suspendiert erscheint und das Programm zur Steuerung des Systems keine Eingaben mehr entgegennimmt. → *siehe auch* crashen.

gesperrtes Volumen, das; *Subst.* (locked volume)
Auf dem Apple Macintosh ein Volume (Speichergerät, z.B. eine Diskette), auf das man nicht schreiben kann. Das Volume lässt sich entweder physikalisch oder per Software sperren.

gespiegelte Site, die; *Subst.* (mirror site)
Ein Dateiserver mit einem Duplikatsatz von Dateien, die auf einem Server gespeichert sind, auf den häufig zugegriffen wird. Gespiegelte Sites dienen dazu, die Anfragen auf mehrere Server zu verteilen. Außerdem entlasten gespiegelte Sites internationale Leitungen.

gesprochene Antworten, die; *Subst.* (voice answer back)
Der Einsatz von aufgezeichneten Sprachmeldungen, mit denen ein Computer auf Befehle oder Abfragen reagiert.

get
Ein FTP-Befehl, der den Server anweist, eine angegebene Datei an den Client zu übertragen. → *siehe auch* FTP, FTP-Client, FTP-Server.

geteilte Logik, die; *Subst.* (shared logic)
Logische Schaltkreise, die zur Implementierung einer bestimmten Operation von mehreren anderen Schaltkreisen gemeinsam verwendet werden. Der Begriff wird analog für Programmmodule gebraucht, die von verschiedenen Programmen gemeinsam verwendet werden.

geteilter Bildschirm, der; *Subst.* (split screen)
Eine Darstellungsmethode, bei der ein Programm den Anzeigebereich in zwei oder mehr Abschnitte unterteilt, von denen jeder eine andere Datei oder unterschiedliche Abschnitte derselben Datei anzeigen kann. (Abbildung G.3)

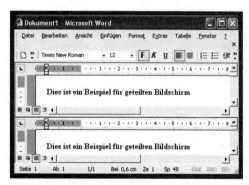

Abbildung G.3: Geteilter Bildschirm

gewichteter Code, der; *Subst.* (weighted code)
Zur Darstellung von Daten verwendeter Code, bei dem jeder Bitposition ein spezifischer Wert fest zugeordnet ist. Bei der Umsetzung der Daten fließt abhängig vom Zustand des ursprünglichen Bits (1 oder 0) der jeweilige Wert in das Ergebnis ein oder nicht.

G

gewöhnlicher Bindestrich, der; *Subst.* (normal hyphen)
→ *siehe* Bindestrich.

GFLOP
→ *siehe* Gigaflops.**.gif**
Eine Dateinamenerweiterung, die eine GIF-Grafikdatei kennzeichnet. → *siehe auch* GIF.

GIF, das; *Subst.*
Abkürzung für **G**raphics **I**nterchange **F**ormat. Ein Format für Grafikdateien, das von CompuServe entwickelt wurde. Dieses Format wird für die Übertragung von Rasterbildern im Internet verwendet. Ein Bild kann bis zu 256 Farben (einschließlich einer transparenten Farbe) enthalten. Die Dateigröße hängt von der Anzahl der Farben ab, die tatsächlich verwendet werden. Die Komprimierungsmethode LZW wird verwendet, um die Dateigröße weiter zu verringern. → *siehe auch* PNG, Rastergrafik.
Der Ausdruck »GIF« wird auch kurz für »GIF-Grafik« verwendet, also für eine Grafikdatei, die im GIF-Format gespeichert ist.

GIF, animiertes, das; *Subst.* (animated GIF)
→ *siehe* animiertes GIF.

Giga- *Präfix* (giga-)
Ein Maßeinheitenvorsatz mit der Bedeutung »1 Milliarde« oder 10^9 (im amerikanischen Sprachgebrauch: 1 Billion).
Bei der Datenspeicherung steht »Giga-« für den Faktor 1.024 × 1.048.576 (2^{30}) oder 1.000 × 1.048.576. → *siehe auch* Gigabyte, Gigaflops, Gigahertz, Kilo-, Mega-.

Gigabit-Ethernet, das; *Subst.* (Gigabit Ethernet)
Der IEEE-Standard für Ethernet wurde um 802.3z erweitert. Dies beinhaltet die Unterstützung für Übertragungsraten von 1 Gigabit pro Sekunde (Gbps) in einem Ethernet-Netzwerk. Der konventionelle Ethernet-Standard (802.3) unterstützt dagegen nur bis zu 100 Megabit pro Sekunde (Mbps).
→ *siehe auch* 1000BaseLX, 1000BaseSX, Ethernet/802.3.
→ *vgl.* Ethernet/802.3.

Gigabit pro Sekunde, das; *Subst.* (gigabits per second)
Eine Rate der Datenübertragungsgeschwindigkeit, z.B. bei einem Netzwerk, in Mehrfachen von 1.073.741.824 (2^{30} = einer Milliarde) Bit.

Gigabyte, das; *Subst.* (gigabyte)
1.024 Megabyte (1.024 × 1.048.576 [2^{30}] Byte).
Ein Gigabyte bezieht sich außerdem im Bereich der Festplat-

tentechnik auf 1.000 Megabyte (1.000 × 1.048.576 Byte).
→ *siehe auch* Megabyte.

Gigaflops, die; *Subst.* (gigaflops)
Eine Milliarde Gleitkommaoperationen pro Sekunde (im amerikanischen Sprachgebrauch: 1 Billion). Gigaflops verwendet man als Maß für die Rechengeschwindigkeit eines Computers. → *siehe auch* Gleitkommaoperation.

Gigahertz, das; *Subst.* (gigahertz)
Abgekürzt GHz. Ein Maß der Frequenz: eine Billion (1.000 Millionen) Schwingungen pro Sekunde.

gigaPOP
Abkürzung für »**giga**bit **P**oint **o**f **P**resence«, zu Deutsch »Netzwerkknoten im Gigabitbereich«. Ein Netzwerkknoten (Point of Presence; Abkürzung: POP), der eine Übertragungsgeschwindigkeit von mindestens 1 Gigabit pro Sekunde (Gbps) unterstützt. gigaPOPs werden zur Verbindung von Hochgeschwindigkeitsnetzwerken eingesetzt. → *siehe auch* Point of Presence.

GIGO
→ *siehe* Müll rein, Müll raus.

GIS
→ *siehe* geographisches Informationssystem.

GKS
→ *siehe* Graphical Kernel System.

glätten *Vb.* (smooth)
Durch bestimmte Verfahren Unregelmäßigkeiten bei statistischen Daten beseitigen, wie z.B. durch die adaptive Mittelwertbildung oder die Streichung irrelevanter Zufallswerte.
Im Grafikbereich bezeichnet »glätten« das Beseitigen von Unregelmäßigkeiten und Kanten aus Linien oder Umrisslinien. → *siehe auch* Antialiasing.

Glasfaser, die; *Subst.* (optical fiber)
Eine dünne Faser aus transparentem Material, die zur Übertragung optischer Signale verwendet wird. Bei der Herstellung von Glasfasern kommen bestimmte Glas- und Kunststoffsorten zum Einsatz. Glasfasern beruhen auf dem Prinzip, dass der an einem Ende eingespeiste Lichtstrahl auf seinem Weg durch die Faser ständig an den Innenseiten reflektiert wird und daher nicht austreten kann. Glasfaserkabel sind kostengünstig, kompakt und zeichnen sich durch ein gerin-

ges Gewicht aus. In einem Glasfaserkabel werden häufig mehrere hundert Einzelfasern zusammengefasst. → *siehe auch* Glasfasertechnik.

Glasfasertechnik, die; *Subst.* (fiber optics)
Ein Verfahren zur Übertragung von Lichtstrahlen innerhalb von Glasfasern. Glasfasern sind dünne Stränge aus Glas oder anderem transparenten Material. Licht verschiedener Frequenzen innerhalb der Bandbreite des sichtbaren Lichts, das z.B. von einem Laser produziert wird, lässt sich zum Zwecke der Informationsübertragung modulieren. Die dann durch die Glasfaser geschickten elektromagnetischen Wellen können erheblich mehr Informationen transportieren als elektromagnetische Wellen in herkömmlichen Medien (z.B. Kupferkabel), da sich die Wellen in dem Glasmedium annähernd mit Lichtgeschwindigkeit fortbewegen. In einem Glasfaserkabel sind Dutzende oder Hunderte einzelner Stränge oder Fasern zusammengefasst. Glasfasern sind gegenüber elektromagnetischen Störungen weitgehend immun. Es gibt verschiedene Arten von Glasfaserkabeln, die anhand der Anzahl der Wellen oder *Moden*, die sie führen, unterschieden werden können. Man spricht von *Monomode-Fasern*, wenn ein Kabel eine Mode führt. Bei Verwendung in glasfaserbasierten Netzwerken haben die Monomode-Fasern einen Kerndurchmesser von 9 Mikrometern. Dagegen spricht man bei Führung mehrerer Moden von *Multimode-Fasern*, die einen Kerndurchmesser von 50 oder 62,5 Mikrometern aufweisen. → *siehe auch* Glasfaser.

Gleichheit, die; *Subst.* (equality)
Der Zustand des Identischseins, meist auf Werte und Datenstrukturen angewandt.

Gleichlaufsteuerung, die; *Subst.* (clocking)
→ *siehe* Synchronisierung.

Gleichrichter, der; *Subst.* (rectifier)
Ein elektronisches Bauelement, das den Strom in einer Richtung durchlässt, in der anderen Richtung aber sperrt. Gleichrichter setzt man zur Umwandlung von Wechselstrom in Gleichstrom ein.

Gleichrichter, steuerbarer, der; *Subst.* (silicon-controlled rectifier)
→ *siehe* steuerbarer Gleichrichter.

Gleichstrom, der; *Subst.* (direct current)
Abgekürzt DC, auch durch das Gleichheitszeichen (=) dargestellt. Elektrischer Strom gleich bleibender Richtung. Der Strom kann unterbrochen werden oder die Amplitude ändern, fließt aber immer in die gleiche Richtung. → *vgl.* Wechselstrom.

Gleichung, die; *Subst.* (equation)
Eine mathematische Anweisung, die die Gleichheit zwischen zwei Ausdrücken durch ein Gleichheitszeichen (=) anzeigt. Anweisungen für Zuweisungen werden in Programmiersprachen in der Form von Gleichungen geschrieben. → *siehe auch* Zuweisungsbefehl.

gleichzeitiger Zugriff, der; *Subst.* (simultaneous access)
→ *siehe* paralleler Zugriff.

Gleitkommaarithmetik, die; *Subst.* (floating-point arithmetic)
Arithmetische Operationen, die mit Gleitkommazahlen ausgeführt werden. → *siehe* auch Gleitkommanotation, Gleitkommazahl.

Gleitkommaexponent, der; *Subst.* (characteristic)
In der Mathematik der Exponent einer Gleitkommazahl (also der Teil, der nach dem Zeichen »E« folgt, das wiederum die Position des Dezimalkommas angibt) oder der Ganzzahlenteil eines Logarithmus. → *siehe auch* Gleitkommanotation, Logarithmus.

Gleitkommakonstante, die; *Subst.* (floating-point constant)
Eine Konstante, die einen reellen oder Gleitkommawert repräsentiert. → *siehe* auch Gleitkommanotation, Konstante.

Gleitkommanotation, die; *Subst.* (floating-point notation)
Auch als Exponentialschreibweise bezeichnet. Ein numerisches Format, das sich für die Darstellung sehr großer und sehr kleiner Zahlen eignet. Die Speicherung von Gleitkommazahlen erfolgt in zwei Teilen – Mantisse und Exponent. Die Mantisse legt dabei die einzelnen Ziffern der Zahl fest, und der Exponent gibt deren Größenordnung (d.h. die Position des Dezimalpunkts) an. Beispielsweise lassen sich die Zahlen 314.600.000 und 0,0000451 in Gleitkommanotation als 3146E5 und 451E-7 schreiben. Die meisten Mikroprozessoren können keine Gleitkommaarithmetik ausführen, so dass man entsprechende Berechnungen entweder per Software nachbildet oder einen speziellen Gleitkommaprozessor einsetzt. → *siehe auch* Festkommanotation, Gleitkommaprozessor, Integer. → *auch genannt* Exponentialschreibweise.

G

Gleitkommaoperation, die; *Subst.* (floating-point operation)
Abgekürzt FLOP. Eine arithmetische Operation mit Daten, die in einer Gleitkommanotation gespeichert sind. Gleitkommaoperationen werden immer dort verwendet, wo Zahlen entweder Brüche oder irrationale Bestandteile aufweisen (z.B. in Tabellen und bei der CAD-Technik). Die Anzahl der pro Zeiteinheit ausführbaren Gleitkommaoperationen dient u. a. als Maß der Rechenleistung. Üblich ist z.B. die Angabe der erreichbaren Megaflops (Millionen von Gleitkommaoperationen pro Sekunde oder MFLOPS). → *siehe auch* Gleitkommanotation, MFLOPS.

Gleitkommaprozessor, der; *Subst.* (floating-point processor)
Auch als numerischer Prozessor, mathematischer Prozessor oder Gleitkommaeinheit bezeichnet. Ein Coprozessor, der Berechnungen mit Gleitkommazahlen ausführt. Das Aufrüsten eines Systems mit einem Gleitkommaprozessor kann die Geschwindigkeit von mathematischen und grafischen Funktionen enorm steigern, wenn die Software auf die Erkennung und Verwendung dieses Prozessors ausgelegt ist. Der i486DX- und 68040-Mikroprozessor (und höhere) verfügen bereits über integrierte Gleitkommaprozessoren. → *siehe auch* Gleitkommanotation, Gleitkommazahl. → *auch genannt* mathematischer Coprozessor, numerischer Coprozessor.

Gleitkommaregister, das; *Subst.* (floating-point register)
Ein Register, das zum Speichern von Gleitkommawerten ausgelegt ist. → *siehe auch* Gleitkommazahl, Register.

Gleitkommazahl, die; *Subst.* (floating-point number)
Eine Zahl, die durch eine Mantisse und einen Exponenten entsprechend einer vorgegebenen Basis dargestellt wird. Die Mantisse hat in der Regel einen Wert zwischen 0 und 1. Um den Wert einer Gleitkommazahl zu ermitteln, wird die Basis mit dem Exponenten potenziert und die Mantisse mit dem Ergebnis multipliziert. Entsprechend der konventionellen Notation werden Gleitkommazahlen mit dem Wert 10 als Basis verwendet. In der Informatik hat die Basis für Gleitkommazahlen in der Regel den Wert 2.

Glitch, der; *Subst.* (glitch)
Zu Deutsch »Ausrutscher«. Im Allgemeinen ein kleineres Problem, z.B. in einem Programm.
Außerdem eine kurze Überspannung in der Stromversorgung.

global *Adj.*
Nicht auf einen bestimmten Bereich eingeschränkt, sondern z.B. auf ein gesamtes Dokument, eine gesamte Datei oder ein gesamtes Programm bezogen. → *vgl.* lokal, lokale Variable.

globale Gruppe, die; *Subst.* (global group)
In Windows NT Advanced Server eine Sammlung von Benutzerkonten innerhalb einer Domäne, denen die Erlaubnisse und Rechte für den Zugriff auf Ressourcen, Server und Workstations außerhalb der Domäne der eigenen Gruppe sowie innerhalb dieser Domäne zugebilligt werden. → *siehe auch* gruppieren, lokale Gruppe, Windows NT Advanced Server.

globale Identifikation, die; *Subst.* (global universal identification)
Ein Identifikationsschema, in dem nur ein Name einem bestimmten Objekt zugeordnet ist. Dieser Name wird von den Plattformen und Anwendungen eines Systems akzeptiert.

global einheitlicher Identifikator, der; *Subst.* (globally unique identifier)
→ *siehe* globale Identifikation.

globale Operation, die; *Subst.* (global operation)
Eine Operation, z.B. Suchen und Ersetzen, die auf ein gesamtes Dokument, Programm oder ein anderes Objekt wirkt – z.B. eine Diskette.

globales Suchen und Ersetzen, das; *Subst.* (global search and replace)
Eine Suchen/Ersetzenoperation, die alle Vorkommen des ausgewählten Strings im gesamten Dokument sucht und ersetzt. → *siehe auch* Suchen und Ersetzen.

globale Variable, die; *Subst.* (global variable)
Eine Variable, auf dessen Wert zugegriffen werden kann. Außerdem kann die Variable durch eine Anweisung in einem Programm geändert werden. Die Änderung muss also nicht in einer einzelnen Routine erfolgen, in der die Variable definiert ist. → *siehe auch* global. → *vgl.* lokale Variable.

Global Positioning System *Subst.*
→ *siehe* GPS.

Global System for Mobile Communications, das; *Subst.*
Ein digitaler zellularer Telefonstandard, der in insgesamt über 60 Ländern gilt. Dieser Standard gilt für fast alle Staaten Europas. In den USA wurden jedoch erst Probesysteme eingerichtet.

GMR

→ *siehe* GMR-Kopf.

GMR-Kopf, der; *Subst.* (giant magnetoresistive head)
Eine von IBM entwickelte Bauform eines Festplatten-schreibkopfs, bei der das physikalische Phänomen GMR (»Giant Magnetoresistive Effect«) angewendet wird. Dieser von europäischen Wissenschaftlern Ende der 80er Jahre entdeckte Effekt bewirkt große Veränderungen der Perme-abilität in Magnetfeldern, wenn verschiedene metallische Werkstoffe in dünnen wechselnden Schichten zusammen-gesetzt werden. Beim Einsatz in Festplattenköpfen ermög-licht die GMR-Technologie eine sehr dichte Datenspeiche-rung, derzeit bis zu 11,6 Mrd. Bit pro Quadratzoll. Dies ent-spricht mehr als 700.000 Schreibmaschinenseiten. → *siehe auch* Kopf.

GNOME *Subst.*
Abkürzung für »**G**NU **N**etwork **O**bject **M**odel **E**nvironment«. Eine verbreitete Open-Source-Desktopumgebung für UNIX und UNIX-basierte Betriebssysteme wie Linux. GNOME stellt eine grafische Benutzeroberfläche und einfache Anwendungen bereit, die denen der Betriebssysteme Microsoft Windows oder Macintosh entsprechen. Auf-grund seiner auf den üblichen Standards basierenden Umgebung und dem vertrauten Desktoperscheinungsbild soll GNOME dem Benutzer die Verwendung von UNIX erleichtern. Die Entwicklung von GNOME wird von der GNOME-Foundation überwacht, einem Verband von Unternehmen und Organisationen in der Computerbran-che, deren Interessenschwerpunkt auf dem Betriebssystem UNIX liegt. GNOME und KDE sind die führenden Kandidaten bei der Suche nach einem Linux-Desktopstandard. → *siehe auch* KDE.

Gnomon, der; *Subst.* (gnomon)
Ein Begriff aus dem Bereich der Computergrafiken. Die Dar-stellung des dreidimensionalen (x-y-z) Achsensystems.

GNU
Abkürzung für »**G**NU's **N**ot **U**NIX«. Eine Sammlung von Software, die auf dem UNIX-Betriebssystem basiert und die von der Free Software Foundation verwaltet wird. GNU wird auf der Grundlage der GNU General Public License ver-trieben. Die Website von GNU ist unter der Adresse http://www.gnu.org erreichbar. → *siehe auch* Free Software Foundation, General Public License, Open Source. → *vgl.* Linux.

Gnutella *Subst.*
Ein Dateifreigabeprotokoll, das die Grundlage für eine Reihe von Peer-to-Peer-Netzwerkprodukten darstellt. Gnutella bil-det ein loses, dezentrales Netzwerk, innerhalb dessen jeder Benutzer die freigegebenen Dateien anderer Gnutella-Benutzer sehen und verwenden kann. Anders als bei Napster ist für Gnutella kein zentraler Server erforderlich, und jeder beliebige Dateityp kann ausgetauscht werden. Gnutella wurde von Programmierern der zu America Online gehören-den Nullsoft-Gruppe entwickelt; die ursprüngliche Imple-mentierung des Protokolls ist jedoch nie auf den Markt gekommen. Veröffentlicht wurde lediglich ein Open-Source-Preview von Gnutella, was dazu führte, dass eine Vielzahl von Varianten verfügbar wurden. Weitere Informationen können unter der Adresse http://www.gnutella.com abgeru-fen werden. → *siehe auch* Napster, Peer-to-Peer-Netzwerk.

Godwin-Regel, die; *Subst.* (Godwin's Law)
Die Beobachtung, dass bei einer Online-Diskussion mit zunehmender Dauer die Wahrscheinlichkeit, dass Vergleiche mit den Nationalsozialisten oder Hitler gezogen werden, gegen 1 geht. Ursprünglich von Michael Godwin angestellt. Im Falle eines solchen Vergleichs werden die anderen Teilnehmer wahrscheinlich die Godwin-Regel zitieren, um diesen zu kritisieren. Weitere Informationen zu dieser Regel finden Sie unter der Webadresse http://www.faqs.org/faqs/usenet/legends/godwin/.

Good Times Virus, der; *Subst.* (Good Times virus)
Ein angebliches E-Mail-Virus, vor dem weltweit im Internet sowie per Fax und Briefversand in den USA häufig gewarnt wurde. In dem Schreiben wird behauptet, dass das Lesen einer E-Mail-Nachricht mit dem Betreff »Good Times« das System des jeweiligen Lesers schädigt. Es ist jedoch derzeit unmöglich, ein System durch das Aufrufen von E-Mail-Nachrichten zu schädigen. Es ist allerdings möglich, dass sich ein Virus auf dem System ausbreitet, der in einem Dateianhang einer E-Mail-Nachricht versteckt war. Einige Benutzer sind der Ansicht, dass der Kettenbrief an sich ein »Virus« ist, weil der Brief die Band-breite des Internets belastet und für die Leser eine reine Zeit-verschwendung ist. Informationen zu derartigen »Enten« und zu tatsächlich existierenden Viren können von der Website von CERT unter http://www.cert.org/ aufgerufen werden. → *siehe auch* Großstadtlegende, Hoax, Virus.

Google
Eine Suchmaschine im World Wide Web, die seit Anfang 1999 sehr rasch an Popularität gewonnen hat. Google ist

G über den URL http://www.google.com erreichbar. → *siehe auch* Suchmaschine. → *vgl.* AltaVista, Excite, HotBot, Infoseek, Lycos, WebCrawler, Yahoo!.

Gopher, der; *Subst.*
Ein Internetdienstprogramm zum Ermitteln von Textinformationen. Die Daten werden dem Benutzer in hierarchischen Menüs zur Verfügung gestellt, aus denen der Benutzer Untermenüs oder Dateien auswählen kann, um diese herunterzuladen und anzuzeigen. Wenn ein Gopher-Client auf alle verfügbaren Gopher-Server zugreift, greift der Benutzer auf den so genannten »Gopher-Space« zu. Das Programm wurde an der Universität von Minnesota (USA) entwickelt; die Sportmannschaften an dieser Universität heißen *Golden Gophers*, daher rührt der Name. Gopher wurde seit 1995 fast völlig von den Anwendungen des World Wide Webs verdrängt. → *siehe auch* Jughead, Veronica, World Wide Web.

Gopher-Space, der; *Subst.* (Gopherspace)
Bezeichnung für das Gesamtvolumen der Daten im Internet, die als Menüs und Dokumente über den Gopher erhältlich sind. → *siehe auch* Gopher, Jughead, Veronica.

GOSIP
Abkürzung für **G**overnment **O**pen **S**ystems **I**nterconnection **P**rofile. Eine Anforderung der Regierung der USA, dass alle Erwerbungen im Zusammenhang mit Netzwerken den ISO/OSI-Normen entsprechen. GOSIP wurde zwar am 15. August 1990 rechtsgültig, wurde jedoch nie eingesetzt und schließlich von POSIT verdrängt.

GOTO-Befehl, der; *Subst.* (GOTO statement)
Eine Steueranweisung, die in Programmen zum Transfer der Ausführung an eine andere Anweisung verwendet wird und die Hochsprachenrealisierung eines Verzweigungs- oder Sprungbefehls darstellt. Im Allgemeinen wird jedoch von der Verwendung von GOTO-Befehlen abgeraten, da es nicht nur für Programmierer schwierig ist, die Logik eines Programms nachzuvollziehen, sondern auch der Compiler kaum mehr in der Lage ist, einen optimalen Code zu erzeugen. → *siehe auch* Spaghetticode, Sprungbefehl, Verzweigungsbefehl.

.gov
Im Domain Name System (DNS) des Internets die Topleveldomäne, die Adressen von Regierungsstellen kennzeichnet. Der Domänenname ».gov« steht als Suffix am Ende der Adresse. In den Vereinigten Staaten dürfen nur nichtmilitärische, bundesstaatliche Regierungsstellen diese Domäne verwenden. Regierungsstellen auf Einzelstaatenebene erhalten die Topleveldomäne ».state.us«, wobei dem ».us« eine aus zwei Buchstaben bestehende Abkürzung des jeweiligen Bundesstaates vorausgeht, oder nur ».us«. Andere regionale Regierungsstellen in den Vereinigten Staaten sind unter der Domäne ».us« registriert. → *siehe auch* DNS, Domäne. → *vgl.* .com, .edu, .mil, .net, .org.

Government Open Systems Interconnection Profile, das; *Subst.*
→ *siehe* GOSIP.

GPF
→ *siehe* General Protection Fault.

GPIB
→ *siehe* Mehrzweckbus.

GPL
→ *siehe* General Public License.

GPRS
Abkürzung für **G**eneral **P**acket **R**adio **S**ervice. GPRS ist ein digitaler Datenpaketstandard für die drahtlose Kommunikation oder den Mobilfunk, der Datentransferraten von bis zu 150 Kbps (Kilobits pro Sekunde) ermöglicht. Im Vergleich dazu erlaubt der derzeit gängige GSM-Standard (Abkürzung für **G**lobal **S**ystem for **M**obile Communications) nur Datentransferraten von bis zu 9,6 Kbps. GPRS unterstützt einen großen Bereich an Bandbreiten und erlaubt die effiziente Nutzung eingeschränkter Bandbreiten. Insbesondere ist es auf das Senden und den Empfang von Datenpaketen unterschiedlicher Größe, beispielsweise E-Mail-Nachrichten oder Web-Browsing bis hin zu großen Datenvolumen zugeschnitten. → *siehe auch* GSM, UMTS.

GPS *Subst.*
Abkürzung für **G**lobal **P**ositioning **S**ystem, zu Deutsch: »globales Positionierungssystem«. Ein Navigationssystem, das vom amerikanischen Verteidigungsministerium entwickelt wurde. Bei diesem System werden 24 Erdsatelliten von Bodenstationen überwacht, um genaue, kontinuierliche weltweite Positions- und Zeitdaten zu erfassen. GPS bietet zwei Dienstleistungen: einen öffentlichen »Standard Positioning Service«, der Positionsdaten mit einer Toleranz von 100 Metern horizontal und 156 Metern vertikal sowie Zeitdaten mit einer Toleranz von 340 Nanosekunden angibt. Der zweite Dienst heißt »Precise Positioning Service« und wird hauptsächlich für militäri-

sche Zwecke eingesetzt. Dieser Dienst hat eine Fehlertoleranz von 22 Metern horizontal und 27,7 Metern vertikal sowie 100 Nanosekunden. → *siehe auch* GPS-Empfänger.

GPS-Empfänger, der; *Subst.* (GPS Receiver)
Ein Gerät, das aus einer Antenne, einem Rundfunkempfänger und einem Prozessor besteht und für den Empfang im weltweiten GPS (Global Positioning System) verwendet wird. Ein GPS-Empfänger erhält Positions- und Zeitdaten von vier GPS-Satelliten und errechnet anhand dieser Informationen den exakten Standort, die Geschwindigkeit und die genaue Uhrzeit. Bei einem tragbaren GPS-Empfänger kann es sich um ein eigenständiges Gerät oder um eine Steckeinheit in einem portablen Computer handeln. GPS-Empfänger werden hauptsächlich in der Wissenschaft eingesetzt. Dieses Gerät findet unter anderem in den Bereichen Landvermessung, Kartografie, Vulkanologie und Navigation Anwendung. Im Handel werden auch GPS-Empfänger für Freizeitaktivitäten, beispielsweise Wandern und Segeln, sowie für Navigationssysteme in Fahrzeugen angeboten. → *siehe auch* GPS.

Grabber, der; *Subst.* (grabber)
Zu Deutsch etwa »Greifer«. Ganz allgemein jedes Gerät zum Erfassen von Daten.
Im grafischen Bereich ein Gerät zum Erfassen von Bilddaten von einer Videokamera oder einer anderen Bewegtbildquelle und zum Ablegen dieser Daten in den Speicher. → *auch genannt* Frame Grabber, Videodigitizer.
Der Begriff »Grabber« wird auch für Software verwendet, die einen »Schnappschuss« des momentan angezeigten Bildschirminhalts aufnimmt, indem ein entsprechender Teil des Videospeichers in eine Datei übertragen wird.
In einigen grafikorientierten Anwendungen bezeichnet »Grabber« einen speziellen Mauszeigertyp.

Graffiti
Eine Softwareanwendung von Palm, die auf PDAs (Personal Digital Assistants) Handschriften erkennt. Graffiti enthält vorprogrammierte Formen für jeden Buchstaben, die von den Benutzern der Anwendung möglichst getreu geschrieben werden müssen. Der Text wird mit einem Griffel direkt auf das PDA-Display geschrieben. Die Graffiti-Anwendung übergibt anschließend den übersetzten Buchstaben an die PDA-Anwendung. → *siehe auch* PDA.

Grafik, die; *Subst.* (image)
Die gespeicherte Beschreibung eines Bildes. Sie lässt sich entweder als eine Menge für Helligkeits- und Farbwerte von

Pixeln oder als ein Satz von Befehlen für das Reproduzieren des Bildes speichern. → *siehe auch* Bitmap, Pixelmap.

Grafikadapter, der; *Subst.* (graphics adapter)
Ein Videoadapter, der sowohl grafische als auch alphanumerische Zeichen darstellen kann. Fast alle heute gebräuchlichen Videoadapter sind Grafikadapter.

Grafikbegrenzung, die; *Subst.* (graphic limits)
Die Umgrenzung einer Grafik auf dem Bildschirm bei einem Grafikprogramm, einschließlich der gesamten Fläche innerhalb der Grafik. In einigen Grafikumgebungen bestehen die Grenzen der Grafik aus dem kleinsten Rechteck, das die Grafik vollständig umschließen kann. Dieses Rechteck heißt *Umrahmungsfeld* oder *Begrenzungsrechteck*.

Grafikbeschleuniger, der; *Subst.* (graphics accelerator)
Ein Videoadapter, der einen Grafikcoprozessor enthält. Ein Grafikbeschleuniger kann das Videodisplay viel schneller als die CPU anzeigen. Dadurch wird die CPU für andere Tasks freigegeben. Ein Grafikbeschleuniger ist für moderne Software (z.B. grafische Benutzeroberflächen und Multimediaanwendungen) in jedem Fall erforderlich. → *siehe auch* Grafikcoprozessor, Videoadapter.

Grafikcontroller, der; *Subst.* (Graphics Controller)
Der Bestandteil des EGA und VGA-Videoadapters, durch den der Computer auf den Videopuffer zugreifen kann. → *siehe auch* EGA, VGA.

Grafikcoprozessor, der; *Subst.* (graphics coprocessor)
Ein von vielen Videoadaptern eingesetzter spezieller Mikroprozessor, der auf entsprechende Befehle der CPU grafische Darstellungen, z.B. Linien und gefüllte Bereiche erzeugen kann und dadurch die CPU entlastet.

Grafikdatenstruktur, die; *Subst.* (graphics data structure)
Eine Datenstruktur, die speziell für die Darstellung von Elementen einer Grafik konzipiert ist.

Grafikdrucker, der; *Subst.* (graphics printer)
Ein Drucker, z.B. ein Laser-, Tintenstrahl- oder Matrixdrucker, der nicht nur zur Ausgabe von Textzeichen, sondern auch zur Darstellung von Grafiken, die aus einzelnen Pixeln aufgebaut sind, in der Lage ist. Die meisten derzeit mit Personal Computern verwendeten Drucker, mit Ausnahme der Typenraddrucker, sind Grafikdrucker. → *vgl.* Zeichendrucker.

G

Grafikengine, die; *Subst.* (graphics engine)
Ein Displayadapter, der die beschleunigte Grafikverarbeitung behandelt. Dadurch wird die CPU für andere Tasks freigegeben. → *auch genannt* Grafikbeschleuniger, Videobeschleunigerkarte.
Außerdem eine Software, die entsprechend der Befehle aus einer Anwendung Anweisungen für das Erstellen von Grafiken an die Hardware sendet, die die Bilder erstellt. Beispiele hierzu sind Macintosh QuickDraw und Windows Graphics Device Interface (GDI).

Grafikkarte, die; *Subst.* (display card, graphics card)
→ *siehe* Videoadapter.

Grafikmodus, der; *Subst.* (graphics mode)
Auf Computern wie dem IBM-PC der Displaymodus, in dem sich Linien und Zeichen auf dem Bildschirm aus einzelnen Pixeln aufbauen lassen. Dadurch sind Programme bei der Erstellung von Bildern flexibler als im entgegengesetzten Displaymodus, dem Text- (oder Zeichen-)Modus. Auf dem Computer lässt sich somit ein Mauszeiger als Pfeilspitze oder als beliebige Form – anstelle des blinkenden Kästchens anzeigen. Außerdem kann man Zeichenattribute, z.B. Fett oder Kursiv, so darstellen wie sie beim Druck erscheinen, so dass man nicht auf Konventionen wie Hervorhebungen, Unterstreichung oder alternative Farben angewiesen ist. → *vgl.* Textmodus.
Der Ausdruck »Grafikmodus« bezeichnet auch bestimmte Werte für Farben und Auflösungen, die sich häufig auf einen bestimmten Videoadapter beziehen, z.B. VGA mit 16 Farben und 640 × 480 Pixel auf dem Bildschirm. → *siehe auch* Auflösung, hohe Auflösung, niedrige Auflösung.

Grafikoberfläche, interaktive, die; *Subst.* (interactive graphics)
→ *siehe* interaktive Grafikoberfläche.

Grafik, objektorientierte, die; *Subst.* (object-oriented graphics)
→ *siehe* objektorientierte Grafik.

Grafikprozessor, der; *Subst.* (graphics processor)
→ *siehe* Grafikcoprozessor.

Grafik, strukturierte, die; *Subst.* (structured graphics)
→ *siehe* objektorientierte Grafik.

Grafiktablett, das; *Subst.* (graphics tablet)
Ein Gerät für die Eingabe von Positionsdaten von Grafiken, das für spezielle Anwendungen im grafischen Bereich (z.B. Architektur, Design und Illustration) verwendet wird. Ein flaches rechteckiges Plastikbrett ist mit einem Puck oder einem Stift *(stylus)* sowie Sensoren ausgestattet, die die Position des Pucks oder Stylus an den Computer weiterleiten, der die Daten entsprechend der Cursorposition auf dem Bildschirm berechnet. → *siehe auch* Griffel, Puck. → *auch genannt* Digitalisiertablett. (Abbildung G.4)

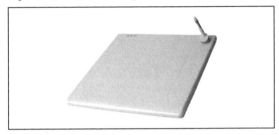

Abbildung G.4: Grafiktablett

Grafikterminal, das; *Subst.* (graphics terminal)
Ein Terminal, das in der Lage ist, sowohl Grafiken als auch Text anzuzeigen. Die Terminals erhalten keine Ströme mit bereits verarbeiteten Pixeln, sondern interpretieren in der Regel Steuerbefehle für Grafiken.

Grafikzeichen, das; *Subst.* (graphics character)
Ein Zeichen, das mit anderen Zeichen kombiniert werden kann, um einfache Grafiken zu erstellen, z.B. Umrandungen, Felder und abgeschattete oder volle Blöcke. → *vgl.* sichtbares Zeichen. (Abbildung G.5)

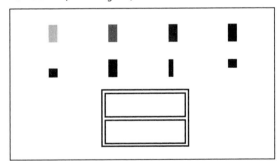

Abbildung G.5: Abgeschattete und volle Blöcke (oben) aus dem erweiterten Zeichensatz von IBM. Grafikzeichen: Umrahmung aus Linienzeichen (unten).

grafische Benutzeroberfläche, die; *Subst.* (graphical user interface)
Eine Umgebung, in der Programme, Dateien und Optionen durch Symbole, Menüs, und Dialogfelder am Bildschirm dargestellt werden. Der Benutzer kann diese Optionen mit der

Maus oder über Tastaturbefehle markieren und aktivieren. Ein bestimmtes Element (z.B. eine Bildlaufleiste) funktioniert in allen Anwendungen gleich, weil die grafische Benutzeroberfläche Standardroutinen zum Behandeln dieser Elemente enthält, die die Aktionen des Benutzers weiterleiten (z.B. ein Mausklick auf ein bestimmtes Symbol oder auf eine bestimmte Textposition oder ein Tastendruck). Diese Routinen werden nicht von Anfang an neu erzeugt, sondern über bestimmte Parameter aufgerufen.

grafische Oberfläche, die; *Subst.* (graphical interface)
→ *siehe* grafische Benutzeroberfläche.

grafische Primitive, die; *Subst.* (graphics primitive)
Ein Zeichnungselement, z.B. ein Textzeichen, ein Bogen oder ein Polygon, das mit einer selbständigen Einheit gezeichnet und manipuliert wird und mit anderen grafischen Primitiven zu einem Bild kombiniert wird. → *vgl.* Entität.

grafische Schnittstelle, die; *Subst.* (graphics interface)
→ *siehe* grafische Benutzeroberfläche.

grafPort, der; *Subst.*
Eine auf dem Apple Macintosh verwendete Struktur zum Definieren einer grafischen Umgebung, die über eine eigene Stiftgröße, Schrift, Hintergrundmuster usw. verfügt. Jedes Fenster hat einen grafPort. grafPorts können auch für das Senden von Grafiken an unsichtbare Fenster oder Dateien verwendet werden.

Graftal, das; *Subst.* (graftal)
Eine der Familien geometrischer Formen, die Fraktalen ähnlich sind, sich aber von diesen durch eine einfachere Berechnung unterscheiden. Graftals werden oft in der Spezialeffektbranche verwendet, um synthetische Bilder zu erzeugen, z.B. Bäume oder Pflanzen. → *siehe auch* Fraktal.

Grammar Specification Language
→ *siehe* GSL.

Grammatikprüfung, die; *Subst.* (grammar checker)
Ein Zusatzprogramm, das Text nach grammatischen Fehlern durchsucht.

Granularität, die; *Subst.* (granularity)
Die Beschreibung der Aktivität eines Computers oder einer Funktion (z.B. Bildschirmauflösung, Suchen und Sortieren oder Zuordnung von Zeitscheiben in Bezug auf die entsprechenden Einheiten (Pixel, Datensätze oder Zeitscheiben). Die Unterteilung liegt im Bereich von *grob* bis *fein*. Je höher die Anteile, desto gröber ist die Granularität.

Graph, der; *Subst.* (graph)
In der Programmierung eine Datenstruktur mit null oder mehr Knoten und null oder mehr Kanten, die Knotenpaare verbinden. Von einem verbundenen Graphen spricht man, wenn man zwischen zwei beliebigen Knoten, entlang einer oder mehrerer Kanten, einem Weg folgen kann. Ein Untergraph ist eine Teilmenge von Knoten und Kanten in einem Graphen. Ein Graph ist gerichtet (ein Digraph), wenn jede Kante zwei Knoten in nur eine Richtung verbindet. Ein Graph ist gewichtet, wenn jede Kante mit einem Wert versehen ist.
→ *siehe auch* Baum, Knoten.

Graphical Device Interface, das; *Subst.*
→ *siehe* GDI.

Graphical Kernel System, das; *Subst.*
Abgekürzt GKS. Ein Standard für Computergrafik, der von ANSI und ISO angenommen wurde. Der Standard spezifiziert Methoden zum Beschreiben, Manipulieren, Speichern und Übertragen von Grafiken. Graphical Kernal System funktioniert auf der Anwendungsebene (nicht auf der Hardwareebene) und beschäftigt sich mit logischen Workstations (Kombinationen von Eingabe-/Ausgabegeräten, z.B. Tastatur, Maus und Monitor) anstatt mit individuellen Geräten. GKS wurde 1978 für die Behandlung zweidimensionaler Grafiken entwickelt. Die spätere Modifikation GKS-3D erweiterte den Standard auf dreidimensionale Grafiken. → *siehe auch* ANSI, ISO.

Graphics Interchange Format, das; *Subst.*
→ *siehe* GIF.

Graphics-Port, der; *Subst.* (graphics port)
→ *siehe* grafPort.

Grauer Markt, der; *Subst.* (gray market)
Umschlagplatz für Hardware und Software, die von anderen Distributoren als den vom Hersteller autorisierten Händlern bezogen werden. Auf dem grauen Markt werden Komponenten gehandelt, die regulär mit hohen Aufschlägen versehen sind oder deren hoher Bedarf nicht über die normalen Vertriebswege abgedeckt werden kann. Auf dem grauen Markt finden sich jedoch auch illegale, gestohlene oder gefälschte Komponenten, z.B. Prozessoren und Softwarepakete.

G

G

Graustufen, die; *Subst.* (gray scale)
Eine abgestufte Folge von Grauwerten, die von Schwarz bis Weiß reichen. Graustufen setzt man in der Computergrafik ein, um Bilder mit Details zu versehen oder Farbbilder auf einem monochromen Ausgabegerät darzustellen. Ähnlich der Anzahl von Farben in einem Farbbild, hängt die Anzahl der Grauwerte von der Anzahl der Bit ab, die pro Pixel gespeichert sind. Die verschiedenen Graufärbungen lassen sich durch die tatsächlichen Grauwerte, durch Halbtonpunkte oder durch Dithering darstellen. → *siehe auch* Dithering, Halbton.

Gray-Code, der; *Subst.* (Gray code)
→ *siehe* zyklischer Binärcode.

Gray Hat, der; *Subst.* (Grey Hat)
Ein Hacker, der ohne böswilligen Hintergrund einen Straftatbestand verursacht. Ein Gray Hat bricht beispielsweise in ein System ein, um andere Benutzer auf ein Sicherheitsrisiko aufmerksam zu machen. → *vgl.* Black Hat, White Hat.

Great Renaming, das; *Subst.*
Die Änderung des aktuellen Systems der Usenethierarchien im Internet. Vor dem »Great Renaming«, das 1985 durchgeführt wurde, hatten nichtlokale Newsgroups das Namensformat *net.**. Eine Gruppe, die zuvor z.B. die Bezeichnung *net.sources* hatte, wurde in *comp.sources.misc* umbenannt. → *siehe auch* lokale Newsgroups, Newsgroup, traditionelle Newsgrouphierarchie, Usenet.

Green Book, das; *Subst.*
Ein Buch mit Spezifikationen, das von Sony und Philips herausgegeben wird. Diese Spezifikationen decken die CD-I-Technologie (compact disc-interactive) ab. → *siehe auch* CD-I. → *vgl.* Orange Book, Red Book.

Gregorianischer Kalender, der; *Subst.* (Gregorian calendar)
Der heute in der westlichen Welt verwendete Kalender. Der Gregorianische Kalender wurde 1582 von Papst Gregor XIII. eingeführt, um den Julianischen Kalender zu ersetzen. Im Julianischen Kalender ist das Jahr 11 Minuten und 14 Sekunden länger als das astronomische Jahr. Um die Länge des astronomischen Jahres an den Kalender anzugleichen, legt dieser Kalender fest, dass es sich bei Jahren, die durch 100 geteilt werden können, nur dann um Schaltjahre handelt, wenn sie auch durch 400 geteilt werden können (daher ist das Jahr 2000 ein Schaltjahr, während 1900 keines war).

Um die seit der Einführung des Julianischen Kalenders entstandenen Unzulänglichkeiten zu korrigieren, ließ Gregor XIII. im Oktober 1582 zehn Tage aus dem Kirchenjahr entfallen. In Großbritannien und den amerikanischen Kolonien wurde der Gregorianische Kalender erst 1752 übernommen, und elf Tage wurden dort ausgelassen, um den inzwischen entstandenen Überhang auszugleichen. Die Sowjetunion übernahm den Gregorianischen Kalender 1918, und Griechenland schließlich 1923. → *vgl.* Hidschra-Kalender, Julianischer Kalender, Kalender.

Grenzbedingung, die; *Subst.* (constraint)
In der Programmierung eine formulierte Einschränkung der für ein Problem zulässigen und sinnvollen Lösungsmenge.

Grenzoperation, die; *Subst.* (limiting operation)
Routinen oder Operationen, die die Leistungsfähigkeit eines größeren Prozesses einschränkt, in die diese einbezogen sind. Ein Engpass.

Grenzprüfung, die; *Subst.* (limit check)
In der Programmierung ein Test, mit dem für festgelegte Informationen die Einhaltung zulässiger Grenzen überprüft wird. → *siehe auch* Array.

grep
Abkürzung für **G**lobal **R**egular **E**xpression **P**rint. Ein UNIX-Befehl für die Textsuche in Dateien über Schlüsselwörter oder Jokerzeichen (Wildcards). → *vgl.* Jokerzeichen.

grepen *Vb.* (grep)
Ausführen einer Textsuche, insbesondere mit dem UNIX-Befehl *grep*.

Griffel, der; *Subst.* (stylus)
Ein Zeigegerät, das zusammen mit einem Grafiktablett eingesetzt wird und meist über eine flexible Anschlussleitung mit dem Tablett verbunden ist. → *siehe auch* Grafiktablett, Puck. → *auch genannt* Stift. (Abbildung G.6)

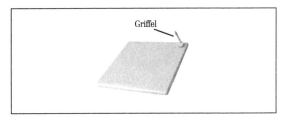

Abbildung G.6: Griffel: Der Griffel eines Grafiktabletts

Größe, die; *Subst.* (quantity)
Eine Zahl – positiv oder negativ, ganz oder gebrochen – zur Anzeige eines Wertes.

größer als *Adj.* **(greater than)**
→ *siehe* relationaler Operator.

größer gleich als Adj. (greater than or equal to)
→ *siehe* relationaler Operator.

groken *Vb.* (grok)
Etwas vollständig erfassen oder verstehen. Der Begriff hat seinen Ursprung in dem Roman »Fremder in einem fremden Land« von Robert A. Heinlein. In dem Roman handelt es sich dabei um die Bezeichnung für »trinken«. Hacker verwenden diesen Ausdruck häufig in Bezug auf Computerfachkenntnisse. → *siehe auch* Cyberpunk.

Großbuchstaben, die; *Subst.* (caps)
English »**cap**ital letter**s**« (abgekürzt »caps«). → *vgl.* Kleinbuchstaben.

Großdistributoren, die; *Subst.* (master seller)
→ *siehe* Spezialdistributoren.

Großeltern, Plur.; *Subst.* (grandparent)
→ *siehe* Generationenprinzip.

groß geschrieben *Adj.* (uppercase)
Bezeichnet die Großbuchstaben einer Schrift. → *vgl.* Kleinbuchstaben.

Groß-/Kleinschreibung, die; *Subst.* (case)
Bei der Textverarbeitung (auch in Bezug auf die Programmierung) der Name für eine Option, mit der festgelegt wird, ob die Groß-/Kleinschreibung eines Begriffs berücksichtigt oder aber ignoriert wird. Wird die Groß-/Kleinschreibung beachtet, wird ein in unterschiedlichen Schreibweisen vorhandenes Wort (oder eine Zeichenkette), als verschiedene Wörter (Zeichenketten) behandelt. Ein Suchvorgang nach »bit« findet dann z.B. die Schreibweisen »BIT« und »Bit« nicht. Ein Sortiervorgang, bei dem die Groß-/Kleinschreibung beachtet wird, stuft außerdem Klein- und Großbuchstaben nicht als gleichwertig ein, sondern gemäß ihrer Position im Zeichensatz (dort stehen in aller Regel erst alle Großbuchstaben, dann die Kleinbuchstaben). Beispielsweise wird dann »Azurit« vor »abberufen« einsortiert.

Groß-/Kleinschreibung beachtende Suche, die; *Subst.* (case-sensitive search)
Ein Suchvorgang in einer Datenbank, bei der die Schreibweise eines Wortes oder einer Zeichenkette in Bezug auf die Groß-/Kleinschreibung beachtet wird, also exakt mit der Schreibweise in der Datenbank übereinstimmen muss. Beispielsweise werden bei Verwendung des Suchbegriffs »Berlin« dann keine Einträge mit der Schreibweise »BERLIN« gefunden.

Großrechner, der; *Subst.* (mainframe computer)
Ein Computer, der für rechenintensive Aufgaben ausgelegt ist. Großrechner werden häufig von mehreren Benutzern verwendet, die über Terminals angeschlossen sind. → *siehe auch* Computer, Supercomputer.

Großstadtlegende, die; *Subst.* (urban legend)
Eine weit verbreitete Geschichte, die in Umlauf bleibt, obwohl sie nicht wahr ist. Viele Großstadtlegenden geistern seit Jahren durch das Internet und andere Onlinedienste, z.B. die Bitte um Postkarten an den kranken Jungen in England (er ist mittlerweile gesund und erwachsen), das Kekse- bzw. Kuchenrezept für $250 (ein Mythos) und der Virus »Good Times« bzw. »Penpal Greetings«, der beim Lesen einer E-Mail-Mitteilung den Computer infiziert (es gibt ihn nicht). → *siehe auch* Good Times Virus.

Großvater, der; *Subst.* (grandfather)
→ *siehe* Generationenprinzip.

Großvater/Vater/Sohn Adj. (grandfather/father/son)
→ *siehe* Generationenprinzip.

Groupware, die; *Subst.* (groupware)
Software, mit der beabsichtigt wird, dass eine Benutzergruppe auf einem Netzwerk gemeinsam an einem bestimmten Projekt arbeiten kann. Groupware enthält u. a. bestimmte Einrichtungen für die Kommunikation (z.B. E-Mail), gemeinsame Dokumenterstellung, Terminplanung und Überwachung. Die Dokumente können Text, Bilder oder andere Informationsarten enthalten.

grüner PC, der; *Subst.* (green PC)
Ein Computersystem, das wenig Energie verbraucht. Einige Computer schalten die Energiezufur für nicht benötigte Bauteile ab, wenn innerhalb eines bestimmten Zeitraums keine Eingabe erfolgt ist. Dieser Zustand wird auch als *ruhender Modus* bezeichnet. Grüne PCs werden in der Regel

G

sparsam verpackt und enthalten Komponenten, die wieder-verwertet werden können (z.B. spezielle Tonerkassetten).

Grunddateiname, der; *Subst.* (root name)
Der erste Teil des Dateinamens in den Betriebssystemen MS-DOS und Windows. Bei MS-DOS und den früheren Windows-Versionen war die maximale Länge dieses Namens auf 8 Zeichen begrenzt. Bei Windows NT und neueren Windows-Versionen sind hingegen bis zu 255 Zeichen zulässig. → *siehe auch* 8.3, Dateiname, Erweiterung, lange Dateinamen.

Grundlinie, die; *Subst.* (baseline)
Bei gedruckten und auf dem Bildschirm angezeigten Zeichen eine gedachte, horizontale Linie, auf der die unteren Begrenzungen jedes Zeichens – mit Ausnahme der Unterlängen – ausgerichtet sind. → *siehe auch* Oberlänge, Schrift, Unterlänge. (Abbildung G.7)

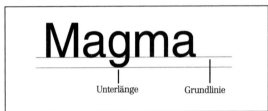

Abbildung G.7: Grundlinie

Gruppe, die; *Subst.* (group)
Eine Sammlung von Elementen, die als Ganzes behandelt werden können, z.B. eine Sammlung von Datensätzen in einem Datenbankbericht, oder eine Sammlung von Objekten, die sich als einzelne Einheit in einem Zeichenprogramm verschieben und umformen lassen. In verschiedenen Multiuser-Betriebssystemen stellt eine Gruppe eine Reihe von Benutzerkonten dar, die manchmal als *Mitglieder* bezeichnet werden. Es können Rechte für die Gruppe gewährt werden, die dann auch auf die einzelnen Mitglieder übergehen. → *siehe auch* Benutzerkonto, globale Gruppe, lokale Gruppe, Standardgruppen.

Gruppe, globale, die; *Subst.* (global group)
→ *siehe* globale Gruppe.

Gruppe, lokale, die; *Subst.* (local group)
→ *siehe* lokale Gruppe.

Gruppenlaufzeit, die; *Subst.* (envelope delay)
Auch als Laufzeitverzerrung oder Phasenverzerrung bezeichnet. In der Kommunikationstechnik wird damit ein Effekt beschrieben, bei dem verschiedene Frequenzen in einem übertragenen Signal unterschiedliche Laufzeiten aufweisen. Kommen Frequenzen zu verschiedenen Zeiten am Bestimmungsort an, kann diese Verzögerung zu einer Verzerrung des Signals und zu Übertragungsfehlern führen. → *auch genannt* Verzögerungsverzerrung.

gruppieren *Vb.* (group)
In Grafikprogrammen versteht man unter diesem Begriff das Zusammenfassen von Objekten in eine Gruppe. → *siehe auch* Zeichenprogramm.

G.SHDSL
Der auch als G.991.2 bekannte Standard für symmetrisches DSL (Digital Subscriber Line) wurde im Februar 2001 von der ITU verabschiedet und stellt die erste von Grund auf neu entwickelte DSL-Technologie dar. G.SHDSL (Symmetric High Bit Rate Digital Subscriber Loop) versendet und empfängt über eine Kupferleitung symmetrische Datenströme mit Übertragungsraten zwischen 192 Kbps und 2,31 Mbps. Über eine G.SHDSL-Verbindung lassen sich verschiedene analoge und digitale Datentypen wie beispielsweise IP-Pakete, Sprache und Videos übertragen. → *siehe auch* DSL, SDSL.

GSL
Abkürzung für »**G**rammar **S**pecification **L**anguage«. Ein Grammatikbeschreibungsformat, das von VoiceXML-Anwendungen und anderen Spracherkennungssystemen verwendet wird. GSL wurde von Nuance entwickelt und unterstützt verschiedene auf XML basierende Anwendungen für die Sprachbearbeitung und -erkennung. Weitere Informationen zu GSL finden Sie unter der Webadresse http://studio.tellme.com/grammars/gsl.

GSM
Eine digitale Mobilfunktechnologie, die in Europa, Australien, Indien, Afrika, Asien und dem mittleren Osten weit verbreitet ist und auch in den USA und Kanada Bedeutung hat. GSM wurde 1982 durch eine europäische Forschungsgruppe mit dem Namen »Groupe Spéciale Mobile« gegründet und stellt eine drahtlose Plattform dar, die zur Datendigitalisierung die TDMA-Methode (»Time Division Multiple Access«, zu Deutsch »Vielfachzugriff im Zeitmultiplex«) verwendet. Zu den Leistungsmerkmalen gehören nicht nur das normale Telefonieren, sondern auch Anrufbeantworterdienste, Rufweiterleitung, Fax, Anruferidentifizierung, Internetzugang und E-Mail. GSM wird in drei Frequenzbereichen betrieben: 900 MHz (GSM 900) in Europa und weltweit, 1800 MHz (GSM 1800) in einer Reihe europäischer Staaten und 1900 MHz (GSM 1900, PCS 1900, oder DCS 1900) in den USA und

Kanada. → *siehe* Global System for Mobile Communications. → *siehe auch* SIM-Karte, TDMA.

guest, der; *Subst.*
Zu Deutsch »Gast«. Ein häufig verwendeter Name für ein Anmeldekonto, auf das ohne Kennwort zugegriffen werden kann. BBS-Systeme und Dienstanbieter verwalten häufig ein derartiges Konto, damit potenzielle Abonnenten die Möglichkeit haben, Informationen zu den Angeboten des Providers zu erhalten.

GUI
→ *siehe* grafische Benutzeroberfläche.

GUID
→ *siehe* globale Identifikation.

Gummiband, das; *Subst.* (rubber banding)
Beschreibt in der Computergrafik die Änderung einer aus Verbindungslinien bestehenden Objektform, indem man einen Punkt auf einer Verankerungslinie »aufgreift« und auf eine neue Position »zieht«.

gunzip, das; *Subst.*
Ein GNU-Dienstprogramm für das Dekomprimieren von Dateien, die mit gzip komprimiert wurden. → *siehe* auch dekomprimieren, GNU. → *vgl.* gzip.

Guru, der; *Subst.* (guru, wizard)
Ein Experte, der im Umgang mit Computern erfahren ist und sich mit deren »magischer« Funktionsweise auskennt; ein hervorragender und kreativer Programmierer oder ein sehr erfahrener Computerbenutzer. → *vgl.* UNIX-Guru.
Etwas weiter gefasst charakterisiert »Guru« einen technischen Experten, der für Problemlösungen und allgemeine Fragen zur Verfügung steht. → *siehe auch* Techie.
Als »Guru« wird außerdem ein Teilnehmer an einem Multiuser Dungeon (MUD) bezeichnet, der über die Berechtigung verfügt, die Domäne zu steuern und sogar die Figuren der anderen Spieler zu löschen. → *siehe auch* MUD.

gutartiger Virus, der; *Subst.* (benign virus)
Ein Programm, das diverse Eigenschaften eines Virus aufweist, z.B. die Reproduktion, das aber keine direkten Schäden am infizierten System verursacht.

.gz
Eine Dateinamenerweiterung, die mit Hilfe des UNIX-Dienstprogramms »gzip« komprimierte Dateiarchive kennzeichnet. → *siehe auch* gzip, komprimierte Datei.

gzip, das; *Subst.*
Ein GNU-Dienstprogramm für das Komprimieren von Dateien. → *siehe* auch GNU, komprimieren. → *vgl.* gunzip.

H

H
→ *siehe* Henry.

H.320
Ein Standard der ITU (International Telecommunications Union), der es ermöglicht, Videokonferenzen mit Hilfe von Desktop-PCs über ein leitungsvermitteltes Netz wie ISDN durchzuführen. Es spielt dabei keine Rolle, von welchem Hersteller die einzelnen Hardwarekomponenten der Konferenzteilnehmer stammen, sie müssen lediglich den H.320-Standard einhalten. H.320 legt die allgemeinen Formate fest, die notwendig sind, damit Eingabe und Ausgabe von Audio und Video zueinander kompatibel sind. Außerdem definiert H.320 ein Protokoll, das es einem Multimediaterminal erlaubt, Audio- und Videoverbindungen und -synchronisation zu nutzen. → *siehe auch* International Telecommunications Union, ISDN, Videokonferenz.

H.323
Ein von der ITU (International Telecommunications Union) entwickeltes Protokoll mit übergreifender Funktionsfähigkeit. Es erlaubt die Kommunikation zwischen Multimediaprodukten und -anwendungen über paketvermittelte Netzwerke. H.323 ermöglicht es, dass Multimediaprodukte eines Herstellers mit denen eines anderen Herstellers zusammenarbeiten, unabhängig davon, ob sie hardwarekompatibel sind. Beispielsweise können PCs Audio- und Videodaten in einem Intranet oder im Internet gemeinsam nutzen. Derartige Anwendungen sind folglich netzwerk-, plattform- und programmunabhängig. → *siehe auch* International Telecommunications Union, Paketvermittlung.

H.324
Ein Standard der International Telecommunications Union für das simultane Übertragen von Video, Daten und Voice über ein POTS-Modem. → *siehe auch* POTS.

Haarlinie, die; *Subst.* (hairline)
Der kleinste sichtbare Zwischenraum bzw. die schmalste Linie, die sich auf einer gedruckten Seite anzeigen lassen. Die Größe einer Haarlinie hängt von den Materialien, der Hardware sowie der Software ab, die verwendet werden. Sie kann aber auch von den jeweiligen Organisationen abhängen. Der United States Postal Service legt eine Haarlinie als einen halben Punkt fest (ungefähr 7/1.000). Die Graphic Arts Technical Foundation (GATF) definiert eine Haarlinie als 3/1.000 Zoll. → *siehe auch* Regel, zeigen.

Hack, das; *Subst.* (hack)
Eine Veränderung des Programmcodes, ohne sich die Zeit zu nehmen, eine elegante Lösung zu suchen.
Sehr weit gefasst auch ein Flickwerk.

hacken *Vb.* (hack)
Probleme oder Projekte kreativ und mit hoher Erfindungsgabe in Angriff nehmen.
Außerdem das Ändern des Verhaltens einer Anwendung oder eines Betriebssystems durch die Manipulation des entsprechenden Codes anstatt durch die Programmausführung und die Wahl von Optionen.

Hacker, der; *Subst.* (hacker)
Ein Computersüchtiger - eine Person, die von der Computertechnologie und der Computerprogrammierung total vereinnahmt ist. Hacker bezieht sich auch auf jemanden, der jenseits reiner Programmierung gern Betriebssysteme und Programme analysiert, nur um zu sehen, wie sie im Inneren funktionieren. → *siehe auch* Exploit. → *vgl.* Bitschieber.
Außerdem bezeichnet »Hacker« oder besser »Cracker« eine Person, die ihr Computerwissen für illegale Aktionen nutzt (z. B. der unerlaubte Zugriff auf Computersysteme sowie das Manipulieren von Programmen und Daten). → *siehe auch* Black Hat, Gray Hat, Hacktivist, Samurai, White Hat. → *auch genannt* Cracker.

H

Hacktivist, der; *Subst.* (hacktivist)
Ein Hacker, der in Systeme eindringt, um dadurch seine politische oder soziale Weltanschauung zu verbreiten. Ein Hacktivist dringt beispielsweise in Computersysteme ein, um den Datenverkehr zu unterbrechen oder anderweitig Verwirrung zu stiften sowie um bestimmte Äußerungen auf geänderten Webseiten oder in E-Mail-Nachrichten zu verbreiten.
→ *siehe auch* Hacker. → *vgl.* Black Hat, Gray Hat, White Hat.

hängen *Vb.* (hang)
Ohne Reaktion auf Benutzereingaben. Ein hängendes Programm oder ein hängendes Computersystem reagiert zwar nicht mehr auf Benutzereingaben, die Anzeige am Bildschirm wird jedoch normal wiedergegeben. Es kann z.B. der Fall sein, dass das Programm oder das System auf Informationen wartet oder nicht korrekt beendet wurde. Es wird in diesem Fall der Betrieb später wieder aufgenommen, oder der Benutzer muss das Programm neu starten bzw. den Computer neu booten. → *siehe auch* crashen.

hängender Einzug, der; *Subst.* (hanging indent, outdent)
Auch Ausrücken genannt. Bei einem hängenden Einzug ist der Anfang der ersten Zeile eines Absatzes weiter nach links als die folgenden Zeilen angeordnet. → *auch genannt* negativer Einzug. → *vgl.* einrücken.

HAGO
Abkürzung für **H**ave **A G**ood **O**ne (etwa: »Einen schönen Tag noch«). Eine Grußformel, die in E-Mail-Kommunikation und Onlinekommunikationsformen verwendet wird. → *siehe auch* Netspeak.

HAL
Der intelligente, aber schließlich psychotische Computer »HAL 9000«, der in dem legendären Film »2001: Odyssee im Weltraum« (1968) von Stanley Kubrick nach dem gleichnamigen Buch von Arthur C. Clarke ein Raumschiff auf dem Flug zum Jupiter steuert. Der Name HAL ist eine Abkürzung für »**H**euristischer/ **AL**gorithmischer Computer«. Im Alphabet entsteht die Buchstabenfolge H-A-L auch aus I-B-M, wenn man jeweils um einen Buchstaben zurückgeht. Dieser Zufall wurde – trotz entsprechender Proteste von Arthur C. Clarke – lange als absichtliche ironische Spitze gegen IBM interpretiert.
Außerdem Abkürzung für **H**ardware **A**bstraction **L**ayer. → *siehe auch* Hardware Abstraction Layer.

Halbaddierer, der; *Subst.* (half adder)
Eine logische Schaltung, die zwei Eingangswerte (Bit) zu zwei Ausgangswerten – einer Summe und einem Übertragsbit – addieren kann. Ein Halbaddierer kann kein Übertragsbit einer vorangegangenen Addition übernehmen. Für diese Funktion ist ein Volladdierer erforderlich, der die Summe zweier Eingangswerte unter Berücksichtigung eines Übertrages bilden kann. Um zwei Multibit-Binärziffern zu addieren, verwendet ein Computer einen Halbaddierer und einen oder mehrere Volladdierer. → *siehe auch* Carrybit, Volladdierer.

halbduplex *Adj.* (half-duplex)
Halbduplex bezieht sich auf eine Zweiwegkommunikation, die jeweils nur in eine Richtung abläuft. Beispielsweise läuft die Kommunikation zwischen zwei Menschen in der Regel halbduplex ab – einer hört zu, während der andere spricht. → *vgl.* duplex.

Halbduplexübertragung, die; *Subst.* (half-duplex transmission)
Eine bidirektionale elektronische Kommunikation, die nicht gleichzeitig, sondern nur in jeweils eine Richtung erfolgt. → *vgl.* duplex, Simplexübertragung.

halbe Karte, die; *Subst.* (half-card)
→ *siehe* kurze Karte.

Halbgeviert, das; *Subst.* (en space)
Eine typografische Maßeinheit, dessen Breite gleich der Hälfte der Punktgröße einer bestimmten Schrift ist. → *vgl.* festes Leerzeichen, schmales Leerzeichen, Vollgeviert.

halbhohes Laufwerk, das; *Subst.* (half-height drive)
Laufwerke einer beliebigen Generation, die ungefähr halb so hoch wie die Laufwerke der vorherigen Generation sind.

Halbleiter, der; *Subst.* (semiconductor)
Ein Werkstoff (zumeist Silizium und Germanium), der bezüglich seiner Leitfähigkeit zwischen einem Leiter und einem Nichtleiter (Isolator) einzuordnen ist. Im weiteren Sinne bezeichnet man mit »Halbleiter« auch elektronische Bauelemente, die auf der Basis von Halbleitermaterialien hergestellt werden.

Halbleiterlaufwerk, das; *Subst.* (solid-state disk drive)
Ein Massenspeichergerät, bei dem die Daten in RAM-Speichern und nicht auf magnetischen Datenträgern festgehalten werden. → *siehe auch* magnetischer Speicher, RAM.

Halbleiter, n–leitender, der; *Subst.* (N-type semiconductor)
→ *siehe* n-leitender Halbleiter.

Halbleiter, p–leitender, der; *Subst.* (P-type semiconductor)
→ *siehe* p-leitender Halbleiter.

Halbleiterrelais, das; *Subst.* (solid-state relay)
Ein Relais, bei dem das Öffnen und Schließen eines Schaltkreises von Halbleiterbauelementen bewirkt wird und nicht von mechanischen Komponenten.

Halbleiterspeicher, der; *Subst.* (solid-state memory)
In modernen Computern verwendeter Speichertyp, bei dem Informationen in Halbleiterbauelementen gespeichert werden. Diese Technologie wurde 1973 erstmals im IBM System/ 370 eingesetzt. → *siehe auch* Ferritkernspeicher, Kernspeicher, Magnetspeicher.

Halbrouter, der; *Subst.* (half router)
Ein Gerät, das ein lokales Netzwerk (LAN) mit einer Kommunikationsleitung (z.B. im Internet) über ein Modem verbindet und das Weiterleiten der Daten an einzelne Stationen des LAN steuert.

Halbton, der; *Subst.* (halftone)
Eine gedruckte Reproduktion einer Fotografie oder einer anderen Abbildung in der Form von winzigen, in gleichmäßigen Abstand angeordneten Punkten von variablem Durchmesser, die als Grauschattierungen erscheinen. Je dunkler der Schatten auf einem bestimmten Punkt im Bild, desto größer ist der entsprechende Punkt im Halbton. In der traditionellen Drucktechnik werden Halbtöne erstellt, indem eine Vorlage durch ein Raster abfotografiert wird. Beim Desktop Publishing wird jeder Halbtonpunkt durch einen Bereich mit einer Anzahl von Punkten abgebildet, die von einem Laserdrucker oder digitalen Belichter gedruckt werden. In beiden Fällen wird die Rasterweite der Halbtonpunkte in Zeilen pro Zoll gemessen. Eine höhere Druckerauflösung ermöglicht eine höhere Anzahl von Halbtonpunkten, die die Bildqualität verbessern. → *siehe auch* Belichter, Dithering, Graustufen, Rasterpunktfunktion.

Halbwort, das; *Subst.* (half-word)
Die Hälfte der Bits, die ein Wort in einem bestimmten Computer bilden. Wenn ein Wort aus 32 Bit besteht, enthält das entsprechende Halbwort 16 Bit oder 2 Byte. → *siehe auch* Wort.

Haltepunkt, der; *Subst.* (breakpoint)
Eine Stelle in einem Programm, an der die Ausführung angehalten wird, so dass der Programmierer den Programmstatus, den Inhalt von Variablen usw. abfragen kann. Haltepunkte werden bei der Fehlerbeseitigung (Debugging) eingesetzt. Damit Haltepunkte eingefügt werden können, muss das Programm unter der Kontrolle eines geeigneten Debuggers ablaufen. Die Übergabe der Steuerung an den Debugger erfolgt gewöhnlich durch Einfügen eines Sprung-, Aufrufoder Trapbefehls am gewünschten Haltepunkt. → *siehe auch* debuggen, Debugger.

Hamming-Code, der; *Subst.* (Hamming code)
Eine Familie von fehlerkorrigierender Codierung, die nach R. W. Hamming von dem Unternehmen Bell Labs benannt ist. In einem sehr einfachen Hamming-Code folgen auf jedes vierte Datenbit drei Prüfbit, die sich jeweils aus den vier Datenbit errechnen. Wenn sich eines dieser sieben Bit ändert, lässt sich durch eine einfache Berechnung der Fehler ermitteln, und es kann sogar genau festgelegt werden, welches Bit sich geändert hat. → *siehe auch* fehlerkorrigierende Codierung, vorauseilende Fehlerkorrektur.

HAN
→ *siehe* Heimbereichsnetz.

Handballenauflage, die; *Subst.* (wrist support)
Eine Vorrichtung, die vor einer Computertastatur angeordnet wird, um die Handgelenke in einer ergonomischen Ruheposition zu unterstützen und somit Überlastungsschäden, wie beispielsweise einer Sehnenscheidenentzündung vorzubeugen. → *siehe auch* Ermüdungsverletzungen, Sehnenscheidenentzündung. → *auch genannt* Handballenunterstützung.

Handballenunterstützung, die; *Subst.* (wrist rest)
→ *siehe* Handballenauflage.

Handcomputer, der; *Subst.* (wearable computer)
Ein tragbarer Personal Computer, der vom Benutzer wie eine Brille, ein Kleidungsstück oder eine Armbanduhr getragen wird. Ein Handcomputer kann wie ein konventioneller Computer für die Erfassung, Speicherung und Abfrage von Daten eingesetzt werden, ohne dass der Benutzer während der Bedienung an einen ortsfesten Arbeitsplatz gebunden ist. Die frühesten Handcomputer waren geheime Geräte, die Mitte der 60er Jahre zur Auswertung von Rouletteergebnissen verwendet wurden.

H Heute werden Handcomputer für die Lagerverwaltung und die Überwachung von Expresspaketen eingesetzt. → *siehe auch* Handheldcomputer, Handheld-PC.

Handheldcomputer, der; *Subst.* (handheld computer)
Ein Computer, den man bequem in einer Hand halten kann, während man ihn mit der anderen Hand bedient. Handheldcomputer werden häufig im Transportwesen und in anderen Bereichen der Dienstleistungsindustrie eingesetzt. Sie sind im Allgemeinen für das Ausführen von bestimmten Aufgaben gefertigt. Sie verfügen oft über beschränkte spezielle Tastaturen (die nicht dem normalen QWERTY-Layout entsprechen), kleinere Bildschirme, Eingabegeräte, z.B. Barcodeleser, und Kommunikationseinrichtungen zum Senden der Daten an einen Zentralcomputer. Sie verfügen jedoch selten über Diskettenlaufwerke. Bei der Software von Handheldcomputern handelt es sich in der Regel um proprietäre Software, die im ROM gespeichert ist. → *siehe auch* QWERTY-Tastatur, ROM. → *vgl.* Handheld-PC, PDA.

Handheld Device Markup Language *Subst.* (handheld device markup language)
→ *siehe* HDML.

Handheld-PC, der; *Subst.* (handheld PC)
Ein Computer, der so klein ist, dass er in eine Jackentasche passt, und der z.B. in der Lage ist, Microsoft Windows CE (eine »abgespeckte« Version von Windows 9x) sowie die Anwendungen auszuführen, die für dieses Betriebssystem konzipiert sind. → *vgl.* Handheldcomputer, PDA.

Handheldscanner, der; *Subst.* (handheld scanner)
Ein Scanner, bei dem der Benutzer den Scannerkopf, der in einer Handheldeinheit enthalten ist, über ein Medium (z.B. ein Blatt Papier) zieht. → *siehe auch* Scanner, Scannerkopf. → *vgl.* Einzugsscanner, Flachbettscanner, Trommelscanner.

Handle, das; *Subst.* (handle)
Ein Zeiger auf einen Zeiger, d.h. eine Variable, die die Adresse einer anderen Variable enthält, die ihrerseits die Adresse des gewünschten Objekts enthält. In bestimmten Betriebssystemen zeigt das Handle auf einen Zeiger, der sich in einer festen Position im Speicher befindet, während dieser Zeiger auf einen verschiebbaren Block zeigt. Wenn Programme von dem Handle gestartet werden, sobald diese auf den Block zugreifen, kann das Betriebssystem Tasks für die Speicherverwaltung ausführen (z.B. eine Speicherbereinigung), ohne die Programme zu beeinflussen. → *siehe auch* Zeiger.

Als »Handle« wird ferner jede Zeichenfolge bezeichnet, die ein Programm verwenden kann, um auf ein Objekt zuzugreifen und es zu identifizieren. Das Objekt kann z.B. ein Gerät, eine Datei, ein Fenster oder ein Dialogfeld sein.

Handler, der; *Subst.* (handler)
Auch als »Behandlungsroutine« bezeichnet. Eine Routine zur Handhabung einer allgemeinen oder relativ einfachen Situation oder Operation, z.B. Fehlerbeseitigung oder Datenbewegungen.
In bestimmten objektorientierten Programmiersprachen, die Nachrichten unterstützen, stellt ein »Handler« ein Unterprogramm dar, das eine Nachricht für eine bestimmte Objektklasse verarbeitet. → *siehe auch* Nachricht, objektorientierte Programmierung.

Handschrifterkennung, die; *Subst.* (handwriting recognition)
Die Fähigkeit eines Computers, Handschriften – insbesondere eine Unterschrift – zur Identifikation des Benutzers zu erkennen.
Auch die Fähigkeit eines Computers, handgeschriebenen Text in Zeichen umzuwandeln, die vom Computer erkannt werden können. Diese Technologie steckt derzeit noch in den Kinderschuhen. Deshalb ist es derzeit noch erforderlich, dass die Buchstaben äußerst deutlich geschrieben werden. Die Entwicklung der Programme für die Handschrifterkennung wird von PDAs gefördert, deren Tastaturen für die Dateneingabe zu klein sind. Außerdem sind Programme für die Handschriftenerkennung für den asiatischen Raum geeignet, weil asiatische Sprachen zum Teil immens viele Zeichen enthalten, weshalb die Eingabe über eine Tastatur in diesem Fall eher eine Belastung ist. → *siehe auch* PDA. → *vgl.* optische Zeichenerkennung.

Handshake, der; *Subst.* (handshake)
Zu Deutsch »Händeschütteln«. Eine Reihe von Signalen, die bestätigen, dass eine Kommunikation oder der Transfer von Informationen zwischen Computern oder Computergeräten stattfinden kann.
Bei einem Hardwarehandshake handelt es sich um einen Austausch von Signalen über spezifische Leitungen (keine Datenleitungen), wobei jedes Gerät die Bereitschaft zum Senden oder Empfangen von Daten signalisiert. Ein Softwarehandshake beruht auf Signalen, die über die Leitungen übertragen werden, die auch zum Transfer von Daten verwendet werden, beispielsweise bei einer Verbindung zwischen zwei Modems über Telefonleitungen.

Haptik, die; *Subst.* (haptics)
Die Gesamtheit der Tastwahrnehmungen. Die Erforschung dieses Gebiets erstreckt sich heute auch auf die Untersuchung der menschlichen Interaktion mit Computertechnologie über Tastwahrnehmungen. Die Haptiktechnologie ist zentraler Baustein für den Umgang mit virtueller Realität in Computerspielen, in denen der Computer Finger-, Hand-, Körper- oder Kopfbewegungen wahrnehmen oder »fühlen« und darauf reagieren soll. Der Computer könnte auch den Tastsinn nachahmen, z.B. durch Verändern der Struktur, Erhöhen des Widerstands oder andere Simulationen entsprechend der Interaktion des Benutzers mit der virtuellen Realität. → *siehe auch* Force Feedback.

Hardcopy, die; *Subst.* (hard copy)
Druckausgabe auf Papier, Film oder auf einem anderen dauerhaftem Medium. → *vgl.* Softcopy.

Hardware, die; *Subst.* (hardware)
Die physikalischen Bestandteile eines Computersystems, einschließlich aller peripherer Einrichtungen, z.B. Drucker, Modems und Mäuse. → *vgl.* Firmware, Software.

hardwareabhängig *Adj.* (hardware-dependent)
Bezeichnet Programme, Sprachen oder Bestandteile eines Computers bzw. Geräte, die an ein bestimmtes Computersystem oder eine Konfiguration gebunden sind. Beispielsweise ist Assemblersprache hardwareabhängig, da sie für einen bestimmten Mikroprozessortyp entworfen wurde und nur damit zusammenarbeitet.

Hardware-Abstraction-Layer, der; *Subst.* (hardware abstraction layer)
Ein Begriff aus dem Bereich fortgeschrittener Betriebssysteme (z.B. Windows NT und Windows 2000). Eine Schicht, in der Code einer Assemblersprache isoliert wird. Eine Hardware Abstraction Layer funktioniert ähnlich wie eine Schnittstelle für die Anwendungsprogrammierung (API) und wird von Programmierern zum Erstellen von geräteunabhängigen Anwendungen verwendet. → *siehe auch* Geräteunabhängigkeit.

Hardwareausfall, der; *Subst.* (hard failure, hardware failure)
Ein Defekt bei einer physikalischen Komponente in einem Computersystem (z.B. ein Headcrash oder Speicherfehler). Außerdem das Versagen einer technischen Einrichtung, ohne die Möglichkeit, die Funktionsfähigkeit wieder herzustellen. Die Korrektur eines Hardwareausfalls erfordert in der Regel die Einschaltung von Reparaturpersonal.

Hardwarebaum, der; *Subst.* (hardware tree)
Eine Datenbank mit Informationen über Geräte und benötigte Ressourcen. Ein Hardwarebaum wird für die Konfiguration von Systemen mit Geräten verwendet, um Hardwarekonflikte zu vermeiden.

Hardware-Handshake, der; *Subst.* (hardware handshake)
→ *siehe* Handshake.

Hardwareinterrupt, der; *Subst.* (hardware interrupt)
Eine Dienstanforderung des Prozessors, der entweder extern durch ein Hardwaregerät, z.B. ein Diskettenlaufwerk oder einen Eingabe-/Ausgabeport, oder intern durch die CPU selbst ausgelöst wird. Externe Hardwareinterrupts werden eingesetzt, wenn ein Zeichen, das von einem Port empfangen wird, auf die Verarbeitung wartet, ein Laufwerk für die Übertragung eines Datenblocks bereit ist oder der Systemtimer ein Taktsignal ausgibt. Interne Hardwareinterrupts treten auf, wenn ein Programm versucht, eine unmögliche Aktion durchzuführen, z.B. der Zugriff auf eine nicht verfügbare Adresse oder eine Division durch Null. Hardwareinterrupts sind bestimmte Prioritätsebenen zugeordnet.
Die höchste Priorität wird an den sog. nichtmaskierbaren Interrupt vergeben. Dieser Interrupt kennzeichnet einen schweren Fehler, z.B. einen Speicherfehler, auf den unverzüglich zu reagieren ist. → *siehe auch* externer Interrupt, Interrupt.

Hardwaremonitor, der; *Subst.* (hardware monitor)
Eine separate Platinenschaltung zur Überwachung des Betriebsverhaltens eines Hardware-/Softwaresystems. Mit einem Hardwaremonitor lassen sich die Ursachen für fatale Fehler (z.B. ein Systemcrash) erkennen, wozu ein Softwaremonitor oder Debugger nicht in der Lage ist. → *vgl.* Debugger.

Hardwareprofil, das; *Subst.* (hardware profile)
Ein Datensatz, der die Konfiguration und die Charakteristika eines vorgegebenen Bestandteils der Computerausstattung angibt. Diese Datenart wird in der Regel für die Rechnerkonfiguration der Peripheriegeräte eingesetzt.

Hardwareschloss, das; *Subst.* (hardware key)
Eine Sicherheitseinrichtung, die an einen Eingabe-/Ausgabeport angeschlossen ist, um die Verwendung eines bestimmten Softwarepakets zuzulassen. Diese Methode ermöglicht das Erstellen von Sicherungskopien, verhindert

H aber die unlizenzierte Nutzung der Software auf mehr als einem Computer. → *auch genannt* Dongle.

Des Weiteren charakterisiert »Hardwareschloss« jede Einrichtung zur Sicherung eines Computers gegen unbefugte Benutzung, z.B. das Schloss auf der Frontplatte des Gehäuses einiger Personal Computer.

hart *Adj.* (hard)

Permanent, fest oder physikalisch definiert. Nicht durch gewöhnliche Operationen auf einem Computersystem zu ändern. → *siehe* auch Hardcopy, harter Fehler, harter Zeilenvorschub, hartsektorierte Diskette. → *vgl.* weich.

In der Elektronik kennzeichnet man Materialien als »hart«, die ihren Magnetismus beibehalten, wenn man sie aus einem magnetischen Feld entfernt. → *vgl.* weich.

hartcodiert *Adj.* (hard-coded)

Nur für die Behandlung einer bestimmten Situation konzipiert.

Nicht von Werten abhängig, die vom Benutzer eingegeben und geändert werden können, sondern von solchen Werten, die im Programmcode eingebettet sind.

harter Bindestrich, der; *Subst.* (hard hyphen)

→ *siehe* Bindestrich.

harter Fehler, der; *Subst.* (hard error)

Ein Fehler, der durch einen Hardwareausfall oder den Zugriff auf inkompatible Hardware hervorgerufen wird. → *siehe auch* Hardwareausfall. → *vgl.* weicher Fehler.

Als »harter Fehler« wird auch ein Fehler bezeichnet, der ein Programm am Weiterarbeiten hindert. → *siehe auch* fataler Fehler.

harter Zeilenvorschub, der; *Subst.* (hard return)

Eine Zeicheneingabe des Benutzers, die festlegt, dass die aktuelle Textzeile endet und eine neue Zeile anfängt. In Textverarbeitungsprogrammen, die automatisch die Zeilen innerhalb der Seitenränder brechen, verwendet man harte Zeilenvorschübe für den Abschluss eines Absatzes. In Texteingabeprogrammen, die keinen Zeilenumbruch unterstützen, ist jede Zeile mit einem harten Zeilenvorschub abzuschließen. Außerdem sind oft mehrere harte Zeilenvorschübe erforderlich, um einen Absatz zu beenden. → *siehe auch* Zeilenumbruch. → *vgl.* weicher Zeilenvorschub.

hartes Leerzeichen, das; *Subst.* (hard space)

→ *siehe* geschütztes Leerzeichen.

hartsektorierte Diskette, die; *Subst.* (hard-sectored disk)

Eine Floppydisk, deren Datensektoren physikalisch durch eingestanzte Löcher markiert sind. Diese Löcher werden von Sensoren im Laufwerk erkannt, wodurch das Laufwerk den Beginn jedes Sektors lokalisieren kann. → *vgl.* softsektorierter Datenträger.

Harvard-Architektur, die; *Subst.* (Harvard architecture)

Eine Prozessorarchitektur mit separaten Adressbussen für Code und Daten. Dadurch wächst der Durchsatz, weil das System Befehle zur selben Zeit holen kann, in der es Daten liest oder schreibt. Diese Architektur ermöglicht die Optimierung des Entwurfs von Speichersystemen, da Befehle aus aufeinander folgenden Speicherstellen geholt werden, während das Lesen und Schreiben von Daten mehr oder weniger zufällig vonstatten geht.

Harvard Mark I, das; *Subst.*

→ *siehe* Mark I.

hash

Ein Befehl in zahlreichen FTP-Clientanwendungsprogrammen, der den FTP-Client anweist, immer dann ein Nummernzeichen (#) anzuzeigen, wenn ein Datenblock gesendet bzw. empfangen wird. → *siehe auch* FTP-Client.

Als »hashen« wird außerdem der Vorgang bezeichnet, bei dem ein Element durch eine Umwandlung als numerischer Wert abgebildet wird (Hashingfunktion). Hashing wird dann verwendet, wenn ein Identifizierer oder Schlüssel, der für den Benutzer relevant ist, in einen Wert für die Position der entsprechenden Daten in einer Struktur (z.B. eine Tabelle) umgewandelt werden soll. Wenn z.B. der Schlüssel MOUSE und eine Hashingfunktion, die den ASCII-Werten der Zeichen hinzugefügt wurde, die Summe durch 127 teilt und den Rest abzieht, erhält MOUSE durch Hashing den Wert 12. Die Daten, die von MOUSE identifiziert werden, befinden sich unter den Elementen in Eintrag 12 der Tabelle.

Hashcodierung, die; *Subst.* (hash coding)

→ *siehe* hash.

Hashsuche, die; *Subst.* (hash search)

Ein Suchalgorithmus, der nach dem Hashingverfahren arbeitet, um ein Element in einer Liste zu finden. Die Hashsuche ist hocheffizient, da das Hashing einen direkten (oder fast direkten) Zugriff auf das Zielelement ermöglicht. → *siehe auch* binäre Suche, hash, lineare Suche, Suchalgorithmus.

Hashzahl, die; *Subst.* (hash total)
Ein Wert für die Fehlerprüfung, der von der Addition eines Zahlensatzes aus den Daten (bei denen es sich nicht um numerische Daten handeln muss) abgeleitet ist, der verarbeitet oder manipuliert werden soll. Nach der Verarbeitung wird die Hashzahl neu berechnet und mit der ursprünglichen Zahl verglichen. Wenn die beiden Werte nicht übereinstimmen, wurden die ursprünglichen Daten geändert.

Haufendiagramm, das; *Subst.* (point chart)
→ *siehe* Punktdiagramm.

Hauptfunktion, die; *Subst.* (main function)
Der Hauptteil eines Programms, das in einer Computersprache verfasst ist. Diese Sprache verwendet Funktionssätze, um ein vollständiges Programm zu erstellen. In der Sprache C muss z.B. jedes Programm über eine Funktion namens *main* verfügen, die C als Eintrittspunkt für die Programmausführung verwendet. → *siehe auch* Hauptprogramm.

Hauptplatine, die; *Subst.* (mainboard, motherboard)
Die Platine, die die primären Bauteile eines Computersystems enthält. Auf dieser Platine befinden sich der Prozessor, der Hauptspeicher, verschiedene Unterstützungsschaltkreise sowie der Buscontroller und eine bestimmte Anzahl von Busverbindern. Andere Karten, einschließlich Erweiterungsspeicher und I/O-Karten, lassen sich an die Hauptplatine über den Busverbinder anschließen. → *siehe auch* Erweiterungssteckplatz. → *vgl.* Tochterboard.

Abbildung H.1: Hauptplatine

Hauptprogramm, das; *Subst.* (main body)
Die Menge von Anweisungen in einem Computerprogramm, mit der die Ausführung des Programms beginnt und die Unterprogramme des Programms aufgerufen werden. → *auch genannt* Unterroutine.

Hauptschleife, die; *Subst.* (main loop)
Eine Schleife im Hauptprogramm, die die Kernfunktionen des Programms immer wieder ausführt, bis auf irgendeine Weise die Beendigung signalisiert wird. In ereignisgesteuerten Programmen prüft diese Schleife Ereignisse, die sie vom Betriebssystem empfängt, und behandelt sie entsprechend. → *siehe auch* ereignisgesteuerte Programmierung, Hauptprogramm.

Hauptschlüssel, der; *Subst.* (major key, master key)
Die serverbasierende Komponente für den Software- oder Datenschutz. In einigen Systemen werden Daten oder Anwendungen auf einem Server gespeichert, die von dem lokalen Gerät heruntergeladen werden müssen. Wenn ein Client die Daten abfragt, wird ein Sitzungsschlüssel vorgelegt. Wenn der Sitzungsschlüssel mit dem Hauptschlüssel übereinstimmt, sendet der Schlüsselserver das angeforderte Paket. → *siehe auch* Client, Server.
→ *siehe* Primärschlüssel.

Hauptsegment, das; *Subst.* (main segment)
Auf dem Macintosh das Startsegment eines Programms (»principle segment«), das während der gesamten Ausführungszeit des Programms geladen bleiben muss.

Hauptspeicher, der; *Subst.* (main memory)
→ *siehe* Primärspeicher.

Hauptverbindungsleitung, die; *Subst.* (trunk)
Bezeichnet in der Kommunikationstechnik einen Kanal, der zwei Vermittlungsstellen verbindet. Eine Hauptverbindungsleitung überträgt in der Regel eine große Zahl von Anrufen zur gleichen Zeit.

Hauptverzeichnis, das; *Subst.* (root directory)
Der Eintrittspunkt in den Verzeichnisbaum einer hierarchischen Verzeichnisstruktur auf einem Datenträger. Von diesem Hauptverzeichnis aus verzweigen die verschiedenen Verzeichnisse und Unterverzeichnisse, die jeweils Dateien und selbst wieder Unterverzeichnisse enthalten können. Im Betriebssystem MS-DOS beispielsweise wird das Hauptverzeichnis durch einen umgekehrten Schrägstrich (\) gekennzeichnet. Unterhalb des Hauptverzeichnisses befinden sich weitere Verzeichnisse, die wiederum Verzeichnisse enthalten können usw. (Abbildung H.2)

Hayes-kompatibel *Adj.* (Hayes-compatible)
Charakterisiert ein Modem, das die gleichen Befehlssätze versteht wie ein Modem der Firma Hayes Microcomputer Products. Dieser Befehlssatz hat sich zum De-facto-Standard für Modems im Mikroprozessorbereich entwickelt.

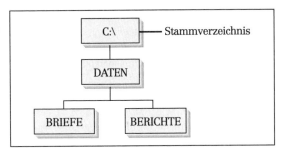

Abbildung H.2: Hauptverzeichnis: Struktur eines hierarchischen Verzeichnisses. Der Stamm wird durch den umgekehrten Schrägstrich (Backslash) gekennzeichnet.

HDBMS

→ *siehe* hierarchisches Datenbank-Managementsystem.

HDF

→ *siehe* Hierarchical Data Format.

HDLC

Abkürzung für **H**ighlevel **D**ata **L**ink **C**ontrol. Ein Protokoll für den Informationstransfer, das von der ISO genormt wurde. HDLC ist ein bitorientiertes, synchrones Protokoll, das in der Datenverbindungsschicht (Nachrichtenpaket) (Schicht 2 des ISO/OSI-Modells) für die Kommunikation zwischen Computern und Mikrocomputern angewandt wird. Die Nachrichtenübertragung erfolgt in sog. Rahmen (frames), die verschiedene Datenmengen enthalten können, aber in bestimmter Weise organisiert sein müssen. → *siehe auch* Frame, ISO/OSI-Schichtenmodell.

HDML

Abkürzung für »Handheld Device Markup Language«. Die Auszeichnungssprache, die für webfähige Mobiltelefone benutzt wird. HDML gehört der Firma phone.com.

HDSL

→ *siehe* High-Data-Rate Digital Subscriber Line.

HDTV

Abkürzung für **H**igh **D**efinition **Tele**vision. Ein Verfahren für die Übertragung und den Empfang von Fernsehsignalen, das ein Bild mit größerer Auflösung und Schärfe als die normale Fernsehtechnologie erzeugt. Die internationalen Standards für HDTV sind noch nicht festgelegt; es gibt mehrere, miteinander konkurrierende Entwürfe. Daher wurde die HDTV-Technologie noch nicht sehr weitgehend implementiert. → *vgl.* NTSC.

Headcrash, der; *Subst.* (head crash)

Ein Hardwareausfall, bei dem ein Schreib-/Lesekopf, der in der Regel von einem winzigen Luftkissen gehalten wird, in Kontakt mit der Oberfläche einer Platte gerät, wodurch die Magnetbeschichtung beschädigt wird, in der die Daten aufgezeichnet sind. Es kann ein noch größerer Schaden entstehen, wenn der Kopf Material aus der Oberfläche herausschlägt. Die Ursachen für einen Headcrash können in mechanischen Fehlern oder starken Erschütterungen des Laufwerks liegen. Wenn beim Headcrash eine Verzeichnisspur betroffen ist, wird die ganze Platte sofort unlesbar.

Headerdatei, die; *Subst.* (header file)

Eine Datei, die durch ihren Namen identifiziert wird, um am Anfang einer Programmdatei in einer bestimmten Sprache einbezogen zu werden (z.B. C). Eine Headerdatei enthält die Definitionen der Datentypen und Deklarationen von Variablen, die von den Funktionen im Programm verwendet werden.

Head-per-track-Laufwerk, das; *Subst.* (head-per-track disk drive)

Ein Laufwerk, das für jede Spur einen Schreib-/Lesekopf besitzt. Das Laufwerk hat eine sehr geringe Suchzeit, weil die Köpfe sich nicht über der Datenträgeroberfläche zur erforderlichen Spur für das Lesen und Schreiben bewegen müssen. Da Schreib-/Leseköpfe sehr teuer sind, wird diese Laufwerksart nicht allgemein installiert.

Headset, das; *Subst.* (headset)

Bezeichnet eine Kombination aus Kopfhörer und Mikrofon. Solche meist an der Soundkarte oder an der USB-Schnittstelle des Computers angeschlossenen Headsets werden überwiegend zur Kommunikation über das Internet, etwa bei Videokonferenzen, der Voice-over-IP-Telefonie oder beim Onlinegaming, genutzt. → *siehe auch* Onlinegaming, Videokonferenz, VoIP.

Heap, der; *Subst.* (heap)

Zu Deutsch »Haufen«, »Halde«. Für ein Programm reservierter Teil des Speichers zur temporären Aufnahme von Datenstrukturen, deren Existenz oder Größe sich vor dem Programmstart noch nicht festlegen lässt. Um derartige Elemente aufzubauen und zu verwenden, enthalten Programmiersprachen, z.B. C und Pascal, Funktionen und Prozeduren für die Anforderung freien Speichers vom Heap, für die Benutzung und die spätere Freigabe des Speichers, wenn er nicht mehr länger benötigt wird. Im Gegensatz zu Batchspeichern werden Heapspeicherblöcke nicht in umgekehrter Reihenfolge der Zuordnung freigegeben, so dass freie Blöcke mit Blöcken vermengt werden, die verwendet werden. Während das Programm weiterhin abläuft, müssen die Blöcke ggf. verschoben werden, so dass die kleinen freien Blöcke in größere Blöcke gemischt werden können, um den Anforderungen des Programms gerecht zu werden. → *siehe auch* Speicherbereinigung. → *vgl.* Stack.

Ein Heap ist außerdem ein kompletter Binärbaum mit der Eigenschaft, dass der Wert jedes Knotens nicht durch den Wert von einem seiner Nachfolger (Kinder) überschritten wird. → *siehe auch* binärer Baum.

Heapsort, das; *Subst.* (heap sort)
Eine platzsparende Sortiermethode, die zunächst die Schlüsselfelder in eine Heapstruktur überführt und danach wiederholt die Wurzel des Heaps (die gemäß Definition des Heaps den größten Schlüssel aufweist) entfernt und den Heap neu ordnet. → *siehe auch* Heap.

Heiliger Krieg, der; *Subst.* (holy war)
Ausdruck für eine weitreichende polemische Debatte zwischen Informatikern über einen bestimmten Aspekt der Datenverarbeitung. Es wurden z.B. bereits heilige Kriege über die GOTO-Anweisung in der Programmierung geführt.
»Heiliger Krieg« bezeichnet außerdem eine Streitfrage in einer Verteilerliste, Newsgroup oder in einem anderen Onlineforum in Bezug auf ein kontroverses und emotionales Thema, z.B. die Regelung des Paragrafen 218 im deutschen Strafgesetzbuch. Das Auslösen eines Heiligen Krieges durch ein Thema, das mit dem Thema des Forums nichts zu tun hat, wird als Verletzung der Netiquette betrachtet. → *siehe auch* Netiquette.

Heimbereichsnetz, das; *Subst.* (Home Area Network)
Englisch **H**ome **A**rea **N**etwork, kurz HAN. Ein Netzwerk innerhalb eines Hauses oder einer Wohnung, über das alle vernetzbaren Heimelektronikgeräte miteinander kommunizieren können, beispielsweise PCs, Spielkonsolen, Telefon und Fax, aber auch DVD-Spieler, Videorekorder, Fernseher, Sicherheitsanlagen, usw.

Heimbüro, das; *Subst.* (home office)
Der Ort einer Niederlassung.

Heimcomputer, der; *Subst.* (home computer)
Ein Computer, der konzeptionell und preislich für die Verwendung im Heimbereich vorgesehen ist. In der Regel sind Heimcomputer mit einem schwächeren Prozessor ausgestattet, weisen aber eine gute Ausstattung mit multimediafähigen Geräten auf. Im historischen Sinne auch ein Ausdruck aus den frühen 1980er Jahren, als Computer wie etwa der erste IBM PC noch sehr teuer waren. Daher waren schwächer ausgestattete Computer wie etwa der VC20, Commodore C64, Tandy TRS-80 und andere unter der Bezeichnung Heimcomputer bekannt. → *siehe auch* IBM PC, Multimedia.

Hekto- *Präfix* (hecto-)
Ein metrisches Präfix mit dem Wert 10^2 (einhundert).

Helligkeit, die; *Subst.* (brightness)
Die subjektive Wahrnehmung der Strahlungsintensität oder Lichtstärke eines sichtbaren Objekts. Helligkeit ist streng genommen nur eine relative Empfindung, die sich im Auge (und im Gehirn) eines Betrachters abspielt. Eine Kerze in der Nacht erscheint heller als dieselbe Kerze unter gleißendem Licht. Obwohl sich der subjektive Eindruck nicht mit physikalischen Methoden bestimmen lässt, kann man die Helligkeit als Grad der Leuchtdichte (Strahlungsenergie) messen. Die Helligkeitskomponente einer Farbe unterscheidet sich von ihrem Farbwert (dem Farbton) und von der Intensität der Farbe (der Sättigung). → *siehe auch* Farbmodell, HSB.

hello, world, das;
Die Ausgabe des ersten Programms in dem Buch *Programmieren in C* von Brian W. Kernighan und Dennis Ritchie. Ein Programm, das diese Ausgabe erzeugt, ist traditionell der erste Test, den ein Programmierer für die Sprache C oder eine andere Sprache in einer neuen Umgebung durchführt.

Helpdesk, das; *Subst.* (help desk)
Eine Softwareanwendung für das Überwachen von Problemen bei Hardware und Software sowie das Anbieten von entsprechenden Lösungsvorschlägen.

Helper, der; *Subst.* (helper)
→ *siehe* Hilfsanwendung.

Henry, das; *Subst.* (henry)
Kurzzeichen H. Die Maßeinheit der Induktivität. Eine Stromänderung von 1 Ampere pro Sekunde induziert eine Spannung von 1 Volt in einer Induktivität von Henry. Gebräuchlichere Induktivitäten sind allerdings wesentlich kleiner und liegen in der Größenordnung von Millihenry (mH = 10^{-3} H), Mikrohenry (µH = 10^{-6} H) oder Nanohenry (nH = 10^{-9} H). → *siehe auch* Induktivität.

Hercules Graphics Card, die; *Subst.*
→ *siehe* HGC.

Hertz, das; *Subst.* (hertz)
Kurzzeichen Hz. Die Maßeinheit der Frequenzmessung. Ein Hertz (eines periodischen Ereignisses, z.B. eine Wellenform) entspricht einer Schwingung pro Sekunde. Gebräuchliche Frequenzen in Computern und Elektronikgeräten werden häufig in Kilohertz (kHz = 1.000 Hz = 10^3 Hz), Megahertz (MHz = 1.000 kHz = 10^6 Hz), Gigahertz (GHz = 1.000 MHz = 10^9 Hz) oder Terahertz (THz = 1.000 GHz = 10^{12} Hz) gemessen.

herunterfahren *Vb.* (shut down)
Ein Programm oder ein Betriebssystem auf eine Weise beenden, die gewährleistet, dass kein Datenverlust eintritt.

herunterladen *Vb.* (download)
Mit Download wird auch das Senden eines Datenblocks, z.B. einer PostScript-Datei, an ein abhängiges Gerät, z.B. einen PostScript-Drucker, bezeichnet. → *vgl.* uploaden.

hervorheben *Vb.* (highlight)
Die Erscheinung angezeigter Zeichen verändern, um die Aufmerksamkeit darauf zu lenken – z.B. indem man diese Zeichen mit einer höheren Intensität oder invers (hell auf dunkel anstatt dunkel auf hell oder umgekehrt) darstellt. Hervorhebungen dienen oft der Markierung eines Elements, das bearbeitet werden soll, z.B. einer Option in einem Menü oder von Text in einer Textverarbeitung. (Abbildung H.3)

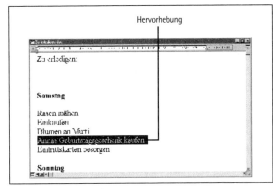

Abbildung H.3: Hervorheben

heterogene Umgebung, die; *Subst.* (heterogeneous environment)
Eine Umgebung der Datentechnik, in der Regel innerhalb einer Firma, in der Hardware oder Software von mehreren Herstellern verwendet wird. → *vgl.* homogene Umgebung.

heuristisch *Adj.* (heuristic)
Methoden oder Algorithmen, die durch nichtdeduktive oder selbstlernende Verfahren zu einer korrekten Lösung einer Programmaufgabe führen. Eine Methode der Programmierung besteht darin, zuerst eine heuristische Lösung zu entwickeln und diese dann zu verbessern. Der Begriff geht auf das griechische Wort *heuriskein* (»finden, entdecken«) zurück und ist mit dem bekannten »Heureka« (»Ich habe es gefunden«) verwandt.

Hewlett-Packard Graphics Language, die; *Subst.*
→ *siehe* HPGL.

Hewlett-Packard Printer Control Language, die; *Subst.*
→ *siehe* PCL.

Hex- (hex)
→ *siehe* hexadezimal.

hexadezimal *Adj.* (hexadecimal)
Das Hexadezimalsystem verwendet nicht den Wert 10 als Basis für die Darstellung von Zahlen durch Ziffern, sondern den Wert 16. Das Hexadezimalsystem verwendet die Ziffern 0 bis 9 und die Buchstaben A bis F (Groß-/Kleinschreibung), um die Dezimalzahlen 0 bis 15 darzustellen. Ein hexadezimales Zahlzeichen entspricht 4 Bit. 1 Byte kann durch zwei hexadezimale Zahlzeichen ausgedrückt werden. Die Binärzahl 0101 0011 entspricht der Hexadezimalzahl 53. Um Verwechslungen mit Dezimalzahlen zu vermeiden, wird Hexadezimalzahlen in Programmen oder Dokumentationen in der Regel der Buchstabe *H* nachgestellt oder eines der folgenden Sonderzeichen vorangestellt: &, $ oder 0x. Demzufolge gilt: 10H = dezimal 16; 100H = dezimal 16^2 = dezimal 256. Entsprechungen und Umrechnungstabellen für binäre, dezimale, hexadezimale und oktale Zahlen stehen in Anhang E. → *auch genannt* Hex-.

Hexadezimalumrechnung, die; *Subst.* (hexadecimal conversion)
Die Umwandlung einer Zahl in das hexadezimale Zahlensystem oder aus diesem. Eine entsprechende Umrechnungstabelle befindet sich in Anhang E.

HFS
→ *siehe* Hierarchical File System.

HGA
Abkürzung für **H**ercules **G**raphics **A**dapter. → *siehe* Hercules Graphics Card.

HGC

Abkürzung für **H**ercules **G**raphics **C**ard. Ein 1982 von der Firma Hercules Computer Technology für IBM-PCs und kompatible Computer eingeführter Videoadapter. HGC wurde durch VGA und seinen Nachfolgern abgelöst. HGC bot einen monochromen Grafikmodus mit einer Bildauflösung von 720 × 348 Pixel. → *siehe auch* VGA.

HGC Plus

Ein 1986 von der Firma Hercules Computer Technology eingeführter Videoadapter, der über zusätzlichen Videopuffer verfügt, um 12 Zeichensätze (Schriftarten) zu je 256 Zeichen aufnehmen zu können, die für grafische Zeichen verwendet werden können.

HHOK

Abkürzung für **H**a, **H**a, **O**nly **K**idding (Ungefähr: »Ein kleiner Scherz am Rande«). Eine scherzhafte Bemerkung, die in E-Mails und Onlinekommunikationen verwendet wird.

Hierarchical Data Format, das; *Subst.*

Ein Mehrobjekt-Dateiformat, in dem verschiedene Datenarten (einschließlich Rasterbilder und wissenschaftliche Datengruppen) an verschiedene Plattformen übertragen werden können. Ein Benutzer kann Objekte innerhalb der Hierarchical Data Format-Datei zuweisen. Diese zugewiesenen Objekte *(Vgroups)* können wiederum andere Vgroups enthalten, wodurch eine hierarchische Dateistruktur entsteht.

Hierarchical File System, das; *Subst.*

Ein baumartig strukturiertes Dateisystem auf dem Apple Macintosh, bei dem sich Ordner innerhalb anderer Ordner »verschachteln« lassen. → *siehe auch* Hierarchie, Pfad, Wurzel. → *vgl.* lineares Dateisystem.

Hierarchie, die; *Subst.* (hierarchy)

Eine Organisationsform, die baumartig in mehrere spezifische Einheiten verzweigt, wobei jede Ebene die Rolle des Besitzers für alle ihr untergeordneten Ebenen übernimmt. Hierarchien sind für mehrere Aspekte der Rechentechnik charakteristisch, da sie einen organisatorischen Rahmen bilden, der logische Verknüpfungen oder Beziehungen zwischen separaten Datensätzen, Dateien oder Teilen der Ausrüstung widerspiegeln kann. Beispielsweise setzt man Hierarchien bei der Organisation zusammengehöriger Dateien auf einer Diskette, aufeinander bezogener Datensätze in einer Datenbank und voneinander abhängiger

(untereinander verbundener) Geräte in einem Netzwerk ein. In Anwendungen wie der Tabellenkalkulation verwendet man Hierarchien in einer ähnlichen Bedeutung bei der Einrichtung einer Vorrangfolge, die der Computer bei der Ausführung arithmetischer Operationen befolgt. → *siehe auch* Hierarchical File System.

hierarchisch *Adj.* (hierarchical)

In einer hierarchischen Struktur verwaltet. → *siehe auch* Hierarchie.

hierarchische Datenbank, die; *Subst.* (hierarchical database)

Eine Datenbank, in der die Anordnung der Datensätze eine verzweigte, baumartige Struktur bildet. Diese Form, die am häufigsten bei Datenbanken für größere Computer verwendet wird, eignet sich besonders für die Organisation von Informationen, bei denen sich eine logische Untergliederung in sukzessive größere Detailebenen anbietet. Dabei sollte die Organisation der Datensätze im Hinblick auf die gebräuchlichsten oder zeitkritischsten Arten des erwarteten Zugriffs erfolgen.

hierarchisches Dateisystem, das; *Subst.* (hierarchical file system)

Ein System für das Verwalten von Dateien auf einem Datenträger, in dem Dateien in Verzeichnissen oder Ordnern abgelegt sind, die wiederum in Verzeichnissen abgelegt sein können. Das Hauptverzeichnis für den Datenträger wird als *Stammverzeichnis* bezeichnet. Die Kette der Verzeichnisse von der Wurzel zu einer bestimmten Datei nennt man Pfad. → *siehe auch* Hierarchie, Wurzel. → *vgl.* lineares Dateisystem.

hierarchisches Datenbank-Managementsystem, das; *Subst.* (hierarchical database management system)

Ein Datenbank-Managementsystem, das ein hierarchisches Modell unterstützt. → *siehe auch* hierarchisches Modell.

hierarchisches Menü, das; *Subst.* (hierarchical menu)

Ein Menü, das über ein oder mehrere Untermenüs verfügt. Eine solche Menü-/Untermenüanordnung ist hierarchisch, da jede Ebene die jeweils nächste umfasst.

hierarchisches Modell, das; *Subst.* (hierarchical model)

Ein in der Datenbankverwaltung verwendetes Modell, bei dem jeder Datensatz mehreren untergeordneten *Child*-datensätzen als *Parent* übergeordnet werden kann. Die

H

*Child*datensätze müssen nicht die gleiche Struktur wie der übergeordnete *Parent*datensatz haben. Außerdem kann ein Datensatz mehreren Datensätzen untergeordnet sein. Vom Konzept her lässt sich ein hierarchisches Modell als Baum auffassen (und wird in der Regel auch so behandelt). Die einzelnen Dateien müssen sich nicht unbedingt in der gleichen Datei befinden. → *siehe auch* Baum.

hierarchisches Netzwerk, das; *Subst.* (hierarchical computer network)
Ein Netzwerk, in dem ein Hostcomputer kleinere Computer steuert, die wiederum bei einer Gruppe von PC-Arbeitsstationen die Hostfunktion übernehmen können.
Außerdem ein Netzwerk, in dem Steuerfunktionen hierarchisch strukturiert sind. In diesem Netzwerk können unter Umständen Tasks für die Datenverarbeitung verteilt werden.

Hidschra-Kalender, der; *Subst.* (Hijri calendar)
Ein Mondkalender, der in islamischen Ländern verwendet wird. Das Hidschra-Jahr ist rund 11 Tage kürzer als das Jahr im gregorianischen Kalender; das Jahr 1 des Hidschra-Kalenders entspricht dem Jahr 622 nach christlicher Zeitrechnung (das Jahr, in dem Mohammed von Mekka nach Medina auswanderte). → *siehe auch* Mondkalender. → *vgl.* Gregorianischer Kalender, Julianischer Kalender, Julianisches Kalenderdatum.

High-bit-rate Digital Subscriber Line, die; *Subst.*
Ein Protokoll für die digitale Übertragung von Daten über Kupferleitungen im Gegensatz zu Glasfaserkabeln. → *auch genannt* High-Data-Rate Digital Subscriber Line.

High-Data-Rate Digital Subscriber Line, die; *Subst.*
(High-data-rate Digital Subscriber Line)
→ *siehe* High-bit-rate Digital Subscriber Line.

High DOS Memory, das; *Subst.* (high DOS memory)
→ *siehe* oberer Speicher.

High-End *Adj.* (high-end)
Dieser Begriff bezeichnet die Ausstattung entsprechend der aktuellsten Technologie für eine optimale Leistungsfähigkeit. In der Regel ist eine Ausstattung mit High-End-Technologie im Vergleich sehr kostspielig.

High-level Data Link Control, die; *Subst.*
→ *siehe* HDLC.

High Performance File System, das; *Subst.*
→ *siehe* HPFS.

High-Performance Parallel Interface, das; *Subst.*
→ *siehe* HPPI.

High Performance Serial Bus (1394), der; *Subst.*
Eine serielle Busschnittstelle für PC und Macintosh, die Übertragungsgeschwindigkeiten von 100, 200 oder 400 Megabit pro Sekunde (Mbps) unterstützt und eine Reihenschaltung mit bis zu 63 Geräten in einer verzweigten Form ermöglicht. Geräte, die auf diese Weise miteinander verbunden sind, können die Energie direkt über die Schnittstelle beziehen.

High Sierra-Spezifikation, die; *Subst.* (High Sierra specification)
Eine industrieweite Formatspezifikation für die logische Struktur, die Dateistruktur und die Datensatzstruktur auf einer CD-ROM. Die Spezifikation wurde nach dem Ort eines Seminartreffens zum Thema CD-ROM benannt, das in der Nähe von Lake Tahoe im November 1985 abgehalten wurde. Die High Sierra-Spezifikation diente als Basis für den internationalen Standard ISO 9660.

Hightech, die; *Subst.* (high tech)
Im Allgemeinen ein Begriff für hochentwickelte, oft komplizierte und spezialisierte technische Innovationen.
In einer etwas abgewandelten Bedeutung auch die »Spitze« der angewandten Wissenschaften und Technik, meist mit Computern und Elektronik in Verbindung gebracht.

Hilfe, die; *Subst.* (help, Help)
Ein Merkmal vieler Anwendungsprogramme. Hilfe in Form von Anleitungen oder Tips wird aufgerufen, wenn der Benutzer die Hilfe z.B. über eine Schaltfläche oder ein Menüelement bzw. eine Funktionstaste aktiviert. Der Benutzer kann direkt auf die Hilfe zugreifen, ohne die laufende Arbeit zu unterbrechen oder durch ein Handbuch blättern zu müssen. Einige Hilfeeinrichtungen arbeiten kontextsensitiv: Fordert ein Benutzer Hilfe an, während er an einer bestimmten Aufgabe arbeitet oder einen Befehl ausführen möchte, erhält er relevante Hilfeinformationen zu genau diesem Thema. Obwohl Hilfeeinrichtungen in der Regel nicht so umfangreich sind wie gedruckte Handbücher, bieten sie dem Einsteiger eine Möglichkeit zur Auffrischung seines Wissens. Fortgeschrittene Anwender können sich hingegen über selten genutzte Leistungsmerkmale informieren. → *auch genannt* Onlinehilfe.

Bei befehlsorientierten Systemen stellt »Hilfe« einen Befehl dar, über den sich erläuternde Informationen abrufen lassen. Meist muss die englische Form (»help«) eingegeben werden. In vielen FTP-Programmen lassen sich Informationen zu einem bestimmten Befehl abrufen, indem »help« eingegeben und der jeweilige Befehl (z.B. *cd* (»change directory«) oder *ls* (»list files and directories«) nachgestellt wird.

»Hilfe« ist ferner ein Element der Menüleiste in einer grafischen Benutzeroberfläche, das die Hilfefunktion der aktuellen Anwendung aufruft. → *siehe auch* grafische Benutzeroberfläche, Menüleiste.

Hilfebildschirm, der; *Subst.* (help screen)
Ein Fenster oder Bildschirm, in dem entsprechende Informationen angezeigt werden, wenn der Benutzer die Hilfe aktiviert hat. → *siehe auch* Hilfe.

Hilfe, kontextbezogene, die; *Subst.* (context-sensitive help)
→ *siehe* kontextbezogene Hilfe.

Hilfe per Knopfdruck, die; *Subst.* (button help)
Form der Hilfestellung, die durch die Auswahl einer Schaltfläche oder eines Symbols aktiviert wird. Im World Wide Web, in Multimediakiosks und CAI-Programmen (Abkürzung für »Computer-Aided Instruction«, zu Deutsch »computerunterstützter Unterricht«) sind derartige Hilfesysteme weit verbreitet; sie ermöglichen eine einfache Navigation durch das System.

Hilfetaste, die; *Subst.* (Help key)
Eine Taste, mit der der Benutzer die Hilfe aufrufen kann. → *siehe auch* Funktionstaste.

Hilfsanwendung, die; *Subst.* (helper application)
Eine Anwendung, die dann von einem Webbrowser gestartet wird, wenn der Browser eine Datei lädt, die vom Browser nicht unterstützt wird. Beispiele für Helperanwendungen sind Abspielgeräte für akustische Signale und Filme. Helperanwendungen müssen vom Benutzer besorgt und installiert werden, weil diese in der Regel nicht im Browser enthalten sind. Viele Webbrowser benötigen für die gängigen Multimedia-Dateiformate keine Helperanwendungen mehr. → *auch genannt* Hilfsprogramm. → *vgl.* ActiveX-Steuerelement, Plug-In.

Hilfsprogramm, das; *Subst.* (helper program)
→ *siehe* Hilfsanwendung.

hinausschießen (über das Ziel) *Vb.* (overshoot)
Das Phänomen, bei dem eine Einheit von der Zeitverzögerung betroffen ist, mit der sie auf eine Eingabe reagiert. Dabei bewegt sich die Einheit weiter, obwohl sie bereits die gewünschte Position erreicht hat. Die Situation erfordert es, die Eingabe zu korrigieren, so dass die Einheit an die entsprechende Position gelangt. Beispielsweise kann sich der Arm mit den Schreib-/Leseköpfen in einer Festplatte etwas über die gewünschte Spur hinausbewegen, bevor er endgültig zum Stehen kommt, so dass ein weiteres Signal erforderlich ist, das ihn entsprechend zurückbewegt.

Hintergrund *Adj.* (background)
Im Zusammenhang mit Prozessen und Tasks, die Teil eines Betriebssystems oder Programms sind, bezieht sich »Hintergrund« auf die Menge an Tasks, die derzeit nicht mit dem Anwender kommunizieren. Der Anwender arbeitet mit einem anderen Task. Hintergrundprozesse und -tasks haben bei der Zuteilung an Prozessorzeit eine geringere Priorität als Vordergrundtasks und sind im Allgemeinen unsichtbar, solange der Anwender keine Aktualisierung durchführt oder den Task in den Vordergrund bringt. Im Allgemeinen unterstützen nur Multitasking-Betriebssysteme Hintergrundprozesse. Doch auch einige Betriebssysteme, die nicht multitaskingfähig sind oder die sich wahlweise ohne Multitasking betreiben lassen, können eine oder mehrere Arten von Hintergrundtasks durchführen. Beispielsweise lässt sich beim Betriebssystem des Apple Macintosh auch bei abgeschaltetem Multitasking die Option »Hintergrunddruck« verwenden, um Dokumente zu drucken und gleichzeitig mit einem Anwendungsprogramm weiterzuarbeiten. → *siehe auch* Multitasking. → *vgl.* Vordergrund-.

In Bezug auf den Bildschirm handelt es sich beim Hintergrund um die Farbe, auf der die Zeichen dargestellt werden, z.B. schwarze Zeichen auf weißem Hintergrund. → *vgl.* Vordergrund.

Im Zusammenhang mit dem Desktop bezeichnet »Hintergrund« eine – in der Regel – statische Fläche, die mit einer einheitlichen Farbe oder aber mit Texturen, Mustern und Grafiken gefüllt ist. Auf dieser Fläche sind die Symbole, Schaltflächen, Menüleisten, Werkzeugleisten und weiteren Elemente der grafischen Benutzeroberfläche angeordnet. → *siehe auch* Hintergrundbild.

In einer fensterorientierten Benutzeroberfläche bezieht sich »Hintergrund« auf ein offenes, aber derzeit inaktives Fenster. → *siehe auch* inaktives Fenster. → *vgl.* Vordergrund.

Auf einer Webseite wird diejenige Fläche als »Hintergrund« bezeichnet, die mit Texturen, Farbmustern und Grafiken

H

H

gefüllt ist und auf der die eigentlichen Seitenelemente ange-ordnet sind, vor allem die Texte, Symbole, Grafiken und Schaltflächen. → *siehe auch* Hintergrundbild.

Hintergrundbild, das; *Subst.* (wallpaper)
Bei einer grafischen Benutzerschnittstelle, wie z.B. Windows, ein Muster oder Bild für den Bildschirmhintergrund, das der Benutzer auswählen kann. → *siehe auch* grafische Benut-zeroberfläche.

Hintergrunddruck, der; *Subst.* (background printing)
Der Prozess, bei dem ein Dokument zu einem Drucker gesen-det wird und gleichzeitig ein oder mehrere weitere Tasks vom Computer durchgeführt werden.

Hintergrundprogramm, das; *Subst.* (background program)
Ein Programm, das entweder im Hintergrund laufen kann oder im Hintergrund läuft. → *siehe auch* Hintergrund.

Hintergrundrauschen, das; *Subst.* (background noise)
Das standardmäßige Rauschen in einer Leitung oder einem Schaltkreis, das immer vorhanden ist, unabhängig davon, ob ein Signal übertragen wird. → *siehe auch* Rauschen.

Hintergrundtask, der; *Subst.* (background task)
→ *siehe* Hintergrund.

Hintergrundverarbeitung, die; *Subst.* (background proces-sing)
Die Ausführung von bestimmten Operationen durch das Betriebssystem oder ein Programm während der Zeitspanne, in der der primäre (Vordergrund-) Task keine Verarbeitung durchführt, sich also gewissermaßen im Leerlauf befindet. Ein Beispiel für eine Hintergrundverarbeitung ist das Abar-beiten von Druckaufträgen innerhalb der Zeitspanne zwi-schen den Tastenanschlägen des Benutzers. → *siehe auch* Hinter-grund.

Hintertür, die; *Subst.* (back door, trapdoor)
Eine Lücke in einem System oder einem Programm, die es ermöglicht, Zugang unter Umgehung der vorhandenen Sicherheitseinrichtungen zu erlangen. In komplexen Syste-men werden Hintertüren häufig während der Entwicklungs-phase eingebaut, um die Beseitigung von Fehlern zu erleich-tern. Falls die Hintertür in der endgültigen Programmversion nicht entfernt wird, ist ein Sicherheitsrisiko vorhanden, da die Gefahr besteht, dass die Hintertür auch Benutzern außerhalb des entsprechenden Herstellers bekannt wird.

Hintertüren werden jedoch auch häufig »aus Versehen« in Produkten hinterlassen, ohne dass der Hersteller dies bemerkt hätte. → *siehe auch* Wurm.

Hi-Res, die; *Subst.* (hi-res)
→ *siehe* hohe Auflösung.

Hit, der; *Subst.* (hit)
Ein erfolgreicher Aufruf von Daten, der nicht über Festplatte oder RAM, sondern über einen schnelleren Cache erfolgt. → *siehe auch* Cache, Festplatte, RAM.
Auch ein erfolgreicher Aufruf eines Datensatzes, der mit einer Abfrage in einer Datenbank übereinstimmt. → *siehe auch* Abfrage, aufzeichnen. Im Zusammenhang mit dem World Wide Web ist ein Hit ein erfolgreicher Seitenabruf durch einen Webbrowser von einem Webserver. Dabei stellt jede einzelne Datei, die beim Zugriff des Browsers auf den Server abgerufen wird, einen eigenen Hit dar. Wird z.B. eine normale Webseite aufgerufen, dann wird die HTML-Datei sowie jede weitere Datei, die von dieser Datei aufgerufen wird - z.B. Grafiken, Video- und Audiodateien - als eigener Hit in der Protokolldatei des Webservers aufgezeichnet. → *siehe auch* Webbrowser, Webseite, Webserver, World Wide Web.

HKEY
Abkürzung für **H**andle **KEY**. Ein Begriff aus der Terminologie von Windows 9x und Windows NT/2000. Ein Handle zu einem Registrierungsschlüssel, in dem die Konfiguration gespeichert ist. Jeder Schlüssel führt zu Unterschlüsseln, die die in früheren Windows-Versionen in den .ini-Dateien gespeicherte Konfiguration enthalten. Der Schlüssel **HKEY_CURRENT_USER\Control Panel** führt zu den Unterschlüs-seln für den Windows-Desktop. → *siehe auch* Registrierung, Registrierungseditor. → *vgl.* Ini-Datei.

HLS
Abkürzung für **H**ue-**L**ightness-**S**aturation. → *siehe* HSB.

HMA
→ *siehe* hoher Speicher.

Hoax, der; *Subst.* (hoax)
Eine E-Mail-Nachricht, die vor einem Virus warnen möchte, der gar nicht existiert. Ein Hoax (deutsch: »übler Scherz«) hat keinen ernsthaften Hintergrund und verunsichert Internet-benutzer, die meistens in Unkenntnis die E-Mail-Nachricht weiterverschicken. So entsteht unnötiger Datenverkehr. Detaillierte Informationen über aktuelle Hoaxes finden sich

auf den Websites vieler Hersteller von Antivirensoftware sowie auf dieser Website: www.hoaxinfo.de. → *siehe auch* Virus.

hochauflösendes Fernsehen, das; *Subst.* (high-definition television)
→ *siehe* HDTV.

hochfahren *Vb.* (boot up)
→ *siehe* booten.

Hochfahren, abgesichertes, das; *Subst.* (clean boot)
→ *siehe* abgesichertes Hochfahren.

Hochformat, das; *Subst.* (portrait mode)
Eine vertikale Druckausrichtung, bei der ein Dokument parallel zur kürzeren Kante eines rechteckigen Papierblattes gedruckt wird. Dieser Druckmodus ist typisch für die meisten Briefe, Berichte und ähnliche Dokumente. → *vgl.* Querformat. (Abbildung H.4)

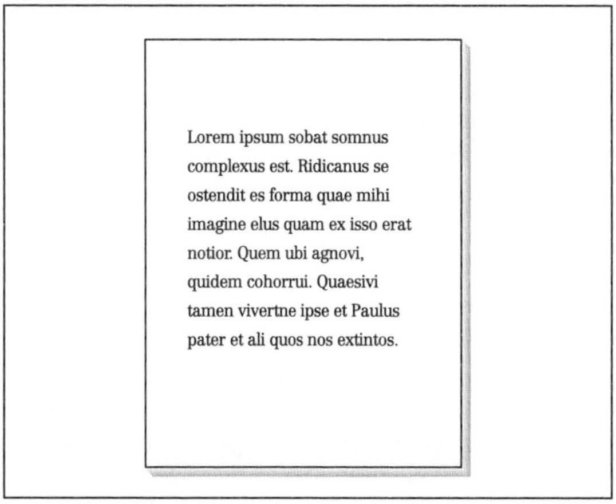

Abbildung H.4: Hochformat

Hochformatmonitor, der; *Subst.* (portrait monitor)
Ein Monitor, dessen Bildschirm höher als breiter ist. Die Proportionen des Schirms (nicht notwendigerweise seine tatsächliche Größe) entsprechen normalerweise einem Papierformat von $8^1/_2$ mal 11 Zoll. → *vgl.* Querformatmonitor. (Abbildung H.5)

Hochfrequenz, die; *Subst.* (radio frequency)
Abgekürzt HF. Ein Bereich des elektromagnetischen Spektrums mit Frequenzen zwischen 30 Kilohertz und 300 Gigahertz. Dies entspricht Wellenlängen zwischen 10 Kilometer und 1 Millimeter.

Abbildung H.5: Hochformatmonitor

hochkonvertieren *Vb.* (upconvert)
Einen neuen Virus erstellen durch Konvertieren eines vorhandenen Virus in eine spätere Version der Programmiersprache, in der der Virus geschrieben wurde. → *vgl.* rückkonvertieren.

Hochpassfilter, der; *Subst.* (highpass filter)
Eine elektronische Schaltung, die alle oberhalb einer festgelegten Frequenz liegenden Frequenzen eines Signals durchlässt. → *vgl.* Bandbreitenfilter, Tiefpassfilter.

Hochstellung, die; *Subst.* (superscript)
Ein Zeichen, das etwas oberhalb des umgebenden Textes und meist in einem kleineren Schriftgrad gedruckt ist. → *vgl.* Tiefstellung.

Hochverfügbarkeit, die; *Subst.* (high availability)
Eigenschaft eines Computersystems, beispielsweise eines Webservers, die im Idealfall eine Systemverfügbarkeit von 365 Tagen im Jahr rund um die Uhr ermöglicht. In der Praxis ist eine Verfügbarkeit von 100 % zwar erstrebenswert, aber kaum zu erreichen. Wenn eine Verfügbarkeit von beispielsweise 99,9 % angegeben wird, bedeutet dies, dass das betreffende System nur knapp 9 Stunden in einem Jahr ausfallen darf. 99,99 % Verfügbarkeit bedeuten etwa 53 Minuten Ausfall. Verschiedene Methoden können zum Erreichen hoher Verfügbarkeit verwendet werden, u. a. Serverfarmen, RAID-Arrays, Cluster mit Failover-Lösungen, Load-Balancing sowie der Einsatz moderner Betriebssysteme. → *siehe auch* Cluster (Def. 3), Failover, Load-Balancing, RAID, Serverfarm.

höchstwertig *Adj.* (high-order)
Mit der größten Bedeutung. Der Begriff *höchstwertig* wird in Schreibsystemen, die auf dem lateinischen Alphabet und arabischen Ziffern basieren, an erster Stelle bzw. ganz links

H angezeigt. Im 2-Byte Hexadezimalwert 6CA2 besitzt das höchstwertige Byte 6C für sich betrachtet den Dezimalwert 108, hat jedoch in der Gruppe den Wert $108 \times 256 = 27.648$, wogegen das niedrigstwertige Byte A2 lediglich den Dezimalwert 162 hat. → *vgl.* niederwertig.

höchstwertiges Bit, das; *Subst.* (most significant bit)
Abgekürzt MSB. In einer Folge von einem oder mehreren Bytes das Bit mit der höchsten Wertigkeit einer Bitzahl ausschließlich des Vorzeichenbits. → *siehe auch* höchstwertig. → *vgl.* niederwertigstes Bit.

höchstwertige Stelle, die; *Subst.* (most significant digit)
In einer Folge mit einer oder mehreren Ziffern die Stelle mit der höchsten Wertigkeit, d.h. die am weitesten links stehende Ziffer. Bei *456.78* stellt *4* die höchstwertige Stelle dar. → *vgl.* niederwertigste Stelle.

höchstwertiges Zeichen, das; *Subst.* (most significant character)
Abgekürzt MSC. Bezeichnet in einem String das am weitesten links stehende Zeichen mit der höchsten Wertigkeit. → *siehe auch* höchstwertig. → *vgl.* niederwertigstes Zeichen.

höhere Programmiersprache, die; *Subst.* (high-level language, high-order language)
Auch als »Hochsprache« bezeichnet. Eine Computersprache, die gegenüber der zugrunde liegenden Maschinensprache eine bestimmte Ebene der Abstraktion bietet. Die Anweisungen in einer höheren Programmiersprache enthalten in der Regel Schlüsselwörter, die auf der englischen Sprache basieren, und die sie in mehrere Assembleranweisungen übersetzen. In der Praxis bezeichnet man mit diesem Begriff alle Computersprachen, deren Niveau oberhalb von Assemblersprachen liegt. → *vgl.* Assemblersprache.

höherwertiges Byte, das; *Subst.* (high byte)
Das Byte, das die wichtigsten Bits (Bit 8 bis 15) in einer 2-Byte-Gruppierung enthält, die einen 16-Bit-Wert (Bit 0 bis 15) darstellt. → *siehe auch* hexadezimal. (Abbildung H.6)

hohe Auflösung, die; *Subst.* (high resolution)
Die Fähigkeit, Text und Grafiken mit relativer Klarheit und feinen Details wiederzugeben. Hohe Auflösung bezieht sich auf die Anzahl der Pixel (Punkte), die zum Erstellen eines Bildes in einem angegebenen Bereich verwendet werden. Für Bildschirmanzeigen wird die Auflösung durch die gesamte

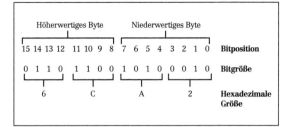

Abbildung H.6: Höherwertiges Byte: Es ist binär dargestellt 01101100, hexadezimal 6C oder dezimal 108

Anzahl der Pixel in den horizontalen und vertikalen Abmessungen ausgedrückt. Der VGA-Videoadapter hat z.B. eine Auflösung von 640 mal 480 Pixel. Beim Drucken bezieht sich die Auflösung auf die Anzahl der Punkte, die pro Zoll gedruckt werden (dpi, Dots per Inch). Laser- und Tintenstrahlausgaben liegen bei 300 bis 600 dpi, Lichtsatzanlagen mit Produktionsqualität erreichen 1.000 bis 2.000 dpi. → *auch genannt* Hi-Res.

Hohe Integrationsdichte, die; *Subst.* (large-scale integration)
Der Begriff bezeichnet eine Integrationsdichte von 100 bis 5.000 Bauelementen auf einem einzelnen Chip. → *siehe auch* integrierter Schaltkreis. → *vgl.* mittlere Integrationsdichte, niedrige Integrationsdichte, sehr hohe Integrationsdichte, ultrahohe Integrationsdichte.

hoher Speicher, der; *Subst.* (high memory, high memory area)
Allgemein alle Speicherorte, die von den höchsten Nummern adressiert werden.
In Verbindung mit IBM-PCs und kompatiblen Computern versteht man unter dem »hohen Speicher« den 64-KB-Bereich direkt oberhalb der 1-MB-Grenze. Ab Version 5.0 von MS-DOS gehört die Datei HIMEM.SYS zum Lieferumfang. MS-DOS kann mit Hilfe dieser Datei Teile von sich selbst in den oberen Speicherbereich verschieben und damit mehr konventionellen Speicher für die Nutzung durch Anwendungsprogramme verfügbar machen. → *siehe auch* Expansionsspeicher, konventioneller Arbeitsspeicher.

Hohlraumvirus, der; *Subst.* (cavity virus)
Ein Virustyp, der sich in einem Abschnitt der infizierten Datei verbirgt und dort Daten überschreibt. Ein Hohlraumvirus überschreibt nur den Bestandteil der Wirtsdatei, der konstante Daten enthält, so dass die Datei weiterhin ausgeführt werden kann. → *siehe auch* Virus.

Hollerith-Maschine, die; *Subst.* (Hollerith tabulating/recording machine)

Eine elektromechanische Maschine, die von Herman Hollerith im ausgehenden 19. Jahrhundert entwickelt wurde. Sie gilt als die Erfindung der Datenverarbeitung, die mit Lochkarten arbeitete. Durch die an vordefinierten Positionen in den Lochkarten vorhandenen Löcher wurden Stromkreise geschlossen. Dadurch konnten Signale an Rechen- und Auszählungsmaschinen übertragen werden. Man geht davon aus, dass diese Maschine den erforderlichen Zeitaufwand für die Auswertung der im Jahre 1890 durchgeführten Volkszählung um zwei Drittel reduzierte. Die Herstellung dieser Maschinen erfolgte Anfang des Jahrhunderts durch die Hollerith's Tabulating Machine Company, die schließlich durch Fusionieren zur International Business Machines Corporation (IBM) wurde.

Hologramm, das; *Subst.* (hologram)

Eine per Holografie erzeugte dreidimensionale »Fotografie«. Ein Hologramm besteht aus einem Lichtinterferenzmuster, das auf einem Medium, z.B. einem fotografischen Film, aufgezeichnet wurde. Werden Hologramme entsprechend beleuchtet, wird ein Bild erzeugt, dessen Erscheinung sich mit dem Betrachtungswinkel ändert. → *siehe auch* Holographie.

Holographie, die; *Subst.* (holography)

Ein Verfahren zur Reproduzierung dreidimensionaler Bilder durch Aufzeichnung von Lichtinterferenzmustern auf einem Medium, z.B. einem fotografischen Film (Erzeugung eines Hologramms).

Home, das; *Subst.* (home)

Die Anfangsposition, z.B. die obere linke Ecke einer zeichenbasierten Anzeige, die linke Position einer Textzeile, die Zelle A1 einer Tabelle oder der Anfang eines Dokuments.

Homenetworking, das; *Subst.* (home networking)

Ein von der Home Phoneline Networking Alliance entwickelter De-facto-Standard (auch als HomePNA bezeichnet), der auf Ethernet aufbauende Heimnetzwerke über die herkömmlichen Telefonleitungen verbindet, ohne dabei Sprach- oder Faxdienste zu stören. → *siehe auch* Heimbereichsnetz, HomePNA, HomeRF, IEEE 802.11.

Homepage, die; *Subst.* (home page)

Ein Dokument, das als Ausgangspunkt in einem Hypertextsystem dient, insbesondere im World Wide Web. → *vgl.* Startseite.

Außerdem die Seite mit einer Auflistung der Webseiten und der anderen Dateien in einer Website, die als erste Seite angezeigt wird, wenn ein URL im Webbrowser eingegeben wird. So wird die Homepage von Microsoft angezeigt, wenn der URL http://www.microsoft.com" eingegeben wird. → *siehe auch* URL.

HomePNA

Abkürzung für **H**ome **P**honeline **N**etworking **A**lliance. Ein Konsortium einer Reihe von Unternehmen (u. a. 3Com, AMD, Compaq, IBM, Hewlett Packard, Intel, Motorola), die einen Industriestandard für Homenetworking, also die Vernetzung von privaten Wohnungen für mehrere Endgeräte für PC-Anwendungen, Spiele, Internetzugang, Sprach- und Faxdienste mit 1 Mbps und 10 Mbps Bandbreite anstreben. Dazu soll keine Neuverkabelung von Privatwohnungen und Häusern erforderlich sein; statt dessen werden die vorhandenen Telefonleitungen zur Datenübertragung genutzt. Informationen über HomePNA sind unter der Webadresse http://www.homepna.org abrufbar. Æ auch genannt HPNA.

HomeRF

Kurz für »**Home R**adio **F**requency«, zu Deutsch »Heimfunkfrequenz«. Ein von dem Firmenkonsortium HomeRF Working Group vorgeschlagener Standard zur drahtlosen Vernetzung von Heimelektronikgeräten wie PCs, Spielkonsolen, Unterhaltungselektronik, usw. Dem Konsortium gehören u. a. die Firmen Compaq, Intel und Motorola an (Homepage: http://www.homerf.org). → *siehe auch* drahtloses LAN, Heimbereichsnetz, HomePNA. → *vgl.* 802.11.

Homeverzeichnis, das; *Subst.* (home directory)

Ein Verzeichnis, das mit einem Benutzerkonto unter UNIX in Zusammenhang steht. Bei einem Homeverzeichnis handelt es sich um das aktuelle Verzeichnis, wenn der Benutzer sich erstmals anmeldet. Der Benutzer kann zu diesem Verzeichnis über den Befehl *cd* (change directory) ohne Pfadangabe zurückkehren. Die Benutzerdateien werden in der Regel im Homeverzeichnis und den zugehörigen Unterverzeichnissen gespeichert.

homogenes Netzwerk, das; *Subst.* (homogeneous network)

Ein Netzwerk, in dem alle Hosts vergleichbar sind und nur ein Protokoll verwendet wird.

homogene Umgebung, die; *Subst.* (homogeneous environment)

Eine Computerumgebung - in der Regel innerhalb eines Unternehmens - in der die Hardware bzw. Software von

H jeweils einem Hersteller stammt. → *vgl.* heterogene Umgebung.

Honeynet Project

Eine gemeinnützige Sicherheitsforschungsgruppe, die Daten über Tools und Methoden von Hackern erfasst und analysiert, die in ein eigens zu diesem Zweck eingerichtetes Computernetzwerk »gelockt« wurden. Vom Honeynet Project werden vollständige Computernetzwerke in unterschiedlichen Betriebssystem- und Sicherheitskombinationen eingerichtet, die »reale« Netzwerke von Unternehmen und Organisationen perfekt simulieren. Die Hacker werden gewissermaßen in ein Netzwerk »gelockt«, indem der gesamte eingehende und ausgehende Datenverkehr erfasst wird. Auf diese Weise erhält man einen genaueren Einblick in Vorgehensweise und Motive von Hackern. Weitere Informationen zum Honeynet Project finden Sie unter der Webadresse http://project.honeynet.org. → *siehe auch* Honeypot.

Honeypot, der; *Subst.* (honeypot)

Ein über das Internet zugänglicher Server, der als Köder potentielle Hacker oder Script Kiddies anlocken soll. Deren Beobachtung soll die unterschiedlichen Möglichkeiten des Eindringens in ein System aufzeigen und nachvollziehbar machen. Honeypots imitieren mit ihrer Oberfläche auch bekannte Schwachstellen »attraktiver« Systeme, ohne den Zugriff auf deren Gesamtnetzwerk zu ermöglichen. Sie werden vorwiegend innerhalb von Firewalls eingerichtet, die eine Umkehrfunktion ihrer üblichen Aufgabe erfüllen: Datenzugang vom Internet wird ermöglicht, Datenausgang ins Internet unterbunden. Der Zweck des Honeypot besteht darin, dem Administrator Informationen über Verletzbarkeit und Schwächen des betreuten Systems zu verschaffen, den Hacker zu entlarven und anhand der gewonnenen Informationen neue Sicherheitsmaßnahmen zu generieren. → *siehe auch* Firewall, Script Kiddie.

Hook, der; *Subst.* (hook)

Zu Deutsch »Haken«. Eine Stelle in einer Routine oder einem Programm, an der der Programmierer andere Routinen anbinden oder einfügen kann, z.B. zur Fehlersuche oder zur Erweiterung der Funktionalität.

Hop, der; *Subst.* (hop)

Zu Deutsch »Hüpfer«. In der Datenkommunikation ein Segment des Pfads zwischen Routern eines geografisch verteilten Netzwerks. Ein Hop ist mit einer Etappe einer Reise vergleichbar, bei der Aufenthalte zwischen Start- und Zielort

eingelegt werden. Übertragen auf die Datenkommunikation, stellt die Strecke zwischen jedem dieser Aufenthalte (Router) einen Hop dar.

horizontale Anwendung, die; *Subst.* (horizontal application)

Eine Anwendung, beispielsweise ein Textverarbeitungs- oder Tabellenkalkulationsprogramm, die in vielen verschiedenen Branchen oder Unternehmen eingesetzt wird.

horizontale Austastlücke, die; *Subst.* (horizontal blanking interval)

→ *siehe* Austastung, horizontales Zurücksetzen (des Elektronenstrahls).

horizontales Scrollen, das; *Subst.* (horizontal scrolling)

Ein Merkmal von Programmen wie Textverarbeitung und Tabellenkalkulation, das dem Benutzer das Blättern im Anzeigebereichs nach links und rechts über die horizontalen Grenzen des Bildschirms (oder Fensters in einer grafischen Benutzeroberfläche) ermöglicht, um die momentan nicht sichtbaren Informationen darzustellen.

horizontales Zurücksetzen (des Elektronenstrahls),

das; *Subst.* (horizontal flyback, horizontal retrace)
Auf Rasterscandisplays die Bewegung eines Elektronenstrahls vom rechten Rand einer Bildzeile zum linken Rand der nächsten. In der für das horizontale Zurücksetzen benötigten Zeit wird der Elektronenstrahl ausgeschaltet, so dass man das entsprechende Zeitintervall als »horizontale Austastlücke« bezeichnet. → *siehe auch* Austastung. → *vgl.* vertikaler Strahlrücklauf.

Horizontalsynchronisation, die; *Subst.* (horizontal synchronization)

Auf Rasterdisplays das von einem Signal erzeugte Timing, das die Bewegung des Elektronenstrahls von links nach rechts (und wieder zurück) steuert, um ein Bild zeilenweise zu bilden. Das Signal für die Horizontalsynchronisation wird in der Regel von einem Zeitmechanismus gesteuert, dem Phasenregelkreis, durch den Signale so synchronisiert werden, dass ein klares Bild geformt wird. → *siehe auch* CRT. → *auch genannt* H-sync.

Host, der; *Subst.* (host)

Der Hauptcomputer in einem System von Computern oder Terminals, die über Kommunikationsleitungen verbunden sind.

Hostadapter, der; *Subst.* (host adapter)
Ein Anschluss für die Verbindung eines Peripheriegerätes mit dem Hauptrechner, bei dem es sich in der Regel um eine Expansion Card handelt. → *auch genannt* Controller.

Hostname, der; *Subst.* (host name)
Derjenige Servername in einem bestimmten Netzwerk innerhalb des Internets, der ganz links in der vollständigen Hostspezifikation steht. So gibt z.B. *www.microsoft.com* den Server mit der Bezeichnung »www« innerhalb des Netzwerks der Microsoft Corporation an.

host not responding
Eine Fehlermeldung von einem Internetclient, die besagt, dass der Computer, an den eine Anforderung gestartet wurde, die Verbindung verweigert oder die Anforderung aus anderen Gründen nicht bearbeiten kann.

Hostsprache, die; *Subst.* (host language)
Die Maschinensprache einer CPU.
Außerdem eine höhere Programmiersprache, die insbesondere durch ein Betriebssystem mit seinen Toolboxroutinen und nativen Entwicklungssystemen unterstützt wird.

host timed out
Eine Fehlermeldung, die von einem Server – beispielsweise einem Web- oder FTP-Server – zurückgegeben wird, wenn der Computer, der die angeforderten Informationen enthält, innerhalb eines festgelegten Zeitraumes nicht reagiert. → *siehe auch* FTP-Server, Webserver.

Host, unbekannter, der; *Subst.* (unknown host)
→ *siehe* unbekannter Host.

host unreachable
Eine Fehlermeldung, die angibt, dass ein Server keine Verbindung zum angeforderten Host aufbauen konnte. Die Ursache hierfür kann daran liegen, dass der Server die Adresse des Hosts nicht kennt, der Host heruntergefahren ist oder die Verbindung verweigert.

HotBot
Eine Suchmaschine für das Internet, die von den Firmen Inktomi und HotWired, Inc., entwickelt wurde.
HotBot verwendet den Webroboter Slurp (wörtlich übersetzt »Schlürfer«). HotBot gehört heute zum Netzwerk der Firma Lycos und ist unter folgendem URL erreichbar: http://www.hotbot.com. → *siehe auch* Lycos, Spinne, Suchma-

schine. → *vgl.* AltaVista, Excite, Google, Infoseek, WebCrawler, Yahoo!.

Hot-Carrier-Diode, die; *Subst.* (hot carrier diode)
→ *siehe* Schottky-Diode.

HotJava, das; *Subst.*
Eine in Java geschriebene Familie von webfähigen Komponenten von Sun Microsystems, die auch einen Webbrowser beinhaltet. Weitere Informationen zum HotJava-Projekt können unter der Adresse http://java.sun.com/products/hotjava/ abgerufen werden. → *siehe auch* Applet, Java, Java-Applet, Webbrowser.

Hotkey, der; *Subst.* (hot key)
Ein Befehl, der sich durch eine oder zwei Tasten ausführen lässt und zu einem anderen Programm, z.B. einem speicherresidenten Programm (TSR = »Terminate-and-Stay-Resident«), oder zur Benutzeroberfläche des Betriebssystems umschaltet. → *siehe auch* TSR.

Hotlink, der; *Subst.* (hot link)
Eine Verbindung zwischen zwei Programmen, die das zweite Programm anweist, Datenänderungen vorzunehmen, sobald Änderungen im ersten Programm auftreten. Ein Textverarbeitungs- oder DTP-Programm ist z.B. in der Lage, ein Dokument entsprechend der Daten zu aktualisieren, die von einer Datenbank über einen Hotlink zur Verfügung gestellt wurden. → *siehe* Hyperlink.

Hotlist, die; *Subst.* (hotlist)
Eine Liste mit häufig aufgerufenen Elementen, z.B. Webseiten in einem Webbrowser, aus der ein Benutzer ein Element auswählen kann. Die Hotlist der Webseiten heißt in Netscape Navigator und in Lynx *bookmark list*. Bei der Hotlist in Microsoft Internet Explorer handelt es sich um den Ordner *Favoriten*.

Hotmail *Subst.*
Ein webbasierter E-Mail-Dienst, der von Microsoft betrieben wird. Hotmail bietet seinen Mitgliedern kostenlose E-Mail-Konten. Die Finanzierung dieses Dienstes erfolgt über den Verkauf von Werbeflächen. Die Homepage von Hotmail kann unter der Webadresse http://www.hotmail.com aufgerufen werden. → *siehe auch* Freemailer.

Hotspare, die; *Subst.* (hot spare)
Zu Deutsch: »heißer Ersatz« (»heiß« im Sinne von »in Betrieb befindlich«). Bei RAID-Systemen (Abkürzung für »redundant

H

array of independent disks«, zu Deutsch »redundante Ansammlung von unabhängigen Festplatten«) ein Reservelaufwerk, das als Backuplaufwerk konfiguriert ist. Auf dem Hotspare können Daten wiederhergestellt werden, falls ein anderes Laufwerk ausfällt. Ein Hotspare bleibt ständig in Betrieb. Die Aktivierung erfolgt automatisch; ein Eingriff des Administrators ist folglich nicht notwendig. → *siehe auch* RAID.

Hotspot, der; *Subst.* (hot spot)
Die Stelle in einem Mauszeiger (z.B. die Position an der Spitze eines Pfeilzeigers oder die Position am Schnittpunkt der Linien in einem Fadenkreuz), die genau auf die Bildschirmposition zeigt, durch die eine Mausaktion – z.B. das Klicken auf eine Schaltfläche – beeinflusst wird.

Hotswapping, das; *Subst.* (hot swapping)
→ *siehe* Einbau im laufenden Betrieb.

HotWired, die; *Subst.*
Eine Website, die der Zeitschrift *Wired* angegliedert ist. Diese Zeitschrift enthält Nachrichten und Informationen zum Internet in englischer Sprache. Internetadresse: http://www.hotwired.com/frontdoor/.

Housekeeping, das; *Subst.* (housekeeping)
Hierzu zählen die verschiedenartigen Routinen, die die Arbeitsfähigkeit des Systems selbst, der Umgebung eines laufenden Programms und der Datenstrukturen innerhalb eines Programms sicherstellen. Dazu gehören z.B. Aktualisierungen der Systemuhr und Speicherbereinigungen.

HPC→ *siehe* Handheld-PC.

HPFS
Abkürzung für **H**igh **P**erformance **F**ile **S**ystem. Unter dem Betriebssystem OS/2 ab der Version 1.2 verfügbares Dateisystem. → *siehe auch* FAT-Dateisystem, NTFS.

HPGL
Abkürzung für **H**ewlett-**P**ackard **G**raphics **L**anguage. Eine Sprache, die ursprünglich für Bilder entwickelt wurde, die auf Plottern gedruckt werden. Eine HPGL-Datei enthält Befehle, die ein Programm für das Rekonstruieren einer Grafik verwenden kann.

HPIB
Abkürzung für **H**ewlett-**P**ackard **I**nterface **B**us. → *siehe* Mehrzweckbus.

HPNA
→ *siehe* HomePNA.

HPPCL
Abkürzung für **H**ewlett-**P**ackard **P**rinter **C**ontrol **L**anguage. → *siehe* PCL.

HPPI (HIPPI)
Abkürzung für **HI**gh **P**erformance **P**arallel **I**nterface. Ein ANSI-Kommunikationsstandard für Supercomputer.

HP/UX
Abkürzung für Hewlett-Packard UNIX. Eine UNIX-Version von Hewlett-Packard für den Einsatz auf ihren Workstations.

.hqx
Eine Dateinamenerweiterung für eine mit BinHex codierte Datei. → *siehe auch* BinHex.

HREF
Abkürzung für **H**ypertext **Ref**erence. Ein Attribut in einem HTML-Dokument, das eine Verknüpfung zu einem anderen Dokument im Web definiert. → *siehe auch* HTML.

HSB
Abkürzung für **H**ue-**S**aturation-**B**rightness, zu Deutsch »Farbton-Sättigung-Helligkeit«. Ein Farbmodell, das die Farben in einem sog. Farbkreis darstellt, wobei 0° die Farbe Rot, 60° Gelb, 120° Grün, 180° Zyan, 240° Blau und 300° Magenta zugeordnet ist. Mit Farbton bezeichnet man die Farbe selbst, während Sättigung den Farbanteil im gewählten Farbton angibt. Helligkeit steht für den Weißanteil in der Farbe. → *siehe auch* Farbmodell. → *auch genannt* Farbton, HLS, HSV. → *vgl.* CMY, RGB.

HSV
Abkürzung für **H**ue-**S**aturation-**V**alue. → *siehe* HSB.

H-sync
→ *siehe* Horizontalsynchronisation.

HTCPCP
Abkürzung für »**H**yper **T**ext **C**offee **P**ot **C**ontrol **P**rotocol«. Ein Protokoll, das als Aprilscherz zum Thema »offene Internetstandards« eingeführt wurde. HTCPCP/1.0 wurde am 1. April 1998 von Larry Masinter von Xerox PARC in RFC 2324 vorgeschlagen. In diesem RFC wird ein Protokoll für die Steuerung, Überwachung und Diagnose von Kaffeekannen

beschrieben. Vergleichbare RFCs mit nicht ganz ernst gemeinten oder auch einfach nichttechnischen Inhalten, die sich mit Teilaspekten des Internets befassen, erscheinen in der Liste der RFCs häufiger. Einige Beispiele: RFC 3092 enthält die »Etymology of "Foo"« - siehe das entsprechende Stichwort in diesem Lexikon. RFC 2549, »IP over Avian Carriers with Quality of Service«, beschäftigt sich mit der Zustellung von Datenpaketen über Brieftauben. RFC 1925 verbreitet »The Twelve Networking Truths«. → *siehe auch* RFC.

.htm

Eine Dateinamenerweiterung von MS-DOS und Windows zur Kennzeichnung von HTML-Dateien (Hypertext Markup Language). HTML-Dateien finden in der Regel als Webseiten Verwendung. Da MS-DOS und Windows 3.x nur Dateinamenerweiterungen mit bis zu drei Zeichen verarbeiten konnten, wurde die Erweiterung .html hier auf drei Zeichen gekürzt. → *siehe auch* HTML.

.html

Eine Dateinamenerweiterung, die HTML-Dateien kennzeichnet, wie sie im World Wide Web verwendet werden. → *siehe auch* HTML.

HTML

Abkürzung für **H**yper**T**ext **M**arkup **L**anguage. Die Auszeichnungssprache, die für Dokumente im World Wide Web verwendet wird. HTML ist in seiner ursprünglichen Form eine Anwendung von SGML, die zur Auszeichnung von Elementen (z.B. Text und Grafiken) in einem Dokument Tags verwendet. Diese Elemente geben dem Webbrowser Informationen darüber, wie diese Elemente dargestellt werden sollen. Außerdem geben die Tags an, wie bestimmte Elemente auf Benutzeraktionen reagieren sollen (z.B. Aktivieren einer Verknüpfung über einen Tastaturbefehl oder über Mausklickaktionen). Die Version HTML 2.0, die von der Internet Engineering Task Force (IETF) definiert wurde, enthält HTML-Funktionen, die seit 1995 von allen Webbrowsern unterstützt werden. HTML 2.0 war die erste HTML-Version, die häufig im Web eingesetzt wurde. Die zukünftige HTML-Entwicklung hat inzwischen das World Wide Web Consortium (W3C) übernommen. Die Version HTML 3.2 enthält einen gegenüber HTML 2.0 wesentlich erweiterten Satz an Funktionen (z.B. Tabellen und Eingabeformulare), die seit 1996 weitgehend implementiert wurden. Die Version HTML 4.01, die den letzten »Quasi«-Standard für HTML darstellt, wurde im Juni 1997 erstmals als Internet Draft veröffentlicht und im August 1999 zuletzt aktualisiert. HTML 4.0 enthält u. a. Unterstützung für Cascading Style Sheets,

Internationalisierung, Eingabehilfen für Personen mit körperlichen Behinderungen, Frames, erweiterte Tabellen und Formulare. Die Spezifikation von XHTML löste HTML 2000 als empfohlenen Standard ab. Weiterführende Informationen zu HTML sind unter der Webadresse http://www.w3.org/MarkUp abrufbar. → *siehe auch* &, Cascading-Style-Sheets, .htm, .html, SGML, Tag, Webbrowser, World Wide Web Consortium, XHTML, XML. → *vgl.* XHTML.

HTML+

Eine inoffizielle Spezifikation für Erweiterungen des ursprünglichen HTML (z.B. Formulare und Tabellen). HTML+ wurde zwar nicht als Standard aufgenommen, beeinflusste jedoch die Internet Drafts für HTML 2.0 und HTML 3.2. → *siehe auch* HTML.

HTML 2.0

Eine überarbeitete Version der HTML-Spezifikation, bei der Formulare für Benutzereingaben hinzugefügt und bestimmte Tags entfernt wurden, die selten verwendet wurden. HTML 2.0, das Mitte 1994 als Internet Draft vorgeschlagen wurde, stellte zu diesem Zeitpunkt den Standard für die Browserentwickler dar. HTML 2.0 wurde im November 1995 als RFC 1866 standardisiert. → *siehe auch* HTML, HTML+, HTML 3.0, HTML 3.2, RFC.

HTML 3.0

Eine überarbeitete Version der HTML-Spezifikation. Die primäre Erweiterung gegenüber HTML 2.0 ist die Unterstützung von Tabellen. HTML 3.0 wurde nie standardisiert oder von einem Browserentwickler vollständig implementiert. → *siehe auch* HTML, HTML+, HTML 2.0, HTML 3.2.

HTML 3.2

Ein Vorschlag des World Wide Web Consortiums (W3C) für einen HTML-Standard, der den vorgeschlagenen HTML 3.0-Standard ablösen sollte. HTML 3.2 fügt HTML 2.0 Funktionen hinzu, z.B. Applets, die Textfunktionen Höherstellen und Tieferstellen, Tabellen und Textfluss um Bilder. → *siehe auch* HTML, HTML 2.0, HTML 3.0.

HTML 4.0

HTML 4.0, das zur Zeit den »Quasi«-Standard für HTML darstellt, wurde im Juni 1997 erstmals als Internet Draft veröffentlicht. Die neueste Version der vom World Wide Web Consortium (W3C) empfohlenen Spezifikation wurde im April 1998 veröffentlicht und kann unter der Webadresse http://www.w3.org/TR/html40/ abgerufen werden. HTML 4.01

H (Dezember 1999) enthält u. a. erweiterte Unterstützung für Cascading Style Sheets, Internationalisierung, Eingabehilfen für Personen mit körperlichen Behinderungen, Frames, erweiterte Tabellen, Formulare, Scripting sowie die Einbindung von externen Grafiken und anderen Objekten. → *siehe auch* Cascading-Style-Sheets, HTML, HTML 2.0, HTML 3.0, HTML 3.2. → *vgl.* XHTML.

HTML-Dokument, das; *Subst.* (HTML document)
Ein Hypertextdokument, das mit HTML geschrieben wurde. → *siehe* Webseite.

HTML-Editor, der; *Subst.* (HTML editor)
Ein Softwareprogramm zum Erstellen und Ändern von HTML-Dokumenten (Webseiten). Die meisten HTML-Editoren enthalten eine Methode zum Einfügen von HTML-Tags, wobei die Tags nicht besonders eingegeben werden müssen. Einige HTML-Editoren sind außerdem in der Lage, Dokumente automatisch mit HTML-Tags zu formatieren. Dieser Vorgang basiert auf den Formatierungscodes, die von dem Textverarbeitungsprogramm verwendet werden, in dem das Dokument erstellt wurde. → *siehe auch* HTML-Tag, Webseite.

HTML-Marke, die; *Subst.* (HTML tag)
→ *siehe* Tag.

HTML-Seite, die; *Subst.* (HTML page)
→ *siehe* Webseite.

HTML-Tag, das; *Subst.* (HTML tag)
→ *siehe* Tag.

HTML-Validierungsservice, der; *Subst.* (HTML validation service)
Ein Service, der bestätigt, dass eine Webseite gültiges HTML entsprechend des aktuellen Standards verwendet und/oder dass die Hyperlinks gültig sind. Ein HTML-Validierungsservice kann syntaktische Fehler in der HTML-Codierung und Abweichungen von HTML-Standards feststellen. Ein Beispiel für einen HTML-Validierungsservice finden Sie unter der Webadresse http://validator.w3.org. → *siehe auch* HTML.

HTTP
Abkürzung für **H**ypertext **T**ransfer **P**rotocol. HTTP definiert den Zugriff von Clients, z.B. Webbrowsern, auf serverseitig gespeicherte Informationen im World Wide Web. Wenn im Browser eine URL-Adresse eingegeben wurde, wird ein HTTP-Befehl vom Browser an den entsprechenden Server geschickt, der daraufhin die angeforderte Information zur Verfügung stellt oder gegebenenfalls eine Fehlermeldung erzeugt. HTTP ist ein so genanntes »zustandsloses« Protokoll, in dem jeder Befehl ohne gespeichertes Wissen über bereits zuvor ausgeführte Befehle ausgeführt wird. Dies resultiert z.B. darin, dass eine Website nicht ohne Weiteres interaktiv auf Benutzereingaben reagieren kann. Für moderne Webanwendungen ist die Zustandslosigkeit von HTTP ein Problem, das durch zusätzliche Technologien wie Cookies, CGI und ActiveX sowie den Einsatz diverser Skriptsprachen gelöst werden kann. Die Spezifikation für HTTP wird vom World Wide Web Consortium verwaltet; die letzte, vom Consortium freigegebene Version trägt die Nummer HTTP/1.1 und wurde als RFC 2616 veröffentlicht. → *siehe auch* ActiveX, CGI, Cookie, RFC, URL, World Wide Web, World Wide Web Consortium. → *vgl.* HTML.

HTTP Next Generation
→ *siehe* HTTP-NG.

HTTP-NG
Abkürzung für **H**yper**T**ext **T**ransfer **P**rotocol **N**ext **G**eneration, ein vorgeschlagener Standard des World Wide Web Consortium (W3C), der seit 1999 zu Gunsten von HTTP/1.1 nicht weiter verfolgt wurde. HTTP-NG legte verbesserte Leistungsfähigkeit und weitere Funktionen (z.B. Schutz) des HTTP-Protokolls fest. Im Gegensatz zum existierenden HTTP-Standard, bei dem eine Verbindung für jede Anforderung aufgebaut wird (so genanntes »zustandsloses Protokoll«), legte HTTP-NG einen Verbindungsaufbau, der aus separaten Kanälen für Steuerdaten und Steuerinformationen besteht, für eine gesamte Sitzung zwischen einem bestimmten Client und einem bestimmten Server fest. Weitere Informationen zu HTTP-NG sind unter der Webadresse http://www.w3.org/ Protocols/HTTP-NG abrufbar. → *siehe auch* HTTP.

HTTP-Server, der; *Subst.* (HTTP server)
Serversoftware, die HTTP verwendet, um HTML-Dokumente sowie zugewiesene Dateien und Skripten auf Anforderung eines Clients, z.B. eines Webbrowsers, zu liefern. Die Verbindung zwischen Client und Server wird in der Regel wieder abgebaut, sobald das angeforderte Dokument oder die angeforderte Datei geliefert wurde. HTTP-Server werden auf Web- und Intranetsites verwendet. → *siehe auch* HTML, HTTP, Server. → *auch genannt* Webserver.
»HTTP-Server« bezeichnet ferner eine Maschine, auf der ein HTTP-Serveranwendungsprogramm ausgeführt wird.

HTTP-Statuscodes, der; *Subst.* (HTTP status codes)
Dreistellige, von einem HTTP-Server gesendete Codes, die die Ergebnisse einer Datenanforderung angeben. Codes, die mit der Ziffer 1 beginnen, reagieren auf Anforderungen, die vom Client noch nicht vollständig gesendet wurden. Codes, die mit der Ziffer 2 beginnen, reagieren auf erfolgreiche Anforderungen. Codes, die mit der Ziffer 3 beginnen, reagieren auf weitere Aktionen, die der Client vornehmen muss. Die Ziffer 4 bezeichnet die Anforderungen, die aufgrund eines Clientfehlers fehlgeschlagen sind. Die Ziffer 5 bezeichnet die Anforderungen, die aufgrund eines Serverfehlers fehlgeschlagen sind. → *siehe auch* 400, 401, 402, 403, 404, HTTP.

Hub, der; *Subst.* (hub)
Ein Begriff aus der Netzwerktechnologie. Ein Gerät, das Kommunikationsleitungen an einer zentralen Stelle verbindet und eine Verbindung zu allen Geräten im Netzwerk herstellt. Der Ausdruck Hub wird inzwischen aber auch für spezielle USB-Verteiler, so genannte »USB-Hubs«, verwendet. → *siehe auch* aktiver Hub, Ethernet, Switching Hub.

Hub, aktiver, der; *Subst.* (active hub)
→ *siehe* aktiver Hub.

Huckepackkarte, die; *Subst.* (piggyback board)
Eine gedruckte Leiterplatte, die in eine andere Platine eingesetzt wird, um deren Leistungsfähigkeit zu verbessern. Eine Huckepackkarte kann auch einen einzelnen Chip ersetzen. In diesem Fall wird der Chip entfernt und die Karte in den leeren Sockel gesteckt. → *siehe auch* Tochterboard.

Hülle, die; *Subst.* (sleeve)
→ *siehe* Diskettenhülle.

Hüllkurve, die; *Subst.* (envelope)
Bezeichnet bei Schallwellen die Form, die sich aus den Amplitudenänderungen der Welle ergibt.

Huffman-Codierung, die; *Subst.* (Huffman coding)
Eine Methode zur Komprimierung einer gegebenen Datenmenge, die auf einer relativen Häufigkeit der einzelnen Elemente basiert. Je häufiger ein bestimmtes Element vorkommt, desto kürzer ist sein entsprechender Code (in Bit). Die Huffman-Codierung stellt eine der frühen Methoden zur Datenkomprimierung dar und ist immer noch – mit einigen Modifikationen – eines der meistgenutzten Verfahren für eine große Gruppe von Nachrichtenarten.

Human Engineering, das; *Subst.* (human engineering)
Der auf Anpassung an die Bedürfnisse des Menschen gerichtete Entwurf von Maschinen und damit verbundener Produkte. → *siehe auch* Ergonomie.

Hurenkind, das; *Subst.* (widow)
Eine einen Absatz beschließende Einzelzeile, die – meist kürzer als eine vollständige Zeile – am Anfang einer neuen Seite erscheint. Hurenkinder gelten als Verstoß gegen typografische Regeln. → *vgl.* Schusterjunge.

Hybridchip, der; *Subst.* (hybrid microcircuit)
Ein mikroelektronischer Schaltkreis, der diskrete mikrominiaturisierte Bauelemente und integrierte Bauelemente kombiniert.

hybrider Computer, der; *Subst.* (hybrid computer)
Ein Computer, der sowohl digitale als auch analoge Schaltungen enthält.

hybrider Schaltkreis, der; *Subst.* (hybrid circuit)
Eine Schaltung, bei der im Grunde unterschiedliche Bauelementetypen zur Realisierung ähnlicher Funktionen verwendet werden, z.B. ein Stereoverstärker, der sowohl Röhren als auch Transistoren verwendet.

Hybridnetzwerk, das; *Subst.* (hybrid network)
Ein Netzwerk, das sich aus unterschiedlichen Topologien, z.B. Ring und Stern, zusammensetzt. → *siehe* auch Busnetzwerk, Ringnetzwerk, Sternnetzwerk, Token Ring-Netzwerk, Topologie.

Hybris-Wurm, der; *Subst.* (Hybris virus)
Ein Ende 2000 entdeckter, dauerhafter Internetwurm, der sich selbst aktualisiert. Der Hybris-Wurm wird aktiviert, sobald ein infizierter Computer eine Verbindung zum Internet herstellt. Der Wurm fügt sich als Anlage zu allen ausgehenden E-Mail-Nachrichten hinzu, verwaltet eine Liste aller E-Mail-Adressen in den Kopfzeilen der eingehenden E-Mail-Nachrichten und sendet Kopien von sich selbst an alle E-Mail-Adressen der Liste. Hybris kann nur sehr schwer beseitigt werden, weil sich der Wurm regelmäßig selbst aktualisiert sowie Downloads von Aktualisierungen und Plug-Ins von anonymen Postings in der Newsgroup »alt.comp.virus« ausführt. Hybris enthält heruntergeladene Erweiterungen in seinem Code und sendet die geänderte Form per E-Mail an weitere potenzielle Opfer. Hybris enthält häufig ein Plug-In, das eine sich drehende Festplatte auf den aktiven Fenstern

H auf dem Benutzerbildschirm anzeigt. → *siehe auch* Code Red-Wurm, Internetwurm, Nimda-Wurm, SirCam-Wurm, Wurm. → *vgl.* Virus.

HyperCard, die; *Subst.*
Für den Apple Macintosh entwickelte Software, die Benutzern ein Werkzeug zur Informationsverwaltung bietet, das viele Hypertextkonzepte implementiert. Ein HyperCard-Dokument besteht aus einer Reihe von Karten, die zusammen auf einem Stack gesammelt werden. Jede Karte kann Text, Grafiken, Sound, Schaltflächen, die das Springen von Karte zu Karte ermöglichen, und andere Steuerelemente enthalten. Programme und Routinen können als Skripten in der objektorientierten Sprache HyperTalk codiert oder als externe Coderessourcen (XCMDs und XFCNs) programmiert sein. → *siehe auch* Hypertext, objektorientierte Programmierung, XCMD, XFCN.

Hyperlink, der; *Subst.* (hyperlink)
Die Verbindung zwischen einem Element in einem Hypertextdokument (z.B. einem Wort, einem Satz, einem Symbol oder einem Bild) und einem anderen Element im Dokument, einem anderen Hypertextdokument, einer Datei oder einem Skript. Der Benutzer aktiviert die Verknüpfung per Mausklick auf das verknüpfte Element, das in der Regel unterstrichen ist oder eine andere Farbe hat als der normale Text, um die Verknüpfung zu kennzeichnen. Hyperlinks werden in einem Hypertextdokument über Tags in Auszeichnungssprachen (z.B. SGML und HTML) angegeben. Diese Tags sind in der Regel auf dem Bildschirm ausgeblendet. → *siehe auch* Anchor, HTML, Hypermedia, Hypertext, URL. → *auch genannt* Hotlink, linken.

Hyperlink, eingebetteter, der; *Subst.* (embedded hyperlink)
→ *siehe* eingebetteter Hyperlink.

Hypermedia, das; *Subst.* (hypermedia)
Die Integration von Grafik, Sound und Video in beliebiger Kombination in einem hauptsächlich assoziativen System der Informationsspeicherung und -abfrage, in dem Benutzer bei der Suche nach Informationen von einem Thema zu einem verwandten Thema springen können. Hypermedia baut auf der Idee auf, eine Arbeits- und Lernumgebung anzubieten, die dem menschlichen Denken gleichkommt, d.h. eine Umgebung, die es dem Benutzer ermöglicht, Assoziationen zwischen den Themen herzustellen anstatt sich schrittweise (wie in einer alphabetischen Liste) von einem zum nächsten zu bewegen. Beispielsweise kann eine Hyper-

mediapräsentation zur Navigation Verknüpfungen zu Themen wie Astronomie, Vogelflug, Geografie, Satelliten und Radar enthalten. Wenn die Informationen hauptsächlich in Textform vorliegen, nennt man das Produkt Hypertext. Von Hypermedia spricht man insbesondere, wenn Video, Musik, Animation oder andere Elemente eingeschlossen sind. → *siehe auch* Hypertext.

Hyperspace, der; *Subst.* (hyperspace)
Der Satz aller Dokumente, auf die über Hyperlinks im World Wide Web zugegriffen werden kann. → *vgl.* Cyberspace, Gopher-Space.

HyperTalk, der; *Subst.*
Die Programmiersprache, die für die Manipulation von HyperCard-Stacks verwendet wird. → *siehe auch* HyperCard.

Hypertext, der; *Subst.* (hypertext)
Text, der in einem komplexen, nichtsequenziellen Geflecht von Assoziationen verknüpft ist, innnerhalb dessen der Benutzer durch verwandte Themen blättern kann. Folgt der Benutzer z.B. in einem Artikel den Verknüpfungen zum Stichwort *Eisen*, führt ihn dieser Weg eventuell zum periodischen System der Elemente oder zu einer Karte über die Verbreitung der Metallurgie in Europa im Eisenzeitalter. Der amerikanische Wissenschaftler Vannevar Bush entwickelte bereits 1945 in dem Aufsatz »As We May Think« (erschienen in der Zeitschrift »Atlantic Monthly«) die utopische Vision eines computerähnlichen Informationssystems, von ihm »Memex« genannt, in dem das gesamte menschliche Wissen nach damaligem Stand der Technik archiviert werden sollte; Bush erweiterte dieses Archiv um den damals revolutionären Gedanken der freien Assoziation unterschiedlicher Wissensbestandteile in einem hypertextähnlichen System. Der Begriff *Hypertext* wurde in den 1960er Jahren geprägt, um vom Computer präsentierte Dokumente zu charakterisieren, die die grundsätzlich nichtlineare Struktur von Ideen ausdrücken. Der erst in späteren Zeiten eingeführte Begriff *Hypermedia* ist nahezu synonym, betont aber die nichttextlichen Komponenten von Hypertext, z.B. Animation, Soundaufzeichnungen und Video. → *siehe auch* HyperCard, Hypermedia.

Hyper Text Coffee Pot Control Protocol
→ siehe HTCPCP.

Hypertextlink, der; *Subst.* (hypertext link)
→ *siehe* Hyperlink.

Hypertext Markup Language, die; *Subst.*
→ *siehe* HTML.

Hypertext Transfer Protocol, das; *Subst.*
→ *siehe* HTTP.

HyperText Transfer Protocol Daemon, das; *Subst.*
(Hypertext Transfer Protocol Daemon)

HyperText Transport Protocol Next Generation, das;
Subst. (Hypertext Transfer Protocol Next Generation)
→ *siehe* HTTP-NG.

Hyperwave, die; *Subst.* (HyperWave)
Ein World Wide Web-Server, der auf Datenbankmanipulation
und Multimedia spezialisiert ist.

Hysterese, die; *Subst.* (hysteresis)
Die Tendenz eines Systems, eines Bauteils oder einer Schaltung, sich je nach Änderungsrichtung eines Eingangssignals
unterschiedlich zu verhalten. Die Wirkung einer Hysterese
lässt sich an einem Haushaltsthermostat verdeutlichen:
Wenn die Zimmertemperatur fällt, schaltet der Thermostat
z.B. auf 20 Grad ein, bei steigender Temperatur schaltet er
aber erst bei 22 Grad wieder aus. Hysterese spielt in vielen
elektronischen Schaltungen eine Rolle, vor allem bei Bauelementen, die mit magnetischen Feldern arbeiten, z.B. in Transformatoren und magnetischen Aufzeichnungsköpfen.

HYTELNET
Ein menügesteuertes Verzeichnis von Internetressourcen, auf
die über Telnet zugegriffen werden konnte. HYTELNET
umfasste Bibliothekskataloge, Datenbanken und Bibliografien,
Bulletin Boards und andere Netzwerkdienste. Das Verzeichnis
wird seit den 1990er Jahren nicht mehr weitergeführt; dennoch ist HYTELNET von historischem Interesse, da dieses Verzeichnis einen Einblick in die Vielfalt der schon vor der Einführung des World Wide Web bestehenden Internetressourcen
gibt. Informationen über HYTELNET können unter der Webadresse http://www.lights.com/hytelnet/ abgerufen werden.
→ *siehe auch* Telnet. → *vgl.* World Wide Web.

Hz
Die Abkürzung für Hertz.

I

I2O

Abkürzung für **I**ntelligent **I**nput/**O**utput. Eine Spezifikation für E/A-Gerätetreiberarchitektur, die sowohl vom gesteuerten Gerät als auch vom Hostbetriebssystem unabhängig ist. → *siehe auch* I/O-Gerät, Treiber.

i486DX

Ein Mikroprozessor, der 1989 von Intel eingeführt wurde. Wie beim Vorgänger, dem 80386, handelt es sich um einen Prozessor mit 32-Bit-Registern, einem 32-Datenbus und 32-Bitadressierung. Der i486DX verfügt jedoch über verschiedene Erweiterungen, zu denen u.a. ein integrierter Cachecontroller, ein integrierter Gleitkommacoprozessor und Vorkehrungen für das Multiprocessing gehören. Zusätzlich verwendet der i486 ein als »Pipelining« bezeichnetes Ausführungsschema. → *siehe auch* 80386, Coprozessor, Pipelining. → *auch genannt* 486, 80486.

i486DX2

Ein Mikroprozessor, der 1992 als Upgrade für bestimmte i486DX-Prozessoren von Intel eingeführt wurde. Der i486DX2-Prozessor verarbeitet Daten und Befehle mit doppelter Taktfrequenz. Durch die erhöhte Betriebsgeschwindigkeit wird beim i486DX2 auch mehr Wärme erzeugt. Zur Ableitung dieser zusätzlichen Wärme und zur Vermeidung von Wärmeschäden montieren daher viele Computerhersteller einen Kühlkörper direkt auf den Chip. → *siehe auch* i486DX, Kühlkörper, Mikroprozessor. → *auch genannt* 486DX, 80486.

i486SL

Eine Version des Intel-Mikroprozessors i486DX mit verringerter Leistungsaufnahme, die vorrangig für Laptopcomputer vorgesehen ist. Der i486SL verfügt über eine Betriebsspannung von 3,3 Volt (gegenüber 5 Volt beim i468DX) und erlaubt die Einrichtung eines Schattenspeichers. Der i486SL verfügt außerdem über ein Feature namens System Management Mode (SMM). Durch diese Technologie kann der Mikroprozessor Systemkomponenten verlangsamen oder anhalten, wenn keine CPU-intensiven Aufgaben ausgeführt werden. Dieser Modus wirkt sich positiv auf die Betriebsdauer der Batterie des Computers aus. → *siehe auch* i486DX, Shadow Memory.

i486SX

Ein Intel-Mikroprozessor, der 1991 als kostengünstige Alternative zum i486DX-Mikroprozessor eingeführt wurde. Im Gegensatz zum i486DX-Mikroprozessor arbeitet der i486SX mit einer niedrigeren Taktfrequenz und enthält keinen Gleitkommaprozessor. → *siehe auch* 80386DX, 80386SX. → *auch genannt* 486, 80486. → *vgl.* i486DX.

IA-64

→ *siehe* Merced.

IAB

→ *siehe* Internet Architecture Board.

IAC

Abkürzung für **I**nformation **A**nalysis **C**enter. Eine von mehreren Organisationen, die vom amerikanischen Verteidigungsministerium (United States Department of Defense) ins Leben gerufen wurde. Der Sinn dieser Organisation ist die Förderung von vorhandenen wissenschaftlichen und technischen Informationen. Die IACs gründen und verwalten umfangreiche Datenbanken mit historischen, technischen und wissenschaftlichen Daten. Außerdem werden Analysetools und -techniken für die Verwendung dieser Wissensbasis entwickelt und verwaltet.

IANA

→ *siehe* Internet Assigned Numbers Authority.

I-Balken, der; *Subst.* (I-beam)

Ein Mauscursor, der von vielen Anwendungen, z.B. Textverarbeitungsprogrammen, im Textbearbeitungsmodus verwendet wird. Der I-Balkencursor kennzeichnet die Position im Dokument, an der Text eingefügt, gelöscht, geändert bzw.

verschoben werden kann. Der Cursor wird nach seiner Form I bezeichnet. → *siehe auch* Cursor, Maus. → *auch genannt* I-Balken-Mauszeiger.

I-Balken-Mauszeiger, der; *Subst.* (I-beam pointer) → *siehe* I-Balken.

IBG

Abkürzung für **i**nter**b**lock **g**ap. → *siehe* Satzzwischenraum.

IBM AS/400

→ *siehe* AS/400.

IBM AT

Eine 1984 eingeführte Klasse von Personalcomputern, die der IBM-Spezifikation PC/AT (Advanced Technology) entspricht. Die erste AT basierte auf dem Intel 80286-Prozessor, der im Gegensatz zu seinem Vorgänger, dem XT, hinsichtlich der Geschwindigkeit bedeutend schneller war. → *siehe auch* 80286.

IBM PC

Abkürzung für **IBM P**ersonal **C**omputer. Eine 1981 eingeführte Klasse von Computern, die der PC-Spezifikation von IBM entspricht. Der erste PC basierte auf dem Intel 8088-Prozessor. Der IBM-PC stellte jahrelang den De-facto-Standard in der Computerindustrie für PCs dar. Klone oder PCs, die der IBM-Spezifikation entsprachen, wurden als *PC-kompatibel* bezeichnet. → *siehe auch* PC-kompatibel, Personal Computer. (Abbildung I.1)

Abbildung I.1: IBM PC

IBM-PC-kompatibel *Adj.* (IBM PC-compatible) → *siehe* PC-kompatibel, Wintel.

IBM PC/XT

Eine Reihe von Personal Computern, die 1983 von IBM eingeführt wurden. XT steht für »**ex**tended **t**echnologie«, zu Deutsch »erweiterte Technologie«. Die IBM-PC/XT-Reihe erlaubte es, eine größere Palette an Peripheriegeräten anzuschließen, als dies beim IBM-PC möglich war. Der IBM PC/XT war mit einer 10-Megabyte-Festplatte und mit einem oder zwei 5¼-Zoll-Diskettenlaufwerken ausgestattet. Der Arbeitsspeicher konnte auf bis zu 256 Kilobyte RAM auf der Systemplatine ausgebaut werden. Als Betriebssystem wurde MS-DOS, Version 2.1, ausgeliefert, das im Gegensatz zu den Vorgängerversionen das Anlegen von Verzeichnissen und Unterverzeichnissen erlaubte. Zur großen Popularität des IBM PC/XT trug auch die Produktion von Nachbauten bei, die von vielen Herstellern gefertigt wurden. Diese Kopien, die sich eng an die Bauweise des Originalcomputers anlehnen, wurden in der Industrie als »Clones« bekannt. → *siehe auch* IBM AT, IBM PC.

iBook *Subst.*
Ein von Apple im Juli 1999 eingeführter Notebookcomputer, der als tragbare Version des iMac vorgesehen war. Er sticht durch seine abgerundete Form und hellen Gehäusefarbtöne hervor. Anfänglich wurden iBook-Modelle mit einem 300-MHz-G3-Prozessor (PowerPC 750) ausgestattet und ermöglichten den drahtlosen Netzwerkzugang. → *siehe auch* iMac, PowerPC.

IC

→ *siehe* integrierter Schaltkreis.

ICANN

Abkürzung für **I**net **C**orporation for **A**ssigned **N**ames and **N**umbers (zu Deutsch Organisation für die Zuweisung von Namen und Nummern im Internet). Eine private, gemeinnützige Gesellschaft, an die 1998 von der US-Regierung die Befugnis zur Verwaltung der IP-Adressen, Domänennamen, Rootserver und internetbezogener technischer Angelegenheiten, z.B. die Verwaltung von Protokollparametern (Portnummern, Protokollnummern usw.) übertragen wurde. ICANN wurde als Nachfolger von IANA (IP-Adressenverwaltung) und NSI (Domänennamenregistrierung) gebildet, um die Verwaltung und Administration des Internet zu internationalisieren und zu privatisieren. Die Vorstandswahlen für ICANN wurden erstmals zwischen dem 1. und 10. Oktober 2000 über das Internet abgehalten. Wahlberechtigt waren alle Internetbenutzer, die älter als 16 Jahr alt sind. Weitere Informationen zu ICANN erhalten Sie auf der Webseite http://www.icann.org. → *siehe auch* Internet Assigned Numbers Authority, IP-Adresse, NSI.

IC, anwendungsspezifisches, das; *Subst.* (application-specific integrated circuit)
→ *siehe* Gatterarray.

I-CASE
Abkürzung für **I**ntegrated **C**omputer-**A**ided **S**oftware Engineering. Software, die ein breites Spektrum von Funktionen der Softwareentwicklung, z.B. Programmentwurf, Codierung und Testen von Teilen oder des gesamten Programms ausführt.

ICE
→ *siehe* In-Circuit-Emulator, Information and Content Exchange, Intelligent Concept Extraction, Intrusion Countermeasure Electronics.

ICM
→ *siehe* Farbanpassung.

ICMP
Abkürzung für **I**nternet **C**ontrol **M**essage **P**rotocol. Ein Internetprotokoll der Netzwerkschicht (ISO/OSO Level 3), das eine Fehlerkorrektur und andere Informationen liefert, die für die IP-Paketverarbeitung von Bedeutung sind. Die IP-Software auf einem Computer kann z.B. einen anderen Computer über einen Bestimmungsort informieren, der nicht erreichbar ist.
→ *siehe auch* IP, ISO/OSI-Schichtenmodell, Paket, Protokoll.

ICQ
Ein von Mirabilis, Inc. entwickeltes Softwareprogramm, das aus dem Internet bezogen werden kann und das jetzt AOL Time Warner Inc. gehört. Es registriert, wenn Freunde, Familienmitglieder oder andere ausgewählte Benutzer auch online sind und erlaubt es den Benutzern, miteinander in Echtzeit zu kommunizieren. Mittels ICQ können Internetnutzer chatten, E-Mail-Nachrichten verschicken, Botschaften auf einem Message Board austauschen und URLs oder Dateien verschicken. Ebenso können sie Programme von Dritten starten, wie etwa Spiele, an denen mehrere Personen teilnehmen können. Die Benutzer stellen eine Liste der Personen zusammen, mit denen sie kommunizieren möchten. Alle Benutzer müssen sich beim ICQ-Server registrieren lassen und ICQ-Software auf ihrem Computer haben. Der Name bezieht sich auf den Satz: »I seek you« (Ich suche dich)
→ *siehe auch* Instant Messaging.

ICS
Abkürzung für englisch Internet Connection Sharing, gemeinsame Nutzung der Internetverbindung. Mit Windows 98SE von der Firma Microsoft eingeführte Funktion, die allen in einem Netzwerk zusammengeschlossenen Rechnern den Onlinezugriff über eine einzige Internetverbindung ermöglicht.

IDE
Abkürzung für **I**ntegrated **D**evice **E**lectronics. Eine Schnittstelle (Interface) für Diskettenlaufwerke und Festplatten, bei der sich die Controllerelektronik im Laufwerk selbst befindet. Dadurch ist keine separate Adapterkarte erforderlich. Das IDE-Interface ist mit dem von IBM in den PC/AT-Computern eingesetzten Controller kompatibel, bietet jedoch Vorteile wie vorausschauendes Caching (Einlesen ganzer Spuren) zur Verbesserung der Gesamtleistung. → *siehe auch* ATA. → *vgl.* ESDI, SCSI.

Identifikator, global einheitlicher, der; *Subst.* (globally unique identifier)
→ *siehe* globale Identifikation.

IDS, das; *Subst.*
Abkürzung für »**I**ntrusion **D**etection **S**ystem«. Ein Sicherheitsverwaltungssystem für Computer und Netzwerke, das Informationen aus verschiedenen Bereichen eines Computers oder Netzwerks erfasst und analysiert, um mögliche Sicherheitsverletzungen innerhalb und außerhalb der Organisation zu identifizieren. Ein IDS kann zahlreiche Angriffssignaturen erkennen, Warnungen generieren und in einigen Fällen sogar Router anweisen, die Kommunikation mit gefährlichen Quellen abzubrechen. → *vgl.* Firewall, Honeypot.

IDSL
Abkürzung für **I**nternet **d**igital **s**ubscriber **l**ine. Ein digitaler Kommunikationsdienst, der einen digitalen Hochgeschwindigkeits-Internetzugriff von bis zu 1,1 Megabit pro Sekunde (Mbps) über das Telefonnetz ermöglicht. IDSL verwendet ISDN-Hybridtechnik und Digital Subscriber Line-Technologie. → *siehe auch* Digital Subscriber Line, ISDN.

IE
Abkürzung für **i**nformation **e**ngineering. Eine Methode zur Entwicklung und Wartung von Systemen für die Informationsverarbeitung einschließlich Computersystemen und Netzwerken innerhalb einer Organisation.

Außerdem Abkürzung für die Browsersoftware Internet Explorer von Microsoft. → *siehe auch* Internet Explorer.

IEEE

Abkürzung für Institute of Electrical and Electronics Engineers. Eine Vereinigung der amerikanischen Elektro- und Elektronikingenieure, die für viele Standards in Hardware und Software verantwortlich zeichnet. Die Website der IEEE ist unter der Adresse http://www.ieee.org erreichbar.

IEEE 1394

Auch unter der Bezeichnung »FireWire« bekannt. Ein nichtproprietärer Standard für einen seriellen Hochgeschwindigkeitsbus mit Eingabe-/Ausgabefunktionen. IEEE 1394 stellt Hilfsmittel zur Verfügung, um digitale Geräte - einschließlich Personal Computer und für Endverbraucher angebotene elektronische Geräte - miteinander zu verbinden. Der Standard ist plattformunabhängig, skalierbar (im Sinne von erweiterbar) und zeichnet sich durch Flexibilität bei der Unterstützung von Peer-to-Peer-Verbindungen aus (womit in etwa gemeint ist, dass Geräte untereinander verbunden werden). IEEE 1394 bewahrt die Datenintegrität, indem die Daten grundsätzlich digital übertragen werden, sodass eine fehleranfällige Konvertierung digitaler Signale in analoge vermieden wird. Der Standard wurde von Apple Computer für Desktopnetzwerke entwickelt, später dann von einer speziellen IEEE-1394-Arbeitsgruppe weiterentwickelt. IEEE 1394 gilt als Niedrigpreis-Schnittstelle, über die sich Geräte wie digitale Kameras, Camcorder und Multimediageräte anschließen lassen, und wird als Weg gesehen, über den Personal Computer und elektronische Heimgeräte integriert werden. Mithilfe der auch unter dem Sony-Markennamen i.LINK bekannten Schnittstellentechnologie lassen sich Daten mit Geschwindigkeiten von bis zu 400 MBit/s übertragen. Somit kommt diese Technologie vor allem beim Videoschnitt zum Einsatz. Zu den weiteren Vorteilen von IEEE 1394/FireWire gehören unter anderem paketorientierte Datenübermittlung, softwaregesteuerte Geräteadressierung, Hot Plugging (neue Verbindungen können im laufenden Betrieb hergestellt werden), Unterstützung von bis zu 64 Endgeräten und bidirektionale Datenübertragung. → *siehe auch* Analogdaten, IEEE.

IEEE 488

Die elektrische Definition des General-Purpose Interface Busses (GPIB). Im Standard IEEE 488 sind die Daten- und Steuerleitungen für den Bus sowie die einzuhaltenden Spannungspegel und Stromstärken festgelegt. → *siehe auch* Mehrzweckbus.

IEEE 696/S-100

Die elektrische Definition des S-100 Busses, der in früheren PC-Systemen mit den Mikroprozessoren 8080, Z-80 sowie 6800 eingesetzt wurde. Bei den damaligen Computerfreaks war der S-100 Bus, der auf der Architektur des Altair 8800 basiert, ausgesprochen beliebt, weil ein breites Spektrum an Add-On-Erweiterungskarten verwendet werden konnte. → *siehe auch* Altair 8800, S-100-Bus.

IEEE 802.11

Übergreifende Bezeichnung für eine Gruppe von IEEE-Standards, die sich mit der drahtlosen Vernetzung von kleinen LANs beschäftigen. 802.11 postuliert Schnittstellen zwischen einem drahtlosen Client und einer Basisstation oder zwei drahtlosen Clients. Die 802.11-Familie spezifiziert Übertragungsgeschwindigkeiten zwischen 1 Megabit pro Sekunde (Mbps) und 54 Mbps. → *siehe auch* drahtloses LAN, Heimbereichsnetz, HomePNA, IEEE, WEP. → *vgl.* HomeRF.

IEEE 802.14

Ein Standard für die bidirektionale Übertragung in Kabelfernsehnetzwerken über Glasfaser- und Koaxialkabel, entwickelt von der IEEE 802.14 Cable TV Media Access Control (MAC) and Physical (PHY) Protocol Working Group. IEEE 802.14 unterstützt nicht nur Fernsehen, sondern auch die Übertragung von Daten, Sprache und Internetzugriffen über das Kabel. Wie bei anderen 802.x-Spezifikationen werden Netzwerkzugriff und Übertragung auf den untersten Netzwerkschichten definiert (vergleichbar mit der Bitübertragungs- und Sicherungsschicht des ISO/OSI-Referenzmodells). IEEE 802.14 ist vergleichbar mit dem besser unterstützten DOCSIS-Standard, der von Kabelanbietern wie TCI und Time-Warner entwickelt wurde, jedoch anstelle von IP-Paketen variabler Länge die Übertragung von ATM-Zellen mit fester Länge unterstützt. → *siehe auch* ATM, IP, ISO/OSI-Schichtenmodell. → *vgl.* DOCSIS.

IEEE 802-Standards, der; *Subst.* (IEEE 802 standards)

Eine vom IEEE entwickelte Reihe von Kommunikationsstandards, die Methoden für den Zugriff und die Steuerung lokaler Netzwerke (LANs) definieren. Die IEEE 802-Standards definieren die Protokolle der Datenverbindung und der physikalischen Schicht im OSI-Referenzmodell, wobei jedoch die Datenverbindungsschicht wie folgt in zwei Unterschichten aufgeteilt ist: Die logische Verbindungssteuerung (LLC, Logical Link Control) ist für alle IEEE 802-Standards gültig und befasst sich mit der Verbindung zwischen zwei Stationen, der Erzeugung von Nachrichtenrahmen und der Fehlersteuerung. Die Medienzugriffssteuerung (MAC), die sich mit dem Netzwerkzugriff und der Kollisionserkennung beschäftigt, verhält sich bei jedem IEEE 802 anders: IEEE 802.3 wird für Bustopologien mit kollisionsfreiem Mehrfachzugriff (CSMA/CD) verwendet. Der Standard umfasst sowohl Breitband- als auch Basisbandnetzwerke, wobei die Basisbandversion auf dem Ethernet-Standard basiert. IEEE 802.4 wird für Bustopologien mit Tokenpassing und IEEE 802.5 wird für Ringtopologien mit Tokenpassing (Token Ring-Netzwerke) verwendet. Darüber hinaus stellt IEEE 802.6 einen relativ neuen Standard für Metropolitan Area Networks (MANs) zur Übertragung von Daten, Sprache und Video über Entfernungen von mehr als 5 Kilometern dar. → *siehe auch* Busnetzwerk, ISO/OSI-Schichtenmodell, Ringnetzwerk, Tokenpassing, Token Ring-Netzwerk. (Abbildung I.2)

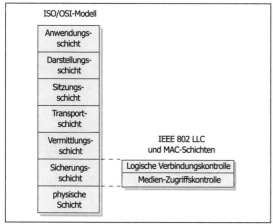

Abbildung I.2: IEEE 802-Standards: ISO/OSI-Schichtenmodell mit den Schichten IEEE 802 LLC und MAC

IEPG
Abkürzung für **I**nternet **E**ngineering and **P**lanning **G**roup. Ein Gemeinschaftsprogramm von Internetserviceprovidern. Die gemeinsame Zielsetzung ist die Förderung des Internets und die Koordinierung des zugehörigen technischen Potentials. Die Website der IEPG ist unter der Adresse http://www.iepg.org erreichbar.

IESG
→ *siehe* Internet Engineering and Planning Group.

IETF
Abkürzung für **I**nternet **E**ngineering **T**ask **F**orce. Eine Organisation, deren Aufgabe es ist, die technischen Probleme in Bezug auf das Internet zu erfassen und der IAB die entsprechenden Lösungsvorschläge zu unterbreiten. Die IETF wird

von der IESG verwaltet. Die Website der IETF ist unter der Adresse http://www.ietf.org erreichbar. → *siehe auch* IESG.

IF-Anweisung, die; *Subst.* (IF statement)
Eine Steueranweisung, die einen Codeblock ausführt, wenn die Auswertung eines Booleschen Ausdrucks den Wert TRUE ergibt. Die meisten Programmiersprachen unterstützen außerdem eine ELSE-Klausel, mit der sich ein alternativer Code festlegen lässt, der nur bei Auswertung des Booleschen Ausdrucks zu FALSE ausgeführt wird. → *siehe auch* bedingt.

IFC
→ *siehe* Internet Foundation Classes.

.iff
Eine Dateinamenerweiterung, die Dateien im Format IFF (Interchange File Format) kennzeichnet. IFF wurde vor allem auf dem Amiga für fast alle Arten von Daten verwendet. Auf anderen Plattformen wird IFF meist zur Speicherung von Grafik- und Audiodateien verwendet.

IFF
Abkürzung für **I**nterchange **F**ile **F**ormat. → *siehe* Dateiformat zum Datenaustausch.

IFIP
Abkürzung für **I**nternational **F**ederation of **I**nformation **P**rocessing. Ein internationaler Fachverband für Informationsverarbeitung, dem Gesellschaften aus über 40 Mitgliedsstaaten angehören. Die Vereinigten Staaten werden durch die American Federation on Computing in the United States (FOCUS) vertreten. → *siehe auch* AFIPS, fokussieren.

IFS
→ *siehe* Installable File System Manager.

IFS-Dateisystem, das; *Subst.* (IFS)
→ *siehe* Internet File System.

IGES
→ *siehe* Initial Graphics Exchange Specification.

IGMP
→ *siehe* Internet Group Membership Protocol.

IGP
Abkürzung für **I**nterior **G**ateway **P**rotocol. Ein Protokoll, das die Übertragung der Routingdaten leitet. Es gibt verschie-

dene IGPs: RIP (Routing Information Protocol), Hello, das veraltete GGP (Gateway to Gateway Protocol) und das OSPF (Open Shortest Path First). Die Protokolle unterscheiden sich in ihren Strategien und Algorithmen, optimale Pfade zu bestimmen. → *siehe auch* OSPF, RIP.

IGRP

Abkürzung für **I**nterior **G**ateway **R**outing **P**rotocol. Ein Protokoll, das von der Cisco Systems entwickelt wurde. Dieses Protokoll ermöglicht den Austausch von Routinginformationen bei verschiedenen Gateways. Die Ziele des IGRP-Protokolls sind stabiles Routing in großen Netzwerken, schnelle Reaktion bei Änderungen der Netzwerktopologie und geringer Overhead. → *siehe auch* Gateway, Protokoll, Topologie.

IIA *Subst.*

→ *siehe* SIIA.

IIL

→ *siehe* integrierte Injektionslogik.

IIS

→ *siehe* Internet Information Server.

illegal *Adj.*

Bezeichnet in der Computerterminologie Elemente oder Prozeduren, die nicht zulässig sind oder ungültige Ergebnisse produzieren. Ein illegales Zeichen kann z.B. ein Textverarbeitungsprogramm nicht erkennen, oder eine illegale Operation lässt sich von einem Programm oder System aufgrund eingebauter Beschränkungen nicht ausführen. → *vgl.* ungültig.

ILOVEYOU-Virus, das; *Subst.* (loveletter virus)

Der ILOVEYOU-Virus, auch bekannt als Lovelettervirus, ist ein auf VisualBasic basierender E-Mail-Wurm. Er wird als Attachment zu einer E-Mail-Nachricht mit der Betreffzeile »I Love You« geliefert. Sobald er aktiviert ist, beginnt er damit, sich zu vervielfältigen und versendet sich als Attachment an alle Adressen, die sich im E-Mail-Adressbuch von Microsoft Outlook befinden. Der Virus hatte zahlreiche Varianten. Die Ursprungsvariante des ILOVEYOU-Virus hatte Anfang Mai 2000 innerhalb von wenigen Stunden weltweit Millionen Computer lahmgelegt und Schäden in Höhe von mehreren Milliarden US-Dollar verursacht. → *siehe auch* Makrovirus, Virus, Wurm. → *vgl.* Code Red-Wurm, Melissa.

IM *Subst.*

→ *siehe* Instant Messaging.

iMac *Subst.*

Eine auf dem Macintosh basierende Computerserie der Apple Computer Corporation, die 1998 eingeführt wurde und sich an Benutzer ohne technische Vorkenntnisse richtet. Das Gehäuse des iMac enthält die CPU sowie einen integrierten Monitor und ist in mehreren »poppigen« Farben erhältlich. Der Buchstabe »i« in »iMac« steht für ›Internet‹. Diese Serie wurde speziell entwickelt, um die Einrichtung des Inernetzugangs so einfach wie möglich zu gestalten. Die erste Version des iMac bestand im Wesentlichen aus einem PowerPC-Prozessor mit 266 MHz, einen Systembus mit 66 MHz, einer Festplatte, einem CD-ROM-Laufwerk und einem 15-Zoll-Monitor in einem halb durchsichtigen, blauen Gehäuse. Aktuelle iMacs haben schnellere Prozessoren und sind in verschiedenen Gehäusefarben erhältlich. Informationen über den Macintosh sind von der Website des Herstellers unter der Adresse http:// www.apple.com/imac abrufbar. → *siehe auch* Macintosh.

.image

Eine Dateinamenerweiterung auf dem Apple Macintosh für ein Festplattenabbild (Macintosh Disk Image), eine Speicherform, die oft auf den FTP-Sites von Apple für das Übertragen von Software eingesetzt wird.

Image, das; *Subst.* (image)

Bei einem Image handelt es sich um ein Abbild eines Datenträgers, zum Beispiel einer Diskette, Partition, Festplatte oder CD-ROM. Im Gegensatz zu Kopien oder Backups enthält ein Image nicht nur Informationen über die Dateninhalte, sondern auch über die exakte Struktur des Quellmediums. Dies ermöglicht es, den Ist-Zustand einer Partition in einer Imagedatei abzubilden und zu einem späteren Zeitpunkt exakt wieder herzustellen. Programme, die solche Funktionen anbieten, werden als Imagingsoftware bezeichnet. → *siehe auch* Abbild.

Imagemap, die; *Subst.* (image map)

Ein Bild, das mehrere Hyperlinks auf einer Webseite enthält. Wenn der Benutzer auf die verschiedenen Bestandteile des Bildes klickt, werden die jeweiligen Verknüpfungen zu anderen Bestandteilen der Webseite, zu anderen Webseiten oder zu Dateien hergestellt. Klickbare Karten werden häufig als Wegweiser zu den Ressourcen einer Website verwendet. Es kann sich dabei um ein Foto, eine Zeichnung oder um eine Zusammensetzung aus mehreren Zeichnungen oder Fotos handeln. Klickbare Karten werden mit CGI-Skripten erstellt. → *siehe auch* CGI-Skript, Hyperlink, Webseite. → *auch genannt* anklickbare Map.

Imagemaps, clientbezogene, die; *Subst.* (client-side image maps)
→ *siehe* clientbezogene Imagemaps.

imaginäre Zahl, die; *Subst.* (imaginary number)
Es handelt sich um eine Zahl, die das Ergebnis des Produkts aus einer reellen Zahl ist, die mit dem Faktor *i* multipliziert wird, wobei gilt: $i^2 = -1$. Die Summe aus einer imaginären Zahl und einer reellen Zahl ergibt eine komplexe Zahl. Imaginäre Zahlen kommen zwar im Universum nicht direkt vor (z.B. »1,544*i* Megabit pro Sekunde«), es verhalten sich jedoch einige Mengenpaare (insbesondere auf dem Gebiet der Elektrotechnik) mathematisch gesehen wie die reellen und imaginären Bestandteile von komplexen Zahlen. → *vgl.* komplexe Zahl, Realzahl.

IMAP4
Abkürzung für **I**nternet **M**essage **A**ccess **P**rotocol **4**. Die aktuellste Version von IMAP, einer Methode für ein E-Mail-Programm zum Zugriff auf E-Mail- und Bulletinboardnachrichten, die auf einem Mailserver gespeichert sind. Im Gegensatz zu POP, ermöglicht es IMAP dem Benutzer, Nachrichten effizient von mehreren Computern abzurufen. → *vgl.* Post Office Protocol.

IMC
→ *siehe* Internet Mail Consortium.

IMHO
Abkürzung für **i**n **m**y **h**umble **o**pinion (»Meiner bescheidenen Meinung nach«). Dieses Kürzel wird in englischsprachiger E-Mail und Onlineforen verwendet. Es gibt an, dass es sich bei einer Aussage nicht um eine Tatsache, sondern um die persönliche Meinung des Verfassers handelt.

Imitationsspiel, das; *Subst.* (Imitation Game)
→ *siehe* Turing-Test.

Immersive Imaging, das; *Subst.* (immersive imaging)
Eine Methode, fotografische Abbildungen auf einem Computer anzuzeigen, indem Techniken der virtuellen Realität verwendet werden. Eine gängige Technik des Immersive Imaging stellt den Benutzer ins Blickzentrum. Der Benutzer kann das Bild als Panorama (360 Grad) darstellen und durch Zoomen vergrößern oder verkleinern. Eine andere Technik verwendet ein Objekt als Zentrum eines Bildes und ermöglicht dem Benutzer einen Rundgang um das Objekt, so dass es aus jeder beliebigen Perspektive betrachtet werden kann.

Immersive Imaging-Techniken können angewendet werden, um die Erfahrung von virtueller Realität ohne die Verwendung von spezieller Ausrüstung wie beispielsweise 3D-Brillen ermöglichen zu können. → *siehe auch* Bildverarbeitung, Rendering, virtuelle Realität. → *auch genannt* Bildbasiertes Rendering.

IMO
Abkürzung für **i**n **m**y **o**pinion (»Meiner Meinung nach«). Diese Abkürzung wird häufig in englischsprachigen E-Mail-Nachrichten und Internetnews sowie bei Diskussionsgruppen verwendet. Das Kürzel gibt an, dass es sich bei einer Aussage nicht um eine Tatsache, sondern um die subjektive Meinung des Verfassers handelt.

Impedanz, die; *Subst.* (impedance)
Der Wechselstromwiderstand oder Scheinwiderstand. Die Impedanz setzt sich aus dem (ohmschen) Wirkwiderstand und dem Blindwiderstand zusammen. Der ohmsche Widerstand wirkt sowohl dem Gleichstrom als auch dem Wechselstrom entgegen und ist immer größer als Null. Der Blindwiderstand stellt nur für den Wechselstrom ein Hindernis dar, ändert sich mit der Frequenz und kann sowohl positiv als auch negativ sein.

impfen *Vb.* (inoculate)
Der Schutz eines Programms vor einem Virus, indem charakteristische Informationen über das Virus gespeichert werden. So können z.B. bei jedem Programmablauf die Prüfsummen beim Code neu berechnet und mit den gespeicherten ursprünglichen Prüfsummen verglichen werden. Wenn die Prüfsummen nicht übereinstimmen, ist die Programmdatei beschädigt und möglicherweise infiziert. → *siehe auch* Prüfsumme, Virus.

importieren *Vb.* (import)
Informationen von einem System oder Programm in ein anderes übernehmen. Das interne Format oder die Struktur der zu importierenden Daten muss in einer beliebigen Weise durch das System oder Programm unterstützt werden, das die Informationen empfängt. Konventionen, z.B. TIFF (Tagged Image File Format) und die PICT-Formate für Grafikdateien, vereinfachen das Importieren. → *siehe auch* PICT, TIFF. → *vgl.* exportieren.

Impuls, der; *Subst.* (pulse)
Ein transientes Signal von meist kurzer Dauer mit definiertem Ein- und Ausschaltverhalten.

Impulswahlverfahren, das; *Subst.* (pulse dialing)
Das bei Telefonapparaten mit Wählscheibe verwendete Signalisierungssystem, bei dem jede Ziffer einer Telefonnummer als eine Folge von Impulsen übertragen wird. → *vgl.* Tonwahlverfahren.

inaktives Fenster, das; *Subst.* (inactive window)
In einer Umgebung, in der mehrere Fenster gleichzeitig dargestellt werden können, ist nur das Fenster aktiv, das momentan verwendet wird. Alle anderen Fenster sind inaktiv. Ein inaktives Fenster kann teilweise oder vollständig vom aktiven Fenster verdeckt werden und wird erst dann aktiviert, nachdem es vom Benutzer ausgewählt wurde. → *vgl.* aktives Fenster. (Abbildung I.3)

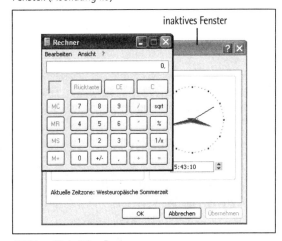

Abbildung I.3: Inaktives Fenster

inaktivieren *Vb.* (ghost)
Das Anzeigen einer Option in einem Menü oder einem Untermenü mit grau unterlegter Schrift. Dadurch wird angegeben, dass die Option unter den gegebenen Umständen nicht aktiviert werden kann.

In-Betweening, das; *Subst.* (in-betweening)
→ *siehe* tween.

Inbox, die; *Subst.*
Die Standardmailbox in vielen E-Mail-Anwendungen, in der das Programm die eingehenden Nachrichten speichert.
→ *siehe* auch E-Mail, Mailbox. → *vgl.* Outbox.

In-Circuit-Emulator, der; *Subst.* (in-circuit emulator)
Abkürzung ICE. Speziell entwickelte Hardware zur Nachbildung und Simulation von komplexen Schaltkreisen.

INCLUDE-Direktive, die; *Subst.* (INCLUDE directive)
Eine Anweisung im Quelltext eines Programms, die das Einlesen einer anderen Quellcodedatei an diese Stelle des Quelltextes veranlasst – entweder zum Zeitpunkt der Kompilierung oder während der Ausführung des Programms. Durch den Einsatz von INCLUDE-Anweisungen kann ein Programm in kleinere Dateien aufgeteilt werden. Ein weiterer Vorteil besteht darin, dass mehrere Programme dieselben Dateien verwenden können.

Index, der; *Subst.* (index)
Eine Liste von Schlüsselwörtern mit zugehörigen Daten, die auf die Speicherstellen mit umfangreicheren Informationen zeigen. Dazu gehören z.B. Dateien und Datensätze auf einer Diskette bzw. Schlüsseldatensätze in einer Datenbank.
In der Programmierung bezeichnet »Index« einen Skalarwert für den direkten Zugriff auf eine mehrelementige Datenstruktur (z.B. ein Array), ohne eine sequentielle Suche durch die Sammlung von Elementen durchführen zu müssen.
→ *siehe auch* Array, Element, hash, Liste.

Indexmarke, die; *Subst.* (index mark)
Ein magnetischer Indikator, der während der Formatierung auf softsektorierten Disketten aufgebracht wird, um den logischen Beginn jeder Spur zu kennzeichnen.
Außerdem ein visuelles Informationskennzeichen auf einem Mikrofiche, z.B. eine Linie.

indexsequentieller Zugriff, der; *Subst.* (indexed sequential access method)
Eine Methode zur schnelleren Ermittlung eines Datensatzes in einer umfangreichen Datenbank. Ein Schlüsselwert dient dazu, den Datensatz zu kennzeichnen. Die Schlüssel und die Zeiger, die auf die entsprechenden Datensätze in der großen Hauptdatei der Datenbank verweisen, befinden sich in einer kleineren Indexdatei. Wenn der Schlüssel eingegeben wird, wird zuerst die Indexdatei nach dem Schlüssel durchsucht. Anschließend wird über den zugehörigen Zeiger auf die restlichen Daten des Datensatzes zugegriffen, der in der Hauptdatei gespeichert ist.

Indexsuche, die; *Subst.* (indexed search)
Eine Suche nach Daten, bei der ein Index verwendet wird, um den Zeitaufwand für das Auffinden eines bestimmten Datenelements zu verringern.

indirekte Adresse, die; *Subst.* (indirect address)
→ *siehe* relative Adresse.

indizieren *Vb.* (index)
Beim Speichern und Abrufen von Daten die Erzeugung einer Liste oder Tabelle mit Referenzinformationen, die auf gespeicherte Daten zeigen.
In einer Datenbank eine Methode zur Suche von Daten unter Anwendung von Schlüsseln, z.B. Wörter oder Feldnamen, um Datensätze zu lokalisieren.
Bei der Speicherung indizierter Dateien wird ein Index der Dateistandorte (Adressen) verwendet, um Dateien zu suchen, die auf einem Datenträger abgelegt sind.
In der Programmierung und Informationsverarbeitung werden Informationen in einer Tabelle lokalisiert, indem zu einer Hauptadresse (Basisadresse) der Tabelle eine Indexadresse (Offsetadresse) hinzugefügt wird.

indizierte Adresse, die; *Subst.* (indexed address)
Die Speicherstelle eines bestimmten Datenelements in einer Auflistung von Daten (z.B. ein Tabelleneintrag). Eine indizierte Adresse wird aus einer Basisadresse plus dem Wert berechnet, der in einem Indexregister gespeichert ist.

Induktion, die; *Subst.* (induction)
Das Erzeugen von Spannung oder Strom in einem Material mit Hilfe von elektrischen oder magnetischen Feldern. Nach dem Induktionsprinzip arbeiten z.B. Transformatoren, bei denen sich die Primär- und Sekundärwicklungen in unmittelbarer Nähe befinden, die aber elektrisch voneinander isoliert sind. Ein Wechselstrom in der Primärspule erzeugt ein wechselndes magnetisches Feld, das die Sekundärspule schneidet und in dieser eine Spannung induziert. → *siehe auch* Impedanz. → *vgl.* Induktivität.

Induktivität, die; *Subst.* (inductance)
Die Fähigkeit, Energie in der Form eines magnetischen Feldes zu speichern. Bis zu einem gewissen Grad verfügt auch ein gestreckter Draht über Induktivität. Diese lässt sich erhöhen, wenn man den Draht in Form einer Spule – insbesondere um einen ferromagnetischen Kern – aufwickelt. Die physikalische Einheit der Induktivität ist 1 Henry (1 H). → *vgl.* Induktion, Kapazität.

Induktor, der; *Subst.* (inductor)
Ein Bauelement, das eine festgelegte Induktivität (die Fähigkeit, Energie in Form eines magnetischen Feldes zu speichern) aufweist. Ein Induktor lässt Gleichstrom ungehindert passieren, stellt jedoch für Wechselstrom, abhängig von dessen Frequenz, einen mehr oder minder großen Widerstand dar. Ein Induktor besteht in der Regel aus einer Drahtspule,
die auf einen zylindrischen oder ringförmigen Kern gewickelt ist, wobei sie auch einen ferromagnetischen Kern enthalten kann. → *auch genannt* Choke. (Abbildung I.4)

Abbildung I.4: Induktor

Industriestandard, der; *Subst.* (industry standard)
Trotz der Bezeichnung kein von der Organisation ISO zertifizierter Standard, sondern vielmehr ein durch Fakten geschaffener Zustand, der im Nachhinein zum De-facto-Standard erklärt wird. Dieses Phänomen lässt sich vor allem bei der Seitenbeschreibungssprache HTML beobachten, bei der die Browserhersteller ihre Produkte mit proprietären Erweiterungen ausstatten, die erst im Nachhinein von der W3C anerkannt werden. → *siehe auch* De-facto-Standard, De-jure-Standard.

Industry Standard Architecture, die; *Subst.*
→ *siehe* ISA.

INET
Abkürzung für »Inter**net**«.
Außerdem der Name einer Jahreskonferenz, die von der Internet Society abgehalten wird.

.inf
Die Dateinamenerweiterung für Geräteinformationsdateien, das sind Dateien mit Skripten zur Steuerung von Hardwareoperationen.

Infektion, die; *Subst.* (infection)
Das Auftreten eines Virus oder Trojanischen Pferdes in einem Computersystem. → *siehe* auch Trojanisches Pferd, Virus, WORM.

Inferenzprogrammierung, die; *Subst.* (inference programming)
Eine Methode der Programmierung (z.B. in Prolog), bei der Programme auf der Basis logischer Inferenz aus einer Menge von Fakten und Regeln Ergebnisse liefern. Prolog ist eine Sprache, die direkt die Inferenzprogrammierung unterstützt. → *siehe auch* Prolog.

Inferenzsystem, das; *Subst.* (inference engine)
Bezeichnet den verarbeitenden Teil eines Expertensystems. Ein Inferenzsystem enthält bekannte Fakten und Regeln über ein Fachgebiet und wägt die Eingangsinformationen gegen diese Fakten und Regeln ab, um Inferenzen (Schlussfolgerungen) abzuleiten, auf denen das Expertensystem anschließend arbeitet.

Infixnotation, die; *Subst.* (infix notation)
Für die Formulierung von Ausdrücken verwendete Notation, bei der die binären Operatoren zwischen den Argumenten (z.B. 2 + 4) und unäre Operatoren in der Regel vor den Argumenten stehen (z.B. –1). → *siehe auch* Operatorrangfolge, Postfixnotation, Präfixnotation, unärer Operator.

inflow, der; *Subst.*
Zu Deutsch »einfließen«. Beim Data Warehousing der Vorgang, bei dem die Daten erfasst und anschließend für die Übertragung an das Data Warehouse aufbereitet werden. Bevor Daten in ein Data Warehouse aufgenommen werden können, werden Einheitlichkeitstests durchgeführt, um sicherzustellen, dass die Darstellung korrekt ist und dass die Daten dem vorgegebenen Aufbau entsprechen. Die Daten, die zur Aufnahme erfasst werden, können aus internen oder externen Quellen (z.B. Internet oder E-Mail) stammen. → *siehe auch* Datawarehouse, upflow.

.info
Eine der sieben im November 2000 von der ICANN neu zugelassenen Topleveldomänen. Die ersten .info-Angebote sind seit Oktober 2001 verfügbar und werden von der Firma Afilias verwaltet (siehe http://www.nic.info). → *siehe auch* .biz, ICANN, Topleveldomäne.

Infobahn, die; *Subst.* (infobahn)
Der Internetbegriff *Infobahn* setzt sich aus den Begriffen *Information* und *Autobahn* zusammen. Der Begriff »Autobahn« ist mittlerweile in die englische Sprache eingegangen und assoziiert Höchstgeschwindigkeiten ohne jegliche Einschränkungen. Deutschen Autobahnen eilt im Ausland oft der Ruf voraus, dass dort prinzipiell keinerlei Geschwindigkeitsbeschränkungen gelten. → *auch genannt* Datenautobahn, Information Highway, Net.

Infomediary, der; *Subst.* (infomediary)
Ein Mischbegriff, der aus dem Ausdruck »Information Intermediary« (Informationsvermittler) gebildet wird. Ein Dienstanbieter zwischen Käufern und Anbietern, der gezielt Informationen sammelt, organisiert und vertreibt, mit denen die Interaktion zwischen Kunden und dem Onlinebusiness verbessert werden kann.

Informatik, die; *Subst.* (computer science, information science)
Eine wissenschaftliche Disziplin, die sich u.a. mit Entwurf, Betrieb und Einsatz von Computern in der Informationsverarbeitung sowie der Sammlung, Organisation, Handhabung und Verteilung (Übertragung) von Informationen beschäftigt. Die Informatik kombiniert sowohl die theoretischen als auch die praktischen Aspekte von Konstruktion, Elektronik, Informationstheorie, Mathematik, Logik und menschlichem Verhalten. Die Teilgebiete der Informatik reichen von der Programmierung und der Computerarchitektur bis zur künstlichen Intelligenz und der Robotertechnik. → *siehe auch* Informationstheorie.

Information, die; *Subst.* (information)
Die zweckbestimmte Interpretation von Daten durch den Menschen. Daten bestehen zunächst nur aus Fakten und werden erst dann zu Informationen, wenn sie im Kontext betrachtet werden und eine Bedeutung für den Menschen übermitteln. Computer verarbeiten Daten, ohne deren Bedeutungsgehalt in einer beliebigen Form zu verstehen.

Information Analysis Center, das; *Subst.*
→ *siehe* IAC.

Information and Content Exchange, das; *Subst.*
Zu Deutsch »Informations- und Inhaltsaustausch«, Abkürzung ICE. Ein Protokoll, das auf XML basiert. Das ICE-Protokoll wurde entwickelt, um die Kosten im Online-Geschäft spürbar zu reduzieren. ICE bietet dafür einen Standard, der es erlaubt, Inhalte, die über das Internet ausgetauscht werden, zu vereinheitlichen und den Austausch zu automatisieren. Informationen über ICE sind z.B. von der Webadresse http://www.icestandard.org abrufbar. → *siehe auch* XML.

Information Center, das; *Subst.* (information center)
Eine große Computeranlage mit den dazugehörigen Büros, der Mittelpunkt einer Informationsverwaltungs- und Verteilungseinrichtung in einem Unternehmen.
Der Begriff »Information Center« kann sich auch auf ein dediziertes Computersystem beziehen, das für Auskünfte und zur Unterstützung von Entscheidungen vorgesehen ist. Die Informationen in einem derartigen System sind in der Regel mit dem Status »nur lesbar« versehen und bestehen

aus Daten, die aus anderen Produktionssystemen extrahiert oder heruntergeladen werden.

Information Engineering, das; *Subst.* (information engineering)
→ *siehe* IE.

Information Highway, der; *Subst.*
→ *siehe* Datenautobahn.

Information Industry Association *Subst.*
→ *siehe* SIIA.

Information Kiosk, der; *Subst.* (information kiosk)
→ *siehe* Kiosk.

Informationsdienstgerät, das; *Subst.* (information appliance)
Ein spezialisierter Computer mit eingeschränkter Funktionalität, insbesondere für den Zugang zum Internet. Obwohl Geräte wie beispielsweise elektronische Adressbücher oder Terminkalender als Informationsdienstgeräte betrachtet werden, wird der Begriff normalerweise für Geräte verwendet, die kostengünstiger sind und weniger Funktionalitäten aufweisen als ein voll funktionsfähiger Personal Computer. Settopboxen sind ein Beispiel hierfür. Netzwerkfähige Mikrowellenöfen, Kühlschränke oder Armbanduhren sind andere visionäre Geräte der Zukunft. → *auch genannt* Dienstgerät.

Information Services, der; *Subst.*
Der formelle Name der EDV-Abteilung einer Firma. → *auch genannt* Datenverarbeitung, Informationsverarbeitung, Information Systems, Information Technology.

Informationsmanagement, das; *Subst.* (information management)
Das Definieren, Auswerten, Sichern und Verteilen von Daten innerhalb einer Organisation oder eines Systems.

Informationsquellenmanagement, das; *Subst.* (information resource management)
Die Verwaltung der Ressourcen für die Sammlung, Speicherung und Manipulierung von Daten innerhalb einer Organisation oder eines Systems.

Informationsrevolution, die; *Subst.* (information revolution) → *siehe* Informationszeitalter.

Informationsrückgewinnung, die; *Subst.* (information retrieval)
Die Suche, Organisation und Anzeige von Informationen, insbesondere mit elektronischen Mitteln.

Informationssystem, geographisches, das; *Subst.* (geographic information system)
→ *siehe* geographisches Informationssystem.

Informationstheorie, die; *Subst.* (information theory)
Eine 1948 begründete mathematische Disziplin, die sich mit den Gesetzmäßigkeiten und der Übermittlung von Informationen befasst. Die Informationstheorie wurde ursprünglich nur auf die Kommunikationstechnik angewandt, hat jedoch mittlerweile auch für andere Gebiete - einschließlich der Computertechnik - Bedeutung erlangt. Die Informationstheorie konzentriert sich auf Aspekte der Kommunikation, z.B. Anzahl der Daten, Übertragungsrate, Kanalkapazität sowie Genauigkeit der Übertragung - von Informationsübertragung über Kabel bis zum Informationsfluss innerhalb der Gesellschaft als Ganzes.

Information Superhighway, der; *Subst.*
→ *siehe* Datenautobahn.

Informationsverarbeitung, die; *Subst.* (information processing)
Das Erfassen, Speichern, Manipulieren und Anzeigen von Daten, insbesondere mit elektronischen Mitteln.

Information Systems *Subst.*
→ *siehe* Information Services.

Informationszeitalter, das; *Subst.* (information explosion)
Ein Begriff, der sich auf die momentane Ära der menschlichen Geschichte bezieht, in der Besitz und Verbreitung von Informationen die Mechanisierung oder Industrialisierung als treibende Kraft in der Gesellschaft verdrängt haben.

Information Technology, die; *Subst.*
→ *siehe* Information Services.

Information Warehouse, das; *Subst.* (information warehouse)
Die Gesamtanzahl der Datenressourcen auf allen Computern einer Organisation.

Infoseek

Eine World Wide Web Web-Suchmaschine, die von der Firma Infoseek Corporation entwickelt wurde und seit Mitte 1998 zum Walt Disney-Konzern gehört (http://infoseek.go.com/). → *siehe auch* Suchmaschine. → *vgl.* AltaVista, Excite, Google, HotBot, Lycos, Yahoo!.

Infrared Data Association, die; *Subst.*

Die Branchenorganisation für Anbieter von Computern, Komponenten und Telekommunikation. Diese Organisation hat die Normen für die Infrarotkommunikation zwischen Computern und Peripheriegeräten (z. B. Druckern, Notebooks, Laptops, Mobiltelefonen) festgelegt. Die Spezifikationen legen fest, dass Daten nach dem Standard IrDA 1.1 mit einer Übertragungsrate von 115 KBit/s, nach IrDA 2.0 mit bis zu 4 MBit/s über die Infrarotschnittstelle übertragen werden. Weitere Informationen zu IrDA sind unter der Webadresse http://www.irda.org abrufbar.

infrarot *Adj.* (infrared)

Abkürzung IR. Elektromagnetische Strahlung, die im elektromagnetischen Spektrum den Frequenzbereich direkt unterhalb des sichtbaren roten Lichts belegt. Objekte strahlen IR im Verhältnis zu ihrer Temperatur ab. Infrarot wird traditionell in vier etwas willkürlich gewählte Kategorien auf der Basis der Wellenlänge eingeteilt.

Infrarotbereich	Wellenlänge[1]
nahes Infrarot	750–1.500 nm
mittleres Infrarot	1.500–6.000 nm
entferntes Infrarot	6.000–40.000 nm
weit entferntes Infrarot	40.000 nm–1 mm

[1] nm: Nanometer
    mm: Millimeter

Infrarotport, der; *Subst.* (infrared port)

Ein optischer Port bei einem Computer, der als Schnittstellenanschluss für ein Infrarotgerät dient. Die Kommunikation erfolgt ohne jegliche Kabelverbindung. Derzeit dürfen die Geräte nicht weit voneinander entfernt und müssen speziell ausgerichtet sein, weil sonst keine Kommunikation erfolgen kann. Infrarotports werden heute manchmal bei Laptops, Notebooks und Druckern installiert. → *siehe auch* infrarot, Kabel, portieren.

inhärenter Fehler, der; *Subst.* (inherent error)

Ein Fehler, der bereits in den Annahmen, dem Entwurf, der Logik und/oder Algorithmen »versteckt« ist und die geeignete Funktion eines Programms von vornherein verhindert, unabhängig davon, wie gut es geschrieben ist. Ein Programm zur seriellen Kommunikation enthält z.B. einen inhärenten Fehler, wenn es für die Verwendung eines parallelen Ports ausgelegt ist. → *siehe auch* Logik, Semantik, Syntax.

inhaltsbezogene Speicherung, die; *Subst.* (content-addressed storage)

→ *siehe* assoziativer Speicher.

.ini

Unter DOS und Windows eine Dateinamenerweiterung, die eine Initialisierungsdatei kennzeichnet. Diese Dateien enthalten in der Regel die Voreinstellungen des Benutzers und die Programmstartinformationen der Anwendungsprogramme. → *siehe auch* Initialisierungsdatei.

Ini-Datei, die; *Subst.* (ini file)

Abkürzung für »**ini**tialization file«, zu Deutsch »Initialisierungsdatei«. Eine Textdatei, die Informationen hinsichtlich der Startkonfiguration von Microsoft Windows und Windows-Anwendungen enthält. Dazu gehören z.B. die standardmäßigen Einstellungen von Schriften, Seitenrändern und Zeilenabständen. Beim Betriebssystem Windows (bis Version 3.1) sind zwei spezielle Ini-Dateien zum Betrieb notwendig: **win.ini** und **system.ini**. In späteren Versionen von Windows und Windows NT/2000 wurden Ini-Dateien durch eine Datenbank abgelöst, die als »Registrierung« bekannt ist. Viele alte Anwendungen, die für Windows 3.1 und früher entwickelt wurden, legen allerdings auch beim Betrieb unter späteren Windows-Versionen und unter Windows NT weiterhin Ini-Dateien an. Auch das Betriebssystem selbst verwendet aus Kompatibilitätsgründen zusätzlich Ini-Dateien. Da Ini-Dateien aus reinem Text bestehen, können sie mit praktisch jedem Texteditor oder Textverarbeitungsprogramm bearbeitet werden, um Programm- und Benutzereinstellungen zu ändern. Alle Ini-Dateien weisen die Erweiterung .ini auf. → *siehe auch* Konfiguration, Konfigurationsdatei, Registrierung, system.ini, win.ini.

INIT

Eine Systemerweiterung auf älteren Macintosh-Computern, die zur Startzeit in den Speicher geladen wird. → *siehe auch* Erweiterung. → *vgl.* Cdev.

Initial, das; *Subst.* (drop cap)

Der vergrößert dargestellte erste Buchstabe am Anfang eines Textblocks. Dieser Buchstabe beansprucht in der Regel eine vertikale Tiefe von mindestens zwei Textzeilen. (Abbildung I.5)

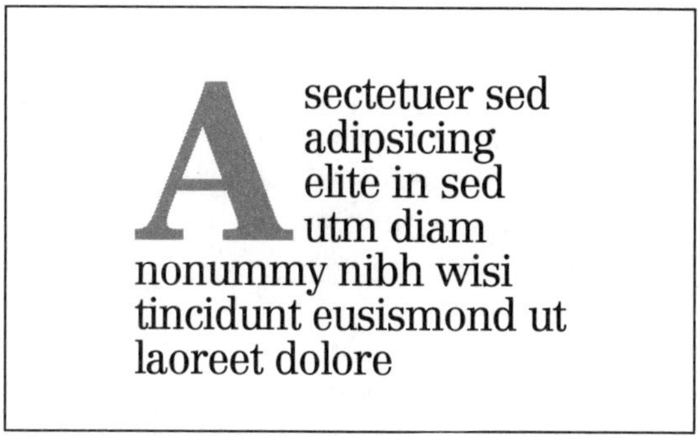

A sectetuer sed adipsicing elite in sed utm diam nonummy nibh wisi tincidunt eusismond ut laoreet dolore

Abbildung I.5: Initial

Initial Graphics Exchange Specification, die; *Subst.*
Abgekürzt IGES. Ein Standarddateiformat für Computergrafik, das von ANSI (American National Standards Institute) unterstützt wird und besonders für die Beschreibung von Modellen in CAD-Programmen geeignet ist. IGES verfügt entsprechend den Erfordernissen der computergestützten Konstruktion über Methoden für die Beschreibung und Kommentierung von (technischen) Zeichnungen. Dieses Format bietet sowohl eine breite Vielfalt von grundlegenden geometrischen Formen (Primitiven) als auch Werkzeuge für Anmerkungen und strukturelle Definitionen. → *siehe auch* ANSI.

initialisieren *Vb.* (initialize)
Für den Einsatz vorbereiten. Mit Bezug auf ein Speichermedium, z.B. eine Diskette oder ein Magnetband, kann die Initialisierung das Testen der Oberfläche des Mediums, das Schreiben der Informationen und das Einrichten des Index für das Dateisystem auf Speicherorte beinhalten.
In der Programmierung versteht man unter »initialisieren« die Zuweisung eines Anfangswertes an eine Variable.
Mit »initialisieren« kann außerdem der Startvorgang eines Computers gemeint sein. → *siehe auch* Kaltstart, startup.

Initialisierer, der; *Subst.* (initializer)
Ein Ausdruck, dessen Ergebnis den ersten (Anfangs-)Wert einer Variablen festlegt. → *siehe auch* Ausdruck.

Initialisierung, die; *Subst.* (initialization)
Unter Initialisierung versteht man die Zuweisung von Startwerten an Variablen und Datenstrukturen in einem Programm.

Initialisierungsdatei, die; *Subst.* (initialization file)
→ *siehe* Ini-Datei.

Initialisierungsstring, der; *Subst.* (initialization string)
Eine Folge von Befehlen, die an ein Gerät (insbesondere an ein Modem) geschickt werden, um es zu konfigurieren und für die Verwendung vorzubereiten. Bei einem Modem besteht der Initialisierungsstring aus einer Zeichenfolge.

Initiator, der; *Subst.* (initiator)
Eines von zwei Geräten in einer SCSI-Verbindung (Small Computer System Interface). Der Initiator ist das befehlsauslösende Gerät. Das befehlsempfangende Gerät wird als Target bezeichnet. → *siehe auch* SCSI, Ziel.

Injektionslogik, integrierte, die; *Subst.* (integrated injection logic)
→ *siehe* integrierte Injektionslogik.

inklusives ODER, das; *Subst.* (inclusive OR)
→ *siehe* OR.

Inkrement, das; *Subst.* (increment)
Der Betrag eines Skalars oder einer Maßeinheit, um den der Wert eines Objekts (z.B. eine Zahl, ein Zeiger in einem Array oder eine vorgesehene Bildschirmposition) erhöht wird. → *vgl.* Dekrement.

inkrementieren *Vb.* (increment)
Unter inkrementieren versteht man das Anwachsen einer Zahl um einen bestimmten Betrag. Wird z.B. eine Variable mit dem Wert 10 in Schritten von 2 erhöht, erhält man die fortlaufenden Ergebnisse 12, 14, 16, 18 usw. → *vgl.* dekrementieren.

inline *Adj.*
Auf einer Webseite eine Eigenschaft einer Grafik, die zusammen mit Text im HTML-Format angezeigt wird. Die Inlinegrafiken, die in einer Zeile mit HTML-Text platziert werden, haben den Tag <IMG>. Der Text einer Inlinegrafik kann innerhalb des Bildes nach oben, nach unten oder zentriert ausgerichtet werden.
In der Programmierung bezieht sich »Inline« auf einen Funktionsaufruf, der durch eine Instanz des Funktionskörpers ersetzt wird. Echte Argumente werden hier durch formale Parameter ersetzt. Eine Inlinefunktion wird in der Regel als Transformation während der Kompilierung ausgeführt, um die Leistungsfähigkeit des Programms zu erhöhen.

Inlinecode, der; *Subst.* (inline code)
Im Hochsprachen-Quellcode von Programmen eingebettete Assembler- oder Maschinensprachenanweisungen. Inlinecode

ist ein kompilierabhängiges Feature und variiert hinsichtlich der Form – falls er überhaupt unterstützt wird – beträchtlich von Compiler zu Compiler.

Inlinegrafik, die; *Subst.* (inline graphics, inline image)
Grafikdateien, die in einem HTML-Dokument oder einer Webseite eingebettet sind und die mit einem Webbrowser oder einem anderen Programm angezeigt werden können, das HTML erkennt.
Inlinegrafiken können die Zugriffsgeschwindigkeit und das Laden von HTML-Dokumenten beschleunigen, da keine separaten Dateiöffnungsvorgänge mehr erforderlich sind.

Inlineunterprogramm, das; *Subst.* (inline subroutine)
Ein Unterprogramm, dessen Code an jeder Aufrufstelle jeweils vollständig in das (Haupt-)Programm eingefügt wird. Diese Technik unterscheidet sich damit vom Aufruf eines Unterprogramms über eine Callanweisung, die die Programmausführung an eine einzige Kopie des Unterprogramms überträgt. Inlineunterprogramme verkürzen die Laufzeit, führen jedoch auch zu einem Anwachsen der Codegröße. Inlineunterprogramme folgen denselben syntaktischen und semantischen Regeln wie herkömmliche Unterprogramme.

Inlineverarbeitung, die; *Subst.* (inline processing)
Das Arbeiten mit maschinennahem Programmcode, dem Inlinecode, um die Ausführungsgeschwindigkeit oder Speicheranforderungen zu optimieren. → *siehe auch* Inlinecode.

Inmarsat
Abkürzung für »**In**ternational **Mar**itime **Sat**ellite«. Eine in London ansässige Organisation, die Satelliten für internationale mobile Telekommunikationsdienste in über 80 Ländern betreibt. Inmarsat stellt Dienste für die Seefahrt, den Flugverkehr und den Empfang an Land zur Verfügung. → *siehe auch* Nachrichtensatellit. → *vgl.* Communication Satellite Corporation.

Inner Join, der; *Subst.* (inner join)
Ein Operator der relationalen Algebra, der häufig für die Verwaltung von Datenbanken verwendet wird. Der Inner Join-Operator erzeugt eine Relation (Tabelle), die alle möglichen Anordnungen der Verkettungen (Joinings) der Datensätze von zwei vorhandenen Tabellen enthält, die bestimmten angegebenen Kriterien der Datenwerte entsprechen. Ein Inner Join entspricht somit einem Produkt gefolgt von einer Selectanweisung, die auf die Ergebnistabelle angewendet wird. → *vgl.* Outer Join.

INS
→ *siehe* WINS.

Installable File System Manager, der; *Subst.*
In Windows der Bestandteil der Architektur des Dateisystems, der für die Zugriffsvermittlung der verschiedenen Komponenten des Dateisystems verantwortlich ist. → *siehe auch* Microsoft Windows.

Installationsprogramm, das; *Subst.* (installation program)
Ein Programm, dessen Funktion darin besteht, ein anderes Programm entweder auf einem Speichermedium oder im Hauptspeicher zu installieren. Ein Installationsprogramm kann den Benutzer durch den – oft komplexen – Prozess der Einrichtung einer Anwendung für eine bestimmte Konfiguration von Maschine, Drucker und Monitor führen. Installationsprogramme werden ebenfalls für kopiergeschützte Anwendungen verwendet, die sich nicht durch normale Befehle des Betriebssystems kopieren lassen. Derartige Installationsprogramme begrenzen in der Regel die Anzahl der installierbaren Kopien.

installierbarer Gerätetreiber, der; *Subst.* (installable device driver)
Ein Programm zur Gerätesteuerung, das sich in ein Betriebssystem einbinden lässt. Durch installierbare Gerätetreiber können existierende Treiber ersetzt werden, die funktionell nur wenig leisten.

installieren *Vb.* (install)
Einrichten und für den Betrieb vorbereiten. Zu Betriebssystemen und Anwendungen gehört im Allgemeinen ein diskettenorientiertes Installationsprogramm, das die meisten Aufgaben der Programmeinrichtung übernimmt, um die Funktionsfähigkeit des Programms in Bezug auf Computer, Drucker und andere Geräte sicherzustellen. Oft ist ein derartiges System in der Lage, auf angeschlossene Geräte zu prüfen, vom Benutzer die Festlegung von Optionen anzufordern, auf der Festplatte einen Platz für das Programm selbst einzurichten sowie bei Bedarf die Systemstartdateien zu modifizieren.
Bei kopiergeschützten Programmen beinhaltet die Installation ggf. den Transfer einer Programmkopie, deren Anzahl begrenzt sein kann, auf eine Festplatte oder Floppydisk (weil durch besondere Vorkehrungen eine gewöhnliche Kopieroperation unterbunden wurde).

instantiieren *Vb.* (instantiate)
Das Erzeugen einer Instanz einer Klasse. → *siehe auch* Instanz, Klasse, Objekt.

Instant Messaging *Subst.*
Ein Messagingdienst, der auf der direkten, zeitnahen Kommunikation zweier oder mehrerer Personen beruht, beispielsweise in privaten Chatrooms. Beim Instant Messaging bekommt ein aktuell angemeldeter Benutzer beispielsweise eine kurze Nachricht auf den Bildschirm, wenn ein weiterer Benutzer online geht, auf den der erste Benutzer wartet. Instant Messaging war ursprünglich eine proprietäre Dienstleistung, die von Internetdienstleistungsanbietern wie AOL, ICQ und MSN angeboten wurde. Unternehmen beginnen heute zunehmend, Instant Messaging anzuwenden, um die Effizienz der Angestellten zu erhöhen und ihnen einen schnelleren Zugang zu bestimmtem Know-How zu ermöglichen. → *siehe auch* Chatroom, Jabber, Messaging.

Instanz, die; *Subst.* (instance)
Eine Instanz ist in der objektorientierten Programmierung ein Objekt, das in Relation zur zugehörigen Klasse steht. Beispiel: Das Objekt *meineListe*, das zur Klasse *Liste* gehört, ist eine Instanz der Klasse *Liste*. → *siehe auch* instantiieren, Instanzvariable, Klasse, Objekt.

Instanzvariable, die; *Subst.* (instance variable)
Eine Variable, die einer Instanz einer Klasse (Objekt) zugeordnet ist. Wenn eine Klasse eine bestimmte Variable definiert, hat jede Instanz der Klasse ihre eigene Kopie dieser Variable. → *siehe auch* Instanz, Klasse, Objekt, objektorientierte Programmierung.

Institute of Electrical and Electronics Engineers
→ *siehe* IEEE.

Integer, der; *Subst.* (integer)
Auch als »Integralzahl« oder »Ganzzahl« bezeichnet. Eine positive oder negative ganze Zahl, z.B. 37, –50 oder 764.
In der Programmierung bezeichnet »Integer« einen Datentyp, der ganze Zahlen darstellt. Berechnungen mit Integerzahlen laufen wesentlich schneller ab als Berechnungen mit Gleitkommazahlen. Integerzahlen werden daher häufig für Zähl- und Nummerierungszwecke verwendet. Integerzahlen können vorzeichenbehaftet (positiv oder negativ) oder vorzeichenlos (positiv) sein. Man unterscheidet außerdem lange (long) oder kurze (short) Integerzahlen, je nach der Anzahl der Bytes, die sie im Speicher belegen. Kurze Integer umfassen einen kleineren Zahlenbereich (z.B. –32.768 bis 32.767) als lange Integer (z.B. –2.147.483.648 bis 2.147.483.647). → *siehe auch* Gleitkommanotation. → *auch genannt* Integralzahl.

Integralzahl, die; *Subst.* (integral number)
→ *siehe* Integer.

Integrated Device Electronics, die; *Subst.*
→ *siehe* IDE.

Integrated Services Digital Network, das; *Subst.*
→ *siehe* ISDN.

Integration, die; *Subst.* (integration)
In der Computertechnik die Zusammenfassung unterschiedlicher Aktivitäten, Programme oder Hardwarekomponenten zu einer funktionellen Einheit. → *siehe auch* integriertes Modem, Integriertes Paket, ISDN.
In der Elektronik bezeichnet »Integration« die Verfahren zur Miniaturisierung elektronischer Schaltungen durch Unterbringung einer großen Zahl von Bauelementen auf einem einzelnen Chip. → *siehe auch* integrierter Schaltkreis.
Unter »Integration« versteht man auch ein mathematisches Verfahren, das sich – stark vereinfacht ausgedrückt – mit der Ermittlung der Fläche unter einer gegebenen Kurve oder der Berechnung des Volumens einer dreidimensionalen Figur beschäftigt.

Integrationsdichte, mittlere, die; *Subst.* (medium-scale integration)
→ *siehe* mittlere Integrationsdichte.

Integrator, der; *Subst.* (integrator)
Eine Schaltung, die am Ausgang das zeitbezogene Integral des Eingangssignals liefert, d.h. der gesamte über die Zeit akkumulierte Wert. → *vgl.* Differentiator. (Abbildung I.6)

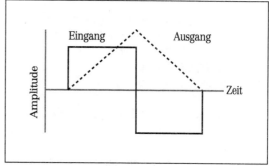

Abbildung I.6: Integrator: Dieses Beispiel zeigt die Aktion einer Integratorschaltung

integrierte Entwicklungsumgebung, die; *Subst.* (integrated development environment)

Eine Einheit integrierter Tools für die Softwareentwicklung. Die Tools werden allgemein von einer Benutzeroberfläche aus ausgeführt und bestehen u.a. aus einem Compiler, einem Editor und einem Debugger.

integrierte Injektionslogik, die; *Subst.* (integrated injection logic)
Ein Typus für einen Schaltkreis, der sowohl NPN- als auch PNP-Transistoren verwendet und keine anderen Komponenten (z.B. Resistoren) benötigt. Diese Schaltkreise sind verhältnismäßig schnell, haben einen geringen Energieverbrauch und können in sehr kleinen Formaten hergestellt werden. → *siehe auch* NPN-Transistor, PNP-Transistor. → *auch genannt* Merged Transistor Logic.

integrierter Schaltkreis, der; *Subst.* (integrated circuit)
Abgekürzt IC, im Deutschen auch IS. In der Elektronik die Zusammenfassung von Schaltungselementen, z.B. Transistoren und Widerstände, auf einem einzelnen Chip aus Siliziumkristall oder einem anderen Halbleitermaterial. Integrierte Schaltkreise lassen sich nach der Anzahl der enthaltenen Elemente einteilen. → *siehe auch* Halbleiter, Prozessor, Silizium. → *auch genannt* Chip.

Integrationsdichte	Bauelemente
Small-Scale Integration (SSI)	weniger als 10
Medium-Scale Integration (MSI)	10–100
Large-Scale Integration (LSI)	100–5.000
Very-Large-Scale Integration (VLSI)	5.000–50.000
Super-Large-Scale Integration (SLSI)	50.000–100.000
Ultra-Large-Scale Integration (ULSI)	mehr als 100.000

integriertes Modem, das; *Subst.* (integral modem)
Ein Modem, das in einen Computer fest eingebaut ist. Es unterscheidet sich damit von einem internen Modem, das auf einer – entfernbaren – Erweiterungskarte realisiert ist. → *siehe auch* externes Modem, internes Modem, Modem.

Integriertes Paket, das; *Subst.* (integrated software)
Ein Softwarepaket, das mehrere Anwendungen enthält. Ein integriertes Paket kann z.B. aus einem Textverarbeitungsprogramm, einem Datenbanksystem und einem Tabellenkalkulationsprogramm bestehen. Diese Softwarepakete haben gegenüber Einzelanwendungen zwei bemerkenswerte Vorteile: Es können Daten innerhalb der Anwendungen über die jeweiligen Tools transportiert werden, wodurch der Anwender Vorgänge koordinieren und Informationen sortieren

kann, die in den verschiedenen Anwendungen des Pakets erstellt wurden. Außerdem steht dem Anwender eine einheitliche Oberfläche zur Verfügung. Durch die einheitliche Gestaltung der Programme wird u.a. das Auswählen von Befehlen und das Verwalten von Dateien wesentlich vereinfacht. Bei einzelnen Anwendungen, die nicht Bestandteil eines integrierten Pakets sind, fällt ein erheblicher Arbeitsaufwand für den zum Teil sehr schweren Einstieg in die jeweilige Konzeption an. Die Anwendungen eines integrierten Softwarepakets sind jedoch nicht immer so konzipiert, dass die gleiche Funktionalität wie bei einzelnen Anwendungen gewährleistet ist. Außerdem sind in integrierter Software nicht unbedingt sämtliche Anwendungen enthalten, die in einer bestimmten Umgebung benötigt werden.

integriertes Softwaremodul, das; *Subst.* (software integrated circuit)
Als »Software-IC« abgekürzt. Ein bereits existierendes Softwaremodul, das sich in ein Programm genauso einbauen lässt wie ein integrierter Schaltkreis in eine Logikschaltung. → *siehe auch* abstrakter Datentyp, Modul, objektorientierte Programmierung.

Integrität, die; *Subst.* (integrity)
Die Vollständigkeit und Korrektheit der in einem Computer gespeicherten Daten, insbesondere nachdem sie in einer beliebigen Form manipuliert wurden. → *siehe auch* Datenintegrität.

intelligent *Adj.* (smart)
Eigenschaft eines Geräts, das zum Teil oder vollständig von Prozessoren gesteuert wird, die wesentliche Bestandteile des Geräts sind.
→ *siehe* Intelligenz.

intelligente Datenbank, die; *Subst.* (intelligent database)
Eine Datenbank, die gespeicherte Informationen in einer für den Menschen logischen, natürlichen und leicht anzuwendenden Art manipulieren. Bei der Ausführung von Suchoperationen stützt sich eine intelligente Datenbank nicht nur auf herkömmliche Suchroutinen, sondern auch auf festgelegte Regeln, die Assoziationen, Beziehungen und sogar Inferenzen hinsichtlich der Daten bestimmen. → *siehe auch* Datenbank.

intelligente Eingabe/Ausgabe, die; *Subst.* (Intelligent Input/Output)
→ *siehe* I2O.

intelligenter Agent, der; *Subst.* (intelligent agent)
→ *siehe* Agent.

intelligenter Linker, der; *Subst.* (smart linkage)
Eine Funktion von Programmiersprachen, die beim Aufruf von Routinen die Übergabe der korrekten Parametertypen sicherstellt. → *siehe auch* linken.

intelligentes Kabel, das; *Subst.* (intelligent cable, smart cable)
Auch als »Smartkabel« bezeichnet. Ein Kabel, das in eine Schaltung eingebaut ist und das mehr leisten kann, als nur einfache Signale von einem Ende des Kabels zum anderen Ende weiterzuleiten.
Es kann z.B. die Eigenschaft des Verbinders erkennen, in das es eingesteckt wird.

intelligentes Terminal, das; *Subst.* (intelligent terminal, smart terminal)
Ein Terminal mit eigenem Speicher, Prozessor und Firmware, das bestimmte Funktionen unabhängig vom zugehörigen Hostprozessor ausführen kann, wie z.B. das Weiterleiten von eingehenden Daten an einen Drucker oder einen Videobildschirm.
→ *vgl.* dummes Terminal.

Intelligenz, die; *Subst.* (intelligence)
In Bezug auf Hardware die Fähigkeit zu Verarbeitung von Informationen. Ein Gerät ohne Intelligenz wird als »dumm« bezeichnet – beispielsweise kann ein »dummes« Gerät, das mit einem Großcomputer verbunden ist, Eingaben empfangen und Ausgaben anzeigen, jedoch nicht die Informationen unabhängig verarbeiten.
In Bezug auf Software die Fähigkeit eines Programms, die Umgebung zu überwachen und geeignete Aktionen einzuleiten, um einen gewünschten Zustand einzuleiten. Wenn ein Programm z.B. auf Daten wartet, die von einem Datenträger zu lesen sind, kann es in der Zwischenzeit andere Aufgaben ausführen.
In Bezug auf Urteilsvermögen und Logik die Fähigkeit eines Programms, menschliches Denken zu simulieren. → *siehe auch* künstliche Intelligenz.
Außerdem charakterisiert »Intelligenz« die Fähigkeit einer Maschine, z.B. ein Roboter, auf veränderte Stimuli (Eingaben) zu reagieren.

Intelligenz, künstliche, die; *Subst.* (artificial intelligence)
→ *siehe* künstliche Intelligenz.

Intelligenz, verteilte, die; *Subst.* (distributed intelligence)
→ *siehe* verteilte Intelligenz.

Intensity Red Green Blue, die; *Subst.*
→ *siehe* IRGB.

interaktiv *Adj.* (interactive)
Bezeichnet eine Betriebsart mit wechselseitigem Austausch von Eingabe und Ausgabe – beispielsweise bei Eingabe einer Frage oder eines Befehls durch den Benutzer und der unmittelbaren Antwort durch das System. Mikrocomputer sind interaktive Maschinen und verfügen damit über eines der Features, die einen leichten Zugang und eine einfache Handhabung gewährleisten.

interaktive Grafikoberfläche, die; *Subst.* (interactive graphics)
Eine Form der Benutzeroberfläche, bei der der Benutzer grafische Anzeigen mittels eines Zeigegerätes, z.B. einer Maus oder einem Joystick, verändern und steuern kann. Interaktive Grafikoberflächen findet man in einem weiten Bereich von Computerprodukten, angefangen beim Computerspiel bis hin zu CAD-Systemen (Computer-Aided Design).

interaktiver Nachrichtenaustausch, der; *Subst.* (conversational interaction)
Form der Kommunikation, bei der sich zwei oder mehr Teilnehmer abwechselnd untereinander Nachrichten zusenden.
→ *siehe auch* interaktive Verarbeitung.

interaktives Fernsehen, das; *Subst.* (interactive television)
Eine Videotechnologie, bei der der Betrachter mit der Fernsehprogrammierung in Wechselbeziehung steht. Internetzugriff, Video auf Anforderung und Videokonferenz gehören zu den typischen Verwendungsbeispielen des interaktiven Fernsehens. → *siehe auch* Videokonferenz.

interaktive Sitzung, die; *Subst.* (interactive session)
Eine Arbeitssitzung, bei der der Benutzer mehr oder weniger durchgängig in die Aktivitäten des Computers eingreifen und sie steuern kann. → *vgl.* Batchverarbeitung.

interaktives Programm, das; *Subst.* (interactive program)
Ein Programm, das mit dem Benutzer in Wechselwirkung tritt. Dabei sitzt der Benutzer in der Regel vor einem Display und verwendet ein geeignetes Eingabegerät (Tastatur, Maus, Joystick), um auf den Programmablauf zu reagieren und bei Bedarf die geforderten Reaktionen auszuführen. Bei einem

Computerspiel handelt es sich z.B. um ein interaktives Programm. → *vgl.* Batchprogramm.

interaktives Video, das; *Subst.* (interactive video)
Die Verwendung der computergesteuerten Videos für interaktive Lernprogramme oder zur Unterhaltung in Form einer CD-ROM oder Videodisc. → *siehe auch* CD-ROM, interaktiv, interaktives Fernsehen, Videodisc.

interaktive Verarbeitung, die; *Subst.* (interactive processing)
Die mehr oder weniger durchgängige Einbeziehung des Benutzers in die Verarbeitungsabläufe – die Befehls-/Antwortbetriebsweise von Mikrocomputern. → *vgl.* Batchverarbeitung.

Interchange File Format, das; *Subst.*
→ *siehe* Dateiformat zum Datenaustausch.

Interconnect, das; *Subst.* (interconnect)
→ *siehe* System Area Network.

Interferenz, die; *Subst.* (interference)
Rauschen oder andere externe Signale, die sich auf die Leistung eines Kommunikationskanals auswirken.
Außerdem elektromagnetische Signale, die den Rundfunk- oder Fernsehempfang stören können. Diese Signale können sowohl natürlich entstehen (z.B. bei einem Gewitter), als auch durch elektrische Geräte (z.B. Computer) erzeugt werden.

Interior Gateway Protocol, das; *Subst.*
→ *siehe* IGP.

Interior Gateway Routing Protocol, das; *Subst.*
→ *siehe* IGRP.

Interlacescanning, das; *Subst.* (interlace scanning)
Eine Technik bei Fernsehübertragungen, die das Flimmern sowie Bildstörungen reduziert. In der Vergangenheit wurde das Interlacescanning außerdem gelegentlich bei Computerbildschirmen eingesetzt, vor allem bei hohen Auflösungen. Beim Interlacescanning (auch kurz als »Interlacing« bezeichnet) wird der Elektronenstrahl im Fernsehgerät bzw. Bildschirm bei seiner zeilenweisen Bewegung von oben nach unten so gesteuert, dass er beim ersten Durchgang nur die ungeraden Zeilen mit Leuchtpunkten (sogenannte Scanlines) trifft und beim nächsten Durchgang nur die geraden. Auf

diese Weise dargestellte Bilder sind qualitativ schlechter als in Verbindung mit dem progressiven (fortlaufenden) Scanning, wie es bei fast allen heute in Gebrauch befindlichen Computerbildschirmen eingesetzt wird. Bei analogen Fernsehübertragungen ist das Interlacescanning dagegen weiterhin die standardmäßig eingesetzte Methode. → *auch genannt* Interlacing. → *vgl.* progressives Scanning.

Interlacing, das; *Subst.* (interlacing)
→ *siehe* Interlacescanning.

intermittierend *Adj.* (intermittent)
Bezeichnet z.B. Signale oder Verbindungen, die noch bestehen und in periodischen oder zufälligen Intervallen auftreten.

intermittierender Fehler, der; *Subst.* (intermittent error)
Ein Fehler, der zu unvorhersehbaren Zeiten wiederkehrt.

International Federation of Information Processing, die; *Subst.*
→ *siehe* IFIP.

International Organization for Standardization, die; *Subst.*
→ *siehe* ISO.

International Telecommunications Union
→ *siehe* ITU.

International Telegraph and Telephone Consultative Committee, das; *Subst.*
→ *siehe* CCITT.

Internaut, der; *Subst.*
→ *siehe* Cybernaut.

interner Befehl, der; *Subst.* (internal command)
Eine Routine, die zusammen mit dem Betriebssystem in den Speicher geladen wird und dort verbleibt, solange der Computer eingeschaltet ist. → *vgl.* externer Befehl.

interner Interrupt, der; *Subst.* (internal interrupt)
Ein Interrupt, der durch den Prozessor als Antwort auf vordefinierte Situationen erzeugt wird – z.B. beim Versuch einer Division durch Null, oder wenn sich das Ergebnis einer arithmetischen Operation nicht mehr mit einer bestimmten Anzahl von Bits darstellen lässt. → *siehe auch* Interrupt. → *vgl.* externer Interrupt.

interner Speicher, der; *Subst.* (internal memory)
→ *siehe* Primärspeicher.

interne Schrift, die; *Subst.* (internal font)
Eine Schrift, die im Lieferumfang eines Druckers bereits im ROM (Read Only Memory) installiert ist. → *vgl.* ladbare Schrift, Schriftkassette.

internes Modem, das; *Subst.* (internal modem)
Ein Modem, das innerhalb der Systemeinheit eines Computers - in einem der Erweiterungssteckplätze für die Aufnahme von Zubehörkarten - installiert ist. → *vgl.* externes Modem, integriertes Modem.

internes Schema, das; *Subst.* (internal schema)
In einem Datenbankmodell mit Unterstützung einer Dreischemaarchitektur (wie durch ANSI/X3/SPARC beschrieben) eine Übersicht von Informationen über die physikalischen Dateien, aus denen sich eine Datenbank zusammensetzt. Dazu gehören Dateinamen, Dateistandorte, Zugriffsmethoden und die tatsächliche oder potenzielle Herkunft der Daten. Das interne Schema ist vergleichbar mit dem Schema in Systemen auf der Basis von CODASYL/DBTG. In einer verteilten Datenbank können allerdings an jedem Ort verschiedene Schemata vorhanden sein. → *siehe auch* konzeptuelles Schema, Schema.

internes Sortieren, das; *Subst.* (internal sort)
Eine Sortieroperation, die vollständig oder zum großen Teil im Speicher und nicht während des Vorgangs auf der Platte durchgeführt wird.
Bezeichnet auch eine Sortierprozedur, die zunächst Untergruppen von Datensätzen erzeugt, die später in einer Liste zusammengemischt werden.

Internet, das; *Subst.* (internet)
Bezeichnung für die weltweite Sammlung von Netzwerken und Gateways, die zur Kommunikation das TCP/IP-Protokoll verwenden. Das Internet baut auf verschiedenen internationalen Backbones mit Hochgeschwindigkeitsleitungen für die Datenkommunikation zwischen Hauptknoten oder Hostcomputern auf. Die Daten werden im Internet über eine Vielzahl von Computersystemen weitergeleitet. Wenn bei einigen Internetknoten die Verbindung abgebrochen ist, bedeutet das nicht den Zusammenbruch des Internets, weil das Internet nicht von einem einzigen Computer oder Netzwerk gesteuert wird. Die Entstehung des Internets basiert auf dem dezentralen Netzwerk ARPANET, das seit 1969 vom amerikanischen Verteidigungsministerium der USA einge-

setzt wurde. Im Laufe der 1970er und 1980er Jahre wurden weitere Netzwerke an das ARPANET angeschlossen (z.B. BITNET, Usenet, UUCP und NSFnet). Das Internet bietet seinen Benutzern zahlreiche Dienste an - z.B. FTP, E-Mail, das World Wide Web, Usenet News, IRC, Gopher und Telnet. → *siehe auch* BITNET, FTP, Gopher, IRC, NSFnet, TCP/IP, telnet, Usenet, UUCP, World Wide Web. → *auch genannt* Net.
»Internet« ist außerdem die Abkürzung für »Internetzwerk«. Eine Menge von - eventuell verschiedenartigen - Computernetzwerken, die über Gateways (Übergänge) miteinander verbunden sind. Die Gateways behandeln den Datentransfer und die Konvertierung von Nachrichten vom sendenden Netzwerk in die Protokolle des empfangenden Netzwerks. → *siehe auch* Gateway.

Internet2, das; *Subst.*
Ein 1996 durch eine unter Schirmherrschaft der University Corporation for Advanced Internet Development (UCAID) aus 150 Universitäten gebildete Arbeitsgruppe für Computernetzwerke. Das Ziel des Internet2-Projekts ist die Entwicklung zukunftsweisender Internet-Technologien und Anwendungen zur Verwendung in Forschung und Ausbildung auf Universitätsebene. Auch wenn nicht für die Öffentlichkeit zugänglich, sollen Internet2 und die von dessen Mitgliedern entwickelten Technologien und Anwendungen auch dem kommerziellen Internet zu Gute kommen. Detaillierte Informationen zum Internet2-Projekt sind unter der Webadresse http://www.internet2.edu abrufbar. → *siehe auch* Abilene, UCAID, vBNS. → *vgl.* Internet, Next Generation Internet.

Internetadresse, die; *Subst.* (Internet address)
→ *siehe* Domänenadresse, E-Mail-Adresse, IP-Adresse.

Internet Architecture Board, das; *Subst.*
Das Gremium der Internet Society (ISOC), das für die Architektur des Internets verantwortlich ist. Die IAB hat auch eine Schlichtungsfunktion bei Auseinandersetzungen bezüglich der Einigung bei der Festlegung von Standards. Die Website des IAB ist unter der Adresse http://www.isc.org/iepg/ erreichbar. → *siehe auch* Internet Society.

Internet Assigned Numbers Authority, die; *Subst.*
Abkürzung IANA (zu Deutsch »Behörde für die Zuweisung von Internet-Adressen«). Eine Organisation, die früher für die Zuweisung von IP-Adressen (Internet Protocol) verantwortlich war und technische Parameter der IP-Protokollfamilie wie Protokollnummern und Portnummern überwacht hat. Unter der Leitung des verstorbenen Dr. Jon Postel hat die

IANA als ein Organ des Internet Architecture Board (IAB) der Internet Society (ISOC) im Auftrag der Regierung der USA gearbeitet. Aufgrund der internationalen Ausbreitung des Internet wurden jedoch die Funktionen der IANA sowie die von dem US-Unternehmen Network Solutions, Inc. (NSI) durchgeführte Verwaltung der Domänennamen 1998 privatisiert und in eine neue, gemeinnützige Organisation mit dem Namen ICANN (Internet Corporation for Assigned Names and Numbers) überführt. Weitere Informationen zu IANA erhalten Sie auf der Webseite http://www.iana.org/. → *siehe auch* ICANN, NSI. → *auch genannt* IANA.

Internetbackbone, der; *Subst.* (Internet backbone)
Eines von verschiedenen Hochgeschwindigkeitsnetzwerken, die zahlreiche lokale und regionale Netzwerke mit mindestens einem Verbindungspunkt verbinden. Dort werden die Pakete mit anderen Internetbackbones ausgetauscht. Früher diente das NSFnet (der Vorgänger des modernen Internets) in den USA als einziges Backbone für das gesamte Internet. Dieses Backbone verknüpfte die Supercomputing Center der National Science Foundation (NSF) miteinander. Heutzutage haben die, verschiedenen Provider eigene Backbones, so dass das Backbone der Supercomputing Center von den Backbones der kommerziellen Internetdienstanbieter (z.B. MCI und Sprint) unabhängig ist. → *siehe auch* Backbone.

Internetbroadcasting, das; *Subst.* (Internet broadcasting)
Die Übertragung von Audio- bzw. Audio- und Videosignalen im Internet. Die Internetübertragung erfolgt sowohl über konventionelle Sendeanstalten, die ihre Signale in das Internet einspeisen, als auch über reine Internetsender. Die Kunden verwenden Audiosoftware für das Internet (z.B. RealAudio). Eine Methode der Internetübertragung heißt MBONE. → *siehe auch* MBONE, RealAudio.

Internet Connection Sharing, das; *Subst.*
→ *siehe* ICS.

Internet Control Message Protocol, das; *Subst.*
→ *siehe* ICMP.

Internet Corporation for Assigned Names and Numbers, die; *Subst.*
→ *siehe* ICANN.

Internetdienstanbieter, der; *Subst.* (Internet service provider)
→ *siehe* ISP.

Internetdienstgerät, die; *Subst.* (Internet appliance)
→ *siehe* Nettopbox, Serverdienstgerät, Settopbox.

Internet Draft, der; *Subst.*
Ein Dokument der IETF (Internet Engineering Task Force), in dem mögliche Änderungen der Standards für das Internet zur Diskussion gestellt werden. Das Internet Draft kann jederzeit geändert oder ersetzt werden und ist in unveränderter Form maximal sechs Monate gültig. Wenn ein Internet Draft angenommen wird, kann es in ein RFC-Dokument umgewandelt werden. → *siehe auch* IETF, RFC.

Internet Engineering and Planning Group, die; *Subst.*
→ *siehe* IEPG.

Internet Engineering Steering Group, die; *Subst.*
Eine Gruppe innerhalb der Internet Society (ISOC), die in Zusammenarbeit mit dem Internet Architecture Board (IAB) die Vorschläge der Internet Engineering Task Force (IETF) für Standards prüft.

Internet Engineering Task Force, die; *Subst.*
→ *siehe* IETF.

Internet Explorer, der; *Subst.*
Webbrowser von Microsoft, der zuerst im Oktober 1995 eingeführt wurde. Neuere Versionen sind mit erweiterten Funktionen für Design und Animationen in Webseiten ausgestattet. Außerdem werden in neueren Versionen ActiveX-Steuerelemente, Java-Applets und zahlreiche andere Funktionen unterstützt. → *siehe auch* ActiveX-Steuerelement, Java-Applet, Mozilla, Netscape Navigator, Webbrowser. → *vgl.* HotJava, Lynx, Mosaic, Netscape Navigator, Opera.

Internet File System, das; *Subst.*
Ein 1998 von Oracle begründetes Verfahren für das Verwalten von Bildern, Dokumenten, Webseiten und anderen nichtrelationalen Daten in Datenbanken. In einer IFS-Datenbank kann der Benutzer mit Hilfe eines konventionellen Webbrowsers nach Dateien suchen und diese anzeigen. → *siehe auch* relationale Datenbank.

Internet Foundation Classes, die; *Subst.*
Zu Deutsch »Basisklassen für das Internet«; Abkürzung: IFC. Eine Java-Klassenbibliothek, die von der Firma Netscape entwickelt wurde, um die Erzeugung von umfangreichen und kritischen Anwendungen zu erleichtern. IFC bietet Objekte für die Benutzeroberfläche sowie Frameworks und wurde

dazu konzipiert, das Java Abstract Windowing Toolkit (AWT) zu erweitern. Es enthält einen Texteditor, der die Verwendung unterschiedlicher Schriften erlaubt, grundlegende Anwendungssteuerelemente sowie Frameworks für Drag & Drop, Zeichnen/Ereignis, Fenstertechniken, Animation, Objektfortdauer (Persistence), Single Thread und Lokalisierung. → *siehe auch* Application Foundation Classes, Java, Java Foundation Classes, Microsoft Foundation Classes.

Internetgateway, das; *Subst.* (Internet gateway)
Ein Gerät, das die Verbindung zwischen dem Internetbackbone und einem anderen Netzwerk (z.B. einem LAN-Netzwerk) ermöglicht. In der Regel handelt es sich bei dem Gerät um einen Router oder um einen Computer, der diesen Task verwaltet. Das Gateway führt in der Regel die Protokollkonvertierung zwischen dem Internetbackbone und dem Netzwerk sowie die Datenkonvertierung und die Nachrichtenübermittlung aus. Ein Gateway wird im Internet als ein Knoten betrachtet. → *siehe auch* Gateway, Internetbackbone, Knoten, Router.

Internet Group Membership Protocol, das; *Subst.*
Ein Protokoll, das von IP-Hosts verwendet wird, um ihre Hostgruppenzugehörigkeiten allen Multicast Routern der direkten Umgebung mitzuteilen.

Internet-Informationsdienste, der; *Subst.* (Internet Information Services)
Die Webserversoftware von Microsoft. Detaillierte Informationen sind auf der Website des Herstellers unter http://www.microsoft.com/Servers abrufbar. → *siehe auch* Webserver, Windows 2000. → *auch genannt* IIS. → *vgl.* Apache.

Internet Information Services, der; *Subst.*
Die Webserversoftware von Microsoft. Internet Information Services verwenden u.a. das Hypertext Transfer Protocol für World Wide Web-Dokumente. Weitere Informationen sind auf der Website des Herstellers unter http://www.microsoft.com/Servers abrufbar. → *siehe auch* Webserver. → *vgl.* Apache.

Internetkonto, das; *Subst.* (Internet account)
Ein allgemeiner Begriff für einen registrierten Benutzernamen bei einem Internetserviceprovider (ISP). Der Zugriff auf ein Internetaccount erfolgt über die Eingabe des Benutzernamens und eines Kennworts. Die Internetserviceprovider bieten den Inhabern eines Internetaccount verschiedene Dienstleistungen an (z.B. Einwählzugriff auf das Internet mittels PPP sowie E-Mail-Service).

Internet Mail Consortium, das; *Subst.*
Eine internationale Organisation, zu deren Mitgliedern Unternehmen und Hersteller gehören, die mit der Übertragung von E-Mail über das Internet zu tun haben. Ziele des IMC (Internet Mail Consortium) sind die Förderung und Erweiterung des Internet-Mailsystems. Die Interessen der Gruppe reichen von der Vereinfachung der Internet-Mailanwendung für neue Benutzer bis zur Entwicklung neuer Mailtechnologien und Erweiterung des Wirkungsbereichs von Internet-Mail in Bereiche wie E-Commerce und Unterhaltung. Das IMC unterstützt beispielsweise die zwei verwandten Spezifikationen vCalendar und vCard, durch die der elektronische Austausch von Terminplänen und persönlichen Informationen vereinfacht wird. Weitere Informationen zu IMC erhalten Sie unter http://www.imc.org/. → *siehe auch* vCalendar, vCard.

Internet Naming Service, der; *Subst.*
→ *siehe* WINS.

Internet Printing Protocol, das; *Subst.*
Eine 1997 von Mitgliedern der Internet Engineering Task Force (IETF) vorgeschlagene Spezifikation für die Übertragung von Dokumenten zu einem Drucker über das Internet. Mehr Informationen dazu können Sie unter der Webadresse http://www.ietf.org/ids.by.wg/ipp.html abrufen. → *siehe auch* IETF.

Internet Protocol, das; *Subst.*
→ *siehe* IP.

Internet Protocol next generation, die; *Subst.*
→ *siehe* IPng.

Internet Protocol Security *Subst.*
→ *siehe* IPSec.

Internet Protocol Version 4 *Subst.*
→ *siehe* IPv4.

Internet Protocol Version 6 *Subst.*
→ *siehe* IPv6.

Internetprovider, der; *Subst.* (Internet access provider)
→ *siehe* Internet Serviceprovider.

Internet Relay Chat, der; *Subst.*
→ *siehe* IRC.

Internet Research Steering Group, die; *Subst.*
Das Entscheidungsgremium der Internet Research Task Force (IRTF).

Internet Research Task Force, die; *Subst.*
Eine gemeinnützige Organisation, die dem Internet Architecture Board Vorschläge bezüglich des Internets unterbreitet. → *siehe auch* Internet Society.

Internetroboter, der; *Subst.* (Internet robot)
→ *siehe* Spinne.

Internet Server Application Programming Interface, das; *Subst.*
→ *siehe* ISAPI.

Internet Serviceprovider, der; *Subst.* (Internet service provider)
→ *siehe* ISP.

Internetsicherheit, die; *Subst.* (Internet security)
Ein umfangreiches Thema, das alle Aspekte der Transaktionen im Internet von der Echtheitsbestätigung von Daten, der Privatsphäre, Integrität bis hin zur Überprüfung umfasst. So muss z.B. beim Erwerb von Kreditkarten über den World Wide Web-Browser besonderes Augenmerk auf die Internetsicherheit bezüglich der Kreditkartennummer gerichtet werden. Es besteht nämlich die Gefahr, dass die Nummer von einem Eindringling abgefangen bzw. vom Server kopiert wird, in dem die Nummer gespeichert ist. Außerdem muss sichergestellt sein, dass das Kreditkartenkonto nicht von Unbefugten benutzt werden kann.

Internet Society, die; *Subst.*
Eine internationale Organisation, deren Mitglieder aus Privatpersonen, Firmen, Stiftungen und Behörden bestehen. Diese Organisation fördert die Nutzung, die Verwaltung und die Entwicklung des Internets. Das Internet Architecture Board (IAB) ist ein Gremium innerhalb der Internet Society. Außerdem veröffentlicht die Internet Society das Bulletin *Internet Society News* und veranstaltet die jährlich einberufene INET-Konferenz. Weitere Informationen zur Internet Society sind unter der Webadresse http://www.isoc.org abrufbar. → *siehe auch* IAB, INET.

Internet Software Consortium, das; *Subst.*
Eine gemeinnützige Organisation, die Software entwickelt, die unentgeltlich über das World Wide Web oder FTP verfüg-

bar ist. Das Internet Software Consortium entwickelt außerdem Internetstandards, z.B. DHCP (Dynamic Host Configuration Protocol). Weitere Informationen zum Internet Software Consortium sind unter der Webadresse http://www.isc.org abrufbar. → *siehe auch* DHCP.

Internet Talk Radio, das; *Subst.*
Dies ist gewissermaßen eine Radiosendung im Internet. Die entsprechenden Dateien können über FTP heruntergeladen werden. Die Sendungen des Internet Talk Radios werden im National Press Building in Washington vorbereitet und dauern jeweils zwischen 30 Minuten und einer Stunde. Eine 30-minütige Sendung benötigt ungefähr 15 MB Speicherplatz.

Internettelefonie, die; *Subst.* (Internet telephone)
Eine Point-To-Point-Telefonverbindung mit mehreren Gesprächsteilnehmern, die nicht über ein öffentlich geschaltetes Telekommunikationsnetzwerk sondern über das Internet geschaltet wird. Alle Teilnehmer sind mittels Computer über ein Modem an das Internet angeschlossen. Außerdem wird ein spezielles Softwarepaket für die Internettelefonie benötigt, um Anrufe einleiten bzw. entgegennehmen zu können.

Internet Telephone Service Provider, der; *Subst.* (Internet telephone service provider)
→ *siehe* ITSP.

Internet-TV, das; *Subst.* (Internet television)
Die Übertragung von TV-Audio- und Videosignalen über das Internet.

internetwork *Adj.*
Internetwork bezieht sich auf die Kommunikation zwischen verbundenen Netzwerken. Dieser Begriff wird häufig in Bezug auf die Kommunikation zwischen einem lokalen Netzwerk und einem anderen Netzwerk im Internet oder einem anderen Weitbereichsnetz genannt. → *siehe auch* lokales Netzwerk, Weitbereichsnetz.

Internetwork Packet Exchange, der; *Subst.*
→ *siehe* IPX.

Internetwurm, der; *Subst.* (Internet Worm)
Ein replizierender Wurm, der sich im November 1988 im Internet ausgebreitet hatte. Dieser Code hatte sich in jedem Computer selbst repliziert, auf den zugegriffen wurde. Dies hatte zur Folge, dass in einer einzigen Nacht der Großteil der

Computer abstürzte, die zu dieser Zeit an das Internet angeschlossen waren. Dass der Internetwurm sich damals ausbreiten konnte, lag an einem Bug in UNIX-Systemen. Ein Student der Cornell University hatte sich damals einen Scherz erlaubt und diesen Code in Umlauf gebracht. → *siehe auch* Hintertür, Wurm.

Internetzugriff, der; *Subst.* (Internet access)
Die Möglichkeit eines Anwenders, eine Verbindung zum Internet herzustellen. Allgemein gibt es zwei Möglichkeiten, das Internet zu kontaktieren. Bei der ersten Methode wird ein Internetserviceprovider oder ein Onlinedienst über ein Modem angewählt, das an den Computer des Anwenders angeschlossen ist. Dieses Verfahren wird von der Mehrheit der Benutzer in Anspruch genommen. Die zweite Methode erfolgt über eine Standleitung (z.B. eine T1-Leitung), die mit einem lokalen Netzwerk verbunden ist. Das lokale Netzwerk ist wiederum mit dem Computer des Anwenders verbunden. Dieses Verfahren wird in der Regel von größeren Organisationen verwendet, die entweder einen eigenen Knoten im Internet haben oder eine Verbindung zu einem Internetserviceprovider herstellen, der einen Einwahlknoten darstellt. Es gibt auch noch eine dritte Möglichkeit, die derzeit eingeführt wird: Die Verbindung zum Internet mittels einer Settopbox über das Fernsehgerät. Diese Methode hat jedoch den Nachteil, dass nur auf das World Wide Web zugegriffen werden kann. → *siehe auch* Internet Serviceprovider, Knoten, lokales Netzwerk, Modem, Settopbox, Standleitung.
Außerdem bezeichnet »Internetzugriff« die Fähigkeit eines Onlinedienstes, Daten über das Internet auszutauschen (z.B. E-Mail) oder Anwendern Internetdienste anzubieten (z.B. Newsgroups, FTP und/oder das World Wide Web). Die meisten Onlinedienste bieten ihren Kunden Internetzugriff an. → *siehe auch* FTP, Onlinedienst.

Internetzugriffsgerät, das; *Subst.* (Internet access device)
Ein Kommunikations- und Signalroutingmechanismus, der auch die Überwachung der Auslastung sowie Abrechnungsfunktionen enthalten kann. Das Internetzugriffsgerät dient dazu, mehrere Remotebenutzer an das Internet anzuschließen.

interne Uhr, die; *Subst.* (internal clock)
→ *siehe* Uhr/Kalender.

InterNIC, das; *Subst.*
Abkürzung für NSFnet (**Inter**net) **N**etwork **I**nformation **Cen**ter. Diese Organisation übernimmt die Registrierung von Domänennamen und IP-Adressen sowie die Verteilung von Informationen zum Internet. InterNIC wurde 1993 als Arbeitsgemeinschaft der U.S. National Science Foundation, der AT&T, der General Atomics und der Network Solutions Inc. (Herndon, Virginia) gegründet. Die Firma Network Solutions Inc. verwaltet die InterNIC Registration Services, die die Internetnamen und Internetadressen zuweist. Die InterNIC ist im Web unter der Adresse http://www.internic.net/ erreichbar.

interpolieren *Vb.* (interpolate)
Das näherungsweise Bestimmen von Zwischenwerten zwischen zwei bekannten Werten in einer Folge.

Interpreter, der; *Subst.* (interpreter)
Ein Programm, das jede Anweisung eines in Interpretersprache geschriebenen Programms einzeln übersetzt und anschließend ausführt. → *siehe auch* Compiler, Interpretersprache, Sprachprozessor.

Interpretersprache, die; *Subst.* (interpreted language)
Eine Sprache, in der Programme in eine ausführbare Form übersetzt werden und jeweils eine Anweisung ausgeführt wird, im Gegensatz zu einem kompilierten Programm, bei dem die Übersetzung aller Anweisungen vor der eigentlichen Ausführung erfolgt. Basic, LISP sowie APL stellen die wohl bekanntesten Interpretersprachen dar, wobei Basic auch kompiliert werden kann. → *siehe auch* Compiler. → *vgl.* Compilersprache.

interpretieren *Vb.* (interpret)
Allgemein eine Anweisung oder einen Befehl in eine ausführbare Form übersetzen und anschließend ausführen.
Normalerweise bezieht sich »interpretieren« auf den Ablauf eines Programms, indem eine Anweisung jeweils in eine ausführbare Form übersetzt wird und danach ausgeführt wird, bevor der Übergang zur nächsten Anweisung erfolgt. Im Gegensatz dazu wird bei einer Kompilierung zunächst das Programm vollständig in einen ausführbaren Code übersetzt. Die Ausführung des Codes stellt dann einen eigenständigen Schritt dar. → *siehe auch* Interpreter. → *vgl.* Compiler.

Interprozesskommunikation, die; *Subst.* (interprocess communication)
Abgekürzt IPC. Die bei Multitasking-Betriebssystemen vorhandene Fähigkeit eines Tasks oder eines Prozesses, mit einem anderen Task bzw. einem anderen Prozess Daten auszutauschen. Zu den gebräuchlichen Methoden der Interpro

zesskommunikation gehören Pipes, Semaphore, gemeinsame Speicher, Warteschlangen, Signale sowie Mailboxen.

Interrupt, der; *Subst.* (interrupt)
Ein »Anforderungs-auf-Beachtungssignal«, das vom Prozessor abgegeben wird. Ein Interrupt bewirkt, dass der Prozessor die momentanen Operationen suspendiert, den Bearbeitungszustand sichert und die Steuerung an eine spezielle Routine, den sog. Interrupthandler, überträgt. Diese Routine führt einen Satz von Anweisungen aus, um geeignet auf den Interrupt zu reagieren. Interrupts können durch verschiedene Hardwaregeräte generiert werden, um Dienste anzufordern oder Probleme aufzuzeichnen. Sie können aber auch durch den Prozessor selbst als Reaktion auf Programmfehler oder für Dienstanforderungen des Betriebssystems produziert werden. Ein Prozessor kann über Interrupts mit den anderen Elementen, die ein Computersystem ausmachen, kommunizieren. Eine Hierachie von Interruptprioritäten bestimmt, welche Interruptanforderung ggf. zuerst zu behandeln ist. Ein Programm kann vorübergehend Interrupts verbieten, wenn praktisch die alleinige Kontrolle über den Prozessor erforderlich ist, um einen bestimmten Task auszuführen. → *siehe auch* Ausnahme, externer Interrupt, Hardwareinterrupt, interner Interrupt, Softwareinterrupt.

Interrupt-Controller, programmierbarer, der; *Subst.* (programmable interrupt controller)
→ *siehe* programmierbarer Interruptcontroller.

Interrupt, externer, der; *Subst.* (external interrupt)
→ *siehe* externer Interrupt.

interruptgesteuerte Verarbeitung, die; *Subst.* (interrupt-driven processing)
Eine Verarbeitung, die nur dann ausgeführt wird, wenn eine Aufforderung über einen Interrupt erfolgt. Nachdem der angeforderte Task vollständig ausgeführt wurde, kann die CPU so lange andere Tasks ausführen, bis der nächste Interrupt gesendet wird. Die interruptgesteuerte Verarbeitung wird in der Regel eingesetzt, damit auf gewisse Ereignisse eine Reaktion erfolgt (z.B. eine Taste, die vom Benutzer gedrückt wird, oder ein Diskettenlaufwerk, das für die Datenübertragung in Bereitschaft ist). → *siehe auch* Interrupt. → *vgl.* Autopolling.

Interrupthandler, der; *Subst.* (interrupt handler)
Eine spezielle Routine, die beim Auftreten eines bestimmten Interrupts ausgeführt wird. Jeder Art von Interrupt ist eine spezielle Routine zugeordnet, die z.B. das Aktualisieren der Systemuhr oder das Lesen der Tastatur übernehmen. Eine Tabelle im unteren Speicherbereich enthält Zeiger, die auch als Vektoren bezeichnet werden, die den Prozessor auf die verschiedenen Interrupthandler verweisen. Programmierer können neue Interrupthandler erstellen, um die bereits vorhandenen Routinen zu ersetzen oder weitere hinzuzufügen. Beispielsweise lässt sich eine Routine schreiben, die bei jeder Tastenbetätigung einen Bestätigungston erzeugt.

Interrupt, interner, der; *Subst.* (internal interrupt)
→ *siehe* interner Interrupt.

Interruptleitung, die; *Subst.* (interrupt request line)
Abgekürzt IRQ. Eine Hardwareleitung, über die Geräte, z.B. Eingabe-/Ausgabeports, die Tastatur und Diskettenlaufwerke, Interrupts (Anforderung von Diensten) an die CPU senden können. Interruptleitungen sind Bestandteil der internen Computerhardware und werden unterschiedlichen Prioritätsebenen zugeordnet, so dass die CPU die Quelle und die relative Wichtigkeit der eingehenden Dienstanforderungen bestimmen kann. Interrupt Requests haben hauptsächlich für Programmierer Bedeutung, die sich mit maschinennahen Hardwareoperationen befassen.

Interrupt, maskierbarer, der; *Subst.* (maskable interrupt)
→ *siehe* maskierbarer Interrupt.

Interrupt, nicht maskierbarer, der; *Subst.* (nonmaskable interrupt)
→ *siehe* nicht maskierbarer Interrupt.

Interruptpriorität, die; *Subst.* (interrupt priority)
→ *siehe* Interrupt.

Interruptvektor, der; *Subst.* (interrupt vector)
Eine Stelle im Speicher, die die Adresse der Interrupthandlerroutine enthält. Diese Routine wird aufgerufen, wenn ein bestimmter Interrupt auftritt. → *siehe auch* Interrupt.

Interruptvektortabelle, die; *Subst.* (interrupt vector table)
→ *siehe* Verteilertabelle.

Interstitial-Banner, das; *Subst.* (interstitial)
Wörtlich: »Zwischenraum-Banner«. Ein Internet-Bannerformat, das in einem Popupfenster zwischen Webseiten angezeigt wird. Interstitial-Banner werden erst angezeigt, nachdem sie vollständig heruntergeladen wurden, und zwar in

der Regel dann, während eine vom Benutzer aufgerufene Webseite geladen wird. Da Interstitial-Fenster erst nach dem vollständigen Download angezeigt werden, enthalten diese Fenster häufig animierte Grafiken, Audioelemente und andere die Aufmerksamkeit des Betrachters erregende Multimediatechnologien, die einen längeren Download beanspruchen. → *siehe auch* Avalanche-Banner, Pop-Under-Banner, Pop-Up-Banner, Skyscraper-Banner.

Intranet, das; *Subst.* (intranet)
Ein Netzwerk für die Informationsverarbeitung innerhalb einer Firma oder Organisation. Das Intranet umfasst Dienste, wie z.B. die Verteilung von Dokumenten und Software, den Zugriff auf Datenbanken sowie Schulungen. Dieses Netzwerkkonzept wird als Intranet bezeichnet, weil bei diesem in der Regel Anwendungen eingesetzt werden, die mit dem Internet in Verbindung stehen, z.B. Webseiten, Webbrowser, FTP-Sites, E-Mail, Newsgroups sowie Verteilerlisten, die nur innerhalb einer Organisation verfügbar sind.

Intraware, die; *Subst.* (intraware)
Groupware oder Middleware für die Verwendung in einem privaten Intranet einer Firma. Intrawarepakete enthalten in der Regel E-Mail-, Datenbank-, Browseranwendungen sowie Arbeitsablaufsteuerungen. → *siehe auch* Groupware, Intranet, Middleware.

Intrusion Countermeasure Electronics, die; *Subst.*
Abkürzung ICE. Spezielle elektronische Geräte zum Schutz vor Verfolgung und Abhören von Kommunikation. Der Begriff gewann durch die Science Fiction Romane von William Gibson (»Neuromancer«) zunehmend an Bedeutung. In Gibsons Romanen stellt »Intrusion Countermeasure Electronics« eine Software dar, die als Antwort auf eine Störung versucht, den Eindringling buchstäblich zu vernichten. → *vgl.* Eisbrecher.

Intrusion Detection, die; *Subst.* (intrusion detection)
→ siehe IDS.

Intrusion-Detection-System, das; *Subst.* (intrusion detection system)
→ *siehe* IDS.

Inverter, der; *Subst.* (inverter)
Eine logische Schaltung, die ein angelegtes Eingangssignal invertiert (umkehrt), z.B. das Invertieren eines Highsignals in ein Lowsignal.

Außerdem ein Gerät, das Gleichstrom in Wechselstrom umwandelt.

Invertieradapter, der; *Subst.* (gender bender, gender changer, sex changer)
Auch als »Gender Bender« bezeichnet, zu Deutsch etwa »Geschlechtswechsler«. Man versteht darunter eine Art Adapter zur Verbindung zweier Steckverbinder, die beide entweder mit Steckerstiften (die sog. »männlichen« Steckerverbinder) oder beide mit Buchsen (die »weiblichen« Gegenstücke) versehen sind. (Abbildung I.7)

Abbildung I.7: Invertieradapter

invertieren *Vb.* (invert)
Etwas umkehren oder in sein Gegenteil verwandeln. Werden z.B. die Farben auf einem Monochrombildschirm invertiert, ändern sich alle helle Stellen in dunkle und umgekehrt.
In der Elektronik wird dieser Begriff verwendet, wenn ein Highsignal durch ein Lowsignal ersetzt wird (und umgekehrt). Diese Operationsart stellt das elektronische Äquivalent der Booleschen NOT-Operation dar.

invertierte Datei, die; *Subst.* (inverted file)
→ *siehe* invertierte Liste.

invertierte Datenbank, die; *Subst.* (inverted-list database)
Mit einer relationalen Datenbank vergleichbare Datenbank, die jedoch verschiedene Unterschiede aufweist. Aufgrund dieser Unterschiede ist es für das Datenbank-Managementsystem viel schwieriger, in einer invertierten Datenbank die Konsistenz, Integrität und Sicherheit zu gewährleisten, als bei einem relationalen System. → *vgl.* relationale Datenbank.

Invertierte Datenbanken
Die Zeilen (Datensätze oder Tupel) einer invertierten Tabelle sind in einer bestimmten physikalischen Reihenfolge angeordnet unabhängig etwaiger Ordnungen die durch Indizes auferlegt sein könnten.

Invertierte Datenbanken

Die gesamte Datenbank läßt sich ebenfalls ordnen – nach bestimmten logischen Mischungskriterien die zwischen Tabellen aufgestellt wurden.

Es kann eine beliebige Anzahl entweder einfacher oder zusammengesetzter Schlüssel definiert werden. Im Gegensatz zu den Schlüsseln eines relationalen Systems sind diese Schlüssel willkürliche Felder oder Kombinationen von Feldern.

Es existieren keine Beschränkungen hinsichtlich Integrität oder Eindeutigkeit.

Weder die Indizes noch die Tabellen sind für die Benutzer transparent.

---

invertierte Liste, die; *Subst.* (inverted list)
Ein Verfahren zur Erzeugung alternativer Verweise für Informationsmengen. Sind in einer Datei z.B. Autodaten gespeichert und enthalten die Datensätze 3, 7, 19, 24 und 32 den Wert »Rot« im Feld FARBE, liefert eine invertierte Liste (oder Index) in Bezug auf das Feld FARBE einen Datensatz für »Rot«, gefolgt von den Verweisnummern 3, 7, 19, 24 und 32. → *siehe auch* aufzeichnen, Feld. → *vgl.* verkettete Liste.

invertierte Struktur, die; *Subst.* (inverted structure)
Eine Dateistruktur, bei der die Datensatzschlüssel getrennt von den Datensätzen gespeichert und manipuliert werden.

invertiertes Video, das; *Subst.* (inverse video, reverse video)
Die Umkehrung von hell und dunkel zur Darstellung ausgewählter Zeichen auf einem Bildschirm. Wenn z.B. die Anzeige von Text im Normalfall mit weißen Zeichen auf einem schwarzen Hintergrund erfolgt, präsentiert die inverse Darstellung den Text in schwarzen Buchstaben auf weißem Hintergrund. Programmierer verwenden diese Betriebsart häufig, um Text oder spezielle Elemente (wie beispielsweise Menüauswahlen oder den Cursor) auf dem Bildschirm hervorzuheben.

Invertierung, bitweise, die; *Subst.* (bit flipping)
→ *siehe* bitweise Invertierung.

I/O
→ *siehe* Eingabe/Ausgabe.

I/O-Controller, der; *Subst.* (I/O controller)
→ *siehe* Eingabe-/Ausgabecontroller.

I/O-Gerät, das; *Subst.* (I/O device)
→ *siehe* Eingabe-/Ausgabegerät.

Ionenbeschussdrucker, der; *Subst.* (ion-deposition printer)
Ein Seitendrucker, bei dem eine Trommel elektrostatisch im Muster des abzudruckenden Bildes aufgeladen wird. Dadurch bleibt an der Trommel der Toner haften, der anschließend auf das Papier übertragen wird, wie bei einem Laser, LED- oder LCD-Drucker. Die Ladung wird aber nicht mit Hilfe von Licht, sondern durch Ionenstrom erzeugt. Diese hauptsächlich in Datenverarbeitungszentren mit hohem Datenaufkommen eingesetzten Drucker arbeiten in der Regel mit Geschwindigkeiten von 30 bis 90 Seiten pro Minute. Zum Fixieren des Toners auf dem Papier verwenden Ionenbeschussdrucker eine schnelle Methode, die keine Hitze erfordert. Allerdings hinterlässt dieses Verfahren eine geringe Glätte, so dass es sich nicht für Geschäftskorrespondenz eignet. Außerdem neigen Ionenbeschussdrucker dazu, dicke, leicht verschwommene Zeichen zu produzieren. Diese Technologie unterscheidet sich auch preislich von der Laserdruckertechnologie, d.h. sie ist teurer. → *siehe auch* anschlagfreier Drucker, elektrofotografische Drucker, Seitendrucker. → *vgl.* Laserdrucker, LCD-Drucker, LED-Drucker.

I/O-Port, der; *Subst.* (I/O port)
→ *siehe* Eingabe-/Ausgabeport.

I/O-Prozessor, der; *Subst.* (I/O processor)
→ *siehe* Eingabe-/Ausgabeprozessor.

IO.SYS
Eine der beiden versteckten Systemdateien, die auf einer Startdiskette für MS-DOS installiert sind. Die IBM-Versionen von IO.SYS (hier IBMBIO.COM genannt) enthalten Gerätetreiber für periphere Geräte, z.B. Bildschirm, Tastatur, Diskettenlaufwerk, Festplattenlaufwerk, serielle Schnittstelle und Echtzeituhr. → *siehe auch* MSDOS.SYS.

IP
Abkürzung für **I**nternet **P**rotocol. Das Protokoll innerhalb des TCP/IP, das die Datennachrichten in Pakete einteilt und diese Pakete an das Zielnetzwerk und die Station weiterleitet. Anschließend werden die Pakete im Zielnetzwerk wieder in das ursprüngliche Format umgewandelt. IP entspricht der Netzwerkschicht des ISO/OSI-Schichtmodells. → *siehe auch* ISO/OSI-Schichtenmodell, TCP/IP. → *vgl.* TCP.

IP-Adresse, die; *Subst.* (IP address)
Abkürzung für **I**nternet **P**rotocol **address.** Eine 32-Bit (4-Byte) Binärziffer, die einen Hostcomputer eindeutig kennzeichnet, der mit dem Internet an anderen Internethosts für

die Kommunikation mittels Übertagung von Paketen angeschlossen ist. Die IP-Adresse wird im »Dotted Quad-Format« ausgedrückt, das aus den Dezimalwerten der vier Byte besteht, die durch Punkte getrennt werden. Beispiel: 127.0.0.1. Die ersten ein, zwei oder drei Byte der IP-Adresse (die von der InterNIC Registration Services zugewiesen wird) kennzeichnen das Netzwerk, mit dem der Host verbunden ist. Die restlichen Bits kennzeichnen den Host. Die 32 Bit aller 4 Byte können den Maximalwert von 2^{32} oder ungefähr 4 Milliarden Hosts angeben. (Es werden nur wenige Bereiche in diesem Ziffernsatz nicht verwendet.) → *siehe auch* Host, InterNIC, IP, Paket. → *vgl.* Domänenname.

IPC
→ *siehe* Interprozesskommunikation.

IP-Filter, der; *Subst.* (IP filter)
Die häufig auch als Paketfilter bezeichneten IP-Filter stellen eine einfache Komponente einer modernen Firewalllösung dar. Diese Routinen überprüfen den Netzwerkverkehr und filtern IP-Pakete nach Quell-IP-, Ziel-IP-Adresse und Dienst. Der große Nachteil ist das Vertrauen in eine scheinbar bekannte IP-Adresse bzw. die globale Abwehr von Paketen, ohne deren Inhalt zu kennen. Es sind also Methoden nötig, die die Selektion auf einer höheren Ebene des OSI-Schichtenmodells vornehmen. → *siehe auch* Firewall, stateful inspection.

IPL
→ *siehe* Urladeprozess.

IP-Multicasting, das; *Subst.* (IP multicasting)
Abkürzung für **I**nternet **P**rotocol **multicasting.** Die Erweiterung der Multicastingtechnologie für lokale Netzwerke auf ein TCP/IP-Netzwerk. Die Hosts senden und erhalten Multicastdatagramme, deren Zielfelder nicht die individuellen IP-Adressen, sondern die Gruppenadressen der IP-Hosts angeben. Ein Host gibt über das Group Management Protocol an, dass dieser ein Mitglied einer Gruppe ist. → *siehe auch* Datagramm, Internet Group Membership Protocol, IP, MBONE, Multicasting.

IPng
Abkürzung für **I**nternet **P**rotocol **n**ext **g**eneration, zu Deutsch: »Internetprotokoll der nächsten Generation«. Die offizielle Bezeichnung von Ipng lautet »IPv6« (**I**nternet **P**rotocol **v**ersion 6). → *siehe auch* IETF, Internet Protocol, IP, IP-Adresse, IPv6. → *auch genannt* IPv6.

IP-Nummer, die; *Subst.* (IP number)
→ *siehe* IP-Adresse.

iPod, der; *Subst.*
→ *siehe* Apple iPod.

IPP-Protokoll, das; *Subst.* (IPP)
→ *siehe* Internet Printing Protocol.

IPSec *Subst.*
Abkürzung für »**I**nternet **P**rotocol **Sec**urity Protocol«. Eine Gruppe aus Sicherheitsprotokollen, ESP (»Encapsulating Security Payload«) und AH (»Authentication Header«), die erhöhte Sicherheit, eine Integritätsprüfung, eine Authentifizierung und den Wiedergabeschutz bei Daten gewährleisten, die über die IP-Komponente (Internet Protocol) von TCP/IP im Internet übertragen werden. IPSec findet beispielsweise bei der Implementation von virtuellen privaten Netzwerken Anwendung. → *siehe auch* IP, TCP/IP, VPN.

IP-Splicing, das; *Subst.* (IP splicing)
→ *siehe* Spoofing.

IP-Spoofing, das; *Subst.* (IP spoofing)
Das Einfügen einer falschen IP-Absenderadresse in eine Internetübertragung. Das Ziel dieser Aktion ist immer der unberechtigte Zugriff auf ein Computersystem. → *siehe auch* IP-Adresse, Spoofing.

IP-Switching, das; *Subst.* (IP switching)
Eine Technologie, die von Ipsilon Networks (Sunnyvale, CA) entwickelt wurde. Mit IP Switching kann eine Sequenz von IP-Paketen an ein häufig verwendetes Ziel im Asynchronous Transfer Mode (ATM) mit hoher Geschwindigkeit und hoher Bandbreite übertragen werden.

IP-Telefonie *Subst.* (IP telephony)
Ein Telefondienst, der Sprache und Fax einschließt, versorgt durch eine Internet- oder Netzwerkverbindung. IP-Telefonie erfordert 2 Schritte: Umwandlung von analoger Sprache in digitale Daten mittels eines Codierungs-/Entcodierungsgeräts (codec) und Umwandlung der digitalisierten Daten in IP-Übertragungspakete. Auch genannt: Internettelefonie, Voice over IP (VoIP) → *siehe auch* VoIP.

IP-Tunneln, das; *Subst.* (IP tunneling)
Eine Technik für das Kapseln von Daten in ein TCP/IP-Paket für die Übertragung zwischen IP-Adressen. IP-Tunneln bietet

eine sichere Methode, damit Daten aus verschiedenen Netzwerken im Internet gemeinsam genutzt werden können. → *siehe auch* IPSec, tunneln, VPN.

IPv4 *Subst.*

Abkürzung für **I**nternet **P**rotocol **v**ersion **4**. Die aktuelle Version des Internet Protocol (IP), im Gegensatz zum IP der nächsten Generation, das unter der Bezeichnung IPng bekannt ist und offiziell IPv6 (IP Version 6) heißt. → *siehe auch* IP, IPng, IPv6.

IPv6

Abkürzung für »**I**nternet **P**rotocol **v**ersion **6**«. Eine überarbeitete Version des Internet Protocols (IP), das aufgrund der rasch abnehmenden Anzahl der verfügbaren Adressen im Internet von der Internet Engineering Task Force (IETF) entwickelt wurde. IPv6 ist als Nachfolgeprotokoll mit IPv4 (IP Version 4) kompatibel und wurde 1998 als Normentwurf von der IETF anerkannt. Zu den Verbesserungen gegenüber der Version IPv4 gehören ein viermal so hohes IP-Adressvolumen (von 32 Bit auf 128 Bit, bzw. von 4 Byte auf 16 Byte), erweiterte Routingfunktionalitäten, vereinfachte Headerformate, verbesserte Unterstützung für Optionen sowie Unterstützung der Servicequalität (»Quality of Service«), der Authentifizierung und des Datenschutzes. → *siehe* IPng. → *siehe auch* IETF, IP, IPv4. → *auch genannt* IPng.

IPX

Abkürzung für **I**nternetwork **P**acket E**x**change. Das Protokoll in Novell NetWare, das die Adressierung und das Routing von Paketen innerhalb und zwischen LAN-Netzwerken ausführt.
IPX-Pakete können in Ethernet-Pakete oder Token Ring-Frames gekapselt werden. IPX operiert in dem ISO/OSI Level 3 und 4, führt auf diesen Leveln jedoch nicht alle Funktionen auf. Insbesondere kann IPX nicht gewährleisten, dass eine Nachricht vollständig (mit allen Paketen) ist. Diese Aufgabe übernimmt SPX. → *siehe auch* Ethernet, Paket, Token Ring-Netzwerk. → *vgl.* SPX.

IPX/SPX

Die Netzwerk- und Transportlevelprotokolle von Novell NetWare. Diese Programme entsprechen der Kombination von TCP und IP im TCP/IP-Protokollstapel. → *siehe auch* IPX, SPX.

IR

→ *siehe* infrarot.

IRC

Abkürzung für **I**nternet **R**elay **C**hat. Ein Service, über den Internetbenutzer live an Onlinekonversationen mit anderen Benutzern teilnehmen können. Ein IRC-Kanal, der von einem IRC-Server zur Verfügung gestellt wird, überträgt den Text, der von einem Benutzer eingegeben wird, an alle anderen Benutzer, die auch mit dem Kanal verbunden sind. In der Regel ist ein Kanal einem bestimmten Thema gewidmet, das sich am Namen erkennen lässt. Ein IRC-Client zeigt die Namen der aktuell aktiven Kanäle an und ermöglicht den Benutzern, eine Verbindung zu einem Kanal herzustellen. Anschließend werden die Texte der anderen Benutzer über einzelne Leitungen angezeigt, so dass der Benutzer an der Konversation teilnehmen kann. IRC wurde 1988 von Jarkko Oikarinen aus Finnland erfunden. → *siehe auch* chatten, Kanal, Server.

IRDA (IrDA)

→ *siehe* Infrared Data Association.

IRG

→ *siehe* Satzzwischenraum.

IRGB

Abkürzung für **I**ntensity **R**ed **G**reen **B**lue. Eine Farbcodierung, die ursprünglich im IBM Color/Graphics Adapter (CGA) und später bei EGA-Karten (Enhanced Graphics Adapter) und VGA-Karten (Video Graphics Array) zum Einsatz kam. Die normale 3-Bit RGB-Farbcodierung (zur Festlegung von acht Farben) wird durch ein viertes Bit (namens Intensität) ergänzt, das einheitlich die Intensität der roten, grünen und blauen Signale anhebt, wodurch sich insgesamt 16 Farben ergeben. → *siehe auch* RGB.

IRL

Abkürzung für **i**n **r**eal **l**ife (Im richtigen Leben). Ein Ausdruck, der von vielen Onlinebenutzern verwendet wird, um die Unterscheidung von virtuellen Computerwelten zu kennzeichnen. Diese Abkürzung wird häufig bei virtuellen Welten verwendet (z.B. Online Talkers, IRC, MUD und virtuelle Realität). → *siehe auch* IRC, MUD, Talker, virtuelle Realität.

IRQ

Abkürzung für **i**nterrupt **req**uest. Ein Interrupt aus einer Reihe von möglichen Hardwareinterrupts auf einem Wintel-Computer, der durch eine Nummer gekennzeichnet ist. Die Nummer der IRQ bestimmt, welcher Interrupthandler verwendet wird. Im AT-Bus, ISA und EISA stehen 15 IRQs zur

Verfügung. In der Microchannelarchitektur sind 255 IRQs verfügbar. Die IRQ ist bei allen Geräten fest verdrahtet oder über einen Jumper oder DIP-Schalter realisiert. Der VL-Bus und der PCI-Localbus verfügen über eigene Interrruptsysteme, die von ihnen in IRQ-Nummern konvertiert werden. → *siehe auch* AT-Bus, DIP-Schalter, EISA, Interrupt, IRQ-Konflikt, ISA, Jumper, Mikrokanalarchitektur, PCI Local Bus, VL-Bus.

IRQ-Konflikt, der; *Subst.* (IRQ conflict)
Ein Zustand bei einem Wintel-Computer, in dem zwei verschiedene Peripheriegeräte die gleiche IRQ verwenden, um einen Dienst vom Prozessor (CPU) abzufragen. Liegt ein IRQ-Konflikt vor, kann das System nicht korrekt arbeiten. Die CPU kann z.B. auf den Interrupt einer seriellen Maus reagieren, indem ein Interrupthandler für Interrupts ausgeführt wird, der von einem Modem generiert wird. IRQ-Konflikte können durch den Einsatz von Plug and Playhardware und -software verhindert werden. → *siehe auch* Interrupthandler, IRQ, Plug and Play.

irrationale Zahl, die; *Subst.* (irrational number)
Eine reelle Zahl, die nicht als Verhältnis zweier Integer dargestellt werden kann. Beispiele für irrationale Zahlen sind die Wurzel aus 3, die Zahl pi und der Wert e. → *siehe auch* Integer, Realzahl.

IRSG
→ *siehe* Internet Research Steering Group.

IRTF
→ *siehe* Internet Research Task Force.

IS
→ *siehe* Information Services.

ISA
Abkürzung für **I**ndustry **S**tandard **A**rchitecture. Eine Bezeichnung für den Busentwurf, der die Erweiterung des Systems mit Einsteckkarten gestattet, für die im IBM-PC und in Kompatiblen entsprechende Erweiterungssteckplätze vorgesehen sind. ISA war ursprünglich im IBM-PC/XT nur 8 Bit breit und wurde 1984 mit der Einführung des PC/AT auf 16 Bit erweitert. Ein 16-Bit-ISA-Slot besteht praktisch aus zwei separaten 8-Bit-Slots, die stirnseitig montiert sind, so dass eine einzelne 16-Bit-Karte in beide Slots einzustecken ist. Während eine 8-Bit-Erweiterungskarte in einem 16-Bit-Slot betrieben werden kann (sie nimmt nur einen von beiden Slots ein), passt eine 16-Bit-Erweiterungskarte nicht in einen 8-Bit-Slot. → *siehe auch* EISA, Mikrokanalarchitektur.

ISAM
→ *siehe* indexsequentieller Zugriff.

ISAPI
Abkürzung für **I**nternet **S**erver **A**pplication **P**rogramming **I**nterface. Eine benutzerfreundliche Hochleistungsschnittstelle für Back-End-Anwendungen für den Internet Information Server (IIS) von Microsoft. ISAPI hat eine eigene dynamische Bibliothek (DLL), die gegenüber der CGI-Spezifikation (Common Gateway Interface) wesentlich bessere Leistungsmerkmale hat. → *siehe auch* API, dynamische Bibliothek, Internet Information Server. → *vgl.* CGI.

ISA-Steckplatz, der; *Subst.* (ISA slot)
Ein Steckplatz für ein Peripheriegerät, das dem ISA-Standard (Industry Standard Architecture) entspricht. Dieser Steckplatz ist für den Bus eines 80286 (IBM-PC/AT) Motherboards konzipiert. → *siehe auch* ISA.

ISC
→ *siehe* Internet Software Consortium.

ISDN
Abkürzung für **I**ntegrated **S**ervices **D**igital **N**etwork. Ein weltweites digitales Kommunikationsnetzwerk, das aus vorhandenen Telefondiensten entwickelt wurde. Das Ziel von ISDN besteht darin, die aktuellen Telefonleitungen, die eine Digital-/Analogwandlung erfordern, durch vollständig digital ausgeführte Vermittlungs- und Übertragungseinrichtungen zu ersetzen, die dennoch in der Lage sind, herkömmliche analoge Datenformen im Bereich von Sprache bis hin zu Computerübertragungen, Musik und Video zu ersetzen. ISDN baut auf zwei Haupttypen von Kommunikationskanälen auf: einem B-Kanal, der Daten mit einer Rate von 64 Kilobit pro Sekunde (Kbps) und einem D-Kanal zur Übertragung von Steuerinformationen bei entweder 16 oder 64 Kbps. Computer und andere Geräte werden an den ISDN-Leitungen über einfache, standardisierte Schnittstellen angeschlossen. Bei voller Implementation soll ISDN den Benutzern schnellere und umfassendere Kommunikationsdienste anbieten. → *siehe auch* Kanal.

ISDN Terminaladapter, der; *Subst.* (ISDN terminal adapter)
Die Hardwareschnittstelle zwischen einem Computer und einer ISDN-Leitung. → *siehe auch* ISDN.

ISIS

Abkürzung für **I**ntelligent **S**cheduling and **I**nformation **S**ystem. Ein Toolkit, das dazu konzipiert wurde, Fehler in Herstellungssystemen zu verhindern und zu beseitigen. ISIS wurde 1980 an der Universität Cornell entwickelt und ist mittlerweile kommerziell erhältlich.

ISO

Die **I**nternational **O**rganization for **S**tandardization. »ISO« wird häufig fälschlich als Abkürzung für »International Standards Organization« bezeichnet, es handelt sich jedoch dabei nicht um ein Akronym; die Bezeichnung wird vielmehr von »*isos*« abgeleitet, das im Griechischen »gleich« bedeutet. Eine internationale Vereinigung, in der jedes Mitgliedsland durch die nationale Standardisierungsorganisation vertreten ist, z.B. das American National Standards Institute (ANSI, http://www.ansi.org) für die Vereinigten Staaten und das Deutsche Institut für Normung (DIN, http://www.din.de) für Deutschland. Die ISO arbeitet an der weltweiten Vereinheitlichung technischer Standards, u.a. auf den Gebieten der Kommunikation und des Informationsaustausches. An erster Stelle ist dabei das weithin akzeptierte ISO/OSI-Modell zu nennen. Es definiert die Standards für die Interaktion von Computern, die durch Netzwerke miteinander verbunden sind. Weitere Informationen zur ISO sind unter der Webadresse http://www.iso.ch abrufbar. → *siehe auch* ISO/OSI-Schichtenmodell.

ISO 9660

Von der ISO angenommener internationaler Formatstandard für CD-ROM. ISO 9660 folgt mit einigen Modifikationen den Empfehlungen, die durch die High Sierra-Spezifikation verkörpert werden. → *siehe auch* High Sierra-Spezifikation.

ISOC

→ *siehe* Internet Society.

Isolator, der; *Subst.* (insulator)
Auch als »Nichtleiter« bezeichnet. Jeder Stoff, der Elektrizität sehr schlecht leitet, z.B. Gummi, Glas oder Keramik. → *auch genannt* Nichtleiter. → *vgl.* Halbleiter, Leiter.
Der Begriff »Isolator« steht auch für eine Einrichtung, die Bauelemente in elektronischen Stromkreisen trennt und den Stromfluss über unerwünschte Pfade verhindert, z.B. keramische Isolatoren zur Befestigung der Hochspannungsleitungen an Masten.

isometrische Ansicht, die; *Subst.* (isometric view)
Eine Darstellungsmethode für dreidimensionale Objekte, bei der jede Seite die richtige Länge für den Maßstab der Zeichnung aufweist und alle parallelen Linien parallel dargestellt werden. Eine isometrische Ansicht eines Würfels stellt z.B. die Seiten in Relation zueinander dar – jede Seite gleichmäßig proportioniert bezüglich Höhe und Breite. Die Seiten werden daher mit scheinbarer Entfernung nicht kleiner, wie das bei der perspektivischen Darstellung eines Würfels der Fall ist. → *vgl.* perspektivische Ansicht. (Abbildung I.8)

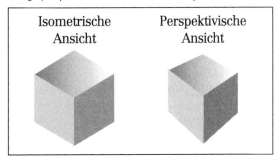

Abbildung I.8: Isometrische Ansicht: Ein Würfel in der isometrischen und der perspektivischen Ansicht

ISO/OSI-Schichtenmodell, das; *Subst.* (ISO/OSI model)
Abkürzung für »**I**nternational **O**rganization for **S**tandardization **O**pen **S**ystems **I**nterconnection Model«. Eine geschichtete Architektur, die Dienstebenen und Typen der Interaktion für den Informationsaustausch zwischen Computer über ein Kommunikationsnetzwerk standardisiert. Das ISO/OSI-Modell unterteilt die Kommunikation zwischen Computern in sieben Schichten oder Ebenen, die sich jeweils auf die Dienste der unmittelbar darunter liegenden Schicht stützen. Nur die unterste der sieben Schichten beschäftigt sich mit Hardwareverbindungen. Die oberste Schicht umfasst die Softwarewechselwirkungen auf der Anwendungsprogrammebene. → *siehe auch* Anwendungsschicht, Darstellungsschicht, physische Schicht, Sicherungsschicht, Sitzungsschicht, Transportschicht, Vermittlungsschicht.

ISO/OSI-Modell	
ISO/OSI-Schicht	**Funktion**
Anwendungsschicht (application layer, die oberste Schicht)	Datenübertragung von Programm zu Programm
Darstellungsschicht (presentation layer)	Textformatierung und -anzeige, Codeumwandlung
Sitzungsschicht (auch: Kommunikationssteuerschicht; session layer)	Aufnahme, Durchführung und Koordinierung der Kommunikation

ISO/OSI-Modell	
ISO/OSI-Schicht	Funktion
Transportschicht (transport layer)	korrekte Bereitstellung, Qualitätssicherung
Vermittlungsschicht (auch: Netzwerkschicht; network layer)	Transportwegsteuerung, Nachrichtenverarbeitung und -übertragung
Sicherungsschicht (data link layer)	Codierung, Adressierung und Datenübertragung
physische Schicht (auch: Bit-Übertragungsschicht; physical layer, dies ist die unterste Schicht)	Systemnahe Hardware-Verbindungen

ISP

Abkürzung für **I**nternet **S**ervice **P**rovider. Ein Unternehmen, das allgemeine Internet-Dienstleistungen an Privatpersonen, Unternehmen und andere Organisationen verkauft. Einige ISPs sind große nationale oder multinationale Unternehmen, die Internetzugriffe an verschiedenen Standorten anbieten. Es gibt auch lokale ISPs, die ihre Dienste nur in bestimmten Städten oder Bereichen zur Verfügung stellen. → *siehe auch* Internet. → *auch genannt* Internetdienstanbieter, Service-Provider, Zugangsprovider.

I²C *Subst.*

Abkürzung für **I**nter **IC**. Ein Bus zur Verbindung integrierter Schaltkreise, der in den frühen 80er Jahren von der Firma Philips entworfen wurde. I²C ist ein so genannter »Multimasterbus«: Mehrere Schaltkreise sind über denselben Bus miteinander verbunden, wobei jeder Schaltkreis einen Datentransfer initiieren und so als »Master« fungieren kann. Dieser Bustyp ist heute in eingebetteten Systemen weit verbreitet. → *siehe auch* Bus, eingebettetes System, integrierter Schaltkreis.

ISV

→ *siehe* unabhängiger Softwareentwickler.

Itanium *Subst.*

Ein 64-Bit-Prozessor der Firma Intel, der 1999 erstmals an Entwickler ausgegeben wurde. Es handelt sich dabei um den ersten Chip aus der IA-64-Prozessorfamilie und - laut Intel - um die wichtigste Entwicklung im Bereich Mikroprozessoren seit dem 386. Die IA-64-Architektur basiert auf einem EPIC (Explicitly Parallel Instruction Computing) genannten Verfahren, das durch Verwendung hochparalleler Instruktionen

eine gegenüber den RISC- und CISC-Architekturen Verarbeitungsleistung erbringen soll. → *siehe auch* eXtensible Firmware Interface, Merced, Pentium, RISC.

iterative Anweisung, die; *Subst.* (iterative statement)

Eine Anweisung, die in einem Programm das Wiederholen einer oder mehrerer Anweisungen bewirkt. Beispiele für iterative Anweisungen in Basic sind FOR, DO, REPEAT..UNTIL und DO..WHILE. → *siehe auch* Steueranweisung.

iterieren *Vb.* (iterate)

Die wiederholte Ausführung einer oder mehrerer Anweisungen oder Befehle. Die entsprechende Programmkonstruktion wird auch als Schleife bezeichnet. → *siehe auch* iterative Anweisung, Schleife durchlaufen.

ITI

→ *siehe* Intelligent Transportation Infrastructure.

I-time, die; *Subst.*

→ *siehe* Befehlsausführungszeit.

ITR

→ *siehe* Internet Talk Radio.

ITSP

Abkürzung für »**I**nternet **T**elephony **S**ervice **P**rovider«, zu Deutsch »Dienstleister für Internettelefonie«. Eine Firma, die kombinierte PC-Telefondienste anbietet. Der Dienst ist für Endverbraucher, Firmen und Organisationen verfügbar. Dabei kann man mit einem entsprechend ausgerüsteten PC (Soundkarte, Kopfhörer/Lautsprecher und Mikrofon) über das Internet telefonieren, ohne dass die angerufene Person einen PC mit Internetanschluss benötigt. Das von den Anrufern initiierte Gespräch wird dabei über das Internet an ein Gateway übertragen. Dieses bildet den Übergang zu einem gewöhnlichen Telefonnetz, über das der Ruf bis zum Telefon der Empfänger weitergeleitet wird. → *siehe auch* Internettelefonie, ISP.

ITU

Abkürzung für »**I**nternational **T**elecommunication **U**nion«, zu Deutsch »internationale Telekommunikationsvereinigung«. Eine zwischenstaatliche Organisation, die öffentlichen und privaten Anbietern Empfehlungen und Normen für Telefon- und Datenkommunikationssysteme unterbreitet. Die ITU wurde 1865 unter dem Namen »International Telegraph Union« gegründet und 1934 in »International Telecommunication Union« umbenannt, um das volle Spektrum der

Zuständigkeiten zu verdeutlichen. Seit 1947 ist die ITU eine Organisation der Vereinten Nationen. Eine weitere Umorganisation erfuhr die ITU 1992: Dabei wurde sie in drei Zuständigkeitsbereiche aufgeteilt: den Radiocommunication Sector (zu Deutsch »Sektor für drahtlose Kommunikation«), den Telecommunication Standardization Sector (zu Deutsch »Sektor für Telekommunikationsnormen«; Abkürzung: ITU-TSS oder ITU-T), der früher unter dem Namen CCITT firmierte, und den Telecommunication Development Sector (zu Deutsch »Sektor für Telekommunikationsentwicklungen«). Webadresse: http://www. itu.org. → *siehe auch* ITU-T.

ITU-T

Die Abteilung innerhalb der ITU (Abkürzung für »International **T**elecommunication **U**nion«), die Normen verabschiedet. Sie hieß früher CCITT (»Comité Consultatif International Télégraphique et Téléphonique«; zu Deutsch »internationales Komitee für das Telefon- und Telegrafiewesen«). Die ITU-T (die auch unter dem Namen ITU-TSS bekannt ist) entwickelt Empfehlungen für analoge und digitale Kommunikationsgeräte. → *siehe auch* CCITT, CCITT Gruppen 1–4, ITU. → *auch genannt* ITU-TSS.

ITU-TSS

→ *siehe* ITU-T.

IVUE

Ein proprietäres Bildformat (von Live Pictures), mit dem Dateien bei jedem Zoomfaktor auf die Bildschirmauflösung eingestellt werden können.

I-Way, der; *Subst.* (i-way)
→ *siehe* Datenautobahn.

IXC

→ *siehe* Fernnetzbetreiber.

J

J

Eine hochentwickelte Programmiersprache, die vom Entwickler von APL, Kenneth Iverson, erstellt wurde. J ist eine Nachfolgersprache von APL, die auf vielen Plattformen (einschließlich DOS, Windows, OS/2 und Macintosh) ausgeführt werden kann. J wird wie APL in erster Linie von Mathematikern eingesetzt. → *siehe auch* APL.

J2ME

Abkürzung für **J**ava **2** Platform **M**icro **E**dition; eine von Sun Microsystems entwickelte, speziell auf mobile Endgeräte zugeschnittene Lösung, die aus den beiden Elementen Konfigurationen und Profile besteht. → *siehe auch* MIDP.

Jabber, der; *Subst.* (jabber)

Ein fortlaufender Datenstrom, der über ein Netzwerk aufgrund eines technischen Defekts übertragen wird.
Ein auf XML basierendes Instant Messaging-System für den Austausch von Nachrichten. Jabber-Software ist für die meisten Betriebssysteme verfügbar und ermöglicht den Zugriff auf andere Sofortnachrichtendienste. Jabber ist eine Open Source-Anwendung, die von Jabber.org betreut wird. → *siehe auch* Instant Messaging, XML.

Jacquardscher Webstuhl, der; *Subst.* (Jacquard loom)

Die erste Maschine, die Lochkarten für die Steuerung ihrer Operationen verwendete. Dieser Webstuhl wurde 1801 vom französischen Erfinder Joseph-Marie Jacquard entwickelt. Im Jacquardschen Webstuhl wurden bis zu 24.000 Karten auf einer umlaufenden Walze angeordnet. Ein Satz von Stäben konnte entsprechend der Programmierung der Karten durch die Löcher stoßen. Dabei zog der jeweilige Stab einen Faden, um das Muster zu weben. Für seine Erfindung wurde Jacquard von Kaiser Napoleon mit einer Medaille ausgezeichnet. Um die Mitte des 19. Jahrhunderts wurden Lochkarten in der computerähnlichen Differenzmaschine von Charles Babbage sowie in der statistischen Tabulatormaschine von Herman Hollerith eingesetzt. → *siehe auch* Analytical Engine, Hollerith-Maschine. → *vgl.* ENIAC, Mark I, Z3.

Jahr-2000-Problem, das; *Subst.* (2000 time problem)

Abkürzung: Y2K (Y steht für »year«, 2K steht für »2 Kilo«, also 2000). Ein vor dem Jahreswechsel von 1999 auf 2000 befürchtetes Problem, das Computerprogramme betrifft, die auf zweistelligen Jahreszahlen basieren. Dabei konnte es bei Erreichen des Jahres 2000 zu logischen Fehlern kommen. Angenommen, ein Computersystem prüft die Integrität von Jahresberichten anhand der Reihenfolge der Jahreszahlen. Hier bestand die Fehlerquelle darin, dass auf das Jahr »99« plötzlich das Jahr »00« folgen würde (vom Computer als Beginn der Zeitrechnung interpretiert). Weitere mögliche Fehler konnten bei Indexzahlen oder Lagernummern entstehen, wenn die (zweistelligen) Jahreszahlen vorangestellt sind und dann plötzlich als führende Nullen eingestuft und möglicherweise gelöscht werden. Bei allen nicht überprüften und entsprechend korrigierten Anwendungsprogrammen hätten am 1. Januar 2000, 00:00 Uhr, Ausfälle und Fehlfunktionen auftreten können. Um festzustellen, ob ein Anwendungsprogramm davon betroffen ist, wurde das Systemdatum kurzzeitig auf das Jahr 2000 vorgestellt und das Programm unter diesen Bedingungen entsprechenden Tests unterzogen. Eine Reduzierung der Jahreszahlen auf zwei Stellen war zu Zeiten, als Halbleiterspeicher noch sehr teuer waren, eine Methode zum Sparen von Speicherplatz. Damals wurde davon ausgegangen, dass die Programme nicht über mehrere Jahrzehnte eingesetzt werden und dementsprechend das Jahr 2000 nicht erreichen. Auch wenn neuere Anwendungen in aller Regel mit vierstelligen Jahreszahlen arbeiten, sind noch viele Programme verbreitet, die zweistellige Jahreszahlen verwenden. Tatsächlich traten entgegen größeren Befürchtungen keine folgenschweren Ausfälle ein. Hervorzuheben sind Probleme in japanischen Atomkraftwerken und bei der Berliner Feuerwehr sowie eine Panne in einem amerikanischen Kernforschungszentrum.
Ein zweites im Jahr 2000 auftretendes Problem betraf den 29. Februar 2000. Viele ältere Rechner wurden ohne die Kenntnis programmiert, dass das Jahr 2000 gemäß dem Gregorianischen Kalender einen Schalttag besitzt. Diese Tatsache wurde bei der Programmierung häufig nicht bedacht, weshalb manche Systeme (z.B. bei der Deutschen Telekom)

J umgestellt werden mussten. → *siehe auch* Gregorianischer Kalender.

Jahr-2038-Problem, das; *Subst.* (2038 time problem)
Ein potenzielles Problem für 32-Bit-Rechner, das am 19.01.2038 um 03:14:08 Uhr auftreten wird. Die Zeitrechnung beginnt für UNIX am 01.01.1970 um 00:00 Uhr. Die Sekunden werden dabei als vorzeichenbehaftete, 4 Byte (32 Bit) lange Ganzzahl dargestellt. Damit wird der Zeitbereich von -2^{31} bis $2^{31}-1$ abgedeckt, das entspricht 2.147.483.647 Sekunden – die am Dienstag, den 19. Januar 2038 um 03:14:07 Uhr abgelaufen sind. Mit diesem Datum stellt sich daher ein Zählerüberlauf für UNIX, für die Zeitfunktionen der C-ANSI-Library und der MFC-Klasse CTime ein. Das Problem lässt sich vermeiden, indem solche Anwendungen neu kompiliert und dabei neuere Bibliotheken verwendet werden, die den Zeitwert beispielsweise in einer 8 Byte langen Ganzzahl speichern. → *siehe auch* ANSI C, C. → *vgl.* Jahr-2000-Problem.

JAnet, das; *Subst.* (Janet)
Abkürzung für **J**oint **A**cademic **Net**work. Ein Weitbereichsnetz, das das Hauptbackbone für das Internet in Großbritannien bildet. Webadresse: http://www.ja.net.

Java, die; *Subst.*
Eine objektorientierte Programmiersprache, die von Sun Microsystems entwickelt wurde. Java baut auf einem ähnlichen Prinzip auf wie die Programmiersprache C++. Java ist jedoch kleiner, portabler und leichter anwendbar als C++, weil die Sprache robuster ist und Speicher selbst verwalten kann. Das Konzept von Java ist außerdem sehr sicher und plattformneutral (d.h. Java kann auf jeder Plattform ausgeführt werden), weil Java-Programme in Bytecodes kompiliert werden, die Maschinencodes gleichen und nicht plattformspezifisch sind. Daher ist Java eine nützliche Sprache für das Programmieren von Webanwendungen, weil Benutzer von vielen verschiedenen Computern aus auf das Web zugreifen können. Derzeit wird Java überwiegend für das Programmieren von kleinen Anwendungen oder Applets für das World Wide Web verwendet. Webadressen für weitere Informationen zu Java: http://java.sun.com, http://www.gamelan.com.
→ *siehe auch* Bytecode, Java-Applet, objektorientierte Programmierung.

Java-Applet, das; *Subst.* (Java applet)
Eine Java-Klasse, die von einer bereits ausgeführten Java-Anwendung (z.B. einem Webbrowser oder einem Applet-Viewer) geladen und ausgeführt werden kann. Java-Applets können heruntergeladen und von jedem Webbrowser ausgeführt werden, der Java interpretieren kann (z.B. Internet Explorer, Netscape Navigator und HotJava). Java-Applets werden häufig verwendet, um Multimediaeffekte und Interaktivität zu Webseiten hinzuzufügen (z.B. Hintergrundmusik, Echtzeit-Videodisplays, Animationen, Rechner und interaktive Spiele). Applets können automatisch aktiviert werden, wenn ein Benutzer eine Seite aufruft. Applets können auch aufgerufen werden, indem der Benutzer auf ein Symbol auf einer Webseite klickt. → *siehe auch* Applet, Java.

JavaBean, die; *Subst.*
Zu Deutsch »Kaffeebohne«. Die Architektur für Komponentensoftware im Bereich der Programmiersprache Java. Sie ist in der von Sun Microsystems entwickelten JavaBeans-Spezifikation definiert. Eine JavaBean – auch kurz als »Bean« bezeichnet – stellt eine wieder verwendbare Softwarekomponente dar, ein unabhängiges Codesegment, das mit anderen JavaBean-Komponenten kombiniert werden kann, um ein Java-Applet oder eine Anwendung zu erzeugen. Das JavaBean-Konzept unterstreicht die Plattformunabhängigkeit von Java. Diese ermöglicht es, dass ein Programm ohne Änderungen auf jeder Rechnerplattform eingesetzt werden kann. JavaBeans weisen Gemeinsamkeiten mit den ActiveX-Steuerelementen von Microsoft auf. Allerdings gibt es wesentliche Unterschiede: JavaBeans können nur in der Programmiersprache Java entwickelt werden, ActiveX-Steuerelemente dagegen mit nahezu beliebigen Sprachen. Auch hinsichtlich der verwendbaren Rechnerplattformen unterscheiden sich beide Architekturen: JavaBeans lassen sich auf beliebigen Rechnerplattformen einsetzen, ActiveX-Steuerelemente dagegen nur unter dem Betriebssystem Windows. → *siehe auch* ActiveX, Java.

Java Card
Eine Schnittstelle für die Anwendungsprogrammierung (API) von Sun Microsystems, Inc., über die Java-Applets und -Programme auf Smartcards und anderen Geräten mit einer begrenzten Arbeitsspeicherkapazität ausgeführt werden können. Java Card verwendet eine Java Card Virtual Machine, die für Geräte und Anwendungen konzipiert wurde, deren Speicherkapazität besonders stark eingeschränkt ist. → *siehe auch* Java, Java Card Virtual Machine, Smartcard (Def. 2).

Java Card Virtual Machine
Eine besonders kleine, optimierte Basis für eine Laufzeitumgebung innerhalb der Java 2 Platform Micro Edition. Java

Card Virtual Machine wurde von der Java Virtual Machine (JVM) abgeleitet und ist für Smartcards und andere Geräte mit einer besonders stark eingeschränkten Speicherkapazität vorgesehen. Java Card Virtual Machine kann bei Geräten mit einer Speicherkapazität von 24 KB ROM, 16 KB EEPROM und 512 Byte RAM eingesetzt werden. → *siehe auch* EEPROM, Java, Java Card, Java Virtual Machine.

Java-Chip, der; *Subst.* (Java chip)
Eine Implementierung auf einem einzelnen integrierten Schaltkreis der virtuellen Maschine, die für die Ausführung der Programmiersprache Java angegeben ist. Diese Chips, die von Sun Microsystems entwickelt werden, könnten in sehr kleinen Geräten und als Controller für Haushaltsgeräte verwendet werden. → *siehe auch* integrierter Schaltkreis, Java, virtuelle Maschine.

Java Developer's Kit, der; *Subst.*
Softwarewerkzeuge, die von Sun Microsystems zum Schreiben von Java-Applets oder Anwendungen entwickelt wurden. Das Kit, das kostenlos erhältlich ist, enthält einen Java-Compiler, Interpreter, Debugger, einen Viewer für Applets und eine Dokumentation. → *siehe auch* Applet, Java, Java-Applet.

Java Foundation Classes, die; *Subst.*
Zu Deutsch »Basisklassen für das Internet«; Abkürzung: JFC. Ein Satz von Java-Klassenbibliotheken, die von der Firma Sun Microsystems entwickelt wurden. JFC umfasst einige Grundbestandteile der von der Firma Netscape entwickelten Internet Foundation Classes (IFC) und erweitert das Java Abstract Windowing Toolkit (AWT), indem grafische Komponenten für die Benutzeroberfläche zur Verfügung gestellt werden. Diese können bei der Entwicklung kommerzieller und internetbasierter Java-Anwendungen eingesetzt werden. → *siehe auch* Application Foundation Classes, Internet Foundation Classes, Java, JavaBean, Microsoft Foundation Classes.

Java-konformer Browser, der; *Subst.* (Java-compliant browser)
Ein Webbrowser, der die integrierte Programmiersprache *Java* unterstützt. Die meisten Webbrowser sind Java-kompatibel. → *siehe auch* Java, Webbrowser.

Java Management Application Programming Interface, das; *Subst.*
Spezifikationen der Schnittstelle für die Anwendungsprogrammierung (API), die von Sun Microsystems vorgeschla-

gen wurde, um die Programmiersprache Java für das Netzwerkmanagement einzusetzen. → *siehe auch* Anwendungsprogrammierschnittstelle, Java.

JavaOS, das; *Subst.*
Ein von IBM und Sun Microsystems entwickeltes Betriebssystem als Erweiterung von Java. JavaOS wird über ein Java-Applet verteilt und setzt für die Ausführung auf dem Hostcomputer kein fest installiertes Betriebssystem voraus. Die Weiterentwicklung von JavaOS wurde 1999 eingestellt. → *siehe auch* Applet, Java.

JavaScript, das; *Subst.*
Eine Skriptsprache, die von den Firmen Netscape Communications und Sun Microsystems entwickelt wurde und mit Java in Beziehung steht. JavaScript ist jedoch keine echte objektorientierte Sprache und hat zudem eine eingeschränkte Leistungsfähigkeit im Vergleich zu Java, weil sie nicht kompiliert wird. Onlinegrundanwendungen und Funktionen können Webseiten mit JavaScript zwar hinzugefügt werden, Anzahl und Komplexität der verfügbaren Funktionen für die Schnittstelle der Anwendungsprogrammierung (API) sind jedoch nicht so hoch wie bei Java. Es ist allgemein anerkannt, dass JavaScript-Code, der in eine Webseite mit dem HTML-Code einbezogen wird, leichter zu schreiben ist als Java-Code. Dieser Code ist für Neueinsteiger leichter erlernbar. Es ist ein JavaScript-kompatibler Webbrowser (z.B. Netscape Navigator) erforderlich, um JavaScript-Code auszuführen. → *siehe auch* API, HTML, Skriptsprache. → *vgl.* Java.

Java Server Pages *Subst.* (java server pages)
→ *siehe* JSP.

Java Speech Grammar Format
Ein plattformunabhängiges Grammatikbeschreibungsformat für Spracherkennungssysteme. Java Speech Grammar Format wird hauptsächlich bei Voice XML eingesetzt und kann mit den meisten Spracherkennungssystemen und den zugehörigen Anwendungen verwendet werden. Abkürzung: JSGF. → *siehe* VoiceXML. → *siehe auch* VoiceXML.

Java-Terminal, das; *Subst.* (Java terminal)
Ein PC mit einer verringerten Anzahl von Komponenten, der in erster Linie als Zugriffsterminal für das Web gebaut wird, einschließlich der Java-Applets, die heruntergeladen werden können. In der Regel haben diese Maschinen keine lokal adressierbaren Festplatten oder installierbaren Programme, stellen

J

jedoch erforderliche Materialien, einschließlich Java-Applets, für den Benutzer des Netzwerks zur Verfügung. Zentral erhältliche Software ist in der Regel kostengünstiger zu verwalten, es muss jedoch eine Verzögerung durch das Herunterladen der Software in Kauf genommen werden. Java-Terminals, die derzeit von der Sun Microsystems entwickelt werden, liegt ein ähnliches Konzept wie NetPCs zugrunde. → *siehe auch* Java, Java-Applet, Netzwerkcomputer. → *vgl.* NetPC.

Java Virtual Machine, die; *Subst.*

Abkürzung: JVM. Die Umgebung, in der Java-Programme laufen. Die Java Virtual Machine stellt Java-Programmen einen softwarebasierten »Computer« zur Verfügung, mit dem diese interagieren können. (Alle Programme, sogar diejenigen, die scheinbar wenig herausfordernd sind, z.B. Programme, die für Kinder oder für die Unterhaltung konzipiert sind, benötigen eine Umgebung, mit deren Hilfe sie Arbeitsspeicher anfordern, Texte anzeigen, Eingaben zusammentragen usw.) Da die JVM keinen wirklichen Computer darstellt, sondern nur als Software existiert, kann ein Java-Programm auf jeder physikalischen Rechnerplattform, z.B. UNIX, Windows 9x, Windows Me, Windows NT, Windows 2000 oder Macintosh, eingesetzt werden, für die ein Java-Interpreter verfügbar ist. Der Java-Interpreter ist meist im Webbrowser eingebaut und dient dazu, die Java-Programmbefehle auszuführen und die JVM (gewissermaßen die »Hardware«, auf der die Java-Programme laufen) bereitzustellen. → *siehe auch* Java, plattformunabhängige Sprache.

JCL

Abkürzung für **J**ob **C**ontrol **L**anguage. Eine Befehlssprache, die bei IBM OS/360-Großrechnersystemen eingesetzt wird. JCL wird verwendet, um Anwendungen zu starten, und gibt Informationen zur Laufzeit, zur Programmgröße und zu den Programmdateien an, die für jede Anwendung verwendet werden. → *siehe auch* Befehlssprache.

JDBC

Abkürzung für **J**ava **D**atabase **C**onnectivity; eine Java-Anwendungsschnittstelle die es Java-Programmen ermöglicht, SQL-Anweisungen auszuführen und somit mit allen SQL-kompatiblen Datenbanken zu kommunizieren. Das JDBC-Funktionsprinzip lehnt sich an ODBC an, ist im Gegensatz dazu aber speziell auf Java-Programme zugeschnitten. → *siehe auch* ODBC.

JDK

→ *siehe* Java Developer's Kit.

JetSend-Protokoll, das; *Subst.* (JetSend Protocol)

Ein von Hewlett-Packard entwickeltes, plattformunabhängiges Kommunikationsprotokoll, das eine direkte Kommunikation zwischen Geräten ermöglicht. Über JetSend können entsprechend ausgerüstete Geräte Informationen und Daten austauschen, ohne dass Gerätetreiber, Server oder Benutzereingriffe erforderlich werden. JetSend wird allerdings seit 2001 nicht mehr weiterentwickelt.

Jewelbox, die; *Subst.* (jewel box)

Ein (durchsichtiges) Plastikbehältnis, das als Schutzhülle für CDs dient. → *siehe auch* CD. (Abbildung J.1)

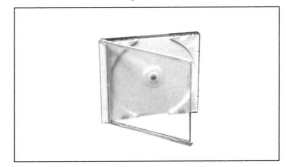

Abbildung J.1: Jewelbox

JFC

→ *siehe* Java Foundation Classes.

.jfif

Eine Dateinamenerweiterung, die Grafikdateien im JPEG-Format kennzeichnet. → *siehe auch* JPEG.

JFIF

Abkürzung für »**J**PEG **F**ile **I**nterchange **F**ormat«, zu Deutsch »JPEG-Dateiaustauschformat«. Ein Hilfsmittel, um Photografien und Grafiken gemäß der bei JPEG verwendeten Komprimierungstechnologie zu speichern. JFIF stellt ein Dateiformat dar, das auf einer »allgemeinen Sprache« basiert und speziell dafür geschaffen wurde, um JPEG-Grafiken auf unkomplizierte Weise zwischen verschiedenen Computern und Anwendungen übertragen zu können. → *siehe auch* JPEG, TIFF-JPEG.

Jini, die; *Subst.*

Eine von Sun Microsystems entwickelte Java-Technologie, bei der mit Hilfe kleiner Java-Codemodule alle mit einem Netzwerk verbundenen Geräte ihre Dienste für andere, an das gleiche Netzwerk angeschlossene Geräte bereitstellen können. In einem Jini-Netz sollen sich die Geräte mit ihren Eigenschaften beim »Lookup Service«, einer Art Zentralregister, anmelden. Statt der starren Einbindung eines Gerätetreibers wird ein kleines Java-Programm dynamisch geladen. Dabei ist es Jini völlig gleichgültig, unter welchem Betriebssystem ein Computer oder andere Geräte in diesem Netz laufen, da die Programmiersprache Java ja plattformunabhängig ist. Mehr zu Jini erfahren Sie unter der Webadresse http://wwws.sun.com/software/jini. → *siehe auch* Java.

JIT

→ *siehe* just-in-time.

Jitter, der; *Subst.* (jitter)

Auf Fernseh- und Computermonitoren kleine Vibrationen oder Schwankungen im angezeigten Bild, die durch Unregelmäßigkeiten im Darstellungssignal entstehen. Jitter sieht man oft in horizontalen Linien, die die gleiche Stärke wie Bildzeilen haben.

Bei der Faxübertragung charakterisiert »Jitter« die »raue« Erscheinung, die während des Scanprozesses durch falsch aufgezeichnete Punkte – die demzufolge falsch auf der Ausgabe positioniert werden – hervorgerufen wird.

Im Bereich der digitalen Kommunikation bezeichnet »Jitter« die Verzerrung, die durch mangelhafte Signalsynchronisierung hervorgerufen wird.

JMAPI

→ *siehe* Java Management Application Programming Interface.

Job, der; *Subst.* (job)

Eine festgelegte Menge von Verarbeitungsschritten, die ein Computer als Einheit ausführt. Der Begriff geht auf die Einführung von Großcomputern zurück, als die Daten in Batches – oftmals auf Lochkarten – zur Verarbeitung durch unterschiedliche Programme bereitgestellt wurden. Die Aufgaben wurden deshalb in separaten Aufträgen – oder Jobs – geplant und durchgeführt.

Job Control Language, die; *Subst.*

→ *siehe* JCL.

Jobschleife, die; *Subst.* (job queue)

Eine Liste mit Programmen oder Tasks, die auf die Ausführung durch einen Computer warten. Die Jobs in der Schleife werden häufig nach dem Prioritätsprinzip ausgeführt. → *siehe auch* Warteschlange.

Jobverarbeitung, die; *Subst.* (job processing)

Die sequentielle Abarbeitung einer Folge von Jobs. Jeder einzelne Job besteht aus Tasks, die zu einer in sich abgeschlossenen Verarbeitungseinheit zusammengefasst sind. → *siehe auch* Batchverarbeitung, Job.

Joint Photographic Experts Group, die; *Subst.*

→ *siehe* JPEG.

Jokerzeichen, das; *Subst.* (wildcard character)

Ein Tastaturzeichen, das sich stellvertretend für ein oder mehrere Zeichen einsetzen lässt. So steht z.B. das Sternchen (*) meist für eine beliebige Anzahl von Zeichen und das Fragezeichen für ein beliebiges einzelnes Zeichen. In Betriebssystemen stellen die Jokerzeichen oft ein Hilfsmittel dar, um mehrere Dateien auf einmal anzugeben. → *vgl.* grep.

Joliet, das; *Subst.*

Eine Erweiterung des ISO 9660 (1988)-Standards, der entwickelt wurde, um lange Dateinamen oder Dateinamen außerhalb der 8.3-Namenskonvention einzubeziehen. Dieses Format wird in einigen neuen CD-ROMs für Betriebssysteme (z.B. Windows 9x/Me/2000) eingesetzt, die lange Dateinamen unterstützen. → *siehe auch* 8.3, ISO 9660, lange Dateinamen.

Josephson-Element, das; *Subst.* (Josephson junction)

Ein kryoelektrisches Gerät, das extrem kurze Schaltzeiten erreicht. Der Josephson-Effekt tritt auf, wenn man zwei supraleitende Materialien, durch einen Isolator getrennt, eng zusammenbringt. Der elektrische Strom kann durch die Isolationslücke springen oder tunneln. → *siehe auch* Supraleiter.

Journal, das; *Subst.* (journal)

Zu Deutsch »Tagebuch«. Ein computerbasiertes Protokoll bzw. eine Aufzeichnung von Transaktionen, die in einem Computer oder über ein Netzwerk stattfinden. Mit einem Journal kann man z.B. den Nachrichtenverkehr in einem Kommunikationsnetzwerk aufzeichnen, um die Systemaktivitäten zu verfolgen, die den Inhalt einer Datenbank verändern. Ebenso lässt sich eine Liste anlegen, in der alle archivierten oder vom System gelöschten Daten erfasst werden. Das Führen eines Journals ermöglicht es auch, Ereignisse zu rekonstruieren oder Datenbestände im Fall einer Beschädigung oder eines Verlustes wiederherzustellen. → *siehe auch* überwachen und aufzeichnen.

J

Journaled File System, das; *Subst.*
Ein Dateienverwaltungssystem, das Datensicherheit der Festplatte bei unvorhergesehenen Systemabstürzen oder anderen Fehlfunktionen gewährleistet. Das Journaled File System (JFS, zu deutsch: protokolliertes Dateienverwaltungssystem) enthält ein Befehlsschlüsselprotokoll (Englisch: »log«) über die Zugriffe auf die Hauptdatenbereiche der Magnetscheibe. Im Falle eines Absturzes können verlorengegangene Daten durch dessen Auswertung wiederhergestellt werden, weil Codierungen der Metadaten und Speicherorte chronologisch in einem seriellen Befehlsschlüsselprotokoll (Englisch: »serial log«) dokumentiert worden sind. Das JFS kann sowohl die ursprüngliche Datenkonfiguration regenerieren, als auch unabgespeicherte Daten wiederherstellen und logisch dem Normalbetrieb entsprechend einbauen. → *siehe auch* Dateisystem.

Joystick, der; *Subst.* (joystick)
Ein Zeigegerät, das zwar vor allem für Computerspiele verwendet wird, jedoch auch für andere Aufgaben geeignet ist. Ein Joystick besteht aus einem Grundgehäuse und einem senkrechten Hebel, den der Benutzer in alle Richtungen bewegen kann, um ein Objekt auf dem Bildschirm zu steuern. Im Grundgehäuse und auf dem Hebel können Steuerknöpfe angeordnet sein. Die Knöpfe aktivieren verschiedene Softwaremerkmale – im Allgemeinen produzieren sie Ereignisse auf dem Bildschirm. Bei einem Joystick handelt es sich in der Regel um ein relatives Zeigegerät, das ein Objekt auf dem Bildschirm verschiebt, wenn man den Hebel bewegt, und die Bewegung des Objekts stoppt, sobald der Hebel losgelassen wird. In industriellen Steueranwendungen kann der Joystick auch als absolutes Zeigegerät ausgeführt sein, wobei jede Position des Hebels auf eine spezifische Bildschirmposition abgebildet wird. → *siehe auch* absolutes Zeigegerät, relatives Zeigegerät. (Abbildung J.2)

.jpeg
Eine Dateinamenerweiterung, die Grafikdateien im JPEG-Format kennzeichnet. → *siehe auch* JPEG.

JPEG
Abkürzung für **J**oint **P**hotographic **E**xperts **G**roup. Ein ISO/ITU-Standard für das Speichern von Bildern in einem komprimierten Format über die diskrete Kosinustransformation. JPEG gleicht Komprimierung und Verlust aus. JPEG erreicht ein Komprimierungsverhältnis von 100:1 mit erheblichem Verlust und ein Verhältnis von ungefähr 20:1 mit unerheblichem Verlust. Weitere Informationen zu JPEG können z.B.

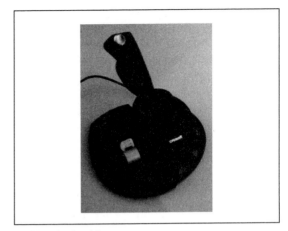

Abbildung J.2: Joystick

unter der Adresse http://www.jpeg.org abgerufen werden. »JPEG« ist gleichzeitig die Kurzbezeichnung für eine Grafik, die als Datei im JPEG-Format gespeichert wurde.

JPEG 2000
Die im Januar 2001 von der ISO-Arbeitsgruppe verabschiedete Weiterentwicklung des etablierten Standards JPEG verspricht eine bessere Bildqualität bei höherer Kompressionsrate. Als Grundlage der als JPG-2 genannten Methode dient das Waveletverfahren. Die deutsche Firma Luratech bietet bereits ein Adobe Photoshop-Plugin an, mit dem sich die Dateigröße einer Grafik drastisch reduzieren lässt. Weitere Informationen zu JPEG 2000 können unter http://www.jpeg.org/JPEG2000.htm abgerufen werden. → *siehe auch* JPEG, Wavelet.

JPEG File Interchange Format, das; *Subst.*
→ *siehe* JFIF.

.jpg
Eine Dateinamenerweiterung, die Grafiken im JPEG-Format kennzeichnet (spezifiziert durch die Joint Photographic Experts Group). Bei Grafiken, die in die Seiten des World Wide Webs eingebettet sind, handelt es sich häufig um .jpg-Dateien. → *siehe auch* JPEG.

JPG-2
→ *siehe* JPEG 2000.

JSP *Subst.*
Abkürzung für **J**ava **S**erver **P**ages. Eine von Sun Microsystems entwickelte Technologie, die bei der Entwicklung von platt-

formunabhängigen, webbasierten Anwendungen verwendet wird. JPS unterstützt Websiteentwickler dabei, plattformübergreifende Programme herzustellen, indem sie eine Mischung aus HTML- und XML-Tags und so genannten Java-Scriptlets verwenden. JSP-Scriptlets werden auf dem Server und nicht durch den Webbrowser ausgeführt und erstellen so dynamischen Webinhalt. Die Integration von Inhalten aus einer Anzahl von Datenquellen, wie z.B. aus Datenbanken, Dateien und JavaBeans-Komponenten, wird so ebenfalls ermöglicht. Websiteentwickler können sich ganz der Erstellung und Darstellung widmen, ohne über spezielle Sachkenntnisse verfügen zu müssen. → *siehe auch* Java, JavaBean. → *vgl.* Active Server Pages.

Jughead, der; *Subst.*
Abkürzung für **J**onzy's **U**niversal **G**opher **H**ierarchy **E**xcavation **A**nd **D**isplay. Ein Gopher-Dienst, der Verzeichnisse im Gopher-Space durch Schlüsselwortsuche ermittelte. → *siehe auch* Gopher, Gopher-Space. → *vgl.* Archie, Veronica.

Jukebox, die; *Subst.* (jukebox)
Software, die eine Liste der Audiodateien in einer vom Benutzer festgelegten Reihenfolge abspielt. Dieses Prinzip erinnert an die Jukebox der sechziger Jahre. → *siehe auch* CD-ROM-Jukebox.

Julianischer Kalender, der; *Subst.* (Julian calendar)
Der im Jahre 46 v. Chr. von Julius Cäsar zur Ablösung des Mondkalenders eingeführte Kalender. Der Julianische Kalender sah für ein Jahr mit 365 Tagen alle vier Jahre ein Schaltjahr oder eine durchschnittliche Jahreslänge von 365,25 Tagen vor. Da das Sonnenjahr tatsächlich etwas kürzer ist, stimmte der Julianische Kalender im Laufe der nachfolgenden Jahrhunderte nicht mehr mit den Jahreszeiten überein. Der Julianische Kalender wurde durch den von Papst Gregor XIII. eingeführten Gregorianischen Kalender abgelöst. → *vgl.* Gregorianischer Kalender, Hidschra-Kalender, Kalender.

Julianisches Kalenderdatum, das; *Subst.* (Julian date)
Ein Datum, das als die Anzahl der Tage angegeben wird, die seit dem 1. Januar 4713 v. Chr. (des Julianischen Kalenders) vergangen sind, z.B. 2.450.000 für den 9. Oktober 1995 (Gregorianisch). Ein Julianisches Kalenderdatum ist besonders dann nützlich, wenn der Zeitraum zwischen Ereignissen ermittelt werden soll, die Jahre auseinander liegen (wie dies in der Astronomie häufig der Fall ist). Der Anfangspunkt ist der Beginn der Julianischen Periode, die 1583 von Joseph

Scaliger als Koinzidenz verschiedener, auf dem Julianischen Kalender basierender Zyklen definiert wurde. → *siehe auch* Gregorianischer Kalender, Julianischer Kalender.
Der Begriff wird außerdem häufig (aber fälschlicherweise) für ein Datum verwendet, das als das Jahr und die Anzahl der Tage ausgedrückt wird, die seit Jahresanfang verstrichen sind – z.B. 91.13 für den 13. Januar 1991.

Jumbo Frames, Plur.; *Subst.* Datenrahmen in Kommunikationsschaltungen, die mehr Daten enthalten als die 1 518 Byte des Ethernet-Standards. Bei Hochgeschwindigkeitsnetzwerken reduzieren Jumbo Frames die Anzahl der übertragenen Pakete und Interrupts. Hierdurch kann die Leistung der Prozessoren, die Daten über das Netzwerk senden und empfangen, erheblich gesteigert werden. → *siehe auch* Datenpaket.

Jumper, der; *Subst.* (jumper)
Ein kleiner Stecker oder eine Drahtbrücke zur Anpassung der Hardwarekonfiguration, indem verschiedene Punkte einer elektronischen Schaltung verbunden werden. → *vgl.* DIP-Schalter. (Abbildung J.3)

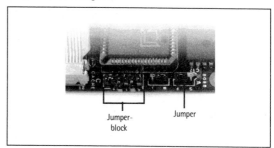

Jumper-block   Jumper

Abbildung J.3: Jumper: Eine Gruppe von Jumpern nennt man Jumperblock

just-in-time *Adj.*
Ein System für die fertigungssynchrone Materialwirtschaft, das auf dem japanischen *Kanban-System* basiert. Bei einem Just-in-time-System erhalten die Mitarbeiter Materialien der Zulieferer »genau rechtzeitig« zu Beginn der Verarbeitung, so dass Lagerhaltungskosten weitgehend minimiert werden können. Die Mitarbeiter der Fertigung signalisieren Materialanforderungen in der Regel über ein computergesteuertes Anforderungssystem.
»just-in-time« charakterisiert außerdem einen Compiler, der Java ohne Unterbrechung des Prozesses kompiliert. → *siehe auch* Java, on the fly.

JVM
→ *siehe* Java Virtual Machine.

K

k Präfix
→ *siehe* Kilo-.

K
Abkürzung für »**K**ilobyte«.

.k12.us
Im Internet ein Kürzel für die übergreifende Domäne, die die Adresse einer Schule in den Vereinigten Staaten angibt (K12 steht für »Kindergarten bis High School«).

k56flex
Ein analoger Modemstandard der Firma Rockwell Semiconductor Systems (heute Conexant Systems, Inc.) und Lucent Technologies für 56-Kbps-Modems mit Downloadgeschwindigkeiten von bis zu 56000 bps (Bit/s) und Uploadgeschwindigkeiten von 33600 bps. Bis vor Kurzem war der Modemmarkt zwischen K56flex und der Konkurrenztechnologie x2 von 3Com Corporation und U.S. Robotics, aufgeteilt. Die beiden Standards waren nicht kompatibel, so dass Benutzern, die mit der Konkurrenztechnologie auf einen ISP zugegriffen haben, eine langsamere Kommunikationsgeschwindigkeit hatten. Im September 1998 wurde ein 56-Kbps-Standard mit der Bezeichnung V.90 von der ITU-T (dem **I**nternational **T**elecommunication **U**nion-**T**elecommunication Standardization Sector) ratifiziert. x2- und K56flex-Modems können über einen Softwareupgrade den Standard V.90 unterstützen.
→ *siehe auch* V.90, x2.

K6
→ *siehe* AMD-K6.

Kabel, das; *Subst.* (cable)
Eine Gruppe von isolierten Einzeldrähten, die in einer Schutzhülle geführt werden. Häufig sind Kabel abgeschirmt, das heißt, die Einzeldrähte sind von einer metallischen Ummantelung umgeben, die mit der elektrischen Masse verbunden ist. Erst über dieser Metallummantelung ist die isolierende Außenschutzhülle angebracht. Kabel dienen vor allem dazu, Peripheriegeräte mit dem Computer zu verbinden. Mäuse, Tastaturen und Drucker werden in aller Regel mit Hilfe von Kabeln angeschlossen. Druckerkabel besitzen entweder Leitungen für eine serielle oder eine parallele Übertragung.
Auch eine Bezeichnung für das Netzwerksystem des Kabelfernsehens (CATV). Ein Kabelmodem beispielsweise ist ein Modem, das digitale Daten über eine Verbindung zu einem Kabelfernsehsystem sendet und empfängt. Da es sich beim Kabelfernsehen um einen Breitbanddienst handelt, kann ein Kabelmodem Daten (z.B. einer Internet-Verbindung) mit sehr hoher Geschwindigkeit übertragen. → *siehe auch* CATV.

Kabeladapter, der; *Subst.* (cable matcher)
Ein Gerät, das die Verwendung von Kabeln erlaubt, die im Vergleich zu den eigentlich zum Anschluss eines Gerätes benötigten Kabeln eine leicht abweichende Anschlussbelegung aufweisen.

Kabeldirektverbindung, die; *Subst.* (direct cable connection)
Eine Verbindung zwischen den I/O-Ports zweier Computer, die nicht durch Modem oder ein anderes Schnittstellengerät, sondern über ein Kabel hergestellt wird. In den meisten Fällen ist für eine Kabeldirektverbindung ein Nullmodemkabel erforderlich.

Kabelfernsehen, das; *Subst.* (cable TV)
→ *siehe* CATV.

Kabel, gekreuztes, das; *Subst.* (crossover cable)
→ *siehe* gekreuztes Kabel.

Kabel, intelligentes, das; *Subst.* (intelligent cable)
→ *siehe* intelligentes Kabel.

Kabelmodem, das; *Subst.* (cable modem, cable modem)
Spezielles Modem, das Daten über TV-Kabelnetze (die auf Koaxialkabeln basieren) übertragen kann und im HF-Bereich

K mit verschiedenen Modulationsverfahren wie etwa QPSK (Quadrature Phase Shift Key) oder QAM (Quadratur Amplitude Modulation) arbeitet. Je nach Ausführung erreichen Kabelmodems eine maximale Übertragungsgeschwindigkeit von vier bis zu 36 MBit/s (knapp 700-fache Geschwindigkeit eines 14.4-Kbit/s-Modems). Im Gegensatz zu einer Einwählleitung wird keine feste Verbindung aufgebaut, daher entstehen keine Verbindungsgebühren. Ein Kabelmodem enthält einen oder mehrere Ethernet-Anschlüsse, über den der PC angeschlossen wird; in der Regel ist im Computer eine installierte Netzwerkkarte erforderlich. → *siehe auch* Koaxialkabel, Modem.

Kabelstecker, der; *Subst.* (cable connector)
Der Stecker an beiden Enden eines Kabels. → *siehe* auch DB-Stecker, DIN-Stecker, RS-232-C-Standard, RS-422/423/449.

kacheln *Vb.* (tile)
Bezeichnet in der Programmierung von Computergrafiken das Auffüllen angrenzender Pixelblöcke auf dem Bildschirm mit einem Design oder Muster, wobei sich keine Blöcke überlappen dürfen.
Der Begriff »kacheln« bezeichnet zudem einen Vorgang, bei dem der ganze Bildschirm oder Bildschirmbereiche mit sich wiederholenden Kopien einer Grafik ausgefüllt werden. (Abbildung K.1)

Abbildung K.1: Kacheln

Käfig, der; *Subst.* (card cage)
Ein umschlossener Bereich, der zur Aufnahme von Steckkarten, Platinen und Laufwerken dient. Die meisten Computer verfügen über einen Bereich, der von einem schützenden Blechmantel umgeben ist und über Montierhalterungen ver-

fügt, mit deren Hilfe die Karten und Laufwerke eingebaut werden. Der Ausdruck geht auf den externen Einschubrahmen (Rack) zurück, der zum Einbau von Platinen und peripheren Einrichtungen konzipiert wurde und an einen Käfig erinnert.

Kalender, der; *Subst.* (calendar program)
Ein Anwendungsprogramm, das typische Kalenderfunktionen bereitstellt und gewöhnlich dazu dient, bestimmte Tage zu kennzeichnen und Termine zu planen. Einige Programme zeigen ein Kalenderlayout an, das an einen herkömmlichen Wandkalender angelehnt ist, wobei die Tage in wochenweise unterteilten und beschrifteten Blöcken dargestellt werden (Wochenkalender). Andere Programme (Tageskalender) zeigen jeden Tag einzeln an und erlauben es dem Benutzer, Termine, Notizen und andere Hinweise einzutragen. Ein Wochenkalender kann beispielsweise verwendet werden, um herauszufinden, auf welchen Wochentag ein bestimmtes Datum fällt, z.B. der Heilige Abend 2002 (es ist ein Dienstag). Abhängig von seinen Fähigkeiten, deckt ein Programm nur das aktuelle Jahrhundert ab oder aber mehrere Jahrhunderte. Einige Programme erlauben den Wechsel vom Julianischen zum Gregorianischen Kalender (vor 1582). Ein zeitplanbasiertes Kalenderprogramm kann als Wochenkalender oder als Tageskalender aufgebaut sein. Zeitplanbasierte Tageskalender orientieren sich dabei an herkömmlichen, gedruckten Terminplanern, stellen jeden Tag mit einer Stunden- bzw. Halbstundenskala dar und bieten Platz für Notizen. Einige Programme erlauben es dem Benutzer, wichtige Termine mit einer akustischen oder optischen Alarmfunktion zu versehen. Andere Programme wiederum sind in der Lage, die Termine mehrerer Benutzer im Netzwerk zu verwalten.

Kaltstart, der; *Subst.* (cold boot, cold start)
Ein Startvorgang, der mit dem Einschalten des Computers beginnt. Typischerweise führt das System bei einem Kaltstart zunächst einige grundlegende Hardwareüberprüfungen aus und lädt anschließend das Betriebssystem von der Festplatte in den Arbeitsspeicher. → *siehe auch* booten. → *vgl.* Warmstart.

Kamikaze-Paket, das; *Subst.* (kamikaze packet)
→ *siehe* Tschernobyl-Paket.

Kanal, der; *Subst.* (channel)
Ein Pfad oder eine Verbindung zur Datenübertragung zwischen zwei Geräten. Bei Mikrocomputern unterscheidet man interne und externe Kanäle. → *siehe auch* Bus.

In der Kommunikation stellt ein Kanal das für die Datenübertragung eingesetzte Medium dar. Abhängig vom Typ des Kanals, erfolgt die Übertragung der Informationen (Daten, Sound und/oder Video) entweder in analoger oder digitaler Form. Ein Kommunikationskanal kann als physikalische Verbindung, z.B. als Kabelverbindung zwischen zwei Stationen in einem Netzwerk, oder als drahtlose, elektromagnetische Verbindung mit einer oder mehreren bestimmten Frequenzen und einer bestimmten Bandbreite (z.B. Radio und Fernsehen) realisiert werden. Möglich sind außerdem optische Übertragungen, Richtfunk im Mikrowellenbereich und Sprechverbindungen. → *siehe auch* analog, Band, Bandbreite, digital, elektromagnetisches Spektrum, Frequenz. → *auch genannt* Leitung.

Kanaladapter, der; *Subst.* (channel adapter)
Ein Gerät, das hardwareseitig die Kommunikation über zwei unterschiedliche Arten von Kommunikationskanälen ermöglicht.

Kanalbündelung, die; *Subst.* (bonding)
Bei ISDN das Zusammenschalten von zwei oder mehreren B-Kanälen. Der Zweck liegt darin, einen Kanal zu erhalten, der eine größere Bandbreite bietet als ein standardmäßiger B-Kanal mit 64 Kilobit pro Sekunde (Kbps). Werden z.B. zwei Kanäle gebündelt, lässt sich eine Bandbreite von 128 Kbps erzielen; die Übertragungsgeschwindigkeit liegt in diesem Fall etwa 4-mal höher als bei Verwendung eines analogen 28,8-Kbps-Modems. Kanalbündelung eignet sich besonders für Videokonferenzen, Bildverarbeitung sowie die Übertragung großer Datenmengen. Der englische Begriff »bonding« leitet sich aus der Abkürzung BOND (Abkürzung für »**B**andwidth **ON D**emand Interoperability Group«) ab. → *siehe auch* B-Kanal, BRI, ISDN.

Kanal, dedizierter, der; *Subst.* (dedicated channel)
→ *siehe* dedizierter Kanal.

Kanal, gesicherter, der; *Subst.* (secure channel)
→ *siehe* gesicherter Kanal.

Kanalkapazität, die; *Subst.* (channel capacity)
Die Geschwindigkeit, mit der ein Kommunikationskanal Informationen übertragen kann. Die Geschwindigkeit wird in Bit pro Sekunde (bps) oder in Baud gemessen.

Kanal, virtueller, der; *Subst.* (virtual channel)
→ *siehe* virtueller Channel.

Kanalzugriff, der; *Subst.* (channel access)
Eine in Netzwerken eingesetzte Methode, um einen Zugriff auf einen Kommunikationskanal herzustellen, der zwei oder mehrere Computer miteinander verbindet. Übliche Methoden hierfür sind Konkurrenz, Pollen sowie die Methode, die in Token Ring-Netzwerken verwendet wird. → *siehe auch* Kanal, Konkurrenz, Pollen, Token Ring-Netzwerk.
In der drahtlosen Technologie versteht man unter »Kanalzugriff« eine Methode wie CDMA (Code Division Multiple Access). → *siehe auch* Code Division Multiple Access.

kanonische Form, die; *Subst.* (canonical form)
In der Mathematik und in der Programmierung die Standardform oder die ursprüngliche Form eines Ausdrucks oder Befehls.

Kante, die; *Subst.* (edge)
Bezeichnet in der Computergrafik die Grenzlinie, an der zwei Polynome zusammentreffen.
In Datenstrukturen versteht man unter »Kante« eine Verknüpfung zwischen zwei Knoten in einem Baum oder Graphen. → *siehe auch* Baum, Graph, Knoten.

Kapazität, die; *Subst.* (capacitance, capacity)
In der EDV die Menge an Daten, die ein Computer oder ein angeschlossenes Gerät verarbeiten oder speichern kann. → *siehe auch* Computer.
In der Elektrotechnik das Fassungsvermögen für elektrische Ladungen. Die Einheit der elektrischen Kapazität ist Farad. Die Kapazität von 1 Farad entspricht der Speicherung einer Ladung von 1 Coulomb bei einer Spannung von 1 Volt. In der Praxis stellt 1 Farad eine vergleichsweise hohe Kapazität dar. Typische Kondensatoren weisen Kapazitäten im Mikrofarad- (10^{-6}), Nanofarad- (10^{-9}) und Picofaradbereich (10^{-12}) auf. → *siehe auch* Kondensator.

Kapitälchen, das; *Subst.* (small caps)
Spezielle Großbuchstaben, deren Buchstaben eine geringere Zeichengröße aufweisen, als die normalen Großbuchstaben der vorliegenden Schriftart. DIESER TEXT IST IN KAPITÄLCHEN GESETZT.

kapseln *Vb.* (encapsulate)
Das Behandeln einer Auflistung strukturierter Informationen als Gesamtheit, ohne die interne Struktur zu beeinflussen bzw. zu beachten. Im Bereich der Kommunikation können Nachrichten oder Pakete, die entsprechend einem Protokoll (z.B. ein TCP/IP-Paket) konstruiert sind, mit den

K zugehörigen Formatierungsdaten als nicht differenzierter Bitstrom übernommen werden. Dieser Bitstrom wird anschließend aufgeteilt und entsprechend einem Protokoll auf niedrigerer Ebene (z.B. als ATM-Pakete) gepackt, um über ein bestimmtes Netzwerk gesendet zu werden, wobei die Pakete der niedrigeren Ebene am Ziel assembliert werden. Die Nachricht wird genau so neu erstellt, wie sie für das gekapselte Protokoll formatiert war. Im Bereich der objektorientierten Programmierung werden die Implementierungsdetails einer Klasse in einer separaten Datei gekapselt, deren Inhalt für den Programmierer nicht von Bedeutung ist, der diese Klasse verwendet. → *siehe auch* objektorientierte Programmierung, TCP/IP.

Kapselung, die; *Subst.* (information hiding)
Bezeichnet in der Programmierung eine Entwurfspraxis, bei der die konkrete Implementation der Datenstrukturen und Algorithmen innerhalb eines Moduls oder Unterprogramms gegenüber den aufrufenden Routinen »versteckt« wird. Man stellt damit sicher, dass diese anderen Routinen in jeder Hinsicht von der tatsächlichen Realisierung unabhängig sind. Durch die Kapselung lassen sich (zumindest theoretisch) Module oder Unterprogramme in einer anderen als der ursprünglichen vorgesehenen Form implementieren, ohne dass dadurch Eingriffe in den aufrufenden Routinen erforderlich sind. → *siehe auch* abbrechen, Modul, Routine, Unterroutine.

Karbonband, das; *Subst.* (carbon ribbon)
Ein Farbband, das bei Anschlagdruckern - insbesondere bei Typenraddruckern - sowie bei Schreibmaschinen eingesetzt wird. Ein Karbonband besteht aus einem dünnen Streifen Mylar, der auf einer Seite mit einem Graphitfilm beschichtet ist. Karbonbänder genügen höchsten Qualitätsansprüchen: Die gedruckten Zeichen weisen eine sehr hohe Schärfe auf und sind frei von Ausfransungen, wie sie im Gegensatz dazu beim Einsatz von Textilfarbbändern auftreten. → *siehe auch* Typenraddrucker. → *auch genannt* Filmstreifen, Mylarband. → *vgl.* Textilfarbband.

Kardinalzahl, die; *Subst.* (cardinal number)
Eine Zahl, die angibt, wie viele Elemente in einer Menge enthalten sind. Beispielsweise könnte eine Liste aus 27 Elementen bestehen; »27« ist in diesem Fall die Kardinalzahl. → *vgl.* Ordinalzahl.

Karte, halbe, die; *Subst.* (half-card)
→ *siehe* kurze Karte.

Karte, kurze, die; *Subst.* (short card)
→ *siehe* kurze Karte.

Kartenbetrüger, der; *Subst.* (carder)
Eine Person, die Betrug mit elektronischen Bankkarten durchführt. Ein Kartenbetrüger (engl. »Carder«) verschafft sich z.B. Kenntnis über die Geheimzahlen, um damit einzukaufen (z.B. mit dem Computer im World Wide Web) oder die gestohlenen Codes an Gleichgesinnte zu verkaufen – auch dies kann über das Internet geschehen. Den Zugang zu den Codes verschaffen sich Kartenbetrüger im Allgemeinen auf recht konventionelle Weise, z.B. durchsuchen sie den normalen Hausmüll, oder sie rufen ihre Opfer an und geben sich als Bankangestellte aus, die nach Informationen fragen. → *siehe auch* Cracker, Hacker.

Kartenleser, der; *Subst.* (card reader)
Ein Eingabegerät, das zum Lesen von magnetisch codierten Informationen dient, die gewöhnlich auf zwei Magnetspuren auf einer Plastikkarte gespeichert sind. Kartenleser dienen meist zu Identifikationszwecken, z.B. zur Identifikation eines Angestellten über seine Firmenkarte. Weitere gebräuchliche Magnetkarten sind Kreditkarten und ec-Karten.
Mit »Kartenleser« wird auch ein mechanisches Gerät bezeichnet, das Daten von Lochkarten einliest. Mit Hilfe dieser Einrichtung wird es ermöglicht, die Informationen offline (also unabhängig vom Betrieb des Computers) einzugeben – die Daten werden dabei in die Lochkarte eingestanzt – und später vom Computer einlesen und verarbeiten zu lassen. Diese zeitversetzte Methode war aufgrund der früher begrenzten Prozessorgeschwindigkeit und anderweitig limitierten Ressourcen notwendig. Das Sammeln von Lochkarten und die spätere stapelweise Zuführung ließ eine bessere Ausnutzung der Prozessorzeit zu als die direkte Eingabe der Daten in den Arbeitsspeicher durch einen Operator. Heute werden kaum noch Lochkarten eingesetzt. → *auch genannt* Lochkartenleser.

Kartenstanzer, der; *Subst.* (card punch)
→ *siehe* Lochstanzer.

kartesische Koordinaten, die; *Subst.* (Cartesian coordinates)
Eine Gruppe von Werten, die die Position von Punkten in einer Ebene (zwei Dimensionen) oder im Raum (drei Dimensionen) beschreiben, wobei die Position in Bezug auf den Abstand zu Achsen angegeben wird, die sich im rechten Winkel im Ursprung schneiden. Diese Form der Koordina-

tenbestimmung wurde nach dem französischen Mathematiker René Descartes benannt, der das System im 17. Jahrhundert einführte. Bei zweidimensionalen Koordinatensystemen werden die Punkte in Bezug auf die Abstände zu zwei Achsen, der x-Achse (gewöhnlich horizontal) und y-Achse (gewöhnlich vertikal), beschrieben. Bei dreidimensionalen Koordinatensystemen wird eine weitere Achse hinzugefügt, die z-Achse. → *siehe auch* x-y-z-Koordinatensystem. → *vgl.* Polarkoordinaten. (Abbildung K.2)

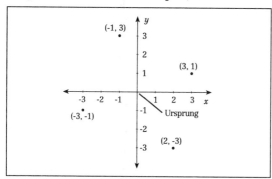

Abbildung K.2: Kartesische Koordinaten

kartesisches Produkt, das; *Subst.* (Cartesian product)
→ *siehe* Produkt.

Kaskade, die; *Subst.* (cascade)
Ein zusätzliches Element, das von einem Menüpunkt oder einem Listenfeld angeboten wird und angewählt werden kann, um weitere Auswahlmöglichkeiten abzurufen.
In Newsgroupbeiträgen bezeichnet »Kaskade« die Ansammlung von Anführungszeichen, häufig in der Form spitzer Klammern (> und <). Die Anführungszeichen sind darauf zurückzuführen, dass die meisten Newsreader bei der Kommentierung eines Beitrags den Originalbeitrag in eingeklammerter Form in den Body des Beitrags setzen. Wird ein bereits kommentierter Beitrag erneut kommentiert, wird wiederum der ursprüngliche Beitrag eingeklammert. Mit der Zeit sammeln sich immer mehr ineinander geschachtelte, eingeklammerte Textteile an. Der Ausdruck »Kaskade« spielt darauf an, dass ein mehrfach kommentierter Beitrag als eine Kette »hintereinander geschalteter« Einzelbeiträge gesehen werden kann (eine Kaskade ist allgemein die Hintereinanderschaltung von Einheiten). → *siehe auch* Beitrag, Newsgroup, Newsreader.

Kashida–Zeichen, das; *Subst.* (kashidas)
Sonderzeichen, die als Verbindung zwischen zwei arabischen Schriftzeichen verwendet werden. Kashida-Zeichen verbes-

sern die Darstellung von Blocktext, indem nicht der Abstand zwischen den Wörtern, sondern die Wörter selbst verlängert werden. Sie werden z.B. auch durch den CSS-Mechanismus für die Darstellung arabischer Webseiten unterstützt. → *siehe auch* CSS.

kaskadierende Sterntopologie, die; *Subst.* (cascaded star topology)
Ein Netzwerk in Sterntopologie, in dem die einzelnen Knoten mit Hubs und die Hubs wiederum mit anderen Hubs in einem hierarchischen (kaskadierenden) Verhältnis verbunden sind. Diese Topologie ist charakteristisch für Ethernet-Netzwerke nach 100BaseVG. → *siehe auch* 100BaseVG, Sternnetzwerk.

kaskadierte Verbindung, die; *Subst.* (cascade connection)
→ *siehe* Pipe.

Kassette, die; *Subst.* (cassette)
Die Einheit aus dem Plastikgehäuse und dem darin befindlichen Magnetband. Kassetten werden zur Sicherung großer Mengen an Daten eingesetzt.

Kassettenband, das; *Subst.* (cassette tape)
Das in einer Kassette befindliche Magnetband.

Katalog, der; *Subst.* (catalog)
Allgemein eine Liste, in der Informationen zu Dateien wie Name, Größe, Typ und Speicherort sowie Angaben zum Speicherplatz enthalten sind.
In einer Datenbank stellt ein Katalog das Datenbankverzeichnis dar. → *siehe auch* Datenbankverzeichnis.

Kathode, die; *Subst.* (cathode)
Im Bereich der Elektronik die negativ geladene Anschlussklemme oder Elektrode, aus der die Elektronen austreten.
In einer Vakuumröhre ist die Kathode die Elektrode, die die Elektronen aussendet.
Auch der negative Pol einer Batterie oder eines Akkus wird als »Kathode« bezeichnet. → *vgl.* Anode.

Kathodenstrahl-Oszilloskop, das; *Subst.* (cathode-ray oscilloscope)
→ *siehe* Oszilloskop.

Kathodenstrahlröhre, die; *Subst.* (cathode-ray tube)
→ *siehe* CRT.

K

Katmai
Codename für den Pentium III-Prozessor von Intel, der eine Weiterentwicklung des Pentium II darstellt. Der Name »Katmai« stammt von einem Vulkangebiet in Alaska. → *siehe auch* MMX, Pentium II, Pentium III, Prozessor.

kaufmännische Software, die; *Subst.* (business software)
Eine Computeranwendung, die vorrangig für den geschäftlichen Einsatz vorgesehen ist, im Gegensatz zur wissenschaftlichen Nutzung oder Verwendung im Unterhaltungssektor. Zusätzlich zu den bekannten Bereichen wie Textverarbeitung, Tabellenkalkulation, Datenbanken und Datenkommunikation schließen kaufmännische Programme, die für Mikrocomputer angeboten werden, Anwendungen wie Buchhaltung, Lohnabrechnung, Finanzplanung, Projektmanagement, Entscheidungs- und Unterstützungssysteme, Personalbestandsverwaltung und Büroorganisation ein.

Kaugummitastatur, die; *Subst.* (chiclet keyboard)
Umgangssprachlicher Ausdruck für einen Tastaturtyp, wie er mit der ersten Version des Heimcomputers IBM-PC Junior (PCjr) ausgeliefert wurde. Der Name kommt von den kleinen, rechteckigen Tasten, die an eine bestimmte Form eines Kaugummis erinnern. Die Tasten wirken wie Drucktasten, ihnen fehlt der mechanische Widerstand, und beim Druck erhält man – im Gegensatz zu herkömmlichen Tastaturen – keine eindeutige Bestätigung, ob der Tastendruck registriert wurde. Außerdem sind die Tasten im Vergleich zu konventionellen Tastaturen kleiner und meist breiter als tief, so dass das Schreiben sehr umständlich ist.

Kb
→ *siehe* Kilobit.

KB
→ *siehe* Kilobyte.

Kbit, das; *Subst.*
→ *siehe* Kilobit.

Kbps
→ *siehe* Kilobits pro Sekunde.

Kbyte, das; *Subst.*
→ *siehe* Kilobyte.

kc
→ *siehe* Kilozyklen.

KDE *Subst.*
Abkürzung für »**K D**esktop **E**nvironment«. Eine verbreitete Open-Source-Desktopumgebung, die ursprünglich für UNIX-Workstations konzipiert wurde und heute auf dem Betriebssystem Linux beheimatet ist. KDE stellt eine grafische Benutzeroberfläche und einfache Anwendungen bereit, die denen der Betriebssysteme Microsoft Windows oder Macintosh entsprechen. Aufgrund seiner auf den üblichen Standards basierenden Umgebung und dem vertrauten Desktoperscheinungsbild soll KDE dem Benutzer die Verwendung von Linux erleichtern. KDE und GNOME sind die führenden Kandidaten für die Bereitstellung eines Linux-Desktopstandards. → *siehe auch* GNOME, GUI.

Kennwort, das; *Subst.* (password)
Eine Sicherheitsmaßnahme, die den Zugriff auf Computersysteme und empfindliche Dateien einschränkt. Ein Kennwort ist eine eindeutige Zeichenfolge, die vom Benutzer als Identifikationscode eingegeben wird. Das System vergleicht den Code mit einer gespeicherten Liste von Kennwörtern und berechtigten Benutzern. Hat sich der Benutzer mit dem korrekten Code ausgewiesen, ermöglicht ihm das System den Zugriff auf einer vorher festgelegten Sicherheitsebene.

Kennwortschutz, der; *Subst.* (password protection)
Die Verwendung eines Kennwortes, um nur berechtigten Benutzern Zugriff auf ein Computersystem oder dessen Dateien zu erlauben.

Kerberos, das; *Subst.*
Ein Network Authentication Protocol, das vom MIT entwickelt wurde. Kerberos bestätigt die Identität der Benutzer, die sich bei einem Netzwerk anmelden, und verschlüsselt die Kommunikation mittels Secret-Key-Kryptografie. Kerberos ist vom MIT (http://web.mit.edu/kerberos/www/) kostenfrei erhältlich. Dieses Protokoll ist jedoch bereits in vielen Produkten integriert. → *siehe auch* Authentifizierung, Kryptografie.

Kermit, das; *Subst.*
Ein Dateiübertragungsprotokoll, das bei der asynchronen Kommunikation zwischen Computern verwendet wird. Kermit ist ein weit verbreitetes Protokoll und gehört zur Standardausstattung vieler Softwarepakete für die Kommunikation über Telefonleitungen. → *vgl.* Xmodem, Ymodem, Zmodem.

Kernel, der; *Subst.* (kernel)
Der Kern eines Betriebssystems, der Behandlungsfunktionen für Speicher, Dateien und periphere Geräte realisiert, Zeit

K

und Datum verwaltet, Anwendungen startet und die Koordination (Belegung) der Systemressourcen übernimmt.

Kernprogramm, das; *Subst.* (core program)
Ein Programm oder Programmsegment, das sich resident im RAM befindet. → *siehe auch* RAM.

Kernspeicher, der; *Subst.* (core)
Ein Speichertyp, der in der Pionierzeit der EDV eingesetzt wurde, bevor RAM-Chips verfügbar bzw. erschwinglich wurden. Der Ausdruck »Kernspeicher« wird von vielen weiterhin synonym für »Arbeitsspeicher« verwendet, wenngleich heutige Arbeitsspeicher nicht mehr auf dem Kernspeicherprinzip basieren. Auch in einigen zusammengesetzten Ausdrücken hat sich der Begriff »Kern« (engl. »core«) erhalten, z.B. in »core dump« (zu Deutsch »Speicherauszug«) – ein Listing, das einen ungefilterten Auszug aus dem Arbeitsspeicher im Augenblick eines Systemabsturzes repräsentiert. → *vgl.* RAM.

Kette, die; *Subst.* (catena)
Eine Folge von Einträgen in einer Liste, bei der jeder Eintrag genau einen nachfolgenden Eintrag aufweist. → *siehe auch* verkettete Liste.

Kettendrucker, der; *Subst.* (chain printer)
→ *siehe* Zeilendrucker.

Key-Escrow, das; *Subst.* (key escrow)
Eine Verschlüsselungsmethode nach US-amerikanischem Recht, bei der Dritten ein Schlüssel von Regierungsbehörden für die Entschlüsselung von Regierungsdaten ausgehändigt wird. → *siehe auch* Verschlüsselung. → *vgl.* Key-Recovery.

Keyframe *Adj.* (key-frame)
Beschreibt Animationen, bei denen die Anfangs- und Endpositionen der Objekte festgelegt sind. Alle Frames werden durch einen Computer interpoliert, um einen glatten Übergang bei der Animation zu automatisieren. Dieses Verfahren wird in der Regel zum Erstellen von Raytracing-Computeranimationen verwendet. → *siehe auch* Raytracing.

Key-Recovery, die; *Subst.* (key recovery)
Eine Private-Key-Verschlüsselungsmethode, nach der Dritte (z.B. eine Behörde) mit spezieller Software auf verschlüsselte Daten zugreifen können. Entsprechend dem aktuellen US-amerikanischen Recht muss seit 1988 in Verschlüsselungssoftware, die von den USA exportiert wird, Key-Recovery integriert sein. Diese Bedingung ersetzt die zuvor vorge-

schlagene Bedingung, dass für den Export vorgesehene Verschlüsselungssoftware Key-Escrow enthalten muss. → *siehe auch* privater Schlüssel, Verschlüsselung. → *vgl.* Key-Escrow.

Key-Sort, das; *Subst.* (key sort)
→ *siehe* Tag-Sort.

Keyword Stuffing, das; *Subst.* (keyword stuffing)
→ *siehe* Spamdexing.

Khornerstone, der; *Subst.*
Die Benchmark zur Leistungsmessung von Gleitkommaoperationen, die für den Test von UNIX-Arbeitsstationen verwendet wird. → *siehe auch* benchmarken, Dhrystone, Gleitkommaoperation, Whetstone.

kHz, das; *Subst.*
→ *siehe* Kilohertz.

KI (AI)
→ *siehe* künstliche Intelligenz.

killen *Vb.* (kill)
Einen Vorgang in einem Programm oder Betriebssystem anhalten oder abbrechen.
In der Dateiverwaltung bedeutet »killen«, dass eine Datei gelöscht wird, die nicht mehr wiederhergestellt werden kann.

Killeranwendung, die; *Subst.* (killer app)
Ein Anwendungsprogramm von so großer Popularität und weit verbreiteter Standardisierung, dass es den Verkauf der dafür vorgesehenen Hardwareplattformen und/oder Betriebssysteme »anheizt«. → *siehe auch* Anwendung.
Der Ausdruck bezeichnet ferner eine Anwendung, die ein Konkurrenzprodukt ersetzt. → *siehe auch* Anwendung.

Killfile, die; *Subst.* (kill file)
→ *siehe* Bozofilter.

Kilo- *Präfix* (kilo-)
In der Computertechnik ein Maßeinheitenvorsatz mit der Bedeutung 2^{10} (1.024).
Ein Maßeinheitenvorsatz mit der Bedeutung 10^3 (1.000).

Kilobaud, das; *Subst.* (kilobaud)
Eine Einheit zur Messung der Kapazität eines Kommunikationskanals, die 2^{10} (1.024) Baud entspricht. → *siehe auch* Baud.

K

Kilobit, das; *Subst.* (kilobit)
Abgekürzt Kb oder Kbit. Genau 1.024 Bit.

Kilobit pro Sekunde, das; *Subst.* (kilobits per second)
Abgekürzt Kbps. Die Datentransfergeschwindigkeit, z.B. in einem Netzwerk, gemessen als Vielfaches von 1.024 Bit pro Sekunde.

Kilobyte, das; *Subst.* (kilobyte)
Abgekürzt K, KB oder KByte. Genau 1.024 Byte. → *siehe auch* Kilo-.

Kilohertz, das; *Subst.* (kilohertz)
Kurzzeichen kHz. Maßeinheit für die Frequenz. Ein Kilohertz entspricht 1.000 Hertz oder 1.000 Schwingungen pro Sekunde. → *siehe auch* Hertz.

Kilozyklen, der; *Subst.* (kilocycle)
Abgekürzt kc. Eine Maßeinheit, die 1.000 Zyklen darstellt. In der Regel bezeichnet diese Einheit 1.000 Zyklen pro Sekunde. → *siehe auch* Kilohertz.

Kinesistastatur, die; *Subst.* (Kinesis ergonomic keyboard)
Eine Tastatur, die durch eine ergonomische Gestaltung ungesunde Bewegungsabläufe vermeiden soll. → *siehe auch* ergonomische Tastatur, Ermüdungsverletzungen.

Kiosk, der; *Subst.* (kiosk)
Ein öffentlicher Computer oder ein öffentliches Terminal, über den bzw. das Informationen über eine Multimediaanzeige abgefragt werden können.

Kippschalter, der; *Subst.* (paddle switch, toggle)
Eine elektromechanische Vorrichtung mit zwei Zuständen oder eine Programmauswahl, die mit der gleichen Aktion (z.B. einem Mausklick) ein- und ausgeschaltet werden kann. Gelegentlich ist mit dem Ausdruck ein elektromechanischer Schalter mit breiter Bedienfläche gemeint. Ein typisches Beispiel eines derartigen Kippschalters ist der große Ein-/Ausschalter auf vielen IBM-PCs. (Abbildung K.3)

Abbildung K.3: Kippschalter

Kissenverzerrung *Subst.* (pincushion distortion)
→ *siehe* Bildschirmverzerrung.

Klammeraffe, der; *Subst.* (at sign)
→ *siehe* @.

Klartext, der; *Subst.* (plaintext)
Unverschlüsselter oder entzifferbarer Text. → *siehe* auch Entschlüsselung, Verschlüsselung.

Klasse, die; *Subst.* (class)
In der objektorientierten Programmierung eine verallgemeinernde Kategorie, die eine Gruppe spezifischer Elemente – die sog. Objekte – beschreibt, welche innerhalb der jeweiligen Kategorie existieren können. Mit Hilfe von Klassen werden in einem Programm eine Menge von Attributen oder eine Menge von Diensten (Aktionen, die anderen Teilen des Programms zur Verfügung stehen) definiert, die für jedes Mitglied (Objekt) einer bestimmten Klasse charakteristisch sind. Programmklassen sind vom Konzept her vergleichbar mit Kategorien, die häufig dazu verwendet werden, Informationen einzuordnen – z.B. die Einteilung der Welt in Tiere, Pflanzen und Mineralien. Derartige Kategorien definieren in Analogie zu den in der Programmierung verwendeten Klassen sowohl die enthaltenen Objekttypen als auch deren Verhaltensweisen. Klassendefinitionen in der objektorientierten Programmierung sind vergleichbar mit Typdefinitionen in Programmiersprachen wie C und Pascal. → *siehe auch* objektorientierte Programmierung.

Klasse, abgeleitete, die; *Subst.* (derived class)
→ *siehe* abgeleitete Klasse.

Klasse, abstrakte, die; *Subst.* (abstract class)
→ *siehe* abstrakte Klasse.

Kleinbuchstaben *Subst.* (lowercase)
Bezeichnet die Kleinbuchstaben einer Schrift, z.B. *a, b, c*. → *vgl.* groß geschrieben.

kleiner als *Adj.* (less than)
→ *siehe* relationaler Operator.

kleiner gleich als *Adj.* (less than or equal to)
→ *siehe* relationaler Operator.

Klemme, die; *Subst.* (terminal)
In der Elektronik ein Punkt, der mit einem anderen Element,

z.B. einem Draht, verbunden werden kann, um eine elektrische Verbindung herzustellen.

Klemmenleiste, die; *Subst.* (terminal strip)
Eine Baugruppe mit elektrischen Verbindungspunkten, die meist auf einer länglichen, schmalen Grundplatte angeordnet sind. Zur Kontaktierung werden dabei häufig Rändelschrauben eingesetzt. Die abisolierten Enden der Anschlusskabel werden dann um die Schraubengewinde herumgeführt und die Schrauben festgezogen. Klemmenstreifen dieser Art finden sich z.B. auf der Rückwand von Geräten der Unterhaltungselektronik für den Anschluss der Lautsprecher. (Abbildung K.4)

Abbildung K.4: Klemmenleiste

klicken *Vb.* (click)
Das Drücken und Wiederloslassen einer Maustaste, ohne die Maus zu bewegen. Durch das Klicken lassen sich z.B. Einträge in einem Menü auswählen, eine Auswahl zurücknehmen sowie Programme und Programmfunktionen aufrufen. → *siehe auch* Rechtsklick. → *vgl.* doppelklicken, ziehen.

Klickgeschwindigkeit, die; *Subst.* **(click speed)**
Das größtmögliche Intervall zwischen dem ersten und zweiten Drücken einer Taste auf einer Maus oder einem anderen Zeigegerät, bei dem der Computer die beiden Aktionen noch als Doppelklick einstuft. Liegt dagegen zwischen den beiden Klicks ein größerer zeitlicher Abstand als dieses Intervall, werden die beiden Aktionen als zwei separate, einfache Klicks angesehen. → *siehe auch* doppelklicken, Maus, Zeigegerät.

Klinkenstecker, der; *Subst.* (phono connector)
Ein Bauelement für den Anschluss von Geräten, z.B. ein Mikrophon oder Kopfhörer, an eine Audioeinrichtung oder an Computeranlagen, die über Peripheriegeräte oder Adapter mit Audiofähigkeiten verfügen. (Abbildung K.5)

Klon, der; *Subst.* (clone)
Eine Kopie. In der Computerterminologie ein funktionell identischer Computer, der mit dem gleichen Mikroprozessor ausgestattet ist und die gleichen Programme ausführen kann wie ein teurerer und prestigeträchtigerer Computer.

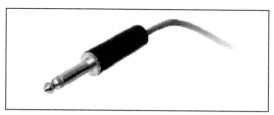

Abbildung K.5: Klinkenstecker

Klonen *Vb.* (clone)
Das Kopieren oder Replizieren des gesamten Festplatteninhalts inklusive Betriebssystem, Konfigurationseinstellungen und Programmen durch die Erstellung eines Abbildes der Festplatte. Festplatten werden oft als Sicherungskopien oder als Batchinstallationen auf andere Rechner geklont, insbesondere die, die an ein Netzwerk gebunden sind.

Knackprogramm, das; *Subst.* (copy program)
Ein Hilfsprogramm, das den Kopierschutz eines Programms entfernt oder umgeht, so dass das Programm ohne Einschränkungen kopiert werden kann. Der Einsatz eines derartigen Programms kann illegal sein. → *siehe auch* Kopierschutz.

Knockout, das; *Subst.* (knockout)
Beim Farbdruck das Entfernen der überlappenden Bestandteile einer Grafik oder eines Textes aus einem Bild, damit dieser Teil in einer anderen Farbe gedruckt werden kann. Dadurch wird vermieden, dass die Tintenfarben vermischt werden. → *siehe auch* Rasterpunktfarbe. → *vgl.* überdrucken.
Bei Hardware bezeichnet »Knockout« einen Bereich, der entfernt werden kann, um einen Schalter oder eine andere Komponente zu installieren.

Knoten, der; *Subst.* (node)
Ganz allgemein eine Verbindung irgendeiner Art.
In lokalen Netzwerken ein Gerät, das mit dem Netzwerk verbunden ist und mit anderen Geräten im Netz kommunizieren kann.
In Baumstrukturen stellt ein Knoten eine Position im Baum dar, die Verknüpfungen zu einem oder mehreren darunter liegenden Knoten aufweisen kann. Einige Autoren unterscheiden zwischen Knoten und Element, wobei als Element ein vorgegebener Datentyp angesehen wird, und ein Knoten eines oder mehrere Elemente sowie alle unterstützten Datenstrukturen enthält. → *siehe auch* Baum, Element, Graph, Stack, Warteschlange, Zeiger.

K

Knowbot, der; *Subst.* (knowbot)

Abkürzung für **Know**ledge Ro**bot**, zu Deutsch »Wissensrobo-ter«. Ein Programm mit künstlicher Intelligenz, das vordefi-nierte Regeln für die Ausführung einer Operation befolgt. Bei der Operation kann es sich um die Suche nach Dateien oder Dokumenten handeln, die bestimmte Daten auf einem Netz-werk (z.B. dem Internet) enthalten. → *siehe auch* Roboter.

Koaxialkabel, das; *Subst.* (coaxial cable)

Auch kurz als »Koaxkabel« bezeichnet. Ein Kabel, das sich aus einem drahtförmigen Mittelleiter und einer zylindrischen Abschirmung zusammensetzt. Die Abschirmung besteht in aller Regel aus einem Drahtgeflecht und ist vom Mittelleiter durch eine Isolierung getrennt. Mit Hilfe der Abschirmung werden in der Nähe befindliche Einrichtungen von den im Mittelleiter übertragenen Signalen geschützt. Außerdem bewahrt die Abschirmung das Eindringen äußerer Störfelder in das Kabel, so dass die übertragenen Signale nicht ver-fälscht werden. (Abbildung K.6)

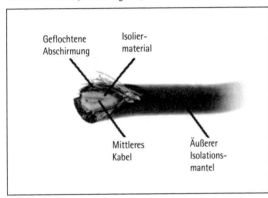

Abbildung K.6: Koaxialkabel

Kochbuch, das; *Subst.* (cookbook)

Ein Handbuch, das Informationen in Form schrittweiser Anleitungen präsentiert. Die meisten derartigen Handbücher befassen sich mit der Programmierung. Ein derartiges Pro-grammierhandbuch enthält z.B. Musterprogramme, die die Leser analysieren und den Erfordernissen entsprechend anpassen können. Es gibt aber auch Handbücher, die zeigen, wie sich spezielle Aufgaben in einer Anwendung durchfüh-ren lassen. Der Ausdruck »Kochbuch« stammt von der gewis-sen Ähnlichkeit mit »echten« Kochbüchern, da sich in derar-tigen Büchern ebenfalls schrittweise Anleitungen finden.

kodieren *Vb.* (code)

Das Schreiben von Programmbefehlen in einer Program-miersprache. → *siehe auch* Programm.

Kodierformular, das; *Subst.* (coding form)

Ein Vordruck, der speziell für das Schreiben von Quellcodes vorgesehen ist. Ein Kodierformular weist eine spezielle Anordnung horizontaler und vertikaler Linien auf. Insbeson-dere bei Programmiersprachen mit positionsabhängiger Syn-tax (z.B. FORTRAN) stellen Kodierformulare eine große Hilfe dar. Da derartige Programmiersprachen kaum noch verbrei-tet sind, befinden sich Kodierformulare kaum noch im Ein-satz. Die meisten Programmierer arbeiten mittlerweile mit gewöhnlichem Millimeterpapier oder setzen gar kein Papier ein.

Kohärenz, die; *Subst.* (coherence)

In der Rasterscantechnologie die Zuweisung eines Pixelwerts an das daneben befindliche Pixel.

In der Optik die Eigenschaft von elektromagnetischen Wel-len, die phasengleich sind. Dies trifft z.B. auf den von einem Laser erzeugten Lichtstrahl zu.

kollaborative Filterung, die; *Subst.* (collaborative filtering)

Das Erlangen von Informationen abhängig von den Erfah-rungen und Meinungen anderer Benutzer. Der Ausdruck wurde von Doug Terry am Forschungsinstitut Xerox PARC geprägt. Terry verwendete als erster diese Methode, indem er den Benutzern erlaubte, Dokumenten nach dem Lesen Bemerkungen hinzuzufügen und die Entscheidung, welches Dokument als nächstes gelesen wird, nicht nur anhand des Inhalts zu treffen, sondern auch anhand der Anmerkungen der Leser, die das Dokument bereits gelesen haben. Eine ver-breitete Anwendung der kollaborativen Filterung ist die Her-stellung von Listen mit World Wide Web-Seiten, die das Inte-ressengebiet bestimmter Benutzergruppen widerspiegeln; durch die Dokumentierung der Erfahrungen mehrerer Benutzer kann eine Liste mit interessanten Websites »gefil-tert« werden. Das Prinzip der kollaborativen Filterung wird außerdem als Marketingforschungswerkzeug eingesetzt: Mit Hilfe einer Datenbank, in der die Meinungen und Beurteilun-gen hinsichtlich verschiedener Produkte gespeichert sind, können die Forscher voraussagen, welche neuen Produkte den Benutzern, die an der Datenbank mitgewirkt haben, zusagen werden. → *siehe auch* Xerox PARC.

Kollektor, der; *Subst.* (collector)

Der Bereich eines bipolaren Transistors, in den die Ladungs-träger unter gewöhnlichen Betriebsbedingungen abfließen (Kollektorstrom). Das Ausgangssignal des Transistors wird in der Regel vom Kollektor abgenommen. Bezogen auf die Basis und den Emitter ist der Kollektor in einem npn-Transistor positiv und in einem pnp-Transistor negativ. → *siehe auch* NPN-Transistor, PNP-Transistor. → *vgl.* Basis, Emitter.

Kollision, die; *Subst.* (collision)
Zustand, bei dem zwei Geräte oder Arbeitsstationen im Netzwerk zum gleichen Zeitpunkt versuchen, auf dem gleichen Kanal zu senden. Ohne entsprechende Maßnahmen führt eine Kollision zur Übertragung korrupter Daten.

Kollisionserkennung, die; *Subst.* (collision detection)
In lokalen Netzwerken ein Verfahren, bei dem ein Knoten die Kommunikationsleitung überwacht, um das Auftreten einer Kollision festzustellen. Eine Kollision tritt auf, wenn zwei Knoten zur gleichen Zeit versuchen zu senden. Obwohl Netzwerkstationen normalerweise erst dann mit dem Sendevorgang beginnen, wenn die Leitung frei ist, kann es trotzdem vorkommen, dass mehrere Knoten gleichzeitig einen Sendeversuch starten. Wenn eine Kollision auftritt, warten die beiden Knoten, die die Kollision verursacht haben, gewöhnlich eine zufällige Zeitspanne, bevor sie einen neuen Sendeversuch unternehmen. → *siehe auch* CSMA/CD, Konkurrenz.
Im Zusammenhang mit Spielen und Simulationsprogrammen ist die Kollisionserkennung ein Verfahren, mit dem sich die Berührung zweier Objekte auf dem Bildschirm feststellen lässt. Entsprechende Verfahren sind zeitintensiv und häufig sehr komplex. Einige für Grafik und Spiele optimierte Computer – z.B. der Amiga – verfügen über spezielle Hardwareeinrichtungen, die die Kollisionserkennung durchführen.

Kolumnentitel, lebender, der; *Subst.* (running head)
→ *siehe* lebender Kolumnentitel.

Kombinatorik, die; *Subst.* (combinatorics)
Ein Zweig der Mathematik, der eng mit der Wahrscheinlichkeitsrechnung und der Statistik verbunden ist und sich mit dem Abzählen, der Gruppierung und der Anordnung von endlichen Elementmengen beschäftigt. In der Kombinatorik spielen zwei Konzepte eine große Rolle: Kombination und Permutation. Eine Kombination ist die Gruppierung von Elementen, die aus einer größeren Menge entnommen werden, ohne dass die Reihenfolge beachtet wird. Beispielsweise lassen sich aus den vier Objekten A, B, C und D sechs verschiedene Gruppen aus je zwei Elementen bilden: AB, AC, AD, BC, BD und CD. Eine Permutation ist ebenfalls eine Gruppierung, unterscheidet sich jedoch von der Kombination dadurch, dass die Reihenfolge der Elemente beachtet wird. Die beiden Gruppen AB und BA stellen demzufolge die gleiche Kombination dar, aber zwei unterschiedliche Permutationen. Ausgehend davon, dass die glei-

chen 4 Objekte zur Verfügung stehen und alle Permutationen aus je 2 Elementen zu bilden sind, stehen für die Wahl des ersten Elements jeweils vier Möglichkeiten zur Verfügung. Da dieses erste Element wegfällt (zwei identische Elemente in einem Objekt sind nicht erlaubt), bleiben für die Auswahl des jeweils zweiten Elements einer Gruppe noch drei Elemente übrig. Insgesamt lassen sich also $4 * 3 = 12$ verschiedene Permutationen erzeugen: AB, AC, AD, BA, BC, BD, CA, CB, CD, DA, DB und DC. → *siehe auch* kombinatorische Explosion.

kombinatorische Explosion, die; *Subst.* (combinatorial explosion)
Ein Zustand, der charakteristisch für bestimmte Arten mathematischer Probleme ist und bei dem eine geringe Vergrößerung des Problemumfangs (Anzahl der Datenelemente oder Parameter einer Option) zu einem gewaltigen Anwachsen der Zeitspanne führt, die für die Berechnung der Lösung erforderlich ist. → *siehe auch* Kombinatorik.

kommagetrennte Datei, die; *Subst.* (comma-delimited file)
Eine Datenbankdatei, die als reiner Text gespeichert ist und in der die einzelnen Datenfelder durch Kommata getrennt sind. Enthält ein Datenfeld selbst ein Komma, wird das Feld in Anführungszeichen gesetzt, damit das Komma nicht als Feldtrennzeichen interpretiert wird. Kommagetrennte Dateien ermöglichen es, Daten zwischen Datenbanksystemen auszutauschen, die mit unterschiedlichen Dateiformaten arbeiten, aber den Import und Export von reinen Textdateien zulassen (was für die meisten Systeme zutrifft).

Kommando..., das; *Subst.* (command)
siehe unter »Befehl...«

Kommentar, der; *Subst.* (comment, remark)
Ein Text, der in ein Programm zu Dokumentationszwecken eingefügt wird. Kommentare beschreiben z.B. Funktionsabläufe im Programm, geben Aufschluss über die Programmautoren, erläutern die Gründe nachträglich durchgeführter Änderungen usw. Die meisten Programmiersprachen besitzen besondere Befehle, mit denen sich Kommentare kennzeichnen lassen, so dass diese vom Compiler, Assembler oder Interpreter ignoriert werden. → *siehe auch* auskommentieren. → *siehe* REM-Befehl.

kommerzieller Server, der; *Subst.* (commerce server)
Ein HTTP-Server, der für die Durchführung von Onlinetransaktionen im geschäftlichen Sektor konzipiert ist. Die Daten

K werden dabei in verschlüsselter Form zwischen dem Server und dem Webbrowser übertragen, damit die Sicherheit kritischer Daten, z.B. von Kreditkartennummern, gewährleistet ist. Kommerzielle Server werden typischerweise vom Onlinehandel oder von Versandhandelsketten eingesetzt. Die angebotenen Produkte und Dienste werden im Allgemeinen auf einer firmeneigenen Website in Wort und Bild beschrieben, und die Benutzer können direkt über die Site mit Hilfe ihres Webbrowsers bestellen. Eine Reihe von Firmen vertreibt kommerzielle Server, z.B. Netscape, Microsoft und Quarterdeck. → *siehe auch* HTTP-Server, Secure Socket Layer, Webbrowser.

kommerzieller Zugangsprovider, der; *Subst.* (commercial access provider)
→ *siehe* ISP.

Kommunikation, die; *Subst.* (communications)
Ein umfangreiches Fachgebiet, das sich mit den Methoden, Mechanismen und Medien der Informationsübertragung beschäftigt. Die Kommunikation im Computersektor umfasst die Datenübertragung von einem Computer zu einem anderen über ein Kommunikationsmedium – z.B. eine Telefonleitung, eine Richtfunkstrecke, eine Satellitenverbindung oder ein Kabel. Grundsätzlich sind zwei Methoden bei der Computerkommunikation zu unterscheiden: die zeitlich begrenzte Verbindung zweier Computer über Modems per Leitungsvermittlung, z.B. mit Hilfe des öffentlichen Telefonsystems, sowie die permanente oder teilweise permanente Verbindung mehrerer Arbeitsstationen oder Computer in einem Netzwerk. Häufig kann zwischen beiden Methoden keine klare Trennlinie gezogen werden, da Mikrocomputer, die mit Modems ausgerüstet sind, typischerweise sowohl für den Zugriff auf private als auch auf öffentliche Netzwerkcomputer eingesetzt werden. → *siehe auch* asynchronous transmission, CCITT, IEEE, ISDN, ISO/OSI-Schichtenmodell, Kanal, Kommunikationsprotokoll, LAN, Modem, Netzwerk, synchrone Übertragung. → *vgl.* Datenübertragung, fernverarbeiten, Telekommunikation.

Kommunikation, digitale, die; *Subst.* (digital communications)
→ *siehe* digitale Kommunikation.

Kommunikation, optische, die; *Subst.* (optical communications)
→ *siehe* optische Kommunikation.

Kommunikationscontroller, der; *Subst.* (communications controller)
Ein Gerät, das als Bindeglied bei Kommunikationsübertragungen zu und von einem Hostcomputer zum Einsatz kommt. Ein Kommunikationscontroller ist am Hostcomputer angeschlossen und befreit diesen von den eigentlichen Aufgaben zum Senden, Empfangen, zur Entschlüsselung sowie Fehlerprüfung. Dadurch wird eine effizientere Nutzung der Rechenzeit des Hostcomputers erzielt, so dass dieser für wichtigere Aufgaben eingesetzt werden kann. Ein Kommunikationscontroller kann entweder einen programmierbaren, selbständigen Computer darstellen oder ein nichtprogrammierbares Gerät, das sich an bestimmten Kommunikationsprotokollen orientiert. → *siehe auch* Front-End-Prozessor.

Kommunikation, serielle, die; *Subst.* (serial communication)
→ *siehe* serielle Kommunikation.

Kommunikationskanal, der; *Subst.* (communications channel)
→ *siehe* Kanal.

Kommunikationsnetzwerk, das; *Subst.* (communications network)
→ *siehe* Netzwerk.

Kommunikationsparameter, der; *Subst.* (communications parameter)
Die verschiedenen Einstellungen, die für eine Kommunikation zwischen Computern erforderlich sind. Beispielsweise müssen bei einer asynchronen Übertragung die Parameter Modemgeschwindigkeit, Anzahl der Datenbits und Stoppbits sowie der Paritätstyp festgelegt werden, um eine korrekte Verbindung zwischen zwei Modems einrichten zu können.

Kommunikations-Port, der; *Subst.* (communications port)
→ *siehe* COM.

Kommunikationsprogramm, das; *Subst.* (communications program)
Ein Softwareprogramm, mit dessen Hilfe ein Computer eine Verbindung zu einem anderen Computer herstellen und Informationen mit ihm austauschen kann. Zum Aufbau der Verbindung stellen Kommunikationsprogramme diverse Funktionen zur Verfügung, z.B. die Verwaltung von Kommunikationsparametern, die Speicherung von Telefonnummern, automatisches Wählen, die Aufzeichnung und Ausführung

von Anmeldeprozeduren sowie die Wahlwiederholung bei besetzter Leitung. Sobald eine Verbindung hergestellt wurde, kann ein Kommunikationsprogramm angewiesen werden, eingetroffene Nachrichten auf der Festplatte zu speichern, Dateien zu suchen und zu übertragen. Während einer bestehenden Verbindung gehören folgende, für die Benutzer gewöhnlich unsichtbaren Dienste zu den wichtigsten Aufgaben eines Kommunikationsprogramms: die Codierung von Daten, die Koordination von Übertragungen an oder von einem entfernten Computer sowie die Prüfung der eingehenden Daten auf Übertragungsfehler.

Kommunikationsprotokoll, das; *Subst.* (communications protocol)
Ein Satz an Vorschriften oder Standards, die es Computern ermöglichen, Kommunikationsverbindungen herzustellen und Informationen möglichst fehlerfrei auszutauschen. Ein allgemein anerkanntes Protokoll für die Standardisierung der kompletten Computerkommunikation stellt das sog. ISO/OSI-Schichtenmodell dar – ein auf sieben Schichten basierendes Modell mit Richtlinien, die den Einsatz von Hardware und Software regeln. Ein etwas abweichender Standard, der bereits vor Entwicklung des ISO/OSI-Schichtenmodells stark verbreitet war, ist SNA (Systems Network Architecture) von IBM. Der Ausdruck »Protokoll« wird häufig – gelegentlich auch etwas unkontrolliert – in Bezug auf eine Vielzahl an Standards verwendet, die verschiedene Aspekte der Kommunikation betreffen, beispielsweise Datenübertragungen (z.B. Xmodem und Zmodem), Flusskontrolle (z.B. XON/XOFF) und Netzwerkübertragungen (z.B. CSMA/CD). → *siehe auch* ISO/OSI-Schichtenmodell, SNA.

Kommunikationsserver, der; *Subst.* (communications server)
Ein Gateway, das Pakete in einem lokalen Netzwerk (LAN) in asynchrone Signale übersetzt, wie sie in Telefonleitungen oder in der seriellen Übertragung nach RS-232-C verwendet werden. Außerdem ermöglicht das Gateway allen Knoten im LAN den gemeinsamen Zugriff auf Modems sowie den Aufbau von RS-232-C-Verbindungen. → *siehe auch* Gateway, RS-232-C-Standard.

Kommunikationssoftware, die; *Subst.* (communications software)
Die Software, die das Modem gemäß der auf der Benutzerebene aufgerufenen Befehle steuert. Im Allgemeinen enthält eine derartige Software sowohl Funktionen zur Terminalemulation als auch Dateiübertragungsfunktionen. → *siehe auch* Modem, Terminalemulation.

Kommunikationssteckplatz, der; *Subst.* (communications slot)
Ein Erweiterungssteckplatz, der für eine Netzwerk-Schnittstellenkarte reserviert ist und sich in vielen Modellen des Apple Macintosh findet.

Kommunikationssteuerschicht, die; *Subst.* (session layer)
→ *siehe* Sitzungsschicht.

Kommunikationssystem, das; *Subst.* (communications system)
Die Gesamtheit von Hardware, Software und Verbindungen zur Datenübertragung, die eine Kommunikationseinrichtung ausmachen.

Kommunikationsverbindung, die; *Subst.* (communications link)
Die zwischen Computern eingerichtete Verbindung, die eine Datenübertragung ermöglicht.

Komparator, der; *Subst.* (comparator)
Ein Gerät zum Testen zweier Elemente auf Gleichheit. In der Elektronik kann ein Komparator z.B. eine Schaltung darstellen, die zwei Eingangsspannungen vergleicht und anzeigt, welche davon höher ist.

Kompatibilität, die; *Subst.* (compatibility)
Der Grad, bis zu dem ein Computer, ein angeschlossenes Gerät, eine Datendatei oder ein Programm die gleichen Befehle, Formate oder Programmiersprachen wie andere Komponenten verwenden oder verstehen kann. Uneingeschränkte Kompatibilität bedeutet, dass sowohl für die Benutzer als auch für die Programme keine funktionalen Unterschiede erkennbar sind.
In Bezug auf Computer ist die Kompatibilität der Grad, mit dem eine reibungslose Zusammenarbeit zwischen zwei Computern möglich ist. Die Kompatibilität (oder das Fehlen der Kompatibilität) entscheidet dabei darüber, ob und, wenn ja, in welchem Ausmaß die Computer miteinander kommunizieren, Daten gemeinsam nutzen oder dieselben Programme ausführen können. Beispielsweise sind der Apple Macintosh und der IBM-PC im Allgemeinen inkompatibel zueinander, da sie ohne den Einsatz entsprechender zusätzlicher Hardware und/oder Software, die als Bindeglied oder Konverter fungiert, weder frei miteinander kommunizieren noch Daten austauschen können.
Im Bereich der Standards stellt die Kompatibilität den Grad dar, mit dem sich eine Hardwarekomponente an einen – im Allge-

K

K meinen weithin akzeptierten – Standard hält (z.B. IBM-kompatibel oder Hayes-kompatibel). In diesem Sinne bedeutet Kompatibilität, dass das Betriebsverhalten der Hardware in allen Punkten dem zugrunde liegenden Standard entspricht. Im Softwarebereich bezieht sich »Kompatibilität« ebenfalls auf das reibungslose Zusammenspiel von Komponenten. Dabei steht allerdings die jeweils durchzuführende Aufgabe zwischen Computern und Programmen im Vordergrund. Als softwarekompatibel eingestufte Computer können Programme ausführen, die ursprünglich für andere Computermodelle entwickelt wurden. Unter »Softwarekompatibilität« versteht man ferner, inwieweit Programme zusammenarbeiten und Daten gemeinsam nutzen können. Unter einem anderen Aspekt lassen sich grundsätzlich unterschiedliche Programme, z.B. Textverarbeitungsprogramme und Zeichenprogramme, als kompatibel ansehen, wenn sie Dateien – z.B. Texte oder Bilder –, die mit anderen Programmen erzeugt wurden, problemlos einbinden können. Alle Arten der Softwarekompatibilität gewinnen im Hinblick auf die zu erwartenden Entwicklungen in Bereichen wie Datenkommunikation, Netzwerke und Datenübertragung zwischen Programmen gerade in Bezug auf den Einsatz von Mikrocomputern zunehmend an Bedeutung. → *siehe auch* Abwärtskompatibilität, aufwärtskompatibel.

Kompatibilitätsbox, die; *Subst.* (compatibility box)
→ *siehe* DOS-Box.

Kompatibilitätsmodus, der; *Subst.* (compatibility mode)
Allgemein ein Modus, in dem die Hardware oder Software des einen Systems die Ausführung von Softwareoperationen aus einem anderen System unterstützt. Der Ausdruck bezieht sich häufig auf die Fähigkeit moderner Betriebssysteme für Intel-Mikroprozessoren (z.B. OS/2 und Windows NT/2000), MS-DOS-Software betreiben zu können. Außerdem werden damit bestimmte UNIX-Workstations und Apple Macintosh-Systeme charakterisiert, wenn diese ebenfalls den Einsatz von MS-DOS-Programmen erlauben.

kompilieren *Vb.* (compile)
Das Übersetzen des gesamten Quellcodes eines Programms von einer Hochsprache in den Objektcode. Erst nach diesem Vorgang kann das jeweilige Programm gestartet werden. Der Objektcode stellt einen ausführbaren Maschinencode oder eine Variante eines Maschinencodes dar. Im weiteren Sinn bezieht sich »kompilieren« auch auf das Übersetzen von einer symbolischen Beschreibung auf höherem Niveau in ein symbolisches oder maschinenlesbares Format auf niederem Niveau. Das Programm, das die Kompilierung durchführt, wird als »Compiler« bezeichnet. → *siehe auch* Compiler, höhere Programmiersprache, Kompilierungszeit, Maschinencode, Quellcode. → *vgl.* interpretieren.

kompilieren und starten *Vb.* (compile-and-go)
Eigenschaft einer Entwicklungsumgebung, in der ein Programm automatisch nach der Kompilierung gestartet wird. → *siehe auch* ausführen, kompilieren.

Kompilierung, bedingte, die; *Subst.* (conditional compilation)
→ *siehe* bedingte Kompilierung.

Kompilierungszeit, die; *Subst.* (compile time)
Die Zeitdauer, die für die Kompilierung eines Programms erforderlich ist. Die Kompilierungszeit kann sich im Bereich vom Bruchteil einer Sekunde bis hin zu vielen Stunden bewegen, abhängig von der Größe und Komplexität des Programms, der Geschwindigkeit und der Strategie des Compilers, der Leistungsfähigkeit der Hardware und anderen Faktoren. → *siehe auch* Compiler.
Die Kompilierungszeit kann sich auch auf den Zeitpunkt beziehen, zu dem ein Programm kompiliert wird. Beispielsweise werten die meisten Programmiersprachen konstante Ausdrücke während der Kompilierung aus, variable dagegen zur Laufzeit. → *siehe auch* Laufzeit, Linkzeit.

Kompilierung, Zuweisung bei, die; *Subst.* (compile-time binding)
→ *siehe* Zuweisung bei Kompilierung.

Komplement, das; *Subst.* (complement)
Vereinfacht ausgedrückt eine Zahl, die das »Spiegelbild« einer anderen Zahl (im selben Zahlensystem, z.B. im Zahlensystem zur Basis 10 oder zur Basis 2) darstellt. Komplemente werden häufig zur Darstellung negativer Zahlen verwendet. Im Computersektor sind zwei Arten von Komplementen gebräuchlich: Basis-minus-1-Komplemente und echte Komplemente. Ein Basis-minus-1-Komplement ist im Dezimalsystem (Basis 10) das Neunerkomplement und im Binärsystem (Basis 2) das Einerkomplement. Echte Komplemente sind im Dezimalsystem das Zehnerkomplement und im Binärsystem das Zweierkomplement. Das Zweierkomplement wird gewöhnlich bei der Datenverarbeitung zur Darstellung negativer Zahlen eingesetzt. → *siehe auch* Einerkomplement, komplementäre Operation, Neunerkomplement, Zehnerkomplement, Zweierkomplement.

komplementäre Operation, die; *Subst.* (complementary operation)
In der Booleschen Logik eine Operation, die das entgegengesetzte Ergebnis in Bezug auf eine andere Operation bei Verwendung gleicher Ausgangswerte erzeugt. Dazu ein Beispiel: Wenn A »wahr« ist, gibt NOT A (das Komplement von A) den Wert »falsch« zurück. → *siehe auch* Boolesche Algebra.

komplementärer Metalloxidhalbleiter, der; *Subst.* (complementary metal-oxide semiconductor)
→ *siehe* CMOS.

Komplement, echtes, das; *Subst.* (true complement)
→ *siehe* Komplement.

kompletter Bypass, der; *Subst.* (total bypass)
Ein Kommunikationsnetzwerk, das die Orts- und Fernverbindungen des Telefonnetzes per Satellitenübertragung umgehen kann.

komplexe Zahl, die; *Subst.* (complex number)
Eine Zahl in der Form »a + bi«, wobei »a« und »b« reelle Zahlen darstellen; »i« ist die Wurzel aus −1 und wird als »Imaginärteil« bezeichnet. Komplexe Zahlen können als Punkte auf einer zweidimensionalen Ebene gezeichnet werden, die als »komplexe Ebene« bezeichnet wird. Der Wert »a« wird dabei entlang der horizontalen Achse (der reellen Achse) und der Wert »b« entlang der vertikalen Achse (der imaginären Achse) abgebildet. → *vgl.* Realzahl.

Komponente, die; *Subst.* (component)
Allgemein ein Bestandteil eines größeren Systems oder einer größeren Struktur.
In der Programmierung eine individuelle, modulare Routine, die kompiliert und dynamisch gelinkt wurde und für den Einsatz in Verbindung mit anderen Komponenten oder Programmen bereitsteht. → *siehe auch* kompilieren, linken, Modulbibliothek, Programm, Routine.

Kompressor, der; *Subst.* (compressor)
Ein Gerät, das bestimmte Parameter eines Signals – z.B. die Lautstärke – begrenzt, um die Effizienz der Übertragung zu steigern.

komprimieren *Vb.* (compress)
Das Reduzieren der Größe einer Dateneinheit, z.B. einer Datei oder einer Kommunikationsnachricht, so dass diese mit weniger Platz gespeichert oder mit einer geringeren Bandbreite übertragen werden kann. Daten werden im Allgemeinen komprimiert, indem sich wiederholende Bitmuster entfernt und durch eine spezielle zusammengefasste Form ersetzt werden, die weniger Speicherplatz benötigt. Bei der Dekomprimierung werden die Bitmuster wieder in der ursprünglichen Form hergestellt. Die sog. verlustfreie Komprimierung (*lossless compression*) muss bei Texten, Programmen und numerischen Datendateien angewendet werden. Das Gegenstück, die verlustreiche Komprimierung (*lossy compression*) eignet sich nur für Video- und Sounddateien. → *siehe auch* verlustfreie Komprimierung, verlustreiche Komprimierung.

komprimierte Datei, die; *Subst.* (compressed file)
Eine Datei, deren Inhalt mit Hilfe eines speziellen Hilfsprogramms komprimiert wurde, so dass diese im Vergleich zum unkomprimierten (gewöhnlichen) Zustand weniger Speicherplatz auf der Festplatte oder einem anderen Datenträger beansprucht. → *siehe auch* Installationsprogramm, LHARC, PKUNZIP, PKZIP, Utilityprogramm.

komprimierter Datenträger, der; *Subst.* (compressed disk)
Eine Festplatte oder eine Diskette, deren effektive Speicherkapazität durch den Einsatz eines Komprimierungsprogramms erhöht wurde. → *siehe auch* Komprimierung.

komprimiertes Laufwerk, das; *Subst.* (compressed drive)
Eine Festplatte, deren effektive Speicherkapazität durch den Einsatz eines Komprimierungsprogramms, z.B. Stacker oder Double Space, erhöht wurde. → *siehe auch* Datenkomprimierung, komprimierter Datenträger.

Komprimierung, die; *Subst.* (compression)
→ *siehe* Datenkomprimierung.

Komprimierung, verlustfreie, die; *Subst.* (lossless compression)
→ *siehe* verlustfreie Komprimierung.

Komprimierung, verlustreiche, die; *Subst.* (lossy compression)
→ *siehe* verlustreiche Komprimierung.

Kondensator, der; *Subst.* (capacitor)
Ein elektronisches Bauelement, das eine bestimmte elektrische Kapazität aufweist (also das Fassungsvermögen für elektrische Ladungen). Ein Kondensator besteht im Allgemeinen aus zwei leitenden Platten, die durch ein isolierendes Material (Dielektrikum) getrennt sind. Davon ausgehend,

K dass die anderen physikalischen Größen konstant bleiben, nimmt die Kapazität eines Kondensators zu, wenn die Platten vergrößert oder der Abstand zwischen den Platten reduziert wird. Wird an den Kondensator eine Gleichspannung angelegt, fließt kein Strom. Bei Anlegen einer Wechselspannung fließt dagegen ein Strom, dessen Stärke von der Kapazität des Kondensators und von der Frequenz der Wechselspannung abhängt. → *siehe auch* Kapazität. (Abbildung K.7)

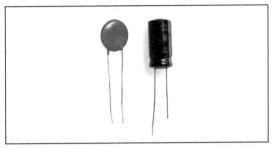

Abbildung K.7: Kondensator: Der negative Pol wird beim Elektrolytkondensator durch einen vertikalen Streifen und einen verkürzten Anschlußdraht gekennzeichnet. Andere Kondensatoren, z.B. der Keramikkondensator, sind nicht polarisiert.

Konfektionsprogramm, das; *Subst.* (canned program)
→ *siehe* Konfektionssoftware.

Konfektionsroutine, die; *Subst.* (canned routine)
Eine bereits bestehende Routine, die in ein Programm eingefügt und ohne Änderungen verwendet wird. → *siehe auch* Bibliotheksroutine.

Konfektionssoftware, die; *Subst.* (canned software)
Ein anderer Begriff für »Standardsoftware«. Gemeint sind Programme, die sich an einen breiten Anwenderkreis richten – z.B. Textverarbeitungsprogramme und Tabellenkalkulationsprogramme – und typischerweise in hoher Stückzahl über den Fach- oder Versandhandel verkauft werden.

Konfiguration, die; *Subst.* (configuration, setup)
In Bezug auf einen einzelnen Mikrocomputer die Summe der internen und externen Komponenten, einschließlich Arbeitsspeicher, Laufwerke, Tastatur, Monitor sowie den (im Allgemeinen) weniger kritischen Zusatzeinrichtungen wie Maus, Modem oder Drucker sowie die Einstellungen an den einzelnen Komponenten. Änderungen an diesen Einstellungen sind notwendig, um den Computer an die vorhandene Hardware, Software sowie an benutzerspezifische Vorlieben und Wünsche anzupassen. »Konfiguration« ist aber nicht nur ein abstrakter Begriff; auch Veränderungen an den Komponenten und den Einstellungen – also der *Vorgang* – wird als »Konfiguration« bezeichnet. Bei der softwarespezifischen Konfiguration werden dabei vor allem das Betriebssystem und diverse Gerätetreiber tangiert, wobei die Konfiguration meist über spezielle Konfigurationsdateien (z.B. über die Dateien AUTOEXEC.BAT und CONFIG.SYS bei IBM-PCs und kompatiblen PCs) erfolgt. Die Konfiguration von Hardwarekomponenten geschieht häufig durch DIP-Schalter und Jumper, die sich direkt an den jeweiligen Komponenten befinden. Die korrekte Konfiguration stellt hierbei eine ordnungsgemäße Funktion der Geräte sicher. Obwohl sich die Systemkonfiguration ändern lässt (z.B. durch den Einbau von Zusatzspeicher oder einer zusätzlichen Festplatte), bleibt die grundlegende Struktur des Systems – seine Architektur – die Gleiche. → *siehe auch* AUTOEXEC.BAT, CONFIG.SYS.
Bei Netzwerken bezieht sich die Konfiguration auf die Gesamtheit der im Netzwerk eingesetzten Hardwareeinrichtungen oder die grundsätzliche Gestaltung des Netzwerks – die Art und Weise, in der die Elemente miteinander verbunden sind.
Die Prozeduren zur Vorbereitung eines Programms oder einer Softwareanwendung für den Einsatz in einem Computer.

Konfigurationsdatei, die; *Subst.* (configuration file)
Eine Datei, die maschinenlesbare Informationen für eine Hardware- oder Softwarekomponente enthält. Mit Hilfe von Konfigurationsdateien werden Einstellungen beeinflusst und damit die korrekte Funktionsweise und die Zusammenarbeit mit anderen Komponenten sichergestellt. Konfigurationsdateien können auch benutzerspezifische Informationen enthalten – z.B. in einem Netzwerk die Identifikationsnummer (ID), mit der die Anmeldung erfolgt.

Konkordanz, die; *Subst.* (concordance)
Eine Liste von Wörtern eines Dokuments, die sowohl Verweise auf die Textpassagen, in denen die Wörter vorkommen, als auch einen Ausschnitt aus dem jeweiligen Kontext enthält.

Konkurrenz, die; *Subst.* (contention)
In einem Netzwerk der »Wettbewerb« unter den Arbeitsstationen um eine Gelegenheit für die Nutzung einer Kommunikationsleitung oder einer Netzwerkressource. In der Grundbedeutung beschreibt die Konkurrenz eine Situation, in der mehrere Geräte zur selben Zeit einen Sendeversuch unternehmen und damit eine Kollision auf der Leitung verursachen. In etwas abgewandelter Bedeutung bezieht sich »Konkurrenz« auf eine Methode, mit deren Hilfe der

Zugriff auf eine Kommunikationsleitung geregelt wird, wobei die Station das Senderecht erhält, die sich – nach bestimmten Regeln – gegenüber den anderen Arbeitsstationen durchsetzt. → *siehe auch* CSMA/CD. → *vgl.* Tokenpassing.

Konnektionismus, der; *Subst.* (connectionism)
Ein Modell in der künstlichen Intelligenz, das die Verwendung von hochparallelen, spezialisierten Prozessen vorschlägt, die gleichzeitig Berechnungen ausführen und umfassend miteinander verbunden sind. Deshalb wird bei diesem Ansatz kein Hochgeschwindigkeits-Einzelprozessor für die Berechnung eines Algorithmus verwendet. Die Prozesse werden vielmehr in viele einfache, spezialisierte Verarbeitungselemente unterteilt, die umfassend miteinander verbunden sind. Neuronale Netzwerke sind klassische Beispiele für den Konnektionismus, weil jedes »Neuron« im Netzwerk einem Prozessor zugeordnet werden kann. → *siehe auch* künstliche Intelligenz, neuronales Netzwerk.

Konsistenzprüfung, die; *Subst.* (consistency check)
Eine Untersuchung, ob Datenelemente bestimmten Formaten, Grenzen oder anderen Parametern genügen und nicht in sich widersprüchlich sind. → *vgl.* Vollständigkeitsprüfung.

Konsole, die; *Subst.* (console)
Eine Steuereinheit, z.B. ein Terminal, über die Benutzer mit dem Computer kommunizieren. Bei Mikrocomputern umfasst die Konsole das Gehäuse mit den Hauptkomponenten und Steuerelementen des Systems, wozu gelegentlich auch der Bildschirm und die Tastatur gerechnet werden. Beim Betriebssystem MS-DOS stellt die Konsole das primäre Eingabegerät (Tastatur) und primäre Ausgabegerät (Bildschirm) dar. Auf diesen Zusammenhang weist bereits der Gerätename der kombinierten Einheit aus Tastatur und Bildschirm hin, der mit »CON« (für »**con**sole«, zu Deutsch »Konsole«) bezeichnet ist. → *siehe auch* CON, Systemkonsole.

Konstante, die; *Subst.* (constant)
Bei der Programmierung ein benanntes Element, das während der gesamten Programmausführung einen konstanten Wert beibehält, im Gegensatz zu einer Variablen, deren Wert während der Ausführung geändert werden kann. → *vgl.* Variable.

konstanter Ausdruck, der; *Subst.* (constant expression)
Ein Ausdruck, der sich ausschließlich aus Konstanten zusammensetzt und dessen Wert sich folglich während der Programmausführung nicht ändert. → *vgl.* variabler Ausdruck.

Konstellation, die; *Subst.* (constellation)
In der Kommunikationstechnik ein Muster der möglichen Zustände einer Trägerschwingung, denen jeweils eine bestimmte Bitkombination zugeordnet ist. Eine Konstellation zeigt die Anzahl der Zustände, die sich als eindeutige Wechsel in einem Kommunikationssignal erkennen lassen, und damit die maximale Anzahl der Bits, die mit einem einzelnen Wechsel codiert werden können (äquivalent mit 1 Baud oder einem Ereignis). Die Abbildung zeigt eine 16-Bit-Konstellation, die in dieser Form bei der Quadraturamplitudenmodulation eingesetzt wird. (Abbildung K.8)

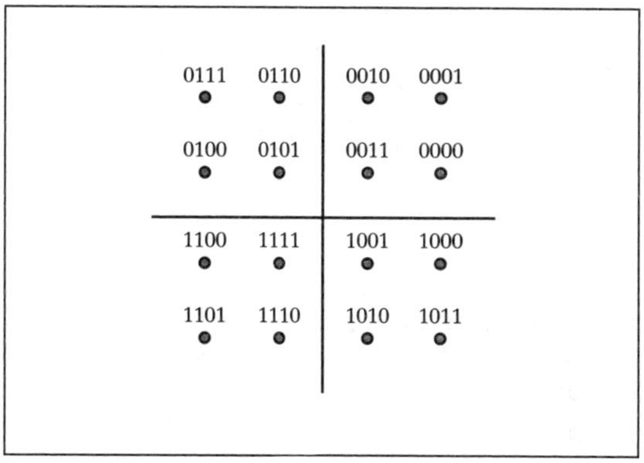

Abbildung K.8: Konstellation: 16-Punkt-Konstellation mit den möglichen Bit-Kombinationen

Konstruktion, computerunterstützte, die; *Subst.* (computer-aided design)
→ *siehe* CAD.

Kontakt-Manager, der; *Subst.* (contact manager)
Eine Form einer spezialisierten Datenbank, die es den Benutzern erleichtert, die persönliche Kommunikation – per Telefon, E-Mail usw. – mit Kunden aufrechtzuerhalten. Kontakt-Manager werden im großen Stil von Handelsvertretern und anderen Geschäftsleuten eingesetzt, die einen großen Kundenstamm aufweisen und diesen adäquat pflegen sowie Kontakte mit neuen Kunden knüpfen möchten. → *siehe auch* Datenbank.

kontextabhängig *Adj.* (context-dependent)
Eigenschaft eines Prozesses oder einer Reihe von Zeichen, deren Bedeutung von den jeweiligen Umgebungsbedingungen abhängig ist.

K

kontextbezogene Hilfe, die; *Subst.* (context-sensitive help)
Form der Hilfestellung in einem Programm, bei der die erklärenden Informationen abhängig vom momentanen Arbeitsablauf (dem derzeit angewählten Befehl oder der derzeit durchgeführten Aktion) angezeigt werden.

kontextbezogenes Menü, das; *Subst.* (context-sensitive menu)
Ein Menü, bei dem die einzelnen Menüpunkte abhängig vom Kontext entweder angeboten oder gesperrt werden. Gesperrte Menüpunkte werden zur besseren Unterscheidung meist in einer anderen Farbe (z.B. grau statt schwarz) angezeigt. Kontextbezogene Menüs kommen u.a. in Programmen unter Microsoft Windows zum Einsatz; der Menüpunkt »Bearbeiten/Kopieren« ist z.B. nur dann anwählbar, wenn derzeit ein Text oder ein anderes Objekt markiert ist. (Abbildung K.9)

Abbildung K.9: Kontextbezogenes Menü: Der Befehl Einfügen ist nicht aktiv, weil kein Inhalt in die Zwischenablage kopiert wurde

kontextbezogenes Multitasking, das; *Subst.* (context switching)
Form des Multitaskings, bei der der Prozessor von einem Task zu einem anderen umschaltet, im Gegensatz zu einem Multitasking, bei dem jedem der derzeit aktiven Tasks ein festes Zeitintervall der Prozessorzeit zugewiesen wird. → *siehe auch* Multitasking, Zeitscheibe.

kontextbezogene Suche, die; *Subst.* (contextual search)
Eine Form einer Suchoperation, bei der spezifizierte Dateien nach einer bestimmten Folge von Textzeichen durchsucht werden. Im Gegensatz zu gewöhnlichen Suchvorgängen bezieht sich die Suche im Allgemeinen nicht auf ein bestimmtes Datenfeld, sondern auf alle Datenfelder.

Kontextmenü, das; *Subst.* (pop-up menu)
Bei einer grafischen Benutzeroberfläche ein Menü, das auf dem Bildschirm angezeigt wird, sobald der Benutzer ein bestimmtes Element auswählt. Kontextmenüs können in jedem Bildschirmbereich angezeigt werden und werden in der Regel ausgeblendet, wenn ein Menüelement ausgewählt wird. → *vgl.* Dropdownmenü, Pulldownmenü.

kontinuierliche Verarbeitung, die; *Subst.* (continuous processing)
Die Verarbeitung von Transaktionen zu dem Zeitpunkt, zu dem diese dem System zugeführt werden. → *vgl.* Batchverarbeitung.

Kontorichtlinien, die; *Subst.* (account policy)
→ *siehe* Richtlinien für Konten.

Kontrast, der; *Subst.* (contrast)
Das Maß, das die Differenz zwischen den hellsten und den dunkelsten Bildpunkten bei einem Monitor oder einem Ausdruck angibt.

Kontrastregler, der; *Subst.* (contrast)
Drehknopf bei einem Monitor, mit dem sich der Kontrast ändern lässt.

Kontrollelement, das; *Subst.* (control)
In einer grafischen Benutzeroberfläche ein Bildschirmobjekt, das zum Start von Aktionen und zur Beeinflussung von Einstellungen dient. Die gebräuchlichsten Steuerelemente sind Optionsfelder und Kontrollkästchen (mit denen sich jeweils Optionen wählen lassen), Bildlaufleisten (die es erlauben, durch das Dokument zu blättern und eine bestimmte Stelle besonders schnell anzusteuern, um dort z.B. einen Text einzufügen) und Schaltflächen (die eine Aktion starten, z.B. eine bereits ausgewählte Datei öffnen).

Kontrollfeld, das; *Subst.* (control panel)
→ *siehe* Systemsteuerung.

Kontrollkästchen, das; *Subst.* (check box)
Ein interaktives Steuerelement, das häufig in grafischen Benutzeroberflächen zu finden ist. Kontrollkästchen werden für das Aktivieren oder Deaktivieren einer Option aus einer Gruppe von Optionen verwendet. Eine aktivierte Option ist daran zu erkennen, dass im Kontrollkästchen ein * oder ein Häkchen angezeigt wird. → *siehe auch* Steuerung. → *vgl.* Optionsfeld. (Abbildung K.10)

Kontrollstruktur, die; *Subst.* (control structure)
Ein Bestandteil eines Programms, der die Abarbeitungsreihenfolge von Befehlen festlegt und bei der strukturierten Programmierung verwendet wird. Es gibt drei grundlegende Kontrollstrukturen: Folge, Selektion und Iteration. Bei der Folge – der einfachsten Kontrollstruktur – werden untereinander stehende Befehle der Reihe nach abgearbeitet. Bei der

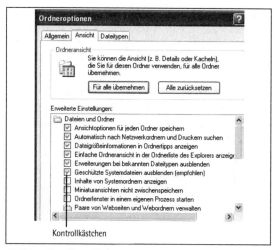

Kontrollkästchen

Abbildung K.10: Kontrollkästchen

Selektion werden die Programmteile abhängig von zutreffenden oder nicht zutreffenden Bedingungen ausgeführt. Die Iteration wiederholt eine Aktion so lange, bis eine Bedingung zutrifft.

Konturen, die; *Subst.* (contouring)
Im Bereich der Computergrafik, z.B. in Verbindung mit CAD-Modellen, bezeichnet »Konturen« eine Darstellungsform, in der auch die Oberfläche eines Objektes zu sehen ist – mit allen Unebenheiten.
Bei der Bildverarbeitung der Verlust an Detailschärfe, der in einem schattierten Bild (z.B. in einer Fotografie) auftritt, wenn zu wenige Grauabstufungen bei der Reproduktion verwendet werden. Im Bereich der Fotografie und grafischen Gestaltung wird der Effekt manchmal als »Posterization« bezeichnet. (Abbildung K.11)

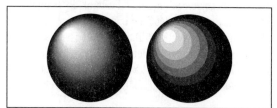

Abbildung K.11: Konturen: Der linke Bereich enthält 32 Graustufen. Der Übergang von dunkel nach hell verläuft glatter als im rechten Bereich, der lediglich 8 Graustufen hat.

Konturschrift, die; *Subst.* (outline font)
Auch als »Vektorschrift« oder »Outlineschrift« bezeichnet. Eine Schrift, die in einem Computer oder Drucker als Satz von Umrissen für das Erzeugen von Buchstaben und sonstigen Zeichen eines Zeichensatzes gespeichert ist. Konturschriften sind Schablonen – keine feststehenden Punktmuster (Bitmaps) – und können daher ohne Qualitätsverlust auf einen bestimmten Schriftgrad skaliert (verkleinert oder vergrößert) werden. Aufgrund der Flexibilität der Konturschriften werden diese vorrangig beim Druck eingesetzt. Bei PostScript-Schriften (die in Verbindung mit einem Post-Script-kompatiblen Laserdrucker verwendet werden) und TrueType-Schriften handelt es sich um Konturschriften. → *vgl.* Bildschirmschrift, Bitmapschrift, Vektorschrift.

Konvention, die; *Subst.* (convention)
Ein Standard, der mehr oder weniger universell in einer bestimmten Situation verwendet wird. Im Mikrocomputerbereich sind zahlreiche Konventionen verbreitet. Beispielsweise stützt sich eine Programmiersprache wie C auf formell erlaubte Symbole und Abkürzungen, die verwendet werden müssen. Weniger formell halten sich die Programmierer gewöhnlich an die Konventionen des Einrückens untergeordneter Befehle in einer Routine, so dass sich die Struktur des Programms optisch leichter erkennen lässt. Nationale und internationale Komitees befassen sich häufig mit der Erörterung und Klärung von Konventionen für Programmiersprachen, Datenstrukturen, Kommunikationsstandards und Geräteeigenschaften. → *siehe auch* CCITT, ISO, NTSC, Standard.

konventioneller Arbeitsspeicher, der; *Subst.* (conventional memory)
Die Größe des RAM, die ein IBM-PC oder kompatibler Computer im Real Mode adressieren kann, typischerweise 640 Kilobyte (KB). Ohne den Einsatz spezieller Techniken stellt der konventionelle Arbeitsspeicher die einzige Form von RAM dar, die Programmen unter MS-DOS zur Verfügung steht. → *siehe auch* Protected Mode, Real Mode. → *vgl.* Erweiterungsspeicher, Expansionsspeicher.

Konvergenz, die; *Subst.* (convergence)
Eine gegenseitige Annäherung. Konvergenz lässt sich z.B. zwischen unterschiedlichen Disziplinen und Technologien beobachten – z.B. wenn Telefonkommunikation und Rechentechnik auf dem Gebiet der Telekommunikation konvergieren. In Verbindung mit einem Tabellenkalkulationsprogramm wird z.B. von »Konvergenz« gesprochen, wenn eine gegenseitig abhängige Menge von Formeln wiederholt neu berechnet wird (Iteration), um einen gesuchten Zielwert zu bestimmen. Mit jedem Iterationsschritt kommt das Ergebnis näher an eine richtige Lösung heran.

K **Konverter**, der; *Subst.* (converter)
Ein Gerät, das elektrische Signale oder Computerdaten von einer Form in eine andere umwandelt (konvertiert). Beispielsweise formt ein Analogdigitalwandler analoge Signale in digitale um.

Konvertierung, die; *Subst.* (conversion)
Die Umwandlung von einem Format in ein anderes. In Bezug auf Informationen handelt es sich dabei um einen Übergang, der die Form betrifft, aber nicht die Substanz. Folgende Konvertierungsarten lassen sich unterscheiden:

Konvertierung	Beschreibung
Datenkonvertierung	Die Änderung der Informationsdarstellung – z. B. das Überführen der binären in die dezimale oder hexadezimale Darstellung.
Dateikonvertierung	Umwandlung einer Datei von einem Format in ein anderes. Eine andere mehr ins Detail gehende Art der Dateikonvertierung schließt die Änderung von Zeichencodierungen von einem Standard in einen anderen ein z. B. die Codierung von EBCDIC-Zeichen (die hauptsächlich in Verbindung mit Großrechnern verwendet werden) in ASCII-Zeichen. *siehe auch* ASCII EBCDIC.
Hardwarekonvertierung	Die Anpassung eines kompletten Computersystems oder eines Teils davon, so dass dieses in Verbindung mit neuen oder andersartigen Geräten eingesetzt werden kann.
Medienkonvertierung	Die Konvertierung von einem Speichermedium auf ein anderes – z. B. von einer Diskette auf ein Magnetband oder von einer 3,5-Zoll-Apple-Macintosh-Diskette auf eine 5,25-Zoll-MS-DOS-Diskette.
Softwarekonvertierung	Die Änderung eines Programms, so dass es auf einem anderen Computer als dem ursprünglichen eingesetzt werden kann. Gewöhnlich müssen hierfür tief greifende Änderungen am Programm vorgenommen werden – Konvertierungsprogramme können nur äußerst bedingt eingesetzt werden.
Systemkonvertierung	der Umstieg von einem Betriebssystem auf ein anderes – z. B. von MS-DOS auf UNIX oder OS/2.

Konvertierungsprogramm, der; *Subst.* (translator)
Ein Programm, mit dem eine Sprache oder ein Datenformat in eine andere Sprache bzw. ein anderes Datenformat übersetzt wird.

Konvertierungstabelle, die; *Subst.* (conversion table)
Eine Tabelle, die einen Satz von Zeichen oder Zahlen enthält und die jeweiligen Entsprechungen in einem anderen Codierungsschema angibt. Bekannte Beispiele sind ASCII-Tabellen, die alle Zeichen und die entsprechenden ASCII-Werte aufweisen, sowie Umrechnungstabellen zwischen dezimal und hexadezimal. In den Anhängen A bis E finden sich diverse Konvertierungstabellen.

Konzentrator, der; *Subst.* (concentrator)
Ein Gerät der Kommunikationstechnik, das Signale von mehreren Quellen – z.B. Terminals in einem Netzwerk – zu einem oder mehreren Signalen zusammenfasst, bevor sie zu ihrem Bestimmungsort gesendet werden. → *vgl.* Multiplexer.

Konzepthalter, der; *Subst.* (copy holder)
Eine Art Klemmbrett oder ein ähnliches Hilfsmittel, mit dem sich ein gedrucktes Material (z.B. ein einzugebender Text) am Computerarbeitsplatz befestigen lässt, so dass es leicht eingesehen werden kann.

konzeptuelles Schema, das; *Subst.* (conceptual schema)
Auch als »logisches Schema« bezeichnet. In einem Datenbankmodell, das eine Dreischemaarchitektur unterstützt (wie sie durch ANSI/X3/SPARC beschrieben ist), eine Beschreibung des Informationsinhalts und der Struktur einer Datenbank. Ein konzeptuelles Schema liefert ein Modell der gesamten Datenbank und agiert somit als Bindeglied zu den beiden anderen Schematypen (intern und extern), die sich mit der Speicherung der Informationen und deren Präsentation für den Benutzer beschäftigen. Die Festlegung der Schemata erfolgt im Allgemeinen mit Befehlen einer vom Datenbanksystem unterstützten Definitionssprache (DDL, data definition language). → *siehe auch* internes Schema, Schema.

kooperatives Multitasking, das; *Subst.* (cooperative multitasking)
Eine Form des Multitaskings, bei der ein oder mehrere Hintergrundtasks nur dann Verarbeitungszeit erhalten, wenn sich der Vordergrundtask im Leerlauf befindet und die Hintergrundbearbeitung zulässt, sich also gewissermaßen kooperativ verhält. Das kooperative Multitasking ist der vorrangige Modus beim Betriebssystem des Apple Macintosh.

→ *siehe auch* kontextbezogenes Multitasking, Multitasking, Zeitscheibe. → *vgl.* preemptives Multitasking.

kooperative Verarbeitung, die; *Subst.* (cooperative processing)
Ein für verteilte Systeme charakteristischer Betriebsmodus, bei dem zwei oder mehr Computer, z.B. ein Großrechner und ein Mikrocomputer, gleichzeitig Teile desselben Programms ausführen oder dieselben Daten bearbeiten. → *vgl.* verteilte Datenverarbeitung.

Koordinate, die; *Subst.* (coordinate)
Ein Element in einer Gruppe von Bezügen auf eine bestimmte Position, z.B. den Schnittpunkt einer bestimmten Zeile und Spalte. In der Computergrafik und bei Monitoren legen Koordinaten Elemente fest, z.B. Punkte auf einer Linie, Ecken eines Quadrats oder die Lage eines Pixels auf dem Bildschirm. In anderen Anwendungen spezifizieren Koordinaten z.B. Zellen in einem Tabellenblatt, Datenpunkte auf einem Graphen, Positionen im Arbeitsspeicher usw. → *siehe auch* kartesische Koordinaten, Polarkoordinaten.

Koordinaten, absolute, die; *Subst.* (absolute coordinates)
→ *siehe* absolute Koordinaten.

koordinatenbezogene Positionierung, die; *Subst.* (coordinate dimensioning)
Eine Form der räumlichen Lagebeschreibung, bei der Punkte relativ zu einem festgelegten Bezugspunkt als Entfernung und Richtung in Bezug auf die Achsen eines Koordinatensystems beschrieben werden. → *siehe auch* dreidimensionales Modell, kartesische Koordinaten, zweidimensionales Modell.

Koordinaten, kartesische, die; *Subst.* (Cartesian coordinates)
→ *siehe* kartesische Koordinaten.

Koordinaten, relative, die; *Subst.* (relative coordinates)
→ *siehe* relative Koordinaten.

Kopf, der; *Subst.* (head, header)
Der Schreib-/Lesemechanismus in einem Diskettenlaufwerk oder einem Magnetbandlaufwerk. Der Kopf wandelt Änderungen im magnetischen Feld des Materials auf der Diskette oder der Bandoberfläche in wechselnde elektrische Signale um (oder umgekehrt). Die meisten Diskettenlaufwerke enthalten einen Kopf für jede Oberfläche, der sich sowohl lesen als auch beschreiben lässt.

K

In Bezug auf den Aufbau von Daten stellt ein Kopf eine Datenstruktur dar, die die nachfolgenden Informationen identifiziert, z.B. ein Byteblock in der Kommunikation, eine Datei auf einem Datenträger, ein Datensatz in einer Datenbank oder ein ausführbares Programm.
In der Programmierung bezeichnet »Kopf« die Zeilen eines Programms, die die nachfolgenden Programme, Funktionen oder Prozeduren identifizieren und beschreiben. Diese Zeilen stehen am Anfang des Quellcodes oder des jeweiligen Abschnitts im Quellcode, daher die Bezeichnung.

Kopfberuhigungszeit, die; *Subst.* (settling time)
Die Zeit, die der Schreib-/Lesekopf eines Festplattenlaufwerks nach einer Positionsänderung zur Stabilisierung seiner Lage auf einer neuen Spur benötigt.

Kopfdatensatz, der; *Subst.* (header record, home record)
Der erste Datensatz in einer Folge von Datensätzen.

Kopfmarkenlabel, das; *Subst.* (header label)
Eine Anfangsstruktur (z.B. ein eröffnender Datensatz) in der linearen Organisation einer Datei oder einer Kommunikation, die die Länge, den Typ und die Struktur der nachfolgenden Daten beschreibt. → *vgl.* Endmarkenlabel.

Kopfpositionierung, die; *Subst.* (head positioning)
Die Bewegung des Schreib-/Lesekopfes eines Diskettenlaufwerks auf die gewünschte Spur zum Lesen und Schreiben.

Kopfreiniger, der; *Subst.* (head-cleaning device)
Eine Vorrichtung, die eine kleine Menge von Reinigungsflüssigkeit an einen Magnetkopf abgibt, um den angesammelten Bandabrieb zu beseitigen.

Kopfumschaltung, die; *Subst.* (head switching)
Die elektrische Umschaltung zwischen mehreren Schreib-/Leseköpfen in einem Diskettenlaufwerk.

Kopfzeile, die; *Subst.* (header, heading)
In der Textverarbeitung und beim Drucken Text, der am oberen Blattrand erscheint. Eine Kopfzeile kann für die erste Seite, auf allen Seiten nach der ersten Seite oder auf ungeraden Seiten festgelegt werden. Sie enthält in der Regel die Seitennummer und kann auch das Datum, den Titel oder andere Informationen eines Dokuments anzeigen. → *auch genannt* lebender Kolumnentitel. → *vgl.* Fußzeile.

K **kopieren** *Vb.* (copy)

Das Duplizieren von Informationen und das Reproduzieren in einem anderen Teil eines Dokuments, in einer anderen Datei, an einer anderen Position im Arbeitsspeicher oder auf einem anderen Medium. Der Umfang der von einer Kopieroperation einbezogenen Daten kann von einzelnen Zeichen bis hin zu großen Textabschnitten, Grafiken oder mehreren Dateien reichen. Texte und Grafiken lassen sich z.B. in einen anderen Teil eines Dokuments, in einen temporären Cache (z.B. in die Zwischenablage von Windows oder dem Apple Macintosh) oder in eine andere Datei kopieren. Ebenso können Dateien von einer Diskette auf eine andere oder von einem Verzeichnis in ein anderes kopiert werden. Daneben lassen sich Daten vom Bildschirm auf den Drucker ausgeben oder in eine Datendatei schreiben. In den meisten Fällen bleiben die Originaldaten bei einem Kopiervorgang unverändert auf ihrem ursprünglichen Platz erhalten. → *vgl.* Ausschneiden und Einfügen, verschieben.

Kopierprogramm, das; *Subst.* (copy program)

Ein Programm, das zum Duplizieren einer oder mehrerer Dateien in ein anderes Verzeichnis bzw. auf einen anderen Datenträger dient.

Kopierschutz, der; *Subst.* (copy protection, copy protection)

Von Softwareindustrie und Unterhaltungsbranche eingesetzte Maßnahme, um das unbefugte Vervielfältigen oder die unrechtmäßige Benutzung lizenzrechtlich geschützter Produkte zu unterbinden. Die Spanne der eingesetzten Kopierschutzverfahren reicht von hardwaregestützten Methoden (Dongle), über die Verschlüsselung der Inhalte (CSS) bis hin zur Manipulation der Datenstruktur (»Key2Audio«) → *siehe auch* CSS, Dongle.

koresident *Adj.* (coresident)

Eigenschaft eines Zustands, bei dem zwei oder mehrere Programme zur gleichen Zeit in den Speicher geladen wurden.

Korn-Shell, die; *Subst.* (Korn shell)

Eine Befehlszeilen-Schnittstelle von UNIX, die die Funktionen der Bourne- und C-Shells verbindet. Die Korn-Shell ist mit der Bourne-Shell kompatibel, bietet jedoch auch die Befehlspuffer und die Bearbeitungsfunktion der Befehlszeilen der C-Shell. → *siehe auch* Befehlszeilen-Schnittstelle, Shell, UNIX. → *vgl.* Bourne-Shell, C-Shell.

Koronadraht, der; *Subst.* (corona wire)

Ein Draht in Laserdruckern, an den eine Hochspannung angelegt wird, um die Luft zu ionisieren. Auf diese Weise wird eine einheitliche elektrostatische Ladung auf das fotoempfindliche Medium übertragen. Dieser Vorgang dient dazu, das auf der Bildtrommel durch den Laser erzeugte Bild kurzzeitig zu fixieren, so dass der Toner aufgetragen werden kann.

Koroutine, die; *Subst.* (coroutine)

Eine Routine, die sich gleichzeitig mit einer anderen Routine im Speicher befindet und häufig parallel zu dieser ausgeführt wird.

Korrespondenzdrucker, der; *Subst.* (letter-quality printer)

Jeder Drucker, der Ausgaben mit einer für Geschäftsbriefe ausreichenden Qualität liefert. → *siehe auch* Laserdrucker, Typenraddrucker.

Korrespondenzdruckqualität *Adj.* (letter quality)

Eine gegenüber der Entwurfsqualität deutlich bessere Qualitätsstufe bei Matrixdruckern. Aus der Bezeichnung geht bereits hervor, dass sich die Korrespondenzdruckqualität durch ein scharfes und ausreichend dunkles Schriftbild auszeichnet und damit für Geschäftsbriefe eignet. → *siehe auch* Druckqualität. → *vgl.* Entwurfsqualität, Near Letter Quality.

Korrespondenzqualität, die; *Subst.* (correspondence quality)

→ *siehe* Druckqualität.

korrigierbarer Fehler, der; *Subst.* (recoverable error)

Ein Fehler, der sich per Software erfolgreich abfangen lässt. Gibt beispielsweise der Benutzer eine Ziffer ein, obwohl ein Buchstabe angefordert wird, kann das Programm diesen Fehler korrigieren, indem es eine Fehlermeldung ausgibt und den Benutzer zu erneuter Eingabe auffordert.

Kosten-/Nutzenanalyse, die; *Subst.* (cost-benefit analysis)

Der Vergleich des Nutzens eines bestimmten Elements oder einer bestimmten Aktion in Relation zu den dadurch entstehenden Kosten. Derartige Analysen werden häufig in MIS- oder IS-Abteilungen durchgeführt, um herauszufinden, ob z.B. die Anschaffung eines neuen Computersystems eine sinnvolle Investition darstellt oder ob die Einstellung zusätzlicher Mitarbeiter notwendig ist. → *siehe auch* IS, MIS.

K&R-C (K&R C)
Abkürzung für »**K**ernighan und **R**itchie **C**«. Variante der Programmiersprache C, die von den C-Begründern Brian W. Kernighan und Dennis Ritchie definiert wurde. K&R-C stellte den inoffiziellen Standard für C dar, bevor durch das ANSI-Komitee ein stärker formaler C-Standard entwickelt wurde. → *siehe auch* C.

Kreisdiagramm, das; *Subst.* (pie chart)
→ *siehe* Tortengrafik.

kreisförmige Liste, die; *Subst.* (circular list)
Eine verknüpfte oder verkettete Liste, bei der die Verarbeitung wie in einem Ring durch alle Elemente fortgesetzt wird und an den Ausgangspunkt zurückkehrt, unabhängig davon, an welcher Stelle sich dieser Punkt in der Liste befindet. → *siehe auch* verkettete Liste.

Kreuzschraffur, die; *Subst.* (cross-hatching)
Eine Schraffur in der Form eines Gittermusters aus zwei Sätzen sich kreuzender Linien. Die Kreuzschraffur ist eine der zahlreichen Methoden zum Ausfüllen von Flächen in einer Grafik. (Abbildung K.12)

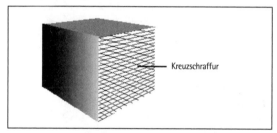

Abbildung K.12: Kreuzschraffur

kritischer Fehler, der; *Subst.* (critical error)
Ein Fehler, der zu einer Unterbrechung der Verarbeitung führt, bis der kritische Zustand entweder per Software oder durch Mitwirkung der Benutzer korrigiert wird. Ein kritischer Fehler kann z.B. auftreten, wenn versucht wird, auf das Diskettenlaufwerk zuzugreifen, ohne dass sich eine Diskette im Laufwerk befindet, wenn beim Druck der Papiervorrat erschöpft ist oder wenn bei einer empfangenen Nachricht ein Prüfsummenfehler festgestellt wurde.

kryoelektronisch *Adj.* (cryoelectronic)
Eigenschaft von Systemen, bei denen auf Supraleitern basierende elektronische Schaltungen eingesetzt werden. Dabei wird eine kryogenische (kälteerzeugende) Umgebung vorausgesetzt, da sich die Supraleitfähigkeit erst bei extrem niedrigen Temperaturen einstellt. Die Supraleitfähigkeit ermöglicht den praktisch verlustfreien Stromtransport.

Kryptoanalyse, die; *Subst.* (cryptoanalysis)
Die Technik der Entschlüsselung von elektronisch codierten Informationen, deren Schlüssel nicht bekannt ist. → *siehe auch* Kryptografie, Verschlüsselung.

Kryptografie, die; *Subst.* (cryptography)
Der Einsatz von Verschlüsselungstechniken, um Daten so umzuwandeln, dass nur der Empfänger, dem der entsprechende Schlüssel bekannt ist, die Daten lesen kann. Das größte Problem der Kryptografie liegt darin, dass der Schlüssel an den Empfänger übertragen werden muss. Dabei besteht die Gefahr, dass der Schlüssel von unberechtigten Personen abgefangen wird. Die Public-Key-Verschlüsselung, ein relativ neues Verfahren, das auf dem Vorhandensein zweier Schlüssel basiert – ein öffentlicher und ein privater –, weist signifikante Vorteile auf, da sie das Problem der Schlüsselübertragung elegant löst. → *siehe auch* kodieren, öffentlicher Schlüssel, PGP, privater Schlüssel, Verschlüsselung. → *vgl.* Steganografie.

KSR-Terminal, das; *Subst.* (KSR terminal)
Abkürzung für **K**eyboard **S**end/**R**eceive **Terminal**. Eine Terminalart, die ausschließlich die Eingabe von einer Tastatur akzeptiert, und keinen Bildschirm verwendet, sondern einen internen Drucker einsetzt, um die Tastatureingabe und die Ausgabe anzuzeigen, die vom Sendeterminal empfangen wird. → *siehe auch* TTY.

Kühlkörper, der; *Subst.* (heat sink)
Ein Bauteil, das die von einem elektrischen Bauelement erzeugte Wärme aufnimmt und verteilt, um eine Überhitzung zu vermeiden. Kühlkörper sind in der Regel aus Metall und mit Kühlrippen versehen, die für die Abgabe von Wärme in die Umgebungsluft verantwortlich sind. → *siehe auch* Kühlkörper. → *vgl.* Röhrenkühlkörper. (Abbildung K.13)

Abbildung K.13: Kühlkörper

K

künstliche Intelligenz, die; *Subst.* (artificial intelligence)
Abkürzung: AI, im Deutschen auch KI. Der Zweig der Informatik, der sich mit der Nachbildung bestimmter Aspekte menschlicher Intelligenz auf Computersystemen beschäftigt wie Spracherkennung, Deduktion, Inferenz, kreativem Verhalten, der Fähigkeit, aus eigener Erfahrung zu lernen, und der Fähigkeit, Schlussfolgerungen aus unvollständigen Informationen zu ziehen. Gebiete der künstlichen Intelligenz, auf denen geforscht wird, sind beispielsweise die Entwicklung von Expertensystemen, die Verarbeitung natürlicher Sprache, und die Verarbeitung visueller Informationen. → *siehe auch* Active Vision, Expertensystem, Konnektionismus, natürlichsprachliche Verarbeitung, Robotik, visuelle Verarbeitung.

künstliches Leben, das; *Subst.* (artificial life)
Abkürzung: AL, A-Life, im Deutschen auch KL. Der Zweig der Informatik, der sich mit der Nachbildung bestimmter Aspekte des Verhaltens lebender Organismen beschäftigt. Künstliches Leben schließt Systeme ein, in denen Programme versuchen, bestimmte Aufgaben im Wettbewerb mit anderen Programmen durchzuführen, wobei sich ein Erfolg positiv auf die eigene Reproduktion auswirkt. Die Nachkommen sind die Reproduktion des Vorgängerprogrammcodes, in den zufällige Abweichungen (Mutationen) eingebaut werden, so dass die Reproduktion einem ständigen Wandel unterworfen ist. Die Programme treten dabei so lange mit immer neuen Modifikationen in den Wettbewerb, bis eine optimale Lösung für das Problem gefunden ist.

künstliches neuronales Netzwerk, das; *Subst.* (artificial neural network)
Eine Anwendung im Bereich der künstlichen Intelligenz. Die dabei eingesetzte Software basiert auf Konzepten, die biologischen neuronalen Netzwerken entnommen wurden, und führt die ihr aufgetragene Aufgabe auf anpassende Weise durch.

Kugelkopf, der; *Subst.* (type ball)
Eine kleine Kugel, die auf dem Druckkopf eines Druckers oder einer Schreibmaschine (z.B. IBM Selectric) montiert ist und alle Zeichen eines bestimmten Zeichensatzes auf ihrer Oberfläche trägt. Die Kugel ist drehbar, um das gewünschte Zeichen in Richtung des Farbbandes auszurichten, bevor es auf das Papier gedruckt wird. (Abbildung K.14)

Kugelkopfdrucker, der; *Subst.* (ball printer)
Ein Anschlagdrucker, der mit einem Kugelkopf – einem kleinen kugelförmigen Druckkopf mit auf der Oberfläche relief-

Abbildung K.14: Kugelkopf

artig angebrachten Schrifttypen – arbeitet. Beim Druckvorgang wird der Kugelkopf so gedreht und gekippt, dass das gewünschte Zeichen in die entsprechende Position gebracht wird, und abschließend gegen ein Farbband gedrückt wird. Die Kugelkopftechnik kam erstmals in der Selectric-Schreibmaschine von IBM zum Einsatz.

kugelsicher *Adj.* (bulletproof)
Umgangssprachlicher Ausdruck für die Eigenschaft eines sehr stabil arbeitenden Systems, das auch bei bestimmten hardwaremäßigen Problemen korrekt weiterarbeitet, die bei anderen Systemen zu einem Abbruch führen können.

kundenspezifische Software, die; *Subst.* (custom software)
Ein Programm, das für bestimmte Kunden entwickelt oder an spezielle Bedürfnisse angepasst wird. Kundenspezifische Software muss jedoch nicht unbedingt neu entwickelt werden. Viele Programme, z.B. dBASE und Lotus 1-2-3, verfügen über mächtige Konfigurationsfunktionen und eine hohe Flexibilität, so dass sie auch an sehr spezielle Wünsche und Umgebungen angepasst werden können. → *siehe auch* CASE.

Kursivschrift, die; *Subst.* (italic)
Ein Schriftstil, bei dem die Zeichen gleichmäßig nach rechts geneigt sind. *Dieser Satz ist kursiv dargestellt.* Die Kursivschrift wird z.B. für Hervorhebungen, fremdsprachige Wörter und Begriffe, Titel von Büchern und andere Publikationen, technische Begriffe sowie Zitate verwendet. → *siehe auch* Schriftfamilie. → *vgl.* Roman.

kurze Karte, die; *Subst.* (short card)
Eine Erweiterungskarte für einen IBM-PC, die nur halb so lang ist wie das Standardformat. → *siehe* auch gedruckte Leiterplatte. → *auch genannt* halbe Karte. (Abbildung K.15)

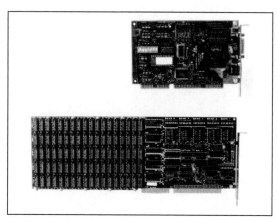

Abbildung K.15: Kurze Karte: Oben eine kurze Karte, unten eine Standardkarte.

kurzer Transportweg *Adj.* (short-haul)
Ein Begriff, der Übertragungsvorrichtungen kennzeichnet, die ein Signal über eine Übertragungsstrecke mit einer Distanz von weniger als 30 Kilometer übertragen. → *vgl.* langstreckengeeignet.

Kurzschlussauswertung, die; *Subst.* (short-circuit evaluation)
Eine Methode zur Auswertung Boolescher Ausdrücke, bei der die Auswertung nur so weit durchgeführt wird, bis das Ergebnis feststeht. → *siehe auch* AND, Boolescher Operator, OR.

KWIC
→ *siehe* Stichwortanalyse.

Kybernetik, die; *Subst.* (cybernetics)
Die Lehre von Regelungssystemen (wie dem Nervensystem) in lebenden Organismen und der Entwicklung äquivalenter Systeme in elektronischen und mechanischen Geräten. In der Kybernetik werden Ähnlichkeiten und Unterschiede zwischen lebenden und nichtlebenden Systemen verglichen, unabhängig davon, ob diese Individuen, Gruppen oder Gemeinschaften umfassen. Kybernetik stützt sich dabei auf Kommunikations- und Steuerungstheorien, die sich auf lebende, nichtlebende oder auf beide Systeme anwenden lassen. → *siehe auch* Bionik.

L

L1-Cache, der; *Subst.* (L1 cache)
Ein Speichercache, der in den Prozessoren ab der Generation i486 integriert ist. Der L1-Cache, der in der Regel 8 KB enthält, kann in einem einzelnen Taktzyklus gelesen werden. Deshalb wird dieser zuerst verwendet. Der Prozessor i486 enthält einen L1-Cache. Der Pentium-Prozessor verfügt über zwei L1-Caches, wobei ein Cache für Code und der andere Cache für Daten verwendet wird. → *siehe auch* i486DX, L1-Cache, Pentium. → *auch genannt* Level 1-Cache, On-Chip-Cache. → *vgl.* L2-Cache.

L2-Cache, der; *Subst.* (L2 cache)
Ein Speichercache, der aus einem statischen RAM auf einer Hauptplatine besteht, auf der sich ein Prozessor ab der Generation i486 befindet. Der L2-Cache, der in der Regel 128 KB bis 1 MB enthält, ist zwar schneller als der System-DRAM, jedoch langsamer als der L1-Cache, der im CPU-Chip integriert ist. → *siehe auch* CCITT, DRAM, i486DX, statisches RAM. → *auch genannt* Level 2-Cache. → *vgl.* L1-Cache.

L2TP (Layer 2 Tunneling Protocol)
Abkürzung für **L**ayer **2** **T**unneling **P**rotocol. Ein Standard der Internet Engineering Task Force (IETF), der in RFC 2661 (Request for Comments) das Erstellen von VPNs (Virtuelle Private Netzwerke) über das Internet definiert. L2TP unterstützt mehrere Protokolle, wozu auch nicht auf IP basierende Protokolle (beispielsweise Appletalk and IPX) gehören, und privat verwaltete IP-Adressen über das Internet. L2TP stellt eine Kombination der besten Funktionen von PPTP (Point-to-Point Tunneling Protocol, definiert in RFC 2637) und L2F (Cisco Layer 2 Forwarding, definiert in RFC 2341) dar. → *siehe auch* Virtuelles Privates Netzwerk.

L8R *Adv.*
Wenn man die Zahl »8« englisch ausspricht (eight), ergibt sich das englische Wort »later«. L8R wird gelegentlich bei »See you later« verwendet, das häufig als Grußformel (deutsch: »Bis bald« oder »Bis demnächst«) in E-Mail-Nachrichten oder Usenetgroups benutzt wird.

Label, das; *Subst.* (label)
Ein Bezeichner. Ein Label kann ein physikalisches Element sein, beispielsweise ein Aufkleber zur Identifizierung einer Diskette oder einer anderen Computerausrüstung, oder eine elektronische Beschriftung, die Disketten oder Festplatten hinzugefügt wird.
Es kann sich auch um ein Wort, ein Symbol oder eine andere Zeichenfolge handeln, die man zur Identifizierung einer Datei, eines Speichermediums, eines in einem Computerprogramm definierten Elements oder eines spezifischen Elements in einem Dokument (beispielsweise einem Tabellenblatt oder Diagramm) verwendet. → *siehe auch* Bezeichner.

Labelpräfix, das; *Subst.* (label prefix)
Ein Labelpräfix ist in einer Tabelle das Anfangszeichen eines Zelleneintrags, das den Programmeintrag als Label kennzeichnet.

ladbare Schrift, die; *Subst.* (downloadable font)
Ein Zeichensatz, der auf einen Datenträger gespeichert ist und bei Bedarf zum Ausdrucken eines Dokuments an den Drucker übertragen (d.h. in den Druckerspeicher geladen) wird. Ladbare Schriften werden am häufigsten bei Laserdruckern und anderen Seitendruckern eingesetzt, obwohl viele Matrixdrucker ebenfalls damit arbeiten können. → *auch genannt* Softfont.

Lademodul, das; *Subst.* (load module)
Ein ausführbarer Codeabschnitt, der durch den Lader in den Speicher gebracht wird. Ein Programm besteht aus einem oder mehreren derartiger Modulen, die sich, jeweils unabhängig voneinander, laden und ausführen lassen. → *siehe auch* Lader.

laden *Vb.* (load)
Informationen von einem Speichermedium in den Arbeitsspeicher bringen, um sie entweder zu verarbeiten (bei Daten) oder auszuführen (bei Programmcode).

Laden und Starten (load-and-go)
Eine Routine, die nach dem Laden unmittelbar ausgeführt (gestartet) wird. Man bezieht sich dabei häufig auf den Maschinencode, den ein Compiler erzeugt.

Laden, virtueller, das; *Subst.* (virtual storefront)
→ *siehe* virtueller Laden.

Ladenzeile, die; *Subst.* (storefront)
→ *siehe* virtueller Laden.

Ladepunkt, der; *Subst.* (load point)
Der Anfang des gültigen Datenbereichs auf einem Magnetband.

Lader, der; *Subst.* (loader)
Ein Dienstprogramm, das ablauffähigen Programmcode zur Ausführung in den Arbeitsspeicher lädt. Bei den meisten Mikrocomputern ist der Lader ein unsichtbarer Teil des Betriebssystems und wird automatisch beim Aufruf eines Programms aktiviert. → *siehe auch* Lademodul, Laderoutine.

Laderoutine, die; *Subst.* (loader routine)
Eine Routine, die ausführbaren Code in den Hauptspeicher lädt und ihn startet. Eine Laderoutine kann sowohl Teil eines Betriebssystems sein als auch zum Programm selbst gehören. → *siehe auch* Lader, überlagern.

Ladung, die; *Subst.* (charge)
Eine Eigenschaft von Elementarteilchen, die entweder eine negative oder eine positive Ladung aufweisen können. In der Elektronik stellt eine Ladung entweder einen Überschuss an Elektronen (negative Ladung) oder ein Defizit an Elektronen (positive Ladung) dar. Die Einheit der elektrischen Ladung ist »Coulomb« (Abkürzung: C). 1 Coulomb entspricht $6{,}28 * 10^{18}$ Elementarladungen (Elektronen).

Ländercode, der; *Subst.* (country code)
→ *siehe* Länderkürzel.

Länderkürzel, das; *Subst.* (major geographic domain)
Eine Zeichenfolge in einer Internetdomänenadresse, die aus zwei Zeichen besteht und das Land angibt, in dem der Host installiert ist. Das Länderkürzel ist der letzte Bestandteil der Domänenadresse. Vor dem Länderkürzel stehen die Codes für die Teildomäne und die Domäne. So gibt »imsdd.meb.uni-bonn.de« den Host der Universitätsklinik Bonn an. Weitere Beispiele sind »uiuc.edu.us« (Universität Illinois, USA) und

»cam.ac.uk« (Universität von Cambridge, Großbritannien). → *siehe auch* Domänenadresse. → *auch genannt* Ländercode.

Länge, die; *Subst.* (length)
Die Anzahl aufeinander folgender Speichereinheiten, die ein bestimmtes Objekt (z.B. eine Datei auf Diskette oder eine Datenstruktur in einem Programm) einnimmt. Die Länge wird typischerweise in Einheiten von Bit, Byte oder Blöcken angegeben.

LAN, das; *Subst.*
Abkürzung für **L**ocal **A**rea **N**etwork. Ein lokales Netzwerk, das aus einer Gruppe von Computern und anderen Geräten besteht, die über einen relativ begrenzten Bereich verteilt und durch Kommunikationsleitungen verbunden sind, die jedem Gerät die Interaktion mit jedem anderen Gerät im Netzwerk ermöglichen. LANs bestehen häufig aus Mikrocomputern und gemeinsam genutzten Ressourcen, z.B. Laserdruckern und großen Festplatten. Die an einem LAN angeschlossenen Geräte bezeichnet man als Knoten. Die Verkabelung der Knoten untereinander stellt die Übertragung der Nachrichten sicher. → *siehe auch* Basisbandnetzwerk, Breitbandnetzwerk, Busnetzwerk, CSMA/CD, Kollisionserkennung, Kommunikationsprotokoll, Konkurrenz, Netzwerk, Ringnetzwerk, Sternnetzwerk, Token Bus-Netzwerk, Tokenpassing, Token Ring-Netzwerk. → *vgl.* Weitbereichsnetz.

landesspezifisch *Adj.* (country-specific)
Eigenschaft von Hardware- und Softwarekomponenten, die spezielle Zeichen oder Konventionen verwenden, die für ein bestimmtes Land oder eine bestimmte Region von Bedeutung sind. »Landesspezifisch« bezieht sich dabei nicht nur auf die Landessprache, obwohl damit in der Regel sprachspezifische Sonderzeichen verbunden sind (z.B. Akzentzeichen), sondern auch auf weitere landesspezifische Charakteristika. Dazu gehören u.a. das Tastaturlayout (einschließlich der Tasten für Sonderzeichen), Konventionen zur Darstellung von Zeit und Datum, Zahlenschreibweisen im Finanzwesen, Währungssymbole (z.B. für das Britische Pfund, den US-Dollar oder den Japanischen Yen), Dezimalnotation (Dezimalpunkt oder Dezimalkomma für gebrochene Werte), Papierformate und die alphabetische Sortierfolge. Die Berücksichtigung derartiger landesspezifischer Eigenheiten geschieht entweder durch das Betriebssystem – z.B. bei MS-DOS mit Hilfe der Befehle »keyb« (für »keyboard«) und »country« – oder durch entsprechende Funktionen in den Anwendungen. Diese Funktionen erlauben es, Dokumente anzufertigen, in denen

nationale Eigenheiten oder internationale Standards berücksichtigt werden. Es gibt aber auch Anwendungen ohne Anpassungsmöglichkeit; derartige Programme sind dann auf ein Land oder eine Region fixiert und können in anderen Ländern oder Regionen kaum sinnvoll eingesetzt werden.

LAN, drahtloses, das; *Subst.* (wireless LAN)
→ *siehe* drahtloses LAN.

lange Dateinamen, der; *Subst.* (long filenames)
Eine Funktion für PC-Betriebssysteme, insbesondere UNIX und Linux, Windows 9x, Windows Me, Windows NT, Windows 2000 und OS/2, die es den Benutzern ermöglicht, Dateien Namen unter Verwendung von Fließtext zuzuweisen. In älteren Betriebssystemen wie MS-DOS und Windows 3.x war die Anzahl der Zeichen auf acht eingeschränkt. Lange Dateinamen können über 200 Zeichen lang sein. Außerdem sind Groß- und Kleinbuchstaben sowie Leerzeichen, teilweise auch Sonderzeichen zulässig. → *vgl.* 8.3.

langstreckengeeignet *Adj.* (long-haul)
Eigenschaft eines Geräts, beispielsweise eines Modems, das Daten über längere Entfernungen hinweg übertragen kann. → *vgl.* kurzer Transportweg.

LAN-Manager, der; *Subst.* (LAN Manager)
Eine von Microsoft entwickelte lokale Netzwerktechnologie, die von IBM (als IBM LAN Server) und anderen OEM-Herstellern vertrieben wird. LAN-Manager verbinden Computer, die unter den Betriebssystemen MS-DOS, OS/2 oder UNIX laufen, und erlauben die gemeinsame Nutzung von Dateien und Systemressourcen sowie das Starten von verteilten Anwendungen, die eine Client/Serverarchitektur verwenden. → *siehe auch* Client/Serverarchitektur, LAN.

LAN, virtuelles, das; *Subst.* (virtual LAN)
→ *siehe* virtuelles LAN.

Laptop, das; *Subst.* (laptop)
Ein kleiner tragbarer PC für die Reise, der über Akkus oder ein Wechselstromnetz betrieben werden kann. Laptops haben flache LCD- oder Plasmabildschirme sowie eine kleine Tastatur. Bei den meisten Laptops können die gleichen Programme wie auf Desktopcomputern ausgeführt und ähnliche Peripheriegeräte angeschlossen werden (z.B. Soundkarten, interne oder externe Modems sowie Disketten- und CD-ROM-Laufwerke). Einige Laptops können an eine Docking Station angeschlossen werden und entsprechen dann Desktopcomputern. Die meisten Laptops haben Schnittstellen für externe Tastaturen und Monitore. Ältere Laptops hatten ein Gewicht von bis zu 7 kg. Jetzige Versionen wiegen ohne Peripheriegeräte (z.B. Disketten- oder CD-ROM-Laufwerke) teilweise nur noch 2 kg. Der Begriff Laptop wird auch für *Notebooks* (neu entwickelte tragbare Computer, die noch leichter sind) verwendet. → *siehe auch* portabler Computer. → *vgl.* Subnotebookcomputer.

Large-Modell, das; *Subst.* (large model)
Ein Speichermodell der Intel-Speicherfamilie 80x86. Das Large-Modell erlaubt sowohl Code als auch Daten von mehr als 64 Kilobyte, wobei die Gesamtsumme beider Bereiche im Allgemeinen kleiner als 1 Megabyte bleiben muss und eine Datenstruktur 64 KB nicht überschreiten darf. → *siehe auch* Speichermodell.

Laser, der; *Subst.* (laser)
Abkürzung für **l**ight **a**mplification by **s**timulated **e**mission of **r**adiation, zu Deutsch »Lichtverstärkung durch induzierte Emission von Strahlung«. Ein Gerät, das unter Ausnutzung bestimmter Quanteneffekte kohärentes Licht erzeugt, das sich mit größerer Effizienz gegenüber nichtkohärentem Licht ausbreitet, da der Strahl mit wachsender Entfernung von der Quelle nur leicht divergiert. Laser werden in der Computertechnologie eingesetzt, um Daten über Glasfaserkabel zu übertragen, Daten auf CD-ROMs zu lesen und zu schreiben sowie ein Bild auf die fotoempfindliche Trommel in Laserdruckern zu zeichnen.

Laserdrucker, der; *Subst.* (laser printer)
Ein elektrofotografischer Drucker, dessen grundlegende Technik mit der eines Fotokopierers vergleichbar ist. Der Laserdrucker zeichnet mit Hilfe eines fokussierten Laserstrahls und eines rotierenden Spiegels ein Bild der gewünschten Seite auf eine fotoempfindliche Trommel. Dieses Bild wird auf der Trommel in eine elektrostatische Ladung konvertiert, die den Toner anzieht und festhält. Ein um die Trommel gerolltes, elektrostatisch geladenes Papier übernimmt den Toner von der Trommel. Das Fixieren des Toners auf dem Papierblatt erfolgt durch Hitzeeinwirkung. Schließlich wird die elektrische Ladung von der Trommel entfernt und der überschüssige Toner gesammelt. Um mehrere Kopien zu erzeugen, lässt man den letzten Schritt weg und wiederholt nur die Toner- und Papierbehandlungsschritte. Der einzige Nachteil von Laserdruckern besteht darin, dass sie weniger Flexibilität in der Papierbehandlung bieten als Matrixdrucker. Sowohl für Durchschlagformulare als auch für

L

Breitdruck sind beispielsweise Matrixdrucker oder Typenrad-drucker besser geeignet. → *siehe auch* anschlagfreier Drucker, elektrofotografische Drucker, Seitendrucker. → *vgl.* Ionenbeschussdrucker, LCD-Drucker, LED-Drucker, Matrix-drucker, Typenraddrucker.

Laserengine, die; *Subst.* (laser engine)
→ *siehe* Druckwerk.

Laserspeicher, der; *Subst.* (laser storage)
Die Verwendung von optischen Schreib-/Lesetechnologien bei metallischen Discs für die Informationsspeicherung. → *siehe auch* Compact-Disc.

LaserWriter 35, der; *Subst.*
Der Standardsatz von 35 PostScript-Schriftarten für die Pro-duktfamilie der Apple LaserWriter-Laserdrucker. → *siehe auch* Laserdrucker, PostScript-Schrift.

Last, die; *Subst.* (load)
In Bezug auf ein Computersystem die gesamte Rechenleis-tung, die ein System zu einem bestimmten Zeitpunkt bewäl-tigen muss.
In der Elektronik bezeichnet »Last« den Strom, der durch ein Gerät fließt. Man spricht in diesem Zusammenhang von »Laststrom«. In der Kommunikationstechnik bezieht sich »Last« auf den Umfang des Verkehrs auf einer Kommunika-tionsleitung.

Lastabstoß, der; *Subst.* (load shedding)
In Verbindung mit elektrischen Systemen der Vorgang, bei dem die Stromversorgung einiger Komponenten abgeschal-tet wird, um die Integrität der Netzversorgung der übrigen angeschlossenen Geräte aufrechtzuerhalten. → *siehe auch* UPS.

Lastaufteilung, die; *Subst.* (load sharing)
Eine Methode zur Verwaltung eines oder mehrerer Tasks, Jobs oder Prozesse durch Scheduling und simultane Ausfüh-rung der Teilaufgaben auf mehreren Mikroprozessoren. → *siehe auch* Load-Balancing, skalierbar.

Lastin, Firstout, das; *Subst.* (last in, first out)
Organisationsprinzip einer Warteschlange, bei dem die Ent-nahme der Elemente in umgekehrter Reihenfolge, bezogen auf das Einfügen, abläuft, d.h. das zuletzt eingefügte Ele-ment wird zuerst wieder entnommen. → *siehe auch* Stack. → *vgl.* First In, First Out.

Latch, das; *Subst.* (latch)
Eine Schaltung oder ein Schaltungselement für das Festhal-ten eines bestimmten Zustandes – z.B. an oder aus, logisch wahr oder falsch. Der Zustand eines Latchs lässt sich nur durch ein bestimmtes Eingangssignal ändern. → *siehe auch* Flipflop.

Latenz, die; *Subst.* (latency)
Der erforderliche Zeitaufwand, den ein Signal benötigt, um von einem Punkt eines Netzwerks zu einem anderen zu gelangen. → *siehe auch* pingen.

LaTeX, das; *Subst.*
Ein System für die Vorbereitung von Dokumenten, das auf Donald Knuths Programm TeX basiert und von Leslie Lamport entwickelt wurde. Durch die Verwendung einfacher, intuiti-ver Befehle für Textelemente (z.B. Kopfzeilen) ermöglicht es LaTeX dem Benutzer, sich mehr auf den Dokumentinhalt als auf das Erscheinungsbild des Dokuments konzentrieren zu können. Informationen zu LaTeX sind unter der Webadresse http://www.dante.de abrufbar. → *siehe auch* Kopf, TeX.

LaTeXen *Vb.* (LaTeX)
Das Verarbeiten einer LaTeX-Datei.

Laufschrift, die; *Subst.* (marquee)
Eine nicht standardisierte HTML-Erweiterung, die es ermög-licht, Laufschriften als Bestandteil einer Webseite anzuzei-gen. Derzeit kann Marquee nur in Internet Explorer ange-zeigt werden. → *siehe auch* HTML, Internet Explorer, Web-seite.

Laufvariable, die; *Subst.* (control variable)
In der Programmierung eine Variable, mit der sich der Pro-grammablauf innerhalb einer Steueranweisung beeinflussen lässt. Beispielsweise legt die Indexvariable in einer FOR-Schleife fest, wie oft die Anweisungsgruppe innerhalb der Schleife zu durchlaufen ist. → *siehe auch* Steueranweisung.

Laufwerk, das; *Subst.* (drive)
→ *siehe* Diskettenlaufwerk.

Laufwerk, doppelseitiges, das; *Subst.* (dual-sided disk drive)
→ *siehe* doppelseitiges Laufwerk.

Laufwerke, gemappte, das; *Subst.* (mapped drives)
→ *siehe* gemappte Laufwerke.

Laufwerk, halbhohes, das; *Subst.* (half-height drive)
→ *siehe* halbhohes Laufwerk.

Laufwerk, komprimiertes, das; *Subst.* (compressed drive)
→ *siehe* komprimiertes Laufwerk.

Laufwerk, logisches, das; *Subst.* (logical drive)
→ *siehe* logisches Gerät.

Laufwerk, optisches, das; *Subst.* (optical drive)
→ *siehe* optisches Laufwerk.

Laufwerkbuchstabe, der; *Subst.* (drive letter)
Die Namenskonvention für Diskettenlaufwerke auf IBM- und kompatiblen Computern. Die einzelnen Laufwerke werden durch einen Buchstaben (z.B. A) bezeichnet, dem ein Doppelpunkt (:) nachgestellt ist.

Laufwerksnummer, die; *Subst.* (drive number)
Die Namenskonvention für Macintosh-Diskettenlaufwerke. In einem System mit zwei Laufwerken trägt das erste Laufwerk die Nummer 0 und das zweite die Nummer 1.

Laufwerksschacht, der; *Subst.* (drive bay)
Eine quaderförmige Aussparung in einem Computerchassis, die für die Aufnahme eines Diskettenlaufwerks vorgesehen ist. Ein Laufwerksschacht hat normalerweise Seitenwände aus Metall mit vorbereiteten Löchern für die Befestigung des Diskettenlaufwerks. Einige Laufwerksschächte, z.B. Laufwerksschächte für Festplatten, sind nicht für den Benutzer sichtbar. Die meisten Laufwerksschächte befinden sich an der Frontplatte des Chassis, damit die bequeme Bedienung des Laufwerks möglich ist.

Laufwerkszuordnung, die; *Subst.* (drive mapping)
Die Zuordnung eines Buchstabens oder einer Bezeichnung für ein Laufwerk, damit dieses vom Betriebssystem oder dem Netzwerkserver erkannt wird. Bei PCs lauten die primären Laufwerkszuordnungen für Diskettenlaufwerke *A:* und *B:* und für die Festplatte *C:*. → *siehe auch* A:, Diskettenlaufwerk, Festplatte.

Laufzeit, die; *Subst.* (run time, run-time)
Der Zeitpunkt, zu dem ein Programm ausgeführt wird. → *siehe auch* dynamische Allozierung, dynamisches Binden, Kompilierungszeit, Linkzeit.
Außerdem die Zeit, die für die Ausführung eines bestimmten Programms benötigt wird.

Des Weiteren bezieht sich »Laufzeit« auf Ereignisse, die nach dem Start eines Programms auftreten. Beispielsweise findet die Auswertung von Ausdrücken mit Variablen oder die dynamische Speicherzuweisung »zur Laufzeit« statt.

Laufzeitbibliothek, die; *Subst.* (run-time library)
Eine Datei mit vorgefertigten Routinen zur Ausführung bestimmter, häufig benötigter Funktionen. Die Laufzeitbibliothek, vor allem in höheren Programmiersprachen wie beispielsweise C gebräuchlich, entlastet den Programmierer von der Aufgabe, solche Routinen für jedes Programm neu zu erstellen.

Laufzeitbindung, die; *Subst.* (run-time binding)
Zuweisungen an einen Bezeichner (z.B. eine Variable), die während der Ausführung des Programms erfolgen und nicht während der Kompilierung. → *vgl.* Linktimebinding, Zuweisung bei Kompilierung.

Laufzeitfehler, der; *Subst.* (run-time error)
Ein Programmfehler, der während der Ausführung eines Programms auftritt und mit Hilfe eines Überwachungsprogramms (z.B. eines Debuggers) aufgespürt werden kann.

Laufzeitversion, die; *Subst.* (run-time version)
Programmcode, der sich unmittelbar ausführen lässt. Im Allgemeinen ist dieser Code kompiliert und kann mit den meisten vom Benutzer eingegebenen Befehlssequenzen und den meisten Wertebereichen möglicher Datensätze fehlerfrei zusammenarbeiten.

Launcher, der; *Subst.*
Ein Programm bei Mac OS, das häufig verwendete Anwendungen und Programme verwaltet und es dem Benutzer ermöglicht, diese direkt über die Maus auszuführen.

Layer 2 Tunneling Protocol *Subst.*
Eine Erweiterung zu PPP, das es ISPs ermöglicht, virtuelle Privatnetzwerke zu realisieren. Das Layer 2 Tunneling Protocol verbindet die Eigenschaften zweier anderer Tunneling-Protokolle: PPTP von Microsoft und L2F von Cisco Systems. → *siehe auch* Point-to-Point Tunneling Protocol, PPP, virtuelles Privatnetzwerk.

Layout, das; *Subst.* (layout)
Das Gesamtkonzept eines Dokumentensystems. → *siehe auch* Seitenlayout.
In der Programmierung versteht man unter einem Layout die Anordnung und Reihenfolge der Eingaben und Ausgaben.

L

Bei der Konstruktion von Computern beschreibt das Layout die Anordnung von Schaltungen und anderen Komponenten im System.

Lazy Evaluation, die; *Subst.* (lazy evaluation)
Ein Programmiermechanismus, mit dem sich eine Auswertung auf das erforderliche Mindestmaß einschränken lässt. Durch Lazy Evaluation kann ein Programm umfangreiche Datenobjekte, z.B. große Tabellen oder Listen, in einer zeitgerechten und effektiven Weise behandeln.

Lazy Interactive TV, das; *Subst.* (lazy interactive TV)
Interaktive Fernsehdienste, die vom Benutzer keine besondere Konzentration oder mühsamen Aktionen erfordern.

LBA *Subst.*
→ *siehe* Logical Block Addressing.

LCC
→ *siehe* pinlose Chipanbringung.

lcd
Bei zahlreichen FTP-Clients handelt es sich hierbei um den Befehl, der das aktuelle Verzeichnis auf dem lokalen System ändert. → *siehe auch* FTP-Client.

LCD
→ *siehe* Flüssigkristalldisplay.

LCD-Drucker, der; *Subst.* (LCD printer)
LCD ist die Abkürzung für **L**iquid **C**rystal **D**isplay, zu Deutsch »Flüssigkristall«. Dieser Drucker, auch als Flüssigkristall-Blendenverschlussdrucker bezeichnet, ist ein elektrofotografischer Drucker, der einem Laserdrucker ähnlich ist und oft fälschlicherweise so bezeichnet wird. Der LCD-Drucker verwendet eine helle Lichtquelle (in der Regel eine Halogenlampe). → *siehe auch* anschlagfreier Drucker, elektrofotografische Drucker, Seitendrucker. → *auch genannt* Liquid Crystal Shutter-Drucker. → *vgl.* Ionenbeschussdrucker, Laserdrucker, LED-Drucker.

LCD-Projektor, der; *Subst.* (LCD projector)
LCD ist die Abkürzung für **L**iquid **C**rystal **D**isplay, zu Deutsch »Flüssigkristall«. Bei einem LCD-Projektor handelt es sich um ein Gerät, das ein Bild der Videoausgabe eines Computers von einer LCD-Anzeige auf einem Bildschirm abbildet. → *siehe auch* Flüssigkristalldisplay.

LCD, reflektierendes, das; *Subst.* (reflective LCD)
→ *siehe* reflektierendes Flüssigkristalldisplay.

LDAP
→ *siehe* Lightweight Directory Access Protocol.

Leapfrog-Attacke, die; *Subst.* (leapfrog attack)
Eine von Hackern eingesetzte Methode, bei der die Quelle einer Hackerattacke nur schwer ermittelt werden kann. Bei einer Leapfrog-Attacke wird vom Hacker eine von einer anderen Quelle gestohlene Benutzer-ID verwendet, oder die Daten werden über mehrere Hosts umgeleitet, um die Identität des Hackers und den Ursprung der Attacke zu verschleiern.

lebender Kolumnentitel, der; *Subst.* (running foot, running head)
Eine oder mehrere Textzeilen am oberen oder unteren Randbereich einer Seite, in denen Elemente wie Seitenzahlen, Kapitelname oder Datum zu finden sind. → *auch genannt* Fußzeile. → *auch genannt* Kopf.

LED
→ *siehe* Leuchtdiode.

LED-Drucker, der; *Subst.* (LED printer)
LED ist die Abkürzung für **L**ight-**E**mitting **D**iode, zu Deutsch »Leuchtdiode« **printer**. Bei einem LED-Drucker handelt es sich um einen elektrofotografischen Drucker, der ähnlich wie ein LCD- oder Laserdrucker arbeitet. Der signifikante Unterschied zwischen LED-Drucker und Laser- oder LCD-Drucker besteht in der Lichtquelle. LED-Drucker verwenden ein Array von LEDs (Light-Emitting Diodes). → *siehe auch* anschlagfreier Drucker, elektrofotografische Drucker, Leuchtdiode, Seitendrucker. → *vgl.* Ionenbeschussdrucker, Laserdrucker, LCD-Drucker.

Leerlaufbefehl, der; *Subst.* (do-nothing instruction)
→ *siehe* Nooperationbefehl.

Leerlaufinterrupt, der; *Subst.* (idle interrupt)
Ein Interrupt (ein Signal an den Mikroprozessor), der bei Erreichen eines Leerlaufzustands von Geräten oder Prozessen auftritt.

Leerlaufzeichen, das; *Subst.* (idle character)
Bezeichnet bei Datenübertragungen ein Steuerzeichen, das gesendet wird, wenn keine anderen Informationen verfügbar oder sendebereit sind. → *siehe auch* SYN.

Leerplatine, die; *Subst.* (bare board)
Eine Leiterplatte, die keine Chips enthält. Meist handelt es sich dabei um eine Speicherkarte, die noch nicht mit Speicherchips bestückt ist.

Leerstring, der; *Subst.* (null string)
Ein String, der keine Zeichen enthält und dessen Länge somit Null ist. → *siehe auch* String.

Leertaste, die; *Subst.* (Spacebar)
Bei den meisten Tastaturen in der untersten Tastenreihe angeordnete, längliche Taste, die das Senden eines Leerzeichens an den Computer bewirkt.

Leerzeichen, das; *Subst.* (blank, space character)
Ein Zeichen, das sich durch Betätigen der Leertaste eingeben lässt und auf dem Bildschirm als Leerstelle zwischen anderen Zeichen erscheint.

Leerzeichenausgleich, der; *Subst.* (microjustification, microspace justification)
Das Ausrichten einer Zeile durch Einfügen schmaler Leerräume zwischen Zeichen innerhalb von Wörtern im Gegensatz zum alleinigen Hinzufügen normaler Leerzeichen zwischen den Wörtern. Ein guter Leerzeichenausgleich gibt dem ausgerichteten Text ein geschliffenes, professionelles Aussehen. Durch übermäßiges Verwenden des Leerzeichenausgleichs verlieren die Wörter allerdings ihren visuellen Zusammenhang. → *siehe auch* ausrichten, Mikropositionierung.

Leerzeichen, festes, das; *Subst.* (fixed space)
→ *siehe* festes Leerzeichen.

Leerzeichen, geschütztes, das; *Subst.* (nonbreaking space)
→ *siehe* geschütztes Leerzeichen.

Leerzeichen, hartes, das; *Subst.* (hard space)
→ *siehe* geschütztes Leerzeichen.

Leerzeichen, schmales, das; *Subst.* (thin space)
→ *siehe* schmales Leerzeichen.

Legacy, die; *Subst.* (legacy)
→ *siehe* Vermächtnis.

Legende, die; *Subst.* (legend)
Der Text, der in der Regel unter einer Grafik gedruckt wird und deren Inhalt erläutert oder beschreibt. Auf einem Gra-phen oder einer Karte stellt eine Legende den Schlüssel für die verwendeten Muster oder Symbole dar.

Leistungsabfall, der; *Subst.* (degradation)
In Computersystemen eine Verringerung der Leistungsstärke oder der Bedienbarkeit. Der Leistungsabfall eines Mikrocomputers macht sich durch verlängerte Reaktionszeiten bemerkbar oder äußert sich in häufigen Pausen für Diskettenzugriffe, da für die gemeinsame Unterbringung von Programm und zugehörigen Daten im Hauptspeicher nicht genügend Platz vorhanden ist.

Leistungsfähigkeit, die; *Subst.* (computer power, power)
Die Geschwindigkeit und die Effizienz, mit der ein Computer Aufgaben durchführt. Bezieht sich die Leistungsfähigkeit auf die Anzahl der Befehle, die der Computer in einer bestimmten Zeit ausführen kann, wird die Rechengeschwindigkeit in MIPS (millions of instructions per second; zu Deutsch »Millionen Befehle pro Sekunde«) oder MFLOPS (millions of floating-point operations per second, zu Deutsch »Millionen Gleitkommaoperationen pro Sekunde«) gemessen. Die Leistungsfähigkeit wird auch auf andere Art und Weise angegeben, abhängig von den Anforderungen und persönlichen Absichten, die bei der Bewertung des Computers eine Rolle spielen. Benutzer und Käufer beziehen die Leistungsfähigkeit häufig auf die Größe des Arbeitsspeichers (RAM), die Geschwindigkeit des Prozessors und die Bitbreite, also die Anzahl an Bits, die der Computer gleichzeitig verarbeiten kann (typischerweise 8, 16 oder 32 bit). Für die Beurteilung der Leistungsfähigkeit sind noch eine Reihe weiterer Faktoren ausschlaggebend. Zwei der wichtigsten sind dabei, wie gut die Komponenten eines Computers aufeinander abgestimmt sind und inwieweit sie sich für die vorgesehenen Aufgaben eignen. Beispielsweise hilft es wenig, wenn der Prozessor mit einer sehr hohen Geschwindigkeit arbeitet, aber das Gesamtsystem durch eine langsame Festplatte (die z.B. eine Zugriffszeit von 65 Millisekunden oder mehr aufweist) gebremst wird. → *siehe auch* benchmarken, MFLOPS, MIPS, Zugriffszeit.

Leiter, der; *Subst.* (conductor)
Ein Stoff, der elektrischen Strom gut leitet. Dazu zählen vor allem Metalle, wobei Gold und Silber zu den besten Leitern gehören. Das am häufigsten eingesetzte Leitermaterial ist Kupfer. → *vgl.* Halbleiter, Isolator.

Leiterplatte, die; *Subst.* (circuit board)
Eine flache Platte aus isolierendem Trägermaterial, z.B. Epoxid- oder Phenolharz, auf der elektronische Bauelemente

montiert und untereinander zu einer Schaltung verbunden werden. Bei den meisten modernen Platinen sind die Verbindungen der Bauelemente durch ein Muster aus Kupferfolie realisiert. Diese Folienschichten können sich sowohl nur auf einer Seite als auch auf beiden Seiten der Platine befinden. Besonders moderne Platinen können auch mehrere, übereinander liegende Folienschichten aufweisen. Bei einer sog. »gedruckten Platine« werden die Muster für die Leiterbahnen durch einen Druckprozess erzeugt, z.B. durch Fotolithografie. → *siehe auch* gedruckte Leiterplatte, Platine. (Abbildung L.1)

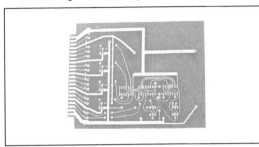

Abbildung L.1: Leiterplatte

Leiterplatte, gedruckte, die; *Subst.* (printed circuit board)
→ *siehe* gedruckte Leiterplatte.

Leitung, die; *Subst.* (circuit, line)
Allgemein jedes System, das elektrischen Strom transportieren kann. Man spricht dabei von »Leitungssystem«.
Ein Beispiel hierfür sind Strom- oder Telefonleitungen, die verwendet werden, um elektrische Energie oder elektronische Signale zu übertragen.
In der Kommunikationstechnik stellt eine Leitung eine Verbindung zwischen sendenden und empfangenden (oder rufenden und gerufenen) Geräten dar, einschließlich Telefone, Computer und Terminals.

Leitung, reservierte, die; *Subst.* (dedicated line)
→ *siehe* reservierte Leitung.

Leitungsadapter, der; *Subst.* (line adapter)
Ein Gerät, das einen Computer mit einer Kommunikationsleitung verbindet und ein Signal in die geeignete Form für die Übertragung konvertiert. Dabei kann es sich z.B. um ein Modem oder eine Netzwerkkarte handeln.

Leitungsbelastung, die; *Subst.* (line load)
In der Kommunikationstechnik ein Maß für die Auslastung einer Übertragungsleitung, das als Prozentsatz, bezogen auf die maximale Kapazität der Schaltung, ausgedrückt wird.

In der Elektronik bezeichnet »Leitungsbelastung« die Menge des über eine Leitung übertragenen Stroms.

Leitungskonzentration, die; *Subst.* (line concentration)
Die Zusammenführung mehrerer Eingangskanäle zu einer kleineren Zahl von Ausgangskanälen. → *siehe auch* Konzentrator.

Leitungsnummer, die; *Subst.* (line number)
In der Kommunikationstechnik bezeichnet der Begriff eine Kennnummer, die einem Kommunikationskanal zugeordnet ist.

Leitungsrauschen, das; *Subst.* (line noise)
Störende Signale in einem Kommunikationskanal, die den Datenaustausch beeinträchtigen. Bei einer analogen Verbindung kann Leitungsrauschen in Form eines Audiotons, einer statischen Entladung oder in Form von Signalen auftreten, die aus anderen Schaltungen entweichen. Bei einer digitalen Verbindung handelt es sich um beliebige Signale, die das Empfangsgerät dabei beeinträchtigen, das übertragene Signal korrekt zu konvertieren. → *siehe auch* Kanal.

Leitungssignalaufbereitung, die; *Subst.* (line conditioning)
→ *siehe* Signalaufbereitung.

leitungsvermittelte Daten, die; *Subst.* (circuit-switched data)
Abkürzung: CSD. Eine Option bei ISDN für B-Kanäle (Bearer Channel), bei der digitale Daten mit 64 Kilobit pro Sekunde (Kbps) übertragen werden. Dabei wird eine reservierte Punkt-zu-Punkt-Verbindung aufgebaut, die während des kompletten Anrufs aufrechterhalten wird. → *siehe auch* B-Kanal, ISDN, leitungsvermittelte Sprache/Daten. → *vgl.* leitungsvermittelte Sprache.

leitungsvermittelte Sprache, die; *Subst.* (circuit-switched voice)
Abkürzung: CSV. Eine Option bei ISDN für B-Kanäle (Bearer Channel), bei der digitale Sprache übertragen wird. Dabei wird eine reservierte Punkt-zu-Punkt-Verbindung aufgebaut, die während des kompletten Anrufs aufrechterhalten wird. → *siehe auch* B-Kanal, ISDN, leitungsvermittelte Sprache/Daten. → *vgl.* leitungsvermittelte Daten.

leitungsvermittelte Sprache/Daten, die; *Subst.* (alternate circuit-switched voice/circuit-switched data)
Abkürzung: CSV/CSD. Eine Konfigurationsoption bei ISDN für B-Kanäle (Bearer Channel), über die es zwei Benutzern wäh-

rend eines Anrufs ermöglicht wird, eine digitale Übertragung durchzuführen, bei der entweder Sprache oder Daten übermittelt werden. → *siehe auch* B-Kanal, ISDN, leitungsvermittelte Daten, leitungsvermittelte Sprache.

Leitungsvermittlung, die; *Subst.* (circuit switching)
Das Aufbauen einer Kommunikationsverbindung, z.B. über das Telefonnetz, indem eine physikalische Verbindung zwischen Sender und Empfänger hergestellt wird. Dabei schaltet eine Vermittlungseinrichtung die Teilnehmerleitungen durch und hält die eingerichtete Verbindung so lange wie erforderlich aufrecht. Die Leitungsvermittlung kommt typischerweise bei Datenübertragungen über das Telefonwählnetz zum Einsatz und wird auch in kleinerem Umfang in privat verwalteten Kommunikationsnetzwerken verwendet. → *vgl.* Nachrichtenvermittlung, Paketvermittlung.

Leitungsverstärker, der; *Subst.* (line driver)
Ein Gerät oder Bauelement, mit dem ein Signal vor der Übertragung sowie in bestimmten Abständen entlang der Übertragungsstrecke verstärkt wird, um die Übertragungsreichweite zu vergrößern. → *siehe auch* kurzer Transportweg.

Lempel-Ziv-Algorithmus, der; *Subst.* (Lempel Ziv algorithm)
Ein mathematischer Algorithmus zum Verringern der Größe von Datendateien, ohne dabei die Integrität zu opfern. → *siehe auch* .lzh.

LEO
→ *siehe* tieffliegender Satellit.

Leporellopapier, das; *Subst.* (fanfold paper, z-fold paper)
Auch als »Endlospapier« bezeichnet. Eine Papiersorte mit beidseitigen Randlochungen, die für Drucker mit einem Traktorvorschub vorgesehen ist, wobei das Papier Seite für Seite fortlaufend und ununterbrochen transportiert wird.

Lesefehler, der; *Subst.* (read error)
Ein Fehler, der auftritt, während ein Computer Informationen aus dem Speicher oder einer anderen Eingabequelle abruft. → *vgl.* Schreibfehler.

lesen *Vb.* (read, read)
Das Übertragen von Daten von einer externen Quelle, z.B. einer Festplatte oder einer Tastatur, in den Speicher oder aus dem Speicher in den Prozessor (CPU). → *vgl.* schreiben. → *vgl.* Schreiben.

lesen/schreiben *Adj.* (read/write)
Abgekürzt R/W. Kennzeichnet Speichermedien oder -geräte, die sowohl lesbar als auch beschreibbar sind. → *vgl.* schreibgeschützt.

Leser, der; *Subst.* (reader)
→ *siehe* Kartenleser.

Lesezeichen, das; *Subst.* (bookmark)
In Netscape Navigator ein Link zu einem URL – typischerweise zu einer Webseite –, der in einer lokalen Datei gespeichert wird. Lesezeichen dienen dazu, das erneute Abrufen von URLs zu vereinfachen. Anstelle des – meist sehr langen – URL muss nur das entsprechende Lesezeichen aus einem Menü ausgewählt werden. → *siehe auch* Favoritenordner, Hotlist, URL.

Lesezeichendatei, die; *Subst.* (bookmark file)
In Netscape Navigator eine Datei, die Links zu URLs enthält, typischerweise von häufig besuchten Websites. Das Pendant in Internet Explorer ist der »Favoriten«-Ordner und bei Mosaic die »Hotlist«. → *siehe auch* Favoritenordner, Hotlist, Internet Explorer, Mosaic.
Als »Lesezeichendateien« werden außerdem HTML-Dateien bezeichnet, die eine Sammlung von Links – typischerweise zu einem bestimmten Thema – enthalten. Derartige Linksammlungen lassen sich über bestimmte Webseiten herunterladen und werden meist von Benutzern zusammengestellt, die anderen Benutzern einen Gefallen erweisen möchten. → *siehe auch* HTML.

Letzte Meile, die; *Subst.* (last mile)
Die Verbindung zwischen dem Computer- oder Telefonsystem eines Endbenutzers und dem eines Dienstanbieters, beispielsweise einer Telefongesellschaft. Diese figurative »letzte Meile« (die Verbindung ist in Deutschland in der Regel natürlich kürzer als eine Meile) besteht im klassischen Sinn aus dem Kupferkabel zwischen einem Hausanschluss und der nächstgelegenen Telefonvermittlungsstelle. Diese Definition trifft zwar auch heute noch zu, wird aber allgemeiner verwendet und bezieht sich jetzt auch auf die Verbindung zu einem Hochgeschwindigkeitsanbieter für Internetdienste. Technische Lösungen für die letzte Meile umfassen außer dem klassischen, langsamen, eigentlich für Telefonverbindungen gedachten Kupferkabel auch Koaxialkabel, wie es für das Kabelfernsehen verwendet wird, Glasfaser oder eine Funkverbindung. DSL und ISDN sind Methoden, mit denen eine Hochgeschwindigkeitsverbindung über Twistedpair-

L

Kupferkabel auf der letzten Meile realisiert werden kann. →
siehe auch Digital Subscriber Line, ISDN, Technologie der
letzten Meile, Twistedpairkabel. → *vgl.* Amtsleitung, POTS.

Letzter Kilometer, der; *Subst.* (last mile)
Die Verbindung zwischen dem Benutzer und dem Leitungssystem seines Netzwerkdienstleisters (die in der Praxis nicht
genau einem Kilometer entsprechen muss). Der letzte Kilometer kann durch verdrillte Kupferleitungen (für Telefon
üblich), Koaxialkabel (für Kabelfernsehen verwendet), Glasfaserkabel oder eine Funkverbindung (z.B. Mobiltelefon oder
Richtfunk) überbrückt werden. Da die meisten Verbindungen
für den letzten Kilometer nur für einfache Telefonsprach-
übertragungen oder Kabelfernsehen ausgelegt sind, ist es oft
problematisch, Hochgeschwindigkeitsdatendienste über
diese Verbindungen zu betreiben. DSL und ISDN sind Verfahren, um auf dem letzten Kilometer Hochgeschwindigkeitsdatendienste über verdrillte Kupferleitungen bereitzustellen.
→ *vgl.* Amtsleitung.

Leuchtdichte, die; *Subst.* (luminance)
Ein Maß für die Lichtstärke, die von einer bestimmten Quelle,
z.B. vom Bildschirm eines Computermonitors, abgegeben
wird.
Die Leuchtdichte bezeichnet auch die wahrnehmbare Helligkeitskomponente einer gegebenen Farbe, im Gegensatz zu
ihrem Farbton oder ihrer Sättigung. → *siehe auch* HSB. →
vgl. Beleuchtungsstärke.

Leuchtdiode, die; *Subst.* (light-emitting diode)
Abgekürzt LED. Eine Halbleiterdiode, die elektrische Energie
in Licht umwandelt. LEDs arbeiten nach dem Prinzip der
Elektrolumineszenz und weisen einen hohen Wirkungsgrad
auf, da sie, bezogen auf die Menge des abgestrahlten Lichts,
wenig Wärme erzeugen. Beispielsweise handelt es sich bei
den »Betriebsanzeigen« an Diskettenlaufwerken um Leuchtdioden. (Abbildung L.2)

*Abbildung L.2: Leuchtdiode: Zwei verschiedene LEDs: Jumbo und Mini.
Man beachte die unterschiedlich langen Drähte, die die Polarität angeben.*

Level 1-Cache, der; *Subst.* (level 1 cache)
→ *siehe* L1-Cache.

Level 2-Cache, der; *Subst.* (level 2 cache)
→ *siehe* L2-Cache.

lexikografische Sortierung, die; *Subst.* (lexicographic sort)
Eine Sortierung, bei der die Reihenfolge der Elemente der
Anordnung in einem Lexikon entspricht. Die Einordnung
numerischer Werte erfolgt entsprechend ihrem Wert, den
man in »Worten« ausdrückt. Nach dieser Vorschrift findet
man z.B. die Zahl 567 unter den Einträgen für F. → *vgl.*
alphanumerische Sortierung.

Lexikon, das; *Subst.* (lexicon)
Die Wörter einer Sprache zusammen mit den zugehörigen
Definitionen.
In Bezug auf die Programmierung enthält ein Lexikon die
Bezeichner, Schlüsselwörter, Konstanten und anderen Ele-
mente, die das »Vokabular« einer Programmiersprache aus-
machen, während die Art und Weise, wie man Vokabeln
zusammenstellen kann, die Syntax der Sprache bildet. → *vgl.*
Syntax.

LF
→ *siehe* Zeilenvorschub.

LHARC
Ein Freewaredienstprogramm zur Dateikomprimierung, das
von Haruyasu Yoshizaki 1988 entwickelt wurde. → *siehe
auch* Dateikomprimierung. → *vgl.* PKZIP, zoo210.

lichtempfindlicher Leiter, der; *Subst.* (photoconductor)
Ein Material, das eine erhöhte Leitfähigkeit entwickelt, wenn
es einer Lichtquelle ausgesetzt wird. Lichtempfindliche Leiter
werden bei lichtempfindlichen Zellen verwendet, die bei der
Glasfasertechnik eingesetzt werden, um Licht zu erkennen
und in elektrische Impulse umzuwandeln. → *siehe auch*
Glasfasertechnik.

Lichtgriffel, der; *Subst.* (light pen, selector pen)
Ein Zeigegerät, bei dem der Benutzer einen an den Computer
angeschlossenen Stab auf den Bildschirm hält und auf dem
Bildschirm entweder durch Betätigen eines Knopfes an der
Seite des Lichtgriffels oder durch Drücken des Stifts gegen
die Oberfläche des Bildschirms Elemente markiert oder
Befehle wählt (in Analogie zu einem Mausklick). → *siehe
auch* absolutes Zeigegerät. → *vgl.* Touchscreen.

Lichtleiter, der; *Subst.* (light guide)
Eine Konstruktion, z.B. ein Glasfaserkabel, die für die Übertragung von Licht über größere Entfernungen mit minimaler Abschwächung oder Verlust vorgesehen ist.

Lichtquelle, die; *Subst.* (light source)
Eine Einrichtung, die die Beleuchtung für Technologien liefert, die auf der Verwendung und Umwandlung von Licht basieren (z.B. Scanner oder Kathodenstrahlröhre). Beispiele für Lichtquellen sind Glühbirnen und Laser.
Im Bereich der Computergrafik stellt die Lichtquelle eine imaginäre Position dar, von der aus die Schattierung eines Bildes erzeugt wird.

Lichtwellenleitersystem, das; *Subst.* (lightwave system)
Ein System für die Informationsübertragung mit Licht. Ein Beispiel für ein Lichtwellenleitersystem ist die Glasfasertechnik. → *siehe auch* Glasfasertechnik.

LIFO
→ *siehe* Lastin, Firstout.

Lightweight Directory Access Protocol, das; *Subst.*
Ein auf TCP/IP aufsetzendes Netzwerkprotokoll, um Informationen aus einem hierarchischen Verzeichnis (z.B. X.500) zu extrahieren. Dadurch steht dem Benutzer ein einzelnes Tool zum Durchsuchen von Daten nach einem bestimmten Kriterium (z.B. einem Benutzernamen, einer E-Mail-Adresse, einem Sicherheitszertifikat oder anderen Informationen) zur Verfügung. → *siehe auch* TCP/IP, X.500.

Lightweight Internet Person Schema, das; *Subst.*
Beim Lightweight Internet Person Schema in Lightweight Directory Access Protocol-Verzeichnissen handelt es sich um eine Spezifikation für den Abruf bestimmter Daten (z.B. Namen und E-Mail-Adressen). → *siehe auch* Lightweight Directory Access Protocol.

LIM EMS
Abkürzung für **L**otus/**I**ntel/**M**icrosoft **E**xpanded **M**emory **S**pecification. → *siehe* EMS.

Lineal, das; *Subst.* (ruler)
In einigen Anwendungen, wie beispielsweise Textverarbeitungsprogrammen, eine auf dem Bildschirm sichtbare Skala, die eine Teilung in einer gewählten Maßeinheit (Zoll oder Zentimeter) aufweist und der Anzeige von Zeilenbreite, Tabstops, Absatzeinzügen und ähnlichen Parametern dient. In

Programmen, in denen das Lineal eine aktive Funktion hat, dient es auch dazu, darauf mit Hilfe der Maus oder Tastatur Tabstops und andere Einstellungen zu setzen, anzupassen oder zu entfernen. (Abbildung L.3)

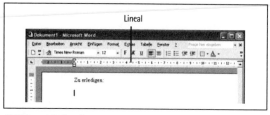

Abbildung L.3: Lineal

linear *Adj.*
Allgemein bezieht sich »linear« auf etwas, das in einer Folge abläuft, z.B. eine lineare Suche, die sich von Element A nach B und weiter nach C bewegt.
»linear« steht außerdem für »linienförmig und/oder von Linien gebildet«.
In der Mathematik und Elektronik versteht man unter »linear« eine direkte und proportionale Abhängigkeit zwischen zwei Eigenschaften oder Variablen. Das Ausgangssignal einer linearen Verstärkung ist z.B. direkt proportional zum Eingangssignal. → *siehe auch* lineare Programmierung.

lineare Adressierung, die; *Subst.* (linear addressing architecture)
Eine Architektur, die einem Mikroprozessor den direkten Zugriff auf jede einzelne Speicherstelle mittels eines einzelnen Adresswertes gestattet. Damit weist jede Speicherstelle innerhalb des gesamten adressierbaren Speicherbereichs eine eindeutige, spezifische Adresse auf. → *siehe auch* linearer Adressraum, segmentierter Adressraum.

lineare Datei, die; *Subst.* (flat file)
Eine Datei, die nur aus Datensätzen eines einzigen Datensatztyps besteht und in der es keine eingebetteten Strukturinformationen gibt, die Beziehungen zwischen den Datensätzen regeln.

lineare Datenbank, die; *Subst.* (flat-file database)
Eine tabellarische Datenbank, in der jeweils nur eine Tabelle verwendet werden kann. Eine lineare Datenbank kann immer nur eine Datei bearbeiten. → *vgl.* relationale Datenbank.

lineare Inferenzen pro Sekunde, die; *Subst.* (linear inferences per second)
→ *siehe* LIPS.

lineare Liste, die; *Subst.* (linear list)
Eine einfache, geordnete Liste von Elementen, in der jedes Element, mit Ausnahme des ersten, unmittelbar auf ein anderes Element folgt und jedem Element, mit Ausnahme des letzten, unmittelbar ein anderes vorangeht. → *vgl.* verkettete Liste.

lineare Programmierung, die; *Subst.* (linear programming)
Die Erstellung von Programmen zur Ermittlung optimaler Lösungen für Gleichungssysteme (die sich aus linearen Funktionen zusammensetzen), bei denen nicht genügend Terme für eine direkte Lösung vorhanden sind.

linearer Adressraum, der; *Subst.* (flat address space)
Ein Adressraum, in dem jede Speicherstelle durch eine eindeutige Zahl angegeben ist. (Die Speicheradressen beginnen bei 0 und wachsen fortlaufend um 1.) Einen linearen Adressraum verwenden die Betriebssysteme des Macintosh, OS/2 und Windows NT/2000. MS-DOS arbeitet mit einem segmentierten Adressraum, in dem für den Zugriff auf eine Speicherstelle eine Segmentnummer und eine Offsetnummer erforderlich sind. → *siehe auch* Segmentierung. → *vgl.* segmentierter Adressraum.

linearer Speicher, der; *Subst.* (flat memory, linear memory)
Speicher, der für ein Programm einen großen adressierbaren Bereich zur Verfügung stellt. Hierbei kann es sich um RAM oder virtuellen Speicher handeln. Die Prozessoren 68.000 und VAX haben einen linearen Speicher. Im Gegensatz hierzu haben 80x86-Prozessoren, die im Realmodus operieren, einen segmentierten Speicher.

lineares Dateisystem, das; *Subst.* (flat file system)
Ein Ablagesystem, das keine hierarchische Struktur aufweist und in dem zwei Dateien auf einer Platte nicht den gleichen Dateinamen tragen dürfen, selbst wenn sie sich in verschiedenen Verzeichnissen befinden. → *vgl.* Hierarchical File System.

lineare Struktur, die; *Subst.* (linear structure)
Eine Struktur, in der die Elemente entsprechend strikter Rangfolgeregeln organisiert sind. In einer linearen Struktur gelten zwei Bedingungen: (Wenn X vor Y und Y vor Z, dann X vor Z.) (Wenn X vor Y und X vor Z, dann entweder Y vor Z oder Z vor Y.)

lineare Suche, die; *Subst.* (linear search)
Auch sequentielle Suche genannt. Ein einfacher, aber wenig effizienter Suchalgorithmus, der jedes Element in einer Liste überprüft, bis das Zielelement gefunden oder die Liste vollständig abgearbeitet ist. Die lineare Suche kommt daher nur bei sehr kurzen Listen zum Einsatz. → *siehe auch* Suchalgorithmus. → *auch genannt* sequentielle Suche. → *vgl.* binäre Suche, Hashsuche.

lineares Verzeichnis, das; *Subst.* (flat file directory)
Ein Verzeichnis, das lediglich eine Liste von Dateinamen darstellt und keine Unterverzeichnisse enthalten kann. → *vgl.* Hierarchical File System.

Linearmotor, der; *Subst.* (voice coil)
Eine Baugruppe für die Bewegung des Aktuatorarms in einem Diskettenlaufwerk. Das Arbeitsprinzip entspricht etwa einem Elektromagneten. Ein Linearmotor arbeitet schneller als ein Schrittmotor. → *siehe auch* Aktuator. → *vgl.* Schrittmotor.

Linguistik, die; *Subst.* (linguistics)
Die analytische Untersuchung der menschlichen Sprache. Zwischen der Linguistik und der Computerwissenschaft bestehen enge Bindungen aufgrund gemeinsamer Themenschwerpunkte, z.B. Grammatik, Syntax, Semantik, formale Sprachtheorie und der Verarbeitung natürlicher Sprachen.

Linienanpassung, die; *Subst.* (fitting)
Die Berechnung einer Kurve oder einer anderen Linie, die einen Satz mit Datenpunkten oder Maßen angleicht. → *siehe auch* Regressionsanalyse.

Liniendiagramm, das; *Subst.* (line chart)
Eine Geschäftsgrafik, bei der die Werte innerhalb einer oder mehrerer Datenreihen durch Linien verbunden werden. (Abbildung L.4)

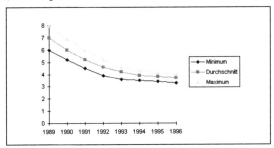

Abbildung L.4: Liniendiagramm

Linienende, das; *Subst.* (line cap)
Die Art und Weise, in der ein Liniensegment beim Druck abgeschlossen wird, insbesondere bei einem PostScript-kompatiblen Drucker. → *siehe auch* Linienverbindung. (Abbildung L.5)

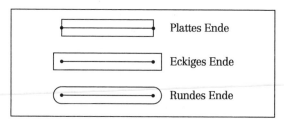

Abbildung L.5: Linienende: Die Punkte stellen das mathematische Linienende dar

Liniensegment, das; *Subst.* (line segment)
Teil einer Linie, der durch seine Anfangs- und Endpunkte definiert ist.

Linienstil, der; *Subst.* (line style)
Im Desktop Publishing, im Druckwesen und bei sehr guten High-End-Textverarbeitungsprogrammen die Form und Eigenschaft einer Linie, z.B. eine gepunktete Linie, eine doppelte Linie oder eine Haarlinie. → *siehe auch* Haarlinie.

Linienverbindung, die; *Subst.* (line join)
Die Art und Weise, in der zwei Liniensegmente beim Druck miteinander verbunden werden, insbesondere bei einem Post-Script-Drucker. → *siehe auch* Linienende. (Abbildung L6)

Abbildung L.6: Linienverbindung

Linie, versteckte, die; *Subst.* (hidden line)
→ *siehe* versteckte Linie.

linken *Vb.* (link, link edit)
Das Erzeugen eines ausführbaren Programms aus kompilierten Modulen (Programmen, Routinen oder Bibliotheken), indem der jeweilige Objektcode (Objektcode in Assemblersprache, ausführbarer Maschinencode oder eine Abwandlung von Maschinencode) des Programms gemischt wird und die Bezüge zu anderen Modulen (z.B. durch ein Programm aufgerufene Bibliotheksroutinen) aufgelöst werden. → *siehe auch* Linker.

Linker, der; *Subst.* (linkage editor, linker)
Ein Programm, das kompilierte Module und Datendateien miteinander verknüpft, um ein ausführbares Programm zu erzeugen. Daneben kann ein Linker noch weitere Aufgaben ausführen, beispielsweise das Erstellen von Bibliotheken. → *siehe auch* Bibliothek, linken, Programmerstellung.

Linker, intelligenter, der; *Subst.* (smart linkage)
→ *siehe* intelligenter Linker.

Linkrot, der; *Subst.* (link rot)
Ein Zustand, der bei unzulänglich verwalteten Webseiten auftritt und veraltete, nicht zugängliche Links zu anderen Webseiten bezeichnet. → *siehe auch* toter Link.

linksbündig ausrichten *Vb.* (left-justify)
Text entlang des linken Randes ausrichten. → *siehe auch* ausrichten, Flattersatz. → *vgl.* rechtsbündig ausrichten.

linksbündige Ausrichtung, die; *Subst.* (left justification)
Dieser Begriff bezeichnet beim Schriftsatz, bei der Textverarbeitung und beim Desktop Publishing (DTP) einen Prozess, bei dem Text gleichmäßig am linken Rand einer Spalte oder Seite ausgerichtet wird. Der rechte Rand des Textes ist dabei nicht bündig. → *siehe auch* ausrichten, Flattersatz. → *vgl.* Blocksatz, rechtsbündige Ausrichtung.

linksbündiger Flattersatz *Adj.* (ragged left)
Bezeichnet die Ausrichtung von Zeilen, deren Anfänge nicht gerade untereinander stehen, sondern einen unregelmäßigen Verlauf bilden. Die Texte sind dann meist rechtsbündig ausgerichtet. Rechtsbündiger Flattersatz wird selten verwendet – beispielsweise zur Erzeugung visueller Effekte für Werbezwecke. → *siehe auch* Flattersatz, rechtsbündig ausrichten.

Link, symbolischer, der; *Subst.* (symbolic link)
→ *siehe* symbolischer Link.

Linktimebinding, das; *Subst.* (link-time binding)
Die Zuordnung einer Bedeutung zu einem Bezeichner (z.B. einer Beschriftung für eine Unterroutine) in einem Programm, und zwar nicht dann, wenn der Quellcode kompiliert oder das Programm ausgeführt wird, sondern wenn verschiedene Dateien mit kompiliertem Code miteinander verknüpft sind, um ein ausführbares Programm zu bilden. → *vgl.* Laufzeitbindung, Zuweisung bei Kompilierung.

L

Link, toter, der; *Subst.* (stale link)
→ *siehe* toter Link.

Linkzeit, die; *Subst.* (link time)
Die Zeitdauer, die für das Binden eines Programms benötigt wird.
Außerdem der Zeitraum, in dem ein Programm gebunden wird. → *siehe auch* Kompilierungszeit, Laufzeit, linken.

Linotronic, der; *Subst.*
Ein Gerät aus der Reihe der Qualitätsbelichter, der sog. Linotronic Laserbelichter, die bei Auflösungen von 1.270 und 2.540 Punkten pro Zoll (dpi) drucken können. Diese Geräte sind häufig an PostScript-Raster Image Prozessoren (RIPs) angeschlossen, so dass Desktop Publishing-Anwendungen direkt den Schriftsatz von einem Mikrocomputer aus steuern können. → *siehe auch* Belichter, PostScript, Rasterprozessor.

Linpack, das; *Subst.*
Eine Benchmarkroutine zur gleichzeitigen Lösung von 100 Gleichungssystemen für einen Geschwindigkeitstest von CPU, Gleitkommaoperationen und Speicherzugriff. → *siehe auch* Gleitkommaprozessor, Prozessor.

Linux, der; *Subst.*
Eine Version des Kernels von UNIX System V Release 3.0, ursprünglich für PCs mit Intel-Prozessoren ab der Generation x386 entwickelt. Linux ist in weltweiter Zusammenarbeit von dem Finnen Linus Torvalds entwickelt und von ihm benannt worden. Der Quellcode von Linux ist in Open Source-Form über das Internet erhältlich, kann aber auch in installierbarer Form auf CD-ROM gekauft werden. Das Design des Linux-Kernels zielt auf Kompatibilität mit dem POSIX-Standard ab. Der Linux-Kernel wird auch von vielen Firmen als Bestandteil von Linux-kompatiblen Dienstprogrammen kommerziell vertrieben. Linux arbeitet mit den GNU Utilities der Free Software Foundation, die keinen eigenen UNIX-Kernel hergestellt hat. Linux ist ein ausgesprochen portables Betriebssystem, das unter anderen auf den folgenden Plattformen eingesetzt wird: Intel x86, PowerPC, Macintosh, Amiga, Atari, DEC Alpha und Sun Sparc. Weitere Informationen zu Linux sind z.B. unter den folgenden Webadressen abrufbar: http://www.linux.org, http://www.linux.de. → *siehe auch* Free Software Foundation, freie Software, GNU, Kernel, Open Source, POSIX, System V, UNIX.

Lion-Wurm, der; *Subst.* (Lion worm)
Ein UNIX-Shellscript-Wurm, der Anfang 2001 entdeckt wurde. Dieser Wurm infiziert Linux-Server mit den BIND-Tools (Berkeley Internet Name Domain). Nachdem der Wurm über BIND einen Computer infiziert hat, überträgt er die Kennwortdateien sowie andere wichtige Daten an den Angreifer. Lion installiert anschließend Hackertools und ersetzt wichtige Dateien, verbirgt sich im System und schafft weitere Sicherheitslücken. Der Lion-Wurm wurde offensichtlich Anfang 2001 von einer Gruppe chinesischer Hacker in Umlauf gebracht, die bestimmte politische Ziele verfolgen. In Bezug auf diesen Wurm kann »Lion« auch »1i0n« geschrieben werden. → *siehe auch* Cheese-Wurm, Wurm.

LIPS
Abkürzung für »Language Independent Program Subtitling«, zu Deutsch »Sprachunabhängiges Programmuntertiteln«. Ein System der GIST-Gruppe (C-DAC Indien), das von der Indian Television für nationale Übertragungen von Programmen mit mehrsprachigen Untertiteln im Teletextmodus eingesetzt wird. Dieses System wurde bei einem Wettbewerb der internationalen Konferenz der VLSI im Jahr 1993 der erste Preis für die beste Gestaltung zuerkannt. Es wurden drei Versionen dieses anwendungsspezifischen ICs (ASIC) mit verschiedenen Funktionen in die Serien Xilinx 3K und 4K von FPLAs implementiert. → *siehe auch* Gatterarray, sehr hohe Integrationsdichte, wieder programmierbare Logik.
»LIPS« ist außerdem die Abkürzung für »linear inferences per second«, zu Deutsch »Lineare Inferenzen pro Sekunde«. Ein Maß für die Geschwindigkeit bestimmter Arten von Expertensystemen und Maschinen der künstlichen Intelligenz. → *siehe auch* Expertensystem, künstliche Intelligenz.

Liquid Crystal Display-Drucker, der; *Subst.* (liquid crystal display printer)
→ *siehe* LCD-Drucker.

Liquid Crystal Shutter-Drucker, der; *Subst.* (liquid crystal shutter printer)
→ *siehe* LCD-Drucker.

LISP
Abkürzung für **Lis**t **P**rocessing. Eine listenorientierte Programmiersprache, die 1959–60 von John McCarthy entwickelt und hauptsächlich zur Manipulierung von Datenlisten eingesetzt wurde. LISP wird noch im großen Maße in der Forschung und in akademischen Kreisen eingesetzt und galt lange Zeit als »Standardsprache« für Forschungen auf dem Gebiet der künstlichen Intelligenz. → *siehe auch* künstliche Intelligenz. → *vgl.* Prolog.

Liste, die; *Subst.* (list)

Eine mehrelementige Datenstruktur mit linearer Organisation (erster, zweiter, dritter...), die aber das Einfügen und Entfernen von Elementen in beliebiger Reihenfolge gestattet. Warteschlangen, Deques und Stacks können einfach als Liste mit gewissen Beschränkungen in Bezug auf das Hinzufügen und Entfernen von Elementen angesehen werden. → *siehe auch* Deque, Element, Stack, verkettete Liste, Warteschlange.

Liste, invertierte, die; *Subst.* (inverted list)
→ *siehe* invertierte Liste.

Liste, kreisförmige, die; *Subst.* (circular list)
→ *siehe* kreisförmige Liste.

Liste, lineare, die; *Subst.* (linear list)
→ *siehe* lineare Liste.

Listenfeld, das; *Subst.* (list box)

Ein Steuerelement in Microsoft Windows, das es dem Benutzer ermöglicht, die gewünschte Option aus einer Liste mit mehreren Optionen auszuwählen. Im Listenfeld wird die aktuell ausgewählte Option neben einer Schaltfläche angezeigt, die durch einen Abwärtspfeil gekennzeichnet ist. Wenn der Benutzer auf die Schaltfläche klickt, wird die Liste angezeigt. Die Liste enthält eine Bildlaufleiste, wenn aus Platzgründen nicht alle Optionen angezeigt werden können. → *vgl.* Dropdownmenü.

Listenverarbeitung, die; *Subst.* (list processing)

Die Verwaltung und Manipulation von mehrelementigen Datenstrukturen. Hierzu gehören das Hinzufügen und Löschen von Elementen, das Schreiben von Daten in Elemente und das Durchlaufen einer Liste. Die Listenverarbeitung bildet die Grundlage der in der künstlichen Intelligenz eingesetzten Programmiersprache LISP. → *siehe auch* Knoten, LISP, Liste.

Liste, verkettete, die; *Subst.* (linked list)
→ *siehe* verkettete Liste.

Listing, das; *Subst.* (listing)

Eine gedruckte Kopie des Programmquelltexts. Einige Compiler und Assembler produzieren optional Assemblerlistings während der Kompilierung oder Assemblierung. Derartige Codelistings enthalten oft zusätzliche Informationen, z.B. Zeilennummern, Verschachtelungstiefen von Blöcken und Crossreferenzen (Tabellen mit Querverweisen). → *siehe auch* Assemblerlisting.

LISTSERV

Einer der früher am häufigsten im Internet verwendeten kommerziellen Mailinglist-Manager. LISTSERV wurde von L-SOFT International für BITNET, UNIX und Windows vertrieben. → *siehe auch* Mailinglist-Manager, Verteilerliste.

Literal, der; *Subst.* (literal)

In einem Programm verwendeter Wert, der für sich selbst steht und nicht den Wert einer Variablen oder das Ergebnis eines Ausdrucks bezeichnet, z.B. die Zahlen 25 und 32.1, das Zeichen *a*, der String *Hello* und der Boolesche Wert TRUE. → *siehe auch* Konstante, Variable.

Lithiumakku, der; *Subst.* (lithium ion battery)

Ein Energiespeicher, der auf der Umwandlung von chemischer in elektrische Energie über chemische »Trockenzellen« beruht. Trotz der höheren Kosten verwendet die Laptopindustrie Lithiumakkus, weil diese gegenüber Nickelcadmium- und Nickelhydridakkus eine bessere Speicherkapazität haben. Die Industrie reagierte in diesem Fall auf die erhöhten Anforderungen durch höhere Prozessorgeschwindigkeiten und den Einsatz von Peripheriegeräten (z.B. CD-ROM-Laufwerken). → *vgl.* Nickelcadmiumakkumulator, Nickelhydridakku.

little-endian *Adj.* (little endian)

Auch als umgekehrte Bytereihenfolge bezeichnet. Bei der Speicherung einer Zahl steht dabei das niederwertigste Byte an erster Stelle. Die Hexadezimalzahl A02B wird z. B. nach der little-endian-Methode als 2BA0 abgelegt. Das little-endian-Format ist typisch für die Intel-Mikroprozessoren. → *auch genannt* umgekehrte Bytesortierung. → *vgl.* big endian.

live *Adj.*

Bezieht sich auf Ton- oder Videoübertragungen, die direkt während der Produktion übermittelt werden. Das Gegenteil von Liveübertragungen sind Aufzeichnungen, die erst nach der Produktion übermittelt werden. → *siehe auch* synchrone Übertragung.

Live3D, das; *Subst.*

Ein Netscape-proprietäres Virtual Reality Modeling Language (VRML-)Plug-In für Webbrowser, mit dessen Hilfe Benutzer in einer virtuellen Welt agieren können. → *siehe auch* VRML.

Liveware, die; *Subst.* (liveware)
Slangausdruck für »Datenverarbeitungspersonal«. Auch mit den Bezeichnungen Wetware oder Jellyware, im Gegensatz zu Hardware, Software und Firmware belegt. → *auch genannt* Wetware.

Lizenzschlüssel, der; *Subst.* (licensing key)
Ein kurzer String, der während der Installation von lizenzierter Software als Kennwort dient. Durch die Vergabe eines Lizenzschlüssels wird die Gefahr der illegalen Vervielfältigung lizenzierter Software verringert.

Lizenzvertrag, der; *Subst.* (license agreement)
Ein Rechtsvertrag zwischen einem Softwareanbieter und einem Benutzer, in dem die Rechte des Benutzers an der Software festgelegt werden. In der Regel tritt der Lizenzvertrag bei Software in Kraft, sobald der Benutzer das Softwarepaket geöffnet hat.

LLC
→ *siehe* IEEE 802-Standards.

Load-Balancing *Subst.* (load balancing)
Ein Verteilungsprozess in einem Netzwerk, um einzelne Geräte nicht zu überfordern. Load-Balancing ist besonders wichtig für Netzwerke, für die nicht bekannt ist, in welchem Maße mit Anfragen zu rechnen ist. Besonders nachfragestarke Websites werden von zwei oder mehr Servern in einem Load-Balancing-Modus betrieben. → *siehe auch* Cluster, Hochverfügbarkeit.

Local Bus, der; *Subst.* (local bus)
Eine PC-Architektur, die eine Leistungssteigerung des Systems ermöglicht, indem einige Erweiterungskarten durch vollständiges Umgehen des normalen Systembusses direkt mit dem Mikroprozessor kommunizieren können. → *siehe auch* PCI Local Bus, VL-Bus.

localhost, der; *Subst.*
Der Name, der verwendet wird, um den gleichen Computer darzustellen, von dem eine TCP/IP-Nachricht ursprünglich stammt. Ein IP-Paket, das an den Localhost gesendet wird, hat die IP-Adresse 127.0.0.1 und wird nicht an das Internet übertragen. → *siehe auch* IP-Adresse, Paket, TCP/IP.

LocalTalk, das; *Subst.*
Ein günstiges Kabelsystem von AppleTalk-Netzwerken, das an Computer, Drucker und andere Peripheriegeräte von Apple Macintosh angeschlossen werden kann. → *siehe auch* AppleTalk.

Lochabstand, der; *Subst.* (dot pitch, screen pitch)
Ein Maß für die Bildpunktdichte eines Computerbildschirms, durch das der Abstand zwischen den einzelnen Leuchtpunkten auf dem Schirm angegeben wird. Dabei wird der vertikale Abstand zwischen gleichfarbigen Pixeln in Millimetern gemessen. Je kleiner dieser Wert ist, um so mehr Einzelheiten können dargestellt werden, und desto schärfer ist die Darstellung. Der Unterschied zwischen zwei Bildschirmen kann jedoch variieren, da manche Hersteller unterschiedliche Methoden zur Bestimmung dieses Maßes bei ihren Produkten verwenden. Ein Bildschirm mit einem Lochabstand von 0,28 mm hat eine bessere Auflösung als einer mit 0,32 mm. Der Lochabstand ist herstellungsbedingt und lässt sich daher nicht verändern. Üblich sind Lochabstände zwischen 0,15 mm und 0,30 mm. (Abbildung L.7) → *siehe auch* Monitor, Phosphor, Pixel.

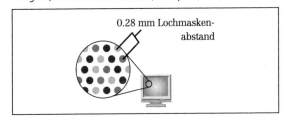

0.28 mm Lochmasken-abstand

Abbildung L.7: Lochabstand

→ *siehe auch* CRT, Display.

Lochkarte, die; *Subst.* (card, punched card)
Eingabemedium aus Karton, das die Datenbits spaltenweise in Form von eingestanzten Lochmustern speichert. Lochkarten wurden vor allem in der Anfangszeit des Informationszeitalters eingesetzt. Die für die verschiedenen Bytewerte verwendeten Muster werden nach der sog. Hollerith-Codierung erzeugt. → *auch genannt* Hollerith-Maschine. (Abbildung L.8)
Der gebräuchlichste Lochkartentyp weist eine Höhe von 8,25 cm und eine Breite von ca. 18,73 cm auf und ist in 80 Spalten eingeteilt. Die Codierung von Informationen erfolgt durch Stanzen von Löchern mit Hilfe einer Lochstanzmaschine. Die eingestanzten Löcher repräsentieren, je nach ihrer Position, bestimmte Ziffern, Buchstaben und andere Zeichen. Das Lesen von Lochkarten erfolgt mit Computern, die mit einem entsprechenden Lesegerät ausgestattet sind.

Lochkartenleser, der; *Subst.* (punched-card reader)
→ *siehe* Kartenleser.

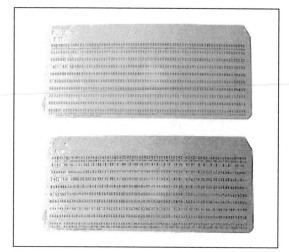

Abbildung L.8: Lochkarte

Lochstanzer, der; *Subst.* (keypunch)
Ein tastaturgesteuertes Gerät, mit dem sich Löcher an festgelegten Positionen auf Lochkarten in der Größe eines Geschäftsbriefumschlages stanzen lassen. Lochstanzer wurden zur Erstellung von Lochkarten eingesetzt, die in den früheren Rechenanlagen für die Eingabe von Programmen und Daten verwendet wurden.

Lochstreifen, der; *Subst.* (tape)
Ein Speichermedium aus einem dünnen Papierstreifen, auf dem Informationen in Form gestanzter Löcher, chemischer Kennzeichnung oder magnetischer Tinte festgehalten werden.

löschbarer Speicher, der; *Subst.* (erasable storage)
Speichermedien, die sich wiederholt verwenden lassen, da der Benutzer vorher aufgezeichnete Daten löschen kann. Die meisten magnetischen Speichermedien, z.B. Magnetband und Diskette, sind löschbare Speicher.

löschen *Vb.* (delete, erase, purge)
Allgemein das systematische Entfernen von alten oder unnötigen Informationen.
In Bezug auf das Löschen von Dateien unterscheidet man das gewöhnliche und das unwiederbringliche (dauerhafte) Löschen. Beim unwiederbringlichen Löschen werden in der Regel vorhandene Daten durch Nullen oder bedeutungslosen Text überschrieben. Bei einem magnetischen Speichermedium werden Daten normalerweise gelöscht, indem entweder mittels eines Magnetkopfes oder eines großen Magneten die physikalische Anordnung der Magnetteilchen

gestört wird. Beim gewöhnlichen Löschen teilt der jeweilige Befehl dem Betriebssystem lediglich mit, dass die Daten oder Dateien entbehrlich sind. Auf diese Weise gelöschte Dateien lassen sich daher noch so lange wiederherstellen, bis ihr Speicherplatz durch neue Informationen überschrieben wurde. → *siehe auch* Löschkopf.
Im Zusammenhang mit Anwendungsprogrammen bezeichnet »löschen« das Entfernen von Teilen eines Dokuments oder des kompletten Dokuments. Zu diesem Zweck existieren verschiedene Methoden. Zeichen auf dem Bildschirm und markierte Teile eines Dokuments können z.B. mit der Entf-Taste, der Rücktaste oder mit dem Löschen-Befehl der jeweiligen Anwendung gelöscht werden.

Löschgerät, das; *Subst.* (media eraser)
Ein Gerät, das Daten aus einem Speichermedium entfernt, indem die Daten mit neutralen Daten (z.B. Nullen) überschrieben werden. → *siehe auch* Magnetspulen-Löschgerät.

Löschkopf, der; *Subst.* (erase head)
Das Gerät in einem Magnetbandgerät, das zuvor aufgezeichnete Informationen löscht.

Löschtaste, die; *Subst.* (Delete key)
Auf IBM- und kompatiblen Computern eine Taste, deren Funktion von der jeweiligen Anwendung abhängig ist. In der Regel wird damit das Zeichen unter dem Cursor gelöscht. In einigen Anwendungen jedoch löst die Taste das Löschen eines markierten Objekts (Text oder Grafiken) aus.
Auf ADB- und erweiterten Tastaturen (Extended Keyboard) der Apple Macintosh-Computer eine Taste, die das Zeichen vor der Einfügemarke oder hervorgehobenen Text bzw. Grafiken löscht.

log
→ *siehe* Logarithmus.

Logarithmus, der; *Subst.* (logarithm)
Abgekürzt log. In der Mathematik bezeichnet der Logarithmus einer Zahl n die Potenz, in die die Basis des Logarithmus zu erheben ist, um gleich der Zahl n zu sein. Bei gegebener Basis 10 ist z.B. der Logarithmus von 16 gleich 1,2041, da $10^{1,2041}$ gleich 16 ist. In der Programmierung verwendet man sowohl den natürlichen Logarithmus (zur Basis $e = 2,71828$) als auch den dekadischen Logarithmus (zur Basis 10). Sprachen wie C und Basic umfassen Funktionen für die Berechnung des natürlichen Logarithmus.

Logical Block Addressing *Subst.*
Zu Deutsch: »logische Blockadressierung«. Eine Technik, bei der der Zylinder, der Kopf und die Sektoren einer Festplatte in 24-Bit-Adressen für die Datenspeicherung und den Datenabruf konvertiert werden. Dieses Verfahren wird bei SCSI-Laufwerken angewendet und ist auch ein Leistungsmerkmal der Laufwerke von Enhanced IDE (EIDE), wodurch die frühere Einschränkung der Festplattenkapazität auf 528 MB bei IDE-Laufwerken beseitigt wurde. Bei einem logischen Adressraum von 24 Bit werden Laufwerke mit einer Größe von bis zu 8,4 GB unterstützt. Die Addresskonvertierung wird vom Diskcontroller des EIDE-Laufwerks mit Unterstützung des BIOS und des Betriebssystems ausgeführt. → *siehe auch* EIDE, SCSI.

Logical Link Control, die; *Subst.* (logical link control)
→ *siehe* IEEE 802-Standards.

Logik, die; *Subst.* (logic)
In der Programmierung bezeichnet man damit die Behauptungen, Annahmen und Operationen, die definieren, was ein gegebenes Programm ausführt. Die Festlegung der Logik eines Programms ist häufig der erste Schritt bei der Entwicklung seines Quellcodes. → *siehe auch* formale Logik.

Logikanalysator, der; *Subst.* (logic analyzer)
Ein Hardwaregerät, das die intelligente, maschinennahe Fehlersuche von Programmen erleichtert. Typische Merkmale sind die Fähigkeit zur Überwachung der Bussignale während des Programmablaufs, das Anhalten der Ausführung, wenn eine gegebene Speicherstelle gelesen oder beschrieben wird, und die Rückverfolgung einer bestimmten Anzahl von Anweisungen, wenn die Ausführung aus einem beliebigen Grund angehalten hat. → *siehe auch* Debugger.

Logikarray, das; *Subst.* (logic array)
→ *siehe* Gatterarray.

Logikarray, programmierbares, das; *Subst.* (programmable logic array)
→ *siehe* wieder programmierbare Logik.

Logikboard, das; *Subst.* (logic board)
Eine andere Bezeichnung für Hauptplatine oder Prozessorplatine. Der Begriff wurde in Verbindung mit älteren Computermodellen verwendet, um das Videoboard *(analoge Platine)* von der Hauptplatine zu unterscheiden. → *siehe auch* Hauptplatine.

Logik, Boolesche, die; *Subst.* (Boolean logic)
→ *siehe* Boolesche Algebra.

Logikchip, der; *Subst.* (logic chip)
Ein Chip, der Informationen verarbeitet und nicht nur speichert. Ein Logikchip besteht aus logischen Schaltkreisen.

Logikdiagramm, das; *Subst.* (logic diagram)
Die schematische Darstellung der Verbindungen zwischen den logischen Schaltungen eines Computers, mit Angaben über erwartete Ausgangswerte bei einer festgelegten Menge von Eingangswerten.

Logikelement, sequentielles, das; *Subst.* (sequential logic element)
→ *siehe* sequentielles Logikelement.

Logik, emitter-gekoppelte, die; *Subst.* (emitter-coupled logic)
→ *siehe* emittergekoppelte Logik.

Logikfehler, der; *Subst.* (logic error)
Ein Fehler in der Programmlogik, z.B. die Verwendung eines fehlerhaften Algorithmus.
Meist wird der eigentliche Ablauf eines Programms durch einen Logikfehler nicht verhindert – es funktioniert zwar, liefert aber falsche Ergebnisse. Aus diesem Grund ist ein Logikfehler oft schwer zu finden. → *siehe auch* Logik, Semantik, Syntax.

Logik, formale, die; *Subst.* (formal logic)
→ *siehe* formale Logik.

Logikgerät, programmierbares, das; *Subst.* (programmable logic device)
→ *siehe* programmierbares Logikgerät.

Logik, geteilte, die; *Subst.* (shared logic)
→ *siehe* geteilte Logik.

Logikprogrammierung, die; *Subst.* (logic programming)
Eine Programmiertechnik, bei der ein Programm aus einer Sammlung von Fakten und Regeln besteht, auf deren Grundlage mit Hilfe der Programmiersprache eine Lösungsbeschreibung zum Ziehen von Schlüssen entwickelt wird. Die Sprache Prolog ist ein typischer Vertreter der Logikprogrammierung. → *siehe auch* Prolog.

Logik, stromgesteuerte, die; *Subst.* (current-mode logic)
→ *siehe* stromgesteuerte Logik.

Logik, symbolische, die; *Subst.* (symbolic logic)
→ *siehe* symbolische Logik.

Logik, wiederprogrammierbare, die; *Subst.* (field-programmable logic array)
→ *siehe* wieder programmierbare Logik.

Log-In *Vb.* (log in)
→ *siehe* anmelden.

logisch *Adj.* (logical)
Bezeichnet eine Operation oder eine andere Rechneraktivität, die auf Wahr-/Falschalternativen basiert, im Gegensatz zu arithmetischen Berechnungen numerischer Werte. Ein logischer Ausdruck liefert z.B. nach seiner Auswertung einen einzelnen Ergebniswert, der entweder wahr oder falsch sein kann. → *siehe auch* Boolesche Algebra. → *vgl.* Fuzzylogik. Den konzeptuellen Gesetzen der Logik entsprechend, ohne Bezug auf die körperliche Wahrnehmung. → *vgl.* physikalisch.

logische Bombe, die; *Subst.* (logic bomb)
Ein logischer Fehler in einem Programm, der sich nur unter bestimmten Bedingungen zeigt. Er tritt meistens völlig unerwartet und im denkbar ungünstigsten Moment auf. Der Begriff *Bombe* weist auf einen Fehler hin, der ein Grund für einen Programmausfall ist. → *siehe auch* Logikfehler.
Eine Art Trojanisches Pferd, das bei bestimmten Bedingungen aktiviert wird, z.B. wenn ein Benutzer einen bestimmten Vorgang ausführt. → *siehe auch* Bombe, Trojanisches Pferd.
Ein Trojanisches Pferd, das zeitlich oder nach Ablauf eines gewissen Zeitraums aktiviert wird. → *auch genannt* Zeitbombe.

logische Datei, die; *Subst.* (logical file)
Eine Datei, die vom konzeptionellen Standpunkt aus betrachtet wird, d.h. ohne Bezug und im Unterschied zu ihrer physikalischen Realisierung im Hauptspeicher oder einem externen Speichergerät. Eine logische Datei kann z.B. aus einer zusammenhängenden Folge von Datensätzen bestehen, während die Datei, physikalisch in mehrere Abschnitte aufgeteilt, an unterschiedlichen Orten auf einer Diskette oder sogar über mehrere Disketten verteilt, gespeichert sein kann. Eine logische Datei kann außerdem aus einer Untermenge von Spalten (Feldern) und Zeilen (Datensätzen) bestehen, die aus einer Datenbank herausgezogen wurden. In diesem Fall stellt die logische Datei (oder Ansicht) nur die Informationen dar, die ein bestimmtes Anwendungsprogramm oder der Benutzer gefordert hat.

logische Entscheidung, die; *Subst.* (logical decision)
Jede Entscheidung, die einen von zwei möglichen Ergebniswerten haben kann (wahr/falsch, ja/nein usw.). → *vgl.* Fuzzylogik.

logische Operation, die; *Subst.* (logic operation)
Ein Ausdruck, der logische Werte und Operatoren verwendet. Eine Manipulation auf Bitebene von binären Werten. → *siehe auch* Boolescher Operator.

logischer Ausdruck, der; *Subst.* (logical expression)
→ *siehe* Boolescher Ausdruck.

logischer Baum, der; *Subst.* (logic tree)
Eine logische Spezifikationsmethode für Verzweigungen. Jede Gabelung eines Baumes stellt einen Entscheidungspunkt und die Enden der Zweige die erforderlichen Aktionen dar.

logischer Datensatz, der; *Subst.* (logical record)
Eine beliebige Informationseinheit, die sich durch eine Anwendung behandeln lässt. Ein logischer Datensatz kann eine Sammlung verschiedener Felder oder Spalten einer Datenbankdatei darstellen oder eine einzelne Textzeile in einer Textdatei. → *siehe auch* logische Datei.

logischer Fehler, der; *Subst.* (logical error)
→ *siehe* Logikfehler.

logischer Operator, der; *Subst.* (logical operator)
Ein Operator, der binäre Werte auf Bitebene manipuliert. In einigen Programmiersprachen sind logische Operatoren identisch mit Booleschen Operatoren, die wahre und falsche Werte manipulieren. → *siehe auch* Boolescher Operator, Maske.

logischer Schaltkreis, der; *Subst.* (logic circuit)
Ein elektronischer Schaltkreis, der Informationen durch Anwendung logischer Operationen verarbeitet. Ein logischer Schaltkreis stellt eine Kombination logischer Gatter dar und liefert ein Ausgangssignal entsprechend festgelegter logischer Regeln, nach denen die am Eingang anliegenden elektrischen Signale zu verknüpfen sind. → *siehe auch* Gate.

L

logisches Gatter, das; *Subst.* (logic gate)
→ *siehe* Gatter.

logisches Gerät, das; *Subst.* (logical device)
Ein Gerät, das nach der Logik eines Softwaresystems und ungeachtet seiner physikalischen Beziehung zum System benannt ist. Beispielsweise lässt sich unter dem Betriebssystem MS-DOS ein und dasselbe Floppydisk-Laufwerk sowohl als logisches Laufwerk A: als auch Laufwerk B: ansprechen.

logisches Laufwerk, das; *Subst.* (logical drive)
→ *siehe* logisches Gerät.

logisches Netzwerk, das; *Subst.* (logical network)
Eine Methode bei der Beschreibung einer Topologie (oder des Layouts) eines Netzwerks. Bei einer logischen Topologie (im Unterschied zu einer physikalischen) wird der Pfad beschrieben, den die Daten verfolgen, wenn sie sich durch das Netzwerk bewegen.
Der Pfad verläuft z.B. in einer geraden Linie (Bustopologie) oder im Kreis (Ringtopologie). Die Unterscheidung zwischen beiden Varianten bei der Beschreibung eines Netzwerkes ist manchmal etwas schwierig, da ein physikalisches Netzwerk (das wirkliche Layout in Bezug auf Hardware und Verkabelung) nicht notwendigerweise dem logischen Netzwerk entspricht (dem Pfad, der bei der Übertragung verfolgt wird). Beispielsweise kann ein logischer Ring Gruppen von Computern einschließen, die sternförmig mit Hardwaresammelpunkten verkabelt sind. Letztere sind reihum miteinander verbunden. In einem derartigen Netzwerk mag das physikalische Layout der untereinander verbundenen Computer und Hardwarekomponenten – auch optisch betrachtet – keinen Ring darstellen. Dennoch handelt es sich um einen logischen Ring, da die Daten kreisförmig übertragen werden. → *siehe auch* Busnetzwerk, Ringnetzwerk, Sternnetzwerk, Token Ring-Netzwerk, Topologie. → *vgl.* physikalisches Netzwerk.

logisches Schema, das; *Subst.* (logical schema)
→ *siehe* konzeptuelles Schema.

logisches Symbol, das; *Subst.* (logic symbol)
Ein Symbol, das einen logischen Operator darstellt, z.B. AND oder OR. Das Symbol + in der Booleschen Algebra stellt z.B. das logische OR (Oder) dar, wie in A + B (gelesen »A OR B« und nicht »A plus B«).

Logo, das; *Subst.*
Eine Programmiersprache mit Merkmalen, die sich stark an LISP anlehnen. Logo wird häufig als Lernprogramm für Kinder eingesetzt und wurde ursprünglich 1968 von Seymour Papert am Massachussetts Institute of Technology (MIT) entwickelt. Logo wird als Lehrsprache angesehen. → *siehe auch* LISP, Turtle, Turtle-Grafik. → *vgl.* Basic, PILOT.

lokal *Adj.* (local)
Beschreibt Elemente oder Operationen, die sich in unmittelbarer Nähe befinden oder auf einen bestimmten Bereich beschränkt sind. In der Kommunikationstechnik greift man auf ein lokales Gerät direkt zu und nicht über eine Kommunikationsleitung. In der Informationsverarbeitung wird eine lokale Operation durch einen Computer vor Ort anstatt durch einen entfernten Computer ausgeführt. In der Programmierung verwendet man eine lokale Variable nur in einem bestimmten Teil des Programms (Unterprogramm, Prozedur oder Funktion), wobei meist auch die Gültigkeit der Variablen auf diesen Programmabschnitt beschränkt ist. → *vgl.* remote.

lokale Gruppe, die; *Subst.* (local group)
In Windows NT/2000 eine Gruppe, die Rechte nur auf Ressourcen auf derjenigen Arbeitsstation erhält, auf der die Gruppe residiert. Mithilfe von lokalen Gruppen kann sowohl Benutzern von innerhalb als auch von außerhalb der Arbeitsstationen die Verwendung nur derjenigen Ressourcen gestattet werden, die auf der Arbeitsstation zu finden sind, die die lokale Gruppe enthält.
In Windows NT Advanced Server bildet die lokale Gruppe eine Gruppe, der Erlaubnisse und Rechte nur zu den Ressourcen auf den Servern der eigenen Domäne zugestanden werden. In diesem Kontext bieten lokale Gruppen eine bequeme Methode, sowohl den Benutzern von innerhalb als auch von außerhalb der Domäne nur die Nutzung von Ressourcen zu gestatten, die auf dem Server der Domäne zu finden sind. → *siehe auch* globale Gruppe, gruppieren.

lokale Newsgroups, die; *Subst.* (local newsgroups)
Newsgroups, die sich auf einen bestimmten geografischen Bereich (z.B. eine Stadt oder eine Universität) spezialisiert haben. Die Themen der Newsgroups enthalten Informationen, die sich speziell auf diesen Bereich beziehen (z.B. Events, Konferenzen und Angebote). → *siehe auch* Newsgroup.

lokaler Bypass, der; *Subst.* (local bypass)
Eine Telefonverbindung, die in größeren Unternehmen separate Gebäude unter Umgehung des öffentlichen Fernsprechnetzes verbindet.

lokaler Speicher, der; *Subst.* (local memory)
Der Speicher in Multiprozessorsystemen, der sich auf derselben Karte wie ein bestimmter Prozessor befindet oder mit diesem über denselben Hochgeschwindigkeitsbus verbunden ist. Der einem Prozessor zugeordnete lokale Speicher ist in der Regel ohne eine bestimmte Form von Zugriffserlaubnis nicht für einen anderen Prozessor zugänglich.

lokales Netzwerk, das; *Subst.* (local area network)
→ *siehe* LAN.

lokales Neustarten, das; *Subst.* (local reboot)
Ein direkter Reboot des Gerätes, der nicht von einem Remotehost ausgeführt wird. → *siehe auch* neu starten.

lokale Variable, die; *Subst.* (local variable)
Eine Programmvariable, deren Gültigkeitsbereich auf einen gegebenen Codeblock, in der Regel ein Unterprogramm, beschränkt ist. → *siehe auch* Geltungsbereich. → *vgl.* globale Variable.

Lokalisierung, die; *Subst.* (localization)
Die sprachliche, technische und kulturelle Anpassung eines Programms an den vorgesehenen Einsatzort. Beispielsweise müssen die Entwickler eines Textverarbeitungsprogramms eine Lokalisierung der Sortiertabellen für unterschiedliche Länder oder Sprachen vornehmen, da die Reihenfolge der Zeichen in verschiedenen Alphabeten unterschiedlich ist und ggf. zusätzliche Zeichen zu beachten sind.

LOL
Abkürzung für laughing out loud, zu Deutsch: »Zum Totlachen«. Diese Wendung wird in englischsprachigen E-Mail-Nachrichten, Onlineforen und Chat Services verwendet, um einen Witz oder eine andere humorvolle Gegebenheit positiv zu kommentieren. → *siehe auch* Netspeak.

Longitudinal Redundancy Check, der; *Subst.* (longitudinal redundancy check)
→ *siehe* LRC.

Look and Feel, das; *Subst.* (look and feel)
Ein allgemeiner Begriff, der sich auf Darstellung, Funktionalität und Benutzeroberfläche von Hardware oder Software bezieht. Diese Bezeichnung wird häufig bei Vergleichen verwendet: »Windows NT hat das gleiche Look and Feel wie Windows 95«. → *vgl.* Benutzeroberfläche.

Lookup, das; Subst. (lookup)
Eine für die Tabellenkalkulation typische (häufig integrierte) Funktion, die eine vorhandene Wertetabelle (eine sog. Lookuptabelle) nach einem bestimmten Informationselement durchsucht. Eine Lookuptabelle ist aus Datenzeilen und Datenspalten aufgebaut. Eine Lookupfunktion durchsucht die Tabelle entweder horizontal oder vertikal und liefert dann die Daten, die dem beim Aufruf der Lookupfunktion übergebenen Argument entsprechen.

Loopbackadapter, das; *Subst.* (loopback adapter, loopback plug)
Zusatzgerät, das an einen Computer angeschlossen wird, um einen Loopbacktest durchzuführen. → *siehe auch* Loopbacktest.

Loopbacktest, der; *Subst.* (loopback test)
Diagnoseprozedur, bei der ein Signal von ein und demselben Gerät gesendet und empfangen wird und dabei alle Instanzen eines Netzwerkes passiert.
Um eventuelle Fehler aufzuspüren, wird das empfangene Signal mit dem Ausgangssignal verglichen. Um einen solchen Selbsttest durchzuführen, muss der Computer mit einem entsprechenden Loopbackadapter ausgestattet werden.

Loopcheck, der; *Subst.* (loop check)
→ *siehe* Echoprüfung.

Loopkonfiguration, die; *Subst.* (loop configuration)
Eine Kommunikationsverbindung, bei der mehrere Stationen über eine Leitung in Form einer geschlossenen Schleife verbunden sind. Im Allgemeinen werden die von einer Station gesendeten Daten empfangen und wiederum von jeder Station in der Schleife weitergesendet. Dieser Vorgang wiederholt sich, bis die Daten ihren vorgesehenen Bestimmungsort erreicht haben. → *siehe auch* Ringnetzwerk. (Abbildung L.9)

lo-res *Adj.*
→ *siehe* niedrige Auflösung.

L

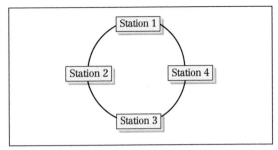

Abbildung L.9: Loopkonfiguration

Lotus SmartSuite *Subst.*
→ *siehe* SmartSuite.

LPM
→ *siehe* Zeilen pro Minute.

LPMUD
Eine Art des Multiuser Dungeon (MUD), die eine eigene objektorientierte Programmiersprache für das Erstellen von neuen Bereichen und Objekten in der virtuellen Welt enthält.
→ *siehe auch* MUD.

LPT
Logischer Gerätename für Zeilendrucker. Durch das Betriebssystem MS-DOS reservierter Name für bis zu drei parallele Druckerports mit den Bezeichnungen LPT1, LPT2 und LPT3. Dabei ist der erste parallele Port (LPT1) in der Regel mit dem primären Parallelausgabegerät PRN (in MS-DOS der logische Gerätename für den Drucker) identisch. Die Buchstabenfolge LPT wurde ursprünglich für die Bezeichnung *Zeilendruckerterminal* verwendet.

LRC
Abkürzung für **l**ongitudinal **r**edundancy **c**heck, zu Deutsch »Längsredundanzprüfung«. Ein Verfahren zur Überprüfung der Richtigkeit von Daten, die auf einem Magnetband gespeichert sind oder über eine Kommunikationsverbindung übertragen werden. → *siehe auch* Paritätsbit. → *vgl.* VRC.

ls
Ein UNIX-Befehl, der den Server anweist, eine Liste mit Dateien und Unterverzeichnissen im aktuellen Verzeichnis oder dem Verzeichnis zurückzugeben, das im Befehl angegeben ist. Da viele FTP-Sites auf UNIX-Systemen aufgebaut sind, kann dieser Befehl auch für diese Sites verwendet werden. → *siehe auch* FTP, UNIX.

LS-120
Ein Diskettenlaufwerk, das bis zu 120 MB auf einer 3,5-Zoll-Diskette unterbringt. Die entsprechende Technologie wurde von der Firma Imation, Inc. entwickelt; dabei werden statt der üblichen 135 Spuren einer herkömmlichen 3,5-Zoll-Diskette 2.490 Spuren auf der Datenträgeroberfläche angebracht. LS-120-Laufwerke können auch für andere Diskettenformate eingesetzt werden. → *auch genannt* SuperDrive. → *vgl.* 3,5-Zoll-Diskette.

LSB
→ *siehe* niederwertigstes Bit.

LSC
→ *siehe* niederwertigstes Zeichen.

LSD
→ *siehe* niederwertigste Stelle.

LSI
→ *siehe* Hohe Integrationsdichte.

LU
Abkürzung für **l**ogical **u**nit. In einem IBM-SNA-Netzwerk bezeichnet LU einen Punkt für den Anfang oder das Ende einer Sitzung. → *siehe auch* SNA.

Ludditen, der; *Subst.* (Luddites)
Personen, die dem technischen Fortschritt gegenüber negativ eingestellt sind, insbesondere hinsichtlich solcher Technologien, die zur Wegrationalisierung von Arbeitsplätzen führen. Die ersten Ludditen waren Gruppierungen von Webern in Nottinghamshire, England, die gegen die neuen, großangelegten Maschinen protestierten, die sie für die geringen Löhne und die hohe Arbeitslosigkeit verantwortlich machten. Die Herkunft des Begriffs ist nicht genau bekannt. Die gängigste Theorie ist, dass sich der Ausdruck von Ned Ludd ableitet, einem Weberlehrling, der als Protest für die Schläge, die er von seinem Lehrmeister einstecken musste, seine Webmaschine mit einem Hammer zertrümmerte.
→ *siehe auch* Technophobe. → *vgl.* Technophile.

Lücke, die; *Subst.* (gap)
→ *siehe* Satzzwischenraum.

Luggable Computer, der; *Subst.* (luggable computer)
Zu Deutsch auch tragbarer Computer. Dieser Begriff charakterisiert die ersten portablen Computer, die in den

frühen bis mittleren achtziger Jahren produziert wurden. Diese Geräte arbeiteten mit integrierten CRT-Displays, wogen über 10 Kilogramm und hatten die Größe eines mittleren Koffers – daher auch ihr Name. → *siehe auch* portabler Computer.

LUHN-Formel *Subst.* (LUHN formula)

Ein Algorithmus zur Erzeugung, Sicherung und Überprüfung einer Kreditkartennummer. Die letzte Stelle der Kreditkartennummer ist eine Kontrollziffer, die mittels des LUHN-Algorithmus (auch als Modulo-10-Algorithmus bezeichnet) aus den ersten Ziffern gebildet wird. Der Algorithmus lautet folgendermaßen: 1.) Beginnend von der zweitletzten Ziffer werde von rechts nach links gehend jede zweite Ziffer verdoppelt. 2.) Es werde die Summe aus den nicht verdoppelten Ziffern und den Quersummen der Verdoppelungsergebnisse gebildet. 3.) Die Differenz zwischen der nächsthöheren Vielfachen von 10 und dem Ergebnis aus 2.) gibt die letzte Ziffer der Kreditkartennummer an (ergibt sich z.B. aus 2. die Zahl 56, dann ist mit 60 – 56 = 4 die 4 Kontrollziffer).

Luminanzabfall, der; *Subst.* (luminance decay)

→ *siehe* Nachleuchtdauer.

lurken *Vb.* (lurk)

Empfangen und Lesen von Artikeln oder Nachrichten in einer Newsgroup oder einer anderen Onlinekonferenz, ohne aktiv am Meinungsaustausch teilzunehmen. Das englische Verb »to lurk« bedeutet soviel wie »herumschleichen« oder »lauern«. → *siehe auch* Lurker.

Lurker, der; *Subst.* (lurker)

Eine Person, die in einer Newsgroup oder einer anderen Onlinekonferenz lurkt. → *siehe* auch lurken. → *vgl.* Netzianer.

Lycos

Eine Suchmaschine für das World Wide Web, die neben der reinen Suchfunktion auch diverse kategorisierte Verzeichnisse von Websites sowie Kurzübersichten ausgewählter Sites anbietet. Lycos ist unter folgendem URL erreichbar: http://www.lycos.com. → *siehe auch* Suchmaschine. → *vgl.* Excite, Google, HotBot, Infoseek, WebCrawler, Yahoo!.

Lynx, der; *Subst.*

Ein Nurtext-Webbrowser für verschiedene Plattformen (Microsoft Windows und UNIX), der im Internet frei erhältlich ist und unter http://lynx.browser.org per Download kopiert werden kann. → *siehe auch* Webbrowser, zeilenorientierter Browser. → *vgl.* HotJava, Internet Explorer, Mosaic, Netscape Communicator, Opera.

.lzh

Eine Dateinamenerweiterung, die mit Hilfe des Lempel-Ziv-Haruyasu-Algorithmus komprimierte Dateiarchive kennzeichnet. → *siehe auch* komprimierte Datei, Lempel-Ziv-Algorithmus, LHARC.

LZW-Komprimierung, die; *Subst.* (LZW compression)

Ein Komprimierungsalgorithmus, bei dem sich wiederholende Zeichenfolgen für die Komprimierung von Zeichenströmen in Codeströme verwendet werden. Die GIF-Komprimierung basiert auf der LZW-Komprimierung. → *siehe auch* GIF.

M

m
→ *siehe* Milli-.

M
→ *siehe* Mega-.

Mac, der; *Subst.*
→ *siehe* Macintosh.

Mac- *Präfix*
Ein Präfix, das die Eignung einer Software für Computer von Apple Macintosh angibt (z.B. *Mac*Draw).

MAC
Abkürzung für **m**edia **a**ccess **c**ontrol, zu Deutsch etwa »Medienzugriffssteuerung«.

MAC-Adresse, die; *Subst.* (MAC address)
Die hardwareseitig vergebene Adresse eines Netzwerkadapters, die zur eindeutigen Identifikation eines Knotens im Netzwerk dient. Die MAC-Adresse wird fest in einen Mikrochip eingebrannt und kann nicht mehr verändert werden. → *siehe auch* Netzwerkadapter.

MacBinary, das; *Subst.*
Ein File Transfer Protocol zur Erhaltung der Codierung für Dateien, die auf einem Macintosh erstellt und in einem anderen System gespeichert sind. Das Protokoll enthält den Ressourcenzweig, den Datenzweig sowie den Finderinformationsblock der Datei. → *siehe auch* Datenzweig, Finder, Ressourcenzweig.

Mach, das; *Subst.*
An der Carnegie-Mellon Universität entwickelte Variante des Betriebssystems UNIX. Mach wurde so entworfen, dass es weiterentwickelte Merkmale unterstützt, z.B. Multitasking und Multiprocessing. → *siehe auch* UNIX.

Macintosh, der; *Subst.*
Bezeichnung der PC-Serie, die von der Apple Computer Corporation im Januar 1984 vorgestellt wurde. Der Macintosh (kurz »Mac«) wurde als einer der ersten PCs mit einer grafischen Benutzeroberfläche ausgestattet und war zudem der erste Computer, der 3,5-Zoll-Disketten unterstützte. Außerdem wurde der 32-Bit-Mikroprozessor Motorola 68000 erstmals bei einem Macintosh verwendet. Trotz der benutzerfreundlichen Funktionen und der intuitiv bedienbaren Oberfläche hat der Macintosh in den neunziger Jahren gegenüber PC-kompatiblen Computern Marktanteile eingebüßt. Erst mit der Einführung neuer, nicht nur optisch ansprechender Modelle (in erster Linie iMac, iBook und PowerMac G4) konnte der Abwärtstrend gestoppt werden. Der Macintosh wird vor allem als Plattform für DTP-Programme und Grafikanwendungen eingesetzt. Informationen über den Macintosh sind von der Website des Herstellers unter der Adresse http://www.apple.com/de/hardware/ abrufbar. → *siehe auch* Apple II, grafische Benutzeroberfläche, PC-kompatibel. → *auch genannt* MAC. (Abbildung M.1)

Abbildung M.1: Macintosh

Macintosh Application Environment, die; *Subst.*
Eine Systemshell für offene RISC-Systeme, die eine Macintosh-Schnittstelle innerhalb eines X Window Systemfensters enthält. Die Macintosh Application Environment ist sowohl

431

M

Mac- als auch UNIX-kompatibel und unterstützt alle Standardprodukte für den Macintosh. → *siehe auch* X Windows, X Window System.

Macintosh File System, das; *Subst.*
Das frühe lineare Dateisystem, das vor der Einführung des Hierarchical File Systems auf dem Macintosh verwendet wurde. → *siehe auch* lineares Dateisystem. → *vgl.* hierarchisches Dateisystem.

Macintosh-Tastatur, originale, die; *Subst.* (original Macintosh keyboard)
→ *siehe* originale Macintosh-Tastatur.

Mac-Klon, der; *Subst.* (Mac clone)
Ein Computer, der für das Betriebssystem Macintosh lizenziert und hergestellt wird. Der erste Lizenznehmer des Macintosh OS wurde im Dezember 1994 die Power Computing. → *siehe auch* Macintosh.

Mac OS
Abkürzung für **Mac**intosh **o**perating **s**ystem. Seit September 1994 die Bezeichnung für das Betriebssystem Macintosh ab Version 7.5. Zu diesem Zeitpunkt hat Apple damit begonnen, Lizenzen für die Software an andere Computerhersteller auszugeben. → *siehe auch* Macintosh.

Mac OS X *Subst.*
Aktuellstes Apple-Betriebssystem (seit September 2001 Mac OS X 10.1), das vor allem durch die neu konzipierte Benutzeroberfläche Aqua auf sich aufmerksam macht. Weitere grundlegende Neuerungen drehen sich um einfachere Bedienung (Autopilot), Leistungssteigerung und die Unterstützung moderner Hardwarekomponenten (GeForce-3-Grafikkarten) und Multimediafeatures (DVD-Wiedergabe und -Authoring). → *siehe* Aqua, Mac OS.

MacTCP
Eine Macintosh-Erweiterung, durch die Macintosh-Computer TCP/IP verwenden können. → *siehe auch* TCP/IP.

MADCAP
Abkürzung von »**M**ulticast **A**ddress **D**ynamic **C**lient **A**llocation **P**rotocol«. Eine Erweiterung des DHCP-Protokollstandards für die Unterstützung der dynamischen Zuweisung und Konfiguration von IP-Multicastadressen auf TCP/IP-Netzwerken.

MAE
→ *siehe* Macintosh Application Environment, Metropolitan Area Exchange.

Magnetband, das; *Subst.* (magnetic tape, tape)
Ein dünner Kunststoffstreifen (Polyester), der mit magnetischem Material beschichtet ist und so die Aufzeichnung von Daten ermöglicht. Da ein Magnetband ein in Längsrichtung fortlaufendes Speichermedium darstellt und der Schreib-/Lesekopf nicht zu einer bestimmten Stelle auf dem Band »springen« kann, ohne das Band zunächst dorthin vorzuspulen, muss ein Magnetband sequentiell gelesen oder beschrieben werden – im Gegensatz zum wahlfreien Zugriff bei Disketten oder Festplatten.

Magnetbandauszug, der; *Subst.* (tape dump)
Ein einfacher Ausdruck der auf einem Magnetband befindlichen Daten ohne eine aufbereitende Formatierung. → *siehe auch* Bandkassette.

Magnetblasenspeicher, der; *Subst.* (magnetic bubble)
Ein magnetisches, verschiebbares Feld in einem Filmsubstrat. In einem Blasenspeicher wandern magnetische Blasen, die Bits darstellen, auf vorgegebenen Bahnen, wo diese gelesen und geschrieben werden können. Durch hohe Kosten und relativ lange Zugriffszeiten bleiben die Magnetblasenspeicher allerdings spezialisierteren Anwendungen vorbehalten. → *siehe auch* Blasenspeicher, magnetische Domäne. → *vgl.* Kernspeicher, RAM.

Magnetfeld, das; *Subst.* (magnetic field)
Der Raum um ein magnetisches Objekt, in dem magnetische Kräfte wirken. Zur Veranschaulichung kann man ein Magnetfeld in Form von Flusslinien darstellen, die am magnetischen Nordpol entspringen und am magnetischen Südpol enden.

magnetische Domäne, die; *Subst.* (magnetic domain)
Auch ferromagnetische Domäne oder Weißscher Bezirk genannt. Ein mikroskopisch kleiner Bereich in einem ferromagnetischen Material, innerhalb dessen die einzelnen atomaren oder molekularen Magentpartikel die gleiche Orientierung aufweisen. → *auch genannt* ferromagnetische Domäne.

magnetischer Speicher, der; *Subst.* (magnetic storage)
Der Oberbegriff für externe Datenspeichereinheiten, die auf der Basis eines magnetischen Mediums arbeiten, z.B. Disketten oder Magnetbänder.

M

magnetisches Oxid, das; *Subst.* (magnetic oxide)
→ *siehe* Eisenoxid.

Magnetkopf, der; *Subst.* (magnetic head)
→ *siehe* Kopf.

magnetooptische Aufzeichnung, die; *Subst.* (magneto-optical recording)
Eine Aufzeichnungstechnologie für optische Discs, bei der mit einem Laserstrahl ein kleiner Punkt des magnetischen Materials auf der Oberfläche der Disc aufgeheizt wird. Dadurch kann ein schwaches magnetisches Feld die Orientierung dieses Punktes ändern und auf diese Weise Informationen auf der Disc aufzeichnen. Da diese Technik auch zum Löschen der Disc eingesetzt werden kann, erhält man wiederbeschreibbare Discs.

magnetooptische Disk, die; *Subst.* (magneto-optic disc)
Eine vollständig oder zum Teil löschbare Speicherdisc, die mit einer CD-ROM vergleichbar ist und ebenfalls eine sehr hohe Kapazität aufweist. Bei einer magnetooptischen Disc erhitzt man mit einem Laserstrahl die Aufzeichnungsschicht bis zu einem Punkt, bei dem sich kleinste Gebiete auf der Oberfläche magnetisch ausrichten lassen, um Datenbits zu speichern. → *siehe auch* CD-ROM, magnetooptische Aufzeichnung.

Magnetplatte, die; *Subst.* (magnetic disk)
Eine Computerdiskette, die von einem Schutzgehäuse (Festplatte) oder einer Hülle (Floppydisk) umgeben ist und eine magnetische Beschichtung aufweist. Die Magnetplatte gestattet die Aufzeichnung von Daten in Form von Änderungen in der magnetischen Polarität (eine Polarität entspricht einer binären 1, die entgegengesetzte Polarität einer 0) auf vielen kleinen Abschnitten (magnetischen Domänen) auf der Diskoberfläche. Magnetplatten sollen gegen Einwirkung äußerer Magnetfelder geschützt werden, die zu einer Beschädigung oder Zerstörung der gespeicherten Informationen führen können. → *siehe auch* Disk, Festplatte, Floppydisk. → *vgl.* Compact-Disc, magnetooptische Disk.

Magnetschalter, der; *Subst.* (solenoid)
Ein elektromagnetisches Bauelement, das elektrische Energie in mechanische Bewegung umwandelt. Ein Magnetschalter besteht in der Regel aus einem Elektromagneten, durch den ein beweglicher, stabförmiger Anchor geführt ist. (Abbildung M.2)

Abbildung M.2: Magnetschalter

Magnetschrifterkennung, die; *Subst.* (magnetic-ink character recognition)
Häufig als MICR abgekürzt. Ein Verfahren zur Erkennung von Text, der mit magnetischer Tinte gedruckt wurde, bei dem die Zeichenformen durch Abtasten der elektrischen Ladung in der Farbe bestimmt werden. Nachdem alle Zeichenformen erfasst sind, werden Methoden der Zeichenerkennung verwendet, um die Formen in Computertext zu übersetzen. Diese Form der Zeichenerkennung wird z.B. häufig zur Identifizierung von Bankschecks verwendet. → *siehe auch* Zeichenerkennung. → *vgl.* optische Zeichenerkennung.

Magnetspeicher, der; *Subst.* (magnetic drum)
Früheste Form des Massenspeichers, bei der ein Metallzylinder (daher die englische Bezeichnung »drum«) mit einem magnetischen Überzug versehen wurde, um Daten zu speichern. Einst als primäres Speichermedium verwendet, werden Magnetspeicher heutzutage nur noch als zusätzliche Massenspeicher genutzt. Die Spuren (Tracks) eines Magnetspeichers sind ringförmig um den mit bis zu 3000 Umdrehungen pro Minute rotierenden Zylinder angeordnet, ein Schreib-/Lesekopf erledigt Aufruf und Speicherung der Daten. Da der Metallzylinder maximal 200 Spuren fassen kann, ist der Speicherplatz sehr klein bemessen. → *siehe auch* Ferritkernspeicher, Halbleiterspeicher, Kernspeicher.

Magnetspulen-Löschgerät, das; *Subst.* (bulk eraser)
Ein Gerät zum Löschen sämtlicher Daten eines magnetischen Datenträgers wie einer Diskette oder eines Magnetbandes. Dabei wird ein starkes Magnetfeld erzeugt, das die Ausrichtung der ferromagnetischen Partikel des Datenträgers – diese codieren die gespeicherten Daten – komplett durcheinander bringt, so dass alle gespeicherten Informationen verloren gehen.

Mailapplikation, die; *Subst.* (messaging application)
Eine Anwendung, die es Benutzern ermöglicht, gegenseitig Nachrichten auszutauschen (z.B. E-Mail oder Fax).

M

mailbomben *Vb.* (mailbomb)

Das Senden einer E-Mail-Bombe an einen Benutzer. Eine E-Mail-Bombe kann z.B. aus einer äußerst umfangreichen Nachricht bestehen. Es können auch mehrere Benutzer eine andere Person mailbomben, indem sie gleichzeitig viele Nachrichten mit normalem Umfang schicken.

Mailbot, das; *Subst.* (mailbot)

Ein Programm, das E-Mail-Nachrichten automatisch beantwortet oder Aktionen ausführt, die auf Befehlen innerhalb der Nachrichten basieren. Ein Beispiel für ein Mailbot ist der Mailinglist-Manager. → *siehe auch* Mailinglist-Manager.

Mailbox, die; *Subst.* (mailbox)

Ein Diskettenbereich, der einem Netzwerkbenutzer für den Empfang von E-Mail-Nachrichten zugeordnet ist. → *siehe auch* E-Mail.

Mailclient, der; *Subst.* (messaging client)

Ein Anwendungsprogramm, das es Benutzern ermöglicht, Nachrichten (z.B. E-Mail oder Fax) über einen Remoteserver zu senden oder zu empfangen.

Maildämon, der; *Subst.* (mailer-daemon)

Ein Programm, das für den Transport von E-Mail zwischen den Hostrechnern auf einem Netzwerk zuständig ist. → *siehe auch* Dämon.

Maildigest, der; *Subst.* (mail digest)

→ *siehe* Digest.

Mailinglist-Manager, der; *Subst.* (mailing list manager)

Software, die die Verteilerliste des Internets oder Intranets verwaltet. Der Mailinglist-Manager nimmt Nachrichten an, die von Abonnenten gesendet wurden. Außerdem sendet diese Software Kopien der Nachrichten (die von einem Moderator bearbeitet werden können) an alle Abonnenten und akzeptiert und verarbeitet Benutzeranfragen (z.B. Abonnieren der Verteilerliste oder Aufheben des Abonnements). Die am häufigsten verwendeten Mailinglist-Manager heißen LISTSERV und Majordomo. → *siehe auch* LISTSERV, Majordomo, Moderator, Verteilerliste.

Mail Reflector, der; *Subst.* (mail reflector)

Eine Newsgroup, die aus den an eine Verteilerliste gesendeten Nachrichten besteht, die in das Format der Newsgroups umgewandelt wurde.

mailto

Eine Protokollangabe in der HREF (Referenz) eines Hyperlinks, durch die Benutzer E-Mail-Nachrichten an Empfänger senden können. So kann z.B. Anne Tränkner die E-Mail-Adresse atr@foo.bar.de und ein HTML-Dokument den Code `<A HREF="mailto:atr@foo. bar.de">E-Mail Anne!</A>` haben. Wenn Benutzer auf den Hyperlink »E-Mail Anne!« klicken, wird die E-Mail-Anwendung gestartet. Die Benutzer können Frau Tränkner anschließend E-Mail-Nachrichten senden, ohne die genaue E-Mail-Adresse kennen zu müssen. → *siehe auch* HTML, Hyperlink.

Majordomo, der; *Subst.*

Die Bezeichnung für ein häufig verwendetes Softwareprogramm, das die Verteilerlisten des Internets verwaltet und unterstützt. → *siehe auch* Mailinglist-Manager, Verteilerliste.

Makro, das; *Subst.* (macro)

In Anwendungen eine aufgezeichnete Folge von Tastenanschlägen und Befehlen, die unter einem Shortkeycode oder einem Makronamen gespeichert werden. Die Befehle eines Makros führt das Programm aus, wenn der festgelegte Tastencode oder Makroname eingegeben wird. Makros dienen der Zeitersparnis, da man oft benutzte und manchmal auch längere Folgen von Tastenanschlägen durch kürzere Versionen ersetzen kann.

In Verbindung mit Programmiersprachen (z.B. C oder einer Assemblersprache) handelt es sich bei einem Makro um einen Namen, der einen Befehlssatz definiert. Er wird durch den Makronamen ersetzt wird, sobald der Name in einem Programm auftaucht (dieser Prozess heißt »Makroerweiterung«), wenn dieses kompiliert oder assembliert wird. Makros gleichen Funktionen, weil diese auch Argumente aufnehmen können und ebenfalls Aufrufe zu längeren Befehlssätzen sind. Makros unterscheiden sich von Funktionen dadurch, dass sie durch die tatsächlichen Anweisungen ersetzt werden, die sie darstellen, wenn das Programm für die Ausführung vorbereitet wird. Funktionsbefehle werden nur einmal in ein Programm kopiert. → *vgl.* Funktion.

Makroassembler, der; *Subst.* (macro assembler)

Ein Assembler, der Makrosubstitution und Makroerweiterung unterstützt. Bei Makroassemblern kann der Programmierer ein Makro definieren, das aus mehreren Befehlen besteht, und später den Makronamen im Programm verwenden. Dadurch entfällt das wiederholte Schreiben gleicher Befehle.

Beispielsweise tauscht das folgende Makro namens *swap* die Werte zweier Variablen aus. Nach der Definition von swap kann der Programmierer einen Befehl, z.B. »swap a, b«, in einem Assemblerprogramm benutzen. Während der Assemblierung ersetzt der Assembler den Befehl durch die Anweisungen innerhalb des Makros, das die Werte der Variablen *a* und *b* austauscht.

Makrobefehl, der; *Subst.* (macro instruction)
Eine Anweisung für die Verwaltung von Makrodefinitionen. → *siehe auch* Makrosprache.

Makrocontent, der; *Subst.* (macrocontent)
Der primäre Text oder Inhalt einer Webseite. → *vgl.* Content, Mikrocontent.

Makroerweiterung, die; *Subst.* (macro expansion)
Das Ersetzen eines Makros durch die dafür festgelegte Befehlsfolge. → *siehe* auch Makro, Makroassembler, Makroprozessor. → auch genannt Makrosubstitution.

Makroprogramm, das; *Subst.* (macro program)
→ *siehe* Tastaturerweiterung.

Makroprozessor, der; *Subst.* (macro processor)
Ein Programm, das eine Makroerweiterung ausführt. Alle Programme mit Makrounterstützung verfügen in irgendeiner Form über Makroprozessoren, die sich aber von Programm zu Programm und in den jeweils eingesetzten Makrosprachen unterscheiden. → *siehe auch* Makro, Makrobefehl, Makroerweiterung.

Makrorekorder, der; *Subst.* (macro recorder)
Ein Programm, das Tastaturmakros aufzeichnet und speichert.

Makrosprache, die; *Subst.* (macro language)
Die Sammlung von Makrobefehlen, die ein bestimmter Makroprozessor erkennt. → *siehe* auch Makrobefehl, Makroprozessor.

Makrosubstitution, die; *Subst.* (macro substitution)
→ *siehe* Makroerweiterung.

Makrovirus, der; *Subst.* (macro virus)
Ein Virus, das in einer Makrosprache verfasst ist, die zu einer Anwendung gehört. Das Makrovirus schleicht sich über eine Dokumentdatei der Anwendung ein und breitet sich aus, sobald das Dokument geöffnet wird. Weit verbreitete Makroviren nutzen beispielsweise die Makrofunktionen von Microsoft Word und Microsoft Excel. Beispiele für spektakuläre, weltweite Makrovireninfektionen sind das Melissa- und das ILOVEYOU-Virus. → *siehe auch* ILOVEYOU-Virus, Melissa.

Malprogramm, das; *Subst.* (paint program)
Eine Anwendung zur Erzeugung von Bitmapgrafiken. Ein Malprogramm eignet sich insbesondere für Freihandzeichnungen, da es eine Zeichnung als Gruppe von Punkten behandelt. Derartige Programme bieten auch Werkzeuge, mit denen sich Linien, Kurven und andere geometrische Figuren erzeugen lassen. Allerdings werden die damit erstellten Formen nicht als selbständige Objekte (Entitäten) behandelt, die man – ohne dass sie ihre Entität verlieren – verschieben oder modifizieren kann. → *vgl.* Zeichenprogramm. (Abbildung M.3)

MAME
Abkürzung für »**M**ultiple **A**rcade **M**achine **E**mulator«. Bei MAME handelt es sich um eine in der Programmiersprache C geschriebene Software, die die Hardware und Software von Arcade-Spielen emuliert, damit diese Spiele auf PCs ausgeführt werden können. → *siehe auch* Arcadespiel, Emulator.

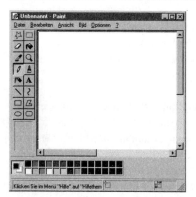

Abbildung M.3: Malprogramm

MAN, das; *Subst.*
Abkürzung für **M**etropolitan **A**rea **N**etwork. Ein Hochgeschwindigkeitsnetzwerk, das Sprache, Daten und Bilder bei einer Geschwindigkeit von zirka 200 Megabit pro Sekunde (Mbps) über eine Entfernung von bis zu 75 Km übertragen kann. Die Übertragungsgeschwindigkeit hängt von der Netzwerkarchitektur ab und ist um so höher, je geringer die Entfernung ist. Ein MAN, das mehrere LANs und Ausstattungen

M für die Telekommunikation (z.B. Mikrowellenverbindungen und Stationen für Satellitenverbindungen) enthalten kann, ist zwar kleiner als ein Weitbereichsnetz, kann jedoch höhere Geschwindigkeiten erzeugen. → *vgl.* LAN, WAN.

Managed Code, der; *Subst.* (managed code)
Hierbei handelt es sich um Programmcode, der nicht direkt vom Betriebssystem, sondern von einer Laufzeitumgebung in einer gemeinsamen Programmiersprache ausgeführt wird. Managed Code-Anwendungen werden mit gemeinsamen Laufzeitdiensten der jeweiligen Sprache ausgeführt, beispielsweise automatischer Speicherbereinigung (Garbage Collection), Datentypenprüfung und Unterstützung von Sicherheitsfunktionen. Diese Dienste bieten ein einheitliches, von Plattform und Sprache unabhängiges Verhalten von Managed Code-Anwendungen. → *siehe auch* Datentyp, Speicherbereinigung. → *vgl.* Unmanaged Code.

Managed Service Provider, der; *Subst.* (managed service provider)
Ein Geschäftsfeld, das für Einzelpersonen und Firmen Fernzugriffsdienste bereitstellt. Managed Service Provider bieten Fernverbindungen, Netzwerkverwaltung, Benutzerunterstützung, Sicherheitsfunktionen und Anwendungsbereitstellung. → *vgl.* ISP.

Managementinformationsabteilung, die; *Subst.* (management information service)
Abgekürzt MIS. Eine Abteilung innerhalb eines Unternehmens, die als Dokumentationsstelle für Informationen fungiert.

Managementinformationssystem, das; *Subst.* (management information system)
Abgekürzt MIS. Ein computergestütztes System der Verarbeitung und Aufbereitung von Informationen, mit dem Ziel, den verschiedenen Verwaltungsebenen innerhalb eines Unternehmens die erforderlichen Informationen für Aufgaben der Überwachung, Fortschrittskontrolle, Entscheidungsfindung sowie der Abspaltung und Lösung von Problemen rechtzeitig zur Verfügung zu stellen.

Manager, der; *Subst.* (manager)
Im Allgemeinen jedes Programm, das für die Ausführung einer Reihe organisatorischer Aufgaben in Bezug auf Computeroperationen vorgesehen ist, z.B. die Verwaltung von Dateien. Auf dem Apple Macintosh findet sich die Bezeichnung Manager in den Namen der verschiedenartigen separaten Teile des Betriebssystems zur Behandlung von Einga-

ben, Ausgaben und internen Funktionen. Dazu gehören z.B. der Datei-Manager und der Schriftarten-Manager.

Manchester-Code, der; *Subst.* (Manchester coding)
In der Kommunikationstechnik, z.B. in lokalen Netzwerken, eingesetztes Verfahren zur Datencodierung, das sowohl Daten als auch Timingsignale im übertragenen Bitstrom kombiniert. → *siehe auch* Phasencodierung.

Mandelbrotmenge, die; *Subst.* (Mandelbrot set)
→ *siehe* Fraktal.

Man-in-the-Middle-Attacke, die; *Subst.* (man-in-the-middle attack)
Eine Form einer Attacke, bei der der Eindringling Nachrichten zwischen den Teilnehmern bei einem Austausch öffentlicher Schlüssel abfängt. Die Nachrichten der Teilnehmer werden an den Eindringling weitergeleitet, der diese anschließend vor dem Senden ändern kann. Die jeweiligen Teilnehmer erfahren hierbei nicht, dass ihre Nachrichten abgefangen und geändert werden. → *siehe auch* Eimerkettenattacke.

Man Pages, die; *Subst.* (man pages)
Onlinedokumentation für UNIX-Befehle und -Programme sowie für die verfügbaren UNIX-Bibliotheksroutinen für C-Programme, die in der Regel auf jedem UNIX- oder Linux-System installiert wird. Diese Dokumentation kann an einem Benutzerterminal angezeigt oder über den Befehl *man* gedruckt werden. → *siehe auch* Linux, UNIX.

Mantisse, die; *Subst.* (mantissa)
In der Logarithmusrechnung ist die Mantisse der positive dezimale Bruchteil eines dekadischen Logarithmus (zur Basis 10). Ein Beispiel: Der dekadische Logarithmus von 16 ist 1,2041. Der Gleitkommaexponent bzw. der Teil einer ganzen Zahl des Logarithmus beträgt 1 (Zehnerlogarithmus), und die Mantisse (der gebrochene Teil) ist 0,2041 (der Logarithmus von 1,6). → *siehe auch* Gleitkommaexponent, Logarithmus. In der Gleitkommanotation ist die Mantisse der Teil, der die signifikanten Ziffern oder Stellen einer Zahl ausdrückt. Ein Beispiel: Die Gleitkommadarstellung von 640.000 ist 6,4E+05 (6,4 mal 10^5). Die Mantisse ist hier 6,4. Der Exponent (E+05, 10^5) zeigt die Zehnerpotenz an, die mit 6,4 zu multiplizieren ist. → *siehe auch* Gleitkommanotation. → *auch genannt* Signifikant.

manuelle Verknüpfung, die; *Subst.* (cold link)
Ein Link, der nur während der Anforderung von Daten aufgebaut wird. Sobald die Daten übertragen sind, wird die Ver-

knüpfung gelöst. Sobald ein weiteres Mal Daten benötigt werden, muss der Link vom Client zum Server erneut aufgebaut werden. In einer Client/Serverarchitektur sind manuelle Links sinnvoll, wenn der verlinkte Eintrag eine große Datenmenge enthält. Die in Windows eingesetzte Technik DDE (Dynamic Data Exchange; zu Deutsch »dynamischer Datenaustausch«), die in Anwendungen wie Microsoft Excel genutzt wird, verwendet manuelle Verknüpfungen für den Datenaustausch. → *siehe auch* Client/Serverarchitektur, DDE. → *vgl.* Hotlink.

Map, die; *Subst.* (map)

Die Darstellung einer Objektstruktur. Ein Speichermap beschreibt z.B. das Layout der Objekte in einem Speicherbereich. Ein Symbolmap listet hingegen die Beziehungen zwischen Symbolnamen und Speicheradressen in einem Programm auf. → *siehe auch* Imagemap.

Map, anklickbare, die; *Subst.* (clickable maps)

→ *siehe* Imagemap.

MAPI

Abkürzung für **M**essaging **A**pplication **P**rogramming **I**nterface. Die Schnittstellenspezifikation von Microsoft, die es ermöglicht, dass verschiedene Mailapplikationen und Arbeitsgruppenanwendungen (einschließlich E-Mail, Voicemail und Fax) einen einzigen Client durchlaufen (z.B. der Microsoft Outlook-Client unter Windows 9x und Windows NT/2000). → *siehe auch* API.

mappen *Vb.* (map)

Umwandeln eines Wertes in einen anderen. So können z.B. bei Computergrafiken dreidimensionale Bilder auf eine Sphäre gemappt werden. Bezüglich virtueller Speichersysteme kann ein Computer eine virtuelle Adresse in eine physikalische Adresse umwandeln *(mappen)*. → *siehe auch* virtueller Speicher.

Marginalie, die; *Subst.* (sidebar)

Ein Textblock, der neben dem Haupttext angeordnet ist, häufig durch einen Rahmen oder ein anderes grafisches Element abgesetzt.

Marginaltitel, der; *Subst.* (side head)

Eine Überschrift in der Randspalte eines gedruckten Dokuments. Ein Marginaltitel ist mit dem oberen Rand des Haupttextes bündig ausgerichtet und nicht vertikal mit dem Text wie eine normale Überschrift.

Marke, die; *Subst.* (trademark)

Ein Wort, Motto, Symbol oder Design (oder eine Kombination daraus) zur Identifizierung eines Produkts. Die begleitenden Symbole ™ oder ® kennzeichnen bestimmte Schutzrechte. Die frühere Bezeichnung hierfür lautet »Warenzeichen«. → *siehe auch* geistiges Eigentum. → *vgl.* Copyright.

Mark I, der; *Subst.*

Eine elektromechanische Rechenmaschine, die Ende der 1930er und Anfang der 1940er Jahre durch Howard Aiken von der Harvard-Universität entwickelt und von IBM gebaut wurde. Auch bekannt unter der Bezeichnung »IBM Automatic Sequence Controlled Calculator« (ASCC). Der Mark I bestand aus 750.000 Bauteilen, war 15 Meter lang, über zwei Meter hoch und wog fast fünf Tonnen. Die Maschine berechnete Zahlen mit 23 Stellen, Daten wurden mit Lochkarten und Befehle auf langen Papierstreifen eingegeben. → *auch genannt* Automatic Sequence Controlled Calculator, Harvard Mark I. → *vgl.* Analytical Engine, Differenzmaschine, ENIAC, Jacquardscher Webstuhl, Z3.

Außerdem der erste Computer mit einem vollständig elektronischen Speicherprogramm, der von der Universität von Manchester in England konzipiert und gebaut wurde. Das erste Programm wurde auf diesem Computer im Juni 1948 erfolgreich ausgeführt.

Schließlich war Mark I die Bezeichnung für den ersten kommerziell vertriebenen Computer. Dieser Computer basierte auf der Technologie des Manchester Mark I, der 1951 auf den Markt gebracht wurde.

markieren *Vb.* (block, select)

Das Auswählen eines Textbereichs mit Hilfe der Maus, eines Menüpunktes oder des Cursors, um daraufhin eine Aktion mit dem Bereich durchzuführen, z.B. diesen zu formatieren oder zu löschen. Der markierte Bereich wird dabei durch eine Hervorhebung (meist eine Negativdarstellung) gekennzeichnet.

Markierung, die; *Subst.* (selection)

In Anwendungen der hervorgehobene Abschnitt eines Bildschirmdokuments.

Markupsprache, die; *Subst.* (markup language)

→ *siehe* Auszeichnungssprache.

Maschennetzwerk, das; *Subst.* (mesh network)

Ein Kommunikationsnetzwerk, in dem zu einem Knoten mehrere Pfade führen.

M

Maschine, abstrakte, die; *Subst.* (abstract machine)
→ *siehe* abstrakte Maschine.

maschinenabhängig *Adj.* (machine-dependent)
Beschreibt Programme oder Hardwarekomponenten, deren Funktion an einen bestimmten Computertyp gebunden ist, da sie sich auf spezielle oder einzigartige Merkmale der Ausrüstung stützen und sich daher nicht in einfacher Weise – wenn überhaupt - mit einem anderen Computer einsetzen lassen. → *vgl.* maschinenunabhängig.

Maschinenadresse, die; *Subst.* (machine address)
→ *siehe* absolute Adresse.

Maschinenbefehl, der; *Subst.* (machine instruction)
Ein Befehl (eine Aktionsanweisung) in maschinenlesbarem Code, den ein Prozessor oder Mikroprozessor direkt ausführen kann. → *siehe auch* Anweisung, Befehl, No-Operation-Befehl.

Maschinencode, der; *Subst.* (machine code)
Das Endergebnis der Kompilierung von Assemblersprache oder einer höheren Programmiersprache wie C oder Pascal: Folgen von Einsen und Nullen, die durch einen Mikroprozessor geladen und ausgeführt werden. Der Maschinencode ist die einzige Sprache, die ein Computer »verstehen« kann. Alle anderen Programmiersprachen stellen Hilfsmittel zur Strukturierung der natürlichen Sprache dar, damit der Mensch in einer ihm adäquaten Weise die vom Computer zu lösenden Probleme formulieren kann. → *siehe auch* Compiler. → *auch genannt* Maschinensprache.

Maschinenfehler, der; *Subst.* (machine error)
Ein Hardwarefehler. Der wahrscheinlich häufigste Maschinenfehler betrifft externe Speichermedien, z.B. Fehler beim Lesen einer Festplatte.

Maschinenkennzeichen, das; *Subst.* (machine identification)
Ein Code, durch den ein ausgeführtes Programm die Identität und Kenndaten des Computers und anderer Geräte bestimmen kann, mit denen es zusammenarbeitet.

maschinenlesbar *Adj.* (computer-readable, machine-readable)
Eigenschaft von Informationen, die ein Computer interpretieren und verarbeiten kann. Grundsätzlich sind zwei Arten von maschinenlesbaren Informationen zu unterscheiden. Zur ersten Art gehören z.B. Barcodes, Magnetstreifen oder mit magnetischer Farbe gedruckte Schriftzeichen. Dabei handelt es sich jeweils um Informationen, die sich in irgendeiner Weise abtasten und als Daten von einem Computer lesen lassen.
Der Maschinencode als zweiter Typ ist die Form, in der Befehle und Daten den Mikroprozessor erreichen. Der Maschinencode ist in binärer Form codiert und wird auf einem entsprechenden Datenträger (z.B. einem Magnetband) dauerhaft gespeichert. → *siehe auch* optische Zeichenerkennung.

Maschinensprache, die; *Subst.* (machine language)
→ *siehe* Maschinencode.

maschinenunabhängig *Adj.* (machine-independent)
Beschreibt Programme oder Hardwarekomponenten, die sich auf verschiedenen Computern einsetzen lassen und dabei nur geringe oder gar keine Modifikation erfordern. → *vgl.* maschinenabhängig.

Maschinenzyklus, der; *Subst.* (machine cycle)
Der Zeitraum, der für die schnellste Operation (in der Regel »NOP«, bei der nichts ausgeführt wird) aufgewendet wird, die ein Mikroprozessor ausführen kann.
Der Ausdruck bezeichnet außerdem die Schritte, die für jeden Maschinenbefehl erforderlich sind. Diese Schritte holen in der Regel den Befehl ab, decodieren diesen, führen ihn aus und nehmen anschließend den erforderlichen Speichervorgang vor.

Maschine, virtuelle, die; *Subst.* (virtual machine)
→ *siehe* virtuelle Maschine.

Maske, die; *Subst.* (mask)
Ein binärer Wert, mit dem man bestimmte Bits in einem Datenwert selektiv ausblenden oder durchlassen kann. Bei der Maskierung wird die Maske über einen logischen Operator (AND, OR, XOR, NOT) mit einem Datenwert verknüpft. Beispielsweise lassen sich mit der Maske 00111111 in Verbindung mit dem AND-Operator die beiden höchstwertigen Bits in einem Datenwert entfernen (ausblenden), ohne dabei die restlichen sechs Bits des Wertes zu beeinflussen. → *siehe auch* logischer Operator, Maskenbit.

Maskenbit, das; *Subst.* (mask bit)
Ein bestimmtes Bit innerhalb einer Maske, dessen Aufgabe darin besteht, ein korrespondierendes Bit in einem Datenwert entweder auszublenden oder durchzulassen, wenn die Maske mit einem logischen Operator in einem Ausdruck verwendet wird. → *siehe auch* Maske.

maskierbarer Interrupt, der; *Subst.* (maskable interrupt)
Ein Hardwareinterrupt, der sich vorübergehend deaktivieren (maskieren) lässt, wenn ein Programm z.B. in kritischen Codeabschnitten die volle »Aufmerksamkeit« des Mikroprozessors benötigt. → *siehe auch* externer Interrupt, Hardwareinterrupt, Interrupt. → *vgl.* nicht maskierbarer Interrupt.

maskieren *Vb.* (mask off)
Das Verwenden einer Maske, um Bits aus einem Datenbyte zu entfernen. → *siehe auch* Maske.

Maskierung, die; *Subst.* (masking)
Das Anwenden einer *Maskierungsoperation*, um Operationen bei Bit, Byte oder Wörtern auszuführen. → *siehe auch* Maske.

Massenspeicher, der; *Subst.* (bulk storage, mass storage)
Ein Speichermedium, das eine große Anzahl an Daten dauerhaft speichern kann. Beispiele sind Festplatten und Magnetbänder. Der Ausdruck verweist auf die Fähigkeit, im Vergleich zur Hauptspeicherkapazität eines Computers riesige Informationsmengen aufnehmen zu können. Optische Discs gehören ebenfalls zu den Massenspeichern. → *vgl.* Speicher.

massively multiplayer online role-playing game
Bezeichnung einer Oberfläche für ein Online-Rollenspiel, an dem zahlreiche Mitspieler teilnehmen können, ohne dass es dabei zu Systemengpässen kommt. → *siehe auch* Rollenspiel.

massivparallele Verarbeitung, die; *Subst.* (massively parallel processing, massively parallel processor)
Eine Computerarchitektur, in der jeder einzelne von zahlreichen Prozessoren über ein eigenes RAM verfügt, das eine Kopie des Betriebssystems und des Anwendungscodes sowie eigene Daten enthält, über die der Prozessor, unabhängig von den anderen Prozessoren, verfügen kann. → *vgl.* Symmetric Multiprocessing.
Außerdem bezeichnet der Ausdruck die Eigenschaft eines Computers, der für die massivparallele Verarbeitung konzipiert ist.

Master Boot Record, der; *Subst.*
Abkürzung: MBR. Der erste Sektor der Festplatte. Falls mehrere Festplatten im Computer eingebaut sind, befindet sich der MBR auf der ersten Festplatte. Der MBR ist ein physikalisch kleines, aber dennoch kritisches Element beim Startvorgang eines Computers mit einem Prozessor der Reihe x86. Beim Bootvorgang werden eine Reihe von Selbsttests durchgeführt. Daraufhin wird der MBR in den Arbeitsspeicher geladen. Der MBR enthält Befehle, mit deren Hilfe die Systempartition (Startpartition) ausfindig gemacht wird. Dabei wird der Inhalt des ersten Sektors der Systempartition in den Arbeitsspeicher geladen. Anschließend werden die Befehle ausgeführt, die in diesem Sektor enthalten sind. Falls der Sektor den sogenannten Partitionsbootsektor darstellt, initiieren die dort enthaltenen Befehle den Prozess, bei dem das Betriebssystem geladen und gestartet wird. Zusammengefasst vollzieht sich der Startvorgang eines x86-Computers in folgenden Schritten: Selbsttest, MBR lesen, Systempartition (Partitionsbootsektor) lesen, Betriebssystem laden. Nachdem all diese Schritte durchgeführt wurden, kann am Computer gearbeitet werden. → *siehe auch* Partitionsbootsektor.

Master-/Slavesystem, das; *Subst.* (master/slave arrangement)
Ein System, in dem ein Gerät (der *Master*) ein anderes Gerät, den *Slave*, steuert. Ein Computer kann z.B. die Geräte steuern, die an ihn angeschlossen sind.

Materialressourcenplanung, die; *Subst.* (Material Requirements Planning)
Ein Verfahren für das Informationsmanagement im Herstellungsprozess, bei dem Software zur Überwachung und Steuerung herstellungsbezogener Prozesse eingesetzt wird z.B. für das Bestellwesen und das Verwalten von Terminplänen. → *vgl.* Enterprise Resource Planning.

mathematische Funktion, die; *Subst.* (mathematical function)
Eine Funktion in einem Programm, die eine Reihe mathematischer Operationen mit einem oder mehreren Werten oder Ausdrücken ausführt und einen numerischen Wert zurückgibt.

mathematischer Ausdruck, der; *Subst.* (mathematical expression)
Ein Ausdruck, der numerische Werte, z.B. ganze Zahlen, Festkommazahlen und Gleitkommazahlen, sowie Operatoren, z.B. Addition, Subtraktion, Multiplikation und Division, verwendet. → *siehe auch* Ausdruck.

mathematischer Coprozessor, der; *Subst.* (math coprocessor)
→ *siehe* Gleitkommaprozessor.

M

mathematisches Modell, das; *Subst.* (mathematical model)
Die mathematischen Annahmen, Ausdrücke und Gleichungen, die einem gegebenen Programm zugrunde liegen. Mathematische Modelle verwendet man, um die »reale Welt« physikalischer Systeme nachzubilden, z.B. die Bewegung der Planeten um eine Sonne oder die Erzeugung und den Verbrauch von Ressourcen innerhalb eines geschlossenen Systems.

MathML

Abkürzung für »**M**athematical **M**arkup **L**anguage«. Eine XML-Anwendung für die Beschreibung der mathematischen Notation und die Erfassung mathematischer Strukturen und Inhalte. Das Ziel von MathML liegt darin, mathematische Formeln im Web nach dem HTML-Prinzip darstellen, empfangen und verarbeiten zu können. → *siehe auch* XML.

Matrix, die; *Subst.* (matrix)

Eine Anordnung von Zeilen und Spalten, die für die Organisation von verwandten Elementen, z.B. Zahlen, Punkten, Rechenblattzellen oder Schaltungselementen, verwendet werden. Mit Matrizen manipuliert man in der Mathematik rechteckige Zahlenmengen. In der Computertechnik und entsprechenden Anwendungsprogrammen verwendet man Matrizen für ähnliche Zwecke der Anordnung von Datenmengen in Tabellenform, wie in Tabellenblättern und Lookuptabellen. Im Hardwarebereich findet man Punktmatrizen sowohl bei der Erzeugung von Zeichen auf dem Bildschirm als auch in der Druckertechnologie (wie in Punktmatrixdruckern). Mit einer Dioden- oder Transistormatrix realisiert man in der Elektronik Netzwerke logischer Schaltungen zur Codierung, Decodierung oder Konvertierung von Informationen. → *siehe auch* Raster.

Matrix, aktive, die; *Subst.* (active-matrix display)
→ *siehe* aktive Matrix.

matrixbezogen *Adj.* (dot-matrix)
Dieser Begriff bezieht sich auf Hardware für Video und Druck, die Zeichen und Grafiken als Punktmuster wiedergeben.

Matrixdrucker, der; *Subst.* (dot-matrix printer, matrix line printer)
→ *siehe* Zeilendrucker.
Jeder Drucker, der die Zeichen mit Hilfe eines Nadeldruckkopfes innerhalb einer vorgegebenen Punktmatrix aus einzelnen Rasterpunkten zusammensetzt. Die Druckqualität eines Matrixdruckers hängt wesentlich von der Anzahl der Punkte in der Matrix ab, die die einzelnen Punkte deutlich sichtbar darstellen oder bereits den Eindruck voll ausgeformter Zeichen vermitteln. Matrixdrucker werden häufig nach der Anzahl der im Druckkopf vorhandenen Nadeln kategorisiert – typisch sind 9, 18 oder 24. → *vgl.* Laserdrucker, Typenraddrucker.

Matrix, passive, die; *Subst.* (passive matrix display)
→ *siehe* passive Matrix.

Maus, die; *Subst.* (mouse)
Ein weit verbreitetes Zeigegerät. Zu den grundlegenden Merkmalen einer Maus gehören das Gehäuse mit einer planen Grundfläche und einem Aufbau, der die Bedienung mit einer Hand gestattet, ein oder mehrere Knöpfe auf der Oberseite, eine Einrichtung zum Erfassen der Bewegungsrichtung (in der Regel eine Kugel) an der Unterseite sowie ein Kabel zum Anschließen der Maus an den Computer. Durch die Verschiebung der Maus auf einer ebenen Fläche (z .B. einem Schreibtisch) steuert der Benutzer in der Regel einen Bildschirmcursor. Eine Maus ist ein relatives Zeigegerät, da es keine definierten Grenzen für die Mausbewegungen gibt und ihre Lage auf einer Fläche nicht direkt auf dem Bildschirm abgebildet wird. Zur Auswahl von Elementen oder Befehlen auf dem Bildschirm drückt der Benutzer eine der Maustasten, um einen »Mausklick« zu erzeugen. → *siehe auch* Busmaus, mechanische Maus, optische Maus, optomechanische Maus, relatives Zeigegerät, serielle Maus. → *vgl.* Trackball. (Abbildung M.4)

Abbildung M.4: Maus: Die Maus für IBM PCs und kompatible Computer

Mausempfindlichkeit, die; *Subst.* (mouse sensitivity)
Die Beziehungen der Mausbewegung zur Bewegung des Bildschirmcursors. Eine empfindlichere Maus signalisiert dem Computer mehr »Mausbewegungen« pro Längeneinheit physikalischer Mausverschiebung als eine weniger empfindliche Maus. Erhöht man die Empfindlichkeit des Programms oder Maustreibers, erhält man kleinere Cursorverschiebungen für eine bestimmte Mausbewegung,

wodurch es der Benutzer leichter hat, den Cursor präzise zu positionieren. Hohe Empfindlichkeit eignet sich insbesondere für filigrane Arbeiten, wie bei CAD/CAM und grafischer Kunst. Niedrige Empfindlichkeit wählt man für Aufgaben, bei denen es auf schnelle Bewegungen auf dem Bildschirm ankommt, beispielsweise bei Webbrowsern, in der Textverarbeitung oder in Tabellenkalkulationen. Hierbei wird der Cursor meist zum Auswählen von Schaltflächen oder Markieren von Text verwendet. → *auch genannt* Mausskalierung, Maustracking.

Maus, mechanische, die; *Subst.* (mechanical mouse)
→ *siehe* mechanische Maus.

Maus, optische, die; *Subst.* (optical mouse)
→ *siehe* optische Maus.

Maus, optomechanische, die; *Subst.* (optomechanical mouse)
→ *siehe* optomechanische Maus.

Mauspad, das; *Subst.* (mouse pad)
Eine Oberfläche, auf der die Maus hin- und herbewegt wird. Ein Mauspad ist in der Regel eine rechteckige, mit Gummi beschichtete Gewebefläche, die bei Mausbewegungen eine bessere Haftreibung erzeugt, als dies bei einer normalen Schreibtischoberfläche aus Holz oder Glas möglich ist. → *siehe auch* Maus.

Mausport, der; *Subst.* (mouse port)
Eine dedizierte Schnittstelle an IBM PS/2-kompatiblen Computern, in die eine Maus oder ein vergleichbares Zeigegerät eingesteckt wird. Wenn ein Mausport nicht verfügbar ist, kann ein serieller Port für die Mausverbindung mit dem Computer verwendet werden. → *siehe auch* Maus, serieller Port, Stecker, Zeigegerät.
Bei Macintosh-Computern wird der Mausport als »Apple Desktop Busport« bezeichnet. → *siehe auch* Apple Desktop Bus.

Maus, serielle, die; *Subst.* (serial mouse)
→ *siehe* serielle Maus.

Mausskalierung, die; *Subst.* (mouse scaling)
→ *siehe* Mausempfindlichkeit.

Mausspur, die; *Subst.* (mouse trails)
Eine schattenähnliche Spur, die auf dem Bildschirm während einer Mausbewegung auf dem Bildschirm angezeigt wird.

Dies empfiehlt sich besonders bei Laptops und Notebooks mit passiver Matrix oder bei älteren Modellen mit monochromem Bildschirm. Durch die verhältnismäßig niedrige Auflösung und den niedrigen Kontrast dieser Bildschirme kann nämlich der Mauszeiger nicht deutlich angezeigt werden. → *siehe auch* Mauszeiger, Untertauchen. (Abbildung M.5)

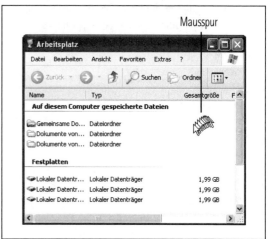

Abbildung M.5: Mausspuren

Maustracking, das; *Subst.* (mouse tracking)
→ *siehe* Mausempfindlichkeit.

Mauszeiger, der; *Subst.* (mouse pointer)
Ein Bildschirmelement, dessen Lageveränderung eine Verschiebung der Maus widerspiegelt. Je nach der Position des Mauszeigers und der Arbeitsweise des Programms, das die Maus einsetzt, dient der Bereich des Bildschirms, auf dem der Mauszeiger erscheint, als Ziel für eine Aktion, wenn der Benutzer eine der Maustasten drückt. → *siehe auch* Blockcursor, Cursor.

maximieren *Vb.* (maximize)
In einer grafischen Benutzeroberfläche bedeutet dies, dass ein Fenster so vergrößert wird, dass es den gesamten verfügbaren Anzeigebereich innerhalb eines größeren Fensters oder auf dem Bildschirm einnimmt. → *siehe auch* Fenster, grafische Benutzeroberfläche, Schaltfläche »Maximieren«, vergrößern. → *vgl.* minimieren, verkleinern.

Mb, das; *Subst.*
→ *siehe* Megabit.

MB, das; *Subst.*
→ *siehe* Megabyte.

M

MBONE

Abkürzung für **M**ulticast Back**bone**. Eine experimentelle Erweiterung des Internetprotokolls, entwickelt von Forschern am Xerox PARC, für die gleichzeitige Übertragung von Audio- und Videodaten zwischen mehreren Websites in Echtzeit. MBONE-Sites sind mit spezieller Software ausgerüstet, damit die Pakete mit hoher Geschwindigkeit mit dem »IP one-to-many Multicasting Protocol« gesendet und empfangen werden können. → *siehe auch* Multicasting, Real-Audio, Xerox PARC.

Mbps

→ *siehe* Megabit pro Sekunde.

MBR

→ *siehe* Master Boot Record.

MC

→ *siehe* Megazyklen.

MC68000

→ *siehe* 68000.

MC68020

→ *siehe* 68020.

MC68030

→ *siehe* 68030.

MC68040

→ *siehe* 68040.

MC68881

→ *siehe* 68881.

MCF

→ *siehe* Metaformat.

MCGA

Abkürzung für **M**ulti-**C**olor **G**raphics **A**rray. Ein Videoadapter, der zu den Computern IBM PS/2 Modell 25 und 30 gehört. Der MCGA kann CGA (Color/Graphics Adapter) emulieren und liefert zwei zusätzliche Grafikmodi: 640 Pixel horizontal mal 480 Pixel vertikal in 2 Farben aus einer Palette mit 262.144 Farben im ersten Modus und 320 Pixel horizontal mal 200 Pixel vertikal in 256 Farben aus einer Palette von 262.144 Farben im zweiten Modus.

MCI

Abkürzung für »**M**edia **C**ontrol **I**nterface«. Ein Bestandteil des Windows Application Programming Interface, der es einem Programm ermöglicht, Multimediageräte zu steuern. → *siehe auch* Anwendungsprogrammierschnittstelle.
»MCI« ist außerdem der Name einer großen Telefongesellschaft (Service Carrier) in den USA. Die Organisation heißt mit vollem Namen »Microwave Communications, Inc.« und bietet Fernverbindungen an.

M-Commerce, das; *Subst.* (m-commerce)

Mobile **Commerce**. M-Commerce umfasst die Nutzung von PDAs, Mobiltelefonen und anderen drahtlosen Handheld-Geräten, die mit Mikrobrowsern für den Onlinekauf und -verkauf von Waren ausgestattet sind. M-Commerce unterscheidet sich von anderen Arten des elektronischen Handels durch den Grad der Portierbarkeit. WAP (Wireless Application Protocol)-Standards bilden dabei die Grundlage der M-Commerce-Technologie. Hierbei werden intelligente Kommunikationsfunktionen genutzt, d. h. E-Mail-, Fax-, Internet- und Telefonfunktionen sind in einer einzigen, mobilen Einheit verfügbar. → *siehe auch* WAP. → *vgl.* E-Commerce.

MDA

Abkürzung für **M**onochrome **D**isplay **A**dapter. Ein Videoadapter, der 1981 mit dem ersten Modell des IBM-PCs eingeführt wurde. MDA kann lediglich in einem Betriebsmodus arbeiten: im Zeichenmodus mit 25 Zeilen mal 80 Zeichen pro Zeile, mit Unterstreichung, Blinken und Zeichen hoher Intensität. IBM verwendete den Namen *Monochrome Display Adapter* oder die Abkürzung *MDA.* nicht.

MDI

Abkürzung für **m**ultiple-**d**ocument **i**nterface. Die Benutzeroberfläche einer Anwendung, in der mehrere Dokumente gleichzeitig geöffnet werden können. → *siehe auch* Benutzeroberfläche.

MDIS

→ *siehe* Meta Data Interchange Specification.

Mean Time Between Failures, die; *Subst.* (mean time between failures)

→ *siehe* MTBF.

Mean Time to Repair, die; *Subst.* (mean time to repair)

→ *siehe* MTTR.

mechanische Maus, die; *Subst.* (mechanical mouse)
Eine Maus, bei der die Bewegungen einer Kugel an der Unterseite in Richtungssignale übersetzt werden. Bei Verschiebung der Maus dreht sich die Kugel und treibt ein in ihr im rechten Winkel montiertes Scheibenpaar an, das auf der Oberfläche leitende Markierungen aufweist. Da diese Markierungen Strom leiten, können sie von den Stromabnehmern erkannt werden, die über die Markierungen auf der Oberfläche der Rädchen gleiten. Die so gewonnenen elektrischen Bewegungssignale wandelt die Elektronik der Maus in Bewegungsinformationen um, die der Computer verarbeiten kann. → *siehe auch* Maus, Trackball. → *vgl.* optische Maus, optomechanische Maus.

Mechatronics, die; *Subst.* (mechatronics)
Ein Begriff, der aus den Wörtern *Mechanics* und *Electronics* gebildet ist. Er beschreibt eine Ingenieurdisziplin, die für die Entwicklung und Fertigung von Produkten mechanische, elektrische und elektronische Entwicklungskonzepte einsetzt. Als relativ neue Disziplin findet Mechatronics Anwendung in so unterschiedlichen Bereichen wie Medizin, Robotik, Fertigung und Unterhaltungselektronik.

Media Access Control, die; *Subst.* (media access control)
→ *siehe* IEEE 802-Standards.

Media Control Interface, das; *Subst.*
→ *siehe* MCI.

Mediafilter, der; *Subst.* (media filter)
Ein Gerät, das bei lokalen Netzwerken (LANs) als Adapter zwischen zwei verschiedenen Medienarten eingesetzt wird. Es kann z.B. ein RJ-45-Adapter zwischen einem Koaxialkabel und Unshielded Twistedpair(UTP)-Kabeln eingesetzt werden. Mediafilter haben eine ähnliche Funktionsweise wie Transceiver. Es ergibt sich das gleiche Problem wie bei zahlreichen anderen LAN-Komponenten: verschiedene Hersteller verwenden oft anderslautende Namen für gleiche Produkte. Deshalb kann der geeignete Mediafilter für ein bestimmtes LAN nur von einem LAN-Experten ermittelt werden. → *siehe auch* Koaxialkabel, lokales Netzwerk, Stecker, Transceiver, Unshielded Twisted Pair.
Ein Mediafilter ist außerdem ein Gerät, das zu Datennetzwerken hinzugefügt wird, um elektronisches Rauschen aus der Umgebung zu filtern. Es kann z.B. ein Mediafilter einem Ethernetnetzwerk hinzugefügt werden, das auf einer Koaxialverkabelung basiert. Dadurch soll der Datenverlust vermieden werden, der durch andere, in der Umgebung angeschlossene, elektronische Geräte entstehen kann. → *siehe auch* Ethernet, Koaxialkabel.

Medium, das; *Subst.* (media, medium)
Sammelbezeichnung für das physikalische Material, z.B. Papier, Disketten und Magnetband, das für die Speicherung von computerbasierenden Informationen verwendet wird. Der Plural von »Medium« lautet »Medien«.
In der Datenkommunikation bezeichnet »Medium« die Substanz, in der Signale übertragen werden können (z.B. ein Draht- oder Glasfaserkabel).

Mediummodell, das; *Subst.* (medium model)
Ein Speichermodell der Prozessorfamilie Intel 80x86. Das Mediummodell ermöglicht nur 64 Kilobyte (KB) Daten, aber im Allgemeinen bis zu 1 Megabyte (MB) für Codes. → *siehe auch* Speichermodell.

Meg, das; *Subst.* (meg)
→ *siehe* Megabyte.

Mega- *Präfix* (mega-)
Abgekürzt M. Ein Maßeinheitenvorsatz in der Bedeutung 1 Million (10^6). Da man in der Rechentechnik in der Regel mit dem Binärsystem (auf der Basis 2) arbeitet, verwendet man hier für *mega-* den Wert von 1.048.576, was der am nächsten zu einer Million liegenden Zweierpotenz (2^{20}) entspricht.

Megabit, das; *Subst.* (megabit)
Abgekürzt Mb oder Mbit. Normalerweise 1.048.576 Bit (2^{20}), manchmal als 1 Million Bit interpretiert.

Megabit pro Sekunde *Subst.* (megabit per second)
Abgekürzt Mbps. Die Datentransfergeschwindigkeit, z.B. in einem Netzwerk, gemessen als Vielfaches von 1.048.576 (einer Million) Bit pro Sekunde.

Megabyte, das; *Subst.* (megabyte)
Abgekürzt MB. Normalerweise 1.048.576 Byte (2^{20}), besonders im Bereich der Festplattentechnik auch als 1 Million Byte interpretiert. → *siehe auch* Gigabyte.

Megaflops, die; *Subst.* (megaflops)
→ *siehe* MFLOPS.

Megahertz, das; *Subst.* (megahertz)
Abgekürzt MHz. Eine Frequenz von 1 Million Schwingungen pro Sekunde oder 1 Million Hertz.

Megapeldisplay, das; *Subst.* (megapel display)
→ *siehe* Megapixeldisplay.

M

Megapixel *Subst.* (megapixel)
Ein Leistungsmerkmal für optische Geräte wie Digitalkameras, Scanner, Monitore und Grafikkarten. Megapixel beschreibt eine Bildauflösung von einer Million oder mehr Pixel. → *siehe auch* digitale Kamera, Pixel.

Megapixeldisplay, das; *Subst.* (megapixel display)
Ein Videodisplay, das mindestens eine Million Pixel anzeigen kann, z.B. bei einer Bildschirmgröße von 1.024 Pixel horizontal und 1.024 Pixel vertikal. → *auch genannt* Megapeldisplay.

Megazyklen, der; *Subst.* (megacycle)
Abgekürzt MC. Im angloamerikanischen Sprachgebrauch übliche Bezeichnung für 1 Million Schwingungen oder Umdrehungen – gewöhnlich in der Bedeutung 1 Million Schwingungen pro Sekunde verwendet. → *siehe auch* Megahertz.

Mehrbenutzer, der; *Subst.* (multiuser)
→ *siehe* Mehrbenutzersystem.

Mehrbenutzersystem, das; *Subst.* (multiple-user system, multiuser system)
Ein Computersystem, das mehreren Benutzern gleichzeitig zur Verfügung steht. Obwohl sich ein Mikrocomputer, den mehrere Personen gemeinsam nutzen, im weitesten Sinne ebenfalls als Mehrbenutzersystem ansehen lässt, wird dieser Begriff allgemein auf Maschinen angewendet, auf die eine mehr oder weniger große Anzahl von Teilnehmern über Kommunikationseinrichtungen oder via Netzwerkterminals zugreifen. → *vgl.* Einbenutzersystem.

Mehrfachempfänger, der; *Subst.* (multiple recipients)
Die Fähigkeit, E-Mail-Nachrichten an jeweils mehrere Benutzer zu senden, indem mehrere E-Mail-Adressen in einer Zeile geführt werden. Die E-Mail-Adressen werden z.B. durch ein Komma oder ein Semikolon getrennt. → *siehe auch* Verteilerliste.
Als »Mehrfachempfänger« werden außerdem die Abonnenten einer Verteilerliste bezeichnet. Die Meldungen, die an diese Liste gesendet werden, sind an die »Mehrfachempfänger« der Liste adressiert.

Mehrfachvererbung, die; *Subst.* (multiple inheritance)
Ein Merkmal einiger objektorientierter Programmiersprachen, das die Ableitung einer neuen Klasse aus mehreren vorhandenen Klassen gestattet. Durch Mehrfachvererbung lassen sich vorhandene Typen sowohl erweitern als auch kombinieren. → *siehe auch* eingeben, erben, Klasse.

Mehrfrequenzwahlverfahren, das; *Subst.* (Dual Tone Multiple Frequency dialing)
→ *siehe* Tonwahl.

Mehrschrittdruck, der; *Subst.* (multiple-pass printing)
Eine Form des Matrixdrucks, bei dem der Druckkopf für jede gedruckte Zeile zwei Durchläufe ausführt. Durch Mehrschrittdruck kann man bei Nadeldruckern den Kontrast und vor allem die Auflösung erhöhen, indem man beim zweiten Durchlauf das Papier um die Hälfte des Abstands der Nadeln nach oben verschiebt.

Mehrschrittsortierung, die; *Subst.* (multipass sort)
Eine Sortieroperation, bei der für eine vollständige Sortierung aufgrund des verwendeten Sortieralgorithmus mehrere Durchläufe durch die Daten erforderlich sind. → *siehe auch* Bubblesort, einfügendes Sortieren, Shellsort, Sortieralgorithmus.

mehrteiliger Virus, der; *Subst.* (multipartite virus)
Ein Virustyp, der die Eigenschaften und Techniken eines Startsektor- und Dateivirus verwendet. Ein mehrteiliger Virus infiziert zuerst die Systemsektoren oder Dateien und breitet sich anschließend schnell auf das gesamte System aus. Diese Viren können aufgrund ihrer verschiedenen Funktionen nur schwer aus einem infizierten System entfernt werden. → *siehe auch* Virus. → *auch genannt* zweiteiliger Virus.

Mehrwertnetzwerk, das; *Subst.* (value-added network)
Ein Kommunikationsnetzwerk, das neben der eigentlichen Kommunikationsverbindung und Datenübertragung noch weitere Dienste bietet. Zu Mehrwertnetzwerken gehören Dienste wie Weiterleitung, Ressourcenverwaltung und Konvertierungseinrichtungen für Computer, die mit unterschiedlichen Geschwindigkeiten oder abweichenden Protokollen kommunizieren.

Mehrzweckbus, der; *Subst.* (General-Purpose Interface Bus)
Abgekürzt GPIB. Ein Bussystem, das für den Austausch von Informationen zwischen Computern und industriellen Automatisierungsanlagen entwickelt wurde. Die elektrische Definition des Busses wurde in einem IEEE-Standard aufgenommen. → *siehe auch* IEEE 488.

Mehrzweckcomputer, der; *Subst.* (general-purpose computer)
Ein Computer, der beliebige Berechnungsaufgaben ausführen kann. Jede Aufgabe hängt von der spezifischen Software ab.

Mehrzweckcontroller, der; *Subst.* (general-purpose controller)
Ein Controller, der für mehrere Einsatzzwecke konzipiert ist.
→ *siehe auch* Controller.

Mehrzweckregister, das; *Subst.* (general-purpose register)
Ein Register in einem Mikroprozessor, das für jeden Einsatz verfügbar ist. Es ist demzufolge nicht für eine bestimmte Verwendung für den Prozessor oder das Betriebssystem reserviert, wie dies z.B. bei einem Segmentselektor oder Stackzeiger der Fall ist.
Bei einem Mehrzweckregister kann es sich auch um einen digitalen Schaltkreis handeln, der binäre Daten speichern kann.

Mehrzwecksprache, die; *Subst.* (general-purpose language)
Eine Programmiersprache, z.B. Ada, Basic, C oder Pascal, die für eine große Bandbreite von Anwendungen und Einsatzzwecken konzipiert ist. Im Gegensatz dazu ist SQL eine Sprache, die nur für die Verwendung mit Datenbanken entworfen wurde.

Meldung, die; *Subst.* (message)
In Bezug auf Software eine Information, die eine Anwendung oder ein Betriebssystem für den Benutzer anzeigt, um eine Aktion vorzuschlagen, auf einen Zustand hinzuweisen oder das Eintreten eines Ereignisses zu melden.

Melissa
Ein Makrovirus, der die Dateien von Microsoft Word 97 und Word 2000 befällt. Zuerst im Frühjahr 1999 aufgetreten. Melissa wird als ein Attachment einer E-Mail-Nachricht entweder mit der Betreffzeile »An Important Message From <Benutzername>« oder mit den Worten beginnend »Here is that document you asked for...,« versendet. Wird das Attachment geöffnet, aktiviert sich der Virus (wenn Microsoft Outlook installiert ist), indem er sich selbst an die ersten 50 E-Mail-Adressen im Outlook-Adressbuch verschickt. Auf dem infizierten Rechner verändert der Virus auch die Registrierung, er infiziert die Standard-Dokumentvorlage von Word (die wiederum neue Dokumente infiziert) und setzt in Office 2000 die Viruswarnung außer Kraft. Obwohl der Melissa-Virus keine Daten zerstört, kann er die E-Mail-Performance durch die gesteigerte Zahl an verschickten Nachrichten beeinträchtigen. → *siehe auch* Makrovirus. → *vgl.* Code Red-Wurm, ILOVEYOU-Virus.

Meltdown, das; *Subst.* (meltdown)
Der vollständige Zusammenbruch eines Computernetzwerks, verursacht durch eine zu große Verkehrsbelastung, die die Netzwerkkapazität überschreitet. Der Begriff *Meltdown* ist von der Kernschmelze eines Kernreaktors abgeleitet. Umgangssprachlich der durch Überarbeitung, Stress oder Misserfolg bewirkte Zusammenbruch einer Person, meist in einer Arbeitssituation.

Memofeld, das; *Subst.* (memo field)
Ein Feld in einer Datenbankdatei, das unstrukturierten Text enthalten kann.

MEMS *Subst.*
Abkürzung für »**M**icro-**E**lectro**M**echanical **S**ystems«. Eine Technologie, bei der Computer mit extrem kleinen mechanischen Geräten kombiniert werden. MEMS-Geräte enthalten Mikroschaltungen auf einem winzigen Siliziumchip, auf den eine mechanische Vorrichtung aufgebracht wird, z.B. ein Sensor oder ein Aktuator. MEMS-Geräte werden für Schalter, Herzschrittmacher, Spielzeug, GPS-Systeme, Datenspeicherung und Beschleunigungsmesser in Airbags verwendet. Da MEMS-Geräte kostengünstig in großen Mengen hergestellt werden können, sind bereits zahlreiche neue MEMS-Produkte in der Planung oder Entwicklung.

Mensch-Maschine-Schnittstelle, die; *Subst.* (human-machine interface, man-machine interface)
Die Grenze, an der der Mensch mit Maschinen in Kontakt tritt und sie benutzt. In Bezug auf Programme und Betriebssysteme spricht man meist von »Benutzerschnittstellen« oder »Benutzeroberflächen«.
»Mensch-Maschine-Schnittstelle« ist ferner der Oberbegriff für Befehle, Anzeigen, Steuerelemente und Hardwaregeräte, die es dem Menschen ermöglichen, einen Datenaustausch mit dem Computersystem vorzunehmen. → *siehe auch* Benutzeroberfläche.

Menü, das; *Subst.* (menu)
Eine Auswahlliste, über die ein Programmbenutzer eine gewünschte Aktion auswählen kann, um etwa einen Befehl auszuführen oder einem Teil eines Dokuments ein bestimmtes Format zuzuweisen. Viele Anwendungen – insbesondere mit grafischer (symbolorientierter) Benutzeroberfläche – verwenden Menüs, um dem Benutzer eine einfache und leicht zu beherrschende Bedienung als Alternative zum Auswendiglernen von Programmbefehlen und ihrer Verwendung zu bieten. (Abbildung M.6)

Menüeintrag, der; *Subst.* (menu item)
Auch als »Menüpunkt« oder »Wahlpunkt« bezeichnet. Entweder über die Tastatur oder mit der Maus wählbarer Eintrag in

M

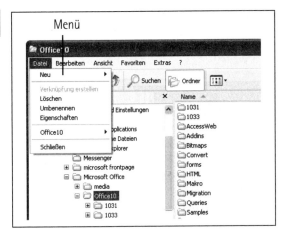

Abbildung M.6: Menü

einem Menü. Ist ein Menüeintrag für eine gegebene Situation nicht verfügbar (oder nicht geeignet), wird dieser in manchen Anwendungen grau dargestellt, d.h. abgedunkelt im Vergleich zu den gültigen Menüpunkten. (Abbildung M.7)

Abbildung M.7: Menüeintrag

menügesteuert *Adj.* (menu-driven)
Charakterisiert ein Programm, das Befehle und verfügbare Optionen in Form von Menüs präsentiert. Gegenüber Programmen mit einer befehlszeilenorientierten Schnittstelle sind menügesteuerte Programme in der Regel »benutzerfreundlicher« und einfacher zu erlernen. → *vgl.* Befehlszeilen-Schnittstelle.

Menü, hierarchisches, das; *Subst.* (hierarchical menu)
→ *siehe* hierarchisches Menü.

Menü, kontextbezogenes, das; *Subst.* (context-sensitive menu)
→ *siehe* kontextbezogenes Menü.

Menüleiste, die; *Subst.* (menu bar)
Ein rechteckiger Balken, der in einem Bildschirmfenster einer Anwendung – meist am oberen Rand – angezeigt wird und aus dem sich der Benutzer Menüs auswählen kann. Die in der Menüleiste angezeigten Namen kennzeichnen die verfügbaren Menüs. Der Benutzer kann die Menüs über die Tastatur oder mit der Maus anwählen – oder öffnen – und erhält dann jeweils eine Liste mit den zugehörigen Optionen oder Menüelementen angezeigt. (Abbildung M.8)

Menü, überlappendes, das; *Subst.* (cascading menu)
→ *siehe* überlappendes Menü.

Menü, untergeordnetes, das; *Subst.* (child menu)
→ *siehe* Untermenü.

Merced
Interner Codename für den von Intel entwickelten Itanium-Prozessor. → *siehe auch* Itanium, Prozessor.

Merged Transistor Logic, die; *Subst.* (merged transistor logic)
→ *siehe* integrierte Injektionslogik.

Mesa, die; *Subst.* (mesa)
Ein Bereich eines Germanium- oder Siliziumwafer, der während des Ätzprozesses geschützt wird und daher höher ist als die umliegenden, geätzten Bereiche. → *siehe auch* Fotolithografie.

Message Reflection, die; *Subst.* (message reflection)
In objektorientierten Programmierumgebungen, z.B. Visual C++, OLE und ActiveX, eine Funktion, die die Steuerung der Verwaltung eigener Nachrichten ermöglicht. → *siehe auch* ActiveX-Steuerelement, OCX, VBX.

Message Security Protocol, das; *Subst.*
Ein Protokoll für Internetnachrichten, das die Sicherheit über das Prinzip der Verschlüsselung und Überprüfung gewährleistet. Beim Message Security Protocol können auch Berechtigungen auf Serverebene für die Zustellung oder Verweigerung von E-Mail vergeben werden.

Messaging, das; *Subst.* (messaging)
Der Einsatz von Computern oder Datenkommunikationseinheiten für den Austausch von Nachrichten auf Benutzerebene (beispielsweise für E-Mail, Voicemail oder Fax). → *siehe auch* E-Mail.

Messaging Application Programming Interface, das; *Subst.*
→ *siehe* MAPI.

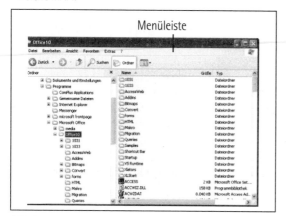

Menüleiste

Abbildung M.8: Menüleiste

Messaging-Oriented Middleware, die; *Subst.* (messaging-oriented middleware)
→ *siehe* MOM.

Metabetriebssystem, das; *Subst.* (metaoperating system)
Ein Betriebssystem, unter dem verschiedene andere Betriebssysteme aktiv sind. → *auch genannt* Supervisor.

Metacompiler, der; *Subst.* (metacompiler)
Ein Compiler, der andere Compiler erzeugt. Ein typischer Metacompiler ist das UNIX-Dienstprogramm *yacc* (Yet Another Compiler-Compiler). Wenn man yacc eine Sprachspezifikation übergibt, erzeugt es einen Compiler für diese Sprache. → *siehe auch* Compiler.

Meta Data Interchange Specification, die; *Subst.* (Metadata Interchange Specification)
Spezifikationen, die das Austauschen, Freigeben und Verwalten von Metadaten festlegen. → *siehe auch* Metadaten.

Metadatei, die; *Subst.* (metafile)
Eine Datei, die andere Dateien enthält oder definiert. Viele Betriebssysteme verwenden Metadateien für die Ablage von Verzeichnisinformationen über andere Dateien auf einem gegebenen Speichergerät.

Metadaten, das; *Subst.* (meta data)
Informationen zu Daten. So bilden z.B. der Titel, der Betreff, der Autor und die Dateigröße die Metadaten zur Datei.
→ *siehe auch* Datenbankverzeichnis, Repository.

Metaflow, der; *Subst.* (metaflow)
Beim Datawarehousing einer von vier Vorgängen. Beim Metaflow (dem betrieblichen Modellierungsvorgang) werden Metadaten (Daten über Daten) ausfindig gemacht und verwaltet. Während des Metaflows wird die Betriebsumgebung in die Datawarehouse-Umgebung übertragen.
→ *siehe auch* datawarehouse, Downflow, inflow, Metadaten, upflow.

Metaformat, das; *Subst.* (Meta-Content Format)
Ein offenes Format für die Beschreibung des Inhalts eines strukturierten Datenbereichs (z.B. eine Webseite, ein Datensatz auf dem Windows-Desktop oder eine relationale Datenbank). Das Metaformat wird u.a. für Indizes, Datenbankverzeichnisse oder Preislisten verwendet.

Metalloxidhalbleiter, komplementärer, der; *Subst.* (complementary metal-oxide semiconductor)
→ *siehe* CMOS.

Metal-Oxide-Semiconductor, der; *Subst.* (metal-oxide semiconductor)
→ *siehe* MOS.

Metal-Oxide-Semiconductor-Field-Effect-Transistor, der; *Subst.* (metal-oxide semiconductor field-effect transistor)
→ *siehe* MOSFET.

Metasprache, die; *Subst.* (metalanguage)
Auch als »Sprachbeschreibungssprache« bezeichnet. Eine Sprache, die für die Definition anderer Sprachen verwendet wird. Die Backus-Naur Form (BNF) ist eine häufig verwendete Metasprache zur Definition von Programmiersprachen.
→ *siehe auch* Backus-Naur-Form. → *auch genannt* Sprachbeschreibungssprache.

Metasuchmaschine, die; *Subst.* (meta search engine)
Spezieller Internetsuchdienst, zum Beispiel MetaGer (http://www.metager.de/), der eine Suchanfrage gleichzeitig an mehrere Internetsuchmaschinen leitet und die gesammelten Fundstellen anzeigt. Diese Kombination steigert die Trefferquote merklich. → *siehe auch* Suchmaschine.

Metatag, das; *Subst.* (metatag)
Ein nicht angezeigtes Tag in einem HTML- oder XML-Dokument, die einen Textblock oder ein anderes Objekt kennzeichnet, die Anzeige dieses Objekts jedoch nicht beeinflusst.

M

Metatags werden verwendet, um Suchmaschinen und anderen Programmen das Erkennen von Objekteigenschaften zu ermöglichen. → *siehe auch* HTML, Tag, XML.

Metazeichen, das; *Subst.* (metacharacter)
In ein Quellprogramm oder einen Datenstrom eingebettetes Zeichen, das eine einleitende Information über andere Zeichen liefert und in diesem Sinne selbst kein eigentliches Zeichen darstellt. In der Programmiersprache C verwendet man z.B. den umgekehrten Schrägstrich (Backslash), um in Zeichenfolgen nicht darstellbare Steuerzeichen zu kennzeichnen. → *siehe auch* Escapezeichen.

Methode, die; *Subst.* (method)
In der objektorientierten Programmierung ein Prozess, der von einem Objekt ausgeführt wird, sobald es eine Meldung erhält. → *siehe auch* Objekt, objektorientierte Programmierung.

Metropolitan Area Exchange, der; *Subst.*
Ein Kommunikationspunkt für Internetprovider innerhalb eines Bezirks (Metropolitan Area). Die Daten, die von den Teilnehmern eines Metropolitan Area Exchange ausgetauscht werden, können direkt von einem Netzwerk zum anderen gesendet werden, ohne den Umweg über einen Backbone. → *siehe auch* Backbone, Internet Serviceprovider.

Metropolitan Area Network, das; *Subst.* (metropolitan area network)
→ *siehe* MAN.

MFC
→ *siehe* Microsoft Foundation Classes.

MFLOPS
Abkürzung für **M**illion **Fl**oating-point **O**perations **p**er **s**econd, zu Deutsch »Millionen Gleitkommaoperationen pro Sekunde«. Ein Maß für die Rechenleistung eines Computers. → *auch genannt* Megaflops.

MFM-Codierung, die; *Subst.* (MFM encoding)
→ *siehe* Modified Frequency Modulation encoding.

MFP
Abkürzung für **M**ulti**f**unctional **P**eripheral (»Multifunktionsgeräte«). Bürogeräte, die mehrere Funktionen in sich vereinen, z.B. Scannen, Drucken, Faxen und Kopieren mit einem Gerät. Außerdem Abkürzung für **M**ulti**f**unctional **P**rinter (»Multifunktionsdrucker«). → *siehe auch* Multifunktionsdrucker.

MFS
→ *siehe* lineares Dateisystem.

MFV (DTMF dialing)
Abkürzung für **M**ehr**f**requenz**w**ahlverfahren. → *siehe* Tonwahl.

mget
Abkürzung für **m**ultiple **get.** Ein Befehl, der bei den meisten FTP-Clients verwendet werden kann. Mit diesem Befehl können Benutzer mehrere Dateien sofort abfragen.

MHz, das; *Subst.*
→ *siehe* Megahertz.

MI
→ *siehe* Mehrfachvererbung.

Mickey, der; *Subst.* (mickey)
Eine Maßeinheit für die Mausbewegung. Ein Mickey entspricht in der Regel einem 1/200 Zoll (0,13 mm). → *siehe auch* Maus.

MICR
→ *siehe* Magnetschrifterkennung.

Microbrowser, der; *Subst.* (microbrowser)
Eine Anwendung für Mobiltelefone, die es den Anwendern ermöglicht, eine Verbindung zum Internet aufzubauen, um E-Mail und Browsingdienste zu nutzen. Microbrowser verfügen nicht über die ganze Funktionalität eines üblichen PC-Webbrowsers. Microbrowser sind z.B. nur in der Lage, Nur-Textversionen von Webseiten zu laden. Die meisten Microbrowser sind so konzipiert, dass sie den Wireless Application Protocol (WAP)-Standard verwenden können. → *siehe auch* Wireless Application Protocol.

Microdrive™ (Microdrive)
Das Warenzeichen für das 1998 von IBM eingeführte Einzoll-Festplattenlaufwerk, das für den Einsatz in tragbaren Computern und Spezialgeräten wie digitalen Kameras und Mobiltelefonen entwickelt wurde.

Micro-Electromechanical Systems *Subst.*
→ *siehe* MEMS.

Microfiche, der *oder* das; *Subst.* (microfiche)
Ein kleines Filmblatt in der Größe von etwa 4 × 6 Zoll, auf dem fotografisch verkleinerte Bilder - beispielsweise Doku-

mentseiten – in Zeilen und Spalten aufgezeichnet sind. Die resultierenden Bilder sind zu klein, um sie mit bloßem Auge lesen zu können. Zum Einsehen der Dokumente ist daher ein Mikroficheleser erforderlich. → vgl. Microfilm.

Microfilm, der; Subst. (microfilm)
Ein dünner Filmstreifen mit sehr hohem Auflösungsvermögen, der auf einer Spule aufgewickelt ist und für die Aufzeichnung sequentieller Datenbilder verwendet wird. Wie auch für Mikrofiche ist ein spezielles Vergrößerungsgerät erforderlich, um die Bilder lesen zu können. → siehe auch CIM, COM. → vgl. Microfiche.

Microphone, das; Subst. (microphone)
Auf dem Apple Macintosh eine Bezeichnung für ein Kommunikationsprogramm. → siehe auch Apple Macintosh.

Microsite, die; Subst. (microsite)
Eine kleine Website, die in einer größeren Website eingebettet ist und eine bestimmte Nachricht enthält oder sich mit einem bestimmten Thema befasst. Microsites für die Werbung und den Vertrieb bestimmter Produkte und Dienstleistungen können von Werbeunternehmen in beliebte Websites integriert werden.

Microsoft Access Subst.
→ siehe Access.

Microsoft Active Accessibility Subst.
→ siehe Active Accessibility.

Microsoft DOS, das; Subst.
→ siehe MS-DOS.

Microsoft Excel Subst.
→ siehe Excel.

Microsoft Foundation Classes, die; Subst.
Zu Deutsch »Basisklassen von Microsoft«; Abkürzung: MFC. Eine C++-Klassenbibliothek, die von Microsoft entwickelt wurde. Sie stellt ein Framework und Klassen zur Verfügung, mit deren Hilfe sich die Entwicklung von Windows-Anwendungen vereinfachen und beschleunigen lässt. MFC unterstützt ActiveX und befindet sich im Lieferumfang diverser C++-Compiler z.B. Microsoft Visual C++, Borland C++ und Symantec C++. → siehe auch ActiveX, C++. → vgl. Application Foundation Classes.

Microsoft FrontPage Subst.
→ siehe FrontPage.

Microsoft Internet Explorer, der; Subst.
→ siehe Internet Explorer.

Microsoft.NET, das; Subst.
Grundgedanke dieser von Microsoft ins Leben gerufenen Initiative ist, dass sich das Internet der Zukunft exakt an den Anwender anpasst. Personalisierte Angebote und benutzerspezifisch ausgerichtete Konzepte sollen den Zugriff auf wichtige Daten wie E-Mail-Nachrichten, Termine, alle persönlichen und firmenrelevanten Daten oder andere Informationen erleichtern und darüber hinaus die Weiterverarbeitung und Analyse auf jedem verwendeten Internetzugangsgerät erlauben. Grundlage dafür ist XML, das die uneingeschränkte, plattform- und rechnerunabhängige Informationsverteilung und Datenbereitstellung über das Internet zwischen Computern, mobilen und anderen Endgeräten garantiert. Die Microsoft.NET-Initiative umfasst die drei Bereiche .NET-Plattform (stellt die Kernfunktionen bereit), .NET-Services (Anwendungen wie Internetportale oder ASP-Modelle) und .NET-Geräte (PCs, Handhelds, Mobiltelefone, Web-TV und Settopboxen). Weitere Informationen zu Microsoft.NET können unter http://www.eu.microsoft.com/germany/themen/net/ abgerufen werden. → siehe auch .NET, .NET Framework. → vgl. Windows .NET Server.

Microsoft Network, das; Subst.
→ siehe The Microsoft Network.

Microsoft Scripting Component
→ siehe Scriptlet.

Microsoft Visual Studio Subst.
→ siehe Visual Studio.

Microsoft Windows
→ siehe Windows.

Microsoft Windows 95
→ siehe Windows 95.

Middleware, die; Subst. (middleware)
Software, die die Informationen mehrerer Softwaretypen konvertiert. Middleware kann ein breites Softwarespektrum abdecken und befindet sich in der Regel zwischen einer Anwendung und einem Betriebssystem, einem Netzwerkbe-

M triebssystem oder einem Datenbank-Managementsystem. Beispiele für Middleware sind CORBA sowie andere Object Broker-Programme und Netzwerk-Kontrollprogramme. → *siehe auch* CORBA.

»Middleware« bezeichnet außerdem Software, die eine Schnittstelle für die Anwendungsprogrammierung (API) enthält. Anwendungen für API können in den gleichen Computersystemen ausgeführt werden, in denen auch Middleware ausgeführt werden kann. Ein Beispiel für Middleware ist ODBC, das eine API-Schnittstelle für viele Datenbanktypen ist. → *siehe auch* API, ODBC.

Daneben ist »Middleware« eine Kategorie von Software-Entwicklungswerkzeugen, die es dem Benutzer ermöglichen, einfache Programme zu erstellen. Es müssen hierzu vorhandene Dienste ausgewählt und mit einer Skriptsprache verknüpft werden. → *siehe auch* Skriptsprache.

MIDI, das; *Subst.*

Abkürzung für **M**usical **I**nstrument **D**igital **I**nterface. Eine standardisierte serielle Schnittstelle zur Verbindung von Synthesizern, Musikinstrumenten und Computern. Der MIDI-Standard beschreibt sowohl teilweise die Hardware als auch die Codierung von Klangereignissen und deren Übertragung zwischen MIDI-Geräten. Die in Form einer sog. *MIDI-Nachricht* zwischen den MIDI-Geräten übertragenen Informationen codieren die Soundcharakteristika, z.B. Anschlag (Pitch) und Lautstärke, digital als Byte mit einer Breite von jeweils 8 Bit. MIDI-Geräte können zur Erzeugung, Aufzeichnung und Wiedergabe von Musik verwendet werden. Mit MIDI können Computer, Synthesizer und Sequenzer miteinander kommunizieren. Dies geschieht entweder dadurch, dass die Spielzeit aufgezeichnet oder die Musik gesteuert wird, die über eine andere angeschlossene Ausstattung erstellt wird. → *siehe auch* Synthesizer.

MIDP

Abkürzung für **M**obile **I**nformation **D**evice **P**rofile; ein Satz von J2ME-Anwendungsschnittstellen, die vorgeben, wie Softwareanwendungen mit Mobiltelefonen kommunizieren. Diesem Standard entsprechende Anwendungen werden als MIDlets bezeichnet. → *siehe auch* J2ME.

Midrangecomputer, der; *Subst.* (midrange computer)

Ein Computer mittlerer Größe. Dieser Begriff wird auch für *Minicomputer* verwendet. Es besteht jedoch der Unterschied, dass Midrangecomputer keine Einbenutzerarbeitsstationen enthalten. → *siehe auch* Minicomputer.

Mietleitung, die; *Subst.* (leased line)

→ *siehe* Standleitung.

Migration, die; *Subst.* (migration)

Der Entwicklungsprozess für vorhandene Anwendungen und Daten, so dass diese auf einem anderen Computer- oder Betriebssystem ausgeführt werden können.

Mikro- *Präfix* (micro-)

Eigenschaft, die »klein« oder »kompakt« bedeutet und vor allem bei der Charakterisierung von Größenordnungen verwendet wird. Beispiele sind »Mikroprozessor« und »Mikrocomputer«.

Außerdem ist »Mikro« ein Maßeinheitenvorsatz mit der Bedeutung 10^{-6} (ein Millionstel).

Mikrobefehl, der; *Subst.* (microinstruction)

Ein Befehl, der Teil des Mikrocodes ist. → *siehe auch* Mikrocode.

Mikrobild, das; *Subst.* (microimage)

Auf fotografischem Wege stark verkleinertes Bild, das in der Regel auf Mikrofilm oder Mikrofiche gespeichert wird und nur durch entsprechende Vergrößerung mit optischen Mitteln lesbar ist. → *siehe auch* Mikrobildspeicher, Mikrofilmtechnik.

Mikrobildspeicher, der; *Subst.* (microform)

Das Medium, z.B. ein Mikrofilm oder Mikofiche, auf dem ein fotografisch stark verkleinertes Bild, ein sog. *Mikrobild*, gespeichert wird. Ein Mikrobild stellt in der Regel Text dar, z.B. archivierte Dokumente. → *siehe auch* Microfiche, Microfilm.

Mikrochip, der; *Subst.* (microchip)

→ *siehe* integrierter Schaltkreis.

Mikrocode, der; *Subst.* (microcode)

Code auf der untersten Ebene, der für die elementaren Abläufe im Mikroprozessor verantwortlich ist. Der Mikrocode läuft aus programmtechnischer Sicht noch unterhalb der Maschinencodeebene ab und steuert die Arbeitsweise des Prozessors, wenn dieser einen Maschinencodebefehl ausführt. → *siehe auch* Maschinensprache, Mikroprogrammierung.

Mikrocomputer, der; *Subst.* (microcomputer)

Ein eigenständiges Computersystem, das im Kern aus einem Ein-Chip-Mikroprozessor besteht. Verglichen mit Minicomputern und Großrechnern sind Mikrocomputer zwar weni-

M

ger leistungsfähig, haben sich aber in den letzten Jahren zu durchaus leistungsstarken Maschinen entwickelt, die sich für die Lösung komplizierter Aufgaben eignen. Durch das hohe Entwicklungstempo sind Mikrocomputer, die gegenwärtig zum Stand der Technik zählen, genauso leistungsfähig wie die vor ein paar Jahren üblichen Großrechner, aber zu einem Bruchteil der Kosten erhältlich. → *siehe auch* Computer.

Mikrocontent, der; *Subst.* (microcontent)
Kurze Textabschnitte auf einer Webseite, die einen Überblick über den Inhalt der Seite geben. Mikrocontent stellt eine Einführung in den Makrocontent einer Webseite, eine Zusammenfassung oder eine Erweiterung des Makrocontents dar und umfasst Überschriften, Seitentitel, ALT-Texte, Links und Zwischenüberschriften. → *vgl.* Content, Makrocontent.

Mikrocontroller, der; *Subst.* (microcontroller)
Ein aus einem Chip bestehender Computer, der für eine bestimmte Funktion konzipiert ist. Ein Mikrocontroller enthält zusätzlich zur CPU in der Regel einen eigenen Speicher, Eingabe-/Ausgabekanäle (Anschlüsse) sowie einen Timer. Ist der Mikrocontroller Bestandteil einer größeren Ausstattung, beispielsweise eines Fahrzeugs oder eines Haushaltsgeräts, wird von einem eingebetteten System gesprochen. → *siehe auch* eingebettetes System.

Mikrodiskette, die; *Subst.* (microfloppy disk)
Eine 3,5-Zoll-Diskette, die für den Apple Macintosh sowie die IBM PCs und kompatible Computer verwendet wird. Eine Mikrodiskette besteht aus einer runden Mylarscheibe mit einer Eisenoxidbeschichtung und ist durch eine stabile Plastikummantelung geschützt, die ein bewegliches Metallgehäuse besitzt. Auf dem Macintosh kann eine einseitige Mikrodiskette 400 Kilobyte (KB) aufnehmen, eine doppelseitige (Standard-)Diskette fasst 800 KB, und eine doppelseitige Diskette hoher Dichte (High Density) ermöglicht die Speicherung von 1,44 Megabyte (MB). Bei IBM PCs und kompatiblen Computern sind Speicherkapazitäten von 720 KB und 1,44 MB üblich. → *siehe auch* Floppydisk.

Mikrodisplay, das; *Subst.* (microdisplay)
Bei einem Mikrodisplay wird ein Bildschirm, der nur 1/10 Zoll groß ist, auf das Gesichtsfeld des Benutzers vergrößert. Mikrodisplays können für Computer, DVD-Player, Handheld-Geräte, Headsets, Bildsucher oder überall dort verwendet werden, wo ein Bildschirm in voller Größe unpraktisch oder unerwünscht ist.

Mikroelektronik, die; *Subst.* (microelectronics)
Die Herstellungstechnologie von elektronischen Schaltkreisen und Bauelementen in sehr kleinen Gehäusen. Der integrierte Schaltkreis ist wohl als bedeutendster Fortschritt der Mikroelektronik überhaupt anzusehen: Schaltungen, die vor 30 Jahren einen ganzen Raum mit verbrauchsintensiven Elektronenröhren ausfüllten, lassen sich beim derzeitigen Stand der Technik auf einem Siliziumchip, kleiner als eine Briefmarke, herstellen und erfordern nur noch ein paar Milliwatt Leistung. → *siehe auch* integrierter Schaltkreis.

Mikrofilmtechnik, die; *Subst.* (micrographics)
Die Techniken und Methoden für die Aufzeichnung von Daten auf Mikrofilm. → *siehe auch* Mikrobildspeicher.

Mikrofon, das; *Subst.* (microphone)
Ein Gerät, das Schallwellen in analoge elektronische Signale umwandelt. Zusätzliche Hardware kann die Ausgabe des Mikrofons in digitale Daten umwandeln, die von einem Computer verarbeitet werden können. Beispiele hierzu sind das Aufzeichnen von Multimediadokumenten oder das Analysieren von akustischen Signalen.

Mikrokanalarchitektur, die; *Subst.* (Micro Channel Architecture)
Die Busarchitektur in IBM PS/2-Computern (mit Ausnahme der Modelle 25 und 30). Der Mikrokanal ist weder elektrisch noch physikalisch mit dem IBM-PC/AT-Bus kompatibel. Im Gegensatz zum PC/AT-Bus funktioniert die Mikrokanalarchitektur entweder als 16-Bit- oder als 32-Bit-Bus. Der Mikrokanal lässt sich außerdem durch mehrere Busmasterprozessoren betreiben.

Mikrokapsel, die; *Subst.* (microcapsule)
Eine winzig kleine Plastikkugel mit schwarzen und weißen Pigmenten, die – gemeinsam mit Millionen anderer Mikrokapseln – wichtiger Bestandteil des elektronischen Papiers ist. Je nach elektrischer Ladung verändert sich die Farbe der Mikrokapseln, und Text bzw. Bilder werden sichtbar. → *siehe auch* elektronisches Papier.

Mikrokernel, der; *Subst.* (microkernel)
Ein Begriff der Programmierung. Bei einem Mikrokernel handelt es sich um einen rein hardwareabhängigen Bestandteil eines Betriebssystems, der von einem Computer zum anderen transportiert werden kann. Der Mikrokernel enthält eine hardwareunabhängige Schnittstelle für das Betriebssystem, so dass nur der Mikrokernel umgeschrieben werden muss,

M wenn das Betriebssystem an eine andere Plattform angepasst werden soll. → *siehe auch* Betriebssystem, Kernel. Ein modularer Kernel, der nur mit den Grundfunktionen ausgestattet ist.

Mikrologik, die; *Subst.* (micrologic)
Ein Satz von elektronischen Logikschaltungen oder Befehlen, die in binärer Form gespeichert sind und die Operationen innerhalb eines Mikroprozessors definieren und regeln.

Mikrominiatur, die; *Subst.* (microminiature)
Ein extrem kleiner Schaltkreis oder ein anderes elektronisches Bauelement mit äußerst geringen Abmessungen – insbesondere eines, das eine Verfeinerung eines bereits miniaturisierten Elementes darstellt.

Mikrophotonik, die; *Subst.* (microphotonics)
Technologie für die Weiterleitung von Licht in mikroskopischem Maßstab. Bei der Mikrophotonik werden winzige Spiegel oder photonische Kristalle verwendet, die bestimmte Lichtwellenlängen mit digitalen Signalen reflektieren und übertragen. Die Technologie für die Mikrophotonik wird bei der Entwicklung optischer Netzwerke für die Telekommunikationsbranche eingesetzt. → *siehe auch* MEMS. → *vgl.* Lichtwellenleitersystem, Optoelektronik.

Mikropositionierung, die; *Subst.* (microspacing)
Ein Begriff aus dem Druck- und Verlagswesen. Die Positionierung von Zeichen in sehr geringen Inkrementen.

Mikroprogrammierung, die; *Subst.* (microprogramming)
Das Schreiben von Mikrocode für einen Prozessor. Einige Systeme (hauptsächlich Minicomputer und Großrechner) erlauben Modifikationen des Mikrocodes für einen installierten Prozessor. → *siehe auch* Mikrocode.

Mikroprozessor, der; *Subst.* (microprocessor)
Eine zentrale Verarbeitungseinheit (CPU = Central Processing Unit) auf einem einzelnen Chip. In einem modernen Mikroprozessor können in einem integrierten Schaltkreisgehäuse mit einer Fläche von nur wenigen Quadratzentimetern weit mehr als 1 Million Transistorfunktionen untergebracht sein. Mikroprozessoren sind das Herz aller Personal Computer. Stattet man einen Mikroprozessor mit Speicher aus und versorgt ihn mit der erforderlichen Spannung, sind bereits alle Teile – ausschließlich der peripheren Einrichtungen – für einen Computer (Minimalsystem) vorhanden. Zu den derzeit bekanntesten Mikroprozessorreihen gehören die 680x0-Familie von Motorola, die die Produktlinie des Apple Macintosh treiben, und die 80x86-Familie von Intel, die den Kern aller IBM-PC-kompatiblen und PS/2-Computer bilden. → *siehe auch* 6502, 65816, 6800, 68000, 68020, 68030, 68040, 80286, 80386DX, 80386SX, 8080, 8086, 8088, 88000, DECchip 21064, i486DX, i486DX2, i486SL, i486SX, Pentium, Pentium Pro, PowerPC, SPARC, Z80.

Mikroschaltung, die; *Subst.* (microcircuit)
Eine miniaturisierte elektronische Schaltung, die auf einen Halbleiterchip geätzt ist. Eine Mikroschaltung besteht aus komplett verdrahteten Transistoren, Widerständen und anderen Bauelementen. Die Mikroschaltung wird jedoch als Modul hergestellt. Es handelt sich demzufolge nicht um einen Satz aus Vakuumröhren, einzelnen Transistoren oder anderen Elementen, die zusammengeschaltet werden müssen. → *siehe auch* integrierter Schaltkreis.

Mikrosekunde, die; *Subst.* (microsecond)
Abgekürzt μs. Ein Millionstel (10^{-6}) einer Sekunde.

Mikrotransaktion, die; *Subst.* (microtransaction)
Ein Geschäftsvorfall, bei dem sehr geringe Beträge (in der Regel unter 10 DM) bewegt werden. → *siehe auch* Millicenttechnologie.

Mikrowellenverbindung, die; *Subst.* (microwave relay)
Eine Kommunikationsverbindung, die über Punkt-zu-Punkt-Radioübertragungen bei Frequenzen von mehr als 1 Gigahertz (1.000 Megahertz) bewerkstelligt wird.

.mil
Im Domain Name System (DNS) des Internets die Topleveldomäne, die Adressen militärischer Organisationen der USA kennzeichnet. Die Kennzeichnung .mil erscheint am Ende der Adresse. → *siehe auch* DNS, Domäne. → *vgl.* .com, .edu, .gov, .net, .org.

Military Network, das; *Subst.*
→ *siehe* MILNET.

Millennium-Bug, der; *Subst.* (millennium bug)
Ein Fehler in einem Computerprogramm, der dazu führt, dass das Programm am 1. Januar 2000 bzw. anschließend nicht mehr oder nur noch fehlerhaft arbeitet. Dies wird durch das allgemein verbreitete Verfahren verursacht, bei einem Datumsfeld die ersten zwei Ziffern der Jahreszahl wegzulassen, um den Speicherbedarf auf dem Massenspeicher und im Arbeitsspeicher zu reduzieren. → *siehe auch* Jahr-2000-Problem.

Milli- *Präfix* (milli-)
Abgekürzt m. Ein Maßeinheitenvorsatz mit der Bedeutung ein Tausendstel 10^{-3}.

Milliarde, die; *Subst.* (billion)
In der amerikanischen Terminologie (wie sie im EDV-Bereich üblich ist) umfasst die »billion« 1.000 Millionen (10^9), also 1 Milliarde. Stellvertretend für »Milliarde« wird in der EDV-Terminologie das Präfix »Giga« verwendet und für »Milliardstel« (also den Faktor 10^{-9}) das Präfix »Nano«.

Milliardstelsekunde, die; *Subst.* (billisecond)
→ *siehe* Nanosekunde.

Millicenttechnologie, die; *Subst.* (millicent technology)
Ein Satz mit Protokollen für Geschäftsvorfälle äußerst geringen Umfangs, die über das Internet abgewickelt werden. Die Millicenttechnologie wurde von der Digital Equipment Corporation entwickelt. Diese Technologie ist dahingehend konzipiert, dass Preise berechnet werden können, deren Wert geringer als ein Pfennig ist.

Millions of Instructions per Second, die; *Subst.* (millions of instructions per second) → *siehe* MIPS.

Millisekunde, die; *Subst.* (millisecond)
Abgekürzt ms oder msec. Eine tausendstel Sekunde.

Millivolt, das; *Subst.* (millivolt)
Abgekürzt mV. Ein tausendstel Volt.

MILNET
Abkürzung für **Mil**itary **Net**work. Ein Weitbereichsnetz, das den militärischen Bereich des ursprünglichen ARPANET darstellt. MILNET behandelt militärische Informationen der USA, die nicht geheim sind. → *siehe auch* ARPANET. → *vgl.* NSFnet.

MIMD
Abkürzung für **M**ultiple **I**nstruction, **M**ultiple **D**ata Stream Processing. Eine Kategorie der Computerarchitektur für parallele Verarbeitung, bei der mehrere Prozessoren gleichzeitig Befehle ausführen und auf Daten operieren. → *siehe auch* Architektur, Befehl, parallele Verarbeitung, Prozessor. → *vgl.* SIMD.

MIME
Abkürzung für **M**ultipurpose **I**nternet **M**ail **E**xtensions. Ein Standard, der das Simple Mail Transfer Protocol (SMTP) so erweitert, dass Daten, z.B. Video-, Audio- und Binärdateien, über Internet-E-Mail übertragen werden können, ohne zuvor in das ASCII-Format umgewandelt werden zu müssen. Dies wird durch MIME-Typen bewerkstelligt, die den Inhalt eines Dokuments beschreiben. Eine MIME-kompatible Anwendung, die eine Datei sendet (z.B. einige E-Mail-Programme), ordnet der Datei einen MIME-Typ zu. Die Empfängeranwendung, die ebenfalls MIME-kompatibel sein muss, bezieht sich auf eine standardisierte Liste mit Dokumenten, die in MIME-Typen und -Untertypen strukturiert ist, um den Inhalt der Datei übersetzen zu können. Ein MIME-Typ ist beispielsweise *text*, der wiederum eine bestimmte Anzahl von Untertypen enthält, z.B. *plain* und *html*. Der MIME-Typ *text/html* verweist auf eine Datei, deren Text im HTML-Format verfasst ist. MIME ist ein Bestandteil von HTTP. MIME wird sowohl von Webbrowsern als auch HTTP-Servern verwendet, um die ausgehenden und eingehenden E-Mail-Dateien zu übersetzen. → *siehe auch* HTTP, HTTP-Server, Simple Mail Transfer Protocol, Webbrowser. → *vgl.* BinHex.

Mindshare, der; *Subst.* (mindshare)
Der Bekanntheitsgrad eines Produkts, einer Dienstleistung oder eines Unternehmens bei Benutzern oder Konsumenten. Anders als der *Market Share*, also der von einem bestimmten Produkt, einer Dienstleistung oder Firma gewonnene Marktanteil, ist Mindshare ein weniger quantifizierbarer, aber dennoch wichtiger Faktor bei der Erzeugung von Kundenaufmerksamkeit und Kaufwunsch. Der Begriff wird häufig in der Computerbranche verwendet, ist jedoch nicht auf diesen Bereich begrenzt.

Miniaturansicht, die; *Subst.* (thumbnail)
Eine Miniaturversion einer Grafik oder einer Seite, die dazu dient, Dokumente mit mehreren Grafiken oder Seiten schnell durchsuchen zu können. Beispielsweise finden sich auf Webseiten häufig auch die Miniaturen von Grafiken (die vom Webbrowser viel schneller geladen werden können, als die Grafik in Originalgröße). Durch Klicken auf die Miniaturen lassen sich dann meist die vollständigen Grafiken laden. (Abbildung M.9)

Miniaturisierung, die; *Subst.* (miniaturization)
Kennzeichnet bei der Entwicklung integrierter Schaltkreise den Prozess der Größenreduzierung und Erhöhung der Packungsdichte von Transistoren und anderen Bauelementen auf einem Halbleiterchip. Miniaturisierte Schaltungen zeichnen sich neben ihrer geringen Größe vor allem durch verringerte Leistungsaufnahme, reduzierte Wärmeentwick-

M

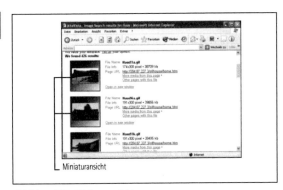

Miniaturansicht

Abbildung M.9: Miniaturansicht

lung und verkürzte Signallaufzeiten zwischen den einzelnen Schaltungselementen aus. → *siehe auch* Integration, integrierter Schaltkreis.

Minicomputer, der; *Subst.* (minicomputer)
Ein Computer der mittleren Leistungsklasse, anzusiedeln etwa zwischen Großrechner und Personal Computer, der für komplexe Berechnungen vorgesehen im Multiprocessing ist und dabei in effizienter Weise die übergeordneten Eingaben und Ausgaben der meist über Terminals angeschlossenen Benutzer bearbeitet. Im Laufe der 1990er Jahre haben sich mit der erheblichen Leistungssteigerung der Prozessoren die strikten Grenzen zwischen Großrechnern, Minicomputern und Personal Computern zunehmend verwischt; ein großer Minicomputer ist danach bereits mit einem kleineren Großrechner vergleichbar, während ein leistungsstarker Personal Computer mit einem kleineren Minicomputer konkurrieren könnte. Minicomputer werden in starkem Maße bei der Transaktionsverarbeitung und als Bindeglied zwischen Großcomputersystemen und Weitverkehrsnetzen (WANs) eingesetzt. → *siehe auch* Computer, Großrechner, Mikrocomputer, Multiprocessing, Personal Computer, Supercomputer, Weitbereichsnetz. → *vgl.* Midrangecomputer, Workstation.

Minifloppy, die; *Subst.* (minifloppy)
Eine 5,25-Zoll-Diskette. → *siehe* auch Floppydisk.

minimieren *Vb.* (minimize)
In einer grafischen Benutzeroberfläche bedeutet »minimieren«, dass ein Fenster geschlossen wird, ohne das zugehörige Programm zu beenden. In der Regel wird dann ein Symbol, eine Schaltfläche oder ein Name für das Fenster auf dem Desktop angezeigt. Wenn der Benutzer auf die Schaltfläche, das Symbol oder den Namen klickt, wird die vorherige Größe des Fensters wiederhergestellt. → *siehe auch* Fenster, gra-

fische Benutzeroberfläche, Schaltfläche »Minimieren«, Taskleiste. → *vgl.* maximieren.

Miniporttreiber, der; *Subst.* (miniport drivers)
Treiber mit geräteabhängigen Informationen, die mit geräteunabhängigen Porttreibern kommunizieren. Die Porttreiber kommunizieren wiederum mit dem System. → *siehe auch* Treiber.

Minisite, die; *Subst.* (minisite)
→ *siehe* Microsite.

Minitower, der; *Subst.* (minitower)
Ein vertikales Standgehäuse, das ungefähr halb so hoch ist (30 cm) wie ein Tower (58 cm). → *siehe auch* Tower.

Minitreiberarchitektur, die; *Subst.* (mini-driver architecture)
Eine Architektur in Windows 3.1 und Windows 9x, die einen verhältnismäßig kleinen und einfachen Treiber verwendet. Dieser Treiber enthält alle zusätzlichen Befehle, die für ein bestimmtes Hardwaregerät erforderlich sind, um mit dem universalen Treiber für die Geräteklasse zu kommunizieren. → *siehe auch* Treiber.

MIP-Mapping, das; *Subst.* (MIP mapping)
Abkürzung für **M**ultum **I**n **P**arvo (lateinisch für »viel in wenig«) **mapping**. Eine Form des Mappings, in dem die Darstellung einer Bitmapgrafik vorausberechnet und in einem Strukturmapper verwendet wird. Dadurch können glattere Strukturgrafiken vorausberechnet werden, da die Pixelumwandlung die Farben in Bezug auf die menschliche Wahrnehmung ändern kann.

MIPS
Abkürzung für **m**illions of **i**nstructions **p**er **s**econd, zu Deutsch »Millionen Anweisungen pro Sekunde«. Ein gebräuchliches Maß für die Prozessorgeschwindigkeit. → *siehe auch* MFLOPS, Prozessor.

MIS
→ *siehe* Managementinformationsabteilung, Managementinformationssystem.

mischen *Vb.* (merge)
Zwei oder mehr Elemente, z.B. Listen, in geordneter Folge und ohne Änderung ihrer zugrunde liegenden Strukturen miteinander kombinieren. → *vgl.* verbinden.

mischen und einfügen *Vb.* (collate)
Bei der Datenverarbeitung das Mischen von Einträgen aus zwei oder mehr ähnlichen Datenlisten, um eine kombinierte Liste zu erzeugen, in der die Ordnung bzw. die Reihenfolge der Ausgangslisten beibehalten wird.

Mischsortierung, die; *Subst.* (collating sort)
Ein Sortierverfahren, das durch das fortlaufende Mischen von zwei oder mehr Dateien eine bestimmte Reihenfolge von Datensätzen oder Datenelementen produziert.

misc.-Newsgroups, die; *Subst.* (misc. newsgroups)
Usenet-Newsgroups, die Bestandteil der misc.-Hierarchie sind und das Präfix »misc.« haben. Diese Newsgroups enthalten die Themen, die nicht von den anderen Standardhierarchien des Usenets (comp., news., rec., sci., soc., talk.) abgedeckt werden. → *siehe auch* Newsgroup, traditionelle Newsgrouphierarchie, Usenet.

mit Null füllen *Vb.* (zero)
Das Füllen mit Nullen (z.B. eines angegebenen Speicherabschnitts, eines Feldes oder einer anderen begrenzten Struktur).

mittlere Integrationsdichte, die; *Subst.* (medium-scale integration)
Abgekürzt MSI. Beschreibt einen Integrationsgrad, bei dem zwischen 10 und 100 Schaltungselemente auf einem einzelnen Chip untergebracht sind. → *siehe auch* integrierter Schaltkreis.

Mixmodeübertragung, die; *Subst.* (promiscuous-mode transfer)
Ein Begriff aus dem Bereich der Netzwerkkommunikation. Eine Datenübertragung, bei der ein Knoten alle Pakete von beliebigen Zieladressen entgegennimmt.

MMORPG (Massively Multiplayer Online Role-Playing Game)
Abkürzung für **M**assively **M**ultiplayer **O**nline **R**ole-**P**laying **G**ame. Ein Onlinespiel, an dem mehrere tausend Benutzer gleichzeitig teilnehmen können. Bei MMORPG-Spielen wie Ultima Online, Asheron's Call und EverQuest findet eine komplexe soziale Interaktion in einer dauerhaften virtuellen Welt statt. Die Benutzer registrieren sich und konzipieren Charaktere, deren gesamtes Leben in der virtuellen Welt des Spiels stattfindet. Die Personen entwickeln sich aufgrund der Benutzeraktionen. Die Spiele werden in einer skalierbaren Onlineumgebung eingerichtet, in der mehrere

tausend Mitspieler gleichzeitig interagieren können. → *vgl.* Onlinegaming.

MMS
Abkürzung für **M**ultimedia **M**essaging **S**ervice, eine Weiterentwicklung des Short Message Services (SMS), einer in allen Mobiltelefonen integrierten Funktion zum Senden und Empfangen textbasierter Kurznachrichten. MMS erlaubt es Benutzern von Mobiltelefonen, multimediale Kurznachrichten von einem Gerät an beliebig viele Empfänger zu übertragen. Multimedial bedeutet in diesem Zusammenhang, dass der Versender herkömmliche Textnachrichten um beliebige binäre Dateianlagen, beispielsweise Fotografien, Musikstücke und sogar Videosequenzen erweitern kann. Da MMS nicht abwärtskompatibel ist, müssen die Mobiltelefone von Sender und Empfänger den MMS-Standard explizit unterstützen. Nahezu alle aktuellen Mobiltelefonmodelle sind aber in der Lage, MMS-Nachrichten zu senden und zu empfangen. → *vgl.* SMS.

MMU
→ *siehe* Speicherverwaltungseinheit.

MMX
Abkürzung für **M**ulti**M**edia **Ex**tensions. Eine Optimierung der Architektur von Intel Pentium-Prozessoren, die eine verbesserte Leistungsfähigkeit von Multimedia- und Kommunikationsanwendungen ermöglicht.

Mnemonik, die; *Subst.* (mnemonic)
Eine Erinnerungshilfe, z.B. ein Wort, ein Reim oder ein anderer leicht zu behaltender Ausdruck, für einen komplizierten Sachverhalt oder einen längeren Satz von Informationen. Die Mnemonik ist in der Rechentechnik weit verbreitet. Beispielsweise sind Programmiersprachen (mit Ausnahme von Maschinensprachen) *symbolische Sprachen*, da sie kurze Mnemonik, beispielsweise *ADD* (für *Addition*) und *def* (für *definieren*) verwenden, um Befehle und Operationen zu beschreiben. Befehlszeilenorientierte Betriebssysteme und Anwendungen arbeiten ebenfalls mit Mnemonik, um die jeweiligen Programmbefehle und Operationen möglichst kurz und einprägsam darzustellen. In MS-DOS fordert man z.B. mit dem Befehl *dir* (für *directory*, d.h. Verzeichnis) eine Liste von Dateien an.

MNP10
Abkürzung für **M**icrocom **N**etworking **P**rotocol, Class **10.** Ein Kommunikationsprotokoll mit Industriestandard, das für Modemverbindungen über analog zellulare Telefonverbin-

M

M

dungen eingesetzt wird. Die aktuellste Version von MNP10 ist MNP 10EC (*EC* ist die Abkürzung für *Enhanced Cellular*). → *siehe auch* Protokoll.

mobiler Computereinsatz, der; *Subst.* (mobile computing)
Der Einsatz von Computern während der Reise. Für den mobilen Computereinsatz wird in der Regel kein Desktopsystem, sondern ein Computer eingesetzt, der über einen Akku betrieben werden kann.

Modec, das; *Subst.* (modec)
Ein Begriff aus dem Bereich der Telekommunikation. Es handelt sich um ein Gerät, das analoge Modemsignale digital generiert. Der Begriff *Modec* setzt sich aus den Wörtern *Modem* und *Codec* zusammen. → *siehe auch* Codec, Modem.

Modell, das; *Subst.* (model)
Eine mathematische oder grafische Darstellung einer realen Situation oder eines realen Objekts, beispielsweise ein mathematisches Modell der Materieverteilung im Universum, ein (numerisches) Rechenblattmodell geschäftlicher Aktivitäten oder ein grafisches Modell eines Moleküls. Modelle lassen sich im Allgemeinen ändern oder manipulieren, so dass man Auswirkungen einer Modifikation oder Variation auf das reale Objekt studieren kann. → *siehe auch* Modellierung, Simulation.

Modell, dreidimensionales, das; *Subst.* (three-dimensional model)
→ *siehe* dreidimensionales Modell.

Modellierung, die; *Subst.* (modeling)
Der Einsatz von Computern für die Beschreibung des Verhaltens eines Systems. Ein Tabellenkalkulationsprogramm kann z.B. verwendet werden, um Finanzdaten zu manipulieren, den Zustand und die Aktivitäten eines Unternehmens darzustellen, Geschäftspläne oder Prognosen zu entwickeln oder den Einfluss vorgesehener Änderungen auf die Betriebsabläufe und den finanziellen Status zu untersuchen. → *siehe auch* Simulation, Tabellenkalkulationsprogramm.
Im CAD-Bereich bezeichnet der Ausdruck den Einsatz von Computern zur Beschreibung von Objekten und ggf. der räumlichen Beziehungen dieser Objekte untereinander. Mit CAD-Programmen lassen sich z.B. Bildschirmdarstellungen von Objekten wie Werkzeuge, Bürogebäude, komplexe Moleküle oder Autos erstellen. Geometrische Modelle stützen sich

auf Gleichungen, um Linien, Kurven und andere Figuren zu erzeugen und diese Formen in genauer Beziehung untereinander und zu dem zwei- oder dreidimensionalen Raum anzuordnen, in dem sie gezeichnet werden. → *siehe auch* CAD, Drahtmodell, dreidimensionales Modell, Oberflächenmodellierung, Rendering, Volumenmodell, zweidimensionales Modell.

Modell, mathematisches, das; *Subst.* (mathematical model)
→ *siehe* mathematisches Modell.

Modell, relationales, das; *Subst.* (relational model)
→ *siehe* relationales Modell.

Modell, zweidimensionales, das; *Subst.* (two-dimensional model)
→ *siehe* zweidimensionales Modell.

Modem, das; *Subst.* (modem)
Kurzform für **Mo**dulator/**Dem**odulator. Ein Kommunikationsgerät, mit dem sich Computerdaten über normale Telefonleitungen übertragen lassen. Da ein Computer digital (mit diskreten Signalen zur Darstellung binärer Einsen und Nullen) arbeitet und eine Telefonleitung für die Übertragung analoger (stetig veränderbarer) Signale ausgelegt ist, sind Modems für die Umwandlung der digitalen in analoge Signale und umgekehrt erforderlich. Das Übertragungsmodem wandelt digitale in analoge Daten um. Das zweite Modem, der Empfänger, konvertiert die analogen Daten wieder in das ursprüngliche digitale Format. Um einen höheren Durchsatz bewältigen zu können, verwenden Hochgeschwindigkeitsmodems anspruchsvolle Verfahren zum »Laden« von Informationen auf einen Audio-Carrier. Diese Modems verwenden beispielsweise Phasenverschiebung, Phasenmodulation und Amplitudenmodulation, um eine Statusänderung bei der Darstellung von mehreren Datenbits des Carriers zu bewirken. Intelligente Modems können mit Hilfe von Firmware neben dem Senden und Empfangen Funktionen wie automatisches Wählen, Anrufbeantwortung und Wahlwiederholung ausführen. Für einen sinnvollen Modembetrieb ist allerdings eine geeignete Kommunikationssoftware erforderlich. Internationale Standards für Modems werden von der International Telecommunications Union (ITU) festgelegt. → *siehe auch* Amplitudenmodulation, Baudrate, Frequenzmodulation, ITU, Phasenverschiebung. → *vgl.* digitales Modem.
Des Weiteren bezieht sich der Begriff »Modem« auf jedes Kommunikationsgerät, das als Schnittstelle zwischen einem

Computer und einem angeschlossenen Terminal oder anderen Kommunikationskanal handeln kann. Dieses Gerät muss nicht unbedingt die Modulationsfähigkeit eines normalen Modems (siehe Definition 1) in Bezug auf analoge Signale haben, kann aber dennoch im allgemeinen Sinn als Modem bezeichnet werden. Viele Anwender sehen ein Modem als beliebiges Gerät an, das einen Computer mit einem Kommunikationskanal verbindet (beispielsweise einem Hochgeschwindigkeitsnetzwerk oder einem Kabelfernsehsystem). → *siehe auch* digitales Modem.

Modembank, die; *Subst.* (modem bank)
Eine Auflistung von Modems, die an einen Server angeschlossen sind, der über ein ISP oder den Operator eines BBS oder Remote-Access LAN verwaltet wird. Die meisten Modembanken sind so konfiguriert, dass Remotebenutzer eine einzige Telefonnummer wählen können, die die Anrufe an eine verfügbare Telefonnummer der Modembank weiterleitet. → *siehe auch* ISP, LAN.

Modem, Bell-kompatibles, das; *Subst.* (Bell-compatible modem)
→ *siehe* Bell-kompatibles Modem.

Modem, digitales, das; *Subst.* (digital modem)
→ *siehe* digitales Modem.

Modemeliminator, der; *Subst.* (modem eliminator)
Ein Gerät, mit dem zwei Computer ohne Modem miteinander kommunizieren können. → *siehe auch* Nullmodem.

Modem, externes, das; *Subst.* (external modem)
→ *siehe* externes Modem.

Modem, integriertes, das; *Subst.* (integral modem)
→ *siehe* integriertes Modem.

Modem, internes, das; *Subst.* (internal modem)
→ *siehe* internes Modem.

Modemport, der; *Subst.* (modem port)
Ein serieller Port, der verwendet wird, um eine Verbindung von einem externen Modem zu einem PC herzustellen. → *siehe auch* Modem, serieller Port.

modem ready
→ *siehe* MR.

Modem, softwarebasierendes, das; *Subst.* (software-based modem)
→ *siehe* softwarebasierendes Modem.

Modem, sprachfähiges, das; *Subst.* (voice-capable modem)
→ *siehe* sprachfähiges Modem.

Moderator, der; *Subst.* (moderator)
Moderatoren werden in einigen Internetnewsgroups und Verteilerlisten eingesetzt, um alle Nachrichten zu überprüfen, bevor diese an die Mitglieder der Newsgroup oder der Liste weitergeleitet werden. Moderatoren entfernen oder editieren Nachrichten, die Mängel aufweisen. → *siehe auch* Newsgroup, Verteilerliste.

moderiert *Adj.* (moderated)
Unterliegt der Durchsicht eines Moderators, der nichtrelevante bzw. unpassende Artikel oder Nachrichten entfernen kann, bevor diese in einer Newsgroup, Verteilerliste oder in einem anderen Messagingsystem verteilt werden.

moderierte Diskussion, die; *Subst.* (moderated discussion)
Kommunikation, die über eine Verteilerliste, eine Newsgroup oder über ein anderes Onlineforum durchgeführt wird, das von einem Moderator bearbeitet wird. Wenn eine Nachricht in einer moderierten Diskussion vorgelegt wird, entscheidet der Moderator, ob die Nachricht für das Diskussionsthema relevant ist. Ist dies der Fall, wird die Nachricht an die Diskussionsgruppe weitergeleitet. Moderierte Diskussionen haben in der Regel ein höheres Niveau als Diskussionen, die nicht moderiert werden. Dies liegt daran, dass die Informationen vorher überprüft werden. Einige Moderatoren entfernen auch obszöne oder pornografische Beiträge. → *siehe auch* Moderator, Newsgroup, Verteilerliste.

Modified Frequency Modulation encoding, das; *Subst.* (modified frequency modulation encoding)
Abgekürzt MFM-Codierung. Ein weit verbreitetes Verfahren zur Datenspeicherung auf Disketten. Die MFM-Codierung beruht auf der älteren FM-Codierung, arbeitet aber effektiver, da die notwendigen Synchronisationsinformationen reduziert wurden und die magnetische Codierung eines Bits vom unmittelbar vorher aufgezeichneten Bit abhängig ist. Die MFM-Codierung setzt man auch bei Festplatten ein, da sie eine höhere Informationsdichte als die Frequenzmodulation ermöglicht. Noch platzsparender als die MFM-Codie-

M rung arbeitet das Verfahren der Lauflängenkodierung *Run-Length Limited Encoding = RLL.* → *vgl.* Frequenzmodulationscodierung, Runlength Limited encoding.

MO-Disc, die; *Subst.* (MO disk)
→ *siehe* magnetooptische Disk.

Modul, das; *Subst.* (cartridge, module)
Im Hardwarebereich eine eigenständige Komponente, die eine vollständige Funktion für ein System ausführt und durch andere, ähnliche Funktionen ausführende Module ausgetauscht werden kann. → *siehe auch* SIMM, Speicherkarte.
Wiederum im Hardwarebereich ist »Modul« die Kurzform für »Einsteckmodul« oder »Erweiterungsmodul«. Ein derartiges Modul besteht aus einem meist kleinen Gehäuse (gewöhnlich aus Plastik) und enthält eine Platine oder ein Gerät. Durch das Einstecken eines Moduls in den vorgesehenen Schacht wird der Computer oder ein anderes Gerät um bestimmte Eigenschaften erweitert. Es gibt z.B. Module, die den Schriftbestand eines Druckers erweitern. Daneben werden Spiele für Videospielkonsolen häufig in Modulen gespeichert. → *siehe auch* Bandkassette, Farbbandkassette, ROM-Steckmodul, Speichermodul, Tintenkassette, Tonerkassette, Wechselplatte.
In der Programmierung ist ein Modul eine Sammlung von Routinen und Datenstrukturen, die eine bestimmte Aufgabe ausführen oder einen bestimmten abstrakten Datentyp implementieren. Module bestehen in der Regel aus zwei Teilen: einer Schnittstelle und einer Implementation. Die Schnittstelle liefert alle Konstanten, Datentypen, Variablen und Routinen, die anderen Modulen oder Routinen zugänglich sind. Die Implementation stellt den privaten (nur dem Modul zugänglichen) Teil dar und enthält den Quellcode, der die eigentlichen Routinen im Modul realisiert. → *siehe auch* abstrakter Datentyp, Kapselung, Modula-2, modulare Programmierung.

Modula-2, die; *Subst.*
Eine modulare Hochsprache, die von Niklaus Wirth im Jahre 1980 als Abkömmling von Pascal entwickelt wurde. Modula-2 ist vor allem bekannt geworden durch die besondere Betonung der modularen Programmierung, die frühe Unterstützung abstrakter Datentypen sowie das Fehlen von Standardfunktionen und Prozeduren. → *siehe auch* modulare Programmierung, Pascal.

modulare Programmierung, die; *Subst.* (modular programming)
Eine Programmiertechnik, die ein Programm in logisch abgeschlossene, unabhängig voneinander kompilierbare Module

aufteilt. Jedes Modul exportiert nur spezifizierte/explizit aufgeführte Elemente (Konstanten, Datentypen, Variablen, Funktionen, Prozeduren), während alle übrigen Elemente bezüglich des Moduls privat bleiben. Andere Module können nur auf die exportierten Elemente zugreifen. Module klären und regulieren die Schnittstellen zwischen den Hauptteilen eines Programms. Module erleichtern damit die Arbeit in Gruppen und fördern zuverlässige Programmierpraktiken. Die modulare Programmierung stellt einen Vorläufer der objektorientierten Programmierung dar. → *siehe auch* Modul, objektorientierte Programmierung.

modulares Design, das; *Subst.* (modular design)
Eine Methode für den Entwurf von Hardware oder Software, bei der man ein Projekt in kleinere Einheiten (Module) unterteilt, die sich jeweils unabhängig voneinander entwickeln, testen und fertig stellen lassen, bevor man sie mit anderen Modulen zum Endprodukt kombiniert. Jede Einheit wird für die Ausführung einer bestimmten Aufgabe oder Funktion konzipiert und kann daher Teil einer »Bibliothek« von Modulen werden, die sich oft in anderen Produkten mit ähnlichen Anforderungen wieder verwenden lassen. In der Programmierung kann ein Modul z.B. aus Befehlen für die Verschiebung des Cursors in einem Bildschirmfenster bestehen. Durch die bewusste Entwicklung als eigenständige Einheit, die mit anderen Abschnitten des Programms zusammenarbeiten kann, sollte das gleiche Modul in der Lage sein, äquivalente Aufgaben auch in anderen Programmen auszuführen. Auf diese Weise lässt sich Zeit für die Entwicklung und das Testen sparen.

modulare Software, die; *Subst.* (modular software)
Ein Programm, das aus mehreren eigenständigen Softwarekomponenten zusammengesetzt wurde. Die modularen Komponenten arbeiten dabei zusammen, um den Zweck zu erfüllen, für den das größere Programm konzipiert ist. Die modularen Komponenten bleiben aber individuell verwendbar und wieder verwendbar und lassen sich in anderen Programmen einsetzen. Da jede Komponente funktionell autark und in sich geschlossen ist, können andere Komponenten die Dienste einer bestimmten Komponente aufrufen, ohne dass sie etwas darüber wissen müssen, wie die Komponente intern arbeitet. Folglich können Programmierer die Art und Weise, wie die Komponente zu ihrem Ergebnis kommt, beliebig ändern, ohne dass die anderen Komponenten in demselben Programm negativ davon beeinflusst werden. → *siehe auch* Integriertes Paket, modulares Design, Modulbibliothek.

Modulation, die; *Subst.* (modulation)
Das Ändern oder Regulieren der Charakteristika eines Träger-
signals, das in einer bestimmten Amplitude (Höhe) und Frequenz (Takt) schwingt, so dass diese Änderungen sinnvolle
Informationen darstellen.
In der Computerkommunikation bezeichnet die Modulation
das Verfahren, das von Modems angewendet wird, um die
vom Computer gelieferten digitalen Informationen in analoge Signale im Sprachfrequenzband für die Übertragung
auf einer Telefonleitung zu konvertieren.

Modulbibliothek, die; *Subst.* (component software)
In der Programmierung eine Sammlung modularer Softwareroutinen oder Komponenten, die sich mit anderen Komponenten kombinieren lassen, um daraus das Gesamtprogramm
zu erzeugen. Programmierer können alle vorhandenen Komponenten nach Belieben immer wieder einsetzen und müssen
keine Kenntnis hinsichtlich der internen Arbeitsweise besitzen. Es muss lediglich bekannt sein, wie der Aufruf aus Programmen und anderen Komponenten erfolgt, in welcher
Form Daten an die Komponente übergeben und von dieser
zurückgegeben werden. → *siehe auch* Komponente, Programm, Routine. → *auch genannt* Componentware.

modulieren *Vb.* (modulate)
Die gezielte Veränderung eines Signalparameters, um Informationen zu übertragen.

Modulo, das; *Subst.* (modulo)
Eine arithmetische Operation, die als Ergebnis den Rest einer
Divisionsoperation zurück gibt. Beispielsweise ist 17 *modulo*
3 = 2, da 17 dividiert durch 3 einen Rest von 2 ergibt.
Modulo-Operationen werden in der Programmierung ver-
wendet.

Modus, der; *Subst.* (mode)
Der Betriebszustand eines Computers oder eines Programms.
Änderungen an einer Datei lassen sich z.B. im Bearbeitungsmodus eines Programms ausführen. → *siehe auch* abgesicherter Modus, Adressierungsmodus, Kompatibilitätsmodus, Videomodus, virtueller Real Mode.

Moiré, der *oder* das; *Subst.* (moiré)
Eine sichtbare Verzerrung in einem Bild, das in der falschen
Auflösung angezeigt oder gedruckt wird. Auf Moiré-Muster
wirken sich verschiedene Parameter aus, beispielsweise die
Größe und Auflösung des Bildes, die Auflösung des Aus-
gabegerätes und der Halbtonrasterwinkel. (Abbildung M.10)

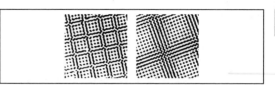

Abbildung M.10: Moiré

MO-Laufwerk, das; *Subst.* (MO disk drive)
→ *siehe* magnetooptische Disk.

Molekularstrahlepitaxie, die; *Subst.* (molecular beam epitaxy)
Ein Verfahren, das man bei der Herstellung von Halbleiterbauelementen – etwa integrierten Schaltkreisen – einsetzt.
Eine Epitaxialschicht ist eine dünne Schicht aus Halbleitermaterial. Ein Gerät, das derartige Schichten mit Hilfe der
Molekularstrahlepitaxie erzeugt, verdampft das Material und
leitet den Molekularstrahl auf das Substrat, auf dem die
Schicht abzuscheiden ist. Diese Technik ermöglicht die Herstellung präziser und sehr dünner Schichten.

MOM
Abkürzung für **M**essaging-**O**riented **M**iddleware (»Nach-
richtenorientierte Middleware«). Eine Gruppe von Programmen, die Daten und Nachrichten zwischen Anwendungen
und Kommunikationsdiensten (z.B. NetBIOS und TCP/IP)
übertragen, die unterschiedliche Formate verwenden.

monadisch *Adj.* (monadic)
→ *siehe* unär.

Mondkalender, der; *Subst.* (lunar calendar)
Ein Kalendertyp, der hauptsächlich in Israel von der hebräi-
schen Sprachgruppe, in islamischen Ländern und in großen
Teilen Asiens verwendet wird. Mondkalender berechnen die
Monate auf der Grundlage von Mondphasen. → *siehe auch*
Gregorianischer Kalender, Hidschra-Kalender, Julianischer
Kalender, Kalender.

Monitor, der; *Subst.* (monitor)
Das Gerät zur Anzeige der vom Videoadapter eines Compu-
ters erzeugten Bildsignale. Mit *Monitor* bezeichnet man in
der Regel die Einheit aus Videodisplay und zugehörigem
Gehäuse. Der Monitor wird an den Videoadapter über ein
Kabel angeschlossen. → *siehe auch* CRT.

Monitor, virtueller, der; *Subst.* (virtual monitor)
→ *siehe* virtueller Monitor.

monochrom *Adj.* (monochrome)
Bezeichnet im Computerbereich einen Monitor, der Bilder nur in einer Farbe anzeigt – Schwarz auf Weiß (wie es Standard auf monochromen Bildschirmen des Apple Macintosh ist) bzw. Bernstein oder Grün auf Schwarz (wie es allgemein auf IBM, oder anderen monochromen Schirmen üblich ist). »Monochrom« kann sich auch auf einen Monitor beziehen, der lediglich Stufen einer einzelnen Farbe, beispielsweise bei einem Graustufenmonitor, darstellen kann.

Monochromadapter, der; *Subst.* (monochrome adapter)
Ein Videoadapter, der ein Videosignal für eine Vordergrundfarbe oder auch einen Bereich von Intensitäten in einer einzelnen Farbe erzeugen kann, beispielsweise bei Graustufenmonitoren.

Monochrombildschirm, der; *Subst.* (monochrome display, monochrome monitor)
Ein Videodisplay, das Bildinformationen nur in einer Farbe wiedergeben kann. Die angezeigte Farbe ist von der Phosphorbeschichtung des Schirms abhängig (häufig Grün oder Bernstein). → *siehe auch* monochrom.
Der Begriff kann sich auch auf die Wiedergabe eines einfarbigen Intensitätsbereichs beziehen, beispielsweise bei Graustufenmonitoren. → *siehe auch* monochrom.

Monochrome Display Adapter, der; *Subst.*
→ *siehe* MDA.

Monochrome Graphics Adapter, der; *Subst.* (monochrome graphics adapter)
→ *siehe* HGC.

Monografikadapter, der; *Subst.* (monographics adapter)
Ein Oberbegriff für alle Videoadapter, die Text und Grafiken nur einfarbig anzeigen können. Ein Videoadapter, der funktionell kompatibel mit der Hercules Graphics Card (HGC) ist. → *siehe auch* HGC.

Monomode-Faser, die; *Subst.* (monomode optical fiber)
→ *siehe* Glasfasertechnik.

Monte-Carlo-Methode, die; *Subst.* (Monte Carlo method)
Ein mathematisches Verfahren, das durch wiederholt ausgeführte Berechnungen und Verwendung von Zufallszahlen eine Näherungslösung für ein kompliziertes Problem ermittelt. Die Monte-Carlo-Methode, so benannt aufgrund der Verwandtschaft zu Glücksspielen, bietet sich in Situationen an, in denen man zwar die Wahrscheinlichkeit eines bestimmten Ereignisses kennt oder berechnen kann, eine Einbeziehung der komplexen Effekte vieler anderer Einflussfaktoren jedoch nicht möglich ist.

MOO
Abkürzung für **M**UD, **O**bject **O**riented. Eine Form des Multiuser Dungeon (MUD), die eine objektorientierte Sprache enthält, mit der die Benutzer Bereiche und Objekte innerhalb der MOO erstellen können. MOOs werden im Gegensatz zu MUDs nicht so häufig bei Computerspielen, sondern mehr bei der Kommunikation und der Programmierung eingesetzt. → *siehe auch* MUD.

Mooresches Gesetz, das; *Subst.* (Moore's Law)
Eine Voraussage, die in den frühen Jahren der Computerrevolution von Gordon Moore, dem Mitbegründer der Firma Intel, getroffen wurde und die das Wachstum der Halbleitertechnologie betrifft. Moore sagte voraus, dass die Anzahl der Halbleiter, die auf einem Chip integriert werden können, sich jedes Jahr verdoppelt. Die Voraussage traf zu. Zehn Jahre später prognostizierte Moore, dass sich die Chipkapazität alle zwei Jahre verdoppeln wird. Moore liegt auch mit dieser Prognose verblüffend richtig: Die Chipkapazität hat sich seit diesem Zeitpunkt bis heute alle 18 Monate verdoppelt. Die Tatsache, dass sich die Chipkapazität alle 18 Monate verdoppelt, wird allgemein als »Gesetz« bezeichnet, auch wenn es sich streng genommen um eine Prognose handelt. → *siehe auch* Halbleiter.

.moov
Eine Dateinamenerweiterung, die auf einem Apple Macintosh eine Bilddatei im Format QuickTime MooV kennzeichnet. → *siehe auch* MooV.

MooV
Das Dateiformat für QuickTime-Filme, das synchronisierte Spuren für die Lautstärkeregelung, Video, Audio und Text speichert. → *siehe auch* QuickTime.

Morphing, das; *Subst.* (morphing)
Abkürzung für Meta**morph**osing. Ein Vorgang, bei dem ein Bild stufenweise in ein anderes Bild umgestaltet wird. Dabei wird die Illusion einer Metamorphose erweckt, die sich in einem kurzen Zeitraum abspielt. Morphing ist ein häufig verwendeter Trickeffekt, der in zahlreichen fortgeschrittenen Programmen für Computeranimationen enthalten ist. → *siehe auch* tween.

MOS, der; *Subst.*
Abkürzung für **M**etal-**O**xide **S**emiconductor. Eine Technologie für integrierte Schaltkreise, bei der Feldeffekttransistoren (FETs) aus einer Isolationsschicht aus Siliziumdioxid zwischen einer Gateelektrode aus Metall und einem Halbleiterkanal gefertigt sind. Die MOS-Technologie wird sowohl für diskrete Bauelemente als auch für integrierte Schaltkreise angewendet. Integrierte MOS-Schaltkreise vereinen die Vorteile hoher Bauelementdichte, hoher Geschwindigkeit und geringer Leistungsaufnahme. Bedingt durch den hohen Eingangswiderstand sind MOS-Bauelemente gegenüber elektrostatischen Aufladungen gefährdet, so dass man sie mit ihren Pins in der leitenden Schaumverpackung belassen sollte, bis der Einbau in die Schaltung erfolgt. → *siehe auch* FET, MOSFET.

Mosaic, der; *Subst.*
Der erste populäre Webbrowser. Mosaic wurde Anfang 1993 vom National Center for Supercomputing Applications (NCSA) der University of Illinois (USA) im Internet vorgestellt. Dieser Browser ist als Freeware und Shareware für Microsoft Windows, Macintosh und X Window System verfügbar. Mosaic unterschied sich von früheren Webbrowsern vor allen Dingen dadurch, dass er benutzerfreundlicher war und zusätzliche Inlinegrafiken für Webdokumente enthielt. Die Weiterentwicklung von Mosaic ist 1996 eingestellt worden. Informationen zu Mosaic sind unter der Webadresse http://www.ncsa.uiuc.edu/SDG/Software/Mosaic abrufbar. → *siehe auch* NCSA, Webbrowser. → *auch genannt* NCSA Mosaic. → *vgl.* HotJava, Internet Explorer, Lynx, Netscape Communicator, Opera.

MOSFET, der; *Subst.*
Abkürzung für **M**etal-**O**xide **S**emiconductor **F**ield-**E**ffect **T**ransistor. Ein gebräuchlicher Feldeffekttransistortyp, bei dem das Gate durch eine Metalloxidschicht vom Stromkanal isoliert ist. MOSFETs weisen einen sehr hohen Eingangswiderstand auf und erfordern daher fast keine Steuerleistung. Sie werden in vielen Audioanwendungen eingesetzt, z.B. in Verstärkern mit hoher Verstärkungsleistung. Wie alle MOS-Halbleiterelemente, können auch MOSFETs leicht durch statische Elektrizität beschädigt werden. → *siehe auch* FET, MOS. (Abbildung M.11)

MOTD
→ *siehe* Nachricht des Tages.

Motif *Subst.* (motif)
Eine Bibliothek zur Entwicklung von grafischen Benutzeroberflächen. Viele kommerzielle Applikationen werden mit

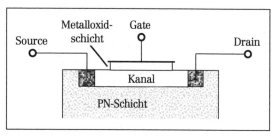

Abbildung M.11: MOSFET: Schematische Darstellung

dieser Bibliothek erstellt. Motif ist zum einen eine Festlegung der grafischen Gestaltung von Programmen für das X Window System, andererseits eine Programmbibliothek zur Programmierung von Applikationen gemäß dieser Spezifikation. Die Spezifikation ist frei verfügbar, die Programmbibliothek ist ein kommerzielles Produkt der Open Software Foundation (OSF). Zu Motif gehört ein X-Window-Manager und eine spezielle Sprache zur Beschreibung der Benutzeroberfläche von Programmen. Weitere Informationen zu Motif sind unter der Webadresse http://www.opengroup.org/motif/ abrufbar. → *siehe auch* grafische Benutzeroberfläche, X Window System.

Motion JPEG, die; *Subst.*
Ein Standard für das Speichern von Videos, der von der Joint Photographic Experts Group (JPEG) vorgeschlagen wurde. Bei diesem Standard wird auf jedes Bild die JPEG-Bildkomprimierung angewendet. → *siehe auch* JPEG. → *vgl.* MPEG.

Motion Pictures Experts Group, die; *Subst.* (Moving Pictures Experts Group)
→ *siehe* MPEG.

Mouse Potato (mouse potato)
Im angloamerikanischen Sprachraum geläufige Bezeichnung für einen Computerbenutzer, der zu viel Zeit vor dem Bildschirm verbringt oder ständig im Internet surft, insbesondere zu außerberuflichen Zwecken.

Mousetrapping, das; *Subst.* (mousetrapping)
Diese Technik (zu deutsch »Mausefalle«) wird bei einigen Websites angewendet. Hierbei sind im Browser die Schaltflächen »Zurück« und »Beenden« deaktiviert. Wenn der Besucher versucht, die Website zu verlassen, werden gegen seinen Willen andere Seiten der selben Website oder eine andere Website angezeigt. Mousetrapping wird häufig bei Websites mit pornografischen Inhalten angewendet.

M

.mov

Eine Dateinamenerweiterung auf dem Apple Macintosh für eine Filmdatei im Format QuickTime. → *siehe auch* QuickTime.

.movie

→ *siehe* .mov.

Mozilla

Ursprünglich der Spitzname für den Webbrowser Netscape Navigator, und für lange Zeit eine der Bezeichnungen, unter denen sich verschiedene Webbrowser in den Protokolldateien von Webservern identifizieren. Diese Bezeichnung wurde von der Firma Netscape Communications 1994 ins Leben gerufen. Netscape Communications stellte den Quellcode von Netscape Navigator im Januar 1998 unter einer Open Source-Lizenz zur Verfügung, und eine Gruppe von Netscape-Programmierern gründete das Mozilla.org-Projekt, um daraus einen eigenständigen Browser zu entwickeln. Die Version 1.0 dieses Browsers, lauffähig u.a. unter Windows, verschiedenen UNIX-Plattformen und MacOS, wurde im Juni 2002 veröffentlicht. Die Website des Mozilla-Projekts finden Sie unter dem URL http://www.mozilla.org. → *siehe auch* Mosaic, Netscape Navigator, Open Source.

.mp3

Dateinamenerweiterung, die häufig Audiodateien im MPEG-3-Format kennzeichnet. → *siehe auch* MP3, MPEG-3.

MP3

Verbreitete Bezeichnung für Audiodateien, die nach dem Komprimierungsalgorithmus »MPEG Audio Layer-3« komprimiert wurden. Aufgrund der hohen Effektivität des verwendeten Algorithmus sind MP3-Dateien sehr klein, ohne gegenüber der CD an Qualität zu verlieren, und haben daher weite Verbreitung für die Übertragung von Audiodaten über das Internet gefunden. Der hohe Verbreitungsgrad von MP3-Dateien hat zu einer internationalen Kontroverse über das Copyrightproblem bei Audiodaten geführt, da oftmals Audiodaten illegal – unter Ausschaltung der Produktionsfirmen – über Web- oder FTP-Sites verbreitet werden. Andererseits ermöglicht es MP3 unbekannten Künstlern, ihre Werke selbst über das Internet zu vertreiben. Informationen zu MP3 im Internet bietet beispielsweise unter vielen anderen die Site http://www.mp3.de. → *siehe auch* Copyright, .mp3, MPEG Audio Layer-3.

MPC

→ *siehe* Multimedia Personal Computer.

.mpeg

Eine Dateinamenerweiterung, die Dateien in dem von der Moving Pictures Experts Group spezifizierten MPEG-Format kennzeichnet. → *siehe auch* MPEG.

MPEG

Abkürzung für »Moving Pictures Experts Group«. Ein Satz mit Standards für die Komprimierung von Audio- und Videodaten, der vom Joint ISO/IEC Technical Committee on Information Technology vorgelegt wurde. Der MPEG-Standard hat verschiedene Normen für bestimmte Situationen. → *vgl.* Motion JPEG.

»MPEG« ist außerdem die Kurzform für eine Video-/Audiodatei im MPEG-Format. Diese Dateien haben allgemein die Erweiterung .mpg. → *siehe auch* JPEG. → *vgl.* Motion JPEG.

MPEG-1

Der ursprüngliche MPEG-Standard für das Speichern und Abrufen von Video- und Audioinformationen, der für die CD-ROM-Technologie entwickelt wurde. MPEG-1 definiert eine mittlere Bandbreite von bis zu 1,5 Megabit pro Sekunde (Mbps), zwei Audiokanäle sowie zeilensprungfreies Video. → *vgl.* MPEG-2, MPEG-3, MPEG-4.

MPEG-2

Eine Erweiterung des MPEG-1-Standards, der für die Fernsehübertragung und HDTV entwickelt wurde. MPEG-2 definiert eine höhere Bandbreite von bis zu 40 Megabit pro Sekunde (Mbps), fünf Audiokanäle, ein breiteres Spektrum an Bildgrößen sowie Video mit Zeilensprung. → *siehe auch* HDTV. → *vgl.* MPEG-1, MPEG-3, MPEG-4.

MPEG-3

Ursprünglich wurde dieser MPEG-Standard für HDTV (High Definition Television) konzipiert. Da HDTV jedoch auch vom MPEG-2-Standard abgedeckt wird, wurde der MPEG-3-Videostandard verworfen. Dieser Standard ist nicht zu verwechseln mit dem Standard »MPEG Audio Layer-2« für die Komprimierung von Audiodaten. → *siehe auch* HDTV. → *vgl.* MPEG-1, MPEG-2, MPEG-4.

MPEG-4

Ein Standard, der sich derzeit noch in der Entwicklungsphase befindet, mit dessen Verabschiedung allerdings noch im Jahr 2001 gerechnet wird. MPEG-4 ist für Videokonferenzen und Multimediaanwendungen konzipiert und bietet eine niedrigere Bandbreite von bis zu 64 Kilobit pro Sekunde (Kbps). → *vgl.* MPEG-1, MPEG-2, MPEG-3.

M

MPEG Audio Layer-3

Die Ebene 3 des MPEG-Kodierungsschemas für die Komprimierung von Audiodaten, das seit 1987 vom Fraunhofer-Institut für Integrierte Schaltungen (IIS) entwickelt und als »ISO-MPEG Audio Layer-3« international standardisiert wurde. Hierbei werden mehrere Algorithmen für die Entfernung nicht benötigter Daten aus dem Datenstrom eingesetzt, unter anderem basierend auf den Einschränkungen der Wahrnehmungsmöglichkeiten des menschlichen Ohrs, um eine hohe Komprimierungsrate zu erreichen. Bei der Kodierung des Audiosignals werden alle nicht hörbaren Elemente berechnet und aus dem Spektrum des Signals entfernt. Bei der Verwendung des MPEG Audio Layer 3-Schemas können die originalen Daten einer Musik-CD ohne Qualitätsverlust um den Faktor 12 komprimiert werden, also von rund 1,4 MB pro Sekunde Stereomusik auf 112 bis 128 KB pro Sekunde. Höhere Komprimierungsraten lassen sich bei entsprechenden Qualitätsverlusten erzielen. → *siehe auch* Komprimierung, MP3, MPEG.

.mpg

Eine Dateinamenerweiterung, die mittels MPEG (spezifiziert durch die Moving Pictures Experts Group) codierte Datenströme kennzeichnet. MPEG-Dateien enthalten komprimierte Audio- und Videodaten. → *siehe auch* MPEG.

MP/M

Abkürzung für **M**ulti**P**rogramming-**M**onitor. Eine Multitasking-Mehrbenutzerversion des CP/M-Betriebssystems. → *siehe auch* CP/M.

MPOA

Abkürzung für **M**ulti-**P**rotocol **O**ver **A**TM. Eine Spezifikation, die vom ATM Forum (einer Branchengruppe für Benutzer und Händler des Asynchonous Transfer Mode) begründet wurde, um ATM in die Netzwerke Ethernet, Token Ring und TCP/IP zu integrieren. → *siehe auch* ATM.

MPP

→ *siehe* massivparallele Verarbeitung.

MPPP

→ *siehe* Multilink Point-to-Point Protocol.

MPR II

Ein Standard für die Einschränkung magnetischer und elektrischer Feldemissionen von Videobildschirmen, die auch die VLF-Strahlung einbezieht. MPR II ist eine fakultative Norm, die vom MPR (einem schwedischen Gremium, das gewöhnlich mit der Prüfung von Messgeräten beauftragt ist) in Kooperation mit dem SSI (dem schwedischen Strahlenschutzinstitut) im Jahre 1987 entwickelt und 1990 aktualisiert wurde. → *siehe auch* VLF-Strahlung.

mput

Bei zahlreichen FTP-Clients ist mput der Befehl, der den lokalen Client anweist, mehrere Dateien an den Remoteserver zu übertragen.

MR

Abkürzung für **M**odem **R**eady. Eine Leuchtanzeige an der Vorderseite eines Modems, die den Bereitschaftsmodus des Modems signalisiert.

MRP

→ *siehe* Materialressourcenplanung.

ms

→ *siehe* Millisekunde.

MSAA *Subst.*

→ *siehe* Active Accessibility.

MSB

→ *siehe* höchstwertiges Bit.

MSC

→ *siehe* höchstwertiges Zeichen.

MSD

→ *siehe* höchstwertige Stelle.

MS-DOS

Abkürzung für **M**icro**s**oft **D**isk **O**perating **S**ystem. MS-DOS ist ein Singletasking-Einbenutzer-Betriebssystem mit einer Befehlszeilen-Schnittstelle, das 1981 für IBM-PCs und kompatible Computer freigegeben wurde. Ähnlich vieler anderer Betriebssysteme, überwacht MS-DOS Operationen wie Disketteneingabe/-Ausgabe, Videounterstützung, Tastatursteuerung und viele interne Funktionen, die sich auf Programmausführung und Dateiverwaltung beziehen.

MS-DOS-Eingabeaufforderung, die; *Subst.* (MS-DOS shell)

Eine Shellumgebung, die auf einer Befehlszeilenaufforderung basiert, wodurch Benutzer die Möglichkeit haben, mit MS-DOS oder einem Betriebssystem zu arbeiten, das MS-DOS emuliert.

M

MS-DOS-Modus, der; *Subst.* (MS-DOS mode)
Eine Shell, in der die MS-DOS-Umgebung in 32-Bit-Systemen (z.B. Windows 9x und Windows Me) emuliert wird. → *siehe auch* MS-DOS.

MSDOS.SYS

Eine der beiden versteckten Systemdateien, die auf einer Startdiskette des Betriebssystems MS-DOS installiert sind. MSDOS.SYS - in den IBM-Versionen von MS-DOS als IBM-DOS.SYS bezeichnet - enthält die Software, die das Herz (den Kernel) des Betriebssystems bildet. → *siehe auch* IO.SYS.

msec

→ *siehe* Millisekunde.

MSI

→ *siehe* mittlere Integrationsdichte.

MSN

Internationaler Onlinedienst von Microsoft mit einer Vielzahl von Angeboten, der mit der Einführung von Windows 95 im August 1995 gestartet wurde. Die Website von MSN Deutschland ist unter der Adresse http://www.msn.de erreichbar. → *siehe auch* MSN.

MSN® TV

→ *siehe* WebTV®.

MSP

→ *siehe* Managed Service Provider, Message Security Protocol.

MS-Windows

→ *siehe* Windows.

MTBF

Abkürzung für **M**ean **T**ime **B**etween **F**ailures. Die durchschnittliche Zeit, gewöhnlich ausgedrückt in Tausenden oder Zehntausenden von Stunden (manchmal als *poweron hours* oder *POH* bezeichnet), die wahrscheinlich vergehen wird, bevor eine Hardwarekomponente ausfällt und eine Instandsetzung erforderlich wird.

MTTR

Abkürzung für **M**ean **T**ime **T**o **R**epair. Die durchschnittliche Zeit, gewöhnlich in Tausenden von Stunden ausgedrückt, die bis zu einer erforderlichen Hardwarereparatur vergehen wird.

MTU

Abkürzung für **M**aximum **T**ransmission **U**nit. Das größte Datenpaket, das über ein Netzwerk übertragen werden kann. Der Wert von MTU hängt von dem jeweiligen Netzwerktyp ab: 576 Byte bei X.25, 1500 Byte bei Ethernet und 17.914 Byte bei 16 Megabit pro Sekunde (Mbps) Token Ring. Die Größe der MTU wird in der Verbindungsschicht des Netzwerks festgelegt. Werden Pakete über Netzwerke übertragen, bezeichnet die *Path MTU*, kurz PMTU, die kleinste (d.h. die von allen Netzwerken ohne Aufteilen übertragbare) Paketgröße für die beteiligten Netzwerke. → *siehe auch* Ethernet, ISO/OSI-Schichtenmodell, Token Ring-Netzwerk.

MUD

Abkürzung für **M**ulti-**U**ser **D**ungeon. Eine virtuelle Umgebung im Internet, in der mehrere Benutzer gleichzeitig an einem Rollenspiel teilnehmen und in Echtzeit agieren können. → *auch genannt* Multi-User Simulation Environment.

MUD, Object-Oriented, das; *Subst.*

→ *siehe* MOO.

Müll rein, Müll raus (garbage in, garbage out)

Ein Axiom in der Datentechnik. Dieses Axiom besagt, dass eine inkorrekte Dateneingabe eine ebenfalls inkorrekte Ausgabe zur Folge hat.

Multibootfunktion, die; *Subst.* (multiboot)

Die Fähigkeit einiger Betriebssysteme, z.B. Windows NT, Windows 2000, OS/2, UNIX und zum Teil auch beim Power Mac, die es den Benutzern erlaubt, beim Start des Computers unter zwei oder mehreren Betriebssystemen zu wählen. Es ist z.B. denkbar, auf einem IBM-kompatiblen PC neben Windows NT auch Windows 98 (z.B. um hardwarenahe DOS-Programme einzusetzen) zu installieren, eventuell noch ein UNIX-Derivat. → *siehe auch* Booten.

Multibus, der; *Subst.*

Ein von Intel entwickelter Computererweiterungsbus, der vor allem beim Aufbau von Hochleistungs-Arbeitsstationen eingesetzt wird. Multibus ist ein Bus mit hoher Bandbreite (besonders für extrem schnelle Datenübertragungen geeignet) und lässt auch mehrere Busmaster zu. → *siehe auch* Bus.

Multicast-Backbone, der; *Subst.* (multicast backbone)

→ *siehe* MBONE.

Multicasting, das; *Subst.* (multicasting)
Das Senden einer Nachricht, die gleichzeitig an mehrere Ziele eines Netzwerks gerichtet ist.

Multi-Color Graphics Array, das; *Subst.*
→ *siehe* MCGA.

Multidateisortierung, die; *Subst.* (multifile sorting)
Das Sortieren zusammengehöriger Daten, die verteilt in mehreren Dateien gespeichert sind.

Multielement *Adj.* (multielement)
Multielemente bestehen aus mehreren Datenelementen im gleichen Format, die den gleichen Datentyp beinhalten. Bei den Datenelementen kann es sich um einfache Variablen (z.B. ein Array mit Ganzzahlvariablen) oder um komplexere Datenstrukturen handeln. Ein Beispiel für komplexere Datenstrukturen ist ein Array mit Datensätzen von Mitarbeitern, wobei für jeden Mitarbeiter einzelne Felder für den Namen, die Personalnummer, den Gehaltssatz usw. geführt werden.

MultiFinder, der; *Subst.*
Eine Version des Apple Macintosh Finder, die Multitasking-unterstützung bietet. Hauptsächlich setzt man MultiFinder ein, um mehrere Anwendungen gleichzeitig resident im Speicher zu halten. Ein einzelner Mausklick schaltet zwischen den Anwendungen um, und Informationen lassen sich von einer Anwendung in eine andere kopieren. Wenn die aktive Anwendung echtes Multitasking unterstützt, ist die Bearbeitung von Hintergrundtasks möglich. → *siehe auch* Finder.

Multifunktionsdrucker, der; *Subst.* (multifunction printer)
Abkürzung: MFP. Ein Mehrzweckgerät, das Drucker, Faxgerät, Scanner (in Farbe oder Schwarzweiß) und Fotokopiergerät (in Farbe oder Schwarzweiß) in einer Einheit vereint. Derartige Geräte sind insbesondere im SOHO-Markt (Small Office, Home Office) verbreitet, bei dem Kosteneffizienz und geringer Platzbedarf eine wichtige Rolle spielen. → *auch genannt* Multifunktions-Peripheriegerät.

Multifunktionskarte, die; *Subst.* (multifunction board)
Eine Erweiterungsplatine, die mehrere Funktionen gleichzeitig bereitstellt. Multifunktionskarten für Personal Computer bieten häufig zusätzlichen Speicher, serielle/parallele Ports und eine Uhr bzw. einen Kalender.

Multifunktionsperipheriegerät, das; *Subst.* (multifunctional peripheral)
→ *siehe* MFP.

Multifunktions-Peripheriegerät, das; *Subst.* (multifunction peripheral)
→ *siehe* MFP, Multifunktionsdrucker.

Multilayer *Adj.* (multilayer)
Bezeichnet die konstruktive Ausführung einer Platine, die aus mehreren Schichten aufgebaut ist. Auf jeder Ebene sind metallische Leiterbahnen vorhanden, die die elektrische Verbindung zwischen den elektronischen Bauelementen sowie zu anderen Ebenen herstellen. Die lamellenartig übereinander geschichteten Teilplatinen sind miteinander verklebt und ergeben eine einzige Leiterplatte, auf der die Bauelemente – beispielsweise integrierte Schaltkreise, Widerstände und Kondensatoren – montiert werden. Das Multilayerdesign ermöglicht wesentlich mehr diskrete Verbindungen zwischen den Bauelementen als Singlelayerplatinen.
Im computergestützten Entwurf (CAD = Computer-Aided Design) bezieht sich der Begriff auf Zeichnungen, die aus mehreren übereinander liegenden Ebenen aufgebaut sind, z.B. elektronische Schaltpläne. Jede Teilzeichnung stellt eine bestimmte Detailebene oder ein Objekt dar, so dass sich klar abgegrenzte Teile der Zeichnung einfach manipulieren, überlagern oder wieder herauslösen lassen.

Multilink Point-to-Point Protocol, das; *Subst.*
Ein Internetprotokoll, das es Computern ermöglicht, mehrere physikalische Verknüpfungen für die Kombination der Bandbreiten einzurichten. Diese Technologie erstellt eine virtuelle Verknüpfung, die eine höhere Kapazität als eine einzelne physikalische Verknüpfung aufweist. → *siehe auch* PPP.

Multimedia, das; *Subst.* (multimedia)
Die Kombination von Klang, Grafik, Animation und Video. In der Computerwelt stellt Multimedia eine Untermenge von Hypermedia dar. Hypermedia kombiniert wiederum die Elemente von Multimedia mit Hypertext. → *siehe auch* Hypermedia, Hypertext.

Multimedia Extensions, die; *Subst.*
→ *siehe* MMX.

Multimedia Messaging Service, der; *Subst.*
→ *siehe* MMS.

M

Multimedia-PC, der; *Subst.* (Multimedia PC)
Standards für Software und Hardware, die vom Multimedia PC Marketing Council eingerichtet wurden, das die Mindestanforderungen für PCs bezüglich Klang, Video und CD-ROM festlegt.

Multimedia Personal Computer, der; *Subst.*
→ *siehe* Multimedia-PC.

Multimode-Faser, die; *Subst.* (multimode optical fiber)
→ *siehe* Glasfasertechnik.

Multinodecomputer, der; *Subst.* (multinode computer)
Ein Computer, der mehrere Prozessoren verwendet, die bei der Berechnung eines komplexen Tasks gemeinsam eingesetzt werden. → *siehe auch* parallele Verarbeitung, Prozessor.

Multiple-Document Interface, das; *Subst.* (multiple-document interface)
→ *siehe* MDI.

Multiple Instruction, Multiple Data Streams, die *bzw.* Plur.; *Subst.* (multiple instruction, multiple data streams)
→ *siehe* MIMD.

multiple Regression, die; *Subst.* (multiple regression)
Ein statisches Verfahren, das das Verhalten einer »abhängigen« Variablen in Bezug auf das beobachtete Verhalten mehrerer anderer »unabhängiger« Variablen – von denen eine Beeinflussung angenommen wird – zu beschreiben versucht. Eine Regressionsanalyse kann für jede unabhängige Variable den Korrelationskoeffizienten der unabhängigen Variablen bestimmen. Darunter versteht man den Grad, bis zu dem Variationen der unabhängigen Variablen Änderungen an der abhängigen Variablen erzeugen. → *siehe auch* abhängige Variable.

Multiplexer, der; *Subst.* (multiplexer)
Eine elektronische Schaltung zur Auswahl eines einzelnen Ausgangs aus mehreren Eingängen.
Den Begriff verwendet man auch für eine Einrichtung zum »Durchschleusen« mehrerer unterschiedlicher Datenströme über eine gemeinsame Übertragungsleitung. Multiplexer werden für den Anschluss vieler Übertragungsleitungen an eine kleinere Anzahl von Kommunikationsports oder für die Verbindung einer großen Zahl von Kommunikationsports an eine kleinere Zahl von Übertragungsleitungen eingesetzt.

Multiplexerkanal, der; *Subst.* (multiplexer channel)
Einer der Eingänge an einem Multiplexer. → *siehe auch* Multiplexer.

Multiplexer, statistischer, der; *Subst.* (statistical multiplexer)
→ *siehe* statistischer Multiplexer.

Multiplexing, das; *Subst.* (multiplexing)
Eine in der Kommunikation und bei Ein-/Ausgabeoperationen eingesetzte Technik zur gleichzeitigen Übertragung mehrerer separater Signale über einen einzelnen Kanal bzw. eine einzelne Leitung. Um die Integrität jedes Signals auf dem Kanal zu gewährleisten, erfolgt die Trennung der Signale durch Zeit-, Raum- oder Frequenzmultiplexing. Das für die Zusammenfassung der Signale eingesetzte Gerät bezeichnet man als *Multiplexer*. → *siehe auch* Frequenzdivisions-Multiplexing, Raummultiplex, Zeitmultiplexing.

Multiplikand, der; *Subst.* (multiplicand)
Bei der Multiplikation bezeichnet man damit die Zahl, die mit einer anderen Zahl (dem Multiplikator) multipliziert wird. In der Mathematik lassen sich, je nach Formulierung eines Problems, Multiplikand und Multiplikator austauschen, da das Ergebnis durch die Umkehrung nicht geändert wird – beispielsweise ist 2 * 3 gleich 3 * 2. In vom Computer ausgeführten arithmetischen Operationen unterscheidet man allerdings Multiplikand und Multiplikator, weil eine Multiplikation in der Regel auf Additionen zurückgeführt wird. In diesem Sinne bedeutet 2 * 3 »addiere dreimal die Zahl 2«, während 3 * 2 als »addiere zweimal die Zahl 3« interpretiert wird. → *siehe auch* Faktor. → *vgl.* Multiplikator.

Multiplikator, der; *Subst.* (multiplier)
Die Zahl, die in arithmetischen Operationen angibt, wie oft eine andere Zahl (der Multiplikand) zu multiplizieren ist. → *siehe auch* Faktor. → *vgl.* Multiplikand.
In der Rechentechnik bezieht sich der Begriff auch auf ein – von der CPU unabhängiges – elektronisches Bauelement, das Multiplikationen durch Addition des Multiplikanden gemäß dem Zahlenwert im Multiplikator ausführt.

Multipoint Microwave Distribution System *Subst.*
Eine drahtlose Breitbandtechnologie für den Internet-Zugang, allerdings in erster Linie als ein »Sichtlinien«-Dienst einsetzbar, der natürliche Hindernisse wie etwa Berge nur schwer überwindet. Auch bekannt als Multi-channel Multipoint Distribution System. → *siehe auch* Breitbandmodem.

Multiport-Repeater, der; *Subst.* (multiport repeater)
Ein Multiport-Repeater erfüllt in einem Ethernet-Netzwerk die Funktionen eines normalen Repeaters und besitzt in der Regel acht Ports für Ethernet nach 10BaseT oder 10Base2. → *siehe auch* 10Base2, 10BaseT, Ethernet, Repeater.

Multiprocessing, das; *Subst.* (multiprocessing)
Ein Betriebsmodus, bei dem mehrere verbundene und etwa gleich dimensionierte Verarbeitungseinheiten jeweils einen oder mehrere Prozesse (Programme oder Mengen von Befehlen) im Verbund ausführen. Beim Multiprocessing arbeitet jede Verarbeitungseinheit auf einem unterschiedlichen Satz von Befehlen (oder auf unterschiedlichen Teilen desselben Prozessors). Ziel ist, wie bei der parallelen Verarbeitung und beim Einsatz spezieller Einheiten, den sog. *Coprozessoren*, die Erreichung einer erhöhten Geschwindigkeit oder Rechenleistung. → *siehe auch* Minicomputer. → *vgl.* Coprozessor, parallele Verarbeitung.

Multi-Protocol Over ATM, das; *Subst.*
→ *siehe* MPOA.

Multipunktkonfiguration, die; *Subst.* (multipoint configuration)
Eine Kommunikationsverbindung, bei der mehrere Stationen sequentiell an der gleichen Kommunikationsleitung angeschlossen sind. Voraussetzung für die Multipunktkonfiguration ist die Steuerung durch eine zentrale Station (z.B. ein Computer), während alle anderen angeschlossenen Stationen sekundär sind. (Abbildung M.12)

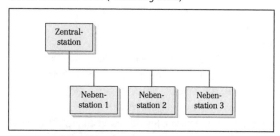

Abbildung M.12: Multipunktkonfiguration

Multipurpose Internet Mail Extensions, die; *Subst.*
→ *siehe* MIME.

Multiscanmonitor, der; *Subst.* (multiscan monitor)
Ein Computermonitor, der unterschiedliche Bildfrequenzen verarbeiten kann und damit verschiedene Bildschirmauflösungen sowie unterschiedliche Grafikkarten und Anzeigemethoden unterstützt.

MultiSync® (MultiSync)
Der Markenname für Multiscanmonitore des Herstellers NEC Technologies, Inc. → *siehe auch* Multiscanmonitor.

MultiSync®-Monitor, der; *Subst.* (multisync monitor)
Ein Monitor, der in der Lage ist, in einem weiten Bereich von horizontalen und vertikalen Synchronisationsraten zu arbeiten. Dieser Monitor lässt sich mit einer Vielzahl von unterschiedlichen Videoadaptern verwenden, da er sich selbständig auf die Synchronisationsraten des Videosignals einstellen kann. → *siehe auch* Multiscanmonitor, MultiSync®.

Multisystemnetzwerk, das; *Subst.* (multisystem network)
Ein Kommunikationsnetz, bei dem die Teilnehmer auf mehrere Hostcomputer zugreifen können.

Multitasking, das; *Subst.* (multitasking)
Durch ein Betriebssystem gebotene Betriebsart, in der ein Computer gleichzeitig mehrere Tasks bearbeitet. → *siehe auch* Hintergrund, kontextbezogenes Multitasking, kooperatives Multitasking, Vordergrund-, Zeitscheibe.

Multitasking, kontextbezogenes, das; *Subst.* (context switching)
→ *siehe* kontextbezogenes Multitasking.

Multitasking, kooperatives, das; *Subst.* (cooperative multitasking)
→ *siehe* kooperatives Multitasking.

Multitasking, präemptives, das; *Subst.* (preemptive multitasking)
→ *siehe* preemptives Multitasking.

Multithreadanwendung, die; *Subst.* (multithreaded application)
Ein Programm, das die Fähigkeit besitzt, mehrere Programmthreads gleichzeitig auszuführen. → *siehe auch* Multithreading, Thread.

Multithreading, das; *Subst.* (multithreading)
Der Ablauf mehrerer Prozesse in schneller Aufeinanderfolge innerhalb eines einzelnen Programms.
In Bezug auf die Datenbearbeitung bezeichnet man damit eine Technik, bei der die Knoten in einer baumartigen Datenstruktur Zeiger auf darüber liegende Knoten enthalten, um das Durchlaufen der Struktur effizienter zu gestalten.

M

Multi-User Dungeon, das; *Subst.* (multiuser dungeon)
→ *siehe* MUD.

Multi-User Simulation Environment, die; *Subst.* (multiuser simulation environment)
→ *siehe* MUD.

Multivibrator, bistabiler, der; *Subst.* (bistable multivibrator)
→ *siehe* Flipflop.

Multum in Parvo-Zuordnung, die; *Subst.* (multum in parvo mapping)
→ *siehe* MIP-Mapping.

MUMPS
Abkürzung für **M**ass(achusetts) **U**tility **M**ulti**P**rogramming **S**ystem. Eine fortgeschrittene Programmiersprache mit integrierter Datenbank, die 1966 vom Massachusetts General Hospital entwickelt wurde und weitgehend im amerikanischen Gesundheitswesen eingesetzt wird. MUMPS ist in der Lage, sowohl Daten als auch Programmfragmente in seiner Datenbank zu speichern.

Munging *Subst.* (munging)
→ *siehe* Adressverzerrung.

MUSE
Abkürzung für **M**ulti**U**ser **S**imulation **E**nvironment. → *siehe* MUD.

.museum
Eine der sieben im November 2000 von der ICANN neu zugelassenen Topleveldomänen, die speziell für Museen konzipiert wurde. Die .name-Topleveldomäne wird seit 1. November 2001 von der Museum Domain Management Association verwaltet (siehe http://www.nic.museum). → *siehe auch* .biz, .info, Topleveldomäne.

Musical Instrument Digital Interface, das; *Subst.*
→ *siehe* MIDI.

Mustererkennung, die; *Subst.* (pattern recognition)
Eine umfangreiche Technologie, mit der man die Fähigkeit eines Computers zur Identifizierung von Mustern beschreibt. Der Begriff bezieht sich in der Regel auf die computergestützte Erkennung von Bild- oder Klangmustern, die in Arrays von Zahlen konvertiert wurden.

»Mustererkennung« kann sich auch auf die Erkennung von reinen mathematischen oder strukturierten Mustern beziehen.

mutex
Abkürzung für **mut**ual **ex**clusion object. In der Programmierung stellt ein mutex ein Programmobjekt dar, das mehreren Threads nacheinander den Zugriff auf dieselben Ressourcen erlaubt.

MuTeX
Eine Sammlung von Makros, die den Funktionsumfang des DTP-Satzprogramms TeX um die musikalische Notation erweitern. → *siehe auch* TeX.

MUX
→ *siehe* Multiplexer.

Mylar, der; *Subst.*
Von der Firma DuPont entwickelter Polyesterfilm, der häufig als Basis für magnetisch beschichtete Speichermedien (Disketten und Magnetbänder) und für Karbonbänder (zur Verwendung mit Anschlagdruckern) eingesetzt wird.

Mylarband, das; *Subst.* (Mylar ribbon)
→ *siehe* Karbonband.

MYOB
Abkürzung für **M**ind **Y**our **O**wn **B**usiness (zu Deutsch »Kümmern Sie sich um Ihre eigenen Angelegenheiten«). Dieser Ausdruck wird in englischsprachigen E-Mail-Nachrichten und Newsgroups verwendet.

mySQL
Ein frei verfügbarer, multithreadingfähiger SQL-Datenbankserver, der für verschiedene Betriebssysteme verfügbar ist. Die Hauptziele beim Entwurf von mySQL waren Geschwindigkeit, Robustheit und leichte Einsetzbarkeit. mySQL eignet sich besonders als Datenbank für Webanwendungen. Detaillierte Informationen zu mySQL sind unter der Adresse http://www.mysql.com abrufbar. → *siehe auch* Multithreading, Open Source, SQL.

my two cents
Zu Deutsch etwa »Mein Beitrag«. Ein Ausdruck, der in englischsprachigen Newsgroupsartikeln und gelegentlich bei E-Mail-Nachrichten oder Verteilerlisten verwendet wird, um anzugeben, dass es sich bei der Nachricht um einen Beitrag zu einer Diskussion handelt. → *siehe auch* Newsgroup, Verteilerliste.

N

n Präfix
→ *siehe* Nano-.

n:1 *Subst.* (many-to-one)
Eine Serverkonfiguration, in der mehrere kleine Server die Funktionen eines größeren, leistungsstärkeren Servers replizieren. → *siehe auch* öffentlicher Schlüssel, privater Schlüssel, Public-Key-Verschlüsselung, Schlüsselpaar.
In Bezug auf Verschlüsselung mit asymmetrischen Schlüsseln das Konzept, dass viele Personen, die im Besitz des öffentlichen Schlüssels sind, die digitale Signatur einer einzelnen Person, die im Besitz des privaten Schlüssels ist, entschlüsseln können.

nachladen *Vb.* (reload)
Ein Programm zum Zwecke der Ausführung erneut von einem Speichergerät in den Hauptspeicher einlesen, nachdem ein Systemfehler aufgetreten ist oder die Ausführung des Programms aus anderen Gründen unterbrochen wurde.

Nachleuchtdauer, die; *Subst.* (persistence)
Die Eigenschaft von Leuchtstoffen (wie dem in Kathodenstrahlröhren eingesetzten Phosphor), durch die ein Bild für kurze Dauer auf dem Bildschirm erhalten bleibt, nachdem der Stoff angestrahlt wurde (z.B. durch einen Elektronenstrahl in einer CRT). Den Abfall der Nachleuchtdauer nennt man auch *Leuchtdichteabfall*.

Nachleuchten, das; *Subst.* (lag)
Die Zeitspanne zwischen zwei Ereignissen. In der Elektronik bezeichnet man damit die Verzögerung zwischen der Änderung eines Eingangssignals und dem entsprechenden Wechsel des Ausgangssignals. Auf Computerdisplays bezeichnet man mit diesem Begriff das verzögerte Abklingen der Helligkeit, die auf der Phosphorbeschichtung des Bildschirms zurückbleibt, nachdem sich das Bild verändert hat. → *siehe auch* Nachleuchtdauer.

Nachleuchtschicht, die; *Subst.* (high-persistence phosphor)
Ein Phosphor, der nach dem Auftreffen von Elektronen für eine relativ lange Zeit leuchtet. Nachleuchtschichten werden in Direktadressierröhren verwendet. Für die meisten CRTs (Kathodenstrahlröhren) verwendet man Phosphor von relativ geringer Nachleuchtdauer, damit ihre Bilder schnell geändert werden können, ohne dass »Nachzieheffekte« (Geisterbilder) auf dem Bildschirm zurückbleiben. → *siehe auch* CRT, Direktadressierröhre.

Nachricht, die; *Subst.* (message)
In der Kommunikationstechnik eine Informationseinheit, die elektronisch von einem Gerät zu einem anderen übertragen wird. Eine Nachricht kann sowohl einen als auch mehrere Textblöcke oder Beginn- und Endzeichen, Steuerzeichen, einen per Software erzeugten Kopf (Zieladresse, Art der Nachricht und andere derartige Informationen) und Fehlerprüfungen oder Synchronisierungsinformationen enthalten. Der Weg einer Nachricht kann über eine physikalische Verbindung direkt vom Sender zum Empfänger führen. Die Nachricht kann aber auch in Teilen oder als Ganzes über ein Vermittlungssystem von einer Zwischenstation zu einer anderen weitergeleitet werden. → *siehe auch* asynchronous transmission, Frame, Kopf, markieren, Nachrichtenvermittlung, Netzwerk, Paket, Paketvermittlung, Steuerzeichen, synchrone Übertragung.
In nachrichtenorientierten Betriebssystemumgebungen, z.B. Microsoft Windows, stellt eine Nachricht eine Informationseinheit dar, die zwischen aktiven Programmen, bestimmten Geräten im System und der Betriebssystemumgebung selbst weitergereicht wird.

Nachricht des Tages, die; *Subst.* (message of the day)
Ein tägliches Bulletin für Benutzer von Netzwerken, Mehrbenutzercomputern oder anderen gemeinsam genutzten Systemen. In den meisten Fällen wird die Nachricht des Tages aufgerufen, wenn sich Benutzer beim System anmelden.

N **Nachrichtenaustausch, interaktiver**, der; *Subst.* (conversational interaction)
→ *siehe* interaktiver Nachrichtenaustausch.

Nachrichtenfilter, der; *Subst.* (mail filter)
→ *siehe* E-Mail-Filter.

Nachrichtenkopf, der; *Subst.* (mail header, message header)
Eine Folge von Bits oder Bytes am Beginn einer Nachricht, die normalerweise eine zeitliche Synchronisation ermöglicht und solche Aspekte der Nachrichtenstruktur wie Länge, Datenformat und Blockkennung spezifiziert. → *siehe auch* Kopf.
Des Weiteren bezeichnet der Nachrichtenkopf einen Textblock oben auf einer E-Mail-Nachricht, der z.B. die Absender- und Empfängeradressen, das Datum und die Uhrzeit des Versendens, die Empfängeradresse für die Antwort und den Betreff enthält. Der Mailkopf wird bei E-Mail-Clients oder -Programmen verwendet. → *siehe auch* E-Mail.

Nachrichtensatellit, der; *Subst.* (communications satellite)
Ein Satellit in einer geostationären Umlaufbahn, der als Richtfunkrelais fungiert. In der geostationären Umlaufbahn entspricht die Umlaufzeit genau der Erdrotationsgeschwindigkeit, so dass der Satellit von der Erde aus betrachtet an einem festen Punkt am Himmel steht. Dabei empfängt der Satellit Signale von einer Bodenstation (Erdstation), verstärkt diese und sendet sie auf einer anderen Frequenz an eine andere Bodenstation zurück. Gewöhnlich werden Nachrichtensatelliten für die Übertragung von Telefongesprächen und Fernsehsignalen genutzt. Darüber hinaus können derartige Satelliten für die Hochgeschwindigkeitsübertragung von Computerdaten eingesetzt werden. Zwei Faktoren beeinflussen allerdings den Einsatz von Satelliten bei der Übertragung von Computerdaten: die Signallaufzeiten (Zeitverzögerungen aufgrund der zurückzulegenden Entfernungen) und die Belange der Sicherheit. → *siehe auch* Communication Satellite Corporation, Downlink, geostationärer Satellit, Inmarsat, tieffliegender Satellit, Uplink.

Nachrichtenvermittlung, die; *Subst.* (message switching)
Eine Technik zur Weiterleitung von Informationen in vermittelten Kommunikationsnetzen, bei der eine Nachricht mit entsprechenden Adressangaben über einen oder mehrere Zwischenknoten läuft, bevor sie ihren Zielort erreicht. In einem typischen Netzwerk mit Nachrichtenvermittlung nimmt der zentrale Computer die einlaufende Nachricht entgegen, legt sie ab (meist nur kurze Zeit), bestimmt die Zieladresse und leitet sie weiter. Das Konzept der Nachrichtenvermittlung ermöglicht die effiziente Auslastung von Kommunikationsleitungen und die Regelung des darauf ablaufenden Verkehrs. → *vgl.* Leitungsvermittlung, Paketvermittlung.

Nachrichtenwarteschlange, die; *Subst.* (message queue)
Auf ihre Übertragung wartende Nachrichten, die in einer geordneten Liste abgelegt sind und in der gleichen Reihenfolge entnommen werden, wie sie hinzugefügt wurden (First In, First Out, FIFO).

Nadeldrucker, der; *Subst.* (wire-pin printer)
→ *siehe* Matrixdrucker.

Nagware, die; *Subst.* (nagware)
Umgangssprachlich für Computer-Shareware, die eine aufdringliche Erinnerung anzeigt, für das Programm zu bezahlen. → *siehe auch* Shareware. In der Schreibweise »NAGWare« eine Bezeichnung von Software-Tools für die technische Programmierung, hergestellt von The Numerical Algorithms Group, Ltd., einem Softwareunternehmen mit Sitz in Oxford, England.

nahtlose Integration, die; *Subst.* (seamless integration)
Das (wünschenswerte) Ergebnis beim Einsatz neuer Hardware, eines neuen Programms oder einer Programmerweiterung, wenn diese Komponenten problemlos mit der Gesamtfunktion eines Systems zusammenpassen. Grundvoraussetzung dafür ist sorgfältige Konstruktion oder Programmierung.

NAK
Abkürzung für **N**egative **A**cknowledgement, zu Deutsch »Negative Rückmeldung«. Ein Steuercode mit dem ASCII-Zeichen 21 (hexadezimal 15), der einer sendenden Station (oder einem Computer) von der empfangenden Einheit als Signal für eine fehlerhafte Übertragung übermittelt wird. → *vgl.* ACK.

.name
Eine der sieben im November 2000 von der ICANN neu zugelassenen Topleveldomänen, die speziell für Privatpersonen konzipiert wurde. Die .name-Topleveldomäne wird von der Firma Global Name Registry verwaltet (siehe http://www.nic.name). → *siehe auch* .biz, .info, Topleveldomäne.

Name Binding Protocol, das; *Subst.*
→ *siehe* NBP.

Named Pipes, die; *Subst.* (named pipes)
In der Programmierung Verbindungen – entweder in eine Richtung (Simplex) oder in beide Richtungen (Duplex) –, die dazu dienen, Daten zwischen Prozessen zu übertragen. Named Pipes stellen Bereiche im Arbeitsspeicher dar, die eingerichtet werden, um Daten temporär zu speichern. Sie werden von Serverprozessen angelegt und können gleichzeitig von mehr als einem Clientprozess genutzt werden – jeder Clientprozess greift dabei auf eine separate Instanz mit eigenen Puffern und Handles zu. Named Pipes können sowohl eingesetzt werden, um Daten lokal als auch in einem Netzwerk zu übertragen.

Namensschema, das; *Subst.* (file specification)
Bei einem Namensschema kann es sich auch um einen Dateinamen mit Jokerzeichen handeln, der damit eine Gruppe angeforderter Dateien mit ähnlichem Namen kennzeichnet.

Nameserver, der; *Subst.* (name server)
→ *siehe* CSO-Nameserver, Domain-Name-Server.

Namespace, der; *Subst.* (namespace)
Wird in einem XML-Schema zur eindeutigen Kennzeichnung von Elementen und Attributen verwendet. Damit soll verhindert werden, dass in verschiedenen XML-Dokumenten genutzte gleichnamige Tags auf dieselbe Art und Weise interpretiert werden. → *siehe auch* XML-Schema.

NAMPS
Abkürzung für **N**arrow-band **A**nalog **M**obile **P**hone **S**ervice. Ein von Motorola vorgeschlagener Standard, der den momentan in Gebrauch befindlichen AMPS-Mobiltelefonstandard mit digitaler Informationssignalisierung kombiniert, wodurch eine höhere Performance und ein erweiterter Funktionsumfang erzielt werden. → *siehe auch* AMPS.

NAND-Gatter, das; *Subst.* (NAND gate)
NOT AND. Ein digitaler Logikschaltkreis, dessen Ausgangsgröße logisch 1 ist, wenn mindestens eine Eingangsgröße logisch 0 beträgt. Ein NAND-Gatter besteht aus einem AND-Gatter (Ausgangsgröße 1, nur wenn alle Eingangsgrößen 1), gefolgt von einem NOT-Schaltkreis (Ausgangsgröße ist logisches Komplement der Eingangsgröße). Der Ausgang eines NAND-Gatters ist daher logisch 1, wenn einer der Eingänge auf logisch 0 liegt. → *siehe auch* AND-Gatter, NOT-Gatter.

NAND-Verknüpfung, die; *Subst.* (NAND)
Abkürzung für **NOT-AND** (NICHT-UND). Eine logische Operation, die die Werte zweier Bits (0, 1) oder zweier boolescher Werte (falsch, wahr) verknüpft und den Wert 1 (bzw. wahr) zurückgibt, wenn einer (und nur einer) der Eingangswerte 0 (bzw. falsch) lautet. → *siehe auch* NAND-Gatter. → *vgl.* AND.

Nano- *Präfix* (nano-)
Kurzzeichen n. Ein Maßeinheitenvorsatz, der den Faktor 10^{-9} darstellt – nach der deutschen Zählweise ein Milliardstel, d.h. ein Tausendmillionstel (nach amerikanischer Zählweise: 1 Billionstel).

Nanometer, der; *Subst.* (nanometer)
Abgekürzt nm. Ein Milliardstel eines Meters. In dieser Größenordnung liegen die Wellenlängen, mit denen man es bei der Messung der Datenrate von Glasfaserkabeln zu tun hat. → *siehe auch* Glasfaser, Nano-. → *vgl.* Nanosekunde.

Nanosekunde, die; *Subst.* (nanosecond)
Abgekürzt ns. Ein Milliardstel einer Sekunde. In dieser Größenordnung liegen die Zeiten, mit denen man es bei der Messung der Verarbeitungsgeschwindigkeit von Computern zu tun hat, insbesondere bei der Angabe der Signallaufzeiten elektronischer Schaltkreise innerhalb eines Computers. → *siehe auch* Nano-. → *vgl.* Nanometer.

Nanotechnologie *Subst.* (Nanotechnology)
Bezeichnet Forschungen auf verschiedensten Gebieten des Sub-Mikrometer- und Sub-Nanometer-Bereiches, z.B. die Mikro-Lithographie. Darüber hinaus beschreibt Nanotechnologie auch die Manipulation einzelner Atome und Moleküle. Anwendungsbeispiele sind Miniaturmotoren für die Produktion von Gegenständen in Nanogröße. Inzwischen wurden bereits logische Gatter in der Größe eines einzelnen Moleküls entwickelt und verfeinert. Diese sind ein bedeutsamer erster Schritt hin zu einer neuen Ebene der elektronischen Miniaturisierung. Dabei werden die Größenordnungen auf ein Hundertstel der jetzigen physikalischen Grenzen reduziert. Die Informationsdichte könnte etwa das Zehntausendfache von dem betragen, was derzeit möglich ist.

NAP
→ *siehe* National Attachment Point.

Napster
Ein Musik-Tausch-Service im Internet. Über die Website von Napster stellen Privatpersonen ihre Lieblingsmusiktitel anderen Internetbenutzern zum Abrufen zur Verfügung. Über das MP3-Format können Benutzer Musik auf ihrem Computer speichern sowie über das Internet verschicken. Nachdem die

N Tätigkeit von Napster wegen des angeblichen Verstoßes gegen Urheberrechte vom Verband der US-Plattenindustrie (RIAA) und anderen Unternehmen und Organisationen scharf kritisiert wurde, nahm Napster im Frühjahr 2001 mehr als 100.000 Dateien mit urheberrechtlich geschützter Musik aus dem Netz. Im Mai 2002 wurde Napster vom Bertelsmann-Konzern aufgekauft. Die Website von Napster finden Sie unter der Adresse http://www.napster.com → *siehe auch* Peer-to-Peer-Netzwerk. → *vgl.* Gnutella.

Narrowcasting, das; *Subst.* (narrowcast)
Daten oder Programme an einen definierten Zielbereich oder Benutzerkreis übertragen. Mit Narrowcasting bezeichnet man die gezielte Programmausstrahlung etwa einer Kabelfernsehgesellschaft an ihre Abonnenten, während die allgemeine Ausstrahlung (Unicasting) einer Fernsehstation von jedermann empfangen werden kann, der über einen Fernsehempfänger verfügt und sich im Sendegebiet befindet. Im Web stellen die mit Hilfe der Push-Technologie an Benutzer gesendeten Inhalte eine Form von Narrowcasting dar. → *siehe auch* Unicasting. → *vgl.* Multicasting.

Narrow SCSI, die; *Subst.*
Eine SCSI- oder SCSI-2 Schnittstelle, die Daten nur 8-bitweise übertragen kann. → *siehe* auch SCSI, SCSI-2. → *vgl.* Fast/Wide SCSI, Wide SCSI.

NAS *Subst.*
Abkürzung für »**N**etwork-**A**ttached **S**torage«. Ein plattformunabhängiges Speichergerät, das mit einem Netzwerk verbunden ist. Beim NAS wird eine Speichereinheit mit einem integrierten Server verwendet, der über ein Netzwerk mit Clients kommunizieren kann. NAS-Geräte sind wegen ihrer einfachen Wartung und Verwaltung sowie ihrer Skalierbarkeit weit verbreitet. → *vgl.* SAN.

NAT
Abkürzung für **N**etwork **A**ddress **T**ranslation. Das Umwandeln von IP-Adressen, die in einem Intranet oder anderen, privaten Netzwerk (mit der Bezeichnung *Domäne*) und Internet IP-Adressen verwendet werden. Diese Methode ermöglicht das Verwenden einer großen Anzahl von Adressen innerhalb der Domäne, ohne die eingeschränkte Anzahl der verfügbaren numerischen Internet IP-Adressen zu erschöpfen. → *siehe auch* Intranet, IP-Adresse.

National Attachment Point, der; *Subst.*
Einer von vier Austauschpunkten für Internetverkehr, der von der National Science Foundation finanziert wird. Internetdienstanbieter stellen eine Verbindung zu einem National Attachment Point her, um Daten mit anderen Providern auszutauschen. Die vier National Attachment Points befinden sich in San Francisco (Pacific Bell), Chicago (Ameritech), New York (Sprint) und Washington (MFS).

National Center for Supercomputing Applications, das; *Subst.*
→ *siehe* NCSA.

National Information Infrastructure, die; *Subst.*
Abgekürzt NII, oft auch mit der Metapher »Information Superhighway« identifiziert. Ein Weitbereichsnetz, das von der Regierung der USA unter Präsident Bill Clinton 1993 für die Übertragung von Daten, Fax, Video und Audio vorgeschlagen wurde. Das Netzwerk sollte hauptsächlich von privaten Organisationen in Zusammenarbeit mit Regierungsstellen entwickelt werden. Die NII wurde nach ihrer Postulierung zunehmend mit dem Internet gleichgesetzt, da viele der von ihr geforderten Dienstleistungen über das Internet zur Verfügung gestellt wurden und werden. → *auch genannt* Datenautobahn, Information Superhighway. → *vgl.* Internet.

National Science Foundation, die; *Subst.*
Eine Regierungsbehörde der USA, die gegründet wurde, um die wissenschaftliche Forschung zu fördern. Es sollen sowohl Forschungsprojekte als auch Projekte für die Erweiterung der wissenschaftlichen Kommunikation, z.B. das NSFnet (das frühere Backbone des Internets), finanziert werden. Die NSF ist im Web erreichbar unter der Adresse http://www.nsf.gov. → *siehe auch* NSFnet.

National Television Standards Committee, das; *Subst.*
→ *siehe* NTSC.

nativ *Adj.* (native)
In der ursprünglichen Form. Es ist z.B. in vielen Anwendungen möglich, Dateien in verschiedenen Formaten zu bearbeiten. Das interne Format einer Anwendung wird als natives Dateiformat bezeichnet. Die Dateien, die ein anderes Format haben, müssen zunächst von der Anwendung in das native Format umgewandelt werden, bevor sie in der Anwendung bearbeitet werden können.

nativer Code, der; *Subst.* (native code)
Code, der speziell für eine bestimmte Maschine oder einen bestimmten Prozessor geschrieben wurde.

nativer Compiler, der; *Subst.* (native compiler)
Ein Compiler, der Maschinencode für den Computer erzeugt, auf dem er auch abläuft – im Gegensatz zum Crosscompiler, der Code für einen anderen Computertyp erzeugt. Bei den meisten Compilern handelt es sich um native Compiler. → *siehe auch* Compiler, Crosscompiler.

natives Dateiformat, das; *Subst.* (native file format)
Das Format, das eine Anwendung intern für die Verarbeitung der Daten verwendet. Die Anwendung muss Dateien ggf. zuvor in das native Format umwandeln, bevor sie bearbeitet werden können. Ein Textverarbeitungsprogramm kann z.B. Textdateien im ASCII-Textformat erkennen, wandelt diese Dateien jedoch in das eigene native Format um, bevor die Dateien angezeigt werden können.

native Sprache, die; *Subst.* (native language)
→ *siehe* Hostsprache.

natives Programm, das; *Subst.* (native application)
Ein Programm, das speziell für einen bestimmten Mikroprozessor konzipiert ist, d.h. für ein Programm, das binärkompatibel zu einem Prozessor ist. Ein natives Programm wird in der Regel viel schneller ausgeführt als ein nichtnatives Programm, das nur mit Hilfe eines Emulators ausgeführt werden kann. → *siehe auch* Binärkompatibilität, Emulator.

natürliche Sprache, die; *Subst.* (natural language)
Bezeichnet jede vom Menschen gesprochene oder geschriebene Sprache im Gegensatz zu einer Programmiersprache oder Maschinensprache. Ein Forschungsziel auf dem Gebiet der künstlichen Intelligenz besteht in der Untersuchung natürlicher Sprachen und ihrer Nachbildung in einer Computerumgebung.

natürliche Zahl, die; *Subst.* (natural number)
Eine Ganzzahl, die größer oder gleich Null ist. → *siehe auch* Integer.

natürlichsprachliche Abfrage, die; *Subst.* (natural language query)
Eine Abfrage bei einem Datenbanksystem, die aus einer Untermenge einer natürlichen Sprache, z.B. Englisch oder Deutsch, zusammengestellt ist. Die Abfrage muss mit einigen restriktiven Syntaxregeln übereinstimmen, so dass das System die Abfrage analysieren kann. → *siehe auch* parsen, Syntax.

natürlichsprachliche Erkennung, die; *Subst.* (natural-language recognition)
→ *siehe* Spracherkennung.

N

natürlichsprachliche Verarbeitung, die; *Subst.* (natural-language processing)
Ein Bereich der Informatik und Linguistik, der sich mit Computersystemen auseinandersetzt, die gesprochene oder geschriebene Sprache erkennen. → *siehe auch* künstliche Intelligenz. → *vgl.* Spracherkennung.

Natural Language Support, der; *Subst.* (natural language support)
Ein Spracherkennungssystem, das es Benutzern ermöglicht, verbale Befehle in der Muttersprache auszugeben, um die Aktionen eines Computers zu steuern.

Navigationsleiste, die; *Subst.* (navigation bar)
Eine Gruppierung von Hyperlinks einer Webseite, die dem Benutzer das Navigieren in einer bestimmten Website ermöglicht. → *siehe auch* Hyperlink.

Navigationstasten, die; *Subst.* (navigation keys)
Die Tasten, die die Cursorbewegungen steuern. Bei diesen Tasten handelt es sich um die vier Pfeiltasten, die Rücktaste sowie die Tasten »Ende«, »Pos 1«, »Bild-ab« und »Bild-auf«. → *siehe auch* Bild-ab-Taste, Bild-auf-Taste, Ende-Taste, Pfeiltaste, Pos1-Taste, Rücktaste.

Navigator, der; *Subst.*
→ *siehe* Netscape Navigator.

.navy.mil
Im Internet ein Kürzel für die übergreifende Länderdomäne, die eine Adresse der Marine der Vereinigten Staaten angibt.

NBP
Abkürzung für **N**ame **B**inding **P**rotocol. Ein Protokoll, das bei den lokalen Netzwerken von AppleTalk für das Konvertieren der Knoten (die der Benutzer kennt) und der numerischen AppleTalk-Adressen eingesetzt wird. NBP operiert auf der Transportschicht (Schicht 4 des ISO/OSI-Schichtenmodells). → *siehe auch* AppleTalk, ISO/OSI-Schichtenmodell, Protokoll.

NC
→ *siehe* Netzwerkcomputer.

N

NCC
→ *siehe* netzwerkzentrale Datenverarbeitung.

N-channel MOS, das; *Subst.*
→ *siehe* NMOS.

NCR-Papier, das; *Subst.* (NCR paper)
Abkürzung für **N**o **c**arbon **R**equired **Paper**. Eine spezielle Papiersorte, die vor allem für Durchschlagformulare verwendet wird. NCR-Papier ist chemisch imprägniert, so dass es bei Ausübung von Druck an den entsprechenden Stellen geschwärzt wird. → *siehe auch* Durchschlagspapier.

NCSA
Abkürzung für »**N**ational **C**enter for **S**upercomputing **A**pplications«. Ein Forschungszentrum, das an der Universität Illinois in Urbana-Champaign (USA) angesiedelt ist. Das NCSA wurde 1985 als Teil der National Science Foundation gegründet. Das Institut ist auf die Visualisierungstechnik spezialisiert. Dort wurde u.a. der erste grafische Webbrowser – NCSA Mosaic – sowie NCSA Telnet entwickelt. Weitere Informationen zum NCSA sind unter der Webadresse http://www.ncsa.uiuc.edu abrufbar. → *siehe auch* Mosaic, NCSA Telnet.
»NCSA« ist außerdem die Abkürzung für »**N**ational **C**omputer **S**ecurity **A**ssociation«. Eine Organisation für das Bildungs- und Informationswesen in Bezug auf Fragen zur Sicherheit, die 1989 in Pennsylvania (USA) gegründet wurde. Die NCSA veröffentlicht Bücher zur Rechnersicherheit und ist Gastgeber einer jährlich stattfindenden Konferenz.

NCSA Mosaic, der; *Subst.*
→ *siehe* Mosaic.

NCSA-Server, der; *Subst.* (NCSA server)
Zusammen mit der Serversoftware des CERN einer der ersten beiden HTTP-Server des World Wide Web. Der NCSA-Server, auch »HTTPd« genannt, wurde seit 1993 am National Center for Supercomputing Applications der Universität Illinois (USA) entwickelt und bildete 1995 die Grundlage für die ersten Versionen des Open Source-HTTP-Servers Apache. → *siehe auch* CERN-Server, HTTP-Server, NCSA. → *vgl.* CERN-Server.

NCSA Telnet, das; *Subst.*
Ein Freeware Telnet-Clientanwendungsprogramm, das vom National Center for Supercomputing Applications (USA) entwickelt wurde.

NDIS
Abkürzung für »**N**etwork **D**river **I**nterface **S**pecification«, zu Deutsch »Schnittstellenspezifikation für Netzwerktreiber«. Eine Softwareschnittstelle – ein Satz von Vorschriften –, die es ermöglicht, dass unterschiedliche Netzwerkprotokolle mit beliebigen Netzwerkkarten kommunizieren können. NDIS stellt den für die Ansteuerung der Netzwerkkarten zuständigen Treibern einen Standard – eine allgemeine »Sprache« – zur Verfügung. Auf diese Weise kann eine Netzwerkkarte mit mehreren Protokollen zusammenarbeiten. Umgekehrt stellt NDIS aber auch sicher, dass ein Protokoll mit Netzwerkkarten verschiedener Hersteller kommunizieren kann. → *siehe auch* Gerätetreiber.

NDMP
Abkürzung für **N**etwork **D**ata **M**anagement **P**rotocol. Ein offenes Protokoll für netzwerkbasierte Sicherungskopien von Dateiservern, die eine von Plattformen unabhängige Datenspeicherung ermöglichen. → *siehe auch* Dateiserver, Protokoll, Sicherungskopie.

NDR
→ *siehe* zerstörungsfreies Lesen.

NDRO
→ *siehe* zerstörungsfreies Lesen.

NDS
Abkürzung für **N**etware **D**irectory **S**ervices (»Netware-Verzeichnisdienste«). Eine in Novell Netware 4.0 eingeführte Funktion, die den Zugriff auf Verzeichnisse bereitstellt, die sich auf verschiedenen Servern befinden.

Near Letter Quality *Adj.* (near-letter-quality)
Abgekürzt NLQ, zu Deutsch etwa »fast Briefqualität«. Ein Druckmodus auf Matrixdruckern der oberen Leistungsklasse, der gegenüber einer normalen Druckausgabe (Entwurfsmodus) klarere und dunklere Zeichen erzeugt. Near Letter Quality stellt bezüglich Schärfe und Lesbarkeit der Ausgaben einen guten Kompromiss zwischen einfachem Punktmatrixdruck und der Verwendung von vollgeformten Zeichen dar, beispielsweise bei einem Typenraddrucker. → *siehe auch* Druckqualität. → *vgl.* Entwurfsqualität, Korrespondenzdruckqualität.

Nebenschlüssel, der; *Subst.* (minor key)
→ *siehe* Alternativschlüssel.

Negation, die; *Subst.* (negation)
Die Umwandlung eines binären Signals oder Bitmusters in den entgegengesetzten Zustand. Beispielsweise liefert die Negation von 1001 den Wert 0110.

Negative Acknowledgment, das; *Subst.* (negative acknow-ledgment)
→ *siehe* NAK.

negativer Einzug, der; *Subst.* (hanging indent)
→ *siehe* hängender Einzug.

Negativwandlung, die; *Subst.* (negative entry)
Das Zuweisen eines Minuszeichens zu einer Zahl in einem Taschenrechner.

.net
Im Domain Name System (DNS) des Internets die Toplevel-domäne, die Adressen von Netzwerkanbietern kennzeichnet. Die Kennzeichnung .net erscheint am Ende der Adresse. → *siehe auch* DNS, Domäne. → *vgl.* .com, .edu, .gov, .mil, .org.

.NET
→ *siehe* Microsoft.NET.

net. *Präfix*
Ein Präfix zur Beschreibung von Personen und Institutionen im Internet.

Net, das; *Subst.*
Abkürzung für »Inter**net**«.
Außerdem die Abkürzung für »Use**net**«.

NetBEUI
Abkürzung für **NetB**IOS **E**nhanced **U**ser **I**nterface. Ein erwei-tertes NetBIOS-Protokoll für Netzwerk-Betriebssysteme, das ursprünglich von IBM für den LAN Managerserver konzipiert wurde und jetzt bei vielen anderen Netzwerken verwendet wird. → *siehe auch* LAN-Manager, NetBIOS.

NetBIOS
Eine Anwendungsprogrammierschnittstelle (Application Programming Interface, API) für Anwendungsprogramme, die unter MS-DOS, OS/2 oder bestimmten UNIX-Versionen in einem lokalen Netzwerk aus IBM – und kompatiblen Mikro-computern laufen. NetBIOS ist hauptsächlich für Program-mierer von Bedeutung und bietet Anwendungsprogrammen einen einheitlichen Befehlssatz für die Anforderung niederer Netzwerkdienste, die für die Durchführung von Sitzungen zwischen Knoten auf einem Netzwerk und den Informa-tionsaustausch erforderlich sind. → *siehe auch* Anwen-dungsprogrammierschnittstelle.

NetBIOS Enhanced User Interface, das; *Subst.*
→ *siehe* NetBEUI.

NetBSD
Eine Freewareversion des Betriebssystems BSD UNIX, das als Ergebnis einer gemeinnützigen Tätigkeit basierend auf dem Betriebssystem 386BSD entwickelt wurde. NetBSD ist ausge-sprochen portabel, kann auf zahlreichen Hardwareplattfor-men ausgeführt werden und ist nahezu POSIX-kompatibel. Die Website des NetBSD-Projekts ist unter der Adresse http://www.netbsd.org erreichbar. → *siehe auch* 386BSD, BSD UNIX, Freeware, OpenBSD, POSIX, UNIX.

.NET Framework, das; *Subst.*
Als Bestandteil von Microsoft.NET baut das zweigeteilte .NET Framework (Base Framework und Framework) auf drei Kom-ponenten auf: Programmiersprachenlaufzeiten, Klassen-bibliotheken und ASP.NET. Das Base Framework besteht aus den üblichen Programmiersprachenlaufzeiten sowie den Base Classes und ist für die Ausführung der einzelnen .NET-Anwendungen zuständig; das restliche Framework regelt Dateizugriff, XML-Unterstützung und Services und stellt Benutzeroberfläche und Webtechnologien wie HTTP und HTML zur Verfügung. → *siehe auch* Microsoft.NET, .NET.

net.god, der; *Subst.*
Eine sehr beliebte und geschätzte Person der Internetge-meinschaft.

Nethead, der; *Subst.* (nethead)
Eine Person, für die das Internet zur Sucht geworden ist.
Außerdem ein Fan der amerikanischen Popgruppe »Grateful Dead«, der an der Newsgroup *rec.music.gdead* oder an einem anderen Fanforum teilnimmt.

Netiquette, die; *Subst.* (netiquette)
Abkürzung für **Net**work Et**iquette**. Allgemeine Höflichkeits-regeln, die bei elektronischen Nachrichten, z.B. E-Mail und Usenetpostings, zu beachten sind. Wenn diese Regeln miss-achtet werden, hat dies in der Regel zur Folge, dass der Name im Bozofilter aufgeführt wird. Zum Fehlverhalten gehören beispielsweise persönliche Beleidigungen, das Posten von

N umfangreichen, aber unwichtigen Datenmengen, die Berichterstattung über die Handlung eines Kinofilms, einer Fernsehserie oder eines Romans ohne vorherige Ankündigung, das Posten anstößiger Nachrichten, ohne diese kenntlich zu machen, sowie exzessives Senden von Nachrichten an mehrere Gruppen, ohne dabei zu erwägen, ob ein Interesse vorliegt. → *siehe auch* Bozofilter. → *vgl.* Netspeak.

Netizen, der; *Subst.* (netizen)
→ *siehe* Netzianer.

NetPC, der; *Subst.*
Eine Spezifikation für Computerplattformen von Microsoft und Intel aus dem Jahr 1996, die nicht für Anwendungen auf einem Clientcomputer konzipiert ist, sondern für Systeme mit serverbasierten Anwendungsprogrammen auf Windows NT.

net.personality, die; *Subst.*
Ein Slangausdruck für eine Person, die im Internet eine Art Prominentenstatus genießt.

net.police, die; *Subst.*
(In der Regel selbsternannte) Personen, die versuchen, ihr Verständnis für »Regeln« bezüglich des richtigen Verhaltens im Internet durchzusetzen. Ihre Aktivitäten können gegen Benutzer gerichtet sein, die die Regeln der Netiquette brechen, gegen Spammer, die Werbematerial als E-Mail oder als Postings an Newsgroups senden. Manchmal sind die Aktivitäten sogar gegen Personen gerichtet, die »falsche politische Meinungsäußerungen« an Newsgroups oder Verteilerlisten senden. → *siehe auch* Netiquette, Spam.

Netscape Navigator, der; *Subst.*
Eine Familie von Webbrowserprogrammen, produziert von der Firma Netscape Communications, später unter dem Produktnamen Netscape Communicator vertrieben. Versionen von Netscape Navigator sind für alle Windows- und zahlreiche UNIX-Varianten sowie den Apple Macintosh verfügbar. Netscape Navigator basierte ursprünglich auf dem Mosaic-Webbrowser der NCSA und war 1994 einer der ersten im Handel und im Internet erhältlichen Webbrowser. Im Januar 1998 stellte Netscape Communications den Browser der Internet-Entwicklergemeinde unter einer Open Source-Lizenz zur Verfügung, was zur Gründung des Mozilla.org-Projekts führte. Im November 1998 wurde Netscape Communications von America Online (AOL) gekauft, die Browserprodukte von Netscape wurden jedoch weiterhin unter dem Namen »Netscape« vertrieben und auf Basis des Mozilla-Kerns weiterentwickelt. Die Website von Netscape ist unter folgendem URL erreichbar: http://home.netscape.com. → *siehe auch* America Online, Mosaic, Mozilla, Webbrowser.

Netscape Server Application Programming Interface, das; *Subst.*
→ *siehe* NSAPI.

Netspeak, das; *Subst.*
Konventionen für den Gebrauch der englischen Sprache in E-Mail, IRCs und Newsgroups. Netspeak enthält zahlreiche Akronyme (z.B. IMHO oder ROFL) und »verschlüsselte« Codes (Emotags und Emoticons). Beim Netspeak gilt die Netiquette. → *siehe auch* Emotag, IMHO, IRC, Netiquette, ROFL, RTFM, RTM, Smiley, TANSTAAFL.

Nettopbox, die; *Subst.* (net-top box)
Ein PC mit einer verringerten Anzahl von Komponenten, dessen Hauptfunktion darin besteht, als kostengünstiges Zugriffsterminal für die verschiedenen Internetdienste, z.B. E-Mail, Webzugriff und Telnetanschlussmöglichkeit zu fungieren. Diese Maschinen, die sich noch in der Entwicklungsphase befinden, sind zwar nicht mit lokal adressierbaren Festplatten oder installierbaren Programmen ausgestattet, stellen jedoch das erforderliche Material für die Benutzer des Netzwerks zur Verfügung, mit dem die Nettopbox verbunden ist. → *vgl.* Java-Terminal, NetPC.

Net-TV, das; *Subst.* (Net TV)
→ *siehe* Internet-TV.

NetWare, die; *Subst.*
Das LAN-Betriebssystem von Novell. NetWare kann auf zahlreichen verschiedenen Hardwareplattformen und Netzkonfigurationen ausgeführt werden. Es stellt Benutzern und Programmierern eine von der Hardware unabhängige Schnittstelle zur Verfügung, um Nachrichten zu übertragen.

Netware Directory Services, Plur.; *Subst.*
→ *siehe* NDS.

Network Address Translation, die; *Subst.* (network address translation)
→ *siehe* NAT.

Network-Attached Storage, das; *Subst.*
→ *siehe* NAS.

Network Data Management Protocol, das; *Subst.*
→ *siehe* NDMP.

Network Driver Interface Specification, die; *Subst.*
→ *siehe* NDIS.

Network File System, das; *Subst.*
Ein verteiltes Dateisystem, das von Sun Microsystems entwickelt wurde. Dieses System ermöglicht es Benutzern von Windows- und UNIX-Arbeitsstationen, auf entfernte Dateien und Verzeichnisse in einem Netzwerk wie auf lokale Elemente zuzugreifen. → *siehe auch*, Arbeitsstation.

Network Information Center, das; *Subst.* (network information center)
→ *siehe* NIC.

Network News, die; *Subst.* (network news)
Ein Kommunikations- und Informationssystem, das einerseits zur zentralen Verbreitung und andererseits zum Austausch von Informationen innerhalb von Diskussionsgruppen geeignet ist. Es ist das älteste Informationssystem im Internet. Die innerhalb der Network News geführten Diskussionen sind thematisch in sogenannten Newsgroups zusammengefasst. Diese sind hierarchisch gegliedert. Die Gliederung spiegelt sich in der Namensgebung der Newsgroups wider: Sie haben das Format group.subgroup.subsubgroup. Die Zahl der Unterteilungen ist dabei unbegrenzt. Eine Aufstellung der wichtigsten Toplevel-Hierarchien, also die Namen vor dem ersten Punkt: alt Alternative Hierarchie. Sie umfaßt sämtliche denkbaren Themen und Bereiche und ist deshalb in erster Linie für Diskussionen von Randgruppen geeignet. Bionet: Newsgroups mit biologischen und biochemischen Themen. Comp: Themen rund um den Computer. De: Deutschsprachige Newsgroups. Gnu: Diskussionen über Programme der Free Software Foundation. Misc: Verschiedenes. news: Diskussionen um die NetNews selbst. rec: Themen aus dem Bereich Hobby, Sport und Freizeit. sci: Wissenschaftliche Themen. soc: Diskussionen über Themen, die im weitesten Sinne unter den Begriff »soziales Umfeld« fallen. talk: Gruppen zum »Reden« über alles Mögliche.

Network News Transfer Protocol, das; *Subst.*
→ *siehe* NNTP.

Network Operation Center, das; *Subst.* (network operation center)
Die Abteilung eines Unternehmens, die für das Verwalten der Netzwerkintegrität und das Optimieren der Netzwerkleistungsfähigkeit (durch Reduzierung der Ausfallzeiten im System) verantwortlich ist.

Network Solutions, Inc., die; *Subst.*
→ *siehe* NSI.

Network Terminator 1, der; *Subst.*
Ein ISDN-Gerät, das als Schnittstelle zwischen einer ISDN-Telefonleitung und mehreren Terminaladaptern oder Terminalgeräten (z.B. einem ISDN-Telefon) fungieren kann.
→ *siehe auch* ISDN, ISDN Terminaladapter.

Network Time Protocol, das; *Subst.*
Ein Internetprotokoll für das Synchronisieren der Uhren in Computern, die mit dem Internet verbunden sind. → *siehe auch* Protokoll.

Netzadresse, die; *Subst.* (net address)
Eine World Wide Web-Adresse (URL). → *siehe auch* URL. Außerdem eine E-Mail-Adresse.
Des Weiteren der DNS-Name oder die IP-Adresse einer Maschine. → *siehe auch* DNS, IP-Adresse.

Netzbetreiber, der; *Subst.* (carrier)
Eine Firma, die dem Kunden Telefon- und andere Kommunikationsdienste anbietet.

Netzbetreiber, öffentlicher, der; *Subst.* (common carrier)
→ *siehe* öffentlicher Netzbetreiber.

Netizen, der; *Subst.* (netizen)
Mischwort aus »Network« und »Citizen« (zu Deutsch »Bürger«). Bezeichnung für eine Person, die an Onlinekommunikationsforen über das Internet und andere Netzwerke teilnimmt, insbesondere an Foren und Chatdiensten (z.B. Internet News oder Fidonet). → *siehe auch* Netspeak. → *auch genannt* Netizen. → *vgl.* Lurker.

Netzlaufwerk, das; *Subst.* (network drive, networked drive)
Auch als entferntes Laufwerk bezeichnet. Ein Laufwerk, dessen Datenträger anderen Computern in einem lokalen Netzwerk zur Verfügung stehen. Der Zugriff auf ein Netzlaufwerk kann nicht allen Netzwerkteilnehmern gestattet sein. Viele Betriebssysteme enthalten Sicherheitsvorkehrungen, über die der Netzwerkadministrator den Zugriff zu einem Teil oder zu allen Netzlaufwerken erlauben oder verbieten kann.
→ *siehe auch* Netzwerkverzeichnis.

N

Netzplanmethode, die; *Subst.* (critical path method)
Abkürzung: CPM. Wörtlich übersetzt: »Methode des kritischen Pfads«. Eine Methode bei der Planung, Verwaltung und Durchführung eines großen Projekts, bei dem die einzelnen Aufgaben, die wesentlichen Ereignisse und Aktionen voneinander getrennt und die Beziehungen zwischen ihnen aufgezeigt werden. Der *kritische Pfad* (»critical path«), auf den der englische Name der Methode zurückgeht, ist eine Linie, die den Weg zwischen dem Anfangsereignis und dem Endereignis repräsentiert, den Weg, auf dem die zeitaufwendigsten Ereignisse stattfinden. Der Pfad ist deshalb kritisch, da durch Verzögerungen in diesem Bereich zusätzliche, untergeordnete Ereignisse ausgelöst werden und dadurch die Fertigstellung des Gesamtprojekts verzögert wird.

Netzspannung, die; *Subst.* (line voltage)
Die Spannung zwischen den Leitern eines Energieversorgungssystems, z.B. in Deutschland 220 V Wechselspannung, in den Vereinigten Staaten 115 V Wechselstrom.

Netzspionage, die; *Subst.* (netspionage)
Von einer Firma oder einer staatlichen Institution in Auftrag gegebenes Hacken der digitalen Informationen eines Konkurrenzunternehmens zum Zwecke des Diebstahls von Geschäftsgeheimnissen.

Netzteil, das; *Subst.* (power supply)
Ein elektrisches Gerät, das die – an einer normalen Wandsteckdose – anliegende Netzspannung (220 V Wechselstrom in Deutschland, 115–120 V Wechselspannung in den Vereinigten Staaten) in niedrigere Spannungen umwandelt und gleichrichtet (typischerweise 5 bis 12 Volt Gleichspannung bei Computersystemen). Die bei Personal Computern üblichen Netzteile klassifiziert man nach ihrer abgebbaren Wattleistung. Sie liegt etwa im Bereich von 90 W bei kleineren Systemen bis hin zu 250 W und mehr bei voll ausgerüsteten Geräten.

Netzversorgung, die; *Subst.* (power)
Ein Begriff des Computerwesens. Es handelt sich um die elektrische Energie, die für einen Computer aufgewendet wird.

Netzverzeichnis, gemeinsames, das; *Subst.* (shared network directory)
→ *siehe* Netzwerkverzeichnis.

Netzwerk, das; *Subst.* (network)
Eine Gruppe von Computern und angeschlossenen Geräten, die durch Kommunikationseinrichtungen miteinander verbunden sind. Die Netzwerkverbindungen können permanent (z.B. über Kabel) oder zeitweilig (über Telefon oder andere Kommunikationsverbindungen) eingerichtet werden. Netzwerke existieren in verschiedenen Größenordnungen und Ausdehnungen. In einem kleinen lokalen Netzwerk arbeiten z.B. lediglich einige Computer, Drucker und andere Geräte, während ein Netzwerk ebenso aus vielen kleinen und großen Computern bestehen kann, die über einen sehr weiträumigen geografischen Bereich verteilt sind.

Netzwerkadapter, der; *Subst.* (network adapter)
Erweiterungskarten oder andere Geräte, die für den Anschluss eines Computers an ein lokales Netzwerk eingesetzt werden.

Netzwerkadministration, die; *Subst.* (network services)
Die Abteilung eines Unternehmens, die das Netzwerk und die Computer verwaltet.

Netzwerkadministrator, der; *Subst.* (network administrator)
Der für den Betriebsablauf in einem Netzwerk verantwortliche Mitarbeiter. Die Pflichten eines Netzwerkadministrators können breit gefächert sein und umfassen u. a. folgende Aufgaben: die Installation neuer Workstations und anderer Geräte, das Aufnehmen und Löschen autorisierter Benutzer, die Archivierung von Dateien, die Überwachung des Kennwortschutzes sowie andere Sicherheitsmaßnahmen, die Beobachtung der Nutzung gemeinsamer Ressourcen und die Behandlung von fehlerhafter Ausrüstung. → *siehe auch* Systemadministrator.

Netzwerkarchitektur, die; *Subst.* (network architecture)
Die Struktur eines Computernetzwerks. Dazu gehören Hardware, funktionelle Schichten, Schnittstellen und Protokolle, die zur Herstellung der Kommunikationsverbindung und zur Absicherung zuverlässiger Informationstransfers verwendet werden. Die Entwicklung von Netzwerkarchitekturen liefert sowohl philosophische als auch physikalische Standards, um die konfliktfreie Behandlung der komplexen Abläufe beim Einrichten der Kommunikationsverbindung und der Informationsübertragung zu ermöglichen. Es existieren verschiedenartige Netzwerkarchitekturen, u.a. das international anerkannte Sieben-Schichten-OSI-Referenzmodell der ISO und die Systems Network Architecture (SNA) von IBM. → *siehe auch* ISO/OSI-Schichtenmodell, SNA.

Netzwerkbetriebssystem, das; *Subst.* (network operating system)
Ein Betriebssystem, das auf einem Server in einem lokalen Netzwerk installiert ist und die Bereitstellung der Dienste an

die Computer sowie die anderen an das Netzwerk angeschlossenen Geräte koordiniert. Im Gegensatz zu einem Einbenutzer-Betriebssystem muss ein Netzwerkbetriebssystem die Anforderungen von vielen Workstations annehmen und beantworten, wobei Details wie Netzwerkzugriff und Kommunikation, Zuteilung und gemeinsame Nutzung von Ressourcen, Datenschutz und Fehlerkontrolle zu steuern sind.

Netzwerkcomputer, der; *Subst.* (network computer)
Ein Computer, dem die geeignete Hardware und Software für den Anschluss an ein Netzwerk zur Verfügung steht.

Netzwerkdatenbank, die; *Subst.* (network database)
Eine Datenbank, die in einem Netzwerk ausgeführt werden kann.
Außerdem eine Datenbank, die die Adressen der anderen Benutzer im Netzwerk enthält.
In der Informationsverwaltung bezeichnet der Ausdruck einen Typ einer Datenbank, in der Datensätze auf mehreren Wegen verknüpft (zueinander in Beziehung gebracht) werden können. Eine Netzwerkdatenbank ist einer hierarchischen Datenbank in dem Sinne ähnlich, dass ein Bezug zwischen den Datensätzen vorhanden ist. Gegenüber einer hierarchischen Datenbank ist eine Netzwerkdatenbank weniger fest strukturiert: Jeder einzelne Datensatz kann auf mehrere andere Datensätze verweisen. Umgekehrt können auf einen Datensatz mehrere andere zeigen. Praktisch ermöglicht eine Netzwerkdatenbank mehrere Pfade zwischen zwei Datensätzen, während in einer hierarchischen Datenbank nur ein Pfad – vom Parent (Datensatz höherer Ebene) zum Child (Datensatz niederer Ebene) zulässig ist. → *vgl.* hierarchische Datenbank, relationale Datenbank.

Netzwerkdienste, der; *Subst.* (network services)
Ein Begriff der Windows-Umgebung. Erweiterungen des Betriebssystems, die es ermöglichen, Netzwerkfunktionen (z.B. Drucken im Netzwerk und Freigabe von Dateien) vornehmen zu können.

Netzwerkeinsatz in Unternehmen, der; *Subst.* (enterprise networking)
→ *siehe* Computereinsatz in Unternehmen.

Netzwerkgerätetreiber, der; *Subst.* (network device driver)
Software, die die Kommunikation zwischen der Netzwerkadapterkarte und der Hardware des Computers sowie anderer Software durch Steuerung der physikalischen Funktionen der Netzwerkadapterkarte koordiniert.

Netzwerk, hierarchisches, das; *Subst.* (hierarchical computer network)
→ *siehe* hierarchisches Netzwerk.

Netzwerk, homogenes, das; *Subst.* (homogeneous network)
→ *siehe* homogenes Netzwerk.

Netzwerkkarte, die; *Subst.* (network card)
→ *siehe* Netzwerkadapter.

Netzwerkkontrollprogramm, das; *Subst.* (network control program)
Ein Programm in einem Kommunikationsnetzwerk mit einem Großrechner, das in der Regel in einem Kommunikationscontroller residiert und Kommunikationstasks übernimmt (z.B. Routing, Fehlerbehebung, Leitungssteuerung und Pollen, d.h. die Überprüfung von Terminals nach Übertragungen). Dadurch hat der Hauptrechner die Möglichkeit, andere Funktionen zu übernehmen. → *siehe auch* Kommunikationscontroller.

Netzwerklatenz, die; *Subst.* (network latency)
Der Zeitraum, der für die Übertragung von Daten zwischen Computern in einem Netzwerk beansprucht wird.

Netzwerk, lokales, das; *Subst.* (local area network)
→ *siehe* LAN.

Netzwerkmodell, das; *Subst.* (network model)
Eine dem hierarchischen Modell ähnliche Datenbankstruktur (Layout) mit dem Unterschied, dass die Datensätze sowohl mehrere Parentdatensätze als auch mehrere Childdatensätze haben können. Ein Datenbank-Managementsystem, das das Netzwerkmodell unterstützt, lässt sich für die Simulation eines hierarchischen Modells einsetzen. → *siehe auch* CODASYL, Netzwerkdatenbank. → *vgl.* hierarchisches Modell.

Netzwerkmodem, das; *Subst.* (network modem)
Ein Modem, über das Benutzer eines Netzwerks einen Onlinedienstanbieter, ein ISP, einen EDV-Service oder eine andere Onlinequelle anrufen können. → *siehe auch* DTP-Service, ISP, Modem, Onlineservice.

Netzwerk, neuronales, das; *Subst.* (neural network)
→ *siehe* neuronales Netzwerk.

Netzwerk-OS, das; *Subst.* (network OS)
→ *siehe* Netzwerkbetriebssystem.

N

N

Netzwerk, paketvermitteltes, das; *Subst.* (switched network)
→ *siehe* paketvermitteltes Netzwerk.

Netzwerkprotokoll, das; *Subst.* (network protocol)
Regeln und Parameter, die die Kommunikation über ein Netzwerk definieren und ermöglichen.

Netzwerkschicht, die; *Subst.* (network layer)
→ *siehe* Vermittlungsschicht.

Netzwerk-Schnittstellenkarte, die; *Subst.* (network interface card)
→ *siehe* Netzwerkadapter.

Netzwerkserver, der; *Subst.* (network server)
→ *siehe* Server.

Netzwerksoftware, die; *Subst.* (network software)
Software, die eine Komponente enthält, die die Verbindung oder die Teilnahme bezüglich eines Netzwerks ermöglicht.

Netzwerkstruktur, die; *Subst.* (network structure)
Die in einem bestimmten Netzwerkmodell benutzte Datensatzorganisation.

Netzwerktopologie, die; *Subst.* (network topology)
→ *siehe* Topologie.

Netzwerk, verteiltes, das; *Subst.* (distributed network)
→ *siehe* verteiltes Netzwerk.

Netzwerkverzeichnis, das; *Subst.* (network directory, networked directory)
Auch entferntes Verzeichnis genannt. Ein Verzeichnis auf einer Diskette, die sich in einem lokalen Netzwerk auf einem Computer befindet, der nicht mit dem Computer des Benutzers identisch ist. Ein Netzwerkverzeichnis unterscheidet sich von einem Netzlaufwerk darin, dass der Benutzer nur Zugriff auf dieses Verzeichnis hat, während ihm der Rest der Diskette nur entsprechend seiner vom Netzwerkadministrator gewährten Zugriffsrechte zugänglich ist. Auf dem Apple Macintosh wird ein Netzwerkverzeichnis als gemeinsamer Ordner bezeichnet. → *siehe auch* gemeinsamer Ordner, Netzlaufwerk. → *auch genannt* gemeinsames Verzeichnis.

Netzwerk, virtuelles, das; *Subst.* (virtual network)
→ *siehe* virtuelles Netzwerk.

netzwerkzentrale Datenverarbeitung, die; *Subst.* (network-centric computing)
Abkürzung: NCC. Eine Computerumgebung, bei der ein oder mehrere Netzwerkserver das Zentrum der Aktivität bilden. Es wird angenommen, dass diese Form der Datenverarbeitung die dritte Welle bei großen Computersystemen auslösen wird – nach den Großrechnern und den heute üblichen Desktopcomputern. Bei der netzwerkzentralen Datenverarbeitung übernehmen die Server die hauptsächliche Datenverarbeitungsleistung und bieten den Anwendern direkten Zugriff auf netzwerkspezifische Anwendungen und Daten. Dabei werden die Anwendungsprogramme nicht wie heute üblich zunächst lokal – also auf den Desktoprechnern – manuell installiert und gegebenenfalls später wieder deinstalliert. Statt dessen werden die Anwendungen automatisch bei Bedarf auf die Desktop-PCs geladen, gewissermaßen »on the Fly«. Desktopcomputer kommen daher mit deutlich weniger Festplattenkapazität aus; die Computer können folglich erheblich billiger gebaut werden. Außerdem wird Verwaltungsaufwand bei der Administration eingespart. → *siehe auch* Server.

Netzwerk-Zusammenbruch, der; *Subst.* (network meltdown)
→ *siehe* Broadcast-Storm.

Neuinstallation, aggressive, die; *Subst.* (clean install)
→ *siehe* aggressive Neuinstallation.

Neunerkomplement, das; *Subst.* (nine's complement)
Eine Zahl im Dezimalsystem (mit der Basis 10), die das Komplement einer anderen Zahl ist. Gebildet wird das Neunerkomplement durch Subtraktion jeder Ziffer von der um 1 verringerten Basis (9, daher der Name). Beispielsweise ist das Neunerkomplement von 64 gleich 35, also das Ergebnis der Subtraktionen 9 minus 6 und 9 minus 4. → *siehe auch* Komplement.

neuronales Netzwerk, das; *Subst.* (neural network)
Ein System aus dem Bereich der künstlichen Intelligenz, das Neuronen (Nervenzellen) eines biologischen Nervensystems modelliert und die Art und Weise simulieren soll, in der ein menschliches Gehirn Informationen verarbeitet, lernt und sich erinnert. Ein neuronales Netzwerk besteht aus einer Vielzahl untereinander verbundener Verarbeitungselemente, die jeweils eine begrenzte Anzahl von Eingängen sowie einen Ausgang aufweisen. Diese Verarbeitungselemente können »lernen«, wie eine entsprechende Ausgabe durch Korrektur, Uhrzeit und Wiederholung erfolgt, wenn gewichtete Einga-

ben vorgenommen werden. Prädestinierte Einsatzgebiete dieser Netzwerke sind u.a. Mustererkennung, Sprachanalyse und Sprachsynthese. → *siehe auch* Konnektionismus, künstliche Intelligenz, Mustererkennung.

neu starten *Vb.* (reboot, restart)
Einen Computer durch das erneute Laden des Betriebssystems von neuem starten. → *siehe* auch booten, Kaltstart, Warmstart. → auch genannt rebooten.

Newbie, der; *Subst.* (newbie)
Ein unerfahrener Benutzer im Internet.
Außerdem ein unerfahrener Usenetbenutzer, der Fragen stellt, die in der FAQ-Liste bereits behandelt wurden. In dieser Bedeutung ist der Ausdruck abwertend gemeint. → *siehe auch* FAQ.

news.announce.newusers, die; *Subst.*
Eine Newsgroup, die allgemeine Informationen für neue Benutzer zu Internet Newsgroups enthält.

Newsfeed (news feed)
Lieferungen, Austausch oder Verteilung von Newsgroupsartikeln an und von Newsservern. Newsfeeds kommen durch kooperierende Newsserver zustande, die über NNTP via Netzwerkverbindungen kommunizieren. → *siehe auch* Newsgroup, Newsserver, NNTP. → *auch genannt* einlegen.

Newsgroup, die; *Subst.* (newsgroup)
Ein Forum im Internet für Diskussionen mit Threads über einen bestimmten Themenbereich. Eine Newsgroup besteht aus Artikeln und Follow-Ups. Ein Artikel mit allen Follow-Ups, die sich auf das bestimmte, im ursprünglichen Artikel genannte Thema beziehen, bildet den Thread. Jede Newsgroup hat einen Namen, der aus mehreren Wörtern besteht, die durch Punkte getrennt sind und das Thema der Newsgroup durch Eingrenzen der Kategorien ermitteln (z.B. de.soc.studium). Einige Newsgroups können gelesen und ledig- lich an eine Site gesendet werden. Andere wiederum durchlaufen das gesamte Internet (z.B. die Gruppen der sieben großen Usenethierarchien). → *siehe auch* Beitrag, bit.-Newsgroups, ClariNet, Diskussion mit Threads, Follow-Up, Great Renaming, lokale Newsgroups, Mail Reflector, traditionelle Newsgrouphierarchie, Usenet. → *vgl.* Verteilerliste.

Newsgroups, lokale, die; *Subst.* (local newsgroups)
→ *siehe* lokale Newsgroups.

Newsmaster, der; *Subst.* (newsmaster)
Die Person, die für das Verwalten der Internetnewsserver bei einem bestimmten Host zuständig ist. Die Standardmethode, um den Newsmaster zu kontaktieren, ist das Senden einer E-Mail an »newsmaster@domain.name«.

news.-Newsgroups, die; *Subst.* (news. newsgroups)
Usenet-Newsgroups, die Bestandteil der Hierarchie *news* sind. Diese Newsgroups behandeln Themen, die sich mit dem Usenet beschäftigen (z.B. Usenetrichtlinien und das Erstellen neuer Usenet-Newsgroups). → *siehe auch* Newsgroup, traditionelle Newsgrouphierarchie, Usenet. → *vgl.* comp.-Newsgroups, misc.-Newsgroups, rec.-Newsgroups, sci.-Newsgroups, soc.-Newsgroups, talk.-Newsgroups.

.newsrc
Auf UNIX-Systemen der Name einer Einrichtungsdatei für UNIX-basierte Newsreader. Die Einrichtungsdatei enthält meist eine aktuelle Liste der Newsgroups, die der Benutzer abonniert hat, sowie die Artikel aus jeder Newsgroup, die der Benutzer schon gelesen hat. → *siehe auch* Konfiguration, Newsreader.

Newsreader, der; *Subst.* (newsreader)
Ein Usenetclient-Anwendungsprogramm, über das Benutzer Usenet-Newsgroups abonnieren, Artikel lesen, Follow-Ups posten, E-Mails beantworten und Artikel senden können. Viele Webbrowser sind mit dieser Funktionalität ausgestattet. → *siehe auch* Beitrag, E-Mail, Follow-Up, Newsgroup, Usenet, Webbrowser.

Newsreader mit Threads, der; *Subst.* (threaded newsreader)
Ein Newsreader, der die Artikel in den Newsgroups als »Diskussionsfaden« darstellt. Erwiderungen auf einen Artikel erscheinen direkt nach dem ursprünglichen Artikel statt in chronologischer oder anderer Reihenfolge. → *siehe auch* Newsreader, POST, Thread.

Newsserver, der; *Subst.* (news server)
Ein Computer oder ein Programm, das Internetnewsgroups mit Newsreaderclients und anderen Servern in Verbindung bringt. → *siehe auch* Newsgroup, Newsreader.

Newton *Adj.*
In Bezug auf den Apple Newton MessagePad Personal Digital Assistant (PDA). → *siehe auch* PDA.

N

Newton OS, das; *Subst.*
Das Betriebssystem, das den Apple Newton MessagePad Personal Digital Assistant (PDA) steuert. → *siehe auch* PDA.

NeXT
Ein Produkt der NeXT Computer, Inc. (jetzt NeXT Software, Inc.). NeXT stellte Computer her und entwickelt Software. Das Unternehmen wurde 1985 von Steven Jobs gegründet und 1997 von Apple Computer erworben. → *siehe auch* Objective-C.

Next Generation Internet, das; *Subst.*
Ein von der Regierung der USA begründetes Forschungsprogramm für die Entwicklung schnellerer, leistungsstärkerer Netzwerktechnologien, als sie derzeit im globalen Internet betrieben werden. Mit der Entwicklung des Next Generation Internet, kurz NGI, wurde 1997 unter der Schirmherrschaft verschiedener Regierungsbehörden begonnen. Hierzu zählen DARPA (Defense Advanced Research Projects Agency), NASA (National Aeronautics & Space Administration) und NSF (National Science Foundation). Zielsetzung war die Entwicklung fortschrittlicher Netzwerktechnologien und deren Vorführung in universitären und regierungseigenen Testnetzwerken, die um mehrere Faktoren schneller als das aktuelle Internet sind. Die entwickelten Technologien sind für die mögliche Verwendung in Schulen, Firmen oder der allgemeinen Öffentlichkeit vorgesehen. Das Projekt wurde 1999 abgeschlossen. Weitere Informationen zur NGI-Initiative sind unter der Webadresse http://www.ngi.gov abrufbar. → *vgl.* Internet, Internet2.

NFS
→ *siehe* Network File System.

NGI
→ *siehe* Next Generation Internet.

Nibble, das; *Subst.* (nibble)
Die Hälfte eines Bytes (4 bit). Nibbles – gelegentlich auch »Nybbles« genannt – sind für die Repräsentation von hexadezimalen und binärcodierten Dezimalzahlen wichtig. → *siehe auch* binärcodierte Dezimalzahlen, hexadezimal. → *vgl.* Quadbit.

NIC
Abkürzung für **N**etwork **I**nterface **C**ard. → *siehe* Netzwerkadapter.
Außerdem die Abkürzung für **N**etwork **I**nformation **C**enter. Eine Organisation, die Informationen zu Netzwerken sowie anderen Supports für Benutzer eines Netzwerks zur Verfügung stellt. Intranets und andere private Netzwerke unterhalten zum Teil eigene NICs. Das NIC für das Internet heißt InterNIC und ist im Web unter der Adresse http://www.internic.net erreichbar. → *siehe* Netzwerkadapter. → *siehe auch* InterNIC.

NiCad-Akku, der; *Subst.* (NiCad battery)
→ *siehe* Nickelcadmiumakkumulator.

nicht ausführbare Anweisung, die; *Subst.* (nonexecutable statement)
Eine Programmieranweisung, die sich nicht ausführen lässt, da sie außerhalb der Ablauffolge des Programms liegt. In der Programmiersprache C stellt z.B. eine Anweisung, die unmittelbar auf eine *return()*-Anweisung (innerhalb desselben Blocks) folgt, eine nicht ausführbare Anweisung dar.
Der Begriff wird auch für Typdeklarationen, Variablendeklarationen, Präprozessorbefehle, Kommentare und andere in Programmen vorkommende Anweisungen verwendet, die nicht in einen ausführbaren Maschinencode übersetzt werden.

nicht behandelte Ausnahme, die; *Subst.* (unhandled exception)
Ein Fehlerzustand, der innerhalb einer Anwendung nicht selbständig beseitigt werden kann. Tritt eine nicht behandelte Ausnahme auf, muss das Betriebssystem die Anwendung beenden, die den Fehler verursacht hat.

nicht behebbarer Fehler, der; *Subst.* (unrecoverable error)
Ein schwerwiegender Fehler – ein Fehler, den ein Programm selbst nicht behandeln kann, so dass externe Methoden zur Wiederherstellung eingesetzt werden müssen. → *vgl.* korrigierbarer Fehler.

nicht flüchtiger Speicher, der; *Subst.* (nonvolatile memory)
Ein Speichersystem, das die Daten auch bei abgeschalteter Stromversorgung nicht verliert. Der Begriff bezieht sich eigentlich auf Speichertypen wie Kern, ROM, EPROM, Flash und Blasen sowie batteriegestützten CMOS RAM, wird aber gelegentlich auch für Disksubsysteme gebraucht. → *siehe auch* Blasenspeicher, CMOS-RAM, EPROM, Flashspeicher, Kernspeicher, ROM.

nicht gelesen *Adj.* (unread)
Bezeichnet einen Artikel in einer Newsgroup, den ein Benutzer noch nicht empfangen hat. Newsreaderclients unterscheiden zwischen »gelesenen« und »ungelesenen« Artikeln eines jeden Benutzers und kopieren nur die ungelesenen Artikel vom Server.

Der Ausdruck bezeichnet außerdem eine E-Mail-Nachricht, die ein Benutzer zwar empfangen, aber noch nicht mittels eines E-Mail-Programms geöffnet hat.

Nichtleiter, der; *Subst.* (nonconductor)
→ *siehe* Isolator.

nicht maskierbarer Interrupt, der; *Subst.* (nonmaskable interrupt)
Ein Hardwareinterrupt, der nichtmaskierbar genannt wird, weil er den Prozessor unabhängig von allen anderen Interruptanforderungen (die über die Software oder über die Tastatur bzw. über andere Geräte ausgelöst werden) erreicht und über die höchste Priorität verfügt. Ein nichtmaskierbarer Interrupt lässt sich nicht durch andere Dienstanforderungen zurückweisen (maskieren) und wird nur in kritischen Fällen an den Mikroprozessor abgegeben, beispielsweise bei schweren Speicherfehlern oder bevorstehenden Stromausfällen. → *vgl.* maskierbarer Interrupt.

nicht moderiert *Adj.* (unmoderated)
Bezeichnet eine Newsgroup oder Verteilerliste, bei der alle Artikel oder Mitteilungen, die der Server empfängt, automatisch für alle Abonnenten verfügbar sind oder an diese verteilt werden. → *vgl.* moderiert.

nicht proportionale Schrift, die; *Subst.* (monospace font)
→ *siehe* dicktengleiche Schrift.

nicht prozedurale Sprache, die; *Subst.* (nonprocedural language)
Eine Programmiersprache, die nicht dem prozeduralen Paradigma der sequentiellen Ausführung von Anweisungen, Unterprogrammaufrufen und Steuerungsstrukturen folgt, sondern einen Satz von Fakten und Regeln beschreibt und dann nach bestimmten Ergebnissen abgefragt wird. → *vgl.* prozedurale Sprache.

nicht trivial *Adj.* (nontrivial)
Ein Begriff, der etwas beschreibt, was sich entweder als schwierig oder besonders bedeutungsvoll darstellt. Beispielsweise spricht man bei einer kompliziert programmierten Prozedur zur Behandlung eines schwierigen Problems von einer nicht trivialen Lösung.

NICHT–UND (NOT AND)
→ *siehe* NAND-Verknüpfung.

nicht zustellbar *Adj.* (undeliverable)
Nicht an den angegebenen Empfänger zu übergeben. Ist eine E-Mail-Nachricht nicht zustellbar, wird sie an den Absender zurückgesandt, wobei vom Mailserver Informationen zur Beschreibung des Problems hinzugefügt werden. Beispielsweise kann die E-Mail-Adresse fehlerhaft sein, oder das Postfach des Empfängers ist bereits voll.

Nickelcadmiumakku, der; *Subst.* (nickel cadmium battery)
Eine wieder aufladbare Batterie, die eine Alkalifüllsäure enthält. Nickelcadmiumakkumus haben in der Regel eine längere Lebensdauer als vergleichbare Bleisäureakkus. → *siehe auch* Batterie, Lithiumakku, Nickelhydridakku, Zink-Luft-Akku. → *auch genannt* NiCad-Akku. → *vgl.* Bleiakku, Lithiumakku, Nickelhydridakku.

Nickelcadmiumakkumulator, der; *Subst.* (nickel cadmium battery)
Eine wieder aufladbare Batterie, die eine Alkalifüllsäure enthält. Nickelcadmiumakkumulatoren haben in der Regel eine längere Lebensdauer als vergleichbare Bleisäureakkus. → *auch genannt* NiCad-Akku. → *vgl.* Bleiakku, Lithiumakku, Nickelhydridakku.

Nickelhydridakku, der; *Subst.* (nickel metal hydride battery)
Eine wieder aufladbare Batterie, die eine längere Lebensdauer und eine hervorragende Leistungsfähigkeit im Vergleich zu anderen Bleisäure- oder Alkaliakkus hat. → *auch genannt* NiMH-Akku. → *vgl.* Bleiakku, Lithiumakku, Nickelcadmiumakkumulator.

Nickname, der; *Subst.* (nickname)
Ein Name, der im Adressfeld eines E-Mail-Editors anstelle einer oder mehrerer vollständiger Netzwerkadressen verwendet werden kann. So kann z.B. »Fred« ein Nickname für *fred@foo.bar.de* sein. Wenn der Nickname im Programm eingerichtet ist, braucht der Benutzer nicht mehr die vollständige Adresse, sondern lediglich die Zeichenfolge »Fred« einzugeben. Ein einzelner Nickname kann auch für eine ganze Gruppe von Adressaten verwendet werden, z.B. »Marketing« für alle Mitarbeiter der Marketingabteilung einer Firma. → *siehe auch* Alias.

Niederfrequenz, die; *Subst.* (low frequency)
Der Bereich des elektromagnetischen Spektrums zwischen 30 Kilohertz (kHz) und 300 kHz. Dieser Frequenzbereich wird

N für verschiedene Arten der Rundfunkübertragung verwendet, einschließlich des Langwellen-Rundfunkbandes in Europa und Asien.

niederwertig *Adj.* (low-order)
Bezeichnet typischerweise das am weitesten rechts stehende Element in einer Gruppe – das mit dem geringsten Gewicht oder der geringsten Bedeutung. Bei dem am weitesten rechts stehenden Bit in einer Bitgruppe handelt es sich z.B. um das niederwertige Bit. → *vgl.* höchstwertig.

niederwertigstes Bit, das; *Subst.* (least significant bit)
In einer Folge von einem oder mehreren Byte das (in der Regel am weitesten rechts stehende) Bit mit der geringsten Wertigkeit einer Binärzahl. → *siehe auch* niederwertig. → *vgl.* höchstwertiges Bit.

niederwertigste Stelle, die; *Subst.* (least significant digit)
Die äußerste rechte Ziffer bei der normalen Darstellung einer Zahl. → *siehe* auch niederwertig. → *vgl.* höchstwertige Stelle.

niederwertigstes Zeichen, das; *Subst.* (least significant character)
Das in einem String am weitesten rechts stehende Zeichen mit der geringsten Wertigkeit. → *siehe auch* niederwertig. → *vgl.* höchstwertiges Zeichen.

niedrige Auflösung *Adj.* (low resolution)
Abgekürzt Lo-Res. Beschreibt bei Rasterscandisplays und in der Drucktechnik einen Bildschirm oder ein Bild, bei dem Text und Grafiken in relativ groben Einzelheiten erscheinen. In der Drucktechnik lässt sich niedrige Auflösung mit der Entwurfsqualität der Ausgaben von Matrixdruckern vergleichen, die bei 125 Punkten pro Zoll oder weniger drucken. → *siehe auch* Auflösung. → *vgl.* hohe Auflösung.

niedrige Integrationsdichte, die; *Subst.* (small-scale integration)
Bezeichnet integrierte Schaltkreise, bei denen sich weniger als 10 Komponenten auf einem einzelnen Chip befinden. → *siehe auch* integrierter Schaltkreis.

niedrige Sprache, die; *Subst.* (low-level language)
Eine Sprache, die maschinenabhängig ist und/oder nur in geringem Umfang über Steuerbefehle und Datentypen verfügt. Jede Anweisung in einem Programm, das in einer nied-

rigen Sprache geschrieben ist, entspricht in der Regel einem Maschinenbefehl. → *siehe auch* Assemblersprache. → *vgl.* höhere Programmiersprache.

NII
→ *siehe* National Information Infrastructure.

Nil-Zeiger, der; *Subst.* (nil pointer)
→ *siehe* Nullzeiger.

Nimda-Wurm, der; *Subst.* (Nimda worm)
Ein dauerhafter Wurm, der die Ausführung von E-Mail-Servern beeinträchtigen oder deaktivieren, die Steuerung von Webseiten übernehmen und Systeme anhand verschiedener Methoden infizieren kann. Der Nimda-Wurm kann über E-Mail-Nachrichten als Anhang, über einen Internetscan nach ungeschützten Webservern, über Java-Script auf einer infizierten Webseite oder über eine Netzwerkfreigabe in Umlauf gebracht werden. Der Nimda-Wurm wurde 2001 entdeckt. Verschiedene Varianten der ursprünglichen Version sind in Umlauf gekommen. → *siehe auch* Wurm. → *vgl.* Code Red-Wurm, Hybris-Wurm, Internetwurm, Lion-Wurm.

NiMH-Akku, der; *Subst.* (NiMH battery)
→ *siehe* Nickelhydridakku.

NIS
Abkürzung für **N**etwork **I**nformation **S**ervice. → *siehe* Yellow Pages.

NL
→ *siehe* Zeilenschaltzeichen.

n-leitender Halbleiter, der; *Subst.* (N-type semiconductor)
Ein Halbleitermaterial, bei dem die elektrische Leitung auf der Elektronenabgabe beruht, im Gegensatz zum P-leitenden Halbleiter, bei dem die Leitung durch Löcher erfolgt, d.h. »Elektronenlücken«. N-leitende Halbleiter werden beim Herstellungsprozess durch das Hinzufügen eines Dotierungsmaterials mit einem Elektronenüberschuss erzeugt. → *siehe auch* p-leitender Halbleiter. → *vgl.* p-leitender Halbleiter.

NLQ
→ *siehe* Near Letter Quality.

NLS
→ *siehe* Natural Language Support.

nm
→ *siehe* Nanometer.

NMI
→ *siehe* nicht maskierbarer Interrupt.

NMOS
Auch N-MOS geschrieben. Abkürzung für **N**-channel **M**etal-**O**xide **S**emiconductor. Eine Halbleitertechnologie, bei der der leitende Kanal in MOSFETs auf der Bewegung von Elektronen anstatt auf Löchern (von Elektronen hinterlassene »Lücken« im Kristallgitter) basiert. Da sich Elektronen schneller als Löcher bewegen, haben NMOS eine höhere Geschwindigkeit als PMOS. Die Herstellung der NMOS-Technologie ist allerdings komplizierter und teurer. → *siehe auch* MOS, MOSFET, n-leitender Halbleiter. → *vgl.* CMOS, PMOS.

NNTP
Abkürzung für **N**etwork **N**ews **T**ransfer **P**rotocol. Das Internetprotokoll, das die Übertragung von Newsgroups festlegt.

NOC
→ *siehe* Network Operation Center.

Nomadic Computing, das; *Subst.*
Eine Computerumgebung, die portable Computer mit portabler Kommunikation kombiniert, um einen Remotenetzwerkzugriff zu ermöglichen, der sich nur geringfügig von einem Direktzugriff unterscheidet. Beim Nomadic Computing (zu deutsch etwa »nomadische Computerumgebung«) können Benutzer und Programme in jeder Umgebung arbeiten bzw. ausgeführt werden. Jeder Computer passt sich automatisch an die gerade verfügbare Verarbeitung, Kommunikation und Zugriffsmöglichkeit an. Erwünschte Eigenschaften sind Unabhängigkeit des Standorts, der Handlungen, der Plattform, des Geräts und der Bandbreite mit fortlaufendem Zugriff auf Remotesysteme und Server.

Nonreturn to Zero (nonreturn to zero)
In der Datenübertragung ein Verfahren zur Datencodierung, bei dem das Signal zur Darstellung der Binärwerte zwischen positiven und negativen Spannungen wechselt, wenn eine Änderung der Binärziffer von 1 auf 0 oder umgekehrt auftritt. Nach der Übertragung eines Bits kehrt das Signal demnach nicht zu einem Null- oder neutralen Pegel zurück. Um ein Bit vom nächsten zu unterscheiden, wird Timing verwendet. Bei der Aufzeichnung von Daten auf einer magnetischen Oberfläche bezieht sich »Nonreturn to Zero« auf eine

Methode, bei der ein magnetischer Zustand eine 1 und – in der Regel – der entgegengesetzte Zustand eine 0 repräsentiert.

Nonuniform-Speicherarchitektur, die; *Subst.* (nonuniform memory architecture)
Eine Systemarchitektur für den Nonuniform Access Memory von Sequent, bei dem es sich um einen verteilten gemeinsamen Speicher handelt, der keinen einzelnen zentralen physikalischen Speicher, sondern eine Anzahl von gemeinsamen Speichersegmenten verwendet.

NO-OP
→ *siehe* Nooperationbefehl.

No-Operation-Befehl, der; *Subst.* (no-operation instruction)
Ein Maschinenbefehl, der lediglich Rechenzeit (einen oder zwei Takte) verbraucht und ansonsten keine Aktionen ausführt. In bestimmten Situationen lassen sich diese Befehle sinnvoll einsetzen. Beispielsweise kann man einen Unterprogrammaufruf unterbinden, die Zeitverzögerung einer Zeitschleife genau anpassen oder die Ausrichtung der Maschinenbefehle auf bestimmte Vielfache der Speicheradresse beeinflussen. → *siehe auch* Maschinenbefehl.

NOP
→ *siehe* Nooperationbefehl.

NOR, exklusives, das; *Subst.* (exclusive NOR)
→ *siehe* exklusives NOR.

NOR-Gatter, das; *Subst.* (NOR gate)
NOT-OR. Ein digitaler Logikschaltkreis, dessen Ausgangsgröße nur dann logisch 1 ist, wenn alle Eingangsgrößen 0 betragen. Ein NOR-Gatter besteht aus einem OR-Gatter (Ausgangsgröße 1, wenn mindestens eine der Eingangsgrößen 1) gefolgt von einem NOT-Schaltkreis (Ausgangsgröße ist logisches Komplement der Eingangsgröße). → *siehe auch* Gatter, NOT-Gatter, OR-Gatter.

Normalform, die; *Subst.* (normal form)
In einer relationalen Datenbank eine Methode zur Strukturierung von Informationen. Normalformen vermeiden Redundanz und Inkonsistenz und fördern die effiziente Verwaltung, Speicherung und Aktualisierung von Informationen. Dabei werden verschiedene »Regeln« oder Ebenen der Normalisierung gemeinhin anerkannt – jede stellt eine Verfeinerung der

N vorangegangenen dar. Von diesen werden Formen werden in der Praxis meist drei verwendet: die erste Normalform (1NF), die zweite Normalform (2NF) und die dritte Normalform (3NF). Die ersten Normalformen sind am wenigsten strukturiert und stellen Gruppen von Datensätzen dar (z.B. Angestelltenlisten), in denen jedes Feld (Spalte) eindeutige, also nicht wiederholende Daten enthält. Die zweiten und dritten Normalformen gliedern die ersten Normalformen auf, indem sie diese in unterschiedliche Tabellen aufteilen, wobei der Reihe nach feinere Wechselbeziehungen zwischen den Feldern definiert werden. Die zweiten Normalformen enthalten dabei nur Felder, die Untermengen von Feldern mit Primärschlüssel darstellen. Beispielsweise kann eine zweite Normalform, die einen Schlüssel auf den Namen eines Angestellten aufweist, nicht gleichzeitig den Dienstgrad und den Stundentarif enthalten, wenn die Bezahlung vom Dienstgrad abhängig ist. Die dritten Normalformen enthalten keine Felder, die Informationen über Felder außer dem Schlüsselfeld zur Verfügung stellen. Eine dritte Normalform, die einen Schlüssel auf den Angestelltennamen aufweist, kann z.B. nicht den Projektnamen, die Arbeitsgruppennummer und den Gruppenleiter enthalten, solange die Arbeitsgruppennummer und der Gruppenleiter nur dem Projekt zugewiesen sind, an dem der Angestellte arbeitet. Weitere Verfeinerungen für Normalformen sind die Boyce-Codd-Normalform (BCNF), die vierte Normalform (4NF) und Projektions-Kombinationsnormalform (englisch »projection-join«, Abkürzung: PJ/NF). Letztere wird auch als »fünfte Normalform« (5NF) bezeichnet. Diese Ebenen sind jedoch weniger gebräuchlich als die ersten, zweiten und dritten Normalformen.

In der Programmierung versteht man unter »Normalform« die – manchmal als Backus-Normalform (Backus-Naur-Form) bezeichnete – Metasprache, die für die Beschreibung der Syntax anderer Sprachen verwendet wird – speziell ALGOL 60, für die sie geschaffen wurde. → *siehe auch* Backus-Naur-Form.

normalisieren *Vb.* (normalize)
In der Programmierung das Anpassen der Festkomma- und Exponentialbestandteile von Gleitkommazahlen, um die Festkommateile in einen festgelegten Bereich zu bringen.
In der Datenbankverwaltung bezeichnet »normalisieren« die Anwendung einer Reihe von Methoden auf eine relationale Datenbank, um doppelt vorhandene Informationen zu minimieren. Normalisieren vereinfacht in starkem Maße die Behandlung von Abfragen und Aktualisierungen, wozu auch Aspekte der Sicherheit und Integrität zählen. Das Normalisieren wird allerdings mit einer größeren Anzahl von Tabellen erkauft. → *siehe auch* Normalform.

Normalverteilung, die; *Subst.* (normal distribution)
In der Statistik ein Funktionstyp, der die Wahrscheinlichkeiten von möglichen Werten einer Zufallsvariablen beschreibt. Mit Hilfe der Normalverteilungsfunktion, deren Graph die bekannte Glockenkurve ist, lässt sich die Wahrscheinlichkeit bestimmen, mit der der Wert der Variablen innerhalb eines bestimmten Intervalls liegen wird.

NOS
→ *siehe* Netzwerkbetriebssystem.

NOT
Ein Operator zur Ausführung der Booleschen (oder logischen) Negation. → *siehe auch* Boolescher Operator, logischer Operator.

Notation, die; *Subst.* (notation)
In der Programmierung die Menge von Symbolen und Formaten, die für die Beschreibung von Elementen der Programmierung, der Mathematik oder eines wissenschaftlichen Gebietes verwendet werden. Die Syntax einer Sprache wird zum Teil durch die Notation festgelegt. → *siehe auch* Syntax.

Notation, positionale, die; *Subst.* (positional notation)
→ *siehe* positionale Notation.

Notation, wissenschaftliche, die; *Subst.* (scientific notation)
→ *siehe* wissenschaftliche Notation.

Notdienst, der; *Subst.* (troubleshooter)
Personen, die dafür ausgebildet sind, Probleme oder Ausfälle bei technischen Geräten und Systemen zu lokalisieren und zu beheben. Derartige Personen werden häufig nur kurzfristig beschäftigt oder bieten ihre Dienste als Freiberufler an. Viele Firmen – vor allem kleinere – benötigen den Notdienst nämlich nur kurzfristig oder in Ausnahmefällen, z.B. wenn in einem Projekt unerwartet Schwierigkeiten auftreten oder ein System ohne vorherige Anzeichen ausfällt. → *siehe auch* Problembehandlung.

Notebookcomputer, der; *Subst.* (notebook computer)
→ *siehe* portabler Computer.

NOT-Gatter, das; *Subst.* (NOT gate)
Eines der drei elementaren Logikgatter (neben AND und OR), aus denen alle digitalen Systeme erstellt werden können. Die Ausgangsgröße des NOT-Schaltkreises, auch als *Inverter*

bezeichnet, ist entgegengesetzt zur Eingangsgröße. Die Ausgangsgröße ist also logisch 1, wenn die Eingangsgröße logisch 0 ist und umgekehrt. → *siehe auch* AND-Gatter, Gatter, OR-Gatter.

Notkonstruktion, die; *Subst.* (kludge)
Eine Übergangs- oder Notlösung für eine Hardwarekonstruktion.

Novell NetWare, die; *Subst.*
Eine Familie lokaler Netzwerk-Betriebssysteme der Firma Novell, die für den Einsatz auf IBM-PCs und Apple Macintosh-Computern vorgesehen sind. Novell NetWare ermöglicht den Teilnehmern die gemeinsame Nutzung von Dateien und Systemressourcen, z.B. Festplatten und Druckern. → *siehe auch* Netzwerkbetriebssystem.

NPN-Transistor, der; *Subst.* (NPN transistor)
Ein Transistortyp, bei dem eine Basis aus P-leitendem Halbleitermaterial zwischen einem Emitter und einem Kollektor aus N-leitendem Material angeordnet ist. Die Basis, der Emitter und der Kollektor sind die drei Elektroden, durch die der Strom fließt. In einem NPN-Transistor stellen die Elektronen die Majoritätsträger dar, die vom Emitter zur Basis abfließen. → *siehe auch* n-leitender Halbleiter, p-leitender Halbleiter. → *vgl.* PNP-Transistor. (Abbildung N.1)

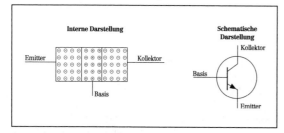

Abbildung N.1: NPN-Transistor

NRZ
→ *siehe* Nonreturn to Zero.

ns
→ *siehe* Nanosekunde.

NSAPI
Abkürzung für **N**etscape **S**erver **A**pplication **P**rogramming **I**nterface. Eine Spezifikation für Schnittstellen zwischen dem kommerziellen HTTP-Server der Firma Netscape Communications und anderen Anwendungsprogrammen. NSAPI kann eingesetzt werden, um den Zugriff auf

Anwendungsprogramme von einem Webbrowser über einen Webserver zur Verfügung zu stellen. → *siehe auch* Webbrowser.

N

NSF
→ *siehe* National Science Foundation.

NSFnet, das; *Subst.*
Ein Weitbereichsnetz der National Science Foundation, das das ARPANET für den Zivilbereich ersetzt hat. NSFnet diente bis Mitte 1995 als Hauptbackbone für das Internet. Die Backbonedienste für das Internet werden in den USA seit 1996 von kommerziellen Organisationen zur Verfügung gestellt. → *siehe auch* ARPANET, Backbone.

NSI
Abkürzung für **N**etwork **S**olutions, **I**nc. Eine Firma, die seit 1992 verantwortlich ist für die Registrierung der Toplevel-Domänennamen im Internet und die Verwaltung der maßgebenden Datenbank aller Topleveldomänen, die täglich auf 12 andere Rootserver im Internet repliziert wird. 1998 wurden im Zuge der Privatisierung der Internet-Administration die von der NSI (im Auftrag der United States National Science Foundation) ausgeführten Aufgaben der neuen, gemeinnützigen Organisation ICANN übertragen. Die NSI besteht weiterhin, die Verbindung zur US-Regierung ist jedoch seit 1998/1999 in Auflösung begriffen. Die Website von NSI ist unter der Adresse http://www.networksolutions.com erreichbar. → *siehe auch* ICANN, Internet Assigned Numbers Authority, Rootserver, Topleveldomäne.

NT
→ *siehe* Windows NT.

NT-1
→ *siehe* Network Terminator 1.

NT-Dateisystem, das; *Subst.* (NT file system)
→ *siehe* NTFS.

NTFS
Abkürzung für **NT** **F**ile **S**ystem. Ein modernes Dateisystem, das speziell für das Betriebssystem Windows NT entwickelt wurde. Es unterstützt lange Dateinamen, volle Sicherheits-Zugriffskontrolle, Dateisystem-Wiederherstellung, extrem große Speichermedien und verschiedene Merkmale für das Subsystem Windows NT POSIX. Außerdem ist es auf objektorientierte Anwendungen ausgerichtet, indem es alle

N Dateien als Objekte mit benutzerdefinierten und system-definierten Attributen behandelt. → *siehe auch* FAT-Datei-system, HPFS, POSIX.

NTP

Abkürzung für **N**etwork **T**ime **P**rotocol. Ein Protokoll, das für das Synchronisieren der Systemzeit bei einem Computer mit einem Server oder einer anderen Referenzquelle (z.B. einem Radio, einem Satellitenempfänger oder einem Modem) ver-wendet wird. NTP ermöglicht eine Zeitgenauigkeit von einer Millisekunde bei lokalen Netzwerken und einigen Millisekun-den bei Weitbereichsnetzen. Die NTP-Konfigurationen kön-nen redundante Server, diverse Netzwerkpfade und krypto-grafische Echtheitsbestätigungen einsetzen, um hohe Genauigkeit und Zuverlässigkeit zu gewährleisten.

NTSC

Abkürzung für **N**ational **T**elevision **S**tandards **C**ommittee, die amerikanische Normungseinrichtung für Fernsehen und Video und Namensgeber für den in Nordamerika geltenden NTSC-Standard für das Codieren von Farbfernsehsignalen. Das NTSC-Signal definiert ein Fernsehbild mit 30 Wiederho-lungen pro Sekunde, jedes Bild enthält 525 Bildzeilen und 16 Millionen Farben. → *vgl.* HDTV, PAL, SECAM.

NuBus, der; *Subst.*
Ein leistungsstarker Erweiterungsbus für Apple Macintosh-Computer, zuerst mit dem Macintosh II erschienen und mit dem Macintosh Performa vom Markt genommen. Der NuBus bietet eine hohe Bandbreite und mehrere Buscontroller. Er wurde am MIT (Massachusetts Institute of Technology) ent-wickelt und anschließend für Texas Instruments und andere Unternehmen lizenziert. → *siehe auch* Bus, Macintosh.

nuken *Vb.* (nuke)
Das Löschen einer Datei, eines Verzeichnisses oder einer gesamten Festplatte.

NUL

Ein Zeichencode mit einem Nullwert. Im wörtlichen Sinne ein Zeichen mit der Bedeutung »nichts«. Ein NUL-Zeichen ist zwar real vorhanden, nimmt intern Platz im Computer ein und wird als Zeichen gesendet oder empfangen, es zeigt aber nichts an, verbraucht keinen Platz auf dem Bildschirm bzw. auf dem Papier und bewirkt auch keine bestimmte Aktion, wenn es zum Drucker geschickt wird. Im ASCII-Zeichensatz ist dem NUL-Zeichen der Code 0 zugeordnet. → *siehe auch* ASCII.

»NUL« ist außerdem ein spezielles, gedachtes »Gerät«, das vom Betriebssystem zur Verfügung gestellt wird. Das NUL-Gerät kann zwar wie ein physikalisches Ausgabegerät (z.B. ein Drucker) adressiert werden, verwirft jedoch im Unter-schied zu einem gewöhnlichen Gerät sämtliche Informa-tionen, die an das Gerät gesendet werden.

Null, die; *Subst.* (zero)
Das arithmetische Symbol (0) zur Darstellung einer Null-größe.

Nullmodem, das; *Subst.* (null modem)
Ein Kabel zur direkten Verbindung von zwei Computern, die damit ohne die Verwendung von Modems kommunizieren kön-nen. In einem Nullmodemkabel sind dazu die Sende- und Emp-fangsleitungen gekreuzt, so dass die für das Senden benutzte Leitung des einen Gerätes als Empfangsleitung für das andere Gerät und umgekehrt verwendet wird. (Abbildung N.2)

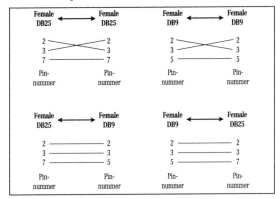

Abbildung N.2: Nullmodem: Schema der Verdrahtung für IBM PCs und kompatible Computer

Nullmodemkabel, das; *Subst.* (null modem cable)
Ein serielles Datenkabel zum Verbinden von zwei PCs ohne Zwischenschaltung eines Modems oder eines anderen DCE-Gerätes über die seriellen Ports der Computer. Da beide Com-puter dieselben Pins für das Senden von Daten verwenden, verbindet ein Nullmodemkabel die Ausgangspins im seriellen Port des einen Computers mit den Eingangspins des anderen Computers. Ein Nullmodemkabel wird für die Übertragung von Daten zwischen zwei PCs verwendet, die in unmittel-barer Nähe voneinander aufgestellt sind. → *siehe auch* seri-eller Port. (Abbildung N.3)

Nullterminierter String, der; *Subst.* (null-terminated string)
→ *siehe* ASCIIZ-String.

Abbildung N.3: Nullmodem-Kabel

Nullzeichen, das; *Subst.* (null character)
→ *siehe* NUL.

Nullzeiger, der; *Subst.* (null pointer)
Ein Zeiger, der auf »nichts« zeigt. Normalerweise handelt es sich dabei um eine genormte Speicheradresse (z.B. 0). Ein Nullzeiger markiert in der Regel das letzte Element in einer linearen Folge von Zeigern oder kennzeichnet eine Suchoperation als erfolglos. → *siehe auch* Zeiger. → *auch genannt* Nil-Zeiger.

Nullzyklus, der; *Subst.* (null cycle)
Die kürzeste erforderliche Zeitspanne für die Ausführung eines Programms. Die erforderliche Zeit, um ein Programm zu durchlaufen, ohne neue Daten zu verarbeiten oder Anweisungsschleifen auszuführen.

NUMA, die; *Subst.*
→ *siehe* Nonuniform-Speicherarchitektur.

Numbercrunching *Subst.* (number crunching)
Die Verarbeitung großer Mengen numerischer Daten. Numbercrunching kann periodisch, mathematisch komplex oder beides sein. Beim Numbercrunching ist in der Regel ein höherer Aufwand für die interne Verarbeitung erforderlich als bei Eingabe- oder Ausgabefunktionen. Numerische Coprozessoren erweitern in hohem Maße die Leistungsstärken des Computers zur Ausführung dieser Aufgaben.

numerische Analyse, die; *Subst.* (numerical analysis)
Der Zweig der Mathematik, der sich mit Lösungsverfahren für mathematisch beschreibbare Probleme und der Suche nach Methoden zur Ermittlung konkreter oder näherungsweiser Lösungen abstrakter mathematischer Probleme beschäftigt.

numerischer Coprozessor, der; *Subst.* (numeric coprocessor)
→ *siehe* Gleitkommaprozessor.

numerischer Tastenblock, der; *Subst.* (numeric keypad)
Ein Tastaturbereich in Form eines Taschenrechners (in der Regel an der rechten Seite der Tastatur), der der Eingabe von Zahlen dient. Neben den Tasten für die Ziffern 0 bis 9 und den Tasten für Addition, Subtraktion, Multiplikation und Division enthält ein numerischer Tastenblock oft eine Eingabetaste (die normalerweise einen anderen Code erzeugt als die Eingabe- oder Return-Taste der Haupttastatur). Auf Apple-Tastaturen gehört zum numerischen Tastenblock auch die Löschtaste, deren Funktion normalerweise der Rücktaste zum Löschen von Zeichen entspricht. Diese Tasten haben eine duale Funktionalität. Wenn die Num-Taste ausgeschaltet ist, können die Tasten des numerischen Tastenblocks (Zehnertastatur) beispielsweise für das Bewegen des Cursors, für den Bildlauf oder zum Bearbeiten verwendet werden. → *siehe auch* Eingabetaste, Num-Taste, Tastatur. (Abbildung N.4)

Abbildung N.4: Numerischer Tastenblock

numerische Sortierung, die; *Subst.* (digital sort)
Auch Radixsortierung genannt. Ein Sortierverfahren, bei dem Datensatznummern oder deren Schlüsselwerte stellrichtig sortiert werden, beginnend jeweils mit der niederwertigsten (am weitesten rechts stehenden) Stelle.

Num-Taste, die; *Subst.* (Num Lock key)
Abkürzung für **Num**eric **Lock Key**. Eine Umschalttaste, die im eingeschalteten Zustand den numerischen Tastenblock aktiviert und die Benutzung der entsprechenden Tasten – ähnlich einem Taschenrechner für die Eingabe numerischer Daten ermöglicht. Wenn die Num-Taste ausgeschaltet ist, sind die meisten Tasten des numerischen Tastenblocks für

N Cursorbewegung und Bildschirmrollen belegt. → *siehe auch* numerischer Tastenblock.

Nur-Antwort-Modem, das; *Subst.* (answer-only modem)
Ein Modem, das nur Anrufe entgegennehmen, aber keine initiieren kann.

Nur-Text-Datei, die; *Subst.* (text-only file)
→ *siehe* ASCII-Datei.

Nutzsignal, das; *Subst.* (data signal)
Die Form, in der Informationen über eine Leitung oder eine Schaltung übertragen werden. Ein Nutzsignal besteht aus binären Ziffern und kann sowohl die eigentlichen Informationen oder Nachrichten als auch andere Elemente enthalten, z.B. Steuerzeichen oder Codes zur Fehlerprüfung.

Nybble, das; *Subst.* (nybble)
→ *siehe* Nibble.

O

OASIS

Abkürzung für »**O**rganization for the **A**dvancement of **S**tructured **I**nformation **S**tandards«. Eine Arbeitsgemeinschaft aus Technologieunternehmen, die Richtlinien für XML und zugehörige Informationsstandards entwirft. Die Website von OASIS finden Sie unter der Webadresse http://www.oasis-open.org. → *siehe auch* SGML, XML.

oberer Speicher, der; *Subst.* (high memory)

In IBM-PCs und kompatiblen Computern der Bereich von Adressen zwischen 640 KB und 1 MB, der hauptsächlich für Controllerhardware, z.B. Videoadapter und Eingabe-/Ausgabeports, sowie das ROM-BIOS verwendet wird. → *vgl.* unterer Speicher.

Oberfläche, die; *Subst.* (face)

In der Geometrie und der Computergrafik eine Seite eines festen Objekts, z.B. die Oberfläche eines Würfels.

Oberfläche, grafische, die; *Subst.* (graphical interface)

→ *siehe* grafische Benutzeroberfläche.

Oberflächenmodellierung, die; *Subst.* (surface modeling)

Von einigen CAD-Programmen eingesetztes Darstellungsverfahren, das Konstruktionen auf dem Bildschirm wie feste Körper erscheinen lässt. → *siehe auch* CAD. → *vgl.* Drahtmodell, Volumenmodell.

Oberflächenmontage, die; *Subst.* (surface-mount technology)

Ein Bestückungsverfahren für Leiterplatten, bei dem man die Bauelemente nicht mehr in vorgebohrte Löcher einlötet, sondern direkt auf der Oberfläche der Leiterplatte befestigt. Die Vorteile sind Kompaktheit, Vibrationsfestigkeit und die Möglichkeit dichterer Leiterbahnverbindungen. → *vgl.* DIP, Pingitter, pinlose Chipanbringung.

Oberfläche, symbolorientierte, die; *Subst.* (iconic interface)

→ *siehe* symbolorientierte Oberfläche.

Oberfläche, versteckte, die; *Subst.* (hidden surface)

→ *siehe* versteckte Oberfläche.

Oberfläche, visuelle, die; *Subst.* (visual interface)

→ *siehe* grafische Benutzeroberfläche.

Oberlänge, die; *Subst.* (ascender)

Der Teil eines Kleinbuchstabens, der über die Mittellängen (z.B. die Oberkante des »m«) herausragt. Beispiele für Buchstaben mit Oberlängen sind »b« und »f«. → *siehe auch* Grundlinie, x-Höhe. → *vgl.* Unterlänge. (Abbildung O.1)

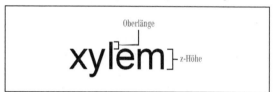

Abbildung O.1: Oberlänge

Object Broker, der; *Subst.*

Object Broker oder Object Module sind in der Regel Konvertierungsprogramme, die Objekte, Programmsequenzen oder Dateien unterschiedlicher Softwaretypen aufeinander abstimmen, indem sie die fremde Dateiformate für bestimmte Anwendungsprogramme lesbar machen. Meist sind Objektbroker multivalent auf ein sehr breites Softwarespektrum abgestimmt und zwischen Betriebssystem und Anwendungsprogramm geschaltet. Gängig ist auch ihr Gebrauch als Interface in Datenbank-Management-Systemen. Ober-begriff für Programme mit zwischengeschalteter Funktion ist Middleware. Allgemein besteht ihre Funktion in der Vermittlung zwischen Client und Server. Ein Beispiel für Object Broker-Programme ist CORBA. → *siehe auch* CORBA, Middleware.

Object Data Management Group, die; *Subst.*

Abkürzung: ODBMG. Ein Verband, der Standards für objektorientierte Datenbanken fördert und Schnittstellen für objektorientierte Datenbanken definiert. Weitere Informa-

O

tionen zur ODMG sind unter der Webadresse http://www.odmg.org abrufbar. → *siehe auch* Object Management Group.

Objective-C, die; *Subst.*
1984 von Brad Cox entwickelte, objektorientierte Variante der Programmiersprache C, die weithin als Standardentwicklungssprache für das Betriebssystem NeXT angesehen wurde. → *siehe auch* NeXT, objektorientierte Programmierung.

Object Linking and Embedding, das; *Subst.* (object linking and embedding)
→ *siehe* OLE.

Object Management Architecture, die; *Subst.*
→ *siehe* OMA.

Object Management Group, die; *Subst.*
Abkürzung: OMG. 1989 gegründeter, internationaler Verband, der offene Standards für objektorientierte Anwendungen fördert. OMG war auch an der Definition von OMA (Abkürzung für »Object Management Architecture«, zu Deutsch »Objektverwaltungs-Architektur«) beteiligt, einem Standardobjektmodell für verteilte Umgebungen. Weitere Informationen zur OMG sind unter der Webadresse http://www.omg.org abrufbar. → *siehe auch* Objektmodell, offener Standard, OMA.

Object Wrapper, der; *Subst.* (object wrapper)
In objektorientierten Anwendungen ein Hilfsmittel, das einen Satz von Diensten kapselt, die von einer nichtobjektorientierten Anwendung geliefert werden. Die gekapselten Dienste können dann als Objekt behandelt werden.

Objekt, das; *Subst.* (object)
Im Bereich der Grafik eine selbständige Entität. Beispielsweise lässt sich in einem Grafikprogramm eine Animation mit einem hüpfenden Ball als Objekt realisieren.
In der objektorientierten Programmierung eine Variable, in der sowohl Routinen als auch Daten zusammengefasst sind. Das Objekt wird als eine diskrete Entität behandelt. → *siehe auch* abstrakter Datentyp, Modul, objektorientierte Programmierung. Außerdem wird »Objekt« als Kurzform für »Objektcode« (maschinenlesbarer Code) verwendet.

Objektanforderungs-Broker, der; *Subst.* (object request broker)
→ *siehe* ORB.

Objektcode, der; *Subst.* (object code)
Der von einem Compiler oder Assembler durch die Übersetzung des Quellcodes erzeugte Code. Der Ausdruck bezieht sich meist auf Maschinencode, den der Prozessor des Computers direkt ausführen kann. Allerdings wird der Ausdruck auch gelegentlich in Bezug auf einen Assemblerquellcode oder eine Variante eines Maschinencodes verwendet. → *siehe auch* Prozessor.

Objektcomputer, der; *Subst.* (object computer)
Der Computer, der als Ziel für einen spezifischen Kommunikationszugriff fungiert.

Objektdatei, die; *Subst.* (object file)
Eine Datei, die gewöhnlich den von einem Compiler oder Assembler erzeugten Objektcode enthält. Der Objektcode wiederum wird vom Linker weiterverarbeitet. → *siehe auch* Assembler, Linker, Objektcode.

Objektdatenbank, die; *Subst.* (object database)
→ *siehe* objektorientierte Datenbank.

Objektmodell, das; *Subst.* (object model)
Allgemein die strukturelle Basis für einen objektorientierten Entwurf. → *siehe auch* objektorientiertes Design.
In Verbindung mit Anwendungen bildet ein Objektmodell die strukturelle Basis für eine objektorientierte Anwendung.
Bei der Programmierung stellt das Objektmodell die strukturelle Basis für eine objektorientierte Programmiersprache, z.B. C++, dar. Diese Basis beinhaltet Prinzipien wie Abstraktion, Nebenläufigkeit, Kapselung, Hierarchie, Fortdauer (Persistence), Polymorphie und Typisierung. → *siehe auch* abstrakter Datentyp, Objekt, objektorientierte Programmierung, Polymorphie.

Objektmodul, das; *Subst.* (object module)
In der Programmierung der Objektcode – also die kompilierte Version der Quellcodedatei –, der gewöhnlich eine Sammlung von Routinen darstellt und sich in einem Stadium befindet, in dem er mit anderen Objektmodulen gelinkt werden kann. → *siehe auch* Linker, Modul, Objektcode.

objektorientiert *Adj.* (object-oriented)
Eigenschaft von Systemen oder Programmiersprachen, die den Einsatz von Objekten unterstützen. → *siehe auch* Objekt.

objektorientierte Analyse, die; *Subst.* (object-oriented analysis)
Eine Prozedur, bei der die einzelnen Objektkomponenten und Anforderungen eines Systems oder eines Prozesses ermittelt

werden und beschrieben wird, wie diese Objekte miteinander kommunizieren, um spezifische Aufgaben durchzuführen. Das Ziel dieser Art der Analyse besteht darin, bereits bestehende Lösungen erneut zu verwenden. Die objektorientierte Analyse geht im Allgemeinen einem objektorientierten Entwurf oder einer objektorientierten Programmierung voraus, wenn ein neues objektorientiertes Computersystem oder eine neue Software entwickelt werden soll. → *siehe auch* Objekt, objektorientierte Programmierung, objektorientiertes Design.

objektorientierte Datenbank, die; *Subst.* (object-oriented database)
Ein flexibler Datenbanktyp, der den Einsatz von abstrakten Datentypen, Objekten sowie Klassen unterstützt und eine Vielzahl unterschiedlicher Datenarten speichern kann, neben Texten und Zahlen auch Klänge, Videos und Grafiken. Einige objektorientierte Datenbanken erlauben es, Datenrückgewinnungsprozeduren und Datenverarbeitungsregeln zusammen mit den Daten oder anstelle der Daten zu speichern. Auf diese Weise können Daten außerhalb der physikalischen Datenbank untergebracht werden, was häufig wünschenswert ist, wenn die Dateien sehr groß werden, beispielsweise in Verbindung mit Videodateien. → *siehe auch* abstrakter Datentyp, Klasse, Objekt. → *vgl.* relationale Datenbank.

objektorientierte Grafik, die; *Subst.* (object-oriented graphics)
Form der Computergrafik, die auf der Verwendung von grafischen Primitiven (z.B. Linien, Kurven, Kreisen und Quadraten) basiert. Sie findet sich z.B. in CAD- und Zeichenprogrammen und beschreibt die Erzeugung der Objekte im Bild mathematisch als Satz von Befehlen. Dieses Prinzip hebt sich von Bitmapgrafiken ab, bei denen eine Grafik als Muster aus einzelnen, gleichwertigen Schwarzweiß- oder Farbpunkten beschrieben wird. Das Prinzip der objektorientierten Grafik ermöglicht es den Benutzern, Objekte als Einheiten manipulieren zu können. Da die Objekte mathematisch beschrieben werden, lassen sie sich relativ einfach in Schichten anordnen, drehen oder vergrößern. → *siehe auch* grafische Primitive. → *auch genannt* strukturierte Grafik. → *vgl.* Bitmapgrafik, Malprogramm.

objektorientierte Programmierung, die; *Subst.* (object-oriented programming)
Abkürzung: OOP. Ein Programmiermodell, das ein Programm als Sammlung diskreter Objekte betrachtet, das heißt als in sich abgeschlossene Sammlungen von Datenstrukturen und Routinen, die mit anderen Objekten kommunizieren. → *siehe auch* C++, Objective-C, Objekt.

objektorientiertes Betriebssystem, das; *Subst.* (object-oriented operating system)
Ein Betriebssystem, das auf Objekten basiert und in gewisser Hinsicht so konstruiert ist, dass die Softwareentwicklung durch Fremdhersteller erleichtert wird, die mit der Methode des objektorientierten Designs arbeiten. → *siehe auch* Objekt, objektorientiertes Design.

objektorientierte Schnittstelle, die; *Subst.* (object-oriented interface)
Eine Benutzeroberfläche, bei der Systemelemente durch Entitäten auf dem Bildschirm, beispielsweise durch Symbole, repräsentiert werden. Mit Hilfe dieser Entitäten lassen sich die Systemelemente manipulieren. Zwischen objektorientierten Benutzeroberflächen und objektorientierter Programmierung besteht nicht unbedingt ein Zusammenhang. → *siehe auch* objektorientierte Grafik.

objektorientiertes Design, das; *Subst.* (object-oriented design)
Eine modulare Methode bei der Entwicklung von Softwareprodukten oder Computersystemen, bei der die Module (Objekte) mit geringem Aufwand angepasst werden können, um einem neuen Bedarf gerecht zu werden. Das objektorientierte Design wird im Allgemeinen nach der objektorientierten Analyse des Produkts oder Systems und vor den ersten Programmierarbeiten durchgeführt. → *siehe auch* Objekt, objektorientierte Analyse.

objektrelationaler Server, der; *Subst.* (object-relational server)
Ein Datenbankserver, der die objektorientierte Verwaltung von komplexen Datentypen in einer relationalen Datenbank unterstützt. → *siehe auch* Datenbankserver, relationale Datenbank.

OC3

Abkürzung für »optical carrier 3«, zu Deutsch »optischer Träger 3« (die 3 steht für die 3-mal höhere Geschwindigkeit gegenüber OC-1). Einer von mehreren optischen Signalschaltkreisen, die in einem SONET-System (Hochgeschwindigkeits-Datenübertragungssystem auf Glasfaserbasis) eingesetzt werden. Bei OC3 wird das Signal mit einer Geschwindigkeit von 155,52 Megabit pro Sekunde (Mbps) transpor-

O tiert – die minimale Übertragungsgeschwindigkeit, bei der SONET und der europäische Standard SDH eine uneingeschränkte, übergreifende Funktionsfähigkeit aufweisen. → *siehe auch* SONET.

OCR
→ *siehe* optische Zeichenerkennung.

Octet, das; *Subst.* (octet)
Eine Einheit von Daten, die aus exakt 8 Bit besteht, unabhängig davon, wie viele Bits ein Computer verwendet, um eine kleine Informationseinheit, z.B. ein Zeichen, darzustellen. → *vgl.* Byte.

OCX
Abkürzung für »OLE Custom Control«, zu Deutsch »benutzerdefiniertes OLE-Steuerelement«. Ein Softwaremodul, das auf den Technologien OLE und COM basiert und nach dem Aufruf von einer Anwendung ein Steuerelement erzeugt, durch das die Anwendung um die gewünschten Leistungsmerkmale erweitert wird. Die OCX-Technologie zeichnet sich durch eine hohe Portabilität zwischen Plattformen aus, sie arbeitet sowohl mit 16-Bit- als auch mit 32-Bit-Betriebssystemen zusammen und kann in Verbindung mit Anwendungen eingesetzt werden. OCX ist der Nachfolger der Technologie VBX (Abkürzung für »Visual Basic Custom Control«, zu Deutsch »benutzerdefiniertes Visual-Basic-Steuerelement«), die lediglich Visual-Basic-Anwendungen unterstützt, und bildet die Basis für ActiveX-Steuerelemente. Ein OCX lässt sich in einer Vielzahl von Programmiersprachen entwickeln, obwohl in der Regel Visual C++ eingesetzt wird. OCX wurde von Microsoft entwickelt und ist in der 1996 festgelegten »OLE Controls specification« (OCX 96), zu Deutsch »Spezifikation für OLE-Steuerelemente«, enthalten. → *siehe auch* ActiveX, COM, OLE, Steuerung, VBX, Visual Basic.

ODBC
Abkürzung für »open database connectivity«, zu Deutsch »offene Datenbankverbindung«. Eine Schnittstelle, die eine allgemeine Sprache zur Verfügung stellt, mit deren Hilfe Windows-Anwendungen auf eine Datenbank im Netzwerk zugreifen können. ODBC ist ein Bestandteil der WOSA-Struktur von Microsoft. → *siehe auch* JDBC, WOSA.

ODBMG
→ *siehe* Object Data Management Group.

ODER, exklusives, das; *Subst.* (exclusive OR)
→ *siehe* exklusives ODER.

ODER, inklusives, das; *Subst.* (inclusive OR)
→ *siehe* OR.

ODI
Abkürzung für »**O**pen **D**ata-link **I**nterface«, zu Deutsch »offene Schnittstelle für die Datenverbindung«. Eine von der Firma Novell geschaffene Spezifikation für Netzwerkkarten (NIC). Einer der wesentlichen Beweggründe für die Entwicklung von ODI war, es Netzwerkkarten zu ermöglichen, mehrere Protokolle wie TCP/IP und IPX/SPX zu unterstützen. Außerdem vereinfacht ODI die Programmierung von zugehörigen Gerätetreibern, da die Bestandteile, die das jeweilige bei der Datenübertragung zu verwendende Protokoll betreffen, eliminiert werden. ODI weist einige Gemeinsamkeiten mit NDIS (Network Driver Interface Specification) auf. → *siehe auch* NDIS, Netzwerkadapter.

ODMA
Abkürzung für »**O**pen **D**ocument **M**anagement **A**PI« (Offene Dokumentenmanagement-API). Eine Spezifikation für eine standardisierte Anwendungsprogrammierschnittstelle, die es Desktop-Anwendungen wie Microsoft Word ermöglicht, direkt mit spezialisierten, auf Netzwerkservern installierten Dokumentenmanagementsystemen (DMS) zusammenzuarbeiten. Die ODMA-Spezifikation ist das urheberrechtlich geschützte Eigentum der Association for Information & Image Management (AIIM). Weitere Informationen zu ODMA erhalten Sie auf der Webseite http://www.infonuovo.com/odma/. → *siehe auch* Anwendungsprogrammierschnittstelle, Dokumentenmanagementsystem.

öffentliche Dateien, die; *Subst.* (public files)
Dateien ohne Zugriffsbeschränkungen.

öffentliche Ordner, der; *Subst.* (public folders)
Die Ordner, die für einen bestimmten Computer oder für einen bestimmten Benutzer in einer Netzwerkumgebung freigegeben sind. → *vgl.* private Ordner.

öffentliche Rechte, das; *Subst.* (public rights)
Ein Begriff aus dem Bereich des Internets. Der Umfang, in dem Mitglieder der Öffentlichkeit Informationen im Internet verwenden und ablegen dürfen. → *siehe auch* Fair Use, Publicdomain, Publicdomainsoftware.

öffentlicher Netzbetreiber, der; *Subst.* (common carrier)
Eine Kommunikationsfirma (z.B. eine Telefongesellschaft), die der allgemeinen Öffentlichkeit Dienstleistungen anbietet und der Aufsicht staatlicher Behörden untersteht.

öffentlicher Schlüssel, der; *Subst.* (public key)
Einer der beiden Schlüssel bei der Public-Key-Verschlüsselung. Der Benutzer gibt diesen Schlüssel für die Öffentlichkeit frei. Der freigegebene Schlüssel kann anschließend zum Entschlüsseln von Nachrichten, die an den Benutzer adressiert sind, und zur Prüfung der digitalen Signatur des Benutzers verwendet werden. → *siehe auch* Public-Key-Verschlüsselung. → *vgl.* privater Schlüssel.

öffentliches Verzeichnis, das; *Subst.* (public directory)
Ein Verzeichnis auf einem FTP-Server, auf das anonyme Benutzer zugreifen können, um Dateien herunterzuladen oder zu übertragen. Dieses Verzeichnis heißt häufig »/pub«. → *siehe auch* Anonymous FTP, FTP, FTP-Server, /pub.

öffnen *Vb.* (open)
Ein Vorgang, bei dem ein Objekt, z.B. eine Datei, in einen Zustand versetzt wird, in dem auf dieses zugegriffen werden kann.

OEM
→ *siehe* Original Equipment Manufacturer.

OFC
→ *siehe* Open Financial Connectivity.

offene Architektur, die; *Subst.* (open architecture)
Beschreibt einen Computer oder eine periphere Einrichtung, deren Spezifikationen veröffentlicht wurden. Dadurch wird es Fremdherstellern ermöglicht, für derartige Geräte Zusatzhardware zu entwickeln. → *vgl.* geschlossene Architektur.
Der Begriff kann sich auch auf das Design eines Computers beziehen, der auf der Hauptplatine über Steckplätze verfügt und damit die Erweiterung oder Anpassung des Systems zulässt. → *vgl.* geschlossene Architektur.

offener Standard, der; *Subst.* (open standard)
Ein öffentlicher, verfügbarer Satz an Spezifikationen, die die Merkmale einer Hardware oder Software beschreiben. Standards werden im Allgemeinen veröffentlicht, um die Zusammenarbeit mit anderen Geräten sowie die Unterstützung durch andere Hersteller zu fördern und neue Techniken auf

dem Markt bekanntzumachen und durchzusetzen. → *siehe auch* Standard.

offenes System, das; *Subst.* (open system)
In der Kommunikationstechnik ein Computernetzwerk, das zur Einbindung aller Geräte – unabhängig vom Hersteller oder Modell – vorgesehen ist, die die gleichen Kommunikationseinrichtungen und Protokolle verwenden.
In Bezug auf Hardware und Software bezeichnet dieser Begriff ein System, in dem sich Zusatzprodukte integrieren lassen, die von Fremdherstellern entwickelt wurden. → *siehe auch* offene Architektur.

Officepaket, das; *Subst.* (suite)
Eine Gruppe von Anwendungsprogrammen, die als Paket verkauft wird – in der Regel zu einem niedrigeren Preis als die einzeln verkauften Anwendungsprogramme. Eine Zusammenstellung für den Büroeinsatz könnte beispielsweise Programme für Textverarbeitung, Tabellenkalkulation, Datenbankmanagement und Kommunikation enthalten. → *siehe* Protokollstapel.

offline *Adj.*
Der Zustand, in dem ein Gerät nicht mit einem Computer kommunizieren oder von diesem gesteuert werden kann. → *vgl.* online.
In Bezug auf einen oder mehrere Computer ein Zustand, bei dem keine Verbindung zum Netzwerk besteht. → *vgl.* online.

Offlinebrowser, der; *Subst.* (offline navigator)
Software, mit der sich E-Mail, Webseiten, Newsgroupbeiträge oder Beiträge aus anderen Onlineforen empfangen und auf der lokalen Festplatte speichern lassen. Die Daten können dann in aller Ruhe betrachtet und bearbeitet werden, ohne dass Telefongebühren für die Verbindung zum Internet oder Onlinedienst anfallen. → *auch genannt* Offlinereader.

Offlinereader, der; *Subst.* (offline reader)
→ *siehe* Offlinebrowser.

Offlinespeicher, der; *Subst.* (offline storage)
Ein Speichermedium, auf das das System derzeit keinen Zugriff hat. Ein Beispiel ist eine Diskette, die in einer Diskettenbox aufbewahrt wird.

Offloading *Subst.* (offload)
Das Übernehmen eines Teils der Verarbeitungsdienste eines anderen Geräts. Beispielsweise können einige Gateways, die

O

O

an ein lokales Netzwerk (LAN) angeschlossen sind, die TCP/IP-Verarbeitung des Hostcomputers übernehmen, wodurch der Hostprozessor entlastet und seine Datenverarbeitungskapazität deutlich erhöht wird. → *siehe auch* CPU, Gateway, Host, TCP/IP.

Offset, der; *Subst.* (offset)
In relativen Adressierungsmodi eine Zahl, die die Entfernung eines bestimmten Elements von einem Startpunkt angibt. → *siehe auch* relative Adresse.

off-the-shelf *Adj.*
Zu Deutsch »aus dem Regal«; Eigenschaft einer Hardware oder Software, die gebrauchsfertig ist und verpackt vorliegt.

Ohm, das; *Subst.* (ohm)
Die Maßeinheit des elektrischen Widerstands. Bei einem Widerstand von 1 Ohm fließt ein Strom mit der Stärke von 1 Ampere, wenn eine Spannung von 1 Volt angelegt wird.

ohne Waitstates, der; *Subst.* (zero wait state)
Die Eigenschaft eines Hauptspeichers (RAM), über so kurze Zugriffszeiten zu verfügen, dass keine Waitstatezyklen erforderlich sind. → *siehe auch* Waitstate.

ohne Zeilensprung *Adj.* (noninterlaced)
Beschreibt eine Anzeigemethode auf Rasterscanmonitoren, bei der der Elektronenstrahl jede Zeile auf dem Schirm einmal während ein und desselben Refreshzyklus durchläuft. → *vgl.* Zeilensprungverfahren.

oktal (octal)
Abgeleitet aus dem lateinischen Begriff »octa«, zu Deutsch »acht«. Eigenschaft von Zahlen, die sich auf das Zahlensystem zur Basis 8 – das Oktalsystem – beziehen. Das Oktalsystem kennt 8 Ziffern (0 bis 7) und wird bei der Programmierung eingesetzt, um binäre Zahlen in einer kompakteren Form darzustellen. Eine Umrechnungstabelle findet sich in Anhang E. → *siehe auch* Basis.

OLAP
→ *siehe* OLAP-Datenbank.

OLAP-Datenbank, die; *Subst.* (OLAP database)
Abkürzung für »**o**n**l**ine **a**nalytical **p**rocessing **database**«, zu Deutsch »Datenbank mit analytischer Onlineverarbeitung«. Ein relationales Datenbanksystem, das komplexere Abfragen als ein herkömmliches Datenbanksystem erlaubt. Dies wird durch einen mehrdimensionalen Zugriff auf die Daten (Betrachtung der Daten durch mehrere, verschiedene Kriterien), intensive Berechnungsfunktionen und spezialisierte Indizierungstechniken erreicht. → *siehe auch* Abfrage, Datenbank, relationale Datenbank.

OLE, das; *Subst.*
Abkürzung für »**o**bject **l**inking and **e**mbedding«, zu Deutsch »Verknüpfen und Einbetten von Objekten«. Eine Technologie zum Austausch und zur gemeinsamen Nutzung von Daten zwischen verschiedenen Anwendungen. Beim Verknüpfen eines Objekts (z.B. einer Grafik, die mit einem Malprogramm angefertigt wurde) mit einem zusammengesetzten Dokument (z.B. einem Tabellenblatt oder einem Textdokument), enthält das Objekt lediglich einen Verweis auf das Objekt. Alle Änderungen am Inhalt eines verknüpften Elements wirken sich unmittelbar auf das zusammengesetzte Dokument aus. Beim Einbetten enthält das Dokument dagegen eine vollständige Kopie des Objekts; alle Änderungen am Originalobjekt werden erst dann in das Dokument übernommen, wenn dieses aktualisiert wird.

OLTP
Abkürzung für »**o**n**l**ine **t**ransaction **p**rocessing«, zu Deutsch »sofortige Durchführung von Transaktionen«. Ein System, das Transaktionen in einem Datenbanksystem unmittelbar durchführt, nachdem die entsprechenden Daten eingetroffen sind, und die Stammdatei ebenfalls sofort aktualisiert. Der Einsatz von OLTP ist z.B. in Finanzsystemen und Lagerverwaltungssystemen sinnvoll. → *siehe auch* Datenbank-Managementsystem, transaktionale Verarbeitung. → *vgl.* Batchverarbeitung.

OM-1
→ *siehe* OpenMPEG Consortium.

OMA, die; *Subst.*
Abkürzung für »**O**bject **M**anagement **A**rchitecture«, zu Deutsch »Objektverwaltungsarchitektur«. Eine von der OMG (Object Management Group) entwickelte Definition für eine objektorientierte Verarbeitung in verteilten Umgebungen. OMA schließt die Spezifikation CORBA (Common Object Request Broker Architecture) ein. → *siehe auch* CORBA, Object Management Group.

onboard *Adj.* (on board)
Der Ausdruck gibt an, dass eine bestimmte Funktion bzw. ein Bauteil bereits integriert ist. Diese Methode kommt verstärkt

für moderne Motherboards zum Einsatz, bei denen beispielsweise Sound- oder Grafikkarte, Netzwerkadapter und Modem bereits fest auf der Hauptplatine eingebaut (also bereits »onboard«) sind.

Onboardcomputer, der; *Subst.* (on-board computer)
Ein Computer, der innerhalb eines anderen Geräts eingebaut ist.

On-Chip-Cache, der; *Subst.* (on-chip cache)
→ *siehe* L1-Cache.

Onion-Routing, das; *Subst.* (onion routing)
Eine anonyme, ursprünglich von der US-amerikanischen Marine entwickelte Kommunikationstechnik, bei der eine Nachricht in Verschlüsselungsschichten eingebettet und über verschiedene Zwischenstationen übergeben wird, um deren Herkunft zu verschleiern. Beim Onion-Routing werden die Datenpakete über ein komplexes Routernetzwerk gesendet, wobei immer eine anonyme Verbindung zum jeweils nächsten Router hergestellt wird, bis das Datenpaket sein Ziel erreicht hat. Wenn das Paket vom ersten Onion-Router empfangen wird, wird es für die zusätzlichen Router, die das Paket durchläuft, verschlüsselt. Die nachfolgenden Onion-Router entfernen jeweils eine Verschlüsselungsschicht, bis die Nachricht schließlich ihr Ziel im Textformat erreicht.
→ *siehe auch* Verschlüsselung.

online *Adj.*
In Bezug auf ein Gerät oder ein Programm eine Eigenschaft, die angibt, dass das Gerät aktiviert und betriebsbereit ist. Das Gerät bzw. Programm kann mit anderen Komponenten kommunizieren oder von einem Computer gesteuert werden.
→ *vgl.* offline.
Im Zusammenhang mit mehreren Computern bedeutet »online«, dass eine Verbindung zu einem Netzwerk besteht.
→ *vgl.* offline.
Benutzer sind online, wenn sie mit dem Internet, einem Onlinedienst, einer Mailbox (BBS) oder einem anderen Computer (per Modemdirektanschluss) verbunden sind.
Außerdem wird von »online« gesprochen, wenn Benutzer generell die Möglichkeit haben, sich in das Internet, in eine Mailbox oder ein anderes Kommunikationssystem einzuwählen, sie also über ein Benutzerkonto und weitere Mittel verfügen, über die sie die Verbindung aufnehmen können. Der Begriff »online« impliziert in diesem Zusammenhang folglich nicht, dass sich die Benutzer augenblicklich im Netz befinden.

Online Analytical Processing, das; *Subst.* (online analytical processing)
→ *siehe* OLAP-Datenbank.

Onlinedienst, der; *Subst.* (online information service)
Ein kommerzielles System, das Zugriffe auf Datenbanken, Dateiarchive, Konferenzen, Chatgruppen und andere Informationsformen ermöglicht. Onlinedienste können mit Hilfe von Wählverbindungen, Standleitungen oder über das Internet erreicht werden. Die meisten Onlinedienste treten außerdem als Netzbetreiber auf und bieten neben den eigenen, proprietären Diensten einen Zugang zum Internet an. Die größten Onlinedienste in den USA für Endanwender sind AOL (America Online), CompuServe und MSN (The Microsoft Network). In Deutschland stellt T-Online den größten Onlinedienst dar, gefolgt von AOL und CompuServe.

Onlinegaming, das; *Subst.* (online gaming)
Oberbegriff für alle über das Internet ausgetragenen PC- und Videospiele bzw. das Spielen selbst. Das Onlinegaming spielt eine immer größere Rolle, da inzwischen die Mehrzahl aller Computerspiele mit speziellen Multiplayerkomponenten ausgestattet sind. Im Bereich der Videospiele wird dem Onlinegaming noch keine so große Bedeutung beigemessen. Doch seit der Markteinführung des Videospielsystems Xbox von Microsoft, der ersten Videospielkonsole mit integrierter Netzwerkkarte, und dem Start des Onlinegamingportals Xbox Live steigt die Anzahl der Onlinevideospieler stetig an.
→ *siehe auch* MMORPG, Xbox, Xbox Live.

Onlinegemeinde, die; *Subst.* (online community)
Alle Benutzer, die im Internet und World Wide Web präsent sind.
»Onlinegemeinde« bezeichnet außerdem eine lokale Gemeinschaft, die politische Foren online platziert, um so lokale Politik und regionale öffentliche Interessen zu diskutieren.
Des Weiteren werden Mitglieder einer Newsgroup, einer Verteilerliste, eines MUD, einer Mailbox (BBS) oder eines anderen Onlineforums (oder Onlinegruppe) als »Onlinegemeinde« bezeichnet. → *siehe auch* MUD, Newsgroup, Verteilerliste.

Onlinehilfe, die; *Subst.* (online help)
→ *siehe* Hilfe.

Onlineservice, der; *Subst.* (online service)
→ *siehe* Onlinedienst.

O

O

Onlinestatus, der; *Subst.* (online state)
Der Status eines Modems, wenn es mit anderen Modems kommuniziert. → *vgl.* Befehlsmodus.

Online Transaction Processing, das; *Subst.* (online transaction processing)
→ *siehe* OLTP.

on the fly *Adv.*
Wörtlich übersetzt: »im Flug«. Das Durchführen von Aufgaben oder Prozessen je nach Bedarf, ohne dass andere Operationen unterbrochen oder gestört werden. Beispielsweise wird häufig gesagt, dass ein HTML-Dokument »on the fly« bearbeitet werden kann, da sich der Inhalt des Dokuments überarbeiten lässt, ohne dass die Website, auf der sich dieses Dokument befindet, heruntergefahren oder neu erstellt werden muss. Aber auch beim Kopieren und Brennen von CDs und DVDs wird der Ausdruck verwendet, sofern die Daten in Echtzeit vom Quelldatenträger ausgelesen und ohne Zwischenspeichern auf der Festplatte auf einen CD/DVD-Rohling geschrieben werden. → *siehe auch* HTML-Dokument, Website.

OO *Adj.*
→ *siehe* objektorientiert.

OOP, die; *Subst.*
→ *siehe* objektorientierte Programmierung.

Opcode, der; *Subst.* (opcode)
→ *siehe* Operation Code.

OpenBSD *Subst.*
Eine Freewareversion des Betriebssystems UNIX, die von BSD UNIX abgeleitet ist. OpenBSD kann kostenlos aus dem Internet bezogen werden und ist sehr portabel. Es läuft u. a. auf den folgenden Plattformen: Intel x86, Sun Sparc, Alpha, Amiga, Macintosh und PowerPC. Informationen zu OpenBSD sind unter der Webadresse http://www.openbsd.org abrufbar. → *siehe auch* BSD UNIX, FreeBSD, Freeware, NetBSD, UNIX. → *vgl.* Linux.

Open Datalink Interface, das; *Subst.* (Open Data-link Interface)
→ *siehe* ODI.

OpenDoc, das; *Subst.*
Ein objektorientiertes API (Application Programming Interface), das es mehreren, unabhängigen Programmen (der sog. Componentsoftware) auf verschiedenen Plattformen ermög-

licht, ein und dasselbe Dokument (das zusammengesetzte Dokument) gemeinsam zu bearbeiten. OpenDoc ist mit OLE vergleichbar und erlaubt es, in ein Dokument Grafiken, Sounds, Videos, andere Dokumente und andere Dateien einzubetten oder diese mit ihm zu verknüpfen. OpenDoc wird von einer Allianz unterstützt, die sich u. a. aus Apple, IBM, OMG (Object Management Group) und dem X Consortium zusammensetzt. Von Apple wurde OpenDoc nur bis MacOS Version 9 unterstützt. → *siehe auch* Anwendungsprogrammierschnittstelle, Modulbibliothek. → *vgl.* ActiveX, OLE.

Open Financial Connectivity, die; *Subst.*
Abkürzung: OFC. Von Microsoft entwickelte Spezifikation, die eine Schnittstelle zwischen elektronischen Bankdiensten und der Finanzsoftware Microsoft Money definiert.

OpenGL
Eine von der Firma Silicon Graphics, Inc. seit 1992 entwickelte, plattformübergreifende Anwendungsprogrammierschnittstelle für die Behandlung von 2D- und 3D-Grafiken. OpenGL stellt Softwareentwicklern eine Reihe von Visualisierungsfunktionen zur Verfügung, die bei der Programmierung von Anwendungen im Bereich CAD, Spiele, Edutainment, Unterhaltung und virtuelle Welten große Bedeutung erlangt haben. Die Spezifikation von OpenGL wird vom »OpenGL Architecture Review Board« überwacht, das auch Lizenzen für die Verwendung von OpenGL an Firmen vergibt, die OpenGL in ihre Hard- und Softwareprodukte integrieren. Weitere Informationen über OpenGL sind unter der Adresse http://www.opengl.org abrufbar. Unter Microsoft Windows ist für die Grafikprogrammierung außerdem die Windows-spezifische Direct3D-Plattform populär. → *siehe auch* 3D-Grafik, Anwendungsprogrammierschnittstelle. → *vgl.* Direct3D, DirectX.

Open Group, die; *Subst.*
Ein Konsortium aus Hardware- und Softwareherstellern sowie Computerbenutzern, die aus der Industrie, der Regierung und akademischen Kreisen kommen. Die Open Group widmet sich der Förderung von herstellerübergreifenden Informationssystemen und wurde 1996 als Zusammenschluss der OSF (Open Software Foundation) und der X/Open Company Limited gegründet. Weitere Informationen zur Open Group sind unter der Webadresse http://www.opengroup.org abrufbar.

OpenMPEG Consortium, das; *Subst.*
Ein internationaler Verband, der sich aus Hardware- und Softwareherstellern zusammensetzt und den Einsatz von MPEG-Standards fördert. → *siehe auch* MPEG.

Open Profiling Standard, der; *Subst.*
Abkürzung: OPS. Eine Spezifikation, die die Identifikation von Benutzern im Internet ermöglicht und gleichermaßen die Vertraulichkeit ihrer privaten Daten gewährleistet. Sie wurde von den Firmen Netscape Communications Corporation, Firefly Network, Inc., sowie VeriSign, Inc., entwickelt und liegt dem World Wide Web Consortium zur Prüfung vor. OPS ermöglicht es Anwendern, individuelle Einstellungen bei Webdiensten zu treffen, ohne dass die Vertraulichkeit der persönlichen Daten gefährdet ist. Um dies zu erreichen, kommt das Konzept des persönlichen Profils zum Einsatz. Dieses Profil wird auf dem Computer der Benutzer gespeichert. Es enthält eine eindeutige Benutzeridentifikation, demografische und Kontaktaufnahmedaten und gegebenenfalls inhaltliche Vorlieben. Die Daten bleiben unter der Kontrolle der Benutzer und können entweder ganz oder auszugsweise an eine Website weitergegeben werden. → *siehe auch* Cookie, digitales Zertifikat.

Open Shop, der; *Subst.* (open shop)
Zu Deutsch: »offene Werkstatt/Abteilung«. Eine Computereinrichtung, die für Benutzer zur Verfügung steht und nicht auf Programmierer oder anderes Personal beschränkt ist. In einer derartigen Einrichtung können Benutzer eigenverantwortlich an der Lösung von Computerproblemen arbeiten und müssen diese nicht einem Spezialisten überlassen.

Open Shortest Path First
→ *siehe* OSPF.

Open Software Foundation, die; *Subst.*
→ *siehe* OSF.

Open Source *Subst.*
Zu Deutsch »Offene Quelle«. Das unentgeltliche Bereitstellen des Quellcodes eines Softwareprodukts für interessierte Benutzer und Entwickler, auch wenn diese nicht an der Erstellung des Produkts beteiligt waren. Die Distributoren von Open Source-Produkten ermutigen die Benutzer und externe Programmierer, den Quellcode auf Probleme zu untersuchen und um vorgeschlagene Verbesserungen und Optimierungen zu erweitern. Weit verbreitete Open Source-Produkte sind das Betriebssystem Linux, der Webserver Apache, die Datenbank mySQL, die Skriptsprachen Perl und PHP oder der Webbrowser Mozilla. Für Open Source-Produkte gibt es eine Reihe unterschiedlicher Lizenzbedingungen, ein Beispiel ist die GNU General Public License. Im Allgemeinen folgen Lizenzen für Open Source-Produkte diesen Grund-

prinzipien: freie Verfügbarkeit des Quellcodes, freie Weiterverteilung des Produkts auch im Zusammenhang mit anderen Softwarepaketen, sowie die Möglichkeit, Weiterentwicklungen des Produkts vornehmen zu können, Weitere Informationen über die Open Source-Bewegung sind z. B. unter der Adresse http://www.opensource.org abrufbar. → *siehe auch* Apache, Free Software Foundation, freie Software, General Public License, Jabber, Linux, Mozilla, mySQL, Perl, PHP, Quellcode, sendmail. → *auch genannt* freier Quellcode.

Open Systems Interconnection model, das; *Subst.*
→ *siehe* ISO/OSI-Schichtenmodell.

OpenType *Subst.*
Eine Initiative von Microsoft und Adobe zur Unterstützung von Microsoft TrueType-und Adobe PostScript Type 1-Schriften. Das Schriftformat OpenType ermöglicht Designern von Schriften und Benutzern die Verwendung eines bevorzugten Schrifttyps, der unabhängig von der TrueType- oder PostScript-Technologie eingesetzt werden kann. Informationen zur OpenType-Initiative sind im Web unter der Adresse http://www.microsoft.com/OpenType abrufbar. → *siehe auch* PostScript-Schrift, TrueType. → *auch genannt* TrueType Open Version 2.

Opera *Subst.* **(opera)**
Ein von der norwegischen Firma Opera Software S/A entwickelter Webbrowser, der auf zahlreichen Betriebssystemplattformen läuft und für seine strenge Einhaltung des W3C-Standards für HTML bekannt ist. Opera wird häufig von Webentwicklern für die Überprüfung von Websites auf ihre Übereinstimmung hinsichtlich des W3C-Standards genutzt. Die Website von Opera finden Sie unter der Adresse www.opera.com. → *siehe auch* W3C, Webbrowser. → *vgl.* HotJava, Internet Explorer, Lynx, Mosaic, Netscape Communicator.

Operand, der; *Subst.* (operand)
Das Objekt einer mathematischen Operation oder eines Computerbefehls.

Operand, direkter, der; *Subst.* (immediate operand)
→ *siehe* direkter Operand.

Operation, die; *Subst.* (operation)
Eine spezifische Aktion, die ein Computer im Rahmen des derzeit laufenden Programms durchführt.

O

O

In der Mathematik stellt eine Operation eine Aktion dar, die auf einen Satz an Entitäten angewandt wird und dabei eine neue Entität erzeugt. Beispiele für mathematische Operationen sind Addition und Subtraktion.

Operation, arithmetische, die; *Subst.* (arithmetic operation)
→ *siehe* arithmetische Operation.

Operation, asynchrone, die; *Subst.* (asynchronous operation)
→ *siehe* asynchrone Operation.

Operation Code, der; *Subst.* (operation code)
Abkürzung: Opcode. Der Teil eines Maschinensprache- oder Assemblerbefehls, der den Befehlstyp und die Struktur der Daten festlegt, auf die er sich bezieht. → *siehe auch* Assemblersprache, Maschinencode. → *auch genannt* Opcode.

Operation, globale, die; *Subst.* (global operation)
→ *siehe* globale Operation.

Operation, komplementäre, die; *Subst.* (complementary operation)
→ *siehe* komplementäre Operation.

Operation, logische, die; *Subst.* (logic operation)
→ *siehe* logische Operation.

Operation, parallele, die; *Subst.* (concurrent operation)
→ *siehe* parallel.

Operationsforschung, die; *Subst.* (operations research)
Der Einsatz von mathematischen und wissenschaftlichen Verfahren, um die Effizienz in der Geschäftswelt, Verwaltung, Regierung und anderen Bereichen zu analysieren und zu verbessern. Die ersten Verfahren wurden zu Beginn des Zweiten Weltkriegs entwickelt und dienten zur Optimierung der militärischen Operationen während des Krieges. Diese Verfahren wurden später auf geschäftliche und industrielle Bereiche ausgedehnt und als Mittel eingesetzt, Systeme und Prozeduren aufzugliedern sowie ihre Bestandteile und deren Wechselwirkungen im Hinblick auf eine Steigerung der Gesamtleistungsfähigkeit zu untersuchen und zu verbessern. Zur Operationsforschung gehören die Netzplanmethode, statistische Verfahren, die Wahrscheinlichkeitsrechnung und die Informationstheorie.

Operation, synchrone, die; *Subst.* (synchronous operation)
→ *siehe* synchrone Operation.

Operation, unteilbare, die; *Subst.* (atomic operation)
→ *siehe* unteilbare Operation.

Operation, verschachtelte, die; *Subst.* (nested transaction)
→ *siehe* verschachtelte Operation.

Operator, der; *Subst.* (operator)
In der Mathematik, in der Programmierung und innerhalb von Computeranwendungen ein Symbol oder ein anderes Zeichen zur Kennzeichnung einer Operation, die auf ein oder mehrere Elemente anzuwenden ist. → *siehe auch* binary, unär.
Ein Operator ist ferner eine Person, die eine Maschine oder ein System steuert, z.B. einen Computer oder eine Telefonzentrale.

Operator, arithmetischer, der; *Subst.* (arithmetic operator)
→ *siehe* arithmetischer Operator.

Operator, Boolescher, der; *Subst.* (Boolean operator)
→ *siehe* Boolescher Operator.

Operator, logischer, der; *Subst.* (logical operator)
→ *siehe* logischer Operator.

Operatorrangfolge, die; Subst. (operator precedence)
Die Prioritäten der verschiedenen Operatoren in einem Ausdruck. Gewöhnlich werden die Operatoren mit der höchsten Rangfolge zuerst aufgelöst, dann die Operatoren der zweithöchsten Rangfolge usw. Durch Setzen von Klammern kann dieses Regelwerk jedoch entsprechend durchbrochen werden. → *siehe auch* Assoziativität, Ausdruck, Operator.

Operator, relationaler, der; *Subst.* (relational operator)
→ *siehe* relationaler Operator.

Operator, unärer, der; *Subst.* (unary operator)
→ *siehe* unärer Operator.

OPS
→ *siehe* Open Profiling Standard.

optimierender Compiler, der; *Subst.* (optimizing compiler)
Ein Compiler, der seinen erzeugten Code (Assemblersprache oder Maschinencode) analysiert, um effizientere (kleinere oder/und schnellere) Befehlssequenzen zu erzeugen, so dass die Programme so kompakt wie möglich werden bzw. so schnell wie möglich laufen.

Optimierung, die; *Subst.* (optimization)
In der Programmierung die Erzeugung effizienterer (kleinerer oder schnellerer) Programme durch die entsprechende Auswahl und Gestaltung von Datenstrukturen, Algorithmen und Befehlssequenzen.
In Verbindung mit einem Compiler oder Assembler bezieht sich »Optimierung« auf einen Vorgang, bei dem ein effizienter, ausführbarer Code erzeugt wird. → *siehe auch* optimierender Compiler.

Optimizer, der; *Subst.* (optimizer)
Ein Programm oder Gerät, das die Leistungsfähigkeit eines Computers, Netzwerks oder eines anderen Geräts bzw. Systems verbessert. Beispielsweise reduziert ein Disk Optimizer die Dateizugriffszeit.

Optionen, die; *Subst.* (Options)
→ *siehe* Einstellungsmenü.

Optionsfeld, das; *Subst.* (radio button)
In grafischen Benutzeroberflächen ein Mittel zur Auswahl einer von mehreren Möglichkeiten (Optionen) in einem Dialogfeld. Das Symbol eines Optionsfeldes ist ein kleiner Kreis, der im ausgewählten Zustand einen kleineren, ausgefüllten Kreis im Inneren zeigt und ansonsten leer ist. In ihrer Funktion sind Optionsfelder den Stationsknöpfen eines Autoradios (engl.: radio button) ähnlich: Drückt man auf einen Knopf, so springt der zuletzt gewählte Knopf in die Ausgangsstellung zurück. Ebenso kann bei den Optionsfeldern zu einem bestimmten Zeitpunkt nur eine der Optionen der Gruppe ausgewählt werden. Soll statt dessen mehr als eine Option gleichzeitig gewählt werden können, werden Kontrollkästchen verwendet. → *vgl.* Kontrollkästchen. (Abbildung O.2)

Optionstaste, die; *Subst.* (Option key)
Eine Taste auf Apple Macintosh-Tastaturen, die bei gemeinsamer Verwendung mit einer anderen (Zeichen-)Taste ein Sonderzeichen erzeugt – (z.B. Kästchen), internationale Zeichen (z.B. Währungssymbole) und spezielle Satzzeichen (z.B. Gedankenstriche). Die Optionstaste erfüllt etwa die gleiche

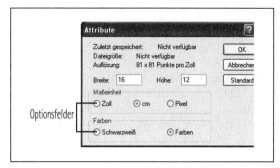

Abbildung O.2: Optionsfeld

Funktion wie die auf IBM-kompatiblen Tastaturen vorhandene Strg- oder Alt-Taste, die ebenfalls die Bedeutung einer zusätzlich gedrückten Taste verändert.

optische Disc, die; *Subst.* (optical disc)
→ *siehe* Compact-Disc.

optische Erkennung, die; *Subst.* (optical recognition)
→ *siehe* optische Zeichenerkennung.

optische Kommunikation, die; *Subst.* (optical communications)
Der Einsatz von Licht und lichtübertragenden Technologien, z.B. Glasfaserkabeln und Lasern, beim Senden und Empfangen von Daten, Bildern und Sounds.

optische Maus, die; *Subst.* (optical mouse)
Ein Maustyp, bei dem die Bewegungserkennung mit Hilfe eines LED-Paares und einer speziellen Mausunterlage (Mauspad) mit reflektierendem Gittermuster realisiert wird. Die beiden Lichtquellen in der Maus strahlen in verschiedenen Farben, die dem Gitter auf dem Mauspad entsprechen – eine Farbe für vertikale Linien und eine andere für horizontale. Die LEDs sind mit speziellen Lichtdetektoren gekoppelt, die darauf ansprechen, wenn ein Farbstrahl auf eine Linie mit der gleichen Farbe trifft. Aus diesen Impulsen lassen sich Rückschlüsse über Richtung und Geschwindigkeit der Mausbewegung ziehen. → *siehe auch* Maus. → *vgl.* mechanische Maus, optomechanische Maus.
Außerdem auch ein Maustyp, der eine CMOS-Signalkamera und einen Signalprozessor benutzt, um die Mausbewegungen zu erkennen. Die Kamera fotografiert die Fläche, auf der sich die Maus bewegt, 1500 mal in der Sekunde. Der digitale Signalprozessor wandelt die Mausbewegungen in entsprechende Cursorbewegungen auf dem Bildschirm um. IntelliMouse Explorer und IntelliMouse mit IntelliEye sind zwei

Mausmodelle ohne bewegliche Teile und ohne die Erfordernis eines speziellen Mauspads, die 1999 von Microsoft eingeführt wurden. → *siehe auch* Maus.

optischer Leser, der; *Subst.* (optical reader)
Ein Gerät, das Texte von einem bedruckten Blatt Papier durch Erfassen der Helligkeitsunterschiede einliest und anschließend Methoden der optischen Zeichenerkennung zur Identifizierung der Zeichen anwendet. → *siehe auch* optische Zeichenerkennung.

optischer Scanner, der; *Subst.* (optical scanner)
Ein Eingabegerät, das mit Hilfe lichtempfindlicher Bauelemente die Papieroberfläche oder ein anderes Medium abtastet und die Muster aus hellen und dunklen (oder farbigen) Stellen in digitale Signale umsetzt. Die erfassten Muster lassen sich mit entsprechender Software im Computer weiterverarbeiten – in grafischer Form oder zum Zweck der Zeichenerkennung. Es gibt eine Reihe unterschiedlicher Scannertypen, die sich im Wesentlichen durch das Prinzip unterscheiden, wie die einzuscannende Vorlage befestigt bzw. transportiert wird: Beim Flachbettscanner wird die Vorlage mit der bedruckten Seite nach unten auf einer Glasoberfläche fixiert, und der Abtastmechanismus bewegt sich unter der Glasoberfläche über die Vorlage. Der Einzugsscanner, der z.B. bei Faxgeräten eingesetzt wird, zieht das Papier ein und bewegt es über einen stationären Scanmechanismus. Beim Handscanner, einem etwa handgroßen Gerät, wird die Vorlage mit der bedruckten Seite nach oben auf die Schreibtischoberfläche gelegt und der Scanner mit der Hand streifenweise über die Vorlage bewegt. Auch der Overheadscanner setzt eine Fixierung des Dokuments mit der bedruckten Seite nach oben voraus, wobei diese von einer turmähnlichen Einheit abgetastet wird, die sich über das Dokument bewegt. → *vgl.* dreidimensionaler Scanner, Magnetschrifterkennung.

optisches Laufwerk, das; *Subst.* (optical drive)
Ein Laufwerk, das Daten von optischen (Compact) Discs lesen kann. Bestimmte Gerätetypen können auch Daten schreiben. Beispiele für optische Laufwerke sind CD-ROM- und WORM-Laufwerke. → *siehe auch* CD-ROM, optische Disc, WORM. (Abbildung O.3)

optische Zeichenerkennung, die; *Subst.* (optical character recognition)
Abkürzung: OCR. Der Vorgang, bei dem ein elektronisches Gerät (Scanner oder optischer Leser) gedruckte Zeichen auf

Abbildung O.3: Optisches Laufwerk

dem Papier untersucht und durch Auswertung der eingelesenen Helligkeitswerte ihre Formen bestimmt. Nach dem Einlesevorgang werden Methoden der Zeichenerkennung angewandt, um die Formen in editierbare Textzeichen umzuwandeln. → *siehe auch* Zeichenerkennung. → *vgl.* Magnetschrifterkennung.

Optoelektronik, die; *Subst.* (optoelectronics)
Teilgebiet der Elektrotechnik, in dem die Eigenschaften und das Verhalten von Licht untersucht werden. Die Optoelektronik beschäftigt sich mit elektronischen Bauelementen, die elektromagnetische Strahlung im infraroten, sichtbaren und ultravioletten Bereich des elektromagnetischen Spektrums erzeugen, wahrnehmen, übertragen und modulieren.

optomechanische Maus, die; *Subst.* (optomechanical mouse)
Ein Maustyp, bei dem die Bewegung durch eine Kombination von optischen und mechanischen Mitteln in Richtungssignale umgewandelt wird. Zum optischen Teil gehören zwei LED-Paare mit entsprechenden Sensoren. Der mechanische Teil besteht aus drehbaren Lochscheiben. Bei der Bewegung der Maus dreht sich die Rollkugel, die wiederum die Lochscheiben in Drehung versetzt. Das Licht der LEDs passiert, je nach augenblicklicher Position der Scheiben, entweder die Löcher und wird von einem Sensor erkannt oder es wird von den Scheiben reflektiert. Die von den Sensoren festgestellten Lichtwechsel lassen sich als Bewegungsimpulse weiterverarbeiten. An jeder Lochscheibe befinden sich jeweils zwei LEDs und Sensoren, die leicht gegeneinander versetzt angebracht sind, so dass sich die Bewegungsrichtung aus der Reihenfolge ergibt, in der die zusammengehörigen Sensoren den Lichtkontakt melden. Durch die eingesetzte Optik entfallen die durch Abnutzung bedingten Reparaturen und Wartungsarbeiten, wie sie bei rein mechanischen Mäusen erforderlich

sind. Optomechanische Mäuse kommen zudem ohne spezielle Mausunterlage aus, wie sie bei optischen Mäusen erforderlich ist. → *siehe auch* Maus. → *vgl.* mechanische Maus, optische Maus. (Abbildung 0.4)

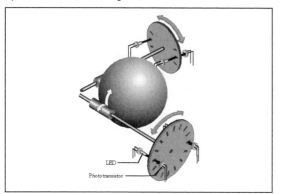

Abbildung 0.4: Optomechanische Maus: Innenansicht

OR, das; *Subst.*
Eine logische Operation für die Verknüpfung zweier Bits (0 oder 1) oder zweier Boolescher Werte (falsch oder wahr). Wenn mindestens einer der beiden Werte 1 (wahr) ist, gibt OR den Wert 1 (wahr) zurück.

a	b	a OR b
0	0	0
0	1	1
1	0	1
1	1	1

Orange Book, das; *Subst.*
Zu Deutsch »oranges Buch«. Ein vom US-amerikanischen Verteidigungsministerium (U.S. Department of Defense, DoD) herausgegebenes Standardisierungsdokument, das mit »Trusted Computer System Evaluation Criteria, DoD standard 5200.28-STD, December, 1985« (zu Deutsch »Bewertungskriterien für vertrauliche Computersysteme, DoD-Standard 5200.28-STD, Dezember 1985«) betitelt ist. Es definiert ein System mit mehreren Sicherheitsstufen, die von A1 (höchste Sicherheitsstufe) bis D (niedrigste Sicherheitsstufe) reichen und jeweils die Fähigkeit angeben, die ein Computersystem aufweisen muss, um den Schutz der gefährdeten Daten sicherzustellen. → *vgl.* Red Book.
»Orange Book« ist außerdem eine Spezifikation, die von den Firmen Sony und Philips herausgegeben wurde und die Formate für einmal beschreibbare CDs (CD-R und PhotoCD) festlegt. → *siehe auch* CD-R, ISO 9660, PhotoCD. → *vgl.* Green Book, Red Book.

ORB
Abkürzung für »**o**bject **r**equest **b**roker«, zu Deutsch »Objektanforderungsvermittler«. In Client/Serveranwendungen eine Schnittstelle, an die die Clients eine Objektanforderung richten. Der ORB leitet die Anforderung an den Server weiter, der das Objekt enthält, und gibt anschließend die Ergebniswerte an den Client zurück. → *siehe auch* CORBA.

Ordinalzahl, die; *Subst.* (ordinal number)
Auch als »Ordnungszahl« bezeichnet. Eine Zahl, die die Position eines Elements in einer geordneten Folge angibt, z.B. »1« für die 1. Position, »50« für die 50. Position usw. → *vgl.* Kardinalzahl.

ordnen *Vb.* (order)
In einer Folge zusammenstellen, z.B. nach einem alphabetischen oder numerischen Prinzip.

Ordner, der; *Subst.* (folder)
Im Mac OS, Windows 9x, Windows NT/2000 und in anderen Betriebssystemen ein Container für Programme und Dateien in grafischen Benutzeroberflächen, der auf dem Bildschirm durch ein grafisches Bild (Icon) eincs Dateiordners symbolisiert wird. In anderen Systemen, z.B. MS-DOS und UNIX wird dieser Container als Verzeichnis bezeichnet. Bei einem Ordner handelt es sich um ein Mittel für die Organisation von Programmen und Dokumenten auf einer Diskette, und er kann sowohl Dateien als auch zusätzliche Ordner enthalten. Der Ordner wurde zum ersten Mal 1983 bei Apple Computer's Lisa und 1984 bei Apple Macintosh kommerziell eingesetzt. → *siehe auch* Verzeichnis.

Ordner, gemeinsamer, der; *Subst.* (shared folder)
→ *siehe* gemeinsamer Ordner.

Ordner, gesperrte, der; *Subst.* (disabled folders)
→ *siehe* gesperrte Ordner.

Ordner, öffentliche, der; *Subst.* (public folders)
→ *siehe* öffentliche Ordner.

Ordner, private, der; *Subst.* (private folders)
→ *siehe* private Ordner.

Ordnung, die; *Subst.* (order)
In Bezug auf Datenbanken ist die Wertigkeit eine Größe, die die Anzahl der in der Datenbank pro Datensatz enthaltenen Felder angibt.

0

.org

Im Domain Name System (DNS) des Internets die Topleveldomäne von Organisationen, die zu keiner der anderen Standarddomänen passen. Beispielsweise hat das US-amerikanische *Public Broadcasting System* (PBS) die Internetadresse pbs.org, da es weder ein kommerzielles, profitorientiertes Unternehmen (.com), noch eine Bildungsinstitution mit eingeschriebenen Studenten (.edu) ist. Die Kennzeichnung .org erscheint am Ende der Adresse. → *siehe auch* DNS, Domäne. → *vgl.* .com, .edu, .gov, .mil, .net.

OR-Gatter, das; *Subst.* (OR gate)

Eines der drei elementaren Logikgatter (neben AND und NOT), aus denen alle digitalen Systeme erstellt werden können. Die Ausgangsgröße des OR-Schaltkreises ist logisch 1, wenn mindestens eine der Eingangsgrößen 1 ist. → *siehe auch* AND-Gatter, Gatter, NOT-Gatter.

Original Equipment Manufacturer, der; *Subst.* (original equipment manufacturer)

Abkürzung: OEM. Ein Hersteller, dessen Produkte unter einer Bezeichnung als Einheit verkauft werden. Bei der Fertigung von Computern und anderen Geräten kaufen OEMs typischerweise Komponenten anderer Hersteller, integrieren sie unverändert (also im Original, daher der Begriff) in ihre eigenen Produkte und verkaufen die daraus entstandenen Gesamtpakete an Endkunden. → *vgl.* Valueadded Reseller.

Ort (im Speicher), der; *Subst.* (location)

→ *siehe* adressieren.

OS

→ *siehe* Betriebssystem.

OS/2

Ein Multitaskingbetriebssystem, das im Protected Mode läuft und virtuellen Speicher unterstützt. Es lässt sich auf Computern mit einem der Intel-Prozessoren 80286, 80386, i486 und Pentium oder einem vergleichbaren Prozessor einsetzen. OS/2 kann die meisten MS-DOS-Anwendungen ausführen und alle MS-DOS-Diskettenformate lesen. Zu den wichtigsten Bestandteilen von OS/2 gehören der Presentation Manager (der eine grafische Benutzeroberfläche zur Verfügung stellt) und der LAN-Manager, der Funktionen für die Arbeit im Netzwerk bereitstellt. OS/2 wurde ursprünglich als gemeinsames Projekt von Microsoft und IBM entwickelt, ist aber jetzt ein reines IBM-Produkt. Über derzeit geplante Entwicklungen ist nichts bekannt. → *siehe auch* Protected Mode, virtueller Speicher.

OSF

Abkürzung für »**O**pen **S**oftware **F**oundation«, zu Deutsch »Stiftung für offene Software«. 1988 gegründetes, nicht profitorientiertes Konsortium, das sich aus diversen Firmen zusammensetzt (z.B. DEC, Hewlett Packard und IBM). Die OSF fördert Standards und Spezifikationen für Programme, die unter dem Betriebssystem UNIX laufen, und lizenziert Software (als Quellcode) an seine Mitglieder. Zu den OSF-Produkten gehören u.a. DCE (Distributed Computing Environment), die grafische Benutzeroberfläche Motif und das UNIX-Derivat OSF/1.

OSI

→ *siehe* ISO/OSI-Schichtenmodell.

OSPF

Abkürzung für »**O**pen **S**hortest **P**ath **F**irst«, zu Deutsch »Öffne zuerst den kürzesten Pfad«. Ein Routingprotokoll für IP-Netzwerke, z.B. das Internet, das es einem Router erlaubt, den kürzesten Pfad zu jedem Knoten zu berechnen, um Nachrichten zu senden. Ein Router überträgt dabei Informationen hinsichtlich der Knoten, mit denen er verbunden ist (sog. »Linkstatusanzeigen«), an andere Router im Netzwerk. Diese Linkstatusinformationen werden auf den einzelnen Router in einer Tabelle gespeichert und entsprechend aktualisiert. Mit Hilfe dieser Tabelle führt ein Router die Berechnungen aus. → *siehe auch* Knoten, Pfad, Protokoll, Router.

Osterei, das; *Subst.* (Easter egg)

Eine verborgene Funktion eines Computerprogramms. Es kann sich hierbei um einen verborgenen Befehl, eine Animation, eine humorvolle Nachricht oder um eine Liste der Mitarbeiter handeln, die das Programm erstellt haben. Um ein Osterei anzeigen zu können, müssen manchmal komplexe Tastenkombinationen verwendet werden.

Oszillator, der; *Subst.* (oscillator)

Eine elektronische Schaltung, die ein sich periodisch änderndes Ausgangssignal bei geregelter Frequenz erzeugt. Oszillatoren gehören zu den wichtigsten Grundschaltungen in der Elektronik. Sie lassen sich sowohl für konstante als auch für einstellbare Ausgangssignale aufbauen. In einigen Oszillatorschaltungen wird ein Quarzkristall eingesetzt, um eine stabile Frequenz zu erzeugen. In Personal Computern liefern Oszillatoren die Taktfrequenz für den Prozessor und andere Schaltungen. Die hierbei erzeugten Frequenzen liegen in der Regel im Bereich von 1 bis 50 Megahertz (MHz).

Oszilloskop, das; *Subst.* (oscilloscope)
Ein Test- und Messinstrument, das mit einem Schirm ausgestattet ist, auf dem das elektrische Signal optisch dargestellt wird. Am häufigsten werden Oszilloskope für die Anzeige eines Spannungsverlaufs über einen bestimmten Zeitraum eingesetzt. → *auch genannt* Kathodenstrahl-Oszilloskop.

OTOH
Abkürzung für »on the other hand«, zu Deutsch »Auf der anderen Seite«. Eine Abkürzung, die häufig in E-Mail, Internetnachrichten und Diskussionsgruppen verwendet wird. → *siehe auch* Netspeak.

Outbox, die; *Subst.*
In vielen E-Mail-Anwendungen der standardmäßige elektronische Briefkasten, in dem das Programm die abgesendeten Nachrichten speichert. → *siehe auch* E-Mail, Mailbox. → *vgl.* Inbox.

Outer Join, der; *Subst.* (outer join)
Ein Operator aus der relationalen Algebra, also ein Operator für den Umgang mit relationalen Datenbanken. Der Outer Join-Operator führt eine erweiterte Verbindungsoperation (extended join) durch, bei der die Zeilen (Tupel) in einer Relation (Tabelle), die keine Entsprechung in der zweiten Tabelle aufweisen, in der Ergebnistabelle mit reinen Nullwerten verknüpft werden. → *vgl.* Inner Join.

Outsourcing, das; *Subst.* (outsourcing)
Die Übertragung von Aufträgen an unabhängige Unternehmer, z.B. selbständige Berater oder Dienstleistungsbüros. Aufgaben wie Dateneingabe und Programmierung werden häufig als Outsourcingauftrag durchgeführt. → *vgl.* Anwendungsdienstanbieter.

Overhead, der; *Subst.* (overhead)
Zu Deutsch »Überbau«. Arbeitsvorgänge oder Informationen, die der Unterstützung eines Rechenprozesses dienen (möglicherweise für diesen entscheidend sind), aber nicht eigentlicher Bestandteil der Operation oder der Daten sind. Der Overhead erfordert häufig zusätzliche Verarbeitungszeit, lässt sich jedoch im Allgemeinen nicht umgehen.

Overlay, der; *Subst.* (overlay)
Zu Deutsch »Überlagerung«. Ein Abschnitt eines Programms, der zunächst auf einem bezeichneten Speichergerät verbleibt, z.B. der Festplatte, und erst bei Bedarf in den Arbeitsspeicher geladen wird. Overlays, die sich bereits im Arbeitsspeicher befinden und nicht mehr in Verwendung sind, werden bei diesem Vorgang gewöhnlich überschrieben. Mit Hilfe der Overlaytechnik lassen sich nahezu beliebig große Programme ausführen, die die Grenzen des Arbeitsspeichers normalerweise überschreiten würden. Allerdings müssen Geschwindigkeitseinbußen in Kauf genommen werden. → *siehe auch* Tastaturschablone.

Overscan, der; *Subst.* (overscan)
Der Teil eines an ein Rasterdisplay gesendeten Videosignals, der den Bereich außerhalb des rechteckigen, sichtbaren Bereichs steuert. Dieser Bereich ist manchmal eingefärbt und bildet einen Rahmen um das eigentliche Bild.

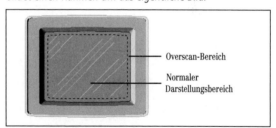

Abbildung O.5: Overscan

P

P
→ *siehe* Peta-.

P2P *Subst.* (P-to-P)
→ *siehe* Peer-to-Peer-Netzwerk.

P3P *Subst.*
Abkürzung für »**P**latform for **P**rivacy **P**references«. Eine Spezifikation des World Wide Web Consortium für die Behandlung von Daten aus der Privatsphäre im Web. Mit P3P können Websites (z.B. Sites für elektronisches Einkaufen) Informationen über ihren Umgang mit möglicherweise sensitiven Daten, die von Benutzern übertragen werden – z.B. Kreditkartennummern, Privatadressen u. Ä. – im HTML-Code ablegen. Umgekehrt gestattet diese Erweiterung es den Benutzern, Voreinstellungen im Browser vorzunehmen, um nur Inhalte bestimmter Sites zu übertragen, deren Umgang mit der Privatsphäre diesen Voreinstellungen entspricht. Informationen zu P3P sind von der Website des World Wide Web Consortium unter der Adresse http://www.w3.org/P3P abrufbar → *siehe auch* elektronisches Einkaufen, Privatsphäre, World Wide Web Consortium.

P5
→ *siehe* 586.

P7
→ *siehe* Merced.

Paarigkeitsvergleich, der; *Subst.* (matching)
Bezeichnet sowohl das Testen, ob zwei Datenelemente identisch sind, als auch das Suchen eines Datenelements, das mit einem Schlüssel identisch ist. → *siehe auch* Mustererkennung.

packen *Vb.* (pack)
Informationen in einer kompakteren Form speichern. Das Packen beseitigt überflüssige Leerzeichen und andere derartige Zeichen und kann sich darüber hinaus spezieller Methoden der Datenkomprimierung bedienen. Es gibt zahlreiche Packprogramme, die auf die Einsparung von Speicherplatz abzielen.

Packetassembler/Disassembler, der; *Subst.* (packet assembler/disassembler)
Eine Schnittstelle zwischen einer Ausstattung ohne Paketvermittlung und einem Netzwerk mit Paketvermittlung.

Packet Internet Groper, der; *Subst.*
→ *siehe* ping.

Packet Sniffer, der; *Subst.* (packet sniffer)
Zu Deutsch: »Datenpaketschnüffler«. Ein Gerät und/oder ein Programm, das jedes über ein Netzwerk versendete Datenpaket untersucht. Der Packet Sniffer muss dabei innerhalb des Netzwerksegments installiert werden, das untersucht werden soll. Packet Sniffer wurden entwickelt, um die Beseitigung von Problemen zu erleichtern, die die Netzwerkleistung reduzieren. Inzwischen sind Packet Sniffer allerdings auf einigen Netzwerken zum Sicherheitsrisiko geworden, da sie von Crackern eingesetzt werden können, um unverschlüsselte Daten auszuspähen, z.B. Benutzeridentifikationsnummern, Passwörter, Kreditkartennummern, E-Mail-Adressen und andere vertrauliche Daten. → *siehe* Datenpaket. → *siehe auch* Cracker. → *vgl.* Überwachungssoftware.

PackIT, das; *Subst.*
Ein Dateiformat, das bei den Computern von Apple Macintosh verwendet wird. PackIT stellt Auflistungen von Mac-Dateien dar, die in der Regel nach der Huffman-Codierung komprimiert sind. → *siehe auch* Huffman-Codierung, Macintosh.

Packungsdichte, die; *Subst.* (packing density)
Die Anzahl der Speichereinheiten, bezogen auf die Länge oder Fläche eines Speichermediums. Ein Maß für die Packungsdichte ist Bit pro Zoll.

P

PAD, der; *Subst.*
→ *siehe* Packetassembler/Disassembler.

Paddle, das; *Subst.* (paddle)
Zu Deutsch »Paddel«. Ein älterer Eingabegerätetyp, der oft für Computerspiele – insbesondere für die horizontalen oder vertikalen Bewegungen eines Bildschirmobjekts – verwendet wurde. Im Gegensatz zum Joystick ist ein Paddle weniger kompliziert und ermöglicht dem Benutzer nur das Steuern von Bewegungen entlang einer einzelnen Achse über einen drehbaren Bedienknopf. Der Name des Paddles geht auf dessen populärstes Einsatzgebiet – die Steuerung eines Paddlebalkens in den einfachen frühen Videospielen – zurück. (Abbildung P.1)

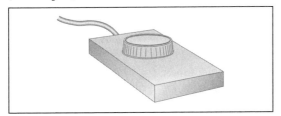

Abbildung P.1: Paddle

Paged Memory Management Unit, die; *Subst.* (paged memory management unit)
Abgekürzt PMMU. Eine Hardwareeinheit für die Realisierung von Aufgaben im Zusammenhang mit dem Zugriff und der Verwaltung von Speicher, der durch unterschiedliche Anwendungen oder durch das Betriebssystem für virtuellen Speicher verwendet wird.

Page Jacking, das; *Subst.*
Ein Täuschungsmanöver im Internet. Der Begriff wurde von der amerikanischen Handelskommission (FTC) in Anlehnung an »Highjacking« (»Entführung«) gebildet. Beim Page-Jacking wird eine Webseite so gestaltet, dass nach kurzer Zeit automatisch eine Verbindung zu einer anderen Internetadresse hergestellt wird. Diese kann mit Hilfe bestimmter HTML-Anweisungen im Header einer Webseite oder mit der Programmiersprache JavaScript erreicht werden und dient oft dazu, Webbesucher von einer alten zu einer neuen Internetadresse zu führen. Anbieter von Pornografie nutzen dies aus, indem sie den Inhalt und die Metatags einer vorhandenen Webseite kopieren und den Header so ändern, dass die Umleitung zu ihrer Homepage führt. Suchmaschinen nehmen die Einträge dieser geänderten Seiten in ihre Datenbank auf. Benutzer, die anschließend den Namen der Firma als Suchbegriff eingeben, stoßen ungewollt auf die pornografi-

schen Inhalte. Besonders ärgerlich ist für die derart »entführten« Webbesucher, dass oft sogar die Schaltfläche »Zurück« für das Navigieren im Internet wieder zu der Seite mit der automatischen Umleitung führt. → *siehe auch* Metatag. → *vgl.* Mousetrapping.

Page Mode RAM, das; *Subst.* (page mode RAM)
Ein speziell konzipierter dynamischer RAM, der den Zugriff auf aufeinander folgende Speicherzellen mit einer verringerten Zykluszeit unterstützt. Diese Methode bringt vor allem im Video-RAM Vorteile, da hier die Bildinformationen in aufsteigender Folge abgelegt sind. Der Einsatz von Page Mode RAM kann sich auch positiv auf die Ausführungsgeschwindigkeit des Codes auswirken, da ein relativ großer Anteil des Programmcodes von aufeinander folgenden Speicherstellen gelesen wird. → *siehe auch* dynamisches RAM, Zykluszeit.

Pagina, die; *Subst.* (folio)
Eine gedruckte Seitennummer.

Paging, das; *Subst.* (paging)
Eine Technik zur Implementierung von virtuellem Speicher, bei der man den virtuellen Adressraum in eine Anzahl Blöcke fester Größe – sog. Seiten – aufteilt. Jede Seite lässt sich auf eine beliebige, im System verfügbare Adresse abbilden. Mit spezieller Hardware zur Speicherverwaltung (MMU oder PMMU) erfolgt die Übersetzung der virtuellen in physikalische Adressen. → *siehe auch* MMU, PMMU, virtueller Speicher.

Paging auf Abruf, das; *Subst.* (demand paging)
Die am häufigsten verwendete Implementierung von virtuellem Speicher. Es werden Seiten mit Daten aus einem externen Speicher nur über einen Interruptimpuls im Hauptspeicher eingelesen. Der Impuls tritt dann auf, wenn die Software einen Speicherort abfragt, den das System im externen Speicher abgelegt und für andere Zwecke wieder verwendet hat. → *siehe auch* auslagern, Paging, virtueller Speicher.

Paginierung, die; *Subst.* (pagination)
Die seitenweise Unterteilung eines Dokuments für den Druck.
Außerdem das Hinzufügen von Seitenzahlen, beispielsweise zu einem lebenden Kolumnentitel.

Paket, das; *Subst.* (package, packet)
Allgemein eine Informationseinheit, die als Ganzes von einem Gerät zu einem anderen in einem Netzwerk übertragen wird.

Speziell in paketvermittelten Netzwerken ist ein Paket eine Übertragungseinheit mit fester Maximalgröße, in der durch binäre Ziffern sowohl die eigentlichen Daten als auch Kopfinformationen (Header) mit Identifikationsnummern, Quell- und Zieladresse sowie gegebenenfalls Fehlerkontrollen dargestellt werden. → *siehe auch* Paketvermittlung.

Als »Paket« wird ferner eine Computeranwendung bezeichnet, die aus mehreren aufeinander abgestimmten Programmen besteht, die für die Ausführung einer bestimmten Art von Arbeit vorgesehen sind, z.B. ein Buchhaltungsprogramm oder ein Tabellenkalkulationspaket.

Paketfilterung, die; *Subst.* (packet filtering)
Das Steuern des Netzwerkzugriffs auf der Basis der IP-Adressen. Ein Firewall bezieht häufig Filter ein, die es Benutzern ermöglichen oder untersagen, auf ein lokales Netzwerk zuzugreifen bzw. dieses zu verlassen. Die Paketfilterung wird auch oft verwendet, um Pakete (z.B. E-Mail) anzunehmen oder abzulehnen. Dies hängt vom jeweiligen Ursprung des Pakets ab, um den Schutz eines privaten Netzwerks zu gewährleisten. → *siehe auch* Firewall, IP-Adresse, Paket.

vermitteltes Netzwerk, das; *Subst.* (switched network)
Ein Kommunikationsnetzwerk, bei dem die Verbindung zwischen zwei beliebigen Teilnehmern über eine Vermittlung hergestellt wird, beispielsweise im öffentlichen Telefonwählnetz.

Paketvermittlung, die; *Subst.* (packet switching)
Eine Technik der Nachrichtenvermittlung, die eine Nachricht in einer Reihe von kleinen Paketen aufteilt und dann jedes für sich über verschiedene Stationen eines Computernetzwerkes entlang der besten verfügbaren Route zwischen Quelle und Ziel weiterleitet. Da die einzelnen Pakete unterschiedliche Wege benutzen, ist nicht garantiert, dass sie zur gleichen Zeit und in der richtigen Reihenfolge beim Empfänger ankommen. Ein Computer rekonstruiert daher aus den empfangenen Paketen die Originalnachricht. Paketvermittlungs-Netzwerke werden als schnell und effizient angesehen. Die einzelnen Stationen in einem paketvermittelten Netz müssen daher über eine gewisse »Intelligenz« verfügen, um sowohl die Verkehrsleitung als auch die Assemblierung/Disassemblierung der Pakete bewältigen zu können. Das Internet stellt ein Beispiel eines paketvermittelten Netzwerkes dar. Die Standards für die Paketübermittlung in Netzwerken sind in der CCITT-Empfehlung X.25 dokumentiert.

PAL
Abkürzung für **P**hase **A**lternation **L**ine, beschreibt den in den meisten westeuropäischen und einigen außereuropäischen Ländern (Australien, Neuseeland und Thailand) genutzten analogen Fernsehstandard, bei dem das Bild durch 625 horizontale Zeilen bei einer Bildwiederholfrequenz von 50 Hertz dargestellt wird (NTSC unterstützt nur 525 Zeilen bei 60 Hz). → *vgl.* NTSC, SECAM.

Palette, die; *Subst.* (palette)
In Malprogrammen eine Sammlung von Zeichenwerkzeugen, wie Muster, Farben, Pinselformen und unterschiedliche Linienbreiten, die der Benutzer nach Bedarf auswählen kann. Eine Palette ist außerdem eine Untermenge der Farbumsetzungstabelle (Lookuptabelle), die zur Einrichtung der gleichzeitig auf dem Bildschirm dargestellten Farben dient. Die Anzahl der Farben in einer Palette ergibt sich aus der Anzahl der Bits, die für die Repräsentation eines Pixels verwendet werden. → *siehe auch* Farbbits, Farbindextabelle, Pixel.

PalmOS, das; *Subst.*
Betriebssystem, das ausschließlich auf Handhelds der Palm-Pilot-Serie und dazu kompatiblen Geräten wie Offspring Visor eingesetzt wird. PalmOS ist multitaskingfähig, stellt Anwendungen aber nur einen Task zur Verfügung, sodass der Anwender eine laufende Anwendung zunächst beenden muss, bevor ein weiteres Programm gestartet werden kann. → *siehe* Palmtop, PDA.

Palmtop, der; *Subst.* (palmtop)
Ein portabler Personal Computer, den man aufgrund seiner geringen Größe bequem in einer Hand (palm = Handfläche) halten kann, während man ihn mit der anderen Hand bedient. Ein wesentlicher Unterschied zwischen Palmtopcomputern und Laptopcomputern besteht darin, dass Palmtops in der Regel von handelsüblichen Batterien - z.B. AA-Zellen (R 6) - gespeist werden. Durch die begrenzte Batteriekapazität enthalten Palmtops gewöhnlich keine Disketten- bzw. CD-ROM-Laufwerke oder Festplatten. Stattdessen sind die Programme in einer ROM abgelegt und werden beim Einschalten in den RAM geladen. Die neuen Palmtopcomputer sind mit PCMCIA-Steckplätzen ausgerüstet, um eine größere Flexibilität und einen umfangreicheren Leistungsumfang zu bieten. → *siehe auch* Handheldcomputer, PCMCIA-Steckplatz, portabler Computer. → *vgl.* Laptop.

PAM, die; *Subst.*
→ *siehe* Pulsamplitudenmodulation.

P

PAN, das;
→ *siehe* Personal Area Network.

Panning, das; *Subst.* (panning)
Bezeichnet in der Computergrafik eine Anzeigemethode, bei der ein »Sichtfenster« auf dem Bildschirm zeilenweise horizontal oder vertikal – wie im Sucher einer Kamera – verschoben wird, um außerhalb des Bildschirms liegende Bereiche des aktuellen Bildes langsam in den Anzeigebereich zu bringen. (Abbildung P.2)

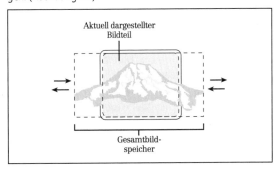

Abbildung P.2: Panning

Pantonesystem, das; *Subst.* (Pantone Matching System)
In der grafischen Kunst und in der Drucktechnik ein Standardsystem für die Farbtintenspezifikation, das aus einem Musterbuch besteht, in dem etwa 500 Farben einer Zahl zugeordnet sind. → *siehe auch* Farbmodell.

PAP, das; *Subst.*
Abkürzung für »**P**assword **A**uthentication **P**rotocol«. Eine Methode für das Validieren der Identität von Benutzern, die sich bei einem Point-to-Point Protocol (PPP)-Server anmelden. Das PAP-Verfahren wird in der Regel eingesetzt, wenn das genauere Challenge Handshake Authentication Protocol (CHAP) nicht verfügbar ist oder der Benutzername und das Kennwort, das vom Benutzer eingegeben wird, unverschlüsselt an ein anderes Programm gesendet werden müssen.
Außerdem ist »PAP« die Abkürzung für »**P**rinter **A**ccess **P**rotocol«. Das Protokoll von AppleTalk-Netzwerken, das die Kommunikation zwischen Computern und Druckern gewährleistet.

Paper-White-Monitor, der; *Subst.* (paper-white monitor)
Ein Bildschirm, auf dem Text und Grafikzeichen schwarz auf weißem Hintergrund wie auf einem Blatt Papier angezeigt werden. Einige Hersteller verwenden diesen Namen, um die Farbe der Anzeige mit qualitativ hochwertigem Briefpapier zu assoziieren.

Papier, elektronisches, das; *Subst.* (electronic paper)
→ *siehe* elektronisches Papier.

Papierkorb, der; *Subst.* (Recycle Bin, Trash)
Ein Ordner von Windows 9x, Windows Me, Windows NT und Windows 2000, der durch ein Symbol in Form eines Papierkorbs mit aufgedrucktem Recylinglogo dargestellt wird. Der Benutzer kann eine Datei löschen, indem er das Dateisymbol mit der Maus auf den Papierkorb zieht. Die Datei kann jedoch zunächst noch wiederhergestellt werden, denn sie wird nicht tatsächlich von der Festplatte gelöscht. Dies geschieht erst dann, wenn der Benutzer den Papierkorb öffnet, die Datei darin auswählt, und die Taste ENTF drückt. → *siehe auch* Desktop.
Außerdem ein Symbol auf dem Bildschirm im Macintosh Finder, das einem Papierkorb ähnlich sieht. Um eine Datei zu löschen oder eine Diskette auszuwerfen, zieht der Benutzer einfach das Symbol der Datei oder der Diskette auf den Papierkorb. Solange der Benutzer jedoch nicht das System herunterfährt oder die Menüoption »Papierkorb entleeren« aufruft, wird der Papierkorbinhalt nicht wirklich gelöscht. Er kann wiederhergestellt werden, indem mit der Maus ein Doppelklick auf das Papierkorbsymbol ausgeführt und das Dateisymbol aus dem daraufhin angezeigten Fenster herausgezogen wird.

papierloses Büro, das; *Subst.* (paperless office)
Das idealisierte Büro, in dem Informationen vollständig auf elektronischem Wege und nicht auf Papier gespeichert, manipuliert und übermittelt werden.

Papiervorschub, der; *Subst.* (paper feed)
Eine mechanische Einrichtung für die Papierzuführung in einem Drucker. Bei Laserdruckern und anderen Seitendruckern besteht der Papiervorschub in der Regel aus einer Reihe von Laufrollen, die das Papier erfassen und ausrichten. Bei Matrixdruckern erfolgt der Papiertransport normalerweise mit einer Stachelwalze oder einem Traktor, wobei kleine Stifte in die Führungslöcher des Papiers (Perforation) eingreifen. Beim Reibungsantrieb wird das Papier zwischen einer Walze und den Andruckrollen gehalten und bei Drehung der Walze durchgezogen.

papierweiß *Adj.* (paper-white)
Ein Monochromcomputermonitor, der standardmäßig schwarzen Text auf einem weißen Hintergrund darstellt. Papierweiße Monitore sind insbesondere im Desktop Publishing und in Textverarbeitungsumgebungen verbreitet, da diese Form der Anzeige einem mit schwarzen Zeichen bedruckten weißen Papierblatt am nächsten kommt.

Paradigma, das; *Subst.* (paradigm)
Ein Prototyp für ein Beispiel oder Muster, der als Modell für einen Prozess oder ein System dient.

Paragraph, der; *Subst.* (paragraph)
Auf IBM- und anderen Computern mit den Intel-Mikroprozessoren 8088 oder 8086 versteht man darunter ein Speichersegment von 16 Byte, das an einer Position (Adresse) beginnt, die sich ohne Rest durch 16 (hexadezimal 10) teilen lässt.

parallel *Adj.* (concurrent)
In der Datenübertragung die Eigenschaft von Informationen, die in Gruppen von Bit über mehrere Kabel gesendet werden, wobei jeweils ein Kabel für ein Bit in einer Gruppe verwendet wird. → *siehe auch* parallele Schnittstelle. → *vgl.* seriell.
Bei multitaskingfähigen Betriebssystemen bezieht sich der Ausdruck auf eine Computeroperation, bei der sich zwei oder mehrere Prozesse (Programme) die Prozessorzeit teilen und demzufolge mehr oder weniger gleichzeitig (parallel) ausgeführt werden. Da die Umschaltzeiten eines Prozessors unterhalb der Wahrnehmbarkeitsgrenze des Menschen liegen, vermitteln parallele Prozesse den Eindruck der Gleichzeitigkeit. Jeder Prozess verfügt über einen eigenen Teil der Systemressourcen. → *siehe auch* parallele Verarbeitung.
In Bezug auf Geometrie und Grafiken charakterisiert dieser Begriff die Anordnung von Linien. Parallele Linien verlaufen dabei auf einer Ebene in die gleiche Richtung und haben keinen Schnittpunkt.
In Verbindung mit elektronischen Schaltungen bezeichnet »parallel« die Anordnung der Verbindung mehrerer Komponenten bei korrespondierenden Terminals.

parallel, bitweise *Adj.* (bit parallel)
→ *siehe* bitweise parallel.

Parallelcomputer, der; *Subst.* (parallel computer)
Ein Computer mit mehreren parallel verknüpften Prozessoren (die gleichzeitig arbeiten). Mit spezieller Software für Parallelcomputer lässt sich der Umfang der pro Zeiteinheit ausführbaren Arbeiten durch Aufteilung einer Verarbeitungsaufgabe auf mehrere gleichzeitig agierende Prozessoren erhöhen. → *siehe auch* parallele Verarbeitung.

Parallelcomputing, das; *Subst.* (parallel computing)
Der Einsatz mehrerer Computer oder Prozessoren für die Lösung eines Problems oder die Ausführung einer Funktion. → *siehe auch* Arrayprozessor, massivparallele Verarbeitung, Pipelineverarbeitung, Symmetric Multiprocessing.

Parallel Data Structure, die; *Subst.*
→ *siehe* PDS.

Paralleldrucker, der; *Subst.* (parallel printer)
Ein Drucker, der mit dem Computer über eine Parallelschnittstelle verbunden ist. Im Allgemeinen kann eine parallele Verbindung die Daten zwischen Geräten schneller übertragen als eine serielle. In der Welt der IBM-PCs bevorzugt man die Parallelschnittstelle, da die entsprechende Verkabelung gegenüber der seriellen Schnittstelle besser genormt ist und das Betriebssystem MS-DOS ohnehin davon ausgeht, dass der Systemdrucker an den parallelen Port angeschlossen ist. → *siehe auch* parallele Schnittstelle. → *vgl.* serieller Drucker.

parallele Ausführung, die; *Subst.* (concurrent execution, parallel execution)
Die scheinbar gleichzeitige Ausführung von zwei oder mehr Routinen oder Programmen. Die parallele Ausführung lässt sich auf einem einzelnen Prozessor durch Time Sharing – wie etwa die Unterteilung von Programmen in verschiedene Tasks oder Ausführungsstränge – oder durch den Einsatz mehrerer Prozessoren realisieren. → *siehe auch* paralleler Algorithmus, Prozessor, sequentielle Ausführung, Task, Thread, Zeitscheibenverfahren.

parallele Datenbank, die; *Subst.* (parallel database)
Ein Datenbanksystem, das mindestens zwei Prozessoren oder Betriebssystemprozesse verwendet, um Datenbank-Managementabfragen zu bedienen (z.B. SQL-Abfragen und -Aktualisierungen, Transaktionsprotokollierung, E/A-Behandlung und Datenpufferung. Eine parallele Datenbank kann zahlreiche Tasks auf mehreren Prozessoren und Speichergeräten gleichzeitig ausführen. Dadurch wird ein schneller Zugriff auf Datenbanken gewährleistet, die einen Datenumfang von mehreren Gigabyte haben.

parallele Operation, die; *Subst.* (concurrent operation)
→ *siehe* parallel.

parallele Programmausführung, die; *Subst.* (concurrent program execution)
→ *siehe* parallel.

paralleler Addierer, der; *Subst.* (parallel adder)
Eine Logikschaltung, die die Addition mehrerer (in der Regel 4, 8 oder 16) binärer Eingangssignale gleichzeitig ausführt, anstatt nacheinander, wie es bei Halbaddierern oder Volladdierern der Fall ist. Parallele Addierer erhöhen die Verarbei-

P tungsgeschwindigkeit, da sie weniger Schritte für die Erzeugung des Ergebnisses benötigen. → *vgl.* Halbaddierer, Volladdierer.

paralleler Algorithmus, der; *Subst.* (parallel algorithm)
Ein Algorithmus, bei dem mehrere Teile gleichzeitig durchlaufen werden können. Der Einsatz paralleler Algorithmen ist kennzeichnend für Multiprocessingumgebungen. → *vgl.* sequentieller Algorithmus.

paralleler Server, der; *Subst.* (parallel server)
Ein Computersystem, das eine Form der parallelen Verarbeitung implementiert, um die Leistungsfähigkeit als Server zu verbessern. → *siehe auch* SMP-Server.

paralleler Zugriff, der; *Subst.* (parallel access)
Auch als gleichzeitiger Zugriff bezeichnet. Die Fähigkeit, alle Bit einer einzelnen Informationseinheit, z.B. ein Byte oder ein Wort (in der Regel zwei Byte), gleichzeitig zu speichern oder abzurufen. → *auch genannt* gleichzeitiger Zugriff.

parallele Schnittstelle, die; *Subst.* (parallel interface)
Eine genormte Schnittstelle zur Datenübertragung, bei der mehrere Daten- und Steuerbits über Kabel mit einer entsprechenden Anzahl paralleler Leitungen gleichzeitig übertragen werden. Am gebräuchlichsten ist die sog. Centronicsschnittstelle. → *siehe auch* Centronicsschnittstelle. → *vgl.* serielle Schnittstelle.

parallele Übertragung, die; *Subst.* (parallel transmission)
Die gleichzeitige Übertragung einer Gruppe von Bits über separate Leitungen. Bei Mikrocomputern bezeichnet man damit die Übertragung von Daten mit einer Breite von 1 Byte (8 bit). Der Standardanschluss für parallele Übertragung ist die bekannte Centronicsschnittstelle. → *siehe auch* Centronicsschnittstelle. → *vgl.* serielle Schnittstelle.

parallele Verarbeitung, die; *Subst.* (concurrent processing, parallel processing)
Eine Methode der Verarbeitung, die nur auf Computern zwischen mehreren gleichzeitig arbeitenden Prozessoren laufen kann. Im Unterschied zum Multiprocessing wird bei der parallelen Verarbeitung ein Task auf die verfügbaren Prozessoren aufgeteilt. Beim Multiprocessing kann sich ein Task in sequentielle Blöcke gliedern lassen, wobei ein Prozessor den Zugriff zu einer Datenbank verwaltet, ein anderer die Daten analysiert und ein dritter die grafischen Ausgaben auf dem Bildschirm behandelt. Programmierer für Systeme mit paralleler Verarbeitung müssen Wege finden, ein Task so zu gliedern, dass er mehr oder weniger gleichmäßig unter den verfügbaren Prozessoren verteilt wird. → *vgl.* Coprozessor, Multiprocessing. → *siehe* parallel.

Parallelport, der; *Subst.* (parallel port)
Allegemein in PC-Gehäusen der Eingabe-/Ausgabeanschluss für Geräte mit paralleler Schnittstelle. Genauer: Ein Eingabe-/Ausgabeanschluss, der einen parallelen Datenaustausch von 8 Bits pro Sekunde zwischen einem Computer und einem Peripheriegerät wie etwa einem Drucker, einem Scanner, einer CD-ROM oder einem Speichergerät zulässt. Der Parallelport, oft auch Centronicschnittstelle nach dem Originalstandard genannt, nutzt eine 25-pin Verbindung mit Namen DB-25, der drei Signalgruppen enthält, vier für Kontrollsignale, fünf für Status-Signale und acht für die Daten. → *siehe auch* Anschluss, Centronicsschnittstelle, Eingabe-/Ausgabeport, EPP, Gehäuse, parallele Schnittstelle.

Parallelport, erweiterter, der; *Subst.* (enhanced parallel port)
→ *siehe* erweiterter Parallelport.

Parallelprozessor, skalierbarer, der; *Subst.* (scalable parallel processing)
→ *siehe* skalierbarer Parallelprozessor.

Parallelschaltung, die; *Subst.* (parallel circuit)
Eine Schaltung, bei der die korrespondierenden Anschlüsse mehrerer Bauelemente miteinander verbunden sind. In einer Parallelschaltung gibt es zwischen zwei Punkten mehrere getrennte Strompfade. An allen Bauelementen liegt die gleiche Spannung an, aber der Strom teilt sich auf die einzelnen Zweige auf. → *vgl.* Reihenschaltung. (Abbildung P.3)

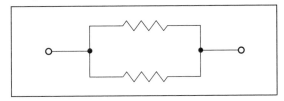

Abbildung P.3: Parallelschaltung

Parameter, der; *Subst.* (parameter)
In der Programmierung ein Wert, der einer Variablen entweder zu Beginn einer Operation oder vor der Auswertung eines Ausdrucks durch ein Programm übergeben wird. Bis zum Abschluss der Operation wird ein Parameter durch das Programm effektiv als konstanter Wert behandelt. Als Parameter

kann man einem Wert Text, eine Zahl oder einen Argumentnamen zuweisen, der von einer Routine an eine andere übergeben wird. Mit Parametern lassen sich Programmoperationen anpassen. → *siehe auch* Adressübergabe, Argument, Routine, Wertübergabe.

parametergesteuert *Adj.* (parameter-driven)
Bezeichnet Programme oder Operationen, deren Eigenschaften oder Ergebnisse durch die zugewiesenen Parameterwerte bestimmt werden.

Parameter-RAM, das; *Subst.* (parameter RAM)
Eine geringe Anzahl von Byte im batteriegestützten CMOS-RAM auf der Hauptplatine von Apple Macintosh-Computern. Im Parameter-RAM werden Informationen über die Systemkonfiguration gespeichert. → *siehe auch* CMOS-RAM. → *vgl.* CMOS.

Parametersubstitution, die; *Subst.* (parameter passing)
In der Programmierung das Ersetzen eines formalen (Dummy-)Parameters durch einen aktuellen Parameterwert bei Aufruf einer Prozedur oder Funktion.

PARC
→ *siehe* Xerox PARC.

Parent/Child *Adj.* (parent/child)
Zu Deutsch »Eltern/Kind«. Beschreibt die Beziehung zwischen Prozessoren in einer Multitaskingumgebung, bei der der Parentprozess den Childprozess aufruft und meist seine eigene Operation suspendiert, bis der Childprozess vollständig abgearbeitet ist oder durch Abbruch beendet wird.
In einer baumartigen Datenstruktur bezeichnet man mit »Parent« den Knoten, der eine Stufe näher an der Wurzel (d.h. eine Ebene höher) als der Childknoten liegt.

Parität, die; *Subst.* (parity)
Gleichheit oder Gleichwertigkeit. Bei Computern bezieht sich Parität in der Regel auf eine Fehlerprüfungsprozedur, bei der die Anzahl der Einsen für jede fehlerfrei übertragene Bitgruppe, je nach Festlegung, immer gerade oder ungerade sein muss. Die zeichenweise Paritätsprüfung nennt man vertikale Redundanzprüfung (VRC). Die Methode der blockweisen Prüfung bezeichnet man als longitudinale Redundanzprüfung (LRC). Bei den typischen Datenübertragungen zwischen Mikrocomputern mit Hilfe von Modems stellt die Parität einen Parameter dar, der zwischen den sendenden und empfangenden Teilnehmern bereits vor der Übertragung

abzustimmen ist. Gebräuchliche Paritätstypen werden in der nachfolgenden Tabelle aufgeführt. → *siehe auch* Paritätsbit, Paritätsfehler, Paritätsprüfung.

Typ	Beschreibung
gerade Parität	Die Anzahl der Einsen in jedem erfolgreich übertragenen Satz von Bits muss eine gerade Zahl ergeben.
ungerade Parität	Die Anzahl der Einsen in jedem erfolgreich übertragenen Satz von Bits muss eine ungerade Zahl ergeben
keine Parität	Es wird kein Paritätsbit verwendet.
Space-Parität	Es wird ein Paritätsbit verwendet das immer auf 0 gesetzt ist.
Mark-Parität	Es wird ein Paritätsbit verwendet das immer auf 1 gesetzt ist.

Parität, gerade, die; *Subst.* (even parity)
→ *siehe* Parität.

Paritätsbit, das; *Subst.* (parity bit)
Ein Zusatzbit, das für die Fehlerprüfung in Gruppen von Datenbits verwendet wird, die innerhalb eines Computersystems oder zwischen mehreren Computersystemen übertragen werden. Im Mikrocomputerbereich trifft man häufig auf diesen Begriff bei Datenübertragungen mit Modems, wobei man oft ein Paritätsbit zur Überprüfung der Richtigkeit der übertragenen Zeichen einsetzt. In einem RAM wird ein Paritätsbit oft verwendet, um die Genauigkeit zu prüfen, mit der jedes Byte gespeichert wird.

Paritätsfehler, der; *Subst.* (parity error)
Ein Paritätsfehler gibt einen Fehler in der Datenübertragung oder im Speicher an. Wenn ein Paritätsfehler bei der Kommunikation auftritt, müssen alle oder ein Bestandteil der Nachrichten neu übertragen werden. Wenn ein Paritätsfehler im RAM auftritt, hält der Computer an. → *siehe auch* Parität, Paritätsbit.

Paritätsprüfung, die; *Subst.* (parity check)
Die Verwendung der Parität zur Kontrolle der Richtigkeit übertragener Daten. → *siehe auch* Parität, Paritätsbit.

Parität, ungerade, die; *Subst.* (odd parity)
→ *siehe* Parität.

parken *Vb.* (park)
Insbesondere bei der Vorbereitung eines Festplattenlaufwerks auf den Transport positioniert man den Schreib-/Lese-

P kopf entweder außerhalb des Oberflächenbereichs oder über einen Bereich des Datenträgers, der nicht für die Datenspeicherung vorgesehen ist (und sich daher eine eventuelle Beschädigung nicht negativ auswirkt). Das Parken kann manuell, automatisch oder durch ein Diskettendienstprogramm erfolgen.

parsen *Vb.* (parse)
Eingaben in kleinere Einheiten zerlegen, damit ein Programm mit diesen Informationen arbeiten kann.

Partition, die; *Subst.* (partition)
Ein logisch selbständiger Teil eines Speichers oder eines Speichergerätes, der wie eine physikalisch separate Einheit funktioniert.
In der Datenbankprogrammierung bildet eine Partition eine Untermenge einer Datenbanktabelle oder Datei.

Partitionsbootsektor, der; *Subst.* (partition boot sector)
Der erste Sektor in der Systempartition (Startpartition) einer bootfähigen Festplatte oder der erste Sektor einer bootfähigen Diskette. Auf einem Computer mit einem Prozessor der Reihe x86 wird der Partitionsbootsektor beim Startvorgang in den Arbeitsspeicher geladen. Dieser Vorgang wird vom Master Boot Record initiiert. Dabei handelt es sich um denjenigen Partitionsbootsektor, der die Befehle enthält, die zum Laden und Starten des Betriebssystems erforderlich sind. → *siehe auch* Master Boot Record, Partitionstabelle.

Partitionstabelle, die; *Subst.* (partition table)
Eine Tabelle im ersten Sektor einer Festplatte, die angibt, an welchen Positionen der Festplatte die einzelnen Partitionen beginnen und enden. Die Angabe erfolgt dabei über die Kopf-, Sektor- und Zylindernummer. Zusätzlich enthält die Partitionstabelle Angaben, auf welchen Dateisystemen die einzelnen Partitionen basieren und ob die Partitionen bootfähig sind. Obgleich es sich bei der Partitionstabelle um eine vergleichsweise kleine Datenmenge handelt, stellt sie ein kritisches Element der Festplatte dar, da die in ihr gespeicherten Angaben zum reibungslosen Betrieb des Computers sehr wichtig sind.

Pascal, das; *Subst.*
Eine prägnante prozedurale Sprache, die 1967–71 von Niklaus Wirth auf der Grundlage von ALGOL entwickelt wurde. Pascal ist eine kompilierte, strukturierte Sprache mit einfacher Syntax und weist gegenüber ALGOL zusätzliche Datentypen und Strukturen auf, z.B. Teilbereiche, Aufzäh-

lungstypen, Dateien, Datensätze und Mengen. → *siehe auch* ALGOL, Compilersprache, Modula-2, prozedurale Sprache. → *vgl.* C.

Passieren, das; *Subst.* (registration)
Das exakte Ausrichten von Elementen oder übereinander liegenden Schichten in einem Dokument oder einer Grafik, so dass alle Bestandteile in korrekter relativer Position zueinander gedruckt werden. → *siehe auch* Passkreuze.

passive Matrix, die; *Subst.* (passive matrix display)
Eine kostengünstige LCD-Anzeige mit niedriger Auflösung, die aus einer umfangreichen Matrix aus Flüssigkristallzellen gebildet wird, die von Transistoren außerhalb des Schirms gesteuert werden. Ein Transistor steuert eine ganze Zeile oder Spalte mit Pixeln. Passive Matrizen werden häufig bei portablen Computern (z.B. Laptops und Notebooks) verwendet, weil deren Bildschirme sehr flach sind. Diese Matrizen haben bei monochromen Bildschirmen einen guten Kontrast, die Auflösung ist jedoch bei Farbbildschirmen verhältnismäßig niedrig. Es treten auch Probleme bei der Anzeigequalität auf, wenn der Betrachter nicht direkt, sondern aus einem bestimmten Winkel auf den Bildschirm schaut. Dieses Problem gibt es bei Aktivmatrix-Bildschirmen nicht. Computer mit passiven Matrizen sind jedoch im Verhältnis bedeutend billiger als Computer mit Aktivmatrix-Bildschirmen. → *siehe auch* Flüssigkristalldisplay, Transistor. → *auch genannt* Dualscandisplay. → *vgl.* aktive Matrix. (Abbildung P.4)

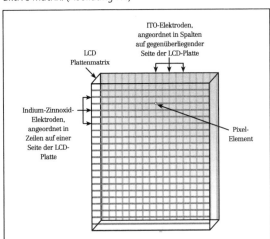

Abbildung P.4: Passives Matrixdisplay

Passkreuze, das; *Subst.* (registration marks)
Auf einer Seite angeordnete Markierungen, die beim Drucken eine korrekte Ausrichtung der Elemente oder Schichten

eines Dokuments relativ zueinander ermöglichen. Jedes zu montierende Element enthält eigene Passkreuze. Wenn diese Markierungen präzise übereinander gelegt werden, befinden sich die Elemente in der korrekten Position. (Abbildung P.5)

Abbildung P.5: Passkreuze

Password Authentication Protocol, das; *Subst.*
→ *siehe* PAP.

Passwort, das; *Subst.* (password)
→ *siehe* Kennwort.

Patch, der; *Subst.* (patch)
Der Teil eines Objektcodes, der in ein ausführbares Programm als temporäre Behebung eines Bug eingefügt wird.

patchen *Vb.* (patch)
In der Programmierung die Beseitigung eines Mangels in der Funktionalität einer vorhandenen Routine oder eines Programms als Reaktion auf unvorhergesehene Anforderungen oder das Zusammentreffen bestimmter Betriebsbedingungen. Patchen stellt ein gebräuchliches Mittel dar, ein Merkmal oder eine Funktion in eine vorhandene Programmversion einzubinden, bis die nächste Version dieses Softwareprodukts erscheint. → *vgl.* hacken, Notkonstruktion.

Pauschaltarif, der; *Subst.* (flat rate)
→ *siehe* Flatrate.

Pausenmodus, der; *Subst.* (suspend mode)
→ *siehe* Schlafmodus.

Pausetaste, die; *Subst.* (Pause key)
Taste auf einer Tastatur, mit der sich der Ablauf eines Programms oder Befehls zeitweilig anhalten lässt. Die Pausetaste wird z.B. verwendet, um den Bildlauf zu stoppen, so dass man Zeit für das Lesen eines mehrseitigen Listings oder Dokuments hat.
Als »Pausetaste« bezeichnet man auch die von einer Anwendung spezifizierte Taste, die das Anhalten der aktuellen Operation gestattet. Beispielsweise lassen sich Computerspiele oft einfach mit der Buchstabentaste P vorübergehend stoppen.

Pausierbefehl, der; *Subst.* (Suspend command)
Eine Energiesparfunktion von Windows 9x/Me für tragbare Computer. Durch Klicken auf den Pausierbefehl im Start-Menü kann der Benutzer Operationen des Systems vorübergehend anhalten (in den »Pausenmodus« übergehen), ohne die Stromversorgung abzuschalten, und auf diese Weise Batterieenergie sparen, ohne Anwendungen neu starten oder Daten erneut laden zu müssen.

pausieren *Vb.* (suspend)
Einen Prozess vorübergehend anhalten. → *siehe* auch schlafen.

PB-SRAM (PB SRAM)
→ *siehe* statisches Pipeline-Burst-RAM.

PBX
Abkürzung für »**P**rivate **B**ranch **E**xchange«, zu Deutsch »Nebenstellenanlage«. Eine automatische Telefonanlage, die es Benutzern ermöglicht, innerhalb einer Firma Anrufe zu tätigen, ohne dabei das öffentliche Telefonnetz zu beanspruchen. Die Benutzer können auch Nummern anwählen, die nicht zur Firma gehören.

PC, der; *Subst.*
Im weiteren Sinn ein Mikrocomputer, der den PC-Standards von IBM entspricht und einen Mikroprozessor der Intel-Familie 80x86 (bzw. einen kompatiblen Prozessor) verwendet sowie BIOS ausführen kann. → *siehe* Personal Computer. → *siehe auch* 8086, BIOS, IBM PC, Klon.
Im engeren Sinn ein Computer aus der Produktlinie der IBM Personal Computer. → *siehe* Personal Computer. → *siehe auch* PC-kompatibel. → *auch genannt* IBM PC.

PCB
→ *siehe* gedruckte Leiterplatte.

PC Card, die; *Subst.*
Ein Warenzeichen der Personal Computer Memory Card International Association (PCMCIA), mit dem man Zusatzkarten bezeichnet, die der PCMCIA-Spezifikation entsprechen. Eine PC Card hat etwa die Größe einer Kreditkarte und kann in einen PCMCIA-Steckplatz eingesteckt werden. Die im September 1990 eingeführte Version 1 spezifiziert eine Karte von Typ I mit einer Dicke von 3,3 Millimeter, die hauptsächlich für den Einsatz als externer Speicher vorgesehen ist. Version 2 der PCMCIA-Spezifikation wurde im September 1991 eingeführt

P und definiert sowohl eine 5 mm dicke Karte vom Typ II als auch eine 10,5 mm dicke Karte vom Typ III. Auf Karten des Typ II lassen sich Geräte wie Modem, Fax und Netzwerkkarten realisieren. Auf Karten vom Typ III bringt man Geräte mit größerem Platzbedarf unter, z.B. drahtlose Kommunikationseinrichtungen oder rotierende Speichermedien (z.B. Festplatten). → *siehe auch* PCMCIA, PCMCIA-Steckplatz.

PC-Card-Speichererweiterung, die; *Subst.* (PC memory card)
Eine PC Card vom Typ I, die von PCMCIA festgelegt ist. In diesem Sinne besteht diese Speicherkarte aus konventionellen statischen RAM-Chips, die ihren Energiebedarf über eine kleine Batterie decken. Mit dieser Karte wird zusätzlicher RAM-Speicher zur Verfügung gestellt. → *siehe auch* PC Card. → *vgl.* Flashspeicher.

PC Card-Steckplatz, der; *Subst.* (PC Card slot)
→ *siehe* PCMCIA-Steckplatz.

PC-DOS, das; *Subst.*
Abkürzung für **P**ersonal **C**omputer **D**isk **O**perating **S**ystem. Die von IBM vertriebene Version von MS-DOS. MS-DOS und PC-DOS sind praktisch identisch, obwohl sich die Dateinamen oder Dienstprogramme in beiden Versionen zum Teil voneinander unterscheiden. → *siehe auch* MS-DOS.

PC, grüner, der; *Subst.* (green PC)
→ *siehe* grüner PC.

P-channel MOS, das; *Subst.*
→ *siehe* PMOS.

PCI
→ *siehe* PCI Local Bus.

PCI-Karte, die; *Subst.* (PCI card)
Eine Karte, die in den PCI-Bus passt, um die Funktionalität eines PCs zu erweitern. Beispiele für PCI-Karten sind Fernsehkarten, Videoadapter und Netzwerkschnittstellenkarten. → *siehe auch* Erweiterungskarte, PCI Local Bus.

PCI Local Bus, der; *Subst.* (PCI local bus)
Abkürzung für **P**eripheral **C**omponent **I**nterconnect **local bus**. Eine von Intel eingeführte Spezifikation, die ein lokales Bussystem auf der Basis der PCI-Spezifikation definiert. Der PCI Local Bus ermöglicht die Installation von bis zu 10 PCI-kompatiblen Erweiterungskarten. Ein PCI Local Bus-System

erfordert eine PCI-Controllerkarte in einem der PCI-kompatiblen Erweiterungssteckplätze. Optional kann man für die Systemarchitekturen ISA, EISA oder Micro Channel einen Erweiterungsbuscontroller installieren, der eine verbesserte Synchronisation aller auf dem Bus verfügbaren Ressourcen ermöglicht. Der PCI-Controller kann je nach Implementation Daten mit der CPU des Systems entweder in einer Breite von 32 Bit oder 63 Bit gleichzeitig austauschen und gestattet den Einsatz intelligenter, PCI-kompatibler Adapter für die Ausführung von Aufgaben parallel zur CPU durch Verwendung der sog. Busmastertechnik. Die PCI-Spezifikation ermöglicht Multiplexing, eine Technik, bei der mehrere elektrische Signale gleichzeitig auf dem Bus anwesend sein können. → *siehe auch* Local Bus. → *vgl.* VL-Bus.

PC-kompatibel *Adj.* (PC-compatible)
Im Einklang mit den IBM-PC/XT- und PC/AT-Hardware- und Softwarespezifikationen, bei denen es sich um den De-facto-Standard für die Computerindustrie für PCs handelt, die mit der Intel-Familie der 80x86-Prozessoren oder kompatiblen Chips ausgestattet sind. Die meisten PC-kompatiblen Computer werden nicht mehr von IBM entwickelt. Diese Computer werden auch als Klone bezeichnet. → *siehe* Wintel. → *siehe auch* 80x86, De-facto-Standard, IBM AT, Klon. → *auch genannt* IBM PC.

PCL
→ *siehe* Printer Control Language.

PCM
→ *siehe* Pulscodemodulation.

PCMCIA
Abkürzung für »**P**ersonal **C**omputer **M**emory **C**ard **I**nternational **A**ssociation«. Eine Vereinigung von Herstellern und Händlern, die sich mit der Pflege und Weiterentwicklung eines allgemeinen Standards für Peripheriegeräte auf der Basis von PC Cards mit einem entsprechenden Steckplatz zur Aufnahme der Karten widmet. PC Cards sind hauptsächlich für Laptops, Palmtops und andere portable Computer sowie für intelligente elektronische Geräte vorgesehen. Der gleichnamige PCMCIA-Standard wurde 1990 als Version 1 eingeführt. Die Website der PCMCIA ist unter der Adresse http://www.pcmcia.org erreichbar. → *siehe auch* PC Card, PCMCIA-Steckplatz.

PCMCIA-Buchse, die; *Subst.* (PCMCIA connector)
Aus technischer Sicht die 68-polige Steckerbuchse innerhalb eines PCMCIA-Steckplatzes, die für die Aufnahme der 68-

poligen Stiftbuchse einer PC Card vorgesehen ist. → *siehe auch* PC Card, PCMCIA-Steckplatz.

PCMCIA-Karte, die; *Subst.* (PCMCIA card)
→ *siehe* PC Card.

PCMCIA-Steckplatz, der; *Subst.* (PCMCIA slot)
Auch als PC-Card-Steckplatz bezeichnet. Eine Öffnung im Gehäuse eines Computers, Peripheriegerätes oder anderen intelligenten elektronischen Gerätes, die für die Aufnahme einer PC Card vorgesehen ist. → *siehe auch* PC Card, PCM-CIA-Buchse. → *auch genannt* PC Card-Steckplatz.

P-Code, der; *Subst.* (p-code)
→ *siehe* Pseudocode.

PC-Platine, die; *Subst.* (PC board)
→ *siehe* gedruckte Leiterplatte.

PCS
→ *siehe* Personal Communications Services.

PC-Speicherkarte, die; *Subst.* (PC memory card)
Eine zusätzliche Steckkarte, die den RAM-Speicher eines Systems erhöht. → *siehe auch* Speicherkarte.

PCT
Abkürzung für **P**rogram **C**omprehension **T**ool. Ein Software-engineeringwerkzeug, das den Einblick in die Struktur und/oder Funktionalität von Computerprogrammen erleichtert.

.pcx
Eine Dateinamenerweiterung, die Bitmapgrafiken im Dateiformat PC-Paintbrush kennzeichnet.

PC/XT, der; *Subst.*
Der ursprüngliche IBM Personal Computer aus dem Jahr 1981, für den der Prozessor Intel 8088 CPU verwendet wurde. → *siehe auch* IBM PC

PDA
Abkürzung für **P**ersonal **D**igital **A**ssistant. Ein leichter Palmtopcomputer mit speziellem Funktionsumfang, der sowohl der persönlichen Organisation (Kalender, Notizen, Datenbank, Taschenrechner usw.) als auch der Kommunikation dient. Fortgeschrittene Modelle bieten auch Multimediamerkmale und volle Onlinekompatibilität. Viele PDA-Geräte verwenden für die Eingabe einen Stift oder ein anderes Zeigegerät anstelle

einer Tastatur oder Maus. Zur Datenspeicherung setzt man bei PDAs auch Flashspeicher ein und verzichtet auf verbrauchsintensive Diskettenlaufwerke. Die wichtigsten Betriebssysteme sind Windows CE, PalmOS und EPOC. → *siehe auch* Firmware, Flashspeicher, PC Card, Pen-Computer.

PDC
→ *siehe* Primary Domain Controller.

PD-CD-Laufwerk, das; *Subst.* (PD-CD drive)
Abkürzung für **P**hase Change Rewritable **D**isc-**C**ompact **D**isc **drive**. Ein Speichergerät, das ein CD-ROM-Laufwerk und ein Phase-Change-Rewritable-Disc-(PD)-Laufwerk kombiniert. Dieses Laufwerk kann bis zu 650 MB Daten auf Kassetten mit wieder beschreibbaren optischen Discs speichern. → *siehe auch* Phasenänderungs-Aufzeichnungsverfahren.

PDD
Abkürzung für **P**ortable **D**igital **D**ocument. Eine Grafikdatei, die aus einem Dokument von QuickDraw GX unter Mac OS erstellt wurde. PDDs werden in einem Format gespeichert, das nicht von der Auflösung des Druckers abhängig ist. Die Dateien werden in der höchstmöglichen Auflösung auf dem Drucker ausgegeben. Außerdem können PDDs die ursprünglichen Schriftarten des Dokuments enthalten. Aus diesem Grund ist es nicht erforderlich, dass PDDs von dem Computersystem gedruckt werden, in dem diese erstellt wurden.

.pdf
Eine Dateinamenerweiterung für Dokumente, die im »Portable Document Format« (von Adobe Systems) codiert sind. Um eine .pdf-Datei darstellen oder drucken zu können, können Benutzer das kostenlos erhältliche Programm Adobe Acrobat Reader verwenden. → *siehe auch* Acrobat, Portable Document Format.

PDL
→ *siehe* Seitenbeschreibungssprache.

PDM
→ *siehe* Pulsbreitenmodulation.

PDO
→ *siehe* Portable Distributed Objects.

PDP-11
Eine von der Firma Digital Equipment Corporation 1970 eingeführte Serie von Minicomputern, die sehr weite Verbreitung

fand. Die Abkürzung »PDP« steht für »**P**rogrammed **d**ata **p**rocessor« (programmierter Datenprozessor). Unter der Bezeichnung PDP (PDP-1 bis PDP-16) hatte Digital Equipment bereits seit 1960 eine erfolgreiche und damals sehr kostengünstige Reihe von Computern hergestellt und vertrieben, die die Entwicklung der Computerindustrie maßgeblich beeinflussten. Der ursprüngliche PDP-11 wies eine 16-Bit-Architektur auf und verwendete den Unibus. Digital Equipment hatte jedoch bereits 1969 Planungen für ein Modell mit einem 32-Bit-Datenbus. Zahlreiche Betriebssysteme und Programmiersprachen waren auf dem PDP-11 verfügbar, unter anderem liefen die ersten UNIX-Varianten auch auf PDP-11-Computern. Die Produktion der PDP-11 wurde 1990 eingestellt. → *siehe* Minicomputer, Unibus, UNIX. → *siehe auch* 16-Bit-Computer, Minicomputer, Unibus. → *vgl.* VAX.

PDS
Abkürzung für **P**rocessor **D**irect **S**lot. Ein Erweiterungssteckplatz in Macintosh-Computern, der direkt mit den CPU-Signalen verbunden ist. Es gibt verschiedene PDS-Steckplätze mit einer differierenden Anzahlen von Pins und Signalsätzen. Die Kriterien hängen von der jeweiligen CPU ab, die in einem bestimmten Computer verwendet wird.
»PDS« ist außerdem die Abkürzung für **P**arallel **D**ata **S**tructure. Eine verborgene Datei, die im Stammverzeichnis eines Datenträgers abgelegt ist, das unter AppleShare freigegeben wird und Informationen zu Zugriffsprivilegien für Ordner enthält.

peek *Vb.*
Ein Byte aus einer absolut angegebenen Speicherstelle lesen. Peek-Befehle findet man häufig in Programmiersprachen, beispielsweise Basic, die normalerweise keinen Zugriff auf spezifische Speicherstellen erlauben.
Mit »peek« beschreibt man auch das »Ansehen« des nächsten Zeichens in einem Puffer, der einem Eingabegerät zugeordnet ist, ohne dabei das Zeichen tatsächlich aus dem Puffer zu entfernen.

Peer, der; *Subst.* (peer)
Alle Geräte in einem geschichteten Kommunikationsnetzwerk, die auf derselben Protokollebene arbeiten. → *siehe auch* Netzwerkarchitektur.

Peer-to-Peer-Architektur, die; *Subst.* (peer-to-peer architecture)
Ein Netzwerk aus mehreren Computern, die das gleiche Programm oder den gleichen Programmtyp nutzen, mit dem Daten kommunizieren und gemeinsam genutzt werden. Jeder Computer bzw. jeder *Peer* ist, hierarchisch betrachtet, gleichwertig. Außerdem übt jeder Computer gegenüber den anderen Computern des Netzwerks eine Serverfunktion aus. Im Gegensatz zur Client/Serverarchitektur ist ein dedizierter Dateiserver nicht erforderlich. Die Leistungsfähigkeit im Netzwerk ist – besonders bei einer hohen Auslastung – nicht so gut wie unter einer Client/Serverarchitektur. → *siehe auch* Peer, Peer-to-Peer-Kommunikation, Server. → *auch genannt* Peer-to-Peer-Netzwerk. → *vgl.* Client/Serverarchitektur.

Peer-to-Peer-Kommunikation, die; *Subst.* (peer-to-peer communications)
Der Informationsaustausch zwischen Geräten, die in einer geschichteten Netzwerkarchitektur auf der gleichen Protokollebene arbeiten. → *siehe auch* Netzwerkarchitektur.

Peer-to-Peer-Netzwerk, das; *Subst.* (peer-to-peer network)
Abkürzung: „P2P-Netzwerk". Eine internetbasierte Netzwerkoption, bei der zwei oder mehrere Computer direkt miteinander verbunden werden, um - ggf. auch ohne einen zentralen Server - miteinander zu kommunizieren und Daten auszutauschen. Das Interesse an P2P-Netzwerken wuchs mit der Einführung von Napster, Gnutella, KaZaA, eMule, eDonkey, BitTorrent und vergleichbaren Anwendungen und Netzwerken sprunghaft. P2P-Netzwerke werden größtenteils dazu genutzt, um illegale Kopien von Software, Computer- und Videospielen, Musik sowie TV-, DVD- und Kinofilmen zu verbreiten. → *siehe auch* Gnutella, Napster, Peer-to-Peer-Architektur, Peer-to-Peer-Kommunikation. → *auch* genannt P2P.

Pel, das; *Subst.* (pel)
Abkürzung für **P**icture **El**ement, zu Deutsch »Bildelement«. → *siehe* Pixel.

PEM, die; *Subst.*
→ *siehe* Privacy Enhanced Mail.

penbasiertes Computing, das; *Subst.* (pen-based computing)
Die Eingabe handgeschriebener Symbole in einen Computer über einen Griffel und ein druckempfindliches Pad. → *siehe auch* Pen-Computer.

Pen-Computer, der; *Subst.* (clipboard, clipboard computer, pen computer)
Ein portabler Computer, dessen Gesamterscheinung und Bedienung an einen herkömmlichen Notizblock erinnern. Ein

Pen-Computer besitzt ein Flachdisplay (meist LCD) und verwendet für Benutzereingaben einen Stift anstelle herkömmlicher Eingabegeräte wie Tastatur und Maus. Die Bedienung erfolgt durch die Berührung des Displays mit dem Stift. Die mit einem Pen-Computer eingegebenen Daten werden im Allgemeinen mit Hilfe eines Kabels oder eines Modems an einen anderen Computer übertragen, um sie mit diesem weiter zu verarbeiten. Ein Pen-Computer erfordert entweder ein spezielles Betriebssystem, das auf den Stift als Eingabegerät ausgelegt ist, oder ein proprietäres Betriebssystem, das für ein bestimmtes Gerät vorgesehen ist. Ein Pen-Computer wird typischerweise in den Bereichen eingesetzt, in denen auch herkömmliche Notizblöcke verwendet werden, z.B. im Außendienst, bei der mobilen Datenerfassung oder bei geschäftlichen Besprechungen. Der Pen-Computer ist das Grundmodell für eine sich entwickelnde Klasse von Computern, die man als persönliche digitale Assistenten (PADs) bezeichnet. → siehe auch portabler Computer.
→ siehe auch PC Card, PDA.

Pen-Plotter, der; Subst. (pen plotter)
Ein grafischer Plotter herkömmlicher Bauart, der Stifte zum Zeichnen auf Papier verwendet. Pen-Plotter setzen einen oder mehrere Farbstifte ein, entweder Faserstifte oder spezielle Tintenstifte für höchste Qualität. → siehe auch Plotter. → vgl. elektrostatischer Plotter.

Pentium, der; Subst.
Ein 32-Bit-Mikroprozessor, der von Intel im März 1993 als Nachfolger des i486 eingeführt wurde. Der Pentium ist ein superskalarer, auf CISC basierender Mikroprozessor, der zwischen 3 Millionen (bei älteren Modellen) und über 40 Millionen Transistoren enthält. Er verfügt über einen 32-Bit-Adressbus, einen 64-Bit-Datenbus, eine integrierte Gleitkommaeinheit und eine Speicherverwaltungseinheit, integrierte Caches und die SMM-Technologie (System Management Mode), die es dem Prozessor ermöglicht, die Arbeit bestimmter Systemkomponenten zu verlangsamen oder anzuhalten, wenn sich das System im Leerlauf befindet oder keine CPU-intensiven Aufgaben ausführt. Dadurch lässt sich eine Verringerung der Leistungsaufnahme erreichen. Der Pentium arbeitet mit Verzweigungsvorhersage und erreicht damit eine bessere Systemleistung. Zusätzlich verfügt der Pentium über einige integrierte Merkmale zur Sicherung der Datenintegrität, und er unterstützt eine funktionale Redundanzprüfung (Functional Redundancy Checking). Mit dem Pentium II führte Intel MMX für verbesserte Multimediaunterstützung ein. → siehe auch CISC, Functional Redundancy

Checking, i486DX, L1-Cache, L2-Cache, Mikroprozessor, MMX, P5, SIMD, superskalar, Verzweigungsannahme. → vgl. Itanium, Pentium II, Pentium Pro.

Prozessor	Erscheinungs-jahr	Prozessor-geschwindigkeit	Caches	Transistoren
Pentium	1993	60-200MHz	16-KB L1-Cache	3 1 Millionen
Pentium Pro	1995	150-200MHz	16-KB L1-Cache; 512-KB-1-MB L2-Cache	5 5 Millionen
Pentium II	1997	233-450MHz	32-KB L1-Cache 256-KB 512-MB L2-Cache	7 5 Millionen
Celeron	1998	266-466MHz	128-KB L2-Cache	19 Millionen
Pentium II Xeon	1998	400-450MHz	32-KB L1-Cache; 512-KB-2-MB L2-Cache	7 5 Millionen
Pentium III	1999	450-733MHz	32-KB L1-Cache; 512-KB-2-MB L2-Cache	28 1 Millionen
Pentium III Xeon	1999	500-733MHz	32-KB L1-Cache; 512-KB-2-MB L2-Cache	28 1 Millionen
Pentium 4	2000	1,3-2,0GHz	8-KB L1-Cache; 256-KB L2-Cache	42 Millionen
Mobile Pentium 4	2001	1,4-2,8GHz	8-KB L1-Cache; 512-KB L2-Cache	42 Millionen

Pentium-geeignet Adj. (Pentium upgradable)
Eigenschaft einer Hauptplatine, die mit einem Prozessor i486 arbeitet und die so vorbereitet ist, dass der Prozessor gegen ein Modell der Pentium-Klasse ausgetauscht werden kann.

P

→ *siehe auch* Hauptplatine, i486DX, Pentium, Prozessor. Außerdem die Eigenschaft eines 486er PCs, der so vorbereitet ist, dass der ursprüngliche Prozessor gegen einen Pentium ersetzt werden kann. → *siehe auch* i486DX.

Pentium III *Subst.*
Eine verbesserte Version des Pentium II, die 1999 von Intel auf den Markt gebracht wurde. Mit erweiterten Taktgeschwindigkeiten von 450 bis 1300 MHz und einem erweiterten Anweisungssatz zielte Intel mit dem Pentium III hauptsächlich auf den Markt der Multimedia- und Heimbenutzer. → *siehe auch* Katmai, Pentium, Pentium 4, Pentium II, Pentium Pro.

Pentium III, der; *Subst.*
Eine verbesserte Version des Pentium II, die 1999 von Intel auf den Markt gebracht wurde. Mit erweiterten Taktgeschwindigkeiten von 450 bis 1300 MHz und einem erweiterten Instruktionssatz zielte Intel mit dem Pentium III hauptsächlich auf den Markt der Multimedia- und Heimbenutzer. Informationen zum Pentium III-Prozessor sind auf der Website des Herstellers unter der Adresse http://www.intel.com/home/desktop/pentiumiii/ abrufbar. → *siehe auch* Katmai, Pentium, Pentium 4, Pentium II, Pentium Pro.

Pentium 4, der; *Subst.*
Von Intel entwickelter und 2000 eingeführter Prozessor, der eine verbesserte Version des Pentium III darstellt. Es gibt Versionen für die Desktop-, Notebook- und Serverbereiche. Mit erweiterten Taktgeschwindigkeiten bis über 2000 MHz ermöglicht der Pentium 4 eine beschleunigte Befehlsverarbeitung, indem die Befehle auf verschiedene Stufen der Pipeline verteilt werden. Dieses Verarbeitungssystem, das beim Vorgängermodell noch aus zehn Stufen bestand, weist hier 20 Stufen auf. Der Pentium 4 basiert auf dem Intel-Chipsatz 850, dessen architektonische Merkmale erheblich zur Gesamtleistung beitragen. Informationen zum Pentium 4 sind auf der Website des Herstellers unter der Adresse http://www.intel.com/products/ abrufbar. → *siehe auch* Athlon, Pentium III, Prozessor. → *vgl.* Pentium, Pentium II, Pentium III.

Pentium Pro, der; *Subst.*
Die 150-200-MHz-Familie der 32-Bit-Prozessoren von Intel, die im November 1995 auf den Markt kam. Der Pentium Pro-Prozessor wurde als nächste Prozessorgeneration der 8086-Familie nach der Pentium-Generation betrachtet und für 32-Bit-Betriebssysteme und -Anwendungen konzipiert. → *siehe auch* 32-Bit-Anwendung, 32-Bit-Betriebssystem, 80x86,

Pentium, Prozessor.
»Pentium Pro« ist außerdem die Kurzform für einen PC, der mit einem Pentium Pro-Prozessor arbeitet.

Periode, die; *Subst.* (period)
Die Zeit einer vollständigen Schwingung. Bei einer elektrischen Schwingung (Signal) ist die Periode durch die Zeit gekennzeichnet, die zwischen zwei Wiederholungen der Wellenform vergeht. Die Periode verhält sich indirekt proportional zur Frequenz: Ist f die Frequenz der Schwingung in Hertz und t die Periode in Sekunden, dann gilt $t = 1/f$. (Abbildung P.6)

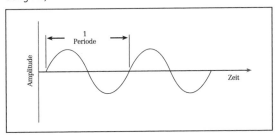

Abbildung P.6: Periode: Periode einer elektrischen Schwingung

Peripheral Component Interconnect, das; *Subst.*
→ *siehe* PCI Local Bus.

Peripherie, die; *Subst.* (peripheral)
In der Rechentechnik verwendet man diesen Begriff für Geräte, beispielsweise Diskettenlaufwerke, Drucker, Modems und Joysticks, die sich an einen Computer anschließen lassen und durch dessen Mikroprozessor gesteuert werden. → *siehe auch* Konsole. → *auch genannt* Peripheriegerät.

Peripheriegerät, das; *Subst.* (peripheral device)
→ *siehe* Peripherie.

Peripheriegerät, virtuelles, das; *Subst.* (virtual peripheral)
→ *siehe* virtuelles Peripheriegerät.

Perl, die; *Subst.*
Abkürzung für **P**ractical **E**xtraction and **R**eport **L**anguage. Eine Interpretersprache, die auf der Programmiersprache C und verschiedenen UNIX-Dienstprogrammen basiert. Perl verfügt über leistungsfähige Routinefunktionen für Zeichenfolgen zum Extrahieren von Informationen aus Textdateien. Perl kann eine Zeichenfolge assemblieren und an die Shell als Befehl senden. Deshalb wird diese Sprache häufig bei Tasks für die Systemverwaltung eingesetzt. Die Pro-

gramme in Perl werden als Skript bezeichnet. Perl wurde von Larry Wall im Jet Propulsion Laboratory der NASA entwickelt und ist frei verfügbar. Weitere Informationen zu Perl sind unter der Webadresse http://www.perl.com abrufbar. → *siehe auch* freie Software, Open Source, Skriptsprache.

Permanentdaten, das; *Subst.* (persistent data)
Daten, die in einer Datenbank oder auf Band gespeichert werden, damit sie zwischen Sitzungen auf dem System erhalten bleiben.

permanente Auslagerungsdatei, die; *Subst.* (permanent swap file)
Ein Begriff der Windows-Umgebung. Bei einer permanenten Auslagerungsdatei handelt es sich um eine Datei, die aus fortlaufenden, für Operationen im virtuellen Speicher verwendeten Plattensektoren besteht. → *siehe auch* Auslagerungsdatei, virtueller Speicher.

Permanentspeicher, der; *Subst.* (permanent storage)
Ein Aufzeichnungsmedium, das die gespeicherten Daten für lange Zeiträume ohne Stromzufuhr aufbewahren kann. In diesem Sinne ist Papier zwar der am weitesten verbreitete Permanentspeicher, allerdings lassen sich die Daten vom Papier in den Computer nur mit erheblichem Aufwand übertragen. Daher hat sich der Einsatz magnetischer Medien, beispielsweise Diskette oder Magnetband, durchgesetzt. Man rechnet diese Medien im Allgemeinen zu den Permanentspeichern, auch wenn die magnetischen Felder zur Codierung der Daten mit der Zeit schwächer werden (nach etwa fünf Jahren). → *siehe auch* nicht flüchtiger Speicher.

Permanentspeicherung, die; *Subst.* (persistent storage)
Speicher, der erhalten bleibt, wenn die Stromversorgung für das Gerät ausgeschaltet wird (z.B. ROM). → *siehe auch* Speicher.

permanent virtual circuit, der; *Subst.*
→ *siehe* PVC.

Persistent Link, der; *Subst.* (persistent link)
→ *siehe* Hotlink.

Personal Area Network, das; *Subst.* (personal area network)
Personal Area Network, kurz PAN, bezeichnet ein Netzwerk, welches von mobilen Endgeräten ad hoc aufgebaut wird. Solche Personal Area Networks werden entweder über Kabel-

verbindungen, etwa USB und Firewire, oder mittels drahtloser Übertragungstechniken wie IrDA und Bluetooth aufgebaut. Stellt die letztgenannte Übertragungstechnologie die Basis eines PANs dar, wird dieses Personal Area Network auch als Piconet bezeichnet. → *siehe auch* Bluetooth-Spezifikation, IRDA, Piconet. → *auch genannt* PAN.

Personal Communications Services, die; *Subst.*
Eine von der US-Fernmeldebehörde FCC (Federal Communications Commission) verwendeter Begriff für eine Kategorie von drahtlosen, vollständig digitalen Kommunikationstechnologien und -diensten. Hierzu gehören drahtlose Telefone, Voice Mail, Paging, Fax und PDAs (Personal Digital Assistants). Bei Personal Communications Services, kurz PCS, werden die Unterkategorien Schmalband und Breitband unterschieden. Die Schmalbanddienste, im Frequenzband 900 MHz betrieben, bieten Paging, Datennachrichten, Fax und elektronische Benachrichtung einfach- und bidirektional. Die Breitbanddienste, im Frequenzbereich 1850 MHz bis 1990 MHz betrieben, stellen das zukünftige PCS dar und bieten Duplex-Sprachdienste sowie Daten- und Videokommunikation. Die Mobilfunktechnologien GSM (Global System for Mobile Communications), CDMA (Code Division Multiple Access) und TDMA (Time Division Multiple Access) sind Bestandteil von PCS. → *siehe auch* Code Division Multiple Access, Time Division Multiple Access.

Personal Computer, der; *Subst.* (personal computer)
Ein Computer, der für die Nutzung durch eine Person zu einem Zeitpunkt vorgesehen ist. Personal Computer müssen sich nicht die Ressourcen in Bezug auf Verarbeitung, Datenträger und Drucker mit einem anderen Computer teilen. IBM-PC-kompatible Computer und Apple Macintosh-Computer stellen Beispiele von Personal Computern dar. Der Begriff »Personal Computer« wurde in den späten 1970er Jahren mit Erscheinen des Apple II geprägt. Die Produktion des IBM PC ab 1981 prägte den Begriff so stark, dass andere Hersteller von Personal Computern ab diesem Zeitpunkt fast vollständig vom Markt verschwanden, wobei Apple zu den überlebenden Anbietern gehörte. → *siehe auch* Apple II. → *siehe* IBM PC.

Personal Computer Memory Card International Association, die; *Subst.*
→ *siehe* PCMCIA.

Personal Digital Assistant, der; *Subst.* (personal digital assistant)
→ *siehe* PDA.

Personal Information Manager, der; *Subst.* (personal information manager)
→ *siehe* PIM.

perspektivische Ansicht, die; *Subst.* (perspective view)
In der Computergrafik die Darstellung von Objekten in drei Dimensionen (Höhe, Breite und Tiefe), wobei der Tiefenaspekt entsprechend der gewünschten Perspektive wieder gegeben wird. Ein Vorteil der perspektivischen Ansicht besteht darin, dass sie der subjektiven Wahrnehmung des menschlichen Auges entgegenkommt. → *vgl.* isometrische Ansicht.

Peta- *Präfix* (peta-)
Kurzzeichen P. Ein Maßeinheitenvorsatz mit der Bedeutung 1 Billiarde (10^{15}) (im amerikanischen Sprachgebrauch 1 Quadrillion). In der Rechentechnik, die das binäre Zahlensystem (mit der Basis 2) verwendet, bezeichnet *Peta-* den Wert von 1.125.899.906.842.624 und stellt damit die am nächsten zu einer Billiarde liegende Zweierpotenz (2^{50}) dar.

Petabyte, das; *Subst.* (petabyte)
Abgekürzt PB. Entweder 1 Billiarde (im amerikanischen Sprachgebrauch 1 Quadrillion) oder 1.125.899.906.842.624 Byte.

Pfad, der; *Subst.* (path)
In der Kommunikationstechnik die Verbindung zwischen zwei Knoten.
In der Grafik stellt ein Pfad eine Ansammlung von Liniensegmenten oder Kurven dar, die ausgefüllt oder überschrieben werden. (Abbildung P.7)

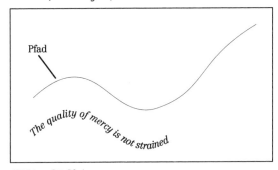

Abbildung P.7: Pfad

Bei der Anordnung von Daten stellt ein Pfad eine Route durch eine strukturierte Sammlung von Informationen dar, z.B. in einer Datenbank, in einem Programm oder bei Dateien auf einer Diskette.

Bei der Speicherung von Dateien gibt der Pfad den Weg durch die Verzeichnisse an, den das Betriebssystem durchläuft, um Dateien auf einem Datenträger zu suchen, zu speichern oder abzurufen.
In der Informationsverarbeitung, z.B. in der Theorie, die den Expertensystemen (Deduktionssystemen) zugrunde liegt, bildet der Pfad einen logischen Kurs, der durch die »Zweige« eines Baumes von Inferenzen zu einer Schlussfolgerung führt.
In der Programmierung ist ein Pfad eine Folge von Befehlen, die ein Computer bei der Abarbeitung einer Routine ausführt.

Pfad, absoluter, der; *Subst.* (absolute path)
→ *siehe* absoluter Pfad.

Pfadmenü, das; *Subst.* (path menu)
In Windows-Umgebungen handelt es sich bei einem Pfadmenü um das Menü oder Dropdownfeld, das für die Eingabe des UNC-Pfades an eine freigegebene Netzwerkressource vorgesehen ist.

Pfadname, der; *Subst.* (pathname)
In einem hierarchischen Dateisystem eine Liste der Verzeichnisse oder Ordner, die vom aktuellen Verzeichnis zu einer Datei führen. → *auch genannt* Verzeichnispfad.

Pfadname, vollständiger, der; *Subst.* (full pathname)
→ *siehe* vollständiger Pfadname.

Pfad, relativer, der; *Subst.* (relative path)
→ *siehe* relativer Pfad.

Pfad, virtueller, der; *Subst.* (virtual path)
→ *siehe* virtueller Pfad.

Pfad, vollständiger, der; *Subst.* (full path)
→ *siehe* vollständiger Pfad.

Pfeiltaste, die; *Subst.* (arrow key)
Eine der vier Tasten, die mit einem nach oben, unten, links oder rechts zeigenden Pfeil bedruckt sind. Die Pfeiltasten dienen dazu, den Cursor vertikal sowie horizontal über den Bildschirm zu bewegen und – in einigen Programmen – die Markierung zu erweitern. (Abbildung P.8)

PGA
→ *siehe* Pingitter, Professional Graphics Adapter.

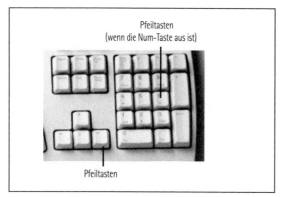

Abbildung P.8: Pfeiltasten: Sobald die Num-Taste ausgeschaltet ist, können die Pfeiltasten des numerischen Tastenblocks verwendet werden

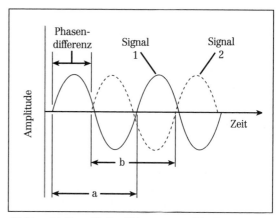

Abbildung P.9: Phase: Die Verschiebung von a nach b gibt die Phasendifferenz in Grad an

PGP
Abkürzung für **P**retty **G**ood **P**rivacy. Ein Programm für die Public-Key-Verschlüsselung, das den RSA-Algorithmus von Philip Zimmermann verwendet. PGP-Software kann als nicht unterstützte kostenlose und als unterstützte kommerzielle Version von der PGP Corporation bezogen werden. Die Website ist unter der Adresse http://www.pgp.com erreichbar. → *siehe auch* asymmetrische Verschlüsselung, Privatsphäre, Public-Key-Verschlüsselung, RSA-Verschlüsselung.

PgUp-Key, der; *Subst.* (PgUp Key)
→ *siehe* Bild-auf-Taste.

Phage-Virus, der; *Subst.* (phage virus)
Ein zerstörerischer Virus, der das Betriebssystem PalmOS befällt. Phage kopiert sich selbst und überschreibt dabei Anwendungsdateien, die dadurch zerstört werden. Nachdem die erste Wirtsdatei infiziert ist, breitet sich Phage auf alle verfügbaren Dateien aus. Phage kann sich über Funkkontakt oder über die Verbindung zu einer Dockingstation auf andere Palm-Geräte ausbreiten. Phage ist einer der ersten Viren, die speziell für Handheldgeräte in Umlauf gebracht wurden. Es handelt sich um den ersten Virus, von dem das Betriebssystem PalmOS befallen wurde. → *siehe auch* PalmOS, Virus.

Phase, die; *Subst.* (phase)
Eine relative Messung, die die zeitliche Beziehung zwischen zwei Signalen der gleichen Frequenz beschreibt. Die Phase wird in Grad gemessen. Ein vollständiger Schwingungszyklus hat 360 Grad. Die Phase eines Signals kann der gleichen Phase des anderen Signals in einem Bereich von 0 bis 180 Grad voraus- oder nacheilen. (Abbildung P.9)

Phasenänderungs-Aufzeichnungsverfahren, das; *Subst.* (phase-change recording)
Für optische Medien verwendetes Aufzeichnungsverfahren, bei dem das Reflexionsvermögen der Struktur eines mikroskopisch kleinen metallischen Kristalls mit Hilfe eines konzentrierten Laserstrahls verändert wird. Bei der Wiedergabe lässt sich diese Veränderung als 0-Bit oder 1-Bit lesen, je nachdem, ob die Struktur das Laserlicht reflektiert oder absorbiert. → *siehe auch* PD-CD-Laufwerk.

Phasencodierung, die; *Subst.* (phase encoding)
Eine Methode der Informationscodierung in einer analogen Trägerschwingung durch periodische Änderung der Trägerphase, um die Bit-Dichte der Übertragung zu erhöhen. → *siehe auch* Manchester-Code, Phase.
»Phasencodierung« kann sich auch auf die Aufzeichnungstechnik bei magnetischen Speichergeräten beziehen, bei denen jede Einheit zur Aufnahme von Daten in zwei Teile getrennt wird, die jeweils in entgegengesetzter Richtung zueinander magnetisiert sind.

Phasenmodulation, die; *Subst.* (phase modulation)
Eine Methode der Informationscodierung – z.B. die binären Ziffern 0 und 1 – in einem elektrischen Signal durch Verschiebung der Phase einer Trägerschwingung. → *siehe auch* Phasenverschiebung. (Abbildung P.10)

phasenstarr *Adj.* (phase-locked)
Bezeichnet die Beziehung zwischen zwei Signalen, deren Phasen relativ zueinander durch einen Steuermechanismus, z.B. eine elektronische Schaltung, konstant gehalten werden.

P

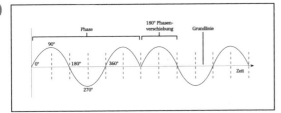

Abbildung P.10: Phasenmodulation. Hier eine Phasenmodulation von 180 Grad

Phasenverschiebung, die; *Subst.* (phase-shift keying)
In der Kommunikationstechnik ein Verfahren zur Datencodierung, das auf Phasenverschiebung in einer Trägerschwingung beruht und beispielsweise in Modems eingesetzt wird. In der einfachsten Form befindet sich die Phase des Trägers in einem von zwei Zuständen: verschoben um 0 Grad oder verschoben um 180 Grad, was praktisch der Phasenumkehrung der Schwingung entspricht. Diese direkte Phasenverschiebung lässt sich allerdings nur dann nutzen, wenn man jede Phase gegen einen unveränderlichen Bezugspunkt messen kann. Daher verwendet man in vielen Modems eine komplizierte Technik, die sog. *Differentialphasenverschiebung* oder *DPSK*. Dabei lassen sich durch entsprechende Phasenverschiebungen der Trägerschwingung mehr als zwei mögliche Zustände herstellen, wobei jeder Zustand als relative Änderung zum unmittelbar vorangehenden Zustand interpretiert wird. Es sind daher keine Bezugswerte oder Timingbetrachtungen erforderlich. Außerdem lassen sich mit jedem Zustand mehrere Binärziffern codieren. → *siehe auch* Phasenmodulation.

Phishing, das; *Subst.* (phishing)
Aus der Hackersprache (abgeleitet vom englischen Begriff »fishing«, angeln) stammender Ausdruck, der die Tätigkeit des Sammelns sensibler Informationen, etwa Bank- oder Kreditkartendaten sowie Kennwörter, beschreibt. In den meisten Fällen versucht ein Phisher, so die Bezeichnung einer Person, die dem Phishing nachgeht, ahnungslose Computerbenutzer durch E-Mails auf gefälschte Webseiten zu locken und sie zur Preisgabe sensibler Informationen zu bringen.

Phoenix BIOS, das; *Subst.*
Ein IBM-kompatibles ROM BIOS von Phoenix Technologies, Ltd. in Norwood Massachusetts (USA). Dieses bekannte ROM BIOS ist in viele sog. PC »Klones« eingebaut. Das Phoenix BIOS eroberte bereits mit dem Auftauchen der ersten IBM-kompatiblen Computer eine führende Marktposition. → *siehe auch* BIOS, ROM-BIOS. → *vgl.* AMI BIOS.

Phonem, das; *Subst.* (phoneme)
In der Linguistik die kleinste bedeutungsunterscheidende, segmentale Einheit der Sprache, durch die sich ein Wort von einem anderen unterscheidet. Phoneme gehören zu den Grundelementen der Computersprachausgaben.

Phosphor, das; *Subst.* (phosphor)
Eine Substanz, die durch Licht oder andere Strahlen zum Nachleuchten angeregt werden kann. Die innere Oberfläche einer Kathodenstrahlröhre (CRT) ist mit Phosphor beschichtet, der durch einen entsprechend geführten Elektronenstrahl angeregt wird und damit letztlich für die Anzeige eines Bildes auf dem Bildschirm verantwortlich ist. → *siehe auch* Nachleuchtdauer.

PhotoCD, die; *Subst.*
Ein Digitalisiersystem von Kodak, das es ermöglicht, Bilder von 35-mm-Filmen, Negative, Dias und gescannte Bilder auf CD zu speichern. Die Bilder werden im Dateiformat »Kodak PhotoCD IMAGE PAC File Format«, kurz PCD, gespeichert. Dieser Service kann u. a. bei Fotoannahmestellen in Anspruch genommen werden. Die Bilder einer PhotoCD können in der Regel in einem Computer mit CD-ROM-Laufwerk und PCD-Software angezeigt werden. Diese Bilder können außerdem auf verschiedenen Abspielgeräten angezeigt werden, die für die Verarbeitung von PhotoCDs entwickelt wurden.

Photoelement, das; *Subst.* (photovoltaic cell)
→ *siehe* Solarzelle.

Photonensysteme, die; *Subst.* (photonics)
Optoelektronische Systeme, die sichtbares Licht oder Infrarotstrahlung übermitteln. Photonensysteme werden in Glasfasernetzwerken und optischen Schaltkreisen eingesetzt. Photonennetzwerke bieten eine drastische Erhöhung der Geschwindigkeit und Bandbreite und ermöglichen so die Verschlüsselung und Übermittlung von weitaus größeren Datenmengen als bei herkömmlichen Leitungsverbindungen.

PHP *Subst.*
Abkürzung für PHP: **H**ypertext **P**reprocessor. PHP ist eine kostenlos verfügbare, serverbasierte, in HTML eingebettete Skriptsprache für die Erstellung dynamischer Webseiten, die 1994 von Rasmus Lerdorf entwickelt wurde. Die serverbasierte Arbeitsweise ermöglicht es einem Webautor, einem Dokument interaktive Elemente hinzuzufügen oder die Darstellung und Ausgabe von Daten an den Client anzupassen, ohne dass es notwendig ist, die Plattform zu berücksichtigen,

auf welcher der Client läuft. Die Syntax von PHP basiert auf einem Gemisch aus C, Java und Perl, enthält jedoch auch einige eigene Funktionen. PHP enthält darüber hinaus Unterstützung für die Anbindung zahlreicher Datenbanksysteme an Webanwendungen. Informationen zu PHP können unter der Adresse http://www.php.net abgerufen werden. → *siehe auch* Skriptsprache. → *vgl.* Active Server Pages, JavaScript, Perl.

.php3
Dateinamenerweiterung, die PHP-Dateien kennzeichnet. → *siehe auch* PHP.

Phreak, der; *Subst.* (phreak)
Eine Person, die Telefonsysteme oder andere gesicherte Systeme anzapft. In den siebziger Jahren verwendeten Telefonsysteme Töne als Schaltsignale. *Phreaks* verwendeten Eigenbauhardware, um die Töne zu produzieren und somit das Netz anzuzapfen. → *siehe auch* selbstgebraut. → *vgl.* Cracker, Hacker.

phreaken *Vb.* (phreak)
Anzapfen von Telefonnetzen oder Computersystemen. → *siehe* auch selbstgebraut. → *vgl.* hacken.

physikalisch *Adj.* (physical)
In der Rechentechnik alles, was mit einer »realen« Sache zu tun hat, im Gegensatz zu einem konzeptionellen Teil einer Ausrüstung oder eines Bezugsrahmens. → *vgl.* logisch.

physikalische Adresse, die; *Subst.* (physical address)
Eine Adresse, die direkt einer Speicherstelle auf Hardwareebene entspricht. In einfachen Prozessoren wie dem 8088 und dem 68000 ist jede Adresse eine physikalische Adresse. Bei Prozessoren mit Unterstützung von virtuellem Speicher beziehen sich Programme auf virtuelle Adressen, die dann durch die Speicherverwaltungshardware auf physikalische Adressen abgebildet werden. → *siehe auch* Paging, Speicherverwaltungseinheit, virtueller Speicher.

physikalischer Speicher, der; *Subst.* (physical memory, physical storage)
→ *siehe* wirklicher Speicher.
Der tatsächlich im System vorhandene Speicher im Gegensatz zum virtuellen Speicher. Ein Computer kann z.B. nur über 4 MB RAM verfügen, jedoch einen virtuellen Speicher von 20 MB unterstützen. → *vgl.* virtueller Speicher.

physikalische Schicht, die; *Subst.* (physical layer)
Die erste oder unterste Schicht des OSI-Siebenschichtenmodells zur Standardisierung der Kommunikation zwischen Computern, auch »Bit-Übertragungsschicht« genannt. Die physikalische Schicht ist vollständig hardwareorientiert und beschäftigt sich mit der Herstellung und Verwaltung einer physikalischen Verbindung zwischen kommunizierenden Computern. Zu den Spezifikationen der physikalischen Schicht gehören Verkabelung, elektrische Signale und mechanische Verbindungen. → *siehe auch* ISO/OSI-Schichtenmodell.

physikalisches Netzwerk, das; *Subst.* (physical network)
Eine von zwei Methoden für die Beschreibung einer Topologie (oder des Layouts) eines Netzwerks. Die andere Methode ist die Beschreibung über das sogenannte logische Netzwerk. Ein physikalisches Netzwerk bezieht sich auf die tatsächliche, hardwaremäßige Konfiguration, die das Netzwerk bildet. Damit sind die Verkabelungsstrukturen gemeint, die sich daraus ergeben, wie die Computer und die weiteren Hardwarekomponenten untereinander verbunden sind – besonders die Muster, die diese Kabelstränge bilden und damit dem Netzwerk seine Form geben. Die wesentlichen physikalischen Layouts sind Bus-, Ring- und Sterntopologie. → *siehe auch* Busnetzwerk, logisches Netzwerk, Ringnetzwerk, Sternnetzwerk.

physische Schicht, die; *Subst.* (physical layer)
Die erste oder unterste Schicht des OSI-Siebenschichtenmodells zur Standardisierung der Kommunikation zwischen Computern, auch »Bit-Übertragungsschicht« genannt. Die physische Schicht ist vollständig hardwareorientiert und beschäftigt sich mit der Herstellung und Verwaltung einer physischen Verbindung zwischen kommunizierenden Computern. Zu den Spezifikationen dieser Schicht gehören Verkabelung, elektrische Signale und mechanische Verbindungen. → *siehe auch* ISO/OSI-Schichtenmodell. → *auch genannt* Bit-Übertragungsschicht.

PIC, der; *Subst.*
→ *siehe* programmierbarer Interruptcontroller.

Pica, das; *Subst.* (pica)
Ein Zeichenmaß bei Schreibmaschinen, das bei einer Schriftart mit fester Breite 10 Zeichen pro Zoll hat.
Der Typograph versteht unter »Pica« eine Maßeinheit für 12 Punkt und etwa 1/6 Zoll. → *siehe auch* Druckweite.

P

P **picoJava**, der; *Subst.*
Ein Mikroprozessor der Firma Sun Microsystems, Inc., der Java-Code direkt ausführt. Informationen zum picoJava-Prozessor sind auf der Website des Herstellers unter der Adresse http://www.sun.com/microelectronics/picoJava abrufbar. → *siehe auch* Java.

Piconet, das; *Subst.*
Der aus **pico** und **net** (aus »network«) zusammengesetzte Begriff beschreibt ein Ad-hoc-Netzwerk auf Bluetooth-Basis, bei dem mindestens zwei portable Geräte (beispielsweise Notebook und Mobiltelefon) miteinander verbunden sind. In einem oftmals auch als PAN bezeichneten Piconet dient ein Gerät als Master, das zweite stellt den Slave dar. → *siehe auch* Bluetooth-Spezifikation.

PICS, die; *Subst.*
Abkürzung für **P**latform for **I**nternet **C**ontent **S**election. Ein Standard zum automatischen Filtern des Webzugriffs mittels einer Software (z.B. Internet Explorer 3.0), die den Code für die Freigabe in den HTML-Dateien ermittelt. Es kann aber nicht nur unerwünschtes Material gefiltert, sondern es können auch Sites nach interessantem Material durchsucht werden. Es werden derzeit verschiedene Bewertungssysteme eingesetzt, die nach unterschiedlichen Bewertungskriterien arbeiten. Weitere Informationen zu PICS sind unter der Webadresse http://www.w3.org/PICS abrufbar.

.pict
Eine Dateinamenerweiterung, die Grafiken im Macintosh-Dateiformat PICT kennzeichnet. → *siehe auch* PICT.

PICT, das; *Subst.*
Ein standardisiertes Dateiformat zur Codierung von sowohl objektorientierten als auch von Bitmapgrafiken. Das PICT-Dateiformat geht auf Anwendungen für den Apple Macintosh zurück, lässt sich aber auch von vielen Anwendungen für IBM-PCs und kompatible Computer lesen. → *siehe auch* Bitmapgrafik, objektorientierte Grafik.

Picture Element, das; *Subst.* (picture element)
→ *siehe* Pixel.

piezoelektrisch *Adj.* (piezoelectric)
Beschreibt eine Eigenschaft bestimmter Kristalle, die mechanische in elektrische Energie und umgekehrt umwandeln können. Ein elektrisches Potential, das an einen piezoelektrischen Kristall angelegt wird, bewirkt eine kleine Formände-rung des Kristalls. Ebenfalls entsteht eine elektrische Spannung zwischen den Oberflächen eines Kristalls, wenn man einen physischen Druck auf ihn ausübt.

Piko- *Präfix* (pico-)
Abgekürzt p. Ein Maßeinheitenvorsatz mit der Bedeutung von einem Billionstel (10^{-12}). Im amerikanischen Sprachgebrauch: 1 Trillionstel.

Pikosekunde, die; *Subst.* (picosecond)
Abgekürzt psec. Ein Billionstel (im amerikanischen Sprachgebrauch: Trillionstel) einer Sekunde.

PILOT
Abkürzung für **P**rogrammed **I**nquiry, **L**earning **o**r **T**eaching. Eine 1976 von John A. Starkweather entwickelte Programmiersprache, die vorrangig zur Anwendungserstellung im Bereich des computerunterstützten Unterrichts vorgesehen ist. → *vgl.* Logo.

PIM, der; *Subst.*
Abkürzung für **P**ersonal **I**nformation **M**anager. Eine Anwendung, die in der Regel ein Adressbuch enthält und Informationen, z.B. Notizen, Verabredungen und Namen, methodisch verwaltet.

Pin, der; *Subst.* (pin)
Bezeichnung für die Kontaktstifte an elektronischen Bauelementen. Pins findet man z.B. bei Stiftbuchsen. Steckverbinder klassifiziert man oft nach der Anzahl ihrer Pins. Als Pins bezeichnet man auch die metallischen Anschlüsse integrierter Schaltkreise (Chips), die entweder in einen Sockel gesteckt oder direkt mit der Platine verlötet werden. (Abbildung P.11)

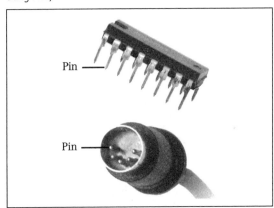

Abbildung P.11: Pin: 14-Pin DIP (oben) und 5-Pin DIN

PIN, die; *Subst.*

Abkürzung für **P**ersonal **I**dentification **N**umber. Eine eindeutige Codenummer, die einem berechtigten Benutzer zugewiesen ist. PINs werden z.B. bei POS-Abbuchungsautomaten verwendet.

PINPinbelegung, die; *Subst.* (pinout)

Eine Beschreibung oder Zeichnung der Anschlussbelegung eines Chips oder Steckverbinders. → *siehe auch* PIN.

Pincushioning, das; *Subst.* (pincushioning)

Ein Bildschirmverzerrungseffekt, bei dem gerade Linien als Kurven wiedergegeben oder die Seiten des Anzeigebereichs am Bildschirm mit einer Neigung angezeigt werden. Das Pincushioning (zu deutsch »Nadelkissen«) kann in der Regel über die Steuerung des Bildschirms entzerrt werden.

Pine, das; *Subst.* (pine)

Abkürzung für »**p**ine **is n**ot **elm**« oder für »**P**rogram for **I**nternet **N**ews and **E**-Mail«. Eines der am häufigsten verwendeten Programme zum Lesen und Erstellen von E-Mails in zeichenbasierten UNIX-Systemen. Das Pine-Programm wurde als verbesserte Version von »elm« an der Universität von Washington (USA) entwickelt. → *vgl.* elm.

ping, der; *Subst.*

Abkürzung für »**P**acket **I**nternet **G**roper«. Ein Protokoll, das überprüft, ob ein bestimmter Computer mit dem Internet verbunden ist. Dies geschieht dadurch, dass ein Paket an die IP-Adresse des Computers gesendet wird. Wenn der Computer daraufhin reagiert, ist er mit dem Internet verbunden. Der Name wurde von einem Tonsignal einer Unterwasserschallanlage – mit der Bezeichnung »Ping« – abgeleitet. Das ursprüngliche »Ping-Signal« wurde gesendet, um angrenzende Objekte zu ermitteln, die den Klang reflektierten.
Außerdem ist »ping« die Bezeichnung für ein UNIX-Dienstprogramm, das das Ping-Protokoll implementiert.

pingen *Vb.* (ping)

Über ein Ping-Dienstprogramm ermitteln, ob ein Computer mit dem Internet verbunden ist.
Außerdem das Ermitteln der aktuellen Benutzer einer Verteilerliste. Dies geschieht dadurch, dass E-Mail-Nachrichten an die Liste zur Beantwortung gesendet werden.

Pingitter, das; *Subst.* (pin grid array)

Abgekürzt PGA. Eine Methode für die Montage von Chips auf Platinen, die sich insbesondere für Chips mit einer großen

Anzahl von Pins eignet. Die Anschlüsse (Pins) sind in einem PGA-Gehäuse von unten eingeführt, im Gegensatz zum Dualinline-Gehäuse und den stiftlosen Chipträgern, bei denen die Pins seitlich in das Gehäuse eindringen. → *vgl.* DIP, pinlose Chipanbringung. (Abbildung P.12)

Abbildung P.12: Pin-Gitter: Das Pin-Gitter auf der Unterseite eines Pentium-Chips.

Ping of Death, der; *Subst.*

Eine Form des Internetvandalismus. Es wird dabei ein Paket gesendet, das wesentlich umfangreicher als die normalen 64 Byte ist. Dieses Paket wird über das Internet mit dem Ping-Protokoll an einen Ferncomputer gesendet. Durch die immense Größe des Pakets stürzt der Empfängercomputer entweder ab oder führt einen Rebootvorgang durch. → *siehe auch* Paket, ping.

Ping-Paket, das; *Subst.* (ping packet)

Eine Nachricht, die von einem Ping-Programm (Packet Internet Groper) gesendet wird und mit der festgestellt wird, ob die Gegenstelle erreichbar ist. Dabei wird ein Pingpaket von einem Knoten an die entsprechende IP-Adresse (Internet Protocol) eines Computers im Netzwerk gesendet, um festzustellen, ob der Zielknoten derzeit erreichbar ist und somit Daten senden und empfangen kann. Im Internet findet sich eine Vielzahl an Ping-Programmen (als Shareware- und Freewareversionen) zum Download. → *siehe auch* Paket, ping.

Pingpong, das; *Subst.* (ping pong)

In der Datenübertragung eine Technik zur Richtungsumkehr, so dass der Sender zum Empfänger wird und umgekehrt.
In der Informationsverarbeitung und -übertragung bezeichnet dieser Begriff die Verwendung von zwei temporären Speicherbereichen (Puffer) anstelle nur eines Puffers, um sowohl Eingaben als auch Ausgaben zwischenzuspeichern.

Pingpongpuffer, der; *Subst.* (ping-pong buffer)

Ein doppelter Puffer, bei dem jeder Teil abwechselnd gefüllt und geleert wird, wodurch sich ein mehr oder weniger kon-

P tinuierlicher Strom von Eingabe- und Ausgabedaten ergibt. → *siehe auch* Pingpong.

pinkompatibel *Adj.* (pin-compatible)
Beschreibt die Eigenschaft von Chips oder elektronischen Geräten, deren Pins (Anschlüsse) funktionell äquivalent zu den Pins anderer Chips oder Bauelemente sind. Verwenden zwei Chips z.B. die gleichen Pins für Eingabe und Ausgabe identischer Signale, sind sie pinkompatibel, auch wenn sie in der internen Schaltungstechnik voneinander abweichen. → *vgl.* steckerkompatibel.

pinlose Chipanbringung, die; *Subst.* (leadless chip carrier)
Eine Methode der Chipmontage auf Platinen. Eine pinlose Chipanbringung weist Kontaktflächen (keine Stifte) zur Verbindung mit der Platine auf. Der Chip verbleibt in einem Sockel, der die Verbindung über Kontaktflächen an der Unterseite gewährleistet. Für einen sicheren Kontakt sorgt die entsprechende Befestigung des Chips. → *siehe auch* Plastic Leaderless Chip Carrier. → *vgl.* dual in-line package, Pingitter. (Abbildung P.13)

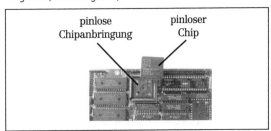

Abbildung P.13: Pinlose Chipanbringung

Pinsel, der; *Subst.* (brush, paintbrush)
Ein Werkzeug in Malprogrammen zum Skizzieren oder zum Füllen von Bereichen einer Zeichnung mit der aktuellen Farbe und dem momentan verwendeten Muster. Malprogramme, die eine Vielzahl von Pinselformen bieten, können Pinselstriche in unterschiedlichen Breiten darstellen und in einigen Fällen auch Schattierungen und kalligrafische Effekte erzeugen. → *siehe auch* Malprogramm. → *vgl.* Sprühdose.

PIO
Abkürzung für Programmed Input/Output (oder seltener Processor Input/Output). Eines von zwei Übertragungsverfahren für Daten zwischen einem Festplattenlaufwerk und dem Arbeitsspeicher. Bei PIO überträgt der Festplattencontroller einen Datenblock in die Prozessorregister. Die CPU überträgt die Daten anschließend an den Zielort. PIO ist charakteristisch für IDE-Laufwerke. Das alternative Datenüber-

tragungsverfahren, DMS (Direct Memory Access), umgeht die CPU und überträgt die Daten direkt zwischen Festplatte und Speicher. → *siehe auch* Bus, Busmastering, Controller. → *vgl.* direkter Speicherzugriff, DMA.

Pipe, die; *Subst.* (pipe)
Ein Begriff aus der UNIX-Umgebung. Es handelt sich dabei um eine Befehlsfunktion, die die Ausgabe eines Befehls an die Eingabe eines zweiten Befehls überträgt.
Außerdem ein Speicherbereich zur Informationsweiterleitung von einem Prozess zu einem anderen. Im Wesentlichen arbeitet ein Pipe wie sein Namensvetter (siehe Definition 1): Es verbindet zwei Prozesse so, dass der Ausgang des einen als Eingang für den anderen verwendbar ist. → *siehe auch* Ausgabestrom, Eingabestrom.

Pipelineverarbeitung, die; *Subst.* (pipeline processing)
Eine Methode der Verarbeitung auf einem Computer, durch die eine schnelle parallele Verarbeitung von Daten ermöglicht wird. Dies geschieht dadurch, dass überlappende Operationen ein *Pipe* bzw. einen Speicherbestandteil verwenden, der die Informationen von einem Prozess zum anderen weiterleitet. → *siehe auch* parallele Verarbeitung, Pipe, Pipelining.

Pipelining, das; *Subst.* (pipelining)
Eine Methode für das Holen und Decodieren von Befehlen (Vorbearbeitung), bei der sich zu jedem gegebenen Zeitpunkt mehrere Programmbefehle auf verschiedenen Bearbeitungsstufen befinden und jeweils geholt oder decodiert werden. Im Idealfall steht dem Mikroprozessor bereits der nächste Befehl zur Verfügung, wenn die Bearbeitung des vorhergehenden abgeschlossen ist, so dass für den Prozessor keine Wartezeiten entstehen und sich die Verarbeitungszeit verkürzt. → *siehe auch* Superpipelining.
In der parallelen Verarbeitung charakterisiert »Pipelining« außerdem eine Methode, bei der Befehle wie an einem Montageband von einer Verarbeitungseinheit zu einer anderen weitergereicht werden und bei der jede Einheit für die Ausführung einer bestimmten Art von Operation spezialisiert ist. »Pipelining« kann sich auch auf die Verwendung von Pipes (Röhren) beziehen, die jeweils die Ausgaben eines Tasks als Eingaben zum nächsten Task weiterleiten, bis die gewünschte Folge von Tasks abgearbeitet ist. → *siehe auch* Pipe, pipen.

pipen *Vb.* (pour)
Das Senden einer Datei oder einer Ausgabe aus einem Programm an eine andere Datei oder an ein Gerät, das ein Pipe-Zeichen verwendet. → *siehe auch* Pipe.

Piraterie, die; *Subst.* (piracy)
Die unerlaubte Aneignung eines Computerentwurfs bzw. eines Programms.
Überbegriff für alle in direktem und indirektem Zusammenhang mit der Verletzung von Urheberrechten stehenden Tätigkeiten. Ein Cracker, der den Programmcode einer Software modifiziert, ist ebenso Bestandteil der Piraterieszene wie der Benutzer eines P2P-Netzwerks, der Computerdateien, etwa Musik, Software und Filme, zum Tausch anbietet. Früher nur einem ausgewählten Kreis von Computerbenutzern zugänglich, hat die Piraterie inzwischen alle Anwenderschichten durchdrungen und ist somit zu einem weltweiten Phänomen geworden, das die Existenz zahlreicher in der Software- und Computerspielebranche tätiger Unternehmen gefährdet. → *siehe auch* Cracker, Peer-to-Peer-Netzwerk.

.pit
Eine Dateinamenerweiterung für ein Dateiarchiv, das mit dem Dienstprogramm PackIT komprimiert wurde. → *siehe auch* PackIT.

PivotChart *Subst.*
Ein grafisches Tool in Microsoft Excel 2000 für die Anzeige von Listendaten als Diagramm. In einem PivotChart können die Daten anhand der Informationen einer PivotTabelle von Excel interaktiv als Diagramm dargestellt werden. Die »Ausgangsbasis« des Diagramms kann dabei beliebig gewechselt werden, beispielsweise von Umsätzen nach Kategorie zu Umsätzen nach Bezirk bzw. nach Mitarbeiter. → *siehe auch* Excel, PivotTable.

Pivot-Jahr, das; *Subst.* (pivot year)
Hierbei handelt es sich in Bezug auf das Windowing für das Jahr 2000 um das Jahr innerhalb eines Zeitraums von 100 Jahren, das als Ausgangsbasis für die Berechnung korrekter Datumsangaben bei Systemen oder Softwareprodukten verwendet wird, die nur zweistellige Jahresangaben unterstützen. Das Pivot-Jahr 1970 bedeutet beispielsweise, dass die Werte 70 bis 99 als die Jahre 1970 bis 1999 interpretiert werden. In diesem Fall werden die Werte 00 bis 69 für die Jahre 2000 bis 2069 verwendet. → *siehe auch* Windowing.

PivotTable *Subst.*
Eine interaktive Tabelle in Microsoft Excel, die gleiche Daten aus einer Liste oder einer Datenbank in verschiedenen »Konstellationen« darstellen kann. Der Benutzer kann die Zeilen und Spalten einer PivotTable zu Analysezwecken so ändern, dass die Informationen unterschiedlich angezeigt oder zu-

sammengefasst werden. In Excel 2000 dient die PivotTable als Basis zum Erstellen eines PivotChart, die die Daten einer PivotTable als Diagramm darstellt. → *siehe auch* Excel, PivotChart.

Pixel, das; *Subst.* (pixel)
Abkürzung für Picture (**Pix**) **El**ement. Beschreibt einen Punkt in einem rechtwinkligen Gitter, das sich aus tausend derartigen Punkten zusammensetzt. Diese Punkte werden einzeln »gemalt« und stellen in ihrer Gesamtheit ein Bild dar, das der Computer auf einem Bildschirm oder über einen Drucker auf Papier ausgibt. Ein Pixel ist das kleinste Element, das die entsprechenden Geräte anzeigen oder drucken können, und das sich per Software zur Erzeugung von Buchstaben, Ziffern oder Grafiken manipulieren lässt. → *auch genannt* Pel. (Abbildung P.14)

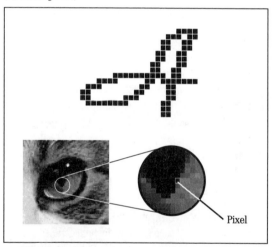

Abbildung P.14: Pixel: Der Buchstabe A (oben) und das Katzenauge (unten) bestehen aus einem Gittermuster aus Pixeln

Pixelgrafik, die; *Subst.* (pixel image)
Die Darstellung einer Farbgrafik im Speicher eines Computers. Prinzipiell ist eine Pixelgrafik einem Bitbild ähnlich, da es ebenso eine Bildschirmgrafik darstellt. Allerdings weist eine Pixelgrafik eine zusätzliche Dimension – auch Tiefe genannt – auf, die die Anzahl der jedem Bildschirmpixel zugeordneten Bit im Speicher beschreibt.

Pixelmap, die; *Subst.* (pixel map)
Eine Datenstruktur, die das Pixelbild einer Grafik beschreibt, einschließlich solcher Merkmale wie Farbe, Bildauflösung, Dimensionen, Speicherformat und Anzahl der für die Definition jedes Pixels verwendeten Bit. → *siehe auch* Pixel, Pixelgrafik.

P **Pizzaserver**, der; *Subst.* (pizza server)
Scherzhafte Bezeichnung für 19-Zoll-Einschub-Server, deren Abmessungen an die Verpackung einer Pizza erinnern.

PJ/NF
Abkürzung für **P**rojection-**J**oin **N**ormal **F**orm. → *siehe* Normalform.

PKI
Abkürzung für **P**ublic **K**ey **I**nfrastucture. Beschreibt das Zusammenwirken digitaler Signaturen und Zertifizierungsstellen mit dem Ziel der eindeutigen Identifizierung aller an Internettransaktionen beteiligten Personen und Unternehmen. PKIs befinden sich momentan noch im Entwicklungsstadium. → *siehe auch* Digitale Signatur, öffentlicher Schlüssel, privater Schlüssel, Public-Key-Kryptographie, Public-Key-Verschlüsselung.

PKUNZIP
Ein Sharewaredienstprogramm zur Dekomprimierung von Dateien, die mit PKZIP komprimiert wurden. Im Allgemeinen sind beide Programme gemeinsam verfügbar. Die kommerzielle Weitergabe von PKUNZIP ist nur mit Erlaubnis der Programmautoren, PKware, Inc. gestattet. → *siehe auch* PKZIP.

PKZIP
Ein 1989 von PKware, Inc. (Webadresse: http://www.pkware.com) entwickeltes Shareware-Programm zur Komprimierung von Dateien. Der Bezug dieses weit verbreiteten Utilityprogramms ist über zahlreiche Quellen z.B. im Internet möglich. Mit PKZIP können eine oder mehrere Dateien in einer komprimierten Ausgabedatei mit der Erweiterung .zip kombiniert werden. Für die Dekomprimierung der komprimierten Datei ist das begleitende Programm PKUNZIP erforderlich. → *siehe auch* komprimieren, Shareware, Utilityprogramm.

PLA
Abkürzung für **P**rogrammable **L**ogic **A**rray. → *siehe* wieder programmierbare Logik.

Plain Old Telephone Service, der; *Subst.*
→ *siehe* POTS.

Plain Vanilla *Adj.* (plain vanilla)
Ohne Zusätze. Die Standardversion einer Hardware oder Software ohne Extras. Ein Plain Vanilla-Modem kann z.B. Daten übertragen, ist aber nicht in der Lage, Fax- oder Voicefunktionen auszuführen.

.plan
Eine UNIX-Datei im Stammverzeichnis eines Benutzers, deren Inhalt anderen Benutzern bei Anwendung des Befehls »finger« angezeigt wird. In die .plan-Dateien kann ein Benutzer nach Belieben eigene Informationen eingeben, die dann zusätzlich zu den sonstigen, über diesen Befehl abgerufenen Informationen erscheinen. → *siehe auch* finger.

planar *Adj.*
In der Computergrafik die Eigenschaft von Objekten, die innerhalb einer Ebene liegen.
Im Bereich der Halbleiterelektronik kennzeichnet »planar« eine Technologie zur Herstellung von Transistoren auf Siliziumbasis. Im Planarprozess diffundiert man die chemischen Elemente zur Steuerung der elektrischen Leitfähigkeit in (und unter) die Oberfläche eines Siliziumwafer, wobei die Oberfläche selbst – die Ebene, durch die diese Elemente diffundiert werden – während des gesamten Prozesses hindurch eben bleibt.

Planartransistor, der; *Subst.* (planar transistor)
Nach seiner Herstellungstechnologie benannter Transistortyp, bei dem alle drei Elemente (Kollektor, Basis und Emitter) auf einer einzelnen Halbleiterschicht erzeugt werden. Die Struktur eines Planartransistors ermöglicht die Abführung einer relativ großen Wärmemenge und eignet sich daher auch für Leistungstransistoren. (Abbildung P.15)

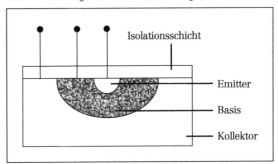

Abbildung P.15: Planartransistor

Plasmabildschirm, der; *Subst.* (gas-plasma display)
→ *siehe* Gasentladungsbildschirm.

Plasmadisplay, das; *Subst.* (plasma display)
→ *siehe* Gasentladungsbildschirm.

Plastic Leaderless Chip Carrier, der; *Subst.* (plastic leadless chip carrier)
→ *siehe* PLCC.

Platform for Internet Content Selection, die; *Subst.*
→ *siehe* PICS.

Platform for Privacy Preferences *Subst.*
→ *siehe* P3P.

Platine, die; *Subst.* (board)
Eine Kunststoffplatte, auf der sich Chips und andere elektronische Bestandteile befinden, die über Leiterbahnen miteinander verbunden sind. Die wichtigste Platine in einem Personal Computer ist die Hauptplatine (auch als »Mutterplatine« bezeichnet, englisch »motherboard«), die gewöhnlich den Mikroprozessor und weitere wichtige Bestandteile enthält. Auf der Hauptplatine befinden sich in der Regel Steckplätze, über die kleinere Platinen (die als »Steckkarten«, »Karten« oder »Adapter« bezeichnet werden) untergebracht werden können, wodurch sich das System um zusätzliche Funktionen erweitern lässt, z.B. mit einer Netzwerkkarte, um den Computer an ein Netzwerk anzuschließen. Häufig sind bereits fundamentale Funktionen nicht auf der Hauptplatine, sondern auf Steckkarten untergebracht, z.B. der Controller und die Grafikkarte. → *siehe auch* Adapter, Hauptplatine, Registerkarte.

Platinencomputer, der; *Subst.* (board computer)
→ *siehe* Einplatinencomputer.

Platinenebene, die; *Subst.* (board level)
Eine Strategie bei der Fehlersuche und Reparatur von Computersystemen, bei der das Problem durch den Austausch der betroffenen Platinen behoben wird. Bei der gegensätzlichen Strategie, der »Bauteilebene«, wird der Fehler durch die Reparatur der Platine beseitigt. In vielen Fällen wird der Austausch von Platinen vorgezogen, da sich das System auf diese Weise schneller wieder in Betrieb setzen lässt. Die ausgebauten Platinen werden dann zu einem späteren Zeitpunkt repariert und aufbewahrt, so dass sie bei einem erneuten Ausfall eines Systems als Ersatzplatinen verwendet werden können. → *siehe auch* Leiterplatte.

Platinenstecker, der; *Subst.* (edge connector)
Eine Reihe von breiten und flachen metallischen Kontakten auf einer Erweiterungskarte, die in einen Erweiterungssteckplatz eines PCs oder in den Stecker eines Flachbandkabels gesteckt wird. Platinenstecker verbinden die Platine mit dem zentralen Datenbus des Systems durch aufgedruckte Kontakte, die den Kontakt zwischen Datenbus und Platine herstellen. Die Anzahl und das Muster der Linien hängen vom jeweiligen Stecker ab. → *siehe auch* Erweiterungskarte, Flachbandkabel. (Abbildung P.16)

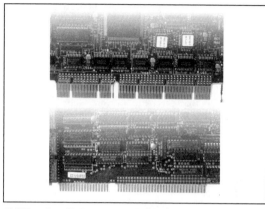

Abbildung P.16: Platinenstecker: EISA (oben) und 16-Bit ISA (unten)

Platine, unbestückte, die; *Subst.* (unpopulated board)
→ *siehe* unbestückte Platine.

Platine, voll bestückte, die; *Subst.* (fully populated board)
→ *siehe* voll bestückte Platine.

Platte, die; *Subst.* (platter)
Für die Datenspeicherung verwendete metallische Magnetscheibe innerhalb eines Festplattenlaufwerks. Die meisten Festplatten verfügen je nach Kapazität über zwei bis acht Platten. → *siehe auch* Festplatte. (Abbildung P.17)

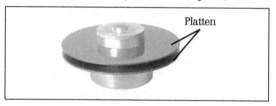

Abbildung P.17: Zwei Platten

Plattenpartition, die; *Subst.* (disk partition)
Eine logische Unterteilung auf einem physikalischen Festplattenlaufwerk. Eine einzelne Festplatte lässt sich in mehrere logische Plattenpartitionen gliedern, die jeweils unter einem anderen Laufwerksnamen ansprechbar sind. Mehrere Partitionen sind in primäre (Boot-)Partitionen und eine oder mehrere erweiterte Partitionen unterteilt.

Plattenspiegelung, die; *Subst.* (disk mirroring)
Auch Disk Duplexing genannt. Eine Technik, bei der eine Festplatte insgesamt oder zum Teil auf eine oder mehrere andere Festplatten dupliziert wird, von denen jede im Idealfall an

P ihren eigenen Controller angeschlossen ist. Durch Plattenspiegelung werden alle Änderungen, die an der Originalplatte ausgeführt werden, gleichzeitig auch an der/den anderen Platte(n) ausgeführt, wodurch bei Beschädigungen oder Fehlern der Originalplatte die gespiegelten Platten eine nicht beschädigte Kopie der Daten auf der Originalplatte enthalten. → *siehe auch* Fehlertoleranz. → *auch genannt* Diskduplexing.

Plattenstapel, der; *Subst.* (disk pack)
Eine Sammlung von Platten in einem schützenden Behältnis – meist ein Batch von 14-Zoll-Platten in einem Plastikgehäuse. Ein Plattenstapel wird hauptsächlich bei Minicomputern und Großrechnern verwendet und stellt ein wechselbares Medium dar.

Plattform, die; *Subst.* (platform)
Die grundlegende Technologie eines Computersystems. Stellt man das Gesamtkonzept eines Computers in Form eines geschichteten Gerätes mit einer Hardwareschicht (auf Chipebene), einer Firmware- und Betriebssystemschicht sowie einer Anwendungsprogrammschicht dar, bezeichnet man oft die unterste Schicht einer Maschine als »Plattform«.
Im Computerjargon ist »Plattform« außerdem die Bezeichnung für den Computer oder das Betriebssystem.

plattformübergreifend *Adj.* (cross-platform)
Eigenschaft einer Anwendung oder Hardwarekomponente, die auf mehr als einer Rechnerplattform eingesetzt werden kann.

plattformunabhängige Sprache, die; *Subst.* (computer-independent language)
Eine Computersprache, die durch ihr Konzept nicht an eine bestimmte Hardwareplattform gebunden ist. Die meisten Hochsprachen sind für den plattformunabhängigen Einsatz vorgesehen. Konkrete Implementierungen von derartigen Sprachen (in Form von Compilern und Interpretern) weisen aber trotzdem noch in gewissem Umfang hardwarespezifische Funktionen und Aspekte auf. → *siehe auch* Computersprache.

PL/C
Eine an der Cornell Universität entwickelte Version der Programmiersprache PL/I, die für Großcomputer eingesetzt wird. → *siehe auch* PL/I.

PLCC
Abkürzung für **P**lastic **L**eadless **C**hip **C**arrier. Eine kostengünstige Variante der LCC-Technologie (LCC – stiftloser Chipträger) für die Chip-Montage auf Platinen. Obwohl sich beide Träger äußerlich gleichen, sind PLCCs physikalisch nicht kompatibel mit LCCs, die aus keramischem Material hergestellt werden. → *siehe auch* pinlose Chipanbringung.

PLD
→ *siehe* programmierbares Logikgerät.

p-leitender Halbleiter, der; *Subst.* (P-type semiconductor)
Halbleitermaterial, bei dem die elektrische Leitung durch Löcher (von Elektronen hinterlassene »Lücken« im Kristallgitter) erfolgt. Der gewünschte Leitfähigkeitstyp (N oder P) lässt sich durch die Art der Dotanten festlegen, die man einem Halbleiter während des Herstellungsprozesses hinzufügt. Ein Dotant mit einem Mangel an Elektronen ergibt einen Halbleiter vom P-Typ. → *vgl.* n-leitender Halbleiter.

PL/I
Abkürzung für **P**rogramming **L**anguage II. Eine von IBM (1964–1969) entwickelte Programmiersprache, die die wesentlichen Merkmale von FORTRAN, COBOL und ALGOL vereinte und dabei neue Konzepte, z.B. bedingte Fehlerbehandlung und Multitasking, einführte. Im Ergebnis entstand eine kompilierte, strukturierte Sprache, die allerdings so komplex war, dass sie keine weite Verbreitung fand. Trotzdem wird PL/I immer noch in einigen akademischen Einrichtungen und Forschungsinstituten eingesetzt. → *siehe auch* ALGOL, COBOL, Compilersprache, FORTRAN.

PL/M
Abkürzung für **P**rogramming **L**anguage for **M**icrocomputers. Eine in den frühen siebziger Jahren von Intel entwickelte und von PL/I abgeleitete Programmiersprache für Mikroprozessoren. PL/M wurde hauptsächlich von Programmierern bei der Erstellung von Betriebssystemen eingesetzt. → *siehe auch* PL/I.

plotten *Vb.* (plot)
Das Erzeugen einer Grafik oder eines Diagramms durch Verbinden einzelner Punkte, die die grafische Repräsentation von Variablen (Werten) darstellen. Die Lage der Punkte wird dabei bezüglich einer horizontalen (x-) und einer vertikalen (y-)Achse festgelegt (manchmal noch durch eine Tiefenachse z).

Plotter, der; *Subst.* (plotter)
Ein Gerät, mit dem sich Diagramme, Zeichnungen und andere vektororientierte Grafiken zeichnen lassen. Plotter arbeiten entweder mit Stiften oder elektrostatischen Ladungen in Verbindung mit Toner. Stiftplotter zeichnen mit einem oder mehreren farbigen Stiften auf Papier oder Transparentfolien. Elektrostatische Plotter »zeichnen« ein Muster aus elektrostatisch geladenen Punkten auf das Papier, bringen dann den Toner auf und fixieren ihn an Ort und Stelle. Nach der Art der Papierbehandlung unterscheidet man drei grundlegende Plottertypen: Flachbett-, Trommel- und Rollenplotter. Flachbettplotter halten das Papier ruhig und bewegen den Stift entlang der x- und y-Achsen. Trommelplotter rollen das Papier über einen Zylinder. Der Stift bewegt sich entlang einer Achse, während sich die Trommel mit dem darauf befestigten Papier entlang einer anderen Achse dreht. Rollenplotter sind eine Hybridvariante aus Flachbett- und Trommelplotter. Der Stift bewegt sich hier entlang einer Achse, und das Papier wird durch kleine Rollen vor- und zurücktransportiert.

Plotter, elektrostatischer, der; *Subst.* (electrostatic plotter)
→ *siehe* elektrostatischer Plotter.

Plug and Play, das; *Subst.*
Ein Satz mit Spezifikationen, die von Intel entwickelt wurden. Der Einsatz von Plug and Play ermöglicht es, dass ein PC sich automatisch selbst konfigurieren kann, um mit Peripheriegeräten (z.B. Bildschirmen, Modems und Druckern) zu kommunizieren. Benutzer können ein Peripheriegerät anschließen (plug) und es anschließend sofort ausführen (play), ohne das System manuell konfigurieren zu müssen. Ein Plug and Play-PC benötigt ein BIOS, das Plug and Play unterstützt, sowie eine entsprechende Expansion Card. → *siehe auch* BIOS, Erweiterungskarte, Peripherie.

Plugboard, das; *Subst.* (plugboard)
Eine Platine, die es Benutzern ermöglicht, die Operation eines Gerätes durch Einstecken von Kabeln in Sockel zu steuern.

Plug-In, das; *Subst.* (plug-in)
Ein kleines Softwareprogramm, das in eine größere Anwendung integriert werden kann, um dessen Funktionalität zu erweitern.
Ein Plug-In ist außerdem eine Softwarekomponente, die sich in einen Webbrowser einklinkt. Plug-Ins ermöglichen es dem Webbrowser, auf Dateien zuzugreifen und diese auszufüh-

ren, die in HTML-Dokumente eingebettet sind, deren Format vom Browser nicht unterstützt wird. Hierbei kann es sich um bestimmte Animations-, Video- und Audioformate handeln. Die meisten Plug-Ins wurden von Softwarehäusern entwickelt, die über proprietäre Software verfügen, in denen die eingebetteten Dateien erstellt werden. → *siehe auch* Webbrowser. → *vgl.* Hilfsanwendung, Hilfsprogramm.

P-machine, die; *Subst.* (p-machine)
→ *siehe* Pseudomaschine.

PMMU
→ *siehe* Paged Memory Management Unit.

PMOS
Abkürzung für **P**-Channel **M**etal-**O**xide **S**emiconductor. Eine MOSFET-Halbleitertechnologie, bei der der leitende Kanal aus P-leitendem Halbleitermaterial hergestellt ist. P-Kanal-MOS beruht auf der Bewegung von Löchern (von Elektronen hinterlassene »Lücken« im Kristallgitter) statt auf Elektronen und ist langsamer als N-Kanal-MOS, kann jedoch einfacher und kostengünstiger hergestellt werden. → *siehe auch* MOS, MOSFET, n-leitender Halbleiter. → *vgl.* CMOS, NMOS.

PMS
→ *siehe* Pantonesystem.

PNG
→ *siehe* Portable Network Graphics.

PNNI (Private Network To Network Interface)
Abkürzung für **P**rivate **N**etwork-to-**N**etwork Interface. Ein Routingprotokoll für ATM-Netzwerke, über das Switches auf Änderungen im Netzwerk reagieren können. Über PNNI können die Switches zu aktuellen Änderungen des Netzwerks informiert werden. Die Switches können anschließend anhand dieser Informationen die geeigneten Routingentscheidungen treffen. → *siehe auch* ATM.

PNP
→ *siehe* Plug and Play, PNP-Transistor.

PNP-Transistor, der; *Subst.* (PNP transistor)
Ein bipolarer Transistor, bei dem eine Basis aus N-leitendem Halbleitermaterial zwischen einem Emitter und einem Kollektor aus P-leitendem Material angeordnet ist. Die Basis, der Emitter und der Kollektor sind die drei Elektroden, durch die der Strom fließt. In einem PNP-Transistor stellen die Löcher

(von Elektronen hinterlassenen »Lücken«) die Majoritätsträger dar, die vom Emitter zur Basis abfließen. → *siehe auch* n-leitender Halbleiter, p-leitender Halbleiter. → *vgl.* NPN-Transistor. (Abbildung P.18)

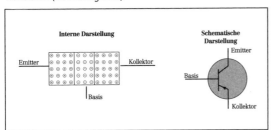

Abbildung P.18: PNP-Transistor

PointCast

Ein Internetdienstanbieter, der bestimmte Nachrichtenartikel einzelnen Benutzern zur Verfügung stellt. Im Gegensatz zum World Wide Web und zu anderen Internetanwendungen handelt es sich bei PointCast um eine *Push-Technologie*, bei der ein Server die Daten automatisch ohne einen Befehl des Clients lädt. → *siehe auch* Server.

Point of Presence, der; *Subst.* (point of presence)

Ein Netzwerkknoten in einem Weitbereichsnetz, zu dem Benutzer eine Verbindung mit einem Ortsgespräch herstellen können. Überregionale Internetdienstanbieter verwenden solche Einwahlknoten, um die Anbindung zum Ortstarif sicherzustellen.
Außerdem ein Einwählknoten, über den ein Telefonprovider für Fernverbindungen eine Verbindung mit lokalen Telefonprovidern oder mit Endkunden herstellt.

Point of Sale, der; *Subst.* (point of sale)
→ *siehe* POS.

Point-to-Point Protocol, das; *Subst.*
→ *siehe* PPP.

Point-to-Point Tunneling Protocol, das; *Subst.*

Eine Spezifikation für virtuelle Privatnetzwerke, in denen einige Knoten eines lokalen Netzwerks mit dem Internet verbunden werden. → *siehe auch* virtuelles Netzwerk.

Poisson-Verteilung, die; *Subst.* (Poisson distribution)

Eine nach dem französischen Mathematiker S.D. Poisson benannte mathematische Kurve, mit der sich statische Verteilungen und Wahrscheinlichkeiten verschiedener Ereignisarten annähern lassen. Unter bestimmten Bedingungen

nähert sich die Kurve der Normalverteilung bzw. der Binominalverteilung an, so dass man in diesen Fällen oft vereinfachend mit der Poisson-Verteilung rechnet. Zu den Einsatzgebieten der Poisson-Verteilung gehören die Kommunikationstechnik und andere Bereiche, in denen Verkehrsfluss und Wartezeiten von Bedeutung sind. → *siehe auch* Binominalverteilung, Normalverteilung.

poke *Vb.*

Ein Byte an einer absolut angegebenen Speicherstelle ablegen. Die Befehle PEEK (Lesen eines Bytes aus dem Speicher) und POKE findet man oft in Programmiersprachen, z.B. Basic, die normalerweise keinen Zugriff auf spezifische Speicherstellen erlauben.

Polarisationsfilter, der; *Subst.* (polarizing filter)

Eine transparente Scheibe aus Glas oder Plastik, die das hindurchtretende Licht polarisiert, d.h. nur Lichtwellen mit einer bestimmten Schwingungsrichtung durchlässt. Polarisationsfilter setzt man häufig ein, um Blenderscheinungen auf Monitorbildschirmen zu reduzieren. → *siehe auch* Entspiegelungsfolie.

Polarität, die; *Subst.* (polarity)

Das Vorzeichen der Potentialdifferenz (Spannung) zwischen zwei Punkten einer elektronischen Schaltung. Wenn zwischen zwei Punkten eine Potentialdifferenz vorhanden ist, hat ein Punkt positive und der andere negative Polarität. Obwohl sich die Elektronen vom negativen zum positiven Pol bewegen, hat man festgelegt, dass der elektrische Strom stets vom Pluspol zum Minuspol fließt.

Polarkoordinaten, die; *Subst.* (polar coordinates)

In der Mathematik ein Zahlenpaar zur Lokalisierung eines Punktes in zwei Dimensionen (auf einer Ebene). Die Koordinaten zur Festlegung eines Punktes stellt man durch (r, θ) dar, wobei r die Länge der Linie angibt, die im Ursprung (Pol) beginnt und am Punkt endet, und θ (der griechische Buchstabe Theta) den Winkel von der positiven x-Achse zum Punkt bezeichnet. → *vgl.* kartesische Koordinaten.

Pollen, das; *Subst.* (polling)
→ *siehe* Autopolling.

Pollingzyklus, der; *Subst.* (polling cycle)

Beschreibt den zeitlichen Ablauf, den ein Programm zur Abfrage aller in Frage kommenden Geräte oder Netzwerkknoten absolvieren muss. → *siehe auch* Autopolling.

Polnische Notation, die; *Subst.* (Polish notation)
→ *siehe* Präfixnotation.

Polnische Notation, umgekehrte, die; *Subst.* (reverse Polish notation)
→ *siehe* Postfixnotation.

Polygon, das; *Subst.* (polygon, polyline)
Allgemein ein Vieleck. Eine beliebige zweidimensionale, geschlossene Figur mit mehreren Seiten, z.B. ein Sechseck, ein Achteck oder auch ein Dreieck. Polygone finden sich in Grafikanwendungen.
In einer etwas abgewandelten Bedeutung eine Linie, die aus mehreren verbundenen Abschnitten besteht. Polygone werden in CAD- und anderen Grafikprogrammen verwendet.
→ *siehe auch* CAD.

Polymorpher Virus *Subst.* (polymorph virus)
Eine Virusart, von dem keine zwei Kopien an irgendeiner Stelle gemeinsame Bytefolgen enthalten. Ein solcher Virus kann daher aufgrund seiner Bytefolge nicht erkannt werden, so dass die üblichen Antivirusprogramme diese Virusart nicht entdecken können. → *siehe auch* Virus.

Polymorphie, die; *Subst.* (polymorphism)
In einer objektorientierten Programmiersprache die Fähigkeit, eine Routine in einer abgeleiteten Klasse (einer Klasse, die ihre Datenstrukturen und Routinen von einer anderen Klasse geerbt hat) neu zu definieren. Polymorphie ermöglicht es dem Programmierer, eine Basisklasse zu definieren, die z.B. Routinen für Standardoperationen auf einer Gruppe verwandter Objekte ausführt, ohne den exakten Typ jedes Objekts in Betracht ziehen zu müssen. Der Programmierer kann diese Routinen in den abgeleiteten Klassen für jeden dieser Typen neu definieren und sie jeweils auf den Objekttyp zuschneiden. → *siehe auch* abgeleitete Klasse, Klasse, Objekt, objektorientierte Programmierung.

Pong
Das erste im Handel erhältliche Videospiel, eine Tischtennissimulation, das von Nolan Bushnell im Jahr 1972 für Atari entwickelt wurde.

Ponytails, Plur.; *Subst.* (ponytails)
Angestellte oder Kunden eines Technologieunternehmens, die Dokumente wie etwa Grafiklayouts oder Anzeigen erstellen.

pop *Vb.*
Das oberste (zuletzt hinzugefügte) Element von einem Stack holen und es dabei vom Stack entfernen. → *vgl.* push.

POP
→ *siehe* Point of Presence, Post Office Protocol.

POP3, das; *Subst.*
Abkürzung für **P**ost **O**ffice **P**rotocol **3**. Hierbei handelt es sich um die aktuelle Version des Postoffice-Protocolstandards, der bei TCP/IP-Netzwerken häufig verwendet wird. → *siehe auch* Post Office Protocol, TCP/IP.

populieren *Vb.* (populate)
Importieren von vorbereiteten Daten aus einer Datei in eine Datenbank. Dieser Prozess wird nicht manuell durch Eingeben verschiedener Datensätze, sondern über eine Softwareprozedur ausgeführt.

Pop-Under-Banner, das; *Subst.* (pop-under ad)
Ein Banner im Web, das in einem neuen Fenster im Hintergrund unter dem Inhalt der Website angezeigt wird. Den Benutzern wird das Pop-Under-Banner erst dann angezeigt, wenn sie am Ende einer Websitzung die jeweiligen Vordergrundfenster schließen. Pop-Under-Banner werden als Reaktion aufgrund eines Mausklicks oder einer Rolloveraktion bzw. nach einer festgelegten Dauer während des Besuchs einer Website angezeigt. → *siehe auch* Avalanche-Banner, Interstitial-Banner, Pop-Up-Banner, Skyscraper-Banner.

Pop-Up-Banner, das; *Subst.* (pop-up ad)
Ein Banner im Web, das in einem neuen Fenster im Vordergrund angezeigt wird. Dies geschieht oft, sobald eine neue Seite innerhalb einer Website geöffnet wird. Pop-Up-Banner werden als Reaktion aufgrund eines Mausklicks oder einer Rolloveraktion bzw. nach einer festgelegten Dauer während des Besuchs einer Website angezeigt. → *siehe auch* Avalanche-Banner, Interstitial-Banner, Pop-Under-Banner, Skyscraper-Banner.

Popup-Blocker, der; *Subst.* (popup blocker)
Überbegriff für Spezialprogramme oder eine im Browser integrierte Funktion, die so genannte Pop-Up-Banner unterdrückt. Beispielsweise verfügt der Browser Microsoft Internet Explorer 6.0 nach der Installation des Service Pack 2 über eine neue Funktion, die Pop-Up-Banner unterdrückt. → *siehe auch* Pop-Up-Banner.

P

Popupfenster, das; *Subst.* (pop-up window)
Ein Fenster, das angezeigt wird, sobald eine Option ausgewählt ist. Das Fenster wird in der Regel so lange eingeblendet, bis die Maustaste wieder losgelassen wird.

Popuphilfe, die; *Subst.* (pop-up Help)
Ein Bereich der Onlinehilfe, bei dem Meldungen in einem Fenster angezeigt werden, sobald der Benutzer auf ein Thema oder auf einen bestimmten Bildschirmbereich klickt, um weitere Informationen aufzurufen. Die Popuphilfe wird in der Regel durch eine spezielle Mausaktion (z.B. Klicken mit der rechten Maustaste) aufgerufen, falls sie verfügbar ist. → *siehe auch* Sprechblasenhilfe. (Abbildung P.19)

Abbildung P.19: Pop-up-Hilfe

Popupmeldungen, die; *Subst.* (pop-up messages)
Die Meldungen, die angezeigt werden, wenn die Pop-up-Hilfe eingesetzt wird.

Port, der; *Subst.* (port)
→ *siehe* Eingabe-/Ausgabeport, Portnummer.

portabel *Adj.* (portable)
Beschreibt die Eigenschaft eines Programms, auf mehreren Systemen oder unter mehreren Betriebssystemen lauffähig zu sein. In hohem Maße portable Software lässt sich ohne großen Aufwand auf andere Systeme übertragen. Software mit mittlerem Portabilitätsgrad erfordert wesentliche Änderungen, um auf andere Systeme übertragen zu werden. Die Anpassung nichtportabler Software übersteigt meist den Aufwand für das Neuschreiben des ursprünglichen Programms.
Außerdem steht »portabel« für »sehr leicht und ohne externe Anschlüsse« und wird meist mit einem tragbaren Computer in Verbindung gebracht.

Portable Digital Document, das; *Subst.*
→ *siehe* PDD.

Portable Distributed Objects, das; *Subst.*
Software von NeXT, die unter UNIX ausgeführt werden kann. Diese Software unterstützt ein Objektmodell, in dem auf Objekte an verschiedenen Speicherorten eines Netzwerk genauso zugegriffen werden kann, als hätten die Objekte einen einzelnen Speicherort.

Portable Document Format, das; *Subst.*
Die Adobe-Spezifikation von Servern und Lesern für elektronische Dokumente der Adobe Acrobat-Familie. → *siehe auch* .pdf.

Portable Network Graphics, die; *Subst.*
Ein Dateiformat für Bitmapgrafiken, das das GIF-Format ersetzen soll. Bei der Verwendung von PNG in Programmen und auf Websites bestehen keine rechtlichen Einschränkungen, im Gegensatz zum GIF-Format.
Die Website für das PNG-Format ist unter der Adresse http://www.libpng.org/pub/png/ erreichbar. → *siehe auch* GIF.

portabler Computer, der; *Subst.* (portable computer)
Bezeichnet einen tragbaren Computer. Portable Computer lassen sich nach Größe und Gewicht charakterisieren (siehe folgende Tabelle).

portable Sprache, die; *Subst.* (portable language)
Eine Sprache, die sich auf verschiedenartigen Systemen einsetzen lässt und auch zur Softwareentwicklung für unterschiedliche Systeme geeignet ist. C, FORTRAN und Ada sind in diesem Sinne portable Sprachen, da die entsprechenden Implementationen auf verschiedenen Systemen in hohem Maße einheitlich sind.
Assemblersprache ist hingegen eine nichtportable Sprache.

Portal-Website, die; *Subst.* (portal)
Eine Website, die als Gateway zum Internet dient. Eine Portal-Website ist eine Zusammenstellung von Inhalten, Links und Diensten, die den Benutzern Informationen bereitstellt, beispielsweise Nachrichten, Wetterberichte, Unterhaltung, Links zu weiteren kommerziellen Sites, Chaträume usw. Yahoo! (http://www.yahoo.com), Excite (http://www.excite.com), Lycos (http://www.de.lycos.de), Microsoft MSN (http://home.msn.com), Netscape NetCenter (http://home.netscape.com) und Web.de (http://www.web.de) sind lediglich einige wenige Beispiele für die große Zahl an Portal-Websites. → *siehe auch* Homepage, Website. → *vgl.* elektronisches Journal.

Port, bidirektionaler, der; *Subst.* (bidirectional parallel port) → *siehe* bidirektionaler Port.

Port-Enumerator, der; *Subst.* (port enumerator)
Ein Begriff der Windows-Umgebung. Der Bestandteil eines Plug and Play-Systems, der die I/O-Ports ermittelt und dem Konfigurationsmanager meldet. → *siehe auch* Plug and Play.

PORTABLE COMPUTER			
Typ	ungefähres Gewicht	Stromver-sorgung	Kommentare
Transpor-tabel	7 5–15 kg	Steckdose	Verfügt in der Regel über Disketten- und Festplattenlaufwerke; als Sichtgerät wird ein Bildschirm mit Bild-röhre (CRT) eingesetzt.
Laptop	4–7 5 kg	Steckdose oder Akkus	Kann auf den Schoß genommen werden – zur Arbeit ist also nicht unbedingt ein Tisch erforderlich; ver-fügt gewöhnlich über ein Diskettenlaufwerk und eine Festplatte; als Bildschirm kommt ein LCD- oder Plasma-bildschirm zum Ein-satz.
Ultraleicht	1–4 kg	Akkus oder Netzteil	Einfach im Koffer transportierbar; gele-gentlich wird ein RAM- oder EPROM-Laufwerk anstelle eines Diskettenlauf-werks oder einer Fest-platte eingesetzt; besonders schmale Modelle werden als »Notebooks« bezeich-net.
Handheld	weniger als 1 kg	Akkus oder Netzteil	Auch als »Palmtop« bezeichnet; kann in einer Hand gehalten werden.

Port, erweiterter serieller, der; *Subst.* (enhanced serial port)
→ *siehe* erweiterter serieller Port.

Port-Expander, der; *Subst.* (port expander)
Ein Hardwarezusatz, der den Anschluss mehrerer Geräte an einen einzelnen Port gestattet. Allerdings kann immer nur jeweils eines dieser Geräte den Port auch tatsächlich nutzen.

portieren *Vb.* (port)
In der Programmierung die Anpassung eines Programms, damit es auf einem anderen Computersystem lauffähig ist. Der Ausdruck »portieren« bezieht sich im weiteren Sinne auf das Übertragen von Dokumenten, Grafiken und anderen Dateien von einem Computer auf einen anderen.

Portierung, die; *Subst.* (code conversion)
Der Vorgang, bei dem ein in einer bestimmten Program-miersprache formuliertes Programm in eine andere Pro-grammiersprache übersetzt wird. Der Code kann z.B. in der Hochsprachenebene konvertiert werden (z.B. von C nach Pascal), in der Hardwareplattformebene (z.B. von einem IBM-PC auf einen Apple Macintosh) oder auf der Sprachen-ebene (z.B. ein C-Quellcode in einen Maschinencode). → *siehe auch* kodieren.

Portnummer, die; *Subst.* (port number)
Eine Nummer, durch die IP-Pakete an einen bestimmten Pro-zess eines Computers gesendet werden können, der mit dem Internet verbunden ist. »Bekannte« (wellknown) Portnum-mern werden dauerhaft zugeordnet. So gehen z.B. E-Mail-Daten unter SMTP an die Portnummer 25. Ein bestimmter Prozess, z.B. eine Telnet-Sitzung, erhält eine »kurzfristige« (ephemere) Portnummer, wenn dieser beginnt. Die Daten der Sitzung gehen an diese kurzfristige Portnummer. Die Port-nummer erlischt, sobald die Sitzung beendet wird. Es können bei TCP und bei UDP jeweils 65.535 Portnummern vergeben werden. → *siehe auch* IP, SMTP, Sockel, TCP, UDP. → *vgl.* IP-Adresse.

Portscanner, der; *Subst.* (port scanner)
Ein Programm, mit dem sich herausfinden lässt, welche Ports auf einem bestimmten Server vorhanden sind. Dabei haben sich unterschiedliche Verfahren etabliert, beispielsweise vanilla (der Portscanner überprüft alle 65535 Ports), strobe (Scannen der wichtigsten Ports) und FTP-Bounce (der Scan-ner nutzt einen FTP-Server zur Tarnung). → *siehe auch* Fire-wall, Portnummer, TCP/IP.

Port, serieller, der; *Subst.* (serial port)
→ *siehe* serieller Port.

P **POS**, der; *Subst.*
Abkürzung für **P**oint **O**f **S**ale. Der Platz in einer Verkaufsein-
richtung, an dem die Ware bezahlt wird. Computerisierte
Transaktionssysteme, wie man sie in automatisierten Supermärkten findet, arbeiten mit Scannern zum Lesen der Markierungen und Barcodes, elektronischen Registrierkassen
und anderen speziellen Geräten, um die Einnahmen zu erfassen.

Pos1-Taste, die; *Subst.* (Home key)
Eine Taste, die auf den meisten Tastaturen zu finden ist. Die
Funktion dieser Taste besteht in der Regel darin, den Cursor
in einer Anwendung in die Grundstellung zu positionieren.
→ *siehe auch* Home.

POSIT
Abkürzung für **P**rofiles for **O**pen **S**ystems **I**nternetworking
Technology. Ein Satz von nicht obligatorischen Standards für
die Netzwerkausstattung US-amerikanischen Regierung, der
die GOSIP-Standards abgelöst hat. POSIT legt den Schwerpunkt auf TCP/IP. → *siehe auch* GOSIP, TCP/IP.

positionale Notation, die; *Subst.* (positional notation)
Beschreibt in der Mathematik eine Form der Notation, deren
Bedeutung sich zum Teil auf die relative Position der beteiligten Elemente stützt. Beispielsweise ist die gebräuchliche
numerische Notation eine positionale Notation. In der Dezimalzahl 34 bezeichnet die Position der Ziffer 3 drei Zehnen
und die Position der Ziffer 4 vier Einsen.

positionierbar *Adj.* (tear-off)
Die Eigenschaft eines Feldes einer grafischen Benutzeroberfläche, sich von seiner ursprünglichen Position an einen
gewünschten Ort verschieben zu lassen. Bei zahlreichen Grafikanwendungen können z.B. die Werkzeugleisten von der
Menüleiste weg auf andere Positionen verschoben werden.

POSIX
Abkürzung für **P**ortable **O**perating **S**ystem **I**nterface for
UNI**X**. Ein Standard des IEEE (Institute of Electrical and Electronics Engineers), der einen Satz von Betriebssystem-Diens-
ten definiert. Programme, die sich an den POSIX-Standard
halten, lassen sich leicht von einem System auf ein anderes
portieren. POSIX basiert auf den UNIX-Systemdiensten, ist
aber so konzipiert, dass sich diese Programmierschnittstelle
durch ein anderes Betriebssystem implementieren lässt.
→ *siehe auch* Linux, NetBSD.

POST
→ *siehe* Poweronselbsttest.

Post, computerisierte, die; *Subst.* (computerized mail)
→ *siehe* elektronische Post.

Posteingang, der; *Subst.* (Inbox)
→ *siehe* HTML-Seite, Inbox.

Post, elektronische, die; *Subst.* (electronic mail)
→ *siehe* E-Mail.

posten *Vb.* (post)
Das Senden eines Artikels an eine Newsgroup oder an eine
andere Onlinekonferenz. Der Begriff leitet sich von »Posting«
ab, einer Notiz an einem schwarzen Brett. → *siehe auch*
Newsgroup.

Posterization, die; *Subst.* (posterization)
→ *siehe* Konturen.

Postfixnotation, die; *Subst.* (postfix notation)
Auch als umgekehrte Polnische Notation bezeichnet. Eine Form
der mathematischen Schreibweise, bei der die Operatoren nach
den Operanden stehen. → *auch genannt* umgekehrte Polnische Notation. → *vgl.* Infixnotation, Präfixnotation.

Postmaster, der; *Subst.* (postmaster)
Der Logonname (und demzufolge die E-Mail-Adresse) eines
Accounts, das für das Verwalten von E-Mail-Services auf einem
Mail Server verantwortlich ist. Wenn der Eigentümer eines
Accounts ein E-Mail-Problem hat, kann dieses gelöst werden,
indem eine entsprechende Nachricht an »postmaster« oder
»postmaster@machine.org.domain.name« gesendet wird.

Postmortem-Speicherauszug, der; *Subst.* (disaster dump)
Ein Speicherauszug (Übertragung des Speicherinhalts auf
einen Drucker oder ein anderes Ausgabegerät), der beim
Absturz eines Programms (ohne Chance auf dessen Wiederherstellung) angefertigt wird.

Post Office Protocol, das; *Subst.*
Ein Protokoll für Server im Internet, die E-Mail empfangen,
speichern und übertragen. Dieses Protokoll wird auch bei
Clients von Computern eingesetzt, die eine Verbindung zu
Servern aufbauen, um E-Mail zu laden bzw. herunterzuladen.
→ *vgl.* Simple Mail Transfer Protocol.

P

Postprozessor, der; *Subst.* (postprocessor)
Ein Gerät oder eine Softwareroutine, z.B. ein Linker, zur Weiterverarbeitung von Daten, die zuvor von einem anderen Prozessor manipuliert wurden. → *siehe auch* Back-End-Prozessor. → *vgl.* Präprozessor.

PostScript, das; *Subst.*
Eine Seitenbeschreibungssprache von Adobe Systems mit flexiblen Schriftfunktionen und hochqualitativer Grafikausgabe. PostScript verwendet der englischen Sprache ähnliche Befehle, um das Seitenlayout zu steuern sowie Konturschriften zu laden und zu skalieren. Von Adobe stammt auch Display-PostScript. Diese Grafiksprache für Computerdisplays bietet Benutzern, die sowohl mit PostScript als auch Display-PostScript arbeiten, absolute WYSIWYG-Qualität. Diese Qualitätsstufe lässt sich ansonsten nur schwer realisieren, wenn man für Bildschirm und Drucker unterschiedliche Methoden verwendet. Weitere Informationen zu PostScript sind u.a. auf der Website von Adobe unter der Adresse http://www.adobe.com/prodindex/postscript/main.html abrufbar. → *siehe auch* Display-PostScript, Encapsulated PostScript, Konturschrift, Seitenbeschreibungssprache.

PostScript-Schrift, die; *Subst.* (PostScript font)
Eine Schrift, die auf Basis der Sprachregeln der Seitenbeschreibungssprache PostScript definiert und für den Ausdruck auf einem PostScript-kompatiblen Drucker vorgesehen ist. PostScript-Schriften zeichnen sich gegenüber Bitmapschriften durch Gediegenheit, Detailtreue und Einhaltung etablierter Qualitätsstandards der typografischen Industrie aus. → *siehe auch* PostScript. → *vgl.* Bildschirmschrift.

Potential, das; *Subst.* (potential)
→ *siehe* elektromotorische Kraft.

Potentiometer, der; *Subst.* (potentiometer)
Umgangssprachlich als Poti bezeichnet. Ein elektronisches Bauelement, mit dem sich der Widerstand stetig einstellen lässt. Drehwiderstände und Schiebewiderstände zur Einstellung der Lautstärke bei Rundfunk- und Fernsehempfängern sind Beispiel für Potentiometer. → *auch genannt* Poti. (Abbildung P.20)

Potenz, die; *Subst.* (power)
In der Mathematik das Produkt aus gleichen Faktoren, z.B. bedeutet 10 zur dritten Potenz: 10 mal 10 mal 10.

Abbildung P.20: Potentiometer: Vier verschiedene Potentiometer (v.l.n.r.): Standard, mit Drehknopf, Rändelrad und Schieberegler

Potenzierung, die; *Subst.* (exponentiation)
Die Operation, mit der eine Zahl in eine gegebene Potenz erhoben wird, z.B. 2^3. In Computerprogrammen und Computersprachen drückt man die Potenzierung im Allgemeinen durch ein Caret (^) aus, beispielsweise in 2^3.

Poti, der; *Subst.* (pot)
→ *siehe* Potentiometer.

POTS
Abkürzung für »**P**lain **O**ld **T**elephone **S**ervice« (zu Deutsch »herkömmliches Telefonsystem«). Standardtelefonverbindungen zum öffentlichen Vermittlungsnetzwerk, ohne erweiterte Funktionen oder Leistungsmerkmale. Eine POTS-Leitung ist nicht mehr als eine Zweidrahtleitung, die mit einem einfachen Telefonapparat verbunden ist. → *vgl.* Amtsleitung, Letzte Meile.

PowerBook
Verschiedene portable Macintosh-Computer von Apple.

Power, dirty, die; *Subst.* (dirty power)
→ *siehe* dirty Power.

Power Mac
→ *siehe* Power Macintosh.

Power Macintosh

Ein Apple Macintosh, der auf einem PowerPC-Prozessor basiert. Die Power Macintosh-Versionen 6100/60, 7100/66 und 8100/80 kamen im März 1994 auf den Markt. Mehrere aktualisierte Versionen folgten, und Anfang 1999 kam die G6-Version, ein PowerPC 750, auf den Markt. Im selben Jahr folgte die Power Macintosh G4-Version. Der Power Mac G4 verfügt über einen PowerPC 7400-Prozessor und damit eine deutliche Verbesserung der Verarbeitungsgeschwindigkeit. Der Power Mac G4 verwendet die Velocity Engine von Apple, um Informationen in 128 Bit langen Befehlen zu verarbeiten. Dies ermöglicht eine anhaltende Leistung von mehr als ein Gigaflop. → *siehe auch* Gigaflops, PowerPC. → *auch genannt* Power Mac. (Abbildung P.21)

Abbildung P.21: Power Macintosh

Poweronselbsttest, der; *Subst.* (power-on self test)
Abgekürzt POST. Ein Satz von Routinen, die im Nur-Lese-Speicher (ROM) des Computers abgelegt sind und verschiedene Systemkomponenten testen, z.B. den RAM, die Diskettenlaufwerke und die Tastatur, um deren ordnungsgemäße Verbindung und Betriebsbereitschaft festzustellen. Bei auftauchenden Problemen alarmieren die POST-Routinen den Benutzer durch mehrere Signaltöne oder Anzeigen einer häufig von einem Diagnosewert begleiteten Meldung auf der Standardausgabe oder dem Standardfehlergerät (in der Regel dem Bildschirm). Verläuft der Post erfolgreich, geht die Steuerung an den Urlader des Systems über. → *siehe auch* Urlader.

Powerontaste, die; *Subst.* (Power-on key)
Eine spezielle Taste auf den ADB- und erweiterten Tastaturen von Apple, mit der sich ein Apple Macintosh II einschalten lässt. Die Powerontaste ist mit einem nach links zeigenden Dreieck markiert und wird anstelle des Ein-/Ausschalters verwendet. Eine Abschalttaste ist nicht vorhanden. Das System wird durch Wahl des Befehls »Ausschalten« im Menü »Spezial« ausgeschaltet.

PowerPC

Eine Mikroprozessorarchitektur, die 1992 von Motorola und IBM unter Beteiligung von Apple entwickelt wurde. Der PowerPC basiert auf einem superskalaren RISC-Prozessor mit einem 64-Bit-Datenbus und einem 32-Bit-Adressbus. Ein PowerPC verfügt außerdem über separate Caches für Daten und Befehle, deren Größe von der Implementation abhängig ist. Alle PowerPC-Microprozessoren sind mit mehreren Integer- und Gleitkomma-Einheiten ausgestattet. Die Betriebsspannung und Operationsgeschwindigkeit variieren je nach Implementation. Mit der Einführung des PowerPC 740 wurden Mikroprozessoren aus Kupfer anstatt aus Aluminium hergestellt. Dies führte zu einer erhöhten Leistung und Verlässlichkeit. → *siehe auch* L1-Cache, L2-Cache, Mikroprozessor, RISC, superskalar.

Pro-zessor	Erschei-nungs-jahr	Prozessor-geschwin-digkeit	Caches	Transis-toren
601	1993	80-100 MHz	16-KB L1-Cache	2 8 Millionen
603	1994	80-300 MHz	16-KB L1-Cache	1 6 Millionen
604	1995	100-350 MHz	32-KB L1-Cache	3 6 Millionen
740	1997	200-333 MHz	32-KB L1-Cache	6 5 Millionen
750	1997	200-400 MHz	32-KB L1-Cache; 1-MB L2-Cache	6 5 Millionen
7400 oder G4	1999	350-500 MHz	32-KB L1-Cache; 2-MB L2-Cache	10 5 Millionen

PowerPC-Plattform, die; *Subst.* (PowerPC Platform)
Eine Plattform, die von IBM, Apple und Motorola entwickelt wurde. Die Plattform basiert auf den Chips ab der Generation 601. PowerPC unterstützt mehrere Betriebssysteme, z.B. Mac OS, Windows NT und AIX sowie die Software für die entsprechenden Betriebssysteme.

Power PC Reference Platform, die; *Subst.* (PowerPC Reference Platform)
Ein offener Systemstandard von IBM. Das Ziel der PowerPC Reference Platform ist die Kompatibilität mit anderen PowerPC-Systemen von verschiedenen Herstellern. Die

PowerPCs von Macintosh sind noch nicht mit der PowerPC Reference Platform kompatibel, Apple arbeitet jedoch bereits an der Entwicklung. → *siehe auch* Common Hardware Reference Platform, offenes System, PowerPC.

Poweruser, der; *Subst.* (power user)
Ein Experte im Umgang mit Computern. Dieser Begriff bezieht sich eher auf die anwendungsorientierte Ebene als auf die Ebene der Programmierung. Ein Poweruser verfügt einerseits über umfangreiche Computerkenntnisse im Allgemeinen und ist andererseits mit den jeweiligen Anwendungen vertraut genug, um mit den kompliziertesten Merkmalen dieser Programme arbeiten zu können.

PPCP
→ *siehe* PowerPC-Plattform.

PPM
→ *siehe* Pulsphasenmodulation, Seiten pro Minute.

PPP
Abkürzung für **P**oint-to-**P**oint **P**rotocol. Ein Datenverbindungsprotokoll der Internet Engineering Task Force, das 1991 für Einwählverbindungen (z.B. zwischen einem Computer und dem Internet) vorgestellt wurde. → *vgl.* SLIP.

PPS
→ *siehe* unterbrechungsfreie Stromversorgung.

PPTP
→ *siehe* Point-to-Point Tunneling Protocol.

präemptives Multitasking, das; *Subst.* (preemptive multitasking)
Auch als Zeitscheiben-Multitasking bezeichnet. Eine Form des Multitaskings, bei der das Betriebssystem periodisch die Ausführung eines Programms unterbricht und die Steuerung des Systems an ein anderes, wartendes Programm übergibt. Präemptives Multitasking verhindert, dass ein einzelnes Programm das System für sich allein beansprucht. → *siehe auch* Multitasking. → *auch genannt* Zeitscheiben-Multitasking.

Präfixnotation, die; *Subst.* (prefix notation)
Auch Polnische Notation genannt. Eine 1929 vom polnischen Logiker Jan Lukasiewicz entwickelte Form der algebraischen Schreibweise, bei der die Operatoren vor den Operanden stehen. Beispielsweise lautet der Ausdruck (a +

b) * (c – d) in Präfixnotation * + a b – c d. → *siehe auch* Infixnotation, Postfixnotation. → *auch genannt* Polnische Notation.

Präprozessor, der; *Subst.* (preprocessor)
Ein Gerät oder eine Routine zur Vorbereitung von Eingabeinformationen, bevor diese an die weitere Verarbeitung übergeben werden. → *siehe auch* Front-End-Prozessor. → *vgl.* Postprozessor.

Präsentationsgrafik, die; *Subst.* (presentation graphics)
Die Darstellung geschäftlicher Informationen, z.B. Umsatzwerte oder Aktienkurse, als Diagramm und nicht in Form von Zahlenlisten. Präsentationsgrafiken werden verwendet, um Betrachtern eine unmittelbare Vorstellung von Geschäftsstatistiken und deren Bedeutung zu vermitteln. Gebräuchlich sind z.B. Flächendiagramme, Balkendiagramme, Liniendiagramme und Kreisdiagramme. → *auch genannt* Geschäftsgrafik.

Präsentationsschicht, die; *Subst.* (presentation layer)
→ *siehe* Darstellungsschicht.

PRAM, das; *Subst.*
Abkürzung für **P**arameter **RAM**. Ein RAM-Bereich in Macintosh-Computern, der Konfigurationsinformationen, z.B. das Datum und die Uhrzeit, den Schreibtischhintergrund und andere Einstellungen der Systemsteuerung enthält. → *siehe auch* RAM.

P-Rating, das; *Subst.* (P-rating)
Abkürzung für **P**erformance **rating**. Ein Bewertungssystem für Mikroprozessoren von IBM, Cyrix und anderen Herstellern, das auf dem Durchsatz in realistischen Anwendungen basiert. Früher galt die Taktgeschwindigkeit eines Mikroprozessors als Bemessungsgrundlage für die Bewertung. Bei dieser Methode werden jedoch nicht die unterschiedlichen Chiparchitekturen oder die verschiedenen Arbeitstypen berücksichtigt, die an einem Computer ausgeführt werden können. → *siehe auch* CPU, Mikroprozessor, Taktgeber.

praxisbezogen *Adj.* (hands-on)
Dieser Begriff bezieht sich auf die interaktive Arbeit mit einem Computer oder einem Computerprogramm. Ein praxisbezogenes Tutorial kann z.B. mit Hilfe von Übungen und Frageantwortdialogen das Aneignen bestimmter Fertigkeiten (z.B. die Bedienung eines Programms) fördern.

P

Precompiler, der; *Subst.* (precompiler)
Auch Präprozessor genannt. Ein Programm, das eine Quelldatei liest und bestimmte Änderungen daran vornimmt, um sie für die Kompilierung vorzubereiten. → *siehe auch* Compiler. → *auch genannt* Präprozessor.

Prefs, die; *Subst.*
→ *siehe* Einstellungsmenü.

PReP
→ *siehe* Power PC Reference Platform.

Presentation Manager, der; *Subst.*
Die grafische Benutzeroberfläche, die zum Lieferumfang von OS/2 ab der Version 1.1 gehört. Der Presentation Manager leitet sich von der auf MS-DOS basierenden Windows-Umgebung ab und bietet ähnliche Fähigkeiten. Der Benutzer sieht eine grafische, fensterorientierte Schnittstelle, und der Programmierer verwendet eine Standardmenge von Routinen zur Behandlung der Ein- und Ausgaben für Bildschirm, Tastatur, Maus und Drucker, unabhängig davon, welche Hardware an das System angeschlossen ist. → *siehe auch* OS/2, Windows.

Pretty Good Privacy, die;
→ *siehe* PGP.

Pretty Print, das; *Subst.* (pretty print)
Eine Bearbeitungsfunktion der Programmierung, die den Code so formatiert, dass er leicht erkennbar ausgedruckt wird. Die Pretty Print-Funktion kann z.B. Leerzeilen einfügen, um Module abzusetzen bzw. verschachtelte Routinen einrücken, damit sie leichter erkannt werden können. → *siehe auch* Code, Editor, Modul, Routine.

PRI
Abkürzung für »Primary Rate Interface«. Einer von zwei ISDN-Anschlüssen, der in Deutschland auch unter der Bezeichnung »Primärmultiplexanschluss« bekannt ist. Beim anderen Anschluss handelt es sich um BRI (**B**asic **R**ate **I**nterface), den »ISDN-Basisanschluss«. PRI ist in zwei Varianten verbreitet. Die erste arbeitet mit einer Gesamtübertragungsrate von 1,536 Megabit pro Sekunde (Mbps) und setzt sich aus 23 B-Kanälen zusammen. Dazu kommt noch ein D-Kanal (für Steuerfunktionen), der mit 64 Kilobit pro Sekunde (Kbps) arbeitet. Diese Form des PRI-Anschlusses findet sich in den USA, in Kanada und Japan. Die zweite Variante, die in Europa und Australien verbreitet ist, unterscheidet sich in zwei

Punkten: Es gibt 30 B-Kanäle, und die Gesamtübertragungsrate beträgt 1,984 Mbps. → *siehe auch* BRI, ISDN.

Primärkanal, der; *Subst.* (primary channel)
Der Datenübertragungskanal in einem Kommunikationsgerät, z.B. ein Modem. → *vgl.* Sekundärkanal.

Primärschlüssel, der; *Subst.* (primary key)
Auch als Hauptschlüssel bezeichnet. In Datenbanken das Schlüsselfeld, das als eindeutiger Bezeichner eines bestimmten Tupels (Zeile) in einer Relation (Datenbanktabelle) verwendet wird. → *siehe auch* Alternativschlüssel, Sekundärschlüssel. → *auch genannt* Hauptschlüssel. → *vgl.* Sekundärschlüssel.

Primärspeicher, der; *Subst.* (primary storage)
Der hauptsächliche Allzweckspeicherbereich, auf den der Mikroprozessor direkten Zugriff hat, Random Access Memory (RAM). Die anderen Speichermöglichkeiten eines Computers, z.B. Diskette und Magnetband, nennt man *Sekundärspeicher* oder auch *peripheren Speicher*.

Primary Domain Controller, der; *Subst.*
Zu Deutsch »Primärer Domänencontroller«. Eine Datenbank unter Windows NT Server, die eine zentrale Verwaltung von Ressourcen und Benutzeraccounts ermöglicht. Benutzer müssen sich nicht an einen bestimmtem Host anmelden, sondern können sich über die Datenbank an einer Domäne anmelden. Eine separate Accountdatenbank überwacht die Rechner in der Domäne und teilt den Benutzern die Ressourcen der Domäne zu. → *siehe auch* Domäne (Def. 2). → *vgl.* Active Directory.
Der Ausdruck bezeichnet außerdem einen Server eines lokalen Netzwerks, der die Hauptkopie der Datenbank mit den Benutzeraccounts für die Domäne verwaltet und die Anmeldeanforderungen validiert.

Primary Rate Interface, das; *Subst.*
→ *siehe* PRI.

Primitive, grafische, die; *Subst.* (graphics primitive)
→ *siehe* grafische Primitive.

Primitivum, das; *Subst.* (primitive)
In der Computergrafik eine Grundform, die sich als diskrete Entität durch ein Grafikprogramm zeichnen, speichern und manipulieren lässt (beispielsweise eine Linie, ein Kreis, eine Kurve oder ein Polygon). Primitive sind die Elemente, aus

denen große Grafikentwürfe erstellt werden. In der Programmierung bezeichnet »Primitivum« ein grundlegendes Sprachelement zur Erzeugung größerer Prozeduren, die schließlich die vom Programmierer gewünschten Funktionen realisieren.

Printer Access Protocol, das; *Subst.*
→ *siehe* PAP.

Printer Control Language, die; *Subst.*
Abgekürzt PCL. Eine von Hewlett-Packard eingeführte Sprache zur Druckersteuerung, die in den Produktlinien LaserJet, DeskJet und RuggedWriter eingesetzt wird. Durch die Dominanz der LaserJet-Drucker auf dem Laserdruckermarkt hat sich PCL zu einem De-facto-Standard entwickelt. → *auch genannt* Hewlett-Packard Printer Control Language, PCL.

Priorität, die; *Subst.* (priority)
Die Rangfolge bei der Zuteilung der Mikroprozesszeit und bei der Verwendung von Systemressourcen. In einem Computer existieren - für den Benutzer unsichtbar und unbemerkt - Prioritätsebenen, durch die die unterschiedlichsten Arten möglicher Kollisionen und Unterbrechungen vermieden werden. Ebenso lassen sich den auf dem Computer laufenden Tasks bestimmte Prioritäten zuweisen, die festlegen, wann und für welche Zeitdauer der jeweilige Task Mikroprozesszeit erhält. In einem Netzwerk ordnet man den Stationen Prioritäten zu, um festzulegen, wann und wie oft den Stationen die Kontrolle der Kommunikationsleitung erlaubt wird. Es können außerdem Nachrichten mit Prioritäten versehen werden, um die Dringlichkeit ihrer Weiterleitung anzuzeigen. → *siehe auch* Interrupt.

Priority Frame, der; *Subst.*
Ein Protokoll für die Telekommunikation, das von Infonet und der Northern Telecom, Inc. (USA) entwickelt wurde, um Daten, Faxdokumente und Voiceinformationen zu übertragen.

Privacy Enhanced Mail, die; *Subst.*
Ein Internetstandard für E-Mail-Systeme, die Verschlüsselungstechniken verwenden, um die Privatsphäre und den Datenschutz bei Nachrichten zu gewährleisten. → *siehe auch* Standard, Verschlüsselung. → *vgl.* PGP.

Private Branch Exchange, der; *Subst.*
→ *siehe* PBX.

Private Communications Technology, die; *Subst.*
Eine Spezifikation für die Sicherung von Mehrzweckunternehmungen und persönlicher Kommunikation im Internet. Private Communications Technology enthält z.B. Funktionen für die Privatsphäre, Echtheitsbestätigung und gegenseitige Identifikation.

Private Line, die; *Subst.* (private line)
→ *siehe* Standleitung.

private Ordner, der; *Subst.* (private folders)
In einer freigegebenen Netzwerkumgebung kann auf diese Ordner nicht von anderen Benutzern des Netzwerks zugegriffen werden. → *vgl.* öffentliche Ordner.

privater Channel, der; *Subst.* (private channel)
Ein Channel im Internet Relay Chat (IRC), der einer bestimmten Benutzergruppe vorbehalten ist. Private Channelnamen werden der Öffentlichkeit vorenthalten. → *siehe auch* IRC. → *auch genannt* Geheimkanal.

privater Schlüssel, der; *Subst.* (private key)
Einer der beiden Schlüssel bei der Public-Key-Verschlüsselung. Dieser geheime Schlüssel wird zum Verschlüsseln von digitalen Signaturen und zum Entschlüsseln von eingegangenen Nachrichten verwendet. → *siehe auch* Public-Key-Verschlüsselung. → *vgl.* öffentlicher Schlüssel.

Privatisierung, die; *Subst.* (privatization)
Im weiteren Sinne die Verlagerung staatlicher Aktivitäten in den privaten, kommerziellen Sektor einer Volkswirtschaft. Im engeren Sinne die Verlagerung staatlicher Internetbackbones in die private Industrie. Das NSFnet wurde z.B. von der Regierung der USA 1992 privatisiert.

Privatnetzwerk, virtuelles, das; *Subst.* (virtual private network)
→ *siehe* virtuelles Privatnetzwerk.

Privatsphäre, die; *Subst.* (privacy)
Ein Konzept für den Datenschutz. Es geht hierbei darum, dass Benutzerdaten nicht ohne vorherige Genehmigung Dritter zugänglich sind. Das Recht auf Privatsphäre im Internet ist ein in vielen Ländern komplex diskutiertes Thema. Um die Privatsphäre zu gewährleisten, müssen Benutzer oftmals eigene Maßnahmen - wie beispielsweise Verschlüsselung - ergreifen. → *siehe auch* anonymer Arti-

P kel, anonymer Remailer, Anonymität, Cookierichtlinie, PEM, PGP, Verschlüsselung. → *vgl.* Sicherheit.

Privilegien, das; *Subst.* (privileges)
→ *siehe* Zugriffsrechte.

privilegierter Befehl, der; *Subst.* (privileged instruction)
Ein Befehl (normalerweise ein Maschinenbefehl), dessen Ausführung nur dem Betriebssystem gestattet ist. Durch privilegierte Befehle besteht die Möglichkeit, Betriebssystem und Anwendung voneinander zu trennen, damit nur das Betriebssystem spezielle Aufgaben ausführen kann, die man einer Anwendung besser nicht überlassen sollte. Aus diesem Grund erhalten nur die Betriebssystemroutinen die erforderlichen Privilegien zur Ausführung dieser Befehle.

privilegierter Modus, der; *Subst.* (privileged mode)
Durch den Protected Mode der Intel-Mikroprozessoren ab dem 80286 unterstützter Ausführungsmodus, in dem Anwendungen eingeschränkte Operationen ausführen können, die kritische Komponenten des Systems, z.B. Speicher und Eingabe-/Ausgabeports (Kanäle), manipulieren können. Während der Kern des Betriebssystems OS/2 oder Programme zur Steuerung der an das System angeschlossenen Geräte (Gerätetreiber) im privilegierten Modus arbeiten können, ist dieser Modus nicht für Anwendungsprogramme vorgesehen.

PRN
Der logische Gerätename für *Drucker*. PRN ist durch das Betriebssystem MS-DOS als Name für den Standarddrucker reserviert und bezieht sich in der Regel auf den ersten Parallelport, der auch als LPT1 bezeichnet wird.

.pro
Eine der sieben im November 2000 von der ICANN neu zugelassenen Topleveldomänen, die speziell für Berufsgruppen wie Ärzte, Rechtsanwälte und Steuerberater konzipiert wurde. Der offizielle Starttermin ist noch offen (Stand: August 2002). → *siehe auch* .biz, ICANN, .info, Topleveldomäne.

Problembehandlung *Subst.* (troubleshoot)
Das Identifizieren der Ursache eines Problems in einem Programm, einem Computersystem oder einem Netzwerk und das Beheben des Problems.

Problembeschreibung, die; *Subst.* (trouble ticket)
Ein Bericht über einen Herstellungsprozess, der die Schwierigkeiten mit einem bestimmten Gerät oder System festhält.

Ursprünglich auf Papier erstellt, werden diese Berichte heute oft auf elektronischem Wege mit Hilfe spezieller Anwendungsprogramme aufgezeichnet. → *siehe auch* Arbeitsablaufsteuerung, Help Desk.

Problemlösung, die; *Subst.* (problem solving)
Das Entwickeln und Implementieren einer Strategie für das Ermitteln einer Lösung oder einer Alternative.
Der Begriff kann sich auch auf einen Aspekt der künstlichen Intelligenz beziehen, wenn die Aufgabe der Problemlösung einzig durch ein Programm ausgeführt wird. → *siehe auch* künstliche Intelligenz.

Processor Direct Slot, der; *Subst.*
→ *siehe* PDS.

Prodigy Information Service, der; *Subst.*
Ein Onlinedienst, der 1984 von IBM, Sears und CBS gegründet wurde und 1996 von International Wireless erworben wurde und 1999 eine Partnerschaft mit SBC Communications einging. Der zusätzliche Internet-Kundenstamm von SBC machte Prodigy zum drittgrößten Onlinedienst in den USA. Prodigy bietet – wie die Anbieter America Online und CompuServe – Zugriff auf Internetdienste wie Chat, E-Mail und Diskussionsforen sowie Internetzugang an. Die Website von Prodigy ist unter der Adresse http://www.prodigy.com erreichbar. → *vgl.* AOL, CompuServe.

Produkt, das; *Subst.* (product)
Auch als »Kartesisches Produkt« bekannt. Ein Operator der in der Datenbankverwaltung eingesetzten relationalen Algebra. Wendet man das Produkt auf zwei existierende Relationen (Tabellen) an, erhält man eine neue Tabelle, die alle möglichen, geordneten Verkettungen (Kombinationen) von Tupeln (Zeilen) aus der ersten Relation mit den Tupeln der zweiten enthält. Die Anzahl der Zeilen in der daraus resultierenden Relation ist das Produkt aus der Anzahl der Zeilen beider Quellrelationen. → *auch genannt* kartesisches Produkt. → *vgl.* Inner Join. In der Mathematik stellt das Produkt das Ergebnis der Multiplikation von mehreren Zahlen dar. Ein Produkt ist ferner ein Erzeugnis, das mit kommerziellen Zielen entwickelt und vermarktet wird. Obwohl Computer in diesem Sinne ebenfalls Produkte darstellen, bezieht sich dieser Begriff im Rechnerbereich mehr auf Software, Peripheriegeräte und Zubehör.

Produktionssystem, das; *Subst.* (production system)
Ein Problemlösungsverfahren in Expertensystemen. Es basiert auf einer »WENN das, DANN das«-Methode, die eine

Menge von Regeln, eine Datenbank mit Informationen und einen »Regelinterpreter« zum Vergleich der Prämissen mit den Fakten verwendet und einen Schluss zieht. Produktionssysteme bezeichnet man auch als regelbasierte Systeme oder Inferenzsysteme. → *siehe auch* Expertensystem.

Produkt, kartesisches, das; *Subst.* (Cartesian product)
→ *siehe* Produkt.

Produktveranstaltung, die; *Subst.* (trade show)
Eine Ausstellung oder Verkaufsveranstaltung, bei der die Produkte eines Herstellers gezeigt werden.

Professional Graphics Adapter, der; *Subst.*
Ein Videoadapter, der von IBM eingeführt wurde und hauptsächlich für CAD-Anwendungen vorgesehen ist. Der Professional Graphics Adapter kann 256 Farben bei einer Auflösung von 640 Pixel horizontal und 480 Pixel vertikal darstellen.

Professional Graphics Display, das; *Subst.*
Ein analoges Display, das von IBM eingeführt wurde und für den Einsatz mit dem Professional Graphics Adapter vorgesehen ist. → *siehe auch* Professional Graphics Adapter.

Profil erstellen *Vb.* (profile)
Eine Programmanalyse. Das Ziel der Analyse ist die Ermittlung des Zeitaufwandes, der für verschiedene Bestandteile des Programms während der Ausführung anfällt.

Profiles for Open Systems Internetworking Technology, das; *Subst.*
→ *siehe* POSIT.

Programm, das; *Subst.* (program)
Eine Folge von Anweisungen, die sich durch einen Computer ausführen lassen. Als Programm bezeichnet man sowohl den originalen Quellcode als auch die ausführbare (Maschinensprache-)Version. → *siehe auch* Anweisung, Programmerstellung, Routine. → *auch genannt* Software.

Programmable Inquiry, Language Or Teaching
(Programmed Inquiry, Learning or Teaching)
→ *siehe* PILOT.

programmable read-only memory, das; *Subst.*
→ *siehe* PROM.

Programm, aktives, das; *Subst.* (active program)
→ *siehe* aktives Programm.

Programm, ausführbares, das; *Subst.* (executable program)
→ *siehe* ausführbares Programm.

Programmausführung, parallele, die; *Subst.* (concurrent program execution)
→ *siehe* parallel.

Programmbefehl, der; *Subst.* (program statement)
Die Anweisung, die für ein Programm einen Namen festlegt, die Operation kurz beschreibt und eventuell andere Informationen angibt. Einige Sprachen, z.B. Pascal, verfügen über einen expliziten Programmbefehl. Andere Sprachen kennen derartige Anweisungen nicht oder verwenden andere Formen (z.B. die main( )-Funktion in C).

Programmdatei, die; *Subst.* (program file)
Eine Diskettendatei, die ausführbare Teile eines Computerprogramms enthält. Je nach Größe und Komplexität, kann eine Anwendung oder ein anderes Programm, z.B. ein Betriebssystem, in mehreren unterschiedlichen Dateien gespeichert werden, die jeweils Befehle für einige Teile der Gesamtfunktion des Programms enthalten. → *vgl.* Dokumentdatei.

Programm-Einsteckmodul, das; *Subst.*
(program cartridge)
→ *siehe* ROM-Steckmodul.

Programmerstellung, die; *Subst.* (program creation)
Der Ablauf bei der Erzeugung eines Programms, d.h. einer ausführbaren Datei. Im herkömmlichen Sinne umfasst die Programmerstellung drei Schritte: 1) Kompilierung des Quellcodes einer Hochsprache in Assemblerquellcode. 2) Assemblierung des Assemblersprachen-Quellcodes in Maschinencode-Objektdateien. 3) Binden der Maschinencode-Objektdateien mit verschiedenen Datendateien, Laufzeitdateien und Bibliotheksdateien zu einer ausführbaren Datei. Einige Compiler gehen direkt vom Hochsprachen-Quellcode zum Maschinencodeobjekt, und einige integrierte Entwicklungsumgebungen umfassen alle drei Schritte in einem Befehl zusammen. → *siehe auch* Assembler, Compiler, Linker, Programm.

Programmgenerator, der; *Subst.* (application generator, program generator)
Software, die es dem Anwender ermöglicht, sich auf den Ent-

P wurf der Funktionalität eines zu entwickelnden Anwendungsprogramms zu beschränken. Anhand dieser Funktionsbeschreibung erzeugt der Programmgenerator selbsttätig den Quellcode oder Maschinencode des Anwendungsprogramms. Programmgeneratoren sind meist auf bestimmte Anwendungsgebiete fixiert. Sie sind Bestandteil einiger Datenbankprogramme und verwenden integrierte Befehlssätze für die Erzeugung des Programmcodes. Durch den Einsatz von Programmgeneratoren lässt sich die Entwicklung einer Anwendung bedeutend vereinfachen. → *siehe auch* Anwendung. → *siehe auch* vierte Sprachgeneration.

programmierbar *Adj.* (programmable)
Bezeichnet die Fähigkeit, Befehle zur Ausführung einer Aufgabe oder einer Operation entgegenzunehmen. Programmierbarkeit ist das charakteristische Merkmal von Computern.

programmierbare Funktionstaste, die; *Subst.* (programmable function key)
Verschiedene, zum Teil nicht beschriftete Tasten auf Tastaturen von Fremdherstellern, die es dem Benutzer ermöglichen, vorher gespeicherte Tastenkombinationen oder Folgen von Tastenanschlägen, die sog. *Makros*, »abzuspielen«.
Der gleiche Effekt lässt sich mit einer Standardtastatur und einem Tastaturdienstprogramm erzielen, das den Tastaturcode abfängt und durch modifizierte Werte ersetzt. Meist handelt es sich dabei um speicherresidente Programme, die sich nicht mit jeder Anwendung »vertragen«. Programmierbare Funktionstasten dagegen kommen ohne derartige Hilfsmittel aus. → *vgl.* Tastaturerweiterung.

programmierbarer Interruptcontroller, der; *Subst.* (programmable interrupt controller)
Ein Intel-Chip, der Interrupt Requests (IRQs) behandelt. IBM-AT-Maschinen verwenden zwei programmierbare Interruptcontroller, um die maximale Anzeige von 15 IRQs behandeln zu können. Der programmierbare Interruptcontroller ist durch den *Advanced Programmable Interruptcontroller* (APIC) ersetzt worden, der Multiprocessing unterstützt. → *siehe auch* IBM AT, IRQ.

programmierbares Logikarray, das; *Subst.* (programmable logic array)
→ *siehe wieder* programmierbare Logik.

programmierbares Logikgerät, das; *Subst.* (programmable logic device)
Ein logischer Chip, der nicht vom Hersteller, sondern vom Kunden programmiert wird. Ein programmierbares Logikgerät besteht aus einer Auflistung logischer Gatter. Programmierbare Logikgeräte benötigen im Gegensatz zu Gatterarrays keine vollständige Programmierung als Bestandteil des Herstellungsprozesses. → *siehe auch* Logikchip. → *vgl.* Gatterarray.

programmieren *Vb.* (program)
Eine Gruppe von Anweisungen zusammenstellen, die ein Computer bzw. ein anderes Gerät für die Ausführung einer Reihe von Aktionen auswertet. → *siehe auch* Programm, Programmierer.

Programmierer, der; *Subst.* (programmer)
Eine Person, die mit der Entwicklung und dem Schreiben von sowie der Fehlerbeseitigung in Computerprogrammen beschäftigt ist. Ein Programmierer kann – je nach Projektumfang und Arbeitsumgebung – alleine oder im Team arbeiten, an Bestandteilen oder am gesamten Prozess von der Gestaltung bis zur Fertigstellung teilhaben oder am Erstellen des Programms beteiligt sein. → *siehe auch* Programm.

Programmierschnittstelle, die; *Subst.* (programmatic interface)
Die von einem Betriebssystem bereitgestellte Menge von Funktionen, auf die ein Programmierer bei der Anwendungsentwicklung zurückgreifen kann. → *siehe auch* Anwendungsprogrammierschnittstelle.

Programmiersprache, die; *Subst.* (programming language)
Eine künstliche Sprache, mit der sich Befehlsfolgen formulieren lassen, die letztlich von einem Computer verarbeitet und ausgeführt werden können. Die genaue Abgrenzung, was man als Programmiersprache ansieht und was nicht, kann ziemlich kompliziert sein. Im Allgemeinen versteht man aber darunter, dass der Übersetzungsprozess – vom Quellcode, der mit Hilfe der Programmiersprache ausgedrückt wird, in den Maschinencode, den der Computer für die Arbeit benötigt – mit Hilfe eines anderen Programms, z.B. eines Compiler, automatisiert abläuft. Daher sind Englisch und andere natürliche Sprachen nicht geeignet, obwohl bestimmte Untermengen der englischen Sprache von einigen Programmiersprachen der vierten Generation verwendet und verstanden werden. → *siehe auch* Compiler, natürliche Sprache, Programm, vierte Sprachgeneration.

Programmiersprache, höhere, die; *Subst.* (high-order language)
→ *siehe* höhere Programmiersprache.

Programmiertasten, die; *Subst.* (programmer's switch)
Ein Tastenpaar bei Macintosh-Computern, das es Benutzern ermöglicht, das System neu zu booten oder eine Befehlszeilen-Schnittstelle auf einer niedrigen Ebene des Betriebssystems zu benutzen. Ursprünglich wurde davon ausgegangen, dass diese Funktionen nur zum Testen von Software eingesetzt werden. Aus diesem Grund waren die Tasten bei früheren Macintosh-Modellen im Gehäuse verborgen und nur über einen speziellen Plastikclip zu bedienen. Bei zahlreichen späteren Modellen wurden diese Tasten bereits frei zugänglich gemacht. Die Taste für das Rebooten ist durch ein Dreieckssymbol, die andere Taste durch ein Kreissymbol gekennzeichnet.

Programmierung, die; *Subst.* (programming)
Die Kunst und Wissenschaft der Erzeugung von Computerprogrammen. Programmierung beginnt mit der Kenntnis einer oder mehrerer Programmiersprachen, z.B. Basic, C, Pascal oder Assembler. Allerdings führt die Beherrschung einer Sprache allein noch nicht zu einem guten Programm. In der Regel ist dazu weit mehr erforderlich: Fachkenntnisse der Algorithmentheorie, des Entwurfs von Benutzeroberflächen und der Eigenschaften von Hardwareeinrichtungen. Computer sind rigoros arbeitende logische Maschinen, und Programmierung erfordert eine ähnliche logische Herangehensweise an den Entwurf, das Schreiben (die Codierung), das Testen und die Fehlersuche eines Programms. Niedere Sprachen, z.B. die Assemblersprache, erfordern außerdem ein Vertrautsein mit den Fähigkeiten eines Mikroprozessors und den grundlegenden Befehlen, die darin integriert sind. Bei der von vielen Programmierern verfochtenen modularen Programmierung teilt man ein Projekt in kleinere, leichter handhabbare Module auf eigenständig funktionale Einheiten, die sich separat entwerfen, schreiben, testen und auf Fehler überprüfen lassen, bevor sie in das größere Programm eingebunden werden. → *siehe auch* Algorithmus, modulares Design, Notkonstruktion, objektorientierte Programmierung, Spaghetticode, strukturierte Programmierung.

Programmierung, ereignisgesteuerte, die; *Subst.* (event-driven programming)
→ *siehe* ereignisgesteuerte Programmierung.

Programmierung, funktionelle, die; *Subst.* (functional programming)
→ *siehe* funktionelle Programmierung.

Programmierung, lineare, die; *Subst.* (linear programming)
→ *siehe* lineare Programmierung.

Programmierung, modulare, die; *Subst.* (modular programming)
→ *siehe* modulare Programmierung.

Programmierung, objektorientierte, die; *Subst.* (object-oriented programming)
→ *siehe* objektorientierte Programmierung.

Programmierung, strukturierte, die; *Subst.* (structured programming)
→ *siehe* strukturierte Programmierung.

Programmierung, visuelle, die; *Subst.* (visual programming)
→ *siehe* visuelle Programmierung.

Programming Language I, die; *Subst.*
→ *siehe* PL/I.

Programm, interaktives, das; *Subst.* (interactive program)
→ *siehe* interaktives Programm.

Programmkarte, die; *Subst.* (program card)
→ *siehe* PC Card, ROM-Karte.

Programmlisting, das; *Subst.* (program listing)
Die Kopie des Quellcodes eines Programms, normalerweise in gedruckter Form auf Papier. Einige Compiler sind in der Lage, Programmlistings mit Zeilennummern, Crossreferenzen usw. zu erstellen.

Programmlogik, die; *Subst.* (program logic)
Die Logik, die der Gestaltung und dem Aufbau eines Programms zugrunde liegt, d.h. der Hintergrund für die Funktionsweise eines Programms. → *siehe auch* Logikfehler.

Programm, natives, das; *Subst.* (native application)
→ *siehe* natives Programm.

Programm, RAM-residentes, das; *Subst.* (RAM-resident program)
→ *siehe* Terminate-and-Stay-Resident Program.

Programm, residentes, das; *Subst.* (resident program)
→ *siehe* TSR.

Programmspezifikation, die; *Subst.* (program specification)
Ein Begriff aus der Softwareentwicklung. Eine Darstellung der

P Ziele und Anforderungen eines Projekts sowie die Beziehung des Projekts zu anderen Projekten.

Programmwartung, die; *Subst.* (program maintenance)
Der Prozess der Betreuung, Fehlerbeseitigung und Weiterentwicklung als Antwort auf Rückmeldungen von Einzelpersonen bzw. Benutzergruppen oder die allgemeinen Marktbedingungen.

Programmzähler, der; *Subst.* (program counter)
Ein Register (d.h. ein kleiner, schneller Speicherbereich innerhalb eines Mikroprozessors), das die Adresse des nächsten im Programmablauf auszuführenden Befehls enthält.

Programmzustand, der; *Subst.* (program state)
Die Kondition eines Programms (Stackinhalte, Speicherinhalte, in Ausführung befindliche Befehle) zu einem gegebenen Zeitpunkt.

progressives Scanning, das; *Subst.* (progressive scanning)
Eine Technik bei Computerbildschirmen, bei der der Elektronenstrahl das Bild zeilenweise von oben nach unten aufbaut, ohne Zeilen auszulassen. Das dadurch entstandene Bild ist qualitativ hochwertiger als beim Einsatz des bei Fernsehgeräten üblichen Interlacescannings, bei dem in einem Durchgang nur die geraden und im anderen Durchgang nur die ungeraden Zeilen vom Elektronenstrahl getroffen werden. In Zukunft könnte jedoch das progressive Scanning auch bei Fernsehgeräten Anwendung finden. Allerdings wird dann eine doppelt so hohe Signalbandbreite wie beim Interlacescanning benötigt. → *vgl.* Interlacescanning.
Außerdem stellt das progressive Scanning eine Technik dar, die bei einigen Videokameras eingesetzt wird, um bewegliche Bilder aufzuzeichnen. Dabei wird das Bild zeilenweise abgetastet, im Unterschied zu Kameras, die mit dem Interlacescanning arbeiten und bei denen in einem Durchgang nur die geraden und im anderen Durchgang nur die ungeraden Zeilen abgetastet werden. Kameras, die progressives Scanning bieten, erreichen eine höhere Bildrate und werden daher überwiegend eingesetzt, wenn besonders schnelle Bewegungen aufgezeichnet werden sollen, z.B. bei der Überwachung von Fließbändern und Straßenverkehr. → *vgl.* Interlacescanning.

Project Gutenberg, das; *Subst.*
Ein Projekt an der Universität Illinois, in dem die vollständigen Texte von Werken der Weltliteratur über das Internet aufgerufen werden können. Die Dateien sind dabei im ASCII-Format gespeichert, damit möglichst viele Benutzer darauf zugreifen können. Project Gutenberg kann über die Website http://www.promo.net/pg/ aufgerufen werden. → *siehe auch* ASCII.

PROJECT-Operator, der; *Subst.* (project)
Ein Operator in der relationalen Algebra, der im Datenbankmanagement eingesetzt wird. Bei einer gegebenen Relation (Tabelle) A, baut der *PROJECT*-Operator eine neue Relation auf, die nur eine spezifizierte Menge von Attributen (Spalten) aus A enthält.

projektbezogene Normalform, die; *Subst.* (projection-join normal form)
→ *siehe* Normalform.

Projektmanagement, das; *Subst.* (project management)
Das Planen, Überwachen und Steuern des Ablaufs und der Entwicklung eines bestimmten Unternehmens.

Projektzyklen, der; *Subst.* (project life cycle)
Eine Sequenz vorausgeplanter Projektstufen vom Anfang bis zum Ende des Projekts.

Prolog, der; *Subst.*
Abkürzung für **Pro**gramming in **Log**ic. Eine für die logische Programmierung entwickelte Sprache. Prolog entstand während der siebziger Jahre in Europa (vorrangig in Frankreich und Schottland), und der erste Prologcompiler wurde 1972 durch Philippe Roussel an der Universität Marseilles entwickelt. In der Folgezeit erlangte Prolog weite Verbreitung auf dem Gebiet der künstlichen Intelligenz. Es handelt sich um eine kompilierte Sprache, die mit logischen Beziehungen zwischen Datenelementen anstelle von mathematischen Beziehungen arbeitet. → *siehe auch* künstliche Intelligenz.

PROM, das; *Subst.*
Abkürzung für **P**rogrammable **R**ead-**O**nly **M**emory. Die spezielle Form eines Nur-Lese-Speichers (ROM), bei dem sich die Daten mittels eines sog. PROM-Programmierers einschreiben lassen. Die Programmierung eines PROM ist nur einmalig möglich und kann nicht mit anderen Daten geändert werden. → *siehe auch* EEPROM, EPROM, ROM.

PROM-Brenner, der; *Subst.* (PROM blaster, PROM programmer)
Eine Hardwareeinheit, die Befehle oder Daten auf einen PROM-Chip (Programmable Read-Only Memory) oder einen

EPROM-Chip (Erasable Programmable Read-Only Memory) schreibt. → *siehe auch* EPROM, PROM. → *auch genannt* PROM-Schießer.

PROM, reprogrammierbares, das; *Subst.* (reprogrammable PROM)
→ *siehe* EPROM.

PROM-Schießer, der; *Subst.* (PROM blower)
→ *siehe* PROM-Brenner.

Propellerhead, der; *Subst.* (propeller head)
Auch umgangssprachliche Bezeichnung für eine Person, die von Computern oder ähnlicher Technologie besessen ist. Der Name »Propeller Head« bezieht sich auf eine mit einem kleinen Windrad versehene Kindermütze. → *siehe auch* Computerfreak.

proportionale Schrittschaltung, die; *Subst.* (proportional spacing)
Eine Form des Typenabstandes, bei der jedem Zeichen ein seiner Breite entsprechender (proportionaler) horizontaler Raum zugewiesen wird. Der Buchstabe *w* nimmt z.B. mehr Platz ein als der Buchstabe *i*. → *vgl.* dicktengleich (gleichbleibender Schaltschritt).

Proportionalschrift, die; *Subst.* (proportional font)
Ein Zeichensatz in einem bestimmten Stil und einer bestimmter Größe, bei dem jedem Zeichen der seiner Breite entsprechende Raum zugewiesen wird. Bei einer Proportionalschrift nimmt z.B. der Buchstabe *i* weniger Platz ein als der Buchstabe *m*. → *vgl.* dicktengleiche Schrift.

proprietär *Adj.* (proprietary)
Zu privatem Eigentum gehörend. Dieser Begriff bezieht sich im weiteren Sinne auf die Technologie, die von einem Unternehmen entwickelt wurde. Hierbei werden bestimmte Spezifikationen vom Eigentümer als Geschäftsgeheimnis gewahrt. Proprietäre Technologie darf von Dritten nur über eine ausdrückliche Lizenz verwendet werden. Außerdem ist es durch die Wahrung des Geschäftsgeheimnisses anderen Unternehmen nicht möglich, diese Technologie zu nutzen. → *vgl.* Publicdomain.

proprietäre Software, die; *Subst.* (proprietary software)
Ein Programm, das urheberrechtlich geschützt bzw. Eigentum einer Einzelperson oder Firma ist. Die Verwendung ist nur nach rechtmäßigem Erwerb oder mit ausdrücklicher Erlaubnis des Eigentümers gestattet. → *vgl.* Publicdomainsoftware.

Protected Mode, der; *Subst.* (protected mode)
Wörtlich übersetzt »geschützter Modus«. Eine Betriebsart der Intel-Mikroprozessoren 80286 und höher, die einen größeren Adressraum unterstützt und gegenüber dem Real Mode verbesserte Merkmale aufweist. Wenn man diese CPUs in den Protected Mode schaltet, bieten sie hardwareseitige Unterstützung für Multitasking, Datensicherheit und virtuellen Speicher. Die Betriebssysteme Windows NT und OS/2 laufen ebenso im Protected Mode wie UNIX-Versionen für die genannten Mikroprozessoren. → *vgl.* Real Mode.

Protokoll, das; *Subst.* (log, protocol)
Die Aufzeichnung der auf einem Computer ablaufenden Transaktionen oder Aktivitäten.
→ *siehe* Kommunikationsprotokoll.

Protokollanalysator *Subst.* (protocol analyzer)
Ein Managementtool zur Erkennung und Diagnose von Netzwerkproblemen. Ein Protokollanalysator beobachtet ein LAN (lokales Netzwerk) oder WAN (Weitbereichsnetz) und findet Protokollfehler, Verbindungsverzögerungen oder andere Netzwerkfehler. Der Protokollanalysator kann Datenverkehr filtern, Lösungsvorschläge machen, grafische Berichte schreiben und den Datenverkehr mittels statistischer Auswertung darstellen. → *siehe auch* Kommunikationsprotokoll, LAN, WAN.

Protokoll, binäres synchrones, das; *Subst.* (binary synchronous protocol)
→ *siehe* BISYNC.

Protokoll, bitorientiertes, das; *Subst.* (bit-oriented protocol)
→ *siehe* bitorientiertes Protokoll.

Protokoll, byteorientiertes, das; *Subst.* (byte-oriented protocol)
→ *siehe* byteorientiertes Protokoll.

protokollieren *Vb.* (capture)
In der Kommunikationstechnik das Speichern von empfangenen Daten in einer Datei, um diese zu archivieren oder später zu analysieren.

Protokoll, routfähiges, das; *Subst.* (routable protocol)
→ *siehe* routfähiges Protokoll.

Protokollschicht, die; *Subst.* (protocol layer)
→ *siehe* Schicht.

P **Protokollstapel**, der; *Subst.* (protocol stack, protocol suite)
Die Protokolle eines Satzes, die auf verschiedenen Ebenen zusammenarbeiten, um die Kommunikation auf einem Netzwerk zu ermöglichen. Der Protokollstapel TCP/IP, der im Internet eingesetzt wird, enthält über 100 Standards (z.B. FTP, IP, SMTP, TCP und Telnet). → *siehe auch* ISO/OSI-Schichtenmodell.

Protokoll, synchrones, das; *Subst.* (synchronous protocol)
→ *siehe* synchrones Protokoll.

Protokoll, zeichenorientiertes, das; *Subst.* (character-oriented protocol)
→ *siehe* byteorientiertes Protokoll.

Prototyping, das; *Subst.* (prototyping)
Das Erstellen eines Arbeitsmodells eines neuen Computersystems oder Programms zum Testen oder zur Verfeinerung. Mit Prototyping entwickelt man sowohl neue Hardware- und Softwaresysteme als auch neue Systeme der Informationsverwaltung. Zu den im ersten Fall eingesetzten Werkzeugen gehören sowohl Hardware als auch unterstützende Software. Die üblichen Werkzeuge für die zweite Kategorie umfassen Datenbanken, Bildschirmmodelle und Simulationen, die sich in manchen Fällen auch in ein Endprodukt entwickeln lassen.

Provider, der; *Subst.* (provider)
→ *siehe* ISP.

Proxy, der; *Subst.* (proxy)
→ *siehe* Proxyserver.

Proxyserver, der; *Subst.* (proxy server)
Eine Firewall-Komponente, die den Datenverkehr im Internet für ein lokales Netzwerk (LAN) verwaltet. Die weiteren Funktionen eines Proxyservers beinhalten Dokumentcache und Zugangskontrolle. Ein Proxyserver kann die Leistungsfähigkeit verbessern, indem er Daten zur Verfügung stellt, die häufig angefordert werden (z.B. eine häufig verwendete Webseite). Außerdem ist ein Proxyserver in der Lage, unerwünschte Abfragen zu filtern und zu verwerfen (z.B. Abfragen für unberechtigten Zugriff auf proprietäre Dateien).
→ *siehe auch* Firewall.

Prozedur, die; *Subst.* (procedure)
In einem Programm eine benannte Anweisungsfolge – meist mit zugehörigen Konstanten, Datentypen und Variablen – zur Ausführung einer bestimmten Aufgabe. Eine Prozedur lässt sich in der Regel sowohl durch andere Prozeduren als auch durch das Hauptprogramm aufrufen (ausführen). Einige Sprachen unterscheiden zwischen einer Prozedur und einer Funktion, wobei letztere einen Wert zurückgibt.
→ *siehe auch* Funktion, Parameter, prozedurale Sprache, Routine, Unterroutine.

prozedurale Sprache, die; *Subst.* (procedural language)
Eine Programmiersprache, in der die Prozedur das grundlegende Programmelement darstellt. Unter Prozedur ist in diesem Sinne eine benannte Folge von Anweisungen, z.B. eine Routine, ein Unterprogramm oder eine Funktion zu verstehen. Die allgemein verwendeten Hochsprachen (C, Pascal, Basic, FORTRAN, COBOL, Ada) sind durchgängig prozedurale Sprachen. → *siehe auch* Prozedur. → *vgl.* nicht prozedurale Sprache.

prozedurales Rendern, das; *Subst.* (procedural rendering)
Die Wiedergabe eines zweidimensionalen Bildes aus dreidimensionalen Koordinaten mit einer Strukturierung, die den Benutzervorgaben entspricht (z.B. Richtung und Intensität der Beleuchtung).

Prozeduraufruf, der; *Subst.* (procedure call)
Ein Begriff der Programmierung. Ein Befehl, durch den eine Prozedur ausgeführt wird. Der Prozeduraufruf kann in einer anderen Prozedur oder im Hauptteil des Programms enthalten sein. → *siehe auch* Prozedur.

Prozeduraufruf, asynchroner, der; *Subst.* (asynchronous procedure call)
→ *siehe* asynchroner Prozeduraufruf.

Prozedur, reine, die; *Subst.* (pure procedure)
→ *siehe* reine Prozedur.

Prozess, der; *Subst.* (process)
Ein Programm oder ein Teil davon. Eine zusammenhängende Folge von Schritten, die von einem Programm ausgeführt werden.

Prozessor, der; *Subst.* (central processing unit, processor)
Auch: CPU (für »**c**entral **p**rocessing **u**nit«, zu Deutsch »zentrale Verarbeitungseinheit«). Die Rechen- und Steuereinheit eines Computers; die Einheit, die Befehle interpretiert und ausführt. Die zentrale Verarbeitungseinheit bestand bei Großrechnern und frühen Mikrocomputern aus mehreren Leiterplatten, die mit einer Vielzahl an integrierten Schalt-

kreisen bestückt waren. Erst die Zusammenfassung aller Bestandteile der zentralen Verarbeitungseinheit auf einem Chip – dieser Chip wird auch als »Mikroprozessor« oder kurz als »Prozessor« bezeichnet – machte den Bau von Personal Computern und Arbeitsstationen möglich. Beispiele für Einchip-CPUs sind die Motorola-Prozessoren der 68000er Serie (68000, 68020 und 68030) sowie die Intel-Prozessoren der Serien 8080 und ix86 (z.B. i486 und Pentium). Ein Prozessor besitzt die Fähigkeit, Befehle zu holen, zu decodieren und auszuführen sowie Informationen von und zu anderen Ressourcen über die Hauptleitung des Computers, den Bus, zu übertragen. Im übertragenen Sinn kann der Prozessor auch als der Chip gesehen werden, der als »Gehirn« des Computers fungiert. In einigen Fällen schließt der Begriff »zentrale Verarbeitungseinheit« sowohl den Prozessor als auch den Arbeitsspeicher des Computers ein oder – im weitesten Sinne – die komplette Hauptcomputer-Konsole (im Gegensatz zu peripheren Einrichtungen). → *siehe auch* Mikroprozessor.

Prozessor, anwendungsspezifischer, der; *Subst.* (application processor)
→ *siehe* anwendungsspezifischer Prozessor.

Prozessor, skalarer, der; *Subst.* (scalar processor)
→ *siehe* skalarer Prozessor.

Prozessor-Tick, der; *Subst.* (clock tick)
→ *siehe* CPU-Zyklus.

Prozessor, wortadressierbarer, der; *Subst.* (word-addressable processor)
→ *siehe* wortadressierbarer Prozessor.

Prüfbit, das; *Subst.* (check bit)
Ein Bit (oder mehrere Bits), das einer Datennachricht an ihrem Ursprungsort hinzugefügt und durch den empfangenden Prozess geprüft wird, um auf einen möglichen Fehler während der Übertragung schließen zu können. Im einfachsten Fall wird nur ein Paritätsbit verwendet. → *siehe auch* Datenintegrität, Paritätsbit.

Prüfpunkt, der; *Subst.* (checkpoint)
Ein Zeitpunkt bei der Verarbeitung, an dem der gewöhnliche Betrieb eines Programms oder Systems vorübergehend ausgesetzt wird, um dessen Umgebungsstatus zu bestimmen.
Der Ausdruck bezieht sich außerdem auf eine Datei, die Informationen über den Zustand des Systems (der Umgebung) zu einem bestimmten Zeitpunkt enthält.

Prüfsumme, die; *Subst.* (checksum)
Ein berechneter Wert, der verwendet wird, um Daten hinsichtlich etwaiger Fehler zu überprüfen, die bei der Übertragung oder der Speicherung auf einen Datenträger entstehen können. Die Prüfsumme wird durch aufeinander folgende Zusammenfassung aller Bytes eines Datenblocks mittels arithmetischer oder logischer Operationen berechnet. Nach der Übertragung oder Speicherung der Daten wird die Prüfsumme nach demselben Prinzip aus den – möglicherweise fehlerhaft – übertragenen oder gespeicherten Daten berechnet. Stimmen dabei die alte und die neue Prüfsumme nicht überein, ist ein Fehler aufgetreten, und die Datenübertragung oder Speicherung sollte wiederholt werden. Mit Hilfe von Prüfsummen können nicht alle Fehler erkannt werden. Außerdem kann anhand der Prüfsumme keine Fehlerkorrektur durchgeführt werden. → *siehe auch* fehlerkorrigierende Codierung.

Prüfziffer, die; *Subst.* (check digit, self-checking digit)
Eine Ziffer, die einer Zahl während der Codierung angehängt wird, um eine fehlerfreie Codierung zu bestätigen. → *siehe auch* Paritätsbit, Prüfsumme.
Außerdem eine Ziffer, die einer Kontonummer oder einem anderen Identifizierungs-Schlüssel hinzugefügt und bei Verwendung der Nummer neu berechnet wird. Dadurch lassen sich Fehler feststellen, die bei der Eingabe der Nummer entstanden sein können. → *siehe auch* Prüfsumme.

.ps
Eine Dateinamenerweiterung, die PostScript-Druckerdateien kennzeichnet. → *siehe auch* PostScript.

PS/2-Bus, der; *Subst.* (PS/2 bus)
→ *siehe* Mikrokanalarchitektur.

psec
→ *siehe* Pikosekunde.

Pseudocode, der; *Subst.* (pseudocode)
Abgekürzt P-Code. Eine Maschinensprache für einen hypothetischen Prozessor (eine sog. P-Maschine). Ein derartiger Code wird durch einen Softwareinterpreter ausgeführt. Der wesentliche Vorteil eines P-Codes besteht in seiner Portabilität auf alle Computer, auf denen ein entsprechender Interpreter vorhanden ist. Die P-Code-Methode wurde mehrere Male in der Mikroprozessorindustrie mit unterschiedlichem Erfolg getestet, wobei die bekannteste Lösung das UCSD-P-System war. → *siehe auch* Pseudomaschine, UCSD p-System.

P »Pseudocode« kann auch eine formlose, transparente Notation bedeuten, in der ein Programm oder ein Algorithmus beschrieben wird. Viele Programmierer erstellen ihre Programme zuerst in einem Pseudocode, der aus einer Mischung von Englisch (oder der jeweiligen Landessprache) und ihrer favorisierten Programmiersprache, z.B. C oder Pascal, besteht. Dieser Pseudocode wird dann Zeile für Zeile in die tatsächlich verwendete Programmiersprache umgesetzt.

Pseudocompiler, der; *Subst.* (pseudo compiler)
Ein Compiler, der eine Pseudosprache generiert. → *siehe auch* Pseudosprache.

Pseudocomputer, der; *Subst.* (pseudocomputer)
→ *siehe* Pseudomaschine.

Pseudomaschine, die; *Subst.* (pseudomachine)
Abgekürzt P-Maschine. Bezeichnet einen Prozessor, der als konkrete Hardware nicht existiert, jedoch per Software nachgebildet wird. Ein für die P-Maschine geschriebenes Programm kann auf verschiedenen Plattformen laufen, ohne dass eine erneute Kompilierung erforderlich ist. → *siehe auch* Pseudocode, UCSD p-System.

Pseudooperation, die; *Subst.* (pseudo-operation)
Abgekürzt pseudo-op. In der Programmierung eine Anweisung, die einen Assembler oder Compiler steuert, jedoch nicht in einen Maschinensprachebefehl übersetzt wird – z.B. ein Befehl zur Festlegung des Wertes einer Konstanten oder der Art und Weise, in der ein Boolescher (logischer) Ausdruck auszuwerten ist.

Pseudosprache, die; *Subst.* (pseudolanguage)
Eine hypothetische Programmiersprache, d.h. eine Sprache, für die keine Implementierung existiert. Der Ausdruck kann sich entweder auf die Maschinensprache eines angenommenen Prozessors oder auf eine Hochsprache beziehen, für die kein Compiler existiert. → *siehe auch* Pseudocode.

Pseudostreaming, das; *Subst.* (pseude-streaming)
Ein Verfahren für die Echtzeitwiedergabe von Audio- und Videodaten über das Web. Anders als bei Audio- oder Videodateien, die vor der Wiedergabe zuerst vollständig heruntergeladen werden müssen, kann mit Pseudo-Streaming die Wiedergabe schon beginnen, sobald mit den übertragenen Daten auf dem empfangenden Computer ein Puffer aufgefüllt ist. Pseudostreaming benötigt, im Gegensatz zu dem im Web verwendeten »echten Streaming«, keine Serversoftware, um die Übertragung dynamisch zu überwachen. Die Wiedergabe ist jedoch nur vom Beginn einer Datei möglich, während »echtes Streaming« bei jeder beliebigen Stelle beginnen kann. → *siehe auch* Stream.

PSK
→ *siehe* Phasenverschiebung.

PSN
Abkürzung für **P**acket-**S**witching **N**etwork. → *siehe* Paketvermittlung.

P-System, das; *Subst.* (p-system)
Ein Betriebssystem basierend auf einer per Software realisierten Pseudomaschine. Ein für das P-System geschriebenes Programm lässt sich leichter portieren als ein Programm für ein maschinenabhängiges Betriebssystem. → *siehe auch* UCSD p-System.

/pub
Kurzform für **pub**lic (öffentlich). Ein Verzeichnis in einem Anonymous-FTP Archiv, das für die Öffentlichkeit zugänglich ist und im Allgemeinen Dateien zum kostenlosen Kopieren bereithält. → *siehe auch* Anonymous FTP.

pub
→ *siehe* /pub.

Publicdomain, die; *Subst.* (public domain)
Kreative Werke, z.B. Bücher, Musik oder Software, die nicht urheberrechtlich geschützt sind. Inhalt, der der Public Domain angehört, kann kostenlos kopiert, geändert und für jeden beliebigen Zweck verwendet werden. Ein großer Teil der Informationen des Internets befindet sich in der Public Domain. Urheberrechtlich geschützte Werke werden jedoch nicht in der Public Domain abgelegt. → *vgl.* proprietär.

Publicdomainsoftware, die; *Subst.* (public-domain software)
Ein Programm, das der Eigentümer oder Entwickler jedem zugänglich macht und das ohne Einschränkung sowohl kopiert als auch vertrieben werden darf. → *vgl.* Freeware, freie Software, proprietäre Software, Shareware.

Public-Key-Infrastruktur, die; *Subst.* (public key infrastructure)
→ *siehe* PKI.

Public-Key-Kryptographie, die; *Subst.* (public key cryptography)
→ *siehe* Public-Key-Verschlüsselung.

Public-Key-Verschlüsselung, die; *Subst.* (public key encryption)
Ein asymmetrischer Verschlüsselungsalgorithmus, bei dem jeder Teilnehmer zwei Schlüssel hat: einen öffentlichen Schlüssel (Public Key) zur Verschlüsselung der Daten und einen privaten oder geheimen Schlüssel (Secret Key) zum Entschlüsseln. Der eine Schlüssel kann dabei nicht aus dem anderen berechnet werden. Zwei Personen A und B können jeweils ein Schlüsselpaar erstellen. Person B verwendet den öffentlichen Schlüssel von A zur Verschlüsselung von Nachrichten an Person A, die dann ihren privaten Schlüssel zur Entschlüsselung verwendet. Für digitale Signaturen wird der Prozess umgekehrt: Person B verwendet ihren privaten Schlüssel zum Erzeugen einer eindeutigen elektronischen Signatur, die jedermann lesen kann, der den zugehörigen öffentlichen Schlüssel besitzt. Mit Hilfe des öffentlichen Schlüssels lässt sich dann verifizieren, ob die Nachricht wirklich von Person B stammt. Eine verbreitete Implementation der Public-Key-Verschlüsselung findet sich in dem Programm PGP. → *siehe auch* asymmetrische Verschlüsselung, öffentlicher Schlüssel, PGP, privater Schlüssel, Zertifikat.

Publizieren, elektronisches, das; *Subst.* (electronic publishing)
→ *siehe* elektronisches Publizieren.

Puck, der; *Subst.* (puck)
Ein Zeigegerät für Grafiktabletts. Ein Puck, der oft in technischen Anwendungen eingesetzt wird, ist ein mausähnliches Gerät mit Knöpfen für die Markierung von Elementen oder die Wahl von Befehlen und einer Lupe mit einem aufgedruckten Fadenkreuz. Die Position auf dem Grafiktablett, auf die der Schnittpunkt des Fadenkreuzes zeigt, wird an einer bestimmten Stelle auf dem Bildschirm abgebildet. Da das Fadenkreuz des Pucks auf einer transparenten Oberfläche aufgebracht ist, kann der Benutzer eine Zeichnung leichter verfolgen, indem er sie zwischen das Grafiktablett und den Puck legt und das Fadenkreuz über den Linien der Zeichnung verschiebt.
→ *siehe auch* Grafiktablett, Griffel. (Abbildung P.22)

Puffer, der; *Subst.* (buffer)
Ein reservierter Speicherbereich, in dem Daten vorübergehend abgelegt werden, bis sich eine Gelegenheit bietet, den Transfer zwischen zwei Orten - z.B. dem Datenbereich eines

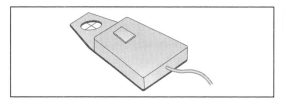

Abbildung P.22: Puck

Anwendungsprogramms und einem Eingabe-/Ausgabegerät - vorzunehmen. Geräte (z.B. Drucker) und zugehörige Adapter verfügen in der Regel über eigene Puffer, in denen Daten zwischengespeichert werden, bis sie an den Computer übertragen oder im Gerät verarbeitet werden können.

puffern *Vb.* (buffer)
Das Verwenden eines Speicherbereichs, um Daten zwischenzuspeichern, bevor sie übertragen werden - insbesondere an ein oder von einem Eingabe-/Ausgabegerät wie einer Festplatte oder einem seriellen Port.

Pufferpool, der; *Subst.* (buffer pool)
Ein Bereich im Arbeitsspeicher oder auf einem Massenspeicher, der - vor allem während Transferoperationen - für die Zwischenspeicherung reserviert wird.

Pufferspeicher, der; *Subst.* (buffer storage)
Ein spezieller Bereich im Speicher, der für die vorübergehende Aufnahme von Daten dient, bevor ein Programm oder das Betriebssystem diese entgegennehmen und verarbeiten kann. Außerdem ein Speicherbereich, der für die vorübergehende Aufnahme von Daten dient, wenn Daten zwischen zwei Geräten ausgetauscht werden, die nicht synchronisiert sind oder mit unterschiedlichen Übertragungsgeschwindigkeiten arbeiten.

Pufferüberlauf, der; *Subst.* (buffer overflow)
Ein Pufferüberlauf tritt dann ein, wenn eine Anwendung bzw. ein Prozess mehr Daten in einem Puffer ablegen will, als dieser eigentlich fassen kann. Dies kann dazu führen, dass die überflüssigen Daten die Integrität der bereits vorhandenen beschädigen. Hacker nutzen dieses Phänomen dazu aus, um den angegriffenen Rechner mit eigenem Code zu infizieren, der diverse Aktionen (Verändern, Ausspähen und Löschen von Dateien) auslösen kann.

Pulldownmenü, das; *Subst.* (pull-down menu)
Ein Menü, das aus einer Menüleiste »heruntergezogen« (englisch: pull-down) wird und so lange verfügbar bleibt, wie es der Benutzer geöffnet hält. → *vgl.* Dropdownmenü.

P **Pulsamplitudenmodulation**, die; *Subst.* (pulse amplitude modulation)

Abgekürzt PAM. Eine Methode zur Codierung von Informationen in einem Signal durch Veränderung der Impulsamplitude. Das unmodulierte Signal besteht aus einer kontinuierlichen Impulsfolge mit konstanter Frequenz, Impulsbreite und Amplitude. Während der Modulation wird die Amplitude der Impulse geändert, um die zu codierenden Informationen widerzuspiegeln. → *vgl.* Pulsbreitenmodulation, Pulscodemodulation, Pulsphasenmodulation. (Abbildung P.23)

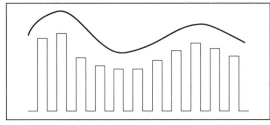

Abbildung P.23: Pulsamplitudenmodulation

Pulsbreitenmodulation, die; *Subst.* (pulse duration modulation, pulse width modulation)

Abgekürzt PDM. Manchmal auch als »Pulslängenmodulation« bezeichnet. Eine Methode zur Codierung von Informationen in einem Signal durch Veränderung der Impulsbreite. Das unmodulierte Signal besteht aus einer kontinuierlichen Impulsfolge mit konstanter Frequenz, Impulsbreite und Amplitude. Während der Modulation wird die Breite der Impulse geändert, um die zu codierenden Informationen widerzuspiegeln. → *auch genannt* Pulsdauermodulation. (Abbildung P.24)

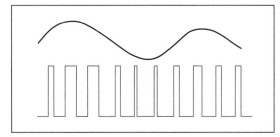

Abbildung P.24: Pulsbreitenmodulation

Pulscodemodulation, die; *Subst.* (pulse code modulation)

Abgekürzt PCM. Eine Methode zur Codierung von Informationen in einem Signal durch Verändern der Impulsamplitude. Im Gegensatz zur Pulsamplitudenmodulation (PAM), bei der die Amplituden stetig veränderbar sind, schränkt die Pulscode-Modulation die möglichen Impulsamplituden auf verschiedene vordefinierte Werte ein. Da es sich bei PCM um ein diskretes oder digitales Signal und nicht um ein analoges Signal handelt, ist die Störanfälligkeit, verglichen mit PAM, geringer. → *vgl.* Pulsamplitudenmodulation, Pulsbreitenmodulation, Pulsphasenmodulation.

Pulscodemodulation, adaptive differentielle, die; *Subst.* (adaptive differential pulse code modulation)
→ *siehe* adaptive differentielle Puls-Codemodulation.

Pulsdauermodulation, die; *Subst.* (pulse length modulation)
→ *siehe* Pulsbreitenmodulation.

Pulsphasenmodulation, die; *Subst.* (pulse position modulation)

Abgekürzt PPM. Eine Methode zur Codierung von Informationen in einem Signal durch Verändern der relativen Impulslage. Das unmodulierte Signal besteht aus einer kontinuierlichen Impulsfolge mit konstanter Frequenz, Impulsbreite und Amplitude. Durch die Modulation wird die Lage der Impulse verändert, um die zu codierenden Informationen widerzuspiegeln. → *vgl.* Pulsamplitudenmodulation, Pulsbreitenmodulation, Pulscodemodulation. (Abbildung P.25)

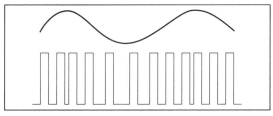

Abbildung P.25: Pulsphasenmodulation

Pulswahl, die; *Subst.* (rotary dialing)

Das Signalisierungssystem von Wählscheibentelefonen, bei dem jede Ziffer durch eine Reihe von Pulsen dargestellt wird. Während des Wahlvorgangs schalten diese Pulse, die als eine Reihe knackender Geräusche hörbar sind, den Strom in den Telefondrähten vorübergehend ein und aus. → *siehe auch* Impulswahlverfahren. → *vgl.* Tonwahl.

Punkt, der; *Subst.* (dot, point)

In den Betriebssystemen UNIX, MS-DOS, OS/2 und anderen Betriebssystemen das Zeichen, das einen Dateinamen von einer Erweiterung trennt, z.B. TEXT.DOC.

In einer Internetadresse das Zeichen, das die unterschiedlichen Bestandteile des Domänennamens, z.B. den Namen der Entität, von der Domäne trennt. → *siehe auch* Domäne, Domänenname.

In der Computergrafik und in der Drucktechnik stellt ein Punkt einen kleinen »Fleck« dar, der zusammen mit anderen in einer Matrix aus Zeilen und Spalten kombiniert wird, um ein Textzeichen oder ein grafisches Element in einer Zeichnung oder einem Muster zu bilden. Als »Pixel« werden die Punkte bezeichnet, aus denen sich ein Bild auf dem Bildschirm zusammensetzt. Die Auflösung eines Bildschirms oder Druckgerätes gibt man oft in Punkten pro Zoll (dots per inch, dpi) an. Punkte sind nicht das gleiche wie Spots, die eine Gruppe von Punkten darstellen und in der Halbtonverarbeitung verwendet werden. → *siehe auch* Auflösung, Pixel. → *vgl.* Rasterpunkt.

Des Weiteren bezeichnet »Punkt« eine Position in einer geometrischen Form, die durch mehrere die Koordinaten eines Punktes bildende Zahlen dargestellt wird.

»Punkt« ist ferner eine typografische Maßeinheit von etwa $1/72$ Zoll, die häufig für die Angabe der Zeichenhöhe oder des freien Raumes zwischen Textzeilen (Zeilenabstand) verwendet wird.

Punktabstand, der; *Subst.* (dot pitch)
Bei Druckern der Abstand zwischen zwei Punkten in einer Punktmatrix.

Punktadresse, die; *Subst.* (dot address)
Eine IP-Adresse, die im entsprechenden IP-Format wiedergegeben wird (Dotted Quad). → *siehe auch* IP-Adresse.

Punktbefehl, der; *Subst.* (dot command)
Ein Formatierungsbefehl, der wie normaler Text in ein Dokument eingegeben wird und dem unmittelbar ein Punkt (.) vorangehen muss, um ihn vom druckbaren Text zu unterscheiden. Programme zur Textformatierung, z.B. XENIX nroff-Editor, und Textverarbeitung, z.B. WordStar, verwenden zur Formatierung Punktbefehle.

Punkt com *Subst.* (dot com)
→ *siehe* .com.

Punktdatei, die; *Subst.* (dot file)
Eine Datei unter UNIX, deren Name mit einem Punkt beginnt. Punktdateien werden in gewöhnlichen Auflistungen der Dateien eines Verzeichnisses nicht angezeigt. Diese Dateien werden häufig verwendet, um die Installationsdaten eines Programms für einen bestimmten Benutzer zu speichern. In einem Benutzeraccount gibt z.B. *.newsrc* an, welche Newsgroup der Benutzer abonniert hat.

Punktdiagramm, das; *Subst.* (scatter diagram)
Ein Diagrammtyp, bei dem die Daten in einzelnen Punkten eingetragen werden. Mit Haufendiagrammen stellt man häufig die Beziehung zwischen einer oder mehreren Variablen und einer Testgruppe dar. → *auch genannt* Haufendiagramm, Punktediagramm. (Abbildung P.26)

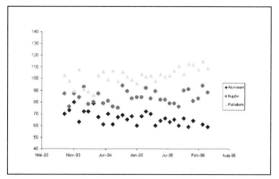

Abbildung P.26: Punktdiagramm

Punktediagramm, das; *Subst.* (point diagram)
→ *siehe* Punktdiagramm.

Punkte pro Zoll, der; *Subst.* (dots per inch)
Abgekürzt dpi. Ein Maß für die Auflösung von Bildschirmen und Druckern, d.h. die Anzahl der Punkte, die ein Gerät pro Längeneinheit (Zoll) anzeigen oder drucken kann.

Punktmatrix, die; *Subst.* (dot matrix)
Eine Punktmatrix ist ein rechteckiges Gitter oder eine Matrix aus kleinen »Zellen«, die bei der Anzeige oder beim Druck für die Bildung von Textzeichen, Kreisen, Quadraten und anderen Grafikelementen erforderlich sind. Je nach dem Bezugsrahmen variiert die Größe einer Punktmatrix von ein paar Zeilen und Spalten bis zu einem unsichtbaren Gitter, das den ganzen Bildschirm oder die gedruckte Seite bedeckt. → *siehe auch* Matrixdrucker, Raster.

punktweise Adressierung, die; *Subst.* (dot-addressable mode)
Ein Betriebsmodus, bei dem ein Computerprogramm einzelne Punkte auf dem Bildschirm oder in einem zu druckenden Zeichen adressieren (ansprechen) kann. → *siehe auch* All Points Addressable.

Punkt-zu-Punkt-Konfiguration, die; *Subst.* (point-to-point configuration)
Eine Kommunikationsverbindung, in der dedizierte Verknüp-

P fungen zwischen individuellen Ursprüngen und Zielen bestehen. Die Punkt-zu-Punkt-Konfiguration unterscheidet sich von einer *Punkt-zu-Multipunktkonfiguration*, bei der das gleiche Signal mehrere Ziele (z.B. ein Kabel-TV-System) durchläuft. Außerdem unterscheidet sich die Punkt-zu-Punkt-Konfiguration von einer geschalteten Konfiguration, in der das Signal vom Ursprung zu einem Schalter gesendet wird, der das Signal an eines der möglichen Ziele weiterleitet.

push *Vb.*

Dem Stack (Batchspeicher) ein neues Element hinzufügen. Der Stack ist eine Datenstruktur, die man im Allgemeinen für die temporäre Ablage von zu transferierenden Daten oder von Teilergebnissen einer arithmetischen Operation verwendet. → *siehe auch* Stack. → *vgl.* POP.

In der Netzwerk- und Internetterminologie bezeichnet »push« das Senden von Daten oder eines Programms von einem Server an einen Client auf Veranlassung des Servers. Man spricht dabei von »Server Push«. → *vgl.* abziehen.

put *Vb.*

Ein Begriff der Programmierung. Im weiteren Sinne das Schreiben von Daten in eine Datei. Im engeren Sinne das Schreiben von sehr geringen Dateneinheiten (z.B. einzelnen Zeichen).

PVC

Abkürzung für **P**ermanent **V**irtual **C**ircuit. Eine permanente logische Verbindung zwischen zwei Knoten auf einem Netzwerk, auf dem Pakete ausgetauscht werden. Die PVC wird als dedizierte Linie zu den Knoten angezeigt. Die Daten können jedoch an einen häufig verwendeten Provider übertragen werden. → *siehe auch* Knoten, öffentlicher Netzbetreiber, Paketvermittlung. → *vgl.* SVC.

pwd

Abkürzung für **p**rint **w**orking **d**irectory. Der UNIX-Befehl zum Anzeigen des aktuellen Verzeichnisses.

PWM

→ *siehe* Pulsbreitenmodulation.

Python, die; *Subst.*

Eine portable, interpretierte, objektorientierte Programmiersprache, die vom Entwickler kostenlos zur Verfügung gestellt wird. Python kann u.a. auf den Plattformen UNIX, Windows, OS/2 und Macintosh ausgeführt werden und wird für das Erstellen von TCP/IP-Anwendungen verwendet. Die Python Language Website ist unter der Adresse http://www.python.org erreichbar.

Q

QAM

→ *siehe* Quadraturamplitudenmodulation, Queued Access Method.

QBE

→ *siehe* Abfrage durch Beispiel.

QCIF

Abkürzung für »Quarter Common Intermediate Format«. Ein Videokonferenzformat zur Echtzeitübertragung digitaler Bilder nach ITU H.261, das sich durch eine Datenübertragungsrate von 30 Bildern pro Sekunde auszeichnet, wobei die Auflösung pro Bild 144 Zeilen bei 176 Pixeln pro Zeile beträgt. Das ist eine Viertel der Auflösung von Full CIF. → *siehe auch* CIF, Videokonferenz.

QIC

Abkürzung für »**Q**uarter **I**nch **C**artridge«, zu Deutsch »Viertelzollkassette«. Komitee, das Kassetten für Streamer (Bandlaufwerke) normt. QIC-Kassetten werden in der Praxis sehr häufig eingesetzt; eine annähernd vergleichbare Verbreitung ist nur bei DAT-Kassetten (Digital Audio Tape) zu finden. Früher verwendeten alle QIC-Formate eine Bandbreite von 1/4 Zoll (0,635 cm), daher auch der Ausdruck. Allerdings wurden mittlerweile auch einige Formate mit 0,315 Zoll (0,8 cm) genormt, um höhere Speicherkapazitäten zu ermöglichen. Man unterscheidet bei QIC die etwa audiokassettengroßen Minicartridges, die v.a. im privaten Bereich eingesetzt werden, und die etwa VHS-videokassettengroßen Standardcartridges, die überwiegend im professionellen Bereich verbreitet sind. Die Speicherkapazität beträgt je nach Format bis zu 25 Gigabyte (GB). → *siehe auch* Digital Audio Tape.

QoS

→ *siehe* Quality of Service.

.qt

Eine Dateinamenerweiterung zur Kennzeichnung von Multimediadateien im Format Quick Time. → *siehe auch* QuickTime.

Quadbit, das; *Subst.* (quadbit)

Ein Satz von 4 Bit zur Darstellung einer von 16 möglichen Kombinationen. In der Kommunikationstechnik verwendet man Quadbit zur Erhöhung der Übertragungsgeschwindigkeit, indem gleichzeitig 4 Bit anstelle von 1 oder 2 Bit codiert werden. Die 16 quadbit stellt man wie folgt dar: 0000, 0001, 0010, 0011, 0100, 0101, 0110, 0111, 1000, 1001, 1010, 1011, 1100, 1101, 1110 und 1111. → *vgl.* Nibble.

Quadraturamplitudenmodulation, die; *Subst.* (quadrature amplitude modulation)

Abgekürzt QAM. In der Kommunikationstechnik ein Codierungsverfahren, das Amplitudenmodulation und Phasenmodulation kombiniert, um eine Konstellation von Signalpunkten zu erzeugen, die jeweils eine eindeutige Kombination von Bit repräsentieren. Eine derartige Bitkombination lässt sich mit einem möglichen Zustand identifizieren, in dem sich eine Trägerschwingung befinden kann. → *siehe auch* Amplitudenmodulation, Konstellation, Phasenverschiebung, Trellis-Codierung.

Quadraturcodierung, die; *Subst.* (quadrature encoding)

Das gebräuchlichste Verfahren, um die Richtung einer Mausbewegung zu bestimmen. In mechanischen Mäusen wird die Bewegung der Mauskugel durch ein Paar drehbarer Scheiben in horizontale und vertikale Richtung übersetzt (eine Scheibe für die horizontale und eine für die vertikale Bewegung). Die Scheiben öffnen und schließen Kontakte mit Sensoren, die auf den Scheiben angeordnet sind. Die beiden Sensoren befinden sich »außer Phase«, und die Mauselektronik erkennt, welcher Sensor zuerst einen Impuls liefert. Der Ausdruck *Quadratur-Codierung* geht darauf zurück, dass jeder Sensor ein Rechtecksignal sendet, das in der Phase um 90 Grad gegenüber dem anderen Sensor verschoben ist: Tritt das erste Signal vor dem zweiten auf, nimmt man an, dass sich die Maus in der einen Richtung bewegt. Wenn das zweite Signal vor dem ersten erscheint, handelt es sich um die entgegengesetzte Richtung. → *siehe auch* Maus, mechanische Maus, optomechanische Maus.

Q

Qualitätssicherung, die; *Subst.* (quality assurance)
Ein System für Prozeduren, die ausgeführt werden, um sicherzustellen, dass ein Produkt oder ein System im Einklang mit bestimmten Normen ist.

Quality of Service, die; *Subst.* (quality of service)
Abkürzung: QoS. Allgemein der Bedienungskomfort und die Leistungsfähigkeit, z.B. eines Gerätes oder eines Dienstes. Außerdem das Zeitintervall zwischen der Bestellung eines Gerätes oder eines Dienstes und der Lieferung an den Kunden.
In der Datenkommunikation bezeichnet »Quality of Service« außerdem den vom Dienstleister (z.B. Internetprovider) garantierten Datendurchsatz.

Quantenbit, das; *Subst.* (Qubit)
→ *siehe* qubit.

Quantencomputer, der; *Subst.* (Quantum Computer)
Ein theoretischer Entwurf für quantenmechanische Computer. Im Gegensatz zu den klassischen Digitalcomputern, die Wertemengen sequenziell berechnen, weil ein Bit jeweils nur 1 oder 0 darstellen kann, kann bei einem Quantencomputer jedes Bit mehrere Werte gleichzeitig darstellen. Da jedes Quantum Bit (Qubit) mehrere Werte darstellt, kann ein Quantencomputer in mehreren Modi gleichzeitig betrieben werden und somit auch zahlreiche Berechnungen parallel verarbeiten. Dadurch kann die Rechengeschwindigkeit erheblich vergrößert werden. Quantencomputer werden derzeit von der United States Defense Advanced Research Projects Agency (DARPA) und anderen Gruppen weltweit erforscht. Es wurden zwar bereits mit Wasserstoff- und Kohlenstoffatomen die Grundlagen eines Quantencomputers erzeugt, die Entwicklung dieser Technologie steckt jedoch noch in den Kinderschuhen.

quantifizieren *Vb.* (quantize)
Ein Element in separate, unterscheidbare Einheiten (lat. Quanta) unterteilen und jeder sich ergebenen Einheit einen Wert zuweisen, insbesondere im Zeitbereich. → *vgl.* digitalisieren.

Quantum, das; *Subst.* (quantum)
In der Kommunikationstechnik die Einheit, die sich aus der Unterteilung eines Signals durch Quantisierung ergibt.
Mit »Quantum« bezeichnet man auch den in einem Timesharingsystem zugewiesenen Zeitabschnitt. → *vgl.* Zeitscheibe.

»Quantum« charakterisiert ferner allgemein eine bestimmte Menge oder – in der Physik – eine Einheit der Strahlungsenergie.

Quantum Bit, das; *Subst.* (Qubit)
→ *siehe* qubit.

Quarantäne, die; *Subst.* (quarantine)
Die Quarantäne-Funktion bietet als Option einiger Antivirusprogramme die Möglichkeit, infizierte oder potenziell infizierte Dateien in einen geschützten Datenbereich zu übertragen, um dort weitere Maßnahmen zu ergreifen. Die Quarantäne-Umgebung ermöglicht es dem Anwender die mögliche Virulenz von Dateien zu überprüfen. Einige Programme versuchen in einem ersten Schritt, befallene Dateien zu reparieren, und lagern diese im Falle eines Misslingens der Reparatur automatisch in die Quarantäne-Umgebung aus. Bei der Beseitigung der Probleme sind die herstellerspezifischen Anweisungen unbedingt zu befolgen. → *siehe auch* Antivirusprogramm, Virus.

Quarzkristall, der; *Subst.* (quartz crystal)
In Form und Größe genau geschliffener Mineralquarz, dessen piezoelektrische Eigenschaften genutzt werden. Legt man eine Spannung an einen Quarzkristall, schwingt er mit einer Frequenz, die sich aus seiner Größe und Gestalt ergibt. Quarzkristalle werden im Allgemeinen verwendet, um die Frequenz einer Oszillatorschaltung konstant zu halten, z.B. in den Uhren der Mikrocomputer. → *siehe auch* piezoelektrisch.

Quasisprache, die; *Subst.* (quasi-language)
Ein abwertender Begriff für eine Programmiersprache, die aufgrund von Mängeln nicht für eine ernsthafte Arbeit geeignet ist.

qubit, das; *Subst.* (quantumbit)
Abkürzung für **Qu**antum **Bit**. Die (derzeit aus atomaren Partikeln bestehenden) Bits, auf denen die theoretisch existierenden Quantencomputer aufbauen. Qubits basieren im Gegensatz zu den Bits in heutigen Computerumgebungen nicht auf dem binären Prinzip, sondern können gleichzeitig in vielfachen Formen existieren. Diese Bits können deshalb 0 und 1 gleichzeitig darstellen. Qubits gründen wie Quantencomputer auf dem Prinzip der Quantenmechanik. → *siehe auch* Quantenbit.

Quelllaufwerk, das; *Subst.* (source drive)
Das Laufwerk, von dem während eines Kopiervorgangs die Dateien kopiert werden.

Quellcode, der; *Subst.* (source code)
Programmanweisungen, die in einer höheren Programmiersprache oder in Assembler geschrieben sind, und vom Menschen gelesen, aber nicht direkt von einem Computer verarbeitet werden können. → *vgl.* Objektcode.

Quellcomputer, der; *Subst.* (source computer)
Ein Computer, auf dem ein Programm kompiliert wird. → *vgl.* Objektcomputer.
Außerdem ein Computer, von dem Daten zu einem anderen Computer übertragen werden.

Quelldatei, die; *Subst.* (source file)
In Befehlen zum Kopieren von Daten oder Programmanweisungen unter MS-DOS oder Windows bezeichnet »Quelldatei« die Datei mit den zu kopierenden Daten oder Anweisungen.

Quelldaten, das; *Subst.* (source data)
Die Ursprungsdaten, auf denen eine Computeranwendung aufsetzt.

Quelldatenerfassung, die; *Subst.* (source data acquisition, source data capture)
Der Vorgang des Empfangens oder des Einlesens von Quelldaten, z.B. mit einem Strichcodeleser oder einem anderen Abtastgerät. → *siehe auch* Quelldaten.

Quelldatenträger, der; *Subst.* (source disk)
Ein Datenträger, von dem Daten gelesen werden, z.B. während eines Kopiervorgangs oder beim Laden einer Anwendung in den Speicher. → *vgl.* Zieldatenträger.

Quelldokument, das; *Subst.* (source document)
Das Ursprungsdokument, dem Daten entnommen werden.

Quelle, die; *Subst.* (source)
In der Informationsverarbeitung ein Datenträger, eine Datei, ein Dokument oder eine andere Anhäufung von Informationen, die als Ursprung der zu bearbeitenden Daten dient. → *vgl.* Ziel. Bei einem Feldeffekttransistor (FET) der Anschluss, von dem die Ladungsträger (Elektronen oder Löcher) gesteuert durch das Potential am Gateanschluss zum Drainanschluss fließen. → *siehe auch* CMOS, Emitter, FET, NMOS, PMOS.

Quellsprache, die; *Subst.* (source language)
Die Programmiersprache, in der der Quellcode für ein Programm geschrieben ist. → *siehe* auch Programmiersprache, Quellcode.

Quelltext, der; *Subst.* (source program)
Die Quellcodeversion eines Programms. → *siehe* auch Quellcode. → *vgl.* ausführbares Programm.

Quelltextanweisung, die; *Subst.* (source statement)
Eine einzelne Anweisung im Quellcode eines Programms. → *siehe* auch Anweisung, Quellcode.

Quellverzeichnis, das; *Subst.* (source directory)
Das Verzeichnis, in dem sich die Originalversionen von Dateien für einen Kopiervorgang befinden.

Querformat, das; *Subst.* (landscape mode)
Eine horizontale Druckorientierung, bei der Text oder Grafiken »seitlich« gedruckt werden, d.h. die Grafik oder die Seite ist breiter als hoch. → *vgl.* Hochformat. (Abbildung Q.1)

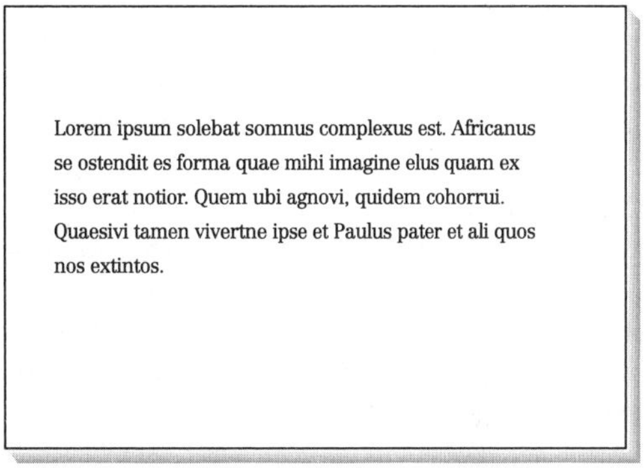

Lorem ipsum solebat somnus complexus est. Africanus se ostendit es forma quae mihi imagine elus quam ex isso erat notior. Quem ubi agnovi, quidem cohorrui. Quaesivi tamen vivertne ipse et Paulus pater et ali quos nos extintos.

Abbildung Q.1: Querformat

Querformatmonitor, der; *Subst.* (landscape monitor)
Ein Monitor, der breiter als hoch ist, wobei das Verhältnis von Breite zu Höhe in der Regel mit 4:3 gewählt wird und damit etwa den Proportionen eines Fernsehgerätes entspricht. → *vgl.* Ganzseitenbildschirm, Hochformatmonitor.

querprüfen *Vb.* (cross-foot)
Die Überprüfung der Richtigkeit einer Gesamtsumme - ähnlich wie bei der manuellen Methode in Verbindung mit einem Rechenblatt -, indem die Spaltensummen (oder Zeilensummen) separat berechnet werden und daraus die Gesamtsumme gebildet wird.

querverbundene Dateien, die; *Subst.* (cross-linked files)
In den Betriebssystemen Windows 9x, Windows 3.x und MS-DOS ein Dateispeicherfehler. Er ist darin begründet, dass eine oder mehrere Zuordnungseinheiten (Cluster) mehreren Dateien in der Dateizuordnungstabelle (FAT, File Allocation

Q

Table) zugewiesen wurden. Wie auch verlorene Zuordnungseinheiten (»lost clusters«) können querverbundene Dateien die Folge eines unsauberen oder abrupten Programmabbruchs sein, der in der Regel durch Programmfehler oder Programmmängel verursacht wird. → *siehe auch* Dateizuordnungstabelle, verlorene Zuordnungseinheit.

Queued Access Method, die; *Subst.* (queued access method)
Ein Programmierverfahren, das Verzögerungen bei Ein-/Ausgabeoperationen durch Synchronisierung des Informationstransfers zwischen Programmen und den Ein- und Ausgabegeräten des Computers minimiert.

QuickDraw, das; *Subst.*
Auf dem Apple Macintosh die in das Betriebssystem integrierte Gruppe von Routinen, die die Anzeige von Grafik und Text steuern. Anwendungen rufen QuickDraw auf, um Informationen auf dem Bildschirm auszugeben. → *siehe auch* Toolbox.

QuickDraw 3-D, das; *Subst.*
Eine Version der Macintosh QuickDraw-Bibliothek, die Routinen für dreidimensionale Grafikberechnungen enthält. → *siehe auch* QuickDraw.

Quicksort, das; *Subst.* (quicksort)
Ein effizienter Sortieralgorithmus, der 1962 von C.A.R. Hoare beschrieben wurde und nach der Strategie »teile und herrsche« arbeitet. Der Algorithmus durchmustert zuerst die zu sortierende Liste nach einem Medienwert. Dieser Wert, der sog. *Pivotwert*, wird dann an seine endgültige Position in der Liste verschoben. Anschließend werden alle Elemente in der Liste, die kleiner sind als der Pivotwert, nach einer Seite der Liste gebracht und Elemente mit Werten größer als der Pivotwert auf der anderen Seite eingesetzt. Zuletzt werden beide Seiten sortiert, und man erhält als Ergebnis eine sortierte Liste. → *siehe auch* Sortieralgorithmus. → *vgl.* Bubblesort, einfügendes Sortieren.

QuickTime, das; *Subst.*
Die Multimediaerweiterungen für die Software von Apple Macintosh System 7, die auch für Windows verfügbar sind. QuickTime kann bis zu 32 Spuren für akustische Signale, Videobilder oder MIDI bzw. ein anderes Ausgabegerät synchronisieren.

Quick Viewers, der; *Subst.*
Ein Satz mit Dateiansichten in Windows 95.

quit
Ein FTP-Befehl, der den Server anweist, die aktuelle Verbindung mit dem Client abzubrechen, von dem der Befehl ausgegangen ist.

QWERTY-Tastatur, die; *Subst.* (QWERTY keyboard)
Ein Tastaturlayout, dessen Name sich aus der Anordnung der linken sechs Zeichentasten in der oberen Reihe der Buchstabentasten der meisten Tastaturen ableitet – das Standardlayout für Schreibmaschinen und Computertastaturen im englischsprachigen Raum. → *vgl.* Dvorak-Tastatur, ergonomische Tastatur.

R

Rad, das; *Subst.* (radian)

Eine Maßeinheit für Winkel, die auch Bogenmaß genannt wird. Im Einheitskreis (Kreis mit Radius 1) beschreibt 1 rad einen Kreisbogen der Länge 1. Der Umfang des Einheitskreises beträgt 2π, 1 rad entspricht somit $360/(2\pi) = 180/\pi$, das sind etwa 57,2958 Grad. Durch Multiplikation eines Gradmaßes mit $\pi/180$ erhält man den Winkel in Bogenmaß; 360 Grad entsprechen 2π rad. (Abbildung R.1)

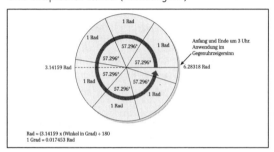

Abbildung R.1: Rad

RAD

Abkürzung für **R**apid **A**pplication **D**evelopment (Schnelle Anwendungsentwicklung). Ein Verfahren zur Erstellung von Informationssystemen, bei dem die Programmierung und Implementierung abschnittsweise erfolgt und nicht die Fertigstellung des gesamten Systems bedingend für eine Implementierung ist. RAD wurde von dem Programmierer James Martin entwickelt und basiert auf CASE-Werkzeugen und objektorientierter Programmierung. → *siehe auch* CASE, visuelle Programmierung.

Radio, das; *Subst.* (radio)

Audiosignale, die über das Internet übertragen werden. Ihre Qualität ist vergleichbar mit der von kommerziellen Radiostationen. → *siehe auch* Internet Talk Radio, MBONE, Real-Audio.

Radio Frequency Interference, die; *Subst.* (radio frequency interference)

→ *siehe* RFI.

Radiosity, die; *Subst.* (radiosity)

Ein in der Computergrafik verwendetes Verfahren zur Darstellung von Bildern in fotografischer und realistischer Qualität. Radiosity beruht auf der Aufteilung des Bildes in kleinere Polygone, bzw. Bildstrukturen, um die gesamte Ausleuchtung durch Lichtquellen und Reflexionen zu berechnen. Anders als das Raytracing, bei dem der Lichtstrahl zwischen der Lichtquelle und den beleuchteten Objekten verfolgt wird, berücksichtigt Radiosity das von einer Lichtquelle ausgesandte und das von den Objekten in der Bildumgebung reflektierte Licht, d.h. nicht nur eine Lichtquelle (wie eine Glühlampe), sondern auch die Wirkungen dieser Lichtquelle, die von den Bildobjekten absorbiert und reflektiert wird. → *siehe auch* Formfaktor. → *vgl.* Raytracing.

Radiowellen, die; *Subst.* (radio)

Elektromagnetische Wellen, die länger als 0,3 mm sind (d.h. Frequenzen unter 1 THz aufweisen). Radiowellen werden verwendet, um eine breite Vielfalt von Signalen zu übermitteln, wobei verschiedene Frequenzbereiche und Modulationsarten wie Amplituden- und Frequenzmodulation, Mikrowellen- und Fernsehübertragung eingesetzt werden. → *siehe auch* Hertz, Hochfrequenz.

RADIUS

Abkürzung für **R**emote **A**uthentication **D**ial-**I**n **U**ser **S**ervice Protocol (Dienstprotokoll für entfernte Benutzerauthentifikation im Einwahlverfahren). Ein Entwurf eines Internetprotokolls, bei dem ein Netzwerkserver die Autorisierungs- und Authentifikationsinformationen eines Benutzers, der eine Verbindung herstellen will, von einem Authentifikationsserver erhält. → *siehe auch* Authentifizierung, Protokoll, Server.

RADSL

→ *siehe* Rateadaptive Asymmetric Digital Subscriber Line.

Rändelrad, das; *Subst.* (thumbwheel)

In Form einer Scheibe ausgeführter Drehknopf, der in einem Gehäuse versenkt angeordnet ist und nur mit einem Teil des

R gerändelten Umfangs herausragt. Ein Rändelrad kann man mit dem Daumen bedienen, um beispielsweise ein Bildschirmelement wie einen Zeiger oder einen Cursor zu steuern. Derartige Bedienelemente findet man bei dreidimensionalen Joysticks und Trackballs, um die virtuelle Bildtiefe des Zeigers oder Cursors zu steuern. → *siehe auch* Joystick, relatives Zeigegerät, Trackball.

räumliches Datensystem, das; *Subst.* (spatial data management)
Die Darstellung von Daten als eine Ansammlung von Objekten im Raum, insbesondere als Symbole auf einem Bildschirm, um das Begreifen und das Bearbeiten der Daten zu vereinfachen.

Rahmen, der; *Subst.* (border, frame)
In fensterorientierten Programmen und Arbeitsumgebungen die Ränder, die einen der dem Benutzer zur Verfügung stehenden Arbeitsbereiche auf dem Bildschirm kennzeichnen. Fensterrahmen sind im Allgemeinen eine sichtbare Begrenzung eines Dokuments oder einer Grafik. Abhängig vom System oder Programm, stellen Rahmen außerdem einen Bereich dar, der den Abruf bestimmter Funktionen mit Hilfe des Cursors oder Mauszeigers erlaubt. Beispielsweise kann der Benutzer in vielen Systemen durch einen Klick auf einen Fensterrahmen die Größe eines Fensters ändern oder das Fenster in zwei Fenster aufteilen. Für die Verwaltung von Bildschirmfenstern ist im Allgemeinen das Betriebssystem und nicht die darin laufende Anwendung verantwortlich.
Bei der Einbindung von Grafiken in ein Dokument, speziell in Verbindung mit DTP-Programmen, bezeichnet »Rahmen« eine rechteckige Fläche, die die Grafik aufnimmt und deren Proportionen festlegt.
Bei der grafischen Gestaltung stellt ein Rahmen einen rechteckigen Bereich dar, der aus einer meist dekorativen Linie oder einem Schmuckmuster besteht und eine Grafik oder eine Seite umgibt.

Rahmenquelltext, der; *Subst.* (frame source)
Ein Begriff aus der HTML-Framesumgebung. Ein Inhaltsdokument, das das Quelldokument sucht, um es in einem Rahmen anzuzeigen, der vom lokalen Browser gezeichnet wird. → *siehe auch* HTML.

RAID
Abkürzung für **R**edundant **A**rray of **I**ndependent **D**isks (Redundantes Festplattenarray). Ein Verfahren zur Datenspeicherung, bei dem die Daten zusammen mit Fehlerkorrektur-codes (z.B. Paritätsbits oder Hamming-Codes) auf mindestens zwei Festplattenlaufwerken verteilt gespeichert werden, um Leistung und Zuverlässigkeit zu erhöhen. Das Festplattenarray wird durch Verwaltungsprogramme und einen Festplattencontroller zur Fehlerkorrektur gesteuert. RAID wird meist für Netzwerkserver eingesetzt. Bei RAID gibt es verschiedene Stufen (RAID 0, RAID 1, RAID 5 und RAID 10 sind die bekanntesten), die sich nach Geschwindigkeit, Zuverlässigkeit und Systemkosten unterscheiden. → *siehe auch* Diskcontroller, fehlerkorrigierende Codierung, Festplatte, Hamming-Code, Hochverfügbarkeit, Netzwerkserver, Paritätsbit.

RAID-Array, das; *Subst.* (RAID array)
→ *siehe* RAID.

RAM, das; *Subst.*
Abkürzung für **R**andom **A**ccess **M**emory (Speicher mit wahlfreiem Zugriff). Ein Halbleiterspeicher, der vom Mikroprozessor oder anderen Hardwarebausteinen gelesen und beschrieben werden kann. Auf die Speicherorte lässt sich in jeder beliebigen Reihenfolge zugreifen. Zwar erlauben auch die verschiedenen ROM-Speichertypen einen wahlfreien Zugriff, diese können aber nicht beschrieben werden. Unter dem Begriff *RAM* versteht man dagegen im Allgemeinen einen flüchtigen Speicher, der sowohl gelesen als auch beschrieben werden kann. → *vgl.* EPROM, Flashspeicher, Kernspeicher, PROM, ROM.

RAMAC
Abkürzung für »**R**andom **A**ccess **M**ethod of **A**ccounting **C**ontrol«. RAMAC wurde von einem IBM-Entwicklungsteam unter der Leitung von Reynold B. Johnson entwickelt und war das erste Festplattenlaufwerk für Computer. Es wurde 1956 vorgestellt. Das ursprüngliche RAMAC bestand aus einem Stapel von 50 24-Zoll-Platten mit einer Speicherkapazität von fünf Megabyte und einer durchschnittlichen Zugriffszeit von einer Sekunde. Informationen zu RAMAC finden Sie auf der Website von IBM unter http://www.storage.ibm.com/hdd/firsts/1950.htm. → *siehe auch* Festplatte.
Geschützter Name für schnelle Festplattenspeichersysteme mit hoher Kapazität, die 1994 von IBM eingeführt wurden, um professionelle Anforderungen an leistungsstarke und fehlertolerante Massenspeicher zu erfüllen. Der Name geht auf die ursprüngliche RAMAC-Festplatte zurück.

Rambus
Überbegriff für die neu entwickelten DRAM-Typen, die Taktraten von bis zu 800 MHz unterstützen. Gleichzeitig auch der Name des US-amerikanischen Herstellers, der in letzter Zeit

weniger durch technologische Fortschritte als durch Klagen wegen Patentrechtsverletzungen in den Schlagzeilen war. → *siehe auch* RIMM.

RAM-Cache, der; *Subst.* (RAM cache)
Cachespeicher, der vom System zum Speichern und Abrufen von Daten aus dem RAM verwendet wird. Um einen schnelleren Zugriff zu ermöglichen, können häufiger aufgerufene Datensegmente anstatt auf Sekundärspeichergeräten (Festplatten) im Cache gespeichert werden. → *siehe auch* Cache, RAM.

RAM-Chip, der; *Subst.* (RAM chip)
Ein Halbleiter-Speicherbaustein. Man unterscheidet dynamische oder statische RAM-Chips. → *siehe* auch dynamisches RAM, RAM, statisches RAM.

RAMDAC
Abkürzung für **R**andom **A**ccess **M**emory **D**igital-to-**A**nalog **C**onverter (RAM-A-/D-Wandler). Ein Halbleiterbaustein bei manchen VGA- und SVGA-Grafikkarten, der die digitale Darstellungsform eines Pixel in die für die Anzeige auf dem Bildschirm benötigten analogen Informationen umwandelt. Durch Verwendung eines RAMDAC-Bausteins wird im Allgemeinen die Gesamtleistung des Grafiksystems verbessert. → *siehe auch* SVGA, VGA.

RAM-Disk, die; *Subst.* (RAM disk)
Ein simuliertes Festplattenlaufwerk, dessen Daten in Wirklichkeit jedoch im RAM abgelegt werden. Ein spezielles Programm ermöglicht es dem Betriebssystem, auf diesem simulierte Gerät Schreib- und Lesezugriffe durchzuführen, als ob es sich dabei um ein echtes Laufwerk handelt. RAM-Disks sind außerordentlich schnell, sie belegen jedoch einen Teil des Systemspeichers. Außerdem verwenden RAM-Disks im Allgemeinen flüchtigen Speicher, so dass die auf ihnen gespeicherten Daten mit dem Ausschalten der Stromversorgung verloren gehen. Bei vielen tragbaren Computersystemen sind deshalb RAM-Disks aus batteriegepufferten CMOS-RAMs vorgesehen, um das Problem des Datenverlusts zu vermeiden. → *siehe auch* CMOS-RAM. → *vgl.* Diskcache.

RAM, dynamisches, das; *Subst.* (dynamic RAM)
→ *siehe* dynamisches RAM.

RAM-Karte, die; *Subst.* (RAM card)
Eine Erweiterungskarte mit RAM-Speicher und der erforderlichen Schnittstellenlogik für die Dekodierung der Speicheradressen.

RAM-Komprimierung, die; *Subst.* (RAM compression)
Kurzform für **R**andom **A**ccess **M**emory-**Komprimierung** (Hauptspeicherkomprimierung). Diese Technik war ein von mehreren Softwareherstellern unternommener Versuch, das Problem des Speicherverbrauchs unter Windows 3.*x* zu lösen. Eine Komprimierung der gewöhnlichen Speicherinhalte kann dazu führen, dass weniger Schreib- und Lesezugriffe auf dem virtuellen Speicher (auf der Festplatte) anfallen und somit die Systemleistung erhöht wird. Zugriffe auf den virtuellen Speicher sind nämlich wesentlich langsamer, als Zugriffe auf den Arbeitsspeicher (RAM). Aufgrund der sinkenden Preise für RAM-Speicherelemente und der Einführung der den Arbeitsspeicher effektiver verwaltenden Betriebssysteme Windows 9x, Windows NT und Windows 2000, wird die RAM-Komprimierung nur noch auf älteren PCs eingesetzt. → *siehe auch* Komprimierung, RAM, Windows, Windows 95.

RAM-Refresh, das; *Subst.* (RAM refresh)
→ *siehe* Refresh.

RAM-resident *Adj.* (RAM resident)
→ *siehe* speicherresident.

RAM-residentes Programm, das; *Subst.* (RAM-resident program)
→ *siehe* Terminate-and-Stay-Resident Program.

RAM, statisches, das; *Subst.* (static RAM)
→ *siehe* statisches RAM.

RAM-Steckmodul, das; *Subst.* (RAM cartridge)
→ *siehe* Speichermodul.

Rand, der; *Subst.* (margin)
Bezeichnet in der Typografie die außerhalb des Textkörpers – oben, unten, links und rechts – liegenden Bereiche.

Random Access Memory, das; *Subst.* (random access memory)
→ *siehe* RAM.

Rangfolge, die; *Subst.* (precedence)
Die Reihenfolge bei der Berechnung der Werte in mathematischen Ausdrücken. Im Allgemeinen führen Anwendungsprogramme Multiplikationen und Divisionen zuerst aus, gefolgt von Addition und Subtraktion. Die Berechnungsreihenfolge lässt sich steuern, indem man Ausdrücke in Klammerpaare einschließt. → *siehe auch* Assoziativität, Operatorrangfolge.

R

R

RARP

Abkürzung für **R**everse **A**ddress **R**esolution **P**rotocol (»Protokoll zur umgekehrten Adressauflösung«). Ein TCP/IP-Protokoll, das die Bestimmung der IP-Adresse (logischen Adresse) eines Knotens in einem mit dem Internet verbundenen, lokalen Netzwerk ermöglicht, wenn lediglich die Hardwareadresse (physikalische Adresse) bekannt ist. Wenngleich RARP nur für das Auffinden der IP-Adresse dient und ARP eigentlich die technische Bezeichnung für den umgekehrten Vorgang ist, ist ARP auch gebräuchlich als beide Verfahren gemeinsam bezeichnender Begriff. → *siehe auch* ARP.

RAS

→ *siehe* Remote Access Service, Server für Fernzugang.

Raster, das; *Subst.* (grid, raster)

Auf einem Bildschirm die horizontal verlaufenden Bildzeilen (engl.: scan line), davon abgeleitet der Begriff »Rasterscandisplay«.

»Raster« bezeichnet ferner zwei Sätze von Linien oder linearen Elementen, die sich im rechten Winkel kreuzen. Ein Rechenblatt in einer Tabellenkalkulation stellt ein Raster aus Zeilen und Spalten dar. Ein Bildschirm ist ein Raster aus horizontalen und vertikalen Pixeln. In der optischen Zeichenerkennung verwendet man ein Raster für die Messung oder Festlegung von Zeichen. → *siehe auch* kartesische Koordinaten.

Rasterbild, das; *Subst.* (raster image)

Ein Bild, das durch Muster aus hellen und dunklen bzw. unterschiedlich gefärbten Bildpunkten (Pixel) in einem rechteckigen Feld aufgebaut wird. → *siehe auch* Rastergrafik.

Rasterdisplay, das; *Subst.* (raster display)

Ein Bildschirm (meist auf Basis einer Kathodenstrahlröhre), der ein Bild aus aufeinander folgenden, horizontalen Bildzeilen aufbaut, die den Schirm von oben nach unten durchlaufen. Jede Bildzeile besteht aus einzelnen Bildpunkten (Pixel), deren Helligkeit und Farbe sich einzeln steuern lässt. Fernsehbildschirme sowie die meisten Computerbildschirme stellen Rasterdisplays dar. → *siehe auch* CRT, Pixel. → *vgl.* Vektordisplay.

Rasterfrequenz, die; *Subst.* (screen frequency)

→ *siehe* Halbton.

Rastergrafik, die; *Subst.* (raster graphics)

Eine Methode zur Erzeugung von Grafiken, bei der die Bilder aus zahlreichen kleinen, unabhängig voneinander zu beeinflussenden und in Zeilen und Spalten angeordneten Bildpunkten (Pixel) bestehen. → *vgl.* Vektorgrafik.

Rasterprozessor, der; *Subst.* (raster image processor)

Ein aus Hardware- und Softwarekomponenten bestehendes Gerät, das Vektorgrafiken und Texte in Rasterbilder (Bitmap) umwandelt. Rasterprozessoren werden in Seitendruckern, Lichtsatzanlagen und elektrostatischen Plottern verwendet. Sie berechnen die Werte für Helligkeit und Farbe für jeden Bildpunkt (Pixel) einer Seite, so dass in der Gesamtwirkung wieder ein Abbild der ursprünglichen Vektorgrafiken und Texte erzeugt wird.

Rasterpunkt, der; *Subst.* (spot)

Ein »zusammengesetzter Punkt«, der durch den Halbtonprozess eines PostScript-Druckers entsteht. Zusammengesetzt ist er aus einer Gruppe von Punkten, die in einem bestimmten Muster angeordnet sind, um die Graustufe eines wiederzugebenden Pixel wiederzugeben. → *siehe auch* Graustufen, Halbton. → *vgl.* Punkt.

Rasterpunktfarbe, die; *Subst.* (spot color)

Eine Methode der Farbverarbeitung in einem Dokument, bei der bestimmte Druckfarben festgelegt werden und auf jeder Seite Elemente in dieser Farbe als eigene Farbschicht gedruckt werden. Es erfolgt dann für jede im Dokument vorhandene Rasterpunktfarbe ein eigener Druckvorgang. → *siehe auch* Farbmodell, Farbseparation, Pantonesystem. → *vgl.* Farbsynthese.

Rasterpunktfunktion, die; *Subst.* (spot function)

Eine PostScript-Prozedur, die für die Erzeugung eines gegebenen Rastertyps bei der Halbtondarstellung verwendet wird. → *siehe auch* Halbton, PostScript, Rasterpunkt.

Raster-scan-Display, das; *Subst.* (raster-scan display)

→ *siehe* Rasterdisplay.

Rasterung, die; *Subst.* (rasterization)

Die Umwandlung von Vektorgrafiken (Bilder, die durch mathematische Elemente wie Punkte und Polynome beschrieben werden können) in äquivalente Bilder, die sich aus Mustern von Bildpunkten (Pixel) zusammensetzen und in Form einer Bitmenge gespeichert und verarbeitet werden können. → *siehe auch* Pixel.

Rasterwinkel, der; *Subst.* (screen angle)

Der Winkel, in dem ein Halbtonraster gedruckt wird. Durch

Einstellung des korrekten Winkels werden ein Verwischen oder andere unerwünschte Wirkungen wie beispielsweise Moiré-Effekte vermieden. → *siehe auch* Farbseparation, Halbton, Moiré.

Rateadaptive Asymmetric Digital Subscriber Line, die; *Subst.* (rate-adaptive asymmetric digital subscriber line) Abkürzung: RADSL. Eine flexible Hochgeschwindigkeitsversion von ADSL (**a**symmetric **d**igital **s**ubscriber **l**ine), die die Eigenschaft besitzt, die Übertragungsgeschwindigkeit (Bandbreite) abhängig von der Signalqualität und der Länge der Übertragungsstrecke anzupassen. Nimmt dabei die Qualität des Signals während der Übertragung zu, wird die Übertragungsgeschwindigkeit automatisch erhöht, bei Abnahme der Signalqualität entsprechend gesenkt. → *siehe auch* asymmetric digital subscriber line, Digital Subscriber Line, xDSL.

Rationalschrift, die; *Subst.* (monospace font) → *siehe* dicktengleiche Schrift.

Rauchtest, der; *Subst.* (smoke test) Ein Test einer elektronischen Baugruppe durch einfaches Einschalten nach dem Zusammenbau bzw. der Reparatur. Explodiert die Baugruppe dabei, zeigt sich eine Rauchentwicklung oder eine andere unerwartete dramatische Reaktion, hat die Baugruppe den Test nicht bestanden, selbst wenn sie ansonsten zu funktionieren scheint.

Raummultiplex, das; *Subst.* (space-division multiplexing) Die erste automatisierte Form einer Vermittlungsschaltung (Multiplex), die die Handvermittlung ersetzte. Das Raummultiplexverfahren wurde zunehmend durch moderne, vielkanalige Verfahren wie Frequenzmultiplex (FDM) und Zeitmultiplex (TDM) ersetzt. → *siehe auch* FDM, Multiplexing, Zeitmultiplexing.

Rauschabstand, der; *Subst.* (signal-to-noise ratio) Abgekürzt S/N. Das Leistungsverhältnis, gemessen in Dezibel, um das an gleicher Stelle im Übertragungsweg das Nutzsignal über dem Rauschen des Kanals liegt. → *siehe auch* Rauschen.

Rauschen, das; *Subst.* (noise) Im weiteren Sinne Störungen, die den Betrieb eines Gerätes beeinflussen. In der Kommunikationstechnik unerwünschte elektrische Signale, die entweder auf natürlichem Wege oder durch die

Schaltung selbst hervorgerufen werden und die Qualität oder Leistung eines Kommunikationskanals herabsetzen. → *siehe auch* Verzerrung.

R

Raytracing, das; *Subst.* (ray tracing) Ein hochentwickeltes und komplexes Verfahren zur Erzeugung hochqualitativer Computergrafiken. Beim Raytracing werden für jeden einzelnen Bildpunkt (Pixel) Farbe und Intensität berechnet, indem einzelne Lichtstrahlen zurückverfolgt werden und bestimmt wird, wie die Strahlen auf dem Weg von einer definierten Lichtquelle, durch die das Bild ausgeleuchtet wird, beeinflusst werden. Das Raytracingverfahren stellt hohe Anforderungen an die Rechenleistung, da der Computer nicht nur die Reflexion, Brechung und Absorption einzelner Strahlen berechnen muss, sondern auch die Helligkeit, Transparenz und Reflexion jedes Objekts sowie die Positionen des Betrachters und der Lichtquelle.

R&D Abkürzung für »**r**esearch and **d**evelopment«, zu Deutsch »Forschung und Entwicklung«.

RDBMS Abkürzung für **R**elational **D**atabase **M**anagement **S**ystem (Relationales Datenbank-Managementsystem). → *siehe* relationale Datenbank.

RDF → *siehe* Resource Description Framework.

RDO → *siehe* Remote Data Objects.

RDRAM Abkürzung für **R**ambus **DRAM**. Ein von der Firma Rambus, Inc. entwickelter DRAM-Typ, der die Daten aus dem RAM mit einer Taktrate von bis zu 800 MHz liefert. Demgegenüber liefern konventionelle SDRAM-Bausteine etwa 100 MHz. 1997 lizenzierte die Firma Intel die RDRAM-Technologie für ihre zukünftigen Hauptplatinen. → *siehe auch* dynamisches RAM, RAM, synchrones DRAM.

README, die; *Subst.* Eine Datei mit Informationen für den Benutzer eines Softwareprodukts, die teils notwendig, teils informativ sind und nicht mehr in die gedruckte Dokumentation aufgenommen werden konnten. README-Dateien werden in reinem Text-

R format ausgegeben (ohne fremde oder programmspezifische Zeichen), so dass sie mühelos mittels eines beliebigen Textverarbeitungsprogramms gelesen werden können.

Read-Only Memory, das; *Subst.* (read-only memory)
→ *siehe* ROM.

Read-Only Terminal, das; *Subst.* (read-only terminal)
→ *siehe* RO-Terminal.

RealAudio, das; *Subst.*
Eine Streamingtechnologie von RealNetworks, Inc (Webadresse http://www.real.com). RealAudio basiert auf zwei Komponenten: Clientsoftware für die Wiedergabe und Serversoftware für die Übertragung. Die kostenlose Clientsoftware kann entweder als Programm heruntergeladen werden oder ist in der Browsersoftware enthalten. → *siehe auch* RealVideo, Strom.

reallocate
Eine Funktion in C, mit deren Hilfe der Programmierer einen größeren Heapspeicherbereich anfordern kann, als einem bestimmten Zeiger ursprünglich zugewiesen wurde. → *siehe auch* dynamische Speicherallozierung.

Reallysafe-Palette, das; *Subst.* (reallysafe palette)
Eine aus 22 Farben bestehende CLUT (Color Look Up Table), die den 216 Farben entnommen sind, die von den meisten Webbrowsern auf fast allen Betriebssystemen unterstützt werden. Die »Reallysafe«-Palette wurde aufgrund eines Experiments entwickelt, das ergeben hat, dass die meisten Farben der Websafe-Palette in bestimmten Anzeigeumgebungen unterschiedlich dargestellt werden. → *siehe auch* Browser-CLUT, CLUT, Websafe-Palette.

Real Mode, der; *Subst.* (real mode)
Ein Betriebsmodus in der Mikroprozessorfamilie Intel 80x86. Im Real Mode kann der Prozessor nur jeweils ein Programm zu einer Zeit ausführen. Er kann nur etwa 1 Megabyte Speicher adressieren, aber frei auf den Systemspeicher und Eingabe-/Ausgabegeräte zugreifen. Der Real Mode ist der einzige Betriebsmodus des 8086-Prozessors sowie der einzige, der von dem Betriebssystem MS-DOS unterstützt wird. Im Gegensatz hierzu steht der Protected Mode der Mikroprozessoren 80286 und höher. Es verfügt über Mechanismen zur Verwaltung und zum Schutz des Speichers, wie sie in Multitaskingumgebungen wie Windows benötigt werden. → *siehe auch* 8086, privilegierter Modus. → *vgl.* Protected Mode, virtueller Real Mode.

Realmodemapper, der; *Subst.* (real-mode mapper)
Eine Erweiterung von Systemen unter Windows 3.x, die einen 32-Bit-Dateizugriff ermöglicht. Der Realmodemapper enthält eine Schnittstelle für den 32-Bit-Festplattenzugriff über die DOS-Treiber.

Real Mode, virtueller, der; *Subst.* (virtual real mode)
→ *siehe* virtueller Real Mode.

Real Soon Now *Adv.*
Eine Redewendung des Internetjargons mit der Bedeutung »bald, aber doch nicht so bald, wie erwartet«. Sie gilt z.B. den angekündigten Eigenschaften eines Anwendungsprogramms, die sich schon bei den vorherigen Programmversionen als leere Versprechungen herausgestellt haben.

Real-Time Control Protocol, das; *Subst.*
Ein skalierbares Transportsteuerungsprotokoll, das in Verbindung mit RTP (Real-Time Protocol) eingesetzt wird, um Echtzeitübertragungen zu mehreren Teilnehmern über ein Netzwerk zu überwachen, z.B. während einer Videokonferenz. Das Real-Time Control Protocol, kurz RTCP, überträgt Pakete mit Steuerinformationen in regelmäßigen Zeitabständen. Mit diesem Protokoll kann ermittelt werden, ob die Informationen korrekt an die Empfänger geliefert werden. → *siehe auch* Real-Time Protocol, Real-Time Streaming Protocol, Resource Reservation Protocol.

Real-Time Protocol, das; *Subst.*
Ein Internetstandard für ein Netzwerktransportprotokoll zur Echtzeitübertragung von Audio- und Videodaten. Das Real-Time Protocol, kurz RTP, arbeitet mit Unicasting-Diensten (einzelner Sender, einzelner Empfänger) und Multicasting-Diensten (einzelner Sender, mehrere Empfänger). RTP wird oft in Verbindung mit dem Real-Time Control Protocol (RTCP) eingesetzt, das die Übertragung überwacht. → *siehe auch* Real-Time Control Protocol, Real-Time Streaming Protocol, Stream.

Real-Time Streaming Protocol, das; *Subst.*
Ein Steuerungsprotokoll für die Bereitstellung von Multimedia-Datenströmen über Internet Protocol (IP)-Netzwerke. Das Real-Time Streaming Protocol, kurz RTSP, wurde von der Columbia University sowie den Firmen Progressive Networks und Netscape Communications entwickelt und bei der IETF (Internet Engineering Task Force) als Normenvorschlag eingereicht. RTSP kann Audio- und Videodaten mit hoher Effizienz in Echtzeit, d.h. »live«, oder in gespei-

cherter Form über ein Netzwerk übertragen. Es kann für Empfängergruppen oder für angeforderte Lieferungen an einen einzelnen Empfänger eingesetzt werden. → *siehe auch* Active Streaming Format, IETF, Real-Time Protocol, Stream.

RealVideo *Subst.*
Eine Streamingtechnologie von RealNetworks, Inc. (Webadresse http://www.real.com) zur Übertragung von Videodateien über Intranets und das Internet. RealVideo überträgt Videodaten von einem Server in codierter (komprimierter) Form. Die Videodaten und zugehörige Audioinformationen werden beim Client mit Hilfe einer Wiedergabesoftware ausgegeben. Real Video arbeitet sowohl mit IP als auch mit IP multicasting und erfordert, ähnlich wie RealAudio, nicht die vollständige Übertragung der Datei, um abgespielt zu werden. → *siehe auch* RealAudio, Strom.

Realzahl, die; *Subst.* (real number)
In Programmiersprachen wie Pascal stellen Realzahlen einen Datentyp dar. Dieser ist innerhalb bestimmter Genauigkeitsgrenzen für die Speicherung von Werten geeignet, die aus einem ganzzahligen und einem gebrochenen Teil bestehen. → *siehe auch* doppelt genau, einfache Genauigkeit. → *vgl.* Gleitkommazahl, Integer.

rebooten *Vb.* (reboot)
→ *siehe* neu starten.

Receive Data
→ *siehe* RXD.

rechenintensiv *Adj.* (computation-bound, CPU-bound)
Eigenschaft einer Aktion, bei der die Leistungsfähigkeit eines Computers durch die Anzahl der arithmetischen Operationen, die der Mikroprozessor durchführen muss, eingeschränkt ist. Bei einem rechenintensiven System ist der Mikroprozessor mit Berechnungen überlastet.

Rechenzentrum, das; *Subst.* (computer center)
Eine zentrale Einrichtung, die mit Computern – typischerweise Großrechnern oder Minicomputern – sowie den dazugehörigen Einrichtungen ausgestattet ist und einer Gruppe von Personen datenverarbeitende Dienste anbietet.

Rechner, der; *Subst.* (calculator)
Im weiteren Sinne jedes Gerät, das arithmetische Operationen mit Zahlen durchführt. Spezialisiertere Rechner können für

bestimmte Funktionen programmiert werden und Zahlen im Speicher ablegen. Derartige Rechner werden auch als »programmierbare (Taschen-)Rechner« bezeichnet. Rechner unterscheiden sich jedoch von Computern auf folgende Art und Weise: Sie haben in aller Regel einen festen Satz an Befehlen, verarbeiten nur Zahlen, aber keine Textzeichen, können keine Werte in Dateien ablegen und bieten keine Funktionen, um mit Werten zu kalkulieren, wie es aus Tabellenkalkulationsprogrammen bekannt ist.

Rechteckschwingung, die; *Subst.* (square wave)
Ein mäanderförmiger Signalverlauf, wie er von einer Quelle erzeugt wird, die ohne Verzögerung zwischen zwei Zuständen umschaltet, meist mit einer konstanten Frequenz. → *vgl.* Sinusschwingung. (Abbildung R.2)

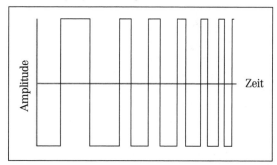

Abbildung R.2: Rechteckschwingung

rechtsbündig ausrichten *Vb.* (right-justify)
Textzeilen und andere angezeigte Elemente so justieren, dass sich auf der rechten Seite eine gerade Flucht ergibt. → *siehe auch* ausrichten, Flattersatz. → *vgl.* linksbündig ausrichten.

rechtsbündige Ausrichtung, die; *Subst.* (right justification)
In Programmen für Textverarbeitung und Desktop Publishing sowie im Druckwesen das gleichmäßige Justieren von Text entlang dem rechten Rand einer Spalte oder eines Satzspiegels. Die linke Seite des Textes wird im Flattersatz belassen. → *siehe auch* ausrichten, Flattersatz. → *vgl.* Blocksatz, linksbündige Ausrichtung.

rechtsbündiger Flattersatz *Adj.* (ragged right)
Bezeichnet die Ausrichtung von Zeilen, deren Enden nicht gerade untereinander stehen, sondern einen unregelmäßigen Verlauf bilden. Textverarbeitungsdokumente sind meist linksbündig ausgerichtet, wobei insbesondere Briefe rechts einen Flattersatz aufweisen. → *siehe auch* Flattersatz, rechtsbündig ausrichten.

R **Rechtschreibprüfung**, die; *Subst.* (spell checker, spelling checker)
Eine Anwendung, die mit Hilfe eines auf einem Datenträger gespeicherten Wörterbuches Dokumente auf orthografische Fehler prüft.

Rechtsklick *Vb.* (right click)
Eine Auswahl mit der rechten Taste der Maus oder eines anderen Zeigegeräts treffen. Unter Windows 9x, Windows Me und Windows 2000 erscheint dann in der Regel ein Kontextmenü, das auf das durch den Mauszeiger gerade bezeichnete Objekt anzuwendende Befehle enthält. → *siehe auch* Maus, Zeigegerät.

rec.-Newsgroups, die; *Subst.* (rec. newsgroups)
Newsgroups im Usenet, die Teil der rec.-Hierarchie sind und deren Namen das Präfix »rec.«enthalten. Diese Newsgroups behandeln Themen aus den Bereichen Freizeit, Hobbys und Kunst. → *siehe auch* Newsgroup, traditionelle Newsgrouphierarchie, Usenet. → *vgl.* comp.-Newsgroups, misc.-Newsgroups, news.-Newsgroups, sci.-Newsgroups, soc.-Newsgroups, talk.-Newsgroups.

Recreational Software Advisory Council, das; *Subst.*
Eine unabhängige, gemeinnützige Organisation, die im Herbst 1994 durch eine Gruppe von sechs Handelsunternehmen gebildet wurde und 1999 in der Inernet Content Rating Association (ICRA) aufging. Das Ziel dieser Organisation war die Erstellung eines neuen, objektiven, inhaltsbezogenen Bewertungssystems für Software und weitere Medien, wie beispielsweise das Internet, die zur Gestaltung der Freizeit verwendet werden. Die Website des RSAC ist unter der Adresse http://www.rsac.org erreichbar, die der ICRA unter http://www.icra.org. → *vgl.* PICS.

Recto, das; *Subst.* (recto)
Von zwei gegenüberliegenden Seiten die rechte Seite. Ein Recto trägt in der Regel eine ungerade Seitenzahl. → *vgl.* Verso.

Redaktionssystem, das; *Subst.* (content management system)
Wird meist als alternative Bezeichnung für Content-Management-Systeme verwendet, bei denen eine strikte Trennung zwischen Inhalt (Content) und Form (Desing, Layout) herrscht. Häufigstes Einsatzgebiet von Redaktionssystemen ist das World Wide Web. Selbst Benutzer, die über keine oder nur geringe HTML-Kenntnisse verfügen, können mithilfe eines Redaktionssystems umfangreiche, mit vielen Funktionen ausgestattete und dynamische Homepages gestalten und neue Inhalte auf einfachste Art und Weise einpflegen. → *vgl.* Web Content Management System.

Red Book, das; *Subst.*
Normenentwürfe der amerikanischen Sicherheitsbehörde NSA mit den Titeln »Trusted Network Interpretation of the Trusted Computer System Evaluation Criteria (NCSC-TG-005)« und »Trusted Network Interpretation (NCS-TG-011)«. Diese Dokumente definieren eine Systemklassierung von A1 (sehr sicher) bis D (nicht sicher), um die Eigenschaften von Computernetzwerken hinsichtlich der Informationssicherheit anzugeben. → *vgl.* Orange Book.
»Red Book« ist außerdem eine Spezifikation für Musik-CDs. Die Spezifikation wurde von den Firmen Sony und Philips entwickelt und von der ISO übernommen. → *vgl.* Green Book, Plug-In.
Des Weiteren bezeichnet »Red Book« einen Telekommunikationsstandard, der vom Normungskomitee CCITT veröffentlicht wurde.

Redirect, der; *Subst.* (redirect)
→ *siehe* Umleitung (Definition 2).

Reduced Instruction Set Computing, das; *Subst.* (reduced instruction set computing)
→ *siehe* RISC.

redundanter Code, der; *Subst.* (redundant code)
Code, dessen Funktion eine an anderer Stelle bereits implementierte Funktion (unnötigerweise) dupliziert – z.B. Code zum Sortieren einer Liste, die bereits sortiert wurde.

Redundanzprüfung, die; *Subst.* (redundancy check)
→ *siehe* CRC, LRC.

Redundanzprüfung, vertikale, die; *Subst.* (vertical redundancy check)
→ *siehe* VRC.

Redundanzüberprüfung, zyklische, die; *Subst.* (cyclical redundancy check)
→ *siehe* CRC.

reelle Zahl, die; *Subst.* (real number)
Eine Zahl, die sich durch Ziffern in einem Zahlensystem mit einer gegebenen Basis, wie z.B. dem Dezimalsystem, darstellen

lässt. Eine Realzahl kann aus einer endlichen oder aus einer unendlichen Folge von Ziffernstellen bestehen; beispielsweise ist 1,1 ebenso eine Realzahl wie 0,33333... → *siehe auch* irrationale Zahl. → *vgl.* imaginäre Zahl, komplexe Zahl.

Reengineering *Vb.* (reengineer, reengineering)
Prozesse und Prozeduren überdenken und neu definieren. Bei Computersystemen bedeutet dies eine Abkehr von der bisherigen Arbeitsweise in Richtung einer maximalen Nutzung neuer Technologien.
Bezogen auf Software, eine Änderung der vorhandenen Programme, um gewünschte Eigenschaften zu verstärken und Nachteile zu beseitigen.
Bezogen auf das Unternehmensmanagement, der Einsatz von Informationstechnologie als Antwort auf die Herausforderungen der Globalisierung und zur Konsolidierung des Managements eines schnell wachsenden Unternehmens.

reentranter Code, der; *Subst.* (reentrant code)
Code, der so konzipiert ist, dass er sich von mehreren Programmen zur gleichen Zeit gemeinsam verwenden lässt. Führt ein Programm reentranten Code aus, darf es von einem anderen Programm unterbrochen werden, das daraufhin denselben Code fortführen oder von Beginn ausführen kann. Viele Betriebssystemroutinen sind reentrant geschrieben, es ist dann von jeder Routine nur eine Kopie im Speicher zu halten, um alle ausgeführten Programme bedienen zu können. → *siehe auch* relozierbarer Code.

Refactoring, das; *Subst.* (refactoring)
Ein Optimierungsprozess bei objektorientierter Programmierung, durch den der Aufbau bzw. die Struktur eines Programms verbessert werden kann, ohne die Funktionalität zu ändern. Das Ziel von Refactoring ist eine Erleichterung der Arbeit durch eine transparentere Programmstruktur, Entfernen von Duplikaten, Abstrahieren gemeinsamer Verhaltensweisen, Überarbeiten der Klassenhierarchien und durch die Verbesserung der Erweiterbarkeit und Wiederverwendbarkeit des vorhandenen Codes.

Referenz, die; *Subst.* (reference)
Ein Datentyp in der Programmiersprache C++. Eine Referenz muss mit dem Namen einer Variablen initialisiert werden. Die Referenz wird dadurch zu einem Alias dieser Variablen, enthält jedoch in Wirklichkeit nur deren Adresse.

Referenz, externe, die; *Subst.* (external reference)
→ *siehe* externe Referenz.

referenzieren *Vb.* (reference)
Auf eine Variable zugreifen, z.B. auf ein Element eines Arrays oder ein Feld eines Datensatzes.

Referenzparameter, der; *Subst.* (reference parameter)
Ein Parameter, bei dem anstelle des eigentlichen Wertes einer Variablen deren Speicheradresse an die aufgerufene Routine übergeben wird. → *siehe auch* Parameter.

Referenzübergabe, die; *Subst.* (pass by reference)
→ *siehe* Adressübergabe.

Reflecting Software, die; *Subst.* (reflecting software)
→ *siehe* Reflektor.

reflektierendes Flüssigkristalldisplay, das; *Subst.* (reflective liquid-crystal display)
Eine Flüssigkristallanzeige, die anstelle einer Rand- oder Hintergrundbeleuchtung nur mit Hilfe des Umgebungslichts aufgehellt wird. Diese Displays sind in heller Umgebung, z.B. im Freien, schwer zu lesen. → *auch genannt* reflektierendes LCD.

reflektierendes LCD, das; *Subst.* (reflective LCD)
→ *siehe* reflektierendes Flüssigkristalldisplay.

reflektierendes Routing, das; *Subst.* (reflective routing)
In Weitbereichsnetzen der Vorgang der Datenverteilung über einen Reflektor, wodurch die Auslastung des Netzwerkservers reduziert wird. → *siehe auch* Reflektor.

Reflektor, der; *Subst.* (reflector)
Ein Programm, das eine Nachricht an mehrere Benutzer sendet, wenn es ein Signal von einem einzelnen Benutzer empfängt.
Ein verbreiteter Anwendungsfall ist ein E-Mail-Reflektor, der empfangene E-Mail-Nachrichten an mehrere in einer Liste aufgeführte Empfänger weiterleitet. → *siehe auch* Mehrfachempfänger. → *vgl.* Mail Reflector.

reformatieren *Vb.* (reformat)
In Anwendungen das Erscheinungsbild eines Dokuments durch stilistische Überarbeitungen ändern, z.B. durch Ändern von Schriftart, Layout, Einzug und Ausrichtung.
In Verbindung mit einem Datenträger die erneute Formatierung. Die bereits auf dem Datenträger befindlichen Programme und Daten werden bei diesem Vorgang unwiederbringlich gelöscht.

R

Refresh *Subst.* (refresh)
Das Wiederaufladen von dynamischen RAM-Bauelementen (DRAM), das notwendig ist, um deren Speicherinhalte zu erhalten. Diese Aufgabe wird von entsprechenden Schaltkreisen auf der Speicherkarte automatisch ausgeführt. → *siehe auch* Refreshzyklus. → *auch genannt* Auffrischspeicher.

refreshable *Adj.*
Bezeichnet in der Programmierung ein Programmmodul, das im Speicher ersetzt werden kann, ohne dass sich eine Auswirkung auf die Verarbeitung des Programms oder die vom Programm verwendeten Informationen ergibt.

Refreshzyklus, der; *Subst.* (refresh cycle)
Ein Vorgang, bei dem ein Steuerungsschaltkreis periodisch elektrische Impulse an dynamische Halbleiterspeicher-Bauelemente (DRAM) sendet, um die in den Speicherzellen als elektrischen Ladungen gespeicherten, binären Einsen zu erneuern. Die einzelnen Auffrischvorgänge werden als Refreshzyklen bezeichnet. Ohne den fortwährenden Refreshzyklus verlieren dynamische RAM alle gespeicherten Informationen – ebenso wie wenn der Computer ausgeschaltet wird oder die Netzspannung ausfällt. → *siehe auch* dynamisches RAM, statisches RAM. → *auch genannt* Auffrischzyklus.

REGEDIT
→ *siehe* Registrierungseditor. → *siehe auch* Registrierung.

Regel, die; *Subst.* (rule)
Eine Anweisung bei Expertensystemen, die das Verifizieren von Prämissen und das Ziehen von Schlüssen ermöglicht. → *siehe auch* Expertensystem.

regelbasiertes System, das; *Subst.* (rule-based system)
→ *siehe* Expertensystem, Produktionssystem.

Regenerationspuffer, der; *Subst.* (regeneration buffer)
→ *siehe* Videopuffer.

Regenerator, der; *Subst.* (regenerator)
→ *siehe* Repeater.

regenerieren *Vb.* (recover, regenerate)
→ *siehe* wiederbeschreiben.
Nach dem Auftreten eines Fehlers zu einem stabilen Zustand zurückkehren. Ein Programm kann nach einem Fehler seinen Kontext selbsttätig wiederherstellen, indem es sich durch eine Fehlerbehandlungsroutine stabilisiert und die Ausführung der Programmbefehle wieder aufnimmt.

Region, die; *Subst.* (region)
Allgemein ein Bereich, der für einen bestimmten Zweck vorgesehen oder reserviert ist.
In der Grafikprogrammierung bezeichnet »Region« eine zusammenhängende Gruppe von Bildpunkten (Pixel), die sich als eine Einheit bearbeiten lassen. Auf dem Apple Macintosh ist eine Region z.B. ein Bereich in einem GrafPort, den man als Objekt definieren und bearbeiten kann. Der sichtbare Arbeitsbereich innerhalb eines Fensters stellt ebenfalls ein Beispiel für eine Region dar. → *siehe auch* grafPort.

Regionalcode, der; *Subst.* (Regionale Codierung)
→ *siehe* Regionale Codierung.

Regionale Codierung, die; *Subst.* (Regional Codeing)
Digitale Informationen auf DVDs, die dafür sorgen, dass die jeweilige DVD nur in der Region wiedergegeben werden kann, in der sie erworben wurde. DVD-Wiedergabegeräte vergleichen den Regionscode auf der DVD mit dem Code des DVD-Players. Wenn die Codes nicht übereinstimmen, kann die DVD nicht wiedergegeben werden. Regionscodes sind ein erforderlicher Bestandteil der DVD-Standards. Der Regionscode wurde auf Betreiben der Unterhaltungsindustrie eingeführt, damit die Verteilung der Produkte gesteuert werden kann. Dieses System verwendet sechs Regionscodes. Die Codes sind im einzelnen: Region 1: Nordamerika (USA und Kanada) Region 2: Europa, Japan, Nordafrika, Südafrika, Mittlerer Osten Region 3: Südostasien (u.a. Südkorea, Indonesien, Hongkong) Region 4: Australien, Mittel- und Südamerika Region 5: Afrika, Russland, Indien, Nepal, Nordkorea u.a. Region 6: China, Tibet Das Lesegerät für den Regionscode muss in allen DVD-Wiedergabegeräten enthalten sein. Das Codierungssystem ist jedoch bei den DVDs optional. DVDs ohne Regionscode können von einem beliebigen DVD-Player wiedergegeben werden.

Regionscode, der; *Subst.* (Regionale Codierung)
→ *siehe* Regionale Codierung.

Register, das; *Subst.* (register)
Ein Hochgeschwindigkeitsspeicher für eine Gruppe von Bits, in einem Mikroprozessor oder einem anderen elektronischen Gerät, in dem Daten für einen bestimmten Zweck zwischengespeichert werden können. Bei einem Prozessor können die Register in Assemblerprogrammen über spezielle Namen wie

beispielsweise *AX* (das Rechenregister eines Intel 80x86 Prozessors) oder *SP* (bei vielen Prozessoren das Stackzeigerregister) angesprochen werden.

Registerkarte, die; *Subst.* (card)
In Programmen wie dem Hypertextprogramm HyperCard eine Karteikarte, die einer gedruckten Karteikarte nachempfunden ist (wie sie z.B. in Karteikästen zu finden ist) und auf der Informationen eingegeben, gespeichert und verwaltet werden können. → *siehe auch* Hypertext.

Registrierung, die; *Subst.* (Registry)
Unter Windows 9x, Windows Me, Windows NT und Windows 2000 eine zentrale, hierarchische Datenbank, in der wichtige Informationen über Systemkonfiguration, Benutzer, Anwendungen und Hardwaregeräte abgelegt sind. Die Registrierdatenbank enthält Informationen, die von Windows während des Betriebs fortwährend abgefragt werden, z.B. über die Arbeitsumgebungen der einzelnen Benutzer, die installierten Anwendungen und die von diesen erstellten Dokumentarten, die Eigenschafteneinstellungen der Ordner- und Anwendungssymbole sowie die im System vorliegende Hardware und verwendeten Anschlüsse. Die Registry ersetzt die meisten der textbasierenden .ini-Dateien von Windows 3.*x* und die MS-DOS-Konfigurationsdateien, z.B. AUTOEXEC.BAT und CONFIG.SYS. Die Registrierungsdatenbanken von Windows 9x und Windows NT/2000 sind einander ähnlich, es gibt jedoch Unterschiede, z.B. was deren Speicherung auf dem Datenträger betrifft. → *siehe auch* Eigenschaftenfenster, hierarchische Datenbank, .ini, portieren, Registrierungseditor. → *auch genannt* Systemregistrierung.

Registrierungseditor, der; *Subst.* (registry editor)
Eine Anwendung von Windows, mit der die Einträge in der Systemregistrierung bearbeitet werden können. → *siehe* REGEDIT. → *siehe auch* Registrierung.

Regression, multiple, die; *Subst.* (multiple regression)
→ *siehe* multiple Regression.

Regressionsanalyse, die; *Subst.* (regression analysis)
Ein Gebiet der Statistik, das die Art der Abhängigkeiten zwischen einer unabhängigen und einer abhängigen Variablen (deren Wert von dem Wert einer anderen Variablen abhängt) untersucht und beschreibt. → *siehe auch* multiple Regression.

Regressionstest, der; *Subst.* (regression testing)
Eine vollständiger, erneuter Test eines modifizierten Programms (im Gegensatz zum bloßen Test der modifizierten Routinen), um sicherzustellen, dass sich durch die Änderungen keine Fehler eingeschlichen haben.

reguläre Ausdrücke (regular expressions)
In Programmiersprachen, zum Beispiel Perl, häufig verwendete Syntax für hochkomplexe Such- und Ersetzungsvorgänge bei beliebigen Zeichenketten.

Reihenfolge, die; *Subst.* (order)
Im Zusammenhang mit Berechnungen stellt die Wertigkeit die Reihenfolge dar, mit der arithmetische Operationen durchgeführt werden.

Reihenschaltung, die; *Subst.* (series circuit)
Eine elektrische Schaltung, bei der zwei oder mehr Bauelemente hintereinander geschaltet sind. Der Strom ist dabei an allen Punkten der Schaltung gleich, während sich die angelegte Spannung über die Bauelemente aufteilt. → *vgl.* Parallelschaltung. (Abbildung R.3)

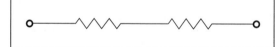

Abbildung R.3: Reihenschaltung

reine Prozedur, die; *Subst.* (pure procedure)
Jede Prozedur, die nur dynamisch zugewiesene Daten (in der Regel auf dem Stack) manipuliert. Eine reine Routine kann weder globale Daten noch ihre eigenen Daten verändern. Diese Einschränkung ermöglicht den gleichzeitigen Aufruf einer reinen Routine durch separate Tasks. → *siehe auch* reentranter Code.

Reiter, der; *Subst.* (bleed)
In einem gedruckten Dokument jedes Element, das in den Seitenrand oder Bundsteg läuft. Reiter werden häufig in Büchern verwendet, um z.B. wichtige Seiten zu markieren, so dass sie leichter auffindbar sind. → *siehe auch* Bundsteg.

rekompilieren *Vb.* (recompile)
Ein Programm erneut kompilieren. Dies erfolgt in der Regel nachdem aufgrund vorangegangener Fehlermeldungen des Compilers Änderungen des Quellcodes vorgenommen wurden. → *siehe auch* kompilieren.

R **Rekursion**, die; *Subst.* (recursion)
Eine Programmiertechnik, bei der eine Routine sich selbst aufruft. Dadurch lassen sich bestimmte Algorithmen mit kleinen und einfachen Routinen realisieren, eine besonders schnelle oder effiziente Ausführung ist damit jedoch nicht gewährleistet. Der unsachgemäße Einsatz von Rekursionen kann während der Laufzeit eines Programms zu einem Stacküberlauf führen, was sich dann in Form eines Programmabsturzes, manchmal sogar in einem vollständigen Systemabsturz äußert. → *siehe auch* aufrufen, Routine.

Relais, das; *Subst.* (relay)
Durch ein elektrisches Signal aktivierbarer Schalter. Mit einem Relais lässt sich ein anderes Signal unmittelbar an dem Ort steuern, an dem es in der Schaltung anliegt, ohne dass man es erst zu einem Bedienfeld führen muss. Auch kann mit der relativ kleinen Leistung, die für die Ansteuerung des Relais benötigt wird, ein Signal hoher Leistung geschaltet werden.

Relation, die; *Subst.* (relation)
Eine Struktur des relationalen Datenbankmodells, die sich aus Attributen und Tupeln aufbaut. Relationen werden in relationalen Datenbank-Managementsystemen als Tabellen gespeichert. Attribute (Spalten) sind individuelle Kennzeichen, und Tupel (Zeilen) bilden die ungeordneten Kennzeichensätze, die eine bestimmte Entität (beispielsweise einen Kunden) beschreiben. Innerhalb einer Relation können Tupel nicht wiederholt werden – sie müssen eineindeutig sein. Weiterhin sind Tupel innerhalb einer Relation ungeordnet. Der Austausch zweier Tupel ändert nicht die Relation. Wenn schließlich die relationale Theorie anwendbar sein soll, muss die Domäne jedes Attributes atomisch sein – d.h. strukturierte Domänen (Arrays, Datensätze usw.) sind nicht erlaubt. Eine Relation, in der die Domänen aller Attribute atomisch sind, charakterisiert man als normalisiert oder in der ersten Normalform.

relationale Algebra, die; *Subst.* (relational algebra)
In der Datenbankverwaltung eine Sammlung von Regeln und Operatoren zur Verarbeitung von Relationen (Tabellen). Zur relationalen Algebra zählt man gewöhnlich die folgenden Operatoren: SELECT, PROJECT, PRODUCT, UNION, INTERSECT, DIFFERENCE, JOIN (oder INNER JOIN) und DIVIDE. Unter Anwendung der relationalen Algebra entwickelt man Prozeduren, um neue Relationen auf der Basis der in der Datenbank vorhandenen Relationen aufzubauen.

relationale Datenbank, die; *Subst.* (relational database)
Die Organisation einer Datenbank oder eines Datenbank-Managementsystem nach dem relationalen Modell. Danach sind die Informationen in Tabellen – Daten in Zeilen und Spalten – gespeichert. Für Suchoperationen verwendet man Daten in spezifizierten Spalten einer Tabelle, um zusätzliche Daten in einer anderen Tabelle zu ermitteln. In einer relationalen Datenbank stellen die Zeilen einer Tabelle die Datensätze (Sammlungen von Informationen über separate Elemente) und die Spalten die Felder (besondere Attribute eines Datensatzes) dar. Bei Suchoperationen vergleicht eine relationale Datenbank die Informationen eines Feldes in der einen Tabelle mit Informationen in einem korrespondierenden Feld einer anderen Tabelle, um eine dritte Tabelle zu produzieren, die die angeforderten Daten aus beiden Tabellen kombiniert. Enthält eine Tabelle z.B. die Felder PERSONALNUMMER, NACHNAME, VORNAME und EINSTELLUNGSDATUM und eine andere die Felder ABTEILUNG, PERSONALNUMMER und GEHALT, dann kann eine relationale Datenbank die Felder PERSONALNUMMER in beiden Tabellen vergleichen, um solche Informationen wie die Namen aller Beschäftigten mit einem bestimmten Gehalt oder die Abteilungen aller Beschäftigten mit einem bestimmten Einstellungsdatum zu finden. Eine relationale Datenbank verwendet also übereinstimmende Werte in zwei Tabellen, um die Informationen einer Tabelle mit den Informationen in der anderen in Verbindung zu bringen. Bei einem Großteil der gegenwärtig angebotenen Datenbankprodukte für Mikrocomputer handelt es sich um relationale Datenbanken. → *vgl.* invertierte Datenbank, lineare Datenbank.

relationaler Ausdruck, der; *Subst.* (relational expression)
Ein Ausdruck, der relationale Operatoren wie »kleiner als« oder »größer als« verwendet, um zwei oder mehr Ausdrücke zu vergleichen. Ein relationaler Ausdruck wird zu einem Booleschen Wert (wahr/falsch) aufgelöst. → *siehe auch* Boolesch, relationaler Operator.

relationaler Operator, der; *Subst.* (relational operator)
Ein Operator, mit dem der Programmierer zwei (oder mehr) Werte oder Ausdrücke vergleichen kann. Typische relationale Operatoren sind größer als (>), gleich (=), kleiner als (<), ungleich (<>), größer oder gleich (>=) sowie kleiner oder gleich (<=). → *siehe auch* relationaler Ausdruck.

relationales Datenbanksystem, das; *Subst.* (relational database management system)
→ *siehe* relationale Datenbank.

R

relationales Modell, das; *Subst.* (relational model)
Ein Datenmodell, bei dem die Daten in Relationen (Tabellen) organisiert sind. Dieses Modell ist in den meisten modernen Datenbank-Managementsystemen implementiert.

relationale Struktur, die; *Subst.* (relational structure)
Die Datensatzorganisation, die bei der Implementierung eines relationalen Modells verwendet wird.

Relation, berechnete, die; *Subst.* (derived relation)
→ *siehe* berechnete Relation.

Relationskalkül, das; *Subst.* (relational calculus)
In der Datenbankverwaltung eine nicht prozedurale Methode für die Manipulierung von Relationen (Tabellen). Es gibt zwei Familien des Relationenkalküls – Domänenkalkül und Tupelkalkül. Beide sind untereinander und auch zur relationalen Algebra mathematisch gleichwertig. Unter Verwendung einer der beiden Familien lässt sich die Beschreibung einer gewünschten Relation auf der Basis der in der Datenbank existenten Relationen formulieren.

relative Adresse, die; *Subst.* (relative address)
Eine Speicherstelle (etwa im Hauptspeicher des Computers), die als Entfernung (Verschiebung oder »Offset«) zu einem Ausgangspunkt (Basisadresse) berechnet wird. Bei der Berechnung einer relativen Adresse addiert man in der Regel eine Offset- zu einer Basisadresse. Dieses Vorgehen lässt sich mit einem Lagersystem vergleichen, in dem sich ein bestimmter Artikel z.B. im Fach 6-214 befindet. In diesem Beispiel stellt die erste Ziffer (6) die Regalreihe (Basis) dar, in der das 214. Lagerfach (Offset) den gesuchten Artikel enthält. → *auch genannt* indirekte Adresse.

relative Bewegung, die; *Subst.* (relative movement)
Eine Bewegung, deren Entfernung und Richtung relativ zu einem Bezugspunkt angegeben werden. Verschiebt man z.B. einen Mauszeiger auf dem Bildschirm, werden die Koordinaten der neuen Position des Zeigers relativ zum Ausgangspunkt berechnet. → *siehe auch* relative Koordinaten, relatives Zeigegerät.
In der Computergrafik und der Kinematografie bezieht sich »relative Bewegung« auf die Bewegung eines Objekts in Beziehung zu einem anderen - auf einer Rennbahn z.B. die Bewegung von Pferd A aus der Sicht von Pferd B.

relative Koordinaten, die; *Subst.* (relative coordinates)
Die Festlegung von Koordinaten in Bezug auf ihre Entfernung zu einem gegebenen Startpunkt – im Gegensatz zu absoluten Koordinaten, bei denen sie in Bezug zum Ursprung (Schnittpunkt zweier Koordinatenachsen) festgelegt werden. Beispielsweise lässt sich unter Verwendung relativer Koordinaten ein Quadrat auf dem Bildschirm konstruieren, indem man es – von einem Startpunkt ausgehend – als Folge von Linien zeichnet, die jeweils aus einer Verschiebung (mit bestimmter Distanz und Richtung) vom vorangehenden Endpunkt hervorgehen. Möchte man das gesamte Quadrat an einer anderen Position neu zeichnen, braucht man lediglich die Koordinaten des Anfangspunkts zu ändern, anstatt die Koordinaten jedes Eckpunkts mit Bezug auf den Ursprung neu zu berechnen. → *vgl.* absolute Koordinaten. (Abbildung R.4)

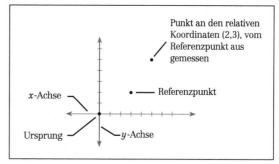

Abbildung R.4: Relative Koordinaten

relativer Pfad, der; *Subst.* (relative path)
Ein Pfad, der das aktuelle Arbeitsverzeichnis einschließt. Wird ein Befehl ohne vollständigen Pfadnamen eingegeben, wird das aktuelle Arbeitsverzeichnis zum relativen Pfad, auf den sich der Befehl bezieht. → *vgl.* vollständiger Pfad.

relativer URL, der; *Subst.* (relative URL)
Kurzform für **relative U**niform **R**esource **L**ocator-Adresse. Eine Form einer URL-Adresse, bei der die Domäne sowie einige oder alle Verzeichnisnamen weggelassen werden, so dass nur Name und Erweiterung der Dokumentdatei erhalten bleiben (sowie u.U. eine verbleibende Liste von Verzeichnisnamen). Die angegebene Datei wird dabei relativ zum Pfadnamen des aktuellen Dokuments aufgesucht. → *siehe auch* Dateierweiterung, URL.

relatives Zeigegerät, das; *Subst.* (relative pointing device)
Ein Gerät zur Cursorsteuerung, wie beispielsweise eine Maus oder ein Trackball, bei dem die Bewegung eines Bildschirmcursors mit der Bewegung des Gerätes verknüpft ist, nicht aber mit dessen absoluter Position. Hebt der Benutzer beispielsweise die Maus hoch und setzt sie an einer anderen Stelle wieder auf den Schreibtisch, bleibt die Lage des Bild-

R schirmzeigers unverändert, da keine Bewegung (Rollen der Kugel in der Maus) stattgefunden hat. Sobald der Benutzer die Maus wieder hin- und herschiebt, bewegt sich auch der Cursor und gibt die Mausbewegung relativ zur Oberfläche des Schreibtischs wieder. Im Gegensatz zu relativen Zeigegeräten ist bei absoluten Zeigegeräten – z.B. Grafiktabletts – deren Position innerhalb eines definierten Bewegungsbereichs immer mit einer vordefinierten Bildschirmposition verknüpft. → *siehe auch* relative Bewegung, relative Koordinaten. → *vgl.* absolutes Zeigegerät.

relozierbare Adresse, die; *Subst.* (relocatable address)
Bezeichnet in der Programmierung eine Adresse (Bezug auf eine Speicherstelle), die sich an den tatsächlichen Speicherbereich anpassen lässt, in den ein Programm zur Ausführung geladen wird. So sind Adressen, die im Programm relativ zueinander angegeben sind, relozierbar, absolute, physikalische Adressen jedoch nicht. Programme mit relozierbaren Adressen lassen sich im Speicher beliebig verschieben, so wie sich etwa ein Auto (Programm) in einem Parkhaus (Hauptspeicher) beliebig einstellen lässt: An einem Tag kann das Auto z.B. auf »Deck 2, Reihe G« geparkt sein, während es an einem anderen etwa auf »Deck 5, Reihe B« steht. Deck und Reihe entsprechen in diesem Beispiel der Adresse.

relozierbarer Code, der; *Subst.* (relocatable code)
Ein Programm, das man in einen beliebigen Teil des verfügbaren Speichers laden kann. Im relozierbaren Code werden vor dem Start des Programms die Adressbezüge angepasst, um der physikalischen Lage im Speicher zu entsprechen und den korrekten Ablauf der Programmbefehle sicherzustellen. → *siehe auch* reentranter Code.

relozieren *Vb.* (relocate)
Das Verschieben von Programmen und Speicherblöcken innerhalb des verfügbaren Adressraums, um Speicherressourcen flexibel und effizient nutzen zu können. Das Betriebssystem ist beim Laden eines relozierbaren Programms nicht an einen bestimmten Adressbereich gebunden, sondern kann das Programm in einen beliebigen Teil des verfügbaren Speichers einlesen. Bei einem relozierbaren Speicherblock handelt es sich um einen Speicherabschnitt, den das Betriebssystem bei Bedarf frei verschieben kann. Dadurch ist das System z.B. in der Lage, mehrere relozierbare Speicherblöcke zusammenzufassen (unmittelbar hintereinander anzuordnen), um gegebenenfalls einem Programm auf Anforderung einen größeren freien Block zuweisen zu können.

Relozierung, dynamische, die; *Subst.* (dynamic relocation)
→ *siehe* dynamische Relozierung.

RELURL
→ *siehe* relativer URL.

Remailer, anonymer, der; *Subst.* (anonymous remailer)
→ *siehe* anonymer Remailer.

REM-Befehl, der; *Subst.* (REM statement)
Kurzform von **Rem**ark **Statement.** (Kommentaranweisung). Eine Anweisung der Programmiersprache Basic sowie der Befehlsinterpreter der Betriebssysteme MS-DOS und OS/2 mit deren Hilfe einem Programm bzw. einer Batchdatei Kommentare hinzugefügt werden können. Anweisungen, die mit dem Wort *REM* beginnen, werden vom Compiler bzw. Interpreter ignoriert. → *siehe auch* Kommentar.

remote *Adj.*
Nicht in der unmittelbaren Nähe befindlich. Mit diesem Begriff bezeichnet man Computer oder andere Geräte, die an einem anderen Ort (Raum, Gebäude oder Stadt) untergebracht und über Kabel oder Kommunikationsverbindungen erreichbar sind.

Remote Access Dial-In User Service, der; *Subst.* (Remote Authentication Dial-In User Service)
→ *siehe* RADIUS.

Remote Access Server, der; *Subst.*
→ *siehe* Server für Fernzugang.

Remote Access Service, der; *Subst.*
Windows-Software, die einem Benutzer einen aktiven Zugriff auf einen Netzwerkserver über ein Modem ermöglicht. → *siehe auch* Fernzugriff.

Remoteanmeldung, die; *Subst.* (remote login)
Der Anmeldevorgang bei einem entfernten Computer über eine Datenübertragungsstrecke zur aktuellen Arbeitsstation. Nach einer Remoteanmeldung verhält sich der Computer des Benutzers wie ein an das entfernte System angeschlossenes Terminal. Im Internet erfolgt eine Remoteanmeldung in erster Linie über »rlogin« und »telnet«.

Remote Data Objects, das; *Subst.*
Ein objektorientiertes Datenzugriffsverfahren, das Bestandteil von Visual Basic 4.0 Enterprise Edition ist. Remote Data

Objects besitzen kein eigenes Dateiformat und können nur zusammen mit Datenbanken verwendet werden, die dem neuesten ODBC-Standard entsprechen. Das Verfahren ist beliebt aufgrund seiner Leistungsstärke und minimalen Programmieranforderungen. → *siehe auch* ODBC, Visual Basic.

Remotedatenübertragung, die; *Subst.* (remote data transfer)
→ *siehe* Datenfernübertragung.

Remoteprozeduraufruf, der; *Subst.* (remote procedure call)
In der Programmierung der Aufruf eines Programms durch ein Programm auf einem entfernten System. Das aufgerufene Programm führt in der Regel eine Aufgabe aus und sendet die Ergebnisse zurück an das aufrufende Programm.

rename
Ein Befehl bei FTP-Clients und anderen Systemen, über den der Benutzer den Dateien einen neuen Namen zuweisen kann.

Rendering, das; *Subst.* (rendering)
Die Erzeugung eines realitätsnahen Abbildes geometrischer Modelle durch den Einsatz von Farben und Schattierungen. Derartige Funktionen gehören gewöhnlich zur Ausstattung geometrischer Konstruktionssoftware (z.B. CAD-Programme). Rendering verwendet mathematische Methoden, um die Positionen von Lichtquellen in Relation zum Objekt zu beschreiben und Effekte wie Aufhellungen, Schatten und Farbveränderungen zu berechnen, die durch das Licht hervorgerufen würden. Der bewirkte Effekt kann dabei von einfachen Elementen aus durchsichtigen, schattierten Polygonen bis hin zu Bildern reichen, die bezüglich der Komplexität einer Fotografie nahe kommen. → *siehe auch* Raytracing.

Rendering, bildbasiertes, das; *Subst.* (image-based rendering)
→ *siehe* Bildbasiertes Rendering.

rendern *Vb.* (render)
Eine Grafik aus einer Datei auf einem Ausgabegerät wie einem Bildschirm oder einem Drucker erzeugen.

Rendern, prozedurales, das; *Subst.* (procedural rendering)
→ *siehe* prozedurales Rendern.

repaginieren *Vb.* (repaginate)
Die Seitenumbrüche in einem Dokument neu berechnen.

Repeater, der; *Subst.* (repeater)
Ein Gerät, mit dem sich in Kommunikationsverbindungen Verzerrungen verringern lassen, indem ein Signal verstärkt und regeneriert wird, um es in seiner ursprünglichen Stärke und Form weiterzusenden. In einem Netzwerk wie z.B. Ethernet verbindet ein Repeater zwei Netzwerke oder zwei Netzwerksegmente auf der Bitübertragungsschicht des ISO/OSI-Modells und führt eine Signalregenerierung durch. → *siehe auch* aktiver Hub, ISO/OSI-Schichtenmodell, Multiport-Repeater.

repeating Ethernet, das; *Subst.*
→ *siehe* Repeater.

RepeatKeys
Eine Funktion von Windows 9x, mit deren Hilfe der Benutzer die Wiederholfunktion der Tastatur einstellen oder abschalten kann. Auf diese Weise können Benutzer mit eingeschränktem Bewegungsvermögen einem versehentlichen Auslösen der Wiederholautomatik begegnen. → *siehe auch* Wiederholautomatik. → *vgl.* Anschlagton, Anschlagverzögerung, Eingabehilfen, ShowSounds, SoundSentry, StickyKeys, Tastaturmaus.

Replikation, die; *Subst.* (replication)
Bei einem verteilten Datenbank-Managementsystem das Kopieren der Datenbank (oder von Teilen der Datenbank) auf andere Bereiche im Netzwerk. Durch Replikation wird die Integrität verteilter Datenbanksysteme gewährleistet. → *siehe auch* verteilte Datenbank, verteiltes Datenbanksystem.

Repository, das; *Subst.* (repository)
Eine Sammlung von Informationen über ein Computersystem.
Außerdem eine Obermenge eines Datenbankverzeichnisses. → *siehe auch* Datenbankverzeichnis.

reprofähig *Adj.* (camera-ready)
Eigenschaft eines Dokuments, bei dem alle layoutbezogenen Vorgänge abgeschlossen sind – es sind also z.B. alle typografischen Elemente und Grafiken eingefügt und plaziert –, so dass dieses belichtet werden kann. Der Belichter fotografiert dabei die reprofähige Kopie und erstellt die Druckplatten anhand der fotografischen Vorlage. Einige Anwendungen sind speziell auf die Bearbeitung von Dokumenten bis zur reprofähigen Stufe ausgerichtet, wodurch die Herstellung eines manuellen Layouts und die Klebemontage der Elemente auf einer entsprechenden Unterlage entfallen können.

R

Reprogrammable Read-Only Memory, das; *Subst.*
(reprogrammable read-only memory)
→ *siehe* EPROM.

reprogrammierbares PROM, das; *Subst.* (reprogrammable
PROM)
→ *siehe* EPROM.

Request for Comments, der; *Subst.*
→ *siehe* RFC.

Request for Discussion, der; *Subst.*
Ein formaler Antrag auf Hinzufügung einer Newsgroup zur
Usenethierarchie. Auf diesen ersten Schritt folgt ein Abstim-
mungsaufruf (»Call for Votes«). → *siehe auch* traditionelle
Newsgrouphierarchie, Usenet.

Request To Send, der; *Subst.* (Request to Send)
→ *siehe* RTS.

Research Libraries Information Network, das; *Subst.*
Ein kombinierter Onlinekatalog der Research Libraries Group,
der zahlreiche wichtige Forschungsbibliotheken in den Vereinigten Staaten enthält.

reservieren *Vb.* (reserve)
Ein Befehl, der einem Gerät einen zusammenhängenden
Speicherbereich auf der Festplatte als Arbeitsbereich zuteilt.
Digitale Videogeräte können diesen Befehl erkennen.

reservierte Leitung, die; *Subst.* (dedicated line)
Eine Telefonleitung, die nur für einen Zweck verwendet wird,
z.B. das Empfangen oder Senden von Faxdokumenten oder
das Bereitstellen einer Modemleitung.

reservierter Speicher, der; *Subst.* (reserved memory)
→ *siehe* Upper Memory Area.

reserviertes Wort, das; *Subst.* (reserved word)
Ein Wort, das in einem Programm oder einer Programmier-
sprache eine spezielle Bedeutung hat. Zu den reservierten
Wörtern gehören z.B. Steueranweisungen (IF, FOR, END),
Datendeklarationen und ähnliche Bezeichner. Die Verwen-
dung eines reservierten Wortes ist auf den festgelegten Kon-
text beschränkt. Man kann es nicht für die Benennung von
Dokumenten, Dateien, Tags, Variablennamen oder vom
Benutzer erstellte Hilfsmittel – wie beispielsweise Makros –
einsetzen. → *vgl.* Makro, Tag, Variable.

reserviertes Zeichen, das; *Subst.* (reserved character)
Ein Tastaturzeichen, dem in einem Programm eine spezielle
Bedeutung zugeordnet ist und das man normalerweise nicht
bei der Benennung von Dateien, Dokumenten oder vom
Benutzer erstellten Hilfsmitteln – wie beispielsweise Makros
– verwenden kann. Zu den häufig für spezielle Zwecke reservierten Zeichen gehören z.B. das Sternchen (*), der Schrägstrich (/), der umgekehrte Schrägstrich (\), das Fragezeichen
(?) und der unterbrochene senkrechte Strich (¦).

Resetschalter, der; *Subst.* (reset button)
Ein Bedienelement, mit dem man den Computer ohne das
Ausschalten der Stromversorgung neu starten kann. → *vgl.*
Big Red Switch.

residente Schrift, die; *Subst.* (resident font)
→ *siehe* interne Schrift.

residentes Programm, das; *Subst.* (resident program)
→ *siehe* TSR.

Resource Description Framework, das; *Subst.*
Eine vom World Wide Web Consortium (W3C) entwickelte
Spezifikation, um eine flexible Infrastruktur für die Strukturierung und Verwaltung von Metadaten (Daten über Daten)
über das Web und das Internet zur Verfügung zu stellen. Das
Resource Description Framework stellt ein auf XML (eXtensible Markup Language) basierendes Anwendungsgerüst
bereit, das den Austausch von Metadaten (oder Metainhal-
ten) durch Anwendungen standardisiert. Mögliche Einsatzgebiete sind Suchmaschinen, gebührenpflichtige Serversysteme
und andere Bereiche, in denen Informationen über Daten
ausgetauscht werden müssen. Weitere Informationen zum
Resource Description Framework sind unter der Webadresse
http://www.w3.org/RDF abrufbar. → *siehe auch* XML.

Resource Interchange File Format, das; *Subst.*
→ *siehe* RIFF.

Resource Reservation Protocol, das; *Subst.* (Resource
Reservation Setup Protocol)
Ein Kommunikationsprotokoll, das eine angeforderte Bandbreite bereitstellen kann. Ein entfernter Empfänger fordert
zur Übertragung eines Datenstroms die Reservierung einer
bestimmten Bandbreite auf dem Server an. Der Server antwortet mit einer Nachricht (ähnlich einer Rückantwort auf
eine Einladung), mit der die Annahme oder Ablehnung der
Anforderung zurückgemeldet wird.

R

Ressource, die; *Subst.* (resource)
Jeder Teil eines Computersystems oder eines Netzwerks, den man einem Programm oder einem Prozess während der Ausführung zuteilen kann (z.B. Festplatte, Drucker oder Speicher). Eine Ressource stellt außerdem ein Daten- oder Codeelement dar, das in mehreren Programmen oder an mehreren Stellen innerhalb eines Programms verwendet werden kann (z.B. Dialogfelder, Klangeffekte oder Fonts in einer fensterorientierten Programmumgebung). Der Einsatz von Ressourcen erlaubt die Anpassung zahlreicher Programmfunktionen, ohne dass man das Programm anhand des Quellcodes neu kompilieren muss. Ressourcen können mit einem speziellen Dienstprogramm, dem sog. *Ressourceneditor*, kopiert und von einem Programm in ein anderes eingefügt werden.

Ressourcedaten, das; *Subst.* (resource data, resource file)
Eine Datei, die aus Ressourcendaten und der sie indizierenden Ressourcenzuordnung besteht. → *siehe auch* Ressource, Ressourcenzweig.
Außerdem die Datenstrukturen, Vorlagen, Definitionsprozeduren, Verwaltungsroutinen, Symbole usw., die mit einer bestimmten Ressource verbunden sind, z.B. mit einem Menü, Fenster oder Dialogfeld. → *siehe auch* Ressource, Ressourcenzweig.

Ressource, gemeinsame, die; *Subst.* (shared resource)
→ *siehe* gemeinsame Ressource.

Ressourcen-ID, die; *Subst.* (resource ID)
Eine Zahl, die eine bestimmte Ressource innerhalb eines gegebenen Ressourcentyps im Betriebssystem des Apple Macintosh kennzeichnet – beispielsweise ein bestimmtes Menü unter mehreren Ressourcen des Typs MENU, die einem Programm zur Verfügung stehen.

Ressourcentyp, der; *Subst.* (resource type)
Eine der zahlreichen Klassen struktureller und prozeduraler Ressourcen im Betriebssystem des Apple Macintosh, wie beispielsweise Code, Schriften, Fenster, Dialogfelder, Vorlagen, Symbole, Muster, Strings, Treiber, Cursor, Farbtabellen und Menüs. Ressourcentypen haben charakteristische Identifizierungsbezeichnungen, z.B. CODE für Blöcke von Programmbefehlen, FONT für Schriften, CURS für Mauscursor usw. → *siehe auch* Ressource, Ressourcenzweig.

Ressourcenzuordnung, die; *Subst.* (resource allocation)
Der Vorgang einer Zuordnung der Verarbeitungsleistung eines Computersystems an verschiedene Komponenten eines durchzuführenden Auftrags.

Ressourcenzweig, der; *Subst.* (resource fork)
Einer der beiden Zweige einer typischen Apple Macintosh-Datei (beim anderen handelt es sich um den *Datenzweig*). Der Ressourcenzweig einer Programmdatei enthält wieder verwendbare Informationselemente, die das Programm zur Laufzeit einsetzen kann. Zu den Dutzenden von Ressourcentypen, die im Ressourcenzweig untergebracht sind, gehören Programmanweisungsblöcke, Schriften, Symbole, Fenster, Dialogfelder und Menüs. Die Daten eines vom Benutzer erstellten Dokuments werden normalerweise im Datenzweig gespeichert. Es lassen sich aber auch Elemente, die man eventuell mehrfach im Dokument nutzen möchte, im Ressourcenzweig ablegen. In einem HyperCard-Stack werden z.B. die Daten, die jede Card oder jeden Datensatz im Stack bilden, im Datenzweig gespeichert, während man die mehrfach verwendbaren, digitalisierten Klänge und Symbole im Ressourcenzweig unterbringt. Die Verwendung derartiger Ressourcen vereinfacht die Programmentwicklung, da sich Ressourcen unabhängig vom Programmcode erstellen und ändern lassen. → *siehe auch* HyperCard, Ressource. → *vgl.* Datenzweig.

Restructured Extended Executor, der; *Subst.*
→ *siehe* REXX.

Restrukturierung, wahlfreie, die; *Subst.* (modify structure)
→ *siehe* wahlfreie Restrukturierung.

Retro-Virus, der; *Subst.* (retro virus)
Ein Virustyp, der Antivirusprogramme angreift oder deaktiviert, um nicht erkannt zu werden. → *siehe auch* Antivirusprogramm, Virus.

Reverse Address Recognition Protocol, das; *Subst.*
→ *siehe* RARP.

Reverse ARP, das; *Subst.*
→ *siehe* RARP.

Reverse Engineering, das; *Subst.* (reverse engineering)
Ein Verfahren zur Analyse eines Produkts, bei dem das fertig gestellte Element untersucht wird, um dessen Aufbau oder Bestandteile zu bestimmen. Dieses Vorgehen wird meist verwendet, um Kopien oder Konkurrenzprodukte herzustellen. Beispielsweise kann ein fertig gestellter ROM-Chip unter-

R sucht werden, um dessen Programmierung zu ermitteln, oder ein neues Computersystem, um dessen Konstruktion zu erschließen.

Revisableform-Text-DCA, die; *Subst.* (Revisable-Form-Text DCA)
Ein Standard innerhalb der Document Content Architecture (DCA), nach dem die Speicherung eines Dokuments in einer Weise erfolgt, dass sich die Formatierung durch den Empfänger verändern lässt. Verwandt hierzu ist der Standard Finalform-Text-DCA. → *siehe auch* DCA. → *vgl.* Finalform-Text-DCA.

Revisionskontrolle, die; *Subst.* (change management)
Der Vorgang der Überwachung und Kontrolle von Aktualisierungen, Revisionen und anderen Änderungen eines Hardware- oder Software-Produkts bzw. -Projekts. → *siehe auch* Versionskontrolle.

REXX
Abkürzung für **R**estructured **Ex**tended **Ex**ecutor (zu Deutsch etwa »Neustrukturiertes, erweitertes Programm«). Eine strukturierte Programmiersprache, die auf IBM-Großcomputern und unter OS/2, Version 2.0, eingesetzt wird. REXX-Programme können Anwendungsprogramme und Betriebssystembefehle aufrufen.

RF
→ *siehe* Hochfrequenz.

RFC
Abkürzung für **R**equest **F**or **C**omments (zu Deutsch etwa »Aufforderung zur Diskussion«). Ein Dokument, in dem Standards, Protokolle und andere Informationen, die das Internet betreffen, veröffentlicht werden. Das RFC wird erst *nach* erfolgter Diskussion unter der Aufsicht des Internet Architecture Board (IAB) herausgegeben und fungiert als Quasistandard. Jedes RFC erhält eine eindeutige, fortlaufende Nummer, die kein zweites Mal zugewiesen wird. Die Homepage der RFC-Herausgeber findet sich unter http://www.rfc-editor.org/. → *siehe auch* Internet Architecture Board. → *vgl.* HTCPCP.

RFD
→ *siehe* Request for Discussion.

RFI
Abkürzung für **R**adio **F**requency **I**nterference (Hochfrequenzeinstrahlungen). Störsignale (z.B. Störgeräusche), die

durch die elektromagnetische Strahlung elektronischer Geräte (z.B. Computer) erzeugt werden und andere elektronische Geräte (z.B. Radio- oder Fernsehgeräte) stören.

RFT (RFTDCA)
→ *siehe* Revisableform-Text-DCA.

RGB
Abkürzung für **R**ot-**G**rün-**B**lau. Ein Modell zur Beschreibung von Farben, die durch farbiges Licht erzeugt werden – wie beispielsweise bei einem Bildschirm – und nicht durch lichtabsorbierende Körperfarben, wie dies etwa bei Druckfarben der Fall ist. Im Auge reagieren verschiedene Netzhautzellen auf rotes, grünes und blaues Licht. Durch additive Mischung von Anteilen dieser Primärfarben kann eine gewünschte Farbempfindung erzeugt werden. Sind alle Farbanteile gleich null, erhält man Schwarz, während die Überlagerung von jeweils 100 Prozent der drei Primärfarben in reinem Weiß resultiert. → *siehe auch* CMYK, RGB-Monitor. → *vgl.* CMY.

RGB-Display, das; *Subst.* (RGB display)
→ *siehe* RGB-Monitor.

RGB-Monitor, der; *Subst.* (RGB monitor)
Ein Farbbildschirm, der die Bildsignale für Rot, Grün und Blau über drei getrennte Leitungen erhält. Ein RGB-Monitor liefert in der Regel schärfere und klarere Bilder als ein Kompositmonitor, der die Farbsignale über eine einzelne Leitung erhält. → *siehe auch* RGB. → *vgl.* Compositevideodisplay.

Rich-Text-Format, das; *Subst.* (Rich Text Format)
Eine Adaption des DCA-Formats (Document Content Architecture). Das Rich-Text-Format ist für den Austausch formatierter Textdokumente zwischen verschiedenen Anwendungen vorgesehen, die auch auf verschiedenen Plattformen laufen können, wie beispielsweise zwischen IBM- oder kompatiblen PCs und Apple Macintosh-Computern. → *siehe auch* DCA.

Richtlinien für Konten, die; *Subst.* (account policy)
Unter Windows NT sind die Zugriffsrechte ein Satz von Regeln, die den Gebrauch von Passwörtern über Benutzeraccounts einer Domäne oder eines Einzelcomputers kontrollieren. → *siehe auch* Domäne, Windows NT.

Richtungstaste, die; *Subst.* (direction key)
→ *siehe* Pfeiltaste.

RIFF

Abkürzung für »**R**esource **I**nterchange **F**ile **F**ormat«, zu Deutsch »Dateiformat für den Austausch von Ressourcen«. Mehrzweckspezifikation, die von IBM und Microsoft gemeinsam entwickelt wurde und zur Definition von Standardformaten für verschiedene Arten von Multimediadateien dient. RIFF basiert auf Kopfinformationen, die die einzelnen verschiedenen Datenelemente in einer Datei einleiten, wobei diese durch Art und Länge ausgewiesen werden. Durch dieses Prinzip kann die RIFF-Spezifikation auf einfache Weise um neue Arten von Elementen erweitert werden, ohne dass Probleme mit älteren Anwendungsprogrammen zu befürchten sind: Unbekannte, neue Typen, die in einer Datei gefunden werden, werden von Anwendungsprogrammen einfach ignoriert. → *siehe auch* AVI, MCI.

RIMM *Subst.*

Das Speichermodul eines RDRAM-Chips ähnelt zwar einem DIMM-Modul, nutzt aber unterschiedliche Pin-Belegungen und ist zudem kleiner. Der Ausdruck RIMM wird fälschlicherweise oftmals als Rambus Inline Memory Module bezeichnet; Aussagen des Herstellers Rambus, Inc. zufolge handelt es sich dabei aber nicht um ein Akronym. → *siehe auch* RDRAM.

Ringnetzwerk, das; *Subst.* (ring network)

Ein lokales Netzwerk, bei dem die Geräte (Knoten) miteinander in einer geschlossenen Schleife bzw. einem Ring verbunden sind. Die Nachrichten in einem Ringnetzwerk durchlaufen die aufeinander folgenden Knoten in einer Richtung. Jeder Knoten untersucht bei einer empfangenen Nachricht die darin enthaltene Zieladresse und nimmt die Nachricht entgegen, wenn diese Adresse mit der eigenen übereinstimmt. Andernfalls regeneriert er das Signal und leitet die Nachricht zum nächsten Knoten im Ring weiter. Durch eine derartige Signalaufbereitung kann ein Ringnetzwerk größere Entfernungen überbrücken als ein Stern- oder Busnetzwerk. Es lässt sich auch so auslegen, dass fehlerhaft arbeitende oder ausgefallene Knoten umgangen werden. Aufgrund der geschlossenen Schleife kann sich allerdings das Hinzufügen neuer Knoten schwierig gestalten. → *siehe auch* Tokenpassing, Token Ring-Netzwerk. → *vgl.* Busnetzwerk, Sternnetzwerk.

RIP

→ *siehe* Rasterprozessor.
→ *siehe* Routing Information Protokoll.

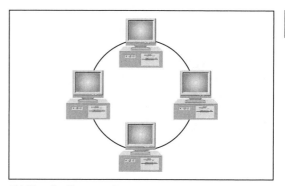

Abbildung R.5: Ringnetzwerk

RIPE

Abkürzung für »**R**eseaux **IP** **E**uropeens«. Eine unabhängige Organisation, die aus Internetserviceprovidern (ISP) besteht und sich zum Ziel gesetzt hat, ein gut funktionierendes und schnelles paneuropäisches Internetnetzwerk zu realisieren. Die meisten Tätigkeiten der RIPE werden von separaten Arbeitsgruppen durchgeführt, die mit verschiedenen Aufgaben beauftragt sind, z.B. der Verwaltung der RIPE-Datenbank sowie mit technischen Aspekten, die den Themenkomplex Netzwerke betreffen. RIPE bietet außerdem Dienste an, z.B. die Registrierung von Domänennamen innerhalb von Internet-Topleveldomänen und die Zuweisung von IP-Adressen (Internet Protocol). Die Mitgliederorganisationen der RIPE werden vom RIPE NCC (Network Coordination Centre) unterstützt, das sich in Amsterdam befindet und über den URL http://www.ripe.net erreicht werden kann. → *siehe auch* American Registry for Internet Numbers, ISP, Topleveldomäne.

rippen *Vb.* (to rip)

Im Umfeld der Softwarepiraterie bezeichnet Rip eine unrechtmäßige Kopie eines urheberrechtlich geschützten Datenträgers, bei dem einige Dateninhalte nicht kopiert wurden. Dies geschieht meist aus Gründen einer Reduzierung des Datenvolumens. Demgegenüber werden echte 1:1-Kopien urheberrechtlich geschützter Datenträger als Iso bezeichnet.

Aus dem Englischen übernommene Bezeichnung (to rip bedeutet »reißen«, »zerreißen«), die primär in Bezug auf das Kopieren von Audio-CDs auf Festplatte verwendet wird. Dabei werden die im Format CDDA auf dem Quelldatenträger gespeicherten Datenspuren während des Kopierens auf Festplatte (on the fly) in ein PC-typisches Dateiformat, etwa MP3 oder WAV, umgewandelt. → *siehe auch* on the fly.

R

Ripper *Subst.* (ripper)
Digitale Audiotechnologie, die Audiodaten von einer CD in eine WAV-Datei oder ein anderes digitales Format umwandelt. Ein Codierer wandelt daraufhin diese Datei in eine Datei (typischerweise eine MP3-Datei) um, die von einer bestimmten Software abgespielt werden kann. → *siehe auch* MP3.

RISC
Abkürzung für **R**educed **I**nstruction **S**et **C**omputing (Prozessor mit reduziertem Befehlssatz). Ein Mikroprozessordesign, das sich auf die schnelle und effiziente Verarbeitung eines verhältnismäßig kleinen und einfachen Befehlssatzes konzentriert. Dieser Befehlssatz enthält nur noch die häufigsten der Befehle, die üblicherweise von Mikroprozessoren dekodiert und ausgeführt werden. Diese Befehle sind in der RISC-Architektur allerdings derart optimiert, dass sie sehr schnell ausgeführt werden können – meist in einem einzigen Taktzyklus. RISC-Chips können somit einfache Befehle schneller ausführen als Allroundmikroprozessoren, die einen umfassenderen, komplexerem Befehlssatz (CISC – Complex Instruction Set Computing) verarbeiten können. Langsamer sind die RISC-Mikroprozessoren allerdings in der Ausführung komplexer Befehle, die sie zuerst in zahlreiche Maschinenbefehle aufgliedern müssen, während sie von den CISC-Chips meist direkt ausgeführt werden können. Zu den Familien der RISC-Chips gehören die Prozessortypen SPARC von Sun Microsystems, 88000 von Motorola, i860 von Intel sowie der von Apple, IBM und Motorola entwickelte PowerPC. → *siehe auch* Architektur, Skalar. → *vgl.* CISC.

Rivest-Shamir-Adleman-Verschlüsselung, die; *Subst.* (Rivest-Shamir-Adleman encryption)
→ *siehe* RSA-Verschlüsselung.

RJ-11-Stecker, der; *Subst.* (RJ-11 connector, RJ-11 jack)
→ *siehe* Telefonstecker.

RJ-45-Buchse, die; *Subst.* (RJ-45 jack)
→ *siehe* RJ-45-Stecker.

RJ-45-Stecker, der; *Subst.* (RJ-45 connector)
Abkürzung für »**R**egistered **J**ack 45«, zu Deutsch »genormtes Steckersystem«. Ein 8-adriges Steckersystem, das in lokalen Netzwerken (LAN) eingesetzt wird, um Computer (genauer die Netzwerkkarten) an den Netzwerkbus anzuschließen. Außerdem wird es bei ISDN eingesetzt, um Kommunikationsgeräte (z.B. Telefonapparate und ISDN-Adapter) an den S_0-Bus anzuschließen. Die im Stecker verankerten Adern werden durch ein Plastikgehäuse geschützt. RJ-45-Stecker sind farblich gekennzeichnet (farbcodiert), so dass die Stecker nur in die dazu passenden Buchsen gesteckt werden können. → *siehe auch* ISDN.

RLE-Codierung *Subst.* (RLE encoding)
→ *siehe* Runlength Encoding.

RLIN
→ *siehe* Research Libraries Information Network.

RLL-Codierung, die; *Subst.* (RLL encoding)
→ *siehe* Runlength Limited encoding.

rlogin
Ein Protokoll für die Anmeldung bei Computersystemen über ein Netzwerk, bei dem das lokale System automatisch den Anmeldenamen des Benutzers bereitstellt. → *siehe auch* Einloggen, Protokoll. → *vgl.* telnet.
Außerdem ein UNIX-Befehl der BSD-Version, durch den sich ein Benutzer auf einem entfernten Computer über ein Netzwerk mit Hilfe des Protokolls »rlogin« (Definition 1) anmelden kann. → *siehe auch* BSD UNIX.
Des Weiteren die Bezeichnung für den Vorgang, bei dem eine Verbindung zu einem Computer über ein Netzwerk mit Hilfe des Protokolls »rlogin« (Definition 1) hergestellt wird.

RLSD
Abkürzung für **R**eceived **L**ine **S**ignal **D**etect. → *siehe* DCD.

RMM
→ *siehe* Realmodemapper.

roboposten *Vb.* (robopost)
Artikel automatisch an Newsgroups weiterleiten. Dies geschieht in der Regel mit Hilfe eines sog. Roboters. → *siehe auch* Newsgroup, POST, Roboter.

Roboter, der; *Subst.* (bot, robot)
Eine Maschine, die Eingangsinformationen wahrnehmen, darauf reagieren und mit einem gewissen Grad von Intelligenz und (idealerweise) ohne menschliche Überwachung Änderungen in ihrer Umgebung bewirken kann. Obwohl Roboter oft zur Nachbildung menschlicher Arbeitsabläufe konstruiert sind, weisen sie selten eine menschenähnliche Erscheinung auf. Roboter findet man vor allem in der Produktion, wie beispielsweise bei der Herstellung von Autos oder Computern. → *siehe* Spinne. → *siehe auch* Robotik.

R

In einem Netzwerk stellt ein Roboter ein Programm dar, das bestimmte Aufgaben durchführt, insbesondere Aufgaben, die immer wieder anfallen oder die zeitintensiv sind.

Im Internet ist ein Roboter ein Programm, das wiederholt anfallende oder zeitintensive Arbeiten durchführt. Ein Beispiel ist ein Programm, das Websites und Newsgroups nach bestimmten Informationen durchsucht und diese in einer Datenbank ablegt. Ein derartiges Programm wird auch als »Spinne« (Spider) bezeichnet. Ein anderes Beispiel ist ein Programm, das eine oder mehrere Beiträge in mehreren Newsgroups ablegt. Derartige Programme werden häufig beim Spamming eingesetzt (dem Massenversand themenfremder Beiträge) und auch als »Spambots« bezeichnet. Ein weiteres Anwendungsgebiet für einen Roboter liegt darin, einen IRC-Channel offen zu halten. → *siehe auch* IRC, Newsgroup, Spam, Spambot, Spinne. → *auch genannt* Internetroboter.

Robotik, die; *Subst.* (robotics)
Zweig des Maschinenbaus, der sich mit der Konstruktion und dem Einsatz von Robotern beschäftigt. Der Tätigkeitsbereich der Roboteringenieure erstreckt sich auf die unterschiedlichsten Fachgebiete, wozu etwa Mechanik, Elektronik, Kybernetik, Bionik und künstliche Intelligenz zählen. Ziel der Robotik ist es, die Erzeugnisse mit einem Maximum an sensorischer Wahrnehmung, mechanischer Beweglichkeit, Unabhängigkeit und Flexibilität auszustatten. → *siehe auch* Active Vision, Bionik, künstliche Intelligenz, Kybernetik, visuelle Verarbeitung.

robust *Adj.* .
Die Fähigkeit, in unerwarteten Situationen zu funktionieren bzw. weiterhin gut zu funktionieren.

rödeln *Vb.* (grovel)
Arbeiten – speziell eine Suche – über einen längeren Zeitraum ohne ersichtlichen Fortschritt verrichten. Einige Programme durchsuchen z.B. erst eine ganze Eingabedatei, bevor die Ausgabe erfolgt. Programmierer müssen z.B. häufig ganze Handbücher auf der Suche nach einem bestimmten Befehl oder einen langen Code auf der Suche nach einem Bug lesen.

Röhrenkühlkörper, der; *Subst.* (heat pipe)
Ein Kühlgerät, das aus einem versiegelten Metallrohr besteht, das eine Flüssigkeit und einen Docht enthält. Die Flüssigkeit verdampft wärmeseitig. Der Dampf breitet sich dabei in dem Rohr kälteseitig aus und kondensiert im Docht. Die Flüssigkeit fließt durch Kapillarwirkung entlang des Dochtes zum heißen Ende. Röhrenkühlkörper werden in Pentium-basierten Laptops eingesetzt. Diese Computer haben einen erhöhten Kühlbedarf und keinen Raum für konventionelle Kühlkörper. → *vgl.* Kühlkörper.

ROFL
Abkürzung für **R**olling **O**n the **F**loor, **L**aughing (Im Deutschen etwa »Tränen lachen«). Ein Ausdruck, der meist in Newsgroups und Onlinekonferenzen verwendet wird, um einen Witz oder einen anderen lustigen Umstand zu bekunden. → *siehe auch* Netspeak. → *auch genannt* ROTFL.

Rohdaten, das; *Subst.* (raw data)
Unbearbeitete und meist unformatierte Daten, z.B. ein Datenstrom, der noch nicht nach Befehlen oder Sonderzeichen gefiltert wurde. → *siehe auch* Rohmodus. → *vgl.* Cooked Mode.
Außerdem Informationen, die gesammelt, aber noch nicht ausgewertet wurden.

Rohmodus, der; *Subst.* (raw mode)
Ein Betriebsmodus zur Abwicklung des Datentransfers mit zeichenorientierten Geräten, wie er bei den Betriebssystemen UNIX und MS-DOS vorkommt. Im Rohmodus filtert das Betriebssystem die Eingabedaten nicht und führt keine Sonderbehandlung von Wagenrücklauf-, Zeilenvorschub- und Tabulatorzeichen oder Dateiendemarken durch. → *vgl.* Cooked Mode.

Rollback, das; *Subst.* (rollback)
Die Rückkehr zu einem vorher stabilen Zustand. Beispielsweise die Wiederherstellung des Dateninhalts nach einem Festplatten-Headcrash anhand einer Sicherungskopie.

Rollenplotter, der; *Subst.* (pinch-roller plotter)
Ein Plottertyp, der von der Bauart her zwischen einem Trommelplotter und einem Flachbettplotter anzusiedeln ist und das Papier mit Hartgummi- oder Metallrollen gegen die primäre Laufrolle drückt. → *siehe auch* Plotter. → *vgl.* Flachbettplotter, Trommelplotter.

Rollenspiel, das; *Subst.* (role-playing game)
Ein Onlinespiel (z.B. MUD), bei dem die Teilnehmer die Persönlichkeit der miteinander agierenden Charaktere übernehmen. Oft finden diese Spiele in einem Rahmen von Fantasy oder Science Fiction statt und verfügen über gemeinsame Spielregeln, die alle Mitspieler befolgen müssen. → *siehe auch* MUD.

R

Rollentaste, die; *Subst.* (Scroll Lock key)
Eine Taste, mit der sich die Wirkung der Cursor-Steuertasten beeinflussen lässt. Auf der IBM-PC/XT- und AT-Tastatur befindet sich diese Taste in der obersten Reihe des numerischen Tastenblocks, während sie auf der erweiterten Tastatur sowie beim Apple Macintosh in der obersten Reihe rechts neben den Funktionstasten untergebracht ist. Ihre Einstellung wird von den meisten heutigen Anwendungen nicht berücksichtigt.

ROM, das; *Subst.*
Abkürzung für »**R**ead-**O**nly **M**emory«, zu Deutsch »Nur-Lese-Speicher«. Ein Halbleiterspeicher, in dem bereits während der Herstellung Programme oder Daten dauerhaft abgelegt werden (die sog. Maskenprogrammierung). Eine Verwendung dieser Technologie ist erst dann wirtschaftlich, wenn große Stückzahlen mit identischem Speicherinhalt hergestellt werden. Für experimentelle Entwürfe oder Kleinserien sind PROMs oder EPROMs vorzuziehen.
Gelegentlich spricht man auch bei verwandten Bausteinen wie dem PROM und EPROM, bei denen der Inhalt im Gegensatz zum ROM entweder einmal beschrieben oder auch – mit einigen Einschränkungen – mehrfach geändert werden kann, von »ROM«, auch wenn dies streng genommen nicht ganz korrekt ist. Beispielsweise ist häufig davon die Rede, dass sich der Inhalt des BIOS im ROM befindet, obwohl er möglicherweise in einem EPROM gespeichert ist. → *siehe auch* EEPROM, EPROM, PROM.

Roman *Adj.* (roman)
Bezeichnet eine Schriftart oder eine Schrift mit gerader Zeichenstellung, im Gegensatz zu den schräg gestellten Zeichen einer Kursivschrift. → *siehe auch* Schriftfamilie. → *vgl.* Kursivschrift.

ROM-BASIC, das; *Subst.* (ROM Basic)
Ein Basic-Interpreter, der vollständig in einem ROM-Speicher (Festspeicher) untergebracht ist, so dass der Benutzer sofort nach dem Einschalten der Maschine mit der Programmierung beginnen kann (gegenüber dem Laden des Basic-Interpreters von Diskette oder Magnetband). ROM-Basic war ein charakteristisches Merkmal der frühen Homecomputer.

ROM-BIOS, das; *Subst.* (ROM BIOS)
Abkürzung für **R**ead-**O**nly **M**emory **B**asic **I**nput/**O**utput **S**ystem (ROM-basierendes E-/A-System). → *siehe* BIOS.

ROM-Emulator, der; *Subst.* (ROM emulator)
Eine spezielle Schaltung, durch die die ROM-Chips eines Zielcomputers durch RAM-Speicher ersetzt werden können. Den Speicherinhalt des RAM liefert dabei ein separater Computer. Nachdem die RAM-Chips programmiert sind, werden sie vom Zielcomputer anstelle des ursprünglichen ROM angesprochen. ROM-Emulatoren können für die Fehlersuche in ROM-residenter Software verwendet werden, ohne dass dafür ROM-Chips herzustellen sind (was mit hohen Kosten und Zeitaufwand verbunden wäre). Da sich ein ROM-Emulator wesentlich schneller umprogrammieren lässt als ein EPROM, wird der Einsatz eines ROM-Emulators dem (alternativ möglichen) Einsatz von EPROMs oft vorgezogen, auch wenn die Anschaffungskosten höher liegen. → *siehe auch* EEPROM, EPROM, ROM. → *auch genannt* ROM-Simulator.

ROM-Karte, die; *Subst.* (ROM card)
Ein einsteckbares Modul, das z.B. eine oder mehrere Druckerschriften, Programme, Spiele oder andere Informationen enthält, die in einem ROM (Festspeicher) abgelegt sind. Eine typische ROM-Karte hat etwa die Länge und Breite einer Kreditkarte, ist aber um einiges dicker. Sie enthält Leiterplatten, auf denen die Informationen unmittelbar in integrierten Schaltkreisen gespeichert sind. → *siehe auch* ROM, ROM-Steckmodul. → *auch genannt* Font-Karte, Game-Karte.

ROM-Simulator, der; *Subst.* (ROM simulator)
→ *siehe* ROM-Emulator.

ROM-Steckmodul, das; *Subst.* (ROM cartridge)
Ein einsteckbares Modul, das Druckerschriften, Programme, Spiele oder andere Informationen enthält, die in ROM (Festspeicher-)Bauelementen gespeichert sind. Die ROM-Chips befinden sich auf einer Leiterplatte, die in ein Plastikgehäuse eingebaut und an einer Seite mit einem Steckverbinder versehen ist, so dass sich die Kassette leicht in einen Drucker, einen Computer, eine Spielkonsole oder ein anderes Gerät einstecken lässt. Ein Beispiel für ROM-Steckmodule sind z.B. die steckbaren Kassetten für Spielsysteme. → *siehe auch* ROM, ROM-Karte. → *auch genannt* Spieleinsteckmodul.

Rootaccount, der; *Subst.* (root account)
Auf UNIX-Systemen ein spezieller Benutzerzugang, der die Steuerung der Arbeitsweise des Computersystems ermöglicht. Der Systemverwalter verwendet diesen Zugang für die Systemwartung. → *siehe auch* Systemadministrator. → *auch genannt* Superuser.

Rootnamenserver, der; *Subst.* (root nameserver)
→ *siehe* Rootserver.

Rootserver, der; *Subst.* (root server)
Ein Computer mit der Fähigkeit, Namensserver mit den Informationen über Internetdomänen der obersten Ebene, wie com, org, uk, it, jp und anderen Länderdomänen in der Hierarchie des Domain Name System (DNS) des Internets zu ermitteln. Ausgehend vom Rootserver über Verweise auf Namenserver auf den niedrigeren Ebenen der Hierarchie, kann das DNS eine benannte Internetadresse wie »microsoft.com« der numerischen Entsprechung (d.h. der IP-Adresse) zuordnen. Rootserver enthalten somit die Daten, die für die Verweise zu den Namenservern auf der höchsten Hierarchieebene benötigt werden. Weltweit gibt es 13 Rootserver. Sie befinden sich in den USA, Großbritannien, Schweden und Japan. → *siehe auch* DNS, DNS-Server, Nameserver, Topleveldomäne. → *auch genannt* Rootnamenserver.

ROT13-Verschlüsselung, die; *Subst.* (ROT13 encryption)
Eine einfache Verschlüsselungsmethode, bei der jeder Buchstabe des Alphabets durch den entsprechenden Buchstaben des um 13 Zeichen verschobenen Alphabets ersetzt wird. Der Buchstabe A wird dann durch N ersetzt, N wird wiederum durch A ersetzt und Z durch M. Die ROT13-Verschlüsselung dient weniger einem sicheren Datenschutz, sondern sie wird in Newsgroups für die Maskierung möglicherweise unerwünschter Botschaften (z.B. anstößiger Witze) eingesetzt. Einige Leseprogramme für die Newsgroupnachrichten können ROT13-Verschlüsselungen per Tastendruck automatisch chiffrieren bzw. dechiffrieren.

RO-Terminal, das; *Subst.* (RO terminal)
Abkürzung für **R**ead-**O**nly **Terminal** (»Nur-Lese-Terminal«). Ein Terminal, das Daten nur empfangen, aber nicht senden kann. Fast alle Drucker lassen sich als RO-Terminals klassifizieren.

ROTFL
→ *siehe* ROFL.

Rot Grün Blau (red-green-blue)
→ *siehe* RGB.

rotieren *Vb.* (rotate)
Bits in einem Register nach links bzw. nach rechts verschieben. Dabei wird das an einem Ende herausgeschobene Bit auf der gerade frei gewordenen Position am gegenüberliegenden Ende des Registers wieder eingefügt. → *vgl.* schieben.

Roundrobin, der; *Subst.* (round robin)
Eine aufeinander folgende, umlaufende Belegung von Ressourcen durch mehrere Prozesse oder Geräte.

Roundtrip Engineering, das; *Subst.*
Spezielle Form der Programmierung, bei der sowohl Reverse als auch Forward Engineering eingesetzt werden. → *siehe auch* Reverse Engineering.

Router, der; *Subst.* (router)
Eine Vermittlungsvorrichtung in einem Kommunikationsnetzwerk, das die Bereitstellung von Nachrichten beschleunigt. In einem einzelnen Netzwerk, bei dem viele Computer über ein Netz möglicher Verbindungen verknüpft sind, empfängt ein Router die gesendeten Nachrichten und schickt sie über die jeweils wirkungsvollste verfügbare Route an die korrekten Ziele weiter. Auf einem miteinander verbundenen Satz von lokalen Netzwerken (LANs) mit einheitlichen Kommunikationsprotokollen übernimmt ein Router die Funktion eines Verknüpfungsrechners zwischen den LANs, um die Weiterleitung von Nachrichten von einem LAN zu einem anderen zu ermöglichen. → *siehe auch* Brücke, Gateway.

Route, virtuelle, die; *Subst.* (virtual route)
→ *siehe* virtuelle Verbindung.

routfähiges Protokoll, das; *Subst.* (routable protocol)
Ein Protokoll zur Datenübertragung, bei dem Daten mit Hilfe von Netzwerk- und Geräteadressen von einem Netzwerk auf ein anderes übertragen werden können. Ein Beispiel eines routfähigen Protokolls ist TCP/IP.

Routine, die; *Subst.* (routine)
Ein Codeabschnitt, der innerhalb eines Programms aufgerufen (ausgeführt) werden kann. Eine Routine hat normalerweise einen ihr zugeordneten Namen (Bezeichner) und wird durch Referenzierung dieses Namens aktiviert. Verwandte Begriffe, die sich je nach Kontext synonym verwenden lassen, sind *Funktion, Prozedur* und *Unterprogramm* (Subroutine). → *siehe auch* Funktion, Prozedur, Unterroutine.

Routing Information Protocol *Subst.* (routing information protocol)
Das zugrunde liegende Protokoll für Routing, bei dem der schnellste Weg für ein Datenpaket gesucht wird. Als Distanzmaß wird die Anzahl der »Hops« (Abschnitte), also die Zahl der auf dem Weg angesprungenen Router, zugrunde gelegt. Es ist eines der am meisten verbreiteten Protokolle in IP-

R Netzwerken. → *siehe auch* Distanzvektor-Routingalgorithmus nach Bellman-Ford, Kommunikationsprotokoll, Protokoll, Router, TCP.

Routing, reflektierendes, das; *Subst.* (reflective routing)
→ *siehe* reflektierendes Routing.

Routingtabelle, die; *Subst.* (routing table)
Im Bereich der Datenkommunikation eine Tabelle, die der Netzwerkhardware (Brücken und Router) Informationen darüber gibt, in welche Richtungen die Datenpakete weitergeleitet werden müssen, um zu den Zielorten der anderen Netzwerke zu gelangen. Die in einer Routingtabelle enthaltenen Informationen unterscheiden sich abhängig davon, ob diese von einer Brücke oder einem Router eingesetzt werden. Eine Brücke benötigt sowohl die Quelladresse als auch die Zieladresse, um zu entscheiden, wohin das Datenpaket transportiert werden und auf welche Weise dies geschehen soll. Ein Router dagegen benötigt die Zieladresse und Informationen darüber, die ihm mögliche Strecken angeben (in Hops oder in der Anzahl der Sprünge), ausgehend vom Router selbst, unter Einbeziehung der dazwischenliegenden Router und dem Ziel. Routingtabellen werden regelmäßig aktualisiert, sobald neue oder aktuellere Daten verfügbar sind. → *siehe auch* Brücke, Hop, internetwork, Router.

RPC
→ *siehe* Remoteprozeduraufruf.

RPF
→ *siehe* umgekehrte Weiterleitung.

RPG
Abkürzung für **R**eport **P**rogram **G**enerator. Eine Programmiersprache für die Erstellung von Berichten in kaufmännischer Software, die in den 60er Jahren von IBM entwickelt wurde. RPG hält sich bis heute im Markt der AS/400-Systeme. → *siehe auch* AS/400, kaufmännische Software.

RPN
Abkürzung für **R**everse **P**olish **N**otation (Umgekehrt Polnische Notation). → *siehe* Postfixnotation.

RPROM, das; *Subst.*
Abkürzung für **R**eprogrammable **PROM** (Mehrfach programmierbares PROM). → *siehe* EPROM.

RRP
→ *siehe* Resource Reservation Protocol.

RS-232-C-Standard, der; *Subst.* (RS-232-C standard)
Ein anerkannter Industriestandard für die serielle Datenübertragung. Der von der EIA angenommene Standard – das RS steht für »Recommended Standard«, d.h. empfohlener Standard – definiert die spezifischen Leitungen und Signaleigenschaften, die durch serielle Kommunikationscontroller verwendet werden, und stellt damit eine einheitliche Grundlage für die Übertragung serieller Daten zwischen unterschiedlichen Geräten dar. Der Buchstabe »C« weist darauf hin, dass es sich bei der aktuellen Version des Standards um den dritten in einer Folge handelt. → *siehe auch* CTS, DSR, DTR, RTS, RXD, TXD.

RS-422/423/449
Standards für die serielle Datenübertragung bei Entfernungen über 15 Meter. RS-449 vereinigt RS-422 und RS-423. Die seriellen Anschlüsse des Apple Macintosh entsprechen dem Standard RS-422. → *siehe auch* RS-232-C-Standard.

RSAC
→ *siehe* Recreational Software Advisory Council.

RSA-Verschlüsselung, die; *Subst.* (RSA encryption)
Kurzform für **R**ivest-**S**hamir-**A**dleman-**Verschlüsselung.**
Ein patentierter Verschlüsselungsalgorithmus mit asymmetrischer Verschlüsselung und öffentlichen Schlüsseln, der 1978 von Ronald Rivest, Adi Shamir und Leonard Adleman vorgestellt wurde und auf dem das weit verbreitete Verschlüsselungsprogramm PGP (Pretty Good Privacy) basiert. → *siehe auch* asymmetrische Verschlüsselung, Kryptografie, PGP, Public-Key-Verschlüsselung. → *vgl.* Elliptic Curve-Kryptografie.

RSI
→ *siehe* Ermüdungsverletzungen.

RSN
→ *siehe* Real Soon Now.

RSVP
→ *siehe* Resource Reservation Protocol.

RTCP
→ *siehe* Real-Time Control Protocol.

RTF
→ *siehe* Rich-Text-Format.

RTFM
Abkürzung für **R**ead **T**he **F**laming (oder **F**riendly) **M**anual (»Schlagen Sie im Handbuch nach!«). Eine Antwort, die im Internet in den Newsgroups oder Foren zur technischen Unterstützung eines Produkts auf Fragen gegeben wird, die ausführlich in der Anleitung oder Produktdokumentation behandelt werden. → *siehe auch* Netspeak. → *auch genannt* RTM.

RTM
Abkürzung für **R**ead **T**he **M**anual (»Lesen Sie das Handbuch!«). → *siehe* RTFM. → *siehe auch* Netspeak.

RTP
→ *siehe* Real-Time Protocol.

RTS
Abkürzung für **R**equest **T**o **S**end (Sendeanforderung). Ein in der seriellen Datenübertragung verwendetes Signal zur Anforderung der Sendeerlaubnis. Es wird z.B. von einem Computer an das angeschlossene Modem ausgegeben. Dem Signal RTS ist nach der Hardwarespezifikation der Norm RS-232-C der Anschluss 4 zugeordnet. → *siehe auch* RS-232-C-Standard. → *vgl.* CTS.

RTSP
→ *siehe* Real-Time Streaming Protocol.

Ruder, das; *Subst.* (rudder control)
Eine Vorrichtung aus einem Pedalpaar, die es einem Benutzer ermöglicht, in einem Flugsimulatorprogramm Ruderbewegungen einzugeben. Das Ruder wird zusammen mit einem Joystick (der die simulierten Quer- und Höhenruder steuert) und einer Drosselsteuerung eingesetzt.

rudimentär *Adj.* (bare bones)
Eigenschaft, die ein Produkt charakterisiert, das zweckmäßig orientiert ist oder aus anderen Gründen nicht über besondere Leistungsmerkmale verfügt. Rudimentäre Anwendungsprogramme weisen lediglich Grundfunktionen auf, die zur Durchführung der entsprechenden Arbeiten notwendig sind. Analog dazu besteht ein rudimentärer Computer nur aus den notwendigsten Hardwarebestandteilen oder wird ohne Peripheriegeräte verkauft. Typischerweise befindet sich bei einem derartigen Computer nur das Betriebssystem im Lieferumfang, aber keine weitere Software.

Rudimentärcomputer, der; *Subst.* (bare bones)
Ein Computer, der nur aus den Grundbestandteilen - der Hauptplatine (bestückt mit dem Prozessor und RAM-Chips), dem Gehäuse, dem Netzteil, einem Diskettenlaufwerk und einer Tastatur - besteht. Weitere Komponenten wie Festplatte, Videoadapter, Monitor und andere Peripheriegeräte müssen noch hinzugefügt werden. → *siehe auch* Hauptplatine, Peripherie.

Rückflanke, die; *Subst.* (trailing edge)
Der letzte Abschnitt eines elektronischen Impulses. Geht ein digitales Signal beispielsweise vom Wert 1 wieder auf den Wert 0 über, bezeichnet die Rückflanke der Verlauf dieses Übergangs.

Rückgabewert, der; *Subst.* (return code)
Ein Code, den man in der Programmierung verwendet, um das Ergebnis einer Prozedur zurückzumelden oder nachfolgende Ereignisse zu beeinflussen, wenn eine Routine oder ein Prozess terminiert (zurückkehrt) und die Steuerung des Systems an eine andere Routine übergibt. Rückgabewerte können beispielsweise anzeigen, ob eine Operation erfolgreich war. Auf dieser Grundlage lässt sich dann festlegen, welche Aktionen als Nächstes auszuführen sind.

rückgängig machen *Vb.* (undo)
Das Umkehren der letzten Aktion - z.B. das Rückgängigmachen eines Löschvorgangs, um den dabei gelöschten Text in einem Dokument wiederherzustellen. Viele Anwendungen erlauben es dem Benutzer, eine Aktion sowohl rückgängig zu machen als auch die rückgängig gemachte Aktion selbst wieder umzukehren. → *siehe auch* wiederherstellen.

Rückkehr-nach-Null-Verfahren, das; *Subst.* (return to zero)
Abgekürzt RZ. Für magnetische Medien verwendetes Aufzeichnungsverfahren, bei dem der Bezugspunkt - d.h. der »neutrale« Zustand - durch fehlende Magnetisierung repräsentiert wird. → *vgl.* Nonreturn to Zero.

rückkonvertieren *Vb.* (downconvert)
Das Erzeugen eines neuen Computervirus durch Konvertieren eines vorhandenen Virus in eine frühere Version der Programmiersprache, in der der Originalvirus geschrieben wurde. Durch Rückkonvertieren eines Virus können die Urheber dieser unheilvollen Schöpfungen bei Benutzern, die nicht die neueste Version der Zielsprache verwenden, das Ausmaß des Schadens vergrößern. → *vgl.* hochkonvertieren.

R

R

Rückkopplung, die; *Subst.* (feedback)
Die Rückführung eines Teils des Systemausgangs auf den Eingang desselben Systems. Meist wird Rückkopplung in einem System bewusst eingesetzt, sie kann manchmal jedoch auch unerwünscht sein. In der Elektronik wird Rückkopplung für die Überwachung, Steuerung und in Verstärkerschaltungen eingesetzt.

Rückkopplungsschaltung, die; *Subst.* (feedback circuit)
Jede Schaltung (oder allgemeiner: jedes System), die einen Teil des Ausgangssignals auf den eigenen Eingang zurückführt (zurückkoppelt). Ein bekanntes – wenn auch nicht gänzlich elektronisches – Beispiel eines Rückkopplungssystems findet man in der thermostatisch geregelten Haushaltsheizung. Dieser selbstbegrenzende oder selbstkorrigierende Prozess stellt eine negative Rückkopplung dar, bei der die Ausgangsgröße so auf die Quelle zurückgeführt ist, dass sich Änderungen des Ausgangssignals gegenläufig auswirken. Bei der positiven Rückkopplung wird eine Vergrößerung des Ausgangssignals auf die Quelle zurückgeführt, wobei das Ausgangssignal weiter vergrößert wird, und es zeigt sich ein Schneeballeffekt. Eine unerwünschte positive Rückkopplung äußert sich z.B. als »Pfeifen«, wenn sich das Mikrofon in einer Verstärkeranlage zu nahe an einem Lautsprecher befindet.

Rückruf, der; *Subst.* (callback)
Ein Authentisierungsschema für Benutzer, das auf Computern eingesetzt wird, auf denen Einwahldienste betrieben werden. Dabei wählt sich ein Benutzer in den Computer ein und gibt seinen Identifizierungscode (ID) und sein Kennwort ein. Daraufhin unterbricht der Computer die Verbindung und wählt den Benutzer automatisch über eine fest definierte, vorher autorisierte Nummer zurück. Auf diese Weise soll verhindert werden, dass sich nicht autorisierte Benutzer Zugang zum System verschaffen können, selbst wenn die ID und das Kennwort eines Benutzers in falsche Hände gelangt sind. → *siehe auch* Authentifizierung.

Rückrufmodem, das; *Subst.* (callback modem)
Ein Modem, das einen ankommenden Anruf nicht sofort beantwortet, sondern zunächst vom Anrufer erwartet, dass dieser einen Mehrfrequenzcode eingibt (vergleichbar mit der Fernabfrage bei Anrufbeantwortern). Daraufhin trennt das Modem die Verbindung und vergleicht den eingegebenen Code mit den gespeicherten Telefonnummern. Wenn der Code mit einer autorisierten Nummer übereinstimmt, wählt das Modem die entsprechende Nummer und stellt damit die Verbindung zum ursprünglichen Anrufer her. Rückrufmo-

dems werden eingesetzt, wenn Kommunikationsleitungen von außerhalb erreichbar sein müssen, aber erhöhte Sicherheitsanforderungen bestehen, um die Daten vor Unberechtigten zu schützen.

Rücktaste, die; *Subst.* (Backspace key)
Auf Tastaturen von IBM und dazu kompatiblen Tastaturen eine Taste, die den Cursor eine Zeichenposition nach links bewegt und dabei gewöhnlich das Zeichen links vom Cursor löscht.
Auf Macintosh-Tastaturen eine Taste (auf einigen Macintosh-Tastaturen auch als »Löschtaste« bezeichnet), die den derzeit markierten Text löscht oder – falls kein Text markiert ist – das Zeichen links von der Einfügemarke (dem Cursor) entfernt.

Rückverkettung, die; *Subst.* (backward chaining)
In Expertensystemen eine Form der Problemlösung, bei der zunächst eine Behauptung aufgestellt wird, der ein Satz an Regeln vorangestellt wird. Anschließend werden diese (gewissermaßen rückverketteten) Regeln mit Informationen aus einer Wissensdatenbank verglichen, woraufhin die Behauptung überprüft und als richtig oder falsch eingestuft werden kann. → *vgl.* Vorwärtsverkettung.

runden *Vb.* (round)
Kürzen des gebrochenen Teils einer Zahl. Bei Dezimalzahlen wird dabei die letzte beibehaltene Dezimalstelle um eins erhöht, wenn die folgende Stelle einen Wert größer 5 hatte. Wird beispielsweise 0,3333 auf zwei Dezimalstellen gerundet, erhält man 0,33, bei 0,6666 dagegen 0,67. In Computerprogrammen wird das Runden häufig angewandt. Dabei können allerdings manchmal verwirrende Ergebnisse entstehen, wenn sich in den verbleibenden Werten Rundungsfehler bemerkbar machen. In Tabellenkalkulationen kann die Summe einzelner Prozentanteile dann beispielsweise anstelle 100 Prozent Werte von 99 oder 101 Prozent ergeben.

Rundsendung, die; *Subst.* (broadcast)
Analog zu Rundfunk und Fernsehen eine Übertragung, die an mehrere Empfänger gerichtet ist.

Runlength Encoding, das; *Subst.* (run-length encoding)
Eine Technik zur Datenkomprimierung, bei der in einer Abfolge von gleichlautenden Zeichen (oder anderen Daten, beispielsweise Pixeln in einer Grafikdatei) nur das erste Zeichen dargestellt und die Anzahl der nachfolgenden Zeichen durch eine Zahl angezeigt wird. Beispielsweise repäsentiert

»5 %« eine Abfolge von fünf Prozentzeichen. Wenn z.B. eine so komprimierte Grafikdatei dekomprimiert wird, wird jedes repräsentative Pixel genau so oft kopiert, dass die zuvor nicht gespeicherten Pixel wieder hergestellt werden. Je mehr aneinandergrenzende Bereiche vorhanden und je länger die einzelnen Bereiche sind, desto höher ist die erreichbare Komprimierungsrate. Die RLE-Komprimierung funktioniert am besten mit einfachen Schwarz-Weiß-Grafiken oder Grafiken mit wenig Farben. → *vgl.* Runlength Limited encoding.

Runlength Limited Encoding, das; *Subst.* (run-length limited encoding)

Abgekürzt RLL-Codierung. Eine schnelle und hocheffiziente Methode der Datenspeicherung auf einem magnetischen Datenträger (in der Regel auf einer Festplatte). Die zu speichernden Informationen werden dabei nicht in ihrer wirklichen Form bitweise oder zeichenweise gespeichert, sondern vor der eigentlichen Aufzeichnung umcodiert. Bei der RLL-Codierung wird der magnetische Fluss abhängig von der Anzahl der hintereinander auftretenden Folge von Nullen im Code geändert. Gegenüber anderen Verfahren ist dadurch bei gleicher Anzahl von Bits eine geringere Häufigkeit der Flusswechsel für die Datenspeicherung erforderlich. Daraus resultiert eine beträchtlich höhere Speicherkapazität im Vergleich zu älteren Codierungstechnologien, die z.B. nach der Frequenzmodulation (FM) oder der modifizierten Frequenzmodulation (MFM) arbeiten. → *vgl.* Frequenzmodulationscodierung, Modified Frequency Modulation encoding.

Runtimeversion, die; *Subst.* (run-time version)

Eine spezielle Programmversion, die dem Benutzer nur eine Auswahl der möglichen Leistungen eines umfassenderen Softwarepaketes bietet.

R/W Adj.

→ *siehe* lesen/schreiben.

RXD

Abkürzung für Receive (**RX**) **D**ata (Empfangsdaten). Eine Leitung für die Übertragung der empfangenen, seriellen Daten von einem Gerät zu einem anderen – z.B. von einem Modem zu einem Computer. Bei Verbindungen nach der Norm RS-232-C wird RXD auf den Anschluss 3 des Steckverbinders geführt. → *siehe auch* RS-232-C-Standard. → *vgl.* TXD.

RZ

→ *siehe* Rückkehr-nach-Null-Verfahren.

S

S-100-Bus, der; *Subst.* (S-100 bus)
Eine 100-polige Busspezifikation für Computerentwicklungen mit Mikroprozessoren der Typen Intel 8080 und Zilog Z-80. Auch die Prozessorfamilien 6800 und 68000 von Motorola sowie iAPx86 von Intel sind auf dem S-100-Bus eingesetzt worden. Systeme auf der S-100-Basis waren unter den ersten Computerbenutzern außerordentlich populär. Sie verfügten über eine offene Architektur, die eine beliebige Erweiterung der Systemkonfiguration mit Hilfe von Zusatzkarten ermöglichte.

SAA
Abkürzung für **S**ystems **A**pplication **A**rchitecture (Architektur für Systemanwendungen). Ein von IBM entwickelter Standard für das Erscheinungsbild und die Bedienung von Anwendungssoftware. Damit sollen alle Programme, die für IBM-Computer (Großcomputer, Minicomputer und Personal Computer) entwickelt werden, ein gleichartiges Aussehen und eine ähnliche Bedienung aufweisen. SAA definiert die Schnittstelle einer Anwendung sowohl zum Benutzer als auch zum unterstützenden Betriebssystem. Echte SAA-konforme Anwendungen sind auf der Quell-Ebene (bevor sie kompiliert werden) mit jedem SAA-konformen Betriebssystem kompatibel – vorausgesetzt, dass das System in der Lage ist, alle durch die Anwendung geforderten Dienste bereitzustellen.

S-Abf-Taste, die; *Subst.* (Sys Req key)
Systemabfragetaste. Eine Taste auf IBM-Tastaturen und kompatiblen, die die gleiche Funktion wie die Taste »Sys Req« auf den Terminals eines IBM-Großcomputers. Dort bewirkt sie das Zurücksetzen der Tastatur oder das Wechseln von einer Sitzung zu einer anderen.

Sabotage, die; *Subst.* (information warfare)
Ein Abgriff auf Computeroperationen, die für die feindliche Nation in punkto Wirtschaft und Sicherheit von größter Bedeutung sind. So können z.B. Fluglotsensysteme oder Rechenzentren von Börsen Angriffspunkte für Sabotage sein.

Sad Mac, der; *Subst.*
Eine Fehlermeldung, die bei einem Apple Macintosh ausgegeben wird, wenn der Selbsttest des Systems nach dem Einschalten fehlgeschlagen ist. Sad Mac ist ein Symbol des Macintoshs mit einem finsteren Gesicht und Kreuzchen statt Augen. Der Fehlercode steht unterhalb des Symbols.

Sättigung, die; *Subst.* (saturation)
Bezeichnet den vollständig leitenden Zustand bei einem elektronischen Schalter- oder Verstärkerbauelement – d.h., es fließt der maximal mögliche Strom. Auf diesen Begriff trifft man meist im Zusammenhang mit Bipolar- oder Feldeffekttransistoren.
In der Farbgrafik und im Druckwesen beschreibt »Sättigung« den – häufig als Prozentwert zwischen 0% und 100% angegebenen – Anteil der Farbe in einem bestimmten Farbton.
→ *siehe auch* HSB.

Säulendiagramm, das; *Subst.* (column chart)
Eine Variante des Balkendiagramms, bei dem die Werte in Form vertikaler Balken angezeigt und gedruckt werden.
→ *siehe auch* Balkendiagramm. (Abbildung S.1)

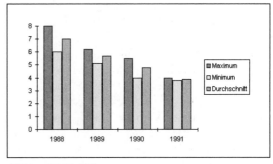

Abbildung S.1: Säulendiagramm

Samba
Populäres Freewareprogramm, das es Endanwendern erlaubt, über ein Netzwerk auf gemeinsam genutzte Dateien, Drucker und andere Ressourcen zuzugreifen. Das auf dem Client-/Serverprotokoll SMB (Server Message Block) basierende

S Samba wird oftmals als Netzwerkdateisystem bezeichnet und kann auf diversen Betriebssystemen wie Linux, Unix und OS/2 eingesetzt werden.

Sampling *Vb.* (sampling)
Bei der Umwandlung von analogen Signalen in eine digitale Darstellung werden in periodischen Abständen Stichproben entnommen, die dann mit Hilfe von Analog-/Digitalwandlern in ein binäres, von Computern zu verarbeitendes Format umgewandelt werden. Die beiden Hauptkenngrößen bei diesem Abtastverfahren sind die Abtastrate (normalerweise in Abtastungen pro Sekunde ausgedrückt) und die Abtastgenauigkeit (ausgedrückt in bit; beispielsweise lassen sich mit 8-Bit-Abtastungen Eingangsspannungen mit einer Genauigkeit von 1/256 des Messbereichs erfassen).

Samplingsynthesizer, der; *Subst.* (sampling synthesizer)
Ein Gerät zur Wiedergabe digitalisierter Schallereignisse, die in einem ROM (Festspeicher) abgelegt sind. Wurde z.B. ein Klavierton digitalisiert und im Speicher abgelegt, kann der Synthesizer ihn verwenden, um andere klavierähnliche Töne zu erzeugen.

Samurai, der; *Subst.* (samurai)
Ein von einem Unternehmen oder einer Organisation beschäftigter Hacker, der die Netzwerksicherheit verwaltet oder legale Hackervorgänge ausführt. Ein Samurai setzt sein Fachwissen als Hacker im gesetzlich vertretbaren Rahmen für seinen Auftraggeber ein. → *siehe auch* Hacker.

SAN
→ *siehe* System Area Network.

Sandkasten, der; *Subst.* (sandbox)
Sicherheitsbereich in der Java-Virtualmachine für heruntergeladene (empfangene) und damit nicht vertrauenswürdige Applets. Die Applets werden in diesem Bereich festgehalten und davon abgehalten, Systemressourcen zu beanspruchen. Dieses Festhalten hindert Applets daran, Operationen durchzuführen, die möglicherweise gefährlich sind oder einem boshaften, zerstörerischen Charakter unterliegen. Der Begriff stammt daher, dass die Applets gewissermaßen im Sandkasten »spielen« müssen und jeder Versuch, aus diesem zu »flüchten«, vom Java-Sicherheits-Manager vereitelt wird.
Umgangssprachlicher Ausdruck für die Forschungs- und Entwicklungsabteilung vieler Software- und Computerfirmen.
→ *siehe auch* Applet, Java Virtual Machine.

SAP
→ *siehe* Service Advertising Protocol.

SAPI
Abkürzung für **S**peech **A**pplication **P**rogramming **I**nterface (Programmierschnittstelle für Sprachanwendungen). Eine Funktion von Windows 9x und Windows NT/2000, die es ermöglicht, in Anwendungen Spracherkennung oder Umwandlung von Text in Sprache einzubinden. → *siehe auch* Spracherkennung. → *auch genannt* Speech API.

SASL
Eine Abkürzung für **S**imple **A**uthentication and **S**ecurity **L**ayer. Ein von John Myers bei Netscape Communications entwickeltes Netzwerkprotokoll, das als RFC 2222 veröffentlicht wurde. SASL ist eine Konvention, die Netzwerkprotokolle dazu veranlasst, die Betriebssicherheit eines Netzwerks zu erhöhen, indem Benutzername und Passwort abgefragt werden. SASL kommt zur Anwendung, wenn das Netzprotokoll einen Befehl zur Identifikations- und Autorisationsabfrage generiert, bevor dem Benutzer der Zugriff auf den Server erlaubt wird. Optional kann SASL auch als Schutzfunktion für untergeordnete Protokoll-Interaktionen eingesetzt werden. Mit dieser Möglichkeit legt SASL eine zusätzliche Sicherheitsebene zwischen das Protokoll und die Netzwerkverbindung. → *siehe auch* Netzwerkprotokoll, RFC. → *vgl.* Secure Sockets Layer.

Satellit, der; *Subst.* (satellite)
→ *siehe* Nachrichtensatellit.

Satellitencomputer, der; *Subst.* (satellite computer)
Ein Computer, der mit einem anderen über eine Datenübertragungsstrecke verbunden ist. Der Satellitencomputer hat einen niedrigeren Stellenwert als der Haupt- bzw. Hostcomputer. Der Hostcomputer steuert den Satelliten entweder direkt oder er steuert die von ihm ausgeführten Tasks. → *siehe auch* Datenfernübertragung.

Satz, der; *Subst.* (set)
Auf Drucker- oder Bildschirmausgaben bezogen, beschreibt ein Satz eine Gruppe zusammengehöriger Zeichen (Zeichensatz). → *siehe auch* Zeichensatz.

Satzzwischenraum, der; *Subst.* (inter-record gap)
Ein nicht genutzter Bereich zwischen Datenblöcken, die auf Diskette oder Magnetbank gespeichert sind. Da die Geschwindigkeit von Disketten und Magnetbändern während des

Betriebes der Laufwerke leicht schwankt, lassen sich neue Datenblöcke nicht genau innerhalb des von den alten Datenblöcken eingenommenen Platzes schreiben. Durch den Satzzwischenraum wird verhindert, dass der neue Block Teile von nebeneinander liegenden Blöcken überschreibt. → auch genannt Blocklücke, Lücke.

SAX

Abkürzung für »Simple API for XML«. Eine in Java programmierte Anwendungsprogrammierschnittstelle (API) für die plattformunabhängige Implementierung von XML-Parsern. Weitere Informationen finden Sie unter der Webadresse http://www.saxproject.org. → siehe auch Anwendungsprogrammierschnittstelle, Java, Open Source, parsen, XML. → vgl. Dokumentenobjektmodell.

Scalable Processor Architecture, die; Subst.
→ siehe SPARC.

Scancode, der; Subst. (scan code)
Eine Codenummer, die der Tastaturcontroller an einen IBM- oder kompatiblen PC sendet, wenn eine Taste gedrückt oder losgelassen wird. Jeder Taste auf der Tastatur ist ein eindeutiger Tastaturcode zugeordnet. Dieser Code entspricht nicht dem ASCII-Wert des Buchstabens, der Ziffer oder des Symbols, die jeweils auf der Taste abgebildet sind, sondern stellt ein spezielles Kennzeichen für die Taste selbst dar und ist für eine bestimmte Taste immer gleich. Beim Betätigen einer Taste sendet der Tastaturcontroller den Tastaturcode an den Computer, in dem ein Teil des ROM BIOS die Umwandlung des Tastaturcodes in den korrespondierenden ASCII-Wert übernimmt. Da eine einzelne Taste mehrfach belegt sein kann (z.B. sowohl mit dem Kleinbuchstaben a als auch dem Großbuchstaben A), wertet das ROM BIOS ebenfalls den Status der Tasten aus, die den Zustand der Tastatur verändern (wie beispielsweise den der Umschalttaste), und berücksichtigt ihn bei der Übersetzung eines Tastaturcodes. → vgl. Tastencode.

scannen Vb. (scan)
Bei optischen Technologien, wie man sie in Faxgeräten oder Kopierern findet, versteht man unter »scannen« die Bewegung eines lichtempfindlichen Bauelements über eine Bildvorlage (etwa eine Textseite), wobei die hellen und dunklen Bereiche auf der Oberfläche in binäre Werte zur Weiterverarbeitung durch einen Computer umgesetzt werden.

Scanner, der; Subst. (scanner)
Ein optisches Eingabegerät, das lichtempfindliche Bauelemente verwendet, um ein Bild aufzunehmen, das sich auf Papier oder einem anderen Medium befindet. Das Bild wird in ein Digitalsignal umgewandelt, das dann durch Software zur optischen Zeichenerkennung (OCR) oder durch Grafikprogramme bearbeitet werden kann. Scanner werden in verschiedenen Bauarten hergestellt; man unterscheidet Flachbettscanner (der Scanner-Kopf wird über das stationäre Medium geführt), Einzugsscanner (das Medium wird über einen stationären Scannerkopf gezogen) und Trommelscanner (das Medium wird um einen stationären Scannerkopf herumgeführt) sowie Handscanner (das Gerät wird vom Benutzer über das stationäre Medium geführt).

Scanner, dreidimensionaler, der; Subst. (spatial digitizer)
→ siehe dreidimensionaler Scanner.

Scannerkopf, der; Subst. (scan head)
Eine optische Vorrichtung in Scannern und Faxgeräten, die über das abzutastende Material geführt wird, helle und dunkle Bereiche in elektrische Signale umwandelt, und diese Signale zur Verarbeitung an das Abtastsystem weiterleitet.

Scanner, optischer, der; Subst. (optical scanner)
→ siehe optischer Scanner.

Scatternet, das; Subst.
Eine Gruppe unabhängiger und nicht miteinander synchronisierter Piconets (PANs), das gemeinsam auf mindestens ein Bluetooth-fähiges Endgerät zugreift. Die gemeinsam genutzte Bluetooth-Hardware muss dabei die Funktion point-to-multipoint unterstützen. In einem Scatternet können maximal zehn Piconets integriert werden. → siehe auch Bluetooth-Spezifikation, Piconet.

Schablone, die; Subst. (template)
Eine Kunststoff- oder Pappmaske, auf der eine Kurzübersicht der Funktionen eines Programms (insbesondere die Funktionstasten und Tastenkombinationen) oder einer Programmiersprache oder eine vergleichbare Kurzanleitung aufgedruckt ist. Die Schablone wird an einem Bildschirm, einem Grafiktablett oder einer Tastatur befestigt.
In der Bildverarbeitung ein Muster, mit dessen Hilfe ein abgetastetes Bild verglichen oder zugeordnet werden kann.

S **Schacht**, der; *Subst.* (bay)
Ein Einschub oder eine Öffnung zur Installation eines elektronischen Gerätes – beispielsweise der Raum, der für zusätzliche Diskettenlaufwerke, CD-ROM-Laufwerke, Festplatten und andere Zusatzeinrichtungen im Gehäuse von Mikrocomputern vorgesehen ist. → *siehe auch* Laufwerksschacht.

schadhafter Block, der; *Subst.* (bad block)
Ein defekter Bereich im Arbeitsspeicher. Defekte Blöcke werden vom Speichercontroller beim Selbsttest lokalisiert, der nach dem Einschalten oder einem Neustart des Computers durchgeführt wird. → *siehe* schadhafter Sektor.

schadhafter Sektor, der; *Subst.* (bad sector)
Ein Disketten- oder Festplattensektor, der sich aufgrund von mechanischen Beschädigungen oder von Herstellungsfehlern nicht für die Datenspeicherung eignet. Die Ermittlung von schadhaften Sektoren, deren Markierung und das Überspringen dieser bei der Aufzeichnung von Daten gehören zu den vielen Aufgaben eines Betriebssystems. Ein Dienstprogramm zur Formatierung ist ebenfalls in der Lage, schadhafte Sektoren festzustellen und zu markieren.

schadhafte Spur, die; *Subst.* (bad track)
Eine Spur auf einer Festplatte oder Diskette, bei der ein schadhafter Sektor festgestellt wurde und die daher vom Betriebssystem übersprungen wird. → *siehe auch* schadhafter Sektor.

Schärfe, die; *Subst.* (sharpness)
→ *siehe* Auflösung.

Schallschutzgehäuse, das; *Subst.* (sound hood)
Ein mit schalldämmendem Material ausgekleideter, unten geöffneter Kasten, der bei lauten Bürodruckern als Abdeckung dient, um deren Geräuschentwicklung zu dämpfen.

Schalter, der; *Subst.* (switch)
Ein elektrisches Bauelement mit zwei Zuständen: ein und aus. Außerdem eine Steuerungsvorrichtung, mittels der ein Benutzer aus zwei oder mehr möglichen Zuständen auswählen kann.
In Betriebssystemen wie MS-DOS stellt ein Schalter ein Befehlszeilenargument dar, das die Ausführung eines Befehls oder einer Anwendung steuert und meist mit einem Schrägstrich (/) eingeleitet wird.

Schaltfläche, die; *Subst.* (button)
Ein grafisches Element in einem Dialogfeld, das beim Aktivieren eine bestimmte Funktion auslöst. Um eine Schaltfläche zu aktivieren, wird mit der Maus auf sie geklickt. Wenn die Schaltfläche über den Focus verfügt (das Element, das die derzeitige Vorauswahl kennzeichnet), kann alternativ auch die Return-Taste (Eingabetaste) gedrückt werden. (Abbildung S.2)

Abbildung S.2: Schaltfläche

Schaltfläche »Maximieren«, die; *Subst.* (Maximize button)
Die Schaltfläche »Maximieren« ist in Windows 3.x, Windows 9x, Windows NT und Windows 2000 eine Schaltfläche in der oberen rechten Ecke eines Fensters, mit der ein Fenster so maximiert werden kann, dass es den gesamten verfügbaren Anzeigebereich innerhalb eines größeren Fensters oder auf dem Bildschirm einnimmt. → *siehe auch* Fenster, grafische Benutzeroberfläche. → *vgl.* Schaltfläche »Minimieren«.

Schaltfläche »Minimieren«, die; *Subst.* (Minimize button)
Die Schaltfläche »Minimieren« wird in Windows 3.x, Windows 9x, Windows NT und Windows 2000 durch eine Schaltfläche in der oberen rechten Ecke eines Fensters dargestellt. In Windows 3.x sowie Windows NT 3.5 und den jeweiligen Vorgängerversionen wird ein Symbol auf dem Desktop angezeigt, das das Fenster darstellt. In Windows 9x/NT 4.0/2000 wird der Name des Fensters auf der Taskleiste unten im Desktopfenster angezeigt. Wenn auf das Symbol oder auf den Namen geklickt wird, erhält das Fenster die vorherige Größe. → *siehe auch* Fenster, grafische Benutzeroberfläche, Taskleiste.

Schaltfläche »Start«, die; *Subst.* (Start button)
Eine Schaltfläche auf der Taskleiste von Microsoft Windows 9x, Windows Me, Windows NT 4.0, Windows 2000 und Windows XP, über die das Hauptmenü geöffnet wird. → *siehe auch* Taskleiste.

Abbildung S.3: Schaltfläche »Start«

Schaltkreis, der; *Subst.* (circuit)
In der Elektronik eine Kombination aus elektrischen und elektronischen Bauelementen, die miteinander verbunden sind, um als Einheit bestimmte Vorgänge durchzuführen. Je nach Betrachtungsweise, kann ein Computer insgesamt als Schaltkreis aufgefasst werden oder aber als Einheit aus mehreren hundert miteinander verbundenen Einzelschaltkreisen.

Schaltkreisanalysator, der; *Subst.* (circuit analyzer)
Ein Gerät zur Messung einer oder mehrerer Eigenschaften eines elektrischen Schaltkreises. Die am häufigsten gemessenen Kenngrößen sind Spannung, Stromstärke und Widerstand. Ein Beispiel für einen Schaltkreisanalysator ist ein Oszilloskop.

Schaltkreis, bistabiler, der; *Subst.* (bistable circuit)
→ *siehe* bistabiler Schaltkreis.

Schaltkreis, hybrider, der; *Subst.* (hybrid circuit)
→ *siehe* hybrider Schaltkreis.

Schaltkreis, integrierter, der; *Subst.* (integrated circuit)
→ *siehe* integrierter Schaltkreis.

Schaltkreis, logischer, der; *Subst.* (logic circuit)
→ *siehe* logischer Schaltkreis.

Schaltplan, der; *Subst.* (schematic)
Die zeichnerische Darstellung der Bauelemente und Verbindungen einer elektrischen Schaltung. Die hierzu verwendeten Symbole sind genormt (Schaltzeichen). (Abbildung S.4)

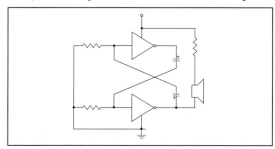

Abbildung S.4: Schaltplan

Schaltung, elektronische, die; *Subst.* (electronic circuit)
→ *siehe* Leitung.

schattieren *Vb.* (shade)
Einem Bild zusätzliche Dimensionen verleihen, indem man seine Erscheinung mit Hilfe von Licht und Schatten verändert. → *siehe auch* Farbmodell.

schattierter Druck, der; *Subst.* (shadow print)
Eine auf Text angewendete Formatierung, bei der zusätzlich ein Duplikat jedes Zeichens, meist etwas nach unten und nach rechts verschoben, dargestellt wird, um einen Schatteneffekt zu erzeugen. (Abbildung S.5)

Schatten
Schatten

Abbildung S.5: Schattierter Druck

Scheduler, der; *Subst.* (scheduler)
Ein Betriebssystemprozess, der Tasks (Programme) startet und beendet, parallel ausgeführte Prozesse verwaltet und Systemressourcen zuteilt. → *auch genannt* Verteiler.

Schedulingalgorithmus, der; *Subst.* (scheduling algorithm)
Ein Algorithmus zur zeitlichen Steuerung der Ereignisse in einem Betriebssystem oder einer Anwendung. Beispielsweise müsste ein funktionsfähiger Schedulingalgorithmus zur Darstellung eines Computerfilms gewährleisten, dass die einzelnen Grafikobjekte abgerufen und verarbeitet werden, um sie fließend und ohne Unterbrechungen anzuzeigen. → *siehe auch* Algorithmus.

Schema, das; *Subst.* (schema)
Die Beschreibung einer Datenbank für ein Datenbankmanagementsystem (DBMS) in der vom DBMS bereitgestellten Sprache. Ein Schema definiert Aspekte der Datenbank, wie beispielsweise Attribute (Felder) und Domänen sowie die Parameter der Attribute. → *siehe auch* XML-Schema.

Schema, logisches, das; *Subst.* (logical schema)
→ *siehe* konzeptuelles Schema.

Schicht, die; *Subst.* (layer)
Protokolle, die auf einer bestimmten Ebene innerhalb des Protokollstapels operieren. Das IP-Protokoll fungiert z. B. innerhalb des Protokollstapels TCP/IP. Jede Schicht ist für bestimmte Dienste oder Funktionen für Computer zuständig, die Informationen über ein Kommunikationsnetzwerk austauschen. Dies gilt z. B. für die Schichten, die im ISO/OSI-Schichtenmodell

S entsprechend der unten angegebenen Tabelle gegliedert sind. Die Informationen werden anschließend von einer Schicht zur nächsten Schicht übertragen. Die Anzahl der Schichten variiert zwar je nach Protokollstapel, allgemein gilt jedoch, dass die höchste Schicht für die Softwareinteraktionen auf der Anwendungsebene und die niedrigste Schicht für die Verbindungen der einzelnen Geräte auf Hardwareebene zuständig ist. → *siehe auch* ISO/OSI-Schichtenmodell, Protokollstapel, TCP/IP.

In der Kommunikationstechnik und der verteilten Verarbeitung bezeichnet »Schicht« einen Satz von Strukturen und Routinen, die eine bestimmte Klasse von Ereignissen behandeln.

ISO/OSI-Modell	
ISO/OSI-Schicht	**Funktion**
Anwendungsschicht (application layer, die oberste Schicht)	Datenübertragung von Programm zu Programm
Darstellungsschicht (presentation layer)	Textformatierung und -anzeige, Codeumwandlung
Sitzungsschicht (auch: Kommunikations-steuerschicht; session layer)	Aufnahme, Durchführung und Koordinierung der Kommunikation
Transportschicht (transport layer)	korrekte Bereitstellung, Qualitätssicherung
Vermittlungsschicht (auch: Netzwerkschicht; network layer)	Transportwegsteuerung, Nachrichtenverarbeitung und -übertragung
Sicherungsschicht (data link layer)	Codierung, Adressierung und Datenübertragung
physische Schicht (auch: Bit-Übertragungsschicht; physical layer, dies ist die unterste Schicht)	Systemnahe Hardware-Verbindungen

Schicht, physische, die; *Subst.* (physical layer)
→ *siehe* physische Schicht.

Schichtung, die; *Subst.* (layering)
In der Computergrafik die Gruppierung logisch verwandter Elemente in einer Zeichnung. Durch die Schichtung kann der Programmierer Teile einer Zeichnung (anstatt der ganzen Zeichnung) voneinander unabhängig betrachten und bearbeiten.

schieben *Vb.* (shift)
In der Programmierung die Bitwerte in einem Register oder einer Speicheradresse um eine Position nach links oder rechts transportieren. → *siehe auch* endaround shift. → *vgl.* rotieren.

Schieberegister, das; *Subst.* (shift register)
Ein Schaltkreis, bei dem mit jedem angelegten Taktimpuls alle Bits um eine Position verschoben werden. Der Aufbau kann entweder linear sein (mit jedem Taktimpuls wird an einem Ende ein Bit eingefügt, während am anderen Ende eines »verloren geht«) oder *zyklisch* bzw. *ringförmig* (das »verlorene« Bit wird wieder am Anfang eingespeist). → *siehe auch* Register, schieben.

Schieberegler, der; *Subst.* (elevator, thumb)
Wird auch als »Bildlauffeld« bezeichnet. Das quadratische Feld in einer Bildlaufleiste, das mit der Maus nach oben oder unten bewegt werden kann, um die Bildschirmanzeige zu ändern. → *siehe auch* Bildlaufleiste. (Abbildung S.6)

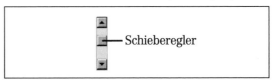

Abbildung S.6: Schieberegler

Schirm, der; *Subst.* (display screen)
Der Teil eines Videoausgabegerätes, auf dem Bilder angezeigt werden. → *siehe auch* CRT.

schlafen *Vb.* (sleep, sleep)
Allgemein eine Operation suspendieren, ohne sie zu beenden. In einer Multiprozessorumgebung ein vorübergehender Zustand der Prozesssuspendierung, während dessen der Kontext des Prozesses im Speicher verbleibt, so dass ihn ein bestimmtes Ereignis (wie beispielsweise ein Interrupt oder ein Aufruf aus einem anderen Prozess) »aufwecken« kann.
In der Programmierung bezeichnet »schlafen« einen Zustand der Suspendierung eines Prozesses. Er wird durch eine Programmschleife bewirkt, welche eine beabsichtigte Verzögerung erzeugt.

Schlafmodus, der; *Subst.* (sleep mode)
Ein Powermanagementmodus, der alle nicht benötigten Computerkomponenten drosselt oder ganz abschaltet. Der Zweck liegt darin, Strom zu sparen. Viele akku- oder batteriebetriebene Geräte, vor allem tragbare Computer wie Notebooks, unterstützen einen Schlafmodus. → *siehe auch* grüner PC, Pausierbefehl, schlafen.

Schlagbaumeffekt, der; *Subst.* (turnpike effect)
In der Kommunikationstechnik ein Äquivalent eines Verkehrsstaus: ein Bezug auf Engpässe, die durch extreme Aus-

lastung in einem Kommunikationssystem oder Netzwerk verursacht werden.

schleichender Featureismus, der; *Subst.* (creeping featurism)
Ein schleichender Prozess, bei der der Softwareentwickler mit jeder neuen Version zusätzliche Features (Leistungsmerkmale) in ein Programm einbaut, bis das Programm irgendwann sehr schwerfällig wird und schwierig zu bedienen ist. Der Prozess ist im Allgemeinen auf den Wettbewerb zurückzuführen – nur Programme, die mehr bieten als die Konkurrenz, lassen sich adäquat verkaufen.

Schleife, die; *Subst.* (loop)
Ein Befehlssatz in einem Programm, der wiederholt ausgeführt wird. Dieser Satz enthält entweder die Anzahl der Wiederholungen oder die Anweisung, einen Befehl so lange zu wiederholen, bis für die Bedingung entweder *True* oder *False* gilt. → *siehe auch* DO-Schleife, Endlosschleife, FOR-Schleife, iterative Anweisung.
In der Kommunikation stellt eine Schleife ein Drahtpaar dar, das zwischen der Telefonzentrale und der Kundenanlage verläuft.

Schleife durchlaufen *Vb.* (loop)
Eine Gruppe von Anweisungen mehrfach ausführen.

Schleifeninvariante, die; *Subst.* (loop invariant)
Eine Bedingung, die während eines Schleifendurchlaufs wahr bleibt.

Schleifenstruktur, die; *Subst.* (loop structure)
→ *siehe* iterative Anweisung.

Schleifenzähler, der; *Subst.* (repeat counter)
Ein Zähler für die Anzahl von Schleifendurchläufen. In einem Mikroprozessor wird dies meist in einem Register realisiert, das die Anzahl der Wiederholungen enthält, mit denen ein Prozess auszuführen ist oder ausgeführt wurde.

schließen *Vb.* (close)
Bei der Arbeit mit Anwendungsprogrammen das Aufheben einer Verbindung zu einer Datei. Ein Zugriff auf die Datei ist erst dann wieder möglich, wenn die Datei erneut geöffnet wird.

Schließen-Schaltfläche, die; *Subst.* (close button)
In der grafischen Benutzeroberfläche von Windows 9x, Windows Me, Windows NT, Windows 2000 und X Window System ein Quadrat in der Fenstertitelleiste ganz rechts (bei X Window System ganz links). Das Feld ist mit dem Zeichen * gekennzeichnet. Ein Klick auf dieses Feld schließt das Fenster. → *auch genannt* X-Schaltfläche. → *vgl.* Schließfeld.

Schließfeld, das; *Subst.* (close box)
In der grafischen Benutzeroberfläche des Apple Macintosh ein kleines quadratisches Feld in der Fenstertitelleiste ganz links. Ein Klick auf dieses Feld schließt das Fenster. → *vgl.* Schließen-Schaltfläche.

Schlüssel, der; *Subst.* (encryption key, key)
Bei der Datenverschlüsselung eine Datenfolge, die als Muster fungiert, um die Daten so zu manipulieren, dass sie scheinbar unsinnige Informationen enthalten. Bei der Entschlüsselung wird der gegenteilige Vorgang durchgeführt: Die verschlüsselten Daten werden unter Anwendung des Schlüssels dechiffriert. → *siehe auch* Entschlüsselung, Verschlüsselung.
In der Datenbankverwaltung stellt ein Schlüssel einen Bezeichner für einen Datensatz oder eine Gruppe von Datensätzen in einer Datendatei dar. → *siehe auch* B-Baum, hash, indizieren, invertierte Liste, Schlüsselfeld.
Im Zusammenhang mit Computern, die mit einem hardwaremäßigen Schloss ausgestattet sind, kann sich »Schlüssel« auch auf einen greifbaren, »echten« Schlüssel beziehen. Um eine unbefugte Nutzung des Computers zu verhindern, kann dieser mit einem derartigen Metallschlüssel abgesperrt werden.

Schlüssel, dynamische, der; *Subst.* (dynamic keys)
→ *siehe* dynamische Schlüssel.

Schlüsselfeld, das; *Subst.* (key field)
Ein Feld in einer Datensatzstruktur oder ein Attribut einer relationalen Tabelle, das als Teil eines Schlüssels festgelegt wurde. Ein Feld kann man zum Schlüssel (oder Index) machen, um die Ausführung von Abfrage- und/oder Aktualisierungsoperationen zu verbessern oder zu vereinfachen. → *siehe auch* Attribut, Feld, Primärschlüssel.

schlüsselfertiges System, das; *Subst.* (turnkey system)
Ein einsatzbereites Komplettsystem, ausgestattet mit der gesamten erforderlichen Hardware, der Dokumentation und der installierten Software.

Schlüssel, öffentlicher, der; *Subst.* (public key)
→ *siehe* öffentlicher Schlüssel.

S **Schlüsselpaar**, das; *Subst.* (key pair)
Ein verbreitetes Verschlüsselungsschema, das eine sichere Nutzung der digitalen Zertifikatsidentifizierung ermöglicht. Ein Schlüsselpaar besteht aus einem öffentlichen und einem privaten Schlüssel. Der öffentliche Schlüssel wird mit anderen Personen gemeinsam genutzt, während der private Schlüssel nur dem jeweiligen Eigentümer bekannt ist. Öffentlicher und privater Schlüssel bilden zusammen ein asymmetrisches Paar, d.h. die Schlüssel an den beiden Enden einer Datenübertragung sind unterschiedlich. Eine Nachricht, die mit dem öffentlichen Schlüssel chiffriert wurde, kann nur mit dem privaten Schlüssel entschlüsselt werden. Umgekehrt kann eine Nachricht, die mit dem privaten Schlüssel verschlüsselt wurde, nur mit dem öffentlichen Schlüssel entschlüsselt werden. → *siehe auch* Digitale Signatur, öffentlicher Schlüssel, privater Schlüssel, Public-Key-Verschlüsselung.

Schlüssel, privater, der; *Subst.* (private key)
→ *siehe* privater Schlüssel.

Schlüsselsperre, die; *Subst.* (lock)
Eine Sicherungsfunktion für Software, für die ein Schlüssel oder ein Dongle (Schutzstecker) erforderlich ist, um die Anwendung vollständig ausführen zu können. → *siehe auch* Dongle.

Schlüsselwort, das; *Subst.* (keyword)
Die zahlreichen Wörter, die in ihrer Gesamtheit eine Programmiersprache oder einen Satz von Betriebssystemroutinen ausmachen. → *siehe auch* reserviertes Wort.

Schlüssel, zusammengesetzter, der; *Subst.* (composite key)
→ *siehe* zusammengesetzter Schlüssel.

Schmalband, das; *Subst.* (narrowband)
Eine Bandbreite, die vom FCC für mobile oder portable Radioprovider abgelehnt wurde. Schmalband beinhaltet z.B. erweiterte bidirektionale Funkrufsysteme mit Übertragungsraten zwischen 50 Bit pro Sekunde (bps) und 64 Kilobit pro Sekunde (Kbps). Schmalband bezog sich früher auf eine Bandbreite von 50 bis 150 bps. → *siehe auch* Bandbreite, FCC. → *vgl.* Breitband.

Schmalbandübertragung, die; *Subst.* (in-band signaling)
Eine Übertragung innerhalb des für Sprache oder Daten benutzten Frequenzbereichs eines Kommunikationskanals.

schmales Leerzeichen, das; *Subst.* (thin space)
Bezeichnet in einer Schrift einen horizontalen Leerraum, der nur ein Viertel der normalen Zeichenbreite beträgt. Bei einer 12-Punkt-Schrift beispielsweise hat ein schmales Leerzeichen eine Breite von 3 Punkten. → *vgl.* festes Leerzeichen, Halbgeviert, Vollgeviert.

Schmalschrift *Adj.* (condensed)
Schriftattribut, das von einigen Anwendungen unterstützt wird und bei dem die Breite der einzelnen Zeichen sowie der Abstand zwischen den Zeichen reduziert ist. Die meisten Matrixdrucker verfügen über eine Option zur Verringerung der Zeichenbreite und des Zeichenabstands, mit deren Hilfe sich mehr Zeichen in einer Zeile unterbringen lassen. → *vgl.* Breitschrift.

Schneckenpost, die; *Subst.* (snail mail)
Ein beliebter Ausdruck im Internet, der sich auf die Postdienste des U.S. Postal Services bzw. auf vergleichbare Zustelldienste anderer Länder bezieht. Der Ausdruck entspringt der Tatsache, dass der reguläre Postweg, verglichen mit E-Mail, sehr langsam ist.

Schnee, der; *Subst.* (snow)
In der Fernsehtechnik eine durch Interferenz bewirkte, vorübergehende Bildstörung in Form zufällig verteilter weißer Flecken. Sie tritt in der Regel bei schwachen Bildsignalen auf. In Verbindung mit Computerbildschirmen bezeichnet »Schnee« eine Bildstörung, die durch das kurzzeitige Aufblinken einzelner, zufälliger Pixelpositionen charakterisiert ist. Sie tritt auf, wenn der Mikroprozessor und der Grafikcontroller des Computers gleichzeitig versuchen, auf den Bildschirmspeicher zuzugreifen, wodurch sich eine gegenseitige Störung ergibt.

schneller Hack, der; *Subst.* (kludge)
Ein Programm, dem es an Gestaltung oder Voraussicht mangelt, meist en passant geschrieben, um eine unmittelbare Forderung zu erfüllen. Ein schneller Hack funktioniert zwar grundsätzlich, aber es mangelt der Konstruktion oder Gestaltung an jeglicher Eleganz oder logischer Effizienz. → *siehe auch* gehirngeschädigt, hacken, Spaghetticode.

schneller Infrarotport, der; *Subst.* (fast infrared port)
→ *siehe* FIR-Port.

Schnittstelle, die; *Subst.* (interface)
Allgemein der Punkt, an dem eine Verbindung zwischen zwei

Elementen hergestellt wird, damit sie miteinander arbeiten können.

Als »Schnittstelle« werden außerdem die Platinen, Stecker und andere Bauelemente bezeichnet, die Teile der Hardware mit dem Computer verbinden und eine Informationsübertragung von einer Stelle zu einer anderen ermöglichen. Standardisierte Schnittstellen zur Datenübertragung (z.B. RS-232-C und SCSI) erlauben beispielsweise das Herstellen von Verbindungen zwischen Computern, Druckern oder Festplatten. → *siehe auch* RS-232-C-Standard, SCSI.

Des Weiteren charakterisiert »Schnittstelle« Netzwerk- oder Kommunikationsstandards, z.B. das OSI-Referenzmodell der ISO, die die Art und Weise festlegen, in der verschiedene Systeme untereinander in Verbindung treten und kommunizieren.

Schnittstelle, eingebettete, die; *Subst.* (embedded interface)
→ *siehe* eingebettete Schnittstelle.

Schnittstelle, geschichtete, die; *Subst.* (layered interface)
→ *siehe* geschichtete Schnittstelle.

Schnittstelle, grafische, die; *Subst.* (graphics interface)
→ *siehe* grafische Benutzeroberfläche.

Schnittstellenadapter, der; *Subst.* (interface adapter)
→ *siehe* Netzwerkadapter.

Schnittstellenkarte, die; *Subst.* (interface card)
→ *siehe* Adapter.

Schnittstellenreplikator, der; *Subst.* (port replicator)
Ein Gerät, das eine einfache Verbindung tragbarer Computer mit weniger beweglichen Geräten wie Druckern, Bildschirmen und Tastaturen ermöglicht. Anstatt diese Geräte alle einzeln an den portablen Computer anzuschließen, kann der Benutzer das Notebook einfach in einen Schnittstellenreplikator einstecken. Schnittstellenreplikatoren sind mit Docking Stations vergleichbar, verfügen jedoch nicht über deren Erweiterungs- und Speicherfunktionen. → *siehe auch* Anschluss, Docking Station. → *auch genannt* convenience adapter.

Schnittstelle, objektorientierte, die; *Subst.* (object-oriented interface)
→ *siehe* objektorientierte Schnittstelle.

Schnittstelle, parallele, die; *Subst.* (parallel interface)
→ *siehe* parallele Schnittstelle.

Schnittstelle, serielle, die; *Subst.* (serial interface)
→ *siehe* serielle Schnittstelle.

Schottky-Barrierendiode, die; *Subst.* (Schottky barrier diode)
→ *siehe* Schottky-Diode.

Schottky-Diode, die; *Subst.* (Schottky diode)
Eine Bauform einer Halbleiterdiode (ein Bauelement, das den Strom nur in einer Richtung durchlässt), bei der der Übergang aus einer Halbleiterschicht und einer Metallschicht gebildet wird. Sie zeichnet sich durch sehr kurze Schaltzeiten aus. → *auch genannt* hot carrier diode, Schottky-Barrierendiode.

Schrägschrift *Adj.* (oblique)
Ein Textstil, der durch Neigen einer Schrift erzeugt wird, um eine kursive Schrift zu simulieren, wenn keine »echte« Kursivschrift auf dem Computer oder Drucker verfügbar ist. → *siehe auch* Kursivschrift, Roman, Schrift.

Schrägstrich, der; *Subst.* (virgule)
Der normale Schrägstrich (/). → *vgl.* umgekehrter Schrägstrich.

Schrägstrich, umgekehrter, der; *Subst.* (backslash)
→ *siehe* umgekehrter Schrägstrich.

schrankmontiert *Adj.* (rack-mounted)
Bezieht sich auf Geräte, die für den Einbau in einen genormten Metallrahmen oder -schrank (19 oder 23 Zoll Einbaumaß) vorgesehen sind.

Schreibcache, der; *Subst.* (write cache)
→ *siehe* Writebackcache.

Schreiben, das; *Subst.* (write)
Eine Übertragung von Informationen an ein Speichergerät (etwa eine Diskette) oder an ein Ausgabegerät (etwa einen Bildschirm oder Drucker). Beispielsweise werden beim Schreiben auf eine Diskette Informationen aus dem Hauptspeicher zur Ablage auf einen Datenträger übertragen. → *siehe auch* Ausgabe. → *vgl.* lesen.

schreiben *Vb.* (write)
Das Übertragen von Informationen entweder an ein Speichergerät (etwa eine Diskette) oder an ein Ausgabegerät (etwa einen Bildschirm oder Drucker). Durch Schreiben stellt

S der Computer die Ergebnisse der Verarbeitung bereit. Man sagt auch, dass ein Computer auf den Bildschirm schreibt und bezieht sich damit auf die grafische Anzeige der Informationen. → *siehe auch* ausgeben. → *vgl.* lesen.

Schreibfehler, der; *Subst.* (write error)
Ein Fehler, der bei der Informationsübertragung vom Hauptspeicher eines Computers auf den Massenspeicher (z.B. Festplatte) oder ein anderes Ausgabegerät aufgetreten ist. → *vgl.* Lesefehler.

schreibgeschützt *Adj.* (read-only)
Die Eigenschaft von Daten, die abgerufen (gelesen) aber nicht verändert (geschrieben) werden können. Dateien oder Dokumente sind schreibgeschützt, wenn sie angezeigt oder gedruckt, jedoch nicht in irgendeiner Form verändert werden können. Ein schreibgeschütztes Speichermedium stellt z.B. das CD-ROM dar, das sich nur für die Wiedergabe, aber nicht für die Aufzeichnung von Informationen eignet. → *vgl.* lesen/schreiben.

Schreibkerbe, die; *Subst.* (write-protect tab)
→ *siehe* Schreibkerbe/Schreibschieber.

Schreibkerbe/Schreibschieber, die *oder* der; *Subst.* (write-protect notch)
Eine kleine Öffnung in der Hülle einer Diskette, mittels der ein Schreibschutz bewirkt werden kann. Bei einer 5,25-Zoll-Diskette ist dies ein rechteckige Aussparung am Rand der Diskettenhülle. Wird diese Aussparung überdeckt, kann die Diskette zwar gelesen, jedoch nicht mit neuen Informationen beschrieben werden. Bei 3,5-Zoll-Disketten, die sich in einem Plastikgehäuse befinden, wird die Schreibkerbe durch eine Öffnung in einer Gehäuseecke gebildet. Wird der darin befindliche Schieber so eingestellt, dass sich ein Loch im Gehäuse erkennen lässt, ist die Diskette schreibgeschützt. → *siehe auch* schreiben. → *auch genannt* Schreibkerbe. (Abbildung S.7)

Schreibkopf, der; *Subst.* (record head)
Das Bauelement eines Magnetbandgeräts, das die Daten auf das Band überträgt. Bei einigen Bandlaufwerken ist der Schreibkopf mit dem Lesekopf kombiniert.

Schreib-Lese-Kanal, der; *Subst.* (read/write channel)
→ *siehe* Eingabe-/Ausgabekanal.

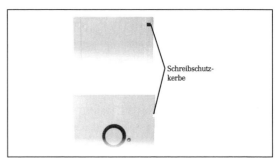

Abbildung S.7: Schreibkerbe/Schreibschieber: Oben an einer 5,25-Zoll-, unten an einer 3,5-Zoll-Diskette

Schreib-Lese-Kopf, der; *Subst.* (read/write head)
→ *siehe* Kopf.

Schreib-/Leseöffnung, die; *Subst.* (head slot)
Die rechteckige Öffnung in der Hülle einer Floppydisk, die den Zugriff des Schreib-/Lesekopfes auf die magnetische Oberfläche der Diskette ermöglicht. (Abbildung S.8)

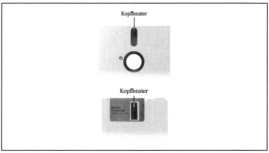

Abbildung S.8: Schreib-/Leseöffnung: Oben an einer 5,25-Zoll-, unten an einer 3,5-Zoll-Diskette. (Der Metallshutter der 3,5-Zoll-Diskette wurde zur besseren Einsicht zurückgeschoben.)

Schreib-/Lesespeicher, der; *Subst.* (read/write memory)
Speicher, der sich sowohl lesen als auch beschreiben (modifizieren) lässt. Typische Schreib-/Lesespeicher sind RAM- und Kernspeicher. → *vgl.* ROM.

Schreibmodus, der; *Subst.* (write mode)
Ein Betriebszustand eines Computers, in dem ein Programm Informationen in eine Datei schreiben (d.h. aufzeichnen) oder vorhandene Informationen ändern kann. → *vgl.* schreibgeschützt.

Schreibrechte, das; *Subst.* (write access)
Ein Zugriffsrecht bei einem Computersystem, das dem Benutzer das Speichern, Ändern und Löschen von Daten

erlaubt. Die Schreibrechte werden bei einem Netzwerksystem meist vom Systemverwalter eingestellt, bei einem Einzelplatzsystem dagegen vom Benutzer selbst. → *siehe auch* Zugriffsrechte.

schreibschützen *Vb.* (write protect)
Das Schreiben (Aufzeichnen) von Informationen auf einen Datenträger (z.B. eine Diskette) verhindern. Mit einem (nicht unbedingt unfehlbaren) Schreibschutz kann man entweder eine gesamte Diskette oder nur einzelne Dateien auf einer Diskette oder einer Festplatte versehen. → *siehe auch* Schreibkerbe/Schreibschieber.

Schreibschutzattribut, das; *Subst.* (read-only attribute)
Ein Dateiattribut von Windows und OS/2, das zusammen mit dem Verzeichnis gespeichert wird und kennzeichnet, ob eine Datei bearbeitet werden kann oder nicht. Fehlt das Schreibschutzattribut, kann die Datei gelöscht werden, ist es vorhanden, kann die Datei nur gelesen werden.

Schreibsperre, die; *Subst.* (lock)
Ein mechanisches Gerät bei einem externen Datenträger (z.B. der Clip bei einer Diskette), das ein Überschreiben des Inhalts verhindert. → *siehe auch* Schreibkerbe/Schreibschieber.

Schreibtischdatei, die; *Subst.* (Desktop file)
Eine versteckte Datei, die vom Betriebssystem des Macintosh in einem besonderen Volumen (etwa vergleichbar mit einer Diskette) verwaltet wird und Informationen über darin befindliche Dateien, z.B. Versionsdaten, Listen von Symbolen und Dateibezüge, verwaltet.

Schreibtischzubehör, das; *Subst.* (desk accessory)
Ein kleines Programm auf Macintosh-Computern und in fensterorientierten Programmen für IBM- und kompatible Computer, das die typischen Schreibtischutensilien, beispielsweise Uhr, Kalender, Rechner und andere Kleinigkeiten, auf elektronischem Wege ersetzen soll. Diese nützlichen Hilfsmittel lassen sich bei Bedarf aktivieren und nach Gebrauch wieder schließen oder in einen kleinen Bereich auf dem Bildschirm verschieben. Mit einer speziellen Art von Desk Accessory (Zubehör), dem sog. Kontrollfeld, kann der Benutzer sowohl die Uhrzeit ändern als auch die Bildschirmfarben, das Verhalten der Maus und andere Parameter festlegen. → *siehe auch* Systemsteuerung. → *auch genannt* Desktop Accessory.

schreien *Vb.* (shout)
GROSSBUCHSTABEN verwenden, um Teile einer E-Mail-Nachricht oder eines Newsgroupartikels zu betonen. Dieses Verfahren gilt allerdings als recht ungehobelt. Bevorzugt werden die Methoden, ein Wort durch *Sternchen* oder _Unterstriche_ zu betonen. → *siehe auch* Netiquette, Netspeak.

Schrift, die; *Subst.* (font, type font)
Ein Satz von Zeichen, bei denen Schriftart (z.B. Garamond), Stil (z.B. kursiv) und Strichstärke (z.B. fett) gleich ist. Eine Schrift besteht aus allen Zeichen, die in einem bestimmten Stil für ein bestimmtes Design verfügbar sind. Schriftart bezeichnet das Design selbst. Schriften kommen in Computern für die Bildschirmanzeige und bei Druckern für die Druckausgabe zum Einsatz. In beiden Fällen werden die Schriften entweder als Bitmaps (Punktmuster) oder als Konturen (Beschreibung durch einen Satz mathematischer Formeln) gespeichert. Anwendungsprogramme können Informationen über Schriftart und Stil an einen Drucker senden, selbst wenn das System nicht in der Lage ist, die verschiedenen Schriftarten auf dem Bildschirm zu simulieren. Der Drucker kann dann die Schrift reproduzieren, wenn eine Schriftbeschreibung zur Verfügung steht. → *siehe auch* Bitmap, Schriftgenerator.

Schrift, abgeleitete, die; *Subst.* (derived font)
→ *siehe* abgeleitete Schrift.

Schriftart, die; *Subst.* (typeface)
Ein spezifisches, benanntes Design für einen Satz druckbarer Zeichen (beispielsweise Helvetica oder Times Roman) mit festgelegter Schrägstellung (Grad der Neigung) und Strichstärke (Dicke der Linie). Eine Schriftart ist weder mit einer *Schrift* gleichzusetzen, die eine spezifische Größe einer spezifischen Schriftart (wie 12 Punkt Helvetica oder 10 Punkt Times Roman) darstellt, noch mit einer *Schriftfamilie*, die eine Gruppe verwandter Schriftarten wie Helvetica, Helvetica Fett, Helvetica Kursiv und Helvetica Fett Kursiv bildet. → *siehe auch* Schrift.

Schrift, dicktengleiche, die; *Subst.* (monospace font)
→ *siehe* dicktengleiche Schrift.

Schrift, eingebaute, die; *Subst.* (built-in font)
→ *siehe* eingebaute Schrift.
→ *siehe* interne Schrift.

S

Schrifterweiterungsmodul, das; *Subst.* (cartridge font)
Ein Erweiterungsmodul, das in einen Laserdrucker, einen Tintenstrahldrucker oder einen hochwertigen Nadeldrucker gesteckt wird und auf diese Weise den Drucker um eine oder mehrere Schriften erweitert. Neben den über Erweiterungsmodule zur Verfügung gestellten Schriften gibt es die internen Schriften, die sich im ROM des Druckers befinden und immer vorhanden sind, und die ladbaren Schriften (Softfonts), die sich auf einem Datenträger befinden und bei Bedarf an den Drucker übertragen werden können. → *siehe auch* Schriftkassette. → *vgl.* interne Schrift.

Schriftfamilie, die; *Subst.* (font family)
Die Menge der verfügbaren Schriften, die Variationen innerhalb einer Schrift darstellen. Times Roman und Times Roman Italic sind z.B. Mitglieder der gleichen Schriftfamilie, wobei Times Roman Italic die *kursive Auszeichnung* der Schriftart »Times Roman« darstellt. Wenn der Benutzer z.B. einen kursiven Schriftschnitt festlegt, wählt das System die entsprechende Schriftart aus. Wenn für die Schriftfamilie jedoch keine kursive Schriftart zur Verfügung steht, werden die entsprechenden Zeichen lediglich schräg gestellt. → *siehe auch* Kursivschrift, Roman.

Schriftgenerator, der; *Subst.* (font generator)
Ein Programm, das integrierte Zeichenkonturen in Bitmaps (Punktmuster) der für den Druck eines Dokuments erforderlichen Stile und Größen umwandelt. Schriftgeneratoren arbeiten mit Skalierung einer Zeichenkontur und können häufig auch die erzeugten Zeichen erweitern oder komprimieren. Einige Schriftgeneratoren speichern die erzeugten Zeichen auf Diskette, während andere diese Zeichen direkt an den Drucker senden.

Schriftgrad, der; *Subst.* (font size, type size)
Die Größe von gedruckten Zeichen, die in der Regel in Punkt angegeben wird (ein Punkt entspricht ungefähr $^1/_3$ Millimeter). → *siehe auch* zeigen.

Schrift, interne, die; *Subst.* (internal font)
→ *siehe* interne Schrift.

Schriftkassette, die; *Subst.* (font cartridge)
Eine einsteckbare Einheit, die für verschiedene Drucker verfügbar ist und Schriftarten in mehreren unterschiedlichen Stilarten und Größen enthält. Ebenso wie ladbare Schriften sind auch Schriftkassetten dafür vorgesehen, dass man Zeichen in Größen und Stilarten drucken kann, die sich von den im Drucker fest eingebauten Schriften unterscheiden. → *siehe auch* ROM-Steckmodul. → *auch genannt* Font-Karte.

Schrift, ladbare, die; *Subst.* (downloadable font)
→ *siehe* ladbare Schrift.

Schriftnummer, die; *Subst.* (font number)
Die Nummer, über die eine Anwendung oder das Betriebssystem intern eine gegebene Schrift identifiziert. Auf dem Apple Macintosh lassen sich Schriften z.B. sowohl nach ihrem genauen Namen als auch nach der Schriftnummer ansprechen, und eine Schriftnummer kann geändert werden, falls eine Schrift in einem System installiert wird, in dem die entsprechende Nummer bereits vergeben ist. → *siehe auch* Schrift.

Schrift, residente, die; *Subst.* (resident font)
→ *siehe* interne Schrift.

Schrift, skalierbare, die; *Subst.* (scalable font)
→ *siehe* skalierbare Schrift.

Schriftstil, der; *Subst.* (character style, type style)
Ein Attribut wie Fettschrift, Kursivschrift, unterstrichen oder Kapitälchen, das einem Zeichen zugewiesen wurde. Abhängig vom verwendeten Betriebssystem oder Programm, umfassen die vorhandenen Schriftstile auch die Schriftart, die wiederum das Aussehen einer Gruppe von Zeichen in einer gegebenen Größe bestimmt. → *siehe auch* Schriftfamilie.
Abhängig vom Kontext kann sich »Schriftstil« auch allgemein auf die Gesamterscheinung einer Schriftart bzw. Schriftfamilie oder aber auf ein bestimmtes Erscheinungsmerkmal beziehen. Typische Erscheinungsmerkmale sind die Schrägstellung bzw. der Grad der Neigung sowie bestimmte Variationen in der Schriftart, z.B. Roman, Fett, Kursiv und Fett/Kursiv.

Schrittmotor, der; *Subst.* (stepper motor)
Ein elektrischer Antrieb, der sich mit jedem empfangenen Ansteuerimpuls um einen bestimmten Winkel weiterdreht.

Schrittschaltung, feste, die; *Subst.* (fixed spacing)
→ *siehe* dicktengleich (gleichbleibender Schaltschritt).

Schrittschaltung mit fester Breite, die; *Subst.* (fixed-width spacing)
→ *siehe* dicktengleich (gleichbleibender Schaltschritt).

Schrittschaltung mit fester Zeichendichte, die; *Subst.* (fixed-pitch spacing)
→ *siehe* dicktengleich (gleichbleibender Schaltschritt).

Schrittschaltung, proportionale, die; *Subst.* (proportional spacing)
→ *siehe* proportionale Schrittschaltung.

schulen *Vb.* (train)
Einen Endbenutzer in den Gebrauch eines Software- oder Hardwareprodukts einweisen.

Schusterjunge, der; *Subst.* (orphan)
Eine allein stehende Zeile eines Absatzes am unteren Rand einer Zeile oder Spalte. Schusterjungen sind optisch wenig attraktiv und werden daher in Publikationen nach Möglichkeit vermieden. → *vgl.* Hurenkind.

schwache Typisierung, die; *Subst.* (weak typing)
Eine Eigenschaft einer Programmiersprache, die es dem Programm erlaubt, den Datentyp einer Variablen während der Programmausführung zu ändern. → *siehe auch* Datentyp, Variable. → *vgl.* strikte Typisierung.

Schwarzes-Brett-System, das; *Subst.* (bulletin board system)
→ *siehe* BBS.

Schwellspannung, die; *Subst.* (bias)
In der Elektronik die Spannung, die an einen Transistor oder ein anderes elektronisches Bauelement angelegt wird, um einen Bezugswert für den Betrieb des Bauelements zu definieren.

schwerer Ausnahmefehler, der; *Subst.* (fatal exception error)
Eine Fehlermeldung unter Microsoft Windows, die auf einen nichtbehebbaren Fehler hinweist. Der Fehler führt zum Systemabsturz. Nichtgespeicherte Daten sind dabei verloren, und der Computer muss neu gestartet werden. Windows ist für einen derartigen Fehler nicht verantwortlich, vielmehr liegt die Ursache an den darunter betriebenen Programmen und anderen Komponenten. Das Betriebssystem ist nur als Überbringer zu sehen, das die Benutzer mit Hilfe der eingebauten Fehlerbehandlungsroutine auf den Fehler hinweist. → *siehe auch* Fehlerbehandlung.

Schwimmen, das; *Subst.* (swim)
Das langsame Wegbewegen von Bildern von vorbestimmten Positionen auf dem Bildschirm.

Schwingung, die; *Subst.* (oscillation)
Eine periodische Änderung oder ein periodischer Wechsel. In der Elektronik stellen Schwingungen periodische Änderungen des elektrischen Signals dar.

Schwingung, überschnelle, die; *Subst.* (race condition)
→ *siehe* überschnelle Schwingung.

Schwingung, wilde, die; *Subst.* (race condition)
→ *siehe* wilde Schwingung.

sci.-Newsgroups, die; *Subst.* (sci. newsgroups)
Newsgroups von Usenet, die Teil der sci.-Hierarchie sind und das Suffix sci. tragen. Hier werden die wissenschaftliche Forschung und ihre Anwendung behandelt – mit Ausnahme der Informatik, die in den comp.-Newsgroups behandelt wird. → *siehe auch* Newsgroup, traditionelle Newsgrouphierarchie, Usenet. → *vgl.* comp.-Newsgroups, misc.-Newsgroups, news.-Newsgroups, rec.-Newsgroups, soc.-Newsgroups, talk.-Newsgroups.

Scissoring, das; *Subst.* (scissoring)
→ *siehe* clippen.

Scope, das; *Subst.* (scope)
In der Elektronik umgangssprachlich für Oszilloskop. → *siehe auch* Oszilloskop.

SCR
→ *siehe* steuerbarer Gleichrichter.

Scrambler, der; *Subst.* (scrambler)
Ein Gerät oder ein Programm, das eine Signalfolge neu anordnet, um sie unlesbar zu machen. → *siehe auch* Verschlüsselung.

Scrap, die; *Subst.* (scrap)
Eine Datei einer Anwendung oder eine Systemdatei, die zum Speichern von markierten Daten dient, um sie zu verschieben, zu kopieren oder zu löschen. → *siehe auch* Zwischenablage.

S

Scrapbook, das; *Subst.* (scrapbook)
Eine Datei, in der Texte und Grafiken zu späterer Verwendung gespeichert werden können.
Ein »Scrapbook« ist z.B. auf dem Apple Macintosh zu finden und stellt dort eine Systemdatei dar. → *vgl.* Zwischenablage.

Scratch, der; *Subst.* (scratch)
Zu Deutsch etwa »Notizblockspeicher«. Eine Speicherregion oder eine Datei, die von einem Programm oder Betriebssystem zur Zwischenspeicherung aktueller Arbeitsdaten verwendet wird. Sie wird gewöhnlich ohne Kenntnis des Benutzers angelegt und bleibt nur bis zum Ende der aktuellen Sitzung bestehen. Die darin abgelegten Daten werden dann entweder permanent gespeichert oder verworfen. → *siehe auch* temporäre Datei. → *auch genannt* Scratchdatei. → *vgl.* Scrap.

Scratchdatei, die; *Subst.* (scratch file)
→ *siehe* Scratch.

scratchen *Vb.* (scratch)
Daten löschen oder verwerfen.

Scratchpad, das; *Subst.* (scratchpad)
Ein temporärer Speicherbereich für Berechnungen, Daten und andere laufende Arbeiten. → *siehe auch* scratchen, temporäre Datei.
»Scratchpad« bezeichnet außerdem einen Hochgeschwindigkeits-Speicherschaltkreis, der für die Aufnahme von kleinen Datenelementen für den schnellen Abruf verwendet wird. → *siehe auch* Cache.

Scratchpad-RAM, der; *Subst.* (scratchpad RAM)
Speicher, der vom Prozessor (CPU) zur vorübergehenden Datenspeicherung verwendet wird. → *siehe* auch Prozessor, Register. → *auch genannt* Scratchpad, Scratchpad-Speicher.

Scratchpad-Speicher, der; *Subst.* (scratchpad memory)
→ *siehe* Cache.

Screenname, der; *Subst.* (screen name)
Ein Name, unter dem ein Benutzer des Onlinedienstes America Online bekannt ist. Der Screenname kann dem wirklichen Namen des Benutzers entsprechen. → *siehe auch* America Online.

Screenscraping, das; *Subst.*
Ein Verfahren bei dem zwischen älteren Programmen und neuen Benutzeroberflächen, beispielsweise zwischen Webbrowsern oder Fenstern in einem Betriebssystem, übergebene Daten so formatiert werden, dass die Daten sowohl von der alten als auch von der neuen Software interpretiert werden können. Das Screenscrapingprogramm fängt die von einem Legacyprogramm eingehenden Daten ab und wandelt diese in das Format für die aktuelle Benutzeroberfläche um. Anschließend wandelt es die Benutzereingabe aus der neueren Benutzeroberfläche um, die an Legacyprogramme weitergeleitet wird. → *siehe auch* Legacy.

Screenshot, der; *Subst.* (screen shot)
Ein Bild, das Teile oder die Gesamtheit des Bildschirmbildes eines Computers wiedergibt. Die hier gezeigte Abbildung ist ein Screenshot, weitere sind unter den Einträgen *Alarmbox*, *Zelle* und *Menüleiste* gezeigt. (Abbildung S.9)

Abbildung S.9: Screenshot

Screensraper, der; *Subst.* (Screenscraping)
→ *siehe* Screenscraping.

Script Kiddie, das; *Subst.*
Eine nicht notwendigerweise technisch vorgebildete Person, die aufs Geratewohl über das Internet bestimmte Schwächen von Systemen sucht – in der Absicht sich Benutzerzugang zu verschaffen. Dabei muss das Script Kiddie weder den Zweck der eigenen Aktion grundlegend verstehen, noch eine konkrete Motivation für sein Handeln besitzen, weil es die Information über die Schwäche nicht selbst herausgefunden hat. Ein Script Kiddie legt es nicht darauf an, spezifische Informationen zu erhalten, oder bestimmte Firmen zu attackieren. Es benützt vielmehr die Kenntnis einer Verletzbarkeit, um das gesamte Netz nach potenziellen Opfern zu durchsuchen, deren Systeme die Voraussetzung dieser Verletzbarkeit erfüllen.

Scriptlet, das; *Subst.* (scriptlet)
Eine wieder verwendbare Webseite, die auf der Technologie

des dynamischen HTML (DHTML) basiert. Eine derartige Webseite wird mit der Auszeichnungssprache HTML und einer Skriptsprache erstellt und dann in Form eines Steuerelements (Control) auf einer anderen Webseite oder in einer Anwendung eingefügt. Die Scriptlettechnologie wurde von Microsoft entwickelt und mit dem Webbrowser Internet Explorer, Version 4.0, eingeführt. Scriptlets werden in Form von .htm-Dateien realisiert und stellen für den Entwickler ein relativ einfaches, objektorientiertes Mittel dar, Komponenten für webtypische Aufgaben zu realisieren sowie interaktive Elemente und anderweitige Funktionalität zu verwirklichen, z.B. Animationen, Farbveränderungen, Popupmenüs oder Drag & Drop-Fähigkeiten. Gleichzeitig wird verhindert, dass Daten wiederholt zwischen den Computern der Benutzer und dem Webserver übertragen werden müssen. Auf diese Weise wird eine höhere Geschwindigkeit erzielt und der Webserver entlastet. → *siehe auch* Dynamisches HTML, HTML, Internet Explorer. → *auch genannt* Microsoft Scripting Component. → *vgl.* Applet.

scrollen *Vb.* (scroll)
Die Verschiebung eines Dokuments in einem Fenster, um den gewünschten Abschnitt in den Anzeigebereich zu bringen. Dies kann über die Maus, die Pfeiltasten oder andere Tasten der Computertastatur erfolgen. → *siehe auch* Bildlaufleiste.

Scrollen, horizontales, das; *Subst.* (horizontal scrolling) → *siehe* horizontales Scrollen.

SCSI
Abkürzung für **S**mall **C**omputer **S**ystem **I**nterface (Schnittstelle für Kleinrechnersysteme). Eine genormte Hochgeschwindigkeitsparallelschnittstelle, die durch das X3T9.2-Komitee des American National Standards Institute (ANSI) definiert wurde. Eine SCSI-Schnittstelle dient dem Anschluss peripherer Geräte wie Festplatten, CD-ROM-Laufwerke und Drucker an Mikrocomputer sowie der Verbindung zu anderen Computern und lokalen Netzwerken. → *siehe auch* Fast SCSI, Ultra Wide SCSI, Wide SCSI. → *vgl.* Enhanced Small Device Interface, IDE.

SCSI-1
→ *siehe* SCSI.

SCSI-2
Ein erweiterter ANSI-Standard für SCSI-Systeme (Small Computer System Interface). Im Vergleich mit dem ursprünglichen SCSI-Standard (jetzt SCSI-1), der 8 Bit parallel bei bis zu 5 Megabyte pro Sekunde überträgt, bietet SCSI-

2 eine Erhöhung der Busbreite und Transferrate. Ein SCSI-2-Laufwerk oder -Adapter kann mit SCSI-1-Geräten zusammenarbeiten, wobei die Maximalgeschwindigkeit des älteren Standards erreicht wird. → *siehe auch* Fast SCSI, Fast/Wide SCSI, SCSI, Wide SCSI. → *vgl.* UltraSCSI.

SCSI-Bus, der; *Subst.* (SCSI bus)
Ein Parallelbus, der Daten und Steuersignale zwischen SCSI-Geräten und einem SCSI-Controller überträgt. → *siehe* auch Bus, Controller, SCSI-Gerät.

SCSI-Gerät, das; *Subst.* (SCSI device)
Ein Peripheriegerät, bei dem der Austausch von Daten und Steuersignalen mit dem Prozessor eines Computers auf der SCSI-Norm basiert. → *siehe auch* Peripherie, SCSI.

SCSI-ID, die; *Subst.* (SCSI ID)
Die eindeutige Adresse eines SCSI-Geräts. Jedes der an den SCSI-Bus angeschlossenen Geräte muss eine eigene SCSI-ID haben. Auf ein und demselben SCSI-Bus können bis zu acht SCSI-IDs angegeben werden. → *siehe auch* Bus, SCSI-Gerät.

SCSI-Kette, die; *Subst.* (SCSI chain)
Eine an einen SCSI-Bus angeschlossene Gruppe von Geräten. Jedes Gerät (außer dem SCSI-Adapter und dem letzten Gerät in der Kette) ist mit zwei benachbarten Geräten über Kabel verbunden, so dass sich eine kettenförmige Struktur ergibt. → *siehe auch* Daisychain, SCSI.

SCSI-Netzwerk, das; *Subst.* (SCSI network)
Eine an einen SCSI-Bus angeschlossene Gruppe von Geräten, die eine Art lokales Netzwerk bilden. → *siehe auch* SCSI.

SCSI-Port, der; *Subst.* (SCSI port)
Ein SCSI-Adapter in einem Computersystem, über den eine logische Verbindung zwischen dem Computer und den Geräten auf dem SCSI-Bus hergestellt wird. → *siehe auch* SCSI. Außerdem ein Geräteanschluss für ein SCSI-Kabel. → *siehe auch* SCSI.

SCSI-Stecker, der; *Subst.* (SCSI connector)
Ein Steckverbinder, der für den Anschluss eines SCSI-Geräts an den SCSI-Bus dient. → *siehe auch* Bus, SCSI-Gerät, Stecker. (Abbildung S.10)

SDK
Abkürzung für **S**oftware **D**eveloper's **K**it (Entwicklungssystem). → *siehe* Developer's Toolkit.

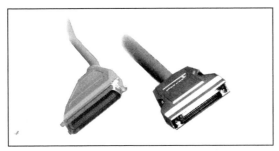

Abbildung S.10: SCSI-Stecker

SDLC

Abkürzung für **S**ynchronous **D**ata **L**ink **C**ontrol (Synchrone Datenübertragungssteuerung). Ein Protokoll zur synchronen Datenübertragung, das vor allem in Netzwerken nach der SNA (Systems Network Architecture) von IBM angewendet wird. Es ist dem von der ISO entwickelten HDLC-Protokoll ähnlich. → *siehe auch* HDLC.

SDM

→ *siehe* Raummultiplex.

SDRAM, das; *Subst.*

→ *siehe* synchrones DRAM.

SDSL

→ *siehe* Symmetric Digital Subscriber Line.

.sea

Eine Dateinamenerweiterung eines mit StuffIt komprimierten, selbstentpackenden Dateiarchivs auf dem Apple Macintosh. → *siehe auch* selbstentpackendes Archiv, StuffIt.

Seat, der; *Subst.* (seat)

Bezeichnet im Zusammenhang mit der Lizenzierung von Software eine einzelne Arbeitsstation oder einen einzelnen Computer. → *siehe auch* Arbeitsstation, Lizenzvertrag.

SECAM

Abkürzung für **Se**quential **C**ouleur **a**vec **M**emoire; ein in Frankreich und einigen osteuropäischen Ländern genutzter analoger Fernsehstandard. Dabei wird das Bild wie beim PAL-Standard durch 625 horizontale Zeilen bei einer Bildwiederholfrequenz von 50 Hertz dargestellt, allerdings mit unterschiedlicher Frequenzmodulation. → *vgl.* NTSC, PAL.

Secure Electronics Transactions Protocol, das;

Subst. (Secure Electronics Transactions protocol)

Ein Protokoll zur Durchführung sicherer Transaktionen über das Internet. Es entstand in Zusammenarbeit von GTE, IBM, MasterCard, Microsoft, Netscape, SAIC, Terisa Systems, VeriSign und Visa.

Secure Hash Algorithm, der; *Subst.*

→ *siehe* SHA.

Secure HTTP, das; *Subst.*

→ *siehe* S-HTTP.

Secure HyperText Transport Protocol, das; *Subst.*

(Secure Hypertext Transfer Protocol)
→ *siehe* S-HTTP.

Secure Multipurpose Internet Mail Extensions, die;

Subst. (Secure/Multipurpose Internet Mail Extensions)
→ *siehe* S/MIME.

Secure Sockets Layer, der; *Subst.*

Ein von der Firma Netscape Communications entwickelter offener Standard für den Aufbau sicherer Kommunikationskanäle, die den unberechtigten Zugriff auf sicherheitsrelevante Informationen, z.B. Kreditkartennummern, verhindern sollen. Der primäre Einsatzzweck von Secure Sockets Layer ist die Errichtung eines sicheren, elektronischen Zahlungsverkehrs über das World Wide Web, es ist jedoch auch ein Einsatz mit anderen Internetdiensten möglich. Das Verfahren basiert auf öffentlichen Schlüsseln und ist in den Webbrowser Netscape Navigator sowie in die kommerziellen Netscape-Server integriert. Informationen zu Secure Sockets Layer sind auf der Website von Netscape unter der Adresse http://www.netscape.com/security/techbriefs/ssl.html abrufbar. → *siehe auch* kommerzieller Server, offener Standard, Public-Key-Verschlüsselung. → *vgl.* S-HTTP.

Secure Transaction Technology, die; *Subst.*

Die Verwendung der Verfahren Secure Sockets Layer (SSL) und /oder Secure HTTP (S-HTTP) bei Onlinetransaktionen, z.B. der Übertragung von Formularen oder Kreditkartenbuchungen. → *siehe auch* Secure Socket Layer, S-HTTP.

Security by Obscurity, die; *Subst.*

Eine Strategie, bei der die Sicherheitslücken eines Produktes bewusst ignoriert werden. Anbieter oder Benutzer des Produktes gehen von der Annahme aus, dass Sicherheitsrisiken keine Gefahr darstellen, wenn sie von niemandem bemerkt werden. Dies bezieht sich besonders auf Risiken, die vorgeblich sehr schwer zu ermitteln sind. Diese Strategie bietet jedoch nur einen kurzfristigen Schutz, weil die Schwachstellen Produkts in der Regel über kurz oder lang entdeckt und ausgenutzt werden. → *siehe auch* Bug, Open Source.

Segment, das; *Subst.* (segment)
Ein Abschnitt eines Programms, der nach der Kompilierung einen zusammenhängenden Adressraum einnimmt und für gewöhnlich positionsunabhängig ist – d.h. an eine beliebige Stelle des Speichers geladen werden kann. Bei Mikrocomputern auf der Basis der Intel-Prozessoren ist ein Segment (im Real Mode des Prozessors) ein logischer Bezug auf einen zusammenhängenden Teil des Hauptspeichers (RAM) von 64 Kilobyte, in dem die einzelnen Bytes über einen Offsetwert zugänglich sind. Eine bestimmte physikalische Stelle im RAM wird über die Kombination aus Segment- und Offsetwerten referenziert. → *siehe auch* Real Mode, Segmentierung, überlagern.

segmentierte Adressierungsarchitektur, die; *Subst.* (segmented addressing architecture)
Eine Methode der Speicheradressierung, deren typisches Beispiel die Prozessoren 80x86 der Firma Intel sind. Der Speicher wird bei dieser Architektur für Adressen im 16-Bit-Adressformat in Segmente zu 64 Kilobyte unterteilt. Durch ein 32-Bit-Adressformat kann der Speicher in Segmenten bis 4 Gigabyte adressiert werden. → *auch genannt* segmentierte Befehlsadressierung, segmentierte Speicherarchitektur. → *vgl.* lineare Adressierung.

segmentierte Befehlsadressierung, die; *Subst.* (segmented instruction addressing)
→ *siehe* segmentierte Adressierungsarchitektur.

segmentierter Adressraum, der; *Subst.* (segmented address space)
Ein Adressraum, der in logische Einheiten, die sog. Segmente, unterteilt ist. Um eine gegebene Speicherstelle zu adressieren, muss ein Programm sowohl ein Segment als auch einen Offset innerhalb dieses Segments spezifizieren. (Der Offset stellt einen Wert relativ zum Beginn des betreffenden Segments dar.) Da sich Segmente überlappen können, sind die Adressen nicht eindeutig – es gibt viele logische Wege, um auf eine bestimmte physikalische Speicherstelle zuzugreifen. Die segmentierte Adressierung ist typisch für den Real Mode der Prozessorfamilie Intel 80x86, während die meisten anderen Mikroprozessorarchitekturen auf einem linearen Adressraum arbeiten. → *siehe auch* Segment. → *vgl.* linearer Adressraum.

segmentierte Speicherarchitektur, die; *Subst.* (segmented memory architecture)
→ *siehe* segmentierte Adressierungsarchitektur.

Segmentierung, die; *Subst.* (segmentation)
Das Aufteilen eines Programms in mehrere Abschnitte bzw. Segmente. → *siehe auch* Segment.

Sehnenscheidenentzündung, die; *Subst.* (carpal tunnel syndrome)
Eine Variante von RSI (Repetitive Strain Injury), die am Handgelenk und an der Hand auftritt. Durch die ständigen, kleinen Handbewegungen können Schwellungen und Vernarbungen des weichen Gewebes der Handgelenke auftreten, was zum Zusammendrücken der Hauptnervenbahnen der Hand führt. Die Symptome der Sehnenscheidenentzündung sind Schmerzen und Brennen in den Fingern. In besonders schlimmen Fällen kann die Sehnenscheidenentzündung zu einem teilweisen oder vollständigen Verlust der Handfunktionen führen. Eine häufige Ursache für die Sehnenscheidenentzündung ist das jahrelange, ständige Tippen auf einer Computertastatur ohne geeignete Handballenauflage. → *siehe auch* Ermüdungsverletzungen, Handballenauflage.

sehr große Datenbank, die; *Subst.* (Very Large Database)
Ein Datenbanksystem, das einen Datenumfang von mehreren hundert Gigabyte, teilweise sogar Terrabyte, hat. Eine sehr große Datenbank unterstützt häufig mehrere tausend Benutzer und Tabellen mit mehreren Milliarden von Datenzeilen. Diese Systeme müssen häufig in der Lage sein, über mehrere unterschiedliche Plattformen und Betriebssysteme mit verschiedenen Softwareprogrammen zu operieren. → *siehe auch* Datawarehouse.

sehr großer Speicher, der; *Subst.* (Very Large Memory)
Ein Speichersystem für die Behandlung gewaltiger Datenblöcke einer sehr großen Datenbank. Dieser Speicher setzt 64-Bit-RISC-Technologie ein, um einen adressierbaren Hauptspeicher und Dateigrößen von über 2 GB sowie einen Cache von bis zu 14 GB bewältigen zu können. → *siehe auch* RISC, sehr große Datenbank.

sehr hohe Integrationsdichte, die; *Subst.* (super-large-scale integration, very-large-scale integration)
Abkürzung: SLSI. Ein Begriff für die Bauelementdichte (Transistoren und andere Elemente) eines integrierten Schaltkreises und für die Feinheit der Verbindungen zwischen den Bauelementen. Auf einem SLSI-Schaltkreis sind meist 50.000 bis

S 100.000 Bauelemente integriert. → *siehe auch* integrierter Schaltkreis. → *vgl.* Hohe Integrationsdichte, niedrige Integrationsdichte, ultrahohe Integrationsdichte.

In einer etwas anderen Bedeutung geht der Ausdruck von einer deutlich niedrigeren Integrationsdichte aus und wird in diesem Zusammenhang auch als »VLSI« abgekürzt. Ein VLSI-Schaltkreis weist etwa 5.000 bis 50.000 Bauelemente auf. → *siehe auch* integrierter Schaltkreis. → *vgl.* Hohe Integrationsdichte, mittlere Integrationsdichte, niedrige Integrationsdichte, ultrahohe Integrationsdichte.

Seite, die; *Subst.* (page)
In der Textverarbeitung der Text und die Anzeigeelemente, die auf einem Blatt Papier gedruckt werden. Es gelten dabei u.a. festgelegte Formatoptionen bezüglich der Tiefe, der Seitenränder und der Anzahl der Spalten.

In der Computergrafik stellt eine Seite einen Teil eines Bildschirmspeichers dar, der den Inhalt eines kompletten Bildschirms aufnehmen kann – die interne Repräsentation einer vollständigen Bildschirmseite.

Seite, dynamische, die; *Subst.* (dynamic page)
→ *siehe* dynamische Seite.

Seitenabruf, der; *Subst.* (page impression)
Im Zusammenhang mit dem World Wide Web der Aufruf einer einzelnen Webseite durch einen Webbrowser, *ohne* dass die mit der entsprechenden HTML-Datei möglicherweise verbundenen Grafiken, Video- oder Audiodateien mitgezählt werden. Die Anzahl der Seitenabrufe wird häufig als Maßstab für die Popularität von Websites herangezogen. → *siehe auch* Webseite, Webserver, World Wide Web. → *vgl.* Hit.

Seitenadresse, die; *Subst.* (paged address)
In den seitenadressierten Speicherarchitekturen des 80386, i486 und Pentium eine Adresse im Speicher, die aus der Kombination der Segmentübersetzung und Seitenübersetzung entsteht. Nach dem Schema des seitenorientierten Speichers, bei dem die Seitenumsetzung (»Paging«) des Mikroprozessors aktiviert sein muss, werden logische Adressen in zwei Schritten in physikalische Adressen umgewandelt: Segmentübersetzung und Seitenübersetzung. Der erste Schritt, die Segmentübersetzung, konvertiert eine logische Adresse in eine lineare Adresse – eine Adresse, die sich indirekt auf eine physikalische Adresse bezieht. Nachdem die lineare Adresse ermittelt wurde, wandelt die Seitenverwaltung des Mikroprozessors die lineare Adresse in eine physikalische Adresse um, indem eine Seitentabelle (ein Feld aus 32-Bit-Seitenbezeichnern), eine Seite (eine 4-KB-Einheit aus fortlaufenden Adressen innerhalb des physikalischen Speichers) dieser Tabelle und ein Offset vom Seitenanfang angegeben werden. Diese Informationen ergeben die physikalische Adresse.

Seitenansicht, die; *Subst.* (preview)
Eine Funktion von Textverarbeitungsprogrammen und anderen Anwendungen, bei der das formatierte Dokument nicht direkt an den Drucker weitergeleitet, sondern zuerst auf dem Bildschirm angezeigt wird.

Seitenausrichtung, die; *Subst.* (page orientation)
→ *siehe* Hochformat, Querformat.

Seitenband, das; *Subst.* (sideband)
Die oberen und unteren Frequenzbereiche einer amplitudenmodulierten Trägerschwingung. Die Seitenbänder übertragen in der Regel den gleichen Informationsgehalt, können aber auch unterschiedliche Daten übertragen, wodurch sich die über einen einzelnen Kommunikationskanal übertragbare Informationsmenge verdoppeln lässt. (Abbildung S.11)

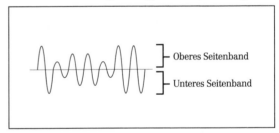

Abbildung S.11: Seitenband

Seitenbeschreibungssprache, die; *Subst.* (page-description language)
Abgekürzt PDL. Eine Programmiersprache, z.B. PostScript, zur Beschreibung der Ausgaben für Drucker oder Bildschirme, die dann ihrerseits über die Befehle der Seitenbeschreibungssprache Text und Grafiken des geforderten Seitenbilds erzeugen. Seitenbeschreibungssprachen sind mit anderen Computersprachen vergleichbar und erlauben komplizierte Manipulationen der Ausgaben durch entsprechende Gestaltung des logischen Programmablaufes. Eine Seitenbeschreibungssprache gibt in einer Art Blaupause die Spezifikationen (etwa für Schriften und Schriftgrößen) heraus, überlässt aber die eigentlichen Zeichenarbeiten für Zeichen und Grafiken dem Ausgabegerät selbst. Da bei dieser Methode die Detailarbeiten an das Gerät, das die Ausgaben produziert, delegiert werden, ist eine Seitenbeschreibungssprache maschinenun-

abhängig. Diese Fähigkeiten haben allerdings ihren Preis. Seitenbeschreibungssprachen erfordern Drucker mit Verarbeitungsleistungen und Speichergrößen, die denen von kleineren Personal Computern vergleichbar sind. → *siehe auch* PostScript.

Seitendrucker, der; *Subst.* (page printer)
Ein Drucker, der eine vollständige Seite auf einmal drucken kann, z.B. ein Laserdrucker. Da Seitendrucker die Daten einer gesamten Seite zunächst im Speicher ablegen müssen, bevor der Ausdruck erfolgen kann, ist ein relativ großer Speicher erforderlich. → *vgl.* Zeilendrucker.

Seiteneffekt, der; *Subst.* (side effect)
Durch ein Unterprogramm verursachte Änderungen des Zustands eines Programms oder einer Anwendung. Beispielsweise kann eine Routine, die einen Wert aus einer Datei liest, dabei die aktuelle Position eines Dateizeigers verschieben. Dabei handelt es sich um eine Form eines Bugs. → *siehe auch* Bug.

Seiteneinrichtung, die; *Subst.* (page setup)
Eine Reihe von Optionen, mit denen sich die Darstellung einer Datei auf einer gedruckten Seite beeinflussen lässt. Zur Seiteneinrichtung gehören die Bestimmung der passenden Papiergröße des Druckers, die Anpassung der Seitenränder, die Festlegung der tatsächlich zu druckenden Seiten eines Dokuments, die Skalierung (Abbildungsmaßstab) der Seiten sowie die Festlegung, ob mit einer anderen Datei unmittelbar nach dem Druck der ersten Datei fortzufahren ist.

Seitenfehler, der; *Subst.* (page fault)
Der Interrupt, der durch Schreib- oder Lesezugriffe eines Programms auf eine virtuelle Speicherstelle ausgelöst wird, wenn die betreffende Speicherstelle als »nicht vorhanden« markiert ist. Die Hardware eines virtuellen Speichersystems verwaltet Statusinformationen über jede Seite im virtuellen Adressraum. Eine Seite wird entweder auf eine physikalische Adresse abgebildet oder ist im physikalischen Speicher nicht vorhanden. Bei einer erkannten Schreib- oder Leseoperation mit einer momentan nicht als vorhanden gekennzeichneten virtuellen Adresse generiert die Speicherverwaltungshardware einen Seitenfehlerinterrupt. Das Betriebssystem muss auf diesen Seitenfehler reagieren, indem es Daten für die Seite einlagert und die Statusinformationen in der Speicherverwaltungseinheit aktualisiert. → *siehe auch* auslagern, virtueller Speicher.

Seitenlayout, das; *Subst.* (page layout)
Im Desktop Publishing die Anordnung von Text und Grafiken auf den Seiten eines Dokuments. Seitenlayoutprogramme zeichnen sich durch die Möglichkeiten der Textanordnung und der Handhabung spezieller Effekte der Textgestaltung aus und sind ansonsten mit Textverarbeitungsprogrammen vergleichbar. Hinsichtlich der Geschwindigkeit sind sie zwar reinen Textverarbeitungsprogrammen im Allgemeinen unterlegen, beherrschen dafür aber umfangreiche Aufgaben wie Fließtext in komplexen mehrspaltigen Seitenentwürfen, Drucken von Dokumenten mit Signaturen (Bogenziffern), Handhabung von Farbauszügen und Unterstützung intelligenter Kerning- und Silbentrennungsmerkmale.

Seitenleser, der; *Subst.* (page reader)
→ *siehe* Dokumentenleser.

Seiten pro Minute, die; *Subst.* (pages per minute)
Abgekürzt PPM oder ppm. Bei Druckern eine Kenngröße der Ausgabekapazität – wörtlich die Anzahl der gedruckten Seiten, die der Drucker in einer Minute produzieren kann. Die vom Druckerhersteller angegebene PPM-Kenngröße bezieht sich in der Regel auf eine »normale« Seite. Die Verwendung mehrerer Schriften und der Einbau von Grafiken kann die PPM-Rate eines Druckers drastisch senken.

Seitenrahmen, der; *Subst.* (page frame)
Eine physikalische Adresse, auf die sich eine virtuelle Speicherseite abbilden lässt. In einem System mit Seitengrößen von 4096 Byte entspricht der Seitenrahmen 0 den physikalischen Adressen 0 bis 4095. → *siehe auch* Paging, virtueller Speicher.

Seitenspeicher, der; *Subst.* (page-image buffer)
Ein Speicher, der in einem Seitendrucker eingesetzt wird, um die Bitmap (Bild) einer Seite so abzulegen, wie es der Raster Image-Prozessor (RIP) des Druckers aufbaut und wie es der Drucker zu Papier bringt. → *siehe auch* Rasterprozessor, Seitendrucker.

Seitenumbruch, der; *Subst.* (page break, page makeup)
Kennzeichnet den Punkt in einem Dokument, an dem der Textfluss an den Beginn einer neuen Seite übergeht. Die meisten Textverarbeitungsprogramme erzeugen einen automatischen Seitenumbruch, wenn das zu druckende Material auf der Seite eine festgelegte Maximaltiefe erreicht hat. Soll dagegen ein Seitenwechsel an einer bestimmten Stelle im Text erfolgen, kann man einen entsprechenden Befehl oder

S Code für einen »harten« oder »manuellen« Seitenumbruch einfügen. → *siehe auch* Seitenvorschub.

Als »Seitenumbruch« wird außerdem der manuelle oder automatische Vorgang bezeichnet, bei dem die Grafiken und der Text eines Dokuments auf einzelne Seiten aufgeteilt werden, bevor dieses gedruckt wird. Meist erfolgt der Seitenumbruch automatisch – einige unästhetische Umbrüche müssen jedoch meist manuell korrigiert werden.

Seitenverhältnis, das; *Subst.* (aspect ratio)
Bei Computerbildschirmen und im Bereich der Computergrafik das Verhältnis von Breite und Höhe einer Grafik bzw. eines grafischen, rechteckigen Bereichs. Ein Seitenverhältnis von 2:1 gibt beispielsweise an, dass eine Grafik doppelt so breit wie hoch ist. Das Seitenverhältnis stellt einen wichtigen Aspekt dar, die korrekten Proportionen einer Grafik zu erhalten, wenn eine Grafik gedruckt, skaliert (also in der Größe verändert) oder in ein anderes Dokument eingefügt wird. Wird das Seitenverhältnis verfälscht, wird die Grafik gestaucht oder gestreckt.

Seitenvorschub, der; *Subst.* (form feed)
Abgekürzt FF. Ein Befehl, der den Drucker anweist, am Anfang der nächsten Seite weiterzudrucken. Im ASCII-Zeichensatz hat das Seitenvorschubzeichen den dezimalen Wert 12 (hexadezimal 0C). Dieses Zeichen wird auch als Seitenauswurfzeichen bezeichnet, da es den Druck auf einer neuen Seite bewirkt.

Seitenwechsel, der; *Subst.* (page break)
→ *siehe* Seitenumbruch.

Seite, sichtbare, die; *Subst.* (visible page)
→ *siehe* sichtbare Seite.

Sektor, der; *Subst.* (sector)
Ein Teil des Datenspeicherbereichs auf einem Datenträger. Eine Diskette oder eine Festplatte ist in Seiten (oben und unten), Spuren (konzentrische Ringe auf jeder Oberfläche) und Sektoren (Abschnitte jedes Rings) unterteilt. Sektoren sind die kleinsten physikalischen Speichereinheiten auf dem Datenträger und weisen eine feste Größe auf, z.B. 512 Byte. (Abbildung S.12)

Sektor, schadhafter, der; *Subst.* (bad sector)
→ *siehe* schadhafter Sektor.

Sektorversatz *Vb.* (interleave, sector interleave)
Beim Sektorversatz sind die Sektoren auf einer Festplatte so

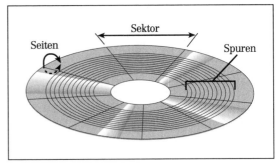

Abbildung S.12: Sektor

angeordnet, dass nach dem Lesen eines Sektors der nächste Sektor in numerischer Folge erst dann am Kopf ankommt, wenn der Computer wieder für eine Leseoperation bereit ist, da anderenfalls der Computer eine ganze Umdrehung der Platte abwarten muss, bis der gewünschte Sektor ankommt. Die Anordnung der Sektoren erfolgt durch ein Formatierungsdienstprogramm, das die Diskette für die Verwendung mit einem bestimmten Computertyp initialisiert.

Sektorzuordnungstabelle, die; *Subst.* (sector map)
Eine Liste, die alle nichtnutzbaren Sektoren auf einer Diskette verzeichnet.

Außerdem eine Tabelle, die für die Übersetzung der vom Betriebssystem angeforderten Datenträger-Sektornummern in physikalische Sektoren verwendet wird. Die Sektorzuordnungstabelle stellt eine alternative Methode zur Realisierung des Sektorversatzes dar. In diesem Fall werden die Sektoren auf dem Datenträger in fortlaufender Reihenfolge formatiert. Über die Sektorzuordnungstabelle ist das System dann in der Lage, die Sektoren in einer nichtsequentiellen Folge zu lesen. Verwendet man beispielsweise einen Sektorversatz von 3 zu 1, muss der Laufwerktreiber bei einer Systemanforderung der Sektoren von 1 bis 4 die physikalischen Sektoren 1, 4, 7 und 10 lesen. → *siehe auch* Sektorversatz.

sekundärer Serviceprovider, der; *Subst.* (secondary service provider)
Ein Internetnetzanbieter, der Kunden die Präsenz auf dem Web anbietet, jedoch keine direkte Verbindung. → *siehe auch* Internet Serviceprovider.

Sekundärkanal, der; *Subst.* (secondary channel)
Ein Übertragungskanal in einem Kommunikationssystem, der keine eigentlichen Nutzdaten, sondern Prüf- und Diagnoseinformationen transportiert. → *vgl.* Primärkanal.

Sekundärschlüssel, der; *Subst.* (candidate key, secondary key)
Ein eindeutiger Kennzeichner für einen Datensatz (Tupel) in einer Relation (Datenbanktabelle). Der Sekundärschlüssel kann entweder einfach (ein einzelnes Attribut) oder zusammengesetzt (zwei oder mehr Attribute) sein. Per Definition muss jede Relation zumindest über einen Sekundärschlüssel verfügen, wobei aber auch mehrere Sekundärschlüssel vorhanden sein können. Wenn es nur einen Sekundärschlüssel gibt, wird er automatisch zum Primärschlüssel der Relation. Sind mehrere Sekundärschlüssel vorhanden, muss der Entwickler einen davon als Primärschlüssel bestimmen. Jeder Sekundärschlüssel, der nicht als Primärschlüssel festgelegt wurde, stellt einen alternativen Schlüssel dar. → *siehe auch* Primärschlüssel, Schlüssel → *siehe auch* Alternativschlüssel. → *vgl.* Primärschlüssel.

Sekundärspeicher, der; *Subst.* (secondary storage)
Jedes Datenspeichermedium, bei dem es sich nicht um RAM (d.h., den Haupt- oder Primärspeicher) des Computers handelt – in der Regel ein Magnetband, eine Festplatte oder eine Diskette. → *vgl.* Primärspeicher.

selbstanpassend *Adj.* (self-adapting)
Die Fähigkeit von Systemen, Geräten oder Prozessen, ihr Betriebsverhalten an Umgebungsbedingungen anpassen zu können.

selbstdokumentierender Code, der; *Subst.* (self-documenting code)
Durch den Einsatz geeigneter Hochsprachen und die Verwendung informativer Bezeichner lässt sich der Quelltext eines Programms auch ohne Kommentare so formulieren, dass ihn andere Programmierer ohne Schwierigkeiten verstehen können.

selbstentpackende Datei, die; *Subst.* (self-extracting file)
Eine ausführbare Datei, die eine oder mehrere komprimierte Textdateien oder Datendateien enthält. Wenn ein Benutzer diese Programmdatei startet, werden die Dateien dekomprimiert und auf der Festplatte des Benutzers gespeichert. (Abbildung S.13)

selbstentpackendes Archiv, das; *Subst.* (self-extracting archive)
→ *siehe* selbstentpackende Datei.

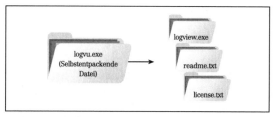

Abbildung S.13: Selbstentpackende Datei

selbstgebraut *Adj.* (homebrew)
Hardware oder Software, die nicht für kommerzielle Zwecke, sondern von Privatpersonen für den Eigenbedarf entwickelt wird. Hierbei handelt es sich beispielsweise um die Hardware, die von Bastlern konstruiert wurde, als die Mikrocomputer in den siebziger Jahren erstmals auf den Markt kamen.

selbstgeschnitzte Software, die; *Subst.* (homegrown software)
Im »stillen Kämmerlein« anstatt in einer professionellen Umgebung entwickelte Software. Viele Publicdomain- und Sharewareprogramme entstammen dieser Sphäre. → *siehe auch* Publicdomainsoftware, Shareware.

selbstmodifizierender Code, der; *Subst.* (self-modifying code)
Programmcode (in der Regel ein von einem Compiler oder Assembler generierter Objektcode), der sich während der Ausführung selbst verändern kann, indem die existierenden Anweisungen durch neue Befehlscodes, Adressen oder Datenwerte überschrieben werden. → *siehe auch* reine Prozedur.

selbstprüfender Code, der; *Subst.* (self-validating code)
Programmcode, der sein korrektes Verhalten selbsttätig verifizieren kann. Dies geschieht in der Regel durch Einlesen einer Reihe von Standardeingabewerten und Vergleichen der Ergebnisse mit den erwarteten Ausgabewerten.

selbstsynchronisierend *Adj.* (self-clocking)
Bezeichnet ein Verfahren, bei dem die Taktsignale in den Datenstrom eingefügt werden und nicht von einer externen Quelle stammen, wie dies z.B. bei der Phasencodierung der Fall ist.

Selbsttest, der; *Subst.* (built-in check, self-test)
Eine Zusammenstellung diagnostischer Tests, die von einem Computer oder einem Peripheriegerät (z.B. einem Drucker) auf die eigene Hardware ausgeführt werden. → *siehe auch* Poweronselbsttest.
→ *siehe* Hardwarecheck, Poweronselbsttest.

S

Selbstüberwachung, die; *Subst.* (automonitor)
Die Eigenschaft eines Prozesses oder Systems, sich selbst hinsichtlich der internen Umgebung einstufen zu können.

Selbstwählfunktion, die; *Subst.* (auto dial)
Eine Funktion in einem Modem, die selbsttätig eine Telefonverbindung herstellt, indem ein Wählton initiiert und daraufhin die angegebene Telefonnummer als Folge von Impulsen nach dem jeweiligen Wahlverfahren (Puls- oder Frequenzwahl) übermittelt wird.

selektierte Zelle, die; *Subst.* (selected cell)
→ *siehe* aktive Zelle.

Selektion, die; *Subst.* (selection)
In der Datenübertragung der Kontaktaufbau zwischen einem Computer und einer entfernten Station, die eine Nachricht empfangen soll.
In der Programmierung eine bedingte Verzweigung. → *siehe auch* bedingte Verzweigung.

Selektivruf, der; *Subst.* (selective calling)
Bezeichnet die Fähigkeit einer Station, auf einer Übertragungsleitung die Station anzugeben, die die Sendung empfangen soll.

Selektorkanal, der; *Subst.* (selector channel)
Eine Eingabe-/Ausgabe-Datenübertragungsleitung, die zu einem bestimmten Zeitpunkt exklusiv von einem Hochgeschwindigkeitsgerät belegt wird.

Self-Monitoring Analysis and Reporting Technology System, das; *Subst.* (self-monitoring analysis and reporting technology system)
→ *siehe* SMART-System.

Self-Organizing Map, die; *Subst.* (self-organizing map)
→ *siehe* SOM.

Semantik, die; *Subst.* (semantics)
In der Programmierung die Beziehung zwischen Wörtern oder Symbolen und ihren zugeordneten Bedeutungen. Programmiersprachen sind bestimmten semantischen Regeln unterworfen. Eine Programmanweisung kann daher syntaktisch korrekt sein, jedoch semantische Fehler enthalten. Dies bedeutet, dass eine Anweisung in einer zulässigen Form geschrieben werden kann und doch eine fehlerhafte Bedeutung beinhaltet. → *siehe auch* Syntax.

In der Erforschung künstlicher Intelligenz bezeichnet der Ausdruck die Fähigkeit eines Netzwerks, Verhältnisse zwischen Objekten, Ideen oder Situationen in einer menschenähnlichen Weise darzustellen.

semantischer Fehler, der; *Subst.* (semantic error)
Ein Fehler in der Bedeutung. In einem Programm eine Anweisung, die syntaktisch zwar korrekt (zulässig) ist, funktionell jedoch fehlerhaft. → *siehe auch* Logik, Semantik, Syntax.

Semaphore, das; *Subst.* (semaphore)
In der Programmierung ein Signal (eine Flag-Variable), das verwendet wird, um den Zugriff auf gemeinsam genutzte Systemressourcen zu verwalten. Ein Semaphore zeigt anderen potenziellen Benutzern an, dass sich eine Datei oder eine Ressource in Verwendung befindet, und verhindert, dass mehr als ein Benutzer darauf zugreift. → *siehe auch* Flag.

Sendebefehl, der; *Subst.* (send statement)
In den Skriptsprachen für SLIP und PPP eine Angabe, die das Einwahlprogramm (das die Telefonverbindung zum Internetdienstanbieter herstellt) anweist, bestimmte Zeichen zu senden. → *siehe auch* ISP, PPP, Skriptsprache, SLIP.

senden *Vb.* (send)
Eine Nachricht oder eine Datei über einen Kommunikationskanal übertragen.

sendmail
Eine beliebte und weit verbreitete Open Source-Implementierung von SMTP (Simple Mail Transfer Protocol) auf UNIX-Systemen für die Zustellung von E-Mail-Nachrichten. Sendmail wurde 1981 von Eric Allman an der University of California in Berkeley geschrieben und war der erste Internet-MTA (Message Transfer Agent). → *siehe auch* Open Source, SMTP.

Sendung, die; *Subst.* (upload)
In der Kommunikationstechnik der Vorgang der Übertragung einer Dateikopie von einem lokalen Computer auf einen entfernten Computer mit Hilfe eines Modems oder über ein Netzwerk.
Die Dateikopie, die von einem lokalen Computer auf einen entfernten Computer übertragen wird oder übertragen wurde.

Senke, die; *Subst.* (drain)
Die Elektrode eines Feldeffekttransistors (FET), in dessen Richtung sich Ladungsträger (Elektronen) von der Quelle unter der

Steuerung des Steueranschlusses bewegen. → *siehe* Stromverbrauch. → *siehe auch* FET, MOSFET.

senkrechte Anführungszeichen, das; *Subst.* (dumb quotes)
Anführungszeichen, die nicht typografisch sind. Diese Anführungszeichen sind sowohl am Anfang als auch am Schluss oben und nicht geschwungen. Ein Beispiel ist das Zollzeichen ("). → *vgl.* typografische Anführungszeichen.

senkrechter Balken, der; *Subst.* (pipe)
Das Zeichen für eine vertikale Linie (|), das sich bei einer deutschen PC-Tastatur als Umschaltzeichen auf der Taste für das »Kleiner- bzw. Größer-als-Zeichen« befindet.

Sensor, der; *Subst.* (sensor)
Ein Gerät, das eine Messgröße nachweist oder misst, indem es nichtelektrische Energie in elektrische Energie umwandelt. Eine Fotozelle beispielsweise erkennt oder misst Licht durch Umwandlung in elektrische Energie. → *siehe auch* Transducer.

Sensorhandschuh, der; *Subst.* (sensor glove)
Ein Eingabegerät für Systeme mit virtueller Realität, das an der Hand getragen wird. Der Handschuh wandelt die Fingerbewegungen des Benutzers in Befehle um, mit denen die Objekte in der virtuellen Umwelt beeinflusst werden können. → *siehe auch* virtuelle Realität. → *auch genannt* Datenhandschuh.

Sequenced Packet Exchange, der; *Subst.*
→ *siehe* SPX.

sequenzielle Ausführung, die; *Subst.* (sequential execution)
Die Ausführung von Routinen oder Programmen in linearer Folge. → *vgl.* parallele Ausführung.

sequentieller Algorithmus, der; *Subst.* (sequential algorithm)
Ein Algorithmus, bei dem jeder Schritt in linearer Folge auftreten muss. → *siehe* auch Algorithmus. → *vgl.* paralleler Algorithmus.

sequentieller Zugriff, der; *Subst.* (sequential access)
Eine Methode zum Speichern oder Abrufen von Informationen, bei der das Programm mit dem Lesen am Anfang beginnen und so lange fortfahren muss, bis es die gewünschten Daten gefunden hat. Ein sequentieller Zugriff eignet sich am besten für Dateien, bei denen sich jede Informationseinheit auf die davorliegenden Informationen bezieht, wie beispielsweise bei Versandlistendateien oder Textverarbeitungsdokumenten. → *siehe auch* indexsequentieller Zugriff. → *auch genannt* serieller Zugriff. → *vgl.* wahlfreier Zugriff.

sequentielles Logikelement, das; *Subst.* (sequential logic element)
Ein logisches Schaltelement, das mindestens einen Eingang und einen Ausgang aufweist, und bei dem das Ausgangssignal sowohl von den gegenwärtigen als auch von den vorausgegangenen Zuständen der Eingangssignale abhängig ist.

sequentielle Suche, die; *Subst.* (sequential search)
→ *siehe* lineare Suche.

sequentielle Verarbeitung, die; *Subst.* (sequential processing)
Die Verarbeitung von Informationselementen in der gleichen Reihenfolge, in der sie gespeichert sind oder eingegeben werden.
Außerdem die Ausführung eines Befehls, eines Unterprogramms oder eines Tasks, gefolgt von der Ausführung des jeweils nächsten Elements in einer linearen Folge. → *vgl.* Multiprocessing, parallele Verarbeitung, Pipelining.

Sequenzprüfung, die; *Subst.* (sequence check)
Ein Verfahren, bei dem geprüft wird, ob Daten oder Datensätze mit einer bestimmten Reihenfolge übereinstimmen. → *vgl.* Doublettenprüfung, Konsistenzprüfung, Vollständigkeitsprüfung.

Serial Infrared, das; *Subst.*
Ein von Hewlett-Packard entwickeltes System für die Übertragung von Daten zwischen Geräten mit einer Entfernung von bis zu einem Meter über einen Infrarotlichtstrahl. Die Infrarotsensoren auf Sender- und Empfängerseite müssen dazu aufeinander ausgerichtet werden. Serial Infrared wird bei Laptop- und Notebookcomputern eingesetzt sowie bei Peripheriegeräten wie Druckern. → *siehe auch* Infrarotport.

serialisieren *Vb.* (serialize)
Von einer parallelen (byteweisen) Übertragung in eine serielle (bitweise) Übertragung umwandeln. → *vgl.* deserialisieren.

SerialKeys, der; *Subst.*
Eine Funktion von Windows 9x, die es ermöglicht, von einem Eingabehilfegerät Tastatureingaben und Mausbefehle über die serielle Schnittstelle des Computers einzugeben.

S

Serial Line Internet Protocol, das; *Subst.*
→ *siehe* SLIP.

Serial Storage Architecture, die; *Subst.*
→ *siehe* SSA.

seriell *Adj.* (serial)
Soviel wie »eines nach dem anderen«. Beispielsweise werden bei einer seriellen Übertragung Informationen durch aufeinander folgende einzelne Bits übertragen, und ein serieller Computer verfügt nur über ein einziges Rechenwerk, welches das ganze Programm Schritt für Schritt ausführen muss. → *vgl.* parallel.

seriell, bitweise *Adj.* (bit serial)
→ *siehe* bitweise seriell.

serielle Kommunikation, die; *Subst.* (serial communication)
Die bitweise Informationsübertragung zwischen Computern oder zwischen Computern und Peripheriegeräten über einen einzelnen Kanal. Serielle Kommunikation kann synchron oder asynchron sein. Sowohl Sender als auch Empfänger müssen die gleiche Baudrate, Parität und Steuerinformation verwenden. → *siehe auch* Baudrate, Parität, Startbit, Stoppbit.

serielle Maus, die; *Subst.* (serial mouse)
Ein Zeigegerät, das an den Computer über eine serielle Standardschnittstelle angeschlossen ist. → *siehe auch* Maus. → *vgl.* Busmaus.

serieller Addierer, der; *Subst.* (serial adder)
Ein Schaltkreis, der zwei Zahlen bitweise addiert (d.h. jeweils eine binäre Stelle).

serieller Drucker, der; *Subst.* (serial printer)
Ein Drucker, der an den Computer über eine serielle Schnittstelle angeschlossen ist (in der Regel eine Schnittstelle nach RS-232-C oder einer kompatiblen Norm). Die Steckverbindungen für diese Art von Druckern sind sehr unterschiedlich, dies ist ein Grund dafür, dass sie im Einsatz mit IBM- und kompatiblen PCs weniger verbreitet sind als parallele Drucker. Serielle Drucker sind der Standard bei Apple-Computern. → *siehe auch* DB-Stecker, seriell, serielle Übertragung. → *vgl.* Paralleldrucker.

serieller Port, der; *Subst.* (serial port)
Eine Eingabe-/Ausgabeadresse (Kanal) für die bitweise Übertragung von Daten zum Prozessor eines Computers oder zu einem Datenübertragungsgerät. Serielle Schnittstellen werden für die serielle Datenübertragung verwendet sowie als Schnittstellen für verschiedene Peripheriegeräte wie Maus oder Drucker.

serieller Portadapter, der; *Subst.* (serial port adapter)
Eine Schnittstellenkarte oder ein Gerät, das serielle Anschlüsse entweder direkt oder für andere Zwecke zur Verfügung stellt. → *siehe auch* Schnittstellenkarte, serieller Port.

serieller Zugriff, der; *Subst.* (serial access)
→ *siehe* sequentieller Zugriff.

serielle Schnittstelle, die; *Subst.* (serial interface)
Eine Datenübertragungseinrichtung, bei der Daten- und Steuerbits sequentiell über einen einzelnen Kanal gesendet werden. In Bezug auf eine serielle Eingabe-/Ausgabeschnittstelle impliziert dieser Begriff in der Regel die Verwendung einer Schnittstelle nach RS-232 oder RS-422. → *siehe auch* RS-232-C-Standard, RS-422/423/449. → *vgl.* parallele Schnittstelle.

serielle Übertragung, die; *Subst.* (serial transmission)
Die sequentielle Übertragung diskreter Signale. In der Datenübertragungstechnik bezieht sich dieser Begriff auf das bitweise Senden von Informationen über eine einzelne Leitung, wie beispielsweise bei Verbindungen zwischen Modems. → *vgl.* parallele Übertragung.

serielle Verarbeitung, die; *Subst.* (serial processing)
→ *siehe* sequentielle Verarbeitung.

Serienbrieffunktion, die; *Subst.* (mail merge)
Eine Massenpostfunktion, bei der Namen, Adressen und manchmal auch relevante Angaben zum Empfänger einer Datenbank entnommen und in einen Formbrief oder in ein ähnliches Basisdokument eingesetzt werden.

Serife, die; *Subst.* (serif)
Bezeichnet die kleinen Querstriche oder Verzierungen am Ende der Schriftzüge eines Schriftzeichens.

scrifcnbctont *Adj.* (scrif)
Durch das Vorhandensein von Serifen gekennzeichnet. Beispielsweise ist Goudy eine Serifenschrift, während Helvetica eine serifenlose Schrift darstellt. → *vgl.* serifenlos. (Abbildung S.14)

Abbildung S.14: Serife: Eine Schrift mit (oben) und ohne Serifen

serifenlos *Adj.* (sans serif)
Wörtlich: »Ohne Striche«. Eine Schriftart, deren Zeichen keine Serifen aufweisen (Querstriche oder Verzierungen am Ende der Schriftzüge). Eine serifenlose Schrift hat im Vergleich zu einer Serifenschrift eine geradlinigere, geometrische Erscheinung, auch haben ihre Zeichen keine unterschiedlichen Linienstärken. Serifenlose Schriften werden eher für Überschriften als für Textblöcke verwendet. → *vgl.* Serife.

Servelet, das; *Subst.* (servelet)
→ *siehe* Servlet.

Server, der; *Subst.* (server)
In einem lokalen Netzwerk (LAN) ein Computer mit administrativer Software, der den Zugriff auf das Netzwerk und dessen Ressourcen steuert, wie Drucker und Festplattenlaufwerke, und den im Netzwerk als Arbeitsplatzstationen arbeitenden Computern Ressourcen zur Verfügung stellt.
Im Internet oder in einem anderen Netzwerk stellt ein Server einen Computer (oder ein Programm) dar, der auf Befehle eines Clients antwortet. Beispielsweise kann ein Dateiserver ein Archiv von Daten oder Programmdateien enthalten. Fordert ein Client eine Datei an, überträgt der Server eine Kopie der Datei an den Client. → *siehe auch* Client/Serverarchitektur. → *vgl.* Client.

Server, anonymer, der; *Subst.* (anonymous server)
→ *siehe* anonymer Remailer.

serverbasierte Anwendung, die; *Subst.* (server-based application)
Ein Programm, das in einem Netzwerk zur gemeinsamen Verwendung freigegeben ist. Das Programm wird dazu auf dem Netzwerkserver gespeichert und kann so von mehreren Clients gleichzeitig verwendet werden.

Servercluster, der; *Subst.* (server cluster)
→ *siehe* Cluster (Def. 3).

Serverdienstgerät, das; *Subst.* (server appliance)
Ein Gerät für das Übermitteln eines oder mehrerer spezifischer Netzwerkdienste in einem einzelnen, »schlüsselfertigen« Paket, das sowohl Hardware als auch Software enthält. Alle notwendigen Programme sind auf einem Serverdienstgerät vorinstalliert, das über minimale, vereinfachte Optionen und Steuerelemente verfügt. Serverdienstgeräte können angewendet werden, um traditionelle Server im Netz zu ergänzen oder zu ersetzen und Dienste wie das gemeinsame Nutzen von Daten und Druckern oder Internetverbindungen anzubieten. → *siehe auch* Informationsdienstgerät. → *auch genannt* Dienstgerät.

Serverfarm, die; *Subst.*
Eine zentrale Gruppe von Netzwerkservern, die von einem Unternehmen oder häufig von einem Internetdienstanbieter (ISP) verwaltet werden. Eine Serverfarm schützt ein Netzwerk vor Überlastung, sorgt für Ausgewogenheit und Hochverfügbarkeit und erhöht die Fehlertoleranz. Die jeweiligen Server können so miteinander verbunden werden, dass sie nach außen eine eigenständige Ressource repräsentieren. → *siehe auch* Hochverfügbarkeit, ISP, Lastaufteilung, Load-Balancing, skalierbar.

Serverfehler, der; *Subst.* (server error)
Ein Fehler bei der Durchführung einer Informationsanfrage über HTTP, bewirkt durch einen Fehler auf Server- und nicht auf Client- oder Benutzerseite. Serverfehler werden durch HTTP-Statuscodes angegeben, die mit der Ziffer 5 beginnen. → *siehe auch* HTTP, HTTP-Statuscodes.

Server für Fernzugang, der; *Subst.* (remote access server)
Ein mit Modem ausgerüstetes Hostsystem in einem lokalen Netzwerk, mit dem die Benutzer eine Verbindung zum Netzwerk über Telefonleitungen herstellen können.

Serverhoming, das; *Subst.* (server homing)
Dienstleistung von Internet Serviceprovidern (ISP), bei der ein lokaler Webserver mittels Breitbandanschluss (muss eventuell neu gelegt werden) an den Internetzugang des Providers angebunden wird. Der Vorteil dieser sehr teuren Methode besteht darin, dass der Administrator jederzeit Zugriff auf den Server hat. → *siehe auch* Serverhousing, Webhosting.

S

Serverhousing, das; *Subst.* (server housing)
Dienstleistung von Internet Serviceprovidern (ISP), bei der
der Webserver des Kunden in den Räumen des ISP untergebracht und direkt an das Internet angebunden wird. Diese
Methode ist im Allgemeinen billiger als das Serverhoming (es
müssen keine Leitungen verlegt werden), dafür hat der
Administrator keinen uneingeschränkten physischen Zugriff
auf den Server. → *siehe auch* Serverhoming, Webhosting.

Server, kommerzieller, der; *Subst.* (commerce server)
→ *siehe* kommerzieller Server.

Serverlet, das; *Subst.* (serverlet)
→ *siehe* Servlet.

Server Message Block, der; *Subst.* (Server message block)
→ *siehe* SMB.

Server, objektrelationaler, der; *Subst.* (object-relational
server)
→ *siehe* objektrelationaler Server.

Server, paralleler, der; *Subst.* (parallel server)
→ *siehe* paralleler Server.

Server Push-Pull, der; *Subst.* (server push-pull)
Eine Kombination aus Client/Serverkonzepten für das World
Wide Web, die – einzeln genannt – »Server Push« und »Client
Pull« heißen. Bei Server Push sendet der Server Daten an den
Client, die Datenverbindung bleibt jedoch geöffnet. Damit
wird es dem Server ermöglicht, das Senden der Daten an den
Browser den Anforderungen entsprechend fortzusetzen. Bei
Client Pull sendet der Server Daten an den Client, die Daten-
verbindung bleibt jedoch nicht geöffnet. Der Server sendet
eine HTML-Anweisung an den Browser, um die Verbindung
nach einem bestimmten Intervall wieder zu öffnen und wei-
tere Daten zu übertragen oder möglicherweise eine neue
URL-Adresse zu öffnen. → *siehe auch* HTML, URL, World
Wide Web. (Abbildung S.15)

Serverside Include, der; *Subst.* (server-side includes)
Ein Mechanismus zur Integration dynamischer Texte in
Dokumente auf dem World Wide Web. Serverside Include
umfasst spezielle Befehlscodes, die vom Server erkannt und
interpretiert werden. Das Ergebnis wird in den Dokumenttext
eingebaut, bevor es an den Browser gesendet wird. Serverside Include kann z.B. zum Einfügen eines Datum-/Uhrzeit-
feldes in den Text einer Datei verwendet werden.

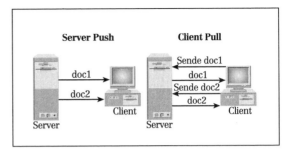

Abbildung S.15: Server Push-Pull

Server, virtueller, der; *Subst.* (virtual server)
→ *siehe* virtueller Server.

Service, der; *Subst.* (service)
Eine kundenorientierte oder benutzerorientierte Tätigkeit,
z.B. die Bereitstellung von Netzwerkdiensten oder techni-
scher Unterstützung.
In der Programmierung bezeichnet »Service« ein Programm
oder ein Unterprogramm, das eine Unterstützung für andere
Programme bereitstellt, insbesondere auf niedriger Ebene
(Hardwareebene). → *siehe auch* Utility.

Service Advertising Protocol, das; *Subst.*
Ein Protokoll, das von einem Dienste anbietenden Knoten in
einem Netzwerk verwendet wird (z.B. einem Datei- oder
Anwendungsserver), um andere Knoten im Netzwerk auf die
Zugriffsbereitschaft aufmerksam zu machen. Wird ein Server
gestartet, verwendet er dieses Protokoll, um seine Dienste
anzukündigen. Wird dieser Server abgeschaltet, teilt er über
dieses Protokoll mit, dass die Dienste nicht länger verfügbar
sind.

Service-Provider, der; *Subst.* (service provider)
→ *siehe* ISP.

Service-Provider, sekundärer, der; *Subst.*
(secondary service provider)
→ *siehe* sekundärer Serviceprovider.

Servlet, das; *Subst.* (servlet)
Auch als »Servelet« oder »Serverlet« bezeichnet. Ein kleines
Java-Programm, das auf einem Server läuft. Der Ausdruck ist
das Gegenstück zu einem Applet, einem Java-Programm, das
in der Regel auf einem Client ausgeführt wird. Servlets führen kleinere Webdienste durch, die früher üblicherweise
durch CGI-Anwendungen realisiert wurden. Ein Beispiel für
einen solchen Webdienst ist das Redirecting, bei dem Benut-

zer, die eine nicht mehr gültige Webadresse angewählt haben, automatisch zur neuen Webadresse weitergeleitet werden. Da Servlets automatisches Threading unterstützen und schnell auf Anfragen reagieren, werden sie mit hoher Geschwindigkeit ausgeführt, wodurch der Systemoverhead des Servers reduziert wird. → *siehe auch* Applet, CGI.

Servo, der; *Subst.* (servo)
Der Teil eines Servomechanismus, der, gesteuert durch die Regelkreisschaltung des Servomechanismus, die eigentliche mechanische Ausgangsgröße produziert. → *siehe auch* Servomechanismus. → *auch genannt* Servomotor.

Servomechanismus, der; *Subst.* (servomechanism)
Ein Regelsystem, dessen Ausgangsgröße eine mechanische Bewegung ist. Ein Servomechanismus basiert auf einem Regelkreis, um Position, Geschwindigkeit oder Beschleunigung eines mechanischen Elements zu regeln. → *auch genannt* Servosystem.

Servomotor, der; *Subst.* (servomotor)
→ *siehe* Servo.

Servosystem, das; *Subst.* (servo system)
→ *siehe* Servomechanismus.

SET-Protokoll, das; *Subst.* (SET protocol)
→ *siehe* Secure Electronics Transactions Protocol.

Settopbox, die; *Subst.* (set-top box)
Ein Gerät, das Kabelfernsehsignale für ein Fernsehgerät aufbereitet. Eine Settopbox kann auch für den Zugang zum World Wide Web genutzt werden und stellt eine Art Informationsdienstgerät dar. → *siehe auch* Informationsdienstgerät.

Setupassistent, der; *Subst.* (setup wizard)
In Microsoft Windows eine strukturierte Folge von Fragen und Optionen, mit deren Hilfe ein Benutzer beim Einrichten eines neuen Programms angeleitet wird. (Abbildung S.16)

Setupprogramm, das; *Subst.* (setup program)
Ein integriertes BIOS-Programm zur Konfiguration der Systemparameter, z.B. nach Einbau einer neuen Festplatte. → *siehe* Installationsprogramm. → *siehe auch* BIOS.

Setup-String, der; *Subst.* (setup string)
→ *siehe* Steuercode.

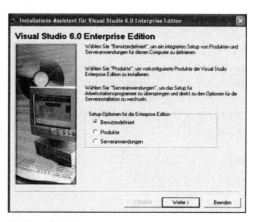

Abbildung S.16: Setupsssistent

setzen *Vb.* (set)
Das Ändern eines Bitwertes auf den Wert 1.
Außerdem das Einrichten einer bestimmten Bedingung, z.B. das Setzen von Tabulatoren, das Zurücksetzen eines Zählers auf 0 oder das Setzen eines Haltepunktes. → *siehe auch* Haltepunkt.

sfil
Der Dateityp einer Audiodatei auf einem Apple Macintosh unter dem Betriebssystem System 7.

.sgm
Eine Dateinamenerweiterung von MS-DOS und Windows 3.*x*, die SGML-Dateien kennzeichnet. Da MS-DOS bzw. Windows 3.*x* keine Dateinamenerweiterungen mit mehr als drei Zeichen verarbeiten konnten, wurde die Erweiterung .sgml in diesen Umgebungen auf drei Zeichen gekürzt. → *siehe auch* SGML.

.sgml
Eine Dateinamenerweiterung, die SGML-Dateien kennzeichnet. → *siehe auch* SGML.

SGML
Abkürzung für **S**tandard **G**eneralized **M**arkup **L**anguage (zu Deutsch etwa »standardisierte, generalisierte Auszeichnungssprache«). Eine Norm für Informationsverwaltungszwecke, die 1986 vom Normungsinstitut ISO (International Organization for Standardization) als ISO-Standard 8879 übernommen wurde. SGML beschreibt ein abstraktes Verfahren zur Bereitstellung plattform- und anwendungsunabhängiger Dokumente, bei dem Formatierung, Indizierung und verknüpfte Informationen erhalten bleiben. In SGML kann

S ein grammatikähnliches Schema festgelegt werden, mit dem der Benutzer eine allgemeine Dokumentstruktur festlegen kann, und Tags, die es ihm ermöglichen, Strukturen in einzelnen Dokumenten zu kennzeichnen. Ein Beispiel für eine an SGML angelehnte Auszeichnungssprache ist HTML. Informationen zu SGML im Web sind unter dieser Adresse abrufbar: http://www.oasis-open.org/cover/sgml-xml.html. → *siehe auch* ISO, Tag. → *vgl.* HTML.

SGRAM
→ *siehe* synchrones Grafik-RAM.

sh
→ *siehe* Bourne-Shell.

SHA
Abkürzung für **S**ecure **H**ash **A**lgorithm. Ein Algorithmus, der eine auf 160 Bit verdichtete Darstellung einer Nachricht oder einer Datendatei erzeugt (die sog. *Message Digest*). Der SHA-Algorithmus wird vom Sender und vom Empfänger einer Nachricht bei der Erstellung und Verifikation einer digitalen Signatur für Sicherheitszwecke verwendet. → *siehe auch* Algorithmus, digitale Unterschrift.

Shadow Memory, das; *Subst.* (shadow memory)
Ein Verfahren, das bei einigen Computern auf der Basis der Architektur 80x86 vom BIOS verwendet wird. Dabei werden die BIOS-Routinen aus dem System-ROM während des Systemstarts in einen reservierten Bereich des Arbeitsspeichers kopiert. Aufrufe der BIOS-Systemroutinen werden dann auf ihre »Schattenkopien« (engl. »shadow«) im (schnelleren) RAM-Speicher umgeleitet, wodurch die Ausführungsgeschwindigkeit erhöht wird. → *auch genannt* Shadow RAM, Shadow ROM.

Shadow RAM, das; *Subst.* (shadow RAM)
→ *siehe* Shadow Memory.

Shadow ROM, das; *Subst.* (shadow ROM)
→ *siehe* Shadow Memory.

Shared Hosting, das; *Subst.* (shared hosting)
Hostet ein Service Provider mehrere, über verschiedene URLs aufrufbare Websites auf ein und demselben Webserver, wird dies als Shared Hosting bezeichnet. Diese Variante stellt eine günstigere Alternative zum Betrieb eines eigenen Webservers dar, ist jedoch nicht für rege frequentierte Websites geeignet. → *siehe auch* HTTP-Server, Website.

Shareware, die; *Subst.* (shareware)
Urheberrechtlich geschützte Software, die auf der Basis »Erst testen - dann kaufen« verteilt wird. Benutzer, die das Programm nach der Testperiode weiterhin verwenden möchten, werden aufgefordert, eine Gebühr an den Autor des Programms zu entrichten. → *vgl.* Freeware, freie Software, Publicdomainsoftware.

Shelfware, die; *Subst.* (shelfware)
Software, die über lange Zeit nicht verkauft oder nicht benutzt wurde, so dass sie auf dem Regal des Händlers oder Benutzers stehen geblieben ist.

Shell *Vb.* (shell, shell)
→ *siehe* Shell öffnen.
Zu Deutsch »Schale«. In der Regel ein separates Programm, das als Softwareschnittstelle dem Benutzer die direkte Kommunikation mit dem Betriebssystem erlaubt. Beispiele für Shells sind der Apple Macintosh Finder und der Befehlsinterpreter COMMAND.COM in MS-DOS. → *siehe auch* Bourne-Shell, C-Shell, Finder, Korn-Shell. → *vgl.* Kernel.

Shellarchiv, das; *Subst.* (shell archive)
In UNIX und GNU eine Zusammenstellung komprimierter Dateien, die für die Übertragung über einen E-Mail-Dienst mit Hilfe des Befehls »shar« vorbereitet wurden.

Shell öffnen *Vb.* (shell out)
Einen temporären Zugriff auf die Betriebssystemshell erhalten, ohne die laufende Anwendung schließen zu müssen, und nach Ausführen der gewünschten Shellfunktion zu dieser Anwendung zurückkehren. Viele UNIX-Programme ermöglichen dem Benutzer das Öffnen einer Shell; in fensterorientierten Umgebungen kann der Benutzer durch einen Wechsel zum Hauptsystemfenster (Konsole) ebenso verfahren.

Shellskript, das; *Subst.* (shell script)
Ein Skript, das vom Befehlsinterpreter (Shell) eines Betriebssystems ausgeführt wird. Der Begriff bezieht sich im Allgemeinen auf Skripten, die auf UNIX-Plattformen durch die Bourne-, C- oder Korn-Shell ausgeführt werden. → *siehe auch* Batchdatei, Shell, Skript. → *auch genannt* Batchdatei.

Shellsort, das; *Subst.* (Shell sort)
Ein Programmalgorithmus zum Sortieren von Daten, benannt nach seinem Erfinder, Donald Shell. Dieser Sortieralgorithmus

ist schneller als die Algorithmen Bubblesort und einfügendes Sortieren. → *siehe auch* Algorithmus. → *vgl.* Bubblesort, einfügendes Sortieren.

Shockwave

Ein Format für Audio- und Videomultimediaeffekte in HTML-Dokumenten. Der Hersteller Macromedia vertreibt eine Produktfamilie der sog. Shockwave-Server sowie Zusatzprogramme für Webbrowser. Weitere Informationen zu Shockwave sind auf der Website des Herstellers unter der Webadresse http://www.macromedia.com abrufbar. → *siehe auch* HTML.

Short Message Service *Subst.*
→ *siehe* SMS.

Shovelware, die; *Subst.* (shovelware)

Eine kommerziell vertriebene CD-ROM mit einer Zusammenstellung verschiedenartiger Software, Bilder, Texte oder anderer Daten, die über andere Quellen zu geringen Kosten oder frei erhältlich wären (z.B. Freeware oder Shareware aus dem Internet und aus Mailboxen oder Public-Domain-ClipArt). → *siehe auch* BBS, Freeware, Shareware.

ShowSounds, der; *Subst.*

Eine globale Einstellung in Windows 9x, die eine Anwendung anweist, im Falle der Ausgabe eines Signaltons gleichzeitig ein visuelles Signal auszugeben. Auf diese Weise können auch Benutzer mit Hörschäden oder in lauten Umgebungen aufmerksam gemacht werden. → *siehe auch* RepeatKeys, SoundSentry, StickyKeys.

Shrinkwrap-Vertrag, der; *Subst.* (shrinkwrap agreement)

Ein Vertrag oder eine Lizenz in oder auf einer Softwarebox oder -paket, das die Bedingungen für die Verwendung der Software festlegt. Ein Shrinkwrap-Vertrag besagt in der Regel, dass ein Benutzer die Vertragsbedingungen akzeptiert, sobald die Verpackung der Software geöffnet wird. Ein solcher Vertrag ist eine gedruckte Version des Endbenutzer-Lizenzvertrags. → *siehe auch* Endbenutzer-Lizenzvertrag. → *auch genannt* Box-Top-Lizenz. → *vgl.* Clickwrap-Vertrag.

SHTML

Abkürzung für **S**erver-parsed **HTML** (HTML für Server-Auswertung). Bezeichnet ein HTML-Dokument, das Befehle für Serverside Include enthält. SHTML-Dokumente werden vor Weitergabe an den Browser vom Server vollständig gelesen, ausgewertet und modifiziert. → *siehe auch* HTML, Serverside Include.

S-HTTP

Abkürzung für **S**ecure **H**yper**T**ext **T**ransfer **P**rotocol (Sicheres HTTP-Protokoll). Eine vorgeschlagene Erweiterung des HTTP-Protokolls, die verschiedene Verschlüsselungs- und Authentifizierungsverfahren unterstützt, um Transaktionen auf dem Übertragungsweg abzusichern. → *auch genannt* Secure HTTP.

Sicherheit, die; *Subst.* (security)

Der Schutz eines Computersystems und der darauf gespeicherten Daten gegen Schaden oder Verlust. Ein Hauptaspekt der Computersicherheit betrifft die unberechtigte Nutzung von Systemen. Insbesondere gilt das für Systeme, auf die viele Personen Zugriff haben oder die über Kommunikationsleitungen erreichbar sind.

Sicherheitscenter, das; *Subst.* (security center)
→ *siehe* Windows-Sicherheitscenter.

Sicherheitskernel, der; *Subst.* (security kernel)

Ein Betriebssystemkernel, der vor unberechtigtem Zugriff geschützt ist. → *siehe auch* Kernel.

Sicherheitsprotokoll, das; *Subst.* (security log)

Ein Protokoll, das von einer Sicherheitsvorrichtung wie einem Firewallsystem erstellt wird und sicherheitsrelevante Ereignisse – z.B. Zugangsversuche – auflistet, wobei die dabei beteiligten Benutzernamen und Befehle aufgezeichnet werden. → *siehe auch* Firewall, Protokoll.

sichern *Vb.* (back up)

Die Herstellung einer Kopie eines Programms, eines Datenträgers, z.B. einer Diskette, oder von Daten. → *siehe auch* Sicherungskopie.

Außerdem eine Strategie, bei der ein System in einen früheren, stabilen Zustand zurückgeführt wird – z.B. in einen Zustand, von dem bekannt ist, dass in ihm eine Datenbank noch vollständig und konsistent war.

Sicherung, die; *Subst.* (fuse)

Ein Bauelement, das bei Überschreiten einer bestimmten Stromstärke schmilzt und den Stromkreis unterbricht. Eine Sicherung verhindert die Zerstörung einer Schaltung durch zu hohen Strom. Sie erfüllt damit die gleiche Funktion wie ein Überstromschalter, lässt sich aber nicht zurücksetzen und muss nach einem Durchbrennen ersetzt werden. Eine Sicherung besteht aus einem kurzen Draht von spezifischer Zusammensetzung und Dicke. Je dicker der Draht, desto

S mehr Strom kann fließen, bevor die Sicherung schmilzt und den Stromkreis unterbricht.

Sicherungsdatei, die; *Subst.* (backup file)
→ *siehe* Sicherungskopie.

Sicherungskopie, die; *Subst.* (backup, backup copy)
Ein Duplikat eines Programms, eines Datenträgers oder eines Datenbestandes, das entweder zu Archivierungszwecken oder als Schutz vor dem Verlust unersetzbarer Daten angelegt wird, falls die Arbeitskopie beschädigt oder zerstört wird. In diesem Sinne kann man eine Sicherungskopie auch als »Versicherungs«-Kopie bezeichnen. Einige Anwendungen erzeugen automatisch Sicherungskopien von Datendateien und verwalten dabei sowohl die aktuelle Version als auch die Vorgängerversion auf der Festplatte. → *auch genannt* Sicherungsdatei.

Sicherungsschicht, die; *Subst.* (data-link layer)
Die zweite von insgesamt sieben Schichten im ISO/OSI-Schichtenmodell für die Normierung der Computer-zu-Computer-Kommunikation. Die Sicherungsschicht ist eine Schicht über der physikalischen Schicht. Diese Schicht verpackt und adressiert die Daten und verwaltet den Übertragungsfluss. Es ist die niedrigste der drei Schichten (nämlich Sicherungs-, Vermittlungs- und Transportschicht), die für das Verschieben von Daten zwischen Geräten verantwortlich sind. → *siehe auch* ISO/OSI-Schichtenmodell.

Sicherung und Wiederherstellung, die; *Subst.* (backup and recovery, backup and restore)
Allgemein eine Strategie, bei der von Datenbeständen Sicherungskopien angelegt werden. Bei Bedarf werden die Sicherungskopien auf das Arbeitsmedium zurückgespielt.
In Verbindung mit Datenbank-Managementsystemen eine Strategie, die in vielen derartigen Systemen zu finden ist und es erlaubt, eine durch einen Software- oder Hardwarefehler beschädigte Datenbank in den Zustand zurückzuführen, in dem sie sich befand, nachdem die letzte vollständige Änderung (Transaktion) durchgeführt wurde. Um die Datenbank wiederherzustellen, wird zunächst auf die letzte Sicherungskopie der Datenbank zurückgegriffen und diese als Arbeitsdatenbank verwendet. Daraufhin werden die im Transaktionsprotokoll (oder in der Änderungsdatei) verzeichneten Transaktionen der Reihe nach durchgeführt, bis der letzte Prüfpunkt im Protokoll erreicht ist. → *siehe auch* Protokoll, Prüfpunkt, Sicherungskopie.

sichtbare Seite, die; *Subst.* (visible page)
Bezeichnet in der Computergrafik das momentan auf dem Bildschirm angezeigte Bild. Der Begriff bezieht sich auf die abschnittsweise Speicherung von Bildschirminhalten im Displayspeicher des Computers. Die einzelnen Abschnitte werden dabei in Form sog. Seiten abgelegt, die jeweils ein volles Bildschirmbild aufnehmen können.

sichtbares Zeichen, das; *Subst.* (graphic character)
Jedes Zeichen, das durch ein sichtbares Symbol dargestellt wird, z.B. ein ASCII-Zeichen. Ein sichtbares Zeichen ist nicht mit einem Grafikzeichen gleichzusetzen. → *vgl.* Grafikzeichen.

Sieb des Eratosthenes, das; *Subst.* (Eratosthenes' sieve, sieve of Eratosthenes)
Ein Algorithmus zur Ermittlung von Primzahlen. Dabei werden aus einer Menge von Zahlen bis zu einer vorgegebenen Zahl n alle Zahlen ausgesiebt, die Vielfache einer anderen Zahl aus dieser Menge sind. Das Sieb des Eratosthenes wird häufig als Benchmarktest für die Geschwindigkeit von Computern oder Programmiersprachen verwendet. Benannt nach dem griechischen Mathematiker und Philosophen Eratosthenes (um 276 v. Chr. bis 196 v. Chr.). → *siehe auch* Benchmark, Dhrystone, Whetstone.

Siebensegmentanzeige, die; *Subst.* (seven-segment display)
Eine Leuchtdioden- (LED) oder Flüssigkristallanzeige (LCD), bei der sieben Leuchtbalken (Segmente) in Form der Ziffer 8 angeordnet sind. Siebensegmentanzeigen können alle 10 Ziffern des Dezimalsystems anzeigen und finden beispielsweise in Taschenrechnern Anwendung.

.sig
Eine Dateinamenerweiterung einer Signaturdatei für E-Mail-Nachrichten oder Newsgroups im Internet. Der Inhalt dieser Datei wird den E-Mail-Nachrichten oder Newsgroupbeiträgen durch das jeweilige Clientprogramm automatisch angehängt. → *siehe auch* Signaturdatei.

SIG
Abkürzung für »**S**pecial **I**nterest **G**roup« (im Deutschen »Spezialinteressengruppe«). Eine Gruppe von Benutzern, die online über E-Mail diskutieren oder sich treffen und Informationen austauschen; insbesondere eine Gruppe, die von der Organisation Association for Computing Machinery (ACM) unterstützt wird, wie z.B. SIGGRAPH im Bereich Computergrafik.

SIGGRAPH
Kurzform für **S**pecial **I**nterest **G**roup on **C**omputer **Graph**ics, eine auf Computergrafik spezialisierte Untergruppe der Organisation »Association for Computing Machinery« (ACM). Die Website der SIGGRAPH ist unter der Adresse http://www.siggraph.org erreichbar. → *siehe auch* Association for Computing Machinery.

Signal, das; *Subst.* (signal)
Eine elektrische Größe, z.B. Spannung, Strom oder Frequenz, die zur Übertragung von Informationen dienen kann.
Außerdem ein Summton oder ein Klang aus dem Lautsprecher eines Computers oder eine auf dem Bildschirm angezeigte Eingabeaufforderung, um dem Benutzer mitzuteilen, dass der Computer für die Eingabe von Informationen bereit ist.

Signalabfall, der; *Subst.* (degradation)
In der Kommunikationstechnik eine Verschlechterung der Signalqualität, die z.B. durch Überlagerungen auf der Leitung hervorgerufen wird.

Signalaufbereitung, die; *Subst.* (conditioning)
Die Verwendung spezieller Einrichtungen, um die elektrischen Parameter einer Kommunikationsleitung für die Datenübertragung zu verbessern. Durch Signalaufbereitung können z.B. Dämpfung, Störungen und Verzerrungen beeinflusst und kompensiert werden. Die Signalaufbereitung lässt sich nur in Verbindung mit Mietleitungen einsetzen, da hier der Pfad vom sendenden zum empfangenden Computer im Voraus bekannt ist.

Signal, digitales, das; *Subst.* (digital signal)
→ *siehe* digitales Signal.

Signalgenerator, analoger, der; *Subst.* (analog signal generator)
→ *siehe* analoger Signalgenerator.

Signalkonverter, der; *Subst.* (signal converter)
Ein Gerät oder ein Schaltkreis, der ein Signal von einer Form in eine andere umwandelt, z.B. von analoger in digitale Form oder von PCM-Modulation in Frequenzmodulation.

Signalprozessor, digitaler, der; *Subst.* (digital signal processor)
→ *siehe* digitaler Signalprozessor.

Signalstärke, die; *Subst.* (line level)
Die Stärke eines Kommunikationssignals an einem vorgegebenen Punkt auf der Leitung. Die Signalstärke wird in Dezibel (der zehnte Teil des dekadischen Logarithmus aus dem Verhältnis zweier Größen) oder Neper (der natürliche Logarithmus des Verhältnisses zweier Größen) angegeben.

Signalverzögerung, die; *Subst.* (propagation delay)
Die von einem Kommunikationssignal benötigte Laufzeit zwischen zwei Punkten. Bei Satellitenübertragungen macht sich z.B. eine Signalverzögerung zwischen einer viertel bis einer halben Sekunde bemerkbar, die durch die zu überbrückende Entfernung zwischen Bodenstation und Satellit verursacht wird.

Signatur, die; *Subst.* (signature)
Eine für Identifizierungszwecke verwendete Datenkombination, z.B. ein Text, der einer E-Mail-Nachricht oder einem Fax angehängt wird.
Außerdem eine eindeutige Nummer, die zum Zwecke der Authentifizierung in Hardware oder Software integriert wird.

Signaturblock, der; *Subst.* (signature block)
Ein Textblock, den ein E-Mail-Client oder ein Newsreader automatisch an das Ende einer jeden Nachricht oder eines jeden Artikels anhängt, bevor diese gesendet werden. Signaturblöcke enthalten in der Regel den Namen, die E-Mail-Adresse und weitere Daten der Person, die die Nachricht oder den Artikel geschrieben hat.

Signaturdatei, die; *Subst.* (signature file)
→ *siehe* .sig.

Signifikant, der; *Subst.* (significand)
→ *siehe* Mantisse.

signifikante Stellen, die; *Subst.* (significant digits)
In einer Zahl die Ziffernfolge von der ersten bis zur letzten von Null verschiedenen Stelle. Sie bildet ein Maß für die Genauigkeit der Zahl (beispielsweise hat die Zahl 12.300 drei und die Zahl 0,000120300 vier signifikante Stellen). → *siehe auch* Gleitkommanotation.

sign off Vb.
→ *siehe* Ausloggen.

sign on Vb.
→ *siehe* anmelden.

S

sign propagation, die; *Subst.*
→ *siehe* Vorzeichenbit.

SIIA *Subst.*
Abkürzung für **S**oftware & **I**nformation **I**ndustry **A**ssociation. Eine gemeinnützige Wirtschaftsvereinigung, die weltweit über 1.200 High-Tech-Unternehmen umfasst und damit beauftragt ist, die Interessen von Software- und softwarebasierten Unternehmen zu vertreten. Die SIIA wurde 1999 gegründet. Sie entstand aus der Fusion der Software Publishers Association (SPA) und der Information Industry Association (IIA). Die SIIA konzentriert sich auf drei Gebiete: Informationen und Foren, in denen Informationen an High-Tech-Unternehmen weitergeleitet werden; Sicherheit in Form eines Antipiraterie-Programms, das Mitglieder bei der Durchsetzung ihrer Urheberrechte unterstützt, und Werbemittel und Schulungen. Die Website der SIAA finden Sie unter der Adresse http://www.siia.net.

Silbentrennprogramm, das; *Subst.* (hyphenation program)
Ein Programm (häufig Bestandteil einer Textverarbeitung), das wahlweise Trennstriche bei Zeilenumbrüchen einfügt. Gute Trennprogramme vermeiden optionale Trennungen am Ende von mehr als drei aufeinander folgenden Zeilen und markieren entweder zweifelhafte Trennungen oder fordern eine Bestätigung an. → *siehe auch* Bindestrich.

Silicon Alley, das; *Subst.*
Bezeichnung für den New Yorker Stadtteil Manhattan. Ursprünglich wurde das Gebiet südlich der 41. Straße Silicon Alley (alley = »schmale Gasse«) genannt, weil sich dort zahlreiche Technologiefirmen niedergelassen hatten. Jetzt bezieht sich dieser Begriff jedoch auf den gesamten Stadtteil, weil dort insgesamt sehr viele IT-Unternehmen ansässig sind. Der Name wurde von Silicon Valley, einem Gebiet in Nordkalifornien, abgeleitet. → *siehe auch* Silicon Valley.

Silicon-On-Insulator, der; *Subst.* (silicon on insulator)
→ *siehe* SOI.

Silicon Valley, das; *Subst.*
Eine Region Kaliforniens, südlich der Bucht von San Francisco, auch als Santa Clara Valley bekannt, die sich ungefähr von Palo Alto bis nach San Jose erstreckt. Silicon Valley ist seit den 1970er Jahren eines der Hauptzentren für Forschung, Entwicklung und Herstellung von Elektronik und Computern. Zahlreiche namhafte Computerfirmen haben hier ihren Sitz. → *siehe auch* Silicon Alley. (Abbildung S.17)

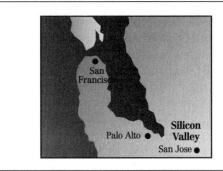
Abbildung S.17: Silicon Valley

Silikatgel, das; *Subst.* (silica gel)
Ein Trockenmittel (feuchtigkeitsabsorbierende Substanz), das häufig den Verpackungen optischer oder elektronischer Geräte beigelegt wird.

Silikon, das; *Subst.* (silicone)
Eine polymere Verbindung, bei der Silizium und Sauerstoff die Hauptbestandteile bilden. Silikon ist ein ausgezeichneter elektrischer Isolator, hat aber eine gute Wärmeleitfähigkeit.

Silizium, das; *Subst.* (silicon)
Ein Halbleiter, der zur Herstellung zahlreicher elektronischer Bauelemente verwendet wird, insbesondere für integrierte Schaltkreise. Silizium, mit der Ordnungszahl 14 und dem Atomgewicht 28, ist in der Natur das zweithäufigste Element.

Silizium auf Saphir, das; *Subst.* (silicon-on-sapphire)
Ein Verfahren zur Herstellung von Halbleiterbauelementen, bei dem die Bauelemente in einer dünnen Siliziumschicht ausgebildet werden, die auf einem isolierenden Substrat aus synthetischem Saphir aufgebracht ist.

Siliziumchip, der; *Subst.* (silicon chip)
Ein integrierter Schaltkreis, dessen Halbleitermaterial aus Silizium besteht.

Siliziumdioxid, das; *Subst.* (silicon dioxide)
Ein Isolator, der bei bestimmten Halbleiterbauelementen zur Ausbildung dünner Isolierschichten verwendet wird. Siliziumdioxid ist auch der wichtigste Grundstoff bei der Herstellung von Glas.

Siliziumgießerei, die; *Subst.* (silicon foundry)
Eine Fabrik oder eine Maschine zur Herstellung von Wafern aus kristallinem Silizium. → *siehe auch* Fab, Wafer.

SIM
→ *siehe* Society for Information Management.

SIMD
Abkürzung für **S**ingle-**I**nstruction, **M**ultiple **D**ata-stream processing (Datenverarbeitung mit singulärem Befehls- und parallelem Datenstrang). Eine Kategorie der Parallelrechnerarchitekturen, bei der die Befehle von einem Befehlsprozessor gelesen und an mehrere weitere Prozessoren zur Verarbeitung weitergegeben werden. → *siehe auch* parallele Verarbeitung. → *vgl.* MIMD. (Abbildung S.18)

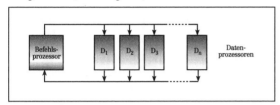

Abbildung S.18: SIMD

SIM-Karte, die; *Subst.* (SIM card)
Abkürzung für **S**ubscriber **I**dentity **M**odule. Eine Chipkarte zur Verwendung in GSM-Mobiltelefonen (Global System for Mobile Communications). SIM-Karten enthalten Schaltkreise, in denen die ID-Nummer des Kunden (SIM PIN), Rechnungsinformationen und Daten (Namen, Telefonnummern) gespeichert sind.

SIMM
Abkürzung für **s**ingle **i**nline **m**emory **m**odule (Speichermodul mit einseitiger, geradliniger Anschlussfolge). Eine kleine Leiterplatte, die mit oberflächenmontierten Speicherschaltkreisen bestückt ist. (Abbildung S.19)

Abbildung S.19: SIMM

Simple API for XML
→ *siehe* SAX.

Simple Mail Transfer Protocol, das; *Subst.*
Ein TCP/IP-Protokoll für die Übertragung von Nachrichten zwischen einzelnen Computersystemen über ein Netzwerk. Dieses Protokoll wird im Internet für die Weiterleitung von E-Mail verwendet. → *siehe auch* Protokoll, TCP/IP. → *vgl.* Post Office Protocol, X.400.

Simple Network Management Protocol, das; *Subst.*
→ *siehe* SNMP.

Simplexübertragung, die; *Subst.* (simplex transmission)
Eine Übertragung, die nur in der Richtung vom Sender zum Empfänger stattfindet. → *vgl.* duplex, Halbduplexübertragung.

Simulation, die; *Subst.* (simulation)
Die Nachbildung eines physikalischen Vorgangs oder Objekts durch ein Programm. Dabei werden mathematische Methoden eingesetzt, um ein Computersystem auf Daten und Veränderungen von Bedingungen ebenso reagieren zu lassen, als handele es sich um den Vorgang oder das Objekt selbst. → *siehe auch* Emulator, Modellierung.

simultane Verarbeitung, die; *Subst.* (simultaneous processing)
Echter Parallelprozessorbetrieb, bei dem mehrere Tasks gleichzeitig verarbeitet werden können. → *siehe auch* Multiprocessing, parallele Verarbeitung.
Eine parallele Verarbeitung mehrerer Tasks, bei der die Prozessorzeit zyklisch auf die einzelnen Tasks aufgeteilt wird. → *siehe auch* Multitasking, parallel.

Single Image Random Dot Stereogram
→ *siehe* SIRDS.

Single Image Stereogram
→ *siehe* SIS.

Single-In-line-Memory-Module, das; *Subst.* (single inline memory module)
→ *siehe* SIMM.

Single-In-line-Package, das; *Subst.* (single inline package)
→ *siehe* SIP.

Single-In-line-Pinned-Package, das; *Subst.* (single inline pinned package)
→ *siehe* SIPP.

Single Instruction, Multiple Data Stream Processing,
die *bzw.* das; *Subst.* (single-instruction, multiple-data stream processing) → *siehe* SIMD.

Single-Threading, das; *Subst.* (single threading)
Eine Form der Datenverarbeitung, bei der die Prozessschritte (Stränge) eines Programms einzeln und nacheinander bearbeitet werden.
Ferner bezeichnet der Ausdruck eine baumartige Datenstruktur, bei der jeder Knoten einen Zeiger auf seinen Parentknoten enthält. → *siehe auch* Threading.

Sinusschwingung, die; *Subst.* (sine wave)
Eine gleichförmige, periodische Welle, die beispielsweise durch ein Objekt erzeugt wird, das auf einer konstanten Frequenz schwingt. → *vgl.* Rechteckschwingung. (Abbildung S.20)

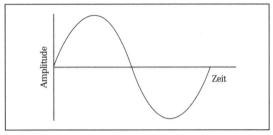

Abbildung S.20: Sinusschwingung

SIP
Abkürzung für **s**ingle **i**nline **p**ackage (Gehäuse mit einseitiger Anschlussfolge). Eine Gehäuseform für elektronische Bauelemente, bei der alle Anschlüsse auf einer Seite des Gehäuses angeordnet sind. → *auch genannt* Single-In-line-Pinned-Package. → *vgl.* DIP. (Abbildung S.21)

Abbildung S.21: SIP

SIPP
Abkürzung für **S**ingle **I**nline **P**inned **P**ackage (Gehäuseform mit einseitiger Anschlussreihe). Eine Gehäuseform von integrierten Schaltkreisen. → *siehe* SIP.

SIR
→ *siehe* Serial Infrared.

SirCam-Wurm, der; *Subst.* (SirCam worm)
Ein gefährlicher Wurm, der sich schnell ausbreitet und mehrere gefährliche Nutzlasten tragen kann. SirCam breitet sich über mehrere Methoden aus, bei denen infizierte persönliche Dateien von einem befallenen Datenträger zu anderen potenziellen Opfern als E-Mail sowie über Windows-Netzwerkfreigaben auf ungeschützten Computern übertragen werden. In einem von 20 Fällen löscht SirCam den Inhalt des infizierten Laufwerks und in einem von 50 Fällen wird der freie Speicherplatz auf dem Datenträger mit nutzlosen Daten gefüllt. SirCam wurde Mitte 2001 entdeckt und ist seither regelmäßig in Umlauf gebracht worden. → *siehe auch* Wurm. → *vgl.* Code Red-Wurm, Hybris-Wurm, Nimda-Wurm.

SIRDS
Abkürzung für **S**ingle **I**mage **R**andom **D**ot **S**tereogram. SIRDS sind – ebenso wie die damit verwandten SIS (Single Image Stereograms) – ohne technische Hilfsmittel wahrnehmbare dreidimensionale Darstellungen auf zweidimensionalen Bildebenen. Hierbei werden im Gehirn Bildpunkte (bei SIRDS) bzw. feste Muster (bei SIS) zweier geringfügig verschiedener Einzelbilder so miteinander kombiniert, daß der Effekt der Dreidimensionalität entsteht. SIRDS sind auch unter dem Begriff »Magisches Auge« bekannt. → *siehe auch* Autostereogramm.

SIS
Abkürzung für **S**ingle **I**mage **S**tereogram. → *siehe auch* Autostereogramm, SIRDS.

.sit
Eine Dateinamenerweiterung auf dem Apple Macintosh für eine mit Hilfe von StuffIt komprimierte Datei. → *siehe auch* StuffIt. → *vgl.* .sea.

Site, die; *Subst.* (site)
→ *siehe* Website.

Site, gesicherte, die; *Subst.* (secure site)
→ *siehe* gesicherte Site.

Site, gespiegelte, die; *Subst.* (mirror site)
→ *siehe* gespiegelte Site.

Sitelizenz, die; *Subst.* (site license)
Eine Vertriebsform für Software, die zu einem reduzierten Einzelpreis mehrere Kopien des gleichen Produkts umfasst und für Installationen in einer Firma oder Institution gedacht ist.

Sitzung, die; *Subst.* (session)
Die Zeit, in der ein Programm ausgeführt wird. Bei den meisten interaktiven Programmen stellt eine Sitzung die Zeit dar,

während der das Programm Eingaben entgegennimmt und Informationen verarbeitet.

In der Datenübertragungstechnik bezeichnet »Sitzung« die Zeit, während der zwei Computer eine Verbindung aufrechterhalten.

Sitzungsschicht, die; *Subst.* (session, session layer)
Die fünfte der sieben Schichten des OSI-Referenzmodells, auch »Kommunikationssteuerschicht« genannt. Die Sitzungsschicht behandelt die Einzelheiten, die zwischen zwei Geräten zum Zwecke des Datentransfers vereinbart werden müssen. → *siehe auch* ISO/OSI-Schichtenmodell. → *auch genannt* Kommunikationssteuerschicht.

Skala, die; *Subst.* (scale)
Eine horizontale oder vertikale Linie, die in einem Diagramm Minimum-, Maximum- und Einheitenwerte für die dargestellten Daten angibt.

Skalar, der; *Subst.* (scalar)
Ein Faktor, ein Koeffizient oder eine Variable, der bzw. die nur aus einem einzelnen Wert besteht – im Gegensatz zu einem Datensatz, einem Array oder einer anderen komplexen Datenstruktur. → *vgl.* Vektor.

skalarer Datentyp, der; *Subst.* (scalar data type)
Ein Datentyp, der als abzählbare, geordnete Folge von Werten definiert ist, die sich mit Beziehungen wie »größer als«/»kleiner als« vergleichen lassen. Zu den skalaren Datentypen gehören Ganzzahlen, Zeichen, benutzerdefinierte Aufzählungstypen und (in den meisten Implementierungen) Boolesche Werte. Nicht ganz einig ist man sich, ob Gleitkommazahlen zu den skalaren Datentypen zu rechnen sind. Obwohl sie sich ordnen lassen, ist die Möglichkeit der Aufzählung (Enumeration) auf Grund der unvermeidlichen Rundungs- und Konvertierungsfehler oft fraglich. → *siehe auch* Aufzählungstyp, Boolescher Ausdruck, Gleitkommazahl.

skalarer Prozessor, der; *Subst.* (scalar processor)
Ein Prozessor, der für Hochgeschwindigkeitsberechnungen skalarer Werte vorgesehen ist. Ein skalarer Wert lässt sich durch eine einzelne Zahl darstellen.

skalare Variable, die; *Subst.* (scalar variable)
→ *siehe* Skalar.

skalierbar *Adj.* (scalable)
Bezeichnet einen Bestandteil der Hardware oder Software, der eine Erweiterung hinsichtlich zukünftiger Erfordernisse ermöglicht. Beispielsweise erlaubt ein skalierbares Netzwerk dem Netzwerkverwalter, zahlreiche weitere Netzwerkknoten hinzuzufügen, ohne das zugrundeliegende System neu entwerfen zu müssen.

skalierbarer Parallelprozessor, der; *Subst.* (scalable parallel processing)
Parallelprozessor-Architekturen, bei denen sich zusätzliche Prozessoren und Benutzer problemlos hinzufügen lassen, ohne eine besondere Zunahme der Komplexität oder eine Leistungseinbuße zu bewirken.

skalierbare Schrift, die; *Subst.* (scalable font)
Jede Schrift, deren Zeichen in der Größe verändert werden können. Beispiele skalierbarer Schriften sind Bildschirmschriften in einer grafischen Benutzeroberfläche, Vektorschriften (wie beispielsweise Courier) und Konturschriften, wie sie bei den meisten PostScript-Druckern üblich sind, TrueType-Schriften und die im Apple Macintosh System 7 verwendete Methode zur Bildschirmschrift-Definition. Dagegen liefern die meisten textorientierten Oberflächen und Drucker (wie beispielsweise Typenraddrucker) lediglich Textdarstellungen in einer Größe. → *siehe auch* Bildschirmschrift, Konturschrift, PostScript-Schrift, TrueType, Vektorschrift.

skalierbare Vektorgrafiken, die; *Subst.* (Scalable Vector Graphics)
Scalable Vector Graphics (SVG) ist eine XML-Erweiterung, mit der sich zweidimensionale Vektorgrafiken beschreiben lassen. Dabei werden drei Typen von Grafikobjekten unterstützt: vektorbasierende Geometrie, Bilder und Text. Grafikobjekte können gruppiert, transformiert und verändert werden; das Einfügen von Textelementen ist ebenfalls möglich. Der Befehlssatz umfasst unter anderem auch Transformationen, Pfadangaben, Alphamasken und Effektfilter. Ein weiterer Vorteil dieses Grafikformats besteht in der reduzierten Dateigröße.

skalieren *Vb.* (resize, scale)
Allgemein ein Objekt oder einen Raum vergrößern oder verkleinern.
Der Begriff wird in dieser Bedeutung hauptsächlich im Bereich von Grafikprogrammen und in der Textverarbeitung

S verwendet. In Bezug auf Grafikprogramme lassen sich Zeichnungsteile und komplette Zeichnungen skalieren, d.h. durch proportionales Anpassen ihrer Abmessungen vergrößern oder verkleinern. In der Textverarbeitung bezieht sich »skalieren« auf die Verkleinerung und Vergrößerung von Schriftarten.

In einer weiteren Bedeutung charakterisiert »skalieren« die Änderung der Darstellungsform von Werten, um sie in einen anderen Messbereich zu übertragen. Beispielsweise kann eine Bauzeichnung in Millimeter oder Zentimeter skaliert werden.

In der Programmierung bedeutet »skalieren« das Festlegen der Anzahl von Ziffernstellen, die durch Festkomma- oder Gleitkommazahlen eingenommen werden. → *siehe auch* Festkommanotation, Gleitkommazahl.

Skalierung, die; *Subst.* (scaling)
In der Computergrafik die Vergrößerung oder Verkleinerung einer grafischen Darstellung – beispielsweise die Skalierung einer Schrift auf die gewünschte Größe oder die Skalierung eines mit einem CAD-Programm erstellten Modells. → *siehe auch* CAD.

skasi (scuzzy)
→ *siehe* SCSI.

Skin *Subst.* (skin)
Eine alternative grafische Benutzerschnittstelle, die zwar das Aussehen des Betriebssystems oder eines Programms verändert, jedoch keinen Einfluss auf die Funktionalität hat. Programme, die den Gebrauch von Skins zulassen, machen in der Regel Standards für die Entwicklung neuer Skins möglich.

Skript, das; *Subst.* (script)
Ein Programm, das aus einer Gruppe von Befehlen an eine Anwendung oder ein Dienstprogramm besteht. Die Befehle richten sich dabei nach den Regeln und der Syntax der jeweiligen Anwendung bzw. des Dienstprogramms. → *siehe auch* Makro.

Skriptsprache, die; *Subst.* (scripting language)
Eine Programmiersprache zur Ausführung spezieller oder begrenzter Aufgaben, manchmal auch mit einer bestimmten Anwendung oder Funktion verknüpft. Skriptsprachen werden häufig auf Websites eingesetzt. Beispiele für Skriptsprachen sind JavaScript, Perl und PHP. → *siehe auch* JavaScript, Perl, PHP, Skript.

Skutchbox, die; *Subst.* (Skutch box)
Ein umgangssprachlicher Begriff für ein von der Firma Skutch Electronics, Inc. hergestelltes Gerät, das die Funktion einer Telefonleitung mit guten Verbindungseigenschaften simuliert. Telefonsimulatoren werden für den Test von Telekommunikationssystemen und -geräten eingesetzt.

Skyscraper-Banner, das; *Subst.* (skyscraper ad)
Eines von verschiedenen größeren Formaten für Online-Werbebanner, die die konventionellen Banner im Web ersetzen sollen. → *siehe auch* Avalanche-Banner, Interstitial-Banner, Pop-Under-Banner, Pop-Up-Banner.

Slashdoteffekt, der; *Subst.* (slashdotted)
Eine plötzlich eintretende, kurzfristige Erhöhung des Datenverkehrs auf einer kleineren Website. Diese Erhöhung des Datenverkehrs kann auftreten, wenn Informationen (beispielsweise Artikel) einer kleinen Website von einer großen, viel besuchten Website über einen Link aufgerufen werden können. Die erhöhte Nutzungsfrequenz übersteigt oft die Kapazität kleinerer Websites, was über ihre Verlangsamung bis zur Unerreichbarkeit führen kann. In manchen Fällen kann die Website sogar kurzfristig nicht mehr aufgerufen werden. Der Name »Slashdoteffekt« wurde von der News-Website http://www.slashdot.org abgeleitet. Die von dieser Website veröffentlichten Artikel werden sehr oft gelesen.

slashdotted *Adv.* (slashdot effect)
→ *siehe* Slashdotting.

Slashdotting *Subst.* (slashdotting)
Bezeichnet die Technik, eine Website durch Zugriff vieler Nutzer lahm zu legen. Der dabei auftretende Effekt wird Slashdot-Effekt genannt. Der Begriff stammt von dem Schrägstrich »/« (slash), der in der Regel das Stammverzeichnis eines Webservers bezeichnet. → *vgl.* Slashdoteffekt.

Slave, der; *Subst.* (slave)
Zu Deutsch »Sklave«. Ein Gerät, beispielsweise ein Computer, dessen Arbeitsweise durch ein anderes, als Master bezeichnetes Gerät kontrolliert wird. → *siehe auch* Master-/Slavesystem.

SLIP
Abkürzung für **S**erial **L**ine **I**nternet **P**rotocol (Internet-Protokoll für serielle Verbindungen). Ein Datenübertragungsprotokoll, das die Übertragung von IP-Datenpaketen über telefonische Einwahlverbindungen erlaubt. Auf diese Weise wird

einem Computer oder einem lokalen Netzwerk (LAN) der Anschluss an das Internet oder an ein anderes Netzwerk ermöglicht. → *siehe auch* Datenverbindung, IP. → *vgl.* PPP.

SLIP-Emulator, der; *Subst.* (SLIP emulator)
Software, die in UNIX-Shellzugängen, die keine direkte SLIP-Verbindung bereitstellen, eine SLIP-Verbindung simuliert. Viele Internetdienstanbieter arbeiten auf UNIX-Basis und bieten ihren Benutzern Shellzugänge zum Internet an. Wie bei einer SLIP-Verbindung, ermöglicht es auch der SLIP-Emulator dem Benutzer, beim Zugang zum Internet und beim Benutzen von Internetanwendungen (wie beispielsweise grafischer Webbrowser) einen direkten Kontakt mit der UNIX-Umgebung des Dienstanbieters zu vermeiden. → *siehe auch* Befehlszeilenzugriff, ISP, SLIP.

Slot 1 *Subst.*
Ein Steckplatz auf einer PC-Hauptplatine, der einen Pentium II-Prozessor aufnehmen kann. Der Prozessor selbst ist in einem eigenen Gehäuse nach dem Standard »Single Edge Contact« (SEC) von Intel untergebracht, das in den Steckplatz geschoben wird. Slot 1 hat 242 elektrische Kontaktpunkte und kommuniziert mit der halben Taktfrequenz des Prozessors mit dem L2-Cache des Computers. Slot 1 ersetzte Sockel 7 und Sockel 8 auf Intel-basierten Architekturen und wurde seinerseits durch Slot 2 ersetzt. → *siehe auch* Hauptplatine, L2-Cache, Pentium II. → *vgl.* Slot 2, Sockel 7, Sockel 8.

Slot 2 *Subst.*
Ein Steckplatz auf einer PC-Hauptplatine, der einen Pentium Xeon-oder Pentium III-Prozessor aufnehmen kann. Der Prozessor selbst ist wie bei Slot 1 in einem eigenen Gehäuse nach dem Standard »Single Edge Contact« (SEC) von Intel untergebracht, das in den Steckplatz geschoben wird. Slot 2 besitzt 330 elektrische Kontaktpunkte und ist etwas breiter als Slot 1. Slot 2 kommuniziert mit der vollen Taktfrequenz des Prozessors mit dem L2-Cache des Computers. → *siehe auch* Hauptplatine, L2-Cache, Pentium III. → *vgl.* Slot 1, Sockel 7, Sockel 8.

Slotted-Ringnetzwerk, das; *Subst.* (slotted-ring network)
Ein ringförmiges Netzwerk, bei dem Daten zwischen den angeschlossenen Stationen in einer Richtung übertragen werden können. Ein Slotted-Ringnetzwerk überträgt die Daten in festgelegten Zeitscheiben (Abschnitten eines Datenrahmens mit einheitlicher Länge) im Sendedatenstrom über ein Übertragungsmedium. → *siehe auch* Datenpaket, Ringnetzwerk. → *vgl.* Token Ring-Netzwerk.

SlowKeys, der; *Subst.*
Eine Eingabehilfe des Apple Macintosh, die auch für Windows und DOS verfügbar ist und die Aktivierung einer Tastaturverzögerung gestattet. Eine Taste muss dann für eine bestimmte Dauer gedrückt gehalten werden, bevor sie eine Aktion auslöst. Durch diese Funktion wird die Bedienung der Tastatur für Benutzer mit physiologischen Beeinträchtigungen erleichtert, da versehentlich kurzzeitig berührte Tasten keine Fehleingabe bewirken.

SLSI
→ *siehe* sehr hohe Integrationsdichte.

small computer system interface, das; *Subst.* (Small Computer System Interface)
→ *siehe* SCSI.

Small-Modell, das; *Subst.* (small model)
Ein Speichermodell der Prozessorfamilie 80x86 der Firma Intel, bei dem jeweils nur 64 Kilobyte (KB) für Code und Daten zulässig sind. → *siehe auch* Speichermodell.

Smalltalk, der; *Subst.*
Eine objektorientierte Sprache mit Entwicklungssystem, die 1980 am Xerox Palo Alto Research Center (PARC) entwickelt wurde. Smalltalk war ein Vorreiter für zahlreiche Sprachen und Benutzeroberflächen, die heute in anderen Umgebungen weit verbreitet sind. Beispiele sind das Konzept eines Objekts, das Daten und Routinen enthält, oder Bildschirmsymbole, über die der Benutzer die Ausführung bestimmter Aufgaben veranlassen kann. Weitere Informationen zu Smalltalk können z. B. auf der Website des *Smalltalk Industry Council* unter http://www.smalltalk.org abgerufen werden. → *siehe auch* objektorientierte Programmierung.

Smartcard, die; *Subst.* (smart card)
In Computern und in der Elektronik eine Leiterplatte, die mit Hilfe von integrierter Logik oder Firmware in gewissem Umfang unabhängige Entscheidungen treffen kann.
Im Banken- und Finanzwesen stellt eine Smartcard eine Kreditkarte dar, die einen integrierten Schaltkreis enthält, durch den sie ein beschränktes Maß an »Intelligenz« und Erinnerungsvermögen erhält.
Zunehmend werden Smartcards auch in Computeranwendungen zur Speicherung von Anmeldeinformationen eingesetzt → *siehe auch* Anmeldeinformationen, Java Card.

S

Smartphone, das; *Subst.* (smartphone)
Überbegriff für eine spezielle Gattung von Mobiltelefonen, die neben typischen Telefonfunktionen auch weiterführende, früher ausschließlich PDAs vorbehaltene Funktionen beherrschen. Dazu gehören unter anderem Terminplaner, Kontaktverwaltung und Internetkonnektivität. Solche Smartphones (aus den englischen Begriffen »smart« und »telephone« zusammengesetzt) lassen sich über ein spezielles Datenkabel mit einem Computer verbinden, sodass der Anwender den Personal Information Manager (PIM) des Mobiltelefons mit dem PIM des Computers, etwa Microsoft Outlook, abgleichen kann. Meist basieren solche Smartphones (»intelligente Telefone«) auf den Betriebssystemen Windows CE und Symbian OS. → *siehe auch* PIM, Windows CE. → *vgl.* PDA.

SmartSuite *Adj.*
Eine Gruppe von Softwareprogrammen für den Einsatz in Büros, die von der Firma Lotus Development vertrieben wird. Lotus SmartSuite enthält sechs Programme: das Tabellenkalkulationsprogramm Lotus 1-2-3, das Textverarbeitungsprogramm Lotus WordPro, die Datenbankanwendung Lotus Approach, das Bildbearbeitungsprogramm Lotus Freelance Graphics, den Terminplaner Lotus Organizer und die Multimediasoftware Lotus ScreenCam. SmartSuite befindet sich im Wettbewerb mit Microsoft Office, WordPerfect Office und ClarisWorks. Informationen über Lotus SmartSuite sind auf der Website des Herstellers unter der Adresse http://www.lotus.com/ home.nsf/welcome/smartsuite abrufbar.

SMART-System, das; *Subst.* (SMART system)
Kurzform für **S**elf-**M**onitoring **A**nalysis and **R**eporting **T**echnology **system** (selbstüberwachendes Analyse- und Berichtsystem). Ein System, das eine spezielle Technik zur Überwachung und Vorhersage der Leistung und Zuverlässigkeit eines Gerätes einsetzt. Ein SMART-System verfügt über verschiedene Tests, um Hardwareprobleme zu erkennen, mit dem Ziel einer erhöhten Produktivität und verbesserten Datensicherheit.

Smart-Tags, die; *Subst.* (smart tags)
Von der Firma Microsoft mit der Bürokomplettlösung Office XP eingeführte Technik, die dem Anwender kontextsensitive Funktionen anbietet, die genau auf den jeweiligen Arbeitsschritt zugeschnitten sind. Ob diese Zusätze auch Bestandteil des neuen Betriebssystems Windows XP und des Browsers Internet Explorer 6.0 sind, ist noch nicht entschieden (Stand: September 2001).

SMB *Subst.*
Abkürzung für **S**erver **M**essage **B**lock, ein von DOS und Windows (zum Beispiel beim Dienst NetBIOS) verwendetes Nachrichtenformat, mit dem der gemeinsame Zugriff auf Dateien, Verzeichnisse und andere Ressourcen geregelt wird. Einige Produkte wie Samba nutzen SMB, um den Dateiaustausch zwischen unterschiedlichen Plattformen (Unix, Linux und Windows) zu gewährleisten.

SMDS
Abkürzung für **S**witched **M**ultimegabit **D**ata **S**ervices (Vermittelter Datenübertragungsdienst im Megabitbereich). Ein vermittelter Datenübertragungsdienst höchster Übertragungsrate, der lokale Netzwerke und Weitbereichsnetze über das öffentliche Telefonnetz verbindet.

SMIL
Abkürzung für **S**ynchronized **M**ultimedia **I**ntegration **L**anguage, eine Auszeichnungssprache, die den Zugriff auf einzelne Elemente, wie Audio, Video, Text und Standbilder ermöglicht sowie deren Integration und Wiedergabe als synchronisierte Multimediapräsentation. Basierend auf der eXtensible Markup Language (XML), ermöglicht es SMIL Webautoren, die Objekte in der Präsentation zu definieren, die Platzierung auf dem Bildschirm zu beschreiben und den Zeitpunkt der Wiedergabe festzulegen. Die Sprache basiert auf Anweisungen, die mit einem Texteditor eingegeben werden können. Sie wurde unter der Aufsicht des World Wide Web Consortium (W3C) entwickelt. Weitere Informationen zu SMIL sind unter der Webadresse http://www.w3.org/AudioVideo abrufbar. → *siehe auch* Auszeichnungssprache, World Wide Web Consortium, XML.

Smiley, der oder das; *Subst.* (smiley)
Oft auch »Emoticon« genannt. Eine Zeichenfolge mit Textzeichen, die - von der Seite betrachtet - emotionale Gesichtszüge darstellen. Ein Emoticon wird häufig in einer E-Mail-Nachricht oder einem Newsgroupposting als Kommentar zum vorhergehenden Text verwendet. Typische Zeichenfolgen für positive Emotionen sind :-) oder :) oder ;-). Das Emoticon :-(drückt Trauer, die Zeichenfolge :-7 Ironie aus. Die Zeichenfolgen :D oder :-D bezeichnen einen Lacherfolg, wogegen :-O ausgesprochene Langeweile zum Ausdruck bringen soll. → *auch genannt* Emoticon.

S/MIME
Abkürzung für **S**ecure/**M**ultipurpose **I**nternet **M**ail **E**xtensions (Sicherheits-/Mehrzweckerweiterungen für Internet-

E-Mail). Ein 1995 von verschiedenen Softwareherstellern geschaffener Vorschlag für einen E-Mail-Sicherheitsstandard, bei dem eine Verschlüsselung mit öffentlichen Schlüsseln eingesetzt wird. → *siehe auch* MIME, Public-Key-Verschlüsselung.

SMIS
Abkürzung für **S**ociety for **M**anagement **I**nformation **S**ystems (Gesellschaft für Managementinformationssysteme). → *siehe* Society for Management Information Systems.

SMP
Abkürzung für **S**ymmetric **M**ulti **P**rocessing (Symmetrische Parallelverarbeitung). Eine Rechnerarchitektur, bei der mehrere Prozessoren auf den gleichen Speicher zugreifen. Der Speicher enthält dabei eine Instanz des Betriebssystems und je eine Instanz der verwendeten Anwendungen und Daten. Da das Betriebssystem die Verarbeitung in Tasks aufteilt und diese den jeweils freien Prozessoren zuteilt, führt SMP zu einer Reduzierung der Verarbeitungszeit. → *siehe auch* Architektur, Prozessor.

SMP-Server, der; *Subst.* (SMP server)
Kurzform für **S**ymmetric **M**ulti**P**rocessing **Server** (Server mit symmetrischer Parallelverarbeitung). Ein Computersystem für den Einsatz als Server bei Client/Serveranwendungen, das auf der SMP-Architektur basiert, um hohe Leistungswerte zu erzielen. → *siehe auch* SMP.

SMS *Subst.*
Abkürzung für »Short Message Service«. Ein in GSM-Mobilfunknetzen angebotener Dienst für das Versenden von kurzen Textnachrichten (bis zu 160 Zeichen) über Mobiltelefone. → *siehe auch* GSM. → *vgl.* MMS.

SMT
→ *siehe* Oberflächenmontage.

SMTP
→ *siehe* Simple Mail Transfer Protocol.

Smurf-Attacke, die; *Subst.* (smurf attack)
Bei dieser Denial-of-Service-Attacke sendet der angegriffene Internetserver scheinbar gleichzeitige Ping-Anforderungen an eine oder mehrere Broadcast-IP-Adressen, beispielsweise die eines IRC-Servers, die ihrerseits diese Anforderung an jeweils bis zu 255 weitere Hostcomputer weiterleiten. Dabei wird die Adresse des Angriffsopfers als die (gefälschte) Quelladresse angegeben. Sobald die angesprochenen Hosts die Anforderungen an diese Quelladresse zurückgeben, bricht das Netzwerk dieses Servers unter der entstehenden Last zusammen. → *siehe auch* Denial-of-Service-Attacke, pingen. → *auch genannt* Fraggle-Attacke.

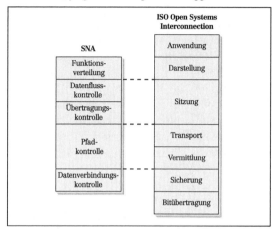

Abbildung S.22: SNA: Vergleichbare (nicht kompatible) Schichten der SNA- und ISO/OSI-Architektur

SNA
Abkürzung für **S**ystems **N**etwork **A**rchitecture (Netzwerksystemarchitektur). Von IBM eingeführtes und weitläufig verwendetes Konzept für Datenkommunikationssysteme. Es definiert Netzwerkfunktionen und legt Standards für den Austausch und die Verarbeitung von Daten durch Computersysteme fest. (Abbildung S.22)

Snap-In, das; *Subst.* (snap-in)
Eine Softwarekomponente, die innerhalb des Anwendungsgerüsts Microsoft Management Console (MMC) für Windows NT und Windows 2000 Funktionen zur Systemadministration und Systemverwaltung bereitstellt. Ein Snap-In ist ein COM-Objekt, das eine Einheit der Verwaltungseigenschaften darstellt, die kleinste über das MMC verfügbare Erweiterung. Es gibt zwei Typen der Snap-Ins: eigenständige Snap-Ins (Stand-Alone), die nicht von anderen Snap-Ins abhängig sind, und Erweiterungs-Snap-Ins, die von einem übergeordneten Snap-In aufgerufen werden). Mehrere Snap-Ins können zu größeren Verwaltungswerkzeugen kombiniert werden. → *siehe* Plug-In. → *siehe auch* COM.

Snapshot, der; *Subst.* (snapshot)
Ein zu einem bestimmten Zeitpunkt erstellter Abzug des Hauptspeichers oder Bildschirmspeichers, der auf einem Drucker ausgegeben oder auf einem Datenträger gespeichert

S werden kann. → *siehe auch* Bildschirmauszug. → *auch genannt* Snapshotauszug.

Snapshotauszug, der; *Subst.* (snapshot dump)
→ *siehe* Snapshot.

Snapshotprogramm, das; *Subst.* (snapshot program)
Ein Programm, das momentane Abbilder bestimmter Speicherbereiche zu angegebenen Zeiten aufzeichnet.

.snd
Eine Dateinamenerweiterung für ein portierbares Audiodateiformat für Sun-, NeXT- und Silicon Graphics-Systeme. Es besteht aus den Rohaudiodaten, denen ein Textbezeichner vorangestellt ist.

Sneakernet, das; *Subst.* (sneakernet)
Das Übertragen von Daten zwischen Computern, die nicht durch ein Netzwerk miteinander verknüpft sind. Hierbei müssen die Dateien im Quellcomputer auf eine Diskette geschrieben werden, die dann durch eine Person zum Zielcomputer gebracht werden muss.

SNMP
Abkürzung für Simple Network Management Protocol (Einfaches Protokoll zur Netzwerkverwaltung). Das Protokoll für die Netzwerkverwaltung unter TCP/IP. In SNMP überwachen sog. Agenten (dies kann Hardware oder Software bezeichnen) die Aktivitäten der verschiedenen Geräte des Netzwerks und melden sie an die Arbeitsstation mit der Netzwerkkonsole. Die Steuerinformationen für jedes Gerät werden in einer Datenstruktur gespeichert, dem sog. Management Information Block. → *siehe auch* TCP/IP.

SNOBOL
Abkürzung für String-Oriented Symbolic Language (zeichenfolgenorientierte, symbolische Sprache). Eine Sprache zur Verarbeitung von Zeichenfolgen und Text, die 1962-67 von Ralph Griswold, David Farber und I. Polonsky in den AT&T Bell Laboratories entwickelt wurde. → *siehe auch* String.

Snoopware, die; *Subst.* (snoopware)
Von engl. snoop, »herumschnüffeln«. Software für die Erfassung von Informationen zu Personen oder Organisationen, ohne dass die Betroffenen davon wissen. Snoopware kann unter anderem sämtliche ausgeführten Aktivitäten, alle besuchten Websites, alle ausgeführten Tastenanschläge und alle gesendeten E-Mail-Nachrichten erfassen. Ursprünglich wurde Snoopware von Unternehmen eingesetzt, um die Mitarbeiteraktivität zu überwachen oder mittels Internet Informationen über Benutzern zu erhalten, um sie Werbeagenturen oder andere Interessenten zu anzubieten. Seit Neuestem sind kostengünstige Snoopwareprodukte erhältlich, über die Benutzer beispielsweise die PC-Aktivitäten von Kindern oder Kollegen überwachen können.

SOAP
Abkürzung für »Simple Object Access Protocol« (zu Deutsch »einfache Objektzugangskontrolle«). Stellt eine Methode für verschiedene Anwendungen zur Verfügung, plattformunabhängig über das Internet miteinander in Kontakt zu treten. SOAP stützt sich auf XML, um das Format zu definieren, und fügt den erforderlichen HTTP-Nachrichtenkopf hinzu, um die Information abzuschicken. SOAP wurde von Microsoft, DevelopMentor und Userland Software als Standard vorgeschlagen und wird als Austauschformat in XML-basierten Webservices verwendet. → *siehe auch* HTTP, Kommunikationsprotokoll, XML, XML-Webservices.
Ein Teilbereich des siebenteiligen nichtkommerziellen Apache XML-Projekts. → *siehe auch* Apache XML Projekt.

SOC *Subst.*
Abkürzung für »System On a Chip«. Ein Chip, der in einer einzigen Einheit Computer, Mikroprozessoren und alle notwendigen unterstützenden Komponenten umfasst. Die SOC-Technologie wird für Firewalls, Gateways, spezialisierte Server und interaktive Geräte wie WebPads und Verkaufsautomaten verwendet.

Society for Information Management, die; *Subst.*
Eine kommerzielle Organisation von IT-Experten und IT-Managern aus allen Bereichen der Industrie (früherer Name: Society for Management Information Systems, Sitz in Chicago/USA). Die Website der Society for Information Management ist unter der Adresse http://www.simnet.org erreichbar.

Society for Management Information Systems, die; *Subst.*
→ *siehe* Society for Information Management.

Sockel, der; *Subst.* (socket)
Eine Kennzeichnung für einen bestimmten Dienst auf einem bestimmten Netzwerkknoten. Der Sockel besteht aus einer Adresse für den Netzwerkknoten und einer Portnummer (Anschlussnummer), die den Dienst kennzeichnet (z.B. bezeichnet »Port 80« auf einem Internetknoten einen Web-

server). → *siehe auch* Portnummer.

Im Hardwarebereich bezeichnet »Sockel« folgende Einheiten: Zunächst ist ein Sockel der Teil einer Steckverbindung (Buchse), der den Stecker aufnimmt. Überdies stellt ein Sockel die Einheit auf einer Platine dar, die einen Chip aufnehmen kann. Des Weiteren werden die Steckplätze für Erweiterungskarten (Steckkarten) gelegentlich als »Sockel« bezeichnet. → *siehe auch* Steckerbuchse.

Sockel 4 *Subst.* (socket 4)
Auf einer Hauptplatine ein Einbausockel mit einer Spannung von 5 Volt, der einen Intel-kompatiblen Prozessor mit einer Taktgeschwindigkeit von 60 MHz oder 66 MHz aufnehmen kann. Ein Sockel 4 hat Halterungen für 273 Pins. → *siehe auch* Hauptplatine, Sockel. → *vgl.* Sockel 5, Sockel 7.

Sockel 5 *Subst.* (socket 5)
Auf einer Hauptplatine ein Einbausockel mit einer Spannung von 3,3 Volt, der einen Intel-kompatiblen Prozessor mit den folgenden Taktgeschwindigkeiten aufnehmen kann: 75, 90, 100, 120, 133, 150, 166, 180 und 200 MHz. Ein Sockel 5 hat Halterungen für 320 Pins. → *siehe auch* Hauptplatine, Sockel. → *vgl.* Sockel 4, Sockel 7.

Sockel 7 *Subst.* (socket 7)
Auf einer Hauptplatine ein Einbausockel, der einen Intel-kompatiblen Prozessor mit den folgenden Taktgeschwindigkeiten aufnehmen kann: 150, 166, 180, 200, 210 und 233 MHz. Ein Sockel 7 hat Halterungen für 321 Pins und wird mit zwei unterschiedlichen Spannungen betrieben: 2,3 Volt für den Prozessorkern und 3,3 Volt für die E/A-Funktionen. Der Sockel 7 wird mit dem Pentium MMX und kompatiblen Prozessoren anderer Hersteller verwendet. → *siehe auch* Hauptplatine, Pentium, Sockel. → *vgl.* Slot 1, Slot 2, Sockel 4, Sockel 5, Sockel 8.

Sockel 8 *Subst.* (socket 8)
Auf einer Hauptplatine ein Einbausockel, der einen Pentium Pro-kompatiblen Prozessor aufnehmen kann. Ein Sockel 8 hat Halterungen für 387 Pins. → *siehe auch* Hauptplatine, Sockel. → *vgl.* Slot 1, Slot 2, Sockel 4, Sockel 5, Sockel 7.

soc.-Newsgroups, die; *Subst.* (soc. newsgroups)
Newsgroups von Usenet, die Teil der soc.-Hierarchie sind und den Präfix soc. tragen. Hier werden aktuelle Ereignisse und soziale Themen behandelt. soc.-Newsgroups sind eine von ursprünglich sieben Newsgroups der Usenethierarchie. Die anderen sechs Newsgroups heißen comp. misc., news., rec.,

sci. und talk. → *siehe auch* Newsgroup, traditionelle Newsgrouphierarchie, Usenet.

Softcopy, die; *Subst.* (soft copy)
Nicht permanente Bilder, wie sie auf einem Computerbildschirm angezeigt werden. → *vgl.* Hardcopy.

Softfont, die; *Subst.* (soft font)
→ *siehe* ladbare Schrift.

Softlink, der; *Subst.* (soft link)
→ *siehe* symbolischer Link.

Softmodem, das; *Subst.* (softmodem)
→ *siehe* softwarebasierendes Modem.

Softpatch, der; *Subst.* (soft patch)
Eine Fehlerbehebung oder Programmodifizierung, die nur wirksam ist, während der zu ändernde Code sich im Arbeitsspeicher befindet. Die ausführbare Datei oder die Objektdatei wird dabei in keiner Weise verändert. → *siehe auch* patchen.

softsektorierter Datenträger, der; *Subst.* (soft-sectored disk)
Ein Datenträger, insbesondere eine Diskette, dessen Sektoren durch aufgezeichnete Datenmarken gekennzeichnet sind und nicht durch eingestanzte Löcher. → *siehe auch* Indexloch. → *vgl.* hartsektorierte Diskette.

Software, die; *Subst.* (software)
Computerprogramme; Anweisungen, die die Computerhardware zur Ausführung von Aktionen veranlassen. Man unterscheidet die zwei hauptsächlichen Kategorien *Systemsoftware* (Betriebssysteme) zur Steuerung der internen Abläufe in einem Computer und *Anwendungen*, die Aufgaben für den Benutzer eines Computers ausführen, z.B. Programme für Textverarbeitung, Tabellenkalkulation oder Datenbanken. Zwei weitere Kategorien, die weder der System- noch der Anwendungssoftware zuzurechnen sind, aber Elemente von beiden enthalten, sind zum einen Netzwerksoftware für die Kommunikation zwischen Computern, und zum anderen Entwicklungssoftware, die dem Programmierer die erforderlichen Werkzeuge zum Schreiben von Programmen an die Hand gibt. Neben diesen aufgabenorientierten Kategorien unterscheidet man verschiedene Arten von Software hinsichtlich der Vertriebsmethoden. Dazu gehören Softwarepakete, die hauptsächlich über den Einzelhandel vertrieben werden, Freeware und Publicdomain-Software, die kostenlos

S verteilt werden, die ebenfalls kostenlos verteilte Shareware, für deren fortgesetzte Verwendung der Benutzer jedoch eine geringe Registrierungsgebühr zu entrichten hat, sowie Vaporware, eine Software, die den Markt gar nicht erreicht oder viel später als angekündigt erscheint. → *siehe auch* Anwendung, Betriebssystem, Freeware, Konfektionsprogramm, Netzwerksoftware, Shareware, Systemsoftware, Vaporware. → *vgl.* Firmware, Hardware, Liveware.

softwareabhängig *Adj.* (software-dependent)
Computer oder Geräte, die an bestimmte, speziell für sie entwickelte Programme oder Programmpakete gebunden sind.

Software & Information Industry Association *Subst.*
→ *siehe* SIIA.

softwarebasierendes Modem, das; *Subst.* (software-based modem)
Ein Modem, das anstelle eines speziellen Schaltkreises mit fest programmierten Modemfunktionen einen universellen, wiederprogrammierbaren Signalprozessor und einen RAM-Programmspeicher enthält. Ein softwarebasierendes Modem kann neu konfiguriert werden, um die Eigenschaften und Funktionen des Modems zu ändern und zu aktualisieren.

Softwareengineering, das; *Subst.* (software engineering)
Der Entwurf und die Entwicklung von Software. → *siehe auch* Programmierung.

Softwareentwickler, unabhängiger, der; *Subst.* (independent software vendor)
→ *siehe* unabhängiger Softwareentwickler.

Software, freie, die; *Subst.* (free software)
→ *siehe* freie Software.

Softwarehandshake, der; *Subst.* (software handshake)
Ein Steuersignal (Handshake) aus Signalen, die über die gleichen Leitungen wie die Daten übertragen werden (z.B. bei Verbindungen zwischen Modems über Telefonleitungen) und nicht über getrennte Leitungen. → *siehe auch* Handshake.

Softwarehaus, das; *Subst.* (software house)
Ein Unternehmen, das für seine Kunden Software entwickelt und eine entsprechende Unterstützung anbietet.

Software-IC, der; *Subst.* (software IC)
→ *siehe* integriertes Softwaremodul.

Softwareinterrupt, der; *Subst.* (software interrupt)
Ein programmgenerierter Interrupt, der die aktuelle Verarbeitung unterbricht, um einen durch eine Interruptbehandlungsroutine bereitgestellten Dienst anzufordern (eine getrennte Gruppe von Anweisungen, die für die Ausführung der geforderten Aufgabe vorgesehen sind). → *auch genannt* fangen.

Software, kaufmännische, die; *Subst.* (business software)
→ *siehe* kaufmännische Software.

Softwarekopierschutz, der; *Subst.* (software protection)
→ *siehe* Kopierschutz.

Software, kundenspezifische, die; *Subst.* (custom software)
→ *siehe* kundenspezifische Software.

Softwaremodul, integriertes, das; *Subst.* (software integrated circuit)
→ *siehe* integriertes Softwaremodul.

Softwaremüll, der; *Subst.* (software rot)
→ *siehe* Toter Code.

Softwarepaket, das; *Subst.* (software package)
Ein Programm, das gebrauchsfertig und allgemein erhältlich ist sowie alle erforderlichen Komponenten und Dokumentationen enthält.

Softwarepiraterie, die; *Subst.* (software piracy)
→ *siehe* Piraterie.

Softwareportabilität, die; *Subst.* (software portability)
→ *siehe* portabel.

Softwareprogramm, das; *Subst.* (software program)
→ *siehe* Anwendung.

Software, proprietäre, die; *Subst.* (proprietary software)
→ *siehe* proprietäre Software.

Softwarepublisher, der; *Subst.* (software publisher)
Ein Unternehmen, das Computerprogramme entwickelt und vertreibt.

Software Publishers Association, die; *Subst.*
Abkürzung: SPA. Eine Handelsvereinigung im Softwarebereich. Sie wurde 1984 gegründet und fusionierte im

Januar 1999 mit der Information Industry Association (IIA) zur Software Information Industry Association (SIIA). → *siehe auch* SIIA.

Softwarepublishing, das; *Subst.* (software publishing)
Entwurf, Entwicklung und Vertrieb nicht kundenspezifischer Softwarepakete.

Software, selbstgeschnitzte, die; *Subst.* (homegrown software)
→ *siehe* selbstgeschnitzte Software.

Softwarestack, der; *Subst.* (software stack)
→ *siehe* Stack.

Softwaresuite, die; *Subst.* (software suite)
→ *siehe* Officepaket.

Softwaretools, das; *Subst.* (software tools)
Programme, Dienstprogramme, Bibliotheken und andere Hilfsmittel, die bei der Entwicklung von Programmen eingesetzt werden. Hierzu gehören Editoren, Compiler und Debugger.

Softwarevertrieb, elektronischer, der; *Subst.*
(electronic software distribution)
→ *siehe* elektronischer Softwarevertrieb.

SOHO

Abkürzung für »**S**mall **O**ffice/**H**ome **O**ffice«; zu Deutsch »kleines Büro/Heimbüro«. Hard- und Softwaremarkt, der sehr kleine Firmen sowie Freiberufler anspricht. Der SOHO-Markt wächst schnell und hat eine starke Erweiterung des Angebots an Produkten ausgelöst, die auf Kleinstfirmen und Freiberufler zugeschnitten sind. → *siehe auch* Telearbeit, Telependler.

SOI

Abkürzung für **S**ilicon **O**n **I**nsulator (»Silizium auf Isolator«). Ein von IBM entwickelter Prozess für die Herstellung integrierter Schaltkreise, bei dem eine isolierende Abdeckung zum Schutz der Transistoren auf dem Chip eingesetzt wird. Der SOI-Prozess verbessert die Leistung und reduziert die Leistungsaufnahme des Schaltkreises.

Solaris

Eine netzwerkfähige, UNIX-basierende Betriebssystemumgebung von Sun Microsystems, die vielfach für Serverstrukturen eingesetzt wird. Von Solaris liegen Versionen für die Plattformen SPARC, Intel 386 (und höher) sowie PowerPC vor.

Solarzelle, die; *Subst.* (solar cell)
Ein fotoelektrisches Bauelement, das elektrische Leistung erzeugt, wenn es einer Lichteinstrahlung ausgesetzt ist.

SOM

Abkürzung für **S**ystem **O**bject **M**odel (System-Objektmodell). Eine von Programmiersprachen unabhängige Systemarchitektur von IBM, die den CORBA-Standard implementiert. → *siehe auch* CORBA, OMA.
»SOM« ist außerdem die Abkürzung für »**S**elf-**O**rganizing **M**ap«, zu Deutsch »selbststeuernde Zuordnung«. Eine Form eines neuronalen Netzwerks, bei dem nach Bedarf automatisch Neuronen und Verbindungen hinzugefügt werden, um die gewünschte Zuordnung von Eingabe- und Ausgabegröße zu entwickeln.

Sonderzeichen, das; *Subst.* (special character)
Ein Zeichen, das weder einem Buchstaben, noch einer Ziffer noch dem Leerzeichen entspricht (z.B. ein Satzzeichen). → *siehe auch* Jokerzeichen, reserviertes Zeichen.

SONET

Abkürzung für **S**ynchronous **O**ptical **Net**work (Synchrones, optisches Netzwerk). Eine Normenfamilie für die Übertragung optischer Signale über Glasfaser mit extrem hohen Datenübertragungsraten von 51,84 Megabit pro Sekunde (Mbps) bis 2,48 Gigabit pro Sekunde (Gbps). → *siehe auch* Glasfaser.

Sortieralgorithmus, der; *Subst.* (sort algorithm)
Ein Algorithmus, der eine Sammlung von Datenelementen in eine geordnete Folge bringt. Sortieralgorithmen arbeiten zum Teil auf der Basis von Schlüsselwerten, die Bestandteil der jeweiligen Elemente sind.
→ *siehe auch* Algorithmus, Bubblesort, einfügendes Sortieren, einfügendes Sortieren, Quicksort, verteilte Sortierung.

sortieren *Vb.* (sort)
Das Anordnen von Daten in einer bestimmten Reihenfolge. Das Sortieren kann mit Hilfe von Programmen und Programmalgorithmen erfolgen, die sich in ihren Leistungswerten und Einsatzbereichen unterscheiden. → *siehe auch* Bubblesort, einfügendes Sortieren, einfügendes Sortieren, Quicksort, verteilte Sortierung.

Sortieren, einfügendes, das; *Subst.* (merge sort)
→ *siehe* einfügendes Sortieren.

S

Sortieren, internes, das; *Subst.* (internal sort)
→ *siehe* internes Sortieren.

Sortierer, der; *Subst.* (sorter)
Ein Programm oder eine Routine zum Sortieren von Daten.
→ *siehe auch* sortieren.

Sortierfeld, das; *Subst.* (sort field)
→ *siehe* Sortierschlüssel.

Sortierfolge, die; *Subst.* (collation sequence)
Durch einen Mischsortiervorgang hergestelltes Ordnungs-
prinzip (Reihenfolge) zwischen Objekten. → *siehe auch*
Mischsortierung.

Sortierschlüssel, der; *Subst.* (sort key)
Ein Feld (meist als Schlüssel bezeichnet), nach dessen Einträ-
gen sortiert wird, um eine gewünschte Anordnung der das
Feld enthaltenden Datensätze herzustellen. → *siehe auch*
Primärschlüssel, Sekundärschlüssel.

Sortierung, absteigende, die; *Subst.* (descending sort)
→ *siehe* absteigende Sortierung.

Sortierung, alphanumerische, die; *Subst.* (alphanumeric
sort)
→ *siehe* alphanumerische Sortierung.

Sortierung, lexikografische, die; *Subst.* (lexicographic sort)
→ *siehe* lexikografische Sortierung.

Sortierung, numerische, die; *Subst.* (digital sort)
→ *siehe* numerische Sortierung.

Sortierung, verteilte, die; *Subst.* (distributive sort)
→ *siehe* verteilte Sortierung.

SOS
→ *siehe* Silizium auf Saphir.

Soundclip, der; *Subst.* (sound clip)
Eine Datei, die ein kurzes Audioelement enthält, meist als
Ausschnitt einer längeren Aufzeichnung.

Soundeditor, der; *Subst.* (sound editor)
Ein Programm zur Erstellung und Bearbeitung von Audiodateien.

Soundgenerator, der; *Subst.* (sound generator)
Ein integrierter Schaltkreis zur Erzeugung elektronischer
Signale, die Klänge synthetisieren und über einen angeschlossenen Lautsprecher akustisch wahrnehmbar gemacht
werden können.

Soundkarte, die; *Subst.* (sound board, sound card)
Eine Erweiterungskarte für IBM-kompatible PCs, die die Wiedergabe und Aufnahme von Audiosignalen ermöglicht (z.B.
als WAV- und MIDI-Dateien oder als Musik von einer CD).
Heutzutage verfügen fast alle neuen PCs über eine Soundkarte. → *siehe auch* Erweiterungskarte, MIDI, WAV.

Soundpuffer, der; *Subst.* (sound buffer)
Ein Speicherbereich zum Speichern des binären Abbildes von
Klangfolgen, die an das Lautsprechersystem des Computers
ausgegeben werden.

SoundSentry, das; *Subst.*
Eine optionale Funktion von Windows für Benutzer mit Hörschäden oder für laute Umgebungsbedingungen. Dabei gibt
Windows zu jedem ausgegebenen Systemton gleichzeitig
einen visuellen Hinweis aus, z.B. einen Bildschirmblitz oder
eine blinkende Titelleiste.

SPA
→ *siehe* Software Publishers Association.

späte Bindung, die; *Subst.* (late binding)
→ *siehe* dynamisches Binden.

Spaghetticode, der; *Subst.* (spaghetti code)
Code, der sich durch einen verschachtelten Programmfluss
auszeichnet, was sich in der Regel auf den übermäßigen oder
ungeeigneten Einsatz von Sprunganweisungen (wie GOTO
oder JUMP) zurückführen lässt. → *siehe auch* GOTO-Befehl,
Sprungbefehl.

Spalte, die; *Subst.* (column)
Eine Einheit in einer Folge von vertikal angeordneten Elementen innerhalb eines Gitters – z.B. eine zusammenhängende Folge von Zellen, die in einem Tabellenblatt von oben
nach unten verlaufen, eine Einheit von Zeilen mit festgelegter Breite auf einer Druckseite (beim Spaltensatz), eine vertikale Linie aus Pixeln bei einem Bildschirm oder eine Einheit
von Werten, die innerhalb einer Tabelle oder einer Matrix
senkrecht ausgerichtet sind. → *vgl.* Zeile.

In einem relationalen Datenbanksystem ist »Spalte« ein Synonym für »Attribut«. Die Gesamtheit der Spaltenwerte, die eine bestimmte Entität beschreiben, wird als »Tupel« oder »Zeile« bezeichnet. In einem nichtrelationalen Datenbanksystem entspricht eine Spalte einem Feld innerhalb eines Datensatzes. → *siehe auch* Entität, Feld, Tabelle, Zeile.

Spam, der; *Subst.* (spam)
Eine unaufgefordert an viele Empfänger auf einmal versandte E-Mail-Nachricht oder ein an viele Newsgroups gleichzeitig verteilter Nachrichtenartikel. Spam stellt das elektronische Äquivalent zu Postwurfsendungen dar. In den meisten Fällen entspricht der Inhalt einer Spamnachricht oder eines Spamartikels nicht den Interessen der Empfänger bzw. dem Thema der Newsgroup. Spam ist ein Missbrauch des Internets, um eine große Anzahl von Menschen mit einer bestimmten Botschaft, in der Regel kommerziell oder religiös, zu minimalen Kosten zu erreichen. »Spam« (Abkürzung für Spiced Pork and Ham) ist eigentlich ein geschützter Markenname der Firma Hormel Foods, Inc., Minnesota, USA (http://www.spam.com). Das Wort »Spam« gelangte durch einen Sketch der englischen Komikergruppe Monty Python zu Berühmtheit, in dem eine Gruppe Wikinger so oft die Worte »Spam, Spam, Spam, Spam« wiederholte, dass jedes andere Gespräch unmöglich wurde. → *siehe auch* Spam-Blocking, Spambot, spammen.

Spam-Blocking, das; *Subst.* (spam blocking)
→ *siehe* Adressverzerrung.

Spambot, der; *Subst.* (spambot)
Ein Programm oder eine Vorrichtung zum automatischen Versenden großer Mengen von sich wiederholendem oder sonstigem eher unangebrachten Material an Newsgroups im Internet. → *siehe auch* roboposten, Roboter, Spam.

Spamdexing, das; *Subst.* (spamdexter)
Hierbei werden Benutzer zu für den in den meisten Fällen eigentlich gewünschten Zweck unbrauchbaren Websites geführt. Diese Sites enthalten zahlreiche Versionen beliebter und weit verbreiteter Suchwörter, die in den meisten Fällen keinerlei Bezug zum Inhalt der Website haben. Da die Suchwörter so oft vorkommen, wird die Website am Anfang von Suchergebnissen und Indizierungslisten angezeigt. Der Begriff »Spamdexter« bildet sich aus den Begriffen »Spam« (unerwünschte E-Mail-Nachrichten) und »Index«. → *auch genannt* Keyword Stuffing. → *vgl.* Spam.

spammen *Vb.* (spam)
Das Verbreiten nichtangeforderter E-Mails über das Internet, indem eine Nachricht – meist mit Werbebotschaften – an sehr viele Empfänger oder Newsgroups versendet wird. Der Vorgang, der auch als »Spamming« bekannt ist, verärgert die meisten Internet-Benutzer. Als Revanche hat es sich eingebürgert, die E-Mails an den Empfänger zurückzusenden. Der Empfänger wird dadurch mit E-Mails geradezu torpediert, möglicherweise läuft sein elektronisches Postfach über und wird dadurch außer Betrieb gesetzt. → *siehe auch* Spam.

Spanne, die; *Subst.* (span)
→ *siehe* Bereich.

Spannung, die; *Subst.* (voltage)
→ *siehe* elektromotorische Kraft.

Spannungsregler, der; *Subst.* (voltage regulator)
Eine Schaltung oder ein Bauelement zur Aufrechterhaltung einer konstanten Ausgangsspannung, auf die sich der Einfluss einer schwankenden Eingangsspannung nicht mehr auswirkt.

Spannungsregulierer, der; *Subst.* (line regulator)
→ *siehe* Spannungsregler.

Spannungsspitze, die; *Subst.* (power surge)
→ *siehe* Überspannung.

Spannungsstoß, der; *Subst.* (line surge)
Ein abruptes, kurzzeitiges Anwachsen der Spannung auf einer Leitung. Ein naher Blitzschlag kann z.B. einen Spannungsstoß auf Energieversorgungsleitungen hervorrufen und eine Zerstörung elektrischer Einrichtungen bewirken. Empfindliche Geräte, z.B. Computer, lassen sich durch Zwischenschalten von Überspannungsbegrenzern in die Netzleitung gegen Spannungsstöße schützen.

SPARC
Abkürzung für **S**calable **P**rocessor **Arc**hitecture (Skalierbare Prozessorarchitektur). Eine Spezifikation der Firma Sun Microsystems für RISC-Mikroprozessoren (RISC, Reduced Instruction Set Computing = Prozessor mit reduziertem Befehlssatz). → *siehe auch* Reduced Instruction Set Computing.

Spec, die; *Subst.* (spec)
→ *siehe* Spezifikation.

S

Special Interest Group, die; *Subst.* (special interest group)
→ *siehe* SIG.

Speech API, das; *Subst.*
→ *siehe* SAPI.

Speech Application Programming Interface, das; *Subst.*
→ *siehe* SAPI.

speech recognition, die; *Subst.*
→ *siehe* Spracherkennung.

Speech Recognition API, das; *Subst.*
→ *siehe* SRAPI.

Speech Recognition Application Programming Interface, das; *Subst.*
→ *siehe* SRAPI.

Speicher, der; *Subst.* (memory, storage)
Bei Computern eine Vorrichtung, in der bzw. mit der Informationen gespeichert werden können. Speicher lassen sich ganz grob in zwei Kategorien einteilen: flüchtige und nicht flüchtige Speicher.
Flüchtige Speicher können die Daten nur bei aktiver Stromzufuhr aufrechterhalten. Zu den flüchtigen Speichern gehören der Arbeitsspeicher (RAM) sowie Pufferspeicher (Cache). Nicht flüchtige Speicher - auch als »Permanentspeicher« bezeichnet - behalten dagegen die Informationen auch bei abgeschalteter Stromzufuhr. Nicht flüchtige Speicher lassen sich weiter unterteilen in Halbleiterspeicher (z.B. ROM, PROM und EPROM), bei denen die Informationen in Chips gespeichert sind, und sog. Massenspeicher wie Festplatten, Diskettenlaufwerke, CD-ROM-Laufwerke und Bandlaufwerke (Streamer). → *siehe auch* EEPROM, EPROM, Flashspeicher, Kernspeicher, PROM, RAM, ROM. → *vgl.* Blasenspeicher, Kernspeicher.

Speicherallozierung, dynamische, die; *Subst.* (dynamic memory allocation)
→ *siehe* dynamische Speicherallozierung.

Speicherarchitektur, segmentierte, die; *Subst.* (segmented memory architecture)
→ *siehe* segmentierte Adressierungsarchitektur.

Speicher, assoziativer, der; *Subst.* (associative storage)
→ *siehe* assoziativer Speicher.

Speicherauszug, dynamischer, der; *Subst.* (dynamic dump)
→ *siehe* dynamischer Speicherauszug.

Speicherbank, die; *Subst.* (memory bank)
Die physikalische Stelle einer Hauptplatine, in der die Speicherplatine eingesteckt werden kann. → *siehe* Bank.

Speicherbereinigung, die; *Subst.* (garbage collection)
Ein Prozess für die automatische Wiederherstellung von Heapmemory. Zugeordnete Speicherblöcke, die nicht mehr benötigt werden, werden freigegeben; weiterhin benötigte Speicherblöcke werden hingegen verschoben, um den freien Speichern in größeren Blöcken zur Verfügung zu stellen.
→ *siehe auch* C#, Java.

Speichercache, der; *Subst.* (memory cache)
→ *siehe* CPU-Cache.

Speicherchip, der; *Subst.* (memory chip)
Eine integrierte Schaltung für den Speicher. Der Speicher kann *flüchtig* sein und Daten temporär verwalten (z.B. RAM). Der Speicher kann aber auch *nicht flüchtig* sein und Daten permanent halten (z.B. ROM, EPROM, EEPROM oder PROM). → *siehe auch* EEPROM, EPROM, flüchtiger Speicher, integrierter Schaltkreis, nicht flüchtiger Speicher, PROM, RAM.

Speicher, dynamischer, der; *Subst.* (dynamic storage)
→ *siehe* dynamischer Speicher.

Speicher, externer, der; *Subst.* (auxiliary storage)
→ *siehe* externer Speicher.

Speicher, flüchtiger, der; *Subst.* (volatile memory)
→ *siehe* flüchtiger Speicher.

Speicher, gemeinsamer, der; *Subst.* (shared memory)
→ *siehe* gemeinsamer Speicher.

Speichergerät, das; *Subst.* (storage device)
Eine Vorrichtung zur Aufzeichnung von Computerdaten in mehr oder weniger permanenter Form. Es wird zwischen primären (Hauptspeicher) und sekundären (Zusatzspeicher) Speichergeräten unterschieden, dabei bezieht sich ersteres auf den Arbeitsspeicher (RAM) und letzteres auf Laufwerke und andere externe Geräte.

Speicher, hoher, der; *Subst.* (high memory area)
→ *siehe* hoher Speicher.

Speicher, interner, der; *Subst.* (internal memory)
→ *siehe* Primärspeicher.

Speicherkapazität, die; *Subst.* (memory size)
Die Speicherkapazität eines Computers wird in der Regel in MB (Megabyte) gemessen. → *siehe auch* Megabyte, Speicher.

Speicherkarte, die; *Subst.* (memory card)
Eine Speicherplatine, die verwendet wird, um die RAM-Speicherkapazität zu erweitern. Speicherkarten können auch anstelle von Festplatten bei tragbaren Computern (z.B. Laptops, Notebooks oder Handheldcomputern) verwendet werden. Die Platine ist in der Regel so groß wie eine Kreditkarte und kann in einen PCMCIA-kompatiblen tragbaren Computer eingesteckt werden. Die Platine kann EPROM-, RAM- oder ROM-Chips oder Flashspeicher enthalten. → *siehe auch* EPROM, Festplatte, Flashspeicher, Handheld-PC, Modul, PCMCIA, RAM, ROM. → *auch genannt* RAM-Karte, ROM-Karte.

Speicher, linearer, der; *Subst.* (linear memory)
→ *siehe* linearer Speicher.

Speicher, löschbarer, der; *Subst.* (erasable storage)
→ *siehe* löschbarer Speicher.

Speicher, lokaler, der; *Subst.* (local memory)
→ *siehe* lokaler Speicher.

Speicher, magnetischer, der; *Subst.* (magnetic storage)
→ *siehe* magnetischer Speicher.

Speichermedium, das; *Subst.* (storage media)
Die verschiedenen Arten der physikalischen Materialien zur Aufnahme von Datenbits, wie beispielsweise Disketten, Festplatten, Magnetbänder und optische Datenträger.

Speichermodell, das; *Subst.* (memory model)
Beschreibt die Adressierungsmethode für die in einem Computerprogramm verwendeten Code- und Datensegmente. Das Speichermodell legt fest, wie viel Speicher einem Programm für Code und Daten zur Verfügung steht. Die meisten Computer mit einem linearen Adressraum unterstützen nur ein Speichermodell, während Computer mit einem segmentierten Adressraum in der Regel mehrere Speichermodelle bieten. → *siehe auch* Compactspeichermodell, Large-Modell, linearer Adressraum, Mediummodell, segmentierter Adressraum, Small-Modell, Tiny-Modell.

Speichermodul, das; *Subst.* (memory cartridge)
Ein Einsteckmodul, das RAM-Chips für die Speicherung von Daten oder Programmen enthält. Speichermodule kommen hauptsächlich in transportablen Computern als Ersatz für Diskettenlaufwerke zum Einsatz. Sie sind kleiner, leichter, aber auch teurer. Die Ausstattung von Speichermodulen erfolgt entweder mit nicht flüchtigen RAM-Typen, die ihren Inhalt beim Abschalten der Stromversorgung nicht verlieren, oder durch batteriegestützten RAM, dessen Speicherinhalt durch die Stromversorgung aus einer wieder aufladbaren Batterie innerhalb des Moduls erhalten bleibt. → *siehe auch* RAM, Speicherkarte. → *auch genannt* RAM-Steckmodul. → *vgl.* ROM-Steckmodul.

speichern *Vb.* (save)
Daten (z.B. eine Datei) auf ein Speichermedium (z.B. Magnetband oder Diskette) übertragen.

Speichern, automatisch, das; *Subst.* (autosave)
→ *siehe* automatisches Speichern.

Speicher, nichtflüchtiger, der; *Subst.* (nonvolatile memory)
→ *siehe* nicht flüchtiger Speicher.

Speichern und Weiterleiten, das; *Subst.* (store-and-forward)
In Kommunikationsnetzen eingesetzte Technik der Nachrichtenübergabe, bei der eine Nachricht vorübergehend auf einer Sammelstation aufbewahrt wird, bevor sie an die Zieladresse weitergereicht wird.

Speicher, oberer, der; *Subst.* (high memory)
→ *siehe* oberer Speicher.

Speicherort, der; *Subst.* (storage location)
Die Position, auf der ein bestimmtes Element zu finden ist – entweder eine adressierbare Stelle im Arbeitsspeicher oder eine eindeutig gekennzeichnete Stelle auf einer Festplatte, einem Band oder einem vergleichbaren Medium.

Speicher, physikalischer, der; *Subst.* (physical storage)
→ *siehe* wirklicher Speicher.
→ *siehe* physikalischer Speicher.

Speicherprogrammkonzept, das; *Subst.* (stored program concept)
Ein Konzept einer Systemarchitektur, das im Wesentlichen auf den Mathematiker John von Neumann zurückgeht,

S und bei dem sich sowohl Programme als auch Daten in einem Speicher mit direktem Zugriff befinden (RAM). Hierdurch können Programmcode und Daten austauschbar behandelt werden. → *siehe auch* Von-Neumann-Architektur.

Speicher, reservierter, der; *Subst.* (reserved memory)
→ *siehe* Upper Memory Area.

speicherresident *Adj.* (memory-resident)
Speicherresident bedeutet, dass sich Informationen dauerhaft im Speicher des Computers befinden und nicht bei Bedarf in den Speicher transportiert werden. → *siehe auch* Speicher, TSR.

Speicherröhre, die; *Subst.* (storage tube)
→ *siehe* Direktadressierröhre.

Speicherschreibmaschine, die; *Subst.* (memory typewriter)
Eine elektrische Schreibmaschine mit internem Speicher und typischerweise einer einzeiligen Flüssigkristallanzeige zur Darstellung des Speicherinhalts. Speicherschreibmaschinen können meist eine vollständige Textseite speichern und erlauben kleinere Modifikationen an dieser Textseite. Beim Ausschalten der Maschine geht der Speicherinhalt in der Regel verloren.

Speicher, sehr großer, der; *Subst.* (Very Large Memory)
→ *siehe* sehr großer Speicher.

Speicherseite, die; *Subst.* (page)
Ein Speicherblock fester Länge. Im Zusammenhang mit einer virtuellen Speicherverwaltung ein Speicherblock, bei dem der Zusammenhang zwischen logischer und physikalischer Adresse über eine Mapping Hardware festgelegt wird. → *siehe auch* Expanded Memory Specification, Speicherverwaltungseinheit, virtueller Speicher.

Speicher, temporärer, der; *Subst.* (temporary storage)
→ *siehe* temporärer Speicher.

Speicherung, inhaltsbezogene, die; *Subst.* (content-addressed storage)
→ *siehe* assoziativer Speicher.

Speicher, unterer, der; *Subst.* (low memory)
→ *siehe* unterer Speicher.

Speicherverwaltung, die; *Subst.* (memory management)
In Betriebssystemen für PCs versteht man unter »Speicherverwaltung« die Prozeduren für das Optimieren des RAM (Random Access Memory). Diese Prozeduren beinhalten das selektive Speichern von Daten, die genaue Überwachung der Daten und das Freisetzen von Speicher, wenn die Daten nicht mehr benötigt werden. Die meisten aktuellen Betriebssysteme optimieren den RAM-Einsatz selbst. Ältere Betriebssysteme, z.B. die früheren Versionen von MS-DOS, benötigten externe Dienstprogramme für die Optimierung des RAM-Einsatzes. In diesem Fall mussten die Benutzer fundierte Kenntnisse über den Speicherbedarf des Betriebssystems und der Anwendungen besitzen. → *siehe auch* RAM, Speicherverwaltungseinheit.
Bei der Programmierung versteht man unter »Speicherverwaltung den Prozess, der erforderlich ist, um sicherzustellen, dass ein Programm Speicher freigibt, sobald er nicht mehr benötigt wird. In einigen Programmiersprachen, z.B. C und C++, ist es erforderlich, dass der Programmierer den Speichereinsatz des Programms überwacht. Bei Java, einer neueren Sprache, wird der Speicher automatisch freigegeben, sobald er nicht mehr benötigt wird. → *siehe auch* C, C++, Java, Speicherbereinigung.

Speicherverwaltungseinheit, die; *Subst.* (memory management unit)
Die Hardware, die das Abbilden von virtuellen Speicheradressen auf physikalische Speicheradressen übernimmt. Bei einigen Systemen (z.B. Systemen auf der Basis eines 68020-Prozessors) ist die Speicherverwaltungseinheit vom Prozessor getrennt. Bei den meisten modernen Mikrocomputern ist die Speicherverwaltungseinheit jedoch im CPU-Chip integriert. Bei einigen Systemen stellt die Speicherverwaltungseinheit zwischen dem Mikroprozessor und dem Speicher eine Schnittstelle zur Verfügung. Diese Art der Speicherverwaltungseinheit ist in der Regel für Adressmultiplexing und, bei DRAM, für den Refreshzyklus verantwortlich. → *siehe auch* physikalische Adresse, Refreshzyklus, virtuelle Adresse.

Speicherverwaltungsprogramm, das; *Subst.* (memory management program)
Ein Programm, das dazu verwendet wird, Daten und Programme im Systemspeicher zu verwalten, den Einsatz zu überwachen und den freigegebenen Speicher nach der Ausführung neu zuzuweisen.
Außerdem ein Programm, das den freien Speicher auf der Festplatte als Erweiterung für den Arbeitsspeicher (Random Access Memory, RAM) einsetzt.

Speicher, virtueller, der; *Subst.* (virtual memory)
→ *siehe* virtueller Speicher.

Speicher, wirklicher, der; *Subst.* (real storage)
→ *siehe* wirklicher Speicher.

Speicherzelle, die; *Subst.* (memory cell)
Eine elektronische Schaltung, die ein Datenbit speichert.
→ *siehe auch* Bit.

Speicherzugriff, direkter, der; *Subst.* (direct memory access)
→ *siehe* direkter Speicherzugriff.

Speicherzugriff, direkter, der; *Subst.* (direct memory access)
→ *siehe* direkter Speicherzugriff.

Speicherzugriff, versetzter, der; *Subst.* (interleaved memory)
→ *siehe* versetzter Speicherzugriff.

spektrale Empfindlichkeit, die; *Subst.* (spectral response)
Bei Sensoren die Beziehung zwischen der Empfindlichkeit des Geräts und der Frequenz der aufgenommenen Energie.

Spektralfarbe, die; *Subst.* (spectral color)
In der Bildverarbeitung eine Farbe, die durch eine einzelne Wellenlänge im sichtbaren Spektrum dargestellt wird.
→ *siehe auch* Farbmodell.

Spektrum, das; *Subst.* (spectrum)
Der Frequenzbereich einer bestimmten Strahlungsart.
→ *siehe* auch elektromagnetisches Spektrum.

sperren *Vb.* (lockout)
Den Zugriff zu einer bestimmten Ressource (Datei, Speicherort, I/O-Port) verweigern, in der Regel um sicherzustellen, dass nur ein Programm zu einer bestimmten Zeit diese Ressource verwendet.

Spezialdistributoren, die; *Subst.* (boutique reseller)
Ein Distributor (engl. VAR, *Value Added Reseller*), der sich auf die Lieferung kundenspezifisch angepasster Software, Hardware und Dienstleistungen für vertikale Märkte bzw. Nischenmärkte spezialisiert. In der Distributorbranche werden Spezialdistributoren von Großdistributoren (»Master Reseller«) und Systemintegratoren unterschieden, die ein

wesentlich größeres Spektrum an Produkten und Dienstleistungen anbieten. → *siehe auch* Großdistributoren, VAR.

Spezialsprache, die; *Subst.* (special-purpose language)
Eine Programmiersprache, deren Syntax und Semantik sich vorrangig für bestimmte Fachgebiete oder Einsatzbereiche eignen. → *siehe auch* Prolog.

Spezifikation, die; *Subst.* (specification)
Ganz allgemein eine detaillierte Beschreibung eines Sachverhalts.
In Bezug auf die Hardware von Computersystemen eine Angabe zu den Komponenten, Fähigkeiten und Funktionen des Systems.
In Bezug auf Software eine Beschreibung der Betriebssystemumgebung und der vorgesehenen Leistungsmerkmale eines neuen Programms.
In der Informationsverarbeitung eine Beschreibung der Datensätze, Programme und Prozeduren für eine bestimmte Aufgabe.

SPID
Abkürzung für »Service Profile Identifier« (Dienstprofil-Identifikator). Eine Zahl, die einen bestimmten ISDN-Anschluss identifiziert. Das generische SPID-Format besteht aus einer 14-stelligen Zahl, deren erste zehn Ziffern die Telefonnummer angeben und deren verbleibende Stellen das anzuwählende Gerät identifizieren. → *siehe auch* ISDN.

Spiegelabbild, das; *Subst.* (mirror image)
Ein Bild, bei dem es sich um das spiegelverkehrte Duplikat des ursprünglichen Bildes handelt. Bei den Zeichen »<« und »>« handelt es sich beispielsweise um Spiegelabbilder.

Spiegelung, die; *Subst.* (mirroring)
Bezeichnet in der Computergrafik die Darstellung eines Spiegelbildes einer Grafik. Dazu wird das Originalbild relativ zu einem gedachten Bezugspunkt, z.B. einer Symmetrieachse, gedreht oder gekippt und somit ein gespiegeltes Duplikat erzeugt. (Abbildung S.23)

Spiel, das; *Subst.* (game)
→ *siehe* Computerspiel.

Spielautomat, der; *Subst.* (arcade game)
Ein vor allem in Spielhallen zu findendes Gerät für einen oder mehrere Spieler, auf dem ein meist schnelles Actionspiel mit hochqualitativen Grafiken und Sounds läuft.

S

S

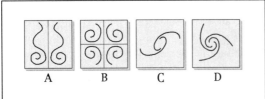

Abbildung S.23: Spiegelung: (A) Zweifache Symmetrie an vertikaler Achse; (B) vierfache Symmetrie an vertikaler und horizontaler Achse; (C) zweifache und (D) dreifache Punktsymmetrie.

Spieleinsteckmodul, das; *Subst.* (game cartridge)
→ *siehe* ROM-Steckmodul.

Spieltheorie, die; *Subst.* (game theory)
Eine dem Mathematiker John von Neumann zugeschriebene mathematische Theorie, die sich mit der Analyse von Strategie und Wahrscheinlichkeit bezogen auf konkurrierende Spiele beschäftigt, in denen die Spieler Träger aller Entscheidungen sind und jeder versucht, einen Vorteil gegenüber den anderen zu erlangen.

Spindel, die; *Subst.* (spindle)
Eine Achse für die Aufnahme einer Diskette oder Magnetbandspule.

Spinne, die; *Subst.* (spider)
Ein automatisiertes Programm, das das Internet nach neuen Webdokumenten durchsucht und deren Adressen zusammen mit Informationen über die Inhalte in einer über eine Suchmaschine abzufragenden Datenbank ablegt. Spinnen können als eine Art Roboter bzw. »Internetroboter« gesehen werden.
→ *siehe auch* Roboter, Suchmaschine.

Spitze, die; *Subst.* (spike)
Ein durch Schaltvorgänge verursachtes, elektrisches Signal von sehr kurzer Dauer und meist hoher Amplitude. → *vgl.* Überspannung.

spitze Klammer, die; *Subst.* (angle bracket)
→ *siehe* < >.

Spitzname, der; *Subst.* (nickname)
→ *siehe* Nickname.

Splashseite, die; *Subst.* (splash page, splash screen)
Diejenige Seite eines Webangebots, die noch vor der eigentlichen Startseite geladen und angezeigt wird. In den meisten Fällen wird diese Seite für Werbung oder eine Flashanimation genutzt.

Spline, der; *Subst.* (spline)
In der Computergrafik eine mit Hilfe mathematischer Funktionen berechnete Kurve, die einzelne Punkte unter Beachtung eines stetigen Verlaufs verbindet. → *siehe auch* Bézier-Kurve. (Abbildung S.24)

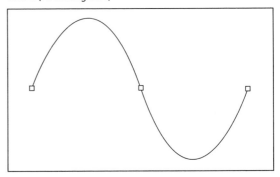

Abbildung S.24: Spline

Spoiler, der; *Subst.* (spoiler)
Eine Sendung an eine Newsgroup oder eine Verteilerliste, die gehütete Geheimnisse aufdeckt (z.B. den Handlungsverlauf eines neuen Films oder einer beliebten Fernsehserie oder die Lösung eines Ratespiels). Die Betreffzeile sollte das Wort *Spoiler* enthalten. Die Internetetikette verlangt ferner, dass der Sender auch die Leser schützt, die ihre Post nicht vorab nach den Betreffzeilen durchsuchen. Der Sender sollte die Nachricht daher entweder verschlüsseln oder/und über dem offenbarenden Text mehrere Seiten Leerraum einfügen.
→ *siehe auch* Netiquette.

Spoofing, das; *Subst.* (spoofing)
Eine Methode, eine Sendung so aussehen zu lassen, als ob sie von einem autorisierten Benutzer käme. Beispielsweise wird bei einem »IP-Spoofing« eine Sendung mit der IP-Adresse eines autorisierten Benutzers versehen, um den Zugriff auf einen Computer oder ein Netzwerk zu erlangen. → *siehe auch* IP-Adresse.

spoolen *Vb.* (spool)
Das Speichern eines Computerdokuments in einer Warteschlange, in der es bis zum Drucken verbleibt. → *siehe auch* Druckerspooler.

SPP
→ *siehe* skalierbarer Parallelprozessor.

Sprachausgabe, die; *Subst.* (audio response, voice output)
Vom Computer erzeugte Sprache, die der menschlichen Sprache ähnelt oder dieser nahezu gleichkommt. Die Ausgabe erfolgt in der Regel als Reaktion auf bestimmte Formen von Benutzereingaben. Bei der Sprachausgabe werden entweder digitalisierte Einzelwörter aus einer Vokabularbibliothek zu kompletten Sätzen kombiniert, oder die Wörter der ausgegebenen Sätze werden auf synthetischem Weg mit Hilfe einer Phonemtabelle erzeugt (Phoneme sind die kleinsten bedeutungsunterscheidenden lautlichen Einheiten).
→ *siehe auch* Frequenzgang, Phonem.
→ *siehe* Sprachsynthese.

Sprachausgabe, digitale, die; *Subst.* (digital speech)
→ *siehe* Sprachsynthese.

Sprachbeschreibungssprache, die; *Subst.* (language-description language)
→ *siehe* Metasprache.

Sprache, die; *Subst.* (language)
→ *siehe* Programmiersprache.

Sprache, algorithmische, die; *Subst.* (algorithmic language)
→ *siehe* algorithmische Sprache.

Sprache der dritten Generation, die; *Subst.* (third-generation language)
Eine höhere Programmiersprache für die dritte Computergeneration (bei der die Prozessoren aus integrierten Schaltkreisen bestehen), die etwa dem Zeitraum 1965-70 zuzuordnen ist. C, FORTRAN, Basic und Pascal sind Beispiele dieser Sprachen, die auch heute noch in Anwendung sind. → *siehe auch* höhere Programmiersprache, integrierter Schaltkreis, Prozessor. → *vgl.* niedrige Sprache, vierte Sprachgeneration.

Sprache, erweiterbare, die; *Subst.* (extensible language)
→ *siehe* erweiterbare Sprache.

Sprache, formalisierte, die; *Subst.* (formal language)
→ *siehe* formalisierte Sprache.

Sprache, formatfreie, die; *Subst.* (free-form language)
→ *siehe* formatfreie Sprache.

Spracheingabe, die; *Subst.* (voice input)
Über ein Mikrofon in den Computer eingegebene Befehle, die mit Hilfe von Spracherkennungstechnologien in ausführbare Befehle umgesetzt oder als Daten für ein Dokument verwendet werden. → *siehe auch* Spracherkennung.

Sprache, native, die; *Subst.* (native language)
→ *siehe* Hostsprache.

Sprache, natürliche, die; *Subst.* (natural language)
→ *siehe* natürliche Sprache.

Sprache, nicht prozedurale, die; *Subst.* (nonprocedural language)
→ *siehe* nicht prozedurale Sprache.

Sprache, niedrige, die; *Subst.* (low-level language)
→ *siehe* niedrige Sprache.

Sprache, plattformunabhängige, die; *Subst.* (computer-independent language)
→ *siehe* plattformunabhängige Sprache.

Sprache, portable, die; *Subst.* (portable language)
→ *siehe* portable Sprache.

Sprache, prozedurale, die; *Subst.* (procedural language)
→ *siehe* prozedurale Sprache.

Spracherkennung, die; *Subst.* (speech recognition, voice recognition)
Die Fähigkeit eines Computers, gesprochene Wörter zu erkennen und damit Befehle und Dateneingaben vom Sprecher entgegennehmen zu können. Systeme, die ein begrenztes Vokabular erkennen können, solange es von bestimmten Sprechern vorgetragen wird, wurden bereits vor längerer Zeit entwickelt. Die Entwicklung eines Systems, das sowohl eine Vielzahl von Sprechweisen und Akzenten bewältigt, als auch die verschiedenen Arten, in denen eine Anfrage oder eine Anweisung formuliert werden kann, ist allerdings ungleich schwieriger. Mittlerweile sind jedoch erste Erfolge auf diesem Gebiet zu verzeichnen. → *siehe auch* Diktiersoftware, künstliche Intelligenz, neuronales Netzwerk. → *auch genannt* speech recognition.

Sprache, symbolische, die; *Subst.* (symbolic language)
→ *siehe* symbolische Sprache.

sprachfähiges Modem, das; *Subst.* (voice-capable modem)
Ein Modem, das Sprachnachrichtensystem-Anwendungen und deren Datenfunktionen unterstützt.

S **Sprachkanal**, der; *Subst.* (voice-grade channel)
Ein Kommunikationskanal, der für die Sprachübertragung geeignet ist. Auf Telefonleitungen werden im Sprachkanal Frequenzen von 300 bis 3.000 Hertz übertragen. Diese Kanäle verwendet man ebenfalls für Faxnachrichten sowie analoge und digitale Informationen. Datenübertragungen lassen sich in Sprachkanälen mit Geschwindigkeiten bis zu 33 Kilobit pro Sekunde (Kbps) realisieren.

Sprachnachrichtensystem, das; *Subst.* (voice messaging)
Ein System, das Nachrichten in Form von Sprachaufzeichnungen sendet und empfängt.

Sprachnavigation, die; *Subst.* (voice navigation)
Der Einsatz gesprochener Befehle, um einen Webbrowser zu steuern. Bei der Sprach-Navigation handelt es sich um eine Funktion, die in einigen Plug-In-Anwendungen enthalten ist. Durch diese Funktion wird der Webbrowser anwenderfreundlicher, weil er auf sprachliche Kommunikation reagiert. → *siehe auch* Webbrowser.

Sprachprozessor, der; *Subst.* (language processor)
Eine Hardware- oder Softwarelösung, die Befehle in einer bestimmten Programmiersprache entgegennimmt und sie in Maschinencode übersetzt. → *siehe auch* Compiler, Interpreter.

Sprachsynthese, die; *Subst.* (speech synthesis, voice synthesis)
Die Fähigkeit eines Computers, »gesprochene« Worte zu generieren. Dabei werden entweder voraufgezeichnete Wörter zusammengefügt oder es werden mit Hilfe des Computers synthetische Laute erzeugt, aus denen gesprochene Worte gebildet werden. → *siehe auch* künstliche Intelligenz, neuronales Netzwerk.

Sprechblasenhilfe, die; *Subst.* (balloon help)
Im Betriebssystem Mac OS 7.x ein in der Hilfefunktion verwendetes Merkmal, das die Form einer Sprechblase aufweist, wie sie aus Comicheften bekannt ist. In der Sprechblase wird ein erklärender Text angezeigt. Nachdem die Sprechblasenfunktion durch einen Klick auf das entsprechende Symbol in der Werkzeugleiste aktiviert wurde, kann der Benutzer den Mauszeiger auf ein Symbol oder anderweitiges Element bewegen, zu dem er eine Hilfestellung benötigt. Daraufhin wird eine Sprechblase angezeigt, die die Funktion des ausgewählten Elements erklärt.

Sprite, das; *Subst.* (sprite)
Bezeichnet in der Computergrafik ein kleines Bild, das auf dem Bildschirm verschoben werden kann, unabhängig von den anderen Bildern im Hintergrund. Sprites werden häufig bei Animationssequenzen und Videospielen verwendet. → *siehe auch* Objekt.

Sprühdose, die; *Subst.* (spraycan)
Ein künstlerisches Werkzeug in Paintbrush oder anderen Grafikanwendungen für das Aufbringen von Punktmustern (Airbrush-Effekt) auf ein Bild. (Abbildung S.25)

Abbildung S.25: Sprühdose

Sprung, bedingter, der; *Subst.* (conditional jump)
→ *siehe* bedingter Sprung.

Sprungbefehl, der; *Subst.* (jump instruction)
Eine Anweisung, die den Ausführungsfluss von einer Anweisung zur anderen überträgt. → *siehe auch* GOTO-Befehl, Transferanweisung.

Sprungtabelle, die; *Subst.* (jump table)
→ *siehe* Verteilertabelle.

Sprungtest, der; *Subst.* (leapfrog test)
Eine Diagnoseroutine, die sich wiederholt selbst auf das Speichermedium kopiert und für die Überprüfung der Disketten- oder Magnetbandspeicherung verwendet wird.

Spur, die; *Subst.* (track)
Einer der zahlreichen kreisförmigen Datenspeicherbereiche auf einer Diskette oder Festplatte, der sich mit einer Schallplattenrille vergleichen lässt, jedoch nicht spiralförmig verläuft. Die in Sektoren unterteilten Spuren legt das Betriebssystem beim Formatieren einer Diskette (Festplatte) an. Auf anderen Speichermedien (z.B. bei Magnetbändern) verlaufen die Spuren parallel zu den Rändern des Mediums. (Abbildung S.26)

Spuren pro Zoll, die; *Subst.* (tracks per inch)
Ein Maß für die Dichte der konzentrischen Spuren (Datenspeicherringe), die auf einer Diskette aufgezeichnet sind

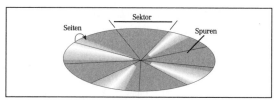

Abbildung S.26: Spur

oder sich darauf unterbringen lassen. Je größer die Dichte (je mehr Spuren pro Radius), desto mehr Informationen kann man auf einer Diskette speichern.

Spur, schadhafte, die; *Subst.* (bad track)
→ *siehe* schadhafte Spur.

Spurwechselzeit, die; *Subst.* (step-rate time)
Die erforderliche Zeit für die Bewegung des Transportarms (Aktuator) einer Festplatte von einer Spur zur nächsten.
→ *siehe auch* Aktuator, Schrittmotor.

Spyware, die; *Subst.* (spyware)
Bezeichnet Software, die persönliche, auf dem Computer gespeicherte Daten des Anwenders ohne sein Wissen an den Hersteller der Software oder Dritte sendet. Spyware (zusammengesetzt aus den Ausdrücken »spying« und »software«) dient in den meisten Fällen dazu, das Benutzerverhalten eines Anwenders zu analysieren, sodass die Software ihm gezielt Werbebanner anzeigen kann. → *siehe auch* Adware.
→ *vgl.* Trojanisches Pferd.

SPX
Abkürzung für »**S**equenced **P**acket **EX**change«, zu Deutsch »sequentielle Paketübertragung«. Das von Novell NetWare verwendete Transportschicht-Protokoll (vierte Schicht im ISO/OSI-Referenzmodell). SPX basiert auf IPX für den Transport der Datenpakete, SPX sorgt dabei jedoch die für Vollständigkeit der Nachrichten. → *siehe* Simplexübertragung.
→ *siehe auch* ISO/OSI-Schichtenmodell. → *vgl.* IPX.
»SPX« ist außerdem die Abkürzung für »**S**im**P**le**X**«, zu Deutsch »Übertragung in nur einer Richtung«. → *siehe* Simplexübertragung.

SQL
→ *siehe* strukturierte Abfragesprache.

Squatting *Subst.* (squatting)
Ein aus der Hausbesetzerszene stammender Begriff (wörtlich übersetzt: hocken). Hier: missbräuchliche Anmeldung und Nutzung von Domänennamen, die in der aktuellen Rechtsprechung vor deutschen und amerikanischen Gerichten unter Strafe gestellt wurde.

SRAM
→ *siehe* statisches RAM.

SRAPI
Abkürzung für **S**peech **R**ecognition **A**pplication **P**rogramming **I**nterface (Programmierschnittstelle für Spracherkennungsanwendungen). Eine plattformübergreifende Schnittstelle für Anwendungsprogramme zur Spracherkennung und zur Umwandlung von Text in Sprache. Sie wird durch ein Konsortium von Entwicklern unterstützt, darunter die Firmen Novell, IBM, Intel und Philips Dictation Systems.
→ *siehe auch* Anwendungsprogrammierschnittstelle, Spracherkennung.

SSA
Abkürzung für **S**erial **S**torage **A**rchitecture (Serielle Speicherarchitektur). Eine Schnittstellenspezifikation von IBM, bei der die Geräte in einer Ringtopologie angeordnet sind. Bei SSA, kompatibel zu SCSI-Geräten, können Daten mit 20 Megabyte pro Sekunde in beiden Richtungen übertragen werden. → *siehe auch* SCSI-Gerät.

SSD
Abkürzung für **S**olid-**S**tate **D**isk (Halbleiter-Festplatte). Eine Festplattennachbildung aus Halbleiterbauelementen. → *siehe* Halbleiterlaufwerk.

SSI
→ *siehe* niedrige Integrationsdichte.

SSL
→ *siehe* Secure Socket Layer.

ST506-Schnittstelle, die; *Subst.* (ST506 interface)
Eine Hardware- und Signalspezifikation, die von der Firma Seagate Technologies für Festplattencontroller und -Steckverbindungen entwickelt wurde. Die Version ST506/412 dieser Schnittstelle ist zu einer De-facto-Norm geworden.

Stab, der; *Subst.* (wand)
Ein stiftförmiges Gerät zur Dateneingabe. Bezeichnet meistens einen stiftförmigen Scanner zum Einlesen von Strichcodes oder den Eingabestift eines Digitalisiertabletts. → *siehe auch* optischer Scanner, Scannerkopf. → *vgl.* Griffel.

S

Stack, der; *Subst.* (stack)
Ein reservierter Speicherbereich, in dem ein Programm Zustandsdaten zwischenspeichert, z.B. die Rückkehradressen von Prozeduren und Funktionen, übergebene Parameter sowie (manchmal) lokale Variablen. → *siehe auch* POP, push. → *vgl.* Heap.

Stackware, die; *Subst.* (stackware)
Eine HyperCard-Anwendung, die aus HyperCard-Daten und einem HyperCard-Programm besteht. → *siehe auch* Hyper-Card.

Staging-Webserver, der; *Subst.* (staging web server)
Ein Webserver, auf dem Sie Ihre Website vor der eigentlichen Veröffentlichung auf einem Produktionsserver veröffentlichen und testen können. Ein Staging-Webserver kann nicht über das Internet oder Intranet besucht werden. → *siehe auch* Staging-Website.

Staging-Website, die; *Subst.* (staging web)
Eine lokal auf einem Dateisystem oder lokalen Webserver verwaltete Website, auf die keine Benutzer der Website zugreifen können. Auf diese Weise können die Autoren und Arbeitsgruppen ihre Websites vor deren Veröffentlichung ändern oder aktualisieren. → *siehe auch* Staging-Webserver.

Stale-Pointer-Bug, der; *Subst.* (stale pointer bug)
→ *siehe* Aliasingbug.

Stammdatei, die; *Subst.* (master file)
In einem Satz von Datenbankdateien die Datei, in der mehr oder weniger permanent beschreibende Informationen über die Hauptthemen der Datenbank, zusammenfassende Daten und ein oder mehrere entscheidende Schlüsselfelder enthalten sind. Beispielsweise können in einer Stammdatei Kundennamen, Kontennummern, Adressen und Kreditkonditionen gespeichert sein. → *vgl.* Transaktionsdatei.

Stammsatz, der; *Subst.* (master record)
Ein Datensatz in einer Masterdatei. In der Regel enthält der Stammsatz beschreibende und zusammenfassende Daten, die sich auf den Eintrag beziehen, der Gegenstand dieses Datensatzes ist. → *siehe auch* Stammdatei.

Stammsitz, der; *Subst.* (home office)
Die Zentrale einer Firma.

Stammverzeichnis, virtuelles, das; *Subst.* (virtual root)
→ *siehe* virtuelles Stammverzeichnis.

Standard, der; *Subst.* (standard)
Eine gesetzlich gültige, technische Richtlinie (Norm), die von einer staatlichen oder einer nicht gewerblichen Organisation befürwortet wurde, um in einem bestimmten Bereich der Entwicklung von Hardware oder Software eine Einheitlichkeit zu erzielen. Der Standard ist das Ergebnis einer formalen Prozedur, basierend auf Spezifikationen, die von einer kooperativen Gruppe oder einem Komitee nach einer ausführlichen Untersuchung der vorliegenden Verfahren und Ansätze sowie technologischen Tendenzen und Entwicklungen erstellt werden. Der vorgeschlagene Standard wird später durch eine anerkannte Organisation ratifiziert bzw. bestätigt. Die Annahme erfolgt mit der Zeit, in Übereinstimmung damit, wie sich Produkte, die auf dem Standard beruhen, zunehmend auf dem Markt durchsetzen. Es gibt zahlreiche Standards dieser Art, dazu gehört der ASCII-Zeichensatz, der RS-232-C-Standard, die SCSI-Schnittstelle und Programmiersprachen nach dem ANSI-Standard, wie C und FORTRAN. → *siehe auch* ANSI, Konvention, RS-232-C-Standard, SCSI.
Standards entstehen jedoch nicht immer durch entsprechende Normung von Organisationen oder Komitees. In der Praxis kommt es häufig vor, dass ein Produkt oder eine Produktphilosophie von einem einzelnen Unternehmen entwickelt wird und durch Erfolg und Nachahmung so weite Verbreitung findet, dass Abweichungen von dieser Norm zu Kompatibilitätsproblemen oder eingeschränkten Vermarktungschancen führen. Diese Art der inoffiziellen Festsetzung eines Standards ist am Beispiel Hayes-kompatibler Modems und IBM-kompatibler Computer zu erkennen. Im Zusammenhang mit derartigen technischen Richtlinien spricht man auch von einer »De-facto-Norm«. → *siehe auch* Kompatibilität.

Standardabweichung, die; *Subst.* (standard deviation)
In der Statistik ein Maß für die Größe der Abweichung vom Mittelwert. Die Standardabweichung ist die Wurzel aus der Varianz oder Streuung einer Gruppe von Messwerten, relativ zum arithmetischen Mittelwert dieser Gruppe.

Standarddisclaimer, der; *Subst.* (standard disclaimer)
Ein Ausdruck, der in eine E-Mail-Nachricht oder einen Nachrichtenartikel eingefügt wird. Er ersetzt die von manchen Unternehmen und Institutionen verlangte Erklärung, dass der Inhalt der Nachricht oder des Artikels nicht die Meinungen und Anschauungen der Organisation wiedergibt, von deren E-Mail-System die Mitteilung stammt.

Standarddrucker, der; *Subst.* (default printer)
Der Drucker, an den alle Dokumente so lange geschickt werden, bis ein anderer Drucker festgelegt wird.

Standardeinstellung, die; *Subst.* (default)
Eine vom Programm festgelegte Auswahl, wenn der Benutzer keine Alternative spezifiziert. Standardeinstellungen sind in Programmen integriert, wenn ein bestimmter Wert oder eine Option für die Funktion des Programms erforderlich ist.

Standardfunktion, die; *Subst.* (standard function)
Eine Funktion, die innerhalb einer bestimmten Programmiersprache immer verfügbar ist. → *siehe auch* Funktion.

Standard Generalized Markup Language, die; *Subst.*
→ *siehe* SGML.

Standardgruppen, die; *Subst.* (built-in groups)
Die standardmäßigen, vordefinierten Gruppen in Microsoft Windows NT und Windows 2000. Eine Gruppe definiert eine Sammlung von Rechten und Nutzungsberechtigungen für die Accounts der Benutzer, die zur Gruppe gehören. Standardgruppen stellen demzufolge ein komfortables Mittel dar, den Benutzern Zugriff auf häufig genutzte Ressourcen zu gewähren. → *siehe auch* gruppieren.

Standardhomepage, die; *Subst.* (default home page)
Eine Datei, die auf einem Webserver zurückgegeben wird, wenn auf ein Verzeichnis ohne einen bestimmten Dateinamen verwiesen wird. Die Standardhomepage wird von der Software des Webservers angegeben. Es handelt sich hierbei in der Regel um die Datei *index.html* oder *index.htm*.

Standardkontrollelement, das; *Subst.* (default button)
Ein Steuerelement, das automatisch aktiviert wird, wenn ein Fenster von einer Anwendung oder einem Betriebssystem angezeigt wird. Dieses Steuerelement wird in der Regel über die EINGABETASTE aufgerufen.

Standardlaufwerk, das; *Subst.* (default drive)
Das Diskettenlaufwerk, das ein Betriebssystem für Schreib- oder Leseoperationen verwendet, solange kein anderes Laufwerk festgelegt wird.

Standard, offener, der; *Subst.* (open standard)
→ *siehe* offener Standard.

Standardsoftware, die; *Subst.* (horizontal market software, packaged software)
Anwendungsprogramme, z.B. Textverarbeitungsprogramme, die für alle Unternehmensbereiche eingesetzt werden können (im Gegensatz zu branchenspezifischen Anwendungen). In einer etwas abweichenden Bedeutung charakterisiert der Ausdruck Software »von der Stange«, die über den Einzelhandel vertrieben wird, im Gegensatz zu Programmen, die individuell erstellt oder angepasst wurden. → *vgl.* Konfektionssoftware.

Standfläche, die; *Subst.* (footprint)
Die Fläche, die von einem Personal Computer oder einem anderen Gerät beansprucht wird.

Standleitung, die; *Subst.* (dedicated line)
Ein Kommunikationskanal, der eine dauerhafte Verbindung zu einem oder mehreren Standorten herstellt. Bei Standleitungen handelt es sich nicht um öffentliche, sondern um private oder gemietete Leitungen, z.B. zu einem Internetdienstanbieter. Ein Beispiel hierzu ist die T1-Leitung, die von zahlreichen Organisationen für die Internetverbindung verwendet wird. → *siehe auch* Internetdienstanbieter. → *auch genannt* Mietleitung, Private Line. → *vgl.* Einwahlleitung.

Stanzabfall, der; *Subst.* (chad)
Die Papierbestandteile, die beim Stanzen von Löchern in Lochkarten oder Lochstreifen als Abfall entstehen. Auch beim Abtrennen der Lochränder von Endlospapierbahnen entsteht Stanzabfall.

Stapelverarbeitung, die; *Subst.* (batch processing)
→ *siehe* Batchverarbeitung.

Stapelzeiger, der; *Subst.* (stack pointer)
Ein Register, das jeweils die Adresse des aktuellen Speicherelements im Stapel enthält.. → *siehe auch* Stack, Zeiger.

Startbit, das; *Subst.* (start bit)
In der asynchronen Datenübertragung das Bit, das den Beginn eines Zeichens signalisiert. → *siehe auch* asynchronous transmission.

Startdiskette, die; *Subst.* (startup disk)
→ *siehe* Systemdatenträger.

S

starten *Vb.* (launch, run)
Das Aktivieren (Ausführen) eines Anwendungsprogramms – entweder über die grafische Benutzeroberfläche des Betriebssystems oder – bei befehlsorientierten Systemen – durch Eingabe des entsprechenden Programmnamens.

Starthilfedokument, das; *Subst.* (starting point)
Ein Dokument auf dem World Wide Web, das neuen Benutzern Anleitung geben soll. Ein Starthilfedokument verfügt meist über hilfreiche Werkzeuge, wie beispielsweise Suchmaschinen oder Hyperlinks zu ausgewählten Websites. → *siehe auch* Hyperlink, Suchmaschine, World Wide Web.

Start-ROM, das; *Subst.* (startup ROM)
Ein Festwertspeicher (ROM) eines Computers, in dem die Bootstrapbefehle abgelegt sind, die beim Systemstart ausgeführt werden. Die Routinen im Start-ROM befähigen den Computer, einen Selbsttest und einen Test der Geräte (wie Tastatur und Laufwerke) durchzuführen, den Betrieb vorzubereiten und den Urlader zu starten, ein kurzes Programm, das den Betriebssystemlader in den Arbeitsspeicher einliest. → *siehe auch* Poweronselbsttest, urladen.

Startseite, die; *Subst.* (banner page, start page)
Beim Druck im Netzwerk die Titelseite, die den eigentlichen, ausgedruckten Seiten von den meisten Druckerspoolern hinzugefügt wird. Eine derartige Seite enthält in der Regel Angaben zum Account und zur Joblänge sowie spezifische Informationen des Druckerspoolers und dient vor allem dazu, die ausgedruckten Seiten optisch zu trennen und auf diese Weise die Zuteilung an den Anwender zu erleichtern, der den Druckauftrag initiiert hat. → *siehe auch* Druckerspooler.
In manchen Webbrowsern (beispielsweise Microsoft Internet Explorer) wird die erste Seite, die beim Start des Browsers angezeigt wird, als »Startseite« bezeichnet. → *siehe auch* Webbrowser. → *vgl.* Homepage.

Start/Stopp-Übertragung, die; *Subst.* (start/stop transmission)
→ *siehe* asynchronous transmission.

startup
→ *siehe* booten.

STARTUP.CMD, die; *Subst.*
Eine spezielle Batchdatei, die sich bei OS/2 im Stammverzeichnis des Startdatenträgers befindet – sie entspricht der Datei AUTOEXEC.BAT des Betriebssystems MS-DOS.

Startwert, der; *Subst.* (seed)
Ein Wert, der bei der Erzeugung von Zufalls- oder Pseudozufallszahlen als Ausgangsbasis verwendet wird. → *siehe auch* Zufallszahlenerzeugung.

stateful inspection, die; *Subst.*
Firewalltechnologie, die sowohl auf der Netz- als auch auf der Anwendungsschicht arbeitet. Die IP-Pakete werden auf der Netzschicht entgegengenommen, von einem Analysemodul, das dynamisch im Betriebssystemkern geladen ist, zustandsabhängig inspiziert und mit einer Zustandstabelle abgeglichen. Die Regeln, nach denen das Modul agiert, können sehr differenziert vorgegeben werden. Für die Kommunikationspartner stellt sich eine Firewall mit Stateful Inspection als eine direkte Leitung dar, die nur für eine den Regeln entsprechende Kommunikation durchlässig ist. → *siehe auch* Firewall, Proxyserver.

Statik, die; *Subst.* (static)
In der Kommunikationstechnik ein prasselndes Störgeräusch, das durch elektrische Interferenz von Sendesignalen bewirkt wird.

stationär *Adj.* (stationery)
Beschreibt die Eigenschaft eines Dokuments, von dem beim Öffnen durch den Anwender das System eine Kopie erstellt. Diese Kopie lässt sich bearbeiten, während das ursprüngliche Dokument unverändert bleibt. Stationäre Dokumente können als Dokumentvorlagen oder Textbausteine dienen. → *siehe auch* Textbaustein.

stationäres Dokument, das; *Subst.* (stationery)
Ein stationäres Dokument. → *siehe auch* stationär.

statisch *Adj.* (static)
In der Informationsverarbeitung im Sinne von fest oder vorherbestimmt. Ein statischer Pufferspeicher beispielsweise bleibt während der Ausführung des Programms unveränderlich. Die gegensätzliche Bedingung ist *dynamisch*, d.h. stets veränderlich.

statische Belegung, die; *Subst.* (static allocation)
Eine einmalig ausgeführte Speicherzuteilung, die meist beim Programmstart erfolgt und während der gesamten Ausführung des Programms bestehen bleibt. → *siehe auch* allozieren, deallozieren. → *vgl.* dynamische Allozierung.

statische Bindung, die; *Subst.* (static binding)
Die Umwandlung symbolischer Adressen im Programm in speicherbezogene Adressen während der Kompilierung oder des Bindens des Programms. → *auch genannt* frühe Bindung. → *vgl.* dynamisches Binden.

statische Elektrizität, die; *Subst.* (static electricity)
Die in einem Objekt angesammelte elektrische Ladung. Obwohl die Entladung statischer Elektrizität für Personen im Allgemeinen ungefährlich ist, kann sie bei einem elektronischen Schaltkreis erhebliche Schäden bewirken.

statisches Pipeline-Burst-RAM, das; *Subst.* (pipeline burst static RAM)
Abkürzung: PB-SRAM. Form des statischen RAM, das Burst- und Pipeliningtechnologien verwendet, um die Geschwindigkeit der an den Prozessor übertragenen Daten zu steigern. Die Pipelinetechnik bewirkt, dass der Prozessor während der Beantwortung einer von ihm initiierten Anfrage bereits die nächste Anfrage an das PB-SRAM senden kann. PB-SRAM wird vor allem als L2-Cache eingesetzt (ein spezieller Speicher, der dazu dient, Zugriffe auf häufig benötigte Daten zu beschleunigen) und findet sich üblicherweise in Computern, die mit einer Busfrequenz von 75 MHz oder mehr arbeiten. → *siehe auch* L2-Cache, Pipelining, statisches RAM. → *vgl.* asynchrones statisches RAM, Burst, dynamisches RAM.

statisches RAM, das; *Subst.* (static RAM)
Ein Halbleiterspeicher (RAM), der aus bestimmten logischen Schaltkreisen (Flip-Flop) aufgebaut ist, die die gespeicherten Informationen nur bei anliegender Betriebsspannung behalten. In Computern werden statische RAMs meist nur für den Cachespeicher eingesetzt. → *siehe auch* CCITT, RAM. → *vgl.* dynamisches RAM.

Statistik, die; *Subst.* (statistics)
Ein Zweig der Mathematik, der sich mit den gegenseitigen Abhängigkeiten von Zufallsgrößen befasst sowie mit der Bedeutung von Ähnlichkeiten und Unterschieden bei diesen Größen. → *siehe auch* Binominalverteilung, Monte-Carlo-Methode, Regressionsanalyse, Standardabweichung, stochastisch, Wahrscheinlichkeit.

statistischer Multiplexer, der; *Subst.* (statistical multiplexer)
Nach dem Zeitmultiplexverfahren arbeitender, »intelligenter« Multiplexer, der durch die Ausstattung mit einem Datenpuffer (zur temporären Speicherung) und einem Mikroprozessor in der Lage ist, separate Datenströme zu einem einzelnen Signal zusammenzuführen und die verfügbare Bandbreite dynamisch zu belegen. → *siehe auch* dynamische Allozierung, Multiplexing, Zeitmultiplexing. → *auch genannt* stat mux.

stat mux, der; *Subst.*
→ *siehe* statistischer Multiplexer.

Status, der; *Subst.* (state, status)
Der Zustand eines der zahlreichen Elemente der Rechentechnik zu einem gegebenen Zeitpunkt. Dabei kann es sich u.a. um den Zustand eines Gerätes, eines Kommunikationskanals, einer Netzwerkstation, eines Programms oder eines Bits handeln. Über den Status können Computeroperationen gemeldet oder gesteuert werden.

statusarm *Adj.* (stateless)
Bezeichnet Prozesse oder Systeme, die den Zustand einer Aktivität nicht überwachen, an der sie beteiligt sind. Beispielsweise berücksichtigt eine statusarme Bearbeitung von Nachrichten lediglich Quelle und Ziel der Nachrichten, nicht jedoch deren Inhalt. HTTP ist ein Beispiel für ein statusarmes oder auch zustandsloses Internetprotokoll. → *vgl.* HTTP, statusbetont.

statusbetont *Adj.* (stateful)
Bezeichnet Prozesse oder Systeme, die den Zustand einer Aktivität überwachen, an denen sie beteiligt sind. Beispielsweise berücksichtigt eine statusbetonte Bearbeitung von Nachrichten den Nachrichteninhalt. → *vgl.* statusarm.

Statuscodes, der; *Subst.* (status codes)
Zeichenketten aus Ziffern oder anderen Zeichen, die den Erfolg oder den Fehlschlag versuchter Geräteaktionen anzeigen. Statuscodes wurden bei den frühen Computerprogrammen meist zur Rückmeldung der Ergebnisse verwendet. Dies erfolgt in heutigen Programmen über Texte oder Grafiken. Statuscodes sind auch den Internet-Benutzern bei Webbrowsern oder FTP vertraut, insbesondere, wenn sie über die UNIX-Shell arbeiten. → *siehe auch* HTTP-Statuscodes.

Statusleiste, die; *Subst.* (status bar)
In Microsoft Windows ein reservierter Bereich am unteren Rand eines Anwendungsfensters, der Meldungen über den aktuellen Programmzustand enthält. Bei einigen Programmen wird in der Statuszeile auch eine Beschreibung des gerade ausgewählten Menüs angezeigt. (Abbildung S.27)

S

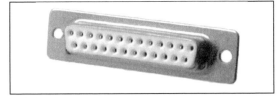

Abbildung S.27: Statusleiste

staubfreier Raum, der; *Subst.* (clean room)
Ein Raum, in dem Staub und andere kleine Partikel aus der Luft gefiltert werden und Schutzkleidung getragen werden muss, um die Verunreinigung elektronischer Bauelemente oder anderer hochempfindlicher Einrichtungen zu vermeiden. Staubfreie Räume sind bei der Mikrochipherstellung von großer Bedeutung, da die Siliziumwafers hochrein sein müssen. → *siehe auch* Fab, Wafer.

Stealth Virus, der; *Subst.*
Zu deutsch »heimlicher Virus«. Ein Virus, das seine Änderungen bei Dateien oder Booteinträgen verbirgt, indem beim Einlesen von Dateien falsche Werte angegeben werden. Die Programme erhalten die ursprünglichen, nicht infizierten Dateien, so dass das Virus verborgen bleibt. → *siehe auch* Virus. → *vgl.* Armored Virus.

Stecker, der; *Subst.* (connector)
Eine Einheit, die zum Anschluss eines Kabels an ein Gerät oder zur Verbindung von Kabeln untereinander dient (ein RS-232-C-Stecker ermöglicht z.B. das Verbinden eines Modemkabels mit dem Computer). Die meisten Stecker sind in zwei »Geschlechtern« verfügbar – männlich und weiblich. Ein männlicher Stecker ist an einem oder mehreren herausstehenden Pins (stiftförmiges Aussehen) erkennbar, ein weiblicher Stecker an einer oder mehreren Buchsen, die zur Aufnahme der Pins dienen. Ein weiblicher Stecker wird häufig als »Buchse« oder »Steckerbuchse« bezeichnet (auch wenn es streng genommen mehrere Buchsen sind). → *siehe auch* DB-Stecker, DIN-Stecker.

Steckerbuchse, die; *Subst.* (female connector)
Bauform eines Steckverbinders mit einer oder mehreren Buchsen für die Aufnahme von Steckerstiften (Pins). Die Bauteilebezeichnungen einer Steckerbuchse kennzeichnet man oft durch *F* (Female), *S* (Socket - Sockel), *J* (Jack - Buchse) oder *R* (Receptacle - Aufnahme). Eine DB-25-Steckerbuchse kann z.B. als DB-25S oder DB-25F bezeichnet sein. (Es ist zu beachten, dass der Buchstabe *F* in diesem Zusammenhang der Kennzeichnung einer Steckerbuchse dient, während sich die Bezeichnung *F-Verbinder,* auf einen Koaxialkabelverbinder bezieht.) → *vgl.* Stiftbuchse. (Abbildung S.28)

steckerkompatibel *Adj.* (plug-compatible)
Eine Eigenschaft von Geräten, deren Steckverbinder im Hinblick auf andere Geräte sowohl im Aufbau als auch in der Verwendung äquivalent sind. Beispielsweise sind die meisten Modems mit DB-25-Steckern steckerkompatibel, d.h. man kann ein Modem durch ein anderes ersetzen, ohne dass die Kabel neu zu verdrahten sind. → *vgl.* pinkompatibel.

Steckkarte, die; *Subst.* (card, circuit card, perfboard)
Eine gedruckte Leiterplatte, die sich in einen Computer einstecken lässt, um die Funktionalität des Computers zu erhöhen oder diesen um zusätzliche Fähigkeiten zu erweitern. Steckkarten stellen spezialisierte Dienste bereit, die nicht von vornherein in den Computer eingebaut sind, z.B. Mausunterstützung oder Modemfunktionen. → *siehe auch* Adapter, gedruckte Leiterplatte, Platine.
→ *siehe* Breadboard. → *siehe* Leiterplatte.

Steckplatz, der; *Subst.* (slot)
→ *siehe* Erweiterungssteckplatz.

Steganografie, die; *Subst.* (steganography)
Das Verstecken von Information oder Daten in anderen Daten. Im Zusammenhang mit Computern werden bei Verwendung der steganografischen Methode nutzlose oder unbenutzte Byte oder Bit von beliebigen Dateien durch versteckte Daten ersetzt. Dabei kann es sich um normalen Text oder auch um verschlüsselte Daten handeln. In der Regel wird Steganografie verwendet, um die normale Verschlüsselung von Dateien zu ergänzen, sie kann aber auch in Fällen Anwendung finden, in denen Kryptografie gesetzlich untersagt ist. Ursprünglich aus dem Griechischen stammend bedeutet Steganografie soviel wie »verstecktes Schreiben«. Der altgriechische Historiker Herodot berichtete über eine steganografische Methode aus dem Krieg zwischen Persien und Griechenland: Um eine militärische Nachricht zu verstecken, wurde von einer Wachstafel das Wachs abgekratzt, die Nachricht in das darunter liegende Holz graviert und die Tafel wieder mit Wachs bedeckt. → *vgl.* Kryptografie.

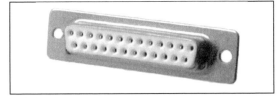

Abbildung S.28: Steckerbuchse

Stepframe, der; *Subst.* (step-frame)
Das Digitalisieren von Fernsehaufzeichnungen in Einzelbildern. Dieses Verfahren wird bei Computersystemen eingesetzt, die nicht schnell genug sind, um analoge Fernsehaufzeichnungen in Echtzeit zu digitalisieren.

Stereogramm, das; *Subst.* (stereogram)
→ *siehe* Autostereogramm.

Stern, aktiver, der; *Subst.* (active star)
→ *siehe* aktiver Stern.

Sternchen, das; *Subst.* (asterisk)
Das Zeichen *. Es wird in Anwendungsprogrammen und
innerhalb von Programmiersprachen als Multiplikationszei-
chen verwendet.
In Windows, MS-DOS, OS/2 und anderen Betriebssystemen
stellt das Sternchen ein sog. Jokerzeichen dar, das stellvertretend für eine beliebige Kombination aus Zeichen mit
beliebiger Länge geschrieben wird, z.B. »*.*«. Diese Angabe
bezieht bei einer Operation alle Dateien (Dateiname und
Dateierweiterung sind wahlfrei) eines Verzeichnisses mit ein.
→ *siehe auch* Fragezeichen, Jokerzeichen, Stern Punkt Stern.
In den Programmiersprachen C und C++ ist das Sternchen
das Zeichen, das einen Zeiger auf eine Klasse oder eine Struktur dereferenziert. → *siehe auch* dereferenzieren, Zeiger.

Sternnetzwerk, das; *Subst.* (star network)
Ein lokales Netzwerk (LAN), bei dem jedes Gerät (Knoten) mit
einem zentralen Computer in einer sternförmigen Konfiguration (Topologie) verbunden ist; häufig ein Netzwerk mit
einem von Terminals umgebenen Zentralcomputer (dem
Hub). → *vgl.* Busnetzwerk, Ringnetzwerk. (Abbildung S.29)

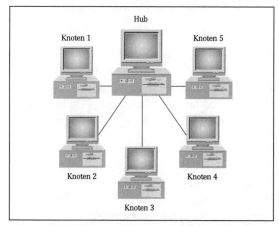

Abbildung S.29: Sternnetzwerk

Stern Punkt Stern (star-dot-star)
Eine Dateiangabe (*.*), die das Sternchen als Jokerzeichen
enthält, was bei Betriebssystemen wie MS-DOS für jede
mögliche Kombination aus Dateiname und Erweiterung
steht. → *siehe auch* Jokerzeichen, Sternchen.

Sterntopologie, kaskadierende, die; *Subst.* (cascaded star
topology)
→ *siehe* kaskadierende Sterntopologie.

Steueranweisung, die; *Subst.* (control statement)
Ein Befehl, der den Ablauf oder die Ausführung eines Pro-
gramms beeinflusst. Zu den Steueranweisungen gehören
Bedingungsanweisungen (z.B. CASE und IF-THEN-ELSE),
iterative Anweisungen (z.B. DO, FOR, REPEAT und WHILE)
und Transferanweisungen (z.B. GOTO). → *siehe auch*
Anweisung, Bedingungsanweisung, iterative Anweisung,
Transferanweisung.

steuerbarer Gleichrichter, der; *Subst.* (silicon-controlled
rectifier)
Ein Halbleitergleichrichter, dessen Leitfähigkeit durch ein Tor-
signal gesteuert werden kann. → *siehe auch* Gleichrichter.

Steuerbus, der; *Subst.* (control bus)
Die Gruppe von Leitungen in einem Computer, über die Steuersignale zwischen dem Prozessor und anderen Geräten
übertragen werden. Eine der Leitungen wird z.B. verwendet,
um zu signalisieren, ob der Prozessor gerade einen Versuch
unternimmt, Daten aus dem Arbeitsspeicher zu lesen oder in
diesen zu schreiben. Eine weitere Leitung wird vom Arbeitsspeicher genutzt, um im Falle eines Speicherfehlers einen
Interrupt auszulösen.

Steuercode, der; *Subst.* (control code)
Ein oder mehrere nichtdruckbare Zeichen, mit denen ein
Computerprogramm die Aktionen eines Gerätes steuert.
Steuercodes werden beim Druck, in der Kommunikation
sowie zur Steuerung der Bildschirmanzeige verwendet und
spielen vor allem bei der Programmierung eine Rolle. Benutzer werden dagegen mit Steuerzeichen im Allgemeinen nur
bei der Anpassung eines Druckers konfrontiert. Diese ist notwendig, wenn ein Druckermodell von einer Anwendung
nicht oder nur teilweise unterstützt wird. Bei der Bildschirmanzeige werden Steuercodes vom Computer an die Anzeige-
einheit gesendet, um das Aussehen des Textes zu beeinflussen oder den Cursor zu positionieren. Bekannte Steuercode-
sätze für die Bildschirmanzeige sind ANSI und VT-100.

S

→ *siehe auch* Steuerzeichen. → *auch genannt* Escape-sequenz, Setup-String.

Steuerdaten, das; *Subst.* (control data)
Daten, die Takt- und Schaltinformationen repräsentieren und dazu dienen, andere Daten zu synchronisieren und weiterzuleiten oder den Betrieb eines Gerätes, z.B. eines Busses oder Ports, zu steuern.

Steuereinheit, die; *Subst.* (control unit)
Ein Gerät oder eine Schaltung zur Koordinierung oder Regelung. Beispielsweise steuert ein Speichercontrollerchip den Zugriff auf den Arbeitsspeicher und fungiert damit als Steuereinheit für den Arbeitsspeicher.

Steuerkonsole, die; *Subst.* (computer control console)
→ *siehe* Systemkonsole.

Steuerlogik, die; *Subst.* (control logic)
Eine elektronische Schaltung, die Steuerdaten erzeugt, interpretiert und verwendet.

Steuersequenz, die; *Subst.* (control sequence)
→ *siehe* Steuercode.

Steuersignal, das; *Subst.* (control signal)
Ein elektronisches Signal, das für die Steuerung interner und externer Geräte oder Prozesse verwendet wird.

Steuerung, die; *Subst.* (control)
Die Koordinierung eines Computers und seiner Verarbeitungsfähigkeiten, um bei der Ausführung von Tasks und anderen Aktivitäten die Ordnung aufrechtzuerhalten. Dabei werden Einrichtungen und Strategien eingesetzt, um den zeitlich korrekten und fehlerfreien Ablauf von Aktivitäten in der richtigen Reihenfolge relativ zu anderen Datenbehandlungs- oder hardwareorientierten Aktivitäten sicherzustellen. Bei der Hardware werden die Systemoperationen u.a. über eine spezielle Datenleitung gesteuert, die als »Steuerbus« bezeichnet wird. Im Zusammenhang mit Software umschließt die Steuerung Programmbefehle, die Aufgaben im Bereich der Datenbehandlung durchführen.

Steuerungskonsole, die; *Subst.* (control console)
→ *siehe* Konsole.

Steuerungstaste, die; *Subst.* (Control key)
In Kurzform auch »Strg-Taste« genannt. Eine Taste, die einer anderen Taste eine alternative Bedeutung verleiht, wenn beide Tasten gemeinsam gedrückt werden. In vielen Anwendungen dient die Steuerungstaste zum Abruf von Spezialfunktionen. Auf englischsprachigen Tastaturen ist die Steuerungstaste mit »Control« oder »Ctrl« beschriftet. → *siehe auch* Steuerzeichen. → *auch genannt* STRG.

Steuerzeichen, das; *Subst.* (control character)
Die ersten 32 Zeichen im ASCII-Zeichensatz (dezimal mit der Codenummer 0 bis 31), denen jeweils eine genormte Steuerfunktion zugewiesen ist, z.B. Wagenrücklauf, Zeilenvorschub oder Rückwärtsschritt.
Gelegentlich bezieht sich »Steuerzeichen« nur auf die ersten 26 Zeichen (Control A bis Control Z, dezimal mit der Codenummer 1 bis 26). Diese lassen sich über die Tastatur durch Gedrückthalten der Strg-Taste (engl. »Ctrl« oder »Control«) und einem Druck auf die entsprechende Buchstabentaste erzeugen. Die sechs verbleibenden Zeichen mit Steuerfunktionen - z.B. Escape (ASCII-Code 27) - können dagegen nicht über eine Strg-Tastenkombination erzeugt werden. → *vgl.* Steuercode.

Stichprobenentnahme, die; *Subst.* (sampling)
Ein statistisches Verfahren zur Erfassung von Daten aus einer repräsentativen Untermenge einer größeren Gruppe (der sog. Population) - beispielsweise die Bestimmung des Wahlausgangs in einem Land durch demografische Umfragen unter einem Querschnitt der Stimmberechtigten. Mit Stichprobenentnahmen lässt sich u.a. die Richtigkeit und Effizienz computerisierter Transaktionen durch Kontrollieren jeder hundertsten Transaktion überprüfen oder das Verkehrsaufkommen durch Messen des Verkehrsflusses in ausgewählten strategischen Straßen voraussagen. Es existieren zahlreiche statistische Prozeduren für die Abschätzung, wie genau eine gegebene Probe das Verhalten einer Gruppe als Ganzes widerspiegelt.

Stichwort, das; *Subst.* (keyword)
Charakteristische Wörter, Wortverbindungen oder Codes, die in einem Schlüsselfeld gespeichert sind und für die Durchführung von Sortier- oder Suchvorgängen in Datensätzen verwendet werden. → *siehe auch* Schlüsselfeld.

Stichwortanalyse, die; *Subst.* (keyword-in-context)
Ein automatisches Suchverfahren, das für die Erstellung von Stichwortverzeichnissen aus Dokumenttexten oder Überschriften eingesetzt wird. Dabei erfolgt die Speicherung jedes Schlüsselwortes mit dem ihn umgebenden Text (in der Regel vorangehende oder folgende Wörter oder Satzteile).

StickyKeys, der; *Subst.*

Eine Eingabehilfe des Apple Macintosh, die auch für Windows und DOS verfügbar ist und bewirkt, dass Steuertasten, wie UMSCHALT, STRG und ALT, nach Betätigung aktiviert bleiben, so dass für Tastenkombinationen nicht mehr mehrere Tasten gleichzeitig gedrückt werden müssen. Diese Funktion erleichtert den Gebrauch der Steuertasten für Benutzer, die physiologische Schwierigkeiten haben, mehrere Tasten gleichzeitig zu betätigen. → *siehe auch* RepeatKeys, ShowSounds, SoundSentry.

Stift, der; *Subst.* (pen)

→ *siehe* Griffel, Lichtgriffel.

Stiftbuchse, die; *Subst.* (male connector)

Ein Steckverbinder, der mit Stiften (Pins) ausgerüstet und für die Einführung in Buchsen vorgesehen ist. Den Typenbezeichnungen für Stiftbuchsen fügt man häufig ein *M* (male = männlich) oder *P* (plug = Stecker) hinzu. Beispielsweise kann eine DB-25-Stiftbuchse die Bezeichnungen *DB-25M* oder *DB-25P* tragen. → *vgl.* Steckerbuchse. (Abbildung S.30)

Abbildung S.30: Stiftbuchse

stochastisch *Adj.* (stochastic)

Auf zufälligen Ereignissen beruhend. Ein stochastisches Modell beschreibt beispielsweise ein System unter Berücksichtigung sowohl zufälliger als auch vorhersehbarer Ereignisse.

Stolperstein#, der; *Subst.* (loophole)

Bei der Programmierung bezeichnet ein Stolperstein einen logischen Fehlschlag, der für alle Situationen gilt, die auftreten können. → *siehe auch* Bug, Logikfehler.

Stoppbit, das; *Subst.* (stop bit)

Ein Bit, das in der asynchronen Datenübertragung das Ende eines Zeichens signalisiert. Bei elektromechanischen Fernschreibern nutzte der Empfangsmechanismus die Dauer des Stoppbits, um in die Ausgangslage zurückzukehren. Abhängig vom Mechanismus hatte das Stoppbit darum eine Dauer von 1, 1,5 oder 2 Datenbits. → *siehe auch* asynchronous transmission.

Storage Area Network, das; *Subst.*

→ *siehe* System Area Network.

Storage Area Network, das; *Subst.*

Ein Hochgeschwindigkeitsnetzwerk, das eine Direktverbindung zwischen Servern und Massenspeichergeräten zur Verfügung stellt. Hierzu gehören freigegebener Speicherplatz, Cluster und Ausrüstung für die Notfallintervention. Ein SAN enthält Komponenten, beispielsweise Hubs und Router, die auch in LANs verwendet werden. Ein SAN ist jedoch gewissermaßen ein »Teilnetz«, das eine Hochgeschwindigkeitsverbindung zwischen Speicherelementen und Servern zur Verfügung stellt. Die meisten SANs verwenden Glasfaserverbindungen mit Geschwindigkeiten von bis zu 1000 Mbps und können bis zu 128 Geräte unterstützen. SANs werden implementiert, um anspruchsvollen Umgebungen die erforderliche Skalierbarkeit, Geschwindigkeit und Verwaltbarkeit zur Verfügung zu stellen. → *siehe auch* LAN.

STP

Abkürzung für **S**hielded **T**wisted **P**air (Abgeschirmtes, verdrilltes Leiterpaar). Ein Kabel aus einem oder mehr miteinander verdrillten Drähten und einer Isolierung aus einer Metallfolie und einer Kupferlitze. Die Verdrillung schützt die Leiterpaare vor gegenseitigen Einstrahlungen, und die Isolierung schützt die Leitungen vor externen Einstrahlungen. Aus diesem Grund kann das STP-Kabel für Hochgeschwindigkeitsübertragungen über lange Strecken eingesetzt werden. → *siehe auch* Twistedpairkabel. → *vgl.* UTP.

Strahlrücklauf, der; *Subst.* (retrace)

Der von einem Elektronenstrahl bei einem Rasterscanbildschirm vom rechten zum linken Rand oder von der untersten zur obersten Position des Bildschirms zurückzulegende Weg. Der Strahlrücklauf positioniert den Elektronenstrahl für den nächsten Durchlauf über den Bildschirm (jeweils von links nach rechts und zeilenweise von oben nach unten). Während diesem Intervall wird der Strahl kurz abgeschaltet, da er sonst eine unerwünschte Linie quer über den Schirm schreiben würde. Der Strahlrücklauf erfolgt analog zur Bildwiederholfrequenz mehrere tausend Mal pro Sekunde, wobei exakt synchronisierte Signale das zeitlich korrekte Zu- und Abschalten des Elektronenstrahls sicherstellen. → *siehe auch* Austastung, horizontales Zurücksetzen (des Elektronenstrahls), Rasterdisplay, vertikaler Strahlrücklauf.

Strang, der; *Subst.* (thread)

→ *siehe* Thread.

S In einer baumartigen Datenstruktur ein Zeiger, der auf den Parentknoten verweist und so das Durchlaufen der Baumstruktur erleichtert.

Strangbaum, der; *Subst.* (threaded tree)
Eine Baumstruktur, in der die Blattknoten (Endeknoten) Zeiger auf einige der Knoten enthalten, von denen sie entspringen. Diese Zeiger vereinfachen das Durchsuchen der Baumstruktur nach Informationen.

Straßenpreis, der; *Subst.* (street price)
Der tatsächliche Verkaufspreis eines (Hardware- oder Software-)Produkts. In den meisten Fällen liegt der Straßenpreis etwas unter dem empfohlenen Verkaufspreis.

Stream, der; *Subst.* (stream)
→ *siehe* Strom.

Streamcipher, die; *Subst.* (stream cipher)
Eine Methode zur Verschlüsselung einer unendlichen Datenfolge unter Zuhilfenahme eines Schlüssels fester Länge. → *siehe auch* Datenverschlüsselung. → *vgl.* blockweise Verschlüsselung.

Streamerband, das; *Subst.* (streaming tape)
→ *siehe* Magnetband.

Streaming, das; *Subst.* (streaming)
Bei Magnetbandgeräten ein kostengünstiges Verfahren zur Steuerung der Bandbewegung bei reduziertem Pufferspeicher. Obwohl Streaming schlechtere Leistungswerte beim Anlaufen und Anhalten des Bandes ergibt, wird eine hohe Zuverlässigkeit bei der Speicherung und dem Abruf von Daten erreicht. Streaming eignet sich gut, wenn eine Anwendung oder ein System eine gleichmäßige Datenrate erfordert.

streamorientierte Datei, die; *Subst.* (stream-oriented file)
Eine Datei, die für das Speichern eines weitgehend kontinuierlichen Datenstroms aus Bits, Bytes oder anderen kleinen, strukturell gleichen Einheiten verwendet wird.

streuen *Vb.* (disperse)
Etwas aufteilen und an mehreren Stellen platzieren – z.B. die Ergebnisse unter mehreren Sätzen von Daten oder Elementen (z.B. Felder in einem Datensatz) so verteilen, dass sie an mehreren Stellen in der Ausgabe platziert werden. → *vgl.* verteilen.

Streuspektrum *Adj.* (spread spectrum)
Ein Verfahren zur datengesicherten Funkübertragung, bei dem die Aussendung in Abschnitte von Sekundenbruchteilen unterteilt wird und diese Abschnitte auf verschiedenen Frequenzen gesendet werden. Im Empfänger werden sie als Streuspektrumsignal erkannt und wieder zur ursprünglichen Form zusammengesetzt. Das Verfahren wurde 1940 von der Schauspielerin Hedy Lamarr erfunden, jedoch nicht vor 1962 eingesetzt.

Streuung, die; *Subst.* (dispersion)
Kennzeichnet den Grad, mit dem die Daten in einem verteilten (untereinander verbundenen) System von Computern zu einem gegebenen Zeitpunkt an unterschiedlichen Orten oder auf verschiedenen Geräten gespeichert sind.

STRG (CTRL)
Abkürzung für »**St**eue**r**un**g**«. Die Abkürzung, mit der die Steuerungstaste auf Computertastaturen beschriftet ist. → *siehe auch* Steuerungstaste, Steuerzeichen.

Strg-Alt-Entf (Ctrl-Alt-Del)
Tastenkombination, die bei IBM-PCs und kompatiblen Computern zum Neustart (Reboot) des Computers dient. Durch einen gleichzeitigen Druck auf diese drei Tasten (Ctrl-Alt-Del bei englischsprachigen Tastaturen) wird beim Betriebssystem MS-DOS ein Warmstart durchgeführt, der sich von einem Kaltstart (beim Einschalten des Systems) dadurch unterscheidet, dass nicht alle internen Tests durchgeführt werden. In Windows 9x, Windows Me und Windows NT/2000 wird beim Druck auf Strg-Alt-Entf ein Dialogfeld angezeigt, mit dessen Hilfe gezielt jede einzelne Anwendung beendet oder der Computer heruntergefahren werden kann. → *siehe auch* rebooten.

Strg-C (Ctrl-C)
Beim Betriebssystem UNIX die Tastenkombination, mit der der laufende Prozess abgebrochen werden kann. → *siehe auch* Steuerungstaste.
Die Zugriffstaste, die in einer Vielzahl von Programmen (z.B. in unter Windows betriebenen) die aktuelle Markierung in die Zwischenablage kopiert. → *siehe auch* Steuerungstaste, Zwischenablage.

Strg-S (Ctrl-S)
Auf Systemen, bei denen ein softwaremäßiges Handshaking zwischen Terminals und dem Zentralcomputer eingesetzt wird, die Tastenkombination, die zum Unterbrechen der Aus-

gabe dient. Mit einem Druck auf Strg-Q (Ctrl-Q auf englisch-sprachigen Tastaturen) wird die Ausgabe wieder fortgesetzt. → *siehe auch* Softwarehandshake, XON/XOFF.

Eine Zugriffstaste, die in einer Vielzahl von Programmen zum Speichern des aktuellen Dokuments oder der aktuellen Datei dient.

Strg-Untbr (Control-Break)
→ *siehe* Unterbrechungstaste.

Strich, der; *Subst.* (stroke)
In der Typografie ein Linienabschnitt, der einen Teil eines Buchstabens darstellt.
In Malprogrammen ein mit der Maus oder der Tastatur ausgeführter »Pinselstrich« beim Erstellen einer Grafik.
In der Bildschirmtechnik eine Linie, die auf einem Vektorbildschirm als Vektor (ein Pfad zwischen zwei Koordinaten) erzeugt wird (im Gegensatz zu einer Pixellinie bei einem Rasterbildschirm, die aus einzelnen Punkten gebildet wird).

Strichzeichnung, die; *Subst.* (line drawing)
Eine aus durchgehenden Linien bestehende Zeichnung ohne Schattierung oder andere Merkmale, die eine Masse oder Konturen andeuten.

strikte Typisierung, die; *Subst.* (strong typing)
Eine Eigenschaft einer Programmiersprache, die es dem Programm nicht erlaubt, den Datentyp einer Variablen während der Programmausführung zu ändern. → *siehe auch* Datentyp, Variable. → *vgl.* schwache Typisierung.

String, der; *Subst.* (string)
Eine Datenstruktur, die aus einer Folge von Zeichen besteht und meistens einen vom Menschen lesbaren Text darstellt. → *vgl.* Zeichenfolge.

String, Null-terminierter, der; *Subst.* (null-terminated string)
→ *siehe* ASCIIZ-String.

Stringvariable, die; *Subst.* (string variable)
Ein beliebiger Name, den ein Programmierer einer alphanumerischen Zeichenfolge zugewiesen hat, und der zur Referenzierung dieser Zeichenfolge dient. → *siehe auch* String.

stripen Vb. (stripe)
→ *siehe* Diskstriping.

Strobe, das; *Subst.* (strobe)
Ein Taktsignal, das die Übertragung von Daten initiiert und koordiniert, charakteristisch für Eingabe-/Ausgabegeräteschnittstellen (E/A), z.B. für eine Tastatur- oder Druckerschnittstelle.

strömen *Vb.* (stream)
Das kontinuierliche Bewegen von Daten – vom Anfang bis zum Ende – in einem stetigen Fluss. Viele Aspekte der Datenverarbeitung basieren auf der Fähigkeit, Daten in einem Strom zu übertragen. Beispiele sind das Lesen aus einer Datei, das Schreiben in eine Datei und die Datenkommunikation. Falls notwendig, muss ein Anwendungsprogramm, das einen Datenstrom empfängt, fähig sein, die Daten in einem Puffer zwischenzuspeichern, um einen Datenverlust zu vermeiden. Im Internet ermöglicht es ein Datenstrom, auf eine Datei zuzugreifen und diese zu verwenden, bevor diese in ihrer Gesamtheit übertragen wurde. → *siehe auch* Strom.

Strom, der; *Subst.* (current, stream)
Die durch einen Leiter fließende elektrische Ladung oder die Größe dieses Flusses selbst (die Stromstärke). Die Stromstärke wird in Ampere gemessen. → *siehe auch* Ampere, Coulomb. → *vgl.* Volt.
Jegliche Datenübertragung, z.B. das Bewegen einer Datei zwischen einem Datenträger und dem Arbeitsspeicher, die in einem kontinuierlichen Fluss auftritt. Die Verarbeitung und Manipulation von Datenströmen ist Aufgabe von Programmierern. Endanwender werden wahrscheinlich mit dem Begriff »Datenstrom« in Verbindung mit dem Internet in Berührung kommen. Hier wurden in letzter Zeit vermehrt Techniken eingeführt, die es den Benutzern erlauben, auf große Multimediadateien zuzugreifen – speziell solche, die Töne oder Videos enthalten – und diese abzuspielen oder anzuzeigen, ohne dass diese vollständig geladen werden müssen. (Dies funktioniert im Allgemeinen auch auf langsamen Computern und bei geringen Übertragungsraten.) Dabei wird der ankommende Datenstrom in Echtzeit umgesetzt und nicht erst die komplette Datei übertragen. Beispiele hierfür sind RealAudio und RealVideo. → *siehe auch* RealAudio, strömen.

Stromausfall, der; *Subst.* (power failure)
Der – meist unerwartete – Zusammenbruch der Stromzufuhr, der einen Verlust aller nicht gesicherten Daten im RAM des Computers nach sich zieht, wenn es keine Notstromversorgung gibt. → *vgl.* Überspannung.

S

S

Stromfilter, der; *Subst.* (line conditioner)
Gerät, das unerwünschte Elemente aus dem Stromsignal der Netzversorgung filtert. Auf diese Weise werden Brownouts kompensiert und Spannungsschwankungen unterdrückt. Außerdem fungiert ein Stromfilter als ein Puffer zwischen der Stromleitung und dem Computer (oder anderen elektronischen Geräten). Stromfilter enthalten Transformatoren, Kondensatoren und weitere Schaltelemente, die Anpassungsfunktionen durchführen, um einen gleichmäßigen elektrischen Stromfluss sicherzustellen. → *siehe auch* Brownout, UPS.

stromgesteuerte Logik, die; *Subst.* (current-mode logic)
Ein Schaltkreistyp, bei dem die Transistoren in einem ungesättigten (verstärkenden) Modus arbeiten.

Stromverbrauch, der; *Subst.* (current drain)
Der von einer Spannungsquelle durch die Last (das Objekt, das den Strom aufnimmt) fließende Strom. → *auch genannt* Senke.
Bei einer Taschenlampe handelt es sich z.B. um einen einfachen Stromkreis mit einer Batterie und einer Glühbirne, wobei der Stromverbrauch dem zwischen Batterie und Glühbirne fließenden Strom entspricht. Die Glühbirne selbst (die Last) wird auch als »Verbraucher« bezeichnet.

Stromversorgung, unterbrechungsfreie, die; *Subst.* (peripheral power supply)
→ *siehe* unterbrechungsfreie Stromversorgung.
→ *siehe* UPS.

Struktur, die; *Subst.* (structure)
Allgemein eine Zusammenstellung von Datenelementen. → *siehe auch* Datenstruktur.
In der Programmierung der Entwurf und die Zusammensetzung eines Programms, einschließlich Programmfluss, Hierarchie und Modularität.

strukturierte Abfragesprache, die; *Subst.* (structured query language)
Eine Datenbanksprache zur Abfrage, Aktualisierung und Verwaltung relationaler Datenbanken - eine De-facto-Norm in Datenbankprodukten.

strukturierte Grafik, die; *Subst.* (structured graphics)
→ *siehe* objektorientierte Grafik.

strukturierte Konzeption, die; *Subst.* (structured walk-through)
Ein Zusammentreffen von Programmierern, die in unterschiedlichen Teilbereichen eines Softwareentwicklungsprojekts arbeiten, um diese Projektabschnitte zu koordinieren. Dabei werden die Ziele, Erfordernisse und Komponenten des Projekts systematisch untersucht, um Fehlentwicklungen des Produkts auszuschließen.

strukturierte Programmierung, die; *Subst.* (structured programming)
Ein Programmierstil, der Programme hervorbringt, die sich durch einen sauberen Ablauf, klares Design und einen hohen Grad von Modularität oder hierarchischem Aufbau auszeichnen. → *siehe auch* modulare Programmierung, objektorientierte Programmierung. → *vgl.* Spaghetticode.

strukturierte Untersuchung, die; *Subst.* (structured walk-through)
Ein systematisches Verfahren zur Untersuchung von Entwurf und Implementierung eines Computersystems.

Struktur, invertierte, die; *Subst.* (inverted structure)
→ *siehe* invertierte Struktur.

Struktur, lineare, die; *Subst.* (linear structure)
→ *siehe* lineare Struktur.

Struktur, relationale, die; *Subst.* (relational structure)
→ *siehe* relationale Struktur.

STT
→ *siehe* Secure Transaction Technology.

StuffIt
Ein Komprimierungsprogramm, das ursprünglich für den Apple Macintosh entwickelt wurde und für die Speicherung einer Datei auf mehreren Disketten verwendet wird. StuffIt wurde ursprünglich als Shareware vertrieben, ist heute aber ein kommerzielles Produkt für Macs und PCs, das viele Komprimierungstechniken unterstützt und eine Dateiansicht ermöglicht. StuffIt-Dateien können durch den StuffIt Expander, ein Freewareprogramm, dekomprimiert werden.

Stylesheet, das; *Subst.* (style sheet)
Eine Textdatei, die Anweisungen zum Einsatz struktureller

Elemente enthält, z.B. Spezifikationen zum Seitenlayout für ein HTML-Dokument. → *siehe auch* HTML-Dokument.

Subbefehl, der; *Subst.* (subcommand)
Ein Befehl in einem Untermenü (einem Menü, das erscheint, wenn ein Benutzer ein Element einer höheren Menüebene aufruft).

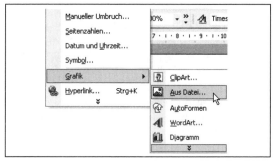

Abbildung S.31: Subbefehl

Subnet Mask, die; *Subst.* (subnet mask)
→ *siehe* Adressierungsmaske.

Subnotebookcomputer, der; *Subst.* (subnotebook computer)
Ein tragbarer Computer, der kleiner und leichter als ein konventioneller Laptopcomputer ist. → *siehe auch* Notebookcomputer, portabler Computer.

Suboperation, die; *Subst.* (subtransaction)
→ *siehe* verschachtelte Operation.

Subportable, der; *Subst.* (subportable)
→ *siehe* Subnotebookcomputer.

Subscriber Identity Module, das; *Subst.*
→ *siehe* SIM-Karte.

Subskript, das; *Subst.* (subscript)
In der Programmierung Zahlen oder Variablen, die die Position eines Elements in einem Array kennzeichnen. → *siehe auch* Array, indizieren.

Substrat, das; *Subst.* (substrate)
Ein inaktives Trägermaterial, das bei einem Herstellungsverfahren verwendet wird. Bei Leiterplatten ist es das Basismaterial, auf das die Leiterbahnen (Metallfolien) aufgebracht werden. Bei Magnetbändern und Disketten ist es das Material, auf dem die magnetischen Partikel fixiert werden.

Suchalgorithmus, der; *Subst.* (search algorithm)
Ein Algorithmus zum Auffinden eines bestimmten Elements (dem Ziel) in einer Datenstruktur. → *siehe* auch Algorithmus, binäre Suche, Hashsuche, lineare Suche.

Suchbegriff, der; *Subst.* (search string)
Eine Zeichenfolge, die in einer Suche als Vergleichsmuster dient. Meistens wird dabei nach einem Text gesucht. Es sind aber auch andere Suchbegriffe möglich.

Suche, die; *Subst.* (search, seek)
Eine bestimmte Datei oder bestimmte Daten auffinden. Eine Suche wird durch Vergleich oder Berechnung ausgeführt, um eine Übereinstimmung mit einem bestimmten Muster oder eine Erfüllung bestimmter Kriterien festzustellen. → *siehe auch* binäre Suche, Hashsuche, Jokerzeichen, lineare Suche, Suchen und Ersetzen.
Außerdem bezeichnet »Suche« das Bewegen des Schreib-/Lesekopfs eines Laufwerks auf eine bestimmte Spur des Datenträgers zum Zweck einer Schreib- oder Leseoperation.

Suche, aufzugsorientierte, die; *Subst.* (elevator seeking)
→ *siehe* aufzugsorientierte Suche.

Suche, binäre, die; *Subst.* (binary search)
→ *siehe* binäre Suche.

Suche, blinde, die; *Subst.* (blind search)
→ *siehe* blinde Suche.

Suche, Boolesche, die; *Subst.* (Boolean search)
→ *siehe* Boolesche Suche.

Suche, dichotomierende, die; *Subst.* (dichotomizing search)
→ *siehe* binäre Suche.

Suche, kontextbezogene, die; *Subst.* (contextual search)
→ *siehe* kontextbezogene Suche.

Suche, lineare, die; *Subst.* (linear search)
→ *siehe* lineare Suche.

suchen *Vb.* (search)
Das Auffinden spezifischer Daten in einer Datei oder Datenstruktur. → *siehe auch* ersetzen.
Außerdem das Feststellen des Speicherorts einer Datei.

Suchen und Ersetzen, das; *Subst.* (search and replace)
Eine für Textverarbeitungsprogramme typische Funktion, bei der der Benutzer zwei Zeichenfolgen angeben kann. Es werden dann alle Vorkommnisse der ersten Zeichenfolge im Dokument gesucht und durch die zweite Zeichenfolge ersetzt.

Suchen und Ersetzen, globales, das; *Subst.* (global search and replace)
→ *siehe* globales Suchen und Ersetzen.

Suche, sequentielle, die; *Subst.* (sequential search)
→ *siehe* lineare Suche.

Suche, tabellengestützte, die; *Subst.* (table lookup)
→ *siehe* tabellengestützte Suche.

Suchkriterien, das; *Subst.* (search criteria)
Die von einer Suchmaschine verwendeten Begriffe oder Bedingungen, um Elemente in einer Datenbank zu finden. → *siehe auch* Suchmaschine.

Suchmaschine, die; *Subst.* (search engine)
Allgemein ein Programm, das in Dokumenten oder in Datenbanken nach Schlüsselwörtern sucht.
Im Internet ein Programm, das das World Wide Web, die Newsgroups und FTP-Archive nach bestimmten Suchkriterien und Schlüsselwörtern in Dateien und Dokumenten durchsucht. Einige Suchmaschinen werden für eine einzige Internetsite eingesetzt (z.B. die eigene Suchmaschine einer Website). Andere suchen in vielen Sites mit sog. Agenten und Spinnen, um Listen verfügbarer Dateien und Dokumente zu sammeln. Sie speichern diese Listen in Datenbanken, die die Benutzer über Schlüsselwörter abfragen können. Beispiele dieser Art Suchmaschinen sind Lycos, AltaVista, HotBot, Google und Excite. Suchmaschinen sind meist auf einem Server installiert. → *siehe auch* Agent, AltaVista, Excite, FTP, Google, HotBot, Lycos, Newsgroup, Spinne, Suchkriterien, WebCrawler, World Wide Web.

Suchschlüssel, die; *Subst.* (search key)
Das ausgewählte Feld (oder die Spalte) der in einer Datenbank zu suchenden Datensätze. → *siehe* auch Primärschlüssel, Sekundärschlüssel.
Auch der Wert, der in einem Dokument oder einer beliebigen Datensammlung zu suchen ist.

Suchzeit, die; *Subst.* (seek time)
Die erforderliche Zeit für die Bewegung des Schreib-/Lese-kopfes eines Laufwerkes auf eine bestimmte Spur des Datenträgers. → *siehe auch* Zugriffszeit.

SunOS, das; *Subst.*
Kurzform für **Sun O**perating **S**ystem (Sun Betriebssystem). Eine Abwandlung des Betriebssystems UNIX für die Arbeitsstationen des Herstellers Sun Microsystems.

Supercomputer, der; *Subst.* (supercomputer)
Ein großer, extrem schneller und aufwendiger Computer, der für komplexe oder anspruchsvolle Berechnungen verwendet wird. → *siehe auch* Computer.

SuperDrive, das; *Subst.*
Ein 3,5-Zoll-Diskettenlaufwerk des Apple Macintosh, das Schreib- und Lesezugriffe sowohl in den Formaten Apple Macintosh (400 und 800 Kilobyte) als auch MS-DOS/Windows (720 Kilobyte und 1,44 Megabyte) durchführen kann.

Superminicomputer, der; *Subst.* (superminicomputer)
→ *siehe* Computer.

Superparamagnetismus, der; *Subst.* (superparamagnetism)
Physikalisches Phänomen, das eine theoretische Obergrenze der Festplattenkapazität vorgibt. Sobald die Datendichte einer Festplatte einen bestimmten Betrag erreicht, heben sich Magnetfeld und Thermalenergie nahezu auf, und die Konsistenz der gespeicherten Daten kann nicht mehr garantiert werden. → *siehe auch* Festplatte.

Superpipelining, das; *Subst.* (superpipelining)
Ein Verfahren zur Vorverarbeitung von Daten, das bei einigen Mikroprozessoren angewandt wird. Dabei werden Ausführungsschritte des Mikroprozessors (Holen, Dekodieren, Ausführen und Zurückschreiben) auf zwei oder mehr Pipelining-stufen aufgeteilt, wodurch sich eine höhere Prozessorleistung ergibt. → *siehe auch* DECchip 21064, Pipelining.

Superserver, der; *Subst.* (superserver)
Ein Netzwerkserver mit besonders hoher Geschwindigkeit und Speicherkapazität. → *siehe auch* Netzwerkserver.

superskalar *Adj.* (superscalar)
Bezeichnet eine Mikroprozessorarchitektur, die den Prozessor befähigt, während eines einzigen Taktzyklus mehrere Befehle auszuführen. → *siehe auch* Complex Instruction Set Computing, Reduced Instruction Set Computing.

Supertwist, das; *Subst.* (supertwist)
Eine Bauform einer Flüssigkristallanzeige, bei der polarisiertes Licht um mindestens 180 Grad gedreht wird. → *siehe auch* Flüssigkristalldisplay.

Supertwist-Display, das; *Subst.* (supertwist display)
Ein Verfahren für Flüssigkristallanzeigen (LCDs) mit passiver Matrix, bei dem polarisiertes Licht beim Passieren von Flüssigkristallmolekülen durch die Molekülausrichtung der oberen und unteren Kristallschicht um 180 bis 270 Grad gedreht wird. Dieses Verfahren erhöht den Kontrast und vergrößert den Ansichtswinkel. Supertwist-Nematic-Displays, auch STN-Displays genannt, werden in großer Zahl eingesetzt. Sie sind billiger als Displays mit aktiver Matrix. Weitere Bauformen der Supertwist-Displays sind DSTN (Double Supertwist Nematic), hier werden zwei Supertwist-Schichten mit gegensätzlichen Drehrichtungen eingesetzt, und CSTN (Color Supertwist Nematic), eine Anzeige mit großem Ansichtswinkel und sehr guter Farbdarstellung. Der Begriff *nematic* (fadenförmig) bezieht sich auf die mikroskopischen, fadenähnlichen Strukturen der für diese Anzeigen verwendeten Flüssigkristalle. → *siehe auch* Twisted Nematic Display.

Superuser, der; *Subst.* (superuser)
Ein Benutzerzugang in UNIX mit unbegrenzten Zugangsrechten, der meist nur dem Systemverwalter zur Verfügung steht. → *siehe auch* Benutzerkonto, Rootaccount, Systemadministrator.

Super-VAR, der; *Subst.* (super VAR)
Kurzform für **Super V**alue-**A**dded **R**eseller (zu Deutsch: VAR = Vertragshändler). Ein größerer Vertragshändler. → *siehe auch* Valueadded Reseller.

Super-VGA, der; *Subst.* (super VGA)
→ *siehe* SVGA.

Super Video-CD, die; *Subst.* (Super Video CD)
Bei der Super Video Compact Disc, kurz SVCD, handelt es sich um die Verbindung des vom China Recording Standards Committee entwickelten SVCD-Formats und des vom Video CD Consortium (bestehend aus den Firmen Philips, Sony, Matsushita und JVC) herausgebrachten High Quality Video CD-Formats (HQ-VCD) . Auf eine Super Video-CD können, je nach gewünschter Qualitätsstufe, zwischen 35 und 80 Minuten komprimiertes Video im MPEG-2-Standard geschrieben werden. Dies ermöglicht Bildschirmauflösungen von 480 X 576 Pixel (PAL-Fernsehnorm bei 25 Hz) bzw. 480 X 480 Pixel (NTSC-Fernsehnorm bei 29,97 Hz), bei Standbildern lassen sich Auflösungen von 704 X 576 und 704 X 480 Bildpunkten darstellen. Ebenso ist es möglich, eine zweite Sprachspur zu verwenden, und auch die Fähigkeit, Untertitel einzublenden, ist implementiert. Bild- und Tonqualität hängen von der verwendeten Komprimierungsrate ab. Bei der höchsten zulässigen Datenrate (zwischen 1,3 MBit/s und 2,6 MBit/s) ist die Qualität geringfügig schlechter als bei einer DVD, jedoch deutlich besser als bei einer herkömmlichen Video-CD. → *siehe auch* DVD, MPEG-2, NTSC, PAL, Video-CD.

Supervisor, der; *Subst.* (supervisor)
Im weiteren Sinn ein Betriebssystem.
Im engeren Sinn ein Metabetriebssystem, unter dem mehrere andere Betriebssysteme aktiv sind. → *siehe auch* Metabetriebssystem.

Supervisorstatus, der; *Subst.* (supervisor state)
Die Betriebsart eines Motorola 680x0-Mikroprozessors mit der höchsten Bevorrechtigung. Nur im Supervisorstatus dürfen alle vorhandenen Operationen des Mikroprozessors ausgeführt werden. → *siehe auch* privilegierter Modus. → *vgl.* Benutzerstatus.

Supraleiter, der; *Subst.* (superconductor)
Ein Werkstoff, der elektrischem Strom keinen Widerstand entgegensetzt und stark antimagnetische Eigenschaften zeigt, wenn das Material unterhalb einer bestimmten Temperatur gekühlt wird. Die so genannte Schwellentemperatur, unterhalb derer die Supraleitung auftritt, liegt – in Abhängigkeit von der verwendeten Legierung – zwischen minus 250 und minus 150 Grad Celsius. Die Entdeckung von immer höheren Schwellentemperaturen ermöglicht theoretisch ein weites Feld an Anwendungen im Computerbereich, z.B. für wesentlich größere Massenspeicher als die heute bekannten. Supraleitfähigkeit wurde zuerst 1911 von dem dänischen Physiker Heike Kammerlingh Onnes in Quecksilber beobachtet, das auf minus 268,8 Grad Celsius abgekühlt worden war.

Surfen, das; *Subst.* (Net surfing)

surfen *Vb.* (surf)
Das Durchsuchen von Informationssammlungen im Internet, in Newsgroups und vor allem im World Wide Web. Wie beim »Zappen« durch Fernsehkanäle sucht ein Benutzer dabei nach einem interessanten Thema und geht von dort zu anderen Themen oder von einer Website zur nächsten über. → *auch genannt* cruisen.

S

SVC

Abkürzung für **S**witched **V**irtual **C**ircuit (»Geschalteter, virtueller Schaltkreis«). Eine logische Verbindung zwischen zwei Knoten in einem paketvermittelten Netzwerk, die nur dann hergestellt wird, wenn Daten zu übertragen sind. → *siehe auch* Knoten, Paketvermittlung. → *vgl.* PVC.

SVCD, die;

→ *siehe* Super Video-CD.

SVG

→ *siehe* skalierbare Vektorgrafiken.

SVGA

Abkürzung für **S**uper **V**ideo **G**raphics **A**rray. Ein Grafikstandard, der 1989 von der Video Electronics Standards Association (VESA) erstellt wurde, um für IBM-kompatible Computer die Möglichkeit hochauflösender Farbbildschirme bereitzustellen. Obwohl es sich bei SVGA um einen Standard handelt, können Kompatibilitätsprobleme mit dem Video-BIOS auftreten. → *siehe auch* BIOS, Videoadapter.

S-Videostecker, der; *Subst.* (S-video connector)

Eine Hardwareschnittstelle für Videogeräte, die Chrominanz-(Farbe) und Luminanzsignal (Leuchtdichte) getrennt überträgt. Ein Gerät mit S-Videosteckern ergibt ein schärferes Bild als eines mit Cinchsteckern (für Kompositsignale).

S/WAN

→ *siehe* gesichertes Weitbereichsnetz.

Swappen *Vb.* (swapping)

In der Programmierung ein Vorgang, bei dem zwei Werte wechselseitig ausgetauscht werden, z.B. die Werte von zwei Variablen. → *siehe auch* auslagern, Auslagerungsdatei, Speicherseite, virtueller Speicher.

Switch, der; *Subst.* (switch)

Ein aktiver Hub, der den Netzwerkverkehr zwischen Clients und Servern regelt, indem er die Zieladressen der IP-Pakete auswertet und diese dann den entsprechenden Empfängern zustellt. → *siehe auch* aktiver Hub.

Switched Ethernet, das; *Subst.* (switched ethernet)

Ein Ethernetnetzwerk, das über einen Hochgeschwindigkeitsschalter und nicht über einen Ethernethub betrieben wird. Ein Switched Ethernet gewährleistet eine echte Bandbreite von 10 Megabit pro Sekunde (Mbps) zwischen den Stationen und nicht nur ein gemeinsames Netzwerkmedium.

Switched Multimegabit Data Services, der; *Subst.*

→ *siehe* SMDS.

switched virtual circuit, der; *Subst.*

→ *siehe* SVC.

Switcher, der; *Subst.*

Ein spezielles Macintosh-Dienstprogramm, durch das mehr als ein Programm gleichzeitig im Speicher verbleiben konnte. Es wurde später durch den MultiFinder ersetzt. → *siehe auch* MultiFinder.

Switching Hub, der; *Subst.* (switching hub)

Eine zentrale Vermittlungsvorrichtung, die eine Verbindung zwischen getrennten Kommunikationsleitungen in einem Netzwerk herstellt und Nachrichten sowie Pakete zwischen den Computern des Netzwerks weiterleitet. Der Switching Hub funktioniert wie ein Hub (PBX) für das Netzwerk. → *siehe auch* Hub, Paket, paketvermitteltes Netzwerk, PBX, Schalter, Switched Ethernet.

SYLK-Datei, die; *Subst.* (SYLK file)

Abkürzung für **SY**mbolic **L**in**K**-Datei. Ein spezielles Dateiformat von Microsoft, das hauptsächlich für den Datenaustausch bei Tabellenkalkulationen eingesetzt wird. In diesem Format bleiben Formatinformationen und die Beziehungen der Datenwerte zu denen anderer Zellen erhalten.

Symbian

→ *siehe* Symbian OS.

Symbian OS, das;

Von der gleichnamigen Firma entwickeltes, auf der Plattform EPOC basierendes Betriebssystem, das vornehmlich bei PDAs und Smartphones zum Einsatz kommt. → *siehe auch* PDA, Smartphone.

Symbol, das; *Subst.* (icon, symbol)

Ein kleines Bildschirmsymbol zur Darstellung eines Objekts, das vom Benutzer manipuliert werden kann. Symbole sind visuelle Gedächtnisstützen und ermöglichen dem Benutzer, bestimmte Aktionen zu steuern, ohne den genauen Befehl zu kennen oder Befehle über die Tastatur einzugeben. Symbole sind daher ein bedeutender Faktor in der Benutzerfreundlichkeit von grafischen Benutzeroberflächen. → *siehe auch* grafische Benutzeroberfläche. (Abbildung S.32)

In der Programmierung bezeichnet »Symbol« einen Namen, der ein Register, einen absoluten Wert oder eine Speicheradresse (relativ oder absolut) darstellt. → *siehe auch* Bezeichner, Operator.

Abbildung S.32: Symbol

symbolische Adresse, die; *Subst.* (symbolic address)
Eine Speicheradresse, die in einem Programm über den Namen und nicht über die eigentliche Adresse referenziert wird.

symbolische Logik, die; *Subst.* (symbolic logic)
Eine Darstellung kausaler Beziehungen und Folgen unter Verwendung von Symbolen anstelle sprachlicher Ausdrücke für die Formulierung von Behauptungen und Beziehungen. → *siehe auch* Logik.

symbolischer Link, der; *Subst.* (symbolic link)
Ein Verzeichniseintrag auf einem Datenträger, der wie eine gewöhnliche Datei aussieht, jedoch in Wirklichkeit auf eine Datei in einem anderen Verzeichnis verweist. → *auch genannt* Alias, Softlink, Symlink, Verknüpfung.

symbolisches Codieren, das; *Subst.* (symbolic coding)
Einen Algorithmus in Worten, Dezimalzahlen und Symbolen anstatt in Binärzahlen darstellen, um ihn für eine Person lesbar und verständlich werden zu lassen. Symbolisches Codieren wird in den höheren Programmiersprachen eingesetzt. → *siehe auch* Algorithmus, höhere Programmiersprache.

symbolische Sprache, die; *Subst.* (symbolic language)
Eine Programmiersprache, die Befehle unter Verwendung von Symbolen – Schlüsselwörtern, Variablen und Operatoren – bildet. Mit Ausnahme der Maschinensprache handelt es sich bei allen Programmiersprachen um symbolische Sprachen.

Symbolleiste, die; *Subst.* (toolbar)
In einer Anwendung einer grafischen Benutzeroberfläche eine Zeile, eine Spalte oder ein Feld mit Schaltflächen oder Symbolen. Wird auf diese Schaltflächen oder Symbole mit der Maus geklickt, werden Makros oder bestimmte Funktionen der Anwendung aktiviert. Textverarbeitungspro-

gramme enthalten z.B. häufig Werkzeugleisten, um den Schriftschnitt (kursiv, fett u.a.) einzustellen. Die Werkzeugleisten lassen sich oft auch vom Benutzer anpassen und können in der Regel bedarfsgerecht auf dem Bildschirm verschoben werden. → *siehe auch* grafische Benutzeroberfläche. → *vgl.* Menüleiste, Palette, Taskleiste, Titelzeile. (Abbildung S.33)

Abbildung S.33: Symbolleiste

Symbol, logisches, das; *Subst.* (logic symbol)
→ *siehe* logisches Symbol.

symbolorientierte Oberfläche, die; *Subst.* (iconic interface)
Eine Benutzeroberfläche, die nicht auf eingegebenen Befehlen, sondern auf Symbolen basiert. → *siehe auch* grafische Benutzeroberfläche, Symbol.

Symbolparade, die; *Subst.* (icon parade)
Die Folge von Symbolen, die beim Laden eines Macintosh Computers angezeigt werden.

Symbolsatz, der; *Subst.* (symbol set)
Eine beliebige Zusammenstellung von Symbolen, die durch eine Codierungszuordnung (wie beispielsweise den erweiterten ASCII-Zeichensatz) oder eine Programmiersprache vereinbart wird.

Symbolschrift, die; *Subst.* (symbol font)
Eine spezielle Schrift oder Schriftart, welche die normalerweise über die Tastatur erreichbaren Zeichen durch alternative – als Symbole verwendbare – Zeichen ersetzt. Dabei kann es sich beispielsweise um die Buchstaben des griechischen Alphabets oder um einen Satz wissenschaftlicher oder linguistischer Symbole handeln.

Symboltabelle, die; *Subst.* (symbol table)
Bei der Kompilierung (oder Assemblierung) erstellte Liste aller im Programm vorgefundenen Bezeichner, ihren Adressen und den zugehörigen Attributen. Es können darin z.B. alle Variablen oder Unterprogramme aufgeführt sein. → *siehe auch* Bezeichner, Compiler, Linker, Modul, Objektcode.

Symlink, der; *Subst.* (symlink)
→ *siehe* symbolischer Link.

S

symlink
→ *siehe* symbolischer Link.

Symmetric Digital Subscriber Line, die; *Subst.* (symmetric digital subscriber line)
Eine Technik zur digitalen Datenfernübertragung, die Duplexübertragungsraten bis zu 384 Kilobit pro Sekunde (Kbps) über Kupferleitungen ermöglicht. → *siehe auch* ADSL. → *vgl.* asymmetric digital subscriber line.

Symmetric Multiprocessing, das; *Subst.* (symmetric multiprocessing)
→ *siehe* SMP.

Symmetric Multiprocessing Server, der; *Subst.* (symmetric multiprocessing server)
→ *siehe* SMP-Server.

symmetrische Verbindung, die; *Subst.* (balanced line)
Eine Übertragungsleitung – beispielsweise eine Twistedpairverkabelung (verdrillte Telefonleitung) –, die aus zwei Leitern besteht, deren Spannungen und Ströme jeweils gleich groß sind, aber entgegengesetzte Polarität bzw. Richtung aufweisen.

symmetrische Verschlüsselung, die; *Subst.* (symmetric encryption)
Auch als Verschlüsselung mit installiertem Schlüssel bezeichnet. Beschreibt das Verfahren, bei dem ein einziger Schlüssel (der sowohl dem Absender als auch dem Empfänger bekannt ist) zum Ver- und Entschlüsseln einer Nachricht verwendet wird. Diese Art der Verschlüsselung ist zwar effizient, aber es kann unter Umständen schwierig sein, den sicheren Austausch des Schlüssels zwischen den Benutzern zu gewährleisten. → *vgl.* asymmetrische Verschlüsselung.

SYN
Abkürzung für **SYN**chronisierungszeichen. Ein Zeichen bei der synchronen (getakteten) Datenübertragung, das die Taktsynchronisierung zwischen Sender und Empfänger ermöglicht. → *auch genannt* Synchronisierungszeichen.

synchrone Operation, die; *Subst.* (synchronous operation)
Eine Operation, die durch einen Taktgeber gesteuert abläuft. → *vgl.* asynchrone Operation.
In der Kommunikationstechnik und bei Busoperationen eine von Taktimpulsen begleitete Datenübertragung. Die Taktimpulse werden dabei entweder in den Datenstrom eingefügt oder parallel auf einer separaten Leitung bereitgestellt.

synchrones DRAM, das; *Subst.* (synchronous DRAM)
Eine Bauform dynamischer Halbleiterbausteine (DRAM), die mit höheren Taktraten betrieben werden kann als konventionelle DRAM-Schaltkreise. Dies wird durch Blockzugriffe ermöglicht, bei denen das DRAM jeweils die Adresse der nächsten anzusprechenden Speicheradresse angibt. → *siehe auch* dynamisches RAM.

synchrones Grafik-RAM, das; *Subst.* (synchronous graphics RAM)
Abkürzung: SGRAM. Eine Form des dynamischen RAM, das für Datenübertragungen optimiert ist, bei denen eine sehr hohe Geschwindigkeit erforderlich ist und bei denen große Datenmengen anfallen. Beispiele hierfür sind 3D-Grafiken, Animationen und Video. SGRAM wird überwiegend auf Grafikbeschleunigerkarten eingesetzt. Es verwendet Burstoperationen und besitzt Leistungsmerkmale wie blockweises Schreiben, wodurch die Effizienz beim Auslesen und Schreiben von grafischen Daten auf dem Bildschirm erhöht wird. → *siehe auch* Block, Burst.

synchrones Protokoll, das; *Subst.* (synchronous protocol)
Eine Gruppe von Richtlinien zur Standardisierung der synchronen Kommunikation zwischen Computern. Unterschieden werden bitorientierte und zeichenorientierte, synchrone Protokolle. Beispiele sind das zeichenorientierte BISYNC-Protokoll sowie die bitorientierten Protokolle HDLC und SDLC. → *siehe auch* BISYNC, HDLC, SDLC.

synchrones UART, das; *Subst.* (synchronous UART)
Ein universeller, asynchroner Sende- und Empfangsbaustein (UART), der auch eine synchrone, serielle Übertragung unterstützt, wobei Sender und Empfänger ein Taktsignal gemeinsam verwenden. → *siehe auch* UART.

synchrone Übertragung, die; *Subst.* (synchronous transmission)
Eine Form der Datenübertragung, bei der die Informationen in Blöcken von Bits (Rahmen) zusammengefasst werden. Diese Blöcke werden in einem einheitlichen Takt übertragen. → *vgl.* asynchronous transmission.

Synchronisationssignal, vertikales, das; *Subst.* (vertical sync signal)
→ *siehe* vertikales Synchronisationssignal.

Synchronisation, vertikale, die; *Subst.* (vertical sync)
→ *siehe* vertikale Bandbreite.

synchronisieren *Vb.* (synchronize)
Ereignisse auf gleichzeitiges Auftreten abstimmen.

Synchronisierung, die; *Subst.* (synchronization)
Bei einem Computer die zeitliche Anpassung zwischen den einzelnen Komponenten, um eine Koordinierung zu erzielen. Beispielsweise sind die Operationen des Betriebssystems in der Regel mit den Taktsignalen der Systemuhr des Computers synchronisiert. → *siehe auch* Betriebssystem, Taktgeber.
Bei Anwendungs- oder Datenbankdateien versteht man unter »Synchronisierung« Versionsvergleiche der Kopien, um sicherzustellen, dass sie die gleichen Daten enthalten.
Im Multimediabereich bezeichnet »Synchronisierung« die exakte Echtzeitverarbeitung. Audio- und Videodaten werden synchron über ein Netzwerk transportiert, so dass sie ohne Verzögerungen zusammen wiedergegeben werden können. → *siehe auch* Echtzeit.
Im Netzwerkbereich charakterisiert »Synchronisierung« die Anpassung der Systemzeit zwischen den einzelnen Computern eines Netzwerks. In der Regel wird allen Computern die gleiche Systemzeit zugewiesen, um die Kommunikation zwischen ihnen zu erleichtern und zu koordinieren.
Im Netzwerkbereich versteht man unter »Synchronisierung« auch eine Kommunikationsübertragung, bei der Datenpakete aus mehreren Byte mit einer festen Übertragungsrate gesendet und empfangen werden. → *siehe auch* Paket.

Synchronisierungssignal, das; *Subst.* (synchronization signal)
→ *siehe* Sync-Signal.

Synchronisierungszeichen, das; *Subst.* (sync character)
→ *siehe* SYN.

Synchronized Multimedia Integration Language, die; *Subst.*
→ *siehe* SMIL.

Synchronizing Character, der; *Subst.* (synchronous idle character)
→ *siehe* SYN.

Synchronous Data Link Control, die; *Subst.*
→ *siehe* SDLC.

Sync-Signal, das; *Subst.* (sync signal)
Abkürzung für **Sync**hronisierungs-**Signal**. Ein Abschnitt im Bildsignal einer Rasterbildanzeige, mit dem das Ende jeder Bildzeile (horizontales Syncsignal) und das Ende der letzten Bildzeile (vertikales Syncsignal) gekennzeichnet wird.

Synonym, das; *Subst.* (synonym)
Ein Wort, das in der Bedeutung mit einem anderen Wort übereinstimmt. Die Substantive »Bildschirm« und »Monitor« sind Synonyme. Beim Hashingverfahren stellt ein Synonym einen von zwei unterschiedlichen Schlüsseln dar, die die gleiche Hashadresse erzeugen. → *siehe auch* hash.

Syntax, die; *Subst.* (syntax)
Die Grammatik einer bestimmten Sprache – d.h. die Regeln, die Struktur und Inhalt der Anweisungen bestimmen. → *siehe auch* Logik, Programmiersprache, Syntaxfehler. → *vgl.* Semantik.

Syntax, abstrakte, die; *Subst.* (abstract syntax)
→ *siehe* abstrakte Syntax.

Syntaxbaum, abstrakter, der; *Subst.* (abstract syntax tree)
→ *siehe* abstrakter Syntaxbaum.

Syntaxfehler, der; *Subst.* (syntax error)
Ein Fehler durch eine Anweisung, die grammatische Regeln einer Sprache verletzt und daher nicht zulässig ist. → *siehe auch* Logik, Semantik, Syntax.

Syntaxprüfung, die; *Subst.* (syntax checker)
Ein Programm zur Erkennung syntaktischer Fehler in Programmen einer bestimmten Programmiersprache. → *siehe auch* Syntax, Syntaxfehler.

Synthese, die; *Subst.* (synthesis)
Die Kombination separater Elemente zu einem geschlossenen Ganzen (z.B. die Kombination digitaler Impulse, um einen Klang nachzubilden, oder die Kombination digitalisierter Wörter zur künstlichen Erzeugung von Sprache). → *siehe auch* Sprachsynthese.

Synthesizer, der; *Subst.* (synthesizer)
Ein Computerperipheriegerät, ein Chip oder ein eigenständiges System, das Klänge über digitale Befehle erzeugt und nicht mittels mechanischer Vorrichtungen oder aufgezeichneter Klänge. → *siehe auch* MIDI.

.sys
Eine Dateinamenerweiterung für Systemkonfigurationsdateien. → *siehe auch* Konfigurationsdatei.

S

Sysadmin, der; *Subst.* (sysadmin)
Der übliche Anmeldename oder die E-Mail-Adresse des Systemverwalters eines UNIX-Systems. → *siehe auch* Systemadministrator.

Sysgen, die; *Subst.* (sysgen)
→ *siehe* Systemgenerierung.

Sysop, der; *Subst.* (sysop)
Abkürzung für **Sys**tem-**Op**erator. Der Betreuer einer Mailbox oder eines kleineren Mehrbenutzer-Computersystems.

System, das; *Subst.* (system)
Jede Sammlung von Einzelelementen, die zur Ausführung einer Aufgabe zusammenarbeiten. So stellt ein Computer ein Hardwaresystem dar, das aus einem Mikroprozessor, den zugehörigen Chips und Schaltkreisen sowie einem Eingabegerät (Tastatur, Maus, Diskettenlaufwerk), einem Ausgabegerät (Monitor, Diskettenlaufwerk) und beliebigen Peripheriegeräten (Drucker, Modem) besteht. Ein Betriebssystem besteht aus einem grundlegenden Satz von Programmen zur Verwaltung der Hardware und der Datendateien. Ein Datenbank-Managementsystem besteht aus Komponenten zur Verarbeitung bestimmter Arten von Informationen.

Systemabfragetaste, die; *Subst.* (System Request key)
→ *siehe* S-Abf-Taste.

systemabhängig Adj. (computer-dependent)
→ *siehe* hardwareabhängig.

System, adaptives, das; *Subst.* (adaptive system)
→ *siehe* adaptives System.

Systemadministrator, der; *Subst.* (system administrator)
Die Person, die den Einsatz eines Mehrbenutzer-Computersystems und/oder eines Kommunikationssystems überwacht. Zu den Pflichten eines Systemverwalters gehören unter anderem die Zuweisung von Benutzerkonten und Passwörtern, die Herstellung von Sicherheitszugriffsebenen und das Belegen von Speicherraum, das Erkennen unberechtigter Zugriffe sowie das Abwehren von Virusprogrammen oder »Trojanischen Pferden«. → *siehe auch* Trojanisches Pferd, Virus. → *auch genannt* Sysadmin. → *vgl.* Sysop.

Systemanalyse, die; *Subst.* (systems analysis)
Die Untersuchung eines Systems oder eines Problems mit dem Ziel, entweder ein vorhandenes System zu verbessern oder ein neues System zu entwerfen und zu implementieren. Als Wissenschaft ist die Systemanalyse mit der Kybernetik verwandt, einem Zweig der Technik, der das Verhalten von Systemen untersucht.

Systemanalytiker, der; *Subst.* (systems analyst)
Eine Person, die am Entwurf und der Entwicklung von Systemen arbeitet. Um die geforderten Analysen erstellen zu können, verfügen Systemanalytiker meist über eine effektive Kombination aus technischem Wissen, Führungsqualitäten und kommunikativen Fähigkeiten.

System Area Network, das; *Subst.*
Ein privates, u. U. hoch leistungsfähiges Netzwerk, das Server innerhalb eines Clusters verbindet. Ein System Area Network ist skalierbar, ermöglicht eine schnelle Kommunikation der Server und gewährleistet die Verfügbarkeit, auch wenn die Verbindung eines Server mit dem Rest des Netzwerks unterbrochen ist. → *siehe auch* Cluster, Virtual Interface Architecture. → *auch genannt* Interconnect, Storage Area Network.

Systemaufforderung, die; *Subst.* (system prompt)
→ *siehe* Eingabeaufforderung.

Systemausfall, der; *Subst.* (system failure)
Die Unfähigkeit eines Computers, weiterhin ordnungsgemäß zu funktionieren. Einem Systemausfall liegen in der Regel eher Software- als Hardwareursachen zugrunde.

System, ausfallgesichertes, das; *Subst.* (fail-soft system)
→ *siehe* ausfallgesichertes System.

System, ausfallsicheres, das; *Subst.* (fail-safe system)
→ *siehe* ausfallsicheres System.

System, befehlszeilenorientiertes, das; *Subst.*
(command-driven system)
→ *siehe* befehlszeilenorientiertes System.

Systemdatei, die; *Subst.* (System file)
Eine Ressourcendatei auf dem Apple Macintosh, die vom Betriebssystem benötigte Ressourcen enthält, wie Schriften, Symbole und Standarddialogfelder.

Systemdatenträger, der; *Subst.* (system disk)
Ein Datenträger, der ein Betriebssystem enthält und den man zum Starten (Booten) eines Computers einsetzen kann.

→ *siehe auch* Betriebssystem, booten. → *auch genannt* Startdiskette.

System, eingebettetes, das; *Subst.* (embedded system)
→ *siehe* eingebettetes System.

Systemeinheit, die; *Subst.* (system unit)
→ *siehe* Konsole.

Systementwicklung, die; *Subst.* (system development)
Umfasst den gesamten Prozess von der Festlegung geforderter Funktionen über den Entwurf, die Entwicklung, das Testen bis hin zur Implementierung eines neuen Systems.

Systemfehler, der; *Subst.* (system error)
Ein Programmzustand, in dem der normale Funktionsablauf des Betriebssystems nicht mehr gewährleistet ist. Nach einem Systemfehler ist meist der Neustart des Systems erforderlich.

Systemgenerierung, die; *Subst.* (system generation)
Die Konfigurierung und Installation von Systemsoftware für eine bestimmte Hardwareausstattung. Zum Lieferumfang komplexer Betriebssysteme wie UNIX gehören zahlreiche Gerätetreiber und Dienstprogramme, die aber für eine konkrete Hardwarekonfiguration nicht alle relevant sind. Zu den Aufgaben der Systemgenerierung zählt daher neben der Festlegung wichtiger Systemeigenschaften auch die Zusammenstellung der tatsächlich erforderlichen Softwarekomponenten. → *auch genannt* Sysgen.

System, geschlossenes, das; *Subst.* (closed system)
→ *siehe* geschlossene Architektur.

Systemheap, der; *Subst.* (system heap)
→ *siehe* Heap.

system.ini, die; *Subst.*
In Windows 3.x die Initialisierungsdatei, in der die Hardwarekonfiguration gespeichert wird. Die in dieser Datei enthaltenen Informationen sind zum Betrieb von Windows erforderlich. In Windows 9x und späteren Versionen von Windows wurde die Datei **system.ini** durch die Registrierung ersetzt. → *siehe auch* Ini-Datei, Registrierung. → *vgl.* Registrierung, Registrierungseditor.

Systemintegration, die; *Subst.* (systems integration)
Die Entwicklung eines Computersystems für einen bestimm-

ten Kunden durch die Zusammenstellung von Produkten verschiedener Originalsystemhersteller (OEM - Original Equipment Manufacturer).

Systemkonsole, die; *Subst.* (system console)
Das Hauptbedienfeld eines Computersystems. Diesem Begriff begegnet man hauptsächlich in Großrechner- und Minicomputerumgebungen. Bei vernetzten oder verteilten Verarbeitungssystemen wird eine Arbeitsstation dem Systemverwalter zugeordnet und entspricht dann der LAN-Systemkonsole. → *siehe auch* Konsole, LAN.

Systemlebensdauer, die; *Subst.* (system life cycle)
Die Nutzungsdauer eines Informationssystems. Nach Ablauf der Systemlebensdauer ist eine Reparatur oder Erweiterung nicht mehr durchführbar. Das System muss dann durch ein neues ersetzt werden.

Systemmeldung, die; *Subst.* (message)
→ *siehe* Alert.

Systemmonitor, der; *Subst.* (performance monitor)
Ein Prozess oder ein Programm zur Bewertung und Aufzeichnung von Statusinformationen über verschiedene Systemgeräte und andere Prozesse.

Systemneukonfiguration, automatische, die; *Subst.*
(automatic system reconfiguration)
→ *siehe* automatische Systemneukonfiguration.

System Object Model, das; *Subst.*
→ *siehe* SOM.

System, offenes, das; *Subst.* (open system)
→ *siehe* offenes System.

System on a Chip, das; *Subst.*
→ *siehe* SOC.

Systemoperator, der; *Subst.* (system operator)
→ *siehe* Sysop.

Systemordner, der; *Subst.* (System folder)
Der Apple Macintosh-Dateiordner (Verzeichnis), der sowohl die Systemdatei als auch andere wichtige Dateien wie den Finder, Gerätetreiber, INIT- und Kontrollfelddateien enthält. → *siehe auch* Finder, INIT, Systemdatei, Systemsteuerung.

Systemplatine, die; *Subst.* (system board)
→ *siehe* Hauptplatine.

Systemprogrammierung, die; *Subst.* (systems programming)
Die Entwicklung oder Wartung von Programmen, die für die Ausführung als Teil eines Betriebssystems vorgesehen sind. Dabei kann es sich z.B. um E/A-Routinen, Benutzeroberflächen, Befehlszeileninterpreter, Taskscheduling oder Speicherverwaltungsroutinen handeln.

System, regelbasiertes, das; *Subst.* (rule-based system)
→ *siehe* Produktionssystem.

Systemregistrierung, die; *Subst.* (System Registry)
→ *siehe* Registrierung.

Systemressource, die; *Subst.* (system resource)
Die zahlreichen, in der Systemdatei des Apple Macintosh gespeicherten Routinen, Definitionen und Datenfragmente, wie z.B. Gleitkomma-Arithmetikroutinen, Schriftartdefinitionen und periphere Treiber. → *siehe auch* Ressource.

Systems Application Architecture, die; *Subst.*
→ *siehe* SAA.

System, schlüsselfertiges, das; *Subst.* (turnkey system)
→ *siehe* schlüsselfertiges System.

Systemschrift, die; *Subst.* (system font)
Auf dem Apple Macintosh und in einigen PC-Anwendungen die vom Computer für Textelemente auf dem Bildschirm – wie Menütitel und Menüelemente – nicht aber in den Anwendungsfenstern selbst benutzte Schrift. → *siehe auch* Schrift.

Systems Network Architecture, die; *Subst.*
→ *siehe* SNA.

Systemsoftware, die; *Subst.* (system software)
Die Gesamtheit aller Programme und Daten, die ein Betriebssystem ausmachen oder damit zu tun haben. → *vgl.* Anwendung.

Systemsteuerung, die; *Subst.* (control panel)
In Windows und beim Macintosh (beim Macintosh unter dem Namen »Kontrollfeld«) ein Systemprogramm, mit dem sich das Betriebssystem und die Hardware konfigurieren lässt. U.a. können Zeit und Datum, Tastatur sowie Netzwerkparameter beeinflusst werden.

Systemtimer, der; *Subst.* (system timer)
→ *siehe* Taktgeber.

Systemuhr, die; *Subst.* (system clock)
→ *siehe* Taktgeber.

Systemunterstützung, die; *Subst.* (system support)
Die Bereitstellung von Diensten und materiellen Ressourcen für den Einsatz, die Wartung und Verbesserung eines bereits implementierten Systems.

System V, das; *Subst.*
Von AT&T und anderen Firmen gelieferte Version des UNIX-Systems. Man versteht unter diesem Begriff sowohl eine Normung, die hauptsächlich von AT&T kontrolliert wird, als auch eine Palette kommerzieller Produkte. → *siehe auch* UNIX.

Systemwiederherstellung, die; *Subst.* (system recovery)
Eine Prozedur, die nach einem Systemausfall erfolgen muss, um das System wieder in den normalen Betriebszustand zurückzuversetzen. Die Systemwiederherstellung wird nach dem Neustart des Betriebssystems begonnen. Dabei ist es manchmal erforderlich, dass Reste der während des Ausfalls aktiven Tasks gelöscht werden müssen sowie die während des Ausfalls vorliegende Speicherstruktur wiederhergestellt werden muss.

System, wissensorientiertes, das; *Subst.* (knowledge-based system)
→ *siehe* Expertensystem.

Systemzeitgeber, der; *Subst.* (system timer)
→ *siehe* Taktgeber.

T

T Präfix
→ *siehe* Tera-.

T1

Abkürzung für englisch »Trunk 1«, einen von AT&T eingeführten, ursprünglich ausschließlich für die Sprachübertragung konzipierten Standard für Datenverbindungen in den
USA. T1-Trägerfrequenzkanäle (T-Carrier) bestehen in der
Regel aus 24 getrennten ISDN-Kanälen zu je 56 KBit/s, 24
Signalisierungskanälen zu je 8 KBit/s und einem zusätzlichen, 8 KBit/s großen Steuerkanal. Die maximale Datenübertragungsrate beträgt somit 1,544 MBit/s. T1-Träger-
frequenzkanäle werden oftmals auch als »Multiplexlevel 1«
bezeichnet. T1-Leitungen werden in der Regel von größeren
Organisationen für den Internetanschluss verwendet.
→ *siehe auch* Standleitung, T-Carrier. → *vgl.* Fractional T1,
T2, T3, T4.

T.120-Standard, der; *Subst.* (T.120 standard)

Eine Normenfamilie der ITU (International Telecommunications Union) für Datenübertragungsdienste in Computeranwendungen, die mehrere Ziele gleichzeitig bedienen, z.B. für
Konferenzschaltungen und Datenübertragungen an mehrere
Zielpunkte.

T2

Ein Trägerfrequenzkanal (T-Carrier), der 6,312 Mbps bzw. 96
Sprachkanäle übertragen kann. → *siehe auch* T-Carrier.
→ *vgl.* T1, T3, T4.

T3

Ein Trägerfrequenzkanal (T-Carrier), der 44,736 Mbps bzw.
672 Sprachkanäle übertragen kann. → *siehe auch* T-Carrier.
→ *vgl.* T1, T2, T4.

T4

Ein Trägerfrequenzkanal (T-Carrier), der mit 274,176 Mbps
bzw. 4032 Sprachkanäle übertragen kann. → *siehe auch*
T-Carrier. → *vgl.* T1, T2, T3.

Tabelle, die; *Subst.* (table)

In Textverarbeitungs-, DTP- und HTML-Dokumenten ein
Textblock, der in Zeilen und Spalten ausgerichtet ist.
In relationalen Datenbanken bezeichnet »Tabelle« eine
Datenstruktur aus Zeilen und Spalten. Dabei bilden die
Schnittpunkte aus jeweils einer Spalte und einer Zeile die
Zellen, die zur Aufnahme der Daten dienen. Die Tabelle ist die
zugrunde liegende Struktur einer Relation. → *siehe auch*
relationale Datenbank.
In der Programmierung stellt eine Tabelle eine Datenstruktur
dar, die gewöhnlich aus einer Liste von Einträgen besteht,
wobei jeder Eintrag durch einen eindeutigen Schlüssel identifiziert wird und einen Satz zusammengehöriger Werte enthält. Eine Tabelle implementiert man oft als Array von Datensätzen, verketteten Listen oder (in einfacheren Sprachen)
mehreren Arrays unterschiedlichen Datentyps, die alle ein
gemeinsames Indizierungsschema verwenden. → *siehe*
auch Array, aufzeichnen, Liste.

Tabellenblatt, das; *Subst.* (worksheet)

Eine Bildschirmseite eines Tabellenkalkulationsprogramms,
die in Zeilen und Spalten aufgeteilt ist und zur Erstellung
einer einzelnen Tabelle dient. → *auch genannt* Arbeitsblatt.

Tabellenblatt, elektronisches, das; *Subst.* (electronic spreadsheet)

→ *siehe* Tabellenkalkulationsprogramm.

tabellengestützte Suche, die; *Subst.* (table lookup)

Die Verwendung eines bekannten Wertes zur Suche nach
Daten in einer vorher aufgebauten Wertetabelle. Beispielsweise kann man für ein gegebenes Einkommen in einer Steu-
ertabelle nach dem entsprechenden Steuersatz suchen.
→ *siehe auch* Lookup.

Tabellenkalkulationsprogramm, das; *Subst.* (spreadsheet program)

Eine Anwendung, die häufig für Kalkulationen, Prognosen
und andere finanzbezogene Aufgaben eingesetzt wird. Dabei

T werden numerische Daten in Tabellenfelder (Zellen) eingegeben. Zwischen den Zellen können durch Formeln mathematische Beziehungen definiert werden. Die Änderung einer Zelle bewirkt dann eine Neuberechnung aller zugehörigen Zellen. Für die Erstellung von Ausdrucken verfügen Tabellenkalkulationsprogramme in der Regel über grafische Fähigkeiten sowie über eine Vielzahl von Formatierungsoptionen für Text, Zahlenwerte und Grafiken.

tabellieren *Vb.* (tabulate)
Informationen in Tabellenform anordnen.

Tablett, das; *Subst.* (tablet)
→ *siehe* Grafiktablett.

Tablett, berührungssensitives, das; *Subst.* (touch-sensitive tablet)
→ *siehe* Touchpad.

Tabstopptaste, die; *Subst.* (Tab key)
Eine Taste, die ihrem eigentlichen Verwendungssinn nach (z.B. bei Textverarbeitungsprogrammen) für das Einfügen von Tabstoppzeichen in ein Dokument gedacht und meist mit einem nach links und einem nach rechts weisenden Pfeil beschriftet ist. Andere Anwendungen (z.B. menügesteuerte Programme) setzen die Tabstopptaste dagegen häufig für die Bewegung einer Bildschirmmarkierung (Hervorhebung) von einer Position zur nächsten ein. Bei den meisten Datenbank- und Tabellenkalkulationsprogrammen ist mit Hilfe der Tabstopptaste die Bewegung zwischen den Datensätzen oder Zellen möglich. Der Begriff Tabstopptaste stammt von der Schreibmaschinentastatur, bei der diese Taste zum Erstellen von Tabellen vorgesehen ist. → *siehe auch* Tabstoppzeichen.

Tabstoppzeichen, das; *Subst.* (tab character)
Ein Zeichen, das für die Ausrichtung von Zeilen und Spalten auf dem Bildschirm und auf der gedruckten Seite verwendet wird. Obwohl sich ein Tabstoppzeichen visuell nicht von einer Folge von Leerzeichen unterscheidet, behandelt der Computer Tabstoppzeichen und Leerzeichen in unterschiedlicher Weise. Ein Tabstoppzeichen ist ein einzelnes Zeichen und lässt sich daher mit einem einzelnen Tastendruck hinzufügen, löschen oder überschreiben. Im ASCII-Codierungsschema sind zwei Codes für Tabstoppzeichen festgelegt: ein horizontales Tabstoppzeichen für Leerräume entlang des Bildschirms oder der Dokumentseite und ein vertikales für die Erzeugung senkrechter Abstände auf dem Bildschirm oder dem Papier. → *siehe auch* Tabstopptaste.

Tabulatortaste, die; *Subst.* (Tab key)
→ *siehe* Tabstopptaste.

Tabulatorzeichen, das; *Subst.* (tab character)
→ *siehe* Tabstoppzeichen.

tabulieren *Vb.* (tabulate)
Das Bilden der Gesamtsumme über eine Zeile oder Spalte mit numerischen Werten.

TACACS
Abkürzung für **T**erminal **A**ccess **C**ontroller **A**ccess **C**ontrol **S**ystem (zu Deutsch etwa »Zugangsverwaltung von Terminalzugängen über Steuerungsrechner«). Ein Netzwerkzugriffsverfahren, bei dem sich die Benutzer bei einem einzelnen, zentralen Server anmelden, der über eine Datenbank der autorisierten Zugangskennungen verfügt. Hat der Zugangsserver den Benutzer authentifiziert, leitet er die Anmeldedaten an den vom Benutzer angeforderten Datenserver weiter. → *siehe auch* Authentifizierung, Server.

Tag, das; *Subst.* (tag)
Zu Deutsch »Marke«. In Auszeichnungssprachen wie SGML und HTML ein Code zur Kennzeichnung eines bestimmten Elements in einem Dokument, z.B. einer Überschrift oder eines Absatzes, um so die Informationen im Dokument zu formatieren, zu indizieren oder zu verknüpfen. Sowohl bei SGML als auch bei HTML besteht ein Tag im Allgemeinen aus einem Paar Winkelklammern, die ein oder mehrere Zeichen oder Zahlen umschließen. Meist ist dem Element ein solches Klammerpaar vorangestellt und ein weiteres Paar nachgestellt. Auf diese Weise wird der Beginn und das Ende der Kennzeichnung angegeben. In HTML bezeichnet z.B. <I>Hello World</I>, dass der Satz »Hello World« kursiv gesetzt erscheinen soll. → *siehe auch* Element, Emotag, HTML, SGML.
Ein altes Dateiformat für Rastergrafiken, das in den Macintosh-Programmen der Reihe »Ready, Set, Go« sowie im ImageStudio (Letraset) eingesetzt wird.

Tagged Image File Format, das; *Subst.*
→ *siehe* TIFF.

Tag-Sort, das; *Subst.* (tag sort)
Ein Sortierverfahren, das mit einem oder mehreren Schlüsselfelder(n) arbeitet, um die gewünschte Reihenfolge der zugehörigen Datensätze herzustellen. → *auch genannt* Key-Sort.

Tag-Switching, das; *Subst.* (tag switching)
Eine von Cisco Systems entwickelte Vermittlungstechnologie für das Internet, die auf mehreren Schichten Weiterleitung und Vermittlung umfasst.

Taktfrequenz, die; *Subst.* (clock rate)
Die Frequenz des internen Zeitgebers in einem elektronischen Gerät. Bei Computern heißt jeder Taktimpuls *Zyklus*, und die Taktfrequenz wird in Megahertz gemessen (1 MHz = 1 Million Zyklen pro Sekunde). Die Taktfrequenz bestimmt, wie schnell die CPU elementare Befehle wie beispielsweise das Addieren zweier Zahlen ausführen kann. Sie dient dazu, die Aktionen der einzelnen Systemkomponenten zu synchronisieren. Von 1981, als der IBM PC vorgestellt wurde, bis Anfang 2000 hat sich die Taktfrequenz von PCs etwa um das 200fache erhöht: Von 4,77 MHz auf 1.000 MHz und mehr. → *siehe auch* CPU-Zyklus, Taktgeber. → *auch genannt* Taktgeschwindigkeit.

Taktgeber, der; *Subst.* (clock)
Der elektronische Schaltkreis in einem Computer, der eine stetige Folge von Taktimpulsen erzeugt – die digitalen Signale zur Synchronisation aller Operationen eines Computers. Das Signal wird mit Hilfe eines Quarzkristalls konstant gehalten. Das erzeugte Signal weist typischerweise eine Frequenz im Bereich von 1 bis 50 Millionen Schwingungen pro Sekunde (Megahertz oder MHz) auf. Die Taktfrequenz ist einer der ausschlaggebenden Faktoren für die Geschwindigkeit eines Computers und kann so hoch sein, wie es die Einzelkomponenten des Computers zulassen. → *auch genannt* Systemuhr, Systemzeitgeber.

Taktgeschwindigkeit, die; *Subst.* (clock speed, hertz time)
→ *siehe* Taktfrequenz.

Taktsignale, das; *Subst.* (clock pulse, timing signals)
Von einem Quarzoszillator periodisch erzeugte elektronische Impulse, mit denen die Aktionen eines digitalen Gerätes synchronisiert – also zeitlich abgestimmt – werden.

Taktverdoppler, der; *Subst.* (clock doubling)
Ein Prozessor, der Daten und Befehle mit der doppelten Geschwindigkeit wie der Rest des Computers verarbeitet. Die dabei zugrundeliegende Technologie wird bei einigen Prozessoren von der Firma Intel eingesetzt. → *siehe auch* i486DX2.

Taktzyklus, der; *Subst.* (clock cycle)
→ *vgl.* Taktfrequenz.

talk
Ein UNIX-Befehl, dem der Name und die Adresse eines anderen Benutzers nachgestellt wird, um eine Anfrage für eine Duplexgesprächsrunde auf dem Internet auszugeben.

talken Vb. (talk)
→ *siehe* chatten.

Talker, der; *Subst.* (talker)
Ein Duplexkommunikationsmodus für das Internet, der meist für Gesprächsrunden mit mehreren Teilnehmern eingesetzt wird. Solche Systeme verfügen in der Regel über spezielle Befehle, mit deren Hilfe mehrere virtuelle *Räume* (Gesprächsbereiche) betreten werden können. Auch können die Benutzer untereinander in Echtzeit über Textnachrichten und symbolische Gestik kommunizieren sowie Mailboxsysteme (BBS) zum Senden von Kommentaren verwenden und interne E-Mail-Nachrichten senden. → *siehe auch* Chat, Schwarzes-Brett-System.

talk.-Newsgroups, die; *Subst.* (talk. newsgroups)
Newsgroups von Usenet, die Teil der talk.-Hierarchie sind und das Präfix talk. als Teil ihres Namens tragen. Hier werden kontroverse Themen behandelt. talk.-Newsgroups sind eine von ursprünglich sieben Newsgroups der Usenethierarchie. Die anderen sechs Newsgroups heißen comp. misc., news., rec., sci. und soc. → *siehe auch* Newsgroup, traditionelle Newsgrouphierarchie, Usenet.

Tandemprozessoren, der; *Subst.* (tandem processors)
Mehrere miteinander verknüpfte Prozessoren, bei denen bei Ausfall eines Prozessors die CPU-Operationen an einen anderen Prozessor übergeben werden. Die Verwendung von Tandemprozessoren ist ein Teilkonzept zur Implementierung fehlertoleranter Computersysteme. → *siehe auch* Prozessor.

TANSTAAFL
Abkürzung für »There Ain't No Such Thing As A Free Lunch« (im Deutschen etwa »Ohne Fleiß kein Preis«). Ein Ausdruck, der auf dem Internet in E-Mail-Nachrichten, Gesprächsrunden, Verteilerlisten, Newsgroups und anderen Onlineforen gebräuchlich ist. → *siehe auch* Chat, Netspeak, Newsgroup.

TAO *Subst.*
→ *siehe* Track-at-Once.

T

Tap, das; *Subst.* (tap)
Ein Gerät, das auf einem Ethernetbus angebracht wird und den Anschluss eines Computers ermöglicht. → *siehe auch* Ethernet.

TAPI
Abkürzung für **T**elephony **A**pplication **P**rogramming **I**nterface (Programmierschnittstelle für Telefonanwendungen). In der Windows Open Systems Architecture (WOSA) eine Programmierschnittstelle, über die Windows-Clientanwendungen Zugriff auf Telefondienste eines Servers erhalten können. TAPI erleichtert die Zusammenarbeit von PCs und Telefonanlagen. → *siehe auch* API, WOSA. → *auch genannt* Telephony API. → *vgl.* TSAPI.

.tar
Eine Dateinamenerweiterung, die nicht komprimierte UNIX-Archive in dem vom Programm »tar« erzeugten Format kennzeichnet. → *siehe auch* tar.

tar
Abkürzung für »**t**ape **ar**chive«, zu Deutsch »Magnetbandarchiv«. Ein UNIX-Dienstprogramm, das aus einer Gruppe von Dateien, die ein Benutzer zusammen speichern möchte, eine einzige Datei erzeugt. Die Ergebnisdatei hat die Erweiterung ».tar«. Anders als PKZIP, komprimiert tar die Dateien nicht, so dass die .tar-Dateien in der Regel noch mit den Dienstprogrammen compress oder gzip bearbeitet werden, wodurch sich Dateien mit der Erweiterung ».tar.gz« bzw. ».tar.Z« ergeben. → *siehe auch* gzip, komprimieren, PKZIP. → *vgl.* untar.
»tar« bezeichnet gleichzeitig den Vorgang, bei dem mit Hilfe des Dienstprogramms »tar« aus einer Gruppe von Dateien eine einzelne Datei erstellt wird. → *siehe auch* komprimieren, PKZIP. → *vgl.* untar.

Task
Task, der; *Subst.* (task)
Eine eigenständige Anwendung oder ein Unterprogramm, das sich als unabhängige Einheit ausführen lässt.

Taskleiste
Taskleiste, die; *Subst.* (taskbar)
Eine grafische Symbolleiste in Windows 9x, Windows Me, Windows NT 4.0 und Windows 2000, die mit Hilfe der Maus eine Auswahl unter den geöffneten Anwendungen ermöglicht. → *siehe auch* Symbolleiste, Taskschaltfläche. *(Abbildung T.1)*

Abbildung T.1: Taskleiste

Taskschaltfläche, die; *Subst.* (task button)
Eine Schaltfläche in Windows 9x, Windows Me, Windows NT 4.0 und Windows 2000, die auf der Taskleiste erscheint, wenn eine Anwendung geöffnet ist. Durch Klicken auf diese Schaltfläche kann der Benutzer von einer Anwendung auf die zur Schaltfläche gehörende Anwendung umschalten. → *siehe auch* Taskleiste.

Taskswitching, das; *Subst.* (task swapping, task switching)
Der Übergang von einem Programm zu einem anderen, ohne das erste zu beenden. Task Switching gehört zur Einzelverarbeitung. Zwar findet auch beim Multitasking ein Umschalten zwischen mehreren Programmen statt, hier jedoch mit dem Ziel einer parallelen Verarbeitung. → *siehe auch* Task. → *vgl.* Multitasking.
Falls beim Task Switching der Platz im Arbeitsspeicher nicht ausreicht, um die Programme und Daten zwischenzuspeichern, lagert das Betriebssystem die Informationen in der Regel auf die Festplatte aus und lädt sie bei Bedarf wieder in den Arbeitsspeicher. Man spricht in diesem Zusammenhang von »Swapping«. → *siehe auch* Task.

Taskverwaltung, die; *Subst.* (task management)
Ein Betriebssystemprozess, der – insbesondere in einer Multitaskingumgebung – den Ablauf der einzelnen Tasks überwacht und ihnen die erforderlichen Ressourcen zuteilt.

Tastatur, die; *Subst.* (keyboard)
Angeordnete Tasten, die der Tastatur von Schreibmaschinen gleichen. Die Tasten leiten die entsprechenden Informationen des Benutzers an den Computer oder den Schaltkreis für die Datenübertragung weiter. → *siehe auch* Alt-Taste, Apple-Taste, Befehlstaste, Bild-ab-Taste, Bild-auf-Taste, Drucktaste, Dvorak-Tastatur, Einfügetaste, Eingabetaste, Ende-Taste, Entf-Taste, ergonomische Tastatur, erweiterte Tastatur, Escapetaste, Feststelltaste, Funktionstaste, Hilfetaste, Löschtaste, numerischer Tastenblock, Num-Taste, Optionstaste, originale Macintosh-Tastatur, Pausetaste, PC/XT-Tastatur, Pfeiltaste, Pos1-Taste, Powerontaste, QWERTY-Tastatur, Rollentaste, Rücktaste, S-Abf-Taste, Scancode, Steuerungstaste, Steuerzeichen, Tabstopptaste, Tastaturcontroller, Tastaturerweiterung, Tastaturpuffer, Tastenkappe, Umschalttaste, Unterbrechungstaste, Zeichencode.

Tastaturcontroller, der; *Subst.* (keyboard controller)
In einer Tastatur eingebauter Mikroprozessor, dessen Hauptfunktion im Warten auf einen Tastenanschlag und im Melden dieses Ereignisses besteht.

Tastatur, ergonomische, die; *Subst.* (ergonomic keyboard)
→ *siehe* ergonomische Tastatur.

Tastatur, erweiterte, die; *Subst.* (enhanced keyboard)
→ *siehe* erweiterte Tastatur.

Tastaturerweiterung, die; *Subst.* (keyboard enhancer)
Auch als Tastaturdienstprogramm, Makroprogramm oder Makrodienstprogramm bezeichnet. Ein Programm, mit dem sich alle laufenden Tastenanschläge überwachen und die Bedeutungen bestimmter Tasten oder Tastenkombinationen neu festlegen lassen. Tastaturerweiterungen werden zur Erzeugung und Speicherung von Makros – Folgen von Tastenanschlägen, Mausaktionen, Menüauswahlen oder anderen Befehlen – verwendet, denen Tasten zugeordnet sind.
→ *auch genannt* Makroprogramm.

Tastaturlayout, das; *Subst.* (keyboard layout)
Die Anordnung der Tasten einer bestimmten Tastatur. Dies bezieht die Anzahl der Tasten (nach aktuellem Standard: 101) und deren Konfiguration (deutsche Tastatur: QWERTZ) ein. Einige proprietäre Systeme verwenden verschiedene Layouts. Es ist in einigen Fällen auch möglich, Tasten mit anderen Zeichen zu belegen.

Tastaturmaus, die; *Subst.* (MouseKeys)
Eine Funktion in Microsoft Windows, die es Benutzern ermöglicht, den Mauszeiger über den numerischen Tastenblock zu bewegen. Die Tastaturmaus ist speziell für Benutzer konzipiert worden, die aufgrund einer Körperbehinderung nicht in der Lage sind, eine Maus optimal zu nutzen. → *siehe auch* Maus.

Tastaturprozessor, der; *Subst.* (keyboard processor)
→ *siehe* Tastaturcontroller.

Tastaturpuffer, der; *Subst.* (keyboard buffer, type-ahead buffer)
Ein kleiner Bereich im Systemspeicher zur Aufnahme der zuletzt eingegebenen Zeichen. Dieser Puffer wird verwendet, um die bereits eingegebenen, aber noch nicht verarbeiteten Zeichen zwischenzuspeichern.

Tastaturpufferfunktion, die; *Subst.* (type-ahead capability)
Die Fähigkeit eines Computerprogramms, die über Tastatur eingegebenen Zeichen in einen temporären Speicherbereich (Puffer) aufzunehmen, bevor sie auf dem Bildschirm angezeigt werden. Durch diese Funktion wird gewährleistet, dass Zeichen, die schneller eingegeben werden als das Programm sie anzeigen kann, nicht verloren gehen.

Tastaturschablone, die; *Subst.* (keyboard template)
Aus Plastik oder Karton bestehende Schablone, die sich auf die Tastatur auflegen lässt und mit Informationen für bestimmte Tasten oder Tastengruppen (meist für Funktionstasten) beschriftet ist.

Taste, die; *Subst.* (button, key)
Auf einer Tastatur die Kombination einer Tastenkappe aus Plastik, einer Feder, die den Tastenmechanismus nach dem Niederdrücken sicher in die Ruhelage zurückbringt, und einer elektronischen Komponente, die sowohl das Drücken als auch das Loslassen der Taste registriert.
Bei einer Maus dienen die Tasten dazu, bestimmte Funktionen zu aktivieren. Ältere Mäuse besitzen zum Teil nur eine Maustaste, neuere Modelle haben meist zwei oder mehr Maustasten.

Tastenanschlag, der; *Subst.* (keystroke)
Das Drücken einer Taste, um ein Zeichen einzugeben oder einen Befehl für ein Programm festzulegen. Die Leistungsfähigkeit bestimmter Anwendungen wird oft an der Fähigkeit gemessen, wie viele Tastenanschläge für häufig verwendete Operationen benötigt werden. → *siehe auch* Befehl, Schlüssel, Tastatur.

Tastenblock, numerischer, der; *Subst.* (numeric keypad)
→ *siehe* numerischer Tastenblock.

Tastencode, der; *Subst.* (key code)
Eine eindeutige Codenummer, die einer bestimmten Taste auf einer Computertastatur zugewiesen ist und dem Computer mitteilt, welche Taste gedrückt oder losgelassen wurde. Unabhängig von den auf der Taste abgebildeten Buchstaben, Zahlen bzw. Symbolen oder der von der Taste erzeugten Zeichen, handelt es sich bei einem Tastencode immer um einen speziellen Bezeichner für die Taste selbst, der für eine bestimmte Taste immer gleich ist. → *vgl.* Scancode, Zeichencode.

Tastenkappe, die; *Subst.* (keycap)
Das Plastikteil, das eine Taste auf einer Tastatur identifiziert.

Tastenkombination, die; *Subst.* (keyboard shortcut)
→ *siehe* Anwendungsschnelltaste.

T

Tastenwiederholfunktion, die; *Subst.* (auto-key)
→ *siehe* Wiederholautomatik.

Tastenwiederholung, die; *Subst.* (keyboard repeat)
→ *siehe* Wiederholautomatik.

Taste, tote, die; *Subst.* (dead key)
→ *siehe* tote Taste.

TB
→ *siehe* Terabyte.

T-Carrier, der; *Subst.* (T-carrier)
Ein Kanal zur digitalen Datenübertragung über große Distanzen, der durch ein einheitliches Trägerfrequenzsystem gebildet wird. Für die Übermittlung werden mehrere Sprachkanäle und digitale Datenströme durch Multiplexer beim Senden zusammengefügt und beim Empfang getrennt. T-Carrierdienste, von der Firma AT&T 1993 eingeführt, werden nach Kapazitätsstufen definiert: T1, T2, T3, T4. T-Carrier werden auch für Internetanschlüsse verwendet. → *siehe auch* T1, T2, T3, T4.

Tcl/Tk
Abkürzung für »**T**ool **c**ommand **l**anguage/**T**ool **k**it.« Ein Programmiersystem, das eine Skriptsprache (Tcl) und ein Toolkit für eine grafische Benutzeroberfläche (Tk) enthält. Die Tcl gibt Befehle an interaktive Programme aus (z. B. Texteditoren, Debugger und Shells), durch die komplexe Datenstrukturen in Skripten verknüpft werden. Weitere Informationen zu Tcl/Tk können z. B. auf der Website http://www.tcl.tk/ abgerufen werden. → *siehe auch* grafische Benutzeroberfläche, Skript, Skriptsprache.

TCM
→ *siehe* Trellis-Codierung.

TCO
→ *siehe* Total Cost of Ownership.

TCP
Abkürzung für **T**ransmission **C**ontrol **P**rotocol. Das Protokoll innerhalb von TCP/IP, das die Trennung von Daten in Pakete steuert, die per IP verschickt werden, sowie die empfangsseitige Zusammensetzung und Überprüfung der vollständigen Mitteilungen aus den über IP empfangenen Paketen lenkt. TCP entspricht der Transportschicht im ISO/OSI-Referenzmodell. → *siehe auch* ISO/OSI-Schichtenmodell, Paket, TCP/IP. → *vgl.* IP.

TCP/IP
Abkürzung für **T**ransmission **C**ontrol **P**rotocol/**I**nternet **P**rotocol (zu Deutsch »Übertragungssteuerungsprotokoll/Internetprotokoll«). Vom amerikanischen Verteidigungsministerium entwickeltes Protokoll für die Kommunikation zwischen Computern. TCP/IP ist in das Betriebssystem UNIX integriert und ein De-facto-Standard für die Datenübertragung über Netzwerke, einschließlich dem Internet. → *siehe auch* Firewall, Internet, Internet, Proxyserver. → *vgl.* IPX, Token Ring-Netzwerk, Token Ring-Netzwerk.

TCP/IP-Stack, der; *Subst.* (TCP/IP stack)
Die Gruppe der TCP/IP-Protokolle. → *siehe* auch Protokollstapel, TCP/IP.

TDM
→ *siehe* Zeitmultiplexing.

TDMA
→ *siehe* Time Division Multiple Access.

Techie, der; *Subst.* (techie)
Eine technisch orientierte Person. Ein »Techie« ist meist diejenige Person, die zur Hilfe gerufen wird, wenn ein technisches Problem auftritt oder nicht verstanden wird. Ein »Techie« kann ein Ingenieur oder ein Techniker sein, es sind jedoch nicht alle Ingenieure wahre »Techies«. → *siehe auch* Guru.

Technikfreak, der; *Subst.* (propeller-head)
Eine Person, die von Computern oder anderen Technologien besessen ist.

Technikjargon, der; *Subst.* (technobabble)
Jargon, der für Laien unverständliche technische Begriffe enthält. Für eine gewöhnliche Konversation würden viele Begriffe in diesem Lexikon als Technikjargon gelten.

technischer Autor, der; *Subst.* (technical author)
→ *siehe* Tech Writer.

Technologie, die; *Subst.* (technology)
Die Anwendung von Wissenschaft und Technik auf die Entwicklung von Maschinen und Verfahren für die Erweiterung oder Verbesserung der menschlichen Lebensbedingungen und Leistungsfähigkeit. → *siehe auch* High Tech.

Technologie der letzten Meile, die; *Subst.* (last-mile technology)

Jede der verschiedenen Technologien der xDSL-Gruppe. Diese Technologien ermöglichen es einem digitalen Modem, Daten mit hoher Geschwindigkeit über das standardmäßige Telefonkabel (das aus einem verdrillten Kupferkabelpaar besteht) zu übertragen. Die Nutzung ist sowohl für Privatleute als auch für Firmen möglich. Diese Technologien dienen lediglich zur Übertragung des letzten Teilstücks (zwischen den Benutzern und der Ortsvermittlungsstelle) der gesamten Übertragungsstrecke, der figurativen letzten Meile. Das Gegenstück ist eine Übertragung über große Distanzen, z.B. zwischen Ländern. Die bekannteste Technologie der letzten Meile ist ADSL (**a**symmetric **d**igital **s**ubscriber **l**ine; zu Deutsch »asymmetrische digitale Teilnehmerleitung«), die zur Übertragung von Videodaten dient. Andere Beispiele sind HDSL, RADSL, SDSL und VDSL. → *siehe auch* Digital Subscriber Line, Letzte Meile, Rateadaptive Asymmetric Digital Subscriber Line, Veryhighrate Digital Subscriber Line, xDSL. → *vgl.* Amtsleitung.

Technophile, der; *Subst.* (technophile)

Eine Person, die sich für die Neuerungen der Technik begeistert. → *vgl.* Computerfreak.

Technophobe, der; *Subst.* (technophobe)

Eine Person, die sich vor dem technischem Fortschritt – vor allem Computern – fürchtet oder diesem gegenüber negativ eingestellt ist. → *siehe auch* Ludditen. → *vgl.* Technophile.

Techwriter, der; *Subst.* (tech writer)

Eine Person, die Dokumentationsmaterial für ein Hardware- oder Softwareprodukt verfasst. → *siehe* auch Dokumentation. → auch genannt technischer Autor.

Teilnetz, das; *Subst.* (subnet)

Ein Netzwerk, das Teil eines größeren Netzwerks ist.

Teilstring, der; *Subst.* (substring)

Ein zusammenhängender Abschnitt einer Zeichenfolge. → *siehe auch* String.

Telco, die; *Subst.* (telco)

Kurzform für **Tele**phone **Co**mpany (Telefongesellschaft). Ein Begriff, der allgemein für die Bereitstellung von Internetdiensten durch Telefongesellschaften gebraucht wird.

Telearbeit, die; *Subst.* (distributed workplace)

Räumlich unabhängige Arbeitsform, im Unterschied zur Arbeit in herkömmlichen Büros oder Produktionsstätten. Durch Kombination von Kommunikations- und Computertechnologien wird eine hohe Flexibilität erreicht. Die Mitarbeiter können dabei an allen Orten ihre Arbeit durchführen, an denen entsprechende Computer und Datenkommunikationseinrichtungen vorhanden sind. → *siehe auch* SOHO, Telependler.

Telearbeiter, der; *Subst.* (teleworker)

Geschäftsleute, die Anfahrtswege und Reisen weitgehend vermeiden und typischerweise zu Hause oder im Kleinbüro arbeiten. Die Kommunikation mit Kunden und Kollegen erfolgt statt dessen mit Hilfe von Computer- und Kommunikationstechnologien. → *siehe auch* SOHO, Telearbeit.

Telefongerät, das; *Subst.* (telephony device)

Eine Vorrichtung, die zum Zwecke der Übertragung Schall in elektrische Signale umwandelt und empfangene Signale zurück in Schall umwandeln kann.

Telefonie, die; *Subst.* (telephony)

Fernsprechen. Die Übermittlung von Sprache durch Umwandlung in elektrische Signale, deren drahtgebundene oder drahtlose Übertragung an einen anderen Ort und die Rückverwandlung in Schallsignale.

Telefonieren mit dem Computer, das; *Subst.* (computer telephone integration)

Eine Technik, mit der der Computer als Ersatz für einen Telefonapparat verwendet werden kann. Gegenüber einem herkömmlichen Telefonapparat sind weitaus komfortablere Funktionen möglich, die aus Anwendungen genutzt werden können. Zu den Funktionen gehören: die Annahme eingehender Anrufe, die Zurverfügungstellung von Datenbankinformationen auf dem Bildschirm zum gleichen Zeitpunkt, zu dem der Anruf eingeht, sowie das automatische Verbinden und Zurückverbinden von Anrufen per Drag & Drop. Weitere Funktionen sind die automatische Wahl bzw. Wahlwiederholung, Kurzwahl mit Hilfe einer residenten Datenbank sowie die Identifikation eingehender Kundenanrufe und das Verbinden dieser Kunden mit vordefinierten Telefonnummern. → *siehe auch* Drag & Drop.

Telefonstecker, der; *Subst.* (modular jack, phone connector)

Ein Steckverbinder, in der Regel ein RJ-11-Stecker, der eine Telefonleitung mit einem Gerät, z.B. einem Modem, verbindet. (Abbildung T.2)

T

Abbildung T.2: Telefonstecker

Telekom, die; *Subst.*
→ *siehe* Deutsche Telekom.

Telekommunikation, die; *Subst.* (telecommunications)
Oberbegriff für die elektronische Übertragung aller Arten von Information – einschließlich Daten, Fernsehbilder, Sprach- oder Faxsendungen – durch elektrische oder optische Signale, die drahtlos oder über Kupfer- oder Glasfaserkabel gesendet werden.

Telekonferenz, die; *Subst.* (teleconferencing)
Der Einsatz von Audio-, Video- und Computertechnik über ein Kommunikationssystem, um geografisch entfernten Teilnehmern zu ermöglichen, an Besprechungen und Diskussionen teilzunehmen. → *siehe auch* Videokonferenz.

Telematik, die; *Subst.* (telematics)
Bezeichnet in der Kommunikationstechnik die Kombination von Computern und Einrichtungen der Telekommunikation.

Telependler, der; *Subst.* (telecommuter)
Mitglieder einer Belegschaft, die ihrer Arbeit nicht in einem üblichen Firmengebäude, sondern typischerweise zu Hause nachgehen. Die Kommunikation mit den Geschäftspartnern und Mitarbeitern erfolgt mit Hilfe von Kommunikations- und Computertechnologien. Telependler können sowohl teilzeitbeschäftigt sein als auch Vollzeit beschäftigt. Bei Telependlern kann es sich um Freiberufler, Kleinunternehmer aber auch um Angestellte großer Firmen oder Organisationen handeln. → *siehe auch* SOHO, Telearbeit.

Telephony API, das; *Subst.*
→ *siehe* TAPI.

Telescript, das; *Subst.*
Eine Programmiersprache mit Schwerpunkt auf Datenübertragungen, die 1994 von der Firma General Magic vorgestellt wurde und dem Bedarf an plattformübergreifenden, netzwerkunabhängigen Signalisierungen sowie Beschreibungen komplexer Netzwerkprotokolle entsprechen soll. → *siehe auch* Protokoll.

Teletype, das; *Subst.*
Kurzname für die Teletype Corporation, Hersteller des Fernschreibers (»TTY«) sowie zahlreicher Drucker für Computer- und Kommunikationssysteme. → *siehe auch* Teletypewriter.

Teletypewriter, der; *Subst.* (teletypewriter)
→ *siehe* TTY.

telnet *Vb.*
Das Zugreifen auf einen entfernten Computer über das Internet mit Hilfe des Telnetprotokolls.

Telnet, das; *Subst.* (telnet)
Ein Protokoll, das einen Internetbenutzer befähigt, sich in gleicher Weise auf einem entfernten, an das Internet angeschlossenen Computer anzumelden und diesem Befehle zu übermitteln, wie bei einer direkten Verbindung mit einem textbasierenden Terminal. Telnet gehört zu den TCP/IP-Protokollanwendungen.
Ein Clientprogramm, das das Telnetprotokoll implementiert.

Tempdatei, die; *Subst.* (temp file)
→ *siehe* temporäre Datei.

Template, das; *Subst.* (template)
Im Betriebssystem MS-DOS ein kleiner Speicherbereich, der die zuletzt eingegebenen MS-DOS-Befehle speichert.

temporäre Datei, die; *Subst.* (temporary file)
Vom Betriebssystem oder einem anderen Programm im Speicher oder auf einem Datenträger angelegte Hilfsdatei, die nur vorübergehend während einer Sitzung verwendet und anschließend wieder gelöscht wird. → *siehe auch* scratchen.
→ *auch genannt* Tempdatei.

temporärer Speicher, der; *Subst.* (temporary storage)
Ein Bereich im Speicher oder Massenspeicher, der temporär zur Zwischenspeicherung von Daten bei Berechnungen, Sortiervorgängen oder Transferoperationen belegt wird.

Tera- *Präfix* (tera-)
Ein Maßeinheitenvorsatz in der Bedeutung 10^{12}: das Billionenfache einer Einheit (im Amerikanischen »trillion«). Kurzzeichen T. → *siehe auch* Terabyte.

Terabyte, das; *Subst.* (terabyte)
Eine Maßeinheit für sehr große Speicherkapazitäten. Ein Terabyte ist gleich 2^{40} oder 1.099.511.627.776 Byte, meist

wird es jedoch mit einer Billion Byte gleichgesetzt. Kurzzeichen TB.

Teraflops, die; *Subst.* (teraflops)
Eine Billion Gleitkommaoperationen (»FLOPS«) pro Sekunde. Eine Benchmark für größere Computersysteme, der die Anzahl der während einer bestimmten Zeitdauer durchgeführten Gleitkommaoperationen bestimmt. → *siehe auch* FLOPS. → *auch genannt* TFLOPS.

Terminal, das; *Subst.* (terminal)
Ein Datensichtgerät, das aus einem Grafikcontroller, einem Bildschirm und einer Tastatur besteht. Controller und Bildschirm sind gewöhnlich zu einer Einheit zusammengefasst, in die manchmal auch gleich die Tastatur integriert ist. Ein Terminal führt selbst nur wenige oder gar keine Verarbeitungsleistungen aus, sondern ist mit einem Computer über eine Kommunikationseinrichtung per Kabel verbunden. Terminals werden vor allem in Mehrbenutzersystemen eingesetzt und sind in den heutigen Einzelplatzsystemen (PCs) kaum mehr vorzufinden. → *siehe auch* dummes Terminal, intelligentes Terminal, Terminalemulation.

Terminal Access Controller Access Control System, das; *Subst.*
→ *siehe* TACACS.

Terminal, dummes, das; *Subst.* (dumb terminal)
→ *siehe* dummes Terminal.

Terminalemulation, die; *Subst.* (terminal emulation)
Die Nachbildung eines Terminals per Software, die meist einem Standard entspricht, wie beispielsweise dem ANSI-Standard für Terminalemulation. Ein Mikrocomputer lässt sich damit in der Art eines bestimmten Terminals betreiben, während er mit einem anderen Computer – z.B. mit einem Großcomputer – kommuniziert. → *siehe auch* VT-52, VT-100, VT-200.

Terminal, intelligentes, das; *Subst.* (intelligent terminal)
→ *siehe* intelligentes Terminal.

Terminalserver, der; *Subst.* (terminal server)
In einem lokalen Netzwerk ein Computer oder Controller, der Terminals, Microcomputern und anderen Geräten den Zugang zu einem Netzwerk oder Hostcomputer bzw. Geräten an diesem Hostcomputer ermöglicht. → *siehe auch* Controller, lokales Netzwerk, Mikrocomputer, Terminal. (Abbildung T.3)

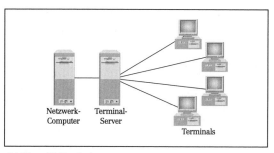

Abbildung T.3: Terminalserver

Terminalsitzung, die; *Subst.* (terminal session)
Die mit der aktiven Benutzung eines Terminals verbrachte Zeit. → *siehe auch* Sitzung.

Terminal, virtuelles, das; *Subst.* (virtual terminal)
→ *siehe* Terminalemulation.

Terminate-and-Stay-Resident Program, das; *Subst.* (terminate-and-stay-resident program)
→ *siehe* TSR.

Terminator, der; *Subst.* (terminator)
Ein Zeichen, das das Ende einer Zeichenfolge kennzeichnet, z.B. das Nullzeichen bei einer ASCII-Zeichenfolge. → *siehe auch* ascii, ASCIIZ-String.

ternär *Adj.* (ternary)
Bezeichnet in der Programmierung ein Element mit drei möglichen Werten, eine Bedingung mit drei möglichen Zuständen oder das Zahlensystem mit der Basis 3. → *vgl.* binary, unär.

tesselieren *Vb.* (tessellate)
Das Aufgliedern eines Bildes in kleine, quadratische Bereiche für die weitere Verarbeitung oder Ausgabe.

Testautomatisierungssoftware, die; *Subst.* (test automation software)
Ein Programm, das automatisch die Eingabe einer vordefinierten Folge von Zeichen oder Befehlen bewirkt, um neue Versionen von Softwareanwendungen zu testen.

Testdaten, das; *Subst.* (test data)
Eine Menge von Eingangswerten für die Überprüfung der korrekten Funktionsweise eines Programms. Bei der Wahl bestimmter Testdaten berücksichtigt man sowohl die Verifizierung bekannter Ausgabewerte (erwartete Ergebnisse) als

T auch das Überschreiten von Grenzbedingungen, die möglicherweise zum Fehlverhalten eines Programms führen können.

testen *Vb.* (test)
Überprüfen der korrekten Funktion eines Programms durch Ausprobieren verschiedener Abläufe und Eingabewerte.
→ *siehe auch* debuggen, Testdaten.

Testpost, die; *Subst.* (test post)
Ein Newsgroupartikel, der keine tatsächliche Nachricht enthält, sondern nur zum Testen der Verbindung dient.
→ *siehe auch* Beitrag, Newsgroup.

Testprogramm, das; *Subst.* (exerciser)
Ein Programm, das für den Dauertest von Hardware oder Software vorgesehen ist und in diesem Zusammenhang einen umfangreichen Satz von Betriebsabläufen nachbildet.

TeX
Ein Programm für den Textsatz, das von dem Mathematiker und Informatiker Donald Knuth entwickelt wurde, um aus reinen Textquellen druckreife Dokumente wissenschaftlicher, mathematischer oder anderer komplexer, technischer Natur zu erstellen. Von TeX sind Versionen für UNIX, MS-DOS und Windows sowie Apple Macintosh frei über das Internet erhältlich (ftp://ftp.dante.de/tex-archive/). Es werden jedoch auch kommerzielle Versionen vertrieben, die meist über Erweiterungen verfügen. Formate und Sonderzeichen werden bei TeX über Befehle erzeugt, z.B. bewirkt `${\pi}r^2$` die Ausgabe πr^2. TeX kann durch Makros erweitert werden, wobei bereits für eine Vielzahl von Anwendungen fertige Makrodateien erhältlich sind. Weitere Informationen über TeX sind auf der Website der *TeX Users Group* unter der Adresse http://www.tug.org abrufbar.
→ *siehe auch* LaTeXen.

Texas Instruments Graphics Architecture, die; *Subst.*
→ *siehe* TIGA.

Text, der; *Subst.* (text)
Daten, die aus Zeichen zur Darstellung der Wörter und Symbole menschlicher Sprache bestehen. Die Codierung der Zeichen entspricht normalerweise dem ASCII-Standard, durch den Ziffern, Buchstaben und bestimmten Symbolen numerische Werte zugewiesen werden.
In Programmen für Textverarbeitung und Desktop Publishing bildet der Text den Hauptbestandteil eines Dokuments – im Gegensatz zu anderen Elementen, z.B. Überschriften, Tabellen, Abbildungen oder Fußnoten.

Textbaustein, der; *Subst.* (boilerplate)
Ein wieder verwendbarer Text. Mit Hilfe von Textbausteinen lassen sich Texte mehrfach verwenden – im gleichen oder einem anderen Dokument –, ohne diese jeweils neu eingeben zu müssen. Da Textbausteine dauerhaft gespeichert werden, stehen sie auch in späteren Sitzungen zur Verfügung. Textbausteine dürfen meist eine beliebige Länge aufweisen, von einem Wort bis hin zu ganzen Seiten. Typischerweise werden als Textbausteine lange, schwierige Wörter definiert sowie Textabschnitte, die unverändert oder mit leichter Abwandlung immer wieder benötigt werden. Typische Beispiele sind der Firmenname, Phrasen wie »mit freundlichen Grüßen«, aber auch Befehle, die eine Grafik, z.B. das Firmenlogo, einfügen. Textbausteine werden auch bei der Programmierung eingesetzt, um das Eingeben von Befehlswörtern und längeren Konstrukten zu beschleunigen.

Textdatei, die; *Subst.* (text file)
Eine aus Textzeichen bestehende Datei. Dies kann ein Textverarbeitungsdokument sein, aber auch eine nur aus ASCII-Zeichen bestehende Datei, deren Format praktisch jedes Computersystem lesen kann. → *siehe auch* ASCII-Datei, Text.

TextEdit, das; *Subst.*
Ein Standardsatz von Routinen im Betriebssystem des Apple Macintoshs, die Programmen zur Verfügung stehen, um die Art und Weise der Textdarstellung zu steuern. → *siehe auch* Toolbox.

Texteditor, der; *Subst.* (text editor)
→ *siehe* Editor.

Textende-Zeichen, das; *Subst.* (end-of-text)
Abgekürzt ETX. In der Datenübertragung verwendetes Zeichen, das das Ende einer Textdatei markiert. Damit ist aber nicht notwendigerweise auch das Ende einer Übertragung (End of Transmission) gemeint. Es können sich auch andere Informationen, z.B. Zeichen zur Fehlerprüfung oder Steuerung, am Ende der Datei befinden. Im ASCII-Code wird das ETX-Zeichen durch den dezimalen Wert 3 (hexadezimal 03) dargestellt.

Textfeld, das; *Subst.* (text box)
In einem Dialogfeld oder einem HTML-Formular ein Feld, in das der Benutzer Text eingeben kann.

Textilfarbband, das; *Subst.* (cloth ribbon)
Ein mit Druckfarbe getränktes Band, das im Allgemeinen bei Anschlagdruckern und Schreibmaschinen eingesetzt wird. Textilfarbbänder sind auf einer Spule aufgewickelt oder in einer Kassette untergebracht. Beim Drucken trifft das Druckelement (die Schreibtype oder die Nadeln bei einem Nadeldrucker) gegen das Band und drückt dieses gegen das Papier, wodurch Druckfarbe übertragen wird. Damit sich im Druckbild die Abnutzung des Bandes nicht bemerkbar macht, wird das Band nach jedem Anschlag ein kleines Stück weitertransportiert. Anstelle von Textilfarbbändern werden gelegentlich Karbonbänder eingesetzt, insbesondere dort, wo hohe Qualitätsansprüche gestellt werden. Der Vorteil eines Textilfarbbands liegt jedoch darin, dass es mehrmals durchlaufen kann, im Gegensatz zu einem Karbonband, das bereits nach dem ersten Durchlauf ersetzt werden muss. → *vgl.* Karbonband.

Text in Sprache, der; *Subst.* (text-to-speech)
Die Umwandlung von Textdaten in eine Sprachausgabe mit Hilfe von Vorrichtungen zur Sprachsynthese. Auf diese Weise können z.B. Informationen über Telefon abgerufen werden und seh- oder lesebehinderte Menschen ebenfalls Computer verwenden.

Textkörper, der; *Subst.* (body)
→ *siehe* Body.

Textmarke, die; *Subst.* (bookmark)
Bei der Textverarbeitung eine Marke, die an einer bestimmten Position innerhalb eines Dokuments eingefügt wird. An diese Stelle kann der Benutzer zu einem späteren Zeitpunkt wieder zurückkehren, indem er den entsprechenden Befehl eingibt.

Textmodus, der; *Subst.* (text mode)
Ein Anzeigemodus, in dem ein Computerbildschirm Buchstaben, Zahlen und andere Textzeichen anzeigen kann, aber keine Grafiken oder »WYSIWYG«-Zeichenformatierungen (z.B. kursive Zeichen oder hochgestellte Zahlen). → *auch genannt* alphanumerischer Modus, Zeichenmodus. → *vgl.* Grafikmodus.

Textur, die; *Subst.* (texture)
In der Computergrafik die Bezeichnung für Schattierungen oder andere Attribute, mit denen man eine Grafik versehen kann, um den Eindruck einer »stofflichen« Oberfläche zu bewirken. Beispielsweise lässt sich eine Oberfläche mit Reflexionen versehen, um Metall oder Glas nachzubilden. Ebenso kann man einer Form eine durch Einscannen gewonnene digitalisierte Holzmaserung zuweisen, um ein aus Holz hergestelltes Objekt zu simulieren.

Textverarbeitung, die; *Subst.* (word processing)
Die Eingabe und Bearbeitung von Texten mit Hilfe eines Textverarbeitungsprogramms.

Textverarbeitungsprogramm, das; *Subst.* (word processor)
Eine Anwendung für die Bearbeitung textorientierter Dokumente – das elektronische Äquivalent zu Papier, Stift, Schreibmaschine, Radiergummi und meist auch zu Wörterbuch und Thesaurus. Je nach verwendetem Programm und vorhandener Ausrüstung bieten Textverarbeitungsprogramme verschiedene Darstellungsmodi für die zu bearbeitenden Dokumente. Im Textmodus werden die Formatierungen (z.B. kursiver oder fetter Schriftschnitt) durch Hervorhebungen und verschiedene Farben gekennzeichnet. Im Grafikmodus werden die Formatierungen und oft auch die verschiedenen Schriften so auf dem Bildschirm dargestellt, wie sie später auf der gedruckten Seite erscheinen. Alle Textverarbeitungsprogramme verfügen zumindest in begrenztem Umfang über Funktionen für die Formatierung von Dokumenten, wie Schriftenwechsel, Seitenlayout, Absatzeinzug. Einige Textverarbeitungsprogramme können außerdem die Rechtschreibung überprüfen, Synonyme finden, mit anderen Programmen erzeugte Grafiken einbinden, mathematische Formeln korrekt ausrichten, Formbriefe erstellen und drucken, Berechnungen ausführen und Dokumente in mehreren Bildschirmfenstern darstellen. Oft hat der Benutzer auch die Möglichkeit, Makros aufzuzeichnen, um schwierige oder sich ständig wiederholende Operationen per Tastendruck ausführen zu lassen. → *vgl.* Editor, Zeileneditor.

TFLOPS
→ *siehe* Teraflops.

TFN (Tribe Flood Network)
→ *siehe* Tribe Flood Network.

TFT
Abkürzung für **T**hin **F**ilm **T**ransistor (Dünnfilmtransistor). Ein mittels Dünnfilmtechnik hergestellter Transistor. → *siehe auch* Dünnfilm, Transistor.

TFT-Display, das; *Subst.* (TFT display)
→ *siehe* aktive Matrix.

T

TFT LCD
→ *siehe* aktive Matrix.

TGA
Kurzform für »**Tar**ga«. Ein Dateiformat für Rastergrafiken der Firma Truevision, Inc., das Farbtiefen von 16, 24 und 32 Bit ermöglicht. → *siehe auch* 16-Bit-Farbtiefe, 24-Bit-Farbtiefe, 32-Bit-Farbtiefe, Rastergrafik, Videografikkarte. Außerdem ein Markenname von hochauflösenden Grafikkarten.

Themenbaum, der; *Subst.* (subject tree)
Ein nach Themenkategorien strukturiertes Verzeichnis für das World Wide Web, das wiederum häufig in Unterkategorien oder »Äste« aufgegliedert sind. Die niedrigste Ebene dieser Baumstruktur besteht aus Verknüpfungen zu den einzelnen Webseiten. Ein Beispiel eines Themenbaumes im World Wide Web ist »Yahoo!« (http://www.yahoo.com). → *siehe auch* Yahoo!.

Themengruppe, die; *Subst.* (topic group)
Ein Onlinediskussionsbereich für Teilnehmer mit einem gemeinsamen Interesse für ein bestimmtes Thema.

The Microsoft Network
→ *siehe* MSN.

Thermodrucker, der; *Subst.* (thermal printer)
Ein anschlagfreier Drucker, der durch Wärmeeinwirkung ein Bild auf speziell behandeltem Papier erzeugt. Der Druckkopf enthält zu diesem Zweck Stifte, die aber nicht wie beim Nadeldrucker gegen ein Farbband drücken, sondern aufgeheizt und mit dem Papier in Kontakt gebracht werden. Durch die Wärmeeinwirkung verfärbt sich die Spezialbeschichtung auf dem Papier.

Thermotransferdrucker, der; *Subst.* (thermal transfer printer, thermal wax-transfer printer)
Ein spezieller anschlagfreier Drucker, der, um ein Druckbild zu erzeugen, farbiges Wachs unter Wärmeeinwirkung auf Papier aufschmilzt. Wie ein normaler Thermodrucker verwendet er Nadeln, um die Hitze zu übertragen. Anstatt aber Kontakt mit dem beschichteten Papier herzustellen, berühren die Nadeln ein breites Farbband, das mit unterschiedlichen Farbwachsen gesättigt ist. Das Wachs schmilzt unter den Nadeln und bleibt am Papier haften.

Thermowachsdrucker, der; *Subst.* (thermal wax printer)
→ *siehe* Thermotransferdrucker.

Thesaurus, der; *Subst.* (thesaurus)
Allgemein ein Synonymwörterbuch.
In Mikrocomputeranwendungen ein elektronisches Synonymwörterbuch, mit dessen Hilfe sich Synonyme zu einem Begriff anzeigen und in ein Dokument einfügen lassen.

The World-Public Access UNIX (The World-Public Access UNIX)
Einer der ersten öffentlichen Internetdienstleister mit Sitz in Boston. The World begann 1990 damit, öffentliche Einwahlzugänge in das Internet anzubieten. Weitere Dienste umfassen den Zugang zum World Wide Web, Usenet, SLIP/PPP-Unterstützung, Telnet, FTP, IRC, Gopher und E-Mail. 1995 begann The World dann damit, örtliche Einwahlzugänge über UUNET anzubieten. → *siehe auch* ISP.

Thick Ethernet, das; *Subst.* (thick Ethernet)
→ *siehe* 10Base5, Ethernet.

ThickNet, das; *Subst.*
→ *siehe* 10Base5.

ThickWire, das; *Subst.*
→ *siehe* 10Base5.

Thin Client, der; *Subst.* (thin client)
In einer Client/Serverarchitektur ein Clientsystem, das nur wenig oder überhaupt keine eigene Datenverarbeitung durchführt. Die Verarbeitung erfolgt statt dessen auf dem Server. → *siehe auch* Client/Serverarchitektur, Fat Server, Thin Server. → *vgl.* Fat Client.

Thin Ethernet, das; *Subst.* (thin Ethernet)
→ *siehe* 10Base2, Ethernet.

ThinNet, das; *Subst.*
→ *siehe* 10Base2.

Thin Server, das; *Subst.* (thin server)
Eine Client/Serverarchitektur, bei der der Großteil einer Anwendung auf dem Clientsystem ausgeführt wird (dem sog. »Fat Client«) und nur vereinzelt Datenverarbeitungen auf dem entfernten Server stattfinden. Solche Konfigurationen erzielen eine hohe Clientleistung, erschweren jedoch administrative Aufgaben wie z.B. Softwareaktualisierungen. → *siehe auch* Client/Serverarchitektur, Fat Client, Thin Client. → *vgl.* Fat Server.

Thin System, das; *Subst.* (thin system)
→ *siehe* Thin Server.

ThinWire, das; *Subst.*
→ *siehe* 10Base2.

Thread, der; *Subst.* (thread)
In der Programmierung ein Prozess, der Teil eines größeren Prozesses oder Programms ist.
Bei E-Mails und Internetnewsgroups eine Folge von Nachrichten und Antworten zu einem bestimmten Thema.
→ *auch genannt* Diskussionsfaden.

Threading, das; *Subst.* (threading)
Eine von bestimmten Interpretersprachen (wie in vielen Forth-Implementationen) verwendete Technik zur Erhöhung der Ausführungsgeschwindigkeit. In jeder auf diese Weise unterstützten Routine (wie z.B. einem vordefinierten Wort in Forth) werden die Bezüge auf andere Routinen durch Zeiger auf diese Routinen ersetzt. → *siehe auch* Forth.

Thumbnail *Subst.* (thumbnail)
Aus dem Englischen stammender Ausdruck (»Daumennagel«), der verkleinerte Abbildungen von Grafikdateien bezeichnet.

Thunk-Aufruf, der; *Subst.* (thunk)
Code, der 16-Bit-Programmen den Aufruf von 32-Bit-Programmen ermöglicht und umgekehrt. Es gibt drei verschiedene Arten von Thunk-Aufrufen: Ein »Flat Thunk« verwendet einen Thunk-Compiler und ermöglicht es 32-Bit-Programmen, eine 16-Bit-DLL, und 16-Bit-Programmen, eine 32-Bit-DLL aufzurufen. Ein »Generic Thunk« ermöglicht es einer 16-Bit-Anwendung, eine 32-Bit-DLL zu laden und aufzurufen, und ein »Universal Thunk« ermöglicht es 32-Bit-Programmen, eine 16-Bit-DLL zu laden und aufzurufen. Alle Thunk-Aufrufe basieren auf Windows. Welcher Typ verwendet wird, hängt jedoch von der Windows-Version ab. → *siehe auch* linearer Adressraum, segmentierter Adressraum.

TIA
Abkürzung für **T**hanks **I**n **A**dvance (»Danke im Voraus«). Im Internet eine gebräuchliche Schlussformel für eine Anfrage. → *siehe auch* Netspeak. → *auch genannt* aTdHvAaNnKcSe.

Tick, das; *Subst.* (tick)
Ein periodisches Signal hoher Frequenz, das von einer Taktgeberschaltung ausgesandt wird. Als »Tick« bezeichnet man auch den von diesem Signal generierten Interrupt. In einigen Mikrocomputersystemen stellt ein Tick die grundlegende Zeiteinheit des internen Taktsignals dar, das für die Programme verfügbar ist. Beim Apple Macintosh umfasst ein Tick 1/60 Sekunde, bei IBM-kompatiblen PCs 1/18 Sekunde.

tieffliegender Satellit, der; *Subst.* (low-Earth-orbit satellite)
Abkürzung: LEO. Ein Kommunikationssatellit, der in einer Höhe von maximal 800 km über der Erdoberfläche installiert wird. Ein derartiger Satellit umkreist die Erde in 90 Minuten bis 2 Stunden. Tiefliegende Satelliten erlauben die Verwendung von sehr kleinen Satellitenantennen, die sogar in miniaturisierten tragbaren Geräten (Handhelds) integriert werden können. Ein Anwendungsgebiet ist die Mobilkommunikation, z.B. für interaktive Konferenzen. Ein tiefliegender Satellit verlagert allerdings seine Ausleuchtzone - seinen Wirkungsbereich - durch die kontinuierliche Bewegung laufend; ein bestimmter Punkt auf der Erde kann dabei nur für rund 20 Minuten erreicht werden. Ausgehend von einer bestimmten Position auf der Erde verschwindet der Satellit dann für einen bestimmten Zeitraum aus dem Wirkungsbereich, um dann wieder für rund 20 Minuten verfügbar zu sein usw. Um einen ständig erreichbaren Dienst zu gewährleisten, muss daher eine hohe Anzahl an Satelliten in unterschiedlichen Positionen im Orbit installiert werden. Dadurch wird gewährleistet, dass zu jedem Zeitpunkt mindestens ein Satellit verfügbar ist. → *siehe auch* geostationärer Satellit, Nachrichtensatellit. → *vgl.* geostationärer Satellit.

Tiefpassfilter, der; *Subst.* (lowpass filter)
Eine elektrische Schaltung, die alle Frequenzen unterhalb einer festgelegten Grenzfrequenz durchlässt. → *vgl.* Bandbreitenfilter, Hochpassfilter.

Tiefstellung, die; *Subst.* (subscript)
Zeichen, die leicht unterhalb der Grundlinie des umgebenden Textes gedruckt werden. → *siehe auch* Grundlinie. → *vgl.* Hochstellung.

.tif
Eine Dateinamenerweiterung, die Bitmapgrafiken im TIFF-Format (Tagged Image File Format) kennzeichnet. → *siehe auch* TIFF.

TIFF
Abkürzung für **T**agged **I**mage **F**ile **F**ormat bzw. **T**ag **I**mage **F**ile **F**ormat. Ein genormtes Dateiformat, das häufig beim

T

Scannen, Speichern und Austauschen von Graustufenbildern zum Einsatz kommt. TIFF stellt bei älteren Programmen das einzige verfügbare Format dar (z.B. bei früheren Versionen von MacPaint), die meisten heutigen Programme bieten jedoch eine Vielzahl anderer Formate zum Speichern an, wie beispielsweise GIF oder JPEG. → *siehe auch* Graustufen. → *vgl.* GIF, JPEG.

TIFF-JPEG (TIFF JPEG)

Abkürzung für »**T**agged **I**mage **F**ile **F**ormat **JPEG**«. Eine Methode, um Fotografien gemäß des JPEG-Standards (Joint Photographic Experts Group) komprimiert zu speichern. TIFF-JPEG speichert mehr Informationen über das Bild als das einfachere JFIF (JPEG File Interchange Format). Allerdings unterliegen Dateien im Format TIFF-JPEG Einschränkungen hinsichtlich der Portabilität (also Übertragbarkeit), da es Unterschiede in der Implementation zwischen den verschiedenen Anwendungsprogrammen gibt. → *siehe auch* JFIF, JPEG.

TIGA

Abkürzung für **T**exas **I**nstruments **G**raphics **A**rchitecture. Ein auf dem Grafikprozessor 340x0 von Texas Instruments basierender Grafikcontroller.

Time Division Multiple Access

Abkürzung: TDMA. Eine digitale Kommunikationstechnologie, die einen Kanal (der auf einer einzigen Frequenz basiert) in mehrere Zeitfenster aufteilt, so dass mehrere Benutzer auf demselben Kanal übertragen können. → *siehe auch* Code Division Multiple Access, Global System for Mobile Communications.

Timer, der; *Subst.* (timer)

Ein Register (schneller Speicher) oder eine spezielle Schaltung, ein Chip oder eine Softwareroutine in einem Computersystem zur Messung von Zeitintervallen. Ein Timer ist nicht identisch mit der Systemuhr, obwohl sich dessen Impulse von der Taktfrequenz der Systemuhr ableiten lassen. → *siehe auch* Uhrzeit und Datum. → *vgl.* Taktgeber, Uhr/Kalender.

Timertreiber, virtueller, der; *Subst.* (virtual timer device driver)

→ *siehe* virtueller Gerätetreiber.

Time to Live

Ein Feld mit Kopfinformationen für ein über das Internet gesendetes Paket, in dem angegeben ist, wie lange das Paket gespeichert werden soll. → *siehe auch* Kopf, Paket.

Tintenkassette, die; *Subst.* (ink cartridge)

Ein mit Tinte gefülltes Einwegmodul, das in der Regel in einem Tintenstrahldrucker zum Einsatz kommt. → *siehe auch* Tintenstrahldrucker.

Tintenstrahldrucker, der; *Subst.* (ink-jet printer)

Ein anschlagfreier Drucker, bei dem flüssige Tinte im Druckkopf durch Vibration oder Aufheizen in feinste Tröpfchen aufgelöst und durch kleinste Löcher verspritzt wird, um Zeichen oder Grafiken auf Papier zu bringen. Tintenstrahldrucker fordern einige Laserdrucker hinsichtlich Preis und Druckqualität heraus, obwohl sie langsamer als Laserdrucker arbeiten. Die größten Probleme bei der Tintenstrahltechnologie ergeben sich aus der erforderlichen Spezialtinte, die hochlöslich sein muss, um das Verkleben der Düsen im Druckkopf zu vermeiden. Bei der Verwendung von einigen Papierarten läuft die Tinte aus, wodurch sich ein unscharf erscheinendes Druckbild ergibt. Außerdem verschmiert frisch bedrucktes Papier, wenn man es berührt oder anfeuchtet. → *siehe auch* anschlagfreier Drucker, Druckkopf.

Tiny-Modell, das; *Subst.* (tiny model)

Ein Speichermodell der Mikroprozessorfamilie Intel 80x86. Das Tiny-Modell erlaubt die Verwendung von lediglich 64 Kilobyte (KB) für Code und Daten zusammen. → *siehe auch* 8086, Speichermodell.

Tiny MUD, das; *Subst.*

→ *siehe* MUD.

Titelschrift, die; *Subst.* (display face)

Eine für Überschriften und Titel in Dokumenten passende Schrift, die sich durch die Fähigkeit zur Hervorhebung vom anderen Text auf der Seite auszeichnet. Schriften ohne Serifen, z.B. Helvetica und Avant Garde, eignen für sich Titelschriften. → *siehe auch* serifenlos. → *vgl.* Brotschrift.

Titelzeile, die; *Subst.* (title bar)

Bei einer grafischen Benutzeroberfläche ein horizontaler Bereich am oberen Rand eines Fensters, der den Namen des Fensters enthält. Meist sind in den Titelzeilen auch Schaltflächen enthalten, um das Fenster zu schließen oder seine Größe zu verändern. Durch Klicken auf die Titelzeile lässt sich das gesamte Fenster verschieben.

TLA

Abkürzung für **T**hree-**L**etter **A**cronym (Dreibuchstabenabkürzung). Ein ironischer Begriff, der meist zum Spaß in

E-Mail-Nachrichten, Newsgroups und anderen Onlineforen auf dem Internet verwendet wird und auf die zahlreichen, häufig aus drei Buchstaben bestehenden Abkürzungen im Computerumfeld anspielt. → *siehe auch* Netspeak. → *vgl.* Fasgrolia.

TMS34010
→ *siehe* 34010, 34020.

TN-Display, das; *Subst.* (TN display)
→ *siehe* Twisted Nematic Display.

Tochterboard, das; *Subst.* (daughterboard)
Eine Platine, die mit einer anderen Platine – meist der Systemplatine (Hauptplatine) – verbunden wird, um die Funktionalität zu erweitern. → *siehe auch* Hauptplatine.

töten *Vb.* (nuke)
Das Anhalten eines Prozesses in einem Betriebssystem, einer Anwendung oder einem Programm. → *auch genannt* killen.

TOF
→ *siehe* Dateianfang.

Token, das; *Subst.* (token)
Ein eindeutiges, strukturiertes Datenobjekt oder eine Nachricht, die kontinuierlich zwischen den Knoten eines Token Ring-Netzwerks zirkuliert und den aktuellen Zustand des Netzwerks beschreibt. Bevor ein Knoten eine Nachricht senden kann, muss er zuerst die Kontrolle über das Token an sich bringen. → *siehe auch* Token Bus-Netzwerk, Tokenpassing, Token Ring-Netzwerk.

Token Bus-Netzwerk, das; *Subst.* (token bus network)
Ein lokales Netzwerk, das in einer Bustopologie (die Stationen sind durch eine einzelne, gemeinsam genutzte Datenübertragungsstrecke verbunden) aufgebaut ist und Tokenpassing zur Regelung des Verkehrs auf der Leitung verwendet. Auf einem Token Bus-Netzwerk wird ein Token, das das Recht zum Senden regelt, von einer Station zu einer anderen weitergeleitet. Jede Station übernimmt das Token für eine kurze Zeit, in der diese Station allein Informationen senden kann. Das Token wird gemäß einer Prioritätenfolge von einer »Upstream«-Station zur nächsten »Downstream«-Station weitergeleitet, wobei es sich nicht unbedingt um die physikalisch nächste Station handeln muss. So »kreist« das Token im Netzwerk eigentlich in einem logischen Ring und nicht in einem physikalischen. Token Bus-Netzwerke sind nach IEEE

802.4 genormt. → *siehe auch* Busnetzwerk, IEEE 802-Standards, Tokenpassing. → *vgl.* Token Ring-Netzwerk.

Tokenpassing, das; *Subst.* (token passing)
Ein Verfahren der Zugriffssteuerung auf einem lokalen Netzwerk durch die Verwendung eines speziellen Signals, dem sog. »Token«, das bestimmt, welche Station senden darf. Bei einem Token handelt es sich um eine kurze Nachricht, die von Station zu Station im Netzwerk weitergereicht wird. Nur die Station, die das Token besitzt, hat auch das Recht zum Senden von Informationen. → *siehe auch* Token Bus-Netzwerk, Token Ring-Netzwerk. → *vgl.* CSMA/CD, Kollisionserkennung, Konkurrenz.

Token Ring-Netzwerk, das; *Subst.* (Token Ring network, token ring network)
Ein lokales Netzwerk, das in einer ringförmigen Bustopologie aufgebaut ist und Tokenpassing zur Regelung des Verkehrs auf der Leitung verwendet. Auf einem Token Bus-Netzwerk wird ein Token, das das Recht zum Senden regelt, von einer Station zu einer anderen weitergeleitet. Liegen bei einer Station Informationen zum Senden vor, nimmt diese das Token vom Bus, markiert es als belegt und fügt die Informationen in das Token ein. Das Token wird nun mitsamt der neuen Nachricht im Ring weitergegeben, am Zielort kopiert und schließlich an den Absender zurückgesandt. Die Absenderstation entfernt die angehängte Nachricht wieder und gibt das freigegebene Token an die nächste Station im Ring weiter. Token Ring-Netzwerke sind nach IEEE 802.5 genormt. → *siehe auch* IEEE 802-Standards, Ringnetzwerk, Tokenpassing. → *vgl.* Token Bus-Netzwerk. (Abbildung T.4)
Der Ausdruck »Token Ring-Netzwerk« bezeichnet außerdem ein von IBM entwickeltes Ringsystem mit Tokenpassing, das mit einer Geschwindigkeit von 4 Megabit (etwa 4 Millionen bit) pro Sekunde arbeitet. Es basiert auf dem Funktionsprinzip, wie es in Definition 1 beschrieben ist. Bei Verkabelung über normale Telefonleitungen kann Token Ring bis zu 72 Geräte verbinden. Mit geschirmter Twistedpairverkabelung (STP) unterstützt das Netzwerk bis zu 260 Geräte. Obwohl dieses Verfahren auf einer Ringtopologie (geschlossene Schleife) aufbaut, verwendet ein Token Ring-Netzwerk sternförmige Cluster mit bis zu acht, an einen Konzentrator (Multistation Access Unit, oder MSAU) angeschlossenen Arbeitsstationen, wobei der Konzentrator selbst mit dem Hauptring verbunden ist. Das Token Ring-Netzwerk lässt sich an Mikrocomputer, Minicomputer und Großcomputer anpassen und entspricht der Norm IEEE 802.5 für Token Ring-Netzwerke. → *siehe auch* Ringnetzwerk, STP, Tokenpassing.

T

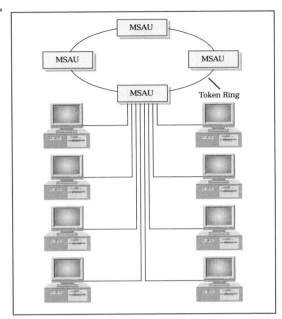

Abbildung T.4: Token Ring-Netzwerk: Eine IBM Token Ring-Konfiguration mit MSAUs

Ton, der; *Subst.* (tone)
Eine bestimmte Farbschattierung. → *siehe* auch Farbmodell, Helligkeit. → auch genannt schattieren, Wert.
Außerdem ein Klang oder Signal mit einer bestimmten Frequenz.

Toner, der; *Subst.* (toner)
Pigmentpulver, das für Bürokopierer und in Laser-, LED- und LCD-Druckern verwendet wird. → *siehe auch* elektrofotografische Drucker.

Tonerkassette, die; *Subst.* (toner cartridge)
Ein auswechselbarer Behälter, der den Toner für einen Laserdrucker oder einen anderen Seitendrucker bevorratet. Manche Tonerkassetten enthalten nur den Toner allein, bei den gebräuchlichsten Druckwerken sind jedoch sowohl die Verbrauchsmaterialien als auch die Verschleißteile – d.h. der Toner und die fotoempfindliche Trommel – in einer Kassette zusammengefasst. Die Tonerkassetten sind zwischen Druckern, die das gleiche Druckwerk verwenden, austauschbar.

T-Online
Größter deutscher Onlinedienst, der auch Internetzugang anbietet. Der Dienst wurde bereits 1984 gestartet und war früher unter dem Namen »BTX« (Bildschirmtext) bekannt. 1992 wurde der Dienst in »Datex-J« umbenannt, 1995 dann

in den heutigen Namen »T-Online«. Die Website von T-Online ist unter der Adresse http://www.t-online.de erreichbar. → *siehe auch* Deutsche Telekom, Onlinedienst.

Tonnenverzerrung *Subst.* (barrel distortion)
→ *siehe* Bildschirmverzerrung.

Tonwahl, die; *Subst.* (touch tone dialing)
Das bei einem Tastentelefon verwendete Signalisierungssystem, bei dem jeder Ziffer zwei bestimmte Tonfrequenzen zugeordnet sind. Während des Wählvorgangs werden diese Frequenzen z.B. 1336 Hz und 697 Hz für die Ziffer 2 an die Vermittlungsstelle gesendet. Die Tonwahl wird technisch zutreffender auch als Mehrfrequenzwahlverfahren (MFW) bezeichnet. → *siehe auch* Tonwahlverfahren. → *vgl.* Pulswahl.

Tonwahlverfahren, die; *Subst.* (tone dialing)
Das bei Telefonapparaten mit Tasten verwendete Signalisierungssystem, bei dem jede Ziffer einer Telefonnummer mit einer bestimmten Tonfrequenz übertragen wird. → *siehe auch* Impulswahlverfahren.

Toolbox, die; *Subst.* (toolbox)
Eine Gruppe vordefinierter (und in der Regel bereits kompilierter) Routinen, die ein Programmierer beim Erstellen von Programmen für eine bestimmte Maschine, Umgebung oder Anwendung einsetzen kann. → *siehe auch* Bibliothek. → *auch genannt* Toolkit.
Beim Apple Macintosh ein Satz von Routinen, die größtenteils im ROM gespeichert sind und dem Anwendungsprogrammierer als Schnittstelle zur grafischen Benutzeroberfläche des Computers dienen. → *auch genannt* Benutzeroberflächen-Toolbox.

Tool Command Language/Tool Kit, die bzw. das; *Subst.*
→ *siehe* Tcl/Tk.

Toolkit, der; *Subst.* (toolkit)
→ *siehe* Toolbox.

Topdowndesign, das; *Subst.* (top-down design)
Ein Entwurfskonzept für Programme, bei dem man zunächst die Funktionalität eines Programms (als eine Folge von Tasks) auf der höchsten Ebene festlegt und dann schrittweise jeden Task in Funktionsblöcke auf der jeweils darunter liegenden Ebene aufteilt. → *siehe auch* Bottom-Up-Programmierung, Topdownprogrammierung. → *vgl.* Bottom-Up-Design.

Topdownprogrammierung, die; *Subst.* (top-down programming)
Eine Methode der Programmierung, die ein Programm nach dem Topdownprinzip umsetzt. Dabei wird in der Regel zunächst ein Hauptprogramm erstellt, das verschiedene Hauptroutinen (zunächst als Dummyroutine implementiert) aufruft. Daraufhin werden die einzelnen Routinen programmiert, die wiederum weitere, darunter liegende Routinen aufrufen (auch diese zu Beginn als Dummyroutinen realisiert). → *siehe auch* Bottom-Up-Design, Dummyroutine, Topdowndesign. → *vgl.* Bottom-Up-Programmierung.

Topleveldomäne, die; *Subst.* (top-level domain)
Im Internet-DNS-Adressensystem ist dies die übergreifende Namenskategorie, der alle weiteren Domänen untergeordnet sind. Die Topleveldomänen für Adressen in den Vereinigten Staaten lauten beispielsweise .com, .edu, .gov, .net und .org. → *siehe auch* Länderkürzel.

Topologie, die; *Subst.* (topology)
Die Konfiguration, die durch die Verbindungen zwischen den Geräten in einem lokalen Netzwerk (LAN) oder zwischen mehreren solcher Netzwerke gebildet wird. → *siehe auch* Baumnetzwerk, Busnetzwerk, lokales Netzwerk, Ringnetzwerk, Sternnetzwerk, Token Ring-Netzwerk.

Tortengrafik, die; *Subst.* (pie chart)
Auch als Kreisdiagramm bezeichnet. Ein Diagrammtyp, bei dem die Werte prozentual (Tortenstücke) bezüglich eines Ganzen (Torte) präsentiert werden. → *auch genannt* Kreisdiagramm.

Total Cost of Ownership, die; *Subst.* (total cost of ownership)
Zu Deutsch: »gesamte Betriebskosten«; Abkürzung: TCO. Im engeren Sinn die Kosten für Anschaffung, Unterhalt, Betrieb und Wartung eines PCs. Etwas allgemeiner, die Kosten, die Firmen und Unternehmen für Einrichtung und Wartung von komplexen, vernetzten Computersystemen entstehen. Dazu gehören die direkten Kosten für Hardware und Software, die anschließend entstehenden Kosten für Installation, Mitarbeiterschulung, technische Hilfestellung sowie Upgrades und Reparaturen. Um die Kosten zu reduzieren, hat die Industrie entsprechende Lösungen entwickelt. Dazu gehören zentrale Netzwerkverwaltung und -administration, aber auch Hardwarelösungen in Form von Netzwerkcomputern, die zum Teil ohne Massenspeicher ausgestattet sind und meist nur über begrenzte Erweiterungsmöglichkeiten verfügen.

Toter Code, der; *Subst.* (dead code)
Prozeduren, Variable oder andere Programmelemente, die nicht verfügbar, nicht verwendbar oder veraltet sind. Toter Code wird nie aufgerufen, obwohl er Bestandteil eines Programms ist. Er wurde versehentlich erstellt oder im Programm belassen, nachdem die entsprechenden Aufrufe gelöscht wurden, Programmänderungen die Verwendung unnötig gemacht haben oder neue Ablaufstrukturen den Code umgehen. Toter Code kann die Programmausführung verlangsamen und den Arbeitsspeicherbedarf des Programms erhöhen. Er sollte entweder manuell oder mit Hilfe eines optimierenden Compilers entfernt werden. → *auch genannt* Softwaremüll.

toter Link, der; *Subst.* (stale link)
Ein Hyperlink zu einem HTML-Dokument, das gelöscht oder verschoben wurde, wodurch der Hyperlink nutzlos wird. → *siehe auch* HTML-Dokument, Hyperlink.

tote Taste, die; *Subst.* (dead key)
Eine Taste, die zusammen mit einer anderen Taste verwendet wird, um ein Akzentzeichen zu erzeugen. Eine tote Taste produziert kein unmittelbar sichtbares Zeichen (daher ihr Name), zeigt jedoch dem Computer an, dass das vor ihr dargestellte Akzentzeichen mit dem nächsten eingegebenen Buchstaben zu kombinieren ist.

Touchpad, das; *Subst.* (touch pad)
Eine Variante des grafischen Tabletts, das anstelle der bei hochwertigen, hochauflösenden Tabletts verwendeten elektromagnetischen Sensoren mit druckempfindlichen Sensoren arbeitet, um die Lage eines Gerätes auf der Tablettoberfläche zu verfolgen. → *siehe auch* absolutes Zeigegerät, Grafiktablett.

Touchscreen, die; *Subst.* (touch screen)
Ein Computerbildschirm, der für die Erkennung einer Berührung auf seiner Oberfläche entwickelt oder modifiziert wurde. Durch die Berührung des Bildschirms kann der Benutzer eine Auswahl treffen oder einen Cursor verschieben. Beim einfachsten Typ eines Sensorbildschirms liegt über dem Schirm ein Gitter aus Sensordrähten, die eine Positionsbestimmung durch Lokalisierung der vertikalen und horizontalen Kontakte ermöglichen. Andere, genauere Arten arbeiten mit einer elektrisch geladenen Oberfläche und Sensoren an den Bildschirmrändern, um die elektrische Feldstörung zu erkennen und den genauen Punkt der Berührung zu bestimmen. Bei einem dritten Typ sind entlang der Bildschirmrän-

T

T der LEDs und Sensoren eingebettet. Diese Bauelemente erzeugen an der Vorderseite des Schirms ein unsichtbares Infrarotgitter, das von den Fingern des Benutzers unterbrochen wird. → *vgl.* Lichtgriffel.

Tower, der; *Subst.* (tower)
Ein Mikrocomputersystem mit einem etwa 60 Zentimeter hohen, schmalen Gehäuse. Die Systemplatine ist dabei in der Regel vertikal eingebaut, während die Laufwerke in waagerechter Position montiert sind. → *siehe auch* Gehäuse, Hauptplatine, Mikrocomputer. → *vgl.* Minitower. (Abbildung T.5)

Abbildung T.5: Tower

TP
→ *siehe* transaktionale Verarbeitung.

TPC
→ *siehe* Transaction Processing Performance Council.

TPC-D
Abkürzung für **T**ransaction **P**rocessing **C**ouncil Benchmark **D** (Benchmark zur beratenden Transaktionsverarbeitung). Eine Standardbenchmark, die für eine breite Palette von Entscheidungshilfeanwendungen entworfen ist und auf komplexen Datenstrukturen basiert. → *siehe auch* Transaction Processing Performance Council.

TP-Monitor, der; *Subst.* (TP monitor)
Kurzform für **T**tele**P**rocessing **Monitor** or **T**ransaction **P**rocessing **Monitor** (Fernverarbeitungsüberwachung). Ein Programm, das die Übertragung von Daten zwischen Terminals (bzw. Clients) und einem Großcomputer (bzw. Server) steuert, um für Anwendungen zur Onlinedatenverarbeitung (OLTP) eine konsistente Umgebung zu gewährleisten. Ein TP-Moni-

tor kann auch die Bildschirmdarstellungen steuern und das korrekte Format der Eingabedaten prüfen. → *siehe auch* Client, Großrechner, Online Transaction Processing, Server.

Traceroute *Subst.* (traceroute)
Ein Hilfsprogramm, das den Pfad anzeigt, den ein Paket in einem Netzwerk durchläuft, bevor es den Remotehost erreicht. In der Ausgabe von Traceroute werden auch die IP-Adressen aller Zwischenhosts oder -router und die Zeit, die das Paket benötigt, um diese zu erreichen, protokolliert. → *siehe auch* IP-Adresse, Paket.

Track-at-Once (track at once)
CD/DVD-Aufzeichnungsverfahren, bei dem alle Tracks einzeln auf einen Rohling geschrieben werden. Track-at-Once, auch als TAO-Modus bekannt, erlaubt das Beschreiben eines Mediums in mehreren Durchgängen (so genanntes Multisession-Verfahren). Durch die nötige Neupositionierung des Lasers beim Schreiben entstehen zwischen zwei Tracks Pausen von bis zu zwei Sekunden. → *vgl.* Disc-at-Once.

Trackball, der; *Subst.* (trackball)
Ein Zeigegerät, bestehend aus einer Kugel, die auf zwei Rollen gelagert ist. Die Rollen sind im rechten Winkel zueinander angeordnet und wandeln eine Bewegung der Kugel in vertikale und horizontale Bewegungen auf dem Bildschirm um. Ein Trackball verfügt in der Regel auch über eine oder mehrere Tasten zum Auslösen anderer Aktionen. Das Gehäuse des Trackballs ist stationär, die Kugel wird mit der Handfläche bewegt. → *vgl.* mechanische Maus. (Abbildung T.6)

Abbildung T.6: Trackball

Trackpad, das; *Subst.* (trackpad)
Ein Zeigegerät, das aus einer kleinen, flachen, berührungsempfindlichen Sensorfläche besteht. Der Mauszeiger auf dem Bildschirm kann verschoben werden, indem man mit dem Finger über die Oberfläche des Trackpads fährt. Vorrichtungen dieser Art finden sich meist bei tragbaren Computern. → *siehe auch* Zeigegerät.

traditionelle Newsgrouphierarchie, die; *Subst.* (traditional newsgroup hierarchy)
Die sieben Standardkategorien für Newsgroups im Usenet: comp., misc., news., rec., sci., soc. und talk. Eine Hinzufügung weiterer Newsgroups zur traditionellen Hierarchie setzt eine formale Abstimmungsprozedur voraus. → *siehe auch* comp.-Newsgroups, misc.-Newsgroups, Newsgroup, news.-Newsgroups, rec.-Newsgroups, Request for Discussion, sci.-Newsgroups, soc.-Newsgroups, talk.-Newsgroups, Usenet. → *vgl.* alt.-Newsgroups.

Traffic-Shaping, das; *Subst.* (traffic shaping)
Eine Technik für die Zuteilung von Bandbreite und zur Verhinderung von Paketverlust durch das Erzwingen von Prioritätsrichtlinien für die Übertragung von Daten über ein Netzwerk. *auch genannt*: Bandbreiten-Shaping. → *siehe auch* Bandbreite, Bandbreitenreservierung, Bandbreitenverwaltung, Tokenpassing.

Trägerfrequenz, die; *Subst.* (carrier frequency)
Ein Hochfrequenzsignal, das z.B. in Verbindung mit Modems und in Netzwerken verwendet wird und zur Übertragung von Informationen dient. Die Trägerfrequenz schwingt eine bestimmte Anzahl in der Sekunde (Einheit: Hertz, 1 Hertz = 1 Schwingung pro Sekunde). Die Codierung der Informationen auf die Trägerfrequenz erfolgt durch Änderung der Amplitude, der Phase oder der Frequenz. Dieser Vorgang wird als »Modulation« bezeichnet.

Trägerfrequenzsystem, das; *Subst.* (carrier system)
Ein Kommunikationsverfahren, das unterschiedliche Trägerfrequenzen verwendet, um die Informationen über mehrere Kanäle auf einem einzelnen physikalischen Pfad zu übertragen. Zu diesem Zweck wird das Signal von der Sendestation auf eine bestimmte Trägerfrequenz aufmoduliert und von der Empfangsstation entsprechend demoduliert.

Trägersignal, das; *Subst.* (carrier)
In der Kommunikationstechnik eine festgelegte Frequenz, auf die die zu übertragenden Informationen aufmoduliert werden.

Traktorvorschub, der; *Subst.* (tractor feed)
In einem Drucker verwendete Vorrichtung für den Papiertransport, bei der auf zwei rotierenden Bändern Führungsstifte zum Transport des Papiers angebracht sind. Die Stifte greifen in die Löcher an den Rändern von Endlospapier ein und ziehen oder schieben das Papier durch. → *siehe auch* Endlospapier. → *vgl.* Stachelwalze.

transaction processing monitor, der; *Subst.*
→ *siehe* TP-Monitor.

Transaction Processing Performance Council, das; *Subst.*
Eine Gruppe von Hardware- und Softwareherstellern, die sich zur Vereinbarung und Veröffentlichung von Standardbenchmarks im Bereich transaktionale Verarbeitung und Datenbanken zusammengeschlossen haben. Die Website des Transaction Processing Performance Council ist unter der Adresse http://www.tpc.org erreichbar. → *siehe auch* Transaktion, transaktionale Verarbeitung.

Transaktion, die; *Subst.* (transaction)
Eine in sich abgeschlossene Aktivität innerhalb eines Computersystems, z.B. die Erfassung einer Kundenbestellung oder die Aktualisierung einer Bestandsposition. Transaktionen beziehen sich in der Regel auf Systeme zur Datenbankverwaltung oder Auftragserfassung sowie andere Onlinesysteme.

transaktionale Verarbeitung, die; *Subst.* (transaction processing)
Eine Verarbeitungsmethode, bei der Transaktionen unmittelbar nachdem sie das System empfangen hat, ausgeführt werden. → *siehe auch* Transaktion. → *vgl.* Batchverarbeitung.

Transaktionsdatei, die; *Subst.* (transaction file)
Eine Datei, die Einzelheiten von Transaktionen enthält, wie beispielsweise Artikel und Listenpreise, und für die Aktualisierung einer Masterdatenbankdatei verwendet wird. → *siehe auch* Transaktion. → *vgl.* Stammdatei.

transaktionsorientierte E-Mail, die; *Subst.* (transactional e-mail)
Eine Form des webbasierten Marketing, bei der Waren und Dienstleistungen direkt in einer E-Mail-Nachricht angeboten werden. Im Gegensatz zum konventionellen E-Mail-Marketing, bei dem der E-Mail-Empfänger die Website des Anbieters besucht haben muss, kann über transaktionsorientierte E-Mails die gesamte Abwicklung des Vertriebs über die E-Mail-Nachricht ausgeführt werden. Um die Bestelloptionen der transaktionsorientierten E-Mail nutzen zu können, muss der Empfänger die E-Mail-Nachricht im HTML-Format anzeigen. → *vgl.* Spam.

T

Transaktionsprotokoll, das; *Subst.* (transaction log)
→ *siehe* Änderungsdatei.

Transceiver, der; *Subst.* (transceiver)
Abkürzung für **Trans**mitter/Re**ceiver** (Sendeempfänger). Ein Gerät, das Signale sowohl senden als auch empfangen kann. In lokalen Netzwerken wird mit Transceiver eine Vorrichtung zum Anschluss eines Computers an das Netzwerk bezeichnet.
→ *siehe auch* Ethernet, Netzwerk.

Transceiverkabel, das; *Subst.* (transceiver cable)
Ein Kabel zur Verbindung des Netzwerkadapters eines Computers mit einem lokalen Netzwerk (LAN). → *siehe auch* LAN.

Transducer, der; *Subst.* (transducer)
Ein Gerät, das eine Energieform in eine andere umwandelt. Elektronische Transducer konvertieren entweder elektrische Energie in eine andere Energieform oder nichtelektrische in elektrische Energie.

Transfer, der; *Subst.* (transfer)
Die Bewegung von Daten von einem Ort zu einem anderen. Die Übergabe der Programmsteuerung von einem Codeabschnitt an einen anderen.

Transferanweisung, die; *Subst.* (transfer statement)
Eine Anweisung in einer Programmiersprache, die den Programmablauf an eine andere Stelle im Programm versetzt.
→ *siehe auch* GOTO-Befehl, Sprungbefehl, Verzweigungsbefehl.

Transferrate, die; *Subst.* (transfer rate)
Die Geschwindigkeit, mit der eine Schaltung oder ein Kommunikationskanal Informationen von der Quelle zum Ziel überträgt, z.B. über ein Netzwerk oder zu und von einem Diskettenlaufwerk. Die Transferrate wird in Informationseinheiten pro Zeit gemessen – beispielsweise in Bit oder Zeichen pro Sekunde – und entweder als Nettorate angegeben, die die maximale Übertragungsgeschwindigkeit darstellt, oder als Durchschnittsrate, die die zeitlichen Abstände zwischen den Datenblöcken als Teil der Übertragungszeit berücksichtigt.

Transferzeit, die; *Subst.* (transfer time)
Die Zeitdauer zwischen dem Beginn und dem Ende einer Datenübertragung.

Transformator, der; *Subst.* (transformer)
Ein Gerät zur Änderung der Spannung oder der Impedanz in Wechselstromkreisen. (Abbildung T.7)

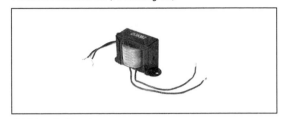

Abbildung T.7: Transformator

transformieren *Vb.* (transform)
Das Erscheinungsbild oder das Format von Daten ohne Änderung des Inhalts umwandeln, z.B. durch Codierung von Informationen nach vorgegebenen Regeln.
In der Mathematik und der Computergrafik bezieht sich der Begriff »transformieren« auf die Veränderung der Position, Größe oder Beschaffenheit eines Objekts, indem man es z.B. an einen anderen Ort verschiebt (Translation), es vergrößert oder verkleinert (Skalierung), dreht (Rotation) oder seine Beschreibung von einer Art Koordinatensystem in eine andere überführt.

Transistor, der; *Subst.* (transistor)
Kurzform für **Tran**sfer Re**sistor** (steuerbarer Widerstand). Ein Halbleiterbauelement, in der Regel mit drei Anschlüssen, in dem ein Stromfluss durch eine Spannung oder einen Strom gesteuert wird. Ein Transistor kann für zahlreiche Funktionen eingesetzt werden, z.B. als Verstärker, Schalter oder Oszillator. Er stellt das fundamentale Bauelement der modernen Elektronik dar. → *siehe auch* FET, NPN-Transistor, PNP-Transistor. (Abbildung T.8)

Transistorlogik, direkt gekoppelte, die; *Subst.* (direct-coupled transistor logic)
→ *siehe* direkt gekoppelte Transistorlogik.

Transistor-Transistor-Logik, die; *Subst.* (transistor-transistor logic)
Abgekürzt TTL. Eine bipolare Schaltungstechnologie, bei der Transistoren entweder direkt oder über Widerstände miteinander verbunden sind. Die mit hoher Geschwindigkeit bei gutem Störabstand arbeitenden TTL-Schaltkreise werden in vielen digitalen Schaltungen eingesetzt. Auf einem einzelnen Chip lassen sich eine große Zahl von TTL-Gattern unterbringen.

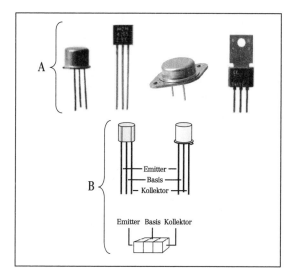

Abbildung T.8: Transistor: Die Abbildungen A zeigen vier verschiedene Transistoren: (v.l.n.r) TO-39, TO-92, TO-3 und TO-202. (Der dritte Pin des TO-3 ist in der Regel die Befestigungsplatte.) Die Zeichnung B zeigt zwei typische Bipolartransistoren.

Transmission Control Protocol/Internet Protocol, das; *Subst.*
→ *siehe* TCP/IP.

Transmit Data, das; *Subst.*
→ *siehe* TXD.

Transmitter, der; *Subst.* (transmitter)
Eine Schaltung oder ein elektronisches Gerät für das Versenden elektronisch codierter Daten an einen anderen Ort.

transparent *Adj.*
Beschreibt beim Einsatz von Computern eine Eigenschaft von Geräten, Funktionen oder Teilen eines Programms, deren Arbeit so unauffällig und problemlos vonstatten geht, dass sie für den Benutzer nicht sichtbar ist. Als »transparent« bezeichnet man z.B. die Fähigkeit einer Anwendung, mit Dateien aus einem anderen Programm arbeiten zu können, wenn sich dabei keine Probleme beim Öffnen, Lesen oder Verwenden dieser Dateien ergeben, so dass dem Benutzer die Verwendung der anderen Dateiformate nicht einmal bewusst wird.
In der Kommunikationstechnik bezeichnet »transparent« die Eigenschaft eines Übertragungsmodus, bei dem Daten aus beliebigen Zeichen - einschließlich Gerätesteuerzeichen - bestehen können, ohne dass eine Fehlinterpretation durch die Empfangsstation zu erwarten ist. So kann z.B. eine vor-

zeitige Beendigung der Übertragung im transparenten Modus nicht eintreten, da die Übertragung von der Empfangsstation erst nach Empfang eines entsprechenden Steuerzeichens beendet wird.
In der Computergrafik charakterisiert »transparent« das Fehlen einer Farbfüllung in einem bestimmten Bildbereich, so dass die Hintergrundfarbe des Bildes durchscheinen kann.

Transpiler, der; *Subst.* (language translation program)
Ein Programm, das die Befehle einer Sprache in eine andere Sprache übersetzt. Dieses Programm wird in der Regel für fortgeschrittene Programmiersprachen verwendet. → *siehe auch* höhere Programmiersprache.

Transponder, der; *Subst.* (transponder)
Eine Sende-Empfangsvorrichtung eines Kommunikationssatellits, die ein Signal von einer Bodenstation empfängt und auf einer anderen Frequenz zu einer oder mehreren Bodenstationen zurücksendet.

transponieren *Vb.* (transpose, transpose)
Das Umkehren oder Umstellen einer Anordnung - etwa das Vertauschen der Buchstabenreihenfolge von *d* und *n* in *udn* in die korrekte Schreibweise *und*, oder das Vertauschen zweier Drähte in einer Schaltung.
In der Mathematik und in Rechenblättern von Tabellenkalkulationen steht dieser Begriff für das Drehen einer Matrix (ein zweidimensionales Array) um eine diagonale Achse.

transportabler Computer, der; *Subst.* (transportable computer)
→ *siehe* portabler Computer.

Transportschicht, die; *Subst.* (transport layer)
Die vierte Schicht im OSI-Referenzmodell für die Standardisierung der Kommunikation zwischen Computern. Die Transportschicht liegt direkt über der Netzwerkschicht und ist sowohl für die Qualität des Dienstes als auch die korrekte Bereitstellung der Informationen verantwortlich. Zu den auf dieser Schicht ausgeführten Aufgaben gehören die Fehlererkennung und Fehlerkorrektur. → *siehe auch* ISO/OSI-Schichtenmodell.

Transputer, der; *Subst.* (transputer)
Kurzform für **Trans**istor Com**puter**. Ein vollständiger Computer auf einem einzigen integrierten Schaltkreis, einschließlich RAM und Gleitkommaprozessor, der als Baustein für Parallelverarbeitungssysteme entworfen wurde.

Trap, der; *Subst.* (trap)
→ *siehe* Interrupt.

Trapezoidverzerrung *Subst.* (trapezoid distortion)
→ *siehe* Bildschirmverzerrung.

Trap Handler, der; *Subst.* (trap handler)
→ *siehe* Interrupthandler.

Trefferhäufigkeit, die; *Subst.* (click-through)
Die Häufigkeit, mit der Besucher innerhalb einer bestimmten Zeitspanne auf eine Werbefläche klicken. Die Trefferhäufigkeit ist eines der Kriterien, anhand dessen von Website-Betreibern die Werbegebühren festgelegt werden. → *siehe auch* Trefferrate.

Trefferrate, die; *Subst.* (click-through rate)
Der prozentuale Anteil der Besucher einer Website, die auf eine Werbefläche klicken. → *auch genannt* Klickgeschwindigkeit.

Treiber, der; *Subst.* (driver)
Eine Hardwareeinrichtung oder ein Programm zur Steuerung oder Regelung eines anderen Gerätes. Ein Leitungstreiber verstärkt beispielsweise Signale, die über eine Kommunikationsleitung übertragen werden. Ein Gerätetreiber ist ein geräteabhängiges Steuerprogramm, das einen Computer in die Lage versetzt, mit einem bestimmten Gerät, z.B. einem Drucker oder einem Diskettenlaufwerk, zu arbeiten. → *siehe auch* Gerätetreiber.

Trellis-Codierung, die; *Subst.* (trellis-coded modulation)
Eine erweiterte Form der Quadraturamplitudenmodulation, die man bei Modems mit einer Übertragungsrate über 9600 Bit pro Sekunde (bps) einsetzt. Dabei werden die Informationen als eindeutige Bitgruppen verschlüsselt, die mit Wechseln sowohl in der Phase als auch der Amplitude des Trägers verbunden sind. Die Trellis-Codierung verwendet zusätzliche Signalpunkte für Fehlerprüfbits. → *siehe auch* Quadraturamplitudenmodulation.

trennen *Vb.* (decollate, disconnect)
Eine Kommunikationsverbindung unterbrechen.
Auch das Aufteilen von Kopien in einem mehrteiligen Endlospapierformat.

Trennlinie, die; *Subst.* (rule)
Eine Linie, die oberhalb, unterhalb oder seitlich eines Seitenelements gedruckt wird, entweder um das Element vom restlichen Seiteninhalt abzusetzen oder um das Aussehen der Seite zu verbessern. Fußnoten werden z.B. oft unter einer kurzen Trennlinie gedruckt, durch die sie vom Haupttext abgesetzt werden. Die Stärke einer Trennlinie wird meist in Punkten (pt) angegeben. (Ein Punkt entspricht etwa $1/_3$ mm.)

Treppeneffekt, der; *Subst.* (jaggies, stairstepping)
In der Computergrafik das gezackte (»treppenartige«) Aussehen von Kurven und diagonalen Linien, die bei niedrigen Auflösungen entstehen. → *auch genannt* Aliasing.
→ *auch genannt* Aliasing.

Triage, die; *Subst.* (triage)
Der Vorgang, bei dem Projekte oder Elemente eines Projektes (z.B. Bugfixes) nach Prioritäten kategorisiert werden, um sicherzustellen, dass die verfügbaren Ressourcen nach zeitlichen, Kosten- und weiteren Gesichtspunkten so effektiv wie möglich aufgeteilt werden. Früher wurde der Begriff »Triage« vor allem beim Setzen von Prioritäten in Verbindung mit der Behandlung von Verwundeten während eines Krieges oder nach Unglücken verwendet. In letzter Zeit taucht der Ausdruck aber auch verstärkt bei Maßnahmen auf, die Computersysteme im Hinblick auf das Jahr-2000-Problem vor Abstürzen und Fehlfunktionen schützten. → *siehe auch* Jahr-2000-Problem.

triagen *Vb.* (triage)
Elemente eines Projektes oder Problems erkennen und nach Prioritäten sortieren. Dabei erfolgt die Aufteilung so, dass Ressourcen wie Arbeitskapazitäten optimal genutzt und Kosten so niedrig wie möglich gehalten werden.

Tribe Flood Network, das; *Subst.* (tribe flood network)
Ein Angriffstool, das von Hackern für verteilte Dienstverweigerungsattacken (DDoS-Attacken) eingesetzt wird. Die Hauptkomponente des Tribe Flood Network wird auf Computern installiert, die dadurch - ohne das Wissen ihrer Benutzer - zu »Komplizen« für die Attacke werden. Der Hacker verwendet die Clientkomponente des Programms, um die betroffenen Computer zu steuern und die Attacke zu koordinieren. Tribe Flood Network kann eine SYN-Flood-Attacke sowie Smurf-Attacken auf Server unter Microsoft Windows NT, Sun Solaris und Linux ausführen. → *siehe auch* Dienstverweigerungsattacke, Fraggle-Attacke, Hacker, Smurf-Attacke, Trinoo, Verteilte Dienstverweigerungsattacke.

trichromatisch *Adj.* (trichromatic)
Charakterisiert ein System, das aus drei Grundfarben (in der Computergrafik Rot, Grün und Blau) alle anderen Farben erzeugt. → *siehe auch* Farbmodell.

Trigger, der; *Subst.* (trigger)
Eine Aktion in einer Datenbank, die die automatische Ausführung einer Prozedur bewirkt, wenn ein Benutzer versucht, Daten zu ändern. Der Trigger kann, je nach der Art der versuchten Änderung, eine spezifische Aktion im Datenbanksystem bewirken. Unzulässige, unerwünschte oder nicht autorisierte Änderungen können auf diese Weise verhindert werden, um die Integrität der Datenbank zu schützen.

Trigonometrie, die; *Subst.* (trigonometry)
Ein Zweig der Mathematik, dessen Gegenstand die Berechnung ebener und sphärischer Dreiecke mit Hilfe von Winkelfunktionen (wie Sinus und Cosinus) ist. Beispielsweise lassen sich die Beziehungen zwischen zwei Seiten eines rechtwinkligen Dreiecks oder zwischen zwei Komplementwinkeln darstellen.

Trinoo, das; *Subst.* (trinoo)
Ein im Sommer 1999 erstmals erschienenes Angriffstool, das von Hackern für verteilte Dienstverweigerungsattacken (DDoS-Attacken) eingesetzt wird. Trinoo besteht aus einer Haupt- und einer Clientkomponente. Der Hacker sendet die Hauptkomponente von Trinoo in der Regel als E-Mail-Anlage an Computer, die somit zu »Komplizen« werden. Die Hauptkomponente installiert sich unerkannt auf dem betroffenen Computer und führt von dort aus die Attacke aus: Es werden zahlreiche ungültige Datenpakete an den Zielserver gesendet. Über die Clientkomponente kann der Hacker während der Attacke die Hauptkomponenten auf den betroffenen Computern steuern. → *siehe auch* Hacker, Tribe Flood Network, Verteilte Dienstverweigerungsattacke.

Tristimuluswerte, der; *Subst.* (tristimulus values)
In der Farbgrafik die variierenden Anteile dreier Grundfarben (z.B. Rot, Blau, Grün), die zur Erzeugung anderer Farbtöne gemischt werden. → *siehe auch* Farbe, Farbmodell.

Trockenlauf, der; *Subst.* (dry run)
Die Ausführung eines Programms, mit dem mehr oder weniger gravierende Effekte beabsichtigt sind, verwendet wird das Formatieren einer Diskette oder das Drucken eines Buchs, wobei aber die eigentliche Wirkung unterdrückt wird. Dadurch kann die prinzipielle Funktion des Programms getestet werden, ohne aber – wie im Beispiel – die Daten auf der Diskette zu überschreiben oder Papier zu verschwenden.

Trockentinte, die; *Subst.* (solid ink)
Druckfarbe, die – ähnlich wie Wachsmalkreide – in der Form fester Stifte hergestellt und in Trockentintendruckern verwendet wird. → *siehe auch* Trockentintendrucker.

Trockentintendrucker, der; *Subst.* (solid-ink printer)
Ein Computerdrucker, der Stifte mit fester Druckfarbe verwendet. Diese Stifte werden bis zum Schmelzen erhitzt, und die geschmolzene Farbe wird auf die Seite gesprüht, auf der sie abkühlt und sich verfestigt. → *siehe auch* Trockentinte.

troff
Kurzform für **T**ypesetting **r**un**off.** (Satzabzug). Ein UNIX-Programm zur Formatierung von Textdateien, das u.a. zur Formatierung der Manualseiten (»man pages«) dient. → *siehe auch* Man Pages. → *vgl.* TeX.

Trojanisches Pferd, das; *Subst.* (Trojan horse)
Ein Programm mit zerstörerischer Wirkung, das als Spiel, Dienstprogramm oder Anwendung getarnt ist. Nach dem Start führt ein Trojanisches Pferd Manipulationen am Computersystem aus, während es sich nach außen hin so verhält, als würde es nützliche Aufgaben verrichten. → *siehe auch* Virus, WORM.

trollen *Vb.* (troll)
Das Weiterleiten einer Mitteilung in einer Newsgroup oder einer anderen Onlinekonferenz, in der Hoffnung, dass jemand diese Mitteilung als so provokant erachtet, dass schließlich eine kontroverse Diskussion ausgelöst wird. Ein klassisches Beispiel für das Trollen wäre ein Artikel, der in einer Newsgroup von Haustierliebhabern weitergeleitet wird und sich für Tierquälerei ausspricht. Das Ganze ist natürlich nicht ernst gemeint. → *siehe auch* YHBT.

Trommel, die; *Subst.* (drum)
Ein rotierender Zylinder, der in verschiedenen Typen von Druckern und Plottern und als magnetisches Speichermedium für Daten zum Einsatz kommt (in der Zeit der Großcomputer). Bei Laserdruckern weist die rotierende Trommel eine Beschichtung aus fotoelektrischem Material auf, das nach der Belichtung mit einem Laserstrahl eine Ladung beibehält. Diese elektrisch geladenen Punkte ziehen dann die Tonerpartikel an, und die Trommel gibt den Toner an das Papier ab, wenn es die Trommel passiert.

Trommelplotter, der; *Subst.* (drum plotter)
Ein Plotter, bei dem das Papier um eine große umlaufende Trommel geführt wird, wobei sich am obersten Punkt der Trommel ein Stift bewegt. Um den richtigen Punkt auf dem Papier nach dem Stift auszurichten, wird das Papier zusammen mit der Trommel gedreht. Trommelplotter nehmen nur einen Bruchteil des Platzes ein, den Flachbettplotter bei der Verarbeitung des gleichen Papierformats benötigen. Ein zusätzlicher Vorteil des Trommelplotters in bestimmten Anwendungen besteht darin, dass es keine Begrenzung bezüglich der Papierlänge gibt. → *siehe auch* Plotter. → *vgl.* Flachbettplotter, Rollenplotter.

Trommelscanner, der; *Subst.* (drum scanner)
Ein Scanner, in dem das Medium (z.B. ein Blatt Papier) um einen stationären Scannerkopf gedreht wird. → *siehe auch* Scanner. → *vgl.* Einzugsscanner, Flachbettscanner, Handheldscanner.

Troubleshooting, das; *Subst.* (troubleshoot)
→ *siehe* Problembehandlung.

True BASIC, das; *Subst.* (True Basic)
Eine 1983 von den Urhebern der ursprünglichen Basic-Programmiersprache – John Kemeny und Thomas Kurtz >END>- entwickelte Basic-Version mit dem Ziel der Standardisierung und Modernisierung dieser Sprache. True Basic ist eine strukturierte Basic-Version, die kompiliert wird, keine Zeilennummern mehr benötigt sowie über weiterentwickelte Steuerstrukturen verfügt, um eine strukturierte Programmierung zu fördern. → *siehe auch* Basic, strukturierte Programmierung.

TrueType, der; *Subst.*
Eine Konturschrifttechnologie, die von Apple Computer im Jahre 1991 und von Microsoft im Jahre 1992 als Mittel für das Einbinden von hochwertigen Schriften mit den Betriebssystemen des Apple Macintosh bzw. Microsoft Windows eingeführt wurde. TrueType ist eine WYSIWYG-Schrifttechnologie, d.h. die ausgedruckten TrueType-Schriften sind identisch zur Erscheinung auf dem Bildschirm. → *siehe auch* Bitmapschrift, Konturschrift, PostScript.

TrueType Open Version 2 *Subst.*
→ *siehe* OpenType.

TSAPI
Abkürzung für **T**elephony **S**ervices **A**pplication **P**rogramming **I**nterface (Programmierschnittstelle für Telefondienste). Eine Normenfamilie für Schnittstellen zwischen einem großen Telefonnetz und den Servern eines Computernetzwerks, das von den Firmen Novell und AT&T entwickelt wurde sowie von zahlreichen Telefonbaufirmen und Softwareherstellern unterstützt wird. → *vgl.* TAPI.

Tschernobyl-Paket, das; *Subst.* (Chernobyl packet)
Eine Form einer Netzwerkattacke, bei der ein von einem Hacker gesendetes Datenpaket auf dem empfangenden System jede verfügbare Option für das verwendete Protokoll aktiviert. Das Tschernobyl-Paket verursacht einen »Paketsturm«, der letztendlich zu einem Netzwerkausfall führt. Auch »Kamikaze-Paket« genannt.

TSR
Abkürzung für **T**erminate-and-**S**tay-**R**esident (»Beenden und im Speicher verbleiben«). Ein Programm, das im Hauptspeicher verbleibt, auch wenn es gerade nicht ausgeführt wird. Es lässt sich daher schnell für eine spezifische Aufgabe aktivieren, während eine andere Anwendung arbeitet. TSR-Programme werden meist unter Betriebssystemen eingesetzt, die kein Multitasking gestatten, z.B. bei MS-DOS. → *siehe auch* hot key.

TSV
Abkürzung für »**T**abulator **S**eparated **V**alues«, zu Deutsch »kommabegrenzte Werte«. Erweiterung für Textdateien, in denen eine Datenbank in Tabellenform gespeichert ist. Wie der Name andeutet, sind die einzelnen Datenfelder durch Tabulatoren getrennt. → *vgl.* CSV.

TTFN
Abkürzung für »**T**a **T**a **F**or **N**ow« (»Tschüss solange!«). Ein Ausdruck, der in Internetdiskussionsrunden (z.B. einem IRC Internet Relay Chat), für das vorübergehende Abmelden eines Teilnehmers verwendet wird. → *siehe auch* IRC.

TTL
→ *siehe* Time to Live, Transistor-Transistor-Logik.

TTY
Abkürzung für **T**ele**TY**pewriter (Fernschreiber). Ein Kommunikationsgerät, das aus einer Tastatur und einem Drucker besteht und für eine – relative langsame – Nachrichtenübertragung über Telefonleitungen vorgesehen ist. Jeder Tastendruck auf der sendenden Maschine erzeugt einen Zeichencode, der an die empfangende Maschine übertragen wird und dort von einem Druckwerk ausgegeben wird. Fernschrei-

ber dienten früher als Ein- und Ausgabegerät in der EDV und wurden später von Datensichtgeräten (Terminals) ersetzt. → *siehe auch* Fernschreibermodus, KSR-Terminal.

tunneln *Vb.* (tunnel)
Ein Paket oder eine Nachricht eines Protokolls in ein anderes einbauen. Das eingebaute Paket wird dann über das Netzwerk im neuen Protokoll übertragen. Diese Methode der Paketübertragung wird verwendet, um Protokollbeschränkungen zu umgehen. → *siehe auch* Paket, Protokoll.

Tupel, das; *Subst.* (tuple)
In einer Datenbanktabelle (Relation) ein Satz von zusammengehörigen Werten, die jeweils ein Attribut (Spalte) repräsentieren. Ein Tupel wird in einem relationalen Datenbank-Managementsystem als Zeile gespeichert und ist mit einem Datensatz in einer nicht relationalen Datei vergleichbar. → *siehe auch* Relation.

Turing-Maschine, die; *Subst.* (Turing machine)
Ein theoretisches Modell, das 1936 von dem britischen Mathematiker Alan Mathison Turing entwickelt wurde und als Prototyp für digitale Computer gilt. Es wurde in dem Aufsatz »On Computable Numbers, with an Application to the *Entscheidungsproblem*« beschrieben, der in den *Proceedings of the London Mathematical Society* erschien. Die Turing-Maschine stellt ein logisches Gerät dar, das pro Zeittakt ein quadratisches Feld auf einem Papierstreifen abtasten kann. Jedes Feld enthält ein Symbol oder ist leer. Abhängig von dem Symbol, das aus dem aktuellen (Arbeits-)Feld gelesen wird, ändert die Maschine ihren Zustand und/oder verschiebt das Band vor oder zurück, um ein anderes Feld zu lesen oder zu beschreiben. → *siehe auch* Status.
Als »Turing-Maschine« wird ferner ein Computer bezeichnet, der im Turing-Test erfolgreich menschliche Intelligenz simulieren kann. → *siehe auch* Turing-Test.

Turing-Test, der; *Subst.* (Turing test)
Vom britischen Mathematiker und Entwickler der Turing-Maschine, Alan Mathison Turing, vorgeschlagener Test der Maschinenintelligenz. Im Turing-Test, der auch als Imitationsspiel bekannt ist, stellt eine Person eine Reihe von Fragen an zwei unsichtbare Antwortende, einen Menschen und einen Computer, um auf diese Weise den Computer zu identifizieren. → *siehe auch* Turing-Maschine.

Turtle, die; *Subst.* (turtle)
Eine kleine Bildschirmfigur in der Form eines Dreiecks oder einer Schildkröte, die als Zeichenwerkzeug für Grafiken dient. Eine Turtle (deutsch: Schildkröte) ist ein bedienungsfreundliches, leicht zu handhabendes Werkzeug und speziell für Kinder gedacht, die den Umgang mit dem Computer erlernen. Der Name geht auf eine mechanische, gewölbte »Schildkröte« zurück, die für die Programmiersprache Logo entwickelt wurde. Diese Schildkröte konnte Befehle dieser Sprache in Bewegungen umsetzen und einen Stift anheben und senken, um auf ein Stück Papier zu zeichnen.

Turtle-Grafik, die; *Subst.* (turtle graphics)
Eine einfache Grafikumgebung, die man z.B. in Logo und anderen Sprachen findet. Charakteristisch für die Turtle-Grafik ist die Steuerung einer Schildkröte (engl.: turtle) durch einfache Befehle, (wobei die Bewegung der Schildkröte wahlweise eine Spur hinterlässt). Einige Versionen zeigen die Schildkröte und ihre Spur auf dem Bildschirm an, während andere mit elektromechanischen Schildkröten arbeiten, die auf Papier schreiben.

Tutorial, das; *Subst.* (tutorial)
Ein Lehrhilfsmittel, das die Benutzer beim Erlernen der Verwendung eines Produktes oder eines Verfahrens unterstützen soll. Bei Computeranwendungen kann ein Tutorial entweder als Buch oder Handbuch vorliegen, jedoch auch als interaktive Folge von Lektionen, die als Software zum Programmpaket gehören.

Tux
Das Maskottchen für das Betriebssystem Linux. Tux ist ein dicker Comic-Pinguin, und die Tux-Grafik darf von jedem Anbieter von Linux-Produkten oder -Diensten verwendet werden. Die Bezeichnung »Tux« ist eine Kurzform des englischen Wortes »Tuxedo« (Frack), das Assoziationen auf einen Pinguin weckt. Außerdem handelt es sich um eine Abkürzung für »Torvald's UniX«, nach Linus Torvalds, dem Begründer des Betriebssystems Linux. → *siehe auch* Linux.

TWAIN
Eine De-facto-Standardschnittstelle zwischen Anwendungsprogrammen und Geräten zur Bilderfassung wie beispielsweise Scannern und Digitalkameras. Scanner verfügen fast immer über einen TWAIN-Treiber, jedoch kann nur TWAIN-kompatible Software diese Technologie nutzen. Die Bezeichnung TWAIN stellt kein Akronym dar, sondern bedeutet im poetischen Sinne »die zwei«. Der Ausdruck stammt aus Rudyard Kiplings Roman »The Ballad of East and West«, in dem es an einer Stelle heißt: »...and never the twain shall

T meet...«. Die Website der TWAIN Working Group ist unter der Adresse http://www.twain.org erreichbar. → *siehe auch* Scanner.

tween *Vb.*
In einem Grafikprogramm die Berechnung von Zwischenfiguren während der Umwandlung einer Grafikform in eine andere.

Twinax *Adj.* (twinaxial)
Ein Kabel, das zwei Koaxialkabel in einer umschließenden Isolation enthält. → *siehe auch* Koaxialkabel.

Twip, das; *Subst.* (twip)
Eine Maßeinheit für den Schriftsatz und Desk- top Publishing. Sie entspricht 1/20 Punkt, d.h. 0,018 mm. → *siehe auch* Punkt.

Twisted Nematic Display, das; *Subst.* (twisted nematic display)
Eine Bauform einer Flüssigkristallanzeige (LCD) mit passiver Matrix, die fadenförmige Flüssigkristallmoleküle enthält. Die Struktur dieser Moleküle weist aufgrund einer speziellen Behandlung eine 90-Grad-Drehung zwischen beiden Enden auf. Die Ausrichtung am unteren Ende des Kristalls ist demnach rechtwinklig zur Ausrichtung am oberen Ende. Wird ein elektrisches Feld an diese Kristalle angelegt, wird deren Drehung vorübergehend aufgehoben, wodurch sie den Durchgang von polarisiertem Licht sperren. Auf diese Weise werden bei einer LCD-Anzeige die dunklen Bildpunkte erzeugt. Der Begriff *nematic* (fadenförmig) bezieht sich auf die mikroskopischen, fadenähnlichen Strukturen der für diese Anzeigen verwendeten Flüssigkristalle.

Twistedpairkabel, das; *Subst.* (twisted-pair cable)
Ein Kabel aus zwei separaten, isolierten Einzeldrähten, die miteinander verdrillt sind. Einer der Drähte im Paar überträgt das empfindliche Signal, während der andere Draht geerdet ist. Durch Twistedpairverkabelung lassen sich die Einflüsse starker Störquellen im Hochfrequenzbereich (etwa von einem benachbarten Kabel) reduzieren. Twistedpairverkabelung wird im Netzwerkbereich häufig für Ethernet-Netze eingesetzt. → *siehe auch* Ethernet.

TXD
Abkürzung für Transmit (**TX**) **D**ata (Sendedaten). Eine Leitung für die Übertragung der gesendeten, seriellen Daten von einem Gerät zu einem anderen – z.B. von einem Computer zu einem Modem. Bei Verbindungen nach dem Standard RS-232-C wird TXD auf den Anschluss 2 des Steckverbinders geführt. → *siehe auch* RS-232-C-Standard. → *vgl.* RXD.

.txt
Eine Dateinamenerweiterung, die ASCII-Textdateien kennzeichnet. In den meisten Fällen enthält ein Dokument mit dieser Erweiterung keine zusätzlichen Formatierungsbefehle, so dass es mit jedem Texteditor oder Textverarbeitungsprogramm gelesen werden kann. → *siehe auch* ASCII.

Typ, der; *Subst.* (type)
Definition der Beschaffenheit einer Variablen – beispielsweise Integer (Ganzzahl), Realzahl, Textzeichen oder Gleitkommazahl. Die Datentypen werden in einem Programm durch den Programmierer festgelegt, der damit bestimmt, welchen Wertebereich eine Variable annehmen kann und welche Operationen sich mit ihr ausführen lassen. → *siehe auch* Datentyp.

Typdeklaration, die; *Subst.* (type declaration)
Eine Deklaration in einem Programm, mit der die Eigenschaften eines neuen Datentyps festgelegt werden. Dies geschieht in der Regel durch Kombinieren aus bereits vorhandenen, einfacheren Datentypen.

Type, die; *Subst.* (type)
In der Drucktechnik die Zeichen, aus denen gedruckter Text besteht, die Gestaltung eines Zeichensatzes (engl.: typeface) oder allgemeiner der vollständige Satz von Zeichen in einer gegebenen Größe und einem gegebenen Stil (Schrift). → *siehe auch* Schrift, Schriftart.

Typenkorb, der; *Subst.* (thimble)
Eine Druckeinheit, die ähnlich einem Typenrad einen vollständigen Zeichensatz trägt, wobei sich jedes Zeichen auf einem separaten Typenhebel befindet. Wie bei einem Typenrad verlaufen die Typenhebel (oder Speichen) strahlenförmig von einer Nabe nach außen. Allerdings ist bei einem Typenkorbelement jeder Typenhebel etwa auf halber Länge um 90 Grad nach oben abgewinkelt, so dass die einzelnen Speichen eine Art Korb bilden, an dessen oberen Rand die Drucktypen nach außen gewandt sind. → *siehe auch* Typenkorbdrucker. → *vgl.* Typenrad, Typenraddrucker.

Typenkorbdrucker, der; *Subst.* (thimble printer)
Ein Drucker, der mit einem Typenkorb arbeitet und durch eine Produktlinie von NEC bekannt wurde. Da diese Drucker voll-

ständig ausgeformte Zeichen wie bei einer Schreibmaschine verwenden, erzeugen sie Ausgaben in Briefqualität, die sich nicht von den Ausgaben einer Schreibmaschine unterscheiden lassen. Dazu gehört auch die leichte Prägung, die die Typen beim Anschlagen des Farbbandes auf dem Papier hinterlassen, ein Unterscheidungsmerkmal zu den Ausdrucken eines Laserdruckers. → *siehe auch* Typenkorb. → *vgl.* Typenraddrucker.

Typenrad, das; *Subst.* (daisy wheel)
Ein Bauelement bei Typenraddruckern, das aus einem Satz geformter Zeichen besteht. Die Zeichen sind auf separaten Speichen montiert, die strahlenförmig von einer zentralen Nabe nach außen verlaufen. → *siehe auch* Typenkorb, Typenkorbdrucker, Typenraddrucker.

Typenraddrucker, der; *Subst.* (daisy-wheel printer, wheel printer)
Ein Drucker, der mit einem Typenrad arbeitet. Die Ausgaben sind klar, leicht eingeprägt und haben somit Schreibmaschinenqualität. Typenraddrucker wurden für Druckausgaben mit hoher Qualität eingesetzt, bis sie von kostengünstigen Laserdruckern verdrängt wurden. → *siehe auch* Typenkorb, Typenkorbdrucker, Typenrad.

Typisierung, schwache, die; *Subst.* (weak typing)
→ *siehe* schwache Typisierung.

Typisierung, strikte, die; *Subst.* (strong typing)
→ *siehe* strikte Typisierung.

Typografie, die; *Subst.* (typography)
Buchdruckkunst. → *siehe* auch Computersatz, Schrift.
Außerdem die Umsetzung eines nicht formatierten Textes in einen druckreifen Fotosatz. → *siehe auch* reprofähig.

typografische Anführungszeichen, das; *Subst.* (curly quotes, smart quotes)
Eine Funktion in Textverarbeitungsprogrammen, die die durch die Computertastatur erzeugten, geraden Anführungszeichen (") automatisch in die typografischen Anführungszeichen („ und ") des Buchsatzes umwandelt.

Typosquatter, der; *Subst.*
Eine Form von Cybersquatter, die Tippfehler nutzt, um Websurfer auf die eigene Website zu locken. Der Typosquatter registriert Abweichungen von verbreiteten Marken-Domänennamen, die die wahrscheinlichsten Rechtschreibfehler enthalten (Beispiel: Mircosoft anstatt Microsoft). Ein Benutzer, der beim Eingeben der Adresse einer Website einen Tippfehler macht, wird zur Website des Typosquatters gebracht, die in der Regel mit Werbebannern und Popup-Anzeigen angefüllt ist. Der Typosquatter wird nach der Anzahl der Benutzer bezahlt, die diese Anzeigen sehen. → *siehe auch* Cybersquatting.

Typprüfung, die; *Subst.* (type checking)
Die Überprüfung der Programmanweisungen durch einen Compiler oder Interpreter, um die Verwendung der korrekten Datentypen sicherzustellen. → *siehe auch* Compiler, Datentyp, Interpreter.

U

u *Präfix*
Ersetzt in seltenen Fällen den griechischen Buchstaben *μ* (mü), der als Maßeinheitenvorsatz mit der Bedeutung ein Millionstel (oder 10E-6) verwendet wird.

UA
→ *siehe* Anwenderagent.

UART
Abkürzung für **U**niversal **A**synchronous **R**eceiver-**T**ransmitter (»universeller asynchroner Sende- und Empfangsbaustein«). Ein meist nur aus einem einzelnen integrierten Schaltkreis bestehendes Modul, das die erforderlichen Schaltungen für die asynchrone serielle Kommunikation sowohl zum Senden als auch zum Empfangen vereinigt. In Modems für den Anschluss an Personalcomputer stellt der UART den gebräuchlichsten Schaltkreistyp dar. → *vgl.* USRT.

UART, synchrones, das; *Subst.* (synchronous UART)
→ *siehe* synchrones UART.

ubiquitous Computing, das; *Subst.* (ubiquitous computing)
Zu Deutsch »allgegenwärtiges Computern«, Abkürzung: UC. Von Mark Wieser 1988 am Xerox PARC Forschungsinstitut geprägter Ausdruck, der eine Umgebung beschreibt, in der Computer im Alltag überall vorhanden und so integriert sind, dass sie von den Benutzern nicht mehr bewusst wahrgenommen werden. Haushaltsgeräte wie Videorekorder und Mikrowellengeräte sind Beispiele, die bereits in die Richtung des ubiquitous Computings gehen, wenn auch noch auf niedriger Ebene. In der Zukunft, so wird prognostiziert, werden Computer in allen Bereichen so stark verbreitet sein, dass ihr Vorhandensein in den Hintergrund tritt. Es wird angenommen, dass das ubiquitous Computing die dritte Stufe in der Entwicklung der Computertechnologie darstellen wird, nach den Großrechnern und den PCs.

UC
→ *siehe* ubiquitous Computing.

UCAID *Subst.*
Abkürzung für »**U**niversity **C**orporation for **A**dvanced **I**nternet **D**evelopment«. Eine Organisation, die US-amerikanischen Universitäten eine unterstützende Funktion in der Entwicklung erweiterter Netzwerkumgebungen bietet. UCAID ist für die Entwicklung des Abilene Glasfaser-Backbonenetzwerks verantwortlich, das mehr als 150 US-amerikanische Universitäten im Internet2-Projekt vereint hat.
→ *siehe auch* Abilene, Internet2.

UCITA
Abkürzung für Uniform Computer Information Transactions Act. (Einheitliches Computerinformationsgesetz). Ein 2000 in einigen amerikanischen Bundesstaaten in Kraft getretenes Gesetz, das Kontrollsysteme und gesetzliche Standards für die Behandlung von Computerinformation umfasst. UCITA ist ein Modellgesetz, das ein Zusatz zum Uniform Commercial Code (UCC), der bürgerlichen Gesetzessammlung der USA, sein soll, um die durch neue Technologie entstehenden Rechtsunsicherheiten abzudecken. Es gilt als sehr umstritten, weil den Softwarefirmen das Recht eingeräumt werden kann, so genannte »Shrink Wrap Licenses«, das sind Lizenzverträge, die der Kunde erst nach Kauf des Produktes zu sehen bekommt, vorzulegen. Ferner kann den Herstellern die Freiheit eingeräumt werden, bei Kunden, die nicht sachgemäß mit den Softwareprodukten umgehen, durch ein Remotesignal die entsprechende Software zu löschen. Das Gesetz gibt der Open Source-Bewegung weiter Auftrieb. → *siehe auch* Open Source.

UCSD p-System, das; *Subst.*
Ein Betriebssystem und eine Entwicklungsumgebung, die von Kenneth Bowles an der University of California in San Diego entwickelt wurden. Das System basiert auf einer simulierten, stackorientierten »Pseudomaschine« (16 bit). Zur Entwicklungsumgebung gehören ein Texteditor und ein Compiler für mehrere Sprachen wie FORTRAN und Pascal. Für das P-System geschriebene Programme lassen sich leichter portieren als Programme, die in Maschinensprache kompiliert sind. → *siehe auch* Bytecode, P-machine, P-System, virtuelle Maschine.

U UDP

Abkürzung für **U**ser **D**atagram **P**rotocol (Protokoll für Benutzerdatagramme). Ein verbindungsloses Protokoll der TCP/IP-Familie, das im OSI-Referenzmodell der Transportschicht entspricht. UDP wandelt die von einer Anwendung erzeugten Datennachrichten in einzelne Pakete für die Übertragung über IP um, überprüft jedoch nicht die ordnungsgemäße Zustellung. UDP ist darum effizienter als TCP und wird daher für verschiedene Zwecke einschließlich SNMP verwendet. Die Zuverlässigkeit ist weitgehend von der die Nachricht erzeugenden Anwendung abhängig. → *siehe auch* ISO/OSI-Schichtenmodell, Paket, Protokoll, SNMP, TCP/IP. → *vgl.* IP, TCP.

UDT

Abkürzung für **U**niform **D**ata **T**ransfer (einheitliche Datenübertragung). Ein Dienst, der von den OLE-Erweiterungen von Microsoft Windows verwendet wird und ermöglicht, dass zwei Anwendungen Daten austauschen, ohne dass deren interne Struktur gegenseitig bekannt ist.

Überarbeiten-Modus, der; *Subst.* (redlining)

Eine Funktion von Textverarbeitungsprogrammen zur Markierung von Änderungen, Hinzufügungen oder Streichungen, die bei der Bearbeitung eines Dokuments durch verschiedene Autoren erfolgt sind. Der Zweck dieses Modus ist das Aufzeichnen der einzelnen Entwicklungsschritte des Dokuments.

überbrücken *Vb.* (failover)

In einem Clusternetzwerksystem (mit zwei oder mehr zusammengeschlossenen Servern) das Verschieben einer überlasteten oder ausgefallenen Ressource – dabei kann es sich z.B. um einen Server, eine Festplatte oder ein komplettes Netzwerk handeln – auf eine redundante oder Backupkomponente. Fällt z.B. ein Server in einem Verbund aus zwei Servern aufgrund eines Stromausfalls oder einer anderen Fehlfunktion aus, übernimmt automatisch der zweite Server seine Arbeit. Für die Benutzer entsteht dabei nur eine kurze Unterbrechung; im Idealfall kann eine Unterbrechung sogar komplett vermieden werden. → *siehe auch* Cluster, wiederherstellen.

überdrucken *Vb.* (overprint, overstrike)

Vorgang, bei dem ein Element in einer bestimmten Farbe über ein bereits bestehendes, andersfarbiges Element gedruckt wird, ohne dass das sich darunter befindende Material entfernt wird. → *vgl.* Knockout.

Außerdem ein Vorgang, bei dem ein Zeichen über ein bereits bestehendes geschrieben oder gedruckt wird, so dass sich beide Zeichen überlagern.

Übergabe, bedingte, die; *Subst.* (conditional transfer)

→ *siehe* bedingte Übergabe.

Übergangsstelle, die; *Subst.* (connector)

In der Programmierung ein Kreissymbol, das in einem Flussdiagramm eine Unterbrechung kennzeichnet und darauf hinweist, dass die unterbrochene Linie an einer anderen Stelle fortgesetzt wird, z.B. auf einer anderen Seite.

übergeben *Vb.* (pass)

Ein Datenelement von einem Programmteil an einen anderen weiterreichen. → *siehe* auch Adressübergabe, Wertübergabe.

übergreifende Funktionsfähigkeit, die; *Subst.* (interoperability)

Bezeichnet Komponenten von Computersystemen, die in verschiedenen Umgebungen eingesetzt werden können. Das Betriebssystem NT von Microsoft ist auf Intel, DEC Alpha sowie anderen CPUs übergreifend funktionsfähig. Ein weiteres Beispiel stellt der SCSI-Standard für Diskettenlaufwerke und andere Peripheriegeräten dar, der eine Interoperabilität mit anderen Betriebssystemen ermöglicht. Bei Software ist eine übergreifende Funktionsfähigkeit gegeben, wenn Programme Daten und Ressourcen gemeinsam nutzen können. Microsoft Word ist z.B. in der Lage, Dateien zu lesen, die in Microsoft Excel erstellt wurden.

Überladen von Operatoren, das; *Subst.* (operator overloading)

Die Zuweisung mehrerer Funktionen an einen bestimmten Operator, wobei die tatsächlich auszuführende Operation vom jeweils beteiligten Datentyp (dem Operanden) abhängt. Einige Programmiersprachen, z.B. Ada und C++, besitzen ausgeprägte Eigenschaften, die das Überladen von Operatoren erlauben. → *siehe auch* Ada, C++, Funktionsüberladung, Operator.

überlagern *Vb.* (overlay)

Das Darstellen einer Computergrafik über einer anderen. Die darüber gelegte Grafik ist dabei opak (verdeckt also die darunter liegende Grafik) oder halbtransparent (die darunter liegende Grafik ist noch schemenhaft zu erkennen). Im Videobereich bezeichnet »überlagern« die gemeinsame Darstellung eines Computerbildes (z.B. Standbild oder Animation) und eines Videobildes. Das Computerbild wird dabei opak oder halbtransparent dargestellt. Ein Beispiel ist eine Titeleinblendung in einem Videofilm. Die Überlagerung kann in Echtzeit (live) erzeugt werden oder aber zu einem späteren Zeitpunkt, also mit Hilfe des bereits aufgezeichneten Videofilms.

überlappende Fenster, das; *Subst.* (cascading windows, overlaid windows)
Eine Darstellungsart in einer grafischen Benutzeroberfläche, bei der die Fenster so übereinander gelegt angezeigt werden, dass von jedem Fenster die Titelzeile (ggf. auch die linke oder rechte Fensterbegrenzung) zu sehen ist.

überlappendes Menü, das; *Subst.* (cascading menu)
Ein hierarchisches, meist grafisches Menüsystem, bei dem bestimmte Menüpunkte unter Hauptmenüpunkten zusammengefasst werden. Diese Untermenüpunkte werden dann zur Auswahl angeboten, wenn der Hauptmenüpunkt angewählt wird.

Überlastung, die; *Subst.* (thrashing)
Der Zustand eines virtuellen Speichersystems, wenn aufgrund der Speicherknappheit mehr Zeit für das laufende Auslagern von Kontexten verbraucht wird, als für die eigentliche Ausführung der Anwendungen. → *siehe auch* auslagern, virtueller Speicher.

Überlauf, der; *Subst.* (overflow, overrun)
Im Allgemeinen ein Zustand, der eintritt, wenn Ergebnisdaten, die aus einer Eingabe oder Verarbeitung resultieren, bei der Darstellung oder Speicherung mehr Bits benötigen, als von Hard- oder Software zur Verfügung gestellt wurden. Ein Beispiel für einen Überlauf ist eine Gleitkommaoperation, deren Ergebniswert mehr Bits umfasst, als für den Exponenten erlaubt sind. Weitere Beispiele sind eine Zeichenkette, die die Grenzen des allozierten Arrays überschreitet, und eine Integeroperation, deren Ergebniswert mehr Bits benötigt, als das Register erlaubt, in dem der Wert gespeichert wird. → *siehe auch* Überlauffehler. → *vgl.* Unterlauf.
»Überlauf« steht allerdings nicht nur stellvertretend für den Zustand; auch der Teil eines Datenelements, der infolge der Kapazitätsüberschreitung der Datenstruktur nicht mehr gespeichert oder dargestellt werden kann, wird als »Überlauf« bezeichnet. Bei der Datenübertragung bezeichnet »Überlauf« einen Fehler, der eintritt, wenn die Daten bei einem empfangenden Gerät mit einer höheren Geschwindigkeit ankommen, als das Gerät diese bearbeiten oder verwenden kann. → *siehe auch* eingabe-/ausgabeintensiv.

Überlauffehler, der; *Subst.* (overflow error)
Ein Fehler, der auftritt, wenn eine Zahl – häufig als Ergebnis einer arithmetischen Operation – zu groß ist, um die vom Programm dafür vorgegebene Datenstruktur aufgenommen zu werden. → *siehe auch* Pufferüberlauf.

überschnelle Schwingung, die; *Subst.* (race condition)
Ein Zustand, in dem die Daten einen Logikschaltkreis schneller durchlaufen als das zur Steuerung dienende Taktsignal.

Überschreibemodus, der; *Subst.* (overtype mode, overwrite mode, typeover mode)
Ein Modus bei der Texteingabe, bei dem neu eingegebene Zeichen die vorhandenen Zeichen ersetzen, die sich unter dem Cursor bzw. links davon befinden. → *vgl.* Einfügemodus.

übersetzen *Vb.* (translate)
Das Konvertieren eines Programms von einer Sprache in eine andere. Die Ausführung erfolgt durch spezielle Programme wie Compiler, Assembler und Interpreter.

übersetzte Datei, die; *Subst.* (translated file)
Eine Datei mit Daten, die aus dem Binärformat (8 bit) in ein ASCII-Format (7 bit) umgewandelt wurden. Dies wird z.B. von den Dienstprogrammen »BinHex« und »uuencode« durchgeführt. Eine solche Umwandlung ist erforderlich, um Daten über Systeme zu übertragen, bei denen das achte Bit eines Zeichens nicht erhalten bleibt (z.B. E-Mail). Eine übersetzte Datei muss zu ihrer Verwendung wieder in das Binärformat dekodiert werden. → *siehe auch* BinHex, uuencoden.

Überspannung, die; *Subst.* (surge)
Ein plötzliches – und möglicherweise schädliches – Ansteigen der Netzspannung. → *siehe* auch Spannungsregler, Überspannungsschutz. → *vgl.* Stromausfall.

Überspannungsschutz, der; *Subst.* (surge protector, surge suppressor)
Ein Gerät oder Bauelement, das Computer oder andere elektronische Geräte vor Überspannungen schützt. → *siehe auch* Ausgleichsschaltung, Überspannung.

Übersprechen, das; *Subst.* (crosstalk)
Eine Störung, die durch eine Signalübertragung von einem Stromkreis auf einen anderen hervorgerufen wird – z.B. auf einer Telefonleitung.

Überstromschalter, der; *Subst.* (circuit breaker)
Ein Schalter, der bei Überschreitung eines eingestellten Überlaststroms aktiv wird und den Stromfluss unterbricht. Überstromschalter werden in kritischen Punkten innerhalb von Stromkreisen eingesetzt, um eine Zerstörung aufgrund eines zu starken Stromflusses zu verhindern, der z.B. durch einen Ausfall eines Bauelements hervorgerufen wird. Überstromschalter werden häufig anstelle von gewöhnlichen (Schmelz-)Sicherungen eingesetzt, da sie einfach zurückgesetzt werden können und nicht ausgetauscht werden müssen. → *vgl.* Überspannungsschutz.

Übertrag, der; *Subst.* (carry)
In der Arithmetik die Verschiebung einer Stelle auf die nächsthöhere Position, wenn die Summe größer ist als die größte Ziffer im verwendeten Zahlensystem. Computer sind häufig in der Lage, alle Stellen einer Zahl gleichzeitig (parallel) zu addieren, und führen die Übertragsberechnungen nach verschiedenen, zum Teil exotischen Verfahren aus. Ein Beispiel ist die Bildung kompletter Überträge, wobei sich ein Übertrag fortpflanzen, das heißt andere Überträge an anderen Ziffernpositionen erzeugen kann. Es lassen sich auch Teilüberträge bilden, bei denen die aus einer Paralleladdition gebildeten Additionen vorübergehend zwischengespeichert werden.

übertragen *Vb.* (transmit)
Informationen über Kommunikationsleitungen oder -geräte senden. Bei Computern können Datenübertragungen auf folgende Weise erfolgen:

Übertragungsart
asynchron (zeitunabhängig) oder **synchron** (zeitgesteuert)
seriell (bitweise) oder **parallel** (byteweise; eine Bitgruppe)
Duplex oder **Vollduplex** (gleichzeitige Übertragung in zwei Richtungen) Halbduplex (abwechselnde Übertragung in jeweils nur einer Richtung) oder Simplex (Übertragung nur in einer Richtung)
Burst (intermittierende – also mit Unterbrechungen stoßweise – Übertragung von Informationsblöcken)

Übertragung, asymmetrische, die; *Subst.* (asymmetrical transmission)
→ *siehe* asymmetrische Übertragung.

Übertragung, binäre, die; *Subst.* (binary transfer)
→ *siehe* binäre Übertragung.

Übertragung, blockweise, die; *Subst.* (block transfer)
→ *siehe* blockweise Übertragung.

Übertragung, parallele, die; *Subst.* (parallel transmission)
→ *siehe* parallele Übertragung.

Übertragungsende-Zeichen, das; *Subst.* (end-of-transmission)
Abgekürzt EOT. Ein Zeichen, das das Ende einer Übertragung kennzeichnet. Im ASCII-Code ist für dieses Zeichen der Dezimalwert 4 (hexadezimal 04) vorgesehen.

Übertragung, serielle, die; *Subst.* (serial transmission)
→ *siehe* serielle Übertragung.

Übertragungskanal, der; *Subst.* (transmission channel)
→ *siehe* Kanal.

Übertragung, synchrone, die; *Subst.* (synchronous transmission)
→ *siehe* synchrone Übertragung.

überwachen *Vb.* (audit)
Die Überprüfung von Einrichtungen, Programmen, Aktivitäten und Prozeduren mit dem Ziel, die Leistungsfähigkeit des Gesamtsystems zu übermitteln – insbesondere im Hinblick auf die Datenintegrität und -sicherheit.

überwachen und aufzeichnen (audit trail)
Vorgang, bei dem alle Aktivitäten verfolgt und gespeichert werden, die eine Informationseinheit betreffen (z.B. einen Datensatz), vom Zeitpunkt des Eintritts in das System bis zu dem Zeitpunkt, an dem diese wieder gelöscht wird. Aus der dadurch erzeugten Protokolldatei geht z.B. hervor, welcher Benutzer Änderungen an einem bestimmten Datensatz durchgeführt hat und zu welchem Zeitpunkt dies geschehen ist.

Überwachung, die; *Subst.* (auditing)
Der Prozess, mit dem ein Betriebssystem sicherheitsbezogene Ereignisse erkennt und aufzeichnet. Dazu gehören insbesondere Versuche, Objekte wie Dateien und Verzeichnisse zu erzeugen, darauf zuzugreifen oder sie zu löschen. Die Protokollierung der sicherheitsbezogenen Ereignisse erfolgt in einer Datei, die gewöhnlich als »Sicherheitsprotokoll« bezeichnet wird und deren Inhalt nur denjenigen zugänglich ist, die eine entsprechende Erlaubnis besitzen. → *siehe auch* Sicherheitsprotokoll.

Überwachungssoftware, die; *Subst.* (monitoring software)
Eine Software oder eine Sammlung von Programmen, die zur Kontrolle von Computersystemen und Netzwerken dient. Der

Zweck liegt darin, die Benutzeraktivitäten und -anmeldungen aufzuzeichnen, anderweitige Vorgänge zu protokollieren und in Form von Berichten zusammenzufassen sowie Störungen zum frühestmöglichen Zeitpunkt aufzudecken und deren Behebung zu veranlassen. Überwachungssoftware wird auf einer Vielzahl von Gebieten eingesetzt, von Hardwareplattformen und den zugehörigen Komponenten über Betriebssysteme, Datenbanken, Internet- und Intranetzugriffe bis hin zu geschäftlichen Anwendungen. Üblicherweise kommen verschiedene Werkzeuge zur Anwendung, um bestimmte Systemkomponenten zu überwachen; ungeachtet dessen können die Programme meist mit auf einer höheren Ebene angesiedelten Programmen kommunizieren, so dass das komplette Computersystem als Einheit einbezogen werden kann.

Uhr/Kalender (clock/calendar)

Ein unabhängiger Zeitgeberschaltkreis in einem Mikrocomputer, der zur Verwaltung der korrekten Uhrzeit und des Kalenderdatums dient. Ein derartiger Schaltkreis ist akkugepuffert, so dass er auch bei ausgeschaltetem Computer weiterläuft. Die zur Verfügung gestellten Zeit- und Datumsinformationen werden vom Betriebssystem ausgewertet, z.B. um eine Datei mit dem Datum und der Zeit zu versehen, so dass ersichtlich ist, wann die Datei angelegt bzw. das letzte Mal geändert wurde. In Anwendungsprogrammen können die Informationen ebenfalls genutzt werden, z.B. um das Datum und die Uhrzeit in ein Dokument einzufügen. → *auch genannt* interne Uhr, Taktgeber.

Uhrzeit und Datum, die *bzw.* das; *Subst.* (time and date)

Bezieht sich auf die Funktionen eines Computers zur Bestimmung des Kalenderdatums und der aktuellen Uhrzeit. Diese Informationen verwendet beispielsweise das Betriebssystem, um eine Datei mit Datum und Uhrzeit der Erstellung oder letzten Änderung zu versehen.

UI

→ *siehe* Benutzeroberfläche.

UKnet, das; *Subst.*

Das Campusnetzwerk der University of Kentucky (in den Vereinigten Staaten).
Außerdem ein Internetdienstleister in Großbritannien mit Sitz an der University of Kent. → *siehe auch* Internet Serviceprovider.

ULSI

→ *siehe* ultrahohe Integrationsdichte.

Ultra DMA/33

Ein neu entwickeltes Datentransferprotokoll, das auf direktem Speicherzugriff (DMA) basiert. Ultra DMA/33 führt zu einer verbesserten Leistung von ATA/IDE-Systemen, verdoppelt die Transferrate bei Burstzugriffen auf 33 Megabyte pro Sekunde und erhöht die Zuverlässigkeit des Datentransfers. → *siehe auch* ATA, direkter Speicherzugriff, IDE.

Ultrafiche, der; *Subst.* (ultrafiche)

Ein Mikrofiche mit sehr hoher Informationsdichte. Das Bild in einem Ultrafiche ist mindestens um den Faktor 90 gegenüber seiner Originalgröße verkleinert. → *siehe auch* Microfiche.

ultrahohe Integrationsdichte, die; *Subst.* (ultra-large-scale integration)

Die nach dem aktuellen Stand der Technik höchstmögliche Dichte, mit der die Bauelemente (Transistoren und andere Elemente) auf einem integrierten Schaltkreis aufgebracht werden können. Die Größenordnung von »ultrahoch« ist nicht genau definiert, bezieht sich aber meist auf integrierte Schaltkreise mit mehr als 100.000 Komponenten. → *siehe auch* integrierter Schaltkreis. → *vgl.* Hohe Integrationsdichte, mittlere Integrationsdichte, niedrige Integrationsdichte, sehr hohe Integrationsdichte.

ultraleichter Computer, der; *Subst.* (ultralight computer)

→ *siehe* portabler Computer.

UltraSCSI, die; *Subst.*

Eine Erweiterung des SCSI-2-Standards, durch die die Übertragungsrate von Fast-SCSI verdoppelt wird auf 20 Megabyte pro Sekunde (MB/s) bei einer 8-Bit-Verbindung bzw. 40 Megabyte pro Sekunde (MB/s) bei einer 16-Bit-Verbindung. → *siehe auch* SCSI, SCSI-2.

Ultra Wide SCSI, die; *Subst.*

→ *siehe* UltraSCSI.

UMA

Abkürzung für **U**pper **M**emory **A**rea (Oberer Speicherbereich). Bei MS-DOS der Abschnitt des Arbeitsspeichers zwischen den ersten 640 Kilobyte und 1 Megabyte. → *vgl.* hoher Speicher.

UMB

Abkürzung für **U**pper **M**emory **B**lock (Oberer Speicherblock). Ein Teil des UMA-Speichers (Upper Memory Area = Oberer Speicherbereich), der für Gerätetreiber oder TSR-Programme

U verwendet werden kann. Ein UMB-Bereich wird über spezielle Speicherverwaltungsprogramme wie EMM386.EXE zugeteilt und verwaltet. → *siehe auch* Gerätetreiber, TSR, UMA.

Umdrehungswartezeit, die; *Subst.* (rotational delay)
Die erforderliche Zeit, um einen gewünschten Sektor (einer Diskette oder Festplatte) durch Drehen des Datenträgers bis zum Schreib-/Lesekopf zu bewegen.

Umgebung, die; *Subst.* (environment)
Die Konfiguration von Ressourcen, die dem Benutzer zur Verfügung stehen. Der Begriff *Umgebung* bezieht sich auf die Hardware und das Betriebssystem, die in der jeweiligen Umgebung laufen. Microsoft Windows und Apple Macintosh werden z.B. als »Fensterumgebungen« bezeichnet, da sie auf Bildschirmbereichen basieren, den sog. Fenstern.
In Verbindung mit Mikrocomputern bezeichnet »Umgebung« außerdem eine Definition der Spezifikationen, z.B. ein Befehlsweg, auf dem ein Programm abläuft.

umgekehrte Bytesortierung, die; *Subst.* (reverse byte ordering)
→ *siehe* Little-Endian.

umgekehrte Polnische Notation, die; *Subst.* (reverse Polish notation)
→ *siehe* Postfixnotation.

umgekehrter Schrägstrich, der; *Subst.* (backslash)
Das Zeichen »\«. Es dient dazu, unter MS-DOS die Verzeichnisnamen eines Dateipfades zu trennen. Wird das Zeichen ganz am Anfang des Dateipfades verwendet, bezieht sich dieser auf die höchste Ebene des Laufwerks, also auf das Stamm- oder Wurzelverzeichnis. → *siehe auch* Pfad.

umgekehrte Weiterleitung, die; *Subst.* (reverse path forwarding)
Ein Verfahren, das die Entscheidungen über die Weiterleitung in TCP/IP-Netzwerken dadurch trifft, dass sie anstelle der Zieladresse eines Datagramms dessen Quelladresse verwendet. Umgekehrte Weiterleitung wird bei Verteilernetzen eingesetzt, um die Anzahl redundanter Mehrfachübertragungen an die Empfänger zu verringern. → *siehe auch* Datagramm, TCP/IP.

umkehren *Vb.* (revert)
Zu der zuletzt gespeicherten Version eines Dokuments zurückkehren. Die Wahl dieses Befehls weist die Anwendung an, alle Änderungen an einem Dokument zu verwerfen, die seit der letzten Speicherung durchgeführt wurden.

UML
→ *siehe* Unified Modeling Language.

Umlaufzeit, die; *Subst.* (turnaround time)
Die verstrichene Zeit zwischen der Auftragserteilung und der Fertigstellung eines Rechenauftrags (Job).
In der Kommunikationstechnik die Zeit, die bei Halbduplexübertragungen für die Richtungsumkehr der Übertragung benötigt wird. → *siehe auch* Halbduplexübertragung.

Umleitung, die; *Subst.* (redirection)
Ausgaben auf ein anderes Gerät (bzw. Schreiben in eine andere Datei) oder Eingaben von einem anderen Gerät (bzw. Lesen von einer anderen Datei), als normalerweise für die entsprechenden Operationen als Ziel oder Quelle vorgesehen. Beispielsweise lässt sich eine Verzeichnisliste vom Bildschirm auf den Drucker umleiten, wofür in den Betriebssystemen MS-DOS und OS/2 der Befehl »dir >prn« einzugeben ist. → *vgl.* Pipe.
Im World Wide Web bezeichnet der Begriff die Konfiguration eines Webservers, so dass eine Seite von einem anderen URL als dem im Browser eingegebenen abgerufen wird. Der tatsächliche URL kann sich auf demselben Webserver wie der eingegebene URL oder auch auf einem anderen Server befinden. Eine Umleitung ist z.B. sinnvoll, wenn die Homepage eines bestimmten Benutzers auf einen anderen Server verlagert wird, um den Zustand des Linkrot zu vermeiden. → *siehe auch* Linkrot, URL, Webserver.

Umschalt+Druck (Shift-PrtSc)
→ *siehe* Drucktaste.

umschalten *Vb.* (toggle)
Das Hin- und Herschalten zwischen zwei Zuständen. Beispielsweise lässt sich auf einer IBM- oder kompatiblen Tastatur über die Taste NUM die Funktion des numerischen Tastenblocks zwischen Zahleneingabe und Cursorsteuerung umschalten.

Umschalt+klicken (Shift+click)
Die Umschalttaste gedrückt halten und gleichzeitig mit der Maustaste klicken. Umschalt+klicken hat in den verschiedenen Anwendungen eine unterschiedliche Auswirkung. In seiner häufigsten Verwendung unter Windows dient es jedoch zur Auswahl mehrerer Elemente (z.B. Dateien) in einer Liste für eine gemeinsame Aktion (z.B. Löschen oder Kopieren).

Umschalttaste, die; *Subst.* (modifier key, Shift key)
Eine Taste auf der Computertastatur, die einer anderen Taste eine alternative Bedeutung gibt, wenn beide Tasten gemeinsam gedrückt werden. So wird beispielsweise ein Großbuchstabe erzeugt, wenn die Umschalttaste zusammen mit einer Buchstabentaste betätigt wird. Die Umschalttaste wird auch bei zahlreichen Tastaturbefehlen verwendet, um nichtstandardgemäße Zeichen zu erzeugen oder spezielle Operationen auszuführen. Der englische Begriff »Shift key« ist aus der Verwendung der mechanischen Schreibmaschinen abgeleitet, bei denen durch diese Taste die Typenhebel mechanisch verschoben wurden (shift = verschieben), um ein alternatives Zeichen zu schreiben. → *siehe auch* Feststelltaste.
Der Ausdruck »Umschalttaste« bezeichnet außerdem allgemein eine Taste, die einer anderen Taste eine andere Bedeutung verleiht, wenn man beide Tasten gemeinsam drückt. Dazu gehören neben der Großbuchstaben-Umschalttaste (Definition 1) auch Tasten wie Strg und Alt. Meist ist mit »Umschalttaste« die Großbuchstaben-Umschalttaste gemeint. → *siehe auch* Alt-Taste, Befehlstaste, Steuerungstaste.

Umschaltungszeichen, das; *Subst.* (data link escape)
Ein Steuerzeichen, das in der Datenübertragung verwendet wird und die Bedeutung der unmittelbar darauffolgenden Zeichen verändert.

umschließendes Rechteck, das; *Subst.* (bounding box)
→ *siehe* Grafikbegrenzung.

UMTS *Subst.*
Abkürzung für Universale Mobile Telecommunications Systems (universelle mobile Telekommunikationssysteme). Bezeichnet den Standard der dritten Mobilfunkgeneration. Die Übertragungsgeschwindigkeit ist bis zu 2 Mbps definiert. Diese hohen Datenraten ermöglichen neue Anwendungen, wie etwa E-Commerce und mobiles Multimedia bis hin zu mobilen Videoübertragungen und Internetzugang. Weitere Informationen können z.B. unter der Adresse http:// www.umts-webpage.de abgerufen werden. → *siehe auch* GPRS, GSM.

unabhängiger Contentprovider, der; *Subst.* (independent content provider)
Unternehmen oder Organisationen, die Onlinediensten (z.B. AOL) Informationen anbieten. Diese Informationen können von den Mitgliedern des Onlinedienstes erworben werden. → *siehe auch* Onlinedienst.

unabhängiger Softwareentwickler, der; *Subst.* (independent software vendor)
Software eines Drittanbieters. Dabei kann es sich um natürliche Personen oder um Organisationen handeln, die Computersoftware unabhängig entwickeln.

unär *Adj.* (unary)
Bezieht sich auf eine mathematische Operation mit einem einzelnen Operanden (Objekt). Auch monadisch genannt. → *vgl.* dyadisch.

unärer Operator, der; *Subst.* (unary operator)
Ein Operator, der sich auf nur einen Operanden bezieht (z.B. das unäre Minus wie in –2,5). → *siehe auch* Operator. → *vgl.* Boolescher Operator.

unbedingter Bindestrich, der; *Subst.* (required hyphen)
→ *siehe* Bindestrich.

unbedingte Verzweigung, die; *Subst.* (unconditional branch)
Die Fortsetzung eines Programms mit einer anderen als der nächsten Codezeile. Eine unbedingte Verzweigung wird in einem Programm immer ausgeführt, da sie nicht von der Auswertung einer Bedingung (wahr oder falsch) abhängig ist. → *siehe auch* Verzweigung. → *vgl.* bedingte Verzweigung.

unbekannter Empfänger, der; *Subst.* (unknown recipients)
Eine Antwort auf eine E-Mail-Nachricht, die angibt, dass der Mailserver die Zieladresse(n) nicht auflösen kann.

unbekannter Host, der; *Subst.* (unknown host)
Eine Antwort auf eine Verbindungsanfrage an einen Server, die angibt, dass das Netzwerk die angegebene Adresse nicht auffinden kann. → *siehe auch* Server.

unbestückte Platine, die; *Subst.* (unpopulated board)
Eine Leiterplatte, deren Sockel leer sind. → *vgl.* voll bestückte Platine.

UNC
→ *siehe* Uniform Naming Convention.

Undernet, das; *Subst.*
Ein internationales Netzwerk aus IRC-Servern (Internet Relay Chat = Internetdiskussionsrunden), 1992 als Alternative zu dem größeren und schlechter organisierten IRC-Hauptnetzwerk entstanden. Informationen über den Zugang

U zu Undernet sind unter der Webadresse http://www.undernet.org zu erhalten. → *siehe auch* IRC.

unformatierter Text, der; *Subst.* (plaintext)
Eine Datei, die als reine ASCII-Datei gespeichert ist.

ungebündelt *Adj.* (unbundled)
Nicht zu einem kompletten Hardware-/Softwarepaket gehörend. Der Begriff bezieht sich insbesondere auf ein Produkt, das ursprünglich im Paket erhältlich war, im Gegensatz zu einem Produkt, das man schon immer separat erwerben konnte.

ungepuffert *Adj.* (unbuffered)
Bezeichnet Daten, die nicht in einem Speicher zwischengespeichert, sondern direkt nach Empfang verarbeitet werden. → *siehe auch* puffern.

ungerade Parität, die; *Subst.* (odd parity)
→ *siehe* Parität.

ungeschirmtes Kabel, das; *Subst.* (unshielded cable)
Ein Kabel, das nicht von einer metallenen Abschirmung umgeben ist. Sind die Einzeldrähte eines ungeschirmten Kabels auch nicht paarweise verdrillt, liegt für die übertragenen Signale kein Schutz vor einer Einstrahlung durch externe elektromagnetische Felder vor. Ungeschirmtes Kabel sollte daher nur für sehr kurze Entfernungen eingesetzt werden. → *vgl.* Flachbandkabel, Koaxialkabel, Twistedpairkabel, Unshielded Twisted Pair.

ungültig *Adj.* (invalid)
Fehlerhaft oder nicht erkennbar infolge eines logischen Fehlers oder einer fehlerhaften Eingabe. Ungültige Ergebnisse können z.B. auftreten, wenn die Logik eines Programms nicht korrekt ist. → *vgl.* illegal.

Unibus, der; *Subst.*
Eine Busarchitektur, die 1970 von der Firma Digital Equipment Corporation entwickelt wurde.

Unicasting, das; *Subst.* (unicast)
Zwischen einem einzelnen Sender und einem einzelnen Empfänger über ein Netzwerk Daten übertragen. Als bidirektionale Punkt-zu-Punkt-Übertragung ist Unicasting typisch für die Netzwerkkommunikation. → *vgl.* Multicasting, Narrowcasting.

Unicode, der; *Subst.*
Ein Zeichensatzstandard aus 16-Bit-Zeichen, der 1988-91 durch das Unicode Consortium entwickelt wurde. Unicode verwendet für die Darstellung eines Zeichens zwei Byte und kann auf diese Weise fast alle Schriftsprachen der Welt mittels eines einzigen Zeichensatzes darstellen. (Im Gegensatz hierzu kann der aus 8-Bit-Zeichen bestehende ASCII-Code noch nicht einmal alle möglichen Buchstaben und diakritischen Zeichen des lateinischen Alphabets darstellen.) Es wurden bereits etwa 39.000 der 65.536 möglichen Unicode-Zeichencodes zugewiesen, davon wurden 21.000 für chinesische Begriffszeichen verwendet. Die verbleibenden Codes stehen für Erweiterungen zur Verfügung. Die Website des Unicode Consortiums ist unter der Adresse http://www.unicode.org erreichbar. → *vgl.* ASCII.

Unified Messaging (unified messaging)
Integrierte Kommunikationslösung für alle Kommunikationsdienste, etwa E-Mail, Voice-Mail, Fax, Telefonie und SMS (Short Messaging Service). Ein Unified-Messaging-System erleichtert nicht nur die Bewältigung der täglichen Informationsflut durch die gemeinsame Anzeige und Verwaltung, sondern erlaubt auch den direkten Austausch von Informationen zwischen den unterschiedlichen Diensten. Der Anwender kann zum Beispiel eine E-Mail an ein Faxgerät senden oder die elektronische Nachricht per SMS an ein Mobiltelefon schicken. Der aus dem Englischen stammende Begriff bedeutet so viel wie »vereinheitlichte Kommunikation«.

Unified Modeling Language, die; *Subst.*
Zu Deutsch »vereinheitlichte Modellierungssprache«; Abkürzung: UML. Eine Programmiersprache, die von Grady Booch, Ivar Jacobson und Jim Rumbaugh (Rational Software) entwickelt wurde. Sie kann zur Bestimmung, Herstellung und Dokumentation von Software- und Nichtsoftwaresystemen (z.B. geschäftlichen Modellen) genutzt werden. UML wurde inzwischen von der Object Management Group (OMG) übernommen. → *siehe auch* Object Management Group.

Uniform Data Transfer, der; *Subst.*
→ *siehe* UDT.

Uniform Naming Convention, die; *Subst.*
Ein System zur Benennung von Dateien bei vernetzten Computersystemen, das bewirkt, dass eine Datei immer den gleichen Pfadnamen hat, gleich von welchem Computer im Netzwerk auf sie zugegriffen wird. Wird z.B. das Verzeichnis *C:\Pfad1\Pfad2\ ...Pfadn* auf dem Computer *Server_n* unter

dem Namen *PfadVerz* freigegeben, muss ein anderer Computer den Namen *\\Server_n\PfadVerz\Dateiname* verwenden, um auf die Datei *C:\Pfad1\Pfad2\ ...Pfadn\Dateiname* auf *Server_n* zuzugreifen. → *siehe auch* URL, virtueller Pfad.

Uniform Resource Citation, die; *Subst.*

Eine Beschreibung eines Objekts auf dem World Wide Web, die jeweils aus Attributen und deren Wert besteht. Dies sind z.B. die URI-Bezeichner zugehöriger Ressourcen, die Namen der Urheber und Verleger sowie Datumsangaben und Preise.

uniform resource identifier, der; *Subst.* (Uniform Resource Identifier)

Eine Zeichenfolge zur Kennzeichnung einer Ressource (z.B. einer Datei) im Internet über Typ und Adresse. Unter dem Begriff Uniform Resource Identifier werden die Adressformen Uniform Resource Name (URN) und Uniform Resource Locator (URL) zusammengefasst. → *siehe auch* relativer URL, Uniform Resource Locator, Uniform Resource Name.

Uniform Resource Locator, der; *Subst.*

→ *siehe* URL.

Uniform Resource Name, der; *Subst.*

Ein Konzept zur eindeutigen Kennzeichnung von Ressourcen, die auf dem Internet verfügbar sein können, anhand des Namens und ohne Berücksichtigung des tatsächlichen Speicherorts. Die Spezifikationen für Uniform Resource Name werden von der Internet Engineering Task Force (IETF) ausgearbeitet. Sie enthalten alle URI-Bezeichner des Typs urn:, fpi: und path:, d.h. alle Bezeichner, die keine URL-Adressen darstellen. → *siehe auch* IETF, uniform resource identifier, URL.

UniForum, das; *Subst.*

Eine Organisation von UNIX-Benutzern und -Systemverwaltern, die »International Association of Open System Professionals«.

Außerdem der Name einer Reihe von UNIX-Vorführungen, die vom UniForum (Definition 1) finanziert und von der Firma Softbank COMDEX, Inc. verwaltet werden. → *siehe auch* COMDEX.

unipolar *Adj.*

Einen Zustand besitzend. In der Elektronik wird ein unipolares Gerät oder Signal mit der gleichen Spannungspolarität (positiv oder negativ) verwendet, um binäre Zustände darzustellen. → *vgl.* bipolar.

United States of America Standards Institute, das; *Subst.*

Ein früherer Name der Normierungsorganisation American National Standards Institute (ANSI). → *siehe* ANSI.

UNIVAC I

Abkürzung für **Univ**ersal **A**utomatic **C**alculator (zu Deutsch »Universelle, automatische Rechenanlage«). Der erste kommerziell erhältliche elektronische Computer, der von J. Presper Eckert und John Mauchly entwickelt wurde, den Erfindern des ENIAC. UNIVAC I war der erste Computer, der sowohl numerische Daten als auch Textinformationen verarbeiten konnte. Von ihm wurden 46 Exemplare zu einem Stückpreis von 1 Million Dollar gebaut. Er gelangte bei den US-Präsidentschaftswahlen 1952 zu Berühmtheit als erster Computer, der für Hochrechnungen des Wahlergebnisses eingesetzt wurde. → *siehe auch* ENIAC.

Universal Asynchronous Receiver-Transmitter, der; *Subst.* (universal asynchronous receiver-transmitter)

→ *siehe* UART.

Universal Product Code, der; *Subst.*

→ *siehe* UPC.

universal serial bus, der; *Subst.*

→ *siehe* USB.

Universal Server, der; *Subst.*

Software des Herstellers Oracle Corporation, die auf HTTP-Anforderungen hin Informationen aus einer Datenbank in verschiedenen Formen bereitstellen kann, z.B. als Text-, Audio- und Videodaten.

Außerdem ist »Universal Server« der Name einer Datenbanksoftware des Herstellers Informix, die auf individuell einzusetzenden Softwaremodulen basiert, um den Erfordernissen des Benutzers bezüglich bestimmter Datentypen und Verarbeitungsweisen zu entsprechen.

Universal Synchronous Receiver-Transmitter, der; *Subst.* (universal synchronous receiver-transmitter)

→ *siehe* USRT.

Universal Time Coordinate, die; *Subst.*

Ein Zeitsystem, das vom praktischen Gesichtspunkt her mit der Greenwich Mean Time übereinstimmt und zur Synchronisierung der Computersysteme im Internet herangezogen wird. → *auch genannt* Coordinated Universal Time Format.

U **Universitätsinformationssystem**, das; *Subst.* (campuswide information system)

Informationen und Dienste, die von einer Universität oder einer Fachhochschule über entsprechende Netzwerke angeboten werden. Derartige Informationssysteme stellen typischerweise Studenten- und Fakultätsverzeichnisse, einen Kalender mit Veranstaltungen und diverse Datenbanken zur Verfügung.

University Corporation for Advanced Internet Development *Subst.* (UCAID)
→ *siehe* UCAID.

UNIX

Ein Mehrbenutzer- und Multitaskingbetriebssystem, das 1969 von Ken Thompson und Dennis Ritchie an den AT&T Bell Laboratories für den Einsatz auf Minicomputern entwickelt wurde. UNIX gilt als leistungsstarkes Betriebssystem und ist gegenüber anderen Betriebssystemen leichter portierbar (weniger an eine bestimmte Architektur gebunden), da die Systemsoftware zum größten Teil in der Sprache C geschrieben ist. Zu den zahlreichen verwandten UNIX-Versionen gehören AIX (eine von IBM adaptierte UNIX-Version für den Betrieb auf RISC-basierenden Arbeitsstationen), A/UX (eine grafische Version für den Apple Macintosh) und Mach (ein neu geschriebenes, aber im Wesentlichen UNIX-kompatibles Betriebssystem für den NeXT-Computer). → *siehe auch* BSD UNIX, GNU, Linux.

UNIX-Guru, der; *Subst.* (UNIX wizard)
Ein besonders erfahrener und hilfreicher UNIX-Programmierer. Einige Firmen verwenden die-sen Begriff sogar als Stellenbezeichnung. Die Newsgroup comp.unix.wizards kann zu vielen typische Fragen der Benutzer passende Antworten geben.

UNIX-Shellaccount, der; *Subst.* (UNIX shell account)
Ein Shellzugang, der den Zugriff auf ein UNIX-System über die Befehlszeile ermöglicht. → *siehe auch* Befehlszeilenzugriff.

UNIX-Shellskripts, das; *Subst.* (UNIX shell scripts)
Abfolgen von UNIX-Befehlen, die in einer Datei gespeichert sind und als Programme ausgeführt werden können. Die Batchdateien von MS-DOS (.bat) verfügen über ähnliche Eigenschaften. → *siehe auch* Batchdatei, Shellskript.

UNIX-to-UNIX Copy, die; *Subst.*
→ *siehe* UUCP.

Unmanaged Code, der; *Subst.* (unmanaged code)
Hierbei handelt es sich um Programmcode, der direkt vom Betriebssystem außerhalb einer Laufzeitumgebung ausgeführt wird, die durch eine gemeinsame Programmiersprache definiert ist. Unmanaged Code muss die automatische Speicherbereinigung (Garbage Collection), die Datentypenprüfung und die Unterstützung von Sicherheitsfunktionen selbst ausführen. Managed Code erhält im Gegensatz hierzu diese Dienste von der entsprechenden gemeinsamen Laufzeitumgebung. → *siehe auch* Datentyp, Speicherbereinigung. → *vgl.* Managed Code.

unmittelbarer Zugriff, der; *Subst.* (immediate access)
→ *siehe* direkter Zugriff, wahlfreier Zugriff.

Unshielded Twisted Pair, das; *Subst.* (unshielded twisted pair)
→ *siehe* UTP.

untar

Ein Dienstprogramm, das bei UNIX-Systemen zusätzlich erhältlich ist und die einzelnen Dateien eines mit Hilfe des UNIX-Programms *tar* erstellten Archivs auslesen kann. → *vgl.* tar.
Des Weiteren bezeichnet »untar« den Vorgang, bei dem die einzelnen Dateien aus einem mit Hilfe des UNIX-Dienstprogramms *tar* erstellten Archivs ausgelesen werden. → *vgl.* tar.

unteilbare Operation, die; *Subst.* (atomic operation)
Wörtlich: atomare Operation. Eine Operation, die funktional als unteilbar angesehen wird oder deren Unteilbarkeit sichergestellt ist (in Analogie zu der Unteilbarkeit von Atomen, die früher angenommen wurde). Eine unteilbare Operation ist entweder nicht unterbrechbar, oder es ist im Falle eines Abbruches ein Mechanismus vorgesehen, der die Rückkehr des Systems in den Zustand sicherstellt, in dem sich das System vor dem Beginn der Operation befunden hat.

Unterbaum, der; *Subst.* (subtree)
Innerhalb einer Baumstruktur ein Knoten mit allen damit verbundenen, untergeordneten Knoten. → *siehe auch* Baum, Knoten.

unterbrechungsfreie Stromversorgung, die; *Subst.* (peripheral power supply, uninterruptible power supply)
Eine Zusatzstromversorgung für einen Computer oder ein Gerät, die die Energieversorgung bei einem Stromausfall übernimmt. → *siehe* UPS.

Unterbrechungstaste, die; *Subst.* (Break key)
Eine Taste oder Tastenkombination, die den Computer anweist, zu stoppen oder abzubrechen, unabhängig davon, welcher Vorgang gerade durchgeführt wird. Auf IBM-PCs und kompatiblen Computern unter DOS wird die Unterbrechung mit einem Druck auf Strg+Untbr (Ctrl+Break bei englischsprachigen Tastaturen) oder Strg+C (Ctrl+C) ausgelöst. Die entsprechende Tastenkombination beim Apple Macintosh ist Befehlstaste+Punkt.

unterbrochene Datenstruktur, die; *Subst.* (noncontiguous data structure)
Bezeichnet in der Programmierung eine Datenstruktur, deren Elemente nicht aneinander angrenzend im Speicher abgelegt werden. Datenstrukturen, z.B. Graphen und Bäume, in denen die Elemente durch Verweise miteinander verbunden sind, stellen unterbrochene Datenstrukturen dar. → *vgl.* fortlaufende Datenstruktur.

unterdrücken *Vb.* (inhibit)
Ein Ereignis verhindern. Beispielsweise bedeutet das Unterdrücken von Interrupts eines externen Gerätes, dass man durch geeignete Maßnahmen im Programm das externe Gerät am Senden von Interrupts hindert.

unterer Speicher, der; *Subst.* (low memory)
Speicherstellen, die von den niedrigsten Zahlen adressiert werden. Im IBM-PC, der über einen Adressraum von 1 Megabyte (MB) verfügt, bezeichnet man den Bereich von 0 bis 640 Kilobyte (KB) als unteren Speicher. Der untere Speicher ist für RAM reserviert, der vom Betriebssystem MS-DOS und von Anwendungsprogrammen gemeinsam genutzt wird. → *vgl.* oberer Speicher.

Unterfarbseparation, die; *Subst.* (undercolor separation)
Im CMYK-Farbmodell der Prozess der Konvertierung gleicher Quantitäten von Cyan, Magenta und Gelb in gleichwertige Graustufen, die dann mit schwarzer Tinte gedruckt werden. Auf diese Weise werden Grautöne erzeugt, die klarer und schärfer als Grautöne sind, die durch Mischung farbiger Tinten entstehen. → *siehe auch* CMY, CMYK, Farbmodell.

untergeordnetes Element, das; *Subst.* (child)
→ *siehe* Child.

untergeordnetes Menü, das; *Subst.* (child menu)
→ *siehe* Untermenü.

untergeordnetes Verzeichnis, das; *Subst.* (child directory)
→ *siehe* Unterverzeichnis.

Unterlänge, die; *Subst.* (descender)
Der Teil eines Kleinbuchstabens, der bis unter die Grundlinie führt. → *siehe* auch Grundlinie, x-Höhe. → *vgl.* Oberlänge. (Abbildung U.1)

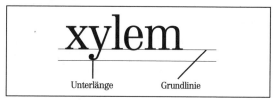

Abbildung U.1: Unterlänge

Unterlauf, der; *Subst.* (underflow)
Eine Fehlerbedingung, die auftreten kann, wenn das Ergebnis einer numerischen Berechnung zu nahe bei Null liegt. In diesem Fall reicht die dem Computer zur Verfügung stehende Anzahl binärer Stellen nicht aus, um die Zahl mit der geforderten Genauigkeit ausdrücken zu können. → *siehe auch* einfache Genauigkeit, Genauigkeit.

Untermenü, das; *Subst.* (submenu)
Ein Menü, das bei Auswahl eines Elements einer höheren Menüebene erscheint.

Unternehmensnetzwerk, das; *Subst.* (enterprise network)
Das Netzwerk für die Computersysteme in größeren Firmen (z.B. Aktiengesellschaften), die Eigentum der jeweiligen Firma sind. Dieses Netzwerk kann diverse geografische Standorte haben, und es umfasst in der Regel mehrere Plattformen, Betriebssysteme, Protokolle und Netzwerkarchitekturen.

Unterprogramm, das; *Subst.* (subprogram)
Ein Begriff, der in einigen Programmiersprachen anstelle von *Routine* (Prozedur oder Funktion) verwendet wird, weil Struktur und Syntax eines Unterprogramms denen eines Programms sehr nahe kommen. → *siehe auch* Programm, Routine.

Unterroutine, die; *Subst.* (subroutine)
Ein allgemeiner Ausdruck für *Routine*, der meist zur Bezeichnung kürzerer, universeller oder häufig aufgerufener Routinen verwendet wird. → *siehe auch* Prozedur, Routine.

U

Unterschema, das; *Subst.* (subschema)
Die Definition der Benutzeransicht einer Datenbank (nur bei CODASYL/DBTG-Systemen). Das Unterschema entspricht in etwa dem externen Schema eines Datenbank-Managementsystems nach ANSI/X3/SPARC oder einer Ansicht in einem relationalen Datenbank-Managementsystem. → *siehe auch* Schema.

unterschneiden *Vb.* (kern)
Bezeichnet die individuelle Festlegung des Abstandes zwischen zwei Buchstaben, um die Lesbarkeit einer Schrift zu erhöhen und ein abgestimmtes und ausgewogenes Schriftbild zu erhalten. (Abbildung U.2)

$$\boxed{\begin{array}{c} \text{AWAKE} \\ \text{AWAKE} \end{array}}$$

Abbildung U.2: Unterschneiden: Die ersten drei Buchstaben des zweiten Beispiels sind unterschnitten

unterstreichen *Vb.* (underline)
Das Formatieren eines markierten Textabschnitts, so dass etwas unterhalb des gedruckten Textes eine Linie erscheint.

Unterstrich, der; *Subst.* (underscore)
Ein Unterstreichungszeichen, das man häufig verwendet, um einen Buchstaben oder ein Wort hervorzuheben. Bei Bildschirmdarstellungen im Textmodus kennzeichnet der Unterstrich in der Regel eine Zeichenformatierung in Kursivschrift.

unterstützen *Vb.* (support)
Mit einem anderen Programm oder Produkt zusammenarbeiten. Eine Anwendung kann beispielsweise Dateiübertragungen aus einem anderen Programm unterstützen.

Unterstützung, die; *Subst.* (support)
Hilfestellungen und technische Ratschläge für die Kunden eines Produkts oder einer Dienstleistung.

Untertauchen, das; *Subst.* (submarining)
Ein Phänomen, das auftritt, wenn sich ein Bildausschnitt auf einem Bildschirm schneller bewegt, als dies vom Bildschirm dargestellt werden kann. Das Objekt (z.B. der Mauszeiger) verschwindet dann vom Bildschirm und erscheint erst wieder am Zielort, ähnlich einem auftauchenden Unterseeboot. Das Untertauchen tritt insbesondere bei den langsam reagierenden passiven LCD-Matrixanzeigen von Laptopcomputern auf.

Unterverzeichnis, das; *Subst.* (subdirectory)
Ein Verzeichnis (eine logische Gruppierung zusammengehöriger Dateien) innerhalb eines anderen Verzeichnisses.

unzip *Vb.*
Ein Dateiarchiv extrahieren, das mit Hilfe eines Dienstprogramms wie »compress«, »gzip« oder »PKZIP« komprimiert wurde.

up *Adj.*
Funktionsfähig und betriebsbereit; verwendet zur Beschreibung von Computern, Druckern, Kommunikationsverbindungen in Netzwerken und anderer vergleichbarer Hardware.

UPC
Abkürzung für **U**niversal **P**roduct **C**ode (Universeller Produktcode). Ein System zur Numerierung kommerzieller Produkte mittels Strichcodes. Ein UPC-Code besteht aus 12 Ziffern: einem Bezeichner für das Zahlensystem, einer fünfstelligen Zahl zur Kennzeichnung des Herstellers, einem fünfstelligen Produktcode dieses Herstellers und einer modulo 10-Prüfziffer. → *siehe auch* Barcode.

Update, das; *Subst.* (update)
Eine Neuveröffentlichung eines vorhandenen Softwareprodukts. Ein Softwareupdate fügt dem bisherigen Produkt in der Regel eher unbedeutende neue Funktionen hinzu oder korrigiert Fehler (Bugs), die nach der Veröffentlichung des Programms entdeckt wurden. Updates werden im Allgemeinen durch kleine Änderungen in der Softwareversionsnummer gekennzeichnet, wie z.B. als Folge von Version 4.01 auf 4.02. → *siehe auch* Versionsnummer. → *vgl.* freigeben.

updaten *Vb.* (update)
Ein System oder eine Datendatei ändern und auf einen neueren Stand bringen.

upflow *Vb.*
Beim Datawarehousing der Vorgang, bei dem die gespeicherten Daten auf Vollständigkeit überprüft, zusammengefasst und für die Verbreitung fertiggestellt werden. → *siehe auch* Datawarehouse, inflow.

Upgrade, das; *Subst.* (upgrade)
Die neue oder erweiterte Version eines Produkts.

upgraden *Vb.* (upgrade)
Wechseln zu einer neueren, meist leistungsstärkeren oder höher entwickelten Version.

Uplink, der; *Subst.* (uplink)
Die Übertragungsstrecke von einer Bodenstation zu einem Kommunikationssatelliten.

uploaden *Vb.* (upload)
Das Übertragen einer Dateikopie von einem lokalen Computer auf einen entfernten Computer. → *vgl.* downloaden.

Upper Memory Area, die; *Subst.* (upper memory area)
→ *siehe* UMA.

Upper Memory Block, der; *Subst.* (upper memory block)
→ *siehe* UMB.

UPS
Abkürzung für **U**ninterruptible **P**ower **S**upply (Unterbrechungsfreie Stromversorgung). Ein Gerät, das zwischen einen Computer (oder eine andere elektronische Einrichtung) und eine Energiequelle (normalerweise eine Netzsteckdose) geschaltet wird, um Unterbrechungen der Stromversorgung durch einen Netzausfall zu überbrücken und meist auch den Computer gegen mögliche Schäden aufgrund von Spannungsspitzen oder Brownouts zu schützen. Alle UPS-Einheiten sind mit einer Batterie und einem Unterspannungssensor ausgerüstet. Stellt der Sensor einen Spannungsabfall fest, schaltet das Gerät auf Batteriebetrieb um, so dass der Benutzer noch Zeit hat, seine Arbeit zu sichern und den Computer abzuschalten. → *siehe auch* Blackout, Brownout.

upstream *Adv.*
Ausdruck, der die Datenübertragung vom eigenen Computer zu einem entfernten Netzwerk charakterisiert. Bei bestimmten Kommunikationstechniken, z.B. ADSL, Kabelmodems und 56K-Hochgeschwindigkeitsmodems, erfolgt der Sendevorgang (upstream) mit geringerer Geschwindigkeit als der Empfang (downstream). Beispielsweise erreichen 56K-Modems die maximale Geschwindigkeit von 56 Kilobit pro Sekunde (Kbps) nur beim Empfang. Beim Sendevorgang werden lediglich 28,8 oder 33,6 Kbps erzielt. → *vgl.* downstream.

URC
→ *siehe* Uniform Resource Citation.

URI
→ *siehe* uniform resource identifier.

URL
Abkürzung für **U**niform **R**esource **L**ocator (einheitliche Ressourcenadresse). Eine Adresse für eine Ressource im Internet. URL-Adressen werden von Webbrowsern verwendet, um Internetressourcen zu lokalisieren. Eine URL-Adresse gibt das für den Zugriff auf eine Ressource zu verwendende Protokoll an (z.B. »http:« für eine Webseite oder »ftp:« für eine FTP-Site), den Namen des Servers, auf dem sich die Ressource befindet (z.B. »//www.whitehouse.gov«) sowie – frei wählbar – den Pfad zu einer Ressource (z.B. einem HTML-Dokument oder einer Datei auf diesem Server). → *siehe auch* HTML-Dokument, Pfad, Protokoll, Server, Webbrowser.

URL-Spoofing, das; *Subst.* (URL spoofing)
Ein Vorgang, bei dem ein Benutzer seine eigene IP-Adresse verschleiert, um seine wahre Identität zu verbergen und sich Zugang zu geschützten Netzwerken zu verschaffen oder Denial-of-Service-Attacken (Dienstverweigerungsattacken) auszuführen. Dazu muss zunächst die IP-Adresse eines vertrauenswürdigen Hosts in Erfahrung gebracht werden, um im zweiten Schritt die Header der eigenen IP-Pakete dahingehend zu manipulieren, dass der Zielrechner diese als vertrauenswürdig einstuft. Moderne Firewalls können damit aber nicht mehr getäuscht werden. Der aus dem Englischen stammende Begriff URL-Spoofing bedeutet Manipulation, Verschleierung einer Internetadresse. → *siehe auch* Dienstverweigerungsattacke, Firewall, IP-Adresse, URL. → *auch genannt* Adress-Spoofing.

urladen *Vb.* (bootstrap)
→ *siehe* booten.

Urladeprozess, der; *Subst.* (initial program load)
Der Prozess, der das Betriebssystem in den Speicher kopiert, wenn das System gebootet wird. → *siehe auch* booten, startup.

Urlader, der; *Subst.* (boot loader, bootstrap loader)
Ein Programm, das automatisch ausgeführt wird, wenn ein Computer eingeschaltet oder neu gestartet wird. Nachdem einige grundlegende Hardwaretests durchgeführt wurden, lädt der Urlader (Bootstrap Loader) einen größeren Lader und übergibt die Kontrolle an diesen, der wiederum das Betriebssystem lädt. Der Urlader befindet sich typischerweise im ROM des Computers.

U

URL, relativer, der; *Subst.* (relative URL)
→ *siehe* relativer URL.

URN
→ *siehe* Uniform Resource Name.

usable *Adj.*
Bezeichnet ein Produkt, dass sich mühelos in den vorgesehenen Betriebsablauf eingliedern lässt. Ein mit »usable« bezeichnetes Produkt garantiert Benutzerfreundlichkeit, Flexibilität, Fehlerfreiheit und ein gutes Konzept, das ohne unnötig verkomplizierte Abläufe auskommt.

USB
Abkürzung für **U**niversal **S**erial **B**us (universeller, serieller Bus). Ein serieller Bus mit einer Bandbreite von 1,5 (USB Low Speed), 12 (USB Full Speed) und 480 (USB 2.0) Mbit/s für den Anschluss von Peripheriegeräten an einen Mikrocomputer. Über den USB können an das System über einen einzelnen Mehrzweckanschluss bis zu 127 Geräte angeschlossen werden, z. B. externe CD-Laufwerke, Drucker, Modems sowie Maus und Tastatur. Dies wird durch Aneinanderreihen der Geräte realisiert. USB ermöglicht einen Gerätewechsel bei eingeschalteter Stromversorgung (»Hot Plugging«) und mehrfach überlagerte Datenströme. Der USB wurde von Intel entwickelt und ist bei langsameren Einsatzbereichen ein Kontrahent zum ACCESS.bus der Firma DEC. Weitere Informationen zum USB sind unter der Webadresse http://www.usb.org abrufbar. → *siehe auch* Bus, Daisychain, Einbau im laufenden Betrieb, Peripherie, portieren. → *vgl.* ACCESS.bus.

U.S. Department of Defense, das; *Subst.*
Das US-amerikanische Verteidigungsministerium. Das Department of Defense (DoD) hat MILNET entwickeln lassen sowie ARPANET, den Vorläufer des heutigen Internets. Die Website des DoD ist unter der Adresse http://www.defenselink.mil erreichbar. → *siehe auch* ARPANET, Internet, MILNET.

Usenet, das; *Subst.*
Ein weltweites Netzwerk von UNIX-Systemen mit dezentralisierter Verwaltung, das als eine Mailbox für sog. Specialinterest-Diskussionsgruppen genutzt wird. Usenet, ein elementarer Bestandteil des Internets, besteht aus Zehntausenden von Newsgroups, von denen sich jede einem einzelnen Thema widmet. Benutzer können ihre Nachrichten hinterlassen und die Nachrichten anderer in den Newsgroups lesen und beantworten - ähnlich wie in Einwahlmailboxen. Neben diesen textbasierten Newsgroups gibt es aber auch eine ganze Reihe von Binärnewsgroups, so genannten »binaries«. In diesen Newsgroups werden nicht nur Nachrichten, sondern auch Dateien, zum Beispiel Grafiken und Bilder, ausgetauscht. Usenet wurde 1979 mit Hilfe von UUCP-Software (UNIX-to-UNIX Copy) und Telefonverbindungen realisiert und hatte technisch nichts mit dem Internet zu tun. Diese Methode der Kommunikation blieb weiterhin von Bedeutung, obgleich heutzutage modernere Methoden wie NNTP und Netzwerkverbindungen zum Einsatz kommen → *siehe auch* BBS, Newsgroup, Newsreader, NNTP, UUCP.

Usenet-Userlist, die; *Subst.* (Usenet User List)
Eine in den frühen 1990er Jahren am Massachusetts Institute of Technology (MIT) geführte Liste mit Namen und E-Mail-Adressen der Usenetbenutzer. → *siehe auch* Usenet.

User Datagram Protocol, das; *Subst.*
→ *siehe* UDP.

USnail, die; *Subst.*
Umgangssprachlich für den amerikanischen Postdienst United States Postal Service. »USnail« spielt darauf an, wie langsam der Postdienst im Vergleich mit E-Mail ist: »snail« heißt zu Deutsch »Schnecke«.
Außerdem die Post, die durch den amerikanischen Postdienst United States Postal Service zugestellt wird. → *siehe auch* Schneckenpost.

/usr
Ein Verzeichnis in einem Computersystem, das einzelnen Benutzern gehörende oder von diesen verwaltete Unterverzeichnisse enthält. Diese Unterverzeichnisse können Dateien und zusätzliche Unterverzeichnisse enthalten. In der Regel werden /usr-Verzeichnisse in UNIX-Systemen verwendet und finden sich auf vielen FTP-Sites. → *siehe auch* FTP-Site.

USRT
Abkürzung für **U**niversal **S**ynchronous **R**eceiver-**T**ransmitter (universeller, synchroner Sende- und Empfangsbaustein. Ein meist aus einem einzelnen integrierten Schaltkreis bestehendes Modul, das die erforderlichen Schaltungen für die synchrone serielle Kommunikation sowohl zum Senden als auch zum Empfangen vereinigt. → *vgl.* UART.

USV *Subst.*
→ *siehe* unterbrechungsfreie Stromversorgung.

UTC
→ *siehe* Universal Time Coordinate.

Utility, die; *Subst.* (utility)
Ein Programm, das dazu bestimmt ist, eine einzelne Funktion auszuführen. Bezieht sich in der Regel auf Software mit eng umgrenztem Problembereich oder auf Programme für die Systemverwaltung des Computers. → *siehe auch* Anwendung.

Utilityprogramm, das; *Subst.* (utility program)
Ein Programm, das dazu bestimmt ist, Wartungsarbeiten des Systems oder der Systemkomponenten auszuführen (z.B. ein Datensicherungsprogramm, ein Wiederherstellungsprogramm für Platten- und Dateiinhalte oder ein Ressourceneditor).

UTP
Abkürzung für **U**nshielded **T**wisted **P**air (Nicht abgeschirmtes Leiterpaar). Ein Kabel aus einem oder mehreren miteinander verdrillten Drahtpaaren ohne zusätzliche Isolierung. UTP-Kabel sind flexibler und platzsparender als isolierte Twistedpairkabel, haben aber eine geringere Bandbreite. → *siehe auch* Twistedpairkabel. → *vgl.* STP. (Abbildung U.3)

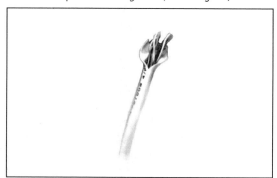

Abbildung U.3: UTP

.uu
Die Dateinamenerweiterung einer Binärdatei, die mit Hilfe des Dienstprogramms »uuencode« in das ASCII-Format umgewandelt wurde. → *siehe auch* ASCII, Binärdatei, uuencoden. → *auch genannt* .uud. → *vgl.* .uue.

UUCP
Abkürzung für **U**NIX-to-**U**NIX **Co**py (im Deutschen etwa »Kopieren zwischen UNIX-Systemen«). Ein Programmpaket zur Informationsübertragung zwischen UNIX-Systemen über eine serielle Datenverbindung (hauptsächlich über das öffentliche Fernsprechnetz). UUCP hatte beim Aufbau des Usenet eine überragende Bedeutung. → *siehe auch* Usenet, uupc.

.uud
→ *siehe* .uu.

uudecode
Ein UNIX-Programm, das eine mit dem Dienstprogramm »uuencode« codierte Datei zurück in das ursprüngliche, binäre Format umwandelt. Dieses Programm (zusammen mit »uuencode«) ermöglicht die Übertragung binärer Daten (z.B. Grafiken oder Programmcode) über E-Mail- oder Newsgroupdienste. → *vgl.* uuencode.

uudecoden *Vb.* (uudecode)
Eine mit »uuencode« verschlüsselte Datei mit Hilfe des Programms »uudecode« zurück in ihre binäre Ursprungsform umwandeln. → *vgl.* uuencoden.

.uue
Die Dateinamenerweiterung einer Datei, die mit Hilfe des Dienstprogramms »uudecode« aus dem ASCII-Format zurück in das Binärformat umgewandelt wurde. → *siehe auch* ASCII, Binärdatei, uudecoden.

uuencode
Ein UNIX-Programm, das eine binäre Datei, in der alle 8 Bit eines jeden Byte gewertet werden, ohne Informationsverlust in druckbare 7-Bit-ASCII-Zeichen umwandelt. Dieses Programm (zusammen mit »uudecode«) ermöglicht es, binäre Daten, wie Bilder oder ausführbaren Code, über E-Mail oder über Newsgroups zu versenden. Eine Datei, die auf diese Weise verschlüsselt wurde, ist um ein Drittel größer als die Ursprungsdatei. → *vgl.* uudecode.

uuencoden *Vb.* (uuencode)
Eine binäre Datei mit Hilfe des Dienstprogramms »uuencode« in druckbaren 7-Bit-ASCII-Text umwandeln. → *vgl.* uudecoden.

uupc
Eine Version von UUCP für IBM- und kompatible PCs unter den Betriebssystemen DOS, Windows oder OS/2. Diese Version besteht aus einem Programmpaket zum Anmelden, Kopieren von Dateien und Ausführen von Programmen auf entfernten, vernetzten Computern. → *siehe auch* UUCP.

V

V.120

Ein Standard der International Telecommunications Union (ITU), der die serielle Kommunikation für ISDN-Leitungen festlegt. Die Daten werden über ein Protokoll gekapselt, das so ähnlich ist wie das Lightweight Directory Access Protocol (LDAP). Es können mehrere Verbindungen auf einem Kommunikationskanal vervielfältigt werden. → *siehe auch* ISDN, ITU, Kommunikationskanal, LDAP, Multiplexing, Protokoll, Standard.

V.17

Empfehlung der ITU-T (früher CCITT), die den Faxbetrieb eines Modems (mit zweiadrigem Kabel) regelt. Die Übertragungsgeschwindigkeit beträgt maximal 14.400 Bit pro Sekunde (bps). → *siehe auch* ITU-T.

V20, V30

Mikroprozessoren der Firma NEC, die leicht verbesserte Versionen der Intel-Prozessoren 8088 und 8086 darstellen. Sie verwenden den gleichen Befehlssatz wie die entsprechenden Intel-Prozessoren, unterscheiden sich aber im Mikrocode. → *vgl.* 8080, 8086.

V.27ter

Eine Empfehlung der ITU-T, die das Modulationsschema der Faxgruppe 3 für Bildübertragungen bei einer Geschwindigkeit von 2.400 und 4.800 Bit pro Sekunde (bps) angibt. → *siehe auch* CCITT V-Serien, Fax, International Telecommunications Union.

V.29

Eine Empfehlung der ITU-T, die das Modulationsschema der Faxgruppe 3 für Bildübertragungen bei einer Geschwindigkeit von 9.600 und 7.200 Bit pro Sekunde (bps) für Einwählverbindungen angibt. → *siehe auch* CCITT V-Serien, Fax, International Telecommunications Union.

V.2x, V.3x, V.4x, V.5x series, die; *Subst.*

→ *siehe* CCITT V-Serien, International Telecommunications Union.

V.32terbo

Ein Modemprotokoll der AT&T für 19.200-Bps-Modems, mit Rückfall auf Geschwindigkeiten, die vom Standard CCITT V.32 unterstützt werden. V.32terbo ist ein proprietäres Protokoll der Firma AT&T, das nicht von der CCITT aufgestellt wurde. V.34 ersetzt in der Serie CCITT V das Protokoll V.32terbo. → *siehe auch* CCITT V-Serien, International Telecommunications Union, Modem.

V.42

Empfehlung der ITU-T (früher CCITT). Sie definiert Prozeduren zur Fehlerkorrektur in Datenkommunikationsgeräten (Data Communications Equipment; Abkürzung: DCE), die asynchrone-synchrone Konvertierungen durchführen. → *siehe auch* ITU-T, Modem.

V.42bis

Empfehlung der ITU-T (früher CCITT) für Datenkommunikationsgeräte, die Prozeduren zur Datenkomprimierung in Kombination mit Fehlerbehebungsfunktionen definiert. → *siehe auch* ITU-T, Modem.

V.54

Eine Empfehlung der ITU-T, die die Operation von Geräten für Schleifentests in Modems angibt. → *siehe auch* CCITT V-Serien, International Telecommunications Union, Modem.

V.56

1988 herausgegebene Empfehlung der ITU-T (früher CCITT), die Leistungstests von Modems über standardmäßige Sprachtelefonverbindungen festlegt. Später veröffentlichte Empfehlungen schließen V.56bis (1995) ein, die Leistungstests bei Verbindungen über 2-adrige Kabel abdeckt, und V.56ter, die Leistungstests bei 4-KHz-Duplexmodems (ebenfalls mit 2-adrigem Kabel) definiert. → *siehe auch* ITU-T, Modem.

V.56 bis

Eine Empfehlung der ITU-T, die ein Netzwerkübertragungsmodell für die Bewertung der Modemleistung über eine

V

Sprachverbindung mit zwei Drähten, also eine normale Telefonleitung, definiert. → *siehe auch* International Telecommunications Union, Modem.

V.61

Empfehlung der ITU-T (früher CCITT), die Modems definiert, die entweder Sprache und Daten gleichzeitig übertragen (die Datenübertragungsgeschwindigkeit beträgt dann 4.800 Bit pro Sekunde [bps]), oder – durch automatisches Umschalten – ausschließlich Daten mit bis zu 14.400 bps übertragen. Die Übertragung erfolgt über die standardmäßige Telefonleitung oder über eine Punkt-zu-Punkt-Verbindung mit 2-adrigen Telefonkabeln. → *siehe auch* ITU-T, Modem.

V86-Modus, der; *Subst.* (V86 mode)
→ *siehe* virtueller Real Mode.

V86-Modus, virtueller, der; *Subst.* (virtual V86 mode)
→ *siehe* virtueller Real Mode.

V.90

Im Februar 1998 herausgegebene Empfehlung der ITU-T (früher CCITT) für Datenkommunikationsgeräte, die Prozeduren zur Datenkomprimierung in Kombination mit Fehlerbehebungsfunktionen für die Datenübertragung mit 56.000 Bit pro Sekunde (bps) definiert. Auf V.90 basierende Modems stellen die derzeit schnellsten Geräte zur analogen Datenübertragung dar. Die Einführung des V.90-Standards löste den Konflikt zwischen den proprietären Standards *X2* des Herstellers 3Com Corporation und *K56flex* des Herstellers Rockwell Corporation. Informationen zum V.90-Standard sind unter der Webadresse http://www.v90.com abrufbar. → *siehe auch* CCITT V-Serien, ITU-T, Modem.

VAB

→ *siehe* gesprochene Antworten.

VAC

→ *siehe* Wechselspannung.

Vakuumröhre, die; *Subst.* (vacuum tube)
Ein System mit Metallelektroden und Gittern zur Steuerung des Elektronenflusses, das in einem praktisch luftleer gepumpten Glaskolben (Vakuum) untergebracht ist. Vor Einführung der Halbleiterbauelemente in den fünfziger Jahren wurden mit Vakuumröhren Verstärker- und Schalterfunktionen in elektronischen Schaltungen realisiert. In der Leistungselektronik oder als Kathodenstrahlröhren finden Vaku-

umröhren aber auch heute noch Verwendung. → *vgl.* ENIAC. (Abbildung V.1)

Abbildung V.1: Vakuumröhre

Validierung, die; *Subst.* (validity check)
Die Analyse von Daten mit dem Ziel, ihre Vollständigkeit und Konsistenz hinsichtlich vordefinierter Parameter zu überprüfen.

Validierungssuite, die; *Subst.* (validation suite)
Eine Menge von Tests, mit denen die Einhaltung eines Standards geprüft wird, insbesondere die Standarddefinition einer Programmiersprache.

Valueadded Reseller, der; *Subst.* (value-added reseller)
Ein Unternehmen, das komplette Hardware- und Softwareprodukte einkauft und an den Endkunden weiterverkauft, wobei zusätzliche Dienstleistungen, z.B. Benutzerunterstützung, angeboten werden.

VAN

→ *siehe* Mehrwertnetzwerk.

Vanilla Adj. (vanilla)
→ *siehe* Basisversion.

Vaporware, die; *Subst.* (vaporware)
Zu Deutsch »Dampfware«. Software, die zwar angekündigt, jedoch niemals auf den Markt gebracht wurde. Dieser Begriff impliziert auf sarkastische Weise, dass das Produkt von »Dampfplauderern« angekündigt wurde. → *auch genannt* Chalkware. → *vgl.* Freeware, Shareware.

VAR

→ *siehe* Valueadded Reseller.

Variable, die; *Subst.* (variable)
In der Programmierung ein symbolischer Name für Speicherstellen, die einen bestimmten Datentyp aufnehmen können und deren Inhalt sich während der Programmausführung

modifizieren lässt. → *siehe auch* Datenstruktur, Datentyp, globale Variable, lokale Variable. → *vgl.* Konstante.

Variable, abhängige, die; *Subst.* (dependent variable)
→ *siehe* abhängige Variable.

Variable, globale, die; *Subst.* (global variable)
→ *siehe* globale Variable.

Variable, lokale, die; *Subst.* (local variable)
→ *siehe* lokale Variable.

variabler Ausdruck, der; *Subst.* (variable expression)
Jeder Ausdruck, der zumindest eine Variable enthält. Die Auswertung eines variablen Ausdrucks muss daher zur Laufzeit des Programms erfolgen. → *siehe auch* Laufzeit, Variable. → *vgl.* konstanter Ausdruck.

Variable, skalare, die; *Subst.* (scalar variable)
→ *siehe* Skalar.

Vater, der; *Subst.* (father)
→ *siehe* Generationenprinzip.

Vaterkopie, die; *Subst.* (father file)
Eine Datei, die den zuletzt gültigen Satz von veränderlichen Daten darstellt. Der Vaterkopie geht unmittelbar eine Großvaterkopie voraus, und sie wird unmittelbar von ihrem Sohn gefolgt. Die Begriffspaare *Vater* und *Sohn*, *Eltern* und *Kind* (oder *Nachkomme*) sowie *unabhängig* und *abhängig* sind jeweils synonym. → *siehe auch* Generationenprinzip.

VAX

Abkürzung für **V**irtual **A**ddress **Ex**tension. Eine Produktfamilie von 32-Bit-Minicomputern, die 1978 von der Digital Equipment Corporation vorgestellt wurde. Ein VAX-Prozessor verfügt, wie der später entwickelte Mikroprozessor 68000, über einen linearen Adressraum und einen großen Befehlssatz. Der VAX-Computer wurde vor allem von Hackern sehr geschätzt. Diese Produktfamilie musste jedoch später der Mikroprozessortechnologie und den RISC-Arbeitsstationen weichen. Nach dem Aufkauf der Digital Equipment Corporation durch Compaq entschied Compaq, die VAX-Linie nicht weiterzuentwickeln. Die VAX-Website ist unter der Adresse http://www.compaq.com/alphaserver/vax/ erreichbar. → *siehe auch* Befehlssatz, linearer Adressraum, Mikroprozessor, Minicomputer, RISC.

VBA

→ *siehe* Visual Basic for Applications.

vBNS *Subst.*

Abkürzung für »**V**ery-High-Speed **B**ackbone **N**etwork **S**ervice«. Ein Netzwerk, in dem mehrere Supercomputercenter miteinander verbunden sind und das für Hochleistungsanwendungen in Forschung und Wissenschaft reserviert ist, die eine hohe Bandbreite und massive Rechenleistung erfordern. Das vBNS wurde von der National Science Foundation und MCI Telecommunications entwickelt. Es wurde 1995 erstmals in Betrieb genommen und erreicht Geschwindigkeiten von 2,4 Gbps, wobei das MCI-Netzwerk aus komplexen Switching- und Glasfaserübertragungstechnologien genutzt wird. Später wurde vBNS auf Backbone-Dienste für Internet2 erweitert. → *siehe auch* Internet2.

VBScript, das; *Subst.*

→ *siehe* Visual Basic Scripting Edition.

VBS/VBSWG-Virus, der; *Subst.* (VBS/VBSWG virus)

Abkürzung für »**V**isual **B**asic **S**cript/**V**isual **B**asic **S**cript **W**orm **G**enerator«-Virus. Hierbei handelt es sich um einen Virus, der mit Hilfe des »VBSWG Virus Creation Toolkit« erstellt wurde. Über die Tools in diesem Kit können Personen, die nur über geringe programmatische Kenntnisse verfügen, eigene Viren schreiben. »Homepage« und »Anna Kournikova« aus der ersten Jahreshälfte 2002 sind Beispiele für VBS/VBSWG-Viren. → *siehe auch* Virus.

VBX

Abkürzung für **V**isual **B**asic Custom Control. Wenn dieses Softwaremodul von einer Visual Basic-Anwendung aufgerufen wird, erzeugt es ein Steuerelement, das der Anwendung eine gewünschte Funktion hinzufügt. Bei einem VBX-Modul handelt es sich um eine separate, ausführbare Datei, die in der Regel in der Programmiersprache C geschrieben ist. Dieses Modul ist dynamisch mit der Anwendung zum Zeitpunkt der Laufzeit verknüpft und kann u.a. auch von Anwendungen benutzt werden, die nicht in Visual Basic entwickelt wurden. Die VBX-Technologie wurde von Microsoft entwickelt, die meisten VBX-Module stammen jedoch von Fremdfirmen. VBX-Module werden zwar noch verwendet, sie sind jedoch weitgehend von OCX- und ActiveX-Steuerelementen verdrängt worden. → *siehe auch* Steuerung, Visual Basic. → *vgl.* ActiveX-Steuerelement, dynamische Bibliothek, OCX.

V VCACHE

Eine Diskcachesoftware, die vom VFAT-Treiber von Windows 9x eingesetzt wird. VCACHE verwendet 32-Bit-Code und wird im Protected Mode ausgeführt. Diese Software teilt automatisch Speicher im RAM zu. Es ist deshalb nicht erforderlich, dass der Benutzer Speicher für den Cache reservieren muss. → *siehe auch* Cache, Protected Mode, RAM, Treiber, VFAT.

vCalendar

Eine Spezifikation für das Format von vCalendar-kompatiblen Anwendungen, mit denen Terminpläne und Aufgabenlisten ausgetauscht werden können, wie sie häufig in PCs verwaltet werden. Die vCalendar-Spezifikation basiert auf vorhandenen Softwarestandards und internationalen Standards für die Darstellung von Datums- und Zeitangaben. Ebenso wie die verwandte vCard-Spezifikation für elektronische Visitenkarten wurde sie von einem von Apple, AT&T, IBM und Siemens gebildeten Konsortium (mit dem Namen Versit) erstellt. vCalendar ist eine eingetragene Marke des Internet Mail Consortium (IMC), dem sie 1996 übertragen wurde. vCalendar wird von zahlreichen Hardware- und Softwareherstellern unterstützt. Weitere Informationen dazu erhalten Sie auf der Webseite von IMC http://www.imc.org/pdi/. → *siehe auch* vCard.

vCard

Eine Spezifikation für elektronische Visitenkarten (bzw. Adressenkarten), die über Anwendungen wie E-Mail und Telekonferenzen ausgetauscht werden können; ebenso eine Bezeichnung für die Karte an sich. Wie eine Visitenkarte enthält eine vCard Informationen wie Name, Adresse, Telefon- und Faxnummer(n) sowie E-Mail-Adresse. Sie kann außerdem die Zeitzone, die geografische Position und Multimediadaten wie Fotos, Firmenlogos und Audio-Clips enthalten. vCard basiert auf der Verzeichnisdienste-Spezifikation X.500 der ITU und wurde von einem von Apple, AT&T, IBM und Siemens gebildeten Konsortium (mit dem Namen Versit) entwickelt. vCard ist eine eingetragene Marke des Internet Mail Consortium (IMC) und wurde (in Version 3.0) von der IETF als Normenvorschlag anerkannt. Die verwandte Spezifikation vCalendar unterstützt den elektronischen Austausch von Terminplaninformationen. Weitere Informationen dazu erhalten Sie auf der Webseite von IMC http://www.imc.org/pdi/. → *siehe auch* vCalendar.

vCard-Format, das; *Subst.* (vCard)

Ein Standardformat für die Weitergabe persönlicher Adressinformationen zur Verwendung in Datenbanken (»elektronische Visitenkarte«). Es umfasst Name, Anschrift, Datum und Uhrzeit sowie optionale Felder für Fotos, Firmenlogos, Audioclips und geografische Positionsdaten. Der vCard-Standard wurde durch ein Konsortium der Firmen Apple, AT&T, IBM und Siemens entwickelt. Weitere Informationen dazu finden Sie auf der Webseite http://www.imc.org/pdi/.

VCD, die; *Subst.*

→ *siehe* Video-CD.

V-Chip, der; *Subst.*

Elektronischer Schaltkreis für den Einbau in Fernsehempfänger, Videorecorder, Kabeldecoder oder eigenständige Geräte, mit dem Erwachsene Programme sperren können, die sie als ungeeignet erachten. Hierdurch soll Eltern ein Mittel gegeben werden, die von ihren Kindern gesehenen Programme zu kontrollieren. Der V-Chip verwendet zur Klassifizierung der Programme einen in der Austastlücke des Fernsehsignals gesendeten Code (hier wird auch der Bildschirmtext übertragen). Befindet sich ein Programm außerhalb der festgelegten Kategorien, sendet der V-Chip ein Signal an das Fernsehgerät, das dann auf dem leeren Bildschirm die Nachricht »Empfang nicht gestattet« ausgibt.

VCOMM

Der Kommunikationsgerätetreiber in Windows 9x, der die Schnittstelle zwischen fensterbasierten Anwendungen und Treibern auf der einen Seite und den Porttreibern und Modems auf der anderen Seite zur Verfügung stellt. → *siehe auch* Treiber.

VCPI

→ *siehe* Virtual Control Program Interface.

VCR-style mechanism, der; *Subst.*

Ein motorisierter Sperrmechanismus, in dem ein Laptop oder ein Notebook von der Docking Station eingeschlossen ist. Der Vorteil dieses Videoabspielprogramms liegt darin, dass eine elektrisch konsistente, sichere Busverbindung zur Verfügung gestellt wird. → *siehe auch* Andockmechanismus, Docking Station, Laptop, Notebookcomputer.

VDD

Abkürzung für **V**irtual **D**isplay **D**evice Driver. → *siehe* virtueller Gerätetreiber.

VDL

Abkürzung für **V**ienna **D**efinition **L**anguage. Eine Metasprache für die Definition anderer Sprachen. VDL enthält sowohl eine syntaktische als auch eine semantische Metasprache. → *siehe auch* Metasprache.

VDM
→ *siehe* Videodisplay-Metadatei.

VDSL
→ *siehe* Veryhighrate Digital Subscriber Line.

VDT
Abkürzung für **V**ideo **D**isplay **T**erminal. Ein Terminal mit einer Kathodenstrahlröhre (CRT) und einer Tastatur. → *siehe auch* CRT.

VDU
Abkürzung für **V**ideo **D**isplay **U**nit. Ein Monitor. → *siehe auch* Monitor.

Vector Markup Language, die; *Subst.*
→ *siehe* VML.

Vektor, der; *Subst.* (vector)
In der Mathematik und der Physik eine Variable, die sowohl durch eine Länge als auch eine Richtung charakterisiert ist. → *vgl.* Skalar.
In der Computergrafik stellt ein Vektor eine gerichtete Linie zwischen einem Anfangs- und einem Endpunkt dar, die durch x-/y-Koordinaten in einem Gitter festgelegt sind. Vektoren werden in Zeichenprogrammen verwendet, in denen grafische Darstellungen als Folge von Linien und nicht in Form von einzelnen Punkten (auf Papier) oder Pixel (auf dem Bildschirm) erzeugt werden. → *siehe auch* Vektorgrafik.
In Datenstrukturen bezeichnet man mit »Vektor« eindimensionale Felder (Arrays), deren Elemente in einer einzelnen Spalte oder Zeile angeordnet ist. → *siehe auch* Array, Matrix.

Vektorbildschirm, der; *Subst.* (stroke writer)
In der Computervideotechnik ein Bildschirm, der Zeichen und Grafiken als Menge von Vektoren darstellt – einzelne Koordinatenpunkte verbindenden Linien oder Kurven – und nicht als eine Menge von Punkten, wie dies bei einem Rasterbildschirm der Fall ist. → *siehe auch* Vektorgrafik.

Vektordisplay, das; *Subst.* (vector display)
Eine Kathodenstrahlröhre (CRT), die eine beliebige Ablenkung des Elektronenstrahls auf der Basis von Signalen bezüglich der x-/y-Koordinaten ermöglicht. Um z.B. eine Linie auf einem Vektordisplay zu zeichnen, sendet der Videoadapter Signale an die X- und Y-Ablenkspulen, um den Elektronenstrahl auf dieser Linie zu steuern. Es gibt keinen aus Bildzeilen bestehenden Hintergrund, so dass die auf dem Display gezeichnete Linie nicht aus Pixeln aufgebaut wird. Vektordisplays kommen im Allgemeinen in Oszilloskopen und Direktadressierröhren (Direct View Storage Tube, DVST) zum Einsatz. → *siehe auch* Ablenkspule, CRT. → *vgl.* Rasterdisplay.

Vektorgrafik, die; *Subst.* (vector graphics)
Ein Verfahren zur Erzeugung von Bildern, das auf mathematischen Beschreibungen zur Festlegung von Lage, Länge und Richtung zu zeichnender Linien beruht. In der Vektorgrafik werden Objekte als Sammlung von Linien erstellt und nicht als Muster einzelner Punkte (Pixel). → *vgl.* Rastergrafik.

Vektorschrift, die; *Subst.* (stroke font, vector font)
Eine Schrift, bei der die Zeichen als Anordnung von Liniensegmenten und nicht in Form von Bits gezeichnet werden. → *siehe auch* Schrift. → *vgl.* Bitmapschrift.
In einer etwas abweichenden Bedeutung charakterisiert der Ausdruck eine Schrift, deren Zeichen durch Zusammensetzen gleich breiter Linien gebildet werden und nicht durch Ausfüllen einer Figur, wie es bei einer Konturschrift der Fall ist. → *vgl.* Konturschrift.

Vektortabelle, die; *Subst.* (vector table)
→ *siehe* Verteilertabelle.

Venn-Diagramm, das; *Subst.* (Venn diagram)
Ein Diagramm zur grafischen Darstellung des Ergebnisses von Operationen auf Mengen. In diesem Diagramm wird das Universum durch einen rechteckigen Raum dargestellt. Die darin enthaltenen Kreise stellen die Objekte dar. Die Beziehungen zwischen den einzelnen Mengen werden durch die Positionen der Kreise zueinander verdeutlicht. Das Venn-Diagram ist nach John Venn (1834–1923) benannt, einem Logiker von der Universität Cambridge (England). (Abbildung V.2)

Ventil, das; *Subst.* (valve)
→ *siehe* Elektronenröhre.

Ventilator, der; *Subst.* (fan)
Der Kühlmechanismus, der in Computergehäusen, Laserdruckern oder ähnlichen Geräten eingebaut ist, um Fehlfunktionen infolge von Hitzestau zu vermeiden. Ventilatoren sind die Hauptquelle für das kontinuierliche Summen, das man mit Computern und anderer Hardware in Verbindung bringt.

V

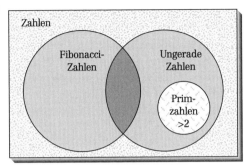

Abbildung V.2: Venn-Diagramm

verarbeiten *Vb.* (process)
Daten mit Hilfe eines Programms manipulieren.

Verarbeitung, die; *Subst.* (processing)
Das Manipulieren von Daten innerhalb eines Computersystems. Die Verarbeitung ist der wesentliche Schritt zwischen dem Empfang von Daten (Eingabe) und der Erzeugung von Ergebnissen (Ausgabe) - die Aufgabe, die für die Computer vorgesehen sind.

verarbeitungsintensiv *Adj.* (process-bound)
Durch einen hohen Verarbeitungsaufwand in der Leistungsfähigkeit eingeschränkt. → *siehe auch* rechenintensiv.

verbinden *Vb.* (concatenate, link)
Das Aneinanderhängen von Elementen. Beispielsweise können die Zeichenketten »Abend« und »rot« zu einer Zeichenkette (»Abendrot«) zusammengefügt werden. → *siehe auch* Zeichenfolge.
Außerdem das Herstellen einer Verbindung zwischen zwei Elementen in einer Datenstruktur durch Verwendung von Indexvariablen oder Zeigervariablen. → *siehe auch* indizieren, Zeiger.

Verbindung, die; *Subst.* (access, connection, join)
In der Datenkommunikation eine physikalische Verbindung zwischen zwei oder mehreren Kommunikationsgeräten. Als Übertragungsmedien werden u.a. Kupferkabel, Glasfaserkabel und Funksignale eingesetzt.
In einer sehr ähnlichen Bedeutung - insbesondere im Zusammenhang mit Weitbereichsnetzen wie dem Internet - gibt der Ausdruck an, dass die Systeme nicht nur physikalisch zusammengeschlossen sind, sondern dass derzeit auch ein aktiver Anschluss besteht, d.h. die Computer können miteinander kommunizieren.
In Bezug auf Datenbanken charakterisiert »Verbindung« eine

Tabellenoperation, die für jeden Tabelleneintrag, dessen Schlüsselfeld mit dem eines Eintrags in einer anderen Tabelle übereinstimmt, einen resultierenden Eintrag in einer dritten Tabelle erzeugt. → *siehe auch* Inner Join.
In der Programmierung bezeichnet »Verbindung« einen Multiprocessingbefehl, der die Rückgabe der Steuerung von einem Kindprozess (Child) an seinen Elternprozess (Parent) bewirkt. → *siehe auch* Multiprocessing.

Verbindung, belastete, die; *Subst.* (loaded line)
→ *siehe* belastete Verbindung.

Verbindung, digitale, die; *Subst.* (digital line)
→ *siehe* digitale Verbindung.

Verbindung, kaskadierte, die; *Subst.* (cascade connection)
→ *siehe* Pipe.

Verbindung lösen *Vb.* (disassociate)
In Windows 9x, Windows Me, Windows NT und Windows 2000 eine Verbindung zwischen einer Datei und einer Anwendung lösen. → *vgl.* Erweiterung, Def. 1, zuordnen.

Verbindungsanalysator, der; *Subst.* (line analyzer)
Ein Überwachungsgerät für die Überprüfung oder den Test der Übertragungseigenschaften einer Kommunikationsleitung.

Verbindungsdauer, die; *Subst.* (connect time)
Die Zeitspanne, in der Benutzer aktiv mit dem entfernten Computer verbunden sind. In kommerziellen Systemen werden die zu entrichtenden Gebühren häufig abhängig von der Verbindungsdauer berechnet (neben anderen Faktoren wie z.B. einer zusätzlichen Grundgebühr). → *siehe auch* Anschaltgebühr.

Verbindungsdiagramm, das; *Subst.* (cabling diagram)
Ein Plan, der den Verlauf der Kabelverbindungen zeigt, mit denen Systemkomponenten oder Peripheriegeräte untereinander verbunden werden. Verbindungsdiagramme sind z.B. wichtig, um dem Benutzer den Anschluss von Festplatten an einen Controller zu erleichtern.

Verbindungsgeschwindigkeit, die; *Subst.* (line speed)
→ *siehe* Baudrate, Datenrate.

verbindungslos *Adj.* (connectionless)
In der Datenkommunikation die Eigenschaft einer Datenübertragungsmethode, die keine direkte Verbindung zwi-

schen zwei Knoten eines oder mehrerer Netzwerke erfordert. Verbindungslose Datenübertragungen werden mit Hilfe der Wegsteuerung (Routing) realisiert. Die Daten werden dabei in Form von Datenpaketen übertragen, wobei jedes Datenpaket Adressinformationen über seinen Herkunfts- und seinen Bestimmungsort enthält. Anhand des Bestimmungsortes sucht sich das Datenpaket den Weg selbst und wandert dabei von Knoten zu Knoten, bis das Ziel erreicht ist. → *siehe auch* Knoten, Paket. → *vgl.* verbindungsorientiert.

verbindungsorientiert *Adj.* (connection-oriented)
Eigenschaft einer Datenübertragungsmethode, die eine direkte Verbindung zwischen zwei Knoten eines oder mehrerer Netzwerke erfordert. → *vgl.* verbindungslos.

Verbindung, symmetrische, die; *Subst.* (balanced line)
→ *siehe* symmetrische Verbindung.

Verbindung, virtuelle, die; *Subst.* (virtual circuit)
→ *siehe* virtuelle Verbindung.

Verbreitung, die; *Subst.* (propagation)
Die Übertragung eines Signals – z.B. eines Internetpakets – von der Quelle an das Ziel. Die Verbreitung von Nachrichten über verschiedene Pfade mit unterschiedlichen Längen hat zur Folge, dass Nachrichten mit variierender Geschwindigkeit übertragen werden. → *siehe auch* Signalverzögerung.

verbunden *Adj.* (wired)
Über Zugang zum Internet verfügen.

verbundene Datensätze, der; *Subst.* (concatenated data set)
Eine Gruppe separater Sätze zusammengehöriger Daten, die zur Verarbeitung als Einheit behandelt werden.

verbundene Laufwerke, das; *Subst.* (mapped drives)
In der Windows-Umgebung handelt es sich bei verbundenen Laufwerken um die Netzlaufwerke, denen lokale Laufwerksbuchstaben zugewiesen wurden und die lokal verfügbar sind.

Verdichtung, die; *Subst.* (compaction)
Das Zusammenfassen momentan belegter Abschnitte des Haupt- oder Hilfsspeichers in einem möglichst kleinen Bereich, um dadurch den maximal möglichen zusammenhängenden, freien Speicherplatz zu schaffen. → *vgl.* Dateifragmentierung, Streuung.

verdrahtet *Adj.* (wired)
Bezeichnet einen Schaltkreis oder eine Baugruppe, bei der – im Gegensatz zur Programmierung über Software oder Programmschalter – die feste Verdrahtung der einzelnen Komponenten im Vordergrund steht.

Vereinigung, die; *Subst.* (union)
In der Mengenlehre die Menge aller Elemente, die mindestens einer von zwei Mengen angehören.
In der Logik die inklusive ODER-Operation: Das Ergebnis C einer beliebigen Vereinigung von A und B ist immer wahr (1), es sei denn, A und B sind beide falsch (0) (vgl. folgende Wahrheitstabelle).

a OR b		=c
0	0	0
0	1	1
1	0	1
1	1	1

In der Programmierung eine Struktur, die verwendet werden kann, um verschiedene Datentypen (wie Ganzzahlen, Zeichen oder Boolesche Werte) zu speichern.
In der Datenbankverwaltung stellt »Vereinigung« einen relationalen Operator dar. Sind zwei Relationen (Tabellen) A und B gegeben, die vereinigungskompatibel sind (d.h. die gleiche Anzahl von Feldern enthalten, wobei korrespondierende Felder die gleichen Typen von Werten aufweisen), dann liefert A UNION B eine neue Relation, die diejenigen Tupel (Datensätze) enthält, die entweder in A oder in B oder in beiden erscheinen. → *vgl.* Differenz, Durchschnitt.

vereinigungskompatibel *Adj.* (union-compatible)
In der Datenbankverwaltung bezogen auf zwei Relationen (Tabellen) der gleichen Ordnung (mit der gleichen Anzahl von Attributen), wobei die korrespondierenden Attribute auf den gleichen Domänen (Menge der zulässigen Werte) aufbauen.

vererbter Code, der; *Subst.* (inheritance code)
In der objektorientierten Programmierung die zu einem Objekt gehörende Menge struktureller und prozeduraler Attribute, die dem Objekt von einer Klasse bzw. einem Objekt übergeben werden, von dem der bzw. es abgeleitet ist. → *siehe auch* objektorientierte Programmierung.

Vererbung, die; *Subst.* (inheritance)
In der objektorientierten Programmierung die Weitergabe bestimmter Eigenschaften einer Klasse an ihre Nachkommen.

V Wenn z.B. »Gemüse« eine Klasse ist, die die Eigenschaft »Grün« und »Gelb« enthält, werden diese beiden Nachkommen die Eigenschaften von »Gemüse« (Name, Saison usw.) erben. → *siehe auch* Klasse, objektorientierte Programmierung. Im Allgemeinen betrifft die Vererbung auch den Transfer bestimmter Eigenschaften, z.B. geöffnete Dateien, von einem Elternprozess (Programm) auf einen anderen, den der Elternprozess gestartet hat. → *siehe auch* Child.

Verfälschung, die; *Subst.* (corruption)
Auch »Korruption« genannt. Die unbeabsichtigte Veränderung von Daten im Arbeitsspeicher oder auf einem Datenträger, wodurch die Bedeutung der Daten wechselt oder verloren geht.

verfallen *Vb.* (expire)
Das teilweise oder vollständige Aussetzen der Funktionsfähigkeit. Betaversionen werden häufig so programmiert, dass diese nach der Freigabe der neuen Version verfallen.

Verfallsdatum, das; *Subst.* (expiration date)
Das Datum, an dem Shareware, Beta- oder Probeversionen eines Programms erst dann wieder ausgeführt werden können, wenn eine Vollversion installiert oder ein Zugriffscode eingegeben wird.

verfassen *Vb.* (author)
Ein Produkt für die Implementierung über Computertechnologie erstellen: Ein Computerprogramm schreiben, Multimediakomponenten zusammensetzen (Grafik, Text und Audio) oder HTML-Marken für eine Webseite setzen. Im herkömmlichen Sinn bedeutet »verfassen« (engl. »to author«) eine literarische Arbeit oder einen journalistischen Bericht erstellen. In der Computerwelt bedeutet schreiben »Inhalt erstellen«. »Verfassen« bedeutet daher »Inhalt bereitstellen«. → *auch genannt* Authoring.

verfolgen *Vb.* (trace)
Ein Programm so ausführen, dass sich die Abfolge der auszuführenden Anweisungen beobachten lässt. → *siehe auch* Debugger, Einzelschrittdurchgang.

Verfügbarkeit, die; *Subst.* (availability)
Bei der Datenverarbeitung die Zugänglichkeit eines Computersystems oder einer Ressource im Sinne der Verwendung (z.B. die Verfügbarkeit eines Netzwerkdruckers) oder prozentual zur gesamten Zeit, in der ein Gerät benötigt wird.

Verfügbarkeitszeit, die; *Subst.* (available time)
→ *siehe* Betriebszeit.

vergleichen *Vb.* (compare)
Das Testen zweier Elemente auf Gleichheit oder Unterschiede, z.B. bei Wörtern, Dateien oder numerischen Werten. In einem Programm ist es häufig vom Ergebnis einer Vergleichsoperation abhängig, welche von mehreren möglichen Anweisungsfolgen als nächste auszuführen ist.

vergrößern *Vb.* (enlarge)
Ein Begriff aus dem Bereich von Microsoft Windows und anderen grafischen Benutzeroberflächen. Mit diesem Begriff ist das Erhöhen der Größe eines Fensters gemeint. → *siehe auch* maximieren. → *vgl.* minimieren, verkleinern.

verifizieren *Vb.* (verify)
Feststellen, ob entweder ein Ergebnis korrekt ist oder eine Prozedur oder Folge von Operationen ausgeführt wurde.

Verkehr, der; *Subst.* (traffic)
Die Auslastung einer Kommunikationsverbindung oder eines Kanals.

verkettete Liste, die; *Subst.* (linked list)
Eine in der Programmierung eingesetzte Datenstruktur in der Form einer Liste von Knoten oder Elementen, die jeweils durch Zeiger miteinander verknüpft sind. Bei einer einfach verketteten Liste existiert in jedem Knoten ein Zeiger, der auf den jeweils nächsten Knoten in der Liste zeigt. Eine doppelt verkettete Liste verwendet in jedem Knoten zwei Zeiger, von denen einer auf den nächsten und einer auf den vorangehenden Knoten zeigt. In einer zirkulären Liste sind außerdem der erste und der letzte Knoten der Liste miteinander verknüpft. → *siehe auch* Array, Knoten, Liste, Schlüssel. → *vgl.* lineare Liste.

Verkettung, die; *Subst.* (chaining)
Das Verknüpfen von zwei oder mehr Entitäten, so dass sie funktionell voneinander abhängig sind. In der Programmierung werden Programme als »verkettet« bezeichnet, wenn das erste Programm die Ausführung des zweiten veranlasst. Des Weiteren sind Programmbefehle »verkettet«, wenn jede Anweisung – mit Ausnahme der ersten – von dem vorangehenden Befehl hinsichtlich der Eingaben abhängig ist. Bei Batchdateien wird von »Verkettung« gesprochen, wenn die vollständige Ausführung der ersten Batchdatei die Ausführung der zweiten initiiert. In der

Datenspeicherung bezieht sich der Ausdruck »verkettet« auf zwei oder mehr einzelne Speichereinheiten, die miteinander verknüpft sind. Beispielsweise kann eine Datei auf mehrere Sektoren verteilt sein, die sich an unterschiedlichen Stellen des Datenträgers befinden. Jeder Sektor, der Bestandteil der Datei ist, enthält dabei einen Zeiger, der den jeweils folgenden Sektor angibt. Derartige Sektoren werden als »verkettet« bezeichnet oder, genauer, bilden eine Kette aus Zuordnungseinheiten.

verkleinern *Vb.* (reduce)
Die Größe eines Fensters in einer grafischen Benutzeroberfläche herabsetzen. Dies kann durch Klicken auf die entsprechende Schaltfläche in der Titelleiste geschehen oder durch Ziehen der Fensterumrandung mit der Maus zur Mitte des Fensters hin. → *siehe auch* maximieren, minimieren.

Verklemmung, die; *Subst.* (deadly embrace)
→ *siehe* Deadlock.

Verknüpfung, die; *Subst.* (shortcut)
In Microsoft Windows ein Symbol, das durch Doppelklicken den sofortigen Zugriff auf ein Programm, eine Text- oder Datendatei oder eine Webseite ermöglicht. → *siehe auch* Controlstrip, symbolischer Link. → *vgl.* Erweiterung, Def. 1.

Abbildung V.3: Verknüpfung

Verknüpfung, manuelle, die; *Subst.* (cold link)
→ *siehe* manuelle Verknüpfung.

verkrüppelte Version, die; *Subst.* (crippled version)
Eine reduzierte Version einer Hardware oder Software, die zu Demonstrationszwecken verkauft oder verschenkt wird. → *siehe auch* Demo.

verlorene Zuordnungseinheit, die; *Subst.* (lost cluster)
Eine Zuordnungseinheit, bei der das Betriebssystem feststellt, dass diese zwar verwendet wird, jedoch keinen Bestandteil einer Kette mit gespeicherten Dateisegmenten darstellt. Eine verlorene Zuordnungseinheit stellt in der Regel die Überreste einer unvollständigen Datenverwaltung dar. Diese kann durch einen Systemabsturz oder durch plötzliches Beenden einer Anwendung entstehen.

Verlustausgleich, der; *Subst.* (loss balancing)
Die Erweiterung eines Signals oder eines Wertes, um den Verlust bei einer Übertragung oder einer Konvertierung eines Wertes auszugleichen.

verlustfreie Komprimierung, die; *Subst.* (lossless compression)
Der Prozess einer Dateikomprimierung, bei dem nach der Komprimierung und Dekomprimierung das ursprüngliche Format Bit für Bit übereinstimmt. Text, Code und numerische Datendateien müssen nach der Methode der verlustfreien Komprimierung komprimiert werden. Durch dieses Verfahren können Dateien in der Regel auf 40 Prozent ihrer ursprünglichen Größe komprimiert werden. → *vgl.* verlustreiche Komprimierung.

verlustreiche Komprimierung, die; *Subst.* (lossy compression)
Der Prozess einer Dateikomprimierung, bei dem nach der Komprimierung und Dekomprimierung Daten verloren gehen. Video- und Audiodateien enthalten oft Daten, die vom Benutzer gar nicht wahrgenommen werden. Wenn diese überschüssigen Daten über diese Methode entfernt werden, kann die Datei auf 5 Prozent ihrer ursprünglichen Größe reduziert werden. → *vgl.* verlustfreie Komprimierung.

Vermächtnis *Adj.* (legacy)
Bezieht sich auf Dokumente oder Daten, die bereits vor einem bestimmten Zeitraum vorhanden waren. Dieser Begriff gilt insbesondere dann, wenn alte Datendateien aufgrund einer Systemänderung in ein neues Format umgewandelt werden müssen.

Vermitteln, das; *Subst.* (switching)
Ein Kommunikationsverfahren, das temporär belegte anstelle von fest geschalteten Leitungen zum Einrichten einer Verbindung oder zum Weiterleiten von Informationen zwischen zwei Teilnehmern verwendet. Beispielsweise führt im Wählsystem des öffentlichen Telefonnetzes die Leitung des Anrufers zunächst zu einer Vermittlungsstelle, von der aus dann die tatsächliche Verbindung zum angerufenen Teilnehmer hergestellt wird. In Computernetzen realisiert man den Informationsaustausch zwischen zwei Teilnehmern unter anderem über Nachrichtenvermittlung und Paketvermittlung. In beiden Fällen werden Nachrichten über zwischengeschaltete Stationen, die alle an der Verbindung von Sender und Empfänger beteiligt sind, weitergeleitet (vermittelt).

V

V

Vermittlungseinrichtung, die; *Subst.* (switch)
In der Kommunikationstechnik ein Computer oder eine elektromechanische Vorrichtung, die das Weiterleiten eines Signals und die Betriebsart des Signalwegs steuert.

Vermittlungsgeschwindigkeit, die; *Subst.* (switching speed)
Bei einem paketvermittelten Telekommunikationsverfahren (z.B. ATM) die Geschwindigkeit, mit der die Datenpakete über das Netzwerk gesendet werden. Die Vermittlungsgeschwindigkeit wird meist in Kilobit pro Sekunde (Kbps) oder Megabit pro Sekunde (Mbps) angegeben. → *siehe auch* Paketvermittlung.

Vermittlungsschicht, die; *Subst.* (network layer)
Die dritte der sieben Schichten im ISO/OSI-Schichtenmodell zur Standardisierung der Kommunikation zwischen Computern, auch »Netzwerkschicht« genannt. Die Vermittlungsschicht liegt eine Ebene über der Sicherungsschicht und stellt ihrerseits sicher, dass die Daten am vorgesehenen Ziel ankommen. Diese Schicht ist die mittlere der drei Schichten (nämlich Sicherungs-, Vermittlungs- und Transportschicht), die sich mit der eigentlichen Informationsbewegung von einem Gerät zu einem anderen befassen. → *siehe auch* ISO/OSI-Schichtenmodell. → *auch genannt* Netzwerkschicht.

Veronica
Abkürzung für **V**ery **E**asy **R**odent-**O**riented **N**etwide **I**ndex to **C**omputerized **A**rchives. Ein Internetdienst, der von der Universität von Nevada (USA) entwickelt wurde und Gopher-Archive nach Schlüsselwörtern durchsucht. → *siehe auch* Boolescher Operator, Gopher, Jughead. → *vgl.* Archie.

Verpackung, die; *Subst.* (envelope)
In der Kommunikationstechnik eine einzelne Informationseinheit, die mit anderen Elementen gruppiert ist, z.B. selbstprüfende Bits.

verriegeln *Vb.* (interlock)
Diese Maßnahme hindert ein Gerät an der Durchführung von Aktionen, während die aktuelle Operation verarbeitet wird.

Versatz, der; *Subst.* (skew)
Unterschied von Ist- zu Sollwert - bei einer Druckseite beispielsweise eine fehlerhafte Ausrichtung, die eine korrekte Reproduktion verhindert, oder bei elektronischen Schaltkreisen Abweichungen zwischen Eingang und Ausgang aufgrund unterschiedlicher Laufzeiten eines Taktsignals.

verschachteln *Vb.* (nest)
Das Einbetten eines Konstrukts in ein anderes Konstrukt. Eine Datenbank kann z.B. eine verschachtelte Tabelle (eine Tabelle innerhalb einer Tabelle), ein Programm eine verschachtelte Prozedur (eine Prozedur, die in einer Prozedur deklariert ist) und eine Datenstruktur einen verschachtelten Datensatz (einen Datensatz, der ein Feld enthält, das ebenfalls ein Datensatz ist) enthalten.

verschachtelte Operation, die; *Subst.* (nested transaction)
Ein Begriff der Programmierung. Eine Operation oder Sequenz mit Operationen, die innerhalb einer größeren Transaktion stattfinden. Eine verschachtelte Operation kann abgebrochen werden, ohne die größere Transaktion abzubrechen. → *siehe auch* verschachteln. → *auch genannt* Suboperation.

verschieben *Vb.* (move, translate)
Allgemein ein Befehl oder eine Anweisung zum Übergeben von Informationen von einer Quelle an ein Ziel. Die dabei ausgeführten Operationen können die Daten im Speicher des Computers betreffen oder sich auf Text oder Grafiken in einer Datendatei beziehen. In der Programmierung lässt sich z.B. mit einem Transportbefehl ein einzelner Wert von einer Speicherstelle zu einer anderen übertragen. Durch einen entsprechenden Befehl in einer Anwendung kann man andererseits einen ganzen Textabsatz neu anordnen oder eine Grafik teilweise oder vollständig von einer Stelle im Dokument an eine andere verschieben. Im Gegensatz zu einer Kopierprozedur (copy), für die das Duplizieren von Informationen typisch ist, schließt ein Verschiebebefehl (move) das mögliche oder tatsächliche Löschen der Informationen an ihrer ursprünglichen Position ein. → *vgl.* kopieren.
In der Computergrafik bewirkt ein Verschiebevorgang, dass ein Bild in dem durch den Bildschirm repräsentierten »Raum« bewegt wird, ohne dass das Bild dabei gedreht wird.

Verschiebung, blockweise, die; *Subst.* (block move)
→ *siehe* blockweise Verschiebung.

verschlüsseln *Vb.* (encode)
In der Datensicherheit das Verschlüsseln von Daten. → *siehe auch* Verschlüsselung.

Verschlüsselung, die; *Subst.* (encryption)
Die Codierung von Daten, um sie - insbesondere bei Datenübertragungen - gegen unberechtigten Zugriff zu schützen. Eine Verschlüsselung basiert in der Regel auf einem Schlüs-

sel, ohne den sich die Informationen nicht entschlüsseln (decodieren) lassen. Das »U.S. National Bureau of Standards« hat einen komplizierten Verschlüsselungsstandard namens DES (Data Encryption Standard) entwickelt, der nahezu unbegrenzte Möglichkeiten zur Verschlüsselung von Dokumenten bietet. → *siehe auch* Data-Encryption-Standard.

Verschlüsselung, blockweise, die; *Subst.* (block cipher)
→ *siehe* blockweise Verschlüsselung.

versetzter Speicherzugriff, der; *Subst.* (interleaved memory)
Eine Technik zum Organisieren der Adressen im RAM, um Wartezustände zu reduzieren. Beim versetzten Speicherzugriff werden angrenzende Speicherstellen in separate Zeilen von Chips gespeichert. Nach einem Zugriff auf ein Byte muss der Prozessor daher nicht mehr einen vollständigen Speicherzyklus abwarten, bevor sich ein anderes Byte ansprechen lässt. → *siehe auch* Waitstate, Zugriffszeit.

Version, die; *Subst.* (release, version)
Eine bestimmte Ausgabe eines Programms, die meist im Zusammenhang mit der neuesten Variante genannt wird (wie in »die letzte Version des Programms X«). Einige Softwarehäuser – beispielsweise Lotus – verwenden diesen Begriff als integralen Bestandteil des Produktnamens (wie in »Lotus 1-2-3 Version 2.2«).
Der Ausdruck »Version« charakterisiert auch allgemein ein bestimmtes Softwareprodukt (selten ein Hardwareprodukt), insbesondere in Verbindung mit Produkten, die in mehreren Varianten (d.h. von verschiedenen Firmen bzw. für unterschiedliche Computersysteme) verfügbar sind, z.B. Programmiersprachen und Betriebssysteme. Man spricht dabei z.B. von »eine Version des Betriebssystems UNIX«, was gleichbedeutend ist mit »eine Variante des Betriebssystems UNIX«. → *vgl.* Betaversion.

Versionskontrolle, die; *Subst.* (version control)
Die Verwaltung einer Datenbank, die den Quellcode und die zugehörigen Dateien eines Softwareprojekts enthält. Das Ziel der Versionskontrolle ist die Überwachung von Änderungen, die im Verlauf des Projekts vorgenommen wurden.

Versionsnummer, die; *Subst.* (version number)
Eine Nummer, mit der ein Softwareentwickler ein bestimmtes Programm auf einer bestimmten Entwicklungsstufe kennzeichnet. Im Allgemeinen besteht eine Versionsnummer aus zwei Teilen, die durch einen Punkt getrennt sind. Nachfolgende Programmversionen werden durch eine höhere Nummer gekennzeichnet. Größere Änderungen eines Programms versieht man mit einer höheren Hauptversionsnummer vor dem Punkt. Geringfügige Änderungen gibt man in der Versionsnummer durch die nächsthöhere Zahl nach dem Punkt an.

Verso *Adj.* (verso)
Ein Begriff aus dem Druck- und Verlagswesen. *Verso* bezeichnet die linke Buchseite, die immer eine gerade Seitenzahl hat. → *vgl.* Recto.

Verstärkung, die; *Subst.* (gain)
Das Erhöhen der Amplitude eines Signals (z.B. Spannung oder Strom) das von einem Baustein ausgeht. Die Verstärkung kann entweder als Faktor oder in Dezibel angegeben werden. → *siehe auch* Dezibel.

verstecken *Vb.* (hide)
Das Ausblenden des aktiven Fensters der Anwendung, ohne die Anwendung zu beenden. Versteckte Fenster können durch entsprechende Befehle an das Betriebssystem wieder angezeigt werden.

versteckte Datei, die; *Subst.* (hidden file)
Eine Datei, die in einer normalen Verzeichnisauflistung nicht erscheint. Dateien werden versteckt, um sie gegen Änderung oder Löschen zu schützen. Versteckte Dateien werden häufig verwendet, um Codes oder Daten zu speichern, die Fehler im Betriebssystem erzeugen können.

versteckte Linie, die; *Subst.* (hidden line)
In Anwendungen, die feste dreidimensionale Objekte darstellen (z.B. CAD-Programme), eine Linie, die in einer Zeichnung normalerweise nicht sichtbar ist, wenn man das Objekt als massive Konstruktion wahrnimmt. Das Entfernen derartiger Linien nennt man Hiddenline Removal. → *siehe auch* CAD, versteckte Oberfläche.

versteckte Oberfläche, die; *Subst.* (hidden surface)
In Anwendungen, die feste dreidimensionale Objekte darstellen (z.B. CAD-Programme), eine Oberfläche, die aus einem bestimmten Betrachtungswinkel normalerweise nicht sichtbar ist, z.B. die Unterseite einer Flugzeugtragfläche von oben gesehen. → *siehe auch* CAD, versteckte Linie.

verteilen *Vb.* (distribute)
Etwas auf mehrere Orte oder Einrichtungen aufteilen. Eine Datenverarbeitungsfunktion lässt sich z.B. durch mehrere

V

V Computer und andere Geräte realisieren, die über ein Netzwerk miteinander verbunden sind.

Verteiler, der; *Subst.* (dispatcher)
In einigen Multitaskingbetriebssystemen eine Anzahl von Routinen, die für die Verteilung (Zuweisung) der Rechenzeit (CPU-Zeit) auf mehrere Anwendungen verantwortlich sind.

Verteilerliste, die; *Subst.* (distribution list, mailing list)
Eine Liste der Empfänger, die eine Kopie einer E-Mail erhalten. Derartige Listen werden in der Regel mit einem Verteilerlistenprogramm (z.B. LISTSERV) erzeugt und eingesetzt, wenn ein Unternehmen oder ein Serviceprovider eine Massen-E-Mail an alle Benutzer oder an alle Benutzer einer bestimmten Gruppe versendet. Beispielsweise kann man im Internet bestimmte Informationen (häufig als »Newsletter« bezeichnet) abonnieren und enthält diese in meist regelmäßigen Abständen als E-Mail. Wenn der Name der Verteilerliste in das Empfängerfeld des E-Mail-Clients eingegeben wird, sendet der Computer, auf dem die Verteilerliste gespeichert ist, Kopien der E-Mail an alle Adressen, die in der Liste verzeichnet sind (wobei die Möglichkeit besteht, dass die E-Mail zuerst von einem Moderator bearbeitet wird, bevor die Kopien tatsächlich versendet werden). → *siehe auch* Alias, LISTSERV.
→ *siehe auch* LISTSERV, Mailinglist-Manager, Majordomo, Moderator.

Verteilertabelle, die; *Subst.* (dispatch table)
Auch als Sprungtabelle, Vektortabelle oder Interruptvektortabelle bezeichnet. Eine Tabelle mit Bezeichnern und Adressen für eine bestimmte Klasse von Routinen, z.B. Interrupthandler (Routinen, die als Antwort auf bestimmte Signale oder Zustände ausgeführt werden). → *siehe auch* Interrupthandler. → *auch genannt* Interruptvektortabelle, Sprungtabelle, Vektortabelle.

verteilte Datenbank, die; *Subst.* (distributed database)
Auf einem Netzwerk realisierte Datenbank, bei der die Komponentenpartitionen über verschiedene Knoten (Stationen) des Netzwerks verteilt sind. Abhängig vom konkreten Datenverkehr für Aktualisierungen und Abfragen können verteilte Datenbanken die Gesamtleistung beträchtlich erweitern. → *siehe auch* Partition.

verteilte Datenverarbeitung, die; *Subst.* (distributed computing, distributed processing)
Eine Form der Informationsverarbeitung, bei der die Arbeit durch separate Computer ausgeführt wird, die über ein Kommunikationsnetzwerk miteinander verbunden sind. Man unterscheidet vollständig verteilte Datenverarbeitung und echte verteilte Datenverarbeitung. Vollständig verteilte Datenverarbeitung gliedert die Arbeitslast unter Computern auf, die miteinander kommunizieren können. Bei echter verteilter Datenverarbeitung lässt man separate Computer unterschiedliche Aufgaben so ausführen, dass sie ihre kombinierte Arbeit zu einem größeren Ziel beisteuern können. Dieser zweite Verarbeitungstyp erfordert eine stark strukturierte Umgebung, in der Hardware und Software miteinander kommunizieren, Ressourcen gemeinsam nutzen und Informationen frei austauschen können.

verteilte Dialogverarbeitung, die; *Subst.* (distributed transaction processing)
Ein Teilhaberbetrieb, der an mehreren Computern ausgeführt werden kann, die über ein Netzwerk miteinander kommunizieren. → *siehe auch* transaktionale Verarbeitung, verteilte Datenverarbeitung.

Verteilte Dienstverweigerungsattacke *Subst.* (distributed denial of service attack)
Eine Form der Dienstverweigerungsattacke, die von mehreren Computern ausgeht und einen Internetserver mit Verbindungsanforderungen überschüttet, die nicht ausgeführt werden können. Eine verteilte Dienstverweigerungsattacke besteht darin, in mehrere Computer einzubrechen, dort Programme zu platzieren und sie solange ruhen zu lassen, bis ein Signal gesendet wird, die Attacke vorzunehmen. Ab diesem Zeitpunkt senden die Computer einen stetigen Strom von Datenpaketen an die zu attackierende Website und überfordern so die Fähigkeit des Webservers, darauf zu antworten. Da die Attacke von mehreren Computern ausgeht, ist es den Sicherheitseinrichtungen, die sich sonst einer Attacke von nur einem Computer durch Stopp des Datenstromes erwehren können, nicht möglich, die Verbindung zu allen attackierenden Rechnern zu unterbrechen. → *siehe auch* Dienstverweigerungsattacke.

verteilte Intelligenz, die; *Subst.* (distributed intelligence)
Ein System, in dem die Verarbeitungsfähigkeit (Intelligenz) unter mehreren Computern und anderen Geräten aufgeteilt ist, die jeweils bis zu einem gewissen Grad unabhängig voneinander arbeiten, aber auch mit anderen Geräten kommunizieren können, um als Teil eines größeren Systems zu funktionieren. → *siehe auch* verteilte Datenverarbeitung.

verteiltes Dateisystem, das; *Subst.* (distributed file system)
Ein Dateiverwaltungssystem, in dem Dateien auf mehreren Computern gespeichert werden können, die an ein lokales oder Weitbereichsnetz angeschlossen sind.

verteiltes Datenbanksystem, das; *Subst.* (distributed database management system)
Abgekürzt DDBMS. Ein Datenbank-Managementsystem, das in der Lage ist, eine verteilte Datenbank zu verwalten. → *siehe auch* verteilte Datenbank.

verteiltes Netzwerk, das; *Subst.* (distributed network)
Ein Netzwerk, in dem Verarbeitung, Speicherung und andere Funktionen durch separate Einheiten (Knoten) und nicht nur durch einen einzelnen Hauptcomputer übernommen werden.

verteilte Sortierung, die; *Subst.* (distributive sort)
Ein Sortierverfahren, das eine Liste in mehrere Teile untergliedert und anschließend in einer bestimmten Reihenfolge wieder zusammenbaut. → *siehe auch* Sortieralgorithmus. → *vgl.* Bubblesort, einfügendes Sortieren, Quicksort.

vertikale Aufzeichnung, die; *Subst.* (perpendicular recording, vertical recording)
Ein Verfahren zur Erhöhung der Speicherdichte auf magnetischen Medien. Die magnetischen Dipole, deren Orientierung den Wert eines Bits bestimmt, werden dabei senkrecht zur Aufzeichnungsoberfläche ausgerichtet.

vertikale Bandbreite, die; *Subst.* (vertical bandwidth)
Die Rate in Hertz (Hz), mit der das Monitorbild vollständig neu aufgebaut wird. Die vertikale Bandbreite von Anzeigesystemen liegt im Bereich von 45 Hz bis über 100 Hz. → *auch genannt* vertikale Synchronisation, vertikale Wiederholungsrate, V-sync.

vertikaler Bildlauf, der; *Subst.* (vertical scrolling)
Die Verschiebung eines angezeigten Dokuments nach oben oder unten. → *siehe auch* Bildlaufleiste.

vertikale Redundanzprüfung, die; *Subst.* (vertical redundancy check)
→ *siehe* VRC.

vertikaler Strahlrücklauf, der; *Subst.* (vertical retrace)
Auf Rasterscandisplays die Bewegung des Elektronenstrahls von der unteren rechten Ecke des Bildschirms zurück zur oberen linken Ecke, nachdem der Strahl einen vollständigen Durchlauf über den Bildschirm ausgeführt hat. → *siehe* vertikale Bandbreite. → *siehe auch* Austastlücke, Austastung. → *vgl.* horizontales Zurücksetzen (des Elektronenstrahls), vertikale Wiederholungsrate.

vertikales Synchronisationssignal, das; *Subst.* (vertical sync signal)
Der Teil des Videosignals für ein Rasterdisplay, der das Ende der letzten Bildzeile am unteren Rand des Display anzeigt.

vertikale Synchronisation, die; *Subst.* (vertical sync)
→ *siehe* vertikale Bandbreite.

vertikale Wiederholungsrate, die; *Subst.* (vertical scan rate)
→ *siehe* vertikale Bandbreite.

Verweissammlung, die; *Subst.* (point listing)
Eine Datenbank mit häufig verwendeten Websites, die nach Interessengebieten geordnet und nach Inhalt und Design bewertet wird.

Very-High-Level-Sprache, die; *Subst.* (very-high-level language)
→ *siehe* vierte Sprachgeneration.

Veryhighrate Digital Subscriber Line, die; *Subst.* (very-high-rate digital subscriber line)
Abkürzung: VDSL. Die Hochgeschwindigkeitsvariante der Reihe xDSL (**d**igital **s**ubscriber **l**ine). Bei xDSL handelt es sich um Kommunikationstechnologien, die alle über gewöhnliche Telefonleitungen arbeiten. VDSL erreicht beim Empfang bis zu 52 Megabit pro Sekunde (Mbps), ist aber nur effektiv, wenn die Vermittlungsstelle maximal 1.400 bis 1.500 m vom Kunden entfernt ist. Die erzielbare Übertragungsgeschwindigkeit hängt dabei von der Entfernung ab, den das Signal zwischen den Benutzern und der Vermittlungsstelle zurücklegen muss. Um beispielsweise die höchstmögliche Geschwindigkeit von 52 Mbps zu erreichen, darf die Vermittlungsstelle höchstens 300 m entfernt sein. Bei einer Entfernung von 900 m beträgt die Geschwindigkeit noch 26 Mbps, bei 1.500 m nur noch 13 Mbps. → *siehe auch* downstream, xDSL, Zentrale.

Veryhighspeed Integrated Circuit, der; *Subst.* (very-highspeed integrated circuit)
Ein integrierter Schaltkreis, der – meist logische – Operationen mit sehr hoher Geschwindigkeit ausführt.

V

Very Long Instruction Word, das; *Subst.*
→ *siehe* VLIW.

Very-Low-Frequency Electromagnetic Radiation,   die; *Subst.* (very-low-frequency electromagnetic radiation)
→ *siehe* VLF-Strahlung.

Verzeichnis, das; *Subst.* (directory)
Ein Katalog für Dateinamen und andere Verzeichnisse, die auf einer Diskette gespeichert sind. Verzeichnisse dienen der Organisation und Gruppierung von Daten, damit der Benutzer nicht durch unübersichtlich lange Dateilisten verwirrt wird. Die oberste Verzeichnisebene ist das sog. Hauptverzeichnis (*Root Directory*). Die Verzeichnisse in einem Verzeichnis werden als Unterverzeichnis bezeichnet. Je nach Betriebssystem lassen sich Dateinamen in einem Verzeichnis nach verschiedenen Arten anzeigen und ordnen – z.B. alphabetisch, nach dem Datum, nach der Größe oder als Symbol auf einer grafischen Benutzeroberfläche. Die angezeigten Verzeichnisinformationen basieren auf Datenstrukturen, die das Betriebssystem auf dem jeweiligen Datenträger speichert und verwaltet. Diese Tabellen enthalten sowohl die Eigenschaften, die mit jeder Datei verbunden sind, als auch den Standort der Datei. In den Windows-Betriebssystemen sowie auf dem Macintosh werden Verzeichnisse als *Ordner* bezeichnet.

Verzeichnis, aktuelles, das; *Subst.* (current directory)
→ *siehe* aktuelles Verzeichnis.

Verzeichnisbaum, der; *Subst.* (directory tree)
Eine grafische Anzeige, die die Verzeichnisse und Unterverzeichnisse einer Festplatte verzweigt darstellt. → *siehe auch* Baumstruktur, Verzeichnis, Verzweigung. (Abbildung V.4)

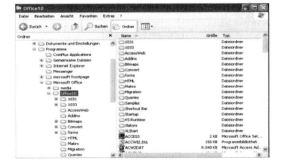

Abbildung V.4: Verzeichnisbaum: Beispiel eines Verzeichnisbaumes im Windows-Explorer

Verzeichnis, gemeinsames, das; *Subst.* (shared directory)
→ *siehe* Netzwerkverzeichnis.

Verzeichnis, lineares, das; *Subst.* (flat file directory)
→ *siehe* lineares Verzeichnis.

Verzeichnis, öffentliches, das; *Subst.* (public directory)
→ *siehe* öffentliches Verzeichnis.

Verzeichnispfad, der; *Subst.* (directory path)
→ *siehe* Pfadname.

Verzeichnisspiegelung, die; *Subst.* (directory replication)
Das Kopieren einer Reihe von Masterverzeichnissen von einem Server (dem *Exportserver*) auf festgelegte Server oder Workstations (die *Importcomputer*) in denselben oder anderen Domänen. Durch Spiegelung lassen sich identische Sätze von Verzeichnissen und Dateien auf mehreren Computern einfach verwalten, da nur eine einzelne Masterkopie der Daten zu aktualisieren ist. → *siehe auch* Server, Verzeichnis.

Verzeichnis, untergeordnetes, das; *Subst.* (child directory)
→ *siehe* Unterverzeichnis.

Verzerrung, die; *Subst.* (distortion)
Eine unerwünschte Änderung der Wellenform eines Signals. Während einer Signalübertragung auftretende Verzerrungen äußern sich z.B. in der unverständlichen Wiedergabe einer Rundfunksendung. Verzerrungen können auch entstehen, wenn ein Signal durch eine elektronische Schaltung läuft und der Lautstärkeregler eines Stereogerätes zu weit aufgedreht wird. Verzerrungen resultieren häufig im Verlust von Informationen und stellen damit ein Hauptproblem bei der Verarbeitung analoger Signale dar. Dagegen werden digitale Signale durch mäßige Verzerrung nicht beeinflusst.

Verzögerungsverzerrung, die; *Subst.* (delay distortion)
→ *siehe* Gruppenlaufzeit.

verzweigen *Vb.* (fork)
Das Einleiten eines Childprozesses in einem Multitaskingsystem, nachdem der Parentprozess gestartet wurde. → *siehe auch* Multitasking.

Verzweigung, die; *Subst.* (branch)
Ein Knoten, der sich zwischen der Wurzel und den Blättern in einigen Arten von logischen Baumstrukturen befindet, z.B. im Verzeichnisbaum von Windows oder in einem Organisa-

tionsschema für die Verteilung von Magnetbändern. → *siehe* Verzweigungsbefehl.

Außerdem jede Verbindung zwischen zwei Elementen, z.B. zwischen Blöcken in einem Flussdiagramm oder Knoten in einem Netzwerk. → *siehe* Verzweigungsbefehl.

Verzweigung, bedingte, die; *Subst.* (conditional branch)
→ *siehe* bedingte Verzweigung.

Verzweigungsannahme, die; *Subst.* (branch prediction)
Eine verbesserte Technik des »Prefetching« (zu Deutsch »vorabholen«), die in einigen Prozessoren eingesetzt wird. Beim gewöhnlichen »Prefetching« wird die Geschwindigkeit gesteigert, indem bereits der nächste Befehl geladen wird, wenn sich der aktuelle Befehl noch in der Ausführungsphase befindet. Wenn jedoch der nächste Befehl eine Verzweigung darstellt, funktioniert die Geschwindigkeitssteigerung nicht so ohne weiteres, da nicht bekannt ist, an welche Stelle die Verzweigung führt. Bei der Verzweigungsannahme wird versucht, auch in diesen Fällen eine Geschwindigkeitssteigerung zu erreichen. Wenn ein Verzweigungsbefehl bearbeitet wird, werden dabei dieser und der nächste ausgeführte Befehl in einem Puffer gespeichert. Wird die Verzweigung ein weiteres Mal ausgeführt, wird angenommen, dass die Verzweigung denselben Weg nimmt, da die Wahrscheinlichkeit dafür sehr hoch ist, und der angenommene Befehl wird aus dem Puffer vorabgeladen. In über 90 Prozent der Fälle trifft die Annahme zu, und die Notwendigkeit, den Befehl nachzuladen, entfällt; die Ausführung der Verzweigung verursacht dann keinen Pipeline Break, so dass das System nicht abgebremst wird. → *siehe auch* Pipelineverarbeitung, Prozessor, puffern, Verzweigungsbefehl.

Verzweigungsbefehl, der; *Subst.* (branch instruction)
Ein Assembler- oder Maschinensprachebefehl, der die Programmabarbeitung an einer anderen Stelle als der aktuellen fortsetzt. Meist ist die Verzweigung an eine Bedingung gekoppelt; die Verzweigung erfolgt dann abhängig davon, ob das Ergebnis der Bedingung »wahr« oder »falsch« ist. Verzweigungsbefehle stellen sehr häufig relative Sprünge dar, bei denen um eine bestimmte Anzahl an Codebytes nach oben oder unten gesprungen wird. → *siehe auch* GOTO-Befehl, Sprungbefehl.

Verzweigungspunkt, der; *Subst.* (branchpoint)
Die Stelle, an der ein Verzweigungsbefehl ausgeführt wird, wenn eine zugehörige Bedingung (falls vorhanden) »wahr« ist. → *siehe auch* Verzweigungsbefehl.

Verzweigung, unbedingte, die; *Subst.* (unconditional branch)
→ *siehe* unbedingte Verzweigung.

VESA
Abkürzung für »**V**ideo **E**lectronics **S**tandards **A**ssociation«. Eine Organisation von Hardwareherstellern und -lieferanten, deren Ziel es ist, Standards für Video- und Multimediageräte zu entwerfen und zu verbessern. Die VESA hat u.a. folgende Standards entworfen: Display Data Channel (DDC), Display Power Management Signaling (DPMS) und VESA Local Bus (VL-Bus). Die Website der VESA ist unter der Adresse http://www.vesa.org erreichbar. → *siehe auch* DDC, DPMS, VL-Bus. Der Ausdruck bezeichnet außerdem eine Eigenschaft, die angibt, dass ein Computer einen VESA Local Bus (VL-Bus) aufweist. → *siehe auch* Erweiterungssteckplatz, VL-Bus. → *auch genannt* VLB → *vgl.* VESA/EISA, VESA/ISA.

VESA DDC
→ *siehe* DDC.

VESA Display Data Channel, der; *Subst.*
→ *siehe* DDC.

VESA Display Power Management Signaling, das; *Subst.*
→ *siehe* DPMS.

VESA/EISA Adj.
Mit Erweiterungssteckplätzen des EISA- und VL-Busses versehen. → *siehe auch* EISA, Erweiterungssteckplatz, VESA, VL-Bus. → *vgl.* VESA, VESA/ISA.

VESA/ISA Adj.
Mit Erweiterungssteckplätzen des ISA- und VL-Busses versehen. → *siehe auch* Erweiterungssteckplatz, ISA, VESA, VL-Bus. → *vgl.* VESA, VESA/EISA.

VESA Local Bus, der; *Subst.* (VESA local bus)
→ *siehe* VL-Bus.

Vesikularfilm, der; *Subst.* (vesicular film)
Eine Beschichtung für optische Discs, die kleine Erhebungen auf der Oberfläche anstelle von Vertiefungen in den normalen CD-ROM-Discs aufweist. Diese Erhebungen lassen sich – im Gegensatz zu Vertiefungen – einebnen, um eine optische Disc löschbar und demzufolge wieder beschreibbar zu machen.

V

V.everything *Subst.*
Ein Begriff aus dem Marketingbereich. Dieser Terminus wird gelegentlich für Modems verwendet, die im Einklang mit dem Standard CCITT V.34 und den verschiedenen proprietären Protokollen sind, die vor dem Beschluss dieses Standards angewendet wurden (z.B. V.Fast Class). Ein V.everything-Modem ist jedoch in der Regel mit jedem anderen Modem kompatibel, das mit der gleichen Geschwindigkeit fährt. → *siehe auch* CCITT V-Serien, Modem, V.Fast Class.

V.Fast Class *Subst.*
Ein De-facto-Modulationsstandard für Modems, die von der Firma Rockwell International vor der Annahme des V.34-Protokollstandards implementiert wurde. Die Protokolle V.Fast Class und V.34 sind zwar beide für eine Übertragungsrate von 28,8 Kilobit pro Sekunde (Kbps) zugelassen, jedoch können Modems mit dem Protokoll V.Fast Class nicht mit V.34-Modems kommunizieren, wenn diese nicht entsprechend angepasst wurden. → *siehe auch* Modem, V Series.

VFAT
Abkürzung für **V**irtual **F**ile **A**llocation **T**able. Die Dateisystemtreiber des Installable File System Manager (IFS) unter Windows 9x. VFAT ermöglicht den Zugriff auf Datenträger. VFAT kann auch von MS-DOS-Datenträgern gelesen werden, ist jedoch leistungsfähiger als FAT. VFAT verwendet 32-Bit-Code und wird im Protected Mode ausgeführt. Außerdem verwendet dieser Treiber VCACHE für den Diskcache und unterstützt lange Dateinamen. → *siehe auch* IFS, lange Dateinamen, Protected Mode, VCACHE, Windows 95. → *vgl.* FAT.

V.FC
→ *siehe* V.Fast Class.

VGA
Abkürzung für **V**ideo **G**raphics **A**dapter. Ein Videoadapter, der alle Videomodi des EGA (Enhanced Graphics Adapter) beherrscht und mehrere neue Modi hinzufügt. → *siehe auch* Videoadapter. → *vgl.* EGA.

VHLL
Abkürzung für **V**ery-**H**igh-**L**evel **L**anguage. → *siehe* vierte Sprachgeneration.

VHSIC
→ *siehe* Veryhighspeed Integrated Circuit.

vi
Abkürzung für »**vi**sual«. Der erste Texteditor unter UNIX mit vollständiger Bildschirmanzeige. Der vi-Editor bietet viele leistungsfähige Tastaturbefehle, die jedoch nicht sehr intuitiv sind. Dieser Editor wird immer noch in UNIX-Systemen eingesetzt, obwohl bereits andere Editoren (z.B. Emacs) entwickelt wurden. → *siehe auch* Editor, UNIX.
Der Ausdruck bezeichnet außerdem das Bearbeiten von Dateien mit dem Editor vi.

VIA
→ *siehe* Virtual Interface Architecture.

VI-Architektur, die; *Subst.* (VI architecture)
→ *siehe* Virtual Interface Architecture.

Video *Adj.* (video)
Bezeichnet die sichtbaren Komponenten eines Fernsehsignals. In der Computertechnik bezieht sich *Video* auf die Technologie, die zur Wiedergabe von Text und Grafiken auf dem Bildschirm zum Einsatz kommt. → *vgl.* Audio.

Videoabspielprogramm, das; *Subst.* (VCR-style mechanism)
Eine Benutzeroberfläche zum Abspielen von Videos. Die Steuerelemente dieses Programms sind ähnlich konzipiert wie bei einem Videorecorder.

Videoadapter, der; *Subst.* (video adapter)
Auch als Videocontroller bezeichnet. Die erforderliche Schaltungstechnik zur Erzeugung eines Videosignals, das über ein Kabel an das Videodisplay gesendet wird. Der Videoadapter befindet sich auf der Hauptplatine des Computers oder auf einer Erweiterungskarte, kann aber auch Teil eines Terminals sein. → *auch genannt* Videoadapterkarte, Videoboard, Videocontroller, Videodisplayadapter, Videokarte.

Videoadapterkarte, die; *Subst.* (video adapter board)
→ *siehe* Videoadapter.

Videoaufzeichnungsboard, das; *Subst.* (video capture board)
→ *siehe* Videoaufzeichnungskarte.

Videoaufzeichnungsgerät, das; *Subst.* (video capture device)
Eine Erweiterungskarte, die analoge Videosignale digitalisiert und auf die Festplatte eines Computers oder auf eine andere Massenspeichereinheit speichert. Einige Videocapturegeräte

können auch digitales Video in analoges Video für einen Videorecorder umwandeln. → *siehe auch* Erweiterungskarte. → *auch genannt* Videoaufzeichnungsboard, Videoaufzeichnungskarte.

Videoaufzeichnungskarte, die; *Subst.* (video capture card)
→ *siehe* Videoaufzeichnungsgerät.

Videoausgabegerät, das; *Subst.* (video display unit)
→ *siehe* Monitor.

Videobeschleunigerkarte, die; *Subst.* (video accelerator)
→ *siehe* Grafikengine.

Videoboard, das; *Subst.* (video board)
→ *siehe* Videoadapter.

Video-CD, die; *Subst.* (Video CD)
Abgekürzt VCD, veralteter Standard für Videofilme auf CDs. Verwendet die MPEG-1-Komprimierung zur Speicherung von bis zu 74 Minuten Video auf einer CD. Der VCD-Standard konnte sich aufgrund der beschränkten Laufzeit nicht durchsetzen und wurde erst von der Super Video-CD, dann von der DVD abgelöst. Die Spezifikationen für die Produktion von Video-CDs wurde im Jahre 1993 von den Firmen Philips und JVC im White Book definiert. Dabei enthält der erste Track einerseits das CD-i-Abspielprogramm für die Video-CD und andererseits die Verzeichnisse CDI, MPEGAV und VCD basierend auf dem ISO 9660-Dateisystem. Video-CDs können von CD-i-Playern, Video-CD- und DVD-Playern oder am Computer mittels CD-ROM-Laufwerken abgespielt werden. Video-CD unterstützt die folgenden Bildschirmauflösungen: 352 X 288 mit 25 Bildern pro Sekunde (PAL-Fernsehnorm), 342 X 480 mit 29,97 Bildern pro Sekunde (NTSC-Fernsehnorm), Einzelbilder (704 X 576 und 704 X 480 Bildpunkte) sowie das nicht von allen Abspielgeräten unterstützte Format 352 X 240 mit 29,976 Bildern pro Sekunde. → *siehe auch* DVD, ISO 9660, MPEG-1, NTSC, PAL, Super Video-CD.

Videoclip, der; *Subst.* (video clip)
Eine Datei, die einen kurzen Videofilm enthält, bei dem es sich in der Regel um einen Ausschnitt aus einer längeren Aufzeichnung handelt.

Videocontroller, der; *Subst.* (video controller)
→ *siehe* Videoadapter.

Videodigitizer, der; *Subst.* (video digitizer)
In der Computergrafik eingesetztes Gerät, das mit einer Videokamera anstelle eines Scanners arbeitet, um ein Videobild aufzuzeichnen und es über eine speziell dafür ausgerüstete Leiterplatte im Speicher abzulegen. → *siehe auch* digitalisieren. → *auch genannt* Framegrabber. → *vgl.* digitale Kamera.

Videodisc, die; *Subst.* (videodisc)
Eine optische Disc zur Speicherung von Videobildern und zugehörigen Audioinformationen. → *siehe auch* CD-ROM.

Videodisc, digitale, die; *Subst.* (digital video disc)
→ *siehe* digitale Videodisc.

Videodisc, wiederbeschreibbare digitale, die;
Subst. (rewritable digital video disc)
→ *siehe* wieder beschreibbare digitale Videodisc.

Videodisplay, das; *Subst.* (video display)
Ein Gerät, das Text- oder Grafikausgaben eines Computers anzeigen kann, bei dem es sich aber nicht um ein Hardcopygerät (z.B. einen Drucker) handelt.

Videodisplayadapter, der; *Subst.* (video display adapter)
→ *siehe* Videoadapter.

Videodisplaykarte, die; *Subst.* (video display card)
→ *siehe* Videokarte.

Videodisplay-Metadatei, die; *Subst.* (video display metafile)
Eine Datei mit Videoinformationen für den Transport von Bildern zu einem anderen System.

Videodisplayterminal, das; *Subst.* (video display terminal)
→ *siehe* VDT.

Video-DRAM, das; *Subst.* (video DRAM)
→ *siehe* Video-RAM.

Videoeditor, der; *Subst.* (video editor)
Ein Gerät oder ein Programm zum Ändern des Inhalts einer Videodatei.

Video Electronics Standards Association, die; *Subst.*
→ *siehe* VESA.

V **Videografikkarte**, die; *Subst.* (video graphics board)
Ein Videoadapter, der die für die Anzeige grafischer Bilder auf einem Videoschirm erforderlichen Videosignale erzeugen kann.

Video Graphics Array, das; *Subst.* (Video Graphics Adapter)
→ *siehe* VGA.

Video, interaktives, das; *Subst.* (interactive video)
→ *siehe* interaktives Video.

Video, invertiertes, das; *Subst.* (reverse video)
→ *siehe* invertiertes Video.

Videokarte, die; *Subst.* (video card, video display board)
→ *siehe* Videoadapter.
Ein Videoadapter, der als Erweiterungskarte und nicht auf der Hauptplatine des Computers realisiert ist. → *siehe auch* Videoadapter.

Videokomprimierung, die; *Subst.* (video compression)
Verringern der Größe von digitalen Videodateien. Ohne dieses Verfahren hätten diese Dateien gewaltige Ausmaße: digitale 24-Bit-Farbvideos bei 640 × 480 Pixel belegen fast 1 MB pro Frame bzw. über 1 GB pro Minute. Die Videokomprimierung kann zu Datenverlusten führen, die jedoch vom menschlichen Auge nicht wahrgenommen werden. → *siehe auch* Motion JPEG, MPEG, verlustreiche Komprimierung.

Videokonferenz, die; *Subst.* (video conferencing)
Eine Telekonferenz, in der Videobilder zu den Teilnehmern einer Besprechung gesendet werden, die geografisch voneinander getrennt sind. Ursprünglich wurden bei diesem Verfahren analoge Videosignale an Satelliten geschickt. Mittlerweile ist die Technik jedoch so weit fortgeschritten, dass bei Videokonferenzen komprimierte digitale Bilder über Weitbereichsnetze oder das Internet übertragen werden. Ein Kommunikationskanal mit 56 Kilobit pro Sekunde (Kbps) unterstützt Freezeframevideo. Bei einem T1-Kanal mit 1,544 Megabit pro Sekunde (Mbps) können bereits Fullmotionvideos übertragen werden. → *siehe auch* 56K, Desktopkonferenz, Freezeframe Video, Fullmotionvideo, T1, Telekonferenz. → *vgl.* Datenkonferenz.

Video-look-up-Tabelle, die; *Subst.* (video look-up table)
→ *siehe* Farbindextabelle.

Videomodus, der; *Subst.* (video mode)
Die Art und Weise, in der der Videoadapter und der Monitor eines Computers die Bilder auf dem Bildschirm darstellen. Die gebräuchlichsten Videomodi sind der Textmodus (Zeichenmodus) und der Grafikmodus. Im Textmodus umfassen die angezeigten Zeichen Buchstaben, Ziffern und bestimmte Symbole, jedoch keine punktweise als »Bildschirmzeichnungen« erzeugten Grafiken. Im Gegensatz dazu erzeugt der Grafikmodus alle Bildschirmdarstellungen – Buchstaben, Ziffern, Symbole oder Zeichnungen – als Pixelmuster (Punkte), die pixelweise nacheinander gezeichnet werden.

Videophone, das; *Subst.* (videophone)
Ein Gerät, das mit einer Kamera, einem Bildschirm, einem Mikrofon und einem Lautsprecher ausgestattet ist. Ein Videophone kann sowohl Videosignale als auch Sprachsignale über eine Telefonleitung übertragen und empfangen. Über konventionelle Telefonleitungen kann jedoch nur Freezeframevideo übertragen werden. → *siehe auch* Freezeframe Video.

Videoport, der; *Subst.* (display port, video port)
Ein Ausgabeport eines Computers, der ein Signal für ein Darstellungsgerät (z.B. einen Videomonitor) ausgibt.
Außerdem ein Kabelstecker an einem Computer, der für die Ausgabe von Videosignalen auf einem Bildschirm verwendet wird.

Videopuffer, der; *Subst.* (video buffer)
Der Speicher auf einem Videoadapter zur Ablage der Daten, die für die Anzeige auf dem Videodisplay bestimmt sind. Wenn der Videoadapter im Zeichenmodus arbeitet, repräsentieren diese Daten jeweils den ASCII-Zeichencode und ein Zeichenattribut für jedes darzustellende Zeichen. Betreibt man den Videoadapter in einem der Grafikmodi, wird jedes Pixel durch ein oder mehrere Datenbits definiert. → *siehe auch* Bitbild, Bitebene, Farbbits, Pixelgrafik.

Video-RAM, das; *Subst.* (video RAM)
Abgekürzt VRAM. Ein spezieller Typ von dynamischem RAM (DRAM), der in schnellen Videoanwendungen eingesetzt wird. Video-RAM stellt separate Pins für den Prozessor und die Videoschaltung bereit, wobei der Videoschaltung ein spezielles »Hintertürchen« zum VRAM zur Verfügung steht. Die Videoschaltung kann darüber auf den Speicher bitweise (seriell) zugreifen, was sich für die Übertragung der Pixel auf dem Bildschirm besser eignet als der parallele Zugriff, der durch konventionellen DRAM geboten wird. → *siehe auch* dynamisches RAM.

Videoröhre, die; *Subst.* (video display tube)
→ *siehe* CRT.

Videoseite, die; *Subst.* (video display page)
Ein Bestandteil des Videopuffers im Computer, der die vollständige Bildschirmanzeige enthält. Wenn der Puffer mehrere Seiten bzw. Frames aufnehmen kann, kann die Aktualisierung schneller erfolgen, weil gleichzeitig mit der Anzeige einer Seite eine andere Seite gefüllt werden kann.

Videoserver, der; *Subst.* (video server)
Ein Server, der digitales Videoondemand sowie andere interaktive Breitbanddienste für die Öffentlichkeit über ein Weitbereichsnetz überträgt.

Videosignal, das; *Subst.* (video signal)
Das von einem Videoadapter oder einer anderen Videoquelle an ein Rasterdisplay gesendetes Signal. Das Videosignal kann sowohl Horizontal- und Vertikalsynchronisationsimpulse als auch die Bildinformationen enthalten. → *siehe auch* Compositevideodisplay, RGB-Monitor.

Videospeicher, der; *Subst.* (video memory)
Ein separater Speicher, der sich im Videoadapter oder dem Videountersystem befindet und für die Erzeugung des Displaybildes eingesetzt wird. Wenn der Zugriff auf den Videospeicher sowohl durch den Videoprozessor als auch die CPU möglich ist, werden die Bilder durch die Veränderung des Videospeichers von der CPU produziert. Die Videoschaltungstechnik hat Priorität gegenüber dem Prozessor, falls beide versuchen, eine Videospeicherstelle zu lesen oder zu beschreiben. Infolgedessen verläuft die Aktualisierung des Videospeichers oft langsamer als der Zugriff auf den Hauptspeicher. → *siehe auch* Video-RAM.

Videospiel, das; *Subst.* (video game)
→ *siehe* Computerspiel.

Videoterminal, das; *Subst.* (video terminal)
→ *siehe* Terminal.

Videotex, der; *Subst.* (videotex)
Ein interaktiver Informationsdienst, auf den der Teilnehmer über eine Telefonleitung zugreifen kann. Für die Anzeige der Informationen ist ein entsprechend ausgerüstetes Heimfernsehgerät oder ein Bildschirmtextterminal erforderlich. Dabei werden über die Tastatur der Fernbedienung Menüs und bestimmte Textseiten aufgerufen. → *auch genannt* Videotext.

Videotext, der; *Subst.* (teletext, videotext)
→ *siehe* Videotex.
Textinformationen, die durch einen Fernsehsender zusätzlich zum normalen Fernsehbild ausgestrahlt werden.

Videotreiber, der; *Subst.* (video driver)
Software, die die Schnittstelle zwischen dem Videoadapter und anderen Programmen (einschließlich des Betriebssystems) zur Verfügung stellt. Der Benutzer kann auf den Videotreiber zugreifen, um die Auflösung und die Farbbittiefe von Bildern auf dem Monitor während des Setupprozesses anzugeben. → *siehe auch* Monitor, Treiber, Videoadapter.

Vienna Definition Language, die; *Subst.*
→ *siehe* VDL.

vierte Computergeneration, die; *Subst.* (fourth-generation computer)
→ *siehe* Computer.

vierte Normalenform, die; *Subst.* (fourth normal form)
Abgekürzt 4NF. → *siehe* Normalform.

vierte Sprachgeneration, die; *Subst.* (fourth-generation language)
→ *siehe* 4GL.

Viewer, der; *Subst.* (viewer)
Eine Anwendung, in der Dateien auf dem Bildschirm angezeigt werden können, die aus anderen Anwendungen stammen. Es gibt z.B. Betrachterprogramme, in denen die Bilder von GIF- oder JPEG-Dateien angezeigt werden können. → *siehe auch* GIF, JPEG. (Abbildung V.5)

Abbildung V.5: Viewer

V

Viewer, externer, der; *Subst.* (external viewer)
→ *siehe* externer Viewer.

Viewport, der; *Subst.* (viewport)
In der Computergrafik ein Blick in ein Dokument oder eine grafische Darstellung, den man mit der Sicht durch ein Fenster vergleichen kann, der sich aber demgegenüber durch das Abschneiden der Teile des Dokuments oder der Grafik unterscheidet, die außerhalb des Zeichenfensters liegen. → *vgl.* Fenster.

Vine *Subst.* (vine)
Ein Verfahren zum Verteilen von Audiobändern, das einer baumartigen Bandverteilung gleicht. Vinebänder haben ein digitales Format. Deshalb wird die Klangqualität nicht in Mitleidenschaft gezogen, wenn die Vinebänder kopiert werden. → *vgl.* baumartige Bandverteilung.

Virtual Control Program Interface, das; *Subst.*
Eine Spezifikation für MS-DOS-Programme für den Zugriff auf Extended Memory (Erweiterungsspeicher) unter einer Multitaskingumgebung (z.B. Microsoft Windows) für Intel-Prozessoren ab der Generation 80386. → *siehe auch* Erweiterungsspeicher, Multitasking. → *vgl.* Protected Mode.

Virtual File Allocation Table, der; *Subst.*
→ *siehe* VFAT.

Virtual Interface Architecture, die; *Subst.*
Eine Schnittstellenspezifikation für eine Standardkommunikation mit niedriger Latenzzeit und hoher Bandbreite zwischen Serverclustern in einem System Area Network (SAN). VIA wurde von Compaq, Intel, Microsoft und mehr als 100 Firmengruppen entwickelt. Sie ist prozessor- und betriebssystemunabhängig. Durch Reduzierung der benötigten Zeit für die Nachrichtenübermittlung zwischen Anwendungen und dem Netzwerk kann der Overhead reduziert und damit für geschäftskritische Anwendungen eine Skalierbarkeit auf Unternehmensebene gewährleistet werden. → *siehe auch* Cluster, System Area Network. → *auch genannt* VI-Architektur.

Virtual Reality Modeling Language, die; *Subst.*
→ *siehe* VRML.

virtuell *Adj.* (virtual)
»Den Anschein erweckend«. Geräte, Dienste oder Eingaben, die in der Regel »realistischer« wahrgenommen werden, als dies in Wirklichkeit der Fall ist.

virtuelle Adresse, die; *Subst.* (virtual address)
In einem virtuellen Speichersystem die Adresse, die die Anwendung für die Referenzierung des Speichers verwendet. Die Speicherverwaltungseinheit (Memory Management Unit) übersetzt diese Adresse in eine physikalische, bevor der Speicher tatsächlich gelesen oder beschrieben wird. → *siehe auch* physikalische Adresse, virtueller Speicher. → *vgl.* echte Adresse.

virtuelle Brenndatei, die; *Subst.* (virtual-image file)
Eine Datei, die das Datenmaterial angibt, das auf eine CD-ROM gebrannt werden soll. Eine virtuelle Brenndatei ist nicht in einem bestimmten Bereich gespeichert, sondern enthält in der Regel Zeiger auf Dateien, die auf einer Festplatte gespeichert sind. Da eine vollständige Kopie des Datenmaterials nicht assembliert ist, können Probleme beim Brennen der CD-ROM auftreten, die aufgrund von Verzögerungen beim Assemblieren des Datenmaterials von einer Dateigruppe verursacht werden. → *siehe auch* CD-ROM. → *vgl.* Brenndatei.

virtuelle Gemeinde, die; *Subst.* (virtual community)
→ *siehe* Onlinegemeinde.

virtuelle Maschine, die; *Subst.* (virtual machine)
Software, die das Verhalten eines physikalischen Gerätes nachbildet. Mit einem derartigen Programm lassen sich z.B. Anwendungen, die für einen Intel-Prozessor geschrieben sind, auf einem Computer mit Motorola-Chip betreiben.

virtueller 8086-Modus, der; *Subst.* (virtual 8086 mode)
→ *siehe* virtueller Real Mode.

Virtueller 86-Modus, der; *Subst.* (virtual 86 mode)
→ *siehe* virtueller Real Mode.

virtueller Bildschirm, der; *Subst.* (virtual screen)
Ein Bildbereich, der die Dimensionen des physikalischen Bildschirms überschreitet. Dadurch können umfangreiche Dokumente oder mehrere Dokumente manipuliert werden, die sich teilweise außerhalb der normalen Bildschirmansicht befinden. → *siehe auch* Monitor.

virtueller Channel, der; *Subst.* (virtual channel)
Ein Begriff aus dem Bereich des Asynchronous Transfer Mode (ATM). Der Pfad für Daten, die von einem Sende- zu einem Empfangsgerät übertragen werden. → *siehe auch* ATM, virtueller Pfad.

virtueller Datenträger, der; *Subst.* (virtual disk)
→ *siehe* RAM-Disk.

virtueller Desktop, das; *Subst.* (virtual desktop)
Ein Werkzeug für die Optimierung des Desktops, das den Zugriff auf den Desktop ermöglicht, wenn dieser durch geöffnete Fenster verdeckt ist. Außerdem erweitert der virtuelle Desktop die Größe des normalen Desktops. → *siehe auch* Desktop.

virtueller Displaytreiber, der; *Subst.* (virtual display device driver)
→ *siehe* virtueller Gerätetreiber.

virtueller Drucker, der; *Subst.* (virtual printer)
Eine Funktion in vielen Betriebssystemen. Durch einen virtuellen Drucker kann die Ausgabe des Druckers zwischenzeitlich in eine Datei umgeleitet werden, bis der Drucker verfügbar ist.

virtueller Druckertreiber, der; *Subst.* (virtual printer device driver)
→ *siehe* virtueller Gerätetreiber.

virtuelle Realität, die; *Subst.* (virtual reality)
Eine simulierte 3D-Umgebung, in die die Benutzer »eintauchen« können. Es wird durch Bildschirme, die mit speziellen Brillen betrachtet werden können, eine neue Realität vermittelt. Eine besondere Eingabeausstattung, z.B. Handschuhe oder Anzüge mit Bewegungssensoren, reagiert auf die jeweiligen Aktionen der Benutzer.

virtueller Gerätetreiber, der; *Subst.* (virtual device driver)
Software in Windows 9x/Me, die die Systemressourcen von Hardware oder Software verwaltet. Wenn eine Ressource Informationen von einem Zugriff zum nächsten beibehält, die sich auf das Zugriffsverhalten auswirken (z.B. ein Diskcontroller mit Statusinformationen und Puffern), müssen diese Informationen von einem virtuellen Gerätetreiber verwaltet werden. Virtuelle Gerätetreiber werden durch drei Buchstaben beschrieben. Der erste Buchstabe ist ein *V* und der letzte Buchstabe ein *D*. Der mittlere Buchstabe kennzeichnet das Gerät, z.B. *D* für Display (Anzeige), *P* für Printer (Drucker) oder *T* für Timer. Wenn der mittlere Buchstabe ein *x* ist, ist der Gerätetyp nicht relevant. → *siehe auch* Gerätetreiber.

virtueller Laden, das; *Subst.* (virtual storefront)
Die Präsenz einer Firma auf dem Web, bei der für Benutzer die Möglichkeit besteht, Onlinekäufe zu tätigen. → *auch genannt* digitale Ladenzeile.

virtueller Monitor, der; *Subst.* (virtual monitor)
Ein optimiertes Anzeigesystem für sehbehinderte Benutzer. Der Anwender setzt einen speziellen »Kopfhörer« auf, der an den Computer angeschlossen wird. Durch eine spezielle Technik wird der vergrößerte Text auf dem Bildschirm in die Gegenrichtung der Kopfbewegung verschoben. → *siehe auch* virtuelle Realität.

virtueller Namensbereich, der; *Subst.* (virtual name space)
Ein Satz, der alle hierarchischen Namenssequenzen enthält, die von einer Anwendung verwendet werden, um Objekte zu lokalisieren. Eine Namenssequenz definiert den Pfad des virtuellen Namensbereichs. Es ist hierbei nicht von Bedeutung, ob die Namenshierarchie der tatsächlichen Objektanordnung des Systems entspricht. Der virtuelle Namensbereich eines Webservers besteht aus allen Kombinationen der URLs, die sich auf dem Netzwerk befinden, auf dem der Server ausgeführt wird. → *siehe auch* URL.

virtuelle Route, die; *Subst.* (virtual route)
→ *siehe* virtuelle Verbindung.

virtueller Pfad, der; *Subst.* (virtual path)
Eine Abfolge von Namen, die verwendet wird, um die Position einer Datei zu ermitteln. Diese Abfolge hat zwar die gleiche Form wie ein Pfadname im Dateisystem, es handelt sich dabei jedoch nicht immer um die tatsächliche Abfolge der Verzeichnisnamen, unter der sich die Datei befindet. Der Bestandteil eines URL, der auf den Servernamen folgt, heißt virtueller Pfad. Wenn z.B. im lokalen Netzwerk in der Domäne *foo.de* auf dem Server *www* das Verzeichnis *c:\dokumente\html\elena* die Datei *elena.html* enthält und dieser Server unter dem Namen *www\elena* freigegeben ist, dann kann diese Datei bei einer Webabfrage nach dem Pfad *http://www.foo.de/elena/elena.html* durch den Server zurückgegeben werden.
In Verbindung mit dem Asynchronous Transfer Mode (ATM) charakterisiert »virtueller Pfad« einen Satz, der aus virtuellen Kanälen besteht, die als eine Einheit im Netzwerk geschaltet sind. → *siehe auch* ATM, virtueller Channel.

V

virtueller Real Mode, der; *Subst.* (virtual real mode)
Ein Merkmal der Mikroprozessoren 80386 (SX und DX) und höher, das die gleichzeitige Emulation mehrerer 8086-Umgebungen (Real Mode-Umgebungen) ermöglicht. Der Mikroprozessor stellt für jede virtuelle 8086-Umgebung einen Satz virtueller Register und virtuellen Speicherraum zur Verfügung. Eine Anwendung, die in einer virtuellen 8086-Umgebung läuft, ist vollständig gegenüber anderen 8086-Umgebungen im System geschützt und verhält sich so, als würde sie die Steuerung des gesamten Systems übernehmen. → *siehe auch* Real Mode. → *auch genannt* V86-Modus, virtueller 8086-Modus, virtueller V86-Modus.

virtueller Server, der; *Subst.* (virtual server)
Eine virtuelle Maschine, die sich auf einem HTTP-Server befindet. Den Benutzern wird jedoch der Eindruck vermittelt, es handele sich um einen separaten HTTP-Server. Es können mehrere virtuelle Server auf einem HTTP-Server abgelegt werden, die jeweils eigene Programme ausführen können und einen individuellen Zugriff auf Eingabe- und Peripheriegeräte haben. Jeder virtuelle Server hat einen eigenen Domänennamen und eine eigene IP-Adresse. Deshalb wirken diese Server, als wären sie eine jeweils eigene Website. Einige Internetdienstanbieter verwenden virtuelle Server für Benutzer, die eigene Domänennamen verwenden möchten. → *siehe auch* Domänenname, HTTP-Server, IP-Adresse.

virtueller Speicher, der; *Subst.* (virtual memory)
Eine Technik, die einer Anwendung einen scheinbar großen und einheitlichen Hauptspeicher bereitstellt, der aber in Wirklichkeit kleiner ist. Virtueller Speicher kann teilweise durch einen sekundären Speicher, z.B. eine Festplatte, simuliert werden. Der Zugriff auf den Speicher erfolgt durch die Anwendung über virtuelle Adressen, die spezielle Hardware und Software auf physikalische Adressen übersetzen (abbilden). → *siehe auch* Paging, Segmentierung. → *auch genannt* Diskspeicher.

virtueller Timer-Treiber, der; *Subst.* (virtual timer device driver)
→ *siehe* virtueller Gerätetreiber.

virtueller V86-Modus, der; *Subst.* (virtual V86 mode)
→ *siehe* virtueller Real Mode.

virtuelles Bild, das; *Subst.* (virtual image)
Ein Bild, das sich zwar im Speicher des Computers befindet, aber aufgrund seiner Größe nicht vollständig auf dem Bildschirm darstellbar ist. Um die nicht sichtbaren Teile des virtuellen Bildes in den Anzeigebereich zu bringen, verwendet man Scrollen und Panning. → *siehe auch* virtueller Bildschirm.

virtuelles Gerät, das; *Subst.* (virtual device)
Ein Gerät, das sich zwar referenzieren lässt, aber physikalisch nicht vorhanden ist. Beispielsweise verwendet man bei der virtuellen Speicheradressierung einen externen Hilfsspeicher, um einen Speicher zu simulieren, der wesentlich größer als der physikalisch verfügbare Hauptspeicher ist.

virtuelles LAN, das; *Subst.* (virtual LAN)
Abkürzung für **Virtual Local Area Network**. Ein lokales Netzwerk, das aus Hostgruppen besteht, die sich zwar auf physikalisch verschiedenen Segmenten befinden, jedoch so miteinander kommunizieren können, als ob sie direkt miteinander verbunden wären. → *siehe auch* lokales Netzwerk.

virtuelles Netzwerk, das; *Subst.* (virtual network)
Ein Bestandteil eines Netzwerks, der den Anschein erweckt, ein eigenes Netzwerk zu sein. Ein Internetdienstanbieter kann z.B. mehrere Domänen auf einem einzelnen HTTP-Server einrichten, so dass jede Domäne mit dem registrierten Domänennamen der Firma adressiert werden kann. → *siehe auch* Domänenname, HTTP-Server, ISP.

virtuelles Peripheriegerät, das; *Subst.* (virtual peripheral)
Ein Peripheriegerät, das sich zwar referenzieren läßt, aber physikalisch nicht vorhanden ist. Beispielsweise kann eine Anwendung einen seriellen Port, über den Daten übertragen werden, als Drucker ansprechen, auch wenn es sich beim tatsächlichen Empfänger der Daten um einen anderen Computer handelt.

Virtuelles Privates Netzwerk, das; *Subst.* (virtual private network)
Bestimmte Knoten eines öffentlichen Netzwerks (z.B. des Internets), die sich untereinander mit Hilfe von Verschlüsselungstechnologien und anderen Sicherungsmechanismen verständigen. Die so übertragenen Nachrichten können somit nicht von Unbefugten abgefangen werden. Durch diese Knoten wird in einem öffentlichen Netzwerk quasi ein Privatnetzwerk integriert. Virtuelle Private Netzwerke (VPNs) werden z.B. von Firmen mit mehreren Standorten zur Sicherung des Datenverkehrs zwischen den einzelnen Standorten verwendet. → *siehe auch* IPSec, IP-Tunneln.

Außerdem bezeichnet der Ausdruck ein Weitbereichsnetz, das aus Permanent Virtual Circuits (PVCs) auf einem anderen Netzwerk gebildet ist, bei dem u. a. ATM- oder Frame-Relay-Technologien eingesetzt werden können. → *siehe auch* ATM, Frame Relay, PVC.

virtuelles Stammverzeichnis, das; *Subst.* (virtual root)
Das Stammverzeichnis, das angezeigt wird, wenn ein Benutzer eine Verbindung mit einem Internetserver, z.B. einem HTTP- oder FTP-Server, aufgebaut hat. Beim virtuellen Stammverzeichnis handelt es sich um einen Zeiger auf ein physikalisches Stammverzeichnis, das einen anderen Speicherort (z.B. einen anderen Server) haben kann. Die Vorteile dieses Verzeichnisses bestehen darin, dass ein einfacher URL für die Internetsite erstellt und das Stammverzeichnis verschoben werden kann, ohne den URL zu beeinflussen. → *siehe auch* Hauptverzeichnis, Server, URL, Zeiger. → *auch genannt* v-root.

virtuelles Terminal, das; *Subst.* (virtual terminal)
→ *siehe* Terminalemulation.

virtuelle Verbindung, die; *Subst.* (virtual circuit)
Eine Kommunikationsverbindung, die scheinbar direkt zwischen Sender und Empfänger besteht, obwohl sie physikalisch eine Weiterleitung über mehrere Vermittlungsstationen einschließen kann.

virtuelle Welt, die; *Subst.* (virtual world)
Eine Umgebung in 3D, die häufig in VRML erstellt wird, in der der Benutzer mit dem Viewer Variablen austauschen kann. → *siehe auch* Viewer, VRML.
Außerdem eine elektronische Umgebung, die nicht auf der physikalischen Welt basiert. Multiuser dungeons (MUDs), Talkers und Chat Rooms werden häufig im Zusammenhang mit virtuellen Welten gebracht. → *siehe auch* MUD, Talker.

Virus, der; *Subst.* (virus)
Ein Programm, das Kopien von sich selbst in Computerdateien oder -programme einfügt und diese damit »infiziert«. Sobald man eine derartige Datei in den Speicher lädt und startet, wird in der Regel auch eine Kopie des Virus aktiviert, der damit andere Dateien »befallen« kann. Viren haben oft zerstörerische Wirkung auf Datenbestände, die zum Teil beabsichtigt sind, aber auch unbeabsichtigt entstehen können. Eine moderne Abart des Virus ist der so genannte »Wurm« (siehe dort). Seit den späten 1980er Jahren entstand zur Bekämpfung von Computerviren eine eigene Branche für

so genannte Antivirusprogramme. → *siehe auch* Antivirusprogramm, Armored Virus, CIH-Virus, Companion Virus, ExploreZip, Good Times Virus, gutartiger Virus, Hohlraumvirus, ILOVEYOU-Virus, Makrovirus, mehrteiliger Virus, Melissa, Phage-Virus, Polymorpher Virus, Stealth Virus, Trojanisches Pferd, VBS/VBSWG-Virus, Virussignatur. → *vgl.* Anti-Wurm, Back Orifice, Cheese-Wurm, Code Red-Wurm, Do-Gooder-Virus, Hybris-Wurm, Lion-Wurm, Nimda-Wurm, Retro-Virus, SirCam-Wurm, Wurm.

Virus, gutartiger, der; *Subst.* (benign virus)
→ *siehe* gutartiger Virus.

Virus, mehrteiliger, der; *Subst.* (multipartite virus)
→ *siehe* mehrteiliger Virus.

Virussignatur, die; *Subst.* (virus signature)
Ein Teil eines eindeutigen Computercodes, der in einem Virus enthalten ist. Antivirusprogramme suchen nach bekannten Virussignaturen, um infizierte Programme und Dateien zu ermitteln. → *siehe auch* Virus.

Virus, zweiteiliger, der; *Subst.* (bipartite virus)
→ *siehe* zweiteiliger Virus.

Visual Basic
Eine hochentwickelte Basic-Version für die visuelle Programmierung. Visual Basic wurde von Microsoft für das Erstellen von Windows-Anwendungen entwickelt. Weitere Informationen zu Visual Basic sind unter der Webadresse http://msdn.microsoft.com/vbasic abrufbar. → *siehe auch* Basic, Visual Basic for Applications, visuelle Programmierung.

Visual Basic for Applications
Eine Version von Visual Basic auf der Basis einer Makrosprache. Visual Basic for Applications wird zum Programmieren von zahlreichen Windows-Anwendungen eingesetzt und ist in verschiedenen Microsoft-Anwendungen bereits enthalten. Weitere Informationen zu Visual Basic for Applications sind unter der Webadresse http://msdn.microsoft.com/vba abrufbar. → *siehe auch* Makrosprache, Visual Basic.

Visual Basic Script
→ *siehe* Visual Basic Scripting Edition.

Visual Basic Scripting Edition, die; *Subst.* (Visual Basic, Scripting Edition)
Ein Teilbereich der Programmiersprache »Visual Basic for

V

V

Applications«, der für das Programmieren in einer Webumgebung konzipiert ist. Der Code für Visual Basic Scripting Edition wird wie bei JavaScript in HTML-Dokumente eingebettet. Diese Version ist in Internet Explorer enthalten. → *siehe* Visual Basic Script. → *siehe auch* Visual Basic for Applications. → *auch genannt* VBScript.

Visual C++
Ein Anwendungsentwicklungssystem von Microsoft für die Programmiersprache C++, das unter MS-DOS und Windows ausgeführt wird. Bei Visual C++ handelt es sich um eine visuelle Programmierumgebung. Weitere Informationen zu Visual C++ sind unter der Webadresse http://msdn.microsoft.com/visualc abrufbar. → *siehe auch* visuelle Programmierung. → *vgl.* Visual Basic, Visual J++.

Visual Café, das; *Subst.*
Eine Java-basierte Programmgruppe mit Entwicklertools, entwickelt von der Firma Symantec Corporation. Visual Café ist in verschiedenen Versionen verfügbar. Die Standard Edition richtet sich an Einsteiger in die Java-Programmierung und enthält einen integrierten Editor, einen Debugger, einen Compiler und eine JavaBeans-Bibliothek sowie Assistenten und Dienstprogramme. Die Professional Edition enthält eine größere JavaBeans-Bibliothek sowie weitere anspruchsvolle Tools für die Entwicklung und die Fehlersuche. Die Database Edition enthält Unterstützung für die Datenbankfunktionalität. Die Enterprise Suite bietet eine leistungsstarke Umgebung für die Entwicklung von Unternehmensanwendungen. Ende 1999 verkaufte Symantec das Produkt an die Firma WebGain, Inc. → *siehe auch* Java, JavaBean.

Visualisierung, die; *Subst.* (visualization)
Die Funktion einer Anwendung, die Daten in Form eines Videobildes anzeigt. Es können z.B. einige Datenbanken Daten in Form eines zwei- oder dreidimensionalen Modells interpretieren und anzeigen.

Visual J++
Die visuelle Programmierumgebung für Java von Microsoft, die zum Erstellen von Applets und Anwendungen in der Programmiersprache Java eingesetzt wird. → *siehe auch* Applet, Java, Java-Applet, visuelle Programmierung.

Visual Studio *Adj.*
Gruppe von Microsoft-Entwicklertools zum Erstellen von Geschäftsanwendungen und technischen Anwendungen mit den Microsoft-Programmiersprachen (u. a. Visual Basic, Visual

C, Visual C++, Visual Java, C#). Informationen über Visual Studio sind auf der Website des Herstellers unter der Adresse http://msdn.microsoft.com/products/default.asp abrufbar. → *siehe auch* C#, C++, FoxPro, Java, .NET Framework.

visuelle Oberfläche, die; *Subst.* (visual interface)
→ *siehe* grafische Benutzeroberfläche.

visuelle Programmierung, die; *Subst.* (visual programming)
Eine Methode für das Programmieren in einer Programmierumgebung oder in einer Programmiersprache, in der einfache Programmkomponenten über Menüs, Schaltflächen, Symbole und andere vordefinierte Methoden ausgeführt werden können.

visuelle Verarbeitung, die; *Subst.* (computer vision)
Variante der künstlichen Intelligenz, bei der eine symbolische Beschreibung von Bildern – die von einer Videokamera oder von optischen Sensoren stammen – erzeugt wird, um die Bilder auf diese Weise in eine digitale Form zu konvertieren. Die visuelle Verarbeitung wird häufig im Bereich der Robotik eingesetzt. → *siehe auch* künstliche Intelligenz, Robotik.

VxD
→ *siehe* virtueller Gerätetreiber.

VLAN
→ *siehe* virtuelles LAN.

VLB *Adj.*
→ *siehe* VESA.
→ *siehe* VL-Bus.

VL-Bus, der; *Subst.* (VL bus)
Abkürzung für **V**ESA **L**ocal **B**us. Eine von der Video Electronics Standards Association eingeführte Local Bus-Architektur. Die VL-Bus-Spezifikation ermöglicht den Einbau von bis zu drei VL-Bus-Slots in eine PC-Hauptplatine und unterstützt den Einsatz von Busmastern (eine Technik, die »intelligenten« Adapterkarten Verarbeitungen unabhängig von der System-CPU gestattet). Ein VL-Bus-Slot besteht aus einem Standardverbinder und einem zusätzlichen Verbinder für 16-Bit-Mikrokanalarchitektur. Ein VL-Bus-Slot muss bereits vom Hersteller in die Hauptplatine integriert werden. Standardverbinder lassen sich nicht einfach in einen VL-Bus-Slot umwandeln. Eine Nicht-VL-Bus-Adapterkarte kann zwar in einem VL-Bus-Slot verwendet werden, sie kann jedoch nicht

V

den Local Bus nutzen und arbeitet daher wie in einem Nicht-VL-Bus-Slot. → *siehe auch* Local Bus, PCI Local Bus. → *auch genannt* VL Local Bus.

VLF-Strahlung, die; *Subst.* (VLF radiation)
Abkürzung für **V**ery-**L**ow-**F**requency **Radiation**. Elektromagnetische Strahlung bei Frequenzen, die im Bereich von ungefähr 300 Hz bis 30.000 Hz (30 kHz) liegen. Computerbildschirme emittieren diese Strahlung. Ein nicht obligatorischer Standard, MPR II, legt die zulässige VLF-Strahlung für Bildschirme fest. → *siehe auch* MPR II.

VLIW
Abkürzung für **V**ery **L**ong **I**nstruction **W**ord. Eine Architektur, die zahlreiche einfache Befehle über verschiedene Register in einen langen Befehl umwandelt.

VL Local Bus, der; *Subst.* (VL local bus)
→ *siehe* VL-Bus.

VLSI
→ *siehe* sehr hohe Integrationsdichte.

VM
Abkürzung für »**V**irtual **M**achine«. Ein Betriebssystem für IBM-Großrechner, das die Fähigkeiten einer virtuellen Maschine enthält. VM wurde von IBM-Anwendern entwickelt und später von IBM unter dem Namen OS/VM auf den Markt gebracht. → *siehe* virtuelle Maschine, virtueller Speicher.

VML
Abkürzung für **V**ector **M**arkup **L**anguage. Ein vorgeschlagener Standard für editierbare 2-D-Vektorgrafiken für das Web. Mehr zu VML erfahren Sie unter der Webadresse http://www.w3.org/TR/NOTE-VML des World Wide Web-Konsortiums. → *siehe auch* XML.

VoATM
Abkürzung für »**V**oice **o**ver **A**synchronous **T**ransfer **M**ode« (Stimme mittels asynchroner Übertragungsweise) Die Übertragung von Sprache und anderen Telefonsignalen über ein ATM-Netzwerk. → *siehe auch* ATM, VoFR, VoIP.

VoFR
Abkürzung für »**V**oice **o**ver **F**rame **R**elay« (Stimme über Frame-Relay) Die Übertragung von Sprache oder anderen Tonsignalen über ein Frame-Relay-Netzwerk. → *siehe auch* Frame-Relay, VoATM, VoIP.

Voicechat, der; *Subst.* (voice chat)
Ein Feature, das von Internet-Dienstanbietern (ISP) angeboten wird, um Benutzern die direkte, sprachbasierte Kommunikation über Internetverbindungen zu ermöglichen. → *siehe auch* Internettelefonie.

Voicemail, die; *Subst.* (voice mail)
Ein System, das telefonische Nachrichten aufzeichnet und im Speicher des Computers ablegt. Im Gegensatz zu einem normalen Anrufbeantworter enthält ein Voicemailsystem separate Mailboxen für mehrere Benutzer, in denen Nachrichten individuell kopiert, gespeichert oder weitergeleitet werden können.

Voicemodem, das; *Subst.* (voice modem)
Ein Gerät für die Modulation und Demodulation. Dieses Gerät unterstützt einen Schalter, um die Modi für Telefonie und Datenübertragung zu wechseln. Das Gerät kann einen integrierten Lautsprecher und ein Mikrofon für die Kommunikation verwenden. Es wird jedoch in der Regel die Soundkarte des Computers eingesetzt. → *siehe auch* Modem, Soundkarte, Telefonie.

Voicenet, das; *Subst.* (voice-net)
Ein Begriff aus dem Bereich der Internetterminologie. Voicenet verweist auf ein Telefonsystem, das häufig vor der Telefonnummer des Benutzers in einer E-Mail-Signatur angegeben wird.

Voice over IP, die; *Subst.*
→ *siehe* VoIP.

Voiceportal, das; *Subst.*
Ein über Spracheingabe aktiviertes Internet- oder Informationsportal, das auf Technologien für die Spracherkennung und die Umwandlung von Text in Sprache basiert. Die Benutzer steuern interaktive Sprachmenüs und -formulare über ein Telefon oder einen entsprechend ausgestatteten Computer. Hierbei können in Audiodateien umgewandelte konventionelle Webseiten oder benutzerdefinierte Informationen aufgerufen werden, die vom Anbieter des Voiceportal erstellt wurden. → *siehe auch* Portal-Website.

VoiceXML *Subst.*
Eine Auszeichnungssprache, die auf der eXtensible Markup Language (XML) basiert und dazu dienen soll, gesprochene Sprache zum wesentlichen Bestandteil von Internetanwendungen werden zu lassen. → *siehe auch* XML.

V VoIP

Abkürzung für **V**oice **o**ver **IP** (»Sprache über Internetprotokoll«). Die Übertragung von Sprache über das Internet. Zwei Teilnehmer können mit dieser, auch als IP-Telefonie bezeichneten Technologie ein Telefongespräch über das Internet führen. Dazu werden die Sprachdaten über ein Mikrofon aufgenommen, im Computer digitalisiert, stark komprimiert und über spezielle Gateways im Internet versendet. Voice-over-IP ermöglicht auch die Verbindungsaufnahme von einem herkömmlichen Telefon zu einem Internetteilnehmer und umgekehrt. → *siehe auch* IP.

Vollabsturz, der; *Subst.* (dead halt)
Ein Maschinenstopp, der sich weder durch das Programm noch durch das Betriebssystem beheben lässt. Die einzige Lösung nach einem Vollabsturz besteht im Rebooten (Neustarten) des Computers. → *siehe auch* hängen. → *auch genannt* Drop-Dead Halt. → *vgl.* neu starten.

Volladdierer, der; *Subst.* (full adder)
Eine logische Schaltung, die in einem Computer zur Addition von Binärzahlen verwendet wird. Ein Volladdierer nimmt drei digitale Inputs (Bits) an: 2 Bit, die hinzugefügt werden und ein Carrybit von einer anderen Ziffernstelle. Der Volladdierer erzeugt zwei Outputs: eine Summe und ein Carrybit. Volladdierer werden mit Eingangsschaltungen mit der Bezeichnung *Halbaddierer* kombiniert, damit Computer mehr als 4 Bit hinzufügen können. → *siehe auch* Carrybit, Halbaddierer.

voll bestückte Platine, die; *Subst.* (fully populated board)
Eine gedruckte Leiterplatte, deren integrierte Modulstecker *(IC-Stecker)* alle belegt sind. Insbesondere Speichererweiterungskarten haben oft eine geringere Anzahl an Speicherchips als maximal zur Verfügung stehen, wodurch einige IC-Stecker frei sind. Derartige Platinen sind *teilweise bestückt*.

vollbildorientiert *Adj.* (full-screen)
Die Ausnutzung des gesamten Anzeigebereichs eines Bildschirms. Obwohl den Anwendungen in fensterorientierten Umgebungen der gesamte Bildschirmbereich zur Verfügung steht, belegen sie häufig kleinere Bereiche, die sich aber jeweils vergrößern lassen und damit auch den gesamten Bildschirm ausfüllen können.

Vollduplex, das; *Subst.* (full duplex)
→ *siehe* Vollduplexübertragung.

Vollduplexübertragung, die; *Subst.* (full-duplex transmission)
→ *siehe* duplex.

Vollgeviert, das; *Subst.* (em space)
Eine typografische Einheit, deren Maß einer bestimmten Schriftgröße in Punkt entspricht. Die englische Bezeichnung geht darauf zurück, dass in einigen Schriften ein derartiger Leerschritt genauso breit ist wie der Großbuchstabe »M«, dessen Breite wiederum der Schriftgröße in Punkt entspricht. → *vgl.* festes Leerzeichen, Halbgeviert, schmales Leerzeichen.

Vollgeviertstrich, der; *Subst.* (em dash)
Ein Satzzeichen, das einen Wechsel oder eine Unterbrechung in einem Satz kennzeichnet. Der Vollgeviertstrich wird im Deutschen in der Regel durch ein Divis ersetzt. Er wird nach *em* genannt, einer typografischen Maßeinheit, die in einigen Schriften der Breite des Buchstabens »M« entspricht. → *vgl.* Bindestrich, Divis.

Vollkonturenzeichen, das; *Subst.* (fully formed character)
Ein Zeichen, das – wie bei einer Schreibmaschine – durch Druck auf ein Farbband entsteht. Anschlagdrucker, die Vollkonturenzeichen ausgeben, verwenden keinen Matrixdruckkopf, sondern Buchstaben, die über Räder (Typenräder), Kugelköpfe, Typenkörbe, Bänder oder Ketten gedruckt werden. → *siehe auch* Near Letter Quality, Typenkorb, Typenrad.

vollständiger Name, der; *Subst.* (full name)
Der normalerweise aus Nachname und Vorname (u.a. in den Vereinigten Staaten auch dem Initial des zweiten Vornamens) bestehende Benutzername. Der vollständige Name wird oft durch das Betriebssystem als Teil der Informationen verwaltet, die ein Benutzerkonto identifizieren und definieren. → *siehe auch* Benutzerkonto.

vollständiger Pfad, der; *Subst.* (full path)
Ein Pfadname, der alle möglichen Komponenten eines Pfadnamens enthalten kann. Hierzu gehören das Laufwerk, das Stammverzeichnis, die Unterverzeichnisse und der Datei- oder Objektname. → *siehe auch* Hauptverzeichnis, Pfadname, Unterverzeichnis. → *vgl.* relativer Pfad.

vollständiger Pfadname, der; *Subst.* (full pathname)
In einem hierarchischen Dateisystem eine Liste von Verzeich-

nissen oder Ordnern, die vom Stammverzeichnis eines Laufwerks zu einer bestimmten Datei führt. Beispielsweise zeigt der vollständige Pfadname von MS-DOS c:\BUCH\KAPITEL\EPILOG.DOC an, dass sich die Datei EPILOG.DOC in einem Verzeichnis namens *KAPITEL* befindet, das wiederum in einem Verzeichnis namens *BUCH* im Stammverzeichnis von Laufwerk C: zu finden ist. → *siehe auch* Pfad.

Vollständigkeitsprüfung, die; *Subst.* (completeness check)
Eine Kontrolle, mit der überprüft wird, ob alle erforderlichen Daten in einem Datensatz vorhanden sind. → *vgl.* Konsistenzprüfung.

Volltextsuche, die; *Subst.* (full-text search)
Eine Suche nach einem oder mehreren Dokumenten, Datensätzen oder Strings basierend auf tatsächlichen Textdaten und nicht auf einem Index mit einer begrenzten Anzahl von Schlüsselwörtern. Beispielsweise kann eine Volltextsuche ein Dokument mit den Wörtern »Albatrosse sind an Land plump« lokalisieren, indem Dateien nur nach diesen Wörtern durchsucht werden, ohne einen Index mit dem Schlüsselwort »Albatros« verwenden zu müssen. → *siehe auch* indizieren.

Volltonbild, das; *Subst.* (continuous-tone image)
Ein Bild, z.B. eine Fotografie, in dem Farben oder verschiedene Graustufen als Gradienten (Punkte mit fließenden Farbübergängen) reproduziert werden und nicht als zusammengefasste oder in variabler Größe dargestellte Punkte wie in herkömmlichen Druckverfahren, wie sie in Büchern und Zeitschriften eingesetzt werden. Volltonbilder eignen sich für die Wiedergabe auf Analogmonitoren (Computerbildschirm und Fernsehgerät), da diese stetig veränderbare Eingangssignale akzeptieren. Volltonbilder können dagegen nicht auf Digitalmonitoren dargestellt werden, da diese nur Werte in festen, abgestuften Einheiten verarbeiten können. Des Weiteren sind Volltonbilder nicht für Druckverfahren geeignet, bei denen die Abbildungen aus Gruppen von – wenn auch sehr kleinen – Punkten zusammengesetzt werden. → *siehe auch* scannen, Videodigitizer. → *vgl.* Halbton.

Volltondrucker, der; *Subst.* (continuous-tone printer)
Ein Drucker, der beim Grafikdruck weiche, fließende Farb- und Graustufenübergänge erzeugt, indem die Mischung der Grundfarben – bei Tintenstrahldruckern meist aus vier Tintentanks (Cyan, Magenta, Gelb und Schwarz) – nahezu übergangslos erfolgt. → *vgl.* Dithering.

Volt, das; *Subst.* (volt)
Kurzzeichen V. Die Maßeinheit der elektrischen Spannung, die bei der Messung der Potentialdifferenz oder elektromotorischen Kraft verwendet wird. Ein Volt ist definiert als das Potential, über das eine bewegte elektrische Ladung von 1 Coulomb eine Energie von 1 Joule abgibt. Durch Umformen oder Ersetzen erhält man die praktischere Beziehung: 1 Volt ist das Potential, das ein elektrischer Strom von 1 Ampere über einen Widerstand von 1 Ohm erzeugt. → *siehe auch* elektromotorische Kraft.

Volume, das; *Subst.* (volume)
Ein anderer Name für eine Diskette oder ein Magnetband zur Speicherung von Computerdaten. Gelegentlich unterteilt man eine große Festplatte in mehrere Volumina, die sich dann als getrennte Laufwerke behandeln lassen.

Volumen, das; *Subst.* (volume)
Die Lautstärke eines akustischen Signals.

Volumen, gesperrtes, das; *Subst.* (locked volume)
→ *siehe* gesperrtes Volumen.

Volumenmodell, das; *Subst.* (solid model)
Eine geometrische Form oder Konstruktion mit Längen-, Breiten- und Tiefenausdehnung, die von einem Programm so behandelt wird, als würde sie sowohl eine Oberfläche als auch eine innere Substanz aufweisen. → *vgl.* Drahtmodell, Oberflächenmodellierung.

Volumenname, der; *Subst.* (volume name)
→ *siehe* Datenträgername.

vom Thema abkommen (subject drift, topic drift)
Die Tendenz einer Onlinediskussion, vom ursprünglichen Thema in andere verwandte oder themenfremde Richtungen abzudriften. Beispielsweise stellt ein Teilnehmer einer Diskussionsrunde über das Fernsehen Fragen zu einer Nachrichtensendung, ein zweiter sagt etwas zu einem Beitrag über Nahrungsmittelgifte in diesem Programm, was wiederum einen dritten dazu veranlasst, eine generelle Diskussion über die Vorteile ökologisch angebauter Früchte und Gemüse zu beginnen.

VON
Abkürzung für **V**oice **O**n the **N**et. Eine breitgefächerte Kategorie von Hardware- und Softwaretechnologie für Sprach- und Videoübertragungen in Echtzeit im Internet.

V

Dieser Terminus wurde von Jeff Pulver geprägt, der eine Gruppe mit der Bezeichnung »VON Coalition« gründete, die sich gegen die Regulierung der VON-Technologie wehrt und den öffentlichen Einsatz dieser Technologie befürwortet.

Von-Neumann-Architektur, die; *Subst.* (von Neumann architecture)

Nach dem Mathematiker John von Neumann benannte Computerarchitektur, die charakteristisch für die meisten gebräuchlichen Computersysteme ist. Die Von-Neumann-Architektur ist synonym mit dem Konzept eines gespeicherten Programms – eines Programms, das ständig in einem Computer abgelegt sein kann, manipulierbar ist oder sich über maschinenorientierte Befehle selbstmodifizierend gestalten lässt. Das Konzept der sequentiellen Verarbeitung ist typisch für die Von-Neumann-Architektur. Um die Einschränkungen der sequentiellen Befehlsabarbeitung zu umgehen, haben sich verschiedene Parallelarchitekturen herausgebildet. → *siehe auch* Parallelcomputer.

Von-Neumann-Flaschenhals, der; *Subst.* (von Neumann bottleneck)

Eine Engpasssituation bei einem Prozessor, die beim Lesen von Daten und gleichzeitigem Ausführen von Befehlen entsteht. Der Mathematiker John von Neumann entdeckte, dass ein Computer, der auf einer Architektur basiert, die einen einzelnen Prozessor mit Speicher verknüpft, mehr Zeit für die Speicherabfrage aufwendet als für die Verarbeitung. Dieser Engpass entsteht, wenn der Prozessor eine große Anzahl von Befehlen pro Sekunde ausführen und gleichzeitig einen hohen Datenumfang lesen muss. → *siehe auch* CPU, Von-Neumann-Architektur.

Voodoo-Chip, der; *Subst.*
→ *siehe* 3Dfx Interactive.

vorauseilende Fehlerkorrektur, die; *Subst.* (forward error correction)

In der Kommunikationstechnik ein Verfahren zur Kontrolle von Fehlern durch Einfügen zusätzlicher (redundanter) Bit in einem Datenstrom, der an ein anderes Gerät übertragen wird. Die redundanten Bit kann das Empfangsgerät für die Erkennung und – wo es möglich ist – für die Korrektur von Datenfehlern verwenden. → *siehe auch* fehlerkorrigierende Codierung.

vorbeugende Wartung, die; *Subst.* (preventive maintenance)

Wie alle technischen Geräte bedürfen auch Computer und periphere Einrichtungen regelmäßiger Wartung und Pflege, um die ordnungsgemäße Funktion zu jedem Zeitpunkt zu garantieren und Probleme zu erkennen, bevor sie sich zu schweren Störungen ausweiten.

Vorderflanke, die; *Subst.* (leading edge)

Der erste Abschnitt eines elektronischen Impulses. Wenn ein digitales Signal vom Aus- in den Einzustand wechselt, bezeichnet man den Übergang von Aus nach Ein als Vorderflanke des Signals.

Vordergrund, der; *Subst.* (foreground)

Die Farbe der angezeigten Zeichen und Grafiken. → *vgl.* Hintergrund.
Außerdem der Zustand des Programms oder des Dokuments, das aktiv ist und auf Befehle und Dateneingaben in einer Fensterumgebung reagiert. → *vgl.* Hintergrund.

Vordergrund- Adj. (foreground)

Im System aktiv und in der Lage auf Befehle vom Benutzer reagieren zu können. → *siehe* auch Multitasking. → *vgl.* Hintergrund.

Vorführgerät, das; *Subst.* (demo)

Ein Computer, der Kunden in einem Geschäft zu Demonstrationszwecken bereitgestellt wird.

Vorlage, die; *Subst.* (template)

In Tabellenkalkulationen ein vorgegebenes Tabellenblatt, das bereits Formeln, Beschriftungen und andere Elemente enthält.

vorprogrammieren *Vb.* (schedule)

Einen Computer zur Ausführung einer bestimmten Aktion zu einem bestimmten Zeitpunkt programmieren.

vorschieben *Vb.* (feed)

Papier durch einen Drucker vorschieben.

Vortal, das; *Subst.* (vortal)

»Vertical Industry Portal«, zu Deutsch etwa »vertikale branchenspezifische Portal-Website«. Eine Portal-Website, über die Informationen zu einer spezifischen Branche abgerufen werden können (Firmen, Statistiken, Marktdaten, Newsletter, usw.). → *vgl.* Portal-Website.

Vorwärtsverkettung, die; *Subst.* (forward chaining)
Eine Problemlösungsmethode in Expertensystemen, die mit einem Satz von Regeln und einer Faktendatenbank beginnt und auf eine Schlussforderung – die sich auf Fakten stützt, die alle mit den in Regeln aufgestellten Prämissen übereinstimmen hinarbeitet. → *siehe auch* Expertensystem. → *auch genannt* Strang. → *vgl.* Rückverkettung.

Vorwärtszeiger, der; *Subst.* (forward pointer)
Ein Zeiger in einer verketteten Liste, der die Adresse (den Ort) des nächsten Listenelements enthält.

Vorzeichen, das; *Subst.* (sign)
Ein Zeichen zur Kennzeichnung einer positiven oder einer negativen Zahl. In der maschinennahen Programmierung (Assembler) wird das Vorzeichen durch das Vorzeichenbit einer Zahl angegeben. → *siehe auch* Vorzeichenbit.

Vorzeichenbit, das; *Subst.* (sign bit)
Das höchstsignifikante (am weitesten links stehende) Bit eines Zahlenfeldes. Bei negativen Zahlen ist das Vorzeichenbit in der Regel auf den Wert 1 gesetzt.

Vorzeichenerweiterung, die; *Subst.* (sign extension)
→ *siehe* Vorzeichenbit.

V.PCM
→ *siehe* 56K-Modem.

VPD
Abkürzung für **V**irtual **P**rinter **D**evice Driver. → *siehe* virtueller Gerätetreiber.

VPN
→ *siehe* Virtuelles Privates Netzwerk.

VR
→ *siehe* virtuelle Realität.

VRAM
→ *siehe* Video-RAM.

VRC
Abkürzung für **V**ertical **R**edundancy **C**heck. Eine Methode für das Überprüfen der Genauigkeit einer Datenübertragung.

VRC generiert ein Extrabit (Paritätsbit) für jedes übertragene Zeichen. Das Paritätsbit gibt an, ob das Zeichen eine ungerade oder eine gerade Anzahl an Bits mit dem Wert 1 hat. Wenn dieser Wert nicht mit dem Zeichentyp übereinstimmt, geht VRC davon aus, dass dieses Zeichen nicht korrekt übertragen wurde. → *siehe auch* Parität. → *vgl.* LRC.

VRML
Abkürzung für **V**irtual **R**eality **M**odeling **L**anguage. Eine Makrosprache zum Erstellen von interaktiven 3D-Webgrafiken, in der auch Szenen für Videospiele generiert werden können. Dadurch können Benutzer sich in einer Grafik »bewegen« und mit Objekten agieren. VRML, ein Teilbereich des Inventor File Format (ASCII) von Silicon Graphics, wurde 1994 von Mark Pesce und Tony Parisi entwickelt. VRML-Dateien werden in der Regel in CAD-Anwendungen sowie Modell- und Animationsprogrammen und VRML-Autorensoftware erstellt, können jedoch auch in einem einfachen Texteditor erstellt werden. VRML-Dateien befinden sich auf einem HTTP-Server. Die Verknüpfungen zu diesen Dateien können in HTML-Dokumente eingebettet werden. Es ist jedoch auch möglich, auf die VRML-Dateien direkt zuzugreifen. Um VRML-Webseiten anzuzeigen, ist ein VRML-fähiger Browser – z. B. WebSpace von Silicon Graphics oder ein VRML-Plug-In für Internet Explorer oder Netscape Navigator - erforderlich. → *siehe auch* 3D-Grafik, HTML-Dokument.

v-root, das; *Subst.*
→ *siehe* virtuelles Stammverzeichnis.

V-Serie, die; *Subst.*
Ein Satz von Empfehlungen, die von der ITU-T (dem International **T**elecommunication **U**nion-Telecommunication Standardization Sector) für die Datenkommunikation über ein öffentliches analoges Telefonsystem entwickelt wurden. Die Empfehlungen umfassen unter anderem die Signalisierung, Codierung und die Schaltungseigenschaften. → *siehe* nachfolgende Tabelle

V Series, die; *Subst.* (V series)
→ *siehe* V-Serie.

V-sync, die; *Subst.*
→ *siehe* vertikale Bandbreite.

VT-52, VT-100, VT-200
Ein häufig verwendeter Satz mit Steuercodes, die bei Terminals mit den Modellnummern eingesetzt werden, die

V ursprünglich von der Digital Equipment Corporation hergestellt wurden. Durch geeignete Software können Mikrocomputer aktiviert werden, die diese Codes verwenden, um die
Terminals zu emulieren.

VTD
Abkürzung für **V**irtual **T**imer **D**evice Driver. → *siehe* virtueller Gerätetreiber.

Vulkaniertodesgriff, der; *Subst.* (Vulcan death grip)
→ *siehe* Drei-Tastengriff.

Nummer der V-Serie	Bereich
V.17	14000 bps-Modems für Faxanwendungen
V.21	300-bps-Modems für DFÜ-Leitungen; Vollduplex-übertragung
V.22	1200-bps-Duplexmodems für ein herkömmliches, öffentliches Telefonnetz und Punkt-zu-Punkt-Ver-bindungen über Zweikanal-Telefonstandleitungen; nicht identisch mit Bell 212A (in Nordamerika).
V.22 bis	2400-bps-Modems für DFÜ- und Standleitungen; Vollduplexübertragung.
V.23	Synchrone oder asynchrone 600/1200-bps-Modems für DFÜ- und Standleitungen; Halb-duplexübertragung.
V.26	2400-bps-Modems für Vierkanal-Standleitungen; Vollduplexübertragung
V.26 bis	1200/2400-bps-Modems für DFÜ-Leitungen; Voll-duplexübertragung
V.26 ter	2400-bps-Modems für DFÜ- und Zweikanal-Standleitungen; DPSK-Modulation; Fallback auf 1200 bps; Echounterdrückung auf Telefonleitun-gen; Vollduplexübertragung
V.27	4800-bps-Modems für Standleitungen; manueller Entzerrer; Vollduplexübertragung
V.27 bis	2400/4800-bps-Modems für Standleitungen; automatischer Entzerrer; Vollduplexübertragung
V.27 ter	2400/4800-bps-Modems für DFÜ-Leitungen; Voll-duplexübertragung
V.29	9600-bps-Modems für Punkt-zu-Punkt-Standlei-tungen; Halbduplex- oder Vollduplexübertragung
V.32	9600-bps-Modems für DFÜ-Leitungen; Echoun-terdrückung auf Telefonleitungen; Vollduplexüber-tragung

Nummer der V-Serie	Bereich
V.32 bis	4800/7200/9600/12000/14400-bps-Modems mit DFÜ-Leitungen; Echounterdrückung; Vollduplex-übertragung
V.33	12000/14400-bps-Modems für Vierkanal-Standleitungen; synchrone Übertragung; QAM-Modulation; Zeitmultiplexing; Vollduplexüber-tragung
V.34	33600-bps-Modems; Vollduplexübertragung
V.34 Corr.	33600-bps-Modems für ein herkömmliches, öffentliches Telefonnetz und Punkt-zu-Punkt-Zweikanal-Standleitungen
V.36	Modems für die synchrone Datenübertragung mit 60-108-kHz-Gruppenbandschaltkreisen
V.42	Fehlerbehebung für DCEs (Data Circuit Terminating Equipment) mit Konvertierung von asynchron zu synchron
V.27 bis	Datenkomprimierungen für DCEs mit Fehlerbe-hebung
V.43	Datenflusskontrolle
V.56	Vergleichstests bei Modems für Telefonschalt-kreise
V.56 bis	Netzwerkübertragungsmodell für die Bewertung der Modemleistung über herkömmliche Stimm-Telefonleitungen
V.56 ter	Testmuster für die Bewertung von Zweikanal-4-kHz-Voiceband-Duplexmodems
V.61	4800-bps-Modems bei Betrieb mit Stimm- und Datenübertragung, oder 14,000-bps-Modems bei Betrieb nur mit Datenübertragung über herkömm-liche geschaltete Telefonleitungen oder über PTP-Zweikanal-Telefonleitungen
V.90	56000/33600-bps-Modems, die benutzerseitig über DFÜ-Leitungen mit analogen Verbindungen und ISP-seitig über digitale Verbindungen betrie-ben werden
V.91	64000-bps-Modems für leitungsvermittelte Vier-kanalverbindungen und Punkt-zu-Punkt-Vier-kanal-Standleitungen
V.100	Verbindung zwischen öffentlichen Datennetzen (PDNs, Public Data Networks) und öffentlichen Telefonnetzen (PSTNs, Public Switched Telephone Networks)

W

W3
→ *siehe* World Wide Web.

W3C
→ *siehe* World Wide Web Consortium.

wählen *Vb.* (select)
Im Datenbankmanagement das Auswählen von Datensätzen nach bestimmten Kriterien. → *siehe auch* sortieren. In der Informationsverarbeitung eine Auswahl aus einer Anzahl von Optionen oder Alternativen treffen, z.B. Unterprogramme oder Eingabe-/Ausgabekanäle auswählen.

Wählen, automatisches, das; *Subst.* (automatic dialing)
→ *siehe* Selbstwählfunktion.

Wafer, der; *Subst.* (wafer)
Eine dünne, flache Scheibe aus einem Halbleitereinkristall für die Herstellung integrierter Schaltkreise. Über zahlreiche Maskierungs-, Ätz- und Dotierungsschritte werden auf der Waferoberfläche die Bauelemente der Schaltung erzeugt. In der Regel werden auf einem einzelnen Wafer mehrere identische Schaltkreise nebeneinander ausgebildet und später vereinzelt. Die integrierten Schaltkreise werden anschließend in ein Trägergehäuse eingesetzt und kontaktiert. → *siehe auch* Fab, Halbleiter, integrierter Schaltkreis.

Waferscaleintegration, die; *Subst.* (wafer-scale integration)
Die Herstellung verschiedener Mikroschaltkreise auf einem einzelnen Wafer, die anschließend verbunden werden und eine Schaltung mit der Ausdehnung des gesamten Wafers ergeben. → *siehe auch* Wafer.

Wagen, der; *Subst.* (carriage)
Bei einer Schreibmaschine oder einem schreibmaschinenähnlichen Drucker die Einheit, auf der die Druckwalze montiert ist. Bei einer herkömmlichen Schreibmaschine treffen die Schreibtypen von einer fixen Position im Gehäuse aus auf das Papier, und der Wagen bewegt sich mit der Walze an dieser Position vorbei. Die Walze ist drehbar, um das im Wagen gehaltene Papier zeilenweise weiterzutransportieren. Bei den meisten Anschlagdruckern bewegt sich der Wagen mit dem darauf montierten Druckkopf auf einer Führungsschiene entlang einer Walze, die zwar ebenfalls drehbar ist, sich aber nicht in horizontaler Richtung bewegt. In diesem Zusammenhang wird der Wagen auch als »Schlitten« bezeichnet. → *siehe auch* Wagenrücklauf, Walze.

Wagenrücklauf, der; *Subst.* (carriage return)
Abkürzung: CR. Ein Steuerzeichen, das den Computer oder Drucker anweist, an den Anfang der aktuellen Zeile zurückzukehren. Die Wirkung dieses Steuerzeichens lässt sich mit dem Wagenrücklauf einer Schreibmaschine vergleichen, bewirkt allerdings im Unterschied dazu keine automatische Weiterschaltung zur nächsten Zeile. Beispielsweise bewirkt ein alleiniges Wagenrücklaufzeichen, das sich am Ende der Wörter Beispiel für eine Druckzeile befindet, dass der Cursor oder Druckkopf zum ersten Buchstaben des Wortes »Beispiel« zurückkehrt. Im ASCII-Zeichensatz hat das Wagenrücklaufzeichen die Codenummer 13 (hexadezimal 0D).

wahlfreie Restrukturierung, die; *Subst.* (modify structure)
In einigen Datenbank-Managementsystemen verfügbarer Operator, mit dem sich Felder (Spalten) hinzufügen oder löschen lassen, ohne die gesamte Datenbank aufbauen zu müssen.

wahlfreier Zugriff, der; *Subst.* (random access)
Ein Zugriffsverfahren, bei dem ein Computer eine bestimmte Speicherstelle direkt ermitteln und ansprechen kann, ohne eine Suche von der ersten Speicherstelle an sequentiell durchführen zu müssen. Den wahlfreien Zugriff kann man mit einem Adressbuch vergleichen, in dem man ebenfalls nicht von der ersten Seite an fortlaufend alle Adressen durchsuchen muss. Die Halbleiterspeicher eines Computersystems (RAM und ROM) bieten einen wahlfreien Zugriff, in manchen Betriebssystemen auch bestimmte Dateiarten auf Massen-

W

speichern. Solche Dateien eignen sich am besten für Daten, bei denen kein Datensatz interne Beziehungen zu den davor oder danach liegenden Informationen aufweist. Dies ist z.B. bei Kunden- oder Inventarlisten der Fall. → *siehe auch* RAM, ROM. → *auch genannt* direkter Zugriff. → *vgl.* indexsequentieller Zugriff, sequentieller Zugriff.

wahlweiser Bindestrich, der; *Subst.* (optional hyphen)
→ *siehe* Bindestrich.

Wahrheitstabelle, die; *Subst.* (truth table)
Eine Tabelle zur Darstellung der Ausgangswerte eines Booleschen Ausdrucks für jede mögliche Kombination der Eingangswerte (Variablen). → *siehe auch* AND, Boolescher Operator, exklusives ODER, NOT, OR.

Wahrscheinlichkeit, die; *Subst.* (probability)
Ein Maß für die Möglichkeit des Auftretens eines bestimmten Ereignisses, das sich meist mathematisch abschätzen lässt. In der Mathematik sind Statistik und Wahrscheinlichkeitstheorie eng miteinander verwandte Gebiete. In der Rechentechnik verwendet man die Wahrscheinlichkeit, um die Möglichkeit des Ausfalls oder fehlerhaften Verhaltens in einem System oder Gerät zu bestimmen.

WAI *Subst.*
Abkürzung für Web Accessibility Initiative, zu deutsch etwa »Initiative für allgemeine Zugänglichkeit zum Web«. Richtlinien, die vom World Wide Web Consortium (W3C) im Mai 1999 veröffentlicht wurden. Diese Initiative soll Benutzern mit Behinderungen den Zugriff auf das Web durch angepasstes Webdesign und verbesserte Kompatibilitätsrichtlinien ermöglichen. → *siehe auch* Eingabehilfen.

WAIS
Abkürzung für »Wide Area Information Server« (Weitbereichs-Informationsserver). Ein Such- und Abrufsystem für Dokumente im Internet, das seit den späten 1990er Jahren nicht mehr weiträumig eingesetzt wird. WAIS, entwickelt von den Firmen Thinking Machines Corporation, Apple Computer und Dow Jones, verwendete den Z39.50-Standard, um natürlichsprachliche Anfragen zu verarbeiten. Um nach Dokumenten in einer WAIS-Datenbank zu suchen, wählten die Benutzer die gewünschte(n) Datenbank(en) aus und gaben eine entsprechende Suchanfrage ein. Der WAIS-Client verwendete zur Kommunikation mit dem Server das Protokoll Z39.50. → *siehe auch* natürlichsprachliche Abfrage, Z39.50-Standard.

Waise, der; *Subst.* (orphan file)
Eine Datei, die auf einem System erhalten bleibt, nachdem sie nicht mehr benutzt wird. Beispielsweise könnte eine Datei angelegt werden, die eine bestimmte Anwendung unterstützt. Wird diese Datei nach dem Entfernen der Anwendung nicht ebenfalls gelöscht, bleibt sie als Waise erhalten.

Waitstate, der; *Subst.* (wait state)
Eine Pause von einem oder mehreren Taktzyklen, während derer ein Mikroprozessor auf Daten von einem Eingabe-/Ausgabegerät oder vom Speicher wartet. Ein einzelner Waitstate kann zwar vom Menschen nicht wahrgenommen werden, der kumulative Effekt mehrerer Waitstates kann jedoch die Systemleistung beeinträchtigen. → *siehe auch* ohne Waitstates.

Waitstates, ohne, der; *Subst.* (zero wait state)
→ *siehe* ohne Waitstates.

Wallet-PC, der; *Subst.* (wallet PC)
Ein tragbarer Computer, mit Abmessungen und Funktionen, die einer (elektronischen) Brieftasche gleichkommen. Er enthält »virtuelle« Realisierungen von Personalausweis, Geld, Kreditkarten sowie weiteren wichtigen Elementen und dient außerdem als mobile Informationsquelle und Kommunikationswerkzeug. Wallet-PCs werden laufend weiterentwickelt.

Wallpaper, das; *Subst.* (wallpaper)
→ *siehe* Hintergrundbild.

Walze, die; *Subst.* (platen)
In den meisten Anschlagdruckern und in Schreibmaschinen vorhandener Zylinder, um den das Papier herumgeführt wird und der der Druckmechanik beim »Schlag« auf das Papier einen Widerstand entgegensetzt. Die Papierhalterung, eine federnde Schiene mit kleinen Rollen, drückt das Papier unmittelbar über dem Druckmechanismus leicht gegen die Walze.

WAN, das; *Subst.*
→ *siehe* Weitbereichsnetz.

Wanderer, der; *Subst.* (wanderer)
Eine Person, die das World Wide Web häufig durchsucht und dabei Listen interessanter Informationen erstellt. → *siehe* Spinne.

WAP
→ *siehe* Wireless Application Protocol.

Warenkorb *Subst.* (shopping cart)
In einem E-Commerce-Programm eine Datei, in die ein Kunde Infomationen über mögliche Käufe ablegen kann, bis der Kaufauftrag abgeschlossen ist. In der Regel in Form eines Einkaufswagen auf dem Bildschirm dargestellt, dient der virtuelle Warenkorb als ein erkennbarer Referenzpunkt für Benutzer, die mit E-Commerce-Anwendungen nicht vertraut sind. → *siehe auch* E-Commerce.

Warenzeichen, das; *Subst.* (trademark)
Weit verbreitete, aber veraltete Bezeichnung für das schutzrechtliche Konzept der »Marke«. → *siehe auch* geistiges Eigentum, Marke.

Warez, Plur.; *Subst.* (warez)
Szenejargon aus dem Cracker- und Piraterieumfeld für alle Arten von Raubkopien. Leitet sich vom englischen Ausdruck »wares« (»Waren«) in Bezug auf Software ab. Grundsätzlich markiert der angehängte Buchstabe »z« illegale, zumeist über das Internet vertriebene Inhalte wie unrechtmäßig kopierte Filme (»Moviez«), Software (»Appz«, von application) und Musik (»Soundz«).

warm start, der; *Subst.*
→ *siehe* Warmstart.

Warmstart, der; *Subst.* (soft boot, warm boot)
Der Neustart eines bereits im Betrieb befindlichen Computersystems, der ohne Abschalten der Stromversorgung durchgeführt wird. → *auch genannt* warm start.

Warteschlange, die; *Subst.* (queue)
Eine mehrelementige Datenstruktur, aus der sich (streng nach Definition) Elemente nur in der Reihenfolge entfernen lassen, in der sie hinzugefügt wurden. Eine Warteschlange folgt demnach einer Firstin-Firstout-Bedingung (FIFO). Außerdem gibt es mehrere Arten von Warteschlangen, bei denen das Entfernen auf der Basis anderer Faktoren als das Einfügen erfolgt. In einer Prioritätenwarteschlange werden die Elemente z.B. entsprechend bestimmter Prioritätswerte entfernt, die den Elementen zugeordnet sind. → *siehe auch* Deque, Element. → *vgl.* Stack.

Wartung, die; *Subst.* (maintenance)
Das Ergreifen von Maßnahmen, die sicherstellen, dass die Hardware, die Software oder das Datenbanksystem richtig funktioniert und auf dem neuesten Stand ist.

Wasserzeichen, digitales, das; *Subst.* (Digital Watermark)
→ *siehe* Digitales Wasserzeichen.

Was-wäre-wenn-Analyse, die; *Subst.* ("what-if" evaluation)
Eine besondere Form der Auswertung in einem Rechenblatt zur Analyse von Ergebnissen, die sich mit unterschiedlichen Wertannahmen erzielen lassen. Beispielsweise kann man für ein Darlehen verschiedene Hypothekensätze und Laufzeiten ausprobieren, um die Auswirkung auf die monatlichen Rückzahlungen und die gesamte Zinssumme zu studieren.

Watt, das; *Subst.* (watt)
Die Einheit für Leistung, die einem Energiedurchsatz von 1 Joule in 1 Sekunde entspricht. Die Leistung eines Schaltkreises ist eine Funktion der am Schaltkreis anliegenden Spannung und des durch den Schaltkreis fließenden Stroms. Gilt E = Spannung, I = Strom und R = Widerstand, kann die Leistung in Watt zu $I \times E$, $I^2 \times R$ bzw. E^2/R errechnet werden.

.wav
Eine Dateinamenerweiterung, die als Signalform (WAV-Format) gespeicherte Audiodateien kennzeichnet. → *siehe auch* WAV.

WAV
Ein Dateiformat von Windows zum Speichern von Klängen als Signalformbeschreibung in Dateien mit der Dateinamenerweiterung .wav. Abhängig von der Abtastrate und davon, ob das Signal monophon oder stereophon vorliegt und ob 8 oder 16 Bit für jeden Abtastwert verwendet werden, kann eine Aufzeichnung von einer Minute Dauer zwischen 644 Kilobyte und 27 Megabyte Speicher benötigen. → *siehe auch* Sampling, Wellenform.

Wavelet, das; *Subst.* (wavelet)
Eine mathematische Funktion, die sich innerhalb einer begrenzten Zeitspanne ändert. Wavelets werden zunehmend für die Analyse von Signalen (z.B. Audiosignalen) eingesetzt. Sie weisen eine begrenzte Dauer sowie rasche Änderungen in Frequenz und Amplitude auf, im Gegensatz zu der unbegrenzten Dauer bzw. konstanten Frequenz und Amplitude der Sinus- und Cosinusfunktionen. Wavelets kommen in erster Linie bei der Komprimierung von Grafikdateien und Videostreams (MPEG-4) zum Einsatz. Mit dieser Technologie

W komprimierte Bilder sind kleiner als vergleichbare JPEG-Dateien (Komprimierfaktor bei farbigen Grafiken 20:1 bis 300:1 und bei Graustufenbildern 10:1 bis 50:1). → *siehe auch* MPEG-4. → *vgl.* Fourier-Transformation.

WBEM
Abkürzung für **W**eb-**B**ased **E**nterprise **M**anagement (Webbasierendes Unternehmensmanagement). Ein Protokoll, das einen Webbrowser direkt mit einem Gerät oder einer Anwendung zur Überwachung eines Netzwerks verknüpft. → *siehe auch* Protokoll.

WCM, das; *Subst.*
→ *siehe* Web Content Management.

WCMS
→ *siehe* Web Content Management System.

WDEF
→ *siehe* Fensterdefinition.

WDL
→ *siehe* Windows Driver Library.

WDM
→ *siehe* Wellenlängenmultiplex.

Web, das; *Subst.* (web)
Eine Gruppe miteinander verknüpfter Dokumente in einem Hypertextsystem. Der Benutzer greift auf das Web über eine sog. Homepage zu. → *siehe auch* World Wide Web.

Web Accessibility Initiative *Subst.*
→ *siehe* WAI.

Webadresse, die; *Subst.* (Web address)
→ *siehe* URL.

Web Based Enterprise Management, das; *Subst.* (Web-Based Enterprise Management)
→ *siehe* WBEM.

Webbrowser, der; *Subst.* (Web browser)
Eine Clientanwendung, die es einem Benutzer ermöglicht, HTML-Dokumente auf dem World Wide Web bzw. einem anderen Netzwerk oder auf dem eigenen Computer zu betrachten. Auch können mit Hilfe des Browsers die Hyperlinks zwischen den Dateien verfolgt und Dateien übertragen werden. Textorientierte Webbrowser (z.B. Lynx) sind zwar nützlich für Benutzer mit Shellzugängen, zeigen aber lediglich die Textelemente eines HTML-Dokuments an. Die meisten Browser können Grafiken im Dokument darstellen, Audio- und Videodateien wiedergeben und kleine eingebettete Programme ausführen (z.B. Java Applets, ActiveX-Steuerelemente). Einige Webbrowser benötigen zusätzliche Hilfsanwendungen (Plug-Ins), um solche Funktionen bewerkstelligen zu können. Darüber hinaus ermöglichen es die meisten heutigen Webbrowser ihren Benutzern, E-Mail zu senden und zu empfangen sowie an Diskussionen in Newsgroups teilzunehmen. Beispiele für Webbrowser sind HotJava von Sun, Internet Explorer von Microsoft, Lynx, Mosaic von NCSA (wird nicht mehr weiterentwickelt), Netscape Communicator von Netscape und Opera von Opera A/S. → *siehe auch* ActiveX-Steuerelement, Hilfsprogramm, HotJava, Hyperlink, Internet Explorer, Java-Applet, Lynx, Mosaic, Netscape Navigator, Opera, Plug-In. → *auch genannt* Browser.

Webbug, der; *Subst.* (Web bug)
Eine kleine, kaum erkennbare Grafik, die einen Link zu einer Webseite herstellt und zur Verwendung als "Abhörgerät" in ein Dokument eingebettet ist. Ein Webbug liegt meist als transparente, 1x1 Pixel große GIF-Datei vor, so dass das Element nahezu unsichtbar ist. Diese Datei wird auf einer Webseite, in einer Microsoft Word-Datei oder in einem anderen Dokument platziert, auf die bzw. das Benutzer zugreifen. Die Anwendung, in der das Dokument geöffnet wird, stellt sofort eine Verbindung zum World Wide Web her, um die eingebettete Grafik downzuloaden und anzuzeigen. Informationen über den Benutzer, z.B. IP-Adresse, Browserversion und Anzeigedauer, werden an den Verfasser der Datei übermittelt, sobald die Anwendung die unsichtbaren Grafikdaten abruft.

Webcam, die; *Subst.* (webcam)
Aus dem Englischen stammende Abkürzung für Web Camera. Bezeichnet eine am Computer angeschlossene Videokamera, mit der Einzelbilder oder Live-Videosequenzen über das Internet übertragen werden. Aufgrund der eingeschränkten Bandbreite vieler Internetverbindungen lassen sich allerdings nur niedrig aufgelöste Bilder und Filme übertragen, sodass die Optik von Webcams qualitativ schlechter als bei herkömmlichen Videokameras ausfällt. In der Regel beträgt die maximale Bildauflösung einer Webcam 640 x 480 Pixel. Angeschlossen wird eine Webcam meist an der USB-Schnittstelle. → *siehe auch* Bandbreite, Videokonferenz.

Webcast *Subst.* (webcast)
Live oder verzögert gesendete Audio- oder Videoprogramme, die über das Web an den Benutzer übertragen werden. Zum Downloaden eines solchen Broadcasts benötigt der Benutzer die entsprechende Video- oder Audioanwendung, z.B. Real-Player. Die erforderliche Anwendung kann meist kostenlos beim Webcaster downgeloadet werden.

webcasten *Vb.* (webcast)
Webbasierte Audio-, Video- und Textprogramme produzieren und übertragen.

Webcaster, der, die; *Subst.* (webcaster)
Eine Firma oder Organisation, die webbasierte Audio-, Video- und Textprogramme produziert und überträgt.

Webcasting, das; *Subst.* (webcasting)
Ein häufig verwendeter Ausdruck für die Verbreitung von Informationen per World Wide Web, bei der Push- und Pull-technologien eingesetzt werden, um die ausgewählten Informationen vom Server zum Client zu übertragen. Webcasting fand 1997 erstmals größere Verbreitung und wurde entwickelt, um Benutzer mit individuell festlegbaren Inhalten zu versorgen – z.B. Sport, Nachrichten, Aktienkurse und Wetter –, die sowohl regelmäßig als auch automatisch aktualisiert werden können. Die Technologie erlaubt es Benutzern, die gewünschten Inhalte anzugeben, die sie empfangen möchten. Den Contentprovidern wird wiederum ein Hilfsmittel zur Verfügung gestellt, mit dem sie die angeforderten Informationen direkt an den Computer des Benutzers liefern können. → *siehe auch* abziehen, push.

Web-CLUT, die; *Subst.* (web CLUT)
→ *siehe* Browser-CLUT.

Web Content Management, das; *Subst.*
Bezeichnet alle Arbeitsabläufe und Prozeduren, die im direkten Zusammenhang mit der Pflege und Aktualisierung eines Webangebots stehen. Zur Erleichterung des Web Content Managements greifen immer mehr Unternehmen zu spezieller, als Web Content Management System bezeichneter Software, mit der sich Abläufe automatisieren und straffen lassen.

Web Content Management System, das; *Subst.* (web content management system)
Spezielle Software zur Verwaltung und Aktualisierung umfangreicher Webangebote, wobei die Änderungen nicht lokal, sondern serverseitig durchgeführt werden. Auf diese Art und Weise kann beispielsweise eine Newsseite direkt vom jeweiligen Autor – unabhängig von seinem derzeitigen Aufenthaltsort – aktualisiert werden. → *siehe auch* Web Content Management.

WebCrawler, der; *Subst.*
Eine Suchmaschine im World Wide Web. Die Website von WebCrawler ist unter der Adresse http://www.webcrawler.com erreichbar. → *siehe auch* Suchmaschine. → *vgl.* AltaVista, Excite, Google, Infoseek, Lycos, Yahoo!.

WebDAV
Abkürzung für »Web **D**istributed **A**uthoring and **V**ersioning«. Eine Gruppe von Erweiterungen für das HTTP-Protokoll, über die Benutzer Webressourcen gemeinsam bearbeiten, veröffentlichen und verwalten können.
Zu WebDAV-Ergänzungen für HTTP gehören Tools zum Schreiben, Bearbeiten und Veröffentlichen von Dokumenten sowie Optionen für die Suche, Speicherung und Dateifreigabe.

Web-Demographie, die; *Subst.* (webographics)
Das Sammeln von demographischen Daten über Webbenutzer, die sich speziell auf das Besuchs- und Kaufverhalten beim Onlineshopping sowie auf die zugehörigen Informationen, beispielsweise die Verbindungsmethode, der Browser und die Plattform, beziehen.

Web Distributed Authoring and Versioning *Subst.*
→ *siehe* WebDAV.

Webentwicklung, die; *Subst.* (Web development)
Der Entwurf und die Programmierung von Seiten für das World Wide Web. → *siehe auch* World Wide Web.

Webhosting, das; *Subst.* (webhosting)
Bezeichnet die Bereitstellung bzw. Vermietung von Speicherplatz im Internet. Diese Dienstleistung wird heute in der Regel von allen Service-Providern angeboten. → *siehe auch* Internetdienstanbieter, ISP.

Webindex, der; *Subst.* (Web index)
Eine Website, über die die Benutzer weitere Ressourcen auf dem Web finden können. Ein Webindex kann eine Suchmaschine enthalten, aber auch nur einzelne Hyperlinks auf die verzeichneten Ressourcen. → *siehe auch* Yahoo!. → *vgl.* Suchmaschine.

W

Weblog, das; *Subst.* (web l.og)
Auch genannt »Web log«. Eine private, kommerzielle oder nicht kommerzielle Site im World Wide Web, die häufig und regelmäßig aktualisiert wird und Informationen über bestimmte, vorgegebene Themen enthält. Als angewandte Form von Hypertext können Weblogs beispielsweise die Form eines persönlich geführten, aber öffentlich verfügbaren Tagebuchs annehmen oder auch als öffentlich geführtes, fortlaufendes Diskussionforum existieren. Ein bekanntes Beispiel für die letzte Form ist die Website von http://www.slashdot.org. → *siehe auch* Blogger. → *vgl.* Hypertext, Slashdoteffekt.

Webmaster, der; *Subst.*
Eine Person, die für das Erstellen und die Wartung einer Website zuständig ist. Der Webmaster kümmert sich oft auch um die Beantwortung der E-Mail-Nachrichten, die ordnungsgemäße Funktion der Site, das Erstellen und Aktualisieren der Webseiten sowie die allgemeine Organisation und die Gestaltung der Website. → *auch genannt* Webmistress, Webweaver.

Webmistress, die; *Subst.* (webmistress)
→ *siehe* Webmaster.

WebPad, das; *Subst.*
Eine Klasse von drahtlosen Internetgeräten, die umfassende Internet- und PDA (Personal Digital Assistant)-Funktionen bieten. Ein WebPad hat einen größeren LCD-Bildschirm als andere Handheld-Kommunikationsgeräte und ähnelt einem Tablett.

Websafe-Palette, die; *Subst.* (websafe palette)
→ *siehe* Browser-CLUT.

Webseite, die; *Subst.* (Web page)
Ein Dokument im World Wide Web. Eine Webseite beruht auf einer HTML-Datei und den damit verbundenen Dateien für Grafiken und Skripten, die sich in einem bestimmten Verzeichnis auf einem bestimmten Computer befinden (und daher durch eine URL-Adresse bestimmbar sind). Eine Webseite enthält in der Regel Verknüpfungen zu weiteren Webseiten. → *siehe auch* URL.

Webseite, dynamische, die; *Subst.* (dynamic Web page)
→ *siehe* dynamische Webseite.

Webserver, der; *Subst.* (Web server)
→ *siehe* HTTP-Server.

Webservices *Subst.* (web services)
→ *siehe* XML-Webservices.

Website, die; *Subst.* (Web site)
Eine Gruppe zusammengehöriger HTML-Dokumente und damit verknüpfter Dateien, Skripten und Datenbanken, die von einem HTTP-Server im World Wide Web bereitgestellt werden. Die HTML-Dokumente einer Website behandeln meist zusammenhängende Themen und sind durch Hyperlinks untereinander verknüpft. Die meisten Websites verfügen über eine Homepage als Startpunkt, die häufig als Inhaltsverzeichnis dient. Viele große Organisationen und Firmen verfügen über einen oder mehrere HTTP-Server für eigene Websites. Ein HTTP-Server kann jedoch auch mehrere kleine Websites z.B. für Privatpersonen bedienen. Für den Zugriff auf eine Website werden ein Webbrowser und ein Internetzugang benötigt. → *siehe auch* Homepage, HTML, HTTP-Server, Webbrowser.

Webswitch *Subst.* (web switch)
Ein Netzwerkgerät zur Optimierung des Datenverkehrs durch Ausnutzung der Information, die in der HTTP-Anfrage enthalten ist. Die Anfragen werden zu den geeignetsten Servern weitergeleitet, gleichgültig, wo sie sich befinden. Webswitches sollen Geschwindigkeit, Skalierbarkeit und Leistungsvermögen insbesondere von datenreichen Websites verbessern. → *siehe auch* Router.

Webtagebuch *Subst.* (web log)
Eine Webseite, deren Inhalt regelmäßig erneuert wird und die Interessen des Seiteninhabers widerspiegelt. Oft, aber nicht immer, ist der Inhalt in Zeitschriftenform, liefert Neuigkeiten und Informationen von anderen Webseiten und wird aus einer persönlichen Sicht präsentiert. Auf manchen Seiten ist das Webtagebuch eine Zusammenarbeit zwischen den Besuchern dieser Seite. Die High-Tech-orientierten Seiten von Slashdot.org (http://www.slashdot.org) werden häufig als die bekanntesten Webtagebücher zitiert.

Webtelefon, das; *Subst.* (Web phone)
→ *siehe* Internettelefonie.

Webterminal, das; *Subst.* (Web terminal)
Ein System, das einen Prozessor (CPU) enthält, RAM-Speicher, ein Hochgeschwindigkeitsmodem und leistungsstarke Grafikhardware, jedoch keine Festplatte. Es dient ausschließlich als Client für das World Wide Web und nicht als Allzweckcomputersystem. → *auch genannt* Netzwerkcomputer.

WebTV®, das; *Subst.*
Auch MSN TV; Marke für eine Microsoft-Technologie, über die mit Hilfe eines Fernsehempfängers und einer Settopbox auf das Internet zugegriffen werden kann. Die Website von WebTV ist unter der Adresse http://www.webtv.com erreichbar. → *siehe auch* Settopbox.

Webveröffentlichung, die; *Subst.* (Webizing)
Der Vorgang der Bereitstellung von Informationen (z.B. Schulungsunterlagen), die ursprünglich für ein anderes Medium erstellt wurden, im World Wide Web.

Webverzeichnis, das; *Subst.* (Web directory)
Eine Liste von Websites, deren Einträge die jeweiligen URL-Adressen und eine Beschreibung enthalten. → *siehe auch* URL.

Webweaver, der; *Subst.* (webweaver)
→ *siehe* Webmaster.

Webzine, das; *Subst.* (webzine)
Eine elektronische Veröffentlichung, die in erster Linie über das World Wide Web und erst in zweiter Linie als gedrucktes Magazin vertrieben wird. → *siehe auch* Ezine.

wechselbarer Datenträger, der; *Subst.* (removable disk)
Ein Datenträger, der sich aus dem Laufwerk entfernen lässt. Disketten sind wechselbare Datenträger, Festplatten in der Regel nicht. → *auch genannt* austauschbarer Datenträger.

Wechselbetrieb, der; *Subst.* (duplex transmission)
→ *siehe* Duplex.

wechseln *Vb.* (swap)
Ein Element gegen ein anderes austauschen, wie z.B. das Wechseln von Disketten in einem Laufwerk.

Wechselplatte, die; *Subst.* (disk cartridge)
Ein wechselbarer Datenträger, der in einer schützenden Hülle untergebracht ist. Bestimmte Arten von Festplattenlaufwerken und verwandte Geräte sind für den Einsatz einer Wechselplatte ausgelegt, z.B. externe Datenspeichereinheiten, die Bernoulli Boxen.

Wechselspannung, die; *Subst.* (volts alternating current)
Das Maß des Spitze-zu-Spitze-Spannungshubs eines elektrischen Signals.

Wechselstrom, der; *Subst.* (alternating current)
Abkürzung: AC. Elektrischer Strom, dessen Richtungsfluss (Polarität) sich periodisch gemäß der Frequenz ändert. Die Frequenz wird in Hertz bzw. Zyklen pro Sekunde gemessen. → *vgl.* Gleichstrom.

weich *Adj.* (soft)
In der Datenverarbeitung für »vorübergehend« oder »veränderbar« gebraucht. Ein »soft error« (= weicher Fehler) ist beispielsweise ein Fehler, den das System selbsttätig überwinden kann, und ein »soft patch« (= weicher Patch) ist eine temporäre Programmfehlerbehebung, die nur für die Zeit der Ausführung des Programms wirksam ist. → *vgl.* hart.
In der Physik charakterisiert »weich« eine Eigenschaft von magnetischen Werkstoffen, die ihren Magnetismus nicht beibehalten, wenn sie aus dem Wirkungsbereich eines magnetischen Feldes herausgenommen werden. → *vgl.* hart.

weicher Bindestrich, der; *Subst.* (soft hyphen)
→ *siehe* Bindestrich.

weicher Fehler, der; *Subst.* (soft error)
Ein Fehler, den ein Programm oder ein Betriebssystem selbsttätig überwinden kann. → *vgl.* harter Fehler.

weicher Zeilenvorschub, der; *Subst.* (soft return)
Ein Zeilenumbruch, der von einem Textverarbeitungsprogramm in ein Dokument eingefügt wird, wenn das nächste Wort in der aktuellen Zeile den rechten Seitenrand überschreiten würde – ein verschiebbarer Zeilenumbruch. → *siehe auch* Zeilenumbruch. → *vgl.* harter Zeilenvorschub.

weißes Rauschen, das; *Subst.* (white noise)
Rauschen, bei dem die statistische Verteilung der Frequenzanteile über den gesamten – zumindest aber im interessierenden – Frequenzbereich konstant ist. Der Name wurde in Analogie zum weißen Licht gewählt, das alle Frequenzbereiche des sichtbaren Lichts enthält. Im hörbaren Spektrum ist weißes Rauschen als Zischen oder Brausen wahrzunehmen, wie es sich etwa beim Empfang eines nicht belegten Fernsehkanals äußert.

Weitbereichsnetz, das; *Subst.* (wide area network)
Ein Kommunikationsnetzwerk zur Verbindung geografisch weit getrennter Regionen. Ein Weitbereichsnetz besteht oft aus zwei oder mehreren lokalen Netzwerken. Ein Beispiel für ein Weitbereichsnetzwerk ist das Internet. → *siehe auch* Internet, lokales Netzwerk.

W

W

Weitbereichsnetz, gesichertes, das; *Subst.* (secure wide area network)
→ *siehe* gesichertes Weitbereichsnetz.

weiterleiten *Vb.* (forward)
Ein Begriff aus dem Bereich der E-Mail-Terminologie. Das Senden einer bereits erhaltenen Nachricht an einen neuen Empfänger. Die Nachricht kann zuvor bearbeitet werden.

Welcomeseite, die; *Subst.* (welcome page)
→ *siehe* Homepage.

WELL
Abkürzung für »**W**hole **E**arth 'Lectronic **L**ink« (zu Deutsch etwa »Elektronische Verbindung der Welt«). Ein ehemaliges BBS-System aus San Francisco, gegründet 1985. WELL zog damals viele professionelle Computerbenutzer und andere Personen an, die an einer der erfolgreichsten virtuellen Gemeinden im Internet teil hatten. Bedingt durch zahlreiche Journalisten und andere prominente Zeitgenossen, die an WELL teilnahmen, hatte es trotz einer relativ kleinen Anzahl von Teilnehmern einen enormen Einfluss erlangt. 1996 wurden Teile von WELL verkauft; das erfolgreiche Forum für die Onlinegemeinde wurde jedoch als Website weitergeführt. 1999 wurde WELL von Salon.com aufgekauft. Die Website von WELL ist unter der Adresse http://www.well.com erreichbar. → *siehe auch* BBS.

Welle, die; *Subst.* (wave)
Die räumliche Ausbreitung eines periodischen Vorgangs, z.B. Lichtwellen oder Schallwellen. → *siehe auch* Wellenform.
In der Elektronik das Zeit-/Amplitudenverhalten eines elektrischen Signals.

Wellenform, die; *Subst.* (waveform)
Die Art der zeitlichen Änderung der Amplitude eines Signals. → *siehe* auch Periode, Phase, Wellenlänge.

Wellenlänge, die; *Subst.* (wavelength)
Die Entfernung zwischen aufeinander folgenden Wellenbergen oder Wellentälern in einem periodischen Signal, das sich im Raum ausbreitet. Die Wellenlänge wird mit dem griechischen Buchstaben (λ) bezeichnet und errechnet sich aus dem Quotienten von Geschwindigkeit durch Frequenz.

Wellenlängenmultiplex, das; *Subst.* (wave division multiplexing)
Ein Datenübertragungsverfahren, das unterschiedliche Farben (= unterschiedliche Wellenlängen) verwendet, um mehrere Datenströme über eine einzelne Glasfaser zu übertragen. → *siehe auch* Zeitmultiplexing.

WEP
Abkürzung für »**Wi**red **E**quivalent **P**rivacy«. Ein Sicherheitsprotokoll für drahtlose LANs, das innerhalb der IEEE 802.11-Protokollfamilie definiert wurde. Da drahtlose Netze aufgrund ihrer physikalischen Gegebenheiten inhärent nicht so sicher sein können wie drahtgebundene Netze, versucht der WEP-Standard, durch Verschlüsselung der über Funkwellen übertragenen Datenpakete einen höheren Grad an Sicherheit zu erreichen. WEP bietet kein durchgängiges Sicherheitsmodell, da es Datenpakete nur auf den unteren beiden Schichten des ISO/OSI-Schichtenmodells verschlüsselt. → *siehe auch* drahtloses LAN, IEEE 802.11. → *vgl.* ISO/OSI-Schichtenmodell.

Wert, der; *Subst.* (value)
Eine Größe, die sich einer Variablen, einem Symbol oder einem vergleichbaren Element zuordnen läst. → *siehe* Ton.

Werteliste, die; *Subst.* (value list)
Eine Liste mit Werten, die von einer Anwendung, z.B. einer Datenbank, als Suchbegriff oder als Werte für eine gefilterte Abfrage verwendet werden. → *siehe auch* Suchbegriff.

Wertigkeit, die; *Subst.* (order)
Bei der internen Darstellung von Werten die relative Bedeutung einer Ziffer oder eines Bytes. Man unterscheidet die höchstwertige Ziffer (bzw. das höchstwertige Byte), die sich in einem Wert gewöhnlich links befindet, und die niedrigstwertige Ziffer (bzw. das niedrigstwertige Byte), die sich in einem Wert gewöhnlich rechts befindet.

Wertübergabe, die; *Subst.* (pass by value)
Eine Methode für die Übergabe von Argumenten oder Parametern an ein Unterprogramm. Dabei wird eine Kopie des Arguments erzeugt und an die aufgerufene Routine übergeben. Nach dieser Methode kann die aufgerufene Routine zwar die Kopie des Arguments verwenden und modifizieren, jedoch nicht den Originalwert. → *siehe auch* Argument, aufrufen. → *vgl.* Adressübergabe.

Westernstecker, der; *Subst.* (8-pin ISDN plug)
→ *siehe* RJ-45-Stecker.

Wetware, die; *Subst.* (wetware)
Lebende Wesen und deren Wahrnehmung als der lebendige Teil einer Umwelt, die auch Hardware und Software beinhaltet.

W

WFC
→ *siehe* Windows Foundation Classes.

whatis
Ein UNIX-Dienstprogramm, das eine Zusammenfassung der Dokumentation zu einem Schlüsselwort zurückgibt. → *siehe auch* Man Pages.
Außerdem ein Archiebefehl zum Auffinden von Programmen, deren Beschreibung gesuchte Begriffe enthält.

What-You-See-Before-You-Get-It- Adj. (What You See Before You Get It)
→ *siehe* WYSBYGI.

What-You-See-Is-What-You-Get Adj. (What You See Is What You Get)
→ *siehe* WYSIWYG.

Whetstone, der; *Subst.*
Ein Benchmarktest für die Ermittlung von Geschwindigkeit und Effizienz bei der Ausführung von Gleitkommaoperationen durch einen Computer. Das Ergebnis des Tests gibt man in *Whetstone* genannten Einheiten an. Die Whetstone-Benchmark ist nicht mehr besonders beliebt, da sie inkonsistente Ergebnisse im Vergleich zu anderen Benchmarks wie beispielsweise »Dhrystone« und »Sieb des Eratosthenes« liefert. → *siehe auch* Benchmark, Dhrystone, Sieb des Eratosthenes.

WHIRLWIND, der; *Subst.*
Ein aus Elektronenröhren konstruierter Computer, der am Massachusetts Institute of Technology (MIT) in den 40er Jahren entwickelt und während der 50er Jahre eingesetzt wurde. Die durch den WHIRLWIND eingeführten Neuerungen umfassten Bildschirme als Anzeigeelemente und Datenverarbeitung in Echtzeit. Unter den Projektmitarbeitern befand sich auch Kenneth H. Olsen, der 1957 die Firma Digital Equipment Corporation gründete. → *siehe auch* CRT, Echtzeit, Vakuumröhre. → *vgl.* ENIAC, UNIVAC I.

Whiteboard, das; *Subst.* (whiteboard)
Software, die mehreren über ein Netzwerk verbundenen Benutzern die gemeinsame Arbeit an einem Dokument ermöglicht. Das Dokument wird dabei auf den Bildschirmen aller Benutzer angezeigt, und Änderungen werden auf allen Bildschirmen gleichzeitig sichtbar, ganz so, als würden die Benutzer gemeinsam auf einer realen Schreibtafel zeichnen.

Whitebox-Test, der; *Subst.* (white box testing)
Eine Methode für das Testen von Software, bei der die beabsichtigte Funktion der Software vor dem Beginn des Tests bereits bekannt ist, im Unterschied zum so genannten Blackbox-Test. Das getestete Programm wird hier als »white box«, also als »weiße Schachtel« angesehen. Ein Whitebox-Test basiert auf detailliertem Vorwissen über die interne Struktur des Programms und soll Programmierfehler und/oder Fehler in Entwurf und Spezifikation aufdecken. → *siehe auch* testen. → *vgl.* Blackbox-Test.

White Hat, der; *Subst.*
Ein Hacker, der ohne böswillige Absicht vorgeht. Ein White Hat bricht nicht in ein System ein, um Schaden zuzufügen. White Hats werden beispielsweise von Unternehmen oder Behörden beauftragt, um einen Schutz vor anderen Hackern zu gewährleisten. → *siehe auch* Hacker. → *vgl.* Black Hat, Gray Hat.

White Pages, die; *Subst.* (white pages)
→ *siehe* DIB.

Whitepaper, das; *Subst.* (white paper)
Eine formlose Abhandlung meist technischer Art über Grundlagen oder Beschreibungen von Systementwürfen. → *siehe auch* Spezifikation.

whois
Ein Internetdienst, der von manchen Domänen zur Verfügung gestellt wird und E-Mail-Adressen sowie andere Informationen über Benutzer, die in einer Datenbank dieser Domäne eingetragen sind, zur Verfügung stellt.
Gleichzeitig ist »whois« ein UNIX-Befehl für den Zugriff auf den Whoisdienst.
In einem Novell-Netzwerk stellt »whois« einen Befehl dar, der eine Liste aller auf einem Netzwerk angemeldeten Benutzer ausgibt.

Whoisclient, der; *Subst.* (whois client)
Ein Programm (z.B. der UNIX-Befehl »whois«), über das ein Benutzer auf Datenbanken über Benutzernamen, E-Mail-Adressen und andere Informationen zugreifen kann. → *siehe auch* whois.

Whoisserver, der; *Subst.* (whois server)
Software, die den Benutzern von Whoisclients auf Anfrage Benutzernamen und E-Mail-Adressen aus einer Datenbank (z.B. über die Benutzer aus einer bestimmten Internetdomäne) bereitstellt. → *siehe auch* whois.

W

Whole Earth 'Lectronic Link, der; *Subst.*
→ *siehe* WELL.

Wichte, die; *Subst.* (stroke weight)
Die Breite oder Dicke der Linien (Striche), aus denen sich ein Zeichen zusammensetzt. → *siehe auch* Schrift.

WID *Subst.*
Abkürzung für »**W**ireless **I**nformation **D**evice«. Eine Bezeichnung für intelligente Telefone und andere drahtlose Handheld-Produkte, die mehrere Kommunikationsfunktionen unterstützen, z.B. E-Mail und Internetzugang.

Wide Area Information Server, der; *Subst.*
→ *siehe* WAIS.

Widerstand, der; *Subst.* (resistance, resistor)
Die Fähigkeit, den elektrischen Stromfluss zu verringern (ihm entgegenzuwirken). Abgesehen von supraleitfähigen Stoffen weisen alle Materialien einen mehr oder weniger großen Widerstand auf. Als *Leiter* bezeichnet man Stoffe mit sehr geringem Widerstand (z.B. Metalle), die Elektrizität gut leiten. Stoffe mit sehr hohem Widerstand (z.B. Glas und Gummi) leiten Elektrizität schlecht und werden *Nichtleiter* oder *Isolatoren* genannt.
Als »Widerstand« wird außerdem ein Bauelement bezeichnet, das dem elektrischen Strom einen definierten Widerstand entgegensetzt. (Abbildung W.1)

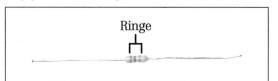

Ringe

Abbildung W.1: Widerstand: Die Ringe zeigen den Ohm'schen Widerstand sowie die Toleranzbreite des Widerstands an

Wide SCSI, die; *Subst.*
Eine verbesserte Form der SCSI-2-Schnittstelle, die Daten über einen 16-Bit-Bus mit bis zu 20 Megabyte pro Sekunde übertragen kann. Der Steckverbinder von Wide SCSI hat 68 Anschlüsse. → *siehe auch* SCSI, SCSI-2. → *vgl.* Fast SCSI, Fast/Wide SCSI.

wieder auf der Bildfläche erscheinen *Vb.* (return from the dead)
Wörtlich übersetzt »von den Toten zurückkehren«. Nach einer längeren Unterbrechung wieder über Zugang zum Internet verfügen.

wieder beschreibbare digitale Videodisc, die; *Subst.* (rewritable digital video disc)
Eine Technologie zum Aufzeichnen von Daten auf Datenträgern mit der Speicherkapazität einer Digitalen Video Disc (DVD), die aber, ähnlich einer wieder beschreibbaren CD (CD-RW), neu beschrieben werden können. → *siehe auch* digitale Videodisc, PD-CD-Laufwerk.

wiederbeschreiben *Vb.* (rewrite)
Einen Schreibvorgang wiederholen - insbesondere dann, wenn Informationen nicht permanent gespeichert werden, wie beispielsweise bei einem RAM-Speicher oder einer Bildschirmanzeige. → *siehe auch* dynamisches RAM. → *auch genannt* Refresh, regenerieren.

wiederherstellen *Vb.* (recover, restore, restore, undelete, unerase)
In einen stabilen Zustand zurückversetzen. Beispielsweise kann der Benutzer eines Computersystems versuchen, verloren gegangene oder beschädigte Daten wieder herzustellen, indem er mit Hilfe eines Dienstprogramms den Speicher nach verbleibenden Informationen durchsucht. Wenn es in einer Datenbank zu Integritätsproblemen gekommen ist, die ihre Ursache z.B. in einer abnormalen Beendigung des Datenbank-Managementprogramms hatten, kann man versuchen, sie durch eine Reorganisation des Datenbestandes wieder herzustellen.
In Verbindung mit der Datensicherung (Backup) bezeichnet »wiederherstellen« das Kopieren der Dateien von einer Sicherungskopie an ihren ursprünglichen Speicherort. Dieser Vorgang wird insbesondere durchgeführt, um unbeabsichtigterweise gelöschte oder verloren gegangene Dateien zu ersetzen.
Im Zusammenhang mit der Dateispeicherung charakterisiert »wiederherstellen« das Rekonstruieren der Speicherinformationen einer Datei, so dass auf die gelöschte Datei wieder zugegriffen werden kann. → *siehe auch* Dateiwiederherstellung.
In einem Clusternetzwerksystem (mit zwei oder mehr zusammengeschlossenen Servern) der Vorgang, bei dem Ressourcen und Dienste zum ursprünglichen Server zurückübertragen wurden, nachdem sie aufgrund eines Serverausfalls zwischenzeitlich auf ein Backupsystem ausgelagert wurden. In dieser Zeitspanne wurde der ursprüngliche Server instand gesetzt. → *siehe auch* Cluster, überbrücken.
→ *siehe auch* Sicherungskopie, Wiederherstellung.

Wiederherstellung, die; *Subst.* (recovery, undelete)
Bezeichnet das Zurückgewinnen gelöschter Informationen. Eine Wiederherstellung ist mit einem »Rückgängig«-Befehl

vergleichbar (und meist auch Bestandteil eines derartigen Befehls). Während allerdings *Rückgängig* eine beliebige, vorhergehende Aktion umkehrt, meint *wiederherstellen* im wörtlichen Sinne lediglich die Umkehr eines Löschvorgangs. *Wiederherstellen* bezieht sich im Allgemeinen nur auf ausgeschnittenen Text oder auf Dateien. → *siehe auch* rückgängig machen.

In Verbindung mit einem Systemausfall bedeutet »Wiederherstellung« das Wiedergewinnen verloren gegangener Daten oder das Löschen widersprüchlicher oder fehlerhafter Daten. Die Wiederherstellung wird meist mit Hilfe von Sicherungskopien und Systemprotokollen vorgenommen. → *siehe auch* Sicherungskopie.

Wiederherstellung nach Absturz, die; *Subst.*
(crash recovery)
Die Fähigkeit eines Computers, die Arbeit nach einem schwerwiegenden Fehler, z.B. dem Ausfall einer Festplatte, wiederaufzunehmen. Im Idealfall tritt dabei kein Datenverlust auf. In der Praxis geht aber in der Regel zumindest ein Teil der Daten verloren. → *siehe auch* crashen.

Wiederholautomatik *Adj.* (typematic)
Eine Tastaturfunktion zur automatischen Wiederholung eines Tastendrucks, die wirksam wird, wenn man eine Taste länger als üblich drückt. → *siehe auch* RepeatKeys, Wiederholtaste. → *auch genannt* automatische Wiederholung, Tastenwiederholfunktion.

Wiederholen, das; *Subst.* (Repeat)
Ein Befehl in gängigen Officeanwendungen, durch den die Eingaben aus dem vorangegangenen Dialogfeld oder aus der letzten, nicht unterbrochenen Bearbeitungsfolge wiederholt werden.

Wiederholtaste, die; *Subst.* (repeat key)
Auf einigen Tastaturen eine Taste, die gleichzeitig mit einer anderen Taste niederzuhalten ist, um den Tastencode der Zeichentaste wiederholt zu senden. Auf den meisten Computertastaturen ist allerdings keine Wiederholtaste erforderlich, da die Tastaturhardware automatisch das wiederholte Betätigen einer Taste nachbildet, wenn man eine Taste über eine programmierbare Verzögerungszeit hinaus gedrückt hält. → *vgl.* Wiederholautomatik.

Wiederholungsrate, vertikale, die; *Subst.* (vertical scan rate)
→ *siehe* vertikale Bandbreite.

wieder programmierbare Logik, die; *Subst.* (field-programmable logic array)
Ein integrierter Schaltkreis mit einer Array logischer Schaltkreise, in dem die Verbindungen zwischen den einzelnen Schaltkreisen – und damit die logischen Funktionen des Arrays – nach der Herstellung programmiert werden können. Dies erfolgt in der Regel zum Zeitpunkt der Installation. Die Programmierung kann lediglich einmal ausgeführt werden, in der Regel geschieht dies, indem ein stärkerer Strom durch Fusible Links auf dem Chip geleitet wird. → *auch genannt* PLA, programmierbares Logikarray.

Wiederverwendbarkeit, die; *Subst.* (reusability)
Die Eigenschaft eines Programms oder Entwurfs, in anderen Anwendungen oder Systemen erneut eingesetzt werden zu können.

Wi-Fi
Abkürzung für **Wi**reless **Fi**delity, ein von der Wi-Fi Alliance (http://www.wi-fi.org/) eingeführtes Gütesiegel, das allen Geräten verliehen wird, die den Standard IEEE 802.11 unterstützen. Dieses Gütesiegel besagt, dass die damit ausgezeichneten Geräte den IEEE 802.11-Spezifikationen entsprechen und somit volle Interoperabilität gewährleistet ist. → *siehe auch* drahtloses LAN, IEEE 802.11.

wilde Schwingung, die; *Subst.* (race condition)
Ein Zustand, bei dem eine Rückkopplungsschaltung mit internen Schaltungsabläufen derart in Wechselwirkung tritt, dass ein chaotisches Ausgangsverhalten entsteht.

WIMP
Abkürzung für **W**indows, **I**con, **M**ouse, **P**ointer (»Fenster, Symbol, Maus, Zeiger«), die allgemeine Bildschirm-Benutzeroberfläche, die von zahlreichen Computerprogrammen und Betriebssystemen verwendet wird, auch von Microsoft Windows und Apple Macintosh. Die WIMP-Oberfläche wurde am Xerox PARC in Palo Alto erfunden. Dort wurde sie mit allen wesentlichen Merkmalen bereits in den frühen 1970er Jahren zuerst bei dem Computersystem Alto eingesetzt. → *siehe auch* grafische Benutzeroberfläche, Xerox PARC.

Win32
Eine Schnittstelle zur Anwendungsprogrammierung (API) in Windows 9x und Windows NT sowie späteren Versionen von Windows, die Anwendungen ermöglicht, über die 32-Bit-Befehle des Prozessors 80386 und dessen Nachfolger zu ver-

W

W fügen. Obwohl Windows 9x und Windows NT die 16-Bit-Befehle des 80x86 unterstützen, bietet Win32 eine erheblich verbesserte Systemleistung. → *siehe auch* 16-Bit-Computer, 32-Bit-Computer, 80386DX, 80x86, Anwendungsprogrammierschnittstelle, Prozessor, Win32s.

Win32s

Eine Untermenge der Win32-Schnittstelle für Windows 3.*x*. Durch Einsatz der Win32s-Software konnten Anwendungen unter Windows 3.*x*. über die 32-Bit-Befehle des Prozessors 80386 und dessen Nachfolger verfügen und so eine höhere Verarbeitungsleistung erreichen. → *siehe auch* 32-Bit-Computer, 80386DX, Prozessor, Win32.

Winchester, die; *Subst.* (Winchester disk)

Eine frühere Bezeichnung von IBM-Festplatten. Der Begriff geht auf den intern von IBM verwendeten Codenamen für die erste Festplatte zurück, die 30 Megabyte speichern konnte und eine Zugriffszeit von 30 Millisekunden hatte. Diese Werte erinnerten die Entwickler an das als ».30-30.« bekannt gewordene Winchester-Gewehr Kaliber 30. → *siehe auch* Festplatte.

Windowing, das; *Subst.* (windowing)

Ein Ansatz zur Problembehandlung oder einfach der Gewährleistung der Benutzerfreundlichkeit, bei dem zweistellige Jahresangaben in Bezug auf ein Zeitfenster interpretiert werden. Logische Prozeduren auf der Grundlage von Windowing ermöglichen es somit, dass Software korrekte vierstellige Jahresangaben anzeigt. Beim Windowing wird das Jahrhundert bestimmt, indem davon ausgegangen wird, dass das Jahr in eine beliebige, gegebene Zeitspanne von 100 Jahren fällt. Wenn das Zeitfenster beispielsweise im Bereich von 1995 bis 2094 liegt, werden die Werte 95 bis 99 dem zwanzigsten Jahrhundert (19xx) zugeordnet. Analog hierzu werden die Werte 00 bis 94 dem einundzwanzigsten Jahrhundert (20xx) zugeordnet. Bei einem festgelegten Windowing wird davon ausgegangen, dass ein Zeitfenster immer am gleichen Datum (oder im gleichen Pivot-Jahr) beginnt. Bei einem flexiblen Windowing kann ein Benutzer oder System das jeweilige Pivot-Jahr angeben, wenn das Programm installiert oder gestartet wird. Ein Slider-Windowing wird immer zum Zeitpunkt der Ausführung eines Programms berechnet und kann auf einer festgelegten Zeitspanne, dem »Slider«, basieren. Der Slider kann dem aktuellen Datum hinzugefügt werden, um das Pivot-Jahr für das Zeitfenster zu berechnen. Potenzielle Unterscheidungsmerkmale bei Zeitfenstern benötigen immer eine Analyse, wenn Daten zwischen Systemen durch Import oder Export ausgetauscht werden. → *siehe auch* Pivot-Jahr.

Window Random Access Memory, das; *Subst.* (window random access memory)
→ *siehe* WRAM.

Windows

Ein 1983 von der Firma Microsoft eingeführtes Betriebssystem. Windows ist eine grafische Benutzeroberfläche mit Multitaskingeigenschaften, die sowohl auf MS-DOS-basierenden Computern läuft (Windows und Windows for Workgroups) als auch als eigenständiges Betriebssystem zur Verfügung steht (Windows 95, Windows 98, Windows Me, Windows NT, Windows 2000, Windows XP). Windows stellt eine standardisierte Schnittstelle auf der Basis von Dropdownmenüs und Bildschirmfenstern dar und erlaubt die Bedienung über ein Zeigegerät, beispielsweise eine Maus.

Windows 2000, das; *Subst.*

Ein Betriebssystem der Firma Microsoft, das eine verbesserte Version von Windows NT darstellte. Windows 2000 wurde eher für betriebliche als für private Anwendungen entwickelt. Wie das Vorgängersystem Windows NT handelte es sich bei Windows 2000 um ein 32-Bit-Multitasking-Betriebssystem, das Multithreading enthält. Das Betriebssystem wurde für Desktop- wie Notebook-Computer im kommerziellen Einsatz konzipiert und existiert auch in verschiedenen Server-Versionen (siehe Tabelle). Die Kombination von Windows 2000 Professional und der Windows 2000 Server-Familie bot eine komplette, konzeptionell durchgängige Ausstattung. → *siehe auch* Betriebssystem. → *vgl.* Windows, Windows 95, Windows 98, Windows for Workgroups, Windows NT. → *siehe* Tabelle rechts

Version	Entwickelt für	Eigenschaften
Windows 2000 Professional	Desktop- und Notebook-Computer im Unternehmen mit Blick auf Internet und mobile User	Einfache Handhabung; optimale Unterstützung für mobiles Arbeiten; große Zuverlässigkeit; erweiterte Sicherheit
Windows 2000 Server	Datei-, Druck-, Intranet- und Remote Access Server	multifunktionales Netzwerk-Betriebssystem: 2-faches SMP, Active Directory, Management Tools

Version	Entwickelt für	Eigenschaften
Windows 2000 Advanced Server	E-Commerce- und umfangreiche Branchenlösungen	alle Features von Windows 2000 Server; 4-faches SMP; erhöhte Verfügbarkeit und Skalierbarkeit, um ein stärkeres Benutzeraufkommen und komplexere Anwendungen zu unterstützen
Windows 2000 Datacenter Server	Bedürfnisse von Rechenzentren; intensive Online Transaktionsverarbeitung (OLTP); umfangreiches Datawarehousing	alle Features von Windows 2000 Advanced Server; 16-faches SMP

Windows 95

Betriebssystem mit einer grafischen Benutzeroberfläche für die Prozessoren 80386 und höher, das von der Firma Microsoft im August 1995 veröffentlicht wurde. Windows 95, das die Systeme Windows 3.11, Windows for Workgroups 3.11 und MS-DOS ersetzte, war ein komplettes Betriebssystem, und nicht nur eine auf MS-DOS basierende Shell (wie Windows 3.*x.*). Um die Abwärtskompatibilität sicherzustellen, konnte auf Windows 95 auch MS-DOS-Software ausgeführt werden. Windows 95 unterstützte die Plug & Play-Methode für das Installieren und Konfigurieren von Hardware und konnte auf Windows-Netzwerke, NetWare-Netzwerke und UNIX-Netzwerke zugreifen. → *siehe auch* NetWare, Plug and Play, Windows for Workgroups.

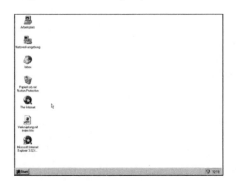

Abbildung W.2: Windows 95

Windows 98 *Subst.*

Nach wie vor sehr beliebtes Betriebssystem mit einer grafischen Benutzeroberfläche für i486-Prozessoren und höher, das von der Firma Microsoft 1998 veröffentlicht wurde. Windows 98, das Windows 95 ersetzte, verfügte über eine ver-

besserte Benutzeroberfläche und robustere Funktionalität. Mit Active Desktop integrierte Windows 98 Funktionen für den Internetzugriff, indem es Benutzern beispielsweise beim Zugriff auf Dateien auf der eigenen Festplatte auch Zugang zu Remotedateien bot. Die Hardwareunterstützung umfasste USB, IEEE 1394, AGP-Ports (beschleunigte Grafikschnittstellen), Fernsehkarten, DVD-Laufwerke, mehrere Modems und mehrere Bildschirme. Die Windows 98 Second Edition, die 1999 veröffentlicht wurde, baut auf den Merkmalen der Anfangsversion auf und bietet Netzwerkeinsatz für den Heimgebrauch sowie verbesserte Wartungsfunktionen. → *siehe auch* Windows, Windows 95.

Windows-Anwendung, die; *Subst.* (Windows application)
Ein Anwendungsprogramm, das für die Verwendung mit Microsoft Windows entwickelt wurde.

Windows-basierte Beschleunigerkarte, die; *Subst.* (Windows-based accelerator card)
→ *siehe* Windows-Beschleuniger.

Windows-Beschleuniger, der; *Subst.* (Windows-based accelerator)
Eine Super-VGA-Grafikkarte (SVGA), die speziell auf die schnelle Bildschirmdarstellung unter Windows und den darunter laufenden Anwendungen optimiert ist. Ein Windows-Beschleuniger erreicht Leistungsverbesserungen gegenüber einer Standard-SVGA-Grafikkarte durch den Einsatz spezieller Routinen, die in das ROM der Karte integriert sind. Diese Routinen entlasten das Windows-Betriebssystem von bestimmten Aufgaben, die sich auf die Bildschirmausgabe beziehen und auf nicht beschleunigten Systemen von Windows selbst auszuführen sind. → *siehe auch* SVGA. → *auch genannt* Windows-basierte Beschleunigerkarte.

Windows CE

Eine Anpassung des Betriebssystems Microsoft Windows für Handheld-PCs. Windows CE enthält auch entsprechend angepasste Versionen verschiedener Microsoft Anwendungsprogramme, z.B. Excel, Word, Internet Explorer und Schedule+ sowie einen E-Mail-Client. Weitere Informationen zu Windows CE sind auf der Website des Herstellers unter der Adresse http://www.microsoft.com/windowsce/default.asp abrufbar. → *siehe auch* Handheld-PC, Windows.

Windows Distributed interNetwork Architecture, die; *Subst.*
→ *siehe* DNA.

W

Windows DNA, die; *Subst.*
Kurzbezeichnung für Microsoft Windows **D**istributed Inter-**N**et **A**pplications Architecture, ein 1997 eingeführtes Anwendungsgerüst, das für die Integration von Client/Server- und Web-Technologien bei der Erstellung skalierbarer, mehrschichtiger und über ein Unternehmensnetzwerk bereitzustellender Anwendungen dient. Windows DNA baut auf einer Reihe anderer Technologien auf, darunter COM (Component Object Model), ActiveX und Dynamic HTML. Windows DNA ist in der späteren Microsoft.NET-Initiative aufgegangen. → *siehe auch* ActiveX, COM, DHTML, Microsoft.NET.

Windows Driver Library, die; *Subst.*
Eine Zusammenstellung von Hardwaregerätetreibern für das Betriebssystem Microsoft Windows, die im Windows-Originalpaket nicht enthalten sind. → *siehe auch* Treiber.

Windows Explorer, der; *Subst.*
Ein Dienstprogramm in Windows 9x und späteren Versionen von Windows, mit dem der Benutzer Dateien und Ordner suchen und öffnen kann. Der Windows-Explorer löste den Datei-Manager von Windows 3.1 ab. Der Benutzer kann auf der linken Seite des Fensters einen Ordner aus einer Liste auswählen und auf der rechten Seite auf die Dateien eines ausgewählten Ordners zugreifen. → *siehe auch* Windows 95.

Windows-Firewall, die; *Subst.* (Windows firewall)
Softwarebasierte Desktopfirewall, die zum Lieferumfang des Betriebssystems Microsoft Windows XP gehört. → *siehe auch* Firewall.

Windows for Workgroups
Eine 1992 veröffentlichte Windows-Version, die für den Betrieb in einem LAN (Local Area Network) auf Ethernet-Basis vorgesehen ist und ohne zusätzliche LAN-Software auskommt. → *siehe auch* LAN, Windows.

Windows Foundation Classes, die; *Subst.*
Eine Java-Klassenbibliothek zur Entwicklung von Java-Anwendungen für die Windows-Umgebung. Sie wurde von Microsoft entwickelt, um das Erstellen von Code für die Windows-Plattform in der leistungsstarken Programmiersprache Java zu erleichtern. Die Windows Foundation Classes stellen ein objektorientiertes Anwendungsgerüst dar, das die Programmiermodelle Microsoft Win32 API und Dynamic HTML umfasst und vereint. Mit Hilfe dieses Anwendungsgerüsts kann der Programmentwickler Java-Code direkt mit den Windows-APIs verknüpfen. → *siehe auch* Java, Java Foundation Classes.

Windows Me, das; *Subst.* (Windows Millenium Edition)
Windows Millennium Edition – kurz Windows Me – war der für den privaten Anwender entwickelte Nachfolger des Betriebssystems Windows 98 von Microsoft. Als leistungsstarke Plattform für Multimedia-Inhalte wie digitale Musik, Fotos und Videos verfügte Windows Me über eine optimale Unterstützung für Internetanwendungen und Spiele. Der Aufbau eines Heimnetzwerkes wurde vereinfacht; bei leichter Handhabung besaß Windows Me hohe Fehlertoleranz und Stabilität. Zahlreiche Assistenten und eine umfangreiche Onlinehilfe standen zur Verfügung. Weitere Informationen zu Windows Me können unter http://www.eu.microsoft.com/germany/ms/windowsme/ abgerufen werden. → *siehe auch* Windows 98.

Windows-Metadateiformat, das; *Subst.* (Windows Metafile Format)
Ein Windows-Dateiformat für Vektorgrafiken zum Austausch zwischen Anwendungsprogrammen und zum Speichern zwischen einzelnen Sitzungen. → *siehe auch* Vektorgrafik, Windows.

Windows .NET Server
Die Windows .NET Server-Familie basiert auf Windows 2000 und enthält die Funktionalität, Abhängigkeit, Skalierbarkeit und Sicherheitsoptionen als Systemgrundlage für Unternehmen jeglicher Größenordnung. Dank der auf Industriestandards basierenden flexiblen Architektur können Unternehmen stabile und innovative Anwendungen erstellen, die Kommunikation innerhalb der Organisation verbessern und sichere Verbindungen zu ihren Kunden herstellen. → *vgl.* Microsoft.NET, Windows 2000, Windows NT, Windows NT Advanced Server.

Windows NT
Ein 1993 von der Firma Microsoft veröffentlichtes Betriebssystem. Windows NT (manchmal auch kurz »NT« genannt) liegt als Mitglied der Betriebssystemfamilie von Microsoft im oberen Leistungsbereich. Es stellt ein eigenständiges Betriebssystem mit einer integrierten grafischen Benutzeroberfläche dar. Windows NT ist ein präemptives 32-Bit-Multitaskingbetriebssystem, das symmetrisches Multiprocessing, Multithreading und Netzwerk- und Sicherheitsfunktionen enthält. Es ist portierbar und läuft auf einer Vielfalt von Hardwareplattformen, einschließlich der Intel-Mikroprozes-

soren 80386, i486 und Pentium sowie den MIPS-Prozessoren. Auch der Einsatz auf Multiprozessorcomputern ist möglich. Windows NT unterstützt bis zu 4 Gigabyte virtuellen Speicher und kann Anwendungen für MS-DOS, POSIX und OS/2 (Zeichenmodus) ausführen. Weiterführende Informationen zu Windows NT sind auf der Website des Herstellers unter http://www.microsoft.com abrufbar. Der Verkauf von Windows NT Server 4.0 wurde im Oktober 2001 eingestellt. → *siehe auch* Betriebssystem, MS-DOS, OS/2, POSIX, präemptives Multitasking, Windows.

Windows NT Advanced Server, der; *Subst.*
Eine Erweiterung von Windows NT mit zentralisierter, auf Domänen basierter Netzwerkverwaltung und Sicherheitseinrichtungen. Windows NT Advanced Server bietet auch weiterentwickelte fehlertolerante Funktionen für Festplatten, wie beispielsweise das Spiegeln der Inhalte, und zusätzliche Vernetzungsmöglichkeiten. → *siehe auch* Windows NT.

Windows NT Embedded *Subst.*
Eine Version des Microsoft Windows NT-Betriebssystems, die für Geräte und andere Produkte mit eingebetteten Systemen entwickelt wurde. Windows NT Embedded, das 1999 veröffentlicht wurde, konzentriert sich auf Mid- und High-End-Geräte. Diese umfassen schnelle Kopierer, Patientenmonitore, Telefon-Nebenstellenanlagen und Verkaufsterminals (POS-Terminals). Die Features von Windows NT Embedded umfassen Geräte, die ohne Tastatur, Maus oder Bildschirm verwendet werden können, den Betrieb ohne Datenträger und Remoteverwaltungsinfrastruktur. → *siehe auch* eingebettetes System, Windows NT.

Windows Open System Architecture, die; *Subst.*
→ *siehe* WOSA.

Windows Script Host *Subst.*
Der sprachunabhängige Scripting-Host für Microsoft Windows-Plattformen. Windows Script Host ist ein Tool, mithilfe dessen Benutzern VBScript, JScript oder eine andere Skriptsprache auszuführen können, um allgemeine Aufgaben zu automatisieren und Makros und Anmeldeskripts herzustellen. → *siehe auch* Skriptsprache, Visual Basic Scripting Edition.

Windows-Sicherheitscenter, das; *Subst.* (Windows security center)
Nach dem Einspielen des Service Pack 2 fest im Betriebssystem Microsoft Windows XP integrierte Funktion, die für alle Sicherheitsaspekte zuständig ist. Hauptbestandteile sind die Windows-Firewall, automatische Updates und Virenschutz. Im Sicherheitscenter lassen sich Sicherheitseinstellungen verändern, Informationen rund um das Thema Sicherheit nachlesen und das Sicherheitsniveau des Computers mit den von Microsoft empfohlenen Einstellungen vergleichen. → *siehe auch* Antivirusprogramm, automatische Updates, Windows-Firewall.

Windows Sockets, der; *Subst.* (Windows sockets)
→ *siehe* Winsock.

Windows XP *Subst.*
Ein Betriebssystem mit grafischer Benutzeroberfläche für Pentium-Prozessoren und höher, das von der Firma Microsoft im Jahre 2001 veröffentlicht wurde. Windows XP, das sowohl Windows NT als auch Windows 2000 ersetzen soll, verfügt über eine komplett überarbeitete Benutzeroberfläche und verbesserte Funktionen wie Systemwiederherstellung, Online Conferencing, Gerätetreiberzurücksetzung, Remoteunterstützung, kontextsensitive Aufgabenmenüs, Wireless Networking und die Unterstützung neuer Hardwarestandards. Windows XP wird als Home und als Professional Edition angeboten. Weitere Informationen zu Windows XP können unter http://www.eu.microsoft.com/germany/ms/windowsxp/ abgerufen werden. → *siehe auch* Windows 2000, Windows 95, Windows 98, Windows Me, Windows NT.

WinG
Kurzform für **Win**dows **G**ames (Windows Spiele). Eine Schnittstelle zur Anwendungsprogrammierung (API) für Spiele unter Windows 9x, die durch direkten Zugriff auf den Bildschirmspeicher eine schnellere Bildfolge ermöglicht. → *siehe auch* Anwendungsprogrammierschnittstelle, Einzelbildpuffer, puffern.

win.ini, die; *Subst.*
In Windows 3.x die Initialisierungsdatei, in der anwenderspezifische Einstellungen gespeichert sind, die das Windows-System und die darunter laufenden Programme betreffen. Die in dieser Datei enthaltenen Informationen sind zum Betrieb von Windows erforderlich. In Windows 9x und späteren Versionen von Windows wurde die Datei **win.ini** durch die Registrierung ersetzt. → *siehe auch* Ini-Datei, Konfigurationsdatei, Registrierung.

Winipcfg
Abkürzung für »**Win**dows **IP** **C**onfiguration«, zu Deutsch »Windows-IP-Konfiguration«. Ein Hilfsprogramm aus dem

W Lieferumfang von Microsoft Windows 9x und Windows NT/ 2000, das es den Benutzern ermöglicht, die Einstellungen hinsichtlich des Protokolls TCP/IP (Transmission Control Protocol/Internet Protocol) und der Netzwerkkarte einzusehen. Nach dem Aufruf des Programms (winipcfg.exe) wird das Fenster »IP-Konfiguration« angezeigt, aus dem die physikalische Adresse, die IP-Adresse, die Subnet Mask und das standardmäßige Gateway der TCP/IP-Karte hervorgeht. Die Informationen sind auch bei der Fehlersuche und -beseitigung hilfreich. → *siehe auch* TCP/IP, Windows 2000, Windows 95, Windows 98, Windows NT.

WINS
Abkürzung für **W**indows **I**nternet **N**aming **S**ervice. Ein Verfahren von Windows NT Server für die Zuordnung des Hostnamens eines Computers zu seiner Adresse. → *siehe auch* Windows NT. → *auch genannt* INS, Internet Naming Service. → *vgl.* DNS.

Winsock, der; *Subst.*
Kurzform für **Win**dows **Sock**ets. Eine Standardschnittstelle zur Anwendungsprogrammierung (API) für Programme, die eine TCP/IP-Schnittstelle unter Windows einrichten. Der Winsock-Standard entwickelte sich aus einer 1991 unter Softwareherstellern auf einer UNIX-Konferenz eröffneten Diskussion. Er wird inzwischen von vielen Softwareentwicklern unterstützt, darunter auch von Microsoft. → *siehe auch* Anwendungsprogrammierschnittstelle, BOF, Sockel, TCP/IP.

Wintel *Adj.*
Bezeichnet ein Computersystem, das mit dem Betriebssystem Microsoft Windows und einem Prozessor (CPU) der Firma Intel ausgestattet ist. → *siehe auch* 80x86, PC-kompatibel, Windows.

wired *Adj.*
Sich gut auskennen mit den Ressourcen, den Systemen und der Kultur des Internets.

Wired Equivalent Privacy
→ *siehe* WEP.

Wireless Application Protocol, das; *Subst.*
Abkürzung: WAP. Ein XML-basierter Standard für die Bereitstellung von Webinhalten und anderen datenorientierten Diensten (z.B. E-Mail, elektronische Transaktionen, Nachrichten und Wetterberichte) über drahtlose Netzwerke. Das Wireless Application Protocol (WAP) soll solche Dienste für digitale Mobiltelefone und andere drahtlose Endgeräte bereitstellen. Ebenso wie die TCP/IP-Standards eine Kommunikation von sehr unterschiedlichen Computersystemen über das Internet ermöglichen, soll die WAP-Spezifikation für die Kommunikation verschiedener Typen drahtloser Netzwerke eingesetzt werden können. Dazu gehören u.A. Handheldcomputer, PDAs und Mobiltelefone. Die Gründungsmitglieder des WAP-Forums, das diese Spezifikation 1998 vorgestellt hat, sind L.M. Ericsson, Motorola, Nokia und Unwired Planet. Weitere Informationen sind u.A. unter der Adresse http://www.wapforum.org erhältlich. → *siehe auch* TCP/IP, XML.

Wireless BitMap
Ein Grafikformat, das für mobile Computergeräte geschaffen wurde. → *siehe auch* WAP.

Wireless Information Device, das; *Subst.*
→ *siehe* WID.

Wirewrap-Technik, die; *Subst.* (wire-wrapped circuits)
Eine Technik zum Schaltungsaufbau auf Lochrasterplatten, bei der die Verbindungen der Bauelemente durch Einzeldrähte hergestellt werden, analog zu den Leiterbahnen einer gedruckten Schaltung. Die abisolierten Drahtenden wickelt man dabei um die Stifte spezieller Wirewrapsockel für integrierte Schaltkreise. Mittels Wirewraptechnik hergestellte Schaltungen sind in der Regel handgefertigte Einzelstücke, die in der Elektrotechnik für Prototypen und Entwicklungen verwendet werden. → *vgl.* gedruckte Leiterplatte.

wirklicher Speicher, der; *Subst.* (real storage)
Die Größe des RAM-Speichers in einem Computersystem (im Gegensatz zum virtuellem Speicher). → *siehe* auch virtueller Speicher. → *auch genannt* physikalischer Speicher.

wisiwig (wizzywig)
→ *siehe* WYSIWYG.

Wissensarbeiter, der; *Subst.* (knowledge worker)
Ein von dem Managementberater Peter Drucker in den 1950er Jahren begründeter Begriff für eine Person, deren Tätigkeit sich auf das Zusammenstellen, Verarbeiten und Anwenden von Informationen konzentriert, insbesondere wenn dabei rein faktische Informationen durch Strukturierungen o.Ä. aufgewertet werden. Ein Wissensarbeiter ist eine Person, die sowohl eine formale Ausbildung besitzt als auch über die Fähigkeit verfügt, dieses erlernte Wissen in einer Arbeitssituation anzuwenden.

W

wissenschaftliche Notation, die; *Subst.* (scientific notation)
Eine Zahlendarstellung im Gleitkommaformat, die sich insbesondere für sehr große oder sehr kleine Zahlen eignet. Eine Zahl wird dabei als Produkt aus einer Zahl zwischen 1 und 10 und einer Zehnerpotenz dargestellt. → *siehe auch* Gleitkommanotation.

Wissensdarstellung, die; *Subst.* (knowledge representation)
Die Methodik, die die Basis für die Entscheidungsstruktur eines Expertensystems bildet. Bei dieser Basis handelt es sich meistens um Wenn-Dann-Regeln. → *siehe auch* Expertensystem.

Wissensdatenbank, die; *Subst.* (knowledge base)
In Expertensystemen verwendete Form einer Datenbank, die das angehäufte Wissen menschlicher Spezialisten eines bestimmten Fachgebiets enthält. Das Ziehen von Schlüssen oder die Anwendung von Problemlösungsmethoden (vergleichbar mit der Vorgehensweise der Spezialisten) sind Gegenstand des Inferenzsystems, das einen weiteren entscheidenden Bestandteil eines Expertensystems bildet. → *siehe auch* Expertensystem, Inferenzsystem.

Wissensdomäne, die; *Subst.* (knowledge domain)
Der bestimmte Bereich der Expertise, auf dem ein Expertensystem aufgebaut ist. → *siehe auch* Expertensystem.

Wissenserwerb, der; *Subst.* (knowledge acquisition)
Das Umwandeln von menschlicher Expertise in ein Computerformat, um ein Expertensystem aufzubauen. → *siehe auch* Expertensystem.

Wissensexplosion, die; *Subst.* (information explosion)
Der Begriff Wissensexplosion wird außerdem in Bezug auf das schnelle Wachstum der heutzutage verfügbaren Informationsmenge verwendet. → *auch genannt* Informationsrevolution.

Wissensingenieur, der; *Subst.* (knowledge engineer)
Ein Computerwissenschaftler, der ein Expertensystem aufbaut, in dem das erforderliche Wissen erworben und für das Programm konvertiert wird. → *siehe auch* Expertensystem.

wissensorientiertes System, das; *Subst.* (knowledge-based system)
→ *siehe* Expertensystem.

WLAN
Abkürzung für »**W**ireless **LAN**«, zu Deutsch »drahtloses LAN«. → *siehe* drahtloses LAN.

.wmf
Eine Dateinamenerweiterung, die eine als »Microsoft Windows Metafile« codierte Vektorgrafik kennzeichnet.

WMF
→ *siehe* Windows-Metadateiformat.

WML
Abkürzung für »**W**ireless **M**arkup **L**anguage« (Drahtlose Auszeichnungssprache). Eine Auszeichnungssprache entwickelt für Webseiten, auf die von Microbrowsern, die auf WAP-Geräten laufen, zugegriffen wird. Eine Webseite, die mit WML geschrieben wurde, kann auf Handheldcomputern mit kleinen Anzeigen, wie etwa Handys, angezeigt werden. Weitere Informationen zum Thema finden Sie z.B. unter http://www.oasis-open.org/cover/wap-wml.html. → *siehe* Auszeichnungssprache, Wireless Application Protocol. → *siehe auch* Wireless Application Protocol. → *vgl.* HTML, XHTML, XML.

WordPerfect Office
Eine Gruppe von Softwareprogrammen für den Einsatz in Büros, die von der Firma Corel hergestellt wird. Die Standard Edition von WordPerfect Office 2000 enthält das Textverarbeitungsprogramm WordPerfect, das Tabellenkalkulationsprogramm Quattro Pro, die Präsentationssoftware Corel Presentations, das Verwaltungsprogramm CorelCENTRAL, die Skriptverwaltung Visual Basic für Applikationen und das Webprogramm Trellix. Die Voice-Powered Edition enthält außerdem die Spracherkennungssoftware Dragon NaturallySpeaking und die Publikationssoftware Corel Print Office. Die Professional Edition von WordPerfect Office 2000 enthält zusätzlich die relationale Datenbank Paradox sowie die Serversoftware NetPerfect. WordPerfect Office befindet sich im Wettbewerb mit Microsoft Office, Lotus SmartSuite und ClarisWorks.

Workaround, der; *Subst.* (workaround)
Ein Lösungsweg zur Durchführung einer Aufgabe trotz eines Fehlers oder eines anderen Mangels von Software oder Hardware, bei dem das zugrundeliegende Problem jedoch nicht beseitigt wird. → *siehe auch* Notkonstruktion.

W

Workgroup Computing, das; *Subst.* (workgroup computing)

Ein Konzept der elektronischen Zusammenarbeit einzelner Individuen, die dabei über eine Netzwerkstruktur (z.B. ein lokales Netzwerk) auf die gleichen Ressourcen und Dateien zugreifen und ihre getrennten Aufgaben koordinieren können. Ermöglicht wird dies durch speziell für Workgroup Computing entwickelte Programme. → *siehe auch* Groupware.

Workplace Shell, die; *Subst.*

Die grafische Benutzeroberfläche von OS/2. Wie bei Mac OS und Windows 9x und später, ist die Workplace Shell dokumentorientiert. Die Dokumentdateien werden als Symbole dargestellt, Klicken auf ein Symbol startet die zugehörige Anwendung, und das Drucken geschieht durch Ziehen der Dokumentsymbole auf ein Druckersymbol. Die Workplace Shell verwendet die grafischen Funktionen des Presentation Manager. → *siehe auch* Presentation Manager.

Workstation, die; *Subst.* (workstation)

Ein leistungsstarker, eigenständiger Computer für den Einsatz in CAD-Anwendungen und anderen Bereichen, in denen in der Regel teurere Maschinen der oberen Leistungsklasse mit beträchtlicher Rechenleistung oder grafischen Fähigkeiten benötigt werden.

World Wide Web, das; *Subst.*

Überbegriff für die Sammlung von Hypertextdokumenten, die auf HTTP-Servern in der ganzen Welt abgelegt sind. Dokumente im World Wide Web, die sog. Seiten oder Webseiten, sind in HTML (**H**yper**T**ext **M**arkup **L**anguage) geschrieben. Sie werden durch URL-Adressen (**U**niform **R**esource **L**ocator) identifiziert, die einen bestimmten Server angeben, sowie den Pfadnamen, unter dem auf eine Datei dort zugegriffen werden kann. Die Dateien werden mittels des Protokolls HTTP (**H**yper**T**ext **T**ransfer **P**rotocol) von Knoten zu Knoten bis zum Benutzer übertragen. Spezielle Tags, die in ein HTML-Dokument eingebunden sind, verknüpfen bestimmte Wörter und Bilder in einem Dokument mit URL-Adressen. Über diese Adressen können Benutzer mittels Tastenbedienung oder Mausklick wiederum auf weitere Dateien zugreifen, die sich auf einem anderen Server befinden. HTML-Dokumente können Text in einer Vielfalt von Schriften und Schriftarten enthalten, daneben Grafiken, Videodateien und Klänge. Dies gilt außerdem für Java Applets, ActiveX-Steuerelemente oder andere kleine eingebundene Programme, die ausgeführt werden, wenn Benutzer sie durch Anklicken eines Links aktivieren. Darüber hinaus ermöglicht die Nutzung von Verknüpfungen auf einer Webseite es den Besuchern dieser Webseite, Dateien von einer FTP-Site zu kopieren oder über E-Mail-Nachrichten an andere Benutzer zu senden. Das World Wide Web wurde seit 1989 von Timothy Berners-Lee und Robert Cailliau am Europäischen Zentrum für Nuklearforschung (CERN, http://www.cern.ch) in Genf entwickelt. → *siehe auch* ActiveX-Steuerelement, HTML, HTTP, HTTP-Server, Java-Applet, URL, World Wide Web Consortium. → *auch genannt* W3, Web. → *vgl.* HYTELNET.

World Wide Web Consortium, das; *Subst.*

Ein Konsortium aus kommerziellen Organisationen und Bildungsinstitutionen, das die Entwicklungen des World Wide Webs beaufsichtigt und Standards für alle damit zusammenhängenden Bereiche unterstützt. Die Website des World Wide Web Consortium ist unter der Adresse http://www.w3.org/ erreichbar. → *siehe auch* HTML, HTTP, World Wide Web.

WORM

Abkürzung für **W**rite **O**nce, **R**ead **M**any (»Einmal schreiben, oft lesen«). Eine Bauart eines optischen Datenträgers, bei der nach einmaliger Aufzeichnung keine Änderung der Daten möglich ist, Lesezugriffe jedoch unbegrenzt erfolgen können. WORMs sind Speichermedien mit hoher Kapazität. Da sie weder löschbar noch erneut beschreibbar sind, eignen sie sich für die Speicherung von Archiven und anderer großer Mengen unveränderlicher Informationen. → *siehe auch* Compact-Disc.

Wort, das; *Subst.* (word)

Die systembedingte Speichereinheit einer bestimmten Maschine. Ein Wort ist die größte Datenmenge, die von einem Prozessor in einem Verarbeitungsschritt ausgeführt werden kann, und entspricht meist der Breite des Hauptdatenbusses. Die häufigsten Wortbreiten sind 16 und 32 Bit. → *vgl.* Byte, Octet.

wortadressierbarer Prozessor, der; *Subst.* (word-addressable processor)

Ein Prozessor, der nicht auf einzelne Speicherbytes, sondern nur auf größere Einheiten (Worte) zugreifen kann. Zur Ausführung von Operationen auf ein einzelnes Byte muss der Prozessor den Speicher in der größeren Einheit lesen und beschreiben. → *siehe auch* Prozessor.

Wortlänge, feste, die; *Subst.* (fixed-word-length computer)

→ *siehe* feste Wortlänge.

Wort, reserviertes, das; *Subst.* (reserved word)
→ *siehe* reserviertes Wort.

WOSA

Abkürzung für **W**indows **O**pen **S**ystem **A**rchitecture (offengelegte Systemarchitektur für Windows). Eine Zusammenstellung von Schnittstellen zur Anwendungsprogrammierung (API) von Microsoft, über die Windows-Anwendungen verschiedener Hersteller miteinander kommunizieren können (z.B. über ein Netzwerk). Die Schnittstellen des WOSA-Standards verfügen über ODBC-, MAPI-, TAPI- und RPC-Funktionalität sowie Windows-Sockets (Winsock). → *siehe auch* MAPI, ODBC, Remoteprozeduraufruf, TAPI, Winsock.

.wp

Eine Dateinamenerweiterung zur Kennzeichnung von Dateien im Format des Textverarbeitungsprogramms WordPerfect. → *siehe auch* WordPerfect Office.

WP

→ *siehe* Textverarbeitung.

WPS

→ *siehe* Workplace Shell.

WRAM

Abkürzung für **W**indow **R**andom **A**ccess **M**emory (»Fenster-RAM«). Ein spezieller Typ von RAM-Speicherbauelementen, der bei Grafikkarten eingesetzt wird. Ähnlich wie Video-RAM (VRAM), kann auch durch WRAM gleichzeitig ein Bildaufbau und ein Schreibvorgang stattfinden. WRAM ist jedoch noch schneller. → *vgl.* Video-RAM.

Wraparound *Vb.* (wrap around)

Eine Bewegung am Anfang oder an einem neuen Startpunkt fortsetzen und nicht anhalten, wenn das Ende einer Folge erreicht ist – z.B. bei einer Cursorbewegung oder einer Suchoperation. Der Bildschirmcursor beispielsweise springt in der Regel auf die erste Spalte der nächsten Zeile, wenn der rechte Rand der Zeile erreicht ist, und bleibt nicht am Ende der aktuellen Zeile stehen. Ebenfalls kann man ein Programm anweisen, mit dem Suchen oder Ersetzen vom Anfang des Dokuments an fortzufahren, wenn man mit diesen Operationen in der Mitte begonnen hat und das Ende des Dokuments erreicht ist.

.wri

Die Dateinamenerweiterung von Dokumenten im Format von Microsoft Write.

Writebackcache, der; *Subst.* (write-back cache)
Eine Form der temporären Speicherung in einem Cachespeicher. Finden Änderungen der temporären Daten statt, werden sie beim Writebackcache nicht sofort auf die Ursprungsdaten übertragen. Statt dessen werden sie markiert und erst beim Leeren des Caches zur Aktualisierung der Ursprungsdaten verwendet. Im Gegensatz dazu werden bei einem Writethroughcache Änderungen der temporären Daten sofort auf die Ursprungsdaten übertragen. Im Vergleich beider Verfahren erzielt der Writebackcache eine höhere Systemleistung. Allerdings können unter bestimmten Umständen die Unterschiede der temporären und ursprünglichen Daten zu Problemen führen, es müssen dann Writethroughverfahren eingesetzt werden. → *siehe auch* Cache. → *auch genannt* Schreibcache, Writebehindcache.

Writebehindcache, der; *Subst.* (write-behind cache)
Eine Form der temporären Speicherung, bei der die Daten vorübergehend im Speicher verbleiben (Caching), bevor sie zur permanenten Speicherung auf den Datenträger geschrieben werden. Caching verbessert die allgemeine Systemleistung, da die durchschnittliche Anzahl der relativ langsamen Schreib- und Lesezugriffe auf den Datenträger reduziert wird. → *siehe auch* CCITT, CPU-Cache.

.wrl

Dateierweiterung, unter der VRML-Dateien (Virtual Reality Modeling Language) gespeichert werden. Beispiel: cube.wrl. → *siehe auch* VRML.

w³

→ *siehe* World Wide Web.

Wurm, der; *Subst.* (worm)
Ein Programm, das sich in Computersystemen fortpflanzen kann, indem es unbemerkt in ein Hostsystem eingeschleust wird und in den Arbeitsspeichern der betroffenen Systeme Kopien von sich erstellt, um dann so gezielt Informationen zu zerstören. Ein Wurm kann auch aus einzelnen, separat programmierten Segmenten bestehen. Häufig sind so genannte »Hintertüren« ein Grund für die rasche Weiterverbreitung von Würmern. → *siehe auch* Bakterie, Code Red-Wurm, Hintertür, Hybris-Wurm, Internetwurm, Nimda-Wurm, SirCam-Wurm, Trojanisches Pferd, Virus.

Wurzel, die; *Subst.* (root)
Die Hauptebene oder oberste Ebene in einer hierarchisch organisierten Informationsmenge. Die Wurzel ist der Punkt,

W von dem Untermengen in logischer Folge verzweigen, wobei sich die Darstellung vom Allgemeinen zum Speziellen bewegt. → *siehe auch* Baum, Blatt (eines Logikbaums).

WWW

→ *siehe* World Wide Web.

WYSBYGI

Abkürzung für **W**hat **Y**ou **S**ee **B**efore **Y**ou **G**et **I**t (»Was Sie sehen, bevor Sie es erhalten«). Ein Konzept in Anwendungen, bei dem vor endgültiger Übernahme der vom Benutzer durchgeführten Änderungen eine entsprechende Vorschau angezeigt wird. Beispielsweise kann ein Dialogfeld eines Textverarbeitungsprogramms eine Vorschau einer ausgewählten, neuen Schrift anzeigen, bevor die Schrift im Dokument tatsächlich geändert wird. Der Benutzer hat auf diese Weise die Möglichkeit, die Änderungen bei Nichtgefallen aufzuheben und das Dokument unverändert zu lassen. → *siehe auch* What-You-See-Before-You-Get-It-, WYSI-WYG.

WYSIWYG

Abkürzung für **W**hat **Y**ou **S**ee **I**s **W**hat **Y**ou **G**et (»Was Du siehst, bekommst Du auch«). Ein Darstellungsverfahren, durch das der Benutzer ein Dokument auf dem Bildschirm genauso angezeigt erhält, wie es im Druck erscheint. Dabei können Texte, Grafiken oder andere Elemente in der Ansicht direkt bearbeitet werden. Eine WYSIWYG-Sprache ist meist einfacher zu verwenden als eine Auszeichnungssprache, die keine direkte visuelle Rückmeldung der durchgeführten Änderungen vorsieht. → *siehe auch* What-You-See-Is-What-You-Get. → *vgl.* Auszeichnungssprache.

X

x2

Eine von 3Com Corporation und U.S. Robotics entwickelte Technologie, mit deren Hilfe Modems Informationen über analoge Telefonverbindungen mit einer Geschwindigkeit von bis zu 56 kbps herunterladen und mit bis zu 33,6 kbps hochladen können. Vor der Einführung eines anerkannten Standards war der Modemmarkt zwischen x2 und der Konkurrenztechnologie k56flex aufgeteilt; letztere wurde von der Rockwell Semiconductor Systems (jetzt Conexant Systems, Inc.) und Lucent Technologies entwickelt. Die beiden Standards waren nicht kompatibel, so dass Benutzern, die mit der Konkurrenztechnologie auf einen ISP zugriffen, eine langsamere Kommunikationsgeschwindigkeit hatten. Im September 1998 wurde ein 56-Kbps-Standard mit der Bezeichnung V.90 von der ITU-T (dem International **T**elecommunication **U**nion-**T**elecommunication Standardization Sector) ratifiziert. x2- und K56flex-Modems können über einen Softwareupgrade den Standard V.90 unterstützen. → *siehe auch* k56flex, V.90.

X.21

→ *siehe* CCITT X-Serien

X.25

Eine von ITU-T (ehemals CCITT) veröffentlichte Empfehlung, die die Verbindung zwischen einem Terminal und einer Paketnetzvermittlung (Packetswitching Network) definiert. X.25 umfasst drei Definitionen: die elektrischen Verbindungen zwischen dem Terminal und dem Netzwerk, das Übertragungssicherungs- oder Datenverbindungsprotokoll und die Implementation virtueller Verbindungen zwischen den Netzwerkteilnehmern. Zusammengenommen spezifizieren diese Definitionen eine synchrone Vollduplexverbindung zwischen Terminal und Netzwerk. Paketformat, Fehlerkontrolle und andere Merkmale entsprechen dem von der ISO festgelegten HDLC-Protokoll (Highlevel Data Link Control). → *siehe auch* CCITT X-Serien, HDLC, Paketvermittlung, virtuelle Verbindung.

X.32

→ *siehe* CCITT X-Serien.

X.400

→ *siehe* CCITT X-Serien.

X.445

→ *siehe* CCITT X-Serien.

X.500

→ *siehe* CCITT X-Serien.

X.509

Eine von der ITU-T veröffentlichte Empfehlung für die Authentifizierung von öffentlichen Schlüsseln über digitale Signaturen. Zertifizierungsstellen können diese Empfehlung zum Ausstellen von Zertifikaten verwenden. → *siehe auch* ITU-T, öffentlicher Schlüssel, Zertifikat, Zertifizierungsstelle.

X.75

→ *siehe* CCITT X-Serien.

x86

Jeder Computer, der auf einem der folgenden Mikroprozessoren basiert: 8086, 80286, 80386, 80486 oder Pentium.

x-Achse, die; *Subst.* (*x*-axis)

Die horizontale Bezugslinie von Rastern oder Diagrammen, die über horizontale und vertikale Dimensionen verfügen. → *siehe auch* kartesische Koordinaten.

Xalan

Der XSL-Stylesheet-Generator (Java und C++) ist ein Teilbereich des siebenteiligen nichtkommerziellen Apache XML-Projekts. → *siehe auch* Apache XML Projekt.

Xang

Auf JavaScript aufbauendes Hilfsmittel zur Erzeugung dynamischer Webseiten, das ein Teilbereich des siebenteiligen nichtkommerziellen Apache XML-Projekts ist. → *siehe auch* Apache XML Projekt.

X

Xbase

Eine allgemeine Bezeichnung für Datenbanksprachen, die auf der Grundlage von dBASE fungieren, einem urheberrechtlich geschützten Produkt der Ashton-Tate Corporation. Der Begriff wurde ursprünglich geprägt, um einen Rechtsstreit mit Ashton-Tate zu vermeiden. Xbase-Sprachen haben mittlerweile eigene Merkmale und sind nur noch teilweise mit der dBASE-Sprachfamilie kompatibel.

Xbox

Von Microsoft am 14. März 2002 in Europa auf den Markt gebrachtes Videospielsystem. Im Gegensatz zu anderen Videospielsystemen orientiert sich die interne Systemarchitektur von Xbox am Computer. So ist die Videospielkonsole unter anderem mit Festplatte, DVD-ROM-Laufwerk und Netzwerkadapter ausgestattet. Letztere Komponente stellt die Onlinekonnektivität des Videospielsystems sicher. Onlinespiele lassen sich nur auf der Onlinegamingplattform Xbox Live durchführen. Weitere Informationen zum Videospielsystem Xbox finden sich auf der Xbox-Homepage (http://www.xbox.de). → siehe auch Onlinegaming.

Xbox Live

Von Microsoft am 14. März 2003 in acht europäischen Ländern gestartete Onlinegamingplattform, die ausschließlich Besitzern eines Xbox- Videospielsystems offen steht. → siehe auch Onlinegaming, Xbox.

XCMD

Abkürzung für EXternal CoMmanD. Es handelt sich um eine externe Coderessource, die in HyperCard (einem für den Macintosh entwickelten Hypermediaprogramm) verwendet wird. → siehe auch HyperCard, XFCN.

X Consortium, das; Subst.

Ein Gremium, das aus verschiedenen Hardwarefirmen zusammengesetzt wird, die die Standards für das X Window System festlegen. Das X Project Team der Open Group ist derzeit für das X Window System verantwortlich. Die Website des X Consortium ist unter der Adresse http://www.opengroup.org/x erreichbar. → siehe auch X Window System.

xDSL

Ein Überbegriff, der alle Technologien der Reihe DSL (digital subscriber line, zu Deutsch »digitale Teilnehmerleitung«) zusammenfasst. Alle Technologien arbeiten mit gewöhnlichen Telefonkupferkabeln und unterscheiden sich vor allem hinsichtlich des eingesetzten Modulationsverfahrens. Das »x« stellt einen Platzhalter für den ersten oder die ersten beiden Buchstaben einer der Technologien dar. Man unterscheidet u. a. folgende xDSL-Technologien: ADSL, HDSL, IDSL, RADSL und SDSL. → siehe auch asymmetric digital subscriber line, Digital Subscriber Line, Modulation, Rateadaptive Asymmetric Digital Subscriber Line.

XENIX

Eine Version des UNIX-Systems, die ursprünglich von Microsoft für Personal Computer auf Intel-Basis angepasst wurde. Obwohl der Verkauf von XENIX durch mehrere Anbieter erfolgte, zu denen Microsoft, Intel und SCO (Santa Cruz Operation) gehören, identifiziert man es hauptsächlich mit SCO. → siehe auch UNIX.

Xerces

Der XML-Parser (Java und C++) ist ein Teilbereich des siebenteiligen nichtkommerziellen Apache XML-Projekts. → siehe auch Apache XML Projekt.

Xerographie, die; Subst. (xerography)
→ siehe Elektrofotografie.

Xerox PARC

Abkürzung für **X**erox **P**alo **A**lto **R**esearch **C**enter. Das Forschungszentrum der Firma Xerox in Palo Alto, USA. Xerox PARC ist die Geburtsstätte bedeutender Technologien: Hier wurden u.a. das lokale Netzwerk (LAN), der Laserdrucker, die Maus, das Ethernet, die grafische Benutzeroberfläche (GUI) oder Techniken wie die kollaborative Filterung entwickelt. Die Website des PARC ist unter der Adresse http://www.parc.xerox.com erreichbar. → siehe auch elektronisches Papier, Ethernet, grafische Benutzeroberfläche, kollaborative Filterung, Laserdrucker, lokales Netzwerk, Maus, WIMP.

XFCN

Abkürzung für **E**xternal **F**unction. Es handelt sich um eine externe Coderessource, die nach ihrer vollständigen Ausführung einen Wert zurückgibt und in HyperCard (einem für den Macintosh entwickelten Hypermediaprogramm) verwendet wird. → siehe auch HyperCard, XCMD.

XFDL

Abkürzung für **Ex**tensible **F**orms **D**escription **L**anguage. Eine 1998 von der kanadischen Internet-Dokumentenfirma UWI.Com eingeführte Dokumentenbeschreibungssprache, mittels derer ein Benutzer Geschäfts- und Vertragsformulare über das Internet und andere TCP/IP-Netzwerke erstellen, anzeigen und ausfüllen kann. Weitere Informationen zu XFDL können Sie unter der Webadresse http://www.oasis-open.org/cover/xfdl.html abrufen. → *siehe auch* XML.

XGA

→ *siehe* eXtended Graphics Array.

x-Höhe, die; *Subst.* (x-height)

Bezeichnet in der Typografie die Höhe des Kleinbuchstabens x in einer bestimmten Schriftart. Die x-Höhe repräsentiert damit nur die Mittellänge, d.h. den Rumpf eines Kleinbuchstabens, ausschließlich der Oberlängen (z.B. des oberen Teils des Buchstabens b) und der Unterlängen (z.B. des Häkchens im Buchstabens g). → *siehe auch* Oberlänge, Unterlänge. (Abbildung X.1)

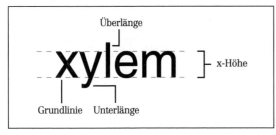

Abbildung X.1: x-Höhe

XHTML

Abkürzung für »e**X**tensible **H**ypertext **M**arkup **L**anguage.« Eine Auszeichnungssprache, die als Nachfolgesprache von HTML entworfen wurde. XHTML ist eine Anwendung von XML, die dafür gedacht ist, Webinhalte für eine wachsende Anzahl von browserfähigen Geräten – nicht nur normale PCs, sondern auch Mobiltelefone, Fernsehgeräte, Anzeigegeräte in Autos, Kiosksysteme und drahtlose Handheldcomputer – zur Verfügung zu stellen. Außerdem sollen die oft browserspezifisch erweiterten »Dialekte« von HTML durch einen plattform- und betriebssystemunabhängigen Standard ersetzt werden. XHTML ist modular aufgebaut, so dass von Websites – abhängig vom benutzten Browser – Unterstützung für verschiedene Inhaltstypen angeboten werden kann, z.B. für Grafiken, Multimediaelemente, mathematische Formeln oder E-Commerce. »XHTML 1.0 Second Edition«, die den bestehenden HTML-Standard als Anwendung von XML umformuliert, wurde im August 2002 vom World Wide Web Consortium als Standard vorgeschlagen. Detaillierte Informationen zu XHTML sind unter der Adresse http://www.w3.org/MarkUp/ abrufbar. → *siehe auch* HTML, Microbrowser, Webbrowser, World Wide Web, XML.

XML

Abkürzung für e**X**tensible **M**arkup **L**anguage, zu Deutsch »erweiterbare Sprache zur Auszeichnung«. Eine reduzierte Variante von SGML (Standard Generalized Markup Language), die als Nachfolgerin von HTML für Internetanwendungen entwickelt wurde. XML ermöglicht es Webentwicklern und -designern, individuelle Tags zu erzeugen, mit denen sich eine größere Flexibilität bei der Organisation und Darstellung von Informationen erreichen lässt als mit dem älteren HTML-System. Die XML-Spezifikation wurde Anfang 1997 von einer Arbeitsgruppe des World Wide Web Consortium als Entwurf veröffentlicht und wird von vielen führenden Firmen in der Computerindustrie unterstützt. In den letzten Jahren haben sich zahlreiche weitere XML-Derivate etabliert. Weitere Informationen zu XML sind unter dem URL http://www.w3.org/XML/ abrufbar. → *siehe auch* Apache XML-Projekt, CatXML, cXML, dbXML, ECML, HTML, MathML, Resource Description Framework, SGML, SMIL, Tag, VoiceXML, World Wide Web Consortium, XFDL, XHTML, XML-RPC.

XML-Schema, das; *Subst.* (XML schema)

XML-Schemata dienen der eindeutigen Beschreibung und Verifizierung von Daten in einer XML-Umgebung. Dazu werden die Beziehungen der einzelnen Objekte weitaus detaillierter definiert als dies bei DTDs der Fall ist. Ein XML-Schema definiert eine breite Spanne von Datentypen wie Boolesche Operatoren, Datum und Währungen und eignet sich somit ausgezeichnet für den Einsatz in E-Commerce-Anwendungen. Zudem wird auch die eindeutige Verifizierung von Dokumenten erleichtert, die auf Namespaces aufbauen.

XML-RPC

Abkürzung für »e**X**tensible **M**arkup **L**anguage-**R**emote **P**rocedure **C**all«. Eine Gruppe von XML-Implementierungen, über die plattform- und sprachübergreifende Prozeduraufrufe im Internet möglich sind. XML-RPC ermöglicht, dass komplexe Datenstrukturen zwischen verschiedenen Betriebssystemen in unterschiedlichen Umgebungen übertragen, verarbeitet und zurückgegeben werden können. → *vgl.* XML.

XML-Webservices *Subst.* (XML Web services)

Kleine Einheiten von Anwendungslogik, die anderen Anwendungen Daten und Dienste zur Verfügung stellen. Die Anwendungen greifen auf XML-Webservices unabhängig von der jeweiligen Implementierung über Standard-Webprotokolle und -Datenformate, beispielsweise HTTP, XML und SOAP, zu. XML-Webservices kombinieren die besten Aspekte

X

der komponentenbasierten Entwicklung und dem Web. → *siehe auch* HTTP, SOAP, XML. → *auch genannt* Webservices.

Xmodem, das; *Subst.*
Ein Protokoll für die Dateiübertragung bei der asynchronen Datenübertragung. Die Informationsübertragung erfolgt in Blöcken zu 128 Byte.

Xmodem 1K, das; *Subst.*
Eine Version des Dateitransferprotokolls Xmodem, die für umfangreichere Datenübertragungen über größere Entfernungen vorgesehen ist. Xmodem 1K sendet Informationen in Blöcken von 1 KB (1024 Byte) und setzt eine zuverlässigere Methode der Fehlerprüfung ein. → *siehe auch* Xmodem.

Xmodem-CRC, das; *Subst.*
Eine erweiterte Version des Dateitransferprotokolls Xmodem, die eine zyklische Redundanzprüfung (CRC) mit 2 Byte für die Erkennung von Übertragungsfehlern einschließt. → *siehe auch* CRC.

XMS
→ *siehe* extended memory specification.

XMT
Abkürzung für Trans**mit**. Ein Signal, das in der seriellen Kommunikation verwendet wird.

XON/XOFF, das; *Subst.*
Ein Protokoll zur asynchronen Datenübertragung, bei dem das empfangende Gerät (oder der Computer) mit speziellen Zeichen den Datenfluss vom sendenden Gerät (oder Computer) steuert. Kann der empfangende Computer den Datenempfang nicht fortsetzen, übermittelt er dem Sender ein XOFF-Steuerzeichen und bewirkt damit einen Übertragungsstop. Ist die Wiederaufnahme der Übertragung möglich, signalisiert dies der Computer dem Sender mit einem XON-Zeichen. → *siehe auch* Handshake. → *auch genannt* Softwarehandshake.

XOR, das; *Subst.*
→ *siehe* exklusives ODER.

XPath
Eine XML-Sprache für die Adressierung der Elemente eines XML-Dokuments über eine einheitliche Pfadangabe in der Dokumentstruktur. XPath wird von XPointer und XSLT verwendet, um XML-Dokumentdaten zu ermitteln und zu iden-

tifizieren. XPath wird außerdem als Ergänzung der Abfragesprache für XQuery betrachtet. XPath wird umfassender als XQuery unterstützt, obwohl es für keine der beiden Komponenten einen genehmigten Standard gibt. → *siehe auch* XML, XPointer, XQuery.

XPointer
Eine XML-Sprache für die Ermittlung von Daten in einem XML-Dokument auf der Grundlage von Beschreibungen der Dateneigenschaften, beispielsweise Attribute, Speicherort und Inhalt. XPointer referenziert die interne Struktur eines Dokuments und ermöglicht, dass Links nicht zu einer bestimmten Stelle im Dokument, sondern zu Wörtern, Zeichensätzen, Inhaltsattributen oder anderen Elementen erstellt werden können. → *siehe auch* XML, XPath.

XQuery
Abkürzung für »eXtensible Query Language«. Hierbei handelt es sich um eine funktionale Abfragesprache, die weitgehend auf verschiedene XML-Datentypen angewendet werden kann, die von Quilt, XPath und XQL abgeleitet werden. Ipedo und die Software AG implementieren eigene Versionen der vorgeschlagenen W3C-Spezifikation für die Abfragesprache XQuery. → *siehe auch* XML, XPath.

X-Schaltfläche, die; *Subst.* (X button)
→ *siehe* Schließen-Schaltfläche.

X series, die; *Subst.*
→ *siehe* CCITT X-Serien.

XSL *Subst.*
Abkürzung für E**x**tensible **S**tyle **L**anguage. Eine Erweiterung von XML, die Formatierungseigenschaften aus einer Formatvorlage auf XML-Daten anwendet, um ein HTML-Dokument zu generieren. Die ursprüngliche XSL-Spezifikation wurde 1997 dem World Wide Web-Konsortium vorgelegt. Anders als CSS (Cascading Style Sheets), die jedes XML-Element einem einzelnen Anzeigeobjekt zuordnen, kann XSL ein einzelnes XML-Quellelement einer Gruppe von Anzeigeobjekten zuordnen. Weitere Informationen zu XSL können Sie unter der Webadresse http://www.w3.org/Style/XSL abrufen. → *siehe auch* Cascading Style Sheets, HTML, World Wide Web Consortium, XML.

XSLT
Abkürzung für »eXtensible Stylesheet Language Transformation«. Eine Sprache, die der Vereinfachung der Kommunika-

tion zwischen verschiedenen XML-Schemata und der Beschleunigung bei der Umwandlung von XML-Files dienen soll. XSLT ist eine vom W3C empfohlene Sprache, die über frei definierbare Regeln, die Konvertierung von XML-Dokumenten in eine andere XML-Struktur oder in andere Ausgabeformate erlaubt. → *siehe auch* W3C, XML, XSL.

X-Terminal, das; *Subst.* (X terminal)
Ein intelligentes Anzeigegerät, das an ein Ethernetnetzwerk angeschlossen wird und Operationen auf Abfrage von Clientanwendungen unter dem X Window System ausübt. → *siehe auch* Ethernet, X Windows.

XT-Tastatur, die; *Subst.* (XT keyboard)
→ *siehe* PC/XT-Tastatur.

X Windows
→ *siehe* X Window System.

X Window System, das; *Subst.*
Eine nichtproprietäre, standardisierte Menge von Displaybehandlungsroutinen, die am Massacussetts Institute of Technology (MIT) entwickelt wurden. Dieses System wird häufig als grafische Benutzerschnittstelle auf UNIX-Arbeitsstationen eingesetzt. Das X Window System ist nicht von der Hardware oder dem Betriebssystem abhängig. Ein X Window System-Client ruft einen Server auf, der sich auf der Arbeitsstation des Benutzers befindet, um ein Fenster aufzurufen, in dem der Client die Text- oder Grafikanzeige generieren kann. Weitere Informationen zum X Window System sind unter der Webadresse http://www.opengroup.org/x abrufbar. → *siehe auch* X Consortium. → *auch genannt* X Windows.

X

x-y-Display, das; *Subst.* (X-Y display)
→ *siehe* Vektordisplay.

x-y-Matrix, die; *Subst.* (x-y matrix)
Eine Anordnung von Reihen und Spalten mit einer horizontalen (*x*)-Achse und einer vertikalen (*y*)-Achse.

x-y-Plotter, der; *Subst.* (x-y plotter)
→ *siehe* Plotter.

x-y-z-Koordinatensystem, das; *Subst.* (x-y-z coordinate system)
Ein dreidimensionales, kartesisches Koordinatensystem, bei dem eine dritte (*z*)-Achse senkrecht auf der horizontalen (*x*)- und der vertikalen (*y*)-Achse steht. In der Computergrafik wird das x-y-z-Koordinatensystem zur Erzeugung von Modellen mit Länge, Breite und Tiefe verwendet. → *siehe auch* kartesische Koordinaten. (Abbildung X.2)

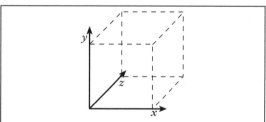

Abbildung X.2: x-y-z-Koordinatensystem

Y

Y2K
→ *siehe* Jahr-2000-Problem.

y-Achse, die; *Subst.* (*y*-axis)
Die vertikale Bezugslinie von Rastern oder Diagrammen, die über horizontale und vertikale Dimensionen verfügen. → *siehe auch* kartesische Koordinaten.

Yahoo!
Eines der ältesten Onlineverzeichnisse im Internet für World Wide Web-Ressourcen mit angeschlossener Suchmaschine, das unter http://www.yahoo.com zu erreichen ist. → *siehe auch* Suchmaschine → *vgl.* AltaVista, Excite, Google, HotBot, Infoseek, Lycos, WebCrawler.

Yanoff-Liste, die; *Subst.* (Yanoff list)
Eine umgangssprachliche Bezeichnung für die von Scott Yanoff erstellte und aktualisierte Liste von Internetdiensten, »Special Internet Connections List«. Die Yanoff-Liste bildete eines der ersten Verzeichnisse von Diensten und Ressourcen im Internet; sie wird nicht mehr fortgeführt. → *vgl.* Yahoo!.

Yellow Pages, die; *Subst.*
Der frühere Name eines UNIX-Dienstprogramms, hergestellt von SunSoft (einer Tochterfirma von Sun Microsystems), das eine zentrale Datenbank mit den Namen und Orten der Ressourcen eines Netzwerks verwaltet. Die Yellow Pages ermöglichen es den Prozessen auf den einzelnen Netzwerkknoten, die Ressourcen über deren Namen zu adressieren. Heute ist dieses Dienstprogramm formal unter dem Namen NIS (Network Information Service) bekannt. Der Name »Yellow Pages« bezeichnet außerdem eine Datenbank des Registrierungsdienstes der InterNIC für Domänennamen und deren IP-Adressen. → *siehe auch* Domänenname, IP-Adresse.

Ferner stellt »Yellow Pages« eines der verschiedenen Branchenverzeichnisse für das Internet dar. Derartige Branchenverzeichnisse erscheinen gedruckt, in rein elektronischer Form oder in beiden Formaten. → *siehe auch* Internet.

YHBT
Abkürzung für **Y**ou **H**ave **B**een **T**rolled. Ein in E-Mail-Nachrichten und Newsgroups verwendeter Ausdruck, um anzumerken, dass der Empfänger handfest gefoppt wurde. → *siehe auch* trollen. → *vgl.* Netspeak, trollen.

YHL
Abkürzung für **Y**ou **H**ave **L**ost (zu Deutsch »Du hast verloren!«). Ein in E-Mail-Nachrichten und Newsgroups verwendeter Ausdruck, der häufig dem Ausdruck YHBT folgt. → *siehe auch* YHBT. → *vgl.* Netspeak, YHBT.

Ymodem, das; *Subst.*
Eine Variante des Dateitransferprotokolls Xmodem mit folgenden Erweiterungen: Fähigkeit zur Übertragung von Informationen in Blöcken von 1 Kilobyte (1.024 Byte), Fähigkeit zum Senden mehrerer Dateien (bei Steuerung durch Batchdatei), zyklische Redundanzprüfung (CRC - Cyclical Redundancy Checking) sowie Fähigkeit zum Abbruch einer Übertragung durch das Senden von zwei aufeinander folgenden CAN-Zeichen (von engl.: Cancel = Abbrechen). → *siehe auch* CRC, Xmodem.

yokto *Präfix* (yocto-)
Ein Maßeinheitenvorsatz in der Bedeutung 10^{-24}.

yotta *Präfix* (yotta-)
Ein Maßeinheitenvorsatz in der Bedeutung 10^{24}.

Z

.z

Eine UNIX-Dateinamenerweiterung, die eine mit Hilfe der Dienstprogramme »gzip« oder »compact« komprimierte Datei kennzeichnet. → *siehe auch* gzip.

.Z

Eine UNIX-Dateinamenerweiterung, die eine mit Hilfe des Dienstprogramms »compress« komprimierte Datei kennzeichnet.

Z3

Der Z3 war der erste Computer der Welt, der mit binären Zahlen rechnete und Fließkommaberechnungen beherrschte. Er wurde 1941 von dem deutschen Ingenieur Konrad Zuse (1910 – 1995) entwickelt, der mit diesem Gerät seiner Zeit weit voraus war. Die Basis für den Z3 bildeten 2.600 Relais mit logischen Schaltungen (UND, ODER, NICHT); Daten und Befehle wurden in alte Filmrollen gestanzt, da während des Zweiten Weltkriegs Papier für Lochkarten in Deutschland nicht in ausreichenden Mengen verfügbar war. Der erste Z3 wurde 1944 zerstört, konnte aber später wieder restauriert werden. Bereits 1935 hatte Zuse den Z1 gebaut, einen noch vollmechanisch arbeitenden Rechenautomaten, der auch binäre Zahlen beherrschte. → *vgl.* Analytical Engine, Differenzmaschine, ENIAC, Hollerith-Maschine, Jacquardscher Webstuhl, Mark I, WHIRLWIND.

Z39.50-Standard, der; *Subst.* (Z39.50 standard)

Spezifikation eines Client/Server-basierten Abfrageprotokolls für die Suche in Remotedatenbanken, mit einer SQL-basierten Abfragesprache. Z39.50 wird häufig für den Remotezugriff auf Bibliothekskataloge eingesetzt. Die Website der »Z39.50 Maintenance Agency« finden Sie unter http://www.loc.gov/z3950/agency/. → *siehe auch* SQL, WAIS.

Z80

Ein 8-Bit-Mikroprozessor der Firma Zilog, die von ehemaligen Intel-Ingenieuren gegründet wurde. Der Z80 verfügt über einen 16-Bit-Adressbus, mit dem sich 64 Kilobyte Speicher direkt adressieren lassen, und einen 8-Bit-Datenbus. Als Nachfolger des Intel 8080 war der Z80 der bevorzugte Prozessor in der Ära des Betriebssystems CP/M. Einer der bekanntesten Computer der frühen 80er Jahre, der TRS-80 der Firma Radio Shack, basierte auf diesem Chip. → *siehe auch* CP/M.

z-Achse, die; *Subst.* (z-axis)

Die dritte Achse eines dreidimensionalen Koordinatensystems, die in der Computergrafik zur Darstellung der Tiefe verwendet wird. → *siehe auch* x-y-z-Koordinatensystem, kartesische Koordinaten.

Zähler, der; *Subst.* (counter)

In der Programmierung eine Variable, die eine Zählfunktion übernimmt.

In der Elektronik ein Schaltkreis, der eine bestimmte Anzahl an Impulsen zählt, bevor er eine Ausgabe initiiert.

Im World Wide Web eine Einrichtung, die die Anzahl der Besucher einer Website zählt.

Zählschleife, die; *Subst.* (counting loop)

Eine Gruppe von Befehlen in einem Programm, die mehrfach ausgeführt werden, wobei eine als Zähler fungierende Variable inkrementiert (hochgezählt) wird. Beispielsweise kann ein Programm wiederholt eine Zählschleife durchlaufen, die einen Ausgangswert (z.B. 0) so lange um den Wert 1 inkrementiert, bis der Endwert 10 erreicht ist. → *siehe auch* Schleife durchlaufen.

Zahlenfresser, der; *Subst.* (number cruncher)

Ein Computer, der in der Lage ist, umfangreiche mathematische Berechnungen schnell auszuführen.

Außerdem die Bezeichnung für eine leistungsfähige Workstation. → *siehe auch* Workstation.

Ferner ein Programm, dessen Hauptvorgang darin besteht, mathematische Berechnungen auszuführen (z.B. ein Statistikprogramm).

Außerdem die umgangssprachliche Bezeichnung für eine Person, die einen Computer für Zahlenanalysen verwendet.

Z **zappen** *Vb.* (zap)
Ein dauerhaftes Löschen. Beispielsweise meint der Ausdruck »eine Datei zappen« sie zu entfernen, ohne sie jemals wieder abrufen zu können.

ZD Net, das; *Subst.*
Eine Website für PC-Benutzer, die eine breite Palette von technischen Specialinterest-Gruppen (SIGs) verwaltet sowie Freeware- und Sharewareprogramme bereitstellt. Das ZD Net wurde von der Ziff Davis-Verlagsgruppe als ein Onlineinformationsdienst gegründet. Die ZD Net-Website ist unter der Adresse http://www.zdnet.com erreichbar. → *siehe auch* SIG. → *auch genannt* ZiffNet.

Zehnerkomplement, das; *Subst.* (ten's complement)
Eine Zahl im Dezimalsystem, die das Echtkomplement einer anderen Zahl ist. Gebildet wird das Zehnerkomplement entweder durch Subtraktion jeder Ziffer von der um 1 verringerten Basis und abschließendem Addieren einer 1 zum Ergebnis oder durch Subtraktion der gesamten Zahl von der nächsthöheren Potenz der Basis. Beispielsweise lautet das Zehnerkomplement von 25 gleich 75. Nach der ersten Methode subtrahiert man jede Ziffer von 9 – der um 1 verminderten Basis – (9 – 2 = 7 und 9 – 5 = 4) und addiert 1 zum Ergebnis (74 + 1 = 75). Zum gleichen Resultat gelangt man durch Subtraktion der Zahl 25 von der nächsthöheren Potenz von 10 – im Beispiel 100 – (100 – 25 = 75). → *siehe auch* Komplement. → *vgl.* Neunerkomplement.

Zeichen, das; *Subst.* (character)
Buchstaben, Ziffern, Satzzeichen, andere Symbole oder Steuerzeichen, die der Computer durch jeweils eine Informationseinheit – 1 Byte – darstellt. Ein Zeichen muss auf dem Papier oder Bildschirm nicht unbedingt sichtbar sein – ein Leerzeichen ist ebenso ein Zeichen wie ein Buchstabe (z.B. »a«) oder eine Ziffer von 0 bis 9. Da ein Computer nicht nur sog. druckbare Zeichen verarbeitet, sondern sich auch um das Aussehen (die Formatierung) und die Übertragung von elektronisch gespeicherten Informationen kümmert, kann es sich bei einem Zeichen auch um einen Wagenrücklauf oder eine Absatzmarke in einem mit einem Textverarbeitungsprogramm angefertigten Dokument handeln. Außerdem gibt es Zeichen, die einen Kontrollton (Beep) auslösen, eine neue Seite initiieren oder das Ende einer Datei kennzeichnen. → *siehe auch* ASCII, EBCDIC, Steuerzeichen.

Zeichenabbild, das; *Subst.* (character image)
Eine Menge an Bits, die in der Form eines Zeichens angeord-net sind. Jedes Zeichenabbild existiert innerhalb eines rechteckigen Bereichs, dem Zeichenrechteck, das Höhe und Breite des Zeichenabbildes definiert. → *siehe auch* Bitmapschrift.

Zeichencode, der; *Subst.* (character code)
Ein spezieller Code, der ein bestimmtes Zeichen in einem Zeichensatz (z.B. dem ASCII-Zeichensatz) repräsentiert. Der Zeichencode für eine bestimmte Taste ist abhängig davon, ob eine andere Taste (z.B. die Umschalttaste) zur gleichen Zeit gedrückt wird. Wird z.B. die Taste »A« alleine gedrückt, wird der Zeichencode für den Kleinbuchstaben »a« erzeugt. Wird dagegen die Taste in Verbindung mit der Umschalttaste betätigt, wird der Zeichencode für den Großbuchstaben »A« erzeugt. → *vgl.* Tastencode.

Zeichendefinitionstabelle, die; *Subst.* (character definition table)
Eine Tabelle mit Mustern, die ein Computer im Speicher ablegt und als Grundlage verwendet, um die Anordnung der Punkte zu bestimmen, aus denen Bitmapzeichen erzeugt und auf dem Bildschirm angezeigt werden. → *siehe auch* Bitmapschrift.

Zeichendichte, die; *Subst.* (character density)
Beim Druck und bei der Bildschirmdarstellung ein Maß für die Anzahl der Zeichen pro Flächen- oder Längeneinheit. → *siehe auch* Druckweite.

Zeichendrucker, der; *Subst.* (character printer)
Ein Drucker, der die einzelnen Zeichen nacheinander druckt, z.B. ein Standardmatrixdrucker oder ein Typenraddrucker. → *vgl.* Seitendrucker, Zeilendrucker.
Ein Drucker, der nur Textzeichen, aber keine Grafiken ausgeben kann. Zu den Textdruckern gehören Typenraddrucker, aber auch bestimmte Matrixdrucker und Laserdrucker, die nicht über einen Grafikmodus verfügen. Textdrucker empfangen lediglich die Zeichencodes vom steuernden System und drucken die entsprechenden Zeichen. → *vgl.* Grafikdrucker.

Zeichenerkennung, die; *Subst.* (character recognition)
Die Umwandlung von Texten, die als Bitmapgrafik vorliegen und typischerweise mit einem Scanner eingelesen wurden, in eine Folge einzeln unterscheidbarer alphanumerischer Zeichen und Satzzeichen. Diese Umwandlung erfolgt mit Hilfe von Mustervergleichsverfahren. Aufgrund der Vielzahl unterschiedlicher Schriftarten und Schriftattribute (z.B. Fett- und Kursivschrift) bestehen häufig große Unterschiede in der Gestaltung der Zeichen, so dass eine absolut fehlerfreie Zei-

chenerkennung in der Regel nicht möglich ist. Einige Systeme arbeiten nur mit einer begrenzten Anzahl vorgegebener Schriftarten und Schriftgrößen und können keine unterschiedlichen Schriftattribute verarbeiten. Derartige Systeme erreichen zwar eine sehr hohe Trefferquote, können aber nur Texte einlesen, die speziell für die Zeichenerkennung gedruckt wurden. Andere Systeme wiederum verwenden äußerst komplexe Mustervergleichsverfahren, die auch das Erlernen neuer Schriftarten und Schriftgrößen erlauben und inzwischen brauchbare Ergebnisse liefern. → *siehe auch* Magnetschrifterkennung, Mustererkennung, optische Zeichenerkennung.

Zeichenerkennung, optische, die; *Subst.* (optical character recognition)
→ *siehe* optische Zeichenerkennung.

Zeichenfolge, die; *Subst.* (character string, token)
Eine Menge von Zeichen, die als Einheit behandelt und vom Computer als Text und nicht als Folge von Zahlen interpretiert wird. Eine Zeichenfolge kann eine beliebige Sequenz von Elementen eines bestimmten Zeichensatzes enthalten, z.B. Buchstaben, Ziffern, Steuerzeichen und erweiterte ASCII-Zeichen. → *siehe auch* ASCII, erweitertes ASCII, Steuerzeichen. → *auch genannt* String.
Eine Zeichenfolge bezeichnet außerdem ein unteilbares Textelement, nach dem Daten analysiert werden (Parsing) – beispielsweise nach dem Vorkommen eines Variablennamens, eines reservierten Wortes oder eines Operators im Text eines Quellprogramms. Zeichenfolgen können auch zur Speicherung von Kurzbefehlen in Programmen dienen und so die Ausführungsgeschwindigkeit erhöhen. → *siehe auch* Basic, parsen.

Zeichengenerator, der; *Subst.* (character generator)
Ein Programm oder ein Gerät, das einen bestimmten Zeichencode, z.B. einen ASCII-Code, in ein entsprechendes Pixelmuster für die Anzeige auf dem Bildschirm übersetzt. Entsprechende Geräte sind hinsichtlich der Anzahl und der Variierung von Schriftstilen meist begrenzt – im Unterschied zu Geräten, die mit Bitmapzeichen arbeiten. → *vgl.* Bitmapschrift.

Zeichenmodus, der; *Subst.* (character mode)
→ *siehe* Textmodus.

zeichenorientierte Benutzeroberfläche, die; *Subst.* (character user interface)
Eine Benutzeroberfläche, in der nur Textzeichen dargestellt werden können. → *siehe auch* Benutzeroberfläche. → *vgl.* grafische Benutzeroberfläche.

zeichenorientiertes Gerät, das; *Subst.* (character device)
Ein Peripheriegerät, z.B. eine Tastatur oder ein Drucker, das Informationen als Folgen von Zeichen empfängt oder sendet. Die Zeichen werden entweder bitweise (seriell) oder byteweise (parallel) übertragen. Entscheidend dabei ist, dass keine Verschiebung in Blöcken (also in Gruppen aus jeweils mehreren Bytes) von einer Stelle zu einer anderen erfolgt. → *vgl.* blockorientiertes Gerät.
In Bezug auf Videodisplays stellt ein »zeichenorientiertes Gerät« ein Gerät dar, das nur Textzeichen, aber keine Grafiken anzeigen kann. → *siehe auch* Textmodus.

zeichenorientiertes Protokoll, das; *Subst.* (character-oriented protocol)
→ *siehe* byteorientiertes Protokoll.

Zeichenprogramm, das; *Subst.* (drawing program)
Ein Programm zur Manipulierung von objektorientierten Grafiken – im Gegensatz zu Pixelbildern. In einem Zeichenprogramm kann der Benutzer ein Element, z.B. eine Linie, einen Kreis oder einen Textblock, als unabhängiges Objekt manipulieren, indem er es einfach markiert und verschiebt. → *siehe auch* objektorientierte Grafik, Pixelgrafik, Vektorgrafik.

Zeichen pro Sekunde, das; *Subst.* (characters per second)
Abkürzung: cps (»characters per second«). Eine Maßeinheit für die Geschwindigkeit von zeichenorientierten Druckern, z.B. Matrixdruckern oder Tintenstrahldruckern, nicht aber von Laserdruckern.
In der Einheit cps wird auch die Geschwindigkeit angegeben, mit der ein Gerät (z.B. ein Diskettenlaufwerk) Daten übertragen kann. Die Geschwindigkeit bei einer seriellen Übertragung, vor allem in Verbindung mit einem Modem, wird in der Regel in Bit pro Sekunde (bps) oder Mehrfachen davob angegeben. Teilt man den bps-Wert durch 10, erhält man in etwa die Anzahl der Zeichen, die pro Sekunde übertragen werden.

Zeichen pro Zoll, das; *Subst.* (characters per inch)
Abkürzung: cpi (»characters per inch«). Ein Maß für die Anzahl der Zeichen einer bestimmten Größe und Schriftart, die auf einer Länge von 1 Zoll (etwa 2,54 cm) untergebracht werden können. Diese Anzahl wird durch zwei Merkmale beeinflusst: der Punktgröße und der Breite der Buchstaben in der jeweiligen Schrift. Bei dicktegleichen Schriften haben die Zeichen eine konstante Breite; bei Proportionalschriften sind die einzelnen Zeichen dagegen unterschiedlich breit, so dass Maßangaben in Zeichen pro Zoll einen Mittelwert darstellen. → *siehe auch* dicktengleiche Schrift, Druckweite, Proportionalschrift.

Z **Zeichenrechteck**, das; *Subst.* (character rectangle)
Der Raum, der von der grafischen Repräsentation (der Bitmap) eines Zeichens eingenommen wird. → *siehe auch* Bitmap. (Abbildung Z.1)

Abbildung Z.1: Zeichenrechteck

Zeichensatz, der; *Subst.* (character set)
Eine Gruppierung von alphabetischen, numerischen und anderen Zeichen, die gemeinsame Merkmale aufweisen. Beispielsweise umfasst der Standard-ASCII-Zeichensatz Buchstaben, Ziffern, Symbole und Steuerzeichen, die in ihrer Gesamtheit das ASCII-Codierungsschema bilden.

Zeichensatz mit fester Breite, der; *Subst.* (fixed-width font)
→ *siehe* dicktengleiche Schrift.

Zeichenzelle, die; *Subst.* (character cell)
Ein rechteckiger Block aus Bildpunkten (Pixeln), der die Fläche eines auf dem Bildschirm darzustellenden Zeichens vorgibt. Die Größe des Bereichs kann von Display zu Display unterschiedlich sein. Bei dicktengleichen Schriften weist eine Zeichenzelle immer die gleiche Größe auf, unabhängig davon, welcher Buchstabe dargestellt wird. In Verbindung mit Proportionalschriften (wie sie z.B. beim Macintosh verwendet werden) besitzen die einzelnen Zeichen dagegen eine unterschiedliche Breite (ein »m« ist z.B. breiter als ein »i«) – analog dazu hängt die Breite der Zeichenzelle vom jeweiligen Zeichen ab.

Zeichenzuordnung, die; *Subst.* (character map)
In der textorientierten Computergrafik ein Block von Speicheradressen, der Zeichenflächen auf einem Bildschirm entspricht. Der jeder Zeichenfläche zugeordnete Speicher nimmt die Beschreibung des Zeichens auf, das in dieser Fläche anzuzeigen ist. → *siehe auch* alphageometrisch.

Zeigegerät, das; *Subst.* (pointing device)
Ein Eingabegerät, das für die Steuerung eines Bildschirmcursors verwendet wird und mit dem sich Aktionen wie das »Betätigen« von Schaltflächen in Dialogfeldern, das Auswählen von Menüelementen und das Markieren von Zellbereichen in Tabellenblättern oder einer Gruppe von Wörtern in einem Dokument realisieren lassen. Ein Zeigegerät verwendet man häufig auch zum Erstellen von Zeichnungen oder grafischen Figuren. Das gebräuchlichste Zeigegerät ist die Maus, die vor allem durch ihre zentrale Rolle im Design des Apple Macintosh popularisiert wurde. Andere Zeigegeräte sind Grafiktablett, Griffel, Lichtgriffel, Joystick, Puck und Trackball. → *siehe auch* Grafiktablett, Griffel, Joystick, Lichtgriffel, Maus, Puck, Trackball.

Zeigegerät, absolutes, das; *Subst.* (absolute pointing device)
→ *siehe* absolutes Zeigegerät.

Zeigegerät, relatives, das; *Subst.* (relative pointing device)
→ *siehe* relatives Zeigegerät.

zeigen *Vb.* (point)
Einen Pfeil oder ein entsprechendes Hinweissymbol zu einem bestimmten Element oder zu einer bestimmten Position auf dem Bildschirm bewegen unter Verwendung der Pfeiltasten oder eines Zeigegerätes, z.B. einer Maus.

Zeigen und Klicken *Adj.* (point-and-click)
Die Möglichkeit für Benutzer, über die Maus oder über eine andere Zeigerfunktion Daten auszuwählen und Programme zu aktivieren, indem ein Cursor auf die gewünschte Stelle (»Punkt«) gerichtet und anschließend eine Maustaste gedrückt (»geklickt«) wird.

Zeiger, der; *Subst.* (pointer)
In der Programmierung und Informationsverarbeitung versteht man unter Zeiger eine Variable, in der die Speicherstelle (Adresse) von Daten und nicht die Daten selbst enthalten sind. → *siehe* Mauszeiger. → *siehe auch* adressieren, Handle, referenzieren.

Zeile, die; *Subst.* (line, row)
Eine Folge von Elementen, die innerhalb eines bestimmten Rahmens horizontal angeordnet sind – beispielsweise eine von rechts nach links fortlaufende Folge von Zellen in einem Tabellenblatt, eine horizontale Pixellinie auf einem Bildschirm oder eine Gruppe von Daten, die in einer Tabelle horizontal ausgerichtet sind. → *vgl.* Spalte.
In der Programmierung bezeichnet der Begriff eine Anweisung (einen Befehl), die eine Zeile des Programms einnimmt.

In diesem Kontext spricht man auch von »Programmzeile« oder »Codezeile«.

Zeilenabstand, der; *Subst.* (leading, line spacing)
Auch als »Durchschuss« bezeichnet. Der Leerraum zwischen zwei Druckzeilen. Der Zeilenabstand wird in der typografischen Maßeinheit Punkt ausgedrückt und von der Grundlinie (der untersten Linie) einer Zeile zur Grundlinie der nächsten Zeile gemessen. Der Begriff entstammt der Praxis des traditionellen Bleisatzes, bei dem zwischen den Zeilen aus metallischen Lettern dünne Bleistreifen eingefügt (gewissermaßen »durchgeschossen«) wurden. → *siehe auch* Punkt. (Abbildung Z.2)

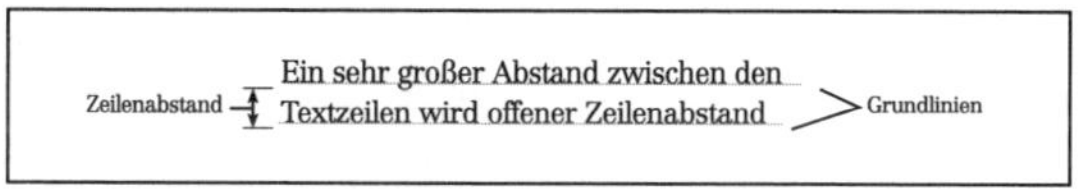

Abbildung Z.2: Zeilenabstand: In der Regel ist der Zeilenabstand zwei bis drei Punkt größer als der Schriftgrad

Zeilenbreite, die; *Subst.* (line width)
Die Länge einer Druckzeile auf einem Papierblatt oder einem Computermonitor, gemessen vom linken bis zum rechten Rand. Bei Schreibmaschinen wird die Zeilenbreite in der Regel als Anzahl der alphanumerischen Monospace-Zeichen angegeben, die auf eine Zeile passen. Übliche Maßeinheiten für die Zeilenbreite von Computerdruckern oder Monitoren sind Zoll, Zentimeter, Punkt oder Pica.

Zeilendrucker, der; *Subst.* (line printer)
Ein Drucker, der jeweils eine komplette Zeile auf einmal druckt, im Gegensatz zum zeichenweisen Druck (wie bei vielen Matrixdruckern) oder dem seitenweisen Druck (wie bei einigen Matrixdruckern und den Laserdruckern). Charakteristisch für diesen Druckertyp sind die bekannten 11 mal 17 Zoll großen »Computerausdrucke«. Zeilendrucker sind Hochgeschwindigkeitsgeräte, die vor allem bei Großrechnern, Minicomputern oder Netzwerkmaschinen eingesetzt werden und bei Einbenutzersystemen kaum anzutreffen sind.

Zeileneditor, der; *Subst.* (line editor)
Ein Programm zur Textbearbeitung, bei dem jede Zeile nummeriert ist und sich Dokumente nur auf einer zeilenorientierten und nicht auf einer wortorientierten Basis bearbeiten lassen. → *siehe auch* Editor.

Zeilennummer, die; *Subst.* (line number)
Eine Zahl, die einer Textzeile von einem Zeileneditor zugewiesen wird und als Bezug auf diese Zeile zum Anzeigen, Bearbeiten oder Drucken verwendet wird. Die Vergabe der Zeilennummern erfolgt fortlaufend. → *siehe auch* Zeileneditor.

zeilenorientierter Browser, der; *Subst.* (line-based browser)
Ein Webbrowser, dessen Anzeige nicht auf Grafiken, sondern auf Text basiert. Ein häufig verwendeter zeilenorientierter Browser ist z.B. Lynx. → *siehe auch* Lynx, Webbrowser.

Zeilen pro Minute, die; *Subst.* (lines per minute)
Ein Maß für die Druckergeschwindigkeit, das die Anzahl der in einer Minute gedruckten Zeichenzeilen angibt.

Zeilenschaltzeichen, das; *Subst.* (newline character)
Ein Steuerzeichen, das den Cursor auf einem Display oder den Druckmechanismus eines Druckers an den Beginn der nächsten Zeile bringt. Das Zeilenschaltzeichen ist funktionell äquivalent mit der Zeichenkombination Wagenrücklauf (CR, Carriage Return) und dem Zeilenvorschub (LF, Linefeed). → *siehe auch* Wagenrücklauf, Zeilenvorschub.

Zeilensprungverfahren, das; *Subst.* (interlacing)
Eine Technik, die in manchen Rasterscandisplays verwendet wird, wobei der Elektronenstrahl zunächst alle ungeradzahligen Zeilen und im nächsten Durchlauf alle geradzahligen Zeilen auffrischt (aktualisiert). Das Zeilensprungverfahren nutzt sowohl das Nachleuchten des phosphorbeschichteten Schirms als auch die Trägheit des menschlichen Auges aus, feine Unterschiede in der Lichtintensität zu mitteln oder zu überblenden. Durch die wechselweise Aktualisierung der Bildschirmzeilen halbiert sich beim Zeilensprungverfahren die Anzahl der Zeilen, die in einem Durchlauf aufzufrischen sind und ebenso die Anzahl der Informationen, die durch das Displaysignal pro Zeiteinheit zu übertragen sind. → *vgl.* ohne Zeilensprung.

Zeilenumbruch, der; *Subst.* (wordwrap)
Die Fähigkeit eines Textverarbeitungsprogramms, Textzeilen automatisch so umzubrechen, dass sie innerhalb der Seitenränder eines Dokuments bleiben. Der Benutzer muss Zeilenumbrüche dann nicht mehr manuell einfügen, während dies auf einer Schreibmaschine mit Hilfe der Wagenrücklauftaste erfolgen muss. → *siehe auch* harter Zeilenvorschub, weicher Zeilenvorschub.

Zeilenvorschub, der; *Subst.* (linefeed)
Ein Steuerzeichen, das den Computer oder Drucker anweist, auf die Zeile unterhalb der aktuellen Zeile weiterzuschalten,

Z ohne dabei die Position des Cursors oder Druckkopfes zu verschieben.

Zeilenvorschub, harter, der; *Subst.* (hard return)
→ *siehe* harter Zeilenvorschub.

Zeilenvorschub, weicher, der; *Subst.* (soft return)
→ *siehe* weicher Zeilenvorschub.

Zeilenzahl, die; *Subst.* (lines of code)
Ein Maß für die Programmlänge. In Abhängigkeit von der jeweiligen Situation, kann es sich bei einer Codezeile um jede beliebige Zeile im Programm (Leerzeilen und Kommentare eingeschlossen), um jede Zeile, die tatsächlich Code enthält, oder um jede Anweisung handeln. → *siehe auch* Anweisung.

Zeitbombe, die; *Subst.* (time bomb)
Eine Funktion, die oft in die Evaluations- oder Betaversion einer Software integriert ist und die Software nach einer gewissen Zeitspanne unbrauchbar macht. Bei einigen Software-Evaluationsversionen, die Zeitbomben enthalten, erhalten die Benutzer nach dem Erwerb der Software Registrationscodes oder -nummern, die die Zeitbombe deaktivieren. → *siehe* Jahr-2000-Problem, logische Bombe.

Zeitmultiplexing, das; *Subst.* (time-division multiplexing)
Eine Form des Multiplexings, bei der die Übertragungszeit in Abschnitte aufgeteilt wird und jeder Zeitabschnitt jeweils ein Element eines bestimmten Signals überträgt. → *siehe auch* statistischer Multiplexer. → *vgl.* FDM.

Zeitscheibe, die; *Subst.* (slice, time slice)
Eine kurze Zeitspanne, innerhalb der in einer zeitgeteilten Multitaskingumgebung ein bestimmter Task die Zuteilung des Mikroprozessors erhält. → *siehe auch* Multitasking, preemptives Multitasking. → *vgl.* Quantum.

Zeitscheiben-Multitasking, das; *Subst.* (time-slice multitasking)
→ *siehe* preemptives Multitasking.

Zeitscheibenverfahren, das; *Subst.* (time-sharing)
Die Verwendung eines Computersystems durch mehr als eine Person zur gleichen Zeit. Dabei werden separate Programme quasi parallel ausgeführt, indem allen Programmen (Benutzern) festgelegte Abschnitte der Prozessorzeit in schneller Folge nacheinander zugeteilt werden. → *siehe auch* Zeitscheibe.

Zeitstempel, der; *Subst.* (time stamp)
Eine zeitabhängige Signatur, die von einem Programm oder System zu Dateien, E-Mail-Nachrichten oder Webseiten hinzugefügt wird. Ein Zeitstempel gibt den Zeitpunkt und üblicherweise auch das Datum an, an dem eine Datei oder Webseite erstellt oder zuletzt verändert bzw. eine E-Mail-Nachricht gesendet oder empfangen wurde. Die meisten Zeitstempel werden durch Programme erstellt und basieren auf der Systemuhrzeitangabe des Computers, auf dem das Programm installiert ist. Kommerzielle Zeitstempeldienste sind über das Internet oder über E-Mail verfügbar. Mit der Zeit- und Datumsangabe dienen sie als Beweis für die gesendete Nachricht. → *auch genannt* Datumsstempel, Datums- und Zeitstempel, Zeit- und Datumsstempel.

Zeitüberschreitung, die; *Subst.* (time out)
Ein Ereignis, das anzeigt, dass eine vorgegebene Zeitspanne ohne das Eintreten eines bestimmten erwarteten Ereignisses verstrichen ist. Das Timeoutereignis dient dazu, den wartenden Prozess zu unterbrechen. Beispielsweise kann ein Einwahlnetzwerksystem nach dem Herstellen der Verbindung dem Benutzer 60 Sekunden für das Anmelden zuteilen. Erfolgt in dieser Zeit keine gültige Eingabe von Anmeldename und Kennwort, bricht das System die Verbindung ab. Dies ist zum einen ein Schutz vor unbefugten Eindringlingen und gibt zum anderen die Leitung frei, falls sich die Verzögerung aufgrund eines Fehlers in der Verbindung ergeben hat.

Zeit- und Datumsstempel, der; *Subst.* (time and date stamp)
→ *siehe* Zeitstempel.

zeitverzögerte Verarbeitung, die; *Subst.* (deferred processing)
Die Verarbeitung von Daten, nachdem sie empfangen und in Blöcken gespeichert wurden. → *vgl.* Direktverarbeitung.

Zellanimation, die; *Subst.* (cell animation)
Ein Verfahren bei der Animation, das auf einer herkömmlichen Technik aufbaut, bei der mit transparenten Zelluloidfolien gearbeitet wird. Beim herkömmlichen Verfahren werden Folien angefertigt, die die einzelnen Phasen der Animation im Vordergrund zeigen. Die Folien werden dann nacheinander auf einen statischen Hintergrund gelegt (ggf. auch mehrere Folien übereinander), und jede daraus entstandene Sequenz wird fotografiert. Die softwaremäßige Zellanimation funktioniert nach demselben Prinzip und ist sehr effi-

zient, da Bilder leicht reproduziert und verändert werden können. → *siehe auch* Animation. (Abbildung Z.3)

Abbildung Z.3: Zellanimation

Zelle, die; *Subst.* (cell)
In Verbindung mit der Tabellenkalkulation der Schnittpunkt einer Zeile und einer Spalte. Jede Zeile und jede Spalte hat eine eindeutige Nummer, so dass eine Zelle eindeutig adressiert werden kann. Beispielsweise liegt die Zelle B17 am Schnittpunkt von der Spalte B mit der Zeile 17. Jede Zelle wird als rechteckiger Bereich dargestellt und kann einen Text, einen Wert oder eine Formel enthalten.
Bei der Speicherverwaltung stellt eine »Zelle« eine (über einen Namen oder eine numerische Angabe) adressierbare Speichereinheit für Informationen dar. Eine binäre Zelle kann z.B. 1 Bit aufnehmen – das heißt, die Zelle kann sich in einem der Zustände »ein« oder »aus« befinden.
In Verbindung mit Hochgeschwindigkeitsnetzwerken wie z.B. ATM ein Datenpaket mit festgelegter Länge, das die grundsätzliche Übertragungseinheit im Netzwerk darstellt. → *siehe auch* ATM.

Zelle, aktive, die; *Subst.* (active cell)
→ *siehe* aktive Zelle.

Zelle, aktuelle, die; *Subst.* (current cell)
→ *siehe* aktive Zelle.

Zelle, selektierte, die; *Subst.* (selected cell)
→ *siehe* aktive Zelle.

zellularer Automat, der; *Subst.* (cellular automata)
In der Informatik ein theoretisches Modell eines Parallelcomputers. Mit Hilfe derartiger Modelle sind Forschungen hinsichtlich der parallelen Verarbeitung von Daten möglich, ohne dass die Computer tatsächlich gebaut werden müssen. Ein zellularer Automat besteht aus einem Netzwerk mehrerer Zellen, die jeweils einen Prozessor des Parallelcomputers darstellen. Die einzelnen Zellen müssen identisch sein und eine begrenzte Menge an verfügbarem Speicher besitzen. Jede Zelle berechnet aus den Eingangswerten, die sie von den benachbarten Zellen empfängt, einen Ausgangswert, wobei alle Zellen ihre Werte gleichzeitig ausgeben.

Zensur, die; *Subst.* (censorship)
Vorgang, bei dem die Verbreitung von Daten, die von einem Netzbetreiber als anstößig oder anderweitig unerwünscht eingestuft werden, unterbunden wird. Das Internet als ganzes wird nicht zensiert, aber einige Teile werden mit unterschiedlichem Ausmaß kontrolliert. Beispielsweise werden Newsserver häufig so konfiguriert, dass bestimmte oder alle alt.-Newsgroups ausgenommen sind, wie alt.sex.* oder alt.music.white-power, da diese nicht moderiert sind und dazu tendieren, umstrittene oder polemische Inhalte zu verbreiten. Eine moderierte Newsgroup oder Verteilerliste kann als Form von Zensur angesehen werden, da der Moderator im Allgemeinen besonders polemische und obszöne Inhalte oder Inhalte, die vom eigentlichen Thema der Newsgroup abweichen, löscht. Onlinedienste haben identifizierbare Besitzer, die häufig einen Teil der Verantwortung darüber übernehmen, welche Inhalte auf die Bildschirme der Netzteilnehmer gelangen. In einigen Ländern ist die Zensur von bestimmten politischen oder kulturellen Websites ein Gegenstand der nationalen Politik. → *siehe auch* Netiquette, Newsgroup.

Zenti- *Präfix* (centi-)
Das Präfix für »Hundertstel«, z.B. in »Zentimeter« (ein Hundertstel eines Meters).
»Zenti« ist auch gelegentlich das Präfix für »Hundert«.

Zentrale, die; *Subst.* (central office)
In der Datenkommunikation die Vermittlungsstelle, in der Verbindungen zwischen den einzelnen Leitungen der Kunden hergestellt werden.

zentrale Datenverarbeitung, die; *Subst.* (centralized processing)
Die Konzentration von Datenverarbeitungsanlagen und die Ausführung der Operationen an einem einzelnen (zentralen) Ort. → *vgl.* dezentrale Datenverarbeitung, verteilte Datenverarbeitung.

zentrieren *Vb.* (center)
Das Ausrichten von Textzeilen in der Mitte einer Zeile, Seite oder eines anderen Bereichs. Die äußere Begrenzung des Textes weist dann zu allen Rändern oder den Linien des Rahmens den gleichen Abstand auf. → *siehe auch* ausrichten.

Z

zepto *Präfix* (zepto-)
Ein Maßeinheitenvorsatz in der Bedeutung 10^{-21}.

Zeroflag, das; *Subst.* (zero flag)
Ein Flag (Bit) im Mikroprozessor, das meist Bestandteil des sog. Flagregisters ist und gesetzt (eingeschaltet) wird, wenn das Ergebnis einer Operation gleich Null ist.

Zero-Insertion-Force-Socket, der; *Subst.* (zero-insertion-force socket)
→ *siehe* ZIF-Sockel.

zerschießen *Vb.* (fry, zap)
Eine Platine oder ein anderes Bauelement eines Computers zerstören, in der Regel durch sich entladende statische Elektrizität oder das Anlegen einer zu hohen Versorgungsspannung.
Auch unter normalen Betriebsbedingungen kann ein elektronisches Bauelement »zerstört« werden, wenn es ausfällt oder der fließende Strom die zulässigen Grenzwerte des Designs übersteigt.

zerstörendes Lesen, das; *Subst.* (destructive read)
Ein Merkmal bestimmter Speichersysteme, insbesondere der Kernspeicher, bei denen durch das Lesen einer Speicherstelle zwar die Übergabe der Daten an den Prozessor erfolgt, aber die im Speicher befindliche Kopie durch den Leseprozess zerstört wird. Diese Systeme erfordern eine spezielle Logik, um die Daten nach dem Lesen wieder zurück in die Speicherstelle zu schreiben. → *siehe auch* Kernspeicher. → *vgl.* zerstörungsfreies Lesen.

zerstörungsfreies Lesen, das; *Subst.* (nondestructive read-out)
Eine Leseoperation, bei der keine Zerstörung der gelesenen Daten erfolgt, weil durch die verwendete Speichertechnologie der Datenerhalt gesichert ist oder das Lesen von einem Refreshprozess (Aktualisierung) begleitet wird. → *vgl.* zerstörendes Lesen.

Zertifikat, das; *Subst.* (certificate)
In der Public-Key-Verschlüsselung ein digitales Dokument, das zur Authentifizierung und zur Gewährleistung eines sicheren Informationsaustausches in offenen Netzwerken wie dem Internet verwendet wird. Ein Zertifikat bindet einen öffentlichen Schlüssel an die Einheit (beispielsweise den Benutzer), die den zugehörigen privaten Schlüssel besitzt, und garantiert so, dass die Besitzerin eines zertifizierten öffentlichen Schlüssels tatsächlich diejenige ist, die sie zu sein behauptet. Zertifikate werden durch Zertifizierungsstellen digital signiert. Das gebräuchlichste Format für Zertifikate wird durch die Empfehlung X.509, Version 3, der ITU-T definiert. → *siehe auch* ITU-T, öffentlicher Schlüssel, Public-Key-Verschlüsselung, X.509, Zertifizierungsstelle.

Zertifikation, die; *Subst.* (certification)
Das Verleihen eines besonderen Dokuments, um die Fähigkeiten von EDV-Benutzern und EDV-Profis auf einem bestimmten Gebiet zu belegen. Einige Hardware- und Softwarehersteller, z.B. Microsoft und Novell, verleihen Zertifikate, die die Anwendung ihrer Produkte betreffen. Diverse Verbände, z.B. das ICCP (Institute for Certification of Computer Professionals) und die CompTIA (Computing Technology Industry Association) ermöglichen es, Zertifikate in allgemeineren EDV-Bereichen zu erlangen.
Zertifikate werden nicht nur an Benutzer verliehen, sondern auch an Hardware- und Softwareprodukte. Derartige Zertifikate belegen, dass ein Produkt eine Reihe von Spezifikationen einhält, z.B. hinsichtlich der korrekten Zusammenarbeit mit bestimmten anderen Hardware- und Softwareprodukten.
Des Weiteren werden Zertifikate an Benutzer verliehen, denen vertraut wird, so weit dies z.B. den adäquaten Umgang mit brisanten Daten betrifft, und die Sicherheitsrichtlinien einhalten. Ferner werden Zertifikate an Websites verliehen, in denen sicherheitsrelevante Aspekte berücksichtigt werden und deren Inhalte gut recherchiert sind.

Zertifizierungsstelle, die; *Subst.* (certification authority)
Abgekürzt »CA«. In der Public-Key-Verschlüsselung eine Institution, die für die Einrichtung und die Gewährleistung der Authentizität von öffentlichen Schlüsseln für Benutzer oder andere Zertifizierungsstellen verantwortlich ist. Die Zertifizierungsstelle garantiert also beispielsweise, dass die Besitzerin eines öffentlichen Schlüssels, der ein Zertifikat ausgestellt wurde, tatsächlich diejenige ist, die sie behauptet zu sein. Die Aktivitäten einer Zertifizierungsstelle umfassen das Ausstellen von Zertifikaten, das Verwalten von Seriennummern und das Sperren von Zertifikaten. Das Vorhandensein von Zertifizierungsstellen ist eine kritische Komponente im E-Commerce. → *siehe auch* E-Commerce, öffentlicher Schlüssel, Public-Key-Verschlüsselung, Zertifikat.

zetta *Präfix* (zetta-)
Ein Maßeinheitenvorsatz in der Bedeutung 10^{21}.

Z

ziehen *Vb.* (drag)
Auf grafischen Benutzeroberflächen das Verschieben eines Bildes oder eines Fensters von einer Stelle auf dem Bildschirm zu einer anderen, indem das entsprechende Objekt »angefasst« und mit Hilfe der Maus auf die neue Position gebracht wird. Der Mauszeiger wird über das Objekt positioniert, und die Maustaste wird gedrückt und gehalten, während das Objekt mittels der Maus an den neuen Ort verschoben wird.

Ziehpunkt, der; *Subst.* (handle)
Eines von verschiedenen kleinen Quadraten, das um ein grafisches Objekt in einem Grafikprogramm angezeigt wird. Der Benutzer kann das Objekt verschieben oder umformen, indem auf den Handle geklickt und dieser anschließend gezogen wird.

Ziel, das; *Subst.* (destination, target)
Im weitesten Sinne ein Gegenstand, auf den sich ein Computerbefehl oder eine Operation bezieht. Beispiele dafür sind: Ein Computer, der ein für ihn übersetztes Programm ausführen soll; eine »fremde« Sprache (für einen anderen Computer), in die ein Programm übersetzt wird; oder eine Gruppe von Menschen, für die ein bestimmtes Produkt entworfen wurde. Im Betriebssystem MS-DOS wird mit dem Begriff Ziel meist die Diskette bezeichnet, auf die sich die vom Betriebssystem angezeigte Eingabeaufforderung bei einem Kopierbefehl bezieht (z.B.: »Zieldiskette in Laufwerk A: einlegen«). Im Zusammenhang mit dem SCSI-Standard (Small Computer System Interface) beschreibt dieser Begriff das Gerät, das die Befehle empfängt. → *siehe auch* SCSI, Zielcomputer, Zieldatenträger, Zielsprache. → *vgl.* Quelle.

Zielcomputer, der; *Subst.* (target computer)
Bezeichnet einen Computer, der Daten von einem Kommunikationsgerät, einem Hardwarezusatzgerät oder einem Softwarepaket empfängt.

Zieldatenträger, der; *Subst.* (target disk)
Der Datenträger, auf den bei einer Operation (z.B. Kopieren) die Daten geschrieben werden. → *siehe auch* Ziel. → *vgl.* Quelldatenträger.

Zielsprache, die; *Subst.* (target language)
Die Sprache, in die der Quelltext kompiliert oder assembliert wird. → *siehe auch* Assembler, Compiler, Crosscompiler.

Ziffer, die; *Subst.* (digit)
Eines der Zeichen, das in einem Zahlensystem für die Darstellung einer vollständigen Zahl (als Einheit) verwendet wird. In jedem Zahlensystem entspricht die Anzahl der möglichen Ziffern der verwendeten Basis. Das Dezimalsystem (mit der Basis 10) verfügt z.B. über die 10 Ziffern von 0 bis 9, das Binärsystem (Basis 2) kennt nur die zwei Ziffern 0 und 1, und im Hexadezimalsystem (Basis 16) werden 16 Ziffern verwendet – 0 bis 9 und A bis F.

Ziffernblock, der; *Subst.* (keypad)
→ *siehe* numerischer Tastenblock.

Zifferncode, der; *Subst.* (cipher)
Ein Code oder ein codiertes Zeichen.

ZiffNet, das; *Subst.*
→ *siehe* ZD Net.

ZIF-Sockel, der; *Subst.* (ZIF socket)
Kurzform für **Z**ero-**I**nsertion-**F**orce **socket** (Nullkraftsockel). Ein Sockel für integrierte Schaltkreise, der über einen Hebel oder einen Drehverschluss geöffnet werden kann. Der Schaltkreis kann dann ohne Kraftanwendung eingesetzt werden. Durch Schließen des Hebels oder des Drehverschlusses werden die Anschlüsse des Schaltkreises kontaktiert. ZIF-Sockel erleichtern das häufigere Einsetzen und Entfernen der Schaltkreise, benötigen allerdings mehr Montagefläche und sind teurer als konventionelle Sockel.

Zink-Luft-Akku, der; *Subst.* (zinc-air battery)
Hierbei handelt es sich um einen relativ günstigen Einwegakku mit einer längeren Lebensdauer, der nicht die gefährlichen Chemikalien oder Metalle enthält, die in konventionellen Akkus auf der Basis von Nickelcadmium (NiCad), Nickelhydrid (NiMH) und Lithium (Li-ion) zu finden sind. → *siehe auch* Batterie, Lithiumakku, Nickelcadmiumakku, Nickelhydridakku. → *vgl.* Bleiakku.

.zip
Eine Dateinamenerweiterung, die ein im ZIP-Format (z.B. durch PKZIP) komprimiertes Dateiarchiv kennzeichnet. → *siehe auch* komprimierte Datei, PKZIP.

Ziplaufwerk, das; *Subst.* (Zip drive)
Ein von der Firma Iomega entwickeltes Diskettenlaufwerk, das wechselbare 3,5-Zoll-Disketten (»Zipdisketten«) mit einer

Z Speicherkapazität von 100 Megabyte verwendet. → *siehe auch* Diskettenlaufwerk. (Abbildung Z.4)

Abbildung Z.4: Ziplaufwerk

Zmodem, das; *Subst.*
Eine Erweiterung des Dateitransferprotokolls Xmodem zur Übertragung größerer Datenmengen bei verbesserter Fehlersicherheit. Wenn der Dateitransfer durch einen Leitungsausfall unterbrochen wurde, kann Zmodem einen Neustart (Checkpoint Restart) ausführen. Dabei wird die Übertragung an der Stelle wieder aufgenommen, an der sie unterbrochen wurde, anstatt von vorn zu beginnen. → *siehe auch* Xmodem.

Zombie *Subst.* (zombie)
Ein Computer, der der unfreiwillige Wirt eines Programms einer verteilten Dienstverweigerungsattacke und mittels eines Remotesignals vom attackierenden Computer kontrolliert wird. Um einen Zombie zu erzeugen, nutzt ein Hacker Sicherheitslücken eines Servers aus und platziert auf einem Server ein verstecktes Tool wie etwa Trinoo oder Tribal Flood Network. Später wird der so manipulierte Computer zu einem Zombie, indem ein Signal gesendet wird, das ihn zu einem Mitbeteiligten an einer Dienstverweigerungsattacke macht. → *siehe auch* Dienstverweigerungsattacke, Hacker, Verteilte Dienstverweigerungsattacke.

Zone, die; *Subst.* (zone)
Auf einem lokalen Netzwerk eine Untergruppe von Benutzern innerhalb einer größeren Gruppe miteinander verbundener Netzwerke.
Beim Apple Macintosh bezeichnet »Zone« den Teil des Speichers, der durch die Speicherverwaltung belegt oder freigegeben wird, wenn Anwendungen oder andere Teile des Betriebssystems Speicher anfordern bzw. nicht mehr benötigen. → *siehe auch* Heap.
Im Domain Name System (DNS) bezeichnet eine Zone einen zusammenhängenden Anteil des DNS-Namensraums im Internet, der von einem DNS-Server verwaltet wird. Ein DNS-Server kann eine oder mehrere Zonen verwalten. Die Ressourceneinträge für die Zonen, für deren Verwaltung ein

DNS-Server autorisiert ist, sind in so genannten Zonendateien enthalten. In den meisten DNS-Versionen sind Zonendateien als einfache Textdateien implementiert. Eine DNS-Zone darf nicht mit einer DNS-Domäne verwechselt werden. → *siehe auch* DNS, DNS-Server, Zonenübertragung.

Zone Header, der; *Subst.* (zone header)
Beim Apple Macintosh ein Bereich am Anfang eines Speicherblocks, der Informationen für die Speicherverwaltungsfunktionen enthält und eine effektive Verwendung des Speicherblocks ermöglicht.

Zonenübertragung, die; *Subst.* (zone transfer)
Im Domain Name System (DNS) ein Prozess, bei dem DNS-Server die Namensdaten autorisierter Zonen untereinander synchronisieren. Dieser Prozess muss beispielsweise gestartet werden, wenn auf einem übergeordneten DNS-Server Änderungen der Zonendaten vorgenommen wurden und diese Änderungen an alle diesem Server untergeordneten Server übertragen werden. → *siehe auch* DNS, DNS-Server, Zone.

.zoo
Eine Dateinamenerweiterung für Dateiarchive, die mit Hilfe des Dienstprogramms »zoo« komprimiert wurden. → *siehe auch* zoo210.

zoo210
Die Version 2.1 von »zoo«, einem Dienstprogramm zur Erstellung komprimierter Dateiarchive (mit der Dateinamenerweiterung ».zoo«). Der Algorithmus für zoo210 basiert auf dem von LHARC. → *siehe auch* Archivdatei, LHARC.

zoomen *Vb.* (zoom)
Das Vergrößern eines ausgewählten Ausschnitts einer Grafik oder eines Dokuments auf Fenster- oder Bildschirmgröße. Das Zoomen ist eine Funktion vieler Programme (wie Grafik-, Textverarbeitungs- und Tabellenkalkulationsprogramme), mit der der Benutzer einen kleinen Ausschnitt des Bildschirms auswählen, diese Auswahl vergrößern (zoomen) und Änderungen an dem vergrößerten Ausschnitt in einer höheren Auflösung vornehmen kann. → *siehe auch* Fenster.

Zoomschaltfläche, die; *Subst.* (zoom box)
Ein Kontrollfeld in der rechten oberen Bildschirmecke eines Apple Macintosh. Durch Klicken auf die Zoomschaltfläche wird die Größe des Fensters zwischen der maximalen Größe und einer voreingestellten, benutzerdefinierten Größe umgeschaltet. → *vgl.* Schaltfläche »Maximieren«.

z-Reihenfolge, die; *Subst.* (z-order)
Die Reihenfolge, in der grafische Objekte bei einer dreidimensionalen Darstellung gezeichnet werden – an der selben Stelle befindliche Grafikobjekte werden dabei gegebenenfalls durch neu gezeichnete ganz oder teilweise verdeckt. Auf diese Weise lässt sich räumliche Tiefe simulieren. Der Begriff stammt daher, dass es in einem dreidimensionalen Koordinatensystem drei Achsen gibt: x-, y- und z-Achse, wobei die in den Raum zeigende Achse (die Tiefenachse) durch die z-Achse repräsentiert wird.

Zubehör, das; *Subst.* (accessory)
→ *siehe* Peripherie.

Zufallsrauschen, das; *Subst.* (random noise)
Ein Signal, bei dem keinerlei Beziehungen zwischen Amplitude und Zeit bestehen und in dem viele Frequenzen zufällig, ohne Muster und in nicht voraussagbarer Folge auftreten.

Zufallszahlenerzeugung, die; *Subst.* (random number generation)
Die Erzeugung einer nicht voraussagbaren Zahlenfolge, bei der keine Zahl zu einem gegebenen Zeitpunkt oder einer bestimmten Position in der Folge wahrscheinlicher auftritt als irgendeine andere. Die Erzeugung echter Zufallszahlen gilt im Allgemeinen als nicht realisierbar. Der in Computern eingesetzte Algorithmus muss daher richtiger »Pseudozufallszahlen-Erzeugung« heißen.

Zugangsprovider, der; *Subst.* (access provider)
→ *siehe* ISP.

Zugangspunkt, der; *Subst.* (access point)
In einem drahtlosen LAN derjenige Transceiver, der das drahtlose LAN mit einem festen LAN verbindet. → *siehe auch* drahtloses LAN, Transceiver.

zugreifen *Vb.* (access)
Ein Vorgang, mit dem Daten aus dem Speicher gelesen oder in diesen geschrieben werden.

Zugriff, der; *Subst.* (access, hit)
Ein Vorgang, mit dem Daten aus dem Speicher gelesen oder in diesen geschrieben werden.
Im Internet ein Dokumentaufruf, z.B. eine Homepage, von einer Website. → *siehe auch* Homepage.

Zugriff, direkter, der; *Subst.* (direct address)
→ *siehe* direkter Zugriff.
→ *siehe* absolute Adresse.

Zugriff, gleichzeitiger, der; *Subst.* (simultaneous access)
→ *siehe* paralleler Zugriff.

Zugriff, indexsequentieller, der; *Subst.* (indexed sequential access method)
→ *siehe* indexsequentieller Zugriff.

Zugriff, paralleler, der; *Subst.* (parallel access)
→ *siehe* paralleler Zugriff.

Zugriffsarm, der; *Subst.* (access arm, head arm)
Ein mechanischer Arm in einer Festplatte oder einem Diskettenlaufwerk, der die Schreib-/Leseköpfe über die Oberfläche der Magnetplatte bzw. Diskette bewegt.
→ *siehe auch* Festplatte.

Zugriffsart, die; *Subst.* (access mechanism)
Im Bereich der Programmierung die Art und Weise, in der ein Anwendungsprogramm lesend oder schreibend auf Ressourcen zugreift. → *auch genannt* Zugriffsmethode.

Zugriffscode, der; *Subst.* (access code)
→ *siehe* Kennwort.

Zugriff, sequentieller, der; *Subst.* (sequential access)
→ *siehe* sequentieller Zugriff.

Zugriff, serieller, der; *Subst.* (serial access)
→ *siehe* sequentieller Zugriff.

Zugriffsgeschwindigkeit, die; *Subst.* (access speed)
→ *siehe* Zugriffszeit.

Zugriffskontrolle, die; *Subst.* (access control)
Der Mechanismus in einem Netzwerk, um abhängig von der Identität des Benutzers und seiner Zugehörigkeit den Zugriff auf bestimmte Informationen oder Funktionen zu beschränken. Typischerweise gibt es vordefinierte Gruppen mit unterschiedlichen Rechten, wobei der Benutzer einer dieser Gruppen zugeordnet ist. Die Zugangskontrolle wird gewöhnlich von den Systemadministratoren eingerichtet und verwaltet, um den Benutzerzugriff auf Netzwerkressourcen, z.B. Server,

Z

Z Verzeichnisse und Dateien, zu regeln. → *siehe auch* Systemadministrator, Zugriffsrechte.

Zugriffskontrollliste, die; *Subst.* (access control list)
Eine Liste, die mit einer Datei verknüpft ist und Informationen darüber enthält, welche Benutzer bzw. Benutzergruppen
Rechte besitzen, auf diese Datei zuzugreifen oder diese zu
ändern.

Zugriffsmechanismus, der; *Subst.* (access mechanism)
Bei einem Laufwerk die Bestandteile, die den Schreib-/Lesekopf
(bzw. die Schreib-/Leseköpfe) über der korrekten Spur eines
magnetischen oder optischen Datenträgers positionieren.
Im Bereich der Halbleitertechnik ein Schaltkreis, der es einem
Bestandteil eines Computersystems erlaubt, Signale an einen
anderen Bestandteil zu senden. → *siehe auch* Diskcontroller.

Zugriffsmethode, die; *Subst.* (access method)
→ *siehe* Zugriffsmechanismus.

Zugriffspfad, der; *Subst.* (access path)
Der vom Betriebssystem verfolgte Weg beim Auffinden einer
gespeicherten Datei. Der Zugriffspfad beginnt mit dem Lauf-
werks- oder Volumebezeichner, setzt sich mit der Kette der
Verzeichnisse und Unterverzeichnisse (falls vorhanden) fort
und endet mit dem Dateinamen. Beispiel für einen Zugriffspfad: »C:\Bücher\Wörterbücher\Start.exe«.

Zugriffsrechte, das; *Subst.* (access privileges, access rights,
account policy)
Die Arten von Operationen, für die der Anwender die Erlaubnis besitzt, bestimmte Systemressourcen in einem Netzwerk
oder auf einem Dateiserver zu nutzen. Eine Reihe von Operationen, so z.B. die Möglichkeit, auf einen Server zuzugreifen, den Inhalt eines Verzeichnisses einzusehen, Dateien zu
öffnen oder zu übertragen sowie Dateien anzulegen, zu
ändern oder zu löschen, können vom Systemadministrator
entweder freigegeben oder gesperrt werden. Das Zuordnen
von benutzerspezifischen Zugriffsrechten hilft dem Systemadministrator, die Sicherheit im System zu gewährleisten.
Außerdem wird sichergestellt, dass vertrauliche Daten nicht
in falsche Hände gelangen und dass Systemressourcen wie
der Festplattenspeicherplatz adäquat belegt werden.
→ *siehe auch* Dateischutz, Dateiserver, Erlaubnis, Schreibrechte, Systemadministrator.
Im abstrakteren Sinne stellen die Zugriffsrechte einen Satz
von Regeln dar, die darüber entscheiden, ob ein neuer
Anwender Zugang zu einem lokalen Netzwerk oder einem

Mehrbenutzersystem bekommt und unter welchen Umständen die Rechte bereits eingetragener Anwender erweitert
werden, so dass diese zusätzliche Systemressourcen nutzen
können. Im Allgemeinen bestimmen die Zugriffsrechte auch
darüber, welche Vorschriften die Benutzer während der
Arbeit im System einhalten müssen – andernfalls riskieren sie
den Verlust von allen oder bestimmten Zugriffsmöglich-
keiten.

Zugriffstaste, die; *Subst.* (accelerator, shortcut key)
In Anwendungsprogrammen eine Taste oder Tastenkombination, mit der eine bestimmte Funktion abgerufen werden
kann. → *auch genannt* Tastenkombination.

Zugriffsverzögerung durch Umdrehung, die; *Subst.* (rotational latency)
→ *siehe* Umdrehungswartezeit.

Zugriffszeit, die; *Subst.* (access time)
Im Zusammenhang mit Speicheroperationen die Zeitspanne,
die vom Angeben der Adresse bis zu dem Zeitpunkt ver-
streicht, an dem die Daten vom Arbeitsspeicher an den Prozessor übertragen wurden.
In Verbindung mit Laufwerken die Zeitspanne, die benötigt
wird, um den Schreib-/Lesekopf über einer bestimmten Spur
zu positionieren. Die Zugriffszeit wird gewöhnlich in Milli-
kunden gemessen und als Indikator für die Leistungsfähigkeit von Festplatten sowie CD-ROM-Laufwerken verwendet.
→ *siehe auch* Kopfberuhigungszeit, Schreib-Lese-Kopf,
Suchzeit, Waitstate. → *vgl.* Zykluszeit.

Zugriff, unmittelbarer, der; *Subst.* (immediate access)
→ *siehe* wahlfreier Zugriff.

Zugriff, wahlfreier, der; *Subst.* (random access)
→ *siehe* wahlfreier Zugriff.

Zulu Time, die; *Subst.* (Zulu time)
Umgangssprachlich für Greenwich Mean Time (GMT).

zuordnen *Vb.* (associate)
Bei der betriebssystemspezifischen Dateiverwaltung das Verknüpfen einer bestimmten Dateierweiterung mit einer
bestimmten Anwendung. Entsprechend verknüpfte Dateien
lassen sich einfach bearbeiten, auch wenn sich das Anwendungsprogramm noch nicht im Arbeitsspeicher befindet. Es
muss nur die Datei geöffnet werden (typischerweise vom
Desktop aus), woraufhin die jeweilige Anwendung automa-

tisch vom Betriebssystem geladen und in dieser die Datei nachgeladen wird.

Zuordnungseinheit, die; *Subst.* (cluster)
Die kleinste Speichereinheit, in der das Betriebssystem Daten liest und schreibt. Eine Zuordnungseinheit besteht aus einer festen Anzahl von Sektoren (Speichersegmenten auf einem Datenträger). Typischerweise setzt sich eine Zuordnungseinheit aus 2 bis 8 Sektoren zusammen, von denen jeder eine bestimmte Anzahl von Bytes (Zeichen) aufnimmt.

Zuordnungseinheit, verlorene, die; *Subst.* (lost cluster)
→ *siehe* verlorene Zuordnungseinheit.

zurückgeben *Vb.* (return)
Das Ergebnis einer aufgerufenen Routine dem aufrufenden Programm bzw. der aufrufenden Routine zurückmelden.

zurücksetzen *Vb.* (unset)
Den Wert eines Bits auf 0 (Null) einstellen. → *vgl.* setzen.

zurückspringen *Vb.* (exit, return)
In der Programmierung das Übergeben der Steuerung des Systems von einer aufgerufenen Routine (bzw. Programm) zurück an die aufrufende Routine (Programm). Einige Programmiersprachen unterstützen explizite Anweisungen wie *Return* oder *Exit*, andere gestatten das Zurückspringen nur am Ende (letzte Anweisung) der aufgerufenen Routine (bzw. Programm). Bei der ersten Kategorie von Programmiersprache lassen sich innerhalb einer Routine in der Regel mehrere Rücksprungstellen definieren, um die Beendigung in Abhängigkeit von verschiedenen Bedingungen zu erlauben. → *siehe auch* aufrufen.

zurückspulen *Vb.* (rewind)
Das Magnetband einer Spule oder Kassette in die Anfangsposition bringen.

Zurückverfolgung, die; *Subst.* (backtracking)
Die Fähigkeit eines Expertensystems, alternative Lösungen als Versuch auszuprobieren, die Antwort auf ein Problem zu finden. Die Alternativen können als Zweige eines Baumes betrachtet werden. Die Zurückverfolgung unterliegt folgendem Prinzip: Das Programm folgt einem Ast. Erreicht es dabei ein Astende, ohne das gesuchte Element gefunden zu haben, kehrt es zurück und untersucht einen anderen Ast.

zusammenfassen *Vb.* (summarize)
Die Ergebnisse einer Umfrage oder einer Wahl nach der Auszählung in kurzer Form per E-Mail an eine Newsgroup oder Verteilerliste senden.

Zusammenfassung, die; *Subst.* (abstract)
In der Informationsverarbeitung und der Bibliothekswissenschaft eine Inhaltsangabe, die typischerweise aus einem oder einigen wenigen Absätzen besteht und sich am Anfang eines längeren Textes befindet, z.B. einer wissenschaftlichen Abhandlung.

zusammengebrochener Backbone, der; *Subst.* (collapsed backbone)
→ *siehe* Backbone.

zusammengesetzte Anweisung, die; *Subst.* (compound statement)
Ein selbständiger Befehl, der aus zwei oder mehr Einzelbefehlen besteht.

zusammengesetzter Schlüssel, der; *Subst.* (composite key)
Ein Schlüssel, dessen Definition aus zwei oder mehr Feldern in einer Datei, Spalten in einer Tabelle oder Attributen in einer Relation besteht.

zusammengesetztes Dokument, das; *Subst.* (compound document)
Ein Dokument, das verschiedene Datenarten enthält. Jede Datenart wurde dabei mit einer separaten Anwendung angefertigt. Ein Beispiel für ein zusammengesetztes Dokument ist ein Report, der sowohl Diagramme enthält (die mit einem Tabellenkalkulationsprogramm erstellt wurden) als auch Texte (die mit einem Textverarbeitungsprogramm angefertigt wurden). Obwohl ein zusammengesetztes Dokument optisch wie eine Einheit aus nahtlos zusammengefügten Bestandteilen wirkt, besteht es in Wirklichkeit aus diskreten Objekten (Datenblöcken), die mit den entsprechenden Anwendungen erstellt wurden. Diese Objekte können entweder physikalisch in das Zieldokument eingebettet werden oder stellen lediglich einen Verweis (Link) dar, der auf die Quelldatei zeigt (die Daten befinden sich dann physikalisch in der Quelldatei). Sowohl eingebettete als auch verwiesene Objekte können bearbeitet werden. Einen Unterschied gibt es aber bei der Aktualisierung: Wird in Verbindung mit einem verwiesenen Objekt die Quelldatei verändert, wird auch gleichzeitig das entsprechende Objekt

Z

im zusammengesetzten Dokument aktualisiert. Eingebettete Objekte bleiben dagegen zunächst in der ursprünglichen Version im zusammengesetzten Dokument und müssen bei Bedarf manuell aktualisiert werden. → *siehe auch* ActiveX, OLE, OpenDoc.

Zusatzeinrichtung, die; *Subst.* (auxiliary equipment)
→ *siehe* Zubehör.

Zusatzgerät, das; *Subst.* (ancillary equipment)
→ *siehe* Peripherie.

Zusatzprozessor, der; *Subst.* (attached processor)
In einem Computersystem eingesetzter sekundärer Prozessor, z.B. ein Tastatur- oder Videosubsystemprozessor.

Zuverlässigkeit, die; *Subst.* (reliability)
Die Wahrscheinlichkeit, mit der ein Computersystem oder ein anderes Gerät über einen gegebenen Zeitraum und unter bestimmten Bedingungen funktioniert. Als Maß für die Zuverlässigkeit verwendet man verschiedenartige Leistungsindizes. Beispielsweise wird die Zuverlässigkeit einer Festplatte als »Mean Time Between Failures« (MTBF), im Deutschen »mittlere fehlerfreie Betriebszeit«, angegeben. Es handelt sich hier um die Angabe der Zeitspanne zwischen zwei Ausfällen, innerhalb derer man statistisch von der einwandfreien Funktion der Festplatte ausgehen kann. → *siehe auch* MTBF, MTTR.

Zuweisung bei Kompilierung, die; *Subst.* (compile-time binding)
Das Zuweisen der einzelnen Bezeichner in einem Programm (z.B. Funktionsnamen und Konstanten) mit Werten zu dem Zeitpunkt, zu dem das Programm kompiliert wird. Das Gegenstück ist die Zuweisung zur Laufzeit. → *vgl.* Laufzeitbindung.

Zuweisungsbefehl, der; *Subst.* (assignment statement)
Ein Befehl in einer Programmiersprache, der dazu dient, einer Variablen einen Wert zuzuweisen. Die Zuweisung besteht gewöhnlich aus drei Elementen (von links nach rechts in Bezug auf die Schreibweise im Programm): der Zielvariablen, dem Zuweisungsoperator (typischerweise ein Symbol wie = oder :=) und dem zuzuweisenden Ausdruck. Bei Ausführung der Zuweisung wird der Ausdruck ausgewertet und der Ergebniswert im angegebenen Ziel gespeichert. → *siehe auch* Ausdruck, Variable, Zuweisungsoperator.

Zuweisungsoperator, der; *Subst.* (assignment operator)
Ein Operator, der dazu dient, einer Variablen oder einer Datenstruktur einen Wert zuzuweisen. → *siehe auch* Operator, Zuweisungsbefehl.

Zwei-aus-fünf-Code, der; *Subst.* (two-out-of-five code)
Ein fehlererkennender Code, der fünf Binärstellen für die Speicherung der zehn Dezimalziffern (0 bis 9) verwendet. Jedes Codewort enthält dabei entweder zwei Einsen und drei Nullen oder zwei Nullen und drei Einsen.

zweidimensional *Adj.* (two-dimensional)
Durch zwei Bezugsgrößen – wie beispielsweise Höhe und Breite – definiert. Als zweidimensional bezeichnet man z.B. Modelle, die bezüglich einer x- und einer y-Achse gezeichnet werden, oder ein Array, in dem die Zahlen in Zeilen und Spalten angeordnet sind. → *siehe auch* kartesische Koordinaten.

zweidimensionales Array, das; *Subst.* (two-dimensional array)
Eine geordnete Zusammenstellung von Informationen, wobei sich die Lage eines Elements durch zwei (ganze) Zahlen bestimmen lässt, die den Zeilen- und Spaltenindex in einer Matrix angeben.

zweidimensionales Modell, das; *Subst.* (two-dimensional model)
Eine Computersimulation eines räumlichen Objekts, bei der Länge und Breite reale Attribute darstellen, nicht jedoch die Tiefe. Ein Modell mit x- und y-Achsen. → *vgl.* dreidimensionales Modell.

Zweierkomplement, das; *Subst.* (two's complement)
Eine Zahl im Binärsystem (mit der Basis 2), die das Echtkomplement einer anderen Zahl ist. Die Bildung des Zweierkomplements erfolgt durch Negation der einzelnen Stellen einer Binärzahl (Umwandlung der Einsen in Nullen und umgekehrt) und anschließender Addition von 1. Bei der Darstellung negativer Zahlen im Zweikomplement ist die höchstwertige (am weitesten links stehende) Binärstelle immer mit einer 1 besetzt. → *siehe auch* Komplement.

Zweig, der; *Subst.* (fork)
Einer der beiden Bestandteile einer Datei, die Mac OS erkennt. Eine Macintosh-Datei besteht aus einem Datenzweig und einem Ressourcenzweig. Der größte oder gesamte Teil eines vom Benutzer erstellten Dokuments befindet sich im Datenzweig, während der Ressourcenzweig normaler-

weise anwendungsorientierte Informationen enthält, z.B. Schriften, Dialogfelder und Menüs. → *siehe auch* Datenzweig, Ressourcenzweig.

Zweikanalcontroller, der; *Subst.* (dual channel controller)
Eine Einheit oder ein Gerät mit zwei Kanälen, das den Signalzugriff auf die Einheiten steuert, die an zwei Strängen angeschlossen sind.

Zwei-Schichten-Client/Server, der; *Subst.* (two-tier client/server)
Eine Client/Serverarchitektur, bei der Softwaresysteme in zwei Schichten organisiert sind: die Schicht Benutzeroberfläche/Geschäftsstruktur und die Datenbankschicht. Die Sprachen der vierten Generation (4GL) haben dazu beigetragen, die Zwei-Schichten-Client/Serverarchitektur bekannt zu machen. → *siehe auch* 4GL, Client/Serverarchitektur. → *auch genannt* 4GL-Architektur. → *vgl.* Drei-Schichten-Client/Server.

zweite Normalenform, die; *Subst.* (second normal form)
→ *siehe* Normalform.

zweiteiliger Virus, der; *Subst.* (bipartite virus)
→ *siehe* mehrteiliger Virus.

Zwischenablage, die; *Subst.* (clipboard)
Eine spezielle Speicherressource, die von fensterorientierten Betriebssystemen verwaltet wird. Die Zwischenablage enthält eine Kopie der Daten, die zuletzt »kopiert« oder »ausgeschnitten« wurden. Mit Hilfe der »Einfügen«-Funktion kann der Inhalt der Zwischenablage in das aktuelle Programm übernommen werden. Durch Verwendung der Zwischenablage lassen sich Daten von einem Programm in ein anderes übertragen, vorausgesetzt, dass das zweite Programm die Daten des ersten lesen kann. Die Übernahme ist statisch – werden die ursprünglichen Daten später geändert, hat diese Änderung keinen Einfluss auf etwaige bereits an anderen Stellen eingefügte Daten. → *siehe auch* Ausschneiden und Einfügen, dynamischer Datenaustausch. → *vgl.* Scrap.

Zwischenergebnis, das; *Subst.* (batch total)
Ein Kontrollwert, der aus einer Gruppe (einem Batch) von Datensätzen berechnet wird. Mit dieser Methode lässt sich verifizieren, ob alle Informationen verbucht und korrekt eingegeben wurden. Beispielsweise kann der Tagesumsatz als Kontrollwert für die Überprüfung der Einzelverkäufe verwendet werden.

Zwischenspeicher, der; *Subst.* (cache)
→ *siehe* Cache.

Zwischensprache, die; *Subst.* (intermediate language)
Eine Computersprache, die als Zwischenschritt zwischen der ursprünglichen Quellsprache (in der Regel einer Hochsprache) und der Zielsprache (im Allgemeinen dem Maschinencode) verwendet wird. Viele Hochsprachencompiler verwenden den Assemblersprachen als Zwischensprache. → *siehe auch* Compiler, Objektcode, Programmiersprache.

zyklischer Binärcode, der; *Subst.* (cyclic binary code)
Eine binäre Zahlendarstellung, bei der sich jede Ziffer von der vorangehenden nur in einer Einheit (Bit) auf einer Position unterscheidet. Zahlen im zyklischen Binärcode weichen von gewöhnlichen Binärzahlen ab, obwohl beide Codes auf den Ziffern 0 und 1 basieren. Die Zahlendarstellung im zyklischen Binärcode ist in etwa mit dem Morsecode vergleichbar, wohingegen gewöhnliche Binärzahlen die tatsächlichen Werte im binären Zahlensystem repräsentieren. Da sich die einzelnen, aufsteigenden Ziffern nur in einem Bit unterscheiden, wird der zyklische Binärcode zur Fehlerreduzierung bei der Darstellung von Einheitenmessungen eingesetzt.

Dezimal	zyklischer Binärcode	gewöhnlicher Binärcode
0	0000	0000
1	0001	0001
2	0011	0010
3	0010	0011
4	0110	0100
5	0111	0101
6	0101	0110
7	0100	0111
8	1100	1000
9	1101	1001

zyklische Redundanzüberprüfung, die; *Subst.* (cyclical redundancy check)
→ *siehe* CRC.

Zykluszeit, die; *Subst.* (cycle time)
Die Zeit zwischen einem RAM-Speicherzugriff und dem frühest möglichen Zeitpunkt, zu dem ein erneuter Zugriff stattfinden kann. → *siehe auch* Zugriffszeit.

Wörterbuch englisch/deutsch

0 wait state (0 Waitstates)
101-key keyboard (101-Tastentastatur)
1024x768 (1.024x768)
12-hour clock (12-Stunden-Uhr)
14.4 (14,4)
1.44M (1,44 MB)
16-bit (16 Bit)
16-bit application (16-Bit-Anwendung)
16-bit color (16-Bit-Farbtiefe)
16-bit machine (16-Bit-Computer)
16-bit operating system (16-Bit-Betriebssystem)
2000 time problem (Jahr-2000-Problem)
2038 time problem (Jahr-2038-Problem)
24-bit color (24-Bit-Farbtiefe)
24-hour clock (24-Stunden-Uhr)
256-bit (256 Bit)
28.8 (28,8)
32-bit (32 Bit)
32-bit application (32-Bit-Anwendung)
32-bit clean (echte 32 Bit)
32-bit color (32-Bit-Farbtiefe)
32-bit driver (32-Bit-Treiber)
32-bit machine (32-Bit-Computer)
32-bit operating system (32-Bit-Betriebssystem)
3.5-inch floppy disk (3,5-Zoll-Diskette)
3-D (3D)
3-D array (3D-Matrix)
3-D audio (3D-Audio)
3-D graphic (3D-Grafik)
3-D metafile (3D-Metadatei)
3-D model (3D-Modell)
3-D sound (3D-Sound)
4GL architecture (4GL-Architektur)
4mm tape (4-mm-Band)
5.25-inch floppy disk (5,25-Zoll-Diskette)
56-Kbps modem (56K-Modem)
64-bit (64 Bit)
64-bit machine (64-Bit-Computer)
7-bit ASCII (7-Bit-ASCII)

7-track (7-Spur-System)
802.x standards (802.x-Standards)
80-character line length (80 Zeichen pro Zeile)
8-bit, 16-bit, 32-bit, 64-bit (8 Bit, 16 Bit, 32 Bit, 64 Bit)
8-bit machine (8-Bit-Computer)
8mm tape (8-mm-Band)
8-pin ISDN plug (Westernstecker)
9600 (9.600)
9-track (9-Spur-System)
abort (abbrechen)
absolute address (absolute Adresse)
absolute coding (absolute Codierung)
absolute coordinates (absolute Koordinaten)
absolute path (absoluter Pfad)
absolute pointing device (absolutes Zeigegerät)
absolute value (absoluter Wert)
abstract (abstrakt)
abstract (Zusammenfassung)
abstract class (abstrakte Klasse)
abstract data type (abstrakter Datentyp)
Abstraction (Abstraktion)
abstract machine (abstrakte Maschine)
abstract syntax (abstrakte Syntax)
abstract syntax tree (abstrakter Syntaxbaum)
A/B switch box (A/B-Umschaltbox)
AC adapter (AC-Adapter)
accelerator (Beschleuniger)
accelerator (Zugriffstaste)
accelerator board (Beschleunigerkarte)
accelerator card (Beschleunigerkarte)
acceptable use policy (Benutzungsrichtlinien)
acceptance test (Abnahme)
access (Verbindung)
access (zugreifen)
access (Zugriff)
access arm (Zugriffsarm)
access code (Zugriffscode)
access control (Zugriffskontrolle)
access control list (Zugriffskontrollliste)

accessibility (Bedienkomfort)
access mechanism (Zugriffsart)
access mechanism (Zugriffsmechanismus)
access method (Zugriffsmethode)
access number (Einwahlnummer)
accessory (Zubehör)
access path (Zugriffspfad)
access point (Zugangspunkt)
access privileges (Zugriffsrechte)
access provider (Zugangsprovider)
access rights (Zugriffsrechte)
access speed (Zugriffsgeschwindigkeit)
access time (Zugriffszeit)
accounting file (Druckwarteschlange-Datei)
accounting machine (Buchhaltungscomputer)
accounting machine (Buchhaltungsmaschine)
account policy (Richtlinien für Konten)
account policy (Zugriffsrechte)
account policy (Kontorichtlinien)
accumulator (Akkumulator)
accuracy (Genauigkeit)
acoustic coupler (Akustikkoppler)
acronym (Akronym)
action statement (Ausführungsbefehl)
activation record (Ausführungsdatensatz)
active (aktiv)
active cell (aktive Zelle)
active content (aktiver Inhalt)
active file (aktive Datei)
Active Framework for Data Warehousing (Active Framework for Datawarehousing)
active hub (aktiver Hub)
active-matrix display (aktive Matrix)
active program (aktives Programm)
active star (aktiver Stern)
active window (aktives Fenster)
ActiveX controls (ActiveX-Steuerelement)
activity ratio (Fluktuationsrate)
actuator (Aktuator)
adaptive answering (adaptives Antwortverhalten)
adaptive delta pulse code modulation (adaptive Delta-puls-Codemodulation)
adaptive differential pulse code modulation (adaptive differentielle Puls-Codemodulation)
adaptive system (adaptives System)
A-D converter (A/D-Wandler)
adder (Addierer)
addition record (Ergänzungsdatenbank)

addition record (Ergänzungsdatensatz)
address (Adresse)
address (adressieren)
addressable cursor (adressierbarer Cursor)
address book (Adressbuch)
address bus (Adressbus)
address decoder (Adressdecoder)
addressing (Adressierung)
address mapping table (Adresszuordnungstabelle)
address mark (Adressmarke)
address mask (Adressierungsmaske)
address mode (Adressierungsmodus)
address modification (Adressänderung)
address munging (Adressverzerrung)
address register (Adressregister)
address resolution (Adressauflösung)
Address Resolution Protocol (Adressauflösungs-Protokoll)
address space (Adressraum)
address translation (Adressübersetzung)
Advanced RISC Computing Specification (Advanced-RISC-Spezifikation)
Advanced SCSI Programming Interface (Advanced-SCSI-Programmierschnittstelle)
adventure game (Abenteuerspiel)
AI (KI)
alert (Alarm)
algorithm (Algorithmus)
algorithmic language (algorithmische Sprache)
aliasing bug (Aliasingbug)
align (ausrichten)
alignment (Ausrichtung)
allocate (allozieren)
allocation (Allozierung)
allocation block size (Allozierungsblockgröße)
allocation unit (Belegungseinheit)
alpha (Alphaversion)
alphabetic (alphabetisch)
Alpha box (Alphabox)
alpha channel (Alphakanal)
Alpha chip (Alpha-Chip)
alphageometric (alphageometrisch)
alphamosaic (alphamosaikbezogen)
alphanumeric (alphanumerisch)
alphanumeric display terminal (alphanumerisches Display)
alphanumeric mode (alphanumerischer Modus)
alphanumeric sort (alphanumerische Sortierung)
alpha test (Alphatest)

alternate circuit-switched voice/circuit-switched data (leitungsvermittelte Sprache/Daten)
alternate key (Alternativschlüssel)
alternating current (Wechselstrom)
Alt key (Alt-Taste)
alt. newsgroups (alt.-Newsgroups)
amplitude modulation (Amplitudenmodulation)
analog channel (Analogkanal)
analog computer (Analogcomputer)
analog data (Analogdaten)
analog display (Analogdisplay)
analog line (Analogleitung)
analog modem (Analogmodem)
analog signal generator (analoger Signalgenerator)
analog-to-digital converter (Analog-/Digitalwandler)
analysis (Analyse)
analysis graphics (Geschäftsgrafik)
anchor (Anker)
ancillary equipment (Zusatzgerät)
AND gate (AND-Gatter)
angle bracket (spitze Klammer)
angstrom (Angström)
animated cursors (animierter Cursor)
animated GIF (animiertes GIF)
annotation (Anmerkung)
anonymity (Anonymität)
anonymous post (anonymer Artikel)
anonymous remailer (anonymer Remailer)
anonymous server (anonymer Server)
answer mode (Antwortmodus)
answer-only modem (Nur-Antwort-Modem)
answer/originate modem (Antwortwählmodem)
anti-aliasing (Antialiasing)
anti-glare (entspiegeln)
anti-replay (Anti-Replay-Funktion)
antistatic device (Antistatikeinrichtung)
antivirus program (Antivirusprogramm)
anti-worm (Anti-Wurm)
any key (beliebige Taste)
Apache XML Project (Apache XML-Projekt)
append (anfügen)
Apple key (Apple-Taste)
appliance (Dienstgerät)
application (Anwendung)
application binary interface (binäre Anwendungsschnittstelle)
application-centric (anwendungsspezifisch)
application developer (Anwendungsprogrammierer)

application development environment (Anwendungsentwicklungsumgebung)
application development language (Anwendungsprogrammiersprache)
application development system (Anwendungsentwicklungssystem)
application file (Anwendungsdatei)
application gateway (Anwendungsübergang)
application generator (Programmgenerator)
application heap (Anwendungsheap)
application layer (Anwendungsschicht)
application processor (anwendungsspezifischer Prozessor)
application program (Anwendungsprogramm)
application programming interface (Anwendungsprogrammierschnittstelle)
application proxy (Anwendungsproxy)
application server (Anwendungsserver)
application service provider (Anwendungsdienstanbieter)
application shortcut key (Anwendungsschnelltaste)
application software (Anwendungssoftware)
application-specific integrated circuit (anwendungsspezifisches IC)
application suite (Anwendungssuite)
arcade game (Arcadespiel)
arcade game (Spielautomat)
Archie client (Archieclient)
architecture (Architektur)
archive (Archiv)
archive (archivieren)
archive bit (Archivbit)
archive file (Archivdatei)
archive site (Archivsite)
area chart (Flächendiagramm)
area search (Bereichssuche)
arithmetic (Arithmetik)
arithmetic (arithmetisch)
arithmetic expression (arithmetischer Ausdruck)
arithmetic logic unit (arithmetisch-logische Einheit)
arithmetic operation (arithmetische Operation)
arithmetic operator (arithmetischer Operator)
array element (Arrayelement)
array processor (Arrayprozessor)
arrow key (Pfeiltaste)
article (Beitrag)
artificial intelligence (künstliche Intelligenz)
artificial life (künstliches Leben)
artificial neural network (künstliches neuronales Netzwerk)
ascender (Oberlänge)

ascending order (aufsteigende Reihenfolge)
ascending sort (aufsteigende Sortierung)
ASCII character set (ASCII-Zeichensatz)
ASCII EOL value (ASCII-EOL-Wert)
ASCII file (ASCII-Datei)
ASCII transfer (ASCII-Übertragung)
ASCIIZ string (ASCIIZ-String)
aspect-oriented programming (aspektorientierte Programmierung)
aspect ratio (Seitenverhältnis)
assemble (assemblieren)
assembly language (Assemblersprache)
assembly listing (Assemblerlisting)
assertion (Annahme)
assignment operator (Zuweisungsoperator)
assignment statement (Zuweisungsbefehl)
associate (zuordnen)
associative storage (assoziativer Speicher)
associativity (Assoziativität)
asterisk (Sternchen)
asymmetrical transmission (asymmetrische Übertragung)
asymmetric encryption (asymmetrische Verschlüsselung)
asynchronous device (asynchrones Gerät)
asynchronous operation (asynchrone Operation)
asynchronous procedure call (asynchroner Prozeduraufruf)
asynchronous static RAM (asynchrones statisches RAM)
ATA hard disk drive card (ATA-Festplattenkarte)
ATA/IDE hard disk drive (ATA/IDE-Festplatte)
AT bus (AT-Bus)
ATM (ATM-Terminal)
atomic operation (unteilbare Operation)
atomic transaction (atomare Transaktion)
at sign (at-Zeichen)
at sign (Klammeraffe)
attach (anhängen)
attached document (angehängtes Dokument)
attached processor (Zusatzprozessor)
attenuation (Dämpfung)
attribute (Attribut)
audio board (Audiokarte)
audio card (Audiokarte)
audio compression (Audiokomprimierung)
audio output (Audioausgabe)
audio output port (Audioausgabeport)
audio response (Sprachausgabe)
audiovisual (audiovisuell)
audit (überwachen)

auditing (Überwachung)
audit trail (überwachen und aufzeichnen)
authentication (Authentifizierung)
author (verfassen)
authoring language (Autorensprache)
authoring software (Autoren-Software)
authoring system (Autorensystem)
authorization (Autorisierung)
authorization code (Autorisierungscode)
auto answer (Auto-Antwortfunktion)
autoattendant (autoverbindend)
AutoCorrect (AutoKorrektur)
auto dial (Selbstwählfunktion)
auto-key (Tastenwiederholfunktion)
automagic (automagisch)
automata theory (Automatentheorie)
automated office (automatisiertes Büro)
automatic answering (automatisches Antwortverhalten)
automatic data processing (automatische Datenverarbeitung)
automatic dialing (automatisches Wählen)
automatic error correction (automatische Fehlerkorrektur)
Automatic Private IP Addressing (Automatische Private IP-Adressierung)
automatic speech recognition (automatische Spracherkennung)
automatic system reconfiguration (automatische Systemneukonfiguration)
automonitor (Selbstüberwachung)
auto-repeat (automatische Wiederholung)
autorestart (automatischer Neustart)
autosave (automatisches Speichern)
autosave (Speichern, automatisch)
autosizing (automatische Größenanpassung)
autostart routine (Autostartroutine)
autostereogram (Autostereogramm)
auxiliary equipment (Zusatzeinrichtung)
auxiliary storage (externer Speicher)
availability (Verfügbarkeit)
available time (Verfügbarkeitszeit)
avalanche ad (Avalanche-Banner)
AVI cable (AVI-Kabel)
axis (Achse)
back door (Hintertür)
back end (Back-End)
back-end processor (Back-End-Prozessor)
background (Hintergrund)
background (Hintergrund)

background noise (Hintergrundrauschen)
background printing (Hintergrunddruck)
background processing (Hintergrundverarbeitung)
background program (Hintergrundprogramm)
background task (Hintergrundtask)
back-lit display (Display mit Hintergrundbeleuchtung)
backside bus (Backsidebus)
backslash (umgekehrter Schrägstrich)
Backspace key (Rücktaste)
backtracking (Zurückverfolgung)
back up (sichern)
backup (Sicherungskopie)
backup and recovery (Sicherung und Wiederherstellung)
backup and restore (Sicherung und Wiederherstellung)
backup copy (Sicherungskopie)
backup file (Sicherungsdatei)
Backus-Naur form (Backus-Naur-Form)
backward chaining (Rückverkettung)
bacterium (Bakterie)
bad block (schadhafter Block)
bad sector (schadhafter Sektor)
bad track (schadhafte Spur)
balanced line (symmetrische Verbindung)
balloon help (Sprechblasenhilfe)
ball printer (Kugelkopfdrucker)
bandpass filter (Bandbreitenfilter)
bandwidth (Bandbreite)
bandwidth management (Bandbreitenverwaltung)
bandwidth on demand (Bandbreite auf Anforderung)
bandwidth reservation (Bandbreitenreservierung)
bandwidth test (Bandbreitentest)
bank switching (Bankumschaltung)
banner page (Eröffnungsbildschirm)
banner page (Startseite)
bar chart (Balkendiagramm)
bar code (Barcode)
bar code reader (Barcodelesegerät)
bar code scanner (Barcodescanner)
bare board (Leerplatine)
bare bones (rudimentär)
bare bones (Rudimentärcomputer)
bar graph (Balkengrafik)
barrel distortion (Tonnenverzerrung)
base (Basis)
base 10 (Basis 10)
base 16 (Basis 16)
base 2 (Basis 2)
base 8 (Basis 8)

base address (Basisadresse)
baseband (Basisband-)
baseband network (Basisbandnetzwerk)
base class (Basisklasse)
baseline (Grundlinie)
base memory (Basisspeicher)
base RAM (Basis-RAM)
batch file (Batchdatei)
batch file transmission (Batchdateiübertragung)
batch job (Batchjob)
batch processing (Batchverarbeitung)
batch processing (Stapelverarbeitung)
batch program (Batchprogramm)
batch system (Batchsystem)
batch total (Zwischenergebnis)
battery (Batterie)
battery backup (Batteriebackup)
battery meter (Batterieprüfer)
Baudot code (Baudot-Code)
baud rate (Baudrate)
bay (Schacht)
bearer channel (B-Kanal)
BEDO DRAM (BEDO-DRAM)
beginning-of-file (Dateianfang)
Bell communications standards (Bell-Kommunikations-standards)
Bell-compatible modem (Bell-kompatibles Modem)
Bellman-Ford distance-vector routing algorithm (Distanzvektor-Routingalgorithmus nach Bellman-Ford)
bells and whistles (Extras)
benchmark (benchmarken)
benign virus (gutartiger Virus)
Beowulf-class computing (Beowulf-Computer)
Bernoulli box (Bernoulli-Box)
Bernoulli distribution (Bernoulli-Verteilung)
Bernoulli process (Bernoulli-Prozess)
Bernoulli sampling process (Bernoulli-Samplingprozess)
best of breed (Bestes seiner Klasse)
beta (Betaversion)
beta site (Betatester)
beta test (Betatest)
Bézier curve (Bézier-Kurve)
bias (Abweichen)
bias (Abweichung (math.))
bias (Schwellspannung)
bidirectional (bidirektional)
bidirectional parallel port (bidirektionaler Port)
bidirectional printing (bidirektionaler Druck)

bi-endian (bi-endian)
bifurcation (Gabelung)
billion (brit: Billion, am: Milliarde)
billisecond (Milliardstelsekunde)
binary (binär)
binary chop (binäres Abschneiden)
binary-coded decimal (binärcodierte Dezimalzahlen)
binary compatibility (Binärkompatibilität)
binary conversion (binäre Umwandlung)
binary device (binäres Gerät)
binary digit (Binärziffer)
binary file (Binärdatei)
binary file transfer (binäre Dateiübertragung)
binary format (Binärformat)
binary notation (Binärschreibweise)
binary number (Binärziffer)
binary search (binäre Suche)
binary synchronous protocol (binäres synchrones Protokoll)
binary transfer (binäre Übertragung)
binary tree (binärer Baum)
binaural sound (binauraler Klang)
bind (binden)
binding time (Bindungszeit)
binomial distribution (Binominalverteilung)
biometrics (Biometrik)
bionics (Bionik)
bipartite virus (Virus, zweiteiliger)
bipartite virus (zweiteiliger Virus)
bistable (bistabil)
bistable circuit (bistabiler Schaltkreis)
bistable multivibrator (bistabiler Multivibrator)
bit block (Bitblock)
bit block transfer (Bitblocktransfer)
bit density (Bitdichte)
bit depth (Bittiefe)
bit flipping (bitweise Invertierung)
bit image (Bitbild)
bit manipulation (Bitmanipulation)
bit map (Bitmap)
bitmapped font (Bitmapschrift)
bitmapped graphics (Bitmapgrafik)
bit. newsgroups (bit.-Newsgroups)
bit-oriented protocol (bitorientiertes Protokoll)
bit parallel (bitweise parallel)
bit pattern (Bitmuster)
bit plane (Bitebene)
bit rate (Bitrate)

bit serial (bitweise seriell)
bit slice microprocessor (Bitsliceprozessor)
bits per inch (Bits pro Zoll)
bits per second (Bits pro Sekunde)
bit stream (Bitstrom)
bit transfer rate (Bitübertragungsrate)
bit twiddler (Bitverdreher)
biz. newsgroups (biz.-Newsgroups)
black box (Blackbox)
black box testing (Blackbox-Test)
blank (ausblenden)
blank (Leerzeichen)
blanking (Austastung)
blast (brennen)
bleed (Reiter)
blind search (blinde Suche)
blink (blinken)
blink speed (Blinkgeschwindigkeit)
bloatware (aufgeblähte Software)
block (blockieren)
block (blockweise speichern)
block (markieren)
block cipher (blockweise Verschlüsselung)
block cursor (Blockcursor)
block device (blockorientiertes Gerät)
block diagram (Blockdiagramm)
block header (Datenblockkopf)
blocking factor (Blockfaktor)
blocking factor (Blockgröße)
block length (Blocklänge)
block move (blockweise Verschiebung)
block size (Blockgröße)
block structure (Blockstruktur)
block transfer (blockweise Übertragung)
blow (brennen)
blow up (abstürzen)
blue screen (Stoppbildschirm)
Bluetooth (Bluetooth-Spezifikation)
BNC connector (BNC-Stecker)
board (Platine)
board computer (Platinencomputer)
board level (Platinenebene)
body (Textkörper)
body face (Brotschrift)
boilerplate (Textbaustein)
boldface (Fettschrift)
bomb (abstürzen)
bomb (Bombe)

bonding (Kanalbündelung)
bookmark (Lesezeichen)
bookmark (Textmarke)
bookmark file (Lesezeichendatei)
Boolean (Boolesch)
Boolean algebra (Boolesche Algebra)
Boolean expression (Boolescher Ausdruck)
Boolean logic (Boolesche Logik)
Boolean operator (Boolescher Operator)
Boolean search (Boolesche Suche)
boot (Booten)
boot (booten)
bootable (bootfähig)
bootable disk (bootfähige Diskette)
boot block (Bootblock)
boot disk (Bootdiskette)
boot drive (Bootlaufwerk)
boot failure (Bootfehler)
boot loader (Urlader)
boot partition (Bootpartition)
Boot Protocol (Bootprotokoll)
boot record (Bootrecord)
boot sector (Bootsektor)
bootstrap (urladen)
bootstrap loader (Urlader)
boot up (hochfahren)
border (Rahmen)
boss screen (Chefbildschirm)
bot (Roboter)
bottom-up design (Bottom-Up-Design)
bottom-up programming (Bottom-Up-Programmierung)
bounce (bouncen)
BounceKeys (Anschlagverzögerung)
bound (begrenzt)
bounding box (umschließendes Rechteck)
Bourne shell (Bourne-Shell)
boutique reseller (Spezialdistributoren)
box-top license (Box-Top-Lizenz)
Boyce-Codd normal form (Boyce-Codd-Normalform)
bozo filter (Bozofilter)
braindamaged (gehirngeschädigt)
brain dump (Braindump)
branch (Verzweigung)
branch instruction (Verzweigungsbefehl)
branchpoint (Verzweigungspunkt)
branch prediction (Verzweigungsannahme)
break (Abbruch)
cancel (abbrechen)

Break key (Unterbrechungstaste)
breakout box (Breakoutbox)
breakpoint (Haltepunkt)
bridge (Brücke)
bridge router (Bridgerouter)
Briefcase (Aktenkoffer)
brightness (Helligkeit)
broadband (Breitband-)
broadband modem (Breitbandmodem)
broadband network (Breitbandnetzwerk)
broadcast (Rundspruch)
broadcast storm (Broadcast-Storm)
browse (blättern)
browse (durchsuchen)
browser CLUT (Browser-CLUT)
brush (Pinsel)
brute force method (Brute-Force-Verfahren)
B-tree (B-Baum)
bubble chart (Blasengrafik)
bubble-jet printer (Bubble-Jet-Drucker)
bubble memory (Blasenspeicher)
bubble sort (Bubblesort)
bubble storage (Blasenspeicher)
bucket (Eimer)
bucket brigade attack (Eimerkettenattacke)
buddy list (Buddyliste)
buffer (Puffer)
buffer (puffern)
buffer overflow (Pufferüberlauf)
buffer pool (Pufferpool)
buffer storage (Pufferspeicher)
building-block principle (blockweiser Aufbau)
built-in check (Selbsttest)
built-in font (eingebaute Schrift)
built-in groups (Standardgruppen)
bulk eraser (Magnetspulen-Löschgerät)
bulk storage (Massenspeicher)
bullet (Aufzählungszeichen)
bulletin board system (Schwarzes-Brett-System)
bulletproof (kugelsicher)
bundle (bündeln)
bundled software (Bundlingsoftware)
burn (brennen)
burn in (Burn-In)
burn in (einbrennen)
burst (abtrennen)
burst mode (Burstmodus)
burst rate (Burstrate)

burst speed (Burstgeschwindigkeit)
bus enumerator (Busenumerator)
bus extender (Busextender)
business graphics (Geschäftsgrafik)
business software (kaufmännische Software)
bus mastering (Busmastering)
bus mouse (Busmaus)
bus network (Busnetzwerk)
bus system (Bussystem)
bus topology (Bustopologie)
button (Schaltfläche)
button (Taste)
button bomb (Bombenschaltfläche)
button help (Hilfe per Knopfdruck)
BYTE Information Exchange (BYTE-Informations-austausch)
byte-oriented protocol (byteorientiertes Protokoll)
bytes per inch (Bytes pro Zoll)
cabinet (Gehäuse)
cable (Kabel)
cable connector (Kabelstecker)
cable matcher (Kabeladapter)
cable modem (Kabelmodem)
cable TV (Kabelfernsehen)
cabling diagram (Verbindungsdiagramm)
cache (Zwischenspeicher)
cache card (Cachekarte)
cache memory (Cachespeicher)
cache poisoning (Cachevergiftung)
calculator (Rechner)
calendar program (Kalender)
call (anrufen)
call (Aufruf)
call (aufrufen)
callback (Rückruf)
callback modem (Rückrufmodem)
calling sequence (Aufruffolge)
CALL instruction (CALL-Befehl)
camera-ready (reprofähig)
campuswide information system (Universitäts-informationssystem)
cancel (Cancelzeichen)
cancel message (Cancelnachricht)
candidate key (Sekundärschlüssel)
canned program (Konfektionsprogramm)
canned routine (Konfektionsroutine)
canned software (Konfektionssoftware)
canonical form (kanonische Form)

capacitance (Kapazität)
capacitor (Kondensator)
capacity (Kapazität)
caps (Großbuchstaben)
Caps Lock key (Feststelltaste)
capture (protokollieren)
capture board (Captureboard)
capture card (Capturecard)
carbon copy (Carboncopy)
carbon ribbon (Karbonband)
card (Lochkarte)
card (Registerkarte)
card (Steckkarte)
card cage (Käfig)
carder (Kartenbetrüger)
cardinal number (Kardinalzahl)
card punch (Kartenstanzer)
card reader (Kartenleser)
carpal tunnel syndrome (Sehnenscheidenentzündung)
carriage (Wagen)
carriage return (Wagenrücklauf)
carrier (Netzbetreiber)
carrier (Trägersignal)
Carrier Detect (Carrierdetect)
carrier frequency (Trägerfrequenz)
carrier system (Trägerfrequenzsystem)
carry (Übertrag)
carry bit (Carrybit)
carry flag (Carryflag)
Cartesian coordinates (kartesische Koordinaten)
Cartesian product (kartesisches Produkt)
cartridge (Modul)
cartridge font (Schrifterweiterungsmodul)
cascade (Kaskade)
cascade connection (kaskadierte Verbindung)
cascaded star topology (kaskadierende Sterntopologie)
cascading menu (überlappendes Menü)
Cascading Style Sheet mechanism (Cascading-Style-Sheet-Mechanismus)
cascading style sheets (Cascading-Style-Sheets)
cascading windows (überlappende Fenster)
case (Groß-/Kleinschreibung)
case-sensitive search (Groß-/Kleinschreibung beachtende Suche)
case sensitivity (Beachtung der Groß-/Kleinschreibung)
case statement (Casebefehl)
cassette (Kassette)
cassette tape (Kassettenband)

cast (Datentypkonvertierung)
catalog (Katalog)
catena (Kette)
cathode (Kathode)
cathode-ray oscilloscope (Kathodenstrahl-Oszilloskop)
cathode-ray tube (Kathodenstrahlröhre)
cavity virus (Hohlraumvirus)
CCITT Groups 1-4 (CCITT Gruppen 1-4)
CCITT V series (CCITT V-Serien)
CCITT X series (CCITT X-Serien)
CD burner (CD-Brenner)
CD recorder (CD-Rekorder)
CD-ROM burner (CD-ROM-Brenner)
CD-ROM drive (CD-ROM-Laufwerk)
CD-ROM jukebox (CD-ROM-Jukebox)
cell (Zelle)
cell animation (Zellanimation)
cellular automata (zellularer Automat)
censorship (Zensur)
censorware (Antizensursoftware)
center (zentrieren)
centi- (Zenti-)
centralized processing (zentrale Datenverarbeitung)
central office (Zentrale)
central processing unit (Prozessor)
Centronics parallel interface (Centronicsschnittstelle)
CERN server (CERN-Server)
certificate (Zertifikat)
certificate authority (Beglaubigungsinstitution)
certification (Zertifikation)
certification authority (Zertifizierungsstelle)
CGI script (CGI-Skript)
chad (Stanzabfall)
chaining (Verkettung)
chain printer (Kettendrucker)
change file (Änderungsdatei)
change management (Revisionskontrolle)
channel (Kanal)
channel access (Kanalzugriff)
channel adapter (Kanaladapter)
channel capacity (Kanalkapazität)
channel hop (Channelhopping)
character (Zeichen)
character cell (Zeichenzelle)
character code (Zeichencode)
character definition table (Zeichendefinitionstabelle)
character density (Zeichendichte)
character device (zeichenorientiertes Gerät)

character generator (Zeichengenerator)
character image (Zeichenabbild)
characteristic (Gleitkommaexponent)
character map (Zeichenzuordnung)
character mode (Zeichenmodus)
character-oriented protocol (zeichenorientiertes Protokoll)
character printer (Zeichendrucker)
character recognition (Zeichenerkennung)
character rectangle (Zeichenrechteck)
character set (Zeichensatz)
characters per inch (Zeichen pro Zoll)
characters per second (Zeichen pro Sekunde)
character string (Zeichenfolge)
character style (Schriftstil)
character user interface (zeichenorientierte Benutzeroberfläche)
charge (Ladung)
charge-coupled device (Chargecoupled Device)
chart (Diagramm)
chassis (Einbaurahmen)
chat (chatten)
check bit (Prüfbit)
check box (Kontrollkästchen)
check digit (Prüfziffer)
checkpoint (Prüfpunkt)
checksum (Prüfsumme)
Cheese worm (Cheese-Wurm)
Chernobyl packet (Tschernobyl-Paket)
chiclet keyboard (Kaugummitastatur)
child (untergeordnetes Element)
child directory (untergeordnetes Verzeichnis)
child menu (untergeordnetes Menü)
child process (Childprozess)
chip set (Chipsatz)
choose (auswählen)
Chooser (Auswahl)
Chooser extension (Auswahlerweiterung)
cipher (Zifferncode)
ciphertext (Codetext)
circuit (Leitung)
circuit (Schaltkreis)
circuit analyzer (Schaltkreisanalysator)
circuit board (Leiterplatte)
circuit breaker (Überstromschalter)
circuit card (Steckkarte)
circuit-switched data (leitungsvermittelte Daten)
circuit-switched voice (leitungsvermittelte Sprache)

circuit switching (Leitungsvermittlung)
circular list (kreisförmige Liste)
clari. newsgroups (clari.-Newsgroups)
class (Klasse)
Class A network (Class-A-Netzwerk)
Class-B-network (Class-B-Netzwerk)
Class-C-network (Class-C-Netzwerk)
clean boot (abgesichertes Hochfahren)
clean install (aggressive Neuinstallation)
clean room (staubfreier Raum)
Clear key (Entf-Taste)
click (klicken)
clickable maps (anklickbare Map)
click speed (Klickgeschwindigkeit)
click-through (Trefferhäufigkeit)
click-through rate (Trefferrate)
clickwrap agreement (Clickwrap-Vertrag)
clickwrap licence (Clickwrap-Lizenz)
client error (Clientfehler)
client/server architecture (Client-/Serverarchitektur)
client-side image maps (clientbezogene Imagemaps)
clip (clippen)
clip art (Clipart)
clipboard (Pen-Computer)
clipboard (Zwischenablage)
clipboard computer (Pen-Computer)
Clipper Chip (Clipperchip)
clipping path (Freihand-Markierwerkzeug)
clobber (clobbern)
clock (Echtzeituhr)
clock (Taktgeber)
clock/calendar (Uhr/Kalender)
clock cycle (Taktzyklus)
clock doubling (Taktverdoppler)
clocking (Gleichlaufsteuerung)
clock pulse (Taktsignale)
clock rate (Taktfrequenz)
clock speed (Taktgeschwindigkeit)
clock tick (Prozessor-Tick)
clone (Klon)
clone (Klonen)
close (abmelden)
close (schließen)
close box (Schließfeld)
close button (Schließen-Schaltfläche)
closed architecture (geschlossene Architektur)
closed file (geschlossene Datei)
closed system (geschlossenes System)

cloth ribbon (Textilfarbband)
cluster (Zuordnungseinheit)
cluster controller (Clustercontroller)
CMOS RAM (CMOS-RAM)
CMOS setup (CMOS-Setup)
coaxial cable (Koaxialkabel)
cobweb site (Cobwebsite)
code (kodieren)
code access security (Codezugriffssicherheit)
code conversion (Codekonvertierung)
code conversion (Portierung)
code page (Codeseite)
code profiler (Codeoptimierer)
Code Red worm (Code Red-Wurm)
code segment (Codesegment)
code snippet (Codeabschnitt)
coding form (Kodierformular)
coherence (Kohärenz)
cold boot (Kaltstart)
cold link (manuelle Verknüpfung)
cold start (Kaltstart)
collaborative filtering (kollaborative Filterung)
collapsed backbone (zusammengebrochener Backbone)
collate (mischen und einfügen)
collating sort (Mischsortierung)
collation sequence (Sortierfolge)
collector (Kollektor)
collision (Kollision)
collision detection (Kollisionserkennung)
color (Farbe)
color bits (Farbbits)
color box (Farbpalette)
color burst (Farbsynchronsignal)
color cycling (Colorcycling)
colorimeter (Farbmesser)
color look-up table (Farbindextabelle)
color management (Farbmanagement)
color management system (Farbmanagementsystem)
color map (Farbzuordnungstabelle)
color model (Farbmodell)
color monitor (Farbmonitor)
color palette (Farbpalette)
color plane (Farbebene)
color printer (Farbdrucker)
color saturation (Farbsättigung)
color scanner (Farbscanner)
color separation (Farbauszugsdatei)
color separation (Farbseparation)

color table (Farbtabelle)
column (Spalte)
column chart (Säulendiagramm)
combinatorial explosion (kombinatorische Explosion)
combinatorics (Kombinatorik)
Comité Consultatif International Télégraphique et Téléphonique (Comité Consultatif Internationale de Télégraphie et Téléphonie)
comma-delimited file (kommagetrennte Datei)
command (Befehl)
command (Kommando...)
command buffer (Befehlspuffer)
command button (Befehlsschaltfläche)
command-driven (befehlszeilenorientiert)
command-driven system (befehlszeilenorientiertes System)
command interpreter (Befehlsinterpreter)
Command key (Befehlstaste)
command language (Befehlssprache)
command line (Befehlszeile)
command-line interface (Befehlszeilen-Schnittstelle)
command mode (Befehlsmodus)
command processing (Befehlszeilenverarbeitung)
command processor (Befehlsprozessor)
command shell (Befehlsshell)
command state (Befehlsmodus)
comment (Kommentar)
comment out (auskommentieren)
Commerce Interchange Pipeline (CIP)
commerce server (kommerzieller Server)
commercial access provider (kommerzieller Zugangsprovider)
common carrier (öffentlicher Netzbetreiber)
Common Indexing Protocol (CIP)
communications (Kommunikation)
communications channel (Kommunikationskanal)
communications controller (Kommunikationscontroller)
communications link (Kommunikationsverbindung)
communications network (Kommunikationsnetzwerk)
communications parameter (Kommunikationsparameter)
communications port (Kommunikations-Port)
communications program (Kommunikationsprogramm)
communications protocol (Kommunikationsprotokoll)
communications satellite (Nachrichtensatellit)
communications server (Kommunikationsserver)
communications slot (Kommunikationssteckplatz)
communications software (Kommunikationssoftware)
communications system (Kommunikationssystem)

compact disc (Compact-Disc)
compact disc-erasable (Compact-Disc, löschbar)
compact disc-interactive (Compact-Disc, interaktiv)
compact disc player (Compact-Disc-Player)
compact disc-recordable and erasable (Compact-Disc, beschreibbar und löschbar)
compact disc-rewritable (Compact-Disc, wiederbeschreibbar)
CompactFlash (CompactFlash-Spezifikation)
compaction (Verdichtung)
compact model (Compactspeichermodell)
CompactPCI (CompactPCI-Spezifikation)
comparator (Komparator)
compare (vergleichen)
compatibility (Kompatibilität)
compatibility box (Kompatibilitätsbox)
compatibility mode (Kompatibilitätsmodus)
compile (kompilieren)
compile-and-go (kompilieren und starten)
compiled Basic (Compilerbasic)
compiled language (Compilersprache)
compile time (Kompilierungszeit)
compile-time binding (Zuweisung bei Kompilierung)
complement (Komplement)
complementary metal-oxide semiconductor (komplementärer Metalloxidhalbleiter)
complementary operation (komplementäre Operation)
completeness check (Vollständigkeitsprüfung)
complex number (komplexe Zahl)
comp. newsgroups (comp.-Newsgroups)
component (Komponente)
component software (Modulbibliothek)
COM port (COM-Port)
composite display (Compositedisplay)
composite key (zusammengesetzter Schlüssel)
composite video display (Compositevideodisplay)
compound document (zusammengesetztes Dokument)
compound statement (zusammengesetzte Anweisung)
compress (komprimieren)
compressed disk (komprimierter Datenträger)
compressed drive (komprimiertes Laufwerk)
compressed file (komprimierte Datei)
compression (Komprimierung)
compressor (Kompressor)
computation-bound (rechenintensiv)
compute (berechnen)
computer-aided design (computerunterstützte Konstruktion)

computer-aided design and drafting (computerunterstütztes Zeichnen und Konstruieren)

computer-aided design/computer-aided manufacturing (computerunterstützte Konstruktion/computerunterstützte Fertigung)

computer-aided engineering (computerunterstützte Entwicklung)

computer-aided instruction (computerunterstützter Unterricht)

computer-aided manufacturing (computerunterstützte Fertigung)

computer-aided testing (computerunterstütztes Testen)

computer art (Computerkunst)

computer-assisted diagnosis (computerunterstützte Diagnose)

computer-assisted instruction (computerunterstützter Unterricht)

computer-assisted learning (computerunterstütztes Lernen)

computer-assisted teaching (computerunterstützter Unterricht)

computer-based learning (computerorientiertes Lernen)

computer-based training (computerorientierte Schulung)

computer center (Rechenzentrum)

computer conferencing (Computerkonferenz)

computer control console (Steuerkonsole)

computer crime (Computerkriminalität)

computer-dependent (systemabhängig)

computer engineering (Computerentwicklung)

computer family (Computerfamilie)

computer game (Computerspiel)

computer graphics (Computergrafik)

computer-independent language (plattformunabhängige Sprache)

computer instruction (Computerbefehl)

computer instruction (Computerunterricht)

computer interface unit (Computerschnittstelle)

computerized axial tomography (computergestützte axiale Tomographie)

computerized mail (computerisierte Post)

computer language (Computersprache)

computer letter (Computerbrief)

computer literacy (Computerkenntnis)

computer-managed instruction (computerunterstützter Unterricht)

computer name (Computername)

computer network (Computernetzwerk)

computerphile (Computerfreak)

computer power (Leistungsfähigkeit)

computer program (Computerprogramm)

computer-readable (maschinenlesbar)

computer revolution (Computerrevolution)

computer science (Informatik)

computer security (Computersicherheit)

computer simulation (Computersimulation)

computer system (Computersystem)

computer telephone integration (Telefonieren mit dem Computer)

computer typesetting (Computersatz)

computer users' group (Computer-Benutzergruppe)

computer utility (Computerhilfsprogramm)

computer virus (Computervirus)

computer vision (visuelle Verarbeitung)

computer vision syndrome (Computer-Vision-Syndrom)

COM recorder (COM-Rekorder)

concatenate (verbinden)

concatenated data set (verbundene Datensätze)

concentrator (Konzentrator)

conceptual schema (konzeptuelles Schema)

concordance (Konkordanz)

concurrent (parallel)

concurrent execution (parallele Ausführung)

concurrent operation (parallele Operation)

concurrent processing (parallele Verarbeitung)

concurrent program execution (parallele Programmausführung)

condensed (Schmalschrift)

condition (Bedingung)

conditional (bedingt)

conditional branch (bedingte Verzweigung)

conditional compilation (bedingte Kompilierung)

conditional expression (bedingter Ausdruck)

conditional jump (bedingter Sprung)

conditional statement (Bedingungsanweisung)

conditional transfer (bedingte Übergabe)

condition code (Bedingungscode)

conditioning (Signalaufbereitung)

conductor (Leiter)

configuration (Konfiguration)

configuration file (Konfigurationsdatei)

connect charge (Anschaltgebühr)

connection (Verbindung)

connectionism (Konnektionismus)

connectionless (verbindungslos)

connection-oriented (verbindungsorientiert)

connectoid (DFÜ-Skriptverwaltung)

connector (Stecker)
connector (Übergangsstelle)
connect time (Verbindungsdauer)
consistency check (Konsistenzprüfung)
console (Konsole)
constant (Konstante)
constant expression (konstanter Ausdruck)
constellation (Konstellation)
constraint (Grenzbedingung)
consultant (EDV-Berater)
contact manager (Kontakt-Manager)
content-addressed storage (inhaltsbezogene Speicherung)
content aggregator (Contentaggregator)
contention (Konkurrenz)
content provider (Contentprovider)
context-dependent (kontextabhängig)
context-sensitive help (kontextbezogene Hilfe)
context-sensitive menu (kontextbezogenes Menü)
context switching (kontextbezogenes Multitasking)
contextual search (kontextbezogene Suche)
contiguous (durchgehend)
contiguous data structure (fortlaufende Datenstruktur)
continuous carrier (Dauerton-Trägersignal)
continuous-form paper (Endlospapier)
continuous processing (kontinuierliche Verarbeitung)
continuous-tone image (Volltonbild)
continuous-tone printer (Volltondrucker)
contouring (Konturen)
contrast (Kontrast)
contrast (Kontrast)
contrast (Kontrastregler)
contrast (Kontrastregler)
control (Kontrollelement)
control (Steuerung)
Control-Break (Strg-Untbr)
control bus (Steuerbus)
control character (Steuerzeichen)
control code (Steuercode)
control console (Steuerungskonsole)
control data (Steuerdaten)
control flow (Flussaufzeichnung)
Control key (Steuerungstaste)
control logic (Steuerlogik)
control panel (Kontrollfeld)
control panel (Systemsteuerung)
control sequence (Steuersequenz)
control signal (Steuersignal)

control statement (Steueranweisung)
control structure (Kontrollstruktur)
control unit (Steuereinheit)
control variable (Laufvariable)
convention (Konvention)
conventional memory (konventioneller Arbeitsspeicher)
convergence (Konvergenz)
conversational (dialogbezogen)
conversational interaction (interaktiver Nachrichtenaustausch)
conversational language (Dialogsprache)
conversational mode (Dialogmodus)
conversion (Konvertierung)
conversion table (Konvertierungstabelle)
converter (Konverter)
cookbook (Kochbuch)
cookie filtering tool (Cookiefilter)
cookies policy (Cookie-Richtlinie)
cooperative multitasking (kooperatives Multitasking)
cooperative processing (kooperative Verarbeitung)
coordinate (Koordinate)
coordinate dimensioning (koordinatenbezogene Positionierung)
copper chip (Copperchip)
coprocessor (Coprozessor)
copy (kopieren)
copy disk (diskcopy)
copy holder (Konzepthalter)
copy program (Knackprogramm)
copy program (Kopierprogramm)
copy protection (Kopierschutz)
core (Kernspeicher)
core program (Kernprogramm)
coresident (koresident)
corona wire (Koronadraht)
coroutine (Koroutine)
corrective maintenance (fehlerbehebende Wartung)
correspondence quality (Korrespondenzqualität)
corruption (Verfälschung)
cost-benefit analysis (Kosten-/Nutzenanalyse)
counter (Zähler)
counting loop (Zählschleife)
country code (Ländercode)
country-specific (landesspezifisch)
CPU-bound (rechenintensiv)
CPU cache (CPU-Cache)
CPU cycle (CPU-Zyklus)
CPU fan (CPU-Lüfter)

CPU speed (CPU-Geschwindigkeit)
CPU time (CPU-Zeit)
crash (crashen)
crash recovery (Wiederherstellung nach Absturz)
credentials (Anmeldeinformationen)
creeping featurism (schleichender Featureismus)
crippled version (verkrüppelte Version)
critical error (kritischer Fehler)
critical-error handler (Fehlerbehandlungsroutine)
critical path method (Netzplanmethode)
crop (freistellen)
crop marks (Beschnittmarken)
crop marks (Beschnittmarken)
cross-assembler (Crossassembler)
cross-check (Gegenprüfung)
cross-compiler (Crosscompiler)
cross development (Crossentwicklung)
cross-foot (querprüfen)
cross hairs (Fadenkreuz)
cross-hatching (Kreuzschraffur)
cross-linked files (querverbundene Dateien)
crossover cable (gekreuztes Kabel)
cross-platform (plattformübergreifend)
cross-post (crossposten)
Cross Site Scripting (Cross-Site Scripting)
crosstalk (Übersprechen)
CRT controller (CRT-Controller)
CRT Flatscreen (CRT-Flachbildschirm)
cruise (cruisen)
crunch (crunchen)
cryoelectronic (kryoelektronisch)
cryptoanalysis (Kryptoanalyse)
cryptography (Kryptografie)
C shell (C-Shell)
CSO name server (CSO-Nameserver)
CSTN display (CSTN-Display)
CTRL (STRG)
Ctrl-Alt-Del (Strg-Alt-Entf)
Ctrl-C (Strg-C)
Ctrl-S (Strg-S)
curly quotes (typografische Anführungszeichen)
current (Strom)
current cell (aktuelle Zelle)
current directory (aktuelles Verzeichnis)
current drain (Stromverbrauch)
current-mode logic (stromgesteuerte Logik)
cursor blink speed (Cursorblinkgeschwindigkeit)
cursor control (Cursorsteuerung)

cursor key (Cursortaste)
customize (anpassen)
custom software (kundenspezifische Software)
cut (ausschneiden)
cut and paste (Ausschneiden und Einfügen)
cyber art (Computerkunst)
cybercafe (Cybercafé)
cybercop (Cyberpolizist)
cyberculture (Cyberkultur)
cyberlawyer (Computeranwalt)
cybernetics (Kybernetik)
cyberspeak (Cybersprache)
cycle time (Zykluszeit)
cyclical redundancy check (zyklische Redundanzüberprüfung)
cyclic binary code (zyklischer Binärcode)
daisy chain (Daisychain)
daisy wheel (Typenrad)
daisy-wheel printer (Typenraddrucker)
damping (Dämpfung)
Darlington circuit (Darlington-Schaltung)
Darlington pair (Darlington-Paar)
data (Daten)
data acquisition (Datenerfassung)
data attribute (Datenattribute)
data bank (Datenbank)
database (Datenbank)
database administrator (Datenbankadministrator)
database analyst (Datenbankanalytiker)
database designer (Datenbankdesigner)
database engine (Datenbankengine)
database machine (Datenbankmaschine)
database management system (Datenbank-Managementsystem)
database manager (Datenbank-Manager)
database publishing (Datenbankpublizierung)
database server (Datenbankserver)
database structure (Datenbankstruktur)
data bit (Datenbit)
data buffer (Datenpuffer)
data bus (Datenbus)
data cable (Datenkabel)
data capture (Datenerfassung)
data capture (Datenprotokollierung)
data carrier (Datenträgersignal)
data chaining (Datenverkettung)
data channel (Datenkanal)
data collection (Daten sammeln)

data collection (Datenerfassung)
data communications (Datenkommunikation)
data compaction (Datenreduktion)
data compression (Datenkomprimierung)
data conferencing (Datenkonferenz)
data control (Datenkontrolle)
data corruption (Datenverfälschung)
data declaration (Datendeklaration)
data definition language (Datendefinitionssprache)
data description language (Datenbeschreibungssprache)
data dictionary (Datenbankverzeichnis)
data directory (Datenverzeichnis)
data-driven processing (datengesteuerte Verarbeitung)
data element (Datenelement)
data encryption (Datenverschlüsselung)
data encryption key (Datenschlüssel)
data encryption standard (Data-Encryption-Standard)
data/fax modem (Datenfaxmodem)
data field (Datenfeld)
data field masking (Datenfeldmaskierung)
data file (Datendatei)
data flow (Datenfluss)
data fork (Datenzweig)
data format (Datenformat)
data frame (Datenpaket)
data glove (Datenhandschuh)
datagram (Datagramm)
data independence (Datenunabhängigkeit)
data integrity (Datenintegrität)
data interchange format (Datenaustauschformat)
data item (Datenelement)
data library (Datenbibliothek)
data link (Datenverbindung)
data link escape (Umschaltungszeichen)
data-link layer (Datensicherungsschicht)
data management (Datenverwaltung)
data manipulation (Datenbearbeitung)
data manipulation language (Datenmanipula-tionssprache)
data marshalling (Datenmarshalling)
data medium (Datenträger)
data migration (Datenmigration)
data mining (Datenfilterung)
data model (Datenmodell)
data network (Datennetzwerk)
data packet (Datenpaket)
data point (Datenpunkt)
data processing (Datenverarbeitung)

data projector (Datenprojektor)
data protection (Datenschutz)
data rate (Datenrate)
data record (Datensatz)
data reduction (Datenreduktion)
data segment (Datensegment)
data set (Dateneinheit)
data set (Datenübertragungseinrichtung)
data sharing (gemeinsame Datennutzung)
data signal (Nutzsignal)
data sink (Datensenke)
data source (Datenquelle)
data stream (Datenstrom)
data structure (Datenstruktur)
data switch (Datenverteiler)
data traffic (Datenverkehr)
data transfer (Datentransfer)
data transfer rate (Datentransferrate)
data transmission (Datenübertragung)
data type (Datentyp)
data validation (Datenüberprüfung)
data value (Datenwert)
data warehouse (Datawarehouse)
data warehouse (datawarehouse)
date and time stamp (Datums- und Zeitstempel)
date stamp (Datumsstempel)
daughterboard (Tochterboard)
DAV connector (DAV-Stecker)
DB connector (DB-Stecker)
D channel (D-Kanal)
dead code (Toter Code)
dead halt (Vollabsturz)
dead key (tote Taste)
dead-letter box (Deadletterbox)
deadly embrace (Verklemmung)
deallocate (deallozieren)
deblock (entblocken)
debounce algorithm (Debounce-Algorithmus)
debug (debuggen)
decay (Abklingen)
deceleration time (Abbremszeit)
decentralized processing (dezentrale Datenverarbeitung)
deci- (Dezi-)
decibel (Dezibel)
decimal (Dezimalsystem)
decision box (Entscheidungssymbol)
decision support system (Entscheidungshilfesystem)
decision table (Entscheidungstabelle)

decision tree (Entscheidungsbaum)
declaration (Deklaration)
declarative markup language (deklarative Auszeichnungssprache)
declare (deklarieren)
decollate (trennen)
decompress (dekomprimieren)
decrement (Dekrement)
decrement (dekrementieren)
decryption (Entschlüsselung)
dedicated (dediziert)
dedicated channel (dedizierter Kanal)
dedicated line (reservierte Leitung)
dedicated line (Standleitung)
deep hack mode (Deep Hack)
de facto standard (De-facto-Standard)
default (Standardeinstellung)
default button (Standardkontrollelement)
default drive (Standardlaufwerk)
default home page (Standardhomepage)
default printer (Standarddrucker)
deferred address (aufgeschobene Adresse)
deferred processing (zeitverzögerte Verarbeitung)
deflection coils (Ablenkspulen)
defragger (Defragmentierer)
defragmentation (Defragmentierung)
degausser (Entmagnetisierer)
degradation (Leistungsabfall)
degradation (Signalabfall)
deinstall (deinstallieren)
dejagging (Antialiasing)
de jure standard (De-jure-Standard)
delay distortion (Verzögerungsverzerrung)
delete (löschen)
Delete key (Löschtaste)
delimit (begrenzen)
delimiter (Begrenzungszeichen)
Del key (Entf-Taste)
demand-driven processing (abrufbasierende Verarbeitung)
demand paging (Paging auf Abruf)
demilitarized zone (Demilitarisierte Zone)
demo (Vorführgerät)
demonstration program (Demonstrationsprogramm)
denial of service attack (Denial of Service-Attacke)
denial of service attack (Dienstverweigerungsattacke)
dependence (Abhängigkeit)
dependent variable (abhängige Variable)
dereference (dereferenzieren)

derived class (abgeleitete Klasse)
derived font (abgeleitete Schrift)
derived relation (berechnete Relation)
descendant (Abkömmling)
descender (Unterlänge)
descending sort (absteigende Sortierung)
descriptor (Deskriptor)
deselect (deselektieren)
deserialize (deserialisieren)
design cycle (Designzyklus)
desk accessory (Schreibtischzubehör)
desktop computer (Desktopcomputer)
desktop conferencing (Desktopkonferenz)
desktop enhancer (Desktopenhancer)
Desktop file (Schreibtischdatei)
desktop video (Desktopvideo)
destination (Ziel)
destructive read (zerstörendes Lesen)
detail file (Detaildatei)
detection (Erkennung)
determinant (Determinante)
determinism (Determinismus)
development cycle (Entwicklungszyklus)
device (Gerät)
device address (Geräteadresse)
device control character (Gerätesteuerzeichen)
device controller (Gerätecontroller)
device dependence (Geräteabhängigkeit)
device driver (Gerätetreiber)
device independence (Geräteunabhängigkeit)
device-independent bitmap (geräteunabhängige Bitmap)
device manager (Geräte-Manager)
Device Manager (Geräte-Manager)
device name (Gerätename)
device resolution (gerätespezifische Auflösung)
diacritical mark (Diakritikum)
dialect (Dialekt)
dialog box (Dialogfeld)
dial-up (einwahlorientiert)
dial-up access (Einwahlzugriff)
Dial Up Network (DFÜ)
dial-up service (Einwahldienst)
dichotomizing search (dichotomierende Suche)
dictation software (Diktiersoftware)
difference (Differenz)
Difference Engine (Differenzmaschine)
differential (differentiell)

differential phase-shift keying (Differential-Phasenverschiebung)

digit (Ziffer)

digital audio disc (digitale Audiodisk)

digital camera (digitale Kamera)

digital certificate (digitales Zertifikat)

digital communications (digitale Kommunikation)

digital computer (Digitalcomputer)

digital data transmission (digitale Datenübertragung)

digital display (digitales Display)

digital DNA (Digitale DNA)

digital exchange (Digitale Marktplätze)

digital line (digitale Verbindung)

digital linear tape (digitales lineares Tape)

digital modem (digitales Modem)

Digital Network Architecture (Digitale Netzwerkarchitektur)

digital photography (digitale Fotografie)

digital recording (digitale Aufzeichnung)

digital satellite system (digitales Satellitensystem)

digital signal (digitales Signal)

digital signal processor (digitaler Signalprozessor)

digital signature (Digitale Signatur)

digital signature (digitale Unterschrift)

digital sort (numerische Sortierung)

digital speech (digitale Sprachausgabe)

digital subscriber line (digitaler Teilnehmeranschluss)

digital-to-analog converter (Digital-/Analogwandler)

digital versatile disc (Digital Versatile Disk)

digitalvideodisc (digitale Videodisk)

digital video disc-erasable (digitale Videodisc, löschbar)

digital video disc-recordable (digitale Videodisc, beschreibbar)

digital video disc-ROM (digitale Videodisc, ROM)

digital video-interactive (digitalvideo-interactive)

Digital Watermark (Digitales Wasserzeichen)

digitize (digitalisieren)

digitizing tablet (Digitalisiertablett)

dimensioning (Bemaßung)

dimmed (abgeblendet)

DIN connector (DIN-Stecker)

diode-transistor logic (Diodentransistorlogik)

dipole (Dipol)

DIP switch (DIP-Schalter)

direct access (direkter Zugriff)

direct access storage device (Direktzugriffsspeicher)

direct address (direkter Zugriff)

direct boradcast satellite (Direct Broadcast Satellite)

direct cable connection (Kabeldirektverbindung)

direct-connect modem (Direktverbindungsmodem)

direct-coupled transistor logic (direkt gekoppelte Transistorlogik)

direct current (Gleichstrom)

direct digital color proof (direkter Digitalfarbabzug)

direction key (Richtungstaste)

direct memory access (direkter Speicherzugriff)

directory (Verzeichnis)

directory path (Verzeichnispfad)

directory replication (Verzeichnisspiegelung)

directory tree (Verzeichnisbaum)

direct processing (Direktverarbeitung)

direct read after write (direktes Prüflesen nach Schreibvorgang)

direct read during write (direktes Prüflesen während Schreibvorgang)

direct sequence (Direktsequenz)

direct view storage tube (Direktadressierröhre)

disable (abschalten)

disabled folders (gesperrte Ordner)

disassociate (Verbindung lösen)

disaster dump (Postmortem-Speicherauszug)

disconnect (trennen)

discrete (diskret)

discussion group (Diskussionsgruppe)

disk access time (Diskzugriffszeit)

disk buffer (Diskpuffer)

disk cache (Diskcache)

disk cartridge (Wechselplatte)

disk controller (Diskcontroller)

disk copy (1:1-Kopie)

disk crash (Diskcrash)

disk directory (Diskverzeichnis)

disk drive (Diskettenlaufwerk)

disk driver (Disktreiber)

disk duplexing (Diskduplexing)

disk envelope (Diskettenhülle)

disk interface (Diskschnittstelle)

disk jacket (Diskettengehäuse)

diskless workstation (Arbeitsstation ohne Laufwerk)

disk memory (Diskspeicher)

disk mirroring (Plattenspiegelung)

disk operating system (datenträgerorientiertes Betriebssystem)

disk pack (Plattenstapel)

disk partition (Plattenpartition)

disk server (Diskserver)

disk striping (Diskstriping)
disk striping with parity (Diskstriping mit Paritätsprüfung)
disk unit (Diskeinheit)
dispatcher (Verteiler)
dispatch table (Verteilertabelle)
disperse (streuen)
dispersion (Streuung)
display adapter (Displayadapter)
display attribute (Darstellungsattribut)
display background (Bildschirmhintergrund)
display board (Bildschirmkarte)
display card (Grafikkarte)
display cycle (Bildschirmzyklus)
display device (Darstellungsgerät)
display element (Darstellungselement)
display entity (Darstellungselement)
display face (Titelschrift)
display frame (Einzelbild)
display image (Einzelbild)
display page (Bildspeicherseite)
display port (Videoport)
display screen (Schirm)
display terminal (Bildschirmterminal)
distance learning (Fernunterricht)
distortion (Bildschirmverzerrung)
distortion (Verzerrung)
distribute (verteilen)
distributed computing (verteilte Datenverarbeitung)
distributed database (verteilte Datenbank)
distributed database management system (verteiltes Datenbanksystem)
distributed denial of service attack (Verteilte Dienstverweigerungsattacke)
distributed file system (verteiltes Dateisystem)
distributed intelligence (verteilte Intelligenz)
distributed network (verteiltes Netzwerk)
distributed processing (verteilte Datenverarbeitung)
distributed transaction processing (verteilte Dialogverarbeitung)
distributed workplace (Telearbeit)
distribution list (Verteilerliste)
distributive sort (verteilte Sortierung)
divergence (Divergenz)
divide overflow (Divisionsüberlauf)
division by zero (Division durch Null)
DLL-hell (DLL-Hölle)
DLP (DLP-Verfahren)
DMD (DMD-Chip)

DNS server (DNS-Server)
dock (andocken)
docking mechanism (Andockmechanismus)
document (Dokument)
document (dokumentieren)
documentation (Dokumentation)
document-centric (dokumentorientiert)
document file (Dokumentdatei)
document image processing (bitmaporientierte Dokumentenbearbeitung)
document management (Dokumentenmanagement)
document management system (Dokumentenmanagementsystem)
Document Object Model (Dokumentenobjektmodell)
document processing (Dokumentenbearbeitung)
document reader (Dokumentenleser)
document retrieval (Dokumentenwiedergewinnung)
document source (Dokumentquelltext)
document window (Dokumentfenster)
do-gooder virus (»Do-Gooder«-Virus)
DO loop (DO-Schleife)
domain (Domäne)
domain name (Domänenname)
domain name address (Domänenadresse)
domain name server (Domain-Name-Server)
domain parking (Domänenparken)
domain slamming (Domain-Slamming)
do-nothing instruction (Leerlaufbefehl)
dopant (Dotiersubstanz)
DOS box (DOS-Box)
DOS box (DOS-Kompatibilitätsbox)
DOS extender (DOS-Extender)
dot (Punkt)
dot address (Punktadresse)
dot-addressable mode (punktweise Adressierung)
dot com (Punkt com)
dot command (Punktbefehl)
dot file (Punktdatei)
dot matrix (Punktmatrix)
dot-matrix (matrixbezogen)
dot-matrix printer (Matrixdrucker)
dot pitch (Lochabstand)
dot pitch (Punktabstand)
dots per inch (Punkte pro Zoll)
double buffering (Doppelpufferung)
double-click (doppelklicken)
double-density disk (Diskette mit doppelter Dichte)
double-dereference (doppelt dereferenzieren)

double-precision (doppelt genau)
double-sided disk (beidseitige Diskette)
double-strike (Doppeldruck)
double word (Doppelwort)
doubly linked list (doppelt verkettete Liste)
downconvert (rückkonvertieren)
download (downloaden)
download (herunterladen)
downloadable font (ladbare Schrift)
downtime (Ausfallzeit)
downward compatibility (Abwärtskompatibilität)
draft mode (Entwurfsmodus)
draft quality (Entwurfsqualität)
drag (ziehen)
drag-and-drop (Drag & Drop)
drain (Senke)
drawing program (Zeichenprogramm)
drive (Laufwerk)
drive bay (Laufwerksschacht)
drive letter (Laufwerksbuchstabe)
drive mapping (Laufwerkszuordnung)
drive number (Laufwerksnummer)
driver (Treiber)
drop cap (Initial)
drop-down menu (Dropdownmenü)
drum (Trommel)
drum plotter (Trommelplotter)
drum scanner (Trommelscanner)
dry run (Trockenlauf)
DSTN display (DSTN-Display)
DTMF dialing (MFV)
dual channel controller (Zweikanalcontroller)
dual density (doppelte Dichte)
dual disk drive (Doppeldiskettenlaufwerk)
dual processors (Doppelprozessorsystem)
dual-scan display (Dualscandisplay)
dual-sided disk drive (doppelseitiges Laufwerk)
Dual Tone Multiple Frequency dialing (Mehrfrequenzwahlverfahren)
dumb quotes (senkrechte Anführungszeichen)
dumb terminal (dummes Terminal)
dummy argument (Dummyparameter)
dummy instruction (Dummybefehl)
dummy module (Dummymodul)
dummy routine (Dummyroutine)
duplex channel (Duplexkanal)
duplex printer (Duplexdrucker)
duplex system (Duplexsystem)

duplex transmission (Wechselbetrieb)
duplicate key (Doublette)
duplication check (Doublettenprüfung)
Dvorak keyboard (Dvorak-Tastatur)
dyadic (dyadisch)
dye-diffusion printer (Dye-Diffusion-Drucker)
dye-polymer recording (Farbstoff-Polymeraufzeichnung)
dye-sublimation printer (Farbsublimations-Drucker)
Dynaload drivers (Dynaload-Treiber)
dynamic (dynamisch)
dynamic address translation (dynamische
Adressumsetzung)
dynamic allocation (dynamische Allozierung)
dynamic binding (dynamisches Binden)
dynamic caching (dynamisches Caching)
Dynamic Data Exchange (dynamischer Datenaustausch)
dynamic dump (dynamischer Speicherauszug)
dynamic HTML (Dynamisches HTML)
dynamic keys (dynamische Schlüssel)
dynamic-link library (dynamische Bibliothek)
dynamic memory allocation (dynamische Speicherallozierung)
dynamic page (dynamische Seite)
dynamic RAM (dynamisches RAM)
dynamic relocation (dynamische Relozierung)
dynamic scheduling (dynamische Arbeitsverteilung)
dynamic storage (dynamischer Speicher)
dynamic Web page (dynamische Webseite)
early binding (frühe Bindung)
Easter egg (Osterei)
echo cancellation (Echoausblendung)
echo check (Echoprüfung)
echo suppressor (Echounterdrücker)
edge (Kante)
edge connector (Platinenstecker)
edit (bearbeiten)
editing keys (Bearbeitungstasten)
edit key (Bearbeitungstaste)
edit mode (Bearbeitungsmodus)
electroluminescent (elektrolumineszent)
electroluminescent display (Elektrolumineszenz-Bildschirm)
electrolysis (Elektrolyse)
electromagnet (Elektromagnet)
electromagnetic radiation (elektromagnetische Strahlung)
electromagnetic spectrum (elektromagnetisches
Spektrum)
electromotive force (elektromotorische Kraft)

electron beam (Elektronenstrahl)
electron gun (Elektronenkanone)
electronic book (elektronisches Buch)
electronic bulletin board (elektronisches Anschlagbrett)
electronic business card (elektronische Visitenkarte)
electronic cash (elektronisches Geld)
electronic circuit (elektronische Schaltung)
electronic commerce (elektronisches Einkaufen)
electronic credit (elektronisches Einkaufen mit Kreditkarte)
electronic data interchange (elektronischer Datenaustausch)
electronic data processing (elektronische Datenverarbeitung)
electronic form (elektronisches Formular)
electronic journal (elektronische Zeitschrift)
electronic mail (elektronische Post)
electronic mail services (elektronische Postdienste)
electronic mall (digitales Kaufhaus)
electronic money (elektronisches Geld)
electronic music (elektronische Musik)
electronic office (elektronisches Büro)
electronic paper (elektronisches Papier)
electronic photography (elektronische Fotografie)
electronic publishing (elektronisches Publizieren)
electronics (Elektronik)
electronic software distribution (elektronischer Softwarevertrieb)
electronic spreadsheet (elektronisches Tabellenblatt)
electronic storefront (digitale Ladenzeile)
electronic text (elektronischer Text)
electron tube (Elektronenröhre)
electrophotographic printers (elektrofotografische Drucker)
electrophotography (Elektrofotografie)
electroplating (Elektroplattierung)
electrostatic (elektrostatisch)
electrostatic discharge (elektrostatische Entladung)
electrostatic plotter (elektrostatischer Plotter)
electrostatic printer (elektrostatischer Drucker)
elevator (Schieberegler)
elevator seeking (aufzugsorientierte Suche)
ellipsis (Auslassungszeichen)
elliptic curve cryptography (Elliptic Curve-Kryptografie)
e-magazine (elektronisches Journal)
e-mail address (E-Mail-Adresse)
e-mail filter (E-Mail-Filter)
embedded (eingebettet)
embedded command (eingebetteter Befehl)

embedded controller (eingebetteter Controller)
embedded hyperlink (eingebetteter Hyperlink)
embedded interface (eingebettete Schnittstelle)
embedded system (eingebettetes System)
em dash (Vollgeviertstrich)
emitter-coupled logic (emittergekoppelte Logik)
em space (Vollgeviert)
emulate (emulieren)
emulsion laser storage (Emulsions-Laserspeichertechnik)
enable (einschalten)
encapsulate (kapseln)
encapsulated type (gekapselter Typ)
encipher (chiffrieren)
encode (codieren)
encode (verschlüsseln)
encryption (Verschlüsselung)
encryption key (Schlüssel)
end-around shift (endaround shift)
en dash (Divis)
End key (Ende-Taste)
endless loop (Endlosschleife)
end mark (Endemarkierung)
end-of-file (Dateiendezeichen)
end-of-text (Textende-Zeichen)
end-of-transmission (Übertragungsende-Zeichen)
endpoint (Endpunkt)
end user (Endanwender)
End-User License Agreement (Endbenutzer-Lizenzvertrag)
enhanced keyboard (erweiterte Tastatur)
enhanced parallel port (erweiterter Parallelport)
enhanced serial port (erweiterter serieller Port)
enlarge (vergrößern)
E notation (E-Notation)
enquiry character (Anfragezeichen)
en space (Halbgeviert)
Enter key (Eingabetaste)
enterprise computing (Computereinsatz in Unternehmen)
enterprise network (Unternehmensnetzwerk)
enterprise networking (Netzwerkeinsatz in Unternehmen)
entity (Entität)
entry (Eingabe)
entry (Eintrag)
entry point (Einsprungstelle)
enumerated data type (Aufzählungstyp)
envelope (Hüllkurve)
envelope (Verpackung)
envelope delay (Gruppenlaufzeit)
environment (Umgebung)

epitaxial layer (Epitaxialschicht)
equality (Gleichheit)
equalization (Entzerrung)
equation (Gleichung)
erasable storage (löschbarer Speicher)
erase (löschen)
erase head (Löschkopf)
Eratosthenes' sieve (Sieb des Eratosthenes)
ergonomic keyboard (ergonomische Tastatur)
ergonomics (Ergonomie)
error (Fehler)
error analysis (Fehleranalyse)
error checking (Fehlerprüfung)
error control (Fehlerkontrolle)
error-correcting code (Fehlerkorrekturcode)
error-correction coding (fehlerkorrigierende Codierung)
error detection and correction (Fehlererkennung und -beseitigung)
error-detection coding (fehlererkennende Codierung)
error file (Fehlerprotokolldatei)
error handling (Fehlerbehandlung)
error message (Fehlermeldung)
error rate (Fehlerrate)
error ratio (Fehlerverhältnis)
error trapping (Fehlerbehandlung)
escape character (Escapezeichen)
escape code (Escapecode)
Escape key (Escapetaste)
escape sequence (Escapesequenz)
ESC character (ESC-Zeichen)
Esc key (Esc-Taste)
ESP IEEE standard (ESP-IEEE-Standard)
evaluation (Auswertung)
even parity (gerade Parität)
event (Ereignis)
event-driven (ereignisgesteuert)
event-driven processing (ereignisgesteuerte Verarbeitung)
event-driven programming (ereignisgesteuerte Programmierung)
exception (Ausnahme)
exception error 12 (Ausnahmefehler 12)
exception handling (Ausnahmebehandlung)
exchangeable disk (austauschbarer Datenträger)
exchange sort (Austauschsortierung)
exclusive NOR (exklusives NOR)
exclusive OR (exklusives ODER)
executable (ausführbar)
executable (ausführbar)

executable program (ausführbares Programm)
execute (ausführen)
execution time (Ausführungszeit)
exerciser (Testprogramm)
exit (zurückspringen)
expanded (Breitschrift)
expanded memory (Expansionsspeicher)
expansion (Erweiterung)
expansion board (Erweiterungskarte)
expansion bus (Erweiterungsbus)
expansion slot (Erweiterungssteckplatz)
expert system (Expertensystem)
expiration date (Verfallsdatum)
expire (verfallen)
exploded view (Explosionszeichnung)
exponential notation (Exponentialschreibweise)
exponentiation (Potenzierung)
export (exportieren)
expression (Ausdruck)
extended ASCII (erweitertes ASCII)
extended characters (erweiterte Zeichen)
extended memory (Erweiterungsspeicher)
extender board (Extenderkarte)
extensible language (erweiterbare Sprache)
extension (Erweiterung)
extension manager (Erweiterungs-Manager)
external command (externer Befehl)
external function (externe Funktion)
external hard disk (externe Festplatte)
external interrupt (externer Interrupt)
external modem (externes Modem)
external reference (externe Referenz)
external storage (externer Speicher)
external viewer (externer Viewer)
extract (extrahieren)
extra-high-density floppy disk (Diskette mit besonders hoher Dichte)
extrinsic semiconductor (Extrinsic-Halbleiter)
face (Oberfläche)
facsimile (Faksimile)
factor (Faktor)
factorial (Fakultät)
failover (überbrücken)
fail-safe system (ausfallsicheres System)
fail-soft system (ausfallgesichertes System)
failure (Ausfall)
failure rate (Ausfallhäufigkeit)
fallout (Ausfallquote)

family (Familie)
fan (fächern)
fan (Ventilator)
fanfold paper (Leporellopapier)
fast Fourier transform (Fast-Fourier-Transformation)
fast infrared port (schneller Infrarotport)
fast page-mode RAM (Fast Page Mode RAM)
fatal error (fataler Fehler)
fatal exception error (schwerer Ausnahmefehler)
FAT file system (FAT-Dateisystem)
father (Vater)
father file (Vaterkopie)
fault (Defekt)
fault tolerance (Fehlertoleranz)
favorite (Favorit)
Favorites folder (Favoritenordner)
fax machine (Faxgerät)
fax modem (Faxmodem)
fax on demand (Empfangsabruf)
fax program (Faxprogramm)
fax server (Faxserver)
F connector (F-Stecker)
feasibility study (Durchführbarkeitsstudie)
feature extraction (Charakteristikaextraktion)
federated database (föderierte Datenbank)
feed (einlegen)
feed (einlegen)
feed (vorschieben)
feedback (Rückkopplung)
feedback circuit (Rückkopplungsschaltung)
feed scanner (Einzugsscanner)
female connector (Steckerbuchse)
femtosecond (Femtosekunde)
ferric oxide (Eisenoxid)
ferric RAM (Ferro-RAM)
ferrite core (Ferritkernspeicher)
ferromagnetic domain (ferromagnetische Domäne)
ferromagnetic material (ferromagnetisches Material)
fetch (Abholen)
fetch time (Abholzeit)
fiber optics (Glasfasertechnik)
Fibonacci numbers (Fibonacci-Zahlen)
field (Feld)
field-effect transistor (Feldeffekt-Transistor)
field-programmable logic array (wieder programmierbare Logik)
field separator (Feldtrennzeichen)
fifth-generation computer (fünfte Computergeneration)

fifth normal form (Fünfte Normalenform)
file (Datei)
file allocation table (Dateizuordnungstabelle)
file attribute (Dateiattribut)
file backup (Dateisicherung)
file compression (Dateikomprimierung)
file control block (Dateisteuerblock)
file conversion (Dateikonvertierung)
file extension (Dateierweiterung)
file format (Dateiformat)
file fragmentation (Dateifragmentierung)
file gap (Dateiabstand)
file handle (Dateikennziffer)
file-handling routine (Dateibearbeitungsroutine)
file header (Dateikopf)
file layout (Dateistruktur)
file librarian (Dateiverwalter)
file maintenance (Dateiwartung)
file management system (Dateiverwaltungssystem)
file manager (Datei-Manager)
filename (Dateiname)
filename extension (Dateinamenerweiterung)
file protection (Dateischutz)
file recovery (Dateiwiederherstellung)
file retrieval (Dateiaufruf)
file server (Dateiserver)
file sharing (gemeinsame Dateinutzung)
file size (Dateigröße)
file specification (Dateiangabe)
file specification (Dateispezifikation)
file specification (Namensschema)
file structure (Dateiorganisation)
file system (Dateisystem)
file transfer (Datentransfer)
file type (Dateityp)
fill (füllen)
film at 11 (Film um 11)
film recorder (Filmrekorder)
film ribbon (Filmstreifen)
filtering program (Filterprogramm)
FilterKeys (Eingabehilfen)
Final-Form-Text DCA (Finalform-Text-DCA)
find (finden)
fingerprint reader (Fingerabdruckleser)
fingerprint recognition (Fingerabdruckerkennung)
firewall sandwich (Firewall-Sandwich)
FIR port (FIR-Port)
first-generation computer (erste Computergeneration)

first normal form (erste Normalenform)
fitting (Linienanpassung)
fixed disk (Festplatte)
fixed-length field (feste Feldlänge)
fixed-pitch spacing (Schrittschaltung mit fester Zeichendichte)
fixed-point arithmetic (Festkommaarithmetik)
fixed-point notation (Festkommanotation)
fixed space (festes Leerzeichen)
fixed spacing (feste Schrittschaltung)
fixed storage (Festspeicher)
fixed-width font (Zeichensatz mit fester Breite)
fixed-width spacing (Schrittschaltung mit fester Breite)
fixed-word-length computer (feste Wortlänge)
F keys (F-Tasten)
flame (flamen)
flash memory (Flashspeicher)
flash ROM (Flash-ROM)
flat address space (linearer Adressraum)
flatbed plotter (Flachbettplotter)
flatbed scanner (Flachbettscanner)
flat file (lineare Datei)
flat-file database (lineare Datenbank)
flat file directory (lineares Verzeichnis)
flat file system (lineares Dateisystem)
flat memory (linearer Speicher)
flat pack (Flatpack)
flat-panel display (Flachdisplay)
flat panel monitor (Flachbildschirm)
flat rate (Flatrate)
flat rate (Pauschaltarif)
flat screen (Flachbildschirm)
flavor (Derivat)
flexible disk (flexible Diskette)
flicker (Flimmern)
flight simulator (Flugsimulator)
flip-flop (Flipflop)
flippy-floppy (Flipdiskette)
floating-point arithmetic (Gleitkommaarithmetik)
floating-point constant (Gleitkommakonstante)
floating-point notation (Gleitkommanotation)
floating-point number (Gleitkommazahl)
floating-point operation (Gleitkommaoperation)
floating-point processor (Gleitkommaprozessor)
floating-point register (Gleitkommaregister)
floppy disk (Floppydisk)
floppy disk controller (Floppy-Disk-Controller)
floppy disk drive (Floppydisk-Laufwerk)

flow analysis (Flussanalyse)
flowchart (Flussdiagramm)
flow control (Flusskontrolle)
flush (bündig)
flush (entleeren)
flux (Fluss)
flux (Flussmittel)
flux reversal (Flussumkehr)
FM encoding (FM-Codierung)
focus (fokussieren)
folder (Ordner)
foliage attenuation (Blattabschwächung)
folio (Pagina)
font (Schrift)
font card (Font-Karte)
font cartridge (Schriftkassette)
font editor (Fonteditor)
font family (Schriftfamilie)
font generator (Schriftgenerator)
font number (Schriftnummer)
font page (Fontseite)
font size (Schriftgrad)
font suitcase (Fontkoffer)
footer (Fußzeile)
footprint (Standfläche)
force (erzwingen)
foreground (Vordergrund)
foreground (Vordergrund-)
fork (verzweigen)
fork (Zweig)
fork bomb (fork-Bombe)
FOR loop (FOR-Schleife)
form (Formular)
formal language (formalisierte Sprache)
formal logic (formale Logik)
format (formatieren)
format bar (Formatpalette)
formatting (Formatierung)
form factor (Formfaktor)
form feed (Seitenvorschub)
form letter (Formbrief)
formula (Formel)
fortune cookie (Fortune-Cookie)
forward (weiterleiten)
forward chaining (Vorwärtsverkettung)
forward error correction (vorauseilende Fehlerkorrektur)
forward pointer (Vorwärtszeiger)
Fourier transform (Fourier-Transformation)

fourth-generation computer (vierte Computergeneration)
fourth-generation language (vierte Sprachgeneration)
fourth normal form (vierte Normalenform)
FPM RAM (FPM-RAM)
fractal (Fraktal)
fraggle attack (Fraggle-Attacke)
fragmentation (Fragmentierung)
frame (Datenpaket)
frame (Einzelbild)
frame (Einzelbildpuffer)
frame (Rahmen)
frame buffer (Einzelbildpuffer)
frame rate (Bildwiederholgeschwindigkeit)
frame relay access device (Frame Relay-Zugriffsvorrichtung)
frame relay assembler/disassembler (Frame Relay-Assembler/Disassembler)
frame source (Rahmenquelltext)
frames per second (Bilder pro Sekunde)
free block (freier Block)
free-form language (formatfreie Sprache)
free software (freie Software)
free space (freie Kapazität)
freeze-frame video (Freezeframe Video)
frequency (Frequenz)
frequency counter (Frequenzzähler)
frequency-division multiplexing (Frequenzdivisions-Multiplexing)
frequency hopping (Frequenzsprungverfahren)
frequency modulation (Frequenzmodulation)
frequency modulation encoding (Frequenzmodulationscodierung)
frequency response (Frequenzgang)
frequency-shift keying (Frequenzwechselcodierung)
fresnel zone (Fresnel'sche Zone)
friction feed (Friktionsantrieb)
friendly (benutzungsfreundlich)
front end (Front-End)
front-end processor (Front-End-Prozessor)
front panel (Frontplatte)
frontside bus (Frontsidebus)
fry (zerschießen)
FTP client (FTP-Client)
FTP commands (FTP-Befehle)
FTP program (FTP-Programm)
FTP server (FTP-Server)
FTP site (FTP-Site)
fuel cell (Brennstoffzelle)

fulfillment service provider (Erfüllungsdienstanbieter)
full adder (Volladdierer)
full duplex (Vollduplex)
full-duplex transmission (Vollduplexübertragung)
full justification (Blocksatz)
full-motion video (Fullmotionvideo)
full-motion video adapter (Fullmotion-Videokarte)
full name (vollständiger Name)
full-page display (Ganzseitenbildschirm)
full path (vollständiger Pfad)
full pathname (vollständiger Pfadname)
full-screen (vollbildorientiert)
full-text search (Volltextsuche)
fully formed character (Vollkonturenzeichen)
fully populated board (voll bestückte Platine)
function (Funktion)
functional design (funktionelles Design)
functional programming (funktionelle Programmierung)
functional specification (funktionale Spezifikation)
function call (Funktionsaufruf)
function key (Funktionstaste)
function library (Funktionsbibliothek)
function overloading (Funktionsüberladung)
fuse (Sicherung)
fuzzy logic (Fuzzylogik)
gain (Verstärkung)
gallium arsenide (Galliumarsenid)
game (Spiel)
game card (Game-Karte)
game cartridge (Spieleinsteckmodul)
game theory (Spieltheorie)
Gantt chart (Gantt-Diagramm)
gap (Lücke)
garbage collection (Speicherbereinigung)
garbage in, garbage out (Müll rein, Müll raus)
gas-discharge display (Gasentladungsbildschirm)
gas-plasma display (Plasmabildschirm)
gate (Gatter)
gate array (Gatterarray)
gated (gegated)
gate electrode (Gateelektrode)
gating circuit (Gatterschaltkreis)
gender bender (Invertieradapter)
gender changer (Invertieradapter)
general-purpose computer (Mehrzweckcomputer)
general-purpose controller (Mehrzweckcontroller)
General-Purpose Interface Bus (Mehrzweckbus)
general-purpose language (Mehrzwecksprache)

general-purpose register (Mehrzweckregister)
generation (Generationenprinzip)
generic icon (Anwendungssymbol)
geographic information system (geographisches Informationssystem)
geometry (Geometrie)
geostationary orbit satellite (geostationärer Satellit)
geostationary (geostationär)
geosynchronous (geostationär)
ghost (duplizieren)
ghost (Geisterbild)
ghost (inaktivieren)
ghosting (einbrennen)
giant magnetoresistive head (GMR-Kopf)
gigabits per second (Gigabit pro Sekunde)
glare filter (Entspiegelungsfolie)
global group (globale Gruppe)
globally unique identifier (global einheitlicher Identifikator)
global operation (globale Operation)
global search and replace (globales Suchen und Ersetzen)
global universal identification (globale Identifikation)
global variable (globale Variable)
Godwin's Law (Godwin-Regel)
Gopherspace (Gopher-Space)
GOTO statement (GOTO-Befehl)
GPS Receiver (GPS-Empfänger)
graceful exit (geregelte Beendigung)
grade (Frequenzbereich)
grade of service (Erreichbarkeitswahrscheinlichkeit)
grammar checker (Grammatikprüfung)
grandfather (Großvater)
grandfather/father/son (Großvater/Vater/Sohn)
grandparent (Großeltern)
granularity (Granularität)
graphical interface (grafische Oberfläche)
graphical user interface (grafische Benutzeroberfläche)
graphic character (sichtbares Zeichen)
graphic limits (Grafikbegrenzung)
graphics accelerator (Grafikbeschleuniger)
graphics adapter (Grafikadapter)
graphics card (Grafikkarte)
graphics character (Grafikzeichen)
Graphics Controller (Grafikcontroller)
graphics coprocessor (Grafikcoprozessor)
graphics data structure (Grafikdatenstruktur)
graphics engine (Grafikengine)
graphics interface (grafische Schnittstelle)

graphics mode (Grafikmodus)
graphics primitive (grafische Primitive)
graphics printer (Grafikdrucker)
graphics processor (Grafikprozessor)
graphics tablet (Grafiktablett)
graphics terminal (Grafikterminal)
Gray code (Gray-Code)
gray market (Grauer Markt)
gray scale (Graustufen)
greater than (größer als)
greater than or equal to (größer gleich als)
greeking (Blindtext)
greeking (Dummytext)
greek text (Blindtext)
green PC (grüner PC)
Gregorian calendar (Gregorianischer Kalender)
grep (grepen)
Grey Hat (Gray Hat)
grid (Raster)
grok (groken)
ground (Erde)
grounding (Erdung)
group (Gruppe)
group (gruppieren)
grovel (rödeln)
guest (Gast)
gutter (Bundsteg)
hack (hacken)
hairline (Haarlinie)
half adder (Halbaddierer)
half-card (halbe Karte)
half-duplex (halbduplex)
half-duplex transmission (Halbduplexübertragung)
half-height drive (halbhohes Laufwerk)
half router (Halbrouter)
halftone (Halbton)
half-word (Halbwort)
hammer (Anschlaghammer)
Hamming code (Hamming-Code)
handheld computer (Handheldcomputer)
handheld PC (Handheld-PC)
handheld scanner (Handheldscanner)
handle (Ziehpunkt)
handler (Behandlungsroutine)
hands-on (praxisbezogen)
handwriting recognition (Handschrifterkennung)
hang (hängen)
hanging indent (hängender Einzug)

hanging indent (negativer Einzug)
haptics (Haptik)
hard (hart)
hard card (Festplattenkarte)
hard-coded (hartcodiert)
hard copy (Hardcopy)
hard disk (Festplatte)
hard disk drive (Festplattenlaufwerk)
hard disk type (Festplattentyp)
hard error (harter Fehler)
hard failure (Hardwareausfall)
hard hyphen (harter Bindestrich)
hard return (harter Zeilenvorschub)
hard-sectored disk (hartsektorierte Diskette)
hard space (hartes Leerzeichen)
hardware-dependent (hardwareabhängig)
hardware failure (Hardwareausfall)
hardware handshake (Hardware-Handshake)
hardware interrupt (Hardwareinterrupt)
hardware key (Hardwareschloss)
hardware monitor (Hardwaremonitor)
hardware profile (Hardwareprofil)
hardware tree (Hardwarebaum)
hardwired (festverdrahtet)
Harvard architecture (Harvard-Architektur)
hash coding (Hashcodierung)
hash search (Hashsuche)
hash total (Hashzahl)
Hayes-compatible (Hayes-kompatibel)
head (Kopf)
head arm (Zugriffsarm)
head-cleaning device (Kopfreiniger)
head crash (Headcrash)
header (Kopf)
header (Kopfzeile)
header file (Headerdatei)
header label (Kopfmarkenlabel)
header record (Kopfdatensatz)
heading (Kopfzeile)
head-mounted display (Datenhelm)
head-per-track disk drive (Head-per-track-Laufwerk)
head positioning (Kopfpositionierung)
head slot (Schreib-/Leseöffnung)
head switching (Kopfumschaltung)
heap sort (Heapsort)
heat pipe (Röhrenkühlkörper)
heat sink (Kühlkörper)
hecto- (Hekto-)

help (Hilfe)
Help (Hilfe)
help desk (Anwenderunterstützung)
helper application (Hilfsanwendung)
helper program (Hilfsprogramm)
Help key (Hilfetaste)
help screen (Hilfebildschirm)
hertz time (Taktgeschwindigkeit)
heterogeneous environment (heterogene Umgebung)
heuristic (heuristisch)
hex (Hex-)
hexadecimal (hexadezimal)
hexadecimal conversion (Hexadezimalumrechnung)
hidden file (versteckte Datei)
hidden line (versteckte Linie)
hidden surface (versteckte Oberfläche)
hide (verstecken)
hierarchical (hierarchisch)
hierarchical computer network (hierarchisches Netzwerk)
hierarchical database (hierarchische Datenbank)
hierarchical database management system (hierarchisches Datenbank-Managementsystem)
hierarchical file system (hierarchisches Dateisystem)
hierarchical menu (hierarchisches Menü)
hierarchical model (hierarchisches Modell)
hierarchy (Hierarchie)
high availability (Hochverfügbarkeit)
high byte (höherwertiges Byte)
high-capacity CD-ROM (CD-ROM, mit hoher Kapazität)
high-definition television (hochauflösendes Fernsehen)
high-density disk (Diskette mit hoher Dichte)
high-level language (höhere Programmiersprache)
highlight (hervorheben)
high memory (hoher Speicher)
high memory (oberer Speicher)
high memory area (hoher Speicher)
high-order (höchstwertig)
high-order language (höhere Programmiersprache)
highpass filter (Hochpassfilter)
high-persistence phosphor (Nachleuchtschicht)
high resolution (hohe Auflösung)
High Sierra specification (High Sierra-Spezifikation)
Hijri calendar (Hijri-Kalender)
HIPPI (HPPI)
histogram (Balkendiagramm)
history (Befehlspuffer)
hit (Zugriff)

Hollerith tabulating/recording machine (Hollerith-Maschine)
hologram (Hologramm)
holography (Holographie)
holy war (Heiliger Krieg)
Home Area Network (Heimbereichsnetz)
homebrew (selbstgebraut)
home computer (Heimcomputer)
home directory (Homeverzeichnis)
homegrown software (selbstgeschnitzte Software)
Home key (Pos1-Taste)
home networking (Homenetworking)
home office (Heimbüro)
home office (Stammsitz)
home page (Homepage)
home record (Kopfdatensatz)
homogeneous environment (homogene Umgebung)
homogeneous network (homogenes Netzwerk)
horizontal application (horizontale Anwendung)
horizontal blanking interval (horizontale Austastlücke)
horizontal flyback (horizontales Zurücksetzen (des Elektronenstrahls))
horizontal market software (Standardsoftware)
horizontal retrace (horizontales Zurücksetzen (des Elektronenstrahls))
horizontal scrolling (horizontales Scrollen)
horizontal synchronization (Horizontalsynchronisation)
host adapter (Hostadapter)
host language (Hostsprache)
host name (Hostname)
hot docking (Andocken im laufenden Betrieb)
hot insertion (Einbau im laufenden Betrieb)
hot key (Hotkey)
hot link (Hotlink)
hot plugging (Einbau im laufenden Betrieb)
hot spare (Hotspare)
hot spot (Hotspot)
hot swapping (Hotswapping)
HTML document (HTML-Dokument)
HTML editor (HTML-Editor)
HTML page (HTML-Seite)
HTML tag (HTML-Marke)
HTML tag (HTML-Tag)
HTML validation service (HTML-Validierungsservice)
HTTP server (HTTP-Server)
HTTP status codes (HTTP-Statuscodes)
hue (Farbton)
Huffman coding (Huffman-Codierung)

human-machine interface (Mensch-Maschine-Schnittstelle)
hung (aufgehängt)
hybrid circuit (hybrider Schaltkreis)
hybrid computer (hybrider Computer)
hybrid microcircuit (Hybridchip)
hybrid network (Hybridnetzwerk)
Hybris virus (Hybris-Wurm)
hypertext link (Hypertextlink)
Hypertext Transfer Protocol Next Generation (HyperText Transport Protocol Next Generation)
hyphen (Bindestrich)
hyphenation program (Silbentrennprogramm)
hysteresis (Hysterese)
I-beam (I-Balken)
I-beam pointer (I-Balken-Mauszeiger)
IBM PC-compatible (IBM-PC-kompatibel)
Icebreaker (Eisbrecher)
icon (Symbol)
iconic interface (symbolorientierte Oberfläche)
icon parade (Symbolparade)
identifier (Bezeichner)
idle (bereit)
idle character (Leerlaufzeichen)
idle interrupt (Leerlaufinterrupt)
idle state (Bereitschaftszustand)
IEEE 802 standards (IEEE 802-Standards)
IFS (IFS-Dateisystem)
IF statement (IF-Anweisung)
illuminance (Beleuchtungsstärke)
image (Abbild)
image (Grafik)
image-based rendering (bildbasiertes Rendering)
image color matching (Farbanpassung)
image compression (Bildkomprimierung)
image editing (Bildbearbeitung)
image editor (Bildbearbeitungsprogramm)
image enhancement (Bildbearbeitung)
image map (Imagemap)
image processing (Bildverarbeitung)
imagesetter (Belichter)
imaginary number (imaginäre Zahl)
imaging (Bildverarbeitung)
Imitation Game (Imitationsspiel)
immediate access (unmittelbarer Zugriff)
immediate operand (direkter Operand)
immediate printing (Direktdruck)
impact printer (Anschlagdrucker)

impedance (Impedanz)
import (importieren)
inactive window (inaktives Fenster)
in-band signaling (Schmalbandübertragung)
Inbox (Posteingang)
incident light (Auflicht)
in-circuit emulator (In-Circuit-Emulator)
INCLUDE directive (INCLUDE-Direktive)
inclusive OR (inklusives ODER)
increment (Inkrement)
increment (inkrementieren)
indent (einrücken)
indent (Einrückung)
independent content provider (unabhängiger Content-provider)
independent software vendor (unabhängiger Softwareentwickler)
index (indizieren)
indexed address (indizierte Adresse)
indexed search (Indexsuche)
indexed sequential access method (indexsequentieller Zugriff)
index mark (Indexmarke)
indicator (Anzeigeelement)
indirect address (indirekte Adresse)
inductance (Induktivität)
induction (Induktion)
inductor (Induktor)
industry standard (Industriestandard)
infection (Infektion)
infer (folgern)
inference engine (Inferenzsystem)
inference programming (Inferenzprogrammierung)
infinite loop (Endlosschleife)
infix notation (Infixnotation)
information appliance (Informationsdienstgerät)
information explosion (Informationszeitalter)
information explosion (Wissensexplosion)
information hiding (Kapselung)
information management (Informationsmanagement)
information packet (Datenpaket)
information processing (Informationsverarbeitung)
information resource management (Informationsquellen-management)
information retrieval (Informationsrückgewinnung)
information revolution (Informationsrevolution)
information science (Informatik)
Information Superhighway (Datenautobahn)

information theory (Informationstheorie)
information warfare (Sabotage)
infrared (infrarot)
infrared port (Infrarotport)
inherent error (inhärenter Fehler)
inherit (erben)
inheritance (Vererbung)
inheritance code (vererbter Code)
inhibit (unterdrücken)
ini file (Ini-Datei)
initialization (Initialisierung)
initialization file (Initialisierungsdatei)
initialization string (Initialisierungsstring)
initialize (initialisieren)
initializer (Initialisierer)
initial program load (Urladeprozess)
ink cartridge (Tintenkassette)
ink-jet printer (Tintenstrahldrucker)
inline code (Inlinecode)
inline graphics (Inlinegrafik)
inline image (Inlinegrafik)
inline processing (Inlineverarbeitung)
inline subroutine (Inlineunterprogramm)
inoculate (impfen)
input (Eingabe)
input (eingeben)
input area (Eingabebereich)
input-bound (eingabeintensiv)
input buffer (Eingabebereich)
input channel (Eingabekanal)
input device (Eingabegerät)
input driver (Eingabetreiber)
input/output (Eingabe/Ausgabe)
input/output area (Eingabe-/Ausgabebereich)
input/output-bound (eingabe-/ausgabeintensiv)
input/output buffer (Eingabe-/Ausgabepuffer)
input/output bus (Eingabe-/Ausgabebus)
input/output channel (Eingabe-/Ausgabekanal)
input/output controller (Eingabe-/Ausgabecontroller)
input/output device (Eingabe-/Ausgabegerät)
input/output interface (Eingabe-/Ausgabeschnittstelle)
input/output port (Eingabe-/Ausgabeport)
input/output processor (Eingabe-/Ausgabeprozessor)
input/output statement (Eingabe-/Ausgabeanweisung)
input port (Eingabeport)
input stream (Eingabestrom)
inquiry (Anfrage)
insertion point (Einfügemarke)

insertion sort (einfügendes Sortieren)
Insert key (Einfügetaste)
insert mode (Einfügemodus)
Ins key (Einfg-Taste)
install (installieren)
installable device driver (installierbarer Gerätetreiber)
installation program (Installationsprogramm)
Installer (Aktualisierer)
instance (Instanz)
instance variable (Instanzvariable)
instantiate (instantiieren)
instruction (Befehl)
instruction code (Befehlscode)
instruction counter (Befehlszähler)
instruction cycle (Befehlszyklus)
instruction mix (Befehlsmix)
instruction pointer (Befehlszähler)
instruction register (Befehlsregister)
instruction set (Befehlssatz)
instruction time (Befehlsausführungszeit)
instruction word (Befehlswort)
insulator (Isolator)
integral modem (integriertes Modem)
integral number (Integralzahl)
integrated circuit (integrierter Schaltkreis)
integrated development environment (integrierte
Entwicklungsumgebung)
integrated injection logic (integrierte Injektionslogik)
integrated software (Integriertes Paket)
integrity (Integrität)
intellectual property (geistiges Eigentum)
intelligence (Intelligenz)
intelligent agent (intelligenter Agent)
intelligent cable (intelligentes Kabel)
intelligent database (intelligente Datenbank)
Intelligent Input/Output (intelligente Eingabe/Ausgabe)
intelligent terminal (intelligentes Terminal)
interactive (interaktiv)
interactive fiction (Abenteuerspiel)
interactive graphics (interaktive Grafikoberfläche)
interactive processing (interaktive Verarbeitung)
interactive program (interaktives Programm)
interactive session (interaktive Sitzung)
interactive television (interaktives Fernsehen)
interactive video (interaktives Video)
interapplication communication (applikationsübergreifende Kommunikation)
interblock gap (Blocklücke)

Interchange Format (Dateiformat zum Datenaustausch)
interexchange carrier (Fernnetzbetreiber)
interface (Benutzeroberfläche)
interface (Schnittstelle)
interface adapter (Schnittstellenadapter)
interface card (Schnittstellenkarte)
interference (Interferenz)
interlace scanning (Interlacescanning)
interlacing (Zeilensprungverfahren)
interleave (Sektorversatz)
interleaved memory (versetzter Speicherzugriff)
interlock (verriegeln)
intermediate language (Zwischensprache)
intermittent (intermittierend)
intermittent error (intermittierender Fehler)
internal clock (interne Uhr)
internal command (interner Befehl)
internal font (interne Schrift)
internal interrupt (interner Interrupt)
internal memory (interner Speicher)
internal modem (internes Modem)
internal schema (internes Schema)
internal sort (internes Sortieren)
Internet access (Internetzugriff)
Internet access device (Internetzugriffsgerät)
Internet access provider (Internetprovider)
Internet account (Internetkonto)
Internet address (Internetadresse)
Internet appliance (Internetdienstgerät)
Internet backbone (Internetbackbone)
Internet broadcasting (Internetbroadcasting)
Internet gateway (Internetgateway)
Internet Information Services (Internet-Informa-
tionsdienste)
Internet robot (Internetroboter)
Internet security (Internetsicherheit)
Internet service provider (Internet Serviceprovider)
Internet service provider (Internetdienstanbieter)
Internet telephone (Internettelefonie)
Internet television (Internet-TV)
Internet Worm (Internetwurm)
interoperability (übergreifende Funktionsfähigkeit)
interpolate (interpolieren)
interpret (interpretieren)
interpreted language (Interpretersprache)
interprocess communication (Interprozesskommunikation)
inter-record gap (Satzzwischenraum)

interrogate (abfragen)
interrupt-driven processing (interruptgesteuerte Verarbeitung)
interrupt handler (Interrupthandler)
interrupt priority (Interruptpriorität)
interrupt request line (Interruptleitung)
interrupt vector (Interruptvektor)
interrupt vector table (Interruptvektortabelle)
intersect (Durchschnitt)
interstitial (Interstitial-Banner)
intrinsic font (eingebaute Schrift)
intruder (Eindringling)
intrusion detection system (Intrusion-Detection-System)
invalid (ungültig)
inverse video (invertiertes Video)
invert (invertieren)
inverted file (invertierte Datei)
inverted list (invertierte Liste)
inverted-list database (invertierte Datenbank)
inverted structure (invertierte Struktur)
invoke (aufrufen)
I/O (E/A)
I/O-bound (eingabe-/ausgabeintensiv)
I/O controller (I/O-Controller)
I/O device (I/O-Gerät)
ion-deposition printer (Ionenbeschussdrucker)
I/O port (I/O-Port)
I/O processor (I/O-Prozessor)
IP address (IP-Adresse)
IP filter (IP-Filter)
IP multicasting (IP-Multicasting)
IP number (IP-Nummer)
IPP (IPP-Protokoll)
IP splicing (IP-Splicing)
IP spoofing (IP-Spoofing)
IP switching (IP-Switching)
IP telephony (IP-Telefonie)
IP tunneling (IP-Tunneln)
IRQ conflict (IRQ-Konflikt)
irrational number (irrationale Zahl)
ISA slot (ISA-Steckplatz)
ISDN terminal adapter (ISDN Terminaladapter)
isometric view (isometrische Ansicht)
ISO/OSI model (ISO/OSI-Schichtenmodell)
italic (Kursivschrift)
iterate (iterieren)
iterative statement (iterative Anweisung)
jack (Buchse)

jacket (Diskettenhülle)
jack in (anmelden)
jack out (abmelden)
Jacquard loom (Jacquardscher Webstuhl)
jaggies (Treppeneffekt)
Java applet (Java-Applet)
Java chip (Java-Chip)
Java-compliant browser (Java-konformer Browser)
Java terminal (Java-Terminal)
JetSend Protocol (JetSend-Protokoll)
jewel box (Jewelbox)
job processing (Jobverarbeitung)
job queue (Jobschleife)
join (Verbindung)
Josephson junction (Josephson-Element)
Julian calendar (Julianischer Kalender)
Julian date (Julianisches Kalenderdatum)
jump instruction (Sprungbefehl)
jump table (Sprungtabelle)
junction (Anschluss)
justify (ausrichten)
kamikaze packet (Kamikaze-Paket)
kashidas (Kashida-Zeichen)
kern (unterschneiden)
key (Schlüssel)
key (Taste)
keyboard (Tastatur)
keyboard buffer (Tastaturpuffer)
keyboard controller (Tastaturcontroller)
keyboard enhancer (Tastaturerweiterung)
keyboard layout (Tastaturlayout)
keyboard processor (Tastaturprozessor)
keyboard repeat (Tastenwiederholung)
keyboard shortcut (Tastenkombination)
keyboard template (Tastaturschablone)
keycap (Tastenkappe)
key code (Tastencode)
key escrow (Key-Escrow)
key field (Schlüsselfeld)
key-frame (Keyframe)
key in (eintippen)
keypad (Ziffernblock)
key pair (Schlüsselpaar)
keypunch (Lochstanzer)
key recovery (Key-Recovery)
key sort (Key-Sort)
keystroke (Tastenanschlag)
keyword (Schlüsselwort)

keyword (Stichwort)
keyword-in-context (Stichwortanalyse)
kill (killen)
killer app (Killeranwendung)
kill file (Killfile)
kilobits per second (Kilobits pro Sekunde)
kilocycle (Kilozyklen)
Kinesis ergonomic keyboard (Kinesistastatur)
kludge (Notkonstruktion)
kludge (schneller Hack)
knowledge acquisition (Wissenserwerb)
knowledge base (Wissensdatenbank)
knowledge-based system (wissensorientiertes System)
knowledge domain (Wissensdomäne)
knowledge engineer (Wissensingenieur)
knowledge representation (Wissensdarstellung)
knowledge worker (Wissensarbeiter)
Korn shell (Korn-Shell)
K&R C (K&R-C)
KSR terminal (KSR-Terminal)
L1 cache (L1-Cache)
L2 cache (L2-Cache)
label prefix (Labelpräfix)
lag (Nachleuchten)
landscape mode (Querformat)
landscape monitor (Querformatmonitor)
language (Sprache)
language-description language (Sprachbeschreibungssprache)
language processor (Sprachprozessor)
language translation program (Transpiler)
LAN Manager (LAN-Manager)
large model (Large-Modell)
large-scale integration (Hohe Integrationsdichte)
laser engine (Laserengine)
laser printer (Laserdrucker)
laser storage (Laserspeicher)
last in, first out (Lastin, Firstout)
last mile (Letzte Meile)
last mile (Letzter Kilometer)
last-mile technology (Technologie der letzten Meile)
late binding (späte Bindung)
latency (Latenz)
LaTeX (LaTeXen)
launch (starten)
layer (Schicht)
Layer 2 Tunneling Protocol (L2TP)
layered interface (geschichtete Schnittstelle)

layering (Schichtung)
LCD printer (LCD-Drucker)
LCD projector (LCD-Projektor)
lead (Anschlusskontakt)
lead (Durchschuss)
leader (Füllzeichen)
leadless chip carrier (pinlose Chipanbringung)
leading (Zeilenabstand)
leading edge (Vorderflanke)
leading zero (führende Null)
lead ion battery (Bleiakku)
leaf (Blatt (eines Logikbaums))
leapfrog attack (Leapfrog-Attacke)
leapfrog test (Sprungtest)
leased line (Mietleitung)
least significant bit (niederwertigstes Bit)
least significant character (niederwertigstes Zeichen)
least significant digit (niederwertigste Stelle)
LED printer (LED-Drucker)
left justification (linksbündige Ausrichtung)
left-justify (linksbündig ausrichten)
legacy (Vermächtnis)
legacy data (Altdaten)
legacy system (Altdaten-Konvertiersystem)
legend (Legende)
Lempel Ziv algorithm (Lempel-Ziv-Algorithmus)
length (Länge)
less than (kleiner als)
less than or equal to (kleiner gleich als)
letterbomb (elektronische Briefbombe)
letter quality (Korrespondenzdruckqualität)
letter-quality printer (Korrespondenzdrucker)
level 1 cache (Level 1-Cache)
level 2 cache (Level 2-Cache)
lexicographic sort (lexikografische Sortierung)
lexicon (Lexikon)
library (Bibliothek)
library routine (Bibliotheksroutine)
license agreement (Lizenzvertrag)
licensing key (Lizenzschlüssel)
light-emitting diode (Leuchtdiode)
light guide (Lichtleiter)
light pen (Lichtgriffel)
light source (Lichtquelle)
lightwave system (Lichtwellenleitersystem)
limit check (Grenzprüfung)
limiting operation (Grenzoperation)
line (Leitung)

line (Zeile)
line adapter (Leitungsadapter)
line analyzer (Verbindungsanalysator)
linear addressing architecture (lineare Adressierung)
linear inferences per second (lineare Inferenzen pro Sekunde)
linear list (lineare Liste)
linear memory (linearer Speicher)
linear programming (lineare Programmierung)
linear search (lineare Suche)
linear structure (lineare Struktur)
line-based browser (zeilenorientierter Browser)
line cap (Linienende)
line chart (Liniendiagramm)
line concentration (Leitungskonzentration)
line conditioner (Stromfilter)
line conditioning (Leitungssignalaufbereitung)
line drawing (Strichzeichnung)
line driver (Leitungsverstärker)
line editor (Zeileneditor)
linefeed (Zeilenvorschub)
line join (Linienverbindung)
line level (Signalstärke)
line load (Leitungsbelastung)
line noise (Leitungsrauschen)
line number (Leitungsnummer)
line number (Zeilennummer)
line printer (Zeilendrucker)
line regulator (Spannungsregulierer)
line segment (Liniensegment)
lines of code (Zeilenzahl)
line spacing (Zeilenabstand)
line speed (Verbindungsgeschwindigkeit)
lines per minute (Zeilen pro Minute)
line style (Linienstil)
line surge (Spannungsstoß)
line voltage (Netzspannung)
line width (Zeilenbreite)
linguistics (Linguistik)
link (linken)
link (verbinden)
linkage editor (Linker)
link edit (linken)
linked list (verkettete Liste)
link rot (Linkrot)
link time (Linkzeit)
link-time binding (Linktimebinding)
Lion worm (Lion-Wurm)

liquid crystal display (Flüssigkristalldisplay)
liquid crystal display printer (Liquid Crystal Display-Drucker)
liquid crystal shutter printer (Liquid Crystal Shutter-Drucker)
list (Liste)
list box (Listenfeld)
list processing (Listenverarbeitung)
lithium ion battery (Lithiumakku)
little endian (Little-Endian)
live (echt)
live (editierbar)
load (laden)
load (Last)
load-and-go (Laden und Starten)
load balancing (Load-Balancing)
loaded line (belastete Verbindung)
loader (Lader)
loader routine (Laderoutine)
load module (Lademodul)
load point (Ladepunkt)
load sharing (Lastaufteilung)
load shedding (Lastabstoß)
local (lokal)
local area network (lokales Netzwerk)
local bypass (lokaler Bypass)
local group (lokale Gruppe)
localization (Lokalisierung)
local loop (Amtsleitung)
local memory (lokaler Speicher)
local newsgroups (lokale Newsgroups)
local reboot (lokales Neustarten)
local variable (lokale Variable)
location (Ort (im Speicher))
lock (Schlüsselsperre)
lock (Schreibsperre)
locked file (gesperrte Datei)
locked volume (gesperrtes Volumen)
lockout (sperren)
lock up (gesperrter Modus)
log (Protokoll)
logarithm (Logarithmus)
logic (Logik)
logical (logisch)
logical decision (logische Entscheidung)
logical device (logisches Gerät)
logical drive (logisches Laufwerk)
logical error (logischer Fehler)

logical expression (logischer Ausdruck)
logical file (logische Datei)
logical network (logisches Netzwerk)
logical operator (logischer Operator)
logical record (logischer Datensatz)
logical schema (logisches Schema)
logic analyzer (Logikanalysator)
logic array (Logikarray)
logic board (Logikboard)
logic bomb (logische Bombe)
logic chip (Logikchip)
logic circuit (logischer Schaltkreis)
logic diagram (Logikdiagramm)
logic error (Logikfehler)
logic gate (logisches Gatter)
logic operation (logische Operation)
logic programming (Logikprogrammierung)
logic-seeking printer (Drucker mit Druckwegoptimierung)
logic symbol (logisches Symbol)
logic tree (logischer Baum)
log in (Log-In)
login (Einloggen)
logoff (Ausloggen)
log off (abmelden)
logon (anmelden)
log on (anmelden)
logout (Abmelden)
log out (ausloggen)
long filenames (lange Dateinamen)
long-haul (langstreckengeeignet)
loop (Schleife)
loop (Schleife durchlaufen)
loopback adapter (Loopbackadapter)
loopback plug (Loopbackadapter)
loopback test (Loopbacktest)
loop check (Loopcheck)
loop configuration (Loopkonfiguration)
loophole (Stolperstein)
loop invariant (Schleifeninvariante)
loop structure (Schleifenstruktur)
loss balancing (Verlustausgleich)
lossless compression (verlustfreie Komprimierung)
lossy compression (verlustreiche Komprimierung)
lost cluster (verlorene Zuordnungseinheit)
loveletter virus (ILOVEYOU-Virus)
low-Earth-orbit satellite (tieffliegender Satellit)
lowercase (Kleinbuchstaben)
low frequency (Niederfrequenz)

low-level language (niedrige Sprache)
low memory (unterer Speicher)
low-order (niederwertig)
lowpass filter (Tiefpassfilter)
low resolution (niedrige Auflösung)
Luddites (Ludditen)
LUHN formula (LUHN-Formel)
luminance (Leuchtdichte)
luminance decay (Luminanzabfall)
lunar calendar (Mondkalender)
lurk (lurken)
LZW compression (LZW-Komprimierung)
Mac clone (Mac-Klon)
machine address (Maschinenadresse)
machine code (Maschinencode)
machine cycle (Maschinenzyklus)
machine-dependent (maschinenabhängig)
machine error (Maschinenfehler)
machine identification (Maschinenkennzeichen)
machine-independent (maschinenunabhängig)
machine instruction (Maschinenbefehl)
machine language (Maschinensprache)
machine-readable (maschinenlesbar)
macro (Makro)
macro assembler (Makroassembler)
macrocontent (Makrocontent)
macro expansion (Makroerweiterung)
macro instruction (Makrobefehl)
macro language (Makrosprache)
macro processor (Makroprozessor)
macro program (Makroprogramm)
macro recorder (Makrorekorder)
macro substitution (Makrosubstitution)
macro virus (Makrovirus)
magnetic bubble (Magnetblasenspeicher)
magnetic disk (Magnetplatte)
magnetic domain (magnetische Domäne)
magnetic drum (Magnetspeicher)
magnetic field (Magnetfeld)
magnetic head (Magnetkopf)
magnetic-ink character recognition (Magnetschrifterkennung)
magnetic oxide (magnetisches Oxid)
magnetic storage (magnetischer Speicher)
magnetic tape (Magnetband)
magneto-optical recording (magnetooptische Aufzeichnung)
magneto-optic disc (magnetooptische Disk)

magnitude (Absolutwert)
mailbomb (E-Mail-Bombe)
mailbomb (mailbomben)
mailer-daemon (Maildämon)
mail filter (Nachrichtenfilter)
mail header (Nachrichtenkopf)
mailing list (Verteilerliste)
mailing list manager (Mailinglist-Manager)
mail merge (Serienbrieffunktion)
mainboard (Hauptplatine)
main body (Hauptprogramm)
mainframe computer (Großrechner)
main function (Hauptfunktion)
main loop (Hauptschleife)
main memory (Hauptspeicher)
main segment (Hauptsegment)
maintenance (Wartung)
major geographic domain (Länderkürzel)
major key (Hauptschlüssel)
male connector (Stiftbuchse)
management information service (Management-informationsabteilung)
management information system (Management-informationssystem)
Manchester coding (Manchester-Code)
Mandelbrot set (Mandelbrotmenge)
man-in-the-middle attack (»Man-in-the-Middle«-Attacke)
man-machine interface (Mensch-Maschine-Schnittstelle)
mantissa (Mantisse)
many-to-one (n:1)
map (mappen)
mapped drives (gemappte Laufwerke)
mapped drives (verbundene Laufwerke)
margin (Rand)
mark (Marke)
marker (Marke)
markup language (Auszeichnungssprache)
markup language (Markupsprache)
marquee (Laufschrift)
mask (Maske)
maskable interrupt (maskierbarer Interrupt)
mask bit (Maskenbit)
masking (Maskierung)
mask off (maskieren)
Massively Multiplayer Online Role-Playing Game (MMORPG)

massively parallel processing (massivparallele Verarbeitung)
massively parallel processor (massivparallele Verarbeitung)
mass storage (Massenspeicher)
master file (Stammdatei)
master key (Hauptschlüssel)
master record (Stammsatz)
master seller (Großdistributoren)
master/slave arrangement (Master-/Slavesystem)
matching (Paarigkeitsvergleich)
Material Requirements Planning (Material-ressourcenplanung)
math coprocessor (mathematischer Coprozessor)
mathematical expression (mathematischer Ausdruck)
mathematical function (mathematische Funktion)
mathematical model (mathematisches Modell)
matrix line printer (Matrixdrucker)
maximize (maximieren)
Maximize button (Schaltfläche »Maximieren«)
mechanical mouse (mechanische Maus)
media (Medium)
media eraser (Löschgerät)
medium (durchschnittlich)
medium model (Mediummodell)
medium-scale integration (mittlere Integrationsdichte)
megabit per second (Megabit pro Sekunde)
megacycle (Megazyklen)
megapel display (Megapeldisplay)
megapixel display (Megapixeldisplay)
member (Element)
membrane keyboard (Folientastatur)
memo field (Memofeld)
memory (Speicher)
memory bank (Speicherbank)
memory cache (Speichercache)
memory card (Speicherkarte)
memory cartridge (Speichermodul)
memory cell (Speicherzelle)
memory chip (Speicherchip)
memory management (Speicherverwaltung)
memory management program (Speicherverwaltungs-programm)
memory management unit (Speicherverwaltungseinheit)
memory model (Speichermodell)
memory-resident (speicherresident)
memory size (Speicherkapazität)
memory typewriter (Speicherschreibmaschine)

menu (Menü)
menu bar (Menüleiste)
menu-driven (menügesteuert)
menu item (Menüeintrag)
merge (mischen)
merge sort (einfügendes Sortieren)
mesh network (Maschennetzwerk)
message (Meldung)
message (Nachricht)
message (Systemmeldung)
message header (Nachrichtenkopf)
message of the day (Nachricht des Tages)
message queue (Nachrichtenwarteschlange)
message switching (Nachrichtenvermittlung)
messaging application (Mailapplikation)
messaging client (Mailclient)
metacharacter (Metazeichen)
Meta-Content Format (Metaformat)
meta data (Metadaten)
Metadata Interchange Specification (Meta Data Interchange Specification)
metafile (Metadatei)
metalanguage (Metasprache)
metal-oxide semiconductor (Metal-Oxide-Semiconductor)
metal-oxide semiconductor field-effect transistor (Metal-Oxide Semiconductor-Field-Effect-Transistor)
metaoperating system (Metabetriebssystem)
method (Methode)
MFM encoding (MFM-Codierung)
micro- (Mikro-)
microcapsule (Mikrokapsel)
Micro Channel Architecture (Mikrokanalarchitektur)
microchip (Mikrochip)
microcircuit (Mikroschaltung)
microcode (Mikrocode)
microcomputer (Mikrocomputer)
microcontent (Mikrocontent)
microcontroller (Mikrocontroller)
microdisplay (Mikrodisplay)
Microdrive (Microdrive™)
microelectronics (Mikroelektronik)
microfloppy disk (Mikrodiskette)
microform (Mikrobildspeicher)
micrographics (Mikrofilmtechnik)
microimage (Mikrobild)
microinstruction (Mikrobefehl)
microjustification (Leerzeichenausgleich)

microkernel (Mikrokernel)
micrologic (Mikrologik)
microminiature (Mikrominiatur)
microphone (Mikrofon)
microphotonics (Mikrophotonik)
microprocessor (Mikroprozessor)
microprogramming (Mikroprogrammierung)
microsecond (Mikrosekunde)
microspace justification (Leerzeichenausgleich)
microspacing (Mikropositionierung)
microtransaction (Mikrotransaktion)
microwave relay (Mikrowellenverbindung)
midrange computer (Midrangecomputer)
millennium bug (Millennium-Bug)
millicent technology (Millicenttechnologie)
millisecond (Millisekunde)
miniaturization (Miniaturisierung)
mini-driver architecture (Minitreiberarchitektur)
minimize (minimieren)
Minimize button (Schaltfläche »Minimieren«)
miniport drivers (Miniporttreiber)
minor key (Nebenschlüssel)
MIP mapping (MIP-Mapping)
mirror image (Spiegelabbild)
mirroring (Spiegelung)
mirror site (gespiegelte Site)
misc. newsgroups (misc.-Newsgroups)
mixed cell reference (gemischter Zellbezug)
mnemonic (Mnemonik)
mobile computing (mobiler Computereinsatz)
mode (Modus)
model (Modell)
modeling (Modellierung)
modem bank (Modembank)
modem eliminator (Modemeliminator)
modem port (Modemport)
moderated (moderiert)
moderated discussion (moderierte Diskussion)
modifier key (Umschalttaste)
modify structure (wahlfreie Restrukturierung)
MO disk (MO-Disc)
MO disk drive (MO-Laufwerk)
modular design (modulares Design)
modular jack (Telefonstecker)
modular programming (modulare Programmierung)
modular software (modulare Software)
modulate (modulieren)
module (Modul)

molecular beam epitaxy (Molekularstrahlepitaxie)
monadic (monadisch)
monitoring software (Überwachungssoftware)
monochrome (monochrom)
monochrome adapter (Monochromadapter)
monochrome display (Monochrombildschirm)
monochrome monitor (Monochrombildschirm)
monographics adapter (Monografikadapter)
monomode optical fiber (Monomode-Faser)
monospace font (dicktengleiche Schrift)
monospace font (nicht proportionale Schrift)
monospace font (Rationalschrift)
monospacing (dicktengleich (gleichbleibender Schaltschritt))
Monte Carlo method (Monte-Carlo-Methode)
Moore's Law (Mooresches Gesetz)
most significant bit (höchstwertiges Bit)
most significant character (höchstwertiges Zeichen)
most significant digit (höchstwertige Stelle)
motherboard (Hauptplatine)
mount (anmelden)
mouse (Maus)
MouseKeys (Tastaturmaus)
mouse pad (Mauspad)
mouse pointer (Mauszeiger)
mouse port (Mausport)
mouse scaling (Mausskalierung)
mouse sensitivity (Mausempfindlichkeit)
mouse tracking (Maustracking)
mouse trails (Mausspur)
move (verschieben)
Moving Pictures Experts Group (Motion Pictures Experts Group)
MS-DOS mode (MS-DOS-Modus)
MS-DOS shell (MS-DOS-Eingabeaufforderung)
multiboot (Multibootfunktion)
multifile sorting (Multidateisortierung)
multifunctional peripheral (Multifunktionsperipheriegerät)
multifunction board (Multifunktionskarte)
multifunction peripheral (Multifunktions-Peripheriegerät)
multifunction printer (Multifunktionsdrucker)
Multimedia PC (Multimedia-PC)
multimode optical fiber (Multimode-Faser)
multinode computer (Multinodecomputer)
multipart forms (Durchschlagspapier)
multipartite virus (mehrteiliger Virus)
multipass sort (Mehrschrittsortierung)

multiple inheritance (Mehrfachvererbung)
multiple-pass printing (Mehrschrittdruck)
multiple recipients (Mehrfachempfänger)
multiple-user system (Mehrbenutzersystem)
multiplexer channel (Multiplexerkanal)
multiplicand (Multiplikand)
multiplier (Multiplikator)
multipoint configuration (Multipunktkonfiguration)
multiport repeater (Multiport-Repeater)
multiscan monitor (Multiscanmonitor)
MultiSync (MultiSync®)
multisync monitor (MultiSync®-Monitor)
multisystem network (Multisystemnetzwerk)
multithreaded application (Multithreadanwendung)
multiuser (Mehrbenutzer)
multiuser dungeon (Multi-User Dungeon)
multiuser simulation environment (Multi-User Simulation Environment)
multiuser system (Mehrbenutzersystem)
multum in parvo mapping (Multum in Parvo-Zuordnung)
mutual exclusion (gegenseitiger Ausschluss)
My Briefcase (Aktenkoffer)
Mylar ribbon (Mylarband)
named anchor (benannter Anchor)
named target (benanntes Ziel)
name-value pair (assoziatives Wertepaar)
NAND (NAND-Verknüpfung)
NAND gate (NAND-Gatter)
nanosecond (Nanosekunde)
Nanotechnology (Nanotechnologie)
narrowband (Schmalband)
narrowcast (Narrowcasting)
native (nativ)
native application (natives Programm)
native code (nativer Code)
native compiler (nativer Compiler)
native file format (natives Dateiformat)
native language (native Sprache)
natural language (natürliche Sprache)
natural-language processing (natürlichsprachliche Verarbeitung)
natural language query (natürlichsprachliche Abfrage)
natural-language recognition (natürlichsprachliche Erkennung)
natural number (natürliche Zahl)
navigation bar (Navigationsleiste)
navigation keys (Navigationstasten)
NCR paper (NCR-Papier)

NCSA server (NCSA-Server)
near-letter-quality (Near Letter Quality)
negative entry (Negativwandlung)
nest (verschachteln)
nested transaction (verschachtelte Operation)
net address (Netzadresse)
netizen (Netzianer)
netspionage (Netzspionage)
Net surfing (Surfen)
net-top box (Nettopbox)
Net TV (Net-TV)
network (Netzwerk)
network adapter (Netzwerkadapter)
network administrator (Netzwerkadministrator)
network architecture (Netzwerkarchitektur)
network card (Netzwerkkarte)
network-centric computing (netzwerkzentrale Datenverarbeitung)
network computer (Netzwerkcomputer)
network control program (Netzwerkkontrollprogramm)
network database (Netzwerkdatenbank)
network device driver (Netzwerkgerätetreiber)
network directory (Netzwerkverzeichnis)
network drive (Netzlaufwerk)
networked directory (Netzwerkverzeichnis)
networked drive (Netzlaufwerk)
network interface card (Netzwerk-Schnittstellenkarte)
network latency (Netzwerklatenz)
network layer (Netzwerkschicht)
network meltdown (Netzwerk-Zusammenbruch)
network model (Netzwerkmodell)
network modem (Netzwerkmodem)
network operating system (Netzwerkbetriebssystem)
network OS (Netzwerk-OS)
network protocol (Netzwerkprotokoll)
network server (Netzwerkserver)
network services (Netzwerkadministration)
network services (Netzwerkdienste)
network software (Netzwerksoftware)
network structure (Netzwerkstruktur)
network topology (Netzwerktopologie)
neural network (neuronales Netzwerk)
newline character (Zeilenschaltzeichen)
news feed (Newsfeed)
news. newsgroups (news.-Newsgroups)
news server (Newsserver)
NiCad battery (NiCad-Akku)
nickel cadmium battery (Nickelcadmiumakkumulator)

nickel metal hydride battery (Nickelhydridakku)
nickname (Spitzname)
nil pointer (Nil-Zeiger)
Nimda worm (Nimda-Wurm)
NiMH battery (NiMH-Akku)
nine's complement (Neunerkomplement)
node (Knoten)
noise (Rauschen)
nonbreaking space (geschütztes Leerzeichen)
nonconductor (Nichtleiter)
noncontiguous data structure (unterbrochene
Datenstruktur)
nondestructive readout (zerstörungsfreies Lesen)
nonexecutable statement (nicht ausführbare Anweisung)
nonimpact printer (anschlagfreier Drucker)
noninterlaced (ohne Zeilensprung)
nonmaskable interrupt (nicht maskierbarer Interrupt)
nonprocedural language (nicht prozedurale Sprache)
nontrivial (nicht trivial)
nonuniform memory architecture (Nonuniform-
Speicherarchitektur)
nonvolatile memory (nicht flüchtiger Speicher)
no-operation instruction (Nooperationbefehl)
NOR gate (NOR-Gatter)
normal distribution (Normalverteilung)
normal form (Normalform)
normal hyphen (gewöhnlicher Bindestrich)
normalize (normalisieren)
NOT AND (NICHT-UND)
notebook computer (Notebookcomputer)
NOT gate (NOT-Gatter)
NPN transistor (NPN-Transistor)
NT file system (NT-Dateisystem)
N-type semiconductor (n-leitender Halbleiter)
nuke (nuken)
nuke (töten)
null character (Nullzeichen)
null cycle (Nullzyklus)
null modem (Nullmodem)
null modem cable (Nullmodemkabel)
null pointer (Nullzeiger)
null string (Leerstring)
null-terminated string (Nullterminierter String)
number cruncher (Zahlenfresser)
numerical analysis (numerische Analyse)
numeric coprocessor (numerischer Coprozessor)
numeric keypad (numerischer Tastenblock)
Num Lock key (Num-Taste)

object (Objekt)
object code (Objektcode)
object computer (Objektcomputer)
object database (Objektdatenbank)
object file (Objektdatei)
object model (Objektmodell)
object module (Objektmodul)
object-oriented (objektorientiert)
object-oriented analysis (objektorientierte Analyse)
object-oriented database (objektorientierte Datenbank)
object-oriented design (objektorientiertes Design)
object-oriented graphics (objektorientierte Grafik)
object-oriented interface (objektorientierte Schnittstelle)
object-oriented operating system (objektorientiertes Betriebssystem)
object-oriented programming (objektorientierte Programmierung)
object-relational server (objektrelationaler Server)
object request broker (Objektanforderungs-Broker)
oblique (Schrägschrift)
octal (oktal)
odd parity (ungerade Parität)
office automation (Büroautomatisierung)
offline navigator (Offlinebrowser)
offline reader (Offlinereader)
offline storage (Offlinespeicher)
offload (Offloading)
OLAP database (OLAP-Datenbank)
on board (onboard)
on-board computer (Onboardcomputer)
on-chip cache (On-Chip-Cache)
one-off (Einzelherstellung)
one-pass compiler (Einschrittcompiler)
one's complement (Einerkomplement)
one-to-many replication (1:n-Replikation)
onion routing (Onion-Routing)
online community (Onlinegemeinde)
online help (Onlinehilfe)
online information service (Onlinedienst)
online service (Onlineservice)
online state (Onlinestatus)
open (geöffnet)
open (öffnen)
open architecture (offene Architektur)
Open Data-link Interface (Open Datalink Interface)
open file (geöffnete Datei)
open source (freier Quellcode)
open standard (offener Standard)

open system (offenes System)
operating system (Betriebssystem)
operations research (Operationsforschung)
operator associativity (Assoziativität)
operator overloading (Überladen von Operatoren)
operator precedence (Operatorrangfolge)
optical character recognition (optische Zeichenerkennung)
optical communications (optische Kommunikation)
optical disc (optische Disc)
optical drive (optisches Laufwerk)
optical fiber (Glasfaser)
optical mouse (optische Maus)
optical reader (optischer Leser)
optical recognition (optische Erkennung)
optical scanner (optischer Scanner)
optimization (Optimierung)
optimizing compiler (optimierender Compiler)
optional hyphen (wahlweiser Bindestrich)
Option key (Optionstaste)
Options (Optionen)
optoelectronics (Optoelektronik)
optomechanical mouse (optomechanische Maus)
order (ordnen)
order (Ordnung)
order (Reihenfolge)
order (Wertigkeit)
ordinal number (Ordinalzahl)
OR gate (OR-Gatter)
orientation (Ausrichtung)
orphan (Schusterjunge)
orphan file (Waise)
oscillation (Schwingung)
oscillator (Oszillator)
oscilloscope (Oszilloskop)
outdent (hängender Einzug)
outline font (Konturschrift)
out-of-band signaling (Außenbandübertragung)
output (Ausgabe)
output (ausgeben)
output area (Ausgabebereich)
output-bound (ausgabeintensiv)
output buffer (Ausgabepuffer)
output channel (Ausgabekanal)
output stream (Ausgabestrom)
overflow (Überlauf)
overflow error (Überlauffehler)
overlaid windows (überlappende Fenster)

overlay (überlagern)
overprint (überdrucken)
override (außer Kraft setzen)
overrun (Überlauf)
overshoot (hinausschießen (über das Ziel))
overstrike (überdrucken)
overtype mode (Überschreibemodus)
overwrite mode (Überschreibemodus)
pack (packen)
package (Gehäuse)
package (Paket)
packaged software (Standardsoftware)
packed decimal (gepackte Dezimalzahl)
packet (Paket)
packet assembler/disassembler (Packetassembler/Disassembler)
packet filtering (Paketfilterung)
packet switching (Paketvermittlung)
packing density (Packungsdichte)
pad character (Füllzeichen)
padding (füllen)
paddle switch (Kippschalter)
page (Seite)
page (Speicherseite)
page break (Seitenumbruch)
page break (Seitenwechsel)
paged address (Seitenadresse)
page-description language (Seitenbeschreibungssprache)
Page Down key (Bild-ab-Taste)
page fault (Seitenfehler)
page frame (Seitenrahmen)
page-image buffer (Seitenspeicher)
page-image file (Druckdatei)
page impression (Seitenabruf)
page layout (Seitenlayout)
page makeup (Seitenumbruch)
page orientation (Seitenausrichtung)
page printer (Seitendrucker)
page reader (Seitenleser)
page setup (Seiteneinrichtung)
pages per minute (Seiten pro Minute)
Page Up key (Bild-auf-Taste)
PgUp key (Bild-auf-Taste)
pagination (Paginierung)
paint (füllen)
paint (Füllfarbe)
paintbrush (Pinsel)
paint program (Malprogramm)

Pantone Matching System (Pantonesystem)
paper feed (Papiervorschub)
paperless office (papierloses Büro)
paper-white (papierweiß)
paper-white monitor (Paper-White-Monitor)
paradigm (Paradigma)
paragraph (Absatz)
parallel access (paralleler Zugriff)
parallel adder (paralleler Addierer)
parallel algorithm (paralleler Algorithmus)
parallel circuit (Parallelschaltung)
parallel computer (Parallelcomputer)
parallel computing (Parallelcomputing)
parallel database (parallele Datenbank)
parallel execution (parallele Ausführung)
parallel interface (parallele Schnittstelle)
parallel port (Parallelport)
parallel printer (Paralleldrucker)
parallel processing (parallele Verarbeitung)
parallel server (paralleler Server)
parallel transmission (parallele Übertragung)
parameter-driven (parametergesteuert)
parameter passing (Parametersubstitution)
parameter RAM (Parameter-RAM)
parity (Parität)
parity bit (Paritätsbit)
parity check (Paritätsprüfung)
parity error (Paritätsfehler)
park (parken)
parse (parsen)
partition boot sector (Partitionsbootsektor)
partition table (Partitionstabelle)
pass (Durchlauf)
pass (übergeben)
pass by address (Adressübergabe)
pass by reference (Referenzübergabe)
pass by value (Wertübergabe)
passive matrix display (passive Matrix)
password (Kennwort)
password (Passwort)
password protection (Kennwortschutz)
paste (einfügen)
patch (patchen)
path (Pfad)
path menu (Pfadmenü)
pathname (Pfadname)
pattern recognition (Mustererkennung)
Pause key (Pausetaste)

PB SRAM (PB-SRAM)
PC board (PC-Platine)
PC Card slot (PC Card-Steckplatz)
PC-compatible (PC-kompatibel)
PCI card (PCI-Karte)
PCMCIA card (PCMCIA-Karte)
PCMCIA connector (PCMCIA-Buchse)
PCMCIA slot (PCMCIA-Steckplatz)
PC memory card (PC-Card-Speichererweiterung)
PC memory card (PC-Speicherkarte)
PD-CD drive (PD-CD-Laufwerk)
peer-to-peer architecture (Peer-to-Peer-Architektur)
peer-to-peer communications (Peer-to-Peer-Kommunikation)
peer-to-peer network (Peer-to-Peer-Netzwerk)
pen (Stift)
pen-based computing (penbasiertes Computing)
pen computer (Pen-Computer)
pen plotter (Pen-Plotter)
Pentium 4 (Pentium IV)
Pentium upgradable (Pentium-geeignet)
perfboard (Steckkarte)
performance monitor (Systemmonitor)
period (Periode)
peripheral (Peripherie)
peripheral device (Peripheriegerät)
peripheral power supply (unterbrechungsfreie Stromversorgung)
permanent storage (Permanentspeicher)
permanent swap file (permanente Auslagerungsdatei)
permission (Erlaubnis)
perpendicular recording (vertikale Aufzeich-nung)
persistence (Nachleuchtdauer)
persistent data (Permanentdaten)
persistent storage (Permanentspeicherung)
personal finance manager (Finanzmanager)
perspective view (perspektivische Ansicht)
PgDn Key (Bild-ab-Taste)
PgUp Key (PgUp-Key)
phage virus (Phage-Virus)
phase-change recording (Phasenänderungs-Aufzeichnungsverfahren)
phase encoding (Phasencodierung)
phase-locked (phasenstarr)
phase modulation (Phasenmodulation)
phase-shift keying (Phasenverschiebung)
phone connector (Telefonstecker)
phoneme (Phonem)

phono connector (Klinkenstecker)
photo cell (Fotozelle)
photocomposition (Fotosatz)
photoconductor (lichtempfindlicher Leiter)
photo editor (Bildbearbeitungsprogramm)
photoelectric device (fotoelektrisches Gerät)
photolithography (Fotolithografie)
photomask (Fotomaske)
photonics (Photonensysteme)
photorealism (Fotorealismus)
photoresist (fotoresistives Material)
photosensor (Fotosensor)
phototypesetter (Fotosatzdrucker)
photovoltaic cell (Photoelement)
phreak (phreaken)
physical (physikalisch)
physical address (physikalische Adresse)
physical-image file (Brenndatei)
physical layer (physikalische Schicht)
physical memory (physikalischer Speicher)
physical network (physikalisches Netzwerk)
physical storage (physikalischer Speicher)
pico- (Piko-)
picosecond (Pikosekunde)
pie chart (Kreisdiagramm)
pie chart (Tortengrafik)
piezoelectric (piezoelektrisch)
piggyback board (Huckepackkarte)
pinch roller (Andruckrolle)
pinch-roller plotter (Rollenplotter)
pin-compatible (pinkompatibel)
pincushion distortion (Kissenverzerrung)
ping (pingen)
ping packet (Ping-Paket)
ping pong (Pingpong)
ping-pong buffer (Pingpongpuffer)
pin grid array (Pingitter)
pinout (Pinbelegung)
pipe (senkrechter Balken)
pipeline burst static RAM (statisches Pipeline-Burst-RAM)
pipeline processing (Pipelineverarbeitung)
piracy (Piraterie)
pitch (Druckweite)
pivot year (Pivot-Jahr)
pixel image (Pixelgrafik)
pixel map (Pixelmap)
pizza server (Pizzaserver)
plaintext (Klartext)

plaintext (unformatierter Text)
planar transistor (Planartransistor)
plasma display (Plasmadisplay)
plastic leadless chip carrier (Plastic Leaderless Chip Carrier)
platen (Walze)
platform (Plattform)
platter (Platte)
plot (plotten)
plug-compatible (steckerkompatibel)
PNP transistor (PNP-Transistor)
point (Punkt)
point (zeigen)
point-and-click (Zeigen und Klicken)
point chart (Haufendiagramm)
point diagram (Punktediagramm)
pointer (Zeiger)
pointing device (Zeigegerät)
point listing (Verweissammlung)
point-to-point configuration (Punkt-zu-Punkt-Konfiguration)
Poisson distribution (Poisson-Verteilung)
polar coordinates (Polarkoordinaten)
polarity (Polarität)
polarized component (gepoltes Bauteil)
polarizing filter (Polarisationsfilter)
Polish notation (Polnische Notation)
polling (Pollen)
polling cycle (Pollingzyklus)
polyline (Polygon)
polymorphism (Polymorphie)
polymorph virus (Polymorpher Virus)
populate (bestücken)
populate (populieren)
pop-under ad (Pop-Under-Banner)
pop-up ad (Pop-Up-Banner)
pop-up Help (Popuphilfe)
pop-up menu (Kontextmenü)
pop-up messages (Popupmeldungen)
pop-up window (Popupfenster)
port (portieren)
portable (portabel)
portable computer (portabler Computer)
portable language (portable Sprache)
portal (Portal-Website)
port enumerator (Port-Enumerator)
port expander (Port-Expander)
port number (Portnummer)

portrait mode (Hochformat)
portrait monitor (Hochformatmonitor)
port replicator (Schnittstellenreplikator)
port scanner (Portscanner)
positional notation (positionale Notation)
post (posten)
postfix notation (Postfixnotation)
postprocessor (Postprozessor)
PostScript font (PostScript-Schrift)
pot (Poti)
pour (pipen)
power (Leistungsfähigkeit)
power (Netzversorgung)
power (Potenz)
power down (ausschalten)
power failure (Stromausfall)
power management (Energieverwaltung)
Power-on key (Powerontaste)
power-on self test (Poweronselbsttest)
PowerPC Platform (PowerPC-Plattform)
PowerPC Reference Platform (Power PC Reference Platform)
power supply (Netzteil)
power surge (Spannungsspitze)
power up (einschalten)
power user (Poweruser)
precedence (Rangfolge)
precision (Genauigkeit)
preemptive multitasking (preemptives Multitasking)
Preferences (Einstellungsmenü)
prefix notation (Präfixnotation)
preprocessor (Präprozessor)
presentation graphics (Präsentationsgrafik)
presentation layer (Präsentationsschicht)
pressure-sensitive (druckempfindlich)
preventive maintenance (vorbeugende Wartung)
preview (Seitenansicht)
primary channel (Primärkanal)
primary key (Primärschlüssel)
primary storage (Primärspeicher)
primitive (Primitivum)
print (drucken)
print buffer (Druckpuffer)
printed circuit board (gedruckte Leiterplatte)
printer (Drucker)
printer controller (Druckercontroller)
printer driver (Druckertreiber)
printer engine (Druckwerk)

printer file (Druckdatei)
printer font (Druckerschrift)
printer port (Druckerport)
print head (Druckkopf)
print job (Druckjob)
print mode (Druckmodus)
printout (Ausdruck)
print quality (Druckqualität)
print queue (Druckwarteschlange)
Print Screen key (Drucktaste)
print server (Druckserver)
print spooler (Druckerspooler)
print to file (Drucken in Datei)
print wheel (Druckrad)
priority (Priorität)
privacy (Privatsphäre)
private channel (privater Channel)
private folders (private Ordner)
private key (privater Schlüssel)
Private Network To Network Interface (PNNI)
privatization (Privatisierung)
privileged instruction (privilegierter Befehl)
privileged mode (privilegierter Modus)
privileges (Privilegien)
probability (Wahrscheinlichkeit)
problem solving (Problemlösung)
procedural language (prozedurale Sprache)
procedural rendering (prozedurales Rendern)
procedure (Prozedur)
procedure call (Prozeduraufruf)
process (Prozess)
process (verarbeiten)
process-bound (verarbeitungsintensiv)
process color (Farbsynthese)
processing (Verarbeitung)
processor (Prozessor)
product (Produkt)
production system (Produktionssystem)
profile (Profil erstellen)
program (Programm)
program (programmieren)
program card (Programmkarte)
program cartridge (Programm-Einsteckmodul)
program counter (Programmzähler)
program creation (Programmerstellung)
program file (Programmdatei)
program generator (Programmgenerator)
program listing (Programmlisting)

program logic (Programmlogik)
programmable (programmierbar)
programmable function key (programmierbare Funktions-taste)
programmable interrupt controller (programmierbarer Interruptcontroller)
programmable logic array (programmierbares Logikarray)
programmable logic device (programmierbares Logikgerät)
program maintenance (Programmwartung)
programmatic interface (befehlsorientierte Benutzer-schnittstelle)
programmatic interface (Programmierschnittstelle)
Programmed Inquiry, Learning or Teaching (Programmable Inquiry, Language Or Teaching)
programmer (Brenner)
programmer (Programmierer)
programmer's switch (Programmiertasten)
programming (Programmierung)
programming language (Programmiersprache)
program specification (Programmspezifikation)
program state (Programmzustand)
program statement (Programmbefehl)
progressive scanning (progressives Scanning)
project (PROJECT-Operator)
projection-join normal form (projektbezogene Normal-form)
project life cycle (Projektzyklen)
project management (Projektmanagement)
PROM blaster (PROM-Brenner)
PROM blower (PROM-Schießer)
promiscuous-mode transfer (Mixmodeübertragung)
PROM programmer (PROM-Brenner)
prompt (Eingabeaufforderung)
propagated error (fortgesetzter Fehler)
propagation (Verbreitung)
propagation delay (Signalverzögerung)
propeller head (Propellerhead)
propeller-head (Technikfreak)
property (Eigenschaft)
property sheet (Eigenschaftenfenster)
proportional font (Proportionalschrift)
proportional spacing (proportionale Schrittschaltung)
proprietary (proprietär)
proprietary software (proprietäre Software)
protocol (Protokoll)
protocol analyzer (Protokollanalysator)
protocol layer (Protokollschicht)
protocol stack (Protokollstapel)

protocol suite (Protokollstapel)
proxy server (Proxyserver)
PrtSc key (Drucktaste)
PS/2 bus (PS/2-Bus)
pseude-streaming (Pseudostreaming)
pseudo compiler (Pseudocompiler)
pseudolanguage (Pseudosprache)
pseudomachine (Pseudomaschine)
pseudo-operation (Pseudooperation)
P-to-P (P2P)
P-type semiconductor (p-leitender Halbleiter)
public directory (öffentliches Verzeichnis)
public domain (Publicdomain)
public-domain software (Publicdomainsoftware)
public files (öffentliche Dateien)
public folders (öffentliche Ordner)
public key (öffentlicher Schlüssel)
public key cryptography (Public-Key-Kryptographie)
public key encryption (Public-Key-Verschlüsselung)
public key infrastucture (Public-Key-Infrastruktur)
public rights (öffentliche Rechte)
pull (abziehen)
pull-down menu (Pulldownmenü)
pulse (Impuls)
pulse amplitude modulation (Pulsamplitudenmodulation)
pulse code modulation (Pulscodemodulation)
pulse dialing (Impulswahlverfahren)
pulse duration modulation (Pulsbreitenmodulation)
pulse length modulation (Pulsdauermodulation)
pulse position modulation (Pulsphasenmodulation)
pulse width modulation (Pulsbreitenmodulation)
punched card (Lochkarte)
punched-card reader (Lochkartenleser)
pure procedure (reine Prozedur)
purge (löschen)
quadrature amplitude modulation (Quadraturamplitudenmodulation)
quadrature encoding (Quadraturcodierung)
quality assurance (Qualitätssicherung)
quantity (Größe)
quantize (quantifizieren)
quantumbit (qubit)
Quantum Computer (Quantencomputer)
quarantine (Quarantäne)
quartz crystal (Quarzkristall)
quasi-language (Quasisprache)
Qubit (Quantenbit)
Qubit (Quantum Bit)

query (Abfrage)
query by example (Abfrage durch Beispiel)
query language (Abfragesprache)
question mark (Fragezeichen)
queue (Warteschlange)
quit (beenden)
quit (beenden)
QWERTY keyboard (QWERTY-Tastatur)
race condition (überschnelle Schwingung)
race condition (wilde Schwingung)
rack-mounted (schrankmontiert)
radian (Rad)
radio (Radiowellen)
radio button (Optionsfeld)
radio clock (Funkuhr)
radio frequency (Hochfrequenz)
radix (Basis)
radix-minus-1 complement (Basis-minus-1-Komplement)
radix point (Dezimalkomma)
radix sort (Basissortierung)
radix sorting algorithm (Basissortieralgorithmus)
rag (Flattersatz)
ragged left (linksbündiger Flattersatz)
ragged right (rechtsbündiger Flattersatz)
RAID array (RAID-Array)
RAM cache (RAM-Cache)
RAM card (RAM-Karte)
RAM cartridge (RAM-Steckmodul)
RAM chip (RAM-Chip)
RAM compression (RAM-Komprimierung)
RAM disk (RAM-Disk)
RAM refresh (RAM-Refresh)
RAM resident (RAM-resident)
RAM-resident program (RAM-residentes Programm)
random access (wahlfreier Zugriff)
random noise (Zufallsrauschen)
random number generation (Zufallszahlenerzeugung)
range (Bereich)
range check (Bereichsüberprüfung)
raster display (Rasterdisplay)
raster graphics (Rastergrafik)
raster image (Rasterbild)
raster image processor (Rasterprozessor)
rasterization (Rasterung)
raster-scan display (Raster-scan-Display)
rate-adaptive asymmetric digital subscriber line
(Rateadaptive Asymmetric Digital Subscriber Line)
raw data (Rohdaten)

raw mode (Rohmodus)
ray tracing (Raytracing)
RCA connector (Cinchstecker)
read (lesen)
reader (Leser)
read error (Lesefehler)
read notification (Empfangsbestätigung)
read-only (schreibgeschützt)
read-only attribute (Schreibschutzattribut)
read/write (lesen/schreiben)
read/write channel (Schreib-Lese-Kanal)
read/write head (Schreib-Lese-Kopf)
read/write memory (Schreib-/Lesespeicher)
real address (echte Adresse)
reallysafe palette (»Reallysafe«-Palette)
real-mode mapper (Realmodemapper)
real number (Realzahl)
real number (reelle Zahl)
real storage (wirklicher Speicher)
real-time (Echtzeit)
real-time animation (Echtzeitanimation)
real-time clock (Echtzeituhr)
real-time conferencing (Echtzeitkonferenz)
real-time operating system (Echtzeitbetriebssystem)
real-time system (Echtzeitsystem)
reboot (neu starten)
reboot (rebooten)
receipt notification (Empfangsbestätigung)
receive (empfangen)
rec. newsgroups (rec.-Newsgroups)
recompile (rekompilieren)
record (aufzeichnen)
record (Datensatz)
record format (Datensatzformat)
record head (Schreibkopf)
record layout (Datensatzlayout)
record length (Datensatzlänge)
record locking (Datensatzsperre)
record number (Datensatznummer)
record structure (Datensatzstruktur)
recover (regenerieren)
recover (wiederherstellen)
recoverable error (korrigierbarer Fehler)
recovery (Wiederherstellung)
rectifier (Gleichrichter)
recursion (Rekursion)
Recycle Bin (Papierkorb)
red-green-blue (Rot Grün Blau)

redirection (Umleitung)
redlining (Überarbeiten-Modus)
redraw (Aktualisierung der Bildschirmanzeige)
reduce (verkleinern)
redundancy check (Redundanzprüfung)
redundant code (redundanter Code)
reengineer (Reengineering)
reentrant code (reentranter Code)
reference (Referenz)
reference (referenzieren)
reference parameter (Referenzparameter)
reflective LCD (reflektierendes LCD)
reflective liquid-crystal display (reflektierendes Flüssig-kristalldisplay)
reflective routing (reflektierendes Routing)
reflector (Reflektor)
reformat (reformatieren)
refresh (Auffrischspeicher)
refresh (Bild aktualisieren)
refresh cycle (Auffrischzyklus)
refresh cycle (Refreshzyklus)
refresh rate (Bildwiederholfrequenz)
regenerate (regenerieren)
regeneration buffer (Regenerationspuffer)
Regional Codeing (Regionale Codierung)
Regionale Codierung (Regionalcode)
Regionale Codierung (Regionscode)
region fill (Bereichsfüllung)
registration (Passieren)
registration marks (Passkreuze)
Registry (Registrierung)
registry editor (Registrierungseditor)
regression analysis (Regressionsanalyse)
regression testing (Regressionstest)
regular expressions (reguläre Ausdrücke)
relational algebra (relationale Algebra)
relational calculus (Relationskalkül)
relational database (relationale Datenbank)
relational database management system (relationales Datenbanksystem)
relational expression (relationaler Ausdruck)
relational model (relationales Modell)
relational operator (relationaler Operator)
relational structure (relationale Struktur)
relative address (relative Adresse)
relative coordinates (relative Koordinaten)
relative movement (relative Bewegung)
relative path (relativer Pfad)

relative pointing device (relatives Zeigegerät)
relative URL (relativer URL)
relay (Relais)
release (freigeben)
release (Version)
reliability (Zuverlässigkeit)
reload (aktualisieren)
reload (nachladen)
relocatable address (relozierbare Adresse)
relocatable code (relozierbarer Code)
relocate (relozieren)
remark (Kommentar)
remote access (Fernzugriff)
remote access server (Server für Fernzugang)
remote administration (Remoteadministration)
Remote Authentication Dial-In User Service (Remote Access Dial-In User Service)
remote communications (Datenfernübertragung)
remote computer system (Remotecomputersystem)
remote data transfer (Remotedatenübertragung)
remote login (Remoteanmeldung)
remote procedure call (Remoteprozeduraufruf)
remote system (Fernsystem)
remote terminal (Fernterminal)
removable disk (wechselbarer Datenträger)
REM statement (REM-Befehl)
render (rendern)
repaginate (repaginieren)
Repeat (Wiederholen)
repeat counter (Schleifenzähler)
repeat key (Wiederholtaste)
repetitive strain injury (Ermüdungsverletzungen)
replace (ersetzen)
replication (Replikation)
report (Bericht)
report generator (Berichtsgenerator)
report writer (Berichtsgenerator)
reprogrammable PROM (reprogrammierbares PROM)
required hyphen (unbedingter Bindestrich)
reserve (reservieren)
reserve accumulator (alternativer Akkumulator)
reserved character (reserviertes Zeichen)
reserved memory (reservierter Speicher)
reserved word (reserviertes Wort)
reset button (Resetschalter)
resident font (residente Schrift)
resident program (residentes Programm)
resistance (Widerstand)

resistor (Widerstand)
resize (skalieren)
resolution (Auflösung)
resolve (auflösen)
resource (Ressource)
resource allocation (Ressourcenzuordnung)
resource data (Ressourcedaten)
resource file (Ressourcedaten)
resource fork (Ressourcenzweig)
resource ID (Ressourcen-ID)
Resource Reservation Setup Protocol (Resource Reservation Protocol)
resource type (Ressourcentyp)
response time (Antwortzeit)
restart (neu starten)
restore (wiederherstellen)
restore (wiederherstellen)
restricted function (eingeschränkte Funktion)
retrace (Strahlrücklauf)
retrieve (abrufen)
retro virus (Retro-Virus)
return (zurückgeben)
return (zurückspringen)
return code (Rückgabewert)
return from the dead (wieder auf der Bildfläche erscheinen)
Return key (Eingabetaste)
return to zero (Rückkehr-nach-Null-Verfahren)
reusability (Wiederverwendbarkeit)
reverse byte ordering (umgekehrte Bytesortierung)
reverse path forwarding (umgekehrte Weiterleitung)
reverse Polish notation (umgekehrte Polnische Notation)
reverse video (invertiertes Video)
revert (umkehren)
Revisable-Form-Text DCA (Revisableform-Text-DCA)
rewind (zurückspulen)
rewritable digital video disc (wieder beschreibbare digitale Videodisc)
rewrite (wiederbeschreiben)
RF shielding (Abschirmung)
RFTDCA (RFT)
RGB display (RGB-Display)
RGB monitor (RGB-Monitor)
ribbon cable (Flachbandkabel)
ribbon cartridge (Farbbandkassette)
Rich Text Format (Rich-Text-Format)
right click (Rechtsklick)
right justification (rechtsbündige Ausrichtung)
right-justify (rechtsbündig ausrichten)

rigid disk (Festplatte)
ring network (Ringnetzwerk)
Rivest-Shamir-Adleman encryption (Rivest-Shamir-Adleman-Verschlüsselung)
RJ-11 connector (RJ-11-Stecker)
RJ-11 jack (RJ-11-Stecker)
RJ-45 connector (RJ-45-Stecker)
RJ-45 jack (RJ-45-Buchse)
RLE encoding (RLE-Codierung)
RLL encoding (RLL-Codierung)
robopost (roboposten)
robot (Roboter)
robotics (Robotik)
role-playing game (Rollenspiel)
ROM Basic (ROM-BASIC)
ROM BIOS (ROM-BIOS)
ROM card (ROM-Karte)
ROM cartridge (ROM-Steckmodul)
ROM emulator (ROM-Emulator)
ROM simulator (ROM-Simulator)
root (Wurzel)
root account (Rootaccount)
root directory (Hauptverzeichnis)
root name (Grunddateiname)
root nameserver (Rootnamenserver)
root server (Rootserver)
ROT13 encryption (ROT13-Verschlüsselung)
rotary dialing (Pulswahl)
rotate (rotieren)
rotational delay (Umdrehungswartezeit)
rotational latency (Zugriffsverzögerung durch Umdrehung)
RO terminal (RO-Terminal)
round (runden)
routable protocol (routfähiges Protokoll)
routing information protocol (Routing Information Protokoll)
routing table (Routingtabelle)
row (Zeile)
RS-232-C standard (RS-232-C-Standard)
RSA encryption (RSA-Verschlüsselung)
rubber banding (Gummiband)
rudder control (Ruder)
rule (Regel)
rule (Trennlinie)
rule-based system (regelbasiertes System)
ruler (Lineal)
run (starten)
run around (Formsatz)

run-length encoding (Runlength Encoding)
run-length limited encoding (Runlength Limited Encoding)
running foot (lebender Kolumnentitel)
running head (lebender Kolumnentitel)
run time (Laufzeit)
run-time (Laufzeit)
run-time binding (Laufzeitbindung)
run-time error (Laufzeitfehler)
run-time library (Laufzeitbibliothek)
run-time version (Laufzeitversion)
run-time version (Runtimeversion)
S-100 bus (S-100-Bus)
safe mode (abgesicherter Modus)
sampling (Stichprobenentnahme)
sampling rate (Abtastrate)
sampling synthesizer (Samplingsynthesizer)
sandbox (Sandkasten)
sans serif (serifenlos)
satellite (Satellit)
satellite computer (Satellitencomputer)
saturated mode (gesättigter Modus)
saturation (Sättigung)
save (speichern)
scalable (skalierbar)
scalable font (skalierbare Schrift)
scalable parallel processing (skalierbarer Parallelprozessor)
Scalable Vector Graphics (skalierbare Vektorgrafiken)
scalar (Skalar)
scalar data type (skalarer Datentyp)
scalar processor (skalarer Prozessor)
scalar variable (skalare Variable)
scale (Skala)
scale (skalieren)
scaling (Skalierung)
scan (abtasten)
scan (scannen)
scan code (Scancode)
scan head (Scannerkopf)
scan line (Bildzeile)
scan rate (Bildrate)
scatter diagram (Punktdiagramm)
schedule (vorprogrammieren)
scheduling algorithm (Schedulingalgorithmus)
schematic (Schaltplan)
Schottky barrier diode (Schottky-Barrierendiode)
Schottky diode (Schottky-Diode)
scientific notation (wissenschaftliche Notation)

sci. newsgroups (sci.-Newsgroups)
scope (Geltungsbereich)
scratch (scratchen)
scratch file (Scratchdatei)
scratchpad memory (Scratchpad-Speicher)
scratchpad RAM (Scratchpad-RAM)
screen angle (Rasterwinkel)
screen buffer (Bildpuffer)
screen dump (Bildschirmauszug)
screen flicker (Bildschirmflimmern)
screen font (Bildschirmschrift)
screen frequency (Rasterfrequenz)
screen grabber (Bildschirmgrabber)
screen phone (Bildschirmtelefon)
screen pitch (Lochabstand)
screen saver (Bildschirmschoner)
Screenscraping (Screensraper)
screen shot (Screenshot)
script (Skript)
scripting language (Skriptsprache)
scroll (scrollen)
scroll arrow (Bildlaufpfeil)
scroll bar (Bildlaufleiste)
scroll box (Bildlaufleiste)
Scroll Lock key (Rollentaste)
SCSI bus (SCSI-Bus)
SCSI chain (SCSI-Kette)
SCSI connector (SCSI-Stecker)
SCSI device (SCSI-Gerät)
SCSI ID (SCSI-ID)
SCSI network (SCSI-Netzwerk)
SCSI port (SCSI-Port)
scuzzy (skasi)
seamless integration (nahtlose Integration)
search (Suche)
search (suchen)
search algorithm (Suchalgorithmus)
search and replace (Suchen und Ersetzen)
search criteria (Suchkriterien)
search engine (Suchmaschine)
search key (Suchschlüssel)
search string (Suchbegriff)
seat (einsetzen)
secondary channel (Sekundärkanal)
secondary key (Sekundärschlüssel)
secondary service provider (sekundärer Serviceprovider)
secondary storage (Sekundärspeicher)
second normal form (zweite Normalenform)

secret channel (Geheimkanal)
sector (Sektor)
sector interleave (Sektorversatz)
sector map (Sektorzuordnungstabelle)
secure channel (gesicherter Kanal)
Secure Hypertext Transfer Protocol (Secure HyperText Transport Protocol)
Secure/Multipurpose Internet Mail Extensions (Secure Multipurpose Internet Mail Extensions)
secure site (gesicherte Site)
Secure Sockets Layer (Secure Socket Layer)
secure wide area network (gesichertes Weitbereichsnetz)
security (Sicherheit)
security kernel (Sicherheitskernel)
security log (Sicherheitsprotokoll)
seed (Startwert)
seek (Suche)
seek time (Suchzeit)
segmentation (Segmentierung)
segmented addressing architecture (segmentierte Adressierungsarchitektur)
segmented address space (segmentierter Adressraum)
segmented instruction addressing (segmentierte Befehls-adressierung)
segmented memory architecture (segmentierte Speicher-architektur)
select (markieren)
select (wählen)
selected cell (selektierte Zelle)
selection (Markierung)
selection (Selektion)
selective calling (Selektivruf)
selector channel (Selektorkanal)
selector pen (Lichtgriffel)
self-adapting (selbstanpassend)
self-checking digit (Prüfziffer)
self-clocking (selbstsynchronisierend)
self-documenting code (selbstdokumentierender Code)
self-extracting archive (selbstentpackendes Archiv)
self-extracting file (selbstentpackende Datei)
self-modifying code (selbstmodifizierender Code)
self-test (Selbsttest)
self-validating code (selbstprüfender Code)
semantic error (semantischer Fehler)
semantics (Semantik)
semiconductor (Halbleiter)
send (senden)
send statement (Sendebefehl)

sensor glove (Sensorhandschuh)
sequence (Folge)
sequence check (Sequenzprüfung)
sequential access (sequentieller Zugriff)
sequential algorithm (sequentieller Algorithmus)
sequential execution (sequentielle Ausführung)
sequential logic element (sequentielles Logikelement)
sequential processing (sequentielle Verarbeitung)
sequential search (sequentielle Suche)
serial (seriell)
serial access (serieller Zugriff)
serial adder (serieller Addierer)
serial communication (serielle Kommunikation)
serial interface (serielle Schnittstelle)
serialize (serialisieren)
serial mouse (serielle Maus)
serial port (serieller Port)
serial port adapter (serieller Portadapter)
serial printer (serieller Drucker)
serial processing (serielle Verarbeitung)
serial transmission (serielle Übertragung)
series circuit (Reihenschaltung)
serif (Serife)
serif (serifenbetont)
server appliance (Serverdienstgerät)
server-based application (serverbasierte Anwendung)
server cluster (Servercluster)
server error (Serverfehler)
server homing (Serverhoming)
server housing (Serverhousing)
server-side includes (Serverside Include)
service bureau (DTP-Service)
service bureau (EDV-Service)
service provider (Service-Provider)
servomechanism (Servomechanismus)
servo system (Servosystem)
session (Kommunikationssteuerschicht)
session (Sitzung)
session layer (Kommunikationssteuerschicht)
set (Satz)
set (setzen)
SET protocol (SET-Protokoll)
settling time (Kopfberuhigungszeit)
set-top box (Settopbox)
setup (Konfiguration)
setup program (Setupprogramm)
setup string (Setup-String)
setup wizard (Setupassistent)

seven-segment display (Siebensegmentanzeige)
sex changer (Invertieradapter)
shade (Abdunkeln)
shade (schattieren)
shadow print (schattierter Druck)
share (gemeinsam nutzen)
shared directory (gemeinsames Verzeichnis)
shared folder (gemeinsamer Ordner)
shared logic (geteilte Logik)
shared memory (gemeinsamer Speicher)
shared network directory (gemeinsames Netzverzeichnis)
shared printer (gemeinsamer Drucker)
shared resource (gemeinsame Ressource)
sharpness (Schärfe)
sheet-fed scanner (Einzugsscanner)
sheet feeder (Einzelblatteinzug)
shell account (Befehlszeilenzugriff)
shell archive (Shellarchiv)
shell out (Shell öffnen)
shell script (Shellskript)
Shell sort (Shellsort)
shift (schieben)
Shift+click (Umschalt+klicken)
Shift key (Umschalttaste)
Shift-PrtSc (Umschalt+Druck)
shift register (Schieberegister)
shopping cart (Warenkorb)
short card (kurze Karte)
short-circuit evaluation (Kurzschlussauswertung)
shortcut (Verknüpfung)
shortcut key (Zugriffstaste)
short-haul (kurzer Transportweg)
shout (schreien)
shrinkwrap agreement (Shrinkwrap-Vertrag)
shrink-wrapped (eingeschweißt)
shut down (herunterfahren)
sibling (Geschwister)
sideband (Seitenband)
sidebar (Marginalie)
side effect (Seiteneffekt)
side head (Marginaltitel)
sieve of Eratosthenes (Sieb des Eratosthenes)
sign (Vorzeichen)
signal converter (Signalkonverter)
signal-to-noise ratio (Rauschabstand)
signature (Signatur)
signature block (Signaturblock)
signature file (Signaturdatei)

sign bit (Vorzeichenbit)
sign extension (Vorzeichenerweiterung)
significand (Signifikant)
significant digits (signifikante Stellen)
silica gel (Silikatgel)
silicon (Silizium)
silicon chip (Siliziumchip)
silicon-controlled rectifier (steuerbarer Gleichrichter)
silicon dioxide (Siliziumdioxid)
silicone (Silikon)
silicon foundry (Siliziumgießerei)
silicon on insulator (Silicon-On-Insulator)
silicon-on-sapphire (Silizium auf Saphir)
SIM card (SIM-Karte)
simplex transmission (Simplexübertragung)
simultaneous access (gleichzeitiger Zugriff)
simultaneous processing (simultane Verarbeitung)
sine wave (Sinusschwingung)
single-board (Einplatinencomputer)
single-density (einfache Dichte)
single inline memory module (Single-In-line-Memory-Module)
single inline package (Single-In-line-Package)
single inline pinned package (Single-In-line-Pinned-Package)
single-instruction, multiple-data stream processing (Single Instruction, Multiple Data Stream Processing)
single-precision (einfache Genauigkeit)
single-sided (einseitig)
single step (Einzelschrittdurchgang)
single threading (Single-Threading)
single-user computer (Einbenutzersystem)
sink (Datensenke)
SirCam worm (SirCam-Wurm)
site license (Sitelizenz)
size box (Fenstergrößesymbol)
skew (Versatz)
Skutch box (Skutchbox)
skyscraper ad (Skyscraper-Banner)
Slashdot Effect (slashdotted)
slashdotted (Slashdoteffekt)
sleep (schlafen)
sleep (schlafen)
sleep mode (Schlafmodus)
sleeve (Hülle)
slice (Zeitscheibe)
SLIP emulator (SLIP-Emulator)
slot (Steckplatz)

slotted-ring network (Slotted-Ringnetzwerk)
small caps (Kapitälchen)
small model (Small-Modell)
small-scale integration (niedrige Integrationsdichte)
smart (intelligent)
smart cable (intelligentes Kabel)
smart card (Smartcard)
smart linkage (intelligenter Linker)
smart quotes (typografische Anführungszeichen)
SMART system (SMART-System)
smart tags (Smart-Tags)
smart terminal (intelligentes Terminal)
smoke test (Rauchtest)
smooth (glätten)
SMP server (SMP-Server)
smurf attack (Smurf-Attacke)
snail mail (Schneckenpost)
snapshot dump (Snapshotauszug)
snapshot program (Snapshotprogramm)
snow (Schnee)
socket (Sockel)
socket 4 (Sockel 4)
socket 5 (Sockel 5)
socket 7 (Sockel 7)
socket 8 (Sockel 8)
soc. newsgroups (soc.-Newsgroups)
soft (weich)
soft boot (Warmstart)
soft copy (Softcopy)
soft error (weicher Fehler)
soft font (Softfont)
soft hyphen (weicher Bindestrich)
soft link (Softlink)
soft patch (Softpatch)
soft return (weicher Zeilenvorschub)
soft-sectored disk (softsektorierter Datenträger)
software rot (Softwaremüll)
software-based modem (softwarebasierendes Modem)
software-dependent (softwareabhängig)
software engineering (Softwareengineering)
software handshake (Softwarehandshake)
software house (Softwarehaus)
software IC (Software-IC)
software integrated circuit (integriertes Software-modul)
software interrupt (Softwareinterrupt)
software package (Softwarepaket)
software piracy (Softwarepiraterie)

software portability (Softwareportabilität)
software program (Softwareprogramm)
software protection (Softwarekopierschutz)
software publisher (Softwarepublisher)
software publishing (Softwarepublishing)
software stack (Softwarestack)
software suite (Softwaresuite)
software tools (Softwaretools)
solar cell (Solarzelle)
solenoid (Magnetschalter)
solid ink (Trockentinte)
solid-ink printer (Trockentintendrucker)
solid model (Volumenmodell)
solid-state device (Festkörperbauelement)
solid-state disk drive (Halbleiterlaufwerk)
solid-state memory (Halbleiterspeicher)
solid-state relay (Halbleiterrelais)
sort (sortieren)
sort algorithm (Sortieralgorithmus)
sorter (Sortierer)
sort field (Sortierfeld)
sort key (Sortierschlüssel)
sound board (Soundkarte)
sound buffer (Soundpuffer)
sound card (Soundkarte)
sound clip (Soundclip)
sound editor (Soundeditor)
sound generator (Soundgenerator)
sound hood (Schallschutzgehäuse)
source (Quelle)
source code (Quellcode)
source computer (Quellcomputer)
source data (Quelldaten)
source data acquisition (Quelldatenerfassung)
source data capture (Quelldatenerfassung)
source directory (Quellverzeichnis)
source disk (Quelldatenträger)
source document (Quelldokument)
source drive (Quellaufwerk)
source file (Quelldatei)
source language (Quellsprache)
source program (Quelltext)
source statement (Quelltextanweisung)
Spacebar (Leertaste)
space character (Leerzeichen)
space-division multiplexing (Raummultiplex)
spaghetti code (Spaghetticode)
spam (spamen)

spam blocking (Spam-Blocking)
spamdexter (Spamdexing)
span (Spanne)
sparse array (dünn besetztes Array)
spatial data management (räumliches Datensystem)
spatial digitizer (dreidimensionaler Scanner)
special character (Sonderzeichen)
special-purpose language (Spezialsprache)
specification (Spezifikation)
spectral color (Spektralfarbe)
spectral response (spektrale Empfindlichkeit)
spectrum (Spektrum)
speech recognition (Spracherkennung)
speech synthesis (Sprachsynthese)
spell checker (Rechtschreibprüfung)
spelling checker (Rechtschreibprüfung)
spider (Spinne)
spike (Spitze)
spindle (Spindel)
splash page (Splashseite)
splash screen (Splashseite)
split screen (geteilter Bildschirm)
spool (spoolen)
spot (Rasterpunkt)
spot color (Rasterpunktfarbe)
spot function (Rasterpunktfunktion)
spraycan (Sprühdose)
spreadsheet program (Tabellenkalkulationsprogramm)
spread spectrum (Streuspektrum)
square wave (Rechteckschwingung)
ST506 interface (ST506-Schnittstelle)
stack pointer (Stapelzeiger)
staging web (Staging-Website)
staging web server (Staging-Webserver)
stairstepping (Treppeneffekt)
stale link (toter Link)
stale pointer bug (Stale-Pointer-Bug)
stand-alone (eigenständig)
standard deviation (Standardabweichung)
standard disclaimer (Standarddisclaimer)
standard function (Standardfunktion)
star-dot-star (Stern Punkt Stern)
star network (Sternnetzwerk)
start bit (Startbit)
Start button (Schaltfläche »Start«)
starting point (Starthilfedokument)
start page (Startseite)
start/stop transmission (Start/Stopp-Übertragung)

startup application (Autostartanwendung)
startup disk (Startdiskette)
startup ROM (Start-ROM)
startup screen (Eröffnungsbildschirm)
state (Status)
stateful (statusbetont)
stateless (statusarm)
statement (Anweisung)
state-of-the-art (auf dem Stand der Technik)
static (Statik)
static (statisch)
static allocation (statische Belegung)
static binding (statische Bindung)
static electricity (statische Elektrizität)
static RAM (statisches RAM)
stationery (stationär)
stationery (stationäres Dokument)
statistical multiplexer (statistischer Multiplexer)
statistics (Statistik)
status bar (Statusleiste)
status codes (Statuscodes)
steganography (Steganografie)
step-frame (Stepframe)
stepper motor (Schrittmotor)
step-rate time (Spurwechselzeit)
stereogram (Stereogramm)
stochastic (stochastisch)
stop bit (Stoppbit)
storage (Speicher)
Storage Area Network (Storage Area Network (SAN))
storage device (Speichergerät)
storage location (Speicherort)
storage media (Speichermedium)
storage tube (Speicherröhre)
store-and-forward (Speichern und Weiterleiten)
stored program concept (Speicherprogrammkonzept)
storefront (Ladenzeile)
straight-line code (geradliniger Code)
stream (Strom)
stream (strömen)
streaming tape (Streamerband)
stream-oriented file (streamorientierte Datei)
street price (Straßenpreis)
stress test (Belastungstest)
strikethrough (durchgestrichen)
string variable (Stringvariable)
stripe (stripen)
stroke (Anschlag)

stroke (Strich)
stroke font (Vektorschrift)
stroke weight (Wichte)
stroke writer (Vektorbildschirm)
strong typing (strikte Typisierung)
structure (Struktur)
structured graphics (strukturierte Grafik)
structured programming (strukturierte Programmierung)
structured query language (strukturierte Abfragesprache)
structured walkthrough (strukturierte Konzeption)
structured walkthrough (strukturierte Untersuchung)
stub (Dummyroutine)
style sheet (Formatvorlage)
stylus (Griffel)
subcommand (Subbefehl)
subdirectory (Unterverzeichnis)
subject drift (vom Thema abkommen)
subject tree (Themenbaum)
submarining (Untertauchen)
submenu (Untermenü)
subnet (Teilnetz)
subnotebook computer (Subnotebookcomputer)
subprogram (Unterprogramm)
subroutine (Unterroutine)
subschema (Unterschema)
subscribe (abonnieren)
subscript (Subskript)
subscript (Tiefstellung)
substrate (Substrat)
substring (Teilstring)
subtransaction (Suboperation)
subtree (Unterbaum)
suitcase (Aktenkoffer)
suite (Officepaket)
summarize (zusammenfassen)
superconductor (Supraleiter)
super-large-scale integration (sehr hohe Integrationsdichte)
superparamagnetism (Superparamagnetismus)
superscalar (superskalar)
superscript (Hochstellung)
supertwist display (Supertwist-Display)
super VAR (Super-VAR)
super VGA (Super-VGA)
supervisor state (Supervisorstatus)
support (unterstützen)
support (Unterstützung)
surf (surfen)

surface modeling (Oberflächenmodellierung)
surface-mount technology (Oberflächenmontage)
surge (Überspannung)
surge protector (Überspannungsschutz)
surge suppressor (Überspannungsschutz)
suspend (pausieren)
Suspend command (Pausierbefehl)
suspend mode (Pausenmodus)
sustained transfer rate (dauerhafte Übertragungs-geschwindigkeit)
S-video connector (S-Videostecker)
swap (auslagern)
swap (wechseln)
swap file (Auslagerungsdatei)
swapping (Auslagern)
swapping (Swappen)
swim (Schwimmen)
switch (Schalter)
switch (Vermittlungseinrichtung)
switched line (Einwahlleitung)
switched network (paketvermitteltes Netzwerk)
switching (Vermitteln)
switching speed (Vermittlungsgeschwindigkeit)
SYLK file (SYLK-Datei)
symbol font (Symbolschrift)
symbolic address (symbolische Adresse)
symbolic coding (symbolisches Codieren)
symbolic language (symbolische Sprache)
symbolic link (symbolischer Link)
symbolic logic (symbolische Logik)
symbol set (Symbolsatz)
symbol table (Symboltabelle)
sync character (Synchronisierungszeichen)
synchronization (Synchronisierung)
synchronization signal (Synchronisierungssignal)
synchronize (synchronisieren)
synchronous DRAM (synchrones DRAM)
synchronous graphics RAM (synchrones Grafik-RAM)
synchronous idle character (Synchronizing Character)
synchronous operation (synchrone Operation)
synchronous protocol (synchrones Protokoll)
synchronous transmission (synchrone Übertragung)
synchronous UART (synchrones UART)
sync signal (Sync-Signal)
syntax checker (Syntaxprüfung)
syntax error (Syntaxfehler)
synthesis (Synthese)
Sys Req key (S-Abf-Taste)

system administrator (Systemadministrator)
system board (Systemplatine)
system clock (Systemuhr)
system console (Systemkonsole)
system development (Systementwicklung)
system disk (Systemdatenträger)
system error (Systemfehler)
system failure (Systemausfall)
System file (Systemdatei)
System folder (Systemordner)
system font (Systemschrift)
system generation (Systemgenerierung)
system heap (Systemheap)
system life cycle (Systemlebensdauer)
system operator (Systemoperator)
system prompt (Systemaufforderung)
system recovery (Systemwiederherstellung)
System Registry (Systemregistrierung)
System Request key (Systemabfragetaste)
system resource (Systemressource)
systems analysis (Systemanalyse)
systems analyst (Systemanalytiker)
systems integration (Systemintegration)
system software (Systemsoftware)
systems programming (Systemprogrammierung)
system support (Systemunterstützung)
system timer (Systemtimer)
system timer (Systemzeitgeber)
system unit (Systemeinheit)
T.120 standard (T.120-Standard)
tab character (Tabstoppzeichen)
tab character (Tabulatorzeichen)
Tab key (Tabulatortaste)
Tab key (Tabstopptaste)
table (Tabelle)
table lookup (tabellengestützte Suche)
tablet (Tablett)
tabulate (tabellieren)
tabulate (tabulieren)
tag (Marke)
tag sort (Tag-Sort)
tag switching (Tag-Switching)
talk (talken)
talk. newsgroups (talk.-Newsgroups)
tandem processors (Tandemprozessoren)
tape (Lochstreifen)
tape (Magnetband)
tape cartridge (Bandkassette)

tape drive (Bandlaufwerk)
tape dump (Magnetbandauszug)
tape tree (baumartige Bandverteilung)
target (Ziel)
target computer (Zielcomputer)
target disk (Zieldatenträger)
target language (Zielsprache)
taskbar (Taskleiste)
task button (Taskschaltfläche)
task management (Taskverwaltung)
task swapping (Taskswitching)
task switching (Taskswitching)
TCP/IP stack (TCP/IP-Stack)
tear-off (positionierbar)
technical author (technischer Autor)
technobabble (Technikjargon)
technology (Technologie)
telecommunications (Telekommunikation)
telecommute (fernkommunizieren)
telecommuter (Telependler)
teleconferencing (Telekonferenz)
telecopy (Fernkopie)
telematics (Telematik)
telephony (Telefonie)
telephony device (Telefongerät)
teleprocess (fernverarbeiten)
teletext (Videotext)
teletype mode (Fernschreibermodus)
teleworker (Telearbeiter)
temp file (Tempdatei)
template (Dokumentvorlage)
template (Schablone)
template (Vorlage)
temporary file (temporäre Datei)
temporary storage (temporärer Speicher)
ten's complement (Zehnerkomplement)
terminal (Klemme)
terminal emulation (Terminalemulation)
terminal server (Terminalserver)
terminal session (Terminalsitzung)
terminal strip (Klemmenleiste)
terminate (beenden)
terminate (einstecken)
terminator (Abschlusswiderstand)
terminator cap (Abschlusskappe)
ternary (ternär)
tessellate (tesselieren)
test (testen)

test automation software (Testautomatisierungssoftware)
test data (Testdaten)
test post (Testpost)
text box (Textfeld)
text editor (Texteditor)
text file (Textdatei)
text mode (Textmodus)
text-only file (Nur-Text-Datei)
text-to-speech (Text in Sprache)
texture (Textur)
TFT display (TFT-Display)
thermal printer (Thermodrucker)
thermal transfer printer (Thermotransferdrucker)
thermal wax printer (Thermowachsdrucker)
thermal wax-transfer printer (Thermotransferdrucker)
thick film (Dickfilm)
thimble (Typenkorb)
thimble printer (Typenkorbdrucker)
thin film (Dünnfilm)
thin film transistor (Dünnfilmtransistor)
thin space (schmales Leerzeichen)
third-generation computer (dritte Computergeneration)
third-generation language (Sprache der dritten Generation)
third normal form (dritte Normalenform)
third party (Fremdhersteller)
thrashing (Überlastung)
thread (Diskussionsfaden)
thread (Strang)
thread (Strang)
threaded discussion (Diskussion mit Threads)
threaded newsreader (Newsreader mit Threads)
threaded tree (Strangbaum)
three-dimensional array (dreidimensionales Array)
three-dimensional model (dreidimensionales Modell)
three-finger salute (Drei-Tastengriff)
three-tier client/server (Drei-Schichten-Clientserver)
throttle control (Drosselsteuerung)
throughput (Durchsatz)
thumb (Schieberegler)
thumbnail (Miniaturansicht)
thumbwheel (Rändelrad)
thunk (Thunk-Aufruf)
tiebreaker (Ausgleichsschaltkreis)
tie line (Festleitung)
TIFF JPEG (TIFF-JPEG)
tightly coupled (fest gekoppelt)
tile (alle anordnen)

tile (kacheln)
time and date (Uhrzeit und Datum)
time and date stamp (Zeit- und Datumsstempel)
time bomb (Zeitbombe)
time-division multiplexing (Zeitmultiplexing)
time out (Zeitüberschreitung)
time-sharing (Zeitscheibenverfahren)
time slice (Zeitscheibe)
time-slice multitasking (Zeitscheiben-Multitasking)
time stamp (Zeitstempel)
timing signals (Taktsignale)
tiny model (Tiny-Modell)
title bar (Titelzeile)
TN display (TN-Display)
toggle (Kippschalter)
toggle (umschalten)
ToggleKeys (Anschlagton)
token (Zeichenfolge)
token bus network (Token Bus-Netzwerk)
token passing (Tokenpassing)
token ring network (Token Ring-Netzwerk)
Token Ring network (Token Ring-Netzwerk)
tone (Ton)
tone dialing (Tonwahlverfahren)
toner cartridge (Tonerkassette)
toolbar (Symbolleiste)
top-down design (Topdowndesign)
top-down programming (Topdownprogrammierung)
topic drift (vom Thema abkommen)
topic group (Themengruppe)
top-level domain (Topleveldomäne)
top-of-file (Dateianfang)
top-of-file (Dateianfangssymbol)
topology (Topologie)
total bypass (kompletter Bypass)
touch pad (Touchpad)
touch screen (Touchscreen)
touch-sensitive display (berührungssensitives Display)
touch-sensitive tablet (berührungssensitives Tablett)
touch tone dialing (Tonwahl)
TP monitor (TP-Monitor)
trace (verfolgen)
track (folgen)
track (Spur)
tracks per inch (Spuren pro Zoll)
tractor feed (Traktorvorschub)
trademark (Marke)
trading exchange (Digitale Marktplätze)

traditional newsgroup hierarchy (traditionelle News-grouphierarchie)
traffic (Verkehr)
traffic shaping (Traffic-Shaping)
trailer (Endmarke)
trailer label (Endmarkenlabel)
trailing edge (Rückflanke)
train (Folge)
train (schulen)
transaction (Transaktion)
transactional e-mail (transaktionsorientierte E-Mail)
transaction file (Transaktionsdatei)
transaction log (Transaktionsprotokoll)
transaction processing (transaktionale Verarbeitung)
transceiver cable (Transceiverkabel)
transfer rate (Transferrate)
transfer statement (Transferanweisung)
transfer time (Transferzeit)
transform (transformieren)
transformer (Transformator)
transient (flüchtig)
transient suppressor (Ausgleichsschaltung)
transistor-transistor logic (Transistor-Transistor-Logik)
translate (übersetzen)
translate (verschieben)
translated file (übersetzte Datei)
translator (Konvertierungsprogramm)
transmission channel (Übertragungskanal)
transmit (übertragen)
transportable computer (transportabler Computer)
transport layer (Transportschicht)
transpose (transponieren)
trap (fangen)
trapdoor (Hintertür)
trapezoid distortion (Trapezoidverzerrung)
Trash (Papierkorb)
traverse (durchlaufen)
tree (Baum)
tree network (Baumnetzwerk)
tree search (Baumsuche)
tree structure (Baumstruktur)
trellis-coded modulation (Trellis-Codierung)
triage (triagen)
Tribe Flood Network (TFN)
trichromatic (trichromatisch)
trigonometry (Trigonometrie)
triple-pass scanner (Dreipassscanner)
tristimulus values (Tristimuluswerte)

Trojan horse (Trojanisches Pferd)
troll (trollen)
troubleshoot (Problembehandlung)
troubleshoot (Troubleshooting)
troubleshooter (Notdienst)
trouble ticket (Problembeschreibung)
true color (Echtfarbe)
true complement (echtes Komplement)
truncate (abschneiden)
trunk (Hauptverbindungsleitung)
truth table (Wahrheitstabelle)
tunnel (tunneln)
tuple (Tupel)
Turing machine (Turing-Maschine)
Turing test (Turing-Test)
turnaround time (Umlaufzeit)
turnkey system (schlüsselfertiges System)
turnpike effect (Schlagbaumeffekt)
turtle graphics (Turtle-Grafik)
TV tuner card (Fernsehkarte)
tweak (feinabstimmen)
twinaxial (Twinax)
twisted-pair cable (Twistedpairkabel)
two-dimensional (zweidimensional)
two-dimensional array (zweidimensionales Array)
two-dimensional model (zweidimensionales Modell)
two-out-of-five code (Zwei-aus-fünf-Code)
two's complement (Zweierkomplement)
two-tier client/server (Zwei-Schichten-Clientserver)
type (eingeben)
type (Typ)
type-ahead buffer (Tastaturpuffer)
type-ahead capability (Tastaturpufferfunktion)
type ball (Kugelkopf)
type checking (Typprüfung)
type declaration (Typdeklaration)
typeface (Schriftart)
type font (Schrift)
typematic (Wiederholautomatik)
typeover mode (Überschreibemodus)
type size (Schriftgrad)
type style (Schriftstil)
typography (Typografie)
UCAID (University Corporation for Advanced Internet Development)
ultra-large-scale integration (ultrahohe Integrationsdichte)
ultralight computer (ultraleichter Computer)

unary (unär)
unary operator (unärer Operator)
unbuffered (ungepuffert)
unbundle (entbündeln)
unbundled (ungebündelt)
uncompress (dekomprimieren)
unconditional branch (unbedingte Verzweigung)
undelete (wiederherstellen)
undelete (Wiederherstellung)
undeliverable (nicht zustellbar)
undercolor separation (Unterfarbseparation)
underflow (Unterlauf)
underline (unterstreichen)
underscore (Unterstrich)
undo (rückgängig machen)
undock (abdocken)
unerase (wiederherstellen)
unfold (entfalten)
unhandled exception (nicht behandelte Ausnahme)
unicast (Unicasting)
uninstall (deinstallieren)
uninterruptible power supply (unterbrechungsfreie Stromversorgung)
union (Vereinigung)
union-compatible (vereinigungskompatibel)
unique users (echte Benutzer)
unique visitors (echte Besucher)
unit position (Einerstelle)
UNIX shell account (UNIX-Shellaccount)
UNIX shell scripts (UNIX-Shellskripts)
UNIX wizard (UNIX-Guru)
unknown host (unbekannter Host)
unknown recipients (unbekannter Empfänger)
unload (auswerfen)
unload (entfernen)
unmoderated (nicht moderiert)
unmount (auswerfen)
unpack (entpacken)
unpopulated board (unbestückte Platine)
unread (nicht gelesen)
unrecoverable error (nicht behebbarer Fehler)
unroll (aufrollen)
unset (zurücksetzen)
unshielded cable (ungeschirmtes Kabel)
unsubscribe (Abonnement kündigen)
upconvert (hochkonvertieren)
update (updaten)
upgrade (upgraden)

upload (Sendung)
upload (uploaden)
uppercase (groß geschrieben)
uptime (Betriebszeit)
upward-compatible (aufwärtskompatibel)
urban legend (Großstadtlegende)
Usenet User List (Usenet-Userlist)
user account (Benutzerkonto)
user agent (Anwenderagent)
user-defined data type (benutzerdefinierter Datentyp)
user-defined function key (benutzerdefinierte Funktions-taste)
user-friendly (benutzungsfreundlich)
user group (Benutzergruppe)
user interface (Benutzeroberfläche)
User Interface Toolbox (Benutzeroberflächen-Toolbox)
user name (Benutzername)
username (Benutzername)
user profile (Benutzerprofil)
user state (Benutzerstatus)
utility program (Utilityprogramm)
uudecode (uudecoden)
uuencode (uuencoden)
V86 mode (V86-Modus)
vacuum tube (Vakuumröhre)
validation suite (Validierungssuite)
validity check (Validierung)
value (Wert)
value-added network (Mehrwertnetzwerk)
value-added reseller (Valueadded Reseller)
value list (Werteliste)
valve (Ventil)
vanilla (Basisversion)
variable expression (variabler Ausdruck)
variable-length field (Datenfeld, mit variabler Länge)
variable-length record (Datensatz mit variabler Länge)
VBS/VBSWG virus (VBS/VBSWG-Virus)
vCard (vCard-Format)
VCR-style mechanism (Videoabspielprogramm)
vector (Vektor)
vector display (Vektordisplay)
vector font (Vektorschrift)
vector graphics (Vektorgrafik)
vector table (Vektortabelle)
Venn diagram (Venn-Diagramm)
verbose (ausführlich)
verify (verifizieren)
version control (Versionskontrolle)

version number (Versionsnummer)
vertical application (Branchenanwendung)
vertical bandwidth (vertikale Bandbreite)
vertical blanking interval (Austastlücke)
vertical recording (vertikale Aufzeichnung)
vertical redundancy check (vertikale Redundanzprüfung)
vertical retrace (vertikaler Strahlrücklauf)
vertical scan rate (vertikale Wiederholungsrate)
vertical scrolling (vertikaler Bildlauf)
vertical sync (vertikale Synchronisation)
vertical sync signal (vertikales Synchronisationssignal)
very-high-level language (Very-High-Level-Sprache)
very-high-rate digital subscriber line (Veryhighrate Digital Subscriber Line)
very-high-speed integrated circuit (Veryhighspeed Integrated Circuit)
Very Large Database (sehr große Datenbank)
Very Large Memory (sehr großer Speicher)
very-large-scale integration (sehr hohe Integra-tionsdichte)
vesicular film (Vesikularfilm)
VI architecture (VI-Architektur)
video accelerator (Videobeschleunigerkarte)
video adapter (Videoadapter)
video adapter board (Videoadapterkarte)
video board (Videoboard)
video buffer (Videopuffer)
video capture board (Videoaufzeichnungsboard)
video capture card (Videoaufzeichnungskarte)
video capture device (Videoaufzeichnungsgerät)
video card (Videokarte)
video clip (Videoclip)
video compression (Videokomprimierung)
video conferencing (Videokonferenz)
video controller (Videocontroller)
video digitizer (Videodigitizer)
video display (Videodisplay)
video display adapter (Videodisplayadapter)
video display board (Videokarte)
video display card (Videodisplaykarte)
video display metafile (Videodisplay-Metadatei)
video display page (Videoseite)
video display terminal (Videodisplayterminal)
video display tube (Videoröhre)
video display unit (Videoausgabegerät)
video DRAM (Video-DRAM)
video driver (Videotreiber)
video editor (Videoeditor)

video game (Videospiel)
Video Graphics Adapter (Video Graphics Array)
video graphics board (Videografikkarte)
video look-up table (Video-look-up-Tabelle)
video memory (Videospeicher)
video mode (Videomodus)
video port (Videoport)
video RAM (Video-RAM)
video server (Videoserver)
video signal (Videosignal)
video terminal (Videoterminal)
view (Ansicht)
view (anzeigen)
virgule (Schrägstrich)
virtual (virtuell)
virtual 8086 mode (virtueller 8086-Modus)
virtual 86 mode (Virtueller 86-Modus)
virtual address (virtuelle Adresse)
virtual channel (virtueller Channel)
virtual circuit (virtuelle Verbindung)
virtual community (virtuelle Gemeinde)
virtual desktop (virtueller Desktop)
virtual device (virtuelles Gerät)
virtual device driver (virtueller Gerätetreiber)
virtual disk (virtueller Datenträger)
virtual display device driver (virtueller Displaytreiber)
virtual image (virtuelles Bild)
virtual-image file (virtuelle Brenndatei)
virtual LAN (virtuelles LAN)
virtual machine (virtuelle Maschine)
virtual memory (virtueller Speicher)
virtual monitor (virtueller Monitor)
virtual name space (virtueller Namensbereich)
virtual network (virtuelles Netzwerk)
virtual path (virtueller Pfad)
virtual peripheral (virtuelles Peripheriegerät)
virtual printer (virtueller Drucker)
virtual printer device driver (virtueller Druckertreiber)
virtual private network (virtuelles Privatnetzwerk)
virtual reality (virtuelle Realität)
virtual real mode (virtueller Real Mode)
virtual root (virtuelles Stammverzeichnis)
virtual route (virtuelle Route)
virtual screen (virtueller Bildschirm)
virtual server (virtueller Server)
virtual storefront (virtueller Laden)
virtual terminal (virtuelles Terminal)
virtual timer device driver (virtueller Timer-Treiber)

virtual V86 mode (virtueller V86-Modus)
virtual world (virtuelle Welt)
virus signature (Virussignatur)
visible page (sichtbare Seite)
visit (Besuch)
visitor (Besucher)
Visual Basic, Scripting Edition (Visual Basic Scripting Edition)
visual interface (visuelle Oberfläche)
visualization (Visualisierung)
visual programming (visuelle Programmierung)
VL bus (VL-Bus)
VLF radiation (VLF-Strahlung)
voice answer back (gesprochene Antworten)
voice-capable modem (sprachfähiges Modem)
voice chat (Voicechat)
voice coil (Linearmotor)
voice-grade channel (Sprachkanal)
voice input (Spracheingabe)
voice mail (Voicemail)
voice messaging (Sprachnachrichtensystem)
voice modem (Voicemodem)
voice navigation (Sprachnavigation)
voice-net (Voicenet)
voice output (Sprachausgabe)
voice recognition (Spracherkennung)
voice synthesis (Sprachsynthese)
volatile memory (flüchtiger Speicher)
voltage (Spannung)
voltage regulator (Spannungsregler)
volts alternating current (Wechselspannung)
volume (Volumen)
volume label (Datenträgername)
volume name (Volumenname)
volume reference number (Datenträgernummer)
volume serial number (Datenträger-Seriennummer)
von Neumann architecture (Von-Neumann-Architektur)
von Neumann bottleneck (Von-Neumann-Flaschenhals)
Vulcan death grip (Vulkaniertodesgriff)
wafer-scale integration (Waferscaleintegration)
wait state (Waitstate)
walled garden (eingezäunter Garten)
wallet PC (Wallet-PC)
wallpaper (Hintergrundbild)
wand (Stab)
warm boot (Warmstart)
wave (Welle)
wave division multiplexing (Wellenlängenmultiplex)

waveform (Wellenform)
wavelength (Wellenlänge)
weak typing (schwache Typisierung)
wearable computer (Handcomputer)
Web address (Webadresse)
Web-Based Enterprise Management (Web Based Enterprise Management)
Web browser (Webbrowser)
Web bug (Webbug)
webcast (webcasten)
web CLUT (Web-CLUT)
Web development (Webentwicklung)
Web directory (Webverzeichnis)
Web index (Webindex)
Webizing (Webveröffentlichung)
web log (Weblog)
web log (Webtagebuch)
webographics (Web-Demographie)
Web page (Webseite)
Web phone (Webtelefon)
websafe palette (Websafe-Palette)
Web server (Webserver)
web services (Webservices)
Web site (Website)
web switch (Webswitch)
Web terminal (Webterminal)
weighted code (gewichteter Code)
welcome page (Welcomeseite)
well-behaved (anständig)
well-mannered (anständig)
"what-if" evaluation (Was-wäre-wenn-Analyse)
What You See Is What You Get (what-you-see-is-what-you-get)
wheel printer (Typenraddrucker)
white box testing (Whitebox-Test)
white noise (weißes Rauschen)
whois client (Whoisclient)
whois server (Whoisserver)
whole number (ganze Zahl)
wide area network (Weitbereichsnetz)
wideband transmission (Breitbandübermittlung)
widow (Absatzteile, alleinstehende)
widow (alleinstehende Absatzteile)
widow (Hurenkind)
wildcard character (Jokerzeichen)
Winchester disk (Winchester)
window (Fenster)
window definition (Fensterdefinition)

windowing environment (Fensterumgebung)
Windows application (Windows-Anwendung)
Windows-based accelerator (Windows-Beschleuniger)
Windows-based accelerator card (Windows-basierte Beschleunigerkarte)
Windows Metafile Format (Windows-Metadateiformat)
Windows Millenium Edition (Windows ME)
wired (verbunden)
wired (verdrahtet)
wire-frame model (Drahtmodell)
wireless (drahtlos)
wireless LAN (drahtloses LAN)
wire-pin printer (Nadeldrucker)
wire-wrapped circuits (Wirewrap-Technik)
wizard (Assistent)
wizard (Guru)
wizzywig (wisiwig)
word (Wort)
word-addressable processor (wortadressierbarer Prozessor)
word processing (Textverarbeitung)
word processor (Textverarbeitungsprogramm)
wordwrap (Zeilenumbruch)
workbook (Arbeitsmappe)
workflow application (Arbeitsablaufsteuerung)
workgroup (Arbeitsgruppe)
worksheet (Arbeitsblatt)
worksheet (Tabellenblatt)
workstation (Arbeitsstation)
worm (Wurm)
wrap around (Wraparound)
wrist rest (Handballenunterstützung)
wrist support (Handballenauflage)
write (Schreiben)
write (schreiben)
write access (Schreibrechte)
write-back cache (Writebackcache)
write-behind cache (Writebehindcache)
write cache (Schreibcache)
write error (Schreibfehler)
write mode (Schreibmodus)
write protect (schreibschützen)
write-protect notch (Schreibkerbe/Schreibschieber)
write-protect tab (Schreibkerbe)
x-axis (x-Achse)
X button (X-Schaltfläche)
xerography (Xerographie)
x-height (x-Höhe)

XML schema (XML-Schema)
XML Web services (XML-Webservices)
X terminal (X-Terminal)
X-Y display (x-y-Display)
x-y matrix (x-y-Matrix)
x-y plotter (x-y-Plotter)
x-y-z coordinate system (x-y-z-Koordinatensystem)
Yanoff list (Yanoff-Liste)
y-axis (y-Achse)
yocto- (yokto)
yoke (Ablenkspule)
yotta- (yotta)
Z39.50 standard (Z39.50-Standard)
zap (zappen)
zap (zerschießen)
z-axis (z-Achse)
zepto- (zepto)
zero (mit Null füllen)

zero (Null)
zero divide (Division durch Null)
zero flag (Zeroflag)
zero-insertion-force socket (Zero-Insertion-Force-Socket)
zero out (auf Null setzen)
zero suppression (führende Nullen unterdrücken)
zero wait state (ohne Waitstates)
zetta- (zetta)
z-fold paper (Leporellopapier)
ZIF socket (ZIF-Sockel)
zinc-air battery (Zink-Luft-Akku)
Zip drive (Ziplaufwerk)
zone transfer (Zonenübertragung)
zoom (zoomen)
zoom box (Zoomschaltfläche)
z-order (z-Reihenfolge)

Kürzel aller übergreifender Länderdomänen

(In alphabetischer Reihenfolge)

Die Vollständigkeit dieser Liste kann nicht garantiert werden.

Kürzel	Land (Adresse)	Region
.ab.ac	Alberta, Kanada	Nordamerika
.ad	Andorra	Europa
.ae	Vereinigte Arabische Emirate	Mittlerer Osten
.af	Afghanistan	Asien
.ag	Antigua und Barbuda	Karibik
.ai	Anguilla	Karibik
.ak.us	Alaska, USA	Nordamerika
.al	Albanien	Europa
.am	Armenien	Europa
.an	Niederländische Antillen	Karibik
.ao	Angola	Afrika
.aq	Antarktis	Südamerika
.ar	Argentinien	Südamerika
.ar.us	Arkansas, USA	Nordamerika
.as	Samoa (amerikanisches Gebiet)	Ozeanien
.at	Österreich	Europa
.au	Australien	Ozeanien
.aw	Aruba	Karibik
.az	Aserbeidschan	Asien
.ba	Bosnien	Europa
.bb	Barbados	Karibik
.bc.ca	Britisch-Kolumbien, Kanada	Nordamerika
.bd	Bangladesch	Asien
.be	Belgien	Europa
.bg	Bulgarien	Europa
.bh	Bahrain	Mittlerer Osten
.bj	Benin	Afrika
.bm	Bermudas	Nordamerika
.bn	Brunei	Ozeanien
.bo	Bolivien	Südamerika
.br	Brasilien	Südamerika
.bs	Bahamas	Karibik
.bt	Bhutan	Asien
.bw	Botswana	Afrika
.bz	Belize	Karibik
.ca	Kanada	Nordamerika

Kürzel	Land (Adresse)	Region
.ca.us	Kalifornien, USA	Nordamerika
.cc	Kokosinseln	Lateinamerika
.cf	Zentralafrikanische Republik	Afrika
.cg	Kongo	Afrika
.ch	Schweiz	Europa
.ci	Elfenbeinküste	Afrika
.cincinnati.oh.us	Cincinnati, Ohio, USA	Nordamerika
.ck	Cookinseln	Ozeanien
.cl	Chile	Südamerika
.cm	Kamerun	Afrika
.cn	China	Asien
.co	Kolumbien	Südamerika
.columbus.oh.us	Columbus, Ohio, USA	Nordamerika
.cr	Costa Rica	Lateinamerika
.cs	Tschechoslowakei	Europa
.cu	Kuba	Karibik
.cv	Kapverdische Inseln	Afrika
.cy	Zypern	Europa
.cz	Tschechische Republik	Europa
.de	Deutschland	Europa
.de.co.us	Denver, Colorado, USA	Nordamerika
.dj	Djibuti	Afrika
.dk	Dänemark	Europa
.do	Dominikanische Republik	Karibik
.dz	Algerien	Afrika
.ec	Ecuador	Lateinamerika
.edmonton.ca	Provinz Alberta, Kanada	Nordamerika
.ee	Estland	Europa
.eg	Ägypten	Afrika
.eh	Westsahara	Afrika
.er	Eritrea	Afrika
.es	Spanien	Europa
.et	Äthopien	Afrika
.fi	Finnland	Europa
.fj	Fidschi-Inseln	Ozeanien
.fl.us	Florida, USA	Nordamerika
.fm	Mikronesien	Ozeanien
.fo	Färöer-Inseln	Europa
.fr	Frankreich	Europa
.fx	Frankreich	Europa
.ga	Gabun	Afrika
.ga.us	Georgia, USA	Nordamerika
.gb	Großbritannien	Europa
.gd	Grenada	Karibik
.ge	Republik Georgien	Europa
.gf	Französisch Guayana	Südamerika

Kürzel	Land (Adresse)	Region
.gh	Ghana	Afrika
.gi	Gibraltar	Europa
.gl	Grönland	Europa
.gm	Gambia	Afrika
.gn	Guinea	Ozeanien
.gov.ca	Regierung von Kanada	Nordamerika
.gp	Guadeloupe	Karibik
.gq	Äquatorial-Guinea	Ozeanien
.gr	Griechenland	Europa
.gt	Guatemala	Lateinamerika
.gu	Guam	Ozeanien
.gy	Guyana	Südamerika
.hk	Hongkong	Afrika
.hn	Honduras	Lateinamerika
.hr	Kroatien	Europa
.ht	Haiti	Ozeanien
.hu	Ungarn	Europa
.id	Indonesien	Asien
.ie	Irland	Europa
.il	Israel	Mittlerer Osten
.il.us	Illinois, USA	Nordamerika
.in	Indien	Asien
.in.us	Indiana, USA	Nordamerika
.iq	Irak	Asien
.ir	Iran	Asien
.is	Island	Europa
.it	Italien	Europa
.jm	Jamaika	Karibik
.jo	Jordanien	Mittlerer Osten
.jp	Japan	Asien
.ke	Kenia	Afrika
.kh	Kambodscha	Asien
.ki	Kiribati	Ozeanien
.kp	Nordkorea	Asien
.kr	Südkorea	Asien
.kw	Kuwait	Mittlerer Osten
.ky	Caymaninseln	Karibik
.kz	Kasachstan	Asien
.la	Laos	Asien
.la.us	Los Angeles, Kalifornien, USA	Nordamerika
.lb	Libanon	Mittlerer Osten
.lc	St. Lucia	Karibik
.li	Liechtenstein	Europa
.lk	Sri Lanka	Asien
.lr	Liberia	Afrika
.ls	Lesotho	Afrika

Kürzel	Land (Adresse)	Region
.lt	Litauen	Europa
.lu	Luxemburg	Europa
.lv	Lettland	Europa
.ly	Libyen	Afrika
.ma	Marokko	Afrika
.mb.ca	Manitoba, Kanada	Nordamerika
.mc	Monaco	Europa
.md	Republik Moldavien	Europa
.md.us	Maryland, USA	Nordamerika
.mg	Madagaskar	Afrika
.mh	Marshallinseln	Ozeanien
.mi.us	Michigan, USA	Nordamerika
.mk	Makedonien	Europa
.ml	Mali	Afrika
.mm	Myanmar	Asien
.mn	Mongolei	Asien
.mn.us	Minnesota, USA	Nordamerika
.mo	Macau	Asien
.montreal.ca	Montreal, Kanada	Nordamerika
.mq	Martinique	Karibik
.mr	Mauretanien	Afrika
.ms	Montserrat	Karibik
.ms.us	Mississippi, USA	Nordamerika
.mt	Malta	Europa
.mu	Mauritius	Afrika
.mv	Malediven	Asien
.mw	Malawi	Afrika
.mx	Mexiko	Lateinamerika
.my	Malaysia	Asien
.mz	Moçambique	Afrika
.na	Namibia	Afrika
.nb.ca	New Brunswick, Kanada	Nordamerika
.nc	Neukaledonien	Ozeanien
.nc.us	North Carolina, USA	Nordamerika
.ne	Niger	Afrika
.ne.us	Nebraska, USA	Nordamerika
.nf	Norfolkinseln	Ozeanien
.nf.ca	Neufundland, Kanada	Nordamerika
.ng	Nigeria	Afrika
.nh.us	New Hampshire, USA	Nordamerika
.ni	Nicaragua	Lateinamerika
.nl	Niederlande	Europa
.no	Norwegen	Europa
.np	Nepal	Asien
.nr	Nauru	Ozeanien
.ns.ca	Neuschottland, Kanada	Nordamerika

Kürzel	Land (Adresse)	Region
.nt.ca	Nordwestterritorien, Kanada	Nordamerika
.nu	Niue	Ozeanien
.nyc.ny.us	New York City, New York, USA	Nordamerika
.ny.us	New York, USA	Nordamerika
.nz	Neuseeland	Ozeanien
.oh.us	Ohio, USA	Nordamerika
.ok.us	Oklahoma, USA	Nordamerika
.om	Oman	Mittlerer Osten
.on.ca	Ontario, Kanada	Nordamerika
.or.us	Oregon, USA	Nordamerika
.pa	Panama	Lateinamerika
.pe	Peru	Südamerika
.pe.ca	Prinz-Edward-Insel, Kanada	Nordamerika
.pg	Papua-Neuguinea	Ozeanien
.ph	Philippinen	Ozeanien
.pk	Pakistan	Asien
.pl	Polen	Europa
.pm	St. Pierre und Miquelon	Nordamerika
.pn	Pitcairn	Ozeanien
.pr	Puerto Rico	Lateinamerika
.pt	Portugal	Europa
.pw	Palauinseln	Ozeanien
.py	Paraguay	Lateinamerika
.qa	Katar	Mittlerer Osten
.qa.ca	Quebec, Kanada	Nordamerika
.ro	Rumänien	Europa
.ru	Gemeinschaft Unabhängiger Staaten (GUS)	Europa
.rw	Ruanda	Afrika
.sa	Saudi-Arabien	Mittlerer Osten
.sb	Salomoninseln	Ozeanien
.sc	Seychellen	Asien
.sd	Sudan	Afrika
.se	Schweden	Europa
.sf.ca.us	San Francisco, Kalifornien, USA	Nordamerika
.sg	Singapur	Asien
.sh	St. Helena	Afrika
.si	Slowenien	Europa
.sj	Spitzbergen und Jan Mayen	Europa
.sk	Slowakische Republik	Europa
.sl	Sierra Leone	Afrika
.sm	San Marino	Europa
.sn	Senegal	Afrika
.so	Somalia	Afrika
.sr	Surinam	Afrika
.st	San Tomé und Principe	Afrika
.state.us	Bundesregierungen der Vereinigten Staaten	Nordamerika

Kürzel	Land (Adresse)	Region
.su	frühere Sowjetunion (UdSSR)	Europa
.sv	El Salvador	Lateinamerika
.sy	Syrien	Mittlerer Osten
.sz	Swasiland	Afrika
.tc	Turks- und Caicosinseln	Karibik
.td	Tschad	Afrika
.tf	Französisch Polynesien	Ozeanien
.tg	Togo	Afrika
.th	Thailand	Asien
.tj	Tadschikistan	Asien
.tk	Tokelauinseln	Ozeanien
.tm	Turkmenistan	Asien
.tn	Tunesien	Afrika
.to	Tonga	Ozeanien
.tor.ca	Toronto, Kanada	Nordamerika
.tp	Ost-Timor	Ozeanien
.tr	Türkei	Europa
.tt	Trinidad und Tobago	Karibik
.tv	Tuvalu	Ozeanien
.tw	Taiwan	Asien
.tz	Tansania	Afrika
.ua	Ukraine	Europa
.ug	Uganda	Afrika
.uk	Großbritannien und Nordirland	Europa
.us	Vereinigte Staaten	Nordamerika
.uy	Uruguay	Südamerika
.zu	Usbekistan	Asien
.va	Vatikan	Europa
.vancouver.ca	Vancouver, Kanada	Nordamerika
.va.us	Virginia, USA	Nordamerika
.vc	St. Vincent	Karibik
.ve	Venezuela	Südamerika
.vg	Amerikanische Jungferninseln	Karibik
.vi	Britische Jungferninseln	Karibik
.victoria.ca	Prinz-Edward-Insel, Kanada	Nordamerika
.vn	Vietnam	Asien
.vt.us	Vermont, USA	Nordamerika
.vu	Vanuatu	Ozeanien
.ws	Westsamoa	Ozeanien
.wv.us	West Virginia, USA	Nordamerika
.wy.us	Wyoming, USA	Nordamerika
.ye	Jemen	Mittlerer Osten
.yk.ca	Yukon, Kanada	Nordamerika
.yt	Mayotte	Afrika

Kürzel aller übergreifender Länderdomänen

(Nach Ländern sortiert)

Die Vollständigkeit dieser Liste kann nicht garantiert werden.

Land (Adresse)	Region	Kürzel
Afghanistan	Asien	.af
Ägypten	Afrika	.eg
Alaska, USA	Nordamerika	.ak.us
Albanien	Europa	.al
Alberta, Kanada	Nordamerika	.ab.ac
Algerien	Afrika	.dz
Amerikanische Jungferninseln	Karibik	.vg
Andorra	Europa	.ad
Angola	Afrika	.ao
Anguilla	Karibik	.ai
Antarktis	Südamerika	.aq
Antigua und Barbuda	Karibik	.ag
Äquatorial-Guinea	Ozeanien	.gq
Argentinien	Südamerika	.ar
Arkansas, USA	Nordamerika	.ar.us
Armenien	Europa	.am
Aruba	Karibik	.aw
Aserbeidschan	Asien	.az
Äthopien	Afrika	.et
Australien	Ozeanien	.au
Bahamas	Karibik	.bs
Bahrain	Mittlerer Osten	.bh
Bangladesch	Asien	.bd
Barbados	Karibik	.bb
Belgien	Europa	.be
Belize	Karibik	.bz
Benin	Afrika	.bj
Bermudas	Nordamerika	.bm
Bhutan	Asien	.bt
Bolivien	Südamerika	.bo
Bosnien	Europa	.ba
Botswana	Afrika	.bw
Brasilien	Südamerika	.br
Britische Jungferninseln	Karibik	.vi
Britisch-Kolumbien, Kanada	Nordamerika	.bc.ca
Brunei	Ozeanien	.bn

Land (Adresse)	Region	Kürzel
Bulgarien	Europa	.bg
Bundesregierungen der Vereinigten Staaten	Nordamerika	.state.us
Caymaninseln	Karibik	.ky
Chile	Südamerika	.cl
China	Asien	.cn
Cincinnati, Ohio, USA	Nordamerika	.cincinnati.oh.us
Columbus, Ohio, USA	Nordamerika	.columbus.oh.us
Cookinseln	Ozeanien	.ck
Costa Rica	Lateinamerika	.cr
Dänemark	Europa	.dk
Denver, Colorado, USA	Nordamerika	.de.co.us
Deutschland	Europa	.de
Djibuti	Afrika	.dj
Dominikanische Republik	Karibik	.do
Ecuador	Lateinamerika	.ec
El Salvador	Lateinamerika	.sv
Elfenbeinküste	Afrika	.ci
Eritrea	Afrika	.er
Estland	Europa	.ee
Färöer-Inseln	Europa	.fo
Fidschi-Inseln	Ozeanien	.fj
Finnland	Europa	.fi
Florida, USA	Nordamerika	.fl.us
Frankreich	Europa	.fr
Frankreich	Europa	.fx
Französisch Guayana	Südamerika	.gf
Französisch Polynesien	Ozeanien	.tf
frühere Sowjetunion (UdSSR)	Europa	.su
Früheres Jugoslawien	Europa	.yu
Gabun	Afrika	.ga
Gambia	Afrika	.gm
Gemeinschaft Unabhängiger Staaten (GUS)	Europa	.ru
Georgia, USA	Nordamerika	.ga.us
Ghana	Afrika	.gh
Gibraltar	Europa	.gi
Grenada	Karibik	.gd
Griechenland	Europa	.gr
Grönland	Europa	.gl
Großbritannien	Europa	.gb
Großbritannien und Nordirland	Europa	.uk
Guadeloupe	Karibik	.gp
Guam	Ozeanien	.gu
Guatemala	Lateinamerika	.gt
Guinea	Ozeanien	.gn
Guyana	Südamerika	.gy
Haiti	Ozeanien	.ht

Land (Adresse)	Region	Kürzel
Honduras	Lateinamerika	.hn
Hongkong	Afrika	.hk
Illinois, USA	Nordamerika	.il.us
Indiana, USA	Nordamerika	.in.us
Indien	Asien	.in
Indonesien	Asien	.id
Irak	Asien	.iq
Iran	Asien	.ir
Irland	Europa	.ie
Island	Europa	.is
Israel	Mittlerer Osten	.il
Italien	Europa	.it
Jamaika	Karibik	.jm
Japan	Asien	.jp
Jemen	Mittlerer Osten	.ye
Jordanien	Mittlerer Osten	.jo
Kalifornien, USA	Nordamerika	.ca.us
Kambodscha	Asien	.kh
Kamerun	Afrika	.cm
Kanada	Nordamerika	.ca
Kapverdische Inseln	Afrika	.cv
Kasachstan	Asien	.kz
Katar	Mittlerer Osten	.qa
Kenia	Afrika	.ke
Kiribati	Ozeanien	.ki
Kokosinseln	Lateinamerika	.cc
Kolumbien	Südamerika	.co
Kongo	Afrika	.cg
Kroatien	Europa	.hr
Kuba	Karibik	.cu
Kuwait	Mittlerer Osten	.kw
Laos	Asien	.la
Lesotho	Afrika	.ls
Lettland	Europa	.lv
Libanon	Mittlerer Osten	.lb
Liberia	Afrika	.lr
Libyen	Afrika	.ly
Liechtenstein	Europa	.li
Litauen	Europa	.lt
Los Angeles, Kalifornien, USA	Nordamerika	.la.us
Luxemburg	Europa	.lu
Macau	Asien	.mo
Madagaskar	Afrika	.mg
Makedonien	Europa	.mk
Malawi	Afrika	.mw
Malaysia	Asien	.my

Land (Adresse)	Region	Kürzel
Malediven	Asien	.mv
Mali	Afrika	.ml
Malta	Europa	.mt
Manitoba, Kanada	Nordamerika	.mb.ca
Marokko	Afrika	.ma
Marshallinseln	Ozeanien	.mh
Martinique	Karibik	.mq
Maryland, USA	Nordamerika	.md.us
Mauretanien	Afrika	.mr
Mauritius	Afrika	.mu
Mayotte	Afrika	.yt
Mexiko	Lateinamerika	.mx
Michigan, USA	Nordamerika	.mi.us
Mikronesien	Ozeanien	.fm
Minnesota, USA	Nordamerika	.mn.us
Mississippi, USA	Nordamerika	.ms.us
Moçambique	Afrika	.mz
Monaco	Europa	.mc
Mongolei	Asien	.mn
Montreal, Kanada	Nordamerika	.montreal.ca
Montserrat	Karibik	.ms
Myanmar	Asien	.mm
Namibia	Afrika	.na
Nauru	Ozeanien	.nr
Nebraska, USA	Nordamerika	.ne.us
Nepal	Asien	.np
Neufundland, Kanada	Nordamerika	.nf.ca
Neukaledonien	Ozeanien	.nc
Neuschottland, Kanada	Nordamerika	.ns.ca
Neuseeland	Ozeanien	.nz
New Brunswick, Kanada	Nordamerika	.nb.ca
New Hampshire, USA	Nordamerika	.nh.us
New York City, New York, USA	Nordamerika	.nyc.ny.us
New York, USA	Nordamerika	.ny.us
Nicaragua	Lateinamerika	.ni
Niederlande	Europa	.nl
Niederländische Antillen	Karibik	.an
Niger	Afrika	.ne
Nigeria	Afrika	.ng
Niue	Ozeanien	.nu
Nordkorea	Asien	.kp
Nordwestterritorien, Kanada	Nordamerika	.nt.ca
Norfolkinseln	Ozeanien	.nf
North Carolina, USA	Nordamerika	.nc.us
Norwegen	Europa	.no
Ohio, USA	Nordamerika	.oh.us

Land (Adresse)	Region	Kürzel
Oklahoma, USA	Nordamerika	.ok.us
Oman	Mittlerer Osten	.om
Ontario, Kanada	Nordamerika	.on.ca
Oregon, USA	Nordamerika	.or.us
Österreich	Europa	.at
Ost-Timor	Ozeanien	.tp
Pakistan	Asien	.pk
Palauinseln	Ozeanien	.pw
Panama	Lateinamerika	.pa
Papua-Neuguinea	Ozeanien	.pg
Paraguay	Lateinamerika	.py
Peru	Südamerika	.pe
Philippinen	Ozeanien	.ph
Pitcairn	Ozeanien	.pn
Polen	Europa	.pl
Portugal	Europa	.pt
Prinz-Ewdard-Insel, Kanada	Nordamerika	.pe.ca
Provinz Alberta, Kanada	Nordamerika	.edmonton.ca
Puerto Rico	Lateinamerika	.pr
Quebec, Kanada	Nordamerika	.qa.ca
Regierung von Kanada	Nordamerika	.gov.ca
Republik Georgien	Europa	.ge
Republik Moldavien	Europa	.md
Ruanda	Afrika	.rw
Rumänien	Europa	.ro
Salomoninseln	Ozeanien	.sb
Sambia	Afrika	.zm
Samoa (amerikanisches Gebiet)	Ozeanien	.as
San Francisco, Kalifornien, USA	Nordamerika	.sf.ca.us
San Marino	Europa	.sm
San Tomé und Principe	Afrika	.st
Saudi-Arabien	Mittlerer Osten	.sa
Schweden	Europa	.se
Schweiz	Europa	.ch
Senegal	Afrika	.sn
Seychellen	Asien	.sc
Sierra Leone	Afrika	.sl
Singapur	Asien	.sg
Slowakische Republik	Europa	.sk
Slowenien	Europa	.si
Somalia	Afrika	.so
Spanien	Europa	.es
Spitzbergen und Jan Mayen	Europa	.sj
Sri Lanka	Asien	.lk
St. Helena	Afrika	.sh
St. Lucia	Karibik	.lc

Land (Adresse)	Region	Kürzel
St. Pierre und Miquelon	Nordamerika	.pm
St. Vincent	Karibik	.vc
Südafrika	Afrika	.za
Sudan	Afrika	.sd
Südkorea	Asien	.kr
Surinam	Afrika	.sr
Swasiland	Afrika	.sz
Syrien	Mittlerer Osten	.sy
Tadschikistan	Asien	.tj
Taiwan	Asien	.tw
Tansania	Afrika	.tz
Thailand	Asien	.th
Togo	Afrika	.tg
Tokelauinseln	Ozeanien	.tk
Tonga	Ozeanien	.to
Toronto, Kanada	Nordamerika	.tor.ca
Trinidad und Tobago	Karibik	.tt
Tschad	Afrika	.td
Tschechische Republik	Europa	.cz
Tschechoslowakei	Europa	.cs
Tunesien	Afrika	.tn
Türkei	Europa	.tr
Turkmenistan	Asien	.tm
Turks- und Caicosinseln	Karibik	.tc
Tuvalu	Ozeanien	.tv
Uganda	Afrika	.ug
Ukraine	Europa	.ua
Ungarn	Europa	.hu
Uruguay	Südamerika	.uy
Usbekistan	Asien	.zu
Vancouver, Kanada	Nordamerika	.vancouver.ca
Vanuatu	Ozeanien	.vu
Vatikan	Europa	.va
Venezuela	Südamerika	.ve
Vereinigte Arabische Emirate	Mittlerer Osten	.ae
Vereinigte Staaten	Nordamerika	.us
Vermont, USA	Nordamerika	.vt.us
Victoria-Insel, Kanada	Nordamerika	.victoria.ca
Vietnam	Asien	.vn
Virginia, USA	Nordamerika	.va.us
West Virginia, USA	Nordamerika	.wv.us
Westsahara	Afrika	.eh
Westsamoa	Ozeanien	.ws
Wyoming, USA	Nordamerika	.wy.us

Kürzel aller übergreifender Länderdomänen

(Nach Region/Länder sortiert)

Die Vollständigkeit dieser Liste kann nicht garantiert werden.

Region	Land (Adresse)	Kürzel
Afrika	Ägypten	.eg
Afrika	Algerien	.dz
Afrika	Angola	.ao
Afrika	Äthopien	.et
Afrika	Benin	.bj
Afrika	Botswana	.bw
Afrika	Djibuti	.dj
Afrika	Elfenbeinküste	.ci
Afrika	Eritrea	.er
Afrika	Gabun	.ga
Afrika	Gambia	.gm
Afrika	Ghana	.gh
Afrika	Kamerun	.cm
Afrika	Kapverdische Inseln	.cv
Afrika	Kenia	.ke
Afrika	Kongo	.cg
Afrika	Lesotho	.ls
Afrika	Liberia	.lr
Afrika	Libyen	.ly
Afrika	Madagaskar	.mg
Afrika	Malawi	.mw
Afrika	Mali	.ml
Afrika	Marokko	.ma
Afrika	Mauretanien	.mr
Afrika	Mauritius	.mu
Afrika	Mayotte	.yt
Afrika	Moçambique	.mz
Afrika	Namibia	.na
Afrika	Niger	.ne
Afrika	Nigeria	.ng
Afrika	Ruanda	.rw
Afrika	Sambia	.zm
Afrika	San Tomé und Principe	.st
Afrika	Senegal	.sn
Afrika	Sierra Leone	.sl
Afrika	Somalia	.so

Region	Land (Adresse)	Kürzel
Afrika	St. Helena	.sh
Afrika	Südafrika	.za
Afrika	Sudan	.sd
Afrika	Surinam	.sr
Afrika	Swasiland	.sz
Afrika	Tansania	.tz
Afrika	Togo	.tg
Afrika	Tschad	.td
Afrika	Tunesien	.tn
Afrika	Uganda	.ug
Afrika	Westsahara	.eh
Afrika	Zaire	.zr
Afrika	Zentralafrikanische Republik	.cf
Asien	Afghanistan	.af
Asien	Aserbeidschan	.az
Asien	Bangladesch	.bd
Asien	Bhutan	.bt
Asien	China	.cn
Asien	Hongkong	.hk
Asien	Indien	.in
Asien	Indonesien	.id
Asien	Irak	.iq
Asien	Iran	.ir
Asien	Japan	.jp
Asien	Kambodscha	.kh
Asien	Kasachstan	.kz
Asien	Laos	.la
Asien	Macau	.mo
Asien	Malaysia	.my
Asien	Malediven	.mv
Asien	Mongolei	.mn
Asien	Myanmar	.mm
Asien	Nepal	.np
Asien	Nordkorea	.kp
Asien	Pakistan	.pk
Asien	Seychellen	.sc
Asien	Singapur	.sg
Asien	Sri Lanka	.lk
Asien	Südkorea	.kr
Asien	Tadschikistan	.tj
Asien	Taiwan	.tw
Asien	Thailand	.th
Asien	Turkmenistan	.tm
Asien	Usbekistan	.zu
Asien	Vietnam	.vn
Europa	Albanien	.al

Region	Land (Adresse)	Kürzel
Europa	Andorra	.ad
Europa	Armenien	.am
Europa	Belgien	.be
Europa	Bosnien	.ba
Europa	Bulgarien	.bg
Europa	Dänemark	.dk
Europa	Deutschland	.de
Europa	Estland	.ee
Europa	Färöer-Inseln	.fo
Europa	Finnland	.fi
Europa	Frankreich	.fr
Europa	Frankreich	.fx
Europa	frühere Sowjetunion (UdSSR)	.su
Europa	Früheres Jugoslawien	.yu
Europa	Gemeinschaft Unabhängiger Staaten (GUS)	.ru
Europa	Gibraltar	.gi
Europa	Griechenland	.gr
Europa	Grönland	.gl
Europa	Großbritannien	.gb
Europa	Großbritannien und Nordirland	.uk
Europa	Irland	.ie
Europa	Island	.is
Europa	Italien	.it
Europa	Kroatien	.hr
Europa	Lettland	.lv
Europa	Liechtenstein	.li
Europa	Litauen	.lt
Europa	Luxemburg	.lu
Europa	Makedonien	.mk
Europa	Malta	.mt
Europa	Monaco	.mc
Europa	Niederlande	.nl
Europa	Norwegen	.no
Europa	Österreich	.at
Europa	Polen	.pl
Europa	Portugal	.pt
Europa	Republik Georgien	.ge
Europa	Republik Moldavien	.md
Europa	Rumänien	.ro
Europa	San Marino	.sm
Europa	Schweden	.se
Europa	Schweiz	.ch
Europa	Slowakische Republik	.sk
Europa	Slowenien	.si
Europa	Spanien	.es
Europa	Spitzbergen und Jan Mayen	.sj

Region	Land (Adresse)	Kürzel
Europa	Tschechische Republik	.cz
Europa	Tschechoslowakei	.cs
Europa	Türkei	.tr
Europa	Ukraine	.ua
Europa	Ungarn	.hu
Europa	Vatikan	.va
Europa	Zypern	.cy
Karibik	Amerikanische Jungferninseln	.vg
Karibik	Anguilla	.ai
Karibik	Antigua und Barbuda	.ag
Karibik	Aruba	.aw
Karibik	Bahamas	.bs
Karibik	Barbados	.bb
Karibik	Belize	.bz
Karibik	Britische Jungferninseln	.vi
Karibik	Caymaninseln	.ky
Karibik	Dominikanische Republik	.do
Karibik	Grenada	.gd
Karibik	Guadeloupe	.gp
Karibik	Jamaika	.jm
Karibik	Kuba	.cu
Karibik	Martinique	.mq
Karibik	Montserrat	.ms
Karibik	Niederländische Antillen	.an
Karibik	St. Lucia	.lc
Karibik	St. Vincent	.vc
Karibik	Trinidad und Tobago	.tt
Karibik	Turks- und Caicosinseln	.tc
Lateinamerika	Costa Rica	.cr
Lateinamerika	Ecuador	.ec
Lateinamerika	El Salvador	.sv
Lateinamerika	Guatemala	.gt
Lateinamerika	Honduras	.hn
Lateinamerika	Kokosinseln	.cc
Lateinamerika	Mexiko	.mx
Lateinamerika	Nicaragua	.ni
Lateinamerika	Panama	.pa
Lateinamerika	Paraguay	.py
Lateinamerika	Puerto Rico	.pr
Mittlerer Osten	Bahrain	.bh
Mittlerer Osten	Israel	.il
Mittlerer Osten	Jemen	.ye
Mittlerer Osten	Jordanien	.jo
Mittlerer Osten	Katar	.qa
Mittlerer Osten	Kuwait	.kw
Mittlerer Osten	Libanon	.lb

Region	Land (Adresse)	Kürzel
Mittlerer Osten	Oman	.om
Mittlerer Osten	Saudi-Arabien	.sa
Mittlerer Osten	Syrien	.sy
Mittlerer Osten	Vereinigte Arabische Emirate	.ae
Nordamerika	Alaska, USA	.ak.us
Nordamerika	Alberta, Kanada	.ab.ac
Nordamerika	Arkansas, USA	.ar.us
Nordamerika	Bermudas	.bm
Nordamerika	Britisch-Kolumbien, Kanada	.bc.ca
Nordamerika	Bundesregierungen der Vereinigten Staaten	.state.us
Nordamerika	Cincinnati, Ohio, USA	.cincinnati.oh.us
Nordamerika	Columbus, Ohio, USA	.columbus.oh.us
Nordamerika	Denver, Colorado, USA	.de.co.us
Nordamerika	Florida, USA	.fl.us
Nordamerika	Georgia, USA	.ga.us
Nordamerika	Illinois, USA	.il.us
Nordamerika	Indiana, USA	.in.us
Nordamerika	Kalifornien, USA	.ca.us
Nordamerika	Kanada	.ca
Nordamerika	Los Angeles, Kalifornien, USA	.la.us
Nordamerika	Manitoba, Kanada	.mb.ca
Nordamerika	Maryland, USA	.md.us
Nordamerika	Michigan, USA	.mi.us
Nordamerika	Minnesota, USA	.mn.us
Nordamerika	Mississippi, USA	.ms.us
Nordamerika	Montreal, Kanada	.montreal.ca
Nordamerika	Nebraska, USA	.ne.us
Nordamerika	Neufundland, Kanada	.nf.ca
Nordamerika	Neuschottland, Kanada	.ns.ca
Nordamerika	New Brunswick, Kanada	.nb.ca
Nordamerika	New Hampshire, USA	.nh.us
Nordamerika	New York City, New York, USA	.nyc.ny.us
Nordamerika	New York, USA	.ny.us
Nordamerika	Nordwestterritorien, Kanada	.nt.ca
Nordamerika	North Carolina, USA	.nc.us
Nordamerika	Ohio, USA	.oh.us
Nordamerika	Oklahoma, USA	.ok.us
Nordamerika	Ontario, Kanada	.on.ca
Nordamerika	Oregon, USA	.or.us
Nordamerika	Prinz-Edward-Insel, Kanada	.pe.ca
Nordamerika	Provinz Alberta, Kanada	.edmonton.ca
Nordamerika	Quebec, Kanada	.qa.ca
Nordamerika	Regierung von Kanada	.gov.ca
Nordamerika	San Francisco, Kalifornien, USA	.sf.ca.us
Nordamerika	St. Pierre und Miquelon	.pm
Nordamerika	Toronto, Kanada	.tor.ca

Region	Land (Adresse)	Kürzel
Nordamerika	Vancouver, Kanada	.vancouver.ca
Nordamerika	Vereinigte Staaten	.us
Nordamerika	Vermont, USA	.vt.us
Nordamerika	Victoria-Insel, Kanada	.victoria.ca
Nordamerika	Virginia, USA	.va.us
Nordamerika	West Virginia, USA	.wv.us
Nordamerika	Wyoming, USA	.wy.us
Nordamerika	Yukon, Kanada	.yk.ca
Ozeanien	Äquatorial-Guinea	.gq
Ozeanien	Australien	.au
Ozeanien	Brunei	.bn
Ozeanien	Cookinseln	.ck
Ozeanien	Fidschi-Inseln	.fj
Ozeanien	Französisch Polynesien	.tf
Ozeanien	Guam	.gu
Ozeanien	Guinea	.gn
Ozeanien	Haiti	.ht
Ozeanien	Kiribati	.ki
Ozeanien	Marshallinseln	.mh
Ozeanien	Mikronesien	.fm
Ozeanien	Nauru	.nr
Ozeanien	Neukaledonien	.nc
Ozeanien	Neuseeland	.nz
Ozeanien	Niue	.nu
Ozeanien	Norfolkinseln	.nf
Ozeanien	Ost-Timor	.tp
Ozeanien	Palauinseln	.pw
Ozeanien	Papua-Neuguinea	.pg
Ozeanien	Philippinen	.ph
Ozeanien	Pitcairn	.pn
Ozeanien	Salomoninseln	.sb
Ozeanien	Samoa (amerikanisches Gebiet)	.as
Ozeanien	Tokelauinseln	.tk
Ozeanien	Tonga	.to
Ozeanien	Tuvalu	.tv
Ozeanien	Vanuatu	.vu
Ozeanien	Westsamoa	.ws
Südamerika	Antarktis	.aq
Südamerika	Argentinien	.ar
Südamerika	Bolivien	.bo
Südamerika	Brasilien	.br
Südamerika	Chile	.cl
Südamerika	Französisch Guayana	.gf
Südamerika	Guyana	.gy

Kürzel von weiteren übergreifenden Domänenadressen

Diese Liste stellt einen unvollständigen Auszug übergreifender Domänenadressen dar.

Kürzel	Domäne (Adresse)
.af.mil	Luftwaffe der Vereinigten Staaten
.fidonet.org	Fidonet
.freenet.edu	Freenet
.k12.us	Schulen in den Vereinigten Staaten
.lib.us	Bibliotheken in den Vereinigten Staaten
.navi.mil	Marine der Vereinigten Staaten

Kürzel von Topleveldomänen

Im Internet-DNS-Adressensystem ist dies die übergreifende Namenskategorie, der alle weiteren Domänen untergeordnet sind.

Kürzel	Domäne (Adresse)
.aero	Allgemeines Flugwesen
.biz	Business (wie .com)
.com	Kommerzielle Unternehmen
.coop	Interessensgemeinschaften
.edu	Bildungsinstitutionen in den USA
.gov	Regierungsbehörden in den USA
.info	Allgemeine Informationen
.mil	Militärische Organisationen in den USA
.museum	Museen
.name	Privatnamen
.net	Netzwerkanbieter
.org	Organisationen
.pro	Ärzte, Rechtsanwälte, Steuerberater

Der ASCII-Zeichensatz

Dec	Hex	Char	Dec	Hex	Char	Dec	Hex	Char
0	00	NUL (Null)	36	24	$	72	48	H
1	01	SOH (Start of heading)	37	25	%	73	49	I
2	02	STX (Start of text)	38	26	&	74	4A	J
3	03	ETX (End of text)	39	27	'	75	4B	K
4	04	EOT (End of transmission)	40	28	(	76	4C	L
5	05	ENQ (Enquiry)	41	29	)	77	4D	M
6	06	ACK (Acknowledge)	42	2A	*	78	4E	N
7	07	BEL (Bell)	43	2B	+	79	4F	O
8	08	BS (Backspace)	44	2C	,	80	50	P
9	09	HT (Horizontal tab)	45	2D	-	81	51	Q
10	0A	LF (Linefeed)	46	2E	.	82	52	R
11	0B	VT (Vertical tab)	47	2F	/	83	53	S
12	0C	FF (Form feed)	48	30	0	84	54	T
13	0D	CR (Carriage return)	49	31	1	85	55	U
14	0E	SO (Shift out)	50	32	2	86	56	V
15	0F	SI (Shift in)	51	33	3	87	57	W
16	10	DLE (Data link escape)	52	34	4	88	58	X
17	11	DC1 (Device control 1)	53	35	5	89	59	Y
18	12	DC2 (Device control 2)	54	36	6	90	5A	Z
19	13	DC3 (Device control 3)	55	37	7	91	5B	[
20	14	DC4 (Device control 4)	56	38	8	92	5C	\
21	15	NEW (Negative acknowledge)	57	39	9	93	5D	]
22	16	SYN (Synchronous idle)	58	3A	:	94	5E	^
23	17	ETB (End transmission block)	59	3B	;	95	5F	_
24	18	CAN (Cancel)	60	3C	<	96	60	`
25	19	EM (End of medium)	61	3D	=	97	61	a
26	1A	SUB (Substitute)	62	3E	>	98	62	b
27	1B	ESC (Escape)	63	3F	?	99	63	c
28	1C	FS (File separator)	64	40	@	100	64	d
29	1D	GS (Group separator)	65	41	A	101	65	e
30	1E	RS (Record separator)	66	42	B	102	66	f
31	1F	US (Unit separator)	67	43	C	103	67	g
32	20	<space>	68	44	D	104	68	h
33	21	!	69	45	E	105	69	i
34	22	"	70	46	F	106	6A	j
35	23	#	71	47	G	107	6B	k

Dec	Hex	Char	Dec	Hex	Char	Dec	Hex	Char
108	6C	l	115	73	s	122	7A	z
109	6D	m	116	74	t	123	7B	{
110	6E	n	117	75	u	124	7C		
111	6F	o	118	76	v	125	7D	}
112	70	p	119	77	w	126	7E	~
113	71	q	120	78	x	127	7F	DEL
114	72	r	121	79	y			(Delete)

Erweiterter IBM-Zeichensatz

Dec	Hex	Char	Dec	Hex	Char	Dec	Hex	Char	Dec	Hex	Char
128	80	Ç	156	9C	£	184	B8	⌐	212	D4	╘
129	81	ü	157	9D	¥	185	B9	╣	213	D5	╒
130	82	é	158	9E	₧	186	BA	║	214	D6	╓
131	83	â	159	9F	ƒ	187	BB	╗	215	D7	╫
132	84	ä	160	A0	á	188	BC	╝	216	D8	╪
133	85	à	161	A1	í	189	BD	╜	217	D9	┘
134	86	å	162	A2	ó	190	BE	╛	218	DA	┌
135	87	ç	163	A3	ú	191	BF	┐	219	DB	█
136	88	ê	164	A4	ñ	192	C0	└	220	DC	▄
137	89	ë	165	A5	Ñ	193	C1	┴	221	DD	▌
138	8A	è	166	A6	ª	194	C2	┬	222	DE	▐
139	8B	ï	167	A7	º	195	C3	├	223	DF	▀
140	8C	î	168	A8	¿	196	C4	─	224	E0	α
141	8D	ì	169	A9	⌐	197	C5	┼	225	E1	β
142	8E	Ä	170	AA	¬	198	C6	╞	226	E2	Γ
143	8F	Å	171	AB	½	199	C7	╟	227	E3	π
144	90	É	172	AC	¼	200	C8	╚	228	E4	Σ
145	91	æ	173	AD	¡	201	C9	╔	229	E5	σ
146	92	Æ	174	AE	«	202	CA	╩	230	E6	µ
147	93	ô	175	AF	»	203	CB	╦	231	E7	τ
148	94	ö	176	B0	░	204	CC	╠	232	E8	Φ
149	95	ò	177	B1	▒	205	CD	═	233	E9	Θ
150	96	û	178	B2	▓	206	CE	╬	234	EA	Ω
151	97	ù	179	B3	│	207	CF	╧	235	EB	δ
152	98	ÿ	180	B4	┤	208	D0	╨	236	EC	∞
153	99	Ö	181	B5	╡	209	D1	╤	237	ED	φ
154	9A	Ü	182	B6	╢	210	D2	╥	238	EE	ε
155	9B	¢	183	B7	╖	211	D3	╙	239	EF	∩

Dec	Hex	Char	Dec	Hex	Char	Dec	Hex	Char	Dec	Hex	Char
240	F0	$\equiv$	244	F4	$\lceil$	248	F8	$\circ$	252	FC	η
241	F1	$\pm$	245	F5	$\rfloor$	249	F9	$\bullet$	253	FD	²
242	F2	$\geq$	246	F6	$\div$	250	FA	$\cdot$	254	FE	$\bullet$
243	F3	$\leq$	247	F7	$\approx$	251	FB	$\sqrt{}$	255	FF	

Erweiterter Apple-Macintosh-Zeichensatz

ASCII	Hex	Times	New York	Courier	Zapf Dingbats	Symbol
128	80	Ä	Ä	Ä	(	
129	81	Å	Å	Å	)	
130	82	Ç	Ç	Ç	(	
131	83	É	É	É	)	
132	84	Ñ	Ñ	Ñ	(	
133	85	Ö	Ö	Ö	)	
134	86	Ü	Ü	Ü	‹	
135	87	á	á	á	›	
136	88	à	à	à	(	
137	89	â	â	â	)	
138	8A	ä	ä	ä	(	
139	8B	ã	ã	ã	]	
140	8C	å	å	å	(	
141	8D	ç	ç	ç	)	
142	8E	é	é	é		
143	8F	è	è	è		
144	90	ê	ê	ê		
145	91	ë	ë	ë		
146	92	í	í	í		
147	93	ì	ì	ì		
148	94	î	î	î		
149	95	ï	ï	ï		
150	96	ñ	ñ	ñ		
151	97	ó	ó	ó		
152	98	ò	ò	ò		
153	99	ô	ô	ô		
154	9A	ö	ö	ö		
155	9B	õ	õ	õ		
156	9C	ú	ú	ú		
157	9D	ù	ù	ù		
158	9E	û	û	û		
159	9F	ü	ü	ü		
160	A0	†	†	†		

ASCII	Hex	Times	New York	Courier	Zapf Dingbats	Symbol
161	A1	°	°	°	✎	ϒ
162	A2	¢	¢	¢	✌	′
163	A3	£	£	£	✌	≤
164	A4	§	§	§	♥	⁄
165	A5	•	•	·	♣	∞
166	A6	¶	¶	¶	🙘	ƒ
167	A7	ß	ß	ß	❧	♣
168	A8	®	®	®	♣	♦
169	A9	©	©	©	♦	♥
170	AA	™	™	™	♥	♠
171	AB	´	´	´	♠	↔
172	AC	¨	¨	¨	①	←
173	AD	≠	≠	≠	②	↑
174	AE	Æ	Æ	Æ	③	→
175	AF	Ø	Ø	Ø	④	↓
176	B0	∞	∞	∞	⑤	°
177	B1	±	±	±	⑥	±
178	B2	≤	≤	≤	⑦	″
179	B3	≥	≥	≥	⑧	≥
180	B4	¥	¥	¥	⑨	×
181	B5	µ	µ	µ	⑩	∝
182	B6	∂	∂	∂	❶	∂
183	B7	Σ	Σ	Σ	❷	•
184	B8	∏	∏	∏	❸	÷
185	B9	π	π	π	❹	≠
186	BA	∫	∫	∫	❺	≡
187	BB	ª	ª	ª	❻	≈
188	BC	º	º	º	❼	…
189	BD	Ω	Ω	Ω	❽	|
190	BE	æ	æ	æ	❾	—
191	BF	ø	ø	ø	❿	↵
192	C0	¿	¿	¿	①	ℵ
193	C1	¡	¡	¡	②	ℑ
194	C2	¬	¬	¬	③	ℜ
195	C3	√	√	√	④	℘
196	C4	ƒ	ƒ	ƒ	⑤	⊗
197	C5	≈	≈	≈	⑥	⊕
198	C6	∆	∆	∆	⑦	∅
199	C7	«	«	«	⑧	∩
200	C8	»	»	»	⑨	∪
201	C9	…	…	…	⑩	⊃
202	CA	——— NBSP (nonbreaking space) ———			❶	⊇
203	CB	À	À	À	❷	⊄

ASCII	Hex	Times	New York	Courier	Zapf Dingbats	Symbol
204	CC	Ã	Ã	Ã	❸	⊂
205	CD	Õ	Õ	Õ	❹	⊆
206	CE	Œ	Œ	Œ	❺	∈
207	CF	œ	œ	œ	❻	∉
208	D0	-	-	–	❼	∠
209	D1	—	—	—	❽	∇
210	D2	"	"	"	❾	®
211	D3	"	"	"	❿	©
212	D4	'	'	'	→	™
213	D5	'	'	'	→	∏
214	D6	÷	÷	÷	↔	√
215	D7	◊	◊	◊	↕	·
216	D8	ÿ	ÿ	ÿ	↘	¬
217	D9	Ÿ	Ÿ	Ÿ	→	∧
218	DA	/	/	⁄	↗	∨
219	DB	¤	¤	¤	→	⇔
220	DC	‹	‹	‹	➔	⇐
221	DD	›	›	›	→	⇑
222	DE	fi	fi	fi	→	⇒
223	DF	fl	fl	fl	⇒	⇓
224	E0	‡	‡	‡	⇒	◊
225	E1	·	·	·	⇒	〈
226	E2	‚	‚	‚	➢	®
227	E3	„	„	„	➢	©
228	E4	‰	‰	‰	➤	™
229	E5	Â	Â	Â	➡	Σ
230	E6	Ê	Ê	Ê	➡	(
231	E7	Á	Á	Á	➧		
232	E8	Ë	Ë	Ë	➡	\
233	E9	È	È	È	⇨	⌈
234	EA	Í	Í	Í	⇨		
235	EB	Î	Î	Î	⇨	⌊
236	EC	Ï	Ï	Ï	⇦	⌠
237	ED	Ì	Ì	Ì	⇨	{
238	EE	Ó	Ó	Ó	⇨	⌡
239	EF	Ô	Ô	Ô	⇨		
240	F0	──────────── Not Used ────────────				
241	F1	Ò	Ò	Ò	⇨	〉
242	F2	Ú	Ú	Ú	⊃	∫
243	F3	Û	Û	Û	➽	⌈
244	F4	Ù	Ù	Ù	↘		
245	F5	ı	ı	ı	➼	⌋
246	F6	ˆ	ˆ	ˆ	➚	\

ASCII	Hex	Times	New York	Courier	Zapf Dingbats	Symbol
247	F7	~	~	~	➘	|
248	F8	¯	¯	¯	➢	)
249	F9	˘	˘	˘	➷	]
250	FA	˙	˙	˙	➙	|
251	FB	°	°	°	➛	]
252	FC	˳	˳	˳	➤	]
253	FD	˝	˝	˝	➠	}
254	FE	˛	˛	˛	⇒	]
255	FF	ˇ	ˇ	ˇ		

Der EBCDIC-Zeichensatz

Dez	Hex	Name	Zeichen	Bedeutung
0	00	NUL		Null
1	01	SOH		Start of heading
2	02	STX		Start of text
3	03	ETX		End of text
4	04	SEL		Select
5	05	HT		Horizontal tab
6	06	RNL		Required new line
7	07	DEL		Delete
8	08	GE		Graphic escape
9	09	SPS		Superscript
10	0A	RPT		Repeat
11	0B	VT		Vertical tab
12	0C	FF		FF
13	0D	CR		Carriage return
14	0E	SO		Shift out
15	0F	SI		Shift in
16	10	DLE		Data length escape
17	11	DC1		Device control 1
18	12	DC2		Device control 2
19	13	DC3		Device control 3
20	14	RES/ENP		Restore/enable presentation
21	15	NL		New line
22	16	BS		Backspace
23	17	POC		Program-operator communication
24	18	CAN		Cancel
25	19	EM		End of medium
26	1A	UBS		Unit backspace
27	1B	CU1		Customer use 1
28	1C	IFS		Interchange file separator
29	1D	IGS		Interchange group separator
30	1E	IRS		Interchange record separator
31	1F	IUS/ITB		Interchange unit separator/intermediate transmission block
32	20	DS		Digit select
33	21	SOS		Start of significance
34	22	FS		Field separator
35	23	WUS		Word underscore
36	24	BYP/INP		Bypass/inhibit presentation

Dez	Hex	Name	Zeichen	Bedeutung
37	25	LF		Line Feed
38	26	ETB		End of transmission block
39	27	ESC		Escape
40	28	SA		Set attribute
41	29	SFE		Start field extended
42	2A	SM/SW		Set mode/switch
43	2B	CSP		Control sequence prefix
44	2C	MFA		Modify field attribute
45	2D	ENQ		Enquiry
46	2E	ACK		Acknowledge
47	2F	BEL		Bell
48	30			(not assigned)
49	31			(not assigned)
50	32	SYN		Synchrounous idle
51	33	IRS		Index return
52	34	PP		Presentation position
53	35	TRN		Transparent
54	36	NBS		Numeric backspace
55	37	EOT		End of transmission
56	38	SBS		Subscript
57	39	IT		Indent tab
58	3A	RFF		Required form feed
59	3B	CU3		Customer use 3
60	3C	DC4		Device control 4
61	3D	NAK		Negative Acknowledge
62	3E	SUB		Substitute
63	3F	SP		Space
64	40	RSP		Required space
65	41			(not assigned)
66	42			(not assigned)
67	43			(not assigned)
68	44			(not assigned)
69	45			(not assigned)
70	46			(not assigned)
71	47			(not assigned)
72	48			(not assigned)
73	49			(not assigned)
74	4A		¢	
75	4B		.	
76	4C		<	
77	4D		(	
78	4E		+	
79	4F		|	Logical OR
80	50		&	
81	51			(not assigned)
82	52			(not assigned)

Dez	Hex	Name	Zeichen	Bedeutung
83	53			(not assigned)
84	54			(not assigned)
85	55			(not assigned)
86	56			(not assigned)
87	57			(not assigned)
88	58			(not assigned)
89	59			(not assigned)
90	5A		!	
91	5B		$	
92	5C		*	
93	5D		)	
94	5E		;	
95	5F		¬	Logical NOT
96	60		-	
97	61		/	
98	62			(not assigned)
99	63			(not assigned)
100	64			(not assigned)
101	65			(not assigned)
102	66			(not assigned)
103	67			(not assigned)
104	68			(not assigned)
105	69			(not assigned)
106	6A		¦	Broken pipe
107	6B		,	
108	6C		%	
109	6D		_	
110	6E		>	
111	6F		?	
112	70			(not assigned)
113	71			(not assigned)
114	72			(not assigned)
115	73			(not assigned)
116	74			(not assigned)
117	75			(not assigned)
118	76			(not assigned)
119	77			(not assigned)
120	78			(not assigned)
121	79		`	Grave accent
122	7A		:	
123	7B		#	
124	7C		@	
125	7D		'	
126	7E		=	
127	7F		"	
128	80			(not assigned)

Dez	Hex	Name	Zeichen	Bedeutung
129	81		a	
130	82		b	
131	83		c	
132	84		d	
133	85		e	
134	86		f	
135	87		g	
136	88		h	
137	89		i	
138	8A			(not assigned)
139	8B			(not assigned)
140	8C			(not assigned)
141	8D			(not assigned)
142	8E			(not assigned)
143	8F			(not assigned)
144	90			(not assigned)
145	91		j	
146	92		k	
147	93		l	
148	94		m	
149	95		n	
150	96		o	
151	97		p	
152	98		q	
153	99		r	
154	9A			(not assigned)
155	9B			(not assigned)
156	9C			(not assigned)
157	9D			(not assigned)
158	9E			(not assigned)
159	9F			(not assigned)
160	A0			(not assigned)
161	A1		~	
162	A2		s	
163	A3		t	
164	A4		u	
165	A5		v	
166	A6		w	
167	A7		x	
168	A8		y	
169	A9		z	
170	AA			(not assigned)
171	AB			(not assigned)
172	AC			(not assigned)
173	AD			(not assigned)
174	AE			(not assigned)

Dez	Hex	Name	Zeichen	Bedeutung
175	AF			(not assigned)
176	B0			(not assigned)
177	B1			(not assigned)
178	B2			(not assigned)
179	B3			(not assigned)
180	B4			(not assigned)
181	B5			(not assigned)
182	B6			(not assigned)
183	B7			(not assigned)
184	B8			(not assigned)
185	B9			(not assigned)
186	BA			(not assigned)
187	BB			(not assigned)
188	BC			(not assigned)
189	BD			(not assigned)
190	BE			(not assigned)
191	BF			(not assigned)
192	C0		{	Opening brace
193	C1		A	
194	C2		B	
195	C3		C	
196	C4		D	
197	C5		E	
198	C6		F	
199	C7		G	
200	C8		H	
201	C9		I	
202	CA	SHY		Syllable hyphen
203	CB			(not assigned)
204	CC			(not assigned)
205	CD			(not assigned)
206	CE			(not assigned)
207	CF			(not assigned)
208	D0		}	Closing brace
209	D1		J	
210	D2		K	
211	D3		L	
212	D4		M	
213	D5		N	
214	D6		O	
215	D7		P	
216	D8		Q	
217	D9		R	
218	DA			(not assigned)
219	DB			(not assigned)
220	DC			(not assigned)

Dez	Hex	Name	Zeichen	Bedeutung
221	DD			(not assigned)
222	DE			(not assigned)
223	DF			(not assigned)
224	E0		\	Reverse slash
225	E1	NSP		Numeric space
226	E2		S	
227	E3		T	
228	E4		U	
229	E5		V	
230	E6		W	
231	E7		X	
232	E8		Y	
233	E9		Z	
234	EA			(not assigned)
235	EB			(not assigned)
236	EC			(not assigned)
237	ED			(not assigned)
238	EE			(not assigned)
239	EF			(not assigned)
240	F0		0	
241	F1		1	
242	F2		2	
243	F3		3	
244	F4		4	
245	F5		5	
246	F6		6	
247	F7		7	
248	F8		8	
249	F9		9	
250	FA			(not assigned)
251	FB			(not assigned)
252	FC			(not assigned)
253	FD			(not assigned)
254	FE			(not assigned)
255	FF	EO		Eight ones

Numerische Umrechnung

Dezimal (Basis 10)	Hexadezimal (Basis 16)	Oktal (Basis 8)	Binär (Basis 2)
1	01	1	00000001
2	02	2	00000010
3	03	3	00000011
4	04	4	00000100
5	05	5	00000101
6	06	6	00000110
7	07	7	00000111
8	08	10	00001000
9	09	11	00001001
10	0A	12	00001010
11	0B	13	00001011
12	0C	14	00001100
13	0D	15	00001101
14	0E	16	00001110
15	0F	17	00001111
16	10	20	00010000
17	11	21	00010001
18	12	22	00010010
19	13	23	00010011
20	14	24	00010100
21	15	25	00010101
22	16	26	00010110
23	17	27	00010111
24	18	30	00011000
25	19	31	00011001
26	1A	32	00011010
27	1B	33	00011011
28	1C	34	00011100
29	1D	35	00011101
30	1E	36	00011110
31	1F	37	00011111
32	20	40	00100000
33	21	41	00100001
34	22	42	00100010
35	23	43	00100011
36	24	44	00100100

Dezimal (Basis 10)	Hexadezimal (Basis 16)	Oktal (Basis 8)	Binär (Basis 2)
37	25	45	00100101
38	26	46	00100110
39	27	47	00100111
40	28	50	00101000
41	29	51	00101001
42	2A	52	00101010
43	2B	53	00101011
44	2C	54	00101100
45	2D	55	00101101
46	2E	56	00101110
47	2F	57	00101111
48	30	60	00110000
49	31	61	00110001
50	32	62	00110010
51	33	63	00110011
52	34	64	00110100
53	35	65	00110101
54	36	66	00110110
55	37	67	00110111
56	38	70	00111000
57	39	71	00111001
58	3A	72	00111010
59	3B	73	00111011
60	3C	74	00111100
61	3D	75	00111101
62	3E	76	00111110
63	3F	77	00111111
64	40	100	01000000
65	41	101	01000001
66	42	102	01000010
67	43	103	01000011
68	44	104	01000100
69	45	105	01000101
70	46	106	01000110
71	47	107	01000111
72	48	110	01001000
73	49	111	01001001
74	4A	112	01001010
75	4B	113	01001011
76	4C	114	01001100
77	4D	115	01001101
78	4E	116	01001110
79	4F	117	01001111
80	50	120	01010000
81	51	121	01010001

Dezimal (Basis 10)	Hexadezimal (Basis 16)	Oktal (Basis 8)	Binär (Basis 2)
82	52	122	01010010
83	53	123	01010011
84	54	124	01010100
85	55	125	01010101
86	56	126	01010110
87	57	127	01010111
88	58	130	01011000
89	59	131	01011001
90	5A	132	01011010
91	5B	133	01011011
92	5C	134	01011100
93	5D	135	01011101
94	5E	136	01011110
95	5F	137	01011111
96	60	140	01100000
97	61	141	01100001
98	62	142	01100010
99	63	143	01100011
100	64	144	01100100
101	65	145	01100101
102	66	146	01100110
103	67	147	01100111
104	68	150	01101000
105	69	151	01101001
106	6A	152	01101010
107	6B	153	01101011
108	6C	154	01101100
109	6D	155	01101101
110	6E	156	01101110
111	6F	157	01101111
112	70	160	01110000
113	71	161	01110001
114	72	162	01110010
115	73	163	01110011
116	74	164	01110100
117	75	165	01110101
118	76	166	01110110
119	77	167	01110111
120	78	170	01111000
121	79	171	01111001
122	7A	172	01111010
123	7B	173	01111011
124	7C	174	01111100
125	7D	175	01111101
126	7E	176	01111110

Dezimal (Basis 10)	Hexadezimal (Basis 16)	Oktal (Basis 8)	Binär (Basis 2)
127	7F	177	01111111
128	80	200	10000000
129	81	201	10000001
130	82	202	10000010
131	83	203	10000011
132	84	204	10000100
133	85	205	10000101
134	86	206	10000110
135	87	207	10000111
136	88	210	10001000
137	89	211	10001001
138	8A	212	10001010
139	8B	213	10001011
140	8C	214	10001100
141	8D	215	10001101
142	8E	216	10001110
143	8F	217	10001111
144	90	220	10010000
145	91	221	10010001
146	92	222	10010010
147	93	223	10010011
148	94	224	10010100
149	95	225	10010101
150	96	226	10010110
151	97	227	10010111
152	98	230	10011000
153	99	231	10011001
154	9A	232	10011010
155	9B	233	10011011
156	9C	234	10011100
157	9D	235	10011101
158	9E	236	10011110
159	9F	237	10011111
160	A0	240	10100000
161	A1	241	10100001
162	A2	242	10100010
163	A3	243	10100011
164	A4	244	10100100
165	A5	245	10100101
166	A6	246	10100110
167	A7	247	10100111
168	A8	250	10101000
169	A9	251	10101001
170	AA	252	10101010
171	AB	253	10101011

Dezimal (Basis 10)	Hexadezimal (Basis 16)	Oktal (Basis 8)	Binär (Basis 2)
172	AC	254	10101100
173	AD	255	10101101
174	AE	256	10101110
175	AF	257	10101111
176	B0	260	10110000
177	B1	261	10110001
178	B2	262	10110010
179	B3	263	10110011
180	B4	264	10110100
181	B5	265	10110101
182	B6	266	10110110
183	B7	267	10110111
184	B8	270	10111000
185	B9	271	10111001
186	BA	272	10111010
187	BB	273	10111011
188	BC	274	10111100
189	BD	275	10111101
190	BE	276	10111110
191	BF	277	10111111
192	C0	300	11000000
193	C1	301	11000001
194	C2	302	11000010
195	C3	303	11000011
196	C4	304	11000100
197	C5	305	11000101
198	C6	306	11000110
199	C7	307	11000111
200	C8	310	11001000
201	C9	311	11001001
202	CA	312	11001010
203	CB	313	11001011
204	CC	314	11001100
205	CD	315	11001101
206	CE	316	11001110
207	CF	317	11001111
208	D0	320	11010000
209	D1	321	11010001
210	D2	322	11010010
211	D3	323	11010011
212	D4	324	11010100
213	D5	325	11010101
214	D6	326	11010110
215	D7	327	11010111
216	D8	330	11011000

Dezimal (Basis 10)	Hexadezimal (Basis 16)	Oktal (Basis 8)	Binär (Basis 2)
217	D9	331	11011001
218	DA	332	11011010
219	DB	333	11011011
220	DC	334	11011100
221	DD	335	11011101
222	DE	336	11011110
223	DF	337	11011111
224	E0	340	11100000
225	E1	341	11100001
226	E2	342	11100010
227	E3	343	11100011
228	E4	344	11100100
229	E5	345	11100101
230	E6	346	11100110
231	E7	347	11100111
232	E8	350	11101000
233	E9	351	11101001
234	EA	352	11101010
235	EB	353	11101011
236	EC	354	11101100
237	ED	355	11101101
238	EE	356	11101110
239	EF	357	11101111
240	F0	360	11110000
241	F1	361	11110001
242	F2	362	11110010
243	F3	363	11110011
244	F4	364	11110100
245	F5	365	11110101
246	F6	366	11110110
247	F7	367	11110111
248	F8	370	11111000
249	F9	371	11111001
250	FA	372	11111010
251	FB	373	11111011
252	FC	374	11111100
253	FD	375	11111101
254	FE	376	11111110
255	FF	377	11111111